Handbuch der Sozialisationsforschung

Herausgegeben von
Klaus Hurrelmann und Dieter Ulich

Beltz Verlag · Weinheim und Basel

CIP-Kurztitelaufnahme der Deutschen Bibliothek

Handbuch der Sozialisationsforschung
hrsg. von Klaus Hurrelmann u. Dieter Ulich.
2. Aufl. – Weinheim, Basel : Beltz, 1982.
ISBN 3-407-83025-4
NE: Hurrelmann, Klaus [Hrsg.]

1. Auflage 1980
2. Auflage 1982

Gesamtherstellung: Beltz, Offsetdruck, 6944 Hemsbach über Weinheim
Umschlaggestaltung: E. Warminski, Frankfurt/Main
Printed in Germany

ISBN 3 407 83025 4

Hurrelmann/Ulich (Hrsg.)
Handbuch der Sozialisationsforschung

Inhaltsübersicht

Einführung durch die Herausgeber: Aufgaben und Probleme der Sozialisationsforschung

Bevor wir uns in Zusammenarbeit mit dem Verlag zur Herausgabe dieses Handbuchs entschlossen, hatten wir uns mit den Problemen auseinanderzusetzen, die in der Sozialisationsforschung bisher aufgetreten sind. Vor allem ging es für uns um die Frage, ob wir es mit einem Forschungsbereich zu tun haben, der so weit konsolidiert ist, daß die Herausgabe eines wissenschaftlich anspruchsvollen Überblickswerkes überhaupt legitimierbar ist. Diesem Wagnis schienen vor allem folgende Hindernisse entgegenzustehen: große Unklarheiten über die Abgrenzung des Gegenstandsbereichs und über die Ordnungs- und Integrationskraft des Sozialisationskonzeptes; Vagheit und Unvermitteltheit der Theoriebildung; Unsicherheit hinsichtlich der methodologischen Grundlagen und methodischen Vorgehensweisen; Lückenhaftigkeit der empirischen Befunde.

Die Entwicklung in den letzten Jahren hat zwar die Forschung dem Ziel einer „umfassenden" Sozialisationstheorie noch nicht näher, aber dennoch Fortschritte in vieler Hinsicht gebracht. So haben der Sozialisationsbegriff und die darin implizierten Forderungen und Konzeptionen nicht nur traditionelle Vorstellungen von Persönlichkeitsentwicklung korrigiert, sondern insgesamt das Gegenstandsverständnis der meisten Theorien präzisiert und erweitert, die sich mit „menschlicher Subjektwerdung" im weitesten Sinne befassen. Inzwischen sind keine Zweifel mehr möglich an der Tatsache, daß individuelle Handlungskompetenzen in einem Prozeß der aktiven Auseinandersetzung mit der sozialen und dinglichen Umwelt aufgebaut werden, als Aneignung und mitgestaltende Teilnahme am Leben einer Gruppe, Institution oder Gesellschaft. Die Forschung konzentriert sich immer mehr auf die Frage nach dem „Wie" dieser Vorgänge; der Status einer reinen „Ableitungswissenschaft" scheint überwunden zu sein. Obwohl dies zwangsläufig zu einer weiteren Zersplitterung der Fragestellungen führt, ist die vermehrte ernsthafte Erforschung der Wirklichkeit der Subjektwerdung – beispielsweise durch Analyse tatsächlich ablaufender erzieherischer Interaktionen – als entscheidender, weil auch praktische Anwendungen ermöglichender, Fortschritt der letzten Jahre anzusehen. Durch neue Überlegungen zur Methodologie werden die Erkenntnismöglichkeiten in der Weise verbessert, daß Lebensnähe und Verallgemeinerbarkeit der Befunde deutlicher werden. Zugleich wurde das Verhältnis der die Sozialisationsforschung tragenden Disziplinen ausgewogener: Die dominierende Rolle der Soziologie ist zugunsten der Psychologie und – ansatzweise – auch der Pädagogik zurückgegangen, da als zentraler Bezugspunkt das Subjekt bzw. dessen Soziogenese stärker in den Mittelpunkt gerückt ist. Heute weisen insbesondere Sozialisationsforschung und Entwicklungspsychologie in ihren inhaltlichen und methodischen Entwicklungen starke Konvergenzen auf, ohne daß der primäre Impetus der Sozialisationsforschung, die gesellschaftliche Bedingtheit von individuellen Entwicklungsprozessen nachzuweisen, verloren gegangen wäre.

Diese positiven Entwicklungstendenzen haben sich aber noch keineswegs allgemein durchgesetzt. Es ist zu befürchten, daß eine Reihe vor allem konzeptioneller Probleme die Forschung noch lange Jahre belasten wird. Wir wollen auf einige dieser Schwierigkeiten kurz eingehen:

Das Problem der Abgrenzung des Gegenstandsbereichs der Sozialisationsforschung

Eine der wesentlichen mit dem Sozialisationskonzept verbundenen Intentionen war es, eine Ordnung und Integration sozial- bzw. humanwissenschaftlicher Theorien und Befunde über Persönlichkeitsentwicklung (unter besonderer Berücksichtigung von deren Gesellschaftsbezügen) zu ermöglichen. Obwohl dieser Versuch durchaus positive Ergebnisse erzeugt hat, stellten sich mitunter unerwünschte Nebenfolgen ein: Eine Zeitlang war nämlich nicht mehr klar, welche Sachverhalte, Themen und Theorien eigentlich *nicht* zum Gegenstandsbereich von Sozialisation gehören. Sozialisationstheorie erschien als ein alles verschlingender Moloch, der vereinnahmte, was in irgendeiner Weise Ent-

wicklung, Lernen und Erziehung zum Gegenstand hatte. Dies führte nicht nur zu einer oberflächlichen Rezeption verschiedener Theorien, sondern ließ auch den spezifischen Anspruch einer Sozialisationstheorie immer undeutlicher werden. Der inflationäre Gebrauch des Sozialisationsbegriffes verdunkelte die spezifischen Erklärungsansprüche und Wirklichkeitsbezüge der vereinnahmten Theorien, weil häufig nichts anderes getan wurde, als in diesen Theorien thematisierte oder (meist) nicht thematisierte „Gesellschaftsbezüge" herauszuarbeiten.
Diese ungünstige Entwicklung hat teilweise radikale Kritik herausgefordert, die in dem Vorschlag gipfelte, auf den Sozialisationsbegriff zugunsten weniger umfassender, differenzierterer Konzepte zu verzichten. Inzwischen herrscht weitgehend Einigkeit darüber, daß „Sozialisation" zum einen Ausdruck einer metatheoretischen Orientierung an der Gesellschaftsbezogenheit der Persönlichkeitsentwicklung ist und zum anderen einen kategorialen Oberbegriff abgibt zur Ordnung und Integration einer Reihe empirischer Sachverhalte, zu deren Erklärung jedoch gegenstandsspezifische Theorien durchaus nicht überflüssig geworden sind. Die Frage, wie der Mensch zu einem gesellschaftlich handlungsfähigen Subjekt wird, muß jeweils innerhalb dieser gegenstandsspezifischen Theorien im Hinblick auf eine gegebene Wirklichkeit präzisiert werden.
Es bleibt die Frage zu beantworten, wie „umfassend" ein sozialisationstheoretisches Rahmenmodell sein soll, das man als „die" Sozialisationstheorie bezeichnen kann. Hier ist eine vorsichtige und zurückhaltende Bestimmung geboten. Es sollte nicht der Eindruck erweckt werden, „die" Sozialisationstheorie sei ein Integrationsbecken empirischer Befunde über Persönlichkeitsentwicklung und als solches die Inkarnation des jeweils in den Humanwissenschaften erreichten wissenschaftlichen Fortschritts. Es scheint sich bei „Sozialisation" um einen so komplexen Vermittlungsprozeß zu handeln, daß Erklärungsversuche sich immer nur auf bestimmte, relativ eng begrenzte Vorgänge, Inhalte oder Bedingungen beziehen können. Bei jeder Form von Sozialisation sind sehr viele und (teilweise individuumspezifisch) sehr unterschiedliche Ursache-Wirkungs-Beziehungen wirksam, deren Anzahl und Erscheinungsformen nahezu unbegrenzt sind. Es ist also erforderlich, Bedingungen, Vermittlungen und Effekte ausschnittweise zu erfassen. Damit man weiß, zu welchem „Ganzen" diese Ausschnitte gehören, ist es zugleich notwendig, eine modellhafte Vorstellung vom (hypothetischen) Zusammenwirken aller bekannten oder vermuteten Faktoren zu entwickeln.

Das Problem der Verbindung von „Makro-" und „Mikro"-Ebene in umfassenden Prozeß- und Transaktionsmodellen

In den in der Sozialisationsforschung lange Zeit vorherrschenden soziologisch orientierten Ansätzen materialistischer und strukturell-funktionaler Provenienz war die Tendenz zu beobachten, Sozialisationseffekte nicht empirisch nachzuweisen, sondern aus vorausgesetzten gesellschaftstheoretischen Überlegungen (z.B. über die „Funktion" der Familie oder der Schule für die Erhaltung der „kapitalistischen" Gesellschaft) abzuleiten. Teleologische Zweck-Mittel-Zusammenhänge wurden als kausale Ursache-Wirkungs-Beziehungen ausgegeben: Unterstellte „funktionale" Wirkungen von Sozialisationsbedingungen wurden aufgrund einer wiederum unterstellten Zielgerichtetheit sozialer Systeme als bereits erwiesen ausgegeben. Diese Vorgehensweise führte in manchen Bereichen der Forschung geradezu zu einem Erkenntnisstillstand. Man hielt Fragen für beantwortet, die als *empirische* noch gar nicht präzise gestellt worden waren. Die Forschung war lange Zeit bestenfalls produktorientiert – man ordnete Persönlichkeitsmerkmale irgendwelchen „Bedingungen" zu – und kaum jemals prozeßorientiert, da man z.B. konkrete soziale Interaktionen und Lernvorgänge nicht mehr zum Bereich der Sozialisation rechnete. Man konnte sich lange Zeit nicht dazu entschließen, die Wirklichkeit von Sozialisationsvorgängen empirisch zu erforschen. Wichtige Fragen wurden ausgeblendet: Wie sich Kinder ihre Umwelt erobern, welche Aneignungsvorgänge dabei ablaufen, welche Rolle der Vater dabei spielt, wie sich die kindliche Gefühlswelt in der Auseinandersetzung mit der Umwelt entwickelt, wie Angst und Aggressivität entstehen und bewältigt werden, welche Probleme die Eltern mit sich selbst beim Versuch der Sozialisation haben, wie sie selbst sozialisiert werden, wie Kinder mit unterschiedlichen Lern-„Modellen" umgehen, wie Handlungskompetenzen entstehen, Wertorientierungen generalisiert werden usw.

Vor allem in der Sekundär- und Tertiärliteratur wurde ein Kontinuum von Vermittlungsstufen und -prozessen unterstellt, ohne daß man sich die Mühe machte, die Vermittlungsvorgänge selbst, die Nahtstellen, Brüche, Widersprüche und Konflikte zu untersuchen, die beim Durchlaufen der Stufen und Phasen als subjektive Erfahrungen konkret werden. Subjekte erschienen nicht selten tendenziell als bloße Durchgangsstationen „abgeleiteter" determinierender Kausalketten. Kinder interessierten nur unter dem Aspekt ihres Erwachsenwerdens; ihre konkrete Realität verschwand hinter der Frage nach der „Funktionalität" gesellschaftlich relevanter Handlungskompetenzen, deren Erwerb jedoch nur selten konkret untersucht wurde. Teilweise wurde das Subjekt schlicht vergessen (wenn man beispielsweise immer nur die Mutter oder die Eltern über Wirkungen (!) von Erziehungsmaßnahmen befragte), manchmal wurde das Individuum auch als abstrakt-kategoriales Wesen beschworen (wie bei einigen Autoren der „Frankfurter Schule"), meist aber schien die Vorstellung vom „passiven Subjekt" vorzuherrschen, dem entweder die Rolle eines armen Opfers oder die Rolle des sich schlicht Anzupassenden zugewiesen wurde.

Der Tendenz zur „Ableitung", die meist mit der Verselbständigung der Makroebene verbunden war, wirkte in den letzten Jahren die Einsicht entgegen, daß der eigentliche Bezugspunkt der Sozialisationsforschung die Subjektwerdung ist, die nicht in eine unvermittelt-mechanistische Beziehung zu Konzepten auf der Makroebene gebracht werden kann, sondern als ein spezifischer psychischer Prozeß untersucht werden muß. Die Beiträge dieses Handbuches folgen ausnahmslos dieser Maxime und beweisen, daß ein solches Vorgehen notwendig und möglich ist, ohne die umgekehrte Gefahr eines psychologischen Reduktionismus heraufzubeschwören.

Die Erklärungskraft sozialisationstheoretischer Aussagen wird in der Regel darin gesehen, Anforderungsstrukturen und Aneignungsvorgänge in systematische Beziehung zu bestimmten Sozialisations-„Ergebnissen" zu setzen, ohne dabei vereinfachten unilinearen Denkmodellen zu folgen, die der Realität von Sozialisationsprozessen nicht gerecht werden können. Die vorliegenden empirischen Studien haben hinreichend deutlich gemacht, daß Kinder und Heranwachsende Verhaltensweisen und Einstellungen keineswegs direkt aus der Umwelt übernehmen – etwa nach dem Muster der „Prägung" –, sondern aufgrund einer aktiven Auseinandersetzung mit der Umwelt Regulations- und Selbstregulationssysteme ausbilden, die gegenüber ihren „Vorbildern" neu und subjektspezifisch sind. Verhaltensweisen und Orientierungssysteme sind in diesem Sinne als spezifische Formen der Bewältigung von Realität (einschließlich aktiver Beeinflussung) zu verstehen, die sich weniger auf einseitig wirkende Umwelteinflüsse („Trichtermodell"), sondern eher auf spezifische Person-Umwelt-Interaktionen („Transaktionsmodell") zurückführen lassen.

Nach diesem sich mehr und mehr durchsetzenden Verständnis lösen Kinder und Heranwachsende aus dem Verhalten der Erwachsenen „implizite Regelsysteme" heraus, und zwar nicht nur entsprechend normativer Vorgaben und Sanktionen, sondern auch entsprechend eigener Bedürfnisse, Erfahrungen und bereits gegebener kognitiver Strukturen. Das Individuum baut kognitive Schemata auf, die zum Teil Einsicht in Regelsysteme widerspiegeln, gleichzeitig aber immer auch strukturierende Eigenleistungen des Individuums in Gestalt von Modifikationen, Anwendungsmustern und spezifischen Orientierungsformen enthalten. Erfahrungen entstehen nicht nur durch Übernahme fremder Meinungen, sondern in der aktiven Auseinandersetzung mit der Umwelt, also z.B. beim Versuch, eigene Pläne zu realisieren, Fertigkeiten zu erproben, Widerstände zu testen usw. Handlungskompetenz entsteht, wenn Person-Umwelt-Beziehungen als geordnete oder regelhafte kognitiv repräsentiert sind. Daher kann „Lernen" nur darin bestehen, durch Handeln und kognitive Prozesse Regelstrukturen in der Wirklichkeit zu identifizieren oder genauer: die Wirklichkeit mit Hilfe von Regelstrukturen immer besser verfügbar zu machen.

Sozialisationsforschung kann nur dann leisten, was sie beansprucht, wenn sie nicht nur Handlungs-„Performanzen", also situationsbezogene individuelle Fertigkeiten untersucht, sondern auch „Kompetenzen", nämlich handlungsgenerierende Orientierungs- und Regelsysteme, wobei diejenigen Systeme besonders interessant sind, die in bezug auf eine bestimmte Gesellschaft oder Gruppe, eine bestimmte Lebensphase, eine bestimmte soziale Situation usw. „durchschnittlich erwartbar" sind. Im Mittelpunkt der Sozialisationsforschung muß die Soziogenese solcher Kompetenzen stehen. Von „Kompetenzen" kann man allerdings nur dann sprechen, wenn a) die erworbenen Fähigkeiten und Orientierungen nicht an ihre Vorbilder oder „Modelle" fixiert bleiben, also keine Abbilder der Verhaltensweisen und Wertmuster der früheren Generation sind, b) wenn Fähigkeiten und Einstellungen so allgemein sind, daß sie flexibel auf spezifische Situationen bezogen werden können, was voraussetzt, c) daß jeweils auch ganz neue Handlungen erzeugt werden können. Diese Auffassung erfordert u. a. eine handlungstheoretische Revision von Lern- und Entwicklungsbegriffen, die in Ansätzen in mehreren Beiträgen dieses Handbuches geleistet wird. Aufgrund der erwähnten Konvergenz in Theorien und Methoden der Sozialisationsforschung und der Entwicklungspsychologie setzen sich Konzeptionen des geschilderten Zuschnitts mehr und mehr durch. Während die Sozialisationsforschung in zunehmendem Maße Mikroprozesse auf der sozialpsychologischen und psychologischen Ebene ernst nimmt, erweitert die Entwicklungspsychologie ihre Fragerichtung in mehrfacher Hinsicht: Die Problemstellungen werden auf den gesamten Lebenslauf ausgedehnt; Historizität psychologischer Forschung und Praxisbezug (z.B. Planung von Intervention) erhalten vor dem Hintergrund „lebenslanger Entwicklung" eine größere Bedeutung; mit der (erneuten) Einführung und Betonung des Konzepts von „Entwicklungsaufgaben" wird der normative Charakter von altersspezifischen Handlungskompetenzen und -orientierungen zunehmend in Rechnung gestellt usw. Auch diese Tendenzen spiegeln sich in den Beiträgen dieses Handbuchs.

Zur Konzeption dieses Bandes

Dieses Handbuch soll den Diskussion- und Erkenntnisstand der Sozialisationsforschung zu Beginn der achtziger Jahre repräsentieren, zugleich aber auch die wesentlichen Linien nachzeichnen, die zu diesem Stand geführt haben. Wir haben, um dieses Ziel zu erreichen, in den *ersten Abschnitt* zwei Beiträge zur theoretischen Grundlegung der Sozialisationsforschung aufgenommen, und zwar einen, der die Entwicklung sozialisationstheoretischer Paradigmen in historischer Perspektive aufarbeitet und einen, der eine kurze systematische Skizzierung der gegenwärtigen Lage der Theoriebildung versucht.

Im *zweiten Abschnitt* finden sich – daran anknüpfend – fünf Beiträge, die jeweils einen der zentralen klassischen Theorieansätze aus Soziologie und Psychologie behandeln. Unsere Idee war, daß in diesen fünf Beiträgen der Kern der ursprünglichen Fassung des jeweiligen theoretischen Ansatzes kurz referiert werden sollte, um dann ausführlich die Entwicklungswege aufzuzeigen, die dieser Ansatz in seinen für die Sozialisationsforschung relevanten Bereichen bis zur Gegenwart gegangen ist. Wir haben uns für lern- und verhaltenstheoretische, entwicklungstheoretische, psychoanalytische, rollen- und interaktionstheoretische und gesellschaftstheoretische Ansätze entschieden, da wir glauben, mit ihnen die tragenden grundlagentheoretischen Paradigmen in Soziologie und Psychologie anzusprechen, die der Sozialisationsforschung in den letzten drei bis vier Jahrzehnten die beständigsten und intensivsten Impulse gegeben haben. Diese Ansätze werden von Autoren vorgestellt, die sich über eine lange Zeit hinweg mit ihnen beschäftigt haben und in ihrer eigenen Arbeit auch ihren Ausgangspunkt in ihnen sehen, ihnen aber doch mit reflektierter Distanz gegenüberstehen. Auf diese Weise, so hoffen wir, ist es gelungen, die jeweilige innere „Logik" dieser theoretischen Positionen engagiert vorzustellen und doch zugleich offen und sensibel die schwachen Stellen und die Defizite aufzuzeigen, die ihnen eigen sind. Zugleich sollten nach Möglichkeit alle Ansatzpunkte für Weiterentwicklungen dieser Ansätze unter dem Einfluß der aktuellen vergleichenden Theoriediskussion aufgezeigt und insbesondere auch die Nahtstellen markiert werden, die eine Kooperation mit angrenzenden oder komplementären Theoriepositionen sinnvoll und notwendig machen.

Von diesem Aspekt her ergibt sich ein fließender Übergang zu den Beiträgen, die wir in den *dritten Abschnitt* aufgenommen haben. Hier gehen wir auf fünf komplexe integrative Theorie- und Forschungsansätze ein, die sich – teils auf den angesprochenen klassischen Theorieansätzen aufbauend, teils quer zu ihnen liegend und teils völlig unabhängig von ihnen – entwickelt haben und heute für das Erscheinungsbild der Sozialisationsforschung charakteristisch sind. In der Hoffnung, auch in dieser Rubrik die wichtigsten herauszugreifen, stellen wir der Reihe nach kulturvergleichende, historisch-vergleichende, klassen- und schichtanalytische, ökologische und lebenslauftheoretische Ansätze vor. Ein erheblicher Teil empirischer Forschung zu Sozialisationsproblemen läßt sich diesen Konzeptionen zurechnen, wie sich überhaupt sagen läßt, daß ihr gemeinsames Merkmal eher in bestimmten methodischen als theoretischen Akzentuierungen zu sehen ist. Die theoretischen Orientierungen der Forscher, die sich diesen Konzeptionen verpflichtet fühlen, sind offen; im Vordergrund ihrer Arbeit steht ein bestimmtes begrenztes Erkenntnisprogramm, das mit jeweils spezifischer Akzentuierung einen wesentlichen Aspekt sozialisationstheoretischer Fragestellungen herausgreift und einer erfahrungswissenschaftlichen Aufklärung zuführen will.

In *Abschnitt vier* gehen wir – zum Teil aufbauend auf den Beiträgen im vorangehenden Abschnitt – gesondert auf die Methodendiskussion in der Sozialisationsforschung ein. Wir haben darauf verzichtet, einen Artikel aufzunehmen, der einen systematischen Überblick über die bislang in diesem Forschungsbereich eingesetzten Erhebungs- und Auswertungsverfahren gegeben hätte; ein solcher Beitrag wäre notgedrungen über weite Strecken eine Replikation des Inhaltes einschlägiger Lehrbücher der empirischen Sozialforschung gewesen. Statt dessen schien es uns angezeigt, zwei Artikel einzubeziehen, die eine kritische Evaluation der bislang vorherrschenden Methoden und Verfahren bei sozialisationstheoretischen Fragestellungen leisten und die seit wenigen Jahren wieder aktualisierte Diskussion um die Angemessenheit „offener" versus „geschlossener" Erhebungsmethoden und – damit korrespondierend – „qualitativer" versus „quantitativer" Auswertungsverfahren aufnehmen und fortführen. Solche Beiträge machen nur Sinn, wenn die Autoren selbst Position beziehen, und so schien es uns selbstverständlich zu sein, „parteiische" (aber nicht betriebsblinde) Kollegen als Autoren anzusprechen. In diesem Fall sind es Anhänger qualitativer Verfahren, die ihre Überlegungen in enger Verbindung mit allgemeinen theoretischen und methodologischen Erörterungen vortragen und recht radikal mit dem Mainstream empirisch-analytischer Verfahren abrechnen, dem sich ein großer Teil der übrigen Handbuchautoren nach wie vor verpflichtet fühlt.

In *Abschnitt fünf* stellen wir neun Beiträge vor, die ihren Ausgangspunkt von Theorien und Forschungen nehmen, die sich auf jeweils eine Instanz der Sozialisation bzw. – was ein erheblicher Unterschied sein kann – auf eine sozialisationsrelevante gesellschaftliche Institution konzentrieren. Diese instanzenbezogene Vorgehensweise entspricht der eingefahrenen Arbeitsteilung in der Sozialisationsforschung. Sie ist nicht ohne Risiken, denn die abgrenzende wissenschaftliche Behandlung widerspricht der gesellschaftlichen Verflechtung und der komplexen Interdependenz, in der diese Instanzen und Institutionen miteinander stehen. Eine getrennte Behandlung von Sozialisationsprozessen in der Familie, im Kindergarten, in der Peergroup, in der Schule, im Berufsbereich und in der Hochschule suggeriert zudem, als gäbe es klar unterscheidbare institutionalisierte Einflußbereiche, die in einer bestimmten chronologischen Reihenfolge wiederum klar abgrenzbare Bereiche der Persönlichkeitsentwicklung prägten. Diese Vorstellung ist falsch, und um sie nicht zu stützen, haben wir die Autoren der entsprechenden Beiträge gebeten, jeweils intensiv auf die Beeinflussung (z.B. Verstärkung, Kompensation, Abschwächung) durch und die gleichzeitige Wirksamkeit von anderen Sozialisationsinstanzen und/oder sozialisationsrelevanten Institutionen einzugehen, die für die jeweils in erster Linie thematisierte Instanz von Bedeutung sind. Diese Vorgehensweise stellt einen Kompromiß dar, den wir im Blick auf die Gesamtkonzeption dieses Handbuchs gut verantworten können. Denn die getrennte Besprechung von Untersuchungen über instanzenspezifische Sozialisation gestattet uns, die Fülle an Erkenntnissen und Informationen in diesem Gebiet differenziert und vollständig auszubreiten. Die engen Verflechtungen zwischen den Instanzen und mit anderen gesellschaftlichen Institutionen werden – außer durch die erwähnten Querverweise in den Einzelbeiträgen – auch in den Artikeln in den vorangegangenen Abschnitten mehrfach angesprochen, so daß das Handbuch insgesamt deutlich macht, in welch komplexen Beziehungsnetzen Kinder und Jugendliche aufwachsen. Die hier eingeschlagene Vorgehensweise macht es schließlich möglich, auch einige wichtige sozialisationsrelevante Institutionen – außer dem bereits genannten Berufsbereich – ausführlich zu thematisieren. Das geschieht hier durch Artikel über sozialpädagogische Institutionen, Institutionen der psychosozialen Versorgung und Massenmedien – Analysen, die in dieser Differenziertheit und Gründlichkeit bislang im deutschen Sprachraum noch nicht vorlagen.

Im *sechsten Abschnitt* schließlich finden sich sieben Beiträge zu zentralen Dimensionen und Aspekten der Sozialisation. Wir haben hier Artikel über kognitive, sprachliche, emotionale, motivationale, moralische, politische und – etwas von dieser Gliederungslogik abgesetzt – geschlechtsspezifische Sozialisationsprozesse aufgenommen. Zu dieser Vorgehensweise ist ähnliches zu sagen wie zu der in Abschnitt 5: Sie entspricht der gängigen Arbeitsteilung zwischen den und innerhalb der Disziplinen und hat sich als Ordnungsmuster zur Reduktion der Komplexität des Wissenschaftsbetriebes durchgesetzt – der Realität des Gegenstandsbereichs wird sie nur begrenzt gerecht. Denn die verschiedenen angesprochenen Dimensionen der Sozialisation entwickeln sich nicht eigenständig, sondern wirken in der Handlungsregulation in komplexer Weise zusammen. Alle Bereiche der Persönlichkeit sind in ihrer Entwicklung, ihrer Wirksamkeit und ihrer subjektiven erlebnismäßigen Repräsentanz wechselseitig voneinander abhängig und aufeinander bezogen. Die getrennte Abhandlung mit eingebauten Querverweisen, die wir auch hier gewählt haben, läßt sich mit denselben Argumenten verantworten, die für die Konstellation der Beiträge in Abschnitt fünf gelten. Zusätzlich spricht für diese Vorgehensweise, daß bislang noch kein systematischer Versuch gemacht worden ist, die weitgehend aus der Psychologie stammende Dimensionsklassifizierung in den Bereich der Sozialisationsforschung zu übertragen. Diesen Versuch haben die von uns angesprochenen Autoren unternommen. Alle Beteiligten wissen, daß die Aufgabe, Dimensionen aufeinander zu beziehen, in vollem Umfang noch ansteht.

An diesem Handbuch haben insgesamt 34 Wissenschaftler mitgearbeitet, die nach Ausbildung und vorherrschender Arbeitsorientierung Psychologen, Soziologen und Pädagogen sind, die als Sozialisationsforscher aber zugleich mit den spezifischen Problemen interdisziplinärer – und meist auch „interparadigmatischer" – Arbeit vertraut sind. Es lag wohl daran, daß die Zusammenarbeit so produktiv und reibungslos verlief und die meisten Kolleginnen und Kollegen weit über das von den Herausgebern vorgeschlagene Arbeitspensum hinausgegangen sind. Wir hoffen, diese gute Kooperation und die ungewöhnlich intensive Arbeit jedes einzelnen Autors werden dieses Handbuch für einige Jahre zu einem unentbehrlichen Orientierungs- und Überblicksband werden lassen. Wir möchten allen Kolleginnen und Kollegen für ihre Mitarbeit danken.

Klaus Hurrelmann
Dieter Ulich

1

Theoretische Grundlegung der Sozialisationsforschung

Die historische Entwicklung sozialisationstheoretischer Paradigmen

Dieter Geulen

1 Einleitung

Die Sozialisationsforschung in dem engeren Sinne einer erfahrungswissenschaftlich-kausalen Analyse der gesellschaftlichen Bedingungen der Persönlichkeitsgenese und -veränderung ist zwar erst seit etwa 50 Jahren und unter spezifischen historischen Bedingungen in Gang gekommen, doch reichen die verschiedenen Wurzeln des ihr zugrundeliegenden theoretischen Vorverständnisses und ihrer Begrifflichkeit weit in die abendländische Philosophie zurück. Selbst der Ausdruck „Sozialisation" taucht in entsprechender Bedeutung schon lange vor der eigentlichen Sozialisationsforschung auf, nämlich nach dem Oxford Dictionary of the English Language erstmals 1828 in dem Sinne von „to render social, to make fit for living in society"; im Französischen ist er seit 1846 nachweisbar (CLAUSEN 1968, S. 21f.).

Diese Wurzeln aufzudecken kann für die Rezeption und die weitere originäre Ausgestaltung der Sozialisationsforschung wichtige Funktionen erfüllen. Zum einen ermöglicht es ein kongeniales Verständnis gegenwärtiger Ausprägungen, genauer: die konsequente Realisierung von Implikationen, die in der gegenwärtigen Gestalt undeutlicher geworden sind. Darüber hinaus könnten auch Ideen sichtbar werden, die bisher noch gar nicht in den Gesichtskreis der Sozialisationsforschung getreten, für ihren gegenwärtigen Problemstand aber von einiger Relevanz sind. Zum anderen kann die Aufdeckung der Genese eine Entzauberung etablierter Paradigmen mit sich bringen; sie zeigt ihre konkrete historische Bedingtheit und Relativität und löst falsche Fixierungen. Beide Intentionen sind in erster Linie darauf gerichtet, theoretisches Vorverständnis und Begrifflichkeit der gegenwärtigen Sozialisationsforschung zu erweitern, eine Aufgabe, die mir besonders im Hinblick auf empiristische und pragmatische Verkürzungen der Problematik vordringlich erscheint.

Aus diesen Gründen schien es weder angebracht, eine enzyklopädische Darstellung der neueren Sozialisationsforschung zu geben (siehe

hierzu die unten genannten Arbeiten), noch auch als bekannt unterstellte Theorien lediglich wissenschaftssoziologisch zu verorten. Vielmehr schien es mir sinnvoller, in der notwendigen Kürze die Grundlinien relevanter theoretischer Paradigmen selbst, möglichst an ihrem Ursprung, inhaltlich zu charakterisieren, Querverbindungen und Verweise auf die gegenwärtige Diskussion aufzuspüren und eine vorsichtige Einschätzung ihrer Bedeutung für die Sozialisationsthematik zu geben. Der Schwerpunkt liegt also bei der Darstellung von Theorien; auf die gesellschaftlichen Bedingungen ihrer Entwicklung werde ich nur gelegentlich näher eingehen. Dieses Vorgehen kann sich nur im Hinblick auf die oben genannten Intentionen und durch die Annahme legitimieren, daß die Entstehung, Entwicklung und Ablösung von Theorien wiederum Theorie voraussetzt und in ihrer inhaltlichen Seite immer auf diese bezogen bleibt, auch wenn dies selbstverständlich nur ein Ausschnitt aus der komplexen Bedingungsstruktur ist, die dem Prozeß der Entwicklung der Wissenschaft insgesamt zugrunde liegt (vgl. hierzu auch VAN DEN DAELE/WEINGART 1975).
Es wäre unergiebig gewesen, einen zu eng definierten Begriff von Sozialisation, der ja selber erst Ergebnis einer historischen Entwicklung ist, zugrunde zu legen. Vielmehr bin ich bewußt von einem weiten Verständnis der Thematik ausgegangen. Wenn sich Sozialisation allgemein als Genese der Persönlichkeit aufgrund gesellschaftlicher Bedingungen fassen läßt, so sind nicht nur Theorien von Interesse, die die sozialisatorische Vermittlung direkt ansprechen, sondern auch solche, die das Individuum als vergesellschaftetes, in seiner Beziehung zur Gesellschaft, oder auch umgekehrt Gesellschaft als durch subjektive Strukturen bedingte thematisieren. Ja, es sind sogar Theorien aufschlußreich, die die gesellschaftliche Vermittlung des Individuums dezidiert leugnen.
Der folgende Beitrag ist meines Wissens der erste Versuch dieser Art. Bisher liegen im wesentlichen zwei Darstellungen der amerikanischen Sozialisationsforschung vor. SEWELL (1963) gibt einen knappen Überblick über theoretische Entwicklungen bis Ende der fünfziger Jahre, CLAUSEN (1968) ist informativ auch in Details, aber erscheint gelegentlich etwas willkürlich. Eine eher systematische, dabei aber selektive Darstellung geben FRÖHLICH und WELLEK (1972). Historisch orientierte Darstellungen der amerikanischen Entwicklungspsychologie haben BRONFENBRENNER (1963) und SEARS (1975) vorgelegt. Aufschlußreich als Quelle ist die annotierte Bibliographie von STONE/ONQUÉ (1959), die die Sozialisationsforschung bis 1955 einschließt. Keine dieser Darstellungen geht jedoch hinter die empirische Forschung der dreißiger Jahre zurück.

2 Der Beitrag der antiken Philosophie (PROTAGORAS, PLATON, ARISTOTELES)

Schon die klassische griechische Philosophie hat eine Reihe von Sinnelementen entwickelt, die wir in der neueren Sozialisationstheorie wiederfinden, wenn ihr auch der leitende Gedanke einer kausalen Bedingtheit des Menschen durch die Gesellschaft fremd war. Die Relevanz des antiken Gedankengutes ergibt sich aus der wohl begründeten Unterstellung, daß die Generationen, die die grundlegenden Ansätze zur Sozialisationstheorie formuliert haben, dieses Gedankengut über eine humanistisch-gymnasiale Schulbildung rezipiert haben.
Verglichen etwa mit dem mystischen Zug der indischen Philosophie oder mit der ontologischen Blickrichtung der vorsokratischen Naturphilosophen muß als ein erster bedeutungsvoller Schritt die Hinwendung zum Menschen selbst in der Sophistik angesehen werden, wie sie programmatisch etwa in PROTAGORAS' (480–410) Satz vom Menschen als Maß aller Dinge zum Ausdruck kommt. Damit beginnt die Diskussion einer Frage, die für das sozialisationstheoretische Denken überhaupt zentral ist, nämlich ob und wie weit der Mensch in seinem Wesen durch reale Bedingungen geprägt oder ein gegenüber diesen Invariantes, Absolutes sei. PROTAGORAS' Bedeutung liegt darin, die erste Position formuliert zu haben: Der Mensch ist nicht vom göttlichen Willen bestimmt, sondern von diesseitigen Gegebenheiten abhängig. Persönlichkeit und Denken werden durch die Wahrnehmung, d.h. durch die subjektiven Sinneseindrücke bestimmt. Und Bezugspunkt aller Normen ist das jeweilige Gemeinwesen, die Polis bzw. Kultur, der der Mensch angehört (LANDMANN 1962, S. 37f.). Mit dieser relativistischen Position entsteht ein Sinnmoment sozialisationstheoretischer Denkweise, das später – im englischen Empirismus bis hin zum zeitgenössischen Behaviorismus, in der deutschen Philosophie des 19. Jahrhunderts, in der Wissenssoziologie und in der empirischen Forschung zur

kognitiven und sprachlichen Sozialisation – in zahlreichen Brechungen wiederkehrt.
Wichtig ist auch der Gedanke, daß der Mensch in seiner natürlichen Ausstattung dem Tier unterlegen ist, jedoch zu einer durch Arbeit und Besiegung der Natur geschaffenen und fortschreitenden Kultur bestimmt ist, die seine eigene Bildung einschließt. Im gleichen Zusammenhang entsteht der Begriff der „paideia", der bewußten Erziehung, die allerdings bei den Sophisten noch eher pragmatische Züge trägt. Auch die besondere Aufmerksamkeit für die Sprache wird zuerst durch die Sophisten begründet, und zwar sowohl in dem Sinne, daß die Kunst der Rede – Grammatik, Rhetorik und Dialektik – ein wesentlicher Bestandteil politisch-sozialen Handelns und daher ein Ziel der Bildung ist, als auch in dem Sinne, daß sprachliche Interaktion Medium von Bildungsprozessen ist, wie es insbesondere in SOKRATES' dialogischer Mäeutik systematisch kultiviert worden ist. Später stellt ARISTOTELES die das Verhältnis von Sprache und Denken bestimmende Annahme auf, daß die logischen Grundbegriffe, die „Kategorien", in den sprachlichen Formen des Urteilens enthalten sind.
Im Gefolge innenpolitischer Auseinandersetzungen nach der Niederlage im Peloponnesischen Krieg gewinnen restaurative Tendenzen in Athen die Oberhand; Lehre und Wirken der Sophisten werden als zersetzend abgelehnt, SOKRATES wird hingerichtet.
In bewußtem Gegensatz zum Relativismus der Sophisten entwickelt nun PLATON (427–348) die Lehre, daß zwar der unmittelbare Augenschein der sinnlichen Wahrnehmung wandelbar und relativ sei, daß aber die Erkenntnis darüber hinaus zu einem unwandelbaren Begrifflich-Allgemeinen vordringen könne; denken ist ein schauendes Erfassen der allgemeinen Ideen. Das ist nur möglich, wenn die Seele schon vorher Kenntnis von ihnen hatte; denkendes Erfassen beruht also auf einer Art Wiedererkennen, einer Rückerinnerung (Anamnesis). Dies erklärt PLATON damit, daß die Seele schon vor der Geburt im Reich der Ideen weilte. Ziel der Entwicklung bzw. Erziehung des einzelnen muß es sein, ihn zur bewußten philosophischen Schau der in seiner Seele eingeborenen Ideen zu führen. ARISTOTELES (384–322), Schüler PLATONS, lehnt die Annahme eines eigenen Reiches der Ideen zwar ab, die allgemeinen Begriffe liegen vielmehr in den Dingen selbst als ihre unwandelbare „Form". Aber auch er faßt, ähnlich PLATON, den menschlichen Geist als Logos, der, strukturgleich mit der im Sein waltenden Ordnung, ihre objektive Erkenntnis ermöglicht.
Diese Lehre ist eingebettet in die Theorie, daß die menschliche Persönlichkeit aus verschiedenen Instanzen bestehe. PLATON nimmt drei, in verschiedenen Teilen des Körpers lokalisierte Bereiche an: den begehrlichen Teil im Unterleib, den muthaften Teil in der Brust und die Vernunft im Kopf. Letztere ist, vergleichbar dem Rosselenker, die Instanz, die die anderen Teile lenkt. ARISTOTELES unterscheidet, entsprechend den in der Natur mit Pflanze, Tier und Mensch gegebenen Stufen der Beseelung, die anima vegetativa, der die Funktionen der Ernährung, des Wachstums und der Fortpflanzung entsprechen, die anima sensitiva mit den Funktionen der Wahrnehmung, Begierde, selbständigen Bewegung, und die nur dem Menschen eigene anima rationalis.
Die Begrifflichkeit dieser Persönlichkeitsmodelle dürfte zwar von einigem Einfluß auf neuere Theorien vom sozialisierten Menschen gewesen sein, wie sie etwa von DURKHEIM, insbesondere FREUD und auch MEAD formuliert worden sind. So findet sich z. B. in allen Auffassungen die Annahme einer organisch-triebhaften Instanz, der eine im weiteren Sinne geistige Instanz lenkend gegenübersteht; nicht zufällig verwendet auch FREUD das Bild von Roß und Reiter. Und als ein intuitiver Vorgriff, der modifiziert wieder bei PARSONS als Kernthese einer soziologischen Persönlichkeitstheorie auftaucht, kann die These PLATONS angesehen werden, daß die Dreiteilung der menschlichen Seele isomorph mit der Struktur der Gesellschaft, der ständischen Dreiteilung in Bauern und Handwerker, in Beamte, Krieger und Wächter und in den Stand der Philosophen-Regenten sei.
Doch darf dies nicht darüber hinwegtäuschen, daß die platonisch-aristotelische Anthropologie und ihre Auffassung der Ontogenese quer liegt zu der sozialisationstheoretischen Annahme einer kausalen Abhängigkeit individueller Bewußtseinsstrukturen von historisch-gesellschaftlichen Bedingungen. Von ihrer aprioristischen Position aus kann sie die Ontogenese nicht als kontingente Bedingtheit begreifen, sondern sieht sie nur als Verwirklichung einer Entelechie, als durch Umwelt und Erziehung bestenfalls geförderte Entfaltung des im Menschen bereits als Gattungsmerkmal angelegten Logos. Ziel der Bildung ist es, diese allgemeine Wesens-

gestalt in möglichst vollkommener Reinheit und Harmonie zu verwirklichen. Damit ist impliziert, daß die Ontogenese als Entwicklung zum Gattungstypus nicht als differentielle individual- bzw. gruppenspezifische Sozialisation oder gar als Individuation begriffen wird.

Es kommt das weitere Moment hinzu, daß, da der Mensch in seinem angeborenen Wesen sozial, „zoon politikon" (ARISTOTELES), ist, diese Entwicklung notwendig in die Befähigung zur Teilnahme am öffentlichen Leben, zum Dienst im Staate mündet. Daher auch sind diejenigen berufen, den Staat zu führen und zu repräsentieren, die eben dieses Wesen am reinsten verwirklicht haben, bei PLATON die Philosophen, bei ARISTOTELES die in der Kultivierung der Tugenden Fortgeschrittensten. Die aus heutiger Sicht problematische Implikation dieser Annahme liegt vor allem darin, daß nicht die Möglichkeit einer Entgegenstellung von Individuum und Gesellschaft vorgesehen ist, ein Motiv, das z.B. in den neueren Theorien eine entscheidende Rolle spielt.

Dennoch ist unschwer zu erkennen, daß die klassische Auffassung teilweise auch in die sozialisationstheoretische Diskussion der Gegenwart eingegangen ist, und zwar mindestens an zwei wichtigen Stellen: Zum ersten dürfte sie die reifungstheoretischen Positionen in der Entwicklungspsychologie erheblich mitbestimmt haben; besonders aktuell ist sie im Ansatz PIAGETS bzw. KOHLBERGS, der Sozialisation wieder als angeregte Entfaltung einer „Logik" bestimmt. Zum zweiten dürfte sie Pate gestanden haben bei der verbreiteten Auffassung, daß Sozialisation teleologisch zu definieren sei als Aneignung der dem gegebenen gesellschaftlichen System entsprechenden Werte und Normen, eine Auffassung, die nicht nur in ideologiekritischer Hinsicht fragwürdig ist, sondern auch in einem gewissen Widerspruch steht zur kausalanalytischen Fragerichtung selbst.

3 Die Philosophie der Aufklärung und des Idealismus

Die Philosophie des Mittelalters besteht im wesentlichen in der Rezeption und Umgestaltung des Gedankengutes der Antike und fügt diesem, zumindest was die Sozialisationsthematik betrifft, kaum etwas Neues hinzu. Im Gegenteil läßt sich sagen, daß der dogmatisch-theologische Charakter des mittelalterlichen Denkens von der Frage nach der realen, diesseitigen Bedingtheit des Menschen noch weiter wegführt.

Das ändert sich mit dem Erstarken bürgerlicher gegenüber klerikalen und feudalen Kräften im Spätmittelalter und der allmählichen Überwindung der dogmatischen Abhängigkeit des Denkens. Die nun entstehende Philosophie der Aufklärung entwickelt eine Reihe von Sinnmotiven, die tragend für das spätere Verständnis vom Menschen und seiner Bedingtheit geworden sind. Es ist vor allem das Verhältnis zweier entgegengesetzter Strömungen, das das anthropologische Denken bestimmt und weiter treibt: Zum einen führt die Durchsetzung der mathematisch-naturwissenschaftlichen Denkweise konsequent auch zu einer naturalistischen Anthropologie, in der der Mensch nicht mehr als vom göttlichen bzw. herrschaftlichen Willen, sondern von diesseitigen, natürlichen Bedingungen abhängig erscheint. Diesen Verlauf finden wir vor allem im englischen Empirismus. Zum zweiten muß die entscheidende Errungenschaft der Aufklärung, nämlich die Identität des Menschen als Vernunftwesen, ihren Niederschlag auch im Menschenbild finden; dies kommt stärker im Rationalismus und Nativismus der kontinentalen Philosophie zum Ausdruck. Damit ist schon angedeutet, daß die Aufklärungsphilosophie eine sozialisationstheoretische Sichtweise direkt vorbereitet, andererseits ihr jedoch in gewisser Weise auch im Wege steht. Im folgenden sei zunächst der englische Empirismus dargestellt.

3.1 Der englische Empirismus (BACON/HOBBES/LOCKE/HUME)

Der im 17. Jahrhundert entstehende englische Empirismus ist von erstrangiger Bedeutung für die spätere Entwicklung der angloamerikanischen Psychologie und insofern auch des Sozialisationsparadigmas. Als Wegbereiter ist zunächst Francis BACON (1561–1626) zu nennen. Er ist zwar vor allem als Wissenschaftstheoretiker bekannt geworden, der die Grundzüge einer auf Erfahrung, Induktion und Experiment beruhenden wissenschaftlichen Erkenntnis der Natur und Gesellschaft zwecks Beherrschung ihrer durch den Menschen dargestellt hat; insofern erstreckt sich seine Bedeutung auf die Entstehung der modernen Erfahrungswissenschaft insgesamt. Spezifisch für die Sozialisationsthematik ist aber der von der englischen Philosophie dann weiterentwickelte Gedanke, daß Wissen und Erkenntnis eben aus der *Erfahrung*, d.h. aus der Umwelt des Menschen stammen. Und seine Idolenlehre – eine Theorie möglicher Fehler bei der objektiven Erkenntnis der Wirklichkeit – enthält implizit Elemente einer Theorie der kognitiven Sozialisation mit spezifizierten Annahmen auch über deren gesellschaftliche Bedingungen. Er unterscheidet nämlich: (1) idola tribus, Fehler aufgrund in der menschlichen Gattung verwurzelter Überzeugungen und Anthropomorphismen; (2) idola specus, Fehler aufgrund individueller Dispositionen des einzelnen, die in seiner Erziehung, seinem Milieu, seiner Abhängigkeit von Autoritäten usw. begründet sind; (3) idola fori, die in den sozialen Beziehungen, besonders in der Kommunikation und Sprache selbst liegen, wobei BACON darauf hinweist, daß die Sprache einerseits Begriffe und Gegenstände oft nur ungenau oder falsch wiedergibt, sie andererseits aber auf den Verstand zurückwirkt; (4) idola theatri, Fehler aufgrund der Abhängigkeit des Denkens von Weltanschauungen bzw. von philosophischen Systemen (hier als Entwürfe für das „Welttheater" aufgefaßt).

Thomas HOBBES (1588–1679) ist für die Entwicklung der modernen Sozialisationstheorie in mehrfacher Hinsicht von größter Bedeutung. Was die Auffassung vom Menschen betrifft, so begnügt er sich nicht mit der Feststellung, daß alle Erkenntnis auf Erfahrung gründet, sondern stellt die Annahme auf, daß wie die Körperwelt auch das Psychische durchgängig von gesetzmäßig wirkenden Ursachen abhängig sei. Den Bewußtseinsphänomenen liegt ein materielles Substrat, die Bewegungen materieller Partikel, zugrunde. Dies gilt auch für den moralischen bzw. motivationalen Aspekt des Handelns: „Wert" bzw. „Unwert" ist die lust- bzw. unlustbetonte Reaktion auf einen von einem Objekt ausgehenden Reiz; Werte sind also subjektiv und können nicht aus einer normativen Ethik abgeleitet, sondern nur deskriptiv erfaßt und erklärt werden.

Relevant für die soziologische Seite des Sozialisationsproblems ist der Grundgedanke der HOBBESschen Staatstheorie. Im zunächst herrschenden Naturzustand sind die Individuen soziale Atome, die nur die eigene Selbsterhaltung und den eigenen Vorteil erstreben und so notwendig miteinander in Konflikt, in einen Kampf aller gegen alle geraten. Dieser in höchstem Maße prekäre und unsichere Zustand kann nur dadurch überwunden werden, daß die Individuen freiwillig und in einer vertraglichen Übereinkunft auf ihr „natürliches Recht auf alles" verzichten und sich einer gemeinsamen Regulationsinstanz unterordnen. Diese Instanz muß souverän und mit der Machtbefugnis ausgestattet sein, alle Individuen durch die Androhung von Sanktionen zur Einhaltung des Vertrages zu zwingen – der Staat. Es muß sich dabei nicht um eine personifizierte Instanz handeln, vielmehr ist sie repräsentiert schon in der Rechtsordnung selbst, im „public conscience".

Die Bedeutung HOBBES' liegt zum ersten darin, daß er eine konsequent naturalistische, ja materialistische Anthropologie entwirft und damit zu einem entscheidenden Wegbereiter einer Hauptströmung der englischen Philosophie wird, die später wesentlich zur Ausgestaltung der Sozialisationsforschung beiträgt. HOBBES' Begriff und Theorie der Werte z.B. kehrt – vermittelt durch eine ähnliche Lehre J. St. MILLS (1806–1873) – fast wörtlich in unserem Jahrhundert in der behavioristischen Motivationstheorie und bei T. PARSONS wieder. Darüber hinaus ist besonders die HOBBESsche Staatstheorie von großer Tragweite geworden. Mit seiner – der platonisch-aristotelischen Position diametral entgegengesetzten – Theorie, daß der Mensch im Naturzustand unsozial sei und daß Gesellschaft erst unter einem gemeinsamen und für alle verbindlichen Normensystem, das vom einzelnen notwendig Einschränkungen verlangt, möglich wird, hat HOBBES offensichtlich die Entstehung der sozialisationstheoretischen Grundfigur bei DURKHEIM (vgl. seinen Begriff der conscience collective als Zwangsinstanz), FREUD (vgl. seinen Begriff des Über-Ich und seine Gegenstellung zum Es) und später PARSONS, die dann den Begriff der Rechtsordnung zu einer vom Individuum verinnerlichten Instanz umdeuten, stark beeinflußt. Angesichts dieses Zusammenhanges ist interessant, daß HOBBES' Theorie nicht nur allgemein die neue bürgerliche Gesellschaftsstruktur miteinander in Tauschbeziehungen stehender Rechtssubjekte widerspiegelte, sondern daß sie in einem historischen und biographischen Kontext entstanden ist, der durch unstabile, bürgerkriegsähnliche Verhältnisse aufgrund der revolutionären Bewegungen im ersten Jahrhundertdrittel in England bestimmt ist. „Das ausschlaggebende Motiv für die Abfassung von HOBBES' erster politischer Schrift war ... der Wunsch, angesichts der vorrevolutionären Situation des Jahres 1640 die Souveränitätsrechte durch eine rechts- und staatsphilosophische Analyse des Begriffs eines politischen Körpers zu stärken" (RÖD 1978, S. 149). Daher ließe sich mit einem modernen Ausdruck sagen, daß die HOBBESsche Theorie dem Interesse an sozialer Integration entspringt, ein Motiv, das auch im sozialisationstheoretischen Denken unseres Jahrhunderts eine große Rolle spielt.

John LOCKE (1632–1704), der als einflußreichster Denker der englischen Aufklärung gilt, ist, auch durch die bewußte Gegenstellung zu DESCARTES' Theorie der eingeborenen Ideen (s. u.), zugleich der entschiedenste Vertreter des Empirismus. Alle Erkenntnis geht aus von der Erfahrung. Auch die Begriffe werden durch Verknüpfen und Kombinieren von Ideen – LOCKE prägt den lernpsychologischen Begriff der Assoziation – aus der Erfahrung gewonnen; dies gilt auch für die Identität des individuellen Bewußtseins. Die Seele ist bei der Geburt des Menschen ein unbeschriebenes Blatt, eine tabula rasa. Die Erfahrungen sind bei allen Völkern verschieden, daher unterscheiden sie sich auch in grundsätzlichen Anschauungen. LOCKE hat eine liberalistische Pädagogik der Privaterziehung vorgelegt, deren Einfluß sich bis auf den Kontinent – besonders ROUSSEAU – erstreckte. Als Pädagogik enthält auch sie selbstverständlich sozialisationstheoretische Annahmen.

In Frankreich hat Ch. DE MONTESQUIEU (1689–1755), der vor allem durch Rezeption und Erweiterung der von LOCKE aufgestellten Lehre von der Gewaltenteilung bekannt geworden ist, auch den Gedanken ausgebaut, daß sich in den Gesetzen jedes Staates der besondere Geist eines Volkes niederschlägt, der abhängig ist von materiellen Bedingungen, besonders von der Zahl der Einwohner, der eingenommenen Fläche sowie von Bodenbeschaffenheit, Klima usw. Diese den modernen ökologischen Ansatz vorwegnehmende These wird später in DURKHEIMS Theorie der Entwicklung der Arbeitsteilung und ihrer Folgen für die Sozialisation übernommen und weitergeführt.

Die LOCKEsche Argumentation wird vertieft durch David HUME (1711–1776). Er stellt die Theorie auf, daß alle unsere Vorstellungen Abbilder sinnlicher Wahrnehmungen, oder Kombinationen dieser, sind. Unsere Annahme, daß die Wirklichkeit fortexistiert, auch wenn wir sie gerade nicht wahrnehmen, beruht nur auf einem Glauben, der durch die Wahrnehmungen immer wieder genährt wird. Die Dinge sind nicht als Substanzen zu begreifen, sondern als Wahrnehmungskomplexe. Auch dem Ich, der Person, liegt keine seelische Substanz zugrunde, sondern es ist nichts als ein „Bündel von Perzeptionen". Mit dieser – heute im psychologischen Situationismus modifiziert wiederkehrenden – Position geht HUME über den sozialisationstheoretischen Ansatz, der ja am Begriff der Persönlichkeit als solchem festhält, sogar weit hinaus. Besonders hervorzuheben ist die Theorie, durch die HUME die Verknüpfung der Wahrnehmungen zu Begriffen erklärt: die Wahrnehmungen werden aufgrund äußerer kontingenter Bedingungen – und zwar Ähnlichkeit, Kontiguität (räumliche oder zeitliche Nachbarschaft) oder zeitlicher Aufeinanderfolge – miteinander assoziiert. „Kausalität" ist z. B. die subjektive Assoziation zweier häufig aufeinanderfolgender Ereignisse. So beruhen alle Begriffsreihen, Urteile, Meinungen und Einstellungen auf Gewöhnung durch Wiederholungen äußerer Ereignisse. Auch Unterwerfung unter die Staatsautorität bleibt, wenn erst einmal eingeführt, nach HUME aus Gewohnheit weiterbestehen.

Die Gedanken HUMES und des englischen Empirismus insgesamt waren von großem Einfluß sowohl in England (D. HARTLEY/J. PRIESTLEY/Th. BROWN, später J. MILL/J. St. MILL) wie auch bei den französischen Materialisten des 18. Jahrhunderts, die die sensualistische Erkenntnistheorie physiologisch unterbauten (E. B. DE CONDILLAC/J. DE LA METTRIE/C. A. HELVETIUS/P. H. D. v. HOLBACH). Frappierend ist, in welch hohem Ausmaß die behavioristische Lern- und Denkpsychologie unseres Jahrhunderts in ihrer Begrifflichkeit direkt auf die HUMEsche Assoziations- und Persönlichkeitstheorie zurückgreift. In Deutschland wäre Johann Friedrich HERBART (1776–1841), philosophiegeschichtlich als nachkantischer Realist einzuordnen, mit seiner deterministischen Psychologie und Vorstellungsmechanik in die Nähe dieser Auffassung zu stellen. HERBARTS Bedeutung liegt vor allem in seiner Pädagogik, die im wesentlichen eine Theorie des Unterrichts ist und ein entsprechendes Verständnis von Sozialisation in Deutschland mitgeprägt hat.

In der Rückschau können folgende Errungenschaften der empiristischen Philosophie in England hervorgehoben werden, die als Sinnvoraussetzungen späterer Sozialisationstheorie anzusehen wären. Ein naturalistisches Menschenbild, das den Menschen von realen Bedingungen abhängig sieht, ist logische Voraussetzung einer erfahrungswissenschaftlichen Anthropologie im weitesten Sinne, also auch einer Sozialisationstheorie. Die entscheidende Errungenschaft ist aber die These des Empirismus, daß die Psyche durch von außen kommende Sinneseindrücke und Erfahrungen geprägt, ja konstituiert werde. Damit ist der Aspekt der Vermittlung, ja die sozialisationstheoretische Grundannahme allgemein formuliert. Freilich wird diese These dann nur nach der psychologischen Seite und systematisch ausgeführt; der dabei entstehende Begriff vom Subjekt als ein „Bündel von Wahrnehmungen“ (HUME) ist offensichtlich noch unangemessen. Auch die Seite der konkreten Bedingungen, besonders ihr gesellschaftlicher Charakter, sowie die Ontogenese werden noch nicht angemessen thematisiert. Wegen seiner konstitutiven Bedeutung für eine bestimmte Wendung des sozialisationstheoretischen Denkens ist das HOBBESsche Paradigma hervorzuheben, daß Gesellschaft eine den Naturzustand des Menschen zähmende, allgemeine und normative Ordnung mit Sanktionsgewalt erfordert.

3.2 Die französische Aufklärung (DESCARTES/ROUSSEAU)

Die der empiristischen gegenüberstehende rationalistische und nativistische Strömung ist stärker auf dem Kontinent ausgeprägt und wird durch eine Reihe von Denkern, insbesondere von DESCARTES in Frankreich und LEIBNIZ in Deutschland getragen. Wie schon angedeutet, führt diese Strömung von der grundlegenden sozialisationstheoretischen Annahme einer empirischen, insbesondere gesellschaftlichen Bedingtheit des Menschen weg. Sie ist dennoch in unserem Zusammenhang von Bedeutung, zum einen weil sie von großem Einfluß auf die idealistische Philosophie des 19. Jahrhunderts und danach gewesen ist und daher eine Voraussetzung für das Verständnis der Gründe, die – wie z. B. in Deutschland – die Herausbildung des sozialisationstheoretischen Paradigmas verhindert haben. Außerdem ist sie auch in systematischer Hinsicht bedeutsam, nämlich als Entwicklung einer gegenüber den Konzepten des Empirismus komplexeren und angemesseneren Theorie des *Subjekts*, die einzubeziehen ja eine notwendige, wenn auch selbst gegenwärtig noch kaum realisierte Aufgabe einer Sozialisationstheorie ist.

René DESCARTES (1596–1650) geht aus von dem in der Mathematik und zeitgenössischen Physik vorliegenden Wissenschaftsbegriff; als wahre Erkenntnis gilt nur, was dem Verstand in völliger Klarheit und Deutlichkeit einsichtig ist. Durch Anwendung des „methodischen Zweifels“, der systematischen Infragestellung aller Annahmen, kommt DESCARTES zu der Feststellung, daß alle Wahrnehmungen und Annahmen über die Körperwelt, ihre Beschaffenheit und selbst ihre Existenz, letztlich zweifelhaft sind und nur eines unzweifelhaft gewiß ist: daß ich als Zweifelnder bzw. Denkender existiere (cogito ergo sum).

Damit ist bei DESCARTES der Grund gelegt für die folgenreiche Unterscheidung der Welt in zwei wesensverschiedene „Substanzen“, nämlich das Bewußtsein (res cogitans) und die realen Dinge, deren Merkmal die räumliche Ausdehnung ist (res extensa). In der Dingwelt, zu der auch der menschliche Körper gehört, gelten die Gesetze der Mechanik. So wird z. B. im Körper die Leitung nervöser Impulse vom Gehirn zu den Muskeln als Übermittlung von Druckschwankungen durch die als Schläuche vorgestellten Nervenbahnen angesehen; die Steuerung geht von der Zirbeldrüse aus. Tiere gelten als unbeseelte, maschinenhafte Automaten.

Wesentlich wird der Mensch jedoch durch Bewußtsein und Denkvermögen bestimmt. Dieses kann nur, da die Sinne – wie der methodische Zweifel ja gezeigt hat – trügerisch sind, auf im Verstand selbst schon eingeborenen Ideen (ideae innatae) beruhen, als Potentialität angelegten Begriffen (z. B. „Substanz“ und „Kausalität“), aus denen wir die wahren Erkenntnisse logisch konstruieren. Man erinnere sich, daß DESCARTES von der Mathematik und Physik als Wissenschaftsideal ausgeht und selber ein hervorragender Mathematiker war.

DESCARTES' Menschenbild ist also streng dualistisch: Einerseits enthält es materialistische und deterministische Züge, andererseits wird aber als spezifisch menschliche Eigenschaft das denkende Bewußtsein hervorgehoben, und dieses wird nicht als abhängig von der äußeren Realität, sondern als mit einem an die Scholastik erinnernden theologischen Einschlag metaphysisch begründet angenommen. Hier ist der Schwerpunkt seiner Anthropologie zu sehen, der DESCARTES in offene Gegenstellung zum englischen Empirismus führte.

Einen Versuch zur Vermittlung der beiden Bereiche kann man in der Diskussion zu dem Problem sehen, wie denn das Verhältnis zwischen den wesensverschiedenen Substanzen, dem Seelischen und dem Körperlichen, zu denken sei. DESCARTES' Antwort, daß Körperliches und Seelisches im Gehirn in Wechselwirkung miteinander treten, wurde schon von zeitgenössischen Kritikern als unbefriedigend abgelehnt. Andere Denker (A. GEULINCX/N. MALEBRANCHE) stellten die Okkasionalismus genannte These auf, daß Gott es bewirke, daß „bei Gelegenheit" von Erregungszuständen im Zentralnervensystem in unserem Bewußtsein bestimmte Vorstellungen bzw. umgekehrt „bei Gelegenheit" von Willensakten bestimmte physische Ereignisse auftreten. B. SPINOZA setzte dem die Annahme eines psychophysischen Parallelismus entgegen, nach der körperliche und seelische Vorgänge von vornherein nur zwei Seiten derselben substantiellen Wesenheit, Gottes, sind. Es ist jedoch klar, daß dies nur spekulative Lösungen sind. Tatsächlich ist das psychophysische Problem bis in die Gegenwart weiter als Problem tradiert worden, insbesondere in der Wissenschaftstheorie sowie als begriffliche Ausgangsbasis der psychosomatischen Medizin.

Sei es, daß DESCARTES gerade aus der Entgegensetzung den ganzen Menschen konstruieren wollte, sei es – was mir wahrscheinlicher ist –, daß er vom Subjekt den letzten empirischen Rest abstoßen wollte: Der cartesische Dualismus ist zur Weiche geworden, an der sich in der Neuzeit die Wege einer Anthropologie, die den Menschen als bedingten auffaßt, und einer immanenten Bewußtseinsphilosophie getrennt haben – vorbei an der sozialisationstheoretischen Fragestellung, wie denn der Mensch *als* Subjekt ontogenetisch real bedingt sei.

Die französische Aufklärungsphilosophie des 18. Jahrhunderts ist in besonderem Maße durch den Glauben an die befreiende Kraft der Wissenschaft geprägt und trägt daher einen enzyklopädischen Zug (P. BAYLE/D. DIDEROT/J. D'ALEMBERT). Ihr Menschenbild, beeinflußt vom englischen Empirismus, ist materialistisch und atheistisch (CONDILLAC/LA METTRIE/HELVETIUS/HOLBACH) (s.o.). Hatte sie bei der für das Verständnis der Aufklärung insgesamt spezifischen Gleichsetzung des Vernünftigen mit dem Natürlichen bisher immer nur auf die Vernunft gebaut, so wird nun ein scharfer Akzent gesetzt durch eine Stimme, die die Gleichung im anderen Sinne radikalisiert und die *Natur* zum tragenden Prinzip erklärt:

Jean Jacques ROUSSEAU (1712–1778) debütiert mit einer Preisschrift, in der er zur Überraschung aller feststellt, daß die Erneuerung der Wissenschaften und Künste mitnichten zur Hebung, vielmehr zum Verderb der Sittlichkeit geführt habe. Und es bleibt sein Thema, daß alle gesellschaftlichen Institutionen – insbesondere alle Instanzen staatlicher Machtausübung, Stände und das Privateigentum, aber auch die ganze Kultur des Intellekts, Wissenschaft, Kunst und der Glaube an durch Vernunft gesteuerten Fortschritt – wider die Natur des Menschen sind und seine natürliche Entfaltung, vor allem der Kräfte des Gefühls und des Herzens, behindern. Das Natürliche verkommt, wenn der Mensch eingreift, daher der Ruf: Kehren wir zur Natur zurück!

Nach ROUSSEAUS Auffassung vom Staat soll alle Staatsgewalt unmittelbar beim Volke liegen, jeder Einzelne ist Objekt und Subjekt der Staatsgewalt. Das ist nur möglich, wenn der Staat eine freie, quasi vertragliche Vereinigung der Bürger ist, die nicht von partikularen Interessen, sondern von einem auf das Wohl der Gesamtheit gerichteten Gemeinwillen (volonté générale), der mehr ist als bloß der empirisch vorfindbare „Wille aller", bestimmt sind. Der Erziehung hat ROUSSEAU einen hohen Stellenwert eingeräumt. Sie muß – hier knüpft ROUSSEAU an LOCKE an – darin bestehen, den Zögling von den verbildenden Einflüssen der Kultur fernzuhalten und ihm ein natürliches Wachsen seiner Anlagen ohne jeden Zwang zu ermöglichen. Ziel ist die Erziehung nicht zu einer bestimmten Rolle in der Gesellschaft, sondern zum Allgemeinmenschlichen. ROUSSEAU hat als erster die Einsicht formuliert, daß das Kind in jedem Alter eine ihm eigene Natur hat. Sein Erziehungsroman ‚Emile' enthält eine Fülle praktischer Überlegungen zur Erziehung und entsprechend eine implizite genetische Sozialisationstheorie.

ROUSSEAUS Bedeutung für die Sozialisationsthematik ist kaum zu überschätzen. Er formuliert – ähnlich HOBBES – die Position eines Gegensatzes zwischen menschlicher Natur und Gesellschaft, stellt sich aber auf die Seite der menschlichen Natur. Nicht sie muß gezähmt werden, sondern die Gesellschaft soll menschlich, „natürlich" sein. Soweit schon die Institutionen als solche diese Bedingung nicht mehr erfüllen, läuft auch ROUSSEAUS Lösung auf ein

dem HOBBESschen entgegengesetztes Paradigma, oder besser gesagt seine Umkehrung hinaus: Minimierung, im Prinzip Abschaffung des Staates. Dem entspricht auch ROUSSEAUS Konzeption von Erziehung, die geradezu als Gegenteil einer umweltbedingten Sozialisation postuliert wird.
Auch wenn die Präzisierung des zentralen Begriffs der Natur offensichtlich in theoretische Schwierigkeiten führt, hat ROUSSEAUS Theorie als *Idee* beträchtlichen Einfluß ausgeübt, insbesondere hat sie später die von FREUD entwickelte psychoanalytische Sozialisationstheorie und ihre Rezeption in bestimmten Kreisen bis hin zur antiautoritären Bewegung der späten sechziger Jahre bei uns bestimmt. Seine Feststellung der Eigenart und Entwicklung des Kindes ist eine Grundlage der Theorie J. PIAGETS geworden. Zu untersuchen bliebe, wie weit in ROUSSEAUS Begriff der volonté générale ein neues, über HOBBES und LOCKE hinausführendes Paradigma enthalten ist oder ob er die Genannten hier im wesentlichen nur repliziert hat.

3.3 *Aufklärung und Idealismus in Deutschland* (LEIBNIZ/KANT/FICHTE)

Die deutsche Philosophie der Aufklärung knüpft in Gottfried Wilhelm LEIBNIZ (1646–1716), ihrer größten Gestalt, an die durch DESCARTES begründete rationalistische Tradition an und spitzt sie aprioristisch zu. LEIBNIZ verwirft die DESCARTESschen Annahmen bezüglich der Körperwelt und einer entsprechenden Substanz, die Wirklichkeit besteht vielmehr letztlich aus seelischen Einheiten, die Vorstellungen und auch die ursprünglichen Kräfte enthalten, aber nicht als Körper mit räumlicher Ausdehnung zu denken sind – LEIBNIZ nennt sie „Monaden". Die Monaden werden nach Klarheit und Vollständigkeit der Vorstellungen unterschieden: nach den Monaden, die unbewußt dahindämmern, und den Monaden mit Bewußtsein und Empfindung, die dem Tier entsprechen, folgt die menschliche Stufe der Monaden mit Selbstbewußtsein, wenn auch teilweise noch unklaren und perspektivischen Vorstellungen; die Monade mit vollkommen deutlichen Vorstellungen ist Gott. Die Vorstellungen kommen nicht von außen in die Monaden hinein, denn diese haben „keine Fenster". Sie wurden vielmehr von Gott in sie hineingelegt. Die Sinne bieten nur die Gelegenheit zur Tätigkeit des Geistes, die wahre Erkenntnis liegt aber schon in ihm angelegt. Jede Monade handelt daher auch ohne äußeren Zwang, also frei.
Nimmt LEIBNIZ so in der Frage der Ontogenese die extreme Gegenposition zur Grundannahme einer Sozialisationstheorie ein, was entsprechende Folgen für die weitere Entwicklung besonder der deutschen Philosophie hatte, so finden wir in seiner Monadologie jedoch auch Gedanken, die als wichtige Beiträge zu späteren Theorien des Subjekts zu werten sind. So enthält nach LEIBNIZ jede Monade das ganze Universum in sich, freilich in der jeweils spezifischen Perspektivität, die ihrem individuellen Standort entspricht; daher vergleicht LEIBNIZ die Monaten mit „lebenden Spiegeln des Universums". Auf diese Weise erklärt er, daß jede Monade von der anderen verschieden, individuell ist, daß andererseits aber alle Monaden durch die Einheit des von ihnen gespiegelten Universums in ihren Vorstellungen von vornherein miteinander im Einklang, in einer „prästabilierten Harmonie" stehen.
Sehen wir von der LEIBNIZschen Verdrängung der Genese und seiner metaphysischen Konstruktion ab, so ließe sich diese Lehre in heutiger Sprache so formulieren, daß die Subjekte die Welt kognitiv verinnerlicht haben und ihr Verhältnis zueinander durch die Gemeinsamkeit dieser verinnerlichten Welt bestimmt ist; durch ihren Standort, wenn man will: ihre Rolle, ist ihre Sicht jedoch perspektivisch, und dies ist Grundlage ihrer Individualität. Trifft diese Interpretation, so würden sich bei LEIBNIZ schon die Elemente eines weiteren Sozialisationsparadigmas neben dem HOBBESschen und dem ROUSSEAUschen abzeichnen, das sich später vor allem in der zu HEGEL, dann weiter zu G. H. MEAD, zur Phänomenologie (E. HUSSERL/A. SCHÜTZ) und dann zum symbolischen Interaktionismus führenden Linie herausgebildet hat.
Als Ende der Philosophie der Aufklärung i. e. S. gilt Immanuel KANT (1724–1804), der den Erkenntnisanspruch in den spekulativen Systemen des Rationalismus radikal kritisiert und gleichzeitig den Gegensatz von Rationalismus und Empirismus überwindet. KANT wies nach, daß Erkenntnis der Wirklichkeit weder allein aus Begriffen noch allein aus den von den Sinnesorganen stammenden Empfindungen gewonnen werden kann, sondern nur dadurch, daß die aus den Sinnen stammende Mannigfaltigkeit unter Begriffe gebracht, in Begriffen organisiert wird, über die wir schon vor der Erfahrung („a

priori“) verfügen. Daher ist Erkenntnis nur innerhalb der Grenzen möglicher Erfahrung, nicht als Metaphysik möglich. Und sie ist gebunden an die vorgängigen Begriffe; nach KANT sind dies die reinen Anschauungsformen Raum und Zeit sowie die Kategorien, wobei er eine vollständige Systematik von 12 Kategorien geben zu können glaubt.

KANT hat keine Aussagen über die Ontogenese der Kategorien gemacht – und in dieser Hinsicht hat er die Position des Empirismus, z.B. HUMES, nicht verarbeitet – und nahm auch nicht an, daß das System der Grundbegriffe, das er vor allem auf die wissenschaftliche Erkenntnis der NEWTONschen Physik bezog, vielleicht offen und historisch wandelbar ist. Insofern wirken hier rationalistische Annahmen, insbesondere der Begriff der ideae innatae, in gewisser Weise nach. Doch hat KANT geflissentlich vermieden, die Grundbegriffe direkt als eingeboren zu bezeichnen, vielmehr bestimmt er sie systematisch nur im Verhältnis zu aktueller Erfahrung, eben als „a priori“. Daher ist zumindest nicht ausgeschlossen, daß sie prinzipiell *empirischen* Ursprungs sind, d.h. in der Ontogenese durch bestimmte Lernprozesse i.w.S. und bestimmte Umwelteinflüsse gebildet werden.

Das damit gestellte Programm wurde schon von Jakob Friedrich FRIES (1773–1843) erkannt und verfolgt; vor allem ist es in unserem Jahrhundert bei Jean PIAGET, der bewußt an KANT anknüpft, zum Ausgangspunkt einer großen und ergiebigen Forschungsarbeit und so auch von Bedeutung für die sozialisationstheoretische Diskussion der Gegenwart geworden. Auf ähnlichem Wege einflußreich ist auch die KANTische Ethik. Sowohl das methodische Prinzip, die Ethik rational-logisch – im Unterschied etwa zu einer materialen Wertethik – zu begründen als auch das Resultat, der kategorische Imperativ – „Handle so, daß die Maxime deines Willens jederzeit zugleich als Prinzip einer allgemeinen Gesetzgebung gelten könne“ –, haben direkt die Theorie der Entwicklung des moralischen Bewußtseins bei PIAGET, stärker noch bei L. KOHLBERG, beeinflußt.

Die nach der KANTischen Philosophie naheliegende Rückwendung auf das Subjekt wird vor allem von Johann Gottlieb FICHTE (1762–1814) vollzogen; er ist sozusagen der Philosoph des Ichs. Zwar ist die Rezeptionsgeschichte der FICHTEschen Philosophie bei den Autoren der Sozialisationstheorie weniger zu belegen als im Falle der anderen Denker, doch ist erstaunlich, wie viele Motive der gegenwärtigen Diskussion sich bei FICHTE finden. Nach FICHTE muß jedes Denken notwendig vor allen inhaltlichen Annahmen mit dem Schritt der Setzung des eigenen „Ich“ beginnen: Ich bin Ich; das heißt auch, daß ich mir in allen Bewußtseinsinhalten identisch bin. Mit dieser Setzung ist aber auch schon das Nicht-Ich gedacht, im Sinne des dialektischen Dreischritts die Antithese. Da das Ich beide Setzungen vornahm, kann es auch den Widerspruch durch die Synthese aufheben, es gelangt auf diese Weise zu einem neuen, absoluten Ich. Nach FICHTE kann das Bewußtsein mit jedem Gegenstand so verfahren und auf diese Weise grundlegende Bestimmungen und sich selbst zu immer größerem Reichtum entfalten. FICHTE formuliert mit der Ich-Dialektik eine Figur, die später mit soziologischem Akzent bei G. H. MEAD (als Verhältnis von „I“ und „Me“) und anderen Identitätstheoretikern wiederkehrt. Seine Theorie der schrittweisen Elaboration der logischen Struktur aus dem Ich als Versuch einer genetischen Erklärung des KANTischen Apriori antizipiert die PIAGETsche Theorie der kognitiven Entwicklung zu jeweils höheren, äquilibrierten Stufen von Begrifflichkeit. In seiner Sittenlehre hat FICHTE eine Stufenfolge des Willens aufgestellt – nämlich erstens das Begehren zur hedonistischen Bedürfnisbefriedigung, zweitens der Wille zur Selbstbehauptung und Durchsetzung, drittens der Vernunftwille zur Freiheit des Menschen überhaupt –, die auch in Details auf neuere Theorien der moralischen Entwicklung, insbesondere auf KOHLBERG, hinweist.

Überblicken wir die kontinental-europäische Philosophie bis hierher, so stellt sie sich zum größten Teil als immanente Theorie des Subjekts dar. Das heißt nicht, daß nicht auch das Verhältnis von Subjekt und Gesellschaft thematisiert würde, aber der sozialisationstheoretisch zentrale Aspekt der empirisch-gesellschaftlichen Bedingtheit des Subjekts tritt zurück, ja scheint geradezu axiomatisch ausgeschlossen zu werden. Andererseits finden wir hier die weiteste Elaboration des Begriffs vom Menschen als Vernunftwesen. Historisch gesehen mußten beide Annahmen, daß also die Vernunft des Menschen gleichzeitig sein angeborenes Gattungswesen sei, zur Legitimierung der politischen Ansprüche des Bürgertums zusammengebracht werden; die politische Emanzipation des Individuums forderte seine Verabsolutierung auch in der Philosophie. Für die theoretische

Weiterentwicklung entstand damit aber eine schwere Hypothek.
Folgende Ergebnisse ragen im einzelnen heraus: Bei ROUSSEAU formiert sich eine Opposition gegen gesellschaftlich organisiertes Leben, die zumindest als Negation des überkommenen HOBBESschen Paradigmas der Vergesellschaftung unter Zwang für uns relevant ist. Bei DESCARTES, üblicherweise Vater der Philosophie der Neuzeit genannt, liegt aus sozialisationstheoretischer Perspektive der Sündenfall, die fundamentale Trennung von Subjekt und materieller Realität, die als Hauptgrund der folgenden Entwicklung einer abstrakten Subjektphilosophie angesehen werden muß. Höhepunkt dieses Apriorismus ist LEIBNIZ, seine „Monaden" sind fensterlos. Aber sie enthalten das ganze Universum in sich; das Subjekt mit einer perspektivischen kognitiven Repräsentanz der einen Realität, das eben deshalb mit den anderen übereinstimmen kann, könnte als Ursprung eines gegenüber der Tradition neuen Paradigmas vom vergesellschafteten Subjekt gelesen werden. KANT überwindet und verbindet die einseitigen Positionen des Empirismus und des Rationalismus und gewinnt so eine neue, im Prinzip bis heute gültige Theorie menschlichen Erkennens mit stimulierenden Implikationen; auch der logische Aspekt der Moralität wurde von ihm erschlossen. Beides wird später Ausgangspunkt der PIAGETschen Psychologie. Auch FICHTES Ich-Dialektik und Idee eines stufenweisen Aufbaus des kognitiven Apriori finden wir im Umkreis der genannten Autoren wieder.
Wollte man in einer kurzen Formel den Beitrag der Philosophie der Aufklärung und des Idealismus zum Problem der empirischen Vermittlung des Subjekts durch die Gesellschaft benennen, so ließe sich sagen: Die Vermittlung wird im Prinzip, wenn auch nicht als gesellschaftliche, in der englischen Philosophie thematisiert. Das Subjekt ist, jedoch weitgehend noch als abstraktes, Gegenstand in der rationalistischen und idealistischen Philosophie. Dagegen tritt Gesellschaft, der dritte Schwerpunkt, eher nur implizit und ebenfalls abstrakt in Erscheinung. Sie wird das große Thema des 19. Jahrhunderts.

4 Die Philosophie des 19. Jahrhunderts

Im Gefolge der Einsicht, daß die Aufklärung noch nicht das Endziel der Geschichte war, angesichts der politischen Bewegungen nach der Revolution von 1789, angesichts auch der sich anbahnenden Industrialisierung und heraufziehender neuer Probleme wendet sich die Philosophie der Gesellschaft zu; symptomatisch ist die „Gründung" der Soziologie als eigene Disziplin bei Auguste COMTE (1842). Gesellschaft wird von vornherein unter dem Aspekt der *Entwicklung* gesehen, wenn auch in unterschiedlicher Weise – bei COMTE, HEGEL, MARX, SPENCER in großräumigen, abstrakten Schemata, im Historismus eher als Ausprägungen von individueller Vielfalt. Für die Sozialisationstheorie ist diese Tradition nicht nur deshalb relevant, weil hier „Gesellschaft" und damit zumindest implizit auch Sozialisation thematisiert wird, sondern weil Entwicklung der Gesellschaft bestimmte Konsequenzen für die Sozialisation ihrer Mitglieder, und umgekehrt, hat, ein Thema übrigens, dessen systematische Ausarbeitung bis heute aussteht.

4.1 HEGEL

Der die Sozialisationsthematik am weitsichtigsten fassende Denker des beginnenden 19. Jahrhunderts ist zweifellos Georg Wilhelm Friedrich HEGEL (1770–1831). Er konstruiert spekulativ ein umfassendes System auf dem Gedanken, daß die Welt eine durch den Widerspruch zwischen göttlichem Denken und materieller Natur bewegte Entwicklung zur Rückkehr des Geistes zu sich selbst, und zwar im Menschen, ist. Zunächst ist der Mensch, gleich allen Naturwesen, zwar nur eine objektive Erscheinungsform des Geistes, doch ist es sein Wesen und seine Bestimmung, daß in ihm der Geist aus der blinden Bewußtlosigkeit heraustreten und zum Bewußtsein seiner selbst gelangen kann. Durch verschiedene Stufen der Entwicklung verwirklicht sich der Geist in den Gestaltungen von Recht, Moralität und Sittlichkeit, darunter Staat, Gesellschaft und Familie; sie sind der objektive Geist.
Er hat seine Wirklichkeit allerdings nur in den einzelnen konkreten Menschen, im subjektiven Geist. Dieser in unserem Zusammenhang zentrale Begriff meint nicht nur Bewußtsein im traditionellen Sinne, sondern auch die noch

unentfaltete Potentialität aller Kräfte des menschlichen Wesens. Zwischen objektivem und subjektivem Geist besteht eine dialektische Einheit: Einerseits wird der objektive Geist durch die Totalität der Objektivität schaffenden subjektiven Geister innerhalb eines gesellschaftlichen Ganzen konstituiert, andererseits wird der subjektive Geist vom objektiven durchdrungen; der Mensch erkennt sich so im Allgemeinen. Die Existenz des Menschen bloß als abstrakte Einzelheit – wie etwa der Individualismus ihn sieht – würde nicht seinem Wesen entsprechen, ihn vielmehr beschränken und der Möglichkeit der Freiheit berauben. Ja die Erhebung des Einzelnen zur Ausschließlichkeit gegenüber allem Allgemeinen ist es, die nach HEGEL das Böse ausmacht.

Der Mensch in der bürgerlichen Gesellschaft ist jedoch bei Gleichheit im substantiell Allgemeinen immer auch Besonderes mit individueller Eigenart, indem er z.B. Mann oder Frau, Kind oder Greis, Herr oder Knecht usw. ist, sowie einem bestimmten sozialen Stand und kollektiven Gebilden angehört. Insofern hat er jeweils teil an einer relativen Allgemeinheit, die wiederum besondere Möglichkeiten der Daseinsentfaltung bietet und ihn in seinem Charakter entscheidend mitbestimmt.

Auch die Ontogenese hat HEGEL thematisiert. Ausdrücklich lehnt er eine nativistische Theorie ab. Der Mensch selbst zwar entwickelt seinen Geist, aber Umwelt und Erzieher sind besonders in der Kindheit insofern wichtig, als sie, auch als Vorbilder, der Entwicklung die Bahn bereiten oder auch sie behindern können. Im Prinzip muß der Erzieher gegenüber dem Zögling den objektiven Geist zur Geltung bringen; Bildung ist Verwirklichung des Allgemeinen. Unter günstigen Umständen wiederholt das Individuum in vergleichbar kurzer Zeit die ganze bisherige Entwicklung menschlichen Geistes. Die Entwicklung des subjektiven Geistes ist freilich ein komplexes, auch in sich widersprüchliches Ganzes; daraus erklärt sich sowohl die Vielfalt der Erscheinungsformen subjektiven Geistes wie auch, daß nicht alle Menschen ihre Potentialität voll entwickeln.

Die HEGEL-Literatur ist bis heute kontrovers, besonders was HEGELS Sicht des Verhältnisses von Individuum und Staat betrifft; auf der einen Seite erscheint er als Emanzipationsphilosoph, auf der anderen als universalistischer Systemdenker und konservativer Machtideologe, bei dem das Individuum unterdrückt wird. Wie dem auch sei, es ist nicht zu leugnen, daß HEGEL – abgesehen von der unmittelbaren Wirkung auf das zeitgenössische Denken, insbesondere auf MARX – eine Fülle von Sinnmotiven eingeführt hat, die das sozialisationstheoretische Denken besonders in Deutschland geprägt haben. So ermöglicht seine Geist-Theorie den direkten Übergang von der gesellschaftlichen auf die individuelle Ebene. Damit wird das Verhältnis zwischen Individuum und Gesellschaft nicht als einseitige kausale Determination, sondern als dialektisches, mit dem Menschen als tätigem Subjekt, gefaßt, die gesellschaftliche Entwicklung mit der individuellen verschränkt und Vergesellschaftung nicht als privativ, sondern gerade als Bedingung der Entfaltung des Menschlichen bestimmt. Damit finden wir bei HEGEL ein neues, sowohl dem HOBBESschen wie dem ROUSSEAUschen entgegengesetztes Paradigma: die Identifikation von Individuum und Gesellschaft. Dies wird freilich erkauft mit einer spiritualistischen Verkürzung des Gesellschaftsbegriffs.

Im einzelnen gehen Annahmen der heutigen Rollentheorie, insbesondere die Theorie der Identität als Reflexion an einem Nicht-Ich, wesentlich auf Gedanken HEGELS zurück. Hervorzuheben ist, daß HEGEL trotz seiner metaphysischen Neigung die Entstehung des subjektiven Geistes im Individuum als empirischen Prozeß und mit Angabe konkreter Bedingungen beschreibt. Der vielleicht wichtigste Beitrag der HEGELschen Philosophie in unserem Zusammenhang besteht jedoch darin, daß sie gegenüber dem bei allem Fortschrittsglauben letztlich ahistorischen Vernunftbegriff der rationalistischen Tradition die *historische* Dimension als konstituierende systematisch einführt. HEGEL stellt überdies den Zusammenhang zwischen gesellschaftlicher und individueller Entwicklung in den Mittelpunkt, und zwar unter einer teleologisch-emanzipatorischen Perspektive: Freiheit und Selbstverwirklichung des Menschen als Ziel der Einheit von gesellschaftlicher und menschlicher Entwicklung. Damit schafft HEGEL zu der subjektiv-psychologischen Frageebene der vorangehenden Philosophie eine *gesellschaftstheoretische* Unterlage, von der nicht nur MARX ausging, sondern die auch die Problemstellung von Autoren wie DURKHEIM und FREUD, die um die Jahrhundertwende den entscheidenden Ansatz des sozialisationstheoretischen Paradigmas begründeten, bestimmte und die später zu einem Bezugspunkt der

Arbeiten aus dem Umkreis der Frankfurter Schule zum Sozialisationsproblem wurde.
Die historische Dimension wird, vor dem Hintergrund der Industrialisierung und der besonders von Frankreich ausgehenden politischen Entwicklung in Europa, wohl auch durch den Kontakt mit außereuropäischen Kulturen im Zuge der Kolonisation, zum Leitmotiv der Philosophie des 19. Jahrhunderts insgesamt, wenn auch in unterschiedlichen Brechungen und mit unterschiedlichen Konsequenzen für die Ausformung der Sozialisationsthematik. Aus der Kritik an HEGELS spekulativer Konstruktion der Geschichte erwachsen in Deutschland der Historismus und der historische Materialismus; bedeutsam sind aber auch in Frankreich und England entstehende Theorien der gesellschaftlichen Entwicklung.

4.2 *Der Historismus* (HERDER/DILTHEY u. a.)

Die etwa um die Mitte des Jahrhunderts in direkter Opposition zum HEGELianismus entstehende sog. historische Schule stellt die konkrete historische Einzelforschung mit der Intention, das tatsächlich Gewesene als solches zu verstehen, ohne es von vornherein in ein abstraktes Entwicklungsschema zu zwängen, in den Vordergrund. Hauptvertreter sind der Historiker Leopold VON RANKE und der Rechtslehrer Friedrich Karl VON SAVIGNY. Wir stoßen hier jedoch auf eine breitere Strömung, die schon früher beginnt und verschiedene Forscher umfaßt.
So hatte schon Johann Gottfried HERDER (1744–1803) die Forderung erhoben, daß jedes Volk in seinem eigenständigen Charakter verstanden werden müsse. Dieser kommt z.B. in den Sitten- und Volksliedern, ganz besonders aber in der Sprache zum Vorschein, die lebendiger Ausdruck eines bestimmten Welterlebens ist. HERDER wählt dann auch die Sprache zum bevorzugten Gegenstand der Forschung. Darin folgt ihm Wilhelm VON HUMBOLDT (1767–1835), der in der Sprache den Volksgeist zu verstehen sucht. Es ist deutlich, daß hier eine Wurzel der modernen sozialwissenschaftlichen Hermeneutik und der Soziolinguistik liegt.
Zu erwähnen ist, daß HERDER entsprechend der Bedeutung, die er der jeweiligen historisch gewachsenen Lebenswelt beimißt, in seinen anthropologischen und pädagogischen Überlegungen den Menschen als durch biologische Konstitution nur schwach und unzureichend ausgestattetes Mängelwesen sieht, das der Erziehung bedarf, aber eben so auch zum „Menschen“ im Sinne der Humanitätsidee sich bilden kann. Damit ist eine wichtige Sinnvoraussetzung des Sozialisationsbegriffs, die in unserem Jahrhundert etwa von A. PORTMANN oder A. GEHLEN bestätigt wurde, explizit gemacht.
Auch die als Begründer der Völkerpsychologie geltenden Forscher Moritz LAZARUS (1824–1903) und Heymann STEINTHAL (1825–1899) knüpfen, wie schon der Titel ihrer „Zeitschrift für Völkerpsychologie und Sprachwissenschaft“ (1859) programmatisch ausdrückt, später an die von HERDER und W. v. HUMBOLDT begründete Tradition an. Im übrigen wird die Ethnologie in Deutschland als eine von kasuistischem Material, zumeist Reiseberichten, ausgehende Hermeneutik des jeweiligen Volksgeistes zu einer aufblühenden Disziplin.
Obwohl die Ethnographie potentiell immer eine augenfällige Demonstration kulturell bedingter Unterschiede zwischen Individuen, also des Faktums „Sozialisation“, bietet und später in den Vereinigten Staaten die moderne empirische Sozialisationsforschung ja tatsächlich aus der cultural anthropology hervorgegangen ist, lief die Entwicklung in Deutschland *nicht* in diese Richtung. Das wird deutlich, wenn wir den zeitgenössischen philosophischen Niederschlag dieser Entwicklung bei DILTHEY betrachten.
Wilhelm DILTHEY (1833–1911) begreift die Geschichtlichkeit des Menschen als Eingebettetsein in einen historisch-konkreten Prozeß des „Lebens“. Sie und die entsprechenden Weisen des Welterlebens können adäquat nicht in analytisch-erklärender Weise, sondern nur durch ein Sichhineinversetzen in den Lebens- und Erlebniszusammenhang und Erfassen seiner ganzen Struktur, d.h. durch Verstehen erfaßt werden. DILTHEY wird so zum Begründer einer verstehenden Psychologie, die in Deutschland die folgende Entwicklung der Psychologie und Sozialwissenschaften, besonders ihr Methodenverständnis, bis hin zum sog. Positivismusstreit entscheidend prägte.
Nähert sich DILTHEY mit dem Programm einer Psychologie der subjektiven Konstitution der Lebenswelt – das weder dem überkommenen Idealismus eines HEGEL noch dem zeitgenössischen Neukantianismus RICKERTS nahegelegen hätte – der Sozialisationsthematik einerseits an, so verbaut er andererseits gerade durch die entschiedene, dichotomische Abgrenzung sei-

ner ganzheitlichen Bewußtseinshermeneutik von jeder „erklärenden“ Wissenschaft die Möglichkeit einer im modernen Sinne empirischen Sozialisationsforschung. Denn die mit seinem Ansatz implizierte Beschränkung auf das Bewußtseinsimmanente schließt nicht nur die Thematisierung nichtbewußter subjektiver Strukturen aus – ein Aspekt, den wir nach dem Durchbruch der FREUDschen Theorie nicht mehr aus dem Sozialisationsbegriff wegdenken können –, sondern gerade auch eine kausalanalytische Erforschung der äußeren Bedingungen der Ontogenese. So wird bei DILTHEY die Soziogenese des Individuums denn auch als immanenter Entwicklungsprozeß analog zum Wachstum einer Pflanze gedeutet, dessen Teleologie in einem auf die Einheitlichkeit des psychischen Strukturzusammenhanges wie auf die Anpassung an die Lebensbedingungen hinausläuft.

4.3 Der Historische Materialismus (MARX)

In einem anderen, ebenfalls von HEGEL ausgehenden Entwicklungsstrang wird nun genau das thematisiert, was der Historismus ausgeklammert hatte: die *realen, materiellen Bedingungen* der Menschwerdung. Die zentrale Gestalt des neuen Ansatzes des historischen Materialismus ist Karl MARX (1818–1883), gemeinsam mit Friedrich ENGELS (1826–1895).

Unter dem Eindruck der Lebensbedingungen der Arbeiter im zeitgenössischen Frühkapitalismus und gegen den Idealismus HEGELS und seiner Nachfolger, denen Gesellschaft und Individuum im wesentlichen Geist war, beginnt MARX mit der Feststellung, daß die Grundlage allen gesellschaftlichen und geistigen Lebens in den jeweils historischen Bedingungen der materiellen Produktion liegt. Der Mensch muß die zu seiner physischen Subsistenz notwendigen Mittel durch Arbeit schaffen. Diese ist zum einen durch ein dialektisches Verhältnis zur Natur bestimmt. Der Mensch eignet sie sich in dem Sinne an, daß er sie einerseits zur Befriedigung seiner Bedürfnisse entsprechend dem historisch jeweils erreichten technischen Stand der Produktivkräfte umgestaltet, andererseits wird der Mensch selber durch seine Tätigkeit bis ins Innerste seiner Sinnlichkeit und seines Bewußtseins geformt. Zum anderen ist die Arbeit immer durch eine bestimmte gesellschaftliche Organisation, d.h. durch bestimmte institutionalisierte Verhältnisse zwischen den Individuen (Produktionsverhältnisse) bestimmt. So kommt MARX zu der Aussage, daß das gesellschaftlich reale Sein das Bewußtsein bestimmt, daß der Mensch letztlich „das Ensemble der gesellschaftlichen Verhältnisse ist“.

Im Laufe der historischen Entwicklung kommt es zu Widersprüchen zwischen dem erreichten Stand der Produktivkräfte und den überkommenen Produktionsverhältnissen. So besteht zum Beispiel im Kapitalismus der Widerspruch darin, daß die kollektiv produzierten Güter aufgrund der Institution des Privateigentums nur von den Eigentümern der Produktionsmittel angeeignet und akkumuliert werden. Diese Trennung und der spezifisch kapitalistische Marktmechanismus, der auch über die Ware Arbeitskraft verfügt, führen zur Entfremdung des Menschen von seinem Produkt, von den anderen und von sich selbst sowie über die ungleiche Verteilung des produzierten Reichtums zu immer größeren Unterschieden der konkreten, materiellen Lebensbedingungen. Und der gesellschaftliche Überbau von Ideen, Glaubensvorstellungen, Institutionen, Rechtsnormen usw. formt sich in den Köpfen der Individuen gemäß den Interessen der herrschenden Klasse, wirkt aber auf die Basis zurück.

Es kann keinem Zweifel unterliegen, daß die MARXsche Theorie, sowohl ihr allgemeiner Rahmen wie auch konkrete Annahmen und Einsichten, von größter Bedeutung für die Sozialisationsthematik ist. Sie stellt einen stringenten Zusammenhang her zwischen allgemeinen Strukturmerkmalen des als historisch sich entwickelndes System konzipierten gesellschaftlichen Ganzen und der Formung der Individuen, wobei sie, einen geradlinigen Milieudeterminismus umgehend, den Menschen emphatisch als tätiges Subjekt seiner Geschichte, die eben nicht das Wirken eines Weltgeistes über den Köpfen ist, anerkennt. Der kategorial entscheidende Punkt ist die Tätigkeit: gleichzeitig Agens der gesellschaftlichen Entwicklung und Ort der subjektiven Aneignung der Realität, damit der Bildung des Subjekts. Neu ist besonders, daß als entscheidende gesellschaftliche Strukturmerkmale die materiell-technischen sowie die institutionellen Bedingungen der Ökonomie und ihre Vermittlung durch die konkrete Lebenswirklichkeit und sozialen Beziehungen hindurch erkannt werden, wobei der Geist in der arroganten Rolle des Vermittlers entthront, nur in der des ideologischen Überbaus belassen wird. Die

Konsequenzen für die alltägliche Lebenswelt auch als Sozialisationsbedingung sind von F. ENGELS am Beispiel der arbeitenden Klasse in England ausführlich untersucht und beschrieben worden – ein früher Beitrag zur „schichtenspezifischen Sozialisationsforschung". Freilich wird bei MARX die Vermittlung nicht ausführlicher bis in die psychologische Dimension hinein und in ontogenetischer Fragestellung verfolgt. Die Kategorie der Tätigkeit böte hierzu den Anknüpfungspunkt. Sie ist jedoch erst später zum Ausgangspunkt verschiedener psychogenetischer Theorien (im Pragmatismus, bei J. PIAGET und in der sowjetischen Psychologie) geworden. Man muß bedauernd feststellen, daß die MARXsche Theorie im großen und ganzen bis heute weder selber zu einer vollständigeren Sozialisationstheorie ausgebaut worden ist, wozu sie bestimmte Lehrstücke aus anderen Forschungszusammenhängen rezipieren müßte, noch auch ihrem Gewicht entsprechend von der später entstandenen Sozialisationstheorie und -forschung aufgenommen worden ist. Zwar gibt es in den dreißiger Jahren und in der Gegenwart Versuche, Marxismus mit Psychoanalyse oder mit dem symbolischen Interaktionismus zu verbinden, und im Vorverständnis der schichtenspezifischen Sozialisationsforschung schwingt ein Hauch von MARX mit, aber es überwiegt bis heute eher die gegenseitige Distanz. Es liegt nahe, die Gründe hierfür in den Strukturen zu suchen, in denen sich die mit der MARXschen Theorie wesentlich verknüpfte Programmatik politisch und welthistorisch manifestiert hat.

4.4 *Der Evolutionismus* (COMTE/SPENCER/DARWIN)

In der französischen und englischen Philosophie des 19. Jahrhunderts nimmt die historische Dimension mehr die Gestalt abstrakter Entwicklungsschemata an. Dennoch sind diese Theorien von größerem Einfluß auf die am Jahrhundertbeginn in Frankreich und in den Vereinigten Staaten entstehenden sozialisationstheoretischen Ansätze gewesen als die deutsche Philosophie.

Auch Auguste COMTE (1798–1857), als Begründer des Positivismus bekannt, sah den Menschen als Produkt der nach eigenen Gesetzen ablaufenden Geschichte; der einzelne verhält sich zu ihr wie die Welle zum Strom. COMTE stellte die Lehre auf, daß sich der menschliche Geist in drei aufeinanderfolgenden Stadien entwickelt, denen auch Epochen der gesellschaftlichen Entwicklung entsprechen. Im ersten, theologischen Stadium glaubt der Mensch die Welt als von anthropomorphen Göttern beherrscht, wobei wiederum die Phasen des Fetischismus (Gott in einzelnen Gegenständen), des Polytheismus (Gott in je einer Klasse von Gegenständen) und des Monotheismus (Gott beherrscht die ganze Welt) unterschieden werden. Im zweiten, metaphysischen Stadium werden die Anthropomorphismen durch abstrakte Begriffe von „Ideen", „Wesen", „Vermögen" u. ä. ersetzt. Im dritten, positiven Stadium schließlich herrscht die wissenschaftliche Begrifflichkeit, die Beschränkung auf das Gegebene und die Erforschung seiner gesetzmäßigen Zusammenhänge mit dem Ziel, künftige Ereignisse zuverlässig vorhersagen zu können. COMTES Lehre kann nicht nur als gesellschaftstheoretischer Beitrag zum Problem des Wandels von Deutungsmustern unter der Bedingung zunehmender Vergesellschaftung (etwa in der Nähe von F. TÖNNIES und Max WEBER) gelesen werden, sondern auch – und im systematischen Zusammenhang mit dem eben genannten Problem – als psychologisches Schema der Ontogenese. In diesem Sinne scheint es deutlich PIAGETS Theorie der kognitiven Entwicklung beeinflußt zu haben.

Im englischen Denken erscheint die Entwicklung nicht als diskontinuierliche Abfolge von Stadien oder dialektischen Schritten, sondern als kontinuierlich zunehmende Veränderung, eine Figur, die in der amerikanischen Entwicklungspsychologie bis heute dominiert. So sieht Herbert SPENCER (1820–1903) in allen Wirklichkeitsbereichen ein allgemeines Evolutionsgesetz, nach dem die Entwicklung von einer zusammenhangslosen Ansammlung gleichartiger zu einem Zusammenhang verschiedenartiger Elemente verläuft. Die soziologische Relevanz wird deutlich im Hinblick auf die Entwicklung der arbeitsteiligen Gesellschaft, und in diesem Sinne hat SPENCER stark auf DURKHEIM gewirkt.

Ein besonderer Akzent wird dabei durch die Abstammungslehre gesetzt, die, bereits von SPENCER skizziert, von Charles DARWIN (1809–1882) ausgebaut wurde. Ihr Grundgedanke ist, daß aufgrund genetischer Mutationen naturwüchsig eine gewisse Differenzierung von Varianten mit unterschiedlicher Ausstattung entsteht und diejenigen, die an das gegebene Milieu besser angepaßt sind, eine höhere Überlebens- und Fortpflanzungschance haben als die anderen, die entweder aussterben oder in ein anderes Milieu ausweichen. Allgemeiner formuliert: Die Individuen passen sich durch Wandel an die Umwelt an, und dies ist letztlich eine notwendige Bedingung nicht nur ihres Überlebens, sondern auch des allgemeinen Fortschritts der Gattung. Bedenkt man, daß dieses Paradigma, das schon bei SPENCER weit über die Biologie hinaus als Ideologie des zeitgenössischen liberalistischen Kapitalismus gemeint und verstanden wurde, im angloamerikanischen Selbstverständnis eine konstitutive Rolle spielt, so liegt es nahe, hier die Wurzel für den Begriff zu sehen, der Sozialisation als Anpassung an die bestehende gesellschaftliche Realität faßt. Ja noch mehr: Im Sinne der Motive des puritanischen Protestantismus, die Max WEBER analysiert hat, mußte Angepaßtheit, die Bedingung diesseitigen Erfolges, als Zeichen der „Auserwähltheit" im doppelten Sinne CALVINS *und* DARWINS verstanden und ihre Realisierung aktiv angestrebt werden. Es scheint, daß auch hier ein Sinnmotiv für die Entstehung einer empirischen Sozialisationsforschung und ihre populäre Verbreitung in den Vereinigten Staaten liegt.

Die Philosophie des 19. Jahrhunderts entwikkelt, wie man sieht, grundlegende gesellschaftstheoretische Vorstellungen, die um den Zusammenhang von gesellschaftlicher Entwicklung und Bildung des Individuums kreisen. Bei HEGEL wird dieser Zusammenhang über das dialektische Verhältnis von objektivem und subjektivem Geist, ein neues Paradigma für das Verhältnis von Individuum und Gesellschaft, gestiftet. HEGELS Ansatz wird zum einen im Historismus zur verstehenden Erfassung konkreter historischer und kultureller Lebenswelten weiterentwickelt, eine Tradition, die später über DILTHEY für die deutsche Entwicklungspsychologie und für die Entstehung des phänomenologischen Ansatzes in der Soziologie relevant wird. Zum zweiten geht aus HEGELS Geschichtsdialektik die MARXsche Theorie hervor, die die materiellen, insbesondere ökonomischen Grundlagen allen gesellschaftlichen Lebens als solche mit vollem Gewicht und in ihrer Bedeutung für die Bildung des Menschen thematisiert und, mit der Feststellung des Menschen als Subjekt seiner Geschichte, ein weiteres Paradigma einführt. Ein anderes Modell finden wir bei COMTE, der eine historische Stufenfolge kognitiver Deutungsmuster im Zusammenhang mit gesellschaftlicher Entwicklung sieht. SPENCER und DARWIN erkennen in der phylogenetischen wie der sozialen Geschichte das Prinzip zunehmender Differenzierung bei gleichzeitiger Anpassung an die Umwelt, ein weiteres Paradigma, das für das angloamerikanische Verständnis von Sozialisation und Entwicklung bestimmend wurde.

Mit der Philosophie des 19. Jahrhunderts ist – nach den ersten Theorien der empirischen Vermittlung in der englischen Aufklärungsphilosophie und nach den Theorien des Subjekts in der rationalistisch-idealistischen Philosophie des Kontinents – auch der dritte Schwerpunkt der Sozialisationsthematik, die Gesellschaft, voll in den Gesichtskreis gerückt. Die sozialisationstheoretische Fragestellung klingt zwar bei den Denkern des 19. Jahrhunderts in zunehmendem Maße an, doch wird die *Synthese* der drei Schwerpunkte zu einer gleichzeitig soziologisch wie psychologisch kompetenten Theorie der Sozialisation nicht geleistet, ein solches Programm wohl auch noch nicht als eigenes Thema erkannt. Den Beginn der Sozialisationstheorie im engeren Sinne haben wir vielmehr erst mit einigen Autoren in unserem Jahrhundert anzusetzen, die eben dies versuchen. Es ist daher angebracht, hier einen kurzen systematisierenden Rückblick auf die philosophische Vorgeschichte als Ganzes zu werfen.

Der zentrale Topos, der das Vorverständnis jeder Sozialisationstheorie bestimmt, ist das Verhältnis zwischen Individuum und Gesellschaft. Hierzu hat die abendländische Philosophie eine Reihe verschiedener Paradigmen entwickelt, die in die neuere Sozialisationsforschung nur zum Teil und eher naturwüchsig-unreflektiert eingegangen sind. Nach dem vorangehenden Überblick lassen sich grob etwa folgende Paradigmen identifizieren:

1. Zwischen Mensch und Gesellschaft bzw. zwischen Menschlichem und Gesellschaftlichem besteht eine wesenhafte Identität, beide sind aus demselben, geistigen Stoff (ARISTOTELES, LEIBNIZ, HEGEL).
2. Zwischen menschlicher Natur und Gesellschaft besteht ein unversöhnlicher Gegensatz. (a) Daher muß es eine Instanz geben, die die menschliche Natur den Bedürfnissen der Gesellschaft entsprechend zähmt (HOBBES). (b) Es läßt sich jedoch auch sinnvoll die Frage stellen, welche gesellschaftlichen Kon-

sequenzen eine Parteinahme für die Natur haben würde (ROUSSEAU).

3. Gesellschaft ist eine den Individuen vorgegebene Umwelt, an die sie sich anpassen müssen (SPENCER, DARWIN).
4. Gesellschaft ist das objektivierte Produkt menschlicher Tätigkeit und insofern sowohl Bedingung der Bildung wie Ziel des Handelns (MARX).

Zu der sozialisationstheoretischen Annahme einer empirischen Vermittlung des Individuums hat die Tradition verschiedene Vorstellungen, doch keine auch nur ansatzweise befriedigende Theorie entwickelt. Am bedeutsamsten als psychologischer Ansatz ist der englische Empirismus, doch greift er sowohl in Richtung der gesellschaftlichen Bedingungen wie hinsichtlich eines angemessenen Begriffs vom Subjekt zu kurz – Defizite, die bis in die behavioristische Psychologie unserer Tage tradiert wurden. Einen bedeutsamen Anlauf nimmt auch MARX, doch wurde er psychologisch nicht kongenial weitergeführt. Die schwerste Hypothek ist der Nativismus, der, schon bei PLATON formuliert, seinen Höhepunkt in der rationalistischen und idealistischen Philosophie des 17. und 18. Jahrhunderts auf dem Kontinent findet, einer Philosophie, die andererseits gerade den differenziertesten und tiefstgehenden Begriff vom Subjekt entwickelt hat. Hier liegt ein für die Sozialisationstheorie fataler Widerspruch, der bis in die antike Philosophie zurückreicht. Es scheint, daß unser Problem die Philosophen in zwei Lager spaltet: Eine Position, die den Menschen als bedingten auffaßt, scheint nur um den Preis, ihn als Subjekt fallen zu lassen, eine Subjekttheorie nur um den Preis des Abstrahierens von realen Bedingungen möglich. Die Überwindung dieses Widerspruchs ist, wie ich meine, auch heute das theoretische Kernproblem einer Sozialisationstheorie.

Betrachten wir die unterschiedliche Entwicklung in England und auf dem Kontinent – ein Unterschied, der sich z.T. daraus erklärt, daß die kontinentale Philosophie schon *vor* der französischen Revolution und als deren Wegbereiter, die englische dagegen *nach* der englischen Revolution entstand (v. ASTER 1956, S. 348) –, so wird deutlich, daß eine empirische Sozialisationsforschung eher vor dem Hintergrund der englischen Philosophie entstehen konnte, wie es dann in den dreißiger Jahren dieses Jahrhunderts geschah (s.u.). Eine ganze Reihe ihrer Sinnmotive, so das naturalistische Menschenbild, der Empirismus, auch das SPENCER-DARWINsche Anpassungsparadigma, weisen in diese Richtung. Allerdings bestimmen sie dann auch den Charakter der amerikanischen Sozialisationsforschung. Die deutsche Philosophie dagegen bewegt sich, ausgehend vom Cartesischen cogito und KANTS Transzendentalismus, in den Bahnen einer immanenten Subjekt- und Geisttheorie, die sich immer weiter von den realen Bedingungen des Subjekts entfernte und schon von MARX als die „deutsche Ideologie" gebrandmarkt worden ist.

5 Die Entstehung und Entwicklung der Sozialisationsforschung im 20. Jahrhundert

5.1 Die erste Artikulierung des Sozialisationsproblems um die Jahrhundertwende (DURKHEIM u.a.)

Als ein eigenes und gewichtiges Thema erscheint Sozialisation ab der Mitte der neunziger Jahre bei einer ganzen Reihe von Autoren (vgl. CLAUSEN 1968, S. 22ff.). E. A. ROSS (1896) nennt Sozialisation neben der sozialen Kontrolle als den Mechanismus, durch den die Gesellschaft ihre schwierige Aufgabe bewältigt, „die Gefühle und Wünsche der Individuen so zu formen, daß sie den Bedürfnissen der Gruppe entsprechen". In der von F. P. GIDDINGS (1897) veröffentlichten ‚Theory of socialization' wird Sozialisation zum zentralen Begriff der Gesellschaftstheorie erhoben. Bei ihm sind schon eine Reihe von Gedanken zu finden, die erst von späteren Autoren ausformuliert wurden, so zum Beispiel die Begriffe der Identifikation und der Bezugsgruppe. Ch. H. COOLEY (1902) stellt fest, daß Individuum und Gesellschaft zwei Aspekte derselben Sache sind. Er entwickelt den später von MEAD und dem symbolischen Interaktionismus weitergeführten Gedanken, daß wir die Erwartungen und Vorstellungen anderer antizipieren und verinnerlichen und daß sie auf diese Weise unsere Identität bestimmen („looking-glass self"). In Deutschland greift G. SIMMEL (1908), angeregt von DURKHEIM, den Gedanken auf, daß die Zugehörigkeit zu verschiedenen Gruppen eine Möglichkeit zur Kultivierung der individuellen Persönlichkeit ist. Auch W. MCDOUGALLS (1908) Einführung in die Sozialpsychologie geht, obwohl instinkttheoretisch ausgerichtet, auf das Thema ein, wie die Individuen durch die Gesellschaft zu moralischem Verhalten und zur Übernahme einer Rolle in der Gesellschaft geformt werden. E. Burgess (1916) schreibt seine Dissertation über ‚The Function of Socialization in Social Evolution'. Bei vielen Autoren wird das Problem behandelt, wenn auch nicht immer unter dem Titel ‚Sozialisation', so insbesondere bei W. J. Thomas (1918–1920), J. Dewey (1922) und F. Allport (1924).

Von hervorragender Bedeutung ist Emile Durkheim (1858–1917), weil er das Sozialisationsproblem in einer Weise faßt, die für die nachfolgende Entwicklung der soziologischen Theorie bis hin zu Parsons von bestimmendem Einfluß wurde. Deshalb sei Durkheims Gedankengang etwas ausführlicher dargestellt. Er behandelt schon in seinem ersten Hauptwerk über die Arbeitsteilung (1893) das Problem der sozialen Integration bei fortschreitender gesellschaftlicher Differenzierung. Der soziologische Aspekt dieses Problems ließe sich etwa folgendermaßen formulieren: Hobbes hat erkannt, daß soziale Integration sich nicht von selber herstellt. Seine Lösung, ein starker Staat als äußere Zwangsinstanz, ist, wie etwa die neuere liberalistische Gesellschaftstheorie bei Spencer zeigte, jedoch keineswegs notwendig. Andererseits ist aber auch die liberalistische Annahme, daß Gesellschaft sich aus Individuen konstituiere, die ausschließlich am utilitaristischen Nutzenprinzip orientiert sind und in frei geschlossene vertragliche Beziehungen eintreten, für Durkheim nicht annehmbar, denn Gesellschaft, ja schon Verträge als solche, setzen bereits eine gewisse Solidarität voraus. Durkheims Lösung, die in der Folge durch Parsons' Rezeption und die Verknüpfung mit dem Freudschen Ansatz zu einem äußerst einflußreichen Paradigma, wenn nicht gar zur Begründung der Sozialisationstheorie i. e. S. wurde, ist: Die Individuen müssen die Solidarität stiftende und Gesellschaft ermöglichende Zwangsinstanz *verinnerlicht* haben.

Durkheim kommt so zu seinem zentralen, an Hobbes' „public conscience" und Rousseaus „volonté générale" anknüpfenden Begriff der „conscience collective" (mit dem üblichen Ausdruck „Kollektivbewußtsein" nur unzureichend übersetzbar; es könnte z. B. auch „gemeinschaftliches Gewissen" oder ähnlich heißen). Es ist der Inbegriff aller einer Gruppe bzw. Gesellschaft gemeinsamen, von jedem ihrer Mitglieder verinnerlichten Werte (sentiments collectifs), Verhaltensnormen (règles morales), Wissensgehalte (croyances; représentations collectives) und allgemeineren Meinungsströmungen (courants collectifs). Die Inhalte der conscience collective, insbesondere soziale Normen, erscheinen dem Individuum als ihm äußere „Tatsachen" (faits sociaux), die mit dem Charakter des Obligatorischen, einem eigenartigen moralischen Zwang, auf es einwirken. Dieses Merkmal, das geradezu Definitionsmerkmal des Sozialen überhaupt ist, hebt Durkheim immer wieder hervor.

Tatsächlich erscheinen die gesellschaftlichen Normen dem Individuum nur mit dem Zwangscharakter, weil es sie bereits verinnerlicht hat.

„Da die Gesellschaft nur in und durch die individuellen Gewissen existieren kann, muß sie in uns eindringen und sich in uns organisieren; sie wird so zum integralen Bestandteil unseres Wesens" (Durkheim 1912, S. 299).

Zur Beschreibung dieses entscheidenden Sachverhaltes, den Durkheim bereits in seinem Buch über den Selbstmord (1897) klar gesehen hat, benutzt er am häufigsten Ausdrücke wie „durchdringen", „eingewurzelt" und „verkörpert" (pénétré, enraciné, incarné).

Damit haben wir die psychologische Ebene erreicht, wobei anzumerken wäre, daß bei Durkheim, dem dezidierten Soziologen, eine gewisse Psychologiefeindlichkeit bestand, die er unnötigerweise wohl von Comte übernommen hat. Nichtsdestoweniger formuliert Durkheim die Umrisse einer Persönlichkeitstheorie: In der Persönlichkeit sind zwei Bestandteile zu unterscheiden. Der erste, private Teil umfaßt alles Physische, Triebe und Bedürfnisse sowie die sinnliche Wahrnehmung. Er zeigt keinerlei überindividuelle Strebungen, sondern ist egoistisch und asozial und unterscheidet sich nicht vom Tier. In diesem Zustand wird der Mensch geboren; alles andere erwirbt er erst im Prozeß der Sozialisation, für den er eine „fast leere Tafel" (table presque rase) darstellt. Der zweite, soziale bzw. moralische Bestandteil der Persönlichkeit umfaßt eben alle verinnerlichten sozialen Normen und Vorstellungen, d. h. die conscience collective bzw. die den verschiedenen sozialen Gruppen entsprechenden consciences collectives. Beide Persönlichkeitsanteile stehen zueinander in Konflikt: „Diese beiden Gruppen von Bewußtseinszuständen sind nicht nur nach ihrem Ursprung und ihren Eigenschaften verschieden; zwischen ihnen besteht ein echter

Antagonismus. Sie widersprechen und verneinen sich gegenseitig" (Durkheim 1914, S. 210). Trotzdem bedarf nach Durkheim der Mensch einer so vorgegebenen Normierung, weil er in seinem Tun nur dann einen Sinn findet, wenn dieses auf überindividuelle Ziele gerichtet ist; außerdem begrenzt sie seine Wünsche auf ein realistisches Maß.

Das Problem der Ontogenese hat Durkheim, der zeitweise eine Professor für Pädagogik innehatte, in vollem Licht gesehen. Erziehung, die „socialisation méthodique", hat eben die Aufgabe, das soziale Wesen im Menschen zu schaffen, d.h. die der Gesamtgesellschaft wie den spezielleren sozialen Systemen entsprechenden Normen in das Bewußtsein einzupflanzen. Dabei nimmt Durkheim an, daß der Schule und dem Lehrer ein größeres Gewicht als der Familie zukommt. Andererseits sieht er, daß Sozialisation über intentionale Erziehung hinausgeht: „Es gib eine unbewußte Erziehung, die nie aufhört. Durch unser Beispiel, durch die Worte, die wir aussprechen, durch die Handlungen, die wir vollziehen, gestalten wir fortwährend die Seele unserer Kinder" (1923, S. 75). Eine weitergehende Theorie der Ontogenese hat Durkheim nicht entwickelt.

Betrachtet man Durkheims Theorie bis hierher – insbesondere seine Annahme einer verinnerlichten gesellschaftlichen Instanz mit Zwangscharakter, die in offenem Gegensatz zur unsozialisierten, als egoistisch und asozial angesehenen menschlichen Natur steht –, so ist deutlich das Hobbessche Paradigma wiederzuerkennen. Man kann die These der Verinnerlichung als entscheidenden theoretischen Fortschritt würdigen, sicher ist aber auch, daß die Hobbessche Grundfigur stehen bleibt. Angesichts dieser Tatsache ist es bemerkenswert, daß Durkheim seine Nähe zu Hobbes dadurch verschleiert, daß er ihn kaum, jedoch an einer signifikanten Stelle, zitiert hat (Durkheim 1895, S. 120ff.).

Interessant ist nun, daß sich aus Durkheims frühen Arbeiten noch ein anderes Paradigma herauslesen läßt, das in der Durkheim-Rezeption vor allem durch Parsons kaum aufgenommen worden ist. Schon im Vorwort der „Arbeitsteilung" (1893) wird als leitende Frage auch das Problem angesprochen, wie denn das Individuum *autonom* sein könne, wenn es gleichzeitig durch moralische Bande von der Gesellschaft gefesselt werde. Dieses Problem ergibt sich notwendig aus der Logik des Hobbesschen Modells. Durkheim sieht eine Lösung dieses Problems in der zunehmenden Arbeitsteilung. Die conscience collective ist stark und repressiv nur auf der Stufe der gesellschaftlichen Entwicklung, bei der die Gesellschaftsstruktur aus abgeschlossenen lokalen Gruppen besteht, innerhalb deren das Leben bis in Details einer totalen sozialen Kontrolle unterliegt („mechanische Solidarität"). In der arbeitsteiligen Großgesellschaft dagegen sind, abgesehen von einem allgemeinen Grundkonsens, im Prinzip nur die Tauschbeziehungen sozial normiert („organische Solidarität"), diese sind aber auf einen engen Lebensausschnitt begrenzt und abstrakt, lassen den Individuen also größere Freiheitsräume.

Wir erkennen in dieser Theorie Züge des dem Hobbesschen entgegengesetzten Rousseauschen Paradigmas, den Versuch, Vergesellschaftung mit Individuierung zu vereinbaren, ja letztere auf erstere zurückzuführen. Dieser Versuch ist Durkheim insofern jedoch nicht gelungen, als von seinem Sozialisationsbegriff aus Individuierung nur privativ als Schwächung der conscience collective, d.h. als bloße Einschränkung von Sozialisation gefaßt, nicht jedoch positiv abgeleitet werden kann. Sein sozialisierter Mensch bleibt letztlich doch das durch verinnerlichte Normen heteronom gelenkte Individuum.

5.2 Die bestimmenden Paradigmen

Die Entwicklung der Sozialisationstheorie, indirekt auch der empirischen Sozialisationsforschung, in unserem Jahrhundert wird durch wenige Paradigmen bestimmt, die aus unterschiedlichen geistesgeschichtlichen, gesellschaftlichen und biographischen Voraussetzungen entstanden sind. Diese als „Ansätze" zu einer Sozialisationstheorie zu bezeichnen, wie es in der Literatur üblich geworden ist, ist nicht unproblematisch, weil sie nicht unbedingt und von vornherein intendieren, was wir heute „Sozialisationstheorie" nennen. Sie sind ja erst später – unter anderem durch T. Parsons (1937, 1955), Sewell (1963) und Baldwin (1967) – *als* Ansätze zu einer Sozialisationstheorie identifiziert und in einen Diskussionszusammenhang gebracht worden, womit sich gleichzeitig natürlich bestimmte Interpretationen etablierten, die wir bei der Darstellung reflektieren müssen.

Man kann sagen, daß zumindest hinsichtlich der

Identifizierung als relevant anzusehender Paradigmen ein gewisser Konsens besteht, nicht unbedingt auch in ihrer Bewertung. Es handelt sich im wesentlichen um die Psychoanalyse, die behavioristische Lerntheorie, J. PIAGETS Theorie der kognitiven Entwicklung sowie G. H. MEADS Theorie der Interaktion. Diese Theorien stellen den genetischen Aspekt besonders heraus. Darüber hinaus gibt es weitere Theorien, die man als Beiträge zu einer Theorie des vergesellschafteten Menschen ansehen kann. Auch wenn sie nicht direkt die konkrete Genese thematisieren, wären sie für eine Sozialisationstheorie als Vorgabe bedeutsam. Auf die Darstellung dieser Beiträge, die ich an anderer Stelle in einer Typologie – anthropologisch-funktionalistisches Modell, Wissensmodell, Integrationsmodell, Repressionsmodell, Individuationsmodell – zusammengefaßt und ausführlicher diskutiert habe (GEULEN 1977, S. 41–168), muß hier jedoch verzichtet werden.

5.2.1 Sigmund FREUD

Die von Sigmund FREUD (1856–1939) entwickelte Psychoanalyse gelangt zu einem dem DURKHEIMschen in zentralen Punkten ähnlichen sozialisationstheoretischen Ansatz, was deshalb besonders bemerkenswert ist, als sie nicht von einer soziologischen Fragestellung, sondern von einem praktisch-psychotherapeutischen Interesse, also von der psychologischen Seite der Sozialisationsthematik, ausging. FREUD arbeitet sich in einem langen Weg durch die Psychologie bis zur gesellschaftlichen Ebene vor und entwickelt dabei eine komplexe Theorie, die bis in die sechziger Jahre zum gewichtigsten und einflußreichsten sozialisationstheoretischen Paradigma wurde, das auch die empirische Sozialisationsforschung bestimmte (vgl. den Beitrag von SCHÜTZE in diesem Band).

FREUD studierte, angeregt durch ein dezidiert naturwissenschaftliches Interesse, Medizin und wandte sich als erstem Problem der Hysterie zu, gegenüber der die zeitgenössische Psychiatrie weitgehend hilflos war. Gemeinsam mit Josef BREUER erarbeitet er schon in den neunziger Jahren die Einsicht, daß das neurotische Symptom als Kompromißbildung zwischen einer verdrängenden und einer verdrängten Vorstellung interpretiert werden und auf ein seelisches Trauma zurückgeführt werden kann. Damit zeichnen sich nicht nur einige Grundkategorien der späteren Theorie ab, sondern vor allem eine gegenüber der naturwissenschaftlichen wesentlich neue methodische Einstellung, die auf ein hermeneutisches *Verstehen* unbewußter Zusammenhänge zielt. FREUD entwickelte daraus besonders an der Traumdeutung (1900) eine Methode rekonstruierender Interpretation der individuellen Psychogenese, die zur entscheidenden Grundlage seiner ganzen Theorie wurde.

Die nächsten, vor allem aus der analytisch-therapeutischen Praxis mit einzelnen Patienten erwachsenen Einsichten waren, daß der Mensch in der frühen Kindheit ein reiches Triebleben von im Grunde sexueller Natur entfaltet. Dies geschieht in einer Abfolge mehrerer Phasen, die sich darin unterscheiden, welche Körperzone und welches Objekt jeweils Zentrum der Triebabfuhr bzw. des Lustgewinns ist. FREUD findet eine orale, anale und phallische Phase, der nach einer Latenzzeit im Grundschulalter schließlich die genitale Phase der Erwachsenensexualität folgt. FREUD faßt die Triebe des Menschen in der Instanz des „Es" zusammen. Es ist ein „Kessel voll brodelnder Erregungen" (FREUD, Ges. W. XV, S. 80) ohne feste Organisation und strebt gemäß dem Lustprinzip ausschließlich nach Befriedigung. Im Laufe der Entwicklung differenziert sich aus dem Es zu dessen Verkehr mit der Außenwelt eine weitere Instanz, das Ich, aus, die die Funktionen der Wahrnehmung des Bewußtseins, des Gedächtnisses, der motorischen Kontrolle und des Denkens übernimmt.

Die Entstehung der neurotischen Symptome ist dadurch zu erklären, daß in der frühen Kindheit die Äußerungen infantiler Sexualität von außen, im wesentlichen durch das Verhalten der Eltern und Erzieher, in einer Weise eingeschränkt und unterbunden werden, die das Kind als Trauma erlebt. Dieses Trauma kann das Ich nur dadurch verarbeiten, daß die betreffende Triebäußerung in das Unbewußte verdrängt wird. Das Symptom ist der verkleidete Versuch einer Abfuhr der verdrängten Triebregung.

Dieser Mechanismus läßt sich zu dem allgemeineren Modell erweitern, daß die psychische Entwicklung die Geschichte eines Konflikts zwischen konstitutioneller Triebstruktur und Realität ist und alle Persönlichkeitsformationen als Ergebnis dieses Konfliktes, genauer als die manifesten Formen seiner Bewältigung aufzufassen sind. Geht man davon aus, daß „Realität" gesellschaftlich vermittelt ist, so stellt dieses Modell den Rahmen einer Sozialisationstheorie dar. FREUD selbst hat diesen Rahmen mit einer Theorie der Entstehung einer verinnerlichten Gewissensinstanz aufgrund einer spezifischen Konstellation innerfamilialer Beziehungen gefüllt, die üblicherweise als Kern seiner Sozialisationstheorie angesehen wird.

Das kleine Kind – FREUD hat seine Theorie am Beispiel des kleinen Jungen ausgeführt, in geschlechtsspezifischer Hinsicht aber nicht eindeutig ausgeführt – entwickelt zunächst eine starke affektive Bindung an die Mutter. Mit zunehmendem Alter tritt der Vater als erotischer Rivale in das Blickfeld des Kindes und bringt es so in die Ödipussituation – Haß auf den Vater und Wunsch, die Mutter alleine zu besitzen. Aufgrund der realen Unerfüllbarkeit dieser Wünsche und einer

traumatischen Angst vor Bestrafung (besonders Kastrationsangst) kommt es zu einer spezifischen Form der Konfliktabwehr: Der Junge identifiziert sich mit dem Vater, d. h. er setzt sich symbolisch an seine Stelle, indem er ihn als einen Teil seines Ich introjiziert.
Das Ergebnis ist eine aus dem Ich auszugliedernde neue Instanz, das Über-Ich. FREUD verwendet diesen Begriff, nachdem er schon 1914 den Begriff des Ich-Ideals eingeführt hatte, spätestens seit 1923 („Das Ich und das Es"). Da das Über-Ich nach dem Vorbild des elterlichen Verhaltens entstanden ist, enthält es die dieses leitenden gesellschaftlichen Traditionen, Wertvorstellungen und Normen. Aus den Bedingungen seiner Genese ist zu erklären, daß es Träger des Ich-Ideals, Instanz der Selbstbeobachtung und Anwalt der Moralität mit kategorischen Forderungen und grausamen Schuldgefühlen ist (FREUD, Ges. W. XV, S. 65–74).
„Das Über-Ich ist für uns die Vertretung aller moralischen Beschränkungen, der Anwalt des Strebens nach Vervollkommnung, kurz das, was uns von dem sogenannt Höheren im Menschenleben psychologisch greifbar geworden ist. Da es selbst auf den Einfluß der Eltern, Erzieher und dergleichen zurückgeht, erfahren wir noch mehr von seiner Bedeutung, wenn wir uns zu diesen seinen Quellen wenden. In der Regel folgen die Eltern und die ihnen analogen Autoritäten in der Erziehung des Kindes den Vorschriften des eigenen Über-Ichs. Wie immer sich ihr Ich mit ihrem Über-Ich auseinandergesetzt haben mag, in der Erziehung des Kindes sind sie streng und anspruchsvoll. Sie haben die Schwierigkeiten ihrer eigenen Kindheit vergessen, sind zufrieden, sich nun voll mit den eigenen Eltern identifizieren zu können, die ihnen seinerzeit die schweren Einschränkungen auferlegt haben. So wird das Über-Ich des Kindes eigentlich nicht nach dem Vorbild der Eltern, sondern des elterlichen Über-Ichs aufgebaut; es erfüllt sich mit dem gleichen Inhalt, es wird zum Träger der Tradition, all der zeitbeständigen Wertungen, die sich auf diesem Weg über Generationen fortgepflanzt haben" (Ges. W. XV, S. 73).
„Im Elterneinfluß wirkt natürlich nicht nur das persönliche Wesen der Eltern, sondern auch der durch sie fortgepflanzte Einfluß von Familien-, Rassen- und Volkstradition sowie die von ihnen vertretenen Anforderungen des jeweiligen sozialen Milieus. Ebenso nimmt das Über-Ich im Laufe der individuellen Entwicklung Beiträge von seiten späterer Fortsetzer und Ersatzpersonen der Eltern auf, wie Erzieher, öffentlicher Vorbilder, in der Gesellschaft verehrter Ideale" (Abriß der Psychoanalyse, S. 9).

FREUD hat schon früh (1908) und dann besonders in den Spätschriften seine Psychologie in einen gesellschaftstheoretischen Rahmen gestellt. Insbesondere thematisiert er das Problem, daß die Gesellschaft, vermittelt durch das Über-Ich, dem Individuum weitgehende Einschränkungen seiner Triebbedürfnisse abverlangt. Dies ist nach FREUDS Meinung aus zwei Gründen notwendig. Da der Mensch „spontan nicht arbeitslustig" ist, muß die zur Arbeit erforderliche psychische Energie durch Sublimation seiner Triebe gewonnen werden, die aber eine Repression ihrer ursprünglichen Gestalt voraussetzt. Zweitens macht es die Art der sozialen Beziehungen notwendig, daß die aggressiven Triebregungen unterdrückt und die ursprünglich exklusiven inzestuösen Objektbindungen in eine moderate libidinöse Einstellung zu prinzipiell allen Menschen umgewandelt werden.
FREUDS Theorie des Über-Ich entspricht in wesentlichen Zügen der DURKHEIMschen Theorie, insbesondere in der Annahme, daß gesellschaftliche Normen aufgrund bestimmter Mechanismen verinnerlicht werden, dabei in Konflikt mit der konstitutionellen Natur des Menschen geraten und diese letztlich unterdrücken – das modifizierte HOBBESsche Paradigma.
Bemerkenswert ist indessen, daß, wie in DURKHEIMS Theorie der Arbeitsteilung, auch bei FREUD das entgegengesetzte Motiv der individuellen Autonomie laut wird, halbherzig in seiner Kulturtheorie, explizit und praktisch jedoch in seiner therapeutischen Zielsetzung. Während aber DURKHEIM darauf vertraut, daß dieses Ziel sich automatisch mit zunehmender Arbeitsteilung herstellt – wir sahen, daß seine Vorstellung nur auf eine Verneinung von Sozialisation hinausläuft –, postuliert FREUD, der gerade in der entwickelten bürgerlichen Gesellschaft ein hohes Maß an Repression sah, eine andere Lösung: *Stärkung des Ich*, der Instanz, die die verschiedenen Anforderungen des Es, der Realität und des Über-Ichs vereinbaren kann.

„Absicht (der therapeutischen Bemühungen der Psychoanalyse) ist ja, das Ich zu stärken, es vom Über-Ich unabhängiger zu machen, sein Wahrnehmungsfeld zu erweitern und seine Organisation auszubauen, so daß es sich neue Stücke des Es aneignen kann. Wo Es war, soll Ich werden. Es ist Kulturarbeit etwa wie die Trockenlegung der Zuydersee" (FREUD, Ges. W. XV, S. 86).

Spätestens hier wird deutlich, daß die FREUDsche Sozialisationstheorie eine kritische Absicht verfolgt. Sie ist nicht Theorie der Bedingungen der Möglichkeit von Gesellschaft, sondern Analyse des Naturwüchsigen mit der Intention seiner Veränderung durch Bewußtmachung.
Diese äußerst bedeutsame Wende des Paradigmas zum Programm einer Theorie der Ich-Ge-

nese schon bei FREUD wurde in der Folge zunächst nur in der Weiterbildung der psychoanalytischen Ich-Psychologie (exemplarisch: HARTMANN 1939), auch der Abwehrtheorie (A. FREUD 1937) fortgeführt. Diese waren jedoch in erster Linie systematisch, nicht sozialisationsgenetisch ausgerichtet, so daß gesagt werden konnte, daß die Klärung der Entstehung des Ichs unbefriedigend und weit hinter der des Über-Ichs zurückgeblieben ist (HARTMANN/KRIES 1945). Das hier liegende Problem ist dann tatsächlich erst in jüngster Zeit und mit Rekurs auf ganz andere sozialisationstheoretische Ansätze, insbesondere PIAGET und MEAD, von der Forschung systematisch aufgenommen worden.

Zwar wird schon in den bedeutenden „Studien über Autorität und Familie" des Institutes für Sozialforschung (M. HORKHEIMER/E. FROMM/H. MARCUSE 1936) die Ich-Stärke im Rahmen einer Theorie der politischen Sozialisation im präfaschistischen Deutschland hervorgehoben, eine Thematik, die dann in der „Authoritarian Personality" (ADORNO u.a. 1950) empirisch vertieft wurde. Der Hauptstrom der psychoanalytischen Sozialisationsforschung der dreißiger bis fünfziger Jahre leitete sich jedoch von psychoanalytischen Annahmen über frühkindliche Einflüsse und vom Über-Ich-Paradigma ab, letzteres kann vor allem an der nahezu obligat gewordenen Markierungsvariablen „Konformität" abgelesen werden. Allerdings wurde dieses Konflikt- bzw. Repressionsmodell in der Neo-Psychoanalyse und bei PARSONS (1950) zu einem Modell des an seine gesellschaftliche Umwelt wohl adjustierten und integrierten Individuums geglättet und so die kritische Spitze des FREUDschen Ansatzes gebrochen.

Ungeschmälertes Verdienst der Psychoanalyse ist, daß sie die psychogenetische Theorie lieferte, die, von der kulturanthropologischen Forschung ab Ende der zwanziger Jahre in den Vereinigten Staaten aufgenommen, im wesentlichen die moderne *empirische* Sozialisationsforschung begründete. Und sie hat auch in der Folge deren Begrifflichkeit und Thematik bestimmt und angeregt. Besonders herauszuheben wären der Begriff des gesellschaftsspezifischen Sozialcharakters bzw. der basic personality (E. FROMM 1931, A. KARDINER 1945), die psychoanalytische Deutung des Zusammenhanges zwischen Sozialisationsbedingungen, Persönlichkeitsstruktur und institutionellen und kulturellen Phänomenen (Begriff des „projektiven Systems") bei KARDINER (1945), die Erweiterung der Theorie der Entwicklungsphasen durch E. H. ERIKSON (1950). Marksteine psychoanalytisch orientierter korrelativer Sozialisationsforschung sind die Studie von J. W. M. WHITING und L. J. CHILD (1953) über Zusammenhänge zwischen Erziehungspraktiken und Persönlichkeitsmerkmalen bei mehr als 50 Kulturen, die gründliche Untersuchung von R. R. SEARS, E. MACCOBY und H. LEVIN (1957) sowie die bei uns leider zu wenig beachtete Studie von D. R. MILLER/G. E. SWANSON (1960) über Sozialisationsbedingungen von Abwehrmechanismen. Auch die klinisch-kasuistisch orientierte Forschung hat besonders das Verständnis der Details konkreter Sozialisationsprozesse entscheidend erweitert und bestimmt, so zum Beispiel die Studien zur Mutter-Kind-Beziehung und zum Hospitalismus von R. SPITZ (1945ff.) und die kinderanalytischen Untersuchungen M. KLEINS (1932). Von größter Bedeutung für das Verständnis innerfamilialer Prozesse wurde die Schizophrenie-Forschung, die den psychoanalytischen Ansatz in verschiedenen Richtungen weiterentwickelte (G. BATESON u.a. 1956; Th. LIDZ u.a. 1957; L. C. WYNNE u.a. 1958, s. BATESON u.a. 1969).

Die durch die Psychoanalyse gewonnenen Einsichten haben, wie gesagt, die Entwicklung der Sozialisationsforschung ungemein stimuliert und darüber hinaus Vorverständnis und Begrifflichkeit der Sozialisationstheorie wesentlich geprägt. Die Psychoanalyse bietet eine differenzierte Theorie der Persönlichkeit, die von vornherein als genetische konzipiert ist und spezifische Aussagen über relevante Bedingungen in der Umwelt macht, die unmittelbar als gesellschaftlich vermittelte interpretiert werden können. Wir verdanken der Psychoanalyse vor allem die Einsichten, (1) daß die innerpsychische Verarbeitung von Erfahrungen sehr komplex und unbewußt sein kann, (2) daß die dabei entstehenden Persönlichkeitsformationen die Art der Handlungsfähigkeit des Individuums bestimmen, insbesondere die Chancen zu autonomem Handeln, (3) daß die affektiven Beziehungen zu anderen Personen eine wichtige Bedingung sind und (4) daß die entscheidenden Formationen schon in der frühen Kindheit entstehen. Aus den beiden letztgenannten Annahmen folgt unter anderem, daß die Familie als Sozialisationsinstanz von hervorragender Bedeutung ist.

Dennoch hat das psychoanalytische Paradigma in der empirischen Sozialisationsforschung und der sozialisationstheoretischen Diskussion seit den fünfziger Jahren seine führende Stellung verloren. Das kommt recht kraß zum Beispiel darin zum Ausdruck, daß sich in dem einschlägigen Handbuch von Goslin (1969) nur ein kleiner Artikel einer offensichtlich defensiv gehaltenen „Re-Evaluation" des psychoanalytischen Ansatzes widmet (Miller 1969). Dieser Wandel hat vor allem drei Gründe. Erstens stellte sich heraus, daß viele psychoanalytische Annahmen mit den Mitteln der im engeren Sinne empirischen Forschung nicht bestätigt werden konnten, ja daß schon der Transponierung der Psychoanalyse in eine der empirischen Überprüfung zugängliche Form enge Grenzen gesetzt sind. Zweitens verschob sich das Interesse zunehmend auf kognitive, sozial-kognitive und sprachliche Persönlichkeitsmerkmale, die aber im klassischen psychoanalytischen Ansatz nicht im Mittelpunkt stehen. Drittens wurde die sozialisationstheoretische Fragestellung zunehmend auf andere institutionelle Bedingungen und spätere Altersstufen ausgeweitet, über die sich aus der psychoanalytischen Theorie frühkindlich-familialer Sozialisation keine relevanten Annahmen mehr ableiten lassen.

5.2.2 Die behavioristische Lerntheorie

Die behavioristische Lernforschung war die herrschende Richtung der Psychologie in den Vereinigten Staaten während der dreißiger und vierziger Jahre und ist schon deshalb für die Sozialisationstheorie bedeutsam (vgl. ausführlich zu diesem Ansatz den Beitrag von D. Ulich in diesem Band). Aufgrund ihres dezidiert positivistischen Wissenschaftsverständnisses konnte sie die Erwartung wecken, im Unterschied zur Psychoanalyse eine empirisch besser fundierte Grundlegung zu einer Sozialisationstheorie zu bieten.

Sie knüpft theoretisch an Vorstellungen an, die bereits die englischen Empiristen im 17. und 18. Jahrhundert entwickelt hatten. Empirisch geht sie aus von den Ergebnissen einiger Tierversuche, die zu Beginn des Jahrhunderts von verschiedenen Forschern durchgeführt worden waren. J. P. Pawlow (1849–1936) stellte im Zusammenhang von Untersuchungen über die Verdauung an Hunden fest, daß eine physiologische Reaktion wie zum Beispiel die Speichelabsonderung beim Fressen auch dann eintritt, wenn ein neuer Reiz – z. B. die Schritte des Wärters oder das Ertönen einer Glocke –, der einige Male mit dem Futter zusammen dargeboten worden war, alleine auftritt. Der vorher nur auf das Futter folgende Reflex ist damit zu einem konditionierten, beliebig auslösbaren Reflex geworden (erste Veröffentlichungen durch Wolfson 1899 und Tolochinow 1903, Pawlow 1927; vgl. Hilgard/Bower 1966, S. 49). Als entscheidende Bedingung dieses Lernvorganges stellte Pawlow die zeitliche Gemeinsamkeit der Reize fest. In seinen weiteren Untersuchungen erarbeitete er eine Reihe grundlegender Begriffe der Lerntheorie, zum Beispiel Verstärkung, Löschung, Generalisierung, Diskrimination und andere. Er nahm an, daß bedingte Reflexe über die Großhirnrinde laufen, beim Menschen das „zweite Signalsystem" der Sprache einschließen und „daß unsere Erziehung, unser Lernen, jegliche Disziplin und unsere vielen Gewohnheiten lange Reihen von bedingten Reflexen sind" (1928). E. L. Thorndike (1874–1949) führte Lernexperimente mit Katzen und Hunden durch, bei denen diese in einen Problemkäfig gesetzt wurden; bei einer ganz bestimmten Reaktion des Tieres – z. B. Drücken eines Hebels – wurde Futter freigegeben oder die Tür geöffnet. Thorndike stellte fest, daß die Tiere, nachdem sie diese Reaktion zunächst zufällig ausgeführt haben, sie in der Folge immer häufiger zeigen (Thorndike 1898). Damit entdeckt er einen neuen elementaren Lernmechanismus, das Lernen durch Versuch und Irrtum. Thorndike formuliert seine Ergebnisse in einer Reihe von Gesetzen, darunter das Effekt-Gesetz: Die Stärke der zwischen einer Reizsituation und einer Reaktion bestehenden Verknüpfung erhöht sich, wenn diese von einem befriedigenden Gesamtzustand begleitet oder gefolgt wird. Thorndike hat sich auch mit pädagogischen Fragen beschäftigt.

Das damit erarbeitete Paradigma ist in der Lernforschung der folgenden Jahrzehnte differenziert, verfeinert und vor allem empirisch immer genauer untersucht, aber nicht grundsätzlich erweitert worden. Die wichtigsten Forscher sind wohl E. R. Guthrie, B. F. Skinner, C. L. Hull und E. C. Tolman (Hilgard/Bower 1966). Herausragende Untersuchungen sind die Studien von Cowles (1937) über den Verstärkungscharakter von Chips und die von N. Miller (1948) über gelernte Angst.

Während die Lernforschung bis weit in die dreißiger Jahre fast ausschließlich mit Tieren, zumeist Ratten, experimentiert und wohl die Relevanz ihrer Ergebnisse für Lernen beim Menschen einfach unterstellt hatte, kommt es am Ende der dreißiger Jahre in Yale zu einem Austausch mit psychoanalytisch orientierten Psychologen, der in zweifacher Weise fruchtbar war. Zum einen wandte sich die bis dahin strikt positivistisch gehaltene Lerntheorie stärker auch innerpsychischen Prozessen zu. Das Ergebnis sind eine Reihe von interessanten theoretischen Versuchen, von der Psychoanalyse beschriebene Phänomene wie zum Beispiel Identifikation, Über-Ich, Verdrängung und Neurose in lerntheoretischen Kategorien zu reformulieren (exemplarisch: Dollard/Miller 1950, Mowrer 1950). Freilich bleiben diese Versuche Theorie.

Zum zweiten erkannte man die Notwendigkeit, die Lerntheorie direkt an menschlichen Versuchspersonen zu überprüfen. Dabei stellte sich heraus, daß mit den schlichten Kategorien der S-R-Theorie die komplexen, insbesondere kognitiven innerpsychischen Prozesse nicht erfaßt werden können. Allein schon die Grammatik unseres Sprechens ist lerntheoretisch nicht zu erklären, wie N. Chomsky (1959) in einer schlagenden Kritik an Skinner zeigte. Dieser Herausforderung begegnete die Lerntheorie mit dem weiteren Versuch, auch kognitive Prozesse in ihrer Begrifflichkeit zu reformulieren (so z. B. Staats 1968). Auch diese Unternehmen blieben jedoch im wesentlichen empirisch nicht eingelöste Theorie, ebenso der von Bijou/Baer (1961, 1965) vorgelegte Versuch einer ausdifferenzierten lerntheoretischen Analyse frühkindlicher Sozialisation. Der gegenwärtig wohl bedeutendste Beitrag der Lernforschung zur Erklärung menschlicher Sozialisationsprozesse ist die von A. Bandura (1963, 1968 u. a.) entwickelte Theorie des Lernens durch Imitation, vor allem weil sie sich auf empirischen Daten stützt und in verhaltenstherapeutischen Kontexten auch praktisch erprobt ist.

Die Lerntheorie beschreibt und erklärt relativ dauerhafte Verhaltensänderungen aufgrund bestimmter äußerer Ereignisse. Insofern trifft sie die sozialisationstheoretische Fragestellung, und sicher aus diesem Grunde wurde immer die Hoffnung in sie gesetzt, daß sie eine tragfähige Grundlage der Sozialisationstheorie sein könnte, zumal sie mit einem hohen wissenschaftlichen und methodischen Anspruch aufgetreten ist. Es ist auch nicht zu leugnen, daß sie ihre Relevanz zur Erklärung bestimmter Lernvorgänge beim Menschen – insbesondere die Konditionierung emotionaler Reaktionen über den kognitiven und sprachlichen Bereich – erfolgreich demonstriert hat.
Daher ist es verwunderlich, daß sie in der empirischen Sozialisationsforschung eigentlich nie richtig Fuß gefaßt hat. Und selbst das Programm, wenigstens hypothetisch eine umfassendere Sozialisationstheorie in behavioristischen Kategorien zu formulieren, ist, abgesehen von dem erwähnten Versuch Bijous/Baers, nicht in Angriff genommen worden. Im Gegenteil sieht man in der amerikanischen Psychologie seit den sechziger Jahren die Lerntheorie als *allgemeine* psychologische Theorie des Verhaltens gegenüber kognitiven Ansätzen an Boden verlieren.
Der Grund dafür könnte darin liegen, daß sie in gleichsam mikroskopischer Einstellung nur bestimmte elementare Lernprozesse erfaßt, daß aber dieser Ausschnitt zu klein ist gegenüber den Fragen, die eine Theorie der Sozialisation nun einmal stellt, und zwar in zwei Dimensionen. Zum einen läßt sich aus den Kategorien der Lerntheorie kaum eine angemessene Persönlichkeitstheorie oder gar Theorie des gesellschaftlich handlungsfähigen Subjekts konstruieren; dieses ist sicher mehr als ein Bündel von S-R-Verbindungen. So konnte die Lerntheorie noch nicht einmal die Hoffnung, den vom psychoanalytischen Ansatz hinterlassenen Mangel an Kognitionspsychologie zu beheben, erfüllen. Zum anderen greifen diese Kategorien auch in Richtung der gesellschaftlichen Bedingungen von Sozialisation zu kurz; schon Interaktion läßt sich nicht auf den Begriff der Verstärkung reduzieren. Auch konnte die Lerntheorie trotz des erheblichen forschungstechnischen Aufwandes nicht überzeugend ihren Anspruch vertreten, die – etwa gegenüber der Psychoanalyse – empirisch besser fundierte Theorie menschlicher Sozialisation zu sein. Es ist daher verständlich, daß sich die Sozialisationsforschung nach Paradigmen umsah, deren Blickfeld weiter oder zumindest anders fokussiert ist.

5.2.3 Jean Piaget

Wir haben gesehen, daß die bislang herrschenden Paradigmen keine oder eine nur unbefriedigende Thematisierung der kognitiven Seite der Persönlichkeit und ihrer Sozialisation boten. Auch die neobehavioristisch verfeinerte Lerntheorie, die in den fünfziger Jahren noch die in den USA dominierende Psychologie überhaupt war, hatte ihr Erklärungspotential erschöpft. Abgesehen von weiteren, bildungspolitischen Gründen (s. u.) macht schon dies plausibel, weshalb man sich einer Theorie zuwandte, die eben die kognitive Seite in den Vordergrund stellt – der Theorie Jean Piagets. Bemerkenswert dabei ist, daß diese Theorie bereits seit den späten zwanziger und den dreißiger Jahren vorlag, ohne bisher in den USA nennenswerte Beachtung gefunden zu haben. Man kann insofern von einer „Entdeckung" Piagets sprechen. Dieser Wechsel des Paradigmas läßt sich auf den Beginn der sechziger Jahre datieren. Er ist sehr augenfällig dokumentiert in dem verdienstvollen Buch J. Mc V. Hunts (1961), das nach einer kürzeren Besprechung der Lerntheorie eine ausführliche Darstellung Piagets folgen läßt. Der entscheidende Durchbruch geschah dann wohl durch die umfassende Monographie J. Flavells (1963) (vgl. ausführlich zu diesem Ansatz den Beitrag von Seiler in diesem Band).

Jean PIAGET (geb. 1896) begann, nach Studien zuerst der Biologie, dann auch der Philosophie, Soziologie und Psychologie, mit Untersuchungen über die Eigenart des kindlichen Denkens in verschiedenen Altersstufen. Bemerkenswert dabei ist besonders seine „klinische" Methode, Kindern auf verbalem Wege Probleme zu stellen und sie nach der Begründung für die von ihnen gegebene Lösung zu befragen; außerdem hat PIAGET auch Beobachtungen angestellt. Seine ersten großen Arbeiten, die heute von besonderer Relevanz zu sein scheinen, behandeln das kommunikative Sprechen (1923), das logische Denken (1924) und die Vorstellungen über Moral (1932).

Aufgrund seiner Untersuchungen kommt PIAGET zu einem Phasenmodell der geistigen Entwicklung. Nach (1) der sensumotorischen Intelligenz des Kleinkindes (0–$1^1/_2$ Jahre), in der das Kind die Koordination der Motorik und den ersten Umgang mit Gegenständen erwirbt, folgt (2) eine Phase, in der die Vorstellungen des Kindes anschaulich, dem sinnlichen Augenschein verhaftet bleiben, aber noch nicht logisch verknüpft werden (etwa $1^1/_2$–7 Jahre). Ein „präoperationales" Kind ist zum Beispiel noch nicht in der Lage zu erkennen, daß eine Flüssigkeit, die in ein anders geformtes Becherglas umgeschüttet wird, die gleiche Menge behält. (3) Es folgt die Phase der konkreten Operationen, der Anwendung logischer Prinzipien vorerst nur an konkret vorliegendem Material (etwa 7–11 Jahre). (4) Die letzte Phase, die der Intelligenz des Erwachsenen entspricht, ist die der formalen Operationen; das Denken ist jetzt auch als abstraktes, propositionales und hypothetisches möglich. PIAGET hat diese Phasen gelegentlich auch anders zusammengefaßt.

Von großer sozialisationstheoretischer Bedeutung ist die These, daß die Phasen wie auch einzelne Stadien innerhalb ihrer eine unveränderliche Sequenz bilden der Art, daß ein Stadium notwendig das Erreichen des vorangehenden Stadiums voraussetzt; die Stadien können nicht in anderer Reihenfolge durchlaufen werden. Allerdings hängt die Geschwindigkeit dieser Entwicklung bzw. das von einem Individuum schließlich erreichte Stadium von bestimmten äußeren Bedingungen ab. Wichtig ist auch PIAGETS Begriff des Egozentrismus. Besonders in der präoperationalen Phase sieht das Kind die Welt und andere nur von seinem Standpunkt und ist noch nicht in der Lage, sich selber aus der Sicht der anderen zu objektivieren. PIAGET hat diesen Begriff unter anderem zur Beschreibung des kommunikativen Sprachverhaltens herangezogen (1923).

PIAGET stellt zwar, vor allem in seinem mittleren und späteren Werk, die Entwicklung logisch-mathematischer Strukturen des Verstandes in den Vordergrund und sieht selber hier den Schwerpunkt seines umfangreichen Werkes (das allein in der Bibliographie FLAVELLS über 150 Titel umfaßt). Aber er hat unter anderem mit seiner Studie über die Entwicklung des moralischen Urteilens einen sehr einflußreichen Beitrag zur Theorie sozialen Handelns geliefert. PIAGET findet hauptsächlich zwei Phasen der Moralentwicklung. In der ersten, heteronomen Phase werden moralische Normen als unbedingt gültig, unantastbar und unveränderlich angesehen. Sie erscheinen als von einer höheren Autorität und nicht vom Individuum selbst gesetzt. In der zweiten, autonomen Phase erscheint eine Norm begründet aus dem Sinn, der ihr im Zusammenhang der Kooperation mit anderen zukommt. Sie beruht auf freier Übereinkunft und kann verändert werden. Man findet hier Einflüsse von KANT und DURKHEIM.

In seiner genetischen Erklärung der kognitiven Entwicklung, dem sozialisationstheoretisch zentralen Punkt, weist PIAGET sowohl eine rein reifungstheoretische wie eine empiristische oder milieudeterministische Position zurück, sondern formuliert eine spezifisch neue: Die Strukturen des Subjekts sind das von diesem organisierte Ergebnis seiner tätigen Auseinandersetzung mit der Realität. Denkoperationen sind ursprünglich verinnerlichte Handlungen, die in gewissem Sinne abstrahiert worden sind. Sie bilden dann Schemata, mit denen sich die entsprechenden Klassen von Gegenständen der Realität begreifen lassen. Im Laufe der Entwicklung werden die ersten verinnerlichten Strukturen zunehmend zu einem immer abstrakteren, aber einheitlichen und äquilibrierten System organisiert.

Die Bedingungen der Entwicklung sind also das „Material" aus der Umwelt und eine im Subjekt selbst liegende Äquilibrationstendenz. Aus der Phasentheorie ergibt sich zusätzlich die auch pädagogisch wichtige Bedingung, daß die Anregungen aus der Umwelt in einem optimalen Verhältnis zu den im Subjekt bereits vorhandenen Strukturen stehen müssen, damit dieses sie – im Wechselspiel von eigener Akkomodation und Assimilation des Gegenstandes – konstruktiv aufnehmen kann. Darüber hinaus hat PIAGET auch spezifisch soziale Bedingungen genannt, insbesondere „Kooperation" sowie „Gedankenaustausch" (PIAGET 1947, Kap. VI). Und er führte die Entwicklung des moralischen Bewußtseins auf entsprechende Wandlungen in den sozialen Beziehungen, von der kindlichen Unterlegenheit gegenüber den Erwachsenen zum Peer-Status in der Spielgruppe, zurück.

PIAGETS Theorie ist gegenwärtig vielleicht das einflußreichste Paradigma nicht nur in der Entwicklungspsychologie, sondern zunehmend auch in Theorien des sozialen Handelns und der Sozialisation. Das ist nicht zuletzt auch L. KOHLBERG (1969) zuzuschreiben, der sie besonders im Bereich des moralischen Bewußtseins weiterentwickelt hat. PIAGET bietet nicht nur eine komplexe Analyse von Bewußtseinsstrukturen, die übrigens deutlich an die idealistische Philosophie anknüpft, sondern eine damit kongeniale genetische Theorie, die der gesellschaftlich vermittelten Umwelt einen durchaus angemessenen Stellenwert zumißt. Da sie ihre Wirksamkeit wohl noch nicht voll entfaltet hat, ist es zu früh für eine umfassende Würdigung. Es zeichnen sich jedoch einige kritische Punkte ab. Zum ersten ist zu fragen, welchen Stellenwert PIAGETS epistemologisches Subjekt im Rahmen einer Theorie sozialen und politischen Handelns hätte. Das Problem liegt in dem Gewicht, das PIAGET den auf Erfassung der Dingwelt gerichteten gegenüber den sozialen Strukturen gegeben hat. Sein Subjektbegriff nimmt dabei monologische und ahistorische Züge an. Zweitens scheint in der gegenwärtigen Diskussion noch kontrovers zu sein, ob PIAGET letztlich nicht doch eine maturitionistische Position ohne sozialisationstheoretische Relevanz einnimmt. Es scheint auch schwierig zu sein, seine Aussagen über umweltinitiierte Sozialisationsprozesse empirisch einwandfrei zu überprüfen.

5.2.4 George Herbert MEAD

PIAGETS Akzentuierung der monologischen, auf Erfassung der Dingwelt gerichteten Seite des Subjekts könnte die Rezeption eines weiteren Paradigmas beschleunigen: der Theorie George Herbert MEADS (1863–1931; Veröffentlichung posthum 1934). Ebenfalls in den zwanziger Jahren und unter dem gemeinsamen Einfluß des Pragmatismus sowie HEGELS (RECK 1963, S. 24) entstanden, berührt sie sich zunächst mit den Überlegungen des frühen PIAGET zum Egozentrismus (s. o.) und teilt mit ihm auch die Annahme, daß die subjektiven Strukturen im wesentlichen kognitiver Art sind. Aber im Unterschied zu PIAGET entwickelt MEAD diese Strukturen in der sozialen Ebene weiter und kommt letztlich zu einer Theorie der *sozialen Konstitution* des Subjekts. Allerdings hat er diese nicht in ontogenetischer Richtung ausgeführt. Dies mag der Grund dafür sein, daß MEAD bisher weniger in der Entwicklungspsychologie und empirischen Sozialisationsforschung aufgenommen wurde, sondern vor allem als ein Begründer des symbolisch-interaktionistischen Ansatzes und durch Einflüsse auf die phänomenologische und ethnomethodologische Richtung in der Soziologie wirksam geworden ist. Seine Relevanz nicht nur für die Theorie des sozialen Handelns, sondern auch der sozialisatorischen Genese ist jedoch offensichtlich (vgl. ausführlich zu diesem Ansatz den Beitrag von JOAS in diesem Band).

MEAD beginnt mit der Feststellung, daß tierische und menschliche Kommunikation sich in einem wesentlichen Punkt unterscheiden. Während ein Tier auf die von einem anderen Tier produzierte Geste wie auf einen Reiz reagiert, ohne nach einer intendierten Bedeutung dieser zu fragen, gehen Menschen bei ihrer Kommunikation von der im Alltag auch bestätigten Annahme aus, daß die sprachlichen Äußerungen eine vom anderen intendierte und von mir verstehbare, also *gemeinsame* Bedeutung haben. MEAD erklärt dies damit, daß ich als Sprecher auch meine eigenen Äußerungen akustisch wahrnehme, also gleichzeitig Hörer bin. Allgemeiner formuliert: daß ich die Position des anderen einnehme (taking the attitude of the other).

Der Begriff des role-taking (am besten mit „Perspektivwechsel“ übersetzbar), das virtuelle Sichhineinversetzen in die Position oder Rolle eines Interaktionspartners, ist von zentraler Bedeutung für die MEADsche Theorie. Er erklärt, daß wir im Interaktionshandeln immer Erwartungen an das Verhalten der anderen hegen, ja auch ihre Sichtweise und Erwartungen uns gegenüber antizipieren, so wie wir umgekehrt davon ausgehen, daß die anderen unsere Sicht und unsere Erwartungen an sie antizipieren. In diesem Sinne kann man sagen, daß wir die anderen verinnerlicht haben.

MEAD erweitert dieses Modell durch die Überlegung, daß wir auch gleichsam alle Mitglieder der Gruppe zu einem „generalisierten Anderen“ zusammenfassen und dessen Perspektive einnehmen können. Dabei handelt es sich nicht um eine Summierung der Einzelstandpunkte, sondern eher um die Repräsentanz des die einzelnen verbindenden Kooperationszusammenhanges, der auch den überindividuellen Charakter des generalisierten Anderen erklärt.

Dies entspricht der eingangs festgestellten Tatsache, daß menschliche Sprache im Prinzip intersubjektiv ist, d.h. daß ihre Bedeutungsgehalte nicht nur faktisch gemeinsame sind, sondern den Beteiligten auch als gemeinsame bewußt sind. Denn damit hängt es zusammen, daß ihre Bedeutungsgehalte nicht individuell-willkürlich, sondern überindividuell und „objektiv“ sind. Nehmen wir nun den Gedanken hinzu, daß sich in eben diesen Bedeutungsgehalten für den einzelnen „Welt“ konstituiert, so ist Sprache, das Medium der sozialen Kommunikation, gleichzeitig konstitutiv für die Lebenswelt und ihre Gegenstände als solche:

„Die Sprache symbolisiert nicht einfach Situationen oder Objekte, die schon vorher gegeben sind; sie macht die Existenz oder das Auftreten dieser Situationen oder Objekte erst möglich, da sie Teil jenes Mechanismus ist, durch den diese Situationen oder Objekte geschaffen werden“ (MEAD 1934, 1968, S. 117).

Damit gewinnt Sprache einen entscheidenden Stellenwert als Medium der Vermittlung gegenwärtiger Lebenswelt wie auch der in ihr sedimentierten kulturellen Tradition im Sozialisationsprozeß.

MEAD kommt auch das Verdienst zu, den Aspekt der subjektiven Identität thematisiert und in seine Theorie einbezogen zu haben. Während zum Beispiel noch

DURKHEIM die „Individualität" nur privativ, eben als Fehlen von Sozialisation fassen konnte, leitet MEAD die subjektive Identität aus der Vergesellschaftung ab. Ausgangspunkt ist auch hier die Operation des role-taking: Indem ich mich in die Position des anderen versetze und aus dieser heraus mich selbst betrachte, habe ich ein Bewußtsein meiner selbst – Identität. „Man entwickelt insoweit eine Identität, als man die Haltung anderer einnehmen und sich selbst gegenüber so wie gegenüber anderen handeln kann" (MEAD 1934, 1968, S. 214). Von dort kommt MEAD zu der Annahme zweier Instanzen im Subjekt, dem spontan handelnden und denkenden, aber als solches nicht direkt objektivierbaren „I" und dem, *was* mir bewußt als Ergebnis der über role-taking mit anderen vermittelten Reflexion meiner selbst erscheint, das „Me". Die zu beobachtende Einheit der Identität erklärt MEAD aus der Spiegelung am generalisierten Anderen, der ja die Gesellschaft als Zusammenhang ist.

MEADS Theorie formuliert, obwohl nicht ontogenetisch ausgeführt, einen konsequenteren sozialisationstheoretischen Ansatz als PIAGET, insofern er gesellschaftliche Bedingungen – Interaktion, Kooperation, Sprache – geradezu als konstituierend für die wesentlichen Strukturen menschlicher Subjekte annimmt. MEADS Ansatz vermittelt, auch wenn man ihm nicht in allen Konsequenzen folgen wird, eine völlig neue Sicht des Sozialisationsproblems und zahlreiche interessante Einsichten. Auch die Theorie des sozialen Handelns und des vergesellschafteten Subjekts ist durch ihn entscheidend bereichert worden. Freilich bleibt noch abzuwarten, wie weit es gelingen wird, MEADS hauptsächlich in Form wenig systematisierter philosophischer Vorlesungsnachschriften vorliegende Theorie in den Kontext erfahrungswissenschaftlicher Sozialisationsforschung zu überführen.

5.3 *Die empirische Sozialisationsforschung*

Auch die empirische Sozialisationsforschung ist relevant für die Entwicklung theoretischer Paradigmen, selbst wenn man der Theorie vor der empirischen Forschung die Priorität gibt. Denn letztlich wird natürlich auch die Konstruktion einer Theorie aus Erfahrungen und Rückmeldungen gespeist, und es geschieht häufig, daß zumindest der Wandel von Paradigmen vom Gang der kollektiven Erfahrung erzwungen wird, wie immer dieser seinerseits bedingt gewesen sein mag. Ein Beispiel dafür könnte man in der Ablösung des psychoanalytischen durch sozial-kognitive Ansätze sehen. Darüber hinaus haben Methodologie und Techniken empirischer Forschung als solche eine paradigmatische Bedeutung, die allerdings ambivalent ist. Einerseits sensibilisieren sie für begriffliche Unterscheidungen und kausale Zusammenhänge, andererseits ebnen sie verschiedene Qualitäten ein und schaffen unter Umständen eine künstliche Scheinrealität.
Die theoretischen Konsequenzen aus der bisher vorliegenden empirischen Sozialisationsforschung zu extrahieren würde den Rahmen dieser Darstellung weit überschreiten, zumal diese Forschung innerhalb der letzten 50 Jahre sich rasch verbreitert und in kaum mehr übersehbare Äste verzweigt hat (vgl. STONE/ONQUÉ 1959; SEWELL 1963; CLAUSEN 1968; sowie die Handbücher von STEVENSON 1963, HOFFMAN/HOFFMAN 1964, 1966, GOSLIN 1969, MUSSEN 1970, HETHERINGTON 1975, HOROWITZ 1975). Daher muß ich mich hier damit begnügen, die Entstehung der empirischen Sozialisationsforschung und einige besonders augenfällige Linien ihrer Entwicklung grob zu skizzieren.
Der Beginn der empirischen Sozialisationsforschung im heutigen Sinne läßt sich ziemlich genau auf die späten zwanziger Jahre in den Vereinigten Staaten datieren (vgl. CLAUSEN 1968, S. 39ff.). Zwar hatte es schon vorher eine Fülle entwicklungspsychologischer Untersuchungen sowie auch vereinzelt empirisch-soziologische Studien über die sozialen Bedingungen zum Beispiel von Delinquenz gegeben, doch ist der paradigmatisch entscheidende Schritt in dem interdisziplinären Zusammentreffen der cultural anthropology, eines ethnologischen, im weiteren Sinne soziologischen Ansatzes, mit der Psychoanalyse zu sehen.

Dieser Schritt ist dokumentiert in den ersten Arbeiten von B. MALINOWSKI (1927) über den Ödipuskomplex bei den Trobriandern und von M. MEAD (1928) über Kindererziehung auf Samoa. Vor diesem Hintergrund entwickelte sich in den dreißiger und vierziger Jahren eine fruchtbare Forschung zum Zusammenhang zwischen bestimmten, typischen Persönlichkeitsmerkmalen und gesellschaftlichen Strukturmerkmalen, zu den verschiedenen Formen der Kinderaufzucht, zum interkulturellen Vergleich. Wichtige Autoren dieser später unter dem Etikett „Kultur und Persönlichkeit" zusammengefaßten Arbeiten sind außer den genannten F. BOAS, R. BENEDICT, C. DU BOIS, R. LINTON, A. KROEBER, C. KLUCKHOHN, E. SAPIR, E. H. ERIKSON, J. WHITING, J. CHILD u. a.

Bei der Entstehung der empirischen Sozialisationsforschung scheinen mehrere Gründe mit-

gewirkt zu haben. Die Ethnologie hatte, ähnlich der Entwicklung in Frankreich und Deutschland, in den USA seit dem Ersten Weltkrieg einen starken Aufschwung genommen, was nicht zuletzt damit zusammenhängt, daß Ethnologen als Kolonialbeamte benötigt wurden (WILLEMS 1967, S. 67f.). Als Vorgabe für die Entstehung einer empirischen Sozialisationsforschung ist sie insofern besonders geeignet, als sie die Variabilität gesellschaftlicher Strukturen und Lebenswelten wie auch der Verhaltensweisen und Persönlichkeitstypen in ihrem gegenseitigen Zusammenhang sichtbar macht.
Es fehlte ihr jedoch noch die psychologische Komponente. Nun ist daran zu erinnern, daß das in der englischen philosophischen Tradition mit ihren naturalistischen, empiristischen und evolutionistischen Akzenten entstandene Menschenbild einer sozialisationstheoretischen Sicht bereits nahe steht, im Unterschied etwa zur idealistischen Tradition in Deutschland. Freilich bedurfte es noch eines ausgearbeiteten psychologischen Ansatzes, der genetisch und auf gesellschaftliche Umweltbedingungen ausgerichtet ist. Dieser bot sich nun in der Psychoanalyse an, die sich wiederum aus anderen Gründen etwa zwischen 1915 und 1935 in den USA ausgebreitet hatte (WELLS 1963, S. 28ff.). Man nahm FREUDS Theorie – vielleicht wissenschaftstheoretisch ein wenig naiv – als einen Fundus von Gesetzeshypothesen über Zusammenhänge zwischen empirisch beobachtbaren Erziehungspraktiken und daraus entstehenden Persönlichkeitsmerkmalen.

Das starke Interesse an Fragen der Sozialisation gerade in den Vereinigten Staaten hat mehrere zusammenlaufende Motive: „Die Beschäftigung mit dem Problem der sozialen Planung und der Steigerung der Leistungsfähigkeit des Individuums richtete unvermeidlich die Aufmerksamkeit auf Sozialisationsfragen, auch wenn dies nicht in solcher Sprache ausgedrückt wurde. Zuerst stellten die Einwanderung, dann umfangreiche interne Wanderungsbewegungen während der Depressionen und der Kriegszeit die Betroffenen vor Anpassungs- und Akkulturationsprobleme" (CLAUSEN 1968, S. 45). Man kann wohl sagen, daß die Sozialisationsforschung – vor dem Hintergrund eines Glaubens an die Notwendigkeit individueller Anpassung an die jeweiligen Lebensbedingungen – hauptsächlich von dem gesamtgesellschaftlichen Interesse getragen wurde, die im Ursprung heterogene Population auch in der psychischen Dimension in das vorgegebene System zu integrieren. Es scheint, daß dieses Interesse auch in der späteren Sozialisationsforschung wach blieb; die Wahl ihrer Gebiete und Schwerpunkte, vor allem der bevorzugt untersuchten abhängigen Variablen, läßt dies vermuten.

Nach dem Zweiten Weltkrieg tritt die psychoanalytisch und kulturanthropologisch ausgerichtete Sozialisationsforschung allmählich zurück. Die folgende Entwicklung ist gekennzeichnet durch Verbreiterung und Differenzierung in vielfacher Hinsicht. Das neue Feld zieht Wissenschaftler aus verschiedenen Disziplinen an, und die anfängliche Zusammenarbeit zwischen Kulturanthropologie und Psychoanalyse entwickelt sich weiter zu einer um das Sozialisationsparadigma zentrierten scientific community, die sich aus Kulturanthropologen, Soziologen, Psychologen, Psychiatern, Pädagogen, auch Biologen und später Linguisten rekrutiert. Das führt zu einer Öffnung für neue theoretische Paradigmen, die dann mehr pragmatisch zur Lösung des jeweils gestellten Problems herangezogen werden. Zum zweiten wird auch eine Erweiterung und Verfeinerung der Forschungsmethoden angeregt. Neben idiographischen Ansätzen nehmen nach forschungsstatistischen Grundsätzen konzipierte Designs in der Sozialisationsforschung zu, obwohl auch deutlich wird, daß die Erfassung von Sozialisationsprozessen in der Lebenswirklichkeit andere Probleme stellt als die herkömmliche psychologische Laborforschung.
Neue Sozialisationskontexte treten in den Vordergrund (vgl. GOSLIN 1969), so zum Beispiel die Peer-Gruppe (CAMPBELL 1964, HARTUP 1970), die Schule (GLIDEWELL u.a. 1966) und die Massenmedien (MACCOBY 1964, STEIN u.a. 1975). Besondere Bedeutung gewinnt die Sozialisation in verschiedenen Subkulturen und sozialen Schichten (Überblick bei HESS 1970). Beginnend mit den Arbeiten etwa von ABERLE, BALDWIN, DAVIS, EELLS, HAVIGHURST, IRWIN, MAAS, E. MACCOBY und anderen Ende der vierziger und Anfang der fünfziger Jahre erreicht die schichtenspezifische Sozialisationsforschung ihren Höhepunkt zu Beginn der sechziger Jahre (BERNSTEIN, DEUTSCH, HESS, HOFFMAN, HONZIK, INKELES, KOHN, LAWTON, D. R. MILLER, ROSEN, SEWELL, SHIPMAN, SWANSON, ZUNICH). Als ein Stimulans, das auch durch die zeitliche Lage belegbar ist, wird oft der sogenannte Sputnik-Schock (1957) genannt, der den Amerikanern einen technologischen Rückstand gegenüber der Sowjetunion signalisierte. Er konnte langfristig nur aufgeholt werden durch Mobilisierung der in unterprivilegierten Bevöl-

kerungsgruppen schlummernden Bildungsreserven; dies führte dann Anfang der sechziger Jahre auch zu umfangreichen Programmen pädagogischer Frühförderung. Nach dem Ausbleiben spektakulärer Erfolge und wohl auch aufgrund veränderter Prioritäten in der amerikanischen Innenpolitik ging das Interesse für schichtenspezifische Sozialisation Ende der sechziger Jahre wieder zurück.

Das inhaltliche Interesse jeder Sozialisationsstudie kommt vielleicht am deutlichsten in der Auswahl und Fassung ihrer abhängigen Variablen zum Ausdruck, den Persönlichkeitsmerkmalen, deren Konstituierung bzw. Veränderung sie untersucht. Gleichzeitig impliziert dies immer auch Annahmen über Persönlichkeit und allgemein sozialisationstheoretische Paradigmen. Die folgende Tabelle gibt einen Überblick über die zeitliche Verteilung der in der empirischen Sozialisationsforschung angesetzten Persönlichkeitsvariablen anhand der in den gängigen Nachschlagewerken veröffentlichten Sammelreferate (vgl. Tabelle 1).

Jeder Punkt bezeichnet ein Sammelreferat in dem auf der Abszisse angegebenen Nachschlagewerk zu der auf der Ordinate angegebenen Persönlichkeitsvariablen. (Bei Child, 1954, handelt es sich selber um ein Sammelreferat, das entsprechend nach Abschnitten ausgewertet wurde.) Es wurden nur die Artikel aufgenommen, die nach der Überschrift klar als einschlägig zu codieren waren. Es werden also nicht Artikel berücksichtigt, die thematisch vorrangig auf Institutionen, Altersphasen oder auch Theorie zentriert sind. Außerdem wurden nur solche Variablen

Tabelle 1: Die zeitliche Verteilung von Handbuchartikeln über einige abhängige Variablen in der empirischen Sozialisationsforschung

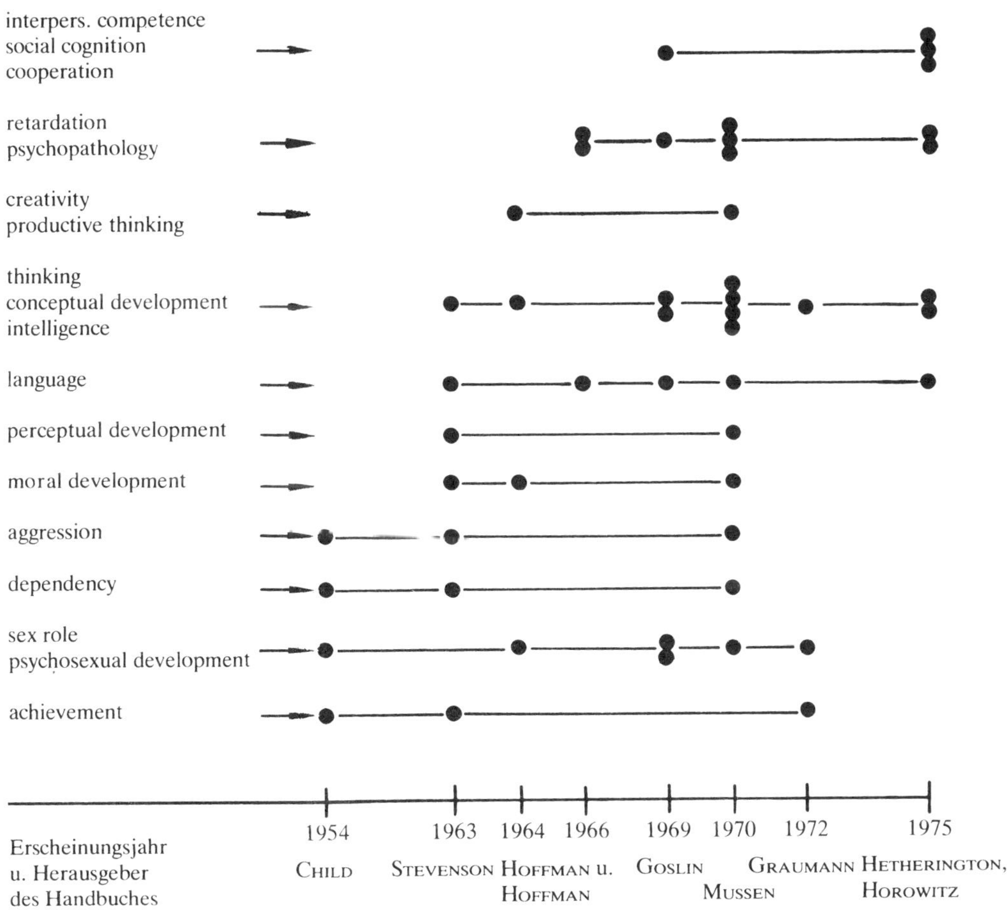

aufgenommen, die in mindestens zwei Artikeln behandelt werden. Die Forschung hat sich also durchaus mit mehr Variablen beschäftigt, als hier angegeben sind. Es ist zu beachten, daß jeder Handbuchartikel eine große Zahl einzelner einschlägiger Studien repräsentiert und daß diese zum Teil bereits Jahre zurückliegen. Das Bild spiegelt also, abgesehen von der aktuellen Politik der Herausgeber, im wesentlichen und mit einer gewissen Verzerrung die Forschungsinteressen der jeweils vorangehenden Jahre wider.

Folgende Schlüsse können aus der Tabelle gezogen werden. Erstens ist zu erkennen, daß die frühe Forschung auf Variablen beschränkt bleibt, die dem psychoanalytischen Paradigma nahestehen (hier: Aggressivität, Abhängigkeit, Geschlechtsrolle bzw. psychosexuelle Entwicklung, Moralität sowie Leistungsmotivation), während zum Beispiel Sprache und kognitive Fähigkeiten noch nicht erscheinen. Umgekehrt geht das Interesse an diesen Variablen schon in den sechziger Jahren zurück. Zweitens ist die Einführung neuer Persönlichkeitsbereiche zu beobachten, zunächst ab 1963 Sprache und Kognition, dann ab 1966 Psychopathologie und Behinderung, ab 1969 und verstärkt 1975 soziale Kompetenz. Drittens ist bemerkenswert, daß sich die Bereiche Sprache und Kognition als Themen von relativ andauerndem Interesse erweisen, mit einem deutlichen Höhepunkt im MUSSEN-Handbuch von 1970, der wohl das besondere Interesse der sechziger Jahre im Zusammenhang mit der Bildungsförderung widerspiegelt. Als rasch verglühten Stern kann man jedoch die Kreativitätsforschung bezeichnen. Die ersten vergleichbaren deutschen Veröffentlichungen (1972) weisen einen gewissen Rückstand gegenüber den amerikanischen auf.

5.4 *Die Rezeption der Sozialisationsforschung in der Bundesrepublik*

Die Rezeption und Entwicklung der Sozialisationsforschung in der Bundesrepublik wird durch mehrere Motive bestimmt. Nach einer gängigen Auffassung war sie vornehmlich durch das bildungspolitische Interesse im Zusammenhang mit dem Anfang der sechziger Jahre diagnostizierten ökonomischen Bedürfnis nach einer Mobilisierung von Bildungsreserven determiniert. Diese These trifft jedoch bestenfalls teilweise zu. Wie nämlich sowohl der zeitliche Verlauf mit einem Höhepunkt erst um 1970 und die thematische Akzentuierung zeigen, haben eine Reihe anderer Gründe mitgewirkt (vgl. zum folgenden GEULEN 1978).

Eine Voraussetzung dafür, daß sich die Sozialisationsthematik nach dem Krieg etablierte, ist im akademischen Raum zu suchen, auf den die Diskussion ja auch zumindest bis zum Ende der sechziger Jahre beschränkt blieb. Für die sich neu konstituierende deutsche Soziologie mußte die Sozialisationsthematik aus verschiedenen Gründen attraktiv sein. Als Bestandteil der amerikanischen Soziologie, an der man sich aus anderen Gründen orientierte, einerseits und in Abgrenzung vom materialistischen Menschenbild des Kommunismus andererseits bot sie sich an, das in Sachen Anthropologie entstandene ideologische Vakuum auszufüllen, zumal sie – wie die im Anschluß an DAHRENDORFS „Homo sociologicus" (1958) geführte Diskussion um die Rollentheorie gezeigt hat – eine letztlich wohl produktive Auseinandersetzung mit der idealistischen Tradition ermöglichte und stimulierte, durch die sich die Sozialisationstheorie in gewissem Maße wieder von den Vorgaben der amerikanischen Soziologie emanzipierte. Grundsätzlich erlaubt der Sozialisationsbegriff, den subjektiven Faktor in systematischer Weise in die Gesellschaftstheorie einzuführen, wird also schon von dieser her konsequent gefordert. Wie in der Folge noch deutlicher wurde, besitzt das Sozialisationsparadigma außerdem eine beträchtliche Kraft, disparate Lehrstücke der Soziologie zu integrieren. Dies war nicht nur auf einer theoretischen Ebene von Bedeutung, sondern war relevant auch für die Gewinnung und Anerkennung einer Identität als akademischer Disziplin, um die sich die Soziologie in ihrer damaligen Entwicklungsphase bemühte. Auch die in dieser Situation erwünschten theoretischen, methodischen und Prestigeanleihen bei etablierteren Fächern, besonders bei der Psychologie, waren über die Sozialisationsthematik sachlich begründet und legitimiert.

In der Entwicklung der Sozialisationsforschung in der Bundesrepublik ab Beginn der sechziger Jahre können vier Phasen unterschieden werden, die sich zeitlich allerdings nicht präzise ablösen und auch an verschiedenen Orten nicht parallel verlaufen, die aber – wenn man will – in einer Art sachlogischem Zusammenhang stehen. Die *erste Phase* ist gekennzeichnet durch Buchveröffentlichungen, denen man die Intention unterlegen kann, den Topos Sozialisation als solchen einzuführen und seine Relevanz und seinen wissenschaftlichen Status zu demonstrieren (etwa CLAESSENS 1962, STENDENBACH 1963, FÜRSTENAU 1967, FEND 1969). Sie zeichnen sich aus durch eine materialmäßig breit angelegte Rezeption aller verfügbaren empirischen Untersuchungen und theoretischen Paradigmen, wobei entsprechend dem damaligen Stand fast ausschließlich amerikanische Literatur verwendet wird. Abgesehen von einem philosophisch oder anthropologisch akzentuierten Vorverständnis (CLAESSENS 1962, WURZBACHER 1963) tritt ein einheitlicher und stringenter theoretischer Bezugsrahmen noch kaum hervor, es herrscht eher eine Art – vielleicht intendierter und für die weitere Entwicklung funktionaler – unsystematischer Eklektizismus. Die in der vorliegenden amerikanischen Literatur herrschenden theoretischen Orientierungen insbesondere an der Psychoanalyse, Kulturanthropologie und klassischen Rollentheorie, mit Einschränkung auch an der behavioristischen Lernforschung (bes. STENDENBACH 1963), werden übernommen.

Daneben scheint Anfang der sechziger Jahre noch eine zweite, „kritische" Seitenlinie der Sozialisationsthematik erkennbar, die, repräsentiert vor allem in Berliner und Frankfurter SDS-Kreisen, sich auf Schriften der Frankfurter Schule („Die Autoritäre Persönlichkeit", „Autorität und Familie"), insbesondere MARCUSES „Eros und Kultur" stützt und Sozialisation vornehmlich unter dem Aspekt der Triebrepression und in psychoanalytischer Terminologie thematisiert.

Eine *zweite Phase*, beginnend etwa um 1965 und typisch zunächst repräsentiert in den Frankfurter Seminaren von HABERMAS, 1968 auch in Berlin in dem von GOLDSCHMIDT initiierten Seminar „Sozialisation und kompensatorische Erziehung", ist charakterisiert durch ein systematisches Sammeln und Strukturieren des Materials unter dem Gesichtspunkt schichtenspezifischer Sozialisation. Dies ist getragen von einem dezidierten politischen Interesse, gesellschaftliche Herrschaftsstrukturen auch in der Dimension ihrer subjektiven Vermittlung durch Sozialisation und mit Belegen harter empirischer Forschung aufzudecken. In Seminaren werden amerikanische Originaluntersuchungen referiert. Die kulturanthropologische und die rollentheoretische Orientierung, die sich zu einem Interesse an der Forschung über den Zusammenhang von Familie und Schizophrenie wandeln, treten etwas zurück, statt dessen tauchen Variablen wie Wertorientierung, moralische Orientierung, Leistungsmotivation, Dependenz, Aggressivität, Geschlechtsrolle usw. auf. Vor allem jedoch tritt Sprache als relevante Größe in den Vordergrund, und es setzt eine langanhaltende BERNSTEIN-Rezeption und -Diskussion ein.

Was die Entwicklung ab Mitte der sechziger Jahre betrifft, so scheinen zwei Momente hinzuzukommen. Zum einen rückte nun eine Generation von Studenten in die Hochschulen ein, für die gerade auch bei der Wahl eines politischen Faches wie der Soziologie die Hinwendung zur Psychologie, insbesondere zur Psychoanalyse und Sozialisationsthematik, um so näher lag, je problematischer ihr die eigene Sozialisation mit ihren traumatischen frühkindlichen Kriegserfahrungen, unstabilen Primärbeziehungen in der Familie, dem häufigen Wechsel des ökologischen Milieus und dem manchmal erzwungenen Wandel der sozialen Identität wurde. Vielleicht liegt darin der Schlüssel auch für das zweite Moment, daß die ab Mitte der sechziger Jahre zunehmend um ihre Berufsperspektive besorgten Soziologen im Sozialisationssektor auch politisch aussichtsreiche Praxisfelder sahen und Sozialisationsforschung unter dezidiert praktischer Zielsetzung zu rezipieren begannen.

Die Ergebnisse dieser primären Rezeptionsphase finden ihren Niederschlag in einer Reihe von ab 1967 erscheinenden Veröffentlichungen, die das empirische Material systematisch unter dem Aspekt schichtenspezifischer Unterschiede darstellen (vgl. etwa ROLFF 1967, BRECHSTEIN 1971, GOTTSCHALCH u.a. 1971, CAESAR 1972, LORENZ 1972, VINNAI 1973 u.a.). Damit wird die *dritte Phase* eingeleitet, die durch eine breite Rezeption der Thematik unter Studenten der Soziologie, zunehmend auch der benachbarten Fächer einschließlich der Pädagogik, überwiegend auf der Grundlage der erwähnten Sekundärliteratur gekennzeichnet ist. Zeitlich fällt diese Phase zusammen mit einer starken Zunahme einschlägiger Lehrveranstaltungen. Deutlich tritt die Tendenz hervor, aus den Hochschulen direkt in die Praxis zu gehen. Außerdem regt sich Kritik an dem entstandenen Bild, die sich vor allem auf die darin gesehene implizite Abwertung der Arbeiterschaft und auf die in jener Zeit beginnenden, auf die Sozialisationsforschung gestützten Programme kompensatorischer Erziehung bezieht. Diese Kritik weitet sich aus auf die zugrunde liegenden Kategorien, insbesondere auf den unterstellten Begriff von sprachlich vermittelter Interaktion. Gleichzeitig

erscheinen Sammelbände mit Beiträgen zur marxistischen Kritik an der Psychoanalyse (Bernfeld u.a. 1970; Gente 1970, 1972). Am Ende dieser Phase erscheint die Sozialisationsforschung, in genauer Umkehrung der Intentionen, unter denen ihre Rezeption ursprünglich aufgenommen wurde, als eminent bürgerliche Ideologie und Strategie zur totalen Herrichtung der Ware Arbeit, von der man sich zugunsten abstrakter politökonomischer Makrotheorie oder unvermittelter Praxis wieder abwendet.
Die Gestalt, die die Sozialisationsforschung nun in der Rezeption anzunehmen beginnt, zeigt grobe Mißverständnisse hinsichtlich des wissenschaftlichen Status bestimmter Kategorien und Aussagen, Simplifizierungen der Problematik und Generalisierung von Einzelaussagen, vor allem eine Reifizierung der ursprünglich nur aus forschungsmethodischen Gründen vorgenommenen idealtypischen Darstellungsweise von Unterschieden zwischen verschiedenen sozialen Schichten (Bargel 1973). Diese Situation ist auf das Zusammentreffen mehrerer Bedingungen zurückzuführen, die in der Situation der Hochschule, der beteiligten Disziplinen und in der Studentenbewegung liegen.

Ungünstig wirkte sich ohne Zweifel die Einteilung der verschiedenen Disziplinen an den deutschen Hochschulen, ihre gegenseitige Isolierung und das Fehlen interdisziplinärer Zusammenarbeit aus, die dazu führten, daß die komplexe Sozialisationsthematik an den jeweils entsprechenden Stellen verkürzt und nicht selten dilettantisch behandelt wurde. Von soziologischer Seite zum Beispiel wurden behavioristische oder psychoanalytische Lehrstücke oft ohne Beachtung ihrer methodisch bedingten Grenzen rezipiert und zu sozialisationstheoretischen Annahmen umformuliert. Psychologen wiederum, häufig in empirisch-experimenteller Detailforschung zu ganz anderen Fragen befangen, fanden kaum oder nur zögernd Zugang zu abstrakteren makrotheoretischen Denkmodellen; auch machten sich Relikte der älteren Entwicklungspsychologie hemmend bemerkbar. Die Pädagogik schließlich, von der eine Reihe konservativer Vertreter noch heute der Sozialisationsforschung abweisend gegenüberstehen, hat die Sozialisationsforschung vielleicht zu hastig und zu immanent als fertiges Produkt zu übernehmen versucht, um sie in didaktische Unterrichtsprogramme umzusetzen.
Ein Hauptgrund für die oft beklagte Simplifizierung und Dogmatisierung liegt sicher darin, daß die amerikanische Originalliteratur nur gewissermaßen von der ersten Generation gelesen wurde. Mit dem Erscheinen der zusammenfassenden Darstellungen wurden schlagartig diese zum ausschließlichen Informationsfundus der nun auch breit einsetzenden Diskussion. Das liegt nicht nur an Schwierigkeiten mit den englischsprachigen Texten, die bei Ungeübten nicht unbeträchtlich waren, sondern auch am Mangel an Originalliteratur angesichts von Massenseminaren. Außerdem war es auch bequemer, eine Untersuchung gleich in zusammengefaßter Form zu rezipieren und dann, entsprechend dem Stil der Sekundärliteratur, das Fehlen einer intensiven Problemdiskussion durch eine extensive Zahl zitierter Einzelergebnisse zu kompensieren. Diese nahmen um so eher abstrakten Charakter an, als schon die Sekundärliteratur aus Raumgründen zumeist auf eine Darstellung der methodischen Grundlagen verzichtete und an deutschen Hochschulen die Kenntnis der entsprechenden Methoden mangels eigener Forschungsmöglichkeiten meist ebenfalls abstrakt blieb. Auf diese Weise entstand schließlich ein Typus von Darstellung „der" Sozialisationsforschung, den man schon als Tertiärliteratur bezeichnen muß.
Komplexe Zusammenhänge bestehen zwischen der Rezeption der Sozialisationsforschung und der Studentenbewegung. Die Sozialisationsforschung bot einerseits einen naheliegenden Einstieg in kritische Gesellschaftstheorie, weil sie, an die problematische Selbsterfahrung und das entsprechende psychologische Interesse der Studenten anknüpfend, auf grundsätzlichere Fragen hinführen konnte, die aus der linken Rezeption der Psychoanalyse und der schichtenspezifischen Sozialisationsforschung bereits vorstrukturiert waren. Andererseits mußten sich bald die ursprünglich in diesem Kontext gelernten kritischen Argumentationsfiguren gegen die Sozialisationsforschung selber richten. Den Anstoß hierzu gab wohl die Weiterführung zur Idee und später zu Programmen kompensatorischer Erziehung, in denen man ein, an Mittelschichtstandards ausgerichtetes, subtileres Mittel von Klassenherrschaft sehen konnte. Doch weitet sich die Kritik bald aus auf die Kategorien und Instrumente der Sozialisationsforschung selbst, insbesondere auf den dort verwendeten Schichtbegriff und die vorrangig untersuchten Variablen, ohne zwischen der entstandenen Ausprägung und einer möglichen kritischen Sozialisationstheorie zu unterscheiden. Der in hochschulpolitischen Kämpfen gelernte polemisch-agitatorische Redestil wurde zunehmend auf wissenschaftliche Seminardiskussionen übertragen und trug vielleicht nicht unwesentlich zur Stereotypisierung der Sozialisationsforschung bei. Teilweise führte dies schließlich zu einer resignativen Abwendung von der als „bürgerliche Wissenschaft" qualifizierten Sozialisationsforschung und den entsprechenden Problemen. Mir scheint, daß auf diese Situation der ambivalente Charakter zurückzuführen ist, der der Sozialisationsforschung heute noch anhaftet und der ihre weitere Rezeption und Entwicklung zumindest bei bestimmten Adressaten hemmt.

Teilweise wohl als Reaktion auf diese für die Sache fatale Entwicklung zeichnet sich eine *vierte Phase* ab, die man als Phase der Reszientifizierung der Sozialisationsthematik bezeichnen könnte. Dies läßt sich zum einen ablesen am Erscheinen metatheoretischer und methodenkritischer Veröffentlichungen und an einer Intensivierung und Erweiterung der theoretischen Grundlagenforschung, wobei besonders die Weiterentwicklung der Rollentheorie, die weitere Rezeption des symbolischen Interaktionismus, der Ethnomethodologie und des ökologischen Ansatzes, die PIAGET- und KOHLBERG-Rezeption und die Rezeption der Linguistik, insbesondere der Pragmatik, hervorzuheben wären. Zum zweiten wäre die Entstehung einer originären Sozialisationsforschung in finanziell gut ausgestatteten mehrjährigen Projekten mit hohem methodischen Anspruch zu nennen. Als Anzeichen wissenschaftlicher Weiterentwicklung kann auch gelten, daß in zunehmendem Maße das Sozialisationskonzept auf andere Institutionen als die Familie angewendet wird, insbesondere zur Analyse von Sozialisationsprozessen in der Schule, im Heim, im Beruf und in der Hochschule.

Literatur

Die im Text besprochenen Autoren werden mit ihren einschlägigsten Hauptwerken möglichst nach dem ersten Erscheinungsjahr angegeben. Außer diesen wurden die philosophiehistorischen Darstellungen von v. ASTER, RÖD, ÜBERWEG, VORLÄNDER, teilweise auch die von COPLESTON, GUTHRIE und HIRSCHBERGER, sowie die Darstellungen von HEHLMANN, LOWRIE und SAHAKIAN zur Geschichte der Psychologie, die von REBLE zur Geschichte der Pädagogik sowie das von BERNSDORF herausgegebene Soziologenlexikon herangezogen. Bei einigen Autoren wurde gelegentlich außerdem auf hier nicht gesondert ausgewiesene Spezialliteratur zurückgegriffen.

ADORNO, TH. W./FRENKEL-BRUNSWICK, E./LEVINSON, D. J./SANFORD, R. N.: The authoritarian personality. New York, Harper & Row 1950.

ALLPORT, F. H.: Social psychology. New York, Houghton Mifflin 1924.

ARISTOTELES: Über die Seele; Politik; Nikomachische Ethik.

v. ASTER, E.: Geschichte der Philosophie. Stuttgart, Kröner 1956.

BACON, F.: De dignitate et augmentis scientiarum. 1605.

BACON, F.: Novum organum scientiarum. 1620.

BALDWIN, A. L.: Theories of child development. New York, Wiley 1967.

BANDURA, A./WALTERS, R. H.: Social learning and personality development. New York, Holt, Rinehart & Winston 1963.

BANDURA, A.: Principles of behavior modification. New York, Holt, Rinehart & Winston 1969.

BARGEL, T.: Probleme der Rezeption empirischer Sozialisationsforschung. In: WALTER, H. (Hrsg.): Sozialisationsforschung, Bd. 1. Stuttgart, Frommann-Holzboog 1973.

BATESON, G./JACKSON, D. D./HALEY, J./WEAKLAND, J. H.: Toward a theory of schizophrenia. In: Behav. Science Vol. 1 (1956), S. 251–264.

BATESON, G. u.a.: Schizophrenie und Familie. Frankfurt, Suhrkamp 1969.

BERNFELD, S. u.a.: Psychoanalyse und Marxismus. Frankfurt, Suhrkamp 1970.

BIJOU, S. W./BAER, D. M.: Child development. Vol. 1. New York, Appleton-Century-Crofts 1961, Vol. 2 1965.

BRECHSTEIN, E.: Die Sozialisation des Arbeiterkindes in Familie und Schule. Freiburg (Selbstverlag) 1971.

BRONFENBRENNER, U.: Developmental theory in transition. In: STEVENSON, H. W. (Hrsg.): Child psychology. Chicago, University of Chicago press 1963.

BURGESS, E. W.: The function of socialization in social evolution. Chicago, University of Chicago press 1916.

CAESAR, B.: Autorität in der Familie. Reinbek, Rowohlt 1972.

CAMPBELL, J. D.: Peer relations in childhood. In: HOFFMAN, M. L./HOFFMAN, L. W. (Hrsg.): Review of child development research. Vol. 1. New York, Russell Sage foundation 1964.

CHILD, I. L.: Socialization. In: LINDZEY, G. (Hrsg.): Handbook of social psychology, Vol. 2. Cambridge/Mass., Addison-Wesley 1954.

CHOMSKY, N.: A review of B. F. Skinner's ‚Verbal behavior'. In: Language Vol. 35 (1959).

CLAESSENS, D.: Familie und Wertsystem. Berlin, Duncker & Humblot 1962.

CLAUSEN, J. A.: A historical and comparative view of socialization theory and research. In: CLAUSEN, J. A. (Hrsg.): Socialization and society. Boston, Little, Brown & Co. 1968.

COMTE, A.: Cours de philosophie positive. 1830–1842.

COOLEY, C. H.: Human nature and the social order. New York, Scribner's 1902.

COPLESTON, F.: A history of philosophy. London, Burns & Oates, Vol. 1 1946, Vol. 4 1958, Vol. 5 1959.

COWLES, J.: Food tokens as incentives for learning in chimpanzees. In: Comp. psychol. monogr. Vol. 14 (1937).

DAHRENDORF, R.: Homo sociologicus. In: Kölner Ztschr. f. Soziol. u. Sozialpsychol. Bd. 10 (1958).

DARWIN, CH.: On the origin of species by means of natural selection, or the preservation of favoured races in the struggle for life. 1859.

DESCARTES, R.: Discours de la méthode pour bien conduire la raison et chercher la verité dans les schiences. 1637.

DESCARTES, R.: Meditationes de prima philosophia. 1641.

DESCARTES, R.: Principia philosophiae. 1644.

DEWEY, J.: Human nature and conduct. New York, Holt 1922.

DILTHEY, W.: Einleitung in die Geisteswissenschaften. 1883.

DILTHEY, W.: Ideen über eine beschreibende und zergliedernde Psychologie. 1894.

DOLLARD, J./MILLER, N. E.: Personality and psychotherapy. New York, McGraw-Hill 1950.

DURKHEIM, E.: De la division du travail social. Paris 1893.

DURKHEIM, E.: Les règles de la méthode sociologique. Paris 1895.

DURKHEIM, E.: Le suicide. Paris 1897.

DURKHEIM, E.: Les formes élémentaires de la vie religieuse. Paris 1912.

DURKHEIM, E.: Le dualisme de la nature humaine et ses conditions sociales. In: Scientia (rivista di scienza). Vol. 15 (1914).
DURKHEIM, E.: Education et sociologie. Paris 1923.
ERIKSON, E. H.: Childhood and society. New York, W. W. Norton & Co. 1950.
FEND, H.: Sozialisierung und Erziehung. Weinheim, Beltz 1969.
FICHTE, J. G.: Wissenschaftslehre. 1794.
FLAVELL, J. H.: The developmental psychology of Jean Piaget. Princeton, N.J., Van Nostrand 1963.
FREUD, A.: The ego and the mechanisms of defense. London, Hogarth 1937.
FREUD, S.: Die Traumdeutung. 1900.
FREUD S.: Drei Abhandlungen zur Sexualtheorie. 1905.
FREUD, S.: Die ‚kulturelle' Sexualmoral und die moderne Nervosität. 1908.
FREUD, S.: Das Unbewußte. 1913.
FREUD, S.: Das Ich und das Es. 1923.
FREUD, S.: Das Unbehagen in der Kultur. 1930.
FREUD, S.: Neue Folge der Vorlesungen zur Einführung in die Psychoanalyse. 1933.
FREUD, S.: Gesammelte Werke. London, Imago 1940ff.
FREUD, S.: Abriß der Psychoanalyse. Frankfurt, Fischer 1953.
FRÖHLICH, W. D./WELLEK, S.: Der begrifflich-theoretische Hintergrund der Sozialisationsforschung. In: Handbuch der Psychologie, 7. Bd., 2. Halbband, hrsg. von C. F. GRAUMANN. Göttingen, Hogrefe 1972.
FROMM, E.: Die psychoanalytische Charakterologie und ihre Anwendung für die Soziologie. In: Ztschr. f. Sozialforschung, Bd. 1 (1931).
FÜRSTENAU, P.: Soziologie der Kindheit. Heidelberg, Quelle & Meyer 1967.
GENTE, H. P. (Hrsg.): Marxismus, Psychoanalyse, Sexpol. 2 Bde. Frankfurt, Fischer 1970 und 1972.
GEULEN, D.: Zur Wissenssoziologie der Sozialisationsforschung und ihrer Rezeption in der Bundesrepublik. In: Materialien aus der soziologischen Forschung. Verhandlungen des 18. Deutschen Soziologentages vom 28. September bis 1. Oktober 1976 in Bielefeld, hrsg. von K. M. Bolte. München 1978.
GEULEN, D.: Das vergesellschaftete Subjekt. Zur Grundlegung der Sozialisationstheorie. Frankfurt, Suhrkamp 1977.
GIDDINGS, F. P.: The theory of socialization. New York, Macmillan 1897.
GLIDEWELL, J. C. et al.: Socialization and social structure in the class room. In: HOFFMAN, M. L./HOFFMAN, L. W. (Hrsg.): Review of child development research, Vol. 2. New York, Russell Sage Foundation 1966.
GOSLIN, D. A. (Hrsg.): Handbook of socialization theory and research. Chicago, Rand McNally & Co. 1969.
GOTTSCHALCH, W./NEUMANN-SCHÖNWETTER, M./SOUKUP, G.: Sozialisationsforschung. Frankfurt, Fischer 1971.
GRAUMANN, C. F. (Hrsg.): Handbuch der Psychologie Bd. 7, 2. Halbband, Sozialpsychologie. Göttingen, Hogrefe 1972.
GUTHRIE, W. K. C.: A history of Greek philosophy, Vol. III. Cambridge, Cambridge University press 1969.
HABERMAS, J.: Thesen zur Theorie der Sozialisation. Stichworte und Literatur zur Vorlesung im Sommer-Semester 1968.
HARTMANN, H.: Ich-Psychologie und Anpassungsproblem. In: Internat. Ztschr. f. Psychoanalyse, Bd. 24 (1939).
HARTMANN, H./KRIES, E.: The genetic approach in psychoanalysis. In: The psychoanalytic study of the child. Vol. 1 (1945).
HARTUP, W. W.: Peer interaction and social organization. In: MUSSEN, P. H. (Hrsg.): Manual of child psychology, Vol. 2. New York u. a., Wiley & sons 1970.
HEGEL, G. W. F.: Phänomenologie des Geistes. 1807.
HEGEL, G. W. F.: Philosophie des Geistes.
HEGEL, G. W. F.: Vorlesungen über die Philosophie der Geschichte.
HEHLMANN, W.: Geschichte der Psychologie. Stuttgart, Kröner [2]1967.
HERBART, J. F.: Allgemeine Pädagogik. 1806.
HERBART, J. F.: Psychologie als Wissenschaft. 1825.
HERDER, J. G.: Ideen zur Philosophie der Geschichte der Menschheit. 1791.
HESS, R. D.: Social class and ethnic influences on socialization. In: MUSSEN, P. H. (Hrsg.): Manual of child psychology, Vol. 2. New York, John Wiley & sons 1970.
HETHERINGTON, E. M. (Hrsg.): Review of child development research, Vol. 5. Chicago: University of Chicago press 1975.
HILGARD, E. R./BOWER, G. H.: Theories of learning. New York: Appleton-Century-Crofts [3]1966.
HIRSCHBERGER, J.: Geschichte der Philosophie, 2 Bde. Freiburg u. a., Herder [7]1963 und [6]1963.
HOBBES, Th.: Elementa philosophiae (De cive, 1642; De corpore, 1655; De homine, 1658).
HOBBES, Th.: Leviathan or the Matter, Form, and Power of a Commonwealth Ecclesiastical and Civil. 1651.
HOFFMAN, M. L./HOFFMAN, L. W. (Hrsg.): Review of child development research. New York, Russell Sage Foundation, Vol. 1 1964, Vol. 2 1966.
HORKHEIMER, M. (Hrsg.): Studien über Autorität und Familie. Paris, Félix Alcan 1936.
HOROWITZ, F. D. (Hrsg.): Review of child development research, Vol. 4. Chicago, University of Chicago press 1975.
HUME, D.: Enquiry concerning human understanding. 1748.
HUME, D.: Enquiry concerning the principles of morals. 1751.
HUNT, J. McV.: Intelligence and experience. New York, Ronald 1961.
KANT, I.: Kritik der reinen Vernunft. 1781.
KANT, I.: Kritik der praktischen Vernunft. 1788.
KARDINER, A.: The psychological frontiers of society. New York: Columbia University press 1945.
KLEIN, M.: The psychoanalysis of children. London: Hogarth press 1932.
KOHLBERG, L.: Stage and sequence: The cognitive-developmental approach to socialization. In: GOSLIN, D. A. (Hrsg.): Handbook of socialization theory and research. Chicago, Rand McNally 1969.
LANDMANN, M.: De homine. Der Mensch im Spiegel seines Gedankens. Freiburg u. a., Karl Alber 1962.
LEIBNIZ, G. W.: Nouveaux essais sur l'entendement humain. 1704.
LEIBNIZ, G. W.: Monadologie. 1714.
LIDZ, Th. u. a.: Marital schism and marital skew. In: Amer. J. psychiat. Vol. 114 (1957).
LOCKE, J.: An essay concerning human understanding. 1690.
LOCKE, J.: Some thoughts concerning education. 1693.
LORENZ, L.: Arbeiterfamilie und Klassenbewußtsein. Gießen, edition 2000 (1972).
MACCOBY, E. E.: Effects of the mass media. In: HOFFMAN, M. L./HOFFMAN, L. W. (Hrsg.): Review of child development research, Vol. 1. New York, Russell Sage foundation 1964.
MALINOWSKI, B.: Sex and repression in primitive society. New York, Humanities press 1927.
MARCUSE, H.: Eros and civilization. Boston, Beacon press 1955.

MARX, K.: Ökonomisch-philosophische Manuskripte. 1844.
MARX, K.: Das Kapital. 1867.
MCDOUGALL, W.: An introduction to social psychology. Boston, Luce 1908.
MEAD, M.: Coming of age in Samoa. New York, William Morrow & Co. 1928.
MEAD, G. H.: Mind, Self, and Society. Chicago, University of Chicago press 1934.
MILLER, D. R.: Psychoanalytic theory of development: A reevaluation. In: GOSLIN, D. A. (Hrsg.): Handbook of socialization theory and research. Chicago, Rand McNally 1969.
MILLER, D. R./SWANSON, G. E.: Inner conflict and defense. New York, Holt, Rinehart & Winston 1960.
MILLER, N.: Studies of fear as an acquirable drive. In: J. exp. psychol. Vol. 38 (1948).
MONTESQUIEU, Ch. de S.: De l'esprit des lois. 1748.
MOWRER, O. H.: Learning theory and personality dynamics. New York, Ronald Press 1950.
MUSSEN, P. H. (Hrsg.): Manual of child psychology, 2 Vols. New York u.a., John Wiley & sons 1970.
NEEL, A. F.: Handbuch der psychologischen Theorien. München, Kindler [2]1974, zuerst amerik. 1969.
PARSONS, T.: The structure of social action. Glencoe, Free press 1937.
PARSONS, T.: The social system. London, Tavistock publications 1952.
PARSONS, T./BALES, R. F.: Family, socialization, and interattion process. Glencoe, Free press 1955.
PAWLOW, I. P.: Conditioned reflexes: An investigation of the physiological activity of the cerebral cortex. Hrsg. von G. V. ANVEP. London, Oxford University press 1927.
PAWLOW, I. P.: Lectures on conditioned reflexes. Übersetzt von W. H. GANTT. New York, International 1928.
PIAGET, J.: Le langage et la pensée chez l'enfant. Neuchâtel, Delachaux & Niestlé 1923.
PIAGET, J.: Le jugement et la raisonnement chez l'enfant. Neuchâtel, Delachaux & Niestlé 1924.
PIAGET, J.: Le jugement moral chez l'enfant. Paris, Félix Alcan 1932.
PIAGET, J.: La psychologie de l'intelligence. Paris, Armand Colin 1947.
PLATON: Phaidon; Politeia; Phaidros.
PROTAGORAS: Über die Wahrheit.
REBLE, A.: Geschichte der Pädagogik. Stuttgart, Klett 1951, [11]1971.
RECK, A. J.: The philosophy of George Herbert Mead. In: Tulane studies in philosophy, Vol. 12 (1963).
RÖD, W.: Geschichte der Philosophie, Bd. VII, Die Philosophie der Neuzeit. München, Beck 1978.
ROLFF, H.-G.: Sozialisation und Auslese durch die Schule. Heidelberg, Quelle & Meyer 1967, [7]1972.
ROSS, E. A.: Social control. In: Amer. J. Sociol., Vol. 1 (1896).
ROUSSEAU, J. J.: Le rétablissement des sciences et des arts a-t-il contribué à éparer les mœurs? 1749.
ROUSSEAU, J. J.: Emile ou de l'éducation. 1762.
ROUSSEAU, J. J.: Le contrat social. 1762.
SAHAKIAN, W. S.: History and systems of psychology. New York u.a., John Wiley & sons 1975.
SEARS, R. R./MACCOBY, E./LEVIN, H.: Patterns of child rearing. New York, Harper & Row 1957.
SEARS, R. R.: Your ancients revisited: A history of child development. In: HETHERINGTON, M. (Hrsg.): Review of child development research, Vol. 5. Chicago u.a., University of Chicago press 1975.
SEWELL, W. H.: Some recent developments in socialization theory and research. In: Annals of the American academy of political and social science (1963).
SIMMEL, G.: Soziologie. Untersuchungen über die Formen der Vergesellschaftung. Leipzig, Duncker & Humblot 1908.
Sozialisation und kompensatorische Erziehung. Ein soziologisches Seminar an der Freien Universität Berlin als hochschuldidaktisches Experiment. Als Manuskript vervielfältigt. Berlin 1969.
Soziologenlexikon, Internationales, hrsg. von W. BERNSDORF. Stuttgart, Enke 1959.
SPENCER, H.: A system of synthetic philosophy. 1862–1896.
SPITZ, R.: Hospitalism: An inquiry into the genesis of psychiatric conditions in early childhood: a follow-up report. In: Psychoanal. study of the child, Vol. 1 (1945), Vol. 2 (1946).
STAATS, A. W.: Learning, language, and cognition. New York, Holt, Rinehart & Winston 1968.
STEIN, A. H./FRIEDRICH, L. K.: Impact of television on children and youth. In: HETHERINGTON, E. M. (Hrsg.): Review of child development research, Vol. 5. Chicago u.a., University of Chicago press 1975.
STENDENBACH, F. J.: Soziale Interaktion und Lernprozesse. Köln u.a., Kiepenheuer & Witsch 1963.
STEVENSON, H. W. (Hrsg.): Child psychology. Chicago, University of Chicago press 1963.
STONE, A. A./ONQUÉ, G. C.: Longitudinal studies of child personality – abstracts with index. Cambridge/Mass. 1959.
THOMAS, W. I./ZNANIECKI, F.: The Polish peasant in Europe and America. Boston, Richard C. Badget 1918–1920.
THORNDIKE, E. L.: Animal intelligence. 1898.
UEBERWEG, F.: Grundriß der Geschichte der Philosophie, 3. Teil. Die Philosophie der Neuzeit bis zum Ende des achtzehnten Jahrhunderts. 12. Auflage, neu bearbeitet von M. FRISCHEISEN-KÖHLER/W. MOOG. Berlin, Mittler & Sohn 1924.
VAN DEN DAELE, W./WEINGART, P.: Resistenz und Rezeptivität der Wissenschaft – Zu den Entstehungsbedingungen neuer Disziplinen durch wissenschaftspolitische Steuerung. In: Ztschr. f. Soziol. Bd. 4 (1975).
VINNAI, G.: Sozialpsychologie der Arbeiterklasse. Reinbek, Rowohlt 1973.
VORLÄNDER, K.: Geschichte der Philosophie. Hamburg, Meiner. Bd. 1: Altertum und Mittelalter 1949; Bd. 2: Die Philosophie der Neuzeit bis Kant 1955; Bd. 3: Die Philosophie in der ersten Hälfte des 19. Jahrhunderts.
WELLS, H. K.: The failure of psychoanalysis. New York: 1963.
WHITING, J. W. M./CHILD, L. J.: Child training and personality. New Haven, Yale University press 1953.
WILLEMS, E. Art. Ethnologie. In: Soziologie, Fischer-Lexikon, hrsg. von R. KÖNIG. Neuausgabe Frankfurt, Fischer 1967.
WURZBACHER, G.: Sozialisation, Enkulturation, Personalisation. In: WURZBACHER, G. (Hrsg.): Der Mensch als soziales und personales Wesen. Stuttgart, Enke 1963.
WYNNE, L./RYCKOFF, I./DAY, J./HIRSCH, S.: Pseudo-mutuality in the family relations of schizophrenics. In: Psychiatry, Vol. 21 (1958).

Zur Programmatik einer umfassenden Sozialisationstheorie

Dieter Geulen und Klaus Hurrelmann

1 Aufgaben einer Sozialisationstheorie

Die Sozialisationsforschung – und das spiegelt sich auch in den Beiträgen dieses Handbuches – zerfällt noch immer in eine Reihe mehr oder weniger disparater theoretischer Ansätze und empirischer Einzeluntersuchungen. Es scheint sogar, daß durch die Differenzierung und Ausweitung sozialisationstheoretischer Fragestellungen auf immer weitere Lebensbereiche, Institutionen, Altersstufen, Persönlichkeitsmerkmale usw. in den letzten Jahren das Ziel einer umfassenden Sozialisationstheorie in die Ferne gerückt ist. Andererseits ist allerdings auch ein gewisser Integrationseffekt über den Zwang der gemeinsamen Rezeption der verschiedenen Ansätze zu beobachten. In jedem Fall scheint es notwendig zu sein, das Ziel einer Sozialisationstheorie zu vergegenwärtigen und dadurch Entwicklungslinien zukünftiger Arbeit sichtbar zu machen. Unserer Ansicht nach ist dies gegenwärtig noch nicht durch einen, sei es noch so vorläufigen, Versuch zu einer Synthese der vorliegenden Teilstücke zu leisten. Wir beschränken uns deshalb hier auf das bescheidenere Ziel, die mögliche Programmatik einer umfassenden Sozialisationstheorie zu skizzieren.

Dabei gehen wird davon aus, daß Sozialisation begrifflich zu fassen ist als der Prozeß der Entstehung und Entwicklung der Persönlichkeit in wechselseitiger Abhängigkeit von der gesellschaftlich vermittelten sozialen und materiellen Umwelt. Vorrangig thematisch ist dabei die Frage, wie der Mensch sich zu einem gesellschaftlich handlungsfähigen Subjekt bildet (Geulen 1973, 1977; Hurrelmann 1976). Uns scheint, daß diese Fassung des Sozialisationsbegriffs eng genug ist, um fruchtbare Forschungsarbeit zu ermöglichen, und weit genug, um vorliegende Ansätze einzuschließen. Die Mehrheit der Autoren, die sich in den letzten Jahren zu Wort gemeldet haben, dürfte in diesem Verständnis von Sozialisation übereinstimmen.

Wird Sozialisation im angegebenen Sinne verstanden, so ergeben sich eine Reihe von Problemen, die eine umfassende Theorie der Sozialisation im Prinzip zu lösen hat.

Ein erstes Problem ist die Frage, was in diesem Zusammenhang „Persönlichkeit" heißt, denn dieser Begriff ist einerseits ja zentraler Bezugspunkt der Sozialisationstheorie, andererseits liegen dazu bisher nur disparate Ansätze mit höchst unterschiedlichem Vorverständnis vor. Ausgehend von einem theoretisch möglichst weitgehend aufgeklärten Persönlichkeitsbegriff sind dann schrittweise zunächst die innerpsychischen Prozesse zu thematisieren, in deren Verlauf bestimmte Bedingungen in der konkreten Umwelt eines Individuums unter Mitwirkung seiner physischen Ausstattung zu psychischen Formationen verarbeitet werden. Dies ist gewissermaßen die *psychologische Partie* der Sozialisationstheorie und -forschung. Dabei ist anzunehmen, daß die Umweltbedingungen ihre Wirkungen nicht isoliert voneinander und additiv, sondern in Wechselwirkung miteinander entfalten, und daß Sozialisation nicht eine unilineare Kausalbeziehung zwischen Umweltbedingungen und Individuum ist, sondern der einzelne als lernendes Subjekt aktiv dabei mitwirkt. Die Aufhellung dieser Prozesse kann als das Kernstück einer Theorie der Sozialisation bezeichnet werden. Sind die dem Subjekt gegenüberstehenden Umweltbedingungen als gesellschaftliche bzw. als gesellschaftlich vermittelte anzusehen, so ist es auch die Aufgabe einer Sozialisationstheorie, diese Vermittlung bis hin zu den allgemeinen Strukturbedingungen des jeweils gegebenen historischen Gesellschaftssystems nachzuzeichnen. Dies ist die im engeren Sinne *soziologische Partie* der Sozialisationstheorie und -forschung.

In diesem Artikel wird zunächst eine ausführlichere Exposition dieser Probleme unternommen, insbesondere des Problems der Begründung des zugrundeliegenden Persönlichkeitsbegriffs und des Problems der Analyse der Bedingungsstruktur. Anschließend an eine Erörterung forschungsmethodischer Fragen werden wir einige vorliegende Ansätze auf ihre Relevanz für eine umfassende Sozialisationstheorie hin abfragen. Schließlich stellen wir einen Vorschlag für ein allgemeines Modell von Sozialisationsbedingungen zur Diskussion, das insbesondere die Lokalisierung empirischer Fragestellungen erleichtern soll.

2 Probleme einer umfassenden Analyse der Sozialisation

Die theoretischen und methodischen, begrifflich-kategorialen und forschungstechnischen Probleme der Entwicklung einer umfassenden Sozialisationstheorie zentrieren sich um zwei Schwerpunkte. Der erste betrifft den Begriff vom vergesellschafteten Menschen. Dieser Begriff ist schon im Sozialisationsbegriff vorausgesetzt, und es läßt sich nachweisen, daß allen bisher vorgelegten sozialisationstheoretischen Ansätzen eine Persönlichkeitstheorie oder zumindest ein bestimmtes Menschenbild zugrundeliegt (GRIESE 1976). Der zweite Schwerpunkt ist die Frage nach der Struktur der realen gesellschaftlichen Bedingungen der Sozialisation. Wir gehen davon aus, daß die Thematisierung dieser zweiten Frage eine Klärung des erstgenannten Problems voraussetzt. Im folgenden Abschnitt sollen diese Probleme zunächst auf der theoretischen, dann auf der forschungsmethodischen Ebene expliziert werden.

2.1 *Das Problem der theoretischen Begründung des Persönlichkeitsbegriffs*

Wenn Sozialisationstheorie Theorie der Entstehung und Entwicklung der menschlichen Persönlichkeit ist, so muß sie angeben, was hier „Persönlichkeit" heißen soll. Dieser abstrakte, durch sinnliche Anschauung nicht mehr unmittelbar einlösbare Begriff ist nicht von vornherein festgelegt. Wie andere sozialwissenschaftliche Begriffe auch, ist er nicht eindeutig schon durch „die Sache" determiniert, sondern wird vom erkennenden Subjekt an die Realität herangetragen. In der Geschichte der Sozialwissenschaften sind denn auch eine Fülle verschiedenartiger, sich zum Teil widersprechender Theorien der Persönlichkeit entwickelt worden. Auch wenn eine umfassende Sozialisationstheorie aus diesem Fundus schöpfen wird, kann sie nicht ohne weiteres jede beliebige Persönlichkeitstheorie adoptieren und zur Grundlage nehmen. Sie wird vielmehr von solchen theoretischen Konzeptionen von Persönlichkeit ausgehen, die zumindest zwei allgemeine Postulate erfüllen: Erstens müssen sie, ohne einen Totalitätsanspruch zu erheben, zumindest so vollständig und systematisch-einheitlich sein, daß sie in der Lage sind, alle relevanten Tatsachen theoretisch zu integrieren. Dieses Postulat ergibt sich aus dem Verständnis unserer selbst als bei aller Widersprüchlichkeit identischer Subjekte. Es berücksichtigt die Tatsache, daß alle Bereiche der Persönlichkeit – Kognition, Sprache, Motivation, Emotion usw. – auch in Details wechselseitig voneinander abhängig sind und wiederum in Dependenz mit dem sozialen Verhalten stehen. Zweitens müssen die konstitutiven Kategorien und Annahmen eines Persönlichkeitsbegriffs prinzipiell empirischer Prüfung zugänglich bzw. empirisch begründet sein. Dieses manchem vielleicht selbstverständliche Kriterium ist nicht trivial, weil in Psychologie und Soziologie bis heute Persönlichkeitstheorien vertreten werden, die wesentlich spekulative Momente enthalten. Für eine ihrem Selbstverständnis nach erfahrungswissenschaftliche Sozialisationstheorie sind solche Konzeptionen unergiebig.

Als nächstes wäre zu fragen, nach welchen Kriterien die inhaltlichen Annahmen eines sozialisationstheoretischen Persönlichkeitsbegriffs gewonnen werden können. Dieses Problem ist komplexer, als es auf den ersten Blick scheint. Um zu einem Begriff vom sozialisierten Menschen zu kommen, könnte – wie man meinen möchte – die Sozialisationstheorie so vorgehen, daß die Untersuchung bei den gesellschaftlichen Bedingungen anfängt und dann deren realen Wirkungen durch die Vermittlungsprozesse hindurch bis zum Individuum folgt. Der Begriff vom Individuum ergäbe sich dabei als Inbegriff eben der Wirkungen der Sozialisationsbedingungen „von selbst". Es scheint, daß sowohl die klassische Rollentheorie als auch das vulgärmarxistische Verständnis von einer solchen Annahme ausgehen oder ihr nahestehen.

Jedoch kann dieses Vorgehen nicht zum Ziel führen (vgl. hierzu auch die Beiträge von JOAS und OTTOMEYER in diesem Handbuch). Wir wollen hier nur auf zwei erkenntnislogische Gründe verweisen, die es inopportun erscheinen lassen, einen Begriff vom sozialisierten Menschen zureichend aus Aussagen über gesellschaftliche Gegebenheiten abzuleiten. Erstens ist es nicht ergiebig, Kategorien aus einem bestimmten Gegenstandsbereich ohne weiteres extrapolatorisch auf einen anderen zu übertragen. Begriffe, die zur Erfassung der äußeren materiellen und gesellschaftlichen Realität entwickelt worden und dieser angemessen sind, müssen nicht a priori auch zur Erfassung der inneren Natur des Menschen brauchbar sein. Zweitens würde durch eine gleichsam definitorische Ableitung des Persönlichkeitsbegriffs aus gesellschaftstheoretischen Kategorien das vorliegende Forschungsproblem als solches eskamotiert, nämlich die Erfassung der *empirischen* gesellschaftlichen Bedingungen der Persönlichkeitsentwicklung, indem bereits vor aller Forschung auf logischem Wege darüber vorentschieden wäre. Sozialisationsprozesse können aber nicht definitorisch festgelegt, sondern nur durch erfahrungswissenschaftliche Forschung erfaßt werden. Die Frage nach empirischen Zusammenhängen zwischen zwei Größen setzt voraus, diese auf der *kategorialen* Ebene zunächst als different anzusetzen.

Aus diesen Überlegungen folgt auch, daß ein Persönlichkeitsbegriff expliziert sein muß, bevor die realen Bedingungen der Persönlichkeitsgenese untersucht werden können. Denn Hypothesen über Bedingungen lassen sich erst aufstellen, wenn man bereits einen Begriff von dem hat, *was* bedingt ist. Es ist also von einer theoretischen Konzeption von Persönlichkeit auszugehen; dann sind, basierend auf psycho- und soziogenetischen Theorieansätzen, Hypothesen über die Wirkung von Umweltbedingungen im komplexen Prozeß der Persönlichkeitsentwicklung zu bilden und zu prüfen; schließlich können dann Hypothesen über die diese Umweltkonstellationen wiederum beeinflussenden gesellschaftlichen Bedingungen aufgestellt und untersucht werden. Der umgekehrte Weg wäre hier nicht gangbar, denn ohne einen vorgängigen Begriff von dem, was durch den Sozialisationsprozeß entsteht, gäbe es keine Anhaltspunkte dafür, welche konkreten Momente in der Realität überhaupt von kausaler Relevanz für Sozialisation sind.

Wenn der Persönlichkeitsbegriff grundlegend für die Entfaltung auch des im engeren Sinne genetischen Teils der Sozialisationstheorie, also der Hypothesen über die konkrete Vermittlung von individuellem Subjekt und Gesellschaft ist, gewinnt das bereits gestellte Problem, wie dieser Begriff methodologisch gewonnen werden kann und welchen auch inhaltlichen Kriterien er genügen muß, besonderes Gewicht. Auch wenn man sich pragmatisch, etwa im Zuge einer konkreten empirischen Fragestellung, auf einige wenige Persönlichkeitsvariablen beschränken muß, stellt sich die Frage, welches denn die als relevant anzusehenden Variablen sein sollen. Die Tatsache, daß ein Begriff von Persönlichkeit offenbar nicht zureichend aus dieser selbst heraus entwickelt werden kann, und die Tatsache, daß wir eine Vielfalt solcher Begriffe vorfinden, die sich auf bestimmte historische Kontexte zurückführen lassen, führen uns zu der These, daß unsere Vorstellungen von Persönlichkeit mit denen von *Gesellschaft* zusammenhängen, ja in diesen fundiert sind. In diesem Fall wäre der Persönlichkeitsbegriff eines sozialisationstheoretischen Ansatzes systematisch in einem gesellschaftstheoretischen Rahmen zu begründen.

Diese These ist nicht neu. Seit den Anfängen der Sozialisationstheorie um die Jahrhundertwende ist das Gesellschaftliche eine die Vorstellungen vom Individuum geradezu konstituierende Kategorie (vgl. hierzu den einleitenden Beitrag von GEULEN in diesem Band). So hat DURKHEIM die sozialisierte Person durch ein verinnerlichtes „Kollektivbewußtsein", das die gemeinsamen gesellschaftlichen Wertvorstellungen und Normen umfaßt, charakterisiert. Ähnliche Ansätze haben E. A. Ross und vor allem Freud entwickelt. H. Cooley und später Mead haben darauf aufmerksam gemacht, daß ein Teil der Persönlichkeit, ja sogar ihre Identität, durch die verinnerlichten Erwartungen der anderen bestimmt ist. Und spätestens seit Parsons zentrieren sich die wissenschaftlichen Vorstellungen vom Menschen zunehmend um den Aspekt des *sozialen Handelns*, das in der gegenwärtigen Diskussion eindeutig im Vordergrund steht.

Interpretieren wir das in dieser Entwicklung zum Ausdruck kommende Interesse richtig, so geht es bei dem Begriff des sozialen Handelns letztlich um die Frage, wie die sozialisierten Individuen ihre Gesellschaft handelnd gestalten. Ausgehend von der Tatsache, daß alle gesellschaftlichen Prozesse über das Handeln von Individuen vermittelt sind, *ist der Bezugspunkt für das Interesse an Sozialisationstheorie darin begründet, ob, in welcher Richtung und in welcher Weise die Gesellschaft durch die handelnden Individuen gestaltet wird.* Dabei geht das Interesse zum einen darauf, daß die Erfüllung der dem historisch erreichten Stand des Systems entsprechenden Verhaltenserwartungen zu einem gewissen Grad garantiert ist; dies ist ja eine Bedingung für eine konsistente Handlungsorientierung und die Realisierung einer Handlungsintention in der Gesellschaft überhaupt. Zum anderen geht es darum, daß die das System tragenden Subjekte über das Handlungspotential verfügen müssen, um auftretende Systemprobleme adäquat bewältigen und das System gegebenenfalls innovatorisch verändern zu können. Daher enthält die sozialisationstheoretische Fragestellung immer auch ein antizipatives, wenn man will: utopisches Moment.

Ließe sich das postulierte Handlungspotential vielleicht im Prinzip aus dem gegebenen System einverständlich bestimmen, so sind doch faktisch verschiedene und kontroverse Anschauungen darüber zu konstatieren, die letztlich der Konstellation politischer Interessen entsprechen. Dies spiegelt sich auch in der bisherigen Sozialisationsforschung wider, in der wir verschiedene und zum Teil widersprüchliche gesellschaftstheoretische Implikationen finden. So ist oft darauf hingewiesen worden, daß zum Beispiel der in der klassischen Rollentheorie entstandene Ansatz, nach dem soziales Handeln die Ausübung der vorgefundenen Rollen, Sozialisation die Verinnerlichung der herrschenden Werte und Normen sei, im Prinzip einem harmonistischen und konservativen Gesellschaftsverständnis entspricht. Auch die umfangreiche empirische Sozialisationsforschung der letzten 25 Jahre enthält, insbesondere in der Auswahl der am häufigsten untersuchten Persönlichkeitsvariablen, fragwürdige theoretische Implikationen: Normenkonformität, Leistungsmotivation, Geschlechtsrollenverhalten, Aggressivität, mit Einschränkungen aber auch die spezifischen Auffassungen von Moralität und von kognitiven und sprachlichen Fähigkeiten konvergieren ziemlich eindeutig in dem zumindest für das gesellschaftliche System der Vereinigten Staaten spezifischen Interesse, eine heterogene Population auch auf der psychischen Ebene in das vorgegebene System zu integrieren, d.h. an dieses anzupassen.

Was die emanzipatorischen Motive angeht, so stellte sich schon Durkheim das Problem, wie das durch verinnerlichte Normen moralisch gebundene Individuum gleichzeitig autonom sein könne. Und Freud hat den Gedanken entwickelt, daß Vergesellschaftung qua Verinnerlichung von Normen notwendig Triebrepression bedeutet und geradezu pathogen wirkt. Mit dem Begriff des Ichs bzw. der Ich-Stärke legt die Psychoanalyse dann die Grundlage für eine von Freud selbst nur ansatzweise vollzogene Wende im Verständnis vom sozialisierten Menschen: Sozialisation muß nicht notwendig als Verinnerlichung einer heteronomen Norminstanz, sondern kann auch aufgefaßt werden als Genese des menschlichen Subjektcharakters, einer viel weiter gefaßten Handlungsfähigkeit. Die kritische Weiterentwicklung der soziologischen Rollentheorie zielt in ähnliche Richtung, und auch die neuerdings eingetretene Piaget- und Kohlberg-Rezeption kann in diesem Zusammenhang gesehen werden, besonders wo sie bewußt auf Gesellschaftstheorie zurückbezogen wird (Habermas 1976).

Diese Diskussionen um die Auffassung vom sozialisierten Menschen und um die als relevant anzunehmenden Persönlichkeitsmerkmale zeigen unmißverständlich, daß dieses Problem nicht innerhalb einer ausschließlich kausalgenetisch konzipierten Sozialisationstheorie gelöst werden kann, sondern nur in einem umfassenderen gesellschaftstheoretischen Rahmen. Der von der Sozialisationstheorie angenommene Persönlichkeitsbegriff muß also legitimiert werden aus einer Theorie der jeweiligen Gesellschaft und ihrer weiteren Entwicklung.

2.2 *Das Problem der Analyse der Struktur von Sozialisationsbedingungen*

Über weite Phasen der Entwicklung der Sozialisationstheorie hinweg, vor allem in den vierziger und fünfziger Jahren dieses Jahrhunderts, galt es bei den wissenschaftlichen Wortführern als ausgemacht, daß die Sozialisation der nachfolgenden Generation im Ergebnis prinzipiell den Erfordernissen des gesamtgesellschaftlichen Systems folge, also von vornherein durch die Funktionalität bestimmt sei. Unter dieser Prämisse erübrigte sich eine kausale Analyse; empirische Fakten wurden nur als Illustrationen für die genannte Annahme herangezogen. Bemerkenswert ist, daß diese Annahme sowohl von als konservativ zu bezeichnenden Autoren (z.B. Parsons 1951) als auch von Autoren, die der kritischen Theorie der Gesellschaft oder einer marxistischen Gesellschaftstheorie (z.B. Horkheimer u.a. 1936) verpflichtet sind, geteilt wurde. In jedem Fall wurde daraus der Schluß abgeleitet, daß Sozialisation im gegebenen kapitalistischen Gesellschaftssystem notwendig Anpassung und Konformität erzeuge. Als einzige oder hauptsächliche Vermittlungsinstanz wurde dabei die Familie angenommen, die gleichsam als gesellschaftlicher Mikrokosmos die Grundwerte der Gesellschaft ungebrochen an das Individuum weitervermittelte.

Diese Sicht ist im Laufe der wissenschaftlichen Diskussion der letzten 25 Jahre Zug um Zug zurückgedrängt worden. Vom methodologischen Standpunkt aus erwies sich die finalistisch-funktionalistische Annahme, nach der bestehende gesellschaftliche Momente von vornherein als systemfunktional unterstellt und dann aus dieser Funktionalität wiederum erklärt wurden, spätestens seit der Funktionalismusdiskussion der sechziger Jahre als unhaltbar. Die funktionalistischen Annahmen stellten sich zugleich als unangemessen zur Beschreibung und Erklärung der differenzierten und komplizierten Strukturbedingungen industrieller kapitalistischer Gesellschaften heraus. Insbesondere die These vom Mikrokosmos „Familie" geht an den realen Lebens- und Entwicklungsbedingungen der Gegenwart schlicht und einfach vorbei. Sozialisationsprozesse führen in dieser Gesellschaft faktisch durchaus nicht zu einem so einheitlichen und eindeutig systemkonformen Ergebnis, wie dies in der dogmatischen funktionalistischen Tradition angenommen bzw. gefolgert worden war. Vielmehr sehen wir eine erhebliche Bandbreite von Realisationen vor uns, die durchaus mehrdeutig sind.

Inzwischen zeichnet sich ab, daß die Sozialisationstheorie nur dann der menschlichen Individualität gerecht werden kann, wenn sie diese als relative Spezifität der Biographie und der Ausprägung von Persönlichkeitsmerkmalen versteht. In kaum einem sozialisationstheoretischen Ansatz findet sich denn auch noch die Behauptung, daß Sozialisationsprozesse notwendig zu uniformen Ergebnissen führten. Und es ist auch nicht bei der simplifizierenden Annahme der Einheitlichkeit und Systemfunktionalität „der" Familie als Sozialisationsinstanz geblieben. Vielmehr ist davon auszugehen, daß die Gesamtheit der gesellschaftlichen Bedingungen, die ein bestimmtes Individuum oder auch eine nach bestimmten Gesichtspunkten zusammengefaßte Population qua Sozialisation prägen, eine äußerst komplexe und partiell durchaus widersprüchliche Struktur bilden. Das wissenschaftliche Problem besteht darin, ein dieser Bedingungsstruktur möglichst angemessenes Modell zu finden.

Als ein erster Schritt hierzu kann das Modell angesehen werden, das sich im Zusammenhang der schichtenspezifischen Sozialisationsforschung und ihrer Rezeption herausbildete (vgl. hierzu ausführlich den Beitrag von Steinkamp in diesem Band). Im wesentlichen handelt es sich um die Annahme, daß Einstellungen und Verhalten der Eltern in der Familie bestimmt sind durch die Erfahrungen am Arbeitsplatz. Die Hypothesen erscheinen plausibel, daß zum Beispiel ein machtausspielender Erziehungsstil auf die Stellung als Befehlsempfänger am unteren Ende der Betriebshierarchie, ein restringierter Sprachcode auf mangelnde verbale Kommunikation bei den maschinellen Arbeitsvollzügen, geringe Leistungsmotivation auf objektiv geringe Aufstiegschancen usw. zurückgeführt werden könnten. Da der Arbeitsplatz wiederum über technologische und politökonomische Bedingungen von gesellschaftlichen Strukturmomenten abhängig ist, erscheint die Struktur der Sozialisationsbedingungen als eine vertikale, aus mehreren intervenierenden Variablen gebildete Vermittlungskette; das entsprechende, in der Rezeption der schichtenspezifischen Sozialisationsforschung lange Zeit vorherrschende Modell ließe sich daher als ein *Kettenmodell* bezeichnen.

Es zeigen sich jedoch zunehmend gewisse Unzulänglichkeiten dieses Modells. Zum einen besteht Unklarheit über die den gesellschaftlichen Bedingungen angemessenen Kategorien, die sich in einer bis heute nicht abgeschlossenen Diskussion um den Schichtbegriff dokumentiert. Auch ist nicht zu übersehen, daß einige Vermittlungsschritte, so zum Beispiel der Schritt von der Kategorie „Arbeitsplatz" zu den Erfahrungen des Vaters oder von diesen zum Erziehungsverhalten der Mutter, völlig ungeklärt sind. Zum zweiten stellt sich immer deutlicher heraus, daß die konkreten sozialisationsrelevanten Momente in der Umwelt eines Individuums über *verschiedene*, nebeneinander laufende Bedingungsketten vermittelt sind. Dies gilt schon für die innerfamiliale frühkindliche Sozialisation durch die Eltern selbst, wo sich Faktoren wie Bildungsstand der Eltern, Familientradition, Familiengröße usw. als sozialisationsrelevant herausgestellt haben, die aber analytisch nicht aus dem Arbeitsplatz des Vaters abgeleitet werden können. Es wird ganz deutlich, wenn wir an das ökologische Milieu, in dem ein Kind aufwächst (z.B. Land, Kleinstadt, Großstadt, Art der Wohnbauten usw.) oder an weitere Institutionen frühkindlicher Sozialisation (z.B. Kindergarten), besonders aber an die Schule sowie auch an in der Adoleszenz relevante Sozialisationsinstanzen denken. Es scheint, daß die gegenwärtige Diskussion noch immer zu sehr auf die über Arbeitsplatz und Familie laufende Bedingungskette fixiert ist und die übrigen Sozialisationsbedingungen noch nicht angemessen mitberücksichtigt.

Eine befriedigende Lösung erfordert noch einen weiteren Schritt. Um den gesamten Strukturzusammenhang der gesellschaftlichen Sozialisationsbedingungen aufhellen zu können, muß auch die horizontale, *kontextuelle Einbettung der einzelnen Momente innerhalb jeder Betrachtungsebene*, technisch gesprochen die Kovarianzen und die Interaktionseffekte zwischen ihnen, berücksichtigt werden. Es wird immer deutlicher, daß die klassische korrelationsstatistische Frage nach dem Zusammenhang zwischen zwei Variablen unangemessen, ja irreführend ist, weil ein solcher Zusammenhang immer auch noch von anderen Variablen wesentlich abhängig ist. Genau besehen tritt dieses Problem systematisch zweifach auf. Zum ersten stehen auf der bedingenden Ebene die einzelnen Bedingungsmomente untereinander in einem Interaktionszusammenhang. Zum Beispiel hängt innerhalb des familialen Milieus das Verhalten des Vaters vom Verhalten der Mutter ab. Zum zweiten hängt die gesamte Wirkung der bedingenden Ebene auf die nächstfolgende Ebene mit der Konstellation der dort vorfindlichen Momente und deren Interaktion zusammen.

Dieses Problem kann exemplarisch an der Ebene der Persönlichkeit und den Wechselwirkungen mit den unmittelbaren Sozialisationsbedingungen verdeutlicht werden. Je nach der Persönlichkeitsstruktur des Kindes kann „objektiv" gleiches Elternverhalten zu völlig verschiedenen Sozialisationsfolgen führen. So hängt die Art und Weise, wie bestimmte Erfahrungen verarbeitet werden, von den vorhandenen kognitiven Schemata und davon ab, in welchem affektiven Kontext Erfahrungen dieser Art aufgenommen werden. Wie eine bestimmte sprachliche Äußerung interpretiert wird, hängt davon ab, welche sprachpragmatischen Normen das Kind bisher verinnerlicht hat usw. Ein bestimmtes Ereignis kann sich daher auf die weitere Entwicklung ganz verschieden auswirken: Es kann vielleicht einen schon vorhandenen Zug verstärken oder ein vorhandenes Schema weiter differenzieren, es kann eine Reaktionsbildung und damit eine Verdrängung im psychoanalytischen Sinne bewirken, es kann zum Auslöser einer neuen Einsicht, vielleicht sogar eines radikalen biographischen Umschlages werden, es kann aber auch ohne jede sozialisatorische Relevanz bleiben.

Die Ausgestaltung und Konkretisierung dieses grundlegenden kategorialen Rahmens zur kausalen Analyse von Sozialisationsprozessen muß nun zwei eng miteinander zusammenhängende Probleme lösen. Erstens stellt sich die Frage, welches denn die tatsächlich relevanten gesellschaftlichen Bedingungen sind und ob und welche Ebenen in der Bedingungsstruktur anzunehmen sind. Zweitens ist zu klären, wie die kausale Vermittlung zwischen den Bedingungsebenen begrifflich jeweils zu fassen ist.

Die Rede von „Ebenen" hat im methodologischen Sprachgebrauch den Sinn, unter einem bestimmten Gesichtspunkt zusammengehörige Phänomene, Tatsachen, Begriffe usw. zusammenzufassen. So ist es zum Beispiel möglich, im sozialisationstheoretischen Kontext von einer Individual- oder Persönlichkeitsebene zu sprechen, weil die entsprechenden Phänomene relativ kohärent und von den externen Bedingungen eindeutig begrifflich abgrenzbar sind. In ähnlicher Weise ließe sich von einer Interaktions-, einer Institutions- und einer Gesellschaftsebene sprechen.

Im engeren Sinne ist der Ebenenbegriff nach amerikanischen Vorarbeiten in der Version der sogenannten Mehrebenenanalyse von E. K. SCHEUCH (1967) und

H. J. Hummell (1972) in die deutschsprachige Methodendiskussion eingeführt worden. Der Grundgedanke ist, daß die Elemente einer bestimmten Ebene zu Mengen zusammengefaßt werden, die ihrerseits dann als Elemente der nächsthöheren Ebene aufgefaßt werden. Der höheren Ebene können andere (neue) Arten von Eigenschaften, zum Beispiel strukturelle, zugeschrieben werden, die aus den Eigenschaften der Elemente der unteren Ebene nicht abzuleiten sind.

Von der sozialisationstheoretischen Fragestellung aus muß die Mehrebenenanalyse zunächst attraktiv erscheinen, weil sie programmatisch einen Zusammenhang zwischen Individuen und in anderen Begriffen gefaßten allgemeinen gesellschaftlichen Tatsachen thematisiert. Allerdings erhebt sich nach Durchsicht der bisher vorliegenden Versuche die Frage, wie weit Begrifflichkeit und operatives Vorgehen mehrebenenanalytischer Ansätze der sozialisationstheoretischen Fragestellung tatsächlich adäquat sind. Zum Beispiel ist fraglich, ob eine zunehmende bloße Aggregierung von Individuen zu Begriffen und Hypothesen führen kann, die sich auf die *gesellschaftlichen Bedingungen* individueller Sozialisationsprozesse beziehen, und ob angesichts der Beliebigkeit der Aggregatbildung auf dem Wege „von unten nach oben“ tatsächlich die relevanten gesellschaftlichen Strukturmomente getroffen werden. Ungeklärt ist auch, wie das Verhältnis mehrerer gleichrangig nebeneinanderstehender Aggregierungsmodelle theoretisch zu fassen ist.

Wenn daher im folgenden von „Ebenen“ gesprochen wird, ist dies nicht im engen technischen Sinne des genannten Ansatzes gemeint, auch wenn wir die Möglichkeit der Anwendung der Mehrebenenanalyse im Auge behalten. Auf praktische Einsatzmöglichkeiten dieses Analyseverfahrens gehen wir weiter unten noch beispielhaft ein.

Zur Konzeptualisierung des Bedingungszusammenhanges zwischen den allgemeinen gesellschaftlichen Strukturmomenten und der individuellen Persönlichkeitsentwicklung können nach unseren vorangehenden Überlegungen zwei verschiedene, einander jedoch nicht ausschließende Wege eingeschlagen werden. Zum einen kann man ein Modell annehmen, das einen oder mehrere *vertikale* Bedingungsstränge in den Vordergrund stellt und bestenfalls in zweiter Linie auch horizontale Querverbindungen zwischen diesen thematisiert. Zum zweiten ist ein Modell möglich, das bestimmte Bedingungsmomente zunächst auf einer *horizontalen* Ebene zusammenfaßt und dann die Bedingungsverhältnisse zwischen den verschiedenen Ebenen analysiert. Die erstgenannte Möglichkeit folgt unmittelbar der klassischen kausalen Fragestellung; auch entspricht das in einem bestimmten Typus von marxistischer Gesellschaftstheorie geübte „Ableiten“ diesem Schema. Doch scheint das zweite Modell, das die horizontalen Interdependenzverhältnisse in den Vordergrund stellt, ohne die Frage nach vertikalen Abhängigkeiten zu vernachlässigen, den Sachverhalt im Bereich der Sozialisationsbedingungen besser zu treffen, weil wir hier tatsächlich Kontexte vorfinden, die horizontal komplex strukturiert sind. Das trifft, wie bereits angedeutet, schon auf die Persönlichkeit zu, gilt auch für die sozialen Mikrosysteme und Organisationen, in denen Sozialisation vor allem stattfindet, zum Beispiel die Familie oder die Schule, und kann wohl auch für die das gesellschaftliche Gesamtsystem konstituierenden Momente angenommen werden.

Es mag sein, daß auch diese Sichtweise nur eine Denkgewohnheit widerspiegelt, die theoretisch nicht zwingend wäre. Doch kann darüber im Prinzip, sogar empirisch, entschieden werden. Auf jeden Fall scheint sie auch dem Alltagsverständnis und einem verbreiteten, zum Beispiel im ökologischen Ansatz sowie in der Begrifflichkeit von „Makro-, Meso- und Mikroebene“ manifesten soziologischen Verständnis zu entsprechen. Daher legen wir im folgenden das zweite Modell, also die Annahme mehrerer hintereinandergeschalteter Ebenen von Bedingungen, zugrunde.

Es stellt sich nunmehr die Frage, welche Ebenen denn konkret angesetzt werden sollen bzw. nach welchen Kriterien dies entschieden werden kann. Zwei formale Kriterien lassen sich angeben. Erstens müssen die gewählten Ebenen bzw. die sie konstituierenden Einzelmomente im Hinblick auf das Explikandum, nämlich individuelle Sozialisationsprozesse, tatsächlich erklärungskräftig sein, d.h. sie müssen möglichst relevante Bedingungen für die Phänomene der nächstunteren Ebene darstellen. Zweitens müssen sie als selber durch die nächsthöhere Ebene bedingte aufgefaßt werden können. Als ein drittes, zumindest heuristisches Kriterium für die Wahl der Begrifflichkeit könnte noch erwähnt werden, daß die betreffenden Bedingungen auch im alltäglichen Bewußtsein der Beteiligten einen Kontext bilden müssen. Begriffe dieser Art auf einer relativ niedrigen Abstraktionsstufe sind zum Beispiel „Familie“, „Freundesgruppe“, „Schulklasse“, „Betrieb“. Die Berücksichtigung des Alltagsbewußtseins von sozialisatorischen Kontexten bzw. Ebenen von Sozialisationsbedingungen ist deshalb erforder-

lich, weil das Verständnis der Individuen von ihrer Lebenswelt in die Art ihrer Informationsverarbeitung, also in den Sozialisationsprozeß selbst mit eingeht.
Die genannten Kriterien führen uns nun zu dem zweiten Hauptproblem der Analyse von Sozialisationsbedingungen, wie nämlich die angenommene kausale Vermittlung *zwischen* den einzelnen Bedingungsmomenten bzw. Bedingungsebenen theoretisch gefaßt werden kann. Im gegenwärtigen Verständnis der Sozialisationsforschung wird dieses Problem zum Beispiel mit den Fragen angesprochen, wie denn das Verhalten der Eltern gegenüber ihren Kindern oder die Familie insgesamt die kindliche Persönlichkeit prägt, wie das Verhalten der Eltern von ihren Erfahrungen am Arbeitsplatz abhängt oder wie die Realität der Schule und anderer Bildungsinstitutionen von politökonomischen Bedingungen auf der makrostrukturellen Ebene bestimmt wird. Eine befriedigende Antwort auf diese Fragen muß im Prinzip dem Anspruch einer detaillierten, zureichenden und präzisen Erklärung genügen. Dabei dürfte deutlich sein, daß zur Erklärung der Zusammenhänge zwischen den verschiedenartigen Ebenen zunächst auch je verschiedene Kategorien, Hypothesen und Theoriestücke angenommen werden müssen.
Eine Lösung dieses Problems scheint zunächst nicht schwer, denn im Fundus der Sozialwissenschaften finden wir ja eine Reihe von auch empirisch belegten Ergebnissen, Ansätzen und Theorien, die hier als einschlägig angenommen werden können. Ein eklektisches Aufklauben gerade passender Versatzstücke würde uns allerdings dem Ziel einer umfassenden Sozialisationstheorie noch kaum näherbringen, denn die heterogenen Ansätze stießen an den Berührungspunkten unverbunden aneinander, weil sie in Begrifflichkeit, inhaltlichem Umfang, Methodenverständnis usw. einander nicht korrespondieren. Das Problem besteht vielmehr darin, daß die Theorie gleichzeitig die kausale Vermittlung *zwischen* mindestens zwei Ebenen in einer empirisch prüfbaren Form leisten und dabei in ihrer Begrifflichkeit der Eigengesetzlichkeit *jeder* der zu verknüpfenden Ebenen gerecht werden muß.
Auf das Kernstück der Sozialisationstheorie – die Genese und Entwicklung psychischer Formationen aufgrund von Umweltbedingungen – bezogen, bedeutet dies zum Beispiel, daß die in einem psychogenetischen Theorieansatz angenommenen Antezedensbedingungen so formuliert sein müssen, daß sie *gleichzeitig* Momente in der gesellschaftlich-historisch vermittelten Umwelt bezeichnen bzw. als solche interpretiert werden können. Oder umgekehrt: Hypothesen über sozialisationsrelevante Umweltbedingungen müssen so beschaffen sein, daß die von ihnen angegebenen Sozialisationseffekte *gleichzeitig* psychologische Tatbestände bezeichnen bzw. als solche interpretierbar sind. Eine zentrale Aufgabe der Sozialisationsforschung besteht genau darin, ein Hypothesensystem mit geeigneter Begrifflichkeit zu finden, das diesen Zusammenhang stiftet.

Ein Blick auf die Implikationen einiger vorliegender Theorieansätze, die im einzelnen in den Theoriebeiträgen dieses Handbuches erörtert werden, mag dieses Problem verdeutlichen. Der bisher vielleicht einflußreichste Ansatz ist die Psychoanalyse. Die aus dieser Theorie zumindest in ihrer klassischen Version explizierbaren sozialisationsrelevanten Umweltbedingungen sind im wesentlichen die in der Institution der Familie vorgefundenen Bezugspersonen, und zwar als Objekte kindlicher Triebbesetzungen, die in ihrer gegebenen Konstellation das Kind vor spezifische Probleme stellen, deren Bewältigung dann zum Aufbau psychischer Formationen führt. Da Familie eine gesellschaftliche Kategorie ist und, wie die Forschung gezeigt hat, sogar einen Einstieg in makrostrukturelle Zusammenhänge eröffnen kann, scheint unsere Forderung nach einer Verknüpfung von psychologischer und soziologischer Begrifflichkeit hier erfüllt zu sein. Jedoch hat FREUD selbst diese Kategorie ihres gesellschaftlichen Charakters und damit eines soziologischen Erklärungswertes wiederum dadurch entkleidet, daß er sie als historisch universale Konstellation unterstellt bzw. seine Theorie nicht auf gesellschaftlich variierende Bedingungen des sozialisatorischen Milieus hin entwickelt hat. Auch die Sicht der Eltern-Kind-Beziehungen als vom Kind ausgehende Triebbesetzung ist soziologisch nicht sehr fruchtbar, weil die Tätigkeit der Eltern sowie die kognitive und sprachliche Dimension als Mediatoren gesellschaftlicher Realität vernachlässigt werden.
Bei einem anderen psychogenetischen Theorieansatz, dem behavioristisch-lerntheoretischen, wird die Brükke zur Umwelt durch den Begriff der Verstärkung bzw. Löschung geschlagen. Nun bezeichnet dieser Begriff einen elementaren, bis in den subhumanen Bereich relevanten Tatbestand, der als solcher zwar nicht soziologisch bzw. historisch ist, der aber in einem weiteren Schritt mit einer soziologischen Begrifflichkeit verknüpft werden kann, zum Beispiel mit Begriffen wie „Sanktion" oder „Gratifikation". Jedoch wird man feststellen müssen, daß mit diesen Kategorien bestenfalls ein sehr kleiner Ausschnitt der in persönlichen Interaktionen vermittelten Sozialisationsprozesse adäquat erfaßt ist. Dieser Ansatz ist also, übrigens auch was die auf der Grundkategorie der Reiz-Reak-

tions-Verbindung aufgebaute Persönlichkeitstheorie betrifft, gegenüber der Vielfalt des zu Erklärenden entschieden zu eng.
Ein dritter Ansatz schließlich, die kognitivistische Entwicklungstheorie Jean PIAGETS und ihre Weiterentwicklung, sieht in der tätigen Auseinandersetzung des Menschen mit der Objektwelt den Motor der geistigen Entwicklung; die relevanten Umweltbedingungen erscheinen hier als das Vorhandensein entsprechenden, dem jeweils erreichten kognitiven Entwicklungsstand gemäßen „Materials". Damit führt dieser Ansatz neben persönlicher Interaktion eine neue Art von Sozialisationsbedingungen, nämlich die konkret materiellen, in die Diskussion ein, die prinzipiell auch als gesellschaftlich vermittelte Realität interpretiert werden können. Aber eben deshalb werden die interpersonell vermittelten Sozialisationsprozesse in diesem Ansatz vernachlässigt. Zur persönlichkeitstheoretischen Seite hin hat PIAGET eine imposante und komplexe Psychologie entworfen, die aber in ihrer Überbetonung der kognitiv-rationalen Orientierung gegenüber der Sachenwelt problematisch ist.

Wir sehen, daß selbst einige der am weitesten entwickelten Ansätze, die das Programm einer theoretisch-erklärenden Vermittlung der Persönlichkeitsebene mit der Ebene unmittelbarer Umweltbedingungen verfolgen, diese Leistung nur teilweise, um den Preis einer Verkürzung auf seiten entweder der Persönlichkeitstheorie oder der Theorie der Sozialisationsbedingungen oder beider zustande bringen. Ein ähnlicher Befund würde sich ergeben, wenn wir Theoriestücke sichteten, die die Vermittlung anderer Ebenen, zum Beispiel des familialen Systems mit dem subkulturellen Milieu oder der Realität in der Institution Schule mit der gesellschaftlichen Makrostruktur erklären wollen. Alle diese Beispiele verdeutlichen das Problem einer umfassenden Sozialisationstheorie, ein Hypothesensystem mit geeigneter Begrifflichkeit zu entwickeln, mit der die vertikalen Bedingungsverhältnisse zwischen den verschiedenen Ebenen erfaßt werden können.
Ganz offensichtlich bremst der akademische Prozeß der Wissensproduktion in weiten Bereichen die Entwicklung einer umfassenden Sozialisationstheorie. Soziologie und Psychologie als die zentralen wissenschaftlichen Disziplinen, die die Sozialisationsforschung tragen, sind in ihrer inneren Verfassung durch das Nebeneinander und Gegeneinander von verschiedenen theoretischen und methodischen Positionen gekennzeichnet. Ihre Wissenschaftlergemeinschaften lassen sich nach unterschiedlichen Orientierungen und Denktraditionen gruppieren, die sich in der Regel auf bestimmte Schulen wissenschaftlichen Denkens berufen. Diese Denkschulen („Paradigmen") legen das Gegenstandsverständnis des Wissenschaftlers fest, also die Art seiner Wirklichkeitsauffassung und sein praktisches Verhältnis zur Wirklichkeit; sie zeichnen bestimmte Forschungs- und Methodenpräferenzen vor, legen Methoden und Verfahren der Informationsgewinnung, Definitions- und Konzeptualisierungsstile und -strategien fest. Typischerweise entwickelt jede einzelne Schule auch charakteristische Verfahren zur Validierung der eigenen Aussagen und zugleich Argumentationssysteme, die ihrer Legitimation dienen. Auf diese Weise wird ein sinnvolles Gespräch zwischen den Vertretern verschiedener Disziplinen und sogar Vertretern ein und derselben Disziplin schwierig. Für einzelne Wissenschaftler kommt die Bindung an eine Denkschule oft einem Rückzug auf ein gesichertes Deutungsmuster gleich. Der ungesicherte Status der interdisziplinären Sozialisationsforschung im Konzert der Wissenschaftsbereiche mag das seine hierzu beitragen. Die Festlegung auf eine begrenzte theoretische oder methodische Position verleiht scheinbar Sicherheit und wirkt als ein trügerischer Mechanismus der Reduktion der Komplexität des Wissenschaftsbetriebes. Dieser Zusammenhang mag mit dafür verantwortlich sein, daß Theorien vielfach mit Ausschließlichkeitsanspruch formuliert werden, was eine diskursive Auseinandersetzung über ihre Geltungsansprüche und Erkenntnisleistungen praktisch unmöglich macht (vgl. konstruktive Ansätze für eine Theorieauseinandersetzung in der Sozialwissenschaft im allgemeinen bei KEMENY 1976 und HONDRICH/MATTHES 1978).
Die spezifische Aufgabenstellung der Sozialisationsforschung hat es mit sich gebracht, daß das Unbehagen in der Wissenschaftlergemeinschaft über das unvermittelte Nebeneinanderstehen und die nahezu beliebige Perspektivität einzelner Theorien vergleichsweise groß ist. Als interdisziplinärer Forschungszweig erlebt die Sozialisationsforschung das Aufeinanderprallen unterschiedlicher Ansätze besonders deutlich, wobei die Perspektivität der einzelnen Positionen besonders stark spürbar wird. Hierin liegt eine Chance, die vielleicht durch eine beherzte organisatorische Absicherung der Sozialisationsforschung im Wissenschaftsbetrieb unter dem Dach einer sich interdisziplinär verstehenden Erziehungswissenschaft genutzt werden kann (HURRELMANN 1978).

2.3 Forschungsmethodische Probleme

Für integrative Theorie- und Forschungskonzeptionen, wie wir sie hier apostrophiert haben, stellen sich erhebliche methodische Probleme in allen Phasen des praktischen Forschungsprozesses. Ist es schon bei der Umsetzung der geläufigen theoretischen Konstrukte schwierig, die angemessenen Operationalisierungs- und Verrechnungsschritte einzuleiten, so stellt sich bei einem umfassenden Ansatz des beschriebenen Zuschnitts das zusätzliche Problem, diese Schritte für mehr als eine Ebene und – insbesondere – für die Verknüpfung dieser Ebenen miteinander zu bewältigen (vgl. allgemein zur Methodenproblematik in der Sozialisationsforschung den Beitrag von Köckeis-Stangl in diesem Handbuch).

In der bisherigen Forschungspraxis laufen die meisten Verfahren der Datenaufbereitung und -verarbeitung darauf hinaus, möglichst exakt den Effekt einer als unabhängig gedachten Variablen auf eine als abhängig konzipierte zu messen und diesen Effekt möglichst statistisch zu isolieren. Zu diesem Zweck werden üblicherweise die Effekte aller anderen unabhängigen Variablen partialisiert. Diese Vorgehensweise ist angemessen, wenn abhängige und unabhängige Variablen in linearer Beziehung zueinander stehen, und wenn zugleich die verschiedenen unabhängigen Variablen sich nicht gegenseitig beeinflussen, sich in ihren Effekten für die abhängige Variable also „addieren". Nur wenn diese Bedingungen vorliegen, sind solche Kovarianzverrechnungen zulässig.

Da diese Bedingungen sehr restriktiv sind und nur für begrenzte Bereiche sozialer Realität zutreffen, hat sich in den letzten Jahren mehr und mehr das Verfahren der multivariaten Analyse durchgesetzt. Es gestattet, auch simultane Effekte statistisch zu berücksichtigen, insbesondere Beeinflussungen der abhängigen Variablen, die sich aus einer bestimmten Konstellation von unabhängigen Variablen ergeben (vgl. Opp/Schmidt 1976).

In der Realisierung solcher Verfahren tauchen noch Schwierigkeiten auf, die den Postulaten einer mehrere Analyseebenen umfassenden Sozialisationstheorie nicht gerecht zu werden gestatten. Denn die tatsächliche Beziehungsstruktur der als „unabhängig" klassifizierten Variablen untereinander wird nicht ausreichend berücksichtigt. Es gelingt nicht, direkte und indirekte Beeinflussungen zwischen den Variablen verschiedener Ebenen zu berücksichtigen und – insbesondere – auch solche Variablen einzubeziehen, die keine direkte Bedeutung für die „abhängigen" Variablen haben, sondern etwa durch ihren Einfluß auf direkt determinierende Prädiktoren deren Effekt in irgendeiner Weise modifizieren. Die für die Mehrebenenanalyse nötigen statistischen Verfahren liegen bislang einfach nicht im erforderlichen Umfang vor. Einigermaßen erprobt sind eigentlich nur Standardversionen einer Zweiebenenanalyse, bei denen es um Beziehungen zwischen Eigenschaften von individuellen Akteuren und irgendwelchen sozialen Einheiten im Sinne von Mengen von individuellen Akteuren (soziale, Gruppe, Aggregate, Kategorien, Netzwerke und Systeme) geht (Hummell 1972, S. 14). Immerhin ist es auf diese Weise möglich, unzulässige Schlüsse von den auf einer Ebene festgestellten Beziehungen zwischen Variablen auf analoge Beziehungen auf der anderen Ebene zu vermeiden. Auch lassen sich einige Kontexteffekte feststellen. Ein differenziertes und vielschichtiges theoretisches Modell, wie es uns hier vorschwebt, kann auf diese Weise freilich noch nicht empirisch umgesetzt werden. Wir sind lediglich in der Lage, das theoretische Modell in eine Vielzahl linearer Einflußketten aufzulösen, wobei die persönliche Entwicklung des Individuums die zu erklärende Zielvariable, die „abhängige" Variable, ist. Der theoretische Anspruch, die Auseinandersetzung des Individuums mit seiner sozialen und räumlichen Umwelt als gleichbedeutende Einfluß- und Erklärungslinie zu beachten, kann noch nicht eingelöst werden.

Die große Schwierigkeit liegt also darin, daß uns statistische Verfahren zur Verfügung stehen, die eine Abbildung und Übersetzung des komplexen und mehrdimensionalen Theoriemodells und insbesondere der theoretisch so bedeutsamen Qualität der Beziehungen zwischen Variablen unterschiedlicher Analyseebenen nur in äußerst restriktiver Weise gestatten. Allerdings darf auch nicht verschwiegen werden, daß bislang noch kaum präzise ausgearbeitete integrative Theorie- und Hypothesenmodelle vorliegen, aus denen sich Annahmen über die Variablen und ihr Beziehungsgefüge ableiten ließen, die dann einer empirisch-statistischen Überprüfung unterworfen werden könnten.

Im nächsten Abschnitt wollen wir zunächst einige erfolgversprechende neuere theoretische und empirische Ansätze erörtern, die uns geeignet erscheinen, das geschilderte Dilemma zu überwinden.

3 Ansätze und Modelle einer umfassenden Analyse der Sozialisation

In den letzten Jahren haben sich die Bemühungen verstärkt, zu integrativen Theorie- und komplexen Forschungsansätzen vorzustoßen, die der hier apostrophierten Programmatik umfassender Konzeptionen nahekommen. Wichtige Impulse sind dabei von Vertretern gesellschafts- und sozialstrukturtheoretischer Positionen ausgegangen oder manifestieren sich in historisch vergleichenden, kulturvergleichenden, ökologischen und lebenslaufbezogenen Ansätzen, die in der Regel interdisziplinär konzipiert sind. Da diese Ansätze allesamt in diesem Handbuch vertreten sind (vgl. die Artikel von OTTOMEYER, STEINKAMP, HERRMANN, LIEGLE, WALTER und KOHLI), können wir uns hier auf einige uns besonders interessant erscheinende Beiträge beschränken, die zur Entwicklung eines Modells der Struktur von Sozialisationsbedingungen wichtig sind.

3.1 Vorliegende Ansätze zu einer umfassenden Sozialisationstheorie

Im Zuge sozialisationstheoretischer Diskussionen haben vor allem gesellschaftstheoretisch-materialistische Ansätze in den letzten Jahren eine bemerkenswerte Entwicklung genommen. Wohl aufgrund seiner philosophiegeschichtlichen Stellung als Kritik des im 19. Jahrhundert vorherrschenden Idealismus und Subjektivismus und bedingt durch die konsequente Ausarbeitung zu einer Theorie der Gesellschaft neigte dieser Ansatz in seiner klassischen Fassung dazu, die konkreten Individuen aus dem Auge zu verlieren. Ja, die These von der gesellschaftlichen Bestimmtheit des Individuums selbst führte, wurde sie im Sinne einer einseitigen Determination verstanden, zwangsläufig zu einer Verschiebung des Interesses auf die Ebene der gesellschaftlichen Bedingungen, letztlich zur Verselbständigung dieser Ebene und zur Elimination der Kategorie des Subjekts als einer eigenen Bestimmungsgröße gesellschaftlicher Prozesse überhaupt. Der Psychologie wurde entsprechend keine bedeutsame Rolle zugesprochen. Sozialisationstheoretisch wichtig und ergiebig ist nun eine zunehmende Tendenz, die auf expliziter Einbeziehung und Elaboration auch der Subjektseite beharrt: als Markstein wäre hier vor allem SEVES Buch (1972) zu nennen. Es hat eine ausführliche Diskussion angestoßen, deren Kennzeichen eine systematische Auseinandersetzung mit persönlichkeits- und interaktionstheoretischen Theorieansätzen ist (vgl. stellvertretend HACK 1977; LEITHÄUSER u.a. 1977; HOLZKAMP 1978).

Die Chancen einer Verknüpfung von materialistischer Gesellschaftstheorie und psychogenetischen Theorien des Subjekts sind durch diese Arbeiten größer geworden. Zu beobachten sind jedenfalls verschiedene Versuche, von einer materialistischen Grundlage aus Ansätze und Ergebnisse der „bürgerlichen" Psychologie und Sozialpsychologie zu rezipieren bzw. diese aus einer materialistischen Perspektive zu interpretieren. Dabei sind verschiedene Entwicklungslinien zu unterscheiden. Einen Versuch, die psychoanalytische Sozialisationstheorie in einen materialistischen Rahmen zu stellen, hat z.B. LORENZER unternommen. Er nimmt als die entscheidende Kategorie der Vermittlung die alltägliche Mutter-Kind-Interaktion an, wobei er insgesamt drei Ebenen (objektive Struktur des Güterproduktionsbereiches, objektive Struktur des besonderen Produktionsbereiches Sozialisation, subjektive Struktur; 1974, S. 225) ansetzt. Andere Autoren bemühen sich um die systematische Vermittlung neuerer Interaktionstheorien und politischer Ökonomie (vgl. OTTOMEYER 1974 und in diesem Handbuch). Schließlich wäre der schon erwähnte Versuch zu nennen, angeregt von den ontogenetischen Theorien, die PIAGET und KOHLBERG vorgelegt haben, die historische Entwicklung des gesellschaftlichen Bewußtseins als eine durch die Entwicklung materieller Lebensbedingungen induzierte Entfaltungslogik zu rekonstruieren (HABERMAS 1976).

Die hier vorliegenden Neukonzeptionen des historischen Materialismus sind für die Sozialisationsthematik außerordentlich bedeutsam. Herauszuheben sind besonders die folgenden Punkte: Erstens wird dezidiert und programmatisch die gesellschaftliche Bedingtheit des Menschen behauptet, nicht im Sinne eines mechanischen Milieudeterminismus, sondern des Menschen als Subjekt. Zweitens wird die zentrale Gelenkstelle jeder Sozialisationstheorie, der Übergang von objektiven Bedingungen zu subjektiven Formationen, mit solchen Kategorien – Tätigkeit bzw. Aneignung – gefaßt, die logisch sowohl in der äußeren Realität wie in der Psychologie verankert sind. Drittens werden die gesellschaftlichen Bedingungen im Zusammen-

hang einer Theorie der Gesellschaft, die diese als historisch sich entwickelndes komplexes System begreift, entfaltet.
Trotz dieser Vorzüge sind die erwähnten Ansätze auf der Basis des historischen Materialismus weder eine im engeren Sinne erfahrungswissenschaftliche Theorie der Sozialisation, noch können sie unmittelbar als Vorlage zu einer solchen aufgefaßt werden. Auch bleiben sie wesentlich philosophische Theorie, die – vielleicht aus dem Bedenken, ihre politische Substanz und Identität preisgeben zu müssen – in Terminologie und Methode relativ eng auf ihren Ursprung bei Marx fixiert geblieben ist und die empirischen Arbeitsmöglichkeiten der modernen Sozialwissenschaft noch kaum eingeholt hat. So mag es gelungen sein, den großen Bogen zwischen dem Menschen und den historischen Bedingungen seiner Gesellschaft zu schlagen, doch werden notwendige Details nicht erfaßt: Aussagen über die konkrete, komplexe Vermittlung sind noch kaum über das Stadium allgemeiner Begriffe und Thesen hinausgekommen, es wird weder nach verschiedenen Bevölkerungskategorien bzw. Individuen noch nach verschiedenen Instanzen oder Dimensionen in der Bedingungsstruktur noch nach verschiedenen Auswirkungen hinreichend differenziert.
Genau hier liegen die Anregungspotentiale der stärker erfahrungswissenschaftlich orientierten sozialstrukturtheoretischen Ansätze. Wie schon in Abschnitt 2.2 erwähnt, hat die empirische klassen- und schichtenanalytische Sozialisationsforschung große Aufmerksamkeit auf die Untersuchung der „vertikalen" Bedingungskette von gesellschaftlichen und personalen Faktoren verwandt (vgl. ausführlich hierzu den Beitrag von Steinkamp in diesem Handbuch). Wir hatten schon betont, daß diesen Untersuchungen erst kleine Schritte in die hier angedeutete Richtung gelungen sind. Das vermutete Zusammenspiel der Variablen Arbeitsbedingungen/Berufserfahrung/Berufsprestige/Familieneinkommen/Ausbildungsniveau der Eltern/Familiengröße/Wohnungsbedingungen, die zusammen als Umweltfaktoren die Sozialisationsbedingungen in der Familie konstituieren, indem sie die Erfahrungs- und Handlungsmöglichkeiten der Familienmitglieder beeinflussen, konnte insgesamt noch nicht befriedigend empirisch geklärt werden. Ein Hauptgrund ist die mangelnde Berücksichtigung einer Konzeption von hintereinandergeschalteten Ebenen von Bedingungsvariablen.

Aus der Kritik an dieser Forschungsrichtung zeichnen sich einige Alternativen ab, die über die Weiterentwicklung der schichtspezifischen Sozialisationsforschung im engeren Sinne hinaus auch für unsere Thematik von Bedeutung sind. Es handelt sich einmal um die Ergänzung der bisherigen Vorgehensweise durch die ökologische Perspektive (wir erwähnen hier den Ansatz von Bronfenbrenner), um eine genauere Erfassung der Zusammenhänge und der gleichzeitigen Wirkung verschiedener Sozialisationskonzepte auf verschiedenen Analyseebenen (im folgenden repräsentiert durch die Untersuchungen von Bertram) und um eine Ergänzung der bisherigen Vorgehensweise durch qualitative Untersuchungen der sozialisatorischen Interaktionen und des Lebenslaufes (hier beispielhaft angesprochen durch die Untersuchung von Oevermann u. a.).
Bronfenbrenner (1976) entwirft auf ökologischem Hintergrund ein einfaches, aber erklärungswirksames Modell von sich überlagernden Ebenen im Sozialisationsprozeß. Als Parameter der „sozialen Ökologie menschlicher Entwicklung" unterscheidet er drei sich überlagernde Schichten:

- die unmittelbare Umgebung (Haus, Schule, Straße, Spielplatz usw.) nach ihrer räumlichen und stofflichen Anordnung, nach den Personen mit ihren verschiedenen Beziehungen zum Kind und nach den Tätigkeiten, die diese Personen ausüben;
- informelle soziale Strukturen („soziale Netzwerke"), wie sie durch Gruppen von Alterskameraden, Freundeskreise, Cliquen in Nachbarschaft und Beruf oder Bekanntenkreise gebildet werden, und Institutionen als formelle Gegenstücke zu diesen informellen Netzwerken. Hier unterscheidet er zwischen Institutionen des Gesundheits-, Erziehungs- und Sozialwesens, die unmittelbare Verantwortung für Kinder tragen, und weiteren Organisationen, die zwar in der Regel als nicht direkt wichtig für den Sozialisationsprozeß betrachtet werden, tatsächlich aber die politischen und praktischen Voraussetzungen hierfür mit schaffen (staatliche Verwaltung, Rechtssystem, Industrie und Handel, Massenmedien, Verkehrsmittel usw.);
- schließlich sieht er sowohl die übergreifende soziale Struktur wie auch die darin eingebettete alltägliche Umgebung von einem „ideologischen System" umschlossen, das die sozialen Netzwerke, Institutionen, Rollentätigkeiten und ihre Verbindungen mit Bedeutungen und Motiven ausstattet (Bronfenbrenner 1976, S. 203f.).

In schematischer Darstellung sieht das „Ebenenmodell" von Bronfenbrenner etwa folgendermaßen aus:

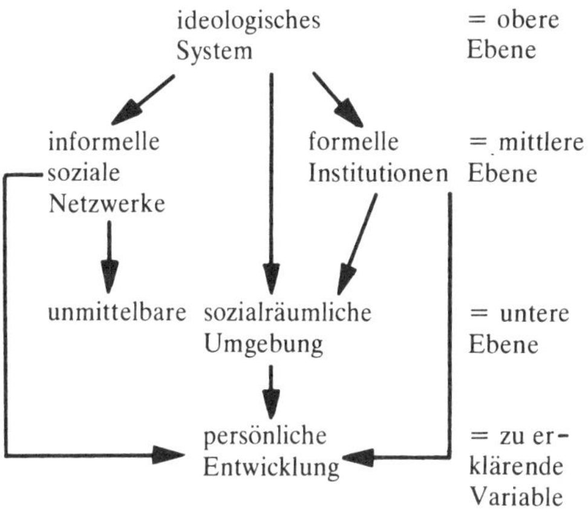

Dieses Modell wird nicht empirisch eingelöst, sondern es versteht sich als ein programmatisches Raster für die weitere Forschung. Die theoretische Konzeption ist von pragmatischem Zuschnitt; wie die einzelnen Ebenen sich zueinander verhalten, wird ebensowenig erläutert, wie die Frage geklärt ist, welche soziale Dynamik oder Eigengesetzlichkeit auf den verschiedenen Ebenen jeweils eintritt. Es spricht aber viel für die Vermutung von Bertram (1979), daß in diesem Modell implizit die These einer hierarchischen Ordnung unterschiedlicher Umwelten enthalten ist, wobei die Umwelten niederer Ordnung Elemente der Umwelten höherer Ordnung sind.

In der Absicht einer konkreten empirischen Umsetzung in der Familienforschung hat Bertram ein ähnlich zugeschnittenes „Hierarchiemodell des Einflusses sozialer Faktoren auf die Sozialisation des Kindes" entwickelt (1978, S. 49, leicht variiert):

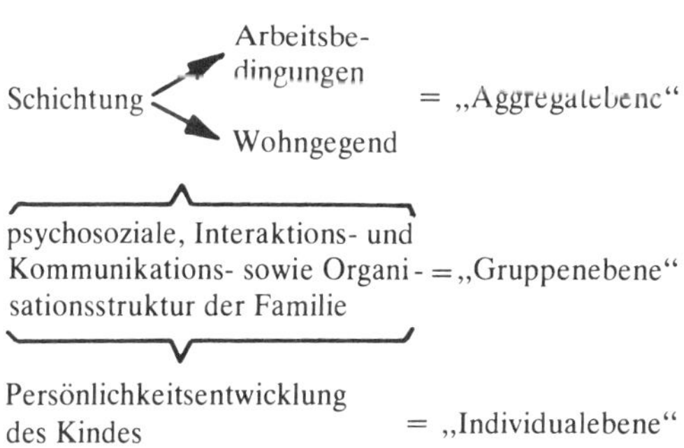

Mit diesem Modell, in dem auf der Aggregats- und der Gruppenebene je nach Untersuchung auch andere sozialstrukturelle, institutionelle und Interaktionsfaktoren eingesetzt werden können, will Bertram die Komplexität schichtspezifischer Sozialisationsprozesse exakter abbilden, als das in der bisherigen Forschung möglich war. Er kritisiert die bisherige Praxis, wonach immer nur empirische Belege für jeweils zwei Ebenen gesammelt werden, die meist erst im nachhinein zu einem Dreiebenenmodell kombiniert werden. Außerdem merkt er zu Recht an, daß alle Ebenen für sich theoretisch sehr unzulänglich geklärt und empirisch mangelhaft abgesichert sind. Seine zentrale Annahme ist, daß die Sozialstruktur („Aggregatsebene") nur vermittelt über die familialen Lebensbedingungen bzw. das elterliche Verhalten die Entwicklung der Kinder beeinflußt. Aus diesen Überlegungen folgt, daß eine direkte Korrelation zwischen Variablen auf der Ebene „Persönlichkeitsentwicklung des Kindes" und auf der Ebene „Sozialstruktur" verworfen werden muß. Die Arbeit von Bertram muß insgesamt als ein äußerst bemerkenswerter Beitrag zur Übertragung mehrebenenanalytischer Verfahrensweisen in die empirische Sozialisationsforschung angesehen werden. Da er zugleich eine interessante neuartige Kombination von Auswertungs- und Verrechnungstechniken anwendet, die die oben (in Abschnitt 2.3) erwähnte Begrenzung der multivariaten Analyse überschreiten soll, stellt seine Arbeit auch einen wichtigen Beitrag zur Entwicklung der Mehrebenenanalyse im engeren Sinne dar (vgl. aber zur Kritik an seinem Vorgehen Köckeis-Stangl in diesem Handbuch).

Zur Klarstellung sei hier allerdings gesagt: Es sollte nicht der Eindruck entstehen, die methodisch einzig adäquate Umsetzungsstrategie für integrierte mehrstufige Theorieansätze liege in der Tradition der quasi naturwissenschaftlich orientierten empirisch-analytischen Forschungstechnik auf den Spuren des kritischen Rationalismus. Eine dogmatische Bindung allein an diese Tradition der Methodologie wäre unfruchtbar, so sehr sie mit ihren hochentwikkelten Datenerhebungs- und -verarbeitungsverfahren auch wichtige Erkenntnisbereiche empirisch absichern kann.

Für empirische Untersuchungen im Bereich der Sozialisationsforschung muß Offenheit gegenüber verschiedenartigen erfahrungswissenschaftlichen Vorgehensweisen gelten. Wir müssen alle denkbaren Typen von wissenschaftlich kontrollierbarer Erfahrung zulassen. Deshalb sind Forschungsstrategien wie die der Gruppen von OEVERMANN u.a. (1976; 1976a) und HACK u.a. (1979) ernstzunehmende Ergänzungen zum vorherrschenden Methodenrepertoire, insbesondere, wo sie sich an methodischen Traditionen der interpretativ ausgerichteten Sozialwissenschaft orientieren. Im konkreten Fall unternehmen sie den Versuch, mit hermeneutischen Verfahren der Sinnauslegung aus interpersonellen Kommunikationsprozessen bzw. aus Interviewäußerungen die latenten Deutungsmuster herauszufiltern, die für den Interaktionsablauf konstitutiv, gleichzeitig aber auch Ausdruck der objektiven sozialstrukturellen Gegebenheiten sind. Die Leistungsfähigkeit dieser Forschungsstrategien wird in den Beiträgen von KÖCKEIS/STANGL und GSTETTNER in diesem Handbuch ausführlich dargelegt, weshalb wir hier auf eine weitere Darstellung verzichten.

3.2 Komponenten eines Strukturmodells der Sozialisationsbedingungen

Wir wollen nun den Versuch machen, aus unseren programmatischen Vorüberlegungen heraus – und nach der Sichtung einiger aussichtsreicher Ansätze zu einer umfassenden Sozialisationstheorie – Komponenten eines Strukturmodells der Sozialisationsbedingungen festzuhalten. Wir werden dabei insbesondere an die Modellüberlegungen von BRONFENBRENNER anknüpfen und sie differenziert weiterentwickeln. Wir verstehen unser Strukturmodell als ein pragmatisches Raster für die weitere Theoriebildung in der Sozialisationsforschung.

Grundprämisse unseres Modells ist die schon in Abschnitt 1 formulierte These, daß sich die menschliche Persönlichkeit in keiner ihrer Merkmale gesellschaftsfrei herausbildet, sondern stets in einer konkreten Lebenswelt, die gesellschaftlich-historisch vermittelt ist. Die physisch-psychischen Grundgegebenheiten für die Entwicklung des Menschen, wie etwa Bau und Funktionsweise des Organismus, genetisches Potential, Trieb- und Affekthaushalt, Wachstums- und Verfallprozesse der physischen und psychischen Kapazitäten usw. folgen zum Teil ihren eigenen immanenten Gesetzmäßigkeiten, doch sind diese Gesetzmäßigkeiten gesellschaftlich (mit)konstituiert und sozial überformt. So sind etwa kognitive und sprachliche Entwicklungsphasen in gewissem Maße von der Entwicklung organischer Strukturen abhängig, doch werden sie in ihrer zeitlichen Dauer, inhaltlichen Ausgestaltung und kulturellen Sinngebung durch gesellschaftliche und soziale Faktoren mitbestimmt. Die gesellschaftlichen Setzungen überlagern die physisch-psychischen Entwicklungskomponenten, sie geben der Gestaltung der Triebe und Affekte entscheidende Impulse, steuern z.B. die Herausbildung der Geschlechtsidentität mit, bieten Rollen- und Identitätsmuster auf jeder Stufe der psychosozialen Entwicklung an und kanalisieren auf diese Weise wichtige Teile des Prozesses der Persongenese nach gesellschaftlich notwendigen oder erwünschten Vorstellungen.

Ein Strukturmodell der Sozialisationsbedingungen muß – wie unsere bisherigen Überlegungen gezeigt haben – von den unmittelbaren situativen sozialen und räumlichen Umweltkonstellationen ausgehen. Diese sozioökologische „Lebenswelt" wird ihrerseits durch verschiedene soziale Institutionen und durch die allgemeine ökonomische, technologische, politische, soziale und kulturelle Formation des gegebenen, historisch gewachsenen Gesellschaftssystems konstituiert und strukturiert.

Der Bereich der sozialen Institutionen kann – dem Vorschlag von BRONFENBRENNER folgend und ihn modifizierend – nach Kleingruppen und sozialen Netzwerken, organisierten Sozialisationsinstanzen und weiteren sozialen Organisationen differenziert werden (siehe *Abbildung 1*). Unter Kleingruppen und sozialen Netzwerken sollen dabei Familie, Verwandtschaft, Nachbarschaft, Freundeskreis und Gleichaltrigengruppe verstanden werden. In der Regel handelt es sich hier um kleine face-to-face-Systeme mit eigener Dynamik und eigenständigen sozialen Regeln. Beschreibung und Erklärung der Interaktionen in diesen Systemen sind sinnvoller Ausgangspunkt jedes Theorie- und Forschungsansatzes in diesem Bereich. Die Kenntnis der Grundstrukturen der Interaktion ist von erheblicher Bedeutung für die Sozialisationsforschung, denn man darf annehmen, daß die Mitgliedschaft in face-to-face-Systemen gerade für heranwachsende Kinder und Jugendliche einen großen Stellenwert für die persönliche Entwicklung hat. In diesen Kleingruppen begegnen ihnen soziale Systeme, die spürbar der direkten Beeinflussung ihrer sozialen Strukturen zugänglich sind. In diesen Gruppen bauen sich Heranwachsende in Kommunikation mit den übrigen Mitgliedern Zug um Zug auch einen ersten sozialen Orien-

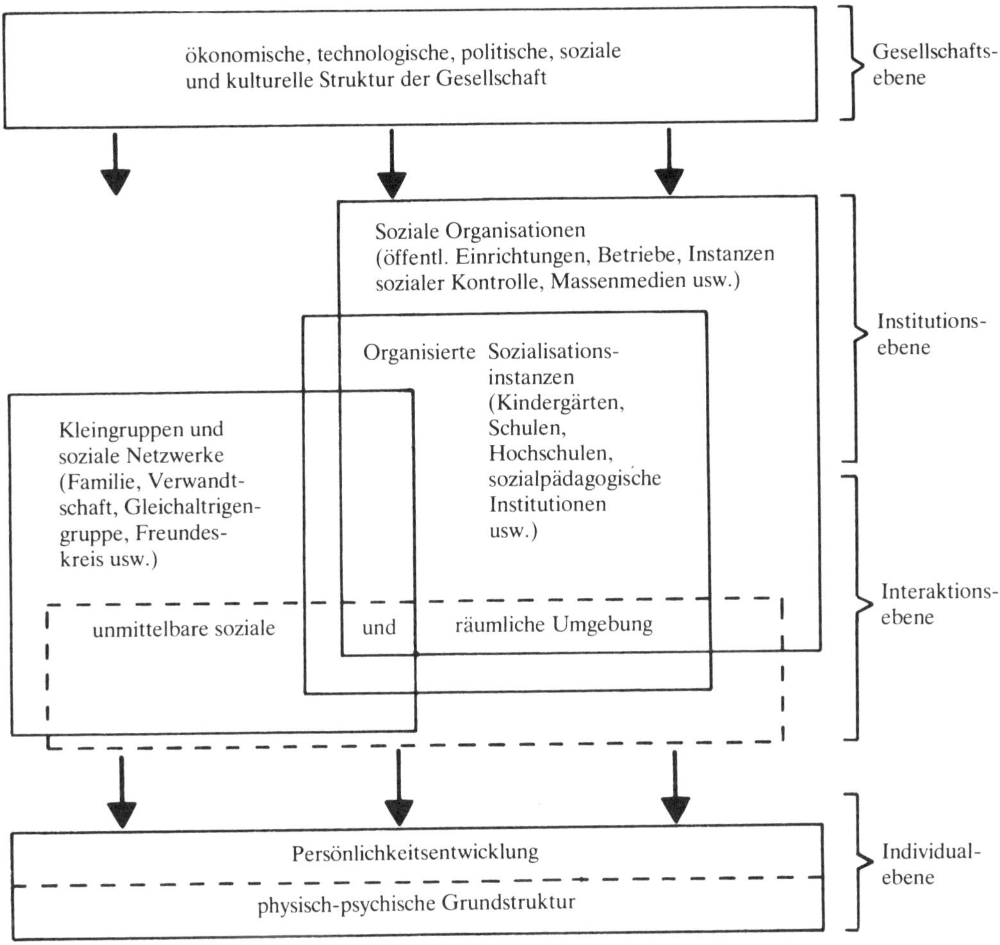

Abbildung 1: Komponenten und Ebenen eines Strukturmodells der Sozialisationsbedingungen

tierungsstand an Alltagswissen auf, also einen intersubjektiv geteilten Fundus an Situationsdefinitionen, Erwartungstypisierungen, retrospektiven und zukunftsgerichteten Deutungen usw. (vgl. zur Sozialisationsrelevanz solcher Kleingruppen die Beiträge von KREPPNER und KRAPPMANN in diesem Band).

Kleingruppen und soziale Netzwerke stehen in enger Korrespondenz mit den sie umgebenden gesellschaftlichen Bedingungen allgemein und anderen mehr oder weniger stark formal organisierten sozialen Systemen im besonderen. Von herausragender Wichtigkeit für die Sozialisationsforschung sind diejenigen sozialen Systeme, die sich eigens zum Zwecke der Sozialisation und Erziehung des gesellschaftlichen Nachwuchses herausgebildet haben. Geplante und institutionell spezialisierte Bildungsinstitutionen wie etwa Kindergärten, Schulen, Hochschulen und sozialpädagogische Einrichtungen sind hier gemeint, speziell ausdifferenzierte Einheiten, wie sie typisch für Industriegesellschaften zur Bewältigung begrenzter Aufgaben sind. Mit dem Grad der Institutionalisierung wächst die organisationsinterne Eigendynamik und damit die spezifische Strukturierung der Sozialisationsziele und der sozialisatorischen Interaktion. Diese Organisationen sind typischerweise Systeme mit einer relativen Autonomie im Verhältnis zu ihrer sozialen Umwelt. Wie groß diese Autonomie und damit der Spielraum für soziale Eigengesetzlichkeiten ist, hängt von der historischen und sozialen Geschichte des Systems ab. Ein grundlegender Trend in Industriegesellschaften scheint zu sein, daß der Sozialisationsprozeß in immer stärkerem Maße durch solche formalen sozialen Organisationen getragen wird. Entsprechend konstituieren sie einen großen Bereich der unmittelbaren sozialen und räumlichen Umgebung für die Persönlichkeitsentwicklung.

Die Existenz organisierter Sozialisationsinstanzen ist ein Charakteristikum industrieller Gesellschaften. Erziehung für eine sehr komplex gewordene soziale Welt wird heute überwiegend in spezialisierten Sonderwelten mit eigener sozialer Gesetzmäßigkeit und eigener innerer Dynamik absolviert, sie läßt sich offenbar nur in Grenzen noch beiläufig im alltäglichen Handlungsvollzug bewerkstelligen. Organisierte Sozialisationsinstanzen stellen Lebenswelten dar, die von anderen gesellschaftlichen Lebenswelten weitgehend abgeschirmt und abgesondert sind. Diese Sonderwelten wirken nicht nur durch die beabsichtigten und bewußten und auch nicht nur durch die unbeabsichtigten und unbewußten Erziehungshandlungen der Erzieher auf die Persönlichkeitsentwicklung der heranwachsenden Mitglieder ein, sondern auch durch die Art und Weise ihrer institutionellen und organisatorischen Verfassung schlechthin. Hierdurch werden Wert- und Verhaltensmuster eigener Gesetzlichkeit festgeschrieben, die sich zum großen Teil dem unmittelbaren Einfluß der in diesen Institutionen und Organisationen Handelnden entziehen. Muster, die von den heranwachsenden Kindern und Jugendlichen zusätzlich zu und teilweise unabhängig von den Erziehungsimpulsen des jeweiligen professionalisierten Personals in diesen Instanzen angeeignet werden – ein Sachverhalt, der die genaue Erfassung dessen, was an und in diesen Instanzen sozialisationsrelevant ist, sehr erschwert (vgl. zur Analyse von Sozialisationsinstanzen dieses Typs die Beiträge von Kossolapow, K. Ulich, L. Huber und Böhnisch/Schefold in diesem Handbuch).

Nun üben in unserer Gesellschaftsformation nicht nur die beschriebenen Kleingruppen und organisierten Sozialisationsinstanzen Einflüsse auf die Persönlichkeitsentwicklung der Gesellschaftsmitglieder aus, sondern im Grunde sämtliche sozialen Organisationen schlechthin. Die „Sozialisationseffekte“, die von öffentlichen Einrichtungen und Dienstleistungsorganisationen, von Instanzen sozialer Kontrolle, von Betrieben, Kirchen und Massenmedien, von Institutionen der psychosozialen Versorgung usw. ausgehen, lassen sich nur schwer beschreiben und analysieren. Sie sind nur zum Teil mit den „Effekten“ der übrigen direkt sozialisationsbezogenen Instanzen identisch; zum größten Teil ergänzen, überlagern und korrigieren sie diese. Vermutlich gehen die direktesten und zugleich unkalkulierbarsten dieser Einflüsse heute von den Massenmedien aus. Typisch für unsere Gesellschaften ist die Tatsache, daß alle sozialisationsrelevanten Systeme nebeneinander nach Maßgabe ihrer eigenen und jeweils spezifischen Systemprobleme funktionieren und agieren, ohne auf irgendwelche Folge- und Nebenprobleme zu achten, die sich hieraus ergeben können. Die Regeln und Perspektiven der verschiedenen direkt und indirekt mit Sozialisation befaßten Systeme sind gegeneinander abgeschottet, sie stimmen zum Teil überein, ergänzen und widersprechen sich zu einem anderen Teil; eine eindeutig dominante und kompetente Instanz, die eine Koordinierung oder Steuerung dieser Impulse vornehmen würde, existiert nicht (vgl. zur Sozialisationsrelevanz von Institutionen und Organisationen des hier zuletzt besprochenen Typs vor allem die Beiträge von Schorb/Mohn/Theunert, Keupp und Heinz in diesem Handbuch).

In unser Strukturmodell in *Abbildung 1* haben wir schließlich die „Gesellschaftsebene“ mit den Variablen „ökonomische, technologische, politische, soziale und kulturelle Struktur der Gesellschaft“ aufgenommen. Als Hintergrundsfolie von Sozialisationsprozessen erweisen sich – zumindest für Industriegesellschaften westlich-kapitalistischen Zuschnitts – der Entwicklungsgrad der ökonomischen Produktion und die gesellschaftliche Formbestimmtheit der Arbeitsprozesse als ausschlaggebende Faktoren. Der Warencharakter dieser Verhältnisse durchdringt nicht nur die Arbeitstätigkeit, sondern auch die Lebenstätigkeit aller Gesellschaftsmitglieder.

Kennzeichnend dafür ist, daß alle Inhaltlichkeit individueller und kooperativer Bezüge primär an ihrer Nutzbarkeit als quantitative Größe auf ein Produktions- oder ein Konsumziel hin gemessen wird. Soll der Sozialisationsprozeß als ein Vorgang der Aneignung und Auseinandersetzung mit grundlegenden Handlungs- und Reflektionsmustern verstanden werden, dann kann er ohne die Berücksichtigung solcher Konstellationen auf gesellschaftsstruktureller Ebene nicht erklärt werden. Die Ausbildung psychosozialer Strukturen ist durch gesamtgesellschaftliche Strukturen der beschriebenen Art mitbedingt. Die gesellschaftstheoretische Komponente der Analyse unterstreicht das Verständnis von Sozialisation als eines historisch konkreten Vergesellschaftungsprozesses (vgl. zu dieser Problematik insbesondere die Beiträge von OTTOMEYER, HERRMANN, KULKE und BILDEN in diesem Handbuch).

Unser Strukturmodell kann nicht mehr als eine erste orientierende Auflistung der angesprochenen Komponenten verschiedener Analyseebenen von Bedingungen der Sozialisation leisten. Wir halten für die Weiterentwicklung der theoretischen und methodischen Ansätze den Weg über solche empirisch umsetzbaren pragmatischen Strukturmodelle für wichtig, wenn sich die Kluft zwischen komplexen theoretischen Konzeptionen und konkreten erfahrungswissenschaftlichen Forschungsstrategien nicht ständig vergrößern soll. Strukturmodelle dieses oder anderen Typs können auch als Ordnungs- und Kriterienraster für die Auswahl der theoretischen Teilstücke dienen, die in eine umfassende Konzeption von Sozialisation eingehen müssen. Wir hoffen, diese Funktion plausibel gemacht zu haben und wünschen, unser Strukturmodell möge auch eine gewisse Orientierungsfunktion für die Gliederung des gesamten Feldes „Sozialisationsforschung" haben, wie es sich in diesem Handbuch präsentiert.

Literatur

BERTRAM, H.: Gesellschaft, Familie und moralisches Urteil. Weinheim, Beltz 1978.

BERTRAM, H.: Sozialökologische Konzepte in der Sozialisationsforschung und Mehrebenenmodelle. In: WALTER, H./OERTER, R. (Hrsg.): Entwicklung in ökologischer Sicht. Donauwörth, Auer 1979, S. 210–228.

BRONFENBRENNER: U.: Ökologische Sozialisationsforschung. Stuttgart, Klett 1976.

GEULEN, D.: Thesen zur Metatheorie der Sozialisation. In: WALTER, H. (Hrsg.): Sozialisationsforschung, Bd. I. Stuttgart, Frommann 1973, S. 85–101.

GEULEN, D.: Das vergesellschaftete Subjekt. Zur Grundlegung der Sozialisationstheorie. Frankfurt, Suhrkamp 1977.

GRIESE, H.: Soziologische Anthropologie und Sozialisationstheorie. Weinheim, Beltz 1976.

HABERMAS, J.: Zur Rekonstruktion des Historischen Materialismus. Frankfurt, Suhrkamp 1976.

HACK, L.: Subjektivität und Alltagsleben. Frankfurt, Campus 1977.

HACK, L. u.a.: Leistung und Herrschaft. Frankfurt, Campus 1979.

HOLZKAMP, K.: Gesellschaftlichkeit des Individuums. Köln, Pahl-Rugenstein 1978.

HONDRICH, O./MATTHES, J. (Hrsg.): Theorienvergleich in den Sozialwissenschaften. Darmstadt, Luchterhand 1978.

HORKHEIMER, M. u.a. (Hrsg.): Studien über Autorität und Familie. Paris 1936.

HUMMELL, H.: Probleme der Mehrebenenanalyse. Stuttgart, Teubner 1972.

HURRELMANN, K.: Gesellschaft, Sozialisation und Lebenslauf. In: HURRELMANN, K. (Hrsg.): Sozialisation und Lebenslauf. Reinbek, Rowohlt 1976, S. 15–33.

HURRELMANN, K.: Programmatische Überlegungen zur Entwicklung der Bildungsforschung. In: BOLTE, K. M. (Hrsg.): Verhandlungen des 18. Deutschen Soziologentages in Bielefeld 1976. München 1978.

KEMENY, J.: Perspectives of the Micro-Macro-Distinction. In: The Sociological Review. Vol. 24 (1976), S. 731–752.

LEITHÄUSER, T. u.a.: Entwurf zu einer Empirie des Alltagsbewußtseins. Frankfurt, Suhrkamp 1977.

LORENZER, A.: Die Wahrheit der psychoanalytischen Erkenntnis. Frankfurt, Suhrkamp 1974.

OEVERMANN, U. u.a.: Beobachtungen zur Struktur der sozialisatorischen Interaktion. In: AUWÄRTER, M. u.a. (Hrsg.): Seminar Kommunikation, Interaktion, Identität. Frankfurt, Suhrkamp 1976, S. 371–403.

OEVERMANN, U. u.a.: Die sozialstrukturelle Einbettung von Sozialisationsprozessen. In: Zeitschrift für Soziologie 5(1976), S. 167–199 (1976a).

OPP, K. O./SCHMIDT, P.: Einführung in die Mehrvariablenanalyse. Reinbek, Rowohlt 1976.

OTTOMEYER, K.: Soziales Verhalten und Ökonomie im Kapitalismus. Gaiganz, Politladen 1974.

PARSONS, T.: The Social System. Glencoe, The Free Press 1951.

SCHEUCH, E. K.: Entwicklungsrichtungen bei der Analyse sozialwissenschaftlicher Daten. In: KÖNIG, R. (Hrsg.): Handbuch der empirischen Sozialforschung, Bd. I. Stuttgart, Enke 1967.

SEVE, L.: Marxismus und Theorie der Persönlichkeit. Frankfurt, Marxistische Blatter 1972.

2

Weiterentwicklung klassischer Theorieansätze

Lern- und Verhaltenstheorien in der Sozialisationsforschung

Dieter Ulich

In diesem Artikel werden vor allem behavioristische bzw. neobehavioristische Lerntheorien einschließlich wichtiger Entwicklungstendenzen behandelt. Umfassendere Übersichten und Darstellungen auch anderer Theorierichtungen finden sich z.B. bei HILGARD/BOWER (1971), ZEIER (1977), LEONTJEW u.a. (1967), und LOMPSCHER (1973). Wer weniger an global ansetzenden Theorien als an Ergebnissen der Lernpsychologie interessiert ist, sei auf das *Annual Review of Psychology* (bes. 1974–1978) verwiesen, das jährlich über Trends in der empirischen Lernforschung berichtet (vgl. auch BREDENKAMP/WITTICH 1977). Anwendungen lerntheoretischer Modelle und lernpsychologischer Ergebnisse etwa auf die Schule zeigt z.B. AUSUBEL (1974). *Dieser* Artikel konzentriert sich dagegen ausschließlich auf *Theorien*, die das *Zustandekommen von Verhaltensänderungen durch Erfahrung* zu ihrem allgemeinen Erkenntnisgegenstand bzw. Erklärungsproblem machen.

Behavioristisch orientierte Lerntheorien verstanden sich schon immer als Kernstücke *Allgemeiner* Psychologie. Vom Anspruch her sollen die „entdeckten" bzw. postulierten Gesetzmäßigkeiten des Lernens nämlich zugleich alle notwendigen und hinreichenden Grundprinzipien des Aufbaus und der Steuerung von Verhalten allgemein kennzeichnen. Verhaltenstheorien sind umfassende allgemein-psychologische Theorieansätze, die „Lernen" – als Anpassung *an* und Aneignung *von* Umwelt – seit WATSON (1913) zu einer Grundmodalität menschlichen Daseins erklärt haben. Im Zeichen der „kognitiven Revolution" hat sich die behavioristische Auffassung, Psychologie habe als Wissenschaft schlicht „Verhalten" zu erforschen (vgl. z.B. ENGLISH/ENGLISH 1958) zur Meinung gewandelt, daß Psychologie Verhalten *und* mentale (geistige) Prozesse untersuchen soll (MCKEACHIE 1976, S. 827). Jedoch: „Wir bleiben Behavioristen in der Weise, daß Verhalten immer noch das letzte Kriterium unserer Theorien ist" (ebd., S. 831).

1 Ziel und Gegenstand lerntheoretischer Erklärungsversuche

1.1 Zum Lernbegriff

In welcher Beziehung stehen die Begriffe „Sozialisation" und „Lernen" zueinander? In ganz allgemeiner Form definierte NEIDHARDT (1966, S. 61) „Sozialisation" als „jenen Prozeß, durch welchen vor allem den Kindern und Jugendlichen die in einer Gesellschaft herrschenden Werte, Normen und Techniken des Lebens vermittelt und verbindlich gemacht werden". Gegenüber dem (umgangssprachlich verstandenen) Begriff des Lernens meint also „Sozialisation" zum einen den Aspekt der *aktiven Vermittlung* und gegebenenfalls Sanktionierung herrschender Normen und Symbolsysteme (und weniger den Aspekt der Aneignung); zum anderen wird der Bereich möglicher Lern*gegenstände* näher bestimmt, nämlich als jene vorherrschenden Werte und Lebenstechniken, die aufgrund von Überlebens- und Reproduktionszwängen notwendigerweise an die nachfolgende Generation vermittelt werden müssen. Im Vergleich zu diesen Spezifizierungen ist der Lernbegriff, der in mancher Hinsicht dem der Sozialisation komplementär zu sein scheint, auf beliebige Lerngegenstände anwendbar: „Lernen ist der Sammelname für Vorgänge, Prozesse oder nicht unmittelbar zu beobachtende Veränderungen im Organismus, die durch ‚Erfahrungen' entstehen und zu Veränderungen des Verhaltens führen" (BERGIUS 1971, S. 9f.). Auszuschließen sind dabei nichterfahrungsbedingte Veränderungen von Verhalten wie z.B. aufgrund von biologischer Reifung, Ermüdung, medizinischen Eingriffen oder Drogeneinwirkungen (ebd.).

Sofern man sich zu einer Sozialisationsforschung bekennt, die aktive Aneignungsvorgänge, den Aufbau von Selbstregulationssystemen und generativen Handlungsmodellen (und nicht extern kontrollierte Prägungen eines „passiven Bewußtseins") untersuchen will, wird man sowohl die Art von Lerngegenständen wie die Art der Lernprozesse selbst in einer spezifischen Weise bestimmen. Oder einfacher gesagt: Auch das jeweils für akzeptiert gehaltene Sozialisationskonzept liefert Kriterien für die Beurteilung der Brauchbarkeit lerntheoretischer Ansätze.

Daher werden Mängel von Lerntheorien auch besonders deutlich, seitdem man nicht nur den Erwerb von Kenntnissen und Fertigkeiten, sondern auch die Übernahme gesellschaftlicher Werte, komplexer Einstellungssysteme und Haltungen als „Lernen" bezeichnet, seit also Theorien des sozialen Lernens von der Sozialisationsforschung gefordert werden (vgl. WEINERT 1974, S. 394). Die Kritik trifft allerdings eher bestimmte methodologisch bedingte Reduktionen des Komplexitätsniveaus der untersuchten Prozesse als die zentralen lerntheoretischen Grundannahmen selbst. Unter dem Gesichtspunkt von „Sozialisation" scheinen die wichtigsten dieser Grundannahmen die folgenden zu sein:

a) Der Mensch kommt fast ohne fertige (angeborene) Verhaltensschemata zur Welt und muß daher nahezu alles Verhalten erst mit Hilfe von *Erfahrungen* aufbauen (vgl. BERGIUS 1971, S. 10).
b) Durch Lernen werden Verhaltens*möglichkeiten* aufgebaut, also Handlungs*kompetenzen* (generative Regelsysteme nach PIAGET und BANDURA), die sich in konkreten Situationen in beobachtbarem Verhalten (partiell) realisieren (Performanz, Leistung; vgl. WEINERT 1974, S. 389).
c) Von erworbener Kompetenz spricht man vor allem dann, wenn Handlungstendenzen, psychische Strukturen usw. von einer gewissen Dauerhaftigkeit und *Stabilität* sind (Zeit- und Situationsinvarianz), was flexibles Planen und Reagieren freilich nicht ausschließt.
d) Aufbau und (dauerhafte) Veränderung von Handlungstendenzen werden auf unterschiedliche hypothetische Prozesse zurückgeführt, die teilweise nur aus dem Verhalten (z.B. Übung, Konfrontation mit bestimmten Situationen und „Modellen", Einstellungsveränderung) erschlossen werden können. Von diesen „eigentlichen" Lernvorgängen wird angenommen, daß sie nach wiederholbaren, reproduzierbaren Formen funktionieren, also gewisse regelmäßige Abläufe aufweisen. Aus den Regelhaftigkeiten wird dann auf *Gesetzmäßigkeiten* geschlossen, nämlich auf grundlegende Lernprinzipien oder -mechanismus, mit Hilfe derer Lernen erklärt werden kann. SCHIEFELE (1974) und WEINERT (1974) nennen als wichtigste: Kontiguität, Bekräftigung (Verstärkung) und kognitive Organisation (Einsicht). Vermutlich ergänzen sich verschiedene Lernprinzipien in ihrer Wirkung (vgl. BANDURA, s.u.).

Die beiden zentralen Begriffe sind offenbar die der „Erfahrung" und der „Veränderung", obwohl es hierzu bemerkenswert wenig Äußerungen in der lerntheoretischen Literatur gibt. Die Betonung von „Erfahrung" geht sicher auch auf den Einfluß der englischen Sensualisten und Empiristen des 18. und 19. Jahrhunderts zurück (LOCKE, HUME, John Stuart MILL). Die Hervorhebung von Erfahrung richtet sich gegen eine solipsistische Bewußtseinspsychologie und betont die Tatsache, daß Individuen nur in der aktiven Auseinandersetzung mit ihrer dinglichen und sozialen Umwelt Handlungskompetenzen entwickeln. Daher sind Handlungstendenzen eher beschreibbar anhand einer Kenntnis konkreter Person-Umwelt-Interaktionen als in Form von „Eigenschaften", die dem Individuum qua Person zukommen. Aus der Verhaltenstherapie kommt die ergänzende Auffassung, daß nahezu jeder Mensch lernfähig und in diesem Sinne auch therapiefähig ist. Das in der Sozialisationsforschung inzwischen geläufige Konzept vom „lebenslangen Lernen" ist mit Lerntheorien ebenfalls eher vereinbar als mit manchen Entwicklungstheorien. Damit „Erfahrung" zur Grundlage von sinnvoller Handlungsplanung und Handlungen werden kann, muß freilich der Lebensraum des Individuums eine gewisse Kontinuität und Ordnung der sozialen Beziehungsstrukturen und Regelsysteme aufweisen.

Der Begriff der „Veränderung" bezeichnet das generelle Explanandum (das zu Erklärende) aller Lerntheorien. Damit können im einzelnen folgende unterschiedliche Phänomene bzw. Bedeutungsvarianten gemeint sein:

a) In allgemeinstem Sinne meint „Veränderung" den Unterschied zwischen „*Vorher*" und „*Nachher*", d.h. jede beobachtbare Abweichung des Verhaltens in einer Situation im Vergleich zu einem früheren Verhalten in dieser bzw. einer ähnlichen Situation (vgl. GUTHRIE 1952).
b) Veränderung kann *kontinuierlich* (vgl. das Konzept des „shaping" von SKINNER) oder *diskontinuierlich* (z.B. plötzliche Einsicht) verlaufen.
c) Veränderung kann *Stabilisierung* von Handlungstendenzen sein, aber auch *Labilisierung* (z.B. erfahrungsbedingte oder durch Therapie induzierte Entstrukturierung verfestigter Einstellungssysteme, z.B. von Zwängen, Phobien).
d) Veränderung meint die schrittweise *Kanalisierung* kindlicher Verhaltensmöglichkeiten in Richtung erwünschter bzw. erlaubter Verhaltensweisen, aber zugleich auch die *Erweiterung* von Handlungsmöglichkeiten durch den Aufbau von selbstgenerierenden und selbstregulierenden kognitiven Schemata und Regelsystemen.
e) Veränderung bezieht sich sowohl auf den *Neuerwerb* von Handlungstendenzen wie auch auf die *Eliminierung* (Verlernen, Vergessen) von Verhaltensweisen. Veränderung liegt sowohl dann vor, wenn jemand lernt, auf eine Situation zu reagieren, wie wenn jemand lernt, darauf nicht (mehr) zu reagieren (Gewöhnung; Extinktion; Vermeidungslernen).
f) Veränderung meint sowohl eine zunehmende *Differenzierung* von Reaktionen bzw. Handlungen (Lernen durch Reizdiskrimination) wie auch eine zunehmende *Generalisierung* der Reaktionen auf „ähnliche" Situationen (durch Strukturierung, durch den Aufbau von Hierarchien von Handlungszielen, Strategien und Plänen, vgl. MILLER/GALANTER/PRIBRAM 1973).
g) Veränderung meint – unter normativem Gesichtspunkt – stets irgendeine Form von „*Verbesserung*" oder auch „*Verschlechterung*" von Funktionen, Merkmalsausprägungen usw.
h) Veränderung bezieht sich sowohl auf *angepaßtes* wie auch auf *nichtangepaßtes* Verhalten; beide Arten von Verhalten werden nach identischen Lernprinzipien aufgebaut bzw. verändert.
i) Veränderung (durch Lernen) umfaßt die *unterschiedlichsten Funktionsbereiche*: die willensmäßige Kontrolle der *Motorik*; Veränderungen der *kognitiven Struktur* (Wissen); Veränderungen von *Motiven*, Einstellungen, Bewertungen; Veränderungen von *sozialen Beziehungen* (Bezugsgruppe, Anpassung an Gruppen, Zweierbeziehungen, Rollenlernen usw.).
j) Veränderung bezieht sich auf eine Vielzahl von (z.B. informationsverarbeitenden) Prozessen „im" Individuums, die zwischen der Situation und dem Verhalten vermitteln. BREDENKAMP/BREDENKAMP (1974) unterscheiden die folgenden vier Phasen: *Vorbereitung, Aneignung, Speicherung, Erinnerung*. „Veränderung" heißt für diese Phasen jeweils unterschiedliches, da unterschiedliche Gesetzmäßigkeiten z.B. für die Aneignungs- und Erinnerungs- bzw. Äußerungsphasen zu gelten scheinen (vgl. BANDURA, s.u.).

In verhaltenstheoretischer Sicht umfaßt der Begriff der „Veränderung" *auch* jene *sozialen* Beeinflussungs- und Interaktionsprozesse, die Lernvorgänge im Sinne individueller Veränderungen von Handlungstendenzen anregen und steuern (vgl. z.B. KAMINSKI 1970; ROHR 1972). Die Veränderungsversuche des professionellen „Veränderers" (Therapeut, Berater, evtl. auch Lehrer und Eltern) werden durch „Änderungswissen" angeleitet, das sich aus empirisch überprüften Änderungsmodellen (vor allem Lerntheorien), aus einschlägiger Berufserfahrung sowie aus Alltagswissen zusammensetzt (Kaminski, a.a.O.).

1.2 Zum Verhaltensbegriff

Es läßt sich heute in der Psychologie mit dem Schlagwort „Behaviorismus“ kein einheitlicher Bestand an Theorien eindeutig von anderen Denkrichtungen abgrenzen. Dennoch finden sich in herrschenden Methodologien und Theorien immer noch zahlreiche verbindende und gemeinsame Grundüberzeugungen behavioristischer Metatheorie, so daß für bestimmte Zwecke eine Zusammenfassung dieser Theorien unter dem Etikett „behavioristisch“ gerechtfertigt scheint. Im folgenden sollen wichtige gemeinsame historische Wurzeln von Ansätzen aufgewiesen werden, die alle „Verhalten“ zu ihrem Gegenstand erklären:

a) Evolutionismus: Lernen und Verhalten werden unter dem Aspekt einer optimalen Anpassung an die Umwelt analysiert. Psychisches wird vor allem unter dem Gesichtspunkt der zum Zwecke der Lebenserhaltung entwickelten Funktionen und Merkmale untersucht. Dabei wird sowohl phylogenetisch wie ontogenetisch eine fortschreitende Optimierbarkeit dieser Anpassungsfunktionen unterstellt, wobei dem Handeln natürlich notwendigerweise eine gewisse Zweckgerichtetheit zugebilligt wird.
b) Pragmatismus: Richtschnur des Erkennens – sowohl in der Wissenschaft wie im Alltag – ist die praktische Nützlichkeit von Wissen für die Lebensgestaltung und für die stetige Verbesserung der Gesellschaft und der Individuen.
c) Instrumentalismus: Gelernt wird durch tätiges Umgehen mit den Widerständen der Realität (Dewey). Bewußtsein und Denken stehen im Dienste des Handelns, d.h. der Bewältigung der Realität. Denken und Handeln sind an die jeweilige konkrete, veränderbare Situation gebunden, in der sich – bei Erfolg – überdauernde Handlungstendenzen entwickeln können.
d) Funktionalismus: Lernen und Verhalten können nur aus ihrer wechselseitigen Verflochtenheit mit und Abhängigkeit von Umwelteinflüssen zureichend verstanden werden. Die Beziehungen zwischen Individuum einerseits und Kultur, Gesellschaft und Wertsystemen andererseits, zwischen Situation und Verhalten geben mehr Aufschluß über die Bedingungen des Verhaltens als die (introspektiv erhobene) Kenntnis der Bewußtseinsinhalte eines einzelnen.
e) Methodologischer Behaviorismus: Bei der wissenschaftlichen Erforschung des Individuums sollen nur Kenntnisse erhoben werden, die sich auf äußerlich beobachtbares Verhalten beziehen. Zwischen (experimentell manipulierbaren) Bedingungen – „unabhängigen Variablen“ – und beobachtbaren Verhaltenseffekten – „abhängigen Variablen“ – befindet sich als geheimnisvolle „black box“ das eigentliche psychische Geschehen, operationalisierbar als „vermittelnde Variablen“. Nur intersubjektiv überprüfbare Ergebnisse/Sätze sind als sinnvoll anzuerkennen.
f) Operationalismus und Konstruktivismus: Theoretische Konzepte (z.B. Intelligenz) sind durch empirische Indikatoren (z.B. IQ) zu definieren, und diese selbst sind wiederum durch die Angabe derjenigen Beobachtungs- und Meßoperationen (z.B. Intelligenztest) zu definieren, die das Erscheinen jener (Indikatoren) ermöglichen bzw. belegen. Operationalisierung eines Begriffes heißt also, diejenigen Methoden anzugeben, die das vom Begriff bezeichnete Phänomen zur Erscheinung bringen. Mit diesem Grundsatz hängt ein konstruktivistisches Wissenschaftsverständnis zusammen, das in der Theorie des operaten Verhaltens von Skinner besonders ausgeprägt ist: Wir verstehen nur das, was wir selbst herstellen und konstruieren können (vgl. Westmeyer 1976, S. 13f.). Daher muß man ein Verhaltensereignis nicht nur im Labor unter Kontrolle bringen, sondern Erklärung und Vorhersage implizieren generell die Kontrolle und Programmierung der (realen) Umgebung. („Kontrolle“ heißt freilich auch aktiver Eingriff in die Umwelt, Umgestaltung der Verhaltensbedingungen durch die Betroffenen selbst; vgl. Bandura 1976a; Jaeggi 1975.)

Das Erkenntnis- bzw. Untersuchungsinteresse behavioristisch orientierter Lerntheoretiker nimmt seinen Ausgang von dem forschungslogisch relevanten Grundsatz, „daß das Verhalten Gesetzen“ folgt (Holland/Skinner 1971, vgl. auch Seligman 1970), die es aufzuspüren gelte. Damit wird nicht behauptet, daß es jemals möglich sein wird, sowohl notwendige wie auch zureichende Bedingungen für das Entstehen bestimmter Verhaltenstendenzen formulieren zu können (vgl. Kraiker 1976). Die Einsicht in gesetzmäßige Beziehungen zwischen Verhaltensbedingungen und Verhalten braucht den Betroffenen auch nicht vorenthalten zu werden, im Gegenteil: Neben dem Typus des „kontingenzgesteuerten Verhaltens“ nimmt Skinner (1969) als zweiten Typus das „regelgesteuerte Verhalten“ an, das aus einer Einsicht in bestimmte Kontingenzen entsteht und sogar das Vermeiden dieser Kontingenzen erlaubt. Erst Bandura (1976a) geht allerdings so weit, diese Kontingenzen als von den Betroffenen (teilweise) selbstgeschaffene anzusehen.

Man muß nun kritisch nach den Kriterien der Definition und Abgrenzung von *Verhalten* fragen. Der Begriff des Verhaltens meint nach ROHR (1972, S. 49) „die Gesamtheit aller wahrnehmbaren Aktivierungen des menschlichen ‚Organismus' sich selbst und seiner Umwelt gegenüber und damit auch die Interessen, Erwartungen, Aufmerksamkeitsrichtungen, Wahrnehmungen, Vorstellungen, Einstellungen des Individuums". Diese weite Begriffsbestimmung muß allerdings, in Analogie zu den oben skizzierten Grundannahmen, präzisiert werden: Menschliches Handeln interessiert *insbesondere* und nur *insoweit*, als

1. Regelhaftigkeit bzw. Gesetzmäßigkeit – als Voraussetzung für Generalisierung – unterstellt werden kann,
2. Situations- bzw. Umweltabhängigkeit des Verhaltens angenommen wird,
3. Funktionalität (Anpassungsleistung im weitesten Sinne) als quasi-objektives Zielkriterium gilt,
4. Operationalisierung theoretischer Konzepte möglich und
5. experimentelle sowie außerexperimentelle (z.B. verhaltenstherapeutische) Kontrolle von Einflußfaktoren bzw. Ursache-Wirkungs-Beziehungen realisierbar sind.

Es interessiert den Psychologen weder *alles* Verhalten noch Verhalten „an sich". Es interessieren nicht einmal konkrete Verhaltensweisen (z.B. die einzelnen Bewegungen von Tieren in einer SKINNER-BOX), sondern Verhalten interessiert vor allem unter dem Aspekt des erzielten Effektes („Leistung"), und zwar *relativ*

a) zur Situation (gestelltes Problem, Aufgabenschwierigkeit usw.),
b) zur „Fähigkeit" im weitesten Sinne,
c) zu einem irgendwie definierten Aktivierungsniveau oder Deprivationszustand,
d) zur Lerngeschichte (einschließlich Einstellungen usw.),
e) zum investierten bzw. benötigten Lernaufwand (Zeitdimension).

Welche psychischen Ereignisse und Prozesse konkret-inhaltlich zum Gegenstand einer Untersuchung gemacht werden, läßt sich mit Hilfe des Verhaltenskonzepts nicht begründen; dieses legt nur fest, wie mit dem Untersuchungsgegenstand umgegangen werden soll. Fast alle inhaltlichen Abgrenzungs- und Definitionskriterien liegen jenseits des Verhaltensbegriffes. Inhaltliche Definitionskriterien ergeben sich erst, wenn konkrete Fragestellungen in konkreten sozialen Lebensräumen untersucht werden. Und hier zeigt sich dann sehr schnell, daß über die Aussagen von Lerntheorien (über formale Lernprinzipien) hinaus weitere Kriterien herangezogen werden müssen.

ULLMANN/KRASNER (1969, S. 21) haben darauf hingewiesen, daß abnormes Verhalten (wir ergänzen: auch „normales" Verhalten) als Interaktionsprodukt von drei aufeinanderwirkenden Einflußvariablen verstanden werden muß: dem vom Untersuchungs- und/oder Interventionsinteresse her in bestimmter Weise abgegrenzten und bezeichneten Verhalten, seinem sozialen Kontext und schließlich einem Beobachter (Forscher, Therapeut), der sich in der Regel in einer Machtposition befindet. Das Untersuchungsinteresse und die vorgängige Gegenstandsbestimmung definieren gemeinsam mit dem sozialen Kontext den Wirklichkeitsausschnitt, der dann als „Verhalten" beschrieben wird.

Im Zeichen der „kognitiven Wende" werden heute die wechselseitigen Dreiecksbeziehungen zwischen Verhalten, Kognition und Situation (einschließlich der Mitmenschen) zum Forschungsgegenstand proklamiert (vgl. MCKEACHIE 1976, S. 829ff., auch zum folgenden). Daraus ergeben sich folgende Fragestellungen für die Forschung:

a) Wie wird Verhalten durch Kognitionen beeinflußt?
b) Wie wird Verhalten von der Situation beeinflußt?
c) Wie werden Situationen durch Kognitionen mitkonstruiert?
d) Wie werden Situationen durch Verhalten mitaufgebaut?
e) Wie hängen Kognitionen vom Verhalten ab (z.B. Wahrnehmung)?
f) Wie hängen Kognitionen von Situationen ab?

Wie wir in den folgenden Kapiteln sehen werden, wird dieses vielversprechende Programm derzeit von kaum einer Verhaltenstheorie eingelöst. Daher ist es wichtig, die potentiellen Beiträge einzelner Theorieansätze deutlich zu machen und auf Möglichkeiten der Weiterentwicklung hinzuweisen.

2 Lerntheoretische Beiträge zum Verständnis von Sozialisationsprozessen

In diesem Kapitel werden zunächst die „klassischen" Grundprinzipien behavioristischer Lerntheorien skizziert, wobei auf das Prinzip der Verstärkung auch mit Bezug auf menschliches Lernen eingegangen wird. Im zweiten Abschnitt wird relativ ausführlich die Theorie des Modell-Lernens von BANDURA dargestellt, da sie gegenwärtig vor allem für die Erklärung von Sozialisationsprozessen von (relativ) größter Bedeutung ist. Im dritten Abschnitt werden Probleme der Anwendung lerntheoretischer Prinzipien diskutiert, und zwar anhand der Beispiele „Erzieherverhalten" und „Internalisierung" sowie anhand spezifischer forschungslogischer Fragen.

2.1 Grundlegende Erklärungsprinzipien behavioristischer Lerntheorien

Die Skepsis gegenüber den klassischen behavioristischen Lerntheorien ist in den letzten Jahren gewachsen (vgl. FOPPA 1967; WEINERT 1969, 1975; BERGOLD 1978). Es zeigte sich zunehmend, daß diese Theorien kaum dazu in der Lage sind, typisch menschliche Lernvorgänge zu erfassen. Unter dem Einfluß kognitionstheoretischer und sozialpsychologischer Überlegungen bis hin zu handlungstheoretischen Ansätzen findet gegenwärtig ein Umbruch statt, der durch folgende Tendenzen gekennzeichnet werden kann (vgl. BERGOLD 1978):

1. Einbeziehung der phylogenetischen und ontogenetischen Entwicklung,
2. Abkehr von einem strengen methodologischen Behaviorismus und
3. inhaltliche Hinwendung zur Analyse komplexen menschlichen Verhaltens (wie z.B. Spracherwerb).

Daß Prozesse der Orientierung, Informationsverarbeitung und kognitiven Organisation sowie Merkmale wie Eigenaktivität und Selbstverantwortlichkeit (Selbstkontrolle) stärker ins Zentrum der Forschung gerückt sind, geht auch auf die in verhaltenstherapeutischer Praxis gewonnenen Einsichten zurück (vgl. JAEGGI 1975).
Da sowohl in der Verhaltenstherapie (auch in den „kognitiven" Formen, vgl. MEICHENBAUM 1977) wie auch in neueren Theorien des „sozialen" Lernens (vgl. BANDURA im nächsten Abschnitt) die traditionell für bedeutend gehaltenen Lernformen wie das „klassische" und das „instrumentelle" Konditionieren nach wie vor eine große Rolle spielen, sollen sie im folgenden kurz skizziert werden. Diese Prinzipien werden auch weiterhin eine bestimmte, wenn auch eingeschränkte Gültigkeit besitzen (BERGOLD 1978). Wir werden die wichtigsten Begriffe anhand der für die Theorien jeweils *konstitutiven „Musterbeispiele"* (vgl. KUHN 1973), d.h. der wichtigsten Experimente, kurz erläutern. Für nahezu alle behavioristischen Lerntheorien gilt ein konstruktivistischer Grundzug (vgl. WESTMEYER 1976): Die in der Theorie behaupteten Beziehungen zwischen bestimmten Ereignissen bzw. Variablen werden experimentell *hergestellt*; damit ist die Gültigkeit der Annahmen an die Realisierung bestimmter (Umwelt-) Manipulationen gebunden – ein wichtiger Gesichtspunkt im Hinblick auf die Generalisierung tierexperimenteller Befunde auf reale Lebenssituationen.

2.1.1 Das „klassische" Konditionieren

In dem berühmten Experiment von PAWLOW geschah folgendes: Man beobachtete, daß Hunde beim Anblick bzw. Geruch von Futter Speichel absonderten. Dies ist ein sog. „natürlicher Reflex": Auf den natürlichen (unkonditionierten) Reiz „Futter(-Geruch)" erfolgt die natürliche (unkonditionierte) Reaktion „Speichelfluß". Man versuchte nun eine künstliche (psychische) Auslösung der Reaktion, indem man zunächst den natürlichen Reiz mit einem zusätzlichen Reiz (z.B. Glockenton, der kurz vor der Futterdarbietung ertönte) koppelte und dann nach einigen gemeinsamen Darbietungen der beiden Reize den neuen Reiz allein darbot. Durch die Koppelung mit dem natürlichen Reiz hatte der ursprünglich neutrale Reiz (Glockenton) die Funktion eines konditionierten Signalreizes erworben, der nun auch allein dargeboten die Speichelflußreaktion auslösen konnte. Diese (nun konditionierte) Reaktion ist allerdings nicht identisch mit der natürlichen Reaktion: Erstere erfolgt weniger prompt, die chemische Zusammensetzung des Speichels ist anders, und sie ist weniger stabil als die natürliche Reaktion, d.h. sie verschwindet allmählich, wenn der konditionierte Reiz allzu oft ohne den natürlichen Reiz dargeboten wurde.
Während das Konditionieren (Dressieren) selbst eine experimentelle Technik der Herstel-

lung und Kontrolle (hypothetischer) Lernbedingungen ist, besteht *Lernen* in diesem Fall darin, daß der Hund einen bedingten Reflex erwirbt: Lernen geschieht durch Reizsubstitution. Die Koppelung der beiden Reize sowie die richtige zeitliche Aufeinanderfolge der Darbietung bewirken, daß nach dem Prinzip der Kontiguität (Berührungsassoziation) gelernt wird. Man kann mit der Lernform des bedingten Reflexes zwar erklären, daß (und evtl. auch wie) nichtangeborene Reaktionsmuster erworben werden können. Menschliches Lernen erfordert in der Regel aber sicher mehr als lediglich Eingriffe in natürliche, d.h. biologisch bedeutungsvolle Reflexe (vgl. zum Ganzen auch EYFERTH 1964, KIMBLE 1967, PICKENHAIN 1959).

WATSON/RAYNER (1920) hatten in dem berühmt/berüchtigt gewordenen Experiment mit dem kleinen Albert die Anwendbarkeit des klassischen Konditionierens (Lernen durch Kontiguität) demonstriert. WATSON und GUTHRIE hatten die Arbeiten PAWLOWS rezipiert. Während GUTHRIE das Kontiguitätsprinzip (ohne die hirnphysiologischen Erklärungsversuche PAWLOWS) zu einer Lerntheorie ausbaute, erklärte WATSON das klassische Konditionieren zur Standardmethode für das Studium des Verhaltens (vgl. auch BERGOLD 1978). Nun zu „Albert“: Dieses Kind spielte gerne mit Pelztieren, vor denen es gar keine Angst hatte. Angst hatte Albert nur vor unerwarteten lauten Geräuschen. Der unkonditionierte Reiz ist hier also das laute Geräusch, die unkonditionierte („natürliche“) Reaktion ist eine Angst- oder Schreckreaktion des Kindes. Man schlug nun immer dann, wenn Albert mit einem Pelztier spielte, hinter seinem Rücken auf einen eisernen Gegenstand, was ein lautes Geräusch ergab. Nach einiger Zeit übertrug sich die Schreckreaktion von dem Geräusch auf das Pelztiert: Albert zeigte Furcht beim bloßen Anblick von Pelztieren oder sogar nur von Gegenständen, die damit eine gewisse Ähnlichkeit hatten. Das Pelztier bzw. „Pelzige“ war zum konditionierten Reiz für eine konditionierte Furchtreaktion geworden. – Es ist sicher nicht schwer, zahlreiche Situationen im Alltag von z.B. Kindern auszumachen, in denen Lernprozesse stattfinden, die sich nach den skizzierten Prinzipien verstehen lassen (wenn ein Kind z.B. lernt, daß ein Ofen heiß ist).

2.1.2 Das „instrumentelle“ Konditionieren

THORNDIKE hielt neben dem Prinzip der Berührungsassoziation noch ein weiteres Lernprinzip für wichtig: Sein „Gesetz des Effekts“ besagt, daß nach einem Prozeß des „Versuch- und Irrtumlernens“ sich diejenige Verhaltensweise einprägt, die zum Erfolg geführt hat. Oder anders: Gelernt wird Verhalten nur dann, wenn es einen befriedigenden, belohnenden oder allgemein problemlösenden Wert hat. THORNDIKE beobachtete Katzen, die sich aus einem Käfig mit einem komplizierten Öffnungsmechanismus befreien mußten. Die Verhaltensweise, die zur Triebbefriedigung führt, wird in ähnlichen Situationen dann immer wiederholt.

HULL und seine Schüler differenzierten und systematisierten die Theorie von THORNDIKE, die in unzähligen Labyrinthversuchen mit durstigen oder hungrigen Ratten überprüft wurde. HULL sprach nicht von Triebbefriedigung, sondern von Bedürfnisreduktion, um damit eher Operationalisierung zu erreichen. An einem Beispiel (nach ROHRACHER 1960) sollen die Hauptbegriffe erläutert werden: Einem sechsjährigen Mädchen, das gerne Bonbons ißt, wird gesagt, daß hinter einem ganz bestimmten Buch in einem Bücherschrank Bonbons versteckt sind, die es essen darf. Das Kind untersucht erst 37 Bücher, bis es die Bonbons findet, dann 12 Bücher, und beim dritten Versuch findet es die Bonbons schon hinter dem zweiten Buch. Die 4 Hauptbegriffe HULLS: Es muß ein „Trieb“ (nach den Bonbons) vorhanden sein; es muß ein Hinweisreiz („hinter einem der Bücher“) gegeben werden; die Person muß Reaktionen ausführen (Bücher herausnehmen); und es muß eine Belohnung gegeben werden. Im Laufe der Versuche hat das Kind ein „habit“, eine Verhaltensgewohnheit ausgebildet (vgl. zum instrumentellen Konditionieren auch FOPPA 1965, MILLER 1959, MOWRER 1960, RESCORLA/SOLOMON 1967).

Das instrumentelle Konditionieren heißt deshalb so, weil die – spontanen oder reaktiven – Aktivitäten des Organismus Mittel sind, um „Verstärkung“ (Bedürfnisreduktion, Belohnung, keine Bestrafung usw.) zu erhalten. Eine Sonderform des instrumentellen ist das operante Konditionieren nach SKINNER: Zufällige, spontan auftretende Aktivitäten werden von Konsequenzen gefolgt, die das vermehrte bzw. erleichterte Auftreten dieser Aktivität in der Zukunft in ähnlichen Situationen bewirken. Verstärkung heißt demnach für SKINNER jeder Reiz bzw. jedes Ereignis, das die Wahrscheinlichkeit für das Auftreten der vorausgegangenen Aktivität erhöht.
Entscheidendes Lernkriterium für SKINNER ist also die Reaktionshäufigkeit, die mit eigens dazu entwickelten Methoden sehr genau registriert werden kann. Eine hungrige Ratte befindet sich in einem Käfig und läuft darin solange herum, bis sie zufällig auf einen Hebel drückt, der eine Futterpille in den Käfig fallen läßt. Sie wird in Zukunft den Hebel immer häufiger

drücken, woraus hervorgeht, daß diese Verhaltensweise durch das Füttern verstärkt worden war.
Während beim klassischen Konditionieren lediglich eine Handlung, die bereits eine Reaktion auf einen Reiz darstellt, durch die Koppelung dieses Reizes mit einem anderen unter die Kontrolle dieses neuen Reizes gebracht wird, erlaubt das instrumentelle Konditionieren den Aufbau völlig neuer Handlungen. Dies geschieht durch die konsistente Verstärkung von spontanen und zufällig auftretenden Handlungen, die bisher nicht (erkennbar) unter der Kontrolle einer bestimmten Umweltkonsequenz standen. Wenn z.B. eine Taube lernen soll, einen Tischtennisball zwischen zwei Zielpfosten hindurch zu stoßen, so wird sie schon belohnt, wenn sie sich nur in der Nähe des Balles befindet. So wird schrittweise immer mehr Verhalten aufgebaut („shaping"), das Teil des komplexen Zielverhaltens ist.
SKINNER hat sich um eine Präzisierung der Definitionskriterien von Verstärkung bemüht, indem er verschiedene Formen von Verstärkung unterschied (primäre, sekundäre, generalisierte, positive, negative, Bestrafung), verschiedene Techniken der Verstärkerdarbietung (Verstärkerpläne) entwickelte und außerdem wichtige Annahmen durch die Konstruktion und Anwendung von Lernprogrammen überprüfte. „Verstärkung" ist immer ein beschreibender Begriff bei SKINNER geblieben. Daher lassen sich mit diesem Begriff auch viele analoge Phänomene in der kindlichen Entwicklung ausmachen. Die Handlungen von Kindern erfahren ständig irgendein feed back aus der Umwelt, was man je nach Reaktion der Kinder dann immer als Verstärkung auslegen kann. Natürlich werden Lernprozesse von Kindern durch Lob und Tadel in Gang gebracht (oder auch verhindert). Ebenso sicher entwickeln Kinder aber auch Handlungsorientierungen und Selbstregulationssysteme, die sich nicht konsistent auf irgendwelche Umweltereignisse zurückführen lassen; abgesehen davon, daß Lob und Tadel häufig nicht das bewirkt, was es bewirken soll. Man muß also wissen, *warum* Verstärkung (als Kontrolle durch die Umwelt) überhaupt wirkt, *wenn* sie wirkt (vgl. auch 2.3.1).

2.1.3 Das Konzept der Verstärkung: Probleme und Relevanz für menschliches Lernen

Im Sammelband von GLASER (1971) werden von hervorragenden Vertretern behavioristischer Lerntheorien Probleme und Anwendungsmöglichkeiten des Verstärkungskonzepts in seinen unterschiedlichen Ausformungen diskutiert. Bis heute sind viele Probleme ungelöst geblieben. Das fängt schon mit der uneinheitlichen Begriffsbildung an. So bezeichnet man mit dem Konzept der „Verstärkung":

a) die verstärkenden Ereignisse oder „Reize", also z.B. das Futter; bei klassischem Konditionieren wäre es der unkonditionierte Reiz (z.B. ebenfalls Futter bei PAWLOW), der kurz nach dem konditionierten, aber im Unterschied zum instrumentellen Konditionieren, *vor* dem Verhalten des Organismus auftritt;
b) die experimentellen Manipulationen (also z.B. Verabreichen von Futter), die zu einer Erhöhung der Reaktionsrate führen;
c) den Effekt selbst, nämlich die Tatsache der Erhöhung der Wahrscheinlichkeit einer Reaktion in einer bestimmten Situation;
d) einen zugrundeliegenden hypothetischen Prozeß (z.B. „Triebreduktion").

Weitere Fragen betreffen die theoretischen Begründungen der Verstärkungswirkung, das Problem der Operationalisierung, den Ausschluß alternativer Lernbedingungen wie z.B. „Einsicht" sowie die jeweiligen Beziehungen zwischen motivationalen und kognitiven Variablen (vgl. dazu MALMO 1958; SCHEERER 1954; ULICH 1971, S. 111ff.). Es ist teilweise auch innerhalb einer einzigen Theorie bisher noch nicht hinreichend geklärt, *was* überhaupt verstärkt, was verstärkt *wird* und wie Verstärkungen exakt genug *vorhergesagt* werden können. Da Bedürfniszustände beim Menschen nicht durch die Erzeugung von Deprivation operationalisiert werden können, kann Triebstärke (z.B. im Verstärkungskonzept der HULL-Schule) nicht von der Reizintensität her abgeschätzt werden. Natürlich kann auch ohne jegliche Triebreduktion gelernt werden, z.B. durch bloße Informationsrückkoppelung. Aufgrund der vorliegenden empirischen Befunde ist am wahrscheinlichsten, daß sich die unterschiedlichen theoretischen Erklärungen der Verstärkungswirkung nicht ausschließen, sondern ergänzen (WEINERT 1974, S. 390).

Der gemeinsame Nenner aller Verstärkungsbegriffe und aller beschriebenen Formen von

Verstärkung scheint die eben genannte Informationsrückkoppelung zu sein (vgl. auch FOPPA 1965). Die Umwelt gibt dem Verhalten des einzelnen, d.h. dem bewertenden, bedeutungszuschreibenden Individuum selbst, differenzierte Rückmeldung, d.h. sie informiert die Person über Folgen ihres Handelns. Diese Rückmeldung kann freilich die unterschiedlichsten Formen annehmen, die von Elektroschocks (z.B. in einigen traditionellen Lernexperimenten) bis zur kognitiven Rückmeldung (z.B. bei BANDURA, s.u.) reichen. Als Faustregel für die Wahl von Verstärkern bietet sich an, immer jene Arten von Rückmeldung zu verwenden, die das Komplexitätsniveau der kognitiven Prozesse der Versuchsperson möglichst wenig unterschreiten, also die kognitiven Möglichkeiten der Person voll ausnutzen. So ist es beispielsweise sinnlos, menschliche Versuchspersonen mit Elektroschocks, roten und grünen Lämpchen oder Bonbons zu „verstärken", weil schlichte verbale Rückmeldung nicht nur angemessener, sondern auch viel effektiver ist (vgl. BANDURA, s.u.).

Soweit Verstärkung nicht nur im Experiment, sondern auch in realen Lebenszusammenhängen untersucht werden soll, ist stets die jeweilige besondere Struktur sozialer Interaktionsbeziehungen mit zu berücksichtigen und zu erfassen (vgl. auch Kap. 2.3.1). Soziale Beziehungsstrukturen und konkrete Interaktionen enthalten und vermitteln ständig Informationen, die, wenn auch oft in kaum erkennbarer Weise, bestehende Verhaltenstendenzen immer irgendwie verstärken oder modifizieren. Auf menschliches Lernen angewandt heißt Verstärkung fast immer *soziale* Verstärkung (vgl. auch SCHULTE 1977, S. 995–1005). Da aufgrund ständig ablaufender kognitiver Selektions- und Bewertungsvorgänge die Informationen aus der Umwelt gewichtet und in die eigene Handlungsregulation eingebaut werden, sind wir auch im Alltag immer sowohl Adressat von „Kontrolle" wie auch aktives Verarbeitungszentrum.

Inwieweit es uns freilich gelingen kann, die Informationsrückkoppelung für die Erreichung eigener (und nicht fremder!) Handlungsziele zu nutzen, hängt von weiteren Bedingungen ab, die ebenfalls von einer Theorie der Verstärkung präzisiert und untersucht werden müssen. *Eine* derartige Bedingung liegt darin, daß die Beziehung zwischen unserem Handeln und den entsprechenden Umweltkonsequenzen realitätsangemessen erfaßt und kognitiv einsichtig gemacht werden muß. Eine *weitere* Bedingung liegt in der Qualität der jeweiligen Interaktionsbeziehung selbst: Zweck, Erscheinungsform und Effekt von „Verstärkung" hängen davon ab, welcher Art die realen Interaktionsbeziehungen zwischen Mutter und Kind, Lehrer und Schüler, zwischen zwei Ehepartnern usw. sind. Die Interaktionsbeziehung wird geprägt *einerseits* durch Kompetenz- und Machtunterschiede, Interessenunterschiede, ungleiche Verfügung über Belohnungsmittel u.ä. und *andererseits* durch Interessenähnlichkeit, prosoziale Verhaltenstendenzen, Versuche der Konfliktregulation, Metakommunikation usw.

Vor allem aus der Verhaltenstherapie kamen Anregungen zu einer Modifizierung des Verstärkungskonzepts. „Verstärkung" und „Verstärker" sind *relative* Begriffe. Ein Verstärker ist nicht ein Verstärker schlechthin, sondern immer nur relativ zu einem bestimmten Verhalten einer bestimmten Person in einem bestimmten Zustand in einer bestimmten Situation (vgl. KRAIKER 1974a). Verstärker lassen sich nicht anhand objektiv registrierbarer äußerer Stimuli identifizieren, sondern es müssen auch subjektive Bewertungs- und Interpretationsprozesse berücksichtigt werden. Belohnende oder bestrafende Ereignisse können in ihrer inhaltlichen Bedeutung nur von der allgemeinen Lebens- und Arbeitssituation eines Individuums her verstanden und vorausgesagt werden. Die methodologische Konsequenz daraus ist die Forderung nach der Formulierung von „ideographischen Verstärkerhypothesen" (WESTMEYER 1973; 1976, S. 23), die bestimmten Reizen Verstärkereigenschaften zuschreiben, und zwar jeweils für eine Person auf der Grundlage einer Analyse von deren Biographie und Lebenssituation. In der Therapie wird die Genese der jeweiligen „Verstärkereigenschaft" eines Ereignisses eruiert, werden die Verstärkerhypothesen überprüft und gegebenenfalls modifiziert (ebd.).

2.2 *Moderner Eklektizismus: Die Theorie des Modell-Lernens von* BANDURA

Ausgangspunkt der Theorie des Modell-Lernens (vgl. BANDURA/WALTERS 1963; BANDURA 1962, 1965, 1969, 1969a, 1976, 1977) ist die Überzeugung, daß menschliches Handeln weitgehend durch soziale Modelle „vermittelt", d.h. angeregt, gesteuert, ausgelöst oder gehemmt wird. „Lernen" meint in diesem Zusammenhang einen aktiven Aneignungsprozeß, in dem Merkmale des Beobachters (des Lerners), des Modells, der Beziehung zwischen beiden sowie subjektiv wahrgenommene Situationsfaktoren eine Rolle spielen. „Lernen" umfaßt Teilprozesse wie Wahrnehmung, Bedeutungszuschreibung, kognitive Strukturierung, Gewichtung von Informationen, Extraktion von Informationen, Abstraktion, Regelbildung. Der Schwerpunkt liegt also auf kognitiven Prozessen, die innerhalb einer bestimmten Interaktionsbeziehung ablaufen – daher die große Bedeutung dieser Theorie für das Verständnis von Sozialisationsvorgängen.

Banduras Ansatz hat mit kognitiven Theorien teilweise mehr Ähnlichkeiten als mit traditionellen behavioristischen Lerntheorien. Wie Piaget (z.B. 1951) betont er die primäre Rolle der Beobachtung, die Nachahmung, die strukturenbildende Abstraktionsfähigkeit des Lerners. Auch für Bandura ist menschliches Lernen letztlich ein komplexer Prozeß der Auseinandersetzung mit der Umwelt, der immer zugleich Einwirkung und Aneignung, Anpassung und Veränderung einschließt. Lernen heißt für beide: beobachtende, verstehende, nachvollziehende und zugleich konstruktive kognitive Organisation und Strukturierung, welche die Ausbildung generativer Handlungsregulationssysteme zur Folge hat. Hier wird auch eine Beziehung zu Chomsky deutlich, denn Bandura unterscheidet analog zum Unterschied zwischen Kompetenz und Performanz eine Phase des Lernens (Erwerb von Verhaltenskompetenz) und eine Phase der Ausführung, wobei für diese Phasen teilweise unterschiedliche Gesetzmäßigkeiten gelten. Die in der „Ausführung" gezeigten Verhaltensweisen sind wegen der vermittelnden kognitiven Prozesse und der Anpassungsflexibilität des Lerners selten identisch mit den in der „Erwerbsphase" vom Modell „vorgeführten" Verhaltensweisen.

Zusammenfassend betont Bandura also vor allem dreierlei: Die Abhängigkeit des Lernens von sozialen Einflüssen und Beziehungen, die Eigenaktivität des Lerners und schließlich die Rolle kognitiver Prozesse. „Die Theorie des sozialen Lernens ... geht davon aus, daß Modellierungseinflüssen hauptsächlich informative Funktion zukommt und daß Beobachter eher symbolische Repräsentationen modellierter Ereignisse aufnehmen, als eigentliche Reiz-Reaktions-Assoziationen" (Bandura 1976, S. 23). Auf den Sozialisationsprozeß angewandt bedeutet dies: „Das Kind verarbeitet das, was es am Verhalten der erwachsenen Mitglieder der Gesellschaft wahrnimmt, in einer solchen Weise, daß es die *impliziten Regelsysteme* aus dem Verhalten der Erwachsenen herauslöst" (Brown, 1965, zit. n. Fröhlich/Wellek 1972, S. 670ff.). Die Regelsysteme erfahren mit der Entwicklung des Kindes Modifizierungen und sind damit kaum jemals einfache Reproduktionen derjenigen Regeln, die in der Gesellschaft „vorherrschen" (ebd.); nicht einmal die Erwachsenen, die als Modelle fungieren (absichtlich oder unabsichtlich), verfügen immer über explizite Ausformulierungen der abstrakten Inhalte, die sich nur mehr oder weniger konsistent in ihrem Verhalten ausdrücken. Da nach dieser Auffassung die Heranwachsenden durch aktiven Umgang mit anderen Menschen kognitive Schemata und generative Regelsysteme entwickeln, kann man Sozialisation aus der Perspektive der Theorie des Modell-Lernens als „vermittelnden Schematisierungsprozeß" bezeichnen (vgl. Fröhlich/Wellek 1972).

Modellierungseinflüsse können also generatives und innovatorisches Verhalten schaffen: „In letzterem Prozeß abstrahieren Beobachter gemeinsame Züge aus anscheinend unterschiedlichen Reaktionen und formulieren auf dieser Grundlage generative Verhaltensregeln, die sie dazu befähigen, über das, was sie gesehen und gehört haben, hinauszugehen" (Bandura 1976a, S. 216). Abstrakte Modellierung ist nicht nur generell ein „hochwirksames Mittel zur Induzierung regelgeleiteten kognitiven Verhaltens", sondern ermöglicht auch die Veränderung begrifflicher Schemata, Sprachstile, Stile der Informationsverarbeitung usw. (ebd.).

Bevor wir auf die theoretischen Annahmen im einzelnen eingehen, soll zunächst die programmatische Neuorientierung der Auffassung Banduras durch Vergleich mit früheren Lerntheorien aufgewiesen werden. Gegen die Theorie der Nachahmung von Miller und Dollard (1941), die Motivation, Hinweisreize, konkrete Ausführung und nachfolgende Verstärkung für notwendig erachteten, führt Bandura (1976, S. 17f.) an, daß der Erwerb neuen Verhaltens damit nicht erklärt werden könnte. Auch Skinner (1953) hält Verstärkung (neben Hinweisreizen und Reaktionen) für erforderlich, um Beobachtungslernen in Gang zu bringen. Empirische Untersuchungen zeigten jedoch, daß Beobachtungslernen stattfindet, „obwohl das Modell während der Zeit, in der das Verhalten erworben wird, keine offenen Reaktionen zeigt, obwohl weder dem Modell noch dem Beobachter Verstärkungen zuteil werden, und obwohl sich das erste Auftreten der erworbenen Reaktionen möglicherweise um Tage, Wochen oder sogar Monate verzögert" (a.a.O., S. 18). Zu erklären ist, wie ein Beobachter allein durch Wahrnehmung neue Reaktionen erwirbt, die er nie vorher gezeigt hat. Wie kann man Menschen überhaupt daran *hindern*, das zu lernen, was sie *gesehen* haben (S. 217)?

Wenn man Sozialisationsprozesse beschreiben und erklären will, dann führt das exklusive Festhalten am Verstärkungskonzept zu großen Schwierigkeiten. Der Erwerb der Sprache kann kaum mit Versuch- und Irrtumlernen erklärt werden, wie überhaupt komplexe Verhaltensmuster nur mit Hilfe von sozialen Modellen erworben werden können. Eine von Verstärkungstheorien gelegentlich nahegelegte 1:1-Relation zwischen erwünschtem und erworbenem Verhalten ließe die Heranwachsenden zu mechanischen Puppen werden; demgegenüber betont BANDURA aufgrund seiner Untersuchungen, daß eine isomorphe Speicherung der wahrgenommenen Verhaltensweisen unwahrscheinlich ist. In vielen Situationen gerade während der Sozialisation Heranwachsender hätte es kostspielige oder gefährliche Folgen, wenn Erfahrungen nach dem Prinzip von trial and error gemacht werden müßten (S. 10). Natürlich sind die Konsequenzen unseres Handelns wichtig für die künftige Handlungsplanung und Orientierung. Da voraussehbare Ereignisse jedoch symbolisch repräsentiert werden können, da man sich aktiv Informationen beschaffen und aktiv auf die zu erwartenden Handlungsfolgen einwirken kann, trifft die Behauptung von der Kontingenzgesteuertheit des Verhaltens wohl eher auf antizipierte (beeinflußbare) als auf aktuelle Konsequenzen zu (S. 207). Selbsterzeugte kognitive Hilfen werden in der Selbststeuerung und Selbstkontrolle des Verhaltens eingesetzt, woraus sich u.a. eine wesentliche Verkürzung von Lernvorgängen ergibt (S. 218).

Handlungen werden nur dann von (antizipierten) Konsequenzen beeinflußt, wenn bewußt ist, *wie* die Beziehung zwischen bestimmten Handlungen und bestimmten Konsequenzen tatsächlich zustandekommt (S. 208). „Konditionierung" erfolgt also nicht automatisch, sondern ist kognitiv vermittelt: Entscheidend ist nicht die raumzeitliche Nähe (Kontiguität) bestimmter Ereignisse, sondern die erworbene Fähigkeit, Handlungsfolgen vorherzusehen, angemessene antizipatorische Reaktionen abzurufen bzw. aufgrund erworbener Erwartungshaltungen selbst zu aktivieren (S. 206). Da zwischen Verhaltensweisen und ihren Konsequenzen bzw. zwischen Reiz und Reaktion keine unmittelbare, mechanische, konstante Beziehung besteht, lösen konditionierte Reize nur selten direkt konditionierte Reaktionen aus. Externe Verstärker bleiben nahezu wirkungslos, wenn uns die Beziehung zwischen einer Reaktion und ihren Konsequenzen nicht bewußt ist. Dagegen führt die kognitive Repräsentation einer Kontingenz zu einem sprunghaften Anstieg der Reaktionsrate.

Erkennen kann Verhalten ursächlich beeinflussen, ohne daß hierfür zusätzliche begünstigende Bedingungen gegeben sein müssen. Daraus ergibt sich schließlich, daß die Menschen durch ihre Handlungen wesentlich selbst mitbestimmen, welche Verstärkungskontingenzen auf sie einwirken (können). Freilich hält auch BANDURA vergeblich Ausschau nach empirischen Untersuchungen, die zeigen, *wie* Menschen durch individuelles oder gemeinsames Handeln „Verstärkungskontingenzen" nach ihren eigenen Bedürfnissen herstellen.

Welche Prozesse laufen nun beim „sozialen Lernen" ab, welche Bedingungen müssen gegeben sein, damit Beobachtungslernen stattfindet und komplexe Handlungsregulationssysteme aufgebaut werden können? Das Lernen am sozialen Modell geschieht durch Nachahmung (Imitation) bzw. Identifikation des Beobachters mit dem vorgeführten Verhalten (BANDURA unterscheidet nicht zwischen den Begriffen „Nachahmung" und „Identifikation"). Die klassischen lerntheoretischen „Gesetzmäßigkeiten" Kontiguität und Verstärkung (s.o.) werden von BANDURA folgendermaßen berücksichtigt: In der *Erwerbsphase* geschieht Lernen nach dem Prinzip der Berührungsassoziation, wobei Kontiguität zwar eine notwendige, aber keine hinreichende Erklärung ist (vgl. SCHIEFELE 1974, S. 173). Das Kontiguitätsprinzip erklärt, wie neues Verhalten ohne Versuch und Irrtum aufgebaut und, ohne sogleich in die Tat umgesetzt werden zu müssen, für späteres Handeln zur Verfügung steht (ebd.). „Durch die Beobachtung anderer gewinnt man eine Vorstellung davon, wie ein bestimmtes Verhalten ausgeführt wird. Bei späteren Gelegenheiten steuert die kodierte Information dann die eigentlichen Handlungen" (BANDURA 1976, S. 215).

BANDURA nimmt an, daß der Beobachter „durch kontingente Assoziationen der sensorischen Ereignisse Wahrnehmungs- und Symbolreaktionen" erwirbt, „die als Hinweisreize fungieren und in der Lage sind, einige Zeit nach einer Darbietung offene Reaktionen hervorzurufen, die den modellierten Reaktionen entsprechen" (S. 116). An die Stelle des Verstärktwerdens treten kognitive Aktivitäten, die die Kontiguität erst schaffen, nämlich Vorstellen und (inneres) Verbalisieren als vermittelnde Prozesse (vgl. auch BANDURA 1965, 1969). BANDURA führt in diesen früheren Arbeiten also zwei „representational systems" ein: Das „Vorstellungssystem" entwickelt sich über Prozesse der sensorischen Konditionierung. Reize, die vom Modell ausgehen, produzieren im Verlaufe der Beobachtung relativ dauerhafte Bilder oder Vorstellungen. Der Beobachter kann sie später jederzeit erneut hervorrufen. Modellreize werden also mit Wahrnehmungsreaktionen verknüpft; soweit der Reiz Teil komplexer, langandauernder Verhaltensmuster und Umweltkonstellationen ist, entsteht allmählich ein ganzes (gegliedertes) System von Beziehungen zwischen Reizen und Reaktionen. Dieses *gesamte* System kann vorstellungsmäßig repräsentiert werden, wenn *ein* konstituierender Reiz wahrgenommen wird.

Das zweite mit Kontiguität zusammenhängende repräsentationale System ist das „verbale Kodierungssystem" (vgl. auch FRÖHLICH/WELLEK 1972, S. 705). Handlungssequenzen wie z.B. der Wegverlauf in einer Großstadt müssen mit gut verfügbaren sprachlichen Symbolen identifiziert werden (z.B. die Folge von Links-Rechts-Wendungen als „Code" LRLLRR), damit die sprachlichen Symbole bei späteren Handlungen als Richtungshinweise fungieren können. Würde man sich derartige Modellsequenzen als Ganzes bildhaft vorstellen (repräsentieren), so wäre der Lernvorgang aufwendiger und langzeitiges Behalten weniger gesichert. – Wahrnehmungen werden also in Vorstellungen oder Symbolen, beides Gedächtniscodes, umgesetzt. Sie kontrollieren die Reproduktion der beobachteten Verhaltensweisen.

Nun zur „*Ausführungsphase*": Damit die beobachtend gelernten Verhaltensmöglichkeiten (Kompetenzen) auch in aktives Handeln umgesetzt werden, müssen bestimmte Verstärkungs- und Auslösungsbedingungen gegeben sein. Während Verstärkung also für den Erwerb dieser Kompetenzen nicht notwendig, wenn auch unter Umständen förderlich sein kann, so ist Bekräftigung eine wichtige Voraussetzung

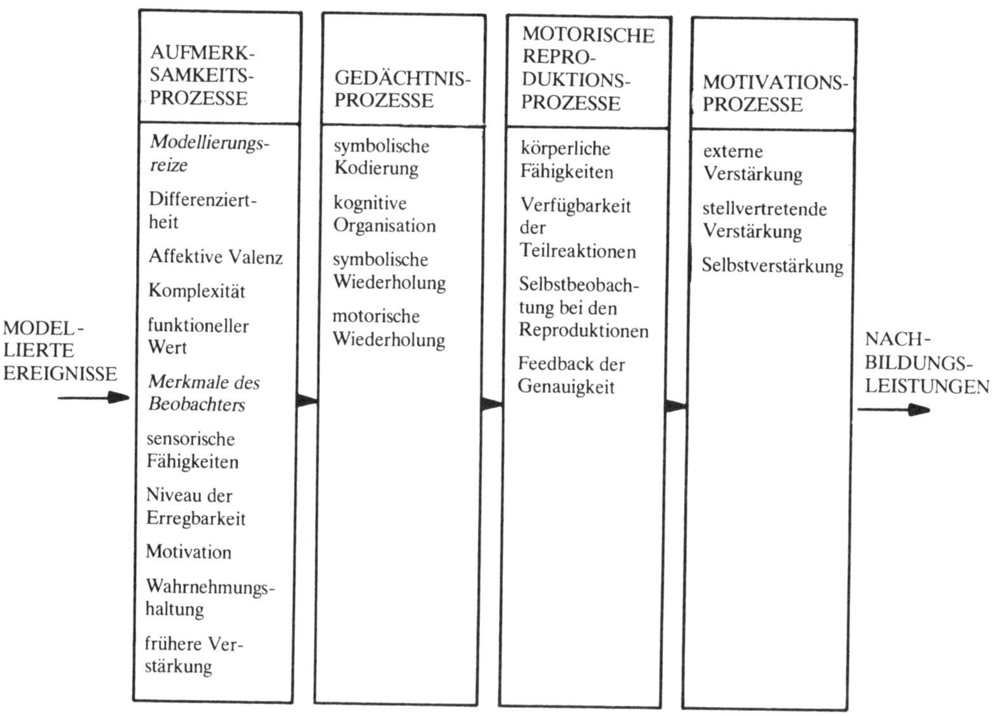

Abbildung 1: Der Prozeß des Modell-Lernens (BANDURA 1976, S. 31)

dafür, daß erworbenes Verhalten auch „gezeigt" wird. Verstärkung kann hier auch „stellvertretende Verstärkung" sein: Wenn ein Modell für ein bestimmtes Verhalten verstärkt wurde, so erhöht sich die Wahrscheinlichkeit dafür, daß der Beobachter in einer entsprechenden Situation dieses Verhalten auch selbst zeigt. Eine Verstärkung der Äußerung des gelernten Verhaltens kann auch auf „intrinsischem" Wege erfolgen, nämlich über die positive Bedeutung, die die geäußerten Verhaltensweisen selbst für das Individuum haben (so führt etwa das Nacheifern eines Sportidols zum Erwerb von Verhaltensweisen, deren Ausführung schließlich selbst Freude macht).

Beobachtungslernen, d. h. im engeren Sinne der durch Beobachtung geleitete Erwerb bzw. Aufbau von Verhaltenstendenzen schließt eine Reihe von *Subfunktionen* ein, deren Entwicklungsstand und Funktionsfähigkeit wiederum von der bisherigen Sozialisation abhängen (vgl. BANDURA 1976a, S. 217). Es muß also untersucht werden, wie diese Subfunktionen sich entwikkeln und wie sie operieren. „Aus der Sicht des sozialen Lernens wird die Fähigkeit zum Beobachtungslernen durch den Erwerb folgender Fähigkeiten entwickelt: diskriminierende Beobachtung, Gedächtnisverschlüsselung, Koordinierung des ideomotorischen und sensomotorischen Systems und Urteilsfähigkeit hinsichtlich der Konsequenzen des Nachbildungsverhaltens" (S. 217). Systematisch hat BANDURA (S. 31) die Subprozesse des Modell-Lernens folgendermaßen zusammengefaßt (vgl. Abb.).

Aufmerksamkeitsprozesse sind nötig, um bestimmte Merkmale des Modellverhaltens herauszuheben. Eine genaue Beobachtung relevanter Verhaltenseigenarten ist die Voraussetzung für die Abstraktion und Kodierung von Verhaltensmustern. Die genaue Beobachtung hängt von verschiedenen Variablen ab:

a) der Häufigkeit, mit der das Modell dem Beobachter begegnet,
b) dem Anreiz, der im Lernen der beobachteten Verhaltensweisen liegt,
c) allgemeinen Merkmalen der Situation und Interaktionsbeziehung (z. B. Abhängigkeit, Machtunterschiede, Gruppenzugehörigkeit, Öffentlichkeit usw.),
d) Merkmalen des Modells (soziale Macht, Ansehen, Attraktivität, Geschlecht, Alter, affektive Bedeutung, Fähigkeiten usw.),
e) Merkmalen des Beobachters (eigene Kompetenz, Selbsteinschätzung, Bedürfnis nach Abhängigkeit, soziale Isolierung, emotionale Zuständlichkeiten usw.),
f) der Beziehung zwischen Modell und Beobachter (Art der affektiven Beziehung, wahrgenommene Ähnlichkeit, relative Bedeutung im Beziehungsnetz des jeweiligen anderen, Übereinstimmung der Wertsysteme und Interessen usw.).

Das Modell kann entweder „life" sein oder über Medien (z. B. Film) vermittelt oder lediglich verbal eingeführt, z. B. durch eine Geschichte. Zu beachten ist auch – besonders unter dem Sozialisationsaspekt –, daß z. B. Kinder stets Verhaltenselemente vieler verschiedener Modelle übernehmen, wobei die Modelle in Konkurrenz zueinander treten können bzw. vom Beobachter nach den genannten Gesichtspunkten (implizit) gewichtet werden müssen.

Gedächtnisprozesse sind vor allem nötig, um die beobachteten bzw. kodierten und strukturierten Verhaltensweisen für spätere Handlungssituationen verfügbar zu halten. Hierunter fallen nicht nur Kurzzeit- und Langzeitspeicher, sondern aktive Vorgänge wie z. B. symbolische oder motorische Wiederholungen (implizite oder explizite Übungen). Kodierung und kognitive Organisation sind abhängig von einer Reihe anderer Fähigkeiten bzw. Persönlichkeitsmerkmale wie z. B. dem Niveau der kognitiven Komplexität, kognitiven Stilen, Abstraktionsfähigkeit usw.

Motorische Reproduktionsprozesse erfordern, daß bestimmte wichtige Teilfunktionen verfügbar sind. Motorische Ausführung ist nur dann Teil des gesamten Lernprozesses, wenn sie von Selbstkontrolle begleitet wird. *Motivationsprozesse* schließlich spielen bei der Auswahl und Beobachtung von bestimmten Verhaltensmerkmalen eine Rolle, vielmehr aber noch bei der Ausführung der gelernten Verhaltensweisen. Verhalten wird nur dann offen ausgeführt werden, wenn entweder keine negativen Sanktionen drohen oder wenn das Verhalten durch die Umgebung positiv verstärkt wird. Selbstverstärkung (d. h. die an einem internen Standard orientierte „Selbstverabreichung" von Belohnungen) kann hier die gleiche Rolle spielen wie externe bzw. stellvertretende Verstärkung.

BANDURA und WALTERS (1963) unterscheiden drei Wirkungstypen bzw. Lerneffekte des Modell-Lernens:

a) „Modeling effect": Der Beobachter erwirbt neue, in seinem Verhaltensrepertoire bisher nicht enthaltene Verhaltensweisen;

b) „Inhibitory and disinhibitory effect": Das Modellverhalten wirkt sich auf bereits vorhandene Verhaltensweisen hemmend oder enthemmend aus;
c) „Eliciting effect": Bereits vorhandene Verhaltensweisen werden durch die Modellbeobachtung ausgelöst.

Zum Abschluß eine kurze Bemerkung zur empirischen Basis und zu einigen Problemen der Theorie von BANDURA. Zahlreiche Experimente (vor allem über das Erlernen aggressiver Reaktionen, aber auch zur Entwicklung des moralischen Urteils, zum Aufschub von Bedürfnisbefriedigung usw.) haben Bestätigungen wichtiger theoretischer Annahmen erbracht. So scheint die Effektivität des Lernens wirklich dann am höchsten zu sein, wenn die Versuchspersonen aus dem Verhalten der Modelle Handlungs*strukturen* abstrahierten und Regeln entwickelten, mit deren Hilfe sie auch neue Verhaltensweisen selbsttätig generieren können. – Andererseits ist nicht zu übersehen, daß viele andere theoretische Annahmen in den Experimenten nicht einmal versuchsweise realisiert wurden (z.B. über die aktiv-konstruktive Rolle des Beobachters), daß viele Experimente in einem nur losen Zusammenhang zur Theorie stehen und daß die externe Gültigkeit (Generalisierbarkeit, Repräsentativität) der Ergebnisse angesichts der hohen Künstlichkeit vieler Experimente stark anzuzweifeln ist. Auf die Beziehung zwischen Modell und Beobachter wird selten näher eingegangen; das Modell bleibt anonym, es wird eine punktuelle, sozial isolierte Situation hergestellt. Es werden meist nur dyadische Beziehungen untersucht, obwohl schon bei Tryaden die Prozesse und Effekte des Modell-Lernens andere zu sein scheinen. Meist werden nur einseitige Beziehungen untersucht und keine Wechselwirkungen oder Rückwirkungen vom Beobachter auf das Modell, wie es in realen Sozialisationsprozessen die Regel ist. Schließlich erfährt man generell aus den Experimenten zu wenig darüber, unter welchen Bedingungen und aus welchen Gründen sich z.B. ein Kind für die Übernahme ganz bestimmter Verhaltensweisen entscheidet, obwohl es konkurrierende Modelle gibt, die „objektiv" mindestens ebenso attraktiv sind.
Trotz dieser Einschränkungen, die sich mehr auf die Methodologie als auf die Aussagen selbst beziehen, ist die Theorie des Modell-Lernens diejenige Lerntheorie, von der gegenwärtig die wesentlichsten Beiträge für die Erklärung von Sozialisationsprozessen zu erwarten sind.

2.3 *Probleme der Anwendung lerntheoretischer Konzepte*

Auf allgemeine Probleme der Anwendung von Theorien kann hier nicht eingegangen werden (vgl. z.B. ALBERT 1972; BROMME/HÖMBERG 1976; GOTTWALD/KRAIKER 1976; KAMINSKI 1970; SEEGER 1977). Die Verwendung lerntheoretischer Kategorien zur Erklärung von Sozialisationsprozessen kann auf sehr unterschiedliche Weise erfolgen, wie die folgenden *Beispiele* zeigen:

a) Reinterpretation psychoanalytischer Kategorien mit dem Ziel, diese für die Forschung und Anwendung fruchtbarer zu machen (z.B. DOLLARD/MILLER 1950).
b) Lerntheoretisch und psychoanalytisch orientierte Arbeiten über „Aufzuchttechniken" und kindliche Persönlichkeitsentwicklung (z.B. BALDWIN 1974, S. 155–216; SEARS/MACCOBY/LEVIN 1957; SEARS/RAU/ALBERT 1965; WHITING/CHILD 1953; ZIGLER/CHILD 1973).
c) Arbeiten aus der „social learning theory" zu Elternverhalten und Persönlichkeitsentwicklung (z.B. BANDURA/WALTERS 1963; ROTTER/CHANCE/PHARES 1972).
d) Moralische Entwicklung und Erzieherverhalten (z.B. HOFFMANN 1970).
e) Lern- und Sozialisationsbedingungen aggressiven Verhaltens (BANDURA 1979a).
f) Erziehungsstile, Erzieherverhalten und Leistungsmotivation (z.B. STAPF u.a. 1972; HECKHAUSEN 1966, 1972).
g) Auswirkungen von Belohnung und Bestrafung (z.B. BLÖSCHL 1969; NUTTIN/GREENWALD 1968).
h) Verhaltenstherapie (z.B. KRAIKER 1974; KANFER/PHILLIPS 1974).
i) „Gelernte Hilflosigkeit" und Depressionsforschung (z.B. SELIGMAN 1975; Journal of abnormal psychology 1978).
j) Kognizierte Kontrolle von Verstärkungsbedingungen und Persönlichkeitsentwicklung (z.B. ROTTER 1975).
k) Interpretation von Teilprozessen der Sozialisation mit Hilfe SKINNERscher Terminologie (z.B. GEWITZ 1969; FRÖHLICH/WELLEK 1972; BALDWIN 1974, S. 103–155).
l) Lerntheoretische Modelle komplexer Vorgänge innerhalb der Persönkeitsentwicklung, wie z.B. der „Internalisierung" (z.B. ARONFREED 1968, 1969).

Nur zu zwei Teilbereichen soll im folgenden einiges ausgeführt werden, und zwar zur Anwendung von Verstärkerkategorien in der Analyse von Erzieherverhalten und zum Internalisierungskonzept. Abschließend werden allgemeinere methodologische Fragen angeschnitten.

2.3.1 Erzieherverhalten als „Verstärkung"

Bei der Anwendung lerntheoretischer Konzepte zur Erklärung von Sozialisationsprozessen und -effekten handelt es sich leider häufig um Analogiebildungen ohne ausreichende empirische Bezugspunkte (vgl. schon BREGER/MCGAUGH 1965; BALDWIN 1974, S. 211ff.). Lerntheoretische Konzepte und Theorien wie z.B. über „Verstärkung" können natürlich ein Bezugssystem abgeben für die Erforschung von Erziehungseinflüssen auf das kindliche Verhalten (vgl. z.B. STAPF u.a. 1971; HECKHAUSEN 1966; TAUSCH/TAUSCH 1971). Derartige Untersuchungen präparieren dann aus den komplexen Erzieher-Kind-Interaktionen bestimmte Verstärkungsmuster (Häufigkeiten, Regelhaftigkeiten, Typen) heraus und „erklären" sie durch Rückgriff auf elementare Lernprinzipien wie eben z.B. Verstärkung, was u.U. auf einen Zirkelschluß hinauslaufen kann. Es gibt sogar Theorien, die *alle* Interaktionen als Austausch von Verstärkungen konzipieren (z.B. HOMANS 1973; BLAU 1968), oder die zumindest Verstärkung zur notwendigen Grundlage jeglicher sozialen Beeinflussung machen wollen (vgl. JONES/GERARD 1967; THIBAUT/KELLEY 1959; auch SIXTL/KORTE 1969).

Es besteht kein Zweifel daran, daß es möglich ist, Erziehereinflüsse auf die Wirksamkeit von Belohnungen und Bestrafungen zurückzuführen, die trotz vielfältigster Formen vorhersagbare Effekte haben (vgl. z.B. FEND 1971; SCHIEFELE 1974). So scheint z.B. gesichert zu sein, daß häufige physische Bestrafung und materielle Deprivation eher zu einer Normorientierung führen, die auf einer Furcht vor Entdeckung und Bestrafung beruht; „indirekte" oder „liebesorientierte" Disziplinierungstechniken führen dagegen eher zu einer Normorientierung, die auf Unabhängigkeit gegenüber äußeren Sanktionen und der Neigung zu Schuldgefühlen aufbaut (vgl. HOFFMAN 1970; BECK u.a. 1971; BERTRAM 1978). Problematisch scheint hier zu sein, derartige Sozialisationseinflüsse bloß in dyadischen (Zweier-)Beziehungen zu untersuchen, ohne Wechselwirkungen und den Einfluß weiterer Bezugspersonen und Beziehungsnetze mit zu erfassen (vgl. BRONFENBRENNER 1973, S. 338).

In der Erforschung elterlichen Erziehungsverhaltens wurde selten auf die Rollen- und Interaktionsstruktur der Familie auch unter historischen und soziologischen Gesichtspunkten eingegangen (vgl. SCHNEEWIND/LUKESCH 1977). Derartige Analysen gäben aber erst Aufschluß darüber, welche spezifische Qualität von Interaktion sinnvollerweise und legitimerweise realisiert werden muß, damit „Verstärkung" im theoretisch definierten Sinne stattfinden kann. Anders gesagt: Welche Erscheinungsform „Verstärkung" jeweils hat, läßt sich nicht von der Theorie der Verstärkung allein, sondern auch von einer zusätzlichen Kenntnis der historisch und gesellschaftlich bedingten, jeweils zulässigen bzw. erwünschten Interaktionsformen in einem bestimmten Typ von Familie vorhersagen. Tatsächlich ablaufende Interaktionen lassen sich auch deshalb nur schwer dem Bekräftigungskonzept subsumieren, weil man Bekräftigung als „Ursache" kaum aus dem Geflecht gleichzeitig wirkender Erziehungseinflüsse isolierend herauslösen kann (SCHIEFELE 1974, S. 158). Unkontrollierbar viele Moderatoren verändern jeweils den Einfluß der Verstärkung: Familienkonstellation und „-klima", Zweierbeziehungen innerhalb der Familie, Einflüsse von außen, eine jeweils „typische" Kombination von Erziehungstechniken, Rollenerwartungen, Schichtzugehörigkeit, Lerngeschichte, Persönlichkeitsstrukturen der Familienmitglieder usw.

Exakte Vorhersagen auf der Grundlage zumindest der SKINNERschen Verstärkungstheorie würden implizieren, daß der Forscher an der Gestaltung der Verstärkungsbedingungen selbst beteiligt ist (vgl. WESTMEYER 1976), was nur in Ausnahmefällen, z.B. bei therapeutischen Interventionen möglich ist. Dem Forscher müßten z.B. genau bekannt sein: die wechselseitigen Rollenerwartungen; die Bedürfnisstrukturen; die Möglichkeiten, bei anderen (z.B. die Eltern bei den Kindern) Deprivationszustände hervorzurufen und zu beheben; wechselseitige Abhängigkeiten; Möglichkeiten, durch Verfügung über Gratifikationen Abhängigkeiten herzustellen und Bedürfnisse zu befriedigen; die instrumentelle Bedeutung zahlreicher Handlungen und Verhaltensmerkmale im Hinblick auf Bedürfnisbefriedigung bzw. die Erhöhung einer Reaktionswahrscheinlichkeit. Wenn eine Verstärkungstheorie also zur Beschreibung oder gar

Anleitung von Sozialisation eingesetzt werden soll, muß sie mehr sein als nur eine Sammlung von Regeln für die effektive Anwendung von Belohnung und Bestrafung. Erforderlich ist eine Verbindung lerntheoretischer Aussagen mit Theorien und Befunden über wirklich ablaufende familiale Sozialisationsprozesse.

2.3.2 Zur lerntheoretischen Interpretation von „Internalisierung"

Auch für die Erklärung so komplexer Prozesse wie „Internalisierung" (von Normen, Regeln, Verhaltensstandards usw.) werden klassische Lernprinzipien wie Kontiguität und Verstärkung herangezogen. Der Begriff „Internalisierung" (ursprünglich auf FREUD zurückgehend) umfaßt dabei sowohl die Phase des Lernens im engeren Sinne, d.h. den Aufbau von Selbststeuerungssystemen, wie auch die Funktionsweise dieser Systeme. Bereits DOLLARD und MILLER (1950) gingen in ihrem berühmt gewordenen Versuch, psychoanalytische Kategorien in der Sprache der (HULLschen) Lerntheorie zu reinterpretieren, auf die Genese und Funktion des „Über-Ich" ein. Heute wird die Entstehung und Wirkungsweise interner Kontrollmechanismen vor allem mit Hilfe der folgenden beiden Mechanismen beschrieben (vgl. ARONFREED 1969; CAMPBELL 1964; FEND 1971; SEEL 1976):

a) Vermeidungslernen durch negative Verstärkung: Das Kind lernt, daß einem bestimmten eigenen Verhalten aversive Reize (Bestrafung) folgen. Die Situation, in der die Bestrafung erfahren wurde, wird nun zum angstauslösenden Stimulus. Das Kind erwirbt daher Verhaltensweisen, die das Vermeiden der Bestrafung zum Ziel haben. Eine wichtige Rolle spielt dabei der (konditionierte) „innere" Signalreiz der Angst, der die aversiven Reize ankündigt. Es muß (durch Versuch und Irrtum) Verhalten erworben werden, das der Vermeidung der Strafe und schon dieses Angstreizes dient. Die Verminderung der Angst wirkt bekräftigend und fördert somit den Erwerb und die Verfügbarhaltung der bestrafungs- und angstvermeidenden Handlungen. Der Aufbau dieser internen Verhaltenssteuerung ist nur möglich, weil die Assoziation zwischen (verbotenen) Verhaltensweisen, aversiven Reizen, konditionierten Signalreizen und Vermeidungshandlungen die Antizipation von Handlungskonsequenzen und damit auch langfristige Planung erlaubt.

   „Vermeidung" ist also ein Verhalten, das dazu verhilft, das Auftreten aversiver Reize oder negativer Emotionen wie Angst und Schuldgefühl abzuwenden. Die Vermeidungsreaktion, die sich auf den (stellvertretenden) Angstreiz bezieht, ist vom *tatsächlichen* Auftreten des aversiven Stimulus unabhängig geworden: Die „Stimme des Gewissens" hindert das Kind in Zukunft daran, die ursprünglich mit externer Strafe bedrohte und Angst auslösende Handlung auszuführen. – Diese Beschreibung des Übergangs von externer in interne Kontrolle wirft allerdings die Frage auf, ob das kognitive System des Individuums hier nicht allzu sehr als ein passiver Speicher angesehen wird, ob also Selbststeuerung nur als verselbständigte Fremdsteuerung gedacht werden kann (vgl. auch Abschnitt 3.1 sowie HUBER 1976).

b) Regelerwerb durch positive Bekräftigung: Entscheidend für „Internalisierung" ist auch hier die assoziative Koppelung von affektiven Zuständlichkeiten mit antizipatorischen kognitiven Prozessen. Im Gegensatz zum Vermeidungslernen sind die affektiven Zuständlichkeiten hier selbstbelohnender Art (vgl. 3.1), wobei natürlich auch schon beim Vermeidungslernen die Angstvermeidung „positiv" erlebt wird. ARONFREED (1968, 1969) meint, daß die positiven Folgen bestimmter Verhaltensweisen oder Lernvorgänge lustbetonte Affektzustände auslösen, die sowohl mit dem Verhalten selbst wie mit der Situation assoziativ verkoppelt werden. Daher reproduzieren sich diese lustbetonten Affektzustände immer dann, wenn in bestimmten Situationen entsprechende Verhaltensweisen ausgeführt oder die kognitiven Repräsentationen der Situation, des Verhaltens und der Konsequenzen als „innere Reize" gegenwärtig sind. Es entwickelt sich also ein Regelkreis der Selbstverstärkung, der wie bei (a) seinen Ursprung in Fremdverstärkung hat.
   Diese Fremdverstärkung kann auch über Modell-Lernen erfolgen. Bei der Beobachtung des Verhaltens anderer erwirbt das Kind (z.B. aufgrund der ebenfalls beobachteten Verhaltenskonsequenzen) emotionale Verhaltensbereitschaften, die mit dem beobachteten Verhalten bzw. dessen kognitiver Repräsentation gekoppelt werden (HUBER 1976, S. 74). Die konditionierten Affekte

können nun das künftige Verhalten relativ selbständig kontrollieren, weil sie entweder bei der Ausführung entsprechender Handlungen durch (z. B. propriozeptive) „Selbststimulierung“ ausgelöst werden, oder weil sie selbst Bestandteile der kognitiven Struktur geworden sind und bei der Planung, Prüfung bzw. kognitiven Repräsentation von Handlungen in einem bestimmten situativen Kontext mit aktiviert werden (ebd.). Diese Art des Aufbaus von Selbstregulationssystemen durch Modell-Lernen scheint besonders häufig in der peer-group zu geschehen, was zunehmend auch von der Verhaltenstherapie berücksichtigt wird (vgl. ROST 1978).

Nach ARONFREED (1969, S. 263) entstehen also im Verlauf der Sozialisation „interne Monitore“, die zahlreiche Steuerungsfunktionen übernehmen, die ursprünglich externe Kontrollen innehatten. Diese Monitore sind Instanzen einer antizipatorischen bewertenden Kontrolle von Handlungskonsequenzen im Hinblick auf bestimmte normative Standards, die ebenfalls „internalisiert“ bzw. vom Individuum, vermittelt durch Fremdkontrolle, aufgebaut werden. Durch verinnerlichte Normen gesteuertes Verhalten ist zusammenfassend durch folgende Merkmale gekennzeichnet (nach FEND 1971, S. 23):

a) Kognitive Repräsentation der Normen und deren Verknüpfung mit Affekten;
b) Unabhängigkeit von Außenkontrolle und direkter Überwachung;
c) Übertragung des normorientierten Verhaltens auf neue Situationen und Anforderungsstrukturen.

Zur lerntheoretischen Interpretation von „Internalisierung“ lassen sich einige kritische Anmerkungen machen:

1. Das Problem der Selbststeuerung wird auf das Problem von Selbstsanktionierung reduziert. Damit bleibt offen, welche konkreten Möglichkeiten der konstruktiven Mitgestaltung von normativen Standards, Sanktionsmustern und Anwendungsregeln der Einzelne tatsächlich hat.
2. Mit „Internalisierung“ werden keine neuen Lernprinzipien beschrieben, sondern lediglich Vorgänge, die der Entstehung und Wirkungsweise von Selbstsanktionierung zugrundeliegen sollen.
3. Diese Beschreibungen sind häufig Analogieschlüsse und geben nur unzureichend Auskunft
   a) über die Bedingungen, unter denen bestimmte Kinder bestimmte Regeln von bestimmten Personen übernehmen und sich in bestimmten Situationen auch wirklich danach richten, und
   b) über die psychischen Prozesse, die beim Aufbau kognitiver Repräsentationen, bei der „Umsetzung“ von Kognitionen in Verhalten, bei der Selbstbestrafung usw. tatsächlich eine Rolle spielen (vgl. dazu auch Kap. 3.1 über „Selbstkontrolle“).

2.3.3 Forschungslogische Fragen

Um den heuristischen Wert lerntheoretischer Interpretationen von Sozialisationsprozessen bzw. Teil- oder Mikroprozessen innerhalb globaler Entwicklungsverläufe feststellen zu können, muß man sich die Forschungsstrategie genauer ansehen (das folgende nach BALDWIN 1974, S. 211 ff.). Lerntheoretisch orientierte Rekonstruktionen von Teilprozessen der Sozialisation müßten nachweisen können, wie bestimmte Phänotypen (beobachtbare Verhaltensmerkmale) zustandegekommen sind, und zwar im Hinblick auf bestimmte soziokulturelle, normative Erwartungen. „Wie“ heißt in diesem Fall: Aufgrund welcher Lernprinzipien bzw. Gesetzmäßigkeiten, aufgrund der Wirkung welcher „Modelle“, aufgrund welcher Person-Umwelt-Konstellationen, aufgrund welcher konkreter Handlungen wie z. B. Übung, Exploration, Versuch- und Irrtumlernen usw., aufgrund welcher notwendiger und hinreichender Bedingungen wie z. B. Motivation, kognitiver Strukturiertheitsgrade, Gedächtniskapazität, (sozialer) Verstärkungsbedingungen usw. kommen Verhaltensänderungen zustande?
Lerntheoretisch orientierte Sozialisationsforscher haben es bisher weitgehend versäumt, „reale Ereignisse im häuslichen Milieu des Kleinkindes zu untersuchen, um zu entdecken, welche Koppelungen zwischen Reizen tatsächlich mit hoher Frequenz auftreten, um die realen Verstärkungspläne festzustellen und diese mit dem Auftreten von Abhängigkeit, Aggression usw. zu korrelieren“ (BALDWIN, a. a. O.). Bestenfalls wurden solche Zusammenhänge retrospektiv anhand von Interviewdaten rekonstruiert. Übertragungen von experimentellen Befunden auf Prozesse in natürlichen Umwelten blieben oft sehr spekulativ: Für das zu erklärende Phänomen (z. B. Aggressivität) wird zunächst eine bestimmte Lerngeschichte behauptet; dann

wird im Labor gezeigt, daß der entsprechende Mikroprozeß bzw. das behauptete Lernprinzip (z.B. Modell-Lernen) reproduziert werden kann; und schließlich folgert man, daß Kinder, die das betreffende Verhalten zeigen, die angenommene Lerngeschichte auch hatten.
In Wirklichkeit wurde selten nachgewiesen, daß die angenommenen hypothetischen Ereignisse in der Kindheit auch tatsächlich stattfanden. Es gibt kaum Hinweise darauf, daß die behaupteten Kontingenzen sich jemals einstellten, als sekundäre Verstärkung funktionieren usw. Es gibt z.B. sehr viele Möglichkeiten des Erwerbs aggressiver Verhaltensweisen; Verstärkung ist nur eine davon. Die Analogieschlüsse der Lerntheoretiker leiden darunter, daß Antezedensbedingungen meist nur erschlossen und kaum jemals erhoben werden. Wenn A B impliziert, so beweist das Auftreten von B noch lange nicht die Existenz von A. „Die Theoretiker des sozialen Lernens haben einige der experimentell begründbaren Tatsachen über das Lernen herausgegriffen und versucht, vorstellbare Ereignisse in der Kindheit anzunehmen, welche die vorhergesagten Verhaltensweisen hervorbringen könnten" (BALDWIN, S. 212). – Dieses Vorgehen ist allerdings wichtig und nötig, wenn man Hypothesen über die Wirksamkeit und Verstärkungsvalenz *aktueller* Verhaltensbedingungen entwickeln will, wie es z.B. in der Verhaltenstherapie geschieht. Der Verhaltenstherapeut, der aktuelle Verhaltenstendenzen verändern will und zu diesem Zweck „ideographische Verstärkerhypothesen" formuliert und in der Therapie selbst überprüft und modifiziert (vgl. WESTMEYER 1973), hat es insofern leichter als der Sozialisationsforscher, als er Wirkungszusammenhänge nicht bloß erschließen muß, sondern selbst beeinflussen kann. Wirkungszusammenhänge, d.h. vergangene Lernprozesse können also – auch in einer Art Analogieschluß – rekonstruiert werden, indem man quasi-experimentell aktuell gegebene Lernbedingungen verändert und die Wirkungen beobachtet.
Lerntheoretisch orientierte Sozialisationsforschung würde in dieser konstruktivistischen Sichtweise implizieren, daß Forscher Verstärkungspläne selbst implementieren, d.h. innerhalb gewisser Grenzen Umwelt kontrollieren und programmieren können. Erst dann könnte man mit Recht behaupten, daß Lerngesetze Verhaltensänderungen erklären und vorhersagen. Weil aber eine weitgehende Kontrolle der Umwelt durch den Therapeuten bzw. Forscher erstens aus ethischen Gründen fragwürdig und zweitens aufgrund der Bedingungsvielfalt unwahrscheinlich ist, erheben sich grundsätzliche Zweifel an der Anwendbarkeit von Lern- und Verhaltenstheorien. Zu diesem Schluß kommt WESTMEYER (1976) nach einer Diskussion der Frage, inwieweit Lerntheorien tatsächlich eine Basis für verhaltenstherapeutische Vorgehensweisen abgeben können bzw. inwieweit Verhaltenstherapie „Anwendung" von Lerntheorien ist. Seine Argumente können ohne weiteres auf die mögliche Rolle von Lerntheorien in der Gestaltung von Erziehungsprozessen übertragen werden.

Wenn Lern- bzw. Verhaltenstheorien zur Erklärung und Prognose von Verhaltensweisen im Therapie- und Erziehungsbereich geeignet sein sollen, müssen u.a. folgende Bedingungen erfüllt sein (WESTMEYER a.a.O.):

a) Die beim Lernenden ablaufenden Prozesse müssen in der jeweiligen Theoriesprache objektiv, zuverlässig und valide beschrieben werden können, ebenso das Verhalten des jeweiligen Interaktionspartners und der relevanten Situationsmerkmale.
b) Es müssen empirisch bewährte Gesetzesaussagen vorhanden sein, die Ableitungen, Erklärungen und Prognosen erlauben.
Zumindest für das Lernen in natürlichen Umwelten sind diese beiden Voraussetzungen nicht gegeben. Dies wird deutlich, wenn man die weiteren Bedingungen für die Anwendbarkeit von Lerntheorien betrachtet (a.a.O.).
c) Es müssen diejenigen Ereignisse bzw. „Reize" genau bekannt sein, die bestimmte Reaktionen kontrollieren; dasselbe gilt für die jeweils zugrundeliegenden Verstärkungspläne.
d) Die Auftrittswahrscheinlichkeiten von Reaktionen sowie deren Veränderbarkeit muß zu beliebigen Zeitpunkten exakt bestimmbar sein.
e) Die Lerngeschichten im Hinblick auf spezifische Reiz-Reaktions-Verbindungen müssen bekannt sein, um die Formulierung individuumspezifischer Verstärkerhypothesen zu ermöglichen.
f) Bedingungen der Reiz- bzw. Reaktionsdiskrimination und Generalisierung müssen bekannt sein, was u.a. die Skalierbarkeit von Reizen hinsichtlich ihrer „Ähnlichkeit" erfordert (wichtig z.B. in der Angsttherapie durch systematische Desensibilisierung).

Es gibt derzeit keine Verhaltenstheorie, die eine Präzisierung und Erfassung der genannten Bedingungen in der Weise ermöglichen würde, daß für Alltagshandeln genaue Verstärkungspläne angegeben werden könnten. Es kann hier nicht mehr auf die pragmatischen Lösungen eingegangen werden, die WESTMEYER auf der Grundlage der „Nicht-Aussagenkonzeption" von Theorien (nach SNEED und STEGMÜLLER) vorschlägt. Diese Lösungen implizieren, daß man von dem Anspruch abgeht, Lernprozesse als Ausdruck allgemeingültiger Gesetzmäßigkeiten anzusehen, die für beliebige Anwendungssituationen gelten. Übrig bleibt dann „kontrollierte Praxis", die nach theoretisch begründeten technologischen Regeln und nach normativ wie empirisch ausgewiesenen Effektivitätskriterien geplant und überprüft werden muß, und zwar problem- und individuumspezifisch. Wir werden im nächsten Kapitel sehen, daß es konvergierende Tendenzen gibt: In der Theorienbildung bemüht man sich zunehmend um die Formulierung komplexerer und zugleich realitätsnäherer Analyseeinheiten; in der (z.B. verhaltenstherapeutischen) Praxis wird komplexen Person-Umwelt-Bezügen und der Entwicklung komplexer realitätsbezogener Handlungskompetenzen zunehmend mehr Beachtung geschenkt.

3 Neuere Entwicklungen in den Verhaltenstheorien und ihre persönlichkeitstheoretischen Implikationen

Man hat dem (frühen) Behaviorismus oft ein mechanistisches Menschenbild vorgeworfen, das viele typisch menschliche Wesenszüge wie Eigenaktivität, Kreativität, Selbstverantwortlichkeit, sozial-emotionale Beziehungen und Wertbezogenheiten vernachlässigte (vgl. z.B. BERGIUS 1960). Heute muß die Frage nach dem Subjektmodell, der zugrundeliegenden Persönlichkeitstheorie bzw. der „impliziten Anthropologie" lern- und verhaltenstheoretischer Ansätze sicher anders und differenzierter beantwortet werden. Ganz grob lassen sich heute folgende allgemeinen Tendenzen feststellen:

1. Es wird explizit über die *anthropologischen Grundannahmen* diskutiert, die Theorien, Versuchsanordnungen und Anwendungen beeinflussen (vgl. BANDURA 1976a; JAEGGI 1975). Dabei wird meist an die Verantwortung des Wissenschaftlers erinnert, Eigenaktivität und Selbstbestimmungsfähigkeiten auch unter praktischen Gesichtspunkten in den theoretischen Konzepten mitzuberücksichtigen (dazu auch HUBER 1976, der neuere Lerntheorien unter dieser Fragestellung analysiert).
2. Im Zentrum derartiger Diskussionen steht oft das *Verstärkungskonzept*, weil es sowohl über motivationale Grundlagen wie über Person-Umwelt-Bezüge Aussagen macht und damit auch über Handlungs- und Selbstbestimmungsmöglichkeiten (vgl. zusätzlich GEWITZ 1969; BINDRA 1974; BOWERS 1973; BOLLES 1972; WHITE 1959; SCHIEFELE 1974, z.B. S. 167).
3. Die wichtigsten inhaltlichen Veränderungen werden mit dem Stichwort „*kognitive Wende*" (vgl. z.B. DEMBER 1974; NORMAN u.a. 1975; SIMON/NEWELL 1970) zusammengefaßt. Damit meint man die zunehmende Berücksichtigung von intervenierenden Kognitionen (wie Erwartungen, Kausalattribuierungen), von Informationsaufnahme- und -verarbeitungsprozessen sowie von strukturellen Eigenarten der Orientierungssysteme (z.B. „kognitive Komplexität", vgl. MANDL/HUBER 1978) in Verhaltenssteuerungsmodellen.
4. „Lernen" wird zunehmend als Problem des „*Alltagsmenschen*" und wenigere als Funktion laborexperimenteller Versuchsbedingungen angesehen. Die Erkenntnis- und Orientierungsfunktionen des Lernens für die Bewältigung von Alltagsproblemen werden ernstgenommen, was den Stellenwert sehr einfach strukturierter Lernformen (z.B. Dressur durch direkte Verstärkung) reduziert.
5. Die stärkere Berücksichtigung komplexerer Lernformen (z.B. Lernen durch kognitive Organisation) impliziert generell eine gewisse *Entautomatisierung* des Lernens: Lernen wird als intentional gesteuerter Prozeß aufgefaßt (z.B. Beobachtungslernen bei BANDURA), der vom Individuum selbst überwacht und korrigiert werden kann (vgl. handlungstheoretischen Einflüsse, Abschnitt 3.5). Experimente zum direkten Vergleich von „Verstärkung" contra „Instruktion" haben die nicht überraschende Überlegenheit der Instruktion erwiesen (vgl. GROEBEN/SCHEELE 1977, S. 65f.).
6. Das Problem der *Anwendung* lerntheoretischer Annahmen und Prinzipien (z.B. in der Verhaltenstherapie) wird teilweise sehr pragmatisch gelöst, teilweise, auch unter Berufung auf neuere Entwicklungen in der Wissenschaftstheorie, kontrovers diskutiert (vgl. KRAIKER 1976; WESTMEYER 1976). Auch die Vereinbarkeit bzw. Nichtverein-

barkeit unterschiedlicher Theorien (z.B. Psychoanalyse/Lerntheorie) wird neu diskutiert (vgl. KEUPP/KRAIKER 1977).

Im folgenden soll nun in fünf kurzen Abschnitten exemplarisch auf wichtige Neuentwicklungen im Bereich der Lern- und Verhaltenstheorien eingegangen werden, wobei von Abschnitt 3.1 bis Abschnitt 3.5 der Bruch mit traditionellen Persönlichkeitsauffassungen immer deutlicher werden wird.

3.1 Selbstkontrolle

Die Begriffe „Selbstkontrolle" oder „Selbstregulation" betreffen in der Tradition SKINNERS und KANFERS alle Verhaltensweisen, die ohne oder sogar gegen die Wirkung externer Steuerungsbedingungen ablaufen (vgl. Überblick von HALISCH/BUTZKAMM/POSSE 1976, auch zum folgenden; ferner LOPATTO/WILLIAMS 1976). Genauer gesagt meinen diese beiden Begriffe alle jene offen beobachtbaren oder nur erschließbaren „inneren" Versuche eines Individuums, die Bedingungen der Verstärkung des eigenen Verhaltens selbst zu beeinflussen. Selbstkontrolle liegt sowohl dann vor, wenn ein Naschsüchtiger Pralinen schwer auffindbar versteckt (aktive Veränderung verstärkender Stimulusbedingungen), als auch dann, wenn jemand mit Hilfe der Methode des Gedankenstopps Denkverläufe unterbricht, die aversive Effekte haben (z.B. Angst- und Schuldgefühle). Aus dem Alltag sind die Selbstbelohnungen bekannt, die man sich für eine gute Leistung verabreicht (man „gönnt" sich eine gute Flasche Wein, feiert mit Freunden usw.). Voraussetzung für die Beschreibung derartiger Vorgänge ist die SKINNERsche Unterscheidung zwischen „kontrollierendem" und „kontrolliertem" Verhalten (1953).
Selbstkontrolle, in der engeren Form der Selbstverstärkung, wird in Analogie zur Fremdbekräftigung konzipiert: Wenn äußere Bekräftigungsbedingungen nicht erkennbar sind, so schließt man, wendet das Individuum quasi als „Ersatz" Steuerungstechniken an, die der Verstärkung durch andere (als Motivierungsmechanismus) entsprechen. SKINNER (1953) nennt dafür zwei wesentliche Voraussetzungen:

1. Die Verstärker müssen dem Individuum frei, d.h. jederzeit und unbegrenzt zur Verfügung stehen.
2. Das eigene Verhalten muß bestimmten Kriterien bzw. Anforderungen genügen, sonst „darf" man sich nicht belohnen.

KANFER und seine Mitarbeiter (z.B. KANFER 1970, 1975) unterscheiden drei Teilprozesse des Selbstregulationssystems: Selbstbeobachtung, Selbstbewertung und Selbstbekräftigung. Selbstbewertung ist dabei ein kognitiver Vergleichsprozeß, der Standardsetzung einschließt und der Selbstbekräftigung unmittelbar vorausgeht.
Die Kritik setzte vor allem an der Unterstellung der Unterscheidbarkeit und Eigenständigkeit der Prozesse „Selbstbewertung" und „Selbstbekräftigung" an. Selbstbewertungsprozesse scheinen unmittelbare motivationale Wirkungen zu haben. Vor allem HECKHAUSEN (1972, 1975, 1978) hat ein Deutschland eine Theorie der Motive *als* Selbstbekräftigungssysteme entwickelt. Dabei ist zwischen der Genese und der Funktion derartiger Selbstregulationsmechanismen zu unterscheiden. Im Sozialisationsprozeß müssen bestimmte günstige Bedingungen die Entwicklung erleichtern (z.B. Selbständigkeitserziehung, kognitives Unterscheidungsvermögen, Fähigkeit zur richtigen Kausalattribuierung, Lernen eigener Standardsetzung usw.). In der späteren Auseinandersetzung mit Lernaufgaben wirkt dann die Selbstbewertung (Vergleich von Soll- und Istzustand; Kausalattribuierung) als zentraler kognitiver Zwischenprozeß. Die selbstbewertenden Reaktionen – als Verstärker im engeren Sinne – sind bei HECKHAUSEN bestimmte Gefühle wie Freude und Stolz bzw. Ärger oder Scham.

Ohne noch auf die Bedeutung von Selbstkontrollkonzepten in der Verhaltensmodifikation eingehen zu können (vgl. HARTIG 1973; MEICHENBAUM 1977), wollen wir kurz einige Probleme ansprechen:

a) Geht der Aufbau von Selbstkontrollmaßnahmen auf Fremdverstärkung zurück, auf Intervallverstärkung (GERWIRTZ 1969), auf „Internalisierung" (ARONFREED 1969) oder auf Beobachtungslernen und kognitive Schematisierungsprozesse (BANDURA 1976; auch PIAGET)?
   In welcher Weise kann „interne" Kontrolle von „externer" unabhängig entstehen und/oder wirken?
b) Die Rolle der Emotionen ist in doppelter Weise unklar. Zum einen ist psychologisch nicht nachvollziehbar, daß alle Individuen in gleicher Weise z.B. positive Gefühlsregungen frei verfügbar haben sollen. Es dürfte große individuelle Unter-

schiede geben in der Möglichkeit, etwa „Freude" und „Stolz" überhaupt empfinden zu können. Zum anderen lassen sich Emotionen sicher nicht völlig in Kognitionen auflösen, wie z. B. MEYER (1973) nahezulegen scheint: Nicht Affekte und Affektantizipationen steuern das Verhalten, sondern Informationen über die eigene „Begabung", die ein entsprechendes Bedürfnis befriedigen sollen.

c) Wenn nicht „objektive" Gegebenheiten das Verhalten beeinflussen, sondern kognitive Repräsentationen und subjektive Bewertungen (vgl. HALISCH u. a.), dann stellt sich die Frage nach der Veridikalität dieser Kognitionen. Gegenstand der Forschung ist jedoch meist der Zusammenhang zwischen intervenierenden Kognitionen (als u. V.) und z. B. Leistungsverhalten (als a. V.).

d) Voraussetzung für die lernrelevante Verwendung von Selbstbekräftigung müßte die Aufklärung der Betroffenen über die verhaltensdeterminierenden Variablen der Umwelt und der eigenen Persönlichkeit sein (vgl. ROHR 1972, S. 41). Erst auf der Grundlage dieses Wissens könnte ein Individuum „Verstärker" aufsuchen oder vermeiden, setzen oder verändern, auswählen und entscheiden (ebd.). Über die Bedingungen eines derartigen „selbstbestimmten" Handelns erfährt man in den entsprechenden Theorien jedoch sehr wenig.

Im Vergleich zu den nun folgenden Konzeptionen ist das Modell der Selbstkontrolle noch stärker behavioristischen Traditionen verhaftet: Priorität der externen Kontrolle; Kognitionen werden lediglich als „intervenierende Variablen" verstanden, damit Festhalten am „blackbox-Modell"; unter dem Einfluß von Erwartungs-Bewertungs-Theorien entsteht die entscheidungstheoretische Variante eines motivationstheoretischen Hedonismus (vgl. ULICH 1979).

3.2 Ansätze zu einem sozial-kognitiven Persönlichkeitsmodell

BANDURA (1976 a) wendet sich explizit und mit Vehemenz gegen die Auffassung von der Priorität externer Kontrolle. BANDURA (S. 209) führt die Annahme der prinzipiellen Abhängigkeit von externer Kontrolle auf ein „verstümmeltes Bild vom Menschen" zurück, das nicht berücksichtigt, daß Individuen ihr Verhalten teilweise durch *selbstgeschaffene* Kontingenzen steuern. Diese Regeleinsicht entsteht nicht, wie bei SKINNER, aus der Notwendigkeit zur Anpassung, sondern umgekehrt aus der Tatsache, daß Überleben nur möglich ist, wenn die Individuen sich ihre Umwelt selbst schaffen: „Verändere das Verhalten und Du veränderst die Kontingenzen" (S. 221). Individuen können konstruktive und generative Handlungskompetenzen und Selbststeuerungssysteme ausbilden, die den Einsatz selbsterzeugter kognitiver Hilfen (einschließlich Erkenntnissen!) bei der Selbststeuerung des Verhaltens erlauben. Auf die dabei wirksamen Lernmechanismen wurde oben schon eingegangen.

Wenn Menschen durch ihre Handlungen wesentlich mitbestimmen, *welche* Kontingenzen (Regeln und regelmäßige Beziehungen zwischen Handlungsbedingungen, Handlungen und -effekten) auf sie einwirken, dann muß man nach eben diesen Bedingungen von selbstbestimmtem Handeln und Lernen forschen. Mehr als illustrative Hinweise, allerdings auch auf gesellschaftliche Faktoren, sind bei BANDURA dazu nicht zu finden. BANDURA leugnet nicht den Einfluß externer Verhaltenskontrollen; aber sie seien nicht die einzigen Einflußfaktoren, und sie wirken auch nicht automatisch, sondern vielfach vermittelt über kognitive Repräsentationen und Antizipationen (S. 207). Im „Paradigma der persönlichen Kontrolle" soll untersucht werden, wie Lernen auch als aktive Aneignung durch gleichzeitige Veränderung der Umwelt funktioniert – leider gibt es derartige Untersuchungen auch im Umkreis von BANDURA noch nicht.

Auch MISCHEL konzipiert in seinem bekannten Aufsatz (1973) komplexe Konstruktions- und Regelungssysteme, die dem Individuum erlauben, Handlungen selbsttätig zu planen und durchzuführen. Auch er bestimmt Verhalten als abhängig von der kognitiven Repräsentation der Umwelt, und diese Repräsentation ist immer auch abhängig von Persönlichkeitsfaktoren bzw. genauer: den bisher zwischen „Person" und „Situation" stattgefundenen Austauschprozessen. Im einzelnen nimmt MISCHEL folgende Variablen der Informationsaufnahme, -verarbeitung und Handlungsplanung sowie -bewertung an: Kompetenzen der Handlungsplanung, Strategien der Verschlüsselung und Enkodierung, Erwartungen im Hinblick auf die Valenz und Wahrscheinlichkeit bestimmter Ereignisse, subjektive Bewertungsschemata, Selbstregulationssysteme und Handlungspläne.

Nicht einzelne Reiz-Reaktions-Verbindungen sind also Inhalt von Lernprozessen, sondern komplexe Konstruktions- und Regelungssysteme. *Wie* aber wird gelernt? Lernen ist niemals passive Aufnahme, sondern aktive Aneignung, Verarbeitung, Kanalisierung und Strukturierung von Erfahrungen. Es wird Komplexität reduziert, es werden selektive Perspektiven entwickelt, die auch die Antizipation von Handlungsfolgen erlauben. Lernen heißt auch, Bezugssysteme der Bedeutungszuschreibung und Bewertung aufzubauen. Mit Hilfe von Organisationsregeln (z.B. Plänen), die als hierarchisch geordnete, selbstentwickelte Handlungsanweisungen die Abfolge und Kontrolle von Handlungssequenzen kognitiv vorstrukturieren, kann ein Individuum auch ohne äußere Unterstützung sein Verhalten steuern.

Gemeinsam ist den Ansätzen von Bandura und Mischel sowie verwandten Theorien aus der Schule der „(cognitive) social learning theory" die Auffassung, daß Lernen in sozialen Beziehungen stattfindet und zum Aufbau subjektiver Bedeutungsstrukturen führt (vgl. auch Ulich 1976, S. 175ff.). Viele Ausführungen bleiben jedoch im Programmatischen stecken; zwischen der Theorie und den Experimenten klafft eine bemerkenswerte Lücke (vgl. z.B. Bandura 1976). Persönlichkeitstheorie wird „kognitiviert" (Groeben/Scheele 1977, S. 49), ohne daß sich am S-R-theoretischen Forschungsansatz etwas Grundlegendes ändert. Denn auch dann, wenn man Kognition als Mediator der externen Verhaltensbedingungen ansieht, bleibt die Priorität der externen Verhaltenskontrolle tendenziell erhalten, nämlich über die vergangene Lerngeschichte, die ihrerseits die vermittelnden Kognitionen determiniert (ebd.). Solange entsprechende Veränderungen der Methodologie und Methoden sowie empirische Untersuchungen (z.B. zum Aufbau kognitiver Repräsentationen) fehlen, die die programmatischen Ausführungen realisieren, haben wir im kognitiv-interaktionistischen Persönlichkeitsmodell lediglich den Versuch einer alternativen Gegenstandsbestimmung vor uns.

3.3 Das „epistemologische Subjektmodell"

Eine endgültige Abkehr von behavioristischen Verhaltenstheorien postulieren Groeben/Scheele (1977). Im Unterschied zu Bandura und Mischel vertreten sie eine konstruktivistische Position: Das Subjekt „konstruiert" sich seine Welt aktiv durch die Anwendung bzw. realitätsgerechte Veränderung seiner kognitiven Schemata. „Das zentrale Problem der Vermittlung des subjektiven und objektiven Aspekts wird dabei unausweichlich die Frage, ob die aktiv-kognitive Konstruktion von Welt an der Realität (wie sie sich anderen darstellt) vorbeigeht, ob sich die subjektiven Konzepte als ‚Scheuklappen' erweisen oder nicht" (a.a.O., S. 50; auch Bowers 1973, S. 328). Also müssen Kognitionsinhalte als Hypothesen oder Quasitheorien des reflexiven Subjekts aufgefaßt und deren Realitätsgeltung überprüft werden. Die „Theoriebildung" des Alltagsmenschen sowie deren Realitätsbezug müssen Gegenstand der Forschung sein. Muß man aber dafür nicht unterstellen, *daß* Individuen überhaupt Interessen, Fähigkeiten und Möglichkeiten haben,

a) ihre Kognitionen als „Hypothesen" aufzufassen und
b) sie auch überprüfen zu wollen bzw. zu können?

Das „epistemologische Subjektmodell" ist ein Appell an den Wissenschaftler, generell Reflexivität und Rationalität vorauszusetzen und Individuen als „Erkennende" anzusehen, was gravierende Konsequenzen für die Fragestellungen und Methoden der Forschung hat. Reflexivität wird als Voraussetzung für potentielle, zumindest prinzipiell erreichbare Rationalität angesehen. In der Rationalität, etwa definierbar als das Bestreben, Realität zu erkennen und in den Dienst gemeinsamer Bedürfnisse zu stellen, manifestiert sich die spezifisch menschliche Existenzweise, die durch Intentionalität, Einsichtsfähigkeit, Erkenntnisfähigkeit und prüfende Reflexivität ausgezeichnet ist. „Epistemologisch" heißt: Das Subjekt verfügt über (intuitive) „Theorien" über die Realität und versucht diese anhand von Erfahrungen konkret zu überprüfen. Dabei handelt die Person in Analogie zum (empirischen) Wissenschaftler, denn sie generiert Hypothesen und überprüft sie an der Realität.

Vor allem in zweierlei Hinsicht unterscheidet sich also dieser Ansatz von sozial-kognitiven Theorien: Zum einen werden nicht nur Form und Entstehung, sondern auch der Inhalt von Kognitionen zum Gegenstand der Forschung gemacht; und zum anderen „wird die Struktur dieser Kognitionen in Parallelität zur Struktur wissenschaftlicher Theorien rekonstruiert" (S. 48). Gegenstand der Forschung können nur solche Handlungen von Individuen werden, in denen sich die oben genannten Merkmale der Reflexivität und Rationalität zeigen, wenn auch oft nur indirekt als falsche oder mißlungene

Realitätsauffassung. „Lernen" heißt hier also, reflexive Realitätsdeutungs- und -prüfungssysteme aufbauen, die realitätsangemessene Orientierung und Handlungen erlauben. Freilich gibt es bisher von den relevanten Forschungsrichtungen her („Naive Verhaltenstheorie", „Attributionstheorie" u.ä.) wenig Anregungen gerade für eine Untersuchung des Realitätsgehaltes von Kognitionen (vgl. ULICH 1979). Die Person-Umwelt-Beziehung wird dort tendenziell kognitivistisch interpretiert. Offen bleiben dabei Fragen wie: Welche Möglichkeiten haben Individuen zur Erhebung valider Informationen über ihre Handlungsbedingungen? Welche Rolle spielen „Erkenntnisse" in der gesamten Handlungsregulation? Welcher Art sind die Lernprozesse, die zu „Reflexivität" führen? Wie sehen die Umweltbedingungen aus, die „erkennende" Individuen hervorzubringen geeignet sind?

3.4 Persönlichkeitstheoretische Implikationen verhaltenstherapeutischer Praxis

Vor allem im Bereich der „kognitiven" Verhaltenstherapie scheinen gegenwärtig Entwicklungen stattzufinden, die zu Veränderungen und Neufassungen zentraler lerntheoretischer Grundannahmen führen können (vgl. BLÖSCHL 1977; HOFFMANN 1978; JAEGGI 1979; MEICHENBAUM 1977; ROST 1978; SCHULTE 1977). JAEGGI zeigt in ihrem bekannten Aufsatz (1975), daß bestimmte, allgemein akzeptierte verhaltenstherapeutische Vorgehensweisen „Vorstellungen vom Wesen des Menschen" enthüllen, die sich beträchtlich von der „impliziten Anthropologie" des *theoretischen* Selbstverständnisses der Verhaltenstherapie unterscheiden. JAEGGI arbeitet folgende Momente verhaltenstherapeutischer Praxis heraus, die persönlichkeitstheoretische Grundlagen klar machen, wie sie auch in den bisher hier skizzierten Neuentwicklungen weniger deutlich und weniger eindeutig waren:

a) Das Moment der Planung: Aufgrund einer genauen Analyse des Problemverhaltens entwerfen Therapeut und Patient gemeinsam einen Plan, um Bedingungen der Störung zu eliminieren. Dieses Vorgehen impliziert die generelle Fähigkeit zum Planen, Ereignisse vorherzusehen und unter Kontrolle zu bringen. Einsicht in Vorhersagbarkeit und Zukunftsbezug des Handelns sind nicht nur (in der Therapie) zu entwickeln, sondern müssen immer schon vorausgesetzt werden. Intentionalität, Zielorientierung, Bewußtseinsfähigkeit und willentliche Beeinflußbarkeit des Verhaltens sind also zentrale Voraussetzungen der Therapie.
b) Das Moment der Übung: Im Gegensatz zur Psychoanalyse schätzt Verhaltenstherapie plötzliche Einsicht geringer ein als das Lernen durch übende Wiederholung, d.h. den kontinuierlichen Aufbau neuer Handlungskompetenzen und Orientierungssysteme. Da jeder Mensch lernen kann, ist (nahezu) jeder Mensch auch therapierbar. Entscheidend für Lernfortschritte ist nicht die Beeinflussung auf der symbolischen Ebene, also durch Sprache, sondern die konkrete Handlungserfahrung. „Erst die Übung bestimmten Verhaltens (meist als ‚Alternativverhalten' zum unerwünschten Verhalten konzipiert) schafft die Vorbedingung für neue emotional-kognitive Erkenntnisse über größere strukturelle Zusammenhänge der eigenen persönlichen Geschichte" (S. 430).
c) Das Moment der gerichteten multiplen Aktivität: Erfahrungen können nur gemacht werden, wenn gerichtete Aktivitäten in verschiedenen Formen und Lebensbereichen angeregt, ausgeführt und eingeübt werden. In der Therapie wird daher jeder Ansatz zur Aktivität und Auseinandersetzung mit der Umwelt gefördert. In konkreten Handlungsvollzügen erfährt der Patient sich selbst als „Verursacher" und Umgestalter, und er verinnerlicht gleichzeitig diesen Vorgang zum Aufbau neuer Selbstkonzepte. Verhaltenstherapie baut ihr Vorgehen auf „die Fähigkeit des Menschen zum Erkenntnisgewinn durch aktive Tätigkeit in der Umwelt" (S. 432).
d) Das Moment der aktuellen Determination: Im Vergleich zu anderen Therapieformen spielt die vergangene Lerngeschichte, etwa die ersten sechs Lebensjahre, hier keine so zentrale Rolle. Vielmehr wird „die aktuelle Bezogenheit von Mensch und Umwelt besonders betont und damit auch die Möglichkeit einer relativ raschen neuen Bezugnahme gesehen" (S. 435). Verhalten ist, wie lange es auch immer schon andauern mag, durch die jeweils aktuellen Bedingungen determiniert und also auch durch aktuelle Veränderungen beeinflußbar (im Gegensatz

zur Auffassung der Psychoanalyse, die eine Aufarbeitung frühkindlicher Konfliktsituationen fordert). Es können in *jedem* Lebensalter Bedingungen auftreten, die gestörtes Verhalten bewirken oder zum Verschwinden bringen. Natürlich gibt es auch strukturell determiniertes Verhalten, in dem sich lebensgeschichtliche Verfestigungen ausdrücken, die aktuellen Einflüssen gegenüber relativ immun sind (Beispiel: Depression).

e) Das Moment der Spezifität: Patienten werden nicht typisiert, sondern der Therapeut bemüht sich, auf die einem Indiviuum jeweils gegebene Möglichkeit von Eigenaktivität einzugehen. Es wird, nach einer (auch biographischen) Analyse individueller Verstärkungsbedingungen, mit spezifischen Bekräftigungsformen gearbeitet, spezifische Bedürfnisse werden angesprochen, auch spezifische Vorstellungsweisen (z.B. in der systematischen Desensibilisierung). Mehr als andere Therapieformen versucht die Verhaltenstherapie auf die aktuell und konkret gegebene Individualität des Patienten einzugehen.

3.5 Handlungstheoretische Ansätze

Der Begriff „Handlungstheorie" umfaßt sehr heterogene Ansätze, die von Max Weber, Lewin und Parsons bis zu Wygotsky und Leontjew reichen. In neuerer Zeit wird die Diskussion vor allem durch Miller/Galanter/Pribram (1973), Hacker (1973), Volpert (1974), Leontjew (1977), Lenk (1977) und Kaminski (1976) bestimmt. Bergold (1978) versucht eine Integration lern- und handlungstheoretischer Konzepte; Oerter (1978) baut auf dem Tätigkeitskonzept von Leontjew auf und versucht eine Neukonzipierung sozialer Kognitionsprozesse (auch unter entwicklungspsychologischem Aspekt); Werbik (1978) gibt aus konstruktivistischer Sicht einen Überblick über Handlungstheorien; Weidenmann (1978) entwickelt auf der Grundlage des Tätigkeitskonzepts eine alternative Angsttheorie; Kossakowski/Ettrich (1973) untersuchen Möglichkeiten der Entwicklung einer eigenständigen Handlungsregulation mit Hilfe des Kleingruppenexperiments, und Semmer/Frese (1978) zeigen die handlungstheoretischen Implikationen für kognitive Therapie auf.

Man kann einige (teilweise gemeinsame) Intentionen und Grundauffassungen ausmachen, die sich häufig in einer Auseinandersetzung mit behavioristischen Verhaltenstheorien entwickelt haben:

1. In vielen traditionellen Verhaltenstheorien bestand ein theoretisches Vakuum zwischen Kognition und Aktion, das z.B. Miller/Galanter/Pribram mit dem Konzept des „Plans" ausfüllen wollten, das sowohl Intentionalität wie auch die hierarchische Organisation von Selbststeuerungsprozessen und die sequentielle Strukturierung von Planungs- und Ausführungshandlungen umfaßt (vgl. auch Hacker 1973; Volpert 1974).
2. Die Analyseeinheiten von handlungstheoretischen Forschungsansätzen sind komplexer als die traditioneller Verhaltenstheorien, da Teilprozesse wie Wahrnehmen, Beurteilen, umweltveränderndes Operieren und kognitive Umstrukturierung nach handlungstheoretischer Auffassung immer in einem bestimmten „Verbund" funktionieren (vgl. Kaminski 1976, S. 12); der Zusammenhang einer Handlung mit Planungs- und Bewertungsvorgängen, die Ebenen der hierarchischen Organisation und die Phasen der sequentiellen Ablaufgestaltung dürfen niemals außer acht gelassen werden. Damit ist psychologischer Reduktionismus in jeder Form ausgeschlossen.
3. Person läßt sich nicht auf Umwelt reduzieren und Umwelt nicht auf Person. Es besteht vielmehr eine komplexe wechselseitige Beziehung zwischen beiden: Umwelt wird aufgefaßt als vergegenständlichte Handlungen, Handlungen sind Vergegenständlichungen der Subjekte. Der Prozeß des vergegenständlichenden Handelns stellt die Beziehung zwischen Person und Umwelt her. „Über die Resultate (Gegenstände) des Handelns wird individuelles Handeln aufeinander beziehbar und somit gesellschaftliches Handeln. Umwelt als objektive Struktur umfaßt zugleich gesellschaftliche Objekte (vergegenständlichtes Handeln) wie auf sie sich beziehende Individuen (vergegenständlichendes Handeln)" (Oerter 1978, S. 18, auch S. 3ff.).

Ausgangspunkt des Aufbaus von Bewußtseinsstrukturen ist die praktische, äußere Tätigkeit, die durch den Gegenstand (der selbst wieder Produkt gesellschaftlichen Handelns ist) ihre spezifische Richtung und Funktion erhält (Gleiss 1975, S. 449). Innere psychische Tätigkeit geht aus der äußeren hervor: „In dieser Umwandlung der äußeren zur inneren Tätigkeit (Interiorisierung) werden die äußeren Prozesse einer spezifischen Transformation unterworfen: Sie werden verallgemeinert, sprachlich objektiviert, verkürzt und gehen damit über die Leistungsfähigkeit der äußeren Tätigkeit hinaus" (ebd.). So schafft individuelles Handeln als aktive Auseinandersetzung mit der Umwelt zugleich den Aufbau handlungsleitender kognitiver Strukturen – ein Gedanke, der sich nicht nur zentral bei PIAGET findet, sondern auch schon im amerikanischen Pragmatismus (z.B. bei DEWEY) sowie im „Sozialbehaviorismus" MEADS.

4. Um die Ergebnisse menschlichen Handelns planen und vorhersagen zu können, müssen die Zusammenhänge zwischen folgenden Prozeßgliedern berücksichtigt und analysiert werden (TOMASZEWSKI 1968):
   $S - Z - T - R - S_1$,
   „wobei S für die objektive Situation eines Menschen, Z für die zentralen Regulationsfaktoren (besonders die innere Organisation der psychischen Prozesse), T für die Tätigkeit, die entweder nach außen oder auf den Menschen selbst gerichtet ist, *und S_1 für eine neue objektive Situation stehen, in der der Mensch Resultat seiner eigenen Tätigkeit ist*" (ebd., Hv. D.U.). Es müssen kognitiv repräsentiert sein: die Umwelt, auf die man sich bezieht sowie die auslösenden Bedingungen; die Handlungsziele und der Handlungsablauf; die geplanten bzw. schon ausgeführten Operationen (vgl. BERGOLD 1978, S. 37). Der Handlungsbegriff umfaßt also objektive und subjektive Handlungsbedingungen, kognitive Repräsentationen und die eigentlichen Operationen gleichermaßen.

Welche Konsequenzen ergeben sich aus der dargestellten Sichtweise für die Bestimmung von „Lernen"? Besonders unter dem Sozialisationsgesichtspunkt ist festzustellen, daß „Lernen" und „Handeln" tendenziell zusammenfallen. Die aktive Auseinandersetzung mit der Umwelt *ist* immer zugleich auch ein Lernprozeß, soweit nämlich während oder nach den umweltbezogenen individuellen Operationen immer eine mehr oder weniger extensive Handlungsauswertung geschieht; man weiß künftig um die neugeschaffene Lage und „berücksichtigt dieses Wissen fürderhin" (KAMINSKI 1976, S. 18). Damit wird Lernen verständlich als das „zunehmende Ausnützen oder Herstellen von Regelhaftigkeiten in unterschiedlich erscheinenden Situationen" (BERGOLD 1978, S. 477. Erst dies ermöglicht den Aufbau von stabilen Handlungseinheiten; Lernen wird verstanden als „eine zunehmende Verbesserung der Handlungssysteme, d.h. also Veränderung der Handlungseinheiten und der Verbindung zwischen diesen Einheiten" (a.a.O., S. 48). Dabei ist Lernen notwendigerweise als *Erkenntnis*prozeß zu verstehen, weil aufgrund der wechselseitigen Person-Umwelt-Beziehung (vgl. oben Pkt. 3) sowohl zwischen den Zielen und Kognitionen der handelnden Partner wie auch zwischen den Umweltrepräsentationen und der Umwelt selbst notgedrungen ein gewisses Maß an „Isomorphie" herrschen muß (vgl. OERTER, a.a.O., S. 19).

Beim Aufbau von Handlungssystemen sind generell zwei sich ergänzende Prozesse anzunehmen, „von denen der eine zu einer immer größeren Automatisierung und Verselbständigung einer Handlungskette führt und der andere zum Aufbrechen der bestehenden Handlungsketten und zur Bildung neuer, größerer Einheiten" (BERGOLD 1978, S. 60). Handlungsketten werden vom Ziel her aufgebaut, d.h. der Lernprozeß erfolgt „von hinten nach vorne" (ebd.). Konkrete Situations-Handlungs-Einheiten werden „von unten nach oben" durch hierarchisch aufgebaute Kontrolleinheiten zum Handlungssystem zusammengefaßt (ebd.). Dagegen erfolgt die Regulation der Handlung „von oben nach unten": Die unteren Handlungseinheiten werden durch übergeordnete Ziele und Erwartungen in ihrem Stellenwert definiert und im Ablauf geplant und gesteuert.

Handlungs- und Denksysteme können nur von der konkreten Handlungssituation aus aufgebaut werden; es wird, ähnlich wie bei PIAGET, ein „kontinuierlicher Aufstieg von den konkreten Handlungen bis zu abstrakten Denkverläufen" angenommen (a.a.O., S. 61). Damit wird auch deutlich, wie unterschiedliche Lernparadigmata (vgl. Kap. 2.1) entsprechend dem hierarchischen Aufbau und der Funktion von Steuerungssystemen bzw. den unterschiedlichen Organisationsniveaus der Handlung in eine Beziehung zueinander gebracht werden können (vgl. auch GAGNÉ 1969). BERGOLD (a.a.O., S. 59ff.) unterscheidet in einem „heuristischen Schema zur Einordnung von Lernparadigmen" die folgenden vier Lernformen: Lernen von Reaktionen; Lernen von Strategien; Lernen von Problemlösungen; Lernen von Problemstellungen.

4 Schlußbemerkung

Die in diesem Artikel versuchte Bestandsaufnahme legt einige Schlußfolgerungen nahe, die allerdings wegen der Heterogenität der Theorien nur recht global und unvollständig ausfallen können:

1. Im Vergleich zu anderen Theorierichtungen innerhalb der Sozialisationsforschung betonen behavioristische Lerntheorien die Offenheit und Beeinflußbarkeit der Persönlichkeitsentwicklung in allen Lebensabschnitten, die wechselseitige Kontrolle von Person und Umwelt sowie die Notwendigkeit zur ständigen aktiven Auseinandersetzung mit der Umwelt.
2. Im Bereich der behavioristischen Lerntheorien scheint die Zeit der großen Modellentwürfe vorbei. Aussichtsreich sind heute vor allem eklektizistische Ansätze (wie z.B. der von Bandura), die der Vielfalt von Lernformen und Lerninhalten in realitätsnahen Untersuchungen Rechnung tragen.
3. In methodologischer Hinsicht ist eine Umorientierung nötig und teilweise auch schon eingeleitet worden. Die idealtypologische Konstruktion und Rekonstruktion einfacher Prozeßverläufe im Labor wirft nahezu unlösbare Probleme (z.B. der externen Validität) auf; daher ist vom Ideal nomologischer Gesetzesaussagen abzugehen. Der Einsatz lebensnäherer, komplexer, bedeutungshaltiger Lerninhalte muß in „natürlichen", d.h. auch sozial strukturierten Situationen erfolgen.
4. Die in „klassischen" Lerntheorien beschriebenen Lernprinzipien sind von großem heuristischen Wert für die Untersuchung auch komplexer Lern- und Sozialisationsvorgänge, wenn man sie als „Suchraster" für die Hypothesenbildung und Identifizierung von konkret wirksamen Verhaltensbedingungen verwendet.
5. Untersuchungen von Lernprozessen in differenzierten sozialen Handlungsfeldern müssen prinzipiell als Mehrebenenanalysen durchgeführt werden; durch Einbeziehung möglichst aller Ebenen der Handlungsregulation können reduktionistische Kurzschlüsse vermieden werden. Ursachen von Verhaltensänderungen können ebenso gut auf makrosozialer wie auf physiologischer Ebene liegen. Es müssen Strukturbedingungen, Ziele von Beeinflussungs- und Lernprozessen sowie die jeweiligen konkreten Antezedensbedingungen differenziert erfaßt werden. Effektivitätskriterien müssen rational diskutierbar sein; Beeinflussungs- und Lerneffekte müssen multidimensional erfaßt werden.
6. Eine stärkere Berücksichtigung vermittelnder kognitiver Prozesse und Variablen wird erst dann Fortschritte bringen, wenn das Veridikalitätsproblem (Realitätsbezug der Kognitionen) und das Validitätsproblem (Beziehung zwischen Kognition und Verhalten) besser gelöst sind.
7. Die wichtigsten Anregungen für die Theorienbildung scheinen gegenwärtig nicht von Laborexperimenten, sondern von der Verhaltenstherapie einschließlich Therapieforschung auszugehen.
8. Lerntheorien scheinen für die Sozialisationsforschung gegenwärtig dann die größte Fruchtbarkeit entfalten zu können, wenn man deren Anwendungen in der Klinischen Psychologie analysiert. Die Untersuchung der biographischen und aktuellen Bedingungen auffälligen Verhaltens, der beim Erwerb und der Ausführung derartigen Verhaltens wirksamen Lernvorgänge sowie der lerntheoretisch begründeten Therapiemöglichkeiten kann der Erforschung auch „normaler" Sozialisationsprozesse wesentliche Denkanstöße geben.

Literatur

Albert, H.: Konstruktion und Kritik. Aufsätze zur Philosophie des Kritischen Rationalismus. Hamburg, Hoffmann & Campe 1972.

Annual Review of Psychology. Palo Alto, Cal. Annual Reviews Inc. Bde. 25–29 (1974–1978).

Aronfreed, J.: Conduct and conscience. The socialization of internalized control over behavior. New York, Academic Press 1968.

Aronfreed, J.: The concept of internalization. In: Goslin, D. A. (Hrsg.): Handbook of socialization – Theory and research. Chicago, Rand McNally 1969, S. 263–324.

Ausubel, D. P.: Psychologie des Unterrichts. 2 Bde. Weinheim, Beltz 1974.

Baldwin, A. L.: Theorien primärer Sozialisationsprozesse. Weinheim, Beltz 1974.

Bandura, A.: Social learning through imitation. In: Jones, M. R. E. (Hrsg.): Nebraska Symposium on Motivation. Lincoln, University of Nebraska Press 1962, S. 211–269.

Bandura, A.: Behavioral modifications through modeling processes. In: Krasner, L./Ullmann, L. P. (Hrsg.): Research in behavior modification. New York, Rinehart & Winston 1965, S. 312–340.

Bandura, A.: Principles of behavior modification. New York, Holt, Rinehart & Winston 1969.

Bandura, A.: Social-learning theory of identificatory processes. In: Goslin, D. A. (Hrsg.): Handbook of socialization – theory and research. Chicago, Rand McNally 1969a, S. 213–262.

Bandura, A. (Hrsg.): Lernen am Modell. Stuttgart, Klett 1976 (amerik.: 1971).

Bandura, A.: Verhaltenstheorie und die Modelle des Menschen. In: Ders. (Hrsg.): Lernen am Modell. Stuttgart, Klett 1976, S. 205–229. (1976a.)

Bandura, A.: Social learning theory. Englewood Cliffs: Prentice Hall 1977. (Deutsch: Stuttgart, Klett 1979.)

Bandura, A.: Aggression. Eine sozial-lerntheoretische Analyse. Stuttgart, Klett 1979a.

Bandura, S./Walters, R. H.: Social learning and personality development. London, Holt, Rinehart & Winston 1963.

Beck, C. M./Crittenden, B. S./Sullivan, E. V. (Hrsg.): Moral education. Interdisciplinary approaches. Toronto, University of Toronto Press 1971.

Bergius, R.: Behavioristische Konzeptionen zur Persönlichkeitstheorie. In: Lersch, Ph./Thomae, H. (Hrsg.): Hdb. d. Psychologie, Bd. IV (Persönlichkeitsforschung und Persönlichkeitstheorie). Göttingen, Hogrefe 1960, S. 475–541.

Bergius, R.: Psychologie des Lernens. Stuttgart, Kohlhammer 1971.

Bergold, J.: Lerntheoretische Grundlagen für Theorie und Praxis der Psychiatrie. Berlin 1978 (Manuskript, erscheint in: Grundlagenband der Reihe „Psychiatrie der Gegenwart").

Bertram, H.: Gesellschaft, Familie und moralisches Urteil. Weinheim, Beltz 1978.

Bindra, D.: A motivational view of learning, performance, and behavior modification. In: Psychological Review 81 (1974), S. 199–213.

Blau, P. M.: Social exchange. In: Sills, D. L. (Hrsg.): International encyclopedia of the social sciences. Bd. VII. New York, McGraw Hill 1968, S. 452–457.

Blöschl, L.: Belohnung und Bestrafung im Lernexperiment. Weinheim, Beltz 1969.

Blöschl, L.: Lerntheoretische Grundlagen. In: Pongratz, L. (Hrsg.): Hdb. d. Psychologie, Bd. VIII/1 (Klinische Psychologie). Göttingen, Hogrefe 1977, S. 634–663.

Bollers, R. C.: Reinforcement, expectancy and learning. In: Psychological Review 79 (1972), S. 394–409.

Bowers, K. S.: Situationism in psychology: An analysis and a critique. In: Psychological Review 80 (1973), S. 307–336.

Bredenkamp, K./Bredenkamp, J.: Was ist lernen? In: Weinert, F. E. u.a. (Hrsg.): Funkkolleg Pädagogische Psychologie. Frankfurt, Fischer-Tb. 1975, S. 605–630.

Bredenkamp, J./Wippich, W.: Lern- und Gedächtnispsychologie (2 Bde.). Stuttgart, Kohlhammer 1977.

Breger, L./McGaugh, J. L.: Critique and reformulation of „learning theory" approaches to psychotherapy. In: Psychological Bulletin 63 (1965), S. 338–358.

Bromme, R./Hömberg, E.: Einführende Bemerkungen zum Problem der Anwendung psychologischen Wissens. Bielefeld (Institut für Didaktik der Mathematik) 1976.

Bronfenbrenner, U.: A theoretical perspective for research in human development. In: Dreitzel, H. P. (Hrsg.): Childhood and socialization. Recent Sociology Nr. 5. New York, Collier-Macmillan 1973.

Brown, R.: Social psychology. New York-London: The Free Press 1965.

Campbell, E.: The internalization of moral norms. In: Sociometry 27 (1964), S. 393–412.

Dember, W.: Motivation and the cognitive revolution. In: American Psychologist 29 (1974), S. 161–168.

Dollard, J./Miller, N. E.: Personality and psychotherapy. New York, McGraw Hill 1950.

English, H. B./English, A. Ch.: A comprehensive dictionary of psychological and psychoanalytic terms. London, David McKay 1958.

Eyferth, K.: Lernen als Anpassung des Organismus durch bedingte Reaktionen. In: Bergius, R. (Hrsg.): Hdb. d. Psychologie, Bd. I/1 (Lernen). Göttingen, Hogrefe 1964.

Fend, H.: Konformität und Selbstbestimmung. Weinheim, Beltz 1971.

Foppa, K.: Lernen, Gedächtnis, Verhalten. Köln, Kiepenheuer & Witsch 1965 ([8]1972).

Foppa, K.: Das Dilemma der Lerntheorien. In: Bericht vom 25. Kongreß der Deutschen Gesellschaft für Psychologie. Göttingen, Hogrefe 1967.

Fröhlich, W. D./Wellek, St.: Der begrifflich-theoretische Hintergrund der Sozialisationsforschung. In: Graumann, C. F. (Hrsg.): Hdb. d. Psychologie, Bd. VII/2 (Sozialpsychologie). Göttingen, Hogrefe 1972, S. 661–714.

Gagné, R. M.: Die Bedingungen des menschlichen Lernens. Hannover, Schroedel 1969.

Gewitz, J. L.: Mechanisms of social learning: Some roles of stimulation and behavior in early human development. In: Goslin, D. A. (Hrsg.): Handbook of socialization – Theory and research. Chicago, Rand McNally 1969 ([2]1971), S. 57–212.

Glaser, R. (Hrsg.): The nature of reinforcement. New York, Academic Press 1971.

Gleiss, I.: Verhalten oder Tätigkeit?. In: Das Argument 91 (1975), S. 440–456.

Gottwald, P./Kraiker, Chr. (Hrsg.): Zum Verhältnis von Theorie und Praxis in der Psychologie (DGVT-Sonderheft I/1976). Bochum 1976.

Groeben, N./Scheele, B.: Argumente für eine Psychologie des reflexiven Subjekts. Darmstadt, Steinkopff 1977.

Guthrie, E. R.: The psychology of learning. New York, Harper [2]1952.

Hacker, W.: Allgemeine Arbeits- und Ingenieurpsychologie. Berlin, VEB Volk und Wissen 1973.

Halisch, F./Butzkamm, J./Posse, M.: Selbstbekräftigung I. In: Zeitschrift für Entwicklungspsychologie und Pädagogische Psychologie 8 (1976), S. 145–164.

Hartig, M. (Hrsg.): Selbstkontrolle. München, Urban & Schwarzenberg 1973.

Heckhausen, H.: Einflüsse der Erziehung auf die Motivationsgenese. In: Herrmann, Th. (Hrsg.): Psychologie der Erziehungsstile. Göttingen, Hogrefe 1966, S. 131–169.

Heckhausen, H.: Die Interaktion der Sozialisationsvariablen in der Genese des Leistungsmotivs. In: Graumann, C. F. (Hrsg.): Hbd. d. Psychologie, Bd. VII/2 (Sozialpsychologie). Göttingen, Hogrefe 1972, S. 955–1019.

Heckhausen, H.: Motive und ihre Entstehung. In: Weinert, F. E. u.a. (Hrsg.): Funkkolleg Pädagogische Psychologie I. Frankfurt, Fischer-Tb. 1975, S. 133–172.

Heckhausen, H.: Motivation and its constructs: A psychological model. Bochum 1978 (Manuskript).

Hilgard, E. R./Bower, G. H.: Theorien des Lernens. 2 Bde. Stuttgart, Klett 1971.

Hoffman, M. L./Hoffman, L. W. (Hrsg.): Review of child development research. Bd. I u. II. New York, Russel Sage Found 1964, 1966.

Hoffman, M. L.: Moral development. In: Mussen, P. H. (Hrsg.): Carmichaels Manual of child psychology. New York, Wiley 1970, S. 261–359.

Hoffmann, M.: Zur Genese von Verhaltensstörungen aufgrund fehlgeschlagener Problemlösungsstrategien. In: DGVT (Hrsg.): Fortschritte in der Verhaltenstherapie. Sonderheft I/1978, S. 139–152.

HOLLAND, J. G./SKINNER, B. F.: Analyse des Verhaltens. München, Urban & Schwarzenberg 1971.

HOMANS, C. G.: Soziales Verhalten als Austausch. In: HARTMANN, H. (Hrsg.): Moderne amerikanische Soziologie. Stuttgart, Enke [2]1973.

HUBER, G. L.: Selbstbestimmung und Fremdbestimmung in Lernprozessen. München, Ehrenwirth 1976.

HULL, C. L.: Principles of behavior. New York, Appleton-Century-Crofts 1943.

JAEGGI, Eva: Persönlichkeitstheoretische Implikationen verhaltenstherapeutischer Praxis. In: Das Argument 91 (1975), S. 423–439.

JAEGGI, Eva: Kognitive Verhaltenstherapie. Weinheim, Beltz 1979.

JONES, E. E./GERARD, H. B.: Foundations of social psychology. New York, Wiley 1967.

Journal of Abnormal Psychology. Special Issue: Learned helplessness as a model of depression. Volume 87, Number 1, February 1978.

KAMINSKI, G.: Verhaltenstheorie und Verhaltensmodifikation. Stuttgart, Klett 1970.

KAMINSKI, G.: Theoretische Komponenten handlungspsychologischer Ansätze. In: THOMAS, A. (Hrsg.): Psychologie der Handlung und Bewegung. Meisenheim, Anton Hain 1976, S. 11–22.

KANFER, F. H.: Self-regulation: Research, issues, and speculations. In: NEURINGER, C./MICHAEL, J. L. (Hrsg.): Behavior modification in clinical psychology. New York, Appleton-Century-Crofts 1970, S. 178–220.

KANFER, F. H.: Self-management methods. In: KANFER, F. H./GOLDSTEIN, A. P. (Hrsg.): Helping people change. New York, Pergamon 1975, S. 309–355.

KANFER, F. H./PHILLIPS, J. S.: Lerntheoretische Grundlagen der Verhaltenstherapie. München, Kindler 1974.

KEUPP, H./KRAIKER, Chr.: Die Kontroverse zwischen Verhaltenstherapie und Psychoanalyse. In: ZEIER, H. (Hrsg.): Pawlow und die Folgen. Zürich, Kindler 1977, S. 666–712.

KIMBLE, G. A.: Foundations of conditioning and learning. New York, Appleton-Century-Crofts 1967.

KOSSAKOWSKI, A./ETTRICH, K. U.: Psychologische Untersuchungen zur Entwicklung einer eigenständigen Handlungsregulation. Berlin, VEB Deutscher Verlag der Wissenschaften 1973.

KRAIKER, Chr. (Hrsg.): Handbuch der Verhaltenstherapie. München, Kindler 1974.

KRAIKER, Chr.: Bemerkungen über die empirischen und theoretischen Grundlagen der Verhaltenstherapie. In: Ders. (Hrsg.): Handbuch der Verhaltenstherapie. München, Kindler 1974, S. 11–32 (1974a).

KRAIKER, Chr.: Zum Problem von Theorien und ihrer Anwendung in der Psychologie. In: GOTTWALD, P./KRAIKER, Chr. (Hrsg.): Zum Verhältnis von Theorie und Praxis in der Psychologie (DGVT-Sonderheft 1/1976). Bochum 1976, S. 33–46.

KUHN, Th. S.: Postskript (zur Analyse der Struktur wissenschaftlicher Revolutionen). In: WEINGART, P. (Hrsg.): Wissenschaftssoziologie I. Frankfurt, Athenäum 1973, S. 287–319 (amerik.: 1969).

LENK, H. (Hrsg.): Handlungstheorien interdisziplinär. 4 Bde. München, W. Fink 1977ff.

LEONTJEW, A. N. u. a.: Probleme der Lerntheorie. Berlin, VEB Volk und Wissen 1967.

LEONTJEW, A. N.: Tätigkeit, Bewußtsein, Persönlichkeit. Stuttgart, Klett 1977.

LOMPSCHER, J. (Hrsg.): Sowjetische Beiträge zur Lerntheorie. Köln, Pahl-Rugenstein 1973.

LOPATTO, D./WILLIAMS, J. L.: Self-control: A critical review and an alternative interpretation. In: The psychological Record 26 (1976), S. 3–12.

MALMO, R. B.: Measurement of drive: An unsolved problem in psychology. In: JONES, M. R. E. (Hrsg.): Nebraska Symposium on Motivation. Lincoln, University of Nebraska Press 1958, S. 229–265.

MANDL, H./HUBER, G. L. (Hrsg.): Kognitive Komplexität. Göttingen, Hogrefe 1978.

MCKEACHIE, W. J.: Psychology in America's bicentennial year. In: American Psychologist 31 (1976), S. 819ff.

MEICHENBAUM, D.: Cognitive-behavior modification. New York u. London, Plenum Press 1977.

MEYER, W.-U.: Leistungsmotiv und Ursachenerklärung von Erfolg und Mißerfolg. Stuttgart, Klett 1973.

MILLER, G. A./GALANTER, E./PRIBRAM, K. H.: Strategien des Handelns. Stuttgart, Klett 1973 (amerik.: 1960).

MILLER, N. E.: Liberalization of basic S-R concepts: Extensions to conflict behavior, motivation, and social learning. In: KOCH, S. (Hrsg.): Psychology: A study of a science. Bd. 2. New York, McGraw Hill 1959, S. 196–292.

MILLER, N. E./DOLLARD, J. C.: Social learning and imitation. New Haven, Yale University Press 1941.

MISCHEL, W.: Toward a cognitive social learning reconceptualization of personality. In: Psychological Review 80 (1973), H. 4, S. 252–283.

MOWRER, O. H.: Learning theory and the symbolic processes. New York, Wiley 1960.

NEIDHARDT, F.: Die Familie in Deutschland. Opladen, Leske 1966 ([3]1971).

NORMAN, D. A./RUMELHART, D. E./LNR research group: Explorations in cognition. San Francisco, Freeman 1975.

NUTTIN, J./GREENWALD, G.: Reward and punishment in human learning. New York u. London: Academic Press 1968.

OERTER, R.: Soziale Kognition als Resultat und Voraussetzung von Handlung. Vortrag auf dem 31. Kongreß der Deutschen Gesellschaft für Psychologie. Mannheim 1978 (zit. nach Manuskript).

PAWLOW, I. P.: Conditioned reflexes. New York, Academic Press 1960.

PIAGET, J.: Play, dreams and imitation in childhood. London, Heinemann 1951.

PICKENHAIN, L.: Grundriß der Psychologie der höheren Nerventätigkeit. Berlin, VEB Volk und Wissen 1959.

RESCORLA, R. A./SOLOMON, R. L.: Two-process learning theory: Relationships between Pavlovian conditioning and instrumental learning. In: Psychological Review 74 (1967), S. 151–182.

ROHR, Chr. (Hrsg.): Verhaltensänderung. München, Nymphenburger Verlag 1972.

ROHRACHER, H.: Einführung in die Psychologie. Wien-Innsbruck, Urban & Schwarzenberg [8]1960.

ROST, D. H.: Neuere Entwicklungen in der Pädagogischen Verhaltensmodifikation. Berichte und Arbeiten aus dem Institut für Grundschulforschung. Nürnberg 1978.

ROTTER, B.: Some problems and misconceptions related to the construct of internal versus external control of reinforcement. In: Journal of consulting and clinical psychology 43 (1975), S. 56–67.

ROTTER, J. B./CHANCE, J. B./PHARES, E. J. (Hrsg.): Applications of a social learning theory of personality. New York, Holt, Rinehart & Winston 1972.

SCHEERER, M.: Cognitive theory. In: LINDZEY, G. (Hrsg.):

Handbook of social psychology. Cambridge/Mass., Addison-Wesley 1954, Bd. 1, S. 91–142.

SCHIEFELE, H.: Lernmotivation und Motivlernen. München, Ehrenwirth 1974 (2. Aufl. 1978).

SCHNEEWIND, K./LUKESCH, H. (Hrsg.): Familiale Sozialisation. Stuttgart, Klett 1977.

SCHULTE, D.: Theoretische Grundlagen der Verhaltenstherapie. In: PONGRATZ, L. (Hrsg.): Hdb. d. Psychologie, Bd. VIII/1 (Klinische Psychologie). Göttingen, Hogrefe 1977, S. 981–1026.

SEARS, R. R./MACCOBY, E. E./LEVIN, H.: Patterns of child rearing. New York, Harper 1957.

SEARS, R. R./RAU, L./ALPERT, R.: Identification and child rearing. Stanford, Cal., Stanford University Press 1965.

SEEGER, F.: Relevanz und Entwicklung der Psychologie. Darmstadt, Steinkopff 1977.

SEEL, H.-J.: Abriß eines lerntheoretischen Paradigmas der internalisierten normativen Verhaltenskontrolle. In: EHRHARDT, J. u.a.: Interdisziplinäre Sozialisationsforschung. Stuttgart, Enke 1976.

SELIGMAN, M. E. P.: On the generality of the laws of learning. In: Psychological Review 77 (1970), S. 406–418.

SELIGMAN, M. E. P.: Helplessness. San Francisco, Freeman 1975 (deutsch: München, Urban & Schwarzenberg 1979).

SEMMER, N./FRESE, M.: Handlungstheoretische Implikationen für kognitive Therapie. In: HOFFMANN, N. (Hrsg.): Kognitive Therapie. Bern-Stuttgart, Huber 1978.

SIMON, H./NEWELL, A.: Human problem solving: The state of the theory in 1970. In: American Psychologist 26 (1971), S. 145–159.

SIXTL, F./KORTE, W.: Der lerntheoretische Ansatz in der Sozialpsychologie. In: GRAUMANN, C. F. (Hrsg.): Hdb. d. Psychologie VII/1 (Sozialpsychologie). Göttingen, Hogrefe 1969, S. 180–203.

SKINNER, B. F.: Science and human behavior. New York: Macmillan 1953 (deutsch: Wissenschaft und menschliches Verhalten. München, Kindler 1973).

SKINNER, B. F.: Contingencies of reinforcement. A theoretical analysis. New York, Appleton-Century-Crofts 1969.

STAPF, K. H./HERRMANN, Th./STAPF, A./STÄCKER, K. H.: Psychologie des elterlichen Erziehungsstils. Bern-Stuttgart, Huber 1972.

TAUSCH, R./TAUSCH, A.-M.: Erziehungspsychologie. Göttingen, Hogrefe [5]1970.

THIBAUT, J. W./KELLEY, H. H.: The social psychology of groups. New York, Wiley 1959.

THORNDIKE, E. L.: Human learning. Cambridge/Mass., Addison-Wesley 1931.

TOLMAN, E. C.: Purposive behavior in animals and men. New York, Appleton-Century-Crofts 1932.

TOMASZEWSKI, T.: Der praktische Nutzen psychologischen Wissens. In: Psychologie und Praxis 13 (1968), S. 97–106.

ULICH, D.: Konflikt und Persönlichkeit. Psychologische Modelle und ihre Bedeutung für die Pädagogik. München, Oldenbourg 1971.

ULICH, D.: Pädagogische Interaktion. Theorien erzieherischen Handelns und sozialen Lernens. Weinheim, Beltz 1976 (2. Aufl. 1979).

ULICH, D.: Rationalismus und Subjektivismus in ‚kognitiven' Motivationstheorien. In: Zeitschrift für Pädagogik 25 (1979), S. 21–41.

ULLMANN, L. P./KRASNER, L.: A psychological approach to abnormal behavior. Englewood Cliffs, N.J., Prentice Hall 1969.

VOLPERT, W.: Handlungsstrukturanalyse als Beitrag zur Qualifikationsforschung. Köln, Pahl-Rugenstein 1974.

WATSON, J. B.: Psychology as the Behaviorist views it. In: Psychological Review 20 (1913). Nachgedruckt in: DENNIS, W. (Hrsg.): Readings in the history of Psychology. New York, Wiley 1948, S. 457–471.

WATSON, J. B./RAYNER, R.: Conditioned emotional reactions. In: Journal of experimental psychology 3 (1920), S. 1–14.

WEIDENMANN, B.: Lehrerangst. Ein Versuch, Emotionen aus der Tätigkeit zu begreifen. München, Ehrenwirth 1978.

WEINERT, F. E.: Lehrt die Lernpsychologie lehren?. In: Bericht vom 26. Kongreß der Deutschen Gesellschaft für Psychologie. Göttingen, Hogrefe 1969.

WEINERT, F. E.: Lernen. In: WULF, Chr. (Hrsg.): Wörterbuch der Erziehung. München, Piper 1974. S. 389–395.

WEINERT, F. E. u.a. (Hrsg.): Funkkolleg Pädagogische Psychologie. Frankfurt, Fischer-Tb. 1975.

WERBIK, H.: Handlungstheorien. Stuttgart, Kohlhammer 1978.

WESTMEYER, H.: Kritik der psychologischen Unvernunft. Stuttgart, Kohlhammer 1973.

WESTMEYER, H.: Verhaltenstherapie: Anwendung von Verhaltenstheorien oder kontrollierte Praxis?. In: GOTTWALD, P./KRAIKER, Chr. (Hrsg.): Zum Verhältnis von Theorie und Praxis in der Psychologie (DGVT-Sonderheft 1/1976). Bochum 1976, S. 9–31.

WHITE, R. W.: Motivation reconsidered: The concept of competence. In: Psychological Review 66 (1959), S. 297–333.

WHITING, J. W./CHILD, I. L.: Child training and personality. New Haven, Yale University Press 1953.

ZEIER, H. (Hrsg.): Pawlow und die Folgen. Von der klassischen Konditionierung zur Verhaltenstherapie. (Die Psychologie des 20. Jahrhunderts, Bd. IV). Zürich, Kindler 1977.

ZIGLER, E. F./CHILD, I. L. (Hrsg.): Socialization and personality development. Reading/Mass., Addison-Wesley 1973.

Entwicklungstheorien in der Sozialisationsforschung

Thomas Bernhard Seiler

Unter Theorien sollen hier Gefüge von Begriffen und Sätzen verstanden werden, mit denen Ereigniskomplexe nicht bloß beschrieben, sondern zumindest ansatzweise und unter Voraussetzung von expliziten oder impliziten Annahmen erklärt werden. Welches sind aber die Ereignisse, mit denen sich Entwicklungstheorien befassen, mit andern Worten, was ist ihr Gegenstand? Im Anschluß an vorwissenschaftliche Alltagsauffassungen könnte man in erster Annäherung sagen: Entwicklungstheorien versuchen zu beschreiben und erklären, wie aus befruchteten Eizellen erwachsene Persönlichkeiten mit bestimmten Fähigkeiten, Einstellungen, Verhaltensweisen usw. entstehen, und in welcher Weise und nach welchen Gesetzen die erwachsenen Persönlichkeiten sich in der Auseinandersetzung mit ihrer Umwelt weiter verändern. Es soll in diesem Beitrag nur von menschlicher Entwicklung die Rede sein, ohne daß damit ausgeschlossen ist, daß viele der Annahmen, Prozesse und Gesetze, die hier zur Diskussion gestellt werden, in analoger Weise auch für tierische Entwicklungen gelten.

1 Entwicklung als Veränderung und Lernen. Allgemeine Charakterisierung von Entwicklungstheorien

Entwicklung ist, wie Lernen, Denken und anderes mehr, eine Art von Veränderung. Dabei handelt es sich sowohl um Veränderungen der körperlichen Erscheinungsweise und geistigen Fähigkeiten als auch um Veränderungen des Handelns, Wahrnehmens und Denkens, d.h. der gesamten Persönlichkeit. Veränderung ist nur scheinbar ein einfacherer Begriff als Entwicklung. Veränderung als solche ist ja nicht beobachtbar, sondern immer erschlossen. Was wir beschreibend und kategorisierend feststellen, sind aufeinanderfolgende Zustände, die wir als zusammenhängend und einem identischen Substrat zugehörig betrachten. Veränderung impliziert also dreierlei: (1) die Dimension der Zeit; (2) diskrete, klar voneinander unterscheidbare Erscheinungsweisen; (3) ein identisches Subjekt. Veränderung setzt also immer auch etwas Beharrendes oder Gleichbleibendes voraus, denn Veränderung kann ohne das Gegenteil ihrer selbst nicht erfaßt werden. Von einem Menschen sagen wir, er habe sich verändert, wenn wir ihn trotz der Veränderung als denselben erkennen. Nur das Beharrende kann sich verändern. Der Vergleich von Ontogenese und Phylogenese macht das besonders deutlich. Während in der Ontogenese die Einheit des sich entwickelnden Lebewesens als selbstverständlich erscheint, war die Einheit der Arten für eine phylogenetische Betrachtungsweise keineswegs selbstverständlich gegeben. Bis zu den phylogenetischen Theorien eines LAMARCK und DARWIN hielt man die Arten für unveränderlich und mußte darum für jede einen gesonderten Ursprung annehmen. Geschichtlich gesehen haben wir es daher mit einer regelrechten Umstrukturierung zu tun, als man begann, die Arten miteinander in Beziehung zu bringen, sie in eine Reihe vom Einfacheren zum Komplexeren zu ordnen. Von dieser Anordnung war es noch einmal ein großer Schritt zur Interpretation dieser Reihe als einer Abstammungsfolge, und damit zur Deutung der einzelnen Arten als Zwischenstadien in einem großen, die ganze organische Welt umfassenden Entwicklungsprozeß.

Fast alle psychologischen Disziplinen beschäftigen sich in irgendeiner Weise mit Veränderungen des Verhaltens und der Persönlichkeit. Bei den meisten geht es aber eher um isolierte, relativ kurzfristige Veränderungen und deren Gesetzmäßigkeiten. Entwicklungs- und Sozialisationstheorien dagegen versuchen in einer, größere Zeiträume oder sogar die ganze Lebensspannweite umfassenden Betrachtungsweise die längerfristige Entstehung und Veränderung der menschlichen Persönlichkeit und ihrer Subsysteme beschreibend zu erfassen und anhand von Modellvorstellungen theoretisch zu rekonstruieren. Mit Entstehung und Veränderung sind in der Entwicklungspsychologie also globale, zeitlich weit erstreckte Prozesse gemeint, die sich allerdings selber in beliebig viele einzelne Veränderungsschritte zerlegen lassen. Dabei erfordert die entwicklungstheoretische Erklärung, wie jede andere, zwei wesentliche Schritte: 1. eine möglichst präzise zergliedernde Analyse und 2. eine rekonstruierende Integration. Entwicklungserklärungen führen folglich zu Veränderungsreihen oder mit einem anderen Wort zu Entwicklungssequenzen. Die Notwendigkeit, die Bedeutung, die theoretischen Implikationen und methodischen Probleme von Entwicklungssequenzen habe ich an anderer Stelle besprochen (s. HOPPE/SCHMID-SCHÖNBEIN/SEILER 1978, 1. Kap.). Dort habe ich mich auch mit verschiedenen Erklärungsformen und speziell der genetischen Erklärungsweise und ihrer Bedeutung für die Entwicklungspsychologie auseinandergesetzt. Die Quintessenz der dortigen Diskussion könnte so formuliert werden: Eine Entwicklungstheorie, die diesen Namen verdient, darf nicht nur beliebige Veränderungsreihen feststellen und beschreiben, sondern muß bestrebt sein, das sie verbindende Bedingungsgeflecht offenzulegen und modellartig zu einem geschlossenen Ganzen zu rekonstruieren. Bloße Sequenzregeln oder Abfolgebehauptungen können nicht den Rang von Erklärungen beanspruchen, auch wenn sie eine hohe Wahrscheinlichkeit besitzen, die empirisch erhärtet ist.

Beschränkt sich ein Rekonstruktionsversuch ausschließlich auf die einzelnen Ereignisse oder Zustände und ihre Beziehungen, sprechen wir von einer internen Bedingungsanalyse von Entwicklungssequenzen. Sie ist als Erklärung nur dann ausreichend, wenn die Reihenfolge der Ereignisse invariabel ist, was nur bedeuten kann, daß jedes Ereignis für das folgende notwendig und hinreichend ist. Andernfalls sind zusätzlich andere Bedingungen im Organismus selber oder in seinem Umfeld heranzuziehen. Weil PIAGET viele von ihm aufgestellte Entwicklungssequenzen für invariabel hält, neigt er wahrscheinlich dazu, auf die zusätzliche empirische Erforschung äußerer Bedingungen zu verzichten. Als äußere Bedingungen kommen in Frage: natürliche (z.B. Klima), kulturelle (z.B. eine bestimmte Sprache, Kleidungsgewohnheiten usw.), gesellschaftliche (z.B. Normen), soziale (z.B. bestimmte Erwartungen, Aufforderungen usw. von Interaktionspartnern oder Sozialisationsagenten). Werden zur Erklärung ausschließlich oder vorrangig die letztgenannten Gruppen von Bedingungen und Ursachen zur Erklärung von langfristigen Veränderungen herangezogen und die von ihnen ausgehenden Wirkungen und Prozesse problematisiert, spricht man von einer Sozialisationstheorie. Entwicklungstheorien schiebt man dagegen die vorrangige oder ausschließliche Beachtung und Analyse innerer Bedingungen des sich verändernden Individuums zu. Das scheint mir aber eine unangemessene Vereinfachung zu sein, denn jede Theorie würde zu kurz greifen, die sich der einen oder anderen Erklärungsart allein verschreibt.

Innere Bedingungen sind keineswegs ausschließlich genetischer Art, d.h. im Genpotential vorprogrammiert, sondern beruhen ebenso sehr auf Faktoren, die auf eine komplexe Interaktion von angelegten Reaktionsstrukturen mit äußeren

Umständen und anderen inneren Bedingungen zurückgehen. Sie sind also einerseits das entwicklungsdynamisch und entwicklungsgeschichtlich mehr oder weniger weit vorangeschrittene Ergebnis der Interaktion von inneren und äußeren Bedingungen. Andererseits beruhen sie darauf, daß die in der eben angesprochenen Interaktion erzeugten Veränderungszustände, oder wie wir später sagen werden Handlungsstrukturen, sich auch gegenseitig beeinflussen. Man wird daher von einer ausgewogenen Entwicklungstheorie verlangen, daß sie nicht bloß innere und äußere Bedingungen in ihrem Modell isoliert berücksichtigt, sondern ebenso sehr ihre gegenseitige Interaktion (innen/außen) und ihre interne Abhängigkeit (innen/innen) problematisiert.

Ein weiterer Hinweis scheint nicht überflüssig. Der wissenschaftliche Entwicklungsbegriff bezieht sich nicht auf individuelle Veränderungsgeschichten. Er versucht also nicht, einmalige Veränderungsreihen ideographisch darzustellen, sondern bemüht sich vielmehr, die, vielen individuellen Entwicklungsverläufen gemeinsamen, Momente und mehr oder weniger allgemeingültigen Bedingungsfaktoren herauszuarbeiten. Übrigens ist eine individualgeschichtliche Analyse ohne solche allgemeingültigen Vorstellungen, Annahmen und Klassifikationen, durch die man den Einzelfall einkreist, gar nicht möglich.

Eine Entwicklungstheorie, die alle Bedingungen, Ereignisse, Zustände, körperlicher, physiologischer und psychologischer Art und gleichzeitig alle möglichen äußeren Umstände und Bedingungen umfassend berücksichtigt und in ein durchstrukturiertes Modell einbaut, dürfte derzeit, wenn überhaut je, nicht möglich sein. Jede spezielle Entwicklungstheorie greift daher aus dieser unüberschaubaren Grundgesamtheit eine einzelne Gruppe von Variablen oder ein umschriebenes System von Bedingungen heraus, die sie für den Entwicklungsverlauf und die Veränderungsdynamik zentral hält, und versucht, mit dieser Approximation den Entwicklungsprozeß modellartig zu rekonstruieren.

Entwicklungstheorien lassen sich nach vielen verschiedenen Gesichtspunkten klassifizieren. Werden vorwiegend oder ausschließlich genetisch vorprogrammierte Veränderungen angenommen, spricht man von einer nativistischen Theorie (z.B. die CHOMSKYsche Sprachentwicklungstheorie), wird die den Veränderungsprozeß vorantreibende Ursache primär in äußeren Einflüssen gesucht, handelt es sich eher um eine epigenetische Theorie (z.B. lerntheoretische Erklärungsweisen). PIAGET (1969, S. 24f.) hat eine Parallele gezogen zwischen nativistischen Entwicklungstheorien, auch als Reifungstheorien bezeichnet, und aprioristischen Erkenntnistheorien; einer epigenetisch erklärten Entwicklung ordnet er empiristische Erkenntnis- und Wissenschaftstheorien zu.

Entwicklungstheorien können auch unterschiedliche Handlungs- oder Reaktionssysteme der Persönlichkeit herausgreifen und von ihnen her den übergreifenden Veränderungsprozeß konzipieren. Spielen Erkenntnisprozesse eine dominierende Rolle, haben wir es mit einer kognitivistischen Theorie zu tun. Werden dagegen Triebimpulse als hauptverantwortlich für den ontogenetischen Veränderungsprozeß angesehen, würde man von einem triebtheoretischen Modell sprechen. Quer zu diesen Unterscheidungen liegt eine strukturtheoretische Betrachtungsweise. In ihr sind es nicht generelle Fähigkeiten oder Eigenschaften, die die Analyseeinheit darstellen, sondern vielmehr elementare Handlungseinheiten, denen eine gewisse Geschlossenheit und Konsistenz zukommt, und die sich in vielfältiger Weise zu immer komplexeren Systemen verdichten. Handlungsstrukturen als Grundeinheiten des Verhaltens können selber wieder sowohl von ihrer kognitiven als auch motivationalen oder emotionalen Seite her problematisiert und analysiert werden. Die PIAGETsche Entwicklungstheorie integriert alle genannten Gesichtspunkte und kann daher sowohl als eine genetische Struktur-, Kognitions- oder Handlungstheorie bezeichnet werden, je nachdem, welchen Aspekt man vorrangig zentriert. Sie verfügt aber nicht nur über einen umfassenden Erklärungsansatz, sie zeichnet sich vor andern auch dadurch aus, daß sie den Entwicklungsverlauf menschlicher Handlungssysteme über weite Lebensbereiche empirisch erforscht und modellhaft rekonstruiert hat. Sie ist daher wie keine andere geeignet, Grundprobleme und Grundthesen einer integrierten Entwicklungstheorie systematisch darzustellen. Das soll im folgenden zweiten Teil geschehen; daran anschließend wollen wir in einer kritischen Diskussion einige weiterführende Überlegungen und Gesichtspunkte einführen.

2 Die Entwicklungstheorie Jean Piagets als kognitive Strukturtheorie

2.1 *Analyseeinheit*

Die Bausteine, mit denen Piaget[1] den menschlichen Entwicklungsprozeß zu rekonstruieren versucht, sind Handlungsstrukturen. Entwicklung ist für ihn fortschreitende Konstruktion von *Strukturen* durch ein aktives Subjekt, das aber nur durch und in diesen Strukturen tätig ist. Diesen Einheiten schreibt Piaget eine gewisse die Zeit überdauernde Stabilität zu. Sie sind nicht zu vergleichen mit globalen Konstrukten wie Persönlichkeitseigenschaften, übergreifenden Fähigkeiten, z.B. Fähigkeit zu logischem Denken, Kreativität oder Gedächtnis, auch nicht mit umfassenden Trieb- und Bedürfniskonzepten. Die Strukturen, die Piaget konzipiert, sind zugleich elementarischer, flexibler und komplexer. Aus einer relativ begrenzten Zahl von angelegten Handlungsstrukturen – Piaget spricht von Reflexen oder von reflexartigen Handlungsmustern – entwickelt sich im Verlaufe der Ontogenese eine unüberschaubare Fülle von Handlungsstrukturen, die sich zu flexiblen Systemen koordinieren und das gesamte Handeln, Wahrnehmen, Denken, Reden und Fühlen des Individuums ausmachen. Nur am Rande sei vermerkt, daß neuere Untersuchungen vor allem im Wahrnehmungsbereich vermuten lassen, daß Piaget die Zahl und die Bedeutung angelegter oder vorgebahnter sensomotorischer Reaktionsmuster unterschätzt hat. Anfang und Ursprung der Ontogenese bilden also angelegte, reflexartige Reaktionsmuster wie z.B. der Saugreflex. Aus ihnen entstehen durch Veränderung, Erweiterung und gegenseitige Verbindung erworbene sensomotorische Verhaltensschemata. Sie heißen sensomotorische Verhaltensmuster (oder Schemata), weil sie als wesentliche Komponenten sensorisch-perzeptive Akte enthalten, die so in einen motorischen Handlungsvollzug eingebettet sind, daß sie die Muskelinnervationen steuern und die ausgelösten Bewegungen veränderte Perzeptionen zur Folge haben. Sie bilden daher von Anfang an organisch geordnete Systeme oder eben Strukturen.

Die sensomotorischen Schemata werden im Laufe der Zeit zunehmend vereinfacht, schematisiert, ökonomisiert und verinnerlicht. So entstehen nach Piaget innere kognitive Strukturen mentaler oder geistiger Art, die dem entsprechen, was wir als unsere Vorstellungen, Begriffe, Gedanken, Überlegungen, Willensakte, Einstellungen, Interessen und Denkoperationen erfahren.

2.2 *Epistemologisch-genetische Ausrichtung*

Piagets Zielrichtung, die Fragestellung, auf die seine Entwicklungstheorie Antwort geben will, ist epistemologischer Art: Was ist Erkennen? Wie verhalten sich unsere Erkenntnisse zur Wirklichkeit? Es handelt sich aber nicht um eine philosophische Epistemologie, sondern um eine psychologisch-genetische. Sie begreift den Erkenntnisprozeß nicht als ein fertiges, vorgegebenes und unveränderliches Vermögen, das nur eines bestimmten physiologischen Reifungszustandes bedürfte, um seine Kraft und Reichweite voll zu entfalten. Die zentrale Frage lautet daher bei Piaget: Wie entstehen konsistente Begriffe und Operationen, die nach logischen Gesetzen miteinander verbunden werden und schrittweise die Wirklichkeit und ihre Aspekte rekonstruieren? Welches sind die Vorläufer dieser komplexen kognitiven Leistungen? Über welche Zwischenstufen und nach welchen Gesetzen sind sie entstanden und verändern sich weiter? Wir haben es also mit einer epistemologischen Entwicklungstheorie oder einer genetischen Erkenntnistheorie („genetische Epistemologie") zu tun.

Ist eine Entwicklungstheorie dieser Art in ihrer psychologischen Bedeutung nicht sehr begrenzt? Der Mensch ist doch mehr als Intellekt, und die Gesetze des Handelns sind doch nicht bloß kognitiver Art? Das ist sehr richtig, es ist daher wichtig zu zeigen, daß dieser epistemologische Ansatz den Menschen und seine Entwicklung keineswegs „intellektualisiert". Das Erkenntnismoment wird von Piaget nicht isoliert und absolut gesetzt. Es ist den Strukturen, von denen die Rede war, inhärent und kommt nur in ihnen und durch sie zum Tragen. Sie stehen nicht für sich, sondern sind die Mittel, mit denen das

---

1 Die folgende Darstellung der Theorie Piagets beruht auf einer stark zusammenfassenden und teilweise vereinfachenden Sicht; dadurch sollen wesentliche Aspekte schärfer hervortreten. Aus dieser Zielsetzung wurde auch darauf verzichtet, von wenigen Ausnahmen abgesehen, die einzelnen Thesen durch Zitate zu belegen. Die Ausnahmen sollen hauptsächlich dazu dienen, den mit dem Werk Piagets nicht vertrauten Leser mit den wichtigsten Werken bekannt zu machen. Daher wird in der Regel nur auf deutsche Übersetzungen Bezug genommen.

menschliche Subjekt sich mit seiner Umwelt, insbesondere der sozialen Umwelt, auseinandersetzt. Um ihr Ziel zu erreichen, müssen sie den Eigenschaften der Gegenstände Rechnung tragen, sie in ihren Handlungen gleichsam „nachformen". Ihnen allen ist somit eine *Erkenntnis-* und *Bedeutungsfunktion* zu eigen. In diesem Verständnis der kognitiven Struktur ist zugleich impliziert, daß das Subjekt nicht eine von seinen Handlungsmustern unabhängige oder als solche erfaßte oder objektiv gegebene physikalische Reizsituation oder Objektwelt „erkennt" und auf sie reagiert. Die Gegenstände und ihre Eigenschaften und Perspektiven sind ihm nicht unmittelbar gegeben, sondern nur durch seine von ihm entwickelten kognitiven Strukturen.

Es ist sehr wichtig zu sehen, daß nicht bloß die Begriffe und Problemlösungen des erwachsenen Menschen epistemologischer Art sind, sondern auch die einfachsten Handlungs- und Reaktionsmuster des Babys eine Erkenntnis- und Bedeutungsfunktion haben. Nur durch sie erfährt das neugeborene menschliche Subjekt seine Umwelt, wirkt es auf sie ein und verleiht ihr Bedeutung. Jedes dieser sensomotorischen Handlungsmuster bildet gewisse Situationen, Umstände, Eigenschaften eines Gegenstandes oder einer Klasse von Gegenständen und Beziehungen des Subjekts zu diesen Gegenständen ab. So trägt jede Greifhandlung einigen Eigenschaften (z.B. Form, Größe, Gewicht, Oberflächenbeschaffenheit) des ergriffenen Gegenstandes Rechnung und bildet sie in primitiver Weise ab. Die Reichweite und die Grenzen seiner „Erkenntnis" sind eine Funktion der Handlungsmuster, die ihm zur Verfügung stehen, aber auch der immanenten Möglichkeit dieser Schemata, sich durch Integration mit andern zu erweitern und dabei gleichzeitig zu differenzieren, wie wir noch sehen werden.

Die Erkenntnisstrukturen des Erwachsenen oder die kognitiven Strukturen im engeren Sinn – im weiteren Sinn sind auch sensomotorische Schemata, wie gesagt, kognitive Strukturen – sind in dieser Hinsicht nicht wesentlich verschieden von den sensomotorischen Handlungsstrukturen des Kleinkindes. Vor allem setzen sie kein eigenständiges und übergreifendes Erkenntnisvermögen voraus. Nach den Entwicklungsgesetzen, die noch zu besprechen sind, sind sie aus sensomotorischen Handlungsstrukturen entstanden.

PIAGET beschreibt diesen Entwicklungsprozeß auch als Übergang von äußeren Handlungen zu inneren Operationen. Damit bringt er zum Ausdruck, daß Erkennen weder ein statisches Produkt noch ein passives Erleiden ist, sondern ein *aktiv dynamischer Vorgang*. Kognitive Strukturen sind Handlungen, Wahrnehmungen, Tätigkeiten, Entscheidungen, Vorstellungen, Klassifikationen, Denkoperationen oder Entwürfe solcher Handlungen. Die Begriffe Schema und Handlung einerseits, Struktur und Operation andererseits, sind nur intensional verschieden, extensional aber identisch, d.h. sie meinen dieselben Dinge, wobei der Begriff der Struktur das Beziehungsgefüge dieser Handlungen oder Erkenntnistätigkeiten anspricht.

Kognitive Strukturen sind ebenso wenig als einfache Umsetzungsmechanismen von Informationen in Verhalten oder von Reizen in Reaktionen zu begreifen. Es wirkt nicht ein Reiz auf einen Sensor ein, der ihn in transformierter Form einem Umschalter zuleitet, wo er über eine efferente Bahn eine entsprechende Muskelanspannung auslöst. Jede kognitive Struktur bildet, in einer Kontrollsystemsprache ausgedrückt, ein Referenzsystem, an dem in gewisser Weise das Stimulationsangebot der Umwelt gemessen wird. Nur, was dem Sollwert dieses Referenzsystems entspricht, wird überhaupt „bemerkt" und löst eine Reaktion aus.

Der epistemologische Charakter kognitiver Strukturen schließt eine *motivationale* und *emotionale* Betrachtung nicht aus, ihr Handlungscharakter erfordert sie. Kognitive Strukturen sind keineswegs bloß „rationale", dem Erkennen dienende Instrumente, sie besitzen nicht bloß, wie PIAGET sagt, einen kognitiven Aspekt, sondern auch einen affektiven. Man könnte auch sagen, sie sind zugleich dynamische, das Handeln des menschlichen Subjekts antreibende und dieses Handeln affektiv oder emotional qualifizierende Gebilde. Der motivationale Aspekt wird also nur in der theoretischen Analyse vom kognitiven getrennt. Im Gegensatz zu anderen Motivationstheorien wird das Antriebsmoment nicht einer gesonderten Struktur zugeordnet. Motivation stellt nur einen anderen Aspekt dieser das Handeln und Erkennen strukturierenden Einheiten dar.

Der kognitionstheoretische Erklärungsansatz ist also nicht undynamisch, trieb- oder emotionsfeindlich. Im Gegenteil, er bietet einen ganz neuen, grundlegend verschiedenen Ansatz zur Motivations- oder Antriebsanalyse menschlichen Verhaltens. Dieser Ansatz unterscheidet sich von herkömmlichen Triebtheorien dadurch, daß er die von einem außenstehenden Beobachter aufgrund einer abstrahierenden und generalisierenden Betrachtungsweise gewonnenen motivationalen Aspekte nicht zu Trieben reifiziert und zu generellen Antriebsquellen menschlichen Handelns macht, sondern jeder einzelnen Struktur in gewisser Weise ein gesondertes Bedürfnis zuordnet. Damit vermeidet sie den Fehler der Übergeneralisierung, der mit jeder Triebzuschreibung zwangsläufig verbunden ist, und erwartet von vornherein nicht, daß das Individuum in jeder Situation und bezüglich der verschiedensten Gegenstandsbereiche aufgrund derselben Triebdynamik reagiert.

Ebenso wie er das Postulat eines den Erkenntnistätigkeiten zugrundeliegenden Erkenntnisvermögens zurückweist, bestreitet Piaget auch die Notwendigkeit, ein *Gedächtnis* anzunehmen als ein übergreifendes Vermögen oder als einen Ort, an dem Wahrnehmungen, Entscheidungen, Erkenntnisse, Bedeutungen, Worte, Sätze usw. abgestellt werden. Man hat nicht ein Gedächtnis, sondern so viele Gedächtnisse, wie man Strukturen besitzt. Jede Struktur stellt gleichsam einen gedächtnismäßig gespeicherten Wahrnehmungs-, Handlungs- oder Denkentwurf dar, der in einer langen Geschichte erarbeitet wurde und in vergleichbaren Situationen zumindest prinzipiell wieder abgerufen werden kann. Man kann somit sagen, daß in jedem sensomotorischen Schema und erst recht in jeder Vorstellung oder jedem Begriff, als einem verinnerlichten Wahrnehmungs- und Handlungsschema all die Erfahrungen verdichtet sind, die das Subjekt handelnd und wahrnehmend mit ähnlichen Gegenständen und in ähnlichen Situationen gemacht hat. Diese verdichtete Erfahrung trägt es gleichsam als Maß oder Referenz an neue Gegenstände und Situationen heran, prüft, ob und welchem dieser Referenzsysteme sie entsprechen und bringt sie gegebenenfalls durch ihre Veränderung oder Integration zu einem besseren „fit". Auch die adaptierende Veränderung und Integration der Strukturen wird ausschließlich durch das Zusammenspiel der einzelnen Strukturen und Strukturelemente ermöglicht, wie wir noch sehen werden. Sie setzen keine andersartige Erkenntnisinstanz voraus. Der Fortschritt der Erkenntnis ist wie die Entwicklung als ein Aufbau neuer Strukturen zu verstehen, wobei die neuen Strukturen durch Differenzierung und Integration aus bestehenden hervorgehen.

Die umfassende Breite dieses Ansatzes ist auch dadurch gegeben, daß kognitive Strukturen nicht nur die Informationsaufnahme und Informationsverarbeitung eines Individuums charakterisieren (das ist nur ein anderer Term für Wahrnehmen, Denken, Erkennen), sondern eben dadurch auch sein Handeln, Urteilen und Entscheiden bestimmen. Anders gesagt, kognitive Strukturen bringen selegierend und klassifizierend Ordnung in das Reizangebot und sind damit zugleich Fundament und Kontrollinstanz der Persönlichkeit, wie noch zu zeigen sein wird.

Piagets epistemologische Ausrichtung, seine Konzentration auf kognitive Strukturen beschränkt also seine Theorie nicht notwendigerweise auf die Abbildung und Erforschung von geistigen Begriffsbildungs- und Problemlösungsprozessen. Seine Entwicklungstheorie, die auf dem Konzept der kognitiven Struktur aufbaut, umfaßt auch dynamische und motivationale Komponenten der Persönlichkeit. Sie ist offen für eine entwicklungspsychologische Analyse aller wesentlichen Bereiche und Dimensionen der Persönlichkeit, wenn er auch, wie wir noch sehen werden, in seiner empirischen Forschungsarbeit rationale und logische Begriffsbildungs- und Problemlösungsprozesse vorrangig untersucht hat. Die epistemologische Blickrichtung bleibt also durchaus für seine praktische Forschungsarbeit, für die Bedingungen und Prozesse, die er untersucht, bestimmend.

2.3 *Die entwicklungspsychologischen Grundfunktionen*

Die zentrale Frage, auf die Piagets Entwicklungstheorie Antwort zu geben versucht, ist die nach den Gesetzen und Mechanismen der Entwicklung neuer Strukturen. Wie entstehen aus den einfachen Reflexhandlungen komplexe sensomotorische Handlungsschemata und aus diesen wiederum die Fähigkeiten des Denkens, Planens, Entscheidens und Handelns? Seine Antwort liegt quer zu vielen gängigen Erklärungsmustern.

Nativistische Erklärungen arbeiten vor allem mit dem Reifungskonzept. Ein auch heute noch weit verbreitetes Mißverständnis faßt die Entwicklungstheorie Piagets als eine Reifungstheorie auf. Das ist wohl darauf zurückzuführen, daß man sich eine nicht anlagebedingte Veränderung des Verhaltens eines Organismus nur als Folge äußerer Einflüsse, verstärkender Reize oder determinierender Sozialisationsmaßnahmen vorstellen kann; Erklärungskonzepte, die PIAGET ablehnt. Für ihn sind angelegte Verhaltensschemata zwar eine notwendige Voraussetzung, weil Ausgangspunkt und Ursprung der Entwicklung. Der Aufbau immer komplexerer äußerer Verhaltensmuster und innerer Operationen setzt auch eine entsprechende biologisch-physiologische Basis und Reifung voraus. Die *Reifung* oder anders gesagt die physiologische Ausdifferenzierung der biologischen Basis und ihrer Organe geschieht aber nicht ohne ihre Betätigung und nicht unabhängig von den durch sie ermöglichten Handlungsstrukturen. Reifung ist in diesem Sinn zwar eine notwendige aber keineswegs hinreichende und sicher nicht die wesentlichste Bedingung des Entwicklungsprozesses. Die zentrale Ursache des Aufbaus neuer Strukturen sieht PIAGET in der *Eigentätigkeit* der Strukturen selber. Wie das zu verstehen ist, wird noch zu präzisieren sein.

Verbreiteter als nativistische Konzepte sind heute Erklärungen, die Entwicklung auf äußere Einwirkungen zurückzuführen, seien es äußere Stimulationen, soziale Maßnahmen, Zwänge oder Erwartungen, oder seien es explizite Belehrungen oder Vorbilder. Für PIAGET sind auch diese Erklärungsformen zu einseitig. Menschliches Verhalten, d.h. Handeln und Denken, wird für ihn nicht durch Reize stimuliert und in seiner Form geprägt. Ebenso wenig ist Erkennen für ihn passive Spiegelung der Wirklichkeit, sondern aktive, schrittweise Erarbeitung ihrer Erscheinungsweisen mittels der eigenen Strukturen. Er hält es ebenso für unmöglich, daß dem Kind durch Vormachen oder Belehren allein ein sensomotorisches Verhaltensschema oder eine kognitive Struktur beizubringen sei, wenn es nicht schon über geeignete Vorformen der zu lernenden Handlungen, Vorstellungen oder Begriffe verfüge. Mit anderen Worten, Theorien des Lernens und der Entwicklung, die als Ursache der Veränderung ausschließlich *äußere Bedingungen*, z.B. Verstärker, Vorbilder, Belehrungen usw. ansehen, greifen zu kurz. Jede Verhaltensänderung (oft als Lernen definiert) und damit auch jede Entwicklung als längerdauernde Anhäufung von Verhaltensänderungen, können nur sinnvoll durch den Rückgriff auf die *inneren Bedingungen* des Subjekts erklärt werden.

Im Zentrum der Erklärungstheorie PIAGETS steht daher die Tätigkeit des Subjektes selbst. Diese Tätigkeit ist nicht als ein abstrakter Begriff oder eine metaphysische Potenz zu verstehen, sondern ist nur in und durch die konkreten Tätigkeitsstrukturen des Subjektes, seine Handlungsschemata und kognitive Strukturen, gegeben. Entscheidend ist nun für seine Vorstellung, daß das Tun immer *adaptiv* ist, d.h. das Subjekt sich handelnd immer in irgendeiner Weise bestimmten gegebenen Bedingungen anpaßt und ihnen Rechnung trägt. So vermag es durch sie (oder in gewissem Sinn auch gegen sie) seine Bedürfnisziele zu verwirklichen. Das adaptive Handeln des sich entwickelnden Subjekts kann aber durch zwei gegensätzliche Funktionen näher bestimmt werden. Diese Funktionen – PIAGET nennt sie auch funktionelle Invarianten – sind Assimilation und Akkommodation. Das epistemologische Modell ergänzt sich hier durch ein biologisches.

Indem das Subjekt tätig ist, d.h. seine Handlungs- und Wahrnehmungsmuster, seine Begriffs- und Operationssysteme aktiviert, wirkt es mit ihnen auf die Dinge und Ereignisse ein. Es bezieht sie damit in seine Handlungsmuster und Operationssysteme ein. Die Wirklichkeit wird zu einem Stück seines Tuns und seines handelnden Erkennens. Diesen Vorgang nennt PIAGET *Assimilation*; die inneren oder äußeren Tätigkeitsmuster, die dabei im Spiel sind, bezeichnet er als Assimilationsschemata. Zu Beginn der Entwicklung, solange nur vereinzelte und isolierte Schemata zur Verfügung stehen, ist der Gegenstand für das Subjekt nicht unabhängig vom Assimilationsschema. Er ist ein organisches Teilstück einer Handlungsabfolge und bildet mit ihr eine geschlossene Einheit und unteilbare Gesamtheit, in der subjektiver und objektiver Anteil nicht auseinanderzuhalten sind. Auch später wird der Gegenstand nicht an sich, in seiner konstitutiven Eigenart und auch nicht mit dem ganzen Reichtum seiner charakteristischen Merkmale „erkannt". Er ist Handlungsgegenstand und Erkenntnisobjekt nur insofern und insoweit, als er einem Assimilationsschema einverleibt wird, das ihm Bedeutung und Sinngehalt verleiht. Mit anderen Worten, das Objekt wird nur in Funktion bestimmter wahrnehmender Handlungen des Subjekts wirksam und erkannt. Somit hat Handeln und Erkennen als Assimilationsvorgang immer eine Veränderung, eine „Verstümmelung" oder Erweiterung des Gegenstandes zur Folge. Erweiterung, wenn die Assimilation dem Gegenstand Beziehungen, Eigenschaften und Bedeutungen verleiht, die er in sich nicht besitzt. Assimilation ist also sowohl

Veränderung und Anpassung der Umwelt an den Organismus als auch selektive Beachtung ausgewählter Erscheinungen oder Aspekte. Die dem Subjekt zur Verfügung stehenden Assimilationsschemata zentrieren seine Aufmerksamkeit, bestimmen die Richtung seiner Orientierung. Die Wirkungsrichtung der Assimilation verläuft also vom Subjekt zu den Objekten, vom Ich zur Umwelt.

Die *Akkommodation* ist die zur Assimilation konträre Bewegung. Sie besteht in der Veränderung des Subjekts und seiner Strukturen durch die Wirklichkeit. Die Erscheinungen und Umstände einer neuen Situation passen nie perfekt in irgendein Assimilationsschema. In jeder neuen Betätigung eines solchen Schemas sind minimale, mehr oder weniger weitreichende Anpassungen dieses Verhaltensmusters notwendig, damit es auf „seinen" Gegenstand in der neuen Situation oder auf einen verschiedenen, mehr oder weniger ähnlichen Gegenstand in einer anderen Situation paßt und eine „reibungsfreie Einverleibung" gestattet. Es gibt folglich keine Assimilation ohne eine wenigstens minimale Akkommodation: Bei jedem assimilativen Vollzug einer Verhaltensweise, auch wenn es sich um reine Wiederholung derselben Handlung handelt, setzen doch neue zeitliche und örtliche Umstände ein Minimum von Akkommodation des Schemas an die neuen Umstände voraus. Die minimale Akkommodation geschieht oft ohne Mühe, gleichsam spielerisch und wie von selbst. Besitzt das Subjekt oder die Situation aber Eigenschaften, die der Strukturorganisation des Assimilationsschemas nicht entsprechen, dann wird eine Assimilation erst möglich, wenn das Verhaltensmuster, die Vorstellung oder der Begriff umgeformt, den unerwarteten Eigenschaften und Beziehungen des Gegenstandes oder der Situation angepaßt worden ist, oder wenn bestehende Schemata sich zu einem neuen umfassenderen Schema verbunden haben.

Man darf sich aber nicht vorstellen, daß diese Umformung oder Verbindung vor der Einverleibung des neuen Gegenstandes in das Schema geschieht. Es wird nicht zuerst ein neues Schema bereitgestellt und dann die Assimilation vorgenommen. Im Bemühen, den neuen Gegenstand zu assimilieren, und in dem Maße, als dieses Bemühen Erfolg hat, vollzieht sich die Akkommodation des Schemas oder der Schemata. Assimilation und Akkommodation sind sowohl im Prinzip als auch in der Zeit untrennbare Vorgänge, streng komplementäre Prozesse. Piaget spricht von ihnen als den beiden Polen der Anpassungsfunktion der Entwicklung. Entwicklung oder Lernen geschieht weder in der Assimilation noch in der Akkommodation allein, sondern nur in ihrer Verbindung. Indem der Organismus bestehende Strukturen assimilierend aktiviert, akkommodiert er sie zugleich an die neuen Gegebenheiten. So entwickelt er neue Instrumente des Handelns und Denkens.

Sind diese beiden Funktionen kausal zu interpretieren? Etwa in dem Sinne, daß in der Assimilation das Subjekt auf die Gegenstände einwirkt und in der Akkommodation die Gegenstände auf direkte Weise die Strukturen des Subjektes verändernd beeinflussen? Das wäre nur eine etwas verfeinerte Form einer empiristischen Auffassung, die Piaget vehement ablehnt. Während also reine Assimilation einer prädeterminierten Verhaltensentwicklung gleich käme und erkenntnistheoretisch einer aprioristischen oder idealistischen Erkenntnistheorie entsprechen würde, reduzierte eine reine und ausschließliche Akkommodationstheorie Entwicklung auf Umweltbedingungen und würde eine empiristische Erkenntnistheorie nach sich ziehen. Ihre Verbindung hebt somit in gewisser Weise diese Gegensätze auf. Assimilative Akkommodation oder akkommodative Assimilation könnte zu Recht als ein dialektisches Verständnis des Entwicklungs- und Erkenntnisprozesses bezeichnet werden.

Eine solche Auffassung erzeugt aber neue, noch schwierigere Probleme. Wenn der Gegenstand nicht direkt die Akkommodation erzwingt, mit anderen Worten nicht die Ursache der Akkommodation ist, und das Subjekt bzw. seine Handlungsstruktur sie nicht einfach erleidet, kann dann dieser Vorgang rational überhaupt noch einsichtig gemacht werden? Die Lösung sieht Piaget in einer *systemtheoretischen* oder – mit dem von ihm bevorzugten Terminus – strukturalistischen Analyse.

Die Funktionen der Assimilation und der Akkommodation spielen sich nicht nur im Spannungsfeld zwischen Organismus und Umwelt ab, sie finden auch immer zwischen den einzelnen Schemata und Teilschemata und speziell zwischen ihren motorischen und perzeptiven Akten statt. Durch die Koordinationen vorhandener Strukturen werden neue Handlungs- und damit – wie wir wissen – zugleich neue Erkenntnisstrukturen bereitgestellt, mit denen die Merkmale, Beziehungen und „Widerstände" der neuen Situationen oder Objekte assimiliert werden können. Im aktiven Versuch, eine neue Situation zu assimilieren, wird meist eine Vielzahl von sensomotorischen Reaktionsweisen, Wahrnehmungen und Handlungen aktiviert. Einige von ihnen „registrieren“ die „Widerstände“, ungewohnten Merkmale und Eigenschaften, regen die Aktivation anderer Schemata an, steuern und korrigieren ihren Einsatz, bis sie sich perfekt ergänzen und kompensieren, und aus ihnen eine neue integrierte Struktur entstanden ist. Sehr oft sind diesem Prozeß bestimmte Zielschemata vorgeordnet, die ihn leiten und an denen der Fortschritt „gemessen“ wird. Anschauliche Beispiele für diesen Prozeß findet man besonders in PIAGET 1969 (s. auch SEILER 1978, S. 632ff.). In einem fortgeschrittenen Entwicklungsstadium, auf dem zahlreiche, in vielfältiger Weise miteinander verbundene Struktursysteme zur Verfügung stehen, kann die Erzeugung von neuen Handlungs- und Begriffssystemen durch „übergeordnete“ Struktursysteme oder „*Strategien*“ gesteuert werden. Assimilation und Akkommodation besitzen also nicht nur eine gegensätzliche Richtung, sie ergänzen sich nicht nur, sie sind beide als generelle Aspekte oder Funktionen von sich verändernden Handlungs-, Wahrnehmungs- und Operationssystemen zu begreifen. Sie bringen die allmähliche Integration und Koordination (= Assimilation) der Systemkomponenten und ihre wechselseitigen Korrekturen, Ergänzungen, Regulationen und Differenzierungen (= Akkommodation) zum Ausdruck. Als grundlegende und konstitutive Tätigkeiten dieses Systembildungsprozesses bedingen und gewährleisten sie die allmähliche Nachkonstruktion der Wirklichkeit in der strukturellen Organisation des tätigen Organismus und gewährleisten damit zugleich eine (relativ zum Entwicklungsstand des Subjektes) optimale Umweltbewältigung oder Problemlösung. Entwicklung wird also nicht erlitten, sondern getan, sie ist tätige Bildung neuer Strukturen durch Differenzierung und Integration der vorhandenen.

Jeder Anpassungsprozeß impliziert eine Problemsituation, die durch entsprechende Assimilations- und Akkommodationsbemühungen zu lösen ist. Eine Analyse dieses Geschehens unter Problemlösungs- und Konfliktaspekt kann daher eventuell zu einer weiteren Klärung beitragen.

Zuerst möchte ich hervorheben, daß die Problemsituation nicht durch die Wirklichkeit als solche oder die Stimulussituation, wie Behavioristen sagen würden, nahegelegt wird. Kein Problem ist unabhängig von einem Subjekt gegeben. Es resultiert immer aus der Tatsache, daß das Subjekt eine Handlung oder eine gedankliche Struktur auf eine Situation anzuwenden versucht, die verschieden ist von der, für die sie in der Vergangenheit entwickelt wurde. Das Subjekt schafft also sowohl auf der Handlungs- wie auf der begrifflichen Ebene seine eigenen Probleme. In vielen Fällen werden aus den Handlungen oder Begriffen, die das Subjekt an die Situation heranträgt, die Ziele, die es nun durch die Aktivierung anderer Strukturen zu erreichen sucht. Das kann in einer mehr oder weniger systematischen Weise, durch zielgeleitete Versuche oder in Extremfällen in einem Versuch- und Irrtumverhalten geschehen. Alle Versuche und ihre Wirkungen werden fortlaufend vom Ziel her kontrolliert und bewertet. Wenn sie keine Annäherung ans Ziel bringen, werden sie gewöhnlich fallen gelassen. Die Handlungen und Begriffe aber, die eine noch so geringe Annäherung ans Ziel bringen oder zumindest erwarten lassen, werden wiederholt. Zugleich werden ihre zielkonformen Elemente Schritt für Schritt herausgearbeitet und allmählich mit dem Zielverhalten in eine neue Struktur integriert. Wesentliche Ideen und Gesichtspunkte der Assimilations- und Akkommodationstheorie können also in einer *Problemlösungssprache* ausgedrückt werden.

Mehrmals schon habe ich betont, daß PIAGETS kognitionstheoretische Entwicklungstheorie den Menschen nicht „rationalisiert“ und den motivationalen und emotionalen Aspekt nur in der theoretischen Analyse vom kognitiven trennt. Er postuliert und schreibt jedem sensomotorischen Schema und jeder kognitiven Struktur ein hypothetisches Bedürfnis oder eine Tendenz zur Reaktivierung zu. Von dieser Reaktualisierungstendenz könnte man auch als vom Antriebscharakter kognitiver Strukturen oder ihrer „intrinsischen“ Motivation sprechen. Diese Tendenz stellt die motivationale Basis des Assimilations- und Akkommodationsprozesses dar. (Unter „extrinsischer“ Motivation wäre entsprechend der Fall gemeint, wo nebengeordnete oder übergeordnete, aber nicht unmittelbar zielrelevante Struktursysteme zur Aktivierung geeigneter, lösungsrelevanter Handlungen oder Operationen eingesetzt werden.)

Neben der motivationalen Eigendynamik kommt weiterhin, wie schon erwähnt, jeder Struktur eine bestimmte affektive oder emotionale Qualität zu. Im Gefolge der Entstehungsumstände, der emotionalen Färbung der Ursprungsstrukturen oder der die Entstehung der neuen Struktur steuernden oder begleitenden Strukturen nimmt sie einen positiven oder aversiven Gefühlscharakter (der Hinwendung oder Abwendung) an, der auf den Gegenstand oder die Situation als dem Inhalt dieser Struktur abfärbt.

Piaget hat damit wohl als erster Psychologe eine „intrinsische" Motivationstheorie entwikkelt (s. Seiler 1975). Der motivationale und emotionale Gesichtspunkt erlaubt ihm unter anderem auch eine Analyse des Akkommodationsprozesses in einer *Konfliktsprache.* Wenn das funktionale Anwendungs- oder Betätigungsbedürfnis eines Handlungsschemas oder einer Denkstruktur durch den „Widerstand" der Realität gebremst wird, entsteht ein Konflikt. Wenn z.B. ein Subjekt in einer konkreten Situation eine bestimmte Struktur zu aktivieren versucht, und wenn die perzeptiven Teilhandlungen Mißerfolg bezüglich der Zielhandlung signalisieren (Feedback), dann, so sagt er, resultiert ein Konflikt mit oder ohne emotionale Begleiterscheinungen. Die Konfliktanalyse Piagets ist allerdings nicht sehr klar und einheitlich. Vor allem nimmt er nicht eindeutig Stellung zur Frage, ob der Konflikt im mehr oder weniger erfolglosen akkommodatorischen Bemühen selber oder in seinen affektiven Begleiterscheinungen zu sehen ist, ob er den Prozeß der Differenzierung und Integration vorhandener kognitiver Strukturen bedingt oder begleitet. Er legt sich also bezüglich einer möglichen kausalen Funktion der intrinsischen Motivation und des Konflikts nicht eindeutig und konsistent fest. Er spricht zwar wiederholt von einem „energisierenden Dynamismus", er nimmt weiter an, daß dieser dynamische oder energetische Aspekt der Strukturen den kognitiven Verarbeitungsprozeß beschleunigen oder verlangsamen kann.

Überall dort, wo er Veränderungsprozesse von kognitiven Strukturen analysiert, wo er in einem Begriffssystem den Übergang von einer Vorstufe zu einem neuen höheren Gleichgewicht beschreibt, indem er davon spricht, daß bisher unverbundene und teilweise widersprüchliche Tätigkeiten sich zu einem integrierten System einpendeln, spricht er auch von Konflikt. Dabei scheint er ihn zumindest zeitweise als einen den Denkfortschritt auslösenden Faktor zu sehen. An vielen anderen Stellen aber kennzeichnet er ihn eher als äußeres Anzeichen oder als Begleiterscheinung der Mobilisierung rigider kognitiver Strukturen und des sich einspielenden Gleichgewichts durch ihre reversible Integration (s. Seiler 1968, S. 55ff. und S. 80ff.). Piagets kognitive Konflikttheorie hat viele moderne Autoren beeinflußt, insbesondere Berlyne, J. McV. Hunt, Charlesworth u.a. (s. Seiler 1975). Erwähnt sei die Auffassung J. McV. Hunts (1965), der die intrinsische Motivationstheorie Piagets mit den extrinsischen Motivationstheorien der klassischen Lerntheoretiker konfrontiert und das entscheidende Moment des Denkfortschrittes in der „optimalen Diskrepanz" zwischen der gespeicherten und der aufzunehmenden Information oder, anders ausgedrückt, zwischen den für die Informationsaufnahme und -verarbeitung zur Verfügung stehenden Begriffen und den für die Verarbeitung einer Problemsituation eigentlich erforderlichen Begriffen erblickt.

Auch Bower (1974) sieht „in der Idee des Konflikts oder des Widerspruchs den Schlüsselbegriff des dynamischen Äquilibrationsmodells ..., das die These aufstellt, daß kognitive Entwicklung nur dann erfolgt, wenn im Kind ein Konflikt zwischen zwei Regeln, Begriffen oder Angehensweisen, die es auf ein und dieselbe Situation anwendet, entsteht" (S. 217). So muß beispielsweise das Kind, führt er aus, um die Objektpermanenz in seinem sensomotorischen Verhalten zu „begreifen", folgende Schemata miteinander in Beziehung bringen und sie gleichzeitig verändern: „Zwei Objekte können sich nicht zur selben Zeit an derselben Stelle befinden" und „ein Objekt kann sich in einem anderen oder unter einem anderen befinden"; daraus wird durch Koordination das übergreifende Schema „zwei Objekte können sich nie zur selben Zeit an derselben Stelle befinden, außer das eine befinde sich innerhalb oder unterhalb des andern" (S. 208). „Diese Art von Konflikt zwischen zwei teilweise gültigen Regeln oder Begriffen ist die notwendige Bedingung für kognitive Entwicklung. Die Existenz eines solchen Konfliktes löst Prozesse aus, die auf die Lösung des Konflikts oder des Widerspruchs zielen. Diese Prozesse werden von Piaget (in verwirrender Weise) als Äquilibrationsprozeß bezeichnet (Akkommodationsprozeß, der Autor). Das Endprodukt der Äquilibration ist die Formulierung neuer Begriffe oder Regeln, in denen die Elemente eingehen und miteinander verschmelzen, die den Konflikt ausmachen" (S. 218). In der Analyse des Konflikts, die wir hier nur andeuten konnten (für eine weitergehende Analyse s. SEILER 1975), wurde also wiederum deutlich, daß in jedem Akkommodationsgeschehen ein komplexes Spiel von Handlungen, Wahrnehmungen, Vorstellungen usw. gegeben ist. Das Nichtgelingen einer Assimilation muß z.B. durch andere Schemata, die eine Erwartungsantizipations- oder rückwirkende Kontrollfunktion innehaben, registriert werden. Unter anderem sind also Schemata an diesem Spiel beteiligt, die der zu vollziehenden Akkommodation oder dem zu bildenden Handlungssystem das Ziel setzen, und es sind andere Schemata beteiligt, die von Schritt zu Schritt die Erscheinungen und Veränderungen „registrieren“ und den Abstand vom Zielzustand rückmelden.

2.4 *Die Rolle von Mobilisierung und Verinnerlichung für den Entwicklungsprozeß*

Im Assimilations- und Akkommodationskonzept problematisiert PIAGET sowohl das Verhältnis von innen und außen, von Umwelt und Organismus, von Subjekt und Objekt und auch von Anlage und Umwelt. Gleichzeitig kommt darin der operative oder dynamische Charakter der Entwicklung und die motivationale Basis des Handelns und Denkens zum Tragen. Der operative Charakter der Handlungsstrukturen ist aber auch im Prozeß ihrer Mobilisierung und Verinnerlichung impliziert.

Einmal erworbene Strukturen bleiben nicht unveränderlich. Durch ihre wiederholte Betätigung schleifen sie sich ein, überflüssige Wahrnehmungen und Bewegungen fallen weg. Sie konsolidieren sich in der Betätigung und werden damit gleichzeitig flexibler und beweglicher in dem Sinne, daß konsolidierte und geschlossene Einheiten leichter und schneller wieder aktiviert und mit anderen koordiniert werden können. Einübende Assimilation oder Konsolidierung und gleichzeitige Mobilisierung sind auch wesentliche Voraussetzungen für den noch zu besprechenden Systembildungsprozeß. Sie sind aber auch eine Voraussetzung, Begleiterscheinung und Folge dessen, was PIAGET die *Verinnerlichung* sensomotorischer Handlungsschemata nennt. Sensomotorische Schemata, die als Teil- oder Zwischenglieder von komplexen Handlungsmustern fungieren, können immer mehr ökonomisiert werden. Das bedeutet, daß alle nicht notwendigen Elemente abgebaut, die notwendigen auf ihr Minimum beschränkt, und insbesondere die äußeren Handlungsvollzüge der entsprechenden Schemata, soweit sie nicht notwendig sind, allmählich weggelassen werden und nur ihre „inneren Anteile“, d.h. vor allem die zentralnervösen Innervationen, beibehalten werden. Diese Verinnerlichung von Handlungsschemata stellt die Geburtsstunde der „symbolischen Funktion“, d.h. den Ausgangspunkt für die Bildung innerer begrifflicher oder rationaler Repräsentationsstrukturen dar. Durch sie wird ontogenetisch eine neue Verhaltensdimension eröffnet: Vorstellungen, Begriffe, logische Operationen usw. Aus schwerfälligen äußeren Handlungen entstehen, wie er sagt, innere Operationen, die sehr viel schneller, beweglicher sind und die Bildung umfassender und stringenter Denksysteme ermöglichen. Aufgrund des schnellen Zugriffs, den sie gestatten, werden solche verinnerlichten Schemata auch zur Symbolisierung von Handlungen und Gegenständen, auf die sie sich beziehen, verwendet. Diese Entstehungsgeschichte erklärt, warum Vorstellungsbilder ebenso wenig, wie visuelle oder andere Wahrnehmungen, vollständige und umfassende Repräsentationen der Gegenstände oder Situation bilden, auf die sie sich beziehen, sondern schematisierte Wahrnehmungstätigkeiten und Handlungen sind, die an den betreffenden Gegenständen wiederholt vollzogen wurden. In diesen einzelne Aspekte symbolisierenden und repräsentierenden „Kürzel“ von Handlungs- und Wahrnehmungsschemata besteht die mentale oder geistige Nachkonstruktion der Umwelt. Durch ihre gegenseitige Assimilation und Akkommodation entstehen allmählich immer komplexere und wirklichkeitsgetreuere Struktursysteme.

Die Mobilität von Strukturen ist für PIAGET aber nicht nur Voraussetzung und Bedingung für die gegenseitige Assimilation und Integration von Strukturen und damit für die Bildung neuerer und komplexerer Systeme, sondern gleichzeitig als Reversibilität eine wesentliche formale Gesetzmäßigkeit solcher Systeme, wie noch zu zeigen ist.

2.5 *Entwicklung als Systembildung*

Den Begriff des Systems habe ich dauernd verwendet. Er ist für die Entwicklungstheorie PIAGETS zentral und schon im Begriff der

Struktur enthalten. Für PIAGET ist Entwicklung und erst recht kognitive Entwicklung keine Anhäufung von zufälligen Reaktionen, sie stellt nicht die Summe der durch äußere Einflüsse zustandegekommenen Lernveränderungen dar. Entwicklung ist für ihn ein systematischer Prozeß, durch den ein lebendes System sich durch gesetzmäßige Interaktionen mit der Umwelt Schritt für Schritt erweitert und an neue Verhältnisse und Bedingungen adaptiert. In der Entwicklung von Organismen handelt es sich immer um sich selber verändernde Systeme. In diesem Sinne kommt der PIAGETschen Theorie ein gestaltpsychologischer Aspekt zu. Die Gestalten, die PIAGET postuliert, sind aber nicht vorgegeben, sondern in einem genetischen Prozeß entstanden und verändern sich aufgrund von gegenseitiger Assimilation und Akkommodation immer weiter.

Den Systemcharakter kognitiver Strukturen versucht PIAGET in erster Linie durch eine formal-logische Analyse exakter in den Griff zu bekommen. In dieser Analyse spielen die Termini Gleichgewicht, Gruppe und Reversibilität eine zentrale Rolle. Alle diese Begriffe verwendet er aber sehr oft sowohl in engen als auch in weiten Bedeutungen, was das Verständnis seiner Theorie sehr erschwert. So definiert er *Gleichgewicht* in Etudes d'épistémologie génétique, Band 2 (1957, p. 36s) als „aktiven und stabilen Zustand in einem offenen System". Dieser Zustand impliziert eine gewisse Kohärenz und Stabilität von interagierenden Handlungen und Operationen, die auf einem Spiel von „aktiven Kompensationen" beruhen. In einer erweiterten Bedeutung verwendet er aber den Begriff des Gleichgewichts sehr oft nicht bloß als Eigenschaft oder Zustand eines ganz bestimmten Systems, sondern als übergreifendes Beschreibungsmerkmal, das viele Systeme gleicher Art für eine bestimmte Zeit (eine bestimmte Entwicklungsstufe) charakterisiert. In dieser Verwendung bringt der Begriff eigentlich nur zum Ausdruck, daß man im Verlauf der Entwicklung Gruppen von Systemen gleicher oder ähnlicher Art, die denselben oder ähnlichen Gesetzen gehorchen, ausmachen kann. Darüber hinaus spricht er auch vom Gleichgewicht zwischen Assimilation und Akkommodation und meint damit wohl, daß viele sich ergänzende und sich gegenseitig korrigierende und kontrollierende Strukturen, die sich auf einen bestimmten Gegenstand oder Gegenstandsbereich beziehen, im Gleichgewicht halten (vgl. z.B. PIAGET 1969b, S. 254ff.). Den Vorgang selber nennt er Äquilibration.

Stellt der Begriff des Gleichgewichts eher eine beschreibende Kategorie dar, mit der zum Ausdruck gebracht werden soll, daß die verschiedenen Teilhandlungen eines Systems sich gegenseitig perfekt regulieren und kompensieren, so versucht er die formalen Eigenschaften, die seine kognitiven Systeme definieren, durch die Theorie der Gruppe und der Gruppierung schärfer zu fassen. Eines der formalen Gesetze einer Gruppe ist das Gesetz der Inversion, das er psychologisch mit Reversibilität bezeichnet. *Reversibilität* als die Fähigkeit einer Operation, umgekehrt zu werden und dadurch ihren Effekt wieder rückgängig zu machen, garantiert nach seiner Ansicht die Geschlossenheit, die Aufeinanderbezogenheit, mit einem Wort den Systemcharakter oder das „Gleichgewicht" eines jeden Handlungs- oder Operationssystems. Reversibilität der Operationen ist für ihn eine der Voraussetzungen für logisch stringente Denkoperationen.

Was wir aber für den Begriff des Gleichgewichts festgestellt haben, gilt wahrscheinlich mehr noch für den Begriff der Reversibilität. PIAGET verwendet auch diesen Begriff in sehr vielen, ohne Zweifel aufeinander bezogenen und irgendwie zusammenhängenden aber auch voneinander abweichenden Bedeutungen, ohne daß er jedesmal exakt definieren würde, wie er ihn im betreffenden Kontext verstanden haben will. Für die Analyse dieses Begriffs verweise ich auf SEILER 1968. Wie ich dort durch eine umfangreiche Textanalyse belegt habe, ist vor allem eine logische und eine psychologische Reversibilität zu unterscheiden. Als formal-logische Struktureigenschaft bedeutet sie die Umkehrbarkeit einer Operation, die, wenn es sich um ein begriffliches System handelt, sich psychologisch darin äußert, daß man sich bewußt ist, daß die Handlung oder Operation und damit auch ihr Effekt wieder rückgängig gemacht werden kann. Entwicklungspsychologisch ist Reversibilität Ursache und Bedingung logisch stringenter Begriffs- und Operationssysteme in unserem Denken. In dieser Bedeutung ist Reversibilität wohl als Grenzwert der Beweglichkeit der durch sie regulierten Strukturen zu interpretieren. Diese maximale Beweglichkeit wird erreicht, wenn die betreffenden Vorstellungshandlungen, begrifflichen Klassifikationen usw. gleichsam zeitlos schnell vollzogen werden können, so daß mehrere solcher Operationen und vor allem ihre

Umkehrungen quasi zur selben Zeit ablaufen. Mit der maximalen Mobilität oder Reversibilität verinnerlichter Handlungen oder begrifflicher Operationen hängt es wohl zusammen, daß unterschiedlichste Tätigkeiten und zahlreiche, aus verschiedenen Perspektiven gemachte Beobachtungen und zu verschiedenen Zeiten vollzogene Wahrnehmungstätigkeiten aktuell wieder erneuert und sich so aneinander anschließen, daß sie sich ergänzen, kompensieren und ein kohärentes System bilden, das erlebnismäßig als ein einziger einheitlicher und unteilbarer „geistig schauender" Verstehensakt erlebt wird. Die Theorie der Reversibilität stellt daher meines Erachtens den Versuch dar, in der formalen oder logischen Analyse die systemtheoretische Kohärenz, und entwicklungspsychologisch durch die maximale Mobilisierung die Entstehung und den introspektiven Erlebnisaspekt logisch kohärenter kognitiver Strukturen zu erklären.

Piaget hat die Bildung reversibler Struktur- und Operationssysteme in verschiedenen Bereichen und auf verschiedenen Entwicklungsstufen systematisch untersucht. Beispielhaft seien folgende erwähnt: Die Bildung des permanenten Gegenstandes, dem das einjährige Kind am Ende der sensomotorischen Stufe in seinem äußeren Handeln Rechnung zu tragen beginnt (Piaget 1974, Kap. 1). Der auf der Stufe der konkreten Operationen sich ausbildende Begriff der invarianten Menge (Piaget 1969c, Kap. 1). Schließlich das System der formalen Denkoperationen, die gleichzeitig die höchste Stufe in der logischen Entwicklung des Denkens ausmachen (Piaget 1977).

Die starke Betonung des Systemcharakters in seiner Entwicklungstheorie insgesamt, als insbesondere auch in der Detailanalyse der sich allmählich herausbildenden kognitiven Strukturen, hat Piaget oft den Vorwurf eingetragen, er habe Entwicklung und speziell Entwicklung des Denkens nur unter logischem Aspekt problematisiert und untersucht. Gewiß steht die Frage, wie der Mensch dazu komme, logisch kohärente Denkoperationen zu vollziehen, mit ihnen die Wirklichkeit, mit der er sich konfrontiert sieht, immer objektiver nachzukonstruieren und durch sie mit anderen in einen stringenten kommunikativen Austausch zu treten, im Zentrum seines Bemühens. Es mag auch richtig sein, daß diese Fragestellung in seinen empirischen Untersuchungen überwiegt, und die andern Aspekte, die in seiner Theorie durchaus enthalten sind, sehr stark in den Hintergrund treten. Eine gewisse Vorliebe und Schwäche für formallogische Analysen in der entwicklungspsychologischen Beschreibung der Entstehung von Begriffs- und Operationssystemen verstärkt diesen Tatbestand eindrucksmäßig. Logische Verknüpfungen von Begriffen und Denkoperationen sind aber nur *eine* Konsequenz und *eine* Seite des Systemcharakters menschlichen Handelns, Wahrnehmens und Denkens. Der Systemcharakter zeigt sich ebenso sehr in den inhaltlichen Bedeutungsbeziehungen, z. B. des Zeitbegriffs oder der Mengenbegriffe. Es ist ein Verdienst Piagets, gegen weitverbreitete und hartnäckige Ansichten, daß Begriffe und Worte einfache Bezeichnungen für Gegenstände, Situationen und ihre Eigenschaften seien, nachgewiesen zu haben, daß sie als komplexe Systeme von Eigenschaften und Beziehungen aufzufassen sind. Die Bedeutung von Wörtern, wie z. B. „gleichviel", „mehr" und „weniger", erschöpft sich nicht in punktuellen Bezeichnungen, sondern impliziert vielmehr ein ganzes Netz von gesetzmäßigen Beziehungen zwischen Mengen und den Transformationen, denen sie unterzogen werden können. Seine Entwicklungstheorie stellt daher nicht nur eine genetische Syntax oder Logik kognitiver Strukturen dar, sondern bildet ebenso sehr die Grundlage für eine semantische Analyse, die er selber in vielen Bereichen subtil durchgezogen hat.

Diesen Punkt möchte ich abschließen mit der Bemerkung, daß für Piaget die Logik des Denkens nicht eine absolut neue Errungenschaft darstellt, sondern in der Logik des Handelns, d. h. den Gesetzmäßigkeiten und Abhängigkeiten innerhalb der einzelnen Handlungssysteme auf der sensomotorischen Stufe vorgezeichnet ist.

2.6 *Piagets kognitive Entwicklungstheorie als Handlungstheorie*

Die Bausteine des sich entwickelnden Systems sind Handlungsschemata und kognitive Strukturen oder Operationen, als verinnerlichte Handlungen. Diese Auffassung Piagets wurde oft dahingehend interpretiert, daß das motorische Element das perzeptive überwiege (insbesondere Berlyne 1965 und 1970). Die starke Betonung des Handlungsaspektes in der Entwicklungstheorie Piagets hat aber meines Erachtens nicht notwendig eine Unterschätzung des Wahrnehmungsaspektes zur Folge. Aus zwei Gründen: Erstens schließen Handlungen immer, wie wir mehrmals gesehen haben, perzeptive Momente ein, sie sind ja Systeme, deren Elemente perzeptive Akte und motorische Reaktionen sind, die sich gegenseitig steuern und beeinflussen. Zweitens müssen, wie PIAGET wiederholt aufzeigt, auch Wahrnehmungen selber als Handlungen verstanden werden (s. PIAGET 1961). Wahrnehmungen sind nicht passive Registrationen von Eindrücken in Wahrnehmungsorganen, sondern komplexe Muster von Wahrnehmungstätigkeiten, in die „perzeptive Effekte", wie PIAGET sie nennt, eingebettet sind und die ähnlich den sensomotorischen Handlungsstrukturen eine Geschichte haben.

Unbeschadet der Rolle des Wahrnehmungsaspektes, der auf der begrifflichen Ebene in gewisser Weise durch das bildhafte Vorstellungsmoment weitergeführt wird, kann man PIAGETS kognitive Entwicklungstheorie zu Recht auch als eine Handlungstheorie begreifen. Ein zentrales Moment in jeder Handlungstheorie ist die Analyse von Ziel- und Mittelartikulationen in jedem Handlungssystem. Wie wichtig für ihn solche Ziel- und Mittelbeziehungen für die Analyse komplexerer Akkommodationsprozesse sind, haben wir mehrmals angedeutet. Mittel-Ziel-Artikulationen der Teilschemata innerhalb eines komplexen sensomotorischen Handlungsschemas werden von ihm auch als Kriterium für intelligente Anpassungsprozesse genommen. Mit dem Beginn der Symbolfunktion und dem Aufbau von Vorstellungs-, Begriffs- und Operationssystemen wird das Subjekt schließlich fähig, seine Akkommodationen durch bewußte Intentionen zu steuern. Ab dieser Stufe entwickelt es immer mehr übergeordnete Strukturen, die der Steuerung und Koordination anderer Strukturen dienen.

2.7 *Die Bedeutung von sozialer Interaktion, Kommunikation und Sprache in der Entwicklungstheorie Piagets*

Für PIAGET stellt sich nicht die Frage, ob äußere, kulturelle, gesellschaftliche oder soziale Umstände und Bedingungen sich auf die Entwicklung kognitiver Strukturen auswirken oder nicht, sondern nur, *wie* sie wirksam werden. Dennoch wird gerade in neuerer Zeit immer wieder der Vorwurf laut, seine Theorie vernachlässige soziale Bedingungen oder trage ihnen ungenügend Rechnung. Wenn wir diesen Vorwurf auf sein allgemeines Erklärungsmodell beziehen, trifft er meines Erachtens nicht zu. Ich möchte diese Behauptung mit vier Thesen stützen, die mehr oder weniger explizit in zahlreichen Ausführungen PIAGETS aufscheinen:

1. Jedes menschliche Individuum ist Element einer sozialen Gruppe und entwickelt sich in einer Umwelt, die durch Menschen gestaltet ist und selber eine soziale Geschichte besitzt. Die Gegenstände und Materialien, mit denen sich das Baby konfrontiert sieht und an denen es seine Handlungsschemata akkommodiert, sind Produkte oder Ergebnisse menschlicher Tätigkeiten und Einwirkungen.
2. Viele Handlungen und Wahrnehmungen eines Kindes sind komplementär zu den Handlungen und Wahrnehmungen einer oder mehrerer Personen, die es umgeben. Weder Entwicklung, noch – im Extremfall – Überleben eines Kindes ist ohne diese Ergänzung gewährleistet.
3. Diese komplementäre Ergänzung verwandelt sich allmählich und schrittweise in eine explizite Interaktion und Kommunikation, und zwar schon in der ersten Entwicklungsphase. Die Verhaltensschemata des Kindes, die anfänglich zu Handlungen von Betreuungspersonen komplementären Charakter besaßen, differenzieren und integrieren sich schrittweise zu Verhaltensmustern, mit denen das Kind sinnvoll mit seinen Bezugspersonen interagiert: es gibt und nimmt Gegenstände entgegen. Es guckt dorthin, wo seine Mutter hinguckt usw. Derartige Interaktionsmuster spielen wahrscheinlich eine gewichtige Rolle in der Ausbildung kommunikativer Fähigkeiten, wie BRUNER 1972 wohl zu Recht feststellt.
4. Wenn schließlich durch die Verinnerlichung sensomotorischer Schemata und durch ihre vielfältige Kombination mit verbalen Zeichen die Grundlage für begriffliche und verbale Kommunikation gelegt ist, werden kulturelle Normen und soziale Erwartungen in zunehmendem Maße den Aufbau kognitiver Strukturen beeinflussen.

Daraus möchte ich den Schluß ziehen, daß PIAGET und seine Opponenten sich nicht über die generelle Tatsache und Bedeutung sozialer Interaktion und Kommunikation für eine Theorie der menschlichen Entwicklung uneinig sind. Ihre Auffassungen unterscheiden sich aber schwerpunktmäßig in zweierlei Hinsicht: Einerseits im Einbau dieser fundamentalen Abhängigkeit in die allgemeine Entwicklungstheorie und andererseits im Gewicht, den sie diesen Faktoren in der empirischen Erforschung und Analyse von Entwicklungsprozessen zukommen lassen. Während PIAGETS Theorie die fundamentalen Gesetze des Entwicklungsprozesses heraushebt und in ihnen gleichzeitig die Möglichkeiten und die Grenzen äußerer Einflüsse problematisiert, richten seine Opponenten ihr Augenmerk fast ausschließlich auf die Analyse und Beschreibung verschiedener Formen von sozialen Interaktionen und ihren Auswirkungen auf das sich entwickelnde Subjekt. Beide Gesichtspunkte sind wesentlich, mit PIAGET bin ich aber der Meinung, daß eine ausschließliche Betrachtung von Interaktionsprozessen unter Vernachlässigung der dabei sich schrittweise verändernden inneren Bedingungen und Strukturen des Subjekts keinen Erklärungswert im Sinne einer hinreichenden Entwicklungstheorie besitzt. Das zeigt sich insbesondere dann, wenn es darum geht, Entwicklungs- und Veränderungsprozesse zu planen und zu steuern, dann ist die genaue Kenntnis der Strukturen, Begriffe, Operationen und Strategien, die man weiterentwickeln will, unverzichtbar.

Wenn man aber von der allgemeinen Erklärungsebene herunter steigt, und die empirische Analyse konkreter Verhaltens- und Denksysteme ins Auge faßt, dann kann man PIAGET gewiß den Vorwurf nicht mehr ersparen, die Bedeutung sozialer Faktoren unterschätzt zu haben. Im Versuch, die Entwicklung bestimmter kognitiver Struktursysteme, wie z.B. der Erhaltungsbegriffe (PIAGET 1965 und 1969c), zu rekonstruieren, hat er allzu oft eine idealisierte und formalisierte Form dieser Prozesse vorgelegt, die den Einfluß von zahlreichen nebengeordneten Vorstellungen, Erwartungen und Operationen (wie z.B. Zweifel, richtungweisende Wortbedeutungen, halbbewußte Beziehungen etc.), die in der Interaktion mit Sozialpartnern angestoßen werden können, eindeutig unterschätzt. Darüber hinaus scheint er zumindest in einzelnen Fällen anzunehmen, daß der immanente Äquilibrationsprozeß der Strukturen zwangsläufig zu „besser adaptierten" Systemen führe. Auch wenn man ihm zugestehen kann, daß in diesen Äquilibrationsprozessen zum Teil soziale Notwendigkeiten reflektiert werden, so macht er das zu wenig deutlich und verleiht ihnen in der konkreten Nachkonstruktion dieser Strukturen zu wenig Gewicht. Wie ich in einer theoretischen und empirischen Analyse von Erhaltungsbegriffen (SEILER 1968) zeigen konnte, sind nicht nur allgemeine soziale Zwänge, sondern spezifische Normen, Erwartungen und kommunikative Hinweise – deren „Kenntnisnahme" allerdings auch entsprechende Strukturen im Subjekt voraussetzt! – notwendige Bestandstücke dieses Äquilibrationsprozesses. Diese ohne Zweifel mehr implizit übermittelten Normen sind an der Zielsetzung für die entsprechende Strukturbildung direkt und aktuell beteiligt, und eine interne Interaktion zwischen den Strukturen des Subjektes allein erweist sich in den meisten Fällen als unzureichend. Diese Behauptung entkräftet PIAGETS generelle These nicht, daß äußere Einflüsse, Zielsetzungen usw. innere Strukturen voraussetzen, an die sie anknüpfen und die sie in gewisser Weise einverleiben. Aber sie läßt diesen Prozeß komplizierter und variabler erscheinen und macht es notwendig, in der konkreten Analyse von Entwicklungsprozessen auch Strukturen, Bedingungen usw. zu berücksichtigen, die in einer formalisierten Analyse keinen Platz haben. Dennoch bleibt bestehen, was wir oben schon gesagt haben: Je besser wir das Denk- und Handlungssystem eines Individuums kennen, unsere eigenen Anforderungen, Erwartungen und Erklärungen ihnen im Sinne einer „optimalen Diskrepanz" (J. McV. HUNT 1965) angleichen, um so effektiver wird unsere Erziehung und unser Unterricht sein.

In der sozialen Interaktion und Kommunikation spielt selbstverständlich die *Sprache* eine enorme Rolle. Für PIAGET ist Sprache und sprachliche Bedeutung kein primäres und eigenständiges Repräsentations- oder Referenzsystem. Der Sprache sind für ihn kognitive Strukturen, Vorstellungen, Begriffe, Operationen vorgeordnet. Worte und Sätze sind willkürliche, gesellschaftliche sanktionierte Zeichen für diese Begriffe und Begriffssysteme, mit denen sie in einem Assimilations- und Akkommodationsprozeß gekoppelt wurden, der natürlich in soziale Interaktionen eingebettet stattfand. Die Bedeutung der Worte und Zeichen wird dann durch die kognitiven Strukturen, auf die sie verweisen, gebildet. Man kann also sagen, daß er zwar auf einer allgemeinen Ebene das Postulat aufstellt, daß auch über das Medium der Sprache kulturelle, gesellschaftliche und soziale Einflüsse normierend und steuernd auf den Begriffsbildungsprozeß sich auswirken. Auf der Ebene der konkreten Realisierung seines allgemeinen Programms hat er diesen Entwurf nicht eingelöst, wie OLÉRON (1972) zu Recht betont.

2.8 *Entwicklungstheorie als Sequenztheorie*

Eingangs habe ich Entwicklung als Veränderung definiert und die Auffassung vertreten, daß Veränderung nur als Abfolge von Zuständen zu fassen ist. Eine Entwicklungstheorie, die diesen Namen verdienen soll, kann sich darum nicht mit einem allgemeinen Veränderungsmodell begnügen, sie muß explizit längerfristige Veränderungsreihen, deren einzelne Etappen und ihre inneren und äußeren Bedingungen festzumachen versuchen. Eine solche Forderung ergibt sich auch aus mehreren Thesen des referierten Veränderungsmodells selber. In der Annahme einer aktiven Konstruktion ist implizit die These eines sequentiellen Aufbaus der Entwicklung enthalten. In diesem Verständnis präsentiert sich Entwicklung als eine sequentielle Abfolge von Veränderungszuständen eines offenen und anfänglich losen Subjektsystems, dem eine Menge von relativ isolierten, reflexartig funktionierenden Handlungs- und Wahrnehmungsstrukturen vorgegeben ist und deren Betätigung von affektiven und emotionalen Erscheinungen begleitet wird. Auch die, wie wir oben betont haben, notwendige Präzisierung des Assimilations- und Akkommodationsprozesses erfordert die Zerlegung und schrittweise Analyse konkreter Veränderungsvorgänge, sollen diese Erklärungskonstrukte nicht auf einer globalen und abstrakten Ebene mit relativ geringem Erklärungswert hängen bleiben.
Der Sequenzaspekt ist von allen Aspekten der Theorie PIAGETS wohl am bekanntesten, und obwohl er meines Erachtens nicht den ersten Rang verdient, findet man die Theorie PIAGETS immer wieder als Phasentheorie hingestellt. Dabei werden zudem fast ausschließlich die vier großen Hauptphasen der Entwicklung angeführt: sensomotorische, voroperatorische oder intuitive, konkret operatorische und formal operatorische Phase. In diesen Phasen und ihren inhaltlichen Charakterisierungen sehen viele die eigentliche Leistung PIAGETS. Nach der hier gegebenen Darstellung kann es sich dabei nur um ein grobes Unverständnis handeln. Diese Stufen haben gewiß im PIAGETschen System ihren, auch theoretisch begründbaren Platz. Viel wichtiger aber als diese globalen, eher klassifizierenden Einordnungen sind meines Erachtens die Entstehungs- und Veränderungssequenzen einzelner Begriffs- und Operationssysteme, z. B. des Zeitbegriffs, der Klassifikationstätigkeiten usw. Die Sequenzanalyse hat aber ihre eigenen Probleme, die PIAGET wohl nur unzureichend aufgearbeitet hat.
Ein Hauptproblem betrifft die Allgemeingültigkeit und Invarianz der von PIAGET postulierten Sequenzen. Als Konsequenz der bisher diskutierten Grundannahmen müßte man eigentlich eine starke interindividuelle Variation im Aufbau konkreter Begriffs- und Bedeutungssysteme erwarten. Nach allem, was wir gesagt haben, ist nicht zu vermuten, daß das vielfältige Spiel, der auch von Individuum zu Individuum variierenden Strukturen und die extreme Variation der Umweltbedingungen streng invariable Folgen von einzelnen Veränderungszuständen gewährleisten könnten. Umgekehrt dürften immanent sachlogische Beziehungen und gesellschaftlich-kulturelle Zwänge eine gewisse Harmonisierung bewirken und die Zahl der im Prinzip möglichen Freiheitsgrade beschränken.

2.9 *Persönlichkeitstheoretische Aspekte der Entwicklungstheorie Piagets*

Menschliche Ontogenese wird von vielen Autoren auch als Analyse des allmählichen Aufbaus der erwachsenen *Persönlichkeit* definiert. Der Aufbau der kognitiven Struktursysteme stand im Zentrum der hier dargestellten Entwicklungstheorie. Sie sind es aber – wie mehrfach gesagt wurde –, die Urteilen, Denken und Verhalten eines Individuums tragen und die seine Informationsaufnahme und Informationsverarbeitung bestimmen. Sie bringen klassifizierend Ordnung in das Umweltangebot. Ihre mögliche gegenseitige Steuerung impliziert darüber hinaus Kontrolle der motivationalen und affektiven Impulse. Persönlichkeit als Gesamtheit der Struktursysteme eines Individuums (SEILER 1973, S. 24) ist somit kein statisches Gebilde mit invariablen Eigenschaften, sondern die je individuumspezifische Art der aktiven Auseinandersetzung mit der Umwelt, vornehmlich in der sozialen Interaktion.
Dennoch ist in den Modellvorstellungen PIAGETS auch Platz für eine übergeordnete, abstrakt beschreibende Charakterisierung der Persönlichkeitsstrukturen. So leitet er aus der im

Anfangszustand geringen Differenziertheit und Integriertheit der Strukturen den Egozentrismus des Verhaltens (insbesondere sensomotorische Stufe), Denkens (voroperatorische Stufe), Urteilens und Sprechens ab (PIAGET 1969b). Dieser *Egozentrismus* äußert sich auf der voroperatorischen Stufe des anschaulichen Denkens (4–7) vornehmlich im Verhaftetsein des Denkens an die aktuelle Situation und die in ihr gegebenen unmittelbaren Erfahrungen und erlebten Eindrücke. Er zeigt sich zweitens in der geringen Erstreckung des Denkens und Planens und drittens in der Unfähigkeit, frühere Erfahrungen zu berücksichtigen, andere Perspektiven einzubeziehen, sich auf den Standpunkt anderer zu stellen und überhaupt alternative Möglichkeiten zu sehen und zu einem abgewogenen und abgesicherten Urteil zu kombinieren. Daraus ergibt sich notwendigerweise eine dauernde Widersprüchlichkeit in den sich folgenden Aussagen über ein und denselben Gegenstand. Ein egozentrisches, weil dem unmittelbaren Eindruck verfallenes Denken kann gar nicht das Bedürfnis verspüren, die einzelnen Aussagen zu koordinieren und die einen durch die anderen zu begründen. Da die Ursachen des Egozentrismus die mangelnde Differenziertheit und Integriertheit der kognitiven Strukturen ist, kann er nach PIAGET nur durch eine allmähliche Dezentration der Vorstellungen und begrifflichen Kategorien überwunden werden. Das heißt, die aktuell dominierende Erfahrung muß durch andere Erfahrungen ergänzt (dezentriert) werden, zugleich bedarf es einer Erweiterung der für die Verarbeitung der anfallenden Information zur Verfügung stehenden begrifflichen Kategorien im sozialen Austauschprozeß. Die Möglichkeit und Fruchtbarkeit dieses Austausches hängt aber selber wieder von der allmählichen Anreicherung und Differenzierung der kognitiven Verarbeitungsstrukturen und Operationen ab. Aus der allgemeinen Entwicklungslogik würde sich allerdings ergeben, was PIAGET meines Erachtens nicht genügend betont hat, daß egozentrische Reaktionen nicht bloß für bestimmte Entwicklungsstufen charakteristisch sind, sondern in allen Bereichen auftreten werden, wo ein Individuum erst beginnt, globale Vorstellungen, Begriffe und Einstellungen zu integrieren und ergänzend zu differenzieren.

3 Diskussion und Ergänzung

Schon in der Darstellung der PIAGETschen Entwicklungstheorie habe ich, wo es mir unerläßlich erschien, einige kritische Überlegungen eingestreut. Im folgenden möchte ich diese Diskussion weiterführen und zu einem abschließenden Bild runden.

Eine erste Bemerkung gilt dem *Erklärungswert* dieser Theorie. Ich habe wiederholt auf den Abstraktionsgrad der Erklärungshypothesen hingewiesen und die Meinung vertreten, daß es sich bei vielen PIAGETschen Vorstellungen um relativ allgemeine und globale Erklärungsannahmen handelt. Das Niveau dieser Erklärungen läßt im allgemeinen eine präzise und konkrete Vorhersage für die Entwicklung bestimmter Strukturen und Verhaltensweisen in konkreten Situationen nicht zu. Diese Feststellung darf allerdings nicht als Kritik genommen werden. Vorhersage ist keineswegs mit erfolgreicher Erklärung gekoppelt. Erklärung liegt immer vor, wenn auch nur *einige* notwendige und/oder hinreichende Bedingungen für das Auftreten von Verhaltensweisen genannt werden, sei es auch erst im nachhinein. Vorhersage dagegen setzt die detaillierte Kenntnis *aller* notwendigen und hinreichenden Bedingungen voraus, was im Humanbereich wohl nur in den seltensten Fällen zu realisieren sein wird. Globale Erklärungsmodelle sind aber gerade wegen ihrer Allgemeinheit und Abstraktheit kaum empirisch im strengen Sinn zu falsifizieren oder zu verifizieren. Das gilt aber für lerntheoretische Modelle in der gleichen Weise. Wichtiger als der empirische Beleg für einzelne isolierte Thesen und Aspekte ist daher m. E. die argumentative Diskussion alternativer Theoriengebäude. Nur eine solche Diskussion kann den Aufweis erbringen, daß bestimmte Erklärungsweisen sich nicht nur sprachlich, durch die Verwendung unterschiedlicher Termini, unterscheiden, sondern daß dahinter auch grundverschiedene Sichtweisen, unterschiedliche Erklärungskonstrukte, oder wenigstens andere Akzentsetzungen stehen. Eine vergleichende Diskussion der PIAGETschen Theorie mit behavioristisch lerntheoretischen Ansätzen würde das sehr deutlich machen. Da aber die behavioristisch lerntheoretische Denkweise in den letzten Jahren nicht bloß im entwicklungspsychologischen Bereich ihre lange Zeit dominierende Position fast vollständig verloren hat, möchte ich diesen Punkt nicht weiter verfolgen, sondern nur kurz auf den Begriff des

Lernens eingehen, wie er im Rahmen einer kognitiven Entwicklungstheorie zu interpretieren wäre.

Die Handlungs- oder Denkstrukturen, die im Verlauf der Entwicklung aufgebaut werden, können als erworben oder gelernt bezeichnet werden. Gelernt werden aber in einer solchen Sichtweise nicht in erster Linie und vor allem nicht ausschließlich die hier und jetzt in Erscheinung tretenden Handlungen oder Verhaltensweisen, sondern die Verhaltens- und Denkstrukturen, die „hinter" den konkreten und aktuellen Verhaltensweisen stehen. Da diese Strukturen als Erkenntnismittel aufgefaßt werden, kann Lernen folglich als die progressive Veränderung der Erkenntnismittel definiert werden. Diese Konzeption zieht auch eine andere Art der Bedingungsanalyse nach sich. Während in der Entwicklungstheorie Piagets die äußeren Einflüsse und Bedingungen explizit nur die Funktionen von „causae exemplares" (im Sinne von Aristoteles) haben, d.h. keinen direkten kausalen Einfluß auf das Individuum ausüben, sondern dem Strukturbildungsprozeß als „Vorbild" dienen, an denen er sich orientiert, reden Lern- und Sozialisationstheoretiker demgegenüber so, als ob ein direktkausaler Einfluß von den äußeren Bedingungen (Verstärkern, Sozialisationsfaktoren usw.) ausgehe.

In der hier vertretenen Auffassung von Lernen sind viele weitere Implikationen enthalten, von denen einige kurz angedeutet werden sollen:

1. Wenn Lernen als die Veränderung der Erkenntnismittel durch das tätige Subjekt erklärt wird, darf das nicht in einem idealistischen Sinn verstanden werden. Die Kausalität geht zwar vom Subjekt aus und nicht von den äußeren Umständen und Einflüssen, das Subjekt „imitiert" aber durch seine Strukturen die ihnen zugänglichen Aspekte der Wirklichkeit.
2. Das lernende Subjekt ist nicht absolut plastisch, d.h. es kann nicht in jeder Situation und in jedem Zustand dazu gebracht werden, alles zu lernen. Die Grenzen seiner Plastizität sind nicht bloß durch die Art, durch die spezifischen Organe und in der Anlage vorprogrammierten Fähigkeiten begrenzt, sondern schwerpunktmäßig durch die Handlungsstrukturen oder Erkenntnismittel, die es bis zu diesem Zeitpunkt schon ausgebildet hat. Welche Rolle innere und äußere Faktoren dabei gespielt haben, war der Kern dieser Ausführungen.
3. Genau so bestimmen sich auch die Grenzen des nachahmenden Lernens im engeren Sinn. Die Vorbildwirkung eines Modells reicht nur so weit und ist nur in dem Maße wirkungsvoll, als der Nachahmende über Vorstufen des vorgemachten Verhaltens verfügt. So verlangt – um ein einziges Beispiel zu zitieren – die Imitation von vorgesprochenen sonoren Konsonanten, daß der Säugling selber schon spontan, wenigstens ansatzweise sonore Konsonanten produziert hat (s. Cromer 1974).
4. Diese Bedingung vorausgesetzt, ist es allerdings richtig, dem imitativen Lernen in der menschlichen Entwicklung einen besonderen Platz einzuräumen. Erstens, weil kognitive Entwicklung sich immer und ausschließlich in einem Kontext sozialer Interaktions- und Austauschprozesse ereignet und überwiegend über kommunikativ vermittelte (besonders Sprache) und gesetzte Ziele und Normen gesteuert wird. Zweitens, weil wir wissen, daß das sich entwickelnde Individuum sehr früh Strategien übergeordneter Art aufbaut, mit denen es in bestimmten Bereichen den imitativen Akkommodationsprozeß mehr oder weniger systematisch vorantreibt (z.B. Ausdrucksverhalten, Begriffe und Bedeutungen, Normen usw.).
5. Schließlich ist noch zu vermerken, daß der Lern- oder Entwicklungsprozeß kognitiver Strukturen nie abgeschlossen ist. Im Gegenteil, je zahlreicher und differenzierter die Begriffe und Operationen, über die ein Individuum verfügt, um so mehr neue kann es bilden, um so mehr Möglichkeiten und Mittel zur Adaptation an die Umstände und zur Lösung von Problemen stehen ihm zur Verfügung.

Die Grundkonzepte der referierten Entwicklungstheorie sind relativ global, ihr Erklärungswert daher auch relativ gering, solange die einzelnen Elemente, Bedingungen und Prozesse des sich entwickelnden Systems und ihre Interaktion nicht konkret festgemacht wird. Piaget hat das in einer Vielzahl von auch empirischen Untersuchungen getan. Dennoch ist kritisch zu vermerken, daß er auch bei dieser empirischen Analyse einer gewissen Tendenz zur Übergeneralisierung, zur Verabsolutierung formaler und logischer Aspekte und schließlich zur Unterschätzung der Bedeutung von sozialen Interaktionen erlegen ist. Vom letzten Gesichtspunkt war ausführlich die Rede (vgl. 2.7).

Die Tendenz zur *Übergeneralisierung* soll mit Beispielen aus der Phasentheorie belegt werden. PIAGET schreibt den einzelnen Stufen der kognitiven Entwicklung mehr Geschlossenheit, Einheit und Einfachheit zu als eine genauere Analyse dies zuläßt. So faßt er alle „konkreten" Operationen zu einer Einheit („structure d'ensemble") zusammen, die sich u. a. darin manifestiert, daß ein Kind, bei dem einzelne konkrete Operationen festgestellt werden konnten, auch über alle anderen konkreten Operationen verfügen sollte. Er sieht sich zwar selber unter dem Gewicht der Empirie gezwungen, gewichtige Ausnahmen von dieser Regel zuzulassen. Er spricht dann von Verschiebungen. Mittels des Konzepts der horizontalen Verschiebung versuchte er in gewisser Weise post hoc zu rechtfertigen, warum die Invarianz des Gewichtes nach der Invarianz der Substanz auftritt (ungefähr 2 Jahre) und warum diese wiederum mit 2 Jahren Verspätung von der Invarianz des äußeren Volumens gefolgt wird.

Dieselbe Einheit und Geschlossenheit postulierte er ursprünglich auch für das System der „formalen Operationen". Erst sehr spät, gegen Ende der sechziger Jahre, änderte er unter dem Druck empirischer Belege seine Position. Diese Übergeneralisierungen kamen wohl dadurch zustande, daß er den Geltungsbereich seiner theoretischen Annahmen nicht ausreichend empirisch abgetastet hat. Was sich in der theoretischen Analyse als sinnvoll und sachlogisch oder sachnotwendig zusammenhängend darstellt, nimmt er allzu leicht auch als faktisch zusammenhängend an. Dabei übersieht er, daß jede theoretische Rekonstruktion zwangsläufig einzelne Bedingungen heraushebt und ihnen damit ein zu starkes Gewicht verleiht, während die anderen zurücktreten und unterschätzt werden. Darum bedarf jede Erklärung einer empirischen Überprüfung ihres Geltungsbereiches.

Das überstarke Vertrauen in theoretische Analysen und sachlogische Implikationen ist wohl auch der Hauptgrund dafür, daß er von ihm untersuchte Entwicklungssequenzen als invariant postulierte. Die innere Logik seiner theoretischen Rekonstruktion ließ ihn immer wieder die Komplexität der realen Bedingungen übersehen und unterschätzen. Eine genauere Überprüfung der von ihm postulierten invarianten Sequenzen erweist diese empirisch meistens nur als mehr oder wenig wahrscheinlich, d.h. sie müssen als eingeschränkt variable Abfolgen taxiert werden.

Mit dieser Tendenz hängt wohl auch seine Bevorzugung *formallogischer* Gesichtspunkte und Analysemethoden zusammen. So hat er ohne Zweifel das logisch-systematische Moment im Denken und in der Denkentwicklung forciert. Gewiß läßt sich in jedem Denk- und vor allem Problemlösungsprozeß eine minimal notwendige Kohärenz und Nichtwidersprüchlichkeit ausmachen, es gibt aber kein noch so flexibles formallogisches System, das den „Schlußfiguren" konkreter Denkabläufe und Problemlösungsprozesse gerecht würde. Wie man auch anders sagen könnte, sind es nicht nur formallogische oder syntaktische Beziehungen zwischen den Strukturen, sondern vielmehr semantisch bestimmte inhaltliche Beziehungen zwischen ihnen, die die konkreten Koordinationen determinieren (vgl. auch SEILER 1973a).

Diese Kritik trifft ebenso sehr für die gruppentheoretische Analyse psychologischer Prozesse zu. Vielen Handlungsmustern und gedanklichen Operationssystemen mag man zu Recht eine Art Gruppenstruktur unterschieben, die formale und operative Aufschlüsselung kognitiver Systeme erfordert aber zusätzlich andere Gesichtspunkte und gesetzmäßige Beziehungsannahmen. Mit dem Nachweis, daß Handlungen und Operationen Systeme bilden – mehr leistet die Gruppentheorie wahrscheinlich nicht – ist es nicht getan. Jedes Struktursystem bildet einen eigenen, im allgemeinen höchst komplexen „Algorithmus". Darüber hinaus darf man nicht übersehen, daß trotz des unverkennbaren Systemcharakters menschliches Handeln und Denken durch viele „Freiheitsgrade" oder Abweichungen von postulierten Systembeziehungen charakterisiert ist. So mag ein Subjekt, das sich in einem oder einigen Problemen als fähig erwiesen hat, nach den Gesetzen des formalen Denkens zu operieren, dennoch nur in privilegierten Situationen und Bereichen so vorgehen. Komplexe Algorithmen müssen sich offensichtlich, weil ihre Grundstruktur an spezifischen Inhalten und konkreten Situationen erworben wurde, bei jeder neuen „Anwendung" vor allem in ganz ungewohnten Problemstellungen und Gegenständen, erst langsam und schwerfällig neu einpendeln. Selbst eine direkte und bewußte Übertragung durch übergeordnete und steuernde kognitive Operationssysteme fällt in den meisten Fällen äußerst schwer und bedarf wiederholter Versuche. Vielleicht ließe sich allerdings in vielen Fällen durch eine Feinanalyse nachweisen, daß solche Schwankungen und Fehler durch störende Einwirkungen anderer Handlungssysteme erklärt werden können und folglich auf einer mangelnden Konsolidierung, Mobilisierung und adäquaten Koordination der sich störenden und behindernden Struktursysteme beruhen. Ich möchte überdies annehmen, daß vor allem in hochkomplexen und differenzierten Systembildungen sowohl des äußeren „sensomotorischen Handelns" als auch des inneren Denkens die Mobilisierung und Koordination nie ein- für allemal abgeschlossen ist, sondern ständiger Erneuerung bedarf.

Die starke Zentrierung auf formale Systembildungen von kognitiven Strukturen hat ihn auch eine andere unsystematische und eher inhaltliche Art von Gruppenbildung übersehen lassen. Weder die Eigendynamik kognitiver Strukturen, noch ihre affektive Gestimmtheit ist nämlich hinreichend, all das zu fassen, was herkömmlicherweise in eine Motivationsanalyse menschlichen Verhaltens und menschlicher Persönlichkeit eingeht. Dafür ist noch ein anderer Aspekt wesentlich: Die durch Generalisation und gegenseitige Integration erfolgte Ausweitung oder besser gesagt „Anhäufung" kognitiver Strukturen in einem bestimmten Gegenstandsbereich. Diese „Vervielfältigung" kognitiver Strukturen in einem Gegenstandsbereich ist nicht mit der systematischen Gruppenbildung zu verwechseln, durch die kognitive Operationssysteme logischer Art entstehen. Dort handelt es sich um eine systematische oder strukturelle Interaktion, die logisches oder rationales Vorgehen bei der Informationsverarbeitung oder beim Problemlösen begründet und gewährleistet. Hier beruht sie vielmehr auf einer teilweise zufälligen, teilweise durch das oben besprochene affektive Moment bedingten Anhäufung kognitiver Strukturen inhaltlich und affektiv verwandter Art in einem Gegenstandsbereich. Dieser Prozeß der „inhaltlichen Haufenbildung" erklärt nach meiner Ansicht Interessenlage, Einstellung und Effektivität eines Individuums in der Auseinandersetzung mit den Problemen und Informationen eines bestimmten Gegenstandsbereiches.

PIAGET geht von einer gewissen Einheit und Geschlossenheit des kognitiven Systems insgesamt aus. Er nimmt zwar an, daß diese Einheit sich nur ganz allmählich im Verlaufe der Entwicklung zu einem stringenten und logischen System ausbildet, das aus einer Vielzahl von nebeneinander bestehenden sensomotorischen Verhaltensstrukturen, die sich teilweise zu inneren begrifflichen Vorstellungsstrukturen und logischen Operationssystemen verwandelt haben. Zu dieser Einheit trägt vor allem ihre biologische Orientierung auf Überleben, Umweltbewältigung und Problemlösung bei. Kommunikative und sprachliche Strukturen und Prozesse sind in seiner Sichtweise nur Teil dieses Verhaltenssystems und man ist berechtigt, von einem kognitiven Primat zu sprechen. Demgegenüber könnte man die Hypothese aufstellen, daß den kommunikativen und sprachlichen Strukturen eine gewisse Selbständigkeit zukommt, daß sie sich aus genetisch unabhängigen oder parallelen Wurzeln entwickelt haben. Varianten dieser Hypothese, insbesondere in bezug auf das sprachliche System, werden von WYGOTZKY und CHOMSKY vertreten (vgl. die ausführliche Diskussion von CROMER 1974).

Soweit die sprachlichen und kommunikativen Strukturen der Übermittlung von Bedeutung dienen, kann man meines Erachtens durchaus zu Recht von einem kognitiven Primat sprechen. Die Bedeutung von Handlungen, Gesten und insbesondere Worten und Sätzen ist nicht losgelöst von begrifflichen Vorstellungen und Operationen zu fassen, eine Tatsache, der sich die psycholinguistische Sprachentwicklungsforschung der letzten Jahre zunehmend bewußt geworden ist. Daneben läßt sich aber nicht übersehen, daß die begrifflichen Strukturen, die als Bedeutung Worten und Sätzen zugeordnet werden, mit der Zeit eine gewisse Eigendynamik entfalten, die es möglich und notwendig macht, das sprachliche Bedeutungssystem und seine Gesetzmäßigkeiten für sich zu untersuchen. In diesem Sinn ließe sich dann das kognitive und semantische System unterscheiden, auch wenn die beiden voneinander abhängen und sich dauernd gegenseitig beeinflussen. Die Eigenständigkeit des sprachlichen Systems bezieht sich aber nicht bloß auf seinen semantischen Aspekt, sondern vielleicht mehr noch auf den syntaktischen. Die Ausbildung syntaktischer Beziehungsgesetze bedarf ebenso wenig wie die der semantischen Komponenten einer eigenen Entwicklungslogik, die sich von der Entwicklungstheorie der kognitiven Strukturen unterscheiden würde.

Eine, aber sicher nicht die einzige Funktion der Sprache ist Kommunikation. Nur am Rande sei vermerkt, daß insbesondere für die Ausbildung komplexerer Denkvorgänge, PIAGET spricht von formalen Operationen, Sprache eine notwendige Voraussetzung und Bedingung ist. Kommunikation geht aber über sprachliche Bedeutungsvermittlung weit hinaus. Die Hypothese, daß kommunikative Prozesse, zumindest im menschlichen Bereich, eine gewisse Eigenständigkeit besitzen, und auf unabhängige genetische Wurzeln zurückgehen, ist nach neueren Untersuchungen nicht mehr von der Hand zu weisen (vgl. BRUNER 1972). Auch die Entfaltung und Weiterentwicklung dieser kommunikativen Strukturen könnte man in den Geltungsbereich der hier besprochenen Entwicklungstheorie einbeziehen. Wie wir aber schon bei der Diskussion der Entwicklung der kognitiven Strukturen hervorgehoben haben, kann diese allgemeine Entwicklungstheorie nur den Rahmen bilden. Sie vermag nur allgemeine Richt- und Leitlinien zur Verfügung zu stellen und muß daher zielstrebig durch eine minutiöse, theoretisch und empirisch unterbaute Analyse der entsprechenden Struktursysteme erweitert werden.

Literatur

BERLYNE, D. E.: Structure and direction in thinking. New York, John Wiley 1965.

BERLYNE, D. E.: Children's reasoning and thinking. In: MUSSEN, P.: Carmichael's manual of child psychology. New York, John Wiley [3]1970.

BOWER, T. G. R.: Development in infancy. San Francisco, W. H. Freeman and Company 1974.

BRUNER, J. S.: From communication to language – A psychological perspective. Cognition (1974/75), H. 3 (3), S. 255–287.

CROMER, R. F.: The Development of Language and Cognition: The Cognition Hypothesis. In: FOSS, B. (Ed.): New Perspectives in Child Development. Bungay, Suffolk, Penguin Education 1974, S. 184–252.

HOPPE, S./SCHMID-SCHÖNBEIN, Chr./SEILER, Th. B.: Entwicklungssequenzen: Theoretische, empirische und methodische Untersuchungen, Implikationen für die Praxis. Bern, Huber 1977, S. 15–56.

HUNT, J. McV.: Intrinsic motivation and its role in psychological development. In: LEVINE, D. (Ed.): Nebraska Symposium on motivation. Lincoln, University of Nebraska Press 1965, S. 189–282.

OLÉRON, P.: Langage et développement mental. Bruxelles, Ch. Dessart 1972.

PIAGET, J.: Les mécanismes perceptifs. Paris, Presses Universitaires de France 1961.

PIAGET, J./SZEMINSKA, A.: Die Entwicklung des Zahlbegriffs beim Kinde. Stuttgart, Klett 1965.

PIAGET, J.: Das Erwachen der Intelligenz beim Kinde. Stuttgart, Klett 1969a (Original: 1936).

PIAGET, J.: Nachahmung, Spiel und Traum. Stuttgart, Klett 1969b (Original: 1945).

PIAGET, J./INHELDER, B.: Die Entwicklung der physikalischen Mengenbegriffe beim Kinde. Stuttgart, Klett 1969c (Original: 1940).

PIAGET, J.: Der Aufbau der Wirklichkeit beim Kinde. Stuttgart, Klett 1974 (Original: 1937).

PIAGET, J./INHELDER, B.: Von der Logik des Kindes zur Logik des Heranwachsenden. Olten, Walter 1977 (Original: 1955).

SEILER, Th. B.: Die Reversibilität in der Entwicklung des Denkens. Stuttgart, Klett 1968.

SEILER, Th. B.: Die Bereichsspezifität formaler Denkstrukturen – Konsequenzen für den pädagogischen Prozeß. In: FREY, K./LANG, M. (Hrsg.): Kognitionspsychologie und naturwissenschaftlicher Unterricht. Bern, Huber 1973a.

SEILER, Th. B.: Kognitive Strukturiertheit, Theorien, Analyse, Befunde. Stuttgart, Kohlhammer 1973b.

SEILER, Th. B.: Die Rolle des Konflikts in der kognitiven Entwicklung und im Informationsverarbeitungsprozeß – Eine Theorie und ihre Grenzen. Institut für Psychologie der Freien Universität Berlin 1975.

SEILER, Th. B.: Grundlegende Entwicklungstätigkeiten und ihre regulative, systemerzeugende Interaktion. In: STEINER, G. (Hrsg.): Piaget und die Folgen. Die Psychologie des 20. Jahrhunderts. Bd. VII, S. 628–645. Zürich, Kindler 1978c.

Psychoanalytische Theorien in der Sozialisationsforschung

Yvonne Schütze

Das Leben ist bekanntlich eine zu allem möglichen verwendete Kindheit.
(Jean-Paul SARTRE:
Der Idiot der Familie, 1977)

1 Wandlungen der Psychoanalyse

In seinem Artikel „Psychoanalyse im Wandel" nennt Peter KUTTER fünf Themen, an denen sich Akzentverlagerungen neuerer psychoanalytischer Theoriebildung aufzeigen lassen, ohne daß es sich jedoch bei diesen Weiterführungen um einen Paradigmenwechsel handelt, wie dies z. B. in der Familienforschung und -therapie STIERLINS, RICHTERS oder SELVINI-PALAZZOLIS der Fall ist (KUTTER 1979). Die fünf Themen sind folgende:

1. Verlagerung der Trieblehre über eine Affekttheorie zu einer Theorie der Emotionen.
2. Verlagerung des Interesses von den Neurosen zu den Psychosen bzw. den narzißtischen oder „nachklassischen" Neurosen.
3. Verlagerung des Interesses von den subjektiven Phantasien zu den Zusammenhängen zwischen Körper und Psyche (Psychosomatische Krankheiten).
4. Ein neues Verständnis der ödipalen Situation, Hinwendung zu einer detaillierten Betrachtung der Mutter-Kind-Beziehung und neuerdings eine Einbeziehung des Vaters in die vorödipale Konstellation.
5. Die Beschäftigung mit dem, was das Kind mit seinen Eltern macht, was es über sie denkt und phantasiert, wird ergänzt durch das, was die Eltern mit dem Kind in der Realität und in der Phantasie tun und wie sie es beeinflussen und prägen. Auffällig an der Darstellung dieses Punktes erscheint mir, daß hier der Begriff „Interaktion" offensichtlich vermieden wird, was implizit auf eine Ambivalenz gegenüber einer interaktionistischen Sichtweise des kindlichen Entwicklungsverlaufs innerhalb der Psychoanalyse verweist.

Dieser Themenkatalog, der sich auf die Wandlung der Psychoanalyse als einer metapsychologischen Theorie und einer bestimmten Form und Technik der Therapie bezieht, verweist implizit auch auf die Wandlungen, die die psychoanalytische Theorie als eine Sozialisationstheorie, d.h. als eine Theorie, deren Gegenstand die Rekonstruktion des Prozesses ist, in dessen Verlauf sich der mit einer biologischen Ausstattung versehene Organismus zu einem sozial handlungsfähigen Individuum entwickelt, vollzogen hat.

1.1 Psychoanalyse und Sozialisationstheorie

Die psychoanalytische Theorie wurde nicht als Sozialisationstheorie konzipiert. FREUD selbst hat außer im Falle des kleinen Hans sich in seiner Forschungs- und Therapeutentätigkeit niemals mit Kindern befaßt und auch im Falle des kleinen Hans hat er das Kind nicht selbst behandelt. Seine Analyse stützte sich ausschließlich auf die vom Vater des Jungen gegebenen Berichte (FREUD, Ges. W. Bd. VII). Gleichwohl ist die Psychoanalyse seit ihren Anfängen auch eine Sozialisationstheorie, denn die FREUDsche Beobachtung, daß die neurotische Erkrankung seiner Patienten in deren frühkindlicher Entwicklung begründet war, zwang zu Folgerungen, die gleichermaßen auch für die Entwicklungsgeschichte des normalen Kindes gelten mußten. Die Rekonstruktion der Kindheitserfahrungen erkrankter Erwachsener erhellte gleichzeitig den Phasenverlauf der psychosexuellen Entwicklung im allgemeinen (orale, anale, genitale Phase) und verwies implizit auf die zwischen Eltern, Kind und Umwelt ablaufenden Interaktionsprozesse, in deren Verlauf sich die psychischen Strukturen herausbilden. Die Entdeckung FREUDS, daß zwischen normalem und neurotischem Entwicklungsprozeß kein struktureller Unterschied sei, ist für die Weiterführung der psychoanalytisch orientierten Sozialisationstheorie einer der bedeutsamsten Basissätze geblieben.

Ein weiterer bedeutsamer Schritt auf dem Wege zu einer expliziten Sozialisationstheorie war die Erkenntnis, daß nicht nur Erwachsene „analysefähig" sind – wie FREUD noch annahm –, sondern daß auch Kinder der Deutungsarbeit des Analytikers zugänglich sind. Hier sind vornehmlich Anna FREUD und Melanie KLEIN zu nennen, die die psychoanalytische Kindertherapie begründeten und das „Seelenleben des Kleinkindes" – so der Titel eines Aufsatzes von Melanie KLEIN – erforschten (KLEIN 1962; A. FREUD 1968). Wenn auch die Pioniere der Kinderanalyse theoretisch nicht immer übereinstimmten – worauf ich später noch eingehen werde –, so blieben beide den FREUDschen Konzepten doch stark verpflichtet: Explizit lag das Schwergewicht auf der *Therapie* von Kindern und Adoleszenten, deren Krankheitsbilder zu Hypothesen über den normalen Entwicklungsprozeß führten.

Aus den Erkenntnissen, die man aus der Erwachsenenanalyse und der Kindertherapie gewann, wurde die Konzeption einer „psychoanalytischen Erziehung" entwickelt, die darin bestand, daß Aufklärung der Erwachsenen Änderungen des Erziehungsverhaltens bewirken sollte und damit so etwas wie eine Neurosenprophylaxe etabliert werden könne (A. FREUD 1968). Diese Hoffnung, die Eltern und Pädagogen in die junge Wissenschaft setzten, wurde insofern enttäuscht, als die Psychoanalyse sich weder damals noch heute imstande sieht, Handlungsanweisungen und Regeln zu liefern, nach denen Pädagogen und Eltern systematisch vorgehen könnten. Außerdem wechseln mit den theoretischen Vorstellungen von der Ätiologie der Neurosen auch die pädagogischen Ratschläge. Als Ziel der Erziehung werden Triebfreiheit, Stärkung des Ichs und seiner Funktionen oder affektive Eltern-Kind-Beziehungen postuliert, Ziele, die in der Erziehungsrealität nicht leicht miteinander zu vereinbaren sind.

Der utopische Charakter der damaligen Hoffnungen auf und Forderungen nach Prognose und Neurosenprophylaxe wird erst heute, nachdem die Kleinkinderforschung um vieles weiter entwickelt und präzisiert worden ist, besonders deutlich: in ihrer neuesten Publikation befindet Margaret S. MAHLER z. B., daß Prognosen selbst für die Kinder, die jahrelang von ihrem Forschungsteam beobachtet wurden, nicht möglich sind, sondern daß lediglich „jene Merkmale des Kindes, die angeboren und quasi biologisch sind – wir bezeichnen sie schlicht als angeborene Ausstattung –, fortzubestehen scheinen, d.h. sie bleiben während der fortschreitenden Entwicklungen relativ stabil und unbeweglich. Jene anderen Merkmale jedoch, die sich aus Transaktionen und Interaktionen mit der Objektwelt ergeben (z.B. frühe Abwehrmuster, frühe Interaktionen), sind außerordentlich wandelbar und so ist auch ihr Ergebnis; es gibt unablässige Veränderungen, die an Wendepunkten der Entwicklung massiven Libidoverschiebungen weichen" (MAHLER 1978, S. 251).

1.2 Die Wandlungen der Psychoanalyse am Beispiel der oralen Phase

Da eine ausführliche Diskussion der neueren zum Teil konträren, zum Teil nur in Nuancen voneinander abweichenden Positionen zum gesamten Entwicklungsverlauf, d.h. bis zum Abschluß der Adoleszenzphase, hier nicht möglich ist, halte ich es für sinnvoll, als exemplarisch für den gegenwärtigen Stand der Theoriebildung nur die Forschungsansätze zu diskutieren, die sich im Rahmen des psychoanalytischen Paradigmas halten und an denen sich am deutlichsten die erwähnten Akzentverlagerungen, soweit sie eine Sozialisationstheorie betreffen, ablesen lassen. Nicht eingehen werde ich auf pathologische Entwicklungsverläufe. Für ein solches Vorhaben bietet sich die Rekonstruktion der verschiedenen Phasen zum Aufbau der ersten Objektbeziehungen, insbesondere die orale Phase sowohl aus theoretischen als auch aus methodologischen Gründen an.

1. Läßt sich an den Konzepten zur oralen Phase am klarsten der Ideenwandel ablesen, den die Psychoanalyse während der letzten Jahrzehnte durchgemacht hat, insofern als der Organismus nicht mehr im isolierten Zustand betrachtet wird, sondern in Interaktion mit seiner Umwelt. Dieser Ideenwandel wurde einerseits durch Theoriebildungen induziert, die zwar nicht außerhalb der Psychoanalyse entstanden, sich gleichwohl aber auch kommunikations- und interaktionstheoretischer Konstrukte bedienten wie z. B. die Schizophrenieforschung der fünfziger Jahre und die Familienforschung. Andererseits aber waren es auch die Psychoanalytiker selbst, die gleichsam Selbstkritik übten und wie z. B. BALINT darauf aufmerksam machten, daß die Begriffsbildung in der Psychoanalyse sich bis auf die Ausnahmen der Begriffe „Objekt" und „Objektbeziehung" ausschließlich auf das Individuum beziehen. BALINT spricht von „einer Kluft in der Psychoanalyse, die zwischen einer sich auf Kommunikation, auf die Beziehungen von Person zu Person gründenden Technik und einer Theorie bestehe, die eine ... one-body-psychology bleibe" (LAPLANCHE 1973, S. 340). Dieser Vorwurf hat seine Berechtigung insofern, als FREUD nicht explizit auf die Wechselseitigkeit der frühen Objektbeziehungen aufmerksam gemacht hat, gleichwohl ist seine Konzeption der Etablierung psychischer Strukturen nur innerhalb eines Beziehungsmusters zwischen Subjekt und Objekt denkbar. So gewinnt der Begriff der Objektbeziehungen zentrale Bedeutung erst seit den dreißiger Jahren. Wenn auch diese Wendung von der primären Beachtung des Subjekts zu der Beziehung zwischen Subjekt und Objekt ein durchgängiger Zug in der psychoanalytischen Theorie ist, so ist die Auffassung darüber, zu welchem Zeitpunkt der Entwicklung man von einer Objektbeziehung sprechen kann, geteilt.
Um terminologische Mißverständnisse zu vermeiden, erweist es sich als sinnvoll, eine Unterscheidung zu treffen zwischen einer biologischen bedürfnisbefriedigenden Mutter-Kind-Beziehung, die von Anfang an existiert und einer psychologischen Objektbeziehung, die gleichsam auf der biologischen aufbaut und dadurch gekennzeichnet ist, daß erste Gedächtnisspuren gelegt sind, daß eine Differenzierung zwischen Selbst und Außenwelt erfolgt ist, und daß schließlich die Mutter eine über die unmittelbare Bedürfnisbefriedigung hinausgehende einzigartige Bedeutung für das Kind bekommt (EDCUMBE und BURGNER 1973).

2. Die Schizophrenieforschung beeinflußte auch noch in anderer Weise die psychoanalytische Sozialisationstheorie; während bisher die ödipale Phase als entscheidende Krise für die Strukturbildung der psychischen Instanzen gegolten hatte, wurde nunmehr deutlich, daß die Genese schizophrener Störungen in der oralen Phase zu lokalisieren ist.

3. In engem Zusammenhang mit der Hinwendung zu den Psychosen steht auch die Beschäftigung mit den Narzißmusstörungen, die gegenwärtig die klassischen Neurosen wie Hysterie und Zwangsneurose zahlenmäßig weit übertreffen und deren Genese zumindest in ihrer pathologischsten Version in der oralen Phase begründet zu sein scheint. Um den in der letzten Zeit etwas inflatorisch gebrauchten Begriff der Narzißmusstörung (vgl. z.B. ZIEHE 1975) einzugrenzen, bediene ich mich der KERNBERGschen Einteilung nach Schweregraden der Pathologie (KERNBERG 1977):

1. „Regression vom normalen erwachsenen zum normalen infantilen Narzißmus" (KERNBERG 1977, S. 54). Hier handelt es sich um einen *neurotischen* Konflikt, der sich z.B. aufgrund einer bestimmten ödipalen Konstellation in pathologischen Verboten gegen sexuelle Impul-

se oder in gestörten Beziehungen des Selbst zu den äußeren Objekten oder in außergewöhnlichen Überichzwängen äußert. Die pathologischen Charaktermuster haben hier die Funktion die Integrität des Selbst und des Selbstwertgefühls zu schützen und treten damit in den Dienst des Narzißmus, d.h. der libidinösen Besetzung des Selbst.

Die 2. Form des gestörten Narzißmus besteht in einer „Beziehung zu einem das Selbst repräsentierenden Objekt, während das Selbst mit einem Objekt identifiziert wird" (KERNBERG 1977, S. 54). Dieser Typ der Objektbeziehung, den FREUD als den narzißtischen beschrieb, läßt sich verdeutlichen am Beispiel männlicher Homosexualität. Identifikation mit der oral nährenden und schützenden Mutter und Beziehung zu einem mit dem Selbst identifizierten Objekt, dem männlichen Partner. Festzuhalten ist, daß es sich in beiden Fällen immer noch um eine Objektbeziehung handelt. Dies ist bei der 3. Form, der schwersten narzißtischen Störung nicht mehr der Fall, denn hier handelt es sich um die Beziehung eines grandiosen Selbst zu einem zeitweilig projizierten grandiosen Selbst" (KERNBERG 1977, S. 54). Das archaische Größenselbst des kleinen Kindes, das noch keine Trennung von Selbst und Objekt kennt, wird auf ein Objekt projiziert und als solches zeitweilig libidinös besetzt. In Wahrheit handelt es sich hier aber nicht um eine Selbst-Objekt-Beziehung, sondern um eine von Selbst zu Selbst, die narzißtische Beziehung hat die Objektbeziehung vollständig ersetzt.
Aus einer anderen Sicht diskutiert Alice MILLER das Problem der narzißtischen Störung; ihr kommt es weniger darauf an, den Zeitpunkt zu lokalisieren und die einzelnen intrapsychischen Strukturbildungen zu rekonstruieren, sondern sie entwickelt aus der Interaktionsgeschichte des Kindes das Muster der narzißtischen Störung (MILLER 1979). Demnach wird das Kind, und meistens handelt es sich um sehr intelligente, begabte Kinder, den mütterlichen Bedürfnissen nach Zuwendung und Verständnis verfügbar gemacht. Das Kind „lernt" von Anfang an, empathisch auf die emotionalen Zustände seiner Mutter einzugehen und seine eigenen Bedürfnisse zu unterdrücken. So erhält es sich zwar die „Liebe" der Mutter, bezahlt aber einen hohen Preis: Es entwickelt ein falsches Selbst. Da es von Anfang an daran gehindert wird, eigene Empfindungen und Gefühle zu haben, läßt es nur die Selbst- und Fremdwahrnehmung zu, die der Mutter oder den Eltern angenehm sind. Das Kind wird nicht in seinen Trieb-, sondern in seinen narzißtischen Bedürfnissen frustriert, was zur Folge hat, daß es keine realistische Selbsteinschätzung erlangt und als Erwachsener zwischen Größenphantasien und Depressionen hin- und herpendelt.
Nicht geklärt erscheint mir die Frage, ob die heute so häufig diagnostizierten Narzißmusstörungen aufgrund gesellschaftlicher und familialer Umstrukturierungen tatsächlich vermehrt auftreten, oder ob aufgrund der intensiven Beschäftigung mit präödipalen Konstellationen Störungen als narzißtische klassifiziert werden, die noch zu FREUDS Zeiten als klassische Neurosen galten.

4. Im Zuge der Verlagerung des psychoanalytischen Interesses von der Erforschung des Unbewußten auf die Entwicklung des Ichs und der Abwehrmechanismen gewinnt das erste Lebensjahr des Kindes auch insofern eine besondere Bedeutung, als die Anfänge der Ichbildung während der oralen Phase stattfinden. D.h. die meisten der für eine Sozialisationstheorie relevanten Akzentverlagerungen beziehen sich auf die orale Phase, während die folgenden psychosexuellen Entwicklungsstadien weit weniger von Modifikationen betroffen sind.

Und 5. schließlich ist die orale Phase unter methodologischen Gesichtspunkten besonders interessant, da sich gerade für die Psychoanalyse folgende Schwierigkeiten ergeben: Psychoanalyse ist als tiefenhermeneutisches Verfahren immer verwiesen auf die sprachlichen symbolischen Produktionen des Analysanden, es sind seine eigenen Assoziationen, die den Deutungsprozeß erst in Gang setzen, daher ist ja auch die aus dem allgemein geteilten System symbolischer Bedeutungen abgespaltene Privatsprache des Schizophrenen dem analytischen Prozeß nur schwer, wenn überhaupt zugänglich (HABERMAS 1971). Das kleine Kind der oralen Phase aber ist sprachlos, d.h. das dem Analytiker zugängliche Datenmaterial stammt entweder aus der Therapie mit Erwachsenen oder älteren, zumindest sprachfähigen Kindern. Dieses Verfahren birgt die Gefahr, die Phantasien Vorstellungen und Ängste des Patienten, der auf eine bestimmte Phase der kindlichen Entwicklung regrediert ist, mit den Vorstellungen, Phantasien und Ängsten des normalen Kindes dieser

Entwicklungsphase in unzulässiger Weise zu analogisieren. Oder die Psychoanalyse muß sich ihr fremder, aus anderen Disziplinen entlehnten Methoden wie z.B. der systematischen Beobachtung bedienen, ein Vorgehen, das den Vorteil hat, daß die intrapsychische Strukturbildung im Kontext interpersoneller Beziehungsmuster gesehen wird und die Psychoanalyse zugänglich macht für theoretische Konstrukte z.B. der Interaktionismustheorie oder der kognitiven Entwicklungspsychologie.

Die glücklichste Lösung scheinen mir bisher Analytiker wie Margaret MAHLER oder René SPITZ gefunden zu haben, die verschiedene Methoden miteinander verbinden. In Anbetracht der Schwierigkeiten, die sich bei sprachunfähigen Kindern eben stellen, verwendet SPITZ z.B. eine Kombination von verschiedenen Informationsquellen: „Zuerst versetzen wir uns in die subjektive Lage des Säuglings und versuchen zu erraten, wie und was er empfindet. Dann setzen wir diese Annahmen in Beziehung zu den verfügbaren beobachtbaren Gegebenheiten und zu den neurophysiologischen Daten. Zweitens prüfen wir unser Konstrukt im Lichte gewisser regressiver Erscheinungen beim Erwachsenen, besonders solcher, die gelegentlich beim Einschlafen oder beim Aufwachen, im Traum oder bei Psychosen vorkommen. Schließlich können auch Beobachtungen, wie sie von SENDEN (1932) an operierten Blindgeborenen gemacht hat, zu unserem Verstehen der ganz archaischen Wahrnehmungserfahrungen beitragen, von denen wir annehmen können, daß sie denen entsprechen, die der Säugling in seinen ersten Lebenswochen macht. Bis ich Zugang zu anderen objektiven Daten bekomme, werde ich die Konvergenz der durch diese verschiedenen Arten des Vorgehens erhaltenen Daten (wenn wirklich so eine Konvergenz erwiesen werden kann) als Äquivalent für eine Validierung unserer rekonstruktiv erlangten Urteile ansehen" (SPITZ 1967, S. 72).

Und MAHLER schreibt: „In einem fortgeschrittenen Stadium ihres Lebenswerks versuchen manche Psychoanalytiker dem eigentlichen Ursprung ihrer Rekonstruktionsbemühungen näherzukommen. Einige wie auch ich sammeln Beobachtungsdaten – in statu nascendi –, die psychoanalytische Hypothesen bestätigen, widerlegen, modifizieren oder erweitern. Ich habe versucht, anhand der Untersuchung normaler Kinder und ihrer Mütter meine psychoanalytische Arbeit mit neurotischen Erwachsenen und Kindern zu ergänzen, aber auch eine erweiterte Perspektive zu gewinnen und frühere Forschungen auf dem Gebiet infantiler Psychosen zu validieren" (MAHLER 1978, S. 247). Die erwähnten Rekonstruktionsbemühungen wurden mittels einer Longitudinal-Studie (1959–1968) realisiert, die eine vorbildliche Kombination aus freier Beobachtung und strukturierter Versuchsanordnung darstellt. MAHLER und ihre Mitarbeiter errichteten im Masters Children's Center ein nahezu ideales Setting für die Beobachtung von Mutter-Kind-Interaktionen: Die Kinder gehen zwei- bis dreimal in der Woche mit ihren Müttern ins Center und halten sich dort je nach Alter im Zimmer der Krabbel- oder Spielkinder auf. Die Mütter können sich je nach ihrem Gutdünken mit den Kindern beschäftigen, haben aber auch Gelegenheit, sich untereinander zu unterhalten. Ebenso haben die Mütter die Möglichkeit, einmal wegzugehen und werden auch in regelmäßigen Abständen zu Interviews geholt, so daß auch die phasenspezifisch und individuell variierenden Reaktionen auf die Abwesenheit der Mutter beobachtet werden können. Die Beobachtungen im Center werden durch Hausbesuche ergänzt, so daß auch der familiale Hintergrund der Kinder mit einbezogen werden kann. Diese Anordnung ermöglicht es sowohl das „psychoanalytisch geschulte Auge" – wie MAHLER es nennt – einzusetzen, als auch standardisierte Situationen zu schaffen, die den Kriterien von Validität und Reliabilität in gewisser Weise genügen.

1.3 Zu Freuds Begriff der oralen Phase

Die fundamentale Entdeckung FREUDS, daß die Menschen nicht nur unter dem Einfluß dessen stehen, was in ihrem Bewußtsein ist bzw. jederzeit erinnerungsfähig ist, sondern daß ihre Handlungen, Stimmungen und Gefühle durch unbewußtes Erleben entscheidend geprägt werden, führte ihn dazu, den Spuren des einmal Erlebten oder Erfahrenen nachzugehen und nach den Motiven zu suchen, die die Veranlassung dafür waren, bestimmte Szenen, Phantasien, Gefühle oder Erlebnisse zu verdrängen, d.h. aus dem Bewußtsein abzuspalten. Diese Suche führte ihn regelmäßig zu den frühkindlichen Erlebnissen seiner Patienten und ließ erkennen, daß es verpönte, anstößige, sozial nicht legitimierte Wünsche und Handlungen waren, die aus dem Bewußtsein verbannt wurden, aber gleichwohl in der Verkleidung des Symptoms zum Ausbruch kamen. Bis dahin hatte die Wissenschaft und auch das Alltagsverständnis die Existenz sexueller Strebungen im Zusammenhang mit der Fortpflanzungsfunktion gesehen, nun aber stellte sich heraus, daß der Ursprung jener anstößigen und ins Unbewußte verbannten Vorstellungen in der schon vor aller Fortpflanzungsfähigkeit anzutreffenden kindlichen Sexualität begründet lag bzw. nicht in deren Existenz als solcher, sondern in der Unverträglichkeit voneinander konträren Vorstellungen und Empfindungen, die dazu führt, daß das Ich die Vorstellungen oder Vorstellungsgruppen, die nicht mit den sozial legitimierten und internalisierten Wertvorstellungen in Einklang zu bringen sind, unterdrücken bzw. verdrängen muß.

Das heißt, FREUD machte schon in seiner frühen Hysterielehre nicht die Annahme, wie fälschlicherweise oft behauptet wird, daß sich eine neurotische Struktur etwa als Folge eines Kampfes zwischen Natur (Trieb) und Kultur (gesellschaftliche Wert- und Normvorstellungen) herausbildet, sondern vielmehr geht es immer schon um Wünsche und Vorstellungen, die sich an die Triebstrebung heften bzw. den Sinn, mit dem die Triebstrebung besetzt wird. „Bei den von mir analysierten Patienten hatte nämlich psychische Gesundheit bis zu dem Moment bestanden, in dem ein Fall von Unverträglichkeit vorfiel, d.h. bis ein Erlebnis, eine Vorstellung, Empfindung an ihr Ich herantrat, welches einen so peinlichen Affekt erweckte, daß die Person beschloß, daran zu vergessen, weil sie sich nicht die Kraft zutraute, den Widerspruch dieser unverträglichen Vorstellung mit ihrem Ich durch Denkarbeit zu lösen“ (FREUD, Ges. W. Bd. I, S. 61/62).

Aus dem Studium der Perversionen entwickelte FREUD eine weitere wichtige Erkenntnis, nämlich daß die Perversionen des Erwachsenen gleichsam Regressionen oder Fixierungen auf prägenitale Stufen der Triebentwicklung sind, anders ausgedrückt: sexuelle Triebstrebungen sind nicht ausschließlich genitale, sondern die genitale Form der Sexualität bildet sich als eine Folge von biologischen und psychosexuellen Reifungs- und Entwicklungsprozessen erst etwa ab dem 3. Lebensjahre des Kindes heran.

Die ersten sexuellen Erregungen finden beim Säugling im Zusammenhang mit der Nahrungsaufnahme statt, die „selige Befriedigung, die sich später nach dem Erleben des sexuellen Orgasmus wiederholen wird“ (FREUD, Ges. W. Bd. XI, S. 324). Dann aber ist zu beobachten, daß der Säugling nicht nur saugt, wenn er Hunger hat, sondern er tut dies um des Saugens willen und daß dieses leere Saugen – vorausgesetzt, er hat keinen Hunger, – ihn gleichermaßen befriedigt, was darauf hindeutet, daß der Lustgewinn von der Befriedigung des Hungergefühls abgetrennt wird. „Das Saugen an der Mutterbrust wird der Ausgangspunkt des ganzen Sexuallebens, das unerreichte Vorbild jeder späteren Sexualbefriedigung, zu dem die Phantasie in Zeiten der Not oft genug zurückkehrt. Es schließt die Mutterbrust als erstes Objekt des Sexualtriebes ein; ich kann Ihnen keine Vorstellung davon vermitteln, wie bedeutsam dies erste Objekt für jede spätere Objektfindung ist ...“ (FREUD, Ges. W. Bd. 11, S. 325).

Festzuhalten ist, daß also die Bedeutung der Mutterbrust als Teilobjekt auch von FREUD betont wird, gleichzeitig aber ist dies schon das Ergebnis eines Differenzierungsprozesses, d.h. FREUD macht eine Trennung zwischen biologischen Bedürfnissen und psychischen Funktionen, indem er zunächst „die Reizung durch den warmen Milchstrom als „Ursache der Lustempfindung“ (FREUD, Ges. W. Bd. V, S. 82) behandelt. Nachdem aber das Kind die Annehmlichkeiten des „Wonnesaugens“ empfindet, verhält es sich autoerotisch, „es findet sein Objekt am eigenen Leibe“ (FREUD, Ges. W. Bd. V, S. 98).

FREUD nennt die orale Sexualorganisation auch kannibalische. „Das Objekt der einen Tätigkeit ist auch das der anderen, das Sexualziel besteht in der Einverleibung des Objekts, dem Vorbild dessen, was späterhin als Identifizierung eine so bedeutsame psychische Rolle spielen wird“ (FREUD, Ges. W. Bd. V, S. 98).

Wenn auch der Akzent bei der Rekonstruktion der Vorgänge, die die orale Phase bestimmen, in erster Linie auf dem Nachweis der frühkindlichen sexuellen Erregbarkeit und der Vorläuferfunktion, die die erogene Zone des Mund- und Lippenbereichs für das spätere Sexualleben hat, liegt, so wird dennoch implizit deutlich, daß hier sich die Basis eines frühen Interaktionsprozesses zwischen Mutter und Kind konstituiert, der für die spätere Differenzierung der psychischen Strukturen entscheidende Bedeutung hat: der neugeborene Säugling ist hilflos und nicht in der Lage, die Reizzustände, z.B. Hunger, die aus seinem Körperinneren stammen, selbsttätig zu beseitigen, dazu bedarf es einer „Veränderung in der Außenwelt (Nahrungszufuhr), welche als spezifische Aktion nur auf bestimmten Wegen erfolgen kann. Der menschliche Organismus ist zunächst unfähig, diese spezifische Aktion herbeizuführen. Sie erfolgt durch fremde Hilfe, indem durch die Abfuhr auf dem Wege der Veränderung ein erfahrenes Individuum auf den Zustand des Kindes aufmerksam gemacht wird. Diese Abfuhrbahn gewinnt so die höchst wichtige Sekundärfunktion der Verständigung und die anfängliche Hilflosigkeit des Menschen ist die Urquelle aller moralischen Motive" (FREUD 1887–1902, S. 326).

2 Die Weiterentwicklung der Freudschen Theorie

FREUD hatte mit seinem Phasenmodell der Triebdynamik die Grundzüge einer Entwicklungstheorie entworfen. Die Weiterführung seiner Überlegungen zielt auf unterschiedliche Konzeptionen, deren Autoren sich gleichwohl alle und auch zu Recht darauf berufen, die FREUDsche Theorie unverfälscht weiter zu entwickeln. Zu Recht insofern als jeder dieser Ansätze die Säulen der FREUDschen Theorie: das Stadienmodell der oralen, analen und genitalen Phase und die beiden topischen Modelle der psychischen Strukturierung durch das System ubw, vbw und bw und durch die Instanzen des Ich, Es und Über-Ich unangetastet läßt. Unterschiedlich ist allerdings die Akzentuierung. Während René SPITZ und Margaret MAHLER an das Stadienmodell anknüpfend versuchen, die biologische, neurologische, kognitive und affektive Entwicklung als einen Reifungs- und Interaktionsprozeß zu beschreiben, in dessen Zentrum die Subjekt-Objekt-Beziehung steht, vertritt Melanie KLEIN und ihre Schule insofern eine orthodox freudianische Gegenposition als sie die Triebdynamik für die Konstitution der intrapsychischen Struktur in den Vordergrund stellt.
Die Konzeption des FREUDschen Triebbegriffs ist schwierig und im Grenzbereich zwischen Physiologie und Psychologie angesiedelt. „Unter einem ‚Trieb' können wir zunächst nichts anderes verstehen als die psychische Repräsentanz einer kontinuierlich fließenden innersomatischen Reizquelle, zum Unterschiede von ‚Reiz', der durch vereinzelte und von außen kommende Erregungen hergestellt wird. Trieb ist so einer der Begriffe der Abgrenzung des Seelischen vom Körperlichen" (FREUD, Ges W. Bd. V, S. 67). Der Triebbegriff konstituiert sich aus vier Grundkategorien: der körperlichen „Quelle", dem „Ziel", die Beseitigung der Erregungsspannung, dem „Drang", die unbedingte Forderung nach unmittelbarer Befriedigung, und dem „Objekt" bzw. der Vorstellung von einem Objekt, das für die Triebbefriedigung erforderlich ist (DREWS/BRECHT 1975). Das bedeutet, daß der Trieb weder als rein biologische noch als rein psychologische Kategorie faßbar ist und daher auch nicht vom einen oder anderen Aspekt darstellbar. Die Nachfolger FREUDS haben sich denn auch entweder für die eine oder andere Auffassung entschieden, so Melanie KLEIN, die eher die biologische Seite überbetont.
Andererseits bildet die KLEINsche Betonung der Triebdynamik ein bedeutsames Gegengewicht zu jenen Autoren, die glauben, die Trieblehre als veraltet abtun zu können, um sie durch soziologisierende Konzepte zu ersetzen. Diese Tendenz beklagte zu Recht schon ADORNO in seinem Aufsatz „Die revidierte Psychoanalyse" und etwas ähnliches scheint auch KUTTER zu meinen, wenn er vermutet, daß die „Zentrierung auf Mutter-Kind-Probleme in der frühesten Entwicklung auch der Abwehr der Auseinandersetzung mit sexuellen Konflikten im engeren Sinne dienen kann" (ADORNO 1962, KUTTER 1979). Eine dritte Variante schließlich stellen die Arbeiten BOWLBYS dar, der den psychoanalytischen Ansatz durch Übernahme ethologischer Konstrukte weitgehend modifiziert (BOWLBY 1975). Auf BOWLBY werde ich im weiteren nicht näher eingehen, da er sich nach seinem eigenen Selbstverständnis auch nicht mehr der psychoanalytischen Theorie zugehörig fühlt.

2.1 Die paranoid-schizoide und die depressive Position bei Melanie Klein

Wie bereits erwähnt, interpretierte FREUD die Sexualhandlungen des Perversen als Fixierungen und Regressionen auf die prägenitalen Triebstrebungen des kleinen Kindes. Diesen Zusammenhang radikalisiert Melanie KLEIN im Hinblick auf eine Analogisierung psychotischer Syndrome mit den frühen Erlebensphasen des Kindes. FREUD hatte gemäß der Dominanz jeweiliger Triebstrebungen die Entwicklungsphasen des Kindes orale, anale und phallische bzw. genitale genannt, ABRAHAM gliederte die orale Phase wiederum in zwei Subphasen: die vorambivalente, frühere orale Stufe und die oral-sadistische oder oral-kannibalische Stufe. Melanie KLEIN versucht im Anschluß an ABRAHAM eine Gliederung der oralen Phase gemäß den unbewußten Phantasien des Säuglings zu rekonstruieren. Die ersten drei bis vier Monate im Leben des Säuglings sieht sie als paranoid-schizoide Position.

Sie geht davon aus, daß das postnatale Dasein des Säuglings unter dem Einfluß des Todestriebes durch Angst vor Vernichtung gekennzeichnet ist[1]. Als primäre Ursache dieser Ängste nennt sie das Erlebnis der Geburt. „Es scheint, daß Schmerz und Unbehagen, die er (der Säugling, Y.S.) erlitten hat, sowie der Verlust des intrauterinen Zustandes als Angriff feindlicher Kräfte, d.h. als Verfolgung, von ihm empfunden werden. Insoweit, als er Entbehrungen ausgesetzt ist, verbindet sich im Säugling Verfolgungsangst von Anfang an mit seiner Objektbeziehung" (KLEIN 1962, S. 146). Für Melanie KLEIN handelt es sich also von Anfang an um eine Objektbeziehung, die zunächst einem Teilobjekt, der mütterlichen Brust, gilt, auf die sowohl oral-libidinöse als oral-destruktive Triebe gerichtet sind. Die befriedigende Brust wird als „gut", die versagende als „böse" empfunden. Die wesentlichen Mechanismen, die die frühe Objektbeziehung prägen, sind Projektion und Introjektion. Seine positiven Gefühle projiziert das Kind auf die „gute" Brust, seine destruktiven Impulse auf die „böse". Gleichzeitig introjiziert es die Versagungen und Befriedigungen aus der äußeren Welt, d.h. in seinem Inneren konstituiert sich gleichfalls die „gute" und die „böse" Brust. „So ist das Bild des äußeren und inneren Objektes in der kindlichen Seele durch seine Phantasien, die mit der Projektion seiner Triebregungen auf das Objekt verbunden sind, verzerrt. Die gute (äußere und innere) Brust wird das Vorbild aller hilfreichen und befriedigenden Objekte, die böse Brust dasjenige aller äußeren und inneren verfolgenden Objekte" (KLEIN 1962, S. 148).

1 FREUD entwickelte in seiner letzten Triebtheorie den Begriff der Todestriebe, die – im Gegensatz zu den Lebenstrieben – danach streben, Spannung vollständig aufzulösen und das Lebewesen in einen anorganischen Zustand zurückzuführen. Die Todestriebe richten sich zunächst nach innen, wie dies z.B. bei der Melancholie der Fall ist, können aber auch sekundär nach außen gerichtet werden und äußern sich dann als Aggressions- oder Destruktionstriebe. Der Begriff der Todestriebe gilt heute als einer der umstrittensten innerhalb der Psychoanalyse.

Das heißt, für Melanie KLEIN hat die affektive Qualität der frühen Mutter-Kind-Beziehung insofern eine große Bedeutung, als das Kind, primär dem Primat des Destruktionstriebes unterworfen, einer von außen auf es einwirkenden Libidozufuhr bedarf, um das gute Objekt in seiner Phantasiewelt beleben zu können. Der Melanie-KLEIN-Schüler FORNARI formuliert es so: „Man kann insofern auch sagen, daß die libidinösen Prozesse exogen, die destruktiven Prozesse dagegen endogen sind" (FORNARI 1970, S. 93).

Im Gegensatz zu FREUD, der die Entstehung des Ichs im Zusammenhang mit libidinösen Identifizierungen als Differenzierungsprozeß aus dem Es beschrieb, geht Melanie KLEIN von einem biologisch verankerten Ich aus. „Ich glaube, daß es (das Ich) vom Beginn des postnatalen Lebens an in einer rudimentären Form besteht und eine Anzahl wichtiger Funktionen ausübt. Es ist gut möglich, daß dieses frühe Ich mit dem von FREUD postulierten Teil des Ichs identisch ist. Obwohl er nicht annahm, daß von Anfang an ein Ich existiert, schrieb er doch dem Organismus eine Funktion zu, die – soweit ich sehe – nur vom Ich ausgeübt werden kann. Nach meiner von FREUD abweichenden Ansicht erzeugt die drohende Vernichtung durch den in uns vorhandenen Todestrieb die primordiale Angst und es ist das Ich, das im Dienste des Lebenstriebes, vielleicht sogar durch den Lebenstrieb bewirkt, diese Drohung in gewissem Ausmaße nach außen wendet. FREUD schrieb diese grundlegende Abwehr gegen den Todestrieb dem Organismus zu, während ich diesen Prozeß als primäre Aktivität des Ichs auffasse" (KLEIN 1962, S. 181).

Eine im Kern sehr ähnliche Position vertritt auch HARTMANN, der allerdings im Gegensatz zu Melanie KLEIN eine scharfe Trennung zwischen phylogenetischen und ontogenetischen Hypothesen macht und sich darüber hinaus einer weniger mysteriösen Terminologie bedient. Im Hinblick auf die Ontogenese erfolgt die Ich-Differenzierung „der Führung äußerer und innerer Wahrnehmungen, der Motilität und den Systemen der vorbewußten Erinnerungsspuren, der Erfahrung und des Lernens". Im Hinblick auf die Phylogenese schreibt HARTMANN: „Die Differenzierung von Ich und Es, die sich auf welche Weise immer im Evolutionsprozeß über Hunderttausende von Jahren entwikkelte, ist zum Teil in Form einer Disposition ein angeborenes Charakteristikum des Menschen.

Das heißt, diese Differenzierung beginnt nicht bei jedem Neugeborenen von Grund auf neu" (HARTMANN 1972, S. 168).

2.2 Die depressive Position

Das zweite Viertel des ersten Lebensjahres, die depressive Position, ist gekennzeichnet durch eine Reihe von Veränderungen, die auf der Entwicklung der Ich-Funktionen basieren. D.h. es wird bereits nach einem Vierteljahr eine Objektbeziehung postuliert, das Ich ist so weit gereift, daß der Säugling Mutter und Vater als ganze Personen wahrzunehmen und zu introjizieren beginnt. Dies bedeutet auch, daß die bisher getrennten Aspekte gutes Objekt, böses Objekt einander angenähert werden und dies sowohl in bezug auf die äußeren als auch die inneren Objekte.

Im Gegensatz zur klassischen Theorie von der Entwicklung des Über-Ichs, das bei FREUD sich als Ergebnis der ödipalen Krise herausbildet, also etwa frühestens nach dem 3. Lebensjahr, verlegt KLEIN die Anfänge der Überichentwicklung in die Phase der depressiven Position. Das Über-Ich hat hier die Funktion einer unbewußten Antitriebinstanz, um die vom Destruktionstrieb ausgehenden Gefahren zu bannen, indem sich Schuldgefühle bilden und so das Kind gleichsam zwei Impulsen ausgeliefert ist, den oral-sadistischen, die gegen das Objekt gerichtet sind und denen sich als Reaktion hierauf bildenden Schuldgefühlen. Das Kind fürchtet den Verlust des geliebten Objekts und reagiert darauf mit depressiver Angst. Offen bleibt letzten Endes, welchen Anteil die reale Mutter-Kind-Beziehung an der Überwindung der beiden Positionen hat, denn einerseits wird stets von einer sehr frühen Objektbeziehung gesprochen, andererseits aber scheint die Entscheidung darüber, wie der Entwicklungsprozeß des Säuglings verläuft, auf einer anderen Ebene zu fallen: „Ob Gefühle der Versagung oder Befriedigung in der kindlichen Beziehung zur Brust vorherrschen, ist sicherlich durch äußere Umstände beeinflußt, aber es kann kaum ein Zweifel darüber bestehen, daß konstitutionelle Faktoren, die die Stärke des Ichs von Anfang an beeinflussen, in Betracht gezogen werden müssen. ... Diese angeborene Fähigkeit, Angst zu ertragen, scheint letzten Endes von dem Übergewicht der libidinösen über die aggressiven Triebe abzuhängen, d.h. von dem Anteil, den der Lebenstrieb in der Legierung der zwei Urtriebe von Anfang an hat" (KLEIN 1962, S. 152/153).

Diese Konzeption hat insofern schwerwiegende theoretische Implikationen als die Anfänge der psychischen Strukturbildung auf das nicht weiter reduzierbare Konzept des Dualismus zwischen Lebens- und Todestrieben zurückgeführt werden. Die Dominanz des Destruktionstriebes kann durch die Umwelteinflüsse lediglich gemildert werden, d.h. die sozialen Beziehungsmuster, in die das Kind mit der Zeit integriert wird, und die es selbst auch aktiv mitgestaltet, nehmen lediglich modifizierenden oder relativierenden Einfluß auf die Entwicklung der Persönlichkeitsstruktur. Abgesehen davon, daß ein solches Konstrukt der empirischen Überprüfung kaum zugänglich ist, ist es schwierig, aus einer solchen Position heraus plausibel zu machen, wie denn die nachfolgenden Interaktionsprozesse und Erfahrungen, die auch bei Melanie KLEIN eine bedeutende Rolle spielen, die Kraft haben sollen, die ursprüngliche Paranoia des Kindes zu kompensieren, da ja die „bösen" Phantasien des Kindes nicht aus einer realen Erfahrung entstehen. Gleichwohl erkennt auch Edith JACOBSON in ihrer kritischen Darstellung der KLEINschen Theorie an, daß die Beobachtungen Melanie KLEINS z.B., die, die sich auf die Parallelen zwischen der paranoid-schizoiden Position und bestimmten Zuständen des Psychotikers beziehen, oder die Konstrukte der Objektspaltung, der Introjektion und der Projektion „sich als sehr wertvoll erwiesen haben" (JACOBSON 1973, S. 58). Unumstritten ist darüber hinaus die Aktualität und Effizienz der KLEINschen Therapiemethode, die unter dem Namen „Melanie KLEINS Technik" Anwendung findet (THORNER 1975).

3 René Spitz – Sozialisation als Dialog

Während die Schule Melanie KLEINS auch innerhalb der psychoanalytischen Theorienbildung eher eine – wenn auch viel diskutierte – Außenseiterposition einnimmt, haben die Untersuchungen von SPITZ nicht nur auf psychoanalytische Positionen, sondern auf die Sozialisationstheorie und -forschung allgemein großen Einfluß ausgeübt. SPITZ versucht die gleichsam verschwiegenen soziologischen Implikationen der FREUDschen Theorie herauszuarbeiten, indem er die intrapsychische Strukturbildung als einen sozialen Prozeß auffaßt bzw. als einen sich noch vor aller Sprachentwicklung etablierenden Dialog zwischen Mutter und Kind (SPITZ 1976). Das bedeutet natürlich nicht, daß es sich hier immer um die biologische Mutter handeln muß, sondern mit dem Wort Mutter kann jede Person bezeichnet werden, die in erster Linie engen Kontakt mit dem Kind unterhält. Die Bedeutung des Vaters und möglicherweise der Geschwister sowohl in ihrem direkten Einfluß auf das Kind als auch in ihrem indirekten, der über die Mutter vermittelt wird, wird bei SPITZ noch wenig hervorgehoben, gewinnt aber in jüngster Zeit eine immer stärkere Beachtung[2]. Für SPITZ ist die Ausgangsbasis des Sozialisationsprozesses die „kongenitale Ausrüstung" des neugeborenen Kindes, die von Anfang an für jedes Kind schon einzigartige Bedingungen herstellt, die im weiteren Verlauf der Ereignisse möglicherweise kompensiert oder modifiziert werden können, gleichwohl aber die Entwicklung nicht einseitig von Umwelteinflüssen abhängig machen. Diese Ausrüstung setzt sich zusammen aus: „1. der ererbten Ausstattung; 2. intrauterinen Einflüssen während der Schwangerschaft; 3. Einflüssen, die während des Geburtsvorgangs wirksam werden" (SPITZ 1967, S. 30). Die vom ersten Tag an stattfindenden physiologischen Wechselbeziehungen des Kindes mit seiner Umwelt sind dementsprechend auch schon für jedes Kind verschiedene, gleichwohl kann man noch nicht von psychischen Funktionen sprechen. Für das Kind gibt es nach SPITZ – im Gegensatz zu Melanie KLEIN – weder Objekte noch Objektbeziehungen, ebenso weigert sich SPITZ dem Neugeborenen bereits ein Ich zu unterstellen. Er unterscheidet drei Phasen der frühen Entwicklung, in deren Verlauf sich psychische Prozesse, die biologischen gleichsam überformend, erst etablieren:

1. die objektlose oder Vorobjektstufe,
2. die Stufe des Objektvorläufers,
3. die Stufe des eigentlichen libidinösen Objekts.

Die erstgenannte Phase der objektlosen Stufe ist durch Nichtdifferenziertheit gekennzeichnet, es gibt noch „keine klare Unterscheidung zwischen Psyche und Soma, zwischen Innen und Außen, zwischen Trieb und Objekt, ‚Ich' und ‚Nicht-Ich', ja nicht einmal zwischen verschiedenen Regionen des Körpers". Da das Neugeborene die Außenwelt nicht als etwas von ihm Getrenntes erlebt, kann es auch die Brust weder als „gut" noch als „böse" wahrnehmen, es erlebt sie als Teil seiner selbst. Der Begriff der objektlosen Stufe entspricht etwa dem des primären Narzißmus bei FREUD, wie er ihn in den Vorlesungen zur Einführung in die Psychoanalyse konzipierte, nämlich „als allgemeinen und ursprünglichen Zustand, aus welchem sich erst später die Objektliebe herausbildete" (FREUD, Ges. W. Bd. XI, S. 431). D.h. das für die frühe orale Phase geltende Stadium des Autoerotismus fällt mit dem des primären Narzißmus zusammen. Eine ähnliche Differenzierung führt auch Margaret MAHLER ein, sie unterscheidet zwischen der Phase des normalen Autismus und dem eigentlichen symbiotischen Stadium. „Während der ersten Wochen des extrauterinen Lebens handelt es sich um ein Stadium von *absolutem* primären Narzißmus, das durch die Unfähigkeit des Kindes gekennzeichnet ist, die Mutter als Vermittlerin wahrzunehmen. Dieses Stadium habe ich ... als ‚Normalen Autismus' bezeichnet. In dem zweiten, dem eigentlichen symbiotischen Stadium (das etwa mit dem dritten Monat beginnt), herrscht zwar der primäre Narzißmus noch vor, doch ist es kein *absoluter* primärer Narzißmus mehr, da der Säugling verschwommen wahrzunehmen beginnt, daß die Befriedigung seiner Bedürfnisse von einem bedürfnisbefriedigenden Teilobjekt kommt, wenngleich noch immer aus dem Umkreis seiner allgemeinen symbiotischen Zweieinheit mit einer mütterlichen Vermittlerin, der er sich in libidinöser Weise zuwendet" (MAHLER 1968, S. 16). Das Kind ist während der ersten Lebenswochen nicht nur unfähig, die Mutter als Vermittlerin z.B. zwischen dem Bedürfnis nach Nahrung

2 Bis in die frühen siebziger Jahre wird die Rolle des Vaters in der psychoanalytischen Theorie erst während der ödipalen Krise bedeutsam, wenn das Kind seine erotische Beziehung zur Mutter umstrukturieren muß. In neueren Arbeiten wird nunmehr unter dem sprachlich unschönen Terminus „Triangulierung" auf den starken Einfluß des Vaters bereits während der präödipalen Phase verwiesen (ROTMANN 1978). Interessant in diesem Zusammenhang erscheint mir das Phänomen, daß mit keinem Wort in der Literatur zu dieser neuen Objektrolle des Vaters erwähnt wird, daß die theoretische Orientierung auf die Vaterrolle gleichsam durch die faktischen Verhältnisse erzwungen wurde – die Väter der heutigen Familien nehmen eben in anderer Weise am Leben des Säuglings teil als dies früher der Fall war – und sicher nicht allein ein genuines Produkt psychoanalytischer Reflexion ist, wie es dem Leser nahegelegt wird.

und seiner Befriedigung wahrzunehmen, es ist gegen alle Umweltreize durch eine außerordentlich hohe Reizschranke von der Außenwelt abgeschirmt, die Wahrnehmung von Reizen ist auf das Körperinnere gerichtet (enterozeptives System) und auf das propriozeptive (Wahrnehmung aus dem eigenen Körper, aus Muskeln, Sehnen und Gelenken) System beschränkt. So erkennt das Neugeborene während der ersten 3–4 Wochen weder die Milch noch die Brust noch irgendetwas anderes. Damit es in die Lage versetzt wird, einen äußeren Reiz wahrzunehmen, müssen zwei Bedingungen erfüllt sein: ein äußerer Reiz, den es mit der Befriedigung eines Bedürfnisses zu assoziieren gelernt hat und ein innerer, nämlich der Hungerzustand.

Am Ende des ersten Lebensmonats beginnt das Kind, Belebtes von Unbelebtem zu unterscheiden, es beginnt den Menschen optisch wahrzunehmen und assoziiert mit dem Erscheinen des menschlichen Gesichts, vorausgesetzt, es ist hungrig, den Beginn der Nahrungszufuhr: es öffnet den Mund und macht Saugbewegungen. Gleichwohl aber erkennt es noch nicht die Mutter als spezifische Person, das sogenannte blickerwidernde Dreimonatslächeln, das bei Spitz erst mit Beginn des 3. Monats auftreten soll – nach Beobachtungen Wolfs aber schon nach drei bis vier Wochen erscheinen kann – bezieht sich, wie die Experimente mit einer menschlichen Maske zeigen, auf die Elemente der Gesichtskonfiguration (Stirn/Augen/Nase) (Wolf 1963). D.h. das Kind kann zwar nicht eine bestimmte Person von einer anderen unterscheiden, aber es kann eine bestimmte Gestalt wahrnehmen, die mit der des menschlichen Gesichts übereinstimmt, wobei die Augen offenbar die Rolle eines Schlüsselreizes für einen „angeborenen Auslösemechanismus“ spielen. Auch angeborene Reflexe bedürfen der Übung, sonst verkümmern sie, das Kind lächelt dem menschlichen Gesicht zu, weil es als Gestalt in seinem Gesichtsfeld erscheint, wenn seine Bedürfnisse befriedigt werden, es assoziiert mit dem menschlichen Gesicht eine Befreiung von Spannung und Erlebnisse von Lust. Ein Kind, das niemals vorher in dieser Weise mit einem menschlichen Gesicht in Kontakt gestanden hat, wird sicher auch das Dreimonatslächeln nicht zeigen.

Damit sind erste Gedächtnisspuren gelegt, die anfängliche hohe Reizschranke zur Außenwelt wird niedriger, es werden nicht nur innere Reize rezipiert, sondern ebenso Reize, die von außen kommen. Am Gesicht der Mutter hat das Kind aus der Menge der es umgebenden Dinge zu unterscheiden gelernt, über die Berührung ihrer Hände und ihres Körpers werden ihm taktile Reize vermittelt, die ihm ermöglichen, Unterschiede festzustellen und auf die Bewegungen der Mutter zu reagieren. Umgekehrt reagiert die Mutter auch auf die Bewegungen des Kindes, sie interpretiert aus den ungerichteten motorischen Bewegungen, aus seinen Gesichtszügen, aus der Lautstärke und dem Tonfall seiner Stimme, was es ihr „mitteilen will“. Sie „versteht“ das Kind und das Kind gewinnt aus der Art der Reaktionen, die es hervorruft, ein kleines Repertoire von Signalen, die es nach und nach gerichteter einzusetzen lernt.

Und schließlich ist es auch die Stimme der Mutter, die akustische Reize vermittelt, die für die spätere Sprachentwicklung gleichsam Vorläuferfunktionen haben. Zunächst dienen die lautlichen Äußerungen des Kindes nur der Spannungsabfuhr, es kann auch keine Unterscheidungen treffen zwischen den Lauten, die es selbst hervorbringt und denen, die aus seiner Umwelt stammen. Zeitlich zusammenfallend mit dem Dreimonatslächeln sind auch die auditiven Wahrnehmungsorgane so weit gereift, daß das Kind die eigenen Laute von denen der Umwelt diskriminieren kann. Es beginnt sich damit zu unterhalten, seiner eigenen Stimme zuzuhören, seine Lallmonologe haben den Stellenwert einer ersten akustischen Nachahmung, die ihrerseits von der Mutter aufgegriffen wird, sie imitiert die Töne des Kindes und bald darauf wird es seinerseits versuchen, die Laute der Mutter nachzumachen. An dieser Abfolge wird deutlich, wie das Kind die Stufe des primären Narzißmus allmählich verläßt und zur Stufe der Objektbeziehungen übergeht, es nimmt nicht mehr nur sich selbst zum Objekt, sondern beginnt die eigene Person durch ein Objekt der Außenwelt zu ersetzen. Daß aber das Kind diesen Wandel vollziehen kann, ist nicht nur in neurologischen Reifungsprozessen begründet, sondern ebenso in den von der Mutter ausgehenden Stimulierungen, auf die das Kind zu antworten lernt. Die zentrale Ursache der autistischen Störung scheint nach Mahler darin zu liegen, daß das Kind entweder aus konstitutionell bedingten Gründen die Angebote der Mutter nicht wahrnehmen kann, oder solche Angebote werden ihm von seiner Umgebung vorenthalten, d.h. in einem solchen Fall kann das Kind gar kein „Motiv“ entwickeln, die Phase des primären Narzißmus und der autoerotischen Betätigung aufzugeben.

3.1 Das Auftreten des ersten Organisators

Aus der Embryologie entlehnt Spitz den Begriff des Organisators, der die Konvergenz verschiedener biologischer Entwicklungslinien im Organismus des Embryos bezeichnet. In Analogie dazu spricht Spitz von Organisatoren in der psychischen Entwicklung, die gleichsam als Knotenpunkte bestimmter biologischer und psychischer Reifungsprozesse fungieren. Die Reifung des Wahrnehmungsapparates, das gleichzeitige Auftreten des Dreimonatslächelns und die ersten Lallmonologe bezeichnen einen solchen kritischen Entwicklungspunkt, den ersten Organisator, der wiederum die Ausgangsbasis für die folgenden Entwicklungsschritte bildet. Im Falle des autistischen Kindes z. B. sind die biologischen Reifungsprozesse, die keiner Außensteuerung unterliegen, nicht im Gleichgewicht mit den psychischen Funktionsweisen, die normalerweise Differenzierungsfähigkeit zwischen Innen- und Außenwelt einleiten.
Mit der Konzeption des Organisators nähert sich Spitz dem Piagetschen Stufenmodell der Entwicklung an: bestimmte Entwicklungslinien kulminieren gleichsam in einer neuen Phase des Gleichgewichts, die Aufeinanderfolge einzelner Phasen ist irreversibel, ebenso können Stufen nicht übersprungen werden (Piaget 1969).

3.2 Coenaesthetisches und diakritisches System

Das, was sich hier zwischen Mutter und Kind abspielt, ist zweifellos sehr unterschiedlich von der Kommunikationsweise Erwachsener oder älterer Kinder, es wird nicht auf der Ebene symbolisch vermittelter Interaktion agiert, sondern auf der Ebene des Austauschs affektiver Signale, wobei die Signale zunächst einseitig von der Mutter gesendet werden, die nicht gerichteten Zeichen des Kindes aber von der Mutter behandelt werden, *als ob* es Signale wären. Spitz spricht von einer coenaesthetischen Organisation der Kommunikation zwischen Mutter und Kind, die später von der diakritischen abgelöst wird (Spitz 1967). „Das Verhältnis zwischen coenaesthetischer und diakritischer Organisation erinnert an das Verhältnis zwischen Primär- und Sekundärvorgang. Abkömmlinge (des Ubw), die im Sekundarvorgang erscheinen, geben uns Auskunft über den Ablauf des Primärvorgangs. In derselben Weise werden wir meist auf das stumme Wirken des coenaesthetischen Systems entweder durch die Verzerrungen aufmerksam, die es in den diakritischen Funktionen hervorruft, oder durch seinen Einfluß auf den Primärvorgang. Das Sensorium spielt in der coenaesthetischen Rezeption eine minimale Rolle; statt dessen geht die Wahrnehmung auf der Stufe der Tiefensensibilität und in ganzheitlicher Form vor sich, nach dem Prinzip des ‚alles oder nichts‘. ... Das coenaesthetische System reagiert auf nichtverbale, nichtgerichtete Ausdruckssignale; daraus ergibt sich ein Kommunikationsmodus, der auf der Stufe der ‚egozentrischen‘ Kommunikation der Tiere steht“ (Spitz 1967, S. 152).
An diesem Punkt treffen sich die beiden konträren Positionen von Melanie Klein und Spitz insofern, als beide Autoren die frühkindliche Rezeption innerer und äußerer Reize als nach dem „alles oder nichts“-Prinzip organisiert sehen. D.h. Klein versucht die Funktionsweise des kleinen Kindes, die einer früheren Stufe der Phylogenese entspricht, in Bilder zu übersetzen, die der Vorstellungswelt des Erwachsenen zugänglich sind, empathisch versucht sie dieses System gleichsam auf einer anderen Ebene zu rekonstruieren. Spitz, der sich explizit dagegen ausspricht, psychische Strukturen beim Neugeborenen anzunehmen, wie dies z.B. Melanie Klein tut, hält sich an die Deskription dessen, was beobachtbar ist. Mit der Einführung des neuen Begriffspaars coenaesthetisches und diakritisches System versucht er eine Grenze zu markieren zwischen dem Kommunikationssystem des sprachlosen Neugeborenen und dem symbolisch vermittelten des älteren Kindes und des Erwachsenen. Die Wirkungsweise des coenaesthetischen Systems beschreibt Spitz anhand der regressiven Zustände bei Erwachsenen, z. B. unter Drogeneinfluß oder „übersensiblen und labilen Persönlichkeiten, die sich immer vom durchschnittlichen Menschen des westlichen Kulturbereichs unterscheiden“ (Spitz 1967, S. 153). D.h. auch er nimmt eine Analogisierung von Erlebnisweisen Erwachsener und kleiner Kinder vor, genau die gleiche Methode, der sich auch Klein bedient. Die Grenzen der Beobachtungsmethode für eine psychoanalytische Sichtweise werden hier besonders deutlich: um etwas aussagen zu können über Wahrnehmung und

Erleben des kleinen Kindes, muß auch SPITZ auf Deutungen zurückgreifen, die nach seinem eigenen Anspruch ihren spekulativen Charakter auch durch die Einführung neuer Termini nicht verleugnen können.

3.3 *Die Stufe des eigentlichen libidinösen Objekts*

Die Unlustgefühle, die der Säugling während seiner beiden ersten Lebensmonate zeigt, sind nach SPITZ insofern unspezifisch, als sie physiologische Spannungszustände anzeigen, aber keinen psychischen Inhalt haben. SPITZ ist der Auffassung, daß sich solche Unlustäußerungen in Situationen ereignen, die auf einer späteren Altersstufe Angst hervorrufen können.
Auch in diesem Punkt zeigt sich eine scharfe Differenz zu Melanie KLEIN; während letztere den Geburtsvorgang als traumatisierendes Ereignis interpretiert, das gleichsam die Basis aller späteren Ängste darstellt, vertritt SPITZ die Position, daß das Geburtstrauma lediglich ein physiologisches Modell der Angst ohne psychische Relevanz ist. Diese analytische Trennung, die SPITZ hier zwischen physiologischem Spannungszustand und Angst macht, ist sicher berechtigt, aber sie stellt keinen systematischen Einwand gegen die Position Melanie KLEINS dar, denn SPITZ macht selbst geltend, daß die „kongenitale Ausrüstung" des Kindes, die es in gewissem Sinne von Anfang an schon einzigartig macht, u.a. auch von „den Einflüssen, die während des Geburtsvorgangs wirksam werden", abhängig ist (SPITZ 1967, S. 30). D.h. ob man nun wie KLEIN diese Einflüsse gleichsam als Urerlebnis von Angst darstellt, oder wie SPITZ sie als physiologischen Spannungszustand beschreibt, dem aber eine Vorläuferfunktion von späterer psychischer Angst zukommt, ist m.E. solange eine Frage terminologischer Spitzfindigkeit, als der Zusammenhang zwischen physiologischen Lust- und Unlustzuständen und den sich in der Interaktion mit der Umwelt entfaltenden psychischen Strukturen empirisch keineswegs geklärt ist.
Als exemplarisch für den Unterschied zwischen einer unspezifischen und einer spezifischen Unlustäußerung nennt SPITZ folgendes Beispiel: im Alter von drei Monaten äußert der Säugling zwar eine Unlustreaktion, wenn ein menschliches Wesen sich aus seinem Gesichtskreis entfernt, diese Unlustreaktion unterbleibt jedoch, wenn man ihm ein Spielzeug fortnimmt. Mit sechs Monaten dagegen zeigt sich das Kind mißmutig, sowohl beim Verschwinden des Menschen als auch des Spielzeugs. D.h. das Kind dehnt nunmehr sein Interesse für belebte Objekte auch auf die unbelebte Umwelt aus. Diese Ausdehnung des Interesses auf die Umwelt wird auch bestätigt durch Ergebnisse aus der ethologisch orientierten Sozialisationsforschung, so stellt z.B. TREVARTHEN fest: „A five month old is frequently engrossed in grasping handling and mouthing objects. At this age babies often refuse to respond to invitations to look at a person's face and ‚talk'. Avoidance of face-to-face interaction is often much more marked for the mother than for other friendly persons. We have recorded many sessions in which the mother is hurt and confused by her baby singling her out for rude refusal of direct person-to-person play" (TREVARTHEN 1977, S. 22).
Zwischen dem 6. und 8. Monat zeigt das Kind aber noch eine weitere Diskriminierungsfähigkeit, die andeutet, daß es in seinen Beziehungen zur Umwelt in eine neue Phase eingetreten ist: hat das Kind – so SPITZ – bisher allen menschlichen Gesichtern unterschiedslos zugelächelt, so wendet es sich nunmehr beim Auftauchen eines Fremden und gleichzeitiger Abwesenheit der Mutter ab, es zeigt Angst, Ablehnung, Schrekken, es senkt den Blick, versucht sich zu verbergen, beginnt zu weinen oder zu schreien. Diese Krise im Verhältnis zu unbekannten Personen impliziert, daß das Kind zwischen „Freunden" und „Feinden" bzw. zwischen bekannten und unbekannten Gesichtern zu unterscheiden gelernt hat.
SPITZ hat diese Krise Achtmonatsangst genannt. Vor dem Auftauchen der Achtmonatsangst hat das Kind Furcht gezeigt, d.h. es hat mit Furcht auf einen Sinneseindruck reagiert, den es mit einem vorherigen Unlusterlebnis in Verbindung gebracht hat. Erlebt das Kind die Wiederholung eines solchen mit Unlust besetzten Sinneseindrucks, reagiert es mit Furcht. SPITZ spricht hier deshalb von Furcht und nicht Angst, weil die Angst nunmehr ein Objekt gefunden hat, es handelt sich um den Beginn dessen, was FREUD „Realangst" nannte. Anders verhält es sich mit der Achtmonatsangst. Das Kind reagiert mit Angst auf etwas, mit dem es nie vorher zu tun gehabt hat. Diese Angst gründet auch nicht auf einer Antizipation von Gefahr, die möglicherweise von dem Fremden ausgehen könnte, sondern ist die Reaktion auf die Abwesenheit

bzw. den vermeintlichen Verlust der Mutter. Das Kind, das nun das Gesicht der Mutter als verschieden von dem aller anderen Menschen erkennen kann, vergleicht das Gesicht des Fremden mit dem in seiner Vorstellung präsenten Bild der Mutter. Aus diesem Vergleich erwächst der Wunsch, die Mutter zu sehen und die Frustration, daß sich statt des geliebten Gesichts ein fremdes präsentiert, führt zu Angstreaktionen, weil das Kind fürchtet, das geliebte Objekt verloren zu haben.

Die Achtmonatsangst ist ein Indikator dafür, daß nunmehr der zweite Organisator wirksam wird. Das bedeutet einen Fortschritt in der psychischen Entwicklung in zwei miteinander in unmittelbarem Zusammenhang stehenden Bereichen: dem der Ich-Entwicklung und dem der Objektbeziehungen.

Aufgrund der Markreifung des Zentralnervensystems (Myelinisation), die in einer bestimmten zeitlichen Abfolge vor sich geht, werden die Voraussetzungen geschaffen, die für die Integration und Strukturierung der Ich-Funktionen notwendig sind: die Kontrolle über Körperhaltung und Gleichgewicht und die Möglichkeit der Nutzung des Muskelapparats für Handlungsabfolgen. Im kognitiven Bereich sind immer mehr Erinnerungsspuren niedergelegt, die Denkoperationen von größerer Komplexität ermöglichen. Die Fähigkeit das Gesicht der Mutter von dem des Fremden zu unterscheiden, stellt gleichsam den Vorläufer dessen dar, was bei Piaget die Bildung des permanenten Objekts heißt. Damit ist gemeint, daß das Kind etwa am Ende des ersten Lebensjahres eine innere Vorstellung von einem Gegenstand entwickelt, den es z. B. systematisch zu suchen beginnt, wenn er vor seinen Augen entfernt wird. Die Bildung des permanenten Objekts im Sinne Piagets ist nicht zu verwechseln mit dem psychoanalytischen Begriff der Objektkonstanz, der sich auf die Verinnerlichung einer beständigen positiv besetzten Mutterimago bezieht (Objektkonstanz wird erst sehr viel später, nämlich im 3. Lebensjahr erworben und gründet u. a. auf der kognitiven Aneignung des permanenten Objekts). Festzuhalten ist jedoch, daß die innere Vorstellung vom Gesicht der Mutter wie sie sich in der Achtmonatsangst manifestiert der Bildung des permanenten Objekts vorausgeht bzw. daß erst über die soziale Beziehung zu einem geliebten Objekt die Fähigkeit entwickelt wird, sich Gegenstände vorstellen zu können. Dieser Zusammenhang zwischen affektiver und kognitiver Entwicklung wird von Lerntheoretikern und kognitivistischen Entwicklungspsychologen in der Regel nicht hergestellt. „Für den Behavioristen bedeutet zweifellos die Manifestation der Achtmonatsangst lediglich, daß im optischen Bereich ein ‚Ding‘ konstituiert worden ist und kognitive Konstanz gewonnen hat. Sobald man aber die durch die behavioristische Methode gegebenen Grenzen überschreitet und nach dem *Sinn* des in der Achtmonatsangst gezeigten Verhaltens fragt, erkennt man, daß der Affekt, nämlich die Angst bei dieser Erscheinung die entscheidende Rolle spielt. Es ist klar, daß das Objekt nicht nur im optischen (kognitiven) Bereich konstituiert worden ist, sondern auch – und vielleicht sollten wir sagen *vor allem* – im affektiven Bereich“ (Spitz 1967, S. 177). Der von Spitz erwähnte „Sinn“ der Achtmonatsangst, der darin begründet sein soll, daß das Kind „fremdelt“, weil es das vertraute Gesicht der Mutter vermißt, wird von Fornari u. a. auch deshalb in anderer Weise gedeutet, weil entgegen den ursprüglichen Annahmen Spitz neuere Untersuchungen zeigen, daß das Kind auch Fremdenangst zeigt, wenn die Mutter zugegen ist (Stroufe 1977). Fornari sieht die Achtmonatsangst als aktive Abwehr gegen die Wahrnehmung eines Fremden. „Der kennzeichnende Zug an der Achtmonatsangst besteht für uns darin, daß das Kind das innere böse Objekt in die Wahrnehmung des menschlichen Gesichts hineinlegt, welches ihm bis dahin ausschließlich zur Vergegenwärtigung des inneren guten Objekts gedient hatte“ (Fornari 1970, S. 42). Die neuerworbene Fähigkeit zwischen dem Fremden und der Mutter zu unterscheiden wird als Konsequenz eines Spaltungsprozesses gesehen, in dessen Verlauf das innere gute Objekt auf die Mutter, das innere böse Objekt auf den Fremden externalisiert wird.

Bei aller Verschiedenheit der Ansichten über den „Sinn“ der Achtmonatsangst kündigt doch ihr Auftreten eine neue Qualität in der Beziehung des Kindes zu Personen und Gegenständen an. Immer mehr Bereiche des Ichs werden aufgrund der Abgrenzung von Libido und Aggression, der Differenzierung des Ichs von Es und Selbst funktionsfähig und aktiviert. Diese Aktivierung wird ausgelöst durch wechselseitigen Handlungsaustausch zwischen Mutter und Kind. Die These der Konsolidierung der Ich-Funktionen durch Handlungsaustausch wird neuerdings durch Forschungsergebnisse aus dem Bereich der Humanethologie bestätigt.

Kurze Zeit nach dem Auftauchen der Achtmonatsangst ist das Baby nämlich zum ersten Mal fähig, Gegenstände mit der Mutter auszutauschen, bis dahin ließ es sich ein Spielzeug geben, war aber nicht in der Lage, es zurückzugeben, nun beginnt unter dem Namen „give and take" ein Spiel, in dem das Kind zum ersten Mal aktiv mit einer Person interagiert.

„This change is a fundamental one, not a new trick with prehension or perception of object permanence taught by the mother. It is coincident, or closely involved with, superficially quite different acts all of which contain at their core a heightened recognition by the baby of the mother's meaning, or her possession, or her need, or her understanding. ... Probably the most significant achievement, perhaps the central one for which the mental developments we infer have evolved, is the ability to be shown a new skill and to practice its potentalities under the guidance of another. This involves bringing an object freely into relations in a triadic network one in which each of the two persons shifts in awareness between the common object and the other" (TREVARTHEN 1977, S. 28).

Die Achtmonatsangst ist einerseits Indikator für den Erwerb der oben erwähnten Fähigkeiten, andererseits aber ist die Art und Weise, in der sie sich äußert und das Kind mit dieser neuen Erlebensweise umgeht, ein ebenso bedeutsamer Indikator für die Beziehungsstruktur, die sich zwischen Mutter und Kind etabliert hat. So ist z.B. ein Kind, das auf der Basis einer gesicherten affektiven Beziehung zur Mutter einem Fremden begegnet, nach kurzer Zeit durchaus bereit, auch mit diesem Kontakt aufzunehmen und das unbekannte Gesicht zu „erforschen". MAHLER erwähnt sogar Fälle, in denen Kinder überhaupt keine „Fremdenangst" zeigen, und führt dies zurück auf die Ausbildung des Urvertrauens während der symbiotischen Phase, andere Kinder dagegen vermeiden auch nach einer Aufwärmphase den Kontakt mit Fremden und müssen sich permanent der Gegenwart der Mutter versichern, in diesen Fällen ist sich das Kind seiner Beziehung zur Mutter offenbar nicht sicher und muß permanent fürchten, das geliebte Objekt zu verlieren. MAHLER betont noch einen weiteren Aspekt des zweiten Organisators: das Kind beginnt mit dem Nachprüfen der Mutter (checking back), es tastet die Mutter ab und scheint sie mit „anderen", d.h. Personen, die nicht die Mutter sind, zu vergleichen. Es macht sich gleichsam vertraut mit der Mutter, indem es prüft, wie sie sich anfühlt, wie sie riecht, wie sie aussieht, welchen Klang ihre Stimme hat usw. MAHLER bezeichnet das checking back als das „wichtigste, einigermaßen regelmäßige Anzeichen beginnender somatopsychischer Differenzierung" (MAHLER 1978, S. 76). Dieser Prozeß des Nachprüfens bringt es mit sich, daß das Kind auch den Fremden erforschen möchte, d.h. wenn es auch zunächst oft wegschaut, wenn ein Fremder auftaucht, so ist es gleichwohl neugierig und versucht etwas über ihn herauszufinden, sobald dieser den Blick gewendet hat.

4 Loslösung und Individuation: die vier Subphasen

4.1 Die Subphase der Differenzierung

Bevor ich die Entwicklungsfolge in der Konzeption SPITZ' weiter nachzuzeichnen versuche, möchte ich ein weiteres Modell der Sequentialisierung von Entwicklungsstufen darstellen, das von MAHLER und ihren Mitarbeitern aufgrund ihrer Forschungsergebnisse der letzten Jahre aufgestellt wurde. Die MAHLERsche Konzeption ist nicht etwa als ein Gegenmodell zu SPITZ zu verstehen, vielmehr ergänzt und erweitert sie die Beobachtungen SPITZ' bezüglich der Phasen, die dem Auftauchen des zweiten Organisators vorangehen und denen, die zwischen dem zweiten und dritten Organisator ablaufen und daran anschließend zur Objektkonstanz führen. Die ersten beiden Phasen des MAHLERschen Modells wurden bereits kurz erwähnt: der normale Autismus, zu dessen Charakterisierung MAHLER die Darstellung des Vogeleis als Modell eines geschlossenen psychischen Systems, wie FREUD es verwandt hat, wählt: „Ein schönes Beispiel eines von den Reizen der Außenwelt abgeschlossenen psychischen Systems, welches selbst seine Ernährungsbedürfnisse *autistisch* befriedigen kann, gibt das mit seinem Nahrungsvorrat in der Eischale eingeschlossene Vogelei, für das sich die Mutterpflege auf Wärmezufuhr beschränkt" (Hervorhebung von MAHLER) (FREUD 1911, zitiert nach MAHLER 1968, S. 13).

Darauf folgt etwa ab der 6. Lebenswoche der Beginn der symbiotischen Phase, die dadurch gekennzeichnet ist, daß das Kind das bedürfnisbefriedigende Objekt wahrzunehmen beginnt und sich mit diesem als ein allmächtiges System begreift, „eine Zweieinheit innerhalb einer gemeinsamen Grenze“ (MAHLER 1978, S. 62). Der Begriff der Symbiose ist hier nur als Metapher zu verstehen, denn es handelt sich nicht wie beim biologischen Konzept der Symbiose um zwei getrennte Individuen verschiedener Spezies, die beide wechselseitigen Nutzen aus ihrer Gemeinsamkeit ziehen, vielmehr ist „das Bedürfnis des Kindes nach der Mutter absolut, das der Mutter nach dem Kinde relativ“ (MAHLER 1978, S. 63). Das bedeutet, daß die emotionale Bereitschaft der Mutter ihrem Kinde das Gefühl der Zusammengehörigkeit zu vermitteln und seine Signale „richtig“ zu interpretieren, besonders gefordert ist.

Ab dem 4. Monat, der als der Höhepunkt der omnipotenten Fusion mit der Mutter gilt, beginnen sich Verhaltensphänomene zu zeigen, die auf die erste der vier von MAHLER konzipierten Subphasen von Loslösung und Individuation hindeuten; es beginnt der Prozeß der Differenzierung von Innen- und Außenwelt. Die „Brutzeit“, wie MAHLER die ersten beiden Stadien nennt, nähert sich ihrem Ende, das Kind beginnt „auszuschlüpfen“. Es ist schwierig, Kriterien dafür anzugeben, wann ein Kind „ausgeschlüpft“ ist, ein wichtiger Indikator ist „ein gewisser neuer Blick, der Wachheit, Ausdauer und Zielgerichtetheit erkennen läßt“ (MAHLER 1978, S. 74).

Ein nächstes Anzeichen von Differenzierung ist im sechsten Monat zu beobachten: das bereits oben als Gegenstück zur Achtmonatsangst erwähnte Abtasten der Mutter (scanning). Das Kind zieht die Mutter an Haaren, Ohren und Nase, es beginnt ihr Nahrung in den Mund zu stecken und es stemmt seinen Körper weg von ihr, um sie besser sehen zu können. Diese Fort-von-der-Mutter-Bewegung unterscheidet sich deutlich von der des Anschmiegens in ihre Arme oder an die Schulter.

Die Entdeckung, daß das Kind über manuelle, visuelle und taktile Erforschung der Mutter bereits im sechsten Monat den eigenen Körper von dem der Mutter zu unterscheiden lernt und damit eine wichtige Vorstufe für die später zu erwerbenden kognitiven Strukturen des Unterscheidens von Bekanntem und Unbekanntem erreicht, ist das Ergebnis einer Forschungsmethode, die nicht in Ermangelung von verbalen Äußerungen intrapsychische Strukturen in das Kind hineinverlegt, sondern sich – allerdings nicht immer konsequent, wie noch zu zeigen sein wird, – darauf beschränkt, die motorischen und kinästhetischen Bewegungen, die während dieser Phase bedeutsam werden, zu beobachten und in ihrer Funktion für die affektive und die kognitive Entwicklung des Kindes zu interpretieren.

Wann und in welcher Weise das Kind in die erste Subphase des Loslösungs- und Individuationsprozesses eintritt, hängt von mehreren Faktoren ab, die einander wechselseitig determinieren. Besonders bedeutsam scheint nach den Ergebnissen MAHLERS der Verlauf der symbiotischen Phase für das folgende Stadium zu sein. Die Kinder, deren symbiotische Phase optimal verlief, d.h. die Kinder, die konstitutionell nicht daran gehindert waren, die mütterlichen Angebote aufzunehmen und umgekehrt, deren Müttern es gelang, in ihren Kindern Urvertrauen herzustellen, begannen relativ früh mit ersten Versuchen, sich aus den Armen der Mutter zu lösen und selbständige kleine Unternehmungen zu beginnen.

Kinder, deren Zweieinheit mit der Mutter gestört oder behindert wurde, schlüpften entweder zu früh aus, was bedeutet, daß die Ablösung von der Mutter der Entwicklung von Ich-Fähigkeiten vorausgeht und zur Konsequenz hat, daß diese Kinder von Angst und Kummer überwältigt werden, wenn sich die Mutter aus ihrer unmittelbaren Nähe entfernt. Andere Kinder verbleiben zu lange in der unvollkommenen Symbiose, d.h. sie konnten sich auf den mütterlichen Partner nicht verlassen und gerade deshalb fiel es ihnen dann schwer, die Differenzierung zwischen sich und der Außenwelt und die zwischen der Mutter und anderen Personen vorzunehmen, was sich z.B. konkret darin äußerte, daß diese Kinder eine unspezifische Lächelreaktion länger als gewöhnlich beibehielten, oder sich wieder autoerotischer Stimulierung durch Hin- und Herschaukeln zuwandten.

Die krasseste Form der verlängerten Symbiose, die dauernde „Verschmelzung“ mit dem Kind scheint nach Untersuchungen MAHLERS und Hypothesen JACOBSONS, KERNBERGS und KOHUTS sowohl ein wesentlicher Faktor für die Genese von Psychosen als auch für die Ausbildung von Narzißmusstörungen zu sein (MAHLER 1968, JACOBSON 1973, KERNBERG 1977, KOHUT 1976).

4.2 Die zweite Subphase: das Üben

Differenzierungs- und Übungsphase überschneiden sich. Die Übungsphase zerfällt ihrerseits wiederum in zwei Stadien: die frühe Übungsphase, während der das Kind lernt, sich durch Krabbeln, Watscheln oder Klettern physisch von der Mutter fortzubewegen, und die eigentliche Übungsphase, die durch die freie aufrechte Fortbewegung gekennzeichnet ist.
Das Kind beginnt nun sein Forschungsverhalten, das bisher primär der Mutter gegolten hat, sehr viel bestimmter auch auf unbelebte Objekte zu übertragen, es lernt zwischen Objekten, die man ihm anbietet, zu unterscheiden und zu wählen. Es hat nun meistens ein Lieblingsspielzeug, das als Übergangsobjekt figuriert, ein Kissen, eine Decke, ein weiches Stofftier, das ihm die unmittelbare physische Nähe der Mutter einige Zeit ersetzen kann, indem es sich an es anschmiegt oder ständig mit sich herumschleppt (WINNICOTT 1965). Die neuen Fortbewegungsmöglichkeiten des Kindes sind auch der Auftakt für eine neue Struktur der Mutter-Kind-Interaktion, die besonders den Kindern zugute kommt, deren Mütter sich während der symbiotischen Phase überängstlich, hilflos und stark ambivalent verhalten haben. Diese Mütter scheinen nun aufzuatmen, da ihr Kind weniger zerbrechlich und hilflos ist und eine gewisse Unabhängigkeit demonstriert. Aus der neugewonnenen Distanz können Mutter und Kind, die sich in der Phase des engen körperlichen Kontakts nicht wohlgefühlt haben, sich nunmehr wechselseitig aneinander freuen. D.h. die körperlichen Reifungsprozesse haben hier gleichsam eine kompensatorische Funktion für vorher nicht optimal verlaufende Mutter-Kind-Interaktionen.
Umgekehrt gibt es Mütter, die sich während der „Brutzeit“ ihres Kindes sehr wohl gefühlt haben, aber den Prozeß des Ausschlüpfens nicht geduldig verfolgen können und erwarten, daß ihre Kinder, nun, da sie sich einmal fortbewegen können, möglichst auch gleich „erwachsen“ sind. Diese Kinder haben es schwer, sich an ihren neuen Fähigkeiten zu erfreuen und suchen nach wie vor den ständigen engen physischen Kontakt mit der Mutter. Alle Kinder der frühen Übungsphase können ihre Entdeckungsreisen und damit eine gewisse Distanz von der Mutter am besten verkraften, wenn die Mutter in der Nähe ist und sie immer die Möglichkeit haben, zum Zweck des „emotionalen Auftankens“ (MAHLER 1978, S. 91) zu ihr zurückzukehren. Wie bedeutsam dieses Verhaltensmuster des Hin und Her zwischen Umwelterforschung und Rückzug zur Mutter für das Neugierverhalten und damit die kognitive Entwicklung ist, wird auch von nichtpsychoanalytisch orientierten Sozialisationsforschern betont (z.B. AINSWORTH 1969, 1972).

4.3 Die eigentliche Übungssubphase

Wenn das Kind den aufrechten Gang beherrscht, beginnt das, was GREENACRE das „Liebesverhältnis mit der Welt“ genannt hat (GREENACRE 1957).
Das Kind sieht die Welt nun aus einer anderen Perspektive und aufgrund der neuen Erfahrung, daß es sich frei und aufrecht in dieser Welt bewegen kann, glaubt es auch allmächtig zu sein. Sein Narzißmus befindet sich auf dem Höhepunkt, was sich unter anderem darin äußert, daß es seinen Körper und dessen Funktionen libidinös besetzt. Gleichzeitig ist das Kind relativ unempfindlich, wenn es hinfällt, sich weh tut oder andere Kinder ihm ein Spielzeug wegnehmen. Es wendet sich auch anderen Erwachsenen, selbst denen, die ihm wenig vertraut sind, ohne Argwohn zu. Dies ist auch die Zeit, in der der Vater eine bedeutsame Rolle übernimmt. Schon in der vorherigen Subphase hatte das Kind durch verzögerte Lächelreaktion demonstriert, daß es den Vater als eine von der Mutter verschiedene Person wahrnimmt. Nun aber, da es sich aus der Verschmelzung mit der Mutter vehement zu befreien versucht, gewinnt die gleichzeitige und andersartige Beziehung zu zwei Personen insofern Bedeutung, als das Kind erst über die libidinöse Besetzung eines anderen Objekts real die Getrenntheit von der Mutter erlebt (ROTMANN 1978). Die immer latente Gefahr von der Mutter wieder verschlungen zu werden, die gleichzeitig mit Angst vor dem Verlust des Objekts verbunden ist, wird durch einen zärtlichen Vater gemildert, bei dem das Kind angstfrei regredieren kann. Eine besondere Funktion scheint dem Vater in den Fällen zuzukommen, in denen das Kind mit der Ankunft eines jüngeren Geschwisters konfrontiert wird. Nicht selten findet das Kind dann Trost und Zuflucht beim Vater, der es für die tendenzielle „Abwesenheit“ der Mutter, wenn diese mit dem Neuankömmling beschäftigt ist, entschädigt.

Wenn auch das Kind diese Zeit im allgemeinen als angenehm und lustvoll empfindet, so tritt doch bei Abwesenheit der Mutter oft ein auffallender „Stimmungsabfall" ein. Das Kind bricht in Tränen aus und läßt sich von niemandem als der Mutter trösten, und die Wiedervereinigung mit ihr wird als großes Glück erlebt. MAHLER interpretiert diesen Stimmungsabfall als Konsequenz der kindlichen Erkenntnis, daß sein symbiotisches mütterliches Selbst ihm in solchen Situationen fehlt und schmerzlich vermißt wird.

4.4 Der dritte Organisator: die Verneinung

Während in der Untersuchung MAHLERS die motorischen Funktionen für die Übungssubphase betont werden, stellt SPITZ für die gleiche Altersphase die Erweiterung der kommunikativen Fähigkeiten in den Vordergrund, die in unmittelbarem Zusammenhang mit den körperlichen Reifungsprozessen stehen.

Das Medium der Kommunikation zwischen Mutter und Kind ist bis zum Krabbelalter primär der Körper- und Augenkontakt. Es gibt zwar „Dialoge" zwischen den beiden, die Mutter spricht mit dem Säugling und er „antwortet" mit Lallen, Grunzen und Lächeln. Gleichwohl dient dieser Austausch eher der wechselseitigen affektiven Bestätigung und ist eindeutig auf die Interpretationskapazität der Mutter verwiesen, die von den Äußerungen des Kindes seinen „Willen" abliest.

Nun aber, da sich das Kind aus dem Gesichtskreis der Mutter fortbewegen kann, stürzt es sich auch in Gefahren, die das Eingreifen der Mutter notwendig machen. Da sie aber ihr Kind nun nicht mehr ständig im Blick oder in Reichweite hat, muß sie immer mehr von Wort und Gestik Gebrauch machen. In dieser neuen Situation ist strukturell ein Konflikt angelegt: Das Kind überwindet dank seiner neuen Fähigkeiten seine bisherige Passivität und wird in einer Weise aktiv, der die Mutter ihrerseits Ge- und Verbote entgegensetzen muß, mit denen sie seine Aktivität zweifellos beschränkt. Diese Beschränkung und Versagung wird symbolisiert durch das Wort „nein" und das begleitende Kopfschütteln. Das Kind übernimmt diese Gebärde und behält sie ein Leben lang als Symbol der Verneinung bei. Im Gegensatz zu allen anderen Einwortsätzen, die eine Fülle verschiedener Bedeutungen haben können und von Kindern auch bereits vor ihrem ersten „nein" gebraucht werden, stellt „nein" den ersten Begriff dar, den das Kind verwendet. Es gibt damit nicht nur ein Signal, das seitens der Umwelt zu interpretieren ist, sondern es setzt ein Zeichen, das eine intentionale Willenskundgebung bedeutet. War die bisherige Objektbeziehung des Kindes durch Handlungen und präverbale Kommunikation gekennzeichnet, so beginnt nun die Phase der symbolischen Kommunikation und der semantischen Bedeutungen. Dieser grundlegende Umschwung, der durch den Erwerb der Verneinung eingeleitet wird, ist nach SPITZ ein greifbarer Indikator für die Bildung des dritten Organisators. SPITZ betont nachdrücklich, daß es sich bei der Übernahme der Verneinungsgeste nicht um Imitation allein handeln kann, sondern um das Ergebnis einer Identifikation mit der versagenden Mutter. Die Imitationsthese, wie sie von der Lerntheorie vertreten wird, kann nämlich nicht den Akt der Abstraktion und Generalisierung erklären, den das Kind vornimmt, wenn es sowohl Angebote wie Forderungen und Verbote ablehnt.

SPITZ bietet aus psychoanalytischer Sicht folgende Erklärung an: Jedes „nein" stellt für das Kind eine affektive Versagung, die Unterdrückung eines Triebwunsches dar. Diese Frustration sowie die Erinnerung an das Erlebnis selbst, werden affektiv besetzt und damit dauerhaft dem Gedächtnis einverleibt. Das Kind steckt nun in einem Konflikt zwischen der libidinösen Beziehung zur Mutter einerseits und der durch diese gleiche Mutter hervorgerufenen Aggression andererseits. Das Kind schwankt zwischen seinem Wunsch und der Angst, wenn es gegen das Verbot handelt, die Liebe der Mutter zu verlieren. Aus dieser Situation heraus sucht es eine Kompromißlösung: „Diese besteht in einer autoplastischen Veränderung durch einen Abwehrmechanismus, nämlich den der Identifizierung, der sich in diesem Stadium gerade bildet. Das Kind benützt eine ziemlich spezielle Abart dieses Mechanismus: die „Identifizierung mit dem Angreifer", wie sie Anna FREUD (1936) beschrieben hat (SPITZ 1967, S. 200).

Die „Identifizierung mit dem Aggressor" ist bei Anna FREUD eine Kompromißbildung des Schulkindes, wenn es sich im Konflikt zwischen dem Ich und dem Objekt befindet. Diese Situation überträgt SPITZ auf die des kleinen Kindes, indem es sich mit dem Angreifer identifiziert, übernimmt es dessen Verneinungsgeste und kann so seine Aggression mittels eben dieser

Verneinung gegen das Objekt wenden, ohne Liebesverlust fürchten zu müssen.

4.5 *Die dritte Subphase: die Wiederannäherung*

Da bei allen Sequentialisierungen nach Phasenverläufen die Altersangaben nur sehr vage Richtlinien abgeben, überschneidet sich das oben dargestellte Stadium des dritten Organisators teilweise mit der Übungsphase MAHLERS und der in diesem Modell nun folgenden Subphase der Wiederannäherung.

Die relative Euphorie der Übungsphase war bedingt durch die Fähigkeit, frei und aufrecht zu laufen einerseits und den Zuwachs an Verständigung mit der Umwelt, den das Kind nun dank seiner beginnenden sprachlichen Möglichkeiten erfährt, andererseits. Bis auf den erwähnten Stimmungsabfall bei Abwesenheit der Mutter hielt das Kind während dieser Phase die Beziehung zur Mutter gleichsam in der Schwebe. Nun aber weicht die Euphorie einem neuen Sinn für die Realität: Das Kind muß feststellen, daß seine Allmacht Grenzen hat, daß seine Getrenntheit von der Mutter irreversibles Faktum ist und infolgedessen fühlt es sich oftmals allein und hilflos. Das Kind wendet sich daher der Mutter wieder sehr viel intensiver zu und wünscht, daß sie sich an seinen Unternehmungen beteiligt und alle seine neuerworbenen Fertigkeiten bewundert.

Zwei Verhaltensmuster sind für das sich wieder annähernde Kind typisch: das Beschattungs- und das Weglaufmuster. Beim Beschatten beobachtet das Kind die Mutter ununterbrochen und verfolgt jede ihrer Bewegungen. Beim Weglaufmuster läuft es von ihr weg in der Hoffnung, von ihr gejagt und anschließend in die Arme genommen zu werden. Im Weglaufmuster offenbart sich die Ambivalenz des Kindes, einerseits sein Wunsch nach Wiedervereinigung, andererseits die Angst, von der Mutter verschlungen zu werden. Die Möglichkeit zu wechselseitigen Mißverständnissen in dieser Zeit ist besonders groß und auch für normale Mutter-Kind-Beziehungen krisenreich. Manche Mütter empfinden ihre Kinder als ungerechtfertigt anspruchsvoll, das Kind ist erwachsener und selbständiger als vor einem halben Jahr, gleichwohl verlangt es weit heftiger den vollen Einsatz der Mutter und besteht auf ständiger Anteilnahme. Andere Mütter hingegen können die wachsende Autonomie des Kindes und seine beständige Bereitschaft, diese zu verteidigen, nicht hinnehmen, sie beschatten das Kind nun ihrerseits immer unter dem Vorwand, es vor Gefahren, Krankheiten und anderer Unbill schützen zu müssen. Ist die Mutter aus dem einen oder anderen Grund während dieser Zeit emotional nicht oder nur eingeschränkt verfügbar, verdoppelt das Kind seine Bemühungen um sie. Es schleppt zum Beispiel alle Arten von Gegenständen herbei, auf die es ihre Aufmerksamkeit lenken möchte, aber es wendet auch weniger friedliche Mittel an, es reißt Sachen herunter oder schlägt auf die Gegenstände ein, mit denen sich die Mutter üblicherweise beschäftigt, es bekommt Wutanfälle, wirft sich zu Boden und steigert sich schier in Raserei, immer in dem Bemühen, wenn schon keine positive, dann doch eine negative Reaktion herbeizuführen. Ein Kind, das sich dauernd in dieser Weise anstrengen muß, kann seine verfügbare Energie nur eingeschränkt auf die Umwelt und seine eigenen Funktionen wenden, was zur Folge hat, daß es sich weder mit sich und seinen Spielen noch mit anderen Personen lustvoll beschäftigen kann.

4.6 *Die vierte Subphase: Konsolidierung der Individualität und die Anfänge der emotionalen Objektkonstanz*

MAHLER definiert die Hauptaufgaben der vierten Subphase folgendermaßen: „1. Die Erringung einer bestimmten – in mancher Beziehung lebenslang gleichbleibenden – Individualität und 2. die Erlangung eines gewissen Maßes von Objektkonstanz“ (MAHLER 1978, S. 142).

Was bedeutet nun Objektkonstanz? Objektkonstanz meint einerseits: „die Bewahrung der Repräsentanz des abwesenden Liebesobjekts“ (MAHLER 1978, S. 142), d.h. das Kind hat nun die positiv besetzte Mutterimago so konstant verinnerlicht, daß es auch eine längere Zeit ohne die Präsenz der Mutter verbringen kann in der Gewißheit, daß sie wieder kommen wird. (Nicht zufällig ist dies also das Alter, in dem normalerweise das Kind in den Kindergarten eintritt.) Andererseits aber bedeutet Objektkonstanz auch, daß das „gute“ und das „böse“ Objekt nun zu einer Gesamtrepräsentanz vereinigt sind. Hier hat MAHLER den von Melanie KLEIN eingeführten Begriff der Objektspaltung in ein „gutes“ und ein „böses“ Objekt übernommen und gleichzeitig modifiziert. Ist nach KLEIN schon im zweiten Viertel des ersten Lebensjahres eine Annäherung des „guten" und des „bösen" Objekts zu einer einheitlichen Wahrnehmung und Verinnerlichung festzustellen, allerdings mit der Konsequenz einer „Intensivierung des Konflikts zwischen Liebe und Haß" (KLEIN 1962, S. 158), so endet die Objektspaltung nach MAHLER erst im dritten Lebensjahr und diesmal mit einem der These KLEINS entgegengesetzten Ergebnis: „Dadurch (durch die Vereinigung von „gutem" und „bösem" Objekt, Y.S.) wird die Mischung aggressiver und libidinöser Triebe gefördert und der Haß auf das Objekt gemildert, sobald heftige Aggressionsgefühle auftauchen. ... Im Stadium der Objektkonstanz wird das Liebesobjekt nicht zurückgewiesen oder gegen ein anderes ausgetauscht, wenn es keine Befriedigung mehr gewähren kann, und in diesem Stadium wird das Objekt auch noch ersehnt und nicht einfach als unbefriedigend abgelehnt (gehaßt), weil es abwesend ist" (MAHLER 1978, S. 143).

Am Beispiel des theoretischen Konstrukts der Objektspaltung in „gutes" und „böses" Objekt läßt sich m.E., ähnlich wie auch bei SPITZ, eine Inkonsistenz eines Forschungsansatzes aufzeigen, der wie der MAHLERS psychoanalytische Theorie mit Beobachtungsmethoden kombiniert. In der Theorie KLEINS bezeichnet die Objektspaltung in „gutes" und „böses" Objekt einen Vorgang, der sich auf die ersten Partial- („gute" und „böse" Brust) und/oder die ersten Totalobjekte („gute" und „böse" Mutter) im Phantasieleben des Kindes bezieht. Es handelt sich hierbei um die Wirkungsweise der frühesten Abwehrmechanismen, nämlich Introjektion und Projektion, denen die Funktion zukommt, die angsterregende Ambivalenz, die sich aus dem Dualismus von Lebens- und Todestrieb ergibt, in Schach zu halten. MAHLER dagegen, die bewußt darauf verzichtet, intrapsychische Strukturmuster, die der „beobachtenden Forschung nicht zugänglich sind" (MAHLER 1978, S. 73), zu postulieren und sich statt dessen auf Beobachtungen der motorischen und kinästhetischen Funktionen, der präverbalen und verbalen Äußerungen und der Interaktionsmuster stützt, führt hier eine Konstruktion ein, die aus der Theorie KLEINS herausgebrochen und innerhalb des MAHLERschen Ansatzes nicht begründet wird. Daher ist auch eine Entscheidung darüber, ob die Objektspaltung in „gutes" und „böses" Objekt bereits im zweiten Viertel des ersten Lebensjahres oder erst im dritten Lebensjahr einer Gesamtrepräsentanz weicht, nicht zu fällen. Auf der anderen Seite – läßt man einmal diese „Bedingung" für die Objektkonstanz beiseite –, so läßt sich an den Verhaltensmustern des Kindes ablesen, daß es erst im dritten Lebensjahr die Fähigkeit erwirbt, die Trennungsangst zu überwinden und das Bild der Mutter zu bewahren, wenn sie nicht da ist.

Libidinöse Objektkonstanz setzt voraus, daß die Objektpermanenz im Sinne PIAGETS bereits etabliert ist. Zur Begründung dafür, daß die Objektpermanenz zeitlich der Objektkonstanz vorausgeht, erwähnt MAHLER den unterschiedlichen Charakter des Objektbegriffs in der kognitivistischen und der psychoanalytischen Theorie: Das Objekt bei PIAGET ist ein unbelebtes, vorübergehend besetztes physisches Objekt, das libidinöse Objekt im psychoanalytischen Sinn ist jemand, durch den Triebbefriedigung erlangt wird. Der häufige Kontakt mit dem libidinösen Objekt läuft meistens unter Triebspannung ab und erzeugt Verlangen, Frustration, Angst, Befriedigung, Erregung, Haß und Liebe. Die seelische Repräsentanz des libidinösen Objekts ist daher weit mehr Schwankungen unterworfen als das kognitiv präsente Bild eines Gegenstandes, das Wut- und Haßgefühlen nicht in gleicher Weise ausgesetzt ist wie das innere Bild des libidinösen Objekts und daher auch nicht in gleicher Weise erschüttert werden kann. D.h. der gegenüber der Objektpermanenz verzögerte Erwerb der Objektkonstanz resultiert aus der strukturell stärkeren Anfälligkeit libidinöser Objektrepräsentanzen gegenüber den libidinös ungleich schwächer besetzten Objekten der unbelebten Umwelt. Dem entspricht auch ein Ergebnis einer experimentellen Untersuchung von BELL, der feststellt, daß Kinder, die eine harmonische Beziehung zu ihrer Mutter haben, „Personenpermanenz" vor der „Objektpermanenz" entwickeln, während bei disharmonischen Verhältnissen das Gegenteil der Fall ist (BELL 1970). Die Stabilisierung der emotionalen Objektkonstanz und eines einheitlichen Selbstgefühls ist gleichsam eine Folge der vorhergehenden Subphase. Anhand von Fallbeispielen demonstriert MAHLER, daß die Kinder ihrer Untersuchungsgruppe, die bis auf zwei, alle in „normalen" Mutter-Kind-Beziehungen aufwuchsen, zwar in diesem Alter die Abwesenheit der Mutter ertragen können, gleichwohl aber die unterschiedliche Weise, mit der sie zum Beispiel auf die Wiedervereinigung mit der Mutter reagieren, andeutet, wie labil die innere

Repräsentanz des geliebten Objekts noch ist und unter Einwirkung bestimmter Schocktraumata ständig zusammenzubrechen droht.
Es gibt Kinder, die vorgeben, die Mutter nicht zu bemerken, andere, die verletzt und ärgerlich wirken, wie zum Beispiel jener kleiner Junge, der in einem Bilderbuch alle Personen mit den Namen der Familienmitglieder bezeichnete und nur die Mutterfigur ausließ und damit ihre Existenz kurzfristig verleugnete.

5 Die anderen Phasen

Außer der Beziehungsstruktur, wie sie sich nunmehr zwischen Mutter und Kind etabliert hat, spielen noch weitere Faktoren, die hier nur kurz angedeutet werden, eine bedeutende Rolle. Das Kind befindet sich in der analen Phase und sieht sich mit den neuen Anforderungen der Reinlichkeitsgewöhnung konfrontiert, um die oftmals ein Kampf zwischen Mutter und Kind entbrennt, der dem noch instabilen Selbstbewußtsein und der Integration der Ich-Funktionen noch einmal gefährlich werden kann. Die Reifung der Sphinktermuskulatur ermöglicht es dem Kind, für alle sichtbar in den beiden Modi „festhalten" und „loslassen" zu agieren. FREUD nannte die Entleerung des Darminhalts das „erste Geschenk" (FREUD, Ges. W. Bd. V, 1961) an die Mutter. Geschenke werden freiwillig gemacht, d. h. das Kind beginnt nun um seine Autonomie zu kämpfen, es will bestimmte Dinge allein tun und kann rasend werden vor Zorn, wenn man ihm helfen will oder Handlungen ausführt, die es selbst vornehmen möchte.
Die Schädigungen, die eine zu frühe, zu energische Reinlichkeitserziehung hervorrufen können, gehören mittlerweile zu den am weitesten verbreiteten Erkenntnissen der Psychoanalyse: Unter dem Druck des mütterlichen Zwangs regrediert das Kind entweder auf die orale Phase, wird weinerlich, hilflos oder trotzig und benutzt seinen Darminhalt oder diesen bezeichnende Wörter, wie ERIKSON sagt, als „Ersatzmunition". Oder das Kind wird zu einem Scheinfortschritt gezwungen und muß eine Selbständigkeit demonstrieren, die es in Wirklichkeit noch nicht besitzt. Dies kann zur Ausbildung eines frühreifen Gewissens und ständigen Hang zur Selbstkritik führen. „Dieses Stadium (das anale, Y. S.) wird deshalb entscheidend für das Verhältnis zwischen Liebe und Haß, Bereitwilligkeit und Trotz, freier Selbstäußerung und Gedrücktheit. Aus einer Empfindung der *Selbstbeherrschung ohne Verlust des Selbstgefühls* entsteht ein dauerndes Gefühl von Autonomie und Stolz; aus einer Empfindung muskulären und analen Unvermögens, aus dem Verlust der Selbstkontrolle und dem übermäßigen Eingreifen der Eltern entsteht ein dauerndes Gefühl von Zweifel und Scham (ERIKSON 1966, S. 78/79).
In die anale Phase – bei MAHLER zeitlich etwa identisch mit der Wiederannäherungsphase – fällt auch die Erkenntnis des anatomischen Geschlechtsunterschiedes – übrigens früher als bisher angenommen –, die bei Jungen und Mädchen unterschiedliche Reaktionsweisen auslöst. Nach den Untersuchungen MAHLERS bestätigt sich keineswegs die neuerdings häufig geäußerte These, wonach der Penisneid eine gleichsam aus der Frauenfeindlichkeit FREUDS geborene Konstruktion sei (vgl. hierzu auch den Artikel von MERTENS in diesem Band). Während die Jungen in der Wiederannäherungsphase die Getrenntheit von der Mutter zwar auch schmerzlich empfinden, gehen sie doch perzeptuell-kognitiven und motorischen Aktivitäten intensiver nach als die Mädchen, die außer der Getrenntheit von der Mutter auch noch ihre anatomische „Unzulänglichkeit" zu überwinden haben. Das Mädchen kann der Mutter nicht verzeihen, daß es von ihr so offensichtlich benachteiligt bzw. kastriert wurde. Es zeigt daher – wie MAHLER es nennt – eine ambitendente Haltung gegenüber der Mutter, einerseits klammert es sich mehr an als der Junge, andererseits liefert es sich offene Kämpfe mit der Mutter und äußert auch verbal seine Unzufriedenheit mit ihr.
Es ist dieses Verhaltensmuster des Mädchens allerdings auch ohne das Konstrukt des Penisneides deutbar, nämlich man kann annehmen, daß das Mädchen aufgrund der wahrgenommenen anatomischen Gleichheit mit der Mutter um so größere Verschmelzungsangst hat als der Junge, der sich deutlich als von der Mutter verschieden wahrnimmt.
Die vierte Subphase des Loslösungs- und Individuationsprozesses ist gleichzeitig auch der Beginn der phallischen Phase, d. h. die Partialtriebe der oralen und analen Phase werden nunmehr unter dem Primat der Genitalorgane vereinigt, gleichwohl kennt das Kind auf dieser Stufe nur ein einziges genitales Organ, das männliche. Der Gegensatz der Geschlechter wird unter dem Aspekt „einen Penis zu besitzen" oder „keinen

Penis haben", d.h. kastriert sein, wahrgenommen. Diese Vorgänge in der Reifung der Triebstruktur sind der Auftakt für den Beginn der ödipalen Krise, die mit etwa drei Jahren beginnt und sich bis zum siebenten Lebensjahr hinziehen kann.

Die These von der Universalität des Ödipuskomplexes wird spätestens seit den Untersuchungen von ZELDITCH bestritten (ZELDITCH 1955). Diese Untersuchungen untermauern ihre Beweisführung mit dem Argument, daß es in manchen Kulturen gar keinen definitiv ausgewiesenen Vater gibt oder daß die Rolle des Vaters durch den Mutter-Bruder ausgeübt wird und damit die Basis für den Ödipuskomplex entfiele. Dem ist entgegenzuhalten, daß in allen Kulturen das Kind in einer bestimmten Phase seiner psychosexuellen Entwicklung aus der dualen Mutter-Kind-Beziehung in eine trianguläre Beziehungsstruktur eintritt. Diese trianguläre Beziehungsstruktur stellt sich her über den an die Mutter gerichteten Inzestwunsch und einer diesem Wunsch entgegentretendn Instanz, die in der Person des Vaters, ebenso aber auch in anderen Personen inkarniert sein kann oder auch nur als abstraktes Inzesttabu in Erscheinung tritt. Das Kind wird also in jedem Fall mit einem Dritten (oder etwas Drittem) konfrontiert. Diese Konfrontation hat zur Folge, daß das Kind gegenüber dem Liebesobjekt – also der Mutter –, die ihm seine erotischen Wünsche verwehrt, eine ambivalente Position einnimmt, gleichzeitig aber muß es auch gegenüber dem Dritten eine Haltung einnehmen, und dieser Dritte wird in unserer Kultur im allgemeinen durch den Vater oder die Vaterimago repräsentiert.

Diesem Vater begegnet das Kind gleichfalls mit Ambivalenz: Einmal symbolisiert er die verbietende Instanz, von der die Kastrationsdrohung ausgeht, zum anderen aber stellt er auch ein potentielles Liebesobjekt dar, an das das Kind seine libidinösen Wünsche richten kann bzw. richtet, denn es hat ja bereits vor Eintritt in die ödipale Phase eine Beziehung zum Vater unterhalten. Die Struktur der ödipalen Konstellation generiert also gegenüber beiden Elternteilen eine ambivalente Einstellung, die sich sowohl in libidinösen Angeboten als auch in Abwehrhaltung manifestieren kann.

Als ein Strukturmerkmal der ödipalen Krise können wir ein Potential möglicher Autonomieentfaltung annehmen, das durch die gegenüber beiden Eltern entstehende Ambivalenz bzw. durch das Auftreten einer triangulären Beziehungsstruktur erzeugt wird. Auf einer anderen Ebene ist dieses Potential – wie bereits erwähnt – auch in der analen Phase enthalten, während der das Kind lernt, seine Muskulatur zu beherrschen. Während aber die Autonomie, die das Kind in dieser Phase gewinnen kann, noch bezogen ist auf das Verhältnis zwischen Kind und Körper, Loslassen und Festhalten, Ich und Du, bezieht sich das Autonomiepotential der ödipalen Phase auf das Verhältnis „ich – du – wir", das die Basis für eine Entfaltung von Ich-Identität liefert, insofern als nun das Identischsein und das Nichtidentischsein mit anderen Menschen in der Einheit des „wir" zusammengeschlossen wird (ERIKSON 1966).

Literatur

ADORNO, Th. W.: Die revidierte Psychoanalyse. In: HORKHEIMER, M./ADORNO, Th. W.: Sociologica II. Frankfurt, EVA 1962.

AINSWORTH, M. D. S./WITTIG, A. A.: Attachment and Exploratory Behavior of One-year-olds in an Strange Situation. In: FOSS, B. M. (Hrsg.): Determinants of Infant Behaviour. Bd. 4. London, Methuen 1969, S. 111–136.

AINSWORTH, M. D. S.: Attachment and Dependency: A Comparison. In: GEWIRTZ, J. L. (Hrsg.): Attachment and Dependence. New York, Winston/Wiley 1972, S. 97–138.

BELL, S. M.: The Development of the Concept of Object as Related to Infant-mother Attachment. In: Child Dev. (1970), H. 41, S. 291–311.

BOWLBY, J.: Bindung. München, Kindler 1975.

DREWS, S./BRECHT, K.: Psychoanalytische Ich-Psychologie. Frankfurt, Suhrkamp 1975.

EDGCUMBE, R./BURGNER, M.: Some Problems in the Conceptualization of Early Object Relationships: Part I. The Concepts of Need Satisfaction and Need-Satisfying Relationships. In: The Psychoanalytic Study of the Child, Vol. 27, New York, Quadrangle Books 1973.

ERIKSON, E. H.: Identität und Lebenszyklus. Frankfurt, Suhrkamp 1966.

FORNARI, F.: Psychoanalyse des ersten Lebensjahres. Frankfurt, Fischer 1970.

FREUD, A.: Wege und Irrwege in der Kinderentwicklung. Bern/Stuttgart, Huber/Klett 1968.

FREUD, S.: Aus den Anfängen der Psychoanalyse 1887–1902. Briefe an Wilhelm Fließ. Frankfurt, Fischer 1950.

FREUD, S.: Die Abwehr-Neuropsychosen. Ges. W. Bd. I. Frankfurt, Fischer 1961.

FREUD, S.: Drei Abhandlungen zur Sexualtheorie. Ges. W. Bd. V. Frankfurt, Fischer 1961.

FREUD, S.: Analyse der Phobie eines fünfjährigen Knaben. Ges. W. Bd. VII. Frankfurt, Fischer 1961.

FREUD, S.: Vorlesungen zur Einführung in die Psychoanalyse. Ges. W. Bd. XI. Frankfurt, Fischer 1961.

GREENACRE, P.: The Childhood of the Artist: Libidinal Phase Development and Giftedness. In: The Psychoanalytic Study of the Child, Vol. 12, New York, Quadrangle Books 1957, S. 27–72.

HABERMAS, J.: Der Universalitätsanspruch der Hermeneutik. In: Hermeneutik und Ideologiekritik. Frankfurt, Suhrkamp 1971.
HARTMANN, H.: Ich Psychologie: Studien zur psychoanalytischen Theorie. Stuttgart, Klett 1972.
JACOBSON, E.: Das Selbst und die Welt der Objekte. Frankfurt, Suhrkamp 1973.
KERNBERG, O. F.: Normaler und pathologischer Narzißmus im Wandel. In: Psychoanalyse im Wandel. Frankfurt, Suhrkamp 1977.
KLEIN, M.: Das Seelenleben des Kleinkindes. Stuttgart, Klett 1962.
KOHUT, H.: Narzißmus. Frankfurt, Suhrkamp 1976.
KUTTER, P.: Psychoanalyse im Wandel. In: Psyche. H. 5, 1979, S. 385–394.
LAPLANCHE, J./PONTALIS, J.-B.: Das Vokabular der Psychoanalyse. Frankfurt, Suhrkamp 1973.
MAHLER, M.: Symbiose und Individuation. Stuttgart, Klett 1968.
MAHLER, M./PINE, F./BERGMANN, A.: Die psychische Geburt des Menschen. Frankfurt, Fischer 1978.
MILLER, A.: Das Drama des begabten Kindes. Frankfurt, Suhrkamp 1979.
PIAGET, J.: Das Erwachen der Intelligenz beim Kinde. Stuttgart, Klett 1969.
ROTMAN, M.: Über die Bedeutung des Vaters in der „Wiederannäherungs-Phase“. In: Psyche (1978), H. 12, S. 1105–1147.
SARTRE, J.-P.: Der Idiot der Familie. Reinbek, Rowohlt 1977.
SENDEN, M.: Raum- und Gestaltauffassung bei operierten Blindgeborenen vor und nach der Operation. Leipzig, Barth 1932.
SPITZ, R.: Vom Säugling zum Kleinkind. Stuttgart, Klett 1967.
SPITZ, R.: Vom Dialog. Stuttgart, Klett 1976.
STROUFE, L. A.: Wariness of Strangers and the Study of Infant Development. In: Child Development (1977), H. 48, S. 731–746.
THORNER, H. A.: Zur Technik nach Melanie Klein. In: Psyche, 29 (1975), S. 906–918.
TREVARTHEN, C.: Instincts for Human Understanding and for Cultural Cooperation: Their Development in Infancy. Unveröff. Manuskript 1977.
WINNICOTT, D. W.: Familie und individuelle Entwicklung. München, Kindler 1965.
WOLF, P.: Observations on the Early Development of Smiling. In: FOSS, B. M. (Hrsg.): Determinants of Infant Behaviour. Bd. II. London, Methuen 1963, S. 113–138.
ZELDITCH, M.: Role Differentiation in the Nuclear Family. In: PARSONS, T./BALES, R. F.: Family, Socialization and Interaction Process. New York, The Free Press of Glencoe 1955.
ZIEHE, T.: Pubertät und Narzißmus. Frankfurt, EVA 1975.

Rollen- und Interaktionstheorien in der Sozialisationsforschung

Hans Joas

1 Einleitung

Es ist bereits zum Gemeinplatz geworden, Arbeiten zur Rollentheorie mit dem Hinweis auf die große sozialwissenschaftliche Verbreitung, aber auch die verwirrende Mehrdeutigkeit rollentheoretischer Begrifflichkeit einzuleiten. Dies weist darauf hin, daß sowohl der Erfolg bloß definitorischer Klärungsversuche wie der globaler ideologiekritischer Angriffe auf die Rollentheorie bisher recht bescheiden gewesen sein muß. Hinter der uneinheitlichen und umstrittenen Terminologie und im Widerspruch zu den ideologiekritischen Bedenken scheint es eine soziale Realität zu geben, welche zu einer Verarbeitung in der Form eben dieser Theorie drängt. Worum aber handelt es sich dabei? Erfaßt Rollentheorie tatsächlich bestimmte anthropologische Grundstrukturen sozialen Handelns oder ist sie nur der ideologische Ausdruck historischer Tatsachen der kapitalistischen Gesellschaft oder haben wir in ihr lediglich ein effizientes Instrumentarium zur Formulierung sozialpsychologischer Gesetzmäßigkeiten? Was Klärung und Präzisierung der Rollentheorie bedeutet, ist von einer Entscheidung in dieser Frage abhängig. Im einen Fall ist die Ausgestaltung der Rollentheorie im Rahmen einer umfassenden anthropologischen Theorie menschlicher Handlungsfähigkeit und Intersubjektivität, im anderen die Verbesserung des ideologiekritischen Nachweises der historischen Wurzeln und im dritten Fall die wissenschaftstheoretische Klärung rollentheoretischer Sätze als Vorarbeit für transparente Hypothesenbildung das Gebot der Stunde. – Es scheint mir kein akzeptables Vorgehen zu sein, eine Entscheidung in dieser Debatte der Darstellung der unterschiedlichen Positionen im einzelnen einfach vorauszuschalten. Im folgenden wird deshalb zunächst eine knappe theoriegeschichtliche Rekonstruktion der Entwicklung der Rollentheorie geboten, die eine genauere Vorführung der unterschiedlichen Positionen erlaubt und dadurch den Boden bereiten soll für eine begründete eigene Bestimmung ihrer zentralen Begriffe. Die im vorliegenden Zusammenhang besonders interessierende Frage nach dem Stellenwert der Rollentheorie in der Sozialisationsforschung kann in einem anschließenden Abschnitt nur relativ grob behandelt werden, da natürlich sämtliche Phasen der Entwicklung des Kindes und des Jugendlichen und die innere Struktur aller Sozialisationsinstanzen rollentheoretischer Behandlung zugänglich sind. Hier soll deshalb nur eine Dimension – die der Entwicklung der Rollenübernahmefähigkeit – ausführlicher herausgegriffen werden, da diese nicht eine bloße Anwendung der Rollentheorie darstellt, sondern umgekehrt eine sozialisationstheoretische Verifizierung des zentralen Begriffs der Rollenübernahme selbst zum Thema macht. Dies ist zugleich dazu geeignet, deutlich zu machen, daß die Rollentheorie – ob sie will oder nicht – an einem Punkt angesiedelt ist, an dem die Einbettung der Sozialisationsforschung in Gesellschaftstheorie und das Verhältnis von Individualität und Gesellschaftlichkeit zum Problem geworden sind.

2 Theoriegeschichtliche Rekonstruktion der Entwicklung der Rollentheorie

2.1 George Herbert Mead

Die unbestreitbar wichtigste Quelle für die Entstehung und Entwicklung der Rollentheorie[1] ist das Werk George Herbert MEADS (1968, 1969, 1974). Dieser führt die Begriffe „Rolle" und „Rollenübernahme" im Rahmen einer anthropologischen Theorie spezifisch menschlicher Kommunikationsweise ein. Menschliche Kommunikation ist tierischen Formen nach MEAD grundsätzlich dadurch überlegen, daß sie mit dem Mittel „signifikanter Symbole" arbeitet. Damit ist gemeint, daß der Mensch imstande ist, auf die von ihm selbst hervorgebrachten Gebärden und Äußerungen selbst zu reagieren, und zwar in einer antizipatorischen und damit das mögliche Antwortverhalten des Handlungspartners innerlich repräsentierenden Weise. Damit aber wird das eigene Verhalten an potentiellen Reaktionen von Partnern ausrichtbar. Da der Partner prinzipiell über dieselbe Fähigkeit verfügt, wird ein gemeinsames, kollektives Handeln möglich, das an einem gemeinsam verbindlichen Muster wechselseitiger Verhaltenserwartungen orientiert ist. MEAD glaubt, mit seiner Kommunikationstheorie den Grundzug menschlicher Sozialität freigelegt zu haben. In menschlicher Gesellschaft wird individuelles, aber nicht naturhaft festgelegtes Verhalten ausdifferenziert und über wechselseitige Verhaltenserwartungen zu einer Gruppenaktivität integriert. Dies ist ein grundsätzlich anderes Muster von Sozialität als das eines durch biologische Spezialisierung im Körperbau und Differenzierung angeborener Verhaltensweisen garantierten Systems strikter Arbeitsteilung. Auch das für Wirbeltiergesellschaften geltende Prinzip einer Regelung des Gruppenlebens durch instinkthafte starre Verhaltensformen, die lediglich durch die Erringung eines Status in einer einlinigen Dominanzhierarchie modifiziert werden, ist beim Menschen überwunden. Bei den Sozialverbänden der Primaten treten zwar bereits Traditionsbildungen auf, doch bleiben diese – da sie keine vergegenständlichte Form annehmen – noch eng begrenzt. MEADS Motiv, dieses auf dem Grundgedanken einer gemeinsam-handelnd konstituierten Bedeutungsgleichheit aufruhende Muster von Sozialität anthropologisch herauszuarbeiten, ist in seinem theoretischen und politischen Lebensweg als radikaldemokratischer Intellektueller zu finden. Seine wissenschaftlichen Grundanliegen lassen sich auf drei Nenner bringen (JOAS 1979 (a), S. 43): das Vertrauen in die emanzipatorischen Chancen wissenschaftlicher Rationalität; das Bestreben, den „Geist" im Organismus zu verwurzeln; und den intersubjektivitätstheoretischen Versuch, das Ich als sozial entstandenes zu begreifen. Der Rollenbegriff wird von MEAD also ursprünglich in einem Modell praktischer Verständigung und kollektiver Selbstbestimmung eingeführt. Er bezeichnet zunächst die Verhaltenserwartung an den Interaktionspartner; Rollenübernahme, „taking the role of the other" ist die Antizipation des situationsspezifischen Verhaltens des Anderen.

Die Möglichkeit einer über die innerliche Repräsentation des Verhaltens des Anderen laufenden Kommunikation führt nun dazu, daß sich in der Persönlichkeitsstruktur des Einzelnen verschiedene Instanzen herausbilden. Der Einzelne macht ja jetzt sein eigenes Verhalten in ähnlicher Weise zum Gegenstand seiner Betrachtung und Bewertung wie das seiner Partner; er sieht sich selbst aus der Perspektive des Anderen. Neben die Dimension der Triebimpulse tritt jetzt also eine Instanz zu deren Bewertung, die aus den Erwartungen der Reaktionen auf die Äußerung dieser Impulse hin besteht. MEAD spricht in diesem Zusammenhang von „I" und „me". Der Begriff des Ich bezeichnet für ihn zugleich das Prinzip von Spontaneität und Kreativität und die Triebausstattung des Menschen, da er den Menschen als ein Wesen mit „konstitutionellem Antriebsüberschuß" (GEHLEN) denkt. Dieser Antriebsüberschuß schafft sich über alle Befriedigbarkeit hinaus in Phantasien Raum und kann von

1 Ich greife in der Darstellung MEADS und PARSONS' streckenweise auf Formulierungen zurück, die ich andernorts (insbesondere JOAS 1973, 1979a) schon gebraucht habe.

Normierungen nur kanalisiert werden. „Me" bezeichnet meine Vorstellung von dem Bild, das der andere von mir hat bzw. auf primitiver Stufe meine Verinnerlichung seiner Erwartungen an mich. Das „me" als Niederschlag einer Bezugsperson in mir ist sowohl Bewertungsinstanz für die Strukturierung der spontanen Impulse wie Element eines entstehenden Selbstbildes. Trete ich mehreren für mich bedeutsamen Bezugspersonen gegenüber, so gewinne ich mehrere unterschiedliche „me"s. Diese müssen, wenn konsistentes Verhalten überhaupt möglich sein soll, zu einem einheitlichen Selbstbild synthetisiert werden. Gelingt diese Synthetisierung, dann entsteht das „self", Ich-Identität als einheitliche und doch auf die Verständigung mit stufenweise immer mehr Partnern hin offene und flexible Selbstbewertung und Handlungsorientierung; zugleich entwickelt sich eine stabile, ihrer Bedürfnisse sichere Persönlichkeitsstruktur.
MEADS Vorstellungen zur Entwicklung der Identität sind in seiner Theorie kindlicher Spielformen im Kern enthalten; er unterscheidet dabei vor allem zwischen „play" und „game". „Play" ist die spielerische Interaktion des Kindes mit einem imaginären Partner, wobei das Kind beide Teile mimt. In dieser Form übt sich die Fähigkeit zur Verhaltensantizipation: Das Verhalten des anderen wird direkt, d.h. durch Imitation repräsentiert und durch das eigene Komplementärverhalten ergänzt. Diese Stufe hat das Kind erreicht, sobald es zur Interaktion mit beliebigen einzelnen Bezugspersonen und zur Einnahme der Perspektive des Anderen fähig ist, wenn also nicht mehr nur die triebmäßig hochbesetzte Bezugsperson zählt. An diese Stufe schließt sich an die Fähigkeit zum „game", zur Teilnahme an Gruppenspielen. Dazu genügt nicht mehr die Antizipation des Verhaltens eines einzelnen Partners; jetzt muß das Verhalten aller anderen Partner zur Richtschnur des Handelns werden können. Diese Anderen sind dabei aber keineswegs unzusammenhängende Teile, sondern Funktionsinhaber in arbeitsteilig zielgerichteten Gruppen. Der Handelnde muß sich an einem für alle Handelnden gültigen Ziel orientieren, das MEAD, auf dessen psychische Grundlagen zielend, den „generalized other" („generalisierten Anderen") nennt. Die Verhaltenserwartungen dieses generalisierten Anderen sind im Fall des Gruppenspiels die Spielregeln, im allgemeinen die Normen und Werte, und zwar jeweils in einer auf die spezifische Funktion des einzelnen Handelnden spezifizierten Weise. Die Orientierung an einem bestimmten generalisierten Anderen stellt freilich dieselbe Beschränktheit wie die Orientierung an einem bestimmten konkreten Anderen auf neuer Stufe wieder her. Daraus ergibt sich das Problem einer Orientierung an immer universaleren „generalisierten Anderen".
Es wird deutlich, daß MEAD den Begriff der Rollenübernahme in einem Sinn verwendet, der breite Auswirkungen auf eine Theorie der Sozialisation und darüber hinaus der Ethik und Politik hat. Rollenübernahme betrifft bei ihm nicht nur einen ausgrenzbaren Bereich der kommunikativen Fähigkeiten, sondern wird auf die allgemeine kognitive, die motivationale und die moralische Entwicklung bezogen. Insofern erst durch die Entfaltung der Rollenübernahmefähigkeit ein reflexives Verhältnis des Handelnden zu sich selbst möglich wird, dieses aber Voraussetzung wichtiger kognitiver Leistungen ist, wird die Entwicklung kommunikativer Leistungen auch zur Bedingung kognitiver Fortschritte. MEAD hat dies in wenig bekannten und wenig verstandenen Schriften insbesondere am Problem der Konstitution des permanenten Objekts ausgeführt. Er vertritt eine Theorie der sozialen Konstitution der Entwicklung der allgemeinen Intelligenz (JOAS 1979a, S. 180ff.). Die ethischen Implikationen arbeitet er sowohl auf der individuellen Ebene als Fähigkeit und Leistung universaler Rollenübernahme wie auf der gesellschaftlichen Ebene in einem Begriff einer universal kommunikationsfähigen Idealgesellschaft heraus. Dies alles hat freilich bei ihm einen häufig spekulativen und fragmentarischen, nicht in jedem Einzelschritt durchgeführten Charakter. MEADS Werk gibt aber doch einer künftigen Rollentheorie und einer Untersuchung der Entwicklung der Rollenübernahmefähigkeit einen sozialphilosophischen Rahmen und kühne Hypothesen vor. Dies und die elementare Fassung von Rollenübernahme als einer Voraussetzung schon für die Verwendung von signifikanten Symbolen und damit aller typisch menschlichen Kommunikation sind festzuhalten.

2.2 *Talcott Parsons*

MEADS Theorie ist nur eine der Quellen, aus denen Talcott PARSONS seine umfassende Theorie der Einbettung der Sozialisation in die Funktionsweise von gesellschaftlichen Systemen entwickelt. Sie ist allerdings auch in den Teilen von PARSONS' Werk, in denen es unmittelbar um die Kategorie der Rolle geht, nicht die einzige Quelle. Es ist lehrreich zu sehen, daß PARSONS neben MEAD auf die kulturanthropologische Konzeption Ralph LINTONS (1967) zurückgreift. Bei diesem lag der Akzent auf der Unabhängigkeit der Struktur (primitiver) Gesellschaften von den konkreten Individuen. Bei LINTON ergibt sich ein Zwiespalt zwischen einer statischen Struktur, welche für die Individuen bestimmte Plätze („status") bereithält, und den Handlungen der Akteure, die nur als Vollzug der Zwänge der statischen Struktur gedacht werden können. Für PARSONS ist dieses Nebeneinander von MEADS und LINTONS Konzeption charakteristisch. In seiner Rezeption MEADS geht dessen Nachdruck auf dem Konzept selbstbestimmter Gruppen verloren; ihn interessiert nur der Aspekt eines gegenüber den einzelnen Handelnden und ihrem Verhalten „objektiv" gewordenen Norm- und Wertsystems. Dabei übernimmt er von MEAD den Gedanken der Reziprozität der Verhaltenserwartungen und den einer relativen Selbständigkeit der Muster bedeutungsgleicher Symbole, schneidet aber den Zusammenhang zwischen der diese Normen und Werte konstituierenden Interaktion und den Normen und Werten selbst ab.

Interaktion ist bei PARSONS die wechselseitige Bezogenheit des Handelns zweier Akteure, von denen jeder den anderen zur Realisierung der eigenen Ziele und zur Befriedigung der eigenen Bedürfnisse benötigt. Diese wechselseitige Befriedigung aber führt zu einem gemeinsamen Interesse an der Aufrechterhaltung der Beziehung und damit zu deren Stabilisierung. Diese ermöglicht ein festes Muster für die komplementäre Orientierung der Handelnden. Eine gesellschaftliche Institutionalisierung bestimmter Normen ermöglicht es, über den Rahmen eines Systems von nur zwei Interaktionspartnern hinauszugehen. Es ist nun nämlich nicht mehr unmittelbar wechselseitige Bedürfnisbefriedigung nötig, vielmehr sorgt eine allgemein gewährleistete Konformität zum gemeinsamen Wertsystem dafür, daß die Gratifikationen gleichmäßig verteilt werden. Das Interesse an dem Erhalt von Gratifikationen und der Vermeidung von Frustrationen sowie die Notwendigkeit zur Stabilisierung des Wertsystems stützen sich dabei gegenseitig. Modellhaft fallen also die institutionalisierten normativen Verhaltenserwartungen und die Bedürfnisdispositionen und Handlungsmotivationen der Akteure dergestalt zusammen, daß mit einem normenkonformen und damit auch allseitig befriedigenden Handeln gerechnet werden kann, was gleichzeitig die Stabilität des social system zur Folge hat. Gesellschaft bedeutet dann die Unterwerfung aller unter ein nicht weiter ableitbares, rational nicht begründbares und daher auch nicht kritisierbares Wertsystem.

PARSONS gibt in seiner Theorie sehr verschiedene Definitionen des Rollenbegriffs: als organisierter Sektor der Handlungsorientierung eines Akteurs, als Menge der Erwartungen von Interaktionspartnern, als für die Stabilität des Wertsystems funktionale spezifische Verhaltensanforderung. Diese Definitionen widersprechen einander nicht, sondern weisen auf unterschiedliche Funktionen hin, die PARSONS der „Rolle" zuspricht. Rollen haben Orientierungs- und Motivationsfunktion für den einzelnen Handelnden sowie Integrationsfunktion für das soziale System. Wie die Werte als Elemente des Wertsystems und die Bedürfnisdispositionen als die Elemente des Persönlichkeitssystems aufzufassen sind, so begreift PARSONS als Elemente des sozialen Systems jene Einheit, die sich aus Werten ergibt, auf Interaktionen bezieht und auf Bedürfnisdispositionen stützt. Er nennt diese Status oder Rolle, je nachdem, ob der strukturelle oder funktionale Aspekt im Vordergrund steht. Es ist nicht möglich, hier die verzweigungsreiche Theorie PARSONS' wiederzugeben. Festzuhalten ist aber, daß er sich um eine systematische Verknüpfung einer Theorie des sozialen Systems mit einer Sozialisationstheorie bemüht und dabei einen differenzierten Entwurf vorlegt, wie in der kindlichen Entwicklung über verschiedene, systematisch aufeinander folgende Stufen psychoanalytisch gedachte Reifungsphasen des Organismus zum Anlaß einer fortschreitenden Integration in umfassendere soziale Systeme und einer Verinnerlichung des gesellschaftlichen Wertsystems werden.

2.3 *Rezeptionen und Verfälschungen der „klassischen" Ansätze*

Der neuralgische Punkt seiner Konzeption ist, wie sich schon aus der Betrachtung von PARSONS' MEAD-Rezeption ergibt, die Frage nach der Verselbständigung und Einheitlichkeit des Wertsystems einer Gesellschaft. Diese Frage brach innerhalb der von PARSONS dominierten

Phase der amerikanischen Soziologie vornehmlich anhand der empirischen Untersuchungen zum Rollenkonflikt auf (HANDEL 1979). Darunter war zunächst ein Interrollenkonflikt zu verstehen, d.h. ein Konflikt in der Orientierung des Individuums an zwei gleichzeitig, eventuell widersprüchlich gegebenen Rollen. Die PARSONS-Schule ging anfangs davon aus, daß ein solcher Konflikt vornehmlich durch eine klare Entscheidung zwischen den beiden Rollen gelöst werden müsse. Eine wesentliche Differenzierung ergab sich hier durch MERTON (1957), der eine Liste von Mechanismen aufstellte, mit denen solche Interrollenkonflikte bewältigt werden können. Er dachte etwa an klare räumliche und zeitliche Trennung der von den verschiedenen Rollen geforderten Verhaltensweisen oder an die Sequentialisierung der einander ausschließenden Rollen. Waren mit den *Inter*rollenkonflikten die Probleme des Individuums, mit seinen verschiedenen Rollen zurechtzukommen, berührt, so bedrohte die Thematisierung der *Intra*rollenkonflikte das Gefüge der PARSONSschen Theorie stärker. Wenn nämlich nicht nur verschiedene Rollen in einer Situation in Widerspruch geraten konnten, sondern dieser Widerspruch in ein und derselben Rolle enthalten war, dann war die Unterstellung eines normativen Konsensus als Voraussetzung für die Funktionsfähigkeit und Stabilität des sozialen Systems bedroht. Auch für diesen Typus von Rollenkonflikt, der im Widerspruch der Erwartungen an ein und dieselbe Rolle durch unterschiedliche Partnerrollen besteht, arbeitete MERTON eine Reihe von Lösungsmechanismen heraus. Die unterschiedliche Sanktionsgewalt der Inhaber der zugeordneten Rollen, die Abgrenzung des Bezugs auf diese und ähnliches ergeben in diesem Fall gesellschaftliche Mechanismen zum Umgang mit dem Rollenkonflikt. Es fällt sofort auf, daß mit MERTONS Konzeption nur eine Liberalisierung von PARSONS' Theorie erreicht war und keine grundsätzliche Transformation. Mit der Untersuchung der gesellschaftlichen, d.h. strukturell bereit gehaltenen Mechanismen zum Umgang mit Rollenkonflikten war die Dimension der Handlungsfähigkeit des einzelnen Akteurs gerade noch nicht erreicht; mit der Infragestellung des normativen Konsensus war noch keineswegs ein anderes Medium für die Integration sozialer Systeme benannt. Es ist nur logisch, daß MERTON lediglich eine Abschwächung von PARSONS' umfassendem Theorieanspruch und eine Bescheidung auf Theorien „mittlerer Reichweite" forderte. Damit aber ging der fruchtbare Ehrgeiz PARSONS', die Sozialisation systematisch in eine Gesellschaftstheorie einzufügen, verloren. Der von aller Gesellschaftstheorie losgelösten Verwendung des Rollenbegriffs und einiger zugeordneter Begriffe wie Rollenkonflikt und Rollenübernahme und der Gefahr, daß diese zu einem nicht weiter reflektierten soziologischen Jargon wurden, waren damit Tür und Tor geöffnet.

Es war nun aber diese verdünnte, von MEAD und PARSONS weit entfernte Gestalt, in der die rollentheoretische Begrifflichkeit in Deutschland Einzug hielt. DAHRENDORFS Versuch „Homo Sociologicus" ([9]1970) stellt einen Schritt dar, an Entwicklungen in der amerikanischen Soziologie anzuknüpfen, von denen Deutschland durch Faschismus und Krieg abgeschnitten war. Was DAHRENDORF bot, war allerdings nur der Katalog rollentheoretischer Begriffe ohne die zugrundeliegende Theorie; an deren Stelle traten vielmehr oberflächlich-spekulative Erörterungen zum theatermetaphorischen Gehalt und zum Problem menschlicher Freiheit im Angesicht universaler Rollenhaftigkeit. Von der Frage nach dem Systemzusammenhang einer Gesellschaft, von dem die Erwartungen an den einzelnen Handelnden ja mitbestimmt sind und von der Bedürfnis- und Motivationsgrundlage des Handelns war keine Rede mehr. An deren Stelle trat die Statik eines Geflechts von Positionen und die Abstraktion einer universalen Motivation zur Sanktionsvermeidung.

Diese Schrift löste eine Fülle von Beiträgen in einer bis heute nicht ganz beendeten Diskussion aus. Dabei sind von den zeitgenössischen Entgegnungen insbesondere die von BAHRDT, CLAESSENS und TENBRUCK erwähnenswert. BAHRDT (1961) brachte die in DAHRENDORFS Konformitätsmodell untergegangene Notwendigkeit kreativer Eigenleistungen des einzelnen Handelnden ebenso berechtigt zur Geltung wie CLAESSENS (1963) die Dimension rationaler Begründbarkeit. Einzig TENBRUCK (1961) kritisierte aus seiner Kenntnis und seinem Verständnis von PARSONS heraus umfassend DAHRENDORFS Ansatz und wies auf die völlige Vernachlässigung des Bereichs der Internalisierung und der Herausbildung einer systemadäquaten Persönlichkeitsstruktur hin. Seine Position war dabei aber ein orthodoxer Parsonianismus. Ich selbst habe später auf die wissenschaftstheoretische Unhaltbarkeit des „Homo sociologicus", das Selbstmißverständnis eines normativ-analy-

tischen Ansatzes, hingewiesen (Joas 1973, S. 20ff.).
In der bei Dahrendorf und teilweise auch in der amerikanischen Soziologie zu findenden verdünnten Gestalt, die von Parsons' und Meads Handlungsbegriffen nichts mehr enthielt, konnte der Rollenbegriff zum Opfer behavioristischer und neobehavioristischer Versuche werden. Schon Parsons selbst war hier in seiner Beziehung zu Tolman (Parsons/Shils 1951) nicht ganz konsequent gewesen. Dieser Verlust an behaviorismuskritischem Potential des Rollenbegriffs gilt besonders für die experimentell-sozialpsychologische Forschung. Der krasseste Versuch, die Rollentheorie einer allgemeinen Verhaltenstheorie zu subsumieren, findet sich bei Opp (1970; dazu Joas 1973, S. 22ff.). Doch ist auch die wesentlich weniger dogmatisch auftretende, eine Fülle empirischer sozialpsychologischer Arbeiten systematisierende Arbeit von Wiswede (1977) durch ein fundamentales Mißverständnis des wissenschaftstheoretischen Status des Rollenbegriffs zu kennzeichnen. Lediglich die Arbeiten von Waller (1971, 1973, insbes. 1978) unterscheiden sich trotz ihrer lerntheoretischen Herkunft hiervon, da dieser Autor in einer äußerst differenzierten und fruchtbaren Weise die Differenz zwischen den grundlegenden Konzeptionen zu ihrer wechselseitigen Kritik und Ergänzung hin austrägt.

2.4 *Weiter- und Neuentwicklungen symbolisch-interaktionistischer, phänomenologischer und „kritischer" Art*

Die Weiterentwicklung der Rollentheorie nahm andere Wege. In den USA entstanden, zum größten Teil in Anknüpfung an Mead, wichtige Kritiken an der Form, in der sich die Rollentheorie etabliert hatte. Einer der führenden Vertreter der Schule des symbolischen Interaktionismus, Ralph Turner, kritisierte in zwei gedankenreichen Aufsätzen (1955/56; 1962) die interaktions- und persönlichkeitstheoretischen Annahmen der „konventionellen" Rollentheorie. Sein Begriff des „role standpoint" diente dazu, eine klare Unterscheidung zwischen kognitiver Rollenübernahme und einer Identifikation mit den Identitäten und Intentionen der beteiligten Handlungspartner zu ermöglichen: Das Verhalten des anderen zu antizipieren bedeutet nicht, zu konformem Verhalten bereit zu sein. Wichtiger noch ist Turners Begriff des „role-making". Dieser meint vornehmlich die aktive Selbstdefinition sozialer Beziehungen durch die wechselseitige Abarbeitung der aneinander gerichteten Ansprüche und Erwartungen. Diese Situation einer interaktiven Entstehung gemeinsamer Bedeutungen und einer in sich flexiblen und prozeßhaften Interaktion ist für Turner wie für Mead nicht ein problematischer Grenzfall äußerster Instabilität, sondern Kennzeichen aller alltäglichen Interaktion, das auch den formalisiertesten und hochgradig institutionalisierten sozialen Organisationen nicht völlig abgeht. Soziale Beziehungen sind nicht als endgültig stabilisierte Erwartungsmuster, Rollenhandeln ist nicht als bloße Umsetzung von Vorschriften in die Tat zu denken; vielmehr fordern die Definition der Beziehung und die Entwicklung des Handlungsplans selbst aktive und kreative Leistungen der Interpretation und des Entwurfs. – Eine andere Dimension, die in der herrschenden Rollentheorie nur schwer zu verankern war, wurde von einem locker ebenfalls dem symbolischen Interaktionismus verbundenen Autor entwickelt: Erving Goffman (1961) arbeitete das Phänomen der „Rollendistanz" heraus, womit er zweierlei bezeichnete. Er meinte sowohl eine öffentlich signalisierte Abgrenzung von der innegehabten Rolle, welche dazu bestimmt ist, die Differenz zwischen dem eigenen Selbstbild und der implizierten Rollenidentität auszudrücken, wie andererseits auch eine von der Rolle selbst erforderte, „souveräne" Distanzierung von ihren Pflichten. Diesen beiden unterschiedlichen Bedeutungen gemeinsam war, daß offensichtlich nicht wie bei Parsons an eine „bewußtlose" Konformität des Handelnden mit den Rollenerwartungen durch eine vorgängige Internalisierung der zugeordneten Wertorientierungen gedacht wurde, sondern an eine in die Rolle strukturell eingebaute oder den Handelnden als eigene Leistung mögliche Distanzierung. Goffmans Verwischen des Unterschieds dieser beiden Bedeutungen zeigt andererseits, daß er weder der strukturanalytischen noch der interaktionistischen Seite eindeutig zuzurechnen war und das Verhältnis der beiden Ansätze auch nicht aufklärte. – Eine dritte folgenreiche Kritik wurde von Gouldner (1960) vorgetragen, der Parsons die ungenügende Unterscheidung der Komplementarität von Verhaltenserwartungen von der Reziprozität von Leistungen nachwies. Wenn diese Unterscheidung aber eingeführt wird, dann zeigt sich, daß allgemeine Normenkonfor-

mität keineswegs gleiche Verteilung der Gratifikationen gewährleistet; dies würde nur dann gelten, wenn die Normen selbst herrschaftsfrei festgelegt worden wären. Damit wird das Thema ungleicher Bedürfnisbefriedigung wieder in der Gesellschaftstheorie behandelbar.
Diese verschiedenen Linien der Kritik wurden von Jürgen HABERMAS (1977 a, verfaßt 1968) in einigen ebenso knappen wie präzisen Thesen zusammengeführt. Diese Thesen entwickelten in der Sozialisationsforschung und der Pädagogik einen außerordentlichen Einfluß und wurden Gegenstand vieler Erörterungen, wohl deshalb, weil sie als Formulierung eines pädagogisch nutzbar zu machenden Begriffs der Emanzipation verstanden wurden. Dem Integrationstheorem von PARSONS' Motivationstheorie setzte er in Anlehnung an GOULDNER ein Repressionstheorem entgegen; dem Konformitätstheorem in Anlehnung an GOFFMAN ein Distanztheorem; und dem Identitätstheorem, das eine Kongruenz von Rollendefinition und Rolleninterpretation behauptete, in Anlehnung an TURNER ein Diskrepanztheorem. Diese drei Theoreme formulieren „drei Dimensionen möglicher Freiheitsgrade des Handelns. ... Die drei vernachlässigten Dimensionen können wir einführen, um Institutionen (Rollensystem) nach dem Grad ihrer Repressivität, dem Grad ihrer Rigidität und der Art der von ihnen auferlegten Verhaltenskontrolle zu unterscheiden. Da wir den primären Sozialisationsvorgang als Erwerb der Grundqualifikationen des Rollenspiels verstehen, können dieselben Dimensionen auch dazu dienen, auf der Ebene der Persönlichkeitsstruktur solche Grundqualifikationen zu fassen, die sich dem üblichen Konzept des Rollenlernens entziehen" (HABERMAS 1973 a, S. 127 f.). Und HABERMAS arbeitet die Grundqualifikationen der Frustrationstoleranz, der kontrollierten Selbstdarstellung und der flexiblen Über-Ich-Formation heraus und führt diese zu einem Begriff der Ich-Identität zusammen, der eine Fähigkeit zur aktiven Umstrukturierung des eigenen Ich bedeutet.
HABERMAS' Anregungen wurden vornehmlich von KRAPPMANN (1971 a) umfassend ausgearbeitet. HABERMAS selbst kam auf die Rollentheorie vornehmlich im Zusammenhang seiner Versuche zurück, unter Heranziehung von KOHLBERGS Untersuchungen und Theorien zur Entwicklung des moralischen Bewußtseins eine Entwicklungslogik des moralischen Bewußtseins und der Rollenkompetenz zu erarbeiten und dies als ontogenetisches Gegenstück zu einer sozialen Evolutionstheorie darzustellen (HABERMAS 1973, 1976). Zwei seiner Mitarbeiter haben eine Theorie der Adoleszenzkrise in diesem Zusammenhang entwickelt und versuchen damit, die gegenwärtige Lage von Jugendlichen sozialpsychologisch zu untersuchen (DÖBERT/NUNNER-WINKLER 1975; zur Kritik JOAS 1977). Einen selbständigen und weit ausgebauten Entwurf einer „kritischen" Rollentheorie legte DREITZEL (1972) vor. Dieser bezog sich ebenfalls auf die bei HABERMAS erwähnten amerikanischen Entwicklungen, betonte vor allem die Dimension der Bedürfnisse und ihrer Unterdrückung und verstand sich als Vorarbeit zu einer Analyse der Soziogenese von Verhaltensstörungen. Dieser Versuch hat seine Mängel dort, wo die begriffliche Anknüpfung an die phänomenologische Soziologie von Alfred SCHÜTZ unklar ist und wo gemäß dem Einfluß der Anthropologie PLESSNERS (1974) nur an eine Balance von Individuierung und Sozialität gedacht und nicht radikal wie bei MEAD und HABERMAS Individuierung selbst als Ergebnis der Sozialisation durchschaut wird. – In zwei neueren Arbeiten hat Ralph TURNER erneut, sensibel auf aktuelle gesellschaftliche Veränderungen reagierend, weiterführende Beträge zur Rollentheorie vorgelegt. Während der eine Aufsatz (TURNER 1978/79) mit dem Begriff des „role-person-merger" Differenzierungen in der Frage nach der Verinnerlichung von Rollen einführt und damit gegen PARSONS wie gegen die Vorstellung einer Abfragbarkeit von Selbstbildern angeht, ist der andere (1975/76) einer Thematik gewidmet, die hierzulande unter dem Titel „neue Subjektivität" behandelt wird: TURNER behauptet einen Trend von einer über institutionelle Zusammenhänge laufenden zu einer unmittelbaren Selbsterfahrung und Selbstfindung. Er sieht eine Abnahme des traditionell innengeleiteten, aber keine Zunahme des konformistisch-außengeleiteten Typs und versucht, die dieser Typologie sich entziehende Form unmittelbar-impulsiver Identitätsbildung soziologisch zu fassen und als neuen Modus sozialer Kontrolle durch Diffusion darzutun.
In der deutschen Entwicklung nehmen ideologiekritische Angriffe auf die Rollentheorie einen breiten Raum ein. Dies begann mit CLAESSENS' kaum begründeter These, die Rollentheorie sei ein Produkt einer spezifisch bildungsbürgerlichen Ideologie und ging über FURTHS, HAUGS und WILLMS' Beiträge bis zu der zweifel-

los solidesten Arbeit dieser Richtung (KIRCHHOFF-HUND). Das zuletzt genannte Buch enthält eine treffende und vernichtende Kritik seiner Vorläufer, teilt aber mit diesen zwei Nachteile: Berechtigte Argumente gegen einen der Stränge von Rollentheorie werden pauschal auf alle anderen hin verallgemeinert (so beschränkt sich HAUG auf die epigonale deutsche Diskussion; KIRCHHOFF-HUND sagt Bedenkenswertes zur Kritik PARSONS', aber völlig Unzutreffendes zu MEAD); außerdem werden keinerlei Hinweise auf eine alternative Konzeption für eine Theorie sozialen Handelns gegeben. KIRCHHOFF-HUND setzt an die Stelle einer Konzeption der Interaktionskompetenz ein Konzept der Arbeitsfähigkeit, was seltsam utopielos und blind gegenüber den spezifischen Eigenstrukturen zahlreicher gesellschaftlicher Teilbereiche anmutet. – Ich selbst habe anstatt dessen in meinen Beiträgen versucht, die Rollentheorie als eine Theorie über die Struktur intersubjektiver Praxis mit dem Praxisbegriff des historischen Materialismus zu integrieren. Dies macht es allerdings erforderlich, die Errungenschaften der Rollentheorie nicht auf den mikrosoziologischen Bereich zu begrenzen, sondern auch makrosoziologisch zu wahren. Diesen Zusammenhang hat auch SCHULTE-ALTEDORNBURG (1977) vor Augen, der verdienstvollerweise in seiner Arbeit den Zusammenhang von Rollentheorie und Demokratietheorie herstellt. Wichtige Voraussetzung dafür ist, das psychologistische Fehlverständnis der an MEAD anknüpfenden Schule zu vermeiden und diese nicht als a-strukturell einer vermeintlich einzig soziologischen strukturanalytischen Konzeption entgegenzusetzen oder im Sinne einer bloßen Ergänzung unterzuordnen. Das Problem ist, wie ein interaktionistischer Strukturbegriff zu denken und in gesamtgesellschaftlicher Analyse einzusetzen ist (JOAS [6]1979).

3 Status und sozialisationstheoretische Fruchtbarkeit der Rollentheorie

3.1 Wissenschaftstheoretische Bestimmung und Inhalt des Rollenbegriffs

Damit ist die Frage nach dem Status der Rollentheorie angesprochen. Diese kann nach der Rekonstruktion der Geschichte der Rollentheorie jetzt beantwortet werden. Rollentheorie ist nicht zu verstehen als eine Theorie im Sinne eines systematischen Zusammenhangs von Hypothesen über empirische Regelmäßigkeiten; sie enthält deshalb auch nicht einfach fertige Resultate über die Sozialisationsprozesse. Sie ist vielmehr aufzufassen als ein metatheoretisches Schema der begrifflichen Strukturierung eines Gegenstandsbereichs der Sozialwissenschaften. Als solches aber ist ihre Aufgabe, einen begrifflichen Rahmen für die Formulierung empirisch zu untersuchender Gebiete vorzugeben. Dieses metatheoretische Schema kann nun aber nicht beliebig gewählt werden; es ist selbst mit empirischen und d.h. anthropologischen Argumenten zu rechtfertigen. Damit ist die Rollentheorie und Handlungstheorie überhaupt, deren Teil sie ist, als Rekonstruktion der Grundzüge der interaktiven Handlungsfähigkeit der Subjekte und der Grundzüge interaktiver Handlungssysteme aufzufassen (JOAS 1973, S. 91ff.; DÖBERT/HABERMAS/NUNNER-WINKLER 1977, S. 27f.). Anthropologische Begründung bedeutet dabei nicht eine voreilige Enthistorisierung historisch-spezifischer Sachverhalte, sondern geht auf die phylogenetische Entstehung von Voraussetzungen aller menschlichen Geschichte und Sozialität zurück. Dieses Selbstverständnis war bei MEAD vorhanden, ging aber schon bei PARSONS verloren, der nicht an die amerikanischen Vorläufer eines naturalistischen Handlungsbegriffs, sondern an Max WEBER anknüpfte, welcher um die anthropologische Begründung seiner soziologischen Grundbegriffe unbesorgt war.

Auf der Grundlage dieser Bestimmung des Status der Rollentheorie läßt sich nun auch die Frage nach einer sachgerechten Definition des Rollenbegriffs behandeln. Das Problem dabei ist folgendes. Einerseits hat sich eine Art Minimalkonsens der konkurrierenden Strömungen ergeben, der sich auf die häufig verwendete Formel bringen läßt, soziale Rollen seien Bündel normativer Verhaltenserwartungen, die sich an das Verhalten von Positionsinhabern richten. Andererseits wurde deutlich, daß MEAD, der symbolische Interaktionismus und jede „kritische" Rollentheorie fundamentaler ansetzen, nämlich bei der in jeder Interaktion notwendigen „Rollenübernahme" im Sinne situationsspezifischer Verhaltensantizipation des Partners. Wie aber können diese beiden Bestimmungen in einer konsistenten Weise verbunden werden?

Ein erster Schritt der Annäherung ist mit der Einführung des Begriffs der Situation und damit der Interpretationsbedürftigkeit von Normen geschehen. Rollen wären dann *situationsspezifische* normative Erwartungen an Positionsinhaber. Doch das Problem steckt nun im Begriff der Position. In einem bestimmten Sinn wird nämlich die Fragwürdigkeit von PARSONS' Interaktionsmodell nur terminologisch verschoben, wenn der strikte, in Strukturen verwurzelte Positionsbegriff aufgeweicht und auf alle Interaktionssituationen hin generalisiert wird. Es empfiehlt sich deshalb, den Begriff umgekehrt, nämlich von der unstrukturierten Interaktionssituation selbst aus, einzuführen. TURNER (1955/56, S. 317) faßt Rolle als „bedeutungsvolle Verhaltenseinheit", obwohl auch er den Bezug zu einem vagen Positionsbegriff aufrechterhält. WALLER (1978, S. 57) nennt sehr einleuchtend Rollen „Sinnkategorien sozialen Handelns ..., durch die soziale Situationen, Personen sowie Handlungsmuster und diesen zugrunde liegende Motivstrukturen normativ aufeinander bezogen werden". Damit ist Rolle ohne Bezug zu Positionen definiert und doch nicht mit der bloßen Erwartung einzelner Merkmale oder Verhaltensweisen verwechselt. *Rolle ist also die normative Erwartung eines situationsspezifisch sinnvollen Verhaltens.*

Diese Erwartung kann nun aber in einem doppelten Sinn reflexiv werden. Zum einen erwirbt das Individuum die Fähigkeit, eine Situation nicht nur aus der unmittelbar eigenen Perspektive und auch nicht nur durch Rollenübernahme aus der des Gegenübers zu sehen, sondern eine dritte Perspektive einzunehmen, von der aus der Zusammenhang der beiden Handelnden als objektiver rekonstruiert wird: Dies zielte MEAD mit seiner Idee von der Übernahme der Rolle des „generalisierten Anderen" an. Zum anderen kann die Interaktion durch vordefinierte Erwartungen an die Handelnden so weit strukturiert sein, daß die Handelnden sich wie unter einem quasi-kausal wirkenden, von allen Intentionen unabhängigen Handlungszwang befinden. Dies ist der PARSONS vorschwebende Zustand einer Verselbständigung des Wertsystems in formalisierten, etwa bürokratischen Institutionen. Die Frage ist dabei weniger, ob eine solche Verselbständigung eintritt, sondern wie sich die verselbständigten Normen und Werte zu einer Problematisierung und zu Veränderungsversuchen durch die unter sie subsumierten Individuen verhalten. SHIBUTANI (1961, S. 47) hat hierzu klar formuliert: „Some social psychologists have spoken of behavior as being ‚determined' by roles, as if the latter existed independently of human conduct and forced men into some mold. Roles, however, exist only in the behavior of men, and the patterns become discernible only in their regularized interaction. Roles are models of conduct which constitute the desired contribution of those participating in group activity. But even in stable societies men are not automatons, blindly acting out conventional roles. The very fact that deviation is possible indicates that such models do not ‚cause' behavior." Nur so läßt sich ein nichtsubjektfreier Begriff überpersonaler Handlungsstrukturen analytisch und normativ einführen.

Für diese Bestimmung des Rollenbegriffs hat der MEADsche Begriff der Rollenübernahme eine zentrale Bedeutung gewonnen. Dies macht es nötig, diesen Begriff gegen einige verbreitete Mißverständnisse abzusichern. Eine nützliche Klärung, welche diese Mißverständnisse systematisiert und zugleich auf einen genetischen Zusammenhang zwischen der Rollenübernahme im engen Sinn und den anderen Bedeutungen verweist, haben LAUER/BOARDMAN (1970/71) vorgelegt. Sie unterscheiden drei Dimensionen, die Rollenübernahme jeweils aufweisen kann. Sie kann (1.) reflexiv sein oder nicht; damit wird MEADs Bezug auf unmittelbare Komplementärreaktionen in der Gebärdenkommunikation gewahrt und der Begriff der Rolle nicht erst auf dem höheren Niveau kognitiver Entwicklung bei der reflexiv gewordenen Rollenübernahme eingeführt. Rollenübernahme kann (2.) „appropriative" sein oder nicht, d.h. sie kann dazu führen, daß der kognitiv erschlossene Standpunkt des Anderen übernommen wird oder nicht. In dieser Dimension liegt die Unterscheidung von Identifikation, Imitation und Rollenübernahme. Schließlich kann (3.) Rollenübernahme „synesic"[2] sein oder nicht. Damit zielen LAUER/BOARDMAN auf die ästhetischen, therapeutischen und emotional-expressiven Auftretensweisen. Rollenübernahme als solche ist nicht identisch mit affektiver Empathie, noch gar mit emotionaler Sympathie und ist nicht mit dem mimetischen „playing-at-a-role" zu verwechseln (COUTU 1951). Dies sind definitorische Abgrenzungen;

2 Dieser Ausdruck wird erläutert (LAUER/BOARDMAN 1970/71, S. 147, Anm. 8): „From the Greek ‚synesin', which means a running or flowing together; the faculty of comprehension, insight, understanding."

die Untersuchung des Verhältnisses und der Entwicklung der damit unterschiedenen Phänomene ist eine wichtige theoretische und empirische Aufgabe[3].

3.2 *Anregungen und Leistungen der Rollentheorie in der Sozialisationsforschung*

Die Sozialisationsforschung ist neben der Organisationssoziologie das hauptsächliche empirische Anwendungsgebiet der Rollentheorie. Sie errang auf diesem Gebiet nach der Ablösung der Hegemonie psychoanalytisch-kulturanthropologischer und behavioristisch-lerntheoretischer Ansätze eine Schlüsselstellung. Es ist natürlich nicht möglich, hier die Resultate der verschiedenen Schulen und Strömungen der Rollentheorie auf den zahlreichen Gegenstandsgebieten der Sozialisationsforschung darzustellen. Deshalb seien hier nur einige charakterisierende Bemerkungen gegeben.

Mit der reduzierten Gestalt von Rollentheorie, wie sie sich etwa bei DAHRENDORF findet, ist keinerlei Sozialisationstheorie als solche verbunden. Die Annahmen DAHRENDORFS ersetzen geradezu die Frage nach der Entwicklung spezifischer Motivationen und kognitiver Fähigkeiten. Wo die ideologischen Überhöhungen DAHRENDORFS fehlen, können aber einige Bereiche aufgeschlossen werden. Häufig behandelte Themen sind der Erwerb der fundamentalen Geschlechts- und Generationsrollen, die Struktur antizipatorischer Sozialisation, die innere soziale Struktur grundlegender Sozialisationsinstanzen wie der Familie und der Schulklasse und die Persönlichkeitsstruktur der Sozialisationsagenten (Überblick: SEWELL 1970). Dabei sind aber zwei Probleme deutlich. Zum einen haben die unreflektierten rollentheoretischen Untersuchungen die Neigung, den Erwerb von Rollen in einer positionsorientierten Weise zu vereinfachen. Das heißt, daß die Entwicklung der Rollenübernahmefähigkeit selbst nicht zum Thema gemacht wird, sondern nur die Entwicklung der Diskrimination positionsspezifischer Charakteristika und die Ausbildung rollenkonformer stereotyper Verhaltensweisen. Dies läßt die Probleme der Transformation solcher Stereotype in situationsspezifisches Verhalten außer acht (auch WALLER 1978, S. 40ff.). Zum anderen ist die Anbindung an eine umfassende Theorie der Sozialisation im Sinne von PARSONS häufig nur locker. Der Entwurf BRIMS (1960) ist deshalb, obwohl er sich an Differenziertheit mit dem von PARSONS in keiner Hinsicht messen kann, ein häufiger Referenzpunkt. Bei diesem wird Sozialisation als Rollenlernen in einem Sinn aufgefaßt, der Persönlichkeit als bloßes „learned repertoire of roles" (BRIM 1960, S. 141) und übersituative Konsistenz des Verhaltens als mangelnde Flexibilität und damit als Sozialisationsmangel erscheinen läßt. Was hier in kruder Form auftritt, ist auch bei PARSONS ein kritischer Punkt. Auch für diesen gilt, wie GEULEN (1977, S. 156) treffend formuliert, daß er „Sozialisation nicht faßt als – gesellschaftlich vermittelte und in psychologischen Kategorien formulierte – Genese des *Subjekts als solchem*, sondern als gesellschaftliche Programmierung der Handlungsentscheidungen eines im übrigen bereits als fertig vorausgesetzten Subjekts". Bei PARSONS wird also die für MEAD zentrale Dimension der Identitätsbildung als Kern des Sozialisationsprozesses in seinem sozialisationstheoretischen Entwurf nicht erfaßt, auch eine spätere explizite Auseinandersetzung mit diesem Thema (PARSONS 1977) behebt diesen Mangel nicht.

Es sind demgegenüber vier Bereiche, in denen die an MEAD anknüpfende rollen- und interaktionstheoretische Sozialisationsforschung Errungenschaften aufzuweisen hat. Die soziale Genese der Identität (1.) ist ein zentraler Gegenstand (zuletzt: DENZIN 1977). Dies erfordert eine Verknüpfung mit motivationstheoretischen Arbeiten und Teilen der psychoanalytischen Tradition ähnlich der Arbeiten von PARSONS, zusätzlich aber einen Bezug zu kognitiven Entwicklungsdimensionen und zu einer Untersuchung der Entwicklung kommunikativer Fähigkeiten sowie dem Bedingungsverhältnis dieser Dimensionen (2.). Die Berücksichtigung des prozeßhaft-offenen Charakters von Interaktion führt zudem zu einer anderen Analyse der inneren Struktur von Sozialisationsinstanzen (zur Familie vgl. STRYKER 1970). Es treten weniger statisch-strukturelle Sachverhalte als die Dynamik wechselseitiger Definitionsprozesse ins Auge (3.). Schließlich führt die Lockerung des Bezugs zu einer ein für allemal fertigen

3 Es wird deutlich, daß ich nur rollentheoretische Interaktionstheorien (und nicht z. B. Tauschtheorien) und diese mit einer Neigung zur interaktionistischen Rollentheorie diskutiere. So viel zur Erklärung des Titels „Rollen- und Interaktionstheorien".

Persönlichkeitsstruktur zu einer Ausdehnung des Gegenstands der Sozialisationsforschung über die Bereiche von Kindheit und Jugend hinaus und zu einer (4.) Untersuchung beruflicher Sozialisation und lebenslanger Persönlichkeitsveränderungen. Auf diesen Gebieten wurden von symbolischen Interaktionisten (BEKKER/STRAUSS/HUGHES) wichtige Vorarbeiten geleistet. Außer Zweifel ist, daß diese Bestrebungen bisher nicht die kategoriale Geschlossenheit von PARSONS' Arbeiten angenommen haben, und daß die gesellschaftstheoretische Einbettung der Entwürfe zur Entwicklung der Handlungsfähigkeit des Subjekts oft noch mangelhaft ist.

3.3 Theorien und Untersuchungen zur Entwicklung der Rollenübernahmefähigkeit

Fundamentaler als die Frage nach dem problemspezifischen Ertrag rollentheoretischer Ansätze ist es, die Entwicklung der bei MEAD zum anthropologischen Spezifikum erklärten und in anderen Rollentheorien zumindest auftauchenden Rollenübernahmefähigkeit selbst zum Thema zu machen. Damit wird der Kern der Rollentheorie selbst trotz seines „metatheoretischen" Status in gewissem Sinn einer empirischen Überprüfung zugänglich gemacht. Zudem führt eine deutliche Unterscheidung der Rollenübernahmefähigkeit und ihrer Entwicklungsstufen dazu, daß wenigstens im Prinzip eine Unterscheidung von Kompetenzniveaus und Performanzleistungen auf dem Gebiet sozialen Lernens zur Geltung gebracht wird, wenngleich sich hier schwierige Probleme eröffnen. Schließlich zwingt diese Thematik zur Präzisierung der Vorstellungen vom Verhältnis kognitiver und kommunikativer Entwicklung.

Es leuchtet unmittelbar ein, daß jene Richtungen der Rollentheorie, welche die aktiven kommunikativen Leistungen nur noch in einer sehr impliziten Weise berücksichtigen, wenig zur Genese der Rollenübernahmefähigkeit beizutragen haben. Weniger klar ist, warum aus der Schule des symbolischen Interaktionismus so wenig Impulse für solche Forschungen hervorgingen, hatte doch MEADS ursprünglicher Entwurf ganz entschieden eine genetische Begründungsstrategie verfolgt. Die Gründe dafür sind vielfältig, sie liegen aber sicher nicht nur in der geringen Verbreitung des Ansatzes selbst. Dabei ist es nicht so, als wäre das Problem selbst nicht schon bald zu Bewußtsein gekommen (COTTRELL 1950). Wie ein heutiger, in dieser Tradition stehender selbstkritischer Rückblick (SHEROHMAN 1977) aber zeigt, spielen bestimmte begriffliche Umdeutungen von MEADS anfänglicher Konzeption dabei eine Rolle. So hat der größte Teil der vorgelegten Untersuchungen gar nicht die Fähigkeit („ability"), sondern die Genauigkeit („accuracy") von Rollenübernahme zum Gegenstand; das heißt, daß die anthropologische Thematik vorschnell nicht in eine universalistisch-entwicklungspsychologische, sondern in eine differentialpsychologische Fragestellung übersetzt wird. Häufig werden Ergebnisse einer Genauigkeitsuntersuchung fälschlich als Hinweise auf das Fähigkeitsniveau ausgewertet; dies verbietet sich aber wegen der zahllosen Komponenten inhaltlicher Art (wie kulturelle Gemeinsamkeiten der Interaktionspartner) im Genauigkeitsmaß, welche als solche mit einer Kompetenz zur Rollenübernahme nichts zu tun haben. Die Rollenübernahmefähigkeit ist nur eine unter mehreren Quellen der Genauigkeit der Rollenübernahme. – Eine weitere irreführende Operationalisierung liegt dann vor, wenn nicht die Fähigkeit der Rollenübernahme, sondern lediglich die Antizipation bestimmter Einstellungen eines Gegenüber untersucht wird. Diese Form der Operationalisierung löst den Kontext einer gemeinsamen, zur Verhaltenskoordination praktisch nötigenden Situation auf und ersetzt diese Situation der Rollenübernahme durch Testsituationen, in denen etwa kontextfreie Selbsteinschätzungen fiktiver Anderer abgefragt werden.

Diese Mängel der Arbeiten symbolischer Interaktionisten charakterisieren auch andere experimentalpsychologische Schulen. Eine entscheidende Veränderung ergab sich erst dort, wo die MEAD-Tradition mit der PIAGET-Tradition in Kontakt kam. Dies war bei PIAGET selbst noch nicht der Fall. Es ist nicht neu, auf die Vernachlässigung der Dimension des frühen kindlichen Sozialverhaltens in PIAGETS gigantischem Lebenswerk hinzuweisen. Aus dieser Vernachlässigung ergab sich die Neigung, Rollenübernahme im Hinblick auf die Koordination von Perspektiven gegenüber nichtsozialen Sachverhalten zu operationalisieren. Die bahnbrechenden empirischen Arbeiten aber wurden – neben Vorläufern wie FEFFER und Parallelentwicklungen wie KERCKHOFF – von FLAVELL und Mitarbeitern vorgelegt (1975). FLAVELL führt sein

eigenes Untersuchungsprogramm mit einer interessanten Kritik an MEAD ein. Er wirft diesem vor, in seinem Kommunikationsbegriff die Probleme interindividueller Heterogenität nicht genügend berücksichtigt zu haben. „Wenn ein Zweijähriger seine Mutter ansieht, auf das Haustier deutet und ‚Wauwau' sagt, hat er nach MEAD die minimalen Voraussetzungen erworben. Ein Zehnjähriger, der sich vorstellen kann, wie ein Gegenstand vor ihm für den Freund, der auf der gegenüberliegenden Seite steht, aussieht und der seine Mitteilung vereinfacht, wenn er seinem dreijährigen Bruder etwas erklärt, der ist gerade im Begriff, die Sorte Fähigkeiten zu erwerben, an die wir denken. MEAD definiert ein signifikantes Symbol als eine Geste, die in A und B die gleiche Reaktion hervorruft; allerdings behandelt er nicht, wie A diese Kenntnis erwirbt, die Merkmale von B als einen allgemeinen Handlungspartner herauszufinden, auch nicht, wie er die Fähigkeiten erwirbt, die Gesten auszuwählen, die die gleiche Reaktion bei B auslösen" (FLAVELL 1975, S. 53).
Es ist eine ironische Situation, daß FLAVELLS Schritt zur Untersuchung dieser Frage und sein berechtigter Hinweis darauf, daß MEAD hierzu nur sehr allgemeine Ausführungen anzubieten hat, gleichwohl von einem tiefen Unverständnis gegenüber MEADS Sprachkonzeption geprägt sind. FLAVELLS Darlegungen über egozentrische Kommunikation (FLAVELL 1975, S. 45ff.) zeigen, daß er von einer ursprünglich nichtsozialen inneren Sprache ausgeht, welche erst sekundär zu Mitteilungszwecken sozial orientiert wird. Damit aber zerschneidet er gerade die Kontinuität, die im Gefolge MEADS zwischen der frühesten Form der Rollenübernahme und späterer Kommunikations- und Kooperationsfähigkeit zu sehen ist. Statt dieser Kontinuität wird dann die Bedeutung der kognitiven Entwicklungsdimension für die Rollenübernahmefähigkeit betont. FLAVELLS Operationalisierungen sind davon geprägt: Die Testsituationen privilegieren sprachliche Mitteilung vor mimisch-gestischer und sind ohne Berücksichtigung der emotionalen Beteiligungschance bei den Aufgaben gehalten (vgl. Einleitung KÖSTLIN-GLOGER zu FLAVELL 1975).
Wichtige Schritte über FLAVELLS Pionierarbeit hinaus finden sich in den Arbeiten von SELMAN (1971, 1977). Diese haben den Vorzug, die Form des Interaktionsspiels tatsächlich zur Untersuchungsmethode zu machen und die Entwicklung der Rollenübernahmefähigkeit im Anschluß an KOHLBERG nicht nur mit der kognitiven, sondern insbesondere mit der moralischen Entwicklung in Beziehung zu setzen. Auf seine differenzierten Entwürfe von Phasen der Entwicklung in der frühen und mittleren Kindheit sei verwiesen. Schon die Datierung der frühen Kindheit bei ihm (ab drei Jahren) macht aber deutlich, daß auch er die soziale Interaktion in wesentlich früheren Altersbereichen des Kindes nicht mit der Theorie der Rollenübernahme sinnvoll behandeln zu können glaubt. KELLER (1976, S. 65) hat ausgezeichnet das Zentralproblem von SELMANS Arbeiten benannt: die genetische Priorität der kognitiven Operationen. Zwar nimmt SELMAN keinen determinativen Zusammenhang von kognitiven und sozialen Fähigkeiten an, aber er nennt doch die kognitive Dimension eine notwendige, wenngleich nicht hinreichende Voraussetzung für die Entwicklung sozialer Fähigkeiten. Dies schließt eine umgekehrte Beeinflussung aus.
Die an PIAGET, vor allem aber an KOHLBERG und SELMAN anschließenden Arbeiten von HABERMAS, DÖBERT und NUNNER-WINKLER verhalten sich zu den inneren Problemen dieser Untersuchungen und Theorieansätze erstaunlich unkritisch, bauen diese vielmehr in die eigene Fragestellung unverändert ein und überhöhen dabei noch deren allgemeinen Anspruch.
Die beiden wichtigsten kritischen Beiträge und relativ weit geführten Entwürfe liegen in den vorzüglichen Arbeiten von KELLER (1976) und WALLER (1978) vor. KELLER arbeitet die prinzipiellen Mängel der bisherigen Untersuchungen heraus: „Offenbar werden in all diesen bisherigen Operationalisierungen der Rollenübernahme abstrakt-formale Denkprozesse verlangt, die dem Erfahrungsbereich des Kindes insofern fremd sind, als Beziehungen oder auch Identifikation mit den handelnden Personen nicht verfügbar sind und daher vom Kind eine Generalisierungsleistung über Situationen hinweg gefordert wird. Rollenübernahme würde demnach in einer partikularen Erfahrungssituation mit stark motivationalem Gehalt erworben und zunächst in ebensolchen Situationen als ‚sozial-kognitive Leistung' erbracht werden können. Erst später würde diese Fähigkeit durch generalisierende Abstraktion vom Kontext der Genese abgelöst und über Situationen hinweg verfügbar" (KELLER 1976, S. 152f.). Sie betont damit den sozialen Hintergrund der Entwicklung der Rollenübernahmefähigkeit, an diesem allerdings vornehmlich die Interaktion der El-

tern mit dem Kind. WALLER, der aus anderen Theorietraditionen heraus argumentiert, kommt zu dem ähnlichen Schluß, daß sozial-kognitive Strukturen aus sozialen Umgangserfahrungen abgeleitet werden müssen. Zwar ist sein Rollenübernahmekonzept nicht so tief angesetzt wie das von MEAD, welchem KELLER folgt, doch legt er mehr Nachdruck auf die Interaktion der Kinder untereinander.

In der Betonung der sozialen Entwicklungsdimension zeichnet sich eine Konvergenz verschiedener sozialisationstheoretisch-entwicklungspsychologischer Richtungen ab. Mit den Arbeiten von KELLER und WALLER auf dem engeren Gebiet rollentheoretischer Diskussion scheinen mir Ansätze zu entstehen, die geeignet sind, das Problem der Entwicklung sozialer und kommunikativer Fähigkeiten in empirischer und begrifflicher Schärfe zu behandeln, ohne durch eine Überschätzung der kognitiv-sprachlichen Dimension und eine Vernachlässigung kultureller und subkultureller Typik aus diesem Bereich eine neue Gestalt der soziolinguistisch überholten „Defizithypothese" zu schneidern. Die voreilige Rede von einem Kompetenzgefälle an Rollenübernahmefähigkeit kann Folge sein einer zu geringen eigenen „Rollenübernahme" gegenüber anderen Kulturen und Schichten. Die aufschließende begriffliche Kraft der Rollentheorie darf nicht durch unreflektiert transportierte Vorurteile zur bloßen ideologischen Ausdrucksform eines bestimmten historischen Gesellschaftszustands werden.

Literatur

BAHRDT, H. P.: Zur Frage des Menschenbildes in der Soziologie. In: Europäisches Archiv für Soziologie 2 (1961), S. 1–17.

BERTRAM, H. und B.: Soziale Ungleichheit, Denkstrukturen und Rollenhandeln. Ein empirischer Beitrag zur Diskussion über soziokulturelle Determinanten kognitiver Fähigkeiten. Weinheim, Beltz 1974.

BRIM, O. G.: Personality Development as Role-Learning. In: ISCOE, J./STEVENSON, H. W. (Hrsg.): Personality Development in Children. Austin, Tex., University of Texas Press 1960, S. 127–159.

CICOUREL, A. V.: Basic and Normative Rules in the Negotiation of Status and Role. In: DREITZEL, H. P. (Hrsg.): Recent Sociology No. 2, Patterns of Communicative Behavior. London, Macmillan 1970, S. 4–45.

CLAESSENS, D.: Rolle und Verantwortung. In: Soziale Welt 14 (1963), S. 1–13.

CLAESSENS, D.: Rolle und Macht. München, Juventa ²1970.

COTTRELL, L. S.: Some Neglected Problems in Social Psychology. In: American Sociological Review 15 (1950), S. 705–712.

COUTU, W.: Role-Playing vs. Role-Taking. In: American Sociological Review 16 (1951), S. 180–187.

DAHRENDORF, R.: Homo Sociologicus. Ein Versuch zur Geschichte, Bedeutung und Kritik der Kategorie der sozialen Rolle. Köln/Opladen, Westdeutscher Verlag ⁹1970.

DENZIN, N. K.: Childhood Socialization. Studies in the Development of Language, Social Behavior, and Identity. San Francisco, Jossey-Bass 1977.

DÖBERT, R./NUNNER-WINKLER, G.: Adoleszenzkrise und Identitätsbildung. Psychische und soziale Aspekte des Jugendalters in modernen Gesellschaften. Frankfurt, Suhrkamp 1975.

DÖBERT, R./HABERMAS, J./NUNNER-WINKLER, G.: Zur Einführung. In: Dies. (Hrsg.): Entwicklung des Ichs. Köln, Kiepenheuer & Witsch 1977, S. 9–30.

DREITZEL, H. P.: Die gesellschaftlichen Leiden und das Leiden an der Gesellschaft. Vorstudien zu einer Pathologie des Rollenverhaltens. Stuttgart, Enke 1972.

DREITZEL, H. P.: Soziale Rolle und politische Emanzipation. Sechs Thesen gegen Peter Furths melancholische Kritik am Rollenbegriff. In: Das Argument 14 (1972), Heft 71, S. 110–129.

FLAVELL, J. H. u. a.: Rollenübernahme und Kommunikation bei Kindern. Weinheim, Beltz 1975.

FURTH, P.: Nachträgliche Warnung vor dem Rollenbegriff. In: Das Argument 13 (1971), Heft 66, S. 494–522.

GERHARDT, U.: Rollenanalyse als kritische Soziologie. Neuwied/Berlin, Luchterhand 1971.

GEULEN, D.: Das vergesellschaftete Subjekt. Zur Grundlegung der Sozialisationstheorie. Frankfurt, Suhrkamp 1977.

GOFFMAN, E.: Role-Distance. In: Ders.: Encounters. Two Studies in the Sociology of Interaction. Indianapolis, Bobbs-Merrill 1961, S. 85–152.

GOULDNER, A.: The Norm of Reciprocity. A Preliminary Statement. In: American Sociological Review 25 (1960), S. 161–178.

GROSS, N. u. a.: Role Conflict and Its Resolution. In: BIDDLE, B. J./THOMAS, E. J. (Hrsg.): Role Theory. Concepts and Research. New York, Wiley 1966, S. 287–296.

GRUNT, M.: Individueller Handlungsspielraum. Eine rollentheoretische Interpretation. In: Soziale Welt 28 (1977), S. 133–143.

HABERMAS, J.: Stichworte zur Theorie der Sozialisation. In: Ders.: Kultur und Kritik. Frankfurt, Suhrkamp 1973, S. 118–194 (a).

HABERMAS, J.: Notizen zum Begriff der Rollenkompetenz. In: Ders.: Kultur und Kritik. Frankfurt, Suhrkamp 1973, S. 195–231 (b).

HABERMAS, J.: Moralentwicklung und Ich-Identität. In: Ders.: Zur Rekonstruktion des Historischen Materialismus. Frankfurt, Suhrkamp 1976, S. 63–91.

HANDEL, W.: Normative Expectations and the Emergence of Meaning as Solutions to Problems: Convergence of Structural and Interactionist Views. In: American Journal of Sociology 84 (1978/79), S. 855–881.

HAUG, F.: Kritik der Rollentheorie und ihrer Anwendung in der bürgerlichen deutschen Soziologie. Frankfurt, Fischer 1972.

JACKSON, J. A. (Hrsg.): Role. Cambridge, University Press 1972.

JOAS, H.: Die gegenwärtige Lage der soziologischen Rollentheorie. Wiesbaden, Akademische Verlagsgesellschaft ³1978 (1973).

JOAS, H.: George Herbert Mead. In: KÄSLER, D. (Hrsg.): Klassiker des soziologischen Denkens, Bd. 2. München, C. H. Beck 1978, S. 7–39.

JOAS, H.: Motivationskrise der Jugend?. In: Leviathan 5 (1977), S. 271–282.

JOAS, H.: Praktische Intersubjektivität. Die Entwicklung des Werks von G. H. Mead. Diss. Berlin 1979 (a) (erscheint Frankfurt, Suhrkamp 1980).

JOAS, H.: Intersubjektive Sinnkonstitution und Sozialstruktur. Kommentar zu Johannes Berger. In: Zeitschrift für Soziologie 8 (1979), S. 198–201 (b).

KELLER, M.: Kognitive Entwicklung und soziale Kompetenz. Zur Entstehung der Rollenübernahme in der Familie und ihrer Bedeutung für den Schulerfolg. Stuttgart, Klett 1976.

KERCKHOFF, A. C.: Early Antecendents of Role-Taking and Role-Playing Ability. In: Merrill-Palmer Quarterly 15 (1969), S. 229–247.

KIRCHHOFF-HUND, B.: Rollenbegriff und Interaktionsanalyse. Soziale Grundlagen und ideologischer Gehalt der Rollentheorie. Köln, Pahl-Rugenstein 1978.

KRAPPMANN, L.: Soziologische Dimensionen der Identität. Strukturelle Bedingungen für die Teilnahme an Interaktionsprozessen. Stuttgart, Klett 1971 (a).

KRAPPMANN, L.: Neuere Rollenkonzepte als Erklärungsmöglichkeit für Sozialisationsprozesse. In: betrifft: erziehung 4 (1971), Heft 3, S. 27–34 (b).

LAUER, R. H./BOARDMAN, L.: Role-Taking: Theory, Typology, and Propositions. In: Sociology and Social Research 55 (1970/71), S. 137–148.

LEMPERT, W.: Soziale Rolle und berufliche Sozialisation. Zur berufspädagogischen Verwendung einer soziologischen Kategorie. In: Die deutsche Berufs- und Fachschule 69 (1973), S. 671–687.

LINTON, R.: Rolle und Status. In: HARTMANN, H. (Hrsg.): Moderne amerikanische Soziologie. Stuttgart, Enke 1967, S. 251–254.

MACCOBY, E.: Role-Taking in Childhood and Its Consequences for Social Learning. In: Child Development 30 (1959), S. 239–252.

MEAD, G. H.: Geist, Identität und Gesellschaft. Frankfurt, Suhrkamp 1968.

MEAD, G. H.: Philosophie der Sozialität. Frankfurt, Suhrkamp 1969.

MEAD, G. H.: Selected Writings. (A. RECK, Hrsg.). Indianapolis, Bobbs-Merrill 1964.

MERTON, R. K.: Social Theory and Social Structure. Glencoe, The Free Press 1957.

OPP, K. D.: Soziales Handeln, Rollen und Soziale Systeme. Ein Erklärungsversuch sozialen Verhaltens. Stuttgart, Enke 1970.

PAROW, E.: Die Dialektik des symbolischen Austauschs. Versuch einer kritischen Interaktionstheorie. Frankfurt, Europäische Verlagsanstalt 1973.

PARSONS, T./SHILS, E. A. (Hrsg.): Toward a General Theory of Action. New York, Harper 1951.

PARSONS, T.: The Social System. London, Routledge 1951.

PARSONS, T./BALES, R. F.: Family, Socialization and Interaction Process. Glencoe, The Free Press 1955.

PARSONS, T.: Der Stellenwert des Identitätsbegriffs in der allgemeinen Handlungstheorie. In: DÖBERT, R. u.a. (Hrsg.): Entwicklung des Ichs. Köln, Kiepenheuer & Witsch 1977, S. 68–88.

PLESSNER, H.: Soziale Rolle und menschliche Natur. In: Ders.: Diesseits der Utopie. Beiträge zur Kultursoziologie. Frankfurt, Suhrkamp 1974, S. 23–35.

POPITZ, H.: Der Begriff der sozialen Rolle als Element der soziologischen Theorie. Tübingen, Mohr 1967.

SCHULTE-ALTEDORNBURG, M.: Rollentheorie als Soziologie der Herrschaft. Frankfurt, Campus 1977.

SELMAN, R.: Taking another's perspective. Role-taking development in early childhood. In: Child Development 42 (1971), S. 1721–1734.

SELMAN, R.: The relation of role-taking to the development of moral judgment in children. In: Child Development 42 (1971), S. 79–91.

SELMAN, R./BYRNE, D.: Stufen der Rollenübernahme in der mittleren Kindheit – eine entwicklungslogische Analyse. In: DÖBERT, R. u.a. (Hrsg.): Entwicklung des Ichs. Köln, Kiepenheuer & Witsch 1977, S. 109–114.

SEWELL, W. H.: Some Recent Developments in Socialization Theory and Research. In: STONE, G. P./FARBERMAN, H. A. (Hrsg.): Social Psychology through Symbolic Interaction. Waltham/Mass., Xerox College Publishing 1970, S. 566–583.

SHEROHMAN, J.: Conceptual and Methodological Issues in the Study of Role-Taking Accuracy. In: Symbolic Interaction 1 (1977), S. 121–131.

SHIBUTANI, T.: Society and Personality. An Interactionist Approach to Social Psychology. Englewood Cliffs, Prentice-Hall 1961.

STRYKER, S.: Die Theorie des Symbolischen Interaktionismus. Eine Darstellung und einige Vorschläge für die vergleichende Familienforschung. In: LÜSCHEN, G./LUPRI, E. (Hrsg.): Soziologie der Familie. (Sonderheft 14 der Kölner Zeitschrift für Soziologie und Sozialpsychologie) 1970, S. 49–67.

TENBRUCK, F. H.: Zur deutschen Rezeption der Rollentheorie. In: Kölner Zeitschrift für Soziologie und Sozialpsychologie 13 (1961), S. 1–40.

THOMAS, D. L./FRANKS, D. D./CALONICO, J. M.: Role-Taking and Power in Social Psychology. In: American Sociological Review 37 (1972), S. 605–614.

TURNER, R. H.: Role-Taking, Role-Standpoint, and Reference-Group Behavior. In: American Journal of Sociology 61 (1955/56), S. 316–328.

TURNER, R. H.: Role-Taking: Process Versus Conformity. In: ROSE, A. M. (Hrsg.): Human Behavior and Social Processes. London, Routledge 1962, S. 20–40.

TURNER, R. H.: The Real Self: From Institution to Impulse. In: American Journal of Sociology 81 (1975/76), S. 989–1016.

TURNER, R. H.: The Role and the Person. In: American Journal of Sociology 84 (1978/79), S. 1–23.

VAN DE VOORT, W.: Die Bedeutung von Vorformen des kommunikativen Handelns für die Entwicklung der vorsprachlichen Intelligenz beim Kinde. In: LEIST, A. (Hrsg.): Ansätze zur materialistischen Sprachtheorie. Kronberg, Scriptor 1975, S. 206–233.

VAN DE VOORT, W.: Interaktion und Kognition. Die Bedeutung der sozialen Interaktion für die Entwicklung der kognitiven Strukturen nach Jean Piaget. Diss. Frankfurt 1977.

WALLER, M.: Die Entwicklung der Rollenwahrnehmung: Ihre Beziehung zur allgemeinen kognitiven Entwicklung und sozialstrukturellen Variablen. In: Zeitschrift für Sozialpsychologie 2 (1971), S. 343–357.

WALLER, M.: Zur Kritik der rollentheoretischen Orientierung der psychologischen Sozialisationsforschung. In: WALTER, H.: Sozialisationsforschung, Bd. 1. Stuttgart, Frommann-Holzboog 1973, S. 213–242.

WALLER, M.: Soziales Lernen und Interaktionskompetenz. Die Ausbildung von Verhaltenserwartungen und die Konstruktion von Regeln interpersonalen Verhaltens beim Kinde. Stuttgart, Klett 1978.

WILLMS, B.: Gesellschaftsvertrag und Rollentheorie. In: Jahrbuch für Rechtssoziologie und Rechtstheorie 1 (1970), S. 275–298.

WISWEDE, G.: Rollentheorie. Stuttgart, Kohlhammer 1977.

Gesellschaftstheorien in der Sozialisationsforschung

Klaus Ottomeyer

Sozialisationsforschung befaßt sich mit der Vermittlung von Individuum und Gesellschaft. Dabei ist die in ihr vorherrschende Perspektive die auf das heranwachsende Individuum, das im Verlauf der Individualentwicklung, der Ontogenese von den Anforderungen und Normen der Gesellschaft geformt wird. Sozialisationsforschung, die nicht naiv verfahren will, muß aber die Abhängigkeit und Geformtheit des ontogenetischen Sozialisationsprozesses und der unmittelbar auf ihn einwirkenden Institutionen von der übergreifenden gesamtgesellschaftlichen und politisch-ökonomischen Struktur theoretisch berücksichtigen und rekonstruieren. Die Sozialisation der Kinder und Jugendlichen ist immer abhängig von den Weisen und Mechanismen der Vermittlung von Individuum und Gesellschaft, die auf dem Verhalten der erwachsenen Gesellschaftsglieder lasten. Und zwar auf doppelte Weise: Einmal ist die Sozialisation der Heranwachsenden immer mitgeformt von den aktuellen Alltagszwängen und -problemen der Erwachsenen, der Eltern, Lehrer, „Bezugspersonen“ etc., die mit ihnen interagieren. Zum anderen ist sie abhängig von dem künftigen Erwachsenenalltagsleben, auf das sie hinsozialisiert werden. Dieses stellt Anforderungen, die gebrochen und vermittelt über die Sozialisationsinstanzen, Familie, Schule, Ausbildung, in den Sozialisationsprozeß hineinwirken. Man kann den ontogenetischen Sozialisationsprozeß als „Sozialisation im engeren Sinne“ von der „Sozialisation im weiteren Sinne“ unterscheiden, welche auch die formende Wirkung der gesellschaftlichen Verhältnisse auf das Alltagsleben der Erwachsenen umfaßt. Marxistische Theorie als Theorie der gesellschaftlichen Verhältnisse hat bislang sowohl das Alltagshandeln der erwachsenen Individuen unter den Anforderungen der objektiven Verhältnisse als auch die davon abhängigen ontogenetisch-biographischen Prozesse der „Sozialisation im engeren Sinne“ nicht ausführlich untersucht. Sie gibt aber einen Rahmen ab, innerhalb dessen eine solche Untersuchung systematisch vorgenommen werden kann und muß.

Um dies deutlich zu machen, werde ich in der nachfolgenden Argumentation vor allem an das auch in der bürgerlichen Sozialisationsforschung zentrale Problem der Identitätsbildung der Individuen anknüpfen und versuchen, es aus der Perspektive materialistischer Gesellschaftstheorie zu reformulieren. Nach einem ersten allgemeinen Bestimmungsversuch von Identität (1) wird die Beziehung zwischen identitätsbildender menschlicher Praxis und den übergreifenden gesellschaftlichen Verhältnissen auf einer grundlegenden Ebene angesprochen (2). Nach einem längeren Exkurs über relevante Theorien des Verhältnisses von Individuum und Gesellschaft (3) wird dann die Formung der identitätsbildenden Praxis der erwachsenen Individuen durch die gesellschaftlichen Verhältnisse und Zwänge der kapitalistischen Ökonomie untersucht (4). Danach erst werden einige zentrale Fragen der Identitätsbildung der Individuen in der ontogenetischen Dimension, Fragen der „Sozialisationstheorie im engeren Sinne", behandelt (5/6).

1 Praxis und Identität

Die reflexiven, selbstobjektivierenden Potenzen des Handelns, die z.B. von den modernen interaktionistischen und psychoanalytischen Identitätstheoretikern stark hervorgehoben und untersucht werden (Goffman 1961, 1970; Erikson 1966; Krappmann 1969; Wellendorf 1973), hatte schon Marx als Grundmerkmal der spezifisch menschlichen Tätigkeit, Praxis hervorgehoben. In den „Ökonomisch-Philosophischen Manuskripten" heißt es: „Das Tier ist unmittelbar eins mit seiner Lebenstätigkeit. Es unterscheidet sich nicht von ihr. Der Mensch macht seine Lebenstätigkeit selbst zum Gegenstand seines Wollens und seines Bewußtseins. Er hat bewußte Lebenstätigkeit. Es ist nicht eine Bestimmtheit, mit der er unmittelbar zusammenfließt. Die bewußte Lebenstätigkeit unterscheidet den Menschen unmittelbar von der tierischen Lebenstätigkeit. Eben dadurch ist er ein Gattungswesen. Oder er ist nur bewußtes Wesen, das heißt sein eigenes Leben ist ihm Gegenstand, eben weil er ein Gattungswesen ist" (Marx 1966, S. 81). – Woher kommt nun die menschliche Fähigkeit, sich reflexiv zu sich selbst zu verhalten, sich in seiner gegenständlichen Tätigkeit *auf sich selbst als Gegenstand* zu beziehen?

Das Selbstbewußtsein und Selbstgefühl, man kann moderner auch sagen: die Identität baut sich nach Marx wesentlich aus zwei Richtungen oder Dimensionen der tätigen Wechselwirkung des Individuums mit der äußeren Welt auf. Die erste ist die Vergegenständlichung der Tätigkeit im sachlichen Produkt. In der produktiven Auseinandersetzung mit äußerer Natur wird nicht nur diese in ihrer Eigengesetzlichkeit zunehmend bewußt durchdrungen und angeeignet, sondern auch die eigene Individualität oder Persönlichkeit. Im Anschauen der Produktionsgegenstände, der in ihnen handfest objektivierten Kräfte und Fähigkeiten, entsteht die Möglichkeit und „Freude, meine Persönlichkeit als gegenständliche, sinnlich anschaubare und darum über alle Zweifel erhabene Macht zu wissen" (MEW Ergänzungsband I, S. 462/63).

Die zweite Dimension, die über den gesellschaftlichen Gebrauch der Produkte mit der ersten vermittelt ist, ist der soziale Bezug des Individuums zu den anderen Individuen. „Man bedenke", betont Marx, „daß das Verhältnis zu ihm selbst ihm erst gegenständlich, wirklich wird durch sein Verhältnis zu den anderen Menschen" (Marx 1966, S. 81). Und in einer Fußnote zum „Kapital" heißt es: „Da er weder mit einem Spiegel auf die Welt kommt, noch als Fichtescher Philosoph: Ich bin ich, bespiegelt sich der Mensch zuerst in einem anderen Menschen" (MEW 23, S. 67). Erst durch die Beziehung auf seinesgleichen bezieht sich der einzelne auf sich selbst und vermag über solche Reflexion einen allgemeinen Menschenbegriff zu bilden. Den Umstand, daß ich nur über den Nachvollzug und die Antizipation der Perspektive anderer auf mich – indem ich mich gewissermaßen in sie hineinversetze und mich selbst „mit den Augen anderer sehe" – eine Distanz zu mir selbst und ein Bewußtsein meiner selbst haben kann, hatte schon Hegel mit seiner These vom notwendig „gedoppelten Selbstbewußtsein", das nur als ein von anderen Selbstbewußtseinen „anerkanntes" sich bildet und erhält, auseinandergelegt (Hegel 1952, S. 140ff.). Und diese Dimension der reflexiven Konstitution von Selbstbewußtsein bzw. Identität wird von modernen Interaktions- und Sozialisationstheorien (z.B. Döbert/Habermas/Nunner-Winkler 1977; Wellendorf 1973) zwar in sich sehr ausdifferenziert, aber doch einseitig und abstrakt zum Gegenstand gemacht. Schon bei Hegel gewinnt das um Anerkennung ringende Selbstbewußtsein des Knechts seine Selbständigkeit gegenüber dem seines Herrn nur über die *Arbeit* des Knechts und dessen erfolgreichen und bestätigenden Kampf mit der autonom-bedrohlichen Dingwelt der äußeren Natur; diese Erfahrung kann der lediglich Produkte konsumierende und abstrakt um Anerkennung ringende Herr nicht machen. Deshalb unter anderem ist sein Selbstbewußtsein nur oberflächlich autonom. Für eine historisch-materialistische Theorie von Praxis, Interaktion und Identitätskonstitution kommt nun alles darauf an, erstens die Träger der interagierenden Selbstbewußtseine (Identitäten) selbst wieder in ihrer materiellen Gegenständlichkeit als sinnliche Naturwesen zu fassen und zweitens, den *produktiv-sachlichen Gegenstandsbezug*, über den sich Selbstbewußtsein bildet, zum *zwischenmenschlichen Bezug*, in dem es sich ebenfalls bildet, systematisch in Beziehung zu setzen. Beide Modi der realen „Verdoppelung" der Tätigkeit der Individuen, die zwischenmenschliche und der sachlich-gegenständliche, hängen miteinander zusammen, ohne sich ineinander aufzulösen. „In deinem Genuß und in deinem Gebrauch meines Produkts" schreibt der junge MARX über die gemeinsame Produktionstätigkeit von Menschen, wie sie der Kapitalismus unterdrückt, verstümmelt, aber nicht völlig unerfahrbar macht, „hätte ich unmittelbar den Genuß, sowohl des Bewußtseins, in meiner Arbeit ein menschliches Bedürfnis befriedigt, also das menschliche Wesen vergegenständlicht und daher dem Bedürfnis eines anderen menschlichen Wesens einen entsprechenden Gegenstand verschafft zu haben, (...) für dich der Mittler zwischen dir und der Gattung gewesen zu sein, also von dir selbst als eine Ergänzung deines eigenen Wesens und als notwendiger Teil deiner selbst gewußt und empfunden zu werden, also sowohl in deinem Denken wie in deiner Liebe mich bestätigt zu wissen (...). Unsere Produktionen wären ebenso viele Spiegel, woraus unser Wesen sich entgegenleuchtete. Das Verhältnis wird dabei wechselseitig, von deiner Seite geschehe, was von meiner geschieht" (MEW Ergänzungsband I, S. 462/63).

Man sieht, daß die sozialisationstheoretisch so wichtigen Prozesse der zwischenmenschlichen Perspektivenverschränkung, die z. B. bei G. H. MEAD unter dem Konzept des „taking-the-role-of-the-other" diskutiert werden (MEAD 1968), bei PIAGET als Entwicklung einer zunehmenden „Dezentrierung" der zunächst egozentrischen kindlichen Perspektive (PIAGET 1971, insbes. Kapitel VI) oder bei ADLER als die Entwicklung von „Gemeinschaftsgefühl" (ADLER 1972), hier als kognitive Vorgänge (Bestätigung im Denken des anderen) und als emotionale Vorgänge (Bestätigung in der Liebe des anderen) zugleich auf die gegenständliche Produktionstätigkeit der Interagierenden bezogen werden und gerade durch diesen Bezug einen inneren Gehalt und Entwicklungsmöglichkeiten zugesprochen bekommen.

Um diese Vorstellung von Praxis nun in ein bildliches Schema zu bringen: Menschliche Praxis, die Selbstbewußtsein und Identität konstituiert, hat eine „triadische" Struktur; diese kann durch entfremdete Verhältnisse „gebrochen" werden, existiert aber dennoch in fast jeder Alltagsaktivität der Individuen. Sie existiert noch relativ deutlich in der Sphäre der Produktion (im engeren Sinne), aber auch – wie noch gezeigt werden wird – auch in den anderen Sphären unseres Alltagslebens. Die untenstehende *Grafik 1* zeigt ihre Grundstruktur:

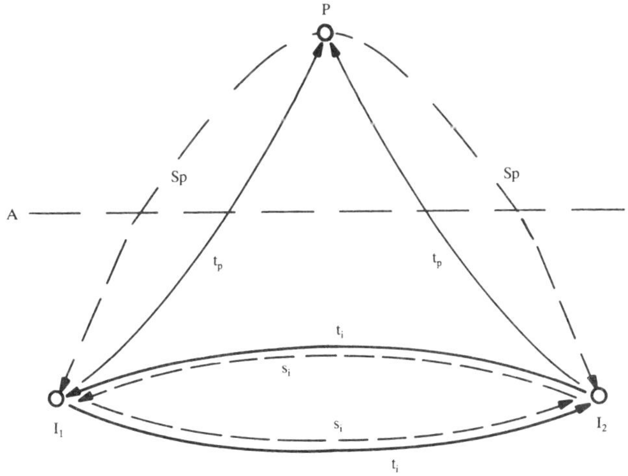

Grafik 1: (Erläuterung im Text)

Der obere Eckpunkt dieses triadischen Gebildes stellt das gegenständlich-sachliche Produkt (P) dar. Auf dieses ist die produktive Tätigkeit (t_p) der Individuen (I_1 und I_2) gerichtet. Die von der Tätigkeit bewirkte Veränderung des gegenständlich-sachlichen Produkts ermöglicht eine Selbstobjektivierung (sp) oder ein „feed-back“ für die Individuen, welches Bestätigung, aber auch Selbstkritik und Selbstkorrektur bewirken kann. Die intersubjektive Dialektik zwischen den Individuen (I_1 und I_2, in Wirklichkeit natürlich viel mehr) hat eine kompliziertere Struktur. Diese ist schon dadurch bedingt, daß in dieser Dimension das Objekt, auf welches die Tätigkeit des Subjekts gerichtet ist, seinerseits wieder ein Subjekt ist. Die Tätigkeit (t_i) zielt auf ein Objekt und die von ihr hervorgerufene Selbstobjektivierung (s_i) ist vermittelt über ein Objekt, das ebenfalls intersubjektive Aktivität und Selbstobjektivierung/Selbstbewußtsein hervorbringt. Hier findet man das bekannte Problem der wechselseitigen Übernahme und Antizipation der Perspektiven und zugeschriebenen Identitäten (oder „Rollen“) zwischen den handelnden Individuen. Die wechselseitige Perspektiven- und Identitätenantizipation bekommt aber nur dann den von LAING und anderen (LAING u.a. 1971; WATZLAWICK u.a. 1969, S. 203ff.) beschriebenen schlecht-unendlichen und identitätsverwirrenden Charakter, wenn durch bestimmte Entfremdungsverhältnisse die Koorientierung der Perspektiven in kooperativ-produktvermittelten Zusammenhängen mit ihren Möglichkeiten der Bildung zwischenmenschlichen Vertrauens und verläßlicher Identitäten abgeschnitten wird. Diese Bruchlinie der realen und theoretischen Abstraktion ist in der Zeichnung als (A) dargestellt.
In bezug auf die dargelegte triadische Struktur von identitätsbildender menschlicher Praxis und das Problem ihrer Entfremdung lassen sich nun zwei grundlegende theoretische Fehler unterscheiden. Der erste Fehler ist die interaktionistische Verengung von Praxis und Identitätsbildung, die bei LAING, GOFFMAN, HABERMAS und fast der gesamten rollentheoretisch verpflichteten Sozialisationsforschung zu finden ist. Sie beruht auf dem blinden theoretischen Nachvollzug der realen Abstraktion, der durch das herrschende Kapitalverhältnis (vgl. unten) bewirkten Wegnahme eines bedeutsamen und gemeinsam kontrollierten Produktbezugs aus den intersubjektiven Prozessen der Einigung, Anerkennung, des Aushandelns und Ausbalancierens von Identitäten etc. Der zweite, komplementäre Fehler ist die instrumentalistische Verengung von Praxis und Identitätsbildung, die den Sach- und Produktbezug verabsolutiert und die sich auch in manchen neueren marxistischen Ansätzen zur Handlungs- und Persönlichkeitstheorie als Tendenz findet (vgl. unten).

2 Menschliches Verhalten und gesellschaftliche Verhältnisse

2.1 *Dialektik von Verhältnissen und Verhalten*

Ein Konzept menschlicher Praxis ist eine notwendige, aber noch keineswegs eine hinreichende Bedingung für eine angemessene Fassung des Verhältnisses von Individuum und Gesellschaft. Praxis, deren zentrales Moment die Arbeit ist, hat die uns umgebende gegenständliche Welt und die Verhältnisse, in denen wir leben, konstituiert; zugleich wird sie aber auch immer von ihnen in einer historisch-spezifischen Weise geformt und geprägt. Das *Verhalten* der Individuen, dessen menschliche Spezifik als Praxis zu bezeichnen ist, und die gesellschaftlichen *Verhältnisse* stehen zueinander in einer komplizierten dialektischen Beziehung.
MARX geht aus von der Einheit zwischen Verhältnissen und Verhalten. Die gesellschaftlichen Verhältnisse existieren für ihn nicht neben oder über dem tagtäglichen, sinnlich wahrnehmbaren wechselseitigen Verhalten der Individuen, sondern nur durch dieses Verhalten hindurch (vgl. HAHN 1968, S. 69ff.). Von den Individuen sagt er, daß „die gesellschaftlichen Verhältnisse nichts anderes als ihr wechselseitiges Verhalten“ sein können (MEW 3, S. 423). Die Verhältnisse sind gewissermaßen die gesellschaftlichen Seiten des individuellen Verhaltens. Diese Identität zwischen gesellschaftlichen Verhältnissen und individuellem Verhalten ist jedoch nur eine – allerdings festzuhaltende – Seite der dialektischen Argumentation. Die Identität erfährt eine historisch-spezifische Brechung. Unter den Bedingungen wachsender Arbeitsteilung, sich ausbreitender Warenproduktion und schließlich der kapitalistischen Akkumulation werden die Verhältnisse real (nicht nur begrifflich) unabhängig vom wechselseitigen Verhalten oder der Praxis der Individuen. Das hängt wesentlich damit zusammen, daß die Produkte innerhalb der oben umrissenen triadischen Struktur von

Praxis außer Kontrolle geraten. Praxis verliert weitgehend – nicht völlig (vgl. unten) – ihre reflexiven identitätsbildenden Potenzen. Sie kommt – in den Worten von KOSIK – herunter auf den Modus des bloßen „Manipulierens" und „Besorgens" innerhalb eines Ganzen, das als fertige Sache erscheint (KOSIK 1967, S. 62ff.). Es gibt also auch die Seite der Nichtidentität zwischen den Verhältnissen und dem (sie konstituierenden) Verhalten der Individuen. Die Verhältnisse erscheinen unter der entfremdeten Form verselbständigter Dinge – Waren und „Marktgesetze" (vgl. systematisch MEW 23, Kapitel 1) – welche dann von außen auf das Verhalten der Individuen drücken; als eine fremde Gewalt, vermittelt über ihre vorgefundene „ökonomische Charaktermaske".

Der Extremfall der Verselbständigung der Verhältnisse ist in einer Gesellschaft unter der voll entwickelten Herrschaft des akkumulierenden Kapitals zu finden. Der unendliche und zirkuläre Prozeß der Akkumulation, des „sich selbst verwertenden Werts" verhält sich wie ein „automatisches Subjekt" (MARX) oder „beseeltes Ungeheuer" (MARX), das seine Kraft und Selbständigkeit aus der konkreten Subjektivität der realen sinnlichen Individuen bezieht, die ihre Arbeitskraft unter der Herrschaft der abstrakten Mehrwertproduktion verausgaben. MARX spricht von einer Verkehrung von Subjekt und Objekt. Die Produzenten werden von ihren Produkten angewendet und nicht die Produkte von den Produzenten. REICHELT (1970) hat die logische Struktur des Kapitalbegriffs bei MARX diskutiert, indem er die Verkehrung von Subjekt und Objekt durch die Stufen der Ware, des Geldes und des Kapitals hindurch rekonstruiert hat. Er spricht in diesem Zusammenhang auch von einem „Überhang an gesellschaftlicher Objektivität". Dieser „Überhang" an Objektivität muß unterschieden werden von der nicht aufhebbaren gesellschaftlichen Objektivität, die damit gegeben ist, daß jedes Individuum im Rahmen einer bestimmten Generationenfolge in eine vorgefundene gesellschaftliche und gegenständliche Welt hineingeboren wird, an der es sich abarbeiten muß. Hinsichtlich des „Überhangs" von Objektivität hatte sich MARX von der proletarischen Revolution eine Wiederherstellung der Einheit von gesellschaftlichen Verhältnissen und individuellem Verhalten erhofft. In der „Deutschen Ideologie" sagt er, daß die „Herrschaft der sachlichen Verhältnisse über die Individuen, die Erdrückung der Individualität durch die Zufälligkeit", welche die kapitalistische Epoche kennzeichnet, nun die Aufgabe stellt, „an die Stelle der Herrschaft der Verhältnisse und der Zufälligkeit über die Individuen die Herrschaft der Individuen über die Zufälligkeit und die Verhältnisse zu setzen" (MEW 3, S. 423f.).

2.2 *Zwei Reproduktionsprozesse und das Problem der Vermittlung*

Als Folge der diskutierten Abspaltung und Verselbständigung der Verhältnisse gegenüber dem Verhalten finden wir nun in der Gesellschaft zwei separate, aber dennoch miteinander vermittelte Prozesse gesellschaftlicher Reproduktion: den Reproduktionsprozeß des Kapitals und den Reproduktionsprozeß der Individuen in ihrem Alltagsleben. Der letztere ist direkter sichtbar und als solcher Objekt zahlreicher bürgerlicher Handlungs-, Sozialisations- und Identitätstheorien; er ist jedoch systematisch eingeschlossen und beherrscht vom erstgenannten Reproduktionsprozeß mit seinen zunächst nicht sichtbaren ökonomischen Gesetzen und Zwängen. Jeder Theorie der Sozialisation oder Vergesellschaftung der Individuen muß sich das Problem der Vermittlung beider Reproduktionsprozesse stellen. Als Kategorie zur systematischen Untersuchung dieses Vermittlungsverhältnisses habe ich die MARXsche Kategorie der „Charaktermaske" vorgeschlagen (OTTOMEYER 1976b). Der Begriff der Charaktermaske bezeichnet die verknöcherten Verkehrsformen, unter denen sich die Individuen als „Personifikation ökonomischer Kategorien" (MARX, MEW 23, S. 16, 100 und 591) gegenübertreten müssen. Die Charaktermaske bildet ein Gefüge von zwingenden Verhaltensanforderungen, denen die Individuen bei Strafe ihres ökonomischen Unterganges in der Konkurrenz nachkommen müssen. Man kann in diesem Zusammenhang auch auf FROMMS Vorstellung von einer „sozialen Selektion" von Verhaltenseigenschaften und „Sozialcharakteren" (FROMM/MACCOBY 1970, S. 16ff.) durch die gesellschaftlichen Grundbedingungen einer Epoche verweisen. Gegen die gängige Gleichsetzung von „Charaktermaske" und „Rolle", etwa bei MERTON und DAHRENDORF (DAHRENDORF 1971, S. 27f., und kritisch: MATZNER 1964, S. 130ff.) muß aber festgehalten werden, daß der Begriff der Charaktermaske zunächst nicht auf die

Normreguliertheit und bloß interpersonale Erwartungsvermitteltheit von Interaktionen innerhalb eines bestimmten „Handlungssektors" zielt, sondern auf die nichtnormativen Formbestimmtheiten sozialen Handelns durch ökonomische Kategorien bzw. Zwänge, die als konstitutive Bedingungen die Grundstruktur abstekken, innerhalb derer dann eine bewußte (oder unbewußte) Einigung auf bestimmte Normen, gemeinsame Situationsdefinitionen usw. als konkretes Arrangement mit den vorgefundenen widersprüchlichen Interessen der Handlungspartner möglich und nötig wird (vgl. den Begriff des „nichtnormativen Substrats sozialer Struktur und sozialen Handelns" bei RITSERT/BEKKER 1971, S. 36f.). Über die Charaktermaske gehen die nichtnormativen Verhaltensanforderungen, die aus dem „stummen Zwang der ökonomischen Verhältnisse" (MARX, MEW 23, S. 765) resultieren, in den konkreten normvermittelten Handlungskontext der Individuen und schließlich in ihre Persönlichkeitsbildung ein.

Der Begriff der Charaktermaske muß aber noch detaillierter und systematischer auf relevante Dimensionen und Phasen der beiden genannten Prozesse gesellschaftlicher Reproduktion bezogen werden. Der übergreifende Reproduktionsprozeß des Kapitals tritt mit seinen Verhaltensanforderungen oder „Charaktermasken" den Individuen nicht als ein ungegliedertes Ganzes, sondern als eine in Phasen aufteilbare Kreislaufbewegung gegenüber. „Das Resultat, wozu wir gelangen, ist nicht, daß Produktion, Distribution, Austausch und Konsumtion identisch sind, sondern daß sie alle Glieder einer Totalität bilden, Unterschiede innerhalb einer Einheit" (MARX 1939/41, S. 20). Wenn man die Sphären oder Phasen der Distribution und Zirkulation vorläufig zusammenfaßt (bei MARX ist „die Distribution als das von der Gesellschaft, der Austausch als das von den Individuen ausgehende Moment bestimmt" (1939/41, S. 10), dann läßt sich sagen: Beide Prozesse der gesellschaftlichen Reproduktion, der des Kapitals und der der Individuen, müssen sich durch die Phasen oder Sphären der Produktion, Distribution/Zirkulation und Konsumtion der Produkte menschlicher Arbeit hindurch vollziehen. In jeder Sphäre hat die Formbestimmtheit, Determination des wechselseitigen Verhaltens der Individuen durch den „stummen Zwang der ökonomischen Verhältnisse" ihren eigenen Charakter. Auf dem Verhalten der Individuen lastet eine „gegliederte Charaktermaske", deren unterschiedliche Elemente in einem systematisch rekonstruierbaren Verhältnis zueinander stehen. Eine gewisse Partikularisierung oder Besonderung jener Sphären des ökonomischen Prozesses und der Reproduktion des individuellen Alltagslebens existiert innerhalb jeder Gesellschaft. Auch etwa eine Jäger- und Sammlergesellschaft ließe sich nach diesem Schema sinnvoll untersuchen. In der kapitalistischen Gesellschaft jedoch entwickeln sich nicht nur „Unterschiede", sondern schwerwiegende Widersprüche nicht nur *innerhalb* jeder Sphäre (etwa als Widerspruch von konkretem Arbeitsprozeß und abstraktem Verwertungsprozeß in der Produktionssphäre), sondern auch *zwischen* den einzelnen Sphären der Ökonomie und des Alltagslebens. Diese Widersprüche bewirken tendenziell eine *Überlastung der individuellen Identität* in ihrer zentralen Funktion der Synthetisierung und „selbstbewußten" Vereinheitlichung der eigenen unterschiedlichen und widersprüchlichen Handlungssequenzen oder auch Rollen.

Nicht nur das Kapital muß seine abstrakte Identität der Tauschwertmaximierung, des sich selbst verwertenden Werts durch die widersprüchlichen Sphären hindurch erhalten, sondern auch die Individuen müssen ihre fragile psychosoziale Identität durch diese widersprüchlichen Sphären hindurch erhalten. Wenn die Kontinuität in der Reproduktion des Kapitals durch die Sphären hindurch gestört wird – etwa im Falle des „Stockens" der produzierten Güter in der Zirkulationssphäre – droht eine Krise der Ökonomie; wenn die Kontinuität in der Reproduktion der konkreten Individuen eine größere Störung erleidet, droht eine Krise der Identität. Der ökonomische Prozeß des „automatischen Subjekts" drückt widersprüchliche Charaktermasken, Rollen und Teilidentitäten auf die einheitliche Lebenstätigkeit, die mehr oder weniger selbstbewußte Alltagspraxis der (erwachsenen) Individuen. Die Charaktermaske des privat-egoistischen Warenbesitzers dominiert in der Sphäre der Zirkulation; die Charaktermaske des entfremdeten, aber gleichwohl noch kooperierenden Lohnarbeiters dominiert in der Sphäre der Produktion; und die Charaktermaske des konsumierenden, die verschlissene Arbeitskraft reproduzierenden und kompensierenden Arbeiters und Familienmitglieds dominiert in der Sphäre der Konsumtion. Das Alltagsleben ist systematisch in Stücke gerissen, die das Individuum in seiner Identität wieder zusammenzufügen hat. In jedem dieser Stücke wird die triadische Struktur identitätsbildender menschlicher Praxis in ihrer Einheit von sachlich-gegenständlichem und zwischenmenschlichem Bezug auf verschiedene Weise gebrochen. Diese hier nur thesenhaft angesprochenen grundlegenden Identitätsprobleme der erwachsenen Individuen werden gegen Ende dieses Beitrags noch ausführlicher und anschaulicher entwickelt. Die Rekonstruktion der „sozialisierenden" Wirkung, die der ökonomische Reproduktionsprozeß im Kreislauf des Alltagslebens auf die erwachsenen Individuen als Marktteilnehmer, Produzenten und privat-familial ihre Arbeitskraft Reproduzierende ausübt, ist nach der hier vertretenen Auffassung die Voraussetzung, um dann erst die „Sozialisation im engeren Sinne", das Hineinwachsen und Hineingeführtwerden der Kinder und Jugendlichen in den Alltagskreislauf der Erwachsenen, systematischer verorten und untersuchen zu können.

Vor der inhaltlichen Füllung des umrissenen Verhältnisses von ökonomischer und individueller Reproduktion am Beispiel des Identitätsproblems sollen nun zuerst in der Auseinandersetzung mit einigen wichtigen Ansätzen die Grundfragen einer historisch-materialistischen Theorie von Sozialisation bzw. der Vermittlung von Individuum und Gesellschaft noch weiter verdeutlicht werden.

2.3 *Soziologischer Objektivismus, Reduktion auf Unmittelbarkeit und falsche Versöhnung*

Der Bruch zwischen Verhältnissen und Verhalten geht als das Hauptproblem in die bürgerlichen Sozialwissenschaften ein. Er zeigt sich nicht nur im unaufhörlichen Streit zwischen soziologischen Schulen, sondern auch als Widerspruch innerhalb der einzelnen theoretischen Ansätze.

Die Unmöglichkeit einer dialektischen, historisch-materialistischen Lösung gibt den Rahmen ab, innerhalb dessen die bürgerlichen Sozialwissenschaften sich mit dem Bruch auseinandersetzen. Man kann drei *Scheinlösungen* des Dilemmas unterscheiden:

Die *erste Scheinlösung* ist der *soziologische Objektivismus.* In ihm wird gewissermaßen die Not der Verselbständigung der Verhältnisse zur zweiten Natur zur wissenschaftstheoretischen Tugend erhoben. Das gilt für das Soziologieverständnis im Anschluß an den DURKHEIMschen Begriff der „sozialen Tatsachen" (DURKHEIM 1961, S. 115ff.), den Strukturalismus und das abgeschnittene Problem der Gegenstandskonstitution im Positivismus.

Die *zweite Scheinlösung* ist die *Reduktion auf Unmittelbarkeit.* Damit meine ich die Versuche, die Verhältnisse *unmittelbar* aus dem Verhalten der Individuen herzuleiten, ohne den *Umschlag* individuellen Verhaltens in die Eigenbewegung dinglicher Verhältnisse unter der Warenform zu reflektieren. Dabei ist es gleichgültig, ob das Verhalten der Individuen als „behaviour" im Sinne der Behavioristen oder Positivisten oder als „soziales bzw. sinnhaftes Handeln" gefaßt wird. Gesellschaft wird allemal als „großes Interaktionsgefüge" verstanden wie z.B. im Gesellschaftsbegriff des „Symbolischen Interaktionismus" (BLUMER 1973).

Soweit eine solche Soziologie sich kritisch versteht, betreibt sie Gesellschaftskritik immer nur als *Normenkritik*, da die gesamtgesellschaftliche Synthesis der Individuen primär als durch Normen und Werte vermittelt vorgestellt wird (vgl. den Begriff der „Systemintegration" bei PARSONS 1964, S. 54ff.). Die Personalisierung und Verharmlosung von Machtverhältnissen ist die politische Konsequenz dieses Soziologieverständnisses. Es steht dem mystifizierten Alltagsbewußtsein besonders nahe. Sein Hauptmerkmal ist die notorische Rückübersetzung der gesamtgesellschaftlichen Bewegung in die Sprache einer unmittelbaren, interpersonellen Erfahrungswelt.

Als eine *dritte Scheinlösung* jenes Bruchs kann man die *„Falsche Versöhnung"* unterscheiden. Damit meine ich Versuche, die handlungstheoretische („Weber'sche") Perspektive mit der objektivistischen („Durkheim'schen") innerhalb der bürgerlichen Theorie in *einem* Gebäude zu vereinigen. Explizit findet man einen solchen Versuch etwa bei BERGER und LUCKMANN (1973). Hierbei wird jedoch der spezifisch kapitalistische Bruch zwischen Verhältnissen und Verhalten, wie er vor allem aus der Warenform des gesellschaftlichen Zusammenhalts resultiert, mit der Natur des Menschen identifiziert. So folgt etwa bei BERGER/LUCKMANN das Phänomen der „Verdinglichung" bereits aus der „exzentrischen Positionalität" (PLESSNER) der menschlichen Existenz überhaupt. Hier wird der Bruch zwar wahrgenommen, aber nur um den Preis seiner sofortigen Anthropologisierung.

Das ganze Unternehmen ist ein anthropologischer Tröstungsversuch über die spezifisch kapitalistische Trennung von Verhältnissen und individuellem Verhalten.
Die drei theoretischen Bewältigungsformen des Bruchs zwischen Verhältnissen und Verhalten, die ich hier in groben Zügen umrissen habe, sind natürlich nicht scharf gegeneinander abtrennbar; sie gehen ineinander über und stehen oft innerhalb eines „Ansatzes" unverbunden nebeneinander.
Es wird sich zeigen, daß auch die marxistischen Versuche zur Vermittlung von Individuum und Gesellschaft von diesen Fehlern nicht frei sind.

3 Theorien des Verhältnisses von Individuum und Gesellschaft

3.1 Frankfurter Schule

Das Psychologie- und Sozialisationsverständnis der Frankfurter Schule ist dadurch gekennzeichnet, daß es sich immer gegen eine Reduktion auf Unmittelbarkeit, wie sie sie z. B. der Neopsychoanalyse vorwirft, gewendet hat. Das bedeutet, daß der Blick niemals vom gesellschaftlichen Ganzen – von dem ADORNO in Umkehrung eines HEGELschen Satzes sagt, daß es das Falsche ist – abgewendet werden kann. Und das bedeutet, daß Psychologie und Soziologie nicht zu einer einheitlichen Wissenschaft vom menschlichen Handeln oder zu einer „Sozialpsychologie" verschmelzen können. „Die Trennung von Soziologie und Psychologie ist richtig und unrichtig zugleich. Unrichtig, indem sie den Verzicht auf die Erkenntnis der Totalität giriert, die noch ihre Trennung befiehlt; richtig als sie den real vollzogenen Bruch unversöhnlicher registriert als ihre vorschnelle Vereinigung im Begriff" (ADORNO 1970a, S. 23). Psyche und Gesellschaft haben ihre je eigene Logik. „Daß die spezifisch psychologische Begabung fast stets ein irrationales, ja antisystematisches Moment enthält, ist selber keine psychologische Zufälligkeit, sondern leitet sich her vom Gegenstand, von der abgespaltenen Irrationalität, als dem Komplement der herrschenden ratio" (ADORNO 1970a, S. 17). Die Logiken des Psychischen und des Gesellschaftlichen befinden sich – zumindest vorläufig – keineswegs in der Beziehung eines gleichberechtigten Wechselverhältnisses zueinander. „Angesichts der gegenwärtigen Ohnmacht des Individuums – aller Individuen – hat bei der Erklärung gesellschaftlicher Tendenzen die Gesellschaft und die mit ihr befaßten Wissenschaften, Soziologie und Ökonomie, den Vorrang" (ADORNO 1970, S. 55). Das Subjektivitätskonzept der Frankfurter Schule ist das einer *negierten Subjektivität.* In der Diskussionslinie von Marxisten wie KORSCH und LUCACS, die angesichts der revolutionären Enttäuschungen nach dem ersten Weltkrieg die Frage der Subjektivität in der Klassengesellschaft aufgeworfen hatten, wendet es sich sowohl gegen die sowjetorthodoxe Verbannung der Subjektivität aus dem deterministisch gedachten Geschichtsablauf als auch gegen die naive und verharmlosende Unterstellung (z. B. der Neopsychoanalyse), menschliche Subjektivität sei schon realisiert bzw. auch unter heutigen gesellschaftlichen Bedingungen prinzipiell realisierbar. JACOBY (1978), bei dem sich eine sehr präzise und verständliche Zusammenfassung und Verteidigung der Frankfurter Position findet, formuliert: „Bevor das Individuum existieren kann, ehe es eines werden kann, muß es erkennen, in welchem Maße es noch nicht existiert. es muß die Illusion des Individuums durchschauen, damit es zu einem werden kann. Subjektivität muß zu ihrer Objektivität gebracht werden, um verwirklicht werden zu können" (S. 101). Noch im Bewußtsein dessen, daß „die Kategorie des Individuums der großen Industrie nicht standgehalten" hat (HORKHEIMER 1968b, S. 94/95), versucht die Frankfurter Schule die bürgerlichen Versprechen von autonomer Individualität und Subjektivität festzuhalten.
Die einzige Psychologie, die nach der Auffassung der Frankfurter Schule den Gefahren des Positivismus und eines verharmlosend-unmittelbaren Menschenbegriffs widersteht, ist die FREUDsche Psychoanalyse in ihrer orthodoxen Gestalt. Obwohl FREUD dazu tendiert, den historisch produzierten Widerspruch zwischen Individuum und Gesellschaft resignativ zu naturalisieren, hält er diesen Widerspruch gegen alle konformistischen Aussöhnungsversuche zumindest fest und verfolgt den Unterdrückungszusammenhang der gesellschaftlichen Objektivität bis in die scheinbar autonomen Bereiche des Individuums, etwa seines Gewissens, hinein. Das Triebleben des Individuums, seine „innere Natur" bleibt jedoch gegenüber der „zweiten", gesellschaftlichen Natur auch immer ein selbständiges und unsozialisiertes, ein Widerspruchspotential, das – z. B. in der Neurose – rebelliert. Die mechanistische und objektivisti-

sche Begriffssprache der FREUDschen Untersuchungen spiegelt dabei den realen Prozeß, in dem die Individuen zu Objekten unpersönlicher Mächte werden, und mit dem sie zu ihrer wirklichen Subjektwerdung konfrontiert werden müssen, durchaus angemessen wider.
Ein wichtiger Vermittlungsbegriff zwischen Individuum und Gesellschaft in der Frankfurter Schule ist der des Charakters. „Daß die Menschen ökonomische Verhältnisse, die über ihre Kräfte und Bedürfnisse hinausgewachsen sind, aufrechterhalten anstatt sie durch eine höhere und rationalere Organisationsform zu ersetzen, ist nur möglich, weil das Handeln numerisch bedeutender Schichten nicht durch die Erkenntnis, sondern durch eine das Bewußtsein verfälschende Triebmotorik bestimmt ist. Keineswegs bloß ideologische Machenschaften bilden die Wurzel dieses historisch besonders wichtigen Moments (...), sondern die psychische Gesamtstruktur dieser Gruppen, das heißt der Charakter ihrer Mitglieder wird im Zusammenhang mit ihrer Rolle im ökonomischen Prozeß beständig erneuert" (HORKHEIMER 1968a, S. 19/20).
Hergestellt werden die charakterlichen Strukturen – über psychoanalytisch erfaßbare Prozesse wie Introjektion, Überichbildung, Überichprojektion von der familialen auf die gesellschaftliche Autorität – wesentlich in der bürgerlich-patriarchalistischen Familie. Die Familie ist damit Agentur der gesellschaftlichen Unterdrückungsverhältnisse; andererseits ist sie aber auch – vorkapitalistisch-personengebundene Solidaritätsprinzipien in sich tragend – noch ein Ort, an dem eine minimale Geborgenheit und Gegenerfahrung zur lebensfeindlichen Brutalität und Härte der Tauschökonomie hergestellt werden.
FROMM war vor dem zweiten Weltkrieg maßgeblich mitbeteiligt an der gesellschaftskritischen Charakterlehre der Frankfurter Schule (vgl. FROMM 1932). Während aber bei ihm, insbesondere im Spätwerk, Charakter als unverzichtbare, entlastende Struktur der Orientierung und Vereinheitlichung des Verhaltens und als Ersatz für die tierischen Instinktregulationen durchaus auch einen positiv-anthropologischen Sinn hat, ist Charakter bei ADORNO und HORKHEIMER als ein ausschließlich gesellschaftskritischer Begriff gefaßt. Ähnlich wie bei REICH (1933) ist für sie der Charakter von Individuen und sozialen Gruppen („Sozialcharakter") ein System von Abwehrmechanismen und Widerständen im psychoanalytischen Sinn, ein System von seelischen Panzern und Vernarbungen. Als innerpsychischer Niederschlag gesellschaftlicher Disziplinierung und Unterdrückung ist er das „Resultat einer Verdinglichung realer Erfahrung" (ADORNO 1967, S. 97/98).
Ihre Konkretion haben die Überlegungen der Frankfurter Schule zur Vermittlung von Gesellschaft, Familie und Individuum in den Studien über „Autorität und Familie" (FROMM u.a. 1936) gefunden, die auf die Klärung der gesellschaftlichen Voraussetzungen des Faschismus zielten; und in der an traditionell-empirischen Forschungsstandards orientierten Studie über die „Autoritäre Persönlichkeit" (ADORNO u.a. 1969a), die im zweiten Weltkrieg in den USA erstellt wurde. Diese Arbeit unterliegt, worauf ADORNO später selbst hingewiesen hat (1969b, S. 113f.), in ihrer Konzentration auf die psychologisch-immanenten Mechanismen ethnozentristischer Vorurteilsbildung und faschistischen Engagements der Gefahr eines gewissen Psychologismus, weil die politisch-ökonomischen Voraussetzungen des Faschismus hier weitgehend ausgeblendet sind.
Der „autoritäre Charakter" ist aber nicht der einzige Charaktertyp, über den sich Herrschaft im Kapitalismus stabilisiert. Mit dem Fortschreiten der Krise der Familie und der kulturindustriellen Massensteuerung im Spätkapitalismus wird er wieder zunehmend obsolet. MARCUSE hat in seinen Thesen vom „Veralten der Psychoanalyse" (1968) behauptet, daß die Individuen die Stufe des klassischen ödipalen Autoritätskonflikts, der zu stabilen Identifikationen und Persönlichkeitsstrukturen führt, gar nicht mehr erreichen, sondern vielmehr in einer „entväterlichten", geschwächten Familie immer früher von der gesellschaftlichen Manipulation direkt geformt werden. Dies korrespondiert mit RIESMANS kulturkritischer Untersuchung eines neuen „außengeleiteten Charakters", welches den „innengeleiteten Charakter" ablöst, der bis in die Nachkriegszeit hinein dominierte (RIESMAN 1958). Die gegenwärtig heftig diskutierte Theorie vom „präödipal" und narzißtisch fixierten „Neuen Sozialisationstyp" (ZIEHE 1975) ist hier schon fast vollständig vorformuliert.
Gegen den alltäglichen und wissenschaftlichen Reduktionismus und Positivismus immer wieder auf die alles durchdringende Härte des gesellschaftlich Allgemeinen gegenüber dem Besonderen der Individuen und auf den Scheincharakter von deren Subjektivität aufmerksam zu machen, ist ein wichtiges Verdienst der Frank-

furter Schule. Hinter diesen Reflexionsstand darf eine gesellschaftskritische Sozialisationsforschung nicht mehr zurückfallen. Doch wirft das Verfahren einer rein negativen Bestimmung von Subjektivität über die Rekonstruktion ihrer gesellschaftlichen Deformation auch grundlegende Probleme auf. Der Gegenstand, auf den die Negation und Deformation sich richtet, bleibt in ein gewisses raunendes Dunkel und Tabu gehüllt, in welchem sich der bekämpfte „Kult der Subjektivität" zu wiederholen droht, weil jeder Versuch einer positiven Benennung und Charakterisierung ihrer menschlichen Züge sogleich unter den Verdacht der ideologischen Anthropologisierung historisch-besonderer, entfremdeter Charakteristika der Menschen gestellt wird. Das wurde oben am Beispiel des Charakterbegriffs angedeutet. Auch der am Anfang des vorliegenden Beitrags gemachte Versuch, allgemeine Merkmale spezifisch menschlicher Praxis und Identitätsbildung als Bezugspunkt historischer Konkretion deutlich zu machen, würde unter dieses Frankfurter Anthropologieverdikt fallen. Identität würde allein als historisch-spezifischer, aus der Warenökonomie entstandener Zwangzusammenhang des Individuums mit sich selbst, als harmonisierendes Anpassungskonzept und als Scheinintegration der realen Zerrissenheit bestimmt werden (vgl. z.B. ADORNO, 1970, S. 29). In der Tat ist Identität all dies, aber sie ist auch mehr; noch jede reflexive Kritik an Pseudoidentität ist ein Versuch, Identität herzustellen und verweist auf ihre spezifisch menschliche synthetisierende Funktion.

Der Suche nach positiven Momenten identitätsbildender Praxis der Subjekte auch noch unter der kapitalistischen Entfremdung, wie sie weiter unten entwickelt wird, müßte von der Frankfurter Position aus ADORNOS Satz: „Es gibt kein richtiges Leben im Falschen" entgegengesetzt werden. Dabei gibt es positive Bestimmungen von Subjektivität und menschenwürdigem Leben als implizite, weitgehend unausgewiesene Annahmen durchaus auch bei Autoren der Frankfurter Schule. Menschliche Entwicklung in der Ontogenese wird weitgehend mit Sexualentwicklung gleichgesetzt. Die Ausblendung des Anthropologieproblems ist, etwa in entwicklungspsychologischen Fragen, mit einer sehr unkritischen Abhängigkeit von der orthodoxen Psychoanalyse erkauft. Über den dominierenden Stellenwert und die Qualität von Sexualität und Sinnlichkeit in der Entwicklung menschlicher Subjektivität hat ADORNO dezidierte Vorstellungen, die zwar das FREUDsche Modell des „genitalen Primats" zugunsten einer größeren Selbständigkeit und Differenziertheit der prägenitalen „Partialtriebe" kritisieren, das Sexualitäts- und Entwicklungskonzept als Ganzes aber nicht in Zweifel ziehen (ADORNO 1963). Ganz wie in der psychoanalytischen Anthropologie wird der sachlich-gegenständliche oder Produktbezug in der individuellen Subjektbildung ignoriert. Die Ontogenese der Individuen wird von der Frankfurter Schule als Vermittlung der gesellschaftlich bedingten Formen von Bewußtsein und Ideologie im interpersonellen Rahmen vor allem der Familie untersucht. Dennoch kann man nur mit Einschränkungen von einer interaktionistischen Verengung des Praxisbegriffs (vgl. oben) sprechen, da Praxis, die sich nicht in die Falschheit des Ganzen verstrickt, ohnehin nur noch als Reflexion der Unmöglichkeit von Praxis und Subjektivität zu denken ist.

3.2 Theorien unter dem Einfluß der Studentenbewegung

Die Fragen und Probleme der Frankfurter Schule wiederholen sich bei vielen Autoren, die ihr zwar nicht mehr zuzurechnen, aber aus ihr hervorgegangen sind. So bei BRÜCKNER, VINNAI, NEGT und KLUGE, DUHM und SCHNEIDER. Nur auf einige kann hier eingegangen werden.
Wichtig ist BRÜCKNERS Werk „Zur Sozialpsychologie des Kapitalismus". Es ist schwer reproduzierbar. Hier wird u.a. das Konzept einer „tendenziellen Anomie" der mit der kapitalistischen Ökonomie verbundenen Normensysteme entwickelt, eines zerrissenen Lebenszusammenhangs zwischen dem Produktions- und Konsumtionsbereich, aber auch zwischen der Erwachsenenwelt und einer ghettoisierten Kindheit, welche die Integrationskraft der Individuen grundlegend überbeansprucht. Die Gewalt, die ihnen angetan wird und die sie sich selbst antun müssen, kann nur unter einer dünnen Oberfläche sozialer Integration und sozialen Friedens verborgen werden und steht für die staatlich organisierten Gewalttätigkeiten unseres Jahrhunderts, die „Rebarbarisierung des Kontinents" (A. CESAIRE), gewissermaßen in steter Abrufbereitschaft zur Verfügung. Am Beispiel der Kindesmißhandlung, die zunächst als das „ganz Andere" des normalen Sozialisationsprozesses in den sozial integrierten Familien er-

scheint, zeigt BRÜCKNER, daß die besonderen, ins Auge springenden Gewaltphänomene Teil eines allgemeineren, strukturell verankerten Gewaltpotentials in der kapitalistischen Gesellschaft etwa der prinzipiellen Ambivalenz gegenüber Kindern sind. In der „Sozialpsychologie" zeigt sich noch die „Frankfurter" Tendenz zur Totalisierung von Entfremdung, die aber in den späteren Schriften von BRÜCKNER, die sich größtenteils analytisch und kritisch mit der Gewalt im Umfelt des Terrorismus in der BRD auseinandersetzen, als Beitrag zu einer Selbstkritik der Linken zunehmend in Frage gestellt wird (BRÜCKNER 1973, 1976; BRÜCKNER/SICHTERMANN 1975a, 1975b). An der RAF wird z.B. der „Amoklauf der Abstraktionen", der in den besonderen Lebensäußerungen der Individuen immer nur die allgemeine gesellschaftliche Entfremdung wiederfindet, ohne je wieder an die „Oberfläche" des wirklichen Lebenszusammenhangs zurückzufinden, kritisiert; es wird die These von der totalen Manipulation der Massen, deren Glückvorstellungen nur auf Verdrängung von gesellschaftlichem Unglück basieren sollen, als elitär und blinder Ausdruck der historischen „Heimatlosigkeit" und Marginalisierung deutscher linker Intelligenz zurückgewiesen. Gegen diese These der RAF und anderer, daß Leben heute nur noch als dauernder erbitterter Widerstand gegen die Gesellschaft möglich sei, betont BRÜCKNER die dialektische Einheit von Widerstand und Leben. Effektiven Widerstand kann es nur geben, wenn auch Räume angenommen und gesucht werden, in denen menschliches Leben sich lohnt und Momente von Glück erfahren werden können. Solche Räume können in den Bereichen von Liebe und Kindheit, aber vor allem auch in der Verschränkung von öffentlichem und privatem Glück liegen, wie es sie in der Studentenbewegung ansatzweise gegeben hat. Das widerspricht ADORNOS These von der völligen Unmöglichkeit eines richtigen Lebens im falschen. Hingewiesen sei noch auf BRÜCKNERS letztes Buch „Versuch, uns und anderen die Bundesrepublik zu erklären" (1978), in dem ein grundlegender Beitrag für ein historisch begründetes Konzept nationaler politischer Identität zu sehen ist.

Ebenfalls an den aktuellen Problemen der Emanzipationsbewegungen seit Mitte der sechziger Jahre orientiert sind die Arbeiten von DUHM und SCHNEIDER, die bei ihren jeweiligen Versuchen, eine historisch-materialistische Theorie des Subjekts zu erarbeiten, beide von einer breiteren Aufarbeitung des MARXschen Systems ausgehen. In seinem Buch „Warenstruktur und zerstörte Zwischenmenschlichkeit" zeichnet DUHM zunächst in ausführlicher MARX-Interpretation nach, wie die Tatsache, daß im Kapitalismus alle gesellschaftliche Produktion Warenproduktion ist, zu einer extremen, in der Geldform handgreiflich werdenden Versachlichung des gesellschaftlichen Bandes zwischen den Individuen, zu deren Gleichgültigkeit und Isolation gegeneinander führt. Aber trotz und in dieser Isolation bleiben die Warenbesitzer aufeinander angewiesen, weil die hergestellten Tauschwerte auf dem Markt ja realisiert werden müssen. „Erstens muß die Ware einen Markt finden, sie muß also gesellschaftlich akzeptiert werden. Zweitens muß die Tauschwertrealisation durchgesetzt werden gegen die Konkurrenten, die ebenfalls ihre Tauschwerte realisieren wollen" (DUHM 1973, S. 94). Diese beiden „Momente existentieller Bedrohung" konstituieren nach DUHM die Realisierungsangst, das zentrale Vermittlungsglied zwischen der ökonomischen Warenstruktur und der Zwischenmenschlichkeit. Eine solche Realisierungsangst existiert in der Tat. Problematisch ist es aber, die Angst davor, „daß die ökonomische Verwertung nicht gelingt", in einem Atemzug zu nennen mit der Angst, „daß die soziale Anerkennung, die man sich einhandeln will, nicht erfolgt" und der allgemeinen Angst „vor gesellschaftlichem Liebes- und Existenzverlust" (S. 94). DUHM nimmt zwischen der ökonomischen und der „außerökonomischen" Ebene der Interaktionsanalyse durchweg eine *analogische* Beziehung an. Die Realisierungsangst wird für ihn innerhalb der kapitalistischen Gesellschaft zu einem „Merkmal der menschlichen Kommunikation überhaupt, da auch die außerökonomischen Beziehungen der Menschen weitgehend die Form von Warenbeziehungen haben" (S. 102). Die Warenförmigkeit zieht sich bruchlos durch alle Abstraktionsebenen und Lebensbereiche hindurch; zu den Waren zählen „nicht nur materielle Dinge, sondern auch die veräußerlichten Persönlichkeitseigenschaften wie ‚Intelligenz', ‚gutes Benehmen', ‚Mut', ‚Charme' usw." (S. 87). Es ist äußerst fraglich, ob die ausschließliche Konzentration auf die Suche nach Analogiestrukturen der kapitalistischen Gesellschaft als eines Funktionszusammenhangs von *widersprüchlichen* Elementen gerecht wird. Familie z.B. ist immer *auch* die Negation einer ökonomischen Tauschbeziehung; sie beruht zumindest teilweise auf einer „unbedingten" Solidarität, die sich zur Tauschwertökonomie komplementär und kompensatorisch verhält. Die Formbestimmtheit eines Gegenstandes oder einer Sozialbeziehung durch die ökonomischen Verhältnisse, in die sie eingebettet sind, muß nicht bedeuten, daß ihre Struktur der der Verhältnisse eindeutig analog ist. Sonst gerät man sehr schnell in eine theoretische Nacht, in der alle Katzen grau sind. In DUHMS These von der „Richterfunktion des Mitmenschen", die die Abhängigkeit des Individuums vom Urteil und den Sanktionen anderer für ein Resultat der entfremdeten Tauschbeziehungen hält, wird die allgemeine Spezifik und Problematik menschlicher Interaktion, ihre Regulation durch intersubjektive Normen, mit ihrer historisch-spezifischen Ausprägung zusammengeworfen. Dieselbe Identifizierung nimmt, nur mit umgekehrten, anthropologisierenden Vorzeichen, die bürgerliche Rollentheorie vor. Indem DUHM tendenziell alle Aspekte zwischenmenschlicher Abhängigkeit dem Kapitalismus anlastet, entgeht ihm erstens oft die wirkliche historische Besonderheit kapitalistischer Interaktion und schwankt zweitens sein Emanzipationskonzept ratlos zwischen der völligen Verzweiflung über die allseitige Verdinglichung menschlichen Handelns und einem illusionären Freiheitsbegriff hin und her. In DUHMS späterem Buch „Der Mensch ist anders" (1975) rächt sich das als eine unvermittelte anthropologische Wende. Da finden sich Thesen wie: „Der wirkliche Mensch ist kein homo sociologicus. ... Sowohl der animalischen wie der religiösen Seite menschlicher Existenz wohnt eine mystisch-sinnliche Kraft inne, auf die wir nicht mehr verzichten wollen" (S. 225). Nachdem DUHM zuvor die Erklärungskraft der ökonomischen Analyse überstrapaziert hatte und in der „Warenanalyse" die allgemeinen Spezifika und Konfliktlagen menschlichen Handelns als relativ selbständiges Problem geleugnet hatte, wird jetzt das Anthropologieproblem in einer quasi-religiösen Weise aufgebläht und gegen die ökonomische Analyse ausgespielt (zur ausführlichen Kritik vgl. OTTOMEYER 1976b).

SCHNEIDER (1973) versucht, anknüpfend an die Diskussion um den „Freudomarxismus", in den zwanziger Jahren (SANDKÜHLER 1970) Psychoanalyse und Marxismus auf einer breiteren, systematischen Grundlage miteinander zu vermitteln. Er sagt über sein Verfahren: „Es handelt sich (...) darum, auf der einen Seite die in Marx' ‚Kapital' verstreuten Ansätze einer materialistischen Psychologie und Psychopathologie aufzunehmen und weiterzuentwickeln, auf der anderen Seite Freuds großartige Strukturbeschreibung der ‚bürgerlichen Seele', zumal seine Krankheits- und Neurosentheorie, aus den ökonomischen Bewegungsgesetzen der bürgerlichen Gesellschaft selbst abzuleiten" (S. 162). SCHNEIDERS materialreiches Buch lohnt sich zu lesen. Aufgrund seines analogischen Verfahrens der Vermittlung zwischen Individuum und Gesellschaft erscheinen jedoch die Individuen bei SCHNEIDER über weite Strecken als verkleinerte Abbilder oder „Miniaturausgaben" des sie bestimmenden Kapitalverhältnisses. Er hält die beiden Subjekte der kapitalistischen Gesellschaft, das „automatische" Pseudosubjekt Kapital (vgl. oben) und die konkret-menschlichen, individuellen Subjekte in ihren Eigengesetzlichkeiten nicht genügend auseinander. Die Maßlosigkeit des „Akkumulationsdranges" im Kapital setzt sich in den konkret-menschlichen Subjekten einfach als „Bedürfnis nach abstraktem Reichtum", als „maßlose Bereicherungssucht" fort und findet „Befriedigung *nur*, wenn sie von *allen* konkreten, besonderen Gebrauchswerten abstrahiert" (S. 174; Hvg. K.O.). Eine solche totale Entsinnlichung der Individuen muß aber als ein anthropologisches Unding angesehen werden; fände sie wirklich statt, müßten die Individuen nicht mehr leiden. Auch SCHNEIDER überstrapaziert die Erklärungskraft der politisch-ökonomischen Analyse. Im Zusammenhang mit der These von der „spezifisch-bürgerlichen Pseudonatur" der von der Psychoanalyse angesprochenen Konflikte – zwischen Ich und Es, Bewußtem und Unbewußtem, welche SCHNEIDER aus dem Doppelcharakter der Ware ableitet – muß auch auf die Existenz des Inzesttabus verwiesen werden, das unbestreitbar sehr viel allgemeiner als der patriarchalische Ödipuskomplex ist und möglicherweise universelle zwischenmenschliche und innerpsychische Konfliktlagen impliziert. Auf einen möglicherweise vorhandenen anthropologischen Gehalt der Psychoanalyse hatte schon BERNFELD (1971) in seiner Kritik an REICH (1971) aufmerksam gemacht (zur ausführlichen Kritik vgl. OTTOMEYER 1976b).

3.3 Habermas

HABERMAS hat sich in mancherlei Hinsicht von der Frankfurter Schule gelöst. So diskutiert er etwa Fragen der Sozialisation sehr offen auch auf einer anthropologischen Ebene. Identität ist für ihn ein anthropologisches Grundphänomen, dessen Entstehen er sowohl aus der Evolutionsgeschichte der Menschheit im Zusammenhang mit dem familialen Rollensystem der menschlichen Spezies zu erklären versucht (HABERMAS 1976, S. 148ff.), als auch auf der ontogenetischen Ebene mit Hilfe einer allgemeinen Entwicklungspsychologie erfassen möchte. Diese Entwicklungspsychologie will er aus dem Konzept der kognitiven Stufen bei PIAGET, dem Konzept der Ich-Identität im Anschluß an G. H. MEAD und dem Konzept der psychosexuellen Reifungskrise bei FREUD synthetisch entwikkeln. Grob unterscheidet er die vorreflexive „natürliche Identität" des kleinen Kindes, die durch zwischenmenschliche Symbolsysteme gestützte „Rollenidentität" des Kindes im Schulalter, die sich wesentlich über die Anerkennung innerhalb einer beschränkten partikularen Gruppe (Familie, Volk) bildet (HABERMAS 1976, S. 92ff.) und schließlich die selbstreflexive Ich-Identität des Heranwachsenden. Der Heranwachsende beginnt, vor allem unter dem Rollenpluralismus der modernen Industriegesellschaft, seine lebensgeschichtlich angeeigneten Rollenidentitäten als gesellschaftliche Konventionen zu begreifen und entwickelt eine selbstreflektierte, auf abstrakteren Prinzipien der Gegenseitigkeit beruhende „Ich-Identität". Das Individuum „muß seine Identität sozusagen hinter die Linien aller *besonderen* Rollen und Normen zurücknehmen und allein über die abstrakte Fähigkeit stabilisieren, sich in beliebigen Situationen als derjenige zu repräsentieren, der auch angesichts inkompatibler Rollenerwartungen und im Durchgang durch die lebensgeschichtliche Folge widersprüchlicher Rollensysteme, den Forderungen der Konsistenz noch genügen kann. Die *Ich-Identität* des Erwachsenen bewährt sich in der Fähigkeit, neue Identitäten aufzubauen und zugleich mit den überwundenen zu integrieren, um sich und seine Interaktionen in einer unverwechselbaren Lebensgeschichte zu organisieren. Eine solche Ich-Identität ermöglicht jene Autonomisierung und zugleich Individuierung, die in der Ich-Struktur schon auf der Stufe der Rollenidentität angelegt ist" (a.a.O., S. 95). Das HABERMASsche Konzept von Identität (und Gesellschaft) beruht auf der starren, undialektischen Trennung von Arbeit und Interaktion, die er schon früh, zusammen mit der Behauptung, der MARXsche Praxisbegriff sei instrumentalistisch verkürzt, verkenne die intersubjektiven Anerkennungsprozesse und führe zu einer falschen Lokalisierung des menschlichen Emanzipationspotentials in der Dimension der Produktivkräfte, in sein Denksystem eingebaut hatte (1968a und 1968b). Wie das obige Zitat zeigt, ist Identitätsbildung bei HABERMAS vor allem ein gesellschaftliches *Anerkennungs- und Präsentationsproblem*. Bildung von Selbstbewußtsein bzw. Identität über Produkte und produktbezogene Qualifikationen klammert er aus der Entwicklung von Individuen weitgehend aus. Zwar wird zugestanden, daß das Ich seine Unabhängigkeit auch über dem bei PIAGET untersuchten Umgang mit „der äußeren Natur manipulierbarer Gegenstände" (DÖBERT/HABERMAS/NUNNER-WINKLER 1977, S. 11) vergrößert. Aber Manipulieren ist nicht Produzieren und ist bei HABERMAS allenfalls eine allgemeine Voraussetzung, niemals aber eine selbständige Dimension und Quelle von Identitätsbildung. Des weiteren wird von PIAGET dann fast nur der Untersuchungsstrang der – zunehmend reflexiven – *Moralentwicklung* übernommen. PIAGETS Untersuchung der zunehmenden *Selbstobjektivierung* („Reversibilität") der Kinder im Umgang mit Gegenständen und der Verschränkung von sozialer Perspektivenübernahme und selbstobjektivierender Gegenstandsbeherrschung in der elementaren *Zusammenarbeit* („cooperation") (PIAGET 1971, S. 178ff.) beim älteren Kind wird beiseite gelassen, weil sie die einmal eingeführte Trennung von Arbeit und Interaktion grundlegend in Frage stellen würde. Es ist zwar ein Verdienst, daß HABERMAS Fragen der Anthropologie und einer allgemeinen Entwicklungspsychologie als Ergänzung zur historisch spezifischen Gesellschaftsanalyse wieder einführt, aber seine Anthropologie und sein Entwicklungskonzept sind interaktionistisch verengt.

Auch die Gesellschaftstheorie von HABERMAS ist durch die Trennung von Arbeit und Interaktion gekennzeichnet. Arbeit wird dabei mit instrumentellem Handeln gleichgesetzt, in welchem sich die Individuen nicht reflexiv gegenübertreten. Das tun sie nur in der Dimension der Interaktion, die auch den Kampf der Klassen mit umfaßt: „Die Dialektik des Klassenantagonismus ist, anders als die Synthesis (der Gesell-

schaft, Anm. K.O.) durch gesellschaftliche Arbeit, eine Bewegung der Reflexion" (HABERMAS 1968a, S. 81). HABERMAS fürchtet eine Ausdehnung des „Funktionskreises zweckrationalen Handelns", der instrumentellen Beziehungen in die „sozialen Lebenswelten", die Interaktionsbeziehungen der Individuen hinein. 1968 wollte er außerdem den Begriff des Produktionsverhältnisses neu fassen: „Der Zusammenhang von Produktivkräften und Produktionsverhältnissen müßte durch den abstrakteren von Arbeit und Interaktion ersetzt werden" (HABERMAS 1968b, S. 92). Eine solche „interaktionstheoretische Reformulierung" ökonomischer Kategorien, wie sie etwa auch PARIS (1976) fordert, wäre als eine grandiose Reduktion auf Unmittelbarkeit ein Rückfall hinter die Einsicht in die versachlichte Eigenlogik des Gesellschaftlichen in der Frankfurter Schule.
Inzwischen wird bei HABERMAS, unter dem Einfluß der Systemtheorie LUHMANNS, eine solche interaktionistische Reduktion wieder zurückgenommen und das Verselbständigungsproblem anerkannt: „Die Individuen gehören nur mehr zur Umwelt ihres sozialen Systems. Die Gesellschaft gewinnt ihnen gegenüber eine Objektivität, die sich, weil sie auf Subjektivität gar nicht mehr bezogen ist, in einen intersubjektiven Sinnzusammenhang auch gar nicht mehr einbringen läßt" (HABERMAS 1976, S. 112). Während nun LUHMANN den Bezug der Systeme auf die nach Legitimation und Sinn fragenden Subjekte bzw. Individuen aus Gründen der Systemerhaltung für endgültig aufhebbar hält, meint HABERMAS, daß eine solche Abkoppelung nicht möglich und nicht wünschenswert ist. Die „Erhaltungsbedingungen der Systemmitglieder", ihre Bedürfnisse nach Identität und sinnvoller Existenz müssen noch unter der Verselbständigung der Systeme erfüllt werden. Die anthropologische Frage wird als eine Frage der Grenzen von Verselbständigung wichtig. „Die im Entstehen begriffe Weltgesellschaft mag ihre Steuerungskapazität noch so sehr erhöhen; wenn dies nur um den Preis der humanen Substanz möglich ist, müßte jeder weitere evolutionäre Schub die Selbstzerstörung der vergesellschafteten Individuen und ihrer Lebenswelt bedeuten" (a.a.O., S. 114). HABERMAS hält eine kollektive Identität der Individuen noch für möglich; aber nur als eine neue Form von Identität, die sich nicht mehr auf partikulare Bindungen der Individuen an Territorien und bestimmte Organisationen (z.B. Partei, Arbeiterbewegung) stützen kann. Die neue gesellschaftliche Identität muß – parallel zu der o.g. psychologischen Entwicklungsstufe der reifen Ich-Identität – formal und reflexiv sein. „Auch kollektive Identitätsbildung ist heute nur noch in reflexiver Gestalt denkbar, nämlich so, daß sie im Bewußtsein allgemeiner und gleicher Chancen der Teilnahme an solchen Kommunikationsprozessen begründet ist, in denen Identitätsbildung als kontinuierlicher Lernprozeß stattfindet" (a.a.O., S. 116). Identitätsbildung verläuft nicht mehr naturwüchsig-traditionell; sie ist z.B. durch staatliche Planung im Bereich der Curricula vermittelt. „Die Curriculumplanung versucht, eine wesentliche Leistung der Tradition, nämlich aus der Menge der zugänglichen Überlieferungen eine legitime Auswahl zu treffen, nun selbst zu übernehmen" (a.a.O., S. 120). An diesem Punkt wie auch an zahlreichen anderen wird deutlich, daß die staatliche Verwaltung ihre eigene *Legitimationskrise* produziert. „Die breiten und erregten Reaktionen auf neue Lehrpläne, Berunruhigungseffekte unerwarteter Art, bringen zu Bewußtsein, daß eine administrative Erzeugung kultureller Legitimität gar nicht möglich ist. Vielmehr bedarf es dazu eben jener wert- und normbildender Kommunikationen, die unter Eltern, Lehrern, Schülern einsetzen und beispielsweise Bürgerinitiativen auf den Plan rufen" (a.a.O., S. 120).
Einzuwenden gegen die Überlegungen von HABERMAS ist vor allem erstens, daß er die Identitätsprobleme zu ausschließlich im Verhältnis von Individuum und modernem, sich in Legitimationskrise befindendem Staat und nicht zunächst unter dem „stummen Zwang" des alltäglichen ökonomischen Reproduktionsprozesses untersucht, von dem auch der spätkapitalistische Staat abhängig ist; und zweitens, daß seine Vorstellungen von einer neuen kollektiven Identität, die sich „auf Grundnormen der vernünftigen Rede" zurückführen läßt, wieder eine interaktionistische Verdünnung des Identitätsproblems darstellt. Eine produktvermittelt-solidarische Identität der „assoziierten Produzenten" (MARX) läßt sich so nicht begründen.

3.4 Lucien Sève

Lucien SÈVE (1972), prominentes Mitglied der Kommunistischen Partei Frankreichs, hat eine sehr beachtete Grundlegung einer eigenständigen marxistischen Persönlichkeitstheorie unternommen, welche ohne Anleihen bei der bürgerlichen Wissenschaft und Philosophie auszukommen versucht. SÈVE wendet sich gegen die existentialistischen Positionen leerer (reduktionistischer) Subjektivität und den damit verbundenen emphatischen, aber unhistorisch-abstrakten Praxisbegriff unter dem Einfluß von SARTRE, ebenso wie gegen die antihumanistische, objektivistische Deutung der gesellschaftlichen Beziehungen durch den (marxistischen) Strukturalismus unter dem Einfluß von ALTHUSSER. Sein Versuch einer dialektischen Vermittlung zwischen den Positionen ist aber von sehr viel mehr Sympathie gegenüber den Strukturalisten als gegenüber den existentialistischen Fragestellungen gekennzeichnet. Eine Bestimmung eines „menschlichen Wesens" einer allgemeinmenschlichen Subjektivität aus dem Konzept des „Gattungswesens" in den MARXschen „Ökonomisch-Philosophischen Manuskripten" (und ihrem Umfeld) heraus, wie es sich in Verbindung mit existentialistischem Denken bei marxistischen Kritikern der Unterdrückung von Subjektivität im „realen Sozialismus" findet (vgl. LUCACS, HELLER u.a. 1975; KOSIK 1967; SCHEFF 1970), lehnt SÈVE radikal ab. Er hält die „Manuskripte" trotz der Wichtigkeit der hier zuerst aufgeworfenen Frage nach den Grundlagen menschlicher Subjektivität, insgesamt doch für ein „theoretisches Irrlicht", eine „Schwachstelle" in der MARXschen Theorie, weil in ihnen ein abstrakter, unhistorischer Humanismus stecken soll. Die den vorliegenden Beitrag einleitenden Bestimmungen von menschlicher Praxis und Identität wären für SÈVE ein solcher abstrakter „Frühschriften-Humanismus". Eine wissenschaftliche Subjektivitätskonzeption kann dagegen für SÈVE nur historisch-konkret sein; sie muß auf der politisch-ökonomischen Analyse des Kapitalismus beim „reifen" MARX beruhen, der angeblich einen Bruch mit seiner Frühschriften-Anthropologie vollzogen hat.

SÈVE geht aus von der 6. FEUERBACH-These bei MARX, deren Kernsatz lautet: „Aber das menschliche Wesen ist kein dem einzelnen Individuum innewohnendes Abstraktum. In seiner Wirklichkeit ist es das Ensemble der gesellschaftlichen Verhältnisse" (MEW 3, S. 6). Es ist – philologisch und systematisch – zweifelhaft, wenn SÈVE diesen auf die unbedingt notwendige historisch-gesellschaftliche Konkretion hin akzentuierten Wesensbegriff als scharfe Alternative zum früheren MARXschen Begriff eines allgemein-menschlichen Gattungswesens einführt, welches durch die Dialektik von Vergegenständlichung und Aneignung, den reflexiven und intersubjektiven Charakter von Praxis etc. (vgl. oben) charakterisierbar ist. „Das menschliche Wesen", sagt SÈVE jetzt, „befindet sich nicht auf der Seite der einzelnen Individuen, sondern auf der Seite der gesellschaftlichen Verhältnisse" (S. 102). Er spricht von einer grundsätzlichen Äußerlichkeit, Außermittigkeit und sogar „Fremdheit des menschlichen Wesens in bezug auf das einzelne Individuum, auf die psychologische Gestalt" (S. 261). Wenn man festhält, daß MARX das Wesen der Individuen als das Ensemble der gesellschaftlichen Verhältnisse bestimmt, dann muß man mit dem MARX der „Deutschen Ideologie" *auch* festhalten, daß „die gesellschaftlichen Verhältnisse (...) unter allen Umständen nichts anderes als ihr (der Individuen, K.O.) wechselseitiges Verhalten" sein können (MEW 3, S. 423). Die Selbständigkeit der Verhältnisse gegenüber dem für sie konstitutiven wechselseitigen Verhalten der Individuen ist ein historisch produzierter *realer Schein*, und in diesem Sinne ist das Verhalten wiederum das verborgene Wesen der Verhältnisse (vgl. oben). SÈVE kann den Bruch, die strikte Nichtidentität zwischen Verhältnissen und Verhalten nicht als spezifisch kapitalistische Konstitutionsbedingung von Subjektivität reflektieren, macht also den Fehler des „soziologischen Objektivismus". SÈVE sperrt die Spezifik des menschlichen Handlungsmodus Praxis in zweierlei Hinsicht aus der Reflexion über das menschliche Wesen aus: Einerseits hinsichtlich der verhältnis- und weltkonstitutiven Kraft menschlichen Handelns (wechselseitigen Verhaltens) und andererseits hinsichtlich der inneren, reflexiv-produktiven und sozialen Struktur dieses Handelns – sein eigener Versuch, Handlung zu definieren, geht an der menschlichen Spezifik völlig vorbei (S. 308ff.). Beide Aussperrungen zusammengenommen lassen es eigentlich kaum noch denkbar erscheinen, daß eines Tages Menschen als „assoziierte Produzenten" die gesellschaftlichen Verhältnisse in planvoll-bewußtem, solidarischem Verhalten selbst konstituieren könnten. Und die Feststellung des „reifen Marx", daß eine solche Lebens- und Produktionsweise der „*menschlichen Natur* würdig und adäquat" (Hvg. K.O.) sei, kann unter SÈVES Voraussetzungen nur als peinlicher Rückfall auf einen vorwissenschaftlichen Begriff vom „menschlichen Wesen" angesehen werden. Der Maßstab für gehemmte oder verkrüppelte

Subjektivität, den jeder braucht, der Entfremdung thematisiert, kann dementsprechend bei SÈVE nur noch auf willkürliche und personalistische Weise, durch den Vergleich der im Kapitalismus unentwickelten Masse mit den „großen Menschen" unserer Epoche gewonnen werden (S. 202ff.). Die hierin angelegte Gefahr des herrschaftslegitimierenden Personenkults braucht nicht weiter ausgeführt zu werden (zur ausführlichen Kritik vgl. OTTOMEYER 1976b). Eine teilweise brauchbare Vermittlungskategorie zwischen Individuum und Gesellschaft bei SÈVE ist die „Individualitätsform", die offenbar in Anlehnung an die MARXsche „Charaktermaske" entwickelt wurde (vgl. S. 261ff.). SÈVE spricht von „notwendigen Aktivitätsmatrizen", die den Individuen „objektiv bestimmte gesellschaftliche Charaktere aufprägen" und hebt hervor, daß die Individualitätsformen *des* Kapitalisten, *des* Lohnarbeiters etc. keine bloß intersubjektiven Kulturmodelle, Rollenmuster etc. sind. Er bestreitet nicht, daß solchen interaktionstheoretischen Begriffen „eine Realität entspricht". Ein Mangel des Individualitätsformkonzepts bleibt aber, daß SÈVE den Stellenwert der normativ-interpersonellen Einigungsformen innerhalb der objektiv-ökonomischen („nichtnormativen") Anforderungen nicht angibt und untersucht. Es bleibt somit sozialisationstheoretisch abstrakt.

3.5 *„Kritische Psychologie"*

Die wesentlich von HOLZKAMP am Berliner Psychologischen Institut inspirierte „Kritische Psychologie" setzt sich von der bloßen Ideologiekritik bürgerlicher Psychologie im Anschluß an die Studentenbewegung und von der gängigen versatzstückartigen Einbeziehung der Psychoanalyse in die marxistische Gesellschaftstheorie ab und versucht in Anknüpfung an die sowjetische „kulturhistorische Schule" von LEONTJEW (1973) zu einer genuin marxistischen, positiven Persönlichkeitstheorie zu gelangen. Es ist ihr Verdienst, die Frage der Anthropologie, einer spezifisch-menschlichen Natur von Lebenstätigkeit und psychischen Prozessen, als notwendigen Bezugspunkt historisch-konkreter Analyse offen und ausführlich thematisiert zu haben. Dem naturgeschichtlichen „Tier-Mensch-Übergangsfeld" kommt dabei zentrale Bedeutung zu. In seinem Buch „Sinnliche Erkenntnis" (1973) untersucht HOLZKAMP die naturgeschichtliche Gewordenheit menschlicher Wahrnehmung als eines Moments der gegenständlichen Tätigkeit und materiellen Lebensreproduktion der Gattung überhaupt und arbeitet diese Spezifik vor dem Hintergrund der „bloß organismischen Qualität" von Wahrnehmung auf den niederen Evolutionsstufen heraus. Gerade das erleichtert ihm die historisch-konkrete Untersuchung dieses Aspekts von menschlicher Tätigkeit im Kapitalismus. „Erst wenn es gelungen ist, durch Abhebung von den Ergebnissen naturgeschichtlicher Gewordenheit die Grundzüge allgemeinster gesellschaftlich-historisch bedingter Eigenarten menschlicher Subjektivität (in jeweils relevanten Hinsichten) abstrahierend angemessen zu bestimmen, können in einem dritten Schritt durch konkretisierende Analysen an den Subjektivitätseigenarten, als Resultate der individuellen Aneignung historisch-gesellschaftlicher Erfahrung, jene Momente herausgearbeitet werden, die nicht lediglich Merkmale menschlicher Gesellschaftlichkeit überhaupt, sondern spezifische Merkmale menschlicher Gesellschaftlichkeit unter bürgerlichen Lebensbedingungen darstellen" (HOLZKAMP 1973, S. 54; Hervorhebungen des Originals gestrichen).

Die Methode ist die eines „Dreischnitts" über die Stufen des Organismischen, Allgemein-Menschlichen und Historisch-Spezifischen. Elementare Wahrnehmungstatbestände auf organismischem Niveau sind etwa die bekannten „optischen Täuschungen" mit ihrer bereits für das Sicherungsverhalten der Tiere funktionalen Überverdeutlichung der gegenständlichen Gliederung von Reizkonstellationen, z.B. Feindbildern (S. 322). Die damit verbundenen gewissermaßen vorschnell zusammenfassenden Organisationseffekte der Wahrnehmung existieren noch beim Menschen und tragen in der komplexen Widersprüchlichkeit der kapitalistischen Gesellschaft mit bei „zu falschen Evidenzen, zu Irrtümern mit der Qualität sinnlicher Gewißheit" (S. 328). Spezifisch menschliche Wahrnehmung ist wesentlich durch „objektive Gegenstandsbedeutungen" vermittelt, die von den Menschen in die sie umgebende Welt buchstäblich *hineingearbeitet* worden sind, und aus denen sich die sprachlich-symbolischen Bedeutungen erst ableiten. Die objektiven Gegenstandsbedeutungen sind Resultate von „kollektiven Gebrauchswert-Antizipationen", die über vergegenständlichende Arbeit in materielle Wirklichkeit umgesetzt und von Generation zu Generation tradiert und optimiert werden. Im Kapitalismus allerdings geraten die Gegenstandsbedeutungen unter eine Formbestimmtheit, die die Wahrnehmung – etwa des heranwachsenden Kindes – vor Probleme stellt: „Das Kind, indem es nicht nur Gebrauchswertcharakteristika, sondern mit den Tauschwertcharakteristika der Gegenstandsbedeutungen auch Momente des Warenfetischs sich aneignet, gelangt es dazu, nicht nur Bezeichnungen wie ‚spitz', ‚rot' oder ‚hohl' unmittelbar auf wirkliche Eigenschaften des bedeutungsvollen Dings zu beziehen, sondern genauso Bezeichnungen wie ‚teuer', ‚billig', ‚wertvoll' etc. ... Der (...) objektiv widersprüchliche, ‚sinnlich-übersinnliche' Charakter der Warenwelt wird in der Wahrnehmung nicht ‚eingesehen' (...). Demnach wird der Widerspruch, daß in der Tauschwertcharakteristik von Dingen etwas sinnlich nicht unmittelbar Gegebenes als sinnlich wahrnehmbar erscheint, in der Wahrnehmungstätigkeit faktisch ausgeklammert: Der objektive Widerspruch ist subjektiv nicht repräsentiert" (S. 212/13). Solche Widersprüche können auf der Stufe des „orientierenden Erkennens", welches mit seinen beiden Unterstufen des anschaulichen und des auf rein logische Widerspruchsfreiheit zielenden problemlösenden Denkens (PIAGET) bürgerlicher utilitaristischer Praxis oder der Oberflächensphäre des Pseudo-Konkreten (KOSIK 1967) verhaftet bleibt, nicht gelöst werden, sondern nur mit Hilfe des *begreifenden Erkennens*, welches die Widersprüche als gesellschaftlich produzierte und notwendige rekonstruiert (vgl. S. 336ff.) und ihre Überwindung durch kollektive gesellschaftliche Praxis ins Auge faßt.

Kritisiert werden muß an HOLZKAMPS Konzept der Gegenstandsbedeutungen und der gegenständlichen Tätigkeit vor allem die Tendenz, dem Aufforderungscharakter der Gegenstände eine zwingende Sachlogik zu unterschieben, die unabhängig von den Prozessen symbolischer Kommunikation, Interpretation, Einigung und Situationsdefinition zwischen den kooperierenden und interagierenden Individuen betrachtet wird (vgl. zur Kritik: PARIS 1977, OTTOMEYER 1977b), eine Tendenz, die auch die politische Konsequenz eines technologischen Determinismus in sich tragen kann. Es liegt eine instrumentalistische Verengung des Praxisbegriffs vor. Der interpersonal und intrapersonal *reflexive* Charakter menschlicher Praxis wird vernachlässigt. Bei HOLZKAMP erscheint die symbolvermittelte Reflexivität menschlicher Tätigkeit nur als naturgeschichtliches und gesellschaftliches Folgeprodukt der materiellen Arbeit im eng gefaßten Sinne. Dabei besteht das Problem gerade darin, daß wir, wenn wir von Arbeit im MARXschen Sinne reden, schon per definitionem das Vermögen zur symbolischen Antizipation und eine reflexiv-antizipatorische Selbststeuerung der Tätigkeit *voraussetzen* müssen (vgl. MEW 23, S. 193f.). Man gerät also leicht bei der einlinigen Herleitung symbolvermittelter Reflexivität und des Selbstbewußtseins aus der gegenständlichen Tätigkeit im Sinne der unmittelbaren Werkherstellung und des Werkzeuggebrauchs in eine Zirkelargumentation. Wichtige Überlegungen, die Auswege aus dieser Problematik zeigen, den mehrdimensionalen Ursprung menschlicher Reflexivität verfolgen und die wissenschaftlichen und politischen Gefahren eines instrumentalistisch verengten Tätigkeitsbegriffs vermeiden helfen, finden sich hingegen bei SCHURIG (1976), der innerhalb der „Kritischen Psychologie" eine eigenständige Position hat. Er stellt u.a. fest, daß sich beim Menschwerdungsprozeß während des Zeitraums von den Australopithecinen bis ins Jungpaläolithikum, in dem sich die Hirnkapazität der Hominiden etwa verdreifacht hat, nur eine minimale Verbesserung der Werkzeuge feststellen läßt und hält es dementsprechend für sinnvoll, „mindestens drei Komponenten der Bewußtseinsentwicklung anzunehmen: Manipulations- und Werkzeugverhalten, hochdifferenzierte Sozialsysteme und eine entwickelte innerartliche Kommunikationsstruktur" (S. 36). Der intersubjektive Einigungsprozeß und die Verständigung über sprachliche Symbole erhalten hier ihr Eigengewicht für die phylogenetische Entstehung von Bewußtsein und Selbstbewußtsein zugesprochen.

Verglichen mit der Dimension der Phylogenese und des Menschenbildes vom Erwachsenen muß die Dimension der Ontogenese in der „Kritischen Psychologie" als unausgearbeitet angesehen werden. Zwar finden sich bei HOLZKAMP wichtige Ansätze zu einem Konzept klassen- und schichtspezifischer Sozialisation, wenn er in der „Sinnlichen Erkenntnis" auf die „Standortgebundenheit" von Wahrnehmung und Perspektive in der Ontogenese eingeht. Aber insgesamt herrscht in den Äußerungen der „Kritischen Psychologie" über die Ontogenese ein gewisser Rationalismus und Adultismus. Die Dimension der sach- und gegenstandsbezogenen Aneignungsprozesse in der Ontogenese überhaupt in die Diskussion gebracht zu haben, ist ein wichtiges Verdienst der „Kritischen Psychologie". Jedoch wird die „Einsicht" in die Sachnotwendigkeiten zwischen Erwachsenen und Kindern, in die „objektive Gegenstandsbedeutung" beispielsweise eines Löffels, über deren (von den Erwachsenen unterstützte) Aneignung die Kinder lernen können, Suppe so und nicht anders zu essen, in ihrer Sozialisationswirkung stark überschätzt. Diese Überschätzung ist verbunden mit der Gefahr eines impliziten Normativismus, einer nicht offengelegten Verpflichtung zur „Sachlichkeit", die die entwicklungstheoretische und pädagogische Abwertung aller nicht vordergründig nützlichen Lebenstätigkeiten der Kinder nach sich zieht. So wird auch der entwicklungstheoretisch wichtige Stellenwert von Identifikationsprozessen bei Kindern schlechterdings geleugnet bzw. zum bloßen Ausdruck der vom Kapitalismus verlangten unkritisch-einsichtslosen Anforderungsübernahme erklärt. HOLZKAMP-OSTERKAMP (1976) stellt in ihrer Kritik des FREUDschen Identifikationskonzepts zwar fest, daß sehr kleine Kinder noch nicht mit Einsicht zur Anforderungsübernahme gebracht werden können, folgert daraus aber nur, daß die frühe Erziehung nach Art einer – allerdings zugunsten der Einsicht sobald wie möglich aufzugebenden – „Dressur" abzulaufen habe. Den gewissermaßen genau zwischen Dressur und Einsicht liegenden, spezifisch menschlichen und identitätsbildenden Stellenwert von Identifikationsprozessen in der Entwicklung und Erziehung nimmt sie nicht zur Kenntnis. Ähnliches gilt auch für die Einschätzung der „unkritischen" Imitations- und Rollenübernahmeprozesse der Kinder in Frigga HAUGS Kritik der Rollenspielpädagogik (F. HAUG 1976).

Die „kritisch-psychologische" Tendenz, den sachlich-gegenständlichen Bezug von Praxis in seiner Bedeutung für die menschliche Entwicklung gegen den zwischenmenschlichen Bezug einfach auszuspielen, über die Gegenstände Individuum und Gesellschaft gewissermaßen kurzzuschließen, findet sich auf der Ebene der Ontogenese auch in KOCHS (1975) Kritik der familialistischen Ideologie und Mütterromantik in dem sozialisationstheoretischen Hospitalismustheorem im Anschluß an SPITZ. Seiner Kritik an der psychoanalytischen Vernachlässigung des gegenstandsbezogenen Erkundungs- und Aneignungsverhaltens schon der Säuglinge und Kleinkinder, dem offenbar auch ein eigenständiger Motivationsstrang, eine Art „Reizhunger" (vgl. BOSHOWITCH 1970, S. 133ff.) zugrundeliegt, kann man zunächst nur zustimmen. Problematisch wird es aber, wenn KOCH folgert, daß *nicht* die intensive emotionale Zuwendung der Pflegepersonen, *sondern* die sensorische Stimulation die entscheidende Entwicklungsbedingung für die Kinder darstellt und die mütterliche Berufstätigkeit wegen ihrer „anregenden" Auswirkungen pauschal befürwortet werden müsse. Entwicklungsfördernd kann aber nicht eine beliebige Reizmenge sein, sondern nur ein über Personen einfühlsam-interessiert (z.B. nach dem Prinzip der „dosierten Diskrepanz") vermitteltes Reizangebot, wodurch die Verschränkung von sachlich-gegenständlichem und emotionalem Bezug in der kindlichen Entwicklung deutlich wird.

Auf die Darstellung von Ute HOLZKAMP-OSTERKAMPS Motivationstheorie (1975, 1976) mit ihrer Rekonstruktion eines Systems spezifisch-menschlicher „produktiver Bedürfnisse", die sich evolutionär aus dem tierischen Bedarf nach Umweltkontrolle mit zugrundeliegenden „aktionsspezifischen Energien" (K. LORENZ) entwickelt haben und dem weitgehend entwicklungslosen System der „sinnlich-vitalen" Bedürfnisse gegenüberstehen, muß hier aus Raum- und Komplexitätsgründen verzichtet werden.

4 Identitätsbildung durch gesellschaftliche Verhältnisse

Nach diesem Überblick über für unseren Zusammenhang wichtige Theorieansätze soll jetzt wieder an den zuvor begonnenen Versuch einer systematischen Vermittlung von Individuum und Gesellschaft unter dem Gesichtspunkt der Formung und Entwicklung der Identität der Individuen angeknüpft werden. Dabei geht es zunächst um die sozialisierende und identitätsformende Wirkung der kapitalistischen Ökonomie im kreislaufartigen Alltagsleben der Erwachsenen, bevor dann die Einbettung der ontogenetischen Sozialisations- und Identitätsbildungsprozesse in diesen Kreislauf untersucht wird. Bei der Betrachtung des Erwachsenenalltagslebens ist Ausgangspunkt die schon eingeführte Gliederung des sozioökonomischen Reproduktionsprozesses in die Phasen bzw. Sphären der Zirkulation, Produktion und Konsumtion (bzw. individuellen Reproduktion), in welchen den sich verhaltenden Individuen je spezifische „ökonomische Charaktermasken" aufgedrückt werden.

4.1 Identität und Zirkulationssphäre

In der Zirkulationssphäre ist das Produkt, durch das die Interaktion und die Identitätskonstitution der Individuen vermittelt wird, die Ware, einschließlich der Ware Arbeitskraft. Dieses Produkt mit seinem Doppelcharakter, Tauschwert und Gebrauchswert (vgl. ausführlich Marx, MEW 23, Kap. 1) setzt zunächst die Interessen und Perspektiven der miteinander interagierenden Individuen gegeneinander statt sie zu vereinigen. Der grundlegende Charakter von Identität ist hier durch einen konsequent-egoistischen Kampf um Überlegenheit in der Konkurrenz und durch einen possessiven Individualismus geprägt. Der Erfolg in der Dimension der produktgerichteten Aneignungstätigkeit des Individuums ist gewissermaßen umgekehrt proportional zum Zuwachs an Nähe zwischen den Interaktionspartnern. Es dominiert als Verhaltensbestimmung eine tiefe zwischenmenschliche Gleichgültigkeit. Jedes Individuum „bedient sich des anderen wechselseitig als seines Mittels" (Marx 1939/41, S. 155) und an der Wechselseitigkeit hat es nur Interesse, „soweit sie sein Interesse als das des anderen ausschließend, ohne Beziehung darauf, befriedigt" (ebenda). Aber diese instrumentalistische Gleichgültigkeit ist nur die grundlegende Bestimmung, die als Resultat des Zwanges zur Tauschwertrealisierung auf dem Markt auf dem zwischenmenschlichen Verhalten der Individuen und ihrer Identitätsbildung lastet. Gerade als sekundäres Mittel einer effektiven Tauschwertrealisierung sind ein hohes Maß an zwischenmenschlicher Sensibilität und „Empathie", mit denen sich die realisationsfördernden Gebrauchswertinteressen des Anderen auskundschaften und anlocken lassen, durchaus erforderlich. Marx spricht in den „Frühschriften" vom „liebenswürdigen Schein" im Verhalten der Individuen, die einander auf dem Markt gegenübertreten. W. F. Haug hat die unter spätkapitalistischen Bedingungen vorangetriebene Aufblähung dieses mit dem Doppelcharakter der Ware schon gegebenen „liebenswürdigen Scheins" zu einer allgegenwärtigen, verkaufsfördernden „Warenästhetik" untersucht (W. F. Haug 1971). Der Widerspruch zwischen egoistisch-instrumenteller Gleichgültigkeit einerseits und einer liebenswürdig-einfühlsamen, die Waren und sich selbst repräsentierenden Oberflächeninteraktion auf der anderen Seite, muß in der Identität der Individuen synthetisiert werden. Goffmans Theorie der Erhaltung und Bildung von Identität durch eine beständige theatralische „Presentation of Self in Every-Day-Life" (Goffman 1959) muß zu großen Teilen als ein blinder theoretischer Reflex dieser Identitätsprobleme angesehen werden. Das alte bürgerliche Identitätsproblem des Gefühls der Aufgespaltenheit in einen Rollenspieler und ein mehr oder weniger „echtes" oder „wahres" Selbst hinter den Masken findet sich ebenso in Rogers' humanistischer Psychologie und in fast allen therapeutischen Identitätskonzepten – z.B. in dem von Janov (1970). Allen diesen Identitätskonzepten kann man eine Reduktion auf Unmittelbarkeit vorwerfen. Das Identitätsproblem, das sie diskutieren und lösen zu können vorgeben, ist tief und grundlegend verankert in den Widersprüchen der Ware und des Warenbesitzerverhaltens. Man kann es nicht durch eine bloße Einstellungs- und Haltungsänderung der „Rollenspieler" bewältigen, sondern nur über Bewußtsein und Veränderung der Verhältnisse, die die Charaktermaske der Warenbesitzer unerbittlich hervorbringen.

Ein Resultat des Widerspruchs zwischen vorherrschender Gleichgültigkeit und oberflächlicher Einfühlung ist ein tiefes Mißtrauen jedes warentauschenden Individuums gegenüber der Rollenhaftigkeit des Anderen, gegenüber den Identitätszuschreibungen, die vom anderen auf es selbst gerichtet sind, und damit gegenüber dem eigenen Selbst, das ja zu seiner Bildung und Erhaltung u.a. einer verläßlichen Rückspiegelung und Bestätigung durch andere bedarf. Die Identitätsdiffusion, die aus strukturellem zwischenmenschlichem Mißtrauen resultiert, wurde mit Hilfe des Konzepts der „Metaspirale" von Laing u.a. (1966) untersucht. Das endlos-mißtrauische Hinterfragen von interpersonellen Identitätszuschreibungen, das die Individuen auf immer höhere und kompliziertere Stufen der wechselseitigen Perspektivenantizipation emportreibt, ist eine Tendenz, die psychoseartige Identitätszusammenbrüche, wie sie tatsächlich gehäuft nur in westlich-kapitalistischen Gesellschaften vorzukommen scheinen (Wulff 1972), begünstigen muß. Gegen die permanente Drohung einer Identitätsverwirrung müssen die warenbesitzenden Individuen die Grenzen ihrer

Identität erhalten und betonen. Sie dürfen bei Strafe ihres ökonomischen Untergangs „nicht weich werden“. Dies fördert systematisch selbstpossessive und narzißtische Formen der Identitätskonstitution. Das Problem des Narzißmus, das in neuerer Zeit von Psychoanalytikern sehr intensiv und manchmal in der Art eines theoretischen Universalschlüssels diskutiert worden ist (Kohut 1976, Argelander 1972, Grunberger 1975) ist ein Grundproblem bürgerlicher Psychologie, das so alt ist wie die kapitalistische Ökonomie. Es ist auch nicht erst ein Produkt spätkapitalistischer Sozialisationsbedingungen, wie es etwa nach den Thesen von Ziehe (1975) über einen sich ausbreitenden narzißtisch fixierten „Neuen Sozialisationstyp“ unter den Jugendlichen der Gegenwart erscheinen mag.

Schließlich muß betont werden, daß selbstpossessive und narzißtische Formen der Identität auf dem Markt auch für Lohnarbeiter einen zwingenden Charakter haben, weil sie als private Warenbesitzer ihre Ware Arbeitskraft verkaufen müssen. Die Bedeutung von „Selbstbesitz“ als bestimmendes Moment der Identitätsbildung hat hier sogar noch einen sehr viel hautnäheren und psychologisch wichtigeren Sinn. Die „verdinglichte Reflexivität“ der Verkäufer der Ware Arbeitskraft läßt sich im Anschluß an Lucacs (1923) ausführlicher untersuchen (Ottomeyer 1977a, S. 78f.).

Soll Sozialisation in Richtung auf ein Individuum gelingen, das sich ökonomisch selbständig – z. B. ohne Degradierung zum Dauerklienten der Sozialarbeit – zu reproduzieren vermag, so müssen im ontogenetischen Sozialisationsprozeß die grundlegenden Handlungskompetenzen des Warenbesitzerverhaltens in der Zirkulationssphäre, die Fähigkeiten zur sozialen Instrumentalisierung, zu mißtrauischer Antizipation, Härte, Konkurrenzverhalten usw. vermittelt und angeeignet werden. Im Produktions- und Konsumtionsbereich jedoch werden andere Kompetenzen verlangt.

4.2 Identität und Produktionssphäre

Die Probleme der Identitätskonstitution in der Sphäre der Produktion sind andere. Wieder ist die Ausgangsfrage: Was geschieht mit der triadischen Struktur identitätsbildender menschlicher Praxis unter dem Druck der ökonomischen Zwänge? Die produktgerichteten Tätigkeiten der arbeitenden Individuen werden hier von außen durch das Kapital unter der Dominanz des Verwertungsprozesses zusammengehalten und organisiert. So tendieren sie zunächst wieder dahin, die arbeitenden Individuen gegeneinander zu separieren, statt sie zu vereinigen. Die Produktivkraft der kooperierenden Individuen gerät außerhalb ihrer interpersonellen Kontrolle und erscheint dann wieder als Produktivkraft des Kapitals. Diese Verkehrung diskutiert Marx als den „Fetischcharakter des Kapitals“. Das verselbständigte „automatische Subjekt“ Kapital, das sich in die Maschinerie hinein verkörpert hat und die Arbeitskräfte einer beständigen Attraktion und Repulsion unterwirft, ist durch eine fundamentale, „objektiv gesetzte Gleichgültigkeit“ (Hack u.a. 1972) gegenüber dem Schicksal und den konkreten Lebensprozessen der Lohnarbeiter gekennzeichnet. Demgegenüber müssen auch die arbeitenden Individuen, die ihre Identität durch diesen entfremdeten Kooperationsprozeß zu erhalten versuchen, eine „reziproke Gleichgültigkeit“ (Hack u. a.) gegenüber den Produkten, ihrer eigenen Produktionstätigkeit und den Kooperationspartnern entwickeln.

Um ein bestimmtes Lohnresultat seiner Arbeit zu erreichen, welches als das einzige und abstrakte Produkt unter seiner Kontrolle verbleibt, muß der Lohnarbeiter sich selbst, seine Kräfte und Fähigkeiten instrumentalisieren. Seine eigene produktive Tätigkeit wird nun zum bloßen Mittel für Ziele, die außerhalb, in der Sphäre der individuellen Reproduktion und Konsumtion liegen. Die Fähigkeit zu einer isolierten und zähen Selbstinstrumentalisierung unter der Dominanz von reproduktiven und Lohninteressen ist ein zentrales Erfordernis der Identitätsbildung von Lohnarbeitern. Dazu gehört auch die Fähigkeit, sich zumindest temporär in eine monotone und abstrakte Raum- und Zeiterfahrung (Krovoza 1976, S. 133ff.) zu begeben, von der man weiß, daß sie tendenziell identitätsauflösend wirkt (Volmerg 1978, S. 102ff.). Die zu Beginn dieses Beitrags diskutierte generelle menschliche Potenz, die eigene produktive Tätigkeit vermittels Selbstobjektivierung zu steuern und zu entwickeln, erscheint nun wieder unter der abstrakten und entfremdeten Form einer Selbstinstrumentalisierung für äußerlich gesetzte Zwecke. Aber sogar in dieser abstrakten Dimension existiert noch die triadische Struktur identitätsbildender menschlicher Praxis. Das Selbstbewußtsein und der Selbstrespekt des Produzenten, die über sein Produkt vermittelt sind, erscheint hier in verstümmelter Gestalt, als abstrakter Stolz, der sich auf die Quantität des Lohnresultats der eigenen Arbeit bezieht. Soziales Prestige und soziale Anerkennung, wichtig für die Stabilisierung von Identität, sind in unserer Gesellschaft fast identisch mit der Geldsumme, die ein Individuum „produziert" (vgl. HOLZKAMP 1973, S. 222f.).

Aber noch im egoistischen Kampf um das verbleibende abstrakte Arbeitsprodukt, der zur Selbstausbeutung und Selbstdestruktion tendiert, solange die Konkurrenz der Lohnarbeiter untereinander wirkt, macht das Individuum wichtige soziale Erfahrungen. Der egoistische Kampf muß in kollektive Formen der erfolgreichen Selbstinstrumentalisierung transformiert werden. Dies führt schließlich zu gewerkschaftlicher Organisation, die z.B. auch von GOLDTHORPE, LOCKWOOD u.a. (1970) unter dem Aspekt eines „kollektiven Instrumentalismus" in der Lebensorientierung von Lohnarbeitern untersucht worden ist. Die Geldsumme ist auch ein Produkt, das die individuellen Perspektiven und Interessen miteinander vermittelt und zu Ansätzen einer kooperativen und kollektiven Identität unter den Arbeitern führt. Die triadische Struktur identitätsbildender Praxis wird unter der Herrschaft des kapitalistischen Verwertungsprozesses nicht nur zerstört, sondern in der abstrakten Dimension des Lohn- und Geldinteresses auch wieder partiell rekonstruiert. Aber es gibt hier keine dauerhafte Versöhnung zwischen dem ökonomischen Egoismus des Individuums und seiner kollektiven Organisation. Das Individuum muß beständig in einer Balance agieren zwischen seiner egoistischen (persönlichen) Identität, wie sie z.B. durch Stücklohn- und Prämiensysteme systematisch verstärkt wird, auf der einen Seite und seiner kollektiven Identität als Arbeiter bzw. Gruppenmitglied auf der anderen Seite (vgl. HACK u.a. 1972, S. 27). Die Arbeiter werden in ihrem Ringen um einen möglichst großen Lohnanteil am Wertprodukt ihrer Arbeit zugleich vereinigt und isoliert. Das ist ein grundlegender Widerspruch, der auf der Bildung und Erhaltung von Identität in der Produktionssphäre lastet und sich z.B. in psychosomatischen Beschwerden niederschlagen kann.

Aber dies ist nicht die einzige Identitätsbalance, die von den Lohnarbeitern im Produktionsprozeß geleistet werden muß. Der eben angesprochene Konflikt ist selbst noch nur auf der abstrakten Seite des Produktionsprozesses, in der Dimension des Verwertungsprozesses angesiedelt. Andere Identitätsbelastungen resultieren aus dem Widerspruch zwischen dem dominierenden Verwertungsprozeß und dem diesem unterworfenen konkreten Arbeitsprozeß, der immer noch eine stoffliche Eigengesetzlichkeit aufweist, die berücksichtigt werden muß. Infolge der Anforderungen des konkreten Arbeitsprozesses muß das Individuum seine instrumentelle Gleichgültigkeit bis zu einem bestimmten Grad wieder zurücknehmen und „bremsen" (HACK u.a. 1972, S. 22f.). Diese Bremsung und die Entwicklung zumindest eines minimalen konkret-stofflichen Interesses – das etwa bei monotoner Fließbandarbeit kaum, bei qualifizierteren Arbeitern aber manchmal sehr deutlich zu finden ist – muß sich auf die Produkte, die eigene Produktionstätigkeit und vor allem auch auf die Mitproduzenten richten. Dies ist schon wegen der Unfallgefahr erforderlich, die bei einer zu weit entwickelten Gleichgültigkeit gegenüber der konkret-stofflichen Seite droht. Der Topos des „Kollegen" oder „Kumpels" unter Arbeitern meint u.a. die partiell erfahrbare Solidarität und Zuverlässigkeit des Anderen in dieser Dimension. Die immer wieder neu herzustellende Balance zwischen Gleichgültigkeit und Interesse (Identifikation) gegenüber dem Arbeitsprozeß ist für das Selbstverständnis bzw. die Identität der Lohnarbeiter eine beständige Aufgabe und Belastung.

Auch in der konkret-stofflichen Dimension des kapitalistischen Produktionsprozesses kommt es zu einer partiellen Rekonstruktion der triadischen Struktur von Praxis und von Identität. In diesem Kontext kann die Zuverlässigkeit der vom Anderen ausgehenden Identitätszuschreibungen – etwa als „Kollege" oder „Kumpel" – und seiner Solidaritätsbekundungen oft ziemlich eindeutig, ohne lange interpretative metakommunikative Bemühungen empfunden und an den Resultaten gemeinsamer Arbeitstätigkeit „abgelesen" werden (vgl. POPITZ u.a. 1957b, S. 188). Und – zumindest an einigen Arbeitsplätzen – gibt es auch noch Möglichkeiten, qualitatives Selbstbewußtsein und Selbstachtung über die Objektivierung in Arbeitsprodukten zu entwickeln. Im konkreten Prozeß der Arbeit und Kooperation existiert – auch noch unter den Zwängen kapitalistischer Entfremdung – eine wichtige Basis für eine menschenwürdige und verläßliche Identität der Individuen, welche sowohl durch die Reflexion im Produkt als auch in den Anderen vermittelt ist. Sie ist gefährdet durch wachsende Arbeitsteilung, insbesondere zwischen Kopf- und Handarbeit, durch die Polarisierung von Qualifikationen und Dequalifikationsprozesse. Und sie kann sich nur in einer unterdrückten, verstümmelten und „balancierenden" Weise unter den Formen der Gleichgültigkeit und des abstrakten Lohninteresses erhalten und entwickeln.

Auf den höheren Stufen der industriellen Hierarchie führt der Widerspruch zwischen der Herrschaftsfunktion im Sinne des abstrakten Verwertungsprozesses und der Leitungsfunktion im Sinne des konkreten Arbeitsprozesses zu bestimmten Formen der Identitätsbalance und der einer gegen Kritik von unten immunisierenden „Rollendistanz", die hier nicht diskutiert werden können, aber für das zwischenmenschliche Klima in der kapitalistischen Produktionssphäre sehr wichtig sind (Ottomeyer 1976a, 1976b; Ottomeyer/Scheer 1976).

Auch die ökonomisch überlebensförderlichen Handlungskompetenzen und Identitätsmuster im Produktionsprozeß müssen in einem vorgelagerten und hineinführenden ontogenetischen Sozialisationsprozeß vermittelt und angeeignet werden. Dabei stellt es ein besonderes Problem dar, daß die Heranwachsenden die Anforderungen des Produktionsbereichs, auf die sie sich vorbereiten müssen, bis zum endgültigen Eintritt in diesen nicht aus eigener Erfahrung, sondern nur sehr vermittelt und abstrakt kennen. Das ist anders als im Zirkulationsbereich, wo die Teilhabe am Verhalten der erwachsenen Warenbesitzer mehr stufenweise eröffnet wird (abgesehen vom Verkauf der Arbeitskraft), und anders als im Konsumtions- bzw. Reproduktionsbereich, in dem die Kinder und Jugendlichen ja aufgewachsen sind.

4.3 *Identität und Konsumtions- bzw. Reproduktionssphäre*

In der Sphäre der Konsumtion und der individuellen Reproduktion der Lohnarbeiter wird die triadische Struktur identitätsbildender Praxis wiederum auf andere Weise zerstört und rekonstruiert. Die konsumtiven und reproduktiven Aktivitäten der Individuen sind in grundlegender Weise vom gesellschaftlichen Produktionsprozeß abgeschnitten. Ihre zwischenmenschlichen Beziehungen werden „leer"; eine Orientierung auf gesellschaftlich wichtige Produkte, die „Gattungsgegenständlichkeit", ist aus ihnen herausgenommen. Im Sinne dieser gegenständlichen Entleertheit hat Identitätskonstitution im Bereich der privaten Reproduktion einen grundlegend abstrakten Charakter. Identitätsprobleme erscheinen als „bloß interpersonale" Probleme. Diese reale Abstraktion wird von den gängigen familienzentrierten Konzepten von Identitätsbildung, die nur die interpersonelle Bedingtheit von Identität untersuchen (vgl. z. B. Bateson u. a. 1972), in blinder Weise theoretisch verdoppelt. Neben der Abstraktheit und gegenständlichen Entleertheit gibt es noch eine weitere Hauptbestimmung, die in diesem Bereich auf dem Handeln lastet: Dies ist der Kompensationscharakter der zwischenmenschlichen, aber natürlich auch der verbleibenden sachlich-gegenständlichen Beziehungen. Dieser Charakter resultiert aus der zwingenden Notwendigkeit, die individuelle Arbeitskraft während der „Freizeit" zu reproduzieren und zu reparieren. In kapitalistischen Produktionsverhältnissen besteht die Gefahr eines sofortigen Arbeitsplatzverlusts, wenn diese Reproduktion und Reparatur nicht funktioniert. Um die von der Ökonomie bewirkten Erfahrungen der zwischenmenschlichen Instrumentalisierung, der Selbstinstrumentalisierung, des oberflächlich-betrügerischen Rollenspiels, des Mißtrauens und der sozialen Isolation zu kompensieren, unterliegen die Individuen einer zwangshaften Suche nach „authentischer" Identität, eingebettet in Beziehungen, die nun „wirklich" menschlich, vertrauensvoll und harmonisch sein sollen. Die Verleugnung von Konflikten ist notwendig mit diesem Modus des kompensatorischen Sozialkontakts und der Identitätssuche verbunden. Die wechselseitige Übernahme und Antizipation der Perspektiven, in denen sich Identität konstituiert, tendiert dazu, die Form einer „Pseudogegenseitigkeit" (pseudo-mutuality) anzunehmen. Wenn diese Pseudogegenseitigkeit von einem der Interaktionspartner, etwa im Rahmen eines als harmonisch definierten Familienlebens, empfunden wird, kann sie intensives Mißtrauen hervorrufen, das dann oftmals wieder durch eine noch verstärkte Pseudogegenseitigkeit unterdrückt wird und so fort. Solche Spiralen können periodisch oder endgültig in einer zwischenmenschlichen Explosion enden (Trunkenheitsaggressivität, Scheidung etc.); aber sie können auch in einem psychotischen Identitätsverlust eines Familienmitglieds enden, wie es in den neueren psychiatrischen Konzepten von WYNNE/BATESON/LAING und anderen diskutiert worden ist (BATESON u.a. 1972).

Die Identitätskonstitution in der Sphäre der individuellen Reproduktion wird systematisch erschwert und gefährdet durch ihre gegenständliche Entleertheit, ihre Reduktion auf bloße Interpersonalität und durch ihren kompensatorischen Charakter. Die Suche nach Authentizität und einem „wirklichen Selbst" unter dem Druck der ökonomischen Zwänge ist nur zunächst und bei oberflächlicher Betrachtung erfolgreich (zum Beispiel in den ersten Monaten einer neu geschlossenen Ehe). Die Erfahrung und das Gefühl der Gespaltenheit in ein Rollenselbst und ein eigentliches, wirkliches Selbst, welche zum suchenden Rückzug in den privatfamilialen Bereich führten, stellen sich dann in eben diesem Bereich auf neuer Ebene wieder ein. Dieser Widerspruch kann vor allem bei den Männern weitere Such- und Fluchtbewegungen, z.B. an den Stammtisch und in die „peergroup", zur Folge haben.

Jedoch gibt es auch hier Möglichkeiten, Identität im Rahmen einer – gebrochenen und begrenzten – triadischen Struktur von Praxis zu rekonstruieren. Es existieren noch bestimmte Produkte im Reproduktionsbereich, über die die Individuen versuchen, ihre Perspektiven, Hoffnungen und Identitäten miteinander zu verschränken: Konsumprodukte, die außerhalb produziert und auf dem Markt käuflich sind, und Konsumprodukte, die im Haushalt selbst produziert werden. Die wechselseitige Übernahme von Perspektiven und die Entwicklung einer kollektiven Identität innerhalb der Familie basieren wesentlich auf gemeinsamen produktiven Orientierungen dieser Art. Sie tendieren allerdings dazu, einen substitutiven und manchmal sogar „therapeutischen" Charakter anzunehmen, als Kompensation für den Verlust breiterer gesellschaftlicher Möglichkeiten, eine produktvermittelte Identität zu entwickeln. Diese reduzierten Orientierungen können nur sehr beschränkt das allgemeine Problem der oben erwähnten gegenständlichen Entleertheit in den zwischenmenschlichen Prozessen der Identitätsbildung lösen; aber sie sind immer auch mehr als nur Ersatzbildungen.

Über die Kinder als eine Art „Ersatzgegenstände", die kompensatorische Funktionen für die Identitätsbildung und -stabilisierung der Eltern übernehmen können, folgen weiter unten bei der Diskussion der biographischen Dimension von Identitätsbildung noch einige Bemerkungen.

Sexualität ist eine weitere wichtige Dimension der Lebenstätigkeit im Reproduktionsbereich, über welche die Individuen ihre geschwächte Identität zu stabilisieren versuchen. Sexualität ist keineswegs eine Lebensaktivität sekundärer Wichtigkeit ohne spezifisch-menschliche Charakteristika, wie z.B. die marxistische Psychologie von HOLZKAMP (1973) und HOLZKAMP-OSTERKAMP (1975) nahelegt. Aber unter den kapitalistischen Bedingungen sozialer Isolation, zwischenmenschlichen Mißtrauens und der gegenständlichen Entleertheit in den privaten Beziehungen wird sie notwendig mit nichtsexuellen Stabilisierungsfunktionen überladen. Die Angst, nicht eine wirkliche und verläßliche Bindung zu anderen Menschen zu haben, kann durch die handgreiflich-sichtbaren und meßbaren Sexualaktivitäten beruhigt und „widerlegt" werden. Wo die dominierende Motivation für sexuelle Aktivität die Angst vor dem Verlust von sozialer Eingebundenheit und Selbstvertrauen wird, und wo Sexualität mit der Suche nach den Grundlagen von Identität überlastet wird, werden narzißtische und donjuanistische Typen von Geschlechtsidentität systematisch befördert. Wichtig in diesem Zusammenhang sind REICHES Konzept der „genitalen Fassade" und MARCUSES Theorie der „repressiven Entsublimierung" (REICHE 1968; MARCUSE 1967).

4.4 Identität und Hausarbeit

Die Identitätsprobleme im Konsumtions- und Reproduktionsbereich sind geschlechtsspezifisch ausgeprägt. Das ist von der Seite der Frauenbewegung als berechtigte Kritik an dem hier vorgelegten theoretischen Ansatz betont worden (Autorinnenkollektiv 1978). Der Kompensationscharakter und die oberflächliche Harmonie in der Familie wird wesentlich durch *Arbeit* produziert; durch die Hausarbeit, die vorwiegend von Frauen geleistet und gewöhnlich von Männern und männlichen Theorien mißachtet wird. Die Arbeit von Frauen, welche objektiv gesehen die Arbeitskraft der Männer und der Kinder (wieder-)herstellt, umfaßt Reinigungstätigkeiten, Kochen, Bekleidung und – manchmal noch anstrengender – die Produktion einer Atmosphäre des Verstehens, der Beratung und des Heilens im physischen und psychologischen Sinne. Die Welt, in der die anderen kompensieren und heranwachsen, ist die Welt der Arbeit für die Frauen; dabei haben sie selbst fast keine Räume und Zeiten der Kompensation und des Rückzugs (das ist ein Widerspruch, der in unserer Gesellschaft z.B. die Institution des „Müttergenesungswerk" hervorgetrieben hat). Seit ERIKSON (1966) weiß man aber um die Wichtigkeit von „Moratorien" für eine progressive Bewältigung von Identitätsproblemen. Diese Situation ist besonders hart für die Frauen, die neben der Hausarbeit noch außerhäusliche Lohnarbeit verrichten.

In einer Gesellschaft, in welcher soziale Reputation und Selbstrespekt der Individuen im wesentlichen über die abstrakten Geld- und Lohnresultate der Arbeit gebildet werden (vgl. oben), muß die Identität der „nur" hausarbeitenden Bevölkerungsteile eine systematische Unterminierung erfahren. Wie KROVOZA (1976) in seiner Diskussion der Theorie LEFEBVRES (1975) gezeigt hat, befinden sich im kapitalistischen Alltagsleben die „kumulativen Prozesse" in Konkurrenz mit den „nichtkumulativen Prozessen" und unterdrücken die emanzipatorischen Potenzen der letzteren. Reproduktive und erzieherische Tätigkeiten, wie Frauen sie ausführen, haben vorwiegend einen „nichtkumulativen" Charakter.

Die triadische Struktur identitätsbildender Praxis existiert in der Hausarbeit nur auf einer konkreten und verachteten Ebene. Ihre Produkte sind zwar Realität und gesellschaftlich wichtig für die Arbeitskrafterhaltung der Erwachsenen und die Herstellung der künftigen Arbeitskräfte. Aber da die Hausarbeit nicht direkt und sichtbar in einer bestimmten Geldsumme resultiert, bleibt ihr der gesellschaftliche Respekt versagt. Des weiteren findet diese Produktion normalerweise in der sozialen Isolation der privaten Wohnung statt; sie ist zirkulär, zu großen Teilen unsichtbar für die Konsumenten, und ihre Produkte werden weitgehend bewußtlos von den Konsumenten verzehrt bzw. als „Requisiten" des Alltagslebens einfach vorausgesetzt. Die Bildung einer produktvermittelten und selbständigen Identität ist unter diesen Bedingungen für die Frauen sehr schwer. Mit dem so produzierten Mangel an Selbstvertrauen wird ihre besondere Qualifikation dann nur noch für den Bereich der helfend-verstehenden Aktivitäten anerkannt, die den Männern und Kindern eine kompensatorische Sozialerfahrung geben. Ihre Identitätskonstitution ist in hohem Maße von den interpersonellen Definitionen und Identitätszuschreibungen abhängig, die von anderen Personen, insbesondere den Männern, ausgehen. Zur Herstellung dieser interpersonellen Orientierung im biographischen Sozialisationsprozeß sei hier auf die zusammenfassende Arbeit von SCHEU (1977) verwiesen.

So kann man es als ein Teil des Kampfes um eine autonome produktgegründete Identität verstehen, wenn neuerdings Frauen in westlichen Gesellschaften „Lohn für die Hausarbeit" fordern. Bei realistischer Diskussion wird die ökonomische Verwirklichung dieser Forderung äußerst problematisch. Und sie muß kritisiert werden, weil sie die vorherrschende Fixierung der Frauen im Bereich der Hausarbeit – z.B. durch die „vertragliche" Haftbarmachung – nochmals verstärkt. Trotzdem ist die durch sie eingeleitete Diskussion ein erster und nützlicher Schritt in Richtung auf eine öffentliche Diskussion der Identitäts- und Arbeitsplatzprobleme von Hausfrauen.

Diese Diskussion deckt zweifellos auch Schwächen im marxistischen Arbeitsbegriff auf, der dazu tendiert, die männliche Identifizierung von außerhäuslicher Lohnarbeit mit Arbeit überhaupt auf dem Niveau der Theorie zu reproduzieren. Ich meine, daß es politisch und gesellschaftstheoretisch notwendig ist, Kochen, Reinigung, Erziehung etc. als harte Arbeit anzuerkennen. Aber man muß sehen, daß nun eine präzise Definition dessen, was Arbeit ist und was nicht, sehr schwierig wird. Ist Spielen mit Kindern Arbeit? – Diese Tätigkeit kann sehr anstrengend und auch zielgerichtet sein. Ihre objektive gesellschaftliche Funktion ist die Reproduktion bzw. Produktion der Arbeitskraft der Kinder, die vom ökonomischen System gebraucht wird. Und wie der Kindergarten zeigt, kann diese Tätigkeit auch den formellen Charakter von Lohnarbeit annehmen, bezeichnenderweise meist wieder als Lohnarbeit von Frauen. In Erziehungsprozessen wird die notwendige Unterscheidung von Arbeit und Interaktion fast unmöglich. In meiner früheren Kritik an LORENZERS analogischem Versuch, den Begriff der Interaktion einfach unter den der Arbeit zu subsumieren (LORENZER 1972), habe ich diese Probleme meinerseits simplifiziert (OTTOMEYER 1976a). Man muß den Begriff der Arbeit weiter fassen. Aber wenn man ihn zu weit faßt, so daß er schließlich fast alle Aspekte menschlicher Praxis umgreift, kann er rasch seine Erklärungskraft verlieren, die damit verbunden ist, daß er zwar eine grundlegende, aber gleichwohl auch begrenzte Kategorie innerhalb anderer Kategorien, die sich auf menschliche Praxis beziehen, darstellt. Diese kategorialen Probleme können hier nicht gelöst werden, aber ihre Vernachlässigung würde die Vernachlässigung der zentralen Identitätsprobleme bedeuten, die durch die herrschende Arbeitsteilung zwischen den Geschlechtern bewirkt werden. Diese Arbeitsteilung hat eine systematische Verwurzelung in der kapitalistischen Ökonomie, weil die Reproduktion und Produktion von Arbeitskräften durch die private und „freiwillige" Arbeit von Frauen vom kapitalistischen Verwertungsstandpunkt aus die billigste Lösung ist.

5 Schematische Darstellung und biographische Dimension

Die untenstehende *Grafik 2* soll helfen, die bisherige Diskussion über die Identitätsprobleme im Alltagskreislauf der Individuen unter den Zwängen der kapitalistischen Ökonomie zusammenzufassen: Die beiden Ringe sollen den beiden gesellschaftlichen Reproduktionsprozesse darstellen; der innere Ring repräsentiert den Reproduktionsprozeß der Individuen auf der Ebene ihrer konkret-sichtbaren Alltagstätigkeiten im Bereich des „Verhaltens", während der äußere Ring den Reproduktionsprozeß der kapitalistischen Ökonomie, der „Verhältnisse" darstellt, welcher das „Verhalten" einschließt und formt. Die beiden kreisartigen Prozesse sind in die drei Sphären der Produktion, Zirkulation (Distribution) und Konsumtion (individuelle Reproduktion) gegliedert. In jeder Sphäre findet man die triadische Struktur identitätsbilden-

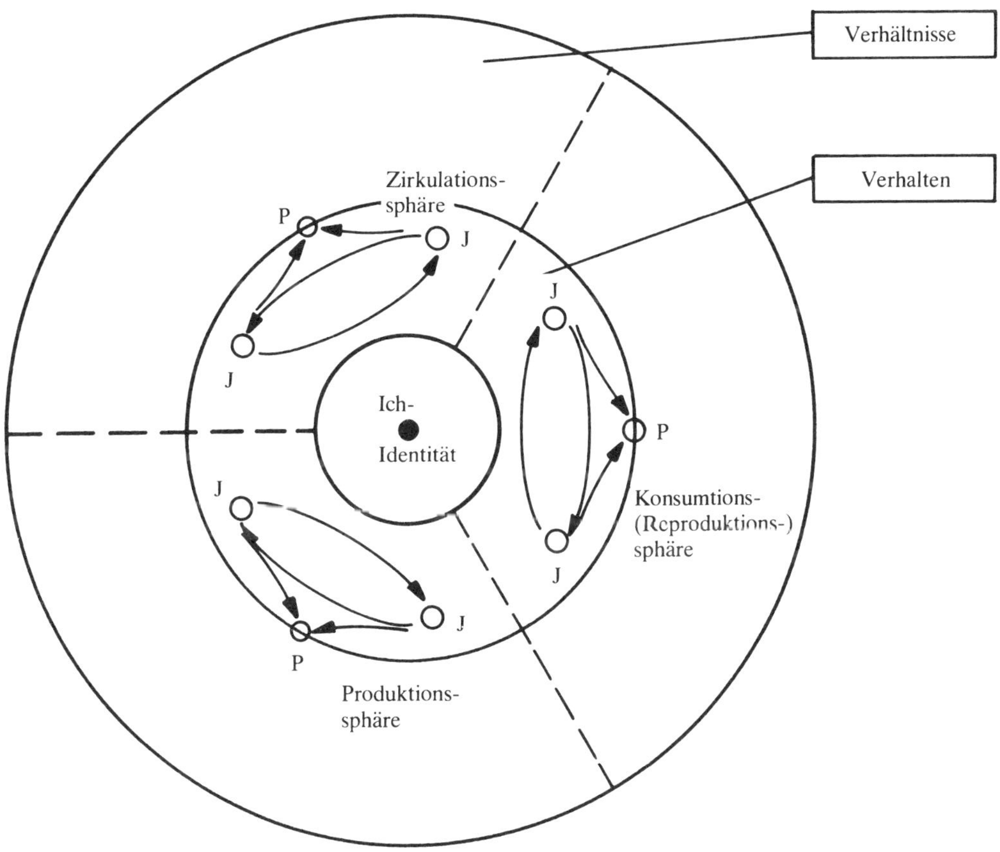

Grafik 2: (Erläuterung im Text)

der menschlicher Praxis, die sowohl auf gegenständlich-sachliche Produkte als auch auf Interaktionspartner gerichtet ist. Jede dieser triadischen Strukturen wird durch die Ökonomie in spezifischer Weise gebrochen und bestimmt. Diese Determination geschieht im wesentlichen über die ökonomische Formbestimmtheit der Produkte, auf die sich die Praxis der Individuen bezieht: Doppelcharakter der Ware, Doppelcharakter des Produktionsprozesses, „gegenständliche Entleertheit“ bzw. Substitutcharakter der Produkte etc. Die Produkte sind deswegen auch an der Grenzlinie zwischen Verhältnissen und Verhalten eingezeichnet. Die triadischen Strukturen von Praxis innerhalb jeder Sphäre sind in sich widersprüchlich (vgl. oben) und führen schon als solche zu Synthetisierungsproblemen für die Identität der in ihnen agierenden Individuen. Darüber hinaus sind sie widersprüchlich in der Beziehung der Sphären zueinander, was zu noch schwierigeren Synthetisierungsaufgaben für die Individuen auf einer höheren Ebene führt. Die sphärenspezifischen Identitätsmuster müssen bei Strafe des ökonomischen Untergangs auseinandergehalten werden. Wer etwa die Suche nach einer freundschaftlich-emotionalen Einbettung seiner Identität, die im privaten Reproduktionsbereich lebenserhaltend ist, in die Beziehungen der Zirkulationssphäre hineinträgt, der dürfte innerhalb kurzer Zeit den Überlistungsstrategien von Vertretern, Verkäufern, „Arbeitgebern“ und Konkurrenten auf dem Arbeitsmarkt zum Opfer fallen (vgl. Ottomeyer 1977a, S. 177ff.). Identität wird gewissermaßen in einem Krieg an drei Fronten, in welchen jeweils andere Gesetze der Lebenserhaltung gelten, aufrechterhalten. Dabei gibt es natürlich auch sich durchhaltende, identische Momente zwischen diesen Fronten, sonst wäre Synthetisierung kaum möglich; das betont u.a. G. Vinnai (1973 und 1977, S. 220ff.). Man muß eine zentrale Identitätsfunktion annehmen, deren Aufgabe es ist, die unterschiedlichen und partiellen Identitäten, die aus den widersprüchlichen Beziehungen innerhalb und zwischen den ökonomischen Sphären resultieren, zu synthetisieren. Diese von einer Metaebene aus synthetisierend und ausbalancierend tätige Identität kann man in vorläufiger Anlehnung an die Terminologie von Erikson (1966) und Goffman (1976) Ich-Identität nennen. Damit wäre die Beliebigkeit des Verhältnisses von Partialidentitäten (oder Rollen) und Ich-Identität in der bürgerlichen Theoriebildung ein Stück weit überwunden. Identitätskonstitution wird erstens im Zusammenhang mit gegenständlicher Tätigkeit, Praxis, und zweitens im Zusammenhang des ökonomisch-materiellen Reproduktionsprozesses der Gesellschaft verstehbar.

Aber für die Zwecke einer Theorie der Sozialisation im engeren Sinne ist, wie mehrfach angedeutet, das bisher vorgestellte Modell noch sehr unvollständig. In ihm müßte die von der klassischen Identitätsliteratur so betonte biographische oder „vertikale“ Dimension von Identitätskonstitution Berücksichtigung finden. Dazu muß die graphische Skizze erweitert werden (vgl. hierzu *Grafik 3*).

Der zentrale Pfeil soll die Richtung des biographischen Prozesses des Individuums und seiner Identität von der Geburt zum Tod markieren. Der gesamte Lebensprozeß des Individuums kann als eine Spirale vorgestellt werden (in der Zeichnung aus praktischen Gründen als Zylinder erscheinend), welche sowohl die „horizontale“ Wiederholung des Alltagskreislaufs der Individuen (vgl. oben) umfaßt als auch den biographisch-historischen („vertikalen“) Prozeß, der diesen Alltagskreislauf verändert. Dieser Wandel läuft normalerweise sehr langsam und kaum wahrnehmbar ab (etwa als stetiger Verschleiß der Arbeitskraft), aber manchmal auch als schwer zu verarbeitender Bruch zwischen biographischen Stufen. In der Zeichnung markieren die auf der Oberfläche des Zylinders quer verlaufenden Linien die biographischen Brüche. Der Bruch zwischen Ausbildungsphase und Teilhabe am Produktionsleben der Erwachsenen ist besonders stark. die zentrale oder Ich-Identität muß also nicht nur horizontale, sondern auch vertikale, biographische Partialidentitäten synthetisieren. (Die breit gezeichneten Pfeile um die Ich-Identität herum markieren die Anforderungen, die aus der Vergangenheit, der Zukunft und den drei „horizontalen“ Sphären resultieren.) Nach Erikson bildet sich Ich-Identität als deutlich umschriebene Ich-Funktion überhaupt erst in der biographischen Phase der Adoleszenz heraus, wo angesichts der divergierenden Anforderungen des Erwachsenenlebens Identität mehr als die bloße Summe der Kindheitsidentifikation sein muß (Erikson 1966).

Wenn man den Blick nach hinten (in der Zeichnung: unten) in Richtung auf den Punkt der Geburt des Individuums wendet, herrscht dort eine zunehmende Nichtdifferenzierung von

Lebenssphären und Identitätsproblemen. In den ersten Jahren erscheinen die Familie und die sie umgebende Sphäre der privaten Reproduktion dem Kind als die ganze Welt. Eine erste Differenzierung mit dem Problem der Synthetisierung zweier widersprüchlicher Lebenssphären taucht auf, wenn das Kind den Besuch eines Kindergartens aufnimmt; eine zweite, schärfere entsteht durch die Trennung zwischen einem anonymen, „universalistischen" Schulleben und einem intim-privaten, „partikularistischen" Familienleben (vgl. PARSONS 1973), welche dann manchmal noch mit dem Schülerhort als einem dritten Bereich vermittelt werden muß etc. Rollenflexibilität und -distanz scheinen zunehmend zu Grunderfordernissen der kindlichen

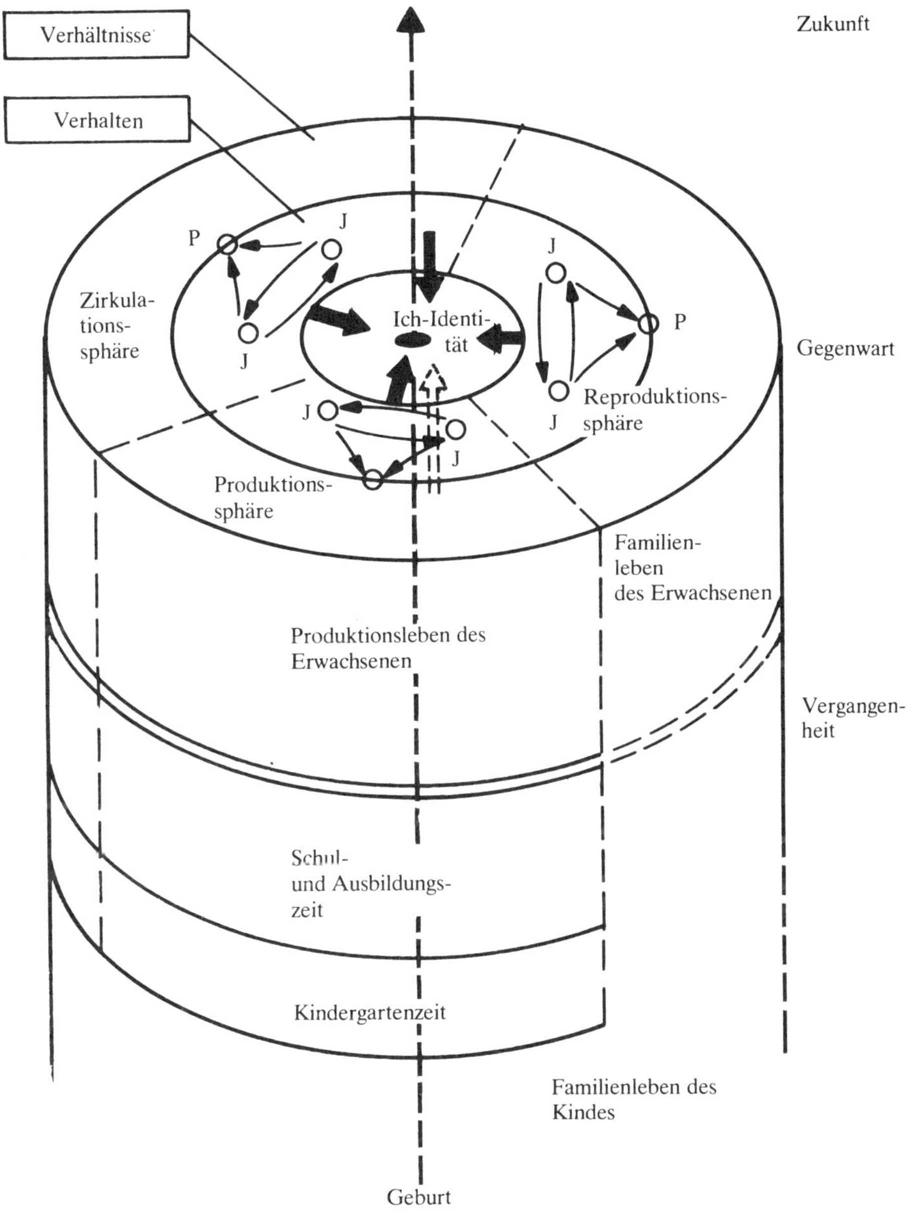

Grafik 3: (Erläuterung im Text)

Identitätsbildung zu werden (vgl. WELLENDORF 1973). Die Trennung zwischen Schulleben, in welchem eine abstrakte, zensurenbezogene Selbstinstrumentalisierung erforderlich ist und dem Familienleben, in welchem das Kind den Schulstreß kompensiert, ist durchaus eine Vorbereitung für die Identitätsprobleme der Erwachsenen. Trotz der grundlegenden Separation des Ausbildungsbereichs gegenüber der Produktionssphäre gibt es eine Beziehung der Analogie und Identität zwischen den Identitätsproblemen der Schulkinder und der Lohnarbeiter (vgl. HOLZKAMP 1973, S. 258ff.). Eine selbständige Sphäre der Zirkulation wird den heranwachsenden Individuen Schritt für Schritt zugestanden, parallel zur wachsenden Kaufkraft und Geschäftsfähigkeit, die durch das bürgerliche Recht und den Willen der Eltern abgesteckt sind. Aus der Perspektive der Heranwachsenden werden Autonomie und Erwachsensein fast identisch mit der voll entwickelten Potenz des in der Marktsphäre frei agierenden Warenbesitzers, welche insbesondere den Verkauf der eigenen Arbeitskraft und die Verfügung der durch sie erwirtschafteten Geldsumme einschließt (vgl. LIEBEL 1976, S. 29ff.).

Im Verlauf des biographischen Prozesses können Identitätsprobleme in jeder der „horizontalen" Lebenssphären entstehen; gewöhnlich wird es dann aber zu einer Wechselwirkung zwischen den Sphären kommen. Zum Beispiel werden Kinder mit familialen Identitätsproblemen bald auch welche in der Schule haben und umgekehrt. Trotzdem kann das vorgestellte Schema für die sphären- und phasenspezifische Lokalisierung von Identitätsproblemen und ihre differenzierte Erfassung nützlich sein.

Das zentrale Problem der Identitätsbildung ist bedingt durch den Umstand, daß die individuelle Biographie in der kapitalistischen Gesellschaft über harte Brucherfahrungen, die gewöhnlich die Destabilisierung und Entwertung früherer Selbstbilder bewirken, organisiert wird. Diese lebensgeschichtlich angeeigneten Selbstbilder oder Teilidentitäten müssen dann oftmals schlicht verdrängt werden (vgl. wieder WELLENDORF 1973). Der Prozeß der Qualifikation in der Kindheit und Jugend ist – nach dem anfänglichen Versuch der Zwangsintegration in die Produktion – im Verlauf der Entwicklung des Kapitalismus gegenüber dem Produktionsprozeß unter der sozialisationsfeindlichen Herrschaft abstrakter Zeit und Profitmaximierung grundlegend abgetrennt, separiert worden (LIEBEL 1976, S. 38ff.). So liegt das erwachsene Arbeitsleben, auf welches hinsozialisiert wird, für die Heranwachsenden in einem tiefen Dunkel. Das macht die Anforderungen, Ziele und Werte der Erziehung in einem bestimmten Sinne abstrakt und unwirklich (MOLLENHAUER u.a. 1975, S. 100f.). BRONFENBRENNER hat kürzlich dieses Problem als zentrale Frage seiner „ökologischen Sozialisationsforschung" (1976, z.B. S. 183 und S. 188ff.) hervorgehoben. Aber seine Vorschläge zur Reintegration von Produktions- und Sozialisationssystem, zum „Wiedervertrautmachen von Kindern mit Erwachsenen als Teilnehmern an der Welt der Arbeit" (S. 188), dürften unter kapitalistischen Strukturbedingungen kaum durchführbar sein.

Neben dem Bruch zwischen Sozialisations- und Produktionssystem gibt es noch eine Fülle weiterer Brüche im normalen kapitalistischen Sozialisationsprozeß, die schwerwiegende Identitätsbelastungen darstellen, z.B. die Brüche zu Beginn des Schullebens oder auch innerhalb des mehrgliedrigen Schulsystems. Selbst Kindergartenkinder müssen hierzulande ihre Erzieherin im Verlauf ihrer Entwicklung ein- oder zweimal wechseln, weil die Verwaltung der meisten Kindergärten auf einer Staffelung der Altersgruppen und der Prestigeränge zwischen den Mitarbeitern basiert.

Wenn man sich nun der Situation innerhalb der konfligierenden Subsysteme der Sozialisation zuwendet, so läßt sich hier verallgemeinernd festhalten, daß die triadische Struktur identitätsbildender Praxis sowohl im Bereich der gegenständlich-sachlichen Gerichtetheit des Handelns als auch im Bereich der interpersonellen Gerichtetheit bestimmte Störungen und Verarmungen erfährt. Das sachbezogene Erkundungsverhalten der Kinder, das in eine „produktive Motivation" (OSTERKAMP 1975, 1976; BOSHOWITSCH 1970, S. 133ff.) überführt werden kann und muß und eine sehr wichtige Vorbedingung einer produktvermittelten Identität und von Selbstvertrauen (ADLER 1973) darstellt, wird systematisch gehemmt durch die „gegenständliche Entleertheit" und Isolation in der Familie, durch die kompensatorischen (Ruhe-)Bedürfnisse der Erwachsenen und die unsichtbaren, aber realen Grenzlinien des Privateigentums außerhalb und innerhalb der Familie (HOLZKAMP 1973, S. 202ff.; BRÜCKNER 1972, S. 106ff.). Und über die interpersonelle Einbettung und Anerkennung, die ebenso wichtig für die Entwicklung der kindlichen Identität ist, läßt sich sagen, daß diese unter dem Schatten der ökonomischen Zwänge der erwachsenen Lohnarbeiterexistenz eine spezifische Ambivalenz bekommt. Auf der einen Seite gibt es keine gemeinsame Zukunft zwischen Eltern und Kindern als materielle Kooperationspartner und im Sinne einer personengebundenen Altersversorgung; es existiert in diesem Sinne keine materielle Basis für die Reziprozität zwischen Eltern und Kindern. Die Kinder sind Kostenfaktoren und ihre Eigenbedürfnisse und Aktivitäten gefährden oft die Reproduktion und Qualifikation der elterlichen Arbeitskraft (HEINSOHN/KNIEPER 1974). Aber auf der anderen Seite gibt die Existenz und Entwicklung der Kinder den zentralen Sinn und Zweck des Familienlebens und der familienzentrierten ökonomischen Mühen des Erwachsenenlebens ab. Sie werden tendenziell zu einem „Ersatzgegenstand" für die elterliche Perspektivenverschränkung. Dieses „idealistische" und „psychologische" Interesse an den Kindern konstituiert eine sehr emotionale und manchmal sentimentale Atmosphäre, die – im historischen Vergleich – für die moderne Familie kennzeichnend zu sein scheint (vgl. ARIES 1962). Impulse, die objektiv nutzlosen und anstrengenden Kinder auszustoßen und zu bestrafen, sind durchaus existent, wie die ansteigenden Statistiken über Kindesmißhandlung in den westlichen Gesellschaften anzeigen. Diese Impulse werden mehr oder weniger verdrängt, aber sie können plötzlich ausbrechen, wenn die Eltern unter extremem Streß stehen oder in ihren Erwartungen von den Kindern enttäuscht werden. Eine Lehrerin in einer West-Berliner Neubausiedlung, die vor kurzer Zeit diese Probleme in ihrer Klasse diskutierte, erfuhr, daß etwa die Hälfte der Kinder in bestimmten Situationen von ihren Eltern schon einmal als eigentlich unerwünscht bezeichnet worden waren (S. MOTZ, mündl. Mitt.). Es ist vorstellbar, was dies für die Entwicklung von Selbstvertrauen und Identität bedeutet. Unter den Bedingungen der sozialen Isolierung, einer grundlegenden Ambivalenz und stark kompensatorischer Bedürfnisse der Eltern (und insbesondere der Mütter) tendiert die Mutter-Kind-Symbiose dazu, in einen komplizierten „Clinch" zu geraten. Narzißtische Fixierungen in der Identitätsentwicklung werden systematisch provoziert. Die Fragen „Wer bin ich, wer will mich wirklich, wie kann ich absolut unentbehrlich und einzigartig für die anderen werden?" beginnen die Individuen bereits in ihrer frühen Kindheit zu verfolgen und bereiten sie so auf die Konkurrenz und den Egoismus im ökonomischen Leben der Erwachsenen vor. Diese Probleme werden teilweise in der modernen psychoanalytischen Diskussion über einen sich häufenden „narzißtischen Charakter" reflektiert (KOHUT 1976, GRUNBERGER 1975, ARGELANDER 1972; und gesellschaftstheoretisch ausgeweitet: ORBAN 1976, S. 120ff.; und ZIEHE 1975); aber sie werden ebenfalls reflektiert in der sehr viel älteren Theorie von Alfred ADLER (1972) über das „Minderwertigkeitsgefühl" und seine mehr oder weniger größenwahnsinnige Kompensation im individuellen Macht- und Geltungsstreben. Bei dieser Gelegenheit muß die Nützlichkeit von ADLERS Psychologie für ein marxistisches Konzept von Identität und ihrer Krise, wie es sich schon bei Otto RÜHLE (1972) angedeutet findet, hervorgehoben werden.

Andere zentrale Probleme biographischer Identitätsbildung im Kapitalismus werden durch die Einbettung der Sozialisation in professionalisierte und bürokratisch verwaltete Erziehungsinstitutionen hervorgebracht (vgl. etwa HEINSOHN/KNIEPER 1975, BRONFENBRENNER 1976). In den Kindergärten und Schulen wird Erziehung als weitgehend interpersonal-kommunikativer Prozeß und als Prozeß des „Fütterns" der Kinder mit monopolisiertem Wissen innerhalb eines abstrakten Belohnungssystems organisiert. Die erwachsenen Handlungspartner der Kinder sind Lohnabhängige mit einer oftmals gleichgültig-instrumentellen Lohnarbeitermotivation, deren Beruf in „bloßer Erziehung" besteht. Der Verlust praktischer Objekte und materiell-realer Kooperation zwischen den Generationen, den wir bereits für die Familie angesprochen haben, setzt sich in den Institutionen in anderer Qualität fort. In den westlichen Gesellschaften fehlen immer noch weitgehend selbst bescheidene polytechnische Unterrichtselemente. Gegenstände der gemeinsamen Tätigkeit existieren nur als Symbole und symbolisch repräsentierte Wissenssysteme; die Herausbildung einer „intrinsischen", sachbezogenen Motivation ist so fast unmöglich. Identitätsbildung findet hier statt in einer entwirklichten Welt unter der Herrschaft von fast nur interpersonalen Identitätsdefinitionen. Theorien über die Entwicklung von kindlicher und jugendlicher Identität, welche die gegenständlichen und „instrumentellen" Tätigkeiten in ihrer Bedeutung für die Identitätsbildung einfach vergessen (WELLENDORF 1973, DÖBERT u.a. 1977) müssen als eine wissenschaftliche Verdoppelung unseres entwirklichten Sozialisationssystems angesehen werden.

Sehr wichtig, aber ebenfalls vernachlässigt in den dominierenden psychologischen und soziologischen Identitätskonzepten, sind die biographischen Möglichkeiten des Individuums, die Entwicklung seiner eigenen Identität in der Zukunft zu *antizipieren*. Menschliche Tätigkeit ist immer vermittelt durch Selbstbilder und Selbstentwürfe, die in bewußten und unbewußten Phantasien und Träumen auftauchen und in die Zukunft projiziert werden. Die Antizipation der eigenen Tätigkeit und Identität ist nicht nur eine Sache von rationalen Plänen und „Einsicht" in die gesellschaftlichen Notwendigkeiten und Möglichkeiten, wie es z. B. in Ute Holzkamp-Osterkamps Theorie menschlicher Motivation (1975, 1976) erscheint. In seiner Kritik an Freuds vergangenheitsfixiertem Konzept der Träume und des Unbewußten hat Ernst Bloch (1973) die Existenz und Wichtigkeit antizipatorischer Tagträume in der Entwicklung von Individuen und Gesellschaften betont. Diese Träume können zu utopischem Bewußtsein werden, welches sowohl abstrakte als auch konkrete Utopie umfassen kann. Konkrete Utopie ist mit einer realistischen Analyse ihrer Verwirklichungsmöglichkeiten und mit rationalen Plänen ihrer Umsetzung in die Realität verbunden. Wie empirische Untersuchungen über die Situation von Arbeitslosen zeigen (vgl. Jahoda u.a. 1975, Wacker 1976), kann das objektive Abgeschnittenwerden der Individuen von ihren lebensgeschichtlich entstandenen Hoffnungen und Wünschen die Identitätskonstitution mindestens ebenso stark beeinträchtigen wie ein traumatisches Identitätsproblem, das aus der Kindheit überkommen ist. Eine andere Unterdrückung und Zerstörung der Zukunftsdimension in der Identitätsbildung resultiert aus der kapitalistischen Trennung zwischen „unverwertbarer" Altersphase und Produktionsleben. Alte Leute, die ihre Identitätsbasis in der Produktionstätigkeit durch einen plötzlichen und vollständigen Bruch verlieren („Pensionierungsschock"), werden in ein soziales Ghetto ohne relevante produktive Betätigungsmöglichkeiten hinein ausgesondert. Dieses Problem wird gewöhnlich auch aus den antizipatorischen Selbstbildern der Jüngeren ausgeschlossen, was dann den schockartigen Charakter des Eintritts in die Altersphase noch verstärkt.

6 Historische Trends

Das oben vorgestellte Modell der horizontalen und vertikalen Identitätskonstitution bezog sich noch weitgehend auf die kapitalistische Gesellschaft im allgemeinen. Zu seiner Konkretisierung und Aktualisierung ist aber eine Untersuchung der historischen Trends erforderlich, die das Alltagsleben der fortgeschrittenen kapitalistischen Gesellschaften regieren. Es kann hier nur noch angedeutet werden, wie Identitätskonstitution durch diese Trends betroffen und gebrochen wird.

In der Produktionssphäre finden wir die mächtigen Trends einer zunehmenden Arbeitsteilung, Automatisierung und Polarisierung von Qualifikationen (Kern/Schumann 1970) im Gefolge der Zentralisation und Konzentration der Kapitale. Die kontinuierliche Umwälzung der Produktivkräfte, die von Prozessen der Dequalifikation und der Requalifikation der Individuen im Verlauf ihrer Biographie begleitet ist, muß eine bestimmte Destabilisierung von Selbstkonzepten und Selbstdefinitionen zur Folge haben. Die Umwälzung produziert einen Verlust von Sicherheit im Verhältnis von biographisch angeeigneten Identitätsmustern und neuer Arbeitsrolle. Wie Rebell (1976) und Volmerg (1978) zeigen, bedeutet Arbeitsbelastung unter diesen Bedingungen immer eine Belastung des Selbstbildes und der Identität. Im Falle der Dequalifikation sind der Verlust an Selbstachtung mit nachfolgenden depressiven Reaktionen etc. offenkundig. Im Falle des Überwechselns an einen Arbeitsplatz, auf dem neue Qualifikationen erforderlich sind (etwa Automatenkontrolle), können aber ebenso leicht Gefühle der Insuffizienz gegenüber den schwer zu erfüllenden (z. B. abstrakteren) Ansprüchen der neuen Rolle entwickelt werden. Solche Veränderungen tragen vermutlich zum Anstieg der psychophysischen Erkrankungen im Umfeld des Leistungskomplexes bei, wie er in der Sozialpsychiatrie konstatiert worden ist (Richter 1974, S. 39ff.).

In der Zirkulationssphäre findet man als historischen Trend das kapitalistische Streben nach Marktexpansion nicht nur in äußere Märkte, sondern auch in die inneren subjektiven Strukturen der Individuen hinein. Dies bewirkt einen steten Wandel der Bedürfnisinterpretationen und der Interpretation vordem akzeptierter normativer Muster bei den Individuen, wie man ihn besonders deutlich in den Fragen der Sexualität beobachten kann. Dieser Normenrelativismus und die Konfusion der Orientierungen führen (in Verbindung mit den oben untersuchten „klassischen" Widersprüchen) zu einer tendenziellen Überlastung der Synthetisierungsfunktion von Identität. Ebenso wichtig sind die historischen Trends auf dem Arbeitsmarkt. Die Produktion einer anwachsenden „Surplus-Population" trägt zur Disziplinierung und Integration der beschäftigten Lohnarbeiter bei, indem sie diese mit ihrer „negativen Identität" konfrontiert. In dieser Surplus-Population, die teilweise durch das ausgeweitete Bildungssystem verdeckt und zurückgehalten wird (LIEBEL 1976, AUSUBEL 1968) werden neue und „abweichende" Identitätsmuster entwickelt. Marginale Subkulturen breiten sich nicht nur an den Peripherien, sondern auch in den Zentren der spätkapitalistischen Ökonomie aus.

In der Sphäre der individuellen Reproduktion findet sich der wichtige Trend der „Kontraktion" (DURKHEIM) und der wachsenden sozialen Isolation der Familie, welche mit dem Aussterben der alten Mittelklassen und der zunehmenden „Verlohnarbeiterung" der Bevölkerung in den letzten Jahrzehnten definitiv ihre alten materiellen und produktiven Funktionen verloren hat. Durch diesen Prozeß und durch die Folgen des erwähnten normativen Relativismus, der wesentlich aus der Zirkulationssphäre kommt, werden die patriarchalischen Rollenidentitäten destabilisiert. Das eröffnet wichtige Chancen für die persönliche Individuierung und Emanzipation vor allem der Frauen, ist aber auch mit neuen Identitätsrisiken verbunden. Die alten Muster der Geschlechtsidentität gaben den Individuen eine gewisse unreflektierte Kraft und Selbstdisziplin in den Rollen des zähen, konkurrierenden und arbeiten Mannes und der mütterlichen, aufopferungsvollen und haushaltenden Frau. Vielleicht haben es diese (unwiderruflich zerfallenden) Rollen es manchem leichter gemacht, die mannigfachen widersprüchlichen Anforderungen des kapitalistischen Alltagslebens in einer kohärenten Identität und einem Lebensplan zu synthetisieren.

Die *Überkomplexität* des Identitätsproblems in den gegenwärtigen kapitalistischen Gesellschaften provoziert *regressive Lösungen.* Es entwickelt sich eine Fülle von subkulturellen, sektenartigen, religiösen und politischen Bewegungen, die mit dem Versprechen auftreten, die wachsenden Identitätsprobleme zu lösen. Ihr Überzeugungsmechanismus basiert gewöhnlich auf einer einseitigen Konzentration auf ein reales Identitätsproblem – z. B. die Schocks der Geburt und frühen Kindheit in JANOVS „Primärtherapie", die Störungen der Körperidentität in der bioenergetischen Bewegung, die Probleme sexueller Identität in anderen Bewegungen etc. Dieses Problem wird dann isoliert und zur Totalität der gegenwärtigen Identitätsprobleme „aufgeblasen". Nach der hier vertretenen Auffassung sollten Sozialwissenschaftler, Erzieher und Therapeuten nicht versuchen, solche vereinfachenden Lösungen auf dem Markt der versprochenen Identitäten anzubieten. Statt dessen muß die Komplexität der Identitätsprobleme mit ihren Ursachen in der ökonomischen und gesellschaftlichen Struktur analysiert und im Auge behalten werden.

Nicht diskutiert werden konnten in diesem Beitrag der Einfluß der Staatsform auf die Identitätsbildung der Individuen, etwa die Folgen der von MARX angesprochenen Spaltung des Individuums in einen ökonomisch-egoistischen „Bourgeois" und in einen altruistisch-staatsloyalen „Citoyen", oder die Folgen der Zunahme von Bevölkerungsgruppen und Lebensbereichen, in denen das Leben nicht unmittelbar durch die Verhaltensimperative der Marktökonomie, sondern über die Inanspruchnahme der sozialstaatlichen Leistungen des modernen Staates gesichert wird. Die Frage staatlich vermittelter Identitätsbildung verweist nachdrücklich auf den je spezifischen nationalgeschichtlichen Rahmen, in dem die Identitätsprobleme gelöst bzw. – etwa im Falle des deutschen Nationalismus – scheingelöst werden. Die Bearbeitung des Komplexes nationaler politischer Identität wäre eine wichtige Aufgabe einer kritischen Sozialisationsforschung (vgl. BRÜCKNER 1978).

Literatur

ADLER, A.: Kindererziehung. Frankfurt, Fischer 1973.

ADLER, A.: Über die nervösen Charakter. Frankfurt, Fischer 1972.

ADORNO, Th. W.: Die revidierte Psychoanalyse. In: Ders.: Sociologica II. Frankfurt, Fischer 1967.

ADORNO, Th. W.: Sexualtabus und Recht heute. In: Ders.: Eingriffe. Frankfurt, Suhrkamp 1963.

ADORNO, Th. W.: Zum Verhältnis von Soziologie und Psychologie. In: Ders.: Aufsätze zur Gesellschaftstheorie und Methodologie. Frankfurt, Suhrkamp 1970.

ADORNO, Th. W. u. a.: The Authoritarian Personality. New York 1969a.

ADORNO, Th. W. u.a.: Wissenschaftliche Erfahrungen in Amerika. In: Ders.: Stichworte. Frankfurt, Suhrkamp 1969b.

AUSUBEL, P.: Das Jugendalter. München 1968.

Autorinnenkollektiv: Reproduktionsarbeit der Frau und mitmenschliche Beziehungen. In: Frauen als bezahlte und unbezahlte Arbeitskräfte. Beiträge zur Berliner Sommeruniversität für Frauen, Oktober 1977. Berlin 1978.

BATESON, G. u.a.: Schizophrenie und Familie. Frankfurt, Suhrkamp 1972.

BERGER, P./LUCKMANN, Th.: Die gesellschaftliche Konstruktion der Wirklichkeit. Frankfurt, Fischer 1973.

BERNFELD, S.: Die kommunistische Diskussion um die Psychoanalyse und Reichs „Widerlegung der Todestriebhypothese" (1932). In: SANDKÜHLER, H. (Hrsg.): a.a.O. 1971.

BLOCH, E.: Das antizipierende Bewußtsein. Frankfurt, Suhrkamp 1973.

BLUMER, H.: Der methodologische Standort des Symbolischen Interaktionismus. In: Arbeitsgruppe Bielefelder Soziologen (Hrsg.): Alltagswissen, Interaktion und gesellschaftliche Wirklichkeit. Reinbek bei Hamburg, Rowohlt 1973, S. 80–146.

BOSHOWITCH, I. L.: Die Persönlichkeit und ihre Entwicklung im Schulalter. Berlin 1970.

BRONFENBRENNER, U.: Ökologische Sozialisationsforschung. Stuttgart, Klett 1976.

BRÜCKNER, P.: Politisch-psychologische Argumente zur RAF. In: Sozialistisches Jahrbuch 5. Berlin, Wagenbach 1973.

BRÜCKNER, P.: Zur Sozialpsychologie des Kapitalismus. Frankfurt, EVA 1972.

BRÜCKNER, P.: Ulrike Meinhof und die deutschen Verhältnisse. Berlin, Wagenbach 1976.

BRÜCKNER, P./SICHTERMANN, B.: Gewalt und Solidarität. Berlin, Wagenbach 1975a.

BRÜCKNER, P./SICHTERMANN, B.: Die Verknastung der sozialen Welt. In: Schwarze Protokolle Nr. 10. 1975b.

DAHRENDORF, R.: Homo sociologicus. Opladen, Westdeutscher Verlag 1971.

DÖBERT, R./HABERMAS, J./NUNNER-WINKLER, G. (Hrsg.): Entwicklung des Ich. Köln, Kiepenheuer & Witsch 1977.

DUHM, D.: Warenstruktur und zerstörte Zwischenmenschlichkeit. Köln, Rosa Luxemburg Verlag 1973.

DURKHEIM, E.: Regeln der soziologischen Methode. Neuwied/Berlin, Luchterhand 1961.

ERIKSON, E. H.: Identität und Lebenszyklus. Frankfurt, Suhrkamp 1966.

FROMM, E.: Die psychoanalytische Charakterologie und ihre Bedeutung für die Sozialpsychologie. In: Zeitschrift f. Sozialforschung, Jg. 1. Leipzig 1932 (wiederabgedruckt in: FROMM, E.: Analytische Sozialpsychologie und Gesellschaftstheorie. Frankfurt, Suhrkamp 1970).

FROMM, E./HORKHEIMER, M. u.a.: Studien über Autorität und Familie 1 und 2. Paris, Librairie Félix Alcan 1936.

FROMM, E./MACCOBY, M.: Social Character in a Mexican Village. London, Prentice Hall 1970.

GOFFMAN, E.: Role-Distance. In: Ders.: Encounters. Indianapolis 1961.

GOFFMAN, E.: Stigma. Frankfurt, Suhrkamp 1970.

GOFFMAN, E.: The Presentation of Self in Every Day Life. New York, Doubleday & Company 1959.

HABERMAS, J.: Erkenntnis und Interesse. Frankfurt, Suhrkamp 1968a.

HABERMAS, J.: Technik und Wissenschaft als Ideologie. Frankfurt, Suhrkamp 1968b.

HABERMAS, J.: Zur Rekonstruktion des Historischen Materialismus. Frankfurt, Suhrkamp 1976.

HACK, L. u.a.: Klassenlage und Interessenorientierung. In: Zeitschrift f. Soziologie, Jg. 1, Heft 1. 1972.

HAHN, E.: Historischer Materialismus und marxistische Soziologie. Berlin, Dietz 1968.

HAUG, F.: Erziehung und gesellschaftliche Produktion. Frankfurt/New York, Campus 1976.

HAUG, W. F.: Kritik der Warenästhetik. Frankfurt, Suhrkamp 1971.

HEGEL, G. F. W.: Phänomenologie des Geistes. Hamburg, Felix Meiner 1952.

HEINSOHN, G./KNIEPER, B. M. C.: Theorie des Kindergartens und der Spielpädagogik. Frankfurt, Suhrkamp 1975.

HEINSOHN, G./KNIEPER, R.: Theorie des Familienrechts. Frankfurt, Suhrkamp 1974.

HOLZKAMP, K.: Sinnliche Erkenntnis. Frankfurt, Fischer 1973.

HOLZKAMP-OSTERKAMP, U.: Grundlagen der psychologischen Motivationsforschung, Bd. 1 und 2. Frankfurt/New York, Campus 1975 und 1976.

HORKHEIMER, M.: Geschichte und Psychologie. In: Ders.: Kritische Theorie der Gesellschaft, Bd. 1. Frankfurt, Fischer 1968a.

HORKHEIMER, M.: Vernunft und Selbsterhaltung. In: Ders.: Kritische Theorie der Gesellschaft, Bd. 3. Frankfurt, Fischer 1968b.

JACOBY, R.: Soziale Amnesie. Frankfurt, Suhrkamp 1978.

JAHODA, M. u.a.: Die Arbeitslosen von Marienthal. Frankfurt, Suhrkamp 1975.

JANOV, A.: Der Urschrei. Frankfurt, Fischer 1975.

KOCH, R.: Berufstätigkeit der Mutter und Persönlichkeitsentwicklung des Kindes. Köln, Pahl-Rugenstein 1975.

KOSIK, K.: Dialektik des Konkreten. Frankfurt, Suhrkamp 1967.

KRAPPMANN, L.: Soziologische Dimensionen der Identität. Stuttgart, Klett 1969.

KROVOZA, A.: Produktion und Sozialisation. Frankfurt, EVA 1976.

LAING, R. D./PHILLIPSON, H./LEE, A. R.: Interpersonelle Wahrnehmung. Frankfurt, Suhrkamp 1969.

LEFEBVRE, H.: Kritik des Alltagslebens, Bd. 1–3. München, Hanser 1975.

LEONTJEW, A. N.: Probleme der Entwicklung des Psychischen. Frankfurt, Fischer 1973.

LIEBEL, M.: Produktivkraft Jugend. Frankfurt, Jugend und Politik 1976.

LORENZER, A.: Zur Begründung einer materialistischen Sozialisationstheorie. Frankfurt, Suhrkamp 1972.

LUCACS, G.: Geschichte und Klassenbewußtsein. Berlin 1923.

LUCACS, G./HELLER, A. u.a.: Individuum und Praxis. Frankfurt, Suhrkamp 1975.

MARCUSE, H.: Das Veralten der Psychoanalyse. In: Ders.: Kultur und Gesellschaft, Bd. 2. Frankfurt, Suhrkamp 1968a.

MARCUSE, H.: Triebstruktur und Gesellschaft. Frankfurt, Suhrkamp 1967.

MARX, K.: Grundrisse der Kritik der politischen Ökonomie. Moskau, Verlag für fremdsprachliche Literatur 1939/41 (Lizenzausgabe: Frankfurt, EVA o.J.).

MARX, K.: Ökonomisch-Philosophische Manuskripte. In: FETSCHER, I. (Hrsg.): Marx/Engels-Studienausgabe, Bd. II. Frankfurt, Fischer 1966, S. 38–129.

MARX/ENGELS Werke (abgekürzt: MEW) Bd. 1–39 und Ergänzungsband I. Berlin, Dietz.

MATZNER, J.: Der Begriff der Charaktermaske bei Karl Marx. In: Soziale Welt, Jg. 15 (1964), S. 130ff.

MEAD, G. H.: Geist, Identität und Gesellschaft. Frankfurt, Suhrkamp 1968.

MOLLENHAUER, K. u.a.: Die Familienerziehung. München, Juventa 1975.

OTTOMEYER, K.: Anthropologieproblem und marxistische Handlungstheorie. Gießen, Focus 1976b.

OTTOMEYER, K.: Antikritische Bemerkungen zu Rainer Paris. In: Gesellschaft, Heft 8/9. Frankfurt, Suhrkamp 1976c.

OTTOMEYER, K.: Interaktion und Selbstbewußtsein im Konzept der gegenständlichen Tätigkeit. In: BRAUN, K. H./HOLZKAMP, K. (Hrsg.): Kritische Psychologie, Bd. II. Köln, Pahl-Rugenstein 1977b.

OTTOMEYER, K.: Ökonomische Zwänge und menschliche Beziehungen. Reinbek bei Hamburg, Rowohlt 1977a.

OTTOMEYER, K.: Soziales Verhalten und Ökonomie im Kapitalismus. Gießen, Focus 1976a.

OTTOMEYER, K./SCHEER, K. D.: Rollendistanz und Emanzipation. In: BRUDER, K. H. u.a.: Kritik der pädagogischen Psychologie. Reinbek bei Hamburg, Rowohlt 1976.

PARIS, R.: Schwierigkeiten einer marxistischen Interaktionstheorie. In: Gesellschaft, Heft 7. Frankfurt, Suhrkamp 1976.

PARIS, R.: Zur Problematisierung des Holzkampschen Konzepts der Gegenstandsbedeutung. In: Ästhetik und Kommunikation, Heft 30. Berlin 1977.

PARSONS, T.: Beiträge zur soziologischen Theorie. Neuwied/ Berlin, Luchterhand 1964.

PARSONS, T.: Die Schulklasse als soziales System. In: GRAUMANN, C. F./HECKHAUSEN, H. (Hrsg.): Pädagogische Psychologie. Grundlagentexte. Frankfurt, Fischer 1973.

PIAGET, J.: Psychologie der Intelligenz. Olten, Walther 1971.

POPITZ, H. u.a.: Das Gesellschaftsbild des Arbeiters. Tübingen, Mohr & Siebeck 1957a.

POPITZ, H. u.a.: Technik und Industriearbeit. Tübingen, Mohr & Siebeck 1957b.

REBELL, C.: Soziale Psychiatrie in der Industriegesellschaft. Frankfurt/New York, Campus 1976.

REICH, W.: Charakteranalyse. Ohne Erscheinungsort 1933.

REICH, W.: Dialektischer Materialismus und Psychoanalyse. In: SANDKÜHLER (Hrsg.): a.a.O. 1971.

REICHE, R.: Sexualität und Klassenkampf. Frankfurt, Neue Kritik 1968.

REICHELT, H.: Zur logischen Struktur des Kapitalbegriffs bei Karl Marx. Frankfurt, EVA 1970.

RICHTER, H. E.: Lernziel Solidarität. Reinbek b. Hamburg, Rowohlt 1974.

RIESMAN, D.: Die einsame Masse. Reinbek b. Hamburg, Rowohlt 1958.

RITSERT, J./BECKER, E.: Grundzüge sozialwissenschaftlich-statistischer Argumentation. Opladen, Westdeutscher Verlag 1971.

RÜHLE, O.: Das Seelenleben des proletarischen Kindes. Frankfurt, Fischer 1972.

SANDKÜHLER, H. (Hrsg.): Psychoanalyse und Marxismus. Frankfurt, Suhrkamp 1971.

SCHAFF, A.: Marxismus und das menschliche Individuum. Reinbek bei Hamburg, Rowohlt 1970.

SCHEU, U.: Wir werden nicht als Mädchen geboren, wir werden dazu gemacht. Frankfurt, Fischer 1977.

SCHNEIDER, M.: Neurose und Klassenkampf. Frankfurt, Fischer 1973.

SCHURIG, V.: Die Entstehung des Bewußtseins. Frankfurt/ New York, Campus 1976.

SÈVE, L.: Marxismus und Theorie der Persönlichkeit. Frankfurt, Verlag Marxistische Blätter 1972.

VOLMERG, U.: Identität und Arbeitserfahrung. Frankfurt, Suhrkamp 1978.

WACKER, A.: Arbeitslosigkeit. Frankfurt, EVA 1976.

WELLENDORF, F.: Schulische Sozialisation und Identität. Weinheim/Basel, Beltz 1973.

WULFF, E.: Grundlagen der transkulturellen Psychiatrie. In: Ders.: Psychiatrie und Klassengesellschaft. Frankfurt, Fischer 1972.

ZIEHE, Th.: Pubertät und Narzißmus. Frankfurt, EVA 1975.

3

Konzeptionen komplexer integrativer Forschungsansätze

Kulturvergleichende Ansätze in der Sozialisationsforschung

Ludwig Liegle

Vorbemerkung

Der interkulturelle Vergleich gilt in den Sozial- und Verhaltenswissenschaften als *komplexer* Forschungsansatz (vgl. z. B. König 1973, Band 4), weil er mit einer Vielfalt methodischer Verfahren – z. B. Beobachtung, Befragung, Experiment, Sekundäranalyse – arbeitet und nicht auf einen bestimmten Gegenstandsbereich oder eine bestimmte Wissenschaftsdisziplin festgelegt ist. Der besondere heuristische Wert kulturvergleichender Forschung ist darin zu sehen, daß er (eher als andere Ansätze) zur Überprüfung der Gültigkeit gängiger Hypothesen – z. B. der Annahme eines bestimmten Phasenverlaufs der Persönlichkeitsentwicklung als universaler Gesetzmäßigkeit – und der Aussagekraft gängiger Methoden – z. B. der Frage der Populationsabhängigkeit klassischer Testverfahren – beitragen und die Entwicklung neuer Hypothesen und modifizierter Verfahren anregen kann (vgl. Boesch/Eckensberger 1972, LeVine 1973); damit ist der interkulturelle Vergleich auch geeignet, dem Ethnozentrismus in nationalen Forschungstraditionen sowie in den allgemeinen Urteilen über andere Völker entgegenzuwirken. Das zentrale Anliegen kulturvergleichender Forschung besteht darin, die historisch gewachsenen und institutionalisierten Lebensformen verschiedener Völker als Rahmenbedingungen für menschliches Handeln und Verhalten zu beschreiben und zu analysieren.

1 Begriffliches

Unser Thema verlangt die Klärung von drei komplexen Begriffen: von „Sozialisation" als dem Gegenstandsbereich, um dessen Analyse es gehen soll; von „Kultur" als der hier thematisierten Rahmenbedingung für „Sozialisation"; und von „Vergleich" als den Verfahrensweisen, mit deren Hilfe „Sozialisation" unter den Rahmenbedingungen von „Kultur" erfaßt wird.

a) Sozialisation

Unter Sozialisation wird hier in Anlehnung an zahlreiche Definitionsversuche der Prozeß verstanden, durch welchen das Individuum vermittels der aktiven Auseinandersetzung mit seiner menschlichen und dinglichen Umwelt eine persönliche und soziale Identität ausbildet und Handlungsfähigkeit erwirbt.
Sozialisation ist ein lebenslanger, offener Lernprozeß. Als wichtigste Orte des Lernprozesses können die Familie (die in der Regel den ganzen Lebenslauf des Individuums in den verschiedenen Rollen des Kindes, des Ehepartners, der Eltern und Großeltern begleitet), die Bildungsinstitutionen (insbesondere während der Kindheit und Jugend) sowie Arbeit und Beruf (insbesondere im Erwachsenenalter) gelten. Gegenüber *Erziehung* als einer bewußten und zielgerichteten Einflußnahme wird *Sozialisation* als übergeordneter, alle Formen der Interaktion zwischen Organismus (Individuum) und Umwelt (Kultur, Gesellschaft) umfassender Begriff verwendet.
Das Verständnis von Sozialisationsprozessen ist in hohem Maße abhängig vom Bild des Menschen, seiner Entwicklung und seines Verhältnisses zur Umwelt; dementsprechend lassen sich in der Sozialisationstheorie und Sozialisationsforschung sehr unterschiedliche Auffassungen feststellen. Auf Voraussetzungen und Folgen solcher unterschiedlichen Auffassungen wird an anderen Stellen dieses Beitrages (vgl. insbesondere die Abschnittte 2 und 4) eingegangen.

b) Kultur

Im Anschluß an E. B. TYLER wird unter Kultur „jenes komplexe Ganze" verstanden, „das Kenntnisse, Glaubensvorstellungen, Künste, Sitte, Recht, Gewohnheiten und jede Art von Fähigkeiten und Dauerbetätigung umfaßt, die der Mensch als Mitglied einer Gesellschaft erwirbt" (zit. in KÖNIG/SCHMALFUSS 1972, S. 14). Eine derart umfassende Definition sieht von den zahlreichen Differenzierungen des Kulturbegriffs in verschiedenen Wissenschaften und wissenschaftlichen Schulen ab und bezieht sich auf das „Insgesamt sozialer Bedingungen des Verhaltens" (THOMAE 1972, S. 717), das in Form von Überzeugungen und Werten, Sprache und anderen Symbolsystemen, Institutionen und Regeln von Generation zu Generation tradiert wird.
Der Begriff der Kultur überschneidet sich in vielfältiger Weise mit dem Begriff der Gesellschaft als dem jeweils umfassendsten System menschlichen Zusammenlebens. Kultur kann nicht von einer sie tragenden Gesellschaft abgelöst werden, und Gesellschaft kann nicht ohne die Übernahme und Weitergabe von Kultur in der Generationenfolge überleben. Während sich einerseits eine Kulturtradition (z.B. die deutsche) in verschiedenen Gesellschaften (z.B. in der Gesellschaft der Bundesrepublik, der DDR oder Österreichs) manifestieren kann, können andererseits in einer Gesellschaft (z.B. der amerikanischen) mehrere Einzelkulturen (z.B. die Kulturen der Indianervölker) nebeneinander lebendig sein.
Wenn im folgenden die Begriffe Kultur und Gesellschaft ohne genaue Trennschärfe benutzt werden, so hängt dies mit den verschiedenen Traditionen der „kultur"-vergleichenden Sozialisationsforschung zusammen; während in der Tradition der Kulturanthropologie das „Insgesamt der sozialen Bedingungen" häufig mit einem unspezifischen Kulturbegriff umschrieben wird, wird es in der Tradition soziologischer Theorien mit dem Begriff „gesellschaftliche Systeme" (vgl. z.B. HEINTZ 1972, SCHEUCH 1967) umschrieben, wobei das „kulturelle System" („Wertsystem") als ein Subsystem neben dem „politischen System" (bzw. der Sozialstruktur) behandelt wird (vgl. INKELES 1969).

c) Vergleich

Der Vergleich ist eine Methode der wissenschaftlichen Erkenntnisgewinnung. Seine logische Struktur läßt sich mit SEIDENFADEN (1966, S. 15) durch die folgenden Merkmale beschreiben:

„1. Im Vergleich werden zwei oder mehr Gegebenheiten miteinander konfrontiert in der Absicht, Unterschiede (und Übereinstimmungen) sichtbar zu machen, gegebenenfalls sie auch zu deuten und zu erklären.
2. Vergleiche geschehen stets im Hinblick auf etwas, sind gezielt.
3. Vergleiche setzen voraus, daß die zu vergleichenden Gegebenheiten auf das Vergleichsziel hin vergleichbar sind, d.h. eine verwandte Struktur, gemeinsame Funktionen, oder gleichgerichteten ‚Sinn' haben."

Im Falle des interkulturellen Vergleichs handelt es sich bei den zu vergleichenden Gegebenheiten um Kulturen bzw. gesellschaftliche Systeme. Mit Hilfe des interkulturellen Vergleichs werden in den Kultur-, Sozial- und Verhaltenswissenschaften regelmäßige Beziehungen unter variierenden Umständen, wie sie in einem Feld soziokulturell unterschiedlicher Systeme angetroffen werden, beobachtet, registriert und gedeutet (vgl. ROBINSOHN 1973, S. 316).

Innerhalb der kulturvergleichenden Sozialisationsforschung finden verschiedene Arten des Vergleichs Anwendung: *implizite* Vergleiche beziehen sich auf Untersuchungen einer Kultur, die dem Forscher fremd ist, und richten sich quasi stillschweigend auf einen außerhalb dieser Kultur liegenden Bezugspunkt (nämlich die eigene Kultur des Forschers); *explizite* Vergleiche suchen ausdrücklich die Variation des Verhaltens über zwei oder mehrere Kulturen zu erfassen (BOESCH/ECKENSBERGER 1972, S. 518). Außerdem kann man bei kulturvergleichenden Forschungen, wie bei anderen Forschungstypen, zwischen *nomothetischen* Untersuchungen (die nach gesetzmäßigen Zusammenhängen zwischen kulturellen Bedingungen und Verhalten suchen) und *taxonomischen* Untersuchungen (die einzelne Kulturen in den Wechselbeziehungen ihrer Merkmale zu systematisieren suchen) sowie zwischen eher *erklärenden* Untersuchungen (die der Überprüfung von Hypothesen über Ursache-Wirkungs-Zusammenhänge dienen) und eher *beschreibenden* Untersuchungen unterscheiden (ebd., S. 518/19).

2 Grundfragen einer kulturvergleichenden Sozialisationsforschung

Der interkulturelle Vergleich kann sich grundsätzlich auf alle Erscheinungen des gesellschaftlichen Lebens beziehen; die Vielfalt der Fragestellungen hat sich dabei im Laufe der Jahrhunderte aus den zunehmenden Beziehungen zwischen den Völkern, aus dem zunehmenden Wissen der Menschen über das Leben anderer Völker sowie aus der Entwicklung der Wissenschaften ergeben. Wie schon die vergleichenden sprachwissenschaftlichen Untersuchungen W. VON HUMBOLDTS und die vergleichende Betrachtung DE TOCQUEVILLES über die politischen Systeme Amerikas und Rußlands zeigen, entstehen kulturvergleichende Analysen aus dem Interesse an Erscheinungen des menschlichen Lebens – also z.B. der Ausbildung von Sprachen und Herrschaftsformen –, die in vielen (oder allen) Kulturen bzw. Gesellschaften von grundlegender Bedeutung sind.

Zu diesen grundlegenden Erscheinungen, deren kulturvergleichende Analyse eine lange Tradition hat, gehören Erziehung und Sozialisation: Jedes Kind wird in eine bereits bestehende Kultur und Gesellschaft hineingeboren; die aktive Auseinandersetzung mit Menschen, Werten und Strukturen der jeweiligen Kultur und Gesellschaft prägt die Entwicklung seiner Persönlichkeit. Umgekehrt ist jede Kultur und Gesellschaft mit dem Lebenszyklus ihrer Mitglieder von der Geburt bis ins Erwachsenenalter (bzw. bis zum Tod) konfrontiert; sie muß Bedingungen und Regeln schaffen, welche die Versorgung und Erziehung der nachwachsenden Generationen gewährleisten und die Reproduktion der Gesellschaft durch ihre Mitglieder sichern.

Der Beziehung zwischen „Organismus“ und „Umwelt“, Persönlichkeit und Kultur (Gesellschaft), der Frage nach den Bedingungen, Prozessen und Wirkungen, durch welche ein Kind zur Persönlichkeit und zum Mitglied einer Kultur und Gesellschaft wird, kommt in den Sozial- und Verhaltenswissenschaften, insbesondere aber in der Sozialisationsforschung, eine zentrale Bedeutung zu. Bei der wissenschaftlichen Bearbeitung dieses Problems spielt der *Vergleich als eine Methode der Erkenntnisgewinnung* eine hervorragende Rolle. Mit Hilfe des Vergleichs können verschiedene (kulturelle) Umweltbedingungen in ihrer unterschiedlichen Wirkung auf den Erziehungs-, Sozialisations- und Entwicklungsprozeß der unter diesen Bedingungen lebenden Individuen untersucht werden. Schon DURKHEIM, der als einer der Begründer der Sozialisationsforschung gelten kann, hat sich vergleichender Argumente bedient, um seine These zu belegen, daß „der Mensch, den die Erziehung in uns verwirklichen muß, nicht der Mensch (ist), den die Natur gemacht hat, sondern der Mensch, wie ihn die Gesellschaft haben will; und sie will ihn so haben, wie ihn ihre innere Ökonomie braucht“ (DURKHEIM 1973, orig. 1902/03, S. 44). Er hat auf die Initiationsriten in traditionalistischen Gesellschaften verwiesen und sie als „zweite Geburt“ bezeichnet (ebd. S. 48), um damit zu zeigen, daß nicht die Vererbung organischer Anlagen die Kontinuität einer Gesellschaft sichert, sondern daß vor allem die Erziehung das Mittel ist, „mit dem die Gesellschaft immer wieder die Bedingungen ihrer eigenen Existenz erneuert" (ebd. S. 46). Durkheim hat außerdem darauf verwiesen, daß die Förderung bestimmter Fähigkeiten und Eigenschaften „vor allem auf äußere Notwendigkeiten antwortet" (S. 48), die z.B. zeigen, daß die physische Erziehung in den Hintergrund gedrängt wird (etwa in den Schulen des Mittelalters), wenn die soziale Umwelt eher zum Asketentum neigt.

Der Vergleich als Methode der Erkenntnisgewinnung kann sich, wie schon der Verweis auf Durkheim gezeigt hat, auf verschiedene Dimensionen der gesellschaftlichen Umwelt, in der Menschen leben und aufwachsen, beziehen:

- auf *verschiedene kulturelle Systeme* im ganzen bzw. auf einzelne Merkmale kultureller Systeme, die gleichzeitig nebeneinander bestehen und untersucht werden können; dieser Zugang ist von der Kulturanthropologie eröffnet und in vielfältigen Ansätzen einer interkulturell vergleichenden Forschung bzw. Sozialisationsforschung weiterentwickelt worden und steht im Mittelpunkt des vorliegenden Beitrags;
- auf *verschiedene Epochen ein und derselben Kultur* und Gesellschaft bzw. auf eine vergangene Epoche verschiedener Kulturen und Gesellschaften; dieser Zugang einer *historischen Sozialisationsforschung* wird in einem eigenen Beitrag (U. Herrmann) dieses Handbuchs behandelt.

Über die bei Durkheim angedeuteten Ansätze hinaus kann sich eine vergleichende Analyse von Sozialisationsprozessen beziehen

- auf unterschiedliche *sozialstrukturelle Gegebenheiten* in einer Gesellschaft, wie sie in die sog. *schichtenspezifische* Sozialisationsforschung, aber auch in die sog. *ökologische Sozialisationsforschung* Eingang gefunden haben (vgl. die Beiträge von H. Walter und G. Steinkamp in diesem Handbuch);
- auf bestimmte *epochale Ereignisse* (Weltkriege etc.), die für das Schicksal ganzer Altersjahrgänge („Kohorten") prägend sein können, und die in Ansätzen einer *Lebenslaufanalyse* thematisiert werden (vgl. den Beitrag von M. Kohli in diesem Handbuch).

In all diesen Fällen übernimmt der Vergleich als Methode eine Funktion für die Sozialisationsforschung, die im Rahmen der Naturwissenschaften dem Laborexperiment zukommt: er erlaubt die Untersuchung unterschiedlicher Umweltbedingungen in ihrer Wirkung auf Verhaltensweisen von Individuen und Gruppen; dabei gewinnen kulturelle Systeme die Bedeutung von „natürlichen Experimenten" (vgl. auch Abschnitt 5 dieses Beitrags).

2.1 *Umweltdetermination der Persönlichkeit oder dialektisches Wechselwirkungsverhältnis zwischen soziokultureller Umwelt und Persönlichkeit?*

Die Behandlung von Umweltbedingungen als bestimmender Faktor (als „unabhängige Variable") für Persönlichkeitsmerkmale (Entwicklung von Fähigkeiten, Verhaltensweisen etc., die dann als „abhängige Variable" in Erscheinung treten), bringt eine spezifische Gefahr mit sich, die gerade aus der Sicht der Erziehungswissenschaften zu bedenken ist: die Gefahr, die menschliche Persönlichkeit als passives Produkt ihrer Umwelt aufzufassen. Im Rahmen der Kontroverse über „Umwelt" und „Vererbung" („nurture"/„nature") hat sich die interkulturell vergleichende Sozialisationsforschung aufgrund ihrer Fragestellung in ihrer Auffassung der menschlichen Entwicklung sehr häufig dem Pol der Umweltdetermination genähert. Diese Problematik ist freilich, wie schon der Beginn der deutschsprachigen Sozialisationsforschung mit ihrer Diskussion der Konzepte „Enkulturation" – „Sozialisation" – „Personalisation" (Wurzbacher 1968) gezeigt hat, für die Sozialisationsforschung im ganzen bezeichnend. Die *Frage nach der „Vergesellschaftung" des Menschen*, die für die Sozialisationsforschung konstitutiv ist, legt es prinzipiell nahe, eher die Prozesse der Anpassung von Individuen an unterschiedliche Umweltbedingungen – und damit die Variabilität der menschlichen Natur – zu beschreiben als die „Eigenleistung" des Individuums im Rahmen der Ausbildung sozialer und persönlicher Identität.

Dieser fruchtbare, aber einseitige Ansatz, der im übrigen auch die spezifisch soziologische Sichtweise von Sozialisationsprozessen im Sinne von Durkheim (vgl. oben) kennzeichnet, drückt sich in der interkulturell vergleichenden Sozialisationsforschung am augenfälligsten im *Konzept der „modalen Persönlichkeit"* aus, welches in der „Kultur-Persönlichkeits-Forschung" eine große Rolle spielt (vgl. z.B. INKELES/LEVINSON 1969, INKELES/HANFMANN/BEIER 1961); es geht von der Annahme aus, daß sich eine dem jeweiligen kulturellen System bzw. Nationalcharakter entsprechende Persönlichkeitsstruktur identifizieren läßt, die in durchschnittlichen Einstellungswerten und Verhaltenstendenzen der Systemmitglieder meßbar ist. Der heuristische Wert von Befunden über unterschiedliche durchschnittliche Persönlichkeitsmerkmale in verschiedenen Kulturen ist nicht in Frage zu stellen; so ist z.B. die Annahme (bzw. ein entsprechender Befund) plausibel, daß in einer auf Kooperation aufbauenden Gesellschaft die Fähigkeit und Bereitschaft zu kooperativem Verhalten häufiger anzutreffen ist als in wettbewerbsorientierten Gesellschaften. In diesem Sinne geht LEVINE (1969) in einem erweiterten Modell der Kultur-Persönlichkeits-Forschung von den folgenden Annahmen aus:

„1. Die Verteilung von Persönlichkeitsmerkmalen ist ebenso, wie die Verteilungen von genetischen und anderen biologischen Merkmalen, im Sinne von statistischen Besonderheiten von Bevölkerungen zu sehen, die aus Messungen an Individuen gewonnen sind und eine erhebliche interindividuelle Bandbreite aufweisen, und die für vergleichende Zwecke in Meßwerten der wesentlichen Aussagetendenz (d.h. Durchschnitt, Mittelwert) und in Häufigkeiten (d.h. Prozentanteil der Bevölkerung, die dieses Merkmal zeigt), ausgedrückt werden kann.
2. Ein soziokulturelles System stellt, als eine selektive Umwelt, die in einer Wechselbeziehung mit individuellem Verhalten steht, eine Struktur institutionalisierter Erwartungen und Gelegenheiten dar.
3. Die Individuen in einer bestimmten Bevölkerung sind sich nicht unbedingt der geschehenen Anpassungsprozesse zwischen Persönlichkeit und Institution, an welchen sie teilhaben, bewußt."

Diese Annahmen laufen in der (wiederum plausiblen) Aussage zusammen, daß es eine hohe Wahrscheinlichkeit gibt, daß Individuen bevorzugt Verhaltensweisen, Einstellungen etc. entwickeln, die von ihnen im Rahmen einer bestimmten Kultur erwartet werden und die für eine Reproduktion dieser Kultur geeignet sind. Unsere kritische Anfrage betrifft nicht die grundsätzliche Berechtigung einer solchen *funktionalistischen* Betrachtungsweise. Sie betrifft die konkrete kulturvergleichende Sozialisationsforschung, die im allgemeinen bei Befunden und Aussagen dieser Art stehen bleibt und sie in einem statischen, letztlich an *Konformität* orientierten Konzept des Verhältnisses von Persönlichkeit und Kultur (Gesellschaft) verabsolutiert. Demgegenüber hat eine dialektische Betrachtungsweise, wie sie von Klassikern der Erziehungstheorie, der Gesellschaftstheorie und auch der Kultur-Persönlichkeits-Forschung entwickelt worden ist, in der kulturvergleichenden Forschung kaum Bedeutung erlangt.

Der Satz von PESTALOZZI „Soviel sahe ich bald, die Umstände machen den Menschen, aber ich sahe eben sobald, der Mensch macht die Umstände, er hat eine Kraft in sich selbst, selbige vielfältig nach seinem Willen zu lenken" (zit. in WILHELM 1968, S. 134);
die Thesen von MARX „Die materialistische Lehre, daß die Menschen Produkte der Umstände und der Erziehung, veränderte Menschen als Produkte anderer Umstände und geänderter Erziehung sind, vergißt, daß die Umstände eben von den Menschen geändert werden und daß der Erzieher selbst erzogen werden muß" (Dritte These über FEUERBACH) und „daß also die Umstände ebensosehr die Menschen, wie die Menschen die Umstände machen" (MEW I, 38);
sowie der Satz von THOMAS/ZNANIECKI (1927, Vol. II, S. 1831) „The human personality is both a continually producing factor and a continually produced result of social evolution"

– alle diese Aussagen beharren auf einer Sichtweise der Beziehung zwischen Persönlichkeit und sozialer Umwelt, in welcher die *Wechselseitigkeit des Einflusses* und die *Aktivität des Individuums* betont werden. Daß diese Sichtweise in der kulturvergleichenden Sozialisationsforschung (bzw. in der Kultur-Persönlichkeits-Forschung) vernachlässigt worden ist, hat mit theoretischen und methodischen Traditionen und Problemen der betroffenen Wissenschaftsdisziplinen zu tun: mit der Betonung von Institutionen und institutionalisierten Regeln, Symbolen und Werten; mit der Orientierung an statistischen Durchschnittswerten und experimentellen Situationen; mit der Konzentration auf Phasen der Persönlichkeitsentwicklung (insbesondere frühe Kindheit), in welchen die Umweltabhängigkeit des Individuums besonderes Gewicht hat; mit dem Fehlen eines allgemeinen, transkulturellen Bezugssystems für die Analyse von Entwicklungsverläufen auf der Ebene der Persönlichkeit und auf der Ebene sozialer Systeme sowie für die Analyse des Verhältnisses zwischen Persönlichkeit und Gesellschaft (Kultur).
Umgekehrt wird das Durchhalten einer dialektischen Sichtweise der Beziehung zwischen Per-

sönlichkeit und Gesellschaft (Kultur) in der vergleichenden Sozialisationsforschung insbesondere dann nahegelegt, wenn die folgenden Bedingungen erfüllt sind:

- die Berücksichtigung *individueller Unterschiede* (in Einstellungen und Verhaltensweisen) als Kriterium für die interkulturelle Vielfalt von Möglichkeiten der Persönlichkeitsentwicklung und der Beziehung zwischen Persönlichkeit und Gesellschaft;
- die Berücksichtigung *longitudinaler Entwicklungsverläufe* bzw. die Ausweitung der Analyse auf den gesamten Lebenslauf von Individuen, insbesondere auf das Erwachsenenalter als Kriterium differentieller Handlungsfähigkeit;
- die Berücksichtigung von „natürlichen" (in Gegenüberstellung zu experimentellen) *Situationen und Umweltbedingungen* als soziokultureller Kontext für Einstellungen und Verhaltensweisen;
- die Reflexion *allgemeiner, transkultureller Ziele der menschlichen Entwicklung und der Erziehung* als Bezugssystem und Maßstab einer kulturvergleichenden Analyse von Sozialisationsprozessen.

2.2 Die Berücksichtigung individueller Unterschiede

Die meisten Untersuchungen im Bereich der kulturvergleichenden Sozialisationsforschung vergleichen, wie LeVine (1970, S. 570, S. 570f.) festgestellt hat, „Reaktionen von Untersuchungsgruppen von Kindern, die aus unterschiedlichen Populationen oder Subpopulationen gebildet wurden, ohne zu versuchen, auf der Ebene individueller Unterschiede innerhalb derselben Untersuchungsgruppe irgendeinen Faktor direkt zu messen, von dem man glaubt, daß er die Reaktionen hervorbringt bzw. beeinflußt. Mit anderen Worten, es handelt sich um Forschung, die psychologische Ähnlichkeiten und Unterschiede zwischen den Gruppen nachzuweisen sucht und bestrebt ist, Unterschiede, die sich zeigen, allein im Sinne von Gruppenmerkmalen zu erklären, welche dem Forscher aus Quellen jenseits der Untersuchung bekannt sind".

Auf diese Weise sind viele wertvolle Informationen über die kulturspezifische Verbreitung bestimmter Persönlichkeitsmerkmale erarbeitet worden. Ein Beispiel dafür bieten Untersuchungen über das Ausmaß der Ängstlichkeit bei Kindern in unterschiedlichen Kulturen (vgl. Thomae 1972, S. 738). Indem jedoch die herangezogenen Untersuchungen lediglich durchschnittliche Gruppenunterschiede feststellen, wird die Frage nach der individuellen Definition und Verarbeitung von Angstsituationen, die in unterschiedlichen Kulturen durchaus einen verschiedenen Charakter haben, ausgespart; ebenso unberücksichtigt bleibt eine Analyse von Faktoren, welche ein unterschiedliches Ausmaß von Ängstlichkeit innerhalb der Untersuchungsgruppen beeinflussen könnten; im Mittelpunkt steht sozusagen nur das durchschnittliche Produkt kultureller Prägung unter Vernachlässigung der zugrundeliegenden Sozialisationsprozesse.

Als Gegenbeispiel für Versuche einer stärkeren Berücksichtigung individueller Unterschiede sei auf die Untersuchung von Ainsworth (1977) verwiesen; bei einer kulturvergleichenden Erfassung von Gefühlen der Sicherheit bzw. Unsicherheit (einer Verhaltensdimension also, die der Ängstlichkeit sehr nahesteht) wurde auch eine „within-sample analysis" durchgeführt, die Hinweise auf wesentliche Faktoren für unterschiedliche Reaktionen der Sicherheit/Unsicherheit innerhalb der Untersuchungsgruppen (hier: z.B. die unterschiedliche Verfügbarkeit der Mutter für das Kind und die unterschiedliche Sensitivität der Mutter) geliefert hat.

2.3 Die Berücksichtigung longitudinaler Entwicklungsverläufe

Die meisten Untersuchungen im Bereich der kulturvergleichenden Sozialisationsforschung betreffen Fragen der Persönlichkeitsentwicklung in der Kindheit und Jugend, insbesondere in der frühen Kindheit, sie befassen sich also mit Entwicklungsphasen, in welchen das Individuum in einer mehr oder weniger starken oder unmittelbaren Abhängigkeit von erwachsenen Bezugspersonen und von Erziehungs- und Bildungsinstitutionen zu stehen pflegt und über eine beschränkte Handlungsfähigkeit verfügt. Diese Situation spiegelt die Entwicklung im Bereich der allgemeinen Sozialisationsforschung, die sich erst in jüngster Zeit den Fragen der lebenslangen Lernfähigkeit, der Erwachsenensozialisation und einer umfassenden Lebenslaufanalyse zugewandt hat (vgl. Brim/Wheeler 1974 und den Beitrag von M. Kohli in diesem Band). Erwachsene werden in aller Regel als „Sozialisationsfaktoren", als Erzieher und Bezugspersonen der untersuchten Kinder und Jugendlichen, als Vermittler kultureller Werte und Normen an die nachfolgende Generation behandelt, nicht aber als Persönlichkeiten, die selber in Auseinandersetzung mit ihren kulturellen (bzw. subkulturellen) und sozialen Lebensbedingungen Selbstkonzepte, Einstellungen und Verhaltensweisen entwickeln. Gerade eine gründliche Untersuchung von Kontinuität und Diskontinuität der Persönlichkeitsentwicklung im Lebenszyklus (vgl. KAGAN 1969) und von Lösungsformen der Probleme des Erwachsenenlebens (vgl. RILEY et al. 1969), wie z.B. der Probleme der beruflichen Arbeit bzw. der Arbeitslosigkeit und des Rückzugs aus dem Berufsleben oder der Probleme der sich wandelnden Familienkonstellationen (Auszug der Kinder, Ehescheidung etc.), kann wesentliche Beiträge für eine vergleichende Analyse der Wechselbeziehung zwischen Kultur (Gesellschaft) und Persönlichkeit liefern.

2.4 *Die Berücksichtigung von „natürlichen" Situationen und Umweltbedingungen*

Je mehr sich die kulturvergleichende Sozialisationsforschung von umfassenden ethnographischen Beobachtungen und Beschreibungen abgewendet und den differenzierten sozialwissenschaftlichen Erhebungsverfahren und psychologischen Testmethoden zugewandt hat, desto stärker wurde die Tendenz, die Untersuchungen auf einzelne operationalisierbare Aspekte der Kultur, der Persönlichkeitsentwicklung und der Eltern-Kind-Interaktion zu beschränken. Diese Tendenz bringt neben dem Vorteil einer größeren Genauigkeit bei der Überprüfung bestimmter Hypothesen zur Kulturabhängigkeit der Persönlichkeitsentwicklung die Gefahr mit sich, daß jene überdauernden Strukturen der alltäglichen Umwelt, welchen im Sozialisationsprozeß eine wesentliche Vermittlungsfunktion zukommt, nicht mehr angemessen berücksichtigt werden.

Wie LEVINE (1969, S. 524) festgestellt hat, ist es in den meisten Gesellschaften üblich, „daß die Betreuung von Säuglingen und Kindern im Rahmen von multifunktionalen Einheiten (wie der Familie) von Personen getragen wird, die andere Aufgaben und Verantwortlichkeiten haben, so daß die Kindererziehung in einem sozialen Kontext stattfindet, der weitgehend für andere Zwecke ins Leben gerufen worden ist"; dies bedeutet auch, „daß nicht mehr als ein Bruchteil der bedeutsamen sozialemotionalen Erfahrung in früher Kindheit einer zweckgerichteten Einflußnahme zuzuschreiben ist", daß also – wie schon die Wahl des Begriffes „Sozialisation" (statt des engeren Begriffs der „Erziehung") signalisiert – den unbeabsichtigten bzw. unbewußten Einflüssen der Strukturen der alltäglichen Umwelt eine zentrale Bedeutung zukommt. Die bei einer solchen Sichtweise besonders wichtigen Sozialisationsbedingungen, wie z.B. Haushaltsstrukturen, Schlüsselsituationen im Tageslauf, kontinuierliche Beziehungen innerhalb des sozialen Netzwerkes der Nachbarschaft und Gemeinde, Arbeitsplatzstrukturen u.a.m. – sind durch Instrumente und Verfahren, die sich an der klassischen experimentellen Forschung orientieren, kaum zu erfassen. Andererseits haben jedoch jene Ansätze, die etwa unter der Überschrift „ökologische Sozialisationsforschung" in den letzten Jahren verstärkt entwickelt und diskutiert worden sind (vgl. BRONFENBRENNER 1976, S. 199–220, und den Beitrag von H. WALTER in diesem Band), und die in die genannte Richtung zielen, zumindest im Bereich der kulturvergleichenden Forschung ihre Bewährungsprobe im Sinne einer Umsetzung in komplexe empirische Forschungsstrategien noch nicht bestanden. Dies mag u.a. damit zusammenhängen, daß die theoretische und empirische Klärung wesentlicher Rahmenbedingungen des Alltagslebens – und dies gilt insbesondere für die ökonomische Dimension (Privathaushalt, gesellschaftliche Arbeit) – in der westlichen Sozialisationsforschung keine Tradition hat und nicht jenen Stellenwert hat, der ihr für eine Analyse der dialektischen Wechselbeziehung zwischen Persönlichkeit und Gesellschaft zukommen müßte.

2.5 *Die Reflexion allgemeiner, transkultureller Ziele der menschlichen Entwicklung und Erziehung*

Die kulturvergleichende (Sozialisations-)Forschung pflegt die Relativität von Wertsystemen und Erziehungszielen zu betonen; Wertsysteme und Erziehungsziele werden zwar zum Gegenstand der Untersuchung gemacht, jedoch so, daß sie als unabhängige Variable für die Persönlichkeitsentwicklung behandelt werden, denen gegenüber sich der Forscher neutral verhält. Für diese *wertneutrale Position* gibt es zweifellos gute Gründe; allzu häufig geht ein normativer Standpunkt mit Kulturblindheit und Intoleranz einher, und verschiedene Ausdrucksformen des

Ethnozentrismus (vgl. BAEYER-KATTE 1972, S. 1063ff.) haben nicht nur die Forschung, sondern vor allem auch die konkreten Beziehungen innerhalb von und zwischen politischen Gemeinschaften belastet. Die notwendige Kritik am Ethnozentrismus kann nun freilich in sich gerade als ein Beispiel für die Begründbarkeit einer *normativen Position* herangezogen werden; offenbar besteht ein weitgehender Konsens darüber, daß Menschen fähig sein sollten, die Werte und Ziele der eigenen Gruppe und Gesellschaft nicht absolut zu setzen, sie an allgemeinen Werten und Zielen sowie an ihrer Umsetzung in der Alltagswirklichkeit zu messen.

Ausgehend von diesem Beispiel läßt sich eine grundlegende Frage kulturvergleichender Sozialisationsforschung skizzieren, die das Verhältnis von Persönlichkeit und Kultur (Gesellschaft) unter dem Aspekt *universaler Normen* der Entwicklung und Erziehung betrifft. Die Aussage von MITSCHERLICH

„Erziehung muß in sich selbst eine dialektische Funktion erfüllen: Sie muß in die Gesellschaft einüben und gegen sie immunisieren, wo diese zwingen will, Stereotypen des Denkens und Handelns zu folgen, statt kritischer Einsicht“ (zit. in BAEYER-KATTE 1972, S. 1062),

die an das Gedankengut der Aufklärung anknüpft und mit SCHLEIERMACHERS Bestimmung des allgemeinen Ziels der Erziehung übereinstimmt

„Die Erziehung soll so eingerichtet werden, daß beides in möglichster Zusammenstimmung sei, daß die Jugend tüchtig werde, einzutreten in das, was sie vorfindet, aber auch tüchtig, in die sich darbietenden Verbesserungen mit Kraft einzugehen“

– eine derart dialektische Bestimmung des allgemeinen Zieles der Erziehung enthält das Postulat, daß das „erzogene“ Individuum nicht allein das Produkt der je herrschenden gesellschaftlichen Verhältnisse, sondern auch Subjekt kritischen Urteilens und verändernden Handelns sein soll. Dies wiederum setzt offenbar Erziehungs- und Sozialisationsprozesse sowie gesellschaftliche Verhältnisse voraus, die eine entsprechende Entwicklung der Persönlichkeit erlauben; so zeigen etwa die Untersuchungen zur „autoritären“ Persönlichkeit (HORKHEIMER 1936), daß bestimmte gesellschaftliche (politische) Verhältnisse geeignet sind, die Entwicklung „kritischer Einsicht“ (vgl. das MITSCHERLICH-Zitat) zu unterdrücken.

Die damit angedeutete Fragestellung kann von zwei Seiten, und zwar jeweils mit Hilfe eines Evolutionsmodells, angegangen und für eine kulturvergleichende Sozialisationsforschung fruchtbar gemacht werden: zum einen von der Seite der Entwicklung der Persönlichkeit, zum anderen von der Seite der Entwicklung gesellschaftlicher Beziehungen bzw. politischer Systeme.

Auf der Seite *psychologischer Evolutionsmodelle* ist in erster Linie die kognitive Entwicklungstheorie zu nennen; im Anschluß an PIAGET, der seinerseits bereits die Zusammenhänge zwischen den „Arten der kindlichen Moral“ und den „Typen der gesellschaftlichen Beziehungen“ beschrieben hat (PIAGET 1973, S. 369ff.), hat KOHLBERG ein Stufenmodell der moralischen Entwicklung erarbeitet, das er auch in kulturvergleichenden Untersuchungen erprobt hat (KOHLBERG 1971); dabei konnte er nachweisen, daß z. B. die höchste Stufe der moralischen Entwicklung – jene Stufe einer „postkonventionellen Moral“, welche durch die Orientierung an universalen ethischen Prinzipien gekennzeichnet ist, und die der oben angeführten Bestimmung des allgemeinen Zieles der Erziehung sehr nahe kommt – in verschiedenen Gesellschaften und Subkulturen in sehr unterschiedlichem Maße verbreitet ist.

Auf der Seite *gesellschaftlicher Evolutionsmodelle* sind die zahlreichen Versuche zu nennen, im Forschungsfeld „politische Sozialisation“ die Zusammenhänge zwischen Merkmalen politischer Systeme (z. B. unter den Kriterien „Herrschaft“ und „Partizipation“) und politischem Verhalten aufzuklären (vgl. BAEYER-KATTE 1972); von besonderem Interesse für unsere Fragestellung sind jene Entwicklungstheorien, die, ausgehend von der allmählichen Ausbildung einer an humanen Werten und demokratischen Kommunikationsstrukturen ausgerichteten „Weltkultur“ (vgl. PYE 1963, COLEMAN 1965) bzw. „Weltgesellschaft“ (vgl. HABERMAS 1976), die Bedingungen der Identitätsbildung der Persönlichkeit analysieren und in diesem Zusammenhang im Anschluß an die kognitive Entwicklungstheorie von PIAGET und KOHLBERG die Restriktionen hinsichtlich einer Orientierung an universalen ethischen Prinzipien untersuchen (HABERMAS 1976, DÖBERT/NUNNER-WINKLER 1975).

Die Frage, ob die Anwendung eines normativen Bezugssystems in der kulturvergleichenden Sozialisationsforschung generell angemessen und gerechtfertigt ist, kann selbstverständlich mit diesen wenigen Bemerkungen nicht als beantwortet gelten; es sollte jedoch auf die Fruchtbarkeit solcher Ansätze und auf die Bedeutung des Problems hingewiesen werden. Eine mögliche Gefahr soll anschließend benannt werden: da jedes normative Bezugssystem und jedes Evolutionsmodell dazu herangezogen wird, die untersuchten Einheiten (Kulturen/Gesellschaften bzw. Individuen/Gruppen) in einer Rangfolge zu bewerten, liegt es nahe, daß z. B. ein kognitives Entwicklungsmodell bestimmten Gesellschaften oder Gruppen, in welchen Kriterien der kognitiven Daseinsbewältigung ein geringes Gewicht zukommt (und die deshalb nicht notwendigerweise weniger human sein müssen), nicht gerecht werden kann. Umgekehrt kann nur mit Bezug auf derartige normative Größen eine Handlungsrelevanz kulturvergleichender Forschung erwartet werden (vgl. Abschnitt 6).

3 Zur Entwicklung der kulturvergleichenden Sozialisationsforschung

Die kulturvergleichende Sozialisationsforschung ist in den letzten Jahrzehnten, insbesondere im angelsächsischen Sprachbereich, zu einem so umfangreichen und komplexen Forschungsfeld geworden, daß einem einzelnen nur noch partielle Einblicke möglich sind. Die Entwicklung des Forschungsfeldes läßt sich vielleicht durch zwei Grundtendenzen kennzeichnen:

- die *Differenzierung*, Spezialisierung und methodische Verfeinerung der Untersuchungen;
- die Zunahme einer *interdisziplinären* Orientierung (insbesondere im Blick auf die Berücksichtigung einerseits biologischer, andererseits sozialwissenschaftlicher Denkansätze und Methoden in psychologischen Untersuchungen).

Die erste Generation kulturvergleichender Forschung, die man mit der Studie von Thomas/Znaniecki (1927) über „The Polish Peasant in Europe and America" beginnen lassen könnte und die u. a. die frühen Arbeiten von Ruth Benedict (1934) und Margaret Mead (1940, 1942) umfaßt, ist noch nicht eigentlich der Sozialisationsforschung zuzurechnen; aufgrund ethnographischer Beobachtungen werden hier allgemeine Merkmale fremder Völker und Kulturen erfaßt und als Rahmenbedingungen für die Persönlichkeitsentwicklung interpretiert. Mit der Systematisierung von „Hauptsituationen", welche das Verhalten des Individuums im Lebenslauf beeinflussen, bei Kardiner (1939, 1945; vgl. dazu Thomae 1972), und von verhaltensrelevanten Kategorien der familiären, verwandtschaftlichen und politischen Organisation in einem kulturvergleichenden Register (cross-cultural file) bei Murdock (1949), mit der Überprüfung einzelner Hypothesen, insbesondere der psychoanalytischen Entwicklungslehre, an fremden Kulturen (vgl. z. B. Erikson 1950), und mit der Analyse von einzelnen Merkmalen der Pflege und Erziehung in ihrer Bedeutung für die Persönlichkeitsentwicklung (vgl. z. B. Whiting/Child 1953) läßt sich eine zweite Phase der kulturvergleichenden Forschung kennzeichnen, deren Beiträge an Erkenntnissen der allgemeinen Sozialisationstheorie (z. B. G. H. Mead 1939, Parsons 1937 und 1942) anknüpfen und umgekehrt die allgemeine Sozialisationsforschung angeregt haben.

Mit den ersten methodologisch orientierten Sammelbänden von Hsu (1961) und Kaplan (1961) hat die kulturvergleichende Sozialisationsforschung in USA vollends Profil gewonnen, und zwar insonderheit als psychologisch orientierte Kultur-Persönlichkeits-Forschung. Sie kann sich zu diesem Zeitpunkt auf einen gesicherten Bestand theoretischer Ansätze (Psychoanalyse, Rollentheorie, Symbolischer Interaktionismus etc.) und methodischer Instrumente (Beobachtung, Befragung, Traumanalyse, projektive Tests etc.) stützen, und sie wendet sich auf dieser Grundlage immer spezialisierteren Fragestellungen hinsichtlich des Alters (insbesondere frühe Kindheit) und des Verhaltens (z. B. Ängstlichkeit) der untersuchten Gruppen zu; schließlich gewinnt die Einbeziehung von Erkenntnissen verschiedener Wissenschaftsdisziplinen, wie z. B. der Soziologie (sozialstrukturelle Bedingungen), Ökonomie (sozioökonomische Bedingungen) und Verhaltensbiologie (Ernährung etc.) an Bedeutung.

Seit etwa 1960 hat die Ausdifferenzierung, Spezialisierung, methodische Verfeinerung und interdisziplinäre Orientierung der kulturvergleichenden Sozialisationsforschung immer mehr zugenommen. Man muß in diesem Zusammenhang nur an die Anwendung lerntheoretischer Konzepte, an die Untersuchung von kognitiven Prozessen und Systemen, von Einstellungen und sozialem Verhalten, von Werten und Motivationsstrukturen in den sechziger Jahren (vgl. THOMAE 1972) oder, in jüngster Zeit, an Untersuchungen über die Mutter-Kind-Beziehungen in frühester Kindheit im Anschluß an die „attachment"-Forschung (vgl. LEIDERMAN/TULKIN/ROSENFELD 1977) erinnern, um zu sehen, daß die kulturvergleichende Sozialisationsforschung an die jeweiligen Hauptströmungen in der Persönlichkeits-, Entwicklungs- und Sozialpsychologie anschließt.

Die Entwicklung dieses Forschungsgebiets dokumentiert die Unerschöpflichkeit der Antworten auf die Frage nach der Persönlichkeitsentwicklung im gesellschaftlichen (kulturellen) Kontext; die Spezialisierung in diesem Forschungsgebiet, wie sie sich in jüngster Zeit etwa in der Gründung der Zeitschrift „Cross-cultural Psychology" (1969) und in der Edition eines sechsbändigen Handbuchs des gleichen Titels (TRIANDIS u. a. 1979) ausdrückt, bezeugt gleichzeitig freilich auch die Einseitigkeiten in der modernen Wissenschaftsentwicklung, die sich darin zeigen, daß hinter raffinierten, größtenteils experimentellen Untersuchungsdesigns Fragen der Relevanz der Forschung für die Erklärung und Veränderung der conditio human in den Hintergrund treten.

Unabhängig von der beschriebenen Ausdifferenzierung und methodischen Verfeinerung der kulturvergleichenden Sozialisationsforschung kann man sagen, daß es bis heute eher die umfassenden, von einem wenig ausgefeilten Methodenpluralismus bestimmten Untersuchungen über die Persönlichkeitsentwicklung in fremden Kulturen und Gesellschaften sind, die in einer breiten wissenschaftlichen und Laienöffentlichkeit auf Resonanz gestoßen sind. Dies gilt – in der Bundesrepublik – etwa für die Übersetzungen der Arbeiten von Margaret MEAD über „Jugend und Sexualität in primitiven Gesellschaften" (München 1970) und von E. H. ERIKSON über „Kindheit und Gesellschaft" (Stuttgart [5]1974); für die Untersuchungen von S. N. EISENSTADT über die Bedeutung von Verwandtschaftssystemen und Altersgruppen für das Generationsverhältnis (München 1966); für BRONFENBRENNERS Studie „Erziehungssysteme in den USA und in der Sowjetunion" (München 1973), die Kibbutzforschung (vgl. z. B. BETTELHEIM 1971) oder den Bericht von KESSEN u. a. über „Kindheit in China" (München 1976). Der in diesen Studien repräsentierte Typ von Untersuchungen ist gerade auch für die Erziehungswissenschaft von besonderem Interesse, und zwar deshalb, weil hier die kulturelle Vielfalt von Erziehungszielen und Erziehungsmethoden, die Vielfalt der Zuweisung von Aufgaben an die Familie und andere Erziehungsinstitutionen sowie Fragen der kulturellen Kontinuität, des Generationenverhältnisses, der Identitätsfindung und der Sinngebung des Lebens auf dem Hintergrund der problematisch gewordenen Kulturerfahrung in den westlichen Industriegesellschaften und im Blick auf wünschenswerte Veränderungen des Erziehungswesens und der sozialen Umwelt in diesen Gesellschaften reflektiert werden.

Die große Resonanz der insbesondere aus dem angelsächsischen Sprachbereich stammenden Studien zur kulturvergleichenden Sozialisationsforschung mag im übrigen auch damit zusammenhängen, daß dieses Forschungsgebiet hierzulande in den Sozial- und Verhaltenswissenschaften einen geringen Stellenwert hat und wenig ausgebaut ist. BOESCH/ECKENSBERGER (1972, vgl. auch ECKENSBERGER 1970 und 1978), die innerhalb der Psychologie zu den wenigen Vertretern dieser Forschungsrichtung im deutschen Sprachraum gehören (in der Soziologie vgl. SCHEUCH 1967, HEINTZ 1973, EHRHARDT u. a. 1976 und SCHÖFTHALER 1978), leiten ihren Handbuchartikel über „Methodische Probleme des interkulturellen Vergleichs" mit der Frage ein, „warum die Attraktivität des Kulturvergleichs in der deutschen Forschung vergleichsweise so gering ist" (S. 575); als eine der Ursachen vermuten sie das Unbehagen über die methodischen Probleme in der interkulturellen Forschung, ein Unbehagen, das sie auf die spezifische Wissenschaftsentwicklung der Psychologie, ihre Lösung von der Philosophie und eine z.T. fragwürdige Orientierung an Maßstäben naturwissenschaftlicher Exaktheit zurückführen. Der Rigorismus in Methodenfragen, durch das ständige Bemühen um das Einholen der Entwicklung der Verhaltenswissenschaften im angelsächsischen Sprachraum immer wieder neu belebt, kann freilich nur als eine von vielen Ursachen für die Unterentwicklung der kulturvergleichenden Forschungen gelten. So läßt z. B. die *unterschiedliche Entwicklung* dieses Forschungsgebiets *in USA und in der Bundesrepublik* vermuten, daß hier auch Aspekte der geopolitischen Situation – die Länder Mitteleuropas sind wesentlich weniger als die USA mit extremen Kulturunterschieden sowohl innerhalb als auch in den Grenzgebieten des eigenen Landes konfrontiert – sowie der allgemeinen politischen Machtstellung in der Welt Bedeutung erlangen.

In diesem Zusammenhang ist es aufschlußreich zu bemerken, daß im Bereich der erziehungswissenschaftlichen Bildungsforschung, nicht zuletzt aufgrund der internationalen Verflechtung der Bildungspolitik in der Entwicklungs- und Bildungshilfe für Länder der Dritten Welt, die vergleichende Forschung einen relativ hohen Stellenwert gewonnen hat (beispielhaft sei verwiesen auf BERSTECHER 1970, ROBINSOHN 1973, ROBINSOHN u. a. 1970 und 1975 sowie RÖHRS 1973). Die hierbei ganz überwiegende Hinwendung zu Fragen der Strukturen und Inhalte von Bildungsinstitutionen sowie formaler Bildungsprozesse hat freilich dazu geführt, daß auch die Erziehungswissenschaft nur in sehr beschränktem Umfang Beiträge zu einer kulturvergleichenden *Sozialisations*forschung geleistet hat, und zwar insbesondere im Rahmen beschreibender Untersuchungen mit impliziten Vergleichen (z.B. ANWEILER 1978, LIEGLE 1970 und 1977).

4 Sozialisationstheoretische Konzepte in der kulturvergleichenden Forschung

Es liegt in der Eigenart eines komplexen Forschungsansatzes, daß er einer Vielfalt theoretischer Konzepte und Methoden der Erkenntnisgewinnung verpflichtet ist. Dementsprechend lassen sich in den Forschungen zur Persönlichkeitsentwicklung im kulturellen (gesellschaftlichen) Kontext all jene Ansätze wiederfinden, welche in der allgemeinen Theorie der Persönlichkeitsentwicklung bzw. in der allgemeinen Sozialisationsforschung Geltung gewonnen haben. Die Vielfalt von sozialisationstheoretischen Konzepten ist verwirrend, insbesondere deshalb, weil sie häufig den sicher ungerechtfertigten Eindruck erweckt, die menschliche Persönlichkeit ließe sich nach jenen einzelnen Aspekten aufgliedern und erfassen, die in den jeweiligen Ansätzen schwerpunktmäßig in den Blick kommen. Diese *Vielfalt der Perspektiven* hat aber auch eine wichtige positive Bedeutung: sie stellt sicher, daß die Komplexität der Persönlichkeitsentwicklung sichtbar wird, und daß in der Suche nach Aufklärung der komplexen Wechselwirkungsbeziehungen zwischen Kultur (Gesellschaft) und Persönlichkeit unterschiedliche Ansätze miteinander konkurrieren.
Die Kennzeichnung einiger wichtiger und verbreiteter sozialisationstheoretischer Konzepte kann im Rahmen dieses Artikels nicht die Form einer gründlichen Beschreibung und Kritik annehmen. Vielmehr soll beispielhaft auf einzelne Untersuchungstypen und Untersuchungsergebnisse der kulturvergleichenden Sozialisationsforschung hingewiesen werden, die bestimmten Konzepten der Persönlichkeitsentwicklung verpflichtet sind. Auf diese Weise kann gleichzeitig der Leser mit einigen konkreten Inhalten und Aussagen dieses Forschungsfeldes bekannt gemacht werden.

4.1 Sozialisation als Enkulturation und Akkulturation

Dieser insbesondere im Rahmen der Kulturanthropologie entwickelte Ansatz geht von der Vorstellung aus, daß im Verlaufe des Sozialisationsprozesses bestimmte Regeln und Symbole, Denk- und Verhaltensmuster vermittelt werden, die für eine Kultur kennzeichnend sind, und daß das Ergebnis des Sozialisationsprozesses eine „modale" Persönlichkeit ist, die sich in ihren Merkmalen von der Persönlichkeit in anderen Kulturen deutlich unterscheidet. Ein besonderer Aspekt der Enkulturation kommt in den Blick, wenn die Prozesse analysiert werden, die sich im Rahmen der Anpassung einer bereits „sozialisierten" Persönlichkeit an eine neue Kultur vollziehen („Akkulturation"). In beiden Fällen sind zahlreiche Parallelen zur Auffassung des Sozialisationsprozesses als Interaktion zwischen Organismus und Umwelt festzustellen (vgl. 4.2), allerdings mit einer starken Betonung des „prägenden" Einflusses der kulturspezifischen Umwelt auf einen prinzipiell nicht festgelegten Organismus („tabula rasa") auf der Grundlage mehr oder minder passiver Lernprozesse.
Untersuchungen, welche dem Konzept von Sozialisation als Enkulturation verpflichtet sind, sind insbesondere geeignet, auf die kulturelle Relativität des menschlichen Verhaltens hinzuweisen.

So haben z.B. die Untersuchungen von M. MEAD (1970) die drastischen Unterschiede zwischen sog. primitiven Kulturen und modernen Gesellschaften im Blick auf die Vorstellungen von Kindheit und Jugend, von Männlichkeit und Weiblichkeit, von Leistung und Versagen, von Erlaubtem und Verbotenem belegt; Erziehung wird dabei als ein Kommunikations- und Informationsprozeß aufgefaßt, durch welchen kulturspezifische Botschaften vermittelt werden. Die Erforschung des Enkulturationsprozesses stützt sich auf eine Vielfalt theoretischer Ansätze (insbesondere psychoanalytische, lern- und kognitionspsychologische) und Erhebungsmethoden, geht aber von der gemeinsamen Vorstellung aus, daß Gesellschaften einen bestimmten „Nationalcharakter" bzw. Kulturen einen bestimmbaren Charakter haben, und daß die spezifischen Merkmale eines soziokulturellen Systems auf dem Wege über Sozialisationsprozesse Bedeutung gewinnen für die Entwicklung der „modalen Persönlichkeit" (vgl. z.B. INKELES/LEVINSON 1969); dabei gelten als wichtige analytische Probleme für die Untersuchung der Zusammenhänge zwischen Merkmalen soziokultureller Systeme und modalen Persön-

lichkeitsstrukturen z.B. die Beziehung zur Autorität, das Konzept des Selbst und die primären Dilemmata und Konflikte in der Persönlichkeitsentwicklung. Eine weitere Besonderheit der Untersuchungen zum Enkulturationsprozeß ist darin zu sehen, daß hier mehr als in den meisten anderen Ansätzen Sozialisationsprozesse nicht nur während der Kindheit, sondern im Jugend- und Erwachsenenalter in den Blick geraten; ein Beispiel bieten die Untersuchungen zur autoritären Persönlichkeit von Fromm (1936) und Erikson (1942), die sich auf Deutschland in der Zeit des Nationalsozialismus beziehen.
Von den vielen Ausdifferenzierungen, die der Untersuchungsansatz zur Sozialisation als Enkulturation erfuhr, seien hier als Beispiele die kognitionspsychologisch orientierten Studien von Greenfield/Bruner (1969) und Kohlberg (1969) erwähnt; sie gehen von den universalen Stadien der kognitiven Entwicklung des Kindes aus, um zu fragen, welche kulturspezifischen Vorstellungen und Kategorien das Kind im Sozialisationsprozeß erwirbt; die Erforschung der Enkulturation betrifft hier das Wechselwirkungsverhältnis zwischen kulturellen Vorstellungen, welche dem Kind durch Belehrung und soziale Erfahrung vermittelt werden, und den universalen Stadien der kognitiven Entwicklung (vgl. auch Abschnitt 4.4).

Das Konzept der Enkulturation gewinnt eine spezifische Bedeutung, wenn es auf Situationen übertragen wird, welche den Übergang von einer Kultur zur anderen bzw. das Leben von Menschen in einer ihnen (zumindest anfänglich) fremden Kultur betreffen. *Akkulturationsprozesse* haben in der modernen Welt aufgrund der wachsenden Mobilität und internationalen Verflechtung eine starke Verbreitung gefunden. Die wissenschaftliche Beschäftigung mit Akkulturationsproblemen hat im klassischen Einwanderungsland der Neuzeit, in USA, begonnen. Unter dem Stichwort Akkulturation werden jene psychischen und sozialen Folgekosten untersucht, welchen Individuen und Gruppen beim Übergang von einer Kultur in die andere bzw. durch das Leben als Minderheit in einer fremden (Mehrheits-)Kultur ausgesetzt sind.

Studien zum Akkulturationsprozeß (vgl. z.B. Hallowell 1955, Spicer 1972) haben u.a. die folgenden Faktoren und Probleme identifiziert: die Existenz eines psychologischen „lag" (Abstand) zwischen der bewußten Annahme neuen Verhaltens und dem unbewußten Widerstand dagegen; die Ambivalenz und Feindseligkeit hinsichtlich der Selbstwahrnehmung in einer Akkulturationssituation; die Orientierungsfunktion von Referenzgruppen (innerhalb der eigenen ethnischen Minderheit bzw. in Gruppen der herrschenden Kultur); Formen des Rückzugs, die sich bei einer Revitalisierung der ursprünglichen Kultur ergeben können. Es hat sich gezeigt, daß die Bewältigung der Akkulturationsprobleme in den verschiedenen ethnischen Minderheitengruppen sehr unterschiedlich ist, je nach dem Grad der Diskrepanz zwischen „alter" und „neuer" Kultur (z.B. unter dem Aspekt von Differenzierung und Modernisierung), je nach dem Bildungs- und Sozialstatus der Angehörigen der betreffenden Minderheit, und je nach den Einstellungen der „neuen" Gesellschaft zur jeweiligen Minderheit.

Die Aufklärung von Prozessen und Problemen der Akkulturation ist nicht nur von theoretischem Interesse für die wissenschaftliche Analyse von Zusammenhängen zwischen Kultur und Persönlichkeitsentwicklung, sie hat vielmehr auch eine erhebliche praktisch-politische Bedeutung; dies zeigen die in unserer eigenen Gesellschaft ungelösten Probleme der ausländischen Arbeitnehmer und ihrer Kinder (vgl. dazu Schrader u.a. 1976).

4.2 *Sozialisation als Interaktion*

Die Vorstellung, daß die Prozesse der Sozialisation und Persönlichkeitsentwicklung das Ergebnis der Interaktion zwischen dem Individuum (Kind) und den Bezugspersonen seiner Umwelt sind, läßt sich in der einen oder anderen Form in den meisten sozialisationstheoretischen Konzepten finden. Diese Vorstellung gewinnt jedoch dann eine spezifische Bedeutung, wenn Interaktion als aktive, handelnde Auseinandersetzung des Individuums mit seiner Umwelt aufgefaßt und ausdrücklich zum Untersuchungsgegenstand gemacht wird. Ein Beispiel für diese Orientierung sind *handlungstheoretische* Ansätze: der strukturfunktionalistische Ansatz (vgl. z.B. Parsons/Shils 1951) konstruiert einen Kreislauf sozialen Handelns, der vom Akteur ausgeht und über Handlungen in bestimmten Situationen, welche auf die Vermittlung von Bedürfnissen, Erwartungen und Kontrolle abzielen, zur Formung von Bedürfnissen im Akteur zurückführt; der Ansatz des *Symbolischen Interaktionismus* geht von der Prämisse aus, daß „die Prozesse der Erfahrung, welche das menschliche Gehirn ermöglicht, nur innerhalb einer Gruppe interagierender Individuen (funktionieren)" (Mead 1934, S. 133), daß „die anderen und das Selbst zusammen im sozialen Handeln (entstehen)" (Mead 1969, S. 222). Ein weiteres Beispiel sind *lerntheoretische* Ansätze, in welchen soziales Lernen als individuelle Reaktion auf Anregungen (Stimulation)

der Umwelt vgl. GEWITRZ 1969) oder als Prozeß der Identifizierung des Individuums mit Personen seiner Umwelt aufgefaßt wird (vgl. BANDURA 1969). Ein letztes Beispiel sind *kommunikationstheoretische* Ansätze, in welchen die Vermittlung und Verarbeitung von Symbolen, insbesondere von sprachlichen Symbolen, als wesentliche Grundlage des Sozialisationsprozesses beschrieben wird (vgl. BURGESS 1969).
Die Fruchtbarkeit dieser Ansätze für die kulturvergleichende Sozialisationsforschung liegt darin begründet, daß sie die Struktur des Handlungsfeldes (der Sozialisationsumwelt, z.B. Familie und Erziehungsinstitutionen) von je spezifischen kulturellen und gesellschaftlichen Rahmenbedingungen bestimmt sehen, daß sie die Prozesse der Interaktion zwischen Individuum und Umwelt unter je spezifischen Handlungsmustern verfolgen, und daß die Reaktionen von Individuen auf je unterschiedliche Umweltstrukturen und Handlungsmuster Aufschluß über das Wechselwirkungsverhältnis von Persönlichkeit und Kultur (Gesellschaft) erlauben.
Für die konkreten kulturvergleichenden Forschungen, auch für die im folgenden beispielhaft erwähnten, gilt freilich, daß ihre Autoren keinem der hier gekennzeichneten sozialisationstheoretischen Ansätze ausschließlich folgen, daß sie vielmehr Elemente mehrerer Ansätze kombinieren; die Beispiele sind daher danach ausgewählt, ob Dimensionen der Interaktion im Mittelpunkt der Untersuchung stehen.

Eine der in diesem Zusammenhang meistzitierten Untersuchungen ist die mehrbändige *Sechs-Kulturen-Studie* von WHITING und Mitarbeitern (vgl. WHITING 1977). Ausgangspunkt sind die kulturell unterschiedlichen „Lernumwelten" der Kinder, die durch das Ausmaß, die Intensität und Qualität der Eltern-Kind-Interaktion erfaßt werden, wobei den Formen der Entwöhnung, der Reinlichkeits- und Geschlechtserziehung sowie der Kontrolle von Aggression besondere Aufmerksamkeit gewidmet wird. Eine zweite Gruppe von Daten betrifft Merkmale des „Unterhaltssystems" (z.B. Haushaltsstruktur, Arbeitsteilung); es wird gezeigt, daß diese Merkmale kulturspezifische Unterschiede zeigen (z.B. Kernfamilie vs. erweiterte Familie, Ausmaß der Verfügbarkeit von Mutter und Vater für das Kind), und daß sich diese Unterschiede auch auf Interaktionsprozesse in den Lernumwelten auswirken, und zwar insbesondere hinsichtlich des Grades des anfänglichen Gewährenlassens, des Alters beim Beginn der Verhaltenskontrolle, der Strenge der Sozialisation und der Techniken der Bestrafung. Eine letzte Gruppe von Daten betrifft Merkmale der Kinder selbst (z.B. Verhaltensstile, Fähigkeiten, Wertorientierung, innere Konflikte, Abwehrmechanismen); die Überprüfung der Frage, welche Faktoren sich für die Entwicklung unterschiedlicher Verhaltensmerkmale der Kinder als besonders wichtig erwiesen, führte zu der folgenden Rangreihe: der Typ der Kultur, in welcher das Kind erzogen wird (insbesondere unter dem Aspekt der Komplexität der Kultur); der Status des Interaktionspartners des Kindes; das Geschlecht des Kindes; das Alter des Kindes; die Position des Kindes in der Geschwisterreihe; die Unterschiede zwischen der Lernumwelt des Kindes und derjenigen seiner Altersgenossen. Im ganzen wird hier also der Versuch unternommen, die Entwicklung der Persönlichkeit als Ergebnis von Interaktionsprozessen im Rahmen von kulturspezifisch geprägten Lernumwelten zu analysieren.
Eine Fülle von intra- und interkulturell vergleichenden Untersuchungen ist der *Mutter-Kind-Interaktion* und der Entwicklung der emotionalen Bindung des Kindes an die Mutter („*attachment*") gewidmet worden. Diese Untersuchungen haben einerseits die Existenz von Grundmustern mütterlichen Verhaltens sowie von universalen Stadien des Bindungsverhaltens von Kindern in allen erforschten Gesellschaften nachgewiesen; sie haben andererseits gezeigt, daß es intra- und interkulturelle Unterschiede im Ausmaß und in der Intensität der Mutter-Kind-Interaktion, in der sprachlichen Stimulation, im Körperkontakt, im Lächeln etc. gibt, die sich auf die kognitive Entwicklung des Kindes und seine emotionale Sicherheit auswirken (vgl. z.B. LEWIS/BAN 1977, GEWIRTZ 1969, AINSWORTH 1977). Die Fruchtbarkeit kulturvergleichender Forschung hat sich insbesondere im Blick auf zwei Aspekte der Mutter-Kind-Beziehung erwiesen, die in unserer eigenen Gesellschaft kontrovers diskutiert werden: die Betreuung des Kleinkindes durch mehrere Bezugspersonen („*multiple mothering*") und die Bedeutung des *Zeit*faktors für die Entwicklung der Mutter-Kind-Bindung. Untersuchungen zur Kibbutz-Erziehung (vgl. z.B. RABIN 1965) haben gezeigt, daß sich eine Betreuung durch mehrere Bezugspersonen nicht nachteilig auf die Entwicklung des Kindes auswirken muß; die Kibbutz-Forschung legt außerdem, in Übereinstimmung mit Untersuchungen über die Mutter-Kind-Beziehung bei Kindern in Tagespflege in USA, den Schluß nahe, daß die Existenz mehrerer Bezugspersonen die primäre Bindung des Kindes an seine eigene Mutter nicht abschwächen muß (vgl. MACCOBY/FELDMAN 1972). Daß die Bindung des Kindes an seine Mutter und die Entwicklung seiner emotionalen Sicherheit nicht vom zeitlichen Ausmaß der Mutter-Kind-Interaktionen, sondern von deren Qualität sowie von zahlreichen anderen Faktoren (z.B. Einstellungen der Frau zum Kind und zu ihrer Tätigkeit, Einstellungen des Mannes etc.), ergibt sich aus Vergleichsuntersuchungen zwischen Familien mit berufstätigen und Familien mit nicht berufstätigen Müttern (vgl. z.B. LEHR 1974).
Unter dem Stichwort „*prosoziales Verhalten*" sind in zahlreichen Untersuchungen die Sozialisationsbedin-

gungen für freundliches, helfendes und kooperatives Verhalten erforscht worden (vgl. Lück 1975). Die Fähigkeit und Bereitschaft von Kindern zu prosozialem Verhalten wird offenbar durch das Erziehungsklima und die Erziehungsstile in ihrer Lernumwelt, durch Erfahrungen symmetrischer Kommunikation in Familie und peer group, aber auch durch Merkmale des kulturellen Wertsystems (Orientierung an Wettbewerb bzw. Kooperation) beeinflußt (vgl. Liegle 1972). So konnten z.B. Shapira/Madsen, die in zahlreichen Gesellschaften Untersuchungen zum kooperativen bzw. Wettbewerbsverhalten angestellt haben, nachweisen, daß Kibbutz-Kinder (die in einer kooperativen Genossenschaft aufwachsen) eine überdurchschnittliche Fähigkeit und Bereitschaft zu kooperativem Verhalten zeigen (Shapira/Madsen 1969).

Als letztes Beispiel für kulturvergleichende Forschungen, in welchen Dimensionen der „Sozialisation als Interaktion" im Mittelpunkt stehen, sei auf die Untersuchung von Bronfenbrenner (1976, S. 92–112) über die unterschiedliche Reaktion auf sozialen Druck von Erwachsenen im Gegensatz zu Druck von Kameraden bei sowjetischen und amerikanischen Schülern verwiesen. Sowjetische Kinder erwiesen sich dabei als wesentlich weniger bereit, sich auf antisoziales Verhalten, wozu sie ihre Kameraden anleiten wollen, einzulassen als ihre amerikanischen Altersgenossen. Diese Untersuchung ist insbesondere deshalb interessant, weil sie auf Zusammenhänge zwischen den Interaktionsformen in (organisierten) Lernumwelten und Merkmalen des gesellschaftlichen Herrschaftssystems verweisen. In der Sowjetunion wird die Altersgruppe bzw. Schulklasse systematisch als Vermittlungsinstanz der Werte der (Erwachsenen-)Gesellschaft und als Disziplinierungsinstrument eingesetzt und ausgenützt; dies drückt sich auch in der eindeutigen Kontrolle der Schuljugend durch die Jugendorganisation der Partei aus. Demgegenüber läßt sich bei den Schülern in USA eine – in gewissen Grenzen zugestandene – Orientierung an einer Jugendkultur im Sinne einer Gegenkultur zur Erwachsenengesellschaft feststellen.

4.3 *Sozialisation als Rollentraining und Rollenlernen*

Rollentheoretische Modelle stehen gegenwärtig im Mittelpunkt der Sozialisationstheorie, sie sind jedoch in interkulturellen Vergleichsuntersuchungen relativ wenig herangezogen worden. Insbesondere fällt auf, daß in der vergleichenden Sozialisationsforschung höchstens der traditionelle, strukturfunktionalistische Ansatz der Rollentheorie verwendet wird.

Demgegenüber sind neuere Ansätze der Rollentheorie, die in einer Verbindung von Symbolischem Interaktionismus (G. H. Mead) und kritischer Gesellschaftstheorie die „Freiheitsgrade" der Persönlichkeit sowie die Möglichkeiten von Flexibilität und Distanz in der Übernahme von Rollen zum Thema machen, in diesen Forschungszweig kaum eingegangen.

Der traditionelle rollentheoretische Ansatz betont ähnlich, wie das Enkulturationskonzept (vgl. 4.1) und das psychoanalytische Konzept der Triebkontrolle (vgl. 4.5) die Konformität des Individuums mit Normen, Regeln und Bedürfnissen der gesellschaftlichen Umwelt. Im Gegensatz zum Enkulturationskonzept erscheint im rollentheoretischen Ansatz das soziale System weniger als System von Werten denn als ein System von sozialen Rollen und Positionen und das Individuum weniger als „modale Persönlichkeit" denn als Träger bestimmter Rollen und Funktionen. Im Gegensatz zu psychoanalytischen Ansätzen der Triebkontrolle betont der rollentheoretische Ansatz weniger die Bedeutung sozialer Tabus und Prohibitionen als die Bedeutung positiver Vorschriften und Erwartungen und sieht in dem Verhältnis zwischen Konformität und individueller Befriedigung keinen notwendigen Konflikt. Im Mittelpunkt des rollentheoretischen Ansatzes steht die Vorstellung, daß die Interaktion des Kindes, die durch die Verständigung über Symbole (Sprache etc.) ermöglicht wird, zum Erlernen und Verinnerlichen von Rollen führt, daß dabei die Rollenerwartungen der zwischen der Gesellschaft und dem Individuum vermittelnden Sozialisationsträger (Familie etc.) durch bestimmte Sanktionen durchgesetzt werden, und daß das Erlernen von Rollen in mehreren Stufen geschieht. In der *primären* Sozialisation erlernt das Kind die allgemeinen kognitiven und sozialen Grundlagen der Rollenübernahme und „universale" Rollen wie die Geschlechtsrolle. In der *sekundären* Sozialisation wird die Übernahme von spezifischen gesellschaftlichen Rollen und Qualifikationen gelernt, welche für die Reproduktion der jeweils vorherrschenden Bedingungen der Arbeitsteilung und der Verteilung von Wissen als wichtig gelten (z.B. Berufsrolle). Dabei tritt die Frage in den Vordergrund, ob und in welcher Weise bestimmte Merkmale des sozialen Systems und des Sozialisationsprozesses zur Verinnerlichung von sozialen Rollen beitragen.

Die besondere Eignung rollentheoretischer Ansätze für die kulturvergleichende Sozialisationsforschung ergibt sich also daraus, daß „Rolle" ein Konstrukt darstellt, das ein Bündel gesellschaftlicher Erwartungen an das angemessene, angepaßte Verhalten eines jeden Mitglieds einer bestimmten Gesellschaft bezeichnet, und daß diese Erwartungen von je spezifischen Merkmalen der kulturellen Tradition und des gesellschaftlichen Systems bestimmt werden. Das beste Beispiel hierfür bieten die gesellschaftlichen Erwartungen an das typische Verhalten von Jungen und Mädchen (Männern und Frauen), also die *gesellschaftliche Definition der Geschlechtsrolle*, und die Sozialisationsprozesse, welche zur Entwicklung geschlechtstypischer Verhaltensweisen (*sex-typing*) bzw. zur Übernahme der Geschlechtsrolle führen. Die Forschung zur Sozialisation geschlechtstypischer Verhaltensweisen ist so umfangreich und in Überblicksartikeln so gut dokumentiert, daß hier nur beispielhaft auf einige Befunde verwiesen wird (vgl. hierzu auch den Beitrag von BILDEN in diesem Band).

Aus dem umfangreichen Forschungsbericht von LEHR (1972) läßt sich ableiten, daß Merkmale der Kultur (z.B. Wertsystem, Arbeitsteilung zwischen Mann und Frau, rechtliche Position der Frau), Merkmale der Familienstruktur sowie Merkmale des Verhaltens der Eltern gegenüber Jungen und Mädchen einen modifizierenden Einfluß auf die Entwicklung geschlechtstypischer Einstellungen und Verhaltensweisen ausüben. Die Untersuchungen zur kulturellen Relativität männlicher und weiblicher Eigenschaften können, wie LEHR betont, in vieler Hinsicht überhaupt als Ausgangspunkt der modernen Sozialisationsforschung betrachtet werden; dies gilt insbesondere für die bahnbrechende Studie von Margaret MEAD (1955). Auch nach MUSSEN (1969) sind Aktivitäten, Aufgaben, charakteristische Züge und Haltungen von Männern und Frauen in den einzelnen Kulturen in unterschiedlichem Maße vertreten; so erwarte man bei den Tschambuli, im Gegensatz zur Rollenauffassung in den meisten Kulturen, daß die Frauen dominierend, organisierend und sachlich-nüchtern sind, während die Männer eher als sich einordnend, weniger verantwortlich und stärker emotional abhängig gesehen werden.

Solche Beispiele widerlegen nicht die Tatsache, daß die meisten Kulturen bzw. Gesellschaften in einer starken Tendenz zur Festlegung und Begrenzung beider Geschlechter – insbesondere der Frau – auf die Erfüllung unterschiedlicher Rollen in der Arbeitsteilung sowie auf vielen anderen Gebieten des gesellschaftlichen und persönlichen Lebens übereinstimmen. Diese *Polarisierung der Geschlechtsrollen* wird durch die Tradition vieler Jahrhunderte bestimmt und beginnt ihre Wirkung jeweils bereits in den frühkindlichen Sozialisationsprozessen auf dem Wege über stereotypisierte Verhaltenserwartungen. Die Richtung dieser Polarisierung wird im allgemeinen dadurch bestimmt, daß den Frauen die in einer Gesellschaft weniger prestigehaltigen Rollen und Funktionen, Fähigkeiten und Eigenschaften zugeschrieben werden; die Polarisierung der Geschlechtsrollen spiegelt also in gewisser Weise das *Machtgefälle* zwischen den Geschlechtern in einer Gesellschaft. In diesem Sinne hat HOLTER (1970) argumentiert, daß geschlechtstypische Unterschiede um so stärker hervortreten, je abhängiger die Frau von der Position des Mannes ist, und daß die Ursache aller Formen der Differenzierung (und so auch der Geschlechtsrollendifferenzierung) in der ökonomischen Differenzierung zu sehen ist. Selbst in Gesellschaften, in welchen die ökonomische und rechtliche Abhängigkeit der Frau vom Mann abgeschafft oder wesentlich eingeschränkt und die Gleichberechtigung der Geschlechter als wichtiger Teil des Wertsystems propagiert wird, haben geschlechtstypische Rollenzuweisungen, Verhaltenserwartungen und Verhaltensweisen insbesondere im Handlungsfeld der Familie immer noch (oder wieder) eine weite Verbreitung (vgl. zur Sowjetunion ATKINSON et al. 1978, DIECKMANN 1978 und LIEGLE 1970, zum Kibbutz GERSON 1979 und RABIN 1965); solche Befunde müssen nicht, wie manche Autoren meinen (vgl. TIGER/SHEPHER 1975), mit dem Hinweis auf biologische Determinanten des Verhaltens erklärt werden, sie deuten vielmehr auf spezifische Formen der Fortgeltung des Machtgefälles zwischen den Geschlechtern im öffentlichen Leben dieser Gesellschaften sowie auf die starke Resistenz der tradierten Rollenvorstellungen im Bewußtsein und im Verhalten der Menschen gegenüber sozialem Wandel bzw. planmäßiger gesellschaftlicher Veränderung.

4.4 *Sozialisation als Entwicklung von Kompetenzen*

Insbesondere im Anschluß an die kognitionspsychologische Entwicklungstheorie von PIAGET sind Untersuchungen über die Prozesse der Wahrnehmung (z.B. von Raum, Zeit und Mengen) und des Denkens (z.B. des abstrakten Denkens) sowie Versuche zur Erklärung der Bedingungen dieser Entwicklungsprozesse zu einem Schwerpunkt der Sozialisationsforschung geworden. Die Herausforderung von PIAGETS Theorien und Untersuchungen für die Sozialisationsforschung ist nicht zuletzt darin begründet, daß hier von einer inneren Logik von Entwicklungsprozessen ausgegangen wird; die Entwicklung von Kompetenzen vollzieht sich nach PIAGET in einer irreversiblen Abfolge von Stufen der Ausbildung von immer differenzierteren Denkoperationen und kognitiven Strukturen (z.B. von sensomotorischen über konkrete zu abstrakten Operationen, von egozentrischen zu soziozentrischen Strukturen). Die Auffassung von PIAGET, daß eine solche Stufenfolge der Ausbildung von Denkoperationen und kognitiven Strukturen universal (pankulturell) nachweisbar sei, ist gelegentlich dahingehend mißverstanden worden, als handele es sich hier um ein entwicklungstheoretisches Konzept endogener Reifung. Tatsächlich betrachten kognitionspsychologische Entwicklungstheorien die Entwicklung kognitiver Strukturen als das Ergebnis von Prozessen der Interaktion zwischen der Struktur des Organismus und der Struktur der sozialen Umgebung (vgl. die Prozesse der *Assimilation* und *Akkomodation* bei PIAGET); ein Interaktionsansatz der Stufen nimmt im Gegensatz zu einem Reifungskonzept an, daß Erfahrung notwendig ist, damit die Stufen jene Gestalt annehmen, die sie wirklich repräsentieren, und daß im allgemeinen mehr und stärkere Stimulation zu rascheren Fortschritten innerhalb der betreffenden Sequenz führt (vgl. KOHLBERG 1969, S. 345ff.). Die Bedeutung von Umweltbedingungen für die Entwicklung von Kompetenzen hat PIAGET selbst z.B. im Bereich des moralischen Urteils bei Kindern am Einfluß des Erziehungsverhaltens der Erwachsenen auf die Überwindung der „Gehorsamsorientierung" erläutert (vgl. PIAGET 1973 und die Beiträge von SEILER und von BERTRAM in diesem Band).

Im Anschluß und in Auseinandersetzung mit PIAGETS Ansatz einer universalen Stufenfolge von Denkoperationen und kognitiven Strukturen sind in der Sozialisationsforschung (und auch in der kulturvergleichenden Forschung) u.a. die folgenden Aspekte der Entwicklung von Kompetenzen untersucht worden: die Entwicklung der Fähigkeit zur Rollenübernahme (vgl. z.B. FLAVELL 1975); die Entwicklung des moralischen Urteils (vgl. z.B. KOHLBERG 1969, GARBARINO/BRONFENBRENNER 1976); die „psychologische Differenzierung" (vgl. WITKIN/BERRY 1975) als ein Entwicklungsprozeß von weniger zu mehr differenzierten und spezialisierten kognitiven Strukturen.

Das Interesse an einer Anwendung kognitionspsychologischer Entwicklungstheorien in der kulturvergleichenden Sozialisationsforschung ergibt sich aus den folgenden Fragen: Läßt sich die Stufenfolge der Entwicklung kognitiver Operationen und Strukturen in allen Kulturen nachweisen? Gibt es kulturspezifische Faktoren, die auf die Entwicklung von Kompetenzen einwirken? Im Zusammenhang mit diesen Fragen ist eine Vielzahl von Untersuchungen durchgeführt worden, die durchaus unterschiedliche Ergebnisse erbracht haben bzw. deren Ergebnisse unterschiedlich interpretierbar sind (vgl. die Forschungsberichte von ASHTON 1975, SCHÖFTHALER 1978, THOMAE 1972, DEVOS/HIPPLER 1969, WITKIN/BERRY 1975).

Während viele Untersuchungen die Gültigkeit von PIAGETS Stufenkonzept in verschiedenen Kulturen belegen konnten, haben andere Untersuchungen erhebliche kulturspezifische Unterschiede erbracht; so zeigt sich z.B. in primitiven Kulturen (bzw. nicht modernisierten Gesellschaften) im Vergleich zu modernen Gesellschaften ein längeres Festhalten der Kinder an Formen des „animistischen" Denkens (Vorstellung von belebten Gegenständen), eine geringere Ausbildung von Fähigkeiten im Bereich von konkreten Operationen (z.B. Behalten von Zahlen) oder das Fehlen von Fähigkeiten im Bereich von abstraktem Denken (z.B. Kategorisierung); ebenso erweist sich die Entwicklung der höchsten Stufe des moralischen Urteils sowohl intra- wie interkulturell als unterschiedlich verbreitet. Solche Befunde müssen freilich nicht als Widerlegung des Anspruches einer universalen Gültigkeit des Stufenkonzepts kognitiver Entwicklung interpretiert werden; es kann vielmehr auch argumentiert werden, daß sich hier (im Sinne der Prämissen eines Interaktionsansatzes) kulturspezifische Faktoren wie der Grad der Stimulation, der Grad an formaler Schulbildung bzw. Schulung des abstrakten Denkens oder auch – im Bereich des moralischen Urteils – der Grad der Autoritäts- bzw. Gehorsamsorientierung in der jeweiligen Lernumgebung des Kindes dahingehend auswirken, daß die jeweiligen Stufen der Entwicklung zu einem späteren Zeitpunkt oder auch gar nicht erreicht werden; denn offensichtlich hängt die erfolgreiche Anpassung des Individuums an seine Umgebung von dem Erwerb von je unterschiedlichen Kompetenzen, entsprechend den Erwartungen, Anforderungen und Anregungen der Kultur, in welcher es lebt, ab.

Zu ähnlichen Schlußfolgerungen gelangten WITKIN/BERRY (1975, S. 72f.) in ihrer Zusammenfassung von Untersuchungsergebnissen zur psychologischen Differenzierung in kulturvergleichender Perspektive:

„Das Ziel der kulturvergleichenden Forschung ist nicht auf die Überprüfung der Universalität eines Phänomens beschränkt, welches in einer einzelnen Kultur beobachtet worden ist. Sie hat das zusätzliche Ziel, neue Phänomene – sowohl im Verhalten wie in der Kultur – herauszufinden ....

Dieser Bericht hat gezeigt, daß die Differenzierungstheorie interkulturell mit Gewinn anzuwenden ist, was insbesondere auf den strukturellen Charakter von Differenzierung und auf deren Relevanz für ein universales Kulturphänomen, nämlich die Sozialisation, zurückzuführen ist. Gleichzeitig hat uns jedoch die vergleichende Perspektive zur Beobachtung einer Reihe von kovarianten Faktoren der Sozialisation und einer Reihe von anderen Variablen geführt, welche davon unabhängig wirksam sein könnten. Insbesondere das Bündel von kulturellen Variablen, welche durch die Pole von dichten oder losen Gesellschaften verbunden sind, hat unser Wissen über die kulturspezifische Grundlage der Entwicklung von Differenzierung erweitert. Faktoren wie der allgemeine Druck in Richtung auf Konformität, die Struktur der Autorität oder die Unterschiedlichkeit und Bewertung von Rollen, Faktoren, die alle mit demographischen und ökologischen Unterschieden zu tun haben dürften, sind in ihrem Einfluß in einer Art und Weise deutlich geworden, die von der Erforschung des Konzepts im Rahmen einer einzelnen Kultur hätte nicht erwartet werden können."

Die besondere Fruchtbarkeit der Anwendung von kognitionspsycholgischen Entwicklungstheorien in der kulturvergleichenden Forschung ist wohl darin zu sehen, daß sich mit ihrer Hilfe die Repräsentierung spezifischer Merkmale von Kulturen im Denken von Individuen untersuchen läßt, und daß die psychologischen Meßinstrumente im Bereich der kognitiven Kompetenzen am weitesten entwickelt sind.

4.5 Sozialisation als Erwerb von Triebkontrolle

Psychoanalytische Theorien haben nicht nur die allgemeine Sozialisationsforschung, sondern gerade auch die vergleichende Sozialisationsforschung und Kultur- und Persönlichkeitsforschung in starkem Maße geprägt (vgl. MEAD, ERIKSON, WHITING/CHILD). Obgleich die psychoanalytische Theorie der Persönlichkeitsentwicklung in zahlreichen Modifikationen entwikkelt worden ist, lassen sich einige Elemente als gemeinsame Annahmen festhalten: Sozialisation wird aufgefaßt als Reduktion der primären, potentiell zerstörerischen Triebe (Sexualität, Aggression), die jedoch ihrerseits die Grundlage für die spätere soziale Anpassung und für die Individuation bilden; durch den Erwerb sekundärer Triebe wird die Entwicklung einer Vielfalt von sozial anerkannten Verhaltensmustern und der Fähigkeit zur Verinnerlichung von Modellen angemessenen Verhaltens in sozialen Rollen gefördert (vgl. LEVINE 1969). Die Entwicklung der Ich-Identität vollzieht sich in einer als universal und unveränderbar aufgefaßten Abfolge von Phasen, wobei den Erfahrungen in der frühen Kindheit eine determinierende Bedeutung zugeschrieben wird; diese frühen Erfahrungen werden durch die Auseinandersetzung mit den nächsten Bezugspersonen, insbesondere aber mit der Mutter als dem wichtigsten Liebesobjekt der oralen Phase, bestimmt.

Unter vergleichendem Aspekt tritt die Frage in den Vordergrund, ob und in welcher Weise kulturspezifische Merkmale der Sozialisationsumwelt und des Wertsystems einen modifizierenden Einfluß auf die Ich-Entwicklung und die Struktur des Über-Ich ausüben. Wie wenig gesichert auf diesem Gebiet die Aussagen sind, die aus psychodynamischen Theorien abgeleitet werden, zeigt z. B. die Verwirrung, die durch die ersten Berichte zur Kibbutz-Erziehung ausgelöst wurde. Die Beobachtungen einiger Forscher über gewisse Retardierungserscheinungen bei kleinen Kindern – z. B. die Verlängerung des Daumenlutschens im Bereich der Oralität – wurden ohne weiteres als Folgen der „unterbrochenen" Mutterbetreuung im Kibbutz und als Anzeichen von Mutterdeprivation gedeutet; um so unerklärlicher erschien dann jedoch die Beobachtung, die zum Teil von denselben Forschern gemacht wurde, daß junge Erwachsene zu einer reifen Ich-Identität gelangen. RAPAPORT (1958) hat in diesem Zusammenhang darauf hingewiesen, daß bestimmte Symptome von Entwicklungskrisen und bestimmte „Verhaltensprobleme" ihrerseits kulturspezifischen Charakter haben können, daß sie zu einer Entwicklung gehören können, „in der Individuen reifen, die in einer bestimmten Umwelt, aus der diese Form der Erziehung hervorging, lebensfähig und angepaßt sind".

ERIKSON (1950) hat im Rahmen seiner Studie über Kindheit und Gesellschaft acht Phasen der Persönlichkeitsentwicklung beschrieben; jede Phase bezeichnet eine Krise, welche das Kind in der Auseinandersetzung mit seiner Umwelt durchlaufen muß, um die psychischen Herausforderungen der jeweils nächsten Phase bewältigen zu können; diese psychischen Herausforderungen werden durch die je spezifischen Merkmale der gesellschaftlich bzw. kulturell geprägten Umwelt modifiziert.

Beispiele für solche kulturspezifische Krisen in der Persönlichkeitsentwicklung lassen sich wiederum in Untersuchungen über Kibbutz-Kinder finden, insbesondere im Blick auf den *Ödipuskomplex.*

In seinen Vergleichsuntersuchungen über die Persönlichkeitsentwicklung von Kibbutz-Kindern und Moshaw-Kindern (der Moshaw ist, wie der Kibbutz, eine

genossenschaftliche Siedlungsform in Israel; im Gegensatz zum Kibbutz ist im Moshaw die Familie als ökonomische Einheit, als Einzelhaushalt, und als Instanz der Betreuung und Erziehung der Kinder erhalten geblieben) ging Rabin (1965) u.a. von folgenden, aus der psychodynamischen Theorie abgeleiteten Hypothesen aus:
1. Kibbutz-erzogene Kinder werden eine geringere ödipale Intensität zeigen; 2. die Identifikation der Kibbutz-Kinder wird durch eine größere Diffusion der Objekte gekennzeichnet sein; 3. Kibbutz-Kinder werden eine geringere Ambivalenz gegenüber ihren Eltern zeigen. Im Anschluß an die Annahme Fenichels (1945), daß sich mit dem Wandel der Institution der Familie auch die Gestalt des *Ödipuskomplex* wandeln müsse, leitete Rabin seine Hypothesen aus der Struktur der Familie und des außerfamiliären Sozialisationsfeldes ab: der Vater, dessen Autorität in der Familie reduziert ist (auch deren ökonomische Grundlagen fehlen) und der, ebenso wie die Mutter, nur wenige Stunden am Tag als Interaktionsperson gegenwärtig ist, kann in geringerem Maße als Konkurrent um die Zuneigung der Mutter wahrgenommen werden; die Rolle der Mutter wird sowohl in der Pflege wie in der Zuwendung von der Erzieherin (Metapelet) geteilt, und die Zuneigung zur Metapelet muß mit anderen Altersgenossen geteilt werden, so daß auch diese Faktoren eine Reduzierung der starken Bindung an den andersgeschlechtlichen Elternteil und eine stärker diffuse Identifikation begünstigen; außerdem sind die Sozialisationsfunktionen (Triebkontrolle einerseits und affektive Zuwendung andererseits) zwischen Eltern (Mutter) und Metapelet so aufgeteilt, daß die Feindseligkeit des Kindes, die aus den Anforderungen in bezug auf Triebkontrolle resultiert, stärker auf die Metapelet gerichtet und von den Eltern abgelenkt ist, wodurch die Ambivalenz gegenüber den Eltern abgeschwächt bzw. die eindeutig positiven Beziehungen verstärkt werden können. In seiner empirischen Untersuchung (mit Hilfe des Blacky-Test bzw. des sentence-completion-Test) konnte Rabin die dritte Hypothese voll und die zweite Hypothese für die Gruppe der Jungen bestätigen. Während Rabin selbst keine Erklärung seiner Befunde versucht, könnten u.a. folgende Argumente erwogen werden:

a) die geringe Veränderung der ödipalen Situation (vgl. die erste Hypothese) ist darauf zurückzuführen, daß, wie das klinische Untersuchungsmaterial zeigt, auch im Kibbutz „die bedeutendsten Liebesobjekte", das „entscheidendste und stabilste Objekt der emotionalen Bindung" des Kindes bleiben (Kaffman 1965);

b) die relative Schwierigkeit der Jungen, sich mit dem gleichgeschlechtlichen Elternteil zu identifizieren, könnte zum einen auf die Egalisierung der Elternrolle in der Kibbutz-Familie, zum anderen auf das Fehlen männlicher Bezugspersonen im außerfamiliären Sozialisationsumfeld zurückgeführt werden.

Die Gefühle von *Schuld und Scham* sind insofern in einem engen Zusammenhang mit dem Ödipuskomplex zu sehen, als in psychoanalytischen Theorien der Persönlichkeitsentwicklung angenommen wird, daß die Entwicklung des Gewissens aus der Identifizierung mit den Elterngestalten resultiert. Dabei wird angenommen, daß eine angemessene Balance zwischen der fordernden und bestrafenden Rolle der Eltern einerseits (Triebkontrolle, Vermittlung sozialer Verhaltensmuster) und ihrer affektiven Rolle andererseits (protection, affection, nuturence) zu einer angemessenen Identifizierung und zu einer angemessenen Über-Ich-Entwicklung beim Kind führt. Ausgehend von der Struktur des Sozialisationsfeldes im Kibbutz, wo die affektive Funktion, insbesondere aber die fordernde und bestrafende Funktion auf mehrere Bezugspersonen des Kindes verteilt sind – Mutter (Vater) und Metapelet – gelangten Rabin/Goldman (1966) zu der Hypothese, daß bei Kibbutz-Kindern – entsprechend dem diffusen Charakter der Identifikationen – die Stärke der Schuld bei der Verletzung sozial-moralischer Normen im Vergleich zu familienbezogenen Kindern reduziert sei.
In ihrer Vergleichsuntersuchung über Kibbutz- und Moshaw-Kinder konnten die Autoren diese Hypothese bestätigen. Luria/Goldwasser (1963) konnten außerdem zeigen, daß unter den Sozialisationsbedingungen des Kibbutz das Kind beim Übertreten sozial-moralischer Normen weniger Angst vor dem Verlust der Liebe ihrer Eltern haben müßten, da die Sozialisierungsfunktion mehr der Metapelet zugeschrieben wird. Der gleichzeitige Befund, daß Kibbutz-Kinder häufiger bereit sind, Verletzungen moralischer Normen einzugestehen, könnte auf der Grundlage der Beobachtungen von Spiro (1965) durch die folgenden Hypothesen erklärt werden:
Erstens scheint die große Bereitschaft von Kibbutz-Kindern, Verletzungen von sozial-moralischen Normen einzugestehen, damit zusammenzuhängen, daß sie weniger Bestrafung erwarten; dies bedeutet jedoch keine Schwäche des Über-Ich, sondern die Einstellung auf permissive bzw. versöhnende Sozialisationspraktiken. Zweitens sind bei Kibbutz-Kindern Gefühle der Schuld bzw. der Scham wesentlich ausgeprägter gegenüber der Altersgruppe als gegenüber den Eltern; im Vergleich zu den amerikanischen Kontrollgruppen, in geringerem Maße aber auch im Vergleich zur Moshaw-Gruppe erscheinen bei den Kibbutz-Kindern als wichtigste Instanz des Über-Ich nicht die Eltern, sondern die Altersgruppe bzw. das Kibbutz-Kollektiv. Diese Feststellungen weisen darauf hin, daß unter bestimmten gesellschaftlichen und Sozialisationsbedingungen die Altersgruppe zu einem entscheidenden Faktor der moralischen Entwicklung der Persönlichkeit und der Kontinuität des gesellschaftlichen Wertsystems werden kann.

5 Methodologische Probleme der kulturvergleichenden Sozialisationsforschung

Der Vergleich als eine komplexe Methode der Erkenntnisgewinnung in den Sozial- und Verhaltenswissenschaften ist mit einer Vielzahl von methodologischen Problemen konfrontiert (vgl. auch die Abschnitte 1 und 2).

Zum einen handelt es sich dabei um allgemeine Probleme der Forschungslogik, die unabhängig vom Gegenstandsbereich bzw. von der befaßten Wissenschaftsdisziplin die vergleichende Forschung betreffen; dazu zählen die Entscheidungs- und Interpretationsprobleme, die sich innerhalb und zwischen den aufeinanderfolgenden Erkenntnisschritten der „Klassifikation", der „Modellbildung" und der „Identifikation" ergeben (vgl. BERSTECHER 1970, S. 22ff.). Die vergleichende Klassifikation von Merkmalen ist in aller Regel „nichts anderes als der Versuch, das Chaos der Phänomene auf der Suche nach unbekannten, systematischen Zusammenhängen zu strukturieren. Das Dilemma dieser ersten Schritte zeigt sich darin, daß die Suche nach Systematik einer vorgängigen Systematik immer schon bedarf" (ebenda, S. 25). Der zweite Erkenntnisschritt, die Modellbildung, verlangt die Formulierung von Hypothesen über Zusammenhänge zwischen verschiedenen Merkmalsgruppen; solche Hypothesen sind allgemeine Sätze, die in der Regel in der formalisierten Sprache mathematischer Modelle ausgedrückt werden; da jedoch die Variation verschiedener Merkmale eine Vielzahl hypothetischer Funktionalbeziehungen ermöglicht, kann erst im dritten Erkenntnisschritt, der Identifikation, überprüft werden, ob ein spezifiziertes Modell mit den Ergebnissen empirischer Beobachtung übereinstimmt. Die vergleichende Identifikation von strukturellen Zusammenhängen geschieht dabei unter ganz anderen Bedingungen, als sie im klassischen naturwissenschaftlichen Experiment gegeben sind: die einfache Gegenüberstellung von Experiment- und Kontrollsituation ist in den Sozial- und Verhaltenswissenschaften in aller Regel nicht möglich; die für die Untersuchung eines bestimmten Problems relevanten Situationen „lassen sich nicht künstlich herbeiführen, sondern lediglich in verschiedener Ausprägung als geschichtliche und kontemporäre Situationen beobachten. Das sozialwissenschaftliche Experiment ist insofern ein Ex-post-facto-Experiment, in dem der begriffliche Unterschied zwischen Kontroll- und Experimentsituation sinnlos wird: Jede der verglichenen Situationen enthält den vermuteten Funktionalzusammenhang in quantitativ unterschiedlicher Ausprägung und vor einem qualitativ jeweils anderen Hintergrund" (ebenda, S. 30). Darüber hinaus haben es die Sozial- und Verhaltenswissenschaften mit derart komplex bedingten Phänomenen zu tun, daß hier die Isolierung verursachender Faktoren (im Rahmen eines Modells funktionaler Zusammenhänge zwischen Merkmalgruppen) sehr viel schwieriger ist als im klassischen Experiment.

Die hier nur verkürzt angedeuteten forschungslogischen Probleme des Vergleichs in den Sozial- und Verhaltenswissenschaften werden zusätzlich kompliziert, wenn sich der Vergleich auf Sozialisationsprobleme im Kontext soziokultureller Systeme bezieht. Die kulturvergleichende Sozialisationsforschung hat es zum einen – gleichsam auf der Ebene unabhängiger Variablen – mit komplexen und „lernfähigen" Systemen zu tun; während das klassische Experiment *gleiche* Objekte verschiedenen, isolierbaren Bedingungen aussetzt, sind im interkulturellen Vergleich „im günstigsten Fall *ähnliche* Objekte verschiedenen Bedingungs*komplexen* ausgesetzt, deren einzelne Bestandteile sich in der Regel nicht befriedigend isolieren lassen" (BERSTECHER 1970, S. 31). Sie hat es zum anderen – gleichsam auf der Ebene abhängiger Variablen – mit den lebenslangen und prinzipiell offenen Prozessen der Sozialisation zu tun, deren Subjekte aktive und lernfähige Individuen sind; die Isolierung einzelner Merkmale des Erlebens und Verhaltens in einem bestimmten Zeitpunkt und ein Vergleich zwischen Individuen und Gruppen kann hier im besten Fall tendenzielle Ähnlichkeiten bzw. Unterschiede aufweisen (vgl. auch Abschnitt 2).

Die entscheidenden Probleme der kulturvergleichenden Sozialisationsforschung ergeben sich indes bei dem Versuch, Zusammenhänge zwischen „unabhängigen" und „abhängigen" Variablen zu identifizieren. Die *„In-Beziehung-Setzung" von Merkmalen einer „Kultur" mit Merkmalen von „Erleben und Verhalten"* (vgl. ECKENSBERGER 1978) setzt nicht nur die Entwicklung angemessener Meßverfahren, sondern insbesondere die Entwicklung angemessener Theorien voraus; denn es geht nicht nur darum, *daß* Zusammenhänge von Merkmalen des Erlebens und Verhaltens mit Merkmalen einer Kultur im Sinne statistischer Korrelationen nachweisbar sind, sondern auch darum, *wie* diese Zusammenhänge erklärt werden können. ECKENSBERGER (1978) unterscheidet und diskutiert vier Arten der In-Beziehung-Setzung der beiden Ebenen „Kultur" und „Erleben/Verhalten": den Ansatz einer rein *statistischen Verknüpfung* beider Ebenen; *reduktionistische Ansätze*, in denen entweder die Veränderung bzw. das Auftreten eines bestimmten Verhaltens und Erlebens in Begriffen kultureller Bedingungen zu erklären versucht wird oder, umgekehrt, „Kultur" in psychologischen Begriffen erklärt wird; *systemtheoretische* Ansätze zur Verknüpfung beider Ebenen; *handlungstheoretische* Verknüpfung beider Ebenen.

Im ganzen kann man feststellen, daß die neuere kulturvergleichende Sozialisationsforschung im Blick auf die angedeuteten methodologischen Probleme in hohem Maße sensibilisiert ist, und daß sich viele Wissenschaftler aus unterschiedlichen Disziplinen der Entwicklung theoretisch integrierter Ansätze widmen, die eine angemessene Identifizierung und Erklärung von Zusammenhängen zwischen Merkmalen der Kultur und Merkmalen des Erlebens und Verhaltens erlauben; eine befriedigende Lösung ist freilich noch nicht in Sicht. Umgekehrt besteht eine weitgehende Übereinstimmung in der Auffassung, daß die globale Zurückführung von Verhaltensmerkmalen bzw. Verhaltensunterschieden auf Einflüsse „der Kultur", die in der älteren Kulturanthropologie zur Behauptung eines kulturellen Determinismus geführt hat (vgl. Abschnitt 2), nicht mehr vertretbar ist. Zum Beispiel stellen ARGYLE/DELIN (1965) fest, daß Gesetzmäßigkeiten der Sozialisation nicht universal sind, sondern sich auf die Mitglieder bestimmter Untergruppen einer Bevölkerung beziehen, daß andererseits bestimmte Variablen (Geschlecht, erbliche Persönlichkeitsmerkmale, Wärme der Beziehungen zu den Eltern, Grad der Strenge, sozialökonomischer Status) von „kritischer" Bedeutung für die Wirkung anderer Variablen sind.

STRODTBECK (1964) hat von einem wissenschaftstheoretischen Standpunkt aus gefordert, vergleichende Untersuchungen nicht so sehr zur Testung bestimmter Hypothesen zu benutzen, sondern über das Anliegen deduktiver Ableitungen hinaus zur *Generierung neuer Hypothesen* vorzustoßen. Unter diesem Erkenntnisinteresse können vergleichende Untersuchungen dazu beitragen, neue Variablen und Dimensionen und noch nicht erkannte Zusammenhänge zwischen Variablen und Dimensionen des Sozialisationsprozesses zu entdecken. Ein Nebeneffekt komplexerer und dynamischerer Forschungsansätze besteht darin, daß eindeutige Aussagen über die Wirkung einzelner Faktoren und über einzelne Verhaltenstendenzen immer problematischer werden; ein einfaches Beispiel dafür ist die starke Relativierung der von SEARS/WISE (1950) beobachteten positiven Beziehung zwischen dem Alter der Entwöhnung und dem Grad emotionaler Störungen durch eine differenziertere Studie von WHITING/CHILD (1953) mit einem sample von 75 Gesellschaften.

Derartige Beispiele machen die zunehmende *Kritik an den theoretischen Modellen*, dem analytischen Vorgehen und der Methodologie *der Kultur-Persönlichkeits-Forschung* verständlich (vgl. z.B. LINDESMITH/STRAUSS 1965). Diese Kritik bezieht sich unter anderem auf die Konzeption der kulturellen Prägung der „vorherrschenden Persönlichkeitsstruktur" bzw. „modal personality" (Konstruktion einer homogenen „Kultur" mit notwendigerweise übertriebenen Vereinfachungen; Tendenz, aus dem äußeren Verhalten in bestimmten Situationen psychische Entitäten zu deduzieren, um dann dieses äußere Verhalten mittels solcher Reifizierungen zu erklären; Vernachlässigung der Kulturgebundenheit von Persönlichkeitstests und der Interpretation einzelner Variablen) und auf die Vorstellungen von der Entwicklung einer vermeintlich vorherrschenden Persönlichkeitsstruktur (übertriebene und nicht verifizierbare Betonung frühkindlicher Erfahrungen, deren Auswirkungen nicht aufgezeigt werden; kulturelle Relativierung der frühkindlichen Determination in einem Sinne, daß zirkelförmige Schlüsse zustandekommen und das Verhältnis von direktem und indirektem Lernen ganz ungeklärt lassen).

COLE/BRUNER (1971) betonen am Beispiel der Thesen zum kognitiven „Defizit" und zur „Deprivation" der Unterschicht, daß es bei vergleichenden Forschungen entscheidend auf die Berücksichtigung des *Situationsbezuges* ankomme, in welchem bestimmte Variablen wirksam werden. Die mangelnde Unterscheidung zwischen „Kompetenz" und „Performanz" – die Ableitung des Grades von zugrundeliegender Kompetenz aus beobachteter Performanz – führe zu einer Situations- und Kulturblindheit.

Alle neueren Entwicklungen in der kulturvergleichenden Forschung und in der Forschungskritik lassen es demnach geraten erscheinen, mit äußerster Vorsicht an das Problem quantitativer Korrelationen zwischen Merkmalen der Persönlichkeitsstruktur bzw. des Verhaltens und Merkmalen des soziokulturellen Systems heranzugehen. Abgesehen von den umstrittenen theoretischen Implikationen stehen alle empirischen Untersuchungen über den Zusammenhang zwischen Persönlichkeits- bzw. Verhaltensmerkmalen und soziokulturellen Systemen vor dem Problem, daß es bislang an einem standardisierten analytischen Raster im Sinne eines interkulturell anwendbaren Systems von Modellen und deskriptiven Variablen fehlt, das eine Beschreibung und Vergleichung von „modalen" Persönlichkeitsstrukturen erlauben würde (vgl. INKELES/LEVINSON 1969, S. 442). Diese skeptische Bestandsaufnahme hat Gültigkeit, obwohl einerseits in der interkulturell vergleichenden Forschung eine kaum übersehbare Fülle von Variablen für Hunderte von Gesellschaften operationalisiert und durch Faktorenanalyse und Korrelationsstatistik geordnet und z.T. bereits auf die wesentlichen Dimensionen reduziert worden sind (vgl. MURDOCKS „World Ethnographic Sample" und die „Human Relations Area Files" sowie weiterführende Untersuchungen, z.B. STEWART 1971), und obwohl andererseits in der Persönlichkeitsforschung eine Fülle von Modellen zur quantitiven und qualitativen Erfassung der Persönlichkeitsstruktur entwickelt und z.T. angewandt worden sind. Die kulturvergleichende Sozialisationsforschung steht vor dem Problem, diese beiden Gruppen von Variablen in einen Zusammenhang bringen und eine weitere Gruppe von vermittelnden Variablen des Sozialisationsprozesses als eines Interaktionsprozesses bzw. der Erziehungs- und Sozialisationsumwelt als einer Lernumwelt erforschen zu müssen. Die Voraussetzung für eine Identifizierung von Zusammenhängen zwischen diesen verschiedenen Ebenen ist die Gewinnung von relevanten und überprüfbaren Informationen (Daten) auf jeder dieser Ebenen. In der Regel vollzieht sich dabei die Klassifikation der untersuchten Merkmale in getrennten Schritten; zum einen bezüglich jener Merkmale, welche als „unabhängige" Variable gelten sollen (also die vergleichende Klassifikation von Merkmalen der soziokulturellen Systeme bzw. der Sozialisationsumwelten); zum anderen bezüglich jener Merkmale, welche als „abhängige" Variable gelten sollen (also die vergleichende Klassifikation von Merkmalen des Erlebens und Verhaltens innerhalb und zwischen den Untersuchungs- und Kontrollgruppen). Es gibt zahlreiche Beispiele von kulturvergleichenden Untersuchungen, in welchen sich die Datenerhebung auf lediglich eine der genannten Ebenen beschränkt und die Informationen über die jeweils andere Ebene aus bereits vorliegenden Wissensbeständen gewonnen werden. Im Blick auf die verschiedenen Möglichkeiten der Identifizierung von Zusammenhängen zwischen unabhängigen und abhängigen Variablen hat LEVINE (1970) drei Ansätze der kulturvergleichenden Sozialisationsforschung unterschieden:

- Ausgehen von unabhängigen Variablen: Identifizierung von Ähnlichkeiten und Unterschieden in den Umwelten von Kindern;
- Ausgehen von abhängigen Variablen: Identifizierung von Ähnlichkeiten und Unterschieden im Verhalten von Kindern;
- Ausgehen von Ursache-Wirkungs-Zusammenhängen: Identifizierung von Wirkungen der Umwelt auf das Verhalten von Kindern.

Die Eigenart und die Probleme dieser unterschiedlichen Forschungsstrategien sollen in Anlehnung an LEVINE im folgenden kurz beschrieben und diskutiert werden. Abschließend wird auf erste Ansätze einer Mehrebenenanalyse in der kulturvergleichenden Forschung hingewiesen.

a) Unabhängige Variable als Ausgangspunkt – die Identifizierung von Ähnlichkeiten und Unterschieden in den Umwelten von Kindern

Die kulturvergleichende Forschung hat eine Fülle von Daten erarbeitet, die auf Ähnlichkeiten (z.B. universale Existenz der Kernfamilie als Instanz zur Versorgung, Betreuung und Erziehung der Kinder), insbesondere aber auf Unterschiede in den Umwelten von Kindern hinweisen. Beispiele für interkulturelle (und z.T. auch intrakulturelle) Unterschiede sind das Ausmaß des Mutter-Kind-Kontakts, die Praktiken der Ernährung, die Organisationsformen des Schlafens, die Anzahl der Betreuungs- und Bezugspersonen, das Alter der Entwöhnung, die Muster der Reinlichkeits- und Aggressionserziehung, Ausmaß und Art der sprachlichen Stimulation, Methoden der Belohnung und Bestrafung, das Ausmaß des Kontakts mit dem Vater, Trennungserfahrungen und Übergangsrituale etc.
Informationen über interkulturelle Unterschiede in den Merkmalen von Sozialisationsumwelten sind insbesondere im Rahmen der Kulturanthropologie und Ethnologie gesammelt worden. In anspruchsvolleren Modellen, wie z.B. in der Sechs-Kulturen-Studie von WHITING u.a. (vgl. z.B. WHITING 1977, MINTURN/LAMBERT 1964) sind solche Merkmale klassifiziert

und, wie z. B. in der Studie von BARRY/CHILD/BACON (1965), in einen umfassenderen sozioökonomischen Kontext gestellt worden.

Unabhängig davon, wie die Umwelt von Kindern definiert wird – im Sinne der sozialen Interaktion, der Vermittlung von Kompetenzen oder Mustern des Rollenverhaltens etc. (vgl. Abschnitt 4) –, es zeigen sich offensichtlich signifikante Abweichungen über menschliche Populationen hinweg. Die In-Beziehung-Setzung von Umweltmerkmalen mit Verhaltenstendenzen bei Individuen bzw. in Gruppen wirft allerdings in dem hier behandelten Untersuchungstyp schwerwiegende Probleme auf. Umwelten variieren nämlich in so vielen Dimensionen gleichzeitig, daß die Identifizierung kausaler Zusammenhänge kaum möglich ist. In der Regel beschränken sich solche Untersuchungen auf die Identifizierung korrelationsstatistischer Zusammenhänge, oder sie wählen einen reduktionistischen Ansatz, in welchem versucht wird, „Kultur" in psychologischen Begriffen zu erklären (vgl. ECKENSBERGER 1978).

b) Abhängige Variable als Ausgangspunkt – die Identifizierung von Ähnlichkeiten und Unterschieden im Verhalten von Kindern

Eine Fülle von psychologisch orientierten Untersuchungen hat sich der Identifizierung von Ähnlichkeiten, insbesondere aber von Unterschieden im Verhalten von Kindern in verschiedenen Kulturen gewidmet. Es konnte nachgewiesen werden, daß solche Unterschiede in allen Dimensionen des Verhaltens bestehen, z.B. in der motorischen Entwicklung, in der Wahrnehmung, in den kognitiven Stilen, in der Geschlechtsrollenidentifikation, in der Leistungsmotivation, im Ausmaß der Ängstlichkeit und Aggression, im kooperativen bzw. Wettbewerbsverhalten, in der Wertorientierung etc. (vgl. die Untersuchungsbeispiele im Abschnitt 4). Für den hier behandelten Untersuchungstyp ist es nun kennzeichnend, daß er sich überwiegend auf Zwei-Gruppen-Vergleiche (innerhalb einer Kultur bzw. zwischen zwei Kulturen) stützt, und daß jeder Versuch unterbleibt, irgendeinen Faktor der jeweiligen Umwelt direkt zu erfassen (zu messen), von welchem angenommen werden könnte, daß er die beobachteten Unterschiede beeinflußt. Die Identifizierung von Zusammenhängen der beobachteten Verhaltensunterschiede mit Merkmalen der Umwelt basiert daher auf der Ebene der Umwelt auf Quellen, welche vom Forscher nicht ausdrücklich überprüft worden sind. Ein Beispiel dafür ist die Kibbutz-Forschung (vgl. RABIN 1965); die Verhaltensunterschiede zwischen Kibbutz- und Nicht-Kibbutz-Kindern werden häufig einfach auf den vom Gewohnten abweichenden Charakter der Sozialisationsumwelt des Kibbutz (frühe Trennung von der Mutter, mehrfache Mutterbetreuung, peer-group-Einfluß etc.) zurückgeführt. Bei einem solchen Vorgehen besteht die Gefahr, daß der Nachweis eines statistisch signifikanten Mittelwertunterschiedes zwischen Gruppen vom Forscher als Bestätigung seiner jeweiligen Hypothesen hinsichtlich der Ursache dieses Unterschiedes interpretiert wird; diese Gefahr wird durch die häufige Vernachlässigung von individuellen Unterschieden innerhalb der Untersuchungs- bzw. Vergleichsgruppe noch verstärkt. Im ganzen überwiegt hier also ein reduktionistischer Ansatz, in welchem versucht wird, das Auftreten eines bestimmten Verhaltens in Begriffen kultureller Bedingungen zu erklären (vgl. ECKENSBERGER 1978).

c) Ursache-Wirkungs-Zusammenhänge: die Identifizierung von Wirkungen der Umwelt auf das Verhalten von Kindern

In einem dritten Untersuchungstyp wird die Verknüpfung der beiden Ebenen von Kultur und von Erleben/Verhalten ausdrücklich als Ausgangspunkt und Ziel kulturvergleichender Forschung gewählt. Auf beiden Ebenen werden bestimmte Merkmale klassifiziert, und es wird ein theoretisches Modell entwickelt, mit dessen Hilfe Zusammenhänge zwischen den untersuchten Merkmalen beider Ebenen im Sinne eines Ursache-Wirkungs-Verhältnisses identifiziert werden sollen. Ein Beispiel für diesen Untersuchungstyp bietet die Studie von WITKIN/BERRY (1975) über psychologische Differenzierung in kulturvergleichender Perspektive; die Autoren konnten zeigen, daß Merkmale der sozioökonomischen Differenzierung in verschiedenen Gesellschaften (Haushalts- und Siedlungsstruktur, Formen der Arbeitsteilung etc.) in einem engen Zusammenhang stehen mit Merkmalen der psychologischen Differenzierung (insbesondere im kognitiven Bereich) bei den Mitgliedern dieser Gesellschaften. Ein anderes Beispiel, das von LEVINE (1970) ausführlich diskutiert wird, sind die zahlreichen Untersuchungen zur Leistungsmotivation (vgl. z.B. ROSEN (1962); sie konnten die Wirkungen bestimmter Umweltmerkmale (z.B. soziale Schicht, Anwesenheit vs. Abwesenheit und Strenge vs. Nachgiebigkeit des Vaters) auf das Ausmaß der Leistungsmotivation bei Kindern (insbesondere bei Jungen) belegen.

Eines der Probleme von Ursache-Wirkungs-Forschungen dieser Art besteht darin, daß sowohl Merkmale der Umwelt (z.B. Vaterabwesenheit) als auch Merkmale des Verhaltens (z.B. Leistungsmotivation) in verschiedenen Kulturen eine je unterschiedliche Bedeutung haben können, daß aber die übliche Beschränkung der Untersuchungen auf Testsituationen und auf einzelne Zeitpunkte eine Identifizierung solcher Bedeutungsunterschiede nicht erlaubt.

Ein zweites Problem besteht darin, daß Modelle zur Entwicklung soziokultureller Systeme (z. B. unter dem Aspekt der Modernisierung oder „Komplexität") und Modelle der Persönlichkeitsentwicklung (z.B. unter dem Aspekt des Erwerbs von Triebkontrolle) unterschiedlichen Theorietraditionen entstammen und nicht ohne weiteres in dem Sinne kompatibel sind, daß sie in einem Modell der Ursache-Wirkungs-Analyse verknüpft werden können. Im ganzen wird man der kritischen Bilanz von LeVine (1970) zustimmen müssen, wonach bislang nur wenige Ursache-Wirkungs-Zusammenhänge durch kulturvergleichende Forschung klar bestätigt worden sind; „kulturvergleichende Datensammlungen haben bewiesen, daß Gewohnheiten der Kindererziehung in ein Netzwerk anderer kultureller Muster eingebettet sind, wie z.B. Haushaltsstruktur, Subsistenzwirtschaft und magisch-religiöse Systeme, sie haben jedoch die Auseinandersetzungen über kausale Richtungen in diesen Beziehungen nicht geklärt. Vergleichende Studien über individuelle Unterschiede und Gruppenmittelwerte deuten darauf hin, daß es für Leistungsmotivation ein Muster von Sozialisationsbedingungen gibt, und daß Vaterabwesenheit einige Auswirkungen auf die Persönlichkeitsentwicklung hat" (LeVine 1970, S. 603).

d) Zur Entwicklung von Ansätzen einer Mehrebenenanalyse

Von Vertretern der verschiedenen Wissenschaftsdisziplinen, welche sich der Erforschung der Persönlichkeitsentwicklung im gesellschaftlichen Kontext widmen (insbesondere Psychologie, Soziologie und Erziehungswissenschaft), sind in den letzten Jahren Vorschläge zur Entwicklung von Ansätzen einer Mehrebenenanalyse unterbreitet worden. Diese Vorschläge sind als Reaktionen auf den unbefriedigenden theoretischen Status dieses interdisziplinären Forschungsgebietes zu verstehen: auf die Tendenz, bei der Identifizierung von Zusammenhängen zwischen Merkmalen der „Kultur" und Merkmalen von „Erleben/Verhalten" bei statistischen Korrelationen stehen zu bleiben; auf die Tendenz, Erklärungsversuche im Blick auf die Verknüpfung dieser beidenen Ebenen auf reduktionistische Ansätze zu beschränken, in welchen entweder Erleben/Verhalten in Begriffen kultureller Bedingungen oder, umgekehrt, Kultur in psychologischen Begriffen zu erklären versucht werden; und auf die Tendenz, bei Versuchen einer Ursache-Wirkungs-Analyse nur eine Richtung der Einflußnahme, nämlich von Merkmalen der Kultur auf Merkmale des Erlebens und Verhaltens, zu identifizieren (vgl. die vorausgehenden Abschnitte; zur allgemeinen methodischen Problematik vgl. auch den Beitrag von Köckeis-Stangl in diesem Band).

Den verschiedenen Vorschlägen zur Entwicklung von Ansätzen einer Mehrebenenanalyse können auf dem Hintergrund der angedeuteten Theoriedefizite in der vergleichenden Forschung zwei gemeinsame Zielsetzungen zugeschrieben werden: die Erprobung von Ansätzen, welche gleichermaßen eine Erklärung *psychologischer Konstrukte* (Motive, Wahrnehmung, Kognitionen) wie *soziokultureller Konstrukte* (soziale Strukturen, Normen, Mythen etc.) erlauben; und die Entwicklung von Denkmodellen, „die nicht nur die ‚Wirkung der Umwelt' auf das ‚Erleben und Verhalten' abzubilden gestatten, sondern die gleichzeitig die entgegengesetzte Wirkung mit umfassen, die Wirkung des Menschen auf die Umwelt im Prozeß der Herstellung und Schaffung von Kultur" (Eckensberger 1978, S. 387). Die unterschiedlichen Lösungsversuche, die zur Erreichung dieser Ziele vorgeschlagen und erprobt worden sind, können im folgenden nur benannt werden, nicht aber ausführlich diskutiert werden.

In einer Gruppe von Vorschlägen bzw. Untersuchungen wird eine Mehrebenenanalyse angestrebt, indem im Sinne von Klausner (1973) „*transformatorische Konstrukte*" entwickelt werden, die eine Verbindung verschiedener Theoriesysteme voraussetzen, die geeignet sind, Zusammenhänge zwischen „Kultur" und „Erleben/Verhalten" zu identifizieren. So ist in der Sechs-Kulturen-Studie von Whiting u.a. (vgl. Whiting 1977) versucht worden, gesellschaftstheoretische Analysen (insbesondere in der Dimension „Komplexität") mit psychoanalytischen Entwicklungstheorien zu verknüpfen. In seinem Entwurf einer materialistischen Sozialisationstheorie hat Lorenzer (1972) eine andere Variante der Verbindung von (kritischer) Gesellschaftstheorie und psychoanalytischer Persönlichkeitstheorie entwickelt. Hurrelmann (1975) hat in seiner Analyse des Verhältnisses zwischen Erziehungssystem und Gesellschaft versucht, gesellschafts-, organisations- und interaktionstheoretische Ansätze miteinander zu verbinden (vgl. zu dieser Problematik auch die Beiträge von Ottomeyer und Geulen/Hurrelmann in diesem Band).

In einer zweiten Gruppe von Vorschlägen und Untersuchungen wird eine Mehrebenenanalyse angestrebt, indem *ein einziges umfassendes theoretisches Konstrukt* zur Verknüpfung der beiden Ebenen von „Kultur" und „Erleben/Verhalten" herangezogen wird. So haben Witkin/Berry (1975) mit Hilfe des Konstrukts der „*Differenzierung*" interkulturelle Unterschiede in der gesellschaftlichen sowie in der psychologischen Differenzierung identifiziert und unter diesem Aspekt ein Wechselwirkungsverhältnis zwischen beiden Ebenen angenommen. Gegenüber diesem systemtheoretischen Ansatz schlägt Boesch (1976) einen *handlungstheoretischen* Ansatz vor; das Handlungsmodell soll es erlauben, „Veränderungen in der Ontogenese des einzelnen und Veränderungen ganzer Kulturen (kultureller Wandel) aus der gleichen Theorie heraus zu erklären" (Eckensberger 1978, S. 392). In einem *transaktionalen* Ansatz im Anschluß an die Feldtheorie Kurt Lewins, die in der neueren Entwicklung einer „ökologischen Sozialisationsforschung" zunehmende Beachtung findet, hat Bronfenbrenner (1976, S. 199ff.) ein Modell zur Erforschung des Wechselwirkungszusammenhanges zwischen Persönlichkeit und Umwelt entwickelt. Als letztes Beispiel sei auf Ansätze einer *kritischen Interaktions- und Kommunikationstheorie* verwiesen, in welchen versucht wird, die Analyse von Herrschafts- und Kommunikationsstrukturen („Verkehrsformen") in der Ge-

sellschaft mit der Analyse jener Interaktions- und Kommunikationsprozesse zu verbinden, welche die „Identität" der Persönlichkeit konstituieren (vgl. HABERMAS 1974, DÖBERT/NUNNER-WINKLER 1975, MOLLENHAUER/BRUMLIK/WUDTKE 1975).
Die hier erwähnten Ansätze zu einer Mehrebenenanalyse sind zum großen Teil noch nicht im Rahmen empirischer kulturvergleichender Untersuchungen erprobt worden, und wo dies geschehen ist, haben sich erhebliche Schwierigkeiten in der Ausarbeitung angemessener Forschungsdesigns gezeigt (vgl. z. B. EKKENSBERGER 1978). Dies ist freilich nicht verwunderlich, wenn man bedenkt, daß das vorliegende Forschungsinstrumentarium auf die Bedürfnisse korrelationsstatistischer Untersuchungen bzw. reduktionistischer Erklärungsansätze bzw. einliniger Ursache-Wirkungs-Analysen ausgerichtet ist. Die Abkehr von diesen beschränkten Ansätzen, das Ernstnehmen des komplexen und dialektischen Wechselwirkungsverhältnisses zwischen Persönlichkeit und soziokulturellem System, verlangt sicher – jedenfalls für eine bestimmte Zeit der Bewährungsprobe – einen Preis hinsichtlich der exakten Überprüfbarkeit der neuen Modelle. Wenn jedoch Mehrebenenanalysen zu einem Fortschritt der sozial- und verhaltenswissenschaftlichen Theoriebildung und zu einem besseren Verständnis der Persönlichkeitsentwicklung im gesellschaftlichen Kontext beitragen, dürfte dieser Preis nicht zu hoch sein.

6 Zur Praxisrelevanz der kulturvergleichenden Sozialisationsforschung

Es lassen sich zahlreiche Beispiele dafür finden, daß Ergebnisse der Sozialisationsforschung Bedeutung für praktisches und politisches Handeln erlangt haben. Dieses gilt insbesondere für bildungspolitische Entscheidungen, die häufig mit Hinweisen auf Befunde wissenschaftlicher Untersuchungen auf nationaler, aber eben auch auf internationaler Ebene begründet werden. Für die Einführung der Gesamtschule (z. B. in Schweden oder in Israel) bzw. für die Erprobung dieser Schulform (z. B. in England oder in der Bundesrepublik) dienten wissenschaftlich abgesicherte Erkenntnisse über die Ungleichheit der Bildungschancen im überkommenen Schulsystem als wichtige Grundlage der erforderlichen politischen Entscheidungsprozesse. In der Bundesrepublik spielten bei der Einführung von Programmen der kognitiven Frühförderung und der kompensatorischen Erziehung im Kindergarten, bei der Einführung von Gesamtschulversuchen oder bei der Errichtung des Tagesmütterprojekts wissenschaftlich dokumentierte Erfahrungen anderer Länder eine wesentliche Rolle (eine historisch-systematische Analyse dieses Problems der vergleichenden Bildungsforschung gibt ZYMEK 1975).
Dennoch ist das Verhältnis zwischen Forschung und Praxis prekär. Die Praxisrelevanz von Forschung ist nämlich an bestimmte Voraussetzungen gebunden, die häufig nicht gegeben sind. Zu diesen Voraussetzungen zählt, daß die Forschung (bzw. die Forscher) bei der Auswahl von Problemen, in der Formulierung von Hypothesen und in der Methodologie Bedürfnisse der Praxis im Auge hat (vgl. z. B. CALDWELL 1977 zum Verhältnis von entwicklungspsychologischer Forschung und Sozialpolitik); daß Praktiker im pädagogischen Feld Zugang zu „relevanter" Forschung haben und fähig sind, Forschungsergebnisse anzuwenden (vgl. z. B. H. WILDE 1975 über die Erwartungen der „Sozialisationspraktiker" an die Sozialisationstheorie und -forschung); daß Politiker fähig und bereit sind, in ihren Entscheidungen wissenschaftliche Erkenntnisse zu berücksichtigen (vgl. z. B. BÖHNISCH/SCHEFOLD 1976 über Informationsbedürfnisse der Politik am Beispiel der Jugendpolitik).
Selbst wenn diese Voraussetzungen gegeben sind, bleiben für die praktische Relevanz der Sozialisationsforschung eine Reihe von Einschränkungen wirksam. So kann man offensichtlich zu jedem Problem bzw. zu jedem Lösungsversuch für ein bestimmtes Problem in der Forschung unterschiedliche oder sogar entgegengesetzte Ergebnisse finden; darüber hinaus kann jedes Untersuchungsergebnis in sich unterschiedlich interpretiert bzw. es können unterschiedliche Folgerungen daraus abgeleitet werden; es hängt daher viel von der Auswahl von Untersuchungen und von deren Interpretation ab (vgl. dazu z. B. LIEGLE 1976 über das Verhältnis von Sozialisationsforschung und Familienpolitik am Beispiel des Tagesmütterprojekts). In diesem Sinne kann die Inanspruchnahme von Forschung für die Begründung praktischen Handelns durchaus problematisch werden; sehr häufig hat die Berufung auf willkürlich ausgewählte Forschungsergebnisse die Funktion der Legitimierung von Entscheidungen, die im wesentlichen von wissenschaftsfremden Interessen diktiert sind. Die politische Relevanz von Forschung wird auch in einem weiteren Sinne vom Legitimationsbedarf politischer Systeme bestimmt: so hängt z. B. die Aktualität von internationalen Vergleichen im Bereich der

Bildungspolitik damit zusammen, daß im Rahmen eines internationalen „Bildungswettlaufs" Vergleichsdaten die Funktion erlangen, über Stand und Rückstand in der internationalen Konkurrenz zu informieren und entsprechende Entscheidungen über Bildungsinvestitionen etc. zu rechtfertigen (vgl. BERSTECHER 1970, S. 12). Schließlich besteht im Blick auf eine mögliche praktische Relevanz von wissenschaftlichen Informationen gerade über „fremde" Gesellschaften (bzw. Kulturen) die Gefahr einer naiven Übertragung – z.B. von Institutionen, Inhalten und Methoden der Erziehung – auf die eigene Gesellschaft (bzw. Kultur). Solche *Kulturblindheit* war ein Kennzeichen jener Versuche, in großem Maßstab „bewährte" Bildungskonzeptionen der entwickelten Länder in die Dritte Welt zu exportieren; eine ähnliche Kulturblindheit zeigt sich aber auch bei einzelnen Versuchen einer unreflektierten Übertragung von Konzeptionen und Maßnahmen der Familien-, Bildungs- und Sozialpolitik in anderen Gesellschaften auf die Bundesrepublik (vgl. z.B. die Diskussion um das von FREIRE in Lateinamerika erprobte Konzept der Alphabetisierung).
Die praktische Relevanz kulturvergleichender Forschung muß daher sehr vorsichtig beurteilt werden; eine vernünftige Aktualisierung ihres Potentials für die Anregung praktischen und politischen Handelns ist an bestimmte Voraussetzungen gebunden und unterliegt bestimmten Einschränkungen und Gefahren. Die Fruchtbarkeit kulturvergleichender Forschung liegt ja gerade darin, daß sie Ähnlichkeiten und Unterschiede in der Persönlichkeitsentwicklung im jeweiligen Kontext historisch gewachsener kultureller Systeme analysiert; jede fruchtbare Erkenntnis, die aus der kulturvergleichenden Forschung abgeleitet werden soll, muß daher von Erkenntnissen über die Gesetzmäßigkeiten der eigenen Kultur und Gesellschaft ausgehen bzw. auf diesem Hintergrund reflektiert werden.
Unter diesen Voraussetzungen kann die kulturvergleichende Sozialisationsforschung dazu beitragen,

- daß Erkenntnisse über Gesetzmäßigkeiten und über die gesellschaftliche Bedingtheit der Persönlichkeitsentwicklung verbreitet werden,
- daß Hypothesen über das Wechselwirkungsverhältnis von Kultur und Persönlichkeit und daß implizite Persönlichkeitstheorien überprüft werden,
- daß die kritische Distanz von Individuen gegenüber den eigenen Sozialisationserfahrungen und deren soziokulturellen Bedingungen gefördert wird,
- daß ethnozentrische Einstellungen und Vorurteile (z.B. über andere Völker, über Geschlechtsrollenstereotype etc.) abgebaut und Toleranz gegenüber Andersartigkeit sowie Bereitschaft zur internationalen Verständigung geweckt werden,
- daß neue Lösungsversuche, z.B. im Bereich der Planung der erzieherischen Umwelt, angeregt werden,
- daß die Suche nach bzw. die kommunikative Herstellung von identitätsfördernden Umwelten unterstützt wird.

7 Perspektiven der kulturvergleichenden Sozialisationsforschung

Man kann mit LEVINE (1973, S. 285) feststellen, daß der kulturvergleichenden Forschung in den letzten Jahrzehnten nicht mehr jenes Interesse als zentrales und gemeinsames Anliegen von Anthropologie und Psychologie, Erziehungswissenschaft und Psychiatrie entgegengebracht wird, wie dies auf dem Höhepunkt der Kultur-Persönlichkeits-Forschung in den vierziger Jahren der Fall war; diese Entwicklung scheint u.a. mit der zunehmenden Spezialisierung auf diesem Forschungsgebiet zusammenzuhängen (vgl. Abschnitt 3), die dazu geführt hat, daß jedes Spezialgebiet gleichsam zu einer Teildisziplin ohne Verbindung zu anderen Teilbereichen geworden ist. Mit BOESCH/ECKENSBERGER (1972, S. 575) muß man außerdem darauf hinweisen, daß gerade in der Bundesrepublik, nicht zuletzt aufgrund einer überwiegend skeptischen Beurteilung der methodischen Möglichkeiten des Kulturvergleichs, die kulturvergleichende Forschung wenig ausgebaut ist. Solche Feststellungen könnten zu einer wenig ermutigenden Einschätzung der Perspektiven dieses Zweiges der Sozialisationsforschung führen.
Andererseits lassen eine Reihe von neueren Studien, Forschungsberichten und Projekten hoffen, daß die kulturvergleichende Sozialisationsforschung in eine neue Phase der Integration eintritt; eine solche Tendenz zeigt sich z.B. in der Studie von LEVINE (1973), in welcher ein umfassender Evolutionsansatz skizziert wird, in den kritischen und zukünftige Entwicklungen

anregenden Forschungsberichten von ECKENSBERGER (1978) und SCHÖFTHALER (1978) und in laufenden Forschungsprojekten zu einer vergleichenden Ökologie menschlicher Entwicklung (vgl. BRONFENBRENNER 1976, S. 199–220).

Neue Perspektiven der kulturvergleichenden Sozialisationsforschung lassen sich insbesondere in zwei Richtungen kennzeichnen: erstens in Versuchen, für die allen spezialisierten Teilbereichen gemeinsamen theoretischen Grundprobleme und methodischen Anwendungsprobleme (vgl. die Abschnitte 2 und 5) praktikable Lösungen zu entwickeln; dies betrifft unter anderem

- die Entwicklung von theoretischen Ansätzen und methodischen Instrumenten, welche eine Mehrebenenanalyse von Sozialisationsprozessen erlauben (Aufklärung von Zusammenhängen zwischen Merkmalen soziokultureller Systeme, Merkmalen von Sozialisationsinstanzen und Merkmalen des Erlebens und Verhaltens);
- die Berücksichtigung individueller Unterschiede als Kriterium für die intra- und interkulturelle Vielfalt von Erlebens- und Verhaltensweisen sowie der Wechselbeziehungen zwischen Persönlichkeit und soziokulturellem System (Überwindung des Zwei-Gruppen-Vergleichs etc.);
- die Berücksichtigung longitudinaler Entwicklungsverläufe bzw. die Ausweitung der Analyse auf den gesamten Lebenslauf von Individuen;
- die Berücksichtigung von „natürlichen" (in Gegenüberstellung zu experimentellen) Situationen und Umweltbedingungen als Kontext für Erleben und Verhalten;
- die Reflexion allgemeiner, transkultureller (universaler) Ziele der menschlichen Entwicklung und der Erziehung als Bezugssysteme und Maßstab einer kulturvergleichenden Analyse von Sozialisationsprozessen.

Eine zweite Entwicklungsperspektive kulturvergleichender Forschung betrifft die Verstärkung der praktischen Relevanz der Forschung durch die Auswahl von Problemen, die für die Planung bildungs-, familien- und sozialpolitischer Maßnahmen Bedeutung haben (vgl. Abschnitt 6), wie z. B.

- die vergleichende Erforschung von Akkulturationsprozessen, die zu einem besseren Verständnis und zu angemesseneren Lösungsversuchen für die Probleme ethnischer Minderheiten (insbesondere ausländische Arbeitnehmer) in unserer Gesellschaft beitragen könnte;
- die vergleichende Analyse von Formen und Wirkungen bildungs-, familien- und sozialpolitischer Maßnahmen, die zu einem besseren Verständnis von Problemen und zu angemesseneren Lösungsversuchen in Bereichen wie der Gestaltung der Schulumwelt, der Elternbildung und der Tagespflege für Kinder, der Gesundheitsfürsorge und des Beratungswesens beitragen könnte;
- die vergleichende Analyse von Prozessen des sozialen Wandels und der „Modernisierung" sowie von unbeabsichtigten Nebenwirkungen dieser Prozesse (z. B. Bürokratisierung, soziale Isolierung der Familie, Umweltverschmutzung), die dazu beitragen könnte, neue Formen der Umwelt- und Infrastrukturplanung, der Gemeinwesenarbeit und der Partizipation zu entwickeln.

Literatur

AINSWORTH, M. D. S.: Attachment Theory and its Utility in Cross-Cultural Research. In: LEIDERMANN et al. 1977, S. 49–68.
ALMOND, G./VERBA, S.: The Civic Culture. Princeton 1963.
ANWEILER, O. (Hrsg.): Erziehungs- und Sozialisationsprobleme in der Sowjetunion, der DDR und Polen. Konferenzmaterialien. Hannover 1978.
ARGYLE, M./DELIN, P.: Non-universal Laws of Socialization. In: Human Relations, 1965, S. 77–85.
ASHTON, P. T.: Cross-Cultural Piagetian Research: An Experimental Perspective. In: Harvard Education Review, 1975, 475–506.
ATKINSON, D./DALLIN, A./LAPIDUS, G. W. (eds.): Women in Russia. Hassocks, Surrey 1978.
BAEYER-KATTE, W. VON: Sozialisation im politischen Verhalten. In: Handbuch der Psychologie, Band 7/2. Göttingen 1972, S. 1040–1106.
BANDURA, A.: Social-Learning Theory of Identificatory Processes. In: GOSLIN 1969, 57–212.
BARRY, H. H./CHILD, J. L./BACON, M. K.: Relations of child training to subsistence economy. In: American Anthropologist, 1958, 51–63.
BENEDICT, R.: Patterns of Culture. Boston 1934.
BERSTECHER, D.: Zur Theorie und Technik des internationalen Vergleichs. Das Beispiel der Bildungsforschung. Stuttgart 1970.
BETTELHEIM, B.: Kinder der Zukunft. München 1971.
BOESCH, E. E.: Pathologie des Alltags. Bonn 1976.
BOESCH, E. E./ECKENSBERGER, L. H.: Methodische Probleme des interkulturellen Vergleichs. In: Handbuch der Psychologie, Band 7/1. Göttingen 1972, S. 515–566.
BÖHNISCH, L./SCHEFOLD, W.: Sozialisationsforschung und Jugendpolitik. In: HURRELMANN 1976, S. 260–277.
BOLTE, K. M. (Hrsg.): Materialien aus der soziologischen Forschung. Verhandlungen des 18. Deutschen Soziologentages. Neuwied 1978.
BRIM, O. G./WHEELER, S.: Erwachsenen-Sozialisation. Stuttgart 1974.
BRONFENBRENNER, U.: Erziehungssysteme. Kinder in den USA und der Sowjetunion. München 1973.

BRONFENBRENNER, U.: Ökologische Sozialisationsforschung. Stuttgart 1976.
BURGESS, B. L.: Communication networks and behavioral consequences. In: Human Relations, 1969, 137–159.
CALDWELL, B. M.: Child Development and Social Policy. In: SCOTT, M./GRIMMETT, S. (eds.): Current Issues in Child Development. Washington, D.C. 1977, 61–88.
CARLSON, J. S.: Kulturvergleichende Forschung sensu Piaget: einige Perspektiven. In: WALTER 1975 (Band III), S. 283–312.
COLE, M./BRUNER, J. S.: Cultural Differences and Inferences about Psychological Processes. In: American Psychologist, 1971, 867–876.
COLEMAN, J. S.: Education and Political Development. Princeton, New Jersey 1965.
DE VOS, G. A./HIPPLER, A. E.: Cultural Psychology: Comparative Studies of Human Behavior. In: LINDZEY/ARONSON 1969, 323–417.
DIECKMANN, K.: Die Frau in der Sowjetunion. Frankfurt 1978.
DÖBERT, R./NUNNER-WINKLER, G.: Adoleszenzkrise und Identitätsbildung. Psychische und soziale Aspekte des Jugendalters in modernen Gesellschaften. Frankfurt 1975.
DURKHEIM, E.: Erziehung, Moral und Gesellschaft. Neuwied/Darmstadt 1973.
ECKENSBERGER, L. H.: Methodenprobleme der kulturvergleichenden Forschung. Saarbrücken 1970.
ECKENSBERGER, L. H.: Kulturvergleich als interdisziplinärer Forschungsansatz. Seine Bedeutung und methodischen Probleme aus psychologischer Sicht. In: BOLTE 1978, S. 351–399.
EHRHARDT, K.-J. u.a.: Interdisziplinäre Sozialisationsforschung. Stuttgart 1976.
EISENSTADT, S. N.: Von Generation zu Generation: Altersgruppe und Sozialstruktur. München 1966.
ERIKSON, E. H.: Hitler's imagery and German youth. In: Psychiatry 1942, 475–493.
ERIKSON, E. H.: Childhood and Society. New York 1950. Dt. Übers.: Kindheit und Gesellschaft. Stuttgart [5]1974.
FENICHEL, O.: The psychoanalytic theory of neurosis. New York 1945.
FLAVELL, J. H.: Rollenübernahme und Kommunikation bei Kindern. Weinheim 1975.
FROMM, E.: Sozialpsychologischer Teil. In: HORKHEIMER 1936.
GADAMER, H.-G./VOGELER, O. (Hrsg.): Neue Anthropologie. Stuttgart 1972 ff. Band 1 und 2: Biologische Anthropologie. Band 3: Sozialanthropologie. Band 4: Kulturanthropologie. Band 5: Psychologische Anthropologie. Band 6 und 7: Philosophische Anthropologie.
GARBARINO, J./BRONFENBRENNER, U.: The Socialization of Moral Judgement and Behavior in Cross-Cultural Perspective. In: LICKONA 1976, 70–73.
GERSON, M.: Family, Women and Socialization in the Kibbutz. Lexington Books 1979.
GEWITRZ, J. L.: Mechanisms of Social Learning: Some Roles of Stimulation and Behavior in Early Human Development. In: GOSLIN 1969, 57–212.
GOSLIN, D. A. (ed.): Handbook of Socialization Theory and Research. Chicago 1969.
GREENFIELD, P. M./BRUNER, J. S.: Cultur and Cognitive Growth. In: GOSLIN 1969, 633–660.
HABERMAS, J.: Können komplexe Gesellschaften eine vernünftige Identität ausbilden? (1974). In: HABERMAS 1976, S. 92–128.
HABERMAS, J.: Zur Rekonstruktion des Historischen Materialismus. Frankfurt 1976.
HALLOWELL, A. I.: Culture and Experience. Philadelphia 1955.
HEINTZ, P. (ed.): A macro-sociological theory of systems with special reference to the international system. Bern 1972.
HEINTZ, P.: Interkultureller Vergleich: In: Handbuch der empirischen Sozialforschung, hrsg. von R. KÖNIG. München (dtv) 1973, Band 4, S. 405–425.
HOLTER, H.: Sex roles and social structure. Oslo 1970.
HORKHEIMER, M. (Hrsg.): Studien über Autorität und Familie. Paris 1936.
HSU, F. L. K. (ed.): Psychological anthropology: approaches to cultures and personality. Homewood, Ill., 1961.
HURRELMANN, K.: Erziehungssystem und Gesellschaft. Reinbek 1975.
HURRELMANN, K. (Hrsg.): Sozialisation und Lebenslauf. Empirie und Methodik sozialwissenschaftlicher Persönlichkeitsforschung. Reinbek 1976.
INKELES, A.: Social Structure and Socialization. In: GOSLIN 1969, 615–631.
INKELES, A./LEVINSON, D. J.: National Character: The Study of Moral Personality and Sociocultural Systems. In: LINDZEY/ARONSON 1969, 418–506.
INKELES, A./HANFMANN, E./BEIER, H.: Modal Personality and Adjustment to the Soviet Socio-Political System. In: KAPLAN 1961, 201–226.
KAFFMAN, M.: Comparison of Psychopathology: Israeli Children from Kibbutz and from Urban Surroundings. In: American Journal of Orthopsychiatry, 1965, 509–520.
KAGAN, J.: The Human Development. In: GOSLIN 1969, 983–1002.
KAPLAN, B. (ed.): Studying Personality Cross-Culturally. New York 1961.
KARDINER, A.: Individual and his society. New York 1939.
KARDINER, A.: Psychological frontiers of society. New York 1945.
KESSEN, W. u.a.: Kindheit in China. München 1976.
KLAUSNER, S. Z.: Life Span environmental psychology: methodological issues. In: BALTES, P. B./SCHAIE, D. W. (eds.): Life-Span development psychology. New York 1973, 71–94.
KOHLBERG, L.: Stage and Sequence: The cognitive-developmental approach to socialization. In: GOSLIN 1969, 347–480.
KOHLBERG, L.: Cognitive-developmental theory and the practice of collective moral education. In: WOLINS/GOTTESMANN 1971, 342–379.
KÖNIG, R. (Hrsg.): Handbuch der empirischen Sozialforschung. München (dtv) 1973. Band 4: Komplexe Forschungsansätze.
KÖNIG, R./SCHMALFUSS, A. (Hrsg.): Kulturanthropologie. Düsseldorf 1972.
LEHR, U.: Das Problem der Sozialisation geschlechtsspezifischer Verhaltensweisen. In: Handbuch der Psychologie, Band 7/2. Göttingen 1972, S. 886–954.
LEHR, U.: Die Rolle der Mutter in der Sozialisation des Kindes. Darmstadt 1974.
LEIDERMANN, P. H./TULKIN, S. R./ROSENFELD, A. (eds.): Culture and Infancy. Variations in the Human Experience. New York 1977.
LEVINE, R. A.: Culture, Personality and Socialization. In: GOSLIN 1969, 503–542.
LEVINE, R. A.: Cross-Cultural Study in Child Psychology. In: MUSSEN 1970, Vol. II, 559–614.
LEVINE, R. A.: Cultural, Behavior and Personality. Chicago 1973.
LEWIS, M./BAN, P.: Variance and Invariance in the Mother-

Infant Interaction: A Cross-Cultural Study. In: LEIDERMANN et al. 1977, 329–356.
LICKONA, Th. (ed.): Moral Development and Behavior. Theory, Research, and Social Issues. New York 1976.
LIEGLE, L.: Familienerziehung und sozialer Wandel in der Sowjetunion. Berlin-Heidelberg 1970.
LIEGLE, L. (Hrsg.): Kollektiverziehung im Kibbutz. Texte zur vergleichenden Sozialisationsforschung. München 1971.
LIEGLE, L.: Kommunikation und Kooperation im Sozialisationsprozeß. In: Zeitschrift für Pädagogik, 1972, S. 871–893.
LIEGLE, L.: Sozialisationsforschung und Familienpolitik. Am Beispiel der Planung und öffentlichen Diskussion des „Tagesmütter"-Projektes. In: HURRELMANN 1976, S. 223–242.
LIEGLE, L.: Der Kibbutz als Sozialisationsumwelt. Versuche einer systematischen Beschreibung von Umweltmerkmalen, Sozialisationsprozessen und Sozialisationswirkungen. In: Ders.: Familie und Kollektiv im Kibbutz. 4., ergänzte Auflage. Weinheim 1977, S. 169–234 (Anhang 1977).
LINDESMITH, A. R./STRAUSS, A.: Zur Kritik der „Kultur- und Persönlichkeitsstruktur"-Forschung. In: TOPITSCH, E. (Hrsg.): Logik der Sozialwissenschaften. Köln 1965, S. 435–453.
LINDZEY, G./ARONSON, E. (eds.): The Handbook of Social Psychology. Reading, Mass. 1969.
LORENZER, A.: Zur Begründung einer materialistischen Sozialisationstheorie. Frankfurt 1972.
LÜCK, H. E.: Prosoziales Verhalten. Empirische Untersuchungen zur Hilfeleistung. Köln 1975.
LURIA, Z./GOLDWASSER, A.: Response to Transgression in Stories by Israeli Children. In: Child Development, 1963, S. 271–280.
MACCOBY, E. E./FELDMAN, S. S.: Mother-Attachment and Stranger-Reactions in the Third Year of Life. In: Monographs of the Society for Research in Child Development, Nr. 146, 1972.
MEAD, G. H.: Mind, Self and Society. Chicago 1939.
MEAD, G. H.: Philosophie der Sozialität. Frankfurt 1969.
MEAD, M.: Character formation in two south sea societies. 1940.
MEAD, M.: And keep your powder dry. An anthropologist looks at America. New York 1942.
MEAD, M.: Some Critical Considerations on the Problem of Mother-Child-Separation. In: American Journal of Orthopsychiatry, 1954, 471–483.
MEAD, M.: Male and female: a study of sexes in a changing world. New York 1955. (Dt. Übers.: Mann und Weib – Das Verhältnis der Geschlechter in einer sich wandelnden Welt.)
MEAD, M.: Jugend und Sexualität in primitiven Gesellschaften. 3 Bände. München 1970.
MINTURN, L./LAMBERT, W. W.: Mothers of six cultures: antecedents of child rearing. New York 1964.
MOLLENHAUER, K./BRUMLIK, M./WUDTKE, H.: Die Familienerziehung. München 1975.
MURDOCK, G. P.: Social Structure. New York 1949.
MUSSEN, P. H.: Early sex-role development. In: GOSLIN 1969, 707–732.
MUSSEN, P. H. (ed.): Carmichael's Manual of Child Psychology. Third Edition. New York 1970.
PARSONS, T.: The structure of Social Action. New York 1937.
PARSONS, T.: Age and Sex in the Social Structure of the United States. In: American Sociological Review, 1942, 604–616.
PARSONS, T./SHILS, E. A.: Toward an general theory of action. Cambridge, Mass. 1951.
PAWELKA, P.: Politische Sozialisation. Wiesbaden 1977.
PIAGET, J.: Das moralische Urteil beim Kinde. Frankfurt 1973.
PYE, L. W. (ed.): Communication and political development. Princeton, New Jersey 1963, 14–20.
RABIN, A. I.: Growing Up in the Kibbutz. New York 1965.
RABIN, A. I./GOLDMAN, H.: The Relationship of Severity of Guilt and Intensity of Identification in Kibbutz and Non-Kibbutz-Children. In: Journal of Social Psychology, 1966, 159–163.
RAPAPORT, D.: The Study of Kibbutz-Education and its Bearing on the Theory of Development. In: American Journal of Orthopsychiatry, 1958, 587–597.
RILEY, M. W. et al.: Socialization for the middle and later years. In: GOSLIN 1969, 957–982.
ROBINSOHN, S. B.: Erziehung als Wissenschaft. Stuttgart 1973. (Darin: S. 313–358: Vergleichende Erziehungswissenschaft.)
ROBINSOHN, S. B. u.a.: Schulreform im gesellschaftlichen Prozeß. 2 Bände. Stuttgart 1970, 1975.
RÖHRS, H.: Allgemeine Erziehungswissenschaft. Weinheim 1973.
ROSEN, B. C.: Socialization and achievement motivation in Brazil. In: American Sociological Review, 1962, 612–624.
SCHEUCH, E. K.: Society as context in cross-cultural comparisons. In: Social Science Information, VI, 1967, Nr. 5, 7–23.
SCHMERL, Chr.: Sozialisation und Persönlichkeit. Zentrale Beispiele zur Soziogenese menschlichen Verhaltens. Stuttgart 1978.
SCHÖFTHALER, T.: Vergleichende Sozialisationsforschung als Herausforderung und als Chance für die Soziologie. In: BOLTE 1978, S. 401–441.
SCHRADER, A./NIKLES, B. W./GRIESE, H. M.: Die zweite Generation. Sozialisation und Akkulturation ausländischer Kinder in der Bundesrepublik. Frankfurt 1976.
SEARS, R./WISE, G. W.: Relations of cup-feeding in infancy to thumb-sucking and the oral drive. In: American Journal of Orthopsychiatry, 1950, 123–138.
SEIDENFADEN, F.: Der Vergleich in der Pädagogik. Braunschweig 1966.
SHAPIRA, A./MADSEN, M. C.: Cooperative and Competitive Behavior of Kibbutz and Urban Children in Israel. In: Child Development, 1969, 609–617.
SPICER, E. H.: Acculturation. In: International Encyclopedia of the social science. New York 1972. Band 1, 21–27.
SPIRO, M. E.: Children of the Kibbutz. New York 1965.
STEWART, R. A. C.: Cross-Cultural Personality Research and Basic Cultural Dimensions Through Factor Analysis. In: Personality, 1971, S. 45ff.
STRODTBECK, F. L.: Considerations of meta-method in cross-cultural studies. In: American Anthropologist, 1964, 223–229.
THOMAE, H.: Kulturelle Systeme als Sozialisationsvariablen. In: Handbuch der Psychologie. Band 7/2. Göttingen 1972, S. 715–747.
THOMAS, W. I./ZNANIECKI, F.: The Polish Peasant in Europe and America. Chicago 1927.
TIGER, L./SHEPHER, J.: Women in the Kibbutz. New York 1975.
TRIANDIS, H. C. et al. (eds.): Handbook of cross-cultural psychology. Vol. I–VI. London 1979.
WALTER, H. (Hrsg.): Sozialisationsforschung. Band I–III. Stuttgart 1973 und 1975.
WHITING, B. B./WHITING, J. W. M.: Children of Six Cultures. A Psycho-Cultural Analysis. Cambridge, Mass. 1975.
WHITING, J. W. M.: A Model for Psychocultural Research.

In: LEIDERMANN et al. 1977, 29–48.
WHITING, J. W. M./CHILD, J. L.: Child Training and Personality: a cross-cultural study. New Haven 1953.
WILDE, H.: Erwartungen der „Sozialisationspraktiker" an die Sozialisationstheorie und -forschung. In: WALTER 1973 (Band I), S. 75–84.
WILHELM, Th.: Sozialisation und soziale Erziehung. In: WURZBACHER 1968, S. 120–163.
WITKIN, H. A./BERRY, J. W.: Psychological Differentiation in Cross-Cultural Perspective. In: Journal of Cross-Cultural Psychology, 1975, 4–87.
WOLINS, M./GOTTESMANN, M. (eds.): Group Care: An Israeli Approach. New York 1971.
WURZBACHER, G.: Sozialisation – Enkulturation – Personalisation. In: WURZBACHER 1968, S. 1–34.
WURZBACHER, G. (Hrsg.): Der Mensch als soziales und personales Wesen. Beiträge zu Begriff und Theorie der Sozialisation. Stuttgart 1968.
ZYMEK, B.: Das Ausland als Argument in der pädagogischen Reformdiskussion. Ratingen 1975.

Probleme und Aspekte historischer Ansätze in der Sozialisationsforschung

Ulrich Herrmann

Wenn in einem Handbuch der Sozialisationsforschung ein Abschnitt über Aspekte und Möglichkeiten einer Historischen Sozialisationsforschung enthalten ist, so mag dies Verwunderung auslösen; denn historisch orientierte Darstellungen von Sozialisationsprozessen, die mit dem Anspruch aufgetreten wären, Beiträge zu einer Historischen Sozialisationsforschung zu liefern, gibt es bis heute fast nicht. Der Vorschlag, von der herkömmlichen Erziehungs- und Bildungsgeschichte her eine Historische Sozialisationsforschung zu entwickeln (HERRMANN 1974), wurde eher skeptisch aufgenommen, und bis heute herrscht Unsicherheit darüber, ob eine historisch orientierte Sozialisationsforschung über eine plausible Programmatik hinaus denn auch sachlich einlösbar ist (vgl. zuletzt ELKAR 1979, S. VIII).
Die nachfolgenden Überlegungen müssen daher erstens die wichtigsten Gründe erörtern, worin die Probleme der Konstituierung einer Historischen Sozialisationsforschung bestehen, zweitens ein Konzept für eine Historische Sozialisationsforschung vorschlagen und drittens an exemplarischen Beispielen zeigen, daß vorliegende historische Studien als Vorarbeiten zur Historischen Sozialisationsforschung interpretiert werden können.
Der vorliegende Beitrag kann also den Kriterien eines Handbuchartikels nur insofern gerecht werden, als er in einem Handbuch der Sozialisations*forschung* eher auf *Probleme* der Forschung und Theoriebildung und weniger auf das Referieren von Forschungs*ergebnissen* eingehen kann.

1 Probleme der Konstituierung einer Historischen Sozialisationsforschung

Die Schwierigkeiten, eine Historische Sozialisationsforschung zu konzipieren, können in verschiedenen Richtungen gesucht werden, wie z. B.: in der Begriffsbestimmung von „Sozialisation“; in der derzeitigen Lage der Theorien der Sozialisation; in der Problematik der Entwicklung eines interdisziplinären Forschungskonzepts verschiedener Human-, Gesellschafts- und Geschichtswissenschaften; im unsicheren disziplinären Selbstverständnis der Erziehungswissenschaft, aus deren Sicht im folgenden eine

Historische Sozialisationsforschung diskutiert und konzipiert wird.

1.1 *Kritik einer ahistorischen Auffassung von Sozialisation*

Die Explikation des Begriffs „Sozialisation" führt – dafür sind die Beiträge in diesem Handbuch ein beredter Beweis – auf eine Vielzahl von Aspekten und Perspektiven, unter denen der reale Vorgang menschlichen Aufwachsens und Lebens, Lernens und Handelns betrachtet werden kann. Dem „unendlichen Kontinuum der Wirklichkeit" (Max WEBER), der komplexen Lebenswirklichkeit des Einzelnen wie der gesellschaftlichen Wirklichkeit im ganzen, können – ebenso wie bei der Beschreibung und Analyse von Bildungs- und Erziehungsvorgängen – auch im Hinblick auf Sozialisationsprozesse keine allgemein verbindlichen systematischen Kategorien zugeordnet werden. Ebenso muß eine *allgemeine* Definition, wie die bekannte von ZIGLER/CHILD (1969, S. 474), logischerweise *inhaltsarm* sein: „Socialization is a broad term for the whole process by which an individual develops, through transaction with other people, his specific patterns of socially relevant behavior and experience." Aber eine solche Definition ist nicht nur inhaltsarm, sie verdeutlicht nicht einmal, daß der Prozeß der Sozialisation auf kategorial ganz unterschiedlichen Ebenen expliziert werden müßte: auf der der Persönlichkeitsbildung; in einem Kontext der Vergesellschaftung des Subjekts; Bezugspunkt müßte nicht nur die individuelle Lebensgeschichte sein, sondern die Geschichtlichkeit von Kultur und Gesellschaft als menschlicher Lebenswelt im ganzen. In Hinsicht auf Persönlichkeits- und Gesellschaftstheorien (sowie deren Vermittlung) fehlt es natürlich nicht an pragmatischen Begriffsexplikationen in systematischer Absicht; GEULEN (1977) hat die beeindruckende Vielfalt von Begriffen, Theorien und Modellen idealtypisch ordnend zusammengestellt. Ihnen allen ist jedoch gemeinsam – ob sie nun Dimensionen der Identitätsbildung, der Vergesellschaftung oder des sozialen Handelns sozialisationstheoretisch entfalten –, daß sie *erstens* einen „angemessenen Begriff vom Menschen als sozialisiertem" unreflektiert lassen (GEULEN 1977, S. 13), und daß sie *zweitens* einen entscheidenden Modus des Menschseins in der Welt, nämlich den seiner Geschichtlichkeit im Horizont einer sich wandelnden Lebenswelt gänzlich vernachlässigen (DILTHEY 1910/1961, VOVELLE 1978). Das bedeutet aber nichts anderes, als daß der der empirischen Sozialisationsforschung und der Theorie der Sozialisation zugrundeliegende Sozialisationsbegriff *ahistorisch* gefaßt und daß z.B. die sich hieran orientierende erziehungswissenschaftliche Reflexion und Theoriebildung in ihrem gesellschaftlich-geschichtlichen Vermitteltsein nicht durchschaut wird, d.h. pädagogische Theoriebildung wird tendenziell geschichtlicher Erfahrung unzugänglich.

Dieser Sachverhalt macht zweierlei verständlich. *Erstens:* Ein ahistorisch gefaßter Sozialisationsbegriff vermochte den die Geschichtlichkeit des Menschen reflektierenden Begriff der *Bildung* in dem Moment zu verdrängen, wo die Pädagogik als eine philosophisch-historische und hermeneutisch-pragmatische Disziplin durch eine empirisch-analytische Erziehungswissenschaft ersetzt wurde, deren Gegenstand – in der Perspektive professionellen planmäßigen Handelns – die Erklärung der Bedingungen, Verfahren und Effekte erzieherischen Handelns wurde (vgl. HERRMANN 1975b, 1978, bes. S. 203ff.). Die „technologische Wendung" der sich nun sozialwissenschaftlich verstehenden Erziehungswissenschaft destruierte nicht nur die Konsistenz des „pädagogischen Grundgedankengangs" (W. FLITNER 1933, 1950, 1957), der disziplinären Matrix einer „relativ autonomen" wissenschaftlichen Pädagogik, sondern zeitigte als Konsequenz, „wie eindimensional und ideologieanfällig nicht nur die Erziehungswissenschaft, sondern auch die pädagogische Praxis ohne Bewußtsein von der historischen Kontinuität ihrer Probleme wird. Die teilweise erschreckende Naivität von Reformideen, der Wechsel wissenschaftlicher und didaktischer Moden, das Denken vom historischen Nullpunkt her (von den Curriculum-Konstrukteuren hoffähig gemacht) sind die unausweichliche Folge. Ohne historisches Bewußtsein gibt es auch kein biographisches und kein zureichendes pädagogisch-professionelles" (GIESECKE 1979, S. 499). – *Zweitens:* Der sich dadurch verstärkende Verlust historischen Bewußtseins verhinderte, daß innerhalb der Erziehungswissenschaft dieser Wechsel des wissenschaftlichen „Paradigmas" zureichend reflektiert wurde: Dies zeigte sich nicht nur am faktischen Verlust wissenschaftsgeschichtlicher Reflexion und Tradition (mit der wichtigen Ausnahme der Arbeiten von HEYDORN 1970, 1972; dazu HERRMANN 1978, S. 212ff.), sondern auch – im Zuge der Verselbständigung innerwissenschaftlicher Theoriekontroversen – an der Unfähigkeit der Erziehungswissenschaft, den Wandel der Begriffe, Theorien und Konzepte im Lichte realgeschichtlicher politisch-sozialer Veränderungen und in deren Zusammenhang sich stellenden realen pädagogisch-praktischen Fragen und Aufgaben reflektieren zu können. Hinweise auf eine Korrektur dieser Entwicklung sind erkennbar in den Anfängen einer wissenschaftshistorisch orientierten Aufarbeitung wissens- und wissenschaftssoziologischer Probleme der Erziehungswissenschaft (vgl. Heft 6/1979 der Z. f. Päd. zum Thema „Wissenschaftsgeschichte", dort bes. MÜLLER/TENORTH und die Diskussionsbeiträge dazu) und in dem Appell, sich entgegen der Konjunktur der Theorie-Praxis-Diskussion, die die sog. Praxis-„Relevanz" der Theorie eher beschwört als einlöst, auf die pädagogische Praxis *selbst* wieder einzulassen (A. FLITNER 1978). Erst im Zuge einer Verstärkung beider Tendenzen würde historisches Denken wieder einsetzen und die historisch-gesellschaftliche Bedingtheit von Theorie und Praxis zeigen können.

Diese Problematik ist freilich kein Spezifikum der Erziehungswissenschaft, sondern kennzeichnet die Theorie der Sozialisation selbst. GEULEN hat, nach Andeutungen in einer früheren Veröffentlichung (1977, S. 27ff.; vorher CLAUSEN 1968), im vorliegenden Band einen umfangreicheren Versuch unternommen, die historische Dimension der Theoriebildung über Sozialisationsprozesse darzulegen und die Selbstreflexion der Theoriebildung anzubahnen. Seine Problem- bzw. Theoriegeschichte leistet nützliche Vorarbeiten für eine Forschungsaufgabe, die KAMPER (1974, S. 545) treffend unter der Überschrift „Die historische Bestimmtheit der menschlichen Reflexivität als der Grundlage wissenschaftlicher Reflexion" formuliert hat: „Eine kritische Theorie der Sozialisation sollte die geschichtlichen und gesellschaftlichen Bedingungen für die Möglichkeit von Sozialisationstheorien und also auch die Bedingungen ihrer selbst angeben können. Dieses Postulat verweist auf eine materialistische Erkenntnis- bzw. Wissenschaftstheorie, derzufolge es nicht ausreicht, die prinzipielle Abhängigkeit des Bewußtseins vom Sein nachzuweisen. Vielmehr müßte auch die historische Notwendigkeit eines solchen Nachweises reflektiert werden. Gerade weil zum Gegenstandsbereich der Sozialisationstheorie die gesellschaftliche Produktion der menschlichen Erkenntnisfähigkeit gehört, darf jene wissenschaftliche Erkenntnis, die in die Beschreibung und Erklärung von Sozialisationsprozessen eingeht, dabei nicht außer Betracht bleiben." Die historische Notwendigkeit und Möglichkeit der Reflexion auf Sozialisation und Bildung der Persönlichkeit, der Person *als Subjekt*, wird „materialistisch" – d.h. real- und ideengeschichtlich – in der Analyse des im Bewußtsein der Subjekte zusammenfallenden Widerspruchs von Lebenslage und Verwirklichungsanspruch als Triebkraft des gesamtgesellschaftlichen Prozesses – dort zu zeigen sein, wo der Mensch als selbstverantwortliches Subjekt als der Träger des geschichtlich-gesellschaftlichen Prozesses verstanden wird, eines Prozesses hin auf *Fortschritt*, womit dem Menschen zugleich die ganze Last der Geschichte auferlegt wird.

1.2 Überlegungen zur Verknüpfung von Individual- und Gesellschaftsgeschichte in der bürgerlichen Aufklärung

Die europäischen Aufklärungs- und Emanzipationsbewegungen des 17. und 18. Jahrhunderts sind daher der Ausgangspunkt, um die von KAMPER gestellte Frage zu beantworten; sie postulieren mehr Freiheit und Gerechtigkeit, Gleichberechtigung und Brüderlichkeit, Toleranz, Mündigkeit, demokratische Legitimation von Herrschaft; im Bereich der Wissenschaften geht damit einher die Konzeption einer neuen Anthropologie, Psychologie und Erziehung (vgl. MORAVIA 1977; GUSDORF 1973, [2]1974; JAEGER/STAEUBLE 1978), und zugleich stellt sich ein neues Bewußtsein von Auftrag und Grenze, Aussicht und Scheitern des Menschen in der säkularisierten Welt ein (vgl. KOSELLECK 1969); denn die Spätaufklärung huldigte keinem ungebrochenen Fortschrittsoptimismus. ROUSSEAU und KANT, SCHILLER und PESTALOZZI, die Menschenrechtserklärungen und Verfassungen in Amerika und Frankreich, der Glaube der deutschen Philanthropen an die menschheitsverbessernden Auswirkungen einer aufgeklärten staatlichen Erziehungsdiktatur, den sie mit den Erziehungsprogrammen der französischen Revolution teilen – ihnen allen gemeinsam ist die Einsicht, daß Fortschritt und Emanzipation, die Verbesserung und Aufklärung des Menschen als Menschen und Bürger, die Ermöglichung gesellschaftlicher Verhältnisse in republikanischer und weltbürgerlicher Absicht (KANT) sich nur herbeiführen lassen auf der Grundlage von Moralität und politischer Urteilsfähigkeit, die durch Erziehung und Bildung anzuleiten sind, und daß diese Grundlage eine beständig unsichere ist, da der Mensch als sittliches und als vergesellschaftetes Subjekt nicht als derjenige handeln soll und darf, der er *von Natur aus* ist.

Der Weg dahin ist der Weg der Disziplinierung, der Kultivierung und Zivilisierung sowie der Moralisierung des Menschen (KANT 1803/1963, S. 16f., Anm. S. 158ff.) – also der seiner Sozialisation. Diese jedoch wird gedacht in der *Vermittlung* der Dimensionen „Individualität – Vergesellschaftung – Geschichte der Menschheit", so daß mindestens dem Anspruch nach die Reflexion auf die Geschichte des Menschen und seiner Bildung/Sozialisation etwa bei PESTALOZZI und Wilhelm VON HUMBOLDT ein höheres Niveau der Theoriebildung erreicht hatte als die heutige Sozialisationsforschung und gerade jene beiden Desiderate einer „angemessenen" Theorie der Sozialisation bearbeitete, die GEULEN hervorhebt (1977, S. 19, 498): *Erstens* muß der Begriff vom vergesellschafteten Menschen „in der Gestalt einer Theorie des Menschen als *in der Gesellschaft handelnden Subjekts* entwikkelt werden", *zweitens* muß die Vermittlung von Individuum und Gesellschaft als *genetische* Sozialisationstheorie ausgearbeitet werden: „Eine Theorie der gesellschaftlichen Genese des Menschen muß, ausgehend von einem geklärten Begriff vom vergesellschafteten Subjekt, die gesamte Struktur der realen Sozialisationsbedingungen innerhalb des historisch gegebenen Systems darstellen, angefangen von der unmittelbaren physikalischen und kulturellen Umwelt, den relevanten Personen und ihrem Verhalten sowie den Interaktions- und Kommunikationsmustern, über die Institutionen der Sozialisation ... bis hin zu deren Bedingungen im Zusammenhang des ganzen gesellschaftlichen Systems. Da heute nicht mehr davon auszugehen ist, daß Sozialisation nur in der Familie und als frühkindliche, sondern prinzipiell in allen Lebensvollzügen stattfindet, gewinnt die Frage nach dem Zusammenhang der verschiedenen Momente der gesellschaftlichen Realität auch aus sozialisationstheoretischer Sicht eine hohe Bedeutung. An dieser Stelle geht eine genetische Sozialisationstheorie also in makrostrukturelle Gesellschaftstheorie über."

Ob ein solches Programm sachlich überhaupt einlösbar ist, mag vorderhand dahingestellt bleiben. Wichtiger ist, daß hier konzeptionell Individual- und Gesellschaftsgeschichte in ihrer wechselseitigen Vermittlung gedacht werden, mit anderen Worten: daß für die Rückübersetzung von Geschichte in *Geschehen* das werdende und handelnde Subjekt Bezugspunkt einer nicht nur strukturellen, sondern auch genetischen Gesellschaftstheorie wird. In der Verknüpfung von so verstandener Individual- und Gesellschaftsgeschichte von genetischem Standpunkt aus ergibt sich die Aufgabe und das Programm einer Historischen Sozialisationsforschung. – Ein kurzer Exkurs über PESTALOZZI und HUMBOLDT soll dazu einige Hinweise geben.

PESTALOZZI wirft in seinen „Nachforschungen über den Gang der Natur in der Entwicklung des Menschengeschlechts" (1797/1938) die Kernfrage auf:

„Was bin ich, und was ist das Menschengeschlecht? Was hab ich gethan? und was thut das Menschengeschlecht?

Ich will wissen, was der Gang meines Lebens, wie es war, aus mir gemacht hat; ich will wissen, was der Gang des Lebens, wie er ist, aus dem Menschengeschlecht macht.

Ich will wissen, von was für Fundamenten mein Thun und Lassen und von was für Gesichtspunkten meine wesentlichsten Meinungen eigentlich ausgehen – und unter den Umständen, unter denen es lebt, eigentlich ausgehen müssen" (S. 6).

Die fragende Antwort lautet: „Soviel sahe ich bald, die Umstände machen den Menschen, aber ich sahe eben sobald, der Mensch macht die Umstände, er hat eine Kraft in sich selbst, selbige vielfältig nach seinem Willen zu lenken. So wie er dieses thut, nimmt er selbst Antheil an der Bildung seiner selbst, und an dem Einfluß der Umstände, die auf ihn wirken. Ich suchte iezt dieses Gemisch von Zufall und Freiheit, welches das Geschick meines Daseyns auf Erden zu seyn scheint, mir selbst näher zu entwikkeln, und fragte mich zuerst, wie bin ich das, was ich wirklich bin? wie kommt der Mensch dahin, daß er wirklich ist, was er ist?" (S. 57).

Die Wirklichkeit des Menschen ist die des In-der-Welt-seins, das Welt-habens, des In-der-Lebenswelt-Handelns, des Unterwegs-seins zu sich selbst als Subjekt, als Ich. Diese Wirklichkeit befreit den Menschen im gesellschaftlichen Zustand von den Zwängen und Nöten des Naturzustandes, nötigt ihn dazu aber auf einen Standpunkt bürgerlicher Nützlichkeit und Rechtlichkeit, d.h. zu Triebregulierungs-, Unterordnungs- und Anpassungsleistungen, die ihn als Menschen „verstümmeln". Dies ist im vergesellschafteten

Zustand der Preis dafür, daß nicht der Krieg aller gegen alle herrscht (Hobbes). Menschenwürdig kann dieser Zustand nur sein, wenn er zugleich auch die Möglichkeit fortschreitender Versittlichung in sich birgt, d.h. von humaner Selbstverwirklichung: „Ich besizze eine Kraft in mir selbst, alle Dinge dieser Welt mir selbst, unabhängig von meiner thierischen Begierlichkeit und von meinen gesellschaftlichen Verhältnissen, gänzlich nur im Gesichtspunkt, was sie zu meiner innern Veredlung beitragen, vorzustellen, und dieselbe nur in diesem Gesichtspunkte zu verlangen oder zu verwerfen. Diese Kraft ist im Innersten meiner Natur selbständig, ihr Wesen ist auf keine Weise eine Folge irgend einer andern Kraft meiner Natur. Sie ist, weil ich bin, und ich bin, weil sie ist. Sie entspringt aus dem mir wesentlich einwohnenden Gefühl: ich vervollkommne mich selbst, wenn ich mir das, was ich soll, zum Gesetz dessen mache, was ich will" (S. 105).

Die Wirklichkeit des Menschen als eines vergesellschafteten Subjekts ist also der Antagonismus von Sollen und Wollen, von sittlicher Autonomie und sozialer Heteronomie (vgl. Lippe 1975); dem entspricht das von Pestalozzi dialektisch formulierte Verhältnis von Ich und Welt: „Ich muß ... übereinstimmend sowohl mit den Verhältnissen handeln, die ich selbst in die Welt hineingebracht habe, als auch mit mir selbst, in sofern ich mich durch diese Verhältnisse verändert habe. Ich werde selbst Welt – und die Welt wird durch mich Welt – ich ungesondert von ihr, bin ein Werk der Welt – sie ungesondert von mir, ist mein Werk. Aber ich habe eine Kraft in mir, mich von der Welt und die Welt von mir zu sondern, durch diese Kraft werde ich ein Werk meiner selbst" (S. 122). Der Mensch ist zugleich Schöpfer und Geschöpf seiner selbst und der Gesellschaft, und er ist es in der einen Hinsicht nur, sofern er es zugleich in der anderen ist (über diese Grundfrage der Erziehungs- und genetischen Sozialisationstheorie vgl. zuletzt Spaemann 1978).

Pestalozzis Anthropologie – hier einmal als Theorie der Sozialisation genommen – entwickelt das Verhältnis von Mensch und Welt nicht aus dem Wechsel- oder Entsprechungsverhältnis einer abstrakten Vermögens- oder Kräftepsychologie (Denken, Fühlen, Wollen; kognitive, affektive, moralische Sozialisation usw.) und einer unhistorischen Systematik von Institutionen, die den individuellen Lebenslauf prägen (familiale, schulische, berufliche Sozialisation usw.), sondern Pestalozzi versteht die Verkehrs*formen* einer Gesellschaftsordnung als die zu internalisierenden Verhaltens*normen* der Individuen. Indem er beides jedoch in die Perspektive von Geschichte und Politik rückt, d.h. von Zukunftserwartung und geschichtlichem Anspruch, der noch nicht eingelöst ist, aber durch Handeln eingelöst werden kann, vergewissert er sich seines Interesses an der Analyse des Vergesellschaftungsprozesses: den Menschen als Werk der Gesellschaft nicht zum „bürgerlichen Halbmenschen" (S. 125) verkommen zu lassen, sondern ihn zu seiner eigentlichen Menschlichkeit zu befähigen: „Menschenwohl und Menschenrecht ruhet wesentlich auf der Unterordnung meiner selbst, als Werk der Natur und als Werk des Geschlechts unter mich selbst, als Werk meiner selbst, auf der Unterordnung meiner selbst, als Thier und Bürger unter mich selbst, als Mensch. Menschenwohl und Menschenrecht fodert daher eben so bestimmt die Unterordnung der öffentlichen Willkühr, die nichts anders ist, als die Vereinigung der thierischen Ansprüche der Masse mit den Privatgelüsten derer, die die physische Kraft, die Ansprüche der Masse geltend zu machen, in ihrer Hand haben, unter die wesentlichen Mittel, mein Geschlecht mitten im Verderben des gesellschaftlichen Zustands für Wahrheit und Recht dennoch empfänglich zu erhalten, und es dadurch seiner ursprünglichen Beschaffenheit, das ist, einer friedlichen, gutmüthigen und wohlwollenden Gemüthsstimmung wieder näher zu bringen" (S. 162).

Aus dem humanen und politischen Interesse an Wohlergehen und Recht, Gewaltlosigkeit und Gerechtigkeit, Friedfertigkeit und mitmenschlicher Sympathie (Brüderlichkeit) resultiert eine Verschränkung von Menschheitsgeschichte und politischer Anthropologie, die die Theorie der Bildung des Menschen und die Modi seiner Vergesellschaftung nicht auf die empirische Analyse der „specific patterns of socially relevant behavior and experience" beschränkt, sondern von der Sinnfrage bewegt wird, ob der Mensch „in der bürgerlichen Gesellschaft als ein elender, verdorbener, unbrauchbarer Naturmensch" leben muß, ob er „durch die Folgen dieser Verstümmelung vollendet" wird? „Wird er durch die Folgen seiner bürgerlichen Bildung und seines gesellschaftlichen Rechts in seinem Innersten beruhigt? Befriedigt auch der beste gesellschaftliche Zustand mein Geschlecht zuverlässig?" (S. 95)

Als Naturwesen („Tier") mit einer ursprünglichen Ungeschiedenheit von Dasein und Bewußtsein nicht mehr leben zu können, Ich-Identität (selbstreflexives Subjektbewußtsein) aber nur in der heiklen Balance zwischen Selbstentäußerung in die Welt hinein und Anverwandlung (Assimilation) von Welt allererst *erzeugen* zu müssen, birgt das von Humboldt richtig gesehene Problem der „Entfremdung" in sich (o.J./1960, S. 237). Humboldt verfolgt in seinen Überlegungen zu einer „Theorie der Bildung des Menschen" (o.J./1960, S. 234f.; 1793/1959, S. 126ff.) jedoch nicht den anthropologischen Grundwiderspruch von Natur und Kultur, sondern „den Menschen in dem ganzen Umfang seiner genießenden und wirkenden Kräfte" (S. 127) in der „Verknüpfung unsres Ichs mit der Welt zu der allgemeinsten, regesten und freiesten Wechselwirkung" – ein vielleicht „überspannter Gedanke"? (S. 235f.) Denn wie soll der „ganze Umfang" der Verhältnisse von Ich und Welt analytisch bearbeitet werden?

Humboldt schreibt (S. 239f.): „Das Verfahren unseres Geistes, besonders in seinen geheimnisvolleren Wirkungen, kann nur durch tiefes Nachdenken und anhaltende Beobachtung seiner selbst ergründet werden. Aber es ist selbst damit noch wenig geschehen, wenn man nicht zugleich auf die Verschiedenheit der Köpfe, auf die Mannigfaltigkeit der Weise Rücksicht nimmt, wie sich die Welt in verschiedenen Individuen spiegelt. Jenes Werk müsste daher zugleich auch diese Mannigfaltigkeit schildern, und dürfte unter denen, die sich in irgend einem Fache hervorgethan haben, niemanden übergehen ... Diese müsste es in ihrer vollständigen Individualität, und dem ganzen Einflusse zeichnen, den ihr Zeitalter und ihre Nation auf sie ausgeübt hätte. Dadurch nun übersähe man nicht nur die mannigfaltigen Arten, sondern auch die Folge, in der eine nach und nach aus der andern entspringt. Da jedoch diese Folge immer wieder durch den Einfluss des Nationalcharakters, des Zeitalters und der äussern Umstände überhaupt unterbrochen wird, so erhielte man zwei verschiedne aber immer gegenseitig auf einander einwirkende Reihen: die eine der Veränderungen, welche irgend eine Geistesthätigkeit nach und nach in ihrem Fortschreiten gewinnt, die andre derjenigen, welche der Charakter der Menschen in einzelnen Nationen und Zeiten sowohl, als im Ganzen, durch die Beschäftigungen annimmt, die er nach und nach ergreift; und in beiden zeigten sich ausserdem die Abweichungen, durch die genievolle Individuen diesen sonst ununterbrochenen fortschreitenden Naturgang plötzlich stören, und ihre Nation oder ihr Zeitalter auf einmal in andre, neue Aussichten eröffnende Bahnen hinschleudern."

In seinem Brief an Körner (1793/1959) hat Humboldt darauf hingewiesen, daß „dieß ganze Feld noch, einem systematischen Plane nach, gar nicht, und selbst theilweise nur wenig bearbeitet" sei (S. 127). „Von der Theorie der Bildung des Menschen existiert höchstens eine Theorie der Erziehung und Gesetzgebung, aber keine der Religion ..., keine (was doch das wichtigste von allem wäre) der Bildung durch Leben und Umgang, endlich was das Schlimmste ist und selbst das, was wir besitzen schwankend macht, keine der allgemeinen Grundsätze, von denen Erziehung und Gesetzgebung selbst nur einzelne Anwendungen an die Hand giebt. Endlich fehlt freilich nicht dem Titel, aber doch wohl dem Geiste nach eine philosophische Geschichte der Menschheit."

Gewiß darf Humboldts Programmatik zu einer Theorie der Bildung nicht umstandslos in diejenige zu einer Theorie der Sozialisation übersetzt werden – was (nicht ohne wissenschaftsgeschichtlich ironische Pointe) durchaus möglich wäre, um ihre Außerkraftsetzung durch die Lerntheorie in Frage zu ziehen. Von Interesse ist zunächst die Einbindung einer empirisch-anthropologischen Bildungsforschung in einem gesamtgesellschaftlichen geschichtlichen Prozeß: die Theorie der Bildung kann nicht außerhalb einer „Geschichte der Menschheit" konzipiert werden. Insofern es sich dabei nun um eine „philosophische", nicht bloß aus Fakten gezogene Geschichte handelt, muß man sich ihrer leitenden „Idee" versichern. Diese besteht für Humboldt in der Verwirklichung einer Organisation von Gesellschaft, in der der jeweils erreichte Grad der Bildung des (Staats-)Bürgers ein materielles Äquivalent in der bürgerlichen Selbstbestimmung finden muß (vgl. Humboldts „Ideen" 1792). Anders gesagt: So wie Freiheit zu ihrem rechten Gebrauch Bildung voraussetzt, erzeugt Bildung ein Interesse an Freiheit. In der Idee der Bildung artikuliert sich im Frühkonstitutionalismus das politisch-pädagogische Interesse an bürgerlicher Freiheit und Selbstbestimmung. Die diesem Ziel verpflichtete Bildungs- und Sozialisationstheorie ist daher bis heute ein Politikum.

1.3 Die Geschichtlichkeit des Menschen in seiner Lebenswelt: Zum Problem der Verschränkung von Sozialisations- und Gesellschaftstheorien in der Gegenwart

So einleuchtend es ist, in einer solchen „Geschichte der Menschheit" – heute Universal- oder Evolutionsgeschichte genannt, je nachdem, ob man die Mannigfaltigkeit der Kulturerscheinungen oder ihren evolutionären Entwicklungsprozeß betonen will – einen wichtigen Bezugspunkt für eine Historische Sozialisationsforschung zu sehen (Reyer 1980), so ist doch zugleich festzuhalten, daß über ihre forschungspraktische und historiographische Bewältigung allenfalls Vorschläge, aber keine Ergebnisse vorliegen (vgl. Habermas 1976a); darauf ist unten noch einmal zurückzukommen.

Wie auch immer die mögliche Leistung von Evolutionstheorien, Theorien des Sozialen Wandels, des gesamtgesellschaftlichen „Fortschritts" („Modernisierung"), der kulturellen Differenzierung usw. für die Historische Sozialisationsforschung eingeschätzt werden mag und unbeschadet der Tatsache, daß die Dimension der Verschränkung von individueller Lebensgeschichte mit der Geschichte der Gesellschaft und Kultur für eine Historische Sozialisationsforschung schlechterdings konstitutiv ist, muß bei der Frage nach den Gründen, warum denn diese Historische Sozialisationsforschung bisher nicht energischer vorangetrieben worden ist, darauf aufmerksam gemacht werden, daß man sich hier vor einem bemerkenswerten Dilemma befindet: streng genommen setzen genetische Sozialisationstheorie und genetische Gesellschaftstheorie einander voraus! Dies läßt sich an einer einfachen Überlegung verdeutlichen:

Veränderungen im politisch-gesellschaftlichen, im ökonomischen, im kulturellen Bereich, in Religionen und Weltanschauungen, im Umgang mit Natur und Technik usw. basieren nicht nur z.B. auf einer durch Problemlösungsdruck ausgelösten Wechselwirkung faktischer materieller und geistiger Gegebenheiten; wir sprechen von Veränderungen „*des* politischen Klimas", „*des* Schulwesens", „*der* Wirtschaftspolitik" usw. Über einer solchen umgangssprachlichen Redeweise darf nicht vergessen werden, daß solche Veränderungen immer auch wahrgenommen und getragen werden müssen von handelnden Subjekten oder Gruppen, deren psychische Disposition, Lebensführung, Welt- und Gesellschaftsauffassung es ihnen ermöglicht, Veränderungen, die zunächst nur ihrer Möglichkeit oder Notwendigkeit nach vorhanden sind, in einer spezifischen Weise Wirklichkeit werden zu lassen. Geistesgeschichtlich und individual- bzw. kollektivgenetisch müssen also Veränderungen im Selbst- und Weltbewußtsein voraufgegangen sein, die das Potential alternativen Denkens und Handelns für solche Wahrnehmungs- und Handlungsfähigkeit erzeugt haben. Dieses Potential ist aber wiederum in seiner Spezifik nur faßbar, *indem* es sich in geschichtlich-gesellschaftlichem Handeln konkretisierend manifestiert und spezifische Veränderungen in der Lebenswelt oder der Einstellung zu ihr bewirkt, die dem Historiker zugänglich sind. Mit anderen Worten: Eine an der Genese solcher Potentiale und Dispositionen von Selbst- und Welt- bzw. Gesellschaftsgestaltung und -veränderung interessierte Historische Sozialisationsforschung setzt die Kenntnis historischer Prozesse und Strukturen sowie ihrer möglichen Alternativen voraus (in der Form von erzählten Abläufen und Entwicklungen), diese Kenntnis ist als historisches Wissen aber nur formulierbar, wenn sie mindestens implizit über genetische Erklärungen verfügt (vgl. Habermas 1976a, S. 341ff.). (In Abwandlung der Kantschen Formulierung des Verhältnisses von Begriff und Anschauung hat man deshalb auch gesagt: „Soziologische Theorien ohne historische Daten sind leer; historisches Wissen ohne soziologische Theorie ist blind.")

Wenn dies so richtig gesehen ist, dann ist die Vorstellung eines „Übergangs" von der Sozialisations- in die Gesellschaftstheorie und -geschichte (s.o. Geulen) dem Problem unangemessen, und dann ist es auch vergeblich, Historische Sozialisationsforschung und Gesellschaftsgeschichte wechselseitig ins Verhältnis von „Grund-" und „Bezugswissenschaft" zu setzen – so als leiste die eine Vorarbeiten für die andere und sei jene der Anwendungsbereich der anderen. Dieses durch die moderne Arbeitsteiligkeit der Wissenschaften erzeugte Mißverständnis von Interdisziplinarität ist naheliegend, es muß sogleich korrigiert werden. Nicht die Addition, Zuordnung oder Reinterpretation von Untersuchungsergebnissen verschiedener Disziplinen führt zur Interdisziplinarität, sondern – unter der Voraussetzung der Arbeitsteiligkeit – nur die gemeinsame Fragestellung und damit die mehrperspektivische Analyse des gemeinsamen Gegenstandes, er heiße „Persönlichkeit", „Gesellschaft" oder „Kultur", und zwar nicht in Hinsicht auf seine stillgestellte Faktizität, sondern die Modi und Medien seines Werdens und Gewordenseins.

Norbert Elias hat dies in der Einleitung zur zweiten Auflage (1969) seines Buchs „Über den Prozeß der Zivilisation. Psychogenetische und soziogenetische Untersuchungen" treffend formuliert. Das hier in Rede stehende Problem – die Geschichtlichkeit des Menschen in seiner Lebenswelt (et vice versa) – kann man angemessen „nicht verstehen, wenn man aus dem Auge verliert, daß sich Begriffe, wie ‚Individuum' und ‚Gesellschaft' nicht auf zwei getrennt existierende Objekte, sondern auf verschiedene, aber untrennbare Aspekte der gleichen Menschen beziehen, und daß beide Aspekte, daß Menschen überhaupt normalerweise in einem strukturierten Wandel begriffen sind. Beide haben den Charakter von Prozessen, und es besteht nicht die geringste Notwendigkeit, bei einer Theoriebildung, die sich auf Menschen bezieht, von diesem ihrem Prozeßcharakter zu abstrahieren. In der Tat, es ist unerläßlich, daß man den Prozeßcharakter in soziologische und andere Theorien, die sich auf Menschen beziehen, miteinschließt. Wie sich in den folgenden Untersuchungen zeigt, läßt sich auch das Problem der Beziehung von Individualstrukturen und Gesellschaftsstrukturen gerade erst dadurch erhellen, daß man beide als sich wandelnd, als werdend und geworden untersucht." (S. XVIIIf.) Jede Isolierung des Menschen in oder von seiner gesellschaftlich-geschichtlichen Lebenswelt verfehlt die Lebensrealität des Menschen, konstruiert ein „Innen" und „Außen", muß sekundär miteinander verknüpfen, was nur in seiner ursprünglichen Vermittlung zureichend theoretisch erfaßt werden kann. „Um diese Sackgasse der Soziologie und der Menschenwissenschaften überhaupt zu durchbrechen, ist es nötig, die Unzulänglichkeit beider Vorstellungen, der Vorstellung eines Individuums außerhalb der Gesellschaft und die einer Gesellschaft außerhalb der Individuen gleichermaßen deutlich zu machen. Das ist schwierig, solange das Gefühl der Abkapselung des Selbst im eigenen Innern ungeprüft als Grundlage des Einzelmenschenbildes dient und solange man im Zusammenhang damit die Begriffe ‚Individuum' und ‚Gesellschaft' so faßt, als ob sie sich auf unveränderliche Zustände beziehen." (S.

LI) „Es ist angemessener, wenn man sich unter einem Menschenbild ein Bild vieler interdependenter Menschen vorstellt, die miteinander Figurationen, also Gruppen oder Gesellschaften verschiedener Art, bilden. Von dieser Grundlage her verschwindet die Zwiespältigkeit der herkömmlichen Menschenbilder, die Spaltung in Bilder von einzelnen Menschen, von Individuen, die oft so geformt sind, als ob es Individuen ohne Gesellschaften gäbe, und in Bilder von Gesellschaften, die oft so geformt sind, als ob es Gesellschaften ohne Individuen gäbe. Der Begriff der Figuration ist gerade darum eingeführt worden, weil er klarer und unzweideutiger als die vorhandenen begrifflichen Werkzeuge der Soziologie zum Ausdruck bringt, daß das, was wir ‚Gesellschaft' nennen, weder eine Abstraktion von Eigentümlichkeiten gesellschaftslos existierender Individuen, noch ein ‚System' oder eine ‚Ganzheit' jenseits der Individuen ist, sondern vielmehr das von Individuen gebildete Interdependenzgeflecht selbst. Es ist gewiß durchaus möglich, von einem von Individuen gebildeten sozialen System zu sprechen. Aber die Untertöne, die sich im Rahmen der zeitgenössischen Soziologie mit dem Begriff des sozialen Systems verbinden, lassen eine solche Ausdrucksweise als gezwungen erscheinen. Überdies ist der Begriff des Systems allzu stark mit der Vorstellung der Unveränderlichkeit belastet." (S. LXVIIf.)

ELIAS sollte deshalb hier so ausführlich zu Wort kommen, weil seine Problemsicht *erstens* nichts von ihrer Aktualität eingebüßt hat (besonders auch im Hinblick auf die am Schluß des zweiten Bandes im „Überblick" gezogenen Schlußfolgerungen und gefolgerten Postulate); *zweitens* vielleicht ein Stück weiterhelfen kann bei der Bestimmung des Selbstverständnisses einer genetischen Sozialisationstheorie im Zusammenhang mit sowie bei der Klärung der Frage, wie sich die Erziehungswissenschaft mindestens partiell wieder von der Bestimmung ihres disziplinären Selbstverständnisses von einem ahistorischen Sozialisationsbegriff lösen kann; *drittens*, weil kaum weiterführende Forschungen vorliegen (vgl. aber LEPENIES 1969, 1976; LIPPE 1974), so daß konzeptionelle Überlegungen zu einer Historischen Sozialisationsforschung nach wie vor auf ELIAS' Werk verwiesen bleiben.

Den „Stand" der Forschung führte ELIAS übrigens in den 1960er Jahren auf die Vorherrschaft der ahistorisch konzipierten strukturfunktionalistischen Soziologie im Gefolge von TALCOTT PARSONS zurück. Heute kann aber festgestellt werden, daß – neben der historischen Mentalitätenforschung in Frankreich und einer enormen Expansion neuer Forschungsgebiete der Geschichte der Familie, Kindheit und Jugend (davon wird in Kapitel III zu sprechen sein) – auch in der deutschen Soziologie und Geschichtswissenschaft eine zunehmende Verschränkung gesellschaftsgeschichtlicher Fragestellungen aus beiden Disziplinen zu beobachten sei. Dabei wird zumeist die Dimensionierung der Probleme, wie sie ELIAS vornimmt, nicht erreicht (oder intendiert) (vgl. aber das Sammelreferat zu „Psychohistorie und Sozialgeschichte" von BLASIUS 1977 sowie WEHLER 1978), und die wichtigsten Sammelbände (statt anderer, weil auch umfangreiche Literaturnachweise enthaltend: ZAPF [2]1970, WEHLER 1972, LUDZ 1972, DREITZEL [2]1972) bieten nur in einigen wenigen Aufsätzen Beiträge zu unserer Problemstellung. Vorherrschend bleiben immer noch die soziologischen Fragen nach Theorien sozialen Wandels (vgl. aber die in unserem Zusammenhang gleichwohl prägnante und anregende Problemskizze von TENBRUCK 1967) und die geschichtswissenschaftliche Frage nach der „Geschichte der Gesellschaft" (HOBSBAWM in WEHLER 1972), die die traditionellen Schwerpunkte der Sozialgeschichte in der Ökonomie und der „Strukturgeschichte" (CONZE 1957, kritisch dazu mit Nachweis der seitherigen Diskussion KOCKA 1977, S. 70ff.) hinter sich zu lassen versucht. Entschiedener wird die uns hier bewegende Frage nach den ineinander verschränkten geschichtlichen Wandlungsprozessen von „Individuum" und „Gesellschaft" verfolgt in den Problemskizzen von NIPPERDEY (1973) und LEPENIES (1977); zur herausragenden französischen Forschung vgl. IGGERS 1975/1978, S. 55ff.; BURGUIÈRE 1978; im ganzen LE GOFF 1978b.

1.4 *Wiederentdeckung und Neuansätze historisch-biographischen Denkens in Erziehungswissenschaft und Sozialisationsforschung*

Ein Resümee der skizzierten Hinweise ist schon deshalb nicht angebracht, weil die Diskussion in den historisch orientierten Sozial- und Gesellschaftswissenschaften in vollem Gange ist (vgl. IGGERS 1975/1978, LE GOFF 1978b) und der Versuch von Schlußfolgerungen ganz vorläufig sein müßte. Aber auch eine differenzierte Aufarbeitung des Forschungsstandes und Theorienpotentials würde erweisen, daß wir von der Verfügung über historisches Wissen in jenen Bereichen, die GEULEN (vgl. Zitat oben aus GEULEN 1977, S. 498) für die Ausarbeitung einer genetischen Sozialisationstheorie postuliert, weit entfernt sind. Man sollte daraus den Schluß ziehen, einen Fortschritt in dieser Richtung von der Entwicklung und Etablierung einer Historischen Bildungs- und Sozialisationsforschung selbst abhängig zu machen.
Die dabei an die heutige Erziehungswissenschaft zu richtenden Erwartungen wird man

nicht zu hoch ansetzen dürfen. Einige Gründe sind oben dafür schon genannt worden; aber der Hinweis auf den Verlust historischen Denkens und Bewußtseins im Bereich der Erziehungswissenschaft bezeichnet vielleicht nur ein zeitgeschichtlich begrenztes Oberflächenphänomen, er erklärt noch nichts. Die Begründung nämlich für diesen Vorgang muß prinzipieller gesehen werden: in der *zeitlichen* Dimensionierung des unterstellten Zusammenhangs von „Ursachen" – erziehlichen Einwirkungen auf den Heranwachsenden, Intentionen des Erziehers und faktisch wirksame Beeinflussungen – und „Wirkungen" – den *tatsächlichen* Verhaltensweisen von (jungen) Erwachsenen, sobald sie der unmittelbaren erziehlichen bzw. bildenden Einwirkung entwachsen sind. Was HUMBOLDT als „allgemeine Grundsätze" der Bildung und Sozialisation des Menschen durch „Leben und Umgang" postulierte, hält HERBART – mit Recht? – für ein aussichtsloses Unterfangen, wollte man sich in Absicht einer genetischen Sozialisationstheorie am Erklärungsmodell der empirisch-analytischen Erfahrungswissenschaften orientieren: „Möchten diejenigen, welche die Erziehung so gern *bloß* auf Erfahrung bauen wollen, doch einmal aufmerksam hinüberblikken auf andre Erfahrungswissenschaften; möchten sie bei der Physik, bei der Chemie sich zu erkundigen würdigen, was alles dazu gehört, um *einen einzigen Lehrsatz* im Felde der Empirie soweit festzustellen, wie es in diesem Felde möglich ist! *Erfahren* würden sie da, daß man aus einer Erfahrung nichts lernt und aus zerstreuten Beobachtungen ebensowenig... Erfahren würden sie da, daß man nicht eher von Erfahrung reden darf, bis der Versuch geendigt ist, bis man vor allen Dingen die *Rückstände* genau geprüft, genau gewogen hat. *Der Rückstand der pädagogischen Experimente sind die Fehler des Zöglings im Mannesalter.* Der Zeitraum für ein einziges dieser Experimente ist also aufs wenigste ein halbes Menschenleben!" (1806/1965, S. 19f.; ähnlich vorher TRAPP 1780/1977, S. 61ff.) „Aber wann", fragt TRAPP (S. 63), „ist die Zahl der anzustellenden Beobachtungen und der darauf sich gründenden Erfahrungen vollständig? Dis läßt sich in der Erziehungskunst so wenig bestimmen, als in irgend einer andern Wissenschaft und Kunst, oder genauer zu reden, die Zahl wird niemals voll. So lange die Welt steht, wird immer für den ... Pädagogen etwas zu beobachten (,) zu bemerken übrig bleiben und der Schatz der Erfahrungen ... ist eines Wachsthums ins Unendliche fähig."

Mit diesen Bezugnahmen auf HERBART und TRAPP soll selbstverständlich nicht verkannt werden, daß sich die empirisch-sozialwissenschaftliche Forschung inzwischen auf einem anderen theoretischen und methodologischen Niveau befindet als an der Wende des 18. zum 19. Jahrhundert. Und natürlich wissen wir heute aus der Tiefenpsychologie, der ökologisch konzipierten Entwicklungspsychologie und Familiensoziologie usw. vieles von den das Erwachsenenleben prägenden Lebensumständen und Erfahrungen in Kindheit und Jugend. Aber dabei handelt es sich – wie sich besonders an den Arbeiten von ERIKSON zeigen läßt (z.B. 1958/1975) – um *ex-post-facto*-Analysen, also um Analysen *vergangener* Bildungsverläufe und Sozialisationsprozesse. Diese historischen Rekonstruktionen sind deswegen auch zumeist nicht im strengen Sinne „Erklärungen", sondern „plausible" Anordnungen historischer Überlieferungen auf der Folie psycho- und/oder soziogenetischer Vorannahmen („Theorien"); die historische Rekonstruktion und Interpretation wird zu einer Überprüfungsinstanz für Hypothesen zu nomologischen Aussagen. Es liegt daher auf der Hand, daß eine Erziehungswissenschaft, in deren Selbstverständnis die technisch-zweckrationale, also in der zeitlichen Dimensionierung synchrone Organisation von pädagogischen Handlungen und Handlungssystemen im Vordergrund steht und die dabei die diachrone Dimension – also die Geschichtlichkeit der handelnden Subjekte und des Handlungsfeldes – vernachlässigt, zwar empirisch überprüftes bzw. überprüfbares Wissen über Sozialisationsprozesse hervorbringen kann, daß aber der Zwang der empirisch-analytischen Vorgehensweise zur Segmentierung der Wirklichkeit und Isolierung einzelner Strukturen, Faktoren und Prozesse die übergreifende Einheit und Ganzheit der individuellen Biographie zum Verschwinden bringt. Eine sich so verstehende Erziehungswissenschaft ist nicht nur ein ungeeigneter Anknüpfungs- oder Bezugspunkt für eine Historische Sozialisationsforschung, sondern bedarf geradezu der Korrektur durch diese (vgl. Kapitel II).

Es ist daher auf Ansätze des pädagogischen Denkens zurückzuführen, die für das bildungsphilosophische und geisteswissenschaftliche Denken seit dem Ende des 18. Jahrhunderts kennzeichnend sind und wie sie heute auch z.B.

wieder in der *pädagogischen* Interpretation des Symbolischen Interaktionismus formuliert werden (z.B. Brumlik 1973, S. 137): Die „Vermittlung von sozialisationstheoretischer Technologie, Norm und spezifischem Fall" pädagogischen Handelns orientiert sich an der Biographie des Educandus. „Will ich jetzt jemanden erziehen, so muß ich zunächst wissen, wer er ist, dies aber erfahre ich nur, indem ich in Erfahrung bringe, wer er war und ob er das, was ich will, was er sein wird, selbst sein will." Der Zugang zu Sein und Sollen des Educandus und des Erziehers ergibt sich also im Modus der „individualhistorischen Selbstreflexion" (ebd.). Für jene Ansätze pädagogischen Denkens sind u.a. folgende Merkmale charakteristisch: (1) die Orientierung an einer bestimmten Auffassung bzw. einem bestimmten „Bild" der entwickelten Persönlichkeit und ihres Werdens (Dilthey 1894–1896/1964, 1910/1961), was wir heute zunehmend mehr in der Biographie- und Lebenslaufforschung wiederfinden (Hurrelmann 1976; Kohli 1978, dort alle weitere Literatur S. 337ff.; Mollenhauer 1979; Baacke/Schulze 1979; Klingenstein 1979); hierher gehört das wiedererwachte Interesse an der Autobiographie (Kiell 1964; Literatur- und Quellennachweise dazu in den Beiträgen bei Baacke/Schulze 1979); (2) die Ausweitung des Blicks auf Bildung und Sozialisation über (Familien-)Erziehung und Schule hinaus auf den Umgang der älteren Generation mit der jüngeren (Schleiermacher 1826/1957) und die Einbeziehung vielfältiger Lebenssituationen und -erfahrungen auf dem Wege vom Kind zum Erwachsenen, wie es heute für fast alle neueren Untersuchungen zur (Sozial-)Geschichte der Familie, Kindheit und Jugend kennzeichnend ist, wenn natürlich meist nicht mit explizit bildungs- oder sozialisationstheoretischen Fragestellungen (Literatur- und Quellennachweise bei Herrmann 1975a, Herrmann/Renftle/Roth 1980); (3) die methodische Einübung in „pädagogisches Sehen und Denken" (Flitner/Scheuerl 1967) im Medium von Fallstudien, d.h. im Rückgang auf eine pädagogische Kasuistik (Binneberg 1979), von der her eine „narrative Pädagogik" (Bittner in Baacke/Schulze 1979, S. 125ff.) entworfen werden kann „als die Gesamtheit der tradierten Geschichten über Erziehungsschicksale ... und die Gesamtheit der Gedanken, die sich Menschen über diese Geschichten gemacht haben" (S. 125); (4) die Frage nach der *Bedeutung* von Erlebnissen und Erfahrungen des Educanden für den Aufbau seines Selbst- und Weltbewußtseins und seiner Lebenspraxis sowie die damit zusammenhängende Frage nach der *Verantwortung* der am Erziehungs-, Bildungs- und Sozialisationsprozeß mitwirkenden Personen und Institutionen für eine gelingende oder mißlingende Persönlichkeitsformung, worin Geisteswissenschaftliche und Kritische Theorie der Erziehung, einander ergänzend, übereinstimmen (zu Wilhelm Flitners „reflexion engagée" vgl. Benner 1973, S. 221ff.). – Mollenhauer (1979, S. 242) und Bittner (1979, S. 125ff.) haben die hier skizzierte Umorientierung im Selbstverständnis der Erziehungswissenschaft zu einer für die genetische Sozialisationstheorie fruchtbaren historisch-systematischen Pädagogik zutreffend expliziert.

Mit der Anknüpfung an neuere Überlegungen der Biographie- und Lebenslaufforschung ist jedoch, wenn damit im Hinblick auf eine genetische Sozialisationstheorie mehr beabsichtigt wird als eine „Ökologie" und „Typik" von „Interaktionsmustern" (Mollenhauer 1979), eine eigentümliche Schwierigkeit verbunden: Biographie und Lebenslauf sind synthetische Leistungen des Bewußtseins oder der Erinnerung bzw. einer Erzählung, Rekonstruktionen also von Prozessen, die in einem bestimmten Lebensmoment und in einer bestimmten Perspektive vorgenommen werden. Für das sich erinnernde Bewußtsein ist dabei charakteristisch, daß im Wandel der Lebens- und Bewußtseinslagen ein Ich-Bewußtsein als „Selbigkeit der Person" als Akt der „Intellektualität der inneren Wahrnehmung" durchhält (Dilthey). Das Fremdverstehen hingegen muß diese „Selbigkeit der Person" – ihr Identischsein mit sich über alle Wandlungen und Metamorphosen hinweg – zwar als regulatives Prinzip der Rekonstruktion einer Biographie unterstellen und kann sie als „narrative Struktur" (dazu die Beiträge in Koselleck/Stempel 1973, Baumgartner 1975) repräsentieren, aber es entgeht doch nicht zwei Schwierigkeiten: zum einen den Lebenszusammenhang nicht in Modelle von Ursachen/Wirkungen/Folgen-Zusammenhängen auflösen zu können (was natürlich für einzelne Lebensäußerungen durchaus möglich ist) und zum anderen in den wechselnden Perspektiven der Rekonstruktion die in der inneren Erfahrung des Subjekts gegebene Wirklichkeit des Bewußtseins womöglich zu verfehlen, zu verfälschen oder zu verkürzen. „,... der historische Gegenstand verdankt sich als solcher einer narrativen, implizit retrospektiven Konstruktion über vergangene Ereignisse. Seine Partikularität ist begründet in der Vielfalt möglicher temporaler Strukturen und damit in den mannigfaltigen Erzählperspektiven, denen wiederum Erkenntnisinteressen, Sinnvorstellungen und Wertstellungnahmen des erzählenden Subjekts zugrunde liegen ... Je nach der gewählten Perspektive zeigen sich also in dem durch narrative Organisation erzeugten historischen Gegenstand verschiedene Wahrheitsmomente, die sich je nach Bedeutungsintentionen als Evidenz, Korrespondenz, Kohärenz, Konsistenz und Konvention darstellen und je verschieden explizieren lassen, grundsätzlich aber auf das intersubjektive Kriterium des Consenses bezogen sind" (BAUMGARTNER 1975, S. 59, 61).

Die Biographie- und Lebenslaufforschung würde also in die Irre gehen, bestünde ihr Erkenntnisinteresse im Auffinden der „Logik" und „Mechanik" im Aufbau von Bewußtseins-, Erlebnis- und Verhaltensstrukturen (BITTNER 1979, S. 126). Für das Bewußtsein und Handeln der Person ist nicht das *Bewirktsein* von Seelischem, sondern dessen *Bedeutung* von biographischer Relevanz, die Bedeutung und Funktion nämlich für die individuelle erinnerte und gegenwärtige Lebenspraxis und Selbstgestaltung. Das bestätigt ein Blick in eine beliebig gewählte Biographie oder Autobiographie.

Es ist lohnend, sich in diesem Zusammenhang noch einmal DILTHEYS Skizzen zum Plan der Fortsetzung des „Aufbaus der geschichtlichen Welt in den Geisteswissenschaften" (1910/1961) zuzuwenden; denn es ist ROSENMAYRS Auffassung zuzustimmen, daß DILTHEYS Ausführungen über „Das Erleben und die Selbstbiographie" (a.a.O., S. 191ff.), „Das Verstehen anderer Personen und ihrer Lebensäußerungen" (S. 205ff.), „Die Kategorien des Lebens" (S. 228ff.) und „Die Biographie" (S. 246ff.) „vermutlich noch immer der beste Ausgangspunkt (sind), um Subjektivität in der Weise aufzufassen, daß sie für die Problemstellung des Lebensverlaufs theoretische deutbar und in soziologische Forschung integrierbar wird." (1979, S. 56) „Was ist es nun, das in der Betrachtung des eigenen Lebensverlaufs den Zusammenhang konstituiert, durch den wir seine einzelnen Teile zu einem Ganzen verbinden, in welchem das Leben zum Verständnis gelangt? Zu den allgemeinen Kategorien des Denkens traten im Verstehen des Lebens die von *Wert, Zweck* und *Bedeutung* hinzu. Unter diesen standen dann umfassende Begriffe wie *Gestaltung* und *Entwicklung* des Lebens ... Indem wir zurückblicken in der Erinnerung, erfassen wir den *Zusammenhang* der abgelaufenen Glieder des Lebensverlaufs unter der Kategorie ihrer *Bedeutung*" (DILTHEY 1910/1961, S. 201). „Nur die Kategorie der Bedeutung überwindet das bloße Nebeneinander, die bloße Unterordnung der Teile des Lebens. *Und wie Geschichte Erinnerung ist und dieser Erinnerung die Kategorie der Bedeutung angehört, so ist diese eben die eigenste Kategorie geschichtlichen Denkens*" (S. 202). „Die Kategorie der Bedeutung bezeichnet das Verhältnis von Teilen des Lebens zum Ganzen, das im Wesen des Lebens gegründet ist. Wir haben diesen Zusammenhang nur vermittels der Erinnerung, in welcher wir den vergangenen Lebenslauf überblicken können. Dabei macht sich dann Bedeutung als die Form der Auffassung des Lebens geltend. Wir erfassen die Bedeutung eines Momentes der Vergangenheit. Er ist bedeutsam, sofern in ihm eine Bindung für die Zukunft durch die Tat oder durch ein äußeres Ereignis sich vollzog. Oder sofern der Plan künftiger Lebensführung erfaßt wurde. Oder sofern ein solcher Plan seiner Realisierung entgegengeführt wurde. Oder er ist für das Gesamtleben bedeutsam, sofern das Eingreifen des Individuums in dieses sich vollzog, in welchem sein eigenstes Wesen in die Gestaltung der Menschheit eingriff. In allen diesen und anderen Fällen *hat der einzelne Moment Bedeutung durch seinen Zusammenhang mit dem Ganzen, durch die Beziehung von Vergangenheit und Zukunft, von Einzeldasein und Menschheit*" (S. 233). „Das Wesen der Bedeutungsbeziehungen liegt in den Verhältnissen, welche im Zeitverlauf die Gestaltung eines Lebenslaufes auf Grund der Struktur des Lebens unter Bedingungen des Milieu enthält" (S. 234).

Die aus diesen Überlegungen zu ziehenden Schlußfolgerungen für Historische Sozialisationsforschung sind Gegenstand des nächsten Kapitels. Für die hier notwendigen Klärungen ist zunächst einmal festzuhalten, daß von DILTHEYS kategorialen Vorgaben her zwar Weiterverweisungen der Historischen Sozialisationsforschung an übergreifende Konzepte von Menschheits- und Universalgeschichte möglich sind (so wie vorher bei HUMBOLDT bei DILTHEY selbst in den Skizzen „Die Erkenntnis des universalhistorischen Zusammenhangs" im unmittelbaren Anschluß an die Ausführungen zur Biographie; 1910/1961, S. 252ff.). Aber eine durch ihre Anbindung an anthropogenetische „Universalien" eigentlich ahistorische Evolutionstheorie (REYER 1980, mit Bezug auf HABERMAS, 1976a; beide rückbeziehend auf KOHLBERG und PIAGET) geht m.E. am Kern des Problems vorbei: Das Problem der Individuation ist zunächst nicht auf der Ebene der Vermittlung von Individual- und Gattungsgeschichte anzusiedeln, sondern vor allem unter der Fragestellung anzugehen, in welchem Sinne

„Persönlichkeit" (als die ‚innere Form' des Menschen) und „Individualität" (als die konkrete gesellschaftlich-geschichtliche Erscheinungsform des Menschen) als geschichtlich-gesellschaftliche „Produkte der Produktion von Subjektivität begriffen werden" können (LORENZER 1979, S. 134); BITTNER formuliert mit anderem Akzent (1979, S. 125): „Es gilt die *Konstrukteure von Biographien* namhaft zu machen."
Die Vorüberlegungen zu den Schwierigkeiten, ein Konzept für eine Historische Sozialisationsforschung zu entwickeln, sollen hiermit abgeschlossen werden. Die dabei zugleich gegebenen Hinweise auf Probleme und Kategorien eines eigenen Forschungsfeldes historischer Sozialisationsforschung mögen als Hinführung zu den im nächsten Kapitel entwickelten „Aspekten der Historischen Sozialisationsforschung", die in systematischer Absicht formuliert werden, genügen.

2 Aspekte einer Historischen Sozialisationsforschung

Im Zusammenhang mit einem früheren Vorschlag, die Historische Pädagogik in Richtung auf eine Historische Sozialisationsforschung umzuorientieren, wurde die Aufgabe und Zielsetzung der ersteren dahingehend bestimmt zu fragen, „*wie* unter den *konkreten* Bedingungen der jeweiligen Umstände und Zielsetzungen Erziehung und (Aus-)Bildung verliefen; *welche* Normen faktisch im politischen, sittlichen usw. Verhalten befolgt wurden, *warum* diese und nicht andere Veränderungen in der Lebenswelt erstrebt, *welche* Vorstellungen von Emanzipation in gesellschaftskritischer Absicht assimiliert und *welche* Formen von Entfremdung hingenommen wurden; *was* auf diese Bildungsprozesse entscheidenden Einfluß ausüben konnte: an welchen Lernerfahrungen und Lebenssituationen in Kindheit und Jugend welche Verhaltensweisen eingeübt wurden, wie die Funktion der Institutionen (Familie, Schule, Jugendgruppe, Betrieb usw.) und ‚Inhalte' einzuschätzen ist usw.; kurzum: *was* die Identität des Menschen subjektiv und objektiv *wie* und mit welchen Konsequenzen für die Zeit des Erwachsenseins prägte. *Historische Pädagogik fragt so nach den faktischen Bedingungen von Sozialisationsprozessen im Hinblick auf die ‚Bestimmung des Menschen'. Sie zielt auf die Rekonstruktion des historischen Subjekts hinsichtlich seiner Zukunft, erfragt in kritischer Absicht das Selbstverständnis und die soziale Funktion der Erziehungswissenschaft, des Erziehers, der Sozialisationsinstanzen bzw. der pädagogischen Institutionen i. w. S., die faktischen und ideellen Bedingungen der Personagenese unter den Bedingungen der Zeit*" (HERRMANN 1974, S. 285). Nach den Vorüberlegungen im 1. Kapitel der vorliegenden Abhandlung kann – von dem zitierten Verständnis der Historischen Pädagogik ausgehend – der Versuch unternommen werden, einen analogen Vorschlag für die Aufgabe und Zielsetzung der Historischen Sozialisationsforschung zu formulieren.

2.1 Ziele und Funktionen

Es ist naheliegend, die oben zitierte Auffassung GEULENS von den zu leistenden Vorarbeiten für eine genetische Sozialisationstheorie in eine Konzeption der Historischen Sozialisationsforschung umzuformulieren und damit zugleich deren Gegenstände und Forschungsfelder zu benennen. Dies würde jedoch zu analogen Einwänden führen, wie sie gegen die oben zitierte Umschreibung der Historischen Pädagogik geltend gemacht worden sind: Forschungspraxis und Geschichtsschreibung seien hoffnungslos überfordert, wenn man von ihnen die quellenmäßige Erschließung und die historiographische Rekonstruktion der *Totalität* vergangener Lebenswelten erwarte. Diese Erwartung und dieser Anspruch ist nicht nur von der Art und dem Umfang der Überlieferung her nicht einlösbar (schriftliche Quellen, Überreste, Bild- und Tondokumente, mündliche Überlieferung usw.). Darin steckt auch die unter Nichthistorikern weit verbreitete, gleichwohl irrige Auffassung, man müßte nur recht umfangreich recherchieren und „materialreich" darstellen, dann ergäbe sich schon ein „objektives", zutreffendes Bild vergangener Wirklichkeit, „wie es eigentlich gewesen" (RANKE); dann sei es schon möglich, wahre Aussagen über den notwendigen Gang der geschichtlichen Entwicklung zu formulieren. Daß diese Auffassung unzutreffend ist und sich ein falsches Bild von den Aufgaben und Möglichkeiten des Historikers macht, zeigt ein Blick auf die Forschungs- und Darstellungspraxis des Historikers (ohne daß hier grundsätzliche Überlegungen zur Theorie der Geschichte und der Geschichtswissenschaft bemüht werden müssen; dazu BAUMGARTNER/RÜSEN 1976, KOSELLECK/MOMMSEN/RÜSEN 1977): die *per se* bruchstückhafte Überlieferung strukturiert sich nur unter bestimmten Fragestellungen; der Darstellung von geschichtlichen Prozessen und Entwicklungen liegt eine Vorannahme oder eine Einsicht in deren temporale Struktur, in die Voraussetzungen, Determinationen, Folgen usw. zugrunde; Strukturierung und Darstellung sind also auf die Kategorie der *Bedeutung* verwiesen, die „die eigenste Kategorie geschichtlichen Denkens" ist (vgl. oben DILTHEY). Die erkenntnisleitenden Interessen der Historischen Sozialisationsforschung müssen also eine Begrenzung ihrer Forschungs- und Darstellungspraxis auf bedeutsame Ausschnitte vergangener Lebenswirklichkeit bzw. die Organisation der Überlieferung zu bedeutungshaltigen Aussagen über jene Vergangenheiten leisten, d.h. sie müssen die Kriterien für diese Begrenzung enthalten. Diese Kriterien werden sichtbar, wenn man nach den *Funktionen* fragt, die man der Historischen Sozialisationsforschung zuerkennen will. Diese seien im folgenden kurz umrissen.

(1) Die Historische Sozialisationsforschung hat die Aufgabe, die geschichtlich-gesellschaftliche Genese und Bestimmtheit von Bewußtseins-, Erlebnis- und Handlungsstrukturen zu beschreiben und zu analysieren; sie wird deshalb auch gelegentlich (so schon bei DILTHEY) als Historische Anthropologie bezeichnet. Sinn und Aufgabe dieser historischen Analysen besteht u.a. darin, den empirischen Sozial- und Verhaltenswissenschaften, auch der Erziehungswissenschaft, Erkenntnisse über die anthropogenetische und gesellschaftsgeschichtliche Bedeutung ihrer Forschungsgegenstände und -ergebnisse zu liefern, Erkenntnisse, die die empirisch-analytische Theoriebildung und Methodologie selbst ja nicht hergeben kann. Der historische Ansatz in den Human- und Gesellschaftswissenschaften hat also eine *wissenschafts- und methodenkritische Funktion.*

(2) Dabei ist die Historische Sozialisationsforschung immer wieder zu Rückgriffen auf übergreifende Theorien sozialen Wandels, soziokultureller bzw. sozioökonomischer Veränderungsprozesse usw. genötigt, zu deren historischer Beschreibung und Analyse sie nun aber selber diejenige des „subjektiven Faktors" beiträgt. Sinn und Aufgabe der Historischen Sozialisationsforschung ist es, sozialen und kulturellen Wandel in seiner Vermittlung durch individuelle bzw. kollektive Identitätsbildungs- und bzw. *als* Vergesellschaftungsprozesse verstehbar werden zu lassen, sie hat also *Grundlegungsfunktionen.*

(3) Eine wichtige Aufgabe der Historischen Sozialisationsforschung im Hinblick auf die Analyse des „subjektiven Faktors" ist es, das Verhältnis von Selbstdeutungen aus einer Zeit heraus und historischen Rekonstruktionen kritisch zu diskutieren, sie hat also *ideologiekritische Funktion.* Diese Ideologiekritik bezieht sich zugleich auf den Prozeß der Entwicklung von Theorien über Sozialisationsprozesse (vgl. oben KAMPER 1974, S. 545), die ihrerseits ja eine bestimmte Stufe der Entwicklung des Bewußtseins von Sozialisationsprozessen darstellen. Ideologiekritik innerhalb der Wissenschaftsentwicklung wird daher durchgeführt als historische Wissens- und Wissenschaftssoziologie, hier von Sozialisationstheorien.

(4) Historische Sozialisationsforschung sollte vor allem aber auch eine *erkenntniskritische Funktion* wahrnehmen, indem sie an der geschichtlichen Überlieferung zu überprüfen sucht, ob denn unsere theoretischen Annahmen von der Bedeutung bestimmter erziehlicher Einflußnahmen auf den Aufbau der Persönlichkeit und die Prägung des Selbstbewußtseins, die Bedeutung der an diesen Vorgängen beteiligten Personen und Institutionen, ob die unterstellte Langzeitwirkung von Sozialisationserfahrungen in Kindheit und Jugend denn *tatsächlich* so groß oder so geartet ist, wie immer angenommen wird. Da jeder Lebenslauf in die Zukunft hinein offen ist, kann im Prinzip nur die *historische* Erfahrung darüber Auskunft geben, wie das komplexe Gefüge aktueller Sozialisationserfahrungen und -prozesse nach Bedeutungsschwerpunkten für die Zukunft der Individuen strukturiert und bewertet werden kann.

KAMPER (1974, vgl. oben Zitat) hatte auf die Notwendigkeit hingewiesen zu analysieren, warum denn zu bestimmten Zeitpunkten – aus bestimmten Anlässen – Erziehungs- und Sozialisationsfragen problematisiert werden. Oben ist gezeigt worden, daß im 18. Jahrhundert das Verhältnis von Mensch und Gesellschaft, von Individualität und Kultursystemen neu formuliert wird, weil das neue Verständnis der Gesellschaft (als einer „bürgerlichen") und des Subjekts (als eines „aufgeklärten", als Träger eines gesamtgesellschaftlichen Fortschritts) dies erfordern. Heute ergibt sich die

Notwendigkeit vor allem wohl aus der Tatsache, daß die Institutionen und Medien der Sozialisation außerhalb der Familie immer aufwendiger und ausgedehnter werden, ohne daß erkennbar wäre, daß ein ähnlich großer individueller oder gesellschaftlicher Nutzen aus diesem Aufwand gezogen werden könnte. Manchmal scheint das Gegenteil der Fall zu sein: Die zunehmende Reglementierung des Lernens und Lebens von Jugendlichen und jungen Erwachsenen in eigens dafür geschaffenen Institutionen der sog. sekundären und tertiären Bildungssysteme (weiterführende Schulen, Universitäten, Berufsbildungseinrichtungen) erzeugt durch die zunehmende Trennung der verschiedenen Lebenssphären und durch das immer weitere Hinausschieben der gesellschaftlichen Selbständigkeit und Mündigkeit eher soziale Folgelasten und eher „Abweichungen" von bzw. Protest gegen die intendierten Normen der Erwachsenenwelt. – Für die historische Analyse bedeutet dies zugleich, daß sie vor allem von den Brennpunkten der Probleme der *Gegenwart* ihren Ausgang nehmen sollte, weil sich vor allem über die Frage nach der Vorgeschichte der Gegenwart die Überlieferung strukturieren und in geschichtliche Erfahrung überführen läßt (vgl. GILLIS 1974/1980).

(5) Damit eröffnet sich die *pragmatische Dimension* der Historischen Sozialisationsforschung, wenn sie nicht nur historisches Wissen produziert, sondern auch dessen praktische Bedeutung reflektiert. Aufgrund der historischen Erfahrung sollte der Versuch gemacht werden zu klären, ob *heutige* Kontroversen über beabsichtigte oder eingetretene Veränderungen in einzelnen Sozialisationsfeldern jene Bedeutung beanspruchen können, die ihnen häufig zugeschrieben wird: z. B. die Rolle der „Tagesmutter", die früher ganz selbstverständlich z. B. vom Gesinde oder den Großeltern wahrgenommen wurde; der behauptete „Erziehungsauftrag der Schule", der die von der Schule als *Institution* vermittelten Sozialisationserfahrungen verkennt oder unterschlägt; die Definition von Verhaltensweisen Jugendlicher als „abweichend", auf die man deswegen mit einer Jugendpolitik reagiert, die ihrerseits aber zumeist doch nur den Selbstgestaltungswillen der Jugendlichen ignoriert, so daß deren Ansprüche immer „problematisch" erscheinen usw.
Mit Hilfe der Historischen Sozialisationsforschung sollte der Versuch unternommen werden, den mit dem Sozialisations- und Erziehungskonzept reklamierten intentionalen Formierungs- und „Bildungs"-Anspruch des professionellen Erziehers und seiner Berufswissenschaft zu begrenzen, mindestens zu desillusionieren, um Eltern, Lehrer, Erzieher, Sozialarbeiter, Wissenschaftler von Verantwortungen und Folgelasten zu befreien, die sie sich ohnehin entweder nur selbst zugeschrieben haben, die sie sich aus verschiedenen nichtpädagogischen Erwägungen haben zuschreiben lassen (z. B. aus standes- und wissenschaftspolitischen Gründen) oder die ihnen in gesellschafts- und bildungspolitischen Kontroversen einfach angelastet werden. Die Pädagogen verstricken sich mehr und mehr im selbstkonstruierten „pädagogischen Grundwiderspruch" (HERRMANN 1975c): die Pädagogik intendiert den gelingenden Übergang aus Kindheit und Jugendalter ins selbständige Erwachsenenleben, nachdem aus pädagogischen Gründen Kinder und Jugendliche von der Lebens- und Arbeitswelt der Erwachsenen getrennt worden waren.

Dieser Gesichtspunkt bedarf besonderer Beachtung, weil anscheinend – mit BITTNER (s. o.) zu sprechen – „die Konstrukteure von Biographien", soweit es sich um professionelle Erzieher und Lehrer handelt, immer noch nicht bemerkt haben, daß sie ebenso wie die Wissenschaft selbst womöglich das Opfer eines „Jahrhundert-Irrtums" geworden sind, nämlich die Opfer eines pädagogischen Allmachtsgedankens, der aufklärerischen Vorstellung der „Erziehungsdiktatur" im 18. Jahrhundert: den jungen Menschen nach eigenen Vorstellungen von Menschsein, von Kultur und Gesellschaft, von künftigem Leben formen, bilden, „herstellen" zu können. Dies ist das illusionäre Erbe aus ROUSSEAUS „Emile" (1762), dem auch ein KANT huldigte: „Der Mensch kann nur Mensch werden durch Erziehung. Er ist nichts, als was die Erziehung aus ihm macht. ... denn hinter der Edukation steckt das große Geheimnis der Vollkommenheit der menschlichen Natur ... Es ist entzückend, sich vorzustellen, daß die menschliche Natur immer besser durch Erziehung werde entwickelt werden, und daß man diese in eine Form bringen kann, die der Menschheit angemessen ist. Dies eröffnet uns den Prospekt zu einem künftigen glücklichern Menschengeschlechte." (1803/1963, S. 11f.) – SCHLEIERMACHER war schon abwägender hinsichtlich der „Allmacht", „Ohnmacht" und „Beschränktheit" der Erziehung (1826/1957, S. 16ff.), seine Skepsis artikuliert BITTNER radikaler mit seiner Kritik an den selbsternannten „Konstrukteuren von Biographien": „Bevor die Sozialisation ihre segensreiche Arbeit vollendet hat, ist das (Kind, der Heranwachsende) ja offenbar noch gar kein Mensch, von dem da gesprochen wird, sondern nur der Rohstoff zu einem solchen – ein menschlicher Organismus, ein Halbfertigfabrikat der Natur sozusagen" (1974b, S. 389). „Dies ist also das spezifische Staunen, das am Anfang der Sozialisationsforschung steht: Wie werden aus allen diesen kleinen Barbaren erwachsene Kulturmenschen? Die Kultur nimmt gleichsam vor sich selber den Hut ab, daß sie es Tag für

Tag fertigbringt, so viele kleine Wilde zu sozialisieren" (S. 391). „Welches unterschwellige Denkmodell wird mit dem Sozialisationsbegriff rein sprachlogisch mitgeliefert? ‚Sozialisation' ist vom Wort her analog gebildet zu ‚Zivilisation', ‚Sterilisation', ‚Kanalisation' etc.: Das Suffix ‚-isation' bedeutet etwa: Etwas in einem Organismus, einem gewachsenen Körper, ihn durchdringend, bewirken ... ‚Sozialisation' (meint) Bewirkungen am inneren Kern des Menschen: auch dieser wird gedacht als durch Penetration von außen her ‚gemacht' ... Man ‚ist' nicht Mensch, sondern man ‚wird' es erst – durch Erziehung. Welch glänzender Berechtigungsnachweis der professionellen Pädagogen!" (1974a, S. 325) Mit dem seit ROUSSEAU und CAMPE pädagogisch modellierten „Schritt ins Leben" beginnt „das Leben" anscheinend erst – was Wunder, daß man der Erziehungswissenschaft und der Sozialisationsforschung heute ihre Realitätsferne vorhalten muß (A. FLITNER 1978, bes. S. 186) und daß es hoch an der Zeit ist, sich durch die Gespinste der Konstrukte und Hypothesen hindurch dem längst überfälligen Geschäft einer praxisorientierten Sozialisationsforschung zuzuwenden: der Kinder- und Jugendforschung (BITTNER 1974b) als der Erforschung des Lebens und Erwachsenwerdens im Lebensalltag.

2.2 *Aufgaben*

Aus den genannten Funktionen der Historischen Sozialisationsforschung ergeben sich deren Aufgaben als historischer Sozialwissenschaft, wobei im Selbstverständnis und in der Forschungspraxis der Historischen Sozialisationsforschung immer mehrere Aufgaben miteinander zu einem größeren Arbeitsgebiet verbunden werden:

(1) Zunächst wäre die einschlägige Tradition der Theoriebildung über Sozialisationsprozesse als eine kritische *Wissenschaftsgeschichte* der Sozialisationsforschung aufzuarbeiten. In den anthropologischen, Verhaltens- und Gesellschaftswissenschaften, desgleichen in der Geschichtsforschung gibt es kaum Vorarbeiten für eine solche Wissenschaftsgeschichte, die zugleich eine spezifische Integration bezüglich der besonderen Perspektiven und Ansätze der Einzelwissenschaften zu leisten hätte. Zu diesem Zweck könnte sie sich an gemeinsamen „Menschenbildern" und deren Wandel, an gemeinsamen Fragestellungen und Methoden orientieren: wie z. B. eine aus der (religiös bestimmten) „inneren Erfahrung" säkularisierte „Erfahrungsseelenkunde", eine „empirische" Anthropologie und geschichtlich-genetisches Denken sich mit pädagogischen Reformideen zu einem Reflexionstypus verbindet, der eben vor 1750 in der europäisch-deutschen Geistes- und Wissenschaftsgeschichte nicht zu finden ist; wie im ausgehenden 19. Jahrhundert die Aufmerksamkeit auf Jugendfragen in ihrem Zusammentreffen mit der modernen Entwicklungspsychologie und dem autobiographischen Interesse der Angehörigen der Jugendbewegung eine Jugendkunde entstehen lassen, die in ihrer theoretisch-systematischen Konzeptualisierung (z. B. BERNFELD 1914, 1915) und der Vielfalt ihrer Fragestellungen (dazu HERRMANN 1976 mit Bibl. zur histor. Kinder- u. Jugendforschung) bis heute nicht wieder erreicht worden ist; wie z. B. erklärende und hermeneutische Verfahren sich ergänzen, wie sozialstrukturelle Daten und (auto-)biographisches Material zu verknüpfen sind. – Die kritische Wissenschaftsgeschichte bildet das Medium der Selbstreflexion der Wissenschaft, besonders auch hinsichtlich ihrer gesellschaftlichen und politischen Funktionen (vgl. oben KAMPER 1974, S. 545). Vor allem eröffnet sie den Zugang zu interdisziplinären Problemstellungen in der Wissenschafts- und Forschungsgeschichte, die der gegenwärtigen Forschung die unreflektierte Begrenztheit ihres Problembewußtseins überwinden hilft (für Pädagogik vgl. HERRMANN 1978, S. 217ff.; allg. LEPENIES 1978).

(2) An die Wissenschaftsgeschichte schließt sich die Aufarbeitung der für eine Historische Sozialisationsforschung einschlägigen Sozialforschung, besonders im Bereich der neueren Sozialgeschichte, an. Die bibliographischen Vorarbeiten dafür sind weitgehend bewältigt (vgl. HERRMANN/RENFTLE/ROTH 1980); das ausgedehnte Schrifttum zur Sozialgeschichte der Familie, Kindheit und Jugend ist jedoch unter sozialisationsgeschichtlichen Aspekten bisher nicht aufgearbeitet worden, so daß einstweilen nicht einmal die Frage beantwortet werden kann, welche Annahmen über bedeutsame Sozialisationsprozesse und -strukturen bisher in die historische Sozialforschung eingegangen sind und sich dort bewährt haben. Hinzu kommt, daß die Sozialgeschichtsforschung sich heute erst Problemen und Phänomenen zuwendet, die für die Historische Sozialisationsforschung von besonderem Interesse sind (vgl. die bibl. Übersicht von WEHLER 1976): dem Alltagsleben der „kleinen Leute" (z. B. MÖLLER 1969); der Alltagskultur im allgemeinen (PESEZ 1978,

Greverus 1978 mit umfangr. Bibl.); wie „die einzelnen Menschen unter den Bedingungen der spektakulären politischen Ereignisse und sozialen Wandlungsprozesse der Moderne gelebt, wie sich diese im alltäglichen Leben der vielen einzelnen und Kleingruppen bemerkbar gemacht haben" (Reulecke/Weber 1978, Vorw. S. 7). Bislang liegt nur eine Fallstudie vor, die sich als expliziter Beitrag zur Historischen Sozialisationsforschung begreift und zu diesem Zwecke auch eine kritische Sichtung der für ihr Thema einschlägigen Forschungsarbeiten unter sozialisationshistorischen Aspekten vornimmt (Schlumbohm 1979). Einstweilen ist die Regel, daß sozial- und sozialisationsgeschichtliche Aspekte nebeneinander bzw. nacheinander abgehandelt werden (so auch noch Elkar 1979). – Eine empfindliche Lücke besteht noch im Bereich der sozialisationshistorischen Erforschung von Führungsschichten und Eliten; die ältere Untersuchung von Gerth (1935/1976) zur bürgerlichen Intelligenz um 1800 wertet das (auto-)biographische Quellenmaterial kaum unter sozialisationshistorischen Gesichtspunkten aus, und erst die jüngst erschienene Studie von Reif (1979) geht den „als besonders wichtig eingeschätzte(n), allerdings schwer erschließbare(n) Verhaltens- und Bewußtseinsbereiche(n) wie Familie, Erziehung, Beruf, Verein, Religion etc." (S. 19) auf der Grundlage umfangreichen Archivmaterials nach. Hingegen ist die Sozialgeschichte der Arbeiterschaft besser erforscht (vgl. die Bibliographie von Steinberg 1979 sowie die Fallstudien von Schomerus 1977, Borscheid 1978, Pohl 1978).

(3) Neben der Reanalyse historischer Sozialforschung unter sozialisationshistorischen Gesichtspunkten sollte die Historische Sozialisationsforschung sich jedoch auch ein eigenes Forschungsfeld erschließen. Die historische Sozialisationsforschung erschließt, daß und wie der Prozeß des Erwachsenwerdens verlief – gebunden an spezifische Sozialstrukturen und Formen der Arbeitsorganisation in den verschiedenen sozialen Schichten und Gruppen, in der Stadt und auf dem Lande; unterschiedlich für Mädchen und Jungen, für Schüler(innen), Studierende und Lehrlinge; im „ganzen Haus" als Wohn- und Wirtschaftseinheit oder in der vom Arbeitsplatz des Ernährers getrennten Kernfamilie; auf der Straße, in Schule oder Internat, auf der Universität, in der Werkstatt oder im Heim; mit unterschiedlichen Lebensaussichten in Zeiten wirtschaftlichen Rückgangs oder Aufschwungs, mit Aussicht auf eine geregelte eigene Familiengründung usw. Die Historische Sozialisationsforschung sollte in Anknüpfung und Fortführung der Biographie- und Lebenslaufforschung vor allem Fragen nachgehen, wie die Menschen diese Vorgänge dargestellt, gedeutet und bewertet haben: eher *implizit* durch Anpassungs- oder Protestverhalten (vgl. Tilly 1977), ihren Habitus in Brauchtum und Sitte, in ihren Gesten und Gebärden (vgl. Schmitt 1978), durch die Zugehörigkeit zu Vereinen, Gewerkschaften oder Parteien, in symbolischen Darstellungen der Wirklichkeit oder in ritualisierten Formen begrenzter Verletzung sozialer Normen und Verhaltensregeln (und „erlebte" man sie nur in fiktionaler Dichtung); mehr *explizit* in schriftlichen Äußerungen: Briefen, Memoiren und Tagebüchern, Autobiographien und Familiengeschichten; Erbauungsbüchern und (Leichen-) Predigten; in der Trivialliteratur und der klassischen Dichtung; in der Ratgeberliteratur, in den Reden „an das Haus", „an die Jugend" oder „an die Nation", in Denkschriften und Manifesten; nicht zuletzt in Bilddokumenten, in den Werken der bildenden und darstellenden Künste (besonders in der Sakralkunst für frühere Jahrhunderte), in Illustrationen und in der Gebrauchsgraphik; in Spielsachen, die den Kindern die Welt der Erwachsenen repräsentieren und erschließen sollen; schließlich in der reflektierenden Verständigung des Menschen über sich selbst in Mythen, Religionen, philosophischen Weltanschauungen und Wissenschaften.

Es ist hier nicht mehr möglich, als pauschal auf das Material zu verweisen, das Volkskunde und Empirische Kulturwissenschaft zusammengetragen haben. Es ist bemerkenswert, daß sich neuerdings auch große Ausstellungen sozialisationshistorisch bedeutsamen Themen zuwenden (z. B. Historisches Museum Wien 1959; Musée des Arts Paris 1973; Akademie für Künste Berlin 1976; Neue Gesellschaft Berlin 1979). Ältere Bildersammlungen werden in Nachdrukken wieder zugänglich gemacht (Boesch 1900/1979, Hildebrandt 1904/1979, Rühle 1930/1970), Robert Alts „Bilderatlas" (1965) könnte entsprechend thematisch erweitert werden; Geschichten der Kindheit und des Familienlebens in Bildern haben z. B. Könneker (1978), Schorsch (1979) und Weber-Kellermann (1976, 1979) vorgelegt, Sammlungen zur Geschichte der Jugend finden sich bei Hornstein (1966), Linne (1970) und in der deutschen

Ausgabe von GILLIS (1974/1980). – Zur Interpretation der Kinder- und Jugendliteratur unter sozialisationshistorischen Aspekten finden sich einführende Überlegungen bei HERRMANN (1977, dort die weiterführende Literatur). – Zur Erforschung von Biographien, Lebensläufen und Lebensgeschichten wird auf Kap. I (6) oben verwiesen und die abschließenden Hinweise in Kap. III.

2.3 *Leitlinien*

Erst im Zuge der Bearbeitung der genannten Forschungsfelder wird sich genauer bestimmen lassen, was in vergangenen Lebensläufen unter den Bedingungen der Zeit bedeutungsvoll war und wie gelingende und mißlingende, „normale" und „abweichende" Identitätsbildungs- und Vergesellschaftungsprozesse aufgrund jeweils spezifischer ökonomischer, gesellschaftlicher und kultureller Bedingungen verliefen. Gleichwohl sollen einige systematische Leitlinien vorgeschlagen werden, die für *jede* Historische Sozialisationsforschung, wie sie sich auch im einzelnen akzentuieren mag, belangvoll sind.

a) Eine realgeschichtliche Historische Sozialisationsforschung findet eine bis heute zweifellos treffende Formulierung ihres Ausgangspunktes in der „Deutschen Ideologie" von MARX/ENGELS (1845/46, MEW 3, S. 28ff., 37f.):

Erste Voraussetzung von Geschichte ist, daß die Menschen sich überhaupt am Leben erhalten können. „Zum Leben aber gehört vor Allem Essen und Trinken, Wohnung, Kleidung und noch einiges Andere. Die erste geschichtliche Tat ist also die Erzeugung der Mittel zur Befriedigung der Bedürfnisse, die Produktion des materiellen Lebens selbst."
„*Das Zweite* ist, daß das befriedigte erste Bedürfnis selbst, die Aktion der Befriedigung und das schon erworbene Instrument der Befriedigung zu neuen Bedürfnissen führt – und diese Erzeugung neuer Bedürfnisse ist die erste geschichtliche Tat."
„Das *dritte Verhältnis*... ist das, daß die Menschen, die ihr eignes Leben täglich neu machen, anfangen, andre Menschen zu machen, sich fortpflanzen – das Verhältnis zwischen Mann und Weib, Eltern und Kindern, die Familie."
Diese drei konstitutiven Momente des Lebens und seiner Erhaltung bilden „ein *doppeltes Verhältnis* – einerseits als natürliches, andrerseits als gesellschaftliches ... Hieraus geht hervor, daß eine bestimmte Produktionsweise oder industrielle Stufe stets mit einer bestimmten Weise des Zusammenwirkens oder gesellschaftlichen Stufe vereinigt ist, und diese Weise des Zusammenwirkens ist selbst eine ‚Produktivkraft', daß die Menge der den Menschen zugänglichen Produktivkräfte den gesellschaftlichen Zustand bedingt und also die ‚Geschichte der Menschheit' stets im Zusammenhange mit der Geschichte der Industrie und des Austausches studiert und bearbeitet werden muß".
„Diese Geschichtsauffassung beruht also darauf, den wirklichen Produktionsprozeß, und zwar von der materiellen Produktion des unmittelbaren Lebens ausgehend, zu entwickeln und die mit dieser Produktionsweise zusammenhängende und von ihr erzeugte Verkehrsform, also die bürgerliche Gesellschaft in ihren verschiedenen Stufen, als Grundlage der ganzen Geschichte aufzufassen ..."

Die neueste Sozialgeschichtsforschung z.B. zur Geschichte der Protoindustrialisierung (KRIEDTE/MEDICK/SCHLUMBOHM 1977) und zur Sozialgeschichte der Familie (zur Einführung MITTERAUER/SIEDER 1977, dort S. 210ff. Literatur) orientiert sich an den von MARX und ENGELS thematisierten Grundgedanken: daß die soziale Realität der Familie und die konkreten Lebensbedingungen der Familienglieder auf dem jeweiligen Hintergrund von Formen der *Arbeitsorganisation* betrachtet werden müssen, daß das Verhältnis der Familienglieder zueinander eben ganz und gar kein „natürliches", sondern ein durch die jeweiligen Bedingungen und Formen der materiellen Reproduktion, der „Lebensmittel" und -bedürfnisse, definiertes ist (vgl. die ausgezeichnete Fallstudie MITTERAUER 1975). Ihre historische Rekonstruktion ist die nicht hintergehbare Grundlage jeder Historischen Sozialisationsforschung.

b) Auf dieser Grundlage werden im Wandel der Reproduktionsbedingungen und -formen die sich wandelnden „Rollen" und Funktionen, Selbst- und Fremdbilder von Mann und Frau, jungen und alten Menschen, die Formen von Abhängigkeit und Freisetzung von Familien- und Haushaltsangehörigen verständlich sowie die zugestandenen Verhaltens- und Selbstdefinitionsspielräume.

Die für den Binnenraum des Hauswesens verantwortliche „Hausmutter" des 18. Jahrhunderts z.B. hatte eine andere Autorität und Partnerschaft dem für das „ganze Haus" verantwortlichen „Hausvater" gegenüber als etwa die die Berufsbezeichnung „Hausfrau" führende nicht berufstätige Frau, die samt den Kindern vom Einkommen des Mannes bzw. Vaters abhängig ist. – Die seit frühester Kindes- und Jugendzeit in die Familienwirtschaft mitarbeitend eingegliederten Jungen und Mädchen sind für die Eltern auf elementarere Weise nützlich (oder als zusätzliche Mitesser lästig) als der so oder so „nutzlose" Schüler, den man allenfalls zum Träger eigener sozialer Aufstiegsprojektionen machen kann. – Lebenserfahrungen und Lebensentwürfe der jungen Generation unterscheiden sich dementsprechend, mithin das Verhältnis der Generationen zueinander. Eltern, die einem Kind Hof oder Betrieb vererben müssen, um den eigenen Lebensunterhalt im Alter sicherzustellen, werden auf die „Sozialisation" des Erben einen anderen Einfluß nehmen als diejenigen Eltern, die nichts zu vererben haben, auch im Alter für sich selbst sorgen müssen, dafür aber einiges in die Schulbildung der Kinder investieren (vgl. Gillis 1974/1980).

Es liegt auf der Hand, daß damit schichten- und klassenspezifische Definitionen derjenigen Vergesellschaftungs- und Verselbständigungsprozesse der jungen Leute einhergehen – Bewertungen schulisch-akademischer und beruflicher Ausbildung, von sozialer Mobilität, Risiko- und Verantwortungsbereitschaft, Kritik- und Durchsetzungsfähigkeit usw. –, die die ökonomisch-soziale Lage der jeweiligen Familie erfordert oder ermöglicht, die sich im Generationenwechsel als durchhaltende soziale Normen verfestigen (individuelle Abweichungen von dieser Norm bestätigen nur deren Regelhaftigkeit) oder unsicher bleiben, Definitionen also, die den Angehörigen *einer* Generation ganz unterschiedliche Lebensperspektiven eröffnen und damit auch unterschiedliche Folgen in der eigenen künftigen Lebensführung als Erwachsene auferlegen.

Hier zeigt sich noch einmal, wie ahistorisch selbst das Sozialisationskonzept der „genetischen Sozialisationstheorie" bei Geulen gedacht ist. Denn für eine Historische Sozialisationsforschung besteht das Interesse und die Aufgabe *nicht* darin, „die *gesamte* Struktur der realen Sozialisationsbedingungen innerhalb des (welchen?) historisch gegebenen (?) Systems" darzustellen und alle „relevanten Personen" bis hin zu „den" Sozialisationsinstitutionen wie „Familie, Heim, ... Vorschulerziehung, Schule, Arbeitsplatz usw." (1977, S. 498; zusammenhängendes Zitat s.o. Kap. I (3)), *sondern* darin, herauszuarbeiten, wie für die Angehörigen verschiedener Schichten, Gruppen und Klassen *bestimmte* Strukturen der Lebenswelt, bestimmte Personen und deren Leitbilder vom Aufwachsen und Erwachsensein, bestimmte Institutionen – nicht „die" Schule, sondern Volksschule oder Gymnasium; nicht „der" Arbeitsplatz, sondern Fabrikhalle oder Büro; auch Familie und Schule sind individuell höchst unterschiedliche Erfahrungswelten, in ihnen agieren höchst unterschiedliche „Konstrukteure von Biographien". Kurzum: Die Aufgabe der Historischen Sozialisationsforschung muß vor allem darin bestehen, gegen die Verallgemeinerungen die historische *Besonderheit* von schichten-, gruppen- und klassenspezifischen Sozialisationsprozessen und Lebensläufen herauszuarbeiten.

c) Nur diese Differenzierung wird die Historische Sozialisationsforschung auf jene Problemfelder aufmerksam machen, die für *jede* junge Generation kennzeichnend sind, die jeder Heranwachsende durchläuft, wenn in ihnen auch geschichtlich sich wandelnde unterschiedliche Leitbilder und Verhaltensregeln maßgebend sind:

- die Erfahrung der Abhängigkeit in einem „Gewaltverhältnis", die Erfahrung von Unterordnung oder Unterdrückung durch Ältere;
- Aufbau und Zurücknahme von Vertrauensverhältnissen zu „primären" Bezugspersonen, die Entstehung von „Freundschaft", die Orientierung in sekundären Sozialisationsmedien bzw. -institutionen, besonders in peer groups;
- die Erfahrung der Sexualität, die Regulierung eines „Heiratsmarktes" (vgl. Shorter 1975/1977, Flandrin 1978c);
- der mit dem Lebensalter zunehmende Zwang, für den eigenen Lebensunterhalt sorgen zu müssen;
- das Erlernen des für Männer und Frauen spezifischen „Rollenverhaltens".

Unterschiedliche Familienformen und Arbeitsorganisationen, unterschiedliche kulturelle Normen und gesamtgesellschaftliche Bedingungen führen in verschiedenen historischen Epochen zu ganz unterschiedlichen Verläufen von Kindheit und Jugend, führen zu unterschiedlichen individuellen und kollektiven Vergesellschaftungsprozessen, führen zu ganz unterschiedlichen „Gestalten" des Kindes- und Jugendalters, mithin zu unterschiedlichen Prägungen der Identität und des Sozialcharakters von Erwachsenen. Ihre Beschreibung und Analyse ist Aufgabe der Historischen Sozialisationsforschung.

d) Wie in der empirischen Sozialforschung, wird auch die historische Rekonstruktion von Lebensläufen und Generationsschicksalen häufig genug plausible Allgemeinheiten zutage fördern; der Empiriker ist an der Verallgemeinerungsfähigkeit von wissenschaftlichen Aussagen per se interessiert, der Historiker wird zu Verallgemeinerungen gezwungen, weil sein Quellenmaterial bruchstückhaft ist und weil er immer nur über eine begrenzte Zahl von Fallstudien verfügt.

Von der Historischen Sozialisationsforschung dürfen deshalb dort besondere Aufschlüsse erwartet werden, wo sie sich nicht dem durchschnittlichen Normalfall zuwendet, sondern dem ungewöhnlichen Lebensverlauf, dem Ausnahmefall, den alternativen oder als „abweichend" definierten Lebens- und Verhaltensformen, den unterprivilegierten Menschen und Gruppen (Köhler 1977, Blasius 1979) oder den (später) besonders erfolgreichen (Prause 1976).

Wie das Besondere als solches nur auf dem Hintergrund eines Allgemeinen bemerkbar wird, so auch das „Normale" auf der Folie des Ungewöhnlichen oder Pathologischen; Bittner (1979, S. 126f.) stellt daher mit Recht die Beziehung zwischen Biographie und Krankengeschichte her, wofür Schatzman (1973/1978) eine bemerkenswerte Fallstudie in explizit sozialisationshistorischer Perspektive vorgelegt hat. Ein eindrucksvolles frühes Beispiel für den Versuch, „pathologisches" Verhalten sozialisations-, d.h. lebensgeschichtlich aus spezifischen Vergesellschaftungsprozessen zu verstehen und daraus entschiedene ideologiekritische und pragmatische Schlußfolgerungen abzuleiten, ist Pestalozzis Schrift „Über Gesetzgebung und Kindermord" (1783/1930). Neuere Untersuchungen (z.B. Blasius 1976, Foucault 1975/1977, Köhler 1977, Rothman 1971, Tobias 1967, Carlebach 1970) erweitern zwar die sozial- und kriminalgeschichtlichen Perspektiven beträchtlich, ihre Quellen müßten aber sozialisationshistorisch vielfach erst interpretierend erschlossen werden und werden erst dort für unsere Zwecke ergiebig, wo sie Fallstudien ermöglichen (vgl. Blasius 1979).

Hier eröffnet sich ein Arbeitsfeld, das unter den Kategorien der traditionellen „Armenpflege", „Wohlfahrtsfürsorge" und „Sozialarbeit" nur unzureichend begriffen und erschlossen wird. Es wäre neu zu konzipieren, indem Formen der Lebensunterhaltssicherung immer auch als Formen sozialer Disziplinierung verstanden würden und die den Betroffenen verordnete „beschädigte Identität" als ein Definitionsprozeß durch diejenigen durchschaut würde, die daran ein professionelles Interesse haben (Platt 1969). Historische Sozialisationsforschung auf dem Gebiet der Sozialarbeit und ihrer sozialpädagogischen Theorie kann einstweilen nur als Desiderat hervorgehoben werden.

3 Vorarbeiten für eine Historische Sozialisationsforschung

Selbst eine sich auf wichtige Untersuchungen und Themen beschränkende bibliographische Erschließung der in den letzten zwanzig Jahren in Gang gekommenen (sozial-)historischen Erforschung von Familienleben, Kindheit und Jugendalter ist so umfangreich (Herrmann/Renftle/Roth 1980), daß es ganz aussichtslos erscheint, im Rahmen dieses Handbuchartikels einen auch nur halbwegs vollständigen Überblick über diejenigen Untersuchungen geben zu wollen, die als Vorarbeiten für eine Historische Sozialisationsforschung angesehen werden können. Es ist hier auch nicht möglich, in eine Diskussion der verschiedenen Analysemodelle und ihrer Methoden einzutreten, vielleicht nicht einmal nötig. Denn psychogenetische Entwicklungs- und Evolutionsmodelle (z.B. Erikson 1959/1966, 1968/1974; Hunt 1970; DeMause 1974/1977; Davis 1976), die detaillierten sozialgeschichtlichen bzw. -strukturellen Analysen von Familiensystemen, besonders auch ihres emotionalen „Binnenklimas" (statt vieler: Ariès 1960/1975, Peeters 1966, Demos 1970, Shorter 1975/1977, Flandrin 1976/1978a, Mitterauer/Sieder 1977, Stone 1977) und der Lebensbereiche von Kindern und Jugendlichen (statt vieler: Pinchbeck/Hewitt 1969–1973; die Aufsätze in DeMause 1974/1977; die umfangreiche Dokumentation von Bremner 1970–1974), das Herausarbeiten von generationsspezifischen Verhaltensweisen (z.B. Muchow 1959, 1962; Hornstein 1965), von elementaren Praktiken der Kinderernährung und -aufzucht, von jugendlichen Gesellungsformen und Freiungsriten, die Bilddokumentation der Umstände und „Gestalten" kindlichen und jugendlichen Lebens usw. – dies alles erschließt doch zunächst nur die Bedingungen und Strukturen von Sozialisationsprozessen (sowie deren soziokulturellen und sozioökonomischen Rekonstruktions- und Interpretationskontext) und die historischen Informationen über Vergesellschaftungsformen und -prozesse. Unerledigt bleibt dabei in der Regel die Frage, wie innerhalb dieser so rekonstruierten und beschriebenen Verhältnisse das Subjektbewußtsein sich gebildet hat, das „Ich-selbst" der Person, nicht nur die äußere Erscheinung ihres Sozialverhaltens. Oder anders ausgedrückt: wie die innere ‚Verarbeitung' von äußeren Lebensumständen und -erfahrungen geschah, so daß bestimmte

Umstände, Situationen, Szenen eine lebensgeschichtliche Bedeutung für das Subjekt, seine Ich-Identität, sein Erleben und Verhalten, bekamen.

Der Kern der Historischen Sozialisationsforschung wird daher die historische *Fallstudie* sein müssen. Der Einzelfall (eines Menschen oder einer Gruppe) stellt sich aber immer zugleich als *exemplum* und als *pars pro toto* dar, als das Individuell-Besondere und das Typisch-Verallgemeinerungsfähige. In der Historischen Sozialisationsforschung wird also die Rekonstruktion der lebensgeschichtlichen Bedeutung von Sozialisations*bedingungen* bzw. -prozessen und deren *Wirkungen* auf zwei Weisen erfolgen können, die sich gegenseitig stützen und ergänzen: (1) über die Rekonstruktion der Lebensläufe von Individuen und (2) über die Rekonstruktion des Lebenswegs von Gruppen und Generationsgenossen.

3.1 Rekonstruktion von individuellen Lebensläufen

Obwohl eine Reihe von autobiographischen Quellensammlungen vorliegt (KIELL 1964; ABBS 1974; VOSS 1974, 1977; EMMERICH 1975; HARDACH-PINKE/HARDACH 1978), die ein spezielles Interesse an sozialisationsgeschichtlichen Problemen verfolgen, war die Tradition der älteren (Auto-)Biographieforschung abgerissen, sieht man von der singulären Arbeit von BERTLEIN (1960) ab. SCHULZE (1978, 1979) und DITTRICH/DITTRICH-JACOBI (1979) versuchen zum ersten Mal wieder, die Aufmerksamkeit auf dieses Forschungsfeld zu lenken. SCHULZE macht Vorschläge, Lebensgeschichten nach „Schnittpunkten" und „kritischen Ereignissen" zu befragen (1979, S. 90ff.), um „die Aufmerksamkeit für die Kehrseiten und Schwächen pädagogischer Institutionen zu schärfen, vor einer falschen Optimierung von Lernprozessen zu warnen, Erziehung in einem größeren ökologischen Zusammenhang zu sehen, die Auswirkungen gesellschaftlicher Rahmenbedingungen auf heranwachsende Generationen besser zu verstehen und damit Einsicht zu gewinnen in die Evolution der menschlichen Lernfähigkeit" (S. 92f.).

Über die Möglichkeit und Notwendigkeit der Verbindung von biographischer und i. w. S. sozialgeschichtlicher Forschung handelte schon OELKERS in seiner Abhandlung von 1976 (dort auch die einschlägige Literatur), ebenfalls von der Beobachtung des Fehlens biographischer Geschichtsschreibung und einer kritischen Biographie-Theorie in der Geschichtswissenschaft ausgehend. OELKERS hält mit Recht daran fest, daß jenseits der falschen Alternative „Individuum versus Gesellschaft" in der kritischen Geschichtsforschung das Individuelle eine Dimension von Gesellschaftskritik erschließt, die die *Struktur*geschichte *per se* nicht erreicht. „Das dialektisch-historische Verhältnis von Individuum und Gesellschaft ist ... nicht mit einem Modell zu fassen, das zwei ‚Seiten' annimmt, die sich – irgendwie – durchdringen ... Demgegenüber ist von einem historischen Handlungskontext oder institutionellen Rahmen auszugehen, der relativ präzise beschrieben werden kann (Systemebene); in ihm haben intersubjektive Handlungen stattgefunden, die, sowohl was sinnstiftende Interpretationen (oder: Typisierungen der Kommunikation) als auch was Handlungsgrenzen angeht, von diesem Rahmen abhängen und ihn – in günstigen Positionen – verändern (Interaktionsebene) ... Die Entwicklung von Individuen oder Gruppen in einen Handlungskontext hinein, die Determination durch den vorgegebenen Zusammenhang und die Wirkung auf ihn sind Gegenstand der Biographik, nicht ein individualistischer Obskurantismus, der ihr – programmatisch – unterstellt wird. So verstanden führt eine biographietheoretische Diskussion ins Zentrum der Auseinandersetzung um Geschichtswissenschaft und liegt keineswegs am Rande." (S. 299)

Die individuelle Lebensgeschichte baut sich auf im gemeinsamen Leben mit Geschwistern, Spielkameraden, den Gleichaltrigen am Arbeitsplatz und in der Freizeit, also im Rahmen eines „Kollektivschicksals"; „die Teilhabe an einem kollektiven Schicksal (wird) für das (individuelle) Bewußtsein durch ein vergegenwärtigtes persönliches Schicksal vermittelt, wie umgekehrt das Kollektivschicksal die Stationen des persönlichen Lebens erklären hilft" (H. P. BAHRDT, zit. bei DITTRICH/DITTRICH-JACOBI 1979, S. 109). Zwischen der individuell und gruppenorientierten Historischen Sozialisationsforschung steht daher ein Typus von (möglichen) Untersuchungen, der beide Aspekte miteinander zu verbinden sucht.

Exemplarisch dafür sind die Studien von UHLIG (1978) und ELKAR (1979). – UHLIGS Arbeit ist deshalb von besonderem Interesse, weil sie sich dem Schicksal der Kinder armer Leute zuwendet, für deren Lebensgeschichte es in der Regel nur eine dürftige Überlieferung (sowohl schriftliche Quellen als auch Überreste) gibt. Des weiteren ist von Interesse, daß nicht nur das kollektive Schicksal dieser Kinder- und Jugendgruppe beschrieben werden konnte, sondern daß auch Deutung und Bedeutung einzelner „kritischer Ereignisse" durch Zeitgenossen sowie von den Beteiligten selbst durch mündliche Berichte in die Darstellung eingearbeitet wurden. Die Arbeit bietet ein gutes Beispiel für einen Bereich sozialgeschichtlicher Untersuchungen, in dem von den herkömmlichen Aspekten der Geschichte der Kinderarbeit zur Geschichte des arbeitenden Kindes übergegangen wird. – ELKARS Ausführungen zur „Schülerkultur" (1979, S. 224ff.) zeigen sozialisationsgeschichtliche Dimensionen der Rekrutierung (bildungs-)bürgerlicher Eliten, die bisher wenig beachtet worden sind, insonderheit die Bedeutung der jugendlichen „Subkultur" und ihr prägender Einfluß auf Bewußtsein und Verhalten der jungen Erwachsenen.

3.2 Rekonstruktion des Lebensweges von Gruppen und „Generationen"

Zu diesem Untersuchungstypus sind die mehrfach erwähnten Arbeiten von GILLIS (1974/1980) und SCHLUMBOHM (1979) zu rechnen. – GILLIS interessiert sich nicht dafür, was herkömmlicherweise von Erwachsenen *über* die Jugendlichen geschrieben wurde und was von *Erwachsenen* gedacht und getan wurde, um das Jugendleben zu gestalten, d.h. in der Regel zu kontrollieren und in die „richtigen Bahnen" zu lenken, sondern für das von den Jugendlichen *selbst* gestaltete Leben, ihren *eigenen* Bräuchen und Traditionen, für Moden und Leitbilder der Jugendlichen selbst, die für ihre Lebensführung und Lebensgestaltung bedeutsam sind. „Jugend macht ihre eigene Geschichte" ist die Kernthese des Buchs, das in seinen Analysen und Darstellungen recht anschaulich den Zusammenhang von Individual- und Kollektiverfahrungen beschreibt und kennzeichnende Veränderungen im Verhalten und Erscheinungsbild der Jugend sozialisationsgeschichtlich in sozialgeschichtlichem Kontext erklärt. – SCHLUMBOHM skizziert sozialisationsgeschichtliche Aspekte des kollektiven Verhaltens z.B. bei Gesellen und Arbeitern und die Genese des bürgerlichen „Individuums" auf dem Hintergrund der unterschiedlichen „Lernorte": einerseits der Straße und der „peer groups", andererseits der zunehmenden Isolierung des bürgerlichen Kindes, das nur ja kein „Straßenkind" oder „Gassenjunge" werden sollte. SCHLUMBOHMS Skizze zeigt, wie fruchtbar sozialisationsgeschichtliche Fragestellungen sein können, zeigt aber auch, ein wie umfangreiches Quellen- und Literaturstudium dafür erforderlich ist.

Diese Hinweise legen es nahe, die sozialisationshistorische Analyse von Individuen und Gruppen und deren jeweilige sozio-kulturelle und politisch-gesellschaftliche Lebensbereiche wieder an eine kultur- und geistesgeschichtliche Forschungstradition anzubinden, die eine ähnliche Fragestellung verfolgte: ob es nicht prägende Erlebnisse, Gemeinsamkeiten, „Stile", Haltungen gibt, die Individuen und Gruppen dergestalt prägen, daß wir von einer *Generation* sprechen können. Die Generationenzugehörigkeit ist nicht bloß ein historiographisches oder analytisches Hilfsmittel der Periodisierung, sondern entspricht der Selbstwahrnehmung mancher Generationen. GOETHE schrieb in der Vorrede zu „Dichtung und Wahrheit" (1811): „Ein jeder, nur zehn Jahre früher oder später geboren, dürfte, was seine eigene Bildung und Wirkung nach außen betrifft, ein ganz anderer geworden sein." Die Redeweise von der Generation der Stürmer und Dränger, der 1848er, der Jugendbewegung, der Studentenrevolte am Ausgang der 1960er Jahre, mit der man konkrete Verhaltensweisen in einer kulturellen oder politischen Umbruchsituation verbindet, belegt unmittelbar die Auffassung von der Tragfähigkeit des Generationenkonzepts, wie es in der Form der „Prägungs-Hypothese" von DILTHEY formuliert wurde: „Diejenigen, welche in den Jahren der Empfänglichkeit dieselben leitenden Einwirkungen erfahren, machen zusammen eine Generation aus. So gefaßt, bildet eine Generation einen engen Kreis von Individuen, welche durch Abhängigkeit von denselben großen Tatsachen und Veränderungen, wie sie im Zeitalter ihrer Empfänglichkeit auftraten, trotz der Verschiedenheit anderer hinzutretender Faktoren, zu einem homogenen Ganzen verbunden sind." (1875/1964, S. 37) Hier nehmen die Konzepte der Erforschung von „Generationen" in der Kunst-, Musik-, Literatur- und Geistesgeschichte ihren Ausgang (wichtigste Literatur bei JAEGER 1977); sie werden von MANNHEIM in die Soziologie übernommen (1928/1970), und lange bedient sich die pädagogische und soziologische Jugendforschung dieses Konzepts (Litt, Spranger, Schelsky; Nachweise bei Jaeger 1977). Jugendliches Protestverhalten führte schließlich zum „Veralten" dieser Jugendforschung, die das soziale Verhalten der Jugend nicht mehr erklären konnte (vgl. Gillis' Nachwort zur deutschen Ausgabe seines Buchs 1980) und erinnert daran, daß es vor allem die „großen Tatsachen und Veränderungen" (Dilthey) sind, kurzfristige Umbrüche (Spitzer 1973), „Kriege, Revolutionen und wirtschaftliche Krisen großen Ausmaßes" (Jaeger 1977, S. 451), die das Generationenbewußtsein und die Generations*brüche* schaffen.

Jaeger sieht die praktische Verwendbarkeit des Generationen-Forschungskonzepts auf folgenden Gebieten gegeben, die auch für die historische Analyse von Sozialisationsprozessen unmittelbar einschlägig sind:

„1. Untersuchungen ‚allgemeinen' Charakters mit dem Ziel, eine wie auch immer geartete Generationsstruktur des Geschichtsverlaufs im ganzen zu ermitteln;
2. langfristig-periodisierende Untersuchungen zur Entwicklung einzelner geistiger Disziplinen, insbesondere zur Geschichte von Literatur und bildender Kunst;
3. Untersuchungen zum Altersaufbau konkreter Gruppen, Bünde, Schulen, Bewegungen;
4. Untersuchungen zu markanten historischen Epochen und ihren Trägern sowie den Umbrüchen und Zäsuren zwischen ihnen." (S. 445f.)

Für die Historische Sozialisationsforschung wird die Erforschung des generationsmäßigen Zusammenhangs von Gruppen, Bünden, Schulen und Bewegungen von besonderer Bedeutung sein – man denke an den Generationszusammenhang der Philanthropen im 18. Jahrhundert, der Neuhumanisten, der Jugendbewegung vor dem Ersten Weltkrieg, der Studentenbewegung usw. Neue Entwicklungen „pflegen neue Alters-Kohorten als Träger zu haben. Die einschlägige Memoirenliteratur belegt, wie sehr in diesem Bereich (der Geistes- und Kunstgeschichte als von Jaeger gewähltem Beispiel, U.H.) gerade den unmittelbar Beteiligten ihre Generationsgemeinschaft bewußt wird." (Jaeger 1977, S. 451)

Die Historische Sozialisationsforschung bedient sich des Generationen-Konzepts nicht, um überkommene Stereotypisierungen z.B. „des Jugendalters" – die jeweilige junge Generation war „verloren", „skeptisch", „apathisch", „sprachlos" usw. – auf einen jeweils „aktuellen" Stand zu bringen, sondern um gerade umgekehrt das gruppen-, schichten- und klassenspezifische an einem Generationenzusammenhang zu zeigen. Dieser Gedanke steckt schon in Diltheys Formulierung von der Generation als einem „engen Kreis von Individuen", die zu „einem homogenen Ganzen verbunden sind". Die Homogenität der Bewußtseinsstrukturen und der sozialen Lage ist also das Primäre, die Zugehörigkeit zu benachbarten Jahrgängen das Sekundäre. Dies bestätigen alle vorliegenden älteren und neueren Arbeiten, die das Konstrukt „die junge Generation" oder „die Jugendlichen" sozialgeschichtlich differenzieren. Historische Sozialisationsforschung wird also nur ertragreich sein, wenn die *doppelte Perspektive* von Generations- und Klassen- bzw. Schichtzugehörigkeit forschungsmethodisch beachtet wird. Eine analoge Entwicklung zeigt sich in der jüngsten Diskussion soziologischer Lebensalter-Konzepte (vgl. Rosenmayr 1978).

Mit ihrer Konzentration auf die biographische und generationenspezifische Erforschung von Sozialisations-, Erziehungs- und Bildungsprozessen und -strukturen wird die Historische Sozialisationsforschung am ehesten den Anschluß an die zeitgenössische Geschichtsforschung gewinnen und ihren spezifischen Beitrag zur Selbsterkenntnis des Menschen in seiner sich wandelnden Lebenswelt leisten können.

Literatur

Die nachfolgende Bibliographie kann nicht mehr bieten als erste Hinweise auf wichtige Quellensammlungen und Darstellungen. Das Material ist umfangreicher erschlossen in der Bibliographie von Herrmann/Renftle/Roth (1980). – Um den Anschluß an die für unsere Fragestellungen besonders wichtige französische Forschung zu bekommen, wurden ausnahmsweise zahlreiche Aufsätze aus Le Goff (1978a) nachgewiesen.

Abbs, P. (Hrsg.): Autobiography in Education. London 1974.
Akademie der Künste Berlin: Puppe, Fibel, Schießgewehr. Das Kind im kaiserlichen Deutschland. (Akademie-Katalog 113.) Berlin 1976.
Alt, R.: Bilderatlas zur Schul- und Erziehungsgeschichte. 2 Bde., Berlin 1960/65.
Ariès, Ph.: Geschichte der Kindheit (1960). München/Wien 1975. (Der Originaltitel, der Intention und Inhalt des Buchs korrekt wiedergibt, lautet: L'Enfant et la vie familiale sous l'Ancien Régime.)

Ariès, Ph.: Artikel „L'histoire des mentalités". In: Le Goff 1978a, S. 402–423.

Baacke, D./Schulze, Th. (Hrsg.): Aus Geschichten lernen. Zur Einübung pädagogischen Verstehens. München 1979.

Baumgartner, H. M.: Narrative Struktur und Objektivität. Wahrheitskriterien im historischen Wissen. In: Rüsen, J. (Hrsg.): Historische Objektivität. Göttingen 1975, S. 48–67.

Baumgartner, H. M./Rüsen, J. (Hrsg.): Seminar: Geschichte und Theorie. Umrisse einer Historik. Frankfurt 1976.

Benner, D.: Hauptströmungen der Erziehungswissenschaft. München 1973.

Bernfeld, S.: Ein Institut für Psychologie und Soziologie der Jugend (Archiv für Jugendkultur). Entwurf zu einem Programm (1914). In: Rosenmayr, L.: Geschichte der Jugendforschung in Österreich 1914–1931. Wien o.J., S. 105–132.

Bernfeld, S.: Über den Begriff der Jugend. Diss. (Masch.-Schr.) Wien 1915.

Bertlein, H.: Jugendleben und soziales Bildungsschicksal. Reifungsstil und Bildungserfahrung werktätiger Jugendlicher 1860–1910. Hannover 1960.

Binneberg, K.: Pädagogische Fallstudien. Ein Plädoyer für das Verfahren der Kasuistik in der Pädagogik. In: Z. f. Päd. 25 (1979), S. 395–402.

Bittner, G.: Thesen zu „Sozialisation und Familie". In: Neue Sammlung 14 (1974), S. 324–326 (a).

Bittner, G.: „Entwicklung" oder „Sozialisation"? In: Neue Sammlung 14 (1974), S. 389–396 (b).

Bittner, G.: Zur psychoanalytischen Dimension biographischer Erzählungen. In: Baacke/Schulze 1979, S. 120–128.

Blasius, D.: Bürgerliche Gesellschaft und Kriminalität. (Kritische Studien zur Geschichtswissenschaft, Bd. 22.) Göttingen 1976.

Blasius, D.: Psychohistorie und Sozialgeschichte. In: Archiv für Sozialgeschichte XVII (1977), S. 383–403.

Blasius, D.: Bürgerliche Gesellschaft und bürgerliche Ängste – Der Irre im 19. Jahrhundert. In: Sozialwiss. Informationen für Unterricht und Studium (SOWI) 8 (1979), S. 88–94.

Boesch, H.: Kinderleben in der deutschen Vergangenheit (1900). (Monographien zur deutschen Kulturgeschichte, Bd. V.) Düsseldorf/Köln 1979.

Borscheid, P.: Textilarbeiterschaft in der Industrialisierung. Soziale Lage und Mobilität in Württemberg (19. Jahrhundert). (Industrielle Welt, Bd. 25.) Stuttgart 1978.

Bremner, R. H. (Hrsg.): Children and Youth in America. A Documentary History. 5 Bde., Cambridge, Mass. 1970–1974.

Brumlik, M.: Der symbolische Interaktionismus und seine pädagogische Bedeutung. Frankfurt 1973.

Burguière, A.: Artikel „L'anthropologie historique". In: Le Goff 1978a, S. 37–61.

Carlebach, J.: Caring for Children in Trouble. London 1970.

Clausen, J. A.: A Historical and Comparative View of Socialization Theory and Research. In: Ders. (Hrsg.): Socialization and Society. Boston 1968, S. 18–72.

Conze, W.: Die Strukturgeschichte des technisch-industriellen Zeitalters als Aufgabe für Forschung und Unterricht. (Arbeitsgemeinschaft für Forschung des Landes NRW. Geisteswissenschaften, H. 66.) Köln/Opladen 1957.

Davis, G.: Childhood and History in America. New York 1976.

DeMause, L. (Hrsg.): Hört ihr die Kinder weinen. Eine psychogenetische Geschichte der Kindheit (1974). Frankfurt 1977. Darin vom Hrsg.: Evolution der Kindheit, S. 12–111.

Demos, J.: A Little Commonwealth. Family Life in Plymouth Colony. New York 1970.

Dilthey, W.: Über das Studium der Geschichte der Wissenschaften vom Menschen, der Gesellschaft und dem Staat (1875). In: Ders.: Gesammelte Schriften. Bd. V. Stuttgart/Göttingen [4]1964, S. 31–73.

Dilthey, W.: Ideen über beschreibende und zergliedernde Psychologie (1894); Beiträge zum Studium der Individualität (1895/96). In: Ders.: Gesammelte Schriften. Bd. 5. Stuttgart/Göttingen [4]1964, S. 139–316.

Dilthey, W.: Der Aufbau der geschichtlichen Welt in den Geisteswissenschaften (1910); Plan der Fortsetzung des Aufbaus ... (1910/1911). In: Ders.: Gesammelte Schriften. Bd. 7. Stuttgart/Göttingen [3]1961, S. 79–291.

Dittrich, E./Dittrich-Jacobi, J.: Die Autobiographie als Quelle zur Sozialgeschichte der Erziehung. In: Baacke/Schulze 1979, S. 99–119.

Dreitzel, H. P. (Hrsg.): Sozialer Wandel. Zivilisation und Fortschritt als Kategorien der soziologischen Theorie. (Soziologische Texte, Bd. 41.) Neuwied/Berlin [2]1972.

Elias, N.: Über den Prozeß der Zivilisation. Soziogenetische und psychogenetische Untersuchungen (1939). 2 Bde. Bern/München [2]1969 (darin Einleitung zur 2. Auflage in Bd. 1, S. VII–LXX).

Elkar, R. S.: Junges Deutschland in polemischem Zeitalter. Das schleswig-holsteinische Bildungsbürgertum in der 1. Hälfte des 19. Jahrhunderts. Zur Bildungsrekrutierung und politischen Sozialisation. Düsseldorf 1979.

Emmerich, W. (Hrsg.): Proletarische Lebensläufe. Autobiographische Dokumente zur Entstehung der zweiten Kultur in Deutschland. 2 Bde. Reinbek 1975.

Erikson, E. H.: Der junge Mann Luther. Eine psychoanalytische und historische Studie (1958). Frankfurt 1975.

Erikson, E. H.: Identität und Lebenszyklus (1959). Frankfurt 1966.

Erikson, E. H.: Jugend und Krise. Die Psychodynamik im sozialen Wandel (1968). Stuttgart 1974.

Flandrin, J.-L.: Familie. Soziologie – Ökonomie – Sexualität (1976). Frankfurt 1978 (a).

Flandrin, J.-L.: Artikel „Familie". In: Le Goff 1978a, S. 168–172 (b).

Flandrin, J.-L.: Artikel „Sexualité". In: Le Goff 1978a, S. 509–513 (c).

Flitner, A.: Eine Wissenschaft für die Praxis?. In: Z. f. Päd. 24 (1978), S. 183–193.

Flitner, A./Scheuerl, H. (Hrsg.): Einführung in pädagogisches Sehen und Denken. München 1967.

Flitner, W.: Systematische Pädagogik. Versuch eines Grundrisses zur Allgemeinen Erziehungswissenschaft. Breslau 1933. Ab 1950 (zahlr. Auflagen) u. d. T.: Allgemeine Pädagogik. Stuttgart 1950 u.ö.

Flitner, W.: Das Selbstverständnis der Erziehungswissenschaft in der Gegenwart. (Pädagogische Forschungen, Bd. 1.) Heidelberg 1957.

Foucault, M.: Überwachen und Strafen (1975). Frankfurt 1976.

Gerth, H. H.: Bürgerliche Intelligenz um 1800. (Diss. Frankfurt/M. 1935.) Hrsg. von U. Herrmann. (Kritische Studien zur Geschichtswissenschaft, Bd. 19.) Göttingen 1976.

Geulen, D.: Das vergesellschaftete Subjekt. Zur Grundlegung der Sozialisationstheorie. Frankfurt 1977.

Giesecke, H.: Lob des Zwischenhandels – Überlegungen

zum Verhältnis von Erziehungswissenschaft und pädagogischer Praxis. In: Neue Sammlung 19 (1979), S. 489–501.

GILLIS, J. R.: Geschichte der Jugend (1974). Weinheim/Basel 1980.

GREVERUS, I.-M.: Kultur und Alltagswelt. (Beck'sche Schwarze Reihe, Bd. 182.) München 1978.

GUSDORF, G.: Les sciences humaines et la conscience occidentale. Vol. VI: L'avènement des sciences humaines au siècle des lumières. Paris 1973.

GUSDORF, G.: Introduction aux sciences humaines. Essai critique sur leurs origines et leur développement. (Association des Publications près les Universités de Strasbourg, Fasc. 140.) Paris ²1974.

HABERMAS, J.: Geschichte und Evolution. In: Geschichte und Gesellschaft 2 (1976), S. 310–357 (a). Wiederabgedruckt in: Ders. 1976b, S. 200–259.

HABERMAS, J.: Zur Rekonstruktion des Historischen Materialismus. Frankfurt 1976 (b).

HARDACH-PINKE, I./HARDACH, G. (Hrsg.): Deutsche Kindheiten. Autobiographische Zeugnisse 1700–1900. Kronberg/Ts. 1978.

HERBART, J. F.: Allgemeine Pädagogik, aus dem Zweck der Erziehung abgeleitet (1806). In: Ders.: Pädagogische Schriften. Hrsg. von W. ASMUS. 2. Bd. Düsseldorf/München 1965, S. 9–155.

HERRMANN, U.: Artikel „Historisch-systematische Dimensionen der Erziehungswissenschaft". In: WULF, Ch. (Hrsg.): Wörterbuch der Erziehung. München/Zürich 1974, S. 283–289.

HERRMANN, U.: Empfehlungen zum Studium der Geschichte der Familienerziehung. In: MOLLENHAUER, K., u. a.: Die Familienerziehung. (Grundfragen der Erziehungswissenschaft, Bd. 10.) München 1975, S. 207–216 (a).

HERRMANN, U.: Probleme einer Erziehungswissenschaftlichen Historik. In: BLASS, J. L., u. a. (Hrsg.): Bildungstradition und moderne Gesellschaft. Zur Neuorientierung erziehungswissenschaftlichen Denkens. Hans-H. Groothoff zum 60. Geburtstag. Hannover 1975, S. 268–282 (b).

HERRMANN, U.: Kindheit und Jugend im Werk Joachim Heinrich Campes. In: Neue Sammlung 15 (1975), S. 464–481 (c).

HERRMANN, U.: Die Rolle der Psychologie in der Entwicklung der modernen Erziehungswissenschaft. In: Die Psychologie des 20. Jahrhunderts. (Kindler-Enzyklopädie.) Bd. I: Die europäischen Traditionen. Hrsg. von H. BALMER. Zürich 1976, S. 1013–1026.

HERRMANN, U.: Literatursoziologie und Lesergeschichte als Bildungsforschung. Historische Sozialisationsforschung im Medium der Kinder- und Jugendliteratur. In: Internat. Archiv für Sozialgeschichte der deutschen Literatur 2 (1977), S. 187–198.

HERRMANN, U.: Pädagogik und geschichtliches Denken. In: THIERSCH, H./RUPRECHT, H./HERRMANN, U.: Die Entwicklung der Erziehungswissenschaft. (Grundfragen der Erziehungswissenschaft, Bd. 2.) München 1978, S. 173–238.

HERRMANN, U./RENFTLE, S./ROTH, L.: Bibliographie zur Geschichte der Kindheit, Jugend und Familie. München 1980.

HEYDORN, H.-J.: Über den Widerspruch von Bildung und Herrschaft. Frankfurt 1970.

HEYDORN, H.-J.: Zu einer Neufassung des Bildungsbegriffs. Frankfurt 1972.

HILDEBRANDT, P.: Das Spielzeug im Leben des Kindes (1904). Düsseldorf/Köln 1979.

Historisches Museum Frankfurt/M.: 100 Jahre Historisches Museum Frankfurt 1878 bis 1978. (Kleine Schriften des Histor. Museums, Bd. 12.) Frankfurt 1978. Darin Ausstellung II: Arbeiterjugendbewegung in Frankfurt 1904 bis 1945. Material zu einer verschütteten Kulturgeschichte.

Historisches Museum der Stadt Wien: Das Kind und seine Welt. Sonderausstellung 1959/60.

HORNSTEIN, W.: Vom „jungen Herrn" zum „hoffnungsvollen Jüngling". Wandlungen des Jugendlebens im 18. Jahrhundert. (Anthropologie und Erziehung, Bd. 14.) Heidelberg 1965.

HORNSTEIN, W.: Jugend in ihrer Zeit. Geschichte und Lebensformen des jungen Menschen in der europäischen Welt. Hamburg 1966.

HUMBOLDT, W. von: Ideen zu einem Versuch, die Gränzen der Wirksamkeit des Staats zu bestimmen (1792). In: Ders.: Werke in 5 Bänden. Hrsg. von A. FLITNER und K. GIEL. Bd. I. Darmstadt 1960, S. 56–233.

HUMBOLDT, W. von: Theorie der Bildung des Menschen (o. J.). In: Werke. Bd. I (1960), S. 234–240.

HUMBOLDT, W. von: Brief an Körner vom 19. November 1793. Im Auszug abgedr. in: Ders.: Bildung und Sprache. Hrsg. von Cl. MENZE. Paderborn 1959, S. 126–129.

HUNT, D.: Parents and Children in History. The Psychology of Family Life in Early Modern France. New York/London 1970.

HURRELMANN, K. (Hrsg.): Sozialisation und Lebenslauf. Empirie und Methodik sozialwissenschaftlicher Persönlichkeitsforschung. Reinbek 1976.

IGGERS, G. G.: Neue Geschichtswissenschaft. Vom Historismus zur Historischen Sozialwissenschaft (1975). München 1978.

JAEGER, H.: Generationen in der Geschichte. Überlegungen zu einer umstrittenen Konzeption. In: Geschichte und Gesellschaft 3 (1977), S. 429–452.

JAEGER, S./STAEUBLE, I.: Die gesellschaftliche Genese der Psychologie. (Texte zur Kritischen Psychologie, Bd. 8.) Frankfurt/New York 1978.

KAMPER, D.: Artikel „Sozialisation". In: WULF, Ch. (Hrsg.): Wörterbuch der Erziehung. München/Zürich 1974, S. 540–546.

KANT, I.: Über Pädagogik (1803). In: Ders.: Ausgewählte Schriften zur Pädagogik und ihrer Begründung. Hrsg. von H.-H. GROOTHOFF. Paderborn 1963.

KIELL, N. (Hrsg.): The Universal Experience of Adolescence. Boston 1964.

KOCKA, J.: Sozialgeschichte. Begriff – Entwicklung – Probleme. Göttingen 1977.

KOCKA, J. (Hrsg.): Arbeiterkultur im 19. Jahrhundert. Themenheft der Zeitschrift „Gesellschaft und Geschichte" 5 (1979), Heft 1.

KÖHLER, E.: Arme und Irre. Die liberale Fürsorgepolitik des Bürgertums. Berlin 1977.

KOHLI, M. (Hrsg.): Soziologie des Lebenslaufs. (Soziologische Texte, Bd. 109.) Darmstadt/Neuwied 1978.

KÖNNEKER, M.-L.: Mädchenjahre. Ihre Geschichte in Bildern und Texten. Darmstadt/Neuwied 1978.

KOSELLECK, R.: Kritik und Krise. Ein Beitrag zur Pathogenese der bürgerlichen Welt. Freiburg/München ²1969.

KOSELLECK, R./STEMPEL, W.-D. (Hrsg.): Geschichte – Ereignis und Erzählung. (Poetik und Hermeneutik, Bd. V.) München 1973.

KOSELLECK, R./MOMMSEN, W. J./RÜSEN, J. (Hrsg.): Objektivität und Parteilichkeit in der Geschichtswissenschaft. (Beiträge zur Historik, Bd. 1.) München 1977.

KRIEDTE, P./MEDICK, H./SCHLUMBOHM, J.: Industrialisierung vor der Industrialisierung. Gewerbliche Warenproduktion auf dem Land in der Formationsperiode des Kapitalismus. (Veröffentlichungen des Max-Planck-Insti-

tuts für Geschichte, Bd. 53.) Göttingen 1977.
LE GOFF, J., u.a. (Hrsg.): La Nouvelle Histoire. Paris 1978 (a).
LE GOFF, J.: Artikel „L'histoire nouvelle". In: LE GOFF 1978a, S. 210–241 (b).
LEPENIES, W.: Melancholie und Gesellschaft. Frankfurt 1969.
LEPENIES, W.: Das Ende der Naturgeschichte. Wandel kultureller Selbstverständlichkeiten in den Wissenschaften des 18. und 19. Jahrhunderts. München 1976.
LEPENIES, W.: Probleme einer Historischen Anthropologie. In: RÜRUP, R. (Hrsg.): Historische Sozialwissenschaft. Göttingen 1977, S. 126–152 (mit einem Anhang S. 152–159: Hinweise zur Einführung in die Literatur- und Forschungslage).
LEPENIES, W. (Hrsg.): Die Wissenschaften und ihre Geschichte. Themenheft der Zeitschrift „Geschichte und Gesellschaft" 4 (1978), Heft 4.
LINNE, G.: Jugend in Deutschland. Vom Sturm und Drang zur APO. Gütersloh 1970.
LIPPE, R. ZUR: Naturbeherrschung am Menschen. 2 Bde. Frankfurt 1974.
LIPPE, R. ZUR: Bürgerliche Subjektivität: Autonomie als Selbstzerstörung. Frankfurt 1975.
LORENZER, A.: Die Analyse der subjektiven Struktur von Lebensläufen und das gesellschaftlich Objektive. In: BAACKE/SCHULZE 1979, S. 129–145.
LUDZ, P. Chr. (Hrsg.): Soziologie und Sozialgeschichte (Kölner Zs. für Soziologie u. Sozialpsychologie, Sonderheft 16.) Opladen 1972.
MANNHEIM, K.: Das Problem der Generationen (1928). In: Ders.: Wissenssoziologie. Neuwied ²1970, S. 509–565.
MARX, K./ENGELS, F.: Die deutsche Ideologie (1845/46). In: MEW. Bd. 3. Berlin 1969.
MITTERAUER, M.: Vorindustrielle Familienformen. Zur Funktionsentlastung des „ganzen Hauses" im 17. und 18. Jahrhundert. In: Wiener Beiträge zur Geschichte der Neuzeit 2 (1975), S. 123–185.
MITTERAUER, M./SIEDER, R.: Vom Patriarchat zur Partnerschaft. Zum Strukturwandel der Familie. (Beck'sche Schwarze Reihe, Bd. 158.) München 1977.
MOLLENHAUER, K.: Aspekte einer strukturalen pädagogischen Interaktionsanalyse. Methodologische Hypothesen zur gesellschaftlichen Formierung von Bildungsverläufen. In: RÖHRS, H. (Hrsg.): Die Erziehungswissenschaft und die Pluralität ihrer Konzepte. Festschrift für Wilhelm Flitner zum 90. Geburtstag. Wiesbaden 1979, S. 241–252.
MÖLLER, H.: Die kleinbürgerliche Familie im 18. Jahrhundert. Verhalten und Gruppenkultur. (Schriften zur Volksforschung, Bd. 3.) Berlin 1969.
MORAVIA, S.: Beobachtende Vernunft. Philosophie und Anthropologie in der Aufklärung (1970). Frankfurt/Berlin/Wien 1977.
MUCHOW, H. H.: Sexualreife und Sozialstruktur der Jugend. Reinbek 1959.
MUCHOW, H. H.: Jugend und Zeitgeist. Morphologie der Kulturpubertät. Reinbek 1962.
MÜLLER, S. F./TENORTH, H.-E.: Erkenntnisfortschritt und Wissenschaftspraxis in der Erziehungswissenschaft. In: Z. f. Päd. 25 (1979), S. 853–881.
Musée des Arts et Traditions Populaires: Mari et Femme dans la France rurale traditionelle. (Éditions des Musées nationaux.) Paris 1973.
Neue Gesellschaft für Bildende Kunst/Staatliche Kunsthalle Berlin: Die gesellschaftliche Wirklichkeit der Kinder in der bildenden Kunst. Ausstellungskatalog Berlin 1979.
NIPPERDEY, Th.: Die anthropologische Dimension der Geschichtswissenschaft. In: SCHULZ, G. (Hrsg.): Geschichte heute. Positionen – Tendenzen – Probleme. Göttingen 1973, S. 225–255.
OELKERS, J.: Biographik – Überlegungen zu einer unschuldigen Gattung. In: Neue politische Literatur 3 (1974), S. 296–309.
OELKERS, J.: Die Vermittlung zwischen Theorie und Praxis in der Pädagogik. München 1976.
PEETERS, H. F. M.: Kind en jeugdige in het begin van de moderne tijd ca 1500 – ca 1650. Amsterdam 1966.
PESEZ, J.-M.: Artikel „Histoire de la culture matérielle". In: LE GOFF 1978a, S. 98–130.
PESTALOZZI, J. H.: Über Gesetzgebung und Kindermord (1783). In: Ders.: Sämtliche Werke. Bd. 9. Berlin/Leipzig 1930, S. 1–181.
PESTALOZZI, J. H.: Meine Nachforschungen über den Gang der Natur in der Entwicklung des Menschengeschlechts (1797). In: Ders.: Sämtliche Werke. Bd. 12. Berlin 1938, S. 1–166.
PINCHBECK, I./HEWITT, M.: Children in English Society. 2 Bde. London/Toronto 1969–1973.
PLATT, A.: The Child Savers: The Invention of Delinquency. Chicago/London 1969.
POHL, H. (Hrsg.): Forschungen zur Lage der Arbeiterschaft im Industrialisierungsprozeß. (Industrielle Welt, Bd. 26.) Stuttgart 1978.
PRAUSE, G.: Genies in der Schule. Legende und Wahrheit über den Erfolg im Leben. Reinbek 1976.
REIF, H.: Westfälischer Adel 1770–1860. Vom Herrschaftsstand zur regionalen Elite. (Kritische Studien zur Geschichtswissenschaft, Bd. 35.) Göttingen 1979.
REULECKE, J./WEBER, W. (Hrsg.): Fabrik – Familie – Feierabend. Beiträge zur Sozialgeschichte des Alltags im Industriezeitalter. Wuppertal 1978.
REYER, J.: Sozialgeschichte der Erziehung als historische Sozialisationsforschung? In: Z. f. Päd. 26 (1980), H. 1.
ROSENMAYR, L. (Hrsg.): Die menschlichen Lebensalter. Kontinuität und Krisen. München 1978. Darin vom Hrsg. u.a.: Fragmente zu einer sozialwissenschaftlichen Theorie der Lebensalter, S. 428–457.
ROSENMAYR, L.: Lebensalter, Lebensverlauf und Biographie. In: KLINGENSTEIN, G., u.a. (Hrsg.): Biographie und Geschichtswissenschaft. (Wiener Beiträge zur Geschichte der Neuzeit, Bd. 6.) Wien 1979, S. 47–67.
ROTHMAN, D. J.: The Discovery of the Asylum. Social Order and Disorder in the New Republic. Boston/Toronto 1971.
RÜHLE, O.: Illustrierte Kultur- und Sittengeschichte des Proletariats (1930). Genf 1970.
SCHATZMAN, M.: Die Angst vor dem Vater. Langzeitwirkung einer Erziehungsmethode. Eine Analyse am Fall Schreber (1973). Reinbek 1978.
SCHLEIERMACHER, F. D. E.: Vorlesungen über Pädagogik (1826). In: Ders.: Pädagogische Schriften. Hrsg. von Th. SCHULZE und E. WENIGER. Bd. 1. Düsseldorf/München 1957.
SCHLUMBOHM, J.: Straße und Familie. Kollektive und individualisierende Formen der Sozialisation im kleinen und im gehobenen Bürgertum Deutschlands um 1800. In: Z. f. Päd. 25 (1979), S. 697–726. Ausführliche Fassung in: VIERHAUS, R. (Hrsg.): Bürger und Bürgerlichkeit im Zeitalter der Aufklärung. (Wolfenbütteler Studien zur Aufklärung, Bd. 8.) Heidelberg 1980.
SCHMITT, J.-C.: Artikel „Gestes". In: LE GOFF 1978a, S. 194f.
SCHOMERUS, H.: Die Arbeiter der Maschinenfabrik Eßlingen. (Industrielle Welt, Bd. 24.) Stuttgart 1977.

SCHORSCH, A.: Images of Childhood. An Illustrated Social History. New York 1979.

SCHULZE, Th.: Thesen zur wissenschaftlichen Erschließung autobiographischer Quellen für pädagogische Erkenntnis. In: Neue Sammlung 18 (1978), S. 324–332.

SCHULZE, Th.: Autobiographie und Lebensgeschichte. In: BAACKE/SCHULZE 1979, S. 51–98.

SHORTER, E.: Die Geburt der modernen Familie (1975). Reinbek 1977.

SPAEMANN, R.: Rousseaus „Emile“: Traktat über Erziehung oder Träume eines Visionärs?. In: Z. f. Päd. 24 (1978), S. 823–834.

SPITZER, A. B.: The Historical Problem of Generations. In: American Historical Review 78 (1973), S. 1353–1385.

STEINBERG, Hans-Josef: Die deutsche sozialistische Arbeiterbewegung bis 1914. Eine bibliographische Einführung. Frankfurt/New York 1979.

STONE, L.: The Family. Sex and Marriage in England 1500–1800. London 1977.

TENBRUCK, F. H.: Über den gesellschaftlichen Wandel. In: KADELBACH, G. (Hrsg.): Wissenschaft und Gesellschaft. Frankfurt 1967, S. 321–343.

TILLY, R. H. (Hrsg.): Sozialer Protest. Themenheft der Zeitschrift „Geschichte und Gesellschaft“ 3 (1977), Heft 2.

TOBIAS, J. J.: Crime and Industrial Society in the Nineteenth Century. London 1967.

TRAPP, E. Chr.: Versuch einer Pädagogik (1780). Unveränderter Nachdruck, hrsg. von U. HERRMANN. Paderborn 1977.

UHLIG, O.: Die Schwabenkinder aus Tirol und Vorarlberg. (Tiroler Wirtschaftsstudien, 34. Folge.) Innsbruck/Stuttgart/Aalen 1978.

VOSS, U. (Hrsg.): Kindheiten, gesammelt aus Lebensberichten. Köln 1974.

VOSS, U. (Hrsg.): Die unbequemen Jahre. Jugend im Selbstporträt. Köln 1977.

VOVELLE, M.: L'histoire et la longue durée. In: LE GOFF 1978a, S. 316–343.

WEBER-KELLERMANN, I.: Die Familie. Geschichte, Geschichten und Bilder. Frankfurt 1976.

WEBER-KELLERMANN, I.: Die Kindheit. Kleidung und Wohnen, Arbeit und Spiel. Eine Kulturgeschichte. Frankfurt 1979.

WEHLER, H.-U. (Hrsg.): Geschichte und Soziologie. (Neue Wissenschaftliche Bibliothek, Bd. 53.) Köln 1972.

WEHLER, H.-U.: Bibliographie zur modernen deutschen Sozialgeschichte (18.–20. Jahrhundert). (Arbeitsbücher zur modernen Geschichte, Bd. 1.) Göttingen 1976.

WEHLER, H.-U.: Geschichtswissenschaft und „Psychohistorie“. In: Innsbrucker Historische Studien. Bd. 1. Innsbruck 1978, S. 201–213.

Wissenschaftsgeschichte der Erziehungswissenschaft. Themenheft der Z. f. Päd. 25 (1979), Heft 6.

ZAPF, W. (Hrsg.): Theorien des sozialen Wandels. (Neue Wissenschaftliche Bibliothek, Bd. 31.) Köln/Berlin ^{2}1970.

ZIGLER, E./CHILD, I. L.: Artikel „Socialization“. In: LINDZEY, G./ARONSON, E. (Hrsg.): The Handbook of Social Psychology. 2nd Edition, vol. III: The Individual in a Social Context. Reading, Mass. 1969, S. 450–589.

Klassen- und schichtenanalytische Ansätze in der Sozialisationsforschung

Günther Steinkamp

1 Einleitung

Versteht man Sozialisation als Sammelbezeichnung für den komplexen Prozeß der Vergesellschaftung der menschlichen Natur, so kommt damit zum Ausdruck, was in der sozialwissenschaftlichen Sozialisationsforschung in vielfacher Weise dokumentiert werden konnte: daß sich die Persönlichkeit des Menschen in keiner ihrer Dimensionen und in keiner Phase ihrer Genese gesellschaftsfrei herausbildet. Vielmehr ist die konkrete soziale Lebens- und Objektwelt, in der durch Prozesse sozialisatorischer Interaktion und in Auseinandersetzung mit der räumlich-sächlichen Umwelt der Formungsprozeß der menschlichen Persönlichkeit lebenslang stattfindet, bis in ihre innerste Struktur stets historisch-gesellschaftlich vermittelt (Institut für Sozialforschung 1956, S. 117; GEULEN 1972, S. 130 u. 1973, S. 87; HURRELMANN 1976, S. 17). Dieses Verständnis signalisiert ebenso, daß eine Theorie der Sozialisation notwendig in eine Theorie der gesellschaftlichen Prozesse übergehen muß (GEULEN 1973, S. 89). Zugleich muß sie aber auch eine Theorie der Interaktion sein, weil die Formungsprozesse der Persönlichkeit wesentlich in einem konkreten Kontext sozialer Interaktion sich ereignen, der mit biologisch bedingten Anlagen und Reifungsprozessen in komplexer Beziehung steht[1]. Daraus ergibt sich die anspruchsvolle Forderung, daß eine Sozialisationstheorie zumindest als integrierte Gesellschafts- und Interaktionstheorie konzipiert werden muß (HURRELMANN 1976, S. 12).

Die Verknüpfung gesellschaftlicher Strukturdimensionen (z.B. ökologischer, ökonomischer, politischer und kultureller, vgl. INKELES 1969, S. 618) mit Prozessen sozialisatorischer Interaktion in verschiedenen, in unterschiedlichem Umfang und unterschiedlicher Intensität am Persönlichkeitsformungsprozeß beteiligten Sozialisationsinstanzen ist das noch längst nicht erfüllte Erkenntnisprogramm sozialstruktureller Sozialisationsforschung. Sie ist aufgefordert, gleichzeitig drei Analyseebenen und ihre wechselseitigen Verschränkungen zu berücksichti-

1 Der Hinweis auf die Notwendigkeit einer Berücksichtigung unterschiedlicher Erbanlagen läßt sich nicht einfach mit dem Argument beiseite schieben, er sei mit einer auf chancengleiche Teilhabe aller Individuen am Gesellschaftsprozeß ausgerichteten Wertkonzeption unvereinbar. Eine daraus resultierende rigide Milieutheorie führt notwendig zu einer dogmatischen Beschränkung der Forschungsperspektive aller an der Aufklärung über den Sozialisationsprozeß arbeitenden Wissenschaften und ist schon in bezug auf ihre sozialen Folgen gar nicht vertretbar.

gen: „... auf der soziologischen Ebene die objektiven Lebensbedingungen, auf der sozialpsychologischen Ebene die Struktur interpersonaler Beziehungen und auf der psychologischen Ebene die intrapsychischen Mechanismen" (OEVERMANN/KRAPPMANN/KREPPNER 1968, S. 4). Die Erkenntnisabsicht sozialstruktureller Sozialisationsforschung geht dabei weit über das hinaus, was in diesem Beitrag behandelt werden soll: Die Auswirkungen *einer* Strukturdimension industrieller Gesellschaften, der sozialen Ungleichheitsstruktur, auf Struktur und Prozeß *familialer* Sozialisation[2]. Diese Forschungsrichtung ist zunächst hinlänglich genau mit der sogenannten „schichtenspezifischen" Sozialisationsforschung bezeichnet[3].

Ihr Verdienst ist es, Auswirkungen der im Schichtenkonstrukt nur sehr unzulänglich erfaßten objektiven Lage einer Familie im gesellschaftlichen Ungleichheitsgefüge auf verschiedene Dimensionen des familialen Sozialisationsprozesses nachgewiesen und – sehr bedingt[4] – letzteren wiederum als Ursachenzusammenhang für unterschiedliche Persönlichkeitseigenschaften und Fähigkeiten des Kindes aufgezeigt zu haben. Stark vereinfacht lautet ihre zentrale Erkenntnis: Mit abnehmender Stellung einer Familie im System gesellschaftlicher Ungleichheit ist diese in ihrer Wirkung sich kumulativ verstärkenden ökonomischen, sozialen und kulturellen Benachteiligungen und Belastungen ausgesetzt, die sich auf die Prozesse sozialisatorischer Interaktion auf der Familienebene und auf die Qualität der räumlich-sächlichen Objektwelt derart auswirken, daß eine optimale Entwicklung emotionaler, sozialer, motivationaler, sprachlicher und kognitiver Kompetenzen der Kinder zunehmend unwahrscheinlicher wird (STEINKAMP 1973). Damit scheint es dieser Forschungsrichtung gelungen, *eine* Ursachenkette für die bedrückende Tatsache der Perpetuierung sozialer Ungleichheitsstrukturen in entwickelten Industriegesellschaften trotz formaler Gleichheit individueller Entfaltungschancen vom Dunkel ins Dämmerlicht befördert zu haben.

Relativ einfach ist es, zahlreiche Belege für den Zusammenhang von sozialer Ungleichheit, Aspekten kindlicher Persönlichkeit und den aus ihnen resultierenden Auswirkungen auf den Schulerfolg und die Berufskarriere vorzulegen (vgl. z.B. die Sammelreferate von ZIGLER/CHILD 1969 und HESS 1970). Über die genaue Ausformung der Prozesse selbst, die diese Unterschiede hervorrufen, liegen wenig gesicherte Informationen vor (YARROW et al. 1968; KERCKHOFF 1972, S. 122; KELLER/WEINERT/ZEBERGS 1975, S. 74). Allen Deprivationskonzeptionen liegt eine in der Regel nicht explizit gemachte Vorstellung über „optimale" individuelle Fähigkeiten und Verhaltensweisen zugrunde. Denn erst auf der Basis eines solchen Gütemaßstabes lassen sich Begriffe wie depriviert, restringiert, defizitär etc. sinnvoll anwenden. Nun weist der den meisten Untersuchungen über die Wirkung sozialer Ungleichheit zugrunde liegende Gütemaßstab nach Meinung vieler Kritiker eine nicht zu leugnende Affinität zu Normen und Standards der Mittelschicht auf (DAVIS 1949, OEVERMANN 1966, HOLZKAMP 1969, THOMAE 1972, MILHOFFER 1973, STEINKAMP 1974, NEULAND 1975).

„Eindeutig bildet in den hochindustrialisierten westlichen Industrienationen die Mittelschicht die dominante Subkultur, und das Verhalten aller, die in dieser Gesellschaft leben, wird an den absolut gesetzten Normen und Standards der Mittelschicht gemessen und bewertet. Weil die Schule als soziales System, besonders die allgemeinbildenden weiterführenden Schulen, vorwiegend die sozialen Merkmale der Mittelschicht reproduzieren, kommt den Sozialisa-

2 Die Analyse der Auswirkungen der über den Kontext familialer Sozialisation wesentlich vermittelten Ungleichheitsdimensionen auf die kindliche Persönlichkeit bleibt hier aus Raumgründen ausdrücklich ausgeklammert.

3 Ich betone dieses so ausdrücklich, weil in einem rapide sich verbreitenden Alltagsverständnis, aber auch im wissenschaftlichen Sprachgebrauch diese Begriffe und die sie charakterisierenden unterschiedlichen Phänomene nicht genügend auseinander gehalten werden. Dabei reduziert sich unter der Hand der breite Phänomenkomplex sozialstruktureller Einflüsse in unzulässiger Weise auf die ihm subsumierbare Dimension sozialer Ungleichheit, die dann häufig wiederum verkürzt als Prestigeabstufung unterschiedlicher Berufspositionen operationalisiert wird. Diese doppelte Reduktion sozialstruktureller Einflüsse führt zu einer einschränkenden und damit unfruchtbaren Perspektive dieser Forschungsrichtung, wie im folgenden zu zeigen sein wird. Sie macht vergessen, daß die gewöhnlich mit dem Berufsstatus erfaßte Schichtenzugehörigkeit als allenfalls *eine* sozialstrukturelle Determinante für unterschiedlich verlaufende Sozialisationsprozesse auf der Familienebene angesehen werden kann.

4 Die Einschränkung ist deswegen erforderlich, weil die Schichtenvariable sehr häufig unmittelbar mit Persönlichkeitseigenschaften und Verhaltensweise der Kinder in Beziehung gesetzt wird. Dabei wird in unzulässiger Weise die Ebene familialer Sozialisation übersprungen, obwohl diese als zentrales Bedingungsgefüge für die Entwicklung spezifischer Persönlichkeitszüge und Verhaltensweisen des Kindes eingehend untersucht werden müßte. Vgl. dazu im einzelnen Kap. 4.2.

tionsvariablen der Unterschicht eine restriktive Funktion zu. Die Relativität solcher Bezeichnungen wie ‚benachteiligt' oder ‚unterprivilegiert' wird dadurch deutlich. ... Wären die primären, durch den Sozialisationsprozeß zu vermittelnden Qualifikationen an der Norm orientiert, eine humanere, rationale und emanzipierte Gesellschaft aufzubauen, so würden Angehörige der Mittelschicht – an dieser Norm gemessen – in ähnlicher Weise als ‚kulturell benachteiligt' gelten müssen wie eine Unterschicht, die an mittelständischen Standards gemessen wird" (HOLZKAMP 1971, S. 113).

Die in den meisten theoretischen Überlegungen und empirischen Projekten implizit eingehende ideologische Prämisse einer Überlegenheit der Mittelschichtkultur verweist auf die Notwendigkeit der Entwicklung eines nicht an der Stabilisierung bestehender Ungleichheits- und sie stützender Herrschaftsverhältnisse ausgerichteten Bezugsrahmens für die Bewertung menschlicher Eigenschaften und Verhaltensweisen. Die in der interaktionistischen Theorie entwickelten Dimensionen der Ich-Identität (z.B. KRAPPMANN 1971) lassen einen solchen Ansatz erkennen, der nicht ungeprüft mit dem Verdikt eines „normativen Erziehungsziels bürgerlicher Pädagogik" (MILHOFFER 1973, S. 176) beiseite geschoben werden kann (STEINKAMP/STIEF 1978, S. 79ff.). Mit ihnen scheint eine Etappe auf der Suche nach einem theoretisch begründeten Bezugspunkt für die Formulierung von Erziehungszielen und damit auch von wünschenswerten Persönlichkeitseigenschaften erreicht zu sein, die dann abgeschlossen sein dürfte, „... wenn wir ... im Rahmen einer Theorie der Bildungsprozesse über die metatheoretische Explikation der Struktur des autonomen handlungsfähigen, mit sich identischen Subjekts und seiner Entfaltungsbedingungen in der Ontogenese verfügen ..." (OEVERMANN 1974, S. 548).

Dieses eher vorsichtige Resümee schichtenspezifischer Sozialisationsforschung setzt sich in bewußten Gegensatz zu dem optimistischen Tenor eines überwiegenden Teils der im deutschsprachigen Raum erschienenen Sekundärliteratur über die Leistungen schichtenspezifischer Sozialisationsforschung und den aus ihr resultierenden familien-, bildungs- und gesellschaftspolitischen Folgerungen. Trotz früh einsetzender und bis heute sich verstärkender Warnungen wird im Zitierkartell der Sekundärliteratur (z.B. ROLFF 1967; Sozialisation und kompensatorische Erziehung 1969; FEND 1969; LÜDTKE 1971; CAESAR 1972; GOTTSCHALCH u.a. 1971; HUCH 1972; MILHOFFER 1973; GRIESE 1976; MÜLLER 1977) – verstärkt durch dichotomisierendes Sortieren der Ergebnisse und ihre Reifikation – der Mythos von der defizitären Unterschichtensozialisation auf dem Hintergrund einer völlig anders verlaufenden, eher Ich-Identität und Handlungskompetenz fördernden Mittelschichtensozialisation genährt. Auf der Basis der Ergebnisse wichtiger Forschungsarbeiten über den Zusammenhang von sozialer Schicht und familialer Sozialisation soll die Berechtigung dieses Vorwurfs belegt werden (Kap. 2).

2 Bestandsaufnahme empirisch ermittelter Beziehungen zwischen sozialer Schicht und familialer Sozialisation

Die Ergebnisse der kaum noch zu übersehenden Fülle vorwiegend im angelsächsischen Sprachraum durchgeführten Untersuchungen über den Zusammenhang von sozialer Schicht und familialer Sozialisation können hier aus Raumgründen nicht im einzelnen referiert werden. Eine Reihe vorliegender Sammelreferate (BRONFENBRENNER 1958, SEWELL 1961, CLAUSEN/WILLIAMS 1963, CAESAR 1972, THOMAE 1972, KERCKHOFF 1972, ERLANGER 1974, GECAS 1977) und einige neuere Untersuchungen eröffnen aber die Möglichkeit, die wichtigsten Befunde dieses Forschungsbereichs zusammenfassend einer kritischen Beurteilung zu unterziehen. Diese soll unter folgenden Gesichtspunkten geschehen:

a) Wie erfolgt die Ausdifferenzierung der beiden hier zur Diskussion stehenden Analyseebenen (Ebene sozialer Ungleichheit und die Ebene familialer Sozialisation)?
b) Welche Methoden der Datenerfassung werden angewandt?
c) Welche Stärke der Beziehung ergibt sich zwischen den untersuchten Analyseebenen unabhängig von der Signifikanz der Beziehungen?
d) Steht die ermittelte Richtung der Beziehung in Einklang mit anderen Studien?

Fast alle angeführten Übersichtsreferate stimmen darin überein, daß die unabhängige Variable dieser Forschungsrichtung – die soziale

Schicht – in sehr unterschiedlicher und – was wichtiger ist – in sehr unzulänglicher Weise operationalisiert wird. Die Kritik bezieht sich dabei vor allem auf die Auswahl und Gewichtung der Indikatoren sozialer Ungleichheit und auf das Problem einer Zuordnung von Familien in unterschiedlichen Ungleichheitslagen zu sozialen Schichten (vgl. Kap. 3).

Die in der schichtenspezifischen familialen Sozialisationsforschung in Abhängigkeit vom Schichtkonstrukt analysierten Variablen können zwei Ebenen zugeordnet werden: der Ebene familialer Sozialisation und der Ebene kindlicher Persönlichkeit. Ein großer Teil der vorliegenden Untersuchungen setzt die soziale Schichtenzugehörigkeit einer Familie in unmittelbaren Zusammenhang mit kindlichen Persönlichkeitseigenschaften und Verhaltensweisen (Intelligenz, Sprache, Leistungsmotivation, Schulerfolg etc.). Ihre Ergebnisse werden hier nicht nur aus Platzgründen nicht berichtet, sondern auch wegen der methodisch unzulässigen Ausklammerung der zwischen sozialer Schicht und kindlicher Persönlichkeit intervenierenden Ebene familialer Sozialisation (vgl. Kap. 4).

In der Forschungsliteratur über schichtenspezifische familiale Sozialisation dominieren drei Datentypen, die sich allerdings in keiner Weise trennscharf voneinander scheiden lassen:

a) Der Bericht der Eltern über Beziehungsmuster vor allem zwischen ihnen und dem Kind (z.B. „Wärme" der Eltern-Kind-Beziehung, Umfang der gewährten Unterstützung) und konkreten Handlungsstrategien (z.B. körperliche Züchtigung, Entzug von Privilegien und Objekten), mit denen sie auf Impulse, Bedürfnisse und Verhaltensäußerungen des Kindes reagieren und mit denen sie ihre Verhaltenserwartungen gegenüber dem Kind verbindlich machen wollen (Kap. 2.1).
b) Der Bericht von Eltern über ihre Einstellungen, Werte und Orientierungen, mit denen kindliche Eigenschaften und Verhaltensweisen durch den familialen Sozialisationsprozeß in Übereinstimmung gebracht werden sollen. Es handelt sich hier um „Konzeptionen des Wünschenswerten" (Kluckhohn), also Vorstellungen darüber, wie ein junger Mensch sein und was aus ihm werden sollte (Kap. 2.2).
c) Die Struktur der Eltern-Kind-Kommunikation (Kap. 2.3).

Wenn Daten über Kinderperzeptionen oder Beobachtungsdaten zu den drei Bereichen vorliegen, sollen diese besondere Beachtung finden. Denn einmal wird der Perzeption von elterlichen Erziehungsvorstellungen und -praktiken durch ihre Kinder von einigen Autoren eine höhere Validität zugeschrieben, als den von Eltern berichteten Daten (Ausubel u.a. 1954, Cox 1970, zusammenfassend Lukesch 1975, S. 98ff.). Zum anderen wird Beobachtungsdaten ein höheres Maß an Zuverlässigkeit zugesprochen, weil sie frei seien von Verzerrungen, die sich aufgrund selektiven Erinnerungsvermögens, bewußter Falschdarstellung etc. ergeben könnten.

2.1 *Erziehungsrelevante Beziehungsmuster und Handlungsstrategien*

Das erste Sammelreferat, daß die wichtigsten Untersuchungsergebnisse vor allem zu diesem Bereich zusammenfaßt und interpretiert, ist die 1958 von Urie Bronfenbrenner veröffentlichte, längst zum Zitierklassiker avancierte Arbeit „Socialization and Social Class through Time and Space". Bronfenbrenner unterwirft 15 publizierte und unveröffentlichte Arbeiten über den Zusammenhang von sozialer Schicht und familialer Sozialisation, die in den USA zwischen 1928 und 1957 durchgeführt wurden, einer eingehenden Reanalyse (Anderson 1936, Baldwin/Kalhorn/Breese 1945, Bayley/Schaefer 1959, Boek/Lawson/Yankhower/Sussman 1957, Davis/Havighurst 1946, Klatskin 1952, Kohn 1959, Littmann/Moore/Pierce-Jones 1957, Maccoby/Gibbs 1954, McClelland/Rindlisbacher/Decharms 1955, Miller/Swanson 1958, Sears/Maccoby/Levin 1957, Strodtbeck 1958, White 1957). Zentraler Anlaß dafür waren vornehmlich die kontroversen Befunde über das Erziehungsverhalten der Unter- und Mittelschicht in den Untersuchungen des „Committee of Human Development" an der Universität Chicago und von Sozialwissenschaftlern an der Havard-Universität. Die Arbeiten der Chicago-Gruppe sind dabei die ersten, die überhaupt systematische empirische Befunde über signifikante Unterschiede in den Kindererziehungspraktiken von Familien der sozialen Unter- und Mittelschicht in den USA feststellten. Sie wurden in zwei Artikeln unmittelbar nach dem zweiten Weltkrieg veröffentlicht, einem von A. DAVIS und R. J. HAVIGHURST (1946) und einem von M. C. ERICSON (1946). Ihr wohl wichtigstes Resultat war die Feststellung eines höheren Grades an Einschränkungen (restrictivness), mit denen Mütter der Mittelschicht ihre Kinder in den ersten Lebensjahren im Vergleich zu denen der Unterschicht erzogen[5]. Diese Befunde standen in Eingklang mit einer ebenfalls psychoanalytisch orientierten Arbeit von GREEN (1946), in der dieser den Nachweis zu erbringen versuchte, die restriktive Erziehungspraxis der Mittelschicht haben neurotisierende Konsequenzen vor allem für die männlichen Kinder dieser Schicht.

Die Untersuchung der Havard-Gruppe fanden in Arbeiten von MACCOBY/GIBBS (1954) und umfassend bei SEARS/MACCOBY/LEVIN (1957) ihren Niederschlag. Nach ihren Ergebnissen, die in wichtigen Aspekten in direktem Gegensatz zu denen der Chicago-Gruppe standen, ergaben sich keine Unterschiede in den Kleinkinderernährungspraktiken sowie in bezug auf Isolation und Liebesentzug zwischen den beiden Sozialschichten. Die Mütter der Unterschicht unterschieden sich in bezug auf folgende Dimensionen signifikant von denen der Mittelschicht: größere Strenge in der Reinlichkeitserziehung, geringere Großzügigkeit in der Sexualerziehung, größere Einschränkungen der Aggressionen gegenüber Eltern und Gleichaltrigen, strengere Bestrafungen dieser aggressiven Handlungen, größere Einschränkungen und Forderungen gegenüber dem Kind, häufigere körperliche Bestrafung, mehr Entzug von Privilegien, häufigeres Lächerlichmachen.

BRONFENBRENNER versucht diesen Widerspruch bei einer Reanalyse aller von ihm berücksichtigten fünfzehn Untersuchungen mit der Feststellung aufzulösen, innerhalb eines Zeitraums von rund 25 Jahren sei ein deutlicher Wandel in den von der Mittelschicht und der Arbeiterschicht angewandten Erziehungspraktiken eingetreten (zur Begründung dieses Wandlungsprozesses durch BRONFENBRENNER siehe weiter unten). Während sich Mütter der Arbeiterschicht von ungefähr 1930 bis zum Ende des zweiten Weltkrieges in bezug auf Praktiken der Kleinkinderernährung, -entwöhnung und Sauberkeitserziehung permissiver als Mütter der Mittelschicht verhalten, ergibt sich nach dem zweiten Weltkrieg ein deutlicher Umschwung dieses Trends. Jetzt sind es die Mittelschichtenmütter, die nachgiebiger sind und sich mehr an den Bedürfnissen und Wünschen der Kinder orientieren im Hinblick auf so verschiedene Bereiche wie Ernährung, Entwöhnung, Sauberkeitstraining, Abhängigkeit, Sexualität, Aggressivität und Kontrolle. Dagegen sind die Sanktionspraktiken der Eltern aus der Arbeiterschicht nach den von BRONFENBRENNER analysierten Befunden nun übereinstimmend rigider als die der Mittelschicht: Sie wenden häufiger körperliche Züchtigung an, während Mittelschichteneltern mehr auf vernünftiges Argumentieren, Isolierung, Appell an das Schuldgefühl und andere psychologische Methoden zurückgreifen, in denen die Androhung des Liebesverlustes eingeschlossen ist. BRONFENBRENNER vertritt die Ansicht, daß gerade die von den Eltern angewandten „psychologischen“ Kontrollstrategien eher geeignet seien, die Verinnerlichungen von elterlichen Normen zu erreichen. Er bezeichnet die unterschiedlichen Disziplinierungstechniken zwischen Unter- und Mittelschicht als eines der wichtigsten und konsistentesten Befunde seiner Reanalyse, die ungeachtet des Trends zur Angleichung der Erziehungskonzeption und -strategien statistisch gesichert seien.

Dieser BRONFENBRENNERsche Befund hat dann auch zur Formulierung so folgenreicher Annahmen wie des „working class authoritarianism“ (LIPSET 1959), der Konzentration physischer Gewaltanwendung in der Arbeiterschicht (COSER 1963), der disproportional hohen Häufung von Kindesmißhandlungen in der Unterschicht (GIL 1970) und der „subculture of violence“-These von WOLFGANG/FERRACUTTI (1958, 1967) geführt. Die weitreichenden Schlüsse, die auch in der deutschen Literatur (z.B. ROLFF 1967) aus diesen Ergebnissen gezogen wurden, wundern um so mehr, als BRONFENBRENNER zur Sicherung seiner Aussage nur das Signifikanzniveau der Untersuchungsergebnisse heranzieht. Eine Prüfung der prozentualen Unterschiede, der Mittelwertdifferenzen (einschließlich der Standardabweichungen) zwischen den beiden Schichten oder die Angabe der Enge der Beziehung zwischen Schichtungsvariable und Disziplinierungstechniken der Eltern erfolgt an keiner Stelle. So ist es schon erstaunlich, daß der emphatischen Rezeption nicht eher mit massiver Kritik begegnet wurde. Zwar warnen HOFFMAN/LIPPITT (1960) und SEWELL (1961) vor

---

5 Die vorrangig an psychoanalytischen Annahmen orientierte Erfassung von „restrictivness“ bezieht sich vor allem auf das orale, anale und sexuelle Verhaltenssystem des Kindes.

einer vorschnellen Verallgemeinerung der Ergebnisse schichtenspezifischer Sozialisationsforschung wegen der von ihnen aufgezeigten, noch eingehend zu analysierenden theoretischen, methodischen und empirischen Defizite. Sie bleiben zunächst Rufer in der Wüste. Erst sechzehn Jahre nach der ersten Veröffentlichung des BRONFENBRENNER-Artikels unterwirft ERLANGER (1974) fünf der von BRONFENBRENNER interpretierten sowie fünf neuere Untersuchungen (MILLER/SWANSON 1960, KOHN 1963 und 1969, HEINSTEIN 1964: zwei verschiedene Untersuchungen) über den Zusammenhang von sozialer Schicht und elterlichen Disziplinierungstechniken einer gründlichen Reanalyse, die nicht so sehr auf die Prüfung der statistischen Signifikanz als vielmehr auf den *Umfang der ermittelten Differenzen* zwischen Unter- und Mittelschicht abzielt. Dabei ergibt sich zwischen den beiden Sozialschichten über alle zehn reanalysierten Erhebungen – von denen knapp die Hälfte signifikante Ergebnisse aufweist – ein mittlerer Wert von 12%, um den Unterschichteneltern nach eigenen Angaben ihre Kinder häufiger körperlich bestrafen als Eltern der Mittelschicht. Im Hinblick auf dieses Ergebnis konstatiert ERLANGER dann auch, daß in der Tat ein gewisser Zusammenhang zwischen sozialer Schicht und der Anwendung körperlicher Bestrafung bestehe, „but that it probably is not strong enough to be of great theoretical or practical significance" (S. 81). Die referierte These BRONFENBRENNERS vom Trendwechsel in den Erziehungspraktiken zwischen Unter- und Mittelschicht weist ERLANGER ebenfalls zurück, da nach den Befunden seiner Reanalyse relativ kleine Schichtdifferenzen im Disziplinierungsverhalten *unabhängig* vom Zeitpunkt der Untersuchungen (1932–1959) festzustellen sind.

Auch eine von der National Commission on the causes and prevention of violence in den USA durchgeführte Untersuchung, von der ERLANGER berichtet, ermittelt ebenfalls nur einen geringen Zusammenhang ($r = .10$, $p < 0.01$) zwischen sozialer Schicht und körperlicher Züchtigungspraxis der Eltern (ERLANGER 1974, S. 81). „Combining this finding with post-hoc correlational analysis on data reportet in the literature, an estimate of somewhere in the 0.10 to 0.15 range emerges, indicating that social class my explain between one and two percent of the variance. Moreover, in allmost al samples *the modal response for all social classes studied is the same; it is thus inappropriate to characterize the classes as beeing different*" (ERLANGER 1974, S. 81, Hervorhebungen von G. ST.).

Die amerikanischen Befunde über den geringen Zusammenhang von sozialer Schicht und Disziplinierungstechniken der Eltern werden durch eine neuere deutsche Untersuchung (STEINKAMP/STIEF 1978) im wesentlichen bestätigt. Mit sinkender Schichtenzugehörigkeit (5 Schichten, Index: Berufsstatus des Vaters) ist eine schwach ausgeprägte Tendenz der Eltern konstatierbar, zunehmend machtbezogene (körperliche Strafen, Arrest, Entzug von Privilegien und Objekten etc.) Sanktionsformen zu verwenden. Der Anteil der durch den väterlichen Berufsstatus erklärten Varianz liegt dabei knapp unter 4% (S. 237ff.). Dabei ist allerdings zu bedenken, daß die von STEINKAMP/STIEF berücksichtigte Dimension machtorientierter Erziehungspraktiken weitergefaßt ist als die von ERLANGER untersuchte Variable körperlicher Züchtigung.

Ein weiterer, ebenfalls nur sehr gering ausgeprägter Unterschied in bezug auf das Erziehungshandeln zwischen den beiden sozialen Schichten ergibt sich nach Ergebnissen von KOHN (1969, S. 91–107): Eltern (besonders Mütter) der Unterschicht bestrafen eher die unmittelbaren Konsequenzen kindlicher Handlungen, während Mittelschichteneltern ihre Disziplinierungsmaßnahmen eher an den Handlungsabsichten der Kinder orientieren. Ergebnisse von GECAS/NYE (1974) können als Stützung des KOHNschen Befundes angesehen werden. Sie fanden, daß Mittelschichtenaltern (besonders Mütter) dann ihre Kinder strafen, wenn das Kind absichtlich gegen elterliche Gebote verstößt, von einer solchen Bestrafung aber absehen, wenn die negativen Handlungsfolgen rein zufällig sind. Eltern der Unterschicht diskriminieren zwischen den beiden Handlungssituationen weniger stark. Der prozentuale Unterschied zwischen den beiden Schichten beträgt 16%. In bezug auf die emotionale Komponente der Eltern-Kind-Interaktionen ergaben sich in einer Laborbeobachtungsstudie von HESS/SHIPMAN (1965) kaum Unterschiede zwischen Negermüttern (N = 163) verschiedener Sozialschichten (vier Schichten, Index: Berufsstatus des Vaters). Dieses Ergebnis wird durch die von WATERS/CRANDALL (1964) zusammengestellten und kommentierten, über einen längeren Zeitraum sich erstreckenden Beobachtungsbefunde des Fels-Research-Instituts bestätigt:

Auch hier variiert mit der sozialen Schichtenzugehörigkeit (HOLLINGSHEAD-Index: Berufsstatus und Bildung) die affektive Zuwendung von Müttern zu ihren Kindern nur unbedeutend (r = 0.08).

2.2 Elterliche Einstellungen, Werte und Orientierungen

Aus der BRONFENBRENNERschen Reanalyse (1958) ergibt sich noch ein zweiter – ebenfalls statistisch gesicherter – schichtengebundener Befund: Mittelschichteneltern äußern gegenüber ihren Kindern höhere Erwartungen, die sich auf ihre Selbständigkeit, eigenverantwortliche Übernahme von Pflichten und ihren Schulerfolg beziehen. Aber auch hier werden wiederum nur Signifikanzniveaus, aber keine Prozentunterschiede, Mittelwertdifferenzen oder Korrelationskoeffizienten von BRONFENBRENNER angegeben.

In einer Untersuchung von WEISS (1975) in der BRD werden diese ermittelten Tendenzen bestätigt: Es ergeben sich hochsignifikante Unterschiede zwischen sozialer Schicht (fünf soziale Schichten auf der Basis der Indizes Berufsposition, Einkommen und Schulbildung) und elterlichen Erziehungszielen: Je höher die soziale Schicht, um so häufiger dominieren Selbständigkeit und um so seltener Gehorsam, Ordnungsliebe und Fleiß als Erziehungsziele. 43% der Eltern der Unterschicht wählen im Gegensatz zu 83% der Oberschichteneltern Selbständigkeit als Erziehungsziel, für Gehorsam entschieden sich 10% der Unterschicht, dagegen nur 2% der Oberschicht; für Ordnungsliebe und Fleiß votieren 30% der Unterschicht und 10% der Oberschicht (WEISS 1975, S. 174, Tab. 4).

WATERS und CRANDALL (1964) haben die Ergebnisse der Longitudinaluntersuchungen des Fels Research Institute for the Studie of Human Development, die eine einzigartige Quelle für beobachtete Zusammenhänge von Eltern-Kind-Beziehungen in natürlicher häuslicher Umgebung darstellen, mit der sozialen Schichtenzugehörigkeit einer Familie (HOLLINGSHEAD-Index) in Beziehung gesetzt. Es ergab sich eine auf dem 0.01-Niveau signifikante positive Korrelation von r = 0.34 zwischen der sozialen Schicht und mütterlichen „accelerational attempt", das heißt dem Versuch, die geistige Entwicklung und Leistungsfähigkeit des Kindes zu beeinflussen (S. 1027, Tab. 1). KOHN (1959), PEARLIN/KOHN (1966), KOHN/SCHOOLER (1969), PEARLIN (1971) haben in verschiedenen Untersuchungen sowohl in den USA als auch Norditalien signifikante Beziehungen zwischen sozialer Schicht (HOLLINGSHEAD-Index) und dem elterlichen Wertsyndrom „Selbstbestimmung vs. Konformität" feststellen können. In der für die USA 1964 durchgeführten repräsentativen „National-Studie" (N = 3101 männliche Erwerbstätige) wird eine Beziehung zwischen diesen beiden Variablen von r = 0.29 festgestellt (KOHN 1969, S. 70, Tab. 4–8), wobei gleichzeitig verschiedene familiale und demographische Variablen kontrolliert wurden: Alter und Geschlecht des Kindes, Rasse, Religion, Größe der Gemeinde, Häufigkeit des Kirchenbesuchs, nationaler Hintergrund und seine Bedeutung. Es ergibt sich also eine Varianzaufklärung elterlicher Wertorientierung durch ihre Schichtenzugehörigkeit von unter 10%. KOHN (1969, S. 72) schließt aus diesem Befund: „... social class stands out as more important for men's values than does any other line of social demarcation, unaffected by all the rest of them, and apparently more important than all of them together".

In der schon erwähnten Untersuchung im Raum Bielefeld konnten STEINKAMP/STIEF (1978) zwischen vier klassischen Schichtungsvariablen (Berufsstatus Vater, Bildung Vater, Bildung Mutter und Haushaltsnettoeinkommen) einerseits und den elterlichen Erziehungszielen andererseits einen multiplen Korrelationskoeffizienten von r = 0.51 ermitteln, der eine Varianzaufklärung von 26% für die elterlichen Erziehungsziele bedeutet. Für die erziehungsrelevanten, in Anlehnung an die Autoritarismusforschung operationalisierten Einstellungen der Väter ergibt sich mit demselben strukturellen Variablensatz eine Varianzaufklärung von 15%, für die Einstellungen der Mütter von 19% (STEINKAMP/STIEF 1978, S. 203, Abb. D 15 u. S. 204, Abb. D 16).

Wird dagegen die soziale Schichtenzugehörigkeit nur mit dem Berufsstatus des Vaters ermittelt (5 Schichten), ergibt sich für die Beziehung zwischen Sozialschicht und elterlichen Erziehungszielen ein Korrelationskoeffizient von r = 0.39, für die Beziehung von Sozialschicht und väterlichen Einstellungen von r = 0.28 bzw. mütterlichen Einstellungen von r = 0.34. Dabei ist allerdings ein erhebliches Maß schichtinterner Streuung feststellbar (STEINKAMP/STIEF 1978, S. 192 ff.).

2.3 *Kommunikationsstrukturen und Sprachverhalten*

Der schon erwähnte Befund von PEARLIN/KOHN, Mittelschichteneltern würden mehr „psychologische“ und „induktive“ Sanktionsformen anwenden, läßt die Annahme zu, daß diese ohne eine bestimmte Ausprägung der Differenzierung in der begleitenden Kommunikation nicht möglich sind (OEVERMANN 1970, S. 38). Auf der anderen Seite ist eine „machtorientierte“ Sanktionierung, wie sie eher für die Unterschicht charakteristisch sein soll, mit kurzen Anweisungen, Befehlen oder Drohungen verbunden, die eine differenzierte verbale Erläuterung von Begründungen, Erklärungen und das Aufzeigen von Alternativen per se ausschließt. Eine solche Sanktionspraxis ist nach Meinung HOFFMANS (1960) mit einer typischen „Einbahn-Kommunikation“ verbunden.
Für den Zusammenhang von sozialer Schicht und Kommunikation in der Familie gilt B. BERNSTEIN als *der* Kronzeuge. Seine These lautet verkürzt: Die Angehörigen der Unter- und Mittelschicht sind unterschiedlichen Lebens- und Arbeitsbedingungen ausgesetzt. Diese sozialstrukturellen Bedingungen bilden Filter zwischen der Sprache als Regelsystem und dem Sprechen als Performanz: Sie determinieren über spezifische Planungsstrategien spezifische Sprechweisen (Codes), wobei ein „elaborierter“ Code in der Mittelschicht, ein „restringierter“ Code in der Unterschicht anzutreffen ist. „Diese Codes werden definiert nach Maßgabe der relativen Leichtigkeit oder Schwierigkeit, die syntaktischen Alternativen vorauszusagen ...“ (BERNSTEIN 1973, S. 260). Sprechcodes, die sich in der Phase der Sozialisation herausbilden, werden durch familiale Rollensysteme (statusorientiert: Unterschicht, personenorientiert: Mittelschicht) vermittelt, die selbst wieder einen Reflex sozialer Strukturen darstellen. Die Plausibilität dieser These erscheint groß, ihre empirische Evidenz dagegen gering. Die ermittelten Unterschiede zwischen den Schichten sind bei gleichzeitig erheblichen schichtinternen Varianzen nicht sehr bedeutsam. So ermittelten BALDWIN/BALDWIN (1973) in Laborbeobachtungsstudien zwar eine komplexere Syntax, mit der Mittelschichtenmütter mit ihren Kindern kommunizieren, aber sie waren mehr beeindruckt über den hohen Grad der Übereinstimmung zwischen den Kommunikationsstilen der beiden Sozialschichten.

Eine ebenfalls viel zitierte Arbeit von HESS/SHIPMAN (1965) gehört zu den wenigen Beobachtungsstudien – allerdings unter Laborbedingungen –, in der Kommunikationsmuster zwischen 163 Negermüttern mit ihren vierjährigen Kindern aus verschiedenen sozialen Schichten (Index: Berufsstatus Vater) untersucht wurden. Mütter der oberen Mittelschicht erweisen sich im Vergleich zu denen der drei unteren Statusgruppen deutlich überlegen in bezug auf die Gesamtmenge der sprachlichen Produktion, der Qualität der gebrauchten Sprache (gemessen an der Satzlänge, der Menge elaborierter Verben, Adjektive und Adverbien u. a. m.), der Anwendung eines personenorientierten Kommunikationsstils bei gleichzeitiger Vermeidung imperativer Aussagen (unqualifizierte Gebote und Befehle) sowie der Höhe des Abstraktionsniveaus, das sie bei der Wahrnehmung und Ordnung von Objekten anwendeten.
Die Überlegenheit von Eltern höherer Sozialschichten in bezug auf die Eindeutigkeit und Klarheit ihrer Anweisungen gegenüber den Kindern wird auch von WATERS/CRANDALL (1964) hervorgehoben ($r = 0.26, p < 0.01$). Die referierten kontroversen Befunde über Art und Umfang der ermittelten Unterschiede – sie ließen sich um viele Beispiele erweitern – erlauben keine eindeutigen Aussagen über die Schichtgebundenheit quantitativer und vor allem qualitativer Aspekte sprachlicher Kommunikation. Über die Frage nach dem Umfang der ermittelten Unterschiede darf vor allem im Hinblick auf die sprachliche Struktur nicht unberücksichtigt bleiben, ob die ermittelten Unterschiede im Sinne eines defizitären Sprachgebrauchs in den Unterschichten interpretiert werden können wie z. B. BERNSTEIN u. a. es tun. Zweifel an der Defizithypothese BERNSTEINS resultiert vor allem aus den Arbeiten LABOVS (1970), der zwar Unterschiede in den Sprechweisen der Sozialschichten konstatiert, sich aber vehement gegen die daraus von BERNSTEIN gezogenen Schlüsse in bezug auf die geringere sprachliche Kompetenz unterer sozialer Schichten wendet.

2.4 *Resümee*

Die vorstehende kurze Bestandsaufnahme einiger wichtiger Arbeiten zur schichtenspezifischen Sozialisation hat sehr deutlich werden lassen, daß die Beziehungen zwischen der sehr unter-

schiedlich operationalisierten Schichtenvariable und untersuchten Dimensionen familialer Sozialisation zwar in der Regel konsistent sind (vor allem für die unter 2.1 und 2.2 angeführten Untersuchungen), dabei aber ein erhebliches Maß schichtinterner Varianz aufweisen und zum Teil nur sehr schwach ausgeprägt sind. Zu diesem Ergebnis kommt auch GECAS (1977) in einem neueren Referat über die Leistungen schichtenspezifischer Sozialisationsforschung in den USA. Er nennt fünf auf der Familienebene in diesen Untersuchungen hauptsächlich unterschiedene Variablen: elterliche Kontrollstrategien, affektive Beziehung zwischen Eltern und Kind, Machtbeziehungen, Betonung von Unabhängigkeit und Leistung, Art der Eltern-Kind-Kommunikation. Diese Variablen werden in den von GECAS referierten Forschungen gewöhnlich isoliert erfaßt und mit den jeweilig gewählten globalen Merkmalskombinationen sozialer Schichtung in Beziehung gesetzt. Die durch die soziale Schichtenvariable aufgeklärte Varianz von Variablen auf der Familienebene bleibt dabei außerordentlich gering. Sie liegt im Durchschnitt unter 10% (GECAS 1977, S. 19).
Die ermittelten schwachen Unterschiede erfahren nun eine weitere Einschränkung dadurch, daß sie gewöhnlich aus Interviewdaten gewonnen werden. So ist es möglich, daß bei Eltern verschiedener Schichtenzugehörigkeit dieselbe Frage (z.B. nach ihrer Erziehungstechnik) unterschiedliche Assoziationen auslöst. „Schlagen" bedeutet vielleicht für die einen schon ein kleiner Klaps, während für die anderen sich erst massive Prügel mit diesem Begriff decken. Es ist also hervorzuheben, daß sich objektive Gegebenheiten in Befragungsergebnissen immer nur in gebrochener Form spiegeln: Denn es wird nur abgefragt und in den Daten abgebildet, was die Beteiligten als um ihre Ansicht befragten Individuen in der Fragesituation als Erinnerung von vergangenen Handlungsabläufen oder Interpretationen und Einschätzungen bestimmter Situationen und Zustände anzubieten vermögen oder überhaupt preisgeben wollen. Dieser Einwand, der grundsätzlich auf die Validität der durch Befragungen ermittelten Daten abzielt, ist gerade im Hinblick auf die hier erörterte Problemstellung gar nicht wichtig genug zu nehmen. Denn eine bisher nie gekannte Welle der Popularisierung und Instrumentalisierung erziehungspsychologischer und pädagogischer Erkenntnisse (wie sie z.B. vor allem in speziellen Erziehungshandbüchern, -zeitschriften und in Beratungsspalten der Massenpresse ihren Ausdruck findet) reflektiert einerseits die Verunsicherung der Gesellschaft im Hinblick auf eine bisher „naturwüchsig" verlaufende Erziehungspraxis und andererseits den hohen Stellenwert, den sie Erziehungsproblemen zuerkennt. Dieses gilt vor allem für die mittleren und höheren Sozialschichten, da sie von einer solchen „Pädagogisierung" der Elternrolle eher als die unteren Schichten erreicht werden. Dabei läßt sich begründet vermuten, daß dieser Tatbestand bis in die Untersuchungssituation hineinreicht und diese beeinflußt: Auch wenn man Kinder zu striktem Gehorsam erzieht und zur Durchsetzung dieser Forderung körperlich straft, will man das nicht zugeben, weil unreflektierte Unterwerfung unter die elterliche Autorität und die zu ihrer Durchsetzung angewandten machtorientierten Kontrollstrategien dem verbreiteten Ideal einer anti- und nichtautoritären Erziehung diametral entgegenstehen. Über ein Verhalten aber, das zunehmend öffentlicher Kritik und Ächtung ausgesetzt ist, wird man sich daher schon gar nicht einem fremden Sozialforscher gegenüber offenbaren (STEINKAMP/STIEF 1978, S. 7; vgl. auch YARROW et al. 1968, S. 137f.).
Die erheblichen Diskrepanzen zwischen den Eltern- und Kinderangaben zu den elterlichen Erziehungszielen in der Untersuchung von STEINKAMP/STIEF (1978, S. 160ff.) geben empirische Evidenz für diese Vermutung: Aus der Perspektive der Kinder erscheinen die elterlichen Erziehungszielpräferenzen deutlich autoritär-konventionalistischer als aus der Sicht der Eltern.

3 Kritik des Schichtenkonstrukts

Soziale Ungleichheit wird in den bislang besprochenen Arbeiten mit dem Schichtenansatz zu erfassen versucht. Soziale Schichten werden dabei als „Kollektive von Menschen in ähnlicher Lebenslage" (MAYER/BUCKLEY 1976, S. 34) aufgefaßt, voneinander dadurch unterscheidbar, daß ihr Zugang zu und ihre Verfügung über materielle(n) und immaterielle(n) Ressourcen ungleich ist. Der Schichtenansatz beinhaltet zwei zentrale Probleme, deren eingehende Darstellung für eine angemessene Beurteilung der Defizite schichtenspezifischer Sozialisationsforschung sich als notwendig erweist: Einmal erfordern die Kriterien eine Diskussion, die in sehr unterschiedlicher Auswahl und Kombination zur Bestimmung sozialer Ungleichheitslagen herangezogen werden (Kap. 3.1). Danach ist die Festlegung von horizontalen Einschnitten im System vertikaler sozialer Differenzierung zu diskutieren, mit denen Familien (als kleinste Einheiten der Analyse) in angeblich vergleichbaren Ungleichheitslagen zu sogenannten „sozialen Schichten" zusammengefaßt werden (Kap. 3.2). Die Erörterung dieser beiden Probleme mag einem fachfremden Leser überflüssig erscheinen. Dem ist aber entgegenzuhalten, daß es auch unter den Theoretikern der Soziologie keine einheitliche Meinung darüber gibt, was unter sozialer Schichtung genau zu verstehen ist und daß die damit zusammenhängende Heterogenität, Sorglosigkeit und Willkür bei der Definition der Schichtenvariable einen Großteil der in Abhängigkeit von ihr ermittelten Phänomene auf der Familienebene selbst in Frage stellen (OTTO 1975). In bezug auf den Stand theoretischer und methodischer Entwicklung im Bereich sozialer Schichtung gilt auch heute noch das 1960 von HOFFMAN/LIPPITT formulierte Verdikt: „The measurement of social class has been discussed and studied for many years, but still there is no generally agreed-upon way of measuring it or even conceptualizing it. To some researchers, class represents a way of life; to some, power over resources and persons; to some, reputation or esteem. Some investigators regard class as an objective phenomenon, to others it is entirely subjective; and even those who agree on its subjectivity disagree whether it as a perception of the self or of others. The number of classes in our society has usually been placed at between two and six, although some researchers think of it as a continuous ranking system with almost as many positions as there are families to be classified" (S. 951). Ergebnisse von Forschungen, in denen die Prädiktorvariable soziale Schicht unterschiedlich operationalisiert, d.h. mit sehr verschiedenen Indizes gemessen wird und damit heterogene Teilpopulationen erfaßt, lassen sich nicht mehr vergleichen. Sie führen nicht dazu, gesichertes Wissen über den komplexen Zusammenhang zwischen der Ungleichheit familialer Lebensbedingungen und familialen Sozialisationsprozessen zu sammeln und damit einen Beitrag zur Verfeinerung des theoretischen Netzwerkes zu leisten, mit dem wir Ausschnitte der sozialen Wirklichkeit systematisieren, verstehen und von daher auch verändern können.

3.1 Theoretische und methodische Probleme der Bestimmung sozialisationsrelevanter Dimensionen sozialer Ungleichheit

Menschen unterscheiden sich hinsichtlich zahlreicher sehr unterschiedlicher Merkmale: Geschlecht, Wohnlage, Haarfarbe, Körpergröße, Einkommen, Reaktionsfähigkeit, beruflicher Tätigkeit, Ansehen, Besitz, Alter, Rassenzugehörigkeit, Bildung, soziale Herkunft, ethnische Gruppenzugehörigkeit, Einflußmöglichkeiten, Wohnungsausstattung etc. etc. In dieser unsystematischen, unvollständigen Aufzählung sehr heterogener Merkmale läßt sich eine gewisse Systematik hineinbringen, wenn zunächst die Eigenschaften ausgesondert werden, die „als individuelle konstitutionelle Basis der Persönlichkeit ... nur wenig gesellschaftlich modifizierbar" (CLAESSENS 1965, S. 64) sind, das Verhältnis von Gesellschaft zum Individuum aber vorausbestimmen können. Das sind solche Merkmale wie Geschlecht, Haarfarbe, Körpergröße, Reaktionsfähigkeit, Alter, Rassenzugehörigkeit aus obiger Aufzählung. Gemeinsam ist ihnen „eine sozial nicht vermittelte aber (möglicherweise! G. ST.) sozial wirksame Qualität" (CLAESSENS 1965, S. 65). Hinweise auf die Merkmalskombination Rothaarigkeit und weibliches Geschlecht, die im Mittelalter das soziale Stigma „Hexe" nach sich ziehen konnte, oder die immer noch andauernde soziale Diskriminierung der Frau oder des Negers illustrieren diesen Tatbestand. Merkmale wie soziale Herkunft und ethnische Gruppenzugehörigkeit zeichnen sich ebenso wie die konstitutionelle Basis dadurch aus, daß sie dem Individuum „zugeschrieben" (LINTON), d.h. ohne sein Zutun entstanden und durch eigene Anstrengungen nicht oder nur sehr begrenzt veränderbar sind.
Eine zweite Merkmalsgruppe läßt sich aus obiger Aufzählung aussondern, die auf Unterschiede im Besitz von materiellen und immateriellen Gütern sich bezieht: Wohnlage, Einkommen, berufliche Tätigkeit, Ansehen, Besitz, Bildung, Einflußmöglichkeiten, Wohnungsausstattung. Es handelt sich hier um „erworbene" (LINTON) und damit durch individuelle oder kollektive Anstrengungen prinzipiell veränderbare Eigenschaften sehr unterschiedlicher Art. Die folgenden Ausführungen werden sich primär auf Ungleichheiten der zweitgenannten Merkmalsgruppe beziehen, weil (1.) die unterschiedliche gesellschaftliche Bewertung „zugeschriebener"

Merkmale häufig in „erworbenen" Eigenschaften ihren Niederschlag findet (die soziale Diskriminierung des weiblichen Geschlechts, der Negerrasse oder der sozialen Unterschicht führt zu geringeren Bildungs- und Berufschancen, in deren Folge dann geringere Einkommens- und Einflußchancen stehen etc. etc.) und (2.) der „Stachel" sozialer Ungleichheit in den veränderbaren sozialen Eigenschaften steckt. Besondere Aufmerksamkeit muß dabei denjenigen zugeschriebenen Unterschieden gelten, „die manche Menschen nicht einfach anders als andere, sondern gleichzeitig als besser- oder schlechtergestellt, als bevorzugt oder benachteiligt, als mehr oder weniger angesehen usw. erscheinen lassen" (BOLTE u.a. 1974, S. 11). Differenzierungen dieser Art, und nicht beliebige Nuancen z.B. des Geschmacks oder der Lesegewohnheiten, sollen als gesellschaftlich determinierte *soziale Ungleichheiten* bezeichnet werden. Soziale Ungleichheit ist also ein Sammelbegriff für ungleiche Verfügungs- und Zugangschancen über bzw. zu materielle(n) und immaterielle(n) Ressourcen einer Gesellschaft. Der Begriff zielt damit in dem hier zugrundegelegten Verständnis auf *objektive Ungleichheiten der Lebenschancen und Lebensbedingungen von Menschen ab.* Aber noch ein weiteres konstitutives Merkmal kennzeichnet den Begriff soziale Ungleichheit: Entscheidend für dieses hier zur Diskussion stehende Phänomen sind nur diejenigen sozialen Differenzierungen, *die Charakteristika der sozialen Struktur einer Gesellschaft darstellen,* also nicht einmalig, zufällig oder rasch vorübergehend sind, sondern durch „Institutionalisierung" sich auszeichnen (HÖRNING 1976, S. 10), in dem sie durch bestimmte Werte, Normen, Institutionen und Sanktionen legitimiert und dauerhaft gestützt werden. So ist z.B. die Tatsache, daß jemand durch einen zufälligen Lottogewinn zu Vermögen kommt deutlich zu trennen von den hohen Einkommenschancen, die mit bestimmten Berufspositionen langfristig verbunden wird. Oder: Rothaarigkeit mag in einer Gesellschaft vernehmlich Blonder hier und da zu bestimmten sozialen Reaktionen führen. Aber erst der Tatbestand, daß mit dem Merkmal Rothaarigkeit systematisch Diskriminierungen verbunden sind, kennzeichnet den hier wichtigen Aspekt der Institutionalisierung, der für soziale Ungleichheit konstitutiv ist.

Die bisher skizzierte Sichtweise des komplexen Phänomens institutionalisierter sozialer Ungleichheit der Lebensbedingungen geht im wesentlichen auf zwei divergierende Ansätze zurück.

In der auf MARX zurückgehenden Klassentheorie, die in seinen eigenen Arbeiten nur implizit enthalten ist, werden die entscheidenden Strukturen gesellschaftlicher Ungleichheit aus der Art des ökonomischen Zusammenwirkens der Menschen, den Produktionsverhältnissen, abgeleitet. MARX konzipiert sie als dynamische Theorie, die auf die Veränderbarkeit sozioökonomischer Verhältnisse abzielt, wobei die beiden großen antagonistischen Klassen der Proletarier und der Kapitalisten als Agenten sozialen Wandels fungieren. Aber gerade das von MARX als zentral für die bürgerliche Gesellschaft herausgestellte Kriterium der Lohnabhängigkeit bzw. des Eigentums an Produktionsmitteln hat sich – wie BENDIX (1974) betont – sowohl für die wissenschaftliche Analyse als auch für gesellschaftliche Konflikte als weniger bedeutsam erwiesen, als MARX es annahm. Das Klassenmodell zielt auf eine eindimensionale (ökonomische) Bestimmung sozialer Ungleichheit ab. Es teilt die Gesellschaft in Besitzer und Nichtbesitzer von Produktionsmitteln und erfaßt so in sich völlig heterogene Gruppen, die jeweils eine große Bandbreite materieller und immaterieller Arbeits- und Lebensbedingungen umspannen. In diesem Ungleichheitsmodell wird der Vielzahl gewichtiger Differenzierungen *innerhalb* einer Klasse im Hinblick auf Macht, Besitz, Einkommen, Bildung, berufliche Autonomie, Prestige etc. und den daraus resultierenden Folgen für Bewußtsein und Verhalten keine Bedeutung beigemessen. Allerdings – und das ist wichtig zu betonen – wird eine *klassentheoretische* Interpretation dann bedeutsam, wenn die für die bestehenden Herrschafts- und Ungleichheitsstrukturen konstitutiven Bedingungen analysiert werden sollen.

Aus der WEBERschen Kritik am Reduktionismus des MARXschen Klassenmodells, der Ableitung von Ungleichheitsstrukturen ausschließlich aus der ökonomischen Dimension, entwickelte sich in der modernen Soziologie eine mehrdimensionale Bestimmung sozialer Ungleichheit. Sehr viel stärker und substantieller, als viele Schichtungstheoretiker wahrgenommen haben, akzeptierte WEBER aber als zentrales Kriterium die Bestimmung der Lage im System sozialer Ungleichheit die Kontrolle respektive den Ausschluß der Kontrolle über Produktionsmittel. Im Gegensatz zu MARX fügt er allerdings zwei weitere Kriterien hinzu: Macht und Prestige, die er als zusammenhängende Grundlagen für die Bildung sozialer Ungleichheitsstrukturen ansah und damit ihres dichotomischen Charakters entkleidete.

Das skizzierte Klassen- und Schichtenmodell sozialer Ungleichheit hat die soziologische Theorie und die empirische Erforschung sozialer Ungleichheit bis heute weitgehend bestimmt. Während sich auf die Klassentheorie Soziologen sozialistischer Länder bei ihren Gesellschaftsanalysen schon immer bezogen, ist sie sowohl in der marxistischen Soziologie in kapitalistischen Ländern als auch – als Variante – in der

westlichen nicht marxistischen Konflikttheorie (Dahrendorf u. a.) zu neuer Bedeutung gelangt. Die auf Weber zurückgehende Schichtungstheorie hatte demgegenüber vor allem die amerikanische und von dort die westeuropäische Sozialforschung beeinflußt, die auf der Basis von zwei-, drei- oder mehrschichtigen Modellen mit sehr unterschiedlichen Schichtungskriterien eine in den Mittelwertdifferenzen sich nur sehr gering unterscheidende Verteilung von sozialisationsrelevanten Faktoren, Erziehungskonzeptionen und Persönlichkeitsmerkmalen nachweisen konnte, die sich zudem in den Streubereichen noch weitgehend überlappen. Daher entbehren sie in der Regel eines analytischen Wertes (vgl. Kap. 2).
Dieses Verdikt gilt vor allem einer in den dreißiger Jahren beginnenden und bis weit in die sechziger Jahre hineinreichenden Tendenz in der „westlichen" Soziologie, die Problematik sozialer Ungleichheit auf jenen Aspekt einzuengen, der Differenzierungen des sozialen Ansehens oder Prestiges umfaßt (Bolte u. a. 1974, S. 12).
Wohl als Reaktion auf Marx und seine Klassentheorie, in der wesentlich ökonomische Faktoren soziale Ungleichheit konstituieren, verschob sich der Fokus vor allem in der zunächst in den Vereinigten Staaten einsetzenden Forschung über die Auswirkungen sozialer Ungleichheit nahezu ausschließlich auf eine „*subjektive*" Analyse des Ungleichheitsphänomens. Diese Forschungstradition geht im wesentlichen auf die Überlegungen W. L. Warners und seiner Mitarbeiter in den dreißiger Jahren zurück, die das Ansehen oder das Prestige von Menschen als entscheidender für Bewußtsein und Verhalten als z. B. ihre Stellung im Produktionsprozeß ansahen (Recker 1974, S. 37).

Warner und Lunt verwandten in ihren ersten Arbeiten zur Analyse der Ungleichheitsstruktur der amerikanischen Gesellschaft ein Verfahren zur Definition sozialer Schichten, das auf einer Einschätzung des Sozialprestiges oder Ansehens einer Familie oder Person durch andere Personen innerhalb einer Gemeinde beruhte. „By class is meant two or more orders of people who are believed to be, and are accordingly ranked by the members of community, in socialy superior and inferior positions" (Warner/Lunt 1941, S. 82).
Dieser „subjektive" Ansatz zur Bestimmung der sozialen Schichtenzugehörigkeit erwies sich aber in seiner praktischen Handhabung als zu umständlich, so daß Warner und seine Mitarbeiter für ihre weiteren Untersuchungen den sogenannten „Index of Status Characteristics" (ISC) entwickelten (Warner/Meeker/Eells 1949), der aus den Werten verschiedener gewogener Skalen gebildet wird, die auf der Bewertung des Berufes, der Herkunft des Einkommens, des Haustyps und der Wohngegend basieren. Eine Modifizierung des Warnerschen ISC wurde durch Hollingshead/Redlich (1958) bei der Konstruktion ihres „Index of Social Position" (ISP) vorgenommen. Dabei werden drei Variablen, die Wohngegend (Gewichtszahl 6), der Beruf (Gewichtszahl 9) und die Bildung (Gewichtszahl 5) berücksichtigt.
Der im Augenblick in der amerikanischen Sozialisationsforschung viel verwendete SEI (Socio-Economic-Index) von Duncan (1961) basiert auf einer Klassifikation von Berufen nach ihrem Prestige, dessen Varianz nach Duncan in einem Umfang von 83 % einer linearen Kombination von Bildungs- und Einkommensmerkmalen zuzurechnen ist.
Allen genannten Verfahren ist gemein, daß sie sich ausschließlich auf den Aspekt sozialer Ungleichheit konzentrieren, der als Verteilung von sozialem Status bezeichnet wird. Sozialer Status meint dabei gewöhnlich die Lage einer Person auf einer ein- oder mehrdimensionalen Rangskala, die sich aus der im Prestige ausgedrückten sozialen Wertschätzung der jeweils verwandten Merkmale (Beruf, Einkommen, Schulbildung, Wohngegend etc.) ergibt (Mayntz 1969, S. 990). Bei der Ermittlung des fast überwiegend als zentraler Statuskomponente angesehenen Berufsprestiges werden ausgewählte Berufsbezeichnungen (typische Berufe) einer repräsentativen Bevölkerungsgruppe vorgelegt, die dann die Berufe entweder in eine Rangordnung vom niedrigsten zum höchsten Prestige einordnen (sog. „ranking") oder jedem Beruf eine Art „Note" geben, wobei die Abstände zwischen den Noten subjektiv als gleich große Prestigeunterschiede empfunden werden sollen (sog. „rating" (von der Lippe 1972, S. 3)[6]. Die anderen Statuskomponenten (Bildung, Einkommen, Haustyp, Wohngegend etc.) werden gewöhnlich vom Forscher selbst bewertet.
Im Zentrum der Kritik steht dann auch die

6 Allgemeine Berufsbezeichnungen, wie sie bei der Bestimmung des beruflichen Status verwandt werden, sind ohne Spezifizierung der genauen Tätigkeitsmerkmale inhaltsleer, weil dieselbe Berufsbezeichnung ein breites Spektrum unterschiedlicher konkreter Erfahrungen und Entfaltungsmöglichkeiten (Anweisungsbefugnis, Komplexität der Tätigkeit etc.) beinhalten kann. So kann sich hinter der Berufsbezeichnung „Industriekaufmann" ein Exportsachbearbeiter in einem Großunternehmen, ein Lagerbuchhalter, ein selbständiger Großhandelsvertreter u. a. m. mit jeweils sehr unterschiedlichem Prestige verbergen. Die Berufsbezeichnung „Industriekaufmann" ist also als Kriterium der Statusbezeichnung unzureichend, weil sie keinen eindeutigen und vergleichbaren Maßstab darstellt.

ausschließliche Berücksichtigung derjenigen sozialen Rangordnung, die sich aufgrund unterschiedlichen sozialen Prestiges ergibt. Eine solche ausschließlich auf subjektive Einschätzungen beruhende „eindimensionale" Analyse des sozialen Ungleichheitsphänomens ist zwar keineswegs irrelevant – das Sozialprestige oder das soziale Ansehen einer Person ist durchaus eine wichtige Determinante ihres Bewußtseins und Verhaltens – jedoch unterschlägt sie bedeutsame andere Dimensionen sozialer Ungleichheit (HAUG 1972). Damit wird die wichtige Unterscheidung von sozialer Ungleichheit im Sinne von Prestigedifferenzierung (Status) und sozialer Ungleichheit im Sinne von Differenzierung der objektiven Lebenslage (Klasse) verwischt, die für Max WEBER noch zentral war (HAUG 1972, BOTTOMORE 1976). Dieser rudimentäre, weil objektive Ungleichheitsbedingungen nur sehr unzulänglich erfassende, eindimensionale Ungleichheitsbegriff wurde ab Mitte der dreißiger Jahre zu einer zentralen Kategorie der empirischen Sozialforschung und damit auch der Sozialisationsforschung.

Sollen die Auswirkungen sozialer Ungleichheit auf Bewußtsein und Verhalten von Menschen untersucht werden, was ja die Absicht schichtenspezifischer Sozialisationsforschung ist, dann müssen beide Aspekte sozialer Ungleichheit, der subjektive Prestigeaspekt als auch der objektive Aspekt ungleicher Verteilung von Lebenschancen Berücksichtigung finden. Eine Sozialisationsforschung, die diese Forderung unberücksichtigt läßt und lediglich die Prestigeschichtung vor allem von Berufen als unmittelbaren Bezugsrahmen für ihre Forschung verwendet, trifft das von KRECKEL (1972) auf die Mobilitätssoziologie gemünzte Verdikt, sich zunehmend von zentralen politisch und ökonomisch bedingten Problemen konkreter soziologischer Strukturanalysen zu entfernen und damit einen Großteil ihrer Erklärungskraft einzubüßen. So entsteht die paradoxe Situation, daß selbst diejenigen Studien über den Zusammenhang von sozialer Ungleichheit und individuellen Entwicklungschancen, „deren manifestes Ziel es ist, zum Abbau sozialer Ungleichheit und Ungerechtigkeit beizutragen, gleichzeitig eine latente Stabilisierungsfunktion ausüben, sobald sie die ‚objektive' Ungleichheits- und Privilegienordnung und deren Stabilisierungsbedingungen aus ihrem wissenschaftlichen – und damit auch aus dem politischen – Blickfeld ausschließen" (KRECKEL 1972, S. 28).

3.2 *Vom sozialen Ungleichheitskontinuum zur sozialen Schichtung*

Die bisherigen Erörterungen zur empirischen Bestimmung der gesellschaftlichen Ungleichheitsstruktur bezogen sich im wesentlichen auf die Kriterien, die in verschiedenen traditionellen Ansätzen zur Bestimmung der sozialen Lage einer Familie in der sozialen Hierarchie herangezogen werden. Das nun zu diskutierende Problem, wie aus einer mit Hilfe welcher Kriterien immer bestimmten Ungleichheitshierarchie von Familien soziale Schichten gebildet werden, wo also horizontale Einschnitte in den Ungleichheitsaufbau vorzunehmen sind, befindet sich in einem ähnlich sowohl theoretisch als auch methodisch desolaten Zustand wie das vorherige. Die meisten Arbeiten über den Zusammenhang von sozialer Schicht und Sozialisation gehen ohne große theoretische und methodische Skrupel von der Annahme aus, mit sozialen Schichten nicht statistisch-künstliche Produkte, sondern *deutlich voneinander unterscheidbare homogene Lebenswelten* (Subkulturen) innerhalb einer Gesellschaft zu identifizieren. Dagegen wird hier die These vertreten, *daß die gesellschaftliche Ungleichheitshierarchie eher einem Kontinuum ohne deutliche Brüche oder Einschnitte als abgrenzbaren „Klassen" oder „Schichten" entspricht.* Die Vorstellung, Bewußtsein und Verhalten von Menschen innerhalb einer Gesellschaft variiere deutlich von einer Schicht zur anderen, und nicht kontinuierlich entlang der Ungleichheitsdimension, resultiert nach Auffassung von ZIGLER/CHILD (1969, S. 483f.) aus einer vorschnellen Übertragung des in der Ethnographie entwickelten Ansatzes der modalen Persönlichkeit. Dieser habe bei seiner Anwendung auf voneinander deutlich unterscheidbare Gesellschaften eine gewisse Plausibilität, würde aber fraglich bei einer Übertragung auf Gruppen innerhalb einer Gesellschaft, zwischen denen sich aufgrund nicht eindeutig bestimmbarer Mitgliedschaft, Mobilität und Interaktion und einem gemeinsamen Wertsystem, dem alle Gesellschaftsmitglieder vorab jeder subkultur-spezifischen Differenzierung ausgesetzt seien, keine deutlichen Unterschiede ausmachen ließen. Empirische Evidenz für die Gültigkeit einer „Status-Kontinuum"- gegenüber einer „Schichtenstruktur"-Hypothese für moderne industrielle Gesellschaften ergibt sich aus einer Untersuchung von LANDECKER (1960). Er ermittelt nur „... the presence of one major class boundary, by which the topmost strata are divided from the bulk of the population. Below this elite boundary, the dominant feature is a status gradation of considerable continuity, a side from a few minor identations" (LANDECKER 1960, S. 877). Diese Feststellung bezieht sich auf entwickelte westliche Industriegesellschaften; für andere Gesellschaften mögen durchaus deutliche Sozialschichten identifizierbar sein. Im Einklang mit diesem Ergebnis steht dann auch die Einschätzung der analytischen Fruchtbarkeit des Schichtenkonstrukts durch NEIDHARDT (1964, S. 118): „Bei dem empirischen Nachweis von schichtenspezifischen Verhaltensunterschieden müssen wir leider immer wieder auf Untersuchungsergebnisse zurückgreifen, die durch die Verwendung zu einfacher bzw. unzweckmäßiger statistischer Gliederungen verzerrt sind. Daß in ihnen alle Mitglieder unserer Gesellschaft eindeutig einer bestimmten Schicht zugeordnet werden und daß diese gegenüber anderen Schichten klar abgegrenzt erscheint, verdunkelt die Tatsache, daß Schichtübergänge fließend und die Statuslage nicht weniger Menschen relativ unbestimmt ist. Die Verhaltensunterschiede, die sich in solchen Untersuchungen nachweisen lassen, erscheinen zwangsläufig oft unklar und gering, da den einzelnen Schichten nicht nur die Personen zugeordnet werden, die als ‚Schichtkerne' tatsächlich schichttypisches Verhalten zeigen, sondern auch solche, die keinen eindeutig bestimmbaren Gesellschaftsstatus haben." Die Folgerung, die NEIDHARDT aus dieser richtigen Kritik an dem Schichtenkonstrukt zieht, sind allerdings überraschend. Statt dieses in seiner bisherigen unzulässigen Fassung als analytisch fruchtbare Prädiktorvariable generell in Frage zu stellen, empfiehlt er, sich auf die „Schichtkerne" zu konzentrieren, also auf die Personen, die durch eine „relativ hohe Statuskonsistenz" (S. 118) sich auszeichnen. Welchen Umfang diese Schichtkerne haben, inwieweit durch ihre ausschließliche Berücksichtigung der überwiegende Teil der Bevölkerung aus der Analyse ausgeklammert wird, bleibt undiskutiert.

GEIGER hat schon 1932 vor einer Grobgliederung der Ungleichheitslagen gewarnt, weil mit ihr „erhebliche qualitative Unterschiede in der Quantifizierung eingeebnet und vergewaltigt werden" (S. 18). DAHRENDORF (1971, S. 93) bemerkt bei einem Vergleich von Schichtungsmodellen der BRD (JANOWITZ/MOORE und KLEINING/SCHEUCH), die sich in ihrer Struktur stark unterscheiden, die Unterschiedlichkeit der Schichtmodelle dokumentiere unfreiwillig, daß es in der deutschen Gesellschaft der Gegenwart keine eindeutig abgrenzbaren sozialen Schichten gäbe. Er hebt „zwei große Schwächen" der Schichtungsmodelle hervor:

1. „Schichtmodelle der angedeuteten Art sind ... analytisch nur mäßig fruchtbar, und sie sind deskriptiv beliebig."
2. „Weil die Modelle konstruiert sind, also gar nicht darauf abzielen, reale Grenzen zu markieren, sind sie als Instrument zur Beschreibung der Wirklichkeit beliebig. Noch schärfer gesagt: Sie beschreiben die deutsche Gesellschaft der Gegenwart nicht" (S. 93).

Das betont auch KOHN (1969, S. 11) für die amerikanische Gesellschaft, zieht aber ebenfalls keine Konsequenzen aus seiner Einsicht: „... class is an abstraction from a complex reality, that in all probability power, privilege, and prestige are continously distributed in society, and that is an oversimplification to speak of any given number of social classes". Damit erlangt das Argument Substanz, daß „soziale Schichtung" nicht als das produktivste Konzept zur Analyse des sozialen Ungleichheitsphänomens in industriellen Gesellschaften angesehen werden kann. Soziale Schichten sind kein valides Forschungskonzept, denn sie haben keine objektive Entsprechung in der sozialen Realität (DAHRENDORF 1971, OTTO 1975). Die Beliebtheit des Schichtenkonstrukts als Prädiktorvariable steht in krassem Gegensatz zu ihrem analytischen Wert. *Eine genaue Identifikation und eine eingehende Ausdifferenzierung sozialer Ungleichheitslagen von Familien,* für die wir im folgenden Kapitel zahlreiche Beispiele angeben werden, *bei gleichzeitiger Vernachlässigung des Schichtenkonstrukts, scheint dann auch der sich anbietende Weg aus der Sackgasse zu sein, in der sich die schichtenspezifische Sozialisationsforschung im Augenblick befindet.*

4 Perspektiven einer an sozialen Ungleichheitsstrukturen orientierten familialen Sozialisationsforschung

4.1 Versuche einer analytisch fruchtbareren Ausdifferenzierung sozialer Ungleichheitslagen

Der bei der Konzeption der Prädiktorvariablen „Soziale Schicht" demonstrierte erhebliche Mangel an theoretischer Anstrengung und methodischer Disziplin (vgl. Kap. 3) ist etwa seit Beginn der sechziger Jahre zunehmender Kritik ausgesetzt. Denn eine soziologische Sozialisationstheorie, die diesen Namen verdient, muß sich zum Ziel setzen, den bislang weitgehend an Oberflächenmerkmalen sozialer Ungleichheit festgemachten Schichtbegriff zu überwinden (HOFFMAN/LIPPITT 1960, SEWELL 1961, CLAUSEN/WILLIAMS 1963, ZIGLER/CHILD 1969, HESS 1970, ZIGLER 1971, BARGEL 1973, OTTO 1975, ARAHAMS/SOMMERKORN 1976, EDELSTEIN et al. 1977, BERTRAM 1976 und 1978, RODAX/SPITZ 1978, STEINKAMP/STIEF 1978 und 1979). Dabei ist insbesondere hervorzuheben, daß die entscheidenden Determinanten hierarchischer Differenzierung, die „Lebensstandard, Chancen und Risiken, Glückmöglichkeiten, aber auch Privilegien und Diskrimination, Rang und öffentliches Ansehen" (GEIGER 1955, S. 432) variieren, nur durch empirische Analysen bestimmbar sind (GEIGER 1955, SCHEUCH/DAHEIM 1961, KIRCHBERGER 1975, BERTRAM 1978). Zu beachten ist auch, daß sich die Determinanten sozialer Ungleichheitslagen im Laufe historischer Entwicklung verändern können. *Daher ist es notwendig, diejenigen Dimensionen sozialer Ungleichheit zu ermitteln, die zu einem bestimmten Zeitabschnitt in einer gegebenen Gesellschaft vorherrschend sind und zu prüfen, ob diese – vor allem in welchen spezifischen Konstellationen – Bewußtseinslagen, Verhaltensweisen und materielle Rahmenbedingungen erzeugen, die für Prozesse auf der Familienebene relevant sind* (MAYNTZ 1958, BERTRAM 1978). Durch die Identifikation von typischen Ungleichheitskonstellationen ist eine wesentlich präzisere Beschreibung und damit eine adäquatere Analyse der Auswirkung sozialer Ungleichheitslagen von Familien möglich als mit den bisherigen Schichtansätzen. Dabei hat – das sei hier nur angemerkt – eine *sozialstrukturelle* Sozialisationsforschung nicht nur soziale Ungleichheitsbedingungen in die Analyse einzubeziehen, sondern auch andere, nicht mehr in der sozialen Ungleichheitsdimension verortbare makrostrukturelle Variablen[7], um eine möglichst hohe Varianzaufklärung von Prozessen auf der Familienebene zu erreichen. Diese Forderung erscheint um so dringlicher, weil mit der global erfaßten Bedingungsvariable soziale Schicht in keiner Weise auch eine sinnvolle *Erklärung*, d.h. die Soziogenese der abhängigen Variablen erreicht werden kann. Denn was bedeutet schon die Feststellung einer inversen Beziehung zwischen sozialer Schicht und autoritärem Erziehungsverhalten der Eltern? Dieser korrelative Befund wird erst dann interpretierbar und in familien- und gesellschaftspolitische Maßnahmen umsetzbar, wenn die hinter der global erfaßten Schichtenlage sich verbergenden objektiven Lebens-, Arbeits- und Bildungsbedingungen identifziert und einer eingehenden Analyse unterzogen werden. Soziologen sollten endlich die Kritik ernster nehmen, wie sie z.B. von psychologischer Seite sehr massiv vorgetragen wird: „Die soziologische Charakterisierung des Anregungspotentials durch Angabe des sozioökonomischen Status besitzt nur geringe praktische Relevanz. Erst die differenzierte Angabe der physikalischen und sozialen Merkmale, die den Anregungsgehalt ausmachen, erlaubt einen gezielten Eingriff in die Umwelt ..." (TRUDEWIND 1975, S. 69).

Auf dem Hintergrund dieser Kritik gewinnen diejenigen Untersuchungen einen besonderen Stellenwert, die über den globalen Nachweis eines Zusammenhangs von Schichtzugehörigkeit und Aspekten familialer Sozialisation hinauszugehen sich bemühen und dabei „gehaltvollere", weil erklärungskräftigere Ungleichheitsdimensionen zu erfassen versuchen.

Das entscheidende Verdienst, als eine der ersten den Versuch unternommen zu haben, das hinter der Schichtenvariable sich verbergende komplexe Bedingungsgefüge sozialer Ungleichheit zu erhellen, gebührt neben ABERLE/NAEGLE (1952) vor allem KOHN und seinen Mitarbeitern

7 Die von MILLER/SWANSON (1958) berücksichtigte dichotome Variable „unternehmerische vs. bürokratische Integration", über deren Bedeutung für Persönlichkeitsmerkmale der Eltern besonders die Analysen von KOHN (1971) und BERTRAM (1978) Aufschluß geben, wäre hier zu nennen. Sie liegt „quer" zu sozialen Ungleichheitsstrukturen. Aber auch andere, eher „ökologische" Variablen sind in ihrer Bedeutung zu prüfen (vgl. den Vorschlag zur sozialökologischen Umwelttaxonomie von BARGEL/GLOY/HEINKE/WALTER 1973, S. 17–46).

PEARLIN und SCHOOLER. Ihre auf den Einfluß unterschiedliche Arbeitsbedingungen auf elterliche sozialisationsrelevante Werte und Orientierungen abzielenden Forschungsarbeiten gehören inzwischen zu den meist zitierten Arbeiten über diesen Zusammenhang auch im deutschen Sprachgebiet. Grund genug, sich die KOHNschen Annahmen, Ergebnisse und ihre empirischen Grundlagen auf der Basis seines zusammenfassenden Forschungsberichts „Class and Conformity" (1969) etwas genauer anzusehen. Den in ihm referierten Untersuchungen[8] liegt folgende Generalhypothese zugrunde: „Für die Mitglieder verschiedener sozialer Schichten ergibt sich aus den verschiedenen Lebensbedingungen, denen sie sich erfreuen (oder unter denen sie leiden) eine unterschiedliche Sichtweise der Welt – sie entwickeln verschiedene Konzeptionen der sozialen Realität, verschiedene Ziele, Hoffnungen und Befürchtungen, sich unterscheidende ‚Konzeptionen des Wünschenswerten' ... Von diesen Konzeptionen des Wünschenswerten der Menschen – besonders welche Eigenschaften für Kinder erstrebt werden – kann auf die Ziele der Kindererziehung geschlossen werden. Daher sind Konzeptionen des Wünschenswerten – das sind Werte – die Schlüsselkategorie dieser Analyse, die Brücke zwischen Positionen in der weiteren Sozialstruktur und dem Verhalten des Individuums" (KOHN 1969, S. 7).

8 Es handelt sich um folgende Untersuchungen:
1. Die „Washington-study", durchgeführt 1956–1957, basiert auf Interviews mit 339 weißen Müttern, die alle ein Kind im 5. Schuljahr hatten. In einem Subsample von 82 Familien werden zusätzlich die Väter und die Kinder im 5. Schuljahr untersucht. Die Interviews zielten auf elterliche Werte, Disziplinierungstechniken und Hauptdimensionen der Eltern-Kind-Beziehungen ab. Repräsentativ für die weiße Mittel- und Arbeiterschicht, nicht jedoch für Washington D. C.
2. Die „Turin-study", durchgeführt von L. PEARLIN in den Jahren 1962–1963 in Turin (Italien) als Vergleichsuntersuchung zur Washington-study. Interviews mit 520 Müttern und 341 Vätern, die Kinder im 5. Schuljahr hatten. Sie umfassen die gleichen Bereiche wie in der Washington-Untersuchung, zusätzlich werden die Väter nach ihren Arbeitsbedingungen befragt. Repräsentativ für die Mittel- und Arbeiterschicht, nicht jedoch für Turin.
3. Die „National-study", durchgeführt im Jahre 1964, basiert auf Interviews mit 3101 männlichen Erwerbstätigen in zivilen Berufen und ist innerhalb dieser Gruppe (mit Ausnahme der Gruppe der Arbeitslosen) repräsentativ für die USA. Frau und Kinder werden nicht befragt. Die Interviews erfassen nicht nur alterliche Erziehungswerte und -praktiken, sondern auch bestimmte Persönlichkeitsmerkmale der Eltern und besonders intensiv die beruflichen Erfahrungen der Väter.

Im Brennpunkt „systematisch sich unterscheidender Lebensbedingungen" (KOHN 1969, S. 189), aus denen unterschiedliche Werte und Orientierungen resultieren, stehen für KOHN die *beruflichen Erfahrungen*: „Die Bedingungen des beruflichen Lebens in höheren sozialen Schichten fördern das Interesse an den intrinsischen Qualitäten der Arbeit, die den Glauben an die Möglichkeiten rationalen Handelns zur Erreichung gesetzter Ziele stärken und die Bewertung von Selbststeuerung fördern. Die Bedingungen des beruflichen Lebens in unteren sozialen Schichten schränken die Einstellung zur Arbeit auf die extrinsischen Belohnungen, die sie verschaffen, ein, begünstigen eine eng umrissene Vorstellung von sich selbst und der Gesellschaft und fördern die positive Bewertung von Konformität und Autorität" (KOHN 1969, S. 192). Zentrale Wertsyndrome der Eltern, die mit ihren jeweiligen Berufserfahrungen variieren, sind für KOHN Selbstbestimmung (self-direction) und Konformität (conformity). In Anlehnung an PIAGETS Untersuchungen zur moralischen Entwicklung des Kindes (1954) und in Abgrenzung zu den von D. RIESMAN in „Die einsame Masse" (1959) verwendeten Begriffe der „Innen- und Außensteuerung" definiert KOHN dieses dichotome Begriffspaar wie folgt (1969, S. 35f. und S. 189): Individuen, auf die das Wertsyndrom „self-direction" zutrifft, handeln auf der Basis selbständigen Urteils, das auf gut verinnerlichten moralischen Standards und ihrer flexiblen, d.h. an den Absichten des Handelns anderer sich orientierenden Anwendung und nicht auf dessen zufälligen Folgen gründet; sie sind „open-minded" und setzen Vertrauen in andere Menschen.

Das Wertsyndrom „conformity" charakterisiert Menschen, die dem Diktat einer entfernten und manchmal auch diffusen Autorität, also von außen auferlegten Regeln folgen; für die die Folgen des Verhaltens anderer (und nicht deren Absichten) so sehr im Vordergrund stehen, daß sie sogar verinnerlichte Verhaltensmaßstäbe ausschalten können; die Abweichung und Nonkonformität nicht dulden und anderen Menschen mißtrauen; die moralische Standards haben, die vornehmlich die buchstabengetreue, pedantische Normenbefolgung erlauben.

Die allgemeine Kategorie „Werte und Orientierungen" ist bei KOHN nun inhaltlich keineswegs identisch mit dem schon näher charakterisierten dichotomen Wertepaar „self-direction" und „conformity". Sie umfaßt zusätzlich: 1. das dichotome Wertpaar „self-direction" und „competence", wobei Kompetenz die Fähigkeit meint, Dinge ordentlich zu erledigen, Erfolg zu haben und mit anderen Menschen gut auszukommen; 2. die eigene Beurteilung der Arbeit (vor allem ihre extrinsischen und intrinsischen Aspekte); 3. soziale Orientierungen (autoritärer Konservatismus, moralische Verhaltensdispositionen, Vertrauen in andere Menschen, Einstellung zu Veränderung und Wandel) und 4. die Selbstkonzeption (Selbstvertrauen, Selbstherabsetzung, Selbstverantwortung für eigenes Schicksal, Angst, Ideenkonformität) (vgl. KOHN 1969, S. 73ff.).

Diese nach KOHN für den familialen Sozialisationsprozeß wichtigen „Werte und Orientierungen" der Eltern lassen sich nach den Ergebnissen seiner Untersuchungen – so interpretiert es zumindest KOHN – fast in allen ihren Dimensionen signifikant auf den kumulativen Effekt der Schulbildung (als erklärungskräftigster Variable, vgl. KOHN 1969, S. 132f.) und vorwiegend dreier zentraler Strukturmerkmale der Berufsposition zurückführen, die jeweils unabhängig voneinander und unabhängig von ihrer Beziehung zur sozialen Schichtenzugehörigkeit der Eltern wirken (KOHN 1969, S. 165ff.): 1. Umfang der Arbeitskontrolle; 2. substantielle Beschaffenheit der Arbeit (Arbeit mit Dingen, Daten und Personen); 3. Komplexität der Arbeitsorganisation: a) Verschiedenartigkeit der Arbeitsaufgaben, b) Komplexität einer einzelnen Arbeitseinheit.

Die bedeutsamste dieser drei Komponenten ist dabei die substantielle Beschaffenheit der Arbeit. Von Einfluß auf elterliche Werte und Orientierungen sind auch folgende Variablen – wenn auch in geringerem Maße: Besitz an Produktionsmitteln, Arbeitsplatzsicherheit, Umfang der Konkurrenz, Bürokratisierungsgrad der Arbeitsorganisation, Einflußmöglichkeiten auf den Arbeitstakt, Position in der Befehlshierarchie, Berufszufriedenheit und Bindung an den Beruf (vgl. KOHN 1969, S. 167ff.).

Die drei zentralen strukturellen Merkmale der Berufsposition, die das Ausmaß der beruflichen Selbstbestimmung determinieren, variieren nach Auffassung KOHNS gewöhnlich mit der Stellung der Familie im System gesellschaftlicher Schichtung: Mit zunehmendem Rang der beruflichen Position steigen die Chancen einer freien, relativ gering kontrollierten und differenzierten Arbeitstätigkeit mit Personen und Daten innerhalb einer komplexen Arbeitsorganisation. Parallel zu diesen sich verändernden Bedingungen beruflicher Arbeit tendieren Eltern zu einer zunehmenden Bewertung von Selbstbestimmung bei ihren Kindern.

Inwieweit stützen nun die erhobenen Daten den von KOHN behaupteten signifikanten Zusammenhang von beruflichen Erfahrungen und elterlichen erziehungsrelevanten Werten und Orientierungen? Hält man die Schichtenzugehörigkeit konstant, ergibt sich zwischen den drei zentralen Dimensionen der Berufsposition – Grad der Überwachung, substantielle Beschaffenheit der Arbeit und Komplexität der Arbeitsorganisation – und dem elterlichen Wertsyndrom „self-direction vs. conformity" eine auf dem 0.01-Niveau signifikante Korrelation von 0.15 (KOHN 1969, Tab. 10-1, S. 161). Die höchste Korrelation überhaupt zwischen diesen drei Dimensionen der Berufsposition und Werten und Orientierungen der Eltern ergibt sich für die Kategorie „soziale Orientierung", nämlich r = 0.26. Werte und Orientierungen von Menschen korrelieren stärker mit ihrer Schulbildung als mit ihrer Berufsposition: Bei Kontrolle der Berufsposition ergibt sich eine Korrelation zwischen dem elterlichen Wertsyndrom „self-direction/conformity" und der Schulbildung von 0.23 (die höchste Korrelation, r = 0.36, bezieht sich hier wieder auf die Dimension „soziale Orientierung"), während bei Kontrolle der schulischen Ausbildung die Korrelation zwischen dem elterlichen Wertsyndrom „self-direction/conformity" und der Berufsposition auf r = 0.09 zurückgeht (Tab. 10-8, S. 185). Angesichts dieser schwachen Zusammenhänge (deren Beispiele sich beliebig vermehren ließen) ergeben auch KOHNS empirische Befunde – abweichend von seinen eigenen Interpretationen – keine *deutlichen* Beziehungen zwischen elterlichen Erziehungswerten und beruflichen Erfahrungen. Eine Kritik aber, die behauptet, die KOHNsche Studie könne daher „genau so als Beleg dafür dienen, daß Schichtung und Berufserfahrung für die Erziehungseinstellungen des Vaters von untergeordneter Bedeutung sind" (BERTRAM 1976, S. 106; ähnlich ABRAHAMS/SOMMERKORN 1976, S. 79) scheint nicht ganz angemessen. Denn sie verkennt (1) die Bedeutsamkeit der durchgehenden *Konsistenz* der Beziehungen zwischen den beiden Dimensionen und (2) die Tatsache, daß die Untersuchungen KOHNS und seiner Mitarbeiter als erster mühsamer und aufwendiger Versuch interpretiert werden müssen, sowohl die hinter bislang benutzten groben Schichtungsindikatoren (vor allem Berufs*status*) sich verbergenden komplexen Zusammenhänge ungleicher Lebens- und Arbeitsbedingungen als auch die Vermittlungsmechanismen zwischen sozialen Ungleichheitslagen und Sozialisationsprozessen in der Familie aufzuhellen.

KOHNS weitere Überlegungen und Untersuchungen fokussieren dann auch insbesondere auf eine genauere Analyse der Beeinflussung von Persönlichkeitseigenschaften durch berufliche Arbeitsbedingungen. In zwei Arbeiten mit SCHOOLER (KOHN/SCHOOLER 1973 und 1978) wird eine Dimension der beruflichen Arbeit – ihre substantielle Komplexität – als zentrales Element der Berufsstruktur und – in seiner Folge – als ein wichtiger „struktureller Imperativ" der Arbeit ausgewiesen. Dabei kann vor allem in der 1978 veröffentlichten Longitudinaluntersuchung, die den Effekt sich verändernder Arbeitsbedingungen in einem Zeitraum von 10 Jahren erfaßt (1964–1974), der Einfluß der substantiellen Komplexität der Arbeit bei Kontrolle aller anderen möglichen Einflußgrößen auf die intellektuelle Flexibilität der Betroffenen nachgewiesen werden. In ihrem eigenständigen, kontrollierten Einfluß ist sie etwa ein Viertel so groß (0.18) wie der Einfluß der zehn Jahre vorher (1964) gemessenen intellektuellen Flexibilität auf die gegenwärtige (1974) intellektuelle Flexibilität (0.69). Die neueren Analysen von KOHN/SCHOOLER beschränken sich bisher ausschließlich auf den Einfluß einer Arbeitsdimension, ihrer substantiellen Komplexität, auf eine Persönlichkeitsdimension, der intellektuellen Flexibilität, von männlichen Erwerbstätigen. In weiteren Longitudinaluntersuchungen versuchen sie dann auch andere Dimensionen beruflicher Arbeitsbedingungen in ihrer Auswirkung auf bisher nicht berücksichtigte Bereiche der Persönlichkeit zu erfassen. Darüber liegen noch keine Ergebnisse vor, wohl aber zum Einfluß der Arbeitsbedingungen von Frauen auf Aspekte ihrer Persönlichkeit (MILLER/SCHOOLER/KOHN/MILLER 1978). Diese Untersuchung erwies sich als notwendig, weil eine ungeprüfte Übertragung der ausschließlich bei männlichen Berufstätigen gewonnenen Ergebnisse über den Zusammenhang von Arbeitsbedingungen und männlichen Persönlichkeitseigenschaften auf Frauen wegen ihrer unterschiedlichen Sozialisationserfahrungen, die in spezifischen Definitionen der Frauenrolle in unserer Gesellschaft begründet liegen, sich verbietet.

MILLER u.a. (1978) kommen bei der Analyse ihrer 1974 bei 555 verheirateten Frauen erhobenen Daten, von denen 269 mehr als zehn Stunden pro Woche einer beruflichen Tätigkeit nachgehen, zu folgendem Ergebnis: Die Arbeitsbedingungen berufstätiger Frauen, die Selbstbestimmung ermöglichen, stehen in positiver Beziehung zu ihrer intellektuellen Kapazität und zu einer offenen, flexiblen Orientierung anderen Menschen gegenüber. Dagegen führen Arbeitsbedingungen, die die Möglichkeiten der Selbstbestimmung einschränken oder die mit Druck und Ungewißheiten verbunden sind, zu einer wenig effektiven intellektuellen Leistung, ungünstigen Selbstkonzeptionen und einer rigiden sozialen Orientierung. Dieses Ergebnis ist nicht Folge möglicher intervenierender Einflüsse sozialer Selektion, des Einkommens, des Status oder sozialer Umstände und persönlicher Präferenzen, Faktoren, die allesamt kontrolliert wurden. Der Umfang des kausalen Einflusses der beruflichen Arbeitsbedingungen auf die Persönlichkeit der Frau ist sehr ähnlich dem bei Männern.

In verschiedenen Replikationen der KOHNschen Untersuchungen auch außerhalb der USA (in den USA: FRANKLIN/SCOTT 1970, CLAUSEN 1974, WRIGHT/WRIGHT 1976, KOHN 1976; in Taiwan: OLSEN 1971; in Frankreich: PERRON 1971; in England: PLATT o.J.; in Kanada: COBURN/EDWARDS 1976; in der BRD: BEUSE/KÖRNER 1973, GRÜNEISEN/HOFF 1977, BERTRAM 1978, STEINKAMP/STIEF 1978) wird die zentrale Aussage von KOHN in Class and Conformity erhärtet, daß die Beziehung zwischen sozialer Ungleichheitslage und Wertorientierungen der Eltern als teilweises Resultat unterschiedlicher Arbeitsbedingungen interpretiert werden kann. Die Beziehungen sind in allen Untersuchungen nicht sehr stark ausgeprägt. Sie dürfen dann auch nur so interpretiert werden, daß die Erfahrungen in unterschiedlich strukturierten Arbeitszusammenhängen *eine* von vielen zu berücksichtigenden sozialstrukturellen Ungleichheitsvariablen darstellt, die in spezifischen Konstellationen elterliches Bewußtsein und Verhalten beeinflussen und damit auf familiale Sozialisationsprozesse einwirken.

Die auf breiter Basis ermittelten, schwach ausgeprägten, aber konsistenten Beziehungen zwischen beruflicher Arbeit und Persönlichkeitsvariablen der Eltern schließen wichtige Erkenntnislücken über den Einfluß sozialer Ungleichheitsstrukturen auf Prozesse familialer Sozialisation. Diese, Überlegungen des jungen MARX über die Bedeutung beruflicher Arbeit für die Persönlichkeitsentfaltung des Menschen stützenden Befunde, sprechen für die Gültigkeit der Annahme, daß Sozialisationskonzeptionen und -strategien der Eltern als Ergebnis komplexer Reaktions- und Anpassungsprozesse auf objektiv unterschiedliche Lebensbedingungen interpretiert werden müssen. Die Konstitution subjektiver Strukturen ist dabei nicht unmittelbarer, ungebrochener und ausschließlicher Reflex objektiver Strukturen (STEINKAMP/STIEF 1978, S. 84f.). Aber es scheint zu gelten: „Wenn ... der Mensch ein Lebewesen ist, daß sich in der gesellschaftlichen Arbeit selbst produziert, dann ist unmittelbar offensichtlich, daß die Psychologie der Persönlichkeit die Analyse der gesellschaftlichen Arbeit zur Grundlage hat – oder nicht vorhanden ist" (SÈVE 1973, S. 167). Eine solche Annahme schließt auch nicht konkurrierende Erklärungsmodelle für die aufgezeigten Unterschiede zwischen sozialen Schichten aus. Sie zwingt aber zur Relativierung vor allem „idealistischer" Theoreme, wie sie z.B. von BRONFENBRENNER (1958, S. 424) zur Erklärung der von ihm gefundenen Unterschiede in den Erziehungspraktiken zwischen Unter- und Mittelschicht *ausschließlich* benutzt werden: „Die Befunde des Wandels in der Kindererziehung veranlassen zu der Verallgemeinerung, daß Sozialisationspraktiken am ehesten in solchen Segmenten der Gesellschaft sich ändern, die den unmittelbarsten Zugang zu den Agenturen oder Agenten des Wandels haben (z.B. Bücher, Broschüren, Ärzte und Ratgeber)"[9]. Amerikanische Mittelschichteltern haben sicherlich aufgrund ihres höheren Bildungsniveaus eher einen Zugang zu solch viel gelesenen Handbüchern wie dem über „Infant care" vom Children's Bureau oder „Baby and Child Care" von B. SPOCK. Das erklärt aber nicht, warum sie den Ratschlägen der Experten auch folgen. Aus Untersuchungen über die Wirkung von Massenmedien wissen wir, daß Menschen im allgemeinen solche Informationen aufnehmen, die mit ihren Grundeinstellungen übereinstimmen, um damit kognitive Dissonanzen zu vermeiden. BRONFENBRENNER und mit ihm andere scheinen der Illusion zu erliegen, Sozialisationskonzeptionen und -strategien seien gewissermaßen sozial „freischwebende" und deshalb pädagogisch beliebig disponible Eigenschaften und Verhaltensweisen der Eltern. Er sieht nicht, daß sie *auch* komplizierte Anpassungsprozesse an ökonomische Mangellagen, ungünstige Wohnverhältnisse, restriktive Arbeitsbedingungen, geringes Bildungsniveau u.a.m. darstellen.

Die Ergebnisse über die Beeinflussung von Persönlichkeitsdimensionen Erwachsener im Kontext beruflicher Arbeitsbedingungen verdeutlichen, daß Sozialisationsprozesse *lebenslang* sich ereignen. Sie zwingen zu einer Revision des vor allem von Psychoanalyse und Entwicklungspsychologie gestützten und verbreiteten traditionellen Selbstverständnisses einer exklusiven Bedeutung der frühen Kindheitsjahre für die Persönlichkeitsformung des Menschen.

Die in den erwähnten Untersuchungen zum Teil sehr unterschiedlich aufgeschlüsselten Arbeitsbedingungen lassen die Frage offen, ob mit ihnen tatsächlich alle für individuelle Bewußtsein und Verhalten relevanten Dimensionen der Arbeit sowohl hinreichend erfaßt als auch angemessen operationalisiert wurden. Darüber hinaus ist kritisch anzumerken, daß in allen Arbeiten die für relevant eingeschätzten Arbeitsbedingungen nicht objektiv erhoben, sondern nur aus der Perspektive und Interpretation der Befragten erfaßt wurden. Um das Verhältnis von objektiver Situation und subjektiver Reaktion abschätzen zu können, bedürfte es einer getrennten Erfassung beider Aspekte der Arbeit (LEMPERT 1977, STEINKAMP/STIEF 1979). Ähnlich wie die referierten Arbeiten über den Zusammenhang von Arbeitsbedingungen und Erziehungskonzeptionen vertritt BERNSTEIN auf der Suche nach den Ursachen für die von ihm gefundenen Unterschiede der Sprachstrukturen von Mittel- und Unterschicht einen strukturellen Erklärungsansatz, der aber über die bloße Berücksichtigung der Arbeitsbedingungen hinausgeht. BERNSTEIN vermutet, daß die jeweilige familiale Rollenstruktur ein Reflex auf die sozialstrukturellen Lebens- und Arbeitsbedingungen von Menschen ist. Er vermutet weiter, daß die Erfahrungen der sozialen Wirklichkeit durch die Mittelschicht sich von denen der Unterschicht unterscheiden. Eine Konkretisierung dieser unterschiedlichen Erfahrungen wird vor allem in den vorher besprochenen Untersuchungen über den Zusammnhang von Arbeitsbedingungen und Sozialisation geleistet.

9 Einer ähnlichen Erklärung für den Wandel von Erziehungskonzeptionen hängen auch WEISS (1975) und WRIGHT/WRIGHT (1976) an.

Die Bedeutung der elterlichen *Bildungserfahrungen* für den familialen Sozialisationsprozeß wird in den Untersuchungen, die nur mit dem Berufsstatus als einzigem Schichtungsindikator arbeiten, nur indirekt erfaßt. Aber auch bei Verwendung eines kombinierten Index von Berufsprestige und Schulbildung (z.B. HOLLINGSHEAD-Index) wird der eigenständige und unabhängige Einfluß der beiden Variablen gewöhnlich nicht berücksichtigt. In den Untersuchungen von KOHN et al. (KOHN/SCHOOLER 1969, KOHN 1969) wird sehr deutlich, daß das elterliche Bildungsniveau einen eigenständigen und unabhängigen Effekt auf die elterlichen Werte und Orientierungen hat ($r = 0.38$, $p < 0.01$), der den Einfluß des Berufsstatus ($r = 0.18$, $p > 0.01$) deutlich übersteigt (KOHN 1969, S. 132, Tab. 8-2). Zu vergleichbaren Ergebnissen kommen die Untersuchungen von WRIGHT/WRIGHT (1976, S. 534f.) und STEINKAMP/STIEF (1978, S. 201ff.).

Der Einfluß der Schulbildung auf elterliche erziehungsrelevante Werte und Orientierungen erweist sich nun als komplexer, als es in den bisher referierten Daten zum Ausdruck kommt. Dieses wird vor allem dann deutlich, wenn statt der Variable Berufsstatus, die je nur die bewertete Stellung in der Berufshierarchie erfaßt, die substantiellen Bedingungen und Erfahrungen beruflicher Arbeit berücksichtigt werden. Der Einfluß der Schulbildung verläuft nämlich einmal *direkt* auf die elterlichen Werte und Orientierungen, weil sie eine wichtige Bedingung für die Entwicklung intellektueller Flexibilität und kritischer Distanzierungsfähigkeit bildet, die unabdingbare Voraussetzung für die Entwicklung selbstbestimmender Werte und Orientierungen darstellt (KOHN 1969, S. 186; KOHN 1977, S. x/iii; STEINKAMP/STIEF 1978, S. 222). Die Effekte der Schulbildung auf Werte und Orientierungen verlaufen auch indirekt über die Bedingungen beruflicher Arbeit, weil die Ausübung anspruchsvoller Berufsarbeit (z.B. mit hoher substantieller Komplexität) an eine entsprechende Ausbildung gebunden ist. So zeigt eine pfadanalytische Aufbereitung dieser komplexen Beziehung von STEINKAMP/STIEF (1978) dann auch, daß das Bildungsniveau des Vaters (der Umfang seiner schulischen und beruflichen Ausbildung) auf drei Dimensionen seiner beruflichen Arbeit (intellektuell organisatorische Anforderungen: $r = 0.47$, Entscheidungs- und Mitbestimmungsmöglichkeiten: $r = 0.30$ und Stellung in der Subordinationshierarchie: $r = 0.26$) Einfluß nimmt, wobei auch direkte Effekte der väterlichen Bildung auf die elterlichen Erziehungsziele ($r = 0.35$) feststellbar sind. Das konkrete elterliche Erziehungs*handeln* dagegen, über das Eltern berichten, scheint nur noch unwesentlich von der Schulbildung ($r < 0.10$), dagegen in stärkerem Maße von den aktualen Arbeitsbedingungen des Vaters beeinflußt zu sein (intellektuell organisatorische Arbeitsanforderungen: $r = 0.12$, Entscheidungs- und Mitbestimmungsmöglichkeiten: $r = 0.18$). Indirekte Schulbildungseinflüsse laufen über die elterlichen Erziehungsziele auf ihre Erziehungspraktiken (STEINKAMP/STIEF 1978, S. 281ff.).

Insgesamt läßt sich in bezug auf die Bedeutung der Schulbildung für erziehungsrelevante Wertorientierungen sagen: „That education has important direct and indirect effects on values and orientation seems unequivocal. But how it exercises this effects reminds to be explained" (KOHN 1977, S. x/iii). Der direkte Einfluß der Bildung auf Erziehungsziele der Eltern und – über diese vermittelt – auf die Erziehungspraktiken findet, so vermuten wir, eine teilweise Erklärung darin, daß mit der Dauer und dem wachsenden Anspruchsniveau schulischer Lernprozesse die kognitiven Fähigkeiten der Eltern ebenfalls ansteigen. Ein hohes kognitives Niveau aber ist eine unabdingbare Voraussetzung für eine Ich-Struktur der Eltern, die eine reflexive Durchdringung und in ihrer Folge eine kritische Revision tradierter Erziehungskonzeptionen und -strategien ermöglicht. Was darüber hinaus die verschiedenen Bildungsinstitutionen an unterschiedlichen Erfahrungen vermitteln, welche Konsequenzen ihre offiziellen Bildungsprogramme und latenten Lernprozesse für die Entwicklung einer auf Selbstbestimmung und Mündigkeit ausgerichteten Bewußtseins- und Handlungsstruktur haben, läßt sich auf der Basis des augenblicklichen Forschungsstandes kaum beurteilen. Die von BLINKERT (1976, S. 174f.) aufgrund einer von ihm ermittelten schwachen inversen Beziehung zwischen Schulbildung und Autoritarismus (bei Kontrolle des Berufsstatus) geäußerte Vermutung, daß in der Volksschule repressivere Erziehungsmethoden vorherrschten und weniger differenzierte Denkweisen vermittelt würden als in höheren Ausbildungsinstitutionen, durch die die Entstehung einer autoritätsgebundenen Einstellung begünstigt würde, bedarf dringend einer gründlicheren empirischen Überprüfung. *Die differenzierte Erforschung der hinter verschiedenen Bildungsab-*

schlüssen sich verbergenden manifesten und latenten Lernprozesse in ihren Auswirkungen auf die verschiedenen Dimensionen der Persönlichkeit gehört damit zu den dringenden Desiderata einer sozialwissenschaftlichen Sozialisationsforschung (Hoff/Grüneisen 1977, Steinkamp/Stief 1978 und 1979). Die Arbeiten von Fend u.a. (1976) und Rosenbaum (1976) stellen dabei erste Schritte zum Abbau des angedeuteten Forschungsdefizits dar.

Die *ökonomische Lage* einer Familie bildet ein komplexes Bedingungsgefüge für Sozialisationsprozesse, deren einzelne Komponenten nur sehr schwer isoliert und im Hinblick auf ihren Einfluß auf das familiale Sozialisationsgeschehen gewichtet werden können, die aber insgesamt wohl die materiellen Rahmenbedingungen und das Anregungsniveau, dem sowohl Eltern als auch Kinder ausgesetzt sind, bestimmt. Ökonomische Disparitäten dokumentieren sich vor allem in folgenden unterschiedlichen Möglichkeiten:

(a) Besitz und Vermögen zu bilden und damit die eigene Existenz gegen Notsituationen abzusichern.
(b) Die indirekten Ausbildungskosten für die Kinder (Lebensunterhalt, Nachhilfestunden etc.) tragen zu können.
(c) Die Kosten für eine der Familiengröße entsprechende qualitativ ausreichende Wohnung in einem infrastrukturell erschlossenen Wohngebiet aufzubringen (Zweiter Familienbericht 1975, S. 98).

Nach Auffassung des Wissenschaftlichen Beirats für Familienfragen beim Bundesministerium für Jugend, Familie und Gesundheit ist die Wohnsituation „wesentliche Rahmenbedingung für die Sozialisationsleistungen der Familie" (Familie und Wohnen 1974, S. 14). Der Einfluß von Wohnung und Wohnungsumwelt auf die Sozialisation der Kinder äußert sich nicht nur in dem allgemeinen Anregungscharakter der Wohnsituation, sondern auch dadurch, daß diese indirekt die Anzahl und Qualität der Interaktionen mit erwachsenen Bezugspersonen und anderen Kindern bestimmen können, die ihrerseits als Objektbeziehungen entscheidenden Einfluß auf die Persönlichkeitsentwicklung des Kindes haben (Familie und Wohnen 1974, S. 16).

Im einzelnen nennt das Gutachten folgende „nachweisbaren Zusammenhänge zwischen ökologischen Bedingungen und bestimmten Komponenten des Sozialisationsprozesses" (S. 17ff.), von denen wir allerdings meinen, daß sie z.T. eher Hypothesencharakter als den Status empirisch abgesicherter Aussagen besitzen:

- In der Säuglingsphase ist die normale Entwicklung von Objektbeziehungen in starkem Maße von ökologischen Faktoren wie Lichtverhältnissen, Schallisolierung und hygienischen Bedingungen abhängig.
- Eltern in beengten Wohnverhältnissen können Nervosität und Aggressivität in Gegenwart des Kindes entwickeln und abreagieren, was negative Auswirkungen auf das Kleinkind haben kann.
- Räumliche Enge verhindert die volle Entfaltung von Lernfähigkeit, Intelligenz, Kreativität und hemmt die Entwicklung des angeborenen Explorationsbedürfnisses des Kindes. So erklärt der Wohnindex (Anzahl der Wohnräume/Anzahl der im Haushalt lebenden Personen) einen signifikanten Anteil der Varianz der Ergebnisse von Intelligenztests bei 12–14jährigen Jugendlichen (Lehr/Bonn 1974).
- Die Möglichkeit der Abgrenzung von Eigenbereichen innerhalb einer Wohnung für Kinder erlaubt die Entwicklung der Fähigkeit, soziale Kontakte ohne Restriktionen aufzunehmen.
- Mangel an Rückzugsmöglichkeiten bedeutet Mangel an Intimität innerhalb des Wohnbereiches. Die fehlende Möglichkeit „Dampf abzulassen" kann dann negative Verhaltensweisen wie Dominanz und Aggression bedeuten. Die Verfügbarkeit von Rückzugsmöglichkeiten steigert demgegenüber die Quantität von Motivationen für Interaktionen.
- Die Defizite einer beengten Wohnung betreffen auch die Eltern: Zu hohe Dichte des Zusammenlebens führt – das ist ein in den Verhaltenswissenschaften weithin bestätigtes Theorem – zu wachsender Aggressivität. Komplementär zu dieser Annahme ist die nachgewiesene Tendenz, daß unter beengten Wohnverhältnissen seitens der Eltern besonderes Gewicht auf Gehorsam und Disziplin gelegt wird, daß eine überdurchschnittliche Bestrafung von Aggressivität zwischen Kindern und insgesamt eine ungewöhnlich rigide Verhaltenskontrolle vorherrscht.
- Der jeweilige Anregungsgehalt der gesamten Siedlungsstruktur wirkt sich auf die geistige und soziale Entwicklung der Kinder aus.

(d) Ungleiche Einkommenslagen determinieren aber auch unterschiedliche Konsumchancen, die Art und Weise der Gestaltung und Nutzung der freien Zeit (Hobbys, Reisen, soziale Kontakte u.a.m.) und den Umfang und die Qualität des dinglichen Anregungsangebots (Bücher, Spielzeug u.a.m.).
(e) Über die aufgezeigten Folgen beeinflussen Einkommens- und Vermögensunterschiede „Art und Weise interfamilialer Beziehungen: Die Themen der Kommunikation, Art und Ausmaß von Toleranzen, Häufigkeit und Gegenstände von Spannungen und Streit" (Zweiter Familienbericht 1975, S. 19).
Die im wesentlichen als Folge ungleicher Verteilungsprozesse sich ergebenden ökonomischen Disparitäten bestimmten insgesamt in sehr entscheidendem Umfang das jeweilige Lebensniveau von Familien. Sie eröffnen oder verschließen den Zugang zu einer breiten Skala von Wahlmöglichkeiten in bezug auf den Erwerb von Gütern oder die Nutzung von Dienstleistungen.

In der schichtenspezifischen Sozialisationsforschung wird diesem Umstand zwar insofern Rechnung getragen, als das Familiennettoeinkommen als Indikator für die ökonomische Lage in einigen Schichtungsverfahren mit eingeht. *Eine differenzierte Überprüfung der ökonomischen Situation einer Familie in ihrer komplexen Auswirkung auf verschiedene Bereiche und Aspekte familialer Sozialisation aber steht noch weitgehend aus.* Dabei ist zu vermuten, daß der meßbare Effekt des Haushaltsnettoeinkommens wahrscheinlich erst dann einsetzt, wenn bestimmte Mindesteinkommensgrenzen, „Schwellenwerte", unterschritten werden, in deren Folge eine beengte Wohnung, ein niedriges dingliches Anregungsangebot, begrenzte soziale und kulturelle Erfahrungsmöglichkeiten u.v.a.m. die komplexen Rahmenbedingungen eines der Entwicklung selbstbestimmender Potenzen entgegenstehenden Sozialisationsprozesse darstellen.
Die Beziehungen zwischen objektiver Ungleichheitslage und individuellem Bewußtsein und Verhalten ist komplexer als es viele Sozialisationsforscher wahrhaben wollen. „Eine bestimmte Lebensweise, die mit Sitten, sozialen Normen, Werten und Denkweisen einen sozialkulturellen Komplex bildet, ist kaum als einfacher Reflex objektiver Gegebenheiten anzusehen ..." (Mayntz 1958, S. 80). Mayntz weist darauf hin, daß sich traditionelle Formen der Lebensweise und des Denkens auch eine Zeitlang halten können, nachdem die objektiven Voraussetzungen dafür verschwunden sind, bzw. daß umgekehrt nicht jedes Auftreten eines neuen objektiven Unterscheidungsmerkmals sich sofort in eine Differenzierung der vorher einheitlichen Lebensweise einer Bevölkerung umsetzt (ebenda, S. 80). So vermutet Caesar: „Bei relativ ‚offenen', d.h. durch ein Maß an vertikaler Mobilität gekennzeichneten Schichtsystemen, wie sie für die westlichen Industrienationen charakteristisch sind, sind subkulturelle Interpretationssysteme schichtenspezifisch nicht so verfestigt, da die vertikal mobilen Personengruppen einer Multidimensionalität von Sozialisationserfahrungen ausgesetzt sind, deren Einflüsse sich gegenseitig neutralisieren können. Der angenommene Zusammenhang zwischen Schichtzugehörigkeit und Subkultur wird hauptsächlich auf die ‚Kerngruppen' der jeweiligen Schichten zutreffen, die durch vertikale Immobilität über mindestens drei Generationen hinweg und durch Statuskonsistenz gekennzeichnet sind" (1972, S. 26). Nach dieser Annahme müßten in einer Population mit immobilen und statuskonsistenten Personen stärkere Beziehungen zwischen Schichtenzugehörigkeit und sozialisationsrelevanten Orientierungsmustern und Verhaltensweisen nachweisbar sein. Oevermann/Kieper u.a. (1976) gingen diesem Zusammenhang nach. Ihre Hypothese lautet: „Eine Familie wird den für ihre gegenwärtige Klassenlage typischen Lebensstil um so vollständiger und ungebrochener repräsentieren, je konsistenter sie per Familiengeschichte im gegenwärtigen Schichtmilieu verankert ist" (S. 184). Ihre Hypothese geht dabei „von einer additiven Wirkung der aktuellen Klassenlage und der tradierten subkulturellen Orientierungen aus" (ebenda). Zur Bestimmung des Konsistenzgrades wird ein Konsistenzindex konstruiert, bei dem der gegenwärtige Beruf des Vaters mit seinem früheren Beruf sowie mit dem Beruf der Mutter vor der Ehe und den Berufen der beiden Großväter verglichen werden.
Die Annahme eines von der aktuellen Klassenlage unabhängigen Einflusses kulturell tradierter Orientierungen auf Intelligenzunterschiede der Kinder wird bestätigt. Dabei wirken jedoch entgegen der ursprünglichen Annahme aktuelle Klassenlage und subkulturelle Tradition nicht einfach additiv, sondern je nach ihrer Konstellation in der Richtung und der Stärke der Mobili-

tätsbewegung in einem unterschiedlichen Verhältnis.
In Blinkerts (1976) Reanalyse von Divo-Daten werden dagegen die Beziehungen zwischen Schichtenzugehörigkeit und Autoritarismus respektive Desorientierung in einer Population mit immobilen statuskonsistenten Personen keineswegs eindeutiger.
Steinkamp/Stief (1978), die ebenfalls die Hypothese überprüften, daß der Umfang der familiengeschichtlich konsistenten Verankerung in der gegenwärtigen Berufsstatusgruppe einen zusätzlichen Einfluß auf Aspekte familialer Sozialisation (sozialisationsrelevante Einstellungsmuster der Väter) habe, bringen nur sehr schwache bestätigende Hinweise für diese Annahme (S. 227–234). Insgesamt verweisen sowohl die plausiblen Annahmen einer Bedeutung der familiengeschichtlich konsistenten Verankerung in bestimmten Ungleichheitslagen für familiale Sozialisationsprozesse als auch die (wenn auch spärlichen) empirisch ermittelten Befunde auf die *Notwendigkeit einer stärkeren Berücksichtigung der historischen Genesis von subkultur-spezifischen Sozialisationskonzeptionen* (Osterland 1973, Lüscher 1975, Oevermann/Kieper u. a. 1976). Diese Forderung stellt sich um so dringlicher, weil entgegen dem propagierten Anspruch und dem öffentlichen Bewußtsein das Ausmaß intergenerativer Berufsmobilität in westlichen Industriegesellschaften, vor allem zwischen manuellen und nichtmanuellen Straten, sich als sehr niedrig erweist (Blau/Duncan 1967, Müller 1975).
Die aufgezeigten oder vermuteten Effekte der Ungleichheit der Lebensbedingungen auf familiale Sozialisationsprozesse erhalten eine weitere Verstärkung dadurch, daß unterschiedliche berufliche Arbeitsbedingungen, Bildungsvoraussetzungen, Einkommens- und Besitzverhältnisse, das Verhaftetsein in bestimmten Ungleichheitslagen über Generationen hinweg, Anlaß zu *sozialen Bewertungsprozessen* geben können, die auf Bewußtsein und Verhalten der betroffenen Familienmitglieder nicht ohne Konsequenzen sein dürften. Eine Berufsposition, die nur geringe formale Qualifikationen voraussetzt und kaum Einflußchancen ermöglicht, aus der nur ein niederes Einkommen und daran gekoppelte geringe Konsumchancen resultieren, kann einem Individuum das Gefühl verweigern, von anderen anerkannt zu werden. Selbstachtung und Selbstwertgefühl einer Person – das gehört zu den gesicherten Erkenntnissen der Sozialpsychologie – sind nun in hohem Maße abhängig von der Einschätzung durch andere Menschen. Auch das Rollenverhalten einer Person und damit auch ihr innerfamiliales Verhalten werden durch den Grad der Anerkennung und der Achtung geprägt, den sie regelmäßig erfährt (vgl. Scheff 1973, S. 47 und die dort angeführte Literatur). Mangelnde interpersonale Anerkennung bedeutet Blockierung von psychischen Gratifikationen und Befriedigungsmöglichkeiten, die Ursache für erhebliche Frustration sein können. Frustrationen produzieren Anstöße für eine Reihe unterschiedlicher Antworten, von denen eine zu bestimmten Formen der Aggressivität führt (Dollard et al. 1939). Abweichend für die von Kohn/Schooler (1973) auch empirisch widerlegten Annahmen von McKinley (1964) – der mangelnde berufliche Autonomie als Ursache für Frustrationen ansieht – wird hier die Auffassung vertreten, daß geringe interpersonelle Anerkennung die Quelle für Frustrationen sein kann, die dann per Aggression auf Ehefrau und die machtlosen Kinder abgeleitet werden können. Auf dem Hintergrund einer solchen Argumentation läßt sich die Feststellung treffen, daß „die Aggression der Eltern ... vom frustrierenden System (der Macht- und Belohnungsstruktur einer industriellen Gesellschaft) auf das relativ machtlose Kind verschoben" (McKinley 1964, S. 54) wird. *Die Auswirkungen des sowohl am Grad der objektiven Partizipation an materiellen und immateriellen Ressourcen als auch subjektiven Verhaltensaspekten ansetzenden externen Prestigezumessungen auf das Selbstwertgefühl und das Verhalten von Eltern bedürfen dringend einer genaueren Überprüfung.*
Die bisher diskutierten fünf komplexen Dimensionen der sozialstrukturellen Ungleichheitslage einer Familie – berufliche Arbeitsbedingungen, elterliche Bildungserfahrungen, ökonomische Situation, Dauer der familiengeschichtlich konsistenten Verankerung in bestimmten sozialen Ungleichheitslagen, Sozialprestige – stellen nun *keineswegs* eine komplette Bestandsaufnahme denkbarer sozialstruktureller Ungleichheitsdimensionen dar, die immer in *bestimmten Konstellationen* auf familiale Sozialisationsprozesse Einfluß nehmen. *Ihre eingehendere – nur empirisch zu bewältigende – Identifizierung gehört zu dem noch längst nicht erfüllten Forschungsprogramm einer Erhellung des Zusammenhangs von sozialer Ungleichheit und familialer Sozialisation.* Erst seine Realisierung vermag die Fami-

lien- und Gesellschaftspolitik auf Ursachen konkreter Defizite familialer Sozialisation aufmerksam zu machen, was auf der Basis der Befunde der traditionellen, soziale Ungleichheitsstrukturen nur grob und oberflächlich erfassenden schichtenspezifischen Sozialisationsforschung weitgehend unmöglich ist. Dabei sind sowohl für eine differenzierte Bedeutungseinschätzung sozialstruktureller Ungleichheitskonstellationen für die familiale Sozialisation als auch für die Aufklärung der komplizierten Prozesse ihrer Vermittlung mit der Ebene familialer Sozialisation entgegen der vorherrschenden Praxis von Querschnittsanalysen *longitudinale Mehrebenenanalysen* anzuwenden, weil diese nicht nur eine verläßliche Trennung von Effekten individueller Erfahrungen in verschiedenen Sozialisationsfeldern auf Persönlichkeitsstrukturen erlauben, sondern auch Veränderungen *innerhalb* eines Feldes adäquat berücksichtigen lassen, wie sie z.B. von Menschen in ihrer beruflichen Arbeitsbiographie erlebt werden (KOHN 1977, LEMPERT 1977, STEINKAMP/STIEF 1979). Die abgeschlossenen Untersuchungen von BROUSSEAU (1976) und KOHN/SCHOOLER (1978) und die geplante sehr aufwendige Untersuchung am Max-Planck-Institut für Bildungsforschung in Berlin durch LEMPERT und Mitarbeiter (vgl. LEMPERT 1977, LEMPERT/HOFF/LAPPE 1979) sind dafür Beispiele.
Im Mittelpunkt dieser Analysen steht dabei der *Beruf* als zentrale Determinante menschlicher Lebensgestaltung und Bewußtseinsentwicklung. Denn dieser ist weitgehend Folge der in familialen und schulischen Sozialisationsprozessen erworbenen Fähigkeiten und Persönlichkeitseigenschaften, wobei Sozialisationsprozesse ihrerseits wieder durch die Erfahrungen beruflicher Tätigkeiten beeinflußt werden. BECK und BRATER (1978, S. 40) kennzeichnen diesen Zusammenhang dann auch prägnant als „reale(n) Zirkel der berufsvermittelten Reproduktion sozialer Ungleichheit".

4.2 *Die Ebene familialer Sozialisation*

Auch die Ebene familialer Sozialisation, die in den besprochenen Untersuchungen als Medium angesehen wird, durch das der Einfluß der sozialen Schicht auf das Kind wirksam wird, kennzeichnet eine Reihe gravierender theoretischer und methodischer Mängel.

Man kann davon ausgehen, daß in den an der Erforschung des familialen Sozialisationsprozesses beteiligten Wissenschaften Konsens besteht hinsichtlich der Bedeutung der Familie als *grundlegender Instanz* für die Persönlichkeitsformung des gesellschaftlichen Nachwuchses[10]. Denn einmal treffen die Einflüsse des familialen Beziehungsgeflechts den Heranwachsenden in einer „Plastizität" und „Offenheit", die eine optimale Chance für ihre Aufnahme bilden. Zum anderen üben die hier erworbenen emotionalen, motivationalen, sozialen, kognitiven und sprachlichen Qualifikationen eine Filterwirkung auf später auftretende Sozialisationseinflüsse auf. Dieser Minimalkonsens über die Bedeutung familialer Sozialisation kann allerdings nicht die theoretischen und empirischen Defizite verdekken, die in der familialen Sozialisationsforschung bestehen. Die von CLAUSEN/WILLIAMS (1963) formulierte Frage, in welchem Umfang spezifische soziale Arrangements mit bedeutsamen Unterschieden in den Sozialisationserfahrungen des Kindes, seinem Verhalten und seiner Persönlichkeit verbunden sind, läßt sich auch heute noch nicht trotz einer Fülle von Untersuchungen zu diesem Gegenstandsbereich beantworten. Das liegt vor allem darin begründet, daß gerade die für die kindliche Persönlichkeitsformung entscheidenden Besonderheiten der alltäglichen familialen Lebenswelt aus den theoretischen Überlegungen als auch der empirischen Forschung typischerweise ausgeklammert bleiben (KRAPPMANN u.a. 1974, BRONFENBRENNER 1976, S. 202).
Diese Hypothek wird nun von der schichtenspezifischen Sozialisationsforschung eher vergrößert als abgetragen, wie in Kap. 2 gezeigt werden konnte. Die in der Analyse von GECAS (1977) identifizierten, in der schichtenspezifischen Sozialisationsforschung in den USA auf der Familienebene hauptsächlich berücksichtigten Variablen (vgl. Kap. 2.4), werden gewöhnlich isoliert erfaßt und mit den jeweilig gewählten globalen Merkmalskombinationen sozialer Schichtung in Beziehung gesetzt. Das hat u.a. zur Folge, daß die abhängigen Variablen auf der Familienebene die komplexen Bedingungen familialer Sozialisation auf isoliert erfaßte Eltern-Kind-Einwirkungen oder elterlicher Erziehungskonzeptionen reduzieren, über die Eltern oder Kinder

10 Diese Aussage gilt selbstverständlich nur für Gesellschaften wie der unseren, in der frühkindliche Sozialisationsprozesse überwiegend familienbezogen organisiert sind.

berichten. Dieses Vorgehen ignoriert die grundlegende Forderung, „die Sozialisation des Kindes im Kontext der Rollenstruktur der Familie und nicht nur in Abhängigkeit isolierter Eltern-Kind-Beziehung zu sehen" (OEVERMANN 1968, S. 309). „Zu wissen, daß ein Kind eine ‚warme' Mutter oder einen ‚autoritären' Vater hat, ist nicht wenig, aber auch nicht viel. Beläßt man es bei diesen Erkenntnissen, dann wird sowohl die Totalität der Familieneinflüsse ... verpaßt als auch verkannt, daß das elterliche Verhalten gegenüber dem Kind unabhängig von psychisch verfestigten Eigenschaften eine situationsspezifische Reaktion auf die Gesamtbedingungen der familialen Lebenswelt darstellt ..." (NEIDHARDT 1975, S. 163). So wird in verschiedenen Untersuchungen zur Erklärung der Sozialschichtenunterschiede im Schulerfolg (ROSEN 1956, STRODTBECK 1958, KAHL 1970, KÖCKEIS 1970) durch eine ausschließliche Berücksichtigung der elterlichen Wertorientierungen verkannt, daß selbst bei entsprechender Bildungsaspiration der Eltern unterer sozialer Schichten diese nicht handlungsrelevant werden kann, weil die objektiven materiellen Lebensumstände dem entgegenstehen (HESS 1970, S. 532). Daraus ergibt sich die bisher nur unzureichend eingelöste Forderung, *eine Theorie der Familie zu entwickeln, welche die für die Sozialisation des Kindes bedeutsamen Variablen erfaßt und ihr Zusammenwirken erklärt* (HOFFMAN/LIPPITT 1960, RODGERS 1973, BARGEL u.a. 1974, NEIDHARDT 1975, BEICHT u.a. 1976, ABRAHAMS/SOMMERKORN 1976, OEVERMANN/ALLERT u.a. 1976, BERTRAM 1976 und 1978, BRONFENBRENNER 1976, STEINKAMP/STIEF 1978 und 1979).

Familiale Systeme müssen dabei als typische *Konstellationen* von differenziert erfaßten Variablen analysiert werden, deren Abhängigkeit in dem hier zur Diskussion stehenden Forschungsansatz von ebenfalls differenziert erfaßten sozialstrukturellen Ungleichheits*konstellationen* nachgewiesen werden muß, wobei *gleichzeitig* die Auswirkungen familialer Konstellationen auf spezifische Aspekte der kindlichen Persönlichkeit zu untersuchen sind (vor allem BERTRAM 1976 und 1978). Diese Forderung wird in der schichtenspezifischen Sozialisationsforschung weitgehend ignoriert. Denn sie verknüpft gewöhnlich mit einzelnen, häufig willkürlich gewählten Schichtungsindizes (vgl. Kap. 3.1) entweder einzelne isolierte Variablen auf der Familienebene (vor allem Erziehungswerte und -praktiken der Eltern) und/oder setzt – unter Umgehung des familialen Kontextes – die Merkmalskombinationen sozialer Schichtung in unmittelbaren Zusammenhang mit spezifischen Persönlichkeitsmerkmalen des Kindes (meistens Intelligenz, Leistungsmotivation, Sprache) oder deren Manifestationen (z. B. Schulerfolg). Dieses weitere bemerkenswerte Defizit schichtenspezifischer Sozialisationsforschung verkennt völlig, daß Ungleichheitseinflüsse in aller Regel erst über das Familiensystem auf die Persönlichkeit des gesellschaftlichen Nachwuchses einwirken. Vor solch weiten Kausalsprüngen, in denen etwa der Berufsstatus des Vaters mit der Intelligenz des Kindes in unmittelbare Beziehung gesetzt wird, warnen HOFFMAN/LIPPITT (1960, S. 950) ausdrücklich: „The studies that directly link class to child resultants often involve the theoretical weakness that the breadth of the jump leaves open many possible alternative explanations for any empirical relationships obtained." Neben einer ausführlichen Berücksichtigung des Einflusses, den Ungleichheitsvariablen über den familialen Interaktionsprozeß auf die kindliche Persönlichkeit ausüben, sind *intervenierende Einflüsse*, die nicht mehr dem Familiensystem zuzuordnen sind (z. B. peer-groups, Stadt-Land-Variablen, Art des Wohnquartieres) in ihrer Bedeutung für die kindliche Persönlichkeit zu kontrollieren.

Bei der Rezeption schichtenspezifischer Forschung in Übersichtsreferaten (besonders deutlich bei CAESAR 1972) werden ihre Aussagen, die sich eindeutig entweder auf Einflüsse von der sozialen Schicht auf das Familiensystem, vom Familiensystem auf Persönlichkeitsmerkmale des Kindes oder von sozialer Schicht unmittelbar auf die Individualebene beziehen – also immer nur Variablen zweier Untersuchungsebenen einbeziehen – in unzulässiger Weise post hoc verknüpft. Der Nachweis von Zusammenhängen zwischen jeweils zwei Ebenen des Modells läßt nicht den Schluß zu, damit sei auch der Gesamtzusammenhang zwischen allen drei Ebenen bewiesen. Solche Aussagen können erst dann als bestätigt angesehen werden, wenn sie in einem entsprechenden *Mehrebenenmodell* überprüft sind (BERTRAM 1976, S. 114). Solche Untersuchungen fehlen aber noch fast völlig. Hier ist dann auch der größte Wandel innerhalb der sozialstrukturellen Sozialisationsforschung zu erwarten.

Es erscheint nun fraglich, ob Ansätze zu einer theoretisch anspruchsvolleren Ausdifferenzierung des komplexen familialen Interaktionsgeschehens auf theoretischer Ebene sich aus systemfunktionalistischer Sicht gewinnen lassen: So will NEIDHARDT (1975) als sozialisationsrelevante Systemvariablen der Familie ihre Umweltoffenheit, ihre Systemtransparenz, ihre Strukturflexibilität und ihre Kohäsion unterschieden wissen. Die in der Tradition sowohl des symbolischen Interaktionismus (H. BLUMER/A. STRAUSS/R. TURNER u.a.) als auch der mehr therapeutisch orientierten Beziehungsforschung (BATESON u.a. 1969, WATZLAWICK u.a. 1969, SATIR 1974) stehende kritische Interaktionstheorie scheint die komplexe Realität familialer Strukturen besser abzubilden als andere Theorien. Im Gegensatz zu der kritisierten Reduktion des komplexen Familiengeschehens auf leicht operationalisierbare Konstrukte (z.B. Erziehungswerte und -praktiken) liegt die Schwierigkeit ihrer Begriffe und Dimensionen in deren empirischer „Umsetzbarkeit" und Operationalisierung (HOFF/GRÜNEISEN 1978, S. 68).

So versuchen BEICHT u.a. (1976) das sozialisationsrelevante Geschehen auf der Familienebene in Kategorien einer „Kommunikationsstruktur" zu beschreiben, deren Merkmale Komplexität (wie reichhaltig sind die in einer Interaktion dargebotenen Informationen?), Reziprozität (wie ausgeprägt gehen die Interaktionspartner aufeinander ein?), Konfliktgehalt (mit welcher Ausprägung treffen Unterschiede in Wertorientierung, Handlungszielen und Mittelwahlen aufeinander?), Problematisierung (wie ausgeprägt werden die Normen des interpersonellen Handelns und die in den Interaktionen geäußerten Behauptungen in Zweifel gezogen und mit Alternativen konfrontiert?) und Dominanz (wie stark überwiegen die Einflußchancen eines Ehepartners im Hinblick auf Form und Inhalt einer Interaktion?) sind. RODGERS (1973) weist in Anlehnung an verschiedene familiensoziologische Ansätze auf drei sich wechselseitig beeinflussende Teilstrukturen des Familiensystems hin, die er als Interaktionsstruktur (gegenseitige Erwartungen und Einstellungen der Familienmitglieder, ihr Zusammengehörigkeitsgefühl, das Ausmaß der gegenseitig zugestandenen Unabhängigkeit, gemeinsame Erfahrungen), Organisationsstruktur (objektiv meßbare Indikatoren wie Familiengröße, Wohnungsgröße, mütterliche Berufstätigkeit, familiale Entwicklungsphase etc.) und psychosoziale Struktur (als Ergebnis der Persönlichkeitsstrukturen ihrer Mitglieder, die teilweise in der familialen Interaktion geprägt werden) identifiziert (vgl. auch BERTRAM 1978, S. 34ff.). BERTRAM (1978) verwendet neben den angegebenen drei Teilstrukturen bei RODGERS in seiner Analyse der Entwicklung des moralischen Urteils beim Kind unter Rückgriff auf Überlegungen von PIAGET/KOHLBERG/HOFFMAN weitere relevante Parameter des familialen Milieus: Ausmaß der sozial-kognitiven Stimulation durch Differenziertheit des elterlichen Verhaltens, Ausmaß des Vertrauens durch Konsistenz des elterlichen Verhaltens und der Umfang der erlaubten Selbststeuerung des Kindes durch Verständlichkeit und Erreichbarkeit des elterlichen Verhaltens. Außerdem gelingt ihm eine sehr differenzierte Erfassung elterlicher Persönlichkeitsvariablen. Tatsächlich erklären unter Partialisierung der sozialstrukturellen Ebene und der Individualebene die berücksichtigten Variablen der Familienebene zwischen 30 und 40% der Varianz moralischen Urteils bei einer erklärten Gesamtvarianz zwischen 36 und 51%. Dieses Ergebnis weist auf die überragende Bedeutung der Familie für die Entwicklung des moralischen Urteils beim Kinde hin und untermauert die Fruchtbarkeit der hier vertretenen Forderung nach einer differenzierten Erfassung des familialen Sozialisationsmilieus unter gleichzeitiger Berücksichtigung der spezifischen Konstellationen seiner Teilstrukturen.

Ein weiterer bemerkenswerter Versuch, die komplexen Prozesse unter die Vielfältigkeit der beteiligten Einflußgrößen auf der Familienebene in einem empirisch überprüfbaren Modell zu vereinigen, wird von TRUDEWIND (1975) zur Identifizierung der an der Genese des Leistungsmotivs beteiligten Umwelteinflüsse vorgelegt. Ausgehend von bisherigen empirischen Befunden und theoretischen Überlegungen zur Motivgenese konzipiert er drei Hauptdimensionen, von denen sich zwei – die Anregungs- und Leistungsdruckdimension – eindeutig auf die Ebene des Familiensystems beziehen. Die *Anregungsdimension* wird wie folgt differenziert:

1. Weite des Erlebnishorizontes: Bewegungsfreiheit im Haus und in der näheren Umgebung; Frühe der kindzentrierten Selbständigkeitserziehung; Variabilität des äußeren Lebensrahmens; Häufigkeit und Anregungsgrad von Ausflügen und Besichtigungen.
2. Stimulation durch Ausstattung der häuslichen Umwelt: Anregung durch Spielzeug und Malgeräte; Anregung durch Tierhal-

tung, Basteln, Hobbybeschäftigung und Erledigung häuslicher Pflichten; Anregung durch Bücher, Hefte und Zeitschriften; Anregung durch Massenmedien.
3. Hilfe und Förderung bei den Schularbeiten: Günstige oder ungünstige äußere Bedingungen für die Schularbeiten, Verfügbarkeit von Hilfsmitteln; Intensität der Hilfe bei den Schularbeiten.
4. Soziale Kontakte: Vielfalt der sozialen Kontakte; Häufigkeit und Qualität der Eltern-Kind-Interaktionen.
5. Intensität und Güte der Spracherziehung.

Die *Leistungsdruckdimension* wird von TRUDEWIND wie folgt untergliedert:

1. Anspruch der Eltern an die Schulleistungstüchtigkeit des Kindes: Interesse der Eltern am schulischen Leben des Kindes; Erwartungen der Eltern bezüglich der Schulleistung des Jungen; Schulbildungsambitionen der Eltern für den Jungen; Anspruchsniveau der Eltern in bezug auf die Zeugnisdurchschnittsnote.
2. Maßnahme der Eltern zur Erzielung „guter" Schulleistungen: Intensität der Kontrolle der Schularbeiten; besondere Maßnahmen zur Förderung der Schulleistungen.
3. Sanktionsverhalten der Eltern: Grad der materiellen Belohnung für gute Schulleistungen; Grad der körperlich-emotionalen Belohnung für gute Schulleistungen; Grad der materiellen Bestrafung für schlechte Schulleistungen; Grad der emotionalen oder körperlichen Strafen für schlechte Schulleistungen.
4. Frühe Erziehung zur Beherrschung von Fertigkeiten, die eine Entlastung für die Eltern bedeuten (TRUDEWIND 1975, S. 103–104).

Außerdem kontrolliert TRUDEWIND sechs Variablen auf der Individualebene, die der Hauptdimension „kumulierte Erfolgs- und Mißerfolgserfahrungen" zugeordnet werden können.

Die multiplen Korrelationen zwischen den insgesamt 31 Variablen des nichtschulischen Lebensraumes[11] und vier Leistungsmotivationskennwerten liegen zwischen 0.71 und 0.57, der Anteil erklärter Varianz also zwischen 50 % und 34 %. Der für sozialwissenschaftliche Untersuchungen beachtliche Umfang erklärter Varianz spricht für die praktische Brauchbarkeit und theoretische Relevanz des Klassifikationsschemas familialer Variablen von TRUDEWIND.
In den dargestellten Arbeiten wird eine im Vergleich zu traditionellen, mit isolierten Variablen auf der Familienebene operierenden Untersuchungen in der Tradition der Psychoanalyse (z.B. Reinlichkeitstraining, Zeitpunkt der Entwöhnung) oder der Ethnologie (z.B. Umfang, Intensität und zeitlicher Einsatz von Belohnungen und Bestrafungen) differenziertere Erfassung des familialen Interaktionssystems sichtbar.

Ein weiteres Problem auf der Familienebene liegt in den bisher kaum aufgeklärten „Quer-Effekten" (KOHN 1977, S. III) zwischen den väterlichen Berufserfahrungen und den mütterlichen Erziehungskonzeptionen und -strategien. BERTRAM (1976, S. 111) hat dieses Defizit in der Erforschung von Interaktionseffekten zwischen den Eltern besonders kritisiert, wenn er die Mutterzentriertheit der meisten empirischen Untersuchungen hervorhebt, die im krassen Widerspruch zur Väterzentriertheit der Theorie stehe. So ermitteln PEARLIN/KOHN (1966, vgl. auch KOHN 1969, S. 149ff.) in ihrer Turin-Untersuchung zwar deutliche Einflüsse der beruflichen Arbeitsbedingungen der Väter auf die Wertorientierungen ihrer Ehefrauen, liefern aber keine Interpretation dieses Befundes. STEINKAMP/STIEF (1978) konnten diesen Effekt in ihrer Bielefelder Untersuchung ebenfalls nachweisen: Die Bedeutung der väterlichen Arbeitsbedingungen (intellektuell-organisatorische Arbeitsanforderungen) für die Einstellungsmuster der Mutter ist größer ($\beta = 0.14$) als die Schulbildung der Mutter selbst. Die größte Bedeutung für die mütterlichen Einstellungen hat dabei die Schul- und Berufsausbildung ihres Ehemannes ($\beta = 0.31$) (STEINKAMP/STIEF 1978, S. 220f.). Mit diesen erstaunlichen Befunden, daß das Gesamtbildungsniveau, aber auch die Arbeitserfahrungen des Vaters die erfaßten Aspekte der Erzieherrolle der Mutter (ihre erziehungsrelevanten Einstellungen) stringenter definieren als deren eigene Schulbildung findet auch die von MOLLENHAUER (1968, S. 284) geäußerte Vermutung, der jeweilige familiale Sozialisationsmodus sei zwar von der Be-

11 Unverständlicherweise gehören dazu auch die sechs Variablen der Hauptdimension „kumulierte Erfolgs- und Mißerfolgserfahrungen", die eindeutig Persönlichkeitsvariablen des Kindes darstellen.

rufsrolle des Vaters abhängig, werde aber gleichsam „korrigiert“ durch die relative Unabhängigkeit der Mutter, keine Bestätigung. STEINKAMP/STIEF (1978, S. 223ff.) vermuten, daß Eltern im Verlauf langjähriger Kommunikation ähnliche Einstellungsmuster entwickeln. In diesem Prozeß nimmt in der Regel der männliche Partner eine sogenannte superiore, primäre Einstellung ein, die Frau dagegen eine inferiore, sekundäre. Folge einer solchen „komplementären“ (WATZLAWICK u. a. 1969) Beziehungsstruktur kann die tendenzielle Anpassung der Frau an die Wertorientierungen und Einstellungen des Mannes sein. Für das Zustandekommen einer komplementären Kommunikationsstruktur lassen sich zwei ergänzende Ursachen angeben:

1. Normalerweise übertrifft in entwickelten Industriegesellschaften der Ehemann seine Partnerin im Bildungsniveau, Einkommen und Berufsstatus. Diese Variablen lassen sich mit BLOOD/WOLFE (1960) als hochbewertete Ressourcen begreifen, die den Mann innerhalb der ehelichen Beziehungen eine dominante Stellung verschaffen, die sich nicht nur in seiner größeren Entscheidungsgewalt dokumentiert (BLOOD/WOLFE 1960, RODMAN 1970), sondern ihn wahrscheinlich auch zu einer mächtigen Beeinflussungsinstanz für die Einstellungen und Wertorientierungen der Frau macht. Das häufig anzutreffende höhere Bildungsniveau des männlichen Ehepartners hat in diesem Zusammenhang eine besondere Bedeutung.

2. Die in unserer Gesellschaft trotz weitgehender formaler Egalität der beiden Geschlechter immer noch wirksamen unterschiedlichen institutionalisierten Rollenerwartungen – vor allem in unteren sozialen Straten – bedingen und reproduzieren die relative Inferiorität der Frau, ihren „Appendix“-Status (SCHRADER-KLEBERT 1969, S. 41) in ihrem Verhältnis zum Mann. „„... wer dazu verurteilt ist, sich selbst immer wieder aufzugeben, für andere da zu sein und Objekt männlicher Interessen zu sein, ist sich seiner selbst unsicher und verharrt in ängstlicher Abhängigkeit und wird eher fesselnde als autonome Beziehungen – auch zu den Kindern – entwickeln“ (HAGEMANN-WHITE/WOLFF 1975, S. 225). Selbst in den Fällen, wo der Mann seine Frau als gleichberechtigt oder sogar als Vorbild anerkennen möchte, können die unflexibel im Über-Ich der Frau abgelagerten und einer Modifikation nur sehr schwer zugänglichen gesellschaftlichen Rollenerwartungen eine „symmetrische“ Kommunikation verhindern, die durch das Streben nach Gleichheit und Verminderung von Unterschieden der beteiligten Partner sich auszeichnet (WATZLAWICK u. a. 1969, S. 69).

Unter diesen Voraussetzungen scheinen die spezifischen Bewußtseins- und Handlungsdispositionen der Ehemänner ein normatives „Klima“ zu erzeugen, dem vor allem die sozial isolierten, im Bildungsniveau deutlich niedriger rangierenden und exklusiv auf Haushaltsfunktionen verwiesenen Ehefrauen ausgesetzt sind. Für sie ist der komplementäre eheliche Kommunikationsprozeß die wesentliche Bedingung für die Verfestigung oder Modifikation ihrer eigenen Wertorientierungen, Einstellungen und Verhaltensweisen. Wichtige intervenierende und diesen Anpassungs- respektive Reaktionsprozeß der Ehefrau modifizierende Variablen bilden sicherlich die jeweilige Qualität der aktualen als auch lebensgeschichtlichen weiblichen Erfahrungswelt: Es wird von Bedeutung sein, ob die Ehefrau im wesentlichen Hausarbeit verrichtet und dabei von sozialen Kontakten zu anderen Erwachsenen weitgehend abgeschnitten ist, oder ob sie selbst auf der Basis eines gehobenen, unter Umständen das des Ehemannes sogar überragenden Bildungsniveaus einer anspruchsvollen außerhäuslichen Berufstätigkeit nachgeht. So ist für die Plausibilität dieser Überlegungen der empirische Beleg wichtig, daß die Vaterdominanz dann geringer wird, wenn die Frau berufstätig ist und dadurch eigene finanzielle Mittel besitzt (BLOOD/WOLFE 1960, Zweiter Familienbericht 1975, S. 36). Die angedeuteten Zusammenhänge lassen die Notwendigkeit erkennen, den Einfluß häuslicher und beruflicher Erfahrungen der Frau auf Werte, Orientierungen und Verhaltensstrategien des Ehemannes zu erforschen.

Diese Interpretation verdeutlicht, daß sich Prozesse sozialisatorischer Interaktion auf der Familienebene nicht unmittelbar aus sozialstrukturellen Bedingungen ableiten lassen. Sie fordert die Familienforschung auf, zunehmend anspruchsvollere Theorieansätze und adäquatere Methoden ihrer Überprüfung zu verwenden.

Literatur

ABERLE, D. F./NAEGLE, K. D.: Middle-Class Fathers' Occupational Role and Attitudes Toward Children. In: American Journal of Orthopsychiatry, Vol. 22, 1952, S. 366–378.

ABRAHAMS, F. F./SOMMERKORN, I. N.: Arbeitswelt, Familienstruktur und Sozialisation. In: HURRELMANN, K. (Hrsg.): Sozialisation und Lebenslauf. Reinbek bei Hamburg, Rowohlt 1976, S. 70–89.

ANDERSON, H. E.: The Young Child in the Home. Report of the Committee on the Infant and Preschool Child. New York, Appleton-Century 1936.

AUSUBEL, D. P./BALTHAZAR, E. E./ROSENTHAL, I./BLACKMAN, L. S./SCHPOONT, S. H./WELKOWITZ, J.: Perceived Parental Attitudes as Determinants of Children's Egostructure. In: Child Development, Vol. 25, 1954, S. 173–183.

BALDWIN, A. L./BALDWIN, C. P.: The Study of Mother-Child Interaction. In: American Scientist, Vol. 61, 1973, S. 714–721.

BALDWIN, A. L./KALHORN, J./BREESE, F. H.: Patterns of Parent Behavior. Psychological Monographs: General and Applied. L VIII, H. 3, 1945.

BARGEL, T.: Probleme der Rezeption empirischer Sozialisationsforschung. In: Sozialisationsforschung, Band I: Erwartungen, Probleme, Theorieschwerpunkte, hrsg. von H. WALTER. Stuttgart-Bad Cannstatt, Frommann-Holzboog 1973, S. 119–138.

BARGEL, T./GLOY, K./HEINKE, U./PRESCH, G./WALTER, H.: Bildungschancen und Umwelt I. Braunschweig, Westermann 1973. Bildungschancen und Umwelt II: Familie als Umwelt. Braunschweig, Westermann 1974.

BATESON, G./JACKSON, D. D./HALEY, J./WEAKLAND, J. W.: Auf dem Weg zu einer Schizophrenie-Theorie. Schizophrenie und Familie. Frankfurt, Suhrkamp 1969.

BAYLEY, N./SCHAEFER, E. S.: Relationships between Socioeconomic Variables and Behavior of Mothers toward Young Children. In: The Journal of Genetic Psychology, 1960, Vol. 96, S. 61–77.

BECK, U./BRATER, M.: Berufliche Arbeitsteilung und soziale Ungleichheit. Eine gesellschaftlich-historische Theorie der Berufe. Frankfurt/New York, Campus 1978.

BEICHT, W./ISECKE, H./KRINGS-HUBER, G./MOLLENHAUER, K.: Familiale Kommunikationsstrukturen. Zwischenbericht einer Untersuchung. In: HURRELMANN, K. (Hrsg.): Sozialisation und Lebenslauf. Reinbek bei Hamburg, Rowohlt 1976, S. 104–126.

BENDIX, R.: Inequality and Social Structure. A Comparison of Marx and Weber. In: American Sociological Review, Vol. 39, 1974, S. 149–161.

BERNSTEIN, B.: Ein soziolinguistischer Ansatz zur Sozialisation. Mit einigen Bezügen auf Erziehbarkeit. In: GRAUMANN, C. F./HECKHAUSEN, H. (Hrsg.): Pädagogische Psychologie. Grundlagentexte 1: Entwicklung und Sozialisation. Frankfurt, Fischer 1973, S. 257–286.

BERTRAM, H.: Probleme einer sozialstrukturell orientierten Sozialisationsforschung. In: Zeitschrift für Soziologie 5 (1976), H. 2, S. 103–117.

BERTRAM, H.: Gesellschaft, Familie und moralisches Urteil. Weinheim, Beltz 1978.

BEUSE, W./KÖRNER, Ch.: Arbeitsplatzerfahrungen und familiale Sozialisation. Unveröffentlichte empirische Arbeit zur Diplomhauptprüfung für Psychologen an der Universität Göttingen, 1973.

BLAU, P. M./DUNCAN, O. D.: The American Occupational Structure. New York, Wiley 1967.

BLINKERT, B.: Autoritarismus, Desorientierung und soziale Schichtung. In: Soziale Welt 27 (1976), H. 2, S. 166–179.

BLOOD, Jr., R. O./WOLFE, D. M.: Husbands and Wives. The Dynamics of Married Living. New York, The Free Press, 1960.

BOEK, W. E./LAWSON, E. D./YANKHOWER, A./SUSSMAN, M. B.: Social Class, Maternel Health, and Child Care. Albany, New York State Department of Health 1957.

BOLTE, K. M./KAPPE, D./NEIDHARDT, F.: Soziale Ungleichheit. Opladen, Leske, 3. Aufl. 1974.

BOTTOMORE, Th. B.: Soziale Schichtung. In: KÖNIG, R. (Hrsg.): Handbuch der empirischen Sozialforschung, Band 5: Soziale Schichtung und Mobilität. Stuttgart, Enke 1976, S. 1–39.

BRONFENBRENNER, U.: Socialization and Social Class Through Time and Space. In: MACCOBY, E. E./NEWCOMB, T. M./HARTLEY, E. L. (Hrsg.): Readings in Social Psychology. New York, Holt 1958, S. 400–425.

BRONFENBRENNER, U.: Ökologische Sozialisationsforschung, hrsg. von K. LÜSCHER. Stuttgart, Klett 1976.

BROUSSEAU, K. R.: Effects of Job Experience on Personality. A Theoretical and Empirical Investigation. Unpublished Doctoral Thesis. New Haven/Conn., Yale University 1976.

CAESAR, B.: Autorität in der Familie. Ein Beitrag zum Problem schichtenspezifischer Sozialisation. Reinbek bei Hamburg, Rowohlt 1972.

CLAESSENS, D.: Status als entwicklungssoziologischer Begriff. Dortmund, Ruhfus 1965.

CLAUSEN, J. A.: Value Transmission and Personality Resemblance in Two Generations. Paper presented in the annual meeting of the American Sociological Association. Montreal 1974.

CLAUSEN, J. A./WILLIAMS, J. R.: Sociological Correlates of Child Behavior. In: STEVENSON, H. (Ed.): Child Psychology. The Sixtysecond Yearbook of the National Society of the Study of Education. Chicago, University of Chicago Press 1963, S. 62–107.

COBURN, D./EDWARDS, V. L.: Job Control and Child-Rearing Values. In: Canadian Review of Sociology and Anthropology 1976, Vol. 13, S. 337–344.

COSER, L. A.: Violence and the Social Structure. In: Science and Psychoanalysis 6 (1963), S. 30–42.

COX, S. H.: Intrafamily Comparison of Loving-Rejection Child-Rearing Practices. In: Child Development 1970, Vol. 41, S. 437–448.

DAHRENDORF, R.: Gesellschaft und Demokratie in Deutschland. München, dtv 1971.

DAVIS, A.: Social Class Influences on Learning. Cambridge 1949.

DAVIS, A./HAVIGHURST, R. J.: Social Class and Color Differences in Child-Rearing. In: American Sociological Review 1946, Vol. 11, S. 698–710.

EDELSTEIN, W. et al.: Zwischenbericht über das Projekt: Kindliche Entwicklung und soziale Struktur, hektogr. Manuskript. Berlin, Max-Planck-Institut für Bildungsforschung, Dez. 1977.

DOLLARD, J./MILLER, N. E./DOOB, L. W./MOWRER, O. H./SEARS, R. R.: Frustration und Aggression. New Haven 1939.

DUNCAN, O. D.: A Socioeconomic Index for all Occupations. In: REISS, A. J. et al.: Occupations and Social Status. New York, The Free Press 1961, S. 109–138.

DUVALL, E. M.: Conceptions of Parenthood. In: American Journal of Sociology (Nov. 1946), Vol. LII, S. 193–203.

ERICSON, M. C.: Child Rearing and Social Status. In: American Journal of Sociology 1946, Vol. 52, S. 190–192.

ERLANGER, H. S.: Social Class and Corporal Punishment in

Childrearing: A Reassessment. In: American Sociological Review 1974, Vol. 39, S. 68–85.

Familie und Wohnen: Gutachten des Wissenschaftlichen Beirats für Familienfragen beim Bundesminister für Jugend, Familie und Gesundheit, Schriftenreihe des Bundesministers für Jugend, Familie und Gesundheit, Bd. 20. Stuttgart, Kohlhammer 1964.

FEND, H.: Sozialisierung und Erziehung. Eine Einführung in die Sozialisationsforschung. Weinheim, Beltz 1969.

FEND, H. u.a.: Sozialisationseffekte der Schule. Soziologie der Schule II. Weinheim und Basel, Beltz 1976.

FRANKLIN, J. I./SCOTT, J. E.: Parental Values: An Inquiry into Occupational Setting. In: Journal of Marriage and the Family 1970, Vol. 32, S. 406–409.

GECAS, V.: The Influence of Social Class on Socialization. Unveröffentlichtes Manuskript. Washington State University 1977.

GECAS, V./NYE, F. J.: Sex and Class Differences in Parent-Child Interaction: A Test of Kohn's Hypothesis. In: Journal of Marriage and the Family 1974, Vol. 36, S. 742–749.

GEIGER, Th.: Die soziale Schichtung des deutschen Volkes. Stuttgart, Enke 1932.

GEIGER, Th.: „Schichtung". In: BERNSDORF, W. (Hrsg.): Wörterbuch der Soziologie. Stuttgart 1955.

GEULEN, D.: Gesellschaftliche Herrschaft und primäre Sozialisation. In: SZELL, G. (Hrsg.): Privilegierung und Nichtprivilegierung im Bildungssystem. München, Nymphenburger Verlagsanstalt 1972, S. 107–136.

GEULEN, D.: Thesen zur Metatheorie der Sozialisation. In: WALTER, H. (Hrsg.): Sozialisationsforschung, Band I: Erwartungen, Probleme, Theorieschwerpunkte. Stuttgart-Bad Cannstatt, Fromman-Holzboog 1973, S. 85–101.

GIL, D. G.: Violence against Children. Cambridge, Harvard University Press 1970.

GOTTSCHALCH, W./NEUMANN-SCHÖNWETTER, M./SOUKUP, G.: Sozialisationsforschung. Materialien, Probleme, Kritik. Frankfurt, Fischer 1971.

GREEN, A. W.: The Middle-Class Male Child and Neurosis. In: American Sociological Review 1946, Vol. 11, S. 31–41.

GRIESE, H.: Erwachsenensozialisation. München, Raith 1976.

GRÜNEISEN, V./HOFF, E.-H.: Familienerziehung und Lebenssituation. Der Einfluß von Lebensbedingungen und Arbeitserfahrungen auf Erziehungseinstellungen und Erziehungsverhalten von Eltern. Weinheim und Basel, Beltz 1977.

HAGEMANN-WHITE, C./WOLFF, R.: Lebensumstände und Erziehung. Grundfragen der Sozialisationsforschung. Frankfurt a.M., Verlag Roter Stern 1975.

HAUG, M.: Social-Class Measurement: A Methodological Critique. In: THIELBAR, G. W./FELDMAN, S. D. (Hrsg.): Issues in Social Inequality. Boston, Little, Brown & Com. 1972, S. 429–451.

HEINSTEIN, M.: Childrearing in California. California State Department of Public Health. Berkeley 1964.

HESS, R. D.: Social Class and Ethnic Influences on Socialization. In: MUSSEN, P. H. (Hrsg.): Carmichael's Manual of Child Psychology, 3. Aufl., Band II. New York, John Wiley & Sons, Inc. 1970, S. 457–557.

HESS, R. D./SHIPMAN, V. C.: Early Experience and the Socialization of Cognitive Modes in Children. In: Child Development, 1965, Vol. 36, S. 869–886.

HOFF, E.-H./GRÜNEISEN, V.: Arbeitsbedingungen, Erziehungseinstellungen und Erziehungsverhalten von Eltern. In: SCHNEEWIND/LUKESCH (Hrsg.): Familiäre Sozialisation. Stuttgart, Klett-Cotta 1978, S. 65–89.

HOFFMAN, M. L.: Power Assertion by the Parent and Its Impact on the Child. In: Child Development, 1960, Vol. 31, S. 129–143.

HOFFMAN, L. W./LIPPITT, R.: The Measurement of Family Life Variables. In: MUSSEN, P. H. (Hrsg.): Handbook of Research Methods in Child Development. New York, J. Wiley 1960, S. 945–1013.

HOLLINGSHEAD, A. B./REDLICH, F.: Social Class and Mental Illness. A Community Study. New York, J. Wiley 1958.

HOLZKAMP, Ch.: Die Entwicklung der kognitiven Fähigkeiten. In: b:e-Redaktion (Hrsg.): Familienerziehung, Sozialschicht und Schulerfolg. Weinheim: Beltz 1971, S. 83–114.

HÖRNING, K. H.: Struktur und Norm: Das „Soziale" an Ungleichheit und Schichtung. In: HÖRNING, K. H. (Hrsg.): Soziale Ungleichheit, Strukturen und Prozesse sozialer Schichtung. Darmstadt und Neuwied, Luchterhand (Soziologische Texte 105) 1976, S. 10–32.

HUCH, K. J.: Einübung in die Klassengesellschaft. Über den Zusammenhang von Sozialstruktur und Sozialisation. Frankfurt, Fischer 1972.

HURRELMANN, K. (Hrsg.): Sozialisation und Lebenslauf. Empirie und Methodik sozialwissenschaftlicher Persönlichkeitsforschung. Reinbek bei Hamburg, Rowohlt 1976.

INKELES, A.: Social Structure and Socialization. In: GOSLIN, D. A. (Hrsg.): Handbook of Socialization Theory and Research. Chicago, Rand McNally & Company 1969, S. 615–632.

Institut für Sozialforschung: Soziologische Exkurse. Frankfurt, Europäische Verlagsanstalt 1956.

KELLER, M./WEINERT, F. E./ZEBERGS, D.: Kognitive Sozialisation, Probleme einer allgemeinen Theorie der kognitiven Sozialisation. In: NEIDHARDT, F. (Hrsg.): Frühkindliche Sozialisation. Stuttgart, Enke 1975, S. 7–75.

KERCKHOFF, A. C.: Socialization and Social Class. Englewood Cliffs (N.J.). Prentice-Hall 1972.

KIRCHBERGER, St.: Kritik der Schichtungs- und Mobilitätsforschung. Zum Verhältnis von soziologischer Theoriebildung und empirischer Sozialforschung. Frankfurt/New York, Campus 1975.

KLATSKIN, E. H.: Shifts in Child Care Practices in Three Social Classes under an Infant Care Program of Flexible Methodology. In: American Journal of Orthopsychiat., 1952, Vol. XXII, S. 52–61.

KÖCKEIS-STANGL, E.: Belege und Vermutungen über die Genese der schulischen Behinderung von Kindern aus den unteren Sozialschichten in der Steiermark. In: CWIENK, D./FISCHER, K. G. (Hrsg.): Problem Bildung – Strukturen und Tendenzen. Stuttgart, Metzler 1974, S. 101–136.

KOHN, M. L.: Social Class and Parental Values. In: American Journal of Sociology, 1959, Vol. 64, S. 337–351.

KOHN, M. L.: Social Class and Parent-Child Relationships: An Interpretation. In: American Journal of Sociology, 1963, Vol. 68, S. 471–480.

KOHN, M. L.: Class and Conformity. A Study in Values. Homewood (Ill.), The Dorsey Press 1969.

KOHN, M. L.: Bureaucratic Man: A Portrait and an Interpretation. In: American Sociological Review 1971, Vol. 36, S. 461–474.

KOHN, M. L.: Social Class and Parental Values: Another Confirmation of the Relationship. In: American Sociological Review 1976, Vol. 41, S. 538–545.

KOHN, M. L.: Reassessment, 1977. Pp. XXV–IX in M. L. KOHN: Class and Conformity: A Study in Values. Second Edition. Chicago, University of Chicago Press 1977.

KOHN, M. L./SCHOOLER, C.: Class, Occupation and Orientation. In: American Sociological Review 1969, Vol. 34, S. 569–678.

Kohn, M. L./Schooler, C.: Occupational Experience and Psychological Functioning: An Assessment of Reciprocal Effects. In: American Sociological Review 1973, Vol. 38, S. 97–118.

Kohn, M. L./Schooler, C.: The Reciprocal Effects of the Substantive Complexity of Work and Intellectual Flexibility: A Longitudinal Assessment. In: The American Journal of Sociology 1978, Vol. 84, No. 1, S. 24–52.

Krappmann, L.: Soziologische Dimensionen der Identität. Strukturelle Bedingungen für die Teilnahme an Interaktionsprozessen. Stuttgart, Klett 1971.

Krappmann, L./Oevermann, U./Kreppner, K.: Was kommt nach der schichtenspezifischen Sozialisationsforschung? Hektogr. Manuskript. Berlin, Max-Planck-Institut für Bildungsforschung 1974.

Kreckel, R.: Soziale Ungleichheit und ‚offene Gesellschaft' – Zur theoretischen Neuorientierung der Soziologie der vertikalen Mobilität. In: Soziale Welt 1972, S. 17–40.

Labov, W.: The Logic of Non-Standard English. In: Williams, F. (Hrsg.): Language and Poverty. Chicago, Markham 1970.

Landecker, W. S.: Class Boundaries. In: American Sociological Review 1960, Vol. 25, S. 868–877.

Lehr, U./Bonn, R.: Ecology of Adolescents as Assessed by the Daily Round Method in an Affluent Society. In: Thomae, H./Endo, T. (Hrsg.): Contributions to Human Development. Basel 1974, S. 67–74.

Lempert, W.: Untersuchungen zum Sozialisationspotential gesellschaftlicher Arbeit. Ein Bericht. Mit einem Beitrag von E.-H. Hoff (Materialien aus der Bildungsforschung Nr. 12). Berlin, Max-Planck-Institut für Bildungsforschung 1977.

Lempert, W./Hoff, E./Lappe, L.: Konzeptionen zur Analyse der Sozialisation durch Arbeit (Materialien aus der Bildungsforschung Nr. 14). Berlin, Max-Planck-Institut für Bildungsforschung 1979.

Lippe, P. M. v. d.: Statistische Methoden zur Messung der sozialen Schichtung. Göppingen, Kümmerle 1972.

Lipset, S. M.: Democracy and Working class Authoritarianism. In: American Sociological Review 1959, Vol. 24, S. 482–501.

Littman, R. A./Moore, R. C. A./Pierce-Jones, J.: Social Class Differences in Child Rearing: A Third Community for Comparison with Chicago and Newton. In: American Sociological Review (1957), Vol. 22, S. 694–704.

Lüdtke, H.: Soziale Schichtung, Familienstruktur und Sozialisation. In: b:e-Redaktion (Hrsg.): Familienerziehung, Sozialschicht und Schulerfolg. Weinheim, Beltz 1971, S. 132–160.

Lukesch, H.: Erziehungsstile. Pädagogische und psychologische Konzepte. Stuttgart, Kohlhammer 1975.

Maccoby, E. E./Gibbs, P. K. u.a.: Methods of Child Rearing in Two Social Classes. In: Martin, W. E./Stendler, C. B. (Hrsg.): Readings in Child Development. New York, Hartcourt, Brace 1954, S. 380–396.

Mayer, K. B./Buckley, W.: Soziale Schichtung. Stuttgart, Enke 1976.

Mayntz, R.: Soziale Schichtung und sozialer Wandel in einer Industriegemeinde. Stuttgart, Enke 1958.

Mayntz, R.: Soziale Schichtung. In: Bernsdorf, W. (Hrsg.): Wörterbuch der Soziologie, 2., neubearb. und erw. Ausgabe. Stuttgart, Enke 1969, S. 989–991.

McClelland, D. C./Rindlisbacher, A./DeCharms, R.: Religious and Other Sources of Parental Attitudes toward Independence Training. In: McClelland, D. C. (Hrsg.): Studies in Motivation. New York, Appleton-Century-Crofts 1955.

McKinley, D. G.: Social Class and Family Life. New York, The Free Press 1964.

Milhoffer, P.: Familie und Klasse. Ein Beitrag zu den politischen Konsequenzen familialer Sozialisation. Frankfurt, Fischer 1973.

Miller, D. R./Swanson, G. E.: The Changing American Parent: A Study in the Detroit Area. New York, Wiley 1958.

Miller, D. R./Swanson, G. E.: Inner Conflict and Defense. New York, Holt 1960.

Miller, J./Schooler, C./Kohn, M. L./Miller, K. A.: Women and Work: The Psychological Effects of Occupational Conditions. (Hektogr. Manuskript.) Bethesda: National Institute of Mental Health 1978.

Mollenhauer, K.: Sozialisation und Schulerfolg. In: Roth, H. (Hrsg.): Begabung und Lernen, Ergebnisse und Folgerungen neuer Forschungen. Stuttgart, Klett 1968, S. 269–296.

Müller, H.: Sozialisation und Individualität. München, Kösel 1977.

Müller, W.: Familie – Schule – Beruf. Analysen zur sozialen Mobilität und Statuszuweisung in der BRD. Opladen, Westdeutscher Verlag 1975.

Neidhardt, F.: Schichtspezifische Verhaltensdifferenzierung in der Bundesrepublik. In: Bolte, K. M./Kappe, D./Neidhardt, F.: Soziale Ungleichheit. Opladen, Leske 1974, S. 117–140.

Neidhardt, F.: Systemtheoretische Analysen zur Sozialisationsfähigkeit der Familie. In: Neidhardt, F. (Hrsg.): Frühkindliche Sozialisation. Stuttgart, Enke 1975, S. 162–187.

Neuland, E.: Sprachbarrieren oder Klassensprache? Untersuchungen zum Sprachverhalten im Vorschulalter. Frankfurt, Fischer 1975.

Oevermann, U.: Soziale Schichtung und Begabung. In: Zeitschrift für Pädagogik, Beiheft 6 (1966), S. 166–184.

Oevermann, U.: Schichtenspezifische Formen des Sprachverhaltens und ihr Einfluß auf die kognitiven Prozesse. In: Roth, H. (Hrsg.): Begabung und Lernen. Ergebnisse und Folgerungen neuer Forschungen. Stuttgart, Klett 1968, S. 297–356.

Oevermann, U.: Die falsche Kritik an der kompensatorischen Erziehung. In: Neue Sammlung, 14. Jg. (1974), S. 537–568.

Oevermann, U.: Sprache und soziale Herkunft. Ein Beitrag zur Analyse schichtenspezifischer Sozialisationsprozesse und ihrer Bedeutung für den Schulerfolg (Studien und Berichte des Instituts für Bildungsforschung in der Max-Planck-Gesellschaft, Bd. 18). Berlin 1970.

Oevermann, U./Krappmann, L./Kreppner, K.: Projektvorschlag Elternhaus und Schule, hektogr. Manuskript. Berlin, Institut für Bildungsforschung in der Max-Planck-Gesellschaft 1968.

Oevermann, U./Allert, T./Gripp, H./Konau, E./Krambeck, J./Schröder-Caesar, E./Schütze, Y.: Beobachtungen zur Struktur der sozialisatorischen Interaktion. Theoretische und methodologische Fragen der Sozialisationsforschung. In: Lepsius, M. R. (Hrsg.): Verhandlungen des 17. Deutschen Soziologentages: Zwischenbilanz der Soziologie. Stuttgart, Enke 1976, S. 274–295.

Oevermann, U./Kieper, M./Rothe-Bosse, S./Schmidt, M./Wienskowski, P.: Die sozialstrukturelle Einbettung von Sozialisationsprozessen: Empirische Ergebnisse zur Ausdifferenzierung des globalen Zusammenhangs von Schichtzugehörigkeit und gemessener Intelligenz sowie Schulerfolg. In: Zeitschrift für Soziologie 1976, Jg. 5, H. 2, S. 167–199.

OLSEN, St. M.: Family, Occupation, and Values in a Chines Urban Community. Ph. D. dissertation. Cornell University 1971.

OSTERLAND, M.: Lebensgeschichtliche Erfahrungen und gesellschaftliches Bewußtsein. In: Soziale Welt 1973, 4, S. 409–417.

OTTO, L. B.: Class and Status in Family Research. In: Journal of Marriage and the Family 1975, Vol. 37, S. 315–332.

PEARLIN, L. I.: Class Context and Family Relations. A Cross-National Study. Boston, Little, Brown & Comp. 1971.

PEARLIN, L. I./KOHN, M. L.: Social Class, Occupation, and Parental Values: A Cross-National Study. In: American Sociological Review 1966, Vol. 31, S. 446–479.

PERRON, R.: Modèles d'Enfants, Enfants Modèles. Paris, Presses Universitaires de France 1971.

PLATT, J.: Social Class and Childrearing Norms in Britain and the U. S. A., unveröffentl. Manuskript. University of Sussex o. J.

RECKER, H.: Mobilität in der „offenen" Gesellschaft. Zur theoretischen Orientierung der vertikalen sozialen Mobilitätsforschung. Köln, Kiepenheuer & Witsch 1974.

RODAX, K./SPITZ, N.: Sozialstatus und Schulerfolg. Darstellung und Kritik der schichtenspezifischen Sozialisationsforschung. Heidelberg, Quelle & Meyer 1978.

RODGERS, R. H.: Family Interaction and Transaction. The Development Approach. Englewood Cliffs (N.J.) 1973.

RODMAN, H.: Eheliche Macht und der Austausch von Ressourcen im kulturellen Kontext. In: LÜSCHEN, G./LUPRI, E. (Hrsg.): Soziologie der Familie, Sonderheft 14 der KZfSS. Opladen, Westdeutscher Verlag 1970, S. 121–143.

ROLFF, H.-G.: Sozialisation und Auslese durch die Schule. Heidelberg, Quelle & Meyer 1967.

ROSENBAUM, J. E.: Making Inequality. The Hidden Curriculum of High School Tracking. New York, J. Wiley & Sons 1976.

SATIR, V.: Familienbehandlung. Kommunikation und Beziehung in Theorie, Erleben und Therapie. Frankfurt, Suhrkamp 1974.

SCHEFF, Th. J.: Das Etikett „Geisteskrankheit". Soziale Interaktion und psychische Störung. Frankfurt, Fischer 1973.

SCHEUCH, E. K./DAHEIM, H.: Sozialprestige und soziale Schichtung. In: Kölner Zeitschrift für Soziologie und Sozialpsychologie, Sonderheft 5: Soziale Schichtung und soziale Mobilität, hrsg. von GLASS, D. W./KÖNIG, R. Köln/Opladen 1961, S. 65–103.

SCHRADER-KLEBERT, K.: Die kulturelle Revolution der Frau. In: ENZENSBERGER, H. M. (Hrsg.): Kursbuch 17, Frau – Familie – Gesellschaft. Frankfurt, Suhrkamp 1969, S. 1–46.

SEARS, R. R./MACCOBY, E. E./LEVIN, H.: Patterns of Child Rearing. Evanston, Row, Peterson & Co. 1957.

SÈVE, L.: Marxismus und Theorie der Persönlichkeit. Frankfurt, Verlag Marxistische Blätter 1973.

SEWELL, W. H.: Social Class and Childhood Personality. In: Sociometry 1961, Vol. 24, S. 340–356.

Sozialisation und kompensatorische Erziehung: Seminar an der Freien Universität Berlin im SS 68 und WS 68/69, hektogr. Man. Berlin 1969.

STEINKAMP, G.: Sozialisation in der Familie, Ich-Identität und demokratisch-freiheitliche Gesellschaft. In: Gegenwartskunde, Gesellschaft Staat Erziehung, 22. Jg., Heft 1. Opladen, Leske 1973, S. 55–65.

STEINKAMP, G.: Analyse und Kritik des Leistungsprinzips im Ausbildungs- und Berufssystem industrieller Gesellschaften. In: HURRELMANN, K. (Hrsg.): Soziologie der Erziehung. Weinheim, Beltz 1974, S. 159–211.

STEINKAMP, G./STIEF, W. H.: Lebensbedingungen und Sozialisation. Die Abhängigkeit von Sozialisationsprozessen in der Familie von ihrer Stellung im Verteilungssystem ökonomischer, sozialer und kultureller Ressourcen und Partizipationschancen. Opladen, Westdeutscher Verlag 1978.

STEINKAMP, G./STIEF, W. H.: Familiale Lebensbedingungen und Sozialisation: Beziehungen zwischen gesellschaftlicher Ungleichheitslage, familialer Sozialisation und Persönlichkeitsmerkmalen des Kindes. In: Soziale Welt 1979, 2, S. 172–204.

STRODTBECK, F. L.: Family Interaction, Values, and Achievement. In: BALDWIN, A. L./BRONFENBRENNER, U./McCLELLAND, D. C./STRODTBECK, F. L. (Hrsg.): Talent and Society. Princeton, Van Nostrand 1958.

THOMAE, H.: Soziale Schichten als Sozialisationsvariablen. In: GOTTSCHALDT/LERSCH/SANDER/THOMAE (Hrsg.): Handbuch der Psychologie in 12 Bänden. 7. Band, 2. Halbband: Sozialpsychologie, hrsg. von GRAUMANN, C. F. Göttingen, Hogrefe 1972, S. 748–777.

TRUDEWIND, C.: Häusliche Umwelt und Motiventwicklung. Göttingen, Hogrefe 1975.

WARNER, W. L./LUNT, P. S.: The Social Life of a Modern Community. New Haven, Yale Univ. Press (Yankee City Series 1941, Vol. I).

WARNER, W. L./MEEKER, M./EELLS, K.: Social Class in America. Chicago, Science Research Associates 1949.

WATERS, E./CRANDALL, V. J.: Social Class and Observed Maternal Behavior from 1940–1960. In: Child Development 35 (1964), S. 1021–1032.

WATZLAWICK, P./BEAVIN, J. H./JACKSON, D. D.: Menschliche Kommunikation. Formen, Störungen, Paradoxien. Bern, Huber 1969.

WEISS, W. W.: Determinanten der Einstellung von Eltern zum selbständigen Verhalten der Kinder. In: Zeitschrift für Soziologie, Jg. 4, Heft 2 (1975), S. 165–182.

WHITE, M. S.: Social Class, Child Rearing Practices, and Child Behavior. In: American Sociological Review 1957, XXII, S. 704–712.

WOLFGANG, M. E.: Patterns of Criminal Homicide. Philadelphia, University of Pennsylvania Press 1958.

WOLFGANG, M. E./FERRACUTTI, F.: The Subculture of Violence. Toward and Integrated Theory of Criminology. London, Tavistock-Social Science Paperbacks 1967.

WRIGHT, J. D./WRIGHT, S. R.: Social Class and Parental Values for Children: A Partial Replication and Extension of the Kohn Thesis. In: American Sociological Review 1976, Vol. 41, S. 527–537.

YARROW, M. R./CAMPBELL, J. D./BURTON, R. V.: Child Rearing. An Inquiry into Research and Methods. San Francisco, Jossey-Bass Inc. 1968.

ZIGLER, E.: Social Class and the Socialization Process. In: CHESS, S./THOMAS, A. (Eds.): Annual Progress in Child Psychiatry and Child Development. New York, Brunner/Marel 1971, S. 185–209.

ZIGLER, E./CHILD, I. L.: Socialization. In: LINDZEY, G./ARONSON, E. (Hrsg.): The Handbook of Social Psychology, Band 3: The Individual in a Social Context. Readings/Mass., Addison, 2. Aufl. 1969, S. 450–589.

Zweiter Familienbericht: Familie und Sozialisation: Leistungen und Leistungsgrenzen der Familie hinsichtlich des Erziehungs- u. Bildungsprozesses der jungen Generation, hrsg. v. Bundesminister für Jugend, Familie und Gesundheit. Bonn-Bad Godesberg 1975.

Ökologische Ansätze in der Sozialisationsforschung – Eine Problemskizze

Heinz Walter

1 Einleitung

Zur Einstimmung seien zunächst Scheinwerfer auf drei Tagungen gerichtet, die für die ausgehenden siebziger Jahre einen Eindruck vom Selbstverständnis sozialwissenschaftlich-ökologischer Forschungsbemühungen vermitteln können:
Berlin, 4. Tagung Entwicklungspsychologie, 30.9. bis 3.10.1979: *Symposium „Ökopsychologie und Entwicklung“*. Das erste Mal wird während der jährlich stattfindenden Tagungen Entwicklungspsychologie ein Gesprächsforum mit ökologischem Akzent eingerichtet. Angekündigt sind fünf Beiträge: Modelle der Individuum-Umwelt-Interaktion und die damit verbundenen entwicklungspsychologischen Implikationen; Interessendivergenzen zwischen Ökopsychologie und Entwicklungspsychologie; Überlegungen zu Kernelementen eines Modells der Entwicklung der Interaktion zwischen Kultur und Subjekt; zur Charakterisierung entwicklungspsychologischer Niveaus anhand eines handlungstheoretischen Ansatzes; methodische Konsequenzen der Anwendung ökologischer Fragestellungen auf die Entwicklungspsychologie.

Davor geschah eine solche Verbindung Ökopsychologie-Entwicklungstheorie im deutschsprachigen Raum bereits während des 30. Kongresses der Deutschen Gesellschaft für Psychologie (Walter 1977) und im Rahmen einer eigenständigen mehrtägigen Veranstaltung (Walter/Oerter 1979). Einschlägig ist hier auch der Beitrag Trudewinds (1978).

Inter-University Centre Dubrovnik, 1. bis 12.10.1979: Kurs *„Philosophie und Humanwissenschaft: Probleme der Ökologie I. Die Zweite Natur“*. „Die vielfältigen Probleme der Ökologie (und besonders der Beziehungen zwischen Mensch und Umwelt) stellen die Philosophie, die Wissenschaftstheorie wie auch die Human- und Sozialwissenschaften in letzter Zeit vor immer neue Aufgaben. Ziel des Kurses ist es, einige dieser Probleme interdisziplinär zu bearbeiten, und zwar vorwiegend im Hinblick auf die allgemeine Fragestellung der zweiten Natur. Darunter fallen dann: Tendenzen zur Verdinglichung des man-made environment; die latente Gleichsetzung von Kultur und Natur; Beherrschung der Kultur durch Mensch und Technik; Gestaltung der Umwelt gemäß symbolischen, ästhetischen, ökonomischen und anderen Bedürfnissen; Ähnlichkeit und Unterschiede zwischen den Natur- und Sozialwissenschaften; ökologische Theoriebildung und Methodenbegründung“ (Kursbeschreibung). Kursdirektoren sind neben einem belgischen Kollegen jene zwei deutschsprachigen Psychologen, die immer wieder als Wegbereiter einer phänomenologischen Orientierung in der Psychologie auftreten (Graumann/Métraux 1977, Métraux/Graumann 1975).
Schloß Reisensburg, 21. bis 24.11.1979: *3. Ökopsychologisches Kolloquium*. „... soll sich die Konferenz schwerpunktmäßig mit Methoden der Feldforschung (unter besonderer Berücksichtigung des Feldexperiments in der Psychologie) beschäftigen und mit einem Workshop in den im Rahmen des Schwerpunktprogramms laufenden bzw. anlaufenden Forschungsprojekten verbunden sein. Bei den vorbereitenden Überlegungen sind wir davon ausgegangen, daß

die Idee, Ökopsychologische Forschung zu betreiben, in der Psychologie an sich zwar nicht ganz neu ist, daß jedoch für viele Wissenschaftler, die sich dieser Perspektive erstmals zuwenden oder zuzuwenden beabsichtigen, Probleme im Hinblick auf die forschungstechnischen Zugänge und Verfahrensweisen entstehen dürften, und zwar vor allem deshalb, weil der Arbeitsplatz des wissenschaftlich forschenden Psychologen Jahrzehnte lang fast ausschließlich das Labor gewesen ist – eine ökologische Situation eigener (und wie manche meinen: sehr spezieller) Art, deren Paradigma und methodologische Grundkonzeption zweifellos nicht unbesehen und vielleicht nur in Teilaspekten für ökopsychologische Forschungen nutzbringend oder verbindlich werden können. Im Vordergrund der Beratungen des 3. Ökopsychologischen Kolloquiums sollen daher *methodenbezogene Fragestellungen und Verfahrensweisen* stehen. Da wir in der Ökopsychologie noch sehr am Anfang der Etablierung einer neuen Forschungsperspektive stehen ..." (Vorbereitungsschreiben der Organisatoren vom 28.3.1979). Die Organisatoren schlagen nachfolgend eine Präsentation und Diskussion der Einzelbeiträge in sympathisch unprätentiös-offener Form vor, die sich an folgenden sechs Punkten orientieren sollte: Problembiographie; welche Vorstellung von Ökopsychologie geht in das Forschungsvorhaben ein; Vorbilder für das forschungstechnische Vorgehen und/oder methodisch spezifisch Neues; Generalisierungsproblem; das Problem externer Validität und ökopsychologische Forschungstechniken; Ratschläge an andere.

Neben einer ins Prinzipielle gehenden Erörterung zum Feldexperiment und Überlegungen zu „Prognose und Erklärung von Handlungen gegenüber Objekten" spannt das thematische Spektrum der vorgestellten, in ihrer Umsetzungsphase befindlichen Projekte weit: Bezüge zwischen dem Anregungsgehalt der physischen und sozialen familialen Umwelt und Indikatoren kognitiver und sozialer Kompetenz bei Vierjährigen; schulspezifische Bedingungen und Formen aggressiver Interaktionen; „Lesbarkeits"-Optimierung der Planungsunterlagen für Wohnareale (für potentielle Abnehmer/Bewohner). Die „Straße" rückt gleich viermal in den Blick: als Schulweg, als Wohnspielstraße, als Wohnareale trennende Schnellstraße, als Gegenstand eines Klassifikationsversuchs mit Hilfe der numerischen Taxonomie. Verschiedene Arbeitsplätze der Industrie sind konkreter Untersuchungsort für Analysen des Problemlösens bzw. für die erste empirische Überprüfung eines Modells zur Abbildung von Vorgängen der Umwelt- und Selbstregulation (in Aufgaben-/Problemsituationen mit unterschiedlicher Effizienz/Ineffizienz). Auch die komplexe Einheit „Dorf" wird zweimal als Untersuchungsfeld vorgestellt: einmal mit dem Fokus (instrumentale, soziokulturelle, symbolische etc.) „Raumorientierung", einmal unter dem Titel „Strukturänderung in der Einheit ‚Dorf' und ihre Widerspiegelung im Erleben und Verhalten". Schließlich wird ein Analysevorschlag des Befindens in Alltagssituationen (der emotionalen Bewertung erlebter Situationen) gemacht.
Das im Vorbereitungsschreiben zum 3. Ökopsychologischen Kolloquium erwähnte Schwerpunktprogramm ist ein Förderungsschwerpunkt, den die *Deutsche Forschungsgemeinschaft* (1977) zum Thema „Psychologische Ökologie" eingerichtet hat. Hingegen wurde das von R. OERTER und dem Verfasser ausgerichtete Symposium „Ökologische Perspektiven in der Entwicklungspsychologie" (WALTER/OERTER 1979) durch die *Stiftung Volkswagenwerk* im Rahmen ihres Förderungsschwerpunkts „Entwicklungspsychologie" finanziell unterstützt.

Selbst in ihrem auf die Psychologie und einen kurzen Zeitraum beschränkten, exemplarischen Vorgehen verdeutlicht die zurückliegende, mit Absicht recht ausführlich vorgenommene Berichterstattung die *Vielfalt* an Problemstellungen, die z.Z. unter dem Stichwort „Ökologie" abgehandelt werden: das breite Spektrum konkreter Forschungsfragen; verschiedenste Versuche einer wissenschaftstheoretischen, metatheoretischen, methodologischen, wissenschaftshistorischen sowie wissenschaftspolitischen Standortbestimmung.
Allein die zeitliche Dichte entsprechender diskursiver Zusammenkünfte ist beachtenswert; wobei für den an Fragen von Entwicklung und Sozialisation Interessierten der potentielle Veranstaltungskalender noch voller war[1].
All das macht den Wunsch der Handbuchherausgeber umso verständlicher, einen eigenen „Ökologie"-Beitrag dabei zu haben. Es verdeutlicht aber auch die Schwierigkeiten, einem solchen Anliegen zu entsprechen. Man berücksichtige allein die Tatsache, daß im Handbuch

1 Der Arbeitskreis „Familiale Sozialisation" in der *Sektion Familie und Jugend* der Deutschen Gesellschaft für Soziologie veranstaltete vom 13. bis 16.11.1979 in Tutzing eine Tagung zum Thema „Sozioökologische Forschungsperspektiven in der Sozialisationsforschung". Es handelte sich dabei um den Schlußpunkt einer mehrjährigen Tagungsserie, die um diesen Themenschwerpunkt kreiste. – Zudem fand am 29.11.1979 an der Universität Konstanz ein Austausch zwischen U. BRONFENBRENNER und den deutschen Mitarbeitern des von ihm initiierten internationalen Projekts zur „Ecology of Human Development" (s. unten) statt.

Themen ein eigener Beitrag gewidmet ist, die auch in der sozialwissenschaftlich-ökologischen Diskussion wiederholt aufgegriffen werden; wie beispielsweise Möglichkeiten und Gewinn eines kulturvergleichenden Vorgehens (vgl. BOESCH 1980, ECKENSBERGER 1976, ECKENSBERGER/KORNADT 1977).

Wir gehen im nachfolgenden davon aus, daß in einem solchen Stadium extremer „Expansion" das „simultane" Akzentuieren von Gemeinsamem (und Trennendem) zu wenig ist; daß gerade das Herausarbeiten verschiedener wissenschaftshistorischer Wurzeln einen Einstieg in die Thematik möglich macht. Neben der Aufzählung von bereits länger etablierten, sozialökologischen „Richtungen" *(Abschnitt 2)* wird deshalb auf Tendenzen aufmerksam gemacht, sich mit Hilfe von „Ökologie" *aus* der Enge einer bestimmten Forschungstradition zu befreien, ohne Mittel und Ziel der „Emanzipation" – jedenfalls in einer Anfangsphase – bereits im einzelnen vor Augen zu haben *(Abschnitt 3)*. Doch muß aus solchen Phasen der Wissenschaftsentwicklung Resultierendes doch irgendwann wieder auf seinen gemeinsamen Sinn und Zweck – geht man von diesem aus – hin abgeklopft werden; über entsprechende Bemühungen und Vorstellungen wird in *Abschnitt 4* berichtet. Wiewohl nicht nur die Entwicklungs- und Sozialisationstheorie von der „ökologischen Herausforderung" profitiert, sondern ebenso ökologische Fragestellungen durch den Einbezug der Perspektive „lebenslangen Lernens" häufig Möglichkeiten vermehrter Einsicht erhalten[2], war der wechselseitige Bezug bislang weniger stark als man annehmen würde. Deshalb wird eine entsprechende Fokussierung unserer Ausführungen in *Abschnitt 5* nötig. Ein Verweis auf das Kernproblem jedes sozialwissenschaftlich-ökologischen Aussagensystems schließt den Beitrag ab. – Die auf Klärung drängende Informationsflut ist jedoch so groß, daß Interessierte im vorgezeichneten Rahmen nur auf Fährten gesetzt werden können, die im Detail zu verfolgen ihnen überlassen bleiben muß.

Daß der Verfasser qua Herkunft und Amt Psychologe ist, ist dem Zurückliegenden unschwer zu entnehmen. Doch selbst dann, wenn ihm bei seinem Bemühen, über die Fachgrenzen zu schauen, manches entgangen sein sollte: z.Z. scheint die „Öko-Diskussion" in der Psychologie – im Vergleich mit anderen Sozialwissenschaften – am dichtesten zu sein; was ein besonders starkes Eingehen darauf rechtfertigt. Allein hier liegt ein solcher Wust noch nicht abgeklärter Begriffe und Konzepte vor, daß ihre Systematisierung eine umfangreiche Monographie füllte. (Man beachte etwa das unterschiedliche Verständnis von „Laborforschung" vs. „Feldforschung". Oder man vergleiche die verschiedenen Konzeptualisierungen von *Umwelt-Taxonomien* bei SELLS 1963, TRUDEWIND 1975 oder SCHÖNPFLUG 1979.)

Soweit in den Gesamtrahmen passend, wird auf einschlägige Entwicklungen in der Soziologie und der Erziehungswissenschaft eingegangen. Eine Ausweitung in Richtung anderer Sozialwissenschaften (z.B. Kulturanthropologie oder Sozialgeographie; vgl. GREVERUS 1979, SPROUT/SPROUT 1971) wäre sicher wünschenswert, würde den vorgegebenen Rahmen aber endgültig sprengen.

Zudem konzentriert sich die Darstellung nach Möglichkeit auf im deutschen Sprachraum Vorhandenes. Dies nicht bloß aus naheliegenden Gründen; sondern auch deshalb, weil ein gleichgewichtiges Einbeziehen der angloamerikanischen Szene weitere bzw. anders gelagerte Differenzierungen erforderlich machte. Zur Illustration ein Beispiel: Während im deutschsprachigen Raum Umweltpsychologie und Ökologische Psychologie (bzw. Psychologische Ökologie) in etwa synonym gebraucht werden, findet man in der englischsprachigen Literatur noch immer Akzentsetzungen (a) auf eine engere, „Sächlich-Räumliches" in den Mittelpunkt der Betrachtungen stellende *Environmental Psychology* (z.B. BELL u.a. 1978), (b) auf eine umfassendere *Social Ecology* (z.B. MOOS/INSEL 1974).

2 „Ökologie" als Tradition

Es waren Vertreter der *Soziologie*, die als erste den aus der Biologie stammenden Begriff übernahmen und ihn mit Konzepten füllten, deren Inspiration durch das naturwissenschaftliche Vorbild recht deutlich erkennbar ist (PARK u.a. 1925); erkennbar bereits in zentralen Termini wie Konkurrenz, Vielfalt, Dominanz, Assimilation, Akkommodation; erkennbar u.a. in der Definition der Human-/Sozialökologie[3] durch PARK (1936, S. 15): It „is, fundamentally, an attempt to investigate the processes by which the biotic balance and the social equilibrium (1) are maintained once they are achieved and (2) the process by which, when the biotic balance and

2 Ein gutes Beispiel dafür wäre die Realisierung des Projektentwurfs von WIEDL (in KRUSE 1975, S. 382).

3 FRIEDRICHS (1977, S. 28) weist darauf hin, daß das, was in der Soziologie zunächst als „Human Ecology" etikettiert wurde, zwischenzeitlich – wenigstens im deutschen Sprachraum – bevorzugt mit „Sozialökologie" bezeichnet wird.

the social equilibrium are disturbed, the transition is made from one relatively stable order to another". In einer über sechzigjährigen Forschungstradition – mit Vorschlägen, Weiterentwicklungen, alternativen Angeboten, Synthesen (vgl. u.a. FRIEDRICHS 1977, S. 24ff.; HAMM 1977, 1979) – ging man Regelmäßigkeiten der räumlich-regionalen Verbreitung sozialer Phänomene sowie deren Verursachungen nach. Damit befand und befindet man sich in Übereinstimmung mit der Bioökologie: „Ökosysteme sind räumliche Wirkungsgefüge aus biotischen (incl. Mensch) und abiotischen Elementen mit der Fähigkeit zur Selbstregulierung" (MÜLLER 1977, S. 109). Das breite Spektrum interessierender Phänomene spannt von mit „The Gold Coast and the Slum" (ZORBAUGH 1929) zwangsläufig gekoppelten Disparitäten bis hin zu verschiedenen Erscheinungsformen sozialer Devianz. Zu den wiederholt beobachteten Verursachungen gehören Prozesse der Stadtentwicklung, in deren sukzessiven Stadien es zu Nutzungsverschiebungen von Stadtteilen derart kommen kann, daß zum Beispiel in einem Gebiet ein Verdrängen von Gastarbeiterfamilien stattfindet (HOFFMEYER-ZLOTNIK 1977) oder aber eine deutliche Konzentration alter Menschen – mit all ihren Folgen – auftritt (VASKOVICS 1979).

Innerhalb der *Psychologie* war es Kurt LEWIN, der als erster – 1944 – im Rahmen seiner feldtheoretischen Überlegungen von „Psychological Ecology" sprach (LEWIN 1963). Von ihm beeinflußt etablierte sich die erste kontinuierliche ökologisch-psychologische Arbeitsrichtung: das von 1947 bis 1972 an der *Midwest Psychology Field Station* in Oskaloosa/Kansas forschende Team um Roger BARKER. „,..., in 1940 I saw the towns as collections of people, each person a dynamic entity freely carrying out his plans within the environment the town provided, an environment that was beneficient with respect to some of his plans, deficient with respect to others, and resistant to still others, but an environment that, although frustrating and constraining to some extent, was a relatively stable, reliable ground for action. In 1977, I see the towns as assemblies of dynamic, homeostatic entities (drugstores, city council meetings, third-grade music classes, and so forth) where people are essential components (among other classes of components, such as drugs, a gavel, and music books). These are behavior settings, and within them people do not act in relation to a relatively fixed, dependable environment of benefits, deficiences, and constraints, because stores, meetings, classes, and all other behavior settings have plans for their human components and armories of alternative ways of enforcing their plans." So stellt BARKER (1978, S. 286) in einer retrospektiven Betrachtung seinen Wandel von einer „psychologischen" Sicht der Dinge zur Bevorzugung einer *Eco-Behavioral Science* dar. Aus dem kurzen Zitat geht bereits deutlich das (ebenfalls in der Bioökologie zentrale) Interesse an durch *interaktive* Prozesse hergestellten Gleichgewichtszuständen hervor sowie die Bedeutung, die über Einzelindividuen hinausgehenden Untersuchungseinheiten in ihrer „nicht-additiven" Dynamik beigemessen wird. Die Umsetzung solcher Grundideen (vgl. BARKER 1968) in konkrete Forschung geschah allerdings weniger einheitlich als es häufig das nur kurze Eingehen darauf glauben macht (z.B. MOOS 1974b, S. 10f.). Eine grundsätzliche Auseinandersetzung mit dem facettenreichen Ansatz und den Spielarten seiner empirischen Realisierung bedeutet einen erheblichen Aufwand (vgl. DEVEREUX 1977). Im deutschsprachigen Raum sind es nur wenige Autoren, die sich bislang dieser Mühe unterzogen haben (vor allem CAESAR 1975, 1979).

Für die *Erziehungswissenschaft* läßt sich eine ökologische Tradition – analog zu jener in der Psychologie, in der Soziologie, aber auch in anderen Sozialwissenschaften – nicht ausmachen. Dies gilt natürlich nur, wenn man den erkennbaren Bezug zum naturwissenschaftlichen Vorbild oder schlicht eine entsprechende Begrifflichkeit als Kriterium einführt. Minuziöse, von Pädagogen durchgeführte Lebensweltanalysen datieren selbstverständlich weit zurück (z.B. BUSEMANN 1932, RÜHLE 1920). In den siebziger Jahren gab es dann nicht nur eine Rezeption explizit ökologischer Ansätze in der Erziehungswissenschaft (SCHREINER 1973), sondern auch eigenständige Konzeptualisierungen (BAACKE 1979). FATKE (1977), der sich deutlich von Prinzipien der Bioökologie (Interdependenz, Austausch von Ressourcen, Adaptation, Sukzession) inspirieren läßt, kommt darüber zu einem „transaktional-ökologischen Ansatz", der – wenn im vorliegenden Stadium sicher auch noch nicht voll ausgegoren – sowohl theoretisch als auch im Rahmen weiterer empirischer Umsetzungen interessante Auseinandersetzungen verspricht.

3 „Ökologie" als Emanzipation und als Addition

Deutlich zu unterscheiden von kontinuierlichen Entwicklungen – „Schulen mit Tradition", mögen sie auch zu konkurrierenden Weiterentwicklungen geführt haben oder führen – sind Trends, deren Gemeinsamkeit nicht in einer konsenten, inhaltlichen oder methodologischen Stoßrichtung, vielmehr in *erkannten Defiziten und Leerstellen* besteht.

Das in den letzten Jahren vehement sich einstellende, *breite* umweltpsychologische/ökopsychologische Interesse sehen wir in seinen Anfängen als eine solche „Bewegung". Alles drei: Einsicht in disziplinintern einseitige Entwicklungen[4], von außen (sprich: von Praxisbereichen) an die Psychologie herangetragene, schwer einlösbare Erwartungen[5], zusammen mit dem im allgemeinen Bewußtsein sich zunehmend durchsetzenden Denken über unsere Welt als „vernetztes System" (Club of Rome 1972, VESTER 1978), führten u.E. zu dem, was uns derzeit als ökopsychologische Szene begegnet. Ihre erhebliche Buntheit erklärt sich damit, daß der Wunsch nach Emanzipation *von* etwas nicht schon gemeinsame Alternativen und/oder Zielerreichungsstrategien impliziert.

Eine 1975 gestartete Umfrage „Umweltpsychologische Forschung im deutschsprachigen Raum" (KRUSE 1975) demonstriert diese Buntheit. Das Spektrum der in diesem Zusammenhang einschlägigen Themenbereiche wurde mit folgenden Begriffen näher gekennzeichnet: „Umweltpsychologie (environmental psychology), ökologische Psychologie (bzw. psychologische Ökologie), Architekturpsychologie, Mensch-Umwelt-Beziehungen sowie psychologische Beiträge zur Umwelt- (Wohnungs-, Stadt- und Regional-)planung, zum Umweltschutz (Auswirkungen von Schadstoffen, Lärm usw., Umweltbewußtsein, Einstellungen zur Umwelt bzw. Umweltverschmutzung)" (S. 364). Die 66 Antworten wurden von der Initiatorin dann nach folgenden Gesichtspunkten gruppiert (in Klammer jeweils die Anzahl an zugeordneten Projektbeschreibungen): (i) Pädagogische Institutionen (Bildungswesen) (6); (ii) Klinische Institutionen (Gesundheitswesen) (2); (iii) Wohnen, Wohnungen, Wohnungsbau (17); (iv) Stadt, Stadtbild (7); (v) Verkehr (2); (vi) Freiraum, Freizeit (7); (vii) Lärm (4); (viii) ökologisch-soziale Prozesse und Strukturen (12); (ix) methodische Probleme (7); x) Varia (2). Der größte Teil der von uns als sozialisationstheoretisch relevant eingestuften Projekte macht jeweils die Hälfte der (i) und (viii) zugeordneten aus. Dies ist rund ein Fünftel der insgesamt 66 Beiträge, deren *genereller* Fokus sehr im Materiell-Sächlichen sowie Innen- und Außenarchitektonischen liegt: seiner Wahrnehmung, seiner Auswahl, seiner Nutzung, seiner (Mit-)Beeinflussung von „Lebensqualität", von Sozialverhalten etc. – häufig mit der Zielrichtung Planung und Veränderung.

Noch bunter addierten MOOS/INSEL (1974) die Palette von Umweltausschnitten, die sie als Psychologen interessieren. Die in den Sammelband aufgenommenen 44 Aufsätze, die das erste Mal in der Regel zwischen 1966 und 1972 publiziert wurden, gehen – neben einigen generelleren Erörterungen – auf folgende Aspekte näher ein: Mondphasen, Wetterbedingungen, Temperaturverhältnisse, Bevölkerungsdichte, verschiedene Konkretisierungen von „Stadt", durch Innenarchitektur vorgegebene Grundrisse, Auslegen mit Teppichen, Sitzarrangements, die relationale Kirchenmitgliedschaft, Schülerzahl pro Schule, Hochschulen, studentisches Wohnen, Organisationsformen (in der Industrie, für Schulen), Isolationssituationen, gemeindeorientierte psychiatrische Behandlungsprogramme, Familie, Peergroup u.a.m. Dabei wurden konsequent nur Beiträge aufgenommen, in denen der Umweltausschnitt (wenigstens auch) als „unabhängig", „verursachend" konzipiert ist; auch wenn man bald erkennen muß, daß manche Annahmen – insbesondere die Annahme einer „geradlinigen Wirkung" der sächlichen Umwelt – zu einfach ist (vgl. z.B. den Beitrag von CHEEK u.a.). In der Umfrage durch KRUSE (1975) tauchen hingegen auch Projekte auf, die Fragen wie der nach den *„Auswirkungen der Persönlichkeit auf* das Image von Siedlungsgebieten"[6] (S. 373) nachgehen.

Auch in der deutschsprachigen Soziologie läßt sich die „Ökologie" als „Emanzipationsvehikel" nachweisen. Unter dem Titel „Sozialökologische Einflußfaktoren familialer Sozialisation" werden demnächst Beiträge publiziert, die während einer Tagungsserie[7] Gegenstand der Diskussion waren. Doch ohne die Hilfe des Heraus-

4 GRAUMANN (1976) spricht davon, daß die bisherige Psychologie „so umweltlos oder zumindest umweltgleichgültig (war), daß ein Nachholbedarf besteht, der – wie üblich – in Form einer Bindestrich-Psychologie gedeckt werden soll" (S. 22).

5 BRONFENBRENNER gehört zu den Psychologen, die relativ früh solche Erwartungen und Fragen ernst genommen und mit Beharrlichkeit wiederholt haben; BRONFENBRENNER aus dem die Sozialisationsforschung angehenden Bereich (z.B. 1976, S. 201f.). Ebenso gibt es aber auch Fragen hinsichtlich Umweltschutz und Umweltbewußtsein an die Psychologen (vgl. KAMINSKI 1975). So konkrete Fragen wie jene nach dem „Zusammenhang von gebauter Umwelt und sozialem Verhalten im Wohn- und Wohnumweltbereich" können zum gegenwärtigen Zeitpunkt am befriedigsten sicher in interdisziplinärer Kooperation beantwortet werden (MÜHLICH u.a. 1978).

6 Hervorhebung durch uns.

7 Vgl. Anmerkung 1.

gebers (VASKOVICS 1980) würde es dem an der Thematik prinzipiell Interessierten vermutlich dennoch schwerfallen, das Gemeinsame in den angebotenen Titeln zu eruieren. Denn etwa mit soziologisch-ökologischer Tradition[8] hat es nur partiell zu tun. Vielmehr verweist die Tatsache, daß man neben der regionalen/lokalen Spezifität von Sozialisationsbedingungen die konkreten väterlichen Arbeitsplatzerfahrungen, die Auswirkungen öffentlicher Sozialleistungen, die mögliche Diskrepanz zwischen „objektiven" und wahrgenommenen Umweltbedingungen u.v.a.m. analysiert, eher darauf: daß man vor mehreren Jahren mit der gemeinsamen Absicht angetreten war, die Defizite einer simplifizierenden und reifizierenden „schichtspezifischen Sozialisationsforschung" zu *überwinden*.

Daneben bestehen Realisierungen und Pläne, die ausschließlich auf die „alte" (d.h. die räumlich-regionale Perspektive vorrangig im Blick habende) Sozialökologie in der Soziologie abheben: so, wenn WILKEN (1973) die Befunde einer epidemiologischen Untersuchung ankündigt mit „Hospitalisationsrisiko und Gemeindestruktur. Ergebnisse einer ökologischen Untersuchung der Einweisungen aus dem Gebiet Düsseldorf in das Landeskrankenhaus Düsseldorf-Grafenberg"; so, wenn BARGEL (1979) der Sektion „Bildung und Erziehung" in der Deutschen Gesellschaft für Soziologie einen ökologischen Schwerpunkt vorschlägt: „Ökologie von Bildungsinstitutionen". – Auch interdisziplinär ansetzenden Synthesebemühungen scheint das Label „Ökologie" für „the study of local variations" (DOGAN/ROKKAN 1969) angemessen.

4 „Ökologie" als Synthese

Bei aller Konzilianz gegenüber individuellen Bestimmungsversuchen, was in den Sozialwissenschaften – wenn überhaupt – sinnvollerweise „ökologisch" zu nennen sei, tut man gut daran, von Zeit zu Zeit einen Strich unter das Angebot zu ziehen und nach „roten Fäden" Ausschau zu halten. Eine Möglichkeit ist hier, quasi nach gemeinsamen Nennern *im* Vorliegenden zu suchen. Eine andere Möglichkeit besteht darin, auf *Konsequenzen* einzugehen, die sich aus dem durch die Zauberformel „Ökologie" Zusammengehaltenen und Motivierten ergeben; sei es, daß sie sich bereits eingestellt haben, sei es, daß man sie für erforderlich oder wünschenswert hält.

Für die deutschsprachige Umweltpsychologie/Ökopsychologie hat G. KAMINSKI die Rolle des nach in ihr auftretenden Gemeinsamkeiten Suchenden am entschiedensten übernommen. Er kümmert sich sowohl um in ihr sich insgesamt abzeichnende Trends (KAMINSKI 1976, 1978a) als auch um ihre Bezüge zu einzelnen psychologischen Teildisziplinen (KAMINSKI 1978b, 1978c, 1979). Darüber kommt er u.a. auf folgende „ökologisch-psychologische Perspektiven": „(a) ‚Naturalistische' Angehensweise, also theoretisch und methodisch bevorzugt an ‚natürlichen' Lebenssituationen und ‚alltagsgemäßem' Verhalten und Erleben ansetzend; (b) enge Verbindung von Forschung und Praxis; (c) Kooperation mit Nachbardisziplinen; (d) Einbeziehung von Wert- und Normproblemen; (e) interpretatives und praktisches Operieren in größerem systemarem Kontext als bislang in der Psychologie üblich; (f) integrierte Berücksichtigung verschiedener – materiell-räumlicher, sozialer, symbolischer – Umweltaspekte" (KAMINSKI 1979, S. 106f.).

In dem Aufsatz, aus dem eben zitiert wurde und der die Beziehung zwischen Ökopsychologie und Pädagogischer Psychologie zum Gegenstand hat, geht KAMINSKI im weiteren davon aus, daß der Pädagogischen Psychologie durch Ausweitungen ihres Gegenstandsbereichs ins Haus stehende Probleme quasi strukturgleich mit fundamentalen Schwierigkeiten sind, die sich innerhalb der Ökologischen Psychologie (oder besser: als Ökologische Psychologie) artikulieren: „Auch die zunächst an die Pädagogische Psychologie gerichtete Forderung, sich künftig noch mehr für die ‚Auswahl, Legitimation und Kritik an Erziehungszielen und erziehungsrelevanten Normen' zu interessieren, präventiv orientierte Tätigkeiten mit einzubeziehen und in verstärktem Maße ‚systemspezifische' Bedingungen zu beachten, bedeuten letztlich für irgendwelche konkrete Personen, daß sie einen erheblich weiteren Realitätsbereich im Auge behalten müßten, als bislang üblich war" (S. 115). „Sofern Anspruchsausweitungen der Pädagogischen Psychologie in weit übergreifende systemare Bedingungskontexte hineinreichen, wird fraglich, inwiefern dort noch mit einem theoretischen Grundschema gearbeitet werden kann, nach dem optimierungsrelevante Prognosen und Maßnahmen auf allgemeine Gesetzesaussagen gestützt werden" (S. 117). „Wer sich als Theoretiker der Ökologischen Psychologie versuchen will, steht im Prinzip vor den gleichen Problemen. Auch er hat es, wie gesagt, mit Handeln in sehr komplexen Situationen zu tun; auch er findet zahlreiche heterogene und bislang weitgehend unverbunden nebeneinan-

8 Nicht nur die relevante Tagungsserie wurde in erster Linie von Soziologen getragen, auch der Herausgeber des Sammelbands ist ein Soziologe.

derstehende theoretische Teilaspekte oder Partialtheorien vor, die ... Wechselbeziehungen zwischen Handelnden und irgendwelchen speziellen Umgebungen oder Umweltausschnitten betreffen. Auch er muß sich fragen, ob er das Insgesamt der Partialtheorien noch irgendwie organisieren kann und sollte" (S. 119). Interessanten Überlegungen und Vorschlägen dazu gehört der verbleibende Teil von KAMINSKIS Ausführungen.

Die zweite Strukturierungsmöglichkeit scheint noch voraussetzungsfreier anzusetzen: Sie nimmt den „Sammeltopfcharakter" der ökologischen Szene hin, den Abschnitt 3 als Eindruck hinterlassen kann. Sie unterstellt Forschung mit „ökologischem Anspruch" noch weniger intendierte konzeptionelle Gemeinsamkeiten[9]. Letztere mögen gerade bis zu dem reichen, was wir in der ersten Hälfte der siebziger Jahre als „stärker ‚umwelt'-bezogene Sozialisationsforschung" gefordert haben: „Es schwebt uns dabei ... eine ‚feingliedrige' Theoriebildung vor, die ‚Umwelt'-Bedingungen und das psychische System der durch sie Beeinflußten gleichermaßen detailliert dimensioniert" (WALTER 1975, S. XIII).
Das „Besondere" an den Bemühungen, die das Label „Ökologie" für sich in Anspruch nehmen, wäre dann vor allem auch: daß sie Forschungsschwerpunkte und Forschungsrichtungen in Berührung miteinander brachten und bringen, die bei einem Fehlen dieser Entwicklung in der Geborgenheit altetablierter Fachgrenzen vermutlich viel weniger oder kaum voneinander Notiz genommen hätten; daß als eine ihrer Konsequenzen eine relativ große Zahl von Auseinandersetzungen mit als identisch zu bezeichnenden Phänomenen vorliegt.
Das zwingt zum Vergleichen und Bilanzieren. In theoretischen Konzeptionen implizit Mitschwingendes verlangt nach seinem Explizitmachen; „Paradigmenwechsel", „handlungstheoretische Ausrichtung", „Menschenbild", „Übersetzungs"-Vorstellungen signalisieren heute solches „Implizite". Zudem hat die Kreativität sozialwissenschaftlicher Forscher im Verein mit neuen technischen Möglichkeiten[10] ein stattliches Arsenal von Verfahren zur Ermittlung von Umweltaspekten, Umweltwahrnehmung und -verarbeitung bereitgestellt; die damit notwendig gewordene methodologische Diskussion verläuft u. E. jedoch leider unnötig konfrontierend, mit Scheuklappen.

Auf den Paradigmenwechsel (im Sinne KUHNS, 1967) mehrfach im Detail eingegangen zu sein, der sich über die Ökopsychologie abzeichnet und sich in ihrem Rahmen vollzieht, ist ein Verdienst ECKENSBERGERS (1979, ECKENSBERGER/BURGARD 1977). Dabei wird eine „handlungstheoretische" Ausrichtung als Orientierung pointiert, in der einschlägige Forschung konvergiert[11]: eine Konzeptualisierung menschlicher Individuen als aktiv und reflexiv. Ein systematischer Vergleich mit psychologischer Forschung ebenfalls unterlegten „Menschenbildern" läßt eine Fülle anderer Annahmen über die „Natur des Menschen" erkennen (vgl. WALTER 1979, S. 26f.). Solche „anthropologischen Grundannahmen" bestimmen wiederum in hohem Maße, wie die „Übersetzung" von „Umwelt" in „Psychisches" konzipiert wird. – Eine kontinuierliche Diskussion der hier nur angetippten Punkte scheint uns dringend geboten.
Zur Methoden-Diskussion: Sie polarisiert sich häufig in den vermeintlichen Gegensätzen „quantitatives" vs. „qualitatives" Vorgehen (SCHÖN 1979). Insgesamt geht es zunächst nach wie vor um den Nachweis gegenseitiger Überlegenheit (unter dem Motto: was in einem Fall das Skalenniveau bringt, macht im anderen Fall die Offenheit und Ehrlichkeit der Befragten wett). Uns interessiert hingegen stärker die Frage, wie man mit Hilfe eines kombinierten Einsatzes von Untersuchungsverfahren zu einer „thick description" kommen kann, wie ein Anthropologe (GEERTZ 1973) das von uns Angezielte anschaulich nennt: eine Analyse des gleichen Phänomens „von verschiedensten Seiten her".
Diese „thick description" könnte in Zukunft auf zweifache Art und Weise noch einmal forciert werden: (1) Indem man die Bedenken gegenüber „verpatzten Stichproben" fallen ließe und mit verschiedenen oder aber identischen Fragestellungen *bei ein und derselben Untersuchungsgruppe/bei ein und denselben Untersuchungsgruppen* ansetzte. (2) Indem Forschungspro-

9 Noch 1974 kommt THOMAE in seiner Einleitung eines Sammelbandes zur „Ecology of Teen-Age Behavior" nur auf sehr allgemeine Gemeinsamkeiten entsprechender Ansätze: „(1) Ecology of adolescent behavior is related rather to the dynamics of person-environment relationships than to correlations between individual and environmental variables"; „(2) Ecology is an alternative to laboratory studies on adolescence, it means a variation of naturalistic observation"; „(3) Ecology is a symbol for a variety of efforts to describe and measure environmental variables in a way which is meaningful for a science of human behavior" (S. 3f.).

10 Damit meinen wir nicht nur die enorm verbesserten Möglichkeiten der elektronischen Datenverarbeitung, sondern vor allem Verfahren wie das der Videotechnik.

11 Wir haben allerdings den Eindruck, daß der Hinweis auf eine „handlungstheoretische" Ausrichtung eines Forschers bereits nicht mehr genügt, da das Label „Handlungstheorie" schon wieder für recht Verschiedenes in Beschlag genommen wird (vgl. etwa die klassische handlungstheoretische Konzeption PARSONS' vs. KAMINSKI 1978b vs. SCHREIBER 1977).

jekte – mit vergleichbaren oder aber recht heterogenen Zielen – ihre empirischen Befunde *in derselben räumlich-regionalen Einheit/denselben räumlich-regionalen Einheiten* ermittelten. – Wir würden erwarten, daß beides Aussagen über vermutete kausale Zusammenhänge in eine Nähe zueinander rückte, die einen beachtlichen Aufforderungscharakter in Richtung zu unternehmender Klärungsbemühungen widersprüchlich gesehener Sachverhalte hätte. Und wir würden darin eine Chance sehen, der in den Sozialwissenschaften immer wieder beklagten Tatsache gegenzusteuern, daß zwischen Hypothesen und ihren angeblichen empirischen Umsetzungen oft ein viel zu großer Abstand klafft; und daß sich – damit verbunden – Erklärungen und Deutungen vorliegender Befunde oft im Staub gewisser Beliebigkeit davonstehlen.

5 „Ökologie“ und Sozialisationsforschung

Die Auswertungsmöglichkeiten des im Zurückliegenden als ökologische Forschung Gekennzeichneten für Aufgaben der Sozialisationsforschung sind nicht nur auf Grund der gemachten Ausführungen unterschiedlich sicht- und greifbar geworden, sondern auch faktisch unterschiedlich realisierbar. Im folgenden kann dies nicht für das ganze Spektrum versuchter Zugänge durchgecheckt werden; höchstens für die bereits bekannten „Schulen“.
Vor allem aber soll auf ökologische Ansätze mit spezifisch sozialisationstheoretischer Intention aufmerksam gemacht werden. Es ist wahrscheinlich bezeichnend, daß sich für sie in der bisherigen Darstellung noch kein passender Platz gefunden hat. Für als ökologisch etikettierte Konzeptualisierungen in der deutschsprachigen Entwicklungspsychologie gilt jedenfalls, daß es erst zu Ende des letzten Jahrzehnts stärkere personelle und darüber argumentative Verknüpfungen zwischen ihnen und der übrigen ökopsychologischen Szene gab[12]; daß davor der „ökologische Trend“ jeweils seinen recht eigenen Weg in beiden nahm. So ist auch zu erklären, warum in der Vergangenheit wiederholt der Einbezug der „ökologischen Perspektive“ gefordert wurde, de facto aber jeweils anderes damit gemeint war: so von GROSSMANN (1978) für die Kleindkindforschung – er nimmt konkret auf BRONFENBRENNER (s. unten) Bezug; so von FATKE (1977) für die Analyse schulischer Adaptationsprozesse – er nennt in einem Atemzug PARK/BURGESS/MCKENZIE, LEWIN und die BARKER-Gruppe.
Was die soziologisch-ökologische Tradition angeht, so dauerte es nicht nur lange, bis man im deutschsprachigen Raum insgesamt von ihr Notiz nahm. Auch die Umsetzung ihres umfangreichen Bestands hypothesengenerierender Befunde sowie vor allem auch des akkumulierten methodischen Know How (Mehrebenenanalyse, Umgang mit sog. Sozialen Indikatoren etc.[13]) in unmittelbar sozialisationsrelevante Forschung wird erst in jüngster Zeit realisiert. Beispiele hierfür finden sich in einer Sammlung von Aufsätzen, die allesamt die „lokale“ Ungleichheit menschlicher Entwicklungsvoraussetzungen – in Abhebung von bzw. Ergänzung zu der bislang vorrangig betrachteten vertikalen Ungleichheit – zum Untersuchungsgegenstand machen (WALTER 1981). Positiv zu vermerken im Rahmen dieser sozialisationstheoretischen Fokussierung ist die Weitung des „Lokalitäts“-Spektrums über die Stadt hinaus: auch die Kleinstadt, auch „das“ Dorf (in seiner heute so unterschiedlichen Struktur, auch bei identischer Größe) finden Berücksichtigung. Allen voran ist hier der von Anfang an in sozialisationstheoretischer Absicht kreierte „Soziotopen“-Ansatz zu nennen (vgl. BARGEL u.a. 1977).
GUMP (1975), zu einer Literaturübersicht zum Thema „Ecological Psychology and Children“ aufgefordert, spricht von der „mélange of environment-and-behavior studies“ (S. 76); und weigert sich im folgenden, alles in seinen Bericht miteinzubeziehen, was sich selbst an „Ökologischem“ anbietet. Als einem Hauptvertreter des Kansas-Ansatzes fällt es ihm leicht, – aus seiner Sicht – Spreu vom Weizen zu trennen. Es kann auch nicht geleugnet werden, daß die von ihm mitgetragene Richtung – mit all ihren Restriktionen[14] – eine Fülle entwicklungstheoretisch bedeutsamer Aussagen beibringen konnte. Davon, daß dies auch das entscheidende Ziel der Arbeit an der Midwest Psychological Field Station war, wurde und wird oft gar nicht Notiz genommen: „The Midwest Psychological Field Station was established with the aim of studying the everyday behavior and psychological situa-

12 Das Symposium „Ökopsychologie und Entwicklung“, über das am Anfang dieses Beitrags berichtet wird, ist ein gutes Beispiel dieses intensivierten Austauschs.

13 Vgl. HUMMELL (1972) bzw. BARGEL/WUNBERG (1975) oder die von H.-J. HOFFMANN-NOWOTNY herausgegebene Reihe *Soziale Indikatoren.*

14 Vor allem wird der Kansas-Tradition immer wieder zum Vorwurf gemacht, das Problem der Wirklichkeitskonstruktion (s. unten) unter den Teppich zu kehren.

tions of the children of the town of Midwest" (BARKER u.a. 1978, S. 1).

Nicht an „Einheits-Reaktionen" auf „harte" Umweltgegebenheiten im Sinne eines naturwissenschaftlichen Ideals, sondern gerade an der Variationsbreite subjektiv wahrgenommener „sozialer Klimata" ist neben anderen R. H. MOOS interessiert. Er entwickelte – orientiert an drei konzeptionell einheitlich vorgegebenen Hauptdimensionen (relationship dimensions, personal development dimensions, system maintenance and system change dimensions) – neun *Social Climate Scales* (MOOS 1974a), die sich u.a. auf Familien, Schulklassen und Verhältnisse studentischen Wohnens beziehen. Der Ansatz ist zunächst „ungerichtet" (BARGEL/WUNBERG 1975); d.h. es ist bei der Entwicklung der Skalen – übrigens völlig analog zu jener von Persönlichkeitsskalen – noch gänzlich offen, zu welchen „abhängigen" oder „unabhängigen" Aspekten später korrelative Beziehungen hergestellt werden (MOOS 1979, SCHNEEWIND/ENGFER 1979).

Davon abheben lassen sich Untersuchungen, die dem unterschiedlichen Ausprägungsgrad („Entwicklungsstand") einer konkreten Variable (eines Variablensyndroms) in einer Gruppe von Gleichaltrigen nachgehen; und zu diesem Zwekke ein differenziertes Instrumentarium zur Ermittlung des entsprechenden Umweltausschnitts entwickeln – unter Rückgriff auf das vorhandene Arsenal einschlägiger theoretischer Konzeptualisierungen und empirischer Befunde („gerichtetes Vorgehen"). Am bekanntesten von den Untersuchungen dieses Stils wurden im angloamerikanischen Raum jene von MARJORIBANKS (in MARJORIBANKS 1974, Weiterentwicklungen in MARJORIBANKS 1979), im deutschsprachigen Raum jene von TRUDEWIND (1975, TRUDEWIND/HUSAREK 1979; siehe auch VATTER 1981).

Beide Vorgehensweisen – die ungerichtete wie die gerichtete – beinhalten Gefahren der Sicht-Verkürzung:

(1) Beide beziehen sich – wenigstens ganz vorrangig – auf den „Mikrobereich", d.h. konkret auf die familiale bzw. schulische Nahumwelt; messen dem weiteren Kontext wenig Bedeutung bei (vgl. die entsprechende Auseinandersetzung BRANDTSTÄDTERS (1976) mit MARJORIBANKS).

(2) Die gerichtete Vorgehensweise bildet schon auf Grund ihrer Anlage, die ungerichtete auf Grund der „Disparitäts-Optimierung" im Rahmen psychologischer Skalenkonstruktion, nur einen mehr oder weniger kleinen Ausschnitt z.B. der familialen Gesamtumwelt ab; d.h. Konkretisierungen, die (fast) alle Befragten einheitlich vornehmen, werden eliminiert, obwohl sie sehrwohl das abbilden können, was wesentlich „Familie" – allgemeiner: „die normale Umwelt" – ausmacht. (FURTH (1972, S. 37) spricht davon, daß PIAGET im Rahmen seiner allgemeinen Aussagen zur kognitiven Entwicklung „die Notwendigkeit einer normalen, biologisch angemessenen Umwelt" unterstellt. U.E. ist zur Zeit OERTER (1979) mit seinem „ökologischen Modell kognitiver Sozialisation", mit seinen auch empirisch umgesetzten Annahmen der Isomorphie „objektiver Strukturen" und „subjektiver Strukturen" auf einem geeigneten Weg, Aspekte dieser „normalen Umwelt" zu konkretisieren.)

(3) Vor allem bei gerichtetem Vorgehen ist eine gewisse Wahrscheinlichkeit gegeben, daß bei Versuchen einer technologischen Auswertung gewonnener Einsichten diese mit analog gewonnenen kollidieren; d.h. daß zwei im Grunde für wünschenswert gehaltene Ausprägungen von Personmerkmalen plötzlich nicht realisierbar scheinen. Es besteht hier die Gefahr, daß die „Inkompatibilität" als definitiv hingenommen wird, nur mehr an das Aushandeln von „Optimierungskompromissen" gedacht wird (z.B. ein bißchen mehr „Leistungsmotivation" um den Preis eines ein wenig schlechteren Sozialverhaltens?; vgl. GREENBERG 1932, HARTEN-FLITNER 1978, NELSON u.a. 1969). Und dies, obwohl es u.U. Alternativen zur Konzeption der untersuchten Personmerkmale bzw. Alternativen zur auf Grund einer bestimmten theoretischen Ausrichtung einseitigen Umweltkonzeption gäbe.

(4) Auf jeden Fall ausgeblendet sind alternative, wenigstens in unserer Kultur nicht verwirklichte Entwürfe möglicher Umweltkonstellationen. But „We shall obtain only a myopic view of human potentialities if we restrict ourselves solely to those ecological systems that happen to exist in a given culture at a particular moment in history" (BRONFENBRENNER/COCHRAN 1976, S. 61).

Das eben gebrachte Zitat stammt aus einem umfangreichen Projektplan, dessen Anliegen die konsequente empirische Umsetzung der „Ecology of Human Development" ist; der *Ecology of Human Development*, die BRONFENBRENNER in den letzten Jahren immer weiter elaborierte und die heute wahrscheinlich als der umfassendste sozialisationstheoretische Ansatz zu sehen ist. Die jüngste und bislang umfangreichste Version (BRONFENBRENNER 1979) faßt in vierzehn Definitionen, fünfzig Hypothesen und neun auf die Methodologie bezogene Feststellungen (propositions) die Essentials des Ansatzes zusammen.

„*Definition 1:* The ecology of human development involves the scientific study of the progressive, mutual accommodation between an active, growing human being and the changing properties of the immediate settings in which the developing person lives, as this process is affected by relations between these settings, and by the larger contexts in which the settings are embedded" (S. 21).

Die *Ecology of Human Development* überwindet einige der Restriktionen, denen andere ökologisch-entwicklungstheoretische Ansätze einseitig unterworfen sind.
Da wäre etwa gleich der behutsame Umgang mit den „Sozialisationseffekten" zu erwähnen. Man fragt sich: Wie molar oder spezifisch sollen sie sein? Welche sind wirklich – u.a. aufgrund der fokussierten „Sozialisationsbedingungen" – zu erwarten? Das ist eine Abkehr von der häufig geübten Praxis, einfach auf verfügbare Operationalisierungen zurückzugreifen.
Was die Umwelt-Seite angeht, so kündet die Kurzcharakteristik (Definition 1) die Erweiterung des „Mikrosystems" um das „Meso-", „Exo-" bzw. „Makrosystem" bereits an:

„*Definition 2:* A microsystem is a pattern of activities, roles, and interpersonal relations experienced by the developing person in a given setting with particular physical and material characteristics" (S. 22).

„*Definition 3:* A mesosystem comprises the interrelations among two or more settings in which the developing person actively participates (such as, for a child, the relations among home, school, and neighborhood peer group; for an adult, among family, work, and social life)" (S. 25).

„*Definition 4:* An exosystem refers to one or more settings that do not involve the developing person as an active participant, but in which events occur that affect, or are affected by, what happens in the setting containing the developing person" (S. 25).

„*Definition 5:* The macrosystem refers to consistencies, in the form and content of lower-order systems (micro-, meso-, and exo-) that exist, or could exist, at the level of the subculture or the culture as a whole, along with any belief systems or ideology underlying such consistencies" (S. 26).

Und gleich zu Anfang seiner Darstellung nimmt es BRONFENBRENNER mit dem Kernproblem auf, mit dem jeder Versuch zu ringen hat, der ein allgemein gültiges sozialökologisches Aussagensystem anzielt; somit auch jeder, der an dem Mensch-Umwelt-Bezug in entwicklungstheoretischer Sicht arbeitet: dem Faktum, daß menschliche Individuen ihre *Wirklichkeit konstruieren*; damit auch ihre Umwelt nichts ist, was interpersonell deckungsgleich wahrgenommen werden muß – wie dies etwa in der Biologie in den „angeborenen auslösenden Mechanismen" konzipiert ist. Die unterschiedliche „Sicht der Dinge" steht an. Im sogenannten THOMAS-Theorem heißt das folgenschwer: „If men define situations as real, they are real in their consequences" (THOMAS/THOMAS 1928, S. 572). Und ein Naturwissenschaftler, der sich auf den Disput mit Sozialwissenschaftlern eingelassen hat, äußert überrascht: „Aber was man nirgends hat, ist, daß ein System vorhanden ist, das sich eine Modellvorstellung vom System macht, wobei das Modell eigenständig wird und mitsteuert" (MÜLLER in ECKENSBERGER/BURGARD 1977, S. 56f.).
Bleibt da nur, die *individuelle* Wirklichkeitskonstruktion zu „verstehen"? Nein. Denn Wirklichkeitskonstruktion erfolgt in der Regel – bis auf Extremschicksale (vgl. HILDENBRAND 1978) – in Prozessen *interpersonellen* Aushandelns (STEINERT 1972) und – einmal ausgehandelt – über die soziale Tradierung des Ausgehandelten.
Es besteht also die Möglichkeit, Gruppen von Individuen zu identifizieren, die in ihrer Wirklichkeitskonstruktion hohe Übereinstimmung aufweisen; bzw. entsprechende Hypothesen zu formulieren. Und nach „harten" Verursachungen für diese Wirklichkeitskonstruktion zu suchen. Sozialwissenschaftler taten und tun dies permanent. Sie fanden sie in verfügbaren materiellen Ressourcen, konkreten Erfahrungen am Arbeitsplatz, Organisationsstrukturen (z.B. des Schulsystems), etc.[15] auf der Umwelt-Seite, in „allgemein menschlichen" Mustern der sozialen Interaktion, der Informationsverarbeitung (wie der Dissonanzreduktion oder dem „adaptation level"[16]) etc. auf der Person-Seite. Im Rahmen des Sozialisationsgeschehens scheint ein weiteres zentrales „objektives Datum" mit den verschiedenen kognitiven Niveaus der Heranwachsenden – wie vor allem von PIAGET beschrieben (vgl. FURTH 1972) – gegeben.
Solches Identifizieren wäre ein recht befriedigendes, zielführendes – fast naturwissenschaftliches – Geschäft,

15 Vgl. die ausführlichere Behandlung dieser Bedingungen u.a. in den entsprechenden Handbuch-Beiträgen von STEINKAMP, HEINZ und ULICH bzw. die vielen weiteren Bedingungen, die in den Abschnitten 1 und 3 dieses Beitrags aufgeführt werden.

16 Vgl. FESTINGER (1978), HELSON (1964).

- wenn nicht jedes „harte Umwelt-Faktum" noch mehrere Sichtweisen offen ließe. (Das Leben im Grenzbereich des Existenzminimums kann allemal als „menschenunwürdig" *oder* „gottgewollte Prüfung" interpretiert werden[17]. Der Schulneubau der sechziger Jahre in Glas-Stahl-Beton-Konstruktion wurde ebenso als unzweckmäßiger „Glaskasten" wie als lichtdurchflutetes Schülereldorado gehandelt.)
- wenn sich Wirklichkeitskonstruktionen nicht – einmal vollzogen, zudem in Gesetzen kodifiziert und reifiziert – für „alle Zeiten", das heißt u. U. über viele Generationen hinweg, mit erheblichen Konsequenzen perpetuierten. (In zurückliegenden Zeiten standen zunächst viele Möglichkeiten der Regelung der Erbfolge offen. Nachdem man sich jedoch für eine entschieden und sie festgeschrieben hatte, waren ihre Konsequenzen – vor allem auch für die Beziehung der Eltern- und Kindergeneration – von entscheidender Bedeutung; vgl. ILIEN/JEGGLE 1981. Ein ebenso eindrucksvolles Beispiel ist die jeweilige Konstruktion der „Kindheit" in verschiedenen historischen Epochen bzw. sozialen Straten der Gesellschaft; DEMAUSE 1977.)

BRONFENBRENNERS Ausführungen, die in der 79er-Monographie den Gedanken zur „definition of the situation" folgen, sind dann aber doch – quasi unter Ausblendung der genannten sozialwissenschaftlichen Erschwernisse – am Ideal allgemein gültiger Gesetzesaussagen orientiert. Und müssen es sein, will man den Anspruch nicht darauf zurückschrauben, jeweils rein empirisch Konstrukteure der gleichen Wirklichkeit auszumachen und dann deren biografische Stationen „verstehend" nachzuzeichnen; wobei *unterschiedliche biographische Varianten zum selben Phänotyp* führen können.

Als Beispiel für BRONFENBRENNERS Anliegen sei Hypothese 21 aufgeführt. Gleichzeitig sei mit Hypothese 23 demonstriert, wie rasch nicht so sehr als „Naturgesetz" vorstellbare Zusammenhänge, sondern zunächst als „Ergänzungen" eingeführte Möglichkeiten sozialer Wirklichkeitskonstruktion die wesentlichen Bedingungen einer Entwicklung im Kontext ausmachen[18].

„*Hypothesis 21:* The capacity of group settings for young children to enhance development of intellectual and educational competence depends on the extent to which caregivers and preschool personnel, in their interactions with children, engage in behaviors that stimulate, sustain, and encourage task-oriented activities on the part of the child. Examples of such adult behaviors include questioning, instructing, responding, praising, and comforting. The more often adults exhibit behaviors of this kind, the more the children become capable of task-oriented and cooperative activities (such as persisting in tasks, thinking, contributing ideas, giving opinions, and working together)" (S. 202).

„*Hypothesis 23:* Children who from an early age are cared for in group settings for most of the day are more likely to engage in egocentric, aggressive, and antisocial behavior both during the preschool years and through later childhood into adolescence. The observed effect is particularly marked for boys. It is mediated through the children's peer group and is most likely to occur in societies that encourage the expression of individualism, aggression, and independence in children's groups, especially by boys" (S. 203).

Die inzwischen auf vollen Touren laufende Empirie hat dann allerdings auf verschiedenen Ebenen die Möglichkeit eingebaut zu überprüfen, wieweit nicht doch ganz bestimmte Traditionen der Wirklichkeitskonstruktion in sozialen Gefügen nachzuweisen sind, auch wenn ein Zusammenhang mit „harten Fakten" nicht nachgewiesen werden kann: auf der Ebene des Vergleichs zwischen Kulturen bzw. Nationen (die Untersuchung ist als internationaler Vergleich angelegt[19]); auf der Ebene des Vergleichs verschiedener Städte[20]; auf der Ebene des Vergleichs verschiedener Stadtteile. Letztere nä-

17 Allerdings wird das „harte Person-Faktum" *adaptation level* dazu führen, daß das Akzeptieren der zweiten Version umso unwahrscheinlicher wird, je weniger Schicksalsgenossen es gibt (natürlich wiederum „gebrochen" durch Wirklichkeitskonstruktionen wie der der Kasten in Indien).

18 Ähnliches geschieht in den Hypothesen 27 und 28: Hypothese 27 ist „Naturwissenschaft" par excellence. Die in ihr genannten Bedingungen sind jedoch in keiner Weise hinreichend. Ihre Konkretisierung – in Richtung verschiedener Möglichkeiten der Wirklichkeitskonstruktion – erfolgt erst in Hypothese 28.

19 Nationale Projektgruppen bestehen in Schweden, der Bundesrepublik, Großbritannien, den USA, Israel. Die Nennung erfolgt in einer Rangreihe, für die im Rahmen des Projekts eine Zunahme formeller (z. B. institutionelle Angebote der Kinderbetreuung) und Abnahme informeller (z. B. Nachbarschaftshilfe) „Erleichterungen und Erschwernisse" familialer Sozialisation angenommen wird.

20 Die deutschsprachige Projektgruppe recherchiert in Konstanz und Mannheim.

hern sich in ihrer räumlichen Erstreckung dem, was einen „alltäglichen Lebensraum“ in seiner sozialen Dynamik zwischen sozialen Teilgruppen[21] und der darüber laufenden wechselseitigen Beeinflussung ausmacht.

Das Gesagte zusammenfassend, scheinen sich die Theorie und Empirie BRONFENBRENNERS und seiner Kollegen auf geeignetem Kurs zwischen „Skylla und Charybdis der Sozialwissenschaften“ zu bewegen, wie MITTELSTRASS (1978, S. 185) den von Sozialwissenschaftlern zu ertragenden Spannungszustand plastisch kennzeichnet. „Auf der einen Seite droht die Mythologie, auf der anderen Seite die Physik.“ „Sozialwissenschaftler haben es schwerer“, meint LUCKMANN (1980, S. 513f.) in solchem Zusammenhang – mit neidvollem Blick auf das „satte“ naturwissenschaftliche Selbstverständnis. „Leute, die versuchen, mit menschlichem, gesellschaftlichem, geschichtlichem Handeln theoretisch und systematisch umzugehen“ (...) „finden immer Anlaß zu Meinungsverschiedenheiten und Auseinandersetzungen untereinander. Die Selbstverständlichkeiten des einen sind nicht die Selbstverständlichkeiten des anderen. Der Streit geht um die Abgrenzung des Gegenstandsbereichs: gesellschaftliches Handeln als Natur, als Geschichte, als beides zugleich? Er geht um den Deutungsrahmen: Gesellschaft als System, als ein Sinn-Kosmos, als ein Zwitter? Er geht um die rechte Art des Erfassens: Erklären, Verstehen oder vielleicht verstehend erklären? Und er geht natürlich um die Methode: hypothetisch-deduktiv, hermeneutisch oder gar – ist so etwas denkbar? – eine Verbindung jener zwei?“

Wir lassen die Fragen LUCKMANNS an dieser Stelle unkommentiert. Sie wären stimulierender Ausgangspunkt für eine zweite Runde „ökologische Ansätze in der Sozialisationsforschung?“.

Literatur

BAACKE, D.: Der ökologische Ansatz. In: BAACKE, D.: Die 13- bis 18jährigen. München, Urban & Schwarzenberg ²1979.

BARGEL, T.: Vorschlag für eine Arbeitsgruppe der Sektion ‚Bildung und Erziehung‘. Universität Konstanz, Zentrum I Bildungsforschung 1979 (mimeogr.).

BARGEL, T./KUTHE, M./MUNDT, J. W.: Zur Bestimmung sozialisationsrelevanter Areale (Soziotope) – Modelle, Verfahren und Probleme. In: HOFFMANN-NOWOTNY, H. J. (Hrsg.): Politisches Klima und Planung. Frankfurt, Campus 1977, S. 119–154.

BARGEL, T./WUNBERG, M.: Was leistet die amtliche Statistik für die Sozialisationsforschung? Eine Diskussion der Möglichkeiten und Probleme. In: WALTER, H. (Hrsg.): Sozialisationsforschung, Bd. III. Stuttgart, Frommann-Holzboog 1975, S. 229–270.

BARKER, R. G.: Ecological psychology: Concepts and methods for studying the environment of human behavior. Stanford, Stanford University Press 1968.

BARKER, R. G. u.a.: Habitats, environments and human behavior. Studies in ecological psychology and eco-behavioral science from the Midwest Psychological Field Station, 1947–1972. San Francisco, Jossey-Bass 1978.

BELL, P. A./FISHER, J. D./LOOMIS, R. J.: Environmental psychology. Philadelphia, Saunders 1978.

BOESCH, E. E.: Kultur und Handlung. Bern, Huber 1980.

BRANDTSTÄDTER, J.: Soziale Schicht, Umwelt und Intelligenz: Eine Pfadanalyse der Korrelationsbefunde von Marjoribanks. In: Psychologische Beiträge 17 (1976), S. 35–53.

BRONFENBRENNER, U.: Ökologische Sozialisationsforschung. Stuttgart, Klett 1976.

BRONFENBRENNER, U.: The Ecology of human development. Cambridge/Mass., Harvard University Press 1979.

BRONFENBRENNER, U./COCHRAN, M.: The comparative ecology of human development: A research proposal. Ithaca/N.Y., Cornell University, Department of Human Development and Family Studies 1976 (mimeogr.).

BUSEMANN, A.: Handbuch der pädagogischen Milieukunde. Halle, Schroedel 1932.

CAESAR, B.: Ein neuer Ansatz zur Erforschung von Sozialisationsprozessen in vorschulischen Erziehungseinrichtungen: Der Beitrag der ökologischen Psychologie. In: BAUMGARTNER, A./GEULEN, D. (Hrsg.): Vorschulische Erziehung, Bd. 2. Weinheim, Beltz 1975, S. 283–321.

CAESAR, B.: Der Beitrag der Ökologischen Psychologie Barkers zur Erforschung von sozialisatorischen Umwelten: Eine methodologisch orientierte Betrachtung. In: WALTER, H./OERTER, R. (Hrsg.): Ökologie und Entwicklung. Donauwörth, Auer 1979, S. 146–156.

Club of Rome (MEADOW, D. u.a.): Die Grenzen des Wachstums. Stuttgart, DVA 1972.

DEMAUSE, L.: Über die Geschichte der Kindheit. Frankfurt, Suhrkamp 1977.

Deutsche Forschungsgemeinschaft: Schwerpunktprogramm Psychologische Ökologie. Bonn/Bad Godesberg, 1977 (mimeogr.).

DEVEREUX, E. C.: Psychological ecology. A critical analysis and appraisal. Ithaca/N.Y., Cornell University, Department of Human Development and Family Studies 1977 (mimeogr.).

DOGAN, M./ROKKAN, St. (Hrsg.): Quantitative ecological analysis in the social sciences. Cambridge/Mass., The M.I.T. Press 1969.

ECKENSBERGER, L. H.: Der Beitrag kulturvergleichender Forschung zur Fragestellung der Umweltpsychologie. In: KAMINSKI, G. (Hrsg.): Umweltpsychologie. Stuttgart, Klett 1976, S. 73–98.

ECKENSBERGER, L. H.: Die ökologische Perspektive in der Entwicklungspsychologie: Herausforderung oder Bedrohung? In: WALTER, H./OERTER, R. (Hrsg.): Ökologie und Entwicklung. Donauwörth, Auer 1979, S. 264–281.

ECKENSBERGER, L. H./BURGARD, P.: Ökosysteme in interdisziplinärer Sicht. Saarbrücken, Universität des Saar-

21 Generations-, Geschlechts-, Berufs-, Arbeitslosen-, ethnische, religiöse Gruppen.

landes, Arbeiten der Fachrichtung Psychologie Nr. 49, 1977.

ECKENSBERGER, L. H./KORNADT, H. J.: The mutual relevance of the cross-cultural and the ecological perspective in psychology. In: MCGURK, H. (Hrsg.): Ecological factors in human development. Amsterdam, North-Holland Publishing Company 1977, S. 219–227.

FATKE, R.: Schulumwelt und Schülerverhalten. Adaptationsprozesse in der Schule. München, Piper 1977.

FESTINGER, L.: Theorie der kognitiven Dissonanz. Bern, Huber 1978.

FRIEDRICHS, J.: Stadtanalyse. Soziale und räumliche Organisation der Gesellschaft. Reinbek, Rowohlt 1977.

FURTH, H. G.: Intelligenz und Erkennen. Die Grundlagen der genetischen Erkenntnistheorie Piagets. Frankfurt, Suhrkamp 1972.

GEERTZ, C.: The interpretation of cultures. New York, Basic Books 1973.

GRAUMANN, C. F.: Die ökologische Fragestellung – 50 Jahre nach Hellpachs ‚Psychologie der Umwelt'. In: KAMINSKI, G. (Hrsg.): Umweltpsychologie. Stuttgart, Klett 1976, S. 21–25.

GRAUMANN, C. F./MÉTRAUX, A.: Die Phänomenologische Orientierung in der Psychologie. In: SCHNEEWIND, K. A. (Hrsg.): Wissenschaftstheoretische Grundlagen der Psychologie. München, Reinhardt 1977, S. 27–53.

GREENBERG, P. J.: Competition in children: An experimental study. In: American Journal of Psychology 44 (1932), S. 221–249.

GREVERUS, I.-M.: Kulturökologische Aufgaben im Analyse- und Planungsbereich Gemeinde. In: GREVERUS, I.-M.: Auf der Suche nach Heimat. München, Beck 1979, S. 212–223.

GROSSMANN, K. E.: Emotionale und soziale Entwicklung im Kleinkindalter. In: RAUH, H. (Hrsg.): Jahrbuch für Entwicklungspsychologie 1/1979. Stuttgart, Klett-Cotta 1978, S. 25–82.

GUMP, P. V.: Ecological psychology and children. In: HETHERINGTON, E. M. (Hrsg.): Review of child development research. Chicago, The University of Chicago Press 1975, S. 75–126.

HAMM, B.: Die Organisation der städtischen Umwelt. Ein Beitrag zur sozialökologischen Theorie der Stadt. Frauenfeld, Huber 1977.

HAMM, B. (Hrsg.): Lebensraum Stadt. Beiträge zur Sozialökologie deutscher Städte. Frankfurt, Campus 1979.

HARTEN-FLITNER, E.: Leistungsmotivation und soziales Verhalten. Weinheim, Beltz 1978.

HELSON, H.: Adaptation-level theory. New York, Harper & Row 1964.

HILDENBRAND, B.: Familiale Organisation, alltagsweltliche Orientierung und psychische Krankheit. Universität Konstanz, unveröff. Dissertation 1978.

HOFFMEYER-ZLOTNIK, J.: Gastarbeiter im Sanierungsgebiet. Hamburg, Christians 1977.

HUMMELL, J.: Probleme der Mehrebenenanalyse. Stuttgart, Teubner 1972.

ILIEN, A./JEGGLE, U.: Die Gegenwart der Vergangenheit. In: WALTER, H. (Hrsg.): Region und Sozialisation, Bd. 2. Stuttgart, Frommann-Holzboog 1981, S. 1–60.

KAMINSKI, G.: Bericht über das Kolloquium ‚Psychologische Aspekte der Umweltforschung' am 14./15. Februar 1975 in Bad Godesberg. In: Psychologische Rundschau 26 (1975), S. 243–244.

KAMINSKI, G. (Hrsg.): Umweltpsychologie (s. besonders ‚Einführung und Vorschau', S. 10–19, und ‚Nachlese und Ausblick', S. 237–263, des Herausgebers). Stuttgart, Klett 1976.

KAMINSKI, G.: Environmental psychology. In: The German Journal of Psychology 2 (1978a), S. 225–239.

KAMINSKI, G.: Behavior and environment: Ökologische Fragestellungen in der Allgemeinen Psychologie. In: GRAUMANN, C. F. (Hrsg.): Ökologische Perspektiven in der Psychologie. Bern, Huber 1978b, S. 83–97.

KAMINSKI, G.: Ökopsychologie und Klinische Psychologie. In: BAUMANN, U./BERBALK, H./SEIDENSTÜCKER, G. (Hrsg.): Klinische Psychologie. Trends in Forschung und Praxis. Bern, Huber 1978c, S. 32–73.

KAMINSKI, G.: Ökologische Perspektiven in pädagogisch-psychologischer Theoriebildung und deren Konsequenzen. In: BRANDTSTÄDTER, J./REINERT, G./SCHNEEWIND, K. A. (Hrsg.): Pädagogische Psychologie: Probleme und Perspektiven. Stuttgart, Klett-Cotta 1979, S. 105–129.

KRUSE, L.: Umfrage: Umweltpsychologische Forschung im deutschsprachigen Raum. In: Zeitschrift für Sozialpsychologie (1975), S. 364–382.

KUHN, Th.: Die Struktur wissenschaftlicher Revolutionen. Frankfurt, Suhrkamp 1967.

LEWIN, K.: Feldtheorie in den Sozialwissenschaften. Bern, Huber 1963.

LUCKMANN, T.: Zum hermeneutischen Problem der Handlungswissenschaften. In: JAUSS, H.-R./FUHRMANN, M. (Hrsg.): Theologie, Jurisprudenz und Literaturwissenschaft im hermeneutischen Gespräch. München, Fink 1980, S. 513–523.

MARJORIBANKS, K. (Hrsg.): Environments for learning. Windsor/Berks., NFER Publishing Company 1974.

MARJORIBANKS, K.: Families and their learning environments. London, Routledge & Kegan Paul 1979.

MÉTRAUX, A./GRAUMANN, C. F. (Hrsg.): Versuche über Erfahrung. Bern, Huber 1975.

MITTELSTRASS, J.: Sozialwissenschaften im System der Wissenschaft. In: TIMMERMANN, M. (Hrsg.): Sozialwissenschaften. Konstanz, Universitätsverlag 1978, S. 173–188.

MOOS, R. H.: The social climate scales: An overview. Palo Alto, Consulting Psychologists Press 1974a.

MOOS, R. H.: Systems for the assessment and classification of human environments: An overview. In: MOOS, R. H./INSEL, P. M. (Hrsg.): Issues in social ecology: Human milieus. Palo Alto, National Press Books 1974b, S. 5–28.

MOOS, R. H.: Evaluating educational environments. San Francisco, Jossey-Bass 1979.

MOOS, R. H./INSEL, P. M. (Hrsg.): Issues in social ecology: Human milieus. Palo Alto, National Press Books 1974.

MÜHLICH, E./ZINN, H./KRÖNING, W./MÜHLICH-KLINGER, I.: Zusammenhang von gebauter Umwelt und sozialem Verhalten im Wohn- und Wohnumweltbereich. Bonn-Bad Godesberg, Schriftenreihe ‚Städtebauliche Forschung' des Bundesministers für Raumordnung, Bauwesen und Städtebau 1978.

MÜLLER, P.: Tiergeographie. Stuttgart, Teubner 1977.

NELSON, J. D./GELFAND, D. M./HARTMANN, D. P.: Children's aggression following competition and exposure to an aggressive model. In: Child Development 40 (1969), S. 1085–1097.

OERTER, R.: Ein ökologisches Modell kognitiver Sozialisation. In: WALTER, H./OERTER, R. (Hrsg.): Ökologie und Entwicklung. Donauwörth, Auer 1979, S. 57–70.

PARK, R. E./BURGESS, E. W./MCKENZIE, R. D.: The city. Chicago, The University of Chicago Press 1925.

PARK, R. E.: Human ecology. In: American Journal of Sociology 42 (1936), S. 1–15.

RÜHLE, O.: Kind und Umwelt. Eine sozialpädagogische Studie. Berlin, Verlag Gesellschaft und Erziehung 1920.

SCHNEEWIND, K. A./ENGFER, A.: Ökologische Perspektiven der familiären Sozialisation – Konzeption, Methode und Befunde eines Forschungsprojekts zur Analyse von Eltern-Kind-Beziehungen unter besonderer Berücksichtigung sozioökologischer Merkmale. In: WALTER, H./OERTER, R. (Hrsg.): Ökologie und Entwicklung. Donauwörth, Auer 1979, S. 247–261.

SCHÖN, B.: Quantitative und qualitative Verfahren in der Schulforschung. In: SCHÖN, B./HURRELMANN, K. (Hrsg.): Schulalltag und Empirie. Weinheim, Beltz 1979, S. 17–29.

SCHÖNPFLUG, W.: Über die Abbildung der Umwelt in einer psychologischen Theorie: einige Diskussionsbemerkungen. In: TACK, W. H. (Hrsg.): Bericht über den 30. Kongreß der Deutschen Gesellschaft für Psychologie in Mannheim 1978, Bd. 1. Göttingen, Hogrefe 1979, S. 488–489.

SCHREIBER, W.: Interaktionismus und Handlungstheorie. Studien zu einem wissenschaftstheoretischen Paradigma und seiner erziehungswissenschaftlichen Relevanz. Weinheim, Beltz 1977.

SCHREINER, G.: Schule als sozialer Erfahrungsraum. Überlegungen und Untersuchungen zum Phänomen des Schulklimas. Frankfurt, Fischer Athenäum 1973.

SELLS, S.: Dimensions of stimulus situations which account for behavior variance. In: SELLS, S. (Hrsg.): Stimulus determinants of behavior. New York, Ronald Press 1963, S. 3–15.

SPROUT, H./SPROUT, M.: Mensch – Umwelt. München, Goldmann 1971.

STEINERT, H.: Die Strategien sozialen Handelns. Zur Soziologie der Persönlichkeit und der Sozialisation. München, Juventa 1972.

THOMAE, H.: Introduction. In: THOMAE, H./ENDO, T. (Hrsg.): The adolescent and his environment: Contributions to an ecology of teen-age behavior. Basel, Karger 1974, S. 1–11.

THOMAS, W. I./THOMAS, D. S.: The child in America. New York, Knopf 1928.

TRUDEWIND, C.: Häusliche Umwelt und Motiventwicklung. Göttingen, Hogrefe 1975.

TRUDEWIND, C.: Probleme einer ökologischen Orientierung in der Entwicklungspsychologie. In: GRAUMANN, C. F. (Hrsg.): Ökologische Perspektiven in der Psychologie. Bern, Huber 1978, S. 33–48.

TRUDEWIND, C./HUSAREK, B.: Mutter-Kind-Interaktion bei der Hausaufgabenanfertigung und die Leistungsmotiventwicklung im Grundschulalter – Analyse einer ökologischen Schlüsselsituation. In: WALTER, H./OERTER, R. (Hrsg.): Ökologie und Entwicklung. Donauwörth, Auer 1979, S. 229–246.

VASKOVICS, L. A.: Residentiale Segregation alter Menschen und ihre sozialen Folgen. In: HAMM, B. (Hrsg.): Lebensraum Stadt. Frankfurt, Campus 1979, S. 35–47.

VASKOVICS, L. A. (Hrsg.): Sozialökologische Einflußfaktoren familialer Sozialisation. Stuttgart, Enke 1980 (im Druck).

VATTER, M.: Intelligenz und regionale Herkunft. eine Längsschnittstudie im Kanton Bern. In: WALTER, H. (Hrsg.): Region und Sozialisation. Beiträge zur sozialökologischen Präzisierung menschlicher Entwicklungsvoraussetzungen, Bd. 1. Stuttgart, Frommann-Holzboog 1981, S. 56–90.

VESTER, F.: Unsere Welt – ein vernetztes System. Stuttgart, Klett-Cotta 1978.

WALTER, H. (Hrsg.): Sozialökologie – neue Wege in der Sozialisationsforschung. Stuttgart, Frommann-Holzboog 1975.

WALTER, H. (Org.): Ökologische Perspektiven in der Entwicklungspsychologie. In: TACK, W. H. (Hrsg.): Bericht über den 30. Kongreß der Deutschen Gesellschaft für Psychologie in Regensburg 1976, Bd. 2. Göttingen, Hogrefe 1977, S. 203–226.

WALTER, H.: Ökologie und Entwicklung. Zur Standortbestimmung des Konstanzer Symposions. In: WALTER, H./OERTER, R. (Hrsg.): Ökologie und Entwicklung. Donauwörth, Auer 1979, S. 10–32.

WALTER, H. (Hrsg.): Region und Sozialisation. Beiträge zur sozialökologischen Präzisierung menschlicher Entwicklungsvoraussetzungen. Stuttgart, Frommann-Holzboog 1981.

WALTER, H./OERTER, R. (Hrsg.): Ökologie und Entwicklung. Menschen-Umwelt-Modelle in entwicklungspsychologischer Sicht. Donauwörth, Auer 1979.

WERBIK, H.: Handlungstheorien. Stuttgart, Kohlhammer 1978.

WILKEN, M.: Hospitalisationsrisiko und Gemeindestruktur. In: Kölner Zeitschrift für Soziologie und Sozialpsychologie 25 (1973), S. 319–335.

ZORBAUGH, H. W.: The gold coast and the slum. Chicago, The University of Chicago Press 1929.

Lebenslauftheoretische Ansätze in der Sozialisationsforschung

Martin Kohli

1 Fragestellung und Forschungsstand

Die moderne Sozialisationsforschung hat sich seit ihrer Entstehung zu Beginn dieses Jahrhunderts vorwiegend mit den frühen Lebensphasen – Kindheit und Jugend – beschäftigt. Sie hat sich dabei an eine gesellschaftliche Realität angeschlossen, in der eine entsprechende Aufteilung des Lebenslaufs institutionell verankert ist: vom Kind (und Jugendlichen) wird noch kein Beitrag zur gesellschaftlichen Produktion erwartet, die frühen Lebensphasen gelten als Vorbereitungszeit, in denen die Gesellschaftsmitglieder soweit gebracht werden, daß sie sich dann während des (aktiven) Erwachsenenlebens voll an den gesellschaftlichen Handlungszusammenhängen beteiligen können; nach dem Ende dieser Beteiligung werden sie aus der „Gesellschaft" als dem Verbund der aktiven Produzenten entlassen. Die Funktionalität dieser strengen Sequenz von drei Phasen im Lebenslauf – Vorbereitung, Aktivität und „Ruhestand" – ist durch die dominanten theoretischen Grundansätze (vor allem die Psychoanalyse) mit ihrer Betonung der höheren Plastizität in den frühen Lebensjahren untermauert worden.

An dieser Konzentration sind zwei Aspekte problematisch: Erstens wird auch dann, wenn nur Kindheit und Jugend als Sozialisationskontexte behandelt werden, ein Modell des gesamten Lebenslaufs, d.h. des Verhältnisses *aller* Lebensphasen impliziert; eine systematische Untersuchung dieser Implikation ist bisher vernachlässigt worden. Zweitens versperrt sie eine Thematisierung von Sozialisationsprozessen im Erwachsenenalter. Beide Aspekte verweisen auf eine Theorie des Lebenslaufs.

Die Sozialisationsforschung hat es damit zu tun, wie die individuellen Voraussetzungen gesellschaftlichen Handelns zustande kommen; im Kind interessiert sie nicht primär das Kind selbst, sondern der zukünftige Erwachsene. Zwar wird das Kind auch auf seine Rolle als Kind hin sozialisiert, und das geschieht manchmal derart effektiv, daß das Kind ein gutes Kind, aber später kein guter Erwachsener wird; das ist jedoch unter dem Gesichtspunkt des eigentlichen Sozialisationsziels unerwünscht[1]. Zur Sozialisationstheorie müßte daher mindestens eine Konzeption davon gehören, wie sich frühe Sozialisation in späteres Handeln als Erwachsener umsetzt.

Zunehmend macht sich aber auch ein Wandel in der Einschätzung der Lebensphasen bemerkbar; die Bedeutung von Sozialisation nach der gesellschaftlich institutionalisierten Vorbereitungsphase wird erkannt. Damit einher geht

1 In klassischer Weise ist diese Problematik von BENEDICT (1978, Orig. 1938) formuliert worden. Sie gilt auch für spätere Vorbereitungsphasen, etwa für das Verhältnis von Studium und Beruf. Darauf haben vor allem die Untersuchungen der studentischen Lebenswelt im Rahmen des Symbolischen Interaktionismus aufmerksam gemacht, z.B. diejenige von BECKER et al. (1961) über die Sozialisation von Medizinstudenten. Zur Situation des Studienanfängers schreiben sie:
„The young man finds out quite soon that he must first learn to be a medical student; how he will act in the future, when he is a doctor, is not his immediate problem" (1961, S. 5).

eine geschärfte Aufmerksamkeit für historische Veränderungen und ihre Auswirkungen auch auf Erwachsene. Die Frage nach den Möglichkeiten von Erwachsenensozialisation hat auch eine klare politisch-praktische Zielrichtung. Es erweist sich als problematisch, die sozialisatorisch relevanten Interventionen ausschließlich auf die frühen Lebensphasen zu konzentrieren. Der soziale Wandel und die dadurch erzwungene berufliche Mobilität schaffen ebenso einen Sozialisationsbedarf wie das tiefere formale Qualifikationsniveau der älteren Kohorten, das ihre Position auf dem Arbeitsmarkt besonders anfällig macht. Sogar wenn es um die Sozialisation der Kinder geht, z.B. unter dem Gesichtspunkt kompensatorischer Erziehung, ist die Notwendigkeit deutlich geworden, auch die Eltern einzubeziehen (vgl. Abschnitt 5).

In diesem Artikel sollen beide Aspekte miteinander verbunden werden. Der Rahmen einer Theorie des Lebenslaufs ermöglicht dabei – gegenüber einer isolierten Thematisierung einzelner Lebensphasen – eine komparative Sicht. Die Probleme der gesellschaftlichen Altersstruktur als ganzer und der Beziehungen zwischen den Altersgruppen bzw. Kohorten können hier nur gestreift werden. Im Zentrum steht der Vergleich zwischen den Lebensphasen, zum einen unter dem Gesichtspunkt der Veränderung der äußeren Lebensverhältnisse (Abschnitt 3) – mit Einbezug der Auswirkungen historischer Veränderungen (Abschnitt 4) –, zum anderen unter demjenigen des Aufbaus und der Veränderung der Person (Abschnitt 5). Letzteres verlangt die Berücksichtigung der entwicklungspsychologischen Konzeptualisierung des Lebenslaufs, was allerdings nur skizzenhaft erfolgen kann; das Schwergewicht liegt auf den soziologischen Ansätzen.

Vor diesen Ausführungen ist ein knapper Überblick über den Forschungsstand angezeigt. Die Lebenslaufimplikationen von Sozialisation sind zunächst in den Überlegungen zur Erwachsenensozialisation untersucht worden. Sie verbinden sich vor allem mit dem Namen von Brim (1974, Orig. 1966; 1968), dessen Arbeiten auch der Ausgangspunkt für die deutsche Diskussion sind (vgl. Griese 1976, Hartmann 1974). Eine Erweiterung und zugleich einen gewissen Abschluß hat diese rollentheoretische Konzeptualisierung im Rahmen der „Theorie der Altersschichtung“ von Riley et al. (1972) gefunden. Daneben sind einzelne Beiträge aus symbolisch-interaktionistischer Perspektive gemacht worden (z.B. Strauss 1968, Orig. 1959; Becker 1964). Einen Problemaufriß enthält mein Beitrag zum 17. Deutschen Soziologentag (Kohli 1976), einige Hinweise der gleich betitelte Sammelband von Hurrelmann (1976). Wurzbacher (1977) diskutiert lebenslange Sozialisation vor allem innerhalb der Familie.

Auch in der Entwicklungspsychologie gibt es seit einiger Zeit eine starke Tendenz zur Ausweitung auf den ganzen Lebenslauf. Programmatisch ist sie bereits von Thomae (1959) in dem von ihm herausgegebenen Band „Entwicklungspsychologie“ des Handbuchs der Psychologie umrissen worden. In den USA ist diese Perspektive vor allem an den West-Virginia-Konferenzen zur „Life-span developmental psychology“ – die in bisher vier Sammelbänden dokumentiert sind (vgl. die deutschsprachige Auswahl von Baltes/Eckensberger 1979) – erarbeitet worden. Inzwischen erscheint ein Jahrbuch, das im 2. Band (Baltes/Brim 1979) vorliegt. Einen aktuellen Überblick über die deutsche Diskussion vermittelt Oerter (1978).

Mit dem erwähnten Werk von Riley et al. (1972) ist die Sozialisationsproblematik in den Zusammenhang einer umfassenden Konzeption des Lebenslaufs gerückt worden. Hinsichtlich der Ansätze zu einer Theorie des Lebenslaufs und der Forschungsbereiche, die sich in ihr zur Konvergenz bringen lassen, sei hier pauschal auf zwei neue Sammelbände (Kohli 1978a, Rosenmayr 1978) verwiesen. Daß wichtige Impulse dafür immer noch aus der Beschäftigung mit einzelnen Altersgruppen entspringen können, machen Rosenmayr/Rosenmayr (1978) am Beispiel des höheren Alters deutlich. Die Verbindung von Lebenslauf und historischem Wandel wird im Übersichtsreferat von Elder (1975) behandelt.

Es ist offensichtlich, daß die theoretischen Ansätze zur Sozialisation im Lebenslauf einiges zu wünschen übrig lassen. Die Arbeiten von Brim, Riley et al. stehen noch im Zeichen einer ungebrochenen Dominanz des Rollenmodells strukturfunktionalistischer Prägung. Die Kritik daran hat noch nicht zu ausgearbeiteten Ergänzungen und Alternativen geführt. Dagegen haben sich Theorie und empirische Forschung hinsichtlich der einzelnen Lebensbereiche von Erwachsenen stark ausgeweitet. Das gilt besonders für die Fragen von Sozialisation durch Arbeit, die nicht zuletzt unter dem Einfluß materialistischer Ansätze ins Zentrum der Aufmerksamkeit gerückt sind. Auch die Sozialisa-

tion in der Familie interessiert nicht mehr nur im Hinblick auf die Kinder. Ähnliches läßt sich bezüglich der Massenmedien sagen.
Diese „Sozialisationsinstanzen" werden in anderen Artikeln dieses Handbuches diskutiert. Im vorliegenden Artikel gehe ich hauptsächlich auf die theoretischen Grundfragen ein und führe empirische Literatur aus den verschiedenen Lebensbereichen nur exemplarisch an. Allerdings verbleiben in der Systematik einige Lükken, die ich zumindest nennen will. Nicht behandelt werden z.B. Sozialisationsprozesse im Zusammenhang mit sozialen Bewegungen (z.B. Frauenbewegung oder Bürgerinitiativen), mit religiösen Sekten oder mit geographischer und interkultureller Migration. Nicht behandelt werden das Verhältnis der einzelnen Lebensbereiche (z.B. wie berufliche und familiäre Laufbahn miteinander integriert werden) und die Frage nach der gesamthaften Lebenslage in den einzelnen Altersphasen (z.B. unter dem Gesichtspunkt, ob es besonders krisenhafte Lebensphasen gibt oder welche besonderen Sozialisationsprobleme sich etwa im höheren Alter stellen)[2].

2 Die bisherige Konzeptualisierung des Lebenslaufs in der Sozialisationstheorie

Das Sozialisationskonzept ist ursprünglich entwickelt worden, um deutlich zu machen, daß die volle Teilnahme am gesellschaftlichen Leben als Erwachsener keineswegs voraussetzungslos ist, sondern einer umfassenden Vorbereitung bedarf, und daß diese Vorbereitung keineswegs „natürlich" erfolgt (als Heranwachsen und „Reifen"), sondern ein sozialer Prozeß ist; er muß gewährleisten, daß die Erwachsenen sich in die soziale Arbeitsteilung einordnen können und wollen. Dieser systematische Ausgangspunkt hat für eine Betrachtung von Sozialisationsprozessen in späteren Lebensphasen, nach abgeschlossener Vorbereitung auf das Erwachsenenleben, konzeptuelle Schwierigkeiten aufgeworfen. Um sie zu lösen, wird der „eigentliche" Sozialisationsprozeß am Anfang des Lebens mit späterer Sozialisation mittels Begriffspaaren wie „primäre" und „sekundäre" Sozialisation oder „Sozialisation" und „Resozialisation" kontrastiert. Wird auch das höhere Alter einbezogen, läßt sich der früheren „Sozialisation" die spätere „Desozialisation", dem „Aufbau" der Person ihr „Abbau" gegenüberstellen. Es läßt sich leicht zeigen, daß damit die Schwierigkeiten nur verlagert werden (KOHLI 1976, S. 313ff.). Denn diese Unterscheidungen implizieren eine Konzeption der „fertigen" Person, die auf den gesellschaftlichen Definitionen des „normalen Erwachsenen" beruht. Diese werden aber nicht als gesellschaftliche thematisiert und erscheinen damit als natürliche. Das ist irreführend. Gewiß hat die Aufteilung des Lebenslaufs in Vorbereitungs- und volle Handlungsphase eine natürliche Basis. Das menschliche Neugeborene ist noch nicht zur eigenen Reproduktion imstande, sondern auf die physische und psychische Zuwendung seiner Umwelt angewiesen[3]. Aber die Naturbedingungen setzen einen Rahmen, innerhalb dessen zwischen Gesellschaften eine hohe Variabilität möglich und empirisch vorfindbar ist.
Das zeigt sich schon an der chronologischen Fixierung des Übergangs zum vollen Erwachsenenstatus (die sich in den modernen Gesellschaften erheblich von dem, was als Naturbasis dafür angesehen werden kann, nämlich der Zeugungsfähigkeit, gelöst hat, womit sich die soziale Vorbereitungsphase „verlängert"); mehr noch an der inhaltlichen Ausgestaltung von Vorbereitungs- und Handlungsphase, etwa unter dem Gesichtspunkt von Kontinuität und Diskontinuität (vgl. BENEDICT 1978, Orig. 1938).
Die funktionale Notwendigkeit früher Sozialisation steht außer Zweifel. Bei Erwachsenensozialisation ist das dagegen weniger selbstverständlich. BRIM (1974, S. 18ff.) hat deshalb an den Beginn seiner Ausführungen über Erwachsenensozialisation den Versuch gestellt, auch ihre funktionale Notwendigkeit zu begründen. Er weist dazu einerseits auf die Abfolge von unterschiedlichen Positionen im Lebenslauf und die damit gegebenen Veränderungen der gesellschaftlichen Erwartungen an das Individuum hin, andererseits auf den sozialen Wandel. In

2 Auf einige dieser Punkte gehe ich in einem ergänzenden Artikel über Erwachsenensozialisation (KOHLI 1980) ein.

3 Im Gattungsvergleich erweist sich dieses Angewiesensein beim Menschen als besonders ausgeprägt. Die Anthropologie deutet das als Voraussetzung für die Offenheit für Sozialisation, und damit für gesellschaftliches Handeln, das nicht schon durch natürliche Instinkte determiniert ist. Das natürliche Angewiesensein auf Sozialisation ist also die natürliche Voraussetzung für die Emanzipation der Gattung und des Individuums von einer absoluten Naturbindung.

den beiden nächsten Abschnitten werde ich näher auf diese beiden Quellen von Veränderungen im Leben eingehen.
Soweit der Lebenslauf vorhersehbar ist, könnte man annehmen, daß Sozialisation in den frühen Lebensphasen genügt, wenn sie antizipatorisch auf die zukünftigen Rollenerwartungen ausgerichtet ist. Antizipatorische Sozialisation hat gegenüber solcher, die während des Spielens der Rolle selber (z.B. „on the job") stattfindet, manche Vorteile: Sie ermöglicht Entlastung von den Zwängen voller Rollenperformanz und damit Schaffung von optimalen Lernbedingungen[4]. Allerdings bleiben immer Differenzen zur „Ernstsituation" bestehen. Einige solcher Differenzen sind im Lebenslauf universell gegeben, wie schon BENEDICT (1938) gezeigt hat, insbesondere diejenigen zwischen Kinder- und Elternrolle; Sozialisation nach Abschluß der Kindheit ist deshalb auch in einfachen Gesellschaften erforderlich. In komplexen Gesellschaften kommen soziale Mobilität und sozialer Wandel hinzu. Hier werden die Grenzen antizipatorischer Sozialisation deutlich: Sie ist immer eine „Wette auf die Zukunft" (RILEY et al. 1972, S. 539) und kann nur soweit erfolgreich sein, als die (persönliche und gesellschaftliche) Zukunft richtig antizipiert wurde.
Als eine funktionale Lösung für das Problem der Unvorhersehbarkeit der Zukunft nennt BRIM eine Erziehung zur Flexibilität. Das ist auch die Lösung, die in manchen bildungspolitischen Reformprogrammen der letzten Jahre gefordert wird, um die Diskrepanz zwischen Bildungs- und Beschäftigungssystem angesichts der prinzipiell nur begrenzt vorhersehbaren Entwicklung des letzteren zu bewältigen. Flexibilität hat allerdings ihre Grenzen, nicht nur hinsichtlich beruflicher Qualifikationen im engeren Sinn. Abgesehen davon, daß Flexibilität in Form verallgemeinerter Gleichgültigkeit und damit Verfügbarkeit unter normativen Aspekten kein besonders erstrebenswertes Persönlichkeitsziel ist (BAMMÉ et al. 1976), ist sie wohl auch unter Systemgesichtspunkten problematisch. Der nur auf situational optimale Selbstdarstellung und -durchsetzung bedachte Mensch, wie ihn manche Interaktionisten zeichnen, oder der nur an den jeweiligen unmittelbaren Befriedigungsmöglichkeiten ausgerichtete Narziß, von dem in der neueren Diskussion über den narzißtischen Sozialcharakter die Rede ist, sind Verkörperungen solcher Flexibilität – aber wenn es nur sie gäbe, würden wesentliche Legitimations- und Integrationsgrundlagen des sozialen Systems hinfällig.

3 Der Lebenslauf als sozial geregelte Veränderung der Lebensverhältnisse

Der Nachweis, daß die Einteilung des Lebenslaufs im interkulturellen Vergleich beträchtliche Unterschiede zeigt, ist der Ausgangspunkt für die soziologische Konzeptualisierung des Lebenslaufs. Der bisher systematischste Versuch dazu ist die „Theorie der Altersschichtung" von RILEY et al. (1972).

Die Autorinnen behandeln Alter als zentrale gesellschaftliche Strukturdimension. Sie gehen von einem Rollenmodell strukturfunktionalistischer Prägung aus. Die gesellschaftliche Rollenstruktur ist nach Alter geschichtet, d.h. Alter ist ein wesentliches Kriterium für den Zugang zu oder Abgang aus bestimmten Rollen. Der Rollenstruktur steht eine nach Alter geschichtete Bevölkerung gegenüber, die durch Allokation den verfügbaren Rollen zugeteilt und durch Sozialisation den damit verbundenen Erwartungen angepaßt wird. Die Altersschichtung der Bevölkerung verändert sich durch die beiden Prozesse des Kohortenflusses (des Zugangs neuer und Abgangs alter Kohorten) und des Alterns (das als – unvermeidliche und irreversible – Mobilität zwischen den Altersschichten gedeutet wird). Die Veränderungen der Rollenstruktur werden in dem Buch explizit ausgeklammert.

Gegen die Konzeption von RILEY et al. sind von verschiedenen Seiten Einwände vorgebracht worden, die uns zum Teil noch beschäftigen werden. An dieser Stelle reicht es jedoch, den Lebenslauf als Rollenfolge, d.h. als sozial geregelte Veränderung der Lebensverhältnisse zu bestimmen. Das Rollenmodell hat für diese Aspekte des Lebenslaufs eine unmittelbare Plausibilität. Was unter „Rolle" verstanden werden soll, muß allerdings differenziert werden. Es können damit die umfassenden Altersstufen (z.B. das aktive Erwachsenenalter), Teile davon (z.B. die „mittleren Jahre") oder auch Positionen innerhalb einer einzelnen Laufbahn (z.B. der beruflichen oder familiären) gemeint

4 Für diese Entlastung hat ERIKSON den Begriff des Moratoriums vorgeschlagen (vgl. KOHLI 1973, S. 95ff.). Es gibt die Möglichkeit, neue Erfahrungen zu machen, und reduziert die Konsequenzen von Fehlhandlungen und Mißerfolgen. Zugleich bedeutet es jedoch den Ausschluß von den sozialen Belohnungen, die mit (erfolgreichem) Handeln in der Erwachsenenwelt verbunden sind.

sein. Der Akzent kann auf den normativen Erwartungen liegen (z.B. Normen hinsichtlich „altersgerechten Verhaltens", vgl. NEUGARTEN et al. 1978), auf der Verfügung über Ressourcen und den vorgegebenen Tätigkeitstypen (etwa in Berufspositionen) oder auf den sich verändernden Personen- bzw. Interaktionskonstellationen (etwa in den Phasen des Familienzyklus).
Sozialisation hängt mit diesen sozial geregelten Veränderungen zusammen. Der Eintritt in eine neue Rolle schafft einen (gesellschaftlichen) Sozialisationsbedarf, da der Eintretende an die neuen Verhältnisse angepaßt werden bzw. in die Lage versetzt werden muß, mit ihnen umzugehen. Zugleich wird angenommen, daß auch Bedingungen existieren, die diesen Bedarf dekken, d.h. entsprechende Sozialisationsprozesse in Gang bringen[5].
Bei der Analyse der sozialen Strukturierung des Lebenslaufs lassen sich folgende formalen Aspekte unterscheiden:

a) Sequenz

Die einzelnen Positionen sind sozial in einer – im allgemeinen irreversiblen – Sequenz angeordnet. Wer ein Erwachsener wird, muß zuerst ein Kind und ein Jugendlicher gewesen sein; wer Arzt werden will, muß ein Medizinstudium absolvieren. Im Familienzyklus werden z.B. typischerweise folgende wesentlichen Ereignisse unterschieden, die jeweils eine neue Etappe einleiten (GLICK 1978): (erste) Heirat, Geburt des ersten Kindes, Geburt des letzten Kindes, Heirat des letzten Kindes (und damit Beginn der Phase des „leeren Nestes"), Tod des Ehegatten. Sozialisationsrelevant ist das insofern, als für das Handeln in späteren Positionen einer Sequenz immer auch die Sozialisationsergebnisse aus früheren Positionen bedeutungsvoll bleiben. Spätere Sozialisationsinstanzen können oder müssen damit rechnen, daß die neu Eintretenden bereits in früheren Sozialisationsprozessen ge- oder verbildet worden sind. Soweit das früher Gelernte nicht einfach verschwindet (vgl. Abschnitt 5), findet solche antizipatorische Sozialisation in jeder Position statt, die einer anderen vorgeschaltet ist, unabhängig davon, ob das den Beteiligten als Sozialisation bewußt oder gar von ihnen intendiert ist. Ein Gedankenexperiment mag dies verdeutlichen:

„Ein außenstehender Beobachter wird z.B. feststellen, daß alle alten Männer, bevor sie nicht mehr arbeiten, berufstätig waren. Er wird daraus schließen, daß die Berufstätigkeit offenbar eine notwendige Vorstufe für und damit Vorbereitung auf die Pensioniertenzeit ist" (KOHLI 1976, S. 317f.).

Die Berufserfahrungen strukturieren auch die Zeit nach dem Rücktritt aus dem Erwerbsleben – allerdings nicht als gesellschaftlich erwünschte und intendierte Sozialisation, sondern eher als Erschwernis für einen sinnvollen Umgang mit den veränderten Lebensbedingungen. Das ist überall dort der Fall, wo zwischen den Positionen einer Sequenz eine starke inhaltliche Diskontinuität besteht.

b) Übergänge

Die inhaltlichen Widersprüche spitzen sich an den Übergängen zwischen den Positionen zu. An ihnen treten die Sozialisationsprobleme zeitlich gerafft auf, und sie sind deshalb ein bevorzugtes Untersuchungsthema (vgl. KOHLI 1976, S. 321f.). Neben allgemeinen theoretischen Überlegungen (GLASER/STRAUSS 1971)[6] und vergleichenden empirischen Untersuchungen von Übergängen im Lebenslauf (LOWENTHAL et al. 1975) liegen zahlreiche Studien über einzelne Übergänge vor. Beim Übergang vom Bildungs- zum Beschäftigungssystem werden die Folgen der plötzlichen Konfrontation mit veränderten Handlungsbedingungen unter dem Stichwort „Praxisschock" thematisiert (MÜLLER-FOHRBRODT et al. 1978). Je nach der theoretischen Grundorientierung der Autoren wird das zu lösende Problem als eines der Veränderung von Einstellungen, der Anpassung an neue Normen, des Aufbaus einer neuen Identität oder der Konstruktion einer neuen Realität (vgl. dazu BERGER/KELLNER 1965) gesehen – oder auch des Bewahrens biographi-

5 Diese Annahme trifft aber nicht für alle Veränderungen im Lebenslauf zu. ROSOW (1974) zeigt, daß beim Übergang ins höhere Alter die sozialen Bedingungen für eine (nach den Kriterien des struktur-funktionalistischen Rollenmodells) erfolgreiche Sozialisation nicht gegeben sind und deshalb ein Sozialisationsdefizit entsteht. Vgl. auch die allgemeinen Ausführungen desselben Autors zum Lebenslauf als Status- und Rollensequenz (ROSOW 1976).

6 Daß gerade aus symbolisch-interaktionistischer Perspektive eine allgemeine Theorie der Übergänge formuliert wird – und Positionssequenzen nur noch als Sequenzen von Übergängen erscheinen –, hängt zweifellos mit der Affinität dieser Perspektive zu einem Gesellschaftsbild, in dem alles ständig „im Fluß" ist, zusammen.

scher Kontinuität und des Widerstandes gegen neue Zumutungen.

c) Timing

Damit ist das chronologische Alter gemeint, in dem ein Übergang zwischen zwei Positionen im Lebenslauf stattfindet. Für die wesentlichen Übergänge im Familienzyklus liegen Daten über das mittlere Alter und seine Veränderung in den letzten achtzig Jahren vor (GLICK 1978; für Deutschland vgl. BALLERSTEDT/GLATZER 1975, S. 254; FRIEDRICHS/KAMP 1978, S. 181). Neben den Mittelwerten interessieren aber auch die Streuungen.
Für das Individuum ist es bedeutsam, ob es einen Übergang zur üblichen oder zu einer ungewöhnlichen Zeit vollzieht; im letzteren Fall weicht sein „soziales Alter" von seinem chronologischen ab. Die Streuungen sind zum Teil solche zwischen sozialen Gruppen (die in sich relativ homogen sind); so ist etwa bei den ersten Etappen des Familienzyklus (Heirat und Geburt des ersten Kindes) ein deutliches Schichtgefälle festzustellen (NEUGARTEN/MOORE 1968, S. 7)[7].
Wenn ein Übergang zum üblichen Zeitpunkt eintritt, heißt das, daß er für die Beteiligten vorhersehbar ist. Die Bedeutung einer solchen Möglichkeit zur Antizipation zeigt sich besonders bei negativen Ereignissen.

GLICK et al. (1974) haben gezeigt, daß der Tod des Ehepartners vom hinterbliebenen Partner viel besser verarbeitet werden kann, wenn er voraussehbar war. ARIÈS (1976, S. 202) weist darauf hin, daß früher nicht der „normale", sondern nur der plötzliche und unvorhergesehene Tod ein Problem war.

d) Verbreitung (Prävalenz)

Manche Positionen werden von praktisch allen Gesellschaftsmitgliedern durchlaufen (z.B. Schüler), andere nur von einem Teil. In den bisherigen empirischen Untersuchungen zum Familienzyklus besteht die Tendenz, jeweils nur den häufigsten Verlauf zu analysieren und alternative Pfade unberücksichtigt zu lassen (so etwa bei GLICK 1978). Damit macht sich die Wissenschaft implizit selber zum Vehikel gesellschaftlicher Normalisierung. Einzig UHLENBERG (1974) ermittelt die Verbreitung verschiedener Verlaufstypen.

Was in den üblichen Konzeptionen als „normaler" Typ unterstellt wird, bezeichnet er als „bevorzugtes Muster", nämlich (für Frauen) Heirat, Geburt mindestens eines Kindes und stabile Ehe (mit Überleben bis mindestens zum 50. Lebensjahr). Aus der Kohorte der 1930–1934 Geborenen folgen rund zwei Drittel der weißen und rund ein Drittel der nichtweißen Frauen diesem Muster, wobei sich – im Gegensatz zur geläufigen Annahme über die zunehmende Instabilität der Familie – gegenüber früheren Kohorten eine starke Erhöhung dieses Anteils ergab. (Für die jüngsten Kohorten deutet sich allerdings eine Umkehrung dieser Entwicklung an; vgl. GLICK 1978, S. 147.) Daneben identifiziert er vier empirisch häufige „abweichende" Typen: früher Tod, Ledige, kinderlose Ehefrauen und solche mit unstabiler Ehe. (Die Bezeichnung „bevorzugtes Muster" für den „normalen" Familienzyklus ist natürlich problematisch; sie kann sich auf Präferenzen stützen, die in Befragungen zum Ausdruck gekommen sind, die aber allmählich ihre Geltung verlieren.)

e) Integration

In differenzierten Gesellschaften ergibt sich für die Individuen eine entsprechende Differenzierung der Lebensbereiche und Laufbahnen. Ihr Verhältnis zueinander ist von entscheidender Bedeutung. Diskrepanzen zwischen der einen und der anderen Laufbahn, z.B. der beruflichen und der familiären, wirken sich als Spannungen aus (vgl. die Theorie der Statusinkonsistenz). Das gilt schon für den formalen Aspekt der zeitlichen Integration, d.h. des Timings der verschiedenen Übergänge.

MODELL et al. (1978) betrachten den Übergang ins Erwachsenenalter als aus fünf einzelnen Statusübergängen zusammengesetzt (Schulabgang, Arbeitsaufnahme, Verlassen der Herkunftsfamilie, Heirat, Gründung eines eigenen Haushalts). Sie nehmen an, daß eine geringere zeitliche Integration, d.h. eine größere chronologische Aufsplitterung der Übergänge diese Lebensphase spannungsvoller macht. Der historische Vergleich (für die Stadt Philadelphia) führt auch hier zu einem Ergebnis, das den geläufigen Vorstellungen über die historisch zunehmende Differenzierung der Jugendphase widerspricht: Die Integration ist heute größer als vor hundert Jahren.

Das Bild, das sich aus diesen fünf Aspekten für die sozial geregelte Veränderung der Lebens-

---

7 Die empirischen Informationen zu dieser Frage sind allerdings noch schmal; dieser Mangel wirkt sich auch bei den Versuchen zur Ermittlung der historischen Veränderung des Streubereichs aus (MODELL et al. 1978; vgl. KOHLI 1978, S. 22ff.).

Übersicht 1: Alterszuordnung sozio-demographischer Ereignisse

Nr.	Ereignis	verknüpft mit Ereignis	wird erlebt von … % der Bevölkerung	im Alter von … bis … Jahren in der Regel	min.	max.	differenziert nach M	F	variiert mit Alter	statistische Daten verfügbar	Bemerkungen
	Geburt										
1	Aufnahme in Kindergarten		3	3–6	3	6	—		gering	+	
2	Einschulung	3	99	6	5	8	—		gering	+	
3	Schulentlassung	2, 5	99	15–18	15	21	—		mittel	+	
4	Auszug aus Elternhaus	5, 6, 7, 8	90	18–20	16	·	·	·	hoch	–	
5	Beginn einer Berufsausbildung	2, 9	50	16–18	15	21	50 %	40 %	mittel	+	Erst-Ehen
6	Eheschließung	11, 13	80	25	18	·	25 J.	23 J.	hoch	+	(bisher Ledige)
7	Zusammenziehen mit Partner	12	·	·	·	·	—		·	–	
8	Aufnahme eines Studiums		6	20	18	·	—		mittel	+	
9	Beendigung einer Berufsausbildung	5, 10	50	19–21	17	·	·	·	mittel	+	hohe Alters-
10	Aufnahme einer Erwerbstätigkeit	9, 18	90	18–20	15	·	99 %	70 %	hoch	+	varianz bei Frauen
11	Scheidung	6	10	30–35	19	·	33 J.	30 J.	hoch	+	(bimodale Ver-
12	Trennung vom Partner	7	·	·	·	·	—		·	–	teilung)
13	Tod des Ehemannes/der Ehefrau	6, 7	50	·	20	90	30 %	60 %	hoch	+	
14	Geburt des 1. Kindes	16	60	23	15	50	—		hoch	+	keine Daten über
15	Geburt des 2. Kindes	14	40	25	16	50	—		hoch	+	Alter der Väter
16	Geburt des letzten Kindes	14, 17	60	30	15	50	—		hoch	+	verfügbar
17	Letztes Kind verläßt Elternhaus	16	55	45	35	70	—		hoch	–	
18	Beendigung der Erwerbstätigkeit	10	90	60–65	·	·	·	·	hoch	+	hohe Alters-
19	Arbeitslosigkeit	5, 10	·	·	·	·	·	·	hoch	+	varianz bei Frauen
20	Tod eines Elternteils		75	·	·	·	—		hoch	–	(bimodale Ver-
21	Krankheit, Tod		·	·	·	·	—		hoch	+	teilung)

Quelle: FRIEDRICHS/KAMP 1978, S. 178.

verhältnisse im Lebenslauf ergibt, ist recht komplex. Es kann bisher nur teilweise empirisch ausgemalt werden. Einen ersten Versuch zur Kompilation der entsprechenden Daten für einige zentrale Lebensereignisse in der Bundesrepublik enthält Übersicht 1.

Die angeführten Daten beziehen sich auf Ereignisse, die in den amtlichen Statistiken auftauchen. Es handelt sich vor allem um die demographisch relevanten Ereignisse des Familienzyklus. Die berufliche Laufbahn wird hier nur mit dem Beginn und Ende der Berufstätigkeit markiert. Es gibt Forschungsansätze, welche die Spanne dazwischen weiter aufgliedern. In der Mobilitätsforschung wird Mobilität innerhalb der Berufslaufbahn (Intragenerations- oder Karrieremobilität) hinsichtlich der Übergänge zwischen hierarchisch unterschiedlich eingestuften Berufspositionen untersucht; dabei können generelle Muster herausgearbeitet werden, etwa hinsichtlich der Frage, ob es einen allgemeinen „Stabilisationspunkt" gibt, d.h. ein Lebensalter, an dem die Aufwärtsmobilität in der Regel abgeschlossen ist. Muster lassen sich auch für berufliche Mobilität innerhalb einer Schicht und sogar innerhalb eines Berufs erkennen. Vor allem im Rahmen des Symbolischen Interaktionismus sind mehrere Berufsmonographien entstanden, die der Entwicklung einer beruflichen Identität über die zeitliche Sequenz von typischen Anforderungen und Tätigkeiten in einem Beruf nachgehen (z.B. HALL 1948).

Für den Beruf des Wissenschaftlers führen ZUCKERMAN/MERTON (1972, S. 317ff.) einige Daten an, die eine klare Verlagerung des Arbeitsschwerpunktes während der beruflichen Laufbahn von Forschung und Lehre auf Administration belegen.

Für andere Lebensbereiche (z.B. politische Partizipation, Wohnen) hat die wissenschaftliche Bearbeitung unter Laufbahngesichtspunkten noch kaum eingesetzt. Das einzige Beispiel für letzteres ist die Studie von MATTHES (1978), der – in Analogie zum Familienzyklus – die Existenz eines typischen „Wohnzyklus" aufzeigt. Die Sozialisationsrelevanz solcher Veränderungen der räumlichen Umwelt ist seit dem Aufschwung der ökologischen Ansätze klar geworden.

Dieser formale Raster von Veränderungen im Lebenslauf bildet die Grundlage für die Formulierung von inhaltlichen Fragen. Einige davon sollen hier zumindest noch genannt werden (eine ausführlichere Diskussion findet sich in KOHLI 1980). In der beruflichen Laufbahn sind die jüngeren Erwachsenenjahre oft eine Zeit des Aufstiegs (oder zumindest der Zunahme des Einkommens), die späteren dagegen für einen großen Teil der Arbeitnehmer vor allem in unteren und mittleren Positionen eine Zeit potentieller oder realer Abwertung. Wie wird diese von den Betroffenen bewältigt, und welche Folgen hat sie für ihre Persönlichkeit (vgl. KOHLI 1977)? Gibt es eine entscheidende Phase, in der die Weichen für den weiteren Alternsprozeß gestellt werden? Welche Bedingungen führen zu einem resignativen Alter mit zunehmender Schrumpfung des Lebensraums, welche zur Aufrechterhaltung von sozialem Interesse und sozialer Aktivität und vielleicht sogar zu einer Erweiterung des Handlungsbereichs? Ähnlich kann hinsichtlich der Familie gefragt werden. In diesem Bereich gibt es zumindest mit Bezug auf die Personenkonstellation im allgemeinen eine zyklische Bewegung im Lebenslauf: Die Ausweitung der Familiengruppe in den frühen Erwachsenenjahren ist gefolgt von einer Reduktion in den späteren. Entspricht diesem Prozeß auch eine qualitative Ausweitung und Schrumpfung der Interaktion? Oder können (unter bestimmten Bedingungen) kompensatorische Möglichkeiten erschlossen werden, die z.B. nach dem Auszug der Kinder in einer Intensivierung der Ehebeziehung bestehen können?

Ein besonderes Problem ist die inhaltliche Integration der verschiedenen Laufbahnen, vor allem der beruflichen und der familiären. Beruf und Familie stellen in manchem entgegengesetzte Anforderungen und üben deshalb einen Sozialisationsdruck in entgegengesetzter Richtung aus. Es stellt sich die Frage, welcher Lebensbereich das stärkere Gewicht hat. Häufig wird angenommen, daß mit fortschreitender Rationalisierung die Berufsarbeit ihre Bedeutung als Kern der persönlichen Identität verliere. Es zeigt sich aber auch, daß die Merkmale der Arbeit die Entwicklung allgemeiner Persönlichkeitsdispositionen beeinflussen und daß in den außerberuflichen Lebensbereichen eher Parallelen zu den Tätigkeitstypen im Beruf vorkommen als Kompensationen dafür (vgl. dazu gesamthaft LEMPERT 1977).

Wenn bisher Sozialisation als Folge von Veränderungen der Lebensverhältnisse dargestellt worden ist, so darf nicht übersehen werden, daß auch Verhältnisse, die über längere Zeit stabil bleiben, allmählich eine Kumulation von (gleichförmigen) Erfahrungen erzeugen, die von beträchtlicher Sozialisationsrelevanz sein kann. Empirisch ist z.B. der längerfristige Einfluß der Arbeitsbedingungen auf die gemessene Intelligenz (SCHLEICHER 1973) bzw. die intellektuelle Flexibilität (KOHN/SCHOOLER 1978) nachgewiesen worden. Die Ehebeziehung führt längerfristig zu einer Annäherung der Persönlichkeitsmerkmale der beiden Ehepartner.

4 Lebenslauf und historische Veränderung

Im vorigen Abschnitt wurde nach den sozialisatorischen Wirkungen der Veränderungen, die sich regelhaft mit dem Älterwerden vollziehen, gefragt. In diesem geht es um die Wirkungen von historischen Veränderungen. Auch sie schaffen einen ständigen Sozialisationsbedarf. Die beiden Fragerichtungen scheinen bei der Erklärung von Persönlichkeitsveränderungen im späteren Leben miteinander in Konkurrenz zu stehen. Das trifft unter gewissen Gesichtspunkten zu[8]. Wesentlich ist aber auch, daß beide Fragen einander bedingen und ergänzen. Die Wirkung historischer Veränderungen auf das Handeln wird durch die Stellung im Lebenslauf vermittelt: Sie ist davon abhängig, in welcher Lebenslage die Menschen sich befinden und welche Erfahrungen sie hinter sich haben. Die historische Forschung muß also die Dimension des Lebenslaufs mit einbeziehen. Die Sozialisationsforschung ist am umgekehrten Zusammenhang interessiert: Der Lebenslauf und damit der lebenslange Sozialisationsprozeß ist von den historischen Bedingungen abhängig (vgl. dazu das Übersichtsreferat von ELDER 1975). Im europäischen Modernisierungsprozeß hat sich der Stellenwert der einzelnen Lebensphasen selber verändert; die Positionsfolgen und Übergänge haben sich verschoben (wozu schon einige Befunde angeführt worden sind), ihre gesellschaftlichen Definitionen ebenfalls. Darauf wird im Schlußabschnitt zurückzukommen sein. Es gibt aber nicht nur – wie das wieder beliebt gewordene evolutionstheoretische Denken unterstellt – solche epochalen Trends; entscheidend sind auch die kürzerfristigen Veränderungen der Lebensverhältnisse.

Von den Schwierigkeiten infolge des „raschen Wandels" zu sprechen, ist alltäglich. Aufgrund des technologischen Fortschritts entstehen neue Anforderungen am Arbeitsplatz. Die früher geltenden Wertmuster (etwa hinsichtlich Sparsamkeit oder Kindererziehung) werden obsolet, die Verhaltenserwartungen (etwa für die Beziehungen zwischen den Geschlechtern oder gegenüber Autoritäten) verändern sich. Der Haushalt ist mit neuen Medien (Fernsehen, Auto) und Konsumgütern versorgt. Die geographische Mobilität nimmt zu. Tiefgreifende Einflüsse gehen auch von den großen wirtschaftlichen und politischen Ereignissen wie Krisen und Kriegen aus. Die Älteren können sich nicht mehr auf ihre früheren Erfahrungen verlassen, sie müssen umlernen[9].

Die Auswirkungen solcher kürzerfristigen historischen Veränderungen werden mit dem Konzept der Kohorte (bzw. Generation) thematisiert (vgl. KOHLI 1978a, Teil 2). Unter Kohorte wird eine Gruppe von Individuen verstanden, die im selben Zeitraum geboren werden (oder einen Übergang im Lebenslauf abschließen, z.B. Berufseintritt). Die gleichzeitig lebenden Kohorten unterscheiden sich nach dem Alter und nach ihren früher gemachten (sozialisationsrelevant gewordenen) Erfahrungen. Historische Ereignisse bedeuten für sie deshalb nicht dasselbe: Sie erleben sie an unterschiedlichen Punkten des Lebenslaufs und auf der Grundlage unterschiedlicher früherer Erfahrungen.

In Übersicht 2 sind einige wesentliche historische Ereignisse in Deutschland seit Beginn dieses Jahrhunderts zusammengestellt und auf verschiedene Geburtskohorten bezogen. Die

8 Die Trennung dieser konkurrierenden Erklärungen ist das Thema der Kohortenanalyse. In der (varianzanalytischen) Erklärung von gemessenen Unterschieden lassen sich drei Alternativen auseinanderhalten: neben dem Alternseffekt (Veränderungen durch den Lebenslauf als Alternsprozeß) und dem Periodeneffekt (historische Veränderungen zwischen zwei Meßzeitpunkten) noch der Kohorteneffekt (Nachwirkungen der spezifischen früheren Erfahrungen einer Kohorte). Die theoretischen und methodologischen Probleme der Kohortenanalyse sind zu komplex, als daß sie hier behandelt werden könnten. Hinweise auf die entwicklungspsychologische Konzeption der Kohortenanalyse finden sich bei RUDINGER/LANTERMANN (1978, S. 195ff.); in einer soziologischen Konzeption müssen die Effekte allerdings anders interpretiert werden.

9 M. MEAD (1970) hat dafür den Begriff „präfigurative" Gesellschaft geprägt: Im Gegensatz zur früheren „post-" und „konfigurativen" Gesellschaft lernen die Älteren immer mehr von den Jüngeren. Die Älteren sieht sie als „Einwanderer" in eine neue Zeit, in der die Jüngeren schon als „Eingeborene" leben. Das traditionelle Bild der Sozialisationsforschung war genau umgekehrt: Die Kinder galten als die Barbaren, deren Invasion in die Gesellschaft durch den Sozialisationsprozeß unter Kontrolle gebracht werden sollte.

Übersicht 2: Der Lebenslauf einiger Geburtskohorten bezogen auf historische Änderungen in der BRD

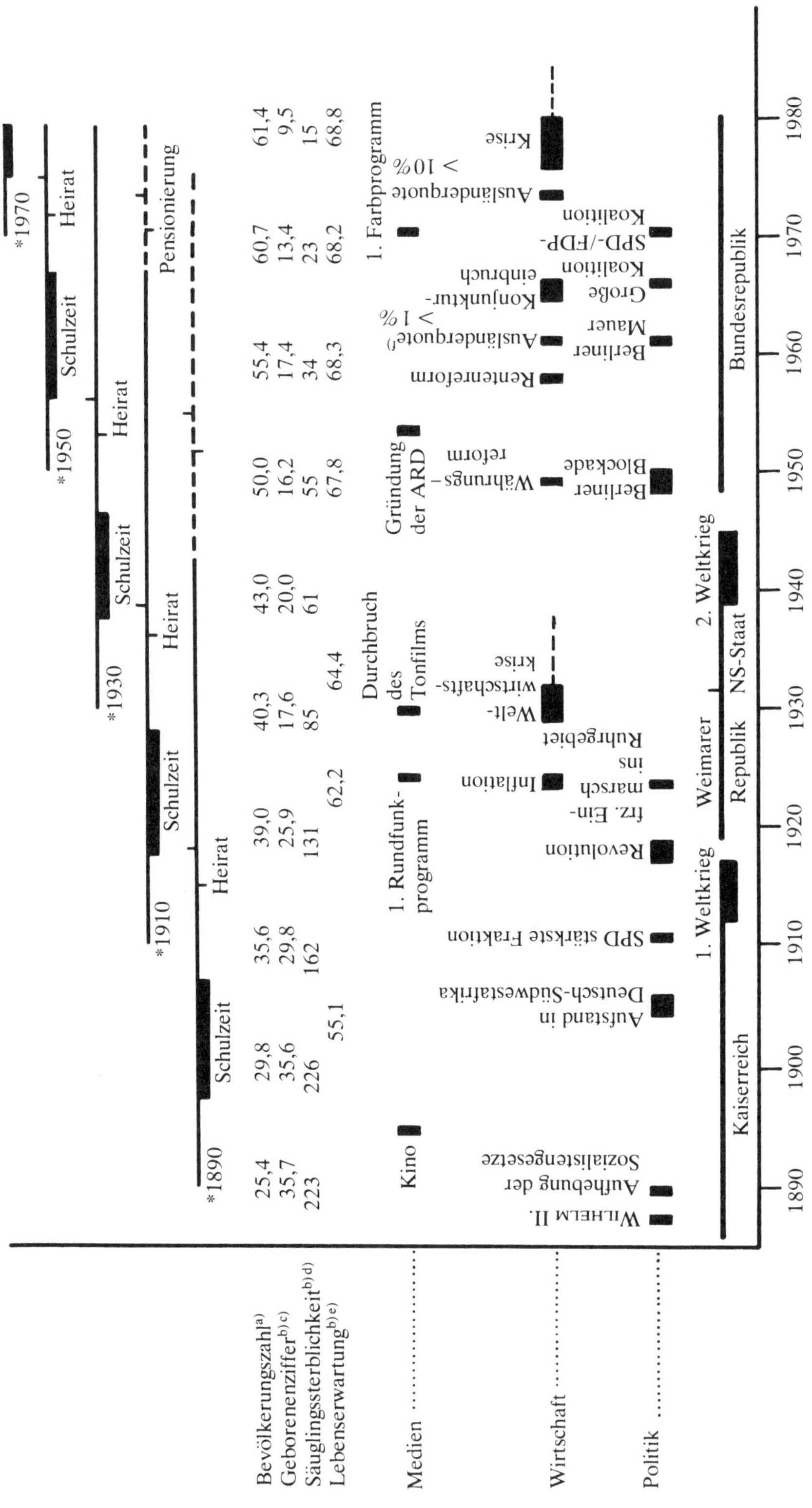

Quelle (für die Bevölkerungsdaten): Statist. Jahrbücher der BRD.

a) Gebietsstand BRD; in Mio.
b) jeweiliger Gebietsstand
c) Lebendgeborene auf 1000 Einw.
d) im 1. Lebensjahr Gestorbene auf 1000 Einw.
e) für einjährige Knaben
f) ausländische Arbeitnehmer in % aller abhängig Beschäftigten

Übersicht kann beliebig ergänzt werden; sie soll dazu anregen, die differentiellen Folgen für Lebenslauf und Sozialisation zu bedenken.
Es ist auch zu fragen, ob es in dieser Folge von Ereignissen besonders markante Schnitte gibt.

Für die USA nimmt CAIN (1976) einen solchen Schnitt – eine „Wasserscheide" – in der Zeit des Ersten Weltkrieges und der damit zusammenhängenden gesellschaftlichen Veränderungen an, was zu deutlichen Unterschieden zwischen den vor 1900 geborenen Kohorten – die vor dem Ende des Ersten Weltkrieges erwachsen wurden – und den nachher geborenen geführt habe.

Die Sozialisationsforschung war für kohortenspezifische Unterschiede lange Zeit blind; erst in jüngster Zeit sind einige Ansätze zu ihrer Analyse unternommen worden.

Ein eindrückliches Beispiel für das hohe Ausmaß an Veränderungen im typischen Lebenslauf von Kohorte zu Kohorte hat MÜLLER (1978) vorgelegt. Auf der Grundlage von (retrospektiven) Daten aus der Zusatzbefragung zum Mikrozensus 1971 analysiert er die Unterschiede in der beruflichen Mobilität für die zwischen 1901 und 1946 Geborenen. Hinsichtlich der erreichten Bildungsniveaus erweisen sich die Kohorten, deren obligatorische Schulzeit in der unmittelbaren Nachkriegszeit endete, als besonders benachteiligt; ihre Quote von höheren Abschlüssen ist deutlich niedriger als die der übrigen Kohorten (1978, S. 59). Die Kohorte der 1916 Geborenen weist schon in den frühen Erwachsenenjahren einen besonders hohen Anteil günstiger Berufspositionen auf, was mit der Expansion und Verjüngung des Staatsapparates im Gefolge der nationalsozialistischen Machtübernahme in Zusammenhang gebracht werden kann. Die 1931 Geborenen, die nach dem 2. Weltkrieg auf den Arbeitsmarkt kamen, fanden dagegen wesentlich schlechtere Bedingungen vor als die übrigen und erreichten deren berufliches Niveau auch später nicht.

Die Folgen der historischen Ereigniskonstellation für den Sozialisationsprozeß sind von LOEWENBERG (1971) mit Bezug auf die „Nazi-Jugendkohorte" (nämlich die zwischen 1900 und 1915 Geborenen) hypothetisch rekonstruiert worden. Der Krieg brachte massive Nahrungsmängel und Abwesenheit der Eltern (Väter im Militär, Mütter in der Kriegsindustrie). Diese physischen und psychischen Entbehrungen haben nach LOEWENBERG bei den Kindern in einer Charakterstruktur resultiert, die durch starke Aggressivität, innere Wut, Projektion und eine defensive Idealisierung des abwesenden Vaters gekennzeichnet war. Die Ängste, die durch die Wirtschaftskrise ausgelöst wurden, führten zu einem Rückfall auf diese Abwehrformen und damit zu einer starken Anfälligkeit für nazistische Ideologie und Organisationsformen. Aufgrund seiner psychoanalytischen Ausrichtung mißt LOEWENBERG den Kindheitserfahrungen ein besonderes Gewicht bei, hebt aber auch die Bedeutung der späteren Lebenskonstellationen als Aktualisierungsbedingungen der Dispositionen, die in den frühen Lebensjahren angelegt wurden, hervor.

Auch einige neue deutsche Arbeiten (z.B. RABE 1978) bzw. Forschungsvorhaben (z.B. FUCHS 1979) zur Geschichte von sozialen Bewegungen und Organisationen können als Untersuchungen kohortenspezifischer Sozialisationsprozesse gelesen werden.

Auf einige Veränderungen der Merkmale der Älteren von Kohorte zu Kohorte machen ABELES/RILEY (1977) aufmerksam. Neben der bekannten Tatsache, daß die mittlere Schulbildung – und deshalb auch die gemessene Intelligenz – laufend zugenommen hat, erwähnen sie die verbesserte Gesundheit der jüngeren Kohorten aufgrund ihrer besseren physischen Versorgung in den früheren Lebensphasen. Dagegen wird sich für die Kohorte der gegenwärtigen jungen Erwachsenen die Notwendigkeit von sozialen Stützsystemen im Alter erhöhen, da sie aufgrund ihrer geringeren Kinderzahl weniger mit familiärer Unterstützung rechnen können werden als die jetzigen Älteren.

Die Folgen der demographischen Zusammensetzung einer Kohorte für ihre Lebenschancen lassen sich gegenwärtig im Schulsystem erkennen (Arbeitsgruppe Bildungsbericht 1979). In den Grundschulen wird bereits um jeden Schüler gekämpft; für die jetzt eintretenden Schülerkohorten nimmt die Klassengröße ab, ebenso die Proportion der Einweisungen in die Sonderschule (womit zwei bildungsreformerische Postulate „naturwüchsig" verwirklicht werden). Da auch die übrigen Versorgungssysteme und das Beschäftigungssystem eine beschränkte Elastizität aufweisen, ist anzunehmen, daß die Verbesserung der Lebensbedingungen für die geburtenschwachen Kohorten auch im weiteren Lebenslauf anhalten wird.

Der bisher umfassendste Ansatz zur empirischen Ermittlung des Einflusses der historischen Bedingungen auf den Sozialisationsprozeß ist derjenige von ELDER.

ELDER (1974) stützt sich auf die Daten einer entwicklungspsychologischen Längsschnittstudie, die 1931 begonnen wurde und eine Stichprobe von 84 männlichen und 83 weiblichen Schülern der fünften Klasse (geboren 1920–1921) in Oakland (California) umfaßte. Die Stichprobe wurde bis 1939 kontinuierlich und dann in mehreren „follow-ups" bis 1964 untersucht. Das Projekt war auf die geistige, körperliche und soziale Entwicklung normaler Kinder gezielt, also auf – als überhistorisch unterstellte – allgemeine Entwicklungsprozesse. ELDER ist dagegen gerade an der historischen Spezifik interessiert, nämlich an den Auswirkungen der Wirtschaftskrise zu Beginn der dreißiger Jahre. Neben Daten über die innere und äußere Entwicklung bis ins mittlere Erwachsenenalter enthält die Studie auch solche über die innere und äußere Situation der Familie. Im Vergleich von Familien mit geringer und starker Verschlechterung der materiellen Situation kann ELDER u. a. zeigen, daß sich in letzteren die Struktur der Beziehungen zwischen den Familienmitgliedern veränderte (z. B. Schwächung der Position des Vaters, größere Bedeutung der Mutter). Die Folgen der wirtschaftlichen Schlechterstellung für die Sozialisation in der Familie – die sich u. a. auch auf den Schulerfolg auswirkten – konnten aber von den betroffenen Kindern im weiteren Lebenslauf im wesentlichen wieder wettgemacht werden; auf die Länge gesehen, ergaben sich keine negativen Auswirkungen auf den beruflichen Erfolg, wenn auch die Spuren der frühen Erfahrungen in entsprechenden Werthaltungen (z. B. einer besonderen Hochschätzung materieller Sicherheit) sichtbar blieben.

In einer zweiten Untersuchung (ELDER/ROCKWELL 1978) werden diese Befunde mit denen aus einer anderen Longitudinalstudie über Kinder, die zwischen 1928–1929 geboren wurden, verglichen. Die Autoren gehen von der Annahme aus, daß die Folgen wirtschaftlicher Deprivation für diese Kohorte, die ihr in der frühen Kindheit ausgesetzt war, tiefgreifender sind als für diejenige, die erst in der Jugend davon getroffen wurde. Diese Annahme bestätigt sich. Allerdings ist auch hier erstaunlich, in wie hohem Ausmaß Entwicklungsnachteile später aufgeholt werden können. ELDER/ROCKWELL prüfen, wie die Betroffenen dies fertig bringen, und verweisen dabei zum einen auf die Bedeutung späterer historischer Entwicklungen (z. B. der erhöhten Bildungschancen durch den Ausbau des Collegesystems nach dem Krieg und der finanziellen Förderung von Kriegsteilnehmern), zum anderen auf persönliche Entscheidungen für Laufbahnmuster, die die persönliche und berufliche Entwicklung förderten (vor allem Militärdienst, Collegebesuch sowie frühe und stabile Festlegung auf eine Berufslaufbahn).

5 Veränderung und Stabilität der Person

Die bisherige Diskussion hat gezeigt, mit welchen Veränderungen der äußeren Verhältnisse im späteren Leben zu rechnen ist. Dennoch bleibt die Frage offen, welchen Stellenwert die dabei ablaufenden Sozialisationsprozesse haben (wenn nicht sogar postuliert wird, es handele sich beim Zusammentreffen des erwachsenen Individuums mit neuen Umweltbedingungen um rein äußerliche Anpassungsprozesse ohne Veränderung der „Person", d. h. ohne echte Sozialisation). Die Auffassungen darüber – und damit über das Verhältnis der Lebensphasen im Sozialisationsprozeß – gehen beträchtlich auseinander. Die extremen Alternativen sind absolute Dominanz der frühen Lebensphasen einerseits, Gleichwertigkeit aller Lebensphasen andererseits. Beide halten einer genaueren Analyse nicht stand.

Die Auffassung vom Primat der früheren Lebensphasen ist nach wie vor die verbreitetste. Als wichtigste Phase im Sozialisationsprozeß gilt gewöhnlich die (frühe) Kindheit. Einflüsse in späteren Lebensphasen werden als vernachlässigbar oder – in differenzierteren Ansätzen – als gering veranschlagt. Letzteres kommt etwa in der bereits angeführten begrifflichen Kontrastierung von „primärer" und „sekundärer" Sozialisation zum Ausdruck. Es ist bezeichnend, daß sogar BRIM (1977) – der ja die Notwendigkeit von Erwachsenensozialisation nachweisen will – zunächst einmal versichert, die grundlegenden Persönlichkeitsdimensionen würden in der frühen Sozialisation ausgebildet und spätere Sozialisation beschränke sich auf weniger bedeutsame Umformungen. Es gibt inzwischen einen breiten Fächer empirischer Ergebnisse, die zur Stützung dieser These herangezogen worden sind (vgl. etwa die einflußreiche Zusammenfassung von BLOOM 1971, Orig. 1964).

Die frühere „geisteswissenschaftliche" Pädagogik sah eher die Jugendjahre als Phase der höchsten Bildsamkeit, ebenso die Vertreter des Generationsmodells. Gerade hinsichtlich der politischen Sozialisation wird diese Auffassung auch heute noch vertreten[10]. So geht SCHELSKY (1975) davon aus, daß die neue „Generation des Jugendprotests" wie alle anderen auch ihre „langfristigen Dauerwirkungen" haben wird. Sie wird

> „die moralisch-politischen Loyalitäten ihres ‚Protestes' einhalten und offen oder verborgen nach seinen Grundsätzen lehren, predigen, informieren und handeln. ... Die ‚Generation des Jugendprotestes' kann, wie alle Generationsgestalten, nie widerlegt, sondern nur überlebt werden" (1975, S. XXI, Vorwort zur Neuausgabe).

Neuerdings haben die kognitiven Entwicklungstheorien die Aufmerksamkeit wieder auf die Jugendphase gelenkt. Mit dem Beginn des Erwachsenenalters ist für PIAGET die kognitive

10 Vgl. die kritische Darstellung der einschlägigen empirischen Untersuchungen zur Bedeutung von Kindheit vs. Adoleszenz durch ZÄNGLE (1978).

Entwicklung im wesentlichen abgeschlossen. Für den Bereich der moralischen Entwicklung hat KOHLBERG (1973) einige – bisher noch spekulativ gebliebene – Überlegungen über Prozesse in späteren Lebensphasen angestellt (vgl. auch KOHLI 1977, S. 645)[11].
Daß diese Auffassung mit Bezug auf die Bedeutung des Erwachsenenalters fehlgeht, wird sowohl von der Lern- und Entwicklungspsychologie wie von der empirischen Sozialisationsforschung dokumentiert:

- Auch Erwachsene sind noch lernfähig. Die lernpsychologische Forschung (z.B. LÖWE 1970) hat gezeigt, daß – bei entsprechendem Anregungsgehalt der sozialen Umwelt – die Lernfähigkeit und -bereitschaft bis ins höhere Alter erhalten bleiben (wenn sich auch einige Bedingungen, z.B. hinsichtlich Geschwindigkeit und Kurzzeitgedächtnis, verschlechtern).
- Intraindividuelle Variabilität ist – ebenso wie intraindividuelle Konstanz – nicht auf eine Lebensphase beschränkt, sondern erstreckt sich auf den ganzen Lebenslauf. Graduelle Unterschiede zwischen den Lebensphasen sind „nicht derart prinzipieller Natur, daß sie Lebensphasen ‚mit' und ‚ohne' Entwicklung unterscheidbar werden ließen" (THOMAE 1978, S. 23).
- Es gibt Sozialisation im Erwachsenenalter, und zwar auch in wichtigen Persönlichkeitsdimensionen. Neben den bereits angeführten Beispielen dafür mag hier ein weiteres genügen. GUTTMANN (1977) stellt in seinen interkulturellen Untersuchungen eine allgemeine Tendenz zur Ausgleichung der Geschlechterdifferenzen fest: während bei den Männern Aggression und Aktivität im mittleren und höheren Alter einer zunehmenden Passivität weichen, ist es bei den Frauen umgekehrt, was zum „normalen Unisex des späteren Lebens" führe.

Die extreme Alternative dazu, nämlich die Auffassung von der gleichen Bedeutung aller Lebensphasen, wird kaum explizit vertreten. Implizit scheint sie bei RILEY et al. (1972) vorzuliegen, wie an ihrer Behandlung der Übergänge im Lebenslauf deutlich wird.

RILEY et al. weisen darauf hin, daß in Rollenübergängen – soweit zwischen den beiden Rollen eine Differenz besteht – ein doppelter Prozeß erforderlich ist: nicht nur muß die neue Rolle gelernt, sondern ebenso die bisherige verlernt werden. Das ist ein wichtiger Punkt, der in den meisten Sozialisationstheorien übersehen wird (vgl. KOHLI 1976, S. 320). Aber es stellt sich die Frage: sind Lernen und Verlernen parallele Prozesse? Für RILEY et al. ist dies selbstverständlich: die positiven gesellschaftlichen Anreize (Erwartungen, Sanktionen), die vorher zur Übernahme der Rolle und zur Anpassung geführt haben, werden nun in negative verkehrt, und deshalb gibt das Individuum die Rolle wieder auf. Offensichtlich liegt dieser Auffassung implizit ein behavioristisches Lernmodell zugrunde: alles, was gelernt worden ist, kann bei entsprechender Umpolung der Reizkonstellation wieder verlernt werden. Frühere Lebensphasen haben deshalb prinzipiell keine tiefergehenden Folgen als spätere. Für RILEY et al. taucht einzig das Problem auf, daß der Aufwand für das Verlernen, die Desozialisation, um so höher wird, je „erfolgreicher" vorher die Sozialisation gewesen ist.

Diese Auffassung ist aber zweifellos zu mechanistisch: Verlernen kann nicht einfach die Rückkehr zum status quo ante sein. Die Person ist kein Gefäß, das nach Belieben gefüllt und wieder geleert werden kann. Psychoanalytische, phänomenologische und interaktionistische Ansätze stimmen darin überein, daß vergangene Erfahrungen sich nicht ausradieren lassen, sondern den Horizont bilden, vor dem neue Erfahrungen ihre Bedeutung gewinnen.
Es ist deshalb ein Modell erforderlich, das dem Ineinandergreifen von früheren und späteren Erfahrungen Rechnung trägt. Analog zur soziologischen Frage nach der Sequenz von äußeren Konstellationen im Lebenslauf stellt sich die psychologische Frage nach dem Aufbau der Person. Vieles spricht dafür, daß dabei den frühen Erfahrungen ein besonderes Gewicht zukommt. Eine vernünftige Konzeption wird der Sozialisation in Kindheit und Jugend ihren gebührenden Platz lassen und dennoch auf die Relevanz von Sozialisation in späteren Lebensphasen pochen.
Ein derartiges Modell ist bereits von MANNHEIM (1978, S. 47; Orig. 1928) mit seinem Begriff der „Erlebnisschichtung" skizziert worden. Er will zeigen, wie das Bewußtsein sich aus der spezifischen Sequenz von Erfahrungen, die die Person in ihrem Lebenslauf macht, aufbaut. Damit wird es auch möglich, die Folgen von historischen Ereignissen und Veränderungen für den Sozialisationsprozeß der unterschiedlichen Generationen (bzw. Kohorten) zu erfassen. In der phänomenologischen Wissenssoziologie ist diese Konzeption weiter ausgeführt worden (BERGER/

---

11 Die Stufenkonzeption von ERIKSON (1965, Orig. 1959) reicht – wenn auch ohne genaue Altersangaben – bis ins Erwachsenenalter. Gegen alle Einwände der „harten" Entwicklungspsychologie werden immer wieder neue Ansätze zu solchen Stufentheorien des Erwachsenenalters vorgetragen, so jüngst in dem wichtigen Werk von LEVINSON et al. (1979).

LUCKMANN 1969). In interaktionistischen Ansätzen wird das Hauptgewicht auf das Zusammenfügen der lebensgeschichtlichen Erfahrungen zu einem sinnhaften Gesamtmuster (etwa unter dem Begriff „Identität“) und dessen ständige Neukonstruktion entsprechend der aktuellen Handlungssituation gelegt (z. B. STRAUSS 1968).

Man könnte dennoch fragen, *wie groß* das Gewicht der frühen Sozialisation – oder umgekehrt: *wie viel* Wandel der Persönlichkeit bei Erwachsenen noch möglich – ist. BRIM (1968, S. 95) konstatiert, daß das Interesse an Erwachsenensozialisation sich vielfach auf diese eine Frage zuspitzt, sieht sich aber (noch) außerstande, sie zu beantworten. Zweifellos werden vermehrte Längsschnittdaten dafür bald bessere Grundlagen liefern. Es gibt aber auch prinzipielle Schwierigkeiten, die einer einfachen Antwort entgegenstehen:

a) Person und Situation

Verhalten ist nicht das direkte Ergebnis von Persönlichkeitsdispositionen, sondern von ihrer Interaktion mit den Bedingungen der aktuellen Situation. Von (phänotypischer) Konstanz des äußerlich sichtbaren Verhaltens kann deshalb nur dann auf (genotypische) Konstanz der Persönlichkeitsdispositionen geschlossen werden, wenn die situativen Bedingungen sich nicht wesentlich verändert haben. Genau das geschieht aber im Lebenslauf. Wie oben gezeigt worden ist, sind Individuen im Erwachsenenalter mit wesentlich anderen Bedingungen konfrontiert als während ihrer Kindheit, zum einen aufgrund der unterschiedlichen sozialen Strukturierung der Lebensphasen, zum anderen aufgrund der historischen Veränderungen im Zeitablauf.

b) Differenzierung

Die verschiedenen Persönlichkeitsdimensionen entwickeln sich nicht im gleichen Rhythmus; die Synchronität der Entwicklung ist also begrenzt. Das gilt möglicherweise auch für die Bedeutung der Lebensphasen: es ist denkbar, daß für manche Dimensionen die frühen Lebensphasen wichtiger sind, für andere dagegen die späteren. Differenzierung ist auch interindividuell gegeben, und es scheint, daß sie im Erwachsenenalter – bezogen auf das kalendarische Alter – zunimmt. Dies ist das stärkste empirische Argument gegen ein allgemeines Stufenmodell der Entwicklung im Erwachsenenalter. Aus soziologischer Sicht ist zu fragen, wie weit diese Unterschiede auf differentiellen sozialen Lebenslagen beruhen, wie weit es sich also um Differenzen zwischen Gruppen handelt, die nach sozialen Kriterien unterscheidbar (und in sich relativ homogen) sind. Für die Abhängigkeit der Entwicklung von den Lebensbedingungen sind ja bereits genug empirische Belege angeführt worden. Aber auch die Lebenslagen weisen, wie in Abschnitt 3 deutlich geworden ist, einen hohen Grad an Differenzierung auf, was in manchen Untersuchungen (z. B. zum Familienzyklus) nicht genügend beachtet wird. Wenn dazu noch die Veränderungen von Kohorte zu Kohorte einbezogen werden, ergibt sich eine Vielfalt, die auch von soziologischer Seite allgemeine Aussagen über Entwicklung und Veränderung stark erschwert.

c) Kompensation

Auch wenn akzeptiert wird, daß grundlegende Sozialisationsprozesse bereits in den frühen Lebensphasen stattfinden, bleibt offen, wie weit Mängel daraus später kompensiert werden können. Manches weist darauf hin, daß interindividuelle Unterschiede sich im Lauf des Lebens in vielen Bereichen vertiefen, was jedoch stark mit den äußeren Lebensbedingungen zusammenhängt (z. B. Verkümmerung von Handlungspotentialen bei systematischer Unterforderung, Verschleiß bei Überforderung, Weiterentwicklung bei „optimaler Herausforderung“). Auf der anderen Seite mehren sich die Hinweise, daß – wenn die entsprechenden Bedingungen gegeben sind – die Möglichkeiten für spätere Kompensation größer sind als lange angenommen worden ist. Ein Beleg dafür sind die bereits erwähnten Ergebnisse von ELDER/ROCKWELL (1978), wonach die deutlichen Sozialisationsschäden, die durch die Verschlechterung der familialen Lebensverhältnisse in der Wirtschaftskrise zustandekommen, von den Betroffenen später in erstaunlichem Ausmaß aufgeholt werden konnten. Ein Beleg anderer Art kommt aus der Ethologie: BRONFENBRENNER (1968) hat in einer vergleichenden Analyse von Tierstudien zeigen können, daß in den höheren Gattungen die Sensibilität für Umwelteinflüsse und damit die Anfälligkeit für Schädigungen durch Umweltmängel höher ist, zugleich aber auch die Möglichkeit zur späteren Kompensation.

d) Stabilität der Umwelt

Empirisch gefundene Konstanz von Persönlichkeitsdispositionen braucht nicht allein auf eine (naturnotwendige) „innere" Konstanz der Person, sondern kann ebenso gut auf die Stabilität der sozialen Verhältnisse, in denen sie lebt, zurückgeführt werden. Es ist also nicht nur eine psychologische Erklärung möglich, sondern auch eine soziologische. Letztere ist um so naheliegender, als nachgewiesen werden kann, daß das (aktive) Erwachsenenalter sozial mit Erwartungen auf Stabilität verbunden ist (PIEPER 1978; KOHLI 1981). Man kann darin geradezu das Hauptmerkmal der sozialen Typisierung des Erwachsenenalters sehen. Es läßt sich in der beruflichen wie in der familiären Laufbahn nachweisen und hängt mit zentralen Funktionserfordernissen zusammen. Umgekehrt ist die psychologische Erklärung nicht so naheliegend, wie es gewöhnlich scheint. Sie basiert auf Ansätzen wie den Konsistenz- bzw. Dissonanztheorien, die eine notwendige Tendenz der Person zur Stabilität postulieren. Obwohl diese zweifellos in vielem zutreffen, haben sie dazu geführt, daß alternative Ansätze zu wenig Beachtung gefunden haben, z. B. solche, die ein Neugierverhalten und damit eine Tendenz zur „Varietät" oder eine Tendenz zur Veränderung im Sinn einer Selbstentfaltung (z. B. MASLOW) annehmen.
Als Fazit ergibt sich, daß auf die Frage nach den Möglichkeiten zur Veränderung im Erwachsenenalter eine allgemeine Antwort ohne Bezug auf die jeweiligen sozialen Bedingungen sehr problematisch ist. Unter politisch-praktischen Gesichtspunkten ist eine solche Antwort aber zunächst auch gar nicht nötig. Denn es ist hinreichend klar, daß solche Möglichkeiten vorhanden sind, und zwar in einem Ausmaß, das von den bisherigen Maßnahmen im Bereich der Erwachsenensozialisation nicht ausgeschöpft wird. Auch wenn es um Kindheitssozialisation geht, erweist sich Erwachsenensozialisation zunehmend als notwendig: die Ergebnisse der kompensatorischen Erziehungsprogramme in den USA haben gezeigt, daß Maßnahmen, die nicht auch die Eltern einbeziehen, weitgehend wirkungslos bleiben; in der Diskussion über schichtspezifische Sozialisationsunterschiede wird mehr und mehr argumentiert, man müsse die Gründe dafür in den unterschiedlichen Arbeitsbedingungen der Eltern suchen und *diese* verändern.

6 Sozialisation als Anpassung?

Sozialisation im Lebenslauf ist bis jetzt vor allem im Zusammenhang mit Veränderungen der äußeren Lebensverhältnisse diskutiert worden. Heißt das, daß Sozialisation nur als Anpassung an diese zu verstehen ist? Das Rollenmodell legt eine solche Perspektive nahe; sie entspricht auch der ursprünglichen Konzeption von Sozialisation als Herstellung und Sicherung sozialer Integration, als verinnerlichte soziale Kontrolle. Diese Perspektive ist in den letzten Jahren auf starke Kritik gestoßen. Die Entgegensetzung von „Sozialisation" und „Individuation" hat sich als unhaltbar erwiesen, denn Individuation ist selber ein sozialer Prozeß, sie ist eine notwendige Komponente von Sozialisation. Es bleibt nun noch kurz zu prüfen, was diese Gegenposition für Sozialisation im Lebenslauf bedeuten.

Daß die traditionelle Vorstellung des „Sozialisanden" als eines bloß passiven Objekts von Sozialisation die Realität verfehlt, ist schon bei den frühen Lebensphasen deutlich. Schon Kinder entwickeln sich in aktiver Auseinandersetzung mit ihrer sozialen und materiellen Umwelt; in diesem wesentlichen Punkt stimmen entwicklungslogische, materialistische und interaktionistische Ansätze miteinander überein.
Bei Erwachsenen mit voller sozialer Handlungsfähigkeit ist das Eigengewicht der Person noch stärker. Begriffe wie „Auseinandersetzung mit Entwicklungsaufgaben" oder „Problembewältigung" (coping) sollen den aktiven Beitrag der Person zur Geltung bringen. Darüber hinaus ist die Person als Steuerungsinstanz selber an der Wahl ihrer Lebensverhältnisse beteiligt (und versucht sich diese nach den eigenen Präferenzen umzugestalten). Sozialisation auf eine Position hin erweist sich als keineswegs unabhängig von dem Prozeß, in dem diese Position als Sozialisationsziel überhaupt zustande kommt.

Das kann z. B. für die berufliche Laufbahn aufgezeigt werden (Berufswahl, vgl. KOHLI 1973). ELDER/ROCKWELL (1978) belegen, daß viele Angehörige der Kohorten, die in ihrer frühen Sozialisation durch die große Krise der dreißiger Jahre benachteiligt waren, diese Defizite später durch ein entsprechendes Timing zentraler Übergänge am Beginn des Erwachsenenlebens wettmachen konnten (früher Berufsbeginn und späte Heirat). Im Familienzyklus wird heute immer deutlicher, daß auch die Verbreitung mancher Ereignisse, insbesondere des Übergangs zur Elternschaft, von den Entscheidungen der Betroffenen abhängt.

Eine klare Alternative zur Auffassung von Sozialisation als Anpassung ergibt sich aus einem Entwicklungsbegriff, der nicht rein deskriptiv bleibt (Entwicklung als Persönlichkeitsveränderung), sondern unter Entwicklung als „Wachstum" versteht, d.h. das Erreichen eines Zieles oder die Entfaltung von Subjektivität. Das Ziel kann als höchste Stufe einer logischen Hierarchie konzipiert werden, wie in den kognitiven Entwicklungstheorien im Sinn von PIAGET und KOHLBERG. In eine ähnliche Richtung gehen die Wachstumskonzepte der „humanistischen" Psychologie. Für MASLOW z.B. ist „Selbstverwirklichung" das hierarchisch höchste Bedürfnis, das dann zum Zuge kommt, wenn die tieferen – die sich auf materielle und psychische Sicherung richten – befriedigt sind. Diese Konzepte sind insofern nicht voluntaristisch-normativ, als sie eine empirische Tendenz der Person zur Höherentwicklung annehmen. Einen empirischen Widerstand gegen die sozialen Formierungsprozesse nimmt auch die Psychoanalyse an. Das wird besonders in ihrer Interpretation im Rahmen materialistischer Gesellschaftstheorie hervorgehoben; der wesentliche Beitrag der Psychoanalyse wird hier darin gesehen, daß sie die Existenz subjektiver Triebstrukturen bzw. Handlungstendenzen nachweist, die nicht bruchlos in den Sozialisationsprozessen, denen sie unterworfen werden, aufgehen.

Aus interaktionistischer Sicht ist gezeigt worden, daß Subjektivität sozial notwendig ist. Interaktionen können nur dann gelingen, wenn die Individuen sich nicht voll an die Erwartungen ihrer jeweiligen Interaktionspartner anpassen (KRAPPMANN 1971). Subjektivität entwikkelt sich gerade an der Widersprüchlichkeit solcher Erwartungen. In materialistischen Ansätzen wird die Erklärung für die Widersprüchlichkeit interaktiv vermittelter Erwartungen in den grundlegenden Widersprüchen auf der Ebene der Sozialstruktur gesucht. Das wissenschaftliche Interesse richtet sich nicht nur auf die Entfaltung von Subjektivität, sondern im besonderen auf die Herausbildung von subjektiven Widerstandspotentialen; der Sozialisationsprozeß wird als Formierungsprozeß gesehen, in dem die Person den sozialen Zwängen unterworfen wird, aber zugleich den Widerstand gegen sie lernt (vgl. etwa die Überlegungen zur „Arbeiterkultur").

Unter Lebenslaufgesichtspunkten stellt sich die Frage, ob es bestimmte Lebensphasen gibt, in denen die Bedingungen für „persönliches Wachstum", Entfaltung von Subjektivität bzw. Entstehung von Widerstandspotential besonders günstig sind.

DÖBERT/NUNNER-WINKLER (1975) untersuchen, wie weit das in der Adoleszenz der Fall ist; sie beziehen sich dabei vor allem auf die gegenwärtigen Widersprüche im kulturellen System. In ähnlicher Weise ist die Hypothese formuliert worden, daß die mittleren Erwachsenenjahre eine solche Phase sind (KOHLI 1977). Dafür können verschiedene Gründe angeführt werden, z.B. die soziale Organisation des Lebenslaufs (Endpunkt der beruflichen Aufwärtsmobilität, potentielle Gefahr beruflicher Abwertung) und die zeitliche Entfaltung der kulturellen Widersprüche im Lebenslauf. Die bisherigen Orientierungsmuster erweisen sich als untauglich, was je nach den gegebenen Bedingungen zu resignativem Rückzug oder aber zu „persönlichem Wachstum" führen kann; ersteres Ergebnis scheint empirisch bedeutend häufiger zu sein.

7 Vergangenheit und Zukunft

Die vorstehenden Ausführungen sind zeitlich und räumlich begrenzt: sie beziehen sich auf Sozialisationsprozesse in modernen westlichen Gesellschaften. Die räumliche Begrenzung wird vor allem im Blick auf die Entwicklungsländer deutlich. Die massiven sozialen Veränderungen, die sich dort abspielen, bedeuten z.B., daß Kohorten, die zum Teil noch unter Bedingungen einer traditionalen agrarischen Stammeskultur aufgewachsen sind, während ihres Erwachsenenlebens mit städtischen Lebensverhältnissen und industrieller Arbeit konfrontiert werden. Damit sind sie einem Ausmaß an historischen Veränderungen ausgesetzt, das für Angehörige moderner Gesellschaften ohne Parallele ist. Solche Prozesse ergeben ganz andere Problemlagen; sie sind etwa in der Literatur über Alphabetisierung oder individuelle Modernisierung behandelt worden[12]. Besondere Probleme

12 Als Beispiel für letzteres sei hier die Untersuchung von INKELES/SMITH (1974) genannt (vgl. auch LEMPERT 1977, S. 20ff.). Sie richtet sich auf die Existenz und die Entstehungsbedingungen von „Modernität" als einem zusammenhängenden Komplex von Orientierungen und Fähigkeiten. Die Autoren setzen sich explizit von der psychoanalytischen Auffassung von der Dominanz der frühen Kindheit ab; sie können zeigen, daß Sozialisation im Erwachsenenalter für individuelle Modernität ebenso erklärungskräftig ist wie frühere Sozialisation (worunter als einflußreichste Variable die Schulbildung hervorsticht). Insbesondere die Tatsache und Dauer der Fabrikarbeit hat eine hohe Erklärungskraft, was die Autoren dazu führt, von der Fabrik als Schule der Modernität (und als funktionalem Äquivalent zur eigentlichen Schule) zu sprechen.

werfen auch Prozesse interkultureller Mobilität auf (vor allem wenn zwischen den Kulturen starke Unterschiede bestehen), wie sie massenhaft etwa in der Arbeitsemigration aus den Mittelmeerländern in die mitteleuropäischen Ballungsräume auftreten.

Die zeitliche Gebundenheit ist im Zusammenhang mit der Kohortenspezifik von Lebenslauf und Sozialisation thematisiert worden. Ein anderer Gesichtspunkt, der zum Abschluß noch kurz erwähnt werden soll, ist derjenige der historischen Veränderung der Lebensphasen selbst. Die Literatur über die Veränderung der Bedeutung der frühen Lebensphasen im Prozeß der mittel- und westeuropäischen Modernisierung ist inzwischen zu bekannt, als daß sie im einzelnen zitiert werden müßte. Daß es bis zur Industrialisierung keine Jugendphase im heutigen Sinn gab, ist ebenso gezeigt worden wie daß die Kindheit nicht als Lebensphase mit eigenen Merkmalen, sondern als Vorläufer des Erwachsenenlebens und die Kinder somit als kleine Erwachsene aufgefaßt wurden. Hier soll darauf hingewiesen werden, daß es auch einen Wandel im Verhältnis der Lebensphasen im Sozialisationsprozeß gegeben hat. Die überwiegende Mehrheit der Heranwachsenden wurde früher „fertig“ und war von Anfang an stärker auf eine klar vorhersehbare Tätigkeit (vor allem im Rahmen der dörflichen Agrarwirtschaft) ausgerichtet; es gab weniger Veränderungen, und die soziale Stabilisierung erfolgte früher, Sozialisation in späteren Lebensphasen war also weniger gewichtig.

Das Verhältnis der Lebensphasen ist auch durch die Veränderung der modalen Sozialisationspraktiken und -ergebnisse tangiert worden. In gewisser Weise können sowohl der innengeleitete Sozialcharakter des frühen Bürgertums wie auch der stärker konsumorientiert-außengeleitete oder gar narzißtische des heutigen als Grundorientierung der Person, die in den frühen Lebensphasen sozialisiert wird, aufgefaßt werden. Aber sie haben Unterschiede im Ineinandergreifen von frühen und späten Erfahrungen zur Folge. Der innengeleitete Erwachsene bemächtigt sich der vorgegebenen sozialen Bedingungen unter den Gesichtspunkten seiner internen Leistungsorientierung und Lebensplanung, während der narzißtische sich von den äußeren Verhältnissen stärker bestimmen läßt und keine zeitlich übergreifenden Handlungspläne ausbildet.

In Abschnitt 3 ist dargestellt worden, daß sich schon über die Spanne der letzten achtzig Jahre Veränderungen beobachten lassen. Die Übergänge im Familienzyklus haben sich zeitlich verschoben, und es ist eine neue Phase entstanden, nämlich die des „leeren Nests“.

Diese Bemerkungen mögen als Hinweis auf Veränderungen in der Vergangenheit genügen. Was bringt die Zukunft? Es sei daran erinnert, daß die (bisher) in der Sozialisationsforschung vorherrschende Auffassung vom Primat der frühen Lebensphasen der gesellschaftlichen Gliederung des Lebenslaufs entspricht. Es ist plausibel, zu vermuten, daß eine Veränderung dieser Gliederung auch zu einer Veränderung des lebenslangen Sozialisationsprozesses und seiner Konzeptualisierung führen würde. Welche Richtung die Entwicklung nimmt, ist allerdings nicht klar. Bei der Diskussion der rekurrenten Bildung und des Urlaubs in der Lebensmitte hat sich gezeigt, daß die sozialen Widerstände gegen eine solche alternative Organisation des Lebenslaufs erheblich sind.

Es gibt also Gründe für die Annahme, daß es bei der bisherigen Sequenz von Vorbereitungs-, Aktivitäts- und Rückzugsphase bleiben wird. Der Rückgang der Arbeitszeit wird aber auch im Rahmen dieser Gliederung des Lebenslaufs Veränderungen bewirken. Wenn die Altersgrenze weiter gesenkt wird, erhöht sich der Anteil von Leuten, die nicht mehr berufstätig, aber noch zu vielfacher Aktivität fähig sind; damit gewinnt das „höhere Alter“ – als Lebensphase, die sozial mit dem Übergang in den Ruhestand beginnt – in der Altersgruppenstruktur und im individuellen Lebenslauf an Gewicht, auch hinsichtlich Sozialisation. Es ist denkbar, daß sich dabei neue interne Differenzierungen entwickeln, etwa im Sinn der – bisher nur wissenschaftlich-begrifflichen, d.h. nicht in sozialen Typisierungen verankerten – Unterscheidung von NEUGARTEN (1974) zwischen „jungen Alten“ und „alten Alten“.

In gleicher Richtung wirken sich Veränderungen der Kohorten aus, die in den Altersprozeß eintreten werden. Die Lernbereitschaft und -fähigkeit in späteren Lebensphasen hat sich u.a. als stark abhängig vom formalen Bildungsniveau erwiesen. Da dieses von Kohorte zu Kohorte höher liegt, ist zu erwarten, daß die Sozialisationsrelevanz der späteren Lebensphasen dadurch zunehmen wird.

Literatur

ABELES, R. P./RILEY, M. W.: A life-course perspective on the later years of life: Some implications for research. In: Social Science Research Council Annual Report, 1976–1977, S. 1–16.
Arbeitsgruppe Bildungsbericht: Grundschulreport des Max-Planck-Instituts für Bildungsforschung, 1. Teil. In: b:e 12 (1979), H. 3, S. 61–67.
ARIÈS, P.: Studien zur Geschichte des Todes im Abendland. München, Hanser 1976.
BALLERSTEDT, E./GLATZER, W.: Soziologischer Almanach. Frankfurt, Herder & Herder 1975.
BALTES, P. B./BRIM, D. G. Jr. (Hrsg.): Life-span development and behavior, Vol. 2. New York, Academic Press 1979.
BALTES, P. B./ECKENSBERGER, L. (Hrsg.): Entwicklungspsychologie der Lebensspanne. Stuttgart, Klett 1979.
BAMMÉ, A., u.a.: Erziehung zur beruflichen Mobilität. Hamburg, Schletzer 1976.
BECKER, H. S.: Personal change in adult life. In: Sociometry 27 (1964), S. 40–53.
BECKER, H. S., u. a.: Boys in white. Chicago, Univ. of Chicago Press 1961.
BENEDICT, R.: Kontinuität und Diskontinuität im Sozialisationsprozeß. In: KOHLI 1978 a (1938), S. 195–205.
BERGER, P. L./KELLNER, H.: Die Ehe und die Konstruktion der Wirklichkeit. In: Soz. Welt 16 (1965), S. 220–235.
BERGER, P. L./LUCKMANN, T.: Die gesellschaftliche Konstruktion der Wirklichkeit. Frankfurt, Fischer 1969 (1966).
BLOOM, B. S.: Stabilität und Veränderung menschlicher Merkmale. Weinheim, Beltz 1971 (1964).
BRIM, O. G. Jr.: Sozialisation im Lebensablauf. In: BRIM, O. G. Jr./WHEELER, S.: Erwachsenensozialisation. Stuttgart, Enke 1974 (1966), S. 1–52.
BRIM, O. G. Jr.: Adult socialization. In: CLAUSEN, J. A. (Hrsg.): Socialization and society. Boston, Little, Brown 1968, S. 182–226.
BRONFENBRENNER, U.: Early deprivation: A cross-species analysis. In: NEWTON, G. (Hrsg.): Early experience and behavior. Springfield, Thomas 1968, S. 627–764.
CAIN, L. D. Jr.: Life course and social structure. In: FARIS, R. E. L. (Hrsg.): Handbook of modern sociology. Chicago, Rand McNally 1964, S. 272–309.
DÖBERT, R./NUNNER-WINKLER, G.: Adoleszenzkrise und Identitätsbildung. Frankfurt, Suhrkamp 1975.
ELDER, G. H. Jr.: Children of the great depression. Chicago, Univ. of Chicago Press 1974.
ELDER, G. H. Jr.: Age differentiation and the life course. In: Annual Rev. of Sociology 1 (1975), S. 165–190.
ELDER, G. H. Jr./ROCKWELL, R. C.: Historische Zeit im Lebenslauf. In: KOHLI 1978 a, S. 78–101.
ERIKSON, E. H.: Identität und Lebenszyklus. Frankfurt, Suhrkamp 1965 (1959).
FRIEDRICHS, J./KAMP, K.: Methodologische Probleme des Konzeptes „Lebenszyklus“. In: KOHLI 1978 a, S. 173–190.
FUCHS, W.: Arbeiterleben nach 1945 (Projektplan). Marburg, Guttandin & Hoppe 1979.
GLASER, B. G./STRAUSS, A. L.: Status passage. Chicago, Aldine 1971.
GLICK, P. C.: Neue Entwicklungen im Lebenszyklus der Familie. In: KOHLI 1978 a, S. 140–153.
GLICK, I. O., u. a.: The first year of bereavement. New York, Wiley 1974.
GRIESE, H.: Erwachsenensozialisation. München, Raith 1976.
GUTTMANN, D.: The cross-cultural perspective: Notes toward a comparative psychology of aging. In: BIRREN, J. E./SCHAIE, K. W. (Hrsg.): Handbook of the psychology of aging. New York, Van Nostrand Reinhold 1977, S. 303–326.
HALL, O.: The stages of a medical career. In: Am. J. of Sociol. 53 (1948), S. 327–337.
HARTMANN, H.: Die Sozialisation von Erwachsenen als soziales und soziologisches Problem. In: BRIM, O. G. Jr./WHEELER, S.: Erwachsenensozialisation. Stuttgart, Enke 1974 (1966), S. 126–184.
HURRELMANN, K. (Hrsg.): Sozialisation und Lebenslauf. Reinbek, Rowohlt 1976.
INKELES, A./SMITH, D. H.: Becoming modern. Individual change in six developing countries. Cambridge/Mass., Harvard Univ. Press 1974.
KOHLBERG, L.: Continuities in childhood and adult moral development revisited. In: BALTES, P. B./SCHAIE, K. W. (Hrsg.): Life-span developmental psychology: Personality and socialization. New York, Academic Press 1973.
KOHLI, M.: Studium und berufliche Laufbahn. Stuttgart, Enke 1973.
KOHLI, M.: Sozialisation und Lebenslauf. Eine neue Perspektive für die Sozialisationsforschung. In: LEPSIUS, R. M. (Hrsg.): Zwischenbilanz der Soziologie. Stuttgart, Enke 1976, S. 311–326.
KOHLI, M.: Lebenslauf und Lebensmitte. In: Köln. Z. f. Soz. u. Sozpsych. 29 (1977), S. 625–656.
KOHLI, M. (Hrsg.): Soziologie des Lebenslaufs. Darmstadt und Neuwied, Luchterhand 1978 a.
KOHLI, M.: Erwartungen an eine Soziologie des Lebenslaufs (1978 b). In: KOHLI 1978 a, S. 9–31.
KOHLI, M.: Erwachsenensozialisation. Erscheint in: SCHMITZ, E./TIETGENS, H. (Hrsg.): Erwachsenenbildung/Weiterbildung (Europäische Enzyklopädie Erziehungswissenschaft). Stuttgart, Klett-Cotta 1981.
KOHN, M. L./SCHOOLER, C.: The reciprocal effects of the substantive complexity of work and intellectual flexibility: A longitudinal assessment. In: J. of Sociol. 84 (1978), S. 24–52.
KRAPPMANN, L.: Soziologische Dimensionen der Identität. Stuttgart, Klett 1971.
LEMPERT, W.: Untersuchungen zum Sozialisationspotential gesellschaftlicher Arbeit. Berlin, Max-Planck-Institut für Bildungsforschung 1977.
LEVINSON, D. J., u. a.: Das Leben des Mannes. Köln, Kiepenheuer & Witsch 1979 (1978).
LOEWENBERG, P.: The psychohistorical origins of the Nazi youth cohort. In: Am. Hist. Rev. 76 (1971), S. 1457–1502.
LÖWE, H.: Einführung in die Lernpsychologie des Erwachsenenalters. Berlin, VEB Deutscher Verlag der Wissenschaften 1970.
LOWENTHAL, M. F., u. a.: Four stages of life. San Francisco, Jossey-Bass 1975.
MANNHEIM, K.: Das Problem der Generationen. In: KOHLI 1978 a (1928), S. 38–53.
MATTHES, J.: Volkskirchliche Amtshandlungen, Lebenszyklus und Lebensgeschichte. In: KOHLI 1978 a, S. 206–224.
MEAD, M.: Der Konflikt der Generationen. Olten, Walter 1971 (1970).
MODELL, J., u. a.: Sozialer Wandel und Übergänge ins Erwachsenenleben in historischer Perspektive. In: KOHLI 1978 a (1976), S. 225–250.
MÜLLER, W.: Der Lebenslauf von Geburtskohorten. In: KOHLI 1978 a, S. 54–77.
MÜLLER-FOHRBRODT, G., u. a.: Der Praxisschock bei jungen Lehrern. Stuttgart, Klett-Cotta 1978.

NEUGARTEN, B. L./MOORE, J. W.: The changing age status system. In: NEUGARTEN, B. L. (Hrsg.): Middle age and aging. Chicago, Univ. of Chicago Press 1968, S. 5–22.

NEUGARTEN, B. L.: Age groups in American society and the rise of the young-old. In: Annals of the American Academy of Political and Social Sciences, Sept. 1974, S. 187–198.

NEUGARTEN, B. L., u.a.: Altersnormen, Alterszwänge und Erwachsenensozialisation. In: KOHLI 1978a (1965), S. 122–133.

OERTER, R. (Hrsg.): Entwicklung als lebenslanger Prozeß. Hamburg, Hoffmann & Campe 1978.

PIEPER, M.: Erwachsenenalter und Lebenslauf. München, Kösel 1978.

RABE, B.: Der sozialdemokratische Charakter. Frankfurt, Campus 1978.

RILEY, M. W., u.a. (Hrsg.): Aging and society. New York, Russell Sage Foundation 1972.

ROSENMAYR, L. (Hrsg.): Die menschlichen Lebensalter. München, Piper 1978.

ROSENMAYR, L./ROSENMAYR, H.: Der alte Mensch in der Gesellschaft. Reinbek, Rowohlt 1978.

ROSOW, I.: Socialization to old age. Berkeley, Univ. of California Press 1974.

ROSOW, I.: Status and role change through the life span. In: BINSTOCK, R. H./SHANAS, E. (Hrsg.): Aging and the social sciences. New York, Van Nostrand Reinhold 1976, S. 457–482.

RUDINGER, G./LANTERMANN, E.-D.: Probleme der Veränderungsmessung in individuellen und gruppentypischen Entwicklungsverläufen. In: OERTER 1978, S. 178–227.

SCHELSKY, H.: Die skeptische Generation (Vorwort zur Taschenbuchausgabe). Frankfurt, Ullstein 1975 (1957).

SCHLEICHER, R.: Die Intelligenzleistung Erwachsener in Abhängigkeit vom Niveau der beruflichen Tätigkeit. In: Probl. u. Erg. d. Psych. 44 (1973), S. 25–55.

STRAUSS, A. L.: Spiegel und Masken. Frankfurt, Suhrkamp 1968 (1959).

THOMAE, H. (Hrsg.): Handbuch der Psychologie, Bd. 3, Entwicklungspsychologie. Göttingen, Hogrefe 1959.

UHLENBERG, P. R.: Cohort variations in family life cycle: Experiences of U.S. females. In: J. Marriage Fam. 36 (1974), S. 284–292.

WURZBACHER, G.: Die Familie unter den Aspekten eines lebenslangen Sozialisationsprozesses des Menschen. In: WURZBACHER, G.: Die Familie als Sozialisationsfaktor. Stuttgart, Enke [2]1977.

ZÄNGLE, M.: Einführung in die politische Sozialisationsforschung. Paderborn, Schöningh 1978.

ZUCKERMAN, H./MERTON, R. K.: Age, aging and age structure in science. In: RILEY u.a. 1972, S. 292–356.

4

Die Methodendiskussion in der Sozialisationsforschung

Methoden der Sozialisationsforschung

Eva Köckeis-Stangl

Vorbemerkung

In diesem Beitrag sollen Methodenprobleme unseres Forschungsbereichs auf möglichst konkreter Ebene erörtert werden, weil ich hoffe, daß damit jenen Lesern am meisten gedient ist, die hier nach Hilfen für ihre eigene derzeitige oder künftige Forschungstätigkeit suchen. Auch zum Dialog zwischen den Verfechtern unterschiedlicher Vorgangsweisen meine ich am ehesten beitragen zu können, wenn ich mich bemühe, keine Pauschalurteile abzugeben, sondern detailliert Konsequenzen bestimmter methodischer Optionen zu erwägen. Gelegentlich möchte ich das auch am Beispiel einzelner Untersuchungen illustrieren, wobei es mir besonders wichtig erscheint, gerade für kritische Betrachtungen die jeweils besten Untersuchungen eines Typs heranzuziehen. Auf aus der Psychologie wie aus der Soziologie herrührende methodische Ansätze und Verfahren soll gleichermaßen eingegangen werden, da mir die unmittelbare Verknüpfung beider Wissenschaftstraditionen unerläßlich erscheint, um die Sozialisationsforschung voranzubringen.
Das Bemühen, all diesen Anforderungen gerecht zu werden, ließ den Beitrag zu beträchtlicher Länge anwachsen und implizierte dennoch, daß ich mich entgegen ursprünglicher Intention fast völlig auf Methoden per se beschränken mußte und auf die übergeordneten wissenschaftstheoretischen und methodologischen Probleme nur gelegentlich hindeuten kann. So bleiben auch die wichtigen Fragen nach dem Erkenntnisinteresse des Forschers, nach Relevanz und Nutzen seiner Arbeit fast völlig ausgeblendet. Ich habe diesbezügliche frühere Erörterungen (Köckeis-Stangl u.a. 1976) hier nicht weitergeführt. sondern gehe lediglich von der vagen Vorannahme aus, daß wohl alle Sozialisationsforscher jedenfalls mehr Einsicht in Sozialisationsprozesse gewinnen wollen.
Deswegen beginne ich direkt mit einer Erörterung der methodischen Anforderungen, die sich aus den inhaltlichen Fragestellungen unseres Bereichs in Verbindung mit grundsätzlichen Ansprüchen in quantitative Forschung ergeben (Kap. 1) und zeige dann anhand von Untersuchungen mit „Mehrebenenanalyse"-Ansatz sowie einigen weiteren häufig verwendeten Untersuchungstypen wie schwer es ist, den meines Erachtens diskrepanten Ansprüchen gerecht zu werden (Kap. 2). In Kapitel 3 werden grundsätzliche Argumente dafür beigebracht, warum der objektivierend-quantitative Methodenkanon zur Lösung vieler derzeit anstehenden For-

schungsfragen ungeeignet erscheint. Daher trachte ich in Kap. 4 sowohl durch Hinweise auf einschlägige Untersuchungen als auch durch eine relativ detaillierte Darstellung der Forschungsschritte über kommunikativ-interpretative Methoden zu informieren, die meines Erachtens nun bereits hinreichend ausgearbeitet sind, um als vielversprechende Alternative in der Sozialisationsforschung eingesetzt zu werden.

Obwohl bereits seit mindestens drei Jahrzehnten über Sozialisation publiziert wird, scheint der vorliegende Beitrag die erste größere Arbeit zu sein, die spezifisch die Methoden dieses Forschungsbereichs behandelt. Ich danke den Herausgebern, daß sie mir dazu Gelegenheit gegeben haben.

1 Anforderungen an quantitative Sozialisationsstudien

Viele der anfänglichen Fragestellungen der Sozialisationsforschung konnten mit relativ einfachen Designs und quantitativen Methoden bewältigt werden:

Ob zum Beispiel ein Aspekt des Kontextes, in dem ein Kind heranwuchs, Konsequenzen für dessen schulische Leistungsfähigkeit oder weiteren Ausbildungsweg hatte, ließ sich zunächst durch ein simples, bivariates Design eruieren. Auch für die Überprüfung des Einflusses von Kontextaspekten auf Verhaltensmerkmale der „Sozialisationsagenten", beziehungsweise von letzteren auf die Eigenschaften des „Sozialisanden", erschien es vorerst ausreichend, mit je einer abhängigen und einer unabhängigen Variablen zu operieren um zu ermitteln, ob ein signifikanter Zusammenhang bestehe und eventuell noch den Korrelationskoeffizienten zu berechnen. Zugleich wurden in Untersuchungen dieses Typs vor allem anfangs zum Gutteil Merkmalsdimensionen verwendet, bei denen die Korrespondenz zwischen Nominaldefinition und Operationalisierung mit einiger Berechtigung naiv vorausgesetzt werden konnte. Bei Merkmalen wie Wohngegend, Wohnungsgröße, Vollständigkeit der Familie, Geschwisteranzahl, besuchte Schultype, Zeugnisnoten usw. war es auch ziemlich egal, von wem und auf welche Weise man die entsprechenden Informationen einholte.

Sobald aber eine größere Anzahl von Produkten dieses Untersuchungstyps vorliegt bzw. von einer scientific community zur Kenntnis genommen wird, beginnt notwendigerweise auch schon die Vertreibung aus diesem Paradies unproblematischer Forschungsmethoden:

1.1 Notwendigkeit multivariater Ansätze

Wenn durch kumulative Forschung evident geworden ist, daß nicht nur Variable A, sondern auch Variable B, C etc. auf dasselbe Verhaltensmerkmal von Kindern einwirkt, und eventuell überdies zu vermuten ist, daß diese „unabhängigen" Variablen untereinander zusammenhängen, werden multivariate Designs unerläßlich (vgl. beispielsweise: Einflüsse von Stellung in der Geschwisterreihe, Geschwisteranzahl und Urbanität des Wohnsitzes auf den Schulerfolg). Das Problem einer derartigen Konfundierung wird schon von L. W. HOFFMAN/R. LIPPITT (1960, S. 958) herausgestellt; mit etwas anderen Argumenten plädiert sogar noch früher bereits Irving CHILD in einem Artikel, den man vermutlich als das erste Sammelreferat über Ergebnisse der Sozialisationsforschung ansehen kann, dafür, bivariate durch multivariate Designs zu ersetzen (CHILD 1954, S. 657; ähnlich auch z. B. CLAUSEN 1968, S. 177). Zugleich sei aber auch darauf verwiesen, was gegenwärtig impliziert ist, wenn man etwa der Forderung genügetun will, auch nur annähernd alle jene Merkmalsdimensionen, die nach heutigem Kenntnisstand als miteinander zusammenhängende, ineinander verflochtene Faktoren von Schulerfolg anzusehen sind, in *einer* Untersuchung zu erfassen. Jedem mit diesem Sachgebiet Vertrauten werden auf Anhieb mehrere Dutzend solcher Faktoren einfallen und wenn man ihm gar Zeit läßt, ein wenig die Literatur durchzublättern, kommt er vermutlich binnen Kürze auf mehr als hundert Variablen, die man berücksichtigen müßte, um obige Forderung zu erfüllen.

1.2 Berücksichtigung von Kausalsequenzen: Mehrebenenanalyse

Schon vor zwanzig Jahren wurde aber auch darauf aufmerksam gemacht, daß man die *Kausalsequenzen* zwischen den Einflußfaktoren mitberücksichtigen müsse. HOFFMAN/LIPPITT (1960, S. 945f.) stellen allein für den Konnex zwischen „family variables" und „child-behavior variables" ein *elfstufiges* kausales Sequenzschema auf, das durchaus noch heute beachtenswert erscheint: Es reicht von „parental background" (z.B. Herkunft der Eltern und deren Erziehungsverlauf) und „current family setting" (u.a. Subkultur, Sozialschicht, Wohngegend) über „family composition", „relationship between parents" und „personality characteristics of parents" zu „childoriented parental attitudes", dann „overt parental behavior patterns" und von diesen über „child's orientation towards parents and siblings" und „overt child behavior towards other family members" zu „personal characteristics of the child" und den Einstellungen und Verhaltensweisen des Kindes außerhalb der Familie.

Vorsichtigerweise lassen sich diese Autoren aber nicht darauf ein anzugeben, wie man dies alles in einer Untersuchung erfassen oder gar zueinander in Beziehung setzen könnte. Wohl aber machen sie mittels dieses Sequenzschemas „causal jumps" und „socialization process gaps" in den ihnen bereits vorliegenden Untersuchungen einsichtig. Sie kritisieren aus diesem Grunde z.B. Studien, in denen ein direkter Zusammenhang zwischen Einstellungen von Eltern und Kindern oder zwischen deren Persönlichkeitsmerkmalen gesucht wurde (HOFFMAN/LIPPITT 1960, S. 967). Vor allem aber findet sich bereits in diesem Artikel die seither unzählige Male wiederholte Kritik an der schichtenspezifischen Sozialisationsforschung, daß diese Untersuchungen meist nur entweder Sozialschicht und Elternvariablen oder nur Sozialschicht und Kindvariablen einbezogen haben und es daher ungeklärt bleibt, über welche intervenierende Variable die Schichtzugehörigkeit der Familie auf das Kind einwirkt (1960, S. 950)[1].

Für Forschungsdesigns, welche zumindest diese drei Ebenen erfassen, hat sich im deutschen Sprachraum die Bezeichnung „*Mehrebenenanalyse*" eingebürgert[2]. Soweit ich weiß, ist es Ulrich OEVERMANN (1969, S. 106), der das Wort erstmalig in diesem spezifischen Sinn verwendet hat. Er war damals der Ansicht, daß es – vorausgesetzt, man verfüge über ein entsprechendes, komplexes theoretisches Sozialisationsmodell – gelingen müßte, an großen Stichproben mittels anspruchsvoller multivariater statistischer Verfahren die komplizierten Kausalbeziehungen zu entwirren und abzuschätzen, wie viel die einzelnen soziologischen Strukturvariablen, ebenso auch die sozialpsychologischen bzw. psychologischen Variablen, die Einstellungen und Verhalten der Eltern kennzeichnen, zur Aufklärung der Varianz von verschiedenen Persönlichkeitsmerkmalen der Kinder beitragen (OEVERMANN 1969, S. 104ff.; vgl. auch KÖCKEIS 1966 u. 1968).

In letzter Zeit wird die Forderung nach derartiger quantitativer Mehrebenenanalyse (allerdings meist ohne sich explizite auf OEVERMANN oder dessen Vorläufer zu beziehen) in immer mehr deutschsprachigen Darstellungen der Sozialisationsforschung wiederholt (z.B. in: WALTER 1973, S. 43; HURRELMANN 1976, S. 33; BERTRAM 1976a, S. 104, 115; LUKESCH/SCHNEEWIND 1978, S. 16; K. ULICH 1978, S. 114).

Daher wird es wichtig sein, ziemlich ausführlich auf die Methodik jener Untersuchungen einzugehen, die sich bemühten, diesem Forschungsziel zu entsprechen und zu erörtern, ob und inwieweit die in die Mehrebenenanalyse gesetzten Hoffnungen erfüllt wurden (vgl. eine allgemeine Erörterung dieses Untersuchungstyps und dessen Ertrags auch im Beitrag von HURRELMANN/GEULEN zu diesem Handbuch). Zuvor sind noch einige weitere Ergebnisse bisheriger Sozialisationsforschung zu erwähnen, die beträchtliche methodische Implikationen für die Anlage und Durchführung empirischer Untersuchungen haben bzw. haben sollten.

1.3 Berücksichtigung von Wechselwirkungen, sozialer Interaktion und Kommunikationsstrategien

Auf theoretischer Ebene ist es nun bereits fast selbstverständlich geworden, sich *Sozialisation nicht mehr als einseitige Einflußnahme* vorzustellen, in dem einem als passiv konzipiertem Kind oder sonstigem „Sozialisanden" durch die

1 Es sollte zu denken geben, daß dieser Vorwurf sich bis in die Gegenwart ständig wiederholt. Man findet ihn z.B. in MACCOBY 1968, S. 247; ZIGLER/CHILD 1969, S. 484; ABRAHAMS/SOMMERKORN 1976, S. 83; BERTRAM 1976a, S. 114; HOFF/GRÜNEISEN 1978, S. 66; K. ULICH 1978, S. 105). Obwohl längst eine beachtliche Zahl von Studien publiziert ist, die Variablen aller drei Ebenen – also: Sozialschicht + irgendwelche Informationen über Meinungen und/oder Handlungen der Eltern + irgendwelche Informationen, was das Kind tut und/oder kann – erfaßt haben und auch miteinander in Verbindung setzten.

2 Diese Konzeption deckt sich nur teilweise mit jener, die unter „Mehrebenenanalyse" verschiedene quantitative Vorgehensweisen subsumiert, mit denen man meint, zu empirisch kontrollierten Aussagen über gesamtgesellschaftliche Phänomene gelangen zu können (für diese Version siehe HUMMEL 1972, ZIEGLER 1972).

Eltern oder sonstige mächtige „Sozialisatoren" beigebracht wird, was es zu können und zu glauben, und wie es sich zu benehmen hat. Vielmehr neigen immer mehr Autoren dazu, *Sozialisation als einen Transaktionsprozeß* aufzufassen, in dem eine Person durch Interaktionen mit anderen Personen und die Interpretation dieser Interaktionen ihre spezifischen Handlungsstrategien erlernt und entwickelt; und zwar als einen Prozeß, der durchaus nicht mit dem Erreichen des Status eines Erwachsenen abgeschlossen ist.

Dies aber impliziert:

a) Die Handlungsstrategien, die z.B. ein Vater gegenüber einem seiner Kinder einschlägt, sind mitdeterminiert durch die Handlungen dieses Kindes (und die Bedeutungen, die dieser Vater diesen Handlungen zuschreibt). Daher erscheint es inadäquat, in einem Forschungsansatz bloß einseitige Kausalrelationen, d.h. Einwirkungen der Eltern auf die Kinder zu berücksichtigen; statt dessen wäre von einem komplexen Wechselwirkungsprozeß auszugehen.
b) Es sind durchaus nicht nur die Eltern an der Sozialisation ihrer Kinder beteiligt, sondern zugleich trägt auch jedes Kind zur Sozialisation seiner Eltern – und erst recht zu jener seiner Geschwister – bei. (Analog beeinflussen auch Schüler die Sozialisation ihrer Lehre und ihrer Mitschüler, Rekruten die Sozialisation ihrer Vorgesetzten wie ihrer Kollegen etc.) Deswegen scheint es mir auch höchstens in Sonderfällen sinnvoll, unter den Mitgliedern realer sozialer Einheiten (Gruppen, Organisationen) eine Kategorisierung in „Sozialisatoren" und „Sozialisanden" vorzunehmen. Realistischerweise müßte man also bei Forschungen davon ausgehen, *daß zumindest in längerfristig bestehenden kleineren sozialen Einheiten jedes Mitglied jedes andere sozialisiert.* Darüber hinaus wäre auch zu berücksichtigen, daß etwa die Mitglieder C, D etc. die Sozialisationswirkungen von A auf B (und von B auf A) mitbeeinflussen. BRONFENBRENNER (1978) erörtert dies ausführlich und bezeichnet solche Relationen als Wechselwirkungen zweiter bzw. höherer Ordnung. Nicht nur der Vater – wie schon mehrfach herausgestellt wurde –, sondern auch z.B. ein eben geborenes zweites Baby dürfte die Relation zwischen dem Erstgeborenen und seiner Mutter beeinflussen.
c) *Das für die Sozialisation entscheidende Geschehen ereignet sich aller Wahrscheinlichkeit in direkten Interaktionsprozessen,* in denen Handlungsstrategien, Selbstpräsentationen, Identitäten erprobt, ausgehandelt und eventuell im Hinblick auf im jeweiligen Kontext dominante (eigene oder fremde) Intentionen „verbessert" werden. Akzeptiert man eine solche Grundvorstellung, dann wird es sehr fraglich, ob ein Forschungsansatz zielführend sein kann, der z.B. Verhalten, Meinungen und Fähigkeiten von Vater, Mutter und Kind je getrennt erfaßt und den Interaktionszusammenhang dieser Personen nachträglich über statistische Verfahren zu rekonstruieren trachtet. Somit wäre es wünschenswert, Interaktionsprozesse so zu erfassen, wie sie tatsächlich ablaufen und sie so zu analysieren, daß erkenntlich bleibt, wie die Äußerungen und Handlungsstrategien der Beteiligten sequenziert und aufeinander bezogen sind.

Diese Folgerungen lassen sich nicht nur aus theoretischen Erwägungen ableiten, sondern auch aus empirischen Ergebnissen.

Besonders eindrucksvoll zeigen z.B. NEWSON/NEWSON (1968, insbes. S. 67) anhand ausführlicher offener Interviews mit mehreren Müttern vierjähriger Kinder, wie sehr eine Mutter ihre Erziehungsmethoden auf das jeweilige Kind und die Persönlichkeitsmerkmale abstimmt, die sie bei diesem wahrnimmt. Die Frauen waren sich in hohem Maß bewußt, daß sie vielfach ihre Erziehungsprinzipien modifizieren mußten, weil sie bei *diesem* Sohn, bei *dieser* Tochter damit keinen Erfolg hatten oder zu große Konflikte heraufbeschworen. Für eine grundsätzliche Erörterung der von Kindern auf ihre Eltern ausgeübten Wirkungen, unter Mitverwendung empirischer Ergebnisse siehe BELL (1968), sowie den – in gewisser Hinsicht als Replik darauf anzusehenden Artikel von M. L. HOFFMAN (1977, S. 15ff.).
Besonders aufschlußreich zu Punkt (b) ist eine Studie von RHEINGOLD (1969), die sich auf das Verhältnis zwischen Müttern und ihren Babys bezieht. Sie gelangt zu Ergebnissen, die völlig der landläufigen Meinung widersprechen, daß doch zumindest im ersten Lebensjahr Sozialisation ein lediglich einseitiger Prozeß sei, der durch ein so kleines Kind noch nicht mitdeterminiert werden könne. Vielmehr zeigt Harriet RHEINGOLD, daß ein Baby in höherem Maße die Interaktionen mit seinen Betreuern determiniere als diese selbst und vermerkt abschließend „the infant may be thought

of as socializer of his parents" (1969, S. 789). Bei dieser Autorin findet sich weiter auch bereits ein Hinweis auf Punkt (c), nämlich, daß solche Phänomene nur erkennbar werden, wenn man Mutter-Kind-Interaktionen dyadisch und in Alltagssituationen erfaßt (S. 789). Dies hat sich seither in zahlreichen neuen Studien über die ersten Lebensmonate bestätigt. So stellt SCHAFFER (1977, S. 5) in der Einleitung zu seinem Sammelband „Studies in Mother-Child Interaction" besonders heraus, daß erst durch eine „dyadische Orientierung" der Untersuchungen, bei der detailliert und sequentiell erfaßt wird, wie Babys mit ihren Müttern interagieren, wie die Mutter dem Kind und das Kind der Mutter „antwortet", evident wurde, wie früh bereits ein echter sozialer Austausch stattfindet (siehe auch RICHARDS 1977, S. 48f.). Die Ergiebigkeit von echten Interaktionsanalysen ist durchaus nicht auf die erste Lebensphase beschränkt, wie weiter unten noch ausführlicher zu erörtern sein wird (vgl. Kap. 4).

Der eben vorgebrachten Argumentation zufolge müßten also empirische Untersuchungen von Sozialisationsprozessen berücksichtigen, daß

a) weit eher mit komplexen Wechselwirkungen als mit eindeutigen Kausalrelationen zu rechnen ist;
b) in Familien und auch in anderen dauerhafteren sozialen Einheiten nicht nur bei Kindern und Rekruten, sondern bei praktisch allen Mitgliedern Sozialisationsprozesse in Gang sind, die von sämtlichen anderen Mitgliedern mitgesteuert werden;
c) Alltagsinteraktionen und deren Interpretationen besondere Bedeutung zukommt.

Die Diskrepanz zwischen diesen Desiderata und den in 1.1 bzw. 1.2 erörterten Forderungen ist offensichtlich, spiegelt aber ein echtes Dilemma, mit dem sich gegenwärtig viele Sozialisationsforscher konfrontiert sehen: Es mag einer noch einigermaßen darauf hoffen, es könnte ihm gelingen, eine Mehrebenenuntersuchung so zu gestalten, daß er gemäß 1.1 alle für eine „Verhaltensweise des Sozialisanden" maßgeblichen Faktoren erfaßt und zugleich die in 1.2 angesprochenen Kausalsequenzen zu analysieren. Wie aber kann jemand ein Projekt mit den Zielsetzungen (1) und/oder (2) durchführen, der interaktionistische (bzw. transaktionistische) Grundvorstellungen über Sozialisationsprozesse teilt? Lassen sich Vermutungen über Einwirkungen der Kinder auf Erziehungsmethoden ihrer Eltern so gründlich verdrängen, daß man zuversichtlich mathematische Verfahren anwenden kann, die zu der Annahme zwingen, daß es keine solche Rückwirkungen gibt? Ich möchte die Dilemmata, die ich durchaus auch selbst erlebt habe, an dieser Stelle nicht weiter ausmalen, denn es ist noch ein weiterer Aspekt zu berücksichtigen, der (zumindest aus meiner heutigen Sicht) den Zwiespalt noch wesentlich vergrößert.

1.4 Berücksichtigung der Qualität der Ausgangsdaten

Empirische Ergebnisse, sozialisationstheoretische Weiterentwicklungen und wissenschaftstheoretische Arbeiten haben gleichermaßen dazu beigetragen, die Daten- bzw. Informationsgewinnung für (fast) jede Art empirischer Untersuchung zu einem schwierigen Problem zu machen.

a) Beantwortungsdiskrepanzen zwischen Familienmitgliedern

Schon seit zwanzig Jahren weiß man z.B., daß man bei standardisierten Befragungen über Interaktionen in Familien, über Zielsetzungen und Erziehungsmethoden der Eltern, ebenso wie über Charakteristika der Kinder außerordentlich divergente Resultate erhält, je nachdem, von wem und zu welchem Zeitpunkt man solche Auskünfte einholt.

Von sehr geringen Korrelationen zwischen Urteilen der Eltern über ihre Kinder und den Selbstbeurteilungen der letzteren berichten bereits HOFFMAN/LIPPITT (1960, S. 975). Ebenso gering war in einer Untersuchung, in der (bei einem Subsample der Familien) an Mutter, Vater und ca. zehnjährige Kinder je getrennt die gleichen Fragen gestellt wurden, die Übereinstimmung zwischen Vater und Mutter bzw. zwischen diesen und dem Kind darüber, ob der Sohn ebenso sehr mit seinen Problemen zum Vater wie zur Mutter kommt (KOHN/CARROLL 1960, S. 377f.; vgl. auch LYTTON 1971, S. 676). Als rezentes, ähnlich gelagertes Beispiel läßt sich etwa eine Untersuchung von SCHNEEWIND/PFEIFFER anführen: Hier ergaben sich keinerlei signifikante Beziehungen zwischen direkt von den Eltern erfragten Erziehungseinstellungen und dem Ausmaß der „Selbstverantwortung", das die Forscher bei deren Kindern ermittelt hatten. Hingegen errechneten sie Korrelationen bis über 0,70 zwischen dieser Variable „Selbstverantwortung" und den Angaben der *Kinder* über die Erziehungseinstellungen ihrer Eltern (SCHNEEWIND/PFEIFFER 1978, S. 194ff.). Also müssen offensichtlich die Korrelationen zwischen Elternangaben und Kinderangaben über die elterlichen Erziehungseinstellungen recht niedrig sein, werden aber leider nicht mitgeteilt.

Insgesamt scheint es für die Höhe der Korrelation zwischen derartigen Variablen in erster Linie maßgeblich zu sein, ob diese auf Antworten ein und derselben Person beruhen. Ist dies der Fall, dann erhält man vielfach höhere Korrelationen zwischen Variablen, die aus der Perspektive üblicher Kausalsequenzschemata ziemlich distanten Stufen zuzuordnen wären, als zwischen den Antworten verschiedener Familienmitglieder auf identische Einzelfragen oder Skalen.

So bestätigen auch Darpe/Schneewind (1978) unter Hinweis auf drei weitere empirische Untersuchungen, „*daß zwischen selbst- und kindperzipiertem (elterlichem) Erziehungsverhalten nur schwache Zusammenhänge bestehen*" (S. 149). Diese Autoren ziehen daraus aber lediglich die Konsequenz, „daß kindperzipiertes Erziehungsverhalten eine bessere Vorhersage auf kindliche Verhaltensmerkmale erlaubt, als aufgrund der Selbstperzeption der Eltern möglich ist" (S. 150). Sie selbst erheben demgemäß lediglich die Kindperzeptionen, weisen dann stolz ihre Korrelationen mit den bei derselben Befragung der Kinder ermittelten „kindlichen Persönlichkeitsdimensionen" vor und interpretieren all dies schlußendlich mit der (immerhin auch Wechselwirkungen berücksichtigenden) Feststellung: „Die fortdauernde Begegnung mit bestimmten elterlichen erzieherischen Verhaltensmustern bestimmt ebenso das Verhalten und die Eigenart des Kindes, wie die Art des Erziehungsverhaltens von der Eigenart des Kindes beeinflußt wird" (S. 161); obwohl jeglicher Nachweis fehlt, daß sich Eltern „wirklich" so benehmen, wie es die Autoren aus den von den Kindern angekreuzten Items herausgelesen haben.

Es ist wohl evident, daß durch die zahlreichen Untersuchungen dieses Typs überhaupt noch nicht belegt ist, inwiefern elterliche Erziehungsmethoden zur Herausbildung von Eigenarten ihrer Kinder beitragen. Resultate wie die obigen ließen sich ebenso gut dahingehend interpretieren, daß ein Kind aufgrund seiner Eigenarten das Tun seiner Eltern in spezifischer Weise sieht. Ein Zusammenhang zwischen zwei solchen Skalen kann sogar entstehen – oder zumindest wesentlich vergrößert werden, bloß durch gleichläufig darin zur Geltung kommende „Response-Set"-Tendenzen der Befragten, also z.B. durch deren individuell unterschiedlich starke Jasageneigung bzw. unterschiedlich starke oder andersgerichtete Neigung, jene Antworten zu preferieren, die ihrer Konzeption des sozial Erwünschten entsprechen.

b) Auswirkungen von Response-Sets

Letzteres Argument sollte man wohl durch ein Beispiel verdeutlichen: Angenommen, man verwendet zur Messung der Ängstlichkeit der Kinder eine der üblichen Fragenbatterien, etwa die Angsttests „TASC", „GASC" oder „MAS", bei denen fast durchweg alle Items so formuliert sind, daß Bejahung als Indiz für Angst, Verneinung als Indiz für keine Angst verrechnet wird. (Man bezeichnet solche Skalen als „einseitig"; während eine „ausbalancierte Skala" nur zur Hälfte solche Items enthält, während die übrigen Items so zu formulieren wären, daß die Antwort „nein" als Indiz für Angst angesehen werden kann.) Zugleich wird den Kindern eine weitere einseitige Skala vorgelegt, die „elterliche Akzeptierung des Kindes" versus „Ablehnung" messen soll, deren Items (ebenso wie bei der Dimension „acceptance versus rejection" des berühmten PARI-Elternfragebogens) alle so formuliert sind, daß sich aus der Anzahl der „nein" der Score für „Akzeptierung" ergibt. Da nun nachgewiesenermaßen sehr viele Kinder (und fast ebenso viele Erwachsene) beim schriftlichen Ausfüllen von Fragebögen ebenso wie bei standardisierten Interviews weit häufiger „ja" als „nein" zu antworten pflegen (vgl. Köckeis-Stangl 1978, S. 70f.), erzeugt die unterschiedliche Jasagetendenz der Kinder zwangsläufig eine Korrelation zwischen den beiden obigen Variablen. Kinder mit starker genereller Jasagetendenz kriegen schon allein aufgrund dessen hohe Ängstlichkeitsscores und aus demselben Grund bekommen ihre Eltern einen niedrigen Score für „Akzeptierung des Kindes". Ich habe dieses Beispiel erfunden, bin mir aber wegen meiner eingehenden Beschäftigung mit der Jasageneigung sicher, daß sich ein solches Resultat leicht erzeugen läßt, ja vermutlich schon irgendwo einmal produziert und möglicherweise vom betreffenden Forscher als eindeutiger Beleg dafür interpretiert wurde, daß Ablehnung durch die Eltern die Ängstlichkeit des Kindes erhöhe.

Um auch noch rasch zu verdeutlichen, wie Ergebnisse durch „soziale Erwünschtheit" („social desirability") beeinflußt werden können, sei erwähnt, daß bereits Sarason (1971, S. 290) u.a. vermutet haben, die Geschlechtsunterschiede beim durch die üblichen Tests ermittelten Ausmaß von Ängstlichkeit könnten durch diesen response-set erzeugt sein. D. h. Buben, so wird vermutet, bejahen die Ängstlichkeitsitems nur deswegen seltener als Mädchen, weil sie wissen, „daß ein Bub keine Angst haben darf" und sie daher bestrebt sind, sich dem Interviewer (bzw. dem Forscher, der ihren Testbogen durchschaut) als Träger sozial erwünschter Eigenschaften – somit in diesem Fall als nicht ängstlich – zu repräsentieren.

Meines Erachtens sind sowohl die Tendenz zu sozial erwünschten Antworten als auch die Zustimmungstendenz Interaktionsstrategien, die man auch in vielen Alltagssituationen verwendet. Ob und in welchem Maße diese angewandt werden, ist einerseits von situativen Faktoren oder genauer: von der jeweiligen Situationsdefinition des betreffenden Akteurs abhängig und andererseits von dessen vergangenen Erfahrungen, insbesondere den darin gewonnenen Einschätzungen der eigenen Interaktionskompetenz. Die soziale Erwünschtheitstendenz entspringt vor allem der Absicht zu (im jeweiligen Kontext) möglichst vorteilhafter Selbstpräsentation, während Jasagen eine defensive, resignative Strategie ist, die vor allem von Leuten mit geringer Interaktionskompetenz verwendet wird (Köckeis-Stangl 1978, insbes. S. 78 u. S. 85 f.). *Daß diese Response-Sets bei standardisierten Befragungen, bei Einstellungs- und Persönlichkeitstests die Resultate sehr wesentlich beeinflussen, ist seit dreißig Jahren bekannt, wird aber dennoch bei der Anlage und Auswertung von Untersuchungen meist nicht berücksichtigt.* (Für ausführliche Darstellungen der Response-Sets, ihrer Auswirkungen auf die Datenqualität und deren methodischen Implikationen siehe u. a. Berg 1967; Phillips 1973, insbes. Kap. 2 u. 3; Sudman/Bradborn 1974; sowie auf deutsch: Esser 1974 und Esser 1977).

c) Dilemmata bei der Gewinnung von Beobachtungsdaten

Aus den oben erörterten Beantwortungsdivergenzen und dem eben gestreiften Problem der Response-Sets muß/müßte man folgern, daß man viele Fakten durch standardisierte Befragungen nicht eindeutig ermitteln kann. Daraus lassen sich zwei verschiedenartige Konsequenzen ziehen.

Clausen (1966, S. 29) folgert aus den Antwortdivergenzen zwischen Eltern und Kindern „what is reality for a parent is not necessarily reality for the child" und wir könnten hinzufügen: Kinder, Eltern – ebenso wie andere Leute – pflegen ihre Präsentation der Realität jeweils auf denjenigen abzustimmen, der sie danach fragt. Wer aber in diese Richtung zu überlegen beginnt, begibt sich schon auf das gefährliche Glatteis relativistischer Perspektiven, läßt sich bereits mit dem interpretativen Paradigma ein, das dann allerdings auch andere, und wie ich meine, adäquatere Wege zur Informationsgewinnung über soziale Realitäten eröffnet, mit denen sich Kapitel 4 beschäftigen wird. Diese Wege sind grundsätzlich nur dann gangbar, wenn man die Annahme fallen läßt, daß Forschungsprozesse in den Sozialwissenschaften ohne subjektive Interpretationen seitens des Forschers stattfinden könnten und müßten.

Ein Forscher hingegen, der noch innerhalb des normativen Paradigmas verbleiben will, der also noch meint, es gäbe genau *eine*, objektiv ermittelbare Realität, müßte aus den Unsicherheiten und Verzerrungen bei standardisierten Befragungen eine andere Konsequenz ziehen: Er hätte zu überlegen, welche Verfahren er einsetzen könnte, um (1) Daten mit größerem Realitätsgehalt zu bekommen, ohne jedoch (2) von seinem Prinzip intersubjektiver Vergleichbarkeit der Datengewinnung und den üblichen Methoden der Reliabilitäts- und Validitätsprüfung abzurücken.

Aus so einer Perspektive sind nichtstandardisierte Befragungen kaum erlaubt, werden höchstens als für Vorerhebungen zulässig erachtet (so urteilen etwa Anger 1969, S. 572 ff.; Friedrichs 1973, S. 224 ff.; Mayntz u. a. 1971, S. 104; Scheuch 1973, S. 122 f. Weit liberaler hingegen Canell/Kahn 1968; Crano/Brewer 1975, S. 174 ff.).

Denn aus „offenen" Interviews läßt sich zwar – wie zugegeben wird – mehr und genaueres darüber zum Beispiel erfahren, wie es in einer konkreten Familie zugeht, welche Handlungsstrategien und Interpretationsschemata verwendet werden. Aber dieses Verfahren gilt als suspekt, weil sich dabei weder die Fiktion aufrechterhalten läßt, daß der Interviewer den Gesprächsverlauf nicht beeinflußt hätte, noch auch jene, daß die Umsetzung der Antworten der Interviewten in quantitative Daten ohne Zwischenschaltung von subjektiven Deutungen seitens der Interviewer oder anderer Mitglieder des Forschungsteams zustande gekommen sei.

Man könnte meinen, daß sich diese Schwierigkeiten vermeiden lassen, wenn man anstatt der Eltern-

und/oder Kinderbefragungen den allerdings hinsichtlich Zeit und/oder Geld weit aufwendigeren Weg *direkter Beobachtungen* von Eltern-Kind-Interaktionen einschlägt. Bei der Anwendung von Beobachtungsmethoden stellt sich jedoch neuerdings das Problem, daß es keine Vorgangsweise gibt, die sowohl für die Sozialisationsforschung relevante Informationen liefert als auch den konventionellen Überprüfbarkeitsregeln Genüge leistet. Egal, ob man die Familie ins Labor holt, einen Beobachter zu ihr nach Hause schickt oder das Interaktionsgeschehen zunächst mit Recordergeräten aufzeichnet (gar wie ISCHY 1978, S. 56ff., empfiehlt, automatische Videoaufzeichnungen ohne Anwesenheit eines Beobachters vornimmt), müssen sich an die Beobachtungen per se irgendwelche Kodierungs-, Auswertungs- und Aufbereitungsprozesse anschließen. Die zahlreichen bisher hierfür entwickelten Verfahren erörtern ausführlich auf generell sozialpsychologischer Ebene WEICK (1968, S. 397–437) und CRANO/BREWER (1975, S. 148–159), weiters spezifisch für Eltern-Kind-Interaktionen WRIGHT (1960, S. 83–117), LAMBERT (1960) und LYTTON (1971, S. 666–672) sowie hinsichtlich der Interaktionsbeobachtung in Kindergärten GORDON/JESTER (1973) und jener in Schulklassen der Sammelband von WESTBURY/BELLACK (1971) und ROSENSHINE/FURST (1973, S. 131–137 u. 165–170).

Aus allen diesen Darstellungen wird evident, daß man im Grunde wählen muß zwischen Verfahren, bei denen Kodierer sehr präzise kleinste „molekulare" Verhaltenseinheiten registrieren, daher keine Beurteilungen oder Sinndeutungen vorzunehmen brauchen (etwa: wie oft hat eine physische Berührung zwischen Person A und Person B stattgefunden? Wie oft hat ein Schüler gegähnt?) und Vorgangsweisen, die ablaufende Interaktionen auf der Handlungsebene erfassen können, was freilich einen deutenden, Folgerungen ziehenden Beurteiler erforderlich macht. Auch CRANO/BREWER (1975, S. 156) sehen ein „Dilemma zwischen zwei wünschenswerten, aber miteinander nicht vereinbaren Zielen": Beruht das Klassifikationssystem ausschließlich auf beobachtbaren Ereignissen, auf unmittelbar sichtbaren Verhaltensweisen der beobachteten Personen, dann ist die Gefahr, daß verschiedene Beobachter das gleiche Verhalten unterschiedlich interpretieren, recht gering. Dies ist jedoch nicht mehr gesichert, sobald man von beobachtbaren Verhaltensweisen auf zugrundeliegende Motivationen oder Intentionen der Akteure schließt, was aber andererseits notwendig ist, um die Atmosphäre der Interaktion, die Nuancen der Ereignisse in der Beobachtungssituation nicht verloren gehen zu lassen (CRANO/BREWER 1975, S. 156)[3]. Man kann dies abkürzend als Problem des *Inferenzgrads* (= degree of inference) bezeichnen, d.h. des Ausmaßes, in dem Folgerungen, Deutungen, Beurteilungen in die Verschlüsselung oder sonstige Klassifikation von Beobachtungen eingehen[4].

Da molekulare Verhaltenseinheiten lediglich für strikt behavioristische Untersuchungen von Interesse sein können und es kaum denkbar ist, daß etwa Angaben über die Häufigkeit physischer Berührungen ohne Berücksichtigung der damit verbunden gewesenen Intentionen (z.B. ob Aggression oder Liebkosung) für eine Handlungstheorie relevant sein könnten (wie schon WRIGHT 1960, S. 126, argumentiert), ist es evident, daß *für die Sozialisationsforschung fast ausnahmslos nur Beobachtungsdaten mit beträchtlich hohem Inferenzgrad brauchbar sein können.*

Pointiert formuliert ein exakte quantitative Forschung befürwortender Soziologe: „Wir stehen somit vor der Situation, daß einerseits eine behavioristische Beschreibung von Interaktionssituationen wesentliche Aspekte des Geschehens nicht erfassen kann und daß andererseits eine Beobachtung, die sich zur Beschreibung interpretativer Begriffe bedient, nicht mehr als unabhängig von den beobachteten Geschehnissen aufgefaßt werden kann" (KREUTZ 1970, S. 59).

d) Inferenz und Reaktanz

Vielfach wurde bislang übersehen, daß nicht nur alle molaren Beobachtungsdaten ebenso wie die

---

3 Wie sehr innerhalb des normativen Paradigmas erzeugte Methodenängste gerade die Beobachtung von Interaktionen beschränkt und beschnitten haben, ist vor allem daran zu erkennen, daß man es nie gewagt hat, *verbale* Interaktionen unter Einbeziehung der Gesprächsinhalte zu untersuchen. Auch die Sprachpsychologie hat dies bis vor kurzem vermieden. Nun vorliegende Ansätze und Versuche zur Gesprächsanalyse konnten nur von Richtungen und Gruppen erarbeitet werden, die sich nicht mehr dem normativen Paradigma verpflichtet fühlen; diese wurden aber im deutschen Sprachraum erst in allerletzter Zeit rezipiert. Noch 1974 war es möglich, einen Band „Erhebungsmethoden: Beobachtung und Analyse von Kommunikation" zu publizieren, in dem sich knapp zwei der insgesamt fast zweihundert Seiten mit Gesprächsanalyse beschäftigen (KOLWIJK/WIEKEN-MAYSER 1974, Bd. 3): Nun allerdings vollzieht sich ein rascher Wandel (vgl. z.B. die Sammelbände von GOEPPERT 1977 und MARTENS 1979).

4 Leider mangelt es hier an Platz zu erörtern, was bei Kodiervorgängen eigentlich vor sich geht; so kann nur verwiesen werden auf die dabei zur Anwendung gelangenden „ad-hocing"-Methoden (GARFINKEL 1972, S. 310–315; siehe auch HÖRMANN 1978, S. 322ff.) und eine schon vorliegende ausführlichere empirische Arbeit über Kodierungsvorgänge (KATZ/SHARROCK 1976).

Schätzskalen (ratings) aus nichtstandardisierten Befragungen hohe Inferenz enthalten, sondern auch die Ergebnisse von *standardisierten* Befragungen – und diese sogar in mindestens zweifacher Hinsicht: Der Forscher kann nur per Inferenz seine wissenschaftliche Fragestellung in die Items etc. seines Fragebogens umsetzen; der Ausfüller des Fragebogens (bzw. der Interviewte) muß aber auch ein beträchtliches Ausmaß an Inferenz aufwenden, wenn er Items wie „Auf Anerkennung lege ich keinen Wert" oder „Ich bin so leicht nicht unterzukriegen" gewissenhaft – noch dazu bloß entweder mit „ja" oder mit „nein" beantworten soll[5]. Diese Inferenzprobleme werden jedoch von den meisten Methodologen, die sich dem normativen Paradigma verpflichtet fühlen, nur partiell berücksichtigt.

Die Beantwortung von Fragebogen- oder Testitems wird ebenso wie der Response auf experimentelle Arrangements etc. im wesentlichen bloß als Reaktion auf einen Stimulus betrachtet. Ausführlich erörtert wird nur ein Teilaspekt der von den Befragten oder Versuchspersonen vollzogenen Inferenzen als sogenanntes *Reaktanzproblem.* Darunter wird das empirisch vielfach erhärtete und als „Störfaktor" angesehene Faktum verstanden, daß Probanden nicht nur auf den präsentierten Stimulus „reagieren", sondern auch auf den Kontext, in dem dieser präsentiert wird; also Einflüsse z.B. der Versuchsleiter, Beobachter, Interviewer und Fragebogenaussender auf die untersuchten Personen unleugbar vorhanden sind. Anders ausgedrückt: Sobald ein Forscher darangeht, durch welche Methoden auch immer, etwas von einer anderen Person in Erfahrung zu bringen, und diese andere Person davon Kenntnis hat, besteht „*soziale Wahrnehmungsverschränkung*" (GSTETTNER 1979a, S. 155), die sich auch weder durch Einwegscheiben noch durch postalische Befragung verhindern läßt. Wenn jemand weiß: dies ist eine Befragung/eine Beobachtung/ein Experiment, wird er sich – genau so wie in jeder für ihn neuen Alltagssituation – darüber Gedanken machen: was geht hier vor; was will man von mir; wie soll ich mich dazu stellen; was ist hier für mich, für meinesgleichen oder für andere Leute, auf die ich Rücksicht nehmen möchte, eine günstige Handlungsstrategie? Bei Personen, die keinerlei derartige Überlegungen anstellten, müßte vermutet werden, daß sie auch nicht ausreichende Interaktionskompetenz besitzen, um an sie gerichtete Fragen zu verstehen und „vernünftig" zu beantworten.

Die von manchen Methodikern als Lösung oder Minderung des Reaktanzproblems empfohlene noch stringentere situative Kontrolle der Probanden erscheint nicht zielführend, weil damit die Künstlichkeit der Situation zunimmt bzw. die spezifische Situation und Instrumentation per se bereits die Verteilung der Antworten determinieren (KREUTZ 1970, S. 36). Auf die (ironisch gemeinte) Frage von TIMEUS (1975, S. 207) „wie kann man die Versuchsperson als intervenierende Störvariable ausschalten?" gibt es keine akzeptable positive Antwort. Die gelegentlich als Ausweg gepriesenen „nonreaktiven Verfahren" erfordern dafür durchwegs vermehrte Inferenzen seitens des Forschers[6].

Da somit ein hoher Inferenzgrad bei jedweder Methode zur Gewinnung sozialisationstheoretisch sinnvoller Daten und Informationen unvermeidlich ist, müßte das auch bei den weiteren

5 Die zur Beantwortung erforderliche Inferenz wird einem vor allem dann evident, wenn man *selbst* versucht, die Items zu beantworten. Die vor allem bei psychologischen Tests häufige Anweisung: beeilen Sie sich/denken Sie nicht lange nach etc. reduziert möglicherweise die Inferenz, damit aber zugleich auch den Realitätsgehalt der Antwort – und steigert die Wahrscheinlichkeit von Response-Sets.

6 Die meisten der von WEBB u.a. (1966) empfohlenen „unobstrusive measures" entsprechen einer extrem behavioristischen Perspektive, wie vor allem DENZIN (1970, S. 260ff.) herausgearbeitet hat. Dies gilt weitgehend auch für „verdeckte" Feldexperimente; d.h. sofern die Versuchspersonen nicht erfahren, daß sie an einem Experiment teilnehmen, erfährt auch der Forscher nichts über die Versuchspersonen, abgesehen von ihrer rein äußerlichen Reaktion auf die experimentelle Anordnung und den paar demographischen Merkmalen, die er aus deren Äußeren erfahren oder erraten kann (eine deutschsprachige Sammlung solcher Feldexperimente bietet J.-J. KOCH 1976 und J.-J. KOCH 1977). Brauchbarer erscheinen mir schriftliche Aufzeichnungen (z.B. Briefe, Tagebücher, amtliche Akten), bei denen man allerdings immer Perspektive und Intention der Produzenten mitberücksichtigen muß – was bei Akten oft noch versäumt wird. Für ausführliche und kritische Darstellung nonreaktiver Verfahren siehe DENZIN 1970, S. 219–293 und ALBRECHT 1975.
Die häufig geäußerte Annahme, daß es bei *Kleinkindern* noch kein Reaktanzproblem gibt, hat schon YARROW widerlegt: Selbst im Kindergartenalter verfügen Kinder bereits über (je individuell verschiedene) Strategien für den Umgang mit fremden Autoritätspersonen, die sie dann in Erhebungssituationen anwenden (1960, S. 652 u. 669). Überdies gilt: je jünger die Kinder sind, desto weniger ist damit zu rechnen, daß sie bei Versuchen und Tests den jeweiligen Instruktionen, der „demand structure" entsprechen; ihre Leistungen hängen in hohem Maße von ihrer jeweiligen Aufmerksamkeitsbereitschaft und Stimmung ab, sind daher weit variabler als diejenigen älterer Kinder oder Erwachsener (YARROW 1960, S. 683; RAUH 1975, S. 109f.; KOGAN 1976, S. 125).

Forschungsschritten stets mitberücksichtigt werden. Es wäre der Wissenshintergrund und die Situationsdeutung des Forschers ebenso wie jedes einzelnen Untersuchten mitzubedenken; bei jedem Fragebogenitem wäre sicherzustellen, ob es von allen Antwortenden im gleichen Sinn verstanden wurde usw. Wer also die Anforderung zur Berücksichtigung der Inferenzen ernst nimmt, gerät in ein noch größeres Dilemma als die bisher aufgezeigten – sofern er mit üblichen quantitativen Verfahren weiterarbeiten will.

2 Einige Typen gegenwärtiger quantitativer Sozialisationsforschung

Wie bewältigen nun konkrete Untersuchungen die generellen methodischen Anforderungen, die im vorigen Kapitel erörtert wurden? Wir werden uns zunächst mit den schon mehrfach apostrophierten Mehrebenenanalysen etwas genauer beschäftigen und dann anschließend noch auf einige andere Formen quantitativer Untersuchungen eingehen. Da diese Erörterung in kritischer Absicht erfolgt, war ich besonders bemüht, unter den mir bekannten Untersuchungen eines Genres die jeweils besten auszuwählen; meine Kritik richtet sich in erster Linie nicht gegen die jeweiligen Autoren, sondern zielt darauf ab, die grundsätzliche Limitierung der Forschungsansätze herauszuarbeiten.

2.1 Mehrebenenanalysen

Wie erwähnt, wurden und werden Mehrebenenanalysen deswegen gefordert, um abschätzen zu können, in welchem Ausmaß unterschiedlichen Ebenen zuzurechnende Faktoren die Sozialisation beeinflussen und wie diese Faktoren miteinander verknüpft sind.

Beginnen möchte ich mit der großen amerikanischen Studie „Equality of Educational Opportunity" (COLEMAN u.a. 1966). Aus dieser sechshunderttausend Schüler fünf verschiedener Schulstufen an viertausend Schulen umfassenden Studie ist hier jener Teil einschlägig (Kap. 3, insbes. S. 290–330), der analysiert, welche Varianzanteile der Scores, die die Schüler bei Schulleistungs- bzw. Intelligenztests erzielten, rechnerisch zugeschrieben werden können:

a) den „objektiven" Merkmalen ihrer Familie (ökonomischer Status und Bildungsstatus),
b) einigen „subjektiven" Merkmalen ihrer Eltern,
c) einigen „motivationalen" Merkmalen der Schüler selbst,
d) den Merkmalen ihrer Mitschüler,
e) der Qualifikation (und Einstellung ihrer Lehrer,
f) der Ausstattung ihrer Schule sowie deren curricularen Besonderheiten.

Aufgrund des sorgfältigen, mehrstufigen Zufallsauswahlverfahrens und der außerordentlichen Größe der Stichprobe ist die Repräsentativität der Untersuchung für die damalige Schülerpopulation an öffentlichen Elementar- und Sekundarschulen der USA sichergestellt. Ein weiterer Vorteil ist, daß die Berechnungen getrennt nach ethnischen Gruppen × Großregion × Schulstufe durchgeführt werden konnten; der Leser ist demgemäß nie auf Einzelergebnisse angewiesen, sondern kann stets eine Serie paralleler Resultate vergleichen.

Die Riesenuntersuchung ermöglicht es ferner, auch zahlreiche Merkmale des *schulischen* Kontextes der Kinder zu erfassen. Als wichtig erwiesen sich insbesondere die (durch Aggregierung der Individualdaten aller Schüler einer Schulstufe je Schule gewonnenen) Kontextvariablen für die Mitschülermerkmale hinsichtlich deren sozialer Herkunft, Testleistung und Fächerauswahl. Analog wurden Kontextvariable für die Qualifikation der auf einer Schulstufe unterrichtenden Lehrer gebildet, unter anderem auch eine, die *deren* Intelligenztest-Scores erfaßte.

Der *familiare* Kontext der Schüler wurde hingegen weniger präzise erfaßt. Diese Daten beruhen ausschließlich auf Angaben der Schüler. Als hauptsächlicher Indikator für den ökonomischen Status der Familie diente deren Ausstattung mit dauerhaften Konsumgütern. Die „subjektiven" Elternmerkmale beschränkten sich auf einige wenige Angaben der Kinder über elterliches Interesse an der Schule bzw. am Schulfortgang des Kindes und der elterlichen Bildungsaspiration für das Kind.

Obwohl über die Schüler selbst weit mehr Informationen aus deren Fragebogen zur Verfügung standen, wurden in die Regressionsanalyse nur drei „Motivationsvariablen" einbezogen, nämlich ihr Interesse an der Schule, eine kleine Skala für „locus-of-control" und ihre (schulische) Selbsteinschätzung. Diese Beschränkung erfolgt mutmaßlich deshalb, weil in Regressionsanalysen ebenso wie in praktisch allen multivariaten Verfahren schon aus computertechnischen Gründen die Gesamtzahl der gleichzeitig berücksichtigbaren „unabhängigen" Variablen begrenzt ist. So muß man zwangsläufig die jeweils „besten" Variablen einer Ebene auswählen, d.h. diejenigen, die mit der abhängigen Variable am stärksten korrelieren.

Gerade dieser Gesichtspunkt verleitet aber andererseits dazu, Kausalrelationen nicht hinreichend genau zu überdenken: Die schulische Selbsteinschätzung

eines Schülers dürfte meines Erachtens nicht als Kausalfaktor für dessen (gleichzeitig ermittelte) schulische Leistungsfähigkeit verwendet werden, weil schulische Selbsteinschätzungen – ja sogar generelle Selbstwertgefühle – mindestens ebenso sehr als Konsequenz denn als Ursache der Schulleistungen anzusehen sind (vgl. dazu etwa KÖCKEIS-STANGL 1979). Ähnliches gilt auch für praktisch alle Items, aus denen die Variable „Schulinteresse der Kinder“ besteht. Denn bei der Lesefrequenz, der Häufigkeit des Schulschwänzens, den Gefühlen, die mit einem Schulaustritt verbunden wären und der Aspiration, welchen Leistungsrang ein Kind unter seinen Mitschülern einnehmen möchte, dürften durchwegs die bisherigen faktischen Schulkenntnisse und -leistungen mit ins Spiel kommen. Aus demselben Grunde halte ich es für falsch, die Bildungsaspirationen, die Eltern für ihr Kind hegen, als unabhängige Variable zur „Erklärung“ von dessen Schul- oder Intelligenzleistung heranzuziehen, weil sich solche Aspirationen zumindest teilweise an den bisherigen Schulleistungen der Kinder orientieren (empirische Belege hierfür bieten z.B. SEWELL/HAUSER 1975, S. 92ff.).
Alle drei Beispiele illustrieren, wie leicht man Wechselwirkungen oder sogar überwiegend gegenläufige Kausalrelationen ignoriert, sobald man darauf aus ist, Ursachenkonstellationen mittels eleganter Rechenverfahren „aufzudecken“. Derartige Probleme sind durchaus nicht eine spezifische Schwäche der hier erörterten Studie. In zahlreichen anderen Untersuchungen, die ich zu analysieren versuchte, scheinen weit mehr solcher Fehler vorzuliegen, lassen sich jedoch nicht so stringent nachweisen, weil die hierzu erforderlichen Unterlagen nicht publiziert sind. COLEMAN u.a. (1966) hingegen veröffentlichen nicht nur alle Details über ihre Variablen, deren Verteilung, sowie die kompletten Interkorrelationsmatrizen (siehe S. 292ff., S. 571–575 sowie den Tabellenband), sondern erörtern auch ausführlich ihre Kausalitätsprobleme im Zusammenhang mit den benützten Berechnungsverfahren (S. 325–330).

Der wesentliche Zweck ihrer Mehrebenenanalyse besteht für die Autoren von „Equality of Educational Opportunity“ darin herauszufinden, inwieweit die Unterschiede in der Leistungsfähigkeit der Schüler durch die besuchte Schule bedingt sind. Ihr Hauptresultat besagt allerdings, daß auf die zahlreichen, sorgfältig gemessenen schulischen Kontextvariablen insgesamt ein kleinerer Varianzanteil entfällt als auf den weniger gut erfaßten familialen Kontext. Selbst die „objektiven Familienvariablen“ allein, d.h. ohne die oben kritisierten „subjektiven Elternvariablen“ und ohne die „Motivationsvariablen“ des Kindes üben diesen Berechnungen zufolge einen größeren Effekt auf die Leistungsfähigkeit der Schüler aus als sämtliche schulische Kontextvariable zusammengenommen (COLEMAN u.a. 1966, S. 298–302; COLEMAN 1972, S. 103).

Freilich ist bei der Interpretation dieses Rechenergebnisses zu berücksichtigen, daß gemäß der Anlage dieser Untersuchung (aber auch vieler anderer Untersuchungen) der berechnete Effekt schulischer Kontextvariablen jedenfalls nicht größer sein kann als jener Anteil der Gesamtvarianz in der abhängigen Variablen, der auf Unterschiede *zwischen* den Schulen entfällt, da ja für alle Schüler, welche dieselbe Schule (und Schulstufe) besuchen, jede schulische Kontextvariable jeweils denselben Zahlenwert hat. Die Zahlenwerte der „unabhängigen“ Familien- und Individualvariablen hingegen variieren nicht nur zwischen, sondern auch innerhalb der Schulen und können sich somit rechnerisch sowohl auf Leistungsunterschiede zwischen den Schulen wie innerhalb jeder Schule auswirken (bzw. desgleichen auch auf andere abhängige Variablen der Individualebene). Die für das Alltagsleben (insbes. für Eltern) wie auch für die Sozialisationstheorie gleichermaßen wichtige Frage, *inwieweit die Familie und inwieweit die Schule die bei Kindern ablaufenden Sozialisationsprozesse beeinflussen, läßt sich also durch derartige Untersuchungen und Berechnungen nicht bzw. nur in mehrfach eingeengter und damit verzerrender Form beantworten* (siehe dazu auch ausführliche methodenkritische Darlegungen von ZÄNGLE 1978, S. 73–88; vgl. auch JENCKS u.a. 1973).

Als zweites und in mehrfacher Hinsicht zu „Equality of Opportunity“ scharf kontrastierendes Beispiel von Mehrebenenanalysen möchte ich eine *Untersuchung* von Hans BERTRAM erörtern. BERTRAM bemüht sich seit etlichen Jahren unter Einsatz eines großen mathematischen Rüstzeugs um exakte Nachweise für den Verlauf schichtspezifischer familiarer Sozialisationsprozesse (vgl. BERTRAM/BERTRAM 1974). In seiner neuesten Untersuchung, über die BERTRAM drei Veröffentlichungen vorgelegt hat (1976b, 1977, 1978), geht es ihm um den stringenten Nachweis des Konnexes zwischen (1) dem Schichtungssystem (als „Aggregatsebene“, zuzüglich weiterer „soziostruktureller“ Faktoren), (2) der Gruppenebene der Familie und (3) der Individualebene, d.h. der „modalen Persönlichkeit des Kindes“ (1976a, S. 104). Seines Erachtens ist dieser Nachweis dann erbracht, wenn man zeigen kann, daß

a) Variablen der Ebenen (1) und (2) gemeinsam einen beträchtlichen Teil der Varianz einer Variablen der Ebene (3) „erklären" können und zugleich
b) der Varianzanteil, den die Variablen der Ebene (1) allein erklären, erheblich reduziert wird, wenn zugleich auch die Variablen der Ebene (2) in die Berechnung eingehen.

Solche Varianzberechnungen hat BERTRAM einerseits für die kognitiven Fähigkeiten von Kindern (1977) und andererseits für deren „moralische Urteile" (1976b und 1978) angestellt. Seine Endresultate (1977, S. 482 und 1978, S. 249) erfüllen die eben zitierten Bedingungen und sehen auf den ersten Blick sehr beeindruckend aus. Die multiplen Regressionskoeffizienten erreichen bei beiden Analysen knapp über 0.70; es wird also die Hälfte der Gesamtvarianz der abhängigen Variablen „erklärt". Im Vergleich zu anderen Sozialisationsuntersuchungen sind dies tatsächlich sehr hohe Zahlenwerte. (Nur Untersuchungen mit sogenannt „ökologischem Ansatz" – vgl. unten – konnten ähnlich hohe multiple Koeffizienten zwischen diversen „Umwelt"-Variablen und Intelligenz-Scores vorweisen.) Sobald man sich aber daranmacht, dahinter zu kommen, auf welchem Weg diese „Rekorde" erzielt wurden und welchen Erkenntniswert sie besitzen, dann mischt sich die Hochachtung immer mehr mit Skepsis, ob hier ein nachahmenswertes methodisches Beispiel vorliegt.

Allerdings wäre wohl die Geduld der meisten Leser bei weitem überfordert, würde ich hier eine auch nur annähernd vollständige kritische Darstellung der komplexen und aufwendigen BERTRAMschen Methodik versuchen. Erörtern möchte ich lediglich: die Implikationen kleiner Samples; die Konstruktion einiger zentraler Variabler und schließlich jenes besondere mathematische Verarbeitungsverfahren – nämlich die Kontrastgruppenanalyse – welches die oben angeführten Endresultate zustandegebracht hat. Ein Verfahren, das ansonsten in der Sozialisationsforschung bisher nicht üblich war (und es meines Erachtens auch nicht werden sollte).

Zum Unterschied von COLEMAN u.a. (1966) hat BERTRAM nicht nur Kinder, konkret: neunjährige Buben, sondern auch deren Mütter und Väter unmittelbar in seine Untersuchung einbezogen. Allerdings handelt es sich lediglich um 136 Familien. Da nicht nur bei den Kindern, sondern auch bei den Eltern zeitaufwendige Tests durchgeführt wurden, ist das völlig begreiflich; andererseits ist die Größenordnung von N = 136 Datensätzen für eine quantitative Analyse solcher Komplexität eben doch sehr gering.

Selbst wenn man wie BERTRAM die verwendeten unabhängigen Variablen trichotomisiert, d.h. jede von ihnen in nur drei Ausprägungen (Kategorien) in die Berechnungen eingehen läßt, wären bei Kombination von bloß drei Variablen, d.h. in einer $3 \times 3 \times 3 =$ 27feldrigen Tabelle, die einzelnen Felder durchschnittlich mit nicht einmal mehr fünf Fällen besetzt. BERTRAM sucht dagegen durch die Festlegung vorzubeugen, daß seine regressionsanalytischen Berechnungen auf Subgruppen von der Mindestgröße $N = 10$ beruhen; jedoch würde ich auf solchen Fallzahlen basierende Mittelwerte und Zusammenhangsmaße noch immer als reichlich instabil ansehen. Diese Maßzahlen können so sehr von Zufällen, Einzelfällen abhängen, daß man ständig daran zweifeln muß, ob darin in irgendwelchem Sinn generelle, wissenschaftlich interpretierbare patterns zum Ausdruck kommen[7].

Dies aber besagt zugleich, daß man für Untersuchungen dieser Größenordnung – noch dazu für solche, wo es nicht bloß um simple lineare Zusammenhänge, sondern um den Nachweis vieldimensionaler Konstellationen geht – eigentlich keinerlei Anspruch auf irgendwelche automatische Allgemeingültigkeit der Ergebnisse mehr erheben dürfte, auch nicht auf eine raumzeitlich begrenzte. Die gewonnenen Ergebnisse können/müssen demnach in gleichem Ausmaß in Zweifel gezogen werden wie jene qualitativer Untersuchungen. Zur Abwehr solcher Zweifel können sich meines Erachtens die Autoren kleiner quantitativer Studien ebenso wie die Produzenten qualitativer

7 Statistische Signifikanzprüfungen liefern durchaus keinen stichhaltigen Gegenbeweis. Die Zufallskonstellation eines Minisamples kann sowohl z.B. signifikant von Null verschiedene Korrelationskoeffizienten zustandebringen, die man dennoch nicht ernstnehmen sollte, als auch bedingen, daß wichtige, in anderen Untersuchungen vielfach nachgewiesene Zusammenhänge mal unter der (bei kleinen N zwangsläufig hohen) Signifikanzgrenze bleiben. Besonders arg ist es, wenn dann allein aufgrund der Signifikanztests, ohne auf theoretischen Konzeptionen und/oder alltagspraktischem Wissen beruhenden Überlegungen entschieden wird, welche Variablen eliminiert und welche einer weiteren Verarbeitung – etwa in Form einer Pfadanalyse – zugeführt werden (z.B. BERTRAM/BERTRAM 1974, S. 124ff.). Auch die beliebte Methode, ein Minisample als repräsentativ zu deklarieren, sobald darin die Verteilung von ein oder zwei demographischen Merkmalen mit jener in der Gesamtpopulation übereinstimmt, ist nicht stichhaltig, weil dennoch die multivariaten Verteilungen anderer Variabler völlig abweichend sein können. Auch wenn sich je drei der vier Variablen ebenso wie in einer anderen, großen Untersuchung zu einigen GUTTMAN-Skalen zusammenfügen lassen, sehe ich darin – entgegen BERTRAM (1978, S. 152) – keinen zureichenden Beleg dafür, daß die Gesamtergebnisse nicht dennoch ein Artefakt der von ihm untersuchten Gruppe sein könnten, zumal er eine entscheidende weitere Dimension aus jener Untersuchung nicht replizieren konnte (S. 80f.).

empirischer Arbeiten in der Hauptsache nur auf die theoretische Plausibilität ihrer Ergebnisse berufen und/oder darauf warten, ob und inwieweit diese durch kumulative Forschung bestätigt werden.

Von den Variablen, die BERTRAM in seiner Analyse benutzt, möchte ich insbesondere seine Konstruktion der Variable „Sozialschicht" erörtern. Dies dürfte von allgemeinerem Interesse sein, da eine Schichtzuordnung der erfaßten Personen oder Familien ja in einem Gutteil aller Sozialisationsuntersuchungen erforderlich ist. In seinem programmatischen Artikel kritisiert BERTRAM durchaus zu Recht bei manchen anderen Untersuchungen „den leichtfertigen und theorielosen Umgang mit dem Schichtungskonzept" (1976, S. 108) und daß Schicht vielfach bloß dichotom statt mehrstufig kategorisiert wird (S. 106). Bei seiner eigenen Operationalisierung geht er von der Annahme aus, daß dem theoretischen Konstrukt Sozialschicht eine latente Strukturdimension entspricht, die man unter Benutzung einer Reihe von Indikatoren empirisch auffinden kann (BERTRAM 1978, S. 177; sehr ähnlich z. B. auch JACKSON/CURTIS 1968, S. 129).

Dazu verwendet BERTRAM aber leider ein unzweckmäßiges Verfahren, nämlich eine GUTTMAN-Skala, in die jeder seiner vier Schichtindikatoren in bloß dichotomer Form eingeht (1978, S. 177ff.)[8]. Die Schichtzuordnung, die ihm der Computer aufgrund dieser statistisch unzulässigen Vorgangsweise liefert, akzeptiert BERTRAM ohne jede weitere Überlegung und schreibt sogar eigens: „Die beiden obersten Gruppen unterscheiden sich lediglich durch ihre Ausbildung, während Berufspositionen und Einkommen in dieser sozialen Gruppe hinsichtlich der Marktmacht keine Bedeutung mehr haben; in der mittleren Gruppe hat die Berufsposition und in den beiden unteren Gruppen das Einkommen die größte Bedeutung" (S. 180), ohne zu bemerken, daß genau dies ein Artefakt seiner Vorgangsweise ist, d. h. der Tatsache, daß er jeden der Indikatoren mit nur einem cutting point in die Skalierung eingehen ließ, und zwar für das Einkommen den niedrigsten, für die Berufsposition den zweitniedrigsten und für Ausbildung die höchsten. Auch wer mit diesem Skalierungsverfahren nicht vertraut ist, kann allein aufgrund seines Alltagswissens leicht erkennen, daß eine Rechenmethode falsch angewendet sein muß, wenn damit die Annahme getroffen wird, es sei für die „Marktmacht" einer Familie nur wesentlich, ob ihr Einkommen unter oder über 1800 DM liege, während es dann nicht mehr darauf ankäme, ob ihr dieser Betrag oder etwa das Doppelte davon zur Verfügung stünde. Ebenso realitätsfremd ist die Setzung, daß es für die Schichtzuordnung nur maßgeblich sei, ob jemand mindestens die Berufsposition eines mittleren Angestellten erreicht hat; d. h. es wird als belanglos angesehen, ob der Vater nun Hilfsarbeiter, Facharbeiter oder kleiner Angestellter ist.

Ich habe diesen Schnitzer deswegen so ausführlich geschildert, weil hier eine bei zahlreichen quantitativ arbeitenden Kollegen immer wieder vorkommende Schwäche besonders deutlich zutage tritt: *Nämlich den Produkten ihrer Rechenverfahren blind zu vertrauen, diese als wissenschaftliche Erkenntnisse zu werten, ohne zu überlegen, ob die Rechenergebnisse aufgrund ihres Alltagswissens und ihrer Fachkenntnisse plausibel erscheinen.* Besonders häufig geschieht dies auch bei Dimensionalitätsprüfungen via Faktorenanalyse; bloß aufgrund der Faktorladung werden etwa Items mit völlig diskrepantem Inhalt in eine Skala aufgenommen[9].

Wie man mathematische Konzepte und Hilfsmittel vernünftig für die Konstruktion von Sozialschichtindizes heranziehen kann, erörtern ausführlich JACKSON/CURTIS (1968). Sie machen es evident, daß weder die Auswahl der Schichtindikatoren noch deren relative Gewichtung durch ein Rechenverfahren per se bestimmbar sind, vielmehr als vom Forscher zu treffende, inhaltlich-theoretisch zu begründende Annahmen in das jeweils gewählte Verfahren eingehen, welches lediglich aufgrund dieser Annahmen dann die Position der einzelnen Individuen auf der latenten Stratifizierungsdimension berechnet. Freilich bewegt sich auch diese Vorgangsweise noch völlig auf der Aggregatsebene und entspricht noch keineswegs der ganzheitlichen Erfassung subkultureller Milieus. Wahrscheinlich ist das im Rahmen üblicher quantitativer Studien überhaupt nicht möglich (vgl. OEVERMANN u. a. 1976, S. 170).

Ähnliche Methodenprobleme stellen sich auch für BERTRAM auf der Ebene der Erfassung des familialen Systems. Obwohl er sich grundsätzlich der Auffassung anschließt, daß man die innerfamilialen Interaktionsprozesse und Kommunikationsstrukturen untersu-

---

8 Die Tatsache, daß die Indikatoren Schulbildung, Berufsausbildung und Berufsposition des Vaters sowie Haushaltseinkommen eine GUTTMAN-Skala ergeben, ist trotz hohem Reproduzierbarkeits- und Skalierbarkeitskoeffizienten nur ein sehr schwacher Beleg der Eindimensionalität der Schichtung und durchaus nicht deren stringenter Nachweis. Denn aufgrund einer scalogram analysis hat BERTRAM für jeden der ursprünglich mehrstufigen Indikatoren nur je einen cutting point ausgewählt, d. h. eine der Sache nach willkürliche, aber für die Skalierbarkeit eben optimale Zusammenfassung der ursprünglichen Kategorien vorgenommen. De facto aber sind bei Auswahl optimaler cutting points – etwa bei 20%, 40%, 60% und 80% der Befragten – sogar voneinander völlig unabhängige Variable oder Items skalierbar (UPSHAW 1968, S. 103). Den gleichen Fehler macht BERTRAM auch bei seinen Skalen für die Arbeitssituation der Väter (1978, S. 155–159). Ein ernsthafter Nachweis der Eindimensionalität hätte erfordert, je Indikator *jede* ursprüngliche Kategorie separat als cutting point zu benutzen (vgl. UPSHAW 1968, S. 130).

9 Auf diesem Weg gelangten z. B. in eine vielfach verwendete Skala zur Bestimmung des Selbstwertgefühls von Kindern völlig unpassende Items wie „My parents usually consider my feelings" (COOPERSMITH 1967, S. 265). Ähnliches kann auch bei multidimensionalen Skalierungsverfahren wie MOSCAL passieren, wenn der Forscher seinen Rechenergebnissen blind vertraut (vgl. die Kontroverse zwischen BERTRAM 1975 und PAPPI/LAUMANN 1975).

chen müßte und heftig gegen die „Erziehungsstil"-Forschung polemisiert (1976, S. 109 u. 112), scheint mir seine eigene Untersuchung diesem Programm eigentlich nicht zu entsprechen. Als Indikatoren für das gewiß bedeutsame theoretische Konzept „Familienklima" werden nämlich „elterliche Verhaltensdispositionen" verwendet, und zwar in Form der durch einen konventionellen Persönlichkeitstest (16-PF-Test von Cattell) ermittelten „Persönlichkeitsfaktoren" der Mütter bzw. Väter; die familiale Interaktionsstruktur wird bloß durch elterliche Erziehungs- und Lebensziele repräsentiert.

Hier wird auch das Problem der Kausalrelationen zwischen den drei Analyseebenen besonders evident. Nach dem Bertramschen Schema wird eine einseitige Abhängigkeit der Gruppenebene (= familiale Variablen) von der Aggregatsebene (= soziostrukturelle Variablen) angenommen. Ich würde jedoch vermuten, daß z.B. die „Persönlichkeitsmerkmale" der Väter (von Bertram der Gruppenebene zugerechnet) nicht nur von deren Arbeitsplatzbedingungen (Aggregatsebene) beeinflußt werden, sondern daß hier *Wechselwirkungen* vorliegen, weil die Wahl bzw. Allokation von Arbeitsplätzen wohl doch auch von persönlichen Eigenschaften der Arbeitssuchenden beeinflußt wird (vgl. aber Bertram 1976b, S. 301ff.). Betrachtet man andererseits Persönlichkeitsmerkmale als vor allem von jeweils *kontemporären* äußeren Umständen abhängig, so müßte man um so mehr auch Rückwirkungen von den Kindern (= „Individualebene") auf die Eltern (= „Gruppenebene") berücksichtigen. Dieses letztere Problem ist Bertram durchaus bewußt (z.B. 1976b, S. 103f.); er sieht sich aber dennoch veranlaßt, seine Analyse gemäß dem auch von ihm als falsch empfundenen „Elterneffekt"-Modell durchzuführen, weil kein statistisches Verfahren verfügbar ist, das neben kontextuellen Effekten auch noch Feedback-Prozesse erfassen könnte. Es müssen also auch hier wieder Abstriche von der Theorie gemacht werden, um sich einer vorhandenen Methode bedienen zu können.

So hat Bertram der Arbeit Kohns (1969, S. 548 u. 574) folgend, bei den Interviews Listen von Eigenschaften (gehorsam, verantwortungsbewußt, erfolgsorientiert etc.) vorgelegt, bei denen die Väter und Mütter jeweils anzukreuzen hatten, für wie wichtig sie die einzelnen Eigenschaften einerseits als Erziehungsziele und andererseits für sich selbst erachteten. Bertram begründet dies folgendermaßen: „Diese recht radikale Lösung, von der familiären Kommunikations- und Interaktionsstruktur lediglich die differenzierten Einstellungen zu erfassen, schien uns besser zu sein, als diesen methodisch bisher wenig überzeugend bearbeiteten Bereich inadäquat zu operationalisieren" (1978, S. 79).

Ich hege allerdings beträchtliche Zweifel, inwieweit man solche Zielpräferenzen der Eltern überhaupt als Indikatoren für familiäre Interaktionsstrukturen ansehen kann. Einerseits wäre darauf zu verweisen, daß andere Untersuchungen bereits um einiges adäquatere Indikatoren hierfür entwickelt haben (etwa Beicht u.a. 1976, S. 108ff.; Grüneisen/Hoff 1977, Abschnitt 4.6). Andererseits aber bezweifle ich, ob es jemals gelingen wird, aus der Vielfalt und Komplexität der in Familien ablaufenden Interaktionen einige wenige generelle Kennzeichnungen zu destillieren, die das Geschehen hinreichend gut widerspiegeln und sich in Variable umsetzen lassen. Diese Zweifel beruhen insbesondere auf den Erfahrungen des Max-Planck-Projekts „Elternhaus und Schule", auf die ich noch näher eingehen werde.

Bertram hält es für unangebracht, „zu interpretativen und hermeneutischen Verfahren zurückzukehren" (1978, S. 257), weil er den Beweis erbracht zu haben vermeint, daß bei entsprechendem mathematischem Aufwand quantitative Verfahren „offensichtlich mehr leisten als allgemein angenommen wird" (ebendort). Als Beleg dafür würde er wohl beispielsweise monieren, daß bei ihm die eben erörterten elterlichen Erziehungseinstellungen immerhin 24% der Varianz der abhängigen Variablen „autonom-flexibler moralischer Urteilstyp des Kindes" „erklärt" haben (1978, S. 90); und die „elterlichen Verhaltensdispositionen" sogar einen noch höheren Varianzanteil.

Diese Ergebnisse wurden mit der schon oben erwähnten „Kontrastgruppenanalyse", d.h. dem AID-Verfahren von Sonquist und Morgan erzielt. Dieses regressionsanalytische Verfahren wirkt auf den ersten Blick bestechend, weil es ohne Linearitätsvoraussetzungen und unter Mitberücksichtigung von Wechselwirkungseffekten sehr bequem den Computer berechnen lassen kann, wie groß der maximale Varianzanteil einer abhängigen Variablen ist, der durch „optimale Konstellationen" einer (fast beliebig großen) Anzahl von unabhängigen Variablen „erklärt" wird (für eine Kurzbeschreibung siehe etwa Mayntz u.a. 1973, S. 219ff.). Wo aber der Pferdefuß dieser Methode steckt, läßt sich sogar ohne nähere mathematische Erläuterungen direkt aus Bertrams Ergebnissen erkennen: Es zeigt sich nämlich, daß die Kontrastgruppenanalyse zum guten Teil Resultate produziert, die mir als uninterpretierbar bzw. inhaltlich-theoretisch unvertretbar erscheinen. Noch einigermaßen plausibel ist, daß laut Computerergebnis Kinder dann am dezidiertesten „autonom-flexibel" urteilen, wenn die Erziehungseinstellungskonstellation „Mutter durchschnittlich oder sehr sozial verantwortungsbewußt" – „Vater sehr sachlich verantwortungsbewußt" gegeben ist (1978, S. 90). Da aber diese Urteilstype hoch *negativ* korreliert mit der Urteilstype „konformistisch" (S. 67), würde man erwarten, daß bei den Kindern, die am wenigsten konformistisch urteilen, eine der Obigen ähnliche elterliche Einstellungskonstellation vorhanden ist. Laut Bertrams Kontrastgruppenanalyse ist dies jedoch keineswegs der Fall. Vielmehr wird der *niedrigste* Mittelwert für den Urteilstyp „konformistisch" bei folgender Erziehungseinstellungskonstellation produziert: „Mutter wenig traditionalistisch" – „Mutter geringe *oder* hohe Respektabilität" (!) –

„Vater sehr sozial angepaßt" (!) – (S. 127). Es ließen sich noch viele ähnlich widersprüchliche und unplausible Ergebnisse anführen; diese resultieren bei BERTRAM gewiß zum guten Teil aus der Kleinheit seines Samples (vgl. hier S. 303).
Aber: Meine eigenen Erfahrungen mit der Kontrastgruppenanalyse bei einem N von über tausend Kindern (KÖCKEIS 1968) waren auch nicht viel besser. Inkonsistente, theoretisch nicht zu vertretende Resultate (hervorgerufen durch Kollinearität zwischen den unabhängigen Variablen, durch Zufallsschwankungen der Mittelwerte zwischen deren Kategorien etc.) ließen mich dieses Verfahren schon vor zehn Jahren ad acta legen, das gleichsam als statistische Zitronenpresse zum Herausquetschen auch noch des letzten Tropfens „erklärbarer" Varianz anzusprechen ist. Es erscheint mir nur für Prognosen verwendbar, nicht aber zur Explikation von Sozialisationsprozessen.
Deswegen meine ich auch, daß trotz BERTRAMS großen Bemühungen den von ihm erzielten außerordentlich hohen Anteilen an „erklärter" Varianz analytisch-theoretisch fast keine Bedeutung zukommt und gerade seine Arbeiten durchaus nicht ihm persönlich anzulastende, sondern grundsätzliche, ja irreparable Schwächen quantitativer Mehrebenenanalyse evident machen. Die kritische Erörterung dieser Untersuchung wollte gewiß nicht deren Autor diffamieren, sondern am Detail aufzeigen, daß diese Art von empirischer Umsetzung unseren komplexen theoretischen Ansprüchen nicht gerecht werden kann und meines Erachtens zumindest derzeit in eine Sackgasse führt.

2.2 *Einige andere Ansätze*

a) Ökologische Sozialisationsforschung

Speziell im deutschen Sprachraum wurden in den letzten Jahren mehrfach große Hoffnungen in eine *ökologische* Herangehensweise gesetzt, die Sozialökologie als neuer Weg der Sozialisationsforschung angesehen (so der Titel von WALTER 1973/75, Bd. 3, und der Beitrag von WALTER in diesem Band; vgl. aber auch KELLER u.a. 1975, S. 61–64; LUKESCH/SCHNEEWIND 1978, S. 20). Eine besonders starke Vorbildwirkung hat offensichtlich die kanadische Untersuchung von MAJORIBANKS (1973) ausgeübt, die sich ihrerseits an B. S. BLOOM und bei diesem entstandene Dissertationen anlehnt (siehe die ausführlichen Berichte in B. WOLF 1977). Ziel dieser Studien ist es, aus der als „komplexes Netzwerk von Kräften" aufgefaßten „Gesamtumwelt eines Individuums" jenes „kleinere Bündel von Umweltkräften" zu identifizieren, die „in einem Bedeutungszusammenhang stehen" mit dem zu untersuchenden „menschlichen Charakteristikum" – wobei es sich im konkreten Fall um Intelligenztestwerte von Kindern bzw. aus diesen extrahierte Intelligenzfaktoren handelt (MAJORIBANKS 1973, S. 191).
Konkret sieht das dann so aus, daß aufgrund eines halbstrukturierten Interviews mit Eltern eine große Zahl von Merkmalen erhoben werden, von denen bekannt ist oder zu vermuten war, daß sie mit Intelligenztestleistungen korrelieren. Die eingeholten Informationen werden durch Ratings in Zahlenwerte umgesetzt (d.h. für jedes Item gibt es eine mehrstufige Skala) und die je Item erzielten Zahlenwerte werden dann ungeniert einfach addiert zu einem Score für die jeweilige „Umweltkraft".
Offensichtlich hat es eine ganze Reihe deutschsprachiger Autoren sehr beeindruckt, wie hoch einige dieser „Umweltkräfte" mit den Intelligenzscores der Kinder korrelieren und insbesondere, daß MAJORIBANKS und auch seine Vorläufer eine multiple Korrelation ihrer sechs bis acht „Umweltkräfte" mit den Intelligenzmaßen erzielen, die bis über 0.70 reicht (MAJORIBANKS 1973, S. 196; B. WOLF 1978, S. 92ff.).
Sieht man sich jedoch näher an, woraus diese „Umweltkräfte" bestehen, so wird evident, daß dieser ökologische Forschungsansatz *bloß auf eine a-theoretische Computerjagd nach hohen Korrelationskoeffizienten hinausläuft und keine wirklich sozialökologische Ausdifferenzierung beinhaltet.* Sämtliche „Umweltkräfte" beziehen sich ausschließlich auf die häusliche Umwelt und erfassen zudem überwiegend lediglich elterliche „Anforderungen" an das betreffende Kind, die de facto mit Evaluationen des Kindes untermischt sind. Zuzüglich werden dann noch Freizeitaktivitäten, vor allem Lese- und Fernsehfrequenz erfaßt, sowie auch vorhandene Spielsachen – also durchweg Aspekte, die schon vielen Forschern ohne ökologischen Anspruch längst eingefallen sind (vgl. die Auflistungen bei MAJORIBANKS 1972, S. 325 bzw. 1973, S. 192, sowie für die erwähnten amerikanischen Dissertationen bei B. WOLF 1978, S. 388–401).
Obwohl diese Veröffentlichungen durchweg nur die erfaßten Themenbereiche auflisten, nicht aber die tatsächlichen Items anführen, läßt sich ziemlich sicher vermuten, daß bei ernsthafterer mathematischer Verarbeitung viele Kollinearitätsprobleme aufgetreten wären, die jedoch durch die simple Aufsummierung der Itemscores umgangen werden. Überdies enthält zumindest die in all diesen Untersuchungen potenteste

„Umweltkraft", nämlich „press for achievement" offensichtlich Items, die elterliche Einschätzungen der schulischen und damit auch intellektuellen Leistungsfähigkeit ihres Kindes tangieren, man also auch hier sich wiederum (wissentlich oder unwissentlich) an das probateste Rezept zur Erzeugung hoher Determinationskoeffizienten gehalten hat, nämlich die Prädiktorvariablen durch Aspekte bzw. Konsequenzen der Kriteriumsvariable „anzureichern" (vgl. dazu HERZ 1975, S. 142; sowie hier S. 301f.)[10]. Bei einer Untersuchung, die tatsächlich darauf abzielt, ein künftiges Ereignis vorauszusagen, also etwa ein Wahlergebnis prognostizieren soll, scheint mir eine solche Mißachtung von Kausalrelationen rechtfertigbar, nicht jedoch für eine Ursachenforschung[11].

Besonders erwähnenswert ist die Studie von TRUDEWIND (1975a, 1975b), die sich auch an die BLOOM-Dissertation anlehnt. Der deutsche Wissenschaftler hat sich um die Erstellung einer „Umwelttaxonomie" bemüht, welche die für die Genese von Leistungsmotivation relevanten Umweltbedingungen erfassen sollte und sucht dabei auch das oben (S. 27) erwähnte kuriose Verfahren der Addition von bei völlig disparaten Items erzielten Scores zu einem Gesamtscore je Umweltkraft oder Umweltdimension zu rechtfertigen (1975a, S. 58–62).

Im Gegensatz zu einer soziologischen Analyse, argumentiert TRUDEWIND, müsse der Umweltpsychologe durch „ökologische Analyse" die psychologische Relevanz der per se unpsychologischen Umweltfaktoren bestimmen, wobei diese ökologische Analyse idealiter so zu erfolgen hätte, daß die Wirkung je eines Merkmals auf die abhängige Variable bei Auspartialisierung aller anderen Merkmale zu prüfen wäre (S. 59/60). Da man – so das nächste Argument TRUDEWINDS – somit Bescheid wüßte über „die Ähnlichkeit der in der ökologischen Analyse herausgearbeiteten psychologischen Aspekte verschiedener Umweltmerkmale", sei es auch erlaubt, die Scores für psychologisch ähnlich wirkende (wenngleich ansonsten völlig diskrepante) Umweltmerkmale zu addieren, um so zu einer „quantitativen Beschreibung der individuellen Umwelt" zu gelangen (S. 61/62). Dies impliziert beispielsweise: sobald ein Forscher gefunden hat, daß bei Auspartialisierung anderer Merkmale sowohl die Geschwisteranzahl als auch die Fernsehfrequenz, die Häufigkeit körperlicher Strafen und die Wohndichte positiv mit „Furcht vor Mißerfolg" und negativ mit „Hoffnung auf Erfolg" korreliert, wäre es gerechtfertigt, diese Merkmale zu einer Dimension „häuslicher" Umwelt zusammenzufassen.

Allerdings konnte TRUDEWIND selbst mangels entsprechender multivariater Verfahren (S. 60) und aufgrund der Kleinheit seiner Stichprobe (N = 76) nicht ganz so vorgehen, sondern hat seine Merkmalszusammenfassungen glücklicherweise überwiegend gemäß inhaltlicher Überlegungen vorgenommen. Die von ihm *empfohlene* Vorgangsweise würde jedoch ein Schulbeispiel sein, sowohl für abstruse Versuche zur Reduktion der „verwirrenden Vielfalt von Einflußfaktoren" auf eine für den Forscher bequem handhabbare Anzahl von Variablen als auch für einen dezidierten psychologischen Reduktionismus bei der Interpretation sozialer Realität. Letzteres erachte ich als eine für die Sozialisationsforschung außerordentlich schwerwiegende Fehlorientierung, deren Erörterung aber den Rahmen dieses Artikels überschreiten würde, jedoch gewiß in anderen Beiträgen zu diesem Handbuch erfolgt.

Um dem ökologischen Ansatz Gerechtigkeit widerfahren zu lassen, muß allerdings betont werden, daß programmatische Äußerungen über ökologische Sozialisationsforschung, insbesondere jene von seiten Urie BRONFENBRENNERS (z.B. 1978) ganz andere Perspektiven vorgeben. Hier ist keineswegs die Rede von abstrakt-globalen Umweltkräften, sondern von reziproken Prozessen zwischen den in einem spezifischen „setting" miteinander oder nebeneinander agierenden Teilnehmern, von den Wechselwirkungen zwischen den „settings", an denen eine Person in einem bestimmten Lebensabschnitt hauptsächlich teilnimmt und von den Kontextwirkungen des diese überlagernden „Exo-Systems" (1978, S. 6 u. 8). Als Methode zum Erfassen solch komplexer Prozesse emp-

10 Eine direkte Bestätigung für diese Behauptung liefern z.B. die Ergebnisse TRUDEWINDS aus einer Faktorenanalyse von 31 „Umweltvariablen" plus Intelligenzscores und Schulnoten der Kinder. Denn auf Faktor I, auf dem die Noten mit .83 und Intelligenz mit .79 laden, haben fast ebenso hohe Ladungen: „Schulbildungsambition der Eltern für den Jungen" (.74) und „Anspruchsniveau der Eltern in bezug auf die Zeugnisdurchschnittsnote" (.67) (TRUDEWIND 1977b, S. 166). Auch eine Reihe weiterer beliebter „Prädiktorvariablen" dürfte genau deswegen hoch auf diesem Faktor I laden, weil es sich um Reaktionen der Eltern auf die Schulleistungen ihres Kindes handelt, wie z.B. „Grad der Bestrafung für schlechte Schulleistungen" (−.70) und „Anregung durch Bücher, Hefte und Zeitschriften (+.56 – das heißt wohl auch: je besser ein Primarschüler lesen kann, desto mehr privaten Lesestoff wünscht sich – und erhält – das betreffende Kind). TRUDEWIND hat dies weitgehend auch selbst erkannt (S. 161).

11 Wollte jemand tatsächlich die Intelligenzscores von Kindern etwa für das kommende Jahr *voraussagen*, wäre die sofortige Testung dieser Kinder die beste Methode; per Autokorrelation ließen sich ganz bequem die von MAJORIBANKS, BERTRAM etc. aufgestellten Rekorde bezüglich „erklärter" Varianzanteile brechen, obwohl damit gewiß kein Beitrag zur Erklärung der Genese kognitiver Fähigkeiten geleistet wird.

fiehlt BRONFENBRENNER „*ökologische Experimente*“, weil man ein hinreichendes Verständnis für Phänomene nur durch die Gegenüberstellung von in irgend*einer* Hinsicht veränderten, aber sonst gleichen Strukturen gewinnen könne (S. 7). Da er zwischendurch dann doch wieder von „accomodation between the person and the surrounding milieu“ spricht (S. 8) und die im weiteren angeführten Forschungsbeispiele durchaus im konventionellen Rahmen bleiben, ist zu befürchten, daß seine Ideen – insbesondere die im folgenden zitierte „10. Proposition“ – sich nicht realisieren lassen, solange man an den traditionellen Normen der Datengewinnung und Datenanalyse festhält.
BRONFENBRENNER fordert nämlich:

„Research on the ecology of human development requires experiments involving the innovative restructuring of prevailing ecological systems in ways that depart from existing institutional ideologies and structures by redefining goals, roles, and activities, and providing interconnections between systems previously isolated from each other“ (S. 18).

b) Können Experimente sinnvoll sein?

Schon im Zuge der obigen Erörterung wurde evident, daß das Interesse an der Erkundung von Wirkungszusammenhängen auch einen nicht dezidiert behavioristisch orientierten Sozialisationsforscher unter Umständen dazu veranlassen kann, dafür Experimente in Betracht zu ziehen. Bevor sich darüber ein wenig reden läßt, ist allerdings eine begriffliche Präzisierung nötig, weil es sehr unterschiedliche Auffassungen darüber gibt, was denn eigentlich unter einem Experiment zu verstehen sei, welche Forschungsarrangements neben den klassischen Versuchsanordnungen etwa der Wahrnehmungs- und Lernpsychologie sich unter den Begriff subsumieren ließen (vgl. z.B. G. FISCHER 1977; TAJFEL 1972, S. 69ff.; TIMAEUS 1975, S. 195f.; GINSBERG 1978, S. 98ff.).
Als hinreichend um einen Vorgang als Experiment zu bezeichnen, kann man entweder bloß auf das Kriterium abstellen (1), daß ein wesentlicher Situationsaspekt gezielt abgeändert bzw. hervorgerufen wird oder als zusätzliche (für manche Autoren auch allein maßgebliche) Kriterien (2) eine vollständige Kontrolle der Situation durch den Forscher fordern und eventuell noch (3) die Wiederholbarkeit des Vorgangs bei den gleichen Versuchsobjekten. Es braucht nun wohl nicht mehr betont zu werden, daß Kriterium (2) bei menschlichen Versuchs-„Objekten“ ohnedies nur in wenigen Sonderfällen realisierbar ist; bezüglich Kriterium (3) wird dies sogar von überzeugten Verfechtern experimenteller Methoden betont (G. FISCHER 1977, S. 140ff.).
Betrachtet man nun konkrete Experimente, die der Aufklärung von Fragestellungen der Sozialisationsforschung dienen sollten, so wird ersichtlich, daß die Resultate desto verzerrter sind und desto weniger Geltung für Alltagssituationen besitzen, je mehr die Forscher auf die Einhaltung von Kriterium (2) bedacht waren: Zum Beispiel wurden *zwecks Konstanthaltung der Versuchsbedingungen* im Großteil der Experimente über soziale Kognitionen (interpersonelle Wahrnehmung, Rollenübernahme, moralisches Urteil etc.) *auf real vorhandene Interaktionspartner verzichtet* und statt dessen nur Photos von Personen bzw. Bildgeschichten oder schriftlich niedergelegte Berichte über Personen und Ereignisse verwendet. Obwohl diese zu untersuchenden Verhaltensweisen auf theoretischer Ebene ziemlich einhellig als in Handlungskontexte eingebunden angesehen werden, werden sie dennoch, wie etwa SILBEREISEN (1977a) und ZEBERGS (1977) kritisch ausführen, *außerhalb* echter Handlungskontexte untersucht. In den meisten einschlägigen Experimenten fehlt „die Einbettung in finale Handlungsentwürfe“. Es handelt sich um bloß vorgestellte, nicht selbstmotivierte, fremde Handlungen, die für den Versuchsteilnehmer praktisch irrelevant sind“ (SILBEREISEN 1977b, S. C57) – und daher widersprüchliche oder inkonkludente Resultate liefern. Aufgrund solcher Erkenntnisse planen die Teilnehmer am entwicklungspsychologischen Arbeitskreis „Soziale Kognition und Moralisches Urteil“ jetzt überwiegend Versuche in Kindergärten und Schulen, bei denen nun Fähigkeit zum Wechsel der sozialen Perspektive, konfliktkompetentes Handeln etc. in – teilweise experimentell induzierten – realen Interaktionssituationen untersucht werden sollen (SILBEREISEN 1977a, 1978).
Dabei muß aber auch folgendes bedacht werden: In Experimenten herkömmlicher Art werden die Reaktionsweisen der Versuchspersonen in hohem Maße restringiert; vielfach dürfen sie überhaupt nur zwischen zwei durch den Forscher präformierten Alternativen wählen. Derlei Restriktionen begründet man einerseits mit dadurch angeblich erzielbarer besserer Ver-

gleichbarkeit zwischen den Teilnehmern bzw. zwischen Versuchs- und Kontrollgruppen und andererseits mit dem Argument, daß es ansonsten nicht möglich sei, eine spezifische Hypothese zu testen. Sobald man aber – wie die im vorigen Absatz erwähnte Forschergruppe es plant – dazu übergeht, sozialkognitive Prozesse in echten Handlungszusammenhängen zu untersuchen, wird es kaum mehr gelingen, die Strategien der Teilnehmer derart zu restringieren. Da die soziale Welt nicht der bloß zweiwertigen Logik üblicher strikter Hypothesenüberprüfung entspricht, kann es bei solchen offenen Experimenten leicht passieren, daß weder Hypothese H_1 noch deren präformiertes Gegenteil H_0 zutrifft.

Ein schönes Beispiel für dieses Dilemma bietet eine rezente Publikation von Fritz Sang (1977). Der Autor kritisiert ein bestimmtes Experiment von Weiner/Kukla über einige aus der Attributionstheorie abgeleitete Annahmen, weil dabei „für die Einfachheit der Datengewinnung" eine „große Distanz zum untersuchten Phänomen" in Kauf genommen wurde, „die mit einer Anzahl von Fiktionen zu überbrücken versucht wird" (S. 58). Deshalb überprüft Sang die Befunde dieses Experiments „an Daten einer wirklichkeitsnäheren Felduntersuchung" (S. 61). Sangs eigene Untersuchung brachte nun durchaus keine Bestätigung der experimentellen Befunde; seine Resultate lassen ihn vielmehr u.a. folgern, daß im Experiment die Versuchspersonen zur Beurteilung von teilweise völlig irrealen Bedingungskonstellationen veranlaßt worden waren (S. 81 u. 105). Die Teilnehmer am Experiment hat man also gewissermaßen in eine intellektuelle Zwangsjacke gesteckt, so daß man sich nicht zu wundern braucht, daß sie die Strafen und Belohnungen unter den imaginären Schülern ganz anders verteilten als es die von Sang befragten Eltern bei ihren real vorhandenen Kindern handhaben, die dabei eben nicht nur die im „Attributionsschema" erfaßten Schulerfolgsursachen ins Kalkül ziehen.
Besonders interessant ist nun, wie einer der ursprünglichen Exerpimentatoren, nämlich Bernhard Weiner die diskrepanten Ergebnisse interpretiert (in Sang 1977, S. 144–155). Er gibt explizite zu, *daß in der experimentellen Studie den Antwortenden „Zwänge auferlegt" wurden, die sie daran hinderten, die vielfältigen in realen Schulsituationen vorhandenen Einflüsse zu berücksichtigen* (S. 150). Weiner ist aber offensichtlich der Ansicht, daß man nur unter so restriktiven Bedingungen „genotypische Beziehungen", also nomothetische, d.h. völlig generell gültige Gesetze aufdecken kann, was hingegen durch die „Komplexität der (Sangschen) Erhebungssituation verhindert werde (S. 155), denn Sangs Daten unterliegen ... Interpretationsschwierigkeiten wegen ihrer objektiven (wirklichen) Natur" (S. 151). Ich hingegen würde meinen, daß Experimente wie jenes, das Weiner an einer Handvoll Collegestudenten durchführte, eher noch mehr Interpretationsschwierigkeiten bereiten und keineswegs allgemeingültige Aussagen ermöglichen.

Meines Erachtens ist es in der Sozialisationsforschung kaum möglich, Regelmäßigkeiten aufzudecken, von denen angenommen werden dürfte, daß sie generell für alle Menschen ohne jede räumliche und zeitliche Beschränkung gelten; wenn überhaupt, dann lassen sich solche Gesetzmäßigkeiten noch am ehesten durch langfristige kumulative Forschung aufspüren, aber ganz gewiß nicht durch einzelne Untersuchungen und am wenigsten durch Experimente, in denen die Handlungsmöglichkeiten der Teilnehmer durch den Forscher radikal eingeschränkt werden. Denn, wie Tajfel treffend ausführt, „... important is a clear realization that the ‚general' case is an impossible myth as long as human beings behave as they do because of the social expectations with which they enter an experiment – or any other social situation ... The observed regularities of behaviour will result from interaction between general processes and the social context in which they operate" (1972, S. 74).
Außerdem erweist sich häufig gerade der insbesondere *für viele experimentelle Arbeiten typische eng-restriktive Zuschnitt als erkenntnishemmend.* Solche Versuchsserien sind oft starr auf eine spezifische Theorie orientiert (was G. Fischer 1977, S. 137, sogar als unabdingbares Erfordernis erachtet) und dienen nur dazu, *diese* Theorie zu exhaurieren (Dick 1972, S. 42 u. 114), ohne daß andere und möglicherweise bessere Theorien von den betreffenden Experimentatoren jemals in Betracht gezogen werden (können). Denn Forscher, die durch ihre experimentellen Arrangements die Handlungsstrategien und Interpretationen ihrer Versuchsteilnehmer artifiziell beschneiden, kappen damit auch ihre eigenen Erkenntnismöglichkeiten. Für ein konkretes Beispiel solcher Effekte im Bereich der Forschung über die Entwicklung der Personwahrnehmungen von Kindern siehe Rogers (1978, S. 114ff.).
Darum erscheinen mir *vor allem jene Typen von Experimenten als adäquate Forschungsmethode, welche auf das Kontrollkriterium weitgehend verzichten, die Handlungsspielräume der Beteiligten nicht einschränken, sondern womöglich sogar ausweiten.* Was bei solchen Experimenten dann abläuft, läßt sich allerdings kaum mehr

meßtechnisch einfangen (vgl. MOLLENHAUER/RITTELMAYER 1977, S. 182ff.; sowie – zu den „Krisenexperimenten" von GARFINKEL – SCHÜTZE u.a. 1973, S. 476ff.).

c) Längsschnittstudien

Als letzten üblicherweise mit quantifizierender Verarbeitung agierenden Forschungsansatz möchte ich noch kurz auf die Verwendung von Längsschnittstudien in der Sozialisationsforschung eingehen. Die Erfassung derselben Kinder über einen Zeitraum von mehreren Monaten oder Jahren (manchmal gar Jahrzehnten) wird von vielen Entwicklungspsychologen als ideale Vorgangsweise angesehen (z.B. MCCALL 1977; WITKIN 1969, S. 697; WOHLWILL 1977; recht anders jedoch THOMAE 1977).

Aber auch viele Wissenschaftler, die sich explizite mit Sozialisationsforschung befassen, erhoffen sich von einer mehrere Zeitpunkte umfassenden Datensammlung eine Klärung von Kausalrelationen, bessere Prozeßkenntnisse und/oder die Ermittlung von Sozialisations-„Effekten"; für „echte" Längsschnittstudien (von Soziologen zum Unterschied von Kohortenanalysen auch als Panelbefragungen bezeichnet) plädieren zum Beispiel ABRAHAMS/SOMMERKORN (1976, S. 84), CLAUSEN (1968, S. 134), RENN (1973), ZÄNGLE (1978, S. 31).

De facto aber werden derartige Erwartungen durch die vorliegenden Längsschnittstudien nur in den seltensten Fällen eingelöst. Der große Aufwand langfristiger Untersuchungen mit quantitativer Verarbeitung lohnt sich meines Erachtens am ehesten, wenn es sich um Fragestellungen handelt, die bereits vorher weitgehend abgeklärt waren und wo es um möglichst robuste, leicht zu ermittelnde Variablen geht. Als Beispiel einer Untersuchung, wo beide diese Voraussetzungen gegeben waren, möchte ich das Buch von SEWELL/HAUSER (1975) nennen. Nach vielen Vorarbeiten haben diese Forscher anhand eines großen Zufallssamples (N = 1800) frühere pfadanalytische Darstellungen des Konnexes zwischen sozialer Herkunft, Ausbildung und erzielter Berufsposition (DUNCAN u.a. 1972 etc.) erweitert durch die Erfassung von Fähigkeits- und Aspirationsindikatoren während der Sekundarschulzeit und alle diese Variablen dann in Beziehung gesetzt zu 15 Jahre später ermittelten Statusvariablen (für die Ergebnisse dieser Pfadanalyse siehe insbesondere SEWELL/HAUSER 1975, Kap. 4)[12].

Auch sonst scheint es einigermaßen zu gelingen, die späteren Effekte *einmaliger* Ereignisse oder kurzfristiger Einflüsse zu erfassen. *Größte Schwierigkeiten bereitet jedoch die Analyse von Veränderungen im Zeitablauf, gar erst die Bestimmung der Relation zwischen zwei oder mehreren sich verändernden Größen*, so daß es trotz bzw. wegen der Raffinesse der hierfür vorgeschlagenen meßtechnischen Lösungen (vgl. etwa HARRIS 1963; WOHLWILL 1977, Kap. 10 und 12) kaum Chancen bestehen, auf diesem Wege Wechselwirkungen zwischen auch nur zwei ständig miteinander interagierenden Personen, also beispielsweise Aspekte gegenseitiger Beeinflussung zwischen Mutter und Kind in den Griff zu kriegen (so auch KAGAN 1969, S. 996, und MCCALL 1977, S. 342). Selbst die Bestimmung der Kausalrelation zwischen zwei dieselbe Person charakterisierenden Variablen, wie etwa zwischen Selbsteinschätzung und Schulleistung (CALSYN/KENNY 1977) oder zwischen Selbsteinschätzung und „Delinquenzneigung" (ROSENBERG/ROSENBERG 1978) erweist sich trotz „*cross-lagged panel-correlation*" als problematisch; ähnlichen Interpretationsschwierigkeiten begegnet WACHS (1978, S. 62f.).

Wegen dieser Schwierigkeiten haben sich viele entwicklungspsychologisch orientierte Längsschnittstudien mit univariaten Berechnungen begnügt, etwa der Autokorrelation zwischen den an zwei Zeitpunkten ermittelten Intelligenzscores, die aber, wie auch von quantitativ orientierten Kollegen kritisiert wird, kaum etwas über die kognitive Entwicklung der Kinder aussagen, sondern lediglich inwieweit deren Rangreihe stabil bleibt (MCCALL 1975, S. 338; WOHLWILL 1977, S. 431). Weiter müssen selbst solche Kollegen zugeben, *daß Instrumente im Zeitablauf einem Bedeutungswandel unterliegen*, d.h. vielfach ein Test oder eine Skala nach einigen Jahren nicht mehr „dasselbe" messen (KAGAN 1969, S. 984f.). „A test that measures arithmetic reasoning ability in children may measure only computational accuracy in the same children when they are older" lautet eines der Beispiele, die BEREITER (1963, S. 12) anführt, um zu zeigen, daß ein grundsätzliches Dilemma bei Veränderungsmessungen besteht:

12 Zum Unterschied von oben kritisierten Untersuchungen werden hier Weiterbildungsabsichten und Berufspläne als intervenierende Variable zwischen sozialer Herkunft/Intelligenz/Schulnoten und dem schließlich erreichten Bildungsabschluß und dann der beruflichen Position angesehen. Eine leicht verständliche deutschsprachige Einführung in die Methode der Pfadanalyse bietet OPP/SCHMIDT (1976).

„The final dilemma considered was that of the choice between attempting to measure changes objectively, as differences between scores on two occasions (physicalism) and measuring changes as subjective dimensions which do not necessarily have underlying physical continua. The latter alternative, despite its obvious drawbacks, was seen as the only one that permits interpretable comparisons between changes on psychological dimensions for individuals with different initial standings."

Völlig ohne Berücksichtigung derartiger Probleme agieren jene Kollegen, die meinen, man könne der schwierigen Ermittlung von durch den Eintritt in Organisationen bzw. die Organisationsmitgliedschaft ausgelösten Sozialisationseffekten einfach durch Längsschnittmessung von Einstellungsveränderungen beikommen (Heckmann 1975, Renn 1973; ebenso auch viele Untersuchungen über Lehrer).

Renn z.B. ist besonders stolz auf die Exaktheit, mit der ihm aufgrund von 16 Einstellungsitems, die Wehrpflichtige zu drei verschiedenen Zeitpunkten beantworten mußten, die „Messung von Sozialisationswirkungen" (Buchtitel) der Bundeswehr gelungen ist. Er merkt aber u.a. nicht, daß seine Items über die Einstellung der Befragten zu Unteroffizieren, die den größten Teil seiner „Skala p" ausmachen, doch offensichtlich für diejenigen, die bei der dritten Befragung bereits damit rechneten, selbst Unteroffiziere zu werden, eine ganz neue Bedeutung angenommen haben (1973, S. 167 bzw. 146 und 198)[13].

Da es bereits so viele gute Darstellungen über die zahlreichen Fallgruben der Einstellungsbefragung gibt (z.B. Bierbrauer 1976, Blinkert 1978, Meinefeld 1976, Steinert 1978), braucht hier lediglich generell betont zu werden, *daß sich durch bloßes mehrfaches Abfragen von Einstellungen gewiß nur sehr oberflächliche, ja vielfach völlig irreführende Informationen über Sozialisationseffekte gewinnen lassen.* Die Änderung der Scores bei den so überaus beliebten Lehrerbefragungen könnten beispielsweise allein dadurch zustandekommen, daß Junglehrer nach Eintritt in den Vorbereitungsdienst beim Ausfüllen des Fragebogens eine veränderte Beantwortungsstrategie einschlagen, weil sie nun damit rechnen (müssen), daß ihre Antworten von ihren Ausbildern eingesehen werden könnten. Da fast die gesamte deutschsprachige Forschung über die Sozialisation von Lehrern auf simplen Einstellungsbefragungen beruht, wäre denkbar, daß auch viele der weitreichenden theoretischen Folgerungen eigentlich nur das treffen, was Lehrer in Befragungssituationen ankreuzen, nicht aber was sie im Schulalltag tun (z.B. Hänsel 1975).

Ein gutes Beispiel dafür, wie schwer es selbst bei weit sorgfältiger angelegten Längsschnittstudien ist, die Sozialisationswirkungen der Teilnahme an einer Organisation zu bestimmen, bietet die Darstellung von Verlauf und Ergebnissen seines kompensatorischen Kindergartenprojektes durch Sigel (1977). Um kognitive Fortschritte ‚exakt messen' zu können, mußten die Kinder mehrfach dieselben Testaufgaben lösen (S. 128); dabei wurde aber evident, daß die Bereitschaft, sich mit dem Testmaterial zu beschäftigen, wesentlich von den jeweils vorhandenen kognitiven Fähigkeiten abhängt (S. 143 u. 150) und Kinder bei der Testung an Aufgaben versagten, die sie in der normalen Kindergartensituation sehr wohl lösen konnten (S. 150).

Sigel folgert aus diesen Erfahrungen, daß

a) die herkömmlichen psychometrischen Verfahren für dieses Forschungsziel von zweifelhafter Validität sind (S. 150);
b) und diese „keineswegs erläuternde Grundlagen, was die bei den Kindern aufgebauten Veränderungen betrifft, zur Verfügung (stellen)" (S. 151);
c) eine Bestimmung der Ursachen und Quellen der Veränderung noch schwieriger ist (S. 152);
d) somit „die vorhandenen Methoden den komplexen Problemstellungen noch nicht gewachsen (sind)" (S. 151), der Ergänzung durch Beobachtungen außerhalb der Testsituation (S. 149) sowie durch die Analyse von Fallgeschichten (S. 147) bedürfen.

Noch expliziter für Fallstudien statt quantifizierenden Längsschnittuntersuchungen dieses Typs plädiert Baldwin (1960, S. 27), wobei schließlich auch zu bedenken ist: Selbst wenn wir eindeutig wüßten, daß eine zwischen den Zeitpunkten 1 und 2 stattgefundene Veränderung einer Variablen durch eine andere Variable herbeigeführt wurde, wir noch immer nicht wüßten, *wie* dies zugegangen ist, also den dazwischenliegenden Prozeß nicht kennengelernt haben.

Dazu muß man über punktuelle Daten hinausgelangen und individuelle Mikroverläufe studieren. Da aber, wie Thomae (1977, S. 234) argumentiert, *keine Studie in der Lage ist, „alle Aspekte individuellen Daseins statistisch zu repräsentieren und zu verarbeiten", kann dies nur über Falldarstellungen erfolgen,* in denen erkennbar werden sollte, „wie ein Mensch sich das Dasein möglich zu machen sucht, und nicht nur, was die Sozietät an ihm vermißt bzw. auszusetzen hat" (S. 227). Das von Thomae für die

13 Nur aus den im Anhang versteckten Tabellen (S. 198ff. u. S. 901ff.) und den darin enthaltenen Itemmittelwerten läßt sich erkennen, daß die Meinungen der Mehrzahl der Soldaten über die Bundeswehr im Laufe ihrer Militärzeit deutlich zynischer wurden; im Text wird das völlig verschwiegen.

Entwicklungspsychologie empfohlene Verfahren „psychologischer Biographik" erscheint gleichermaßen sinnvoll für die Sozialisationsforschung und zählt zum Spektrum kommunikativ-interpretativer Methoden, die in Kap. 4 erörtert werden sollen.

3 Der objektivistisch-quantitative Methodenkanon als Hemmschuh für die gegenwärtigen Aufgaben der Sozialisationsforschung

Während ich im vorigen Kapitel bei der kritischen Analyse einiger Ansätze und konkreter Forschungsbeispiele vor allem bestrebt war zu zeigen, inwiefern diese den Methodenkanon, unter dem sie angetreten sind, nicht einhalten können, geht es mir nun darum zusammenzufassen, warum dieser Methodenkanon als solcher für die empirische Bearbeitung der meisten Fragestellungen, die sich derzeit der Sozialisationsforschung stellen, höchst ungeeignet ist.

Auf prinzipieller Ebene besteht weitgehend Einhelligkeit, daß man zunächst die inhaltliche Fragestellung einer Untersuchung festlegen und erst dann eine geeignete Forschungsmethode auswählen (oder selbst entwickeln) sollte. Aber de facto werden vielfach zugegebenermaßen wichtige Probleme mit der Begründung beiseite geschoben, daß zu deren Untersuchung noch keine „wissenschaftlich gesicherten" Methoden zur Verfügung stünden; man weicht auf uninteressantere oder begrenztere Themen aus, die mit der gewohnten Methode bearbeitbar erscheinen. Oder es wird eine theoretisch bedeutsame Fragestellung solange zurechtgeschnipselt und reduziert, bis sie sich schließlich in ein striktes logisch-deduktives Schema hineinpressen und objektivistisch-quantitativ bearbeiten läßt (besonders deutlich etwa bei FREY 1974, S. 107–123).

Der herkömmliche Methodenkanon wird somit zum Hemmschuh, wenn nicht gar zur Zwangsjacke, zumal zu zeigen sein wird, daß dessen Anwendung keineswegs besonders sichere Ergebnisse liefert, wohl aber viele Forscher veranlaßt, sich sicher zu wähnen, nur auf die Einhaltung vorgegebener Regeln zu achten und keine selbständige kritische Überprüfung ihrer Methode vorzunehmen.

3.1 Beschränkte Angemessenheit hochgestochener mathematischer Verfahren

Ich erachte die vorliegenden Versuche, per quantitative Mehrebenenanalyse und ähnliche Verfahren den Ansprüchen der Sozialisationstheorien gerecht zu werden als eine Art Kulminationspunkt, an dem ersichtlich wird, daß es nur unter bestimmten, sehr selten realisierbaren Bedingungen sinnvoll ist, derlei Bemühungen fortzusetzen. Dann nämlich, wenn sowohl (a) die erforderliche Korrespondenz zwischen inhaltlicher Fragestellung, mathematisch-statistischem Modell und den Eingangsdaten tatsächlich gegeben ist als auch (b) der Prozeß der Datengewinnung so verlaufen ist, daß die Eingangsdaten als korrekt abbildende Beschreibungen von Aspekten der sozialen Realität angesehen werden können.

Die Mathematiker und Statistiker, die Verfahren für Sozialwissenschaftler entwickeln oder explizieren, machen uns ständig darauf aufmerksam, daß die damit gewinnbaren Ergebnisse stets modellabhängig sind und der Fachwissenschaftler daher selbst in jedem einzelnen Fall kritisch prüfen muß, ob das hinter einem Rechenverfahren stehende Abstraktionsmodell seiner inhaltlichen Fragestellung entspricht und ob seine Daten hinsichtlich Meßniveau, Verteilungsform etc. die Modellvoraussetzungen erfüllen[14]. Vielfach geschieht dies nicht in ausreichendem Maße; es wird zumindest im Forschungsbericht nicht hinreichend evident, der überdies so gestaltet sein müßte, daß er nicht nur die diesbezüglichen Erörterungen des Autors enthält, sondern auch dem Leser Einblick in die ursprüngliche Datenstruktur und deren sämtliche Verarbeitungsstadien gewährt (KRIZ 1973, S. 24 p; MOLLENHAUER/RITTELMEYER 1977, S. 118).

---

14 Nützlich für das Nachdenken über die Korrespondenz eines mathematischen Modells mit dem (bereits vorher festzulegenden) sozialisationstheoretischen Modell dürfte es sein, zumindest einen Blick in Publikationen zu werfen, in denen explizite versucht wird, mathematische Modelle (samt den zugehörigen Rechenverfahren) in Entsprechung zu sozialwissenschaftlichen Grundkonzeptionen über soziales Verhalten zu konstruieren. Für Ursache-Wirkung-Modelle unter Einbezug von Prozeßaspekten siehe COLEMAN (1964). Für mathematische Modelle, die Konzeptionen zu entsprechen suchen, bei denen die Intentionen die Aktoren die Ereignisse ganz oder teilweise determinieren siehe COLEMAN (1973). Als einführend genereller Überblick wäre BOUDON (1973) zu empfehlen.

Allzu oft werden Rechenverfahren als eine Art Automaten benutzt, von denen man vermeint, jedenfalls „richtige Ergebnisse" zu erhalten, ohne in Betracht zu ziehen, daß

„kein logisches oder mathematisches Verfahren gegen beliebig grobe Verletzungen der Annahmen immun" ist (WEEDE/JAGODZINISKI 1977, S. 315);
es sich überwiegend um nicht falsifizierbare Modelle handelt (BOUDON 1973, S. 50 u. 91), bei denen also nicht einmal im nachhinein auf mathematischem Wege eruierbar ist, ob ein adäquates Modell verwendet wurde[15];
das statistische Resultat der *interpretierenden* Rückübersetzung bedarf, um zu einem sozialwissenschaftlichen Ergebnis zu werden, zumal „die Statistik nichts anderes sein kann als eine Hilfe für unsere beschränkte Intelligenz, um komplexe Zusammenhänge zu durchschauen" (KRIZ 1973, S. 23).

Wissenschaftler, die sich auf einen Untersuchungstyp einlassen, in dem mathematisch-statistische Verarbeitungen dominieren, geraten fast zwangsläufig dahin, sich zu freuen, je mehr Abhängigkeiten sie entdecken, selbst wenn ihre bildungspolitische Intention „eigentlich" darin besteht, z. B. Handlungsspielräume für progressive Lehrer ausfindig zu machen. Sie lassen sich zur Computerjagd nach hohen „aufgeklärten" Varianzanteilen verführen, auch wenn ihr Erkenntnisinteresse auf Aufklärung (im ROUSSEAUschen Sinne) und Gesellschaftsveränderung orientiert ist. So müssen es sich solche Leute (zu denen auch ich bis vor kurzem zählte) wohl gefallen lassen, daß sie von einem anderen Wissenschaftler folgendermaßen wahrgenommen werden:

„They lust for things most frequent and things most strongly correlated, giving the impression of delight in finding the largest frequency and the strongest causes in human situations. ... Bigger, larger, and stronger statistical statements embody an appropriate imagery of domination, of overwhelming existence, and of an iron fatefulness in how social variations are hooked together. ... Passivist bulk quantitativism as *a social* product sponsors a world of victims, and a world of puppets on social strings ... (it) functions to narrow the range of matters over which people believe they can or might exercise control" (LOFLAND 1976, S. 71).

Solchen Angriffen, die es in recht ähnlicher Form z. B. bei D. ULICH (1976) gibt, pflegen die Quantitativler freilich entgegenzuhalten, daß sie ja bloß „real vorhandene Fakten aufdecken", die „eindeutig erwiesen sind"; man ihnen demgemäß doch nicht Vorwürfe machen könne, als ob sie selbst es wären, die diese Fakten *erzeugt* hätten. – Oder sollte sich am Ende doch herausstellen, daß man uns als Fakten*erzeuger* ansehen kann? Dazu mehr im folgenden Abschnitt 3.3.

Ein weiteres Dilemma (auf das ich oben bereits verwiesen habe) stellt sich der Sozialisationsforschung in höherem bzw. generellem Maße als anderen sozialwissenschaftlichen Bereichen: *Es gibt derzeit kein hinreichend handhabbares mathematisch-statistisches Modell, welches der Grundkonzeption von Sozialisation als wechselseitigem interaktivem bzw. transaktionalem sozialen Prozeß entsprechen könnte.* Soweit ich sehen kann, besteht nun bereits fast Einhelligkeit unter den mit Sozialisation eingehender befaßten Wissenschaftlern, daß es sich dabei um einen Wechselwirkungsprozeß handelt, diese z. B. „nicht nur als eine in der Richtung von Eltern zum Kind verlaufende Einwirkung angesehen werden darf" (THOMAE 1972, S. 805), sondern auch von seiten der Kinder „durch aktiven Umgang mit anderen Menschen" erfolgt (FRÖHLICH/WELLEK 1972, S. 671), diese dadurch Interaktionskompetenz erwerben, die sie zum Aushandeln ihrer Beziehungen zu Eltern, Lehrern und Peers einsetzen (GOSLIN 1969, S. 8), so daß die laufend auch von ihnen selbst interpretierten sozialen Interaktions- und Kommunikationsprozesse (KREPPNER 1975, S.

15 Selbst bei Pfadanalysen läßt sich vielfach nicht eindeutig entscheiden, welchem von mehreren pfadanalytischen Modellen ein gegebener Datensatz entspricht. Außerdem müssen wegen der großen Anzahl möglicher Modelle (mit drei Variablen können bereits 96 verschiedene lineare rekursive Modelle gebildet werden) einige wenige per „Plausibilitätsüberlegungen" – also per Inferenz – ausgewählt werden, unter denen dann mathematisch geprüft werden kann, welches davon den Daten adäquater ist (OPP/SCHMIDT 1976, S. 160).
Auch multiple Korrelation, kanonische Korrelation und multivariate Regressionsanalyse sind als nicht falsifizierbare Modelle anzusehen, weil die Gewichtung der einzelnen unabhängigen Variablen nachträglich vorgenommen wird. Wie DICK (1972, S. 43) zu Recht ausführt, wird deren Kombination „der Striktheit des Zusammenhangs zuliebe an vorliegende Daten angepaßt. Es handelt sich also um eine Vorhersage des Gewußten. Daraus ergibt sich, daß die Art und Weise der Kombination nicht ohne weiteres auf neue Daten übertragen werden kann". Er folgert, daß durch die Anwendung solch differenzierter Methodik der nomothetische Anspruch analytischer Sozialwissenschaften zu Fall gebracht wird und bezeichnet dies als den „*multivariaten Methodentod* der analytisch-empirischen Theorien- und Hypothesenbildung" (S. 86).

138ff.), die wichtigsten Elemente ihrer Beziehung zur Umwelt darstellen (GRAUMANN 1975, S. 22). *Die Anwendung mathematisch-statistischer Verarbeitungsverfahren impliziert jedoch eine Rückkehr zu dem auf theoretischer Ebene längst überwundenen Prägungs- und Trichterkonzept von Sozialisation.*

So kritisiert etwa BERTRAM (1976b) auf S. 79 „als immanenter Mangel aller Erziehungsstilkonzepte" „das zugrundeliegende Eltern-Effekt-Modell", um dann auf S. 103/104 zuzugeben, daß auch er selbst darauf verzichten muß, „die Unangemessenheit des ‚Eltern-Effekt-Modells' zu zeigen, da die Verfahren zur Kontextanalyse eine eindeutige Festlegung der abhängigen und unabhängigen Variablen voraussetzen". Auf eine weitere Reduktion des theoretischen Anspruchs dieser Untersuchung bei der Umsetzung in quantitativ Machbares wurde schon verwiesen: die idealiter angestrebte Erfassung der „familiaren Kommunikations- und Interaktionsstruktur" reduzierte sich auf ein paar aus Fragebogenantworten konstruierte elterliche Einstellungsskalen (siehe dazu PHILLIPS 1978, S. 214).
Ähnlich geht es auch Monika KELLER, die zwar in einem Überblicksartikel für die „Hinwendung zu prozeßorientierten Untersuchungen" plädiert, „in denen das Kind in Interaktion mit seiner Umwelt erforscht wird" (KELLER u.a. 1975, S. 24), in ihrer eigenen Untersuchung jedoch den interaktiven Prozeß der Rollenübernahme darauf reduziert, daß die Kinder zu ihnen vorgelegten Bildchen Geschichten produzieren müssen, aus denen dann Punkte dafür verrechnet werden, wie gut die Kinder die unterschiedlichen Perspektiven der abgebildeten Personen wahrgenommen hatten, die schließlich in eine Regressionsanalyse eingehen (KELLER 1976, S. 76ff.). Daß es sich dabei um dieselbe Kompetenz handelt, die Kinder in Interaktionen anwenden, in die sie selbst verwickelt sind – also etwa, wenn es darum geht, mit fremden Kindern anzubandeln, allmählich deren Interessen zu interpretieren, um schließlich ein gemeinsames Spiel auszuhandeln – könnte eigentlich nur jemand annehmen, der einen rein behavioristischen Standpunkt vertritt. Denn dies würde voraussetzen, daß man folgender Konzeption von B. F. SKINNER zustimmt:

„Nichts ‚entsteht' in der sozialen Einheit ‚neu'. Der Sprecher kann untersucht werden, indem man einen Hörer annimmt, und der Hörer, indem man einen Sprecher annimmt. Die sich dabei ergebenden Darstellungen erfassen die Episode, an der beide beteiligt sind, vollständig" (SKINNER 1972, S. 48).

Wer jedoch mit GRAUMANN (1972, S. 1216) meint, daß „Kommunikationsformen und -inhalte dazu beitragen, die soziale Situation zu definieren bzw. zu strukturieren" und mit KREPPNER (1975, S. 138) „Handeln als einen aktiven, intentionalen, vom Subjekt selbst interpretierbaren Akt" auffaßt, gerät in eine einigermaßen schizophrene Situation, wenn er dennoch *der quantitativen Verarbeitung zuliebe so vorgeht, als handle es sich um „ichlose Sozialisanden"* (KRAPPMANN u.a. 1974, S. 9), *aus deren Testleistungen oder Fragebogenauskünften sich reale Interaktionsabläufe ihres Alltagslebens rekonstruieren ließen.* Die Überzeugung, auf diese Art verläßliche und sichere Resultate gewonnen zu haben, ist nur dadurch aufrechtzuerhalten, daß man die Diskrepanz zwischen theoretischer Grundkonzeption und dem Forschungsansatz, den man tatsächlich verwendet hat, verdrängt.

3.2 Problematik der Datengewinnung

Noch schwerer ist es, an die „Gesichertheit der Ergebnisse" zu glauben, sobald man daran denkt, daß jede Erhebungssituation eine soziale Interaktion ist, in der die Beteiligten ihre je spezifische Interaktionskompetenz und ihr je besonderes Vorwissen einsetzen, um die Situation für sich zu definieren, um herauszufinden, was man von ihnen will, um zu überlegen, inwieweit bzw. in welcher Weise sie die beim Partner vermuteten Intentionen und Gefühle berücksichtigen sollen, und um schließlich zu Antwortstrategien und Formen der Selbstpräsentation zu gelangen.
Forscher setzen einerseits (meist stillschweigend) voraus, daß sowohl die Befragten oder Beobachteten als auch Interviewer oder Beobachter über Interaktionskompetenz und Vorwissen verfügen, weil ja ansonsten die angezielte Informationsgewinnung gar nicht stattfinden könnte. Andererseits aber muß man unmittelbare Folgen von Interaktionskompetenz, nämlich die Inferenzen der Untersucher und die „Reaktanz" der Untersuchten, den Situations-, Instrumenten- und Interviewereinfluß ableugnen, hinwegdiskutieren oder zu „kontrollieren" versuchen, solange man sich dem objektivistisch-quantitativen Methodenkanon verpflichtet fühlt.
Obwohl es die Anhänger (vorsichtigerweise) nie so direkt ausdrücken, besteht doch das Grundpostulat des Methodenkanons letztlich darin, daß man an Menschen für die sozialwissenschaftliche Forschung relevante Merkmale ebenso ablesen könnte und müßte „wie das

Voltmeter Stromstärken mißt" (RITSERT 1978, S. 54)[16].
In den dieser Richtung zuzurechnenden methodischen Arbeiten setzt die Erörterung fast durchweg erst auf der Ebene nicht näher begründeter Forderungen nach intersubjektiver Vergleichbarkeit, Wiederholbarkeit der Ergebnisse und nach völliger Kontrolle der Erhebungssituation durch den Forscher ein. Die Überprüfung der gewonnenen Daten wird ohne Rückbezug auf wissenschaftstheoretische und meßtheoretische Grundfragen auf die technizistischen Aspekte von Reliabilität und Validität beschränkt[17]. Die vielen empirischen Befunde über unzureichende Reliabilität, Widersprüche zwischen Reliabilitäts- und Validitätskriterien bzw. zwischen interner und externer Validität, Operationalisierungsprobleme, Response-Sets, Interviewer- und Versuchsleitereinflüsse, unterschiedliche Interpretation des Sinngehalts von Fragen und Instruktionen, differential experimental impact, hypothesengenerierende Versuchspersonen etc., von denen wir oben (S. 296ff.) einige Facetten gestreift haben, werden wohl in den gründlicheren Methodendarstellungen ausführlich diskutiert (CANELL/KAHN 1968, ARONSON/CARLSMITH 1968, SECHREST 1968, FRIEDRICHS/LÜDTKE 1973), letzten Endes aber stets als ausmerzbare Fehler interpretiert, die der kompetente Wissenschaftler vermeiden könnte. Und zwar wird hierzu vor allem die noch stärkere Einschränkung des den Untersuchten wie den Untersuchern (Versuchsleiter, Interviewer etc.) zu gewährenden Spielraums empfohlen sowie weiter, beiden Kategorien von Personen tunlichst nichts über Sinn und Zweck der Forschung mitzuteilen.
Befolgt man derartige Ratschläge, so erhält man fast zwangsläufig Ergebnisse, die in Einklang zu bringen sind mit den behavioristischen und/oder strukturell-funktionalistischen Menschen- und Gesellschaftsbildern, die als Hintergrundtheorien für den objektivistisch-quantitativen Methodenkanon fungieren. Solange eine scientific community sich darüber einig ist, daß dies die einzig richtigen wissenschaftlichen Auffassungen und Vorgehensweisen sind und die Forderung nach intersubjektiver Überprüfbarkeit der Ergebnisse sich lediglich auf die „kompetenten" Mitglieder dieser Gemeinschaft bezieht (und völlig ignoriert, daß man die Richtigkeit wissenschaftlicher Befunde etwa auch durch zusätzliche Gespräche mit den Untersuchten prüfen könnte), kann die scientific community im Zirkel ihrer selffulfilling prophecies im Grunde ebenso eingeschlossen bleiben wie jede andere Glaubensgemeinschaft (vgl. die schöne Geschichte vom Orakel der Azande bei MEHAN/WOOD 1976, S. 29ff., und das Weiterspinnen von Überlegungen „über das Orakel, das wir ‚Wissenschaft' nennen" durch MOLLENHAUER/RITTELMEYER 1977, S. 13ff.).

3.3 Methodenwechsel als subjektives Problem

Glücklicherweise bildeten insbesondere die Soziologen doch nie eine so geschlossene Glaubensgemeinschaft und auch in der Psychologie gab es stets einzelne Stimmen (z.B. in Deutschland THOMAE, GRAUMANN), die auf einem

16 Explizite ausmachbar ist eine solche Konzeption am ehesten im Szientismus, „der verlangt, daß die Sozialwissenschaften endlich von den Naturwissenschaften lernen, was wissenschaftliche Methode ist" (POPPER 1969, S. 107), während in wissenschaftstheoretischen Arbeiten kritisch-rationalistischer Provenienz lediglich von wissenschaftlicher Objektivität per se gesprochen wird (POPPER, z.B. 1969), eventuell noch von „gültigen Beobachtungssätzen" die Rede ist, von „Tatsachen" und „strengen Tests", mit denen die „empirische Kontrolle" der Hypothesen und theoretischen Sätze vorzunehmen sei (ALBERT 1969a, S. 202 u. 207; 1969b, S. 271), ohne anzugeben, wie diese zu gewinnen wären. Die neuere analytische Wissenschaftstheorie entzieht sich vielfach grundsätzlich einer solchen Aufgabe durch den Hinweis, daß dies einer „normativen Methodologie" gleichkäme (WESTMEYER 1977, S. 79; TOEBE u.a. 1977, S. 93). Die fachwissenschaftlichen Methodiker andererseits tun aber so, als ob völlig eindeutig geklärt wäre, daß wissenschaftliche Objektivität durch kontrollierte Beobachtung und Messung menschlicher Verhaltensmerkmale erzielbar sei.

17 Zu den unterschlagenen meßtheoretischen Grundproblemen siehe vor allem KREPPNER 1975, Kap. 4. Mit den Konsequenzen der Beschränkung auf Reliabilitäts- und Validitätsprüfungen setzt sich KREUTZ (1970) ausführlich auseinander, indem er von einem übergeordneten Begriff des *Realitätsgehalts* von Daten ausgeht. Allerdings impliziert dieser Begriff noch, daß es eine eindeutige, in Form von Daten *abbildbare* soziale Wirklichkeit gäbe, was vielfach bestritten wird. Vor allem WILSON (1973) erörtert ausführlich, daß eine „kontextunabhängige und unzweifelhafte Beschreibung von Situationen und Handlungen" „die Annahmen eines gemeinsam geteilten Systems von Symbolen und Bedeutungen" voraussetzt (S. 66), die überdies „als ein- für allemal, explizit oder implizit getroffen und festgelegt angesehen werden müssen" (S. 61). Diese für das normative Paradigma typische Annahme läßt sich jedoch nicht mehr aufrechterhalten, sobald „Situationsdefinitionen und Handlungen angesehen werden als Interpretationen, die von den an der Interaktion Beteiligten an den einzelnen ‚Ereignisstellen' der Interaktion getroffen werden, und die in der Abfolge von ‚Ereignisstellen' der Überarbeitung und Neuformulierung unterworfen sind" (S. 61).

anderen Standpunkt beharrten. Symbolischer Interaktionismus, phänomenologische Richtungen, Kritische Theorie, kritische Psychologie etc. haben dazu beigetragen, daß im letzten Jahrzehnt auf breiter Front ein Prozeß des Umdenkens in Gang gekommen ist, den man jedenfalls als zunehmende Abkehr von normativen (bzw. objektiven) Paradigmen ansehen kann. Eine Abkehr also von Vorstellungen, daß das Verhalten von Individuen (quasi hinter ihrem Rücken) kausal determiniert sei durch Umweltfaktoren, deren Wirkung entweder lerntheoretisch oder struktural-funktional zu erklären sei.

Aber insbesondere für jene, die selbst an empirischer Forschung beteiligt sind, ist es – auch wenn sie sich zu handlungstheoretischen, interpretativen Grundvorstellungen durchgerungen haben – *offensichtlich recht schwierig, auch einen entsprechenden Methodenwechsel vorzunehmen.*. Man fürchtet, sich auf etwas einzulassen, das man nicht gelernt hat und hat Angst vor Vorwürfen der Unwissenschaftlichkeit. Vor allem aber, so scheint mir, hindert viele von uns am Umdenken die Tatsache, daß wir den objektivistisch-quantitativen Methodenkanon nicht nur gut gelernt, sondern auch so sehr internalisiert haben, daß er uns zur „selbstverständlichen" Denkfolie und Perspektive geworden ist. *So wird vielfach resignativ die alte Vorgangsweise auch von Wissenschaftlern weiterverwendet, die sich auf theoretischer Ebene von normativen Paradigmen emanzipiert haben.* Freilich erklärt sich solch resignative Haltung teilweise auch daraus, daß man lange Zeit aus deutschsprachigen Publikationen nur wenig über alternative Methoden in Erfahrung bringen konnte. Ätzende und bisweilen übergeneralisierende Kritik der Vorgangsweisen, die man selbst bislang verwendet hat, allein (Berger 1974, Dick 1972) lösen bloß Frustration, wenn nicht auch Aggression aus; solche Kritik konnte eher dazu veranlassen, empirische Forschung überhaupt ad acta zu legen (bzw. anderen Wissenschaftlern zu überlassen, die man dann seinerseits kritisierte).

Daher soll das folgende Kapitel über qualitativ-interpretative Methoden vor allem auf möglichst viele Arbeiten verweisen, in denen Autoren über ihre eigene einschlägige Forschung berichten und/oder solche Ansätze auf genereller Ebene erörtern. Dabei wird allerdings auch evident werden, daß sich darunter kein „abgesicherter" Methodenkanon befindet, für diese Forschungstypen vielmehr kennzeichnend ist, daß sie sich einer fixen, aprioristischen Regelung entziehen und der flexiblen Handhabung in engem Zusammenhang mit der jeweiligen inhaltlichen Fragestellung bedürfen. Angezielt wird vor allem kontrolliertes Fremdverstehen, Deutungsversuche von Aspekten und Prozessen des Alltagslebens; die Proponenten versprechen keine endgültigen, fixen, ein- für allemal gesicherten Forschungsresultate.

Deswegen ist es besonders notwendig, hier abschließend noch herauszustellen, *daß objektivistisch-quantitative Ansätze keineswegs sicherere, glaubwürdigere Ergebnisse zeitigen, wohl aber den Forscher, der sie (noch) nicht hinterfragt, in scheinbarer Sicherheit wiegen.* Ein subjektives Gefühl von Sicherheit wird vor allem dadurch erzeugt, daß der Methodenkanon den naiven Benützer annehmen läßt, die genaue Befolgung vorgegebener Regeln reiche aus, um exakte Resultate zu erhalten. *Forschung erscheint als Fabrikationsvorgang* (S. Koch 1973, S. 202) mittels generell festgelegter Verhaltensweisen und unter Verwendung von womöglich bereits durch Autoritäten abgesegneter „bewährter" Instrumente.

Die „klare Trennung zwischen Objekt und Subjekt der Forschung, zwischen dem zu erforschenden Objektbereich und den forschenden und darüber reflektierenden Subjekten", die Skowronek/Schmied (1977, S. 22) im Interesse „wissenschaftlicher Objektivität" fordern, erlauben es weiter dem Forscher, direkte Kontakte mit seinen Untersuchungs-„Objekten" zu vermeiden, zumal ihm – z.B. durch Friedrichs/Lüdtke (1973, S. 34) – nahegelegt wird, Befragungen, ja selbst, „standardisierte teilnehmende Beobachtung" keinesfalls selbst, sondern durch Mittelsmänner durchführen zu lassen. So kann er sich weitgehend einer „Selbstbetroffenheit" entziehen, die seinen psychischen oder sozialen Status bedrohen könnte (Schülein 1978, S. 112). Dank „*methodisch organisierter Distanz zum Objekt*" entgeht er der Gegenübertragung, erfährt weder, was seine Versuchspersonen oder Befragten über ihn und seine Forschung denken, noch auch die sonstigen Bemerkungen und Kommentare, die beim Ausfüllen seines Fragebogens gemacht wurden, oder die Mißverständnisse, welche sich dabei ergaben. Vielmehr kann der Wissenschaftler die „Reaktionen" seiner „Objekte" in quasi chemisch gereinigter Form an seinem Schreibtisch in Empfang nehmen; eventuell sogar ohne jemals auch nur gesehen zu haben, wie das Alltagsleben dieser Leute ausschaut. Daraufhin nehmen seine Codierer, eventuell zuzüglich eines Computerfachmanns, die Umwandlung der Fragenbogeninhalte etc. in Variable vor – und erst diese letzteren sind es, mit denen sich unser Forscher persönlich zu beschäftigen braucht.

Zumal wenn man das „Denken in Variablen" gut gelernt hat, vergißt man bei der Analyse, bei der Suche nach signifikanten Unterschieden und Kovarianzen fast zwangsläufig die vorangegangenen Phasen der Datenproduktion – und zwar, wie mir scheint, selbst dann, wenn man dazu mit kritisch-skeptischer Intention angetreten ist. Die Variablen haben für den Analytiker nur mehr jene Bedeutung, welche durch die Bezeichnung, durch die Namen impliziert wird, die er ihnen selbst verliehen hat; sie verweisen bestenfalls auf eine Theorie, nicht aber auf das Alltagsleben der Untersuchten. Der Vorwurf, daß auf diese Arten Fakten, Tatsachen eher *erzeugt* denn entdeckt werden, ist also weitgehend berechtigt[18].

Die soziale Anerkennung seiner Arbeit ist ein weiteres Element, das beim Forscher das Gefühl verstärkt, seine Vorgangsweise sei richtig gewesen und seine Resultate als gesicherte Fakten anzusehen: Forschungsaufträge, Publikationsmöglichkeiten und Berufungen erhöhen nicht nur seine materielle Sicherheit. Sollte es dann ein Praktiker wagen, seine Befunde anzuzweifeln, so antwortet er im Brustton der Überzeugung, daß es sich um verläßliche wissenschaftliche Resultate handele, die selbstverständlich und jedenfalls jeder Art subjektiver Alltagserfahrung überlegen seien.

Aus der Gegenperspektive stellt sich jedoch ein derartiger Forschungsprozeß als höchst zweifelhaftes Unternehmen dar. *Weitgehend ausgeblendet bleiben* aus der methodologischen wie aus der methodischen Erörterung – und erst recht aus der Berichterstattung über konkrete Untersuchungen – *die zahlreichen Inferenzvorgänge, die auf seiten des Forschers* (aber auch der Beforschten und Mittelsleute) an mehreren Stellen im Forschungsprozeß jedenfalls stattfinden: bei der Konstituierung des Objektbereichs der Forschung, bei der Hypothesengenerierung, der Erarbeitung von Begriffsdefinitionen und deren Operationalisierung, bei der Gestaltung des Fragebogens und der Erhebungssituation, und schließlich bei allen interpretierenden Analyseschritten.

Die Inferenzen können nur aufgrund des jeweils bereits vorhandenen Wissens vorgenommen werden. Objektivistische Ansätze zwingen jedoch zu deren Festschreibung: insbesondere Psychologen werden darauf verpflichtet, ihre Hypothesen und Auswertungsschemata vor Beginn der Untersuchung festzulegen; diese aufgrund von im Zuge der Untersuchung gewonnenen Einsichten abzuändern ist verpönt. Je mehr sich weiters der Forscher auf „remote devices" (LOFLAND 1976, S. 12), auf distanzierte Informationsgewinnung verläßt, desto eher muß er so tun, als ob er schon im voraus die Befragten hinreichend gut kenne, da er ja z. B. bereits bei der Formulierung seiner Items vorwegnehmen muß, daß und wie diese verstanden werden. Trotz eventueller pretests muß gerade der nach objektiven Daten Strebende an diesem Punkt auf sein generelles (sub)kulturelles *Verständnis* zurückgreifen[19]. Je weniger der Wissenschaftler über solches Verstehen verfügt und je weniger er dieses explizite mobilisieren kann, desto wahrscheinlicher ist es, daß *seine Bedeutungszuschreibungen auf impliziter Introspektion beruhen, auf unkontrollierter, unreflektierter persönlicher Erfahrung.*

Ähnliches wiederholt sich mehrfach bei der Analyse der gewonnenen Informationen. Zumal den Untersuchten in den restringierten Erhebungssituationen und wegen der restringierenden Instrumente kaum Gelegenheit geboten wird, ihre Gefühle, Motive, Intentionen und Realitätskonstruktionen hinreichend zu explizieren (GROEBEN/SCHEELE 1977, S. 116), werden ihnen diese vom Forscher kraft *seiner* Konstruktion per Inferenz zugeschrieben, die vielfach wieder auf persönlicher Erfahrung beruht und stillschweigend wieder Bedeutungsäquivalenz voraussetzt (PHILLIPS 1972, S. 145). *Ohne solche Deutungen ließe sich nicht einmal Kopfnicken oder das Kreuz bei der Antwortkategorie „Ja" als Zustimmung deklarieren.*

18 So schreibt auch Wolfgang SCHULZ, obwohl er durchaus kein Gegner quantitativer Methoden ist: „Durch das hohe Abstraktionsniveau der mathematisch hoch elaborierten Auswertungsverfahren (die sich ja selbst auch nur als Modelle verstehen) wird eine Realität erzeugt, deren Plausibilität m. E. nur mehr durch direkten Kontakt mit den Beteiligten korrigiert werden kann" (1976, S. 67).

19 Setzt er statt dessen von anderen Forschern entwickelte „bewährte Instrumente" ein, so verläßt er sich auf *deren* generelles kulturelles Verständnis und ignoriert überdies vollends das Erfordernis, dabei die Besonderheiten *seiner* Befragten zu berücksichtigen.

Schließlich sind *nochmals Inferenzen bzw. Interpretationen erforderlich, wenn die aus der Untersuchung resultierenden Zahlenwerte auf Theoriekontexte rückbezogen werden* und/oder eine Rückübersetzung der Ergebnisse in die soziale Realität erfolgt (KREPPNER 1975, S. 25). Gerade weil und insofern es verpönt ist, in die Forschung eigene Alltagserfahrungen argumentativ einzubringen – folgert KREPPNER –, geht das Alltagswissen, die Vorurteile und ideologischen Orientierungen der Forscher ungehindert und unkontrolliert an allen jenen Punkten in den Forschungsprozeß ein, für die der Methodenkanon keine verbindlichen Richtlinien enthält; zumal Erörterungen darüber, wie sich Alltagserfahrungen kritisch reflektieren ließen dem normativen Paradigma völlig wesensfremd sind. (Für ausführlichere Darstellungen der Inferenz- bzw. Interpretationsproblematik sei verwiesen auf DOUGLAS 1976, Kap. 2; LOFLAND 1976, Kap. 2; PHILLIPS 1972, S. 143ff.; SJOBERG/NETT 1968, S. 263ff.; RITSERT 1978, S. 32ff.) Es soll keineswegs in Abrede gestellt werden, daß bestimmte Phasen und Aspekte objektiv-quantitativer Forschungsprozesse gut ausgebaut und abgesichert sind und auch nicht, daß darin ein „spezielles Regelsystem kritischen Zweifels" eingebaut ist. *In keiner Weise abgesichert sind jedoch die Inferenzphasen, und die kritische Prüfung erstreckt sich nicht „auf die routinisierten Praktiken des Wissenschaftsbetriebs"* (MATTHES/SCHÜTZE 1973, S. 50), zumal die Postulate, auf denen die Formen der Datengewinnung beruhen, auf so schwachen Füßen stehen, daß die zwar grundsätzlich geforderte Prüfung auch der „Hintergrundtheorie" (OPP 1970, S. 302) kaum stattfindet bzw. deren negative Ergebnisse nicht zur Kenntnisse genommen oder umgedeutet werden. Deswegen scheint mir folgende Darstellung des Grundproblems gerechtfertigt:

„Gerade wenn der Forscher ... sich dem naturwissenschaftlich restringierten Erfahrungsbegriff verpflichtet fühlt und allein objektive Daten erheben will, setzt er unkontrolliert sein eigenes interpretatives Schema voraus, um auf der Grundlage vorverstandener sozialer Bedeutsamkeit bestimmte ‚objektive' Variablen als analyserelevant auswählen können. Außerdem setzt der Forscher faktisch voraus – natürlich ohne daß es ihm in objektivistischer Einstellung möglich wäre, dies überhaupt zu bemerken, geschweige denn zu reflektieren –, daß sein interpretatives Schema mit demjenigen der von ihm untersuchten Gesellschaftsmitglieder in den für die Forschungsfragen entscheidenden Punkten identisch bzw. äquivalent ist. Eine ihrem Anspruch nach naturwissenschaftlich vorgehende Methodologie ist mithin in ihren Grundlagen weniger kontrolliert und reflektiert als eine Methodologie, welche die unabdingbare Notwendigkeit des Fremdverstehens in ihre Grundüberlegungen einbezieht" (SCHÜTZE u.a. 1973, S. 442).

Ich habe in diesem Kapitel herauszustellen versucht, daß der objektivistisch-quantitative Methodenkanon gegenwärtig ein besonderes Hemmnis für weitere Fortschritte der Sozialisationsforschung darstellt, weil

a) Interaktions- und Interpretationsprozesse auf diesem Weg nicht untersuchbar sind;
b) methodische Rücksichten eine Beibehaltung des theoretisch längst überholten Trichtermodells von Sozialisation erzwingen;
c) für die Datengewinnung implizite vorausgesetzt werden muß, daß die Beteiligten die von der Sozialisationstheorie angenommenen Grundqualifikationen des Handelns nicht besäßen;
d) die Internalisierung des Kanons durch die Forschenden diese daran hindert, dessen Schwächen zu sehen und/oder alternative Methoden zu erproben.

4 Interpretative Methoden kontrollierten Fremdverstehens

4.1 *Ausgangspunkte*

Ich möchte in diesem Kapitel möglichst direkt auf konkrete Methodenvorschläge eingehen, auf Alternativen zu den bisher erörterten Vorgangsweisen, die mir für die empirische Sozialisationsforschung aussichtsreich erscheinen. Obgleich ich hoffe, daß eine solche pragmatisch orientierte Darstellungsform Lesern mit unmittelbaren Forschungsanliegen entgegenkommt, ist sie zugleich riskant. Denn diese Methoden lassen sich zwar insgesamt als interpretativ – verstehend – qualitativ kennzeichnen, sind aber aus zahlreichen verschiedenen Richtungen hervorgegangen, deren Vertreter zum größten Teil Wert auf ihre epistemologische, ideologische und/oder inhaltlich-theoretische Eigenständigkeit legen und vielfach der Ansicht sind, daß sich methodisches Vorgehen überhaupt nicht aus ihren sonstigen Annahmen heraustrennen läßt. Schon allein aus Platzmangel wäre es aber völlig unmöglich, die einzelnen Anliegen hier adäquat zu erörtern; also kann bloß auf die entsprechen-

de Literatur verwiesen werden: Wie ein empirisch-interpretatives Vorgehen unter historisch-materialistischer Perspektive begründet und durchgeführt werden kann, zeigt Peter GSTETTNER im hier anschließenden Artikel sowie in vorangegangenen Arbeiten (GSTETTNER 1979). Als sorgfältig edierte Einführung in die programmatisch-methodologischen Aspekte des Symbolischen Interaktionismus, der Ethnomethodologie, Ethnotheorie und Ethnographie des Sprechens empfiehlt sich der Sammelband der Arbeitsgruppe Bielefelder Soziologen (1973). Über die noch neuere Abzweigung, die stark phänomenologisch orientierte „Existential Sociology" informieren DOUGLAS/JOHNSON (1977). Phänomenologische Orientierungen in der Psychologie präsentieren GRAUMANN/METRAUX (1977) sowie HARRÉ/SECORD (1972; und HARRÉ 1978) in Form ihres spezifischen „Ethogenic Approach". Das Anliegen der Humanistischen Psychologie vertreten BÜHLER/ALLEN (1973). Schließlich sei der Sammelband von BÜHL (1972) mit zum Teil wissenschaftstheoretisch und erkenntnistheoretisch weiter ausgreifenden Beiträgen über mehrere Versionen der „Verstehenden Soziologie" genannt.
Diese Auflistung enthält lediglich jene Richtungen, mit denen ich selbst einigermaßen vertraut bin; es fehlt dabei gewiß noch etliches. Andererseits mag auch die Behauptung überzogen sein, daß die methodischen Absichten all dieser Richtungen auf „methodisch kontrolliertes Fremdverstehen" konvergieren. Ich möchte dennoch vorläufig von dieser Behauptung ausgehen.
Zumindest kurz und oberflächlich muß wohl auch bereits an dieser Stelle umrissen werden, *was mit „Fremdverstehen" gemeint ist.* „Verstehen" ist dabei etwa im Sinne folgender kontrastiver Kurzdefinition von EIBL aufzufassen (1976, S. 60, zitiert nach GROEBEN/SCHEELE 1977, S. 116): „‚Erklären' ist die Verknüpfung von ‚Tatsachen' mittels *unserer* Regelmäßigkeitsannahmen. ‚*Verstehen*' ist die Rekonstruktion, wie ein Anderer ‚Tatsachen' mittels *seiner* Regelmäßigkeitsannahmen verknüpft oder verknüpft hat, um ein Problem zu lösen"[20].

„*Fremd*verstehen" soll die spezifische Zielsetzung signalisieren, die Rekonstruktion der Erklärungen, Handlungsgründe und Absichten von Handelnden – im Gegensatz zu älteren Konzeptionen – nicht per „armchair research" (DOUGLAS 1976), *nicht per „Innenschau" des Forschers zu erschließen, sondern durch kommunikative Interaktion mit den Handelnden.* Es wird als wichtig erachtet, die Sinnstrukturen der Adressaten, ihre Welt- und Selbstsicht, ihr Alltagswissen, ihre kognitiven Fähigkeiten und ihre Interaktionskompetenz situativ zu erschließen und insbesondere auch die Art und Weise, wie diese in alltäglichen interaktiven Prozessen einerseits eingesetzt und andererseits auch modifiziert oder gar erst erzeugt werden. Darüber hinaus aber gilt, es, im Wege kontrollierter Interpretation aus den bewußten und kommunizierten Konstruktionen die diesen zugrundeliegenden Regelsysteme und Deutungsmuster zu entdecken.
Es wird also weder vorausgesetzt, daß alle Menschen für jede ihrer Handlungen stets Gründe angeben können noch auch, daß die angegebenen Motive stets auch die handlungsauslösenden gewesen wären. Wohl aber wird angenommen, daß das, was unausgesprochen bleibt, weil es die Handelnden als selbstverständlich voraussetzen oder weil sie es verdrängt haben, dennoch am ehesten erschlossen werden kann durch Beobachtung ihrer Alltagshandlungen in möglichst vielfältigen situativen Kontexten und vor allem aus ihren eigenen Darstellungen im Zuge von Alltagskommunikationen oder in direkter Kommunikation mit den Wissenschaftlern. *Der Ansatz methodisch kontrollierten Fremdverstehens bleibt so durchaus offen sowohl für psychodynamische wie für gesamtgesellschaftlich-makrosoziologische Interpretationen.*
Gegenüber dem häufigen Vorwurf, die „objektive soziale Realität" bleibe ausgeklammert (z.B. MERTENS/FUCHS 1978, S. 183), wäre allerdings einzuwenden, daß verstehend-interpretative Methoden fast immer – und wie ich meine logisch zwangsläufig – verknüpft sind mit der Basisannahme: „Die soziale Wirklichkeit ist das Ergebnis eines Interpretationsprozesses der sozial handelnden Individuen" (Formulierung von BIRESCH u.a. 1978, S. 116), deren Definitionsmacht freilich keineswegs als gleichverteilt anzusehen ist. So formuliert auch BÜHL (1972, S. 58) im Anschluß an SIMMEL und G. H. MEAD: Die Wirklichkeit ist „von verschiedenen Standpunkten und Interaktionszusammenhängen aus,

20 Mit dieser probaten Kurzdefinition entziehe ich mich freilich einer ernsthaften Erörterung des Begriffspaares, die allerdings weit in die Regionen der Wissenschaftstheorie und Erkenntnistheorie hineinführen müßte. Dabei wäre auch abzuhandeln, ob verstehend-interpretative Sozialwissenschaft davon abgehen könnte, sollte oder müßte. „Erklärung" als Hauptziel wissenschaftlicher Tätigkeit anzusehen.

stets nur *perspektivisch* erfahrbar. ... Die einzige ‚objektive Realität' ist sozusagen ihr Nichtvorgegebensein, d.h. die Relativität der sich überschneidenden und sich wandelnden, von den interagierenden Individuen organisierten Perspektiven".

Eine Folgerung aus solchen Grundannahmen ist, daß Sozialstrukturen (die ihrerseits Ergebnisse vorangegangenen Handelns sind) als Bedingung des Handelns nur wirksam werden können, insofern sie in die Handlungsorientierungen von Gesellschaftsmitgliedern als Gewußtes eingehen (SCHÜTZE u.a. 1973, S. 143f.). *Gerade durch die verstehend-interpretative Methode läßt sich empirisch untersuchen, wie sich materielle Existenzbedingungen in subjektiven Gehalten vermitteln* (vgl. RITSERT 1978, S. 55ff.). Zugegeben werden muß, daß sich die ursprünglichen Proponenten des interpretativen Paradigmas mit „Existenz-Reproduktionsbedingungen", mit „inhaltlichen gesellschaftlichen Problemstellungen von Steuerung, Produktion, Verteilung und Konsumtion" kaum befaßt haben (RITSERT 1978, S. 40; SCHÜTZE u.a. 1973, S. 453), andererseits aber gerade SCHÜTZE u.a. und seither auch viele andere bestrebt waren, derartige Verbindungen anzubahnen und nun auch schon erste empirische Arbeiten vorliegen, die solche Verknüpfungen zu realisieren suchten (z.B. GSTETTNER in diesem Band).

Eine weitere wichtige Folgerung aus den oben angeführten Grundannahmen ist es, daß auch jedwede Art sozialwissenschaftlicher Aussagen und Ergebnisse bloß perspektivische Darstellungen sozialer Wirklichkeit sein können. Wissenschaftler sind im Grunde ebenso wie andere Gesellschaftsmitglieder darauf angewiesen, sich die soziale Welt anhand ihrer Wahrnehmungen zu konstruieren; und im Prinzip sind erstere ebenso wenig wie letztere dagegen gefeit, nur das wahrzunehmen, was ihr Vorwissen, ihre Theorie sie sehen läßt. Aber immerhin kann man vermutlich etwas überlegter und reflexiver vorgehen, wenn man sich vor Augen hält, daß *unsere Tätigkeit als Forscher darauf hinausläuft, Konstruktionen über die Konstruktionen der im sozialen Feld Handelnden zu errichten* (SCHÜTZ 1971, S. 68). Aufgrund welcher Voraussetzungen es tatsächlich möglich erscheint, diese Sekundärkonstruktionen *methodisch zu kontrollieren* und welche Überprüfungsstrategien herangezogen werden können, wird auf genereller Ebene ausführlich erörtert bei SCHÜTZE u.a. 1973, DOUGLAS 1976 u. 1977, ZIMMERMANN/POLLNER 1976. Ich möchte auf diese Aspekte erst später eingehen (Abschnitt 3b und 3c), vorerst aber Vorgangsweise und Ertrag einiger konkreter Untersuchungen erörtern.

Hier sei bloß noch eine Konsequenz aus dieser relativistischen Auffassung von Sozialwissenschaft betont: Wir Wissenschaftler sollten uns dogmatische Ansprüche abgewöhnen, die darauf hinauslaufen, daß unsere Ergebnisse kraft der Methode, mit der wir sie hervorgebracht haben, jedenfalls besser, richtiger oder glaubwürdiger sein *müssen* als diejenigen, die andere Forschende, seien sie nun Wissenschaftler oder Nichtwissenschaftler mit ihren Methoden hervorgebracht haben.

4.2 Anwendungsbeispiele aus der Sozialisationsforschung

Obwohl es viel für sich hätte, aus der obigen Skizze nun auf theoretischer Ebene abzuleiten, worin die spezifischen Vorteile verstehend-interpretativer Methoden für die Sozialisationsforschung bestehen, möchte ich unmittelbar auf die Ebene konkreter Forschungsbeispiele überspringen. Anhand von drei Themenbereichen, die zunächst beiläufig gekennzeichnet seien mit: sprachliche Sozialisation – Familienklima – Sozialisation in der Schule – möchte ich jeweils unter Bezug auf einige Untersuchungen herausstellen, daß auf diesem Weg Resultate und Einsichten zustande kommen können, welche die Sozialisationsforschung besser weiterbringen als die meisten konventionell-quantitativen Arbeiten.

a) Sprachliche Sozialisation

Besonders großer Erkenntnisgewinn wurde in letzter Zeit in Untersuchungen über sprachliche Sozialisation, Spracherwerb und vorsprachliche Kommunikation erzielt, welche die früheren Methodenzwänge außer acht lassen. Entscheidend war, daß man es wagte, die objektivistisch-distanzierte Beobachtung z.B. von Babys durch ein intersubjektives Herangehen zu ersetzen, bei dem interaktive Sequenzen zwischen Kind und Betreuungsperson erfaßt und verstehend-interpretativ analysiert wurden (siehe insbesondere BRUNER 1976 und 1977, NEWSON 1977 und 1978, Beiträge in den Sammelbänden von LEWIS/ROSENBLUM 1977, LOCK 1978, SCHAF-

FER 1976, MARTENS 1979 und den Beitrag von MILLER in diesem Band).

Durch solche empirische Studien erscheint nun die „LAD"-These von CHOMSKY eindeutig widerlegt, daß ein Kind seine Muttersprache per „language acquisition device" erwerbe, d.h. aufgrund genetisch vorgegebener Beherrschung von sprachlich-syntaktischen Universalien. Zahlreiche Forschungen beweisen nun, daß Babys sich an Dialogen beteiligen und sich kommunikativ verständlich machen können, schon lange bevor sie zu sprechen beginnen. Reziproke Handlungen und geteilte Bedeutungen bilden die Basis des Spracherwerbs. Die teils idiosynkratisch gebildeten ersten Worte, die grammatikalische Struktur der ersten Sätze entsprechen Dingen, Handlungen und Aufforderungen, die dem Kind wichtig sind und die es zuvor bereits durch Gesten verdeutlichen konnte.

Der Einwand, daß Eltern dies längst wissen, ist zweifellos berechtigt, zumal dieses Alltagswissen zugleich auch Voraussetzung ihrer Gespräche mit den Kindern ist. *Für Wissenschaftler aber wurden diese Prozesse erst einsichtig, als sie nicht mehr darauf aus waren, gemäß im voraus fixierter Hypothesen ihre Beobachtungen an einer größeren Anzahl von „Fällen" in quantifizierbare Daten umzusetzen, sondern sie die Entwicklung jedes Kindes innerhalb des Kontextes seiner Familie und unter Einbeziehung der Perspektive seiner Pflegeperson(en) zu verstehen suchten.* Es ist gewiß kein Zufall, daß man dabei nicht nur von regelmäßigen Hausbesuchen mit Videoaufnahmen ausging, sondern sich auch wieder darauf besann, die Tatsache zu nutzen, daß es Leute gibt, die zugleich Psychologen *und* Eltern von Kleinkindern sind: mehrere Beiträge in den oben angeführten Sammelbögen basieren auf Beobachtungen, Tonbandaufnahmen, Forschungstagebüchern der Autorinnen und Autoren über ihre eigenen Kinder.

Eine weitere wichtige Entdeckung der neuen Interaktionsstudien ist es, daß der Erwerb kommunikativer Kompetenz wesentlich darauf zu beruhen scheint, daß die Eltern diese Kompetenz als schon gegeben voraussetzen, noch bevor sie vorhanden ist. Obwohl dies aus den Hunderten von standardisierten Mütterbefragungen nie evident wurde, behandeln Mütter offensichtlich schon ihre Neugeborenen, als ob sie Personen wären, mit denen man sich verständigen könne. Erst durch sorgfältige Beobachtung von Interaktionssequenzen und die Bemühungen, interpretativ den Sinn der mütterlichen Handlungen zu erschließen, wurde das erkennbar, zumal hier ein kulturell selbstverständliches, weitgehend unreflektiertes Tun vorliegt. Aber aus mehreren Forschungen liegen nun schon übereinstimmende Darstellungen vor, wie Erwachsene, die sich mit einem Baby befassen, visuelle Koordination herstellen; durch Antizipation einer Verhaltenssequenz Pseudodialoge etablieren; Reflexverhalten des Säuglings durch verbale Kommentare als zielgerichtete Handlung deuten usw. Weil die Mutter ihr Baby vorwegnehmend als handelndes und verstehendes Individuum interpretiert, versucht sie, wie SHOTTER (1978, S. 57) darlegt, ihm einerseits Verhaltensformen zu entlocken, die sie als sinnvoll ansehen kann und andererseits kommentiert sie das durch ihre Bemühungen zustandegekommene Verhalten als willentliche Handlung des Säuglings („Schau, der Bub mag mich, er hat mich angelacht" etc.). Die Vorwegnahmen werden zur „Folie für die soziale Konstitution des Subjektes" (OEVERMANN u.a. 1976b, S. 398): das Kind erfährt allmählich die sozialen Zwecke und Bedeutungen seines Verhaltens und wie es dieses mit den Aktivitäten anderer koordinieren kann; es lernt zu handeln und erwirbt erste Interaktionskompetenz.

In ähnlicher Weise fruchtbar erwies es sich, spätere Phasen sprachlich-kommunikativer Entwicklung durch derartige methodische Zugänge zu erschließen, anstatt wie bisher über Tests und/oder „korrelative Forschung". Typisch für letzteres ist etwa die bekannte von Basil BERNSTEIN geleitete Untersuchung: In durch das Forschungsteam festgelegten Situationen hatten je getrennt Kinder sowie auch deren Mütter Sprechmuster zu produzieren, aus denen man linguistische, überwiegend auf die Syntax bezogene Variable extrahierte. Erst im nachhinein, per Korrelations- und Varianzrechnung, wurde eine Verbindung zwischen den Sprachformen der Kinder und ihrer Mütter hergestellt sowie zu den anderen, per Fragebogen ermittelten Variablen (siehe BRANDIS/HENDERSON 1970; COOK-GUMPERZ 1973, ROBINSON/RACKSTRAW 1972). Auch die deutschen Folgeuntersuchungen waren fast durchweg solcherart korrelativer Forschung; auch hier aber bahnt sich nun ein Methoden- und Paradigmenwechsel an (vgl. OEVERMANN u.a. 1976b, EHLICH/REHBEIN 1977 sowie auch mehrere andere Beiträge zu dem Sammelband von GOEPPERT 1977 und jenem von MARTENS 1979).

Im wesentlichen erst durch Anregungen aus der

Theorie der Sprechakte, der Ethnographie des Sprechens und der Ethnomethodologie kam *ein neuer Untersuchungstypus* zustande, *der Sprechleistungen direkt im Rahmen von Alltagsgesprächen analysiert.* Damit konnten beispielsweise folgende Einsichten gewonnen werden:

Ervin-Tripp/Miller (1977) sowie Keenan u.a. (1978) zeigen, wie zunächst spezielle Strategien seitens des erwachsenen Gesprächspartners notwendig sind, damit eine längere Gesprächssequenz mit einem Kleinkind zustandekommt. Zweijährige können den ihnen zugedachten Part in einem Dialog übernehmen (d.h. meist: auf Fragen Antwort geben), beteiligen sich aber noch nicht an der Gesprächsplanung. Ein Ergebnis also, das eine Uminterpretation des von Piaget als „Privatsprache" bezeichneten Phänomens nahelegt. Weiters wird evident, daß hinter einer solchen Gesprächsstrategie jeweils spezifische soziale Interpretationen darüber stehen, was Kinder dieses Alters im allgemeinen (oder das angesprochene Kind im besonderen) schon verstehen, was sie beantworten können oder sollten. Gelman/Schatz (1977) und Ervin-Tripp (1977) legen dar, wie schon Vierjährige, eventuell sogar Dreijährige die soziale Regel zu berücksichtigen beginnen, die den Sprecher verpflichtet, erkennen zu lassen, daß er die spezifischen Eigenschaften seiner Zuhörer berücksichtigt hat. Die in diesen Untersuchungen erfaßten Kinder variierten ihre Sprechweise nach dem Alter ihrer Gesprächspartner, setzten z.B. sowohl syntaktische als andere Mittel ein, die ihre Intention sichtbar werden ließ, mit den Zweijährigen in Spielsituationen so zu kommunizieren, daß diese ihrerseits verstehen und antworten konnten.
Noch deutlicher sichtbar wird der Forschungszugang interpretativen Fremdverstehens in den Gesprächsanalysen von Matthew Speier (1971 und 1972). In diesen beiden Artikeln steht jeweils *ein* konkretes Gespräch im Mittelpunkt, das auch komplett abgedruckt wird, so daß der Leser selbst Speiers Interpretation „intersubjektiv überprüfen" kann. Das eine Mal (1971) geht es um ein Gespräch, das ein Bub mit der Mutter eines seiner Spielkameraden führt und bei dem es dem Kind nicht gelingt, seine Intentionen zu realisieren. Es wird evident, daß die Verständigung mit einem fremden Erwachsenen dem Jungen mißlingt, weil er noch nicht imstande ist, den von seiner Gesprächspartnerin implizite vorausgesetzten sozialen Regeln in bezug auf „referential procedures" (bzw. „membership categorization devices") und „sequential procedures" hinreichend zu entsprechen. Im zweiten Artikel geht es Speier (1972) um die als prototypisch intendierte Analyse des Tischgesprächs bei der gemeinsamen Mahlzeit von zwei Familien mit mehreren Kindern. Es wird einerseits detailliert gezeigt, wie die Eltern die verbale Ebene dazu benützen, den Ablauf der Mahlzeit zu organisieren, zugleich aber auch ihnen als notwendig erscheinende sozialisatorische Aufgaben wahrnehmen, und andererseits, welche Strategien die Kinder verwenden, um zu Wort zu kommen und ihre Intentionen einzubringen. Anhand mehrerer Sprechaktsequenzen demonstriert Speier weiter, wie gerade aufeinander bezogene elliptische (d.h. grammatikalisch unvollständige) Äußerungen als sprachliches Mittel eingesetzt werden, um Koalitionen – hier einerseits zwischen den beiden kleinen Buben und andererseits zwischen einem Elternpaar – zu signalisieren.

Alle diese Arbeiten lassen erkennen, daß Erwachsene wie Kinder ständig Interpretationsverfahren verwenden, um den (jeweils „bisherigen") Gesprächsverlauf zu analysieren und ihren nächsten eigenen Redebeitrag vorzubereiten. Diese Interpretationsverfahren (die schon allein wegen der zumeist erforderlichen großen Geschwindigkeit oft nicht bewußt ablaufen), kann man zum einen als Aspekt der Interaktionskompetenz ansehen, zum anderen aber auch als Bindeglied zwischen Sprechakten und Alltagswissen (vgl. insbes. Cicourel 1971). Daher besteht auch ein *bloß gradueller Unterschied zwischen eher linguistisch aktzentuierter Analyse von Gesprächen*, wo den Forscher vor allem interessiert, *wie* etwas gesagt wird, *und einer Analyse, die stärker darauf aus ist, aus Gesprächen Elemente des Alltagswissens, der Lebenswelt der Akteure oder auch andere ihrer Kompetenzen zu erschließen.* Wie auch immer der Wissenschaftler sein Forschungsinteresse definiert, muß er bis zu einem gewissen Grade auch die ihn nicht unmittelbar interessierenden Gesprächsdimensionen mitberücksichtigen. Und jedenfalls muß er *seinerseits* Interpretationsverfahren verwenden, um das Gespräch, die Interpretationsverfahren der Teilnehmer etc. zu erschließen. Allerdings kann der Forscher dabei reflexiver vorgehen als die Akteure, weil er nicht unter unmittelbarem Handlungszwang interpretiert und ihm, abgesehen von viel mehr Zeit, zumindest idealiter auch ein kognitiv breiteres Ressourcenspektrum (z.B. sozialwissenschaftliche Theorien) zur Verfügung steht.

b) Familiale Interaktionsstruktur und Familienklima

Ein hervorragendes Beispiel dafür, wie Gesprächs- und Interaktionsepisoden aus dem Alltagsleben von Familien in Richtung auf deren grundsätzliche sozialisatorische Bedeutung interpretiert werden können, liefert Oevermann u.a. (1976b). Diese Arbeit ist auch deshalb besonders lesenswert, weil die Autoren nicht nur ihre Ergebnisse, sondern auch ihr methodisches Vorgehen, insbesondere ihren Interpretations- und Reflexionsprozeß ausführlich erläutern. Dasselbe gilt auch für KRAPPMANNS (1976) Darstellung der Erschließung des Familienklimas durch *narrative Interviews*, d.h. durch ausführliche Gespräche des Forschers mit Familienmitgliedern, d.h. in diesem Fall mit Elternpaaren. Leider sind mir offensichtlich schon existierende Berichte über die Fortführung dieser Arbeiten des Max-Planck-Projektes „Elternhaus und Schule" nicht zugänglich gewesen, in denen möglicherweise auch schon das Problem gelöst wurde, wie sich die außerordentlich informativen Falldarstellungen über einzelne Familien zu einem Gemeinsamkeiten ebenso wie Kontraste beinhaltenden Gesamtbild zusammenstellen lassen. Denn die ursprünglich in diesem wie auch in einigen anderen Projekten anvisierten Wege, nämlich die Einzelfallanalysen nur als Vorstufe und Vorbereitung zu einer großen, im Grunde konventionelle Methoden verwendenden Hauptuntersuchung anzusehen oder durch inhaltsanalytische Kodierung aus den Fallmaterialien Variablen zu extrahieren und so eine quantitative Analyse zu ermöglichen, erscheinen nun nicht mehr angemessen.

Es zeigt sich nämlich in den eben erwähnten Arbeiten und auch in den Veröffentlichungen eines Projekts über familiale Kommunikationsstrukturen (MOLLENHAUER u.a. 1975, BEICHT u.a. 1976), daß sich auf der Ebene der *einzelnen* Familien durch sorgfältige (freilich auch langwierige) Interpretation von Interaktions- bzw. Interviewtransskripten generelle Handlungsregeln und Deutungsmuster der betreffenden Personen rekonstruieren lassen, oder wie BEICHT u.a. (1976) formulieren, „die im Familiensystem repräsentierte Lebens- und Lernwelt". Über den individuellen biographischen Konnex gelingt eine recht stringente Verknüpfung der Deutungsmuster und Handlungsregeln der Eltern mit ihren Vorerfahrungen und Lebensbedingungen (wie z.B. KRAPPMANN 1976, Kap. 1, dem Leser konkret und plastisch vorführt), ebenso wie mit der Art ihres Umgangs mit den Kindern (siehe BEICHT u.a. 1976, S. 124ff.). *Der Anspruch der Mehrebenenanalyse scheint also in dieser Form recht gut erfüllbar zu sein.*
Sobald man jedoch – wie im Projekt „Kommunikationsstrukturen" – sich zusätzlich verpflichtet fühlt zu quantifizieren, geht der Sinngehalt des Materials weitgehend verloren: Um die aufgenommenen Gespräche von 69 Elternpaaren auf einen gemeinsamen, codierbaren Nenner zu bringen, ließen sich zwangsläufig nur formale Aspekte der Kommunikationsstrukturen, die man in den Griff bekommen wollte, erfassen; zumal den Eltern weitgehend freie Hand gelassen wurde, worüber sie sprachen (was für eine interpretative Analyse sehr notwendig ist). Also wurde jedes Gespräch lediglich eingestuft nach Komplexität / Reziprozität / Konfliktgehalt / Problematisierung / Dominanz. Die Autoren waren dann recht enttäuscht, daß der Zusammenhang dieser Kommunikationsvariablen mit (per Fragebogen ermittelten) Variablen über die Arbeitssituation des Vaters weder so eng noch so konsistent war als sie es sich erhofft hatten (MOLLENHAUER u.a., Kap. 4; BEICHT u.a., S. 111ff.). Abgesehen davon, daß bei quantitativer Verarbeitung von N = 69 Fällen Inkonsistenzen unvermeidlich sind, ist der in diesem Projekt mögliche Vergleich zwischen den quantitativen und den qualitativen Ergebnissen außerordentlich aufschlußreich: Obwohl die Autoren die verstehend-interpretative Analyse ihres Materials als keineswegs abgeschlossen erachten, steht es für mich außer Zweifel, daß man daraus weit mehr über Sozialisationsprozesse erfährt als aus ihren Korrelationskoeffizienten und Faktorenanalysen.
Gewiß, man soll es nicht von vornherein für völlig ausgeschlossen halten, daß es eventuell doch einmal gelingen könnte, Variablen zu konstruieren, die entscheidende Aspekte von so komplexen Rekonstruktionen wie Kommunikationsstrukturen und Deutungsmuster adäquat repräsentieren; aber es ist recht unwahrscheinlich. Die grundlegende Schwierigkeit dürfte darin bestehen, daß Patterns, welche der Forscher auf der Ebene des Einzelfalls einigermaßen rekonstruieren und auch ganzheitlich-beschreibend Zuhörern oder Lesern vermitteln kann, in einheitliche Dimensionen zerlegt und auf diesen eindeutig definierten Kategorien zugeordnet werden müßten (siehe auch KRAPPMANN 1976, S. 113f.).

Gerade bezüglich der familialen Kommunikationsstrukturen, die MOLLENHAUER u.a. zu Recht als eine Art *„missing link" für die Sozialisationsforschung* bezeichnen (1975, S. 29), *werden sich* aller Wahrscheinlichkeit nach *die wesentlichen Erkenntnisse nur mit verstehend-interpretativen Methoden gewinnen lassen.* Aus dieser Perspektive stellt dann standardisierende, quantifizierende Forschung mit großen Fallzahlen nicht mehr die Hauptuntersuchungen, sondern ist eher als verkürzendes und ungenaueres Verfahren anzusehen, das vor allem aus forschungsökonomischen Gründen gerechtfertigt werden kann, um *nach* den entscheidenden intensiven Fallstudien die ungefähre Verteilung von Patterns in Gesamtpopulationen und eventuell Zusammenhänge z.B. mit globalen Sozialindikatoren zu ermitteln (vgl. OEVERMANN u.a. 1976b, S. 396; KRAPPMANN 1976, S. 95).

c) Sozialisation in der Schule

Bei nur einigermaßen kritischer Betrachtung muß man wohl eingestehen, daß man per Fragebogen und Tests bestenfalls *Ergebnisse* schulischer Sozialisationsprozesse erfassen kann, nicht aber diese Prozesse als solche (vgl. den Beitrag von K. ULICH in diesem Band). Die Versuche, durch systematische Unterrichtsbeobachtung Abhilfe zu schaffen, haben wenig gebracht, weil stets das Inferenzproblem im Wege stand, und die Interaktionsanalyse von FLANDERS (1965) ebenso wie die außerordentlich zahlreichen ähnlichen Verfahrensvorschläge zur Unterrichtsbeobachtung durchweg aus a priori festgelegten Kategoriensystemen und Kodierungsschemata bestanden, die für beliebige Schulklassen und jegliche Art von Unterrichtssituationen anwendbar sein sollten.

Selbst BELLAK, der unter dem expliziten Anspruch antrat, die *Bedeutung* dessen, was Lehrer und Schüler einander sagen, zu erfassen, entwickelte de facto bloß ein generelles inhaltsanalytisches Schema zur Kodierung der Transkripte von Unterrichtsgesprächen (BELLAK u.a. 1966). „Bedeutung" wird operationalisiert, indem der Coder bei jeder Äußerung entscheidet, welche Sprechakttype vorliegt (d.h. ob Strukturierung / Aufforderung / Antwort / Reaktion), sowie eine Zuordnung auf einigen weiteren Dimensionen vornimmt. Dieses Verfahren, in das ich seinerzeit große Hoffnungen gesetzt hatte, bringt kaum mehr zustande, als daß sich damit herausschälen läßt, wie sich Äußerungssequenzen zu typischen „teaching cycles" zusammenfügen. In das komplizierte Gestrüpp der die Äußerungen generierenden Intentionen, Zuschreibungen, Strategien und Gegenstrategien von impliziten Regeln und Bedeutungsmustern kann man damit nicht eindringen.

Dazu kontrastierend möchte ich nun einige Beispiele verstehend-interpretativer Vorgehensweisen erörtern. Das erste geht gleichfalls von Unterrichtsgesprächen aus und benützt den von einigen deutschen Sprachwissenschaftlern (WUNDERLICH/EHLICH/REHBEIN etc.) entwickelten *Ansatz einer pragmatischen Diskursanalyse, der sich mit der Realisierung, der Abfolge und der Kontextgebundenheit von Sprechakten in faktischen Diskursabläufen beschäftigt und besonderes Augenmerk auf die institutionsspezifische Modifizierung von Sprechakten richtet* (WUNDERLICH 1976, S. 296).

Als schulspezifisches Beispiel arbeitet WUNDERLICH (S. 324ff.) anhand des Filmtranskripts einer Unterrichtssequenz aus einer ersten Klasse eine der Verhaltensweisen heraus, durch die Schulanfänger neue, von der Schule geforderte Interaktionsformen erlernen. Nämlich im Gegensatz zu ihrem bisherigen Handlungswissen, daß auf jede an sie gerichtete Frage eine Antwort erwartet wird, müssen sie nun zwischen verschiedenen Typen von Lehrerfragen unterscheiden, die (a) sofortige Antwort erheischen, oder (b) erst nach Zuweisung der Redegelegenheit beantwortet werden dürfen, oder gar (c) bloß „thematisierend" gemeint sind und eigentlich dem Kommando „nachdenken!" entsprechen. – Es wird mithin ein Aspekt des Prozesses aufgezeigt, durch den eifrige, zu steter Mitarbeit bereite Anfänger nach einigen Jahren zu Schülern werden können, die den Unterricht nur passiv über sich ergehen lassen.

In einem ausführlichen Beitrag aus demselben Projekt „Kommunikation in der Schule" kombinieren EHLICH/REHBEIN (1977) durch narrative Interviews und durch Videoaufnahmen im Unterricht gewonnene Informationen, um Einblick in das „Institutionswissen" von Schülern und Lehrern zu gewinnen. Besonders interessant ist, was und wieviel sie aus einer Unterrichtssequenz von bloß 25 Sekunden Dauer herausholen können, indem sie zusätzlich zur Abfolge der verbalen Äußerungen auch Gestik, Blickrichtung und Gesichtsausdruck der Teilnehmer in ihre Interpretation einbeziehen. Ein „teaching cycle", der für BELLAK (siehe oben) bereits das Forschungsergebnis wäre, wird hier bloß als äußerer Rahmen gesehen, innerhalb dessen es gilt, aus der Kommunikation zwischen Lehrerin und Schülern deren Wirkungen aufeinander und die beiderseits eingesetzten Taktiken herauszuschälen: Wie zum Beispiel die um offenen, modernen Unterricht bemühte Lehrerin durch eine bloß angedeutete nonverbale Geste, die sie vermutlich unbewußt ausführt, einem Schüler signalisiert, daß seine Antwort falsch war und ihn damit zum Einsatz einer „Taktik der Selbstdiskreditierung" veranlaßt.

Einen etwas anderen Zugang zum Studium schulischer Interaktionsprozesse wählte Thomas HEINZE (1976) im Anschluß an seine Bemühungen zur Entwicklung und Verwendung „offener Curricula". Ausgehend von längerfristiger teilnehmender Beobachtung in Schulklassen analysierte auch er Transkripte von Unterrichtssequenzen, baut jedoch seine Interpretation so auf, daß er zunächst der Reihe nach den propositionalen Gehalt jeder Äußerung durch je einen Kommentar unter Verwendung einiger aprioristischer Kategorien zu ermitteln sucht (S. 68ff.; vgl. auch HEINZE/KLUSEMANN 1979) und dann erst aufgrund dieser bereits fixierten Kommentare eine „Rekonstruktion und Bewertung des Unterrichtsverlaufes" vornimmt. Die zum Entstehungszeitpunkt zweifellos als sehr kühn und neuartig zu erachtende Vorgangsweise erscheint aber aus heutiger Sicht nicht ganz so glücklich. Denn durch solch systematisch-chronologischen Aufbau seiner Interpretation beraubt sich der

Interpret unter anderem der Möglichkeit, spätere Sprechakte und Schritte der Akteure zur Sinndeutung vorangegangener Subsequenzen mit heranzuziehen. Dies ist wenig adäquat, zumal vermutlich Teilnehmer an Alltagsgesprächen meist ihrerseits dynamisch interpretieren, also die früher Gesagtem zugeschriebene Bedeutung im Zuge des weiteren Gesprächs laufend „richtigstellen“ (vgl. SCHÜTZE u.a. 1973).

HEINZE (1976, S. 119ff.) setzt aber auch eine zweite, sehr aufschlußreiche Untersuchungsform ein, indem er im Anschluß an Unterrichtsbeobachtungen durch nachträgliche Gespräche mit den betreffenden Schülern beispielsweise herauszufinden sucht, welche „Umgangstaktiken“ jene Kinder benützen, die er selbst während der Beobachtung als am Unterricht *nicht beteiligt* wahrgenommen bzw. beurteilt hatte.

Schließlich sei noch auf die zahlreichen englischen Studien verwiesen, in denen aufgrund meist sehr langfristiger und umfassender teilnehmender Beobachtung vor allem das Organisationsleben einzelner Schulen dargestellt wird. Viele der älteren Untersuchungen dieser Art konnten relativ leicht als bloße „Schulgeschichten“ abqualifiziert werden, weil dem Leser kein expliziter Einblick in den Forschungsprozeß gewährt und aus der Deskription selten theoretische Konzepte entwickelt wurden. Nun aber liegen Untersuchungen vor, die weit methoden- und theoriebewußter angegangen wurden.

HARGREAVES u.a. (1975) zum Beispiel gelingt eine meines Erachtens sehr wichtige Konkretisierung und Weiterführung des Labeling-Ansatzes zu einer „theory of typing“, indem sie an zwei Sekundarschulen den mehrmonatigen Typisierungsprozeß verfolgen, in dem die Lehrer sich Vorstellungen von und Urteile über die einzelnen neu eingetretenen Schüler bilden, die sich allmählich zu einem fixen Label konsolidieren (Kap. 6 u. 7). Anhand dieses Buches läßt sich besonders gut erkennen, in welcher Hinsicht andere Untersuchungen über Devianz in der Schule zu kurz greifen, die zwar den im Rahmen des Symbolischen Interaktionismus entwickelten Labeling-Ansatz benutzen, aber dennoch objektivistisch-quantitative Methoden einsetzen:

a) Solche Untersuchungen können nur Momentaufnahmen liefern, jedoch keine Darstellungen des Prozeßablaufs.
b) Durch standardisierte Fragebogen werden Lehrer veranlaßt, ihre Schüler mittels lediglich *der* Eigenschaftsprofile oder Kategorien zu beschreiben, die ihnen der Forscher vorgibt. Läßt man hingegen – wie HARGREAVES u.a. – die Lehrer selbst zu Wort kommen, dann wird ersichtlich, daß Lehrerurteile über die einzelnen Schüler den Charakter von differenzierten und komplexen individuellen Portraits haben (Kap. 7).
c) Mit quantitativen Analyseverfahren wird nicht evident, gegen welche Regeln die als deviant Klassifizierten nach Ansicht der Lehrer verstoßen haben. Zumal HARGREAVES u.a. fanden, daß es sich überwiegend nicht um explizite, an der ganzen Schule bekannte und vom Lehrkörper einheitlich monierte Verhaltensregeln handelt. Vielmehr sind es meist latente „rules in context“, die gar nicht ausgesprochen werden, sondern von den Schülern (und den Beobachtern) erst aus der Lehrerdefinition eines Vorfalls als deviantem Akt deduziert werden müssen.

Ich hoffe, in diesem Abschnitt ein wenig illustriert zu haben, welche Art von Ergebnissen sich mit Methoden kontrollierten Fremdverstehens erzielen lassen. Die jeweils verwendeten Verfahrensweisen wurden jedoch hier bloß angedeutet; wie die einzelnen Autoren ihre Interpretationen vollzogen, habe ich fast gar nicht dargestellt. Ich zweifle, ob sich dieser wichtigste und schwierigste Aspekt verstehender Methoden überhaupt *sekundär* einigermaßen adäquat vermitteln läßt. Zusätzlich zu dem Ratschlag, dies direkt in den Forschungsberichten nachzulesen, möchte ich doch im nächsten Abschnitt versuchen, generell etwas über die erforderlichen Schritte zu sagen.

4.3 Forschungsschritte

Allgemeinere Darstellungen von Methoden empirisch-interpretativen Fremdverstehens sind insofern schwierig, weil es hierüber keine Kunstlehre gibt, ja wie ich meine, auch gar nicht geben sollte, weil derartige Festschreibungen der angezielten Flexibilität dieser Methode zuwiderlaufen, deren Handhabung von der je gegebenen Konstellation abhängen sollte.

Daher haben auch die folgenden Hinweise bloß den Stellenwert von Orientierungshilfen. Sie basieren in erster Linie auf methodisch akzentuierten Berichten von Autoren über ihre eigenen Forschungserfahrungen (zusätzlich zu schon im vorigen Abschnitt zitierten Arbeiten vor allem: BAACKE 1978, DENZIN 1977, JOHNSON 1975, HOPF 1978, KIEPER 1979, SCHÜTZE 1976), weiters expliziteren Methodikbüchern, in denen die Autoren aber auch sehr stark auf ihre eigene Forschungspraxis rekurrieren (vor allem DOUGLAS 1976, aber auch DENZIN 1970; Beiträge in ARMISTEAD 1974, BRENNER u.a. 1978, FILSTEAD 1970 und in HABENSTEIN 1970, PHILLIPS 1973, SZCZEPANSKI 1962), sowie einigen Versuchen, aus sozialwissenschaftlichen Theorien Methodenhinweise zu gewinnen (BAACKE 1979; KREPPNER 1975, Kap. 5; SCHÜTZE u.a. 1973) – und schließlich auch ein wenig auf meinen eigenen, zusammen mit Innsbrucker Dissertanten und Kollegen gemachten Erfahrungen.

Man könnte zunächst stark vereinfachend sagen, daß es darum geht, sich einerseits Informationen über Ausschnitte aus der sozialen Realität zu verschaffen und diese dann möglichst kontrolliert zu interpretieren. Allerdings wird es sich vielfach nicht um ein simples Nacheinander handeln, wie wir noch sehen werden.

a) Informations- und Materialgewinnung

Was die Informationsgewinnung betrifft, pflegte man früher fein säuberlich zu unterscheiden zwischen teilnehmender Beobachtung und offenen, nichtstandardisierten Interviews (vgl. die Kontroverse von BECKER/GREER mit TROW in FILSTEAD 1970). Aber diese Unterscheidung erscheint nun eher irreführend. Denn der teilnehmende Beobachter wird und sollte wohl jedenfalls darauf achten, was die Leute reden, die ihn interessieren, und dies nach Möglichkeit irgendwie festhalten. Im Grunde sind es dann bloß graduelle Unterschiede, ob er bei einem Alltagsgespräch zwischen Mitgliedern des entsprechenden settings bloß zuhört, sich an einem ohne sein Zutun zustande gekommenen Gespräch beteiligt, bei sich bietender Gelegenheit von sich aus mit einem oder mehreren Mitgliedern „tratscht", eine Diskussion unter ihnen inszeniert (z. B. auch das „Gruppendiskussionsverfahren" einsetzt – vgl. etwa MEINEFELD 1976), oder sie ausdrücklich bittet, sich interviewen zu lassen, z. B. damit sie ihm Dinge, die er gehört oder gesehen hat, erklären (ausführlich über den Stellenwert von Interviews im Rahmen teilnehmender Beobachtung DEVEREUX 1976, S. 302 ff.; DOUGLAS 1976, S. 32 f.). Andererseits sollte der Forscher, der hauptsächlich auf Interviews aus ist, womöglich auch persönlich die wichtigsten Personen und Situationen kennenlernen, mit denen seine Interviewten zu tun haben. Solche Kenntnisse sind gleichermaßen hilfreich für die Gesprächsführung wie für die Interpretation der Interviews. Es handelt sich also durchaus um fließende Übergänge. Im Grunde geht es so oder so um *direkte Kommunikation mit den Leuten, über die man etwas wissen möchte.*

Wesentlicher als die Unterscheidung dieser Formen ist es, *drei Maximen* herauszustellen, die – soweit ich sehen kann – sowohl im Lichte der interaktionistisch-phänomenologischen Grundkonzeptionen naheliegend sind als auch aufgrund der bislang vorliegenden Forschungserfahrung nützlich erscheinen:

1. Der Forscher sollte tunlichst darauf *verzichten, die Situationen*, aus denen er seine Informationen gewinnt, *selbst zu strukturieren und zu kontrollieren.*
2. Der Forscher sollte aber keineswegs von einer distanzierten Betrachtung ausgehen, sondern sich zunächst bemühen, als Person *in die Welt der Leute, die ihn interessieren, einzutauchen*, zumindest kurzfristig diese Lebenswelt als Laie und Lernender *mitzuerleben* und darin – wenngleich meist wohl nur marginal – auch *mitzuwirken.*
3. Damit der Forscher aber imstande ist, über das intuitive, durch das Miterleben sich anbahnende Alltagsverständnis hinauszugelangen, sollte er andererseits *Material zusammentragen, an dem eine nachträgliche und gründliche reflexive Interpretation ansetzen kann.* Dazu wohl am besten geeignet sind *Dokumente*, in denen durch technische Medien Gespräche und andere situative Geschehnisse auf der Zeitebene fixiert werden.

Was Interviews betrifft, bedürfen vor allem die beiden ersten Punkte näherer Begründung, da ein Festhalten des Gesprächsverlaufs zumindest, seit wir über Tonbandgeräte verfügen, ohnedies immer praktiziert wurde.

Insbesondere HOPF (1978) hat drastisch vor Augen geführt, daß es unzureichend ist, standardisierte Fragen durch einen für eine Serie von Interviews verbindlichen *Leitfaden* zu ersetzen, wenn man Alltagswissen, Interpretationen und Gefühle von Befragten wirklich erschließen will. Je mehr ein Interviewer vor allem daran denkt, seinen Leitfaden „durchzuziehen", desto schwieriger macht er es seinem Vis-à-vis, sich darzustellen und seine eigenen thematischen Verknüpfungen und Argumentationsketten einzubringen. Je mehr sich der Interviewer an seinen Leitfaden klammert – etwa auch, um seine Unsicherheit zu verbergen oder seine Betroffenheit abzuwehren, – desto weniger kann er zum echten Gesprächspartner werden, der wirklich zuhört, bei ihm unverständlichen Äußerungen um Ergänzung oder Klärung ersucht und auch selbst mal eine Bemerkung einwirft. *Mit Leitfaden bleibt es meist bei einem Pseudogespräch, das die Artikulationschancen der Befragtend einschränkt und* – wegen der Dürre und Diffusität der resultierenden Transkripte – *gleichermaßen auch die Interpretationschancen des Forschers.* Christel HOPF (1978) und auch Dieter BAACKE (1978, S. 68) zeigen, wie die Interpretation an jenen Punkten erschwert ist, wo der Interviewer durch eine Leitfadenfrage einen Gedankengang unterbrach oder eine Rückfrage versäumte. Im Anschluß an HOPF (S. 110) ist auch darauf zu verweisen, daß die reduktionistischen Effekte von Leitfadeninterviews dann beson-

ders groß sein werden, wenn es sich um Gesprächspartner mit vergleichsweise geringer Interaktionskompetenz handelt, bzw. um Leute, die dazu neigen, gegenüber einem Mittelschichtinterviewer eine Deferenzstrategie einzuschlagen (vgl. auch KÖCKEIS-STANGL 1977).
Durch diese Erfahrungen wird evident, wie wichtig es ist, den Befragten die Strukturierung des Gesprächs zu überlassen; *der Forscher sollte als anteilnehmender Zuhörer, nicht aber als Kontrolleur auftreten.* Interviews scheinen dann am ergiebigsten für am interpretativen Paradigma orientierte Forschung zu werden, wenn sie auf die *Hervorlockung von Erzählungen* abzielen (SCHÜTZE 1976), wenn also *narrative Interviews* gelingen (BAACKE 1978 und 1979): Der Interviewer nennt das Thema und überläßt es dem Gesprächspartner, dieses in seiner Weise zu entfalten, zu erklären „wie es geschehen ist"; wie die Lebensgeschichte und das Zusammenleben des Ehepaars verlief (KRAPPMANN 1976), wieso das Mädchen im Fürsorgeheim landete (KIEPERS 1979) und junge Männer im Obdachlosenheim (STEIXNER 1980), wie Kindergärtnerinnen mit ihren Aufgaben zurechtkommen (GUTWENIGER 1980). Auch wenn wir vermuten, daß es in den Lebenswelten dieser Menschen auch gemeinsame Elemente und Deutungsmuster gibt, müssen diese erst durch Interpretation ausfindig gemacht werden. Zunächst aber ist jede Geschichte einmalig und wird von der biographischen Identität des Erzählers getragen. Wer narrative Interviews macht, muß alle Hoffnung aufgeben, daß beispielsweise alle befragten Eltern über dieselben Dinge reden, so daß man daraus eine vollständige Datenmatrix gewinnen könnte (vgl. FRIEDRICH 1973, S. 236). Dafür aber erfährt man nicht nur, daß der Buschauffeur T. unehelich geboren wurde, sondern auch, wie er dieses für ihn sehr schwerwiegende Problem bearbeitet und wie daraus u.a. auch bestimmte Vorstellungen über die Erziehung seiner Kinder erwachsen (vgl. KRAPPMANN 1976, Kap. 1).
Nicht nur, weil es schwierig ist, gute narrative Interviews zustande zu bringen, würde ich vehement dafür plädieren, *daß die Forscher ihre Interviews selber machen* (vgl. auch KRAPPMANN 1976, S. 73 u. 123), sondern auch, weil dies am ehesten Gelegenheit bietet, *Maxime 2* zu realisieren. Gewiß, man kann auch beim Abhören eines Tonbandes, selbst noch beim Lesen des Transkripts eine Geschichte miterleben, aber eben doch lange nicht so intensiv, wie wenn man selbst das Gespräch geführt hat, also auf Mittelsmänner und Handlanger verzichtet. Das spontane Verstehen des Partners während der Gesprächssituation, ebenso wie die Gefühle, die seine Geschichte beim Forscher/Interviewer auslösen, sind wertvolle Hilfen für die nachfolgende Interpretation (indem man dann herauszufinden sucht, *warum* man selbst spontan so reagiert hat – siehe dazu das Konzept der „Störungsanalysen" von DEVEREUX 1967, insbes. S. 333ff.; auch GSTETTNER 1979b).
Gewiß sind tiefenpsychologische Kenntnisse zur Berücksichtigung der Beziehungsaspekte bei der Durchführung narrativer Interviews nützlich (vgl. MERTENS 1977, S. 130; BAACKE 1978, S. 14), wichtiger aber erscheinen mir Vorkenntnisse über die subkulturspezifischen Kommunikationsregeln. Und noch wesentlicher dürfte es sein, *im Interview nicht als Neutrum, als „Niemand" aufzutreten, also keineswegs das im objektivistischen Kanon hypostasierte „neutrale Interviewerverhalten" anzustreben.* Denn wie KRAPPMANN (1976, S. 101) betont, fühlen sich die Befragten für das, was sie einem Niemand erzählen, auch nicht verantwortlich (d.h. dem kann man im Grunde X-beliebiges weismachen). Also sollte der Forscher im Interview durchaus auch ein wenig darstellen, wer und wie er selbst ist, allerdings tunlichst nicht den großen Wissenschaftler herauskehren, sondern weit eher private Aspekte.
Noch besser ist es freilich, wenn sich die beiden bereits vorher kennengelernt haben, so daß der Interviewte von vornherein weiß, mit wem er es zu tun hat (vgl. ARMISTEAD 1974, S. 120). Jemandem, den sie bereits kennen und auch einigermaßen vertrauen, können offensichtlich auch solche Leute ausführlich und kohärent ihre Geschichte erzählen, denen wir bislang geringe Verbalisierungsfähigkeit zugeschrieben haben. Dies zeigen beispielsweise die narrativen Interviews, die mehrere Innsbrucker Dissertanten mit Jugendlichen aus Randgruppen machten (BADER 1980, STEIXNER 1980, THALER 1980), aber auch NEWSON/NEWSON, die parallel zu Interviews mit Müttern ihre erst vierjährige Tochter als Mutter ihrer Puppe interviewten (1970, S. 587ff.).

Anstatt die ohnedies unvermeidliche Wahrnehmungsverschränkung zwischen Interviewer und Interviewten als ärgerlichen Störfaktor anzusehen, *wird also der Beziehungsaspekt im narrativen Interview mehrfach genutzt, um reicheres Material für die Interpretation zu gewinnen und das Interview möglichst nah an ein Alltagsgespräch heranzubringen.* Folgerichtig muß freilich jedes Interview bzw. das via Aufnahme und Transkription daraus hervorgehende Dokument *als gemeinsames Produkt des Befragten und des Forschers/Interviewers* beurteilt werden; eben als das, was eine bestimmte Person einem bestimmten Wissenschaftler erzählt hat. Diese Relativierung verweist neuerlich darauf, daß es ebensowenig sinnvoll ist, nach der *generellen* Reliabilität oder dem *generellen* Wahrheitsgehalt solcher Dokumente zu fragen wie nach jenen von Alltagsgesprächen. Wenn wir uns nicht damit begnügen wollen zu erfahren, wie uns unsere Gesprächspartner sich selbst und ihre Lebenswelt darstellen und interpretieren – was allerdings für sich allein genommen wertvolle Einsichten ermöglicht –, sondern wissen wollen,

ob andere Personen die Dinge ebenso sehen, so können wir ja unsere Forschung entsprechend fortsetzen. Es stehen uns dafür im Grunde dieselben Methoden zur Verfügung, die wir auch im Alltagsleben anwenden: wir können noch mit weiteren Leuten reden (etwa mit Familienangehörigen oder Kollegen der zuerst Interviewten) und/oder uns die geschilderten Situationen selbst anschauen, also teilnehmende Beobachtung betreiben (siehe dazu auch Abschnitt c über Kontrollen und Triangulationen).
Ich habe mehrfach die gängige Bezeichnung „teilnehmende Beobachtung" verwendet, wenngleich eigentlich ein neuer Begriff vonnöten erscheint, um einerseits zu starre, aprioristisch festgelegte Varianten wie die etwa von FRIEDRICHS/LÜDTKE (1973) favorisierte „standardisierte teilnehmende Beobachtung" auszugrenzen und darunter andererseits auch andere, nicht eigentlich beobachtende Arten von Feldforschung subsumieren zu können. Deshalb möchte ich in ungefährer Entsprechung zu dem, was DOUGLAS (1976) mit *„investigative research"* meint, die Bezeichnung *„Alltagsforschung"* benützen. Darunter ließen sich dann alle erdenklichen, an den drei oben angeführten Maximen orientierten Formen der Erfahrungs- und Materialsammlung im Alltag bestimmter Szenerien, Subkulturen oder Organisationen verstehen, die dann via kontrollierte Interpretation einen Beitrag zu reflexivem Fremdverstehen leisten können.
Wer Alltagsforschung betreibt, muß sich also meines Erachtens nicht notwendigerweise *nur* zwecks Forschung ins „Feld" begeben. Ebensogut – oder vielleicht noch besser – ist es, wenn er dort ohnedies zu tun hat: Als Betreuer, Berater, Erzieher, in sonst einer Alltagsfunktion oder gar, wenn er echtes Mitglied der betreffenden Szenerie ist oder war. Da alle Wissenschaftler jedenfalls Mitglieder von gesellschaftlichen Gruppierungen sind und grundsätzlich nicht neutral gegenüber gesellschaftlichen Interessen sein können, ist nicht einzusehen, daß „going native", „being a native" und/oder explizite Parteinahme für (bzw. auch gegen) Personen- und Interessenkonstellationen im Forschungsfeld die Forschung behindern sollten (vgl. dazu BECKER 1970, DOUGLAS 1976, LOFLAND 1976). In einer fremden Subkultur soweit heimisch zu werden, daß man nicht mehr als Fremder angesehen wird, die „membership tests" zu bestehen (vgl. DOUGLAS 1976), kann manchmal schwerer und langwieriger sein, als wenn umgekehrt ein echtes Mitglied sich die Kompetenz zu sozialwissenschaftlicher Forschung erwirbt. Daher sind Forschungsteams, die sich aus Personen beider Kategorien zusammensetzen, besonders günstig. Überdies sind oder waren zahlreiche Sozialisationsforscher ohnedies echte Mitglieder von für unseren Forschungsbereich wichtigen Feldern, brauchen also vielfach keine der beiden Rollen eigens zu erlernen, sondern müssen bloß die bisher geübte sorgfältige Trennung ihrer Tätigkeits- und Erfahrungssegmente aufgeben.
Die soeben dargelegten Grundsätze dürften zahlreiche Leser bereits veranlaßt haben, darin *Parallelen zur Aktionsforschung* auszumachen. Tatsächlich bedienen sich meines Erachtens alle Handlungsforschungsprojekte der Methode der Alltagsforschung, wenngleich dies oft bloß als eine – nicht explizite als Forschung angesehene – Auslotung der Beziehungen zwischen Praktikern und Forschern sowie deren gemeinsamen Handlungsmöglichkeiten empfunden wird. Ich aber meine, jede Projektsitzung mit den aus der Praxis kommenden Partnern, jedes Zusammentreffen mit den „Betroffenen" ist insofern Alltagsforschung, als man dadurch deren Problemsicht kennenlernt und Einblick in ihre Deutungsmuster erhält; Kenntnisse, die ihrerseits Voraussetzung für die erfolgreiche Realisierung des intendierten gemeinsamen Handelns bilden (siehe dazu insbesondere die Analyse von KEJCZ u.a. 1977 sowie auch die Akzentsetzungen in den meisten Berichten aus Handlungsforschungsprojekten, etwa GSTETTNER 1976). Ähnlich wie BIRESCH u.a. (1977) sehe ich eine *enge Affinität zwischen Handlungsforschung und kommunikativ-interpretativen Methoden,* ja in gewisser Hinsicht erscheint mir erstere unmittelbar unter die letzteren subsumierbar, wenngleich freilich der Aspekt gemeinsamer Aktion und intendierter Veränderung hinzutritt (vgl. auch MOSER 1977).
Teilnehmen und beobachten per se bilden aber weder für Handlungsforscher noch für andere Alltagsforscher eine ausreichende Grundlage für methodisch kontrolliertes Fremdverstehen. Obwohl gewiß auch ein ohne besondere Unterlagen im nachhinein verfaßter Erfahrungsbericht interessant sein kann, dürfte es *auch für die Alltagsforschung meist unumgänglich* sein, Maxime 3 zu entsprechen, d.h. auch *Dokumente und dokumentarische Texte zu sammeln bzw. zu produzieren* (so auch u.a. MEINEFELD 1976). Denn diese erleichtern dem Forscher die nach-

trägliche wissenschaftliche Interpretation des Erlebten und ermöglichen zugleich weiteren Angehörigen des Forschungsteams sowie auch anderen Wissenschaftlern oder Mitgliedern des Forschungsfeldes die diskursive und kritische Beteiligung an der Interpretation. Besonders nützliche Dokumente teilnehmend-beobachtender Alltagsforschung sind – neben narrativen Interviews – zweifellos im Zuge des Forschungsprozesses vorgenommene Tonbandaufnahmen von Alltagsgesprächen; allenfalls auch Videoaufnahmen von Interaktionen und Handlungssequenzen. Allerdings läßt sich nicht leugnen, daß die Aufnahmegeräte Alltagssituationen denaturieren, wenngleich je nach Anlaß und Art der Teilnehmer in sehr unterschiedlichem Ausmaß (vgl. etwa CICOUREL 1979, DOUGLAS 1976, THALER 1980). Man sollte also gewiß kein Gerätefetischist werden.

Als Ersatz – aber vielfach auch als erforderliche Ergänzung solcher Aufnahmen – ist vor allem an das bei Ethnologen seit jeher übliche Verfahren von *Forschungsnotizen und Forschungsprotokollen* zu denken, die der Forscher möglichst unmittelbar nach einem Ereignis niederschreibt (oder auf Band diktiert). Diese sind allerdings nicht als Dokumente, sondern bloß als dokumentarische Texte anzusehen, da sie zwangsläufig auch Inferenzen des Forschers enthalten; ihr Wert besteht aber andererseits gerade auch darin, daß sie seine durch das Erlebnis hervorgerufenen Empfindungen, seine Alltagsreaktion, für die spätere reflexive Interpretation festhalten (vgl. dazu insbesondere JOHNSON 1975, Kap. 6). Zusätzlich lassen sich gelegentlich *bereits vorhandene Dokumente* benützen, d.h. Aufzeichnungen, die im Zuge von Alltagshandlungen von dem oder über den Personenkreis getätigt wurden, der den Forscher interessiert (z.B. Schulaufsätze, Briefe, Tagebücher, Schülerbeschreibungsbogen, Akten diverser Behörden), bei denen freilich sorgfältig mitberücksichtigt werden muß, wer sie für wen, in wessen Auftrag und mit welcher Absicht hergestellt hat.

b) Interpretationsverfahren

Wie die Interpretation narrativer Interviews und der aus Alltagsforschung hervorgegangenen Dokumente usw. vorgenommen werden kann, läßt sich auf genereller Ebene nur andeutungsweise darstellen, weil dabei so viel vom konkreten Forschungsfeld und den spezifischen Zielsetzungen abhängt und überdies noch nicht so recht abzusehen ist, inwieweit die unterschiedlichen Vorschläge verschiedener Autoren auf deutlich kontrastierende Verfahrensweisen hinauslaufen, beziehungsweise wo etwa dasselbe gemeint ist und bloß mit verschiedenen Labels oder etwas variierender Akzentuierung versehen wird.

Ich werde mich auf die Darstellung von Vorgangsweisen beschränken, die in etwa auf das hinauslaufen, wofür sich im deutschen Sprachbereich gegenwärtig die Bezeichnung „*Deutungsmuster-Ansatz*" einzubürgern scheint, werde also z.B. weder auf die „Textanalyse" im engeren Sinn eingehen (vgl. GSTETTNER in diesem Band), noch auf das von OEVERMANN u.a. (1976b) vorgeschlagene Interpretationsverfahren einer „objektiven Hermeneutik".

Weiters sei herausgestellt, daß ich *unter Interpretation nur jene Verfahren verstehen möchte, die bemüht sind, sich zunächst mit der Gesamtkonstellation des Materials über je eine Person, Gruppe oder Szenerie zu beschäftigen* und sich damit relativ deutlich abheben lassen von einer unmittelbar systematisierenden Verwendung von offenen Interviews, Beobachtungsprotokollen etc. Gewiß lassen sich aus solchen Materialien auch per Inhaltsanalyse[21] Einzelelemente und/oder „Dimensionen" herausgreifen, einem (unter Umständen sogar schon im voraus fixierten) Kategoriensystem zuordnen und auch einer quantitativen Verarbeitung zuführen (vgl. etwa DÖBERT/NUNNER-WINKLER 1975, BEICHT u.a. 1976, GRÜNEISEN/HOPF 1977, KOHLI 1978a). Obwohl auf diese Weise immerhin etwas mehr von den Alltagserfahrungen, Sinnstrukturen etc. der Gesellschaftsmitglieder in die Forschungsergebnisse eingehen kann als bei objektivistischer Informationsgewinnung, geht dabei doch sehr viel an wesentlichen Einsichtmöglichkeiten verloren; diese Reduktion widerspricht auch weitgehend den handlungs- und interaktionstheoretischen Prämissen. Zwar werden solche Verarbeitungsformen als forschungsökonomisch vorteilhaft gepriesen (z.B. BERTELS u.a. 1978); ich frage mich allerdings, ob sich unter diesen

21 Dieser Vorwurf richtet sich ausschließlich gegen die traditionelle Inhaltsanalyse, die auf quantifizierende Verarbeitung von aus dem Gesamttext herausgelösten Einzelelementen abzielt. Als kontrastives Beispiel *qualitativer* Inhaltsanalyse siehe z.B. PARTH (1979), der unter Heranziehung von Grundgedanken der Sprechakttheorie und OEVERMANNS Objektiver Hermeneutik eine sehr überzeugende Methode zur interpretativen Analyse von Zeitungsartikeln vorlegt.

Umständen die aufwendige Form der Material-*gewinnung* lohnt. Selbst noch die Erstellung eines *Themenkatalogs* aus dem Gesamtmaterial (vgl. CHISHOLM u.a. 1975; KRAPPMANN 1976, S. 139ff.), anhand dessen sich dann die einzelnen inhaltlichen Bereiche quer über alle Interviews oder sonstigen Dokumente abhandeln ließen, erscheint mir nicht sehr empfehlenswert, weil dann allzu leicht der kontextuelle Zusammenhang ausgeblendet wird, in dem die Mitglieder auf das betreffende Thema zu sprechen kommen, dieser Kontext (z.B. das vorher und nachher Gesagte) aber den Sinn der Äußerung mitdefiniert.

Deswegen dürfte es am fruchtbarsten sein, mit Einzelfallanalysen zu beginnen, d.h. jedes narrative Interview separat und als Einheit zu interpretieren und desgleichen auch Dokumente über andere Gespräche oder Handlungssequenzen. (Sofern mehrere Materialien über dieselbe Person oder Personengruppe vorliegen, könnte dann deren Zusammenfassung bzw. Gegenüberstellung den nächsten Schritt bilden.) Damit ist freilich bloß erst ein Rahmen abgesteckt. Worauf aber sollte nun die Interpretation abzielen?

Als erstes Ziel ließe sich nennen: *die Rekonstruktion von Situationen, Interaktionsprozessen und Handlungssequenzen, wie sie sich aus der Perspektive der Handelnden darstellen.* Dies mag zunächst als relativ simple Aufgabe erscheinen, aus der auch bloß deskriptive Ergebnisse von lediglich eng themenspezifischem Interesse zu gewärtigen wären; dies ist interpretativer Methodik auch wiederholt vorgeworfen worden (z.B. FLETCHER 1974; zur Replik siehe etwa W. FISCHER 1979).

Jedoch wird bei jedem entsprechend elaborierten Versuch zur Erreichung dieses Zieles evident, wie schwierig es ist, z.B. den Forderungen von BLUMER (1966, S. 542, und 1973, S. 140) zu entsprechen, „die sich aufbauende Handlungssituation durch die Augen des Handelnden“ zu sehen, die „Objekte dieser Situation“ wahrzunehmen „wie der Handelnde sie wahrnimmt“, „die Bedeutung dieser Objekte“ so zu ermitteln, „wie sie sich für den Handelnden darstellen“ oder gar die „alternativen Handlungsarten wahrzunehmen, die dieser im voraus entwirft“ und „der Interpretation zu folgen, die zu der Auswahl und der Ausführung einer dieser vorentworfenen Handlungen führt“. Denn über diese Elemente wird in Alltagsgesprächen grundsätzlich nur andeutungsweise und bruchstückhaft kommuniziert. Zum einen, weil es sich um Alltagswissen, Deutungen und Regeln handelt, die als „selbstverständlich und allgemein bekannt“ vorausgesetzt werden, die sich überdies die Akteure vielfach – insbesondere bei Routinehandlungen – gar nicht vergegenwärtigen (können). Zum anderen, weil Vagheit, Mehrdeutigkeit und unausgesprochene Prämissen in gewisser Hinsicht geradezu die Voraussetzungen alltäglicher „Verständigung“ und kommunikativen Handelns bilden (wie insbesondere SCHÜTZE u.a. 1973, aber auch HABERMAS 1971 ausführlich begründen) und die im Handlungs- und Interaktionsablauf oft nachträglich erforderlich werdenden Reinterpretationen von Ereignissen, Äußerungen und Sinnzuschreibungen ermöglichen (vgl. WILSON 1973, S. 60). Die dem Interpreten zunächst große Schwierigkeiten bereitenden mehrfachen Lesearten eines Textes sind in gewissem Sinne notwendiges Erfordernis gelingender Kommunikation.

Eine stimmige Rekonstruktion der Perspektive der Akteure ist daher davon abhängig, daß *die Interpretation auch darauf abzielt, nicht explizit gemachte, gleichsam unter der Oberfläche liegende Sinnstrukturen, Deutungsmuster und Handlungsregeln der Akteure aufzudecken.* Die Erreichung dieses Ziels hinwiederum erscheint vor allem insofern realisierbar, als man davon ausgehen kann, „daß Interaktionspartner ihr Verhalten nicht je nach Situation neu entwerfen, sondern daß sie Handlungssituationen aufgrund von Interpretationen verstehen, die sich ihnen durch soziale Vorerfahrungen erschlossen haben, und daß sie mit Hilfe von Verhaltensmustern reagieren, die sie aus früher erlebten Handlungszusammenhängen abgelesen haben“ (KRAPPMANN 1976, S. 78). Das eröffnet die Möglichkeit, aus im Text der Dokumente enthaltenen Andeutungen und Bruchstücken versuchsweise ein mögliches dahinterliegendes Muster zu konstruieren und dessen Stimmigkeit kumulativ an je weiteren Textstücken zu kontrollieren. Es entspricht dies einer von MANNHEIM (1964) als *Verfahren dokumentarischer Interpretation* bezeichneten Vorgangsweise, die zu einem zentralen Konzept der Ethnomethodologen (vgl. GARFINKEL) wurde und von WILSON (1973, S. 60) folgendermaßen beschrieben wird: „Dokumentarische Interpretation besteht darin, daß ein Muster identifiziert wird, das einer Reihe von Erscheinungen zugrunde liegt; dabei wird jede einzelne Erscheinung als auf dieses zugrunde liegende Muster bezogen angesehen – als ein Ausdruck, als ein ‚Dokument‘ des zugrunde liegenden Musters. Dieses wieder wird identifiziert durch seine konkreten Erscheinungen, so daß die das Muster wiedergebenden Erscheinungen und das Muster selbst einander wechselseitig determinieren“.

Die wissenschaftliche Ergiebigkeit dieses Verfahrens wird vor allem aus der Annahme abgeleitet, daß es auch die Gesellschaftsmitglieder im Alltag dauernd, wenngleich implizite anwenden. Besonders plausibel erscheint mir die Annahme, daß *dokumentarische Interpretation in Sozialisationsprozessen eine große Rolle spielt.* Wenn man beispielsweise in eine betriebliche oder sonstige Organisation eintritt, muß man sich ganz gewiß aus einzelnen Hinweisen, ersten „Mißgeschikken“ etc. zusammenreimen, „worauf es hier eigentlich ankommt“ und wie sich dies am ehesten mit den eigenen Intentionen in Einklang bringen läßt. Desgleichen sind Kinder auch zu Hause darauf angewiesen, die Regeln und Sinndeutungen, die niemand vollständig ausspricht, in eigener Aktivität aus den familialen Interaktionen herauszulesen (Krappmann 1976, S. 67). Weitgehend analog – wenngleich unter anderen Voraussetzungen und möglicherweise mit besserem Rüstzeug versehen – muß auch der wissenschaftliche Interpret trachten, aus den mitgeteilten Äußerungen, den beobachteten Handlungen und den in ihm selbst dadurch wachgerufenen spontanen Reaktionen die z.B. in einer Familie geltenden Grundmuster und Regeln zu erschließen. „Erst auf ihrem Hintergrund kann verstanden werden, was die an der ‚Oberfläche‘ mitgeteilten Ziele und Normen sowie das zunächst sichtbare Erziehungsverhalten tatsächlich bedeuten“ (Krappmann, S. 66).

Damit sollte einigermaßen evident geworden sein, wie weit man ausholen muß, um das zunächst so simpel erscheinende, oben als erstes angeführte Interpretationsziel (S. 333) wirklich zu erreichen. Insofern es einem aber andererseits gelingt, durch die Mikroanalyse der produzierten und gesammelten Dokumente zu stimmig erscheinenden Grundmustern vorzudringen, läßt sich die Interpretation auch in mehrere weitere Richtungen entfalten. Man kann *„formalpragmatischen Fragestellungen“* nachgehen, sich mit der weiteren Klärung jener Basisregeln beschäftigen, von denen man annimmt, daß sie universelle Grundlage und Voraussetzung menschlicher Kommunikation bilden (vgl. Schütze u.a. 1973). Man kann (insbesondere anhand narrativer Interviews oder sonstiger autobiographischer Dokumente) *lebensgeschichtliche Stränge zurückverfolgen* (vgl. darüber insbesondere W. Fischer 1978) und damit an die von einigen Soziologen schon vor Jahrzehnten begonnene *„biographische Methode“* (vgl. Szczepanski 1962; Denzin 1970, Kap. 10; Kohli 1978b) und die ebenso traditionsreichen entwicklungspsychologischen Fallstudien (vgl. Thomae 1977) anschließen. Oder/und etwa an Vorschläge von Lorenzer (1979) anknüpfen, wie sich aus einem psychoanalytisch orientierten szenischen Verstehen von lebensgeschichtlich konkreten Mitteilungen über die Bestimmung individualtypischer „Interaktionsformen“ die Verflechtung von individuellen und sozialen Prozessen erkennen läßt (vgl. auch Wellendorf 1978).

Vor allem aber läßt sich aus den miterlebten Handlungssequenzen, den Gesprächen und Erzählungen, beziehungsweise den daraus interpretativ erschlossenen Handlungsregeln, Deutungsmustern und Alltagsphilosophien erkennen, *wie sich die Leute mit den sogenannten sozialen „Gegebenheiten“ auseinandersetzen.* Denn in fast jedem Gesprächstext wird sichtbar, wie konfligierende Situationsdefinitionen, Zuschreibungen und Handlungsentwürfe gemäß vorliegender Machtdifferentiale entschieden werden. In jedem narrativen Interview, das ich bisher gelesen habe, verweist der Erzähler auf *„heteronome Systembedingungen“* (Schütze 1976), denen er sich beugen oder die er zumindest bei seinen Vorhaben berücksichtigen mußte. Man kann daher Deutungsmuster in weiterem Sinne letztlich mit Baacke (1978, S. 57) als „Produkte struktureller gesellschaftlicher Bedingungen“ auffassen, „die sich – freilich nicht linear, konsequent, sondern vielfach gebrochen, widersprüchlich ... in Individuen konkretisieren“. Von einem radikal interaktionistischen Standpunkt aus betrachtet, sind freilich die als „objektiv“ bezeichneten sozialen Gegebenheiteen auch bloß Wirklichkeitskonstruktionen. Aus dieser Sicht erscheint die soziale Realität als „durch nichts Außersoziales vorgegeben“, als „vielmehr in dem Prozeß, der ‚Gesellschaft‘ heißt, fortlaufend konstruiert und bestätigt“ (Falk/Steinert 1973, S. 34). Schließt man sich der Auffassung an, daß „die Gesellschaft ... aus unserem ‚Wissen‘ über die Gesellschaft“ besteht (ebenda), dann läßt sich diese – bis hin zu deren Makrostrukturen – eigentlich überhaupt nur durch kommunikativ-interpretatives Fremdverstehen erforschen.

Ganz kurz sei schließlich noch darauf verwiesen, daß sich aus den bereits vorliegenden Forschungserfahrungen auch eine Reihe von relativen parallelen konkreten Hinweisen entnehmen lassen, *wie man die Interpretation* von Transkripten und anderen Dokumenten *am geschicktesten angehen kann.*

Die meisten Interpreten empfehlen, die Analyse mit jenen Stellen zu beginnen, die einem beim Lesen besonders aufgefallen sind, also nicht notwendigerweise am Textanfang und dabei vor allem nicht nach irgendeinem im voraus ausgedachten Schema vorzugehen (so WUNDERLICH 1976, S. 297f.; KRAPPMANN 1976, S. 109).
Weiter bewährt es sich, den Text nicht unmittelbar nach den Belegen für eine spezifische Theorie oder gar für im voraus präzise formulierte Hypothesen abzusuchen, sondern zu „defokussieren" (DOUGLAS 1976, S. 120ff.), d. h. von einer explizite sozialwissenschaftlich-akademischen Blickrichtung vorübergehend abzurükken (obgleich man sie freilich zwangsläufig „im Hinterkopf" behält) und sich der Innenperspektive der Gesprächspartner anzunähern, in ihre Lebenswelt einzutauchen, indem ich zunächst reflexiv zu entschlüsseln trachte, warum ich spontan an bestimmten Textstellen hängen geblieben bin und worin denn deren Auffälligkeit besteht: War die Sequenz für mich „typisch" oder „seltsam", „kompetent" oder „ungeschickt", „rührend" oder „peinlich" usw. (vgl. KRAPPMANN 1976, S. 109). So läßt sich intuitives Verstehen recht gut via allmählich definiter werdende Fragestellungen an das Material überführen in ein vorsichtiges und langsames Strukturieren und Nachzeichnen von Regeln, Logiken und Sinnbezügen (KREPPNER 1975, S. 145). Diese tentativen Muster sind nun an immer mehr weiteren Passagen zu überprüfen, werden dadurch (meist) modifiziert, was wieder die Reinterpretation vorher bearbeiteter Stellen veranlaßt. Dieses mehrfache Vor und Zurück – man könnte auch von laufender Alternierung induktiver und deduktiver Verfahren sprechen – ist ein wichtiges Deutungsregulativ: „Die jeweils herausgearbeitete Bedeutungsstruktur wird an jeder noch nicht einbezogenen Äußerung gleichsam noch einmal getestet. Sie muß revidiert werden, auch wenn sich nur eine einzige Äußerung nicht einfügen läßt" (KRAPPMANN 1976, S. 110; ähnlich auch LOFLAND 1976, S. 64ff.).
Aus Platzmangel kann hier leider nicht auf die bei der Suche nach konsistenten Mustern auftretenden Detailprobleme und deren Lösungen eingegangen, sondern hierfür nur auf die ausführlicheren Darstellungen der zitierten Autoren verwiesen werden. Aber es sollte auch hier evident geworden sein, daß sich nicht mehr davon sprechen läßt, es gäbe keine hinreichend ausgearbeiteten Methoden zur Aufarbeitung sozialwissenschaftlicher Dokumente; es sei denn, man anerkennt als „Methoden" bloß solche, bei denen fixe Rezepturen den Forscher davon entbinden, sein Vorgehen andauernd selbstkritisch zu reflektieren (und damit die schon oben erörterte Scheinsicherheit erzeugen).
Zugegeben werden muß allerdings, *daß für die Durchführung von an die Einzelfallanalysen anschließenden Forschungsstufen* abgesehen von der Idee der „analytic induction" *noch relativ wenig explizite methodische Hinweise auszumachen sind:* Es geht hier einerseits darum, wie man Interpretationsergebnisse mehrerer Fallgeschichten miteinander verknüpft und andererseits aus den konkreten Analysen zu generellen theoretischen Konzepten gelangt und/oder eine Anbindung an vorhandene Theorien vollzieht, bei der letztere je nach Sachlage korrigiert, weiter ausgeformt oder bestätigt werden. Solche Schritte werden zwar de facto in manchen Untersuchungen vollzogen, aber die dabei implizite verwendeten Konstitutionsregeln lassen sich anscheinend vorderhand kaum herausschälen.
Wichtig erscheint mir zu diesem Problemkreis auch die Fortführung grundsätzlicher, wissenschaftstheoretischer und methodologischer Abklärungen über den Status spezifischer Theorien aus der Perspektive reflexiv-interaktionistischer Forschung und darüber, ob aus dieser Sicht explizite Verallgemeinerungen oder gar das Auffinden von Gesetzmäßigkeiten menschlichen Handelns überhaupt als Hauptkriterium sozialwissenschaftlicher Tätigkeit angesehen werden soll.
Der Einwand, daß es ansonsten nicht möglich wäre, Wissenschaft eindeutig von anderen Tätigkeitsfeldern abzugrenzen, scheint mir insofern unstichhaltig, als eine solche Grenzziehung bloß der Legitimierung von Statusinteressen dient. Wir Wissenschaftler sollten vielmehr bereit sein zuzugeben, daß das, was *wir* über Sozialisationsprozesse herausfinden, nicht zwangsläufig besser, nützlicher oder sicherer ist als die Ergebnisse anderer Sozialisationsforscher – Lehrer, Sozialarbeiter, Eltern, Schüler usw. – die wir herablassend als Laien einzustufen pflegen.

Überdenkt man das Problem auf der bescheideneren Ebene konkreter Forschungsziele, dann *erscheinen mir vielfach an die Einzelfallanalysen anschließende explizite weitere Bearbeitungsschritte oft gar nicht notwendig.* Wenn man z. B. durch Alltagsforschung – etwa in Kindergärten – und anschließende Gesprächsanalyse ermittelt hat, daß mehrere Vierjährige in entsprechenden natürlichen Situationen role-taking benutzten (vgl. DENZIN 1977), dann reicht dies meines Erachtens bereits aus, um die übliche (auf Tests beruhende) Annahme, daß hierzu erst etwa Siebenjährige imstande wären, zu widerlegen oder zumindest heftig ins Wanken zu bringen. Es ist nicht einzusehen, daß es erforderlich wäre, *sämtliche* in dieser Untersuchung erfaßten Kinder im Hinblick auf role-taking einzustufen.
Bei vielen unmittelbar praxisorientierten For-

schungszielen sind solche Zusammenfassungen quer über alle „Fälle" erst recht nicht notwendig: Will man etwa in einer für Praktiker überzeugenden Form aufgrund von narrativen Interviews mit Jugendlichen aus einem Fürsorgeheim aufzeigen, wie die Alltagspraxis im Heim den von der Heimleitung geäußerten Resozialisationsplänen zuwiderläuft, läßt sich das anhand der konkreten Geschichten einzelner Jugendlicher weit besser bewerkstelligen als über Typisierungen und Verallgemeinerungen. Ähnliches gilt für die meisten Evaluations- und Beratungsaufgaben. Wenn ich einer Mutter oder Lehrerin helfen möchte ihre Erziehungsprobleme zu lösen, wird mir das durch Rekurs auf ähnlich gelagerte Fälle (die mir aus meiner eigenen oder fremden Untersuchungen bekannt sind) eher gelingen als durch Verweis auf sogenannte soziale Gesetzmäßigkeiten. Noch offensichtlicher ist, daß bei Handlungsforschungsprojekten das interpretative Verstehen spezifischer Situationen und individueller Teilnehmer – wie auch jenes über konkrete Gegenspieler (etwa: Behördenvertreter, Politiker) – direkt, d.h. weitgehend ohne überindividuelle Generalisierung, als Orientierungshilfe zur Aktionsplanung verwendet wird.

c) Kontrollen und Triangulationen

Anstelle des technizistischen Validierungsrituals, auf das sich die meisten quantitativen Untersuchungen beschränken, gibt es für die kommunikativ-interpretative Forschung *mehrere Wege zur Überprüfung der Ergebnisse*, die aber jedenfalls nicht darauf abstellen, daß die Leute, von denen der Forscher seine Informationen erhält, unter dessen situativer Kontrolle standen. Vielmehr *müssen vor allem die vom Forscher vorgenommenen Rekonstruktionen* der alltäglichen Realitätskonstruktionen *intersubjektiv kontrolliert werden*. Ein besonderes Verfahren hierzu ist die *„kommunikative Validierung"* (Heinze/Klusemann 1979, Klüver 1979), d.h. durch neuerliche Gespräche mit den Interviewten bzw. mit den Mitgliedern des Forschungsfeldes sucht man zu ermitteln, ob man sie und ihre Lebenswelt „richtig verstanden hat" (vgl. auch Douglas 1976, S. 125f.), ob und inwieweit sie die Interpretationen des Forschers als stimmig anerkennen (siehe auch Groeben/Scheele 1977, Abschnitt 6.2; Armistead 1974, S. 124f.). Zwar wurde dieser Idee entgegengehalten, daß eine Interpretation auch dann treffend sein kann, wenn der Interpretierte sich dagegen wehrt, daß weiter dem Betreffenden gar nicht bewußte Deutungsmuster von diesem auch nicht bestätigt werden können (vgl. u.a. Klüver 1979). Dennoch halte ich kommunikative Validierung für ein wichtiges Verfahren, das freilich voraussetzt, daß der Forscher imstande ist, seine Ergebnisse auf der Sprachebene des Partners zu äußern und dabei auch dessen „psychische Beschädigung" zu vermeiden; und es bedürfen dessen Entgegnungen weiterer Interpretation. Die Verschränkung der Validierungsfunktion solcher nachgehender Gespräche mit der Erfüllung der moralischen Obligation zur Rückmittelung der Ergebnisse sowie auch mit eventuellen Beratungs- und Aufklärungsfunktionen ist evident. Daher läßt sich kommunikative Validierung besonders gut vereinbaren mit Projekten, die auf eine gemeinsame Praxis mit den Befragten zusteuern (so auch Klüver 1979, S. 82).

Kommunikative Validierung ist überdies in zwei Richtungen ausweitbar: nämlich einerseits durch Einbeziehen weiterer Personen und Situationen aus dem Forschungsfeld und andererseits durch Einbeziehung weiterer Mitglieder der scientific community; Ausweitungsgrenzen werden einzig und allein durch die Geduld der Beteiligten gesetzt. Möglich ist etwa Überprüfung der Lebensweltanalyse über eine Person durch Gespräche mit deren Familienmitgliedern, Freunden, Kollegen; parallele Interpretation vorliegender Dokumente durch weitere Mitglieder des Forschungsteams oder auch durch unabhängige Forscher (so geschehen im Projekt „Lebensweltanalyse von Fernstudenten"; vgl. Baacke 1978, Bertels u.a. 1978, Heinze/Klusemann 1979, Wellendorf 1978) oder gar neuerliche Interviews mit denselben Personen durch einen zweiten Wissenschaftler.

Das Angezeigtsein solch vielfältiger „checks and rechecks" hat auch sehr wesentliche Konsequenzen für die Sampleauswahl. Gewiß kann man sich auch in qualitativen Untersuchungen um eine möglichst repräsentative Auswahl von Befragten bemühen, aber die Einhaltung dieses Grundsatzes erschwert die kommunikative Validierung (z.B. wegen der größeren Zahl der Fälle, wegen deren räumlicher Entfernung). Deswegen wird vielfach anstelle von „representative sampling" für *„theoretically directed sampling"* plädiert (u.a. Denzin 1970, Kap. 4; Glaser/Strauss 1967, Kap. 3), d.h. sukzessive Einbeziehung solcher Personen und Situationen, die am besten geeignet sind, um die Stimmigkeit bereits getroffener Interpretation – oder auch aus diesen entwickelte generelle Konzeptionen, „grounded theories" – zu überprüfen. Dies kann auch zu einer als „*analytic induction*" bezeichneten Forschungsstrategie ausgebaut werden, bei der man gezielt nach „negativen Fällen" sucht: „The process of analytic induction proceeds by formulating a rather vague generalization and then revising it in the light of contrary evidence, so that there is a continual process of redefinition, hypothesis testing and a search for negative cases until a point is reached where a universal relationship can with some confidence be etablished" (HUGHES 1976, S. 128). Damit ist aber auch bereits die logische Struktur *kumulativer Validierung* dargestellt; bloß ist letzteres ein Prozeß, an dem idealiter die ganze scientific community beteiligt ist und der über länger Zeiträume läuft. Sukzessive Untersuchungen verschiedenster Forscher bieten letzten Endes neben einer *Validierung an der Praxis* doch noch die besten Chancen zu erfahren, ob und inwieweit spezifische Forschungsresultate stimmig und relevant waren.

Allerdings bedürfen alle hier angeführten Validierungsformen der Relativierung. Wenn man soziale Realität als einen dauernd vor sich gehenden Konstruktionsprozeß ansieht, an dem alle Gesellschaftsmitglieder in größerem oder geringerem Maße mitwirken, dann kann man nicht damit rechnen, daß es überhaupt eine Forschungsmethode gibt, die es gestattet, völlig eindeutige, längerfristig gültige, unwiderlegbare, zweifelsfrei wahre Aussagen über Elemente und Relationen der sozialen Realität zu machen. Faßt man die Tätigkeit aller Sozial- und Humanwissenschaftler als „dokumentarische Interpretation" auf, dann sollte man den grundsätzlich tentativen, unsicheren und unvollständigen Charakter unserer Ergebnisse eingestehen. Wie schon vielfach hervorgehoben wurde, gilt die HEISENBERGsche Unschärferelation in hohem Maße für unseren Wissenschaftsbereich. Vorwissen, Herangehensweise und Blickwinkel interferieren in dem Bild, das wir von unserem Gegenstand gewinnen. Anstelle von Validierungen zu sprechen, *wäre es vielleicht adäquater, unsere Prüfprozesse als mehrperspektivische Triangulation anzusehen* (vgl. DENZIN 1970, insbes. Kap. 12; HUGHES 1976, S. 275ff., etc.) und im voraus schon darauf gefaßt zu sein, *als Ergebnis kein einheitliches, sondern eher ein kaleidoskopartiges Bild zu erhalten.*

Im Sinne einer solchen Triangulation erscheint gewiß auch jedwede Form der *Kombination von Methoden* begrüßenswert. Allerdings soll man weder erwarten, daß interpretatives Vorgehen „dasselbe Ergebnis" zeitigen wird wie ein quantifizierendes, noch auch, daß sich auf diese Art eindeutig entscheiden lassen werde, welches das „bessere" Verfahren sei. Daher möchte ich auch trotz meiner eigenen, momentan so entschiedenen Stellungnahme dafür, daß im gegenwärtigen Stadium der Einsatz kommunikativ-interpretativer Methoden in der Sozialisationsforschung besonders angezeigt ist, schlußendlich vor allem für Methodenpluralismus, gegenseitige Toleranz und diskursive Verständigung zwischen allen auf unserem Forschungsgebiet Tätigen plädieren.

Literatur

ABRAHAMS, F. F./SOMMERKORN, I. N.: Arbeitswelt, Familienstruktur und Sozialisation. In: HURRELMANN, K. (Hrsg.): Sozialisation und Lebenslauf. Reinbek, Rowohlt 1976, S. 70–89.

ALBERT, H.: Der Mythos der totalen Vernunft. In: ADORNO, Th. W./ALBERT, H./DAHRENDORF, R./HABERMAS, J./PILOT, H./POPPER, K. R.: Der Positivismusstreit in der deutschen Soziologie. Neuwied, Luchterhand 1969a, S. 155–192.

ALBERT, H.: Im Rücken des Positivismus?. In: ADORNO, Th. W./ALBERT, H./DAHRENDORF, R./HABERMAS, J./PILOT, H./POPPER, K. R.: Der Positivismusstreit in der deutschen Soziologie. Neuwied, Luchterhand 1969b, S. 267–306.

ALBRECHT, G.: Nicht-reaktive Messung und Anwendung historischer Methoden. In: KOOLWIJK, J. van/WIEKEN-MAYSER, M. (Hrsg.): Techniken der empirischen Sozialforschung. München, Oldenbourg 1975, Bd. 2, S. 9–81.

ANGER, H.: Befragung und Erhebung. In: GRAUMANN, C. F. (Hrsg.): Sozialpsychologie. Göttingen, Hogrefe 1969/1972, Bd. 1, S. 567–617.

Arbeitsgruppe Bielefelder Soziologen (Hrsg.): Alltagswissen, Interaktion und gesellschaftliche Wirklichkeit. Reinbek, Rowohlt 1973, 2 Bde.

ARMISTEAD, N.: Experience in Everyday Life. In: ARMISTEAD, N. (Hrsg.): Reconstructing Social Psychology. Baltimore 1974, S. 115–132.

ARONSON, E./CARLSMITH, J. M.: Experimentation in Social Psychology. In: LINDZEY, G./ARONSON, E. (Hrsg.): The Handbook of Social Psychology. Reading (Mass.), Addison Wesley [2]1968, Bd. 2, S. 1–79.

BAACKE, D.: Zum Problem „Lebensweltverstehen". Zur Theorie und Praxis qualitativ-narrativer Interviews. Lebensweltanalyse von Fernstudenten. Werkstattbericht. Hagen, Fernuniversität 1978.

BAACKE, D.: Ausschnitt und Ganzes – Theoretische und methodologische Probleme bei der Erschließung von Geschichten. In: BAACKE, D./SCHULZE, Th. (Hrsg.): Aus Geschichten lernen. Zur Einübung pädagogischen Verstehens. München, Juventa 1979, S. 11–50.

BADER, H.: Ihre und meine Jahre in Kleinvolderberg. Ein Fürsorgeheim aus der Insassen-Perspektive. Innsbruck, Dissertation 1980 (in Vorbereitung).

BALDWIN, A. L.: The Study of Child Behavior and Development. In: MUSSEN, P. H. (Hrsg.): Handbook of Research Methods in Child Development. New York, Wiley 1960, S. 3–35.

BECKER, H. S.: Whose Side are we on?. In: FILSTEAD, W. J. (Hrsg.): Qualitative Methodology: Firsthand Involvement with the Social World. Chicago, Rand McNally 1970, S. 15–26.

BEICHT, W./ISECKE, H./KRINGS-HUBER, G./MOLLENHAUER, K.: Familiale Kommunikationsstrukturen – Zwischenbericht einer Untersuchung. In: HURRELMANN, K. (Hrsg.): Sozialisation und Lebenslauf. Reinbek, Rowohlt 1976, S. 104–126.

BELL, R. Q.: A Reinterpretation of the Direction of Effects in Studies of Socialization. Psychological Review, Jg. 75 (1968), S. 81–95.

BELLAK, A. A./KLIEBARD, H. M./HYMAN, T./SMITH, F. L.: The Language of the Classroom. New York, Teachers College Press 1966.

BEREITER, C.: Some Persisting Dilemmas in the Measurement of Change. In: HARRIS, Ch. W. (Hrsg.): Problems in Measuring Change. Madison (Wisconsin), University of Wisconsin Press 1967, S. 3–20.

BERG, I. A. (Hrsg.): Response Set in Personality Assessment. Chicago, Aldine 1967.

BERGER, H.: Untersuchungsmethode und soziale Wirklichkeit. Eine Kritik an Interview und Einstellungsmessung in der Sozialforschung. Frankfurt, Suhrkamp 1974.

BERTELS, L./STRATMANN, B./THIELMANN, H.: Methodischer Ansatz zur qualitativen vergleichenden Auswertung von Interviewprotokollen. Lebensweltanalyse von Fernstudenten. Werkstattbericht. Hagen, Fernuniversität 1978.

BERTRAM, H.: Skalenkonstruktion mit Hilfe multidimensionaler Skalierungsverfahren. In: Zeitschrift für Soziologie, Jg. 4 (1975), S. 291–297.

BERTRAM, H.: Probleme einer sozialstrukturell orientierten Sozialisationsforschung. In: Zeitschrift für Soziologie, Jg. 5 (1976a), S. 103–117.

BERTRAM, H.: Gesellschaftliche und familiäre Bedingungen moralischen Urteilens. Düsseldorf, Dissertation 1976b.

BERTRAM, H.: Sozialstruktur und Intelligenz. Ein altes Thema – eine neue Antwort?. In: Kölner Zeitschrift, Jg. 29 (1977), S. 461–486.

BERTRAM, H.: Gesellschaft, Familie und moralisches Urteil. Analysen kognitiver, familialer und sozialstruktureller Bedingungszusammenhänge moralischer Entwicklung. Weinheim, Beltz 1978.

BERTRAM, H./BERTRAM, B.: Soziale Ungleichheit, Denkstrukturen und Rollenhandeln. Ein empirischer Beitrag zur Diskussion über soziokulturelle Determinanten kognitiver Fähigkeiten. Weinheim, Beltz 1974.

BIERBAUER, G.: Attitüden: Latente Strukturen oder Interaktionskonzepte?. In: Zeitschrift für Soziologie, Jg. 5 (1976), S. 4–16.

BIRESCH, P./FERCHHOFF, W./PETERS, F./STÜWE, G.: Handlungsforschung und interaktionstheoretische Sozialwissenschaft. In: Neue Praxis, Jg. 8 (1978), S. 114–128.

BLINKERT, B.: Methodische Realitätskonstruktionen oder soziale Tatbestände?. In: Soziale Welt, Jg. 29 (1978), S. 358–372.

BLUMER, H.: Sociological Implications of the Thought of George Herbert Mead. In: American Journal of Sociology, Jg. 71 (1966), S. 535–544.

BLUMER, H.: Der methodologische Standort des symbolischen Interaktionismus. In: Arbeitsgruppe Bielefelder Soziologen (Hrsg.): Alltagswissen, Interaktion und gesellschaftliche Wirklichkeit. Reinbek, Rowohlt 1973, Bd. 1, S. 80–146.

BOUDON, R.: Mathematische Modelle und Methoden; Hauptströmungen sozialwissenschaftlicher Forschung. Frankfurt, Ullstein 1973.

BRANDIS, W./HENDERSON, D.: Social Class, Language and Communication. London, Routledge 1970.

BRENNER, M./MARSH, P./BRENNER, M. (Hrsg.): The Social Contexts of Method. London, Croom Helm 1978.

BRONFENBRENNER, U.: The Social Role of the Child in Ecological Perspective. In: Zeitschrift für Soziologie, Jg. 7 (1978), S. 4–20.

BRUNER, J. S.: Wie das Kind lernt, sich sprachlich zu verständigen. In: Zeitschrift für Pädagogik, Jg. 23 (1976), S. 829–845.

BRUNER, J. S.: Early Social Interaction and Language Acquisition. In: SCHAFFER, H. R. (Hrsg.): Studies in Mother-Infant-Interaction. London, Academic Press 1977, S. 271–290.

BÜHL, W. L. (Hrsg.): Verstehende Soziologie. Grundzüge und Entwicklungstendenzen. München, Nymphenburger Verlagsgesellschaft 1972.

BÜHLER, Ch./ALLEN, M.: Einführung in die humanistische Psychologie. Stuttgart, Klett 1973.

CANELL, Ch. F./KAHN, R. L.: Interviewing. In: LINDZEY, G./ARONSON, E. (Hrsg.): The Handbook of Social Psychology. Reading (Mass.), Addison Wesley ^{2}1968, Bd. 2, S. 526–595.

CALSYN, R. J./KENNY, D. A.: Self-concept of Ability and Perceived Evaluation of Others: Cause or Effect of Academic Achievement?. In: Journal of Educational Psychology, Jg. 69 (1977), S. 136–145.

CHILD, I. L.: Socialization. In: LINDZEY, G. (Hrsg.): Handbook of Social Psychology, Reading (Mass.), Addison-Wesley 1954, Bd. 2, S. 655–692.

CHISHOLM, L./HEATH, A./WOODWARD, D.: Methodological Problems of Quantitative and Qualitative Research: The National Survey of Britsh Graduates. In: AIAS-Informationen, Jg. 1977, S. 195–208.

CICOUREL, A. V.: Interpretieren und Zusammenfassen: Probleme bei der kindlichen Aneignung der Sozialstruktur. In: MARTENS K. (Hrsg.): Kindliche Kommunikation. Theoretische Perspektiven, empirische Analysen, methodologische Grundlagen. Frankfurt, Suhrkamp 1979, S. 202–243.

CICOUREL, A. V.: The Acquisition of Social Structure: Toward a Developmental Sociology of Language and Meaning. In: DOUGLAS, J. D. (Hrsg.): Understanding Everyday Life. Toward the Reconstruction of Sociological Knowledge. London, Routledge 1971, S. 136–168.

CLAUSEN, J. A.: Family Structure, Socialization and Personality. In: HOFFMAN, L. W./HOFFMAN, M. L. (Hrsg.): Review of Child Development Research. New York, Russell Sage Foundation 1966, Bd. 2, S. 1–54.

CLAUSEN, J. A.: Perspectives on Childhood Socialization. In: CLAUSEN, J. A. (Hrsg.): Socialization and Society. Boston, Little, Brown & Co. 1968, S. 130–181.

COLEMAN, J.: Introduction to Mathematical Sociology. New York, Free Press of Glencoe 1964.

COLEMAN, J.: The Mathematics of Collective Action. London, Heinemann 1973.

COLEMAN, J.: Reply to Cain and Watts. In: ROSSI, P.

H./WILLIAMS, W. (Hrsg.): Evaluating Social Programs; theory, practice and politics. New York, Seminar Press 1972, S. 97–107.
COLEMAN, J./CAMPBELL, E. Q./HOBSON, C. J./MCPARTLAND, J./MOOD, A. M./WEINFELD, F. D./YORK, R. L.: Equality of Educational Opportunity. Washington, U.S. Government Printing Office 1966, 2 Bde.
COOK-GUMPERZ, J.: Social Control and Socialization. London, Routledge 1973.
COOPERSMITH, St.: The Antecedents of Self-Esteem. San Francisco, Freeman 1967.
CRANO, W. D./BREWER, M. B.: Einführung in die sozialpsychologische Forschung; Methoden und Prinzipien. Köln, Kiepenheuer & Witsch 1975.
DANZIGER, K.: Socialization. Harmondsworth, Penguin 1971.
DENZIN, N. K.: The Research Act; a theoretical introduction to sociological methods. Chicago, Aldine 1970.
DENZIN, N. K.: Childhood Socialization. San Francisco, Jossey-Bass 1977.
DEVEREUX, G.: Angst und Methode in den Verhaltenswissenschaften. München, Hanser 1976.
DICK, F.: Wenn p, dann q. Die Widersprüche des nomothetischen Gesetzesbegriffs der empirisch-analytischen Sozialwissenschaften und dessen doppelt ideologische Funktion. (Zum Theorienstreit zwischen Popper und Holzkamp und zur Realität der Forschungspraxis.) Gießen, Edition 2000 1972.
DÖBERT, R./NUNNER-WINKLER, G.: Adoleszenzkrise und Identitätsbildung. Frankfurt, Suhrkamp 1976.
DOUGLAS, J. D.: Investigative Social Research; Individual and Team Field Research. Beverly Hills, Sage 1976.
DOUGLAS, J. D.: Existential Sociology. In: DOUGLAS, J. D./JOHNSON, J. M.: Existential Sociology. Cambridge, Cambridge University Press 1977, S. 1–74.
DOUGLAS, J. D./JOHNSON, J. (Hrsg.): Existential Sociology. Cambridge, Cambridge University Press 1977.
DUNCAN, O. D./FEATHERMAN, D. L./DUNCAN, B.: Socioeconomic Background and Achievement. New York, Seminar Press 1972.
EHLICH, K./REHBEIN, J.: Wissen, Kommunikatives Handeln und die Schule. In: GOEPPERT, H. C. (Hrsg.): Sprachverhalten im Unterricht. München, Fink-Verlag 1977, S. 36–114.
ERVIN-TRIPP, S.: Wait for Me, Roller Skate!. In: ERVIN-TRIPP, S./MITCHELL-KERNAN, C. (Hrsg.): Child Discourse. New York, Academic Press 1977, S. 165–188.
ERVIN-TRIPP, S.: Early Discourse: Some Questions about Questions. In: LEWIS, M./ROSENBLUM, L. R. (Hrsg.): Interaction, Conservation and the Development of Language. New York, Wiley 1977, S. 9–26.
ESSER, H.: Der Befragte. In: KOOLWIJK, J. van/WIEKEN-MAYSER, M. (Hrsg.): Techniken der empirischen Sozialforschung. München, Oldenbourg 1974, Bd. 4, S. 105–145.
ESSER, H.: Response-Set – Methodische Problematik und soziologische Interpretation. In: Zeitschrift für Soziologie, Jg. 6 (1977), S. 253–263.
FALK, G./STEINERT, H.: Über den Soziologen als Konstrukteur von Wirklichkeit, das Wesen der sozialen Realität, die Definition sozialer Situationen und die Strategien ihrer Bewältigung. In: STEINERT, H. (Hrsg.): Symbolische Interaktion. Arbeiten zu einer reflexiven Soziologie. Stuttgart, Klett 1973, S. 13–45.
FEND, H.: Schulklima: Soziale Einflußprozesse in der Schule. Weinheim, Beltz 1977.
FEND, H./KNÖRZER, W./NAGL, W./SPECHT, W./VÄTH-SZUSDZIARA, R.: Chancengleichheit und Durchlässigkeit im Schulsystem. Konstanz 1975, mimeogr.
FEND, H./KNÖRZER, W./NAGL, W./SPECHT, W./VÄTH-SZUSDZIARA, R.: Sozialisationseffekte der Schule. Weinheim, Beltz 1976.
FILSTEAD, W. J. (Hrsg.): Qualitative Methodology. Firsthand Involvement with the Social World. Chicago, Rand McNally 1970.
FISCHER, G.: Experiment. In: HERRMANN, Th. (Hrsg.): Handbuch psychologischer Grundbegriffe. München, Kösel 1977, S. 136–143.
FISCHER, W.: Struktur und Funktion erzählter Lebensgeschichten. In: KOHLI, M. (Hrsg.): Soziologie des Lebenslaufs. Darmstadt, Luchterhand 1978, S. 311–336.
FLANDERS, N. A.: Teacher Influence, Pupil Attitudes, and Achievement. Washington, U.S. Department of Health, Education and Welfare 1965.
FLETCHER, C.: Beneath the Surface. An account of three styles of sociological research. London, Routledge 1974.
FREY, H. P.: Theorie der Sozialisation. Stuttgart, Enke 1974.
FRIEDRICHS, J.: Methoden empirischer Sozialforschung. Reinbek, Rowohlt 1973.
FRIEDRICHS, J./LÜDTKE, H.: Teilnehmende Beobachtung. Einführung in die sozialwissenschaftliche Feldforschung. Weinheim, Beltz [2]1973.
FRÖHLICH, W. D./WELLEK, St.: Der begrifflich-theoretische Hintergrund der Sozialisationsforschung. In: GRAUMANN, C. F. (Hrsg.): Sozialpsychologie. Göttingen, Hogrefe 1972, Bd. 2, S. 661–714 (= Band 7/2 des Handbuchs für Psychologie).
GARFINKEL, H.: Remarks on Ethnomethodology. In: GUMPERZ, J. J./HYMES, D.: Directions in Sociolinguistics. New York, Holt, Rinehart & Winston 1972, S. 301–324.
GELMAN, R./SHATZ, M.: Appropriate Speech Adjustments: The Operation of Conversational Constraints on Talk to Two-Year-Olds. In: LEWIS, M./ROSENBLUM, L. (Hrsg.): Interaction, Conversation and the Development of Language. New York, Wiley 1977, S. 27–62.
GINSBERG, G. P.: Role-Playing and Role Performance in Social Psychological Research. In: BRENNER, M./MARSH, P./BRENNER, M. (Hrsg.): The Social Context of Method. London, Croom-Helm 1978, S. 91–121.
GLASER, B. G./STRAUSS, A. L.: The Discovery of Grounded Theory; Strategies for Qualitative Research. Chicago, Aldine 1967.
GOEPPERT, H. C. (Hrsg.): Sprachverhalten im Unterricht. München, Fink-Verlag 1977.
GORDON, I. J./JESTER, R. E.: Techniques of Observing Teaching in Early Childhood and Outcomes of Particular Procedures. In: TRAVERS, Robert M. W. (Hrsg.): Second Handbook of Research on Teaching. Chicago, Rand McNally 1973, S. 184–217.
GOSLIN, D. A.: Introduction. In: GOSLIN, D. A. (Hrsg.): Handbook ofd Socialization Theory and Research. Chicago, Rand McNally 1969, S. 1–23.
GRAUMANN, C. F.: Person und Situation. In: LEHR, U./WEINERT, F. (Hrsg.): Entwicklung und Persönlichkeit. Stuttgart, Kohlhammer 1975, S. 15–24.
GRAUMANN, C. F./METRAUX, A.: Die Phänomenologische Orientierung in der Psychologie. In: SCHNEEWIND, K. A. (Hrsg.): Wissenschaftstheoretische Grundlagen der Psychologie. München, Reinhardt 1977, S. 27–54.
GROEBEN, N./SCHEELE, B.: Argumente für eine Psychologie des reflexiven Subjekts. Paradigmawechsel vom behavioralen zum epistemologischen Menschenbild. Darmstadt, Steinkopff 1977.
GRÜNEISEN, V./HOFF, E. H.: Familienerziehung und Le-

benssituation. Der Einfluß von Lebensbedingungen und Arbeitserfahrungen auf Erziehungseinstellungen und Erziehungsverhalten von Eltern. Weinheim, Beltz 1977.

GSTETTNER, P.: Handlungsforschung unter dem Anspruch diskursiver Verständigung. In: Zeitschr. f. Pädagogik, Jg. 22 (1976), S. 321–334.

GSTETTNER, P.: Störungsanalysen – Zur Reinterpretation entwicklungspsychologisch relevanter Tagebuchaufzeichnungen. In: BAACKE, D./SCHULZE, Th. (Hrsg.): Aus Geschichten lernen. Zur Einübung pädagogischen Verstehens. München, Juventa 1979a, S. 146–181.

GSTETTNER, P.: Distanz und Verweigerung. Über einige Schwierigkeiten, zu einer erkenntnisrelevanten Aktionsforschungspraxis zu kommen. In: HORN, K. (Hrsg.): Aktionsforschung: Balanceakt ohne Netz? Methodische Kommentare. Frankfurt, Verlagsges. Syndikat 1979b, S. 163–205.

GUTWENIGER, H.: Ein Versuch der Entwicklung einer Theorie zur Vermittlung sozialwissenschaftlicher Kompetenz und deren Umsetzung in konkretes Handeln anhand der praxisorientierten Broschüre ‚Kindergärten – Probleme, Analysen, Lösungsmöglichkeiten'. Innsbruck 1980, Dissertation (in Fertigstellung).

HABENSTEIN, R. W. (Hrsg.): Pathways to Data. Field Methods for Studying Ongoing Social Organizations. Chicago, Aldine 1970.

HABERMAS, J.: Vorbereitende Bemerkungen zu einer Theorie der kommunikativen Kompetenz. In: HABERMAS, J./LUHMANN, N. (Hrsg.): Theorie der Gesellschaft oder Sozialtechnologie?. Frankfurt, Suhrkamp 1971, S. 101–141.

HÄNSEL, D.: Die Anpassung des Lehrers. Weinheim, Beltz 1975.

HARGREAVES, D. H./HESTER, St. K./MELLOR, F. J.: Deviance in the Classroom. London, Routledge 1975.

HARRÉ, R.: Accounts. Actions and Meanings – The Practice of Participatory Psychology. In: BRENNER, M./MARSH, P./BRENNER, M. (Hrsg.): The Social Contexts of Method. London, Croom-Helm 1978, S. 44–66.

HARRÉ, R./SECORD, P. F.: The Explanation of Social Behaviour. Oxford, Blackwell 1972.

HARRIS, Ch. W. (Hrsg.): Problems in Measuring Change. Madison, University of Wisconsin Press 1963.

HECKMANN, F.: Faktorenstrukturvergleiche als Methode zur Messung von Sozialisationswirkungen. In: WALTER, H. (Hrsg.): Sozialisationsforschung. Stuttgart, Fromann 1973/75, Bd. III, S. 271–281.

HEINZE, Th.: Unterricht als soziale Situation. Zur Interaktion von Schülern und Lehrern. München, Juventa 1976.

HEINZE, Th./KLUSEMANN, H. W.: Ein biographisches Interview als Zugang zu einer Bildungsgeschichte. In: BAACKE, D./SCHULZE, Th. (Hrsg.): Aus Geschichten lernen. Zur Einübung pädagogischen Verstehens. München, Juventa 1979, S. 182–225.

HERZ, Th. A.: Vorhersagestudien. In: KOOLWIJK, J. van/WIEKEN-MAYSER, M. (Hrsg.): Techniken empirischer Sozialforschung. München, Oldenbourg 1975, Bd. 2, S. 131–156.

HOFF, E. H./GRÜNEISEN, V.: Arbeitserfahrungen. Erziehungseinstellungen und Erziehungsverhalten von Eltern. In: SCHNEEWIND, K. A./LUKESCH, H. (Hrsg.): Familiäre Sozialisation. Stuttgart, Klett-Cotta 1978, S. 65–89.

HOFFMAN, L. W./LIPPITT, R.: The Measurement of Family Life Variables. In: MUSSEN, P. (Hrsg.): Handbook of Research Methods in Child Development. New York, Wiley 1960. S. 945–1013.

HOFFMAN, M. L.: Kausale Schlußfolgerungen in der Korrelationsforschung: Disziplinierung und Moralentwicklung. In: FTHENAKIS, W. E./KASTEN, H. (Hrsg.): Neuere Studien zur kognitiven und sozialen Entwicklung des Kindes. Donauwörth, Auer 1977, S. 15–31.

HOPF, Ch.: Die Pseudo-Exploration – Überlegungen zur Technik qualitativer Interviews in der Sozialforschung. In: Zeitschrift für Soziologie, Jg. 7 (1978), S. 97–115.

HÖRMANN, H.: Meinen und Verstehen. Grundzüge einer psychologischen Semantik. Frankfurt, Suhrkamp 1978.

HUGHES, J. A.: Sociological Analysis: Methods of Discovery. London, Nelson 1976.

HUMMEL, H. J.: Probleme der Mehrebenenanalyse. Stuttgart, Teubner 1972.

HURRELMANN, K.: Gesellschaft, Sozialisation und Lebenslauf. In: HURRELMANN, K. (Hrsg.): Sozialisation und Lebenslauf; Empirie und Methodik sozialwissenschaftlicher Persönlichkeitsforschung. Reinbek, Rowohlt 1976, S. 15–33.

ISCHY, N.: Die Erhebung interaktiven Eltern-Kind-Verhaltens durch systematische Beobachtung. In: SCHNEEWIND, K. A./LUKESCH, H. (Hrsg.): Familiäre Sozialisation; Probleme, Ergebnisse, Perspektiven. Stuttgart, Klett-Cotta 1978, S. 44–62.

JACKSON, E. F./CURTIS, R. F.: Conceptualization and Measurement of Social Stratification. In: BLALOCK, H. M./BLALOCK, A. B. (Hrsg.): Methodology in Social Research. New York, McGraw-Hill 1968, S. 112–149.

JOHNSON, J. M.: Doing Field Research. New York, The Free Press 1975.

KAGAN, J.: The Three Faces of Continuity in Human Development. In: GOSLIN, D. A. (Hrsg.): Handbook of Socialization. Theory and Research. Chicago, Rand McNally 1969, S. 983–1002.

KATZ, B. A./SHARROCK, W.: Eine Darstellung des Kodierens. In: WEINGARTEN, E./SACK, F./SCHENKEIN, J. (Hrsg.): Ethnomethodologie. Beiträge zu einer Soziologie des Alltagshandelns. Frankfurt, Suhrkamp 1976, S. 244–271.

KEENAN, E. O./SCHIEFFELIN, B. B./PLATT, M.: Questions of Immediate Concern. In: GOODY, E. N. (Hrsg.): Questions and Politeness. Cambridge, Cambridge University Press 1978, S. 44–55.

KEJCZ, Y./NUISS, E./PAATSCH, H. U./SCHENK, P.: Probleme pädagogischen Handelns. Beispiel: Deutungsmuster. In: Materialien zur politischen Bildung, Jg. 4 (1977), S. 107–116.

KELLER, M.: Kognitive Entwicklung und soziale Kompetenz. Zur Entstehung der Rollenübernahme in der Familie und ihrer Bedeutung für den Schulerfolg. Stuttgart, Klett 1976.

KELLER, M./WEINERT, F. E./ZEBERGS, D.: Kognitive Sozialisation; Probleme einer allgemeinen Theorie der kognitiven Sozialisation. In: NEIDHARDT, F. (Hrsg.): Frühkindliche Sozialisation. Theorien und Analysen. Stuttgart, Enke 1975, S. 7–75.

KIEPER, M.: Ein biographisches Interview als Zugang zum Lebenslauf eines Heimmädchens. In: BAACKE, D./SCHULZE, Th. (Hrsg.): Aus Geschichten lernen. Zur Einübung pädagogischen Verstehens. München, Juventa 1979, S. 226–262.

KLÜVER, J.: Kommunikative Validierung – einige vorbereitende Bemerkungen zum Projekt „Lebensweltanalyse von Fernstudenten". In: HEINZE, Th. (Hrsg.): Theoretische und methodologische Überlegungen zum Typus hermeneutisch-lebensgeschichtlicher Forschung. Werkstattbericht des Projekts „Lebensweltanalyse von Fernstudenten". Hagen, Fernuniversität 1979, S. 68–84.

KOCH, J. J. (Hrsg.): Altruismus und Aggression. Das Feldexperiment in der Sozialpsychologie 1. Weinheim, Beltz 1976.

KOCH, J. J. (Hrsg.): Sozialer Einfluß und Konformität. Das Feldexperiment in der Sozialpsychologie 2. Weinheim, Beltz 1977.

KOCH, S.: Psychologie und Geisteswissenschaften. In: GADAMER, H. G./VOGLER, P. (Hrsg.): Psychologische Anthropologie. Stuttgart, Deutscher Taschenbuchverlag 1973, S. 200–236.

KÖCKEIS, E.: Preliminary Studies on Factors of Educational Choice at the First Partition in the Austrian School System. In: ROSENMAYR, L./KÖCKEIS, E. (Hrsg.): Sociology in Austria. Graz, Böhlau 1966, S. 169–176.

KÖCKEIS, E.: A Provisional Delineation of some Factors Affecting the School Performance of Primary School Children; an analysis undertaken in a semi-industrialized region of Austria. Mimeogr. Bericht an: First European Seminar on Sociology of Education. Noordwijk 1968.

KÖCKEIS-STANGL, E.: Ja-sagen als Defensivstrategie bei geringer Interaktionskompetenz. In: Österr. Zeitschrift für Soziologie, Jg. 2, H. 5 (1977), S. 69–87.

KÖCKEIS-STANGL, E.: Der Stellenwert von Selbsteinschätzungen und Selbstwertgefühlen im schulischen Sozialisationsprozeß. In: MACHOLD, W./POSCH, P./THONHAUSER, J. (Hrsg.): Österreichische Beiträge zur Bildungsforschung – 1980.

KÖCKEIS-STANGL, E./GSTETTNER, P./RATHMAYR, B./SEIDL, P.: Sozialwissenschaftler in gesellschaftsverändernden Rollen. In: Österreichisches Jahrbuch für Soziologie 1975. Wien, Böhlau 1976, S. 157–180.

KOGAN, N.: Cognitive Styles in Infancy and Earlier Childhood. New York, Wiley 1976.

KOHLI, M.: „Offenes" und „geschlossenes" Interview: Neue Argumente zu einer alten Kontroverse. In: Soziale Welt, Jg. 29 (1978a), S. 2–25.

KOHLI, M.: Biographical Method – Methodological Biography? Bericht an den 9. Weltkongreß für Soziologie in Uppsala 1978b.

KOHN, M.: Class and Conformity. Homewood (Ill.), Dorsey 1969.

KOHN, M. L./CARROLL, E. E.: Social Class and the Allocation of Parental Responsibilities. In: Sociometry, Jg. 23 (1960), S. 372–392.

KOOLWIJK, J. V./WIEKEN-MAYSER, M.: Techniken der empirischen Sozialforschung. München, Oldenbourg 1974/75.

KRAPPMANN, L.: Typisches im Individuellen. Bericht über Elterninterviews im Sozialisationsprojekt des Instituts für Bildungsforschung, Teil I. Berlin, Max-Planck-Institut 1976 (mimeogr.).

KRAPPMANN, L./OEVERMANN, U./KREPPNER, K.: Was kommt nach der schichtspezifischen Sozialisationsforschung? Bericht an den Deutschen Soziologentag in Kassel 1974 (mimeogr.).

KREPPNER, K.: Zur Problematik des Messens in den Sozialwissenschaften. Stuttgart, Klett 1975.

KREUTZ, H.: Soziologie der empirischen Sozialforschung. Stuttgart, Enke 1972. (Hier jedoch zitiert nach der mimeogr. Ausgabe von 1970.)

KRIZ, J.: Statistik in den Sozialwissenschaften. Einführung in die kritische Diskussion. Reinbek, Rowohlt 1973.

LAMBERT, W. W.: Interpersonal Behavior. In: MUSSEN, P. (Hrsg.): Handbook of Research Methods in Child Development. New York, Wiley 1960, S. 854–917.

LEWIS, M./ROSENBLUM, L. A. (Hrsg.): Interaction, Conversation and the Development of Language. London, Wiley 1977.

LISCH, R./KRIZ, J.: Grundlagen und Modelle der Inhaltsanalyse. Bestandsaufnahme und Kritik. Reinbek, Rowohlt 1978.

LOCK, A. (Hrsg.): Action, Gesture and Symbol. The Emergence of Language. London, Academic Press 1978.

LOFLAND, J.: Doing Social Life; the qualitative study of human interaction in natural settings. New York, Wiley 1976.

LORENZER, A.: Die Analyse der subjektiven Struktur von Lebensläufen und das gesellschaftlich Objektive. In: BAACKE, D./SCHULZE, Th. (Hrsg.): Aus Geschichten lernen. Zur Einübung pädagogischen Verstehens. München, Juventa 1979, S. 129–145.

LUKESCH, H./SCHNEEWIND, K. A.: Themen und Probleme der familiären Sozialisationsforschung. In: SCHNEEWIND, K. A./LUKESCH, H. (Hrsg.): Familiäre Sozialisation; Probleme, Ergebnisse, Perspektiven. Stuttgart, Klett-Cotta 1978, S. 11–24.

LYTTON, H.: Observation Studies of Parent-Child-Interaction: a Methodological Review. In: Child Development, Jg. 42 (1971), S. 651–684.

MACCOBY, E.: The Development of Normal Values and Behavior in Childhood. In: CLAUSEN, J. A. (Hrsg.): Socialization and Society. Boston, Little, Brown & Co. 1968, S. 227–269.

MAJORIBANKS, K.: Ethnic and Environmental Influences on Mental Abilities. In: American Journal of Sociology, Jg. 78 (1972), S. 323–337.

MAJORIBANKS, K.: Umwelt, soziale Schicht und Intelligenz. In: GRAUMANN, C. F./HECKHAUSEN, H. (Hrsg.): Pädagogische Psychologie. Grundlagentexte 1: Entwicklung und Sozialisation. Frankfurt, Fischer 1973, S. 190–200 (amerikanisches Original in: Journal of Educational Psychology, Jg. 63 (1972), S. 103–109).

MANNHEIM, K.: Beiträge zu einer Theorie der Weltanschauungsinterpretation (1921/22). In: MANNHEIM, K.: Wissenssoziologie. Neuwied, Luchterhand 1964, S. 91–154.

MARTENS, K. (Hrsg.): Kindliche Kommunikation. Theoretische Perspektiven, empirische Analysen, methodologische Grundlagen. Frankfurt, Suhrkamp 1979.

MATHES, J./SCHÜTZE, F.: Zur Einführung: Alltagswissen, Interaktion und gesellschaftliche Wirklichkeit. In: Arbeitsgruppe Bielefelder Soziologen (Hrsg.): Alltagswissen, Interaktion und gesellschaftliche Wirklichkeit. Reinbek, Rowohlt 1973, Bd. 1, S. 11–53.

MCCALL, R. B.: Challenges to a Science of Developmental Psychology. In: Child Development, Jg. 48 (1977), S. 333–344.

MEHAN, H./WOOD, H.: Fünf Merkmale der Realität. In: WEINGARTEN, E./SACK, F./SCHENKEIN, J. (Hrsg.): Ethnomethodologie. Beiträge zu einer Soziologie des Alltagshandelns. Frankfurt, Suhrkamp 1976, S. 29–63.

MEINEFELD, W.: Ein formaler Entwurf für die empirische Erfassung elementaren sozialen Wissens. In: Arbeitsgruppe Bielefelder Soziologen (Hrsg.): Kommunikative Sozialforschung. München, Fink 1976, S. 88–158.

MEINEFELD, W.: Einstellung und soziales Handeln. Reinbek, Rowohlt 1977.

MERTENS, W.: Aspekte einer sozialwissenschaftlichen Psychologie. München, Ehrenwirth 1977.

MERTENS, W./FUCHS, G.: Krise der Sozialpsychologie? Zur Krisendiskussion über die theoretischen und methodischen Grundlagen der Sozialpsychologie. München, Ehrenwirth 1978.

MOLLENHAUER, K./BEICHT, W./ISECKE, H./KRINGS-HUBER, G./WINDISCH, M./TIETZE, U.: Soziale Bedingungen familialer Kommunikation – Eine quantifizierende und fallanalytische Studie über das innerfamiliale Beziehungssystem und seine Abhängigkeit von der Arbeitsplatzsituation. München, Deutsches Jugendinstitut 1975.

MOLLENHAUER, K./RITTELMEYER, Ch.: Methoden der Erziehungswissenschaft. München, Juventa 1977.
MOSER, H.: Methoden der Aktionsforschung. Eine Einführung. München, Kösel 1977.
NEWSON, J.: An Intersubjective Approach to the Systematic Description of Mother-Infant Interaction. In: SCHAFFER, H. R. (Hrsg.): Studies in Mother-Infant Interaction. London, Academic Press 1977, S. 47–62.
NEWSON, J.: Dialogue and Development. In: LOCK, A. (Hrsg.): Action, Gesture and Symbol. The Emergence of Language. London, Academic Press 1978, S. 31–42.
NEWSON, J./NEWSON, E.: Four Years Old in an Urban Community. Harmondsworth, Penguin 1970.
OEVERMANN, U.: Role Structure of the Family and its Implications for the Cognitive Development of Children. In: MATTHIJSSEN, M. A./VERVOORT, C. E.: Education in Europe. Den Haag, Mouton 1969, S. 103–124.
OEVERMANN, U./KIEPER, M./ROTH-BOSSE, S./SCHMIDT, M./WIENSKOWSKI, P.: Die sozialstrukturelle Einbettung von Sozialisationsprozessen: Empirische Ergebnisse zur Ausdifferenzierung des globalen Zusammenhangs von Schichtzugehörigkeit und gemessener Intelligenz sowie Schulerfolg. In: Zeitschrift für Soziologie, Jg. 5 (1976a), S. 167–199.
OEVERMANN, U./ALLERT, T./GRIPP, H./KONAU, E./KRAMBECK, J./SCHRÖDER-CAESAR, E./SCHÜTZE, Y.: Beobachtungen zur Struktur der sozialisatorischen Interaktion. Theoretische und methodologische Fragen der Sozialisationsforschung. In: AUWÄRTER, M./KIRSCH, E./SCHRÖTER, M. (Hrsg.): Seminar: Kommunikation, Interaktion, Identität. Frankfurt, Suhrkamp 1976b, S. 371–403.
OPP, K. D.: Methodologie der Sozialwissenschaften; Einführung in Probleme ihrer Theorienbildung. Reinbek, Rowohlt 1970.
OPP, K. D./SCHMIDT, P.: Einführung in die Mehrvariablenanalyse; Grundlagen der Formulierung und Prüfung komplexer sozialwissenschaftlicher Aussagen. Reinbek, Rowohlt 1976.
PAPPI, F. U./LAUMANN, E. O.: Erwiderung auf Bertrams Kritik von „Gesellschaftliche Wertorientierungen und politisches Verhalten". In: Zeitschrift für Soziologie, Jg. 4 (1975), S. 297–299.
PARTH, W.: Zur Psychologie des politischen Leitartikels. Die qualitative Inhaltsanalyse als ein textinterpretatives Verfahren zur Rekonstruktion sozialpsychologischer Mechanismen. Innsbruck, Dissertation 1979.
PHILLIPS, D. L.: Knowledge from what? Theories and Methods in Social Research. Chicago, Rand McNally 1972.
PHILLIPS, D. L.: Abandoning Method; sociological studies in methodology. San Francisco, Jossey-Bass 1973.
PHILLIPS, D. L.: Hierarchies of Interaction in Social Research. In: BRENNER, M./MARSH, P./BRENNER, M. (Hrsg.): The Social Contexts of Method. London, Croom-Helm 1978, S. 210–236.
POPPER, K. R.: Die Logik der Sozialwissenschaften. In: ADORNO, Th. W./ALBERT, H./DAHRENDORF, R./HABERMAS, J./PILOT, H./POPPER, K. R.: Der Positivismusstreit in der deutschen Soziologie. Neuwied, Luchterhand 1969, S. 103–124.
RAUH, H.: Kognitive Entwicklung während der Grundschulzeit im Längsschnitt. In: LEHR, U. M./WEINERT, F. E. (Hrsg.): Entwicklung und Persönlichkeit. Stuttgart, Kohlhammer 1975, S. 102–112.
RENN, H.: Die Messung von Sozialisationswirkungen. München, Oldenbourg 1973.
RHEINGOLD, H. L.: The Social and Socializing Infant. In: GOSLIN, D. A. (Hrsg.): Handbook of Socialization Theory and Research. Chicago, Rand McNally 1969, S. 779–790.
RITSERT, J.: Theorie, Operationalisierung und Curriculum in den Sozialwissenschaften. In: RITSERT, J./BRUNKHORST, H.: Theorie, Interesse, Forschungsstrategien. Probleme kritischer Sozialforschung. Frankfurt, Campus 1978, S. 1–80.
ROBINSON, W. P./RACKSTRAW, S. J.: A Question of Answers. London, Routledge 1972, 2 Bde.
ROGERS, C.: The Child's Perception of other People. In: MCGURK, H. (Hrsg.): Issues in Child Social Development. London, Methuen 1978, S. 107–129.
ROSENSHINE, B./FURST, N.: The Use of Direct Observation to Study Teaching. In: TRAVERS, R. M. W. (Hrsg.): Second Handbook of Research on Teaching. Chicago Rand-McNally 1973, S. 122–183.
ROSENBERG, F. R./ROSENBERG, M.: Self-Esteem and Delinquency. In: Journal of Youth and Adolescence, Jg. 7 (1978), S. 279–294.
SANG, F.: Elternreaktionen auf Schulleistungen; Bedingungen und Konsequenzen Leistung erklärender Attributionen. Stuttgart, Klett 1977.
SARASON, S. B./DAVIDSON, K. S./LIGHTHALL, F. F./WAITE, R. R./RUEBUSH, B. K.: Angst bei Schulkindern. Ein Forschungsbericht. Stuttgart, Klett 1971.
SCHAFFER, H. R. (Hrsg.): Studies in Mother-Infant Interaction. London, Academic Press 1977.
SCHEUCH, E.: Das Interview in der Sozialforschung. In: KÖNIG, R. (Hrsg.): Handbuch der empirischen Sozialforschung. Stuttgart, Enke [3]1973, S. 66–190.
SCHNEEWIND, K. A./PFEIFFER, P.: Elterliches Erziehungsverhalten und kindliche Selbstverantwortlichkeit. In: SCHNEEWIND, K./LUKESCH, H. (Hrsg.): Familiäre Sozialisation. Probleme, Ergebnisse, Perspektiven. Stuttgart, Klett-Cotta 1977, S. 190–205.
SCHÜLEIN, J. A.: Selbstbetroffenheit. Über Aneignung und Vermittlung sozialwissenschaftlicher Kompetenz. Frankfurt, Syndikat 1977.
SCHÜLEIN, J. A.: Subjektive als objektive Probleme – am Beispiel sozialwissenschaftlicher Studiengänge. In: GÄRTNER, A./SACHSSE, Ch. (Hrsg.): Politische Produktivität der Sozialarbeit. Frankfurt, Campus 1978, S. 105–130.
SCHULZ, W.: Zum Stellenwert qualitativer Untersuchungsmethoden in der empirischen Forschung. In: Österr. Zeitschrift für Soziologie, Jg. 1977/5, S. 63–68.
SCHÜTZ, A.: Begriffs- und Theoriebildung in den Sozialwissenschaften. In: SCHÜTZ, A.: Gesammelte Aufsätze. Den Haag, Nijhoff 1971, Bd. 1.
SCHÜTZE, F.: Zur Hervorlocklung und Analyse von Erzählungen thematisch relevanter Geschichten im Rahmen soziologischer Feldforschung. In: Arbeitsgruppe Bielefelder Soziologen (Hrsg.): Kommunikative Sozialforschung. Alltagswissen und Alltagshandeln; Gemeindemachtforschung; Polizei; politische Erwachsenenbildung. München, Fink 1976, S. 159–260.
SCHÜTZE, F./MEINEFELD, W./SPRINGER, W./WEYMANN, A.: Grundlagentheoretische Voraussetzungen methodisch kontrollierten Fremdverstehens. In: Arbeitsgruppe Bielefelder Soziologen (Hrsg.): Alltagswissen, Interaktion und gesellschaftliche Wirklichkeit. Reinbek, Rowohlt 1973, Bd. 2, S. 433–495.
SECHREST, L.: Testing, Measuring and Assessing People. In: BORGATTA, E. F./LAMBERT, W. W.: Handbook of Personality Theory and Research. Chicago, Rand McNally 1968, S. 529–627.
SEIDL, P.: Fallstudien von Organisationsmustern und Forschungsperspektiven wissenschaftlicher Initiativen für Re-

formen der Sekundarstufe II. In: MITTER, W./WEISHAUPT, H. (Hrsg.): Strategien und Organisationsformen der Begleitforschung. Frankfurt, Deutsches Institut f. Internat. Pädagog. Forschung 1979, S. 145–262.

SEWELL, W. H./HAUSER, R. M.: Education, Occupation, and Earnings. New York, Academic Press 1975.

SHOTTER, J.: The Cultural Context of Communication Studies: Theoretical and Methodological Issues. In: LOCK, A. (Hrsg.): Action, Gesture and Symbol. The Emergence of Language. London, Academic Press 1978, S. 43–78.

SIGEL, I. E.: Das Early Childhood Project: Ein Interventionsprogramm zur kognitiven Förderung zwei- und dreijähriger Kinder. In: FTHENAKIS, W. E./KASTEN, H. (Hrsg.): Neuere Studien zur kognitiven und sozialen Entwicklung des Kindes. Donauwörth, Auer 1977, S. 103–154.

SILBEREISEN, R. K. (Hrsg.): Newsletter Soziale Kognition 1. Berlin, Technische Universität 1977a.

SILBEREISEN, R. K.: Einige methodische Probleme als Anlässe widersprüchlicher Ergebnisse in der Forschung zur Entwicklung sozial-kognitiver Prozesse. In: SILBEREISEN, R. K. (Hrsg.): Newsletter Soziale Kognition 1. Berlin, Technische Universität 1977b, S. C41–67.

SILBEREISEN, R. K. (Hrsg.): Newsletter Soziale Kognition 2. Berlin, Technische Universität 1978.

SJOBERG, G./NETT, R.: A Methodology for Social Research. New York, Harper & Row 1968.

SKINNER, B. F.: Eine funktionale Analyse des Sprachverhaltens. In: HOLZER, H./STEINBACHER, K. (Hrsg.): Sprache und Gesellschaft. Hamburg, Hoffmann & Campe 1972, S. 46–59.

SKOWRONEK, H./SCHMIED, D.: Forschungstypen und Forschungsstrategien in der Erziehungswissenschaft. Hamburg, Hoffmann & Campe 1977.

SPEIER, M.: The Everyday World of the Child. In: DOUGLAS, J. D. (Hrsg.): Understanding Everyday Life. Toward the reconstruction of sociological knowledge. London, Routledge 1971, S. 188–217.

SPEIER, M.: Some Conversational Problems for Interactional Analysis. In: SUDNOW, D. (Hrsg.): Studies in Social Interaction. New York, Free Press 1972, S. 397–427.

STEINERT, H.: Einstellungserhebung und Medien als „Seismographen“ von Bewußtsein und öffentlicher Meinung?. In: ERHARD, B./KLEIN, P./TSCHAIKNER, E. M. (Hrsg.): Bewußtsein und Gesellschaftspolitik. Innsbruck, Arbeitsgruppe Sozialisationsforschung 1978, S. 106–130 (mimeogr.).

STEIXNER, A.: „Kontakt hab ich eigentlich zu niemandem.“ Analyse von sechs narrativen Interviews mit obdachlosen Jugendlichen in sozialpädagogischer Absicht. Innsbruck 1980, Dissertation (im Erscheinen).

SUDMAN, S./BRADBURN, N. M.: Response Effects in Surveys. Chicago, Aldine 1974.

SZCZEPANSKI, J.: Die biographische Methode. In: KÖNIG, R. (Hrsg.): Handbuch der empirischen Sozialforschung. Stuttgart, Enke 1962, Bd. 1, S. 551–569.

TAJFEL, H.: Experiments in a Vacuum. In: ISRAEL, J./TAJFEL, H. (Hrsg.): The Context of Social Psychology; a critical assessment. London, Academic Press 1972, S. 69–119.

THALER, M.: Und überhaupt ham sie's immer alle gegen mich g'habt ... Darstellung eines Versuchs alternativer Heimsozialisation anhand der Lebensweltanalyse eines „verstoßenen“ Jugendlichen. Innsbruck 1980, Dissertation (im Erscheinen).

THOMAE, H.: Familie und Sozialisation. In: GRAUMANN, C. F. (Hrsg.): Sozialpsychologie (Band 7/2 des Handbuchs der Psychologie). Göttingen, Hogrefe 1972, S. 778–824.

THOMAE, H.: Fallstudie und Längsschnittuntersuchung. In: STRUBE, G. (Hrsg.): Binet und die Folgen (Band 5 von: Die Psychologie des Zwanzigsten Jahrhunderts). Zürich, Kindler 1977, S. 213–235.

TIMAEUS, E.: Untersuchungen im Laboratorium. In: KOOLWIJK, J. v./WIEKEN-MAYSER, M. (Hrsg.): Techniken empirischer Sozialforschung. München, Oldenbourg 1975, Bd. 2, S. 195–229.

TOEBE, P./HARNATT, J./SCHWEMMER, O./WERBIK, H.: Beiträge der konstruktiven Philosophie zur Klärung der begrifflichen und methodischen Grundlagen der Psychologie. In: SCHNEEWIND, K. A. (Hrsg.): Wissenschaftstheoretische Grundlagen der Psychologie. München, Reinhardt 1977, S. 93–116.

TRUDEWIND, C.: Leistungsmotivgenese und Umwelt: Probleme, Strategien und erste Ergebnisse. In: WALTER, H. (Hrsg.): Sozialisationsforschung. Stuttgart, Fromann & Holzboog 1975a, Bd. 3, S. 55–71.

TRUDEWIND, C.: Häusliche Umwelt und Motiventwicklung. Göttingen, Hogrefe 1975b.

ULICH, D.: Zur Methodik der Sozialisationsforschung. In: HURRELMANN, K. (Hrsg.): Sozialisation und Lebenslauf. Empirik und Methodik sozialwissenschaftlicher Persönlichkeitsforschung. Reinbek, Rowohlt 1976, S. 53–65.

ULICH, D.: Wissenschaftstheoretische Probleme der Psychologie. In: ASANGER, R./WENNINGER, W.: (Hrsg.): Handwörterbuch Psychologie. Weinheim, Beltz 1980.

ULICH, K.: Lehrerberuf und Schulsystem. München, Ehrenwirth 1978.

UPSHAW, H. S.: Attitude Measurement. In: BLALOCK, H. M./BLALOCK, A. B. (Hrsg.): Methodology in Social Research. New York, McGraw-Hill 1968, S. 60–111.

WACHS, Th. D.: The Relationship of Infants' Physical Environment to their Binet Performance at $2^1/_2$ Years. In: International Journal of Behavioral Development 1, 1978, S. 51–65.

WALTER, H.: Einleitung oder auf der Suche nach einem sozialisationstheoretischen Konzept. In: WALTER, H. (Hrsg.): Sozialisationsforschung. Stuttgart, Fromann/Holzboog 1973, S. 13–65.

WEBB, E. J./CAMPBELL, D. T./SCHWARTZ, R. D./SECHREST, L.: Unobstrusive Measures; nonreactive research in the social sciences. Chicago, Rand McNally 1966.

WEEDE, E./JAGODZINSKI, W.: Einführung in die konfirmatorische Faktoranalyse. In: Zeitschrift für Soziologie, Jg. 6 (1977), S. 315–333.

WEICK, K. E.: Systematic Observational Methods. In: LINDZEY, G./ARONSON, E. (Hrsg.): The Handbook of Social Psychology. Reading (Mass.), Addison-Wesley ²1968, Bd. 2, S. 357–451.

WEINER, B./KUKLA, A.: An Attributional Analysis of Achievement Motivation. In: Journal of Personality and Social Psychology, Jg. 15 (1970), S. 1–20.

WELLENDORF, F.: Über den Zusammenhang zwischen Familiendynamik und Entscheidung für ein Fernstudium – Interpretation eines Interviews. Lebensweltanalyse von Fernstudenten, Werkstattbericht. Hagen, Fernuniversität 1978.

WESTBURY, I./BELLACK, A. A. (Hrsg.): Research in Classroom Processes; recent developments and next steps. New York, Teachers College Press 1971.

WESTMEYER, H.: Psychologie und Wissenschaftstheorie: Einige Überlegungen aus analytischer Sicht. In: SCHNEEWIND, K. A. (Hrsg.): Wissenschaftstheoretische Grundlagen der Psychologie. München, Reinhardt 1977, S. 71–92.

WILSON, Th. P.: Theorien der Interaktion und Modelle soziologischer Erklärung. In: Arbeitsgruppe Bielefelder Soziologen (Hrsg.): Alltagswissen, Interaktion und gesellschaftliche Wirklichkeit. Reinbek, Rowohlt 1973, Bd. 1, S. 54–79.

WITKIN, H. A.: Social Influences in the Development of Cognitive Style. In: GOSLIN, D. A. (Hrsg.): Handbook of Socialization Theory and Research. Chicago, Rand McNally 1969, S. 687–706.

WOHLWILL, J. F.: Strategien entwicklungspsychologischer Forschung. Stuttgart, Klett-Cotta 1977 (amerikanisches Original: The Study of Behavioral Development. New York, Academic Press 1973).

WOLF, B.: Intelligenzaufgaben und Sozialer Status. Weinheim, Beltz 1977.

WRIGHT, H. F.: Observational Child Study. In: MUSSEN, P. H. (Hrsg.): Handbook of Research in Child Development. New York, Wiley 1960, S. 71–139.

WUNDERLICH, D.: Studien zur Sprechakttheorie. Frankfurt, Suhrkamp 1976.

YARROW, M. R.: The Measurement of Children's Attitudes and Values. In: MUSSEN, P. H. (Hrsg.): Handbook of Research Methods in Child Development. New York, Wiley 1960, S. 645–687.

ZÄNGLE, M.: Einführung in die politische Sozialisationsforschung. Paderborn, Schöningh 1978.

ZEBERGS, D.: Wechsel des Forschungsparadigmas – was geschah, wie kam es dazu, und wie wird die Geschichte ausgehen?. In: SILBERNAGEL, R. K. (Hrsg.): Newsletter Soziale Kognition 1. Berlin, Technische Universität 1977, S. C155–163.

ZIEGLER, R.: Theorie und Modell. Der Beitrag der Formalisierung zur soziologischen Theorienbildung. München, Oldenbourg 1972.

ZIGLER, E./CHILD, I. L.: Socialization. In: LINDZEY, G./ARONSON, E. (Hrsg.): The Handbook of Social Psychology. Reading (Mass.), Addison-Wesley ²1969, Bd. 3, S. 450–589.

ZIMMERMANN, D. H./POLLNER, M.: Die Alltagswelt als Phänomen. In: WEINGARTEN, E./SACK, F./SCHENKEIN, J. (Hrsg.): Ethnomethodologie. Beiträge zu einer Soziologie des Alltagshandelns. Frankfurt, Suhrkamp 1976, S. 64–104.

Biographische Methoden in der Sozialisationsforschung

Peter Gstettner

1 Einleitung: Skizze eines Trends

Es bedarf heute keines besonderen Spezialistentums, um festzustellen, daß innerhalb der sozialwissenschaftlichen Forschungsrichtungen die etablierte Methodenszene ins Wanken geraten ist. Die Kritik an der Erkenntnisstrategie des black-box-Behaviorismus, dessen Forderung nach vollständiger experimenteller Bedingungskontrolle entweder zu absurden oder inhumanen Konsequenzen führt, ist fast so alt wie der Behaviorismus selbst. Gerade weil die Anomalien herkömmlicher Designs – ob sie sich nun mehr oder weniger am behavioristischen Erkenntnismodell orientiert haben, ist unerheblich – in der scientific community seit langem bekannt und hinreichend diskutiert sind, beginnen sich Wissenschaftler ob ihrer Exklusivität ernstlich Sorgen zu machen. Das reicht von Überlegungen, ob man Forschungsstrategien vielleicht nicht doch auch für jene verfügbar machen soll, die erforscht werden, bis zur Forderung, Wissenschaft überhaupt dorthin zu verlegen, wo sie gebraucht wird – nach dem Motto: „to give psychology away to the people who need it" (Miller 1970, S. 999).

Betrachtet man die Sachlage unter normativen Gesichtspunkten, so dürfte eine *Umorientierung* unumgänglich sein; denn „Wissen ist wie alles übrige nur dann von Wert, wenn es geteilt werden kann. Deshalb muß die Suche nach den besten Möglichkeiten der (Mit-)Teilung neuer Erkenntnisse das ständige Anliegen aller forschenden Wissenschaftler sein. Die Sorge darum wird die Ausrichtung von Forschung und Wissenschaft selbst tiefgreifend wandeln – ebenso wie die Methoden und Gegenstände der wissenschaftlichen Forschung" (Gorz 1975, S. 18).

Im Zuge dieser tiefgreifenden Wandlung, die innerhalb der Sozialwissenschaften bereits zu einer „Flucht aus dem Laboratorium" (Seeger 1977, S. 39) geführt hat, ist zu beobachten, daß sich Forscher wieder mehr natürlichen, situativen, individuellen und subjektiven Momenten des Erhebungs- und Erkenntnisprozesses zuwenden. Daß dabei ein „merkwürdiges Interesse an Biographien" (Grunenberg/Voigt 1977, S. 28) entstanden ist, dürfte nicht verwundern: Die wissenschaftliche Hinwendung – und nur um diese soll es hier gehen[1] – zur „unver-

1 Mit diesem Hinweis möchte ich deutlich machen, daß ich hier nicht beabsichtige, in die Diskussion der sozialwissenschaftlichen Erschließung literarischer Quellen, die von vornherein für einen breiten publizistischen Markt produziert und oft erst viel später durch die Forschung „entdeckt" wurden, eingreifen möchte. Gleichwohl sei darauf verwiesen, daß diese Diskussion für eine Sozialisationsforschung, die bemüht ist, den sozialgeschichtlichen Hintergrund ihres „Gegenstandes" zu erhellen, von erheblicher Relevanz ist. Dies machen nicht zuletzt jene Forschungen deutlich, die neuerdings wieder versuchen, aus Biographien neue Perspektiven für die Geschichtsschreibung, für die Erklärung individueller und kollektiver Krisen, sozialer Bewegungen usw. zu rekonstruieren (vgl. Gottschalch 1977, Liebel/Schonig 1978, Dittrich/Dittrich-Jacobi 1979 u.a.).
Mein eigener Anspruch ist insofern viel bescheidener, als ich an „anfallenden Daten autobiographischen Typs" zeigen möchte, wie bei Forschung und Lehre im Sozialisationsbereich die „Lebensgeschichte" immer präsent ist.

fälschten Abbildung individueller Welten" (THOMAE 1977, S. 214) in Form von möglichst vollständig aufgezeichneten Lebensläufen hat Tradition und signalisiert meistens eine gewisse Unzufriedenheit mit überkommenen sozialwissenschaftlichen Methoden. Es gibt z.B. kaum eine sozialwissenschaftliche Disziplin, die nicht zumindest bis zu den zwanziger Jahren unseres Jahrhunderts wenigstens einmal eine Phase durchlaufen hat, in der die *idiographische Forschung* zum Hoffnungsgebiet erklärt wurde. Sie sollte aus der Wissenskrise herausführen, die immer dann besonders stark vermerkt wurde, wenn das Wissenschaftswissen in seiner Hyperspezialisierung eine Monopolstellung erreichte, die weder eine konkrete Anwendbarkeit noch eine kontrollierbare Weiterentwicklung in Aussicht stellte.

Die Hoffnungswelle, daß es in der Forschung anders und besser werde, hat die Sozialwissenschaften, und nicht zuletzt auch die Sozialisationsforschung, neuerdings erfaßt. Zahlreiche Forschungsprojekte wurden installiert, die – oft über mehrere Jahre hinweg – Biographien erheben und auswerten, die „proletarische" oder „bürgerliche" Lebensläufe durch intensives Quellenstudium forschend analysieren, kurz: die *biographische Methoden* anzuwenden versuchen[2].

Zum Teil steuert ein sehnsüchtiger Blick in die Vergangenheit solche Hoffnungen; so z.B. bei Andreas FLITNER, wenn er in seinem Vortrag auf dem 6. Kongreß der Deutschen Gesellschaft für Erziehungswissenschaft in Tübingen (im März 1978) von der traditionellen Kinder- und Entwicklungspsychologie (BÜHLER, HETZER, BUSEMANN, STERN, SCHENK-DANZINGER u.a.) schwärmt, sie wäre eine „Psychologie unmittelbarer Anschaulichkeit" gewesen, „an allgemein zugänglichen Beobachtungen und Materialien gewonnen, von jedem intelligenten Leser nachvollziehbar, mit unmittelbarer Bedeutung für die Praxis und selber den Praxisaufgaben nicht ausweichend. Man schaue dem gegenüber auf die heutigen Handbücher oder Übersichtsdarstellungen der Entwicklungspsychologie. Sie spiegeln zwar einen viel differenzierteren Stand der Forschung. Aber vom Leben und Alltag der Kinder ist kaum noch die Rede" (FLITNER 1978, S. 185).

Zum anderen Teil sind die Hoffnungen in die Zukunft gerichtet und drücken den Wunsch aus, daß Forschung endlich jenes Wissen hervorbringe, das zugleich allgemein und besonders ist; in diese Richtung äußerte sich z.B. Günther BITTNER auf dem schon genannten Kongreß: „Wenn es gelänge, einen einzigen menschlichen Lebenslauf in seinem ‚so und nicht anders' vollständig durchsichtig zu machen, wüßten wir zugleich alles Wissenswerte über alle nur erdenklichen Lebensläufe" (BITTNER 1978, S. 337).

Da es auf der Basis solch genereller Projektionen, sei es in die Vergangenheit oder in die Zukunft, nicht entscheidbar ist, was die angedeutete Wendung für die sozialwissenschaftliche Methodik eigentlich bedeutet, soll zunächst die Frage kurz gestreift werden, wie eigentlich der hier zur Diskussion stehende sozialwissenschaftliche Gegenstandsbereich beschaffen ist und welche Methoden er herausfordert. Mein Argumentationsgang versteht sich dabei als eine Art Plädoyer für die Wiedergewinnung qualitativen Bewußtseins innerhalb jener methodischen Ansätze, mit Hilfe derer heute im Rahmen sozialwissenschaftlicher Forschung „sozialisatorische Interaktion" untersucht bzw. entsprechende Dokumente, die über solche Interaktionen Auskunft geben, analysiert werden. Damit ist angedeutet, daß es der Sozialisationsforschung darum gehen muß, ihre Methoden und ihr Gegenstandsverständnis besser in Übereinstimmung zu bringen als dies es ihr bisher gelungen ist. Die reduktionistischen Verfahren traditioneller Psychologie und Soziologie sind dabei insofern völlig neu zu überdenken, als ihnen ein szientistisch-quantifizierendes Bewußtsein zugrunde liegt, das nicht nur zur historisch versteinerten, sondern auch zur forschungsdominierenden Denkfigur geworden ist (vgl. HABERMAS 1970).

2 Zur Mehrschichtigkeit von Realität, Forschung und Theorie

Das szientistisch-quantifizierende Bewußtsein, Element alltäglichen wie wissenschaftlichen Denkens, ist – wie jede andere empirisch auffindbare Bewußtseinsform – nach marxistischer Auffassung ein vom gesellschaftlichen Sein bestimmtes Bewußtsein. Da daraus logisch weder folgt, daß sich das gesellschaftliche Sein in diesem Bewußtsein zur Gänze adäquat abbildet, noch daß dieses Bewußtsein von vornherein durch und durch ideologisch, also zur Gänze

2 Zur Überblicksinformation über die biographische Methode bzw. idiographische Forschungstradition halte ich den Artikel von SZCZEPAŃSKI 1962, das Kapitel über „The Life History Method" in DENZIN 1970, S. 219–259, sowie die Arbeit von MISIAK/SEXTON 1973 für geeignet. Auf neuerem Stand sind die historischen Rückblicke auf Lebenslaufforschung und verstehende Methoden von GRAUMANN 1976 und THOMAE 1977.

notwendig falsch ist, gilt es, sein Vorhandensein zunächst einmal anzuerkennen.
Aus dieser „Anerkennung" könnte sich für die Theoriebildung und den Forschungsprozeß zweierlei ergeben:
Erstens: Die Produkte des szientistisch-quantifizierenden Bewußtseins sind als eine Form objektivierender Vernunft existent, aber sie sind als solche *nicht voraussetzungslos* zustande gekommen.
Erst eine kritische Analyse kann aufdecken, welche „besondere Dialektik von Person und Sache" hier waltet: Die ökonomischen, wie die quantifizierenden Kategorien überhaupt, sind als eine „Fixierung der gesellschaftlichen Verhältnisse von Sachen" (Kosík 1967, S. 98) zu begreifen, wobei sie den Menschen als Träger dieser Verhältnisse einschließen, aber als solchen nicht sichtbar werden lassen.

Für den *unter kapitalistischen Verhältnissen vergesellschafteten Menschen* gilt dies in einer besonderen Weise, weil die Vorstellungen, die sich die Menschen von gesellschaftlichen Verhältnissen machen, nicht nur in Form tauschfähiger Quantitäten *verdinglicht*, sondern zusätzlich auch *entfremdet* sind: Die solcher Art verzerrten und verschleierten Vorstellungen treten dem Menschen als eine fremde, nicht mehr in ihrer eigenen Verfügung stehende Macht gegenüber. Aber selbst von diesen „Nebelbildungen im Gehirn des Menschen" sagt Marx, daß sie „notwendige Sublimate ihres materiellen, empirisch konstatierbaren und an materielle Voraussetzungen geknüpften Lebensprozesses" sind (Marx, MEW Bd. 3, S. 26).
Diese Feststellung gilt es bei der Frage zu berücksichtigen, ob es methodisch möglich und strategisch richtig ist, Aufklärungs- bzw. Forschungsprozesse bei diesen „Nebelbildungen" anzusetzen, um die gesellschaftlichen Verhältnisse zu reformieren, das Dasein selbstbewußter und damit menschlicher zu gestalten[3].

Zweitens: Die alte Streitfrage, ob der forschende Zugang zum menschlichen Verhalten sowie die sozialwissenschaftliche Erkundung des Sinngehalts von Handlungen methodisch qualitativ interpretierend oder quantitativ-konstatierend zu gestalten sei, kann von der Fragestellung her als „*falsch*" zurückgewiesen werden.
Außer Frage steht, daß sich nach wie vor qualitative und quantitative Zugänge und Methoden begrifflich klar voneinander unterscheiden lassen und daß eine solche Unterscheidung in bestimmten Argumentationszusammenhängen sinnvoll sein kann. Solche definitorischen Unterscheidungen sind aber, wie dies etwa Reese/Overton (1970) und Riegel (1973, 1975) für die Sozialisationsforschung und Devereux (1976) und Laing/Phillipson/Lee (1971) für die Anthropologie und Psychoanalyse gezeigt haben, in keinem Fall unabhängig vom Beobachter und seinen Interpretationen. Die verschiedenen Methoden spiegeln demnach auch die Ansichten wider, die vom Beobachter auf die Natur bzw. auf seinen Untersuchungsgegenstand projiziert werden; solche Projektionen selbst sind nicht unabhängig von jenen Bedingungen, die den Untersuchungsgegenstand als „Objekt" konstituieren.

Insofern ist es richtig, wenn z. B. Riegel von qualitativen und quantitativen Modellvorstellungen sagt, sie stellen „eine Art der Konstruktion von Realität" dar, und wenn er daraus folgert: „Therefore, he (the observer – P. G.) should aim at developing psychological interpretations that, at the same time, determine the type of measurements taken. Only when interpretations and observations are seen in their dialectical interactions can incisive knowledge be gained" (Riegel 1976, S. 67).
An dieser Stelle darf man also nicht dem interaktionistischen Mißverständnis aufsitzen, die von den Sozialwissenschaftlern vorgefundene Realität wäre tatsächlich, substantiell identisch mit den „Vorstellungen", den Konstruktionsleistungen der Sozialwissenschaftler: „Die Kritik, die Marx an Stirner übte, gilt für alle Sozialpsychologen, die die sozialen Verhältnisse auf Verhältnisse zwischen ‚Subjekten' zurückführen, wenn nicht gar auf die Vorstellungen, die die Subjekte sich von diesen Beziehungen machen, da sie in einer Art von praktischem Artifizialismus zu der Annahme neigen, man könne die objektiven Verhältnisse zwischen Individuen verändern, indem man die Vorstellungen ändert, die die Subjekte sich davon machen" (Bourdieu 1974, S. 23).
Für Bourdieu gibt es deshalb eine „System objektiver Beziehungen, in das die Individuen sich eingelassen finden, Beziehungen, die sich in der Ökonomie und der Morphologie der Gruppen adäquater ausdrücken als in den deklarierten Meinungen ihrer Vertreter ..." (ebd., S. 23).
Das System objektiver Beziehungen ist nicht ökonomistisch mißzuverstehen. Es erstreckt sich auch auf die psychischen Strukturen der Individuen, es „schließt das System der ‚Befriedigung' oder ‚Unbefriedigung', die sie empfinden, der Konflikte, die sie verspüren, oder der Erwartungen und Ambitionen, denen sie Ausdruck geben, mit ein" (ebd., S. 24).

3 Die gesellschaftskritische Sozialwissenschaft hat besonders in ihrer handlungsorientierten Form der „Aktionsforschung" diese Frage bejaht. Vgl. unsere an anderen Stellen publizierten Arbeiten zur Konzipierung und Realisierung gesellschaftskritischer Handlungsforschung Gstettner/Seidl 1975, Seidl 1977, Gstettner 1978a, 1979a.

Forschungsrelevante Modellvorstellungen für die hier angesprochene Dialektik von (subjektiver) Interpretation und (objektiver) Beobachtung, Modelle, die die genannte Grundsatzfrage insofern außer Streit setzen als sie die kontroversen Positionen „von der Natur der Sache" (also von der Besonderheit des sozialwissenschaftlichen Objektbereichs) her als „aufgehoben" betrachten, sind in jüngster Zeit mehrfach entwickelt worden[4]. Dabei ist interessant festzustellen, daß sich solche Forschungsparadigmen meist explizit oder implizit an die Methode anlehnen, die MARX bei seinen historisch-gesellschaftstheoretischen Analysen (bes. in den Schriften „Das Kapital" und „Zur Kritik der Politischen Ökonomie") angewandt hat. Diese Beobachtung legt nahe, daß sich aus den MARXschen Analysen ein sozialwissenschaftliches Verfahren extrahieren läßt, das in Form einer radikalen Kritik an den bestehenden gesellschaftlichen Antagonismen den Dualismus von Subjektivität und Objektivität (genauer: von Theorie und Empirie) dialektisch aufzuheben bestrebt ist[5]. Allerdings ist die paradigmatische Vorstellung, die diesem Verfahren zugrunde liegt, daß nämlich unbegriffene „Erscheinungen" weitgehend unser Dasein konstituieren, weder allein für den Marxismus typisch noch für das wissenschaftliche Denken überhaupt; dazu nun einige Bemerkungen.

4 So hat z.B. RITSERT, zum Teil unter Bezugnahme auf Strategien und Methoden der Aktionsforschung, in mehreren Schriften (z.B. RITSERT 1975, 1976, 1977) ein sozialwissenschaftliches Paradigma zu entfalten versucht, das einen Ausweg aus der vieldiskutierten Alternative zwischen Objektivismus und Subjektivismus insofern bietet, als forschungsstrategisch sowohl qualitativ-interpretierende Verfahren, wie sie auch in außerwissenschaftlichen Handlungszusammenhängen vorkommen, als auch quantitativ-konstatierende, wie sie etwa in den klassischen Natur- und Wirtschaftswissenschaften üblich sind, in ihrer Anwendung aufeinander verwiesen sind.
BOURDIEU hat von einem etwas anders gelagerten Ansatz aus ebenfalls ein Konzept entwickelt, das erlaubt, methodisch dort zu vermitteln, wo es um die Aufklärung zwischen dem „System objektiver Regelmäßigkeiten und dem System der direkt wahrnehmbaren Verhaltensformen" (BOURDIEU 1974, S. 40) geht.

5 Vereinfacht beschrieben faßt dieses Verfahren den Theoriebildungsprozeß als zweifache Abstraktionsarbeit auf – einmal als Herausarbeitung eines konkreten Begriffssystems zur Strukturierung und Interpretation von Forschungsergebnissen, zum anderen als Ausdifferenzierung eines abstrakten Begriffssystems, das die allgemeine historische Entwicklung verstehbar macht – den Forschungsprozeß hingegen als empirische Ideologiekritik in Form struktureller Selbsterkenntnis und praktischer Kritik menschlicher Wirklichkeit.
Ausführlicher über die MARXsche Methode der Dialektik von „Forschung" und „Darstellung" informieren ILJENKOW 1969, EBERLE/HENNIG 1974, ferner (anwendungsbezogener) auch TRISTRAM 1974, DUBIEL 1978, NEGT 1978.

2.1 *Lebenswelt und biographische Situation*

Das soziale Dasein – in der Formulierung der Phänomenologen: die *Lebenswelt* – ist ein unhintergehbares Faktum, von dem sich das Individuum auch nicht per wissenschaftlicher Reflexion suspendieren kann. Phänomenologie, Strukturalismus und Marxismus scheinen sich darin einig zu sein, daß die Lebenswelt das konkrete, materiale Apriori ist, der ständige – allerdings in seiner Materialität historisch variable – Bezugspunkt aller vergangenen Erfahrungen, gegenwärtigen Handlungen und zukunftsgerichteten Hoffnungen und Wünsche[6].
Die Lebenswelt als Bezugspunkt konstituiert die *biographische Situation*; und umgekehrt: Die biographische Situation verweist über unsere je eigene Lebensgeschichte auf die mit anderen geteilte Welt. Bewußt werden wir uns dieses wechselseitigen Zusammenhanges, wenn wir unsere biographische Situation „verstehen", d.h. sie als geschichtliche begreifen. „Erst in diesem Verhältnis zwischen ursprünglichem ‚lebendigem' anonymem Vollzug und dem darauf zurückgreifenden Reflektieren bilden sich die Zeitverhältnisse" (LANDGREBE 1977, S. 54).

Reflektierendes Bewußtsein rekonstruiert demnach die biographische Situation als eine historisch gewordene, als eine gemachte und machbare. „Das heißt, Geschichte ist nur dort, wo sie jeweils als eigene Vorgeschichte erinnert oder rekonstruiert wird. Aber diese eigene Vorgeschichte impliziert immer die darin ‚sedimentierte' Geschichte, in die die Erfahrungen der Anderen mit eingegangen sind als den Horizont der konkreten Lebenswelt bildend, in der sich der sich Besinnende in seinem ‚Da' findet" (LANDGREBE 1977, S. 55). Verdeutlichen läßt sich dieses Zitat durch den einfacheren Satz von DILTHEY – „Was der Mensch ist, sagt ihm nur seine Geschichte" –, den BROEKMAN (1978, S. 8) so kommentiert: „Der Satz gilt als Moment einer konkreten Reflexion; Denken und Leben werden wie in einem Griff als eigene Geschichtlichkeit verstanden."

6 Zu den Differenzierungen, die man hier vornehmen müßte, wollte man allen drei Strömungen gerecht werden, vgl. SEBAG 1967, BÜHL 1972 sowie die Bände „Phänomenologie und Marxismus" (1977a, b und 1978), auf die im vorliegenden Aufsatz mehrfach Bezug genommen wird.

Eine mögliche Objektivation dieses reflexiv-rekonstruierenden Prozesses – wie verzerrt und unvollständig auch immer jede Verschriftlichung sein mag – stellt das *biographische Dokument* dar. In diesem Sinn ist ein biographisches Dokument tatsächlich mehr als eine Sammlung von zu Papier gebrachten Erinnerungen: Mit RICOEUR (1971) könnte man sagen, daß hier ein „paradigmatischer Text" vorliegt, ein Modellfall bewußten menschlichen Handelns, wie er im Alltag vorkommt.

2.2 *Die komplexe Anforderungsstruktur des Alltags*

Lebenswelt und biographische Situation – in der Kurzformel „Alltag" zusammengefaßt – sind zwar begrifflich aufeinander zu beziehen, im realen Erleben sind sie aber oft voneinander abgespalten und bleiben als isolierte Momente dem Menschen weitgehend unverstanden.
Die *Strukturen der alltäglichen Lebenswelt* bringen dieses Unverständnis notwendig hervor; nicht nur, weil sie über uns gewaltsam verfügen – „Die Anonymität alltäglicher Strukturen verfügt über uns, noch bevor wir überhaupt den Versuch machen können, sie in den Blick zu bringen und unsererseits über sie zu verfügen" (WALDENFELS 1978, S. 18) –, sondern weil sie in sich zutiefst widersprüchlich sind.

Wenn man LEITHÄUSER und seinen Mitarbeitern bei ihrem „Entwurf zu einer Empirie des Alltagsbewußtseins" (1977) folgt, so läßt sich diese Widersprüchlichkeit zusammengefaßt folgendermaßen beschreiben: Einerseits werden in unserer Gesellschaft Lebenssphären zunehmend vergesellschaftet, und damit verstrickt sich das Subjekt in eine Dialektik reeller und formeller Subsumtion von gesellschaftlichen Prozessen unter das Kapital (LEITHÄUSER u.a. 1977, S. 13); andererseits wird gleichzeitig die Isolierung und Vereinzelung des Subjekts planmäßig vorangetrieben: „Fortschreitende Enteignung bzw. Beschränkung seiner wirtschaftlichen, politischen, sozialen und persönlichen Verfügungsgewalt und seiner Entwicklungsdispositionen kennzeichnen diese Vereinzelung" (ebd., S. 12).

Der Mensch, unter permanenten Regressionsdruck gestellt, latent neurotisiert und in seiner Persönlichkeit gespalten, versucht sich „im Labyrinth des Alltags" (WALDENFELS 1978, S. 18) zurechtzufinden, indem er seine biographische Situation als ein „sinnvolles Leben" darstellt; in der Sprache der Sozialwissenschaft: *In der Rekonstruktion sinnvollen Lebens synthetisiert der Mensch die Widersprüche durch den Einsatz von Deutungsmustern und klischeebedingten Reaktionen*[7].

2.3 *Dialektisches Denken und mehrdimensionales Verstehen*

Daß die „Alltagstheorie" nur durch einen komplexen methodischen Ansatz einholbar ist, dürfte schon nach diesen kurzen Ausführungen unmittelbar einleuchten. Weshalb ist aber diesem methodischen Anspruch nach wissenschaftlicher Durchdringung der biographischen Situation innerhalb einer als „alltäglich" zu bezeichnenden Lebenswelt *eine dialektische Methode und ein Erkenntnisinteresse in Form von „Interpretation und Kritik"* (BROEKMAN 1977a, S. 164) untrennbar mit aufgegeben?

Die Antwort beruht auf folgender Überlegung: Beide Frageformulierungen berühren zentral die sogenannte *Konstitutionsproblematik*. Es geht hierbei unter anderem um die schon erwähnte Differenz zwischen den „Erscheinungen" des konkreten Alltags und den durch sie bestimmten, aber verdeckten „Verhältnissen", die die jetzt bestehende und eine zukünftige mögliche Lebenswelt grundlegen. Dabei ist es in jedem Fall der „konkrete Mensch", der materialiter seine praktischen Lebensverhältnisse einrichtet. Deshalb ist es auch er selbst, der historisch die Voraussetzungen für diese Differenz schafft, indem er z.B. jene ökonomische Struktur mitproduziert (und sich ihr unterwirft), die dem Gesellschaftssystem seinen Klassencharakter geben; damit schafft er sich aber auch die Voraussetzungen für seine eigenen historischen Wahrnehmungs- und Erkenntnismöglichkeiten: denn die Produktionsverhältnisse und Klassenlagen „reflektieren jeweils nicht nur das Maß, in dem die Gesellschaft reale Macht über die Natur erlangt hat, sondern bestimmen auch das Was und Wie des menschlichen Erkennens, den allgemeinen Horizont, worin es sich bewegt" (SCHMIDT 1969, S. 11).

Für das *dialektische Denken* ist die Reflexion auf die Konstitutionsbedingungen der kapitalistischen Gesellschaft und auf die sich dort vollziehenden Vergesellschaftungsprozesse unver-

7 Es kann an dieser Stelle nicht näher darauf eingegangen werden, weshalb die Gesellschaftsstruktur die Charaktere neurotisiert und schizoid macht (vgl. SÈVE 1972, SCHNEIDER 1973 u.v.a.). Umfangreich ist inzwischen ebenfalls die Literatur zur „Alltagstheorie" (vgl. LEITHÄUSER 1976, HACK 1977 u.a.) sowie zu den „Verarbeitungsmechanismen" (vgl. LORENZER 1970, LÜDTKE 1978 u.a.).

zichtbar. Folglich wird, grob gesprochen, der Kapitalismus in seiner Erscheinungs- und Wesensform gleichsam „doppelt" verständlich: „Das dialektische Denken – ist entfremdetes Denken, zugleich aber auch ein Denken, das fähig ist (und es allein ist fähig), den entfremdeten Charakter der Gesellschaft und seiner selbst zu erschließen. Die Dialektik ist die Logik der noch nicht menschlich gewordenen, aber menschlich werdenden Geschichte" (MÁRKUS 1969, S. 45).

Weil nun das dialektische Denken als ein *mehrdimensionaler Akt des Verstehens* konzipierbar ist, „in dem die Demystifizierung der Bedeutung zusammenfällt mit der Durchdringung der fetischisierten Struktur aller Form von Gegenständlichkeit, die sich hinter ihnen verbirgt" (SIEMEK 1977a, S. 46), ist dieser Methode der Realitätserschließung das Interesse an der Kritik herrschender Verhältnisse und am Entwurf von Gegenverhältnissen, in denen sich der Mensch selbstbestimmt und widerspruchsfrei verwirklichen kann, untrennbar gekoppelt.

Zusammengefaßt läßt sich resümieren:

Der Forschungsgegenstand „biographisches Dokument" erfordert ein *besonderes methodisches Textlesen*[8]. Dieser Vorgang geht über verständiges Lesen insofern weit hinaus, als man unter diesem Begriff meistens nur den Prozeß der Sinnentnahme von semantischen Figurationen (Zeichen, Wörtern, Sätzen usw.) versteht. Das „*dialektische Lesen*", das als Interpretationsmethode vermutlich am ehesten dem zuvor diskutierten Gegenstandsverständnis entspricht, umfaßt aber gleichzeitig immer „Text", „Kontext" und „Gegen(kon)text". Das Verstehen muß sich folglich einerseits auf die sinnbildende „objektive Struktur des Relationssystems" (BOURDIEU) beziehen, damit nicht nur der subjektiv gemeinte Sinn (eines Textes), sondern auch die „Verweisungszusammenhänge" (zum Kontext) rekonstruiert werden können; andererseits hat das dialektische Lesen auch die inhärenten Gegen(kon)texte zu enthüllen: Es bringt die „historische Form der Objektivität, von der ein gegebener Text ausgeht, die er aber eben deshalb übersieht und ignoriert oder durch seinen Diskurs im wörtlichen Sinn verhüllt" (SIEMEK 1977a, S. 46) zur Geltung.

8 Da „Lesen" hier eher im Sinn von „interpretierendem Deuten" gemeint ist, handelt es sich um jenes „Lesen", das nicht an geschriebene Texte gebunden ist und das im Verhältnis zur Schrift als „gattungsgeschichtlich älter" bezeichnet werden muß (vgl. HÖRISCH 1979).

3 Möglichkeiten dialektischen Lesens

Einzelne Beispiele, die in unserem Zusammenhang der Demonstration und Illustration von Verfahrensweisen dienen und die sich weder auf einen längeren Lebensabschnitt beziehen noch in einem entsprechenden Projektkontext entstanden sind, können den *historischen Wandel von Lebenswelten und Deutungsmustern* am konkreten Einzelindividuum bzw. an einem biographischen Dokumentbruchstück freilich nicht rekonstruieren. So läßt sich etwa am folgenden Beispiel, das in Form einer autobiographischen Kurzcharakteristik einige Momente der Lebenssituation eines Schülers widerspiegelt, der sich als „Schulversager" wahrnimmt, nicht zeigen, wie die Schule historisch zu dem geworden ist, was sie heute darstellt: eine Zuteilungsinstitution für Entwicklungs- und Lebenschancen (nach außen hin) und eine taylorisierte Lernfabrik (nach innen hin). Wir werden „nur" diese beiden Seiten kennenlernen – aus der Sicht eines Betroffenen. Projekte, die sich der Lebensweltanalyse explizit und extensiv widmen, können und müssen demgegenüber wesentlich tiefere und inhaltlich breitere Ergebnisse bringen (vgl. HEINZE/KLUSEMANN 1979, KIEPER 1979 u.a.).

Am Einzelbeispiel läßt sich ferner nicht erkennen, ob es einmal möglich sein wird, die konkrete phänomenologische Analyse zu einer *Typologie biographischer Abläufe* weiterzuführen. Es kann deshalb hier auch nicht darüber befunden werden, ob solche typologische Konstruktionen sinnvolle und „arbeitsfähige" Verallgemeinerungen darstellen. Dies hängt auf jeden Fall nicht nur von den Zielen und Zwecken jenes konkreten Forschungsprojektes ab, das die Konstrukte herstellt und verwendet (vgl. BEKKER 1972), sondern auch von der zugrundegelegten Gesellschaftstheorie, nach der empirische Regelmäßigkeiten zu Kategorien zusammengefaßt werden (vgl. TJADEN-STEINHAUER 1973). Was aber der biographische Einzelfall zeigen kann, ist, daß sich in einer gewissen Weise immer objektive Strukturen und subjektive Sichtweisen herausfordern. Von daher erfährt auch die *Einzelbiographie* ihre (begrifflich komplizierte, aber inhaltlich exakte) Beschreibung: Der biographische Einzelfall „stellt als subjektive Aneignung der objektiven Realität gewissermaßen selbst eine objektive Realität des Subjekts dar, die sich in der Form des praktischen Handelns und Verhaltens bei und außerhalb der

Arbeit verwirklicht, von deren vorgefundenen Bedingungen aber zugleich bestimmt wird" (OSTERLAND 1973, S. 412). Diese Definition ist gleichzeitig auch eine Beschreibung dessen, was wir früher schon als unser „Gegenstandsverständnis" festgelegt haben: Erforschung „bestimmter Interaktionsformen" (vgl. LORENZER 1972).
Das menschliche Einzelwesen ist also ein Subjekt-Objekt. Der Mensch kann sich demnach nicht als reines „Subjekt" verstehen. Er ist immer auch „Produkt des gesellschaftlichen Lebens" (LEFÈBVRE 1969, S. 158), und als solches ist er für sich und andere immer auch „Objekt", z. B. Objekt von institutionellen Erwartungen, Ansprüchen, Normen und Zwängen. Dieser Hinweis ist aber bereits ein Vorgriff auf das substantielle Ergebnis der folgenden Analyse.

3.1 Beispiel I: ein Schulaufsatz

Der hier beispielhaft zugrundegelegte Text, ein „Aufsatz" eines damals 13jährigen Schülers an einer deutschsprachigen Mittelschule in Südtirol, wurde auf Anregung eines Forschungsteams im Rahmen einer größeren Leistungs- und Einstellungsuntersuchung produziert: Schüler, denen nach der Test- und Fragebogenerhebung noch Zeit blieb, sollten etwas „über die Lehrer, die Schüler und über den Unterricht in dieser Schule" (Instruktionstext) bzw. über die Schule, die sie sich wünschen würden, niederschreiben[9].

Text des Aufsatzes

„Ich bin in Wichtigen Fächer wie Deutsch – Italienisch sehr schlech und in Unwichtigen fächer sehr gut. In Werken bin ich der Beste der Klasse. Das ist nicht genug ich möchte auch in schlachten fecher besser werden. Meine Proffessoren helfen mir sehr wenig. Wenn ich diese Fächer nicht erlern dann ist es für mir aus" (Abschrift des Originaltextes).

In einem ersten Lesedurchgang soll die *Textorganisation* interpretativ beschrieben werden. Die Analyse der Textorganisation geht – ähnlich wie die eines redeorganisierenden Sprechaktes (WUNDERLICH 1976) – nicht in der Suche nach „formalen" Gliederungsgesichtspunkten auf. Es ist vielmehr davon auszugehen, daß die Produktion des Textes innerhalb einer gesellschaftlichen Situation stattfindet.
Im vorliegenden Fall ist die Definition dieser Situation nicht ganz eindeutig. Einerseits ist da der schulische Kontext, der durch die anwesenden Mitschüler, durch das Klassenzimmer, den zeitlichen Rahmen (Schulvormittag) und durch die Aufforderung, einen „Aufsatz" zu schreiben, die Situation in bekannter Weise als eine „leistungsorientierte" definiert. Andererseits sind keine Lehrer anwesend, sondern „Wissenschaftler", die offensichtlich Auskünfte und Informationen haben wollen, von denen sie behaupten, daß sie in jedem Fall „geheim" gehalten (also nicht dem Lehrer zugänglich gemacht) werden. Da die zuletzt genannte Situationsdefinition der ersten in mancher Hinsicht nicht zu widersprechen scheint (z. B. Anwesenheit von Erwachsenen, die etwas wissen wollen bzw. Wissen prüfend erheben), dürfte auch der Textautor von einer gewissen Ernsthaftigkeit der Situation ausgegangen sein; etwa nach folgender Überlegung: Die schriftlich dargelegte Meinung kann eine wichtige Information darstellen, sofern es gelingt, sie „richtig" mitzuteilen, d. h. sie als eine authentische Interpretation der je eigenen Lage zu präsentieren.
Die strategische Organisation des Textes gibt infolgedessen darüber Auskunft, wie weit der Autor seine kommunikative Kompetenz – von der wir zunächst nicht viel mehr sagen können, als daß sie unter dem Druck knapper performativer Ressourcen (aktiver Wortschatz, Grammatik, Rechtschreibung usw.) realisiert werden muß – in eine schriftliche „*Darstellung*" umsetzen konnte[10].

---

9 Zur Gesamtkonzeption des Forschungsprojekts vgl. GSTETTNER 1976 und KÖCKEIS-STANGL 1976. Die breit angelegte Datenbasis in diesem Projekt ermöglicht es, Schülerindividualdaten (z. B. Schulleistungen) sowohl mit schulstatistischen Strukturdaten als auch mit Milieukontextdaten (aus der schriftlichen Befragung von Eltern und Lehrern) in Beziehung zu setzen (vgl. KÖCKEIS-STANGL u. a. 1974). Es könnten also auch die vorliegenden Schülerselbsteinschätzungen (autobiographischen Typs) in jedem einzelnen Fall mit anderen empirischen Daten korreliert werden. Um eine solche empirische Überprüfung geht es aber im folgenden nicht, da das Verfahren des dialektischen Lesens textimmanent eingesetzte werden soll.
Den Hinweis auf den von mir zur Demonstration herangezogenen Schüleraufsatz verdanke ich meinem Kollegen Michael SCHMIDHAMMER.

10 Der Ausdruck „Darstellung" ist hier im Sinne der Ethnomethodologie zu verstehen. Darstellungen haben grundsätzlich einen reflexiven Charakter, weil sie „indexikalische" Ausdrücke verwenden, also Ausdrücke, die ihren Sinn aus einem gemeinsam geteilten (aber unausge-

Die charakteristische „soziale Organisation“ einer Darstellung ist an den Sequenzen abzulesen, die dem Text Struktur und Geschlossenheit verleihen: Die ersten Sätze unseres Beispiels thematisieren die Grundsituation und das Grundanliegen des Autors. Diese Thematisierung wird stets durch einen konkretisierenden Beleg ausgearbeitet (wichtige Fächer wie Deutsch und Italienisch; unwichtige wie Werken). Hierauf folgt die persönliche Bewertung der Grundsituation („das ist nicht genug“) mit einem perspektivischen Hinweis auf die Möglichkeit, diese Situation zu verändern (d.h. in schlechten Fächern besser zu werden). Der nächste Satz, gleichsam als Einschub, stellt eine rechtfertigende Kommentierung dar, die so gelagert ist, daß sie die Person des Autors entlastet – auch wenn sich die Grundsituation in der Zukunft nicht ändern sollte („Proffessoren helfen mir sehr wenig“). Der Text schließt mit der Nennung von persönlichen (aber ungewiß gehaltenen) Konsequenzen, sollte die thematisierte Grundsituation aus eigener Kraft nicht veränderbar sein.

Die Organisation des Textes – so könnte man als erstes Resultat festhalten – weist durch seine mitteilungslogische Struktur und Sinngeschlossenheit, entgegen dem Oberflächeneindruck von einem fehlerhaften und restringierten Sprachduktus, alle Merkmale kompetenten „öffentlichen Sprechens“ auf; in der Terminologie von Wunderlich: ein „gelungener Sprechakt“; in der Terminologie von Ricoeur: ein paradigmatischer Text.

Der nächste Lesedurchgang soll durch eine interpretative Arbeit am inhaltlichen Kontext, auf den sich der Autor bezieht, *jenen Sinn freilegen, der über die unmittelbare biographische Situationsbeschreibung hinausweist.* Die Frage, von der wir uns hier leiten lassen, nämlich, welche besondere Form der Dialektik von Person und Sache, von Sozialisation (Normverinnerlichung) und Institution (Schule) hier waltet, dient uns als Suchmuster: Gesucht wird eine Formel, die etwa dem entspricht, was wir mit „Fixierung von gesellschaftlichen Verhältnissen in Sachen“ meinen, eine Formel, die den Menschen als Träger von Verhältnissen nicht zu erkennen gibt, weil statt seiner eine verdinglichte Macht, ein „Sachzwang“, vorherrscht.

Eine solche Formel durchzieht den gesamten Text: Die implizite Thematisierung eigener Schulsozialisation geschieht in Form einer „unaufgelösten topischen Formulierung“ (Wunderlich 1976, S. 379): wichtig/unwichtig und gut/schlecht. Dieser Topos ist als Hinweis auf eine gesellschaftlich vorgefertigte Schulwirklichkeit zu verstehen. Die Schule wird als eine Institution wahrgenommen und erlebt, die durch die einseitige Anerkennung gewisser Fähigkeiten den entsprechenden Fächern gesellschaftliche Bedeutung und Wichtigkeit einräumt. Dadurch wird ein „fachliches“ Aussonderungsprinzip installiert, das über die Individuen eine eigenartige Macht ausübt: Durch die Höherbewertung abstrakter Fähigkeiten (Logik, Grammatik usw.) werden klassenspezifisch angeeignete Privilegien aufrecht erhalten. Die selegierende Arbeit der Institution Schule (via Fächerbedeutungshierarchie) ist in der topischen Formulierung „wichtig = oben/unwichtig = unten“ auf den kürzesten Nenner gebracht; ebenso aber auch die implizite Anerkennung dieses Mechanismus in der Formel „gut = sich in Übereinstimmung mit der Hierarchie befinden/schlecht = aus der Hierarchie herausfallen“.

Die topische Formel, die den Sinn jedes einzelnen Satzes mitkonstituiert, wird als solche weder relativiert noch hinterfragt. Der Topos, der schulisches Sein oder Nichtsein bestimmt, wird absolut gesetzt. Die Menschen, die in einem Satz als „Professoren“ angesprochen werden, sind Vertreter der waltenden Sachlogik. Die gesellschaftliche Realität der aussondernden Schulnormen wird aber nicht durch „Interaktion“ zustandegekommen erklärt. Die erwünschte, helfende Interaktion dient lediglich dazu, sich normgerechter im System festzusetzen. Die Normen selbst sind Bestandteil des Sachzwanges, den die formale Organisation – hinter dem Rücken der Beteiligten und über ihre Köpfe hinweg – als „fremde Macht“ konstituiert.

Unsere Interpretation der topischen Formel – dies muß als zweites Ergebnis festgehalten werden – stellt den „gesellschaftlichen Gehalt“ biographisch rekonstruierter Schulsozialisation

---

sprochenen) Kontextwissen beziehen (vgl. Garfinkel/Sacks 1976). So ein gemeinsames Kontextwissen wird im vorliegenden Beispiel etwa dort beansprucht, wo als allgemein bekannt unterstellt wird, daß Schulwissen ein quantifizierbares Wissen ist, das durch die Form schulischer Leistungsbeurteilung (z.B. Noten) hierarchisiert wird; insofern müssen die Ausdrücke „sehr schlecht“, „sehr gut“, „der Beste“, „besser“ usw., die der Autor stets in Verbindung mit Unterrichtsfächern gebraucht, als indexikalische Verweise auf ein bestimmtes Kontextvorverständnis von „Schulwissen“ (fachbezogene Aneignung, quantifizierbarer Output usw.) angesehen werden.

sicher: Die Schule wird als ein vorgefundenes, hierarchisiertes Ordnungssystem erfahren, dessen sachlogische (formale) und instrumentelle (aussondernde) Funktionsweise über die Lebenswelt verfügt, kurz: die Schülerbiographie prägt.

Nach Ansicht von GOFFMAN beanspruchen instrumentell-formale Organisationen nicht nur die Aktivität ihrer Mitglieder, sondern sie schreiben auch vor, „was als offiziell anerkannter Maßstab des Wohlergehens, als gemeinsame Werte, als Anreiz oder als Strafe zu gelten hat. Dieses Konzept geht über einen bloßen Vertrag bezüglich der Beteiligung hinaus und betrifft die Natur oder das soziale Sein des Teilnehmers" (GOFFMAN 1973, S. 177). Die Art und Weise, wie im vorliegenden Text der Topos durchgehalten und am Schluß in eine existentielle Dichotomie gestellt wird (also auch „unaufgelöst" endet), bestätigt GOFFMAN. Wie könnte die soziale Logik des Systems besser auf den Begriff gebracht werden, als durch diese Konklusion: Wer die wichtigen Fächer nicht erlernt, mit dem ist es aus.

Die Unaufgelöstheit des Topos ist auch ein Hinweis auf eine gelungene „primäre Anpassung" (GOFFMAN 1973, S. 185) des Textautors an die Schulnormen: Der Schreiber stellt sich als gut sozialisiertes Mitglied der Organisation dar, das sich mit den normativen Zumutungen – gleichwohl sie seinen Möglichkeiten diametral gegenüberstehen – identifiziert und bereit ist, bei Versagen persönliche Konsequenzen wahrzunehmen. Einmal abgesehen von der als zu gering eingeschätzten Hilfeleistung der Professoren, akzeptiert es der Autor stillschweigend, daß ein „Aus" seiner Bildungskarriere selbstverschuldet wäre. Die Erfahrung, in einem „unwichtigen" Fach zu den Besten zu gehören, scheint dem gesellschaftlichen Druck nichts von seiner Schärfe zu nehmen; darauf läßt sich keine „Gegendefinition" des Selbst aufbauen, zumindest solange nicht, als der gesellschaftliche Sozialisationsmodus der Schule von den normativen Anforderungen der Produktionssphäre diktiert ist.

Mit dieser letzten Bemerkung ist auch schon ein möglicher dritter Lesedurchgang angedeutet. Er hätte das bisher rekonstruierte Bild von einer bildungsdefizitären biographischen Situation aufzunehmen und interpretativ in einen *theoretischen Verweisungszusammenhang* zu stellen, damit das, was wir früher „die objektive Struktur des Relationssystems" (nämlich Text/Kontext und Text/Gegen(kon)text) genannt haben, nicht nur durch die „Tiefensemantik" (RICOEUR) ausgedeutet, sondern auch innerhalb der „Zentralreferenz" (RITSERT) begriffen wird.

Ein solcher Lesedurchgang müßte unter einer gesellschaftstheoretischen Perspektive geschehen, die unseren eigenen bisher produzierten (strukturalistisch-interaktionistischen) Interpretationen insofern kritisch gegenübersteht, als sie davon ausgeht, daß Lebenswelten „sozial konstruiert *und auch* ‚asozial' verordnet sind, daß sie eingelassen sind in geschichtlich variable Systeme und in historisch relevante Produktionsformen, daß sich in ihnen der Stand der Auseinandersetzung mit der äußeren und der inneren Natur spiegelt" (GROSS 1972, S. 155).

Da sich unser Material hier aus den schon genannten Gründen für diesen Durchgang nicht gut eignet, mögen einige Hinweise genügen: Die gesellschaftstheoretische Perspektive nimmt die These auf, daß in unserer Gesellschaft jede Unterstellung einer prästabilisierten Harmonie (etwa in Form einer kontrafaktischen Unterstellung von Bedingungen für herrschaftsfreie Kommunikation) „ideologisch" ist und so auch wirkt; das kritische gesellschaftstheoretische Denken macht genau diesen Abstand zwischen Ideologie und Praxis, zwischen den Vorstellungen vom „Wirklichen" und diesem Wirklichen selbst zum Thema (LEFÈBVRE 1967). In die Perspektive muß also eingehen, daß die Gesellschaft faktisch auch die ungleichen Artikulationschancen produziert, die Individuen ungleich einschränken, Wirkliches direkt zur Sprache zu bringen, und daß deshalb zwischen der gesellschaftlich zugelassenen und abgedrängten bzw. abgewerteten Artikulation von Wünschen, Strebungen, Auflehnungen usw. eine Differenz besteht, die ihrerseits auf die Kernstruktur kapitalistischer Vergesellschaftungsprozesse verweist, also z. B. auf das historisch erreichte Ausmaß von Entfremdung und Selbstentfremdung.

Für unsere Analyse könnte das nun folgendes heißen: Überall dort, wo wir im Verlauf der Textinterpretation dem Autor Anpassungsbereitschaft und kritiklose Normübernahme zugeschrieben haben, kann das dialektische Lesen unter Rückbezug auf die Grundprinzipien gesellschaftlicher Entwicklung und Einheit den Blick für zwei Verweisungszusammenhänge freimachen:

a) einmal auf die sedimentierte kollektive (Klassen-)Erfahrung im Bewußtsein des Autors, daß für jeden seinesgleichen (= für jeden, der seine Fähigkeiten in wichtigen Fächern nicht ausbilden konnte) innerhalb des bestehenden Normensystems real kaum Chancen bestehen, durchzukommen (= die Schule positiv abzuschließen), und daß ferner durch eine geäußerte verbale Kritik das System nicht zur Änderung gezwungen werden kann; in diesem Sinn ist die „fremde Macht" ebenso real wie die eigene Ohnmachtserfahrung;

b) zum anderen auf die Restbestände ideologiefreier Vorstellungen von alternativer Praxis im Bewußtsein des Autors: Das sind z.B. hier die (verdeckten) Vorstellungen von einer Schule, in der die Professoren beim Wissenserwerb Hilfestellungen geben. Die „entlastenden" Bemerkungen des Autors, daß ihm die Professoren wenig geholfen haben und daß er in einem Fach ohnehin der Beste ist, werden in diesem Lesedurchgang zu „belastenden" Hinweisen auf den zentralen Referenzrahmen: die bestehende Gesellschaft. Diese Gesellschaft produziert nicht nur einseitig ausgebildete Menschen, sondern sie muß auch vorhandene praktische Fähigkeiten abwerten, damit die Voraussetzungen für ungleiche Aneignungs- und Verfügungschancen gesichert bleiben. In Umrissen wird so ein Gegenkontext denkbar, ein neuer Sozialisationsmodus, bei dem „die freie Entwicklung eines jeden die Bedingung für die freie Entwicklung aller ist" (Marx, Frühschriften, S. 548; zit. nach Schneider 1976, S. 47).

3.2 Beispiel II: autobiographische Notizen

Das *zweite Beispiel* ist insofern anders gelagert, als die beiden folgenden Texte von Studierenden stammen. Die Texte wurden von Teilnehmern der einführenden Lehrveranstaltung „Entwicklungspsychologie I" (an der Universität Innsbruck) produziert. Als Leiter der Lehrveranstaltung forderte ich die Teilnehmer im Verlauf einer Vorlesung auf, sich Stichworte zu einigen Fragen zu notieren, die ich vorgab und „Fragen zur Selbstreflexion" nannte. Die Fragen lauteten u.a.: „Welche Abschnitte (Altersstufen, Erlebnisse usw.) in Ihrem bisherigen Lebenslauf halten Sie für besonders wichtig? Weshalb? Welche längerfristigen Auswirkungen (auf Einstellungen, Verhaltensweisen usw.) in ihrem späteren Leben schreiben Sie diesen Abschnitten zu?"
Die Teilnehmer konnten aus dem Kontext der Lehrveranstaltung die Absicht dieser Fragen erschließen, nämlich über eine Reflexion biographischer Krisen und Entscheidungen alltagstheoretisches Wissen zu mobilisieren, um damit über die spezifische Sinnhaftigkeit der eigenen Sozialisationsgeschichte Hypothesen zu bilden (vgl. auch Gstettner 1978b). Eine Auswertungsdiskussion wurde vereinbart, wobei ich als Lehrveranstaltungsleiter die Auswahl von zwei Texten zu treffen hatte. Als Autoren konnten alle Teilnehmer anonym bleiben.

Text A:

„*Unterstufenzeit (10–16): Versuch in der Rangordnung unter Kollegen aufzusteigen; körperliche Schwäche durch geistige Gewandtheit aufzuwiegen;*
Oberstufenzeit (16–18): Kampf mit der herrschenden Schicht des Internats; Proteste; Zwang zum Denken, mich weiterzubilden, um im Kampf zu bestehen. Auswirkungen: Mangel an Fähigkeit, Freundschaft zu erleben, Mißtrauen, Introvertiertheit, Unlustgefühle – schlechtes Gewissen; Diskrepanz zwischen gesellschaftlichen Zwängen (Aufstieg in der Rangordnung) und eigener Persönlichkeit."

Text B:

„*Als zweifellos größter und einschneidendster Abschnitt meines bisherigen Lebens betrachte ich meine Loslösung vom häuslichen Herd, die ich mit Beginn meines Studiums vollzog. Nicht nur allein das Gefühl, ‚wirtschaftlich' für mich selbst zu sorgen, sondern das Leben völlig selbständig zu gestalten, ist völlig neu für mich. Auswirkungen: Es ist mir erstmals möglich, nach meinen ganz persönlichen Wünschen und Bedürfnissen zu leben. Dieser Einschnitt (Beginn des Studiums) fördert nicht nur meine Selbständigkeit, sondern auch meine Fähigkeit, mich anderen Personen, Situationen etc. gegenüber zu behaupten und auch durchzusetzen. Für mich ist die Loslösung vom Elternhaus ein Stück ‚Menschwerdung'.*"

Da es hier nicht möglich ist, den Diskussionsverlauf des kollektiven Auswertungsgesprächs zu referieren, versuche ich eine interpretierende Zusammenfassung und Ergänzung jener Punkte zu geben, die mir im Hinblick auf die Verknüpfung von *Selbstbetroffenheit*[11] und *kommunikativer Validierung*[12] bedeutsam erscheinen.

Der erste Lesedurchgang reflektiert die *Reaktionsformen des „ersten Eindrucks"*. Wenn es richtig ist, daß die Integration verschiedener Aspekte eines sozialwissenschaftlichen Lern- und Forschungsprozesses (von der eingebrachten eigenen Biographie bis zur sogenannten Logik von Erkenntnisprozessen) nicht nur den theoretischen Bezug auf die Totalität der Gesellschaft braucht, sondern auch die praktische „Organisation von Spontaneität" (SCHÜLEIN 1977, S. 29), so eignet sich dafür die Situation des unmittelbaren Angemutetseins durch einen Text vorzüglich. Die protokollierten spontanen Reaktionen auf die Texte reichen von „A ist viel ehrlicher als B" über „B gilt viel allgemeiner als das Schicksal von A" bis zu „A tut mir leid". Im Auswertungsgespräch muß es darum gehen, diesen ersten Eindruck ernsthaft aufzunehmen und nach mehreren Seiten hin zu vertiefen.

Bleiben wir im folgenden bei den genannten Zitaten. Wenn wir einen autobiographischen Text für „ehrlicher" als einen anderen halten, was beeinflußt diese Anmutungsqualität? Die Frage stellt auf die Nennung von möglichen Kriterien für die „Authentizität" eines Textes ab. Zieht man externe Kriterien heran, so wird man rasch zu der Auffassung kommen, daß diese nicht sehr weit und tief greifen: Wenn man nur das analysiert, was der Autor sagt bzw. meint, und alles ausklammert, was z. B. in den Fragebereich der gesellschaftlichen Erwünschtheit von Aussagen und Meinungen gehört, so wird man vermutlich bei jedem Text „mit größerer Sicherheit auf die Abwesenheit von Authentizität (gleichviel, ob sie als Wahrhaftigkeit, objektive Identität oder Verbindlichkeit erscheint) deuten als auf ihre Anwesenheit" (LÜDERSSEN 1978, S. 27). Folglich ist die Frage nach der Ehrlichkeit des Autors als Frage nach den Maßstäben, die wir als innere Kriterien an den Text anlegen, neu zu formulieren. Solche inneren Kriterien können sein: Konsistenz von Situationsbeschreibungen, von Selbstdefinitionen, von Handlungs- und Legitimationsstrategien; Feststellung von Motivverschiebungen und Deckkonstruktionen usw. So ist z. B. bei Text A zu überlegen, wie weit das selbstkonstruierte Bild des nach außen auf die soziale Hierarchie orientierten „Kämpfers" die „Introvertiertheit" ausschließt, einschließt oder gar als komplementäre Interaktionsform „bestimmt". Eine andere Frage, die wir an den Text B richten, lautet: Liegt in dem Rückgriff auf das „glatte" (nicht kämpferische) Alltagsvokabular „Elternhaus", „häuslicher Herd" eine Deckkonstruktion vor? Wenn ja, verdeckt sie einen unaufgelösten gesellschaftlichen Topos[13]?

Wenn uns ein Text „allgemeiner" als ein anderer anmutet, so ist damit indirekt immer auch unser Vorverständnis vom „Besonderen" zum Ausdruck gebracht. Es ist daher zu fragen, welche biographischen Besonderheiten (und vielleicht Einmaligkeiten) die Texte auszeichnen und welche Darstellungen wir eher als „Versubjektivierungen von gesellschaftlichen Verhältnissen" ansehen wollen. So kann z. B. im Text A die Erziehung in einem Internat als eine Besonderheit angesehen werden, weil ja die Mehrheit der Jugendlichen keine solche Institution besucht. Dagegen wäre die Problematik des Textes B, der von der „Loslösung vom Elternhaus" handelt, allgemein, da sie fast jeden Heranwachsenden zu irgendeinem Zeitpunkt betrifft. Gleichzeitig halten wir aber auch folgende Überlegung für richtig: Die Verhältnisse in einem „durchschnittlichen" Internat sind verallgemeinerbar, weil sich der in diesem Zusammenhang angesprochene „Kampf mit der herrschenden Schicht" – zumindest aus der Sicht von unten – überall abspielt: in der Schule, der Universität, im Lehrlingsheim, Betrieb, Gefängnis, beim Militär usw. Auf der anderen Seite ist

11 Zum Problem der Betroffenheit durch sozialwissenschaftlichen Lehrbetrieb vgl. besonders SCHÜLEIN 1977, HORN 1978, RITSERT/BRUNKHORST 1978, GSTETTNER 1978b.

12 Ein mehrstufiges Design zur kommunikativen Erhebung und Auswertung von Biographien im Rahmen eines speziell darauf abgestimmten Aktionsforschungskonzepts hat FUCHS (1978) entwickelt. Weitere wichtige Beiträge zum Verfahren der kommunikativen Validierung sind von dem Projekt „Lebensweltanalyse von Fernstudenten" (an der Gesamthochschule/Fernuniversität Hagen) zu erwarten (vgl. HEINZE/KLUSEMANN 1978 sowie die Stellungnahmen und Gutachten dazu).

13 BOURDIEU hat in seiner Studie „Das Haus oder die verkehrte Welt" (1976, S. 48–65) eine Vielzahl von topologischen Elementen herausgearbeitet. Die Feuerstelle, der Herd und das Innere des Hauses gelten stets als ritueller Wirkungsbereich der Frau, die als „Verwalterin der Natur" (alle biologischen Funktionen wie Essen, Schlafen, Zeugung werden im Haus erfüllt) vom öffentlichen, gesellschaftlichen Leben strukturell ausgeschlossen ist. BOURDIEU macht aber auch deutlich, daß es sich immer um eine „männliche" Konstruktion gehandelt hat, wenn die Kompetenz für den „magischen Bereich des vollen Hauses" der Frau zugeschrieben wurde.

vielleicht eine „Loslösung vom häuslichen Herd“, die reibungslos in wirtschaftliche Selbständigkeit und in ein Studium übergeht, Ausdruck für eine besondere (privilegierte) Situation.

Daß eine autobiographische Darstellung mehr „Mitleid“ als eine andere hervorruft, läßt darauf schließen, daß (a) „Leid“ wahrgenommen wird, auch wenn es als solches nicht beim Namen genannt wird, (b) mit biographischen Dokumenten spontan alltagspraktisch gebildete Reaktionsformen hervorrufbar sind; denn wie wir aus zahlreichen empirischen Erhebungen und Interaktionsstudien wissen, ist „Mitleid“ eine alltägliche Reaktionsform, die geradezu als Paradefall für „falsche Betroffenheit“ angesehen werden kann: Mitleid gilt als emotionale Erschütterung, die dissoziiert, d.h. mit der man sich die Möglichkeit schafft, sich unter Gleichen als ein Anderer zu fühlen[14].

Der zuletzt genannte Aspekt kann besondere Bedeutung erhalten, weil sich Text A so lesen läßt, daß sich der Autor unter einem permanenten gesellschaftlichen Druck befindet, zu dessen „Auswirkungen“ er die defizitäre Sozialisation („Mangel an ...“) zuzählt. So könnte man sich im Zuge des Ersteindrucks „Mitleid“ nicht nur von den Sozialisationsdefiziten freisprechen, sondern von dem Mechanismus „gesellschaftlicher Druck – persönliche Deformation“ generell. Dann hätte man sich aber eine über oder außerhalb der Gesellschaft stehende Position zugeschrieben, von der aus Reflexion eigentlich nur mehr zu noch mehr „falschem Bewußtsein“ führen kann.

Den Ansatzpunkt, den der zweite Lesedurchgang wählt, könnte man als „Rezept“ so verständlich machen: „Nimm die Perspektive des ersten Lesedurchgangs und kehre sie um 180° um!“ Es wird nun nicht nach den spontanen Reaktionen gefragt, die durch die Texte ausgelöst werden, um sie dann reflexiv aufzuarbeiten, sondern nach den *reflexiven Vorarbeiten.* (Natürlich waren es die Lehrveranstaltungsteilnehmer, die diese Frage aufwarfen: Sagen die Texte nicht mehr über den aus, der sie ausgewählt hat, als über den, der sie geschrieben hat?)

Unter der Annahme, daß die Texte A und B nicht wegen ihrer „Ähnlichkeit“, sondern eher wegen ihrer „Verschiedenheit“ ausgewählt wurden, ist zu fragen, welche Indikatoren man ausmachen kann, die die bewußte oder unbewußte Motivation für die Auswahl gerade dieser beiden Texte besser verstehbar machen. Indem unterstellt wird, daß eine Textauswahl nach reinem Zufallsprinzip oder nach „reinen“, inhaltsneutralen Didaktikgesichtspunkten nicht stattgefunden hat, gelangt man zur Annahme, daß die Texte *spezifische Störungen* ausgelöst haben, und daß diese „Störungen“ – als „Auswahlkriterien“ – rekonstruierbar sind[15].

Das Ergebnis dieses Lesedurchgangs ist kurz folgendes: Wir haben Grund zur Annahme, daß die Textauswahl nach dem Prinzip der gesellschaftlichen Zuschreibung von Geschlechtsrollenstereotypen erfolgt ist. Der Text A repräsentiert demnach eine „typisch männliche“ Darstellung und Strategie der Weltbewältigung, Text B die „weibliche“. (Die „empirische Frage“, ob der Text A von einem Studenten und der Text B von einer Studentin stammt, erschien uns bis zuletzt so unerheblich, daß wir nichts unternommen haben, um sie zu beantworten.) Als Indikatoren, die diese assoziative Zuordnung motiviert haben könnten, lassen sich folgende angeben: Im Text A sind fast ausschließlich Phänomene angesprochen, die in unserer Gesellschaft traditionellerweise der „Männerwelt“ zugeschrieben werden, z.B. sich in einer Hierarchie nach oben kämpfen, der Durchsetzungsmodus des Protests und des Kampfes, die Notwendigkeit körperlicher Stärke und/oder intelligibler Kraft, die Einschätzung von Freundschaft (Solidarität) als ein Wert, der vom „Mißtrauen“ unterwandert wird, die Notwendigkeit eine „eigene Persönlichkeit“ darzustellen entgegen dem Anpassungszwang usw. An der Oberflächenstruktur des Textes B scheinen sich eher die „weiblichen“ Prinzipien zu brechen, z.B. konfliktfreie Jugend (infolge größerer Anpassungsbereitschaft?), die vormals starke Bindung an den „häuslichen Herd“, die Euphorie über die gelungene (kampflos erfolgte?) Ablösung und über das „völlig neue“ Lebensgefühl, die Betonung ganz persönlicher Bedürfnisse usw.

Ein dritter Lesedurchgang führt das Ergebnis dieser Analyse, die sich argumentativ noch

---

14 Daß „Mitleid“ nicht in jedem Fall ein Helfenwollen einschließt, sondern oft ein Distanzierungs- und Ausschließungsbedürfnis signalisiert, ist durch die Analyse von Umgangsformen zwischen Nichtbehinderten und Behinderten nachgewiesen worden (vgl. zusammenfassend SEYWALD 1977).

15 Weitere konkrete Anwendungsbeispiele für „Störungsanalysen“ habe ich an anderen Stellen ausführlich diskutiert (GSTETTNER 1979b und 1979c).

weiter erhärten ließe, insofern auf einer „höheren Ebene" weiter, als eine umfassendere Annahme zugrundegelegt wird: Der dritte Durchgang geht von der Hypothese aus, daß sich in den Darstellungen A und B unterschiedliche Verarbeitungsformen eines einheitlichen, der „gewaltsamen Realabstraktion" geschuldeten bürgerlichen Subjektivitätsmodus widerspiegeln (vgl. VINNAI 1977).

Beide Texte beschreiben – bruchstückhaft und nicht absichtsvoll – pädagogische Krisen im Prozeß der Herausbildung von Subjektivität. Es sind „pädagogische" Krisen, weil es primäre Aufgabe der Erziehung ist, menschliche Bedürfnisse zu kultivieren, d.h. in erster Linie, überschaubare Sequenzen zu schaffen, innerhalb derer der Zeitpunkt und das Ausmaß von Bedürfnisbefriedigung festgelegt sind. Die gesellschaftliche Norm, „es ist nicht jedem zu jeder Zeit alles erlaubt", verlangt nach Erziehung. Die Einsicht in die kulturelle Notwendigkeit des Aufschubs von Bedürfnisbefriedigung – wobei die körperbezogenen Bedürfnisse nicht nur im Kleinkindalter eine wichtige Rolle spielen – wird im Sozialisationsprozeß planmäßig durchgesetzt. Die Internalisierung herrschender kultureller Normen vollzieht sich – von unterschiedlichen lebensweltlichen Realisationsformen abgesehen – nach einer einheitlichen Ökonomie: Gelingt die Anpassung an die Norm innerhalb einer bestimmten Zeit, z.B. die Anpassung an die männliche Norm des kämpferischen und intelligenten Verhaltens oder an die weibliche des unselbständigen häuslichen Verhaltens, so wird gesellschaftliche Belohnung in Aussicht gestellt (z.B. Aufstieg in der Ranghierarchie oder Entlassung in die Selbständigkeit).

Diese Zeitökonomie, die rücksichtslos auf die Konditionierbarkeit des Menschen setzt, verfährt nach „kultureller Willkür", d.h. es ist für den Konditionierungsprozeß relativ bedeutungslos, welche Dispositionen unterdrückt, aufgeschoben oder zum Austausch (d.h. zur Befriedigung) freigegeben werden; die Entfaltung qualitativer Vielfalt im identischen Subjekt, im Selbst, gehört bestenfalls unter dem Gesichtspunkt der Disponibilität und Instrumentalisierung zu den „Entwicklungsaufgaben" (vgl. COREY/HERRIK 1963). Entscheidend ist die strenge Kontrolle über die quantitative Einfalt, über die Bereitschaft des Ich, sich den Zeitgrenzen der kulturellen Ordnung zu unterwerfen, damit es für die Unterdrückung seiner „wilden Natur" mit mehr oder weniger großem gesellschaftlichen Prestige belohnt werden kann.

Für Männer stellt unsere Gesellschaft angesehenere Belohnungen in Aussicht, verlangt aber einen härteren Aufstiegskampf: Jeder gegen jeden, wenn es um Positionen in der Ranghierarchie geht, die Unteren gegen die Oberen, wenn es um das Überleben in jenen Institutionen geht, die die Konditionierung als „Pädagogik" verkaufen. Den Frauen wird an „Härte" weniger abverlangt, obwohl die gesellschaftliche Kontrolle über ihre Entfaltung noch rigider ist: Wenn die Loslösung vom Elternhaus als ein Stück „Menschwerdung" erlebt wird (Text B, letzter Satz), so drängt sich die Frage auf, was Sozialisation bereits alles an Möglichkeiten und „Nebenmöglichkeiten" (RUYER) vernichtet hat.

Tritt im Text A klar zutage, daß die Interpretation aufdecken kann, wie die Struktur der Lebenswelt in Form gesellschaftlicher Aufstiegs- und Unterordnungszwänge das Individuum in seiner freien Entfaltung einschränkt, auf kulturelle Normen festlegt und noch im Aneignungsprozeß dieser begrenzten Möglichkeiten auf Isolation und Verhärtung hinarbeitet, so ist es im Text B eher die „implizite Pädagogik kultureller Tradition", die das Selbst an der Entwicklung seiner Möglichkeiten hindert; es ist der von der Sozialisationsinstanz eingepflanzte Respekt, der dem Subjekt unter dem Deckmantel geforderter Anpassung das zur „Menschwerdung" Wesentliche entrissen hat. Damit wird der Text B zu einer nicht minder scharfen Anklage, die man mit BOURDIEU so formulieren könnte: „Die ganze List der pädagogischen Vernunft besteht gerade darin, unter dem Deckmantel das Bedeutungslose zu fordern, das Wesentliche zu entreißen: Indem sie den Respekt der Formen und die Formen des Respekts erwirkt, die die sichtbarste und zugleich meistverborgene, weil natürliche Manifestation der Unterwerfung unter die herrschende Ordnung darstellen, vernichtet die Einverleibung der Strukturen das, was Raymond RUYER ‚die Nebenmöglichkeiten' nennt, d.h. all die Akte, die die Alltagssprache als ‚Verrücktheiten' bezeichnet und die doch nichts anderes sind als das alltägliche Antlitz des Wahnsinns" (BOURDIEU 1976, S. 200).

Während A seine Insichgekehrtheit, seine Gespaltenheit, seine Sozialisationsdefizite, aber auch seinen positiven Bildungsprozeß unzweideutig als „problematisch" rekonstruiert und in seiner Interpretation mit dem Topos „gesellschaftliches Oben versus gesellschaftliches Unten" verknüpft, ist B eher so zu lesen, daß die autobiographische Rekonstruktion nicht unmittelbar darauf abzielt, kenntlich zu machen, wie die herrschenden Normen dem Individuum bisher zentrale Bedürfnisse und wesentliche Fähigkeiten abgeschnitten haben. Gerade weil die Rekonstruktion von lebensweltlich vermittelten Zwängen durch die Antizipation eines „völlig neuen" Lebens weitgehend verstellt ist und die biographische Situation in einer positiven Emotion Ausdruck findet, ist die dem Text B zugeschriebene „weibliche" Qualität als ein sprachlicher und zugleich kultureller „Habitus" (Bourdieu) kenntlich und durch unsere Interpretation verstehbar gemacht.

Der theoretische Ausgangspunkt unserer Interpretation läßt sich nun systematischer fassen:

a) Die die Interaktionsformen bestimmenden Strukturbedingungen gehen aus Produktionsverhältnissen hervor, die den Gegensatz von gesellschaftlicher Erzeugung und privater Aneignung einschließen und die individuelle, arbeitsteilige Produktion und Reproduktion begünstigen. Diese gesellschaftlichen Verhältnisse konstituieren die Lebenswelt und bleiben deshalb den Individuen nicht äußerlich, „sondern verlängern sich in der Konstitution ihrer Subjektivität als bewußte, aber in starkem Maße auch unbewußte Determinanten des Handelns: Die ökonomischen Prozesse gehen weitgehend undurchschaut sozusagen durch die Subjekte hindurch, der Kapitalismus ist in ihnen" (Vinnai 1977, S. 15).

b) Die kapitalistische Ökonomie verhindert, daß sich die Menschen ihre eigene Natur menschlich aneignen, eigene Bedürfnisse als solche erkennen und menschlich befriedigen können. Dies hat Auswirkungen auf den Bildungsprozeß gesellschaftlicher Subjekte: „Die Subjektivität in der bürgerlichen Gesellschaft ist um das Privateigentum, um den individuellen Warenbesitz zentriert; sie lebt demzufolge vom Zwang zur individualistischen Realisierung von Lebenschancen, die auf die Abgrenzung gegenüber anderen, auf ein starr umgrenztes Selbst angewiesen ist" (ebd., S. 66).

c) Der Sozialisationsprozeß muß dieses „starr umgrenzte Selbst" (spätestens bis zur sogenannten Ablösung der Kinder von den Eltern) hervorbringen. Dazu bedient er sich des Über-Ichs als einer Instanz zunehmend gewissenhafter und eigenverantworteter Selbstkontrolle und -beschränkung. „Die bornierte subjektive Orientierung verlangt ein spezifisches Über-Ich als verinnerlichte Kontrollinstanz. (...) Die Unterwerfung des Ichs unter das Diktat des Über-Ichs verleiht diesem die Härte, die der Kampf gegen andere wie gegen die eigene Triebhaftigkeit verlangt; zugleich verleiht sie ihm eine Starre, die die Fähigkeit zur Wandlung und Versöhnung drastisch reduziert" (ebd., S. 66).

d) Die auf diese Weise problematisch eingeschränkten Fähigkeiten bestimmen den Bezug, über den sich das Subjekt zur „äußeren Realität" praktisch und reflexiv verhält. Das Aufrechterhalten dieses Bezugs zur Realität, einer Realität, die an Versprechungen reich, aber an Einlösungen arm ist, stellt für das Individuum eine permanente psychophysische Herausforderung dar: Die Diskrepanz muß „verarbeitet" werden, weil das Individuum sonst an der Realität zerbricht. Allert (1976, S. 234) spricht von der Notwendigkeit einer „politikbezogenen Enttäuschungsverarbeitung"; Vinnai (und andere) von einer im Alltag zu erbringenden „Synthetisierungsleistung".

e) Diese „Leistung" hat persönliche und soziale Kosten. Auf der einen Seite ist die gesellschaftlich notwendige Selbstbegrenzung schon längst und massenhaft in unnotwendige Beschränkung, Isolation, Konkurrenz, Rücksichtslosigkeit, Brutalität und Besitzfetischismus übergegangen, auf der anderen Seite haben sich hinter der Sehnsucht nach Geborgenheit und Solidarität Selbstentfremdung, Egoismus, Standesdünkel, Ausgrenzungs- und Privilegiensicherungstendenzen durchgesetzt.

Das unmittelbare Erleben und das rekonstruktive Darstellen der gesellschaftlichen Bestimmtheit der Lebenswelt basiert – dies zeigen beide Texte – auf einer Form subjektiver Gewißheit, die integrativer Bestandteil des sogenannten Alltagsbewußtseins ist. Solche „epistemische Formen der Alltagserfahrung" (Siemek 1977b, S. 85) konstituieren das empirische Bewußtsein als ganzes und bringen es dazu, daß ihm stets die Welt als fertig in Form des ihm gegenüberstehenden natürlichen, dinghaften Seins erscheint. Die Erfahrung und das Bewußtsein eines identischen Selbst ist daher insofern immer auch „falsches Bewußtsein", als es ein orientierendes Bewußtsein in den unmittelbar erlebten Interaktions- und Erfahrungsformen ist und nicht ein erkennendes, „enormes Bewußtsein" (Marx) dieser Formen selbst. „Die Individuen sind also nicht selbständige epistemologische Subjekte und können es nicht sein, genauso wie sie keine autonomen Subjekte wirklicher gesellschaftlicher Handlungen sind. Zwischen dem Horizont bewußter Vorstellungen, Ziele und Motivierungen des Einzelnen und seiner wirklichen gesellschaftlich-geschichtlichen Lage besteht eine unvermeidlich Disproportion, die vom dialektischen Denken aufgezeigt wird" (Siemek 1977b, S. 86).

Steht biographisches Denken und Lernen in einem didaktisch zu bewältigenden Problemzusammenhang, darf das dialektische Lesen nicht unvermittelt beim Aufzeigen dieser Disproportion stehen bleiben. Dialektisches Lesen muß sich auch dem Problem *biographischer Sperrigkeit* stellen. Damit ist angedeutet, daß jenes „Aufzeigen" mit Aneignungshürden rechnen muß, weil falsches Bewußtsein durch die „herrschenden Ideen" legitimatorisch untermauert ist. Autobiographische Selbstaufklärungsprozesse stoßen somit auf „Widerstände", die das autonom sich dünkende bürgerliche Subjekt gegen seine eigene Bewußtseinserweiterung aufgerichtet hat: „Biographie als subjektive Aneignung der objektiven Realität sperrt sich zunächst als individuell vollzogene Rezeption und Konstruktion von historischer Erfahrung gegen deren Verallgemeinerung in einem Begriff von objektiven gesellschaftlichen Prozessen und gibt doch gleichermaßen die Folie ab, über die geschichtliche Entwicklungen zu organisieren wären, sollen Blockierungen im Bewußtsein aufgebrochen werden" (MAHNKOPF 1978, S. 98).

Wie solche „Sperren" aufgearbeitet werden, ob es dadurch zu einer Verbesserung des Bezugs zur konkreten gesellschaftlichen Realität kommt, ob dialektisches Denken und erkennendes Verstehen die emotionale Handlungsbereitschaft des Individuums so verändert, „daß es nicht im Zustand der Abhängigkeit gegenüber den vorgegebenen Lebensbedingungen verbleibt, sondern durch die bewußte Teilhabe am gesellschaftlichen Entwicklungsprozeß (...) Einfluß auf die eigenen Lebensbedingungen zu gewinnen sucht" (HOLZKAMP-OSTERKAMP 1976, S. 449), dies alles sind Fragen, die konkret nur vom jeweiligen Aktionsforschungsprojekt und dessen Methodologie beantwortet werden können (vgl. dazu BEHREND/GRÖSCH 1978, BAACKE/SCHULZE 1979, HORN 1979 u.a.).

4 Zur Produktion und Transformation von Bedeutungen

Die hier aufgezeigten Möglichkeiten, biographische Dokumente einer qualitativen Analyse und kommunikativen Validierung zu unterziehen, verweisen auf ein Gegenstandsverständnis, dem die Überlegung zugrunde liegt, daß *Produktion und Transformation von Bedeutungen stets auf zumindest zwei Ebenen stattfinden*: Einmal gelten die Dokumente als eine „Übersetzungsarbeit", die der Autor in Form einer verschriftlichten, interpretativen Rekonstruktion immer schon geleistet hat, wenn er auf diesem Wege etwas mitteilen will. Im Prozeß des hermeneutischen Verstehens ist eine weitere „Übersetzungsarbeit" zu leisten, weil der Leser einen Text immer nur insofern versteht, „als es ihm gelingt, Verstehenseinheiten in seine Sprach- und Verstehenswelt (auch wenn sie dadurch erweitert und korrigiert wird) zu transponieren" (GATZEMEIER 1973, S. 313). Zusätzlich gilt die Annahme, daß Produktion und Transformation von Bedeutungen auf seiten des Autors (des Sprechers) von den zu erbringenden Produktions- und Transformationsleistungen auf seiten des Lesers (des Hörers) nicht unabhängig sind. Das umrißhaft skizzierte Verfahren des dialektischen Lesens soll über diese doppelte Übersetzungsarbeit aufklären. Folglich muß es sich einmal der Übersetzung zuwenden, die stattfindet, wenn der *Autor* versucht, seine Bedürfnisse, Motive usw. auf der Ebene symbolischer Bedeutungen und Sinnstrukturen darzustellen. Die Transformation eines „Genotextes", also einer (teilweise unbewußten) individuellen oder kollektiven Bedürfnis- und Motivstruktur, in einen „Phänotext", der diese Strukturen durch die sogenannten Deutungsmuster auf der „Sprachoberfläche" abbildet, geschieht nach den herrschenden sozialen Regeln und einsozialisierten Strategien[16]. Dieses gesellschaftliche Phänomen verbietet es, eine Korrespondenz oder lineare Transformation zwischen Phänotext und Genotext anzunehmen. *Unsere These lautet daher:* Die phänotextuellen Deutungsmuster haben eine durch die sprachlichen Sinnstrukturen vermittelte „Eigenlogik". Die Übersetzungsarbeit des Autors ist von ihr immer dann geleitet, wenn er einen Text produziert. Sowohl Deutungsmuster als auch Bedürfnisstrukturen dürfen nicht als anthropologisch invariante Entitäten aufgefaßt werden. Sie sind historisch wandelbare Ergebnisse menschlicher Produktion und Reproduktion. Der dialektisch *Lesende* verfügt über eine vorläufige, im „hermeneutischen Zirkel" auszuarbeitende theoretische Vorstellung über diesen gesellschaftlichen Gesamtzusammenhang[17]; d.h. das Verfahren geht davon aus,

16 Vgl. dazu den Artikel von BROEKMAN (1977b), in dem KRISTEVAS Unterscheidung von Phänotext und Genotext zum Nachweis der politischen Bedeutungslosigkeit jeder Bedeutungstheorie herangezogen wird, die sich lediglich auf die Sprecher-Hörer-Transformation begrenzt.

17 Das Verfahren des dialektischen Lesens ist als ein auf hermeneutisches Verstehen angewiesenes Verfahren notwendig zirkulär – im Sinne einer prinzipielln Unabgeschlossenheit (vgl. LORENZEN/INHETVEEN 1973, S. 78; WALDENFELS 1977, S. 143).
Daß es sich dabei um kein methodisches Vorgehen handelt, an dem der Vorwurf eines „circulus vitiosus" sinnvoll festzumachen ist, haben zahlreiche Autoren betont (RICOEUR 1971, S. 550, BOURDIEU 1974, S. 133 u.a.).

daß Vorstellungen über die Totalität gesellschaftlicher Verhältnisse und ihrer Entwicklung bereits in den Prozeß interpretativen Verstehens eingehen. Nur dadurch ist gewährleistet, daß der zu verstehende Übersetzungsprozeß des Autors als ein Moment der Dialektik zwischen gesellschaftlichem Sein und gesellschaftlichem Bewußtsein analysierbar wird. Dialektisches Lesen muß folglich die Übersetzungsarbeit unter der Perspektive wissenschaftlich analysieren, daß in der Textproduktion eine spezifisch gesellschaftliche Arbeitsleistung vorliegt, in der sich der Produzent immer nur soweit vergegenständlichen konnte, als ihm kollektive Erfahrungen und empirische Situationseinschätzungen zur Verfügung standen, die dann ihrerseits – gleichsam als sozial kontrollierte Motive – in die Darstellung eingegangen sind. Die *forschungsleitende Fragestellung* des dialektisch Lesenden zielt deshalb zunächst einmal darauf ab, „Strukturaffinitäten und Strukturbrüche zwischen theoretisch angeleiteter komplexer Deutung einer Situation und den über kollektive Erfahrungen und empirischen Einstellungen konkretisierten Deutungen dieser Situation ausfindig zu machen und mithin genauer vorauszusagen, in welchen spezifischen Formen etwa eine politikbezogene Enttäuschungsverarbeitung Gestalt annimmt" (ALLERT 1976, S. 234). Forschungsstrategisch geht dialektisches Lesen dabei so vor, daß es den „Umweg einer Rekonstruktion subkultureller Ordnungsentwürfe" (ebd., S. 234) bewußt einschlägt, weil sich nur durch die systematische Einbeziehung gruppenspezifischer Lebensorientierungen und Gegenentwürfe nachvollziehen läßt, wie die fremdgesetzten, klassentypischen Existenz- und Handlungsbedingungen subkulturell verschieden, in Form eines „sinnvollen Lebens" angeeignet und dargestellt werden.

Für eine Theorie dialektischen Lesens stellt der phänotextuelle Produktionsprozeß jenen sozialen Vorgang dar, bei dem die Menschen durch gesellschaftliche Praxis wesentliche Momente ihrer Subjektivität zu „Erscheinungen sozialer Realität" umarbeiten. Dabei durchdringen sich mehrere Dimensionen, die der Produktionsstruktur eine einheitliche, aber analytisch schwer zerlegbare Komplexität verleihen: „Es gibt Prozesse der *Verdrängung* – hier bricht die psychoanalytische Dimension in die Semiotik ein; es gibt *syntaktische* Prozesse – diese linguistische Dimension ist, als Lehre der Verbindung, hauptsächlich topologisch; es gibt weiterhin die Entwicklung von *Machtphänomenen* – damit dringt die soziologische Dimension ins Semiotische ein, und schließlich gibt es das Phänomen der *Verteilung* von *Knappheit* – im ökonomischen Sinne werden im Bereich des Textes knappe Stellen, knappe Sinngebungsmomente usw. verteilt" (BROEKMAN 1977b, S. 170; Hervorh. im Orig.).

Um diese Produktionsstruktur nach beiden Richtungen zu entfalten, d. h. um sie theoretisierend am konkreten Fall evaluativ auszuarbeiten und um sie in einen erkenntnisrelevanten alltagspraktischen Bezugsrahmen des Produzenten zurückzuvermitteln, bedarf es offenbar mehrerer „Lesedurchgänge". Anzahl und methodische Anordnung dieser Durchgänge werden nicht zuletzt von der Leseabsicht (z.B. vom Forschungsinteresse) und der Texteigenart (z.B. Schulaufsatz, Interview) abhängen. In den Lesedurchgängen geschieht via Rekonstruktion/Interpretation/Evaluation eine „Übersetzung der Übersetzung" in ideologiekritisch-praktischer Absicht. Bei dieser neuerlichen Übersetzungsarbeit werden biographische Darstellungen sowie deren ideologische Rechtfertigungssysteme als empirische Phänomene bzw. moralphilosophische Vorstellungen den vorfindbaren Lebensweltrealitäten zugezählt, um dann im Interpretationsprozeß ein *kritisches Wissen* über diese Realitäten hervorzubringen.

Der „tiefere Blick des kritischen Wissens" (URBANČIČ 1977, S. 103) und die „bewußt-kritische, von begreifender Erkenntnis geleitete gesellschaftliche Praxis" (HOLZKAMP 1973, S. 362) nehmen das sogenannte positive Wissen des Alltagsbewußtseins als eine zweifache Realität wahr: „Einmal ist es ein ideeller Ausdruck der Realität und ist so mit ihr struktural identisch; dann aber entspricht es in einer noch tieferen Schicht der Realität als ein in sich verkehrtes Negativ seiner selbst: die Moralität verkehrt sich unter der Oberfläche des moralischen Bewußtseins in die Unmoralität; oder dasselbe in der Sprache der Ökonomie: das Verhältnis des Austausches der äquivalenten Tauschwerte verkehrt sich in der verborgenen Tiefe hinter diesem Schein in nicht äquivalenten Austausch" (URBANČIČ 1977, S. 106).

Wir haben gesehen, daß die Transformation positiven Wissens in ein kritisches Wissen nicht an einem gesonderten Ort stattfindet, sondern in den kapitalistischen Alltag eingebunden ist, d. h. kritisches Wissen wird auch – unsystematisch und topologisch verkürzt – von jenen als „Gegen(kon)text" produziert, die den Alltag praktisch und nicht über wissenschaftliches Nachdenken bewältigen.

Als *wissenschaftliches Verfahren* ist das dialektische Lesen in unserer arbeitsteiligen Gesellschaft freilich wenigen vorbehalten, weshalb es aber nicht grundsätzlich anders zu konzipieren ist. Als wissenschaftliches Verfahren bricht es mit dem mehr oberflächenverhafteten Alltagsbewußtsein lediglich radikaler und systematischer. Es versucht alle Bezüge zur gesellschaftlichen Totalität interpretativ auszudeuten, um begreifende Erkenntnis und kritische Praxis wahr zu machen. „Daran läßt sich die Kühnheit eines Unternehmens ermessen, das aus seinem methodischen Gewissen heraus mit dem oberflächlichen Sinnverständnis bricht und sich damit von vornherein jede Zuflucht zu greifbaren Beweisen abschneidet, mit denen sich die Positivisten, die ‚erdverbundenen Leute' begnügen – denn Dokumente können die Wahrheit einer Deutung nur insoweit bezeugen, als sie sich nach den gleichen Kriterien interpretieren lassen, wie das, wofür sie zeugen" (BOURDIEU 1974, S. 143).

Für das Gelingen dieses Unternehmens gibt es wenig Rezepte und keine Garantien. Gleichwohl ist dialektisches Lesen kein ausschließliches Produkt zufälliger, individueller Kompetenzen. Damit dialektisches Lesen stattfindet, bedarf es bestimmter Lehr- und Lernsituationen sowie eines kontrollierbaren Verständigungsverfahrens; aber selbst dann wird dialektisches Lesen nicht vollständig gelingen: Es gibt kein Verfahren, das zum „totalen" Verständnis führt – Deutung verdankt sich allein dem Umstand, daß es auch Undeutbares gibt (vgl. DERRIDA 1979). Die These von der „Nichtabschließbarkeit jeder Interpretationsgeschichte" (GATZEMEIER 1973, S. 294) bewahrheitet sich in den unverstandenen Resten, die zu wiederholtem Lesen auffordern.

5 Hinweise für ein kritisches Textlesen

Abschließend sollen nun einige Hinweise gegeben werden, die zu einem realistischen Einstieg in das Verfahren des dialektischen Lesens verhelfen sollen.

(1.) Indem dialektisches Lesen als Übersetzungsarbeit eine bereits vorangegangene Übersetzungsarbeit reflexiv einholt, läßt sich das Verfahren *sowohl als eine Hermeneutik des Verstehens wie auch als eine Hermeneutik des Handelns* begreifen (vgl. KIMMERLE 1979). Jede Übersetzungshandlung ist ein Moment der dem hermeneutischen Verstehen inhärenten Praxisstruktur. „Praxis" (als gesellschaftliche Totalität) ist dem methodischen Zugang des „Verstehens" analytisch und begrifflich überzuordnen. Die Praxis umgreift das Verstehen: Alles, was die Menschen im Alltag und in der Wissenschaft sinnlich erfahren, ordnen und verständig beurteilen, ist immer schon gesellschaftlich präformiert.

Praxis ist demnach mehr als die Summe subjektiver Sinnentwürfe und individueller Handlungen, die innerhalb einer konkreten Lebenswelt geleistet werden; durch den antagonistischen Zusammenhang von Lohnarbeit und Kapital erhält sie ihre in geschichtliche Subjektivität nicht auflösbare Struktur, „die schon vor aller (im relativistischen Sinn) ‚subjektiven' Interpretation eine *allgemeine*, kollektiver Praxis entstammende *Form* erlangt hat" (SCHMIDT 1974. S. 283). Dadurch ist sichergestellt, daß die „unsichtbare Allgegenwart kapitalistischer Produktionsverhältnisse im täglichen Leben der Menschen" (ebd., S. 283) auch Übersetzungs-, Verstehens- und Interpretationshandlungen als „bestimmte Interaktionsformen" der praktischen Ideologiekritik und analytischen Reflexion zugänglich macht.

Innerhalb der gesellschaftlichen Referenzstruktur, die hier mit „Lohnarbeit und Kapitalverwertung" nur als Kurzformel angesprochen wurde, beziehen sich Kritik und Reflexion vorwiegend auf folgende Elemente bzw. Relationen: Autor/Bedürfnisstruktur, Text/Darstellungsform, Interpret/Erkenntnisinteresse, Übersetzungshandlung/Interpretationsmethode.

(2.) Für die Übersetzungshandlung des Interpreten lassen sich einige *formale Schritte* angeben, die zugleich *Möglichkeiten der Verständigungskontrolle* aufzeigen; d.h. eine kommunikative Validierung könnte dieselben Schritte nachvollziehen. Nach GATZEMEIER (1973) können hier vier methodische Schritte genannt werden:

a) *Reflexion auf die Interpretationsabsicht und die Auswahl von Textart und Textausschnitt:* Es kann z.B. ein Ergebnis dieser Reflexion sein, daß der Interpret den Text schriftsprachlich verändert oder pragmatisch zusätzliche Selektionskriterien verwendet, um Textstellen, Sätze, Wörter usw. auszuscheiden, die er im Rahmen seines „Beweisganges" für irrelevant hält[18].

b) *Herstellung eines synonymen Textes:* Der Interpret versucht alle jene Textstellen, die er für unklar und/oder erläuterungsbedürftig hält, durch andere Textstellen (ev. auch aus anderen Schriften) desselben Autors zu erweitern und belegen (immanente Rekonstruktion).

c) *Rekonstruktion des Beweisganges:* Der Interpret versucht den Argumentationsgang des Autors nachzuvollziehen, wobei er sein eigenes Vorverständnis über den Textinhalt und seinen eigenen Sprachgebrauch mit dem des Autors hinsichtlich der „Logik des Beweisganges" und der Wortwahl vergleicht und durch „praktische Kritik" der Beweis- und Wortgebrauchsabsicht schließlich eine Version legitimatorisch absichert (systematisch-kritische Rekonstruktion).

d) *Fortführung der Argumentation:* Der Interpret versucht die Ergebnisse der bisherigen Rekonstruktion systematisch anzuwenden, in neue Kontexte zu stellen, um sie dort weiter auszubauen (systematisch-konstruktive Rekonstruktion).

(3.) Das dialektische Lesen ist gleichzeitig ein *bereichsspezifisches und mehrdimensionales Verfahren*, d.h. der Lesende arbeitet (bzw. mehrere Lesende arbeiten) an einer bestimmten „Interpretationsgeschichte", der ein bestimmter Text zugrunde liegt (z.B. die Autobiographie eines Schülers). Die Interpretationsgeschichte wird innerhalb einer bzw. für eine Interpretationsgemeinschaft rekonstruiert. Dabei können verschiedene „Lesearten" eingesetzt werden, die als Ergebnis verschiedene, auch sich widersprechende Interpretationen zulassen. Obwohl oder gerade weil die Übersetzungsarbeit häufig zu verschiedenen Ergebnissen führt, verweist die Reflexion über die verschiedenen methodischen Denk- und Interpretationsweisen der Übersetzer auf die einheitsstiftenden Ursprünge der Konstitution menschlicher Subjektivität. Deshalb gibt es auch genügend Versuche, den spezifischen Status des Menschen, seine Existenz als „Subjekt-Objekt" intentional zu deuten, um von dieser Bestimmung aus heuristische Kriterien für die phänomenologische Analyse seiner Existenzweise zu gewinnen.

Solch einen Versuch legen z.B. Graumann/Métraux (1977) vor, wenn sie im Verlauf ihres Plädoyers für eine „phänomenologische Orientierung in der Psychologie" die spezifische Person-Umwelt-Beziehung durch *Intentionalität* charakterisieren: „Intentionalität meint die doppelte Zentrierung alles psychischen Lebens, daß alles Bewußtsein Bewußtsein von ... ist und jede Gegenständlichkeit, ob als Wirklichkeit oder Möglichkeit, als mir geltende mit einer konkreten Form des Gerichtetseins korreliert. Was immer ich erfahre (erlebe, wahrnehme, denke, fühle u.ä.), erfahre ich in einem mehr oder minder bestimmten Sinn, der anders sein kann für andere, anders für mich zu anderer Zeit, der sich wandelt" (Graumann/Métraux 1977, S. 42).

Da nach Auffassung der Autoren die Intentionalität zwar eine Beziehung sui generis ist, die allerdings nur in der konkreten Einzelsituation empirisch untersucht werden kann, und selbst dann nur, wenn die „Erfahrung sich selber sprachlich anzulegen und mitzuteilen vermag" (ebd., S. 43), liegt ein paradigmatischer Fall vor, bei dem „strukturanalytische" und „situationsanalytische" Kriterien als Elemente „fundierender und damit notwendiger Bedingungen menschlicher Existenz" (ebd., S. 48) aufeinander verweisen.

In diesem Zusammenhang werden mehrere solcher Elemente genannt:

a) „*Umwelt*": Zur Umwelt gehört nicht nur die personale und dingliche Umgebung, der Berufsalltag einer Person, sondern auch ihre Kindheit, ihre Träume und Hoffnungen, kurz: alle gewesenen und gegenwärtigen, wirklichen und potentiellen Vorstellungswelten, die uns nur über Geschichten und Schilderungen erschließbar sind.

Vgl. dazu den Text A, in dem uns diese Umwelt als institutionelle und personale Macht, als intellektuelle und gesellschaftliche Anforderungsstruktur, die die Kämpfe, Ängste und Hoffnungen bestimmt, dargestellt wird.

b) „*Leiblichkeit*": Das Individuum kann von seiner Körperlichkeit nicht absehen. Der Körper ist mitunter Ort sozialer und politischer Auseinandersetzungen. „In seiner Leiblichkeit erfährt sich der einzelne als gewandt oder ungeschickt mit den Händen, als krank oder behindert, vor allem aber auch im Spiegel des anderen als attraktiv oder abstoßend, zu dick oder zu alt" (ebd., S. 45).

Vgl. dazu z.B. die direkte Körperbezogenheit im Text A, die durch die „körperliche Schwäche" angesprochen ist, und die indirekte Körperbezogenheit des Textes B, in dem mehrfach von „Loslösung", „Abschnitt", „Einschnitt" gesprochen wird.

c) „*Soziabilität*": Der Mensch erfährt sich in den Reaktionen der anderen – bereits vor aller Sprache

18 Hier liegt eine weitere Übersetzungsarbeit vor, die es gegebenenfalls gleich doppelt zu berücksichtigen gilt: (a) bei einer Transformation von umgangssprachlicher Sprechtätigkeit in eine verschriftlichte Sprechsprache (z.B. Transkriptionsvorgang beim Niederschreiben eines Interviews); (b) von verschriftlichter Sprechsprache in „öffentliche Sprache" (z.B. Umschreiben von Mundartausdrücken oder nur subkulturell verständlichen Begriffen).

und verbaler Reflexion auf Körperwirkungen sowie unabhängig von der physischen Präsenz anderer: „Gleich, ob ich mit anderen zusammen oder alleine bin, immer sind die anderen, persönlich oder anonym, oft nur in Dingen, die von ihnen stammen, mit da" (ebd., S. 45).
Vgl. z.B. das im Text A genannte „schlechte Gewissen", das als soziale Reaktion auf divergierende Lebensweltansprüche interpretiert werden kann.

d) „*Historizität*": Das Dasein der Dinge und Personen in der Umwelt, die eigene Existenz, verweisen auf die zeitliche Dimension, in der Gegenstände und Verhältnisse entstanden sind, vergehen werden und sich folglich auch dem planenden, verändernden und Ängste auslösenden Zugriff nicht entziehen können. „Ich selbst, die anderen Menschen und die von Menschen gemachten und bezeichneten Dinge stehen in einem Horizont der Zeitlichkeit, den wir in bezug auf die Sozialität von Personen und ihren Umwelten als Horizont der Geschichtlichkeit bezeichnen und der Horizonthaftigkeit oder Perspektivität alles Erlebens zuordnen" (ebd., S. 46).
Vgl. z.B. die Bedeutung, die im Text B dem „Beginn" des Studiums in Relation zum „bisherigen Leben" beigemessen wird; nun erscheint vieles „erstmals möglich".

Der Versuch, den Menschen von seiner anthropologischen Konstitution her zu denken und seine Lebenswelt hinsichtlich apriorischer Intentionalitäten zu analysieren, führt allerdings nicht notwendig zu jenen historisch-materialistischen Kategorien, nach denen die dialektische Methode verlangt. „Historizität" beispielsweise – als phänomenologisch reduzierte Daseinskategorie – birgt die Gefahr in sich, Geschichtlichkeit als ein Moment sich stets wiederholender, von menschenlichen Arbeitsweisen unabhängiger Existenz zu denken, wodurch die „gedachte Wiederholung eines gedachten Menschen" (BROEKMAN 1978, S. 14) zum leitenden methodischen Prinzip rekonstruktiver Interpretation würde. Die Historizität, wie sie innerhalb dialektisch verfahrender Methoden verstanden wird, ist von der besonderen Form des Stoffwechsels zwischen Menschen und Natur, d.h. konkret: von der industriellen Lebensform, nicht zu trennen.
Wenn tatsächlich „die Geschichte der *Industrie* und das gewordene *gegenständliche* Dasein der Industrie das *aufgeschlagene* Buch der *menschlichen* Wesenskräfte, die sinnlich vorliegende menschliche *Psychologie* ist" (MARX, MEW Bd. III, S. 542/543), dann beruht die Identität des geschichtlichen Menschen nicht zuletzt auf dem Bewußtsein seiner Entfremdung. Dieses Identitätsbewußtsein erfährt sich aber nicht nur über seine eigene Verdinglichung und Warenform, gleichzeitig weiß es von der geschichtlichen Möglichkeit einer „anderen Gesellschaft"; es besitzt demnach auch (vor- oder halbbewußt) Vorstellungen über einen alternativen Kontext, in dem universelle Sinnlichkeit und nicht entfremdete Erfahrung möglich sind.
Wie wir gesehen haben, kann dialektisches Lesen diesen Bruch, dieses gespaltene Bewußtsein, als Doppelheit von Text und Gegen(kon-)text interpretativ rekonstruieren, kann innerhalb der einheitsstiftenden Sinnkonstruktion den Bedeutungswechsel festmachen, der auf das Unterdrückte, Verdrängte und Gewünschte hinweist, das die Kehrseite der industriellen Lebensform bildet. „Diese Dialektik (...) entgeht einem Rationalismus, der den Anstoß des Neuartigen durch ein- für allemal festliegende apriorische Form abfängt und damit das Erkennen zu einem Wiedererkennen degradiert. Diese Dialektik entgeht aber auch einem Empirismus, der das Ungewohnte als bloße faktische Irregularität registriert und ewig hinter den Tatsachen herläuft" (WALDENFELS 1977, S. 151).

Literatur

ALLERT, T.: Legitimation und gesellschaftliche Deutungsmuster. Zur Kritik der politischen Krisentheorie. In: EBBIGHAUSEN, R. (Hrsg.): Bürgerlicher Staat und politische Legitimation. Frankfurt, Suhrkamp 1976, S. 217–244.

BAACKE, D./SCHULZE, Th. (Hrsg.): Aus Geschichten lernen. München, Juventa 1979.

BECKER, H.: Typologisches Verstehen. In: BÜHL, W. L. (Hrsg.): Verstehende Soziologie. Grundzüge und Entwicklungstendenzen. München, Nymphenburger Verlagshandlung 1972, S. 214–252.

BEHRENDT, R./GRÖSCH, D.: Biographische Verfahren in der Bildungsarbeit mit Arbeiterjugendlichen. In: BROCK, A./MÜLLER, H. D./NEGT, O. (Hrsg.): Arbeiterbildung. Soziologische Phantasie und exemplarisches Lernen in Theorie, Kritik und Praxis. Reinbek, Rowohlt 1978, S. 198–219.

BITTNER, G.: Zur psychoanalytischen Dimension biographischer Erzählungen. In: Neue Sammlung 18 (1978), S. 332–338.

BOURDIEU, P. Zur Soziologie der symbolischen Formen. Frankfurt, Suhrkamp 1974.

BOURDIEU, P.: Entwurf einer Theorie der Praxis auf der ethnologischen Grundlage der kabylischen Gesellschaft. Frankfurt, Suhrkamp 1976.

BROEKMAN, J. M.: Die Einheit von Theorie und Praxis als Problem von Marxismus, Phänomenologie und Strukturalismus. In: WALDENFELS, B./BROEKMAN, J. M./PAŽANIN, A. (Hrsg.): Phänomenologie und Marxismus. Bd. 1: Konzepte und Methoden. Frankfurt, Suhrkamp 1977a, S. 159–177.

BROEKMAN, J. M.: ‚Meaning in the use' oder die praktisch-philosophische Bedeutungslosigkeit der Theorie der Bedeutung. In: WALDENFELS, B./BROEKMAN, J. M./PAŽANIN, A. (Hrsg.): Phänomenologie und Marxismus. Bd. 2: Praktische Philosophie. Frankfurt, Suhrkamp 1977b, S. 158–177.

BROEKMAN, J. M.: Sozialphilosophie in Phänomenologie und Marxismus – statt eines Vorworts. In: WALDENFELS, B./BROEKMAN, J. M./PAŽANIN, A. (Hrsg.): Phänomenologie und Marxismus. Bd. 3: Sozialphilosophie. Frankfurt, Suhrkamp 1978, S. 8–17.

BÜHL, W. L. (Hrsg.): Verstehende Soziologie. Grundzüge und Entwicklungstendenzen. München, Nymphenburger Verlagshandlung 1972.

COREY, S. M./HERRIK, V. E.: The Developmental Tasks of Children and Young People. In: SEIDMAN, J. (Hrsg.): The Child. A Book of Readings. New York, Holt, Rinehard & Winston 1963, S. 31–41.

DENZIN, N. K.: The Research Act. A Theoretical Introduction to Sociological Methods. Chicago, Aldine Pub. Comp. 1970.

DERRIDA, J.: Die Stimme und das Phänomen. Ein Essay über das Problem des Zeichens in der Philosophie Husserls. (Aus dem Französischen übersetzt und mit einem Vorwort versehen von J. HÖRISCH.) Frankfurt, Suhrkamp 1979.

DEVEREUX, G.: Angst und Methode in den Verhaltenswissenschaften. München, Ullstein 1976.

DITTRICH, E./DITTRICH-JACOBI, J.: Autobiographie als Quelle zur Sozialgeschichte der Erziehung. In: BAACKE, D./SCHULZE, Th. (Hrsg.): Aus Geschichten lernen. München, Juventa 1979, S. 99–119.

DUBIEL, H.: Wissenschaftsorganisation und politische Erfahrung. Studien zur frühen Kritischen Theorie. Frankfurt, Suhrkamp 1978.

EBERLE, F./HENNIG, E.: Anmerkungen zum Verhältnis von Theorie und Empirie. In: Gesellschaft. Beiträge zur Marxschen Theorie 2. Frankfurt, Suhrkamp 1974, S. 7–110.

FLITNER, A.: Eine Wissenschaft für die Praxis?. In: Zeitschrift für Pädagogik 24 (1978), S. 183–193.

FUCHS, W.: Lebenslauf im Geschichtsprozeß. Biographisches und historisches Bewußtsein von Arbeitern. Skizze zu einem Forschungsprojekt (November 1977). In: Einundzwanzig (Marburg) 1978, Heft 6, S. 112–162.

GARFINKEL, H./SACKS, H.: Über formale Strukturen praktischer Handlungen. In: WEINGARTEN, E./SACK, F./SCHENKEIN, J. (Hrsg.): Ethnomethodologie. Beiträge zu einer Soziologie des Alltagshandelns. Frankfurt, Suhrkamp 1976, S. 130–178.

GATZEMEIER, M.: Methodische Schritte einer Textinterpretation in philosophischer Absicht. In: KAMBARTEL, F./MITTELSTRASS, J. (Hrsg.): Zum normativen Fundament der Wissenschaft. Frankfurt, Athenäum 1973, S. 281–317.

GOFFMAN, E.: Asyle. Über die soziale Situation psychiatrischer Patienten und anderer Insassen. Frankfurt, Suhrkamp 1973.

GORZ, A.: Der Wissenschaftler als Arbeiter. In: Technologie und Politik 2. Reinbek, Rowohlt 1975, S. 5–20.

GOTTSCHALCH, W.: Schülerkrisen. Autoritäre Erziehung, Flucht und Widerstand. Reinbek, Rowohlt 1977.

GRAUMANN, H. M.: Das Verstehen. Versuch einer historisch-kritischen Einleitung in die Phänomenologie des Verstehens. In: BALMER, H. (Hrsg.): Die europäische Tradition. Die Psychologie des 20. Jahrhunderts, Band I. Zürich, Kindler 1976, S. 159–271.

GRAUMANN, C. F./MÉTREAUX, A.: Die Phänomenologische Orientierung in der Psychologie. In: SCHNEEWIND, K. A. (Hrsg.): Wissenschaftstheoretische Grundlagen der Psychologie. München, Reinhardt 1977, S. 27–54.

GROSS, P.: Reflexion, Spontaneität und Interaktion. Zur Diskussion soziologischer Handlungstheorien. Stuttgart-Bad Cannstatt, Frommann/Holzboog 1972.

GRUNENBERG, A./VOIGT, B.: Das merkwürdige Interesse an Biographien. In: Berliner Hefte 1977, Heft 5, S. 28–37.

GSTETTNER, P.: Zur Organisation von Wissenschaftsprozessen und Handlungszusammenhängen im Projekt „Bildungsforschung in Südtirol". In: HAMEYER, U./AREGGER, K./FREY, K. (Hrsg.): Bedingungen und Modelle der Curriculuminnovation. Bericht über das CERI/IPN-Seminar vom 28. September bis 11. Oktober 1975 in Schliersee/Obb. Weinheim/Basel, Beltz 1976, S. 309–324.

GSTETTNER, P.: Aktionsforschung. In: Literatur Rundschau. Sozialarbeit/Sozialpädagogik/Soziale Probleme (Sonderheft der Neuen Praxis) 1 (1978a), H. 1, S. 66–70.

GSTETTNER, P.: Menschliche Entwicklung verstehen lernen. In: MACHOLD, M./POSCH, P./THONHAUSER, J. (Hrsg.): Österreichische Beiträge zur Bildungsforschung. Reader. Wien, Verlag des Instituts für Bildungs- und Entwicklungsforschung 1978b, S. 37–53.

GSTETTNER, P. (Hrsg.): Erfahrungen mit Elternarbeit. Konzepte, Praxishilfen und Perspektiven für Kindergarten und Grundschule. Wien/München, Jugend & Volk 1979a.

GSTETTNER, P.: Distanz und Verweigerung. Über einige Probleme zu einer erkenntnisrelevanten Aktionsforschungspraxis zu kommen. In: HORN, K. (Hrsg.): Aktionsforschung: Balanceakt ohne Netz? Methodische Kommentare. Frankfurt, Syndikat 1979b, S. 163–205.

GSTETTNER, P.: Störungs-Analysen. Methodologische Hinweise für eine kritische Re-Interpretation von entwicklungspsychologisch relevanten Tagebuchaufzeichnungen. In: BAACKE, D./SCHULZE, Th. (Hrsg.): Aus Geschichten lernen. München, Juventa 1979c, S. 146–181.

GSTETTNER, P./SEIDL, P.: Sozialwissenschaft und Bildungsreform. Köln, Kiepenheuer & Witsch 1975.

HABERMAS, J.: Ein Literaturbericht (1967): Zur Logik der Sozialwissenschaften. In: HABERMAS, J.: Zur Logik der Sozialwissenschaften. Frankfurt, Suhrkamp 1970, S. 71–310.

HACK, L.: Subjektivität im Alltagsleben. Zur Konstitution sozialer Relevanzstrukturen. Frankfurt/New York, Campus 1977.

HEINZE, Th./KLUSEMANN, H.-W. (Hrsg.): Lebensweltanalyse von Fernstudenten. Theoretische und methodenpraktische Überlegungen zur Interpretation narrativer Interviews. Werkstattbericht Fernuniveristät Hagen (polykop.) 1978.

HEINZE, Th./KLUSEMANN, H.-W.: Versuch einer sozialwissenschaftlichen Paraphrasierung am Beispiel des Ausschnitts einer Bildungsgeschichte. In: BAACKE, D./SCHULZE, Th. (Hrsg.): Aus Geschichten lernen. München, Juventa 1979, S. 182–225.

HOLZKAMP, K.: Sinnliche Erkenntnis – Historischer Ursprung und gesellschaftliche Funktion der Wahrnehmung. Frankfurt, Athenäum 1973.

HÖRISCH, J.: Das Sein der Zeichen und das Zeichen des Seins. Marginalien zu Derridas Ontosemiologie. In: DERRIDA, J.: Die Stimme und das Phänomen. Frankfurt, Suhrkamp 1979, S. 7–50.

HOLZKAMP-OSTERKAMP, U.: Die Besonderheit menschlicher Bedürfnisse – Problematik und Erkenntnisgehalt der Psychoanalyse. Frankfurt, Campus 1976.

HORN, K. (Hrsg.): Kritik der Hochschuldidaktik. Frankfurt, Syndikat 1978.

HORN, K. (Hrsg.): Aktionsforschung: Balanceakt ohne Netz? Methodische Kommentare. Frankfurt, Syndikat 1979.

ILJENKOW, E. W.: Die Dialektik des Abstrakten und Konkreten im ,Kapital' von Marx. In: SCHMIDT, A. (Hrsg.): Beiträge zur marxistischen Erkenntnistheorie. Frankfurt, Suhrkamp 1969, S. 87–127.

KIEPER, M.: Reginas Geschichte. Interpretation eines biographischen Interviews mit einem Heimmädchen. In: BAAKKE, D./SCHULZE, Th. (Hrsg.): Aus Geschichten lernen. München, Juventa 1979, S. 226–262.

KIMMERLE, G.: Hermeneutik des Handelns. In: SIMON, G./STRASSNER, E. (Hrsg.): Sprechen – Denken – Praxis. Zur Diskussion neuer Antworten auf eine alte Frage in Praxis, Wissenschaft und Philosophie. Weinheim/Basel, Beltz 1979, S. 223–248.

KÖCKEIS-STANGL, E. u.a.: Bildungsprobleme unter der Lupe. In: Schriftenreihe des Assessorates für Öffentlichen Unterricht und Kultur, Heft 1. Bozen (polykop.) 1974.

KÖCKEIS-STANGL, E.: Bildungsforschung in Südtirol. In: Österreichische Zeitschrift für Soziologie 1 (1976), S. 49–51.

KOSÍK, K.: Gesellschaftliches Sein und ökonomische Kategorien. In: MOHL, Th. E. u.a.: Folgen einer Theorie. Essays über ,Das Kapital' von Karl Marx. Frankfurt, Suhrkamp 1967, S. 94–102.

LAING, R. D./PHILLIPSON, M./LEE, A. R.: Interpersonelle Wahrnehmung. Frankfurt, Suhrkamp 1971.

LANDGREBE, L.: Lebenswelt und Geschichtlichkeit des menschlichen Daseins. In: WALDENFELS, B./BROEKMAN, J. M./PAŽANIN, A. (Hrsg.): Phänomenologie und Marxismus. Bd. 2: Praktische Philosophie. Frankfurt, Suhrkamp 1977, S. 13–58.

LEFÈBVRE, H.: Soziologie der Erkenntnis und Ideologie. In: MOHL, Th. E. u.a.: Folgen einer Theorie. Essays über ,Das Kapital' von Karl Marx. Frankfurt, Suhrkamp 1967, S. 130–154.

LEFÈBVRE, H.: Zum Begriff der ,Erklärung' in der politischen Ökonomie und in der Soziologie. In: SCHMIDT, A. (Hrsg.): Beiträge zur marxistischen Erkenntnistheorie. Frankfurt, Suhrkamp 1969, S. 153–175.

LEITHÄUSER, Th.: Formen des Alltagsbewußtseins. Frankfurt/New York, Campus 1976.

LEITHÄUSER, Th. u.a.: Entwurf zu einer Empirie des Alltagsbewußtseins. Frankfurt, Suhrkamp 1977.

LIEBEL, M./SCHONIG, B.: Soziobiographische Zugänge zur Geschichte der Arbeiterjugend. In: Probleme des Klassenkampfs 8 (1978), H. 4, S. 127–146.

LORENZEN, P./INHETVEEN, R.: Die Einheit der Wissenschaften. In: KAMBARTEL, F./MITTELSTRASS, J. (Hrsg.): Zum normativen Fundament der Wissenschaft. Frankfurt, Athenaum 1973, S. 70 78.

LORENZER, A.: Sprachzerstörung und Rekonstruktion. Vorarbeiten zu einer Metatheorie der Psychoanalyse. Frankfurt, Suhrkamp 1970.

LORENZER, A.: Zur Begründung einer materialistischen Sozialisationstheorie. Frankfurt, Suhrkamp 1972.

LÜDERSSEN, K.: Autobiographische Texte und Kriminalpolitik. In: LÜDERSSEN, K./SEIBERT, Th.-M. (Hrsg.): Autor und Täter. Frankfurt, Suhrkamp 1978, S. 9–52.

LÜDTKE, A.: Alltagswirklichkeit, Lebensweise und Bedürfnisartikulation. In: Gesellschaft. Beiträge zur Marxschen Theorie 11. Frankfurt, Suhrkamp 1978, S. 311–350.

MAHNKOPF, B.: Geschichte und Biographie in der Arbeiterbildung. In: BROCK, A./MÜLLER, H. D./NEGT, O. (Hrsg.): Arbeiterbildung. Soziologische Phantasie und exemplarisches Lernen in Theorie, Kritik und Praxis. Reinbek, Rowohlt 1978, S. 87–123.

MÁRKUS, G.: Über die erkenntnistheoretischen Ansichten des jungen Marx. In: SCHMIDT, A. (Hrsg.): Beiträge zur marxistischen Erkenntnistheorie. Frankfurt, Suhrkamp 1969, S. 18–72.

MILLER, G. A.: Assessment of Psychotechnology. In: American Psychologist 25 (1970), S. 991–1001.

MISIAK, H./SEXTON, V. S.: Phenomenological, Existential and Humanistic Psychologies: A Historical Survey. New York, Grune & Stratton 1973.

NEGT, O.: Marxismus und Arbeiterbildung – Kritische Anmerkungen zu meinen Kritikern. In: BROCK, A./MÜLLER, H. D./NEGT, O. (Hrsg.): Arbeiterbildung. Soziologische Phantasie und exemplarisches Lernen in Theorie, Kritik und Praxis. Reinbek, Rowohlt 1978, S. 43–86.

OSTERLAND, M.: Lebensgeschichtliche Erfahrung und gesellschaftliches Bewußtsein. Anmerkungen zur soziobiographischen Methode. In: Soziale Welt 24 (1973), S. 409–417.

REESE, H./OVERTON, W. F.: Models of Development and Theories of Development. In: GOULET, L. R./BALTES, P. B. (Hrsg.): Life-Span Developmental Psychology: Research and Theory. New York, Academic Press 1970, S. 115–145.

RICOEUR, P.: The Model of the Text: Meaningful Action Considered as a Text. In: Social Research 38 (1971), S. 529–562.

RIEGEL, K. F.: Developmental Psychology and Society: Some Historical and Ethical Considerations. In: NESSELROADE, J. R./REESE, H. W. (Hrsg.): Life-Span Developmental Psychology: Methodological Issues. New York, Academic Press 1973, S. 1–23.

RIEGEL, K. F.: Adult Life Crises: Toward a Dialectic Theory of Development. In: DATAN, N./GINSBERG, L. H. (Hrsg.): Life-Span Developmental Psychology: Normative Life Crises. New York, Academic Press 1975, S. 97–124.

RIEGEL, K. F.: Psychology of Development and History. New York/London, Plenum Press 1976.

RITSERT, J.: Wissenschaftsanalyse als Ideologiekritik. Frankfurt/New York, Campus 1975.

RITSERT, J. (Hrsg.): Zur Wissenschaftslogik einer kritischen Soziologie. Frankfurt, Suhrkamp 1976.

RITSERT, J.: Denken und gesellschaftliche Wirklichkeit 1. Arbeitsbuch zum klassischen Ideologiebegriff. Frankfurt/New York, Campus 1977.

RITSERT, J./BRUNKHORST, H.: Theorie, Interesse, Forschungsstrategien. Probleme kritischer Sozialforschung. Frankfurt/New York, Campus 1978.

SCHMIDT, A.: Einleitung. In: SCHMIDT, A. (Hrsg.): Beiträge zur marxistischen Erkenntnistheorie. Frankfurt, Suhrkamp 1969, S. 7–17.

SCHMIDT, A.: Praxis. In: Gesellschaft. Beiträge zur Marxschen Theorie 2. Frankfurt, Suhrkamp 1974, S. 264–306.

SCHNEIDER, M.: Neurose und Klassenkampf. Materialistische Kritik und Versuch einer emanzipativen Neubegründung der Psychoanalyse. Reinbek, Rowohlt 1973.

SCHNEIDER, P. K.: Theorie normativer Vernunft bei Karl Marx. München, Raith 1976.

SCHÜLEIN, J. A.: Selbstbetroffenheit. Über Aneignung und Vermittlung sozialwissenschaftlicher Kompetenz. Frankfurt, Syndikat 1977.

SEBAG, J.: Marxismus und Strukturalismus. Frankfurt, Suhrkamp 1967.

SEEGER, F.: Relevanz und Entwicklung der Psychologie. Darmstadt, Steinkopff 1977.

SEIDL, P. u. H. (Hrsg.): Bildungsforschung für eine demokratische Schule. Wien/München, Jugend & Volk 1977.

SEYWALD, A.: Körperliche Behinderung. Grundfragen einer Soziologie der Benachteiligten. Frankfurt/New York, Campus 1977.

Sève, L.: Marxismus und Theorie der Persönlichkeit. Frankfurt, Marxistische Blätter 1972.

Siemek, M. J.: Marxismus und hermeneutische Tradition. In: Waldenfels, B./Broekman, J. M./Pažanin, A. (Hrsg.): Phänomenologie und Marxismus. Bd. 1: Konzepte und Methoden. Frankfurt, Suhrkamp 1977a, S. 45–70.

Siemek, M. J.: Dialektik als Epistemologie der Praxis. In: Waldenfels, B./Broekman, J. M./Pažanin, A. (Hrsg.): Phänomenologie und Marxismus. Bd. 2: Praktische Philosophie. Frankfurt, Suhrkamp 1977b, S. 59–93.

Szczepański, J.: Die biographische Methode. In: König, R. (Hrsg.): Handbuch der Sozialforschung. 1. Band. Stuttgart, Enke 1962, S. 551–569.

Thomae, H.: Fallstudie und Längsschnittuntersuchung. In: Strube, G. (Hrsg.): Binet und die Folgen. Psychologie des 20. Jahrhunderts, Band V. Zürich, Kindler 1977, S. 213–235.

Tjaden-Steinhauer, M.: Gellschaftstheoretische Aspekte der Bewußtseinsanalyse. In: Hülst, D./Tjaden, K. H./Tjaden-Steinhauer, M.: Methodenfragen der Gesellschaftsanalyse. Frankfurt, Athenäum 1973, S. 73–106.

Tristram, W.: Allgemeine Formbestimmung des bürgerlichen Staates: Zur Kritik des Staatsbegriffs in der Theorie des staatsmonopolistischen Kapitalismus. In: Ebbighausen, R. (Hrsg.): Monopol und Staat. Zur Marx-Rezeption in der Theorie des staatsmonopolistischen Kapitalismus. Frankfurt, Suhrkamp 1974, S. 98–136.

Urbančič, I.: Marx' Kritik der Moral als ein Weg zum Problem seiner Philosophie im Ganzen. In: Waldenfels, B./Broekman, J. M./Pažanin, A. (Hrsg.): Phänomenologie und Marxismus. Bd. 2: Praktische Philosophie. Frankfurt, Suhrkamp 1977, S. 94–133.

Vinnai, G.: Das Elend der Männlichkeit. Heterosexualität, Homosexualität und ökonomische Struktur. Elemente einer materialistischen Psychologie. Reinbek, Rowohlt 1977.

Waldenfels, B: Möglichkeiten einer offenen Dialektik. In: Waldenfels, B./Broekman, J. M./Pažanin, A. (Hrsg.): Phänomenologie und Marxismus. Bd. 1: Konzepte und Methoden. Frankfurt, Suhrkamp 1977, S. 143–158.

Waldenfels, B.: Im Labyrinth des Alltags. In: Waldenfels, B./Broekman, J. M./Pažanin, A. (Hrsg.): Phänomenologie und Marxismus. Bd. 3: Sozialphilosophie. Frankfurt, Suhrkamp 1978, S. 18–44.

Wunderlich, D.: Studien zur Sprechakttheorie. Frankfurt, Suhrkamp 1976.

5

Untersuchungen zu zentralen Instanzen der Sozialisation

Sozialisation in der Familie

Kurt Kreppner

Die Thematisierung von Sozialisation als der „zweiten Geburt des Menschen" hat eine Reihe von Fragen aufgeworfen, die alte Probleme in einem neuen Licht erscheinen lassen. Die Streitfrage nach der entscheidenden Auswirkung von „Anlage oder Umwelt" auf die Entwicklung des Kindes wurde abgelöst von der Frage, welche Komponenten der Sozialisation zu bestimmten Qualifikationen oder Dequalifikationen führen können. Vielleicht sind es vor allem zwei Erkenntnisse, die in der Vergangenheit dazu geführt haben, daß sich beim Thema Sozialisation auch in der Forschung neue Schwerpunkte herausgebildet haben. Einmal wurde in vielen, von sehr unterschiedlichen Standorten ausgehenden Studien immer wieder herausgefunden, daß eine stabile emotionale Beziehung zwischen dem Kind und mindestens einer primären Bezugsperson schon in der frühesten Kindheit für die Entwicklung des Individuums notwendige Voraussetzung ist (BOWLBY 1969, 1973; SPITZ 1957; SCHAFFER/EMERSON 1964; AINSWORTH 1967; AINSWORTH/BELL 1974). Untersuchungen an Primaten (HARLOW/HARLOW 1966, 1969) haben gerade in dieser Frage zu einer sehr fruchtbaren Erweiterung und Spezifizierung der Analysedimensionen der Studien zur frühkindlichen Sozialisation geführt.
Zum anderen brachten Überlegungen aus der Familientheorie die Thematik der Vermittlung im Sozialisationsprozeß unter einem neuen Schwerpunkt in die Diskussion. Denn im Zuge einer weitgehenden Differenzierung der ursprünglichen Kontroverse „Anlage oder Umwelt" konnte auf der Seite der „Umwelt"-Modelle der Entwicklung nicht mehr stillschweigend davon ausgegangen werden, daß die Vermittlung von Wissen und Werten, von Einstellungen und Fertigkeiten aus dem Wissens- und Normensystem einer Kultur oder subkulturellen Gruppierung heraus in das heranwachsende Individuum hinein gleichsam direkt erfolge, gesteuert durch die verschiedenen sozialisatorisch wirksamen Instanzen, die die Kultur und die Gesellschaft zu diesem Zwecke bereithält. Es sind vielmehr wieder mehr die strukturellen Bedingungen, die das Kind in seiner unmittelbaren Umwelt, vor allem in seinen Beziehungen zu den Pflegepersonen, vorfindet, für die Analyse von Vermittlungsprozessen in den Vordergrund getreten.

1 Theoretische Ansätze und empirische Untersuchungen zur Analyse von innerfamilialen Kommunikationen

Um Einblicke in die Prozesse der Vermittlung zu erhalten, erscheint es sinnvoll, ein Konzept für Sozialisation zu entwickeln, in dem sowohl die konkreten Interaktionen des Kindes mit seinen primären Bezugspersonen als auch der Bezugsraum, in dem diese Interaktionen stattfinden, nämlich die Familie als Ganzes, im Zentrum des Interesses stehen. Die Mutter-Kind-Dyade, die in ihrer Bedeutung für die frühe Kindheit gerade in den letzten Jahren sehr intensiv untersucht wurde, stellt sicherlich einen wichtigen Zugang dar, in dem die Wechselseitigkeit und das dialogische Element der Mutter-Kind-Beziehung thematisiert werden konnte. Ein Erklärungsmodell jedoch, das Vermittlungsprozesse auch in ihrer Einbettung in den gesamten Bezugsrahmen der Familie beschreiben will und das dem Problem der Komplexität der Übertragung von Wissen, Normen und Interpretationsmustern von den Eltern auf das Kind Rechnung tragen will, muß das gesamte Beziehungsgeflecht, das eine Familie mit ihren einzelnen Mitgliedern darstellt, mit in die Betrachtung einbeziehen.

1.1 Sozialisationsrelevante Spezifizierungen der Familientheorie im Kontext eines kommunikationstheoretischen Ansatzes

Sowohl FREUD wie auch PARSONS haben in ihren Erklärungsversuchen zur Vermittlung von Normen und Werten jeweils auf die Familie, sei es auf die Einzelpersonen Mutter und Vater bei FREUD, sei es auf die Institution Familie bei PARSONS, in der die Einzelpersonen als Rollenträger und Funktionsträger auftreten, zurückgegriffen. Die Über-Ich-Bildung beispielsweise wird bei FREUD (1921, 1923) als ein Vorgang begriffen, bei dem im Zuge des Aufbaus innerpsychischer Repräsentanzen väterliche und mütterliche Normenvorstellungen übernommen und in der Person als triebsteuernde Elemente in den konkreten Handlungen wirksam werden. Bei FREUD wurde in seinem Modell der ontogenetischen Entwicklung über die Personen der Eltern eine Vermittlungsinstanz benannt, die für die intrapsychische Entwicklung des Kindes in direkter Weise wirksam wird, weil die Eltern als Introjekte und Identifikationsfiguren für das Handeln der sich entwickelnden Person dauerhaft wirksam bleiben. Die sehr unterschiedliche Bedeutung, die FREUD jeweils Vater und Mutter zugesprochen hat, soll hier nicht im einzelnen thematisiert werden (vgl. FREUD 1924), hervorzuheben ist aber die Tendenz, die Eltern nicht als Familienmitglieder, sondern als Einzelpersonen in das Erklärungsmodell zur Vermittlung von kulturellen Wertvorstellungen und Weltbildern einzubeziehen.

T. PARSONS, der zum Teil FREUDs Erklärungen zur Bedürfnisbefriedigung in seinen Überlegungen berücksichtigt hat, faßt die Familie in soziologischer Sichtweise als den Ort der Vermittlung kultureller Werte und Traditionen. Anders als FREUD versuchte PARSONS, die Vermittlung unter dem Aspekt der extrapersonalen Funktionen der Eltern zu analysieren. Generations- und Geschlechtsunterschiede als biologisch vorgegebene Ausgangsbedingungen in der Familie, triebdynamische Elemente in der Persönlichkeit sowie ein in der Hauptsache an lerntheoretischen Vorstellungen orientiertes Anpassungskonzept (dem die kognitiven Funktionen subsumiert werden) bilden den Hintergrund, vor dem PARSONS seine Modellvorstellungen zur Sozialisation entwickelt hat (1964, PARSONS/BALES 1955). PARSONS hat aber, anders als FREUD, die Familie nicht als spezifischen Interaktionsraum begriffen, in dem nach Maßgabe der dort vorhandenen Bedingungen, die jeweils von den Persönlichkeiten der Einzelindividuen bestimmt werden, Vermittlungsprozesse stattfinden, sondern als den Ort, an dem zwischen den Eltern, als Träger bestimmter Funktionen, und den Kindern im Zuge zunehmender Differenzierung biologisch und kulturell vorgegebene Handlungsmuster vermittelt werden. Die Familie wird dabei als ein Subsystem in der die Familie umgebenden Kultur verstanden, sie dient als sozialisatorische Kerninstanz der Reproduktion gattungsspezifischer und kultureller Lebensformen. Die vier Funktionen ‚adaption' (Anpassung) und ‚goal attainment' (Zielerreichung) – als strukturell vorgegebene Funktionen der zu sozialisierenden Person – und ‚pattern maintenance' (Musterwahrung) und ‚Integration' – als Funktionen der die Familie umgebenden Kultur – wurden als Grundmuster konzipiert, in deren Raster unter Zuhilfenahme des biologischen Konzepts der Zellteilung (bifurcation) die fortlaufende Differenzierung der sich im Individuum entwickelnden Handlungsbereiche (instrumentell und expressiv) und die gleichzeitige Spezifizierung der einzelnen innerfamilialen Tätigkeitszuständigkeiten erklärt werden. Der Vorteil des PARSONSschen Ansatzes besteht zweifellos in der Erweiterung der Sicht auf die ganze Familie und die die Familie umgebende Kultur, wobei unter Einbeziehung aller Familienmitglieder einzelne Interaktionen als eingebettet in einen größeren Funktionszusammenhang betrachtet werden. Der offensichtliche Nachteil dieses Ansatzes besteht allerdings darin, daß die konkreten Vermittlungsprozesse zwischen den einzelnen Familienmitgliedern nicht als ein dynamisches Geschehen verstanden werden, sondern sich die Familie als ein Ort darstellt, an dem ein Konglomerat aus Handlungsvorgaben (virtuelle Handlungsmuster) bereitsteht, die letztlich aus der die Familie umgebenden Kultur und Tradition stammen und gleichsam allen Mitgliedern in unterschiedlichem Ausmaß zur Verfügung stehen. Durch das Konzept der Handlungsvorgaben, der Rollen, die in einer Kultur zur Ausgestaltung sozialen Handelns existieren, durch das Konzept der Familienmitglieder als Rollenträger und ferner durch die Vorstellung von Sozialisation als Rollenübernahme wird es bei PARSONS möglich, von individuellen Erscheinungsformen der Vermittlung abzusehen und innerfamiliale Handlungsmuster unter einem systemtheoretischen und funktionalistischen Blickwinkel als allgemeine und abstrakte Formen der Vermittlung in einem kulturell vorgeformten Handlungsraum zu thematisieren.

Die Dynamik im Inneren der Familie, die gerade im Zusammenhang mit der Erklärung von Sozialisationsprozessen in einer kommunikationstheoretischen und interaktionalen Sichtweise in die Betrachtung einbezogen werden muß, ist nach HANDEL (1965) bereits seit den Überlegungen von BURGESS (1926) in die Diskussion gebracht worden, der die Familie als die „Einheit der interagierenden Personen" gefaßt hat. Besonders aber hat die Weiterentwicklung der familienorientierten Schizophrenieforschung auf der Grundlage kommunikationstheoretischer Gedanken zur Erklärung von Pathologien dazu geführt, daß die Analyse von Einzelinteraktionen zwischen Dialogpartnern ausgeweitet wurde zu einer Analyse der Struktur von Interaktionen und Kommunikationen in der Familie. Dabei trat die Familie als ein eigenständiges Ganzes hervor, das sich je nach den konstitutiven Familienmitgliedern als spezifisches Interaktionssystem bildet, das zwar durch die Einbettung in einen kulturellen und traditionellen Kontext einen Anteil an Handlungsvorgaben aufweisen mag, das aber als spezifische Einheit eine innere Dynamik entfaltet und eine eigenständige integrative Kraft bezüglich der ihr zugehörenden Familienmitglieder besitzt. Interaktion und Kommunikation in der Familie stellen deren Struktur her und verändern sie auch gleichzeitig ständig, so daß bei dem Versuch, die in ihr stattfindenden Sozialisationsvorgänge zu analysieren, der Prozeßcharakter und die Wechselwirkung der Vermittlung als familienspezifische Größen berücksichtigt werden müssen.

Im Rahmen der Schizophrenieforschung wurden innere Dynamik und integrative Kraft von Familien anhand der vorgefundenen Beziehungsstrukturen analysiert (BOWEN 1960, LIDZ u.a. 1958, LIDZ 1963, WYNNE/RYCKHOFF u.a. 1958, VOGEL/BELL 1960) und durch den Versuch von Typisierungen der Beziehungen zwischen Ehepartnern als allgemeine familienstrukturelle Merkmale thematisiert. In diesem Zusammenhang wurden die Begriffe der Symmetrie und Asymmetrie der Beziehung, der Pseudogemeinschaft, der ehelichen Spaltung der Beziehung (schism) und der Strukturverschiebung (skew) zur Beschreibung spezifischer Beziehungsmuster in einer Familie entwickelt. Die affektive Seite spielte dabei für die Analyse der Beziehungsmuster unter kommunikationstheoretischem Gesichtspunkt eine besondere Rolle, die vor allem in die Überlegungen des „double bind"-Phänomens (BATESON u.a. 1956) und bei der weiteren Ausformulierung des kommunikationstheoretischen Ansatzes in die Überlegungen einbezogen wurden (WATZLAWICK/BEAVIN/JACKSON 1967, WATZLAWICK 1977). Wenn man von der Beziehungsstruktur einer Familie ausgehend die in ihr ablaufenden Sozialisationsprozesse zu untersuchen versucht, liegt es nahe, die Familie als eine Art eigene Subkultur zu behandeln, in der die Normen und Erwartungen der Kultur und der Tradition nie direkt, sondern immer gleichsam durch den Filter der Familie vermittelt werden. HENRY (1951) kam bei Einzelanalysen zu der Feststellung, daß jede Familie „fast eine unterschiedliche Kultur" darstelle (zitiert bei HANDEL 1965, S. 525).

1.2 Das Familienmodell von Hess und Handel

Die im folgenden dargestellten Modellvorstellungen von HESS und HANDEL (1959) zeigen paradigmatisch den Versuch, die Familie von innen her, aus ihrem inneren Gefüge heraus zu betrachten, und auf diese Weise Einsicht zu erhalten in das komplexe Geflecht wechselseitiger Interpretation und Kommunikation, das für die Betrachtung der in der Familie ablaufenden Sozialisationsprozesse als Grundlage von Analysen einzelner Vermittlungsvorgänge dienen kann. Neuere Ansätze zur Klärung der Rolle der Familiendynamik für die Sozialisation, wie sie etwa von WATZLAWICK oder BATESON in Richtung auf allgemeine kommunikationstheoretische Überlegungen und von STIERLIN und SELVINI-PALAZZOLI in Richtung auf speziellere familiendynamische und therapeutische Überlegungen weiterentwickelt wurden, beziehen sich explizit oder implizit auf das Modell von HESS und HANDEL und den darin entwickelten Dimensionen.

Verbundenheit (connectedness) und Getrenntheit (separatedness) der Familienmitglieder mit der Familie als Ganzem ist dabei die grundlegende Dimension, mit der die Struktur einer Familie charakterisiert werden kann. Die wesentliche Vermittlerrolle zwischen den Familienmitgliedern spielen die „images" (Vorstellungen) als einerseits sozialisatorische und andererseits den Familienzusammenhalt generierende Konkretisierung der innerfamilialen Interaktions- und Kommunikationsvorgaben. In den „images" sind die einzelnen Familienmitglieder und ihr Handeln so „abgebildet", wie sie im Inneren der Familie konstruiert wurden, in ihnen sind auch Erwartungen und Erfahrungen der Eltern ihrer Herkunftsfamilie enthalten. Das „image" einer Person ist also seine Definition innerhalb der Familie und bezeichnet die Bedeutung seines interaktiven Handelns. Das Streben nach Kongruenz dieser „images", die jedes Familienmitglied vom anderen hat, ist nach HESS und HANDEL der Motor für die innerfamiliale Kommunikation; das Ausmaß an Inkongruenz, das in einer Familie bezüglich der „images" toleriert wird, kann als wesentliches Merkmal der inneren Struktur einer Familie angesehen werden. Die „images" sind, gerade bezüglich der in den ersten Lebensjahren stattfindenden Sozialisationsprozesse, so etwas wie die Leitlinie für die Konstitution sozialer Beziehungen, die ihre erste Konkretisierung in den Interaktionen mit den Familienmitgliedern erfahren und ihre prägende Bedeutung hauptsächlich aufgrund emotionalen Austausches erhalten.

HESS und HANDEL haben als weiteres Erklärungselement das „Familienthema" herausgestellt. Familienthemen bilden den Rahmen, innerhalb dessen das gegenseitige Abtasten, Entdecken und Bestätigen von Realitätserfahrung erfolgen kann, sie bilden einen Satz von Leitmotiven, an denen entlang die innerfamiliale Kommunikation entwickelt werden kann und sie sind der Boden des Konsenses, auf dem jede Mitteilung bestehen können muß, und schließlich bilden sie die Bezugspunkte, an denen der Zusammenhalt der Familie immer von neuem gesichert wird. Alle Familienmitglieder zeigen in bezug auf Familienthemen hohes emotionales Engagement.

HESS und HANDEL haben die Struktur der Familie vor allem unter dem Gesichtspunkt zu erläutern versucht, welche Auswirkung sie auf die affektive und kognitive Entwicklung der heranwachsenden Kinder hat. Durch die Struktur der Familie werden Möglichkeiten und Grenzen von Erfahrung für das Kind vorgegeben, wobei hier die Systemcharakteristik in direkter Weise als Merkmal für Sozialisationsbedingungen zur Vermittlung der Lebenswelt eingeführt wird. Zusammen mit dem Merkmal der Familienthemen läßt sich das Merkmal „Begrenzung möglicher Erfahrung" als eine eng familienbezogene Sozialisationskomponente ansehen, die die systemische Betrachtungsweise von Vermittlungsprozessen im Verlauf der Sozialisation verdeutlichen und konkretisieren kann. In beiden Merkmalen manifestieren sich, wenn man den Bezug zur kybernetisch-systemischen Betrachtungsweise herstellt, die „Offenheit" oder die „Geschlossenheit" des Systems (der Familie) (BERTRALANFFY 1956; ASHBY 1952, 1956; WATZLAWICK u.a. 1967). Darunter kann man das Ausmaß verstehen, in dem innerhalb der Familie und zwischen der Familie und ihrer Außenwelt Informationen ausgetauscht werden, inwieweit dieser Austausch mit Leichtigkeit und relativ unverzerrt oder aber mit Schwierigkeiten und verzerrt erfolgt und inwieweit die Verhandlung von Sachverhalten und die Handhabung von eigenen und fremden Standpunkten innerhalb der Familie flexibel oder rigide vor sich geht. Diese Handhabung kann für unterschiedliche Lebensbereiche variieren und ähnlich wie die Existenz von Tabuzonen gerade bei der Vermittlung von Weltbildern für das in der Familie heranwachsende Kind in besonderer Weise prägend wirken.

Durch den auf die Dynamik der Familie bezogenen systemischen Ansatz zur Erklärung von Sozialisationsprozessen kann im Modell von HESS und HANDEL der Aspekt der Reziprozität der Interaktionen berücksichtigt werden, die sich in dem ständigen Gegenprüfen aktueller Mitteilungen an den Standards der Familie äußert und der auch die Möglichkeit zu gegenseitiger Beeinflussung und Regulierung bedeutet. Es lassen sich verschiedene Aspekte dieses entwicklungsrelevanten Zusammenwirkens herausstellen, wie etwa die Differenzierung der Person, die Intensität und das Ausmaß an möglicher Erfahrung oder die Tendenz zur Bewertung von Erfahrung. Der letzte Punkt beinhaltet dabei einen für die Sozialisation besonders weitreichenden Aspekt, denn mit der Bewertung einer Erfahrung geht in der Regel die Einsetzung einer emotionalen Position einher, die sich aus der Erfahrung mit der Familie herleitet und auch in der weiteren Lebenskarriere bei familienferner Auseinandersetzung mit Realität wirksam bleibt.

Das von HESS und HANDEL entwickelte Modell zur Erklärung innerfamilialer Prozesse der Sozialisation hat in der Folgezeit manche Spezifizierungen oder Erweiterungen erfahren, es wurde aber gleichwohl hier ausführlicher erörtert, weil in ihm die für die Sozialisation in der Familie relevanten strukturellen Merkmale erstmals im Zusammenhang dargestellt sind, die später in den neueren Modellen wie etwa bei HOLLAND (1970), STIERLIN (1975, 1978) oder SELVINI-PALAZZOLI u.a. (1977) in unterschiedlicher Ausprägung und Variation wieder auftauchen.

1.3 Untersuchungen aus der psychologischen Erziehungsstilforschung

Innerhalb der Disziplin Psychologie hat sich die Erziehungsstilforschung lange Zeit darauf beschränkt, einzelne Persönlichkeitsmerkmale der Eltern in ihrer mutmaßlichen Wirkung auf die Ausbildung von Fähigkeiten bei den Kindern zu untersuchen. Die Diskussion war vor allem in den sechziger Jahren beherrscht von Dimensionen elterlichen Erziehungsverhaltens (SCHAEFER/BELL 1958, BECKER 1964), die allerdings kaum das wirkliche Verhalten darstellten, sondern mit stark präskriptivem Charakter die Einstellungen der Eltern und ihre Normvorstellungen spiegelten. Zwar hatten sorgfältige Fragenzusammenstellungen und getrennte Auswertungen für Mütter und Väter eine zunehmende Verfeinerung des methodischen Vorgehens bewirkt, eine Aufschlüsselung des tatsächlichen elterlichen Erziehungsverhaltens oder des Zusammenspiels dieses Handelns mit der Ausbildung von spezifischen Persönlichkeitsmerkmalen konnten diese Analysen aber nicht leisten.

Ihren Ursprung haben diese Dimensionen letztlich in Überlegungen von LEWIN/LIPPITT und WHITE (1939), die die Frage gestellt hatten, mit welchen Kategorien das allgemeine Klima beschrieben werden könnte, in dem erzieherische Aktionen stattfinden (also nicht nur auf den Innenraum der Familie beschränkt). Sie schlugen eine Klassifizierung von „autoritär", „demokratisch" und „laissez faire" als Typen von Erziehungsklimata vor. Bei der Analyse der Erziehungseinstellungen, die von Eltern gewonnen worden waren, hatten sich mehr oder weniger konstant drei Dimensionen aus der Vielzahl von Fragen in verschiedenen Untersuchungen an variierenden Stichproben extrahieren lassen, die mit den jeweiligen gegensätzlichen Polen Wärme – Feindseligkeit, Restriktivität – Permissivität und Ängstliches Engagement – Ruhige Distanz bezeichnet wurden (BECKER 1964). Diese Kategorien bildeten Angelpunkte für die Vorstellungen davon, welche elterlichen Verhaltensweisen ausschlaggebend für den Verlauf von Sozialisationsprozessen und einflußreich für die Ausformung der sich entwickelnden Persönlichkeitsstruktur des Kindes sein könnten.

Die von BRONFENBRENNER (1961) unternommenen Versuche, die Kinder selbst über das von ihnen perzipierte Verhalten der Eltern zu befragen – ein Verfahren, das auch für den deutschen Sprachraum von STAPF u.a. (1972) mit einer anspruchsvolleren Methodik angewandt wurde –, konnten zwar einige der linearen Sichtweisen über Sozialisationsprozesse überwinden, indem die betroffenen Kinder nun selbst Auskunft über ihre Einschätzungen der elterlichen Erziehungsmodi gaben, doch wurde die in diesem Ansatz gewonnene Differenzierung, die durch die Aufteilung der befragten Kinder nach Geschlecht und durch die Unterscheidung von Mutter- und Vaterfragen hatte erzielt werden

können, kaum oder nur zaghaft dazu benutzt, von der einseitig personenbezogenen Interpretationsweise Abstand zu nehmen und zu einer intensiveren Thematisierung von Fragen der familialen Konstellation und des affektiven Klimas beim Erziehungsprozeß zu gelangen. Immerhin hat BRONFENBRENNER (1961) versucht, die Familie als ein eigenständiges Variablenfeld – und nicht nur die einzelnen Einflüsse von Mutter und Vater auf das Kind – zu behandeln, indem er beispielsweise eine Klassifikation für Familien im Zusammenhang mit möglichen Auswirkungen auf die Persönlichkeitsentwicklung der Kinder vorschlug, die das Ausmaß an Dominanz und Macht eines Elternteils innerhalb der Familie zu berücksichtigen versuchte.
Die deutschen Studien zum perzipierten Erziehungsstil haben allerdings leider gerade diesen familialen Aspekt weitgehend aus ihrem Interessenhorizont getilgt, wenngleich einige ihrer Ergebnisse nahelegen, Familienklimata, die sich in der Beschreibung von sowohl mütterlichen wie väterlichen Erziehungsformen äußern, intensiver und mit anderen Methoden als durch Fragebogen zu untersuchen. BAUMRIND (1966, 1971a) hat in einer großangelegten Studie genau diejenigen Fragen zu verfolgen versucht, die mehr die Familie als Ganzes und weniger die Stile der Erziehung der einzelnen Elternteile betreffen, und die genauer den Kontext und die Konstellation von erzieherischen Aktivitäten in der Familie betrachten. Die Studie ging von BRONFENBRENNERS Fragebogen aus und ergänzte diese Daten durch längerdauernde Beobachtungen der ganzen Familie. Ihre Ergebnisse unterstrichen eindringlich die Notwendigkeit einer sehr viel weitergehenden Differenzierung von Erziehungsverhalten, als sie in den klassischen Erziehungsstilforschungen erreicht worden war. Unter anderem zeigte es sich, daß das Erziehungsklima, das in einer Familie herrscht, sehr komplex auf die Persönlichkeitsentwicklung des Kindes wirkt. BAUMRIND hat beispielsweise die wichtige Unterscheidung von „autoritär" und „autoritativ" als Kennzeichen für familiale Erziehungsformen getroffen. In beiden Fällen üben die Eltern Kontrolle über das Kind aus und geben Anweisungen. Während aber in einer „autoritären" Familie die Eltern restriktiv handeln und die Interessen des Kindes übersehen oder mißachten, sind die Eltern in einer „autoritativen" Familie gerade nicht restriktiv, beachten die Interessen der Kinder, können aber trotzdem auf ihrem eigenen Standpunkt in Auseinandersetzungen beharren. Verantwortungsgefühl, Kooperation und Unabhängigkeit wurden dabei als Merkmale bei den Kindern angetroffen, die eher aus autoritativen als aus autoritären, keinesfalls aber aus permissiven Familien kamen. Dieses Ergebnis ist nur ein winziger Bestandteil des äußerst komplizierten Netzes der von BAUMRIND herausgefundenen Zusammenhänge, die in ihrer Gesamtheit die Bedeutung der Familie als ganzer unterstreichen. Deutlich wird dies auch an einem anderen Teilergebnis, das im Rahmen der verwandten Kategorien nur schwer einzuordnen war (BAUMRIND 1971b). Eine Reihe der beobachteten Familien, die zwar in einigen Kategorien den autoritativen Familien zugeordnet werden konnten, übte keine bei der Beobachtung sichtbare Kontrolle über ihre Kinder aus, obwohl sie augenscheinlich Kontrolle besaßen und daher nicht in die Kategorie „permissiv" eingeordnet werden konnten, denn sie vermieden nicht, in Zweifelsfällen klare Anweisungen zu geben. BAUMRIND nannte diese Familien „harmonisch", weil ein Grad an reibungsloser Übereinstimmung festgestellt wurde, bei dem Regeln zum Problemlösen, vor allem zum Lösen von Differenzen im Zusammenleben, entwickelt wurden. Indem die Eltern in den Interaktionen das Kind auf ihr eigenes Interaktionsniveau hoben, sicherten sie einen Reziprozitätsgrad, der die Form der offenen Kontrolle fast überflüssig erscheinen ließ.
Dieses Beispiel verdeutlicht vielleicht noch einmal die Enge der üblichen, auf Einzelindividuen ausgerichteten Erziehungsstilforschung, denn auch die Interpretationen der Ergebnisse von BAUMRIND bleiben letztlich den klassischen Erziehungsstilkategorien verhaftet und können – auch von ihrem empirischen Ansatz her – nicht zu wirklich neuen, das interaktive Moment und den familialen Aspekt zum Schwerpunkt nehmenden Klassifikationen vordringen. Das Beispiel zeigt aber auch die Schwierigkeiten, eine Beschreibung für diejenigen Regeln zu finden, die „verdeckt" innerhalb der Familie gelten und die die Anwendung bestimmter Verhaltensmuster bei Eltern und Kindern situationsspezifisch bestimmen.
Auch die Vielzahl der Untersuchungen, die den Zusammenhang zwischen sozialer Schichtzugehörigkeit und äußeren Lebensbedingungen einerseits und bestimmten Erziehungsstilen und familialen Sozialisationsmustern andererseits aufzudecken versuchten, hat insgesamt zwar

einige sehr globale Kovariationen von elterlichem Verhalten mit Variablen der sozialen Herkunft und ökonomischen Lebensbedingungen herausgefunden, wie etwa autoritärere, restriktivere, sprachlich wenig explizite, weniger warme und willkürlichere Sozialisationspraktiken in den Familien aus den unteren sozialen Schichten und entsprechend liberalere, geplantere, sprachlich elaboriertere und wärmere Erziehungsformen in den Mittel- und Oberschichtfamilien (zusammenfassend dargestellt etwa bei CAESAR 1972, MILHOFFER 1973), aber bei der Frage nach der Vermittlung von Verhaltensmustern und nach der inneren Dynamik in diesen Familien stehen alle diese Studien vor dem Problem, daß die aus sehr verschiedenen Bereichen der jeweiligen sozialen Realität stammenden Daten kaum Aufschluß über die konkreten Sozialisations*prozesse*, wie sie im Inneren der Familie ablaufen, geben können.
Die Erziehungsstilforschung scheint sich insgesamt von der Untersuchung der Einzeldimensionen mehr und mehr abgewandt zu haben und nach globaleren Beschreibungen zu suchen, da einfach zu rekonstruierende Wirkungen elterlichen Verhaltens auf die Ausbildung von Persönlichkeitsmerkmalen nach den bisher gesammelten Erkenntnissen kaum mehr angenommen werden können.
Ein Versuch, mit Hilfe psychoanalytischer Modellvorstellungen Erziehungsmuster in Familien zu beschreiben und dabei die Bedeutung des gesamten Familienklimas durch das Herausarbeiten unterschiedlicher Familientypen zu unterstreichen, nach deren Maßgabe sich die einzelnen, auch für den Sozialisationsprozeß relevanten Interaktionsformen gestalten, stammt von RICHTER (1967, 1970). Ein weiterer mehr integrativer Ansatz zur Erklärung innerfamilialer Erziehungsvorgänge wurde von MOLLENHAUER u.a. (1975) vorgestellt. Durch den Rückgriff auf soziologische und ökonomische Erklärungsmodelle und durch das Fruchtbarmachen historischer und literarischer Vorbilder für ein system- und kommunikationstheoretisches Beziehungsmodell wurde hierbei eine Annäherung an das Problem der sozialbedingten Vermittlung von Bildung in der Familie angestrebt. Schließlich werden auch innerhalb der klassisch-psychologischen Vorstellungswelt die Bemühungen weiter vorangetrieben, die in der Familie ablaufenden Prozesse zur Sozialisation unter übergreifenderen Gesichtspunkten als bisher zu untersuchen. Dies geschieht in der Regel durch die Erkundung von Kovarianzen zwischen ökologischen Einzelvariablen (Wohnverhältnisse, Arbeitsplatzverhältnisse des Vaters etc.), Einstellungsmustern der Eltern und zumeist lerntheoretisch konzipierten Ergebnissen sozialisatorischer Aktionen auf der Seite der Kinder (Verstärkung bestimmter kindlicher Verhaltensweisen) (SCHNEEWIND/LUKESCH 1978). Mehr und mehr ist auch die Frage nach der Entstehung von motivationalen Komponenten beim Kind in den Vordergrund gerückt, eine Frage, die für ihre Untersuchung nach Modellen verlangt, die die Integration von affektiven und kognitiven Prozessen in der Sozialisation zu leisten vermögen (HOFFMAN 1977).

1.4 Die Bedeutung der Untersuchungen zur Entstehung von Pathologien in der Familienforschung

Die Erforschung der inneren Dynamik der Familie wurde besonders durch die Versuche gefördert, die die Genese der in der klassischen Psychiatrie dem Krankheitsbild der Schizophrenie zugeordneten Pathologien anders als durch chemische Veränderungen im Körper des Patienten erklären wollten. Das Zusammenwirken von rollentheoretischer Sichtweise und Hypothesen über innerfamiliale Störungen von Interaktion und Kommunikation, die das spätere Krankheitsbild der Schizophrenie mitbedingen oder sogar verursachen (CAMERON 1938, SULLIVAN 1940, RUESCH/BATESON 1951), brachte es mit sich, daß in diesem Zusammenhang auch eine Vielzahl von sozialisationsrelevanten Themen behandelt wurden. Arbeiten von LIDZ (1963), WYNNE u.a. (1958), HALEY (1959), VOGEL/BELL (1960) und vor allem von BATESON (1956) haben ausgehend von Fragestellungen zur Entstehung von Pathologien in der Kindheit viele Erkenntnisse erbracht, die auch für den Bereich der „normalen" Sozialisation neue Merkmalsklassen erschlossen.
Die innere Struktur der Familie und ihre Dynamik wurden beim Vergleich von pathogenen mit normalen Familien zu Größen, die bei der Entwicklung einer Reihe von Hypothesen eine zentrale Rolle spielten. So ließ sich tendenziell beim Vergleich von schizophrenogenen mit nicht schizophrenogenen Familien feststellen, daß das Ausmaß an strukturellen Verzerrungen in der innerfamilialen Interaktion bei schizophrenogenen Familien höher ist als bei normalen

Familien (RISKIN/FAUNCE 1972, DOANE 1978). Als besonders markantes Merkmal für pathogene Familien scheint dabei sowohl die Eingefahrenheit der Interaktionsmuster (HALEY 1959) als auch eine spezifische transgenerative Koalitionsbildung im Inneren der Familie (Elternteil/Kind) zu sein (LIDZ 1963). Normale Familien waren in ihrer Struktur ausgeglichen, es gab keinen Partner, der den anderen klar dominierte, es herrschte eine Mutter-Vater-Koalition im Gegensatz zur Elternteil-Kind-Koalition, und Interaktion und Kommunikation liefen nicht immer in der gleichen Bahn, variierten mehr, wurden insgesamt flexibler gehandhabt.

Neben der inneren Struktur ist auch die innere Dynamik der Familie untersucht worden, indem Formen der innerfamilialen Kommunikation zu klassifizieren versucht wurden. SINGER/WYNNE (1963, 1965) haben mit der Unterscheidung von „fragmentierter" und „amorpher" Kommunikation zwei verschiedene Aspekte einer Kommunikationsform zu thematisieren versucht, die von ihnen als ein Entstehungsmerkmal für spezifische Defizite und Pathologien im Laufe der Entwicklung des Kindes angesehen werden. Beide Formen bezeichnen familiale Kommunikationsstile, bei denen das Kind Defizite im Verstehen der Realität entwickelt, im Falle der „fragmentierten" Kommunikation werden zwar Details in bestimmten Bereichen differenziert ausgebreitet, jedoch wird verhindert, daß Zusammenhänge zwischen Einzelbereichen zu einem sinnvollen Ganzen zusammengeschlossen werden können. Im Falle der „amorphen" Kommunikation dagegen liegt nach WYNNE und SINGER das Defizit in der diffusen und undifferenzierten, zumeist nur auf globale Andeutungen beschränkten Kommunikationsform in der Familie.

Die Möglichkeit, Familien nach den in ihnen anzutreffenden kommunikativen Stilen zu unterscheiden, hat für allgemeinere sozialisationstheoretische Überlegungen zwar neue Sichtweisen eröffnet, aber viele der in diesem Zusammenhang durchgeführten Studien sind nicht von der Exaktheit, die wohl notwendig wäre, damit bezüglich der Bedingungen zur Entstehung von Schizophrenien positive Aussagen möglich würden. Dies aber konnte bei der Komplexität der untersuchten Variablen und bei den immensen Schwierigkeiten für eine Klassifizierung von pathologischen Erscheinungsformen in den bisherigen Untersuchungen nicht realisiert werden. Über diesen Problemkreis informiert eindrucksvoll die Kontroverse zwischen DOANE (1978a, b) und JACOB/GROUNDS (1978).

Die Art und Weise, mit der Familienmitglieder die gegenseitigen Mitteilungen ernst nehmen, d.h. überhaupt als relevante Äußerungen anerkennen, darauf eingehen oder aber mißachten und einer Anerkennung durch verschiedene Kommunikationsmanöver auszuweichen versuchen, sowie schließlich die Klarheit von Mitteilungen und die Menge von gleichzeitig mitgeteilten konfligierenden Botschaften sind weitere Merkmale, nach denen Familien bezüglich ihrer sozialisationsrelevanten Kommunikationsformen untersucht wurden (REISS 1971a, b, 1976; REISS/ELSTEIN 1971). Danach konnten zwar die Thesen über eine Verbindung der zumeist im kognitiven Bereich anzutreffenden Störungen der Schizophrenen mit Beziehungsstörungen in den Herkunftsfamilien einiges an Plausibilität gewinnen, jedoch eine Ursachenzuschreibung war bislang in dem komplexen Variablenfeld nicht möglich (SINGER/WYNNE 1965). Die innerfamiliale Beziehung ist vielleicht in ihrer Gesamtheit auch deshalb als Bedeutungsträger herauszustellen, weil das Vorhandensein eines „korrektiven" Elternteils in der Familie (SINGER 1967) in der Regel dazu beiträgt, daß pathologische Kommunikationsformen, die zwischen einem Elternteil und dem Kind auftreten, ausgeglichen werden können. Ergebnisse aus einer Reihe von Untersuchungen, so „unexakt" sie im einzelnen auch erscheinen mögen (JACOB/GROUNDS 1978), lassen sich vielleicht doch dahingehend zusammenfassend interpretieren, daß es die Gestalt der Beziehung zwischen Eltern und Kind und nicht die Pathologie eines Elternteils allein ist, die eine Bedingung ist dafür, daß beim Kind pathologische Erscheinungen auftreten (JONES 1977, SINGER/WYNNE 1965, WILD 1965, WILD/SHAPIRO/GOLDBERG 1975). Erst also, so könnte man schließen, wenn der eine Elternteil die Pathologie des anderen in einer Familie nicht mehr „korrigieren", nicht mehr „auffangen" kann, und sich beide Eltern in einer pathologischen Beziehung stützen, ist zu erwarten, daß sich beim Kind in seiner affektiven und kognitiven Entwicklung Störungen zeigen können.

Wie schwierig allerdings eindeutige Aussagen zur Auswirkung von Beziehungsstrukturen und der Ausbildung von Pathologien sind, läßt sich auch am Beispiel der Untersuchungen zur „double-bind-Hypothese" zeigen. Der „double-bind" stellt eine Kommunikationsfigur dar, die den Kommunikationspartner in einer „doppelten Bindung" gefangen hält, indem sie ihm zwei einander widersprechende Botschaften gleichzeitig übermittelt. Der Empfänger dieser Botschaft ist wegen der *spezifischen Beziehung*, in der er sich mit dem Sender der Botschaft befindet, nicht in der Lage, Widersprüchlichkeiten der beiden Botschaften selbst zu thematisieren. Der Widerspruch der Information besteht dabei zumeist zwischen dem inhaltlichen Aspekt der Mitteilung und der gleichzeitig affektional übermittelten Information auf der Beziehungsebene (BATESON u. a. 1956, WATZLAWICK u. a. 1967). Die „double-bind-Hypothese", die die kommunikationstheoretischen Überlegungen zur Schizophreniegenese prüfbar werden lassen sollte, ging in ihrer ursprünglichen Form davon aus, daß ein Kind, das in einer Familie aufwächst, in der ständig widersprüchliche Informationen ausgetauscht werden, das also häufig mit der Kommunikationsfigur des „double-bind" konfrontiert wird, den Sinn von Kommunikation nicht erkennen kann, auf sich selbst zurückfallen muß und bizarre Kommunikationsformen entwickelt, die schließlich in der Erscheinungsform der Schizophrenie enden.

Auf der Suche nach einer empirischen Überprüfung der ursprünglichen BATESONschen Theorie zeigten sich wenig befriedigende Ergebnisse: Es gelangt nicht, in eindeutiger Weise Komponenten des „double-bind"-Phänomens als Kommunikationselemente in Familien mit einem schizophrenen Kind zu bestimmen, so daß sie als eine Art „pathogener Elemente" der innerfamilialen Kommunikation hätten angesehen werden können (OLSON 1972). Beim Vergleich von Eltern Schizophrener mit Eltern von Nichtschizophrenen zeigten sich zwar in einigen Untersuchungen Unterschiede, jedoch scheiterten diese Studien immer dann, wenn sie experimentell eindeutige Gruppenunterschiede zwischen pathogenen und normalen Familien bezüglich der Häufigkeit im Gebrauch widersprüchlicher Information feststellen wollten (RINGUETTE/KENNEDY 1966, SOJT 1971, BEAKEL/MEHRABIAN 1969). Bald nahmen die Zweifel zu, ob das Erklärungsmodell insgesamt tauglich sei, ob nicht vielmehr eine lineare Sichtweise der möglichen Wirkungsweise zu fehlerhaften Annahmen über die Schizophreniegenese geführt hatte. Einmal nämlich sagt die Theorie selbst, daß nicht nur das Kind in einer „double-bind"-Kommunikationsfigur gefangen gehalten wird, sondern auch die anderen Familienmitglieder, die in der Regel nicht als „pathologisch" bezeichnet werden. Zum anderen aber war in dem Erklärungsmodell zu wenig problematisiert worden, wieso offensichtliche Widersprüche in der Kommunikation nicht aufgedeckt werden können und wieso Metakommunikation nicht stattfindet. Auch die immer wieder vorgefundene Tatsache, daß offensichtlich „double-bind"-Situationen in Familien auftraten, aus denen keine als pathologisch einzustufenden Mitglieder stammten, schien im Rahmen der bisherigen Annahmen zur Schizophreniegenese nur schwer zu begründen.

In einer Neuformulierung, in der die Unterscheidung von Widerspruch und Paradoxon stärker herausgearbeitet wurde als dies bei BATESON geschehen war, hat KAFKA (1971) die Art und Weise, in der mit widersprüchlichen Informationen umgegangen werden kann, zum Kernpunkt seiner veränderten These gemacht. Die Konfrontation mit unvereinbar erscheinenden Informationen ist danach nicht der pathologische, sondern der „normale" Fall, er stellt den Alltag in jeder innerfamilialen Kommunikation dar. Was aber in solchen alltäglichen Kommunikationen angetroffen wird, sind keine „echten" Widersprüche, sondern Paradoxien, die dadurch zustande kommen, daß die Zuweisung der Information zu den entsprechenden Bedeutungsebenen nicht eindeutig ist und daher mehrdeutige Informationen scheinbare Widersprüche darstellen können, solange ihre unterschiedlichen Bedeutungen auf verschiedenen Interpretations- oder Sinnebenen nicht klar definiert sind. Erst wenn ein Wechsel von einer Bedeutungsebene zur nächsten nicht mitvollzogen werden kann, wird aus einer paradoxen Mitteilung eine widersprüchliche. Im Zusammenhang mit diesen Überlegungen blieb die ursprüngliche These der double-bind-Theorie, daß in schizophrenogenen Familien die Kinder mit paradoxen Kommunikationen überschwemmt werden, kaum haltbar. Vielmehr ließ sich die These aufstellen, daß eher eine zu starke Vermeidung von paradoxen Informationen bei der innerfamilialen Kommunikation, etwa dadurch, daß für die Interpretation immer nur eine einzige Bedeutungsebene erlaubt wird, eine pathologische Entwicklung beim Kind bewirken könnte.

1.5 Das familienbezogene Sozialisationsmodell von Stierlin

Die theoretische Diskussion des double-bind-Konzepts führte dazu, daß der von Bateson von Anfang an stark hervorgehobene Beziehungsaspekt des kommunikativen Akts wieder mehr in den Mittelpunkt der Überlegungen trat und somit auch die Verbindung zur „normalen" Sozialisation wieder aufgenommen werden konnte. Vor allem Stierlin (1975, 1978; Stierlin u.a. 1977) hat im deutschsprachigen Raum versucht, ausgehend von den Erkenntnissen der familienorientierten Schizophrenieforschung ein allgemeines Sozialisationsmodell zu entwickeln, das die Dynamik der Familie und ihre wiederkehrenden Mechanismen in ihrer Relevanz für die Sozialisationsprozesse thematisiert. Der Hauptmechanismus wird dabei von Stierlin als „Bindung" und „Ausstoßung" bezeichnet.

Dieser Mechanismus ist in enger Anlehnung an die Dimension „Getrenntheit" und „Verbundenheit" von Hess und Handel (1959) zu verstehen. Stierlin versucht aber außerdem, die emotionalen und moralisch-ethischen Komponenten als Elemente, die die Dynamik der Familieninteraktion steuern, mit in die Überlegungen einzubeziehen. Er benennt im einzelnen vier Faktoren, die allgemein für die Vermittlungsprozesse bei der Sozialisation in der Familie wirksam werden: Mit dem Aspekt des Eingebundenseins der Kinder in die Familie konstituiert sich der Individuationsprozeß als *Bezogene Individuation*, die als Systemmerkmal beschrieben werden kann. Die Entwicklung des Kindes auf der einen und die Aufnahme von emotionalen Beziehungen zu den Mitgliedern der Familie auf der anderen Seite sind dabei unabhängig voneinander nicht vorzustellen. In diesem Modell sind Formen der „Über-" und „Unterindividuation" denkbar, die sich im einen Fall in der Isolation des Individuums von seiner Familie, im anderen Fall in der Fusion des Individuums mit den jeweiligen Familienmitgliedern äußern können. Durch diese systemische Sichtweise kann die Ausbildung und Handhabung von Grenzen des Individuums im Zusammenhang der innerfamilialen Sozialisation analysiert werden (Karpel 1976).

Ein weiterer Faktor ist der Modus der Besetzung des Kindes in der Familie durch die Eltern. In den als *Bindung* und *Ausstoßung* benannten Interaktionsformen werden das Ausagieren der Bedürfnisse der Eltern auf der einen und die elterliche Manipulation der Bedürfnisse der Kinder auf der anderen Seite zu beschreiben versucht. Durch den jeweiligen Modus von „Bindung" und „Ausstoßung" in einer Familie kann das Verhaftetsein im System als in eine bestimmte Richtung treibende Kraft aufgezeigt werden. Im Falle der Bindung wirken die Kräfte des Systems zentripetal, und die Ausbildung der Individualität und Autonomie des Kindes kann auf verschiedenen Ebenen der Persönlichkeit beeinträchtigt werden. Wenn etwa auf der affektiven Ebene hauptsächlich Abhängigkeitsbedürfnisse des Kindes manipuliert werden, spricht Stierlin von Es-Bindung. Versucht ein Elternteil Teile seines eigenen Ichs dem Kind aufzuoktroyieren, handelt es sich um eine Ich-Bindung, werden die kindlichen Loyalitätsbedürfnisse manipuliert, wird eine Überich-Bindung hergestellt. Im Falle der Ausstoßung wirken die Kräfte des Familiensystems zentrifugal, das Kind wird von seinen Eltern Ablehnung und Kälte erfahren und sich selbst als in der Familie überflüssig und vernachlässigt empfinden.

Der dritte Faktor, mit dem nach Stierlin Sozialisationsprozesse bestimmt werden, ist das Moment der *Delegation*, in dem in einer Familie die Eltern das Kind mit einer Mission, mit verschiedenen Aufträgen versehen, die es im Laufe seines Heranwachsens mehr und mehr erfüllen soll. Delegierender und Delegierter sind durch das „Loyalitätsband" miteinander verbunden, das sich nach Stierlin bereits in der frühen Eltern-Kind-Beziehung herausbildet. Delegation kann dem Leben durch die elterlichen Aufträge einen Sinn verleihen, sie kann aber auch dazu führen, daß von den Eltern eine dauernde Überforderung an das Kind produziert wird, die seine Leistungsfähigkeit weit übersteigen, oder daß einander widersprechende Aufgaben an das Kind gestellt werden, die es beständig bei der Erfüllung der einen Aufgabe gegen eine andere verstoßen lassen. Schließlich wurde in diesem Erklärungsmodell noch die sogenannte *Mehrgenerationenperspektive* zu berücksichtigen versucht. Dieser Aspekt wurde vor allem von Boszormenyi-Nagy/Spark (1973) in die familientheoretische Diskussion eingeführt. Er besagt, daß Delegationen über Generationen hinweg stattfinden können und unter diesem Gesichtspunkt Bindungen und Verpflichtungen für die Familienmitglieder entstehen, die, ebenso wie Motivationen auf der individuellen Ebene, auf der Familienebene als eine Art transgenerativer Auftrag wirksam werden können. Durch den Zwang zur Rechenschaft gegenüber der Herkunftsfamilie können unter dieser Perspektive auch manche Überforderungen oder Konflikte bei der Erfüllung von Aufgaben entstehen, wenn von beiden Eltern unterschiedliche transgenerative Aufträge auf die Kinder übertragen werden.

2 Die Genese von Qualifikationen des Kindes im familialen Kontext

Das Kind erwirbt bei seiner Entwicklung Qualifikationen, die sich je nach den Bedingungen seiner Umwelt, seinen Lebensbedingungen und seinen Erfahrungen bei der Auseinandersetzung mit Realität unterschiedlich ausbilden. Im folgenden sollen einige Aspekte der Entwicklung von Qualifikationen unter einem interaktions- und familientheoretischen Blickwinkel erörtert werden. Wenn dabei aus den verschiedenen Entwicklungsbereichen auch Ergebnisse zusammengetragen wurden, die teilweise bei der Analyse von Einzelinteraktionen (oft Mutter-Kind-Dyade) verharren, so zeigen diese Ergebnisse doch in ihrer Gesamtheit zwei Tendenzen, die die Bedeutung der familialen Sozialisation für die Entwicklung von grundlegenden Qualifikationen unterstreichen: Einmal sind für die Entwicklung von kognitiven, affektiven und sozialen Qualifikationen die jeweiligen Dialogformen und -vorformen, die das Kind mit seinen primären Bezugspersonen aufnehmen kann, von hervorragender Relevanz, zum anderen scheint nach den Erkenntnissen aus neueren Untersuchungen gerade die früheste Kindheit mit den darin aufgehobenen Möglichkeiten zum Erfahren von sozialer Interaktion die weitere Lebenskarriere in hohem Maße zu prägen.

2.1 Untersuchungen zur Mutter-Kind- und Vater-Kind-Interaktion

Die Bemühungen der Vorschulförderung auf der einen und die Untersuchungen der Humanethologen auf der anderen Seite haben das Bewußtsein für die Relevanz der interpersonellen Beziehungen schon in der frühesten Kindheit für die Entwicklung geschärft. Die inzwischen schon fast als klassisch zu bezeichnenden Studien zur Erkundung der mütterlichen Aktivitäten zur Förderung ihrer vorschulaltrigen Kinder (Hess/Shipman 1965, Brophy 1970, White 1971) lieferten klare Hinweise darauf, daß die Art und Weise, in der Mütter mit ihren Kindern umgehen, deren kognitive Entwicklung hemmen oder fördern kann.

Freilich zeigte sich in diesen Studien auch, daß eine gleichsam lineare Zuordnung von bestimmten Qualitäten äußerer Lebensbedingungen zu bestimmten Qualitäten von Erziehungsstilen als eine Art Suchstrategie zur Bestimmung des geometrischen Ortes, an dem die Qualifikation oder Dequalifikation des Kindes geschieht, nicht ausreicht, sondern daß vielmehr die innere Dynamik der Interaktion zwischen Vater, Mutter und Kind das wesentliche Merkmal darstellt für die spezifische Entwicklung der kognitiven, affektiven und sozialen Qualifikationen beim Kind. Der Ausspruch von Brophy (1970) „The meaning of deprivation is the deprivation of meaning" vermag vielleicht am treffendsten das ganze Ausmaß der Bedeutung einer Mutter-Kind- oder Vater-Kind-Beziehung zu beschreiben, ihren inneren Sinn, daß nämlich das Stiften von Sinnzusammenhängen innerhalb der Eltern-Kind-Beziehung als der Motor anzusehen ist für die Ausbildung bestimmter Qualifikationen beim Kind, dessen Versagen dann umgekehrt den Stillstand oder die Verkümmerung bei der Entwicklung bedeuten kann.

Die von White (1971) aufgeführten Merkmale von Müttern, deren Kinder im weiteren Verlauf ihrer Entwicklung als kompetent angesehen wurden, verweisen in der Hauptsache auf eine Fähigkeit, die einen sensiblen und einfühlenden Umgang mit den Kindern sichert, aber gleichzeitig auch dafür sorgt, daß in der Beziehung zwischen Mutter und Kind die jeweiligen Interessen der beiden Interaktionspartner berücksichtigt werden. Bei den von White untersuchten Müttern bedeutete dies, daß sie durchaus auch ihren eigenen Beschäftigungen gezielt nachgingen und nicht nur immer kindzentriert handelten. Dem Kind wurde genügend Freiraum zum eigenständigen Erkunden eingeräumt, die Mutter stand aber bei Nachfragen zur Verfügung und konnte dem Verständnis der Kinder entsprechende Erklärungen geben. Hess/Shipmann (1965) haben den „Sinn" eines Handlungsaktes als Kernstück einer gelingenden Interaktion bezeichnet, der bei der Vermittlung von Problemlösungsstrategien der Mütter an ihre Kinder von hervorragender Bedeutung ist. Wo er fehlte, waren die Kinder weniger in der Lage, Aufgaben zu bewältigen, vor allem, wenn Willkür als ein Wesensmerkmal der Unterweisung angetroffen wurde, wenn also für die Kinder keine Möglichkeit bestand, zwischen vorausgehenden und nachfolgenden Handlungen ihrer Mütter einen sinnvollen Zusammenhang zu erkennen.

BROPHY (1970) hat mit dem Begriff des „proactive teaching" im Gegensatz zu einem „retroactive teaching" auf jenen Unterschied hinzuweisen versucht, der sicherlich als eine wesentliche Charakteristik des Umgangs der Eltern mit ihren Kindern angesehen werden kann.

Wenn man in diesem Zusammenhang an die Versuche zur kompensatorischen Erziehung denkt, erstaunt es schließlich wenig, daß die vielen verschiedenen Maßnahmen zur Förderung kognitiver Fähigkeiten, bei denen die einzelnen Kinder Förderprogrammen unterzogen wurden, weitgehend scheiterten. Nach BRONFENBRENNER (1974) haben dagegen gerade diejenigen Programme die eindrucksvollsten Erfolge erzielen können, die nicht das einzelne Kind, sondern Mutter und Kind oder *die ganze Familie* in die Förderung einbezogen. „Es ist, als besitze das Kind allein keine Möglichkeit, die Prozesse, die seine Entwicklung fördern, zu internalisieren, während das Eltern-Kind-System diese Möglichkeit besitzt" (BRONFENBRENNER 1974, S. 98). Darüber hinaus ist nach den Versuchen der kompensatorischen Erziehung auch deutlich geworden, daß Fördermaßnahmen um so wirksamer sind, je früher sie einsetzen, möglichst schon vor dem dritten oder vierten Lebensjahr. In diesem Altersbereich ist allerdings eine Schwerpunktsetzung bei der Förderung kognitiver Fähigkeiten, wie sie bei den Vorschulprogrammen weitgehend üblich war, nicht möglich.

Für den frühkindlichen Bereich haben vor allem die Studien von BOWLBY (1969, 1971), AINSWORTH/WITTIG (1969), SCHAFFER/EMERSON (1964), LEWIS/GOLDBERG (1969), BELL (1970), AINSWORTH/BELL (1970) im Bereich der affektiven Entwicklung das Phänomen der „Mutterbindung" (attachment) thematisiert.

Insgesamt hat sich nach vielen Untersuchungen, die entlang den klassischen Kategorien der Entwicklungstheorien zur kognitiven, affektiven, sozialen und sprachlichen Entwicklung durchgeführt worden sind, die Notwendigkeit für integrative Ansätze gezeigt, die das Konzept der Wechselwirkung, der dialogischen Interaktion (SPITZ 1976) und der Reziprozität in den Mittelpunkt rücken (RIEGEL 1975, SAMEROFF 1975a, b). Die Analyse vorsprachlicher Kommunikation, die im einzelnen Gestik, Laute und Bewegungen als Sinnvermittlungselemente in der Mutter-Kind-Dyade betrachten (LEWIS/FREEDLE 1973, LEWIS/LEE-PAINTER 1974, BATES/CAMAIONI/VOLTERRA 1975, FREEDLE/LEWIS 1977) hat die Bedeutung der frühen sozialen Beziehung zwischen Mutter und Kind für die Entfaltung der kognitiven und sprachlichen Fähigkeiten unterstrichen. Mehr und mehr hat sich die zunächst monologische Sichtweise der Entwicklung in eine dialogische verwandelt, wobei vor allem im frühen Kindesalter der enge Zusammenhang der später sich auffächernden Entwicklungen der verschiedenen Eigenschaften zu erkennen war.

LEWIS hat ein Entwicklungsmodell vorgeschlagen, das den gewonnenen Erkenntnissen gerecht werden will und als ein „unified model" kognitive, soziale und sprachliche Fähigkeiten um einen Kern von „kommunikativer Kompetenz" angelagert betrachtet (LEWIS/CHERRY 1977). Darüber hinaus wurde von LEWIS auch das Zusammenwirken der sozioemotionalen Komponenten mit der Entwicklung der kognitiven Fähigkeiten herausgearbeitet (LEWIS 1977). Bei der Analyse des Spracherwerbs haben Untersuchungen im vorsprachlichen Alter die These entstehen lassen, daß auch der Erwerb des Kanons interaktiver Regeln als eine Art Grammatik des sozialen Verhaltens verstanden werden kann. Wenn man, weiter auf dieser These aufbauend, die Regeln, die der Konstruktion von Sprache unterliegen, aus einer sozialen Perspektive betrachtet, kann man zu Analogien zwischen dem Erwerb von Regeln zum Gebrauch der Zeiten der Verben und den konkreten Erfahrungen des Kindes mit dem Weggang der Mutter gelangen (LEWIS/CHERRY 1977). BRUNER (1977a) hat ein Regelsystem des Dialogs zwischen Mutter und Kind expliziert, das auf der Basis von Geben und Nehmen, vom wechselseitigen Austausch in verschiedenen frühkindlichen Mutter-Kind-Spielen oder instruktiven Aktivitäten entwickelt wurde und das postuliert, daß dieses in der frühen Mutter-Kind-Interaktion entwickelte Regelbewußtsein später beim Benutzen der Sprache in Form der „grammatischen Regeln" wieder vorgefunden werden kann.

Daß diese Interaktionen nur in der Mutter-Kind-Dyade stattfinden können, wurde zwar in diesen Untersuchungen nie als Besonderheit eigens herausgestellt, aber differenziert gegenüber anderen Beziehungen des Kindes innerhalb der Familie wurde die Mutter-Kind-Beziehung zumeist nicht. Wenn man nun im einzelnen die Einwirkungen des Vaters auf die Sozialisation des Kindes betrachten will, kann man feststellen, daß der Vater lange Zeit in der Sozialisationsforschung zumindest im frühkindlichen Bereich nahezu nichtexistent war. In den letzten Jahren allerdings hat die Erweiterung der interaktiven Betrachtungsweise auf die *Vater-Kind-Beziehung* auch in der frühen Kindheit einige interssante empirische Ergebnisse erbracht. Es zeigten sich, nach Bereichen getrennt, Ähnlichkeiten und Unterschiede zwischen Vater-Kind- und Mutter-Kind-Beziehung sowie auch indirekte Beeinflussungen der Mutter-Kind-Interaktion durch die Anwesenheit des Vaters (LAMB 1975, 1976). Beispielsweise reagieren Väter ebenso sensibel auf Äußerungen und Regungen ihrer Säuglinge wie Mütter, füttern ebenso, wenngleich sie etwas weniger Zeit dafür benötigen als die Mütter (PARKE 1978), andererseits zeigten sich Unterschiede in der Art der Stimulierung beim Umgang mit dem Kind. Während im frühen Alter die Väter mehr das kleine Kind aktiv zu stimulieren scheinen, werden in der späteren Phase der frühkindlichen Entwicklung mehr die Mütter aktiv. So fand LAMB heraus, daß Väter in der Regel mehr Bewegungsspiele mit ihren Kindern unternehmen und ansonsten oft parallel zu ihren Kindern spielten (also das, was die Kinder gerade spielten, mitmachten), während die Mütter sich mehr in konventionellen Spielen engagierten und die Kinder mit direktem Spielangebot oder mit Vorlesen beschäftigten. CLARKE-STEWART (1978) fand zwischen Vätern und Müttern keinen Unterschied, was das Bindungsverhalten des Kindes betraf, so daß der Rückzug in ungewohnten Situationen – eine der klassischen Experimentalanordnungen zum Feststellen von attachment – sowohl zum Vater als auch zur Mutter hin erfolgte. Anders waren die Ergebnis bei BAN/LEWIS (1974) gewesen, die vom Verhalten der Kinder nach Trennungen als Index für attachment ausgingen und je nach Stärke der Trennung von den Eltern und nach Geschlecht der Kinder Unterschiede im attachment-Verhalten erhielten.

LEWIS/WEINRAUB (1976) versuchten auch die indirekten Einwirkungen des Vaters auf die Mutter-Kind-Interaktion zu analysieren und schlugen zu diesem Zweck drei verschiedene Größen vor: Einmal die gefühsmäßige Unterstützung, die der Vater bei der Pflege und Interaktion der Mutter mit dem Kind der Mutter gibt, dann die Art und Weise, in der der Vater auch in seiner Abwesenheit im Dialog Mutter/Kind repräsentiert wird und schließlich das Ausmaß an „Transitivität" des „sozialen Netzwerks". Mit dem letzten Punkt versucht LEWIS so etwas wie die dialogische Offenheit der Mutter-Kind-Beziehung zu thematisieren, nämlich inwieweit innerhalb des durch die Einbeziehung des Vaters komplexer konzipierten Interaktionssystems die Möglichkeit besteht, an Beziehungen, die ein Mitglied des Netzwerks zu einem anderen hat, teilzunehmen. PARKE (1976) und PEDERSON (1975) haben in einigen Laboruntersuchungen den Einfluß der Anwesenheit des Vaters in Form der Zunahme des Lächelns der Mutter in der Mutter-Kind-Interaktion bestätigen können. Allerdings sind derartige Ergebnisse, die unter restriktiven Bedingungen im Labor herausgefunden wurden, nur schwer zu generalisieren, denn je nach Vertrautheit der Umgebung (Labor oder zu Hause) können die Reaktionen der Kinder unterschiedlich ausfallen (LAMB 1976). Insgesamt aber läßt sich nach der Vielzahl der bisher vorliegenden Einzelstudien der Schluß ziehen, daß die Einflußnahme der Eltern auf das Kind, die sich beispielsweise in der Qualität der Beziehung wie der Intensität und der Zeit beim Spielen mit dem Kind äußern kann, in hohem Maße indirekt wirksam wird – erkennbar erst, wenn nicht mehr die Einzelbeziehungen in dyadischer Form, sondern die Vater-Mutter-Kind-Triade als Ganzes betrachtet wird (CLARKE-STEWART 1978).

2.2 Die Bedeutung der Geschwister im Rahmen innerfamilialer Sozialisation

Neben Mutter und Vater spielen bei der Sozialisation natürlich auch die in der Familie vorhandenen Geschwister eine hervorragende Rolle. Es gibt eine ganze Reihe von – in Themenstellung und methodischem Status allerdings heterogenen – Untersuchungen zur Frage, welche Wirkungen Anzahl, Reihenfolge und Geschlechterkonstellation der Geschwister in der Familie für die Entwicklung bestimmter Persönlichkeitsmerkmale bei den einzelnen Kindern haben oder auch für die Herausbildung spezifischer Interaktionsformen zwischen Eltern und Kindern zeigen. Die meisten dieser Untersuchungen gehen dabei von der Annahme aus, daß die Einzelvariablen Geburtenreihenfolge, Geschwisteranzahl, Altersabstand und Geschlechterkonstellation entweder für sich genommen oder aber in mehr oder weniger komplexen Wechselwirkungen die Ursache sind für Gemeinsamkeiten bei der Sozialisation dieser untersuchten Kinder. Durch diese Variablen werden nach dieser Annahme in jeder Famile Beziehungskonstellationen strukturell vorgegeben, die auch für die Eltern Interaktions- und Kommunikationsformen nahelegen, die ihrerseits dann, in jeweils familientypischer Form abgewandelt, als Einzelinteraktionen zwischen den Familienmitgliedern ganz spezifische Sozialisationsklimata erzeugen und für den Aufbau der Interaktionserfahrungen der Kinder maßgeblich sein können. Diese Interaktionserfahrungen verfestigen sich im Laufe der Entwicklung in Form von wiederkehrenden Verhaltensmustern auch außerhalb der Familie und erlangen bald den Status von „Persönlichkeitsmerkmalen".

Die verschiedenen Ansätze der Geschwisterforschung und ihre oft nur schwer miteinander in Verbindung zu bringenden Ergebnisse haben bis zum Jahr 1970 SUTTON-SMITH/ROSENBERG (1970) relativ umfassend dargestellt. Die im Folgenden referierten ausgewählten Ergebnisse stammen im wesentlichen aus drei größeren empirischen Untersuchungen oder Untersuchungsserien zur Geschwisterthematik, nämlich aus der Studie von KOCH (1955a, b, 1960) an erst- und zweitgeborenen sechsjährigen Kindern in Zweikindfamilien, in der zum ersten Mal Geschwisterkonstellation und Altersabstand systematisch kontrolliert wurde, dann aus der Längsschnittstudie an Geschwisterpaaren, die im Rahmen der FELS-Studie über mütterliches Erziehungsverhalten von LASKO (1954) durchgeführt wurde, und schließlich aus den Untersuchungsserien von ROSENBERG/SUTTON-SMITH zu Fragen der geschlechtsspezifischen Persönlichkeitsentwicklung bei Geschwistern (ROSENBERG/SUTTON-SMITH 1964a, b, 1966, 1968; SUTTON-SMITH/ROSENBERG 1968). Aus all diesen Studien – jeweils ergänzt durch eine Vielzahl von kleineren Untersuchungen (referiert in SUTTON-SMITH/ROSENBERG 1970) – lassen sich in aller Vorsicht einige übergreifende Trends formulieren, jedoch wird aus der Menge der Ergebnisse auch sehr eindringlich deutlich, daß eine globale Wirkung einer der untersuchten Einzelvariablen für sich genommen nicht festzustellen ist, sondern daß es immer Wechselwirkungen der Variablen Geschwisterreihe, Anzahl, Geschlechterkonstellation und Altersabstand sind, die spezifische Sozialisationsprozesse in den Familien andeuten.

Es scheinen in Familien mit gleichgeschlechtlichen Geschwistern die jeweils erstgeborenen insgesamt mehr machtorientiertes Verhalten dem jeweils jüngeren Geschwister gegenüber zu zeigen als umgekehrt; andererseits zeigen die erstgeborenen Geschwister aber bei Konflikten in höherem Maße konformes und an Autoritäten anlehnendes Verhalten als die zweitgeborenen, die wiederum autonomer, konfliktbereiter, weniger anlehnend erscheinen und eher die Koalition mit Gleichrangigen (peers) suchen als mit Höherrangigen. Ganz anders ist das Bild bei Geschwisterkonstellationen, in denen verschiedengeschlechtliche Kinder angetroffen werden. Dort zeigt etwa der zweitgeborene Sohn (bei einer älteren Schwester) mehr machtorientiertes Verhalten als die erstgeborene Schwester, während bei der umgekehrten Reihenfolge, wenn also das erstgeborene Kind der Sohn, das zweitgeborene die Tochter ist, die zweitgeborene in ihrem machtorientierten Verhalten eher dem älteren Bruder nachstrebt. Natürlich ist auch immer der jeweilige Altersabstand zwischen den Geschwistern für die Art der vorgefundenen Interaktionen von Bedeutung. Nach den Ergebnissen von KOCH (1955a, b) hebt ein Altersabstand von 2 bis 4 Jahren zwischen den Kindern in der Familie die Unterschiede in der Persönlichkeitsentwicklung am meisten hervor, während ein geringerer Altersabstand die Eigenschaften der Geschwister einander mehr anzunähern scheint und ein Abstand von mehr als 4 Jahren die Kinder eher unabhängig voneinander in ihrer Entwicklung aufwachsen läßt.

In der Regel erfahren auch die erstgeborenen Kinder eine mehr verbale und direkt anweisende Interaktion durch die Eltern (die ihnen als Modelle dienen), während die zweitgeborenen Kinder sich das ältere Geschwister zum Vorbild nehmen können und somit eine wenig verbale und mehr das explizite Handeln betonende, in höherem Maße auch durch unmittelbare Sanktionen gekennzeichnete Interaktion erfahren.

Ein weiteres Phänomen, das bei den Geschwisterforschungen hervorzuheben ist und für die Erforschung von spezifischen innerfamilialen Sozialisationsprozessen interessant erscheint, ist die häufig gefundene geschlechtsspezifische „Gegenreaktion" (counter acting) bei spätergeborenen Söhnen in den Familien, in denen vorher eine oder mehrere Töchter vorhanden waren. Hier zeigt sich, daß diese Kinder in stärkerem Maße als andere Kinder typisch „männliche" Eigenschaften entwickeln. Im entgegengesetzten Fall allerdings, bei der spätergeborenen Tochter in einer Familie, in der schon ein oder mehrere Söhne vorhanden sind, scheint die Schwester eher dem Bruder bei der Entwicklung von „männlichen" Eigenschaften nachzueifern. Daß die Geschlechterkonstellation Rückwirkungen auch auf die ganze Familie zu haben scheint, zeigen Ergebnisse von ROSENBERG/SUTTON-SMITH (1968), nach denen Väter in Familien um so „männlicher" erschienen, je mehr Töchter (ausschließlich) in der Familie anzutreffen waren, während bei Familien mit ausschließlich Söhnen die Väter eher „weibliche" Eigenschaften zeigten. Für die Mütter ließen sich entsprechende familienbezogene Verschiebungen ihrer Eigenschaften nicht finden.

Neben Persönlichkeitsmerkmalen waren auch spezifische Interaktionsformen in der Familie der Gegenstand von Untersuchungen. In einer mehrjährigen Längsschnittuntersuchung fand LASKO (1954) heraus, daß die Interaktionen der Mütter zu ihren erst- und zweitgeborenen Kindern zu vergleichbaren Zeiten unterschiedlich sind. Gerade die erstgeborenen Söhne erfahren dabei in der Regel einen starken Bruch nach den ersten beiden Lebensjahren. Zunächst werden die erstgeborenen Kinder in den ersten beiden Lebensjahren intensiver als nachfolgende Kinder in der innerfamilialen Kommunikation „gefordert", wenn aber dann ein Geschwister geboren wird, ändert sich für das erstgeborene Kind die Szenerie dramatisch, denn es ist nicht länger der Angelpunkt innerfamilialer Kommunikation. Auf der anderen Seite ist der Umgang der Mütter mit den spätergeborenen Kindern zum vergleichbaren Zeitpunkt herzlicher als mit den erstgeborenen, auch erfährt das zweitgeborene Kind eine größere Kontinuität in seiner Beziehung zur Mutter.

ROTHBART (1966) (referiert in SUTTON-SMITH/ROSENBERG 1970) hat in einer sehr differenzierten Studie Unterschiede in der Behandlung der Mütter ihrer jeweils 5jährigen erst- und zweitgeborenen gleichgeschlechtlichen Geschwister untersucht. Dabei fand sie, daß sich die mütterlichen Verhaltensweisen und Interaktionsformen gegenüber Erst- und Zweitgeborenem ganz unterschiedlich äußern, je nachdem, ob in der Familie zwei Söhne oder zwei Töchter geboren wurden. So waren die Mütter kritischer und strenger gegenüber der erstgeborenen Tochter und dem zweitgeborenen Sohn, und nachsichtiger und ermunternder gegenüber der zweitgeborenen Tochter und dem erstgeborenen Sohn. Auch bezüglich der expliziten Leistungsförderung zeigten sich Unterschiede der Umgangsformen der Mütter ihren erst- oder zweitgeborenen Töchtern und Söhnen gegenüber (ROTHBART 1971).

Erst in jüngster Zeit haben Studien versucht, systematisch Interaktionsformen zwischen Müttern und ihren verschiedenen Kindern auch in frühester Kindheit zu untersuchen. JACOBS/MOSS (1976) fanden beispielsweise heraus, daß schon im Alter von 3 Monaten Differenzen in der Behandlung auftreten. Bezüglich der Erfahrung einer sozialen und gefühlsbetonten Interaktion mit ihren Müttern befanden sich die zweitgeborenen Kinder gegenüber ihren älteren Geschwistern im Nachteil: die Mütter verbrachten weniger Zeit mit ihren zweitgeborenen Kindern in einer mehr ungerichteten, gefühlsmäßigen Interaktion, nur bezüglich des Fütterns widmeten sie den zweiten Kindern die gleiche Zeit wie den ersten; den zweitgeborenen Mädchen wurde dabei am wenigsten Interaktionszeit zugebilligt.

Die Bedeutung der älteren Geschwister für die Sozialisation in der frühen Kindheit (in den ersten beiden Lebensjahren) wurde schließlich in Untersuchungen von LAMB (1978a, b) deutlich. Das jüngere Geschwister im Alter von 12 oder 18 Monaten achtet danach sehr intensiv auf die Handlungen des Geschwisters; zwischen den Geschwistern konnte LAMB auch eine zunehmende Rollenaufteilung feststellen. Das ältere Geschwister (hier im Vorschulalter) leitete dabei mehr und mehr das jüngere implizit dadurch, daß es dessen Aufmerksamkeit auf sich zog, auch wenn ein Elternteil oder auch beide Eltern im Raum waren. Mehr und mehr auch waren die jüngeren Kinder darum bemüht, bei Spielsituationen von sich aus Kontakt zum älteren Geschwister aufzunehmen.

Zusammenfassend läßt sich vielleicht sagen, daß die Ergebnisse zur Geschwisterforschung sicherlich in ihrer Differenziertheit und von ihrer spezifischen Datenlage her oft nur schwer miteinander vergleichbar erscheinen und kaum auf einen allgemeinen Nenner bezogen werden können. Für eine familienbezogene Sozialisationsforschung aber läßt sich mit Sicherheit festhalten, daß ohne die Beachtung der jeweiligen

Geschwisterkonstellation in einer Familie die Einschätzung der Sozialisationsbedingungen kaum möglich erscheint.
Daß darüber hinaus auch schon in früher Kindheit (nämlich zwischen 12 und 24 Monaten) nicht nur Geschwister, sondern auch andere gleichaltrige Kinder (peers) in gewissem Ausmaß für die Ausbildung des sozialen Handelns und der Entwicklung des Selbst von Bedeutung sein können, zeigen Untersuchungen von LEWIS u.a. (1975) und von BRONSON (1975). (Siehe auch den Beitrag von KRAPPMANN in diesem Handbuch.)

2.3 *Versuch einer Synopse von Entwicklungsphasen in den ersten Lebensjahren*

Es sollen im folgenden ansatzweise verschiedene Aspekte der Entwicklung, wie sie für die ersten Lebensjahre des Kindes untersucht wurden, trotz der teilweise sehr stark divergierenden Orientierungen und der sehr verschiedenen Begriffssysteme nebeneinander betrachtet und auf synchrone Entwicklungsfolgen hin zusammengestellt werden. Natürlich bedürfte ein derartiges Unternehmen eines großen Anteils an theoretischen Vorarbeiten und Explikationen, die in dem hier gegebenen Rahmen nicht zu leisten sind. Der Versuch einer Zusammenschau von Entwicklungsstufen soll hier unter dem Gesichtspunkt erfolgen, daß das Beziehungssystem als der Interaktionsraum, in dem das Kind aufwächst, als Ganzes für die Konkretisierung der Entfaltung der unterschiedlichen Qualifikationen von ausschlaggebender Bedeutung ist.
Vor allem hinsichtlich zweier Komponenten ist die Bedeutung der innerfamilialen Sozialisation in den ersten Lebensjahren hervorzuheben. Zum einen bezüglich der Abhängigkeit des Säuglings von der interpersonellen Zuwendung, die sich in Pflegehandlungen und anderen regelsetzenden Interaktionen äußert, und zum anderen bezüglich der Ungetrenntheit der Verarbeitung von kognitiven und affektiven Informationen beim Kleinkind. Dies erfordert auch von den Eltern Umgangsformen, die von denen des eingespielten und vertrauten, an den Reaktionen des Interaktionspartners rückgekoppelten dialogischen Handelns abweichen. Diese im Umgang mit den Kindern in der frühen Kindheit aufgenommene Interaktionsform kann als das Band angesehen werden, das das Kind mit seinen Eltern zunehmend verbindet und an dem entlang sowohl seine sozioemotionale als auch seine kognitive Entwicklung in ihren Grundzügen ihren Ausgangspunkt nimmt. Die in einer Familie vorherrschenden Formen des Miteinanderumgehens, die Erwartungen, die die Familienmitglieder an das Kind haben, etablieren den Raum für die möglichen Interaktionsformen, in denen das Kind seine Erfahrungen mit der Realität beginnen lassen kann.
Eine Reihe von Ansätzen hat die ersten Lebensjahre des Kindes in Entwicklungsphasen eingeteilt, die bei allen begrifflichen Differenzen und unterschiedlichen Schwerpunktsetzungen doch gleichartige zeitliche Verläufe von unvergleichbaren Phänomenen zeigen. So lassen sich für die ersten beiden Lebensjahre die Stufenfolge der sensomotorischen Entwicklung nach PIAGET (1963), die Phaseneinteilung von MAHLER (MAHLER/FURER 1968, MAHLER/PINE/BERGMAN 1975), die in psychoanalytischer Sichtweise den Weg von der Symbiose zur Individuation beschreibt, und die Phasen, die vor allem nach den neueren Untersuchungen in der Humanethologie (SANDER 1969; TREVARTHEN 1977 a, b; DUNN 1977) vorgeschlagen wurden und die das Erklärungsmodell des „Gebens und Nehmens" als grundlegendes Interaktionsmuster heranziehen, als relativ gut übereinstimmende Abfolgen von Entwicklungsschritten im Zusammenhang mit konkreten Interaktionen innerhalb der Familie beschreiben und aneinanderhalten (siehe hierzu auch den Artikel von SCHÜTZE in diesem Band).

Die erste Phase im ersten Lebensjahr umfaßt die Dauer des ersten Lebensmonats. In ihr findet – vermutlich schon in den ersten Tagen nach der Geburt – die Aufnahme des Blickkontakts zu einer Bezugsperson statt. Auf der Basis der Reflexe, vorherrschend in der 1. Stufe bei PIAGET, sind erste imitatorische Bewegungen sichtbar, das Kind befindet sich in einer physischen Abhängigkeit von der Pflegeperson, die Beziehung ist psychisch noch nicht „angereichert". Bei MAHLER wird diese Phase mit „normalem Autismus" beschrieben.
Die zweite Phase umfaßt den zweiten und dritten Lebensmonat. Bei PIAGET werden in dieser Zeit die „primären Zirkulärreaktionen" ausgebildet, bewußte Wiederholungen körperbezogener Reflexschemata wie Saugen, Lallen etc. In ihr entfaltet sich die Kommunikation auf der Grundlage einer sehr emotionalen Bindung (normale Symbiose bei MAHLER). Es bilden sich Muster expressiver Dialogformen heraus, die von den Dialogpartnern im Hin und Her des beginnenden kommunikativen Handelns in der Form des gegenseitigen Aufeinandereingehens von Anfang

an „ausgehandelt" werden. Dieses für den weiteren Verlauf der Entwicklung von kommunikativer Kompetenz so wichtige Muster des „turn taking" hat in dieser Phase seinen Ursprung. Die „face-to-face"-Spiele von Mutter mit dem Kind sind in dieser Phase ein wesentlicher Bestandteil der Interaktion.

In der dritten Phase, die im vierten Monat beginnt und bis zum achten Monat (bei Mahler darüber hinaus bis zum zwölften Monat) dauert, wächst die Aktivität zur Erkundung des umgebenden Lebensraumes. Die zunehmende motorische Kontrolle des Kindes über seinen Körper und die differenziertere Auseinandersetzung mit den unbelebten Objekten bilden das Zentrum der kindlichen Aktivität. In dieser Phase erfolgt nach Piaget die Ausbildung der „sekundären Zirkulärreaktionen" wie das Greifen und Erkunden von Objekten. Für die sozialen Beziehungen gilt als typisches Merkmal die zunehmende Ernsthaftigkeit auch bei der Exploration und Auseinandersetzung mit anderen Personen. Beginnend in der zweiten Hälfte dieser Phase wird eine Art „konspiratives Verhalten" (Trevarthen) im Umgang mit anderen Personen sichtbar, das sich darin äußert, daß die direkten „face-to-face"-Spiele abnehmen und durch Manipulationen an Objekten ungewohnte Reaktionen der vertrauten Personen hervorgerufen werden. Auch wird in dieser Phase fremdes Verhalten mehr und mehr imitiert. Bei Mahler wird diese Phase, die in ihren Einteilungen bis in den zwölften Lebensmonat reicht, als Differenzierungsphase bezeichnet, in der die Unterscheidung zwischen Selbst und Mutter, in der zweiten Hälfte zwischen Selbst und anderen, erworben wird. In besonderem Maße wird in dieser Phase im Dialog der Modus des „Gebens und Nehmens" eingeübt. Dieses Wechselspiel von Geben und Nehmen kann als die Grundlage für den Aufbau interaktiver Regeln angesehen werden, die ihrerseits für den Erwerb der Sprache und ihrer Grammatik Voraussetzung sind (Bruner 1977a). Im Verlauf dieser Phase verändert auch die primäre Bezugsperson, in der Regel die Mutter, ihr Verhalten im Umgang mit dem Kind (Trevarthen 1977, Bruner 1977b). Es erhöhen sich nämlich die pädagogischen Hinweise und normenrelevanten Mitteilungen sowie die Kommentierung von gemeinsam wahrgenommenen Objekten auf der Seite der Mutter. Während das Kind in der ersten Hälfte dieser Phase (vierter bis sechster Monat) sich sehr intensiv den unbelebten Objekten zugewandt hatte, zeigt es in der zweiten Hälfte (sechster bis achter Monat) vermehrt Interesse an den Personen seiner näheren Umgebung und deren Reaktionen auf das eigene Handeln.

In der vierten Phase des ersten Lebensjahres, vom neunten bis etwa zum zwölften/dreizehnten Monat, differenziert sich das soziale Verhalten des Kindes weiter und die bewußte Teilnahme an den Interaktionen wächst. Fast schlagartig geht die Initiative beim Dialog von den Eltern an das Kind über, das Ritual des Gebens und Nehmens wird vom Kind sehr viel bewußter gestaltet als vorher. Diese Phase ist durch die Erfahrung des Wechsels von Trennung und Bindung charakterisiert. Vom sicheren „Heimathafen" Mutter oder Vater aus kann die Exploration des sozialen Umfeldes, also auch fremder Personen, erfolgen. In diesem von Mahler als Übungsphase bezeichneten Zeitabschnitt, der bei ihr bis in die Mitte des zweiten Lebensjahres hineinreicht und sich teilweise mit der Differenzierungsphase überschneidet, tritt mehr als vorher der Vater als ein „anderer als die Mutter" in das Interessenfeld des Kindes. In dieser erneuten Auseinandersetzung des Kindes mit seiner Umwelt, gleichsam auf einer in der Entwicklung höherliegenden Ebene, kann das Kind bereits auf eine Reihe von kognitiven Schemata zurückgreifen, die es bisher erworben hat (vierte Stufe der sensomotorischen Entwicklung bei Piaget).

In der fünften Phase (dreizehnter bis achtzehnter Monat) erfolgt im Rahmen der fünften Stufe der sensomotorischen Entwicklung die Ausbildung der „tertiären Zirkulärreaktionen", mit deren Hilfe im Zuge des „aktiven Experimentierens" neue Schemata entdeckt werden können. Auf dem Wege von der Symbiose zur Individuation werden in dieser Zeit erste Anzeichen eines Selbst sichtbar, was auch eine differenziertere Wahrnehmung und Erfahrung von Gefühlen für das Kind bedeutet (Lewis/Brooks 1978).

In der sechsten Phase (ab 18. Monat) beginnt mit dem Erreichen der symbolischen Repräsentanz bei Piaget die 6. Stufe der sensomotorischen Entwicklung, die auch eine symbolische Repräsentanz des Selbst bedeutet. Dieser für die Ich-Entwicklung wichtige Schritt bringt nicht nur Freiheit im Umgang mit Objekten, die losgelöst vom jeweiligen Kontext in Erinnerung zurückgebracht und dort neu geordnet werden können, sondern bedeutet auch einen Schritt in Richtung auf die Individuation. Um die Loslösung von der Mutter einerseits und damit auch die im Zuge der Wiederannäherungsphase (Mahler) später neu zu gestaltende Beziehung zur Mutter andererseits bewerkstelligen zu können, benötigt das Kind eine „dritte Person", die ihm bei diesem Entwicklungsschritt hilft. Die wichtigste Voraussetzung aber scheint dafür nicht nur die Erfahrung aus einer alternativen Zweierbeziehung (nämlich mit dem Vater) zu sein, sondern die Erfahrung, selbst Teilnehmer in einer Dreierbeziehung zu sein, in der eine kreuzweise Identifizierung (cross-identification) möglich wird. Auf diese Weise kann sich das Kind zunehmend als eine eigene Person erleben, die sich in der triadischen Beziehung einmal mit der Mutter und einmal mit dem Vater, daher nie in einer einzigen Person ganz aufgehend, identifizieren kann (Rotmann 1978).

2.4 *Annahmen zur Entwicklung von Pathologien*

Das innerfamiliale Klima, das auf der Folie der emotionalen Sicherung die Ausgestaltung der Beziehung zwischen den Bezugspersonen und dem Kind bestimmt und damit auch den Rahmen setzt für die spezifischen Dialogmöglichkeiten, ist nicht zuletzt deshalb in dieser Lebensphase der frühen Kindheit von hervorragender Bedeutung, weil in ihm auch die Vermittlung von grundlegenden Interpretationsmustern erfolgt. Die Sprachentwicklung des Kindes im zweiten Lebensjahr kann nun oftmals eine geradezu dramatische Veränderung der Umgangsformen der Eltern mit dem Kind bewirken. Durch die gezieltere Bezugnahme des Kindes auf Interpretationen und Kommentierungen der Eltern mit Hilfe sprachlicher und gestischer Ausdrucksformen werden in der Regel bewußter als vorher spezifische Sensibilitäten für Kontextrelevanzen im Dialog ausgebildet, Prioritäten neu gesetzt und alte Interaktionsformen korrigiert.

Die Bedeutung gerade dieser Zeitspanne in der frühkindlichen Entwicklung zeigt sich auch an der verheerenden Wirkung, die Schädigungen in der frühen dialogischen Kommunikation zwischen Kind und Eltern verursachen. Wenn sich beim Kind in den frühen Entwicklungsphasen keine interaktive Sicherheit entwickeln kann, treten in der Regel auch schwerwiegende Schädigungen in der kognitiven Entwicklung ein. BETTELHEIM (1967) hat eindringlich in einem Vergleich von Symptomen autistischer Kinder mit den einzelnen Stufen der sensomotorischen Entwicklung die Bedeutung der emotionalen sozialen Einbindung der für die kognitive Entwicklung relevanten erkenntnisfördernden Handlungen hingewiesen. Wenn, unabhängig von möglichen konstitutionellen Bedingungen, Frustration und Angst die emotionalen Begleiterscheinungen sozialer Interaktion sind, kann sich die für die Aneignung der höheren kognitiven Schemata wichtige Erfahrung der Sicherheit des Glaubens an das eigene, bislang erworbene Wissen und damit an die eigene Person, nicht einstellen. Im Falle des Autismus scheint die Schädigung deswegen so schwerwiegend und fast irreversibel, weil die Verunklarung der emotionalen Beziehung zwischen Eltern und Kind schon in einem sehr frühen Entwicklungsstadium auftritt, so daß auch die Reihe der elementaren sensomotorischen Entwicklungsstufen nicht erfolgreich durchschritten werden kann.

Die Verunsicherung von emotionalen Beziehungen in der Familie spielt eine kardinale Rolle auch bei Überlegungen, die SELVINI-PALAZZOLI u.a. (1977) im Zusammenhang mit dem auf BATESON und WATZLAWICK zurückgehenden kommunikationstheoretischen Modell für die Entstehung von schizophrenen Störungen entwickelt hat. Danach ist die Bewertung bzw. Entwertung der Äußerungen des Kindes und die gleichzeitig mit der Entwertung ausgedrückte Verneinung oder Verleugnung dieser Entwertung als ein fundamentales Muster im innerfamilialen Kommunikationssystem anzusehen. Für die Sozialisation in ein derartiges Familiensystem könnte etwa gelten, daß zunächst – anders als im Fall der Autismusgenese – in den sprachfreien Entwicklungsphasen zwischen Eltern und Kind eine Beziehung etabliert wird, so daß beispielsweise auch die Stufen der sensomotorischen Entwicklung ohne Schädigung durchlaufen werden. Mit Beginn der Fähigkeit zu sprachlicher Artikulation eigener Absichten und Bedürfnisse aber, mit Beginn der aktiven Anwendung der Sprache, wird durch die Verunklarung von Beziehungen durch die Eltern oder auch durch die Nichtdefinition bestimmter Beziehungsregeln, die zur Sicherung von Verständigung über komplexere Sachverhalte zwischen den Dialogpartnern anerkannt sein müssen, die Kommunikation in der Familie mehr und mehr erschwert. Schließlich verschwimmen beim Kind selbst Bewertungen von Wahrnehmungen und es tritt eine Zerrüttung der Fähigkeit zum Aufbau einer klaren Begrifflichkeit auf, die schließlich zur Unfähigkeit der Aufnahme dialogischer Beziehungen führen kann. Nach SELVINI-PALAZZOLI u.a. stellen die Kommunikationsmanöver, die die Beziehungsdefinition jeweils verwischen sollen, ein typisches Muster in den Familien dar, aus denen ein schizophrenes Kind stammt.

3 Familiale Beziehungsaspekte und Interpretationsvorgaben als Merkmale für die Qualifikation des Kindes

Sieht man die Familie als eine Instanz an, die als Ganze die Ausbildung der grundlegenden Qualifikationen zu großen Teilen mitprägt, so ist die Frage zu beantworten, auf welche Weise die verschiedenen Beziehungsaspekte die Ausbildung von Qualifikationen hemmen oder fördern können. Wenn bislang auch einzelne Zusammenhänge zwischen Familienkonstellationen und pathologischen Erscheinungsformen beim Kind herausgearbeitet werden konnten, wenn auch allgemein die Bedeutung der Qualität der frühen Mutter-Kind-Beziehung für die Entwicklung des Kindes in vielen Untersuchungen bestätigt wurde, so bleibt doch bislang die Frage offen, was neben den Merkmalen der Einzelbeziehungen Mutter/Kind, Vater/Kind wie etwa Sensibilität der Eltern, Zuneigung, emotionale Stabilität, Rigidität oder Flexibilität im Umgang, Aggressionsverhalten oder bestimmte Erziehungsstile, im eigentlichen Sinne diejenigen Merkmale sind, die das spezifische Netz der gegenseitigen Beziehungen innerhalb der Familie beschreiben können und durch deren Wirksamkeit die besondere intellektuelle, emotionale und soziale Entwicklung des in der Familie aufwachsenden Kindes geformt wird. Dabei ist weniger an ein globales Aufaddieren möglicher Merkmalsträger gedacht, bei dem dann die Familie neben genetischen, krankheits- oder umweltbedingten Faktoren eine weitere zu kontrollierende Variable darstellen würde, vielmehr müßte bei der Suche nach Elementen der innerfamilialen Beziehungsstruktur darauf hingearbeitet werden, daß Einzelheiten der Vermittlungsprozesse sichtbar werden, wie sie sich vielleicht in den Kommentierungen und Interpretationsvorgaben für die Kategorisierung von Realität bei der innerfamilialen Kommunikation äußern. Freilich erscheint beim derzeitigen Stand der empirischen und theoretischen Erkenntnis über das Zusammenwirken der verschiedenen, im einzelnen als sozialisationsrelevant angesehenen Faktoren im Innern der Familie der Weg zu einer eindeutigen Beantwortung dieser Frage noch weit.

Im folgenden soll versucht werden, mit Hilfe einiger Überlegungen aus der Kommunikationstheorie und in Konsequenz der bislang aus den einzelnen Bereichen der Sozialisationsforschung extrahierten Erkenntnisse einer möglichen Verknüpfung der Spezifität der innerfamilialen Beziehung mit den Entwicklungs- und Entfaltungsmöglichkeiten von Qualifikationen beim Kind näherzukommen. Dabei wird insbesondere auf das Konzept des Regelerwerbs, der Verbindung von Affekt und Kognition und des Lernens aus kommunikationstheoretischer Sicht zurückgegriffen.

3.1 Erkennen von Regeln, Eigentätigkeit beim Erkunden und Umgang mit Widersprüchen

Die Balance der Beziehung zwischen den Ehepartnern, die auf ein Set von Interpretationen und Wertvorstellungen zurückgeht, das in der Regel beim Prozeß des Kennenlernens als eine Art Grundkonsens ausgehandelt wurde (BOLTON 1961, BRODERICK 1966, WILLI 1975), bildet die „Hülle“, innerhalb der die Mutter-Kind-Beziehung existiert. Die Familie ist für das Kind gleichsam das Gehäuse, in dem sich in den ersten Lebensjahren das Heranwachsen abspielt. Wenn man die Entstehung von sinnhaften Konzepten als Grundlage für die Aneignung der Gesetzmäßigkeiten in der Umwelt begreift und wenn man weiter die differenzierte Ausbildung von Qualifikationen beim Kind nicht als einen reinen Reifungs- oder Übernahmevorgang, sondern als eine aktive Auseinandersetzung des Kindes mit seiner Realität in all ihren seine Existenz betreffenden Komponenten ansieht, wird die Art und Weise, welche Möglichkeiten für das Kind in der Familie vorhanden sind, seinen Erfahrungen Sinn zuzuschreiben, zu einem der tragenden Faktoren von Sozialisation (SULLIVAN 1953). Vielleicht erscheint es etwas zu rigoros, den Begriff „Sozialisation“ durch „Familisation“ gerade im Bereich der ersten Lebensjahre zu ersetzen, wie dies HOLLAND (1970) vorgeschlagen hat, jedoch sollte versucht werden, die einzelnen Konzepte, in denen Sozialisationsvorgänge beschrieben werden, in Verbindung zu setzen mit den in der Familie ablaufenden Vermittlungsprozessen, die Einfluß nehmen auf den Prozeß der zunehmenden Sinnzuschreibung beim Kind. Dabei können dann die in der Familie vorherrschenden Mechanismen der konsensuellen Bewertung, die sowohl affektive wie kognitive Elemente beherbergen, vielleicht als ein Zugang zu den komplexen Vorgängen innerfamilialer Sozialisationsprozesse benutzt werden.

Die Kommunikationstheorie hat in ihrem Bezug auf systemtheoretische Überlegungen in der Kybernetik (BERTALANFFY 1956; ASHBY 1952, 1956) eine Anzahl von Begriffen zur Beschreibung von Kommunikationsprozessen eingeführt, die auch zur Kategorisierung von innerfamilialen Interaktionen anwendbar erschienen. Der Kern dieser Überlegungen liegt dabei in der engen Bezogenheit der einzelnen Familienmitglieder aufeinander, die durch ihren wechselseitigen Austausch von Information gleichzeitig auch das System selbst in seiner Spezifität konstituieren. Das Aufeinanderbezogensein der einzelnen Familienmitglieder seinerseits äußert sich in einer Reihe von Regeln, die in den wiederkehrenden Handlungen und Kommunikationen der Mitglieder sichtbar werden können.

Für das Kind ist das Eingebundensein in dieses von Regeln gesteuerte System gerade im Hinblick auf die Möglichkeiten, bei seiner Auseinandersetzung mit der (innerfamilialen) Umwelt solche Erfahrungen zu machen, die das Regelnetz durchschaubar werden lassen, für die Entfaltung seiner Qualifikationen ausschlaggebend. In diesem Zusammenhang ist die Vermittlung von „Regeln über Regeln" oder „Regeln zum Erkennen von Regeln", also die Vermittlung von Metaregeln, als ein wesentliches Merkmal der Sozialisation thematisiert worden (CICOUREL 1968). Ein Erkennen von Regeln, das das heranwachsende Kind in die Lage versetzt, aktiv zu handeln, impliziert neben direkten Handlungsanweisungen für die Etablierung einer Interaktion auch ein Vertrautwerden mit Regeln zur Interpretation der jeweiligen Situation, in der gehandelt werden soll. Diese Regeln zur Interpretation von Situationen greifen also über die Steuerung von punktuellem Verhalten hinaus und stellen so etwas wie kontextabhängige Handlungsanweisungen dar. Solche Metaregeln sind für das Kind und seine Möglichkeit, sich in seiner Umwelt zu orientieren, gewissermaßen *organisierende Prinzipien* für die Strukturierung seiner Erfahrungen. Mit Hilfe dieser Metaregeln wird dem Kind auch ein *generatives Verstehen* (CICOUREL) ermöglicht, das die Ausweitung seiner Erkenntnisse auf neue, bislang kategorial noch nicht verfügbare Erfahrungsbereiche voranbringen kann.

Es gibt nun eine Reihe von Versuchen, Familien danach zu unterscheiden, welche Erfahrungen die Kinder in ihnen machen können. Letztlich geht es dabei immer um die Frage, auf welche Weise in einem Familiensystem Informationen im Inneren gehandhabt werden und wieweit aus der Außenwelt Informationen in das System aufgenommen und wie sie dort verarbeitet werden. In termini der Kybernetik heißt dann die Frage, ob es sich bei den Familien um mehr offene oder um mehr geschlossene Systeme handelt. Nun ist sicherlich eine Übertragung dieser Systembeschreibungen auf die Kennzeichnung von Sozialisationsbedingungen in Familien nur sehr bedingt möglich, es erscheint aber hilfreich, auf diese Weise einen Hinweis auf die Erfassung der *familienbezogenen Möglichkeiten* zum Erkennen von Regeln zu erhalten. Die Vorgaben, die in einer Familie zur Interpretation der Realität für das Kind zur Verfügung gestellt werden, können klar strukturiert oder diffus sein, sie können aber auch mehr oder weniger mit der Wirklichkeit zu tun haben, unabhängig davon, ob sie klar oder diffus sind. Diese Vorgaben können nun auf das Kind eher anregend wirken und die Eigeninitiative fördern oder aber eher hemmen und größere Abhängigkeiten stiften.

Nun kann die Vermittlung in der Sozialisation nie in einer Weise geschehen, daß die fugenlose Übernahme des Vermittelten gesichert wäre und Unklarheiten oder Mehrdeutigkeiten gänzlich vermieden werden könnten. Gerade die Diskussion um die Auswirkungen des „double-bind"-Phänomens bei der Suche nach den Ursachen einer schizophrenogenen Entwicklung hat gezeigt, daß es nicht die doppeldeutige Information an sich ist, die bei gehäuftem Auftreten zur Schizophrenie führen kann, sondern vielmehr die Unfähigkeit, mit diesen im Alltag ständig auftretenden mehrdeutigen Informationen adäquat umzugehen, das heißt, ihre Mehrdeutigkeit bei sich oder dem Dialogpartner zu thematisieren (KAFKA 1971). Es ist hier vielleicht auf die vorne schon erwähnte wichtige Unterscheidung von Widerspruch und Paradoxon zurückzukommen. Paradoxien stellen scheinbare Widersprüche dar, die dann aufgelöst werden können, wenn die Zuordnung der zunächst widersprüchlich erscheinenden Informationen zu verschiedenen Bedeutungsebenen gelingt. Zumeist entstehen Paradoxien in der Kommunikation dadurch, daß von einem Dialogpartner ein plötzlicher Wechsel von einer Bedeutungsebene zu einer anderen vorgenommen wird, ohne daß dieser Wechsel signalisiert wird. Wenn der Empfänger einer paradoxen Information nun nicht damit vertraut ist, von sich aus zu versuchen, durch Heranziehen unterschiedlicher Interpretationsebenen das Paradoxon aufzulösen, erst dann wird er die Information als widersprüchlich, nicht interpretierbar und verwirrend empfinden.

Sucht man nach einer möglichen Verbindung von innerfamilialen Kommunikationsstrukturen bei der Sozialisation und der Ausbildung von Qualifikationen beim Kind, so kann vielleicht die These aufgestellt werden, daß das gelegentliche Auftreten von Paradoxien in der innerfamilialen Kommunikation geradezu eine Voraussetzung dafür ist, daß das Kind mehrdeutige Informationen zu verarbeiten lernt und auf diese Weise auch zu nichttrivialen Interpretationen seiner Erfahrungen fortschreiten kann. Erst wenn Informationen nicht mehr als mehrdeutige thematisiert und aufgelöst werden, können beim Erleben von Widersprüchen beim Kind Angst und das Gefühl des Unheimlichen erzeugt werden. Wächst das Kind in einer Familie auf, in der die möglichen Interpretationen auf wenige oder im Extremfall nur auf eine einzige Bedeutungsebene beschränkt bleiben und in der Regel Erfahrungen in ihren Mehrdeutigkeiten gar nicht thematisiert werden – dies kann auch für verschiedene Lebensbereiche der Familie unterschiedlich sein – so werden alle Versuche des Kindes, mehrdeutige Erfahrungen zu thematisieren, eine Reihe von Kommunikationsformen in der Familie auslösen, die von Ablenkung und Ausweichen bis zu diffuser Beantwortung und Verunklarung der Situation reichen können. Das Nachfragen bei Unklarheiten und aktive Erkunden von Unbekanntem setzt voraus, daß das Kind einen offenen Zugang zu unterschiedlichen Informationsquellen hat und in der Familie Erfahrungen machen kann, die zunächst als unklare und mehrdeutige empfunden, dann aber durch Hinzuziehen neuer Bezugsebenen als sinnvolle interpretiert werden können. Die Fähigkeit, mehrdeutige Informationen in ihren verschiedenen Informationsaspekten wahrnehmen zu können, ohne einem Zwang zur Ausblendung von Teilbereichen der Information zu erliegen, als Qualifikation der Ambivalenztoleranz bekannt, wird sich also eher dort entwickeln können, wo in der Familie ein offener Austausch von Informationen und ein angstfreier Umgang damit anzutreffen ist. ROTHENBERG (1971) hat für die Qualifikation des gleichzeitigen Erkennenkönnens widersprüchlicher Aspekte am gleichen Objekt den Begriff des „janushaften Denkens" geprägt, der vor allem das konstruktive Behandeln von zunächst einander widersprechenden Wahrnehmungen bezeichnen will. Ein solcher Umgang mit Informationen bildet in der Regel auch den Ausgangspunkt für neue Erkenntnisse, die aus den Bahnen vorgängiger Interpretationsmuster ausbrechen und zu kreativen Verarbeitungsformen führen können.

3.2 *Affekt und Kognition*

Die Beschäftigung mit der Frage, welche Vermittlungsprozesse bei der innerfamilialen Sozialisation die für das Kind prägende Kraft entfalten, läßt auch das Problem möglicher Formen der Verarbeitung sozialisationsrelevanter Informationen durch das Kind hervortreten: Einmal stellt sich die Frage, auf welche Weise das Kind die innerfamilialen Umgangsformen in ihrer Struktur und Regelhaftigkeit überhaupt rezipieren kann, zum anderen muß Klarheit darüber gewonnen werden, wenn und auf welche Weise schon in den ersten Lebensjahren spezifische Muster innerfamilialer Kommunikation übernommen werden und im Fluß des ständig Wahrgenommenen eine solche Bedeutung erlangen, daß das Kind sein eigenes Handeln daran orientiert. Daß die Verbindung von affektiven und kognitiven Komponenten bei der Sozialisation gerade in der frühen Kindheit sehr eng ist und die Entwicklung von kognitiven und affektiven Schemata kaum getrennt werden kann, hat schon PIAGET (1954) in aller Deutlichkeit unterstrichen. Untersuchungen über die affektive Bindung und ihr Verhältnis zum Erkundungsverhalten haben in großer Übereinstimmung ergeben, daß die Entwicklung des Kindes bezüglich seiner Fähigkeiten, soziale Stimulierungen zu beantworten und interpersonelle Beziehungen zu etablieren, in den ersten Lebensjahren sehr viel differenzierter ist als dies unter einem mehr biologisch-reflexhaften Blickwinkel früher angenommen worden war (BELL 1970, BROOKS/LEWIS 1976, DECARIE 1978, LEWIS/BROOKS 1978, SERAFICA 1978). Zum einen lassen sich im Laufe der Entwicklung unterschiedliche Stadien von emotionalen Reaktionen feststellen, die den Aufbau eines sozialen Selbst begleiten, zum anderen sind etwa die sozialen Aktivitäten, die im Alter zwischen dem vierten und achten Monat in Verbindung mit der Erkundung der Welt der unbelebten Objekte beim Kind angetroffen werden, keineswegs alle in engem Zusammenhang mit der Mutter als Hauptbezugsperson zu sehen, sondern betreffen gleichermaßen auch den Vater (PARKE 1978), noch verhalten sich Kinder in ihren Reaktionen auf die primären Bezugspersonen konstant, vielmehr zeigen sie mit zunehmendem Alter auch eine größere situationsspezifische Differenzierung (TREVARTHEN 1977a).
Die Bedeutung der Affektivität für den Aufbau der ersten Beziehungen des Kindes ist seit SPITZ

unbestritten, die Frage aber, wieweit für das Kind die Möglichkeit besteht, relativ komplexe Interaktionsmuster zu erfassen und darauf nicht nur reflexhaft zu antworten, haben die Frage nach dem Zusammenhang von Affekt und Kognition erneut aktualisiert. Physiologische Untersuchungen über die Funktionsweisen der beiden Großhirnhälften (Hemisphären) haben Ergebnisse erbracht, die auf eine sehr unterschiedliche Bearbeitungsweise für einlaufende Informationen hinweisen (ORNSTEIN 1977, WATZLAWICK 1977). Während die linke Hemisphäre (beim Rechtshänder) den Ort für die im klassischen Sinne logischen und analytischen Denkprozesse darstellt, finden in der rechten Hemisphäre (auch wieder beim Rechtshänder) Verarbeitungsprozesse statt, die als mehr ganzheitlich, wertend und emotional bestimmt bezeichnet werden können. Prozesse, die in der rechten Hemisphäre stattfinden, sind also eher „unlogisch", berücksichtigen nicht den Zeitfaktor, haben keine abstrakt symbolischen Kategorien zur Verfügung, besitzen auch keine „Nicht"-Kategorie. Sie gleichen eher den Primärprozessen, wie sie im Modell der Psychoanalyse von FREUD beschrieben wurden (WATZLAWICK 1977).

Neuere Untersuchungen – bei aller Schwierigkeit der Operationalisierung der Lokalisierung der Informationsverarbeitung (EHRLICHMAN/WEINBERGER 1978) und bei aller Vorläufigkeit, welche Schlußfolgerungen daraus etwa für differentielle Therapiemodelle zu ziehen sein könnten (DAVIDSON 1978) – weisen darauf hin, daß in besonderem Maße das aktuelle Handeln in sozialen Beziehungen, die Wahrnehmung von Personen, die Einschätzung von komplexen interpersonellen Situationen nicht analytisch-kognitiv, sondern eher emotional-ganzheitlich, „im Augenblick" erfolgt. Vielleicht ist der Schluß zulässig, daß diese Art der Verarbeitung von Informationen, wie sie hier als typisch für die rechte Hemisphäre beschrieben wurde, auch bei der Erfassung der komplexen innerfamilialen Umgangsformen und affektiven Tönungen der Kommunikation in der frühen Kindheit dominiert. Auch die Erkenntnisse der Psychoanalyse, die diese sehr frühen Verarbeitungsprozesse, die in starkem Maße mit Affekten gekoppelt sind, als hochbedeutsam für die gesamte weitere Lebenskarriere ansehen, verweisen auf die Möglichkeit, daß schon in frühem Kindesalter komplexe interpersonelle Beziehungsmuster verarbeitet werden.

Der Bezug zu den Ergebnissen der Hemisphärenforschung erscheint in dem hier skizzierten Zusammenhang insoweit sinnvoll, als die Frage der Verarbeitung komplexer Phänomene, wie sie Beziehungsmuster im Inneren der Familie in ihren unterschiedlichen affektiven Schattierungen darstellen, nicht allein im Rahmen und in Kategorien der bekannten kognitiven Entwicklung in der frühen Kindheit beantwortet werden kann, und auch insofern, als auf der anderen Seite die Annahme einer reflexhaft gesteuerten affektiven Entwicklung aufgrund neuerer Untersuchungen (LEWIS/ROSENBLUM 1978) zunehmend an Plausibilität verloren hat. Bislang sind allerdings noch keine systematischen Untersuchungen bekannt, die ein Entwicklungsmodell für die Verarbeitungsweise der rechten Hemisphäre formuliert hätten, es gibt aber andererseits nach Sichtung der Untersuchungen über den Zusammenhang von kognitiver Entwicklung und affektiver Sicherung sowohl aus der psychoanalytischen Tradition heraus (MAHLER, BETTELHEIM)als auch aus der Humanethologie (TREVARTHEN, DUNN) genügend Hinweise darauf, daß gerade in den ersten beiden Lebensjahren eine beständige Abwechslung von Personenbezogenheit und Objekterkundung stattfindet. In eindrucksvoller Weise hat BETTELHEIM (1967) den Zusammenhang zwischen der Schädigung der emotionalen Sicherung und dem defizitären Verlauf der sensomotorischen Entwicklung beim autistischen Kind dargestellt (dt. 1977, S. 582–606).

Die Frage nach der Wechselwirkung von Affekt und Kognition wird, gerade wenn man in der frühen Kindheit den Verlauf der affektiven und kognitiven Entwicklung verfolgt, mehr und mehr zu einer Frage des Aufgehobenseins sowohl von Affekt als auch von Kognition in den Interaktionen, die das Kind mit seinen primären Bezugspersonen hat. Die Berücksichtigung der Ungetrenntheit von affektiven und kognitiven Komponenten in den in der Familie ablaufenden Sozialisationsvorgängen führt dazu, daß der Vorgang der Übernahme von komplexen Verhaltensmustern durch das Kind, wie dies beim Heranwachsen in der Familie geschieht, vielleicht eines differenzierteren Erklärungsmodells bedarf, als dies bislang in den verfügbaren Modellen, die mehr oder weniger Einzelaspekte der Übernahme zu beschreiben versuchen, möglich ist. Die klassischen Modelle von „Lernen", wie sie in den verschiedenen Vorstellungen von Sozialisationsprozessen immer auch enthalten sind, und die von Konditionierung bis zu sophistizierten Strukturmodellen reichen, verleiten zu einer individuell ausgerichteten und die kognitiven Aspekte betonenden Sichtweise des Erwerbs von Wissen. Gerade die soziale und die emotionale Einbindung von Lernprozessen aber bleibt zumeist bei der Analyse der Bedingungen als eine Art biologisch-reduktionistische Randgröße aus der eigentlichen Betrachtung weitgehend ausgeklammert.

Wenn der Erwerb von Regeln nun als ein Lernen bezeichnet wird, mit dem das Individuum übergreifende Muster als potentielle Handlungsgenerative erfassen kann, stellen sich zwei Fragen in veränderter Form: Wie kann „Lernen" im Rahmen einer Vorstellung von „Regelerwerb" konzeptionell so gefaßt werden, daß es im Zusammenhang mit kommunikationstheoretischen und systemtheoretischen Überlegungen zur innerfamilialen Sozialisation beschreibbar wird, und welche Bedingungen müssen erfüllt sein, damit die in der Familie offen oder verdeckt angebotenen Lerninhalte vom Kind als relevant und damit als potentiell anzueignende beurteilt werden.

3.3 Batesons Konzeption von Lernen

BATESON (1973a) hat versucht, ein Modell für Lernen zu entwickeln, das die kommunikations- und systemtheoretischen Implikationen berücksichtigt und den Erwerb von Regeln und Metaregeln beschreibt. Ausgehend von den RUSSELschen „logischen Typen" (WHITEHEAD/RUSSEL 1910) und der Möglichkeit des Umgangs mit Paradoxien hat er verschiedene Typen von Lernprozessen unterschieden, die eine Klassifikation nach dem Gesichtspunkt erlauben, welchen Grad an Komplexität *bezüglich der Kontextrelevanz* das Gelernte besitzt. BATESON hat in diesem Modell auch die soziale und emotionale Seite von Lernprozessen, ebenso wie ihre gestalthaft-ganzheitliche Form herausgearbeitet. Das Lernen ist, wie alle anderen Erkenntnisprozesse auch, in den konkreten Beziehungen aufgehoben, die sich in der Regel durch einen hohen Grad an Emotionalität auszeichnen. Die Verknüpfung von affektiver und kognitiver Komponente beim Lernen hat BATESON (1973b) am Beispiel eines kommunikativen Aktes zwischen Mensch und Katze zu verdeutlichen versucht. In üblichen Vorstellungen vom Lernen würde das Miauen der Katze, das immer dann erfolgt, wenn die Bezugsperson nach ihrer Rückkehr in die Wohnung den Kühlschrank öffnet, als Resultat einer Verstärkung durch die sogleich danach erfolgende Ausgabe von Milch im Sinne der klassischen Konditionierung interpretiert werden.

BATESON will bei dieser Erklärung von Lernen, die auf der Reflexebene sicher ausreichend ist, nicht stehen bleiben, er will auch nicht die vielleicht kognitiv-strukturell zu analysierenden Einzelschritte erläutern, die zu dem „gelernten" Verhalten der Katze und zu ihrem „Wissen" führen, sondern er will vielmehr auf etwas anderes hinweisen. Innerhalb der Kommunikationsstruktur zwischen Mensch und Katze stellt das Miauen eine Mitteilung über die *Beziehung* zwischen den beiden Interaktionspartnern dar, im kommunikativen Akt wird nach BATESON die *Abhängigkeit* signalisiert, in der sich die Katze bei ihrer Bedürfnisbefriedigung von ihrer Bezugsperson befindet. Und es ist dieses *Gefühl* der Abhängigkeit, das die Basis bildet für die einzelnen Lernprozesse, die, – und dies ist einer der entscheidenden Gedanken bei BATESON –, in der konkreten Erfahrung der Katze immer mehr die Charakteristik der Beziehung betreffen als das Verknüpfen von Reiz-Reaktions-Konstellationen. Beziehungen, in denen Lernprozesse stattfinden, sind nach BATESON immer mehr durch emotionale Charakteristika als durch Merkmale bestimmt, die in kognitiven Kategorien beschrieben werden können. Man kann hier die Überlegung anschließen, daß gerade in der frühkindlichen Sozialisation, in der das Kind erst allmählich die Artikulation seiner Bedürfnisse innerhalb der Beziehungsstruktur der Familie auszudifferenzieren lernt, die Einbettung dieser Lernprozesse in die emotional hochrelevanten Beziehungen zu den Familienmitgliedern durchaus vergleichbar erscheint mit dem konstruierten Beispiel für „Abhängigkeit".

Im Rahmen seiner Überlegungen schlägt BATESON drei Typen des Lernens vor, die, wenngleich für die Darstellung hierarchisch geordnet, keineswegs bei den konkreten Lernprozessen in einer bestimmten Reihenfolge auftreten müssen, sondern durchaus auch gleichzeitig in einer Situation anzutreffen sind.

Typ-I-Lernen beinhaltet die Muster des klassischen und instrumentellen Konditionierens, d.h. das Herstellen von bestimmten Reiz-Reaktions-Mustern in Reflexform und nach dem Prinzip von Versuch und Irrtum sowie nach dem der Verstärkung. Lernen wird dabei verstanden als eine *situationsunabhängige* Reiz-

Reaktions-Verbindung. Das eigentliche Problem bei diesem Lernvorgang stellt nach BATESON allerdings die Klassifizierung von verschiedenen Reizkonstellationen als „ähnlich" oder „unähnlich" dar, dessen Lösung erst durch eine Information *über den Kontext*, in dem die Reize angetroffen werden, möglich wird. Die Prämissen dieses klassischen Lernmodells gehen nämlich davon aus, daß ein Kontext wiederholbar sein muß, wenn Lernen, was üblicherweise geschieht, als eine Veränderung des Verhaltens definiert wird. Die Prämissen in diesem Modell besagen aber auch, daß der Organismus Erfahrungen und Handlungen als Folgen begreift, die in bestimmten Situationen, in bestimmten Kontexten stattfinden, die miteinander in Beziehung gebracht und miteinander verglichen werden.

Typ-II-Lernen beschreibt das Lernen über das Lernen, es besteht in der Akzentuierung und Sequentialisierung der einzelnen Lernvorgänge vom Typ I. Besonders hervorzuheben ist beim Lernen vom Typ II die Tatsache, daß es kein „richtig" oder „falsch" mehr gibt wie beim Typ-I-Lernen (die Reaktion auf den Reiz führt zum Erfolg – Verstärkung – oder nicht). Vielmehr stellt das Lernen vom Typ II als Endprodukt diejenige Auswahl von Verhaltensweisen dar, die ein Mensch in bestimmten Situationen und Kontexten immer wieder zeigen wird. Es ist also das Lernen derjenigen Kontexte, in denen Lernen vom Typ I stattgefunden hat und es bewirkt wiederkehrendes Verhalten. Sogenannte Charakteristika wie „Fatalismus", „Abhängigkeit", „Wagemut", „Stolz" oder „Ängstlichkeit", die üblicherweise eine Person beschreiben sollen, meinen im Grunde bestimmte wiederkehrende Interaktionsmuster. Nach BATESON prägen die Ergebnisse der Lernprozesse vom Typ II die Person in hohem Maße, und wenn man sich bemühte, könnte man diejenigen Kontingenzmuster der Kontexte von Typ-I-Lernprozessen rekonstruieren, die vermutlich jenes Lernen vom Typ II erzeugt haben. Das, was das „Selbst" oder den „Charakter" eines Individuums auszumachen scheint, hat sich demnach nach und nach durch solche Lernprozesse herausgebildet, die *Beziehungssequenzen* zum Inhalt hatten. Diese Lernprozesse vom Typ II sind es nach BATESON auch, die vor allem in der frühen Kindheit bei der innerfamilialen Sozialisation stattfinden, bei denen komplexe Erfahrungen über die Beziehungen zu den Familienmitgliedern mit stark emotionaler Tönung gemacht werden, *ohne* daß schon die Möglichkeit zu einer umfänglichen rationalen Analyse der vermittelten Inhalte besteht. Hier scheint BATESON viele Mechanismen aus dem psychoanalytischen Modell reanalysieren zu wollen, indem er darauf verweist, daß die meisten der Muster, die aufgrund der Lernprozesse vom Typ II gebildet wurden und die das Beziehungshandeln determinieren, aus der frühen Kindheit stammen und dem Bewußtsein normalerweise nicht zugänglich sind.

Lernen vom Typ III schließlich bezeichnet das Lernen derjenigen Kontextbedingungen, unter denen Lernen vom Typ II stattgefunden hat. Dieses Lernen vom Typ III wäre beispielsweise nach BATESON in einer gelingenden Psychoanalyse möglich, in der die Prämissen, die zum Lernen von Typ II geführt haben, thematisiert und als relative erkannt werden können. Lernen vom Typ III kann bewirken, daß sich das Individuum von den Handlungsmustern befreit, die auf Lernen vom Typ II beruhen und sein „Selbst" bislang geformt haben. Die verschiedenen Charakteristiken wie „Fatalismus", „Abhängigkeit", „Wagemut" etc. gehen auf Beziehungssequenzen zurück, die letztlich auch so etwas wie „Rollen" darstellen, mit deren Hilfe Interaktion und Kommunikation gestaltet wurden. Lernen vom Typ III als ein Lernen des „Kontexts der Kontexte" kann sich aber auch, in einer Art Neukonstitution des „Selbst", als ein psychotischer Akt äußern, dann nämlich, wenn dieses „Erkennen" aus bestimmten Konventionen der Logik und üblichen Denkformen herauszuführen scheint.

Wenn man versucht, diese Vorstellungen von BATESON zu verschiedenen Typen von Lernprozessen zurückzubinden an die Frage der Vermittlungsprozesse in der Sozialisation, läßt sich vielleicht die etwas abstrakte Vorstellung des Lernens vom Typ II dahingehend erläutern, daß die Kontexte, in denen das Lernen vom Typ I stattfinden, im Grunde aus permanenten Bewertungen derjenigen Handlungen bestehen, die das Lernen beinhalten. Es sind dies innerhalb der Familie in der Regel rituelle Bewertungen, die nicht expliziert und zumeist über affektive Signale vermittelt werden. Und es sind vermutlich auch die wiederkehrenden affektiven Informationen, die die Einzelhandlungen des Kindes in einen Zusammenhang bringen und mit „Sinn" versehen. Von daher bilden sich Lernketten im Kind, die „sinnvolle" Reproduktionspotentiale für sein Handeln schaffen können. Die Relativität dieses „Sinns" freilich ist dem Kind nicht ersichtlich, dazu bedürfte es – im BATESONschen Sinne – Lernprozesse vom Typ III.

Die Schale, die die Familie für das Kind und seine Möglichkeiten, Erfahrungen zu machen, darstellt, und die durch die in der Familie vorgenommenen Wertungen und Interpretationen ihre spezifische Gestalt erhält, ist für das Kind – anders als für die Eltern – die Realität schlechthin. Alle Lernprozesse werden durch affektiv gesteuerte Zusatzinformationen akzentuiert und das Kind muß, da es sensibel auf affektive Signale im interpersonellen Bereich eingeht und sich im Zuge seiner Entwicklung darum bemüht, mit den Gegebenheiten *seiner* Realität fertig zu werden, diese Akzentuierung annehmen, ohne daß ihm die Spezifität deutlich werden kann. Die Erfahrungen des Kindes setzen sich aber nicht aus Einzelbeziehungen mit den Personen der Familie zusammen, sondern es ist die Familie als Ganzes, die mit ihrem komplexen Beziehungsgeflecht das konstitutive Moment für die Erfahrung von „Realität" darstellt und die im Sinne von BATESON den „Kontext der Kontexte" kreiert. SELVINI-PALAZZOLI u. a. (1977) haben mit dem Begriff des „stochastischen Gepäcks" vermutlich jenes Produkt des im Verlauf der innerfamilialen Sozialisation Gelernten bezeichnet, das als eine geronnene Form der Abfolge und Bewertung von Ereignissen dem Kind sich nach Maßgabe der spezifischen Beziehungsstruktur derjenigen Familie, in die es hineingeboren wurde, als sein „Gedächtnis" darstellt, das in der Regel lebenslang seine interaktiven Handlungsstrategien prägt.

Literatur

AINSWORTH, M. D. S.: Infancy in Uganda: Infant Care and the Growth of Love. Baltimore, John Hopkins Univ. Pr. 1967.

AINSWORTH, M. D. S./WITTIG, D. A.: Attachment and Exploratory Behavior of One-year-olds in a Strange Situation. In: FOSS, B. M. (Hrsg.): Determinants of Infant Behaviour. Bd. 4. London, Methuen 1969, S. 111–136.

AINSWORTH, M. D. S./BELL, S. M.: Attachment, Exploration and Separation: Illustrated by the Behavior of One-year-olds in a Strange Situation. In: Child Development 41 (1970), S. 49–67.

AINSWORTH, M. D. S./BELL, S. M.: Mother-infant Interaction and the Development of Competence. In: CONNOLLY, K. J./BRUNER, J. S.: The Growth of Competence. New York, Acad. Press 1974, S. 97–118.

ASHBY, W. R.: Design for a Brain. New York, Wiley [1]1952, [2]1960.

ASHBY, W. R.: An Introduction to Cybernetics. London, Chapman and Hall 1956.

BAN, P./LEWIS, M.: Mothers and Fathers, Girls and Boys: Attachment Behavior in the On-year-old. In: Merrill Palmer Quart. 20 (1974), S. 195–204.

BATES, E./CAMAIONI, L./VOLTERRA, V.: The Acquisition of Performatives Prior to Speech. In: Merrill Palmer Quart. 21 (1975), S. 205–226.

BATESON, G.: The Logical Categories of Learning and Communication. In: BATESON, G. (Hrsg.): Steps to an Ecology of Mind. Frogmore, Paladin Books 1973. S. 250–279.

BATESON, G.: From Versailles to Cybernetics. In: BATESON, G. (Hrsg.): Steps to an Ecology of Mind. Frogmore, Paladin Books 1973, S. 445–453.

BATESON, G./JACKSON, D. D./HALEY, J./WEAKLAND, J.: Toward a Theory of Schizophrenia. In: Behav. Science 1 (1956), S. 251–264.

BAUMRIND, D.: Effects of Authoritative Parental Control on Child Behavior. In: Child Development 37 (1966), S. 887–907.

BAUMRIND, D.: Current Patterns of Parental Authority. In: Dev. Psych. Monogr. 4 (1971a), H. 1, Pt. 2.

BAUMRIND, D.: Harmonious Parents and their Preschool Children. In: Dev. Psych. 4 (1971b), S. 99–102.

BEAKEL, N. G./MEHRABIAN, A.: Inconsistent Communications and Psychopathology. In: J. Abn. Psychol. 74 (1969), S. 126–130.

BECKER, W. C.: Consequences of Different Kinds of Parental Discipline. In: HOFFMAN, M. L./HOFFMAN, L. W. (Hrsg.): Review of Child Development Research, Vol. 1. New York, Russel Sage 1964.

BELL, S. M.: The Development of the Concept of Object as Related to Infant-mother Attachment. In: Child Development 41 (1970), S. 291–311.

BERTALANFFY, L. v.: General System Theory. In: BERTANLANFFY, L./RAPAPORT, A. (Hrsg.): General Systems. Yearbook of the Society for the Advancement of General Systems Theory. Vol. I. 1956, S. 1–10.

BETTELHEIM, B.: The Empty Fortress – Infantile Autism and the Birth of the Self. Glencoe, Ill., The Free Press 1967.

BOLTON, C. D.: Mate Selection as the Development of a Relationship. In: Marriage and Family Living 23 (1961), S. 234–240.

BOSZORMENYI-NAGY, I./SPARK, G. M.: Invisible Loyalities. Reciprocity in Intergenerational Family Therapy. New York, Harper & Row 1973.

BOWEN, M. A.: A Family Concept of Schizophrenia. In: JACKSON, D. D. (Hrsg.): The Etiology of Schizophrenia. New York, Basic Books 1960, S. 295–320.

BOWLBY, J.: Attachment and Loss, Vol. I: Attachment. London, The Hogarth Press 1969.

BOWLBY, J.: Attachment and Loss, Vol. II: Separation, Anxiety and Anger. London, The Hogarth Press 1973.

BRODERICK, C. B.: Sexual Behavior Among Pre-adolescents. In: J. Soc. Issues 22 (1966), S. 6–21.

BRONFENBRENNER, U.: Toward a Theoretical Model for the Analysis of Parent-Child Relationship in a Social Context. In: GLIDEWELL, J. C. (Hrsg.): Parental Attitudes and Child Behavior. Springfield, Ill., Charles Thomas Publ. 1961.

BRONFENBRENNER, U.: Wie wirksam ist kompensatorische Erziehung?. Stuttgart, Klett 1974.

BRONSON, W. C.: Developments in Behavior with Age Mates During the Second Year of Life. In: LEWIS, M./ROSENBLUM, L. A. (Hrsg.): Friendship and Peer Relations. New York, Wiley 1975, S. 131–152.

BROOKS, J./LEWIS, M.: Infants' Responses to Strangers: Midget, Adult and Child. In: Child Development 47 (1976), S. 323–332.

BROPHY, J. E.: Mothers as Teachers of their Own Preschool Children: The Influence of Socioeconomic Status and Task Structure on Teaching Specificity. In: Child Development 41 (1970), S. 79–84.

BRUNER, J. S.: Wie das Kind lernt, sich sprachlich zu verständigen. In: Zeitschrift f. Pädagogik 23 (1977a), S. 829–845.

BRUNER, J. S.: Early Social Interaction and Language Acquisition. In: SCHAFFER, H. R. (Hrsg.): Studies in Mother-Infant Interaction. New York, Acad. Press 1977b, S. 271–289.

BURGESS, E. W.: The Family as a Unity of Interacting Personalities. In: Family 7 (1926), S. 3–9.

CAESAR, B.: Autorität und Familie. Reinbek, Rowohlt 1972.

CAMERON, N.: Reasoning, Regression, and Communication in Schizophrenics. In: Psychol. Monographs 1 (1938), S. 1–34.

CICOUREL, A. V.: The Acquisition of Social Structure

Towards a Developmental Sociology of Language and Meaning. In: DOUGLAS, J. (Hrsg.): Understanding Everyday Life. London, Routledge and Kegan Paul 1968.
CLARKE-STEWART, K. A.: And Daddy Makes Three: Father's Impact on Mother and Young Child. In: Child Development 49 (1978), S. 466–478.
DAVIDSON, R. J.: Specifity and Pattering in Biobehavioral Systems. In: Am. Psychologist 33 (1978), S. 430–436.
DECARIE, T. G.: Affect Development and Cognition in a Piagetian Context. In: LEWIS, M./ROSENBLUM, L. A. (Hrsg.): The Development of Affect. New York, Plenum Press 1978, S. 183–204.
DOANE, J. A.: Family Interaction and Communication Deviance in Disturbed and Normal Families: A Review of Research. In: Fam. Proc. 17 (1978a), S. 357–376.
DOANE, J. A.: Questions of Strategy: Rejoinder to Jacob and Grounds. In: Fam. Proc. 17 (1978b), S. 389–394.
DUNN, J.: Patterns of Early Interaction: Continuities and Consequences. In: SCHAFFER, H. R. (Hrsg.): Studies in Mother-Infant Interaction. New York, Acad. Press 1977, S. 457–474.
EHRLICHMAN, H./WEINBERGER, A.: Lateral Eye Movements and Hemispheric Asymmetry: A Critical Review. In: Psych. Bull. 85 (1978), S. 1080–1101.
FREEDLE, R./LEWIS, M.: Prelinguistic Conversations. In: LEWIS, M./ROSENBLUM, L. A. (Hrsg.): Interaction, Conversation and the Development of Language. New York, Wiley 1977, S. 157–185.
FREUD, S.: Massenpsychologie und Ich-Analyse. Kap. 6, Die Identifizierung. (1921), Ges. W. Bd. 13. Imago Publ. Comp. 1952, S. 115–121.
FREUD, S.: Das Ich und das Es. Kap. 3, Das Ich und das Über-Ich. (1923), Ges. W. Bd. 13. Imago Publ. Comp. 1952, S. 256–267.
FREUD, S.: Der Untergang des Oedipuskomplexes. (1924), Ges. W. Bd. 13. Imago Publ. Comp. 1952, S. 395–402.
HALEY, J.: The Family of the Schizophrenic: A Model System. In: J. Nerv. and Ment. Dis. 129 (1959), S. 357–374.
HANDEL, G.: Psychological Study of Whole Families. In: Psychol. Bull. 63 (1965), S. 19–41.
HARLOW, H. F./HARLOW, M.: Learning to Love. In: Am. Scientist 54 (1966), S. 244–272.
HARLOW, H. F./HARLOW, M. K.: Effects of Various Mother-Infant relationships on Rhesus Monkey Behaviors. In: FOSS, B. M. (Hrsg.): Determinants of Infant Behavior IV. London, Methuen 1969, S. 15–36).
HENRY, J.: Family Structure and the Transmission of Neurotic Behavior. In: Am. J. Orthopsychiatry 21 (1951), S. 800–818.
HESS, D./HANDEL, G.: The Family as a Psychological Organization. In: HESS, D./HANDEL, G. (Hrsg.): Family Worlds. Chicago, Univ. of Chicago Press 1959.
HESS, R. D./SHIPMAN, V. C.: Early Experience and the Socialization of Cognitive Modes in Children. In: Child Development 36 (1965), S. 869–886.
HOFFMAN, M. L.: Personality and Social Development. In: Annual Rev. of Psychol. 28 (1977), S. 295–321.
HOLLAND, D.: Familization, Socialization, and the Universe of Meaning: An Extension of the Interactional Approach to the Study of the Family. In: J. Marriage and the Family 32 (1970), S. 415–427.
JACOB, T./GROUNDS, L.: Confusions and Conclusions: A Response to Doane. In: Fam. Proc. 17 (1978), S. 377–387.
JACOBS, B. S./MOSS, H. A.: Birth Order and Sex of Sibling as Determinants of Mother-Infant Interaction. In: Child. Dev. 47 (1976), S. 315–322.
JONES, J. E.: Patterns of Transactional Style Deviance in the TAT's of Parents of Schizophrenics. In: Fam. Proc. 16 (1977), S. 327–337.
KAFKA, J. S.: Ambiguity for Individuation. In: Arch. Gen. Psychiat. 25 (1971), S. 232–239.
KARPEL, M.: Individuation: From Fusion to Dialogue. In: Fam. Proc. 15 (1976), S. 65–82.
KOCH, H. L.: Some Personality Correlates of Sex, Sibling Position, and Sex of Sibling Among Five and Six Year Old Children. In: Genetic Psychological Monogr. 52 (1955b), S. 3–50.
KOCH, H. L.: The Relation of Certain Family Constellation Characteristics and the Attitudes of Children Toward Adults. In: Child Development 26 (1955a), S. 13–40.
KOCH, H. L.: The Relation of Certain Formal Attitudes of Siblings to Attitudes Held Toward Each Other and Toward Their Parents. In: Monogr. Soc. Res. Child Dev. 25 (1960), S. 1–124.
LAMB, M. E.: Interactions Between 18-Month-Olds and Their Preschool-Aged Siblings. In: Child Development 49 (1978a), S. 51–59.
LAMB, M. E.: The Development of Sibling Relationships in Infancy: A Short-Term Longitudinal Study. In: Child Development (1978b), S. 1189–1196.
LAMB, M. E.: Fathers: Forgotten Contributors to Child Development. In: Hum. Dev. 18 (1975), S. 245–266.
LAMB, M. E.: Interactions Between Eight-month-old Children and Their Fathers and Mothers. In: LAMB, M. E. (Hrsg.): The Role of the Father in Child Development. New York, Wiley 1976, S. 307–327.
LAMB, M. E. (Hrsg.): The Role of the Father in Child Development. New York, Wiley 1976.
LASKO, J. K.: Parent Behavior Toward First and Second children. In: Genetic Psychol. Monogr. 49 (1954), S. 97–137.
LEWIN, K./LIPPITT, R./WHITE, R. K.: Patterns of Aggressive Behavior in Experimentally Created ‚Social Climates'. In: J. Soc. Psychol. 10 (1939), S. 271–299.
LEWIS, M. u.a.: The Beginning of Friendship. In: LEWIS, M./ROSENBLUM, L. A. (Hrsg.): Friendship and Peer Relations. New York, Wiley 1975, S. 27–66.
LEWIS, M.: Early Socioemotional Development and Its Relevance for Curriculum. In: Merrill Palmer Quart. 23 (1977), S. 279–286.
LEWIS, M./BROOKS, J.: Self-knowledge and Emotional Development. In: LEWIS, M./ROSENBLUM, L. A. (Hrsg.): The Development of Affect. New York, Plenum Press 1978, S. 205–226.
LEWIS, M./CHERRY, L.: Social Behavior and Language Acquisition. In: LEWIS, M./ROSENBLUM, L. A.: Interaction, Conversation, and the Development of Language. New York, Wiley 1977, S. 227–245.
LEWIS, M./FREEDLE, R.: Mother-infant Dyad: The Cradle of Meaning. In: PLINER, P./KRAMES, L./ALLOWAY, T.: Communication and Affect. New York, Acad. Press 1973, S. 127–155.
LEWIS, M./GOLDBERG, S.: Perceptual-cognitive Development in Infancy: A Generalized Expectancy Model as a Function of the Mother-infant Interaction. In: Merrill Palmer Quart. 15 (1969), S. 81–100.
LEWIS, M./LEE-PAINTER, S.: An Interactional Approach to the Mother-infant Dyad. In: LEWIS, M./ROSENBLUM, L. A. (Hrsg.): The Effect of the Infant on Its Caregiver. New York, Wiley 1974, S. 21–48.
LEWIS, M./ROSENBLUM, L. A. (Hrsg.): The Effect of the Infant on Its Caregiver. New York, Wiley 1974a.
LEWIS, M./ROSENBLUM, L. A.: The Development of Affect. New York, Plenum 1978.

LEWIS, M./WEINRAUB, M.: The Father's Role in the Child's Social Network. In: LAMB, M. E. (Hrsg.): The Role of the Father in Child Development. New York, Wiley 1976, S. 157–184.
LIDZ, T.: The Family and Human Adaption. New York, Intern. Univ. Press 1963.
LIDZ, T. u. a.: Intrafamilial Environment of the Schizophrenic Patient: The Transmission of Irrationality. In: Arch. Neurol. and Psychiat. 79 (1958), S. 305–316.
MAHLER, M. S./FURER, M.: On Human Symbiosis and the Vicissitudes of Individuation, Vol. I: Infantile Psychosis. New York, Intern. Univ. Press 1968.
MAHLER, M. S./PINE, F./BERGMAN, A.: The Psychological Birth of the Human Infant. New York: Basic Books 1975.
MILHOFFER, P.: Familie und Klasse. Frankfurt, Fischer 1973.
MOLLENHAUER, K./BRUMLIK, M./WUDKE, H.: Die Familienerziehung. München, Juventa 1975.
OLSON, D. H.: Empirically Unbinding the Double Bind: Review of Research and Conceptual Reformulations. In: Fam. Proc. 11 (1972), S. 69–94.
ORNSTEIN, R. E.: The Psychology of Consciousness. New York, Harcourt [2]1977.
PARKE, R. D.: Parent-infant Interaction: Progress, Paradigms and Problems. In: SACKETT, G. P./HAYWOOD, H. C. (Hrsg.): Application of Observational-ethological Methods to the Study of Mental Retardation. Baltimore, Univ. Park Press 1976.
PARKE, R. D.: Perspectives on Father-infant Interaction. In: OSOFSKY, J. D. (Hrsg.): Handbook of Infancy. New York, Wiley 1978.
PARSONS, T.: Social Structure and Personality. Glencoe, Ill., Free Press 1964.
PARSONS, T./BALES, R. F.: Family, Socialization and Interaction Process. Glencoe, Ill., Free Press 1955.
PEDERSEN, F. A.: Mother, Father and Infant as an Interaction System. Paper presented at the Annual Convention of the American Psychological Association, Chicago, Sept. 1975.
PIAGET, J.: Les relations entre l'affectivité et l'intelligence dans le développement mental de l'enfant. Centre de Documentation Universitaire 1954.
PIAGET, J.: La construction du réel chez l'enfant. Neuchatel, Delachaux und Niestlé 1963.
REISS, D.: Intimacy and Problem-solving. In: Arch. Gen. Psychiat. 25 (1971 a), S. 442–455.
REISS, D.: Varities of Consensual Experience, I. A Theory for Relating Family Interaction to Individual Thinking. In: Fam. Proc. 10 (1971 b), S. 1–28.
REISS, D.: The Family and Schizophrenia. In: Am. J. Psychiat. 133 (1976), S. 181–185.
REISS, D./ELSTEIN, A. S.: Perceptual and Cognitive Resources of Family Members. In: Arch. Gen. Psychiat. 24 (1971), S. 121–133.
RICHTER, H. E.: Eltern, Kind, Neurose. Reinbek, Rowohlt 1967.
RICHTER, H. E.: Patient Familie. Reinbek, Rowohlt 1970.
RIEGEL, K. F.: Toward a Dialectical Theory of Development. In: Hum. Dev. 18 (1975), S. 50–64.
RINGUETTE, E. L./KENNEDY, T.: An Experimental Study of the Double Bind Hypothesis. In: J. Abn. Psychol. 71 (1966), S. 136–141.
RISKIN, J./FAUNCE, E.: An Evaluative Review of Family Interaction Research. In: Fam. Proc. 11 (1972), S. 365–456.
ROSENBERG, B. G./SUTTON-SMITH, B.: Ordinal Position and Sex Role Identification. In: Genetic Psychol. Monogr. 70 (1964 a), S. 297–328.
ROSENBERG, B. G./SUTTON-SMITH, B.: The Relationship of Ordinal Position and Sibling Sex Status to Cognitive Abilities. In: Psychonomic Science 1 (1964 b), S. 81–82.
ROSENBERG, B. G./SUTTON-SMITH, B.: Sibling Association, Family Size, and Cognitive Abilities. In: J. Genet. Psychol. 109 (1966), S. 271–279.
ROSENBERG, B. G./SUTTON-SMITH, B.: Family Interaction Effects on Masculinity-Feminity. In: J. Pers. Soc. Psychol. 8 (1968), S. 117–120.
ROTHBART, M. K.: Birth Order an Mother-child Interaction. (Doctoral Dissertation. Stanford Univ.). Ann Arbor, Mich., Univ. Microfilms, 1967, No. 67–7961.
ROTHBART, M. K.: Birth Order and Mother-child Interaction in an Achievement Situation. In: J. Pers. Soc. Psychol. 17 (1971), S. 113–120.
ROTHENBERG, A.: The Process of Janusian Thinking in Creativity. In: Arch. Gen. Psychiat. 24 (1971), S. 195–205.
ROTMANN, M.: Über die Bedeutung des Vaters in der ‚Wiederannäherungs-Phase'. In: Psyche 32 (1978), S. 1105–1147.
RUESCH, J./BATESON, G.: Communication: The Social Matrix of Psychiatry. New York, Norton 1951.
SAMEROFF, A. J.: Transactional Models in Early Social Relations. In: Hum. Dev. 18 (1975 a), S. 65–79.
SAMEROFF, A. J.: Early Influences on Development: Fact or Fancy?. In: Merrill Palmer Quart. 21 (1975 b), S. 267–294.
SANDER, L. W.: The Longitudinal Course of Early Mother-child Interaction – Cross-case Comparison in a Sample of Mother-child Paires. In: FOSS, B. M. (Hrsg.): Determinants of Infant Behaviour. Vol. IV. London, Methuen 1969, S. 189–227.
SCHAEFER, E. S./BELL, R. Q.: Development of a Parental Attitude Research Instrument. In: Child Development 29 (1958), S. 339–361.
SCHAFFER, H. R./EMERSON, P. E.: The Development of Social Attachments in Infancy. In: Child Development 29 (1964), (Serial Nr. 94).
SCHNEEWIND, K./LUKESCH, H. (Hrsg.): Familiäre Sozialisation. Stuttgart, Klett-Cotta 1978.
SELVINI-PALAZZOLI, M. u. a.: Paradoxon und Gegenparadoxon. Stuttgart, Klett 1977.
SERAFICA, F. C.: The Development of Attachment Behavior: An Organismic-developmental Perspective. In: Hum. Dev. 21 (1978), S. 119–140.
SINGER, M.: Family Transactions and Schizophrenia I. Recent Research Findings. In: ROMANO, J. (Hrsg.): The Origins of Schizophrenia. Excerpta Medica Foundation, Amsterdam 1967.
SINGER, M./WYNNE, L.: Differentiating Characteristics of Parents of Childhood Schizophrenics, Childhood Neurotics, and Young Adult Schizophrenics. In: Am. J. Psychiat. 120 (1963), S. 234–243.
SINGER, M./WYNNE, L.: Thought Disorder and Family Relations of Schizophrenics, IV. Results and Implications. In: Arch. Gen. Psychiat. 12 (1965), S. 201–212.
SOJT, C. M.: The Double Bind Hypothesis and the Parents of Schizophrenics. In: Fam. Proc. 10 (1971), S. 53–74.
SPITZ, R.: Die Entstehung der ersten Objektbeziehungen. Stuttgart, Klett 1957.
SPITZ, R.: Vom Dialog. Stuttgart, Klett 1976.
STAPF, K. u. a.: Psychologie des elterlichen Erziehungsstils. Huber, Klett 1972.
STIERLIN, H.: Von der Psychoanalyse zur Familientheorie. Stuttgart, Klett 1975.
STIERLIN, H.: Delegation und Familie. Beiträge zum Heidelberger familiendynamischen Konzept. Frankfurt, Suhrkamp 1978.

STIERLIN, H. u.a.: Das erste Familiengespräch. Stuttgart, Klett 1977.
SULLIVAN, H. S.: Conceptions of Modern Psychiatry. New York, Norton 1940.
SULLIVAN, H. S.: The Interpersonel Theory of Psychiatry. New York, Norton 1953.
SUTTON-SMITH, B./ROSENBERG, B. G.: Sibling Consensus in Power Tactics. In: J. Genet. Psychol. 112 (1968), S. 63–72.
SUTTON-SMITH, B./ROSENBERG, B. G.: The Sibling. New York, Holt, Rinehart & Winston 1970.
TREVARTHEN, C.: Instincts for Human Understanding and for Cultural Cooperation: Their Development in Infancy. Paper presented at the Werner Reimer Stiftung, Symposium on Human Ethology, Bad Homburg 1977a.
TREVARTHEN, C.: Descriptive Analyses of Infant Communitive Behaviour. In: SCHAFFER, H. R. (Hrsg.): Studies in Mother-infant Interaction. New York, Acad. Pr. 1977b, S. 228–270.
VOGEL, E. F./BELL, N. W.: The Emotionally Disturbed Child as the Family Scapegoat. In: VOGEL, E. F./BELL, N. W. (Hrsg.): A Modern Introduction to the Family. Glencoe, Ill., Free Press 1960.
WATZLAWICK, P.: Die Möglichkeit des Andersseins. Bern, Huber 1977.
WATZLAWICK, P./BEAVIN, J. H./JACKSON, D. D.: Pragmatics of Human Communication. New York, Norton 1967.
WHITE, B. L.: An Analysis of Excellent Early Educational Practices: Preliminary Report. In: Interchange 2 (1971), S. 71–88.
WHITEHEAD, J. N./RUSSELL, B.: Prinicipia Mathematica. Cambridge, Mass., Cambridge Univ. Press 1910.
WILD, C.: Disturbed Styles of Thinking. In: Arch. Gen. Psychiat. 13 (1965), S. 464–470.
WILD, C./SHAPIRO, L./GOLDENBERG, L.: Transactional Communication Disturbance in Families of Male Schizophrenics. In: Fam. Proc. 14 (1975), S. 131–160.
WILLI, J.: Die Zweierbeziehung. Hamburg, Rowohlt 1975.
WYNNE, L. C. u.a.: Pseudomutuality in the Family Relations of Schizophrenics. In: Psychiat. 21 (1958), S. 205–220.

Sozialisation im Kindergarten

Line Kossolapow

1 Spezifizierung des Sammelbegriffs Sozialisation

Sozialisation ist eine Bezeichnung, bei der der gesellschaftliche Bezug von Lebens-, Bildungs-, Ausbildungs- und Berufsverhältnissen im Vordergrund steht und das Agieren des Einzelnen nicht isoliert, sondern als funktional bezogene Komponente eines sozialen Systems interpretiert wird. Solange die Hintergrundfolie von religiösen, ständischen, ideologischen Gemeinsamkeiten in einer Gesellschaft Verbindlichkeiten erzeugte, die das Handeln des Einzelnen bestimmten, schien es, als ob man auf die Thematisierung des Sozialisationsbegriffs, der die soziale Eingebundenheit signalisiert, habe verzichten können.

Mit der Auflösung eines gesellschaftlich verbindlichen Gesamtzusammenhanges genügt es nun allerdings nicht mehr zu konstatieren, daß der Einzelne sowie seine Bezugsgruppen in einem übergeordneten sozialen Kontext stehen, der unhintergehbar sei. Soll der Sozialisationsbegriff nicht als inhaltsleerer Rahmenbezug fungieren, muß dieser Globalbegriff seinerseits aufgelöst werden:

- auf der *Makroebene*, um den pluralen gesellschaftlichen Entwicklungen gerecht zu werden,
- aber auch auf der *Mikroebene*, um von einem Feldbezug her zu konkreten Aussagen in bezug auf einzel- und gruppenspezifische Verhältnisse – unter gegebenen gesellschaftlichen Bedingungen – zu kommen.

Unsere Prämisse geht davon aus, daß nur über eine solche Konkretion des Sozialisationsbegriffs auf zwei Ebenen richtungsweisende Aspekte gewonnen werden konnen, die in ihrer Komplettierung die Interdependenz von „oben" – gleich gesellschaftliche Rahmenbedingungen – und von „unten" – gleich subgruppale Variablen – aussagekräftig machen. Da wir hier keine themenbezogene ‚Inhaltsanalyse' des Gesellschaftssystems leisten und noch weniger aufgrund der Forschungslage Aussagen zu dem Transferprozeß der auf der Makroebene angesiedelten Inhalte machen können, werden wir den beiden Ebenen nur insoweit gerecht, als Aussagen darüber gemacht werden, wie sich Makro- und Mikroebene in der Vergesellschaftung „vor Ort" brechen. Es handelt sich dabei nicht um ein deduktionistisches Schema, sondern um die Vorstellung, daß Sozialisation sich über verschiedene Einübungsprozesse im jeweiligen Umfeld mit differenzierter sozialisierender Wirkung vollzieht. So gesehen kann die Konzentration auf Interaktionen in bestimmten vororganisierten Sozialfeldern durchaus handlungsrelevante Einsichten über vergesellschaftete Kommunikations- und Aktionsbezüge bringen. Allerdings muß hierzu angemerkt werden, daß die „strukturell-funktionale Analyse" (Baldwin 1974, S. 268) des Kindergartens bislang nur unzureichend in Angriff genommen worden ist; erst die genauere Untersuchung des Beziehungsgeflechtes, der tragenden Strukturen, der Rollenzuschreibungen kann einen globalen Sozialisationsbegriff zum Sprechen bringen.

Die Notwendigkeit der gezielten Untersuchung des Kindergartenbereichs und der sozialisatorischen Auswirkungen, die sich dort ergeben, ist weniger aus wissenschaftlichem Interesse, als in erster Linie aus gesellschaftspolitischer Verantwortung heraus zu begründen. Durch die Verschiebung der Sozialisationsleistungen von der Familie auf den Kindergarten kommt der Kindergarten unter einen neuen Legitimationszwang der Familie gegenüber, die ihrerseits Anspruch darauf hat, zu wissen, wie ihre Kinder beeinflußt werden. Darüber hinaus aber kann der Kindergarten – als eine öffentlich-rechtliche Institution – nicht wie die Familie den Privatheitsanspruch für sich reklamieren, sondern ist hinsichtlich seiner Einflußnahme sowohl den Betroffenen gegenüber als auch gegenüber den gesellschaftlichen Auftraggebern rechenschaftspflichtig (vgl. Coleman 1978, S. 41).

Sozialisation in modernen, hochkomplexen Gesellschaften ist in zunehmendem Maße abhängig von gezielt aufgebauten institutionellen Strukturen; Voraussetzung organisatorischer Wirksamkeit aber ist die detaillierte Kenntnis unterschiedlicher Sozialisationsbedingungen, und zwar der intendierten wie der funktionalen im jeweiligen Feld.

1.1 Begrifflichkeit und Realbezug hinsichtlich der Kindergartensozialisation

Die Einschätzung der Sozialisation im Kindergarten ist nicht unabhängig vom Vorverständnis des Beurteilers, das er dieser Institution gegenüber mitbringt, z. B. seine konkreten Vorstellungen:

- wie die allgemeinen gesellschaftlichen Erwartungen umgesetzt werden;
- wie die Organisationsstruktur in kommunaler oder freier Trägerschaft sich auswirkt;
- wie materielle Bedingungen und Tagesablauf die Zusammenarbeit der Beteiligten beeinflussen.

Wer den Kindergarten als Exempel für die Einübungspraxis in Gepflogenheiten der Klassengesellschaft auffaßt, wird viel stärker den Anpassungsdruck zur Heranbildung künftiger Lohnarbeiter in sein Kalkül mit aufnehmen als derjenige, der den Kindergarten als spielorientierten Freiraum für Vorschulkinder ansieht. Je nachdem, ob der Sozialisationsbegriff in der einen oder anderen Weise vordefiniert ist, kann die reale Felderfahrung so oder so vorstrukturiert sein.

Wir möchten mit dieser Überlegung die Wechselseitigkeit von begrifflicher Festlegung (bewußt oder unbewußt) und vorgefundenen Verhältnissen in einer sozialen Wirklichkeit betonen, wobei der Begriff die Fakten und die Fakten den Begriff prägen können. Diese Dialektik könnte man mit dem Terminus *erwartete Sozialisationsrealität bzw. wahrgenommene Sozialisationsrealität* umschreiben; sie könnte dazu verhelfen, mehr Interpretationsspielraum für Wirklichkeitserfassung und Wirklichkeitserfahrung gelten zu lassen. Aussagen über die Sozialisation im Kindergarten müßten also auf ihren Deutungszusammenhang hin überprüft werden. Erst die Annahme einer interpretationsbedürftigen Realität aktualisiert das Problem, warum man sich z. B. vorstellt, Kinder würden in Institutionen wie dem Kindergarten in den übermächtigen Sog von Fremdbestimmung und -interesse geraten und würden ohne diesen institutionellen Rahmen freier und selbstbestimmter aufwachsen. Alternativen in Form von Elterninitiativen oder Kinderläden können gerade aus dem Druck von Vordefinitionen für offizielle Einrichtungen Impulse ziehen und durch die Realerfahrung im Experiment das Auseinandersetzungspotential erweitern und argumentativ bereichern. Stellungnahme schon in der Begriffsdefinition ist nötig, um Erwartungen und Entscheidungen transparent zu machen; allerdings sollte dies auf der Ebene einer rationalen Argumentation geschehen, ohne daraus affektive „Vorlieben" und Bekenntnisse für die einzig „richtige" Art interaktionaler und organisatorischer Zugriffsweisen zu machen. Nur so können aus den Voreinstellungen, den Vorerfahrungen und den Experimentierergebnissen für die Sozialisation verwertbare Tatbestände erwachsen, die ihrerseits theoriefähige Substanz bieten.

1.2 Alltagserfahrung und Sozialisation im Kindergarten

Nachdem eine gewisse Curriculumeuphorie, die viel von Konstruktion, Ableitungen und Lernkontrolle hielt und curativ für die Betroffenen das didaktisch festgelegte Instrumentarium angewandt wissen wollte (wohl in Anlehnung an die teacher-proof curricula in den USA), relativiert wurde, baut man wieder mehr auf die im Alltag sich bewährenden Kompetenzen, die erst im Zusammenwirken von theoretischem Problembewußtsein und praktischer Bedürfnisbefriedigung erworben werden. Erzieher, aber auch Kinder, werden nicht mehr nur als Objekte pädagogischer und bildungspolitischer Maßnahmen gewertet, sondern als Subjekte, von denen viel zu lernen sei, weil keine spekulative Vorwegnahme von Lebens- und Lernzusammenhängen die tatsächlichen Wünsche, Gefühle, Erfahrungen ersetzen könne. Das, was heute in der Forschung als subjektiver Faktor betrachtet wird, zielt auf den handelnden, denkenden, sich selbst regulierenden Menschen, ohne den Theoreme, gesellschaftliche Entwürfe, politische oder juristische Maßnahmen, aber auch die einzelnen Schritte in der erzieherischen Situation, ihre Humanbasis verfehlen würden. Die Motivation, mitzuhandeln und mitzudenken, aber auch verantwortlich für einen Verpflichtungsumkreis zu zeichnen, resultiert aus einer Direktansprache, die aus der Verflechtung mit den alltäglichen Verhältnissen kommt. Man vergleiche hierzu die Aktualität des Situationsansatzes des Deutschen Jugendinstituts, bei dem solche Überlegungen für die Arbeit des Kindergartenalltags in didaktischen Einheiten konkretisiert werden. Sozialisationsforschung, die diese Alltagserfahrungen einbringen will und zu Aussagen über die komplexen Phänomene der Arbeits-, Lern- und Wahrnehmungszusammenhänge kommen muß, ist auf neue forschungsmethodische Zugriffe angewiesen, die gegenwärtig in einer Kombination von Handlungsforschung und empirisch-analytischen Verfahren liegen (Douglas 1968). Aufgrund der seit Jahrzehnten vernachlässigten Forschung auf dem Kindergartensektor in der Bundesrepublik stehen kaum entsprechend abgesicherte Ergebnisse zur Verfügung; wir sind deshalb weiterhin – wie die Übersetzungstrends zeigen – auf die Untersuchungen in den USA angewiesen. Wir können erst durch das Einbringen von Einschätzungen der Handlungsmaxime der unmittelbar Betroffenen – im Kontext ihres Handlungsfeldes – über die Sozialisation im Kindergarten in der Bundesrepublik wirklich authentische Aussagen mit ernstzunehmenden Konsequenzen für Innovierung der Praxis machen.

Eine felddifferenzierende Betrachtung müßte die Inhalte, Sachbezüge und Personen im spezifischen Kindergartenalltag berücksichtigen, um über die Ausdifferenzierung des Sozialisationsbegriffs in Kategorien und Kriterien hinaus zur Ausarbeitung von typisierten Alltagserfahrungen zu kommen, die konkrete Einstellungsmuster, Verhaltensdispositionen, Interaktionsstile u.a. beinhalten. Gegenwärtig können wir z.B. auf folgende Fragen zumeist nur spekulative und zum Teil gar keine Antworten geben:

- Woran orientieren sich Erzieher bei der Gestaltung der Kindergartenarbeit, welche Erziehungsziele verfolgen sie?
- Was erwarten sie von der kollegialen Basis; welche affektiven, sozialen, kooperativen Beziehungen spielen eine Rolle?
- Wie vollziehen sich die Außenkontakte mit Vorgesetzten, Behörden; wie wird etwa die pädagogische Kompetenz hierbei eingebracht?
- Wie sieht die Kooperation mit Eltern aus, und welche solidarisierenden Effekte gibt es in der Verfolgung gemeinsamer Ziele zur Verbesserung institutioneller Bedingungen, sei es in der Anschaffung des Arbeitsmaterials, sei es in der Veränderung der baulichen Substanz?
- Wieviel Zeit wird mit welcher Beschäftigung verbracht und welche Auswirkungen haben diese Beschäftigungen auf den Kommunikations- und Interaktionsprozeß mit Kindern oder Eltern?
- Welchen Einfluß nehmen Träger auf den Tagesablauf in Durchführung des Programms oder im Einbringen eigener Vorstellungen?
- Wie wirkt sich die soziale Schichtung, die soziokulturelle Zusammensetzung im Kindergarten aus?

- Welche Kriterien spielen für Träger eine Rolle bei der Auswahl des pädagogischen Personals?

Sinn solcher und ähnlicher Fragen ist es zu erfahren, welchen sozialisatorischen Effekt die Aktivitäten und Beziehungen im Kindergarten ausüben und was bewußt oder unbewußt unter Berücksichtigung bestimmter Konstellationen gelernt wird. Es geht grundsätzlich darum, die Kindergartenvergesellschaftung als Problemfeld konkreter Einbindung in institutionell-bestimmte Gruppenarbeit – unter sozialstrukturellen Vorgegebenheiten für die Beteiligten – transparent zu machen, weil die, die Subjekte eines Sozialisationsprozesses und zugleich sein Produkt sind, sich erst in ihrer eigenen Betroffenheit wiederfinden. Nur über die Offenlegung der alltäglichen Sozialisationsbedingungen und das Sichangesprochenfühlen der Betroffenen kann der Schritt von der Analyse zum bewußten Handeln getan werden.
Man darf nicht dem Irrtum verfallen, zu glauben, eine „Operationalisierung" des Sozialisationsbegriffs würde die Probleme der Vergesellschaftung spekulativ lösen helfen. Was uns fehlt, ist eine „situative Sozialisationsforschung", die die sozialhistorischen, -geographischen, -ökonomischen, -kulturellen Bedingungen in ihrer subgruppal-institutionellen und individuellen Umsetzung klarstellt. Diese könnte über ihren Beitrag zum besseren Verständnis von Einstellungen, Meinungsbildungen und Verhalten von konkreten Personen in konkreten Situationen zu einem aufklärenden Faktor werden.
Die Erhebungstatbestände aus dem Sozialfeld Kindergarten würden allerdings nicht erst dann aussagekräftig, wenn alle Details erfaßt wären, sondern könnten schon vorher die ‚Idealtypik' des Alltags ausweisen. Der Kindergarten würde damit zu einem Exempel gesellschaftlicher, struktureller und individueller Zusammenhänge, deren intimere Kenntnis dazu beitragen könnte, die Kluft zwischen „theoretischem und realem Lebenswissen" bzw. zwischen „reflexivem und aktivem Urteil" zu schließen (Damon 1977, S. 17).

2 Primäre Sozialisation in Absetzung gegen sekundäre Sozialisation

Man trennt beide Sozialisationsarten, weil man in der primären Sozialisation die familiale und vorschulische Vermittlung von lebenslang wirksamen Verhaltensweisen sieht; solche Basiserfahrungen sollen eine Art Prägecharakter für das Kind haben. Dagegen würde die sekundäre Sozialisation (die mit Schulbeginn ansetzt) auf dieser Primärerfahrung aufruhen und im wesentlichen durch die vorangegangene Periode bestimmt sein.
Die beiden Begriffe haben etwas Temporales (früher/später), etwas Entwicklungsspezifisches (werden/geworden), etwas Festlegendes (zuerst/danach) i. S. einer Natur, die keine „Sprünge" macht. Es gibt eine große Anzahl von theoretischen Ansätzen, die diese Interpretation von der Bedeutung primärer Sozialisation stützen, indem sie besonders stark auf Einflußnahmen in früher Kindheit als entscheidende Faktoren späterer Entwicklung zurückgreifen. Beispiele hierfür sind:

- *psychoanalytische Ansätze* mit dem Rückgriff auf die Freudsche Unterscheidung in orale, anale und phallische Phase und ihren Auswirkungen auf die Persönlichkeitsentwicklung; damit hängen die entsprechenden Krisisstufen I bis III nach Erikson (1966): Urvertrauen gegen Mißtrauen, Autonomie gegen Scham und Zweifel, Initiative gegen Schuld, zusammen, über die sich die spätere Identität entwickelt;
- *entwicklungspsychologische Ansätze*; man könnte hierunter Piagets Stufentheorie subsumieren, wonach der Ablauf von der sensomotorischen Phase bis zur präoperationalen Phase grundlegend ist für die spätere Entwicklung und auch nicht übersprungen werden kann (vgl. Kossolapow 1972, S. 12ff.);
- *lerntheoretische Ansätze*; zu nennen wären in diesem Kontext Watson/Rayner (1920) aufgrund ihrer erschreckenden Experimente zur Auswirkung des klassischen Konditionierens beim kleinen Albert; ebenso die Erkenntnisse von Hebb (1959), wonach frühe sensorische Umweltanregungen im Gehirn entsprechende Nervenzellenarrangements stimulieren, die sich später zum Gedankenstrom arrangieren lassen; auch die Untersuchungen zur Bedeutung frühkindlicher Erfahrungen von Hunt (1961) gehören hierher; sie waren nicht von ungefähr mit ein Hauptanstoß für die Initiierung kompensatorischer Maßnahmen in den USA.

In der hierarchischen Strukturierung des Lernprozesses von Gagné (1969) werden die frühe-

ren lerntheoretischen Erkenntnisse zusammengefaßt; gerade diese Hierarchisierung signalisiert die fundamentale Bedeutung des frühkindlichen Lernens.
Die genannten Richtungen und Autoren stützen Vorstellungen über die Anwartschaft des Kindes, seine fast unbeschränkte Lern- und Entwicklungsfähigkeit, seine zu ergreifenden oder zu versäumenden Möglichkeiten wissenschaftlich und lassen das Bild irreversibler Vorgänge, omnipotenter Beeinflussungsmechanismen entstehen. Übertragen auf die Kindergartensozialisation hieße das, man sollte die altersspezifischen Entwicklungsstufen beachten und die fördernden Maßnahmen bereitstellen, die diese Entwicklung unterstützen. Im Mittelpunkt steht das isolierte Kind – ähnlich wie in der Laborsituation –, ohne daß die institutionellen und interaktionalen Prozesse, die mehr Komplexität von unterschiedlichen Lebensaltern, von verschiedenen Arbeitsprozessen, von heterogenen Problemlagen her zeigen, genügend beachtet würden. Mit der Orientierung an den älteren Bezugswissenschaften übernimmt die Sozialisationsforschung auch deren ideologische Begründung – gleichgültig, ob diese mehr von psychologischen oder biologisch-physiologischen Vorgegebenheiten ausgehen; theoretisch wird mit einem Entwicklungsschema gerechnet, das im wesentlichen naturhaft abläuft, unabhängig davon, ob die Begründung für die Schemata in Mythos, Tiefenstruktur oder Nervenzellen gesucht werden. Auch die Sozialisationsforschung zeigt sich insofern abhängig von einem naturwissenschaftlichen und technologischen Denken, bestimmt durch Kausalität und Materialismus, wie es besonders das bürgerliche Zeitalter des 19. Jahrhunderts ausgebildet hat.

2.1 Altersgruppenspezifik

Die primäre Sozialisation, auch Frühkindsozialisation genannt, umfaßt die Altersspanne von der pränatalen Phase bis zum 3. Lebensjahr und die anschließende Entwicklungsphase von drei bis sechs Jahren (wobei die Schulreife mit der beginnenden sekundären Sozialisation zusammengebracht wird). Die Sozialisation sieht man entwicklungsmäßig von den individuellen Voraussetzungen her, sowohl an kognitive wie an affektive und soziale Fähigkeiten gebunden, Fähigkeiten, die in der Enkulturation als Einübung in die technischen, handwerklichen, geistigen, habituellen Möglichkeiten einer Epoche altersgruppengemäß sich fassen lassen. Wenn von der Tradition her vornehmlich die Altersgruppe der Drei- bis Sechsjährigen als die im Kindergarten zu betreuende gilt, so greift die Forschung auch hier auf die phasenspezifischen Vorgaben zurück.
Nach Freud ist es die Zeit der phallischen Phase, die das Alter von drei bis fünfeinhalb Jahren umfaßt und gekennzeichnet ist von Ödipuskomplex und Penisneid. Obwohl die historische Bedingtheit dieser Typologie offensichtlich ist und der „Rollenzentrismus" Freuds heute in Frage gestellt wird (Papalia/Wendkos-Olds1975, S. 339), mag es kein Zufall sein, daß in diesem Altersabschnitt besonders die *geschlechtsspezifische Entwicklung* untersucht wird. Die Antizipation der Forschung spiegelt sich im Erzieherverhalten: Während früher darauf geachtet wurde, daß exaktes rollenspezifisches Verhalten eingeübt wurde – als Voraussetzung einer gesunden psychischen Entwicklung –, orientieren sich heute Erzieher in ihrer Arbeit an neueren Erkenntnissen, die nachweisen, daß geschlechtsspezifisch rigide Einstellungen eher die kognitive und emotionale Entwicklung behindern (Papalia/Wendkos-Olds 1975, S. 361; Maccoby 1966; Safilios-Rothschild u.a. 1977; auch Bilden in diesem Band).
Geschlechtsspezifische Sozialisation im Kindergarten ist aber weder nur von Erziehereinstellungen abhängig, noch von der biologischen Entwicklung des Kindes. Dies wäre zu einseitig gedacht und gesehen, denn Umwelteinflüsse brechen sich in den

- Auswirkungen der Bezugspersonen, die gleichzeitig Modelle sind; noch immer ist der Kindergarten einseitig feminalisiert, die männliche Bezugsperson fehlt durchweg – Erfahrungen mit Studenten im Kindergarten zeigen, wie schnell eine geschlechtsspezifische Arbeitsteilung auch hier wieder durchschlägt,
- Auswirkungen der Interaktion zwischen Erzieher und Kindern; Mädchen werden anders behandelt als Jungen in gleichen Situationen,
- Auswirkungen vom Material- und Aktivitätenangebot; technisches Material für Jungen, Puppen für Mädchen; auch Bilderbücher und Rollenspiele bestätigen die männliche und weibliche Welt,
- Auswirkungen der Raumgestaltung; Bauecke vornehmlich von Jungen frequentiert, Puppenecke von Mädchen,

- Auswirkungen von Raumschmuck; Poster mit geschlechtsspezifischen Rollenklischees, Dekorationen der einzelnen Ecken gemäß ihrer Zuordnung an Jungen oder Mädchen.

Wie stark die geschlechtsspezifische Rollenzuschreibung im Alter von drei bis sechs Jahren schon ausgeprägt ist, belegen KIRCHNER/VONDRACEK (1973) in ihrer Studie, in der sie Kindergartenkinder befragen: „Was möchtest Du werden, wenn Du erwachsen bist?" und von den Mädchen Antworten erhalten, die zeigen, daß die begrenzten Möglichkeiten der Frauenberufe bereits voll internalisiert sind.
Im Anschluß an die Theorie von PIAGET wird die Altersspanne der präoperationalen Phase nicht mit dem Kindergartenalter identisch gesehen, sie geht von zwei bis sieben Jahren; dennoch gilt sie als generelles Kennzeichen für die *kognitive Entwicklung* des Kindergartenkindes. Curriculare Angebote konzentrieren sich entsprechend nach den Kategorien PIAGETS auf das Wecken von Seriations- und Klassifikationsfähigkeit sowie auf Raum- und Zeitkoordination (vgl. KAMII 1971). Auch die Sprachbeherrschung wird nach der Fähigkeit der Symbolentwicklung beurteilt (vgl. CAZDEN 1971). Die Sprache hat sich von einem Wortschatz von ca. 900 Worten im Alter von drei bis ca. 2600 im Alter von sechs Jahren zu entwickeln (MCCARTHY 1964), anstelle der konkreten motorischen Auseinandersetzung mit seiner Umwelt, wird die symbolische Beherrschung erwartet und entsprechend als höhere Stufe wertgeschätzt. Man vergleiche hierzu die Entwicklungsstufen im sozio-dramatischen Spiel bei SMILANSKI (1974).
Nicht hinterfragt wird auch aufgrund der Theorieausrichtung die Adäquatheit der Ausrichtung an der Standardsprache sowie am abstrakten Denken, das nach PIAGET auf höchster Stufe steht (vgl. hierzu die Kritik von LABOV an den in diesem Zusammenhang entstandenen sprachlichen Förderungsprogrammen für Unterschichtkinder).
Auch die Diskussion um die *moralische* und *soziale* Beeinflussung des Kindes orientiert sich an der Altersphasenspezifik von PIAGET. Die Kompetenzeinschätzung des Kindes wird geprägt von der Klassifizierung durch „Egozentrismus" und „Irreversibilität". Danach kann das Kind nicht die Rolle, die Perspektive anderer in sein Denken und Handeln übernehmen, es kann nicht mehrere Aspekte einer Situation, einer Sache in seine Beurteilung integrieren, entsprechend urteilt es unlogisch und ichbezogen; sein moralisches Bewußtsein ist ausgerichtet an Strafe bzw. Belohnung, nicht an der inneren, sachlichen Notwendigkeit einer Handlung. Geleitet von diesen Annahmen bestätigen sich die Überprüfungen der Hypothesen gemäß einer sich selbst bestätigenden Prophezeiung. Obwohl KOHLBERG seine Forschungen in verschiedenen Ländern von Kanada bis zur Türkei durchführte, in verschiedenen Institutionen, mit verschiedenen Alterszusammensetzungen, erfolgte keine Revision der PIAGETschen Grundvorgaben (KOHLBERG 1963, 1964, 1968).
Dagegen gibt es durchaus Belege, daß *sozio-kulturelle Aspekte* (Untersuchungen der moralischen Einstellung bei amerikanischen Indianern, angeführt bei HOFFMAN (1970)) sowie *interaktionale Einflüsse* (Übernahme unterschiedlicher moralischer Wertungen von einem Erwachsenen-Modell, hierzu die Ergebnisse von UTECH (1972)) oder auch *Lerneinflüsse* anderer Kinder (LICKONA 1973) modifizierende Varianten sein können und insofern sozialisatorische Komponenten abgegeben, die auch im Kindergarten eine wesentliche Rolle spielen. Schon die Unterschiedlichkeit bestimmter *Lernvoraussetzungen* und unterschiedliche Vermittlungsarten in bestimmten Institutionen wirken differenzierend. Daß die Lösung bestimmter Aufgaben der Perspektivenübernahme von der Beherrschung von Farbunterscheidungen, Zahlen, Formen, Richtungen usw. abhängig sind, schafft ein Junktim zwischen Wahrnehmen und instrumentellem Mitteleinsatz, nicht unbedingt aber zwischen Aufgabenbewältigung und Altersstufe; man vergleiche hierzu die Anforderungen bei den Testspielen von FLAVELL (1968), SHANTZ (1972), GLUCKSBERG/KRAUSS/HIGGINS (1975), deren Erfüllung Aussagen über Kommunikationsfähigkeit der Kinder oder auch über Kooperation, Freundlichkeit, Großzügigkeit, Hilfsbereitschaft zu machen erlauben (KOHLBERG 1969, PEUKERT 1979).
Da gerade die senso-motorischen und kognitiven Fähigkeiten im Alter von drei bis sechs mit jedem Jahr sich enorm weiterentwickeln (zum Teil sehr untypisch), wäre hier zu fragen, wie produktiv stufenmäßige Festlegungen sowohl für Theorie wie Praxis sind und wie zwingend eine durch Tradition und Institution festgelegte Altersbeschränkung ist.

Wenig untersucht wurden auch die *räumlichen Bedingungen* einer Institution und ihre Auswirkungen auf das Kind. Aufschlußreich sind die Hinweise von HUTT/VAIZEY (1966), die die *Gruppenstruktur* in ihrer Auswirkung auf soziales Verhalten untersuchen und zeigen können, daß Aggression und Überfüllung zusammenhängen. McGREW (1972) unterscheidet zwischen Personenanhäufung und beengtem Raum, wobei er feststellen konnte, daß in einer Großgruppe Kinder ihre sozialen Interaktionen verminderten, wohl auch um Konflikte niedriger zu halten. Eine andere Untersuchung zeigt, wie z.B. die *Ausstattung* mit Spielzeug beim Freispiel wesentlich das Sozialverhalten beeinflußt, eine Reduktion von Spielzeug führt dazu, daß Kinder häufiger teilen, aber auch erhöhten Streßerfahrungen (GUMP 1975) unterliegen. Weitere Untersuchungen belegen die funktionalen Einflüsse von Arten des Spielzeugs auf Körperkontakt, Kooperation, Kreativität (SMITH 1974).

Unter Berücksichtigung der zuletzt genannten Beispiele müßte sich für die Sozialisationsforschung ein wichtiger Forschungszweig verstärken. Im Anschluß an die Feldforschungen LEWINS (BARKER 1968) läßt sich die Lebensumwelt – zu der auch die institutionelle Umwelt Kindergarten gehört – auf ihre differenzierten Einflüsse hinsichtlich Raum, Zeit und Personen untersuchen, allerdings steht eine solche Untersuchungstätigkeit – nicht zuletzt aufgrund methodischer Schwierigkeiten – gerade für den Kindergartenbereich noch in den Anfängen, und die Segmente, die bezogen auf konkrete Ergebnisse noch eng und manipulierbar gehalten werden, entsprechen großteils noch nicht dem eigenen ökologischen Anspruch (GUMP 1975, S. 118).

COLEMAN ist einer der ersten, der die Sozialisationsproblematik an der *quantitativen Interaktionsbeziehung* festmacht und zwischen „one-to-one socialization structures“, „one-to-many-socialization structures“, „three-actor-socialization structures“ sowie „many-actor self-socialization structures“ unterscheidet (COLEMAN 1978); wichtig ist, daß er damit die Enge der Altersdifferenzierung überwindet und eine neue Sozialisationskategorie einbringt, die auch im Kindergartenbereich neue Aspekte aufzeigen helfen könnte.

Nicht nur bestimmte kognitive und soziale Entwicklungen muß das Kind im Kindergartenalter durchlaufen, es hat auch eine gewisse durchschnittliche *Körpergröße* zu erreichen, die unter kulturspezifische Normierungen fällt. Das Erscheinungsbild wird zusätzlich mit ethnischen Kategorien gekoppelt. In einem Experiment mit Vorschulkindern wurden dickliche Jungen z.B. als aggressiv, tonangebend, eifersüchtig u.ä. eingeschätzt, Mädchen mit dem gleichen Körperbild dagegen als kräftig, lebendig, kooperativ. Dünne und große Jungen wurden mit Charakteristika wie scheu, freundlich, bescheiden, ausdauernd umschrieben, gleichaussehende Mädchen dagegen als unstabil, launisch, unkooperativ (WALKER 1963).

Da kulturspezifische Idealerwartungen an das äußere Erscheinungsbild auch das Selbsturteil bestimmen und das Selbstkonzept prägen (STAFFIERI 1967, JOHNSON/STAFFIERI 1971), ist die Untersuchung der Zusammenhänge Alter, physische Entwicklung und die einschätzenden Reaktionen von Kindern und Erziehern in einer altersheterogenen oder altershomogenen Gruppe nicht ohne sozialisatorischen Belang.

Man vergleiche hierzu auch die Forschungserfahrungen mit Rechts-Links-Händigkeit. In Kulturen, die kein körperliches oder moralisches handikap in der Linkshändigkeit sehen, haben Kinder keine entsprechenden psychophysischen Schwierigkeiten so wie bei uns (YOUNG/KNAPP 1966).

Inwieweit solche Normorientierungen – durch Tradition und Institution festgelegt oder durch theoretische Konzeptionen gestützt – als zwingend erfahren werden, bis zu welcher Grenze Abweichungen ertragen und praktiziert werden, wie sie dem Kind unter den institutionellen Bedingungen als Erfahrung vermittelt werden, unter welchen Umständen das Kind in einer „one-to-many-socialization“ bestimmte Erziehungserwartungen auf sich bezieht, welchen Einfluß altershomogene oder altersheterogene Gruppen hierbei haben – das alles sind größtenteils noch offene Fragen. Aus den Erfahrungen anderer Kulturkreise und aus der eigenen europäischen Vergangenheit wissen wir, daß verschiedene Gesellschaftsformationen und Sozialstrukturen ihren besonderen Sozialisationsverlauf haben; zu verschiedenen Zeiten werden unterschiedliche Erwartungen und Kompetenzen ausgebildet, die bei einer nahen oder nächsten Gegenwart eher verschwimmen und im „blinden Fleck“ der Analyse sich dem Forscher entziehen.

2.2 *Verhältnis von vorschulischer zu schulischer Sozialisation*

Obwohl die Bedeutung von familialer und vorschulischer Sozialisation wissenschaftlich immer mehr in den Vordergrund gerückt wird, scheint im allgemeinen Bewußtsein die Einschätzung der schulischen Sozialisation höher zu liegen, wobei die Schwelle zum Schuleintritt im Hinblick auf die spätere Qualifikation ein Markstein wäre. Das Kindergartenkind wird praktisch zum Schulkind erzogen („Bald bist Du ein Schulkind“) und auf die schulische Sozialisation hin – mit ihren Fleiß- und Leistungsgesetzen, den Disziplinmaßnahmen, der neuen Beziehung zum Lehrer, unter Umständen der Furcht vor der Organisationsstruktur – eingestimmt.

Wie sich der Wechsel zwischen den Sozialisationsinstanzen auswirkt, ist trotz zahlreicher Untersuchungen zur Übergangsproblematik von den Einstellungen und Bewußtseinsveränderungen des Kindes her noch nicht genügend aufgeklärt (TIETZE 1978).

Der zwei- oder mehrseitige Prozeß der Einwirkung der Institution Schule über die kurz- oder längerfristig wirksamen Kontaktpersonen setzt nicht geradlinig die Familien- oder Kindergartensituation fort, sondern schafft Veränderungen in materieller und bewußtseinsmäßiger Hinsicht.

Das Kindergartenkind wird vornehmlich über das *Spiel* sozialisiert, denn aufgrund der überwiegend ganzheitlichen Orientierung in unseren Kindergärten ist Spiel das Medium für Entwicklung und Lernen. Die Sinne des Kindes, seine Fein- und Grobmotorik, seine psychische Stabilität, seine soziale und kognitive Orientierung, seine Produktivität entwickeln sich über zum Teil Kindergartengenerationen überdauernde Spielangebote. Die Lernerfahrung setzt sich überwiegend aus Versuch und Irrtum im Explorationsprozeß zusammen, die spielerischen Aktivitäten vermitteln einen lustbetonten Lernbegriff, indem das Lernen sich über zumeist selbst bestimmte Handlungen und Beziehungen in mehr oder weniger informellem Ablauf vollzieht. Der nicht durch enge Richtlinien festgelegte Tagesablauf läßt breiteren Raum für inhaltliche Flexibilität und soziale Kreativität. Das normative Mitteilungssystem, das psycho-physische Betreuungsverhältnis meist mutterähnlicher Bezugspersonen lehnt sich stark an die familiale Sozialisation an.

Demgegenüber treten dem Kind in der sekundären Sozialisation getrennte Wissensbereiche gegenüber, es hat die Kulturtechniken (Lesen, Schreiben, Rechnen) zu internalisieren, der Bewegungs- und Selbstbestimmungsradius wird eingeengter, die *Lernstrukturen sind formalisiert* und stärker von verbindlichen kognitiven Zielen bestimmt; zwar wird die soziale Komponente als notwendige Voraussetzung des Lernens in der Klasse gesehen, doch erst in den letzten Jahren wird soziales Lernen auch als curricular-artikuliertes Lernziel behandelt. Daß auch im Kindergarten die Sozialerziehung schulvertretende Funktion bekommen kann, sieht man an der Zielbeschreibung bei KAMII (1971); danach erwartet die soziale Erziehung, daß das Kind eine vertrauensvolle Haltung zum Erzieher entwickelt, um entsprechende Anleitungen von ihm anzunehmen, ohne allzu anhänglich zu sein; das Kind soll seine Bedürfnisse so kontrollieren lernen, daß es nicht den Tagesablauf, weder beim Umgang mit dem Erzieher noch mit anderen Kindern stört.

Die unterschiedlichen Einschätzungen spiegeln sich vor allem in dem *Status von Erziehern und Lehrern* wider; dem Berufskonzept des Lehrers mit Wissenschaftsorientierung und Akademisierung stehen erste Bemühungen um Professionalisierung des Erziehers gegenüber. Es sieht aber angesichts der finanziellen Rezession so aus, als ob auch bei uns nicht viel mehr als „a warm heart a strong back, and a feeling for children“ (PAPALIA/WENDKOS-OLDS 1975, S. 296) benötigt würde, um den Berufsanforderungen zu genügen, obwohl es doch offensichtlich ist, daß Erzieher höher qualifiziert sein müßten als Lehrer, die es mit immer selbständiger werdenden Kindern zu tun haben. Auf dem Hintergrund dieses Vorverständnisses wirken die beiden Bereiche insofern verschieden sozialisierend, als die Erwartungen und die Einschätzungen von Beteiligten und Umwelt beim Kindergarten an dem ‚Modell Kindheit‘ ausgerichtet sind, in der Schule am ‚Modell Jugend‘, mit den je damit verbundenen spezifischen sozialhistorischen Ausprägungen.

Da im gegenwärtigen gesellschaftlichen Bewußtsein Schule konsequent als „Ernst des Lebens“, als qualifikatorischer Fortschritt gilt, wirft eine solche Beurteilung natürlich ihre Schatten im Vorschulbereich voraus. Der Sog des Schulbereiches auf den Vorschulbereich ist im allgemeinen um so stärker, je mehr Wissen und Aufklärung den Weg über Schulbildung nimmt und gesellschaftliche Positionen nicht ohne Partizipation an der Institution Schule vergeben werden. Seit die Schulpflicht alle sozialen Gruppen in einem gestuften Schulsystem – analog der Abstufung der Bevölkerungsschichten – erfaßte und Bürgerlichkeit – Bildung – Karriere zusammenzugehören schienen, war der Versuch einer vorgezogenen Schulbildung und einer Einengung des Kindergartenbereiches vorgezeichnet. Diese Entwicklung kulminierte, als aufgrund entwicklungs- und lernpsychologischer Erkenntnisse das Vorschulalter als Voraussetzung einer erfolgreichen Schulkarriere deklariert wurde. Der Tendenz einer „Verschulung" und „Verwissenschaftlichung" – die vor allem die Fünfjährigen erfaßte, aber bildungspolitisch bis zu den Dreijährigen vorgezogen werden sollte (Strukturplan 1970) –, setzte der Kindergarten eine *Überforderungsideologie* entgegen, die die Kindgemäßheit und Natürlichkeit gegenüber den Künstlichkeiten technisch-industrieller Strukturen betonte. Aber beide Positionen: Frühspezialisierung und Ganzheitlichkeit bedürfen der Überprüfung ihres absoluten Anspruchs, da sie nicht aus wissenschaftlichen Befunden, sondern eher aus historischen Entwicklungen und politischen Optionen herrühren. Die Kontroverse, die sich an der Frage entzündete: „Wohin mit den Fünfjährigen" (Bund-Länder-Kommission für Bildungsplanung 1976), spiegelt die Verschiebung in den sozialisatorischen Bedürfnissen einer Gesellschaft und die retardierenden Auswirkungen von Institutionen, die aufgrund eigengesetzlicher Entwicklung oft anderen Bedürfnissen folgen müssen. Der Kindergarten, der sich als Institution bedroht fühlte, stilisierte das dequalifikatorische Argument der Gegenseite in ein qualifikatorisches um, was an gezielter Stimulation vermißt wurde, verwandelte sich in den Vorteil des zeitlichen Reifens im Eingehen auf kindliche Bedürfnisse.

Damit ist aber das Spannungsverhältnis zwischen zwei unterschiedlichen Sozialisationsinstanzen mit unterschiedlichem Schwergewicht noch nicht gelöst:

- Eltern wollen, daß ihre Kinder so wenig wie möglich Schulschwierigkeiten bzw. Übergangsschwierigkeiten haben, mißtrauen der Spielorientierung des Kindergartens und üben nicht geringen Druck auf Erzieher aus, schulische Inhalte vorwegzunehmen.
- Das Kindergartenpersonal möchte, von den Einkommensverhältnissen und Arbeitsbedingungen her, eine Angleichung an den Lehrer und liebäugelt nicht selten mit der Primarstufendidaktik – angesichts der Schwierigkeit, situatives Lernen originär zu gestalten – möchte aber gleichzeitig seine Eigenständigkeit, seinen besonderen Sozialisationsauftrag unter Beweis stellen.
- Die Bildungspolitik verschiedener Vorzeichen möchte, was vom Parteiprogramm her opportun erscheint, und dies kann sich von Legislaturperiode zu Legislaturperiode ändern.

In diesem Bedingungsgefüge besteht Anlaß, die angenommene Gegensätzlichkeit von primärer und sekundärer Sozialisation neu zu überdenken und eine strukturelle Sozialisationslage, bei der der Rechtsfaktor von Subsystemen in seiner retardierenden wie korrigierenden Funktion mitberücksichtigt werden müßte, als sozialisatorischen Gesamtzusammenhang zu thematisieren.

Es gilt, eine Antwort darauf zu finden, welchen Beitrag die beiden Institutionen liefern müssen, um den Heranwachsenden so auszustatten, daß er in der heutigen Gesellschaft zurechtkommt bzw. sich in ihr wiederfindet.

3 Sozialisation und Erziehung im Kindergarten

Es geht hier um die Kindergartenwelt im engeren Sinne, um ein Subsystem, das in Fortentwicklung der FROEBELschen Konzeption und getragen von religiösen oder weltlichen Institutionen einen festen Platz in der Kleinkinderziehung hat und eine familienergänzende Sozialisationsfunktion ausüben soll. Der zunehmende Einfluß des Kindergartens läßt sich an den steigenden Zahlen der Aufnahmequoten ablesen, wobei eine in den letzten Jahren zu verzeichnende Stagnation bzw. Rückläufigkeit der Anzahl von Kindergärten und Kindergartenplätzen eine Folge geburtenschwächerer Jahrgänge ist.

Nach Angaben von HEINSOHN (1974) und des Statistischen Bundesamtes (1979) lassen sich folgende zahlenmäßige Entwicklungen angeben:

	Kindergärten	Kindergartenplätze	Prozentantail der Kindergartenkinder an den 3- bis 6jähr.
bis 1914[1]			ca. 5 %
bis 1928[1]			ca. 10 %
um 1940[1]			fast 20 %
1965	14113	952875	32,7 %
1970	17493	1160736	38,5 %
1975	23130	1478856	65,5 %
1976	23680	1463025	70,5 %

Der Kindergarten will nicht Bewahranstalt sein, sondern ein Ort, an dem das Kind eine umfassende Förderung und Betreuung erhält; durch die Ausweitung von Elternarbeit wird der sozialisatorische Einfluß vom Kindergarten in die Familie getragen und wird vor allem in der Eltern-Kind-Interaktion greifbar. KLAUS/GRAY (1968) konnten nachweisen, wie Eltern ihre im Kindergarten gewonnenen – bewußt oder unbewußt aufgenommenen – Erkenntnisse in den Erziehungsprozeß ihrer nachgeborenen Kinder einbringen konnten. Dabei kann die sozialisatorische Wirkung des Kindergartens zur Familienerziehung korrespondieren, aber auch im Kontrast dazu stehen.
Inwieweit Sozialisation und Erziehung im Kindergarten selbst widersprüchliche Erscheinungen sind, hängt davon ab, wie stark das Erziehungskonzept etwas anderes erreichen will, als die sozialen Strukturen es zu erreichen erlauben. Wenn in einem Slumviertel in erzieherischer Absicht bürgerliche Tugenden der Reinlichkeitserziehung, Erziehung zu Pünktlichkeit, Ehrlichkeit, Gehorsam usw. eingeübt werden sollen, während zu Hause und in dem umgebenden Milieu gegenteilige Praktiken eine bessere Angepaßtheit garantieren, so können Zielvorstellungen der Institution natürlich nicht erreicht werden. Oder es wird aus erzieherischen Gründen eine Abstinenz den Massenmedien gegenüber im Kindergarten „gepredigt“, während de facto die Einflüsse dieser Medien geradezu im Repertoire der Kinder vorausgesetzt werden. Es ergibt sich die double-bind-Situation des so tuns als ob, wenn Erziehung die miterziehenden Faktoren unberücksichtigt läßt, die den tatsächlichen Sozialisationsumkreis stark mitbestimmen.
Man kann sagen, daß Sozialisation und Erziehung um so näher aneinanderrücken, als Erziehung im weitesten Sinne als Einflußnahme auf den Heranwachsenden unter Berücksichtigung seiner Verhaltensänderungen gefaßt wird. Auch familiale Erziehung gehört insofern zur Kindergartenerziehung hinzu, als sie grundlegend in die kindliche Entwicklung gemäß ihrer Normativität, ihrer materiellen Existenz, ihrer Modellfunktion eingreift.

3.1 Funktionale Einflüsse im Kindergarten

Die Kontroverse: Sozialisation versus Erziehung ist relativ unergiebig, weil man zwar auf der Gesellschaftsbezogenheit von Erziehung insistieren kann, aber den Vergesellschaftungsbezug doch real im Kindergarten nachweisen muß.
Die Frage ist, welche Sozialisationserfahrungen werden gemacht z. B. über:

- die zeitliche Organisation des Tagesablaufes bei fixen oder fließenden Anfangs- und Schlußzeiten, bei starren oder flexiblen zeitlichen Unterteilungen des Programms;
- die räumliche Ausgestaltung mit offener oder geschlossener Architektur und damit zusammenhängend die größere oder geringere Beobachtung und Kontrolle durch Kindergartenpersonal (TWARDOSZ/CATALDO/RISLEY 1974);
- die Größe der Institution, mit der Konsequenz, daß Kinder bei überschaubarer Größe die Chance haben, alle Kinder kennenzulernen oder bei nicht mehr überblickbaren Dimensionen den ersten Kontakt mit anonymen Gebilden machen (BAIRD 1969);
- die numerische Zusammensetzung der Kindergartengruppe und den damit verbundenen Lernerfahrungen (DAWE 1934) auch im Hinblick auf Einübung des Sichverhaltens in Gruppen (SWIFT 1964);
- die Lage des Kindergartens in der Stadt oder auf dem Lande, im Hochhausviertel oder im Grünen;
- die Organisation des Angebotes mit den Möglichkeiten der freien Wahl oder der Pflichtaktivitäten (DOKE/RISLEY 1972) einschließlich der Gelegenheit, jederzeit Spielmaterial zugänglich zu haben oder darum

1 Hier konnte wegen der schlechten Datenlage nicht nach Kindern in Bewahranstalten und Kindern in Kindergärten differenziert werden.

bitten zu müssen, mit ausreichendem Spielmaterial versorgt zu werden (JOHNSON 1935, PRESCOTT 1973);
- die soziokulturelle, multinationale Zusammensetzung der Kindergruppe;
- die Integration behinderter Kinder, den Einbezug von älteren Schulkindern oder von alten Menschen;
- die Häufigkeit der Interaktionen mit der Erzieherin (auch mit anderen Erwachsenen der Institution) oder mit den Gleichaltrigen.

Man kann untersuchen, welche *körperlichen Ertüchtigungsmöglichkeiten* bei Spiel und Sport gegeben sind oder welche *Diskriminationsleistungen* in Steckspielen, Puzzles, Zeichnungen stecken, welche *Verhaltensziele* in Geboten und Verboten vorgegeben sind, welche sozialen Verbindlichkeiten sich im alltäglichen Umgang miteinander ausdrücken. Wie viel wird an *Intelligenzleistungen* durch Rätsellösen, Ausflugsbeschreibungen, Erlebnisberichte, rechnerische Spiele stimuliert, wie ist das Verhältnis von kognitiven zu *sozialen* zu *kreativen* Lösungen, wie hoch ist die *Toleranz für Abweichungen* von dem, was man für richtig oder falsch hält; wird Alternativendenken, unkonventionelles Problemlösungsverhalten, Originalität und Flexibilität gefördert, haben konstruktive Ideen und Veränderungsvorschläge der Kinder eine Chance zur Gestaltung der Innen- und Außenbezüge und des Gesamtklimas im Kindergarten beizutragen?
Erst wenn die Anteile von „Zuwachsraten" auf den verschiedenen Gebieten in bezug aufeinander festgestellt sind, kann gesagt werden, in welcher gesellschaftlichen Einordnungsperspektive die konkrete Kindergartenarbeit steht, die je nach der schwerpunktmäßigen Favorisierung von Betätigungen funktional verschiedenen Typen folgen kann, nämlich dem der

- *Lernorientierung in einer Leistungsgesellschaft*; dies kann in traditionelleren oder technisch fortgeschritteneren Formen geschehen; zu denken wäre z.B. an das Kindergartencurriculum von BEREITER/ENGELMANN (1966);
- *Selbstentfaltung in einer Bedürfnisbefriedigungsgesellschaft* (ebenfalls unter den verschiedenen Vorzeichen); tendenziell könnte man hier die Anfänge der „Kinderläden" subsumieren;
- *Verbindung von Lernzuwachs und Bereichserweiterung persönlicher Art*; hier bestände ein Mischsystem, wie es Montessori- oder Waldorf-Kindergärten faktisch darstellen.

Bei den unterschiedlichen Anliegen schlagen im konkreten Fall historische Prozesse durch, die vor dem Kindergarten nicht halt machen. Die Verbürgerlichung der Lebensbezüge als Fortschrittsoptimismus und Maximierungsstreben und andererseits die Überwindung kapitalistischer Zweckrationalität durch den sozialen Utopismus der egalitär zu verwirklichenden Partizipations- und Freiheitsrechte, sind Spannungsmomente zwischen Sein und Sollen, die in den konkreten Tätigkeiten der Kindergartenarbeit den Pegel der Anpassung an bestehende Strukturen größer oder kleiner halten. Funktional zur Gesellschaft steht der Kindergarten allemal, aber es können die einzelnen Tätigkeiten auch dysfunktional zu Vereinnahmungstendenzen stehen, die aus Kindern gut geführte Marionetten und konkurrierende Erfolgsjäger machen wollen.

3.2 Intentionale Einflüsse im Kindergarten

Hier geht es über Funktionalismen hinaus um Inhaltlichkeit, die weitergreift als mögliche Verwertungsinteressen. Der Kindergarten darf auch nicht nur unter dem Aspekt der Vorbereitung auf das gesellschaftliche Leben gesehen werden, sondern als aktuelle Lebensumwelt von besonderem Eigenwert für das kindliche Dasein (GUMP 1975). Die Ziel- und Inhaltsfrage sollte nicht zu kurzschlüssig gestellt werden, weil bestimmte Angebote im Kindergarten nicht in enge Lern- und Erziehungsziele eingefangen werden können. Solange noch Ziele wie Autonomie oder Mündigkeit so wenig „operationabel" zu machen sind, daß die unterschiedlichsten Inhalte subsumiert werden können, gibt es die Diskrepanz zwischen Planungsvorhaben, Curriculumentwürfen, Theorie-Methoden-Diskussion und dem, was Kinder tatsächlich aus den Angeboten für sich entnehmen. So fragen z.B. BROWN/HERRSTEIN (1975) zu Recht, ob überhaupt und wenn ja, dann wie, die moralischen Einstellungen in KOHLBERGS Problemgeschichten zum realen Verhalten der Kinder in Beziehung zu setzen sind.
Ob ein Ansatz situativ oder stärker planungsorientiert ist, kann in der Diskussion um Zu-

griffsweisen viel bedeuten, weniger dagegen in der Auswirkung auf Kinder, die sich unter Umständen mehr von der Überzeugungskraft und der Entscheidungsfähigkeit des Erzieherinnenmodells leiten lassen als von der theoretischen Stringenz des Programms; wie HURSH und Mitarbeiter (1973) nachweisen, ist – selbst bei unterschiedlicher Attraktivität von Aktivitäten – die wahrgenommene Präferenz des Erziehers ausschlaggebend, nicht die „objektive Attraktivität" (GUMP 1975, S. 100).

Die überdimensionale Wirkung, die über den Personenbezug vermittelt wird (sprechend sind die Imitationsbeschreibungen bei BANDURA (1976) im Zusammenhang seiner Untersuchungen zum Modellernen), ebenso wie über komplexe Inhalte (man denke an die Vielfalt der Impulse, die z.B. von einem gemeinsamen Bildermalen, einer Ausflugsvorbereitung, einer biblischen Geschichte ausgehen können) geht, wenn man Kompetenzen, die dadurch erworben werden können, in den Vordergrund stellt, weit über die zugrunde liegende Disposition hinaus. Das heißt, selbst bei einer konkreten und differenzierten Ausformulierung der Inhalte und ihrer methodischen Vermittlung ist die Aufnahme durch das Kind von dessen jeweiliger Wahrnehmung und Selektion abhängig, die ihrerseits wieder sowohl von der biographischen als auch situativen Vorgegebenheit bestimmt sind.

Der Sozialisationseffekt liegt quer zu dem didaktisch-curricularen Angebot. Wenn z.B. bei FROSTIG/HORNE (1977) über das inhaltliche Angebot von visuo-motorischer Koordination, Figur-Grund-Unterscheidung, Form-Konstanz-Beachtung, Erkennen der Lage im Raum, Erfassen räumlicher Beziehungen anhand von Kindergartenmaterial, visuelle Wahrnehmung gefördert werden soll (KRAUSE/KOSSOLAPOW 1973), so zeigt sich die sozialisatorische Relevanz:

- in der *Inhaltlichkeit*; es erscheint für unsere Kulturwelt charakteristisch zu sein, daß geometrisch-abstrakte Formen angeeignet werden sollen (GLICK 1975);
- in der *interaktionalen Vermittlung* von seiten des Erziehers im Kontext seines Erziehungsstils; es mag kein Zufall sein, daß im interkulturellen Vergleich unterschiedliche Wahrnehmungsstile mit unterschiedlichen Sozialisationspraktiken in Zusammenhang gebracht werden; z.B. sieht man zur Konformität führende Erziehungspraktiken sich auf mangelnde Wahrnehmungsdifferenzierung auswirken, während mehr auf Exploration gerichtete Erziehung zu variantenreicherer Wahrnehmung mit eigenständiger Interpretation führen soll (WITKIN u.a. 1962);
- im *Aneignungsstil* des Kindes, bei dem auf dem Hintergrund kindlicher Vorerfahrungen – sei es der Augenscheinnahme des Deckengewölbes einer barocken Kirche, dem Ausmessen eines Zimmers, dem Raumgefühl aus einem Blinde-Kuh-Spiel – das Konzept individualisierter visueller Wahrnehmung entwickelt wird.

Die sozialisationswirksame Intentionalität muß von zwei Seiten her gesehen werden, von seiten der sozialisierenden Mächte – vertreten durch den Erzieher – und von seiten der zu sozialisierenden Adressaten, die ihre subjektive Brechung in den angeblich objektiven Sachbezug einbringen. Sozialisation im Kindergarten ist darauf angewiesen, daß bestimmte kulturspezifische Inhalte dem Kind angetragen werden, um eine Korrespondenzfähigkeit mit seiner Umwelt zu erzielen; neben dieser Tendenz zur Einpassung in übergeordnete Sozialstrukturen gilt es, hier bereits die Interpretationsbedürftigkeit von Inhalten so freizugeben, daß über Alternativendenken der Sachbezug im Lebenszusammenhang des Einzelnen Bedeutung gewinnt.

Betont sei hierbei noch einmal die Schlüsselfunktion der Erzieherperson; ihr Einfluß geht weit über die gezielte Vermittlung von Inhalten hinaus. Der professionelle Erzieher gilt als Experte; mit beruflicher Kompetenz ausgestattet, überträgt er seine Meinung, seine Einschätzung auf Eltern, Kinder, Kollegen, Nachwuchskräfte. Wenn ein Kind zu Hause sagt, Frau X hält nichts vom „lieben Gott", so hat dies mit ihren Berufskenntnissen nichts zu tun, wohl aber mit ihrer Stellung als „Gewährsmann", als Vertrauensperson, als Vermittlerin gesellschaftlicher Normen in einer persönlichen Brechung, die subjektives Wissen und Meinen zum „Amtswissen" macht.

Durch die sozialen Verflochtenheiten der Erzieherperson mit Weltanschauung, Politik, Wirtschaft, Verkehr, Recht und anderen Subbereichen kommt über Interaktions- und Ansprechzusammenhänge eine sozialisierende Einwirkung auf den Kindergarten zustande, die den programmatischen Äußerungen des Kindergartencurriculums nicht zu entsprechen braucht.

Die Analyse eines ‚Soziogramms der Subsystembezüge' eines Erziehers wäre interessant, um Auswirkungen als soziales Modell, transformatorische Leistungen bzw. soziale Repräsentanz feststellen zu können.

4 Gesellschaftspolitischer Auftrag des Kindergartens

Der Kindergarten ist ein Stück tradierter Bildungs- und Erziehungswirklichkeit geworden und hat wenig mehr mit dem romantizistischen Gartenideal und dem Aufbau einer Symbolwelt mit ihrer gestalterisch-plastischen Ausformung der Interaktionsbezüge Erwachsener–Kind zu tun, eine Feststellung, die die Relevanz der FROEBELschen Kindergartenkonzeption auch für die Gegenwart nicht ganz in Frage stellen will (vgl. HEILAND/KLASEN 1974).
Seit der Kindergarten eine sozialpädagogische Einrichtung im Kontext der Jugendpflege und -hilfe ist und Landesjugendämter mit seiner Aufsicht zu tun haben, darf er als staatlich geförderte gesellschaftliche Institution gelten, mit dem Auftrag

- den Funktionsverlust der Kleinfamilie zu kompensieren, die Berufstätigkeit der Frau zu gewährleisten;
- den Anschluß an die Schule in sozialer und kognitiver Hinsicht zu sichern;
- eine ausgeglichene Persönlichkeitsentwicklung des Kindes zu gewährleisten.

Die Schaffung von so viel Kindergartenplätzen, daß jedes Kind potentiell aufgenommen werden könnte, ist nicht nur eine Regelung von Angebot und Nachfrage, sondern auch eine bedarfsweckende Maßnahme, da die Sozialisationsagentur Familie infolge sozio-ökonomischer Unterschiede, mangelnder Professionalisierung, mangelnder Homogenisierung (infolge ihrer Privatheit) nicht allein die Gewähr für eine gesellschaftlich erwünschte Bildung und Erziehung mehr bieten kann.
Konsequenter noch als in der Bundesrepublik fügen sich Kindergärten in der DDR einem staatlichen Planungsdenken ein, das gemäß den „Forderungen des Gesetzes über das einheitliche sozialistische Bildungssystem" – ein Gesetz, das in allen Kindergärten in gleicher Weise zu verwirklichen ist – die drei- bis sechsjährigen Jungen und Mädchen berufstätiger und studierender Mütter zusammenfaßt, um:

- die gesellschaftliche Notwendigkeit der Arbeit einsehen zu lehren,
- körperlich und geistig für solche Arbeitsprozesse tauglich zu machen,
- positive staatserhaltende Gefühle gegenüber der DDR entwickeln zu helfen.

Dies alles wird subsumiert unter „die allseitige Entwicklung der sozialistischen Persönlichkeit" (Bildungs- und Erziehungsplan für den Kindergarten 1968).
Mehr oder weniger nutzt jede Gesellschaft direkter oder indirekter ihre subventionierten Kindergärten zu politisch-sozialen Zwecken, ohne daß dies immer die Stringenz einer Lenkungs- oder Leitungsstruktur von oben haben müßte. Die Vorstellung, über den Kindergarten sozialreformerische, gesellschaftsinnovative Impulse zu vermitteln, ist seit der Konzeption dieser Institution ein wesentliches Anliegen gewesen, sei es bei den „Theoretikern" ROUSSEAU, FOURIER, FRÖBEL oder auch den „Praktikern" des Kindergartens PESTALOZZI, OBERLIN, OWEN oder MONTESSORI.
Diese Namen stehen aber auch für historisch begründete unterschiedliche Möglichkeiten und Zielvorstellungen von Sozialisation im Kindergarten. Sie können gesellschaftspolitisch in konformistische oder widerständische Traditionen eingebunden sein, sie können die Ideen des Bildungsbürgertums realisieren helfen wollen oder eine neue Arbeitswelt des Kindes propagieren. Je mehrdimensionaler die Entwicklung im Zusammentreffen verschiedener Traditionsstränge für den Kindergarten ausgelegt werden kann, desto weniger wird Kindergartenarbeit gleichgeschaltet werden können, so daß die Legitimation verschiedener Ansätze aus der Geschichte des Kindergartens selber erwächst. Man vergleiche hierzu die unterschiedlichen Akzentsetzungen in der historischen Aufarbeitung der vorschulischen Erziehung in Ost und West; so z.B. die im gleichen Jahr (1971) erschienenen historischen Arbeiten, die in der DDR von BAROW-BERNSTORFF herausgegebenen „Beiträge zur Geschichte der Vorschulerziehung" und die Publikation „Vorschulerziehung in Deutschland" von Erika HOFFMANN in der Bundesrepublik.

4.1 *Sozialisationsrelevante bildungspolitische Gegenwartsmaßnahmen*

Die verschiedenen Modellversuche, die seit Anfang der siebziger Jahre in der Bundesrepublik im Kindergartenbereich gefördert wurden und die im Zusammenhang mit den Vorgaben des Strukturplans des Deutschen Bildungsrats und der verschiedenen Richtlinien der Länder stehen, spiegeln die gesellschaftlichen Erwartungen, die an die Institution Kindergarten gestellt werden, wider. Sie lassen sich um ganz bestimmte Schwerpunkte gruppieren:
Die größte Bedeutung wird den Programmen im Zusammenhang des *sozialen Lernens* bzw. der Sozialerziehung zugemessen. Ausdruck dieser Einschätzung ist das bundesweit geförderte Erprobungsprogramm, dessen wissenschaftliche Begleitung vom Deutschen Jugendinstitut durchgeführt wird. Es geht darum, für Kinder, die heute vornehmlich aus Kleinfamilien kommen, den Radius der Sozialerfahrungen zu erweitern durch Einbezug unterschiedlicher altershomogener und altersheterogener Bezugsgruppen und durch ein bewußtes Durchleben und damit reflektiertes Bewältigen alltäglicher Sozialbeziehungen. Sozialisatorisch verspricht man sich wohl von solchen programmatischen Einübungsprozessen ein besseres Zurechtkommen in den verschiedenen offiziellen und inoffiziellen Bezugsgruppen, einen kommunikativen Ausgleich zwischen den gesellschaftlichen Schichten (einschließlich der Interaktion mit Rand- und Subgruppen), ein Verhindern späteren Ableitens in pathologische oder kriminelle Karrieren.
Weitere Förderungsmaßnahmen gelten der *kognitiven Entwicklung* von Kindergartenkindern aufgrund der neueren Begabungsforschung und der Chancengleichheitsdebatte. Die Theorie von den unterschiedlichen Codes – die besonders Unter- und Mittelschicht ausgebildet haben sollen – sensibilisierte stark für die damit zusammenhängenden Unterschiede, und zwar über die Sprache hinaus, weil man an sie anwartschaftliche Sozialstellungen und materielle Belohnungen gebunden sah. In diesem Zusammenhang wurden besonders Curricula zur Sprachförderung und mathematisch-logischer Erziehung initiiert. Man vergleiche hierzu die im CIEL-Programm zusammengefaßten Projekte (BENNWITZ/WEINERT 1973). Ob Chancenungleichheit durch Bildungsangebote wie Sprachförderung oder mathematisch-logisches Denken behoben werden kann, wurde dabei weniger thematisiert; es handelte sich vielmehr um einen Versuch zur Behebung eines „Bildungsnotstands" durch die Mobilisierung von „Begabungsreserven" – ein in erster Linie gesellschaftspolitisches Anliegen.
Bei den *psycho*-physischen Förderungsprogrammen sind vor allem Sport- und Musikerziehung zu nennen, wobei diese Spezifikationen schon zeigen, daß die Ganzheitlichkeit der älteren musischen Erziehung sich auflöste in konkret einzuübende Fähigkeiten und Fertigkeiten, in „Einzelfächer". Es mag verwundern, daß diese traditionell am stärksten ausgebildete Domäne des Kindergartens so wenig in offiziellen Förderungsprogrammen Niederschlag gefunden hat, andererseits mag diese Vernachlässigung der ästhetischen Komponente Ausdruck der Trendentwicklung zur sozial-kognitiven Erziehung hin – als einem besonderen gesellschaftlichen Bedürfnis – sein.
Das, was im Kindergartenbereich von Bund und Ländern gefördert und unterstützt wird, entspricht einer politischen Programmatik, die aus einer Mischung von technologischem und humanistischem Interesse besteht. Bildungspolitisch sind die Unterschiede zwischen den einzelnen Bundesländern nicht so groß, als daß nicht Grundtendenzen zur bundesrepublikanischen Kindergartenpolitik und -entwicklung sichtbar würden:

- Der Kindergarten soll das *Informationswissen* der Kinder *erweitern*. Diese Lerninhalte – teils lernbereichsmäßig, teils fachspezifisch angeboten – sollen aber der ganzheitlich-spielorientierten Tradition dieser Institution zufolge in den Kontext der Kindergartenarbeit generell gestellt werden. Ein forciertes einseitiges Trainingsprogrammklima – analog den kompensatorischen Programmen in den USA – wird abgelehnt. Die indirekten Lernmechanismen zur Verarbeitung der empfangenen Informationen überwiegen.
- Der Kindergarten soll als *Organisation verbessert* und aufgewertet werden. Neue Impulse sollen sowohl über die architektonische Planung als auch über die Einbindung in die Gemeinwesenarbeit gesetzt werden. Die fortschreitende Professionalisierung im Sinne von Qualifizierung der Erzieherinnen schlägt sich nieder in dem verbreiterten Fortbildungsangebot und den Regelungen hinsichtlich Arbeits- und Vorbereitungszeit.
- Der Kindergarten soll ein *Gruppenklima*

begünstigen, das den Einzelnen in späteren Bildungs- und Arbeitszusammenhängen instand setzt, mit anderen zu kommunizieren und politisch-sozial zu optieren. Wenn im Kindergarten heute Gruppenarbeit vor Einzelarbeit besonders herausgestellt und im Rollenspiel thematisiert wird, so zeigt dies die Betonung des sozialen Kontaktes. Gruppe wird neuerdings durchaus als diagnostisch-therapeutischer Anwendungsfall verstanden, der nicht eine Kollektiverziehung anvisiert, sondern eine gelungene Einzelerziehung mit Hilfe der Gruppe.

Da bildungspolitisch der Kindergarten sich gegen rivalisierende Einrichtungen – besonders in der Frage „Zuordnung der Fünfjährigen" – durchgesetzt hat, sind seine programmatischen Bemühungen entspannter und sein Image verbessert. Man vergleiche hierzu die hohe Einschätzung des deutschen Kindergartens bei Goutard in ihrer Studie: „Die derzeitige Problematik der vorschulischen Erziehung in den Ländern der Europäischen Gemeinschaft", die sie im Auftrag der Europäischen Gemeinschaft (1978) erstellt hat.
Sozialisatorisch heißt das, daß die Kindergartenstruktur sich in der Bundesrepublik immer mehr vereinheitlicht; Alternativen sind möglich – aber mehr als Ausnahmen von der Regel –, wobei viele Initiativen angesichts der administrativen Vorgaben und finanziellen Regression kaum Überlebenschancen haben.

4.2 Ideologische Muster privater Träger

In der Bundesrepublik unterstehen 73% der Kindergärten den Wohlfahrtsverbänden mit staatlicher Subventionierung, 23% sind in staatlicher Hand, 4% sind privat und werden nicht subventioniert (Goutard 1978, S. 90). Die religiösen und weltanschaulichen Einflüsse der freien und kommunalen Träger lassen in ihrem sozialisatorischen Einfluß eine starke Affinität zu der jeweiligen Richtung des Trägerverbandes erkennen und in Verwaltung, Führung, Planung und Inhaltlichkeit auch aufweisen. Für den größten Träger, den Deutschen Caritasverband, der fast die Hälfte aller Kindergartenplätze zur Verfügung stellt, gibt es eine Bezugswissenschaft (Caritaswissenschaft, die als Teil der praktischen Theologie gilt). An der Universität Freiburg besteht ein „Institut für Caritas", das heute „Institut für Caritas und Christliche Sozialarbeit" heißt und zusammen mit dem „Institut für Christliche Gesellschaftslehre" Studierende, die das Diplom für Christliche Sozialwissenschaft und Sozialarbeit erwerben wollen, aber auch Hörer anderer Disziplinen anspricht. Die breite Streuung von Institutionen, die die Sozialisation des Kindes direkt tangieren (über Kindergärten, -horte, Kinder- und Jugenddörfer, Erziehungs- und Familienberatung) oder indirekt (über die Ausbildung des Fachpersonals in konfessionellen Fach- und Fachhochschulen) ist rückzubeziehen auf eine enge Verbindung von Bildung, Beratung und Ausbildung unter weltanschaulichen und wissenschaftsbezogenen Vorzeichen („Caritas" 1976). Ähnliches gibt es auf evangelischer Seite in Form des Diakoniewissenschaftlichen Instituts an der Universität Heidelberg; besonders zu erwähnen ist im Hinblick auf Impulssetzung für den Kindergarten die Arbeit des Comenius-Instituts (Kaufmann u.a. 1978). Inwieweit über die einzelne Erzieherin im Kindergarten der religiös gebundene Hintergrund theoretisch-methodisch-praktischer Arbeit mitvermittelt wird, diese Frage ist aufgrund fehlender Forschung zur Zeit nicht zu beantworten; ebensowenig ist darüber eine sichere Aussage zu machen, wie sich religiös ausgerichtete Erziehung sozialisierend auswirkt; daß Auswirkungen auf Wahrnehmung und Selbsteinschätzung von der spezifischen Umgebung ausgehen, darf aus dem Kontext anderer Forschungszusammenhänge gefolgert werden. Tatsache ist auch, daß Kinder sehr schnell die Erwartungen und Wertmuster ihrer Umwelt antizipieren und durchaus unterschiedliche Erwartungen miteinander verbinden können; so möchte z.B. ein zu Hause, in einer Studentenfamilie „progressiv" erzogenes Kind, das vormittags den Kindergarten des Quartiers besucht, sauber gewaschen, in Kleidchen und mit Haarschleife, die Rituale, Spiele, Spaziergänge als „artiges", angepaßtes Kind mitmachen, während dasselbe Mädchen nachmittags in einer antiautoritär geführten Kindergruppe in Jeans mit „Gassenjungenmanieren" und immer neuen ausgefallenen Einfällen sich produziert (konkretes Fallbeispiel, das nicht vereinzelt sein dürfte). Diese multidimensionale Erwartungskorrespondenz von Kindern in bezug auf ihre gruppale Umgebung, die jeweils bestimmte Verhaltensweisen favorisieren und aktualisieren helfen, ist ein forschungsmäßig viel zu wenig berücksichtigtes Faktum; das Problem ist nicht nur, wie durchschaut das Kind die Erwartungen und integriert diese in sein Verhalten, sondern auch, wie kombiniert es unter Umständen gegensätzliche Ansprüche an sich selbst oder welche Kriterien wirken bei der eigenständigen Ausgestaltung und Neukombination von Verhalten mit; denn das Kind ist nicht passiv den Sozialisationseinflüssen der Umwelt ausgeliefert, sondern formt aus den angebotenen Mitteln und Möglichkeiten seine eigenen verbalen und nonverbalen Ausdrucksweisen.

Zu erwähnen sind außer den religiös akzentuierten Kindergartenträgern die politisch und gewerkschaftlich orientierten, die ebenfalls spezifische sozialisatorische Zielperspektiven entwickelten, die es gesondert herauszuarbeiten gilt, da diese selten ausdrücklich genannt werden. Daß vom Selbstverständnis her oder auch von der Fremdeinschätzung in dieser Beziehung differenzierende Merkmale existieren, wird deutlich, wenn es z.B. darum geht, Gastarbeiterkinder bestimmten Sozialisationsinstanzen anzuvertrauen. So wurden Italiener-, Portugiesen-, Spanierkinder dem Caritasverband zugewiesen; die Griechenkinder dem Diakonischen Werk (scheinbare Affinität orthodoxer zu evangelischen Christen), die Jugoslawen- und Türkenkinder der Arbeiterwohlfahrt (Nichtchristen, Kommunisten, Atheisten als Restkategorie). Solche Einordnungsschemata können unter Umständen sprechender sein als sozialpädagogische Deklarationen zum Wohl des Kindes, weil sie Kindergartenerziehung als Domäne ideologischer Einflußnahme zeigen, bei der das Erziehungsergebnis abhängig zu sehen ist von Erziehungsvorzeichen. Ob die Einflußnahme ideologisch gebundener Verbände – über die von ihnen unterhaltenen Kindergärten und die dort geleistete Erziehungsarbeit – klar umrissene Vergesellschaftungsakzente setzt, kann vermutet werden, ist aber nicht erwiesen. Für weitere Untersuchungen zur Sozialisationsforschung im Kindergarten werden neben der Analyse von Planungsvorgaben, Interaktionsabläufen und Materialarrangements die ideologischen Prämissen immer wichtiger.

5 Sozialisationsfördernde Maßnahmen

Nachdem wir den Begriff der Sozialisation in der Brechung seiner praktischen Bezüge besser kennengelernt haben, kommen wir noch einmal auf ihn zurück. Man sollte nicht das mangelnde Problemlösungsvermögen der Sozialisationsforschung, bei der bekannte Positionen wie Marxismus und Psychoanalyse, Pädagogik und Sozialwissenschaften, Anthropologie und Geschichte, Behaviorismus und Interaktionismus einander gegenübergestellt werden (die also von bereits bestehenden Kontroversen lebt) anlasten, um ihr Unvermögen vorwerfen zu können. Sie bildet bestehende gesellschaftliche Widersprüchlichkeiten ab, speziell zwischen wissenschaftlicher Theoriebildung und defizitärer Praxis sowie der eigenen nicht erfaßten Historität gegenüber. Die systematisierenden Zugriffe in der Sozialisationsforschung entsprachen der Ahistorizität einer empirisch-pragmatisch orientierten Sozialwissenschaft, die in den USA zu einer Reihe praktischer Ergebnisse führte, ohne den – allerdings auch nicht erhobenen – Anspruch eines omnipotenten spekulativen Systems einlösen zu können. In Deutschland traf diese Richtung auf dialektische Gegenüberstellungen wie z.B. die der Weltbewältigung und der Personwerdung in einer kategorialen Bildung. Auch kritisch-dialektische Versuche wie die der Frankfurter Schule, wo Kritik als gesellschaftliches Transzendierungsmoment im Utopisch-Irrealen sich wiederfand, erhoben einen Deutungsanspruch für einen Gesamtzusammenhang, der Gesellschaft zum Begriffsprodukt machte.

Eine Sozialisationsforschung, die dieser Begriffstradition folgt, wird immer wieder nach einer Metatheorie suchen – z.B. einer kritischen Theorie der Sozialisation –, statt eine *Einordnungsperspektive sozialer Bedürfnisse* herzustellen. Kindergartensozialisation, unter dem Anspruch einer theoretisch erfaßten Gesamtgesellschaft, bliebe in ihren Aussagen notwendig formal und hätte als sozialisationsfördernde Maßnahme die Aufhebung einer widersprüchlichen Gesellschaft oder eines widersprüchlichen Kindergartens anzubieten. Demgegenüber richten sich sozialisationsfördernde Maßnahmen – die eine Konkretisierung im Sozialfeld als Ziel haben – darauf, das gesellschaftliche Rahmenkonzept auf die Selbstkonzeptbildung der am Sozialisationsprozeß beteiligten Personen oder Gruppen zu transponieren und ein solches Konzept von der Basis her mit Inhalt zu füllen.

5.1 *Anspruch einer allseitigen Entwicklung des Kindes im Kindergarten*

Das Ideal einer allseitig entwickelten Persönlichkeit, die das 19. Jahrhundert angesichts der steigenden Vereinnahmung durch eine technisch-industrielle Umwelt aufstellte, steht für eine Kindergartensozialisation nicht als absolute Forderung im Raum, sondern als das Wachhalten einer widerständischen Antwort auf Anpassungszwänge und technologischen Funktionalismus. Übersetzt in die Sprache des ausgehenden 20. Jahrhunderts heißt allseitig entwickelte Persönlichkeit eine – angesichts gesellschaftlicher Erwartungen und Einflußnahmen – doch noch mögliche Planung des eigenen Lebens unter Nutzung der Umweltmöglichkeiten, die eine individuelle und gruppale Brechung gewinnen können. Unter dieser Prämisse sollte die materielle Ausstattung eines Kindergartens so sein, daß das Kind die Möglichkeit findet, seine Fähigkeiten zu eruieren, es sollte die Gelegenheit geboten werden, Gegenstands- und Aneignungserfahrungen auch unter dem Aspekt Nutzen, Hantieren, Verändern zu machen, es müßte garantiert werden, daß Kinder zumindest auf Zeit etwas besitzen dürfen, d.h. das Recht haben, selber erstellte Produkte zu erhalten oder zu zerstören, wenn der Gegenstand nicht gefällt oder verbessert werden soll. Die Entwicklung des Respekts vor den gleichen Rechten und sozialen Interessen der Mitbeteiligten ist eine notwendige Komponente in der Verbindung persönlichkeits- und gruppenspezifischer Sozialisation. Das Erlernen gesellschaftlicher Normen muß einhergehen mit der Einübung der Individuierung, der Selektionsverfahren, des Rechenschaftgebens. Da nicht jeder alles kann oder können muß, aber einiges ihm besser glückt, ihn mehr befriedigt, ihn längerfristig festhält, sollten schon beim Kindergartenkind solche Schwerpunkte herausgefunden werden, indem ein reichhaltiges Angebot und eine dauerhafte Ermutigung die Weichen für Entscheidungen in Richtung Selbstfindung stellt. Selbstfindung innerhalb kollektiver sozialer Prozesse im Gruppenbezug ist dabei kein Widerspruch, weil das Selbst nicht nur ich-identisch, sondern sozial zu fassen ist. Insofern haben das Recht und die Pflicht zur Kooperation, d.h. die Gestaltung von Gruppenprozessen und Aktivitäten wie sozio-dramatische Spiele, Gemeinschaftsarbeiten, Gruppenausflüge einen besonderen Stellenwert in der Kindergartensozialisation. Um Umwelt auf sich oder eine Wir-Bezugsgruppe aktiv konzentrieren zu können, dürfen Kinder in einer arbeitsteiligen, kognitiven Herausforderungen unterliegenden Welt nicht antiintellektualistisch erzogen werden; man darf Kinder nicht absichtlich „dumm“ halten; das bedeutet, sie schon im Frühkindalter auf das Leben in einer komplexen Gesellschaft vorzubereiten, damit Kinder Einschätzungs- und Wahlmöglichkeiten gewinnen, ohne sich später „verkaufen“ oder völlig versagen zu müssen. Die geschlechtsspezifische Gebundenheit, ebenso wie gruppenspezifische Einseitigkeiten (sozio-ökonomische, ethnische) dürfen nicht zu Stigmatisierungen und damit internalisierten Abwertungen und Selbst-Unwert-Gefühlen führen.

5.2 *Mitarbeit von Eltern und Paraprofessionals als Korrektiv zu totaler Institution*

Die soziale Interessenartikulation von Eltern könnte am besten unter dem Aspekt Mitspracherecht berücksichtigt werden, und zwar müßte über die formale Mitsprache hinaus die inhaltliche Mitbestimmung erreicht und abgesichert werden. Die Forschung hat einiges zur Elternmitarbeit beigetragen, indem sie Modellvorstellungen für eine Übertragung von professionellen Funktionen auf Eltern entwickelte (man vergleiche hierzu den „Laien-mit-Laien“-Ansatz des DJI). In den USA spielten Eltern in den erfolgreichen Head-Start-Programmen als Stimulatoren und Überprüfer, als Übungsleiter und Sprachförderer eine wichtige Rolle (KLAUS/GRAY 1968, WEIKART 1968). All diese Aktivitäten könnten innerhalb der Institution Kindergarten neue Impulse setzen und ebenso Rückwirkungen auf die Erziehung in der Familie haben. Es gibt gemeinsame Lernprozesse mit gemeinsamen Lernerfahrungen – angestoßen durch Außeneinflüsse – die eine Mutter, eine Tagesmutter oder einen Hausmann auf dem Hintergrund ihrer eigenen Berufs- und Lebenspraxis zu erzieherischen und sozialisatorischen Aufgaben qualifizieren. Eine der Hauptvoraussetzungen für diese Kooperation wäre eine größere Offenheit seitens der Institution; dies würde beinhalten:

- offene Räume (nicht nur Besuchsrecht, sondern auch Verlagerung von Kindergartenar-

beit in andere Lokalitäten einschließlich der elterlichen Wohnung);
- offene Angebote (Möglichkeit thematisch und situativ bedingte Wünsche nach Aufarbeitung und Problembewältigung zu äußern);
- offene Kommunikation (Kontaktaufnahme zu anderen Altersgruppen: Schülern, Alten-, Berufsgruppen, ethnischen Gruppierungen, auch wenn diese Beziehungen über die Kindergartenbelange im engeren Sinne hinausgehen).

Gerade im Rahmen einer Auslagerung und damit auch Veränderung der Institution Kindergarten durch räumliche und inhaltliche Offenheit gibt es neue Sozialisationserfahrungen einer Grenzüberschreitung eigener scheinbar begrenzter Möglichkeiten.
Experimente wie die von Eltern organisierten „play-groups" in England oder Schüler-Schulen wie die Scuola Barbiana und die Schule von Bemposto haben die Unterschiede zwischen Laien und Experten aufgehoben, indem sie ältere Schüler zu Lehrern der jüngeren machten oder Selbstorganisation anstelle der Fremdorganisation setzten. Ähnliche entspezialisierende und damit neu qualifizierende Tätigkeiten kann man sich auch im Kindergartenbereich denken, eine Art „rooming-in" der Erziehungs- und Sozialisationsprozesse, die bei einer Aufgabenteilung zwischen organisiertem und improvisiertem Zugriff gesellschaftliche Angebote adressatenfreundlicher gestalten.

5.3 *Professionalisierung der Erzieher(in), Standardisierung und Entscheidungsspielräume bei fortschreitender Verstaatlichung der Kleinkinderziehung*

Sozialrelevante Interessen haben nicht nur Kinder und Eltern zu vertreten, sondern auch die Fachkräfte in der Institution. Bei ihnen geht es vor allem – als basale Voraussetzung ihrer Tätigkeit – um Qualifizierung ihrer beruflichen Position und die materielle Sicherung. Die Erzieherin hat – gemessen an der Grundschullehrerin – sowohl ein niedrigeres Ausbildungsniveau als auch eine niedrigere Stellung und verdient ca. 15% weniger. Im europäischen Ländervergleich schneidet die Bundesrepublik dabei schlecht ab: gleiche Stellung, gleiche Ausbildung und gleiches Einkommen wie Grundschullehrer haben Erzieher in Frankreich, Irland, Italien, Luxemburg (seit dem neuen Ausbildungsgesetz von 1973), England und Schottland. Die Niederlande streben eine Gleichstellung bis 1983 an (Goutard 1978, S. 97). In der Bundesrepublik läßt sich eher eine Rückentwicklung der Professionalisierungsdebatte signalisieren, das Recht und die Pflicht zu einer adäquaten Aus- und Weiterbildung wird mehr im Zusammenhang der Kostenexplosion, als der Garantie einer besseren institutionellen Sozialisation gesehen. Seit es um kompensatorische Erziehung im Vorschulbereich ruhiger wurde, glaubt man, sich Bildungsinvestitionen auf diesem Sektor schenken zu können und gelangt damit in die Gefahr – bei gleichbleibendem Ausbildungsstand – Dequalifikation anzusteuern, weil die theoretisch-methodischen Einsichten von der Entwicklungspsychologie, der Bildungssoziologie, der Sozialpädagogik her sich weiterentwickeln und die modellfallartigen Erprobungen – inzwischen wesentlich weitergetrieben – auch neue Erkenntnisse für Theorie und Praxis bringen. Die Notwendigkeit des „lebenslangen Lernens" gilt gerade im Hinblick auf persönliche und fachliche Kompetenz im Vorschulbereich mit seiner besonderen Verantwortung für das Kleinkind.
Sozialisationsfördernd könnte auch eine stärkere gruppenspezifische Verflechtung mit Kollegen und anderen Fachleuten (Kinderärzten, Therapeuten, Künstlern u.a.) sein. Gerade die Beteiligung „Berufsfremder" könnte eine zu enge Standardisierung durchbrechen und über neue Aktivitäten mehr Flexibilität in die Angebotsstruktur und den Tagesablauf des Kindergartens bringen, aber auch verfestigte Einstellungen wechselseitig korrigieren helfen.
Um die Kindergarteninstitution in ihrer gesellschaftlichen Relevanz signifikant zu machen, ist die Entwicklung neuer Perspektiven notwendig, die den besonderen Charakter der frühkindlichen Sozialisation – nicht nur als *Vorbereitung* auf Schule, Beruf usw. bezogen – auf einem eigenständigen, spezifischen Lebenssektor erkennen lassen. Den Erziehern kommt hierbei ein besonderer Stellenwert zu: ihnen muß Gelegenheit gegeben werden, ihre konkreten Anliegen in solidarischem Bewußtsein mit nötiger Effizienz vertreten zu können. Wichtig wäre für sie, die Gewinnung eines neuen Selbstbewußtseins

- aus ihrer Funktion der Förderung von basalen, persönlichkeits- und sozialbildenden Fähigkeiten;

- aus ihrer Mittlerfunktion zwischen theoretischer Programmatik, praktischer Bedürfnislage und gesellschaftlicher Entwicklung bezogen auf die Nachwuchsförderung einer nächsten Generation;
- aus ihrer sozialisatorischen Aufgabe als Träger eines Vergangenheitswissens (Traditionszusammenhang), eines Gegenwartswissens (standortbestimmende Funktion) und eines Zukunftsbezuges (erzieherischer Auftrag).

Bliebe schließlich noch ein letzter Gesichtspunkt, der umfassendere Bedeutung für Fachkräfte hat, nämlich der der Demokratisierung. Das Stichwort gilt für alle Bereiche; wenn es hier für Erzieher eigens gebraucht wird, so deshalb, weil es einen Abbau ungerechtfertigter Hierarchisierung und den Aufbau von Selbstentscheidungs- und Selbstverantwortungsstrukturen andeuten soll. Erst wenn durch verstärkt mögliche Eigeninitiative – im Rahmen besserer Qualifikationen und Kompetenzen – der Radius experimenteller und innovativer Arbeit ausgeweitet werden kann – unter Einbezug von Kollegen, Eltern, Trägern – besteht die Hoffnung, idealtypisch formulierte Postulate einzuholen und eine bessere Zukunft im Durchspielen von Alternativen zu gewinnen.
In diesem Sinne sollte Kindergartenarbeit alle beteiligten Gruppen mit verschiedener Akzentuierung zu einer aktiven Umfeldgestaltung – von ihrer jeweiligen Interessenlage her – befähigen und unter dem Druck durchzusetzender gemeinsamer Interessen der Beteiligten auch den Staat zu fördernden Maßnahmen verpflichten.

Literatur

BAIRD, L. L.: Big School, Small School: a critical examination of the hypothesis. In: Journal of Educational Psychology 60 (1969), S. 253–260.

BALDWIN, A. L.: Theorien primärer Sozialisationsprozesse (Bd. 2). Weinheim/Basel, Beltz 1974.

BANDURA, A.: Lernen am Modell. Stuttgart, Klett 1976.

BARKER, R. G.: Ecological psychology. Stanford, Calif., Stanford University Press 1968.

BAROW-BERNSTORFF u.a. (Hrsg.): Beiträge zur Geschichte der Vorschulerziehung. Berlin, Volk und Wissen (1971).

BEREITER, C./ENGELMANN, S.: Teaching disadvantaged children in the preschool. Englewood Cliffs N.J., Prentice Hall 1966.

BROWN, R./HERRSTEIN, R.: Psychology. Boston, Little Brown 1975.

Bund-Länder-Kommission für Bildungsplanung: Fünfjährige im Kindergarten, Vorklassen und Eingangsstufen. Stuttgart, Klett 1976.

CAZDEN, C. B.: Evaluation of Learning in Preschool Education. Early language Development. In: BLOOM, B. S./HASTINGS, J. T./MADAUS, G. F. (Hrsg.): Handbook on formative and summative evaluation of Student learning. New York u.a., McCrawthill Company 1971, S. 345–398.

CIEL.: Ein Förderungsprogramm zur Elementarerziehung und seine wissenschaftlichen Voraussetzungen. BENNWITZ, H./WEINERT, F. E. (Hrsg.). Göttingen, Vandenhoeck & Ruprecht 1973.

COLEMAN, I. S.: The ways of socialization. In: TYLER, R. W. (Hrsg.): From Youth to constructive adult life. The role of the public school, Berkeley, Calif., McCutchan Publishing Corporation 1978, S. 29–42.

DAMON, W.: The social world of the child. San Francisco, Jossey-Bass Publishers 1977.

DAWE, H. C.: The influence of size of kindergarten group upon performance. In: Child Development 5 (1934), S. 295–303.

Der Kindergarten: Aktuelle Probleme und Aufgaben. In: Caritas 77 (1976), H. 5.

DOKE, L./RISLEY, T.: The organization of day-care environment: required vs. ophanal activities. In: Journal of Applied Behaviour, Analysis 5 (1972), S. 405–420.

DOUGLAS, J. (Hrsg.): Understanding every-day life. London, Routledges Kegan Paul 1968.

ERIKSON, E. H.: Identität und Lebenszyklus. Frankfurt/M., Suhrkamp 1966.

FLAVELL, J.: The development of inference about others. In: MISCHEL, T. (Hrsg.): Understanding other persons. Oxford, Blackwell 1974.

FROSTIG, M./HORNE, D.: Visuelle Wahrnehmungsförderung. Hrsg. von REINARTZ, A./REINARTZ, E. Dortmund, Crüwell 1977.

GAGNÉ, J.: Die Bedingungen des menschlichen Lernens. Hannover, Schrödel 1969.

GLICK, J.: Cognitive Development in cross-cultural perspective. In: HOROWITZ, F. D. (Hrsg.): Review of child development research, Bd. 4. Chicago, University of Chicago Press, 1975, S. 595–654.

GOSLIN, D. A. (Hrsg.): Handbook of Socialization, Theory and Research. Chicago, Rand McNally 1969.

GOUTARD, M.: Die derzeitige Problematik der vorschulischen Erziehung in den Ländern der Europäischen Gemeinschaft. Studie im Auftrag der Kommission der Europäischen Gemeinschaften, Manuskript CAB/VIII/67-78-D.

GUMP, P. V.: Ecological psychology and children. In: HETHERINGTON, E. M. (Hrsg.): Review of child development research. Chicago, University of Chicago Press 1975.

HEBB, D. O.: A neuropsychological Theory. In: KOCH, S. (Hrsg.): Psychology: A study of a science. New York, McGraw-Hill, 1959, Bd. 1, S. 622–643.

HEILAND, H./KLASEN, T. F.: Aktuelle Vorschulprobleme. Kronberg/Ts., Scriptor 1974.

HOFFMANN, E.: Vorschulerziehung in Deutschland. Witten, Luther-Verlag 1971.

HOFFMANN, M. L.: Moral development. In: MUSSEN, P. H. (Hrsg.): Carmichael's manual of child psychology. New York, Wiley 1970.

HUNDERTMARCK, G./ULSHOEFER, H.: Kleinkinderziehung, Bd. 3. München, Kösel-Verlag 1972.

HUNT, J. McV.: Intelligence and experience. New York, Ronald Press, 1961.

HUTT, C./VAIZEY, M.: Differential effects of group density on social behaviour. In: Nature 209 (1966), S. 1371–1372.

JOHNSOHN, M. W.: The effect on behaviour of variation in amount of play equipment. In: Child development 6 (1935), S. 56–68.

JOHNSON, P. A./STAFFIERI, J. R.: Stereotypic affective properties of personal names and somatotypes in children. In: Developmental Psychology 5 (1971), S. 176.

KAMII, C. K.: Evaluation of learning in preschool education. In: BLOOM, B. S./HASTINGS, J. T./MADAUS, G. F. (Hrsg.): Handbook on formative and summative evaluation of student learning. New York u. a., McGraw-Hill Company 1971, S. 281–398.

KAUFMANN, H. P./TUMBRÄGEL, M./RÖGER, C./DIRKS, H.: Die öffentliche Verantwortung der Kirchen für die Bildungsplanung im Elementarbereich. Münster, Comenius-Institut.

KIRCHNER, E. P.[c]/VONDRACEK, S. J.: What do you want to be when you grow up? Vocational choice in children aged three to six. Vortrag vor der Society for Research in Child Development 1973.

KLASSEN, Th.: Zur Polarisierung des Streites um die Vorschulerziehung. Münster, Selbstverlag Deutsches Institut für wissenschaftliche Pädagogik 1970.

KLAUS, R. A./GRAY, S. W.: The early training project for disadvantaged children: A report after five years. Monograph of the SRCD 33, No. 4, Chicago, University Press 1968.

KOHLBERG, L.: Stage and sequence: the cognitive-developmental approach to socialization. In: GOSLIN, D. A. (Hrsg.): Handbook of socialization theory and research. New York, Rand McNally 1969.

KOHLBERG, L.: Development of moral character and moral ideology. In: HOFFMANN, M./HOFFMANN L. (Hrsg.): Review of child development and research. New York, Russel Sage Foundation 1964.

KOHLBERG, L.: Moral development and identification. In: STEVENSON (Hrsg.): Child Psychology. University of Chicago Press 1963, S. 277–332.

KOSSOLAPOW, L.: Rollenspiel als Medium der Entwicklung sozialer Kompetenz im vorschulischen Bereich. In: Zeitschrift für Pädagogik 13. Beiheft (1977), S. 157–171.

KOSSOLAPOW, L.: Die Bedeutung des Rollenspiels in der vorschulischen Erziehung. In: KOCHAN, B. (Hrsg.): Rollenspiel als Methode sprachlichen und sozialen Lernens. Kronberg/Ts., Scriptor 1975.

KOSSOLAPOW, L.: Neuere Tendenzen in der pädagogisch-psychologischen Forschung und ihre Konsequenzen für die Kleinkinderziehung. In: HUNDERTMARCK/ULSHOEFER (Hrsg.): Kleinkinderziehung. Lehrbücher für Sozialpädagogen. München, Kösel 1972, Bd. 2, S. 7–54.

KRAUSE, J./KOSSOLAPOW, L.: Die Förderung der visuellen Wahrnehmung bei Vorschulkindern anhand des Frostig-Programms. In: Welt des Kindes 51 (1973), S. 233–251.

LABOV, W.: Sprache im sozialen Kontext, Bd. 1. Kronberg/Ts., Scriptor 1976.

LICKONA, T.: An experimental test of Piaget's theorey of moral development. Vortrag Society for Research in Child Development 1973.

MACCOBY, E.: The development of sex differences. Stanford, Calif., Stanford University Press 1968.

MCGREW, W. C.: An ethological study of children's behaviour. New York, Academic Press 1972.

NEIDHARDT, F. (Hrsg.): Frühkindliche Sozialisation. Stuttgart, Enke 1975.

PAPALIA, D. E./WENDKOS-OLDS, S.: A child's world, New York u. a., McGraw-Hill Book Company 1975.

PEUKERT, U.: Interaktive Kompetenz und Identität. Düsseldorf, Patmos 1979.

PRESCOTT, E. A.: A comparison of three types of day care and nursery School-home care. Paper für Society for Research in Child Development. Philadelphia, Pennsylvania 1973.

Regierung der DDR, Ministerium für Volksbildung (Hrsg.): Bildungs- und Erziehungsplan für den Kindergarten. Berlin, Volk und Wissen 1968.

SAFILIOS-ROTHSCHILD, C./POLK, B. B./STEIN, R. B.: Frühe Geschlechtsrollen-Sozialisation und Gesellschaftsunterschiede. In: FTHENAKIS, W. E./KASTEN, H. (Hrsg.): Neuere Studien zur kognitiven und sozialen Entwicklung des Kindes. Donauwörth, Auer 1977, S. 155–200.

SELMAN, R./BYRNE, D.: A structural Analysis of role-taking levels in middle childhood. In: Child Development 45, 1975, S. 803–806.

SHURE, M. B.: Psychological ecology of a nursery school. In: Child Development 34 (1963), S. 979–992.

SMILANSKI, S.: Die Wirkungen soziodramatischer Spiele auf benachteiligte Vorschulkinder. In: KOCHAN (Hrsg.): Rollenspiel als Methode sprachlichen und sozialen Lernen. Kronberg/Ts., Scriptor 1974, S. 317–395.

SMITH, P.: Aspects of playgroups environment. In: CANTER, D./LEE, T. (Hrsg.): Proceedings of the conference: psychology and the built environment. London, Architectural Press 1974.

STAFFIERI, J. R.: A study of social stereotype of body image in children. In: Journal of Personality an Social Psychology 7 (1967), S. 101–104.

Statistisches Bundesamt, Wiesbaden (Hrsg.): Die Situation der Kinder in der Bundesrepublik Deutschland. Internationales Jahr des Kindes. Stuttgart/Mainz, Kohlhammer 1979.

Strukturplan für das Bildungswesen, Deutscher Bildungsrat. Empfehlungen der Bildungskommission. Stuttgart, Klett [2]1970.

SWIFT, J. W.: Effects of early group experience: the nursery school and day nursery. In: HOFFMAN, M./HOFFMAN, L. (Hrsg.): Review of child development research, Bd. 1. New York, Russel Sage Foundation 1964.

TIETZE, W.: Früheinschulung. Kronberg/Ts., Scriptor 1978.

TWARDOSZ, S./CATALDO, M. F./RISLEY, T. M.: An open environment design for instant and toddler day care. In: Journal of Applied Behaviour Analysis 7 (1974), S. 529–545.

UTECH, D. A.: Modeling, praise and logical explanations for influencing the moral judgments of objectives and subjectives boys and girls. Vortrag. Midwestern Psychological Association, Cleveland 1972.

WALKER, R. N.: Body build and behaviour in young children. Body build and parent's ratings. In: Child Development 34 (1963), S. 1–23.

WATSON, J. B./RAYNER, R.: Conditioned emotional reactions. In: Journal of Experimental Psychology 3 (1920), S. 1–14.

WITKIN, H. A. u. a.: Psychological Differentiation. New York, John Wiley 1962.

Wohin mit den Fünfjährigen – Kindergarten oder Grundschule? Ergebnisse einer AGJ-Expertentagung. Arbeitsgemeinschaft für Jugendhilfe (AGJ) (Hrsg.). Bonn, Arbeitsgemeinschaft für Jugend.

YOUNG, H. B./KNAPP, R. P.: Personality characteristics of converted left-handers. In: Perceptual and Motor Skills 23 (1966), S. 35–40.

Sozialisation in der Gruppe der Gleichaltrigen

Lothar Krappmann

Die sozialen Beziehungen der Kleinkinder, der Schulkinder und der Jugendlichen sind seit langem ein wichtiges Thema entwicklungspsychologischer, sozialpsychologischer und soziologischer Arbeiten. Hinzuweisen ist auf Untersuchungen und Studien von Ch. BÜHLER (1921, 1933) und J. PIAGET (1923, 1924, 1932) bereits in den zwanziger und dreißiger Jahren. Große Bedeutung wird den Gleichaltrigen im Sozialisationsprozeß auch in wichtigen theoretischen Entwürfen der letzten Jahrzehnte zugemessen (etwa E. H. ERIKSON 1950a, T. PARSONS 1955, S. N. EISENSTADT 1956). Darstellungen der Problematik mit gründlichen Sammlungen empirischer Erhebungen fehlen ferner nicht in wichtigen Handbüchern der Entwicklungspsychologie und der Sozialisationsforschung der letzten Jahrzehnte (J. D. CAMPBELL in HOFFMAN/HOFFMAN 1964, B. R. MCCANDLESS in GOSLIN 1969, W. W. HARTUP in MUSSEN 1970). Es gibt allerdings auch genug anspruchsvolle Abhandlungen, in denen die Gruppen der Gleichaltrigen nur am Rande erwähnt werden. Weder eine vollständige Geschichte der Forschungsthematik noch eine Wiederholung der Sammelreferate ist hier beabsichtigt. Dagegen soll versucht werden, einige Perspektiven zu entwickeln, die dieses Forschungsfeld in einen engeren Zusammenhang mit derzeitigen Überlegungen zur Sozialisation des Kindes und des Jugendlichen bringen. Eine engere Verbindung erscheint wünschenswert, denn die anschließend zu referierenden Arbeitsschwerpunkte betreffen zwar ohne Zweifel wichtige Probleme, schlagen aber zumeist einen Bogen um die Sozialisationsthematik im engeren Sinne: Welchen unverzichtbaren Beitrag leistet die Gruppe der Gleichaltrigen zur Bildung der Person, die Handlungskompetenz besitzt und Identität wahren kann? Ist die Gruppe der Gleichaltrigen tatsächlich eine Sozialisationsinstanz, in ihrer Wirksamkeit vergleichbar mit der Familie?

1 Themen der Forschung

Der Überblick über die vorliegenden Arbeiten zeigt, daß sich das Interesse der beteiligten Disziplinen stets nur bestimmten Fragestellungen zugewandt und andere ausgelassen hat. So ging trotz mancher Ansätze in der frühen Entwicklungspsychologie für einige Jahrzehnte das Thema der sozialen Beziehungen des Kleinkindes zu seinen Altersgenossen wieder fast völlig verloren. M. LEWIS/L. A. ROSENBLUM (1975) stellten fest, daß erst „in den letzten zwei, drei Jahren" die Zahl der Untersuchungen über das soziale Verhalten der Kinder in den ersten Lebensjahren beträchtlich zugenommen hätte. Für die Vernachlässigung dieses Bereichs machen sie S. FREUD mit seiner These über die besondere Bedeutung der Auseinandersetzung des Kindes mit seinen Eltern und die Weiterentwicklung der kognitiven Entwicklungspsychologie J. PIAGETS, in der die Kooperation der Gleichaltrigen als vorantreibendes Moment zurücktrat, verantwortlich.

Den sozialen Kontakten der älteren Schulkinder und Jugendlichen im Kreis der Peer Group, also der Gruppe der gleichgeschlechtlichen Altersgenossen, widmeten sich, beginnend mit den Untersuchungen B. L. NEUGARTENS (1941, ersch. 1946) und A. B. HOLLINGSHEADS (1942, ersch. 1949), bis weit in die sechziger Jahre hinein sehr viele Studien. Viele Arbeiten verfolgten den Einfluß dieser Gruppen auf Schulerfolg und Ausbildungsgang, jedoch wurden keine entwicklungspsychologischen Hypothesen geprüft. Falls überhaupt eine theoretische Perspektive ausgewiesen wurde, waren ein Teil dieser Untersuchungen aus sozialpsychologischer Sicht an Belegen für die Bezugsgruppentheorie und ein anderer aus gruppenpsychologischer Sicht an Führungsstil und Effizienz in der Zusammenarbeit der Gruppen interessiert (so die originellen Zeltlageruntersuchungen von M. SHERIF/C. W. SHERIF 1953, M. SHERIF u.a. 1961). Ein weiterer Strang verfolgte soziologische Hypothesen wie die der behaupteten Existenz einer Jugendsubkultur (besonders einflußreich J. S. COLEMAN 1961; widersprechend: D. C. EPPERSON 1964) oder die des zunehmenden Generationenkonflikts (M. MEAD 1970). Diese Richtungen wurden bereits dadurch vorgezeichnet, daß die Peer-Group-Forschung sich weithin darauf konzentrierte zu untersuchen, ob diese Gleichaltrigengruppen die Statuszugehörigkeit der Eltern widerspiegeln, in welchen Verhaltensbereichen die Jugendlichen den Auffassungen ihrer Eltern zustimmen, in welchen sie sich von den Meinungen in ihrer Gruppe leiten lassen und welcher Beitrag folglich von der Gruppe der Gleichaltrigen zur Aufrechterhaltung der Sozialstruktur über die Generationen hinweg zu erwarten sei. Im Hinblick auf dieses Problem gab es Positionen, die den Gleichaltrigengruppen eine letztlich doch überwiegend integrierende Funktion zuschrieben (etwa F. ELKIN/W. A. WESTLEY 1955). Andere sahen die notwendige emotionale Sicherheit der Heranwachsenden, auch ihre Identitätsfindung und die Vermittlung wichtiger Werte und und Normen durch die Ausbreitung dieser Gruppen als gefährdet an. Oft wurden diese Gruppen vor allem als Mittel zur Kompensation fehlender Sicherheit und Liebe im Elternhaus oder sogar als ein Ventil für aufgestaute Frustrationen betrachtet. Diese ambivalente Einschätzung vertreten U. BRONFENBRENNER (1967, 1976), D. P. AUSUBEL (1954) und A. BANDURA/F. H. WALTERS (1959).

Diese Beurteilungen werden sicherlich auch dadurch beeinflußt, ob die Interpreten der sozialen Situation der Peer-Gruppen vor allem die Ergebnisse von Umfragen unter Schülern vor Augen hatten oder Daten über die Gruppen der Gleichaltrigen, die sich neben der Schule oder sogar gegen die Schule und andere Institutionen bilden. Im übrigen stützen sich die vorliegenden Ergebnisse ganz überwiegend auf Interviews, manchmal auf die Beobachtung von Gruppen, die eigens zum Zweck der Forschung gegründet wurden, und nur sehr selten auf die längerfristige Beobachtung von Gruppen, die sich aus eigenem Antrieb gebildet haben, ihre Zugehörigkeit selber regeln, eigene Umgangsformen entwickeln und ohne Hilfe oder äußeren Druck Konflikte zu lösen versuchen (ein herausragendes Beispiel: M. SHERIF/C. W. SHERIF 1964). Es herrscht also ein beträchtlicher Mangel an Interaktionsstudien im engeren Sinne, obwohl soziale Beziehungsnetze den Gegenstand dieser Forschungen bilden.

Einen weiteren Schwerpunkt von Arbeiten hat eine besondere Gruppe von Gleichaltrigen gebildet, die Schulklasse. In ihr sind Handlungsziele, Normen und Regeln zwar weitgehend vorgegeben, aber es entwickeln sich stets weitere Interaktionsstrukturen, die oft ganz andere Einflüsse als die von der Institution beabsichtigten auf die Kinder und Jugendlichen ausüben. Dieses Verhältnis beschäftigte eine Serie von Untersuchungen, die dem Beitrag der Meinungen der Altersgenossen zum Schulerfolg und zum weiteren Ausbildungsgang nachspürten (zum Beispiel E. L. MCDILL/J. S. COLEMANN 1963, 1965; oder C. N. ALEXANDER 1964). Obwohl viele Gleichaltrigengruppen im Rahmen der Schulklasse entstehen, ist die Schulklasse als soziales Beziehungsgeflecht nur selten systematisch erforscht worden. Besonders wenig liegt über den Zusammenhang von Beziehungsstrukturen und Lernprozeß vor. Jedoch gibt es einige Erfahrungsberichte, die diese Aspekte herausstellen (H. RUMPF 1976, K. WÜNSCHE 1977, G. B. REINERT/J. ZINNECKER 1978 und andere). Von ihnen ist die Kluft recht breit zu einer Reihe grundlegender theoretischer Überlegungen, die über das soziale System der Schulklasse als Faktor im Sozialisationsprozeß vorgetragen wurden (vgl. C. W. GORDON 1959, T. PARSONS 1959, J. W. GETZELS/H. A. THELEN 1960).

Zweifellos ist es nicht leicht, diese Ansätze in ein Forschungsdesign zu übersetzen.

2 Die Beziehungen zu Gleichaltrigen in den verschiedenen Sozialisationsphasen

Wie dieser Überblick über die in der Forschung vorherrschenden Themen zeigt, findet der Zeitraum zwischen fünf oder sechs Jahren bis zum Beginn der Vorpubertät kaum Beachtung. Das ist deswegen recht erstaunlich, weil viele Sozialisationstheorien gerade für den dazwischen liegenden Entwicklungsabschnitt die besondere Bedeutung der sozialen Beziehungen des Kindes zu den gleichgeschlechtlichen Altersgenossen behaupten. Vor dieser Altersstufe werden Aufmerksamkeit und Energien des Kindes nach S. FREUD noch von den affektiven Konflikten in der ödipalen Beziehungskrise absorbiert, muß das Kind nach T. PARSONS erst noch durch Auseinandersetzungen mit den Eltern lernen, auch in affektiv-neutraleren Handlungszusammenhängen als dem der Familie kooperieren zu können, hat es nach J. PIAGET erst die Fähigkeit auszubilden, ein Problem aus der Perspektive eines Gegenübers wahrnehmen zu können. Nach dieser Altersstufe gerät der Jugendliche nach E. H. ERIKSON infolge körperlicher Reifungsvorgänge und in der Aussicht auf Rollen in der Erwachsenenwelt, die sich ihm eröffnen, in eine Phase der Neuordnung früherer Identifikationen zu einer Identität, tritt nach T. PARSONS die Dimension der Leistung gegenüber den zugeschriebenen Eigenschaften in den Vordergrund, wechselt der Jugendliche nach J. PIAGET auf das Niveau des hypothetisch-deduktiven Denkens über, das ihm die Gemeinschaft des Diskurses mit allen möglichen kompetenten Interaktionspartnern erschließt.
Aber selbst diese Entwicklungs- und Sozialisationstheorien sagen über den Zeitraum zwischen dem fünften und dem zehnten Lebensjahr nicht viel Definitives. Aus den noch ausführlicher zu interpretierenden Äußerungen ist zu entnehmen, daß die Gruppe der gleichaltrigen Kinder den Rahmen für desexualisierte Objektbeziehungen sowie Sublimierungen und Reaktionsbildungen bietet, und zwar vor allem im gemeinsamen Spiel (S. FREUD 1905, 1924; E. H. ERIKSON 1950b). Sie erlaubt, neue Rollen zu erproben, die nicht durch Alter und Geschlecht wie in der Familie festgelegt sind, und Normen auf ihre Verbindlichkeit hin zu prüfen (T. PARSONS 1955). Sie bewirkt durch „die Sozialisierung des Kindes im Sinne der Kommunikation und der Kooperation" die Überwindung des Egozentrismus und sorgt für Fortschritt in der reversiblen Koordinierung der Gesichtspunkte (J. PIAGET 1959, S. 365).
Die Anstrengungen der Forschungen haben sich jedoch viel mehr auf die frühen Kindheits- und die nachfolgenden Jugendjahre gerichtet, in denen es aber gerade nicht primär die sozialen Beziehungen zu den Gleichaltrigen zu sein scheinen, die dem Kind oder dem Jugendlichen die weitere Ausbildung von Handlungsqualifikationen abverlangen. Deswegen ist diese Forschung nun keineswegs gegenstandslos! Im Gegenteil: Es ist von hohem Interesse zu erfahren, daß Kinder auch schon im ersten und zweiten Lebensjahr andere Kinder mit Aufmerksamkeit wahrnehmen, ihre Nähe suchen und erste Ansätze von Gemeinsamkeit, sogar bereits von Konfliktlösung zeigen. Untersuchungsergebnisse belegen, daß das Spiel mit den Gleichaltrigen bereits vor dem 2. Lebensjahr beginnt und im 2. Lebensjahr unter bestimmten Bedingungen schon beliebter als das Spiel mit der Mutter sein kann (J. T. DURFEE/L. C. LEE 1973, C. O. ECKERMAN u. a. 1975; vgl. auch den zusammenfassenden Bericht von J. REYER 1978). Neuere Arbeiten stimmen im Gegensatz zu älteren Studien, zum Beispiel M. MAUDRY/M. NEKULA (1939), darin überein, daß die negativen Reaktionen auf andere Kinder (Weinen, Schlagen, Wegnehmen usw.) keineswegs überwiegen (zusammenfassende Anmerkungen bei H. NICKEL 1978; zum Teilnehmenlassen: RHEINGOLD u. a. 1976). Auch jüngere Kinder reagieren bereits sehr intensiv auf die Ablehnung oder Anerkennung durch Gleichaltrige (H. W. STEVENSON 1965).
Man kann jedoch die Darstellungen von W. W. HARTUP (1975) und M. LEWIS u. a. (1975), die die sozialen Fähigkeiten der Kleinkinder schildern, auch „gegen den Strich" lesen und erkennt dann, daß der Qualität und der Reichweite dieser Beziehungen trotz eines erstaunlichen Zuwachses in diesen Lebensjahren doch relativ enge Grenzen gesetzt bleiben. Entscheidend ist, daß die Bedingungen, die erfüllt sein müssen, damit die Kleinkinder Spielkontakte wenigstens für einige Zeit unterhalten können, von ihnen selber offenbar nicht herzustellen sind. Sie benötigen affektive Sicherheiten, deren sie sich im Zweifel durch Zurückkrabbeln zur Mutter vergewissern. Sie sind auf ein gewisses Maß an

Konstanz und Regelhaftigkeit angewiesen, so daß sie sich nicht durch überfordernd Neues bedroht fühlen. Streit muß durch Vorstrukturierungen in der Kooperation möglichst ausgeschlossen sein. Dafür sind gewisse Asymmetrien in den Beziehungen (also anerkannte Dominanz oder besondere Beliebtheit eines Kindes), die ältere Kinder als störend oder ungerecht empfinden, gerade hilfreich. Für die Begrenzung der sozialen Fähigkeiten spricht auch, daß unter den „pro-sozialen" Handlungen drei- bis siebenjährige Kinder das Helfen, das eine asymmetrische Beziehung nicht ausschließt, viel häufiger vorkommt als Teilen und Trösten, die ein höheres Maß an Einfühlungsvermögen verlangen (M. R. Yarrow/C. Z. Waxler 1976). Besonders wichtig scheinen Zusammenspiel ermöglichendes Spielmaterial und eine verschieden enge Kooperationsformen zulassende Situation zu sein, weil sie Konflikte unwahrscheinlicher machen (M. B. Shure 1963, C. O. Eckerman u. a. 1975). Ganz eindeutig bestehen trotz dieser Interaktionsprobleme zwischen den Kindern von früh an Sympathiebeziehungen, die Freundschaften hervorbringen, welche allerdings nicht unbedingt auf vollständiger Reziprozität gegründet sein müssen. Freundschaft entsteht, wenn Kinder sich oft sehen, und wenn sie ohne Streit zusammen spielen können (G. Scholtz/M. Ellis 1975, B. J. Bigelow 1977). W. C. Bronson (1975) betont die mangelnde Fähigkeit der Zweijährigen, Absichten zum Ausdruck zu bringen und die Intentionen anderer zu verstehen, ohne die eine gemeinsame Handlungsregel nicht entstehen kann. (Hier aber wird der zentrale Sozialisationsfokus der Gleichaltrigengruppe nach dem ersten Ablösungsschritt der Kinder aus dem Rollensystem der Familie liegen. Für diese Gruppen der Peers nach dem Alter von fünf oder sechs Jahren ist charakteristisch, daß sie nach und nach versuchen, ihre Konflikte nach von den Beteiligten anerkannten Regeln zu lösen.)

Ebenso sind die Untersuchungen über die Gruppen der Zehn- bis Sechzehnjährigen, die über die Phase der Entwicklung, in der die Peer-Gruppen in besonderer Weise den Sozialisationsprozeß bestimmen, schon wieder hinaus sind, durchaus relevant. Es gibt eine Reihe von Hinweisen darauf, daß die Gruppen der älteren Schulkinder und Jugendlichen bereits in das Umfeld des nächsten Entwicklungsproblems geraten sind, nämlich in Antwort auf Leistungsanforderungen sich seinen Platz zu suchen und an dieser Aufgabe seine Identität zu entwerfen und zu behaupten. Dafür spricht die immer wieder ermittelte Tatsache, daß der soziale Status der Eltern ein wichtiger Faktor für die Zusammensetzung dieser Gruppen ist, sowie der mehrfach gelieferte Nachweis, daß die Gruppen sich mit dem weiteren Ausbildungsweg beschäftigen und die Ausbildungspläne nachhaltig beeinflussen. Die vorliegenden Arbeiten führen H. Kreutz sogar zu der Auffassung, daß Peer-Gruppen ausschließlich innerhalb von Organisationen und in Reaktion „auf die bürokratische Wirklichkeit dieser Gebilde" entstehen und von ihnen „direkt und noch mehr indirekt" geformt werden (H. Kreutz 1976, S. 159f.). H. Kreutz will damit die den Gruppen der Gleichaltrigen zugeschriebene Bedeutung nicht leugnen. Er zitiert sogar Belege, die ihren zunehmenden Einfluß beweisen. Aber sie sind durch die umfassende Vergesellschaftung, die sie bewirken, eher als Medien für die Herausbildung und Verbreitung jugendspezifischer Orientierungen anzusehen und nicht zuerst als Interaktionsfeld, das seinen Mitgliedern durch die unumgängliche Bewältigung des Problems, außerhalb von familialen Alters- und Geschlechtsrollen einen Handlungskonsens zu finden, eine neue grundlegende Qualifikation abverlangt. Die Adoleszenzkrise bringt den Jugendlichen eben nicht in einen Konflikt mit der Kooperationsstruktur seiner Gleichaltrigengruppe, sondern in Auseinandersetzung mit angebotenen sozialen Rollen, erwarteten Handlungsmustern und geforderten Leistungen der Erwachsenenwelt.

Die Gruppe der Gleichaltrigen wird den Jugendlichen oft wichtige Unterstützung geben, um diese Krise durchzustehen. Allmählich wird ihre Mithilfe jedoch durch die zunehmend wichtigeren heterosexuellen Freundschaften ergänzt (C. B. Broderick 1966). Und schließlich ist auch die Familie nach wie vor nicht ohne Einfluß. Angesichts der die Jugendlichen beherrschenden Rollen- und Identitätsprobleme ist nicht verwunderlich, daß die Zuwendung zur Gleichaltrigengruppe auch davon abzuhängen scheint, ob die Jugendlichen im Elternhaus kompetente Gesprächspartner finden und wie die Eltern auf ihr Streben nach mehr Autonomie reagieren (C. E. Bowerman/J. W. Kinch 1959). Einige Untersuchungen zeigen, daß nach der Zunahme der Peer-Beziehungen in früheren Schuljahren sich die Orientierung an den Eltern wieder stabilisiert, die Meinung der Eltern sogar in der Jugendzeit wieder etwas mehr Beachtung findet (H. H. Floyd/D. R. South 1972, R. L. Curtis 1974, B. Naudascher 1978). Hier sind vor allem die inhaltlichen Themen ausschlaggebend, wie C. V. Brittain (1963) für über vierzehnjährige Mädchen nachgewiesen hat.

3 Die Gleichaltrigengruppe im Rahmen eines Sozialisationsmodells

Für die Vernachlässigung der Gleichaltrigengruppe unter den jüngeren Schulkindern ist – neben der betrachtlichen Schwierigkeit, jüngere Kinder mit den üblichen Methoden zu befragen – wohl auch eine in den fünfziger Jahren breit akzeptierte Auffassung des Sozialisationsprozesses verantwortlich. Unter Sozialisation verstand man weithin die Übernahme von Werten und Normen und suchte jeweils nach den Personen und Gruppen, die dem Kind und dem Jugendlichen diese Werte und Normen vermitteln. Unter dieser Rücksicht wurden für die jüngeren Kinder die Einstellungen und Erziehungspraktiken der Eltern, denen sich ein ganzer Forschungszweig widmete, für entscheidend gehalten, für die älteren Kinder und für die Jugendlichen neben der Schule vor allem die Gleichaltrigengruppe, die „cross-pressures“ zu erzeugen vermag (B. C. Rosen 1955). Mit den jüngeren Schulkindern, mit den Jungen, die auf einem freien Platz Fußball spielen, und mit den seilhüpfenden Mädchen wußte man aus dieser Perspektive wenig anzufangen.

Die größere Beachtung, die in den letzten Jahren die frühkindlichen Sozialbeziehungen fanden, hat ihren Grund sicher auch darin, daß man den verengten Blick der Sozialisationsforschung, die gerade bei den frühen Entwicklungsschritten immer nur die Familie im Auge hatte, weiten wollte. Insbesondere die Ausschließlichkeit, zu der die Mutter-Kind-Beziehung im Gefolge von Forschungen über die Auswirkungen frühkindlicher Mutterentbehrung stilisiert wurde, hat Widerspruch erregt. In der Tat kann ein Sozialisationsmodell, das immer nur die jeweils eine Phase beherrschende „Instanz“ betrachtet (zunächst die Mutter-Kind-Einheit; dann die Mutter-Kind-Beziehung, danach die Mutter-Vater-Kind-Triade, anschließend die Gruppe der Gleichaltrigen und endlich das Rollensystem der Erwachsenen), zu einer verfälschenden Verengung führen.

Dieses Problem vermeidet man, wenn man von der durch viele Beobachtungen gestützten Tatsache ausgeht, daß Beziehungen zu Gleichaltrigen in jeder Entwicklungsphase ihre Bedeutung haben, ebenso wie die Familie, die – wie u. a. die zitierte Forschung über die Orientierung der Jugendlichen an Eltern und Gleichaltrigen zeigt – auch noch Einfluß hat, wenn sie als primärer Träger der Sozialisation des Kindes in den ersten Lebensjahren zurückgetreten ist. Weil gerade in der Diskussion des Sozialisationsbeitrages der Gleichaltrigengruppe auf der Stufe der Fünf- bis Zehnjährigen das oft wiederholte Argument, auch schon in der früheren Kindheit bzw. vor allem in der Jugend seien die Peers wichtig, davon abhält, die spezifische Auswirkung der Mitgliedschaft in der Peer-Gruppe der Schulkinder zu untersuchen, scheint es dringlich, das enge Sozialisationsmodell der Abfolge von „Instanzen“ zu erweitern. Wir benötigen ein Sozialisationsmodell, das erlaubt, den sozialen Beziehungen der Gleichaltrigen in verschiedenen Phasen der Sozialisation jeweils einen eigenen Beitrag zuzuerkennen.

Das bekannte Eriksonsche Diagramm (E. H. Erikson 1956, S. 150f.; siehe Schaubild 1), von ihm entwickelt, um die Stellung der Identitätskrise in der Entwicklung des Heranwachsenden zu erläutern, kann gut veranschaulichen, wie man diesem Anliegen gerecht zu werden versuchen kann. Erikson geht nämlich davon aus, daß alle Träger der Sozialisation um das Kind herum schon immer präsent sind und präsent bleiben und daß alle Stränge (oder Aspekte) des Entwicklungsprozesses von Phase zu Phase Veränderungen erfahren, auch wenn die Krise, die der Phase ihren Namen gibt, primär einen anderen Verhaltensbereich der Person betrifft. Folglich hat Erikson die jeweils zentralen Sozialisationskrisen – beginnend aus psychoanalytischer Sicht mit der Auflösung der Mutter-Kind-Einheit und von ihm fortgeführt bis ins Erwachsenenalter – nicht auf einer senkrechten Zeitachse einander über- bzw. untergeordnet, sondern diagonal. Dieses Schaubild kann die Auffassung verdeutlichen, daß das jeweils aktuelle Sozialisationsproblem in früheren Phasen Vorformen hat und auch in späteren Phasen noch einmal in veränderter Form wieder aufleben wird. Es zeigt aber auch, daß es in derselben Entwicklungsphase „neben“ dem zentralen Thema noch andere Stränge gibt, auf die der Entwicklungsschub ausstrahlt. Ausgeführt hat Erikson dieses Diagramm nur im Hinblick auf

Schaubild 1

	1	2	3	4	5
I Säuglings-alter	Urvertrauen gg. Mißtrauen				Unipolarität gg. vorzeitige Selbst-differen-zierung
II Kleinkind-alter		Autonomie gg. Scham und Zweifel			Bipolarität gg. Autismus
III Spielalter			Initiative gg. Schuldgefühl		Spielidentifi-kation gg. (ödipale) Phantasie-identitäten
IV Schulalter				Werksinn gg. Minder-wertigkeits-gefühl	Arbeits-identifikation gg. Identi-tätssperre
V Adoles-zenz	Zeitperspek-tive gg. Zeitdiffusion	Selbstgewiß-heit gg. pein-liche Identi-tätsbewußt-heit	Experimentie-ren mit Rollen gg. negative Identitätswahl	Zutrauen zur eigenen Leistung gg. Arbeits-lähmung	Identität gg. Identitäts-diffusion

(E. H. Erikson 1956, S. 150/151)

die zu erwerbende Identität. Zu verstehen ist es als Muster für alle Schritte im Sozialisationsprozeß.

Die gesamte Vorstellung beruht auf einer Auffassung des Sozialisationsprozesses als schrittweisen Erwerbs grundlegender Fähigkeiten, nicht durch Belehrung, die das Kind von einer oder mehreren ihm wichtigen Personen erhält, sondern durch zu lösende Krisen in den Beziehungen zu anderen. Das Kind „interiorisiert", nimmt nach innen, Problemkonstellationen und Lösungen, die es in seinen Beziehungen zur Mutter, zum Vater, zu Gleichaltrigen und zu anderen Personen beteiligt miterlebt. Es dürfte auch unmittelbar einsichtig sein, daß diese Schritte nicht in beliebiger Folge geschehen können. Sicherlich geht zum Beispiel die Erfahrung dessen, was überhaupt eine Erwartung ist, der Erfahrung voraus, daß es widersprüchliche oder unvereinbare Erwartungen gibt. Dennoch ist es noch nicht befriedigend gelungen, die „Logik" dieser Entwicklung zur vollen Handlungsfähigkeit als eines Subjekts, das zu sozialen Beziehungen fähig ist, ohne den Anspruch auf Identität aufzugeben, nachzuzeichnen. Entwürfe, die Konzepte und Theorien J. Piagets, G. H. Meads und S. Freuds aufgreifen, haben J. Habermas (1973, 1976), R. Döbert/G. Nunner-Winkler (1975) und U. Oevermann (1976) ausgearbeitet.

Diese Auffassung impliziert, daß die Bedeutung der sozialen Beziehungsfelder wechselt, in denen das Kind zum Teil schon sehr frühzeitig Mitglied ist, allerdings zunächst ohne die ihm angebotenen Rollen voll realisieren zu können. Darum bemüht es sich nach und nach in der vorgezeichneten Abfolge der Entwicklungsschritte. Bewältigt das Kind einen solchen Schritt, bedeutet dies nichts anderes, als daß es eine in einem bestimmten Beziehungsgeflecht ihm abgenötigte Fähigkeit hinzugewonnen hat. Es stellt nun jedoch fest, daß der Anwendungsbereich dieser Fähigkeit über diese Beziehungen hinausreicht. Jedoch konfrontiert dieser erweiterte Handlungsbereich das Kind alsbald wieder mit einem neuen Problem, das zu lösen ist, damit weiterhin befriedigende Beziehungen unterhalten werden können.

Angetrieben wird diese Entwicklung dadurch, daß asymmetrische Beziehungen – also Beziehungen, in denen die Partner keinen nach gemeinsam anerkannten Prinzipien vereinbarten Anteil an erreichbaren Befriedigungen erlangen können – nach Mitteln suchen lassen, durch die der Einfluß auf die Ziele gesteigert werden kann. Für das Kind bestehen diese Mittel im Erwerb zusätzlicher und differenzierterer Qualifikationen. L. Kohlberg formuliert als eine Grundannahme dieses Sozialisationsmodells: „Die soziale oder Ich-Entwicklung bewegt sich ebenfalls (wie auch die kognitive Entwicklung – L. K.) auf einen Gleichgewichtszustand oder eine Reziprozität hin zwischen den Handlungen des Selbst und denen der anderen gegenüber dem Selbst" (L. Kohlberg 1969, S. 349). Im Vergleich mit Befriedigungen, die Beziehungen voll sozialisierter Subjekte den Partnern bieten können, sind die frühkindliche Mutter-Kind-Beziehung und die anschließende Eltern-Kind-Beziehung noch nicht zufriedenstellend, sondern treiben das Kind nach dem Zugewinn, den der Mutter-Vater-Kind-Konflikt (die „ödipale Krise" bzw. die „Kindheitskrise") dem Kind gebracht hat, aus sich heraus, und zwar in die Beziehungen zu den Gleichaltrigen. Aber auch diese werden nach dem Erwerb einer neuen Qualifikation auf dem Wege zur Handlungsfähigkeit als Subjekt sich als noch nicht voll befriedigend erweisen und das Kind in den nächsten Bereich von Beziehungen und Rollenperspektiven treiben, nämlich in die Adoleszenzkrise.

3.1 Die Beziehungen zu den Gleichaltrigen in der Altersstufe zwischen fünf und zehn als Sozialisationskrise

Auszugehen ist von dem Stand der Entwicklung des Kindes in den Fähigkeiten zur Interaktion, den das Kind nach dem Abschluß der Kindheitskrise erreicht hat. Das Kind ist jetzt darauf vorbereitet, auch dann Beziehungen zu anderen herzustellen, wenn die Rollen der Beteiligten nicht unverrückbar festgelegt sind, wie es in der Familie durch die Bestimmung der Rollen durch Alter und Geschlecht geschieht. Dies wird durch die konflikthafte Auseinandersetzung des Kindes mit den Eltern in ihren Primärrollen bewirkt. Alter und Geschlecht haben nämlich in der Familie eine besondere soziale Bedeutung: Das Alter legitimiert den großen Einfluß der Erwachsenen und den geringen der Kinder; das Geschlecht beweist, daß ein Teil der Verhaltensnormen und -erwartungen nicht beliebig veränderbar ist. Da Alter und Geschlecht nicht außer acht gelassen werden können, ist das Kind gezwungen, eine psychische Struktur auszubilden, die ihm erlaubt, auch in einer Beziehung mit ungleicher Verteilung von Einfluß seine Ziele zu verfolgen und auch angesichts der Verschiedenheit von Verhaltenserwartungen, die Kompromisse verlangen, zu kooperieren. Diese Grundqualifikationen wurden in der Sozialisationstheorie als Fähigkeit zur Rollendistanz und Ambiguitätstoleranz bezeichnet (J. Habermas 1968, L. Krappmann 1971). Sie schließen ein, daß das Kind sich nicht nur von Affekten leiten läßt, sondern sie zu kontrollieren lernt. Sowohl bestimmte Formen der Liebe als auch des Hasses sind untersagt, allerdings auch gar nicht mehr notwendig, wenn die hier beschriebenen Fähigkeiten ausgebildet wurden. Die nun entwickelte Verhaltensstruktur macht möglich, weiterhin und sogar mit geringeren Problemen als vorher mit den anderen Mitgliedern der Familie zu kooperieren. Sie ist aber auch über die Familie hinaus erfolgreich anwendbar, dort sogar mit verheißungsvolleren Aussichten. Denn innerhalb der Familie ist dem Erreichbaren eine Grenze gezogen, jedenfalls solange die Inhaber der beiden Rollen, die die größten Befriedigungen gewähren, sich solidarisch verhalten (mit anderen Worten: solange die Eltern sich lieben). Sicher werden sich viele Mütter und Väter über die aufgrund von gesteigerten sozialen Fähigkeiten und affektiven Kontrollen gewachsenen Leistungen ihres Kindes freuen, aber dennoch bleibt der Junge für sie ein „guter Sohn“, das Mädchen eine „gute Tochter“; trotz mancher Belohnungen verbessern sie ihren Rang und ihren Einfluß nicht.

Daher ist es für die Kinder verlockend, sich mit den neuen Fähigkeiten einem anderen Beziehungsbereich zuzuwenden. Angesichts der Grenzen, die in der Familie den Kindern durch Alter und Geschlecht gesetzt wurden, bietet sich an, einen Handlungsbereich zu bevorzugen, in dem gerade diese Schranken wegfallen. Dies garantiert das Beziehungssystem der Peers, der gleichgeschlechtlichen Altersgenossen. Hier läßt sich aufdecken, wieweit die erworbenen Fähigkeiten wirklich tragen.

In der Tat gab es auch vor diesem Schritt für das Kind schon gleichgeschlechtliche Altersgenossen, mit denen das Kind spielte. Allerdings wurden sie aus den anderen Kindern, aus den älteren und jüngeren, aus den Jungen und Mädchen, noch nicht deutlich ausgegrenzt. W. W. Hartup (1970) zitiert Studien, die auf die bis in die späte Kindheit zunehmende Trennung hinweisen; etwa ab dem Alter von zehn Jahren kehrt sich der Trend um. Demnach ist es der Altersabschnitt von fünf bis zehn, in dem die Peer-Beziehungen hervortreten und dem Kind die Aufgabe stellen, sein Verhältnis zu diesen „anderen“ zu bestimmen.

Das ist ein schwieriges Problem, vor allem in den Gruppen Gleichaltriger, denen nicht im Rahmen von Kindergarten, Schule oder Untersuchungssituation Aufgaben, Regeln und Ziele vorgegeben werden. Da in diesen Gruppen, die sich auf eigenen Wunsch bilden, weder „natürliche“ Unterschiede noch ein vorher festgelegtes Rollensystem zur Verfügung stehen, müssen die Peers mit eigener Kompetenz ein Geflecht wechselseitiger Erwartungen aufbauen, die den Beteiligten so viel Befriedigung bieten, daß sie ihre Interaktion fortzusetzen gewillt sind. Ansprüche müssen geäußert, Absichten angekündigt, Normen und Regeln verabredet und vielleicht wieder geändert werden. Es müssen außerdem Sanktionen vereinbart werden, und über ihre Anwendung ist von Fall zu Fall zu entscheiden. Schwierig sind diese Einigungsprozesse nicht zuletzt auch deshalb, weil jeder Beteiligte in diesen informellen Gruppen seinen Vorteil sucht, ohne von Autoritäten oder übergeordneten Zielen in Schranken verwiesen zu werden. Auch ist niemand zur Teilnahme an dem jeweiligen konkreten Interaktionszusammenhang verpflichtet. Jedes Kind kann ausscheiden und sich eine andere Gruppe suchen. Tatsächlich ist die Fluktuation unter den Mitgliedern von Peer-Gruppen hoch und nimmt mit dem Alter nur allmählich ab (Belege bei W. W. Hartup 1970).

Wie man allen Studien, die sich mit dem sozialen Leben in der Gleichaltrigengruppe beschäftigen, entnehmen kann, hängen die Gruppenbildung und der Gruppenbestand ganz entscheidend davon ab, ob es gelingt, sich auf Normen zu einigen. Voraussetzung dafür ist, daß das Kind nun ein neues Verhältnis zum Charakter von Normen gewinnt. Bislang bestand das Problem darin, sich gegenüber gesetzten Normen mit Hilfe der erwähnten Grundqualifikationen in einer Weise zu behaupten, daß die eigenen Bedürfnisse nicht verleugnet werden. Nun muß Berücksichtigung finden, daß die Normen auf Vereinbarungen beruhen und dennoch ihren verpflichtenden Anspruch behalten. Es wird gerade wesentlich, daß man Normen nach ihrem Geltungsbereich und ihrem Verpflichtungsgrad zu unterscheiden vermag. Dem Kind wird deutlich, daß die Normen variieren zwischen solchen, die nur im besonderen Fall seiner Familie oder einer Freundschaft gelten, und anderen, denen unterstellt wird, daß alle Jungen und alle Mädchen dieses Alters ihnen zu folgen haben. Ein Kind muß sich diese Erfahrungen zu eigen gemacht haben, damit es sich an den Prozessen der Verabredung von Normen verschiedener Art beteiligen und sein Verhalten an diesen Normen ausrichten kann.

Diese neue Handlungserfahrung führt zu einer tiefgreifenden Veränderung des Selbstkonzeptes. Zwar war den Kindern vorher auch schon bekannt, daß sie entweder Jungen oder Mädchen sind. Aber diese Kategorie wurde vor allem durch die besonderen Vater-Mutter-Kind-Beziehungen in der jeweiligen Familie gefüllt. Seiner Einmaligkeit wurde das Kind nicht primär aufgrund erfolgreichen Verhaltens gegenüber allgemeinen Normen sicher, sondern sie wurde ihm durch die affektive Zuwendung (einschließlich der konflikthaften Auseinandersetzungen) bestätigt. Erst durch den Schritt in die Peer-Gruppe wird erlebbar, was es bedeutet, ein Junge oder Mädchen unter vielen zu sein. Die Allgemeinheit wird deutlich, und ihr gegenüber gilt es, die Besonderheit festzuhalten, denn sonst bleibt man Mitläufer oder Außenseiter und kann niemanden für die eigenen Pläne gewinnen. Es kommt folglich jetzt entscheidend darauf an, daß der Junge und das Mädchen sich durch ihr Verhalten im Rahmen der verschieden weit reichenden Normen und Erwartungen als dieser Junge und als dieses Mädchen behaupten. Anerkennung und Beliebtheit hängen zwar schon sehr frühzeitig zu einem Teil davon ab, ob ein Kind Schönheitsidealen und sozialen Vorurteilen entspricht. Den wichtigsten Beitrag leisten jedoch die Fähigkeiten, sich trotz in mancher Hinsicht auch hier ungleicher Vorbedingungen auf die Auseinandersetzungen um Normen und Erwartungen kompetent einzulassen (in vielen Untersuchungen über „peer acceptance or rejection" gemessen als Soziabilität, Sozioempathie, Kooperationsfähigkeit usw. versus Fehlanpassung, Aggression usw.; vgl. auch hier das ausführliche Referat bei W. W. HARTUP 1970, S. 385ff.).

Zweifellos benötigt das Kind nach wie vor auch die Grundqualifikationen, die die durch Alter und Geschlecht abgesicherten normativen Ansprüche in der Familie ihm abverlangt hatten. Die Handlungssituation ist in einer Hinsicht sogar prekärer: Nicht nur, wenn Alter und Geschlecht es unumgänglich machen, muß in Betracht gezogen werden, daß andere nicht dieselben Bedürfnisse haben, sondern auch, wenn die anderen als „Gleiche" erscheinen. Und weil diese Gleichen und doch auch wieder Nichtgleichen noch dazu wechseln und sich in verschiedenen Konstellationen treffen, reicht es auch nicht aus, ein- für allemal eine kompromißhafte Einigung über nie völlig gleiche Interessen zu erzielen, sondern solche Abstimmungen und Verabredungen müssen in einer Vielzahl erfolgen und in ihrer Unterschiedlichkeit nebeneinander existieren können. Das Problem ist nicht durch Relativierung der Normen oder durch Spielraum gegenüber den Normen zu lösen, denn in dem Bereich, für den sie vereinbart sind, verpflichten sie voll (und erst an dieser Stelle können dann die früheren Grundqualifikationen wieder einsetzen). Die kritische Dimension besteht darin, eine Handlungsstruktur auszubilden, die die Koexistenz von Normen erträgt, mehr noch: produktiv nutzt.

Hier wird nämlich eine sehr konstruktive Anforderung gestellt. Die Aufgabe lautet, die trotz der nicht zu leugnenden Einschränkungen relativ große Freiheit in den Beziehungen der Gleichaltrigen untereinander zu nutzen, um befriedigende Absprachen von Normen und Erwartungen zu treffen und zu erproben. Der Konzeption der sozialen Grundqualifikationen Rollendistanz und Ambiguitätstoleranz ist verschiedentlich vorgeworfen worden, daß sie letztlich nur der Anpassung, wenngleich in erträglicher Form, dienen. Die Tatsache, daß sie aus den Auseinandersetzungen des Kindes mit Eltern in nicht wegzudefinierenden Alters- und Geschlechtsrollen stammen, mag dazu verleiten, ihre konstruktiven Hilfen zur Durchsetzung eigener Intentionen des Kindes geringzuschätzen. Außerdem stellen sie nicht den Endpunkt in der Entwicklung identitätssichernder Grundqualifikationen dar. In der Sozialisationsphase, in der die Gleichaltrigengruppe den nächsten Entwicklungsschritt abnötigt, wird die bisherige Handlungsstruktur durch eine neue Qualifikation ergänzt und überformt, die die aktive Beteiligung des Kindes an der Vereinbarung von Normen herausstellt. Der Koexistenz einer Vielzahl von Erwartungen unterschiedlichen Verpflichtungsgrades auf der Seite des sozialen Beziehungsnetzes entspricht die produktive Erarbeitung von konsensfähigen Normen auf der Seite der kompetenten Teilnehmer an diesen Beziehungen. Gelingt die Ausbildung dieser Qualifikation nicht, weil die Art der Beziehungen unter den Gleichaltrigen sie nicht provoziert, entstehen vermutlich je nach Vorerfahrungen und sozialer Lage des Kindes Rückzug und Aggression, wenn das Kind den Versuch der Kooperation aufgibt, soziale Unzuverlässigkeit oder rigide Ordnungsstrategien, wenn das Kind die Beziehungen zu Gleichaltrigen aufrechterhält.

Aus dieser Blickrichtung ist der Sozialisationsertrag, den T. PARSONS (1955) dieser Phase zuschreibt, zu blaß formuliert: Resultat ist nicht nur die hinzuerworbene Unterscheidbarkeit von Normen nach ihrem partikularen oder universellen Charakter, so wichtig der Erwerb dieser neuen Qualität in der Verhaltensorientierung sicherlich ist. Es fehlt hier die aktive Seite der Qualifikation, die E. H. ERIKSON (1950b) offenbar vor Augen hatte, als er die Kernproblematik als Entwicklung von Werksinn bezeichnete. Dieser Begriff weist auf die Versuche der Kinder dieses Alters hin, „etwas machen zu können und es sogar gut und vollkommen zu machen" (E. H. ERIKSON 1950b, S. 102) und läßt die Konkretheit der Erfahrung anklingen, die sie suchen. Die soziale Grundqualifikation, die hinzugekommen ist, wird in diesem Begriff jedoch zu wenig sichtbar.

Eben wurde schon darauf hingewiesen, daß die Gleichheit in der Jungen- und der Mädchengruppe auf einer Fiktion beruht. Auch wenn

Alter und Geschlecht als unterscheidende Merkmale ausgeschlossen werden, sind die Jungen und Mädchen in ihren Gruppen nicht gleich. Da gibt es Kinder mit physischen Vorteilen, die populären Sportler und die attraktiven Schönheiten, die die anderen ausstechen. Da gibt es die Starken und Robusten, vor denen die anderen Angst haben. Da gibt es die sozial Gewandten, die die anderen überreden oder unter Druck setzen. Da gibt es diejenigen, die über irgendwelche Mittel verfügen (Geld, Briefmarken, Süßigkeiten), um die anderen zu verführen oder zu erpressen. Normen und Erwartungen, die unter diesen Voraussetzungen ausgehandelt werden, stellen noch keine vollständige Reziprozität her. Trotz des Qualifikationsgewinns in dieser Entwicklungsphase genügt die Handlungsstruktur des älteren Kindes noch nicht, um einen Gleichgewichtszustand in den Beziehungen zwischen dem Selbst und den anderen hervorzubringen. Somit führen die durchaus positiven Erfahrungen, nachdem das Kind „seine Lektion" unter den Gleichaltrigen gelernt hat, nach einiger Zeit durch eigenes oder beobachtetes Erleben zu der nicht unbedingt bewußt vollzogenen Schlußfolgerung, daß noch so kompetentes Verhalten auf der erreichten Ebene nicht genügt, um Unterdrückung und Übervorteilung auszuschließen. Das Leiden an ungerechten und unbilligen Beziehungen und die Erfahrung, daß es Ansprüche gibt, die man sich nicht abhandeln lassen kann, nehmen in der Vorpubertät sehr zu (Ph. R. COSTANZO/M. I. SHAW 1966). Sie treiben das ältere Kind bzw. den Jugendlichen zum nächsten Schritt in der Ausbildung seiner Handlungsstruktur, zur Aneignung von Prinzipien, die die Vereinbarung von verpflichtenden Normen beherrschen müssen, und von inhaltlichen Vorstellungen über die Gleichheit möglicher Interaktionspartner, die nicht mehr an den Ausschluß von Alter und Geschlecht gebunden sind. (Der Jugendliche wird allerdings auch dann erfahren, daß das erstrebte „Gleichgewicht", die Beziehung ohne Asymmetrie, nur in seltenen Augenblicken guten Lebens erreicht wird.)

Jedenfalls wäre dieser Schritt die „logische" Fortführung des von L. KOHLBERG (1969) formulierten Entwicklungsgesetzes, das ein Streben im Kind annimmt, die Bedingungen der Möglichkeit vollständiger Reziprozität in den sozialen Beziehungen herzustellen. In die Alltagsrealität der Kinder übersetzt verspricht ihnen dieses Gesetz, daß sie dann, wenn sie die Qualifikation zu produktiver Beteiligung an den Beziehungen der Gleichaltrigen ausbilden, neue Befriedigungen finden können. Wenn die Kinder nämlich in der Lage sind, sich abzusprechen, können sich dem Alter angemessen, sehr diffizile Spiele entwickeln, in denen die Kinder Einfälle beitragen und ihre Geschicklichkeiten zu beweisen vermögen und die ihnen sehr viel Vergnügen bereiten. Die Kinder trauen sich – als einzelne würden sie es nicht wagen –, entfernte Stadtteile und anderes Gelände zu durchstreifen, wobei man Mut und Umsicht zeigen kann, und entdecken auf diesem Wege einiges von den faszinierenden und verborgenen Seiten des Erwachsenenlebens, die ihnen bisher vorenthalten wurden. Sie schaffen es, gemeinsame Pläne zu verwirklichen wie etwa die Einrichtung eines versteckten Treffpunkts. Die Gruppe bietet auch Information über andere Personen sowie über interessante und auch heikle Themen; in ihr gibt es Trost bei Ärger mit Eltern und Schule; sie übt Solidarität und gegenseitige Unterstützung. Dies alles erreichen die Kinder nicht ohne Schwierigkeiten. Aber wenigstens ab und an gelingt es den Kindern, so gut miteinander zu spielen, zu reden oder sich zu helfen, daß sie diesen Zustand immer wieder herzustellen versuchen.

H. NITSCH-BERG (1978) hat noch auf einen weiteren Aspekt aufmerksam gemacht. Sie hat anhand psychoanalytischer Ausdeutungen der Gruppenspiele von Kindern in der Latenzperiode nachgewiesen, daß ein wichtiges Moment in diesen Spielen darin besteht, ödipale Ängste und Schuldgefühle zu überwinden. Gemeinsam können die Kinder versuchen, sich gegen das sich formierende Über-Ich zu wehren. Der Ablösungsprozeß aus der Familie wird erleichtert, weil das Kind die Unterstützung der Gleichaltrigen findet. Obwohl das Kind die Unterstützung einer Gruppe sucht, handelt es sich doch um einen Schritt zu größerer Selbständigkeit, weil die Einordnung in das gemeinsame Spiel „freiwillig" erfolgt. Die Anführungsstriche H. NITSCH-BERGS sollen vermutlich darauf hinweisen, daß der Anschluß an eine Gruppe letztlich unvermeidlich ist, um „eine bestimmte Form der Entlastung von persönlichen Konflikten" zu gewinnen (1978, S. 169f., S. 207).

3.2 *Mißlingende Bewältigung der Krise*

Ebenso wie Kinder in der familialen Krise „steckenbleiben" können, also in ihrer Handlungsstruktur den Konflikt nicht durch zusätzliche Qualifikationen bewältigen, so kann die Handlungsstruktur der Kinder auch in der Phase der Gleichaltrigenbeziehungen einrasten. Das Minderwertigkeitsgefühl stellt E. H. ERIKSON (1950b) dem Werksinn gegenüber und bezeichnet damit zutreffend die Erscheinungsweise nicht gelingender Beteiligung an den sozialen Prozessen unter den Gleichaltrigen. Allerdings tritt es in verschiedenen Varianten auf, die von extremem Rückzug aus allen Beziehungen mit Einübung in eine Außenseiterrolle bis zur massiven Unterdrückung der anderen durch rigide Norm- und Ordnungsvorstellungen reichen. Beide Extreme sind Reaktionen auf durchaus vorhandene, aber auf dieser Entwicklungsstufe noch nicht befriedigend lösbare Probleme, nämlich auf nicht überwindbare, unerträgliche Ungleichheit im ersten und auf die nicht aufhebbare Beliebigkeit der vereinbarten Normen im anderen Fall. Aber es sind schlechte Lösungen, Sackgassen der Sozialisation, weil sie verhindern, daß das Kind der nächsten Krise, die die notwendige zusätzliche Qualifikation hervorbringen kann, ausgesetzt wird. Daß sie nicht so fern liegende Alternativen sind, wird im übrigen daraus sichtbar, daß wohl fast alle Kinder zeitweilig mit Rückzug oder rigiden Regelsystemen experimentieren. Ob sie dabei hängen bleiben oder doch zum Aufbau belastbarer Qualifikationen zum Umgang mit Normen und Erwartungen finden, wird – außer von Voraussetzungen, die das Kind aus früheren Sozialisationsphasen mitbringt – von der Qualität der sozialen Beziehungen unter den Gleichaltrigen bestimmt.

Nun fällt allerdings auf, daß die klinische Psychologie und auch die Psychotherapie diesen Zeitabschnitt der Kindheit kaum für Störungen verantwortlich machen, sondern die Ursache auch dann, wenn das pathologische Verhalten in diesem Zeitraum erkannt wird, ganz überwiegend in früheren Entwicklungsphasen, vor allem in der Eltern-Kind-Beziehung suchen. Das kann daran liegen, daß ihnen der Blick für den Krisencharakter dieses Entwicklungsschrittes fehlt. Es ist darauf hingewiesen worden, daß S. FREUD, indem er von der Latenzperiode und nicht von der Latenzstufe spreche, in ihr keine neue Organisation der Sexualität annehme (vgl. J. LAPLANCHE/J. B. PONTALIS 1972: „Latenzperiode"). Damit würde ein pathogener Problemfocus im eigentlichen Sinne entfallen. Übrig bleiben einige der Sublimierung entgangenen Durchbrüche des Sexualtriebes (S. FREUD 1905), die als „Verdorbenheit" und „Laster" verfolgt und bestraft werden.

Der Grund für das geringe dieser Sozialisationsphase zugeschriebene pathogene Potential könnte aber auch darin zu finden sein, daß ein guter Teil des kindlichen Lebens unter den Gleichaltrigen wenig sichtbar ist und weithin von der Schulklasse und ihren Verhaltenserwartungen überlagert wird. Im Hinblick auf die schulischen Anforderungen kann mancher Rückzug als „begrüßenswertes Sichheraushalten" umgedeutet und manche rigide Ordnungsvorstellung als „ernste Anstrengung für ein geregeltes Miteinander" interpretiert werden. Gerade die fast ausschließliche Aufmerksamkeit, die die Schulklasse als Ort der kognitiven Leistungen findet, läßt möglicherweise sehr leicht übersehen, welche defizitiäre Entwicklung die Kinder in den Pausen und außerhalb des Lernbetriebs erleiden.

3.3 *Weiterentwicklungen des Eriksonschen Schemas*

Das ERIKSONsche Diagramm regt dazu an, die leeren Felder zu ergänzen. E. H. ERIKSON selber hat gewarnt, sich von diesem Schema in zu enge Bahnen des Denkens pressen zu lassen (1950b, S. 69). Daher sei betont, daß es sich nur um Versuche handelt, Anstöße zu geben, die jeweils dem Grundthema einer Sozialisationsphase entsprechende spezifische Bedeutung der Beziehungen zu den Gleichaltrigen zu umschreiben (Spalte 4 im Diagramm), und zu überlegen, welche Gestalt frühere Grundthemen in der Zeit der Kindheit annehmen, in der die Gleichaltrigen die Entwicklung primär bestimmen (Zeile IV des Diagramms). Es handelt sich folglich um Hypothesen. In ihnen werden vorliegende theoretische Ansätze, orientiert an einer interaktionistischen Auffassung des Sozialisationsprozesse, weitergeführt. Für diese Bemühungen können zwar Untersuchungsergebnisse in Anspruch genommen werden. Aber dennoch bedürfen diese Hypothesen insgesamt noch der Bestätigung durch Forschung.

Das Säuglingsalter

Die Anfänge der sozialen Beziehungen zu anderen Personen als zu den vertrauten Familienangehörigen (oder anderen engen Bezugspersonen) sind noch recht unklar. Das Kind nimmt sehr bald menschliche Gesichter und Stimmen wahr. Erste „sporadische Nachahmungen" (J. Piaget 1959) gibt es bereits im zweiten Lebensmonat. Die Kinder benötigen jedoch viel Beständigkeit und Regelmäßigkeit und werden durch allzu Unbekanntes leicht überfordert. Da die Eltern in unseren soziokulturellen Verhältnissen andere Kleinkinder kaum jemals mit ihrem Baby längere Zeit zusammenkommen lassen, ist schwer einzuschätzen, welches Entwicklungspotential in diesen Beziehungen stekken mag. Es ist jedoch denkbar, daß erste visuelle und akustische Erfahrungen sowie Berührungen mit Gleichaltrigen dazu beitragen, von der Umwelt eher Gutes zu erwarten als Schmerz und Enttäuschung, und daß sie das Kind bestimmen, sich auch der sozialen Umwelt aufgeschlossen zuzuwenden und sich nicht angstvoll abzuwenden. Darin bestände also die Variation des Grundthemas Urvertrauen gegenüber Mißtrauen im Bereich der Beziehungen zu Gleichaltrigen (Feld I, 4). Da vermieden werden muß, durch die Terminologie dem Kind psychische Differenzierungen zuzuschreiben, die noch nicht ausgebildet wurden, ist darauf hinzuweisen, daß mit dieser Formulierung eine Gestimmtheit des Kindes ausgedrückt werden soll und nicht isolierbare Reaktionen gemeint sind. Dieses erste Grundthema wird in den späteren Sozialisationsphasen fortgeführt und wandelt sich – nun als begleitende Thematik – dem jeweiligen zentralen Problem an. Für die Phase der Gleichaltrigengruppe präsentiert es sich als Zutrauen zum eigenen Beitrag in der Gruppe der Altersgenossen. Es bildet die Grundlage, Scheu zu überwinden und sich auch durch abgelehnte Vorschläge nicht in der Teilnahme an den Gruppenprozessen beirren zu lassen (Feld IV, 1).

Das Kleinkindalter

M. Lewis u.a. (1975) zeigten in ihren Studien, daß ein- bis anderthalbjährige Kinder sich gegenüber Gleichaltrigen anders verhalten als gegenüber ihrer Mutter oder einem fremden Erwachsenen. Sie geben und nehmen Spielzeuge, sie teilen und streiten. Jedoch wird davor gewarnt, sowohl die eine Verhaltensweise voreilig als Gegenseitigkeit als auch die andere unbesehen als Feindseligkeit zu interpretieren. Mit Sicherheit haben diese Beziehungen zu Gleichaltrigen eine wirkliche Bedeutung, wie die affektiven Reaktionen der Kinder auf die Trennung von ihnen vertrauten Altersgenossen beweisen (W. W. Hartup 1975). Zwar sind es vor allem die liebevollen, aber auch mächtigen Erwachsenen, die von den Kindern verlangen, ihr Verhalten (nicht nur das körperliche) zu kontrollieren, und damit ermöglichen, durch erste Autonomieerfahrungen Zweifel und Scham zu überwinden (so die Eriksonsche Formulierung der Grundthematik). Bei der Anwendung seiner Fertigkeiten erhält das Kind jedoch nicht nur durch lobende oder mißbilligende Eltern Bestätigung oder Korrekturen, sondern auch unter den Gleichaltrigen. Sie sind ein bevorzugter Bereich, von den Eltern übernommene Handlungsmuster nachzuahmen und zu erproben (C. O. Eckerman u.a. 1975). In ihrem Zusammenspiel bieten sie sich gegenseitigen Anreiz zu weiterer Übung schon erworbener Fähigkeiten. Die zunehmende Kontrolle über das Verhalten ist Voraussetzung dafür, Absichten zu verwirklichen und an diesen Bemühungen zu erleben, daß man selbst jemand ist (vgl. auch M. Lewis 1977). Dies schließt ein, allmählich die Grenzen des Bereichs zu erfahren, in dem man selber Verhalten steuern und Gefühle empfinden kann. Gelingt dieses Sich-selber-Abheben vom Strom der Ereignise nicht, reagiert das Kind voll Angst auf den möglichen Verlust seines Selbst (Feld II, 4). Die Gleichaltrigen tragen bei, daß das Kind sich als ein Selbst in dem von ihm nach und nach beherrschten Bereich erlebt, manchmal sogar besonders massiv, weil sie sich untereinander nicht auf egozentrische Ansprüche einstellen. Eltern berücksichtigen derartige Schwierigkeiten schon von vornherein und mildern die Widerspenstigkeit der Welt außerhalb des Selbst. Aber auf Dauer können auch sie dem Kind diese notwendigen Erfahrungen nicht ersparen, weil sie – im Gegensatz zu den Altersgenossen – auf unumgängliche Forderungen nicht verzichten, etwa auf die Sauberkeitserziehung (und sei sie noch so „permissiv"). Daher bleiben sie – bei allem Gewinn, den das Kleinkind aus dem Umgang mit Gleichaltrigen ziehen kann – die entscheidenden Bezugspersonen des Kindes in dieser Sozialisationsphase.

Auch dieses Grundthema der Autonomie, die sich gegen Zweifel und Scham behauptet, wird fortgeführt. In der Sozialisationsphase der Gleichaltrigen wandelt es sich zu der Herausforderung, in der Gruppe seine Fähigkeiten zur Verfügung zu stellen anstatt mit ihnen in der Sorge zu geizen, man gäbe mit den Kenntnissen und Fertigkeiten sich selber fort (Feld IV, 2). Gegenüber den Befürchtungen, ausgenutzt zu werden, sollte sich die befriedigende Gewißheit durchsetzen, sich in gemeinsamen Plänen und Handlungen auch selbst finden zu können.

Das Spielalter

Gemeint ist hier die Zeit der Symbol- und Rollenspiele, die das ältere Kindergarten- und Vorschulkind zusammen mit Gleichaltrigen betreibt. Sie sind ein wichtiges Element dieser Jahre der konflikthaften Auseinandersetzung mit den Eltern, ein Thema, das offen und versteckt immer wieder in den Spielen auftaucht (H. NITSCH-BERG 1978). Obwohl der kindliche Egozentrismus noch nicht voll überwunden wurde, ist die Kooperation der Kinder in diesen Spielen bereits komplexer strukturiert. Dazu tragen die größere Sicherheit in der Steuerung aller Bewegungsabläufe, die weitgehende Beherrschung der Sprache und kognitive Fortschritte bei, die ihrerseits auch von den Erfahrungen mit Peers profitieren (Überblick bei E. HARTEN-FLITNER 1978). Die häufige Orientierung an traditionellen Kinderspielen und an recht stereotypen Rollenspielen (Mutter und Kind, Cowboys und Indianer) ist vielleicht darin begründet, daß diese Spiele einen eindeutigen Handlungsrahmen vorgeben, der keine diffizilen Abstimmungen verlangt. Folglich wird die Konfliktlösungsfähigkeit der Kinder auf keine zu harte Probe gestellt. H. NICKEL wies auf die besondere Bedeutung der Spielformen für diese Altersgruppe hin, „die durch ihre Eigenart und Struktur den Zusammenhalt der Gruppe garantieren“ (1978, S. 388). Jedoch sind die Spiele offen genug, um Varianten zuzulassen, die den Kindern Erweiterungen ihrer Verhaltensmuster abnötigen (B. DAUBLEBSKY 1975, L. KRAPPMANN 1975).

Die Initiative, die nach ERIKSON im Kind dieses Alters gegen Schuldgefühle siegen sollte, betrifft zum einen die Aktivität in den Beziehungen mit den Eltern. Aber so wie das Kind dort mit Nachdruck versucht, seine Stellung in der Vater-Mutter-Kind-Triade zu ändern, so bemüht es sich auch, mit Vorschlägen und Plänen die gemeinsamen Spiele mit den Altersgenossen zu prägen. Der Inhalt und der Ablauf vieler Spiele beweisen allerdings, daß nicht die Beziehungen zu den Gleichaltrigen als solche, sondern die spielerische Übernahme der Rollen der Erwachsenen und die ambivalenten Beziehungen zu ihnen, ausgespielt und ausgelebt mit den Gleichaltrigen, den Kern der Interessen und der Initiativen bilden. Das aktive Experiment mit und in Rollen scheint der Vorläufer der ungebundeneren Versuche in der nächsten Sozialisationsphase zu sein, zu Vereinbarungen mit anderen um tatsächlich gemeinsamer Pläne willen zu gelangen. Wer diese Experimente vermeidet, der paßt sich nur an, riskiert nichts, sondern klebt an vorgegebenen Rollen und vermeintlichen Regeln (Feld III, 4). Fortgeführt wird das Grundthema der Initiative versus Schuldgefühlen in der Phase der Gleichaltrigengruppe als das Bestreben, eine anerkannte und Einfluß eröffnende Stellung in der Gruppe der Peers einzunehmen, damit das Kind zu den Prozessen der Einigung über Normen Zugang hat. Das Gegenteil wäre, nur mitzulaufen und auf einen eigenen Beitrag zu verzichten (Feld IV, 3).

Schulalter und Jugend

E. H. ERIKSON hat sein Entwicklungsdiagramm auf die Identitätskrise des Jugendlichen ausgerichtet. Die hier nachgezeichnete Problematik des Kindes in Gleichaltrigengruppen beeinflußt die beiden Felder „vor“ und „neben“ dem Identitätszentrum der Schautafel in besonderer Weise. Hier sind Reformulierungen zu erwägen. Wenn die sozialisatorisch wirksame Aufgabe der Gleichaltrigen nicht in der Ausbildung von Werksinn besteht, sondern darin, eine Handlungsstruktur zu schaffen, die die produktive Beteiligung an der Vereinbarung von Normen in den Beziehungen Gleichaltriger ermöglicht, dann sollte das Vorfeld der Identität (Feld IV, 5) nicht zuerst von Arbeitsidentifikationen bestimmt werden. Vielmehr setzt der Schritt zur Behauptung eigener Identität angesichts einer Vielzahl von sozialen Erwartungen und Rollenangeboten die vorangehende Fähigkeit zur Identifikation mit gemeinsamen Plänen in der Altersgruppe voraus. Gerade durch den Überdruß an der Austauschbarkeit und der Unverbindlichkeit dieser Absprachen entsteht das Bedürfnis, seine Beteiligungen in den nicht mehr beliebigen Perspektiven des erwachsenen

Lebens zu verankern. Ohne die Identifikation mit gemeinsamen Vorhaben wächst Gleichgültigkeit und Langeweile, die jene Kinder plagt, die sich nirgendwo zu engagieren vermögen.
Das zunächst unlösbare Problem, welche Vereinbarungen denn ernstlich verbindlich sind, erzwingt ebenfalls eine Neustrukturierung der Qualifikation zu sozialem Handeln. Die Fähigkeit, Normen vereinbaren zu können, bedarf der Sicherung in einem System unaufgebbarer Prinzipien, mit deren Hilfe entschieden werden kann, welche Normen in welchem Umfange verpflichten. Wird diese Fundierung der Handlungsstruktur nicht mitvollzogen, kann das Verhalten des Jugendlichen sich nur von Beliebigkeit, Konventionalismus oder Zynismus leiten lassen (Feld V, 4).
Es liegt nahe, auch die Alternativen der anderen Felder, in denen frühere Grundthemen neben und in Begleitung der Identitätskrise fortgeführt werden, anders zu entwerfen. Dazu verleiten die Zwischenschritte, die ihnen auf der Stufe der Sozialisation durch die Gleichaltrigengruppen zugeschrieben wurden. Einige Vorschläge wurden in das revidierte Diagramm (Schaubild 2) eingetragen, ohne daß diese Veränderungen noch ausführlicher kommentiert werden sollen.

Schaubild 2

	1	2	3	4	5
I Säuglingsalter	Urvertrauen gg. Mißtrauen			Aufgeschlossenheit gg. ängstliche Abwendung	Unipolarität gg. vorzeitige Selbstdifferenzierung
II Kleinkindalter		Autonomie gg. Scham und Zweifel		Selbst jemand sein gg. Ungewißheit seiner selbst	Bipolarität gg. Autismus
III Spielalter			Initiative gg. Schuldgefühl	Aktives Experimentieren mit Rollen gg. Risikovermeidung	Spielidentifikation gg. Phantasieidentitäten
IV Schulalter	Zutrauen zur Mitwirkung gg. Verharren in Ablehnung	Können zur Verfügung stellen gg. Angst vor Ausnutzung	Streben nach Einfluß gg. Mitläuferei	Normenproduktivität gg. Minderwertigkeitsgefühl	Identifikation mit gemeinsamen Plänen gg. Gleichgültigkeit
V Adoleszenz	Annehmen der realen Welt gg. imaginäre Perspektiven	Persönlich etwas leisten gg. Arbeitslähmung	Sich einlassen auf Lebensalternativen gg. negative Identitätswahl	Normen in Prinzipien gründen gg. Beliebigkeit und Zynismus	Identität gg. Identitätsdiffusion

(Ergänztes und teilweise revidiertes Diagramm ERIKSONS)

3.4 Weiterführende Hinweise bei Erikson, Parsons und Piaget

Diese drei Autoren haben entscheidende Anregungen für die hier vorgelegten Überlegungen gegeben. Jedoch ist diese Darstellung des Beitrags der Sozialisation durch Gleichaltrige zur Entwicklung des Kindes auch von ihren Konzepten und Thesen abgewichen. Daher erscheint es wichtig, ihre Auffassungen und das Verhältnis der hier entworfenen Theorie des Einflusses der Gleichaltrigen im Sozialisationsprozeß des Kindes über die verstreuten Anmerkungen hinaus zu klären, auch um sich nicht unzulässige Argumentationshilfen von diesen Autoritäten zu borgen.

Erik H. Erikson

Es ist E. H. Eriksons Verdienst, an der oft übergangenen „Latenzperiode" als Entwicklungsphase zwischen den frühkindlichen und der pubertären Phase festgehalten zu haben. Als Ergebnis einer gelungenen Überwindung der ödipalen Krise führt er aus, „daß ... das Kind zu keiner Zeit bereiter ist, schnell und begierig zu lernen, zu wachsen im Sinne geteilter Verpflichtungen und Leistungen, als während dieser Periode seiner Entwicklung. Es ist voller Eifer und fähig, Dinge gemeinsam zu tun, sich mit anderen Kindern zusammenzuschließen, um zu bauen und zu planen; es ist bereit, von Lehrern zu profitieren und idealen Vorbildern nachzueifern. Es bleibt natürlich mit dem gleichgeschlechtlichen Elternteil identifiziert, aber im Augenblick sucht es nach Möglichkeiten, wo Werkidentifizierung ein Feld der Initiative ohne allzu viel infantilen Konflikt oder ödipale Schuldgefühle verspricht und eine realistischere Identifizierung zu bieten scheint, die auf dem Geist der Gleichwertigkeit beruht, den man erlebt, wenn man Dinge gemeinsam tut" (E. H. Erikson 1950a, S. 252).
In dieser Beschreibung ist sowohl die Zuwendung des Kindes zu den Gleichaltrigen enthalten als auch sein Wunsch, etwas zu lernen und zu leisten, ein Werk zu vollenden und sich mit ihm zu identifizieren. Dieser zweite Aspekt gewinnt allerdings die Oberhand. Zwar tauscht E. H. Erikson die „Leistung", die in „Kindheit und Gesellschaft" (1950a) den Widerpart zu den Minderwertigkeitsgefühlen in der Grundthematik dieser Phase bilden soll, schon in dem wenig später erschienenen Aufsatz „Wachstum und Krisen der gesunden Persönlichkeit" (1950b) gegen den „Werksinn" aus und erläutert ihn als das Gefühl, „etwas machen zu können und es sogar gut und vollkommen zu machen" (1950b, S. 102), also nicht im Sinne der Leistung als Anstrengung, besser zu sein als andere. Aber die Überlegungen münden in den Feststellungen, daß die Kinder dieses Alters „in allen Kulturen ... irgendeine Art systematischer Belehrung" erhalten, daß sie sich die „Grundzüge der Technologie" aneignen und sich in ihnen ein Gefühl für das „technologische Ethos einer Kultur" bildet (1950a, S. 253ff.). Konsequenterweise nennt Erikson die Phase IV im Diagramm das „Schulalter". Die Schule, deren Umrisse erkennbar werden, unterrichtet frontal und vermittelt das Machbare.
Mit diesen Aussagen verläßt E. H. Erikson eine Argumentationslinie, die er in den vorangegangenen Sozialisationsphasen durchgehalten hatte. Dort hatte er den Gewinn dieser Phasen stets einer Lösung psychosozialer Krisen im Umkreis relevanter Beziehungspersonen zugeschrieben, an der das Kind aktiv beteiligt ist. Hier jedoch wandelt sich der Heranwachsende zum Objekt der Belehrung. Es wird kein Beziehungskonflikt expliziert, der einen Zuwachs an Handlungsqualifikationen abverlangt. Nach den Gleichaltrigen, die in dem programmatischen Zitat über das von den ödipalen Konflikten befreite Kind den Bezugsrahmen für Bauen und Planen „im Geiste der Gleichwertigkeit" bilden, sucht man in den konkreten Ausführungen über den Entwicklungsverlauf fast vergeblich. Und wo sie einmal genannt werden, wird ihre Bedeutung sogleich wieder relativiert. Wenn das Kind „unter den Werk-Gefährten keinen eigenen Stand finden kann", gefährdet dies seine Hoffnungen nicht etwa im Hinblick darauf, die Gemeinschaft mit den Altersgenossen zu verlieren, sondern schmälert seine Möglichkeiten, „sich schon mit den Großen identifizieren zu können, die sich im gleichen allgemeinen Rahmen der Werkzeugumwelt betätigen" (1950a, S. 254).
Aber dennoch gibt es einige Hinweise, die verfolgt werden können. Vielleicht verfällt E. H. Erikson auf den technischen Lernbereich, der die Kinder – traditionsgemäß vor allem die Jungen – tatsächlich sehr fasziniert, weil er das Musterbeispiel für allgemeingültige Regeln, die partikulare Erfahrungen sprengen, darstellt. Unter dieser Rücksicht klingt hier eine wichtige Problematik dieser Sozialisationsphase an, frei-

lich herausgelöst aus dem Kontext sozialer Erfahrungen mit Erwartungen und Normen. Aber auch dies wird erwähnt, aber dient dann doch nicht dazu, die eigentliche Aufgabe dieser Jahre zu charakterisieren. Es ist davon die Rede, daß die Kinder auf der vorangegangenen Stufe ihrer Entwicklung andere Kinder zunächst nur „als Dinge" behandeln, indem sie diese betrachten, anrennen oder sogar zwingen, „Pferdchen zu sein". Hier bietet sich eine Herausforderung, die in der Tat die Sozialisationsphase der fünf- bis zehnjährigen Kinder betrifft: „Das spielende Kind schreitet vorwärts zu neuen Stufen der Realitätsmeisterung. Diese beschränkt sich nicht auf die technische Bemeisterung von Spielsachen und Dingen; sie umfaßt auch einen kindlichen Weg der Bewältigung von Erlebnissen durch Meditieren, Experimentieren und Planen, allein und mit Spielgefährten" (1950b, S. 102).

Talcott Parsons

T. Parsons hat sich zweimal ausführlich mit der Bedeutung der Gleichaltrigen im Sozialisationsprozeß beschäftigt. Beide Aufsätze verfolgen theoretische Interessen; der erste ist vor allem an einer umfassenden Explikation seines Sozialisationsmodells orientiert, der zweite geht mehr auf das Verhältnis der Gleichaltrigengruppen zur Schule ein. Während im ersten Aufsatz die Gruppe der Peers zu den zentralen Sozialisationsagenturen zählt, wird sie im zweiten von der übermächtigen Schule fast aufgesogen und von ihren Leistungsanforderungen deformiert.

In der grundlegenden Darstellung seines Sozialisationsmodells in „Family Structure and the Socialisation of the Child" (1955) bildet die Gleichaltrigengruppe zusammen mit der Schule unter Einschluß der Familie die „latency child's society", ein gesellschaftliches Subsystem, das das Stadium des Sozialisationsprozesses nach den ersten drei in der Familie durchlebten Phasen beherrscht. Das Kind steht an diesem Punkt seiner Entwicklung vor der Notwendigkeit, die für die voll ausgebildete Handlungsfähigkeit unabdingbare Unterscheidung zwischen partikularistischen und universalistischen Aspekten von Handlungsobjekten zu lernen: „Der ödipale Junge hat die Unterscheidung zwischen ‚Vater' und ‚Mann' noch nicht getroffen und ähnlich auch nicht zwischen ‚Mutter' und ‚Frau', ‚Selbst-Bruder' und ‚Junge', ‚Schwester' und ‚Mädchen'. Daher müssen wir fragen, welche sozialen Strukturen ihm diese Unterscheidungen in einer Weise präsentieren, so daß sie als Subsysteme wie Sozialisationsagenturen behandelt werden können, die alle geschilderten Funktionen, die zu solchen Agenturen gehören, ausüben. Es ist völlig klar, daß die Familie selber diese Funktionen nicht ausüben kann, weil sie den notwendigen Grad struktureller Differenzierung nicht aufweist. Wir haben vorgeschlagen, daß Familie, Schule und Gleichaltrigengruppe in unserer Gesellschaft für diesen Zweck als ein einziges soziales System betrachtet werden sollten, das die ganze Spanne der relevanten sozialen Beteiligungen des präadoleszenten Kindes umfaßt" (T. Parsons 1955, S. 114).

Die Schule übernimmt in diesem Zusammenwirken die Aufgabe, durch die Betonung der Altersdifferenzierung, alle Kinder den Erwachsenen gegenüberzustellen, die Gruppe der Peers durch die Betonung der Geschlechtsdifferenzierung, alle Jungen von allen Mädchen abzugrenzen. Beide Unterscheidungen gab es bereits vorher, aber sie waren unvollständig ausgebildet, nämlich lediglich auf die Interaktion in der Familie bezogen, noch nicht universell ausgeprägt.

Schule und Peer-Gruppen stehen nicht ohne Verbindung zueinander, werden aber in dieser Abhandlung nicht als einseitig voneinander abhängig begriffen. T. Parsons unterstreicht sogar ausdrücklich die eigenständige Rolle der Gleichaltrigengruppen im Sozialisationsprozeß. Die Heranwachsenden des gleichen Geschlechts finden sich zusammen und unterhalten Beziehungen, in denen keine Über- und Unterordnung durch Normen festgelegt ist, die außerhalb der Gruppen institutionalisiert sind. Somit sind die Beziehungsmuster, die die Familie vermittelt – Kontrolle und Unterstützung auf seiten der Eltern, Gehorsam und Abhängigkeit auf seiten des Kindes –, ungeeignet. In der Gruppe der Gleichaltrigen sind nämlich die Bedürfnisse, die anderen zu beeinflussen und zu helfen, sich einzufügen und sich anzulehnen, relativ gleich verteilt. „Im wesentlichen bedeutet dies, daß die Kontrollfunktion und die Unterstützungsfunktion zu wechselseitigen Funktionen gemacht werden. In dieser Situation zeigt sich ein sehr wichtiger Bezug zum Universalismus. Die universelle Kategorisierung ermöglicht, die Wechselseitigkeit der Kontrolle und Unterstützung in die gemeinsame Unterwerfung unter eine allgemeine Regel umzuwandeln" (T. Parsons 1955, S. 122).

Auch die Schule verlangt die universelle Handlungsorientierung, denn auch in ihr sind die Kinder hinsichtlich ihres Verhaltens für alle geltenden Regeln unterworfen. Für T. PARSONS kommt es in den Grundschuljahren – trotz der Zeugnisse – nicht primär auf Leistungen im Sinne der erst in der nächsten Phase relevanten Kategorie von „achievement" an, sondern zunächst vor allem darauf, allgemeinen, an jedes Schulkind gerichteten und grundsätzlich auch von allen erfüllbaren Erwartungen zu entsprechen. Alle sollen Lesen, Schreiben und Rechnen lernen und sich wie ein Schuljunge bzw. ein Schulmädchen betragen. Die Schule ist aber auch ein Betätigungsfeld der Gleichaltrigengruppen. Insbesondere die Jungengruppen, die sich oft an rauhen Männlichkeitsidealen ausrichten, können „ein Zentraum der Revolte gegen die Erwartungen der Erwachsenen, vor allem der Schule" (S. 116) werden.

Hier klingt eine Charakterisierung der Gleichaltrigengruppe an, die in dem späteren Aufsatz „Die Schulklasse als soziales System" (1959) noch mehr hervortritt. Dort sieht PARSONS die Beziehungen der Gleichaltrigen untereinander als weitgehend bestimmt von Reaktionen auf die Anforderungen im schulischen Leistungssystem an. Die Peer-Gruppe geht fast ganz in der Schulklasse auf, die als Kern des vorher viel weiter gespannten sozialisatorisch wirksamen Beziehungsnetzwerks übrig bleibt: „In dem Zeitraum zwischen dem Eintritt in die erste Klasse und dem Beginn der Erwerbstätigkeit oder der Ehe kann die Schulklasse als die zentrale Sozialisationsinstanz angesehen werden" (T. PARSONS 1959, S. 162). Ihre Hauptaufgabe sei „eine Statusdifferenzierung auf nichtbiologischer Basis" (S. 166) durchzusetzen, und zwar – allerdings „erst allmählich" – auf einer einzigen „als Leistung bezeichneten Hauptachse" (S. 167). Die universalistische Dimension zu erschließen wird nicht mehr an strukturellen Erfordernissen der Gleichaltrigengruppe festgemacht. Erlernt wird sie vielmehr an der Beziehung des Schülers zur Lehrerin, die sich nicht wie eine Mutter zum Schüler verhalten darf, sondern auf die Einhaltung allgemeiner Normen und Beurteilungskriterien zu achten hat.

Die Gleichaltrigengruppe wird zunächst zwar wieder als ein Bereich freiwilliger Zusammenschlüsse unter Kindern eines Geschlechts eingeführt. Sie sei ein Übungsfeld unabhängig von den Erwachsenen und diene den Kindern zunehmend als Quelle von Anerkennungen. Sehr viel knapper wird abgehandelt, daß sie eine wichtige Rolle bei der Stärkung egalitärer Komponenten in sozialen Beziehungen spiele. Außerdem helfe sie, durch den Ausschluß des anderen Geschlechts die früheren inzestuösen Verstrickungen zu überwinden. Ihren systematischen Platz erhält die Peer-Gruppe in diesem Aufsatz aber durch die ihr zugeschriebene Aufgabe, die Härte der Leistungsbewertungen in der Schule ertragbar zu machen. In den Gleichaltrigengruppen gibt es nämlich „querverlaufende Solidaritätsbeziehungen, welche die durch differentielle Belohnungen von Leistungen hervorgerufenen Spannungen mildern" (S. 182). In Verbindung mit der Aussage, daß die Gleichaltrigengruppe einen Ausweg in der Unabhängigkeitsproblematik von den Erwachsenen anbietet, erscheint dieses Angebot der Peer-Gruppen beinahe regressiv. T. PARSONS bezeichnet die Gruppen sogar ausdrücklich als „einen von den Erwachsenen abgerückten Bereich des indirekten Ausdruck von Abhängigkeitsbedürfnissen" (S. 169, vgl. auch S. 189f.). Im Rahmen dieses Konzepts sorgen die Gleichaltrigengruppen ferner dafür, daß neben den kognitiven Anforderungen auch die sozialen Aspekte des menschlichen Lebens in der Schule gegenwärtig bleiben. Durch die gegenseitige Verantwortung, die in den Beziehungen der Gleichaltrigen ausgebildet wird, tragen sie nach T. PARSONS zur Vorbereitung auf human-soziale Berufe bei. Aber auch dies wird von T. PARSONS als eine kompensatorische Reaktion auf die Hauptachse der Statusdifferenzierung nach Leistungskriterien dargestellt, denn er vermutet, daß in diese Richtung diejenigen Kinder und Jugendlichen tendieren, die in der kognitiven Komponente der Leistung mit den Besten nicht Schritt halten können.

Ein weiterer interessanter Aspekt des ersten Aufsatzes geht verloren. T. PARSONS hatte dort J. PIAGETS Überlegungen aufgegriffen, daß das logische Denken des Kindes sich gerade in der Phase der Gleichaltrigenbeziehungen entwikkelt. Er schlug daher vor, das Erlernen der logischen Kategorisierung von Objekten als unter bestimmter Rücksicht gleich, unter ander ungleich, in einen Zusammenhang mit dem Erwerb der Unterscheidung von partikularistischen und universalistischen Aspekten der Handlungsobjekte zu bringen. Hier steckt ein von T. PARSONS nicht weiter verfolgter Ansatz für eine Sozialisationstheorie, die auch die kognitive Entwicklung des Kindes nicht ausklammert. Vielleicht ist der Wegfall dieser Perspektive in besonderer Weise für das asymmetrische Verhältnis zwischen der Schulklasse und der Gleichaltrigengruppe in der späteren Darstellung verantwortlich. Gäbe die Gleichaltrigengruppe wichtige Anstöße zur kognitiven Entwicklung, dann wäre auch die Schulklasse auf egalitäre Beziehungen der Gleichaltrigen untereinander angewiesen, die nicht durch delegierte Probleme überlastet sind.

Jean Piaget

J. Piaget in diesen theoretischen Zusammenhang zu stellen, bedeutet stets, sein Konzept des kindlichen Egozentrismus in die Diskussion zu bringen, das weithin so verstanden wurde, als ob es Kinder bis zum Alter von sechs oder sieben Jahren für unfähig erkläre, mit anderen zu kooperieren. J. Piaget hat sich schon in seinen Veröffentlichungen der zwanziger Jahre mit dem Vorwurf auseinandergesetzt, seine angeblichen Behauptungen ständen im Widerspruch zu alltäglichen Beobachtungen; denn diese würden beweisen, daß Kinder sich durch große „Soziabilität" (Ch. Bühler) auszeichneten und ein intensives Bedürfnis nach Gemeinschaft mit anderen hätten (A. Grünbaum). J. Piaget führt dazu aus: „Nimmt man ... den Begriff Egozentrismus in einem rein epistemischen Sinn, um die Verwechslung von Subjekt und Objekt bei einem Erkenntnisakt zu bezeichnen, in dem das Subjekt sich selbst nicht kennt und sich nicht ‚dezentrieren' kann, um sich dem Objekt zuzuwenden, dann widersprechen sich Egozentrismus und Gefühl für die Gemeinschaft so wenig, daß sie sogar oft nur ein und dasselbe Phänomen bilden ... (Das Kind) will nicht isoliert sein und fühlt sich mit der gewohnten Gruppe auch dann in Verbindung, wenn es allein ist. Trotzdem gelingt es ihm nicht, in seinem Verständnis der anderen oder in den intellektuellen und moralischen Beziehungen, die es durch die Sprache zu den anderen unterhält, sein eigenes Ich von dem der anderen zu trennen; zwischen den anderen und ihm selbst gibt es mehr Identifikation und sogar Verwechslung als Differenzierung und Gegenseitigkeit. So kann das Kind, je nach dem Gesichtspunkt, ganz egozentrisch und zugleich ganz in den anderen aufgegangen erscheinen" (J. Piaget 1923, S. 85f.).

J. Piaget bestreitet also nicht, daß Kinder mit anderen zusammen spielen können. Jedoch hält er diese sozialen Beziehungen für sehr labil, weil sie noch nicht durch die Integration der von den eigenen oft verschiedenen Intentionen und Gefühlen der Handlungspartner, nicht durch die Antizipation eines von den persönlichen Bedürfnissen abweichenden Handlungsverlaufs und nicht durch eine Personen und Dinge nicht verzeichnende Auswertung von Erfahrungen abgesichert werden können.

Auch eine weitere Schlußfolgerung, J. Piaget halte die Beziehungen der Gleichaltrigen in der Kindheit für bedeutungslos, verkennt die Piagetsche Position. J. Piaget hat immer wieder dargelegt, daß gerade die Beziehungen zu den Gleichaltrigen die verschiedenen Formen des kindlichen Egozentrismus zurückdrängen können: „Die Erwachsenen sind ... dem Kind zugleich überlegen und ihm durch ihre beschützende Sympathie sehr nahe. Daher schwankt das Kind ihnen gegenüber zwischen einer Haltung des Bittens bzw. Forderns und einer Haltung der vollkommenen Verbundenheit, die aus der Verschmelzung des eigenen Ich mit dem des anderen resultiert. In keinem der beiden Fälle tritt das Kind aus seiner eigenen Perspektive heraus, um sie mit der anderen zu koordinieren. ... Der Spielkamerad dagegen, der als Individuum zugleich anders und gleich ist, wirft ein neues Problem auf: die ständige Unterscheidung zwischen dem eigenen Ich und dem des anderen und die Wechselseitigkeit dieser beiden Perspektiven. Aus diesem Grund spielt die Kooperation zwischen Gleichaltrigen eine so große Rolle" (1923, S. 89).

Am Beispiel des Murmelspiels hat J. Piaget die Entwicklung der Kooperation zwischen Kindern dargestellt, die mit ihrem Verständnis von Regeln einhergeht. Die Kinder eignen sich eine zunächst widersprüchlich erscheinende Haltung an: Einerseits behaupten sie, die Spielregeln seien unveränderbar, da gewichtige Autoritäten sie erlassen hätten (Vater, Bürgermeister, Gott), und deswegen immer schon so befolgt worden seien wie heute. Andererseits machen die Kinder jedoch mit den Regeln, was sie gerade für richtig halten. Diese Inkonsistenz erklärt sich für J. Piaget durch die soziale Situation der Kinder, „für welche die Gesellschaft viel mehr auf einem dauernden Gefühl innerer Gemeinschaft zwischen dem Ich und den Worten des Älteren oder Erwachsenen, als auf einer tatsächlichen Zusammenarbeit zwischen Zeitgenossen beruht" (J. Piaget 1932, S. 58). J. Piaget nennt diese Form des Regelbewußtseins einen äußerlichen Konformismus, der in Auswirkung des gemeinsamen Spiels im nächsten Stadium einer autonomen Auffassung von der Regel weicht. Nun akzeptiert das Kind Regeländerungen, wenn sie allgemeine Zustimmung finden und auf anerkanntem Wege vereinbart wurden. Zwar geraten auch die zehnjährigen Kinder noch in Versuchung, Regeln zu ihrem einseitigen Vorteil auszunutzen, aber „es ist jedoch gerade das Eigentümliche der Zusammenarbeit, daß sie das Kind zur Gegenseitigkeit in seinen Beziehungen zu den Partnern führt" (1932, S. 73).

Um „wirkliche Gegenseitigkeit" bei der Vereinbarung neuer Regeln herzustellen, ist aber noch ein weiterer Schritt nötig, nämlich die Orientierung an „eine(r) Art Ideal oder eine(m) nicht in Regeln faßbarem Geist des Spiels" (1932, S. 76), also an Prinzipien, die ermöglichen, unfaire, Interessen verletzende oder Ungleichheit begünstigende Regeln von solchen zu unterscheiden, die vollständige Reziprozität herzustellen erlauben. Dieses „Ideal" ist nicht erfunden oder erlassen worden, sondern entspringt dem Austausch selber: „So läutern sich die Sitten, indem sie von einem Ideal beeinflußt werden, das über der Sitte steht, weil es sich aus der Praxis der Zusammenarbeit selber entwickelt" (1932, S. 76).

Diese Argumentationslinie verfolgt J. Piaget auch bei der Darstellung des Übergangs von den Symbol- und Rollenspielen zu den Regelspielen, der sich zwischen dem siebenten und dem zehnten oder elften Lebensjahr vollzieht. J. Piaget weist auf die „wachsende Sorge um Glaubwürdigkeit" und auf das Streben nach „genaue(r) Imitation der Wirklichkeit" (1959, S. 177) hin, die gegenseitige Abstimmung in der kollektiven Symbolik hervorbringen. Die koordinierten, sich ergänzenden Rollen in diesen Spielen leiten die Kinder zu gemeinsamen, zielgerichteten Tätigkeiten hin. Schließlich ersetzt die Regel das Symbol, „sobald gewisse soziale Beziehungen aufgebaut sind, und es bleibt das Problem zu bestimmen, welche Sozialbeziehungen dies sind" (1959, S. 183).

J. Piaget selber hat diese Aufgabe nicht ausgeführt und hält sie offenbar auch für ein soziologisches Thema. Im Rahmen der aufblühenden soziokognitiven Forschungen einschließlich der Arbeiten über die Entwicklung des moralischen Urteils ist sie ebenfalls fast nur von psychologischer Seite aus und nicht von seiten der Soziologen betrieben worden. Als eine Folge dieser interdisziplinären Sperren ist die bei J. Piaget durchaus angelegte Fundierung der psychischen Entwicklung des Kindes durch Sozialisationsprozesse, nicht zuletzt unter Gleichaltrigen, weitgehend aus dem Blick geraten. Geradezu ungläubig wurde der Versuch U. Oevermanns aufgenommen, J. Piaget als Sozialisationstheoretiker wiederzuentdecken (U. Oevermann 1974). Allerdings erschien auch die Position Piagets durch seine Konzentration auf die kognitiven Entwicklungsstränge zunehmend unentschieden. Er formulierte mehrfach die sich anbietenden Alternativen: „Es fragt sich jedoch, ob es die innere operative Entwicklung des Individuums ist, die es dazu befähigt, mit den anderen zusammenzuarbeiten, oder ob es die äußerliche und dann verinnerlichte Zusammenarbeit ist, die ihn zwingt, seine Handlungen zu operativen Systemen zu gruppieren" (J. Piaget 1947, S. 184). Anschließend legt J. Piaget allerdings dar, daß es falsch wäre, eine Antwort zu suchen, die zwischen diesen Alternativen entscheide. Aufeinander bezogen sein müßten sowohl die Freiheit von gesellschaftlichen Zwängen – gemeint sind Situationen, in denen Erwartungen geäußert und gegenseitig anerkannt werden können – als auch das freie Spiel des Denkens – verstanden als die Ausbildung eines Systems reversibler Operationen.

4 Die Alltagsrealität der Gleichaltrigengruppe

Beobachtungen auf Straßen, Spielplätzen und Pausenhöfen belehren uns, daß es die Gruppen der gleichaltrigen Jungen oder Mädchen gibt. Aber dennoch ist relativ wenig über die Kommunikations- und Interaktionsprozesse bekannt, die in ihnen ablaufen. Systematische Untersuchungen der sich spontan bildenden Gruppen sind schon deswegen schwierig, weil die Zusammenschlüsse informeller Natur sind. Daher sind die Gruppen nicht eindeutig voneinander abzugrenzen; ihre Mitglieder wechseln; oft ist kaum mit Sicherheit anzugeben, ob irgendeine Tätigkeit zur Gruppe gehört oder ob es sich nur um ein Zwischenspiel vor den eigentlichen Beschäftigungen handelt. Ein Außenstehender muß sich zudem erst mit den Bräuchen, der Sprache und den Wertvorstellungen in diesen Gruppen vertraut machen, bevor er das Geschehen interpretieren kann.

Wichtig wären Studien über die Wirklichkeit des Lebens unter Peers, denn auch diese Sozialisationsinstanz unterliegt Wandlungen. Mehr noch als die überaus resistente Kernfamilie wird sie von gesellschaftlichen Entwicklungen beeinflußt, zum Beispiel von Wohnungen ohne Rückzugsraum für Kinder und steriler Stadtplanung, von wachsendem Verkehr und fehlenden Spielgelegenheiten, vom sich ausweitenden Bildungswesen und vom Spannung vorgaukelnden Fernsehen. Es sind die Kinder zwischen sechs und zehn Jahren, die kaum einen geeigneten Spielplatz finden, mit den Hausmeistern in Fehde liegen, von ruhebedürftigen Erwachsenen vertrieben werden und unter altersunangemessenen Leistungsforderungen leiden. Sie können diesen Problemen noch nicht wie die älteren Kinder und Jugendlichen durch den Aufbau eines relativ eigenständigen Lebensbereichs auszuweichen versuchen, weil ihr Handlungsraum doch noch begrenzt ist. Einige im Rahmen einer Lehrveranstaltung aufgenommene Unterhaltungen mit Kindern dieser Altersstufe werfen die Frage auf, ob die Gleichaltrigengruppen heute überhaupt noch in einer Weise existieren, daß sie die ihnen von der Sozialisationstheorie zugeschriebenen Aufgaben zu erfüllen vermögen. Dieser Frage nachzugehen, erscheint dringlich, weil es für die Entwicklung der Kinder zu einem handlungsfähigen Subjekt sehr folgenreich sein muß, wenn ein zentraler Sozialisationsbereich weitgehend ausfällt.

Bei genauerer Betrachtung wird man verschiedene Typen von Gleichaltrigengruppen entdekken. Schon A. B. HOLLINGSHEAD (1949) hatte eine Untersuchung vorgeschlagen. Er stellte „school cliques", „recreational cliques" und „institutional cliques" (im Rahmen von Jugendvereinigungen, Kirchengemeinden o.ä.) einander gegenüber, eine recht äußerliche Differenzierung. B. SUGARMAN (1968) entnahm achtzig Interviews mit Vierzehnjährigen, daß auch die über die Schule erreichten Peer-Gruppen sich sehr viel mehr mit Freizeittätigkeiten (Fußball, Wochenendsport, Fernsehen, heimliches Rauchen usw.) beschäftigten als mit Schulzensuren und Schulverhalten. Als besondere Gruppen unter ihnen nannte er diejenigen, die eine geregelte Sportart betreiben, andere, die sich an bestimmten Plätzen treffen und dann über vielerlei Themen reden, und weitere Gruppen, die „hard boys", die vor allem Streit und Kampf suchen.

Unterschiedliche Handlungsmuster zeigen die Gruppen vermutlich auch entsprechend zu den begleitenden Lebensbedingungen der Kinder. Hier scheint entscheidend, ob die Jungen oder Mädchen noch mit Unterstützung und Zuwendung von ihren Eltern rechnen können oder ob sie zu Hause keine Hilfe, in der Schule keinen Erfolg und unter vielen Gleichaltrigen aus sozialen, ökonomischen oder rassischen Gründen keine Anerkennung erhalten und diese Defizite zu kompensieren versuchen. Diese letzte Gruppe von Kindern ist es, von der U. BRONFENBRENNER sagt, daß ihre „Bindung an Gleichaltrige eher von mangelnder Aufmerksamkeit und Beachtung im Elternhaus als von irgendeiner Anziehungskraft der Kameradengruppe selbst abhängig zu sein (scheint)" (U. BRONFENBRENNER 1976, S. 166). Es ist aber darauf hinzuweisen, daß diese Probleme nur einen Teil des Sozialisationsfeldes der Gleichaltrigen betreffen. U. BRONFENBRENNER befürchtet allerdings, daß dieser Teil sich ausweitet.

Diese Differenzierungen deuten sich in den erwähnten Interviews bei den unter zehnjährigen Kindern schon an, aber sie führen noch nicht zu strikt voneinander abgrenzbaren Gruppen. Bei diesen Kindern, und zwar bei den Jungen noch mehr als bei den Mädchen, bilden Spiele aller Art einen großen Teil der gemeinsamen Tätigkeiten. Beobachtungen dieser Spiele belegen, daß sie sogar dann, wenn sie als festgelegte Regelspiele zu bezeichnen sind, weitgehend von dem ausprobierenden Umgang mit besonderen Vereinbarungen und allgemeinen Regeln, von der oft mühsamen Integration divergierender Bedürfnisse sowie von dem Bemühen um Einfluß auf andere, aber auch von der überlegt eingesetzten Weigerung gegenüber Forderungen, die den „Geist des Spiels" (J. PIAGET) verletzen, geprägt sind. Typisch ist das Fußballspiel von Jungen auf einem Hof, das auf Band und Film festgehalten wurde. Schon durch die äußeren Voraussetzungen erzwang es ständige Abstimmungen: Das Tor wurde mit Strichen an einer Hauswand markiert; die gekreidete Strafraumgrenze war kaum sichtbar; der Elfmeterpunkt wurde jedesmal neu abgeschritten. Es gab immer wieder Äußerungen wie: „Wenn das ein Foul gewesen sein soll, dann war das vorhin aber ein Tor." „Jetzt reicht's mir aber. Ich verlange Elfmeter!" Über alle diese Forderungen wurde verhandelt und Kompromiß um Kompromiß erreicht, die die Fortsetzung des intensiven Spiels erlaubten, bis es schließlich doch nach einem bösen Schienbeintritt eines im Vergleich zu den anderen sehr ungeschickten Mitspielers platzte (L. Krappmann, in Vorb.). Die Auswirkungen des Fußballspiels der Jungen auf das Erlernen sozialer Verhaltensmuster in Verbindung mit der Zuwendung zu Regeln bestätigte R. Helanko (1957) aufgrund einer Studie über Peer-Gruppen vor Adoleszenzbeginn.

Diese Beobachtungen können auch verdeutlichen, daß die Beziehungen zu Gleichaltrigen im Rahmen der informellen Gruppen – trotz fließender Übergänge – von Freundschaften, die die Kinder parallel zu den Gleichaltrigenbeziehungen oder auch innerhalb der Gruppen unterhalten, zu unterscheiden sind. Die Differenz hängt nicht an der Zahl der beteiligten Personen, sondern offenbar an dem Bezugsrahmen für das Verhalten. In Zweierbeziehungen, die sich als Element des Netzwerks der Gleichaltrigen verstehen, herrscht die Tendenz vor, die gegenseitigen Erwartungen an Normen der Altersgruppe anzulehnen, so daß grundsätzlich jeder Gleichaltrige Mitglied in dieser erweiterungsfähigen Beziehung werden könnte. In Freundschaften entwickeln sich dagegen die Erwartungen an vertrauensvoll geäußerten, persönlichen Bedürfnissen der Beteiligten, oft in bewußter Abgrenzung von den anderen. (Das bedeutet allerdings nicht, daß für Freundschaften keine allgemeinen Regeln gelten. Es gibt sie durchaus zum Schutz von Vertrauen und Unterstützung und auch sie entwickeln sich. Aber auch Peers wissen, daß Freundschaft eine besondere Beziehung ist.) Jungen und Mädchen scheinen sich im übrigen in dieser Hinsicht nicht gleich zu verhalten. Nach D. Eder/M. T. Hallinan (1978) haben Jungen überwiegend die Neigung, ihre sozialen Beziehungen auszuweiten, während Mädchen bevorzugen, Dyaden und deren Exklusivität zu betonen, selbst wenn diese Teil eines weiteren Beziehungsnetzes sind.

Einige Ergebnisse amerikanischer Untersuchungen (C. F. Broderick/S. F. Fowler 1961, C. F. Broderick 1966) zeigen an, daß die Abgrenzung der Jungen von den Mädchen sowie der Mädchen von den Jungen vielleicht nicht mehr ganz so rigide aufrechterhalten wird wie angeblich früher. Unter zehn- und elfjährigen Jungen und Mädchen gaben fast 60% der Jungen und beinahe 80% der Mädchen an, eine Freundin bzw. einen Freund zu besitzen. Allerdings fühlten sich nur etwa 40% von ihnen sicher, daß der andere von dieser Freundschaft etwas wisse; die übrigen waren unsicher oder sogar gewiß, daß die andere Person nichts ahnt. R. Hill/J. Aldous (1969) folgern aus derartigen Daten, daß sich der Übergang zum Interesse an Beziehungen über die Geschlechtsgrenze hinweg kontinuierlich vollziehe. „Falls es eine Latenzperiode gibt, wie einige Analytiker annehmen, in der Jungen und Mädchen eine getrennte Existenz bevorzugen, dann dauert sie nicht über das zehnte Lebensjahr für beide Geschlechter hinaus" (R. Hill/J. Aldous 1969, S. 909). An diesem Prozeß haben nach diesen Autoren die Peer-Gruppen wichtigen Anteil. In ihnen lernten die Kinder, offen miteinander zu reden und sich gegenseitig zu akzeptieren. Berücksichtigt man die hier vorgelegte Charakterisierung der Entwicklungsschritte in der Sozialisationsphase der Gleichaltrigen, könnte dieser Beitrag auch darin bestehen, daß die Peers fähig werden, auf äußerlich garantierte, aber doch nur scheinbare Gleichheit zu verzichten. Indem sie zunehmend untereinander größere Sensibilität gegenüber persönlichen Eigenarten erwerben und Verschiedenheit in einer Sozialbeziehung nicht nur zu berücksichtigen vermögen, sondern auch zu schätzen lernen, bilden sie auch die Voraussetzungen aus, mit Partnern des anderen Geschlechts in Beziehungen zu treten. Außerdem bestätigt die Gleichaltrigengruppe die Normalität der neu erwachten Interessen.

5 Das Verhältnis der Gleichaltrigengruppe zur Schule und zur Schulklasse

Bereits die ersten Untersuchungen der Gleichaltrigengruppen (B. L. Neugarten 1946, A. B. Hollingshead 1949) hatten Schülergruppen zum Gegenstand. Aus diesen Untersuchungen stammt die bis heute weitgehend akzeptierte Einschätzung, „daß die Schichtunterschiede in Freundschaft und sozialem Ruf zu dem Zeitpunkt, in dem das Kind die fünfte Klasse erreicht, ... fest ausgeprägt sind" (B. L. Neugarten 1946, S. 313). Man muß vermuten, daß die soziale Herkunft der Kinder auch schon in den ersten Schuljahren die Zusammensetzung der informellen Schülergruppen beeinflußt, wenn sie bei elfjährigen Kindern bereits so massiv auftritt. Es wäre interessant zu erfahren, ob diese allmählich deutlicher werdenden Abgrenzungen mit der unverzerrteren Wahrnehmung der Erwartungen von Handlungspartnern einhergeht. Die Kinder wählen sich ihre Freunde allerdings nicht allein. Von früh auf achten die Eltern auf den Umgang ihrer Kinder, wie seit HOLLINGSHEADS Untersuchung immer wieder nachgewiesen wurde. Eine gewisse Modifikation des Bildes lieferte eine Studie von A. N. OPPENHEIM (1955), der in der Cliquenbildung unter Schülern der englischen Grammar School keinen bemerkenswerten Schichteinfluß feststellen konnte. Er selbst vermutet, daß die Auslese beim Übergang zur Grammar School für ähnliche Einstellungen und Interessen unter allen Schülern unabhängig von ihrer sozialen Herkunft sorgt.

Diese Schülergruppen wurden vor allem deswegen untersucht, weil sie in den Vereinigten Staaten einen erheblichen Einfluß auf die Entscheidung der Jugendlichen für oder gegen den College-Besuch auszuüben scheinen (J. S. COLEMAN 1963; E. L. MCDILL/J. S. COLEMAN 1963, 1965). Auch hier sind die Verhältnisse in Großbritannien offenbar weniger eindeutig. Gute Schulzensuren werden in den Peer-Gruppen zwar überwiegend positiv gewertet, aber andererseits ist das Verhalten in der Schule kein besonders bedeutsames Thema dieser Gruppen (B. SUGARMAN 1958). Bei der in unserem Schulsystem sehr viel früheren Entscheidung für Gymnasium-, Real- oder Hauptschule dürfte sich die Zugehörigkeit zu Gleichaltrigengruppen dagegen noch kaum auswirken. Dagegen könnte die Zusammenstellung von Kursen aus dem Angebot der Gesamtschulen von in Gleichaltrigengruppen gebildeten Beurteilungen teilweise abhängig sein. Pädagogische Folgerungen aus dieser Problematik zogen H.-G. ROLFF (1967) und Th. SANDER u. a. (1967).

Nun stiftet die Aussage, durch die in den Gleichaltrigengruppen vorherrschende Einstellung zur Schule werde die Schullaufbahn der Kinder beeinflußt, nur einen recht äußerlichen Zusammenhang zwischen der Peer-Gruppe und dem Geschehen im Klassenzimmer. Die hier vorgetragene These geht weiter. Sie behauptet, daß entscheidende Entwicklungsschritte in den Grundqualifikationen der Heranwachsenden durch die Mitgliedschaft in einer Gleichaltrigengruppe bewirkt werden. Diese Auffassung erhielte Unterstützung, falls Kinder und Jugendliche, die Gleichaltrigengruppen angehörigen, sich mit den Erwartungen der Schule (und anderer Einrichtungen) selbständiger und erfolgreicher auseinandersetzen als Kinder, deren soziale Beziehungen über partikulare Muster nicht hinausgehen. B. SUGARMAN (1968) hat Schulerfolg und Schulverhalten von Peer-Gruppen-Mitgliedern und von Nichtmitgliedern verglichen. Es zeigte sich, daß „Mitglieder insgesamt mit mehr Wahrscheinlichkeit überdurchschnittliche Leistungen erreichen als Nichtmitglieder (34% im Vergleich zu 28%) und weniger wahrscheinlich unterdurchschnittliche Leistungen (27% im Vergleich zu 38%)" (B. SUGARMAN 1968, S. 55). Beim Verhalten in der Schule ergibt sich eine entgegengesetzte Beziehung. Mitgliedschaft in einer Peer-Gruppe stand mit Betragen, das Lehrer als „schlecht" einstuften, in einer schwachen Verbindung (42% im Vergleich zu 37% der Nichtmitglieder). Diese Ergebnisse sind sowohl als geschicktes Verhalten gegenüber den Anforderungen in der Schule zu verstehen, bei dem der Schüler auf eigene Bedürfnisse nicht verzichtet. Man kann darin aber auch unkritische Anpassung an die Schule in den Leistungen und an die Gleichaltrigen im sonstigen Verhalten sehen. Da der Einfluß von IQ und sozialer Herkunft in der unrepräsentativen Stichprobe nicht geprüft wurde, fehlen wichtige Voraussetzungen für eine solide Interpretation dieser Daten.

Näher an den entscheidenden Entwicklungsdimensionen ist eine Arbeit von D. R. RARDIN/ Ch. E. MOAN (1971). Die Autoren verfolgten, unter Anlehnung an J. PIAGETS Hinweise auf die Bedeutung der Gleichaltrigen, nebeneinander die sozialen Beziehungen und die Konzeptbildung (J. PIAGETS Konservierung und Klassifikation) vom Kindergarten bis zur dritten Klasse der Elementarschule. Ihre Daten bestätigen den parallelen Verlauf der sozialen und kognitiven Entwicklung dieser Kinder. Ein Versuch, die kognitiven Fortschritte in Abhängigkeit von der Qualität der Gleichaltrigenbeziehungen der Kinder darzustellen, schlug jedoch fehl. Allerdings bestand das Maß für die Qualität der sozialen Beziehungen lediglich aus einer Schätzung der Popularität der Kinder und nicht aus einer Analyse der Beziehungsstrukturen, in denen sie zu interagieren vermochten. Eine in bezug auf die Operationalisierung der Peer-Beziehungen ebenso wenig zufriedenstellende Untersuchung von M. L. GOLDSCHMID (1968) stellte ebenfalls einen Zusammenhang zwischen der Konservierung (nach J. PIAGET) und der Anerkennung durch Gleichaltrige bei Erst- und Zweitkläßlern fest.

T. PARSONS' Theorie der Schulklasse macht darauf aufmerksam, daß Einflüsse nicht nur in einer Richtung zu suchen sind. Es ist nicht nur zu prüfen, ob sich der Zusammenschluß der Gleichaltrigen, der sich oft nur mangels anderer Gelegenheiten in der Schulklasse ergibt, auf Lernen und Verhalten in der Schule auswirkt. Vielmehr ist ebenfalls zu untersuchen, inwieweit die Gruppen der Peers nachhaltig von der Schulklasse mit ihren inhaltlichen Anforderungen und den in ihr geförderten Handlungsmustern geprägt werden. Die erste Perspektive hat T. Parsons in seinem Sozialisationsaufsatz herausgestellt, als er den Zusammenhang von kognitiver und sozialer Entwicklung begründete. Die zweite Blickrichtung betonte er in seiner Abhandlung über die Schulklasse (1959), in der er die Gleichaltrigengruppe in der Rolle sah, den differentiellen Erfolg gegenüber den Leistungsanforderungen im Unterricht zu kompensieren. Dieser Funktion widerspricht nicht das Ergebnis B. Sugarmans (1968), daß das Thema Schule nach Auskunft der Schüler keinen bedeutenden Platz in ihren Unterhaltungen einnehme. Es ist ohnehin zu vermuten, daß die Ausformung der Gleichaltrigenbeziehungen durch Schule und Schulklasse sich vor allem „hinter dem Rücken“ der Kinder und Jugendlichen vollzieht. Gerade weil sie sich in dieser Sphäre ungebunden wähnen, scheint sie ihnen Ersatz für die fremdbestimmte Organisation der schulischen Lernprozesse und Ausgleich für dort vielleicht erlittene Beeinträchtigungen ihres Selbstbildes zu versprechen.

Was aber geschieht angesichts des Einflusses der Schule mit dem Aushandeln und Erproben von gegenseitigen Erwartungen, die die sozialen Beziehungen in der Gruppe der Gleichaltrigen ausfüllen? Die Voraussetzungen, unter denen ein befriedigender und weithin entwicklungsfähiger Ausgleich erzielt werden kann, werden belastet. Es müssen nämlich nicht nur die üblichen, immer in Rechnung zu stellenden Ungleichheiten wie Kraft, Geschicklichkeit, Übung und Erfahrung austariert werden, sondern darüber hinaus auch unbewußte Ansprüche, über welche die Kinder kaum verhandlungsfähig sind. Sie sind das Resultat einer wenig zufriedenstellenden Situation des Kindes im Schulunterricht (dazu ausführlich F. Wellendorf 1973). Diese Frustrationen können die Kinder antreiben, in einem anderen sozialen Bereich besonders heftig um Rang, Achtung, Anerkennung oder Liebe zu streiten, falls sie nicht sogar die Strategie bevorzugen, sich gänzlich zurückzuziehen. In der Tat schwingen solche unaufgebbaren Bedürfnisse, die in unaufgeklärter Weise verfolgt werden, in allen Interaktionen mit. Im Hinblick auf das Verhältnis von Schule und Gleichaltrigengruppe wäre genauer zu untersuchen, ob nicht bei einseitiger Betonung der Leistungsdimension ein Teil der Schüler mit so dringenden Kompensationsbedürfnissen ausgestattet wird, daß diese das nach einem allseits tragbaren Kompromiß strebende Beziehungsnetz der Gleichaltrigen überfordern. In diesem unter dem Einfluß von mitgebrachten Verletzungen des Selbst verzerrten Sozialsystem kann sich möglicherweise jene sozialisatorische Struktur nicht mehr entfalten, die den Kindern abverlangt, die nächste Stufe ihrer Handlungsqualifikation auszubilden. Falls zutrifft, daß die kognitive Entwicklung im Zusammenhang mit diesem Entwicklungsschritt steht, bedeutete dies, daß ein Lernsystem, welches dem Beziehungsgeflecht der Gleichaltrigen durch beschädigte Schülerrollen unlösbare Konflikte aufbürdet, seine kognitiven Zielsetzungen ebenfalls schwer belastet. (Entsprechende Bedürfnisfixierungen bringen die Kinder sicher auch in vielen Fällen aus ihren Familien mit.)

Eine Antwort auf diese Problematik spiegelt sich darin wider, die Schulklasse nicht nur als Lernort zu betrachten, sondern auch als Schüler mit ihren Interessen berücksichtigendes soziales System. Es gibt verschiedene Ansätze zu einer derartigen Theorie der Schulklasse, von denen zwei erwähnt werden sollen, die die begrenzten Handlungsmöglichkeiten in der Schulklasse demonstrieren. C. W. Gordon (1959) unterstreicht die Notwendigkeit dieser Integration von Schülerbedürfnissen, falls nicht nur hohe Schulleistung, sondern auch eine gute Moral erreicht werden soll. Er spricht von ergänzenden Hilfen, „die den Schülern viele Ziele öffnen sollen, spezielle Hilfe aufgrund individueller Unterschiede und Bedürfnisse geben, seelischen Halt in schwierigen Situationen bieten und das Persönliche dazu benutzen sollen, um dem Schüler eine Identifizierung mit den Gegenständen durch unmittelbare Befriedigung zu ermöglichen, die ihn in die Welt des Abstrakten und Unpersönlichen einführen“ (C. W. Gordon 1959, S. 154). Die Ausrichtung an der Einführung in die Wissenstradition bleibt also auch in diesem schülerfreundlichen Unterrichts- und Schulklassenkonzept bestehen; sie muß sicherlich auch bestehen bleiben, solange die Institution Schule nicht aufgegeben werden soll und kann.

J. W. Getzels/H. A. Thelen (1960) weisen darauf hin, daß gerade dieser Versuch, persönliche Bedürfnisse einzubeziehen, dafür sorgt, niemals einen wirklichen Gleichgewichtszustand in der Schulklasse zu erreichen. Stets würden Auseinandersetzungen mit neu entstehender Komplexität sowie mit Konflikt und Konfusion verlangt, die zu Revisionen in Zielen, Erwartungen, Bedürfnissen und selektiven Wahrnehmungen führen: „Durch eben diese Erfahrung ... können wir Kinder dazu erziehen, ihren Platz als kreative und autonome Teilnehmer in anderen sozialen Systemen einzunehmen" (J. W. Getzels/H. A. Thelen 1960, S. 82). Aber obwohl sie in ihrem Ansatz ein Stück der Problematik, die die Gleichaltrigenbeziehungen aufzuarbeiten haben, auch in die Klasse mit ihrem „dynamischen Ungleichgewicht" aufnehmen, betonen sie jedoch zugleich die Verpflichtung des Schülers auf die institutionalisierten Ziele, mit denen er sich gemeinsam mit den Klassenkameraden zu identifizieren hat. Da diese institutionalisierten Ziele immer eine nicht übergehbare Vorstrukturierung des sozialen Handlungsraums der Schulklasse darstellen, kann die Klasse auch in dieser erweiterten Vorstellung von den in ihr ablaufenden Prozessen nicht als Substitut für die sozialisatorische Aufgabe der Gleichaltrigengruppe betrachtet werden.

Diese Argumentation führt zu der Parsonsschen Auffassung (1955) zurück, die Gleichaltrigengruppe stehe in der „latency child's society" relativ selbständig neben der Schulklasse und auch der Familie. Die Sorge der Pädagogen ist nicht unberechtigt, daß die Selbstvorstellungen der Kinder zwischen diesen Institutionen zerrieben werden können, zumal wenn sie in krassem Konflikt zueinander stehen. Insofern ist eine Verbindung zwischen Schule und Elternhaus sicherlich erforderlich. Zu prüfen ist jedoch ebenfalls, ob diese drei Beziehungsbereiche nicht auch dadurch, daß das Kind sie nebeneinander erlebt, aber in ihren Erwartungen niemals voll zur Deckung bringen kann, eine konkrete Veranschaulichung der verschiedenen weit reichenden Normen und Verhaltensmuster liefern, mit denen sich das Kind um der Weiterentwicklung seiner Qualifikationen willen auseinandersetzen muß.

Literatur

Alexander jr., C. N.: Peer Influences on Adolescent Educational Aspirations and Attainments. In: ASR 29 (1964), S. 568–575.

Ausubel, D. P.: Das Jugendalter (1954). München, Juventa 1974.

Bandura, A./Walters, W. H.: Adolescent Aggression. New York, Ronald Press 1959.

Bigelow, B. J.: Children's Friendship Expectations: A Cognitive-Developmental Study. In: Child Development 48 (1977), S. 246–253.

Bowerman, C. E./Kinch, J. W.: Changes in family and peer orientation of children between the fourth and the tenth grades. In: Social Forces 37 (1959), 3, S. 206–211.

Brittain, C. V.: Adolescent Choices and Parent-Peer Cross-Pressures. In: ASR 28 (1963), S. 385–390.

Broderick, B.: Socio-Sexual Development in a Suburban Community. In: Journal of Sex Research 2 (1966), 1, S. 1–24.

Broderick, C. B./Fowler, S. F.: New Pattern of Relationship between the Sexes Among Preadolescents. In: Marriage and Family Living 23 (1961), S. 27–30.

Bronfenbrenner, U.: Response to Pressure From Peers versus Adults Among Soviet and American School Children. In: Intern. Journal of Psychology 2 (1967), S. 199–207.

Bronfenbrenner, U.: Wer kümmert sich um unsere Kinder?. In: Bronfenbrenner, U.: Ökologische Sozialisationsforschung. Stuttgart, Klett 1976, S. 131–167.

Bronson, W. C.: Developments in Behavior with Age-Mates during the Second Year of Life. In: Lewis, M./Rosenblum, L. A. (Hrsg.): Friendship and Peer Relations. New York, John Wiley 1975, S. 131–152.

Bühler, C.: Das Seelenleben des Jugendlichen (1921). Frankfurt a. M., Fischer 1975 (Nachdruck der 6. Aufl.).

Bühler, C.: The social behavior of children. In: Murchison, C. (Hrsg.): Handbook of Child Psychology. Worcester, Mass., Clark University Press 1933, S. 374–416.

Campbell, J. D.: Peer Relations in Childhood. In: Hoffman, M. L./Hoffman, L. W. (Hrsg.): Review of Child Development Research, Volume One. New York, Russell Sage Foundation 1964, S. 289–322.

Coleman, J. S.: The Adolescent Society. New York, Free Press of Glencoe 1961.

Coleman, J. S.: Academic Achievement and the Structure of Competition. In: Smelser, N. J./Smelser, W. T. (Hrsg.): Personality and Social Systems. New York, John Wiley 1963, S. 212–229.

Costanzo, P. R./Shaw, M. E.: Conformity as a Function of Age Level. In: Child Development 37 (1966), S. 967–975.

Curtis, R. L.: Parents and Peers: Serendipity in a Study of Shifting Reference Sources. In: Social Forces 52 (1974), S. 368–375.

Daublebsky, B.: Spielsituationen. In: Die Eingangsstufe des Primarbereichs. Bd. 2/1: Spielen und Gestalten. Stuttgart, Klett 1975, S. 117–150 (= Gutachten und Studien des Deutschen Bildungsrates, Bd. 48/1).

Döbert, R./Nunner-Winkler, G.: Adoleszenzkrise und Identitätsbildung. Frankfurt a. M., Suhrkamp 1975.

Durfee, J. T./Lee, L. C.: Infant-Infant Interaction in a Day Care Setting. Proceedings of the 81st Annual Convention of the APA, 1973.

Eckerman, C. O., u. a.: Growth of Social Play with Peers during the Second Year of Life. In: Developmental Psychology 11 (1975), S. 42–49.

Eder, D./Hallinan, M. T.: Sex Differences in Children's

Friendships. In: American Sociological Review 43 (1978), S. 237–250.

EISENSTADT, S. N.: From Generation to Generation. Age Groups and Social Structure. Glencoe, Free Press 1956.

ELKIN, F./WESTLEY, W. A.: The Myth of Adolescent Culture. In: ASR 20 (1955), S. 680–684.

EPPERSON, D. C.: A Re-assessment of Indices of Parental Influence in The Adolescent Society. In: ASR 29 (1964), S. 93–96.

ERIKSON, E. H.: Kindheit und Gesellschaft (1950a). Stuttgart, Klett 1965.

ERIKSON, E. H.: Wachstum und Krisen der gesunden Persönlichkeit (1950b). In: ERIKSON, E. H.: Identität und Lebenszyklus. Frankfurt a. M., Suhrkamp 1966, S. 55–122.

ERIKSON, E. H.: Das Problem der Ich-Identität (1956). In: ERIKSON, E. H.: Identität und Lebenszyklus. Frankfurt a. M., Suhrkamp 1966, S. 123–215.

FLOYD, H. H./SOUTH, D. R.: Dilemma of Youth: The Choice of Parents or Peers as a Frame of Reference for Behavior. In: Journal Marriage and the Family 34 (1972), S. 627–634.

FREUD, S.: Drei Abhandlungen zur Sexualtheorie (1905). Studienausgabe Bd. V. Frankfurt a. M., Fischer 1972, S. 37–145.

FREUD, S.: Der Untergang des Ödipuskomplexes (1924). Studienausgabe Bd. V. Frankfurt a. M., Fischer 1972, S. 243–251.

GETZELS, J. W./THELEN, H. A.: The Classroom Group as a Unique Social System. In: HENRY, N. B. (Hrsg.): The Dynamics of Instructional Groups. Chicago, University of Chicago Press 1960, S. 53–82 (= 59th Yearbook of the NSSE).

GOLDSCHMID, M. L.: The Relation of Conservation to Emotional and Environmental Aspects of Development. In: Child Development 39 (1968), S. 579–589.

GORDON, C. W.: Die Schulklasse als ein Soziales System. In: HEINTZ, P.: Soziologie der Schule. Sonderheft 4 der Kölner Zeitschrift für Soziologie (1959), S. 131–160.

HABERMAS, J.: Stichworte zur Theorie der Sozialisation (1968). In: HABERMAS, J.: Kultur und Kritik. Frankfurt a. M., Suhrkamp 1973, S. 118–194.

HABERMAS, J.: Notizen zum Begriff der Rollenkompetenz. In: HABERMAS, J.: Kultur und Kritik. Frankfurt a. M., Suhrkamp 1973, S. 195–231.

HABERMAS, J.: Moralentwicklung und Ich-Identität. In: HABERMAS, J.: Zur Rekonstruktion des Historischen Materialismus. Frankfurt a. M., Suhrkamp 1976, S. 63–91.

HARTEN-FLITNER, E.: Soziale Fähigkeiten drei- bis sechsjähriger Kinder. In: MOSKAL, F. (Hrsg.): Der Kindergarten. Bd. 2. Freiburg i. Br., Herder 1978, S. 94–126.

HARTUP, W. W.: Peer Interaction and Social Organization. In: MUSSEN, P. H. (Hrsg.): Carmichael's Manual of Child Psychology. New York, John Wiley 1970, Bd. 2, S. 361–456.

HARTUP, W. W.: The Origins of Friendship. In: LEWIS, M./ROSENBLUM, L. A. (Hrsg.): Friendship and Peer Relations. New York, John Wiley 1975, S. 11–26.

HELANKO, R.: Sports and Socialization. In: Acta Sociologica 2 (1957), S. 229–240.

HILL, R./ALDOUS, J.: Socialization for Marriage and Parenthood. In: GOSLIN, D. A. (Hrsg.): Handbook of Socialization Theory and Research. Chicago, Rand McNally 1969, S. 885–945.

HOLLINGSHEAD, A. B.: Elmtown's Youth (1949). New York, Science Editions 1961.

KOHLBERG, L.: Stufe und Sequenz: Sozialisation unter dem Aspekt der kognitiven Entwicklung (1969). In: KOHLBERG, L.: Zur kognitiven Entwicklung des Kindes. Frankfurt a. M., Suhrkamp 1974, S. 7–255.

KRAPPMANN, L.: Neuere Rollenkonzepte als Erklärungsmöglichkeit für Sozialisationsprozesse. In: Familienerziehung, Sozialschicht und Schulerfolg. Weinheim, Beltz 1971, S. 161–183.

KRAPPMANN, L.: Kommunikation und Interaktion im Spiel. In: Die Eingangsstufe des Primarbereichs. Bd. 2/1: Spielen und Gestalten. Stuttgart, Klett 1975, S. 45–75 (= Gutachten und Studien des Deutschen Bildungsrates, Bd. 48/1).

KRAPPMANN, L.: Die Spiele unserer Kinder. In: Neue Sammlung 19 (1979), in Vorb.

KREUTZ, H.: Soziale Bedingungen der Sozialisation Jugendlicher in industriellen Gesellschaften. In: HURRELMANN, K. (Hrsg.): Sozialisation und Lebenslauf. Reinbek bei Hamburg, Rowohlt 1976, S. 151–170.

LAPLANCHE, J./PONTALIS, J. B.: Das Vokabular der Psychoanalyse. Frankfurt a. M., Suhrkamp 1972.

LEWIS, M./ROSENBLUM, L. A. (Hrsg.): Friendship and Peer Relations. New York, John Wiley 1975.

LEWIS, M., u. a.: The Beginning of Friendship. In: LEWIS, M./ROSENBLUM, L. A. (Hrsg.): Friendship and Peer Relations. New York, John Wiley 1975, S. 27–66.

LEWIS, M.: The Search for the Origins of the Self. Hektogr. Manuskript für das Intern. Symposium „Ökologie der Betreuung und Erziehung von Kindern unter Drei". Berlin, Max-Planck-Institut für Bildungsforschung 1977.

MAUDRY, M./NEKULA, M.: Social Relations between Children of the Same Age During the First Two Years of Life. In: Journal of Genetic Psychology 54 (1939), S. 193–215.

MCCANDLESS, B. R.: Childhood Socialization. In: GOSLIN, D. A. (Hrsg.): Handbook of Socialization Theory and Research. Chicago, Rand McNally 1969, S. 791–820.

MCDILL, E. L./COLEMAN, J. S.: High School Social Status, College Plans, and Interest in Academic Achievement: A Panel Analysis. In: ASR 28 (1963), S. 905–918.

MCDILL, E. L./COLEMAN, J. S.: Family and Peer Influences in College Plans of High School Students. In: Sociology of Education 38 (1965), S. 112–126.

MEAD, G. H.: Geist, Identität und Gesellschaft (1934). Frankfurt, Suhrkamp 1973.

MEAD, M.: Der Konflikt der Generationen: Jugend ohne Vorbild (1970). Olten, Walter 1971.

NAUDASCHER, B.: Die Gleichaltrigen als Erzieher. Bad Heilbrunn, Julius Klinkhardt 1977.

NAUDASCHER, B.: Jugend und Peer Group. Bad Heilbrunn: Julius Klinkhardt 1978.

NEUGARTEN, B. L.: Social Class and Friendship among School Children. In: AJS 51 (1946), S. 305–313.

NICKEL, H.: Die Entwicklung sozialer Beziehungen zu Erwachsenen und Gleichaltrigen. In: DOLLASE, R. (Hrsg.): Handbuch der Früh- und Vorschulpädagogik. Düsseldorf, Schwann 1978, S. 379–390.

NITSCH-BERG, H.: Kindliches Spiel zwischen Triebdynamik und Enkulturation. Stuttgart, Klett-Cotta 1978.

OEVERMANN, U.: Zur Programmatik einer Theorie der Bildungsprozesse. Hektogr. Manuskript. Berlin, Max-Planck-Institut für Bildungsforschung 1974.

OEVERMANN, U.: Programmatische Überlegungen zu einer Theorie der Bildungsprozesse und zur Strategie der Sozialisationsforschung. In: HURRELMANN, K. (Hrsg.): Sozialisation und Lebenslauf. Reinbek bei Hamburg, Rowohlt 1976, S. 34–52.

OPPENHEIM, A. N.: Social Status and Clique Formation Among Grammar School Boys. In: Brit. Journal of Soc. 6 (1955), S. 228–245.

PARSONS, T.: Family Structure and the Socialization of the

Child. In: PARSONS, T./BALES, R. F.: Family, Socialization and Interaction Process. Glencoe, Free Press 1955, S. 35–131.

PARSONS, T.: Die Schulklasse als soziales System (1959). In: PARSONS, T.: Sozialstruktur und Persönlichkeit. Frankfurt a.M., Europäische Verlagsanstalt 1968, S. 161–193.

PIAGET, J.: Sprechen und Denken des Kindes (1923). Düsseldorf, Schwann 1972.

PIAGET, J.: Urteil und Denkprozeß des Kindes (1924). Düsseldorf, Schwann 1972.

PIAGET, J.: Das moralische Urteil beim Kinde (1932). Frankfurt a.M., Suhrkamp 1973.

PIAGET, J.: Psychologie der Intelligenz (1947). Zürich, Rascher 1970.

PIAGET, J.: Nachahmung, Spiel und Traum (1959). Stuttgart, Klett 1969.

RARDIN, D. R./MOAN, Ch. E.: Peer Interaction and Cognitive Development. In: Child Development 42 (1971), S. 1685–1699.

REINERT, G.-B./ZINNECKER, J. (Hrsg.): Schüler im Schulbetrieb. Reinbek bei Hamburg, Rowohlt 1978.

REYER, J.: Die Beziehungen zwischen 0- bis 3jährigen Kindern – Ein vernachlässigter Gegenstandsbereich bei der Erforschung primärer Sozialisationsprozesse. In: Psychologie in Erziehung und Unterricht 25 (1978), S. 161–168.

RHEINGOLD, H. L./HAY, D. F./WEST, M. J.: Sharing in the Second Year of Life. In: Child Development 47 (1976), S. 1148–1158.

ROLFF, H.-G.: Die Sozialisation durch Schülerfreundschaftsgruppen. In: ROLFF, H.-G.: Sozialisation und Auslese durch die Schule. Heidelberg, Quelle & Meyer 1967, S. 76–84.

ROSEN, B. C.: Conflicting Group Membership: A Study of Parent-Peer Group Cross-Pressures. In: ASR 20 (1955), S. 155–161.

RUMPF, H.: Unterricht und Identität. München, Juventa 1976.

SANDER, T./ROLFF, H.-G./NUNNER-WINKLER, G.: Die Demokratische Leistungsschule. Hannover, Hermann Schroedel Verlag 1967.

SCHOLTZ, G./ELLIS, M.: Repeated Exposure to Objects and Peers in a Play Setting. In: Journal of Experimental Child Psychology 19 (1975), S. 448–455.

SHERIF, M./SHERIF, C. W.: Groups in Harmony and Tension. New York, Harper & Row 1953.

SHERIF, M., u.a.: Intergroup Conflict and Cooperation: The Robbers Cave Experiment. Norman, University of Oklahoma Press 1961.

SHERIF, M./SHERIF, C. W.: Reference Groups. Explorations into Conformity and Deviation of Adolescents. New York, Harper & Row 1964.

SHURE, M. B.: Psychological Ecology of a Nursery School. In: Child Development 34 (1963), S. 979–992.

STEVENSON, H. W.: Social Reinforcement of Children's Behavior. In: LIPPSITT, L. P./SPIKER, C. (Hrsg.): Advances in Child Development and Behavior. Bd. 2. New York, Academic Press 1965, S. 97–126.

SUGARMAN, B.: Social Norms in Teenage Boy's Peer Groups. In: Human Relations 21 (1968), S. 41–58.

WELLENDORF, F.: Schulische Sozialisation und Identität. Weinheim, Beltz 1973.

WÜNSCHE, K.: Die Wirklichkeit des Hauptschülers. Köln, Kiepenheuer & Witsch 1977 (erw. Neuaufl.).

YARROW, M. R./WAXLER, C. Z.: Dimensions and Correlates of Prosocial Behavior in Young Children. In: Child Development 47 (1976), S. 118–125.

Schulische Sozialisation

Klaus Ulich

Vorbemerkung

„Das Bildungswesen ist enorm gewachsen. Das Wachstum erstreckt sich auf alle Dimensionen (...) Freilich hat die Zunahme von Absolventen, Lehrpersonal und Ressourcen die Mechanismen sozialer Diskriminierung im Bildungswesen nur mildern können; sie richten sich vor allem gegen Frauen und gegen Unterschichtangehörige" (RUGE 1977, S. 812).

Die mit dem Schul- und Bildungssystem befaßte Sozialwissenschaft hat die nach wie vor gravierenden Diskriminierungsmechanismen und -effekte, denen in der Schule besonders Kinder aus deprivierten Sozialisationsmilieus ausgesetzt sind, bisher bestenfalls ansatzweise klären können. Gerade angesichts der großen Bedeutung, die der Sozialisationsinstanz Schule generell zukommt, ist es gleichermaßen legitim wie notwendig, schulische Sozialisationsforschung besonders danach zu referieren und zu beurteilen, inwieweit sie diese Diskriminierungen zu ihrem Thema macht und sich für deren Aufhebung engagiert.

Vor dem Hintergrund dieser Leitlinie versucht der folgende Beitrag,

- theoretische Ansätze und Modelle schulischer Sozialisation zu skizzieren,
- eine sozialpsychologische, interaktionszentrierte Perspektive dazu zu entwickeln,
- einen Überblick zu wichtigen Ergebnissen und methodischen Defiziten schulischer Sozialisationsforschung zu geben, und
- aktuelle Sozialisationsprobleme der Schüler exemplarisch an zwei wichtigen Bereichen (abweichendes Verhalten und Selektion) zu diskutieren.

1 Zur Fragestellung und theoretischen Grundlegung schulischer Sozialisationsforschung

Da die konzeptionell-theoretischen und methodologischen Probleme allgemeiner Sozialisationsforschung an anderer Stelle in diesem Band behandelt werden, kann hier gleich unmittelbar von Schule als einem „organisierten Sozialsystem der Sozialisation" (HURRELMANN 1975, S. 13) die Rede sein. Schule gilt neben der Familie als Instanz der primären Sozialisation als die zentrale öffentliche Institution sekundärer Sozialisation. Diese Formulierung, die sich so oder ähnlich recht häufig findet, impliziert zwei theoretisch simplifizierende Annahmen, nämlich einmal die von der Forschung weitgehend nachvollzogene *institutionsspezifische Abgrenzung* verschiedener Sozialisationsbereiche (als Ausnahmen etwa DUBOIS-REYMOND 1977 und PLAKE 1974) und zum anderen die mit der Dichotomie primär-sekundär verbundene Vorstellung eines zeitlich wie inhaltlich (‚Grundausstattung' versus ‚Spezialisierung') klar gegliederten Sozialisationsablaufs. Ohne jetzt im einzelnen die Korrekturbedürftigkeit und -möglichkeit beider Annahmen nachweisen zu können, bleibt festzustellen, daß schulische Sozialisationsforschung sich bislang in der Tat entschieden zu wenig um die in *anderen* sozialen Kontexten früher oder gleichzeitig stattfindende Sozialisation der Schüler gekümmert hat, obwohl durchaus interessante Ansätze dazu vorhanden sind; so hat z. B. WELLENDORF die Bedeutung bestimmter frühkindlicher Erfahrungen in schulischen Szenen herausgearbeitet (1973, S. 208 ff.), und MÜLLER-KOHLENBERG/FOKKEN (1978) untersuchten den Zusammenhang zwischen Eltern-Kind-Beziehungen und dem Unterrichtsverhalten und -erleben der Schüler.

Schulische Sozialisationsforschung steht, wie viele andere jüngere Forschungsrichtungen auch, vor dem Dilemma, einen Mittelweg zu finden zwischen einem verkürzenden, bisweilen naiv-empiristischen Verfahren (z. B. „Wie verändert sich die Einstellung der Schüler zum Fach A, wenn statt des Lehrbuchs X das Buch Y verwendet wird?") einerseits und einem hochkomplexen, empirisch allerdings kaum mehr umsetzbaren Anspruch andererseits, der neben den unmittelbar schulischen auch alle anderen zeitlich wie institutionell damit zusammenhängenden sozialisatorischen Einflüsse mit erfassen will. Welche konzeptionellen Lösungen dazu faktisch angeboten werden, soll exemplarisch an drei Ansätzen gezeigt werden:

a) Für FEND u. a. geht es „um die Frage, welche Lernprozesse mit welchen Inhalten und welchen Folgen sich bei den Heranwachsenden abspielen. Was wird durch Schulen verändert und aufgebaut, welche Haltungen, Einstellungen und Meinungsmuster werden erworben, welche Normen und Werte werden akzeptiert?" (1976, S. 29). Im Mittelpunkt stehen also „soziale Lernprozesse im Kontext der Schule", die im Zusammenhang gesehen werden müssen „mit den strukturellen Merkmalen des Schulsystems, ... mit den schulischen Inhalten und ... mit der schulischen Interaktionsstruktur" (FEND 1975, S. 201). Die hiermit formulierte Position läßt sich folgendermaßen schematisch darstellen:

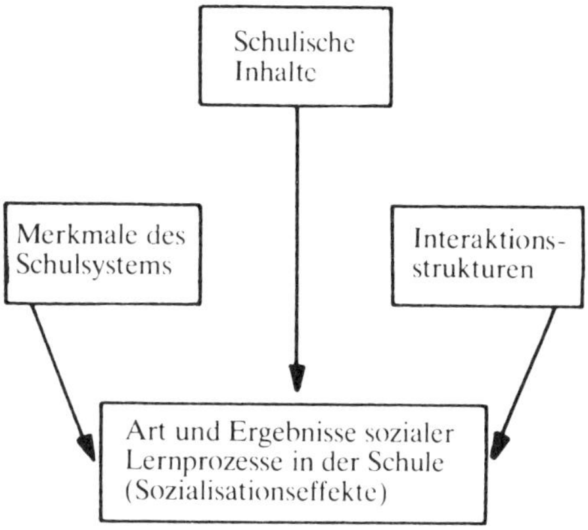

Abbildung 1

Damit sind zweifellos drei sehr wichtige Bedingungsfaktoren schulischer Sozialisation genannt, die sich noch weiter differenzieren und ergänzen lassen; die entsprechenden empirischen Ergebnisse werden uns unten noch ausführlich beschäftigen (vgl. Abschnitt 3).

b) Etwas anders akzentuiert ist der Vorschlag von WEINERT, der zur Erklärung schulischer Sozialisationsprozesse von der Notwendigkeit ausgeht, „die institutionellen Bedingungen in ökologischer, normativer, sozialer und didaktischer Hinsicht in einem Kontextmodell zu erfassen ..." (1972, S. 827). Um die Sozialisationswirkung der Schule genauer abschätzen zu können, ist zunächst zu klären: „Wie groß ist der Varianzanteil schulischer Merkmale an definierten Sozialisationseffekten im Vergleich zu außerschulischen Sozialisationsbedingungen ...?"; danach wären die entsprechenden Varianzanteile zu ermitteln, für die

- Schulsystem und Schulorganisation,
- Lehrinhalte und Lehrziele,
- Unterrichtsorganisation,
- Lehrerverhalten,
- schulische peer groups,
- sowie die Wechselwirkungen zwischen diesen Bedingungen verantwortlich sind (ebd., S. 837).

Für dieses Verfahren bietet sich als etwas verkürztes Schema an (aus K. ULICH 1976, S. 51):

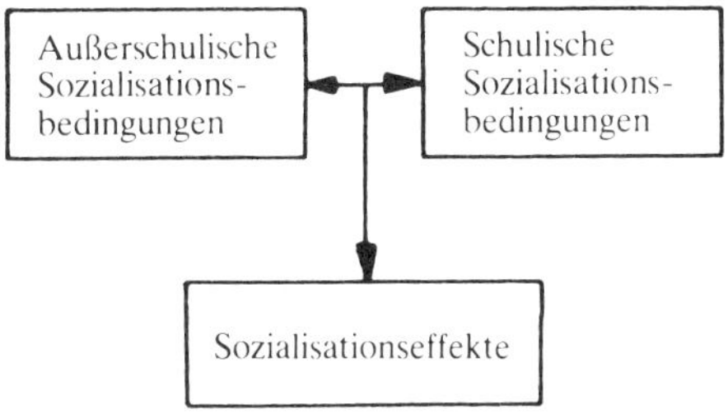

Abbildung 2

Zu Recht weist WEINERT auf das für die Sozialisationsforschung theoretisch wie methodologisch zentrale Problem der *Verbindung* zwischen Sozialisationsbedingungen und -effekten hin und zeigt – in streckenweise eher hypothetischer Form –, daß die Wirkungen schulischer Sozialisationsbedingungen abhängig sind von bzw. zusammenhängen mit außerschulischen Sozialisationsbedingungen (Kontexthypothese), der bisherigen Sozialisationsgeschichte des Individuums (Überlappungshypothese) sowie der Wechselwirkung zwischen schulischen Bedingungen und Persönlichkeitsvariablen des Schülers (Interaktionshypothese) (ebd., S. 841 ff.).

c) Eine gegenüber FEND und WEINERT vor allem sozialpsychologisch differenziertere Perspektive vertritt der Verfasser dieses Beitrages (vgl. K. ULICH 1976): Sozialisation wird – zunächst wie bei FEND – als ein Lernprozeß verstanden, in dem Wertorientierungen, Einstellungen und Verhaltensweisen entstehen bzw. verändert werden; dieser Prozeß vollzieht sich primär in der unmittelbaren Interaktion zwischen Lehrern und Schülern, wobei die Art der Interaktionsbeziehung, insbesondere die Machtverteilung zwischen den Beteiligten wesentlichen Einfluß auf Art und Intensität der Sozialisationseffekte hat. Entscheidend ist dabei, daß die (bisher genannten u. a.) Sozialisationsbedingungen sich nicht nur direkt, sondern vor allem auch indirekt, nämlich vermittelt über die Interaktionsprozesse und deren immanente Bedingungen auswirken. Diesen jetzt nur angedeuteten Ansatz macht ein komplexeres Bild des Bedingungsgefüges schulischer Sozialisation sichtbar (ULICH 1976, S. 51):

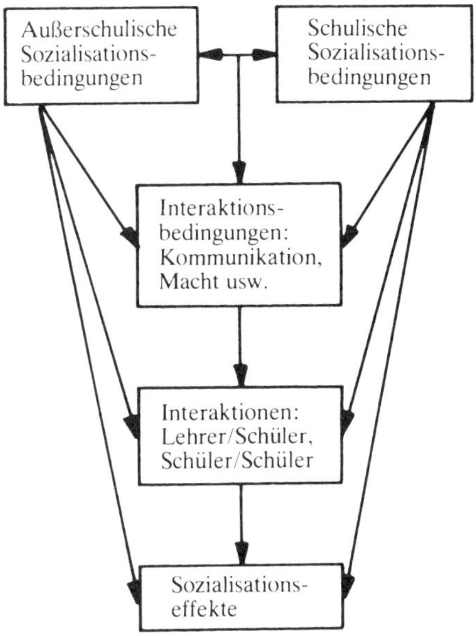

Abbildung 3

Interaktionsbedingungen und -strukturen, die bei FEND noch neben anderen ‚unabhängigen' Variablen stehen, erhalten hier den Status von echten ‚intervenierenden' Variablen, d. h. sie variieren, vermitteln und erklären damit auch den Zusammenhang zwischen Sozialisationsbedingungen und -effekten (zur Konkretisierung der einzelnen Variablen K. ULICH 1976, S. 157 ff.).

Dieses letzte Modell kommt dem Argumentationsmuster einer „sozialstrukturell orientierten Sozialisationsforschung" (BERTRAM 1976) am nächsten; wie die schichtspezifische, so kann auch die schulische Sozialisationsforschung nicht darauf verzichten, die von ihr untersuchten Prozesse in mindestens *drei Ebenen* zu erfassen: 1. auf der Aggregatsebene (Schichtungssystem bzw. schulstrukturelle und curriculare Faktoren), die großen Einfluß hat auf 2. die Gruppenebene (Familie bzw. schulische Interaktion), von der wiederum als abhängig zu sehen ist 3. die Individualebene (Persönlichkeit des Kindes bzw. des Schülers), also die eigentlichen Sozialisationseffekte. Obwohl ein solches Dreiebenenkonzept im Vergleich mit der Komplexität des Forschungsfeldes ein noch recht grobes Raster liefert, ist es der schulischen Sozialisationsforschung erst ansatzweise gelungen, alle drei Ebenen auch empirisch aufeinander zu beziehen. Selbst in der großangelegten Konstanzer Studie wurde dies nur selten realisiert, so z. B., wenn das Ausmaß abweichenden Schülerverhaltens in Abhängigkeit von dem durch den Lehrer vermittelten Anpassungsdruck erfaßt wird, der wiederum schulformspezifisch variiert (FEND u. a. 1976, S. 81 f.). Im übrigen dominieren in der Forschung eindeutig Fragestellungen, die nur zwei Ebenen in Zusammenhang bringen; typisch sind dafür besonders in jüngster Zeit Unbersuchungen über die Auswirkungen von Schulart und Unterrichtsorganisation auf die Angst der Schüler (z. B. LITTIG/KNAPP 1978).

In der theoretischen Diskussion der Sozialisations- und Bildungsforschung werden Mehrebenenansätze erst seit wenigen Jahren gefordert, vorgeschlagen, aber auch kritisiert. Besonders HURRELMANN (1974, 1975, 1977 a) versucht, den Schlagseiten und konzeptionellen Verkürzungen der strukturell-funktionalen, der symbolisch-interaktionistischen und der schicht-sozialstrukturellen Theorien einen komplexen Theorienverbund entgegenzusetzen; er postuliert eine Verknüpfung von Theorieelementen aus bzw. auf vier Analyseebenen – gesellschafts-, organisations-, interaktions- und persönlichkeitstheoretische Ebene (z. B. 1977 a, S. 59) –, mit denen sich Bedingungen und Folgen von Sozialisationsprozessen umfassend abbilden lassen. Trotz der Kritik an diesem Vorschlag, die sich vor allem auf dessen ‚pluralistische Neutralität' und die mangelnde theoretische Integration der vier Ebenen bezieht (vgl. die Beiträge von PREUSS, ROLFF und WELLENDORF in: betrifft: erziehung 1977, H. 4), ist festzuhalten, daß HURRELMANN monokausale und einseitig fixierte Erklärungsansprüche zugunsten einer komplexeren und flexibleren Position aufgibt. Wie vielfältig die Probleme sind, die sich von hier aus zumindest benennen und theoretisch verorten lassen, zeigt der von JAHROW (1976, S. 59 ff.) zusammengestellte Fragenkatalog schulischer Sozialisationsforschung.

Nur eine spezifische theoretische Perspektive, gegen die sich auch die Mehrebenenkonzeption von HURRELMANN wendet, soll jetzt wegen ihrer Bedeutung noch kurz diskutiert werden. Es handelt sich um den vor allem von FEND (1974) favorisierten Versuch, Sozialisationsprozesse in der Schule unter dem Blickwinkel der gesellschaftlichen Funktionen des Schulsystems zu analysieren. Dieser *funktionalistische Ansatz* unterstellt, daß „schulisches Lernen ... zu einem Mittel der Erfüllung gesellschaftlicher Zwecke" wird (FEND u. a. 1976, S. 7), und zwar in drei verschiedenen Funktionsbereichen: Qualifizierung (Vermittlung von Fertigkeiten und Kenntnissen), Allokation bzw. Selektion (Regelung der Besetzung und Verteilung sozialer Positionen) und Integration bzw. Sozialisation i. e. S. (Vermittlung herrschaftssichernder Werte und Normen) (FEND 1974, S. 65 f.). Zwar sieht FEND durchaus, daß neben den diese Funktionen erfüllenden manifesten auch latente Lernprozesse in der Schule ablaufen, aber er weist diesen prinzipiell dieselben Funktionen zu (1976, S. 8 ff.). Abgesehen von der Fragwürdigkeit der Trennung zwischen Qualifikations- und Sozialisationsfunktion (K. ULICH 1974, S. 99 ff.) wird schulische Sozialisation damit ausschließlich und ausdrücklich auf eine gesellschaftsstabilisierende Anpassungs-‚Leistung' reduziert, und andere, latente Funktionen – etwa die Kustodialfunktion (PLAKE 1977) – bleiben ausgeklammert.

Zwei weitere entscheidende Einwände gegen die funktionalistische Betrachtungsweise können jetzt nur noch angedeutet werden. FEND unterliegt, wie die meisten Funktionalisten, dem ‚teleologischen Irrtum', d. h. er interpretiert funktionale Zweck-Mittel-Beziehungen kausal, nämlich als Ursache-Wirkungs-Verhältnis (D. ULICH 1974); die Feststellung etwa, daß eine Gesellschaft zur Sicherung ihrer materiellen Reproduktion spezifische Qualifikationen benötigt, kann allenfalls intentional, gleichsam als Auftrag an die Schule übertragen werden, liefert jedoch zunächst noch keine Aussage über ihre *faktische* Qualifikationsleistung, geschweige denn zu deren Erklärung. Zu diesem eher wissenschaftslogischen Argument kommt ein zweites, mehr inhaltlich-theoretisches hinzu: Die funktionalistische Analyse schulischer Sozialisation geht zumindest implizit von der Annahme aus, die Funktionen der Schule seien in sich und untereinander konflikt- bzw. widerspruchsfrei zu erfüllen, und eben dies ist nicht haltbar. Wie ROLFF schlüssig gezeigt hat (1974), sind nicht nur die Qualifikations- und die Integrationsfunktion jede für sich, sondern auch in ihrer Interdependenz durch Widersprüche gekennzeichnet, die sich in nichtsystemkonformen Sozialisationseffekten wie z. B. Schulflucht und Aggressivität niederschlagen können. Schulische Sozialisationsforschung, die solche Probleme aufgrund eines rein funktionalistischen (Miß-)Verständnisses nicht thematisiert,

gerät selbst in die Gefahr, „funktionalisiert“ zu werden.
Das gerade auch der funktionalistisch orientierten Sozialisationsforschung zugrundegelegte Sozialisationskonzept, nach dem Sozialisationseffekte als Ergebnisse individueller Lernprozesse gelten, ist überdies selbst im Hinblick auf die Auswirkungen institutionalisierter Erziehungsprozesse zu eingeengt. Dies zeigt sich besonders in der neueren amerikanischen Diskussion zwischen „Sozialisations“- und „Allokations“-Theoretikern: Während die einen – ähnlich wie FEND – davon ausgehen, daß die Schulen Wissen, Fähigkeiten und Wertorientierungen vermitteln und somit jeden Schüler je nach seiner Lernleistung und auch fachlichen Spezialisierung für unterschiedliche Positionen in der Gesellschaft qualifizieren, machen die anderen die Positionszuweisung nicht von spezifischen Lern- und Sozialisationsinhalten, sondern vielmehr von der Dauer und der Art der schulischen Ausbildung abhängig (MEYER 1977). Selbstverständlich sind diese beiden Auffassungen nicht unvereinbar miteinander; sie ergänzen sich in notwendiger Weise, wobei die Vertreter einer stark personfixierten Sozialisationsperspektive anerkennen müssen, daß die Art des Schulsystems und seiner äußeren Differenzierungen allein schon ein wichtiges Allokations- und Selektionsprinzip darstellt. Im Bildungssystem der Bundesrepublik ist ja die Vergabe formaler Berechtigungen – für eine weitere Ausbildung oder für eine bestimmte Berufstätigkeit – entsprechend dem erreichten Schulabschluß in der Tat der entscheidende Faktor in der Positionszuweisung; dies trifft auch dann zu, wenn man die Bedeutung familiärer Sozialisationsprozesse und damit auch der Herkunftsschicht berücksichtigt, denn die Statuszuordnung in unserer Gesellschaft erfolgt ungeachtet der oft einseitigen Akzentsetzungen in entsprechenden sozialwissenschaftlichen Modellen (vgl. GEISSLER 1978) als kombinierter Effekt des schulischen und des familiären Erziehungssystems. Freilich hat die schon erwähnte Instanzenzentriertheit der Sozialisationsforschung (die dieses Handbuch z.T. widerspiegelt!) eine genauere Untersuchung dieses Zusammenhangs bisher eher behindert.

2 Sozialisation durch Interaktion, Kommunikation und Lerninhalte

Das Zurschulegehen (-müssen) ist vor allem für die unmittelbar Betroffenen, also für die Schüler eine gewichtige *soziale Tatsache* mit recht einschneidenden Konsequenzen. Staatlich sanktionierte Schulpflicht für alle 6- bis etwa 15jährigen, die Einordnung in, ja oft Unterordnung unter eine meist große und komplexe Organisation mit einem umfassenden Normensystem, die Zwangsmitgliedschaft in dem alters- und häufig auch noch geschlechtshomogenen Klassenverband, die Beschäftigung mit überwiegend vorgegebenen und auf die eigene Lebenswelt wenig bezugnehmenden Lerninhalten – all dies sind Implikationen bzw. Derivate des Schul-‚Besuchs‘, die die Erfahrungen von Schülern, ihre Einstellungen, Verhaltensweisen und sozialen Beziehungen stark beeinflussen und demnach als Sozialisationsbedingungen gelten können. Das zentrale Medium oder Vehikel schulischer Sozialisation, durch das viele dieser Bedingungen modifiziert bzw. erst wirksam werden, ist damit aber noch nicht genannt: Es sind – und dies wurde im ersten Abschnitt mit der knappen Skizze der sozialpsychologischen Perspektive des Verfassers schon angedeutet – in erster Linie Interaktionsprozesse zwischen Schülern sowie besonders zwischen Schülern und Lehrern, in denen sich schulische Sozialisation konstituiert und über deren Vermittlung organisatorische, curriculare und andere soziale Faktoren ihre Wirkung entfalten; insofern kommt der Interaktionsebene gegenüber den anderen Analyseebenen (vgl. den oben zitierten Vorschlag von HURRELMANN) eine gewisse Priorität zu, denn „nahezu alle innerschulischen Vorgänge (unterrichten, strafen und loben, beurteilen etc.) laufen zwischen Personen ab“ (K. ULICH 1978, S. 82). Damit soll nun freilich nicht einem interaktionistischen Reduktionismus das Wort geredet werden, nach dem etwa schulische Sozialisationsforschung ausschließlich Interaktionsphänomene zu untersuchen hätte, sondern es sollen gerade sozialstrukturelle und institutionelle Bedingungen *in ihren Folgen* für interpersonale Prozesse zwischen Schülern und Lehrern thematisierbar werden.
Bevor diese Grundüberlegung noch genauer ausargumentiert wird, ist ein kurzer Blick auf die frühere Forschung angebracht. In den zwanziger und auch dreißiger Jahren standen besonders die „entwicklungs-, lern-, motivations- und per-

sönlichkeitspsychologischen Bedingungen bei Schülern" sowie deren Bedeutung für die Tätigkeit des Lehrers im Vordergrund, Schüler wurden damit also als „unabhängige", Lehrer hingegen als „abhängige" Variable konzipiert; diese Betrachtungsweise kehrte sich „in der Mitte dieses Jahrhunderts in ihr Gegenteil um, das Lehrerverhalten wurde jetzt als unabhängige, das Schülerverhalten als abhängige Variable betrachtet, das heißt, das Verhalten der Schüler wird als durch die innerpsychischen Bedingungen und das Verhalten des Lehrers bestimmt angesehen" (FENNER 1978, S. 91). In dieser Perspektive, die sich unter dem Einfluß einer recht unreflektierten Übernahme des Ansatzes und der Ergebnisse der Führungsstilforschung von LEWIN und seinen Mitarbeitern besonders in der Erziehungsstilforschung breit machte, wird der Schüler lediglich als Objekt der Verhaltensweisen und des Erziehungsstils des Lehrers angenommen (K. ULICH 1976, S. 120). Abgesehen von der Fragwürdigkeit der dabei meistens verwendeten dichotomen Typologien (FENNER 1978, S. 94f.) entsteht hier wie auch in der Forschung über Persönlichkeitsmerkmale des Lehrers ein einseitig kausal-deterministisches Bild der schulischen Erziehung, in dem die prinzipiell wechselseitige Beeinflussung zwischen Lehrern und Schülern ebenso ausgeblendet bleibt wie die ganze soziale Situation des Unterrichts und der Schule.

Auf dieser Basis konnte eine empirisch wie theoretisch stringente schulische Sozialisationsforschung kaum entstehen; es fehlte der klare und realitätsgerechte konzeptionelle Ausgangspunkt, der sich heute in einer auch für Schule gültigen Weise so formulieren läßt: Sozialisationsprozesse sind – nicht ausschließlich, aber vor allem – *Prozesse der Interaktion* zwischen zwei oder mehreren Menschen, deren Handeln situationsspezifisch aneinander orientiert ist; Interaktion heißt dabei immer auch eine wechselseitige Abhängigkeit und Beeinflussung von Verhaltensweisen und psychischen Dispositionen der Beteiligten (HURRELMANN 1975, S. 179; K. ULICH 1978, S. 82).

Mit dieser Festlegung wird ausdrücklich ein i.e.S. sozialpsychologischer Ansatz favorisiert, der gegenüber anderen, etwa geisteswissenschaftlich-pädagogischen, symbolisch-interaktionistischen und strukturell-funktionalen Konzeptionen deutliche Vorzüge hat: Schulische Sozialisation wird als pädagogischer Interaktionsprozeß unter dem Gesichtspunkt sozialer Einflußnahme und ihrer Intentionen sowie im Hinblick auf die in der Interaktion wirksamen Macht- und Abhängigkeitsverhältnisse untersucht, um Verhaltensänderungen – oder allgemeiner: Sozialisationseffekte – bei den Beteiligten als Folge interpersoneller Beeinflussung und sozialer Kontrolle zu ermitteln (D. ULICH 1978, S. 567). Der hier implizierte Kerngedanke, daß sich nämlich Sozialisation – vom „Produkt" her definiert als Entstehung bzw. Veränderung von Wertorientierungen, Einstellungs- und Verhaltensmustern – unter sozialem Einfluß ind Interaktionsprozessen vollzieht, daß also die Art oder spezifische Qualität der Lehrer-Schüler-Interaktion sich durchaus in entsprechenden Sozialisationseffekten niederschlägt, konnte auch empirisch bestätigt werden. In der großangelegten Konstanzer Untersuchung (ausführlicher dazu Abschnitt 3) wird zwar „das Lehrer-Schüler-Verhältnis als vermittelnde Variable für die Sozialisation von Wertorientierungen" (FEND u.a. 1976, S. 306) nur auf wenigen Seiten erörtert, doch findet sich hier ein wichtiges und klares Ergebnis: Schüler übernehmen – z.T. schulsystemspezifische – Wertorientierungen dann in stärkerem Maße, wenn ihre Beziehungen zu den Lehrern ausdrücklich positiv sind; unter dieser Voraussetzungen sind – entsprechend den Lehrererwartungen – bei Gesamtschülern auf „Selbstbestimmung", bei Schülern im traditionellen Schulsystem auf „Konformität" gerichtete Werthaltungen stärker ausgeprägt (S. 307f.).

Dieses Resultat macht zugleich darauf aufmerksam, daß die sozialen Beziehungen in der Schule als *notwendige*, allein aber *nicht hinreichende* Bedingung für die Erklärung von Sozialisationseffekten gelten müssen. Doch nicht nur das Schulsystem und – teilweise damit gekoppelt – die Einstellungen und Erwartungen der Lehrer sind als weitere Bedingungsfaktoren einzubeziehen, sondern noch eine ganze Reihe von anderen Variablen, die sich ganz grob in drei Kategorien zusammenfassen lassen und alle den schulischen Interaktions- und Sozialisationsprozeß beeinflussen. Da hier nicht den zahlreichen, schon vorliegenden Variablenschemata oder „Gesamtdarstellungen" eine weitere hinzugefügt werden soll (vgl. dafür NICKEL 1976, S. 165; D. ULICH 1978, S. 569; K. ULICH 1976, S. 158), genügt eine knappe und exemplarische Kennzeichnung der drei Variablengruppen, die sich auf die Schüler, die Lehrer und die Schul- und Unterrichtsorganisation im weitesten Sinn beziehen. Bei den Schülern werden in diesem Zusammenhang relevant: die vorschulischen Erfahrungen und Sozialisationseinflüsse, subkulturelle Orientierungsmuster und Einstellungen gegenüber Schule und Lehrern sowie die aktuellen inner- und außerschulischen Beziehungen zu Gleichaltrigen und Erwachsenen. Bei den Lehrern spielen vor allem eine Rolle die soziale Herkunft, die bisherige Sozialisation, Ausbildung und berufliche Situation und auch noch die impliziten Begabungs-, Persönlichkeits- und Unterrichtstheorien, die das Verhalten des Lehrers beeinflussen. Die Art der sozialisatorischen Interaktion zwischen Schülern und Lehrern steht schließlich in engem Zusammenhang mit institutionell-organisatorischen Bedingungen: das Schulsystem (dreigliedriges versus Gesamtschule), die Schulart, die hierarchische Organisationsstruktur der Schule sowie Unterrichtsformen und -inhalte.

Obwohl dieser knappe Katalog bei weitem nicht auf Vollständigkeit angelegt ist, läßt sich unschwer erkennen, daß schulische Sozialisation ein außerordentlich *komplexer sozialer Vermittlungsprozeß* ist, der in seiner ganzen Differenziertheit und Variabilität bis heute nur stufen- und ausschnittsweise erklärt werden konnte. Berücksichtigt man darüber hinaus die Abhängigkeit innerschulischer Prozesse von historisch-(bildungs-)politischen und wissenschaftlich-didaktischen Entwicklungen (z.B. ACHTENHAGEN 1978, S. 56ff.), so nimmt dadurch nicht nur die Komplexität des Untersuchungsfeldes weiter zu, sondern es wird auch ein wenig verständlicher, warum schulische Sozialisationsforschung sich bislang mit der Ermittlung recht eng gefaßter korrelativer – und das heißt noch nicht: kausaler – Zusammenhänge begnügen mußte. Was dennoch von der Forschung geleistet wurde, soll im Abschnitt 3 exemplarisch diskutiert werden.

Wichtige Aufschlüsse über die Sozialisation von Schülern lassen sich vor dem Hintergrund der bisherigen Überlegungen bereits dadurch gewinnen, daß die eigentliche Struktur der Lehrer-Schüler-Interaktion genauer charakterisiert wird. Folgende institutionelle Merkmale sind dabei wesentlich:

„a) eine spezifische Machtkonstellation, die eine Ungleichheit der Chancen, Bedürfnisse auszudrücken, zu kommunizieren und andere zu beeinflussen, bedingt;
b) eine damit zusammenhängende charakteristische Kompetenzverteilung, die zum Teil mit den vorhandenen Wissensunterschieden identisch ist;
c) bestimmte, dem Macht- und Kompetenzgefälle analoge Kommunikationskanäle und Kommunikationsformen" (D. ULICH 1975, S. 101).

Die Reihenfolge dieser drei Punkte ist durchaus als eine Rangfolge zu verstehen: Die stark ungleiche Machtverteilung zwischen Lehrern und Schülern ist das herausragende Kennzeichen ihrer sozialen Beziehung, das in praktisch allen Interaktionssituationen zumindest latent wirksam wird. Abgesehen von der institutionell abgesicherten und in der Regel als legitim anerkannten Macht*position* des Lehrers liegt sein Macht*potential* darin,

- daß er über ein großes Inventar an Machtquellen verfügt (u.a. Belohnung und Bestrafung),
- daß der Schüler vor allem von der Belohnungs- und Expertenmacht des Lehrers abhängig ist,
- daß der Schüler gerade bei der Befriedigung der von der Schule geschaffenen künstlichen Bedürfnisse (z.B. nach guten Noten) fast ohne Alternativen auf den Lehrer angewiesen ist, und
- daß schließlich viele – aus der Sicht des Schülers – nicht eindeutig definierbare Situationen die Abhängigkeit vom Lehrer zusätzlich verstärken (GUSKIN/GUSKIN 1973, S. 76ff.; D. ULICH 1976, S. 137ff.).

Auswirkungen auf die Schüler bestimmen sich nun zwar im einzelnen danach, inwieweit der Lehrer dieses Machtpotential ausschöpft und welche Machtquellen er einsetzt, doch grundsätzlich läßt sich die Annahme einer Internalisierung von Abhängigkeit auf seiten des Schülers kaum von der Hand weisen. Die Erfahrung von Machtlosigkeit und hierarchischer Unterordnung wird überdies intensiviert durch die – gemessen am Schulzweck – stark ungleiche Wissensverteilung und eine zentralisierte Kommunikationsstruktur. So schafft der in der Regel tagtäglich neu demonstrierte Wissensvorsprung des Lehrers nicht nur kognitive Verunsicherung und Gefühle von Inkompetenz beim Schüler, sondern er dient auch der Legitimierung der Lehrermacht bzw. der innerschulischen Herrschaftsverhältnisse (METZ-GÖCKEL 1978, S.

633), er rechtfertigt das Beurteilungs- und Selektionshandeln des Lehrers. Negative Konsequenzen hat der ohnehin aufgrund von Alter und Ausbildung gegebene Erfahrungs- und Wissensvorsprung besonders im Kontext einer einseitigen, wenngleich recht gängigen Aufgabenbestimmung von Schule: Die Vermittlung von Wissen, von „Stoff", die auch von den meisten Gymnasiallehrern als das vorrangige Unterrichtsziel angesehen wird (ZEIHER 1973, S. 154ff.), läßt Kenntnis- und Kompetenzunterschiede zwischen Lehrern und Schülern zur vordergründig wichtigsten positionellen Differenz werden, die in der scheinbar eindeutigen Aufgabenteilung – der Lehrer lehrt und erzieht, der Schüler lernt und wird erzogen – ihren Ausdruck findet. Diese scheinbar gleichgewichtige Rollenverteilung „verschleiert, daß ... die Bedürfnisse und Interessen der Schüler ständig zu kurz kommen" (CHARLTON/DAUBER 1975, S. 65), daß daraus durchaus sozialisationsrelevante Konflikte und Widersprüche resultieren. Selbstverständlich ist das Ausmaß der Wissens- und Machtunterschiede von Faktoren wie Alter der Schüler, Schulart, Unterrichtsfach usw. mitdeterminiert. Doch unabhängig davon läßt sich feststellen, daß diese Unterschiede um so größer werden, je stärker die schulischen Lernziele und -inhalte einschließlich ihrer sozialen Vermittlungsform (z.B. Frontalunterricht) *vorgegeben* sind und je mehr die Lernziele am Erwerb *kognitiver* Fähigkeiten ausgerichtet sind (K. ULICH 1978, S. 83); von daher ist im Projektunterricht, der an den Alltagserfahrungen der Schüler anknüpfen und gemeinsam von Lehrern und Schülern geplant werden kann, durchaus eine Verringerung der ungleichen Beeinflussungs- und Kompetenzmöglichkeiten zu erwarten.

Auch in bezug auf die Kommunikationsstruktur im heute noch vorherrschenden Frontalunterricht befindet sich der Lehrer in einer – größtenteils vom Schulzweck und seiner Machtposition vorbestimmten – zentralen Stellung: Er entscheidet praktisch allein darüber, wer wann mit wem worüber sprechen darf, und er sanktioniert „Abweichungen" von den entsprechenden Kommunikationsregeln. Auch hier gibt es allerdings unterrichtsorganisatorisch bedingte Chancen zur Reduzierung der Kommunikationsmacht des Lehrers in Richtung einer stärkeren Dezentralisierung; so ist z.B. beim Gruppenunterricht bzw. bei der Gruppenarbeit die unmittelbare Kommunikation zwischen den Schülern möglich und notwendig, wenngleich sie immer noch durch die Aufgabenstellung des Lehrers inhaltlich vorstrukturiert bleibt (vgl. – auch für andere Unterrichtssituationen – WULF/GRODDECK 1977, S. 231ff.). Darüber hinaus sind schulische Kommunikationsprozesse bei der Untersuchung – der Auswirkungen – schulischer Sozialisation aber vor allem deshalb von entscheidender Bedeutung, weil angenommen werden kann, „daß am Vorbild der Kommunikation zwischen Schülern und Lehrern die sprachlichen Grundmuster von Unterordnung oder Gleichberechtigung eingeschliffen werden" (FEND 1975, S. 184). Eine knappe Zusammenfassung relevanter empirischer Ergebnisse soll verdeutlichen, wie nachhaltig schulische Kommunikationsmuster eine – nicht nur sprachliche – Unterordnung der Schüler fördern (GRELL 1974, S. 62ff.; JACKSON/LAHADERNE 1972, S. 270ff.; TAUSCH 1966, S. 108f.):

- Selbst rein quantitativ gesehen ist die kommunikative Dominanz des Lehrers sehr groß, etwa 80% aller sprachlichen Äußerungen in einer Unterrichtsstunde stammen von ihm;
- mit nicht einmal jeder zehnten Äußerung gehen Lehrer auf Schüler ein, nur etwa jede hundertste bezieht sich auf emotionale Probleme;
- das Verbalverhalten der Schüler ist überwiegend reaktiv und richtet sich fast ausschließlich an den Lehrer;
- der Lehrer gibt im Durchschnitt pro Unterrichtsstunde etwa 60–70 Fragen und fast ebenso viele Aufforderungen und Befehle an die Schüler weiter;
- zu einem großen Teil sind Lehreräußerungen nicht reversibel, d.h. die gleiche Äußerung könnte – zumindest ohne negative Sanktionen – nicht vom Schüler an den Lehrer gerichtet werden.

Durch diese Formen sprachlicher Kommunikation im Unterricht werden die Schüler in eine untergeordnete, überwiegend reaktive Rolle gedrängt; viele der außerhalb der Schule möglichen und zur Darstellung eigener Interessen und Identität notwendigen Sprech- und Äußerungsmöglichkeiten – auch nonverbaler Art – werden in der Schule unterdrückt oder gar bestraft (MESSNER/GARLICHS 1972, S. 233f.). Ein sehr typisches Beispiel ist die Kommunikationsnorm, auf Fragen des Lehrers stets in „ganzen Sätzen" zu antworten, auch wenn sich eine richtige

Antwort vom Schüler in einem einzigen Wort geben ließe: „Der vollständige Satz, das ist die Unterwerfungszeremonie, die zusätzlich verlangt wird" (WÜNSCHE 1977, S. 19). Nicht nur durch die Machtposition und den Wissensvorsprung des Lehrers, sondern gerade auch durch die skizzierte Art schulischer Kommunikation werden Schüler *abhängig gemacht* und in ihren (sprachlichen) Verhaltens- und Erfahrungsweisen und -möglichkeiten *eingeschränkt*. „Schulisches Lernen", so schreiben HAGEMANN-WHITE und WOLFF ohne polemische Übertreibung, „ist wesentlich *fremdbestimmtes Lernen*, in einem Zusammenhang, der von den Schülern zu allerletzt zu verändern ist" (1975, S. 34). Die Entwicklung von Interessen, die Artikulation eigener Bedürfnisse, das Einbringen alltäglicher Erfahrungen in den Unterricht – all dies wird in der Schule, durch die hier gegebene Interaktions- und Kommunikationsstruktur sowie durch die eigentlichen Lerninhalte eher behindert als gefördert. Im Hinblick auf die Lerninhalte und die Probleme, die Schüler mit ihnen haben, soll diese Einschätzung noch etwas näher begründet werden.

Zu den wesentlichen Aufgaben der Schule gehört die Vermittlung von Kenntnissen, Fähigkeiten und Erfahrungen, die die Schüler auf (außerfamiliale) Lebenszusammenhänge und Arbeitsprozesse vorbereiten sollen; tatsächlich jedoch ist die Schule von anderen gesellschaftlichen Bereichen stark *isoliert*, vom Alltagsleben der Schüler weitgehend abgetrennt (HAGEMANN-WHITE/WOLFF 1975, S. 31). Dafür sind – nicht allein, aber vor allem – die „offiziellen" schulischen Lerninhalte verantwortlich, weil sie den Schülern kaum Bezüge zum außerschulischen und zum späteren beruflichen Leben anbieten. So äußern Schüler selbst, daß sie keine „außerschulischen" Interessen in die Schule einbringen können, daß sie sich in der Schule langweilen und vieles wieder vergessen, daß sie allenfalls vereinzelte Zusammenhänge mit einer möglichen Berufstätigkeit sehen (FURTNER-KALLMÜNZER/SARDEI-BIERMANN 1978, S. 35f.). Obwohl das Interesse der Schüler an den vorgegebenen Lerninhalten bzw. -gegenständen z. B. mit der Qualität der Lehrer-Schüler-Interaktion variiert, müssen die Möglichkeiten der Schüler, Beziehungen zu ihren bisherigen Erfahrungs- und Deutungsmustern herzustellen, nicht nur wegen der Alltagsferne und Abstraktheit vieler Inhalte allgemein als recht gering veranschlagt werden; auch das für Schüler mit u. U. ganz verschiedenen Interessen gleiche Lern-„Angebot", dessen Einteilung in zahlreiche und deutlich gegeneinander abgegrenzte Fächer – die sich auch zeitlich im Stundenplan manifestiert –, und vor allem die Kanalisierung der Lernprozesse durch Leistungsbewertung und Selektion wirken in diesem Sinne für die Schüler erschwerend (BUJOK-HOHENAUER u. a. 1978a, S. 38f. und S. 47).

Zu der Frage, wie sich die Beschäftigung mit bzw. die Aneignung von fachspezifischen Lerninhalten auf die Sozialisation der Schüler konkret auswirkt, gibt es noch vergleichsweise wenig Untersuchungen, in denen außerdem meistens die sozialen und situativen Bedingungen des Lernens und Lehrens (Schul- und Unterrichtsorganisation, Interaktions- und Kommunikationsstrukturen zwischen Lehrern und Schülern, Unterrichtstheorie und -verhalten des Lehrers) vernachlässigt sind. Da bereits an anderer Stelle eine zusammenfassende Skizze der sozialisatorischen Konsequenzen von Lesebüchern, Mengenlehre, Sachkunde, Arbeitslehre und politischer Bildung versucht wurde (K. ULICH 1976, S. 88ff.; für Lesebücher und Heimatkunde in der Grundschule vgl. FEND 1979, S. 44ff.), sei jetzt nur kurz auf FENDS Analyse des literarisch orientierten Deutschunterrichts in Gymnasien verwiesen (FEND 1979, S. 191ff.): In diesem Unterricht werden nicht nur Inhalte, sondern auch und zugleich Wertungen und Legitimationen vermittelt, es werden nicht nur kognitive Strukturen, sondern auch Lernhaltungen und Emotionen erworben, Wertorientierungen und Normen aufgebaut; unter den gegenwärtigen Lernbedingungen, vor allem unter Prüfungs- und Selektionszwang machen die Schüler widersprüchliche Erfahrungen – z. B. die Diskrepanz zwischen der „Lesebuchwelt" und der eigenen Alltagswelt, zwischen autoritär gelenktem Unterricht und demokratisch erscheinenden Inhalten –, die die Relevanz der Inhalte reduzieren und die mit ihnen verbundenen Intentionen umkehren können. Diese in sehr geraffter Form wiedergegebene Einschätzung gilt m. E. prinzipiell – wenngleich mit graduellen Differenzierungen – für alle Unterrichtsfächer, für alle curricular vorgeschriebenen Lerninhalte in der Schule. Insbesondere die *Erfahrung von Widersprüchen* und Diskrepanzen ist eine allgemeine, d. h. von Schulart und -fach nahezu unabhängige Folge des Zurschulegehens, eine Folge der institutionellen, hierarchisch-organisatorischen, curricularen und zeitlichen Zwänge, denen alle Schüler unterliegen; insofern sind solche Erfahrungen „ein zentrales Moment des ‚heimlichen Curriculums' und des ‚sozialen Lernens' in der Schule" (Furtner-Kallmünzer/Sardei-Biermann 1978, S. 35; zur Diskussion dieser beiden Konzepte vgl. Rolff/Tillmann 1974, S. 72ff.; D. Ulich 1976, S. 156ff. und S. 204ff.; Zinnecker 1974, S. 30ff.). Was der „heimliche Lehrplan", der ja sehr wohl bekannt ist (z.B. Speichert 1974, S. 30), bei den Schülern bewirkt, zu welchen Ergebnissen soziales Lernen in der Schule führt, dies wurde auf den letzten Seiten z.T. schon herausgearbeitet (Abhängigkeit vom Lehrer, kommunikative Unterordnung und Passivität) und soll auf empirischer Basis gleich ausführlicher zur Sprache kommen. Vorläufig lassen sich die wesentlichsten Bestimmungen des impliziten schulischen Lern- oder Sozialisationskonzepts mit Krappmann (1975, S. 24f.) in vier Punkten zusammenfassen:

1. Von grundlegender Bedeutung ist die *Asymmetrie* in der Beziehung zwischen Lehrern und Schülern, besonders die ungleiche Macht- und Kompetenzverteilung.
2. Schulisches Lernen bezieht sich kaum auf unmittelbare Erfahrungen; Lernsituationen und -inhalte werden überwiegend *verbal* geplant und vermittelt.
3. Die Schule setzt immer schon einen Schüler mit bestimmten Interessen und Arbeitsweisen voraus; der Lernprozeß, die Problemlösung ist weniger wichtig als die Präsentation von Ergebnissen, die Performanz.
4. Inkonsistenzen und Widersprüche innerhalb des Lernfeldes Schule – z.B. zwischen Förderung und Selektion – können Verhaltensunsicherheiten, ja -störungen auslösen.

3 Empirische Ergebnisse zu den Sozialisationseffekten der Schule

Für diesen Abschnitt, der einen Überblick über wichtige Resultate der empirischen Sozialisationsforschung geben soll, sind zwei Einschränkungen unumgänglich: Erstens ist – vor allem aus Platzgründen – eine Konzentration auf relativ wenige Untersuchungen notwendig, und zweitens können – wegen der großen Unterschiede zwischen den Schulsystemen verschiedener Staaten – nur solche Arbeiten berücksichtigt werden, die sich auf das Schulsystem der Bundesrepublik beziehen. Unter dieser Voraussetzung orientiert sich die folgende Darstellung insbesondere an den Veröffentlichungen des Zentrums I Bildungsforschung an der Universität Konstanz (Fend u.a. 1976, Fend 1977), die u.a. schulsystem- und schulartspezifische Sozialisationseffekte beschreiben. Ferner sollen einige Untersuchungen referiert werden, die sich im Zusammenhang mit der Schulstreßdebatte mit Entstehungsbedingungen und Auswirkungen von Schulangst beschäftigt haben. Ergänzend zu all diesen primär auf Schüler bezogenen Forschungsarbeiten wird schließlich auch kurz die Sozialisation von Lehrern innerhalb der Schule behandelt.

3.1 Ansatz und Resultate der „Konstanzer Untersuchung"

Das 1970 in Konstanz begonnene Projekt über schulische Sozialisation geht grundsätzlich von einer funktionalistischen Betrachtungsweise schulischer Lernprozesse aus (Fend 1974; Fend u.a. 1976, S. 7ff.), d.h. diese Prozesse werden im Hinblick auf die Erfüllung der drei zentralen, oben bereits genannten Funktionen des Schulsystems (Qualifikation, Selektion, Integration) untersucht. Schulische Sozialisation umfaßt daneben aber auch „latente Lernprozesse als Folgeerscheinungen der systematischen Organisation von Lernprozessen" (Fend u.a. 1976, S. 4). In diesem Sinne lernen die Schüler auch überfachliche Qualifikationen und – jedenfalls in der Regel – eine allgemeine Leistungsbereitschaft, sie lernen, die Leistungsprüfung und die darauf fundierten Verteilungsprozesse zu akzeptieren, und sie entwickeln daraus schließlich eigene Begabungsvorstellungen und ein entsprechendes Selbstvertrauen (ebd., S. 10). Ablauf und Konsequenzen aller Lernprozesse sind abhängig von bzw. lassen sich inhaltlich differenzieren nach institutionellen und nach lehrerbedingten Merkmalen des Schulsystems, die – quasi als intervenierende Variable – verschiedene Sozialisationseffekte mit erklären sollen.
Fend u.a. gehen deshalb davon aus, daß sich in dem in der Bundesrepublik vorherrschenden dreigliedrigen Schulsystem – mit punktueller Schullaufbahnentscheidung, fachübergreifender Differenzierung und einer segregierten sozialen Organisation – tendenziell andere Ein-

flüsse auf die Schüler ergeben wie in einem Gesamtschulsystem mit kontinuierlichen Schullaufbahnentscheidungen, einer fachspezifischen Differenzierung und einer integrierten sozialen Organisation. Sie nehmen weiter an, daß das Ausmaß an *Repressivität* des Schulsystems, das vor allem durch die „Erziehungsphilosophie" der Lehrer bedingt ist und inhaltlich in den vier Dimensionen Leistungsdruck, Disziplindruck, Kontrollverhalten der Lehrer und (informelle) Mitbestimmungsmöglichkeiten der Schüler gefaßt wird, eine wesentliche Bedingung schulischer Sozialisation konstituiert (ebd., S. 15ff.). In der Untersuchung wird die Repressivität als vom Schüler subjektiv erlebter *Anpassungsdruck* operationalisiert, der je nach der Ausprägung der vier Dimensionen als hoch oder niedrig eingestuft und in seinen Folgen überprüft wird. Als letzten und ebenfalls sehr wichtigen sozialisationsrelevanten Faktor nennt das Konstanzer Forschungsteam das Beziehungsverhältnis zwischen Lehrern und Schülern, das – vor dem Hintergrund der im vorigen Abschnitt geschilderten Interaktionssituation zweifellos etwas verkürzt – in nur zwei Dimensionen abgebildet wird: Ausmaß des Lehrerengagements für die Schüler und Grad der Anonymität des Lehrers gegenüber den Schülern (fachzentrierte versus schülerzentrierte Haltung des Lehrers) (ebd., S. 27f.). Diese jetzt nur knapp zusammengefaßten theoretischen Grundannahmen markieren zwar einen recht komplexen Bezugsrahmen für die Analyse schulischer Sozialisation, der aber in der empirischen Arbeit nicht immer stringent umgesetzt werden konnte; dennoch sind viele Ergebnisse für die Bildungsforschung und -politik relevant.

Die empirischen Daten der Konstanzer Untersuchung wurden im Herbst 1973 an 3750 Schülern (schriftliche Befragung während des Unterrichts), ca. 400 Lehrern und 550 Eltern (postalische Befragung) gewonnen; die Ergebnisse beziehen sich bei den Schülern vor allem auf die 9. Klasse bzw. Schulstufe, wobei ungefähr jeweils zur Hälfte Gesamtschulen und Schulen des traditionellen Schulsystems (Hauptschule, Realschule, Gymnasium) aus verschiedenen, ländlich bis großstädtischen Gebieten ausgewählt wurden (Fend u.a. 1976, S. 30ff.; alle weiteren Seitenangaben zunächst nur aus dieser Publikation). Die wichtigsten Resultate – besonders im Hinblick auf die Sozialisationseffekte i.e.S. – sollen im folgenden skizziert werden:

a) Die Lern- und Leistungsmoral ist bei Mädchen deutlich stärker ausgeprägt als bei Jungen; bei Gesamtschülern nimmt sie mit der Höhe des Kursniveaus zu, im dreigliedrigen Schulsystem ist sie jedoch bei Gymnasiasten am niedrigsten und bei Realschülern am höchsten. Relativ unabhängig von diesen geschlechts- und schulartspezifischen Unterschieden steigt die Lern- und Leistungsmoral an, wenn – jeweils aus der Sicht der Schüler – ein hoher Leistungsdruck *und* positive Lehrer-Schüler-Beziehungen gegeben sind (S. 91ff.).
b) Bezüglich der Einstellungen der Schüler zur Leistungsideologie und zur Verwirklichung des Leistungsprinzips – individuelle Leistung entscheidet über schulischen Erfolg – gibt es keine nennenswerten Unterschiede im „kritischen Bewußtsein"; allerdings akzeptieren Gesamtschüler das Leistungsprinzip – als Norm wie auch von deren Realisierung her – stärker als Schüler des traditionellen Schulsystems (S. 214f.). Dabei spielen schichtspezifische Faktoren (Herkunft der Schüler) praktisch keine Rolle, während sich jedoch klare Zusammenhänge mit dem Leistungsstatus der Schüler ergeben: Je niedriger das Schul- bzw. Kursniveau, desto stärker glauben Schüler an das Leistungs- und Chancengleichheitsprinzip, desto intensiver wird eine Verteilung nach Leistung befürwortet und umgekehrt (S. 226ff.). Verstärkend auf die affirmative Haltung gegenüber dem Leistungsprinzip wirken sich – außer an einigen Gesamtschulen mit einer sehr progressiven Lehrerschaft – positive Lehrer-Schüler-Beziehungen aus (S. 279).
c) Die Wertorientierungen der Schüler wurden vor dem Hintergrund einer zentralen Annahme der schichtspezifischen Sozialisationsforschung, daß sich nämlich die Unterschicht stärker an Konformität und die Mittelschicht mehr an Selbststeuerung orientiert (Kohn 1977; zur Kritik K. Ulich 1978, S. 107ff., und der Beitrag von Steinkamp in diesem Band), untersucht sowie nach Leistungsstatus, Geschlecht und Schulsystem differenziert. Innerhalb der drei traditionellen Schulformen zeigen sich kaum mehr herkunftsbedingte Unterschiede bei den Schülern, weil hier bereits in der Selektion für weiterführende Schulen schichtspezifische Einflüsse wirksam werden (vgl. Fend u.a. 1976, S. 463f.); Gesamtschüler

aus der Unterschicht hingegen sind weniger selbstbestimmungs- und leistungsbezogen als die aus der Mittelschicht, und die Konformitätsorientierung ist bei Gesamtschülern generell – nahezu schichtunabhängig – niedriger als bei Schülern des dreigliedrigen Systems (S. 289f.). Die Wertorientierungen von Mädchen und Jungen sind im traditionellen Schulsystem fast durchweg signifikant voneinander verschieden – Konformität und Leistungswerte werden stärker von Mädchen betont –, während die Gesamtschule hier offensichtlich angleichend wirkt (S. 290f.). Auch der Leistungsstatus des Schülers wirkt sich in beiden Schulsystemen verschieden aus: „Im dreigliedrigen System nehmen konforme Haltungen ab und selbstorientierte zu, wenn der Status des Schülers zunimmt. In der Gesamtschule nehmen zwar auch die selbstorientierten Werte mit dem Kursniveau zu, doch finden sich keine Unterschiede mehr hinsichtlich der anpassungsorientierten Wertmuster“ (S. 294), wobei eine wesentliche Rolle die Lehrererwartungen, insbesondere die relativ niedrige Konformitätseinstellung der Gesamtschullehrer spielen dürfte (vgl. S. 217).

d) Auch die Selbsteinschätzungen der Schüler in bezug auf Begabung und Leistung variieren schulsystemspezifisch: Gesamtschüler schätzen sich generell positiver ein als der Durchschnitt aller Schüler an den traditionellen Schulen; innerhalb beider Systeme steigt die Selbsteinschätzung mit dem Kurs- bzw. Schulniveau (außer zwischen Haupt- und Realschule) deutlich an (S. 335ff.). Diese Unterschiede bleiben – freilich in abgeschwächter Form – auch dann bestehen, wenn die faktische Schulleistung berücksichtigt wird. Auf Zusammenhänge zwischen Schülerselbsteinschätzung und der – z.T. schichtspezifisch ausgeprägten – Einschätzung durch Eltern und Lehrer kann jetzt nur noch hingewiesen werden (vgl. S. 349ff.).

e) Ein weiterer zentraler Bereich der Konstanzer Untersuchung ist den Auswirkungen der Schule auf das Selbstbewußtsein der Schüler gewidmet, wobei „Schulen als Orte der Vorstrukturierung von Erfolgs- und Mißerfolgsbilanzen“ (S. 364) aufgefaßt werden. Im einzelnen umfaßt das Syndrom Selbstbewußtsein vier Dimensionen: Selbstwertgefühl, Anomia (Bewußtsein eigener Kontrollmöglichkeiten oder von Ohmacht in bezug auf schulische Anforderungen), Hoffnung auf Erfolg und Angst vor Leistung und Mißerfolg (S. 373), die vor allem mit den Leistungsattributionsmustern der Schüler zusammenhängen; selbstbewußte Schüler führen gute Leistungen eher auf Begabung und weniger auf unkontrollierbare Umstände zurück, weniger selbstbewußte Schüler verfahren umgekehrt (S. 377f.). Eine klare, wenngleich nicht sehr hohe positive Korrelation ergibt sich ferner zwischen Selbstbewußtsein einerseits und der Leistungsbereitschaft sowie dem Schulinvolvement (s. f)), der Höhe schulischer und beruflicher Zukunftserwartungen, dem Ausmaß an Partizipationsverhalten und – mit umgekehrtem Vorzeichen – dem Ausmaß abweichenden Verhaltens andererseits (S. 393ff.). Ähnlich wie das Begabungsselbstbild (s. d)) ist auch die Ausprägung des Selbstbewußtseins stark vom innerschulischen Qualifikationsniveau abhängig; dabei sind die Unterschiede zwischen Gesamtschülern in den drei Niveaugruppen deutlich größer als zwischen Haupt- und Realschülern sowie Gymnasiasten, weil dort die Leistungsgruppierung sichtbarer ist (S. 400f.). Die weitere, sozialpsychologisch-theoretische Analyse der Entstehungsbedingungen von Selbstvertrauen muß im jetzigen Zusammenhang ausgeklammert bleiben.

f) Schließlich werden mit der Untersuchung von Schulinvolvement und Schulverdrossenheit auch stärker affektiv akzentierte Sozialisationseffekte angesprochen, die ja in der aktuellen schulpolitischen Auseinandersetzung zunehmend an Gewicht gewinnen. Empirisch erfaßt werden dazu das allgemeine Wohlbefinden in der Schule, die Einstellungen zur Schule und die Einstellungen zu Lehrern (S. 439f.). Ein hohes Schulinvolvement zeigt sich vor allem bei Schülern mit ausgeprägter Lern- und Leistungsmoral, mit – im traditionellen Schulsystem – stärkerer Konformitätsorientierung und mit einem geringeren Ausmaß abweichender Verhaltensweisen (z.B. „Mogeln“) (S. 441f.). Dies deutet – trotz einer sehr zurückhaltenden Interpretation der Autoren – darauf hin, daß leistungs- und anpassungsbereite, ja tendenziell auch unkritische Schüler am wenigsten unter Schulverdrossenheit leiden. Interessant, weil teilweise erwartungswidrig, sind die schulartspezifischen Unterschiede: In allen drei genannten Dimensionen nimmt das Schulinvolvement von der Hauptschule über die Realschule bis zum Gymnasium ab, während es hingegen an Gesamtschulen mit der Höhe des Qualifikationsniveaus zunimmt; der gleiche Effekt zeigt sich bei der Zufriedenheit mit der eigenen Schulleistung (S. 448ff.). Für die Schüler im traditionellen Schulsystem gilt offensichtlich „die Formel ‚benachteiligt, aber zufrieden' und ‚bevorzugt, aber unzufrieden'", während bei den Gesamtschülern „objektive Vorteile und subjektive Zufriedenheit synchron (verlaufen)" (S. 450f.). Dieses zunächst überraschende Ergebnis wird als Struktureffekt der unterschiedlichen Schulsysteme (integriert versus segregiert) mit Hilfe des Konzepts der „relativen Deprivation" einleuchtend erklärt (S. 453ff.).

Das Schulinvolvement muß allgemein in engem Zusammenhang mit dem *Schulklima* gesehen werden, also mit den vor allem lehrerbedingten sozialen Einflußprozessen und mit der Qualität der Lehrer-Schüler-Beziehung. Das ist auch das Thema einer Monographie von FEND, die sich inhaltlich und auch von der empirischen Ausgestaltung des zu Beginn dieses Abschnitts referierten theoretischen Ansatzes unmittelbar an die bisherige Darstellung anschließt; die zentralen Ergebnisse dieser Schulklimauntersuchung sollen deshalb hier mit fortlaufender Numerierung zusammengefaßt werden (FEND 1977; alle Seitenangaben beziehen sich auf dieses Buch).

g) Nach einem Überblick über „Traditionen der Messung schulischer Umwelten" (S. 27ff.) und einer Schilderung der theoretischen Annahmen und ihrer Operationalisierung (S. 63ff.) wird zunächst das Schulklima aus der Sicht der Schüler beschrieben: Den stärksten Leistungsdruck erleben Realschüler und – etwas geringer – Gymnasiasten, beim Disziplindruck ist es umgekehrt; Hauptschüler und – noch mehr – Gesamtschüler erleben den geringsten Druck; in bezug auf die erfahrene restriktive Kontrolle und die Mitbestimmungsmöglichkeiten der Schüler weisen die Gesamtschulen ein deutlich liberaleres Schulklima auf als – mit geringen Unterschieden untereinander – die drei traditionellen Schularten (S. 121ff.). Diese vier Dimensionen ergeben zusammengefaßt ein Maß für den subjektiven Anpassungsdruck der Schüler, der im dreigliedrigen Schulsystem mit der Qualifikationshöhe steigt, in den Gesamtschulen jedoch fällt; die Beurteilung der Lehrer-Schüler-Beziehung verläuft erwartungsgemäß jeweils gegensinnig (bei hohem Anpassungsdruck weniger gute Beziehung und umgekehrt) (S. 126f.). Freilich muß zwischen Anpassungsdruck und Sozialbeziehungen ein – von FEND nicht näher geklärter – wechselseitiger Zusammenhang angenommen werden, der möglicherweise selbst wieder von anderen innerschulischen Faktoren, wie z. B. den Lerninhalten, abhängig ist.

h) Die Suche nach möglichen Entstehungsbedingungen des Schulklimas ist zunächst nicht sehr erfolgreich. Eine Ausdifferenzierung verschiedener Merkmale der 135 untersuchten Klassen (soziale Zusammensetzung, Größe, Geschlechtszusammensetzung, Alter und Leistungsstand) und deren Korrelation mit Anpassungsdruck und Sozialbeziehungen „ergibt beinahe nur negative Ergebnisse" (S. 148). Spezifische Merkmale der Schule hingegen haben offensichtlich mehr Einfluß auf das Schulklima: Unter Berücksichtigung der materiellen Ausstattung der Schule, der sozialen und organisatorischen Belastung der Lehrer sowie der wahrgenommenen Reglementierung der Lehrer zeigt sich eine deutliche Verschlechterung des Schulklimas vor allem bei hoher Belastung der Lehrer an den Gesamtschulen und besonders bei starker Reglementierung an traditionellen Schulen (S. 149ff.). Da die Reglementierung der Lehrer überdies in signifikantem Zusammenhang mit dem von Gesamtschülern erlebten Anpassungsdruck und mit einer negativen Beurteilung der Lehrer-Schüler-Beziehung in traditionellen Schulen steht (S. 160), liegt hierin zweifellos eine ganz wichtige Determinante des Schulklimas und damit auch der schulischen Sozialisation überhaupt. Neben den Merkmalen von Schülern und Schulen wird auch die Variation des Schulklimas in Abhängigkeit von Lehrereinstellungen untersucht; auch dabei stellt sich – ungeachtet der Problematik von Adjektiva wie „progressiv" und „konservativ" – ein klares Ergebnis heraus: Der Anpassungsdruck der Schüler ist sehr schwach ausgeprägt, wenn die Wertorientierungen und Meinungen der Lehrer „progressiv" sind (S. 176f.).

i) Abschließend werden noch einmal die Konsequenzen des Schulklimas („unabhängige" Variable: Leistungsdruck, Anpassungsdruck, Sozialbeziehungen) für die Sozialisation der Schüler („abhängige" Variable: Leistungsbereitschaft, Selbstbewußtsein, abweichendes Verhalten, Partizipationsverhalten u.a.) zusammengestellt. Einige der wichtigsten und signifikanten Ergebnisse: Hoher Leistungsdruck führt generell zu geringerem Selbstbewußtsein und zu weniger Partizipation der Schüler; hoher Anpassungsdruck hat die gleichen Folgen, erhöht zusätzlich aber noch die Schulverdrossenheit und die Angst bei Konflikten mit dem Lehrer; positive Lehrer-Schüler-Beziehungen hängen eng zusammen mit einem positiven Schulinvolvement und einer stärker verbal ausgetragenen Konfliktregelung, sind jedoch kaum von Bedeutung für die Leistungsbereitschaft und das Selbstvertrauen der Schüler (S. 200ff.).

Damit soll die bewußt ausführlich gehaltene, gegenüber den Originalberichten aber dennoch sehr geraffte Darstellung der Konstanzer Untersuchung vorläufig abgeschlossen werden (zur Kritik vgl. 3.3). Soweit bedeutsame Probleme hier ausgespart wurden – nämlich abweichendes Verhalten, Schulangst, Lehrereinstellungen –, wird unten noch genauer darauf eingegangen.

3.2 *Schulangst – Zum Problem von Ursache und Wirkung in der Sozialisationsforschung*

Eine der Kernfragen schulischer Sozialisationsforschung ist die nach den eindeutig schulspezifischen und nicht durch außerschulische Faktoren (mit-)bedingten Sozialisationseffekten gewesen. Empirisch allerdings läßt sich diese Frage kaum klären, da die Entstehung und Veränderung von Orientierungsmustern und Verhaltensdispositionen stets an *Personen* gebunden ist, die in ihrer Biographie, in ihrer Persönlichkeitsstruktur grundsätzlich Einflüsse aus mehreren, gleichzeitig wirksamen Sozialisations-„settings" vereinen. Am Beispiel der Schulangst soll dieses Verursachungsproblem einmal andiskutiert werden.

Ein Blick auf frühere Untersuchungen zeigt zunächst, daß die Ausprägung von Schulangst nicht nur schulartspezifisch, sondern auch geschlechts-, schicht- und regionalspezifisch variiert (Schwarzer/Royl 1978, S. 115f.). Das könnte bedeuten: Innerhalb der verschiedenen Schularten sind die Schüler zwar homogenen Angsteinflüssen ausgesetzt, die sich aber entsprechend den Sozialisationsunterschieden in den drei genannten – und möglicherweise noch anderen – Dimensionen verschieden auswirken. Es kann dabei jedoch u.U. ein gleich hohes Ausmaß an – gemessener – Schulangst auf unterschiedliche außerschulische Sozialisationsfaktoren zurückführbar sein, die z.B. bei einem „Mittelschichtmädchen" und einem „Unterschichtjungen" eben zum gleichen Ergebnis führen; eine klare Ursache-Wirkungs-Beziehung läßt sich so nicht mehr ermitteln. Von daher muß die Annahme, daß Schulangst „durch Erfahrungen in der Schule gelernt (wird) und somit auch ein Ergebnis schulischer Sozialisation (ist)" (Schwarzer 1978, S. 5) etwas relativiert werden, und eine weitere Annahme, die im folgenden genauer geprüft wird, daß nämlich Schüler, „die verschiedenen schulischen Sozialisationseinflüssen unterliegen, über eine unterschiedlich ausgeprägte Leistungsangst verfügen" (ebd.), dürfte sich nur unter Konstanthaltung aller außerschulischen Einflüsse als richtig erweisen.

Zusammenhänge zwischen dem Ausmaß an Schulangst einerseits und der Schulart sowie anderen schulorganisatorischen Variablen andererseits lassen sich in mehreren Untersuchungen finden. So hat das Konstanzer Forschungsteam ermittelt, daß sich Schüler der 9. und 10. Klassen im traditionellen Schulsystem bezüglich der Schulangst nicht, Schüler in Gesamtschulen jedoch entsprechend dem Kursniveau deutlich voneinander unterscheiden (je höher das Kursniveau, desto geringer die Schulangst); in Gesamtschulen ist die Angst insgesamt signifikant niedriger (Fend u.a. 1976, S. 150). Innerhalb beider Schulsysteme spielen dabei die *Leistungsunterschiede* eine entscheidende Rolle: Gute Schüler haben weniger Angst als schlechte (ebd., S. 153). Eine weitere wichtige Bedingung ist der Leistungsdruck, denn „in sämtlichen Schulformen mit Ausnahme von Gymnasien geht ein hoher Leistungsdruck mit erhöhter Angst ... einher" (ebd., S. 163). Diese Formulierung – „geht ... einher" – akzentuiert noch einmal das Ausgangsproblem: Faktoren wie Schulart, Leistungsniveau, Leistungsdruck leisten zwar relevante Differenzierungen in bezug auf Schulangst, können aber unterschiedliche

Ausprägungsformen (noch) nicht schlüssig erklären. Auch wenn FEND u.a. noch einen wichtigen Schritt weitergehen und einen negativen Zusammenhang zwischen Schulangst und sozialer Anerkennung durch die Klassenkameraden feststellen (auch bei konstant gehaltenen Noten, S. 168), so interpretieren sie dies m.E. zu Recht eher als eine wechselseitige Beeinflussung (S. 170).

Andere Untersuchungen bestätigen im wesentlichen die Konstanzer Ergebnisse über die schulsystemeigene Ausprägung von Angst. Ergänzt werden sollte noch, daß die Fachleistungsdifferenzierung, die an den meisten Gesamtschulen üblich ist, allein keine Auswirkung auf die Schulangst hat, wie sich bei einem Vergleich je zweier leistungs- und nichtleistungsdifferenzierender Gesamtschulen zeigt (LITTIG/KNAPP 1978); die spezifische Prüfungsangst hingegen ist bei Schülern in Leistungskursen deutlich höher, was aber wiederum nicht kausal interpretierbar ist (ebd., S. 13f.). Weitere interessante Resultate bringt – freilich ebenfalls ohne Bezug auf außerschulische Einflüsse – eine längsschnittanaloge Kohortenanalyse, die es gestattet, die *zeitliche Entwicklung* der Schulangst abzuschätzen (SCHWARZER/ROYL 1978): Bei allen Schülern außer den Gymnasiasten nimmt die Prüfungsangst vom Beginn des 5. bis zum Beginn des 6. Schuljahres deutlich ab; das mittlere Angstniveau pendelt sich in den beiden folgenden Jahren bei den integrierten Gesamtschulen auf dem relativ niedrigsten, bei den Regelschulen auf dem relativ höchsten Niveau und bei den kooperativen Gesamtschulen dazwischen ein. Die Begründung dafür fällt pauschal und vorsichtig aus: SCHWARZER/ROYL nehmen für die Gesamtschulen andere Lernumwelten und nicht, wie oft behauptet wird, gerin gere Leistungsforderungen an, äußern aber auch berechtigte Skepsis: „Ein paar Mittelwertvergleiche beweisen nicht, daß die Gesamtschule der Lernort der glücklichen Kinder ist" (S. 123).

Die bisherige Forschung über schulartspezifische Angstintensität bleibt insgesamt „vorläufig und noch auf beschreibender Ebene" (SCHWARZER 1978, S. 6). Das Feld möglicher Ursachen für Angst als Sozialisationseffekt der Schule ist überdies viel weiter und komplexer, als in den meisten Untersuchungen angenommen wird, und müßte zusätzlich um familiäre, altersgruppenspezifische und nicht zuletzt auch um bildungs- und arbeitsmarktpolitische Bedingungen erweitert werden. Eine fundiertere Kenntnis der Angstursachen ist schließlich auch eine notwendige Voraussetzung für Versuche, Schulangst in pädagogisch-therapeutisch verantwortlicher Weise abzubauen.

Grundsätzlich gilt für die wissenschaftlich-kausale Aufklärung von Schulangst – wie auch der meisten anderen Sozialisationseffekte – das folgende Bedingungsraster, das von einer Expertenkommission speziell für die Untersuchung der Schülerbeanspruchung vorgeschlagen wird (Bundesminister für Bildung und Wissenschaft 1977, S. 65f.): Auf der „obersten" Ebene ist die *gesellschaftliche Makrostruktur*, „die Bedeutung gesellschaftlicher Wert- und Sinnstrukturen" (HURRELMANN 1977b, S. 8ff.) und vor allem das Gewicht von Normen – wie z.B. „individuelle Leistung" – in ihren mittelbaren und unmittelbaren Auswirkungen zu untersuchen; hierbei könnte sich zeigen, daß nicht nur in der Schule, sondern auch in vielen anderen gesellschaftlichen Arbeitsbereichen Angst als Ausdruck einer Leistungs- und Konkurrenzideologie beinahe zwangsläufig entsteht. Zweitens müßten – wie schon angedeutet – *familiäre Erziehungseinflüsse* sowohl unabhängig von wie auch in Verbindung mit schulinternen Faktoren einbezogen werden. Gerade die Ausprägung von Schulangst ist wesentlich vom Erziehungsverhalten und den (Leistungs-)Erwartungen der Eltern mitbedingt (ACHTENHAGEN 1978, S. 100; LITTIG/KNAPP 1978, S. 8) und kann deshalb in den meisten Fällen durch innerschulische Maßnahmen allein nicht entscheidend verändert werden. Selbst bei scheinbar eindeutig schulspezifischen Angstveränderungen, wie z.B. der von SCHWARZER/ROYL (1978) berichteten Angstreduktion von der 5. zur 6. Klasse, spielen sicherlich Elternreaktionen mit (z.B. nachlassende Leistungsforderungen, nachdem der Übertritt in eine weiterführende Schule bewältigt ist). Insbesondere dann, wenn zwischen den Sozialisationsleistungen bzw. -anforderungen von Familie und Schule Divergenzen auftreten, also vor allem bei Arbeiterkindern (HURRELMANN 1977b, S. 20ff.), muß ein komplexer Verursachungszusammenhang für Schulangst und alle „abweichenden" Sozialisationseffekte angenommen werden, dem jedenfalls eine einseitig schulzentrierte Perspektive nicht gerecht wird.

Vor diesem Hintergrund erhalten – drittens – Variablen der *Schulsituation* und -struktur einen etwas geringeren, doch immer noch sehr bedeutsamen Stellenwert. Freilich sollten sich künftige

Untersuchungen – abgesehen von den zweifellos wichtigen organisatorischen Faktoren – stärker auf interaktionelle Bedingungen (z. B. Lehrererwartungen), auf Selektionsprozesse und -mechanismen sowie schließlich auch auf die eigentlichen Lerninhalte und deren Relevanz für die Schüler (BUJOK-HOHENAUER u.a. 1978a, S. 36ff.) beziehen: Schulangst ist oft – aber selten allein – eine spezifische Angst vor dem Lehrer, vor dem Beurteilt- und (Nicht-)Versetztwerden oder vor bestimmten, „fremden“ Fächern. Viertens und letztens ist als Bedingungsfeld auch die *Persönlichkeitsstruktur* zu berücksichtigen, allerdings nicht in dem Sinne, daß versucht würde, verschiedene „Typen“ von (nicht) ängstlichen – oder : „selbstbewußten“, „leistungsmotivierten“, „auffälligen“ – Schülern zu konstruieren; vielmehr müßten Zusammenhänge zwischen Schulangst einerseits und kognitiv-emotionalen Prozessen sowie sozialpsychischen Prozessen wie Ablehnung und Zuwendung – was bei FEND u. a. schon versucht wurde – andererseits gefunden werden, die dann wiederum in Beziehung zu familiären und schulischen Angstquellen zu setzen wären (vgl. auch die Beiträge von MERTENS und HAUSSER/ULICH in diesem Band). Hier sind jedoch noch zahlreiche Schwierigkeiten zu überwinden, die in dem Konstrukt „Angst“ selbst und in den methodischen Verfahren zu seiner empirischen Erfassung liegen (SCHWARZER/ROYL 1978, S. 123f.); ähnliche Probleme stellen sich freilich auch bei anderen Sozialisationseffekten.

Abschließend soll festgehalten werden: Die Frage nach der Verursachung schulischer Sozialisationseffekte, die hier nur exemplarisch am Problem der Schulangst diskutiert wurden, kann einigermaßen schlüssig nur mit Hilfe komplexer Mehrebenenansätze geklärt werden; eine Beschränkung auf Interdependenzen zwischen nur zwei Ebenen bzw. zwischen nur einer „unabhängigen“ und einer „abhängigen“ Variable (z. B. Schulart/Schulangst) führt zu Teil- oder gar Scheinerklärungen und bleibt theoretisch wie praktisch unbefriedigend.

3.3 Exkurs: Methodische Probleme schulischer Sozialisationsforschung

Eine Einschätzung der Relevanz und Leistung bisheriger schulischer Sozialisationsforschung ist – neben den zuletzt formulierten, eher theoretisch-konzeptionellen Perspektiven bzw. Postulaten – vor allem auch unter methodischen Gesichtspunkten vorzunehmen (vgl. auch KÖKKEIS-STANGL in diesem Band). Zwar haben sowohl die Untersuchungen der Konstanzer Projektgruppe als auch jene über Schulangst durchaus aufschlußreiche, ja z.T. – etwa im Hinblick auf die positiveren Sozialisationseffekte der Gesamtschule – auch bildungspolitisch wünschenswerte Ergebnisse geliefert, doch wird deren Reichweite und Gültigkeit zweifellos aufgrund methodischer Mängel und Einseitigkeiten eingeschränkt. Dies ist für die schichtspezifische Sozialisationsforschung bereits hinreichend nachgewiesen worden (ABRAHAMS/SOMMERKORN 1976, BERTRAM 1976), kürzlich von RODAX/SPITZ (1978) auch für empirische Belege des Zusammenhangs zwischen Sozialstatus und Schulerfolg bestätigt worden und soll nun kurz im Hinblick auf die besprochenen empirischen Arbeiten über schulische Sozialisationswirkungen gezeigt werden.

Ein erstes methodisches Problem der Konstanzer, aber auch vieler anderer Untersuchungen liegt in der Beschränkung der Untersuchungspopulation auf eine bestimmte, oft sehr eng abgegrenzte *Altersgruppe von Schülern.*

Auch wenn eine Befragung ausschließlich der 9. und 10. Schulstufe teilweise von der primären Fragestellung her (Vergleich von traditionellem und Gesamtschulsystem) gerechtfertigt sein kann (FEND u.a. 1976, S. 30ff.), darf doch nicht übersehen werden, daß die gewonnenen Resultate dann eben nur für 15- und 16jährige Schüler Gültigkeit beanspruchen können und keineswegs verallgemeinert werden dürfen; deshalb sind Aussagen über „die Gesamtschüler“ oder „die Gymnasiasten“ streng genommen nicht zulässig. Darüber hinaus entstehen durch die Auswahl eines spezifischen Altersjahrganges gravierende Verzerrungen in den Ergebnissen aufgrund des unterschiedlichen schulischen Zeithorizontes der befragten Schüler: So kann mindestens als plausibel angenommen werden, daß ein 15jähriger Hauptschüler, der unmittelbar vor dem Ende seiner Schulzeit und vor dem Anfang von Lehr- und Berufsarbeit steht, (auch) wegen dieser zeitlichen Situation andere Einstellungen und Orientierungsmuster gegenüber der Schule äußert wie ein gleichaltriger Gymnasiast, der noch drei weitere Schuljahre vor sich hat, oder aber daß relativ ähnliche Haltungen von beiden – wie etwa Resignation oder Apathie – recht verschiedene, eben u.a. zeitbedingte Ursachen haben können.

Zu erwähnen ist in diesem Zusammenhang auch noch die weitgehende Vernachlässigung der zeitlichen Entwicklung, der möglichen Veränderung von Sozialisationseffekten, wobei freilich der Einfluß der Schule noch schwieriger zu isolieren wäre als ohnehin schon. Unter diesem Aspekt müssen alle m.W. vorliegenden Untersuchungen als eindeutig statische Momentaufnahmen gekennzeichnet werden; echte Längsschnittuntersuchungen, in denen schulische Karriereverläufe sowie Entwicklungen und Modifikationen der Verhaltensweisen und -dispositionen von Schülern erfaßt werden könnten, stehen immer noch aus, obwohl es bereits manche prozessual angelegte Theoriekonzeptionen wie z.B. den „labeling"-Ansatz (vgl. Abschnitt 4) gibt.

Ein anderes Problem der Stichprobenauswahl stellt sich besonders bei der Frage nach den Auswirkungen schulischer Sozialisationsbedingungen auf Schüler aus sozialstrukturell und subkulturell *unterschiedlichen Sozialisationsmilieus* (oder verkürzt und meist oberflächlich: aus verschiedenen Schichten).

Wenn z.B. festgestellt wird, daß sich die Wertorientierungen von Schülern innerhalb der drei traditionellen Schulformen kaum (mehr) nach der sozialen Herkunft unterscheiden (FEND u.a. 1976, S. 289), so kann dieses Resultat vielleicht durch einen möglicherweise zu wenig differenzierenden Index für soziale Herkunft (vgl. ebd., S. 498) bedingt sein, es kann aber auch – und das ist hier der wichtigere Punkt – die Konsequenz spezifischer Auswahlkriterien für die Stichprobe sein. In der Konstanzer Untersuchung wurden „nur Schulen ausgewählt, die in Wohngebieten mit hohem Arbeiteranteil an der Gesamtbevölkerung (40 bis 50%) lagen" (ebd., S. 31); andere sozialstrukturelle Merkmale des Schuleinzugsgebietes wurden offensichtlich nicht berücksichtigt. Allein dieses eine Kriterium kann freilich – obwohl es den Anschein von Repräsentativität erweckt – die Variationsbreite aller außerschulischen Sozialisationsmilieus nicht annähernd erfassen. Aber auch so läßt sich vermuten, daß die Einstellungen der Schüler jeder einzelnen Schulart sich mehr voneinander unterscheiden würden, wenn Schulen in Wohngegenden mit einem Arbeiteranteil von etwa 20 bzw. 80% miteinander verglichen würden; der behauptete Homogenisierungseffekt der Schulart ist wahrscheinlich zumindest teilweise ein *Stichprobeneffekt.*

Da auch in anderen Untersuchungen sozialstrukturell weit auseinanderliegende Einzugsgebiete („Akademiker"- versus „Arbeiter"-Viertel) ausdrücklich nicht berücksichtigt werden (z.B. HURRELMANN u.a. 1978, S. 25), müssen die herkunfts-, region- und wohnbedingten Sozialisationsunterschiede zwischen den Schülern wohl tatsächlich als größer angenommen werden. Genaueren Aufschluß darüber könnten nur Extremgruppenvergleiche liefern, die bisher allerdings von der schichtspezifischen wie von der schulischen Sozialisationsforschung – aus welchen Gründen auch immer – vermieden werden.

Das gravierendste Problem jedoch bezieht sich auf die *Untersuchungsmethode* i.e.S., d.h. auf die angewendeten Datenermittlungstechniken. Auch hier kann die Konstanzer Erhebung als typisch gelten: Bei der Schülerbefragung kamen ausschließlich standardisierte Fragebogen sowie Selbsteinschätzungsverfahren und Einstellungstests zum Einsatz; bei allen Fragen nach spezifischen Wertorientierungen, nach der Ausprägung von Schulangst, nach dem Ausmaß abweichenden Verhaltens, nach der Schulleistung, nach der Schichtzugehörigkeit – um nur einige Beispiele zu nennen – wurden „self-report-Daten" (FEND u.a. 1976, S. 34) als einzige Informationsquelle erhoben. Die dabei eingesetzten Meßinstrumente – es handelt sich um ca. 40 verschiedene Skalen mit oft mehreren Subskalen (ebd., S. 495ff.) – vermitteln zweifellos ein eindrucksvolles Bild von der Vielfältigkeit schriftlicher Befragungstechniken, mit denen allerdings recht unkritisch und unreflektiert umgegangen wird. Spätestens seit der differenzierten Kritik von BERGER (1974) an der Interview- und Einstellungsforschung dürfte deutlich geworden sein, daß schriftliche Antworten auf schriftliche Fragen die vom Befragten subjektiv erlebte Realität nur sehr begrenzt wiedergeben.

„Störend" im Hinblick auf die Bewertung der Ergebnisse können sich u.a. auswirken:

- die Erhebungssituation innerhalb der Schule (in Anwesenheit eines Lehrers?);
- die für alle Schüler gleich vorgegebenen Fragen- bzw. Itemformulierungen, die möglichen schulartspezifischen Beantwortungskompetenzen nicht gerecht werden;
- bestimmte und möglicherweise schulartspezifische Erwünschtheitseffekte vor allem bei Fragen nach „negativen" Verhaltensweisen und -dispositionen (z.B. Schulangst);
- die vom methodischen Zugang her vorgebene Operationalisierung der „abhängigen" Variablen, also der Sozialisationseffekte, die nur meß- und quantifizierbare Schüleraussagen zuläßt.

Die „self-report-Methode" ist auch noch unter einem anderen Aspekt problematisch, den

FEND selbst gesehen hat. In der schulischen Sozialisationsforschung wird häufig versucht, „von Angaben der Schüler und Lehrer über die Verhältnisse an ihren Schulen auf diese Verhältnisse selber zurückzuschließen“ (FEND 1977, S. 259); fragwürdig wird dieses Verfahren besonders dann, wenn der Einfluß schulischer Bedingungen auf Schüler und Lehrer untersucht werden soll, und „an denselben Personen die Umweltbedingungen und die Effekte gemessen werden, wenn z.B. Schüler gebeten werden, die Schulumwelt zu beschreiben und dann gleichzeitig diese Beschreibungen zur Erklärung von Verhaltensweisen herangezogen werden, die ebenfalls über die Schüler erhoben wurden“ (ebd., S. 268f.). In solchen „Erklärungen“ ist der klassische Fall eines circulus vitiosus gegeben, der auch durch die methodische Kontrolle von FEND u.a. – Minimierung der persongebundenen Varianz durch Aggregierung von Aussagen und Konstanthalten von „intervenierenden“ Variablen wie z.B. Geschlecht der Schüler – nicht zu einer Kausalkette uminterpretiert werden kann. Hier taucht allerdings sofort eine weitere Schwierigkeit auf: Selbst wenn mit Hilfe anderer Methoden schulische Sozialisationsbedingungen unabhängig von den Sozialisanden ermittelt und in Zusammenhang mit stets persongebundenen Sozialisationseffekten gebracht werden könnten, selbst dann handelte es sich lediglich um eine *statistisch-korrelative Interdependenz*; auch hohe Korrelationswerte, die in der Sozialisationsforschung ohnehin äußerst selten sind, lassen keine gesicherten Aussagen über Ursache-Wirkungs-Beziehungen zu (eine Korrelation von z.B. 0.7 zwischen zwei Variablen signalisiert lediglich eine gemeinsame Varianz von etwa 50%).

Die bislang formulierte Kritik am empirisch-methodischen Verfahren der gängigen schulischen Sozialisationsforschung ist freilich noch eine mehr immanente Kritik, die prinzipiell vom gleichen Wissenschaftsverständnis ausgeht wie die Forschung überwiegend selbst. Weitere Einwände müßten sich daher gegen das reaktiv-methodische Vorgehen selbst richten und mit einem alternativen Gegenstandsverständnis begründet werden, aus dem auch andere Methoden abzuleiten wären. Gerade im Bereich sozialpsychologisch-soziologischer Forschung hat sich in den letzten Jahren die Unzufriedenheit über die methodischen Defizite standardisierter Befragungen und über die korrelations- und faktorenanalytische Ergebnisaufbereitung stark intensiviert (HURRELMANN u.a. 1978, S. 13f.). Dies hat einen wichtigen Grund darin, daß die mit traditionellen empirischen Techniken gewonnenen Resultate zwar meistens die theoretisch mehr oder weniger stringent begründeten Vorannahmen der Forscher absichern, die Befragten aber durch dieses Vorgehen in ein starres Antwort- und Reaktionskorsett gedrängt werden, das eine wirklich subjektive, d.h. von den Betroffenen selbst ausgehende Problemartikulation und Situationseinschätzung nicht zuläßt. Schulische Sozialisation sollte deshalb nicht in der Form abfragbarer Einstellungs- und Meinungsäußerungen allein untersucht werden, sondern zumindest *auch* mit Hilfe nichtstandardisierter Beobachtungs-, Befragungs- und Diskussionsverfahren, deren Ergebnisse dann freilich auch einer mehr qualitativen Auswertung und Interpretation bedürfen. Obwohl sich dabei ebenfalls einige ernste methodische Probleme ergeben würden (z.B. die partielle Veränderung des Beobachtungsfeldes durch die Beobachtung oder die Kategorienbildung bei nichtquantifizierbaren Aussagen), ist die Anwendung solcher Methoden deshalb dringend notwendig, weil nur so ein komplexeres und stärker an den Bedürfnissen und Problemen der Betroffenen orientiertes Bild der Schulwirklichkeit entstehen kann. Als Alternative bietet sich in diesem Sinne vor allem die *Handlungsforschung* an, die allerdings im Bereich der Schule größere institutionelle Widerstände zu überwinden hat als in anderen Feldern (vgl. grundsätzlich dazu FIEDLER/HÖRMANN 1978, KLAFKI 1973). Daneben sind besonders auch Gruppendiskussionen mit Schülern geeignet, die – am Ende des zweiten Abschnittes schon erwähnten – widersprüchlichen Erfahrungen zwischen der alltäglichen Lebenswelt und den schulischen Anforderungen zu thematisieren (FURTNER-KALLMÜNZER/SARDEI-BIERMANN 1978). Diese Hinweise müssen im jetzigen Zusammenhang genügen, um die Richtung einer methodisch differenzierteren Weiterentwicklung schulischer Sozialisationsforschung anzudeuten.

3.4 Einstellungsänderungen und Anpassungsprozesse in der Sozialisation von (angehenden) Lehrern

Mit dieser Überschrift, die sich vor allem auf die Sozialisation und Ausbildung von Lehrern *für* die Schule bezieht, soll gleich die vorherrschende Forschungstendenz markiert werden: Gegenüber den zeitlich weitreichenden und psychosozial bedeutsamen Sozialisationserfahrungen, die Lehrer – in der Regel ein ganzes Berufsleben lang – *in* der Schule machen, konzentrieren sich die meisten empirischen Arbeiten auf die vergleichsweise enge, doch zweifellos wichtige Frage nach den sozialisatorischen *Auswirkungen der Lehrerausbildung*, wobei fast immer nur noch Einstellungsänderungen zwischen den beiden Ausbildungsphasen (Hochschulstudium und Referendarzeit) und Prozesse der Anpassung an die Institution Schule erfaßt werden (vgl. exemplarisch HÄNSEL 1975, KOCH 1972; DANN u.a. 1978). Abgesehen von dieser thematischen Verkürzung treten hier sehr ähnliche methodische Probleme auf wie bei der Erforschung der Schülersozialisation; die nahezu ausschließliche Verwendung von Fragebogen und Einstellungsskalen sowie das Fehlen von Längsschnittuntersuchungen (Ausnahme: DANN u.a. 1978, s. unten) kann aber jetzt nicht mehr eigens kritisiert werden.

Trotz der theoretischen und methodologischen Schwächen der Einstellungsforschung (BERGER 1974) hat die Ermittlung der Verhaltensdispositionen von (angehenden) Lehrern wichtige Anhaltspunkte zur Einschätzung der Lehrerausbildung gebracht (vgl. z.B. DANN u.a. 1978, S. 343ff.; KOCH/PFEIFER 1971; K. ULICH 1978, S. 38ff.). Auch die Konsistenz zwischen Einstellung bzw. Verbalverhalten und faktischem Verhalten kann aufgrund einiger theoretischer und empirischer Befunde bei Lehrern als relativ gut gesichert gelten (DANN u.a. 1978, S. 72ff.; K. ULICH 1976, S. 124f.), d.h. das Verhalten von Lehrern insbesondere gegenüber den Schülern ist zumindest begrenzt von den Einstellungen her prognostizierbar, wenn die vorgegebenen Statements bzw. Items der Einstellungsskala sich unmittelbar auf reale Verhaltenssituationen beziehen und/oder von den Lehrern als virtuelle Beschreibung eigenen Verhaltens gedeutet werden können. Möglichkeiten dazu bieten vor allem die von DAVIS und VIERNSTEIN (1972) konzipierte LEKU-Skala, die Einstellungen der Lehrer zu Kindern und Unterricht mißt, und die am Konstanzer Zentrum für Bildungsforschung entwickelten Fragebogen für Schul- und Erziehungseinstellungen (KOCH u.a. 1972). Danach lassen sich auch die häufig festgestellten Einstellungsänderungen zwischen Schule, Studium und Referendarausbildung tendenziell als verhaltenswirksam und – bezüglich der letzten Phase – als sozialisationsrelevant für Schüler interpretieren. Die wichtigsten empirischen Resultate sind im folgenden zusammengefaßt (nach DANN u.a. 1978, S. 32ff.; vgl. auch KOCH 1972 und LIEBHART 1970):

Ein Querschnittsvergleich der Einstellungen von Abiturienten und Lehrerstudenten zeigt, daß das Studium generell einen *liberalisierenden Effekt* hat, der besonders während der ersten Semester eintritt; Studenten äußern sich in Befragungen kritischer, toleranter, weniger konformistisch und stärker kindzentriert. Diese Liberalisierung – sie wurde im übrigen auch bei Nichtlehrerstudenten nachgewiesen – ist eine z.T. fach-, z.T. hochschulspezifische Sozialisationswirkung des Studiums (vgl. den Beitrag von HUBER in diesem Band), die sich allerdings in jüngster Zeit unter dem Einfluß zunehmender Studienreglementierung sowie der Akademikerarbeitslosigkeit und des „Lehrerüberschusses" m.E. abgeschwächt hat. Bereits die Schulpraktika, die von angehenden Lehrern noch während der Hochschulausbildung zu absolvieren sind, rufen sehr häufig eine Einstellungsänderung in eine mehr autokratische Richtung hervor, deren Ursachen u.a. in dem mangelnden Theorie-Praxis-Bezug der Hochschulausbildung liegen. Zu Beginn der zweiten Ausbildungsphase und damit der eigentlichen Berufspraxis tritt bei den Lehrern dann ein rascher und allgemeiner *Einstellungswandel* ein: Referendare und „Junglehrer" werden (wieder) konservativer, konformistischer und weniger reformfreundlich; sie betonen erheblich stärker als zuvor die Wissensvermittlung als schulische Aufgabe und sehen die geistige Entwicklung und Leistungsfähigkeit der Schüler mehr genetisch bedingt. Das bedauerlichste Ergebnis, das aber dennoch schnell verständlich wird, liegt darin, daß die Forderung nach Disziplinierung und Kontrolle der Schüler sehr deutlich zunimmt, daß also gerade bei der Gestaltung der Lehrer-Schüler-Beziehung die Lehrer „ihre anfänglichen idealistischen Vorstellungen korrigieren (müssen)" (MERZ/MADJARIC 1976, S. 98), weil sich hier der „Praxisschock" am nachhaltigsten bemerkbar macht.

In der m.W. einzigen umfassenderen und deutschsprachigen Untersuchung werden die skizzierten Einstellungsänderungen in einem komplexen Längsschnittdesign bestätigt, erklärt und im Hinblick auf mögliche Ausbildungsalternativen diskutiert (DANN u.a. 1978). Wesentlich differenzierter als in anderen Studien fällt die Analyse möglicher Ursachenfelder des Einstellungswandels aus; die Verfasser nennen insbesondere drei Bereiche, zu denen sie – mittels Einstellungs- und Persönlichkeitsskalen sowie Fragebogen zur Berufs- und Ausbildungssituation – wichtige Ergebnisse erhalten haben (S. 334ff.):

1. Bedingungen der *Schulumwelt*; vor allem das Ausmaß an diskrepanten Erfahrungen zwischen Hochschule und Schule, ungünstige schulische Rahmenbedingungen (z.B. Klassengröße) und der Anpassungsdruck von Kollegen und Vorgesetzten bewirken eine Revision relativ liberaler Lehrereinstellungen in der zweiten Ausbildungsphase.
2. Bedingungen der *Hochschulumwelt*, die jedoch gegenüber den schulischen Bedingungen erheblich weniger Gewicht haben; eindeutig positiv im Hinblick auf eine Abmilderung des „Praxisschocks" und eine größere Persistenz der Hochschuleinstellungen sind lediglich Kontakte der Studenten außerhalb der Hochschule und das Ausmaß des Praxisbezuges während des Studiums.
3. Bedingungen der *früheren Sozialisation*, insbesondere „personale Merkmale" der angehenden Lehrer; als ein klares, wenngleich wenig überraschendes Resultat wird festgestellt, daß die Anpassung und der Konservativismus in den Erziehungsvorstellungen der Referendare um so intensiver ausgeprägt sind, je konservativer die betreffenden bereits als Studenten waren (und umgekehrt).

Auch diese Untersuchung bleibt freilich auf die eingangs genannte Fragestellung beschränkt, der Längsschnittansatz bezieht sich lediglich auf die Zeit zwischen dem dritten Studiensemester und dem Ende des ersten Jahres der Referendarzeit (S. 177). Die langfristige Sozialisationswirkung, die die Institution Schule auf die in ihr professionell Tätigen ausübt, die jahrelange Stabilität oder allmähliche Veränderung der impliziten Erziehungstheorien von Lehrern, die u.U. auch altersbedingte Veränderung von Einstellungen – all diese Probleme sind theoretisch und empirisch erst noch abzuklären. Dennoch haben die bis jetzt vorliegenden Einstellungsstudien und auch manche theorieorientierte Arbeiten (besonders Hänsel 1975) durchaus relevante Aufschlüsse über den *Beginn* der beruflichen Sozialisation von Lehrern, über den „Praxisschock" (besonders Müller-Fohrbrodt u.a. 1978) und über die durch ihn mitbedingten Anpassungsprozesse gebracht. Das von Hänsel (1975, S. 212ff.; vgl. K. Ulich 1978, S. 43ff.) konzipierte Phasenmodell der Anpassung junger Lehrer – an institutionelle Zwänge, an Vorschriften und Erziehungsauffassungen der Vorgesetzten und Kollegen – zeigt mit aller Deutlichkeit, wie belastend und schwierig die soziale Situation von Studienreferendaren und „Lehrern zur Anstellung" tatsächlich ist (Koch/Pfeifer 1971, S. 441f.); eine starke Verunsicherung durch Diskrepanzerlebnisse, durch fehlende oder unzulängliche Erfahrungen mit Schülern und der Unterrichtspraxis und schließlich vor allem durch die Abhängigkeit von Ausbildungslehrern und Schulleitern erhöht die Konformitätsbereitschaft und die Neigung zu autoritärem Erziehungsverhalten ganz beträchtlich, wie sich auch in Erfahrungsberichten von Referendaren bestätigt (vgl. Arbeitsgruppe Aumeister 1976; Redaktion betrifft: erziehung 1977). Eine besonders wichtige Rolle spielt dabei auch die *Angst* der angehenden Lehrer, und zwar nicht nur die prüfungsbezogene Angst (vgl. Schefer-Vietor 1977), sondern ebenso die unmittelbar tätigkeitsbezogene Angst – z.B. vor der Schülerbeurteilung –, die zu Beginn der Berufstätigkeit am stärksten ist (Weidenmann 1978, bes. S. 46ff.). Gerade Angst, Verunsicherung und die daraus resultierende Anpassungstendenz werden aber nur dann verständlich – und vielleicht modifizierbar –, wenn neben den aktuellen schulischen Arbeitsbedingungen auch die früheren Sozialisationserfahrungen, also auch die eigene Schulzeit, und eben vor allem die Hochschulausbildung der angehenden Lehrer einbezogen werden.

Obwohl die Lehrerbildung in der Bundesrepublik noch weitgehend schulartspezifisch angelegt ist, und obwohl bei längerer Berufstätigkeit an einer Schule ebenfalls schulartspezifische Einflüsse auf Wertorientierungen und Einstellungen der betreffenden Lehrer als plausibel angenommen werden könnten, legt die Konstanzer Untersuchung zunächst das Gegenteil nahe: In bezug auf das Einstellungssyndrom „Progressivität", das aus Dimensionen wie Begabungstheorie, Reformbereitschaft, Leistungsideologie u.a. konstruiert wird, erbrachte eine Zufallsstichprobe von 400 Lehrern wesentliche Unterschiede nur zwischen, jedoch nicht innerhalb dreigliedriger und Gesamtschulsysteme; „Lehrer an Gesamtschulen sind hinsichtlich aller Dimensionen progressiver als die Lehrer an jeder Schulform des herkömmlichen Schulsystems, die sich kaum voneinander unterscheiden" (FEND u.a. 1976, S. 216). Doch selbst dieses Ergebnis kann offensichtlich nicht auf „liberalere" Arbeitsbedingungen der Gesamtschullehrer zurückgeführt werden, sondern es ist vielmehr die Folge einer spezifischen Rekrutierung und sozialen Zusammensetzung der Lehrerschaft an den untersuchten Gesamtschulen (FEND 1977, S. 223). Inwieweit die große Homogenität der Einstellungen von Lehrern an Haupt- und Realschulen sowie Gymnasien ein methodisches Artefakt der Einstellungsmessung ist, läßt sich nicht ohne weiteres feststellen; die unter Abschnitt 3.1 dargestellten Resultate über das nach Schularten klar differenzierbare Schulklima unterstützen allerdings die Vermutung, daß es auch *schulartspezifische Unterschiede* in den Erziehungsvorstellungen und in den naiven Unterrichtstheorien von Lehrern gibt, die mit Einstellungsskalen allein nicht erfaßt werden. Solche Unterschiede können jedoch nur teilweise auf verschiedene schulische Sozialisationskontexte zurückgeführt werden, weil sich in ihnen auch Differenzen in der sozialen Rekrutierung, im beruflichen Selbstverständnis (z.B. KOCH 1972, S. 114) und nicht zuletzt im gesellschaftlichen Bewußtsein der Lehrer (HOPF 1974) manifestieren, die sich untereinander und mit den möglichen institutionellen Einflüssen der Schule sowie der Ausbildung überlagern. Die genauere Aufklärung der langfristigen Auswirkungen und Bedingungen der beruflichen Arbeit von Lehrern – und selbstverständlich auch deren Konsequenzen für die Schüler – kann jedenfalls vorläufig nur als Postulat an künftige Forschung gerichtet werden.

4 Leistungsprinzip, abweichendes Verhalten und Selektion

Verhaltens- und Leistungsprobleme von Schülern sind in den letzten Jahren zu einem beherrschenden Thema der schulpolitischen Diskussion in der Bundesrepublik geworden; so hat der Bundesminister für Bildung und Wissenschaft eine Expertentagung zur Beanspruchung von Schülern veranstaltet (1977) und entsprechende Gutachten anfertigen lassen (z.B. ACHTENHAGEN 1978; vgl. betrifft: erziehung 1977, Heft 6), viele Lehrer klagen über zunehmende Disziplinschwierigkeiten und greifen immer häufiger auf Strafen zurück (GRELL 1975), und auch die wissenschaftliche Literatur zum Schulstreß (zusammenfassend FURTNER-KALLMÜNZER u.a. 1977) sowie zu speziellen Problemen wie etwa Schulflucht (MANTHEY/MANTHEY 1978) wächst ständig an. Als Einstieg für die folgenden Überlegungen zu den vor allem *schulinternen Entstehungsbedingungen* und -mechanismen abweichenden Schülerverhaltens (vgl. zu den außerschulischen Faktoren HURRELMANN 1977b) soll zunächst ein kurzer empirisch-„phänomenologischer" Überblick gegeben werden.

Nach der Untersuchung von TORNOW (1978, S. 74ff.) sehen Grundschullehrer vor allem solche Schüler als auffällig an, die

- Leistungsstörungen aufgrund mangelnder Aktivität zeigen,
- sich regressiv (z.B. ängstlich) verhalten,
- sich dissozial (z.B. aggressiv) verhalten,
- unzuverlässig und schlampig sind,
- den Unterricht durch Hyperaktivität stören.

Unter den auffälligen Schülern sind solche mit schlechten Schulleistungen, besonders Klassenwiederholer, und bei den Mitschülern unbeliebte Schüler stark überrepräsentiert (ebd., S. 235; auch BRUSTEN/HURRELMANN 1973).

In der schon öfters zitierten Konstanzer Untersuchung wurden aus den Angaben der befragten Schüler drei Faktoren extrahiert, die spezifische Abweichungsformen kennzeichnen und gemeinsam knapp die Hälfte der Gesamtvarianz ausmachen: ein Mogelfaktor (z.B. abschreiben von Hausaufgaben), ein Rowdyfaktor (z.B. prügeln mit anderen) und ein Absentismusfaktor (z.B. Schule schwänzen). Das Ausmaß abweichenden Verhaltens ist an den drei Schularten des traditionellen Schulsystems ungefähr gleich, in der Gesamtschule nimmt es hingegen mit steigendem Kursniveau signifikant ab (FEND u.a. 1976, S. 75ff.). Deutliche Unterschiede gibt es ferner nach dieser Studie zwischen Jungen und Mädchen – Jungen neigen mehr zu abweichendem Verhalten – sowie zwischen Stadt- und Landschulen – in der Stadt sind Abweichungen häufiger – (auf die besondere Situation der Gesamtschulen kann jetzt nicht näher eingegangen werden; vgl. dafür BÜHLOW u.a. 1972, S. 265ff., und LOTZ 1974, S. 112ff.).

Einige Informationen über *mögliche* Ursachen abweichenden Verhaltens liefert die Analyse des Schulklimas (vgl. Abschnitt 3.1) in bezug auf folgende Zusammenhänge: Bei einem – aus der Sicht der Schüler – hohen Anpassungsdruck nimmt das Ausmaß an Abweichung in allen Schularten mit Ausnahme der Hauptschulen zu, während die Höhe des Leistungsdrucks hier keine nennenswerten Folgen hat; bei positiven Lehrer-Schüler-Beziehungen geht – besonders deutlich an Gesamt- und Realschulen – das abweichende Verhalten zurück (FEND 1977, S. 199ff.; FEND u.a. 1976, S. 81ff.). Vor allem dieses letzte Ergebnis gibt bereits einen Hinweis darauf, daß Verhaltensabweichungen bei Schülern nicht unabhängig von Interaktionsprozessen und -problemen in der Schule gesehen werden dürfen.

Eine grundsätzlich – aber nicht ausschließlich – *interpersonale Perspektive* von „Abweichung" geht auch in die bislang genannten Konzepte schon ein: TORNOW spricht von „auffälligem" Verhalten in den Augen des Lehrers, d.h. die Perspektive ist nicht auf das Verhalten „an sich", sondern mehr auf die Wahrnehmung des Lehrers gerichtet – was allerdings oft auch zu einer psychologistischen Reduktion führt –, und FEND u.a. bezeichnen mit „abweichend" ein von der Schule negativ sanktioniertes Verhalten, das zuvor natürlich „aufgefallen" sein muß. Gegenüber individualistisch-medizinischen Konzepten wie z.B. Verhaltensstörung, nach denen „äußere" Störungen auf invariant gedachte „innere" Ursachen bzw. Persönlichkeitseigenschaften zurückgeführt werden (KEUPP 1976, S. 152f.), akzentuiert der Begriff „abweichendes Verhalten" die handlungsleitenden *Normen* und deren Kontrolle bzw. Verstöße gegen Normen. Ungeachtet der Entstehungssituation von Normverletzungen gilt für den Lehrer ein Schüler als abweichend, „der sich in die üblichen Verhaltensregeln des schulischen Systems nicht einpaßt, sich ihnen widersetzt oder sich ihrem Einfluß zu entziehen sucht" (HURRELMANN 1973, S. 154). Von daher ist für die Untersuchung abweichenden Schülerverhaltens die Kenntnis der schulischen Normen unabdingbar; noch notwendiger ist allerdings die Ermittlung der Interpretations- und Reaktionsmuster der Lehrer, denn ob aus einer geringfügigen Normverletzung tatsächlich eine (sekundäre) Abweichung entsteht, hängt vor allem davon ab, ob und inwieweit der Lehrer den bei fast jeder Norm gegebenen Interpretationsspielraum nützt, ob er sofort mit negativen Sanktionen oder zunächst mit Ignorieren bzw. mit Normalisierungsversuchen reagiert. Durch die normative und hierarchische Struktur der Schule sind freilich dem Lehrer viele Sanktionsweisen schon vorgegeben (z.B. bei Schuleschwänzen), die er kaum umgehen kann, ohne selbst als abweichend zu gelten.

In der Schule sind heute vor allem solche Normen von zentraler Bedeutung, die sich auf die *Schulleistung*, auf Leistungsanforderungen, auf die Leistungserbringung richten, und die indirekt auch das gesamte Unterrichtsverhalten der Schüler reglementieren (vgl. als Beispiel die bei WÜNSCHE 1977, S. 32f., zitierte Strafarbeit eines Schülers). Als abweichend gelten demnach primär Schüler mit schlechten Noten, mit einer negativen Arbeitshaltung und auch solche, die Lehren und Lernen stören, also Schüler, die „den schulischen Leistungs- und Verhaltensanforderungen nicht nachkommen bzw. nicht nachkommen können" und „überdurchschnittlich häufig aus unteren sozialen Schichten (stammen)" (BRUSTEN/HURRELMANN 1973, S. 156; vgl. LÖSEL 1975, S. 8ff.). Solche Schüler werden entsprechend den Wahrnehmungs- und Beurteilungsrastern des Lehrers zunächst als auffällig erlebt und dann gemäß der auffallendsten primären Regelverletzung global *typisiert* (z.B. „schlechter Schüler", „Störenfried", „Rowdy" usw.); insofern ist „Abweichung" „kein objektives, wertfreies, individuelles Merkmal, sondern ein subjektives, durch Anwendung von Normen entstandenes, interpersonales Phänomen" (TORNOW 1978, S. 230). Die Typisierung von Schülern ist generell für den Lehrer eine wahrnehmungspsychologische Notwendigkeit, die der Orientierung und Sicherheit seines eigenen Handelns dient (K. ULICH 1976, S. 70f.) und auf der Grundlage impliziter Persönlichkeits- und pragmatischer Alltagstheorien verläuft, die jetzt nicht im einzelnen diskutiert werden können (vgl. LÖSEL 1975, S. 12ff.; KEUPP 1976, S. 141ff.; ULICH/MERTENS 1973, S. 98ff.).

Entscheidende sozialisatorische Konsequenzen ergeben sich für den einzelnen Schüler daraus, daß ihm durch die Typisierung ein allgemeines Etikett zugewiesen wird, das aus der Sicht des Lehrers – und oft auch der Mitschüler – fast sein gesamtes Verhalten kennzeichnet und das Verhalten des Lehrers ihm gegenüber sehr stark bestimmt. Der „Abweichler" wird insbesondere mit Erwartungen und Reaktionen des Lehrers konfrontiert, die von bestimmten Annahmen über die *Ursachen* der Abweichung getragen sind. Aus Untersuchungen über die pragmatische Devianztheorie von Lehrern und über die kausale Attribution von abweichendem Verhalten ergibt sich, daß Verhaltensauffälligkeiten überwiegend nach dem „medizinischen Modell" gedeutet, also an der Persönlichkeit des Schülers festgemacht werden (Brusten/Herriger 1978, S. 508f.; Keupp 1976, S. 145ff.); zusätzlich und als Quasierklärung für spezifische Persönlichkeitsmerkmale verweisen viele Lehrer auf Probleme in der familiären Erziehung, auf ein „gestörtes" Elternhaus (Brusten/Herriger 1978, S. 509f.; Tornow 1978, S. 237). Demgegenüber wird von den Lehrern die schulische Situation fast überhaupt nicht als mögliches Ursachenfeld von Verhaltensabweichungen gesehen (Bergmann u.a. 1976, S. 120f.; Brusten/Herriger 1978, S. 510; Hurrelmann u.a. 1978, S. 93). Diese Attributionstendenzen veranlassen den Lehrer in der Regel nur noch dazu, Abweichungen durch Sanktionen einzudämmen, weil er auf die Ursachen aus seiner Sicht ohnehin keinen Einfluß hat, und/oder durch individuelle Schuldzuschreibungen den Schüler und vielleicht auch dessen Eltern zu belasten. Veränderungen des eigenen Verhaltens, der Unterrichtsbedingungen und der klasseninternen Strukturen werden kaum in Betracht gezogen, und damit bleibt auch ein großer Teil der sozialsituativen und schulinstitutionellen Entstehungsfaktoren abweichenden Verhaltens (K. Ulich 1978, S. 16ff.) ausgeblendet.

Das aus der „labeling"-Perspektive – nach der hier schon implizit argumentiert wurde – abgeleitete *Prozeßmodell abweichenden Verhaltens* zeigt im einzelnen, wie sich Abweichungen entwickeln, die zunächst und häufig als Problemlösungsversuche gegenüber der Diskrepanz zwischen familiären und schulischen Sozialisationsmilieus und Normen entstehen (Keupp 1976, S. 156; Lösel 1975, S. 24f.): Die Typisierung und Etikettierung von verhaltensauffälligen und normverletzenden Schülern definiert und stabilisiert über entsprechende Erwartungshaltungen von Lehrer und Mitschülern eine abweichende Rolle, die den betreffenden Schüler in seinen Verhaltensmöglichkeiten einengt und festlegt; der „Abweichler" entwickelt allmählich ein negatives Selbstkonzept und bestätigt so letztlich die Annahmen und Zuschreibungen des Lehrers. Wenn die Abweichung schließlich durch Einweisung in eine Sonderschule oder ein Erziehungsheim institutionell zementiert und oft auch juristisch sanktioniert wird – in der Bundesrepublik ist dies jedes Jahr bei mehreren tausend Kindern und Jugendlichen der Fall –, dann ist damit nicht das Ende des Abweichungsprozesses erreicht, sondern oft nur der Anfang einer u.U. lebenslangen Abweichungs*karriere.*

Trotz der von Keupp (1976, S. 89ff.) klar herausgearbeiteten Schwächen bietet der „labeling"-Ansatz die bislang differenzierteste Thematisierung von Problemen abweichenden Schülerverhaltens. Dies bestätigen viele empirische Untersuchungen, die, auch wenn sie zunächst mehr als statische Momentaufnahmen angelegt sind, wichtige Erkenntnisse etwa über die innerschulische Sozialisation von delinquentem Verhalten (Brusten/Hurrelmann 1973) und über lehrerspezifische Typisierungs- und Attribuierungsmuster (Tornow 1978) bringen. Auch die psychosozialen Folgen von Etikettierung und Stigmatisierung für die betroffenen Schüler – die ja tendenziell die Fremddefinition übernehmen – lassen sich auf der Grundlage des „labeling"-Ansatzes recht präzise angeben (zusammenfassend Lösel 1975, S. 19ff.). Gerade in Verbindung mit dem Karrieremodell kann der zeitliche Verlauf verschiedener Abweichungsformen im organisatorischen Kontext der Schule nachgezeichnet werden (z.B. Cicourel/Kitsuse 1974); dies hat sich vor allem bei sogenannten Schulversagern bewährt (Apel 1978, Seewald 1977). Streckenweise ist allerdings der „labeling"-Ansatz noch zu sehr einer interaktionistischen Sichtweise verhaftet, in der die Schule als Institution mit bestimmten Aufgaben und Strukturen peripher bleibt; eine in dieser Hinsicht breiter angelegte Arbeit soll jetzt kurz dargestellt werden.

In ihrer Studie „Problemschüler als Schulprobleme" untersucht Monika Wittig (1978) mit Hilfe teilnehmender Beobachtung in einer amerikanischen Schule „innerorganisatorische Aspekte des Definitions- und Konstruktionsprozesses von Schülerdevianz" (S. 138). Bei den Ergebnissen zeigt sich deutlich die Wirkung spezifischer Interessen und Funktionserfordernisse der Schule: Die Einrichtung von Beratungs- und Interventionsdiensten für Problemschüler fördert die Stigmatisierung und macht den einzelnen Schüler zum „Fall" (vgl. Furtner-Kallmünzer u.a. 1977, S. 781); aufgrund der therapeutisch-professionellen Orientierung der Berater werden in den pragmatischen Devianztheorien Schülerprobleme psychologisiert und pathologisiert. Dahinter steht das Organisationsinteresse, Störfaktoren zu eliminieren und einen reibungslosen Schulbetrieb zu garantieren, d.h. die Devianzzuschreibung erhält einen *funktional-pragmatischen* Charakter: „Das Problem, das die Schule mit dem Jugendlichen hat, wird uminterpretiert zu einem Problem, das der Jugendliche mit der Schule hat" (WITTIG 1978, S. 135ff., Zitat S. 136). Von daher ist es dann nur konsequent, wenn die meist isoliert am einzelnen Schüler ansetzende Verhaltensmodifikation versucht, scheinbar rein persönlich bedingte Störungen zu beseitigen (zur Kritik vgl. GÜNTHER 1977, WILLMS 1979, WINETT/WINKLER 1972), ohne daß der institutionell-normative Entstehungszusammenhang verändert wird. Auch die aus der Konzentration des „labeling"-Ansatzes auf interpersonale Zuschreibungsprozesse häufig abgeleitete Folgerung und Forderung, vor allem die Lehrer müßten von ihren Etikettierungen wegkommen (z.B. HOMFELDT 1978, S. 59), greift nach der Argumentation von WITTIG zu kurz, weil dabei die *Notwendigkeit* von Typisierung und Individualisierung unberücksichtigt bleibt, die aus dem Organisationsinteresse der Schule und der ihm entsprechenden Lehrertätigkeit resultiert. Verbesserungen von Lehrerausbildung und schulischer Beratung sind deshalb dann eher eine gefährliche Maßnahme, solange sie lediglich zu einer psychologisch fundierten Anpassung der Schüler, aber nicht zur Aufklärung der Ursachen von Verhaltensabweichungen beitragen (vgl. HURRELMANN 1973, S. 156f.).

Es wurde bereits gesagt, daß abweichendes Schülerverhalten insbesondere im Hinblick auf die Verletzung der Leistungsnormen und der zu ihrer Durchsetzung notwendigen Unterrichts- und Kommunikationsregeln konstruiert wird, und daß sich als Stigmatisierungseffekt bei „schlechten" Schülern wahrscheinlich ein negatives Selbstbild einstellt. Die Geltung des Leistungsprinzips ist aber – in Verbindung mit dem in der Bundesrepublik vorherrschenden dreigliedrigen Schulsystem – viel universeller und für *alle* Schüler folgenreich: Das permanente Erfüllen von Leistungsanforderungen, das ebenso permanente Beurteiltwerden, die Erfahrung von Klassifikation und Selektion sowie schließlich der Zwang zur Konkurrenz – dies sind wohl die psychosozial bedeutsamsten und nachhaltigsten Sozialisationserfahrungen, die Kinder und Jugendliche in der Schule machen. Der Einfluß der Interaktions- und Kommunikationsbeziehungen zwischen Lehrern und Schülern und der Einfluß der schulischen Lerninhalte auf die Sozialisation von Schülern ist qualitativ wie quantitativ durch die beiden zentralen Konstitutionsprinzipien von Schule bestimmt; erst durch den *Leistungs- und Selektionszwang* wird „die Abhängigkeit der Schüler von den Lehrern und die Konkurrenz zwischen den Schülern strukturell verankert" (BUJOK-HOHENAUER u.a. 1978b, S. 5), erst die Selektion macht eine Transformation der Lerninhalte im Hinblick auf ihre Prüfbarkeit notwendig und favorisiert damit eher konformes Wissen als Kreativität (FEND 1979, S. 182). Im Leistungs- und Selektionsprinzip liegt freilich auch für die Lehrer ein unmittelbar verhaltenswirksamer Zwang. Lehrer müssen Leistung verlangen und bewerten sowie gemäß ihren Urteilen Schüler selektieren, sie müssen vor allem prüfbare Inhalte lehren, und sie können die dadurch gegebene Abhängigkeit der Schüler von ihnen nicht einfach durch „Wohlwollen" aufheben.

Diese Überlegungen gelten prinzipiell für Schulen in solchen Gesellschaftssystemen, in denen das Bildungswesen die zentrale formale Instanz gesellschaftlicher Positionszuweisung ist. Besonders negative und widersprüchliche Erfahrungen machen Schüler allerdings erst dann, wenn in die Leistungsbeurteilung vor- und außerschulische Faktoren eingehen, und wenn die danach erfolgende Selektion für bestimmte Schüler diskriminierend wirkt. Gerade dies ist – und damit soll endlich einmal explizit auf die Vorbemerkung zu diesem Beitrag zurückgegriffen werden – im Schulsystem der Bundesrepublik in hohem Grad gegeben: Hier war bis etwa 1965 die soziale, d.h. die *schichtspezifische Selektivität* im Vergleich mit anderen westeuropäischen Staaten bei weitem am stärksten ausgeprägt, und zwar in einem Maße, das nicht einmal mit der – ohnehin fragwürdigen – Annahme einer schichtspezifischen Begabungsverteilung erklärt werden kann (vgl. FEND 1974, S. 134; POPITZ 1965, S. 397). Auch nach aktuelleren empirisch-statistischen Untersuchungen steht nach wie vor fest, daß trotz der allgemeinen Zunahme an qualifizierten Schulabschlüssen während der letzten Jahre vor allem Schüler aus Arbeiterfamilien beim Übertritt an weiterführende Schulen und im Hinblick auf den Schulerfolg deutlich unterrepräsentiert und benachteiligt sind (KRUG 1977; RUGE 1977, S. 770ff.). Dafür ist allerdings nicht allein die Schule verantwortlich zu machen, sondern – neben einer Reihe wichtiger Umweltbedingungen (HUSEN 1977, S. 152ff.) – auch die Bildungseinstellungen und -ansprüche sowie die Schulwahl der Eltern, die wiederum eng mit der Stellung des Vaters im Beruf und mit seinen Arbeitserfahrungen zusammenhängen (Fröhlich 1978, bes. S. 138ff.; vgl. auch Rodax/Spitz 1978, S. 44ff., und K. Ulich 1978, S. 56ff.). Mit diesem Hinweis sollen freilich Schulen und Bildungspolitiker nicht aus ihrer Verantwortung entlassen werden, denn die herkunfts- und familienbedingten Einflüsse erhalten ihre manifeste Relevanz ja erst durch ein stark selektives Schulsystem, durch Lerninhalte und durch Beurteilungskriterien von Lehrern, die der Lebenssituation und außerschulischen Sozialisation von Arbeiter- oder Unterschichtkindern sehr wenig gerecht werden.

Nach allen für die Bundesrepublik vorliegenden Daten kann kein Zweifel daran bestehen, daß das dreigliedrige Schulsystem und die dadurch – am Alter der Schüler gemessen – sehr frühzeitig erzwungenen Schullaufbahnentscheidungen zu einer Selektionstendenz führen, der zuerst Schüler aus Arbeiter- und Landwirtsfamilien zum Opfer fallen (vgl. die zahlreichen empirischen Belege bei Krug 1977, S. 51ff.). Dieser Tendenz versuchen die Gesamtschulen mit ihrem expliziten Anspruch auf größere Chancengerechtigkeit entgegenzuwirken, ein Anspruch, der faktisch immerhin teilweise eingelöst werden konnte. Auf der Basis einer allerdings problematischen Dreiteilung sozialer Schichten erweist sich die soziale Selektivität von Gesamtschulen als deutlich *geringer*: Unterschichtschüler im 9. Schuljahr erreichen zu 30% ein hohes Qualifikationsniveau an Gesamtschulen, während nur 10% von ihnen das Gymnasium besucht; für Oberschichtschüler liegen die entsprechenden Werte bei 50 bzw. 55% (Väth-Szusdziara 1978, S. 168f.). Die Selektion im dreigliedrigen Schulsystem führt dazu, daß in der Hauptschule mehr als die Häfte der Unterschicht- bzw. Arbeiterkinder zurückbleiben, die hier nicht nur im Hinblick auf einen qualifizierten Abschluß weiter selektiert werden, sondern aufgrund der materiellen wie personellen Ausstattung gegenüber den anderen Schulen diskriminiert werden und häufig ein negatives Selbstbild entwickeln (Hänsel/Nyssen 1975, Himmelstein 1975); auch in bezug auf die Bewertung ihrer Schulleistung sind die Hauptschüler benachteiligt, weil sie wesentlich seltener als Gymnasiasten die Noten „sehr gut" und „gut" erhalten (Klink 1978). Wenn sich dennoch, wie bereits oben (nach der Konstanzer Untersuchung) festgestellt wurde, Hauptschüler relativ wohler fühlen und mit ihren Schulleistungen etwas zufriedener sind als andere Schüler, so liegt darin lediglich ein Effekt der eingeschränkten sozialen Vergleichsmöglichkeiten, ein Bezugsgruppeneffekt (Köckeis-Stangl/Seidl 1978, S. 176f.; Schwarzer 1979), der die objektive Diskriminierung keineswegs reduziert.

Selektionsprozesse in einem vertikal differenzierten Schulwesen vollziehen und legitimieren sich vor allem durch die Leistungsbeurteilung, durch das *Urteil des Lehrers* über den Schüler. Sehr ähnlich wie bei der Etikettierung von Abweichung kommt auch bei der Selektion, der Klassifizierung von Schülern entsprechend ihrer Leistung, dem Lehrer eine entscheidende Bedeutung zu; Urteilstendenzen, Urteilsfehler und implizite Persönlichkeitstheorien von Lehrern (vgl. Ulich/Mertens 1973) können gleichsam als psychische Vollzugsinstanzen der Selektion betrachtet werden. Die bisherige empirische Forschung hierzu belegt recht eindeutig, daß Lehrerurteile sehr stark von typologischen Vorstellungen über die Leistung der Schüler geprägt und von zahlreichen leistungsfremden Merkmalen beeinflußt sind, die eine schichtspezifische Selektion bewirken (zusammenfassend Rodax/Spitz 1978, S. 37ff.; K. Ulich 1978, S. 59ff.). Besonders bei der Auslese für den Übertritt an weiterführende Schulen, die für den Schüler ja eine dauerhafte Stigmatisierung darstellt (Lösel 1975, S. 22), wird die Eignung der Schüler – gemessen durch einen vom Lehrerurteil unabhängigen Leistungstest – je nach der sozialen Herkunft unterschätzt (Unterschichtschüler) bzw. überschätzt (Schüler aus der oberen Mittelschicht), wie die Untersuchung von Preuss (1970) zeigt. Doch nicht nur die Lehrer, sondern auch die Eltern der Schüler neigen zu einer herkunfts- bzw. berufspositionsbedingten Fehleinschätzung der Gymnasialeignung (Hanke u.a. 1974), die das Lehrer(fehl-)urteil in einer für Arbeiterkinder negativen Konsequenz verstärkt.

Die in der Leistungsbeurteilung von Grundschülern und bei der Übertrittsauslese nachgewiesene schichtspezifische Faktorenstruktur der impliziten Persönlichkeitstheorie von Lehrern (Mandl u.a. 1975), die Orientierung der Beurteilung an eher mittelschichtspezifischen, „bürgerlichen" Werten und Verhaltensstandards ist mit großer Wahrscheinlichkeit auch bei der Selektion in weiterführenden Schulen wirksam. Wenn von 100 Schülern aus der Arbeiterschicht, die den Übertritt an das Gymnasium geschafft haben, nur 24 bis zum Abitur kommen, von 100

Akademikerkindern jedoch 71 (GERSTEIN 1972, S. 89f.), dann spielen hier neben anderen, z.T. außerschulischen Faktoren (z.B. Unterstützung durch die Eltern) auch schichtspezifische Beurteilungstendenzen der Lehrer zweifellos eine wichtige Rolle. Gerade bei den in diesem Sinne negativ ausgelesenen Schülern, die oft zynisch als „drop-out-Quote" zusammengefaßt werden, löst das Lehrerurteil u.U. eine Etikettierung zum *Schulversager* aus, die in Verbindung mit einer Rückstufung vom Gymnasium in die Realschule bzw. von der Real- in die Hauptschule zu großen psychischen Belastungen und Identitätsproblemen führen kann (vgl. zum Problem des Schulversagens die umfassende Dokumentation und Bibliographie von SCHÄFER/SCHRÖDER 1978). Die Schule versucht, diese negativen Folgen mit einer „Objektivierung" und „Versachlichung" der Leistungsbeurteilung aufzufangen, die die betroffenen Schüler „abkühlen" und ihr Versagen als individuell bedingt erscheinen lassen soll (SCHMID 1977, S. 30; BUJOK-HOHENAUER u.a. 1978b, S. 13).

In diesem Zusammenhang sind auch die Konsequenzen der Fachleistungsdifferenzierung sehr kritisch zu beurteilen: Sie bewirkt nicht nur, daß der Leistungsdruck in der Regel zunimmt, sondern sie verfestigt auch die soziale Selektion und verschärft die Leistungsunterschiede zwischen den Schülern (für Hauptschulen empirisch belegt von HURRELMANN 1971). Die Leistungsdifferenzierung an Gesamtschulen löst besonders bei Schülern in den niedrigen Leistungskursen, die ja ständig die „besseren" vor Augen haben und sich mit diesen unmittelbar vergleichen können, Unzufriedenheit und ein geringes Selbstwertgefühl aus (FEND u.a. 1976, S. 401 und S. 450f.; vgl. auch das Sammelreferat von KNAPP 1978). Damit sind nur einige „psychische Konsequenzen der meritokratischen Chancengleichheitspolitik" (KÖCKEIS-STANGL/SEIDL 1978, S. 176ff.) angesprochen, einer Politik also, die – schulische und gesellschaftliche – Ungleichheit mit Hilfe des Leistungsprinzips legitimieren soll, dabei aber die Situation unterprivilegierter Schüler weiter verschlechtert.

Gegenüber Problemen von Leistungsbeurteilung und Selektion artikulieren die Schüler selbst ein durchaus *ambivalentes Verhältnis*. Sie sind einerseits sehr stark an „gerechten" und guten Noten sowie an einem qualifizierten Schulabschluß interessiert, andererseits halten sie häufig ihre Leistung für nicht angemessen beurteilt und kritisieren die Auslese in der Schule; dies äußert sich auch in den z.T. widersprüchlichen Erwartungen an die Lehrer, die – aus der Sicht der Schüler – sowohl ein sachlich-„neutrales" und leistungsorientiertes Verhalten zeigen als auch auf die Schüler als Personen eingehen sollen (FURTNER-KALLMÜNZER/SARDEI-BIERMANN 1978, S. 36ff.). Hieraus ergeben sich für alle Beteiligten potentielle Interessenkonflikte, die allerdings von den Lehrern aufgrund ihrer gerade auch in der Leistungsbeurteilung liegenden Macht leichter gelöst bzw. oft nur abgewehrt werden können. Die Beziehungen zwischen Lehrern und Schülern sind durch die Dominanz des Leistungsprinzips, durch den Benotungs- und Selektionszwang so eng und einseitig kanalisiert, daß für persönliche Bedürfnisse und emotionale Kontakte kaum mehr Spielraum bleibt. Gerade die Einschätzung der Beliebtheit und Konformität eines Schülers durch Lehrer und Mitschüler ist in hohem Maße von seinem Leistungsstatus abhängig: Beliebt sein kann fast nur ein guter Schüler, als abweichend werden in erster Linie schlechte Schüler stigmatisiert (BRUSTEN/HURRELMANN 1973; vgl. auch SCHMID 1977, S. 24ff.).

Auch die Beziehungen der Schüler untereinander werden entscheidend von der Leistungsbewertung geprägt: Die hierarchische Klassifikation der Schüler nach ihrer Leistung im Vergleich mit anderen – wobei auch der Leistungsstandard der Klasse einen Bezugspunkt setzt (KÖCKEIS 1976) – und die von der Normalverteilungsnorm (auch für den Lehrer) vorgegebene Knappheit guter Noten führt zwangsläufig zur *Konkurrenz* zwischen den Schülern; „sie können ‚gute' Noten und ‚höhere' Schulabschlüsse nur erreichen, wenn sie ‚besser' sind *als andere* bzw. andere ‚schlechter' sind als sie" (BUJOK-HOHENAUER u.a. 1978b, S. 32). Wie nachhaltig sich dieser Notenwettbewerb auf die sozialen Beziehungen in der Schulklasse auswirkt, ist im einzelnen von Faktoren wie Alter und Geschlecht der Schüler (zur geschlechtsspezifischen Sozialisation vgl. BILDEN in diesem Band), Schul- und Unterrichtsorganisation sowie Unterrichtsfach abhängig; gründliche Untersuchungen dazu fehlen m.W. noch. Generell läßt sich jedoch feststellen, daß die Konkurrenz zwischen Schülern – und zwar gerade auch zwischen Schülern verschiedener Schulformen (vgl. BUJOK-HOHENAUER u.a. 1978b, S. 46ff.)

– um so heftiger wird, je stärker die künftige Berufstätigkeit und -position vom Erreichen eines bestimmten Schulabschlusses und von dessen notenmäßiger Qualität determiniert wird. Da dieser Zusammenhang in der gegenwärtigen Situation des Beschäftigungs- und Bildungssystems der Bundesrepublik deutlich enger geworden ist als noch vor einigen Jahren, kann trotz der relativen Entwertung der Schulabschlüsse (FURTNER-KALLMÜNZER u.a. 1977, S. 776f.) auf eine Intensivierung des Konkurrenzverhaltens der Schüler geschlossen werden. Bildungsansprüche und -erwartungen der Eltern, die im Verlauf der Bildungsnotstands- und Chancengleichheitsdiskussion zweifellos gestiegen sind, wirken sich dabei ebenfalls verstärkend aus.

Lernen im sozialen Feld der Schulklasse ist unter den heute gegebenen Bedingungen vor allem *Konkurrenzlernen* (vgl. RUMPF 1975), und zwar in zweierlei Hinsicht. Erstens lernen die Schüler im Unterricht weniger miteinander als vielmehr gegen- und nebeneinander; das Nichtantwortenkönnen, das Versagen des einen wird zur (Leistungs-)Chance des anderen, die besondere Leistung eines oder mehrerer Schüler läßt die anderen als schlecht(er) erscheinen. Daraus ergeben sich Statushierarchien und soziale Konflikte zwischen den Schülern, die gemeinsames und solidarisches Verhalten be- oder gar verhindern (vgl. den Entwurf einer Konflikttheorie der Schulklasse bei D. ULICH 1975, S. 89ff.). Zweitens lernen die Schüler – und dies ist ein in seiner Tragweite außerordentlich bedeutsamer Sozialisationseffekt – Konkurrenz als ein wichtiges und notwendiges Verhaltensmuster, als eine grundlegende Art sozialer Beziehung. Obwohl Wettbewerb und Konkurrenz zwischen Kindern bzw. Jugendlichen auch in peer-groups außerhalb der Schule (vgl. den Beitrag von KRAPPMANN in diesem Band) und bei Geschwistern vorkommen – häufig freilich in einer schon von den schulischen Verhältnissen mitbeeinflußten Form –, ist das Lernen von Konkurrenz vor allem in der Schule, also in einer von Leistungsdruck und -beurteilung geprägten Situation verankert. Konkurrenzbeziehungen zwischen den Schülern werden allerdings z.T. überlagert und modifiziert durch informelle Freundschafts- und Sympathiebeziehungen, deren implizite Normen eher auf Kooperation und „Gemeinschaft" abzielen. Gerade dadurch entsteht oft für die Schüler ein kaum lösbarer Konflikt: „Verhalten sie sich konkurrenzhaft, dann verstoßen sie gegen die Norm der ‚Klassengemeinschaft', was von den Mitschülern entsprechend sanktioniert wird; verhalten sie sich dagegen solidarisch, dann kann dies die eigene Position in der Leistungshierarchie der Klasse gefährden" (BUJOK-HOHENAUER u.a. 1978b, S. 44). Auch wenn die Schüler auf diesen Konflikt prinzipiell in verschiedener Weise reagieren können (vgl. K. ULICH 1976, S. 63f.), werden sich vor allem leistungs- und erfolgsorientierte Schüler vermutlich eher der Konkurrenznorm anpassen.

Schulische Sozialisation ist also immer und besonders Lernen *in* Konkurrenz und Lernen *von* Konkurrenz. In *dieser* Hinsicht wie auch durch die Vermittlung von Abhängigkeitserfahrungen und durch permanente Leistungsforderungen werden die Schüler tatsächlich auf Arbeits- und andere Lebenszusammenhänge in einer Gesellschaft vorbereitet, die hierarchisch organisiert und vom Leistungs- und Konkurrenzprinzip wesentlich bestimmt ist. Selbst unter der Voraussetzung, daß diese Prinzipien nicht in Frage gestellt werden sollen, läßt sich jedoch die Notwendigkeit bezweifeln, Kinder und Jugendliche unter sehr restriktiven institutionellen Bedingungen allein auf die Normen einer Erwachsenenwelt hin zu erziehen, zu beurteilen und zu selektieren. Alle Formen abweichenden Schülerverhaltens – vom Abschreiben bis zum Selbstmord – sind in erster Linie Konsequenzen dieser schulischen Erziehung und sollten für Bildungspolitiker und Wissenschaftler Anlaß genug sein, eine Schule zu konzipieren und zu verwirklichen, die der Lebenssituation und den Bedürfnissen der Schüler besser gerecht wird.

Literatur

ABRAHAMS, F. F./SOMMERKORN, I. N.: Arbeitswelt, Familienstruktur und Sozialisation. In: HURRELMANN, K. (Hrsg.): Sozialisation und Lebenslauf. Reinbek, Rowohlt 1976, S. 70–89.

ACHTENHAGEN, F.: Beanspruchung von Schülern. Methodisch-didaktische Aspekte (BMBW-Werkstattbericht 9). Bonn 1978.

APEL, H.-J.: Prozesse in der Entwicklung schulischen Versagens – die Schulversagerkarriere. In: APEL, H.-J./SCHWARZER, C. (Hrsg.): Schulschwierigkeiten und pädagogische Interaktion. Bad Heilbrunn, Klinkhardt 1978, S. 178–187.

Arbeitsgruppe AUMEISTER: Der Praxisschock. Vom Hörsaal ins Klassenzimmer. München, Urban & Schwarzenberg 1976.

BERGER, H.: Untersuchungsmethode und soziale Wirklichkeit. Frankfurt, Suhrkamp 1974.

BERGMANN, C. u.a.: Schwierigkeiten junger Lehrer in der Berufspraxis (Hrsg.: Zentrum für Lehrerausbildung der Universität Gießen). Gießen, o.V. 1976.

BERTRAM, H.: Probleme einer sozialstrukturell orientierten Sozialisationsforschung. In: Z. f. Soziologie 5 (1976), S. 103–117.

BOIS-REYMOND, M. du: Verkehrsformen zwischen Elternhaus und Schule. Frankfurt, Suhrkamp 1977.

BRUSTEN, M./HERRIGER, N.: Lehrerurteile und soziale Kontrolle im ‚Schulbericht'. In: Z. f. Pädagogik 24 (1978), S. 497–514.

BRUSTEN, M./HURRELMANN, K.: Abweichendes Verhalten in der Schule. Eine Untersuchung zu Prozessen der Stigmatisierung. München, Juventa 1973.

BÜHLOW, G. u.a.: Gesamtschule zwischen Schulversuch und Strukturreform. Weinheim/Basel, Beltz 1972.

BUJOK-HOHENAUER, E./FURTNER-KALLMÜNZER, M./ KRAUTER, A./SARDEI-BIERMANN, S.: Schule und Arbeit (Zwischenbericht des Teilprojekts B2 im Sonderforschungsbereich 101). München 1978 (hektogr. Mskr.) (a).

BUJOK-HOHENAUER, E./FURTNER-KALLMÜNZER, M./ KRAUTER, A./SARDEI-BIERMANN, S.: Jugendliche in der Schule: Leistung, Herrschaft und Konkurrenz. München 1978 (hektogr. Mskr.) (b).

Bundesminister für Bildung und Wissenschaft (Hrsg.): Beanspruchung von Schülern. Bericht über eine Expertentagung mit Empfehlungen für ein Forschungsprogramm (BMBW-Werkstattbericht 1). Bonn 1977.

CHARLTON, M./DAUBER, H.: Lehrerrolle, Erziehungsstil und Interaktion im Klassenzimmer. In: CHARLTON, M. u.a.: Innovation im Schulalltag. Reinbek, Rowohlt 1975, S. 16–68.

CICOUREL, A. V./KITSUSE, J. I.: Die soziale Organisation der Schule und abweichende jugendliche Karrieren. In: HURRELMANN, K. (Hrsg.): Soziologie der Erziehung. Weinheim/Basel, Beltz 1974, S. 362–378.

DANN, H.-D./CLOETTA, B./MÜLLER-FOHRBRODT, G./ HELMREICH, R.: Umweltbedingungen innovativer Kompetenz. Eine Längsschnittuntersuchung zur Sozialisation von Lehrern in Ausbildung und Beruf. Stuttgart, Klett-Cotta 1978.

DAVIS, E. E./VIERNSTEIN, N.: Entwicklung einer Skala zur Messung der Einstellungen von Lehrern zu Kind und Unterricht. In: Z. f. Entwicklungspsychologie und Pädagogische Psychologie IV (1972), S. 194–216.

FEND, H.: Gesellschaftliche Bedingungen schulischer Sozialisation. Weinheim/Basel, Beltz 1974.

FEND, H.: Perspektiven der Forschung zum sozialen Lernen im Kontext der Schule. In: ROTH, H./FRIEDRICH, D. (Hrsg.): Bildungsforschung, Bd. I. Stuttgart, Klett 1975, S. 153–213.

FEND, H.: Schulklima. Soziale Einflußprozesse in der Schule. Weinheim/Basel, Beltz 1977.

FEND, H.: Sozialisation durch Literatur. Weinheim/Basel, Beltz 1979.

FEND, H./KNÖRZER, W./NAGL, W./SPECHT, W./VÄTH-SZUSDZIARA, R.: Sozialisationseffekte der Schule. Weinheim/Basel, Beltz 1976.

FENNER, H.-J.: Soziale Interaktionsformen I: Lehrer-Schüler-Interaktion. In: MINSEL, B./ROTH, W. K. (Hrsg.): Soziale Interaktion in der Schule. München, Urban & Schwarzenberg 1978, S. 91–109.

FIEDLER, P. A./HÖRMANN, G. (Hrsg.): Aktionsforschung in Psychologie und Pädagogik. Darmstadt, Steinkopff 1978.

FRÖHLICH, D.: Arbeitserfahrung und Bildungsverhalten. Frankfurt, Campus 1978.

FURTNER-KALLMÜNZER, M./BUJOK-HOHENAUER, E./ SARDEI-BIERMANN, S.: Schulstreß – eine aktuelle Thematisierung der Schule. In: Z. f. Pädagogik 23 (1977), S. 773–784.

FURTNER-KALLMÜNZER, M./SARDEI-BIERMANN, S.: Schüler der Schule. In: betrifft: erziehung 11 (1978), H. 7, S. 35–42.

GEISSLER, R.: Bildung und Sozialchancen. Hypothesen zur Statuszuordnung durch das Bildungssystem. In: Kölner Z. f. Soziologie und Sozialpsychologie 30 (1978), S. 468–487.

GERSTEIN, H.: Erfolg und Versagen im Gymnasium. Weinheim/Basel, Beltz 1972.

GRELL, J.: Techniken des Lehrerverhaltens. Weinheim/Basel, Beltz 1974.

GRELL, J.: Halt den Mund, sonst fliegst du raus. In: betrifft: erziehung 8 (1975), H. 11, S. 30–34.

GÜNTHER, M.: Disziplinierte Schüler durch Verhaltensmodifikation?. In: Demokratische Erziehung 3 (1977), S. 41–47.

GUSKIN, A. E./GUSKIN, S. L.: Sozialpsychologie in Schule und Unterricht. Ulm, Süddeutsche Verlagsgesellschaft 1973.

HAGEMANN-WHITE, C./WOLFF, R.: Wie's in der Schule wirklich aussieht. In: betrifft: erziehung 8 (1975), H. 8, S. 30–34.

HANKE, B./LOHMÖLLER, J. B./MANDL, H.: Zum Besuch des Gymnasiums geeignet oder nicht? Urteile von Eltern und Lehrern unter schichtspezifischem Aspekt. In: Z. f. Pädagogik 20 (1974), S. 567–574.

HÄNSEL, D.: Die Anpassung des Lehrers. Weinheim/Basel, Beltz 1975.

HÄNSEL, D./NYSSEN, E.: Hauptschulunterricht: Wie die Restschule sozialisiert. In: betrifft: erziehung 8 (1975), H. 8, S. 35–42.

HIMMELSTEIN, K.: Hauptschule – Sackgasse unseres Bildungssystems. In: Demokratische Erziehung 1 (1975), S. 15–24.

HOMFELDT, H. G.: Zur erzieherischen Qualifizierung der Schule. In: betrifft: erziehung 11 (1978), H. 4, S. 55–59.

HOPF, A.: Lehrerbewußtsein im Wandel. Düsseldorf, Schwann 1974.

HURRELMANN, K.: Unterrichtsorganisation und schulische Sozialisation. Weinheim/Basel, Beltz 1971.

HURRELMANN, K.: Schulische Sozialisation und abweichendes Verhalten. In: WALTER, H. (Hrsg.): Sozialisationsforschung, Bd. II: Sozialisationsinstanzen – Sozialisationseffekte. Stuttgart, Frommann-Holzboog 1973, S. 147–160.

HURRELMANN, K.: Ansätze zu einer Theorie gesellschaftlich organisierter Sozialisation. In: HURRELMANN, K. (Hrsg.): Soziologie der Erziehung. Weinheim/Basel, Beltz 1974, S. 13–46.

HURRELMANN, K.: Erziehungssystem und Gesellschaft. Reinbek, Rowohlt 1975.

HURRELMANN, K.: Kritische Überlegungen zur Entwicklung der Bildungsforschung. In: betrifft: erziehung 10 (1977), H. 4, S. 58–62a.

HURRELMANN, K.: Beanspruchung von Schülern. Analyse der außerschulischen Dimensionen des Problemfelds ‚Überbeanspruchung von Schülern' (BMBW-Werkstattbericht 5). Bonn 1977b.

HURRELMANN, K. u.a. (Arbeitsgruppe Schulforschung): Zwischenbericht zum Forschungsprojekt ‚Sozialisationsprobleme jugendlicher Schulversager'. Essen 1978 (hektogr. Mskr.).

HUSEN, T.: Soziale Umwelt und Schulerfolg. Frankfurt, Diesterweg 1977.

JACKSON, P. W./LAHADERNE, H. M.: Inequalities of Teacher- Pupil-Contacts. In: MORRISON, A./MCINTYRE, D.

(Hrsg.): Social Psychology of Teaching. London, Penguin Books 1972, S. 270–289.
JAHROW, W.: Schulsozialarbeit. Sozialisationstheoretische und gruppendynamische Aspekte sozialer Lernprozesse in der Schule (Schriften zur Schulsozialarbeit, Bd. 4). Bonn, Bundesarbeitsgemeinschaft Jugendaufbauwerk 1976.
KEUPP, H.: Abweichung und Alltagsroutine. Die Labeling-Perspektive in Theorie und Praxis. Hamburg, Hoffmann & Campe 1976.
KLAFKI, W.: Handlungsforschung im Schulfeld. In: Z. f. Pädagogik 19 (1973), S. 487–516.
KLINK, J.-G.: Die Benachteiligung von Hauptschülern durch unser Schulsystem und seine Noten. In: Die Deutsche Schule 70 (1978), S. 656–665.
KNAPP, A.: Der Einfluß der Fachleistungsdifferenzierung auf Persönlichkeitsveränderungen von Schülern im sozialen und emotionalen Bereich. In: Psychologie in Erziehung und Unterricht 25 (1978), S. 306–314.
KOCH, J.-J.: Lehrer-Studium und Beruf. Einstellungswandel in beiden Phasen der Ausbildung. Ulm, Süddeutsche Verlagsgesellschaft 1972.
KOCH, J.-J./PFEIFER, H.: Sozialpsychologische Aspekte einer Reform der zweiten Phase der Lehrerausbildung. In: Die Deutsche Schule 63 (1971), S. 435–449.
KOCH, J.-J./CLOETTA, B./MÜLLER-FOHRBRODT, G.: Konstanzer Fragebogen für Schul- und Erziehungseinstellungen (KSE). Weinheim, Beltz Test GmbH. 1972.
KÖCKEIS, E.: Kontextuelle Determinanten der Notengebung. In: INGENKAMP, K. (Hrsg.): Die Fragwürdigkeit der Zensurengebung. Weinheim/Basel, Beltz 1976 (6. Aufl.), S. 215–226.
KÖCKEIS-STANGL, E./SEIDL, P.: Die Sekundarstufe I als Angelpunkt meritokratischer Schulreform. In: KEIM, W. (Hrsg.): Sekundarstufe I. Königstein, Scriptor 1978, S. 169–193.
KOHN, M. L.: Class and Conformity. A Study in Values. Chicago/London, The University of Chicago Press 1977 (2. Aufl.).
KRAPPMANN, L.: Konsequenzen der Sozialisationsforschung für das Lernen in der Schule. In: Neue Sammlung 15 (1975), S. 15–34.
KRUG, L.: Soziale Herkunft und Schulbesuch. Berlin 1977 (hektogr. Mskr.).
LIEBHART, E. H.: Sozialisation im Beruf. Ergebnisse einer Panelbefragung von Studienreferendaren. In: Kölner Z. f. Soziologie und Sozialpsychologie 22 (1970), S. 715–736.
LITTIG, K. E./KNAPP, A.: Fachleistungsdifferenzierung und Schulangst. Ein Vergleich von homogenen Leistungskursen mit heterogenen Klassenverbänden. In: Z. f. empirische Pädagogik 1 (1978), S. 2–16.
LÖSEL, F.: Prozesse der Stigmatisierung in der Schule. In: BRUSTEN, M./HOHMEIER, J. (Hrsg.): Stigmatisierung, Bd. 2. Neuwied/Darmstadt, Luchterhand 1975, S. 7–32.
LOTZ, H.: Disziplinschwierigkeiten und schulische Verhaltensauffälligkeiten. In: ROLFF, H.-G. u.a.: Strategisches Lernen in der Gesamtschule. Reinbek, Rowohlt 1974, S. 111–133.
MANDL, H./LOHMÖLLER, J. B./HANKE, B.: Schichtspezifische Faktorenstrukturen in Schülerbeurteilungen? Ein Beitrag zur ‚impliziten Persönlichkeitstheorie' des Lehrers. In: Z. f. Pädagogik 20 (1974), S. 567–574.
MANTHEY, H./MANTHEY, R.: Ansätze zu einer Pathologie der Schule. In: Soziale Welt 29 (1978), S. 305–323.
MERZ, J./MADJARIC, J.: Unterschiede in der Einstellung zum Lehrerberuf vor und nach Berufsantritt. In: Z. f. Entwicklungspsychologie und Pädagogische Psychologie 8 (1976), S. 91–98.
MESSNER, R./GARLICHS, A.: Elementare sprachliche Kommunikation. In: Die Grundschule 1972, S. 233–241.
METZ-GÖCKEL, S.: Interpersonelle Herrschaft und soziale Wahrnehmung. Über den Zusammenhang von Sozialisation und Unterdrückung in schulischen Interaktionen. In: Die Deutsche Schule 70 (1978), S. 631–640.
MEYER, J. W.: The Effects of Education as an Institution. In: American Journal of Sociology 83 (1977), S. 55–77.
MÜLLER-FOHRBRODT, G./CLOETTA, B./DANN, H.-D.: Der Praxisschock bei jungen Lehrern. Formen, Ursachen, Folgerungen. Stuttgart, Klett 1978.
MÜLLER-KOHLENBERG, H./FOKKEN, G.: Eltern-Kind-Beziehungen und die Befindlichkeit von Schülern im Unterricht. In: Z. f. Pädagogik 24 (1978), S. 261–266.
NICKEL, H.: Die Lehrer-Schüler-Beziehung aus der Sicht neuerer Forschungsergebnisse. In: Psychologie in Erziehung und Unterricht 23 (1976), S. 153–172.
PLAKE, K.: Familie und Schulanpassung. Düsseldorf, Schwann 1974.
PLAKE, K.: Sozialer Identitätsanspruch und die Legitimation der Betreuung: Zur Kustodialfunktion der Sozialisationsorganisationen. In: Z. f. Soziologie 6 (1977), S. 264–278.
POPITZ, H.: Die Ungleichheit der Chancen im Zugang zur höheren Schulbildung. In: FRIEDEBURG, L. v. (Hrsg.): Jugend in der modernen Gesellschaft. Köln/Berlin, Kiepenheuer & Witsch 1965, S. 392–408.
PREUSS, O.: Soziale Herkunft und die Ungleichheit der Bildungschancen. Weinheim/Basel, Beltz 1970.
PREUSS, O.: Entscheidend ist, in wessen Interesse Bildungsforschung in Gang gesetzt wird. In: betrifft: erziehung 10 (1977), H. 4, S. 63–65.
PREUSS-LAUSITZ, U.: Politisches Lernen. Zur Kritik der sogenannten ‚politischen Sozialisation'. In: Politische Bildung – politische Sozialisation (Hrsg.: Redaktion betrifft: erziehung). Weinheim/Basel, Beltz 1973, S. 66–93.
Redaktion betrifft: erziehung (Hrsg.): Praxisdruck. Lehrer in der zweiten Ausbildungsphase. Weinheim/Basel, Beltz 1977.
RODAX, K./SPITZ, N.: Sozialstatus und Schulerfolg. Heidelberg, Quelle & Meyer 1978.
ROLFF, H.-G.: Politökonomischer Rahmen der Analyse von Sozialisationsprozessen in pädagogischen Institutionen. In: Neue Sammlung 14 (1974), S. 319–322.
ROLFF, H.-G.: Mehrebenenanalyse ja – aber nicht irgendeine. In: betrifft: erziehung 10 (1977), H. 4, S. 66–67.
ROLFF, H.-G./TILLMANN: Strategisches Lernen durch gesellschaftsverändernde Praxis. In: ROLFF, H.-G. u.a.: Strategisches Lernen in der Gesamtschule. Reinbek, Rowohlt 1974, S. 71–110.
RUGE, R.: Ziele und Ergebnisse der Bildungspolitik. In: ZAPF, W. (Hrsg.): Lebensbedingungen in der Bundesrepublik. Frankfurt, Campus 1977, S. 743–841.
RUMPF, H.: Konkurrenzlernen. Gedanken zum Leistungsprinzip. In: betrifft: erziehung 8 (1975), H. 3, S. 27–31.
SCHÄFER, H./SCHRÖDER, B.: Schulische Sozialisation und Schulversagen. Eine Dokumentation. München, Deutsches Jugendinstitut 1978.
SCHEFER-VIETOR, G.: Pathogene Strukturen der Prüfungspraxis am Beispiel der Lehramtsprüfungen. In: Redaktion betrifft: erziehung (Hrsg.): Praxisdruck. Lehrer in der zweiten Ausbildungsphase. Weinheim/Basel, Beltz 1977, S. 150–163.
SCHMID, R.: Zu einigen sozialpsychologischen Aspekten der Leistungsbeurteilung in der Schule. In: KUTSCHER, J. (Hrsg.): Beurteilen oder Verurteilen. München, Urban & Schwarzenberg 1977, S. 13–35.
SCHWARZER, R.: Die subjektive Befindlichkeit von Schü-

lern. Pädagogisch-psychologische Konzepte und Befunde zur Leistungsängstlichkeit. Düsseldorf 1978 (hektogr. Mskr.).

SCHWARZER, R.: Bezugsgruppeneffekte in schulischen Umwelten. In: Z. f. empirische Pädagogik 2 (1979), H. 2.

SCHWARZER, R./ROYL, W.: Angst und Schulunlust als Sozialisationseffekte verschiedener Schularten. In: APEL, H.-J./SCHWARZER, C. (Hrsg.): Schulschwierigkeiten und pädagogische Interaktion. Bad Heilbrunn, Klinkhardt 1978, S. 113–124.

SEEWALD, C.: Der Abstieg der Karin P. In: betrifft: erziehung 10 (1977), H. 9, S. 33–36.

SPEICHERT, H.: Organisation – der wichtigste Inhalt. In: päd. extra 2 (1974), H. 14/15, S. 27–32.

TAUSCH, R.: Soziale Interaktion Lehrer–Schüler und Sozialklima in Schulen – Erziehungsfaktoren für Diktatur und Demokratie?. In: BRÜCKNER, P. u.a.: Politische Erziehung als psychologisches Problem. Frankfurt, Europäische Verlagsanstalt 1966, S. 107–116.

TORNOW, H.: Verhaltensauffällige Schüler aus der Sicht des Lehrers. Empirische Untersuchung zum Labeling-Ansatz. Weinheim/Basel, Beltz 1978.

ULICH, D.: Was leistet die Schule für die Gesellschaft? Probleme einer funktionalistischen Analyse schulischer Sozialisationsprozesse. In: Z. f. Pädagogik 20 (1974), S. 615–628.

ULICH, D.: Gruppendynamik in der Schulklasse. München, Ehrenwirth 1975 (5. Aufl.).

ULICH, D.: Pädagogische Interaktion. Theorien erzieherischen Handelns und sozialen Lernens. Weinheim/Basel, Beltz 1976.

ULICH, D.: Interaktionen im Unterricht. In: KLAUER, K. J. (Hrsg.): Handbuch der pädagogischen Diagnostik, Bd. 2. Düsseldorf, Schwann 1978, S. 567–586.

ULICH, D./MERTENS, W.: Urteile über Schüler. Zur Sozialpsychologie pädagogischer Diagnostik. Weinheim/Basel, Beltz 1973.

ULICH, K.: Schulreform als Sozialisationsstrategie. Zum Verhältnis von Sozialisation und Qualifikation. In: Bildung und Erziehung 27 (1974), S. 99–114.

ULICH, K.: Sozialisation in der Schule. Elemente einer sozialpsychologischen Theorie. München, Ehrenwirth 1976.

ULICH, K.: Lehrerberuf und Schulsystem. Sozialpsychologische Beiträge für die Lehrerbildung. München, Ehrenwirth 1978.

ULICH, K.: Soziale Beziehungen und Probleme in der Schulklasse. In: SPIEL, W. (Hrsg.): Das Kind in der Schule (Bd. XII/2 der ‚Psychologie des 20. Jahrhunderts'). Zürich, Kindler 1980.

VÄTH-SZUSDZIARA, R.: Forschung im und zum System der Schule. In: MINSEL, W.-R./WUNBERG, M. (Hrsg.): Schule als Institution. München, Urban & Schwarzenberg 1978, S. 160–182.

WEIDENMANN, B.: Lehrerangst. Ein Versuch, Emotionen aus der Tätigkeit zu begreifen. München, Ehrenwirth 1978.

WEINERT, F. E.: Schule und Beruf als institutionelle Sozialisationsbedingungen. In: GRAUMANN, C. F. (Hrsg.): Handbuch der Psychologie, Bd. 7/II: Sozialpsychologie – Forschungsbereiche. Göttingen, Hogrefe 1972, S. 825–885.

WELLENDORF, F.: Über die Bedeutung der Psychoanalyse für eine Theorie der schulischen Sozialisation. In: WALTER, H. (Hrsg.): Sozialisationsforschung, Bd. I: Erwartungen, Probleme, Theorieschwerpunkte. Stuttgart, Frommann-Holzboog 1973, S. 201–212.

WELLENDORF, F.: Schulische Sozialisation und Identität. Weinheim/Basel, Beltz 1975 (3. Aufl.).

WELLENDORF, F.: Sozioanalyse – eine neue Forschungsstrategie für die Bildungsforschung. In: betrifft: erziehung 10 (1977), H. 4, S. 67–70.

WILLMS, K.-D.: Therapeutische Möglichkeiten zur Modifikation abweichenden Verhaltens in der Schule. München 1979 (unveröffentlichte Diplomarbeit).

WINETT, R. A./WINKLER, R. C.: Current Behavior Modification in the Classroom: Be still, be quiet, be docile. In: Journal of Applied Behavior Analysis 5 (1972), S. 499–504.

WITTIG, M.: Problemschüler als Schulprobleme. Fallstudie zu Etikettierungsprozessen in einer amerikanischen Schule. Weinheim/Basel, Beltz 1978.

WULF, C./GRODDECK, N.: Unterricht: Interaktions- und Kommunikationsstrukturen. In: HORNSTEIN, W. u.a. (Hrsg.): Beratung in der Erziehung (Funk-Kolleg), Bd. I. Frankfurt, Fischer 1977, S. 217–248.

WÜNSCHE, K.: Die Wirklichkeit des Hauptschülers. Köln/Berlin, Kiepenheuer & Witsch 1977.

ZEIHER, H.: Gymnasiallehrer und Reformen. Stuttgart, Klett 1973.

ZINNECKER, J.: Die Parteilichkeit der Unterrichtsforschung. In: betrifft: erziehung 7 (1974), H. 9, S. 26–36.

Berufliche Sozialisation

Walter R. Heinz

1 Sozialisation für und durch Berufsarbeit

Das Gebiet „Berufliche Sozialisation" wird in den gegenwärtigen Bestandsaufnahmen zur Sozialisationsforschung nicht einmal als thematischer Forschungsschwerpunkt erwähnt. Dies ist erstaunlich angesichts der Tatsache, daß Identitätsdefinitionen und -krisen aufs Engste mit der Vorbereitung auf und der Ausübung von Berufsarbeit verknüpft sind (vgl. BECK/BRATER 1977). Nicht anders ist es in der Berufssoziologie; in dem repräsentativen Überblick, den DAHEIM (1977) gibt, wird wohl auf die wachsende Bedeutung der marxistischen Theorie gegenüber strukturell-funktionalistischen und symbolisch-interaktionistischen Traditionen hingewiesen; das Verhältnis von Arbeit und Persönlichkeit, wie es sich im Prozeß der beruflichen Sozialisation herausbildet, wird nur nebenbei thematisiert. Wird Arbeit beruflich organisiert, dann bedeutet dies, daß „ein Individuum seine mehr oder weniger qualifizierte Arbeitskraft in einer mehr oder weniger spezialisierten Tätigkeit im Rahmen einer Arbeitsorganisation verausgabt und dadurch seinen Lebensunterhalt für sich und die abhängigen Familienmitglieder sichert" (DAHEIM 1977, S. 10). In der berufs- und arbeitssoziologischen Betrachtungsweise stehen Prozesse der Verberuflichung und Entberuflichung von Arbeitstätigkeiten in ihren historischen und technisch-ökonomischen Dimensionen im Mittelpunkt der wissenschaftlichen Überlegungen. In der Sozialisationsforschung sind es die Sozialisationsagenturen Familie, Schule und Hochschule, die das Forschungsinteresse bestimmen; eine durchgängige Thematisierung der Bedingungen und Formen beruflicher Sozialisation als konstitutiv für den Lebenslauf der Individuen steht jedoch noch aus.

Ausgehend von dieser Einschätzung hat also die Feststellung MOORES (1969, S. 861) in einem der ersten veröffentlichten Überblicksaufsätze zur beruflichen Sozialisation noch Gültigkeit, „berufliche Sozialisation scheint nicht das wissenschaftliche Interesse hervorgerufen zu haben, das ihrer Bedeutung angemessen wäre".

Faßt man berufliche Sozialisation als Prozeß des Aneignens von Fähigkeiten, Kenntnissen, Motiven, Orientierungen und Deutungsmustern, die in der Arbeitstätigkeit eingesetzt werden können, dann ist hiermit sowohl die Sozialisation *für den Beruf* (in Familie, Schule und Berufsausbildung) also die Sozialisation *im Beruf*, nämlich durch die Arbeitstätigkeit selbst angesprochen. Daher schlage ich vor, diesen umfassenden Prozeß der Befähigung des Individuums zur Reproduktion seines materiellen Lebens durch Verausgabung von Arbeitsvermögen gegen Lohn aus zwei aufeinander zu beziehenden Perspektiven zu betrachten:

1. Die klassenbedingte und schichtspezifische Sozialisation in Familie und Schule, die die

Aneignung von Basisqualifikationen für bestimmte Berufsfelder fördert bzw. begrenzt und damit zur Reproduktion gesellschaftlicher Ungleichheit beiträgt und in die Berufswahl, d. h. Berufsfindung unter dem Diktat des Arbeitsmarktes mündet.

2. Die im Arbeitsprozeß in bestimmten Arbeitsorganisationen und Betriebshierarchien gemachten Erfahrungen, die das Verhältnis des Arbeitenden gegenüber Arbeitsinhalt, -bedingungen und -resultaten konkretisieren und im gesamten (biographischen und aktuellen) Lebenszusammenhang bewußtseinsbildende, persönlichkeitsfördernde, aber auch persönlichkeitsdeformierende Auswirkungen besitzen können.
Wesentlich ist bei dieser Konzeptualisierung, nicht von vornherein die Funktionalität beruflicher Sozialisation für die adäquate Erfüllung von Arbeitsanforderungen (wie in der Rollentheorie) oder von einer prinzipiellen (objektiven) Gleichgültigkeit der Arbeitenden gegenüber ihrer Tätigkeit (Zwang des Kapitalverhältnisses) auszugehen, da damit unterschiedliche Sozialisationsverläufe und Niveaus der Aneignung beruflicher Qualifikationen mit ihren möglichen pathogenen Auswirkungen auf die Persönlichkeit vorab funktionalistisch oder objektivistisch festgeschrieben wären.
Das Ziel beruflicher Sozialisationsforschung müßte sein, theoretisch fundiert und empirisch ausgewiesen der Frage nachzugehen, *wie* sich subjektives Arbeitsvermögen mit Berufsvorstellungen und mit ökonomisch-technisch bestimmten Arbeitsanforderungen vermittelt und zu allgemeinen sowie spezifischen Qualifikationen führt, die im Arbeitsprozeß benötigt bzw. verwertet werden. Diese Sichtweise bezieht sich auf die subjektorientierten Berufstheorien (Beck/Brater 1977, 1978) und auf die am Kriterium Autonomie und Lernchancen in der Arbeit ausgerichteten Überlegungen von Lempert (1974, 1978) und grenzt sich damit ab von primär arbeitsplatz- und betriebsorientierten Analysen beruflicher Lernprozesse, wie wir sie in der arbeitswissenschaftlichen Psychologie (vgl. Groskurth/Volpert 1975) und in der Industriesoziologie (vgl. Kern/Schumann 1970) finden.
Die jüngst in der handlungstheoretisch argumentierenden Arbeitspsychologie vertretene Auffassung, daß die Arbeitstätigkeit letztendliche Determinante der Persönlichkeitsentwicklung sei (Groskurth 1979) überdehnt ihr Erklärungsmodell der beruflichen Sozialisation, indem sie die vor- und außerberuflichen Bildungsprozesse der Individuen unterschätzt. Der auf der materialistischen Lern- und Entwicklungspsychologie und der Kognitionspsychologie aufbauende Ansatz der Handlungstheorie eignet sich nach Ansicht seiner Vertreter besser als psychoanalytische und interaktionstheoretische Überlegungen dazu, einen begrifflich stringenten Zusammenhang zwischen Arbeitsanforderungen und den Formen der Persönlichkeitsentwicklung zu formulieren. Diese Sichtweise unterliegt jedoch der Gefahr, Persönlichkeitsstrukturen zu Arbeitsqualifikationen zu verkürzen, wenn sie die Persönlichkeitsentwicklung an dem Ausmaß der erreichten Handlungskompetenz in ihren intellektuellen und planend-strategischen Dimensionen mißt. Der Begriff der Persönlichkeit wird so tendenziell auf die Argumentationsfigur „Arbeitspersönlichkeit" reduziert, sie wird in der handlungstheoretischen Konzeption zu einem aus Handlungskompetenz und Motivstruktur zusammengesetzten „individuellen Erzeugersystem von Handlungen", wie Volpert (in Groskurth 1979, S. 28) formuliert. Damit wird die berufliche Sozialisation mit der Aneignung arbeitsbezogener Qualifikationen identisch, unter Hervorhebung der technisch-strategischen Fähigkeiten der Individuen und unter Vernachlässigung der kommunikativen, sozial-emotionalen und selbst-reflexiven Handlungsorientierungen sowie der lebensgeschichtlich gebildeten Deutungsmuster. Gerade diesen Kompetenzen mißt die hier vorgelegte Konzeption der beruflichen Sozialisation besondere Bedeutung zu, da sie die Art und Weise bestimmen, wie die Individuen ihr Verhältnis zur jeweiligen Arbeitssituation aufbauen.
Damit soll keineswegs ein subjektivistischer Ansatz favorisiert werden, der die Reaktionen auf Arbeitsbedingungen allein ins Belieben der Individuen stellt, sondern hervorgehoben werden, daß sich das Verhältnis der Subjekte zur Arbeitstätigkeit nicht adäquat fassen läßt, wenn die Komplexität der Arbeits- und Lebenssituation auf die Bedingungen am Arbeitsplatz reduziert wird.
Berufliche Sozialisation kann überdies nicht auf die Bewältigungsformen der Industriearbeit verengt werden, sondern muß die Berufsausbildung und Arbeitssituation in den verschiedenen Wirtschaftszweigen und auf unterschiedlichen Qualifikationsstufen einbeziehen. Diese Forde-

rung hat angesichts der Forschungslage in diesem Gebiet einen programmatischen Charakter und dient dazu, die potentielle Bedeutung der Berufsarbeit für eine lebenslauftheoretische Sozialisationsforschung zu markieren.

2 Berufliche Sozialisation und Arbeit: Zum Problem des Qualifikationsbegriffs

Mit der Erforschung der Folgen des technisch-wissenschaftlichen Fortschritts für die Gestaltung der Arbeitsmittel und Produktionsprozesse ist eine genauere Bestimmung der Veränderungen von Arbeitsanforderungen oder Qualifikationen notwendig geworden. Nach KERN/SCHUMANN (1970) sind drei allgemeine Dimensionen der Qualifikation für den Arbeitsprozeß zu unterscheiden:

1. Handwerklich-manuelle Fertigkeiten (traditionelle Fähigkeiten, wie sie z.B. die Handwerker ausgebildet haben);
2. technische Kenntnisse (Facharbeiterfertigkeiten) und
3. prozeßunabhängige Fähigkeiten oder Orientierungen.

Die manuellen und technischen Fertigkeiten und Kenntnisse werden durch Lernprozesse, die an bestimmte Arbeitsvorgänge gebunden sind, erworben; KERN/SCHUMANN bezeichnen sie daher als „prozeßgebunden". Die „prozeßunabhängigen Fähigkeiten" gewinnen mit der wachsenden technischen Ausstattung der Fabriken und Büros an Bedeutung, da sie von konkreten Arbeitsplätzen unabhängig und daher übertragbar sind. Die berufliche Sozialisation wird für die Aneignung prozeßunabhängiger Fähigkeiten immer wichtiger, da die handwerklichen Fertigkeiten im technischen Wandel durch Funktionswissen und Prozeßkenntnis abgelöst werden, die wiederum durch prozeßunabhängige Fähigkeiten gesteuert bzw. ersetzt werden müssen.
Diese Fähigkeiten werden über bestimmte Arbeitsprozesse gelernt, können aber von diesen auf andere übertragen werden (KERN/SCHUMANN 1970, Bd. II, S. 87). Technisch entwickelte Arbeitstätigkeiten erfordern vom Individuum folgende prozeßunabhängige Fähigkeiten:

a) Flexibilität als Anpassungsbereitschaft an neue Anforderungen und Tätigkeitsinhalte;
b) technische Intelligenz als Fähigkeit zum Problemlösen durch Vorausdenken und das Bilden von Hypothesen;
c) Wahrnehmung als Signalverarbeitung;
d) technische Sensibilität als koordiniertes Funktionswissen, das angemessene Eingriffe in den Produktionsprozeß ermöglicht und
e) Verantwortung als Fähigkeit zur gewissenhaften, zuverlässigen und selbständige Erledigung der Arbeitsaufgaben.

Diese vom Arbeitsprozeß gestellten Anforderungen decken sich jedoch nicht mit der Qualifikation der Arbeitenden, wenn unter dieser mehr als die Erfüllbarkeit der Leistungsansprüche des Betriebes verstanden wird. Zu fragen ist dann, wie die Arbeitenden die Anwendungsmöglichkeiten ihrer Qualifikationen in gegebenen Arbeitssituationen einschätzen. Die *Motivation* zur Verausgabung von Arbeitskraft in konkreten Arbeitssituationen und betrieblichen Zusammenhängen ist nicht voraussetzungslos beim Arbeitenden vorhanden. Dies gilt besonders dann, wenn durch rationalisierte und automatisierte Arbeitsprozesse die unmittelbare Kontrolle der Arbeitsvollzüge zurückgeht und neben den gegenstandsbezogen-technischen Anforderungen vom Arbeiter „sozial-normative" Anforderungen zu erfüllen sind (BAETHGE u.a. 1975), die sich auf die Erfüllung von Qualitätsnormen, den sorgfältigen Umgang mit den Arbeitsmitteln und die Einhaltung der Organisationsnormen beziehen. Fallen hierarchisch gestufte Kontrollen weg, dann muß der Arbeitende dazu motiviert sein, seinen Arbeitseinsatz selbst zu steuern, er muß also Produktionsleistungsnormen verinnerlicht haben bzw. deren Einhaltung handlungsmäßig beherrschen.
Einen Hinweis auf die begriffliche Fassung dieses Problems aus sozialisationstheoretischer Sicht gibt HURRELMANN (1975, S. 85ff.), der im Anschluß an KERN/SCHUMANN (1970) im Bereich der prozeßunabhängigen Qualifikationen drei Dimensionen von „normativen Qualifikationen" unterscheidet, die von spezifischen Berufskenntnissen und -fertigkeiten relativ unabhängig sind:

1. Normativ-regulative Qualifikationen, die sich als Arbeitstugenden auf die Einhaltung der Rahmenbedingungen des Produktionsprozesses beziehen;
2. normativ-motivationale Qualifikationen, die auf Betriebs- und Berufsideologie bezogen

sind; dazu gehören Normen wie Tüchtigkeit, die Anerkennung der Betriebshierarchie und der Identifizierung mit den Betriebszielen;
3. normativ-politische Qualifikationen, die das Gesellschaftsbild und die Einstellungen der Arbeitenden zu Wirtschaft und Politik betreffen.

In den wenigen Analysen der Auswirkungen von veränderten Arbeitsanforderungen auf die Qualifikationen der Arbeitenden werden vor allem die intellektuell-technischen Fähigkeiten angesprochen (KERN/SCHUMANN 1970, MICKLER u.a. 1976, KOHN/SCHOOLER 1978). In den meisten Fällen bleibt es bei einer relativ undifferenzierten Aussage über die Notwendigkeit, kognitive Flexibilität zu entwickeln, ohne die unterschiedlichen Niveaus der abgeforderten Denkleistung zu untersuchen. So kann im Arbeitsprozeß die benötigte Flexibilität der Arbeitskräfte durch Versuch und Irrtum, durch Probehandeln, durch systematisch-problemzerlegendes oder schließlich strategisch-planendes Handeln vollzogen werden. Überdies werden die jeweils dominanten Arbeitsinhalte, die vom Arbeitenden intellektuelle Leistungen abverlangen, nicht ausreichend geklärt; es kann sich um Materialbearbeitung, Maschinenoperationen oder Organisationshandeln drehen; intellektuelle Flexibilität kann präventiv, im Produktionsprozeß selbst oder erst nach Störungen abverlangt werden. So werden von qualifizierten Facharbeitern neben den Verfahrens- und Kontrollkenntnissen Übersicht über alternative Wege des Eingriffs in die Anlage, etwa bei automationsgesteuerten Prozessen, ebenso wie die Bereitschaft, Verantwortung für die Anlage mit zu übernehmen, gefordert.
Zur Thematisierung des Problemhorizonts beruflicher Sozialisation gehören neben den Anforderungen, Verantwortung zu übernehmen und Selbständigkeit zu demonstrieren, auch die Kooperations- und Leitungsstrukturen, in die die Arbeitsprozesse eingelagert sind. Die Erweiterungen der Dispositionsspielräume und der Abbau direkter Kontrolle durch Vorgesetzte im Rahmen technisch fortgeschrittener Produktionsanlagen bringen dem Arbeitenden einerseits die Chance, seine Kenntnisse über den gesamten Arbeitsprozeß und seine Fähigkeiten durch Ausnutzung der zugebilligten Autonomie zu erweitern, andererseits kann dies einer konfliktfreieren Durchsetzung der Unternehmerinteressen im Gewand einer als Demokratisierung deklarierten Kooperation verschiedener Hierarchieebenen dienen. So zeigt sich in der gesteigerten Autonomie des Arbeitshandelns gleichzeitig auch eine strukturelle Kompetenzbeschränkung. Es handelt sich also um eine widersprüchliche Tendenz der „gleichberechtigten Zusammenarbeit und gleichzeitigen Existenz von Unterordnungsverhältnissen" (Projektgruppe Automation und Qualifikation 1978, S. 39).
Diese widersprüchliche Tendenz betrifft auch das Verhältnis zur außerbetrieblichen Soziallage, da mehr Kooperation und Autonomie in der Arbeitsorganisation die weiter existierende Lohnabhängigkeit und konkreten Arbeitsbelastungen nicht aufheben, sondern beispielsweise erhöhte Nachqualifikationen (Weiter- und Fortbildung) vom Arbeitenden abverlangen, die sich auf Freizeit und Familie belastend auswirken können. Die Ausfüllung des erweiterten Handlungsspielraums ist also mit der Anforderung verbunden, mit der technischen Entwicklung Schritt zu halten: entsprechende Qualifikationen zu besitzen oder nachträglich zu erwerben, um dem drohenden Abrutschen in dequalifizierende Tätigkeiten zu entgehen. Diese Qualifikationen beziehen sich aber nun weniger auf spezifische fachlich-technische Fertigkeiten und Kenntnisse, sondern auf eine zentrale Leistung der beruflichen Sozialisation, nämlich der motivierten Umstellungsfähigkeit, die einen produktiven Einsatz des Arbeitenden in wechselnden Kooperationszusammenhängen und unterschiedlichen Tätigkeiten ohne anhaltende Orientierungs- und Identitätsverunsicherung ermöglichen soll.
Die Annahme, daß die Arbeitsanforderungen sich immer mehr auf prozeßunabhängige Qualifikationen konzentrieren, muß aus der Sicht der beruflichen Sozialisationsforschung auf die Frage erweitert werden, welche subjektiven Bedingungen notwendig sind, damit Handlungsspielräume als Lernchancen ergriffen werden. Arbeitsplätze in Industrie und Verwaltung, die durch Rationalisierung und Automatisierung mehr Abwechslung, d.h. Wahlmöglichkeiten in den Arbeitsmethoden und Bewegungsfreiheit bieten, können auch erhebliche Belastungen durch unvorhersehbare Störungen mit sich bringen. Dazu kommt, daß die umfassende Planung im Sinne der Produktionsziele und der Reihenfolge der Arbeitsprozesse vorbestimmt ist und vom Arbeitenden kaum in die eigene Arbeitsperspektive einbezogen werden kann, er also an

grundlegenden Entscheidungen über den Produktionsprozeß nicht beteiligt ist.
So stellt sich die Frage, wie sich die Autonomiemerkmale in verschiedenen Arbeitssituationen mit den Erfahrungen und Handlungsmöglichkeiten der Arbeiter verknüpfen. Die Relevanz der Diskussion der Folgen automatisierter Arbeitsprozesse für die berufliche Sozialisation liegt darin, daß von hier aus die Entwicklungstendenzen der nachgefragten sozialen Kompetenzen besonders deutlich werden. WILENSKY (1966) hat darauf hingewiesen, daß die rationale Organisation von Arbeitsprozessen neben der Zunahme von verantwortlichen Arbeitstätigkeiten und der vermuteten Aufwertung von Fähigkeiten eine Einschränkung der ganzheitlichen, auf den Arbeitsinhalt bezogenen Tätigkeitsmöglichkeiten zur Folge haben kann. Der qualifizierte Facharbeiter wird zu einem „Quasi-Ingenieur", der die Produktionsautomaten in ihrer Funktionsweise kennt, auf Störungssignale achtet und entsprechend eingreifen kann. Diese Arbeit erfordert nunmehr keine umfassende neue technische Qualifikation, sondern hängt von der Fähigkeit ab, ihr mit Disziplin, Aufmerksamkeit und Zuverlässigkeit nachzukommen.
Rationalere Arbeitsgestaltung und Automatisierung führen also nicht notwendig zu einer Höherqualifizierung der Arbeitenden, sie können vielmehr mit schwindendem inhaltlich-gegenständlichem Bezug zum Arbeitsprozeß und neuen psychischen Belastungen einhergehen.
Diese Entwicklungstendenzen wirken sich besonders dequalifizierend für die repetitiven Teilarbeiter, wie sie von KERN/SCHUMANN (1970) beschrieben worden sind, aus. Die Produktionsarbeiter, die Maschinen zu bedienen haben und in der Fließbandfertigung arbeiten, sind weiterhin in den Maschinentakt eingebunden und führen anspruchslose, aber belastende Handgriffe durch. Durch den technischen Wandel werden einerseits restriktive Arbeitsbedingungen abgebaut und neue Arbeitsplätze teilweise mit höheren Qualifikationen und erweiterten Dispositionsspielräumen eingerichtet. Demgegenüber sind jedoch dequalifizierende Auswirkungen der Automatisierung nicht zu bestreiten, nämlich eine Verringerung von Autonomie, Abbau von Qualifikationen und die Erhöhung von Belastungen an Arbeitsplätzen, die forcierter Arbeitsteilung und Arbeitsplatzbedrohung unterliegen.
Dieser Polarisierung der Qualifikationsanforderungen entspricht auch eine Differenzierung der Bewußtseinsformen und Deutungsmuster der Lohnarbeiter: Dem Qualitätsbewußtsein, das sich an den Arbeitsbedingungen und Inhalten festmachen kann, steht Gleichgültigkeit, verursacht durch die Monotonie und Restriktivität des Arbeitsvollzuges gegenüber. Die von WALLRAFF (1970, S. 24) zitierte Aussage eines Bandarbeiters: „Keiner sieht seine Arbeit als Beruf; wir sind doch nur Handlanger der Maschine. Hauptsache, die Produktionszahlen stimmen", gilt für die repetitiven Teilarbeiter trotz des Fortschritts in den Produktionstechniken weiter. Sieht man auf die Folgen der Rationalisierung in der öffentlichen und privatwirtschaftlichen Verwaltung, so erhöhen sich durch die Einführung der elektronischen Datenverarbeitung die Leistungsanforderungen, da die Arbeitsabläufe den Bedürfnissen der Anlage angepaßt werden, die den Arbeitsrhythmus diktiert. Es verändern sich zudem die Tätigkeitsmerkmale, was zu neuen Lohn- und Gehaltseingruppierungen (vor allem Abstufungen) führt. Neben der Einführung der Schichtarbeit, die notwendig ist, um die Anlagen ökonomisch auszunutzen, erhöhen sich die Belastungen im Arbeitstag (Bildschirmarbeit). Durch die Veränderung und Einsparung von Arbeitsplätzen werden Tätigkeitsbereiche neu geschnitten und eine Reihe von Tätigkeitsmerkmalen aufgegeben.
Wie kann unter den eben dargestellten Bedingungen der technisch-organisatorischen Veränderungen im Arbeitsprozeß (Polarisierung mit der Folge der Dequalifizierung und Vereinseitigung von Tätigkeitsmerkmalen) die Berufsarbeit von den Individuen bewerkstelligt, d.h. subjektiv zufriedenstellend ausgeübt werden? Um diese Frage zu beantworten ist es sinnvoll, sich mit einer Grundkategorie der MARXschen Analyse von Arbeit zu beschäftigen, nämlich mit der der Gleichgültigkeit (vgl. auch den Beitrag von OTTOMEYER in diesem Handbuch), die als Ergebnis der Verinnerlichung der „Normen abstrakter Arbeit" (vgl. KROVOZA 1975) zu betrachten ist. Die Entwertung menschlichen Arbeitsvermögens mit der Ausgestaltung der kapitalistischen Produktion führt zu einer objektiv gegebenen Gleichgültigkeit des Lohnarbeiters (vgl. HACK u.a. 1972) gegenüber den Inhalten seiner Tätigkeit. Die Erfahrungen im Produktionsprozeß – Monotonie, Anspannung, Restriktion, Verschleiß – lassen eine Indifferenz gegenüber der Arbeitstätigkeit entstehen, deren

historisch-gesellschaftliche Wurzel in der durch den technisch-ökonomischen Prozeß geforderten Variabilität und Beweglichkeit von Arbeitsvermögen zu suchen ist. Der seinen konkreten Fähigkeiten und Produkten entfremdete Arbeiter ist so nur an Lohn interessiert und entspricht damit den herrschenden ökonomischen (Tausch-)Verhältnissen.

Nun erreicht diese Aussage in ihrer kapitalanalytischen Allgemeinheit nicht die Dimension der unterschiedlichen Konsequenzen für Bewußtsein und Handlung der Arbeitenden in verschiedenen Wirtschaftszweigen: Die Gleichgültigkeit gegenüber dem Arbeitsinhalt und das daraus hervorgehende ausschließliche Lohninteresse kann (falls Lohn- und Arbeitsplätze sicher sind) zu politischer Apathie und Rückzug ins Private (vgl. GOLDTHORPE u.a. 1970), aber auch zu politischer Aktivität auf solidarischer Grundlage führen, die auf Sicherung von Arbeitsplätzen und Verbesserung der Arbeitsbedingungen (z.B. Teamarbeit, Abbau von Arbeitshetze oder 35-Stunden-Woche) drängen.

Die kritische Dimension der Gleichgültigkeit ist in der beruflichen Sozialisation der Individuen im Kontext der tagtäglichen Anforderungen zu diskutieren, in der sich Desinteresse an Routinetätigkeiten, aber auch Kritik an Restriktionen, Entlohnungspolitik und betriebspolitischen Maßnahmen herausbilden, die nicht primär durch die Ableitung aus den objektiven Gesetzen der Kapitalverwertung, sondern als Formen der Erfahrungsverarbeitung vor dem Hintergrund der in der Familie und Schule verinnerlichten Arbeitsvorstellungen und Verkehrsformen zu verstehen sind. Schließlich stellt sich mit BRAVERMAN (1977) die Frage, ob nicht die industrielle Lohnarbeit den Begriff des beruflichen Könnens aufgelöst hat in einen „neuinterpretierten und schmerzlich unzureichenden Begriff der Fähigkeit: eine spezifische Handfertigkeit, eine begrenzte und repetitive Verrichtung, ‚Geschwindigkeit als Können' usw." (S. 336). So gilt ein Arbeitender dann als qualifiziert, wenn er die Arbeitsanweisungen befolgt. Die beruflichen Qualifikationen gehen nach der Analyse, die BRAVERMAN über die Degradierung der Arbeit im Verlauf der kapitalistischen Industrialisierung vorgelegt hat, nicht einer Anhebung des durchschnittlichen beruflichen Könnens entgegen. Für die Masse der Arbeiter nehmen die Fertigkeiten nicht nur absolut ab (Verlust traditioneller Fähigkeiten, wie sie in der vielseitigen handwerklichen Berufsarbeit verkörpert sind), „sie nehmen relativ gesehen sogar noch stärker ab. Je mehr Wissenschaft in den Arbeitsprozeß eingeht, um so weniger versteht der Arbeiter von ihm; je mehr die Maschine zu einem raffinierten intellektuellen Produkt wird, um so weniger beherrscht und begreift der Arbeiter die Maschine" (S. 322). Das Anwachsen der Kategorie „Facharbeiter" ist demnach darauf zurückzuführen, daß verantwortliche industrielle, aber aufgespaltene Arbeitstätigkeiten nur durch einen längeren Qualifikationsprozeß erreichbar werden, von den dabei erworbenen Kenntnissen und Fähigkeiten aber nur ein Ausschnitt im Arbeitsprozeß selbst angewendet werden kann.

Die Sicherung des materiellen Reproduktionsniveaus kann jedoch diese Degradierung von Fähigkeiten nicht kompensieren: „Die scheinbare Akklimatisierung des Arbeiters an die neuen Produktionsweisen ergibt sich aus der Zerstörung aller anderen Lebensformen, den Resultaten von Lohnverhandlungen, ... dem Aufbau des Netzwerks des modernen kapitalistischen Lebens, das alle anderen Lebensweisen unmöglich macht" (BRAVERMAN 1977, S. 119). Allerdings handelt es sich dabei nur um eine scheinbare Gewöhnung, die sich in Verhaltenskonformität ausdrückt. Bei den Arbeitern selbst, so vermutet BRAVERMAN, herrscht ein untergründiger Zynismus und Widerwillen gegenüber der Arbeit vor, deren Durchbruch in Protesthandlungen durch vorberufliche und berufliche Sozialisationsprozesse kanalisiert wird. Die allgemeinen Arbeitstugenden wie Pünktlichkeit, Ausdauer, Unterordnung/Anweisungsgehorsam werden als Integrationsleistungen der familialen Sozialisation und als Lernergebnis der Schule gleichsam als „Eintrittsnachweis" in den Arbeitsprozeß vorausgesetzt. Den Berufsanfängern stellt sich das Problem, Strategien zur Bewältigung der Berufssituation und spezifischen Arbeitsanforderungen zu entwickeln. Qualifikationsanalysen, die sich an den technisch-organisatorischen Rahmenbedingungen festmachen, verfehlen die Überbrückungs- und Vermittlungsleistung von ansozialisierten beruflichen Orientierungen und verallgemeinerungsfähigen Handlungstechniken (sozialen Kompetenzen), die von der Suche nach einem Arbeitsplatz bis zur Umstellung auf veränderte Arbeitsanforderungen eine aktive Leistung der Arbeitenden zur Herstellung bzw. Beibehaltung eines Arbeitsverhältnisses erbracht werden.

Also muß die Qualifikationskonzeption der

Industriesoziologie überdacht und neu arrangiert werden. Ausgehend von der Überlegung, daß die Bereitschaft zu Lohnarbeit trotz Gleichgültigkeit gegenüber den Arbeitsinhalten nicht allein durch die Notwendigkeit zur materiellen Reproduktion (Lohninteresse), sondern auch durch die Verpflichtung und Verantwortung auf konkrete Arbeitsvollzüge und betriebliche Vereinbarungen gesichert werden muß, erweisen sich die Basisqualifikationen, d.h. die Einhaltung der Arbeitsnormen in ihren technisch-organisatorischen und kooperativen Aspekten, als Mindestvoraussetzung der Selbstdefinition als Arbeitender. Die Klassifikation von *Arbeits*funktionen deckt sich also keineswegs mit den kategorialen Dimensionen, die eine nähere Charakterisierung der *Arbeiter*qualifikationen erfordern würde. Diese müssen sich sinnvollerweise auf die subjektiven Bedingungen der Arbeitsmotivation und des Fähigkeitseinsatzes im Arbeitsprozeß beziehen, der durch unterschiedliche Anforderungsniveaus und betriebliche Einsatzstrategien von Arbeitskräften bestimmt wird.

3 Theorien beruflicher Sozialisation

Die Beschäftigung mit Fragen der Persönlichkeitsentwicklung für und durch Arbeit thematisiert den Zusammenhang zwischen Tätigkeit und Fähigkeitsentwicklung durch die Formen und Inhalte der Berufsarbeit. Die in der Sozialisationsforschung lange Zeit vertretenen funktionalistisch-affirmativen Konzeptionen sehen diesen Zusammenhang als eine weitgehend problemlose Integration von Individuen in das soziale System des Betriebs. Dieser Konzeption steht eine subjektbezogene Auffassung gegenüber, die sich leiten läßt von den Entwicklungsbedürfnissen der Individuen und der kritischen Analyse gesellschaftlicher Lebens- und Arbeitsbedingungen. Dabei ist der historisch-gesellschaftliche Stand der Produktionsverhältnisse, in denen und durch die sich Individuen Handlungskompetenzen aneignen, der reale Hintergrund für die Möglichkeiten und Grenzen des Sozialisationsprozesses. Berufliche Sozialisation als Prozeß der Aneignung von Qualifikationen und Arbeitsorientierung wird unter kapitalistischen Produktionsbedingungen zu einer das gesamte Berufsleben begleitende Forderung an die Erhaltung der Konkurrenzfähigkeit durch Anpassung des subjektiven Arbeitsvermögens an die Veränderungen der Arbeitsinhalte, Arbeitsbedingungen und an die Strukturen des Arbeitsmarktes.

3.1 Konventionelle Ansätze

Funktionalistische Theorien fassen die berufliche Sozialisation mit den Begriffen der Rollentheorie. Das Individuum lernt durch belohnende und bestrafende Interaktionen die Arbeitsrolle zu spielen und sich mit dieser zu identifizieren, da sie einen zentralen Lebensinhalt darstellt. Berufsrollen verweisen über ihren innerbetrieblichen Bezug hinaus auf die gesamtgesellschaftliche Fixierung von Leistungsstandards und Wertvorstellungen, die sich auch im Status der Berufstätigen niederschlagen (LÜSCHER 1968). Der Aufbau der Berufsidentität beginnt mit dem Erlernen von Kenntnissen und technischen Fertigkeiten, dann folgt die Übernahme normativer Orientierungen, die in die Vertrautheit mit der Arbeitsrolle mündet. In Verbindung mit dem Beherrschen der Berufssprache wird schließlich die Identifikation mit der Berufsrolle – auch in ihrem Aspekt der Selbstdarstellung – erreicht. FÜRSTENBERG (1972) analysiert den Eintritt ins Berufsleben als Normenkonflikt, der sich in einer krisenhaften Statusveränderung manifestiert und eine Einordnung in das Rollengefüge des Betriebs mit seinen Anforderungen erzwingt. Die dabei auftretenden individuellen Probleme rühren aus Einstellungen und Handlungen der Berufsanfänger, die dem Normensystem der Arbeitsorganisation nicht angemessen sind. In der vorberuflichen Sozialisation wurden durch Familie und Schule schichtspezifische Erfolgskonzepte vermittelt, die für spätere berufsrelevante Motivbildung grundlegend sind. Auch die Leitbilder für die Berufsarbeit variieren mit der sozialen Herkunft. In der Vorbereitungsphase auf den Beruf werden diejenigen Verhaltensregeln ausgebildet, die den Erwerb von fachlichen Kenntnissen und Fähigkeiten ermöglichen: „Ein hohes Niveau industrieller Fertigkeiten ist ohne diese Grundformung durch ein schon in der frühen Kindheit wirksam werdendes soziokulturelles Milieu nicht denkbar“ (FÜRSTENBERG 1972, S. 279). Jedoch weisen die allgemeinen Sinn- und Zielorientierungen und die direkte Handlungsorientierung im Arbeitsfeld ein Spannungsverhältnis auf, das durch das subjektive Anspruchsniveau bestimmt ist, in dem materielle und ideelle Kriterien dominieren, die mit einer „mangelhaften Beachtung der tatsächlichen Berufsanforderungen" (S. 280) korrespondieren. Normenkonflikte beim Eintritt ins Berufsleben können einmal den Sinnbezug der übernommenen Tätigkeit (Diskrepanz zwischen Berufsauffassung und Berufswirklichkeit), zum anderen die Zielorientierung (Diskrepanz zwischen Erfolgserwartung und sachlich beschränkten Berufszielen), aber auch die Rollendimension (Diskrepanz zwischen Primärgruppenerfahrung und fremdbestimmten Leistungserwartungen) betreffen. Für Berufsanfänger aus der Arbeiterschicht entstehen Normenkonflikte aus mangelnden subjektiven Voraussetzungen (statt Berufsgesinnung besitzen sie eine Joborientierung); die Folge ist unangepaßtes Rollenverhalten. Die Lehrzeit wird dann als eine noch abzuschließende Phase der kulturellen Formung und sozialen Disziplinierung einsetzen. Bei Absolventen der Universitäten entstehen Diskrepanzen als Sinnkrisen, nämlich zwischen den Berufsidealen und den konkreten Anforderungen. Es verwundert nicht, daß FÜRSTENBERG (1972) schließlich eine Revision der Haltungen des widerspenstigen Berufsanfängers voraussagt, da er Kompensationsmöglichkeiten, wie gute Bezahlung und Arbeitsplatzsicherheit vorfindet oder soziale Anerkennung im außerberuflichen Bereich sucht.

Auch in den Theorien zur Sozialisation von Erwachsenen (vgl. als aktuelle Übersicht MORTIMER/SIMMONS 1978) wird berufliche Sozialisation als Eingliederung und sich Abfinden der Individuen mit den Realitäten der Arbeitstätigkeit gefaßt. BRIM (1968; BRIM/WHEELER 1973) formuliert in Rückgriff auf rollentheoretische Annahmen und die Identitätstheorie des symbolischen Interaktionismus die Persönlichkeitsentwicklung als eine erfolgreiche Serie von Rollenlernprozessen, die durch Veränderungen im Sozialgefüge und im Lebenszyklus notwendig werden. Der Zweck der Sozialisation liegt in der Förderung von Motivationen, Fähigkeiten und Kenntnissen, die für die Ausübung definierter Berufsrollen nützlich sind. Die Erwachsenensozialisation unterscheidet sich von der vorangehenden Kindheit und Jugend vor allem durch die Inhalte und weniger durch die Form. Sie ist charakterisiert durch den Ausbau von Verhaltensstrategien und weniger durch Wertorientierungen, es dominiert die Synthetisierung alter Kenntnisse und deren Ausrichtung auf spezifische Rollenerwartungen. Sie ist weniger von bedeutsamen Bezugspersonen abhängig, zielt auf den Ausgleich konflikthafter Handlungsanforderungen und wird durch Realismus an Stelle von Idealismus gesteuert. Die spezifische berufliche Sozialisation erfolgt nach BRIM (1968) in Übergangsphasen im Lebenslauf, die den Durchgang des Individuums durch die verschiedenen Stationen der Arbeitsorganisation strukturieren. Das Resultat ist eine Art „psychischer Kontrakt", ein modus vivendi zwischen Individuum und Organisation; folgerichtig ist „Organisationssozialisation der Prozeß, durch den eine Person die Werte, Normen und geforderten Verhaltensweisen lernt, die ihr gestatten, als Mitglied an der Organisation teilzunehmen" (VAN MAANEN 1976, S. 67).

Die rollentheoretischen Formulierungen beruflicher Sozialisation beziehen sich weitgehend auf die innerbetriebliche oder organisatorische Anpassung. Es wird angenommen, daß die durch allgemeine kulturelle Werte abgestützten „I-me"-Strukturen der vorberuflichen Sozialisation auch in der Arbeitsorganisation stabil bleiben. Prozesse der Sozialisation in die Organisation setzen auf der Ebene der „I-them"-Strukturen an und reichen nicht bis in den Persönlichkeitskern hinein. In Differenzierung der mechanistischen Anpassungskonzepte der Rollentheorie nimmt VAN MAANEN (1976) eine eher konstruktivistische Position ein; er meint, daß sich das Individuum durch Umstrukturierungen seiner „Selbst-Andere"-Systeme für die Mitgliedschaft in der Organisation geeignet macht: „Das Individuum entwickelt eine spezifische Reihe von Vorstellungen, die seine Tätigkeit mit den erwarteten Belohnungen in der Situation verknüpfen" (1976, S. 76).

Die rollentheoretische Konzeption betont vor allem das szenische Arrangement der Arbeitsorganisation bzw. die Rolle der Arbeitskollegen bei der Herausbildung einer stabilen Berufsidentität und vernachlässigt sowohl die Wirksamkeit unterschiedlicher Wertstandpunkte und Handlungskompetenzen von Berufsanfängern als auch die durch ökonomische Rationalitätskriterien und Herrschaftsstrukturen diktierte Beschränkung der Identitäts- und Fähigkeitsentwicklung in der Berufsarbeit. Die konventionellen Ansätze sehen die berufliche Sozialisation als einen systemintegrativen Prozeß und nehmen an, wie MOORE (1969, S. 881) formuliert, daß „Internalisierung beruflicher Normen selbst eine Art von Bekräftigung (ist), denn Selbstachtung kann eine starke Barriere gegenüber nachlässiger Tätigkeit oder der Mißachtung von Standards sein". Ob die Rollennormen des Berufs adäquat verinnerlicht sind, ist dann an der Erfüllung der Arbeitstätigkeiten in Abwesenheit von Kontrolle abzulesen. Ist dies der Fall, dann hat die Arbeitsorganisation den großen Vorteil, Überwachungskosten einzusparen; selbst widerwillige, unzufriedene Arbeitstätige werden sich an das tolerierbare Minimum der Rollenerfüllung halten. Der gut sozialisierte Arbeiter muß seine Ansprüche an eine inhaltlich zufriedenstellende Arbeitstätigkeit mit den sich aus der technischen und herrschaftlichen Arbeitsorganisation ergebenen Anforderungen in Einklang bringen können, indem er, wie OFFE (1970, S. 28) es ausgedrückt hat, „eine normative Selbstverpflichtung" aufbaut. Diese soll an die Stelle der Beaufsichtigung bei der Einhaltung technischer Regeln treten.

3.2 *Subjektorientierte Konzeptionen: Berufliche Sozialisation und das Problem der Autonomie*

Eine alternative Sichtweise der beruflichen Sozialisation, die sowohl auf Festschreibung sozialer Ungleichheiten als auch auf Ansatzpunkte für Politisierungsprozesse eingeht, hat das Autorenkollektiv „Berufliche Sozialisation" (1973) in einem Literaturbericht für den DGB vorgelegt. Die Autoren formulieren programmatisch eine Konzeption der Sozialisationsforschung im beruflichen Lebenszusammenhang, die sich zu beschäftigen habe „mit dem Problem der Genese solcher subjektiver Strukturen und Wertorientierungen, die die Erfahrungen der objektiven Widersprüche im Produktionsprozeß und in der Berufsausbildung beeinflussen konnen" (1973, S. 36). Besonderes Gewicht legen sie dabei auf die in der vorberuflichen Sozialisation durch die Familie gebildeten Interpretationsmuster, da diese entscheiden, inwieweit berufliche Sozialisation auf schon vorhandene Dispositionen zurückgreifen kann und in diesem Sinne als Nachsozialisation wirksam wird, oder ob sich im Verlauf der beruflichen Arbeitstätigkeit auch neue prozeßunabhängige Qualifikationen herausbilden können. Die schichtspezifische Sozialisation und die damit verbundene Verinnerlichung sozialer Normen im Prozeß der Persönlichkeitsstrukturierung stellen im Verständnis der Autoren verschiedenen Anpassungsformen an die berufliche Ausbildung und Arbeit dar. Diese erweisen sich als bedeutsam nicht nur für das Arrangement mit unterschiedlichen Arbeitsformen, sondern auch für die Möglichkeiten und Grenzen der Herausbildung politischen Bewußtseins und von Konfliktfähigkeit.

Das Autorenkollektiv betont die sozialisierenden Einflüsse der vorberuflichen und beruflichen Erfahrungen auf die normativen Orientierungen der Arbeitenden: „Der beruflichen Sozialisation kommt die doppelte Funktion zu, zum einen eine Leistungsorientierung zu fördern, die zur Kooperation unter repressiven Arbeitsbedingungen befähigt und zum anderen zur Bereitschaft zur Unterordnung unter Verhaltenserwartungen und Legitimationsmuster betrieblicher Herrschaft beizutragen" (1973, S. 160). Die zweifache Aufgabe der beruflichen Sozialisation wird aus dem Doppelcharakter der Arbeit (Tausch- und Gebrauchswert zu sein) und aus der Unterordnung des Arbeitsprozesses unter den Verwertungsprozeß des Kapitals abgeleitet. Die Individuen müssen einmal Arbeitsaufgaben qualifiziert erledigen können, zum zweiten sich Normen und Orientierungen aneignen, die den Einsatz der Kenntnisse und Fertigkeiten ohne äußeren Zwang gewährleisten und die Umstellungen auf veränderte technische und organisatorische Arbeitsprozesse sichern.

Diese subjektive Zurichtung für die Berufsarbeit wird ziemlich unvermittelt der frühkindlichen Sozialisation zugeschrieben und durch Rückgriff auf die psychoanalytische Sozialisationstheorie erklärt, in der ein Zusammenhang zwischen Internalisierungsprozessen der Interaktionsnormen und Wertstandpunkte der Familie und der Über-Ich-Bildung und Ich-Stärke formuliert wird. Aus dem Sozialisationsmilieu der unterprivilegierten Arbeiterschichten entstehen ichschwache und mit einem rudimentären Über-Ich versehene Arbeitskräfte, bei denen selbst die Vermittlung elementarer Arbeitstugenden mißlungen ist. Die Sozialisation in der stabilen Arbeiterschicht hat demgegenüber ein rigides Über-Ich zur Folge, das aus Abhängigkeit von Autoritäten und durch disziplinierende Erziehung entstanden ist. Hieraus resultieren subjektive Strukturen, die sich den Anforderungen der unmittelbaren Arbeitssituation unterordnen und damit kaum Anpassungsschwierigkeiten an den Produktionsprozeß haben. Aus der Sozialisation der mittleren Gesellschaftsschicht entsteht ein Über-Ich, das dem Ich Entwicklungsspielraum läßt, da es nach gut verinnerlichten Verhaltensorientierungen agieren kann. Diese Arbeitskräfte bringen eine konventionelle Leistungsbereitschaft mit, wie sie etwa im kaufmännischen und verwaltenden Arbeitssektor benötigt wird. Schließlich entsteht aus der Sozialisation der gehobenen und privilegierten Gesellschaftsschichten ein flexibles Über-Ich, gekoppelt mit Ich-Stärke, die ermöglichen, reflexiv mit gesellschaftlichen Normen umzugehen und in Handlungsplänen Bedürfnisse und Verhaltenserwartungen aufeinander abzustimmen. Diese vorberuflich erworbene Persönlichkeitsstruktur eignet sich besonders für selbständige, qualifizierte Berufe der oberen Mittelschicht.

Da die Anpassungsformen als Persönlichkeitsstrukturen über die schulische Sozialisation noch verstärkt und mit ungleichen Bildungsabschlüssen festgeschrieben werden, erwartet das Autorenkollektiv, daß die in der Familie angeeigneten Basisorientierungen und Umgangsformen weitgehend im beruflichen Arbeitsprozeß präsent bleiben. Die instrumentelle Orientierung von Industriearbeitern ist dann ein „adäquater Ausdruck jener typischen Ergebnisse von Sozialisationsprozessen in der Unterschicht, in denen Widersprüche des Produktionsprozesses sich manifestieren" (1973, S. 156).

Im Unterschied zu der vom Autorenkollektiv (1973) angestrebten Rekonstruktion des Verhältnisses von Individuen zur Arbeitstätigkeit mit Hilfe psychoanalytischer Kategorien fordert Lempert (1974) eine umfassendere Analyse der berufsbezogenen Lernprozesse, die einen Zusammenhang zwischen gesellschaftlicher Arbeitsteilung, Tätigkeitsanforderungen und Persönlichkeitsstrukturen herzustellen in der Lage ist. Er entwickelt seine Position aus der Kritik an den affirmativen rollentheoretischen Untersuchungen zur beruflichen Sozialisation, die sowohl individuell-konkrete Handlungskompetenzen als auch gesellschaftlich-herrschaftliche Bedingungen von Berufsarbeit aus ihrem Hypothesensystem fernhalten. Er betrachtet berufliche Sozialisation nicht nur als die „Soziogenese des Arbeitsvermögens im engeren Sinne technisch-instrumenteller Qualifikationen, sondern auch in den weiteren der Fähigkeit zur berufsrelevanten Interaktionen – nicht nur Qualifizierung, sondern auch Politisierung" (1974, S. 50). Lempert hält jedoch die Verwendung des Rollenbegriffs insoweit für angebracht, als er das Ausmaß an Restriktivität bei der Ausübung der Berufsrolle zu berücksichtigen erlaubt und damit auch konkrete Bezugspunkte für die Erkenntnis von Herrschaftsverhältnissen und der Reproduktion sozialer Ungleichheit durch die Zuschreibung unterschiedlicher Berufschancen und den damit verketteten Lern- und Handlungsmöglichkeiten liefert. Dadurch soll auch eine emanzipatorische Komponente mitgedacht werden können, insofern die repressive Organisation von Arbeitsprozessen und die Konkurrenzorientierung die Gestaltung von Berufsrollen durch das Individuum verhindern.

Von diesem Anspruch ausgehend betont Lempert vor allem die sozialpsychischen Dimensionen „der Lernrelevanz von Arbeitsprozessen und der Arbeitsrelevanz von Lernprozessen" (1974, S. 66). Die Entwicklungsmöglichkeiten von Fähigkeiten und politischem Bewußtsein werden mit dem Ziel untersucht, Bedingungen herauszufinden, die zu einem Abbau der „ungleichen Verteilung von Verfügen und Ausführen, Denken und Tun, Lernen und Arbeiten" (1974, S. 105) beitragen können. Als arbeitsrelevante Persönlichkeitsmerkmale benennt Lempert Bindeglieder zwischen Arbeiten und Lernen, nämlich Qualifikationen (technische Fertigkeiten und Fähigkeiten) und Orientierungen (soziale Normen und Wertvorstellungen). Diese Grunddimensionen beruflicher Sozialisation müssen sowohl auf Merkmale der Arbeitsrolle als auch auf die Persönlichkeitsstrukturierung bezogen werden. Berufliches Lernen wird dann als Interaktionsprozeß zwischen Rollen- und Persönlichkeitsstrukturen konzeptualisiert, der zur Veränderung in der Handlungskompetenz der Individuen führt. Vor dem Hintergrund der Arbeitsrollen in der kapitalistisch organisierten Produktion sind Kreativität, problembezogene Leistungsbereitschaft und Ich-Autonomie an privilegierte Positionen gebunden, bei der Mehrheit der Arbeitsplätze sind jedoch instrumentelle Leistungsmotive und Unterordnung funktional für die Erfüllung der Arbeitsaufgaben.

Ausgehend von diesen Vorüberlegungen legen Lempert und Franzke (1976) einen synthetischen Erklärungsansatz für die berufliche Sozialisation vor, der Bruchstücke aus der kognitiven Entwicklungspsychologie, der interaktionstheoretischen Soziologie und den arbeitswissenschaftlichen Theorien über Organisation von Produktionsprozessen und deren Veränderungen beinhaltet. Als Maßstab für die Entwicklungsmöglichkeiten der kognitiven Fähigkeiten sehen die beiden Autoren den Fortschritt der

Produktionstechniken, deren subjektive Leistungsvoraussetzungen immer mehr intellektuelle Flexibilität und selbstverantwortliche Planung von Arbeitstätigkeiten fordern. Der Maßstab für die Entwicklung des moralischen (politischen) Bewußtseins ist aus den Voraussetzungen des gesellschaftlichen Zusammenlebens und den Befriedigungsmöglichkeiten von Bedürfnissen abzulesen. Ausgehend von optimalen Entwicklungsmöglichkeiten der berufsrelevanten Persönlichkeitsmerkmale in Familie, Schule und Betrieb formulieren LEMPERT und FRANZKE die kognitiven und moralischen Qualifikationen der arbeitenden Subjekte, die grundlegend für emanzipatorisches Handeln im Rahmen vergesellschafteter Arbeit sind. Der begreifenden und politisch bewußten Einsicht in die Verhältnisse steht jedoch der fortgesetzte Zwang zur Erfüllung betrieblicher Leistungsanforderungen entgegen, wodurch die Arbeitenden „vielfach auf niedrige Stufen der kognitiven und moralischen Entwicklung festgelegt" werden (LEMPERT/FRANZKE 1976, S. 121).

Neben der direkt persönlichkeitsfördernden Umgestaltung von Arbeitsbedingungen liegt der Angelpunkt für die Entwicklung emanzipationsfördernder Qualifikationen in der vorberuflichen Sozialisation, speziell der Berufsausbildung. Hier sind es die schichtspezifischen Lernmöglichkeiten und die damit verbundenen ungleichen Chancen zur Ausbildung von grundlegenden Qualifikationen und Orientierungen, die Einsichten in gesellschaftliche Zusammenhänge verhindern. In der Selektion nach sozialer Herkunft bzw. Schultypus und -noten werden Jugendliche mit unterschiedlichen Lernbiographien durch die Betriebe in verschiedenartige, von den Wirtschaftszweigen vorgezeichnete

Schema zum Zusammenhang von Berufshandeln und Persönlichkeitsmerkmalen (nach LEMPERT/FRANZKE 1976, S. 113)

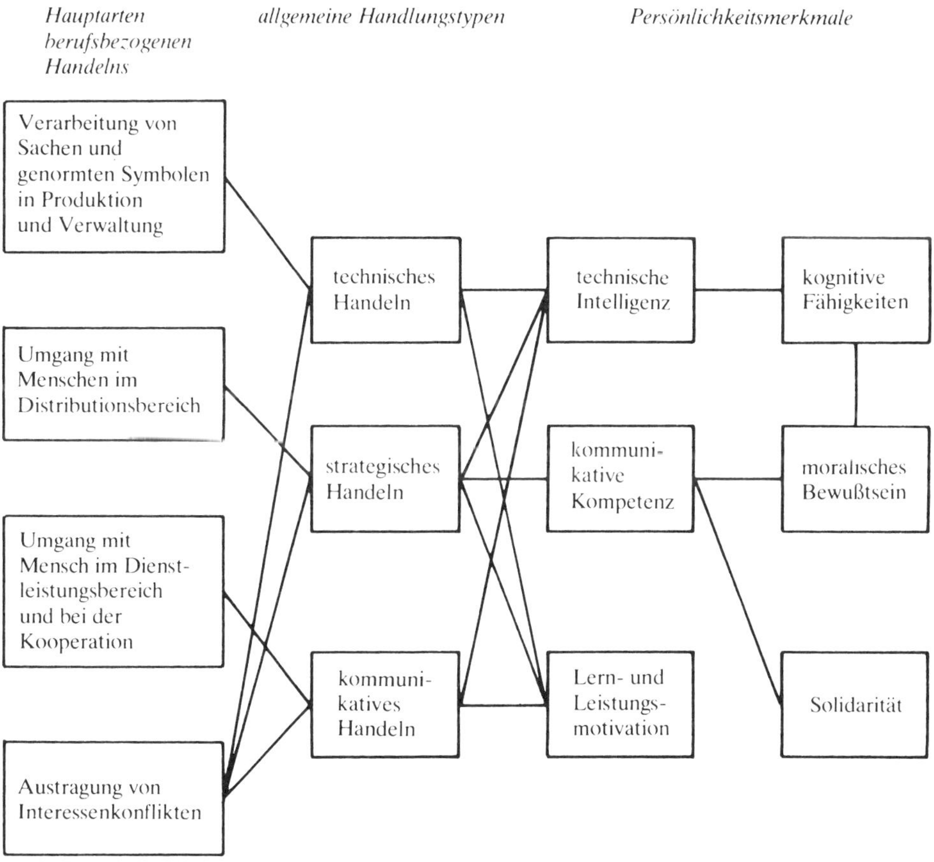

Lernbedingungen eingegliedert. In der Industrie, im Handwerk, in qualifizierten und einfachen kaufmännischen Berufen machen sie, neben fachlich qualifizierenden, überwiegend disziplinierende Sozialisationserfahrungen, die sich je nach Regelorientierung und Arbeitserwartungen der Jugendlichen in einer normativen Anpassung an die Arbeitsbedingungen niederschlagen. So geht es etwa in den Großbetrieben eher um die Aneignung abstrakter Arbeitsnormen und im Handwerk vornehmlich um die „Unterordnung unter die persönliche Autorität des Vorgesetzten" (LEMPERT/FRANZKE 1976, S. 137).

Den Hauptfunktionen gesellschaftlich organisierter Arbeit und den inhaltlichen Schwerpunkten beruflichen Handelns ordnen die Autoren allgemeine prozeßunabhängige Qualifikationen und Kombinationen von Persönlichkeitsmerkmalen auf einer relativ abstrakten Ebene zur systematischen Erfassung des Rahmens beruflicher Sozialisation zu (vgl. *Schema*). Berufliches Arbeitshandeln vollzieht sich in gesellschaftlich definierten, vertraglich normierten, organisatorisch kontrollierten Rollenstrukturen, die technisches, strategisches und kommunikatives Handeln in unterschiedlichem Mischverhältnis verlangen, denen individuell ausgebildete Handlungspotentiale gegenüberstehen. Diese lassen sich als die Persönlichkeitsbereiche der Lern- und Leistungsmotivationen, der technisch-praktischen Intelligenz und der kommunikativen Kompetenz analytisch beschreiben. Letztere gliedern sich in verschiedene Ebenen der operativ-kognitiven Handlungsregulation und zum anderen in die prozeßunabhängigen Qualifikationen der Beteiligung an zwischenmenschlicher Beziehung sowie organisierten Kooperationsformen (Perspektivenübernahme, Selbstreflexion, Ambivalenztoleranz, Rollendistanz und reflexiver Sprachgebrauch).

Der vorgestellte kategoriale Bezugsrahmen zur Analyse beruflicher Sozialisation in emanzipatorischer Absicht trägt deutlich entwicklungspsychologisch-kognitivistische Züge, die eine enge Beziehung zwischen der Ausübung selbständiger und anspruchsvoller Tätigkeit und dem erreichbaren Niveau autonom-kritischer Persönlichkeitsstrukturen postulieren. Dieses begrifflich äußerst differenziert angelegte Modell hat vor allem Grundlagen für eine an der Persönlichkeitsentwicklung ansetzende Erforschung beruflicher Werdegänge geliefert (LEMPERT 1978) und setzt markante Akzente für eine Kritik an der fachlich einseitigen Orientierung der Berufsausbildung.

Allerdings werden die gesellschaftsstrukturellen, der eigentlichen Arbeitstätigkeit vorgeordneten Determinanten der Bestimmung beruflicher Qualifikationen sowie die vorberufliche Sozialbiographie in diesem Ansatz eher am Rande berücksichtigt. In der von BECK und BRATER (1977, 1978) entworfenen Theorie der gesellschaftlichen Konstitution von Beruf wird diesen Dimensionen ein zentraler Stellenwert eingeräumt, die auch Impulse für eine subjektorientierte Theorie beruflicher Sozialisation geben kann. Sie gehen von der Annahme aus, daß ein Beruf nicht durch die einzelnen Arbeitsanforderungen, sondern aus der „standardisierten Zusammensetzung und Abgrenzung von Fähigkeitselementen zu festen, überindividuellen Kombinationen" (1978, S. 16) gesellschaftlich bestimmt ist. In berufsbezogenen Sozialisationsprozessen werden diese Fähigkeitskombinationen als Berufsbilder mit dem Arbeitsvermögen (Qualifikation und Orientierung) bestimmter Personengruppen vermittelt. Der springende Punkt dieser Überlegungen ist, daß mit der Zuweisung bestimmter Fähigkeitsbündel im beruflichen Sozialisationsprozeß der Zugang zu anderen Fähigkeitskombinationen abgeschnitten oder zumindest erschwert wird. Der Zugang zu Qualifikationen unterliegt somit einem Selektionsprozeß, der soziale Ungleichheit produziert, indem z. B. handwerklich-manuelle Fähigkeitskombinationen von geistig-planenden abgegrenzt werden.

Diese „Schneidung von Fähigkeiten" ist nicht durch die technisch-ökonomische Organisation von Arbeitsvorgängen (allein) begründbar, sie wurzelt vielmehr in den gesellschaftlich-historisch entstandenen Produktionsverhältnissen, die zu einer klassenspezifischen Beteiligungschance an allgemeinen und beruflichen Bildungsprozessen (als Privilegien) geführt haben. Dauer und Inhalte beruflicher Lernprozesse sind schichtspezifisch determiniert und führen dazu, daß die Fähigkeitsentwicklung auf bestimmte sachlich nicht begründbare Stufen fixiert wird (vgl. dazu die materialistisch fundierte Ableitung der reduzierten Fähigkeitsentwicklung durch SÈVE 1972). In Verbindung mit diesen Sozialisationsprozessen werden normative Orientierungen durch subkulturelle Erziehungsvorstellungen und -praktiken geprägt (vgl. den Beitrag von STEINKAMP in diesem Handbuch), die als subjektive Voraussetzungen für

die Verausgabung der Fähigkeiten bereit stehen. So strukturieren die Sozialbiographien die Berufseinmündung vor, beeinflussen Umfang und Tiefe der Entwicklung von Qualifikationen und konkretisieren sich als subjektive „Eignung“ für bestimmte Arten von Berufsarbeit.
Dementsprechend halten BECK und BRATER die soziale und personale Bedeutung sowie die kollektiv artikulierten Interessenstandpunkte für das Verständnis der gesellschaftlichen Definition und individuelle Einschätzung von Berufen für wichtiger als die technisch-funktionellen Aspekte der Arbeitstätigkeit. Die Bedeutung des Berufs für die Arbeitstätigen setzt an bei der gesellschaftlichen Bewertung der ihnen zugänglichen Kombination von Fähigkeiten und den durch die Berufsarbeit zu erzielenden materiellen Resultaten und sozialen Privilegien. Im beruflichen Alltag stehen die Arbeitenden jedoch vor einseitigen inhaltlichen Arbeitsaufgaben, restriktiven Arbeitsbedingungen und begrenzten Möglichkeiten zur Fähigkeitserweiterung. Sie sehen sich somit einer Problemstruktur gegenüber, die aus einem sachlichen Aspekt (dem Arbeitsprozeß) und einem ökonomischen Aspekt (dem Verwertungsprozeß) besteht, was von den Arbeitenden fordert, gegensätzliche Zielsetzungen auszubalancieren. Diese „doppelte Zweckstruktur“ der Berufsarbeit bedeutet, daß „der Arbeitende es im Prinzip lernen muß, nicht die arbeitsinhaltliche Problemlösung und Aufgabenbewältigung als alleinige Maxime seines beruflichen Handelns anzusehen, sondern diese seinen eigenen Tauschinteressen unterzuordnen, deren Befriedigung andererseits aber wiederum von einem Minimum (gesellschaftlich definierter) inhaltlich nützlicher Arbeit abhängt“ (BECK/BRATER 1977, Band 1, S. 49).
Was die Bedingungen und Möglichkeiten einer Ausbalancierung der widersprüchlichen Anforderungen, die vom Arbeitsprozeß gestellt werden, angeht, so bleiben die Aussagen von BECK und BRATER äußerst allgemein: Berufe stellen als objektivierte Fähigkeitsschablonen „auch Entwicklungs- und Äußerungsschablonen für Subjektivität“ (1977, Band 2, S. 10) dar. Berufe verlängern schichtspezifische Sozialisationserfahrungen, schreiben diese durch Kompetenzzuweisungen fest und können als Kristallisationskerne für die Entwicklung, aber auch Fixierung der sozialen Identität des Individuums dienen. Daher ist eine Bezugnahme auf die in der Diskussion über Produktion und Sozialisation (vgl. LEITHÄUSER/HEINZ 1976) angestellten Überlegungen über identitätsbedrohende und pathogene Folgen der entfremdeten Arbeit naheliegend.

3.3 Berufliche Sozialisation und Identität

Die Arbeitsanforderungen und die beruflichen Vorstellungen des Individuums gehen im beruflichen Sozialisationsprozeß eine identitätsbestimmende Verbindung ein, die durch den Spielraum für Entwicklung, Anwendung und Erweiterung subjektiver Fähigkeiten und Interessen definiert und durch inner- und außerbetriebliche Interaktionsbeziehungen stabilisiert wird. Von großer Bedeutung dürften auch hier die vorberuflich gebildeten Erwartungen an die Arbeitstätigkeit und deren Resultate sein, – wird Arbeit als zentrales Lebensinteresse, als notwendiges Übel oder lediglich als ein relevanter Tätigkeitsbereich neben Familie, Freizeit und Konsum gesehen? VINNAI (1973) nimmt an, daß die beruflichen Anforderungen, die an die Produktionsarbeiter gestellt werden, Identitätszumutungen bedeuten, die mit fremdgesetzten Ansprüchen verbunden auftreten und das Selbstbewußtsein der Individuen zerstören. Diese aufgezwungenen sozialen Identitäten können im Sinne von Arrangements mit der Arbeitssituation als Anpassungs- oder Vermittlungsleistungen des Individuums unter Beteiligung von Rollendistanz bzw. einer instrumentellen Einstellung zur Arbeit ausbalanciert werden. Allerdings sind dadurch identitätszerstörende Auswirkungen von monotonen und restriktiven Arbeitsverrichtungen in Verbindung mit psychischen und körperlichen Belastungen nicht aufzufangen. Selbst die gleichgültige Verrichtung von Handgriffen, die ohne inhaltliche Beziehung tagtäglich vollzogen werden müssen, stellt eine zwiespältige, psychisch belastende Situation dar: produktiv handeln zu müssen, aber dem eigenen Arbeitshandeln gegenüber indifferent zu sein und sich nur auf den zu erzielenden Arbeitslohn ausrichten zu können. Dies ist nach VINNAI (1973) eine pathogene Situation, die zur Zunahme psychotischer Störungen als Folge entfremdeter Arbeit führt.
Nach U. VOLMERG (1978) ist jedoch gerade die Identität des Arbeiters Grundlage dafür, die entfremdete Arbeit auszuhalten. Die Identitätsbildung in der frühen kindlichen Sozialisation habe zur Fähigkeit geführt, sich in den Arbeits-

prozeß einfügen zu können, ohne dabei psychisch zu verelenden. VOLMERG nimmt an, daß in der von der Warenproduktion weitgehend unabhängigen Mutter-Kind-Beziehung eine Grundstruktur der Identität gebildet wird, die als subjektive Voraussetzung für das Durchhalten im Produktionsprozeß zu gelten hat. Die Bedrohung der Identität entsteht erst durch den Sozialisationsdruck, der das Individuum zwingt, sich auf Arbeitssituationen einzustellen, die kaum Dispositionsspielraum, Sozialkontakt und Qualifikationsanwendung gestatten.

Von VINNAI wird die seelische Verstümmelung des proletarischen Sozialcharakters pauschal auf die Klassenlage und den Arbeitsprozeß der Lohnabhängigen und deren Umsetzung in repressive Sozialisation in der Kleinfamilie zurückgeführt. Er nimmt damit gleichzeitig an, daß der nach kapitalistischen Prinzipien organisierte Arbeitsprozeß genau den Sozialcharakter fordert, der in der proletarischen Sozialisation herangebildet wird: Ambivalenz der Orientierungen, Depersonalisation, Zerstörung von Raum und Zeiterfahrungen, Mangel an Objektbesetzungen. Daraus resultiert ein klischeebestimmtes Verhalten, das der Selbsterhaltung im Sinne des Durchhaltens von Unmündigkeit im Herrschaftsraum der industriellen Produktion dient.

Die von VINNAI (1973) aufgestellte These der vollständigen Überformung der familialen Sozialisation in der Arbeiterklasse durch die Strukturen der entfremdeten Arbeit übersieht, daß auch im Arbeitshandeln ein „emanzipatives Minimum" (NEGT/KLUGE 1972) der Subjekte beteiligt ist, das in der familialen Sozialisation begründet wird und die Aufgabe erfüllt, „Identitäts- und Verhaltensfähigkeiten gegenüber gesellschaftlicher Widersprüchlichkeit ... herzustellen, d.h. soziale Integration zu sichern" (KROVOZA 1976, S. 131). Die psychischen Auswirkungen längerer Arbeitslosigkeit machen die Verankerung von Identität in der Berufsarbeit vollends deutlich. Wie WACKER (1976) zeigt, wird Arbeitslosigkeit als Bruch der Biographie mit der Folge einer Identitätsverwerfung erfahren. Sie erscheint den Betroffenen als selbstverschuldete Ausgrenzung, „als individuelle Handlungsohnmacht bei gleichzeitiger allseitiger Abhängigkeit" (S. 17). Der über den Arbeitsprozeß aufgebauten sozialen Identität werden die Bezugssysteme entzogen, Fähigkeiten werden entwertet und soziale Anerkennung geht verloren – der gesamte Lebenszusammenhang unterliegt der psychosozialen Desorientierung.

4 Berufliche Sozialisation: Die soziale Strukturierung von Berufsbiographien

Das Verhältnis der Individuen zu Beruf und Arbeit konstituiert sich aus Lernanregungen und Anpassungszwängen als mehr oder minder kontinuierlicher Sozialisationsprozeß des Aufbaus zentraler Erfahrungsstrukturen. Ich halte es daher für sinnvoll, nicht von entwicklungspsychologischen Phasen auszugehen, sondern von Etappen beruflicher Sozialisation zu sprechen, die vor dem Hintergrund sozioökonomischer und regionaler Disparitäten die Berufsarbeit antizipieren und in der Auseinandersetzung mit der Arbeitstätigkeit Handlungsorientierungen aufbauen. Sowohl die Veränderungen im Qualifikationsbereich und die Verberuflichung von Ausbildungsprozessen lassen die Abstimmung der verschiedenen Etappen der beruflichen Sozialisation zu einer psychosozialen Qualifikation der im Arbeitsprozeß stehenden Individuen werden. Die meisten vorliegenden Konzeptionen zur beruflichen Sozialisation (vgl. MOORE 1969, VAN MAANEN 1976, LANGE/BÜSCHGES 1975) gliedern die Berufsbiographie in drei Phasen:

1. Antizipatorische Sozialisation, die mit der Berufswahl abgeschlossen wird; 2. Rekrutierung und Selektion für bestimmte Berufstätigkeiten bzw. Arbeitsplätze; 3. Sozialisation durch die Organisation bzw. das Arrangement der Arbeitenden mit den Arbeitsbedingungen und betrieblichen Machtstrukturen.

Bemerkenswert ist hierbei, daß berufsbiographische Etappen, die von der normalen Strukturierung beruflicher Werdegänge abweichen, wie beruflicher Abstieg durch Dequalifizierung oder länger dauernde Arbeitslosigkeit bisher nicht zum Thema der beruflichen Sozialisationsforschung geworden sind.

4.1 Berufswahl als Ideologie

Die Berufswahl unterliegt gesellschaftlichen Strukturen, die eine Anpassung der Berufssuchenden an die jeweiligen Bedingungen des

Arbeitsmarktes fordern. Die Determinanten des Berufszugangs und der Wahlalternativen bestehen unabhängig vom Individuum und sind Folgen der durch die Produktionsverhältnisse bestimmten Veränderungen von Qualifikationsstrukturen und der Nachfrage nach Berufstätigen mit unterschiedlichen Qualifikationsniveaus. Obwohl zentrale Merkmale von Berufsarbeit durch die antizipatorische Sozialisation in Familie und Schule angeeignet werden können (insbesondere Arbeitstugenden und Mobilitätsorientierungen) ist die Vorbereitung auf die Berufstätigkeit im engeren Sinne in der vorberuflichen Phase selten. So ist für die Arbeiter ohne spezifische Berufsausbildung das „on-the-job-Training" der Prozeß durch den sowohl die technisch-handwerklichen Fähigkeiten als auch die angemessenen Arbeitsnormen einsozialisiert werden. Sind zwischen schulischer Ausbildung und der Berufstätigkeit institutionalisierte Berufsausbildungen vorgeschrieben, dann werden die vorberuflichen und berufspraktischen Aspekte stärker aufeinander abgestimmt.

Die Ideologie der Berufswahl propagiert eine wunsch- und fähigkeitsbezogene Berufsentscheidung, wodurch der eigentlich ablaufende Prozeß auf den Kopf gestellt wird: individuelle Entscheidungen führen zur Rekrutierung von geeigneten Individuen für Berufspositionen, wodurch ein Kompromiß zwischen individuellen Präferenzen und realisierbaren Tätigkeiten hergestellt wird. Angesichts der prekären Arbeitsmarktsituation von Schulabgängern wird deutlich, daß sich die Berufsentscheidungen am Angebot von Ausbildungs- und Arbeitsplätzen ausrichten müssen und der „Kompromiß" zu Lasten der Berufssuchenden geht, da sie ihre beruflichen Orientierungen und Erwartungen an die Berufsarbeit umstrukturieren müssen. Dies gilt jedoch nicht nur für die Berufsanfänger, sondern auch für einen steigenden Anteil schon Erwerbstätiger, die angesichts der durch arbeitsorganisatorische, technologische und konjunkturelle Veränderungen zum Berufswechsel gezwungen werden.

So hat zwischen 1955 und 1970 ein Drittel der männlichen Erwerbstätigen in der BRD (Hofbauer/König 1973) einen Berufswechsel vorgenommen. Zwei Drittel der handwerklich Ausgebildeten wechselten in andere Berufe, insbesondere in die Industrie, was häufig mit der Erfahrung von Dequalifizierung verbunden ist. Etwa derselbe Anteil der an- und ungelernten Arbeiter (60%) hat wenigstens einmal den Beruf gewechselt, wobei die Mehrheit mit ihren bisherigen im Beruf erworbenen Kenntnissen in der neuen Tätigkeit wenig anfangen konnte.

Nach Daheim (1977, S. 32) führt Berufswahl zu Veränderungen beruflicher Ziele, Orientierungen und Mittel, die „sich mit gewissen besonders wichtigen Wendepunkten über das ganze Berufsleben erstrecken". Was aus der Sicht der Individuen eine kontinuierliche Berufsbiographie, in der auch Krisen durch eigene Leistung bewältigt werden können, erscheint, ist aus der Perspektive der gesellschaftlichen Organisationen ein Selektions- bzw. Zuweisungsprozeß von Arbeitskräften. Auf diese Selektion hat die vorberufliche Sozialisation die Berufssuchenden vorbereitet: „Bezüglich des Einflusses der sozialen Herkunft kann man wohl generell sagen, daß solche Berufe von ihren Attributen her die Jugendlichen anziehen, deren soziale Hintergrundqualifikationen sie sich in der Sozialisation in Familie und Schule angeeignet haben" (Daheim 1977, S. 34/35). Besonders für Jugendliche mit geringer allgemeiner Schulbildung und für Mädchen wirkt sich diese Situation als besondere Benachteiligung beim Aufbau kontinuierlicher Berufsverläufe aus.

Die Berufswahlforschung hat sich meist mit der Herausbildung von Kenntnissen und Interessen über die verschiedenen Berufe (vgl. Borow 1966) befaßt. Das Herangehen ist psychologisch, auf Fragen der Berufsberatung abgestellt, mit dem Ziel, berufliche Werdegänge durch weitgehende Flexibilität gegenüber dem Arbeitsmarkt zu fördern. Die Theorien über Berufswahl versuchen eine Beziehung zwischen Persönlichkeitseigenschaften und Berufsfeldern herzustellen, bis zur Formulierung von bedürfnis- oder eignungsbezogenen Berufsklassifikationen, die Borow (1966, S. 378) als „Karikaturen oder bestenfalls übersimplifizierte Modelle der Berufsstruktur, wie sie wirklich ist", bezeichnet. Entgegen der Annahme, daß sich Jugendliche in ihrer Identitätsentwicklung an beruflichen Laufbahnen ausrichten, verweist Borow (1966) darauf, daß die Berufswahl oft durch eine frühzeitige und dem Individuum nicht einsichtige Ausgrenzung vieler Berufsbereiche gekennzeichnet ist – mit der Folge, daß man das nicht mehr werden will, was man nicht werden kann. Diese Vermutung wird beispielsweise gestützt durch eine Studie von Gunn (1964), die ergab, daß erst zwischen dem 12. und 16. Lebensjahr Berufe auf der Basis der sozialen Prestigeskala eingestuft werden und sich dabei Unterschiede der beruflichen Bewußtseinsbildung durch die familiale und schulische Sozialisation in den Präferenzen auswirken: Jungen aus der Unterschicht stufen den Lehrerberuf niedriger ein als den des Elektrikers oder Maschinenoperateurs. Dies bedeutet in der von BECK und BRATER (1978) vorgeschlagenen Terminologie, daß den Jugendlichen in der Etappe des Übergangs in die Arbeitswelt diejenigen Fähigkeitskombinationen bzw. Kompetenzschneidungen als wünschenswert erscheinen, auf die sie durch ihre vorberufliche Sozialisation und die gesellschaftliche Chancenstruktur festgeschrieben sind.

Die Formulierung von Interessen an Berufen wird eingeschränkt durch das Angebot an Ausbildungsplätzen, was eine antizipatorische Reduzierung der Ansprüche auf erreichbare an Stelle von wünschbaren Berufen erfordert (HEINZ 1976). Dies gilt besonderes für Hauptschüler und hier wiederum am stärksten für Mädchen, da sie ihre Berufssuche unter dem Gebot einer hohen Flexibilität vollziehen müssen (BEDNARZ 1978). So wird die Konkurrenz zwischen Haupt- und Realschülern auf dem Ausbildungsstellenmarkt für qualifizierte Handwerks- und Facharbeiterberufe von Jugendlichen durchaus bei der Berufssuche erkannt. Veränderungen auf dem Arbeitsmarkt werden im Prozeß der Berufsfindung von den Jugendlichen nachvollzogen, indem die Einmündungschance in bestimmte Berufe bei der Formulierung von Berufswünschen und Vorstellungen über den beruflichen Werdegang eine realitätsanspassende Rolle spielt. Die Verknappung von Ausbildungsstellen seit Anfang der siebziger Jahre zwingt die Jugendlichen dazu, in wenig zukunftssichere Berufe mit schlechten Ausbildungsbedingungen auszuweichen, um dem Abdrängen in die Jungarbeitersituation zu entgehen. So löst sich tendenziell der Zusammenhang zwischen Berufswünschen (einem Produkt der vorberuflichen Sozialisation) und dem gefundenen Ausbildungsplatz auf – der Wunsch, einen bestimmten Beruf zu ergreifen, weicht der ratlosen Bereitschaft, sich dem Angebot an Lehrstellen anzupassen.

Für die berufssuchenden Hauptschülerinnen ergibt sich die besonders problematische Situation, daß ihre geschlechtsspezifische Sozialisation von Arbeitgeberseite für die Propagierung gering entlohnter Frauenberufe genutzt wird, und sich Mädchen dann einem traditionell verengten Angebot an Ausbildungsplätzen gegenüber sehen, das durch den Verweis auf weibliche Fähigkeiten legitimiert wird.

Die vorhandenen empirischen Aussagen über Berufswahlmotive können weder vom theoretischen Ansatz noch vom Erhebungsverfahren her Anspruch auf Abbildung der Wirklichkeit erheben. Die Fragebogenstudien, die Berufswünsche als Einstellungen und Erwartungen erheben, vernachlässigen meist die jeweiligen ökonomischen Bedingungen und gesellschaftsstrukturellen Prozesse, die auf die Sozialisation in Familie und Schule und auf die Berufseinmündung der Jugendlichen einwirken. So zeigen auch die von BEDNARZ (1978) zusammengefaßten Studien über die „Freiheit der Berufswahl", daß die meisten Jugendlichen nach Abschluß ihrer Lehre oder nach längeren Phasen der Berufstätigkeit retrospektiv der Ansicht sind, daß ein anderer Beruf besser zu ihnen gepaßt hätte oder der Meinung waren, daß sie in die jeweilige Berufsausbildung kanalisiert wurden und kaum die Möglichkeit gehabt hätten, ihren Beruf zu wählen (vgl. dazu auch die Untersuchung von LEMPERT/THOMSSEN 1974).

Vor allem erlauben Fragebogenerhebungen keine Aussagen über die Definitions- und Bewältigungsformen der objektiv begrenzten Freiheit bei der Berufswahl. Demgegenüber zeichnet sich in einer qualitativ ausgerichteten Untersuchung über die Berufsvorstellungen von Hauptschülern vor und nach dem Übergang in die Arbeitswelt ab, daß die Beteiligten die schließlich gefundene Ausbildung als Eigenleistung im Rahmen der „freien" (d.h. selbständig zu bewerkstelligenden) Berufssuche deuten und ihr eine biographische Kontinuität unterlegen (HEINZ/WACHTVEITL/WITZEL 1980). Diese Ergebnisse verweisen auf die Wirksamkeit vorberuflich angeeigneter Deutungsmuster der persönlichen Verantwortlichkeit für Leistungsfähigkeit, gekoppelt mit der Legitimationsfigur der Entscheidungsfreiheit für Individuen bei der konkurrenzorientierten Integration in die Arbeitswelt.

So wird für die Berufsanfänger trotz der Ausgrenzung ihrer Ansprüche auf Interessenverwirklichung und Fähigkeitsentwicklung eine Kontinuität zwischen vorberuflicher Sozialisation und Berufsarbeit konstruierbar, die die widersprüchliche Verbindung von abhängiger Lohnarbeit und den Anforderungen an selbständige Leistung zu verarbeiten sucht.

4.2 *Berufsausbildung als Scharnier zwischen Sozialisation und Arbeit*

Das Bildungssystem korrespondiert auf der Ebene der herrschenden Verkehrsformen und Leistungsmaßstäbe den Anforderungen des Arbeitsprozesses, der „lange Schatten der Arbeit" (BOWLES/GINTIS 1976) überdeckt die Persönlichkeitsentwicklung in den vorberuflichen Sozialisationsagenturen und wirkt sich in einer Koordination der vorberuflich erworbenen Orientierungen mit den Verhaltensstandards am Arbeitsplatz aus: „Das Bildungssystem reproduziert die kapitalistische Arbeitsteilung zum Teil durch Korrespondenz zwischen seinen inneren Sozialbeziehungen und denen des Arbeitsplatzes" (S. 147). In dieser Analyse wird der schulischen und beruflichen Ausbildung eine latente Wirksamkeit bei der Herstellung einer gefügigen und nach Statusprivilegien fragmentierten Arbeiterschaft zugeschrieben. Insbesondere die Organisationsstrukturen der schulischen Sozialisation replizieren die hierarchischen Arrangements des Betriebes. BOWLES und GINTIS (1976) berichten über empirische Studien, die zeigen, daß Persönlichkeitsmerkmale und Arbeitsorientierungen für die berufliche Leistungsprognose wichtiger sind als kognitive Fähigkeiten.

Die Berufsausbildung als Teil der beruflichen Sozialisation hat die Aufgabe, die Qualifikationen und Legitimationsmuster zu vermitteln bzw. zu festigen, die für die jeweilige Berufstätigkeit für notwendig erachtet werden und zielt auf den Wandel von Persönlichkeitseigenschaften, der schließlich durch die Identifizierung mit der Berufsrolle ihren Höhepunkt erreicht.

Entgegen der traditionellen Fixierung der Berufsausbildung auf abgegrenzte Berufsbilder und Fähigkeitsschablonen wird angesichts der technischen Veränderungen im Arbeitsprozeß auf die Ausbildung von „Schlüsselqualifikationen" (vgl. MERTENS 1975) Wert gelegt. Die damit intendierte Vorbereitung der Arbeitskräfte auf die Veränderungen in der Arbeitsorganisation und auf dem Arbeitsmarkt verweist auf die Unwägbarkeit der Nützlichkeit spezifischer Berufsausbildung, die primär fachliche Kenntnisse und Fertigkeiten für konkrete Berufsbilder vermittelt. Schlüsselqualifikationen sind Kenntnisse, Fähigkeiten und Fertigkeiten, die das Individuum nicht auf Tätigkeitsfelder fixieren, sondern eine „a) Eignung für eine große Zahl von Positionen und Funktionen als alternative Optionen zum gleichen Zeitpunkt und b) die Eignung für die Bewältigung einer Sequenz von Änderungen von Anforderungen im Laufe des Lebens" (MERTENS 1975, S. 415). Berufsbildungsreform würde dann unter der Zielsetzung zu entwickeln sein, Qualifikationen zu vermitteln, die Chancengleichheit und emanzipatorisches Handeln fördern. Selbst die aktuelle Arbeitsmarktsituation hat die Strukturen des dualen Berufsbildungssystems kaum verändert: „Die gegenwärtige Struktur der öffentlich-normativen Regelungen beruflicher Bildung sichert somit ... das Ausbildungsmonopol privater Betriebe normativ ab, erkennt deren Dispositionsfreiheit und Autonomie bei der Durchführung und Gestaltung beruflicher Bildung an und beschränkt komplementär dazu öffentlich-rechtliche Einflußnahme auf ergänzende und flankierende Maßnahmen" (DAHEIM u.a. 1978, S. 28). So erwerben Absolventen von Lehrlingsausbildung in Klein- und Mittelbetrieben selten die technisch-inhaltlichen Kompetenzen, die für einen Betriebswechsel unter Beibehaltung ihrer beruflichen Qualifikation notwendig wären. Dies ist besonders alarmierend angesichts der schon oben angesprochenen Tatsachen, daß ca. 50 % der in einem Beruf Ausgebildeten in ihrem Arbeitsleben diesen Beruf verlassen müssen.

Da die Auszubildenden an einer qualifizierten Berufstätigkeit interessiert sind und sie ihre in der Berufsausbildung angeeigneten Qualifikationen erst in der Arbeitstätigkeit selbst überprüfen können, nimmt die Kritik an den erfahrenen Ausbildungsgängen mit der Dauer der Berufstätigkeit der Jugendlichen zu (vgl. BEDNARZ 1978, S. 31). In einer ausweglosen Situation hinsichtlich ihrer beruflichen Zukunft befinden sich diejenigen Jugendlichen, die als Jungarbeiter zwischen Anlernung und Ausbildung durch betriebliche Sozialisationsstrategien zu Produktionsarbeitern ausgebildet werden. Hierbei geht es vor allem, wie DREXEL, NUBER und v. BEHR (1976) feststellen, um die Beseitigung von Qualifikationsmängeln. Die kurz dauernden Qualifizierungsmaßnahmen werden im Sinne eines Defizitausgleichs eingesetzt, um betriebliche Arbeitskräfteprobleme ohne großen berufsbildenden Aufwand zu lösen. Dementsprechend liegt das wichtigste Qualifikationsziel auf der Ebene der normativen Orientierungen, nämlich „Stabilisierung der Jugendlichen für die Arbeitssituation" (DREXEL u.a. 1976, S. 68).

Ein ganz anderes Bild bieten die Studien über

die berufliche Sozialisation von Angehörigen der Professionen, die sich bislang vor allem mit der Ausbildung von Medizinern befaßt haben. So untersuchte COOMBS (1978) die psychosoziale Dynamik der professionellen Sozialisation als Vorbereitung auf die Übernahme der Medizinerrolle. Die vorberufliche Sozialisation hat den Werdegang zum Mediziner meist schon vorgezeichnet, bevor er zum Studium zugelassen wird. Die schrittweise Anpassung an das Berufsbild des Arztes wird durch das informelle Beziehungsnetz, das durch gemeinsame Erfahrungen des jeweiligen Studentenjahrgangs und durch ältere Studenten strukturiert wird, erleichtert. Jede Etappe der Ausbildung verweist auf das kumulativ zu erwerbende Selbstbild „Arzt". Leistungsanforderungen und regelmäßige Leistungsprüfungen wirken als Katalysatoren für eine Formung der beruflichen Identität, die den Rollenerwartungen der Universitätsklinik entsprechen. COOMBS (1978) analysiert die berufliche Sozialisation als stufenweise Herausbildung professioneller Affekte und Orientierungen: Von der Idealisierung der Rolle des Arztes, die weitgehend dem Verständnis des Laien entspricht, bis zu einem flexiblen und distanzierten Umgehen mit den persönlichen Gefühlen gegenüber Krankheit und Tod. Die professionelle Sozialisation dient auf der Ebene der Orientierungen der Vorbereitung auf das Durchhalten von Ambiguität (vgl. COSER 1979). Durch die Struktur der Ausbildung in der Klinik befinden sich die Studenten in einem permanenten Statusdilemma gegenüber den Patienten, denn ihre Kontrollkompetenz wird durch gerade die medizinischen Qualifikationen legitimiert, die sie selbst erst erwerben sollen.
In der persönlichkeitsbildenden Auseinandersetzung mit den Anforderungen des Berufsbildes „Arzt" wird die Chance zum Aufbau einer ausbalancierten Ich-Identität gesehen, die auch durch die jeweiligen professionellen Standesorganisationen immer wieder bestärkt wird. Dies steht im Gegensatz zu den beschränkten Möglichkeiten der Arbeiter- und Angestelltenberufe, sich im Verlauf ihrer beruflichen Sozialisation durch eine inhaltlich bestimmte, verantwortliche und gesellschaftlich angesehene Tätigkeit mit sicheren Zukunftsaussichten persönlich zu stabilisieren.

4.3 Arbeit und beruflicher Werdegang: Sozialisation durch die Arbeitssituation

Die Arbeitsaufgaben erweisen sich als zentral für die Einschätzung des beruflichen Status und der Arbeitszufriedenheit. Neben der inhaltlich bestimmten Arbeitstätigkeit sind jedoch die Kontextfaktoren, in denen Arbeit verrichtet wird, von Bedeutung für die subjektive Einschätzung der betrieblichen und gesellschaftlichen Relevanz der eigenen Tätigkeit. Dazu zählen das Ausmaß an Autonomie bei der Aufgabenerfüllung; die Verantwortlichkeit und der Bezug zu den ausgebildeten Fähigkeiten und schließlich die Möglichkeit, einen Überblick über Arbeitsprozeß und Verwendung des Produkts zu besitzen. Auf der Statusebene der Produktionsarbeiter ist es vor allem die informelle Gruppe der Arbeitskollegen, die versucht im Sinne einer Gegensozialisation den betrieblichen Leistungsdruck und Arbeitsbelastungen abzufangen. Sie wird zum Träger „subversiver" Handlungen (wie Leistungseinschränkungen und spontane Streiks), die auf die Bedeutung solidarischen Arbeitshandelns im Gruppenkontext verweisen. Diese informellen Gruppen können Kristallisationskerne für spontane Lohn- und Mitbestimmungsforderungen und Proteste gegen die Entlassung von Kollegen sein.
Fragt man nach der Sichtweise der Betroffenen, wie sie ihre Arbeit und betriebliche Situation erfahren, dann zeigt sich zunächst eine nach Tätigkeitsbedingungen und Qualifikationsniveaus variierende Distanz bzw. Unzufriedenheit mit den Inhalten und Formen der Berufsarbeit. Dies kann gesellschaftstheoretisch als Ausdruck entfremdeter, d.h. objektiv den Warengesetzen unterworfener (abstrakter) Arbeit erklärt werden. Wobei jedoch ungeklärt bleibt, wie sich die Arbeitenden auf diese Situationen einstellen, inwieweit unterschiedliche Anpassungsleistungen Ergebnisse beruflicher Sozialisation durch die Arbeitstätigkeit selbst oder/und Folgen der in Klassenverhältnisse eingebetteten familialen und schulischen Sozialisation sind. Nach WILENSKYS (1966) Untersuchungen ist die große Masse der in mittleren Qualifikationsbereichen Beschäftigten im allgemeinen ihrer Arbeit gegenüber in dem Sinn indifferent, daß ihre „Jobs" weder ihr Selbstbild bestätigen noch es ihnen verweigern. Bei den Produktionsarbeitern und den Angestellten im Verkaufs- und Bürosektor ist jedoch eine Folge der Arbeitssituation, daß die Arbeitenden eine durch Langeweile und

beruflichen Zynismus gekennzeichnete Einstellung zu ihrer Arbeit haben, die aus der mangelnden inhaltlichen Gestaltungschance und den restriktiven Arbeitsbedingungen abzuleiten sind. So fällt die Zufriedenheitsquote von 90% bei Wissenschaftlern auf 16% bei ungelernten Automobilarbeitern. Indirekte Fragen ergeben, daß die Zufriedenheit mit dem gewählten Beruf insgesamt gering ist: nur $^1/_4$ der Facharbeiter würden ihren Berufd wieder wählen; gut die Hälfte der kleinen Angestellten würden etwas anderes versuchen (WILENSKY 1966, S. 134), wenn sie noch einmal neu anfangen könnten.

Die berufliche Sozialisation wird zu einem wichtigen Konsolidierungsmechanismus, der die fehlende inhaltliche Bindung an die Arbeitsvollzüge, die Undurchschaubarkeit des Produktionsprozesses und die zunehmende Zergliederung von Arbeitsschritten subjektiv „neutralisiert". Angesichts der technologischen Entwicklung der Produktions- und Büroarbeitsprozesse, die für die Mehrheit der abhängig Arbeitenden negative Folge hat (sie verlieren Kompetenzen, werden im Lohnsystem herabgestuft bzw. stehen unter Druck zur Weiter- oder Umqualifizierung), gewinnt die berufliche Sozialisation an Ambivalenz – sie kann der flexiblen Anpassung an Veränderungen, aber auch zur Formulierung von Qualifikations- und Kooperationsforderungen führen. Es stellt sich nicht allein die Frage nach dem alltäglichen Arrangement mit den Bedingungen am Arbeitsplatz, sondern auch nach den Entwicklungsbedürfnissen und dem gesellschaftlich-politischen Bewußtsein der Betroffenen, die Sinnbezüge für die betrieblichen Erfahrungen liefern.

Die Arbeitstätigkeit allein und deren betrieblicher Kontext bestimmen die Einschätzungen der Berufsarbeit keineswegs direkt, wie in den Thesen der arbeitswissenschaftlich ausgerichteten Sozialisationsforschung (vgl. GROSKURTH/VOLPERT 1975) angedeutet wird. Die vorberuflich akkumulierten Deutungsmuster liefern zusammen mit betrieblichen Alltagserfahrungen, dem soziopolitischen Klima und den ökonomischen Krisen wesentliche Vermittlungsinhalte für die subjektive Einschätzung von Arbeitssituationen. So kann ein innerbetrieblicher Konflikt durch Gleichmut/Gleichgültigkeit der Arbeitenden unterlaufen werden oder aber durch politisch-gewerkschaftliches Bewußtsein und Mitgliedschaft gesucht und ausgetragen werden, wobei die innerbetrieblichen Konstellationen nicht ausreichen, um das Handeln der Arbeitenden zu erklären. Zu diesem Ergebnis kommen auch BEYNON und BLACKBURN (1972), die in einer Fallstudie in einer englischen Fabrik den Einfluß der Arbeitsbedingungen, der Werte und Erwartungen des Arbeiters auf seine Arbeitserfahrungen untersucht haben. Sie gehen von einem theoretischen Bezugsrahmen aus, der nicht die fragmentierte Erforschung der Beziehung zwischen Arbeit und verschiedenen Persönlichkeits- bzw. Qualifikationsmerkmalen zum Inhalt hat, sondern den Arbeiter als ganze Person sieht, der seine Situation vor dem Hintergrund seiner gesamten Lebenswelt interpretiert. Eine Grundannahme der Autoren ist, daß „Orientierungen gegenüber der Arbeit mit strukturellen Merkmalen der Biographien der Arbeiter in Verbindung stehen, in der die Familienposition eine wichtige Rolle spielt" (1972, S. 4). Obwohl die soziale Lage der Arbeiter im Betrieb die Basis für einheitliche Klassenerfahrungen darstellt, gibt es innerhalb dieser starke Differenzierungsfaktoren, wie das Alter, das Geschlecht, die Familiensituation und die Dauer der Betriebszugehörigkeit.

Trotz der gemeinsamen Arbeitsbedingungen der befragten Arbeiter fanden BEYNON und BLACKBURN erhebliche Variationen in der Art wie verschiedene Arbeitergruppen ihre Tätigkeit und betriebliche Position erleben. Variationen, die auf ihre unterschiedlichen sozialen Merkmale außerhalb des Betriebs, vor allem auf ihre Familiensituation zurückgeführt werden konnten. Die in der Tagesschicht arbeitenden Männer waren am unzufriedensten, obwohl sie die interessantesten Jobs hatten; sie hatten höhere Erwartungen an die Arbeit als die im Betrieb beschäftigten Frauen, die ihre Arbeit als notwendiges Übel sahen und keine inhaltlichen Erwartungen stellten. Die Arbeiter der Nachtschicht waren weniger unzufrieden, für sie zählte der sichere Job, sie waren eher familienzentriert und instrumentell ausgerichtet. Die in der Tagesschicht Arbeitenden waren jünger, meist ohne die Verpflichtungen der Versorgung einer Familie und konnten so ihre Unzufriedenheit über die Restriktion und Kontrollen am Arbeitsplatz nicht durch ein primäres Lohninteresse ausgleichen.

Im Gegensatz zu den Voraussagen, die sich aus der These der technologischen Folgen ableiten lassen, war die Zufriedenheit mit der Beschäftigung weniger vom Arbeitsinhalt selbst als von den Bewertungsmaßstäben der Arbeiter abhängig. Diese sind jedoch als Ergebnis der Auseinandersetzung mit der Berufsarbeit und nicht allein als Reaktion auf die organisatorischen und arbeitstechnischen Aspekte der Tätigkeit zu verstehen. Die Untersuchung von LEMPERT und THOMSSEN (1974) über die beruflichen Werdegänge ehemaliger Maschinenschlosserlehrlinge belegt die Annahme, daß die berufliche Sozialisation nicht allein die Verarbeitungsformen der restriktiven Arbeitsbedingungen im betrieblichen Alltag betrifft, sondern eingebunden ist in die gesellschaftspolitische Grundeinstellung, als Resultat vorberuflicher Sozialisation.

4.4 Die Verschränkung von beruflicher und familialer Sozialisation

Die berufliche Biographie und die Arbeitssituation der Eltern fließen in die Zielsetzungen ein, die sie bei der Sozialisation ihrer Kinder verfolgen. Hat sich auch die in der schichtspezifischen Sozialisationsforschung behauptete Auswirkung unterschiedlicher Erziehungsstile auf die Persönlichkeitsentwicklung des Kindes nicht eindeutig auf die sozioökonomische Lagen zurückführen lassen, so heißt dies nicht, daß sich Sozialisation in der Familie abseits gesellschaftlicher Entwicklung in einem von der Arbeitswelt unabhängigen Privatraum vollzieht.

Die Sozialisationsprinzipien der Eltern, wie sie gegenüber ihren Kindern in der Familie vertreten werden, so die Ergebnisse einer von KOHN (1969) vorgelegten Studien, lassen sich bis zu den Handlungsspielräumen der Väter am Arbeitsplatz zurückverfolgen. Eine autonome Arbeitssituation mit komplexen (intellektuell fordernden) Aufgaben führt zu einer Sozialisationsperspektive, die auf Selbständigkeit der Kinder sieht; eine intellektuell nicht fordernde Tätigkeit, die unter restriktiven Bedingungen zu verrichten ist, führt dagegen zu einer auf Konformität des Kindes abstellenden Erziehung. Diese Befunde galten in der Folgezeit als neues Paradigma, das die methodischen Probleme der schichtspezifischen Sozialisationsforschung zu lösen versprach und zudem auf den zentralen Aspekt der materiellen Reproduktion der Familie Bezug nehmen konnte.

Nun hat die methodologische Sichtung dieser Forschungen auf die Gefahr der Überinterpretation dieser Ergebnisse verwiesen, zumal die Erziehungspraxis und die Einflußnahme auf die Kinder geschlechts- und situationsbezogen differiert. So haben GRÜNEISEN und HOFF (1977) jüngst in der BRD nur für Situationen, die als Erziehungskonflikte in der Familie thematisiert werden, einen Zusammenhang zwischen Arbeitserfahrungen der Väter und der Sozialisationspraxis feststellen können, wobei es weniger die Komplexität der Arbeitstätigkeit, sondern das Ausmaß an Handlungsautonomie am Arbeitsplatz war, das das Erziehungsverhalten am stärksten bestimmt. Das Interesse an der inhaltlichen Seite der Arbeitstätigkeit und an der solidarischen Kooperation bildet sich, wie in den vorangegangenen Überlegungen gezeigt, nicht unmittelbar aus der Tätigkeit im Produktionsprozeß selbst, sondern dann, wenn der vorberufliche und berufliche Sozialisationsprozeß über das „emanzipatorische Minimum" hinausgreifen können. Da sich die Arbeitserfahrungen der Elterngeneration in ihrem Sozialisationshorizont und in den Entwicklungszielen für ihre Kinder niederschlagen, werden auch unterschiedliche Kombinationen ambivalenter Arbeitsorientierungen – Anpassung und Protest, Gleichgültigkeit und Engagement, Aufstiegsorientierung und Solidarität über die Familie weitergegeben.

Das Aufbrechen der Fortschreibung systemintegrativer und identitätsbedrohender Anpassungsformen an die Arbeit durch Forderungen nach erweitertem Dispositionsspielraum, Beteiligung an Entscheidungsprozessen und Weiterentwicklung von Fähigkeiten hängt somit von der Umgestaltung von Arbeitsprozessen und betrieblichen Herrschaftsstrukturen ab. Die Erzeugung neuer Handlungspotentiale durch mehr Autonomie und Qualifikationseinsatz am Arbeitsplatz kann Veränderungen sowohl der beruflichen Sozialisation als auch der Erziehungsvorstellungen der Eltern einleiten. Die Zunahme technisch-fachlicher Kenntnisse, die Förderung von Initiative und Selbstvertrauen sowie Wissen über gesellschaftliche Zusammenhänge können in der Berufsausbildung dazu beitragen, die vorhandenen Kompetenzschneidungen als veränderbar zu begreifen. Veränderungspotentiale ergeben sich aus einer beruflichen Sozialisation, die kritisch-emanzipatorische Orientierungen nicht von den Arbeitsinhalten ablöst, sondern auf die Erweiterung von Fähigkeiten in kooperativ organisierten Lern- und Arbeitsprozessen drängt.

Literatur

Autorenkollektiv (Brandt, G. u.a.): Berufliche Sozialisation und gesellschaftliches Bewußtsein jugendlicher Erwerbstätiger. Frankfurt/M., EVA 1973.

Baethge, M. u.a.: Produktion und Qualifikation. Hannover, Schroedel 1975.

Beck, U./Brater, M. (Hrsg.): Die soziale Konstitution der Berufe. 2 Bde. Frankfurt/M., Aspekte und Campus 1977.

Beck, U./Brater, M., unter Mitwirkung von Bolte, K. M.: Berufliche Arbeitsteilung und soziale Ungleichheit. Frankfurt/New York, Campus 1978.

Bednarz, I.: Einstellungen von Arbeiterjugendlichen zu Bildung und Ausbildung. Eine Dokumentation. München, DJI 1978.

Beynon, H./Blackburn, R. M.: Perceptions of Work. Variations within a Factory. Cambridge, University Press 1972.

Borow, H.: Development of Occupational Motives and Roles. In: Hoffman, L. W. (Hrsg.): Review of Child Development Research. Bd. 2. New York, Russell Sage 1966.

Bowles, S./Gintis, H.: Schooling in Capitalist America. London, Routledge 1976.

Braverman, H.: Die Arbeit im modernen Produktionsprozeß. Frankfurt/M., Campus 1977.

Brim, O. G. Jr./Wheeler, S.: Erwachsenen-Sozialisation. München, dtv 1974.

Brim, O. G. Jr.: Adult Socialization. In: Clausen, J. A. (Hrsg.): Socialization and Society. Boston, Little, Brown 1968.

Coombs, R. H.: Mastering Medicine. New York/London, Free Press 1978.

Coser, L. R.: Training in Ambiguity. New York, Free Press 1979.

Daheim, H.: Berufssoziologie. In: Daheim, H. u.a.: Beruf; Industrie; Sozialer Wandel in unterentwickelten Ländern. (= Handbuch der empirischen Sozialforschung, Bd. 8, 2. Aufl.). Stuttgart, Enke 1977, S. 1–100.

Daheim, H. u.a. (Hrsg.): Sozialisationsprobleme arbeitender Jugendlicher. 2 Bde. München, DJI 1978.

Drexel, I./Nuber, C./v. Behr, M.: Zwischen Anlernung und Ausbildung. Frankfurt/M., Aspekte 1976.

Fürstenberg, F.: Normenkonflikt beim Eintritt in das Berufsleben. In: Luckmann, T./Sprondel, W. M. (Hrsg.): Berufssoziologie. Köln, Kiepenheuer & Witsch 1972, S. 276–288.

Goldthorpe, J. H. u.a.: Der wohlhabende Arbeiter in England. 3 Bde. München, Goldmann 1970/71.

Groskurth, P./Volpert, W.: Lohnarbeitspsychologie. Frankfurt/M., Fischer 1975.

Groskurth, P. (Hrsg.): Arbeit und Persönlichkeit: Berufliche Sozialisation in der arbeitsteiligen Gesellschaft. Reinbek, Rowohlt 1979.

Grüneisen, V./Hoff, E.-H.: Familienerziehung und Lebenssituation. Weinheim/Basel, Beltz 1977.

Gunn, B.: Children's Conceptions of Occupational Prestige. In: Personnel Guidance Journal 42 (1964), S. 558–563.

Hack, L. u.a.: Klassenlage und Interessenorientierung. In: Z. f. Soziol. 1 (1972), S. 15–30.

Heinz, W. R.: Zum Zusammenhang zwischen Arbeitssituation und Sozialisation am Beispiel der „Berufswahl". In: Leithäuser, T./Heinz, W. R. (Hrsg.): Produktion, Arbeit, Sozialisation. Frankfurt/M., Suhrkamp 1976.

Heinz, W. R./Wachtveitl, E./Witzel, A.: Arbeitssituation und Sozialisation. Eine Explorationsstudie zur vorberuflichen Sozialisation. Bremen, Universität, Manuskript 1980.

Hofbauer, H./König: Berufswechsel bei männlichen Erwerbspersonen in der BRD. In: Mitteilungen aus der Arbeitsmarkt- und Berufsforschung 6 (1973), S. 37–66.

Hurrelmann, K.: Erziehungssystem und Gesellschaft. Reinbek, Rowohlt 1975.

Kern, H./Schumann, M.: Industriearbeit und Arbeiterbewußtsein. 2 Bde. Frankfurt/M., EVA 1970.

Kohn, M.: Class and Conformity: A Study in Values. Homewood, Ill., Dorsey 1969 (2. Aufl. 1977).

Kohn, M./Schooler, C.: The Reciprical Effects of Substantive Complexity of Work and Intellectual Flexibility: A Longitudinal Assessment. In: AJS 84 (1978), S. 24–52.

Krovoza, A.: Produktion and Socialization. Frankfurt/M., EVA 1976.

Leithäuser, T./Heinz, W. R. (Hrsg.): Produktion, Arbeit, Sozialisation. Frankfurt/M., Suhrkamp 1976.

Lempert, W.: Berufliche Bildung als Beitrag zur gesellschaftlichen Demokratisierung. Frankfurt/M., Suhrkamp 1974.

Lempert, W.: Technische und soziale Handlungsfähigkeit und Handlungsbereitschaft. In: Z. f. Päd. 24 (1978), S. 447–465.

Lempert, W./Franzke, R.: Die Berufserziehung. München, Juventa 1976.

Lempert, W./Thomssen, W.: Berufliche Erfahrung und gesellschaftliches Bewußtsein. Stuttgart, Klett 1974.

Lüscher, K.: Der Prozeß der beruflichen Sozialisation. Stuttgart, Enke 1968.

Mertens, D.: Schlüsselqualifikationen. Thesen zur Schulung für eine moderne Gesellschaft. In: Lange, E./Büschges, G. (Hrsg.): Aspekte der Berufswahl in der modernen Gesellschaft. Frankfurt/M., Aspekte 1975.

Mickler, O./Dittrich, E./Neumann, U.: Technik, Arbeitsorganisation und Arbeit. Frankfurt/M. 1976.

Moore, W. E.: Occupational Socialization. In: Goslin, D. A. (Hrsg.): Handbook of Socialization Theory and Research. Chicago, Rand McNally 1969, S. 861–883.

Mortimer, J. T./Simmons, R. G.: Adult Socialization. In: Annual Rev. of Sociology 4 (1978), 421–454.

Negt, O./Kluge, A.: Öffentlichkeit und Erfahrung. Frankfurt/M., Suhrkamp 1972.

Offe, C.: Leistungsprinzip und industrielle Arbeit. Frankfurt/M., EVA 1970.

Projektgruppe Automation und Qualifikation: Theorien über Automationsarbeit. Berlin, Argument-Verlag 1978.

Sève, L.: Marxismus und Theorie der Persönlichkeit. Frankfurt/M., Marxistische Blätter 1972.

Van Maanen, J.: Breaking. In: Socialization to Work. In: Dubin, R. (Hrsg.): Handbook of Work, Organization, and Society. Chicago, Rand McNally 1976.

Vinnai, G.: Sozialpsychologie der Arbeiterklasse. Reinbek, Rowohlt 1973.

Volmerg, U.: Identität und Arbeitserfahrung. Frankfurt/M., Suhrkamp 1978.

Wacker, A.: Arbeitslosigkeit. Frankfurt/M., EVA 1976.

Wallraff, G.: Industriereportagen. Reinbek, Rowohlt 1970.

Wilensky, H. L.: Work as a Social Problem. In: Becker, H. S. (Hrsg.): Social Problems. New York, Wiley 1966, S. 117–186.

Sozialisation in der Hochschule

Ludwig Huber

1 Einleitung

1.1 Zum Begriff „Hochschulsozialisation" allgemein

Versteht man unter „Sozialisation" den Prozeß, in dem sich die Persönlichkeit als gesellschaftlich handelndes Subjekt in Auseinandersetzung mit der sozialen Umwelt (vgl. Geulen 1973, S. 87; Hurrelmann 1976, S. 16) entwickelt, so ist „Hochschulsozialisation" derjenige Teil dieses Prozesses, der mit dem Studium an einer Hochschule einhergeht.

So allgemein ein solcher (Ober-)Begriff von Sozialisation ist: er ist, zumal auf Hochschule angewandt, mitnichten nichtssagend oder überflüssig, macht er doch, abweichend vom Selbstverständnis vieler Hochschulangehöriger und mancher Hochschulforscher, darauf aufmerksam, daß Studieren nicht nur unter dem Aspekt der Aneignung von Wissenschaft, sondern auch unter dem der (Weiter-)Entwicklung der Subjekte in ihrem gesellschaftlichen Handeln zu betrachten ist, daß Vermittlung und Aneignung von Wissen immer auch eine (und sei es defizitäre) Form sozialen Lernens darstellen, und daß die Hochschule als Institution und die Wissenschaften in ihrer jeweiligen Verfaßtheit als soziale Umwelt, mit der sich die Subjekte auseinandersetzen, analysiert werden müssen.

So umstandslos sich in Analogie zu familiärer oder schulischer Sozialisation die Abgrenzung eines Bereichs Hochschulsozialisation zu ergeben scheint: sie ist nicht selbstverständlich. Vielmehr ist klärungsbedürftig, welchen Stellenwert diese *Phase* der Entwicklung (Studium an der Hochschule) zwischen familiärer und schulischer auf der einen, beruflicher und allgemeiner Erwachsenensozialisation auf der anderen Seite hat und ob und welchen Einfluß dabei die *Institution Hochschule* (als ganze) zwischen der engeren sozialen Umwelt der Fächer einerseits, der weiteren sozialen Umwelt der Kultur oder Subkultur, insbesondere der Massenme-

dien, und des politischen Klimas andererseits ausübt (HUBER 1975).
Hochschulsozialisation als Prozeß impliziert drei Untersuchungsbereiche, die jeweils eine personale und eine gesellschaftliche Bedeutung haben (Zentrum I Bildungsforschung 1973, S. 850ff.; PORTELE 1977, u.v.a.):

- die *Voraussetzungen*, unter denen sich der Sozialisationsprozeß an der Hochschule vollzieht: einerseits die jeweils aufgrund der schon vorangegangenen Sozialisation eingebrachten individuellen Voraussetzungen der Person(en), andererseits die ebenfalls gesellschaftlich bestimmten „Umwelten" (Kontexte) materialer und sozialer Art;
- die Bewegung des Sozialisations*prozesses* selbst, also die Weise der Auseinandersetzung zwischen dem handelnden und lernenden Subjekt und den unmittelbar oder mittelbar, absichtlich oder unabsichtlich auf es einwirkenden gesellschaftlichen Kräften;
- die Sozialisations*ergebnisse*, die sich hinsichtlich der Personen als (erworbene oder verlorene, veränderte oder unveränderte) *Qualifikationen und Orientierungen* (dazu s.u.), hinsichtlich der Gesellschaft als Beitrag zu deren *Reproduktion* oder Veränderung beschreiben lassen. Der *soziale Status*, den eine Person in der Folge des Sozialisations- und Selektionsprozesses erwirbt, muß als ein Produkt aus ihren ihm verdankten Qualifikationen und Orientierungen und der Verwendung, die die obwaltenden gesellschaftlichen Strukturen davon machen bzw. zu machen erlauben, analysiert werden.

1.2 Zum möglichen Interesse an Hochschulsozialisation allgemein

Einige Elemente eines so weit gegriffenen Konzeptes von Hochschulsozialisation sind als allgemeine, d.h. über fachliche Qualifikationen hinausgehende, Bildungsziele der Universität in programmatischen Schriften und Diskussionen immer schon angesprochen worden (FRAMHEIN 1975). Daß seit etwa 50 Jahren in den USA und seit etwa 20 Jahren bei uns Hochschulsozialisationsforschung entstanden ist, weist darauf hin, daß die Erfüllung dieser proklamierten Zwecke und/oder damit einhergehender, bisher nicht thematisierter Zwecke des Hochschulwesens fragwürdig geworden, die Stimmigkeit der Sozialisationsprozesse in ihm insgesamt mit der gesellschaftlichen Umwelt nicht mehr selbstverständlich gegeben ist.
Das Interesse an Hochschulsozialisationsforschung und -theorie kann kognitiv-evaluativ, d.h. auf Aufklärung und Orientierung über Hochschulsozialisation, und kognitiv-pragmatisch, d.h. auf Wege ihrer Beeinflussung durch Handeln gerichtet sein (GEULEN 1977, S. 20ff.). Was vorherrscht, hängt von der gewählten Diagnose- bzw. Handlungsebene einerseits und der Machtposition und Zeitperspektive des Interessenten andererseits ab: Befunde auf der Ebene von organisatorischen Rahmenbedingungen der Hochschulen (z.B. Ausstattung, Größe, Entscheidungsstrukturen) und damit zusammenhängenden Auswirkungen auf das allgemeine politische Klima an denselben können Politiker und Administratoren orientieren *und* zu Interventionen oder Reorganisationen veranlassen, während sie für den einzelnen Studenten nur als Aufklärung fungieren können. Befunde auf der Ebene von Arbeits- und Partizipationsformen in Lehrveranstaltungen und ihren vermuteten Einflüssen auf intrinsische Motivation können nur von den Beteiligten unmittelbar, von oberen Instanzen höchstens mittelbar (durch materielle oder ideelle Anreize) in Handeln umgesetzt werden. Je nachdem kann die Frage des Interessenten über „Was ist los?" hinaus lauten: „Wie kann/muß ich beeinflussen?" oder: „Was geschieht eigentlich mit mir?" oder: „Wie kann ich mich wehren oder entziehen?"

Auch die Hochschuldidaktiker haben für ihr Handeln auf den „unteren" Handlungsebenen von Curricula, Lehrveranstaltungen, Lernsituationen analog zu den Hochschullehrern und Studenten, mit denen sie kooperieren, und in ähnlicher Machtlosigkeit, diese Fragen *an* die Sozialisationsforschung. Insoweit sie gleichzeitig selbst Sozialisationsforschung betreiben oder anstreben, gilt es sich bewußt zu halten, daß sie, wie ähnlich die Pädagogik auch, außer den Fragen potentieller Interessenten und Betroffener faktisch auch das Interesse verfolgen, ihre angefochtene Disziplin mittels eines genuinen und anspruchsvollen Paradigmas zu einer richtigen Wissenschaft (Theorie) zu machen (hinter der die Praxis verschwinden könnte) und damit, wissenschaftssoziologisch betrachtet, Statusmanagement zu betreiben (vgl. BÜRMANN 1975, DAMMANN 1975).

In beiden o.g. Dimensionen des Interesses gibt es grundsätzlich einen affirmativen und einen kritischen Pol: in der pragmatischen auffindbar in dem Spektrum von administrativ-organisatorischen, repressiven oder sozialintegrativen oder unterrichtstechnologischen Strategien bis zu partizipatorischen, kommunikativen, basisorientierten als Kriterien für und Folgerungen aus Sozialisationsforschung; in der kognitiv-evaluativen im Spektrum von Legitimation über Identifizierung punktueller Störungsquellen („noise detecting“ zwecks „trouble-shooting“) zur Aufdeckung grundsätzlicher Widersprüche. Hierauf ist im folgenden noch näher einzugehen.

1.3 Zur näheren Bestimmung des Interesses an Hochschulsozialisation

In jeder Auswahl der abhängigen Variablen (Sozialisationsergebnisse) drückt sich ein sei es noch so diffuses Erkenntnisinteresse aus, in jedem Kriterium ihrer Ausprägung ein wenn auch oft nicht explizierter Maßstab für gelungene oder mißlungene Sozialisation. Beides macht es notwendig, unser Interesse an Hochschulsozialisation näher zu bestimmen.

Hinsichtlich der Bedeutung, die die Hochschulsozialisation für die Gesellschaft oder Teilbereiche hat, kann das erkenntnisleitende Interesse darauf gerichtet sein, was und wie sie zur Erhaltung bzw. Fortschreibung der bestehenden gesellschaftlichen Strukturen (insbesondere der vertikalen, sekundär auch der horizontalen Arbeitsteilung und der mit ihr verknüpften Herrschaft und Privilegien) beiträgt oder aber darauf, ob und wie sie Chancen für nicht nur partielle Modernisierung, sondern grundsätzliche Veränderungen dieser Strukturen eröffnet. Nicht daß eine Position dazu nicht jedesmal von neuem abgeleitet wird, sondern daß die immer implizierte Entscheidung gar nicht als solche reflektiert wird, ist einem großen Teil der Hochschulsozialisationsforschung vorzuwerfen (der umfassende Forschungsbericht von Feldman/Newcomb enthält in dieser Hinsicht nichts). Mein Interesse als Hochschuldidaktiker, vom Thema Hochschulsozialisation vielfach betroffen, richtet sich darauf, ob und wie Hochschulsozialisation dazu beiträgt oder nicht, daß Hochschulabsolventen fähig und bereit sind, nicht nur ihre in den bestehenden Strukturen vergleichsweise immer noch größeren beruflichen Handlungsspielräume zum Nutzen der jeweils gesellschaftlich benachteiligten Klientel (Untergebene, Klienten, Patienten, Schüler usw.) auszuschöpfen, sondern darüber hinaus solidarisch mit anderen auf die Veränderung der vertikalen Arbeitsteilung (von der sie dank Privilegien allerdings oberflächlich profitieren), also auf eine Produktion, Politik und Kultur umfassende Demokratisierung der Gesellschaft hinzuarbeiten – angefangen in ihrem eigensten Bereich. Zur Begründung der Notwendigkeit und theoretischen Möglichkeit einer solchen Veränderung sei auf Bahro (1977) verwiesen, dessen Argumentation bezüglich Verarmung psychischer Funktionen, Verkürzung der Lernchancen, Verkrustung der Bewußtseinsstrukturen und Verringerung der Teilhabe am kulturellen und politischen Leben bei Beibehaltung der überkommenen, aber technisch nicht mehr notwendigen Form der Arbeitsteilung grundsätzliche Bedeutung auch für die Reflexion von Sozialisationsprozessen hat (vgl. auch Sève 1973; zum „emanzipatorischen“ Qualifikationsbegriff W. Müller 1979).

Die „funktionalistische Fragestellung“, was die Hochschulsozialisation zur Reproduktion der bestehenden Gesellschaftsstrukturen leistet, wird dadurch allerdings nicht überflüssig, nur umgewertet zur Erkenntnis über die einem solchen Veränderungsinteresse entgegenwirkenden Bedingungen und Prozesse. Das gilt schon für die Frage, ob überhaupt öffentliche Ausbildungsinstitutionen wie die Hochschule den Spielraum haben, den gesellschaftlichen Bestand gefährdende Sozialisationsergebnisse hervorzubringen bzw. an ihrem Teile zu fördern: eine Frage, die in den umfassenden Untersuchungen von z. B. Bourdieu/Passeron (1971, 1972) empirisch und theoretisch verneint wird, in den Analysen zur Studentenbewegung umstritten bleibt (s. u.) und von sich progressiv verstehenden Sozialisatoren und Sozialisanden in der Hochschule bei aller theoretischen Skepsis doch „irgendwie“ – und sei es nur aus Behauptung der eigenen Identität – mindestens offen gelassen wird.

Selektion oder Sozialisation?

Soweit die Hochschule zum Gesamtsozialisationsergebnis der Hochschulabsolventen beiträgt, tut sie dies, wie andere Einrichtungen des Bildungswesens auch, auf zwei Wegen: durch die Beeinflussung der Sozialisation derer, die diese Umwelt bis zu irgendeinem Abschluß bestehen, und durch die Ausscheidung der übrigen mittels Selektion oder Selbstselektion; dies gilt analog für das Verhältnis zwischen Teilbereichen der Gesellschaft wie z. B. Berufsfeldern und ihnen nahestehenden Teilen des Hochschulwesens wie Hochschultypen oder Fachbereichen.

Infolgedessen können beide genannten grundsätzlichen Erkenntnisinteressen zu den beiden folgenden Fragestellungen führen:

1. zur Frage nach den Bedingungen, Mechanismen und Resultaten der Rekrutierung, des Studienverlaufs, -erfolgs oder -abbruchs bezogen auf die Geschlechter, Schichten, Berufsgruppen, Klassen, ethnische Minoritäten, Regionen usw. (Selektion);
2. zur Frage nach den Bedingungen, Mechanismen und Resultaten der individuellen Persönlichkeitsentwicklung (Sozialisation).

Beides Hauptthemen der Hochschulsoziologie, haben sie doch nach historischem Kontext unterschiedliches Gewicht.

Während in den USA eine vor allem auf soziale Integration gerichtete Sozialisationsforschung mindestens gleichgewichtig (vgl. Clark 1973) und lange Zeit eher vorrangig betrieben wurde (zu den Motiven vgl. Kleemann 1971, S. 155ff.; Walter 1973, S. 22; Geulen 1977, S. 40), stand sie im kontinentalen Europa bis heute hinter der „Selektionsforschung" zurück, die offenbar vom Interesse an Legitimation (Stichwort „Chancengleichheit"), Qualifikation oder Emanzipation aus gleichermaßen vorrangig war (Bourdieu/Passeron 1971, Offe 1975, Teichler 1974, Fischer 1974). Aufschlußreich ist, daß typische Variablen von Sozialisationsergebnissen wie Motivation, Kreativität, „kritisches Denken" zunächst nicht als solche, sondern im Dienste der Frage nach Voraussetzungen des Studienerfolgs (vgl. z.B. Kath u.a. 1966, Jenne u.a. 1969, Apenburg u.a. 1977, Entwistle/Wilson 1977) bzw. optimaler Nutzung der Hochschulkapazität (Forschungsgruppe Hochschulkapazität 1973) untersucht wurden. Größere Projekte zur Hochschulsozialisation sind in der Bundesrepublik überhaupt erst seit der Studentenbewegung in Gang gekommen.
In der Hochschulsozialisationsforschung der sozialistischen Länder wiederum, soweit ich sie übersehen kann, stellt sich die Frage nach den Selektionsprozessen im Hochschulwesen als politische Frage nach dem Anteil der Arbeiter- und Bauernkinder an Studenten und Hochschulabsolventen zwar auch, tritt aber in der Forschung an Umfang hinter der Frage nach den Sozialisationsprozessen zurück, die hier im Unterschied zu den USA explizit als ideologische formuliert wird: als Frage nach der Entwicklung der sozialistischen Persönlichkeit, nach dem Wesen der kommunistischen Erziehung der Studenten, Wirksamkeit oder Fehlschlagen der „wissenschaftlichen Führung" dieser kommunistischen Erziehung usf. (vgl. z.B. Kossakowski 1971; Sowjetische Beiträge ... 1976).

In Interesse der *Eingrenzung* muß die Seite der Selektionsprozesse hier abgetrennt werden, obwohl nicht nur ihr Beitrag zum *gesellschaftlichen* Ergebnis von Hochschulsozialisation erheblich ist: vielmehr beeinflußt sie auch das personale Sozialisationsergebnis, und zwar sowohl direkt (als Steuerung und Kontrolle des Studiums *und* als Quelle und Legitimation hohen oder niedrigen Statusbewußtseins: Bourdieu/Passeron 1971, 1972; Meyer 1972) als auch indirekt, indem sie die *Sozialisationsumwelt* mitgestaltet (in Dimensionen wie: Größe der Einrichtung, Rekrutierung ihrer Mitglieder, curriculare Organisation, Herrschaftsstrukturen etc.).

Konformität oder Emanzipation?

Hinsichtlich der personalen Bedeutung der Sozialisation kann das erkenntnisleitende Interesse darauf gerichtet sein, ob und wie *Anpassung* an bzw. *Einfügung* in die herrschenden Anforderungen und Konventionen oder Emanzipation von ihnen *und Veränderungsfähigkeit und -bereitschaft* ihnen gegenüber zustande kommen können.
Dieser Gegensatz von Konformität und Emanzipation ist nicht identisch mit der Gegenüberstellung von Sozialisation und Personalisation oder Individuation (Wurzbacher 1963, Bittner 1974 u.v.a.), da wir mit Geulen (1974, 1977) Sozialisation als Bedingung gerade der Personwerdung, der Konstituierung des Subjekts als immer gesellschaftlichen auffassen.
Die Entscheidung ist folglich nicht, wie häufig suggeriert, schon erledigt mit dem Wechsel des Paradigmas vom Strukturfunktionalismus zum Symbolischen Interaktionismus, der Fragestellungen von Rollenübernahme zu Ich-Identität, des Prozeßmodells von passiver Prägung des Sozialisanden zu aktiver Auseinandersetzung mit der Umwelt.
Die Akzente, die diese anderen Konzepte setzen: soziale Kompetenz, Ich-Identität und Generativität (im Sinne immanenter Kritik- und Innovationsfähigkeit) betreffen Sozialisationsergebnisse, die, so formal betrachtet, mit den Qualifikationsanforderungen an Akademiker konform, weil bei Unbestimmtheit ihres Arbeitshandelns funktional sind (Lutz/Krings 1971).
Allerdings bilden diese über bloß statische Prägung oder Übernahme bzw. Internalisierung herrschender Verhältnisse hinausgehenden Sozialisationsergebnisse und die ihnen zuzurech-

nenden „*C-abilities*" oder „K-Fähigkeiten" (Kommunikation, Kooperation, Kritisches (relativistisches, reflexives) Denken, Kreativität), da sie dynamisch und inhaltlich potentiell auch nichtkonform sind, zugleich die mögliche Brükke zu individueller und kollektiver Emanzipation. Insofern wird sich unser positives Interesse auf Untersuchungen von Sozialisationsergebnissen, die hierzu Ansatzpunkte bieten, konzentrieren.

Allgemeine Sozialisation oder Sozialisation für den Beruf?

Hochschulsozialisation kann im Hinblick auf das gesellschaftliche Handeln des Akademikers allgemein oder in ihrer Bedeutung für speziell sein berufliches Handeln untersucht werden. Während das Interesse von Soziologen und Sozialpsychologen sich diesbezüglich in den USA wie hier gleichmäßig verteilt, erwächst das der Hochschuldidaktiker an Sozialisation, der allgemeinen Ratio ihres Handelns entsprechend, aus ihrer Perspektive auf Studium als berufliche Qualifizierung (nachvollziehbar auch an der Serie der Tagungen der Arbeitsgemeinschaft für Hochschuldidaktik – AHD – im Zentrum für interdisziplinare Forschung Bielefeld, dokumentiert durch HERZ/FALTIN 1974, HERZ 1975, BARGEL u.a. 1975, BÜRMANN/BARGEL 1977). Exemplarisch dafür ist die hier langanhaltend geführte Diskussion (beginnend mit HOHENADEL 1971) um das Begriffspaar Sozialisation/Qualifikation. Als Ergebnis der geschilderten Diskussionsentwicklung in der Bundesrepublik *und* veränderter ökonomischer Rahmenbedingungen, die jene vorangetrieben haben, läßt sich festhalten: Es ist eine jeweils empirisch bzw. durch plausible Hypothesen zu beantwortende Frage, was die u.a. durch Hochschulstudium zustande gekommene Sozialisation eines Hochschulabsolventen als Qualifikation für einen bestimmten Arbeitsplatz und/oder für außerberufliches Handeln bedeutet. Die Betrachtung von Hochschulsozialisation von vornherein nur in Subsumption unter berufliche Qualifikationsanforderungen wird der objektiven und subjektiven Lockerung der Beziehung zwischen Hochschulausbildung und einem bestimmten Beruf und der faktischen Bedeutung dieser Sozialisation auch in anderen Teilbereichen nicht gerecht. Wenn aber aus forschungspraktischen Gründen eine Eingrenzung nötig ist, spricht für eine Priorität weiterhin bei Sozialisation für den Beruf, daß Ausbildungsorganisation und Curriculum weiterhin einen potentiellen Berufsbezug als Kriterium ihrer Rationalität brauchen, daß dieser auch für die Möglichkeit der Identitätsbildung entscheidend ist und daß die für berufliches Handeln von Akademikern in Frage kommenden Qualifikationen auch für andere Bereiche einen hohen Stellenwert haben.

Nur interaktions- oder auch gegenstandsbezogene Handlungsorientierungen als Sozialisation?

Die aus der Diskussion um Qualifikation und Sozialisation gewonnene Erkenntnis, daß nicht nur die normativen Orientierungen des Subjekts auf die obwaltenden sozialen Verhältnisse Bezug nehmen, sondern auch die von ihm angeeigneten technischen Fertigkeiten und Fachkenntnisse in ihrer übermittelten Formung und Einteilung *soziale* Verhältnisse widerspiegeln, zwingt dazu, auch diese als Sozialisationsergebnis zu untersuchen: nämlich mindestens daraufhin, inwieweit sie mit einer bestimmten Ausformung auch der sozialen Vorstellungen (Denkstrukturen, Einstellungen) und sozialen Kompetenzen (Kommunikations- und Kooperationsfähigkeit) der Subjekte einhergehen. Dieser inhaltsspezifische Aspekt der Sozialisation findet sich in der Erforschung allgemeiner sozialer Einstellungen, die den Großteil der Forschung ausmacht, schlicht übergangen, in komplexeren sozialisationstheoretischen Ansätzen wenigstens als Leerstelle (gegenständliche Ebene der Handlungsorientierung; vgl. GEULEN 1977, S. 171f.) vermerkt, wenn auch nicht ausgeführt. Die Forderung nach seiner Berücksichtigung (neben dem Beziehungsaspekt) in der Analyse schulischer Sozialisation, etwa des heimlichen Curriculums, ist vor allem von RUMPF wiederholt durch Beobachtungen zur subjektiven Bedeutung von Lehrinhalten, zu den mit ihnen verknüpften „inoffiziellen Weltversionen" (s. zuletzt 1979) begründet worden. Auch im Studium werden mit den wissenschaftlichen Inhalten (Theorien, Begriffen, Methoden) zugleich „Weltbilder", den jeweiligen Bereich bestimmende „soziale Konstruktionen von Realität" angeeignet, Problemdefinitionen und -lösungsmodelle, die das Handeln des Akademikers im Beruf nicht minder anleiten als seine normativen Orientierungen. Sie verdienen in der Hochschulsozialisationsforschung stärker akzentuiert zu werden, obwohl damit auch noch die Wissenschaftssoziologie und -geschichte berücksichtigt werden müssen (HUBER 1974).

1.4 *Zur Gliederung des Forschungsfeldes*

„Die Dynamik des Gegenstandes (Sozialisation) sprengte bislang jede theoretische Fassung des Problems" (KAMPER 1974, S. 13). Auch für die Hochschulsozialisation fehlt eine umfassende *Theorie*; die Arbeiten der empirischen Sozialisations*forschung* erfassen meistens nur eines, höchstens zwei der Elemente „Bedingungen/Prozeß/Ergebnisse" direkt und den Rest indirekt oder durch mehr oder minder plausible Extrapolation. Insofern lassen sich, da man nun einmal Zusammenhänge zerschneiden muß, die Arbeiten zur Hochschulsozialisation (nach Abtrennung derer zu Selektion und Statusattribution) gliedern nach solchen, in deren Mittelpunkt Sozialisations*ergebnisse* stehen, und solchen, die primär die Sozialisationsvoraussetzungen, insbesondere die Sozialisations*umwelt* zu erfassen suchen (vgl. FELDMAN 1972a).
Zur Hochschul*sozialisations*forschung im engeren Sinne gehören nur solche Arbeiten, die, wenn auch von einem dieser Pole ausgehend, auf Sozialisation als *Prozeß* (Interaktion, Veränderung) über die Zeit zielen. Als Material im weiteren Sinne können allerdings auch Untersuchungen hierfür ausgewertet werden, die nur über den *Zustand* (zu einem gegebenen Zeitpunkt) entweder der Sozialisanden (z.B. Surveys zu politischen Einstellungen und Aktivitäten der Studenten) oder der Sozialisationsumwelt (z.B. Organisationsanalysen der Hochschulen) an sich etwas aussagen.
Im folgenden können als Hochschulsozialisations*forschung* nur Arbeiten berücksichtigt werden, die systematisch-methodisch (ob empirisch oder hermeneutisch, ob durch Skalen, Intensivinterviews, Textanalyse oder teilnehmende Beobachtung) vorgehen. Man muß aber wissen, daß neben solchen Abstraktionen eine Fülle bewußt subjektiver oder bewußt agitatorischer Erfahrungsberichte, Situationsschilderungen und Ich-Expressionen der ja relativ artikulationsfähigen und -freudigen Hochschulangehörigen existiert, die ihnen an Komplexität, Aktualität, Pertinenz, an Einsicht und Einfühlung überlegen ist (freilich auch methodischer Korrektive bedürfte).

2 Forschung zu den Ergebnissen von Hochschulsozialisation

2.1 *Befunde der „Impact of College"-Forschung als Ausgangspunkt*

FELDMAN/NEWCOMB haben (1969) eine unschätzbare *Aufarbeitung* von ca. 1500 (!) Untersuchungen in diesem Bereich aus den 40 Jahren vorher geleistet. Danach sind Wirkungen des Besuchs von Undergraduate Colleges in vor allem folgenden Variablen untersucht worden (vgl. I S. 5–51):

- Veränderungen in der relativen Gewichtung von 6 (im Anschluß an SPRANGER unterschiedenen) Wertfeldern: Theoretische, ökonomisch-praktische, ästhetische, soziale, politische und religiöse Werte (ALLPORT-VERNON-LINDZEY Study of Values);
- Lebensziele und -erwartungen (goals and life satisfactions): Familie, Karriere/Beruf, Freizeit/Hobby, Religion, Aktivitäten in der oder für die kommunale oder national/internationale Politik;
- Bildungsziele der Studenten und ihre Veränderung;
- Kriterien der Berufswahl;
- Einstellungen zu politischen, ökonomischen und sozialen Sachverhalten und Entwicklungen, dabei besonders „Konservativismus" versus „Liberalismus", zu einzelnen religiösen Ideen, zu verschiedenen intellektuellen Aktivitäten;
- Autoritarismus (mit allen Elementen dieses Syndroms) bzw. Dogmatismus;
- Einstellungen zu sich selbst, zur Äußerung und Kooperation in der Gruppe, zu geselligem Umgang;
- Leistungsmotivation (während die inhaltlichen Motive oder Interessen in den obigen Kategorien aufgehen).

In diesen Variablen sind (entgegen früheren Ergebnissen (JACOB 1957, S. 53) in der Tat Veränderungen bei den untersuchten Studenten festgestellt worden. Die Resultate zusammengenommen zeigen als Hauptrichtungen der Veränderung: Abnahme in Autoritarismus, Dogmatismus, Vorurteilen (sozialen Stereotypen); Abnehmen konservativer Einstellungen zu aktuellen politischen und sozialen Problemen (auch interpretiert als „größere Liberalisierung"); wachsende Sensitivität für ästhetische Erfahrun-

gen; wachsende Kontakte und intellektuelle (theoretische) Interessen; abnehmende Bindung an Religion (ebd. I S. 5ff., bes. S. 48ff., 326ff.; ähnlich TRENT/COHEN 1973, S. 1008ff.).
Dieser generelle Befund ist in der Zwischenzeit (noch?) nicht wieder in Frage gestellt worden. Er findet auch in englischen Untersuchungen Entsprechung (ENTWISTLE/PERCY 1973, ENTWISTLE 1976, ENTWISTLE/WILSON 1977). In der Bundesrepublik, wo es sonst an solchen Untersuchungen fast völlig fehlt, wurden im Rahmen des Konstanzer Lehrereinstellungsprojekts sowohl für allgemeine politische und soziale Einstellungen, z.B. Konservativismus, Macchiavellismus, Konformismus (CLOETTA 1975, MÜLLER-FOHRBRODT 1973) als auch für verwandte berufsbezogene Einstellungen künftiger Lehrer wie z.B. zu „Anlage vs. Umwelt" als Voraussetzung, „Druck vs. Zug" als Motivierung des Lernens und zu Reformen (KOCH 1972) ähnliche Veränderungsrichtungen während der Hochschulausbildung festgestellt (vgl. zusammenfassend MÜLLER-FOHRBRODT u.a. 1978, bes. S. 36ff.).
Angenommen, eine solche von allen Wenns und Abers z.T. der Autoren selbst, z.T. der Résumenten absehende Rezeption ist überhaupt richtig und zulässig (zu den Gefahren: BARGEL 1973): was wissen wir über Ergebnisse der Hochschulsozialisation, wenn wir diese Befunde kennen? Die schlichte Frage führt auf eine Fülle von inhaltlichen, methodischen und konzeptionellen Fragen und Aufgaben.

Kritik an der Variablenauswahl des vorherrschenden Typs von „Impact-of-College"-Forschung ist wiederholt geäußert worden: in manchen Fällen, daß sie „atheoretical", nur an Verfeinerung der Methode interessiert sei (FELDMAN 1972, S. 61) oder sich ihre Inhaltsauswahl von der Verfügbarkeit erprobter Instrumente vorgeben lasse (z.B. Einstellungsskalen; vgl. WALTER 1975, S. 115).

Als giganteske Ausprägung von beidem erscheint mir die lange Serie der Untersuchungen von ASTIN (z.B. 1977), der einerseits unter behavioristischer Prämisse als Variablen möglichst solche sucht, die sich eindeutig konstatieren lassen, diese dann aber doch faktorenanalytisch zu komplexen Dispositionen verrechnet, z.B. von „trank Wein/Bier, rauchte, verschlief sich" usw. zu einem Faktor „Hedonismus" (vgl. ebd., S. 79ff., ohne Erwägung anderer Interpretationsmöglichkeiten!) und dessen Zunahme, oder von Zensuren umstandslos zu „academic achievement" als „psychologisch-kognitivem" (!) Effekt (vgl. ebd., S. 9, 130), andererseits aber im stolzen Besitz entsprechender Daten von über 200000 Studenten eines Jahrzehnts, die er über kurze oder längere Zeit verfolgen konnte, und entsprechender Computerkapazitäten die denkbar höchste statistische *sophistication* demonstriert.

Wichtiger ist vielleicht, daß diese Untersuchungen auf Einstellungsveränderungen in den Dimensionen gerichtet sind, in denen die offiziellen Ziele der Hochschule formuliert werden, für die USA z.B. Liberalisierung, kritisches Denken, Toleranz usw. als die typischen Ziele besonders der liberal arts colleges. Sie sind damit affirmativ gegenüber der Ideologie dieser Einrichtungen, auch wenn sie entsprechend dem potentiellen Interesse von deren Trägern wie Klientel im einzelnen Vergleich Kritikpunkte und Defizite identifizieren. Sie sind dieser Programmatik entsprechend primär an allgemeinen, nicht an berufs- oder fachspezifischen Sozialisationseffekten interessiert. Vor diesem Hintergrund erhalten Alternativen besonderes Gewicht.

2.2 *Effekte des „hidden curriculum"*

„What do they really learn at college?" fragte sich z.B. H. S. BECKER 1964 (jetzt 1972) und antwortete: „What they need to know to get along as adults in a middle-class world", z.B. Unabhängigkeit vom Zuhause und damit Mobilität, Kontaktemachen und Manieren; „stick-to-it-iveness": Planungsfähigkeit, Ausdauer und Triebaufschub; Vielfältigkeit und Einteilung gleichzeitig zu verfolgender Tätigkeiten; Organisieren und Managen; „institutional motivation": Bereitschaft, Dinge auch nur deshalb zu tun, weil sie im Interesse der jeweiligen Institution oder Organisation liegen (vgl. zur Funktionalität so distanzierter Motivation NEIDHARDT 1977, S. 357ff.). „It is too bad that convention requires the college studiously to ignore what it really teaches students".

Auch wenn vieles davon offensichtlich das amerikanische College mehr als die deutsche Universität und manches nur einen bestimmten Studententyp (den inneruniversitär engagierten) trifft, regt die Liste doch zu Ergänzungen oder Korrekturen mit Bezug auf die deutsche Hochschule an und relativiert Effekte von Collegesozialisation als funktional für eine bestimmte Klasse.
Neben den hier noch relativ positiv beleuchteten Tüchtigkeiten treten in anderen Studien auch

bedenkliche Effekte des „hidden curriculum" auf: Spaltung von proklamierten Zielen und faktischem Tun, Konformität, Zeitökonomie und Stoff- statt Problemorientierung, in summa „expropriation of learning" als Folge widersprüchlicher An- und Überforderung und zu hohen Leistungsdrucks an einer Elitehochschule wie dem M.I.T. (SNYDER 1971, bes. darin das Kapitel von TROW).

Damit sind mögliche allgemeine Sozialisationsergebnisse angesprochen, vor deren Hintergrund die affirmative Naivität der oben zuerst genannten deutlich wird und die näher untersucht zu sehen in der europäischen und zumal deutschen Hochschuldiskussion viel mehr verlangt würde als jene. Die subjektiven Schriften (s.o. 1.4) zur Hochschulsituation bersten ja von Aussagen zu vermuteten Sozialisationswirkungen (besonders von Numerus Clausus, Prüfungssystem, Studienzeitbeschränkung) wie (unkritisches) angepaßtes Denken, Trimmung auf Stoffbewältigung und beliebige Leistungsbereitschaft bei atomisierten und darum gleichgültigen Inhalten, Konkurrenzverhalten usw. Plausibel und wechselseitig bestätigt wie diese Vermutungen zum hidden curriculum sein mögen und m.E. sind: empirisch untersucht sind sie noch nicht. Eine Analogie z.B. zu der Studie der „Reproduktion der *Leistungsideologie*" in der Schule von VÄTH-SZUSDZIARA (1976) für die Hochschule fehlt.

Wichtige Ansätze sind allerdings die Arbeiten der Forschungsgruppe Hochschulkapazität (1973), die am Konzept der *„intrinsischen Motivation"* (PORTELE 1974) orientiert sind und aus einer detaillierten Analyse der Trends zu Bürokratisierung und Standardisierung der Hochschulumwelt (s.u.) heraus die Verringerung der Möglichkeit von „intrinsischer Motivation" wahrscheinlich machen (ohne diese selbst direkt zu messen). *Verdinglichtes Bewußtsein* und Erwerb von Qualifikationen nur noch unter dem Gesichtspunkt ihres *Tauschwerts* sieht FISCHER als notwendige Folge (und Absicht) einer Taylorisierung des Lernens und Standardisierung des Prüfungssystems im schwedischen Hochschulwesen (1974, bes. S. 228ff.). Das *Gleichgültigkeitssyndrom* westdeutscher Studenten als Reaktion auf die jüngere staatliche Hochschulreformpolitik wollen BECKER/NEEF untersuchen.

Den in diesen Diskussionen und Ansätzen wiederholt auftauchenden Begriff der *Entfremdung* nimmt PORTELE (1977) mit Berufung auf den frühen MARX und dessen Interpretation durch SCHAFF (1970)[1] zum Angelpunkt eines Modells von Hochschulsozialisation: in dem von persönlicher Erfahrung, Sinngebung und Verwendung abgeschnittenen Wissen, in der extrinsischen (abstrakten) Motivation und in dem Verhaftetsein auf eine konventionelle Stufe der Moral (dazu s.u. 3.3) äußert sich und ist zu untersuchen die Herrschaft der Produkte über den Menschen – „Produkte" hier konzipiert als „soziale Vorstellungen" (unter Berufung auf MOSCOVICI und HERZLICH 1975) in Gestalt der immer weiteren Arbeitsteilung und damit Partikularisierung und Abschottung der Wissenschaften, der Bürokratisierung der Hochschule und von Lehrveranstaltungsformen, die Interessen und Mitgestaltung nicht berücksichtigen[2].

Dies muß genügen, um die Brisanz der Variablenauswahl zu zeigen, ihren Zusammenhang zu einem kritischen oder konformen Erkenntnisinteresse, und auf die größere Forschungsaufgabe aufmerksam zu machen: die durch den (womöglich flüchtigen) Schein der „Liberalisierung" etc. verdeckten, vermutlich maßgeblicheren Sozialisationsergebnisse der Hochschulsozialisation aufzudecken.

2.3 *Vorgreifende Berufssozialisation*

Im Gros der Impact-of-College-Untersuchungen sind Fragen und Resultate nicht primär an den Sozialisationsergebnissen in bestimmten *Fächern bzw. Berufsausbildungsgängen* interessiert. Sie liefern allerdings sekundär, gewissermaßen notgedrungen, eine Fülle von Daten dazu und greifen zu deren Interpretation natürlich auf die unterschiedlichen Kontexte zurück (HUBER 1974, bes. S. 20ff.). Primär aus dieser Perspektive interessierenden Fragen wird darin aber nicht nachgegangen. Ist dies für die heutige Realität der undergraduate colleges in den USA schon problematisch, so erst recht, wenn man an

1 Der Begriff ist damit etwas anders aufgefaßt als offensichtlich in den von NITSCH (S. 392ff.) aufgezählten kulturanthropologischen oder systemfunktionalistischen Verwendungen des Begriffs „alienation".

2 Möglicherweise besteht ein funktionaler Zusammenhang zwischen Sozialisation durch entfremdetes Lernen mit der Entwicklung, daß ein wachsender Teil der Akademiker nicht mehr über „Sachbearbeiter"positionen hinaus gelangt (MÜLLER 1974), denen „Arbeitsbienen" (KEIL/PIONTKOWSKI 1973, S. 53ff.) oder „fleißige Detailarbeiter" (MORSCH u.a. 1974, bes. S. 128ff.) als Studententypen durchaus entsprechen (HUBER 1975).

den graduate schools dort und den Hochschulen hier interessiert ist.
Unter dem Stichwort der vorgreifenden *Professionalisierung* sind allerdings ergänzende und fruchtbare Studien hierzu entstanden (wichtige Beispiele bei LÜSCHER 1968 und LUCKMANN/SPRONDEL 1972). In ihnen erst kommen dann berufsspezifische soziale Einstellungen (vgl. die in der klassischen Medizinerstudie von H. S. BECKER u.a. 1961, S. 420ff., beobachtete Entwicklung „zynischer" Orientierungen oder die von OLESON/WHITTAKER für Sensibilität und Distanz bei Krankenschwestern) oder die berufsspezifisch relevanten Ausprägungen allgemeiner sozialer Einstellungen (wie z.B. des Autoritarismus bei künftigen Lehrern, wie im Konstanzer Lehrerausbildungsprojekt) zu ihrem Recht. Allerdings beschränken sich sowohl der (meist) strukturfunktionalistische Ansatz bei der „antizipatorischen professionellen Sozialisation" (allgemein: MERTON 1957, PARSONS/PLATT 1976) als auch der interaktionistische Ansatz bei der „Identitätsbildung" in Auseinandersetzung mit Kollegen (z.B. BEKKER/CARPER 1956) als auch die allgemeine Charakterisierung dieser Funktion von professional schools („Sozialisation, nicht Training") bei JENCKS/RIESMAN (1968, bes. S. 204ff.) auf *soziale Einstellungen. Inhaltlich spezifische Denkstrukturen* und -verbote als Sozialisationsergebnisse hier noch hineinzunehmen ist eine Aufgabe, die noch ansteht (s.u. 5.4).

2.4 *Statussozialisation*

Eine dritte Kritik an der Variablenauswahl: auf eine *Problematisierung der gesellschaftlichen allgemeinen und der beruflich spezifischen Rolle von Akademikern* ist sie weithin nicht angelegt. In dieser Hinsicht (wie auch durch seine Reichweite und Komplexität überhaupt) bedeutet das Konstanzer Projekt „Bildungsbiographien und Daseinsvorstellungen von Akademikern" bzw. das internationale FORM-Projekt, zu dem es angeregt hat, einen erheblichen Schritt.

Einerseits werden Erwartungen an bzw. Ziele für die überfachlichen Qualifikationen von Akademikern aus Befragungen und Dokumenten zum Bildungsauftrag der Universität erhoben und in Kategorien wie z.B. Denk-, Problemlösungs-, Kritik-, Kommunikationsfähigkeit, Toleranz, Selbständigkeit, Verantwortungsbewußtsein gebracht (FRAMHEIN 1975), in denen dann auch (in Längsschnittstudien) tatsächliche Ergebnisse gemessen werden, wie es ähnlich auch ENTWISTLE/PERCY (1973), ENTWISTLE/WILSON (1977) für „critical thinking" und ähnliche proklamierte Bildungsziele der britischen Universitäten unternommen haben. Dies ist, wenn auch in relevanten Kategorien, Anknüpfung an die offizielle Bildungsprogrammatik der Universität. Andererseits aber wird eine Diskrepanz zwischen den Erwartungen an bzw. Anerkennungen von besonderen Qualifikationen der Akademiker im Bezug auf ihre fachliche bzw. technisch-methodische Kompetenz durch die übrige Bevölkerung und der darüber hinausgehenden Selbstattribuierung eines kritisch-rationalen Habitus durch die Akademiker selbst festgestellt.

Das erlaubt es, ein Gruppen- und individuelles Qualifikationsbewußtsein zu identifizieren, das funktional für Verhaltenssicherheit in Situationen unbestimmten Arbeitshandelns, aber auch für „Wahrnehmung von Lebenschancen" ist und als Anspruch über das Feld der Berufstätigkeit hinausreicht, auch wenn seine reale Einlösbarkeit durchaus zweifelhaft ist (BARGEL/FRAMHEIN 1974, FRAMHEIN 1975). In der Äußerung oder Unterdrückung der drei Arten von Zweckbestimmungen des Studiums „Bildung und Persönlichkeitsentwicklung", „Berufs- und Fachausbildung", „Privilegierung und soziale Chancen", wie sie in umfangreichen Befragungen zunächst von Abiturienten und Studienanfängern, dann von 30jährigen Akademikern und hochqualifizierten Nichtakademikern erhoben wurden, je nach sozialer Lage läßt sich zudem nicht nur diese selbst, sondern auch eine „interessengebundene Sichtweise" erkennen, insofern die Betonung der Bildungsfunktion des Hochschulstudiums bei den oberen Sozialschichten dessen Bedeutung für Privilegien verschleiert und das gegenüber Interessen und Voraussetzungen der Aufsteiger abgrenzende Merkmal besonders herausstellt (BARGEL u.a. 1973, S. 953ff.). Hier werden – und zwar international – Rekrutierungsmerkmale und Sozialisationseffekte von Akademikern sichtbar, die auf die Führungsansprüche über den beruflichen Bereich hinaus und Privilegien legitimierende Funktion von Hochschulausbildung verweisen (ebd.; BARGEL u.a. 1977; vgl. BOURDIEU/PASSERON 1971; BOURDIEU 1972, bes. S. 101ff.; JENCKS/RIESMAN 1968)[3]. Das auf

3 FUCHS (1977) schildert einfühlsam die neuen Versuche zu anderen Lebensweisen der Linken in der Hochschule als Protest gegen die traditionelle politische Führungs- und Kulturträgerrolle von Akademikern.

„Sprachgewohnheiten von Akademikern" gerichtete Teilprojekt, aus nicht ganz nachvollziehbaren Gründen nicht weiter gefördert (PRESCH/GLOY/HAEBERLIN 1973), war potentiell darauf angelegt, solche die Position und sozialen Strategien der Akademiker selbst problematisierenden Sozialisationseffekte auch auf der soziolinguistischen Ebene aufzuspüren – ein Aspekt, der in den subjektiven Schilderungen von akademischen Kommunikationssituationen so besonders häufig kritisch beleuchtet wird (FREUDENREICH/WAGNER 1974; ORTMANN u.a. 1977, bes. S. 128ff.; VESTER 1974; WAGNER 1977 u.v.a.).

2.5 *Psychische Konflikte und Störungen*

Der Gang durch Selektion und Sozialisation in der Hochschule hat einen *subjektiven Preis*, der in solchen soziologischen Bilanzen meist nicht erscheint: *psychische Konflikte und Störungen*, die die einen zum drop-out, andere in ärztlich-therapeutische Behandlung bringen, latent aber auch in den übrigen, mehr oder minder verarbeitet oder verdrängt, ihre Spuren als Sozialisationsergebnisse (Neurosen, Deformationen) hinterlassen dürften. Die von Studentenberatern und Therapeuten (counsellors) immer wieder geschilderten Symptome ihrer Klientel – Isolation, Kontaktlosigkeit, Apathie, Orientierungslosigkeit, gespaltenes Bewußtsein, schwere Identitätskrisen, Entfremdung, Angst (ZIOLKO 1969, SPERLING/JAHNKE 1974 u.v.a.) – sind, wie über diese Klientel hinausreichende Untersuchungen zeigen (BECKMANN u.a. 1972, WILCKE 1976, WÖLLER 1978), nur die infolge besonderer Steigerung oder aber offenerer Mitteilung hervortretende Ausprägung einer allgemeineren Problemlage. Im Unterschied zu einer sich auf bloße Therapie der Symptome bzw. Reintegration der „kranken" Subjekte beschränkenden Auffassung des Problems, wie sie die Forschungsberichte von DOERNER (1967) und NITSCH (1973, S. 477ff.) an dem beträchtlich ausgebauten „student mental health"-System in den USA kritisieren, stellen reflektierte Studentenberater und -therapeuten die Verbindung zwischen diesen Symptomen und der allgemeinen Hochschulumwelt, die dann als pathogene zu beschreiben ist, durchaus her (vgl. DOERNER a.a.O., SPERLING/JAHNKE a.a.O., GUATTARI 1976) – und damit einen Teil einer sozialisationstheoretischen Fragestellung.

Das Defizit kann hier nur vermerkt, nicht beseitigt werden: Der andere Teil, die womöglich nachhaltigen Sozialisationseffekte einer solchen pathogenen Umwelt auch auf die, die sie „gesund" überstehen, ist, soweit ich sehe, nicht untersucht (eine Folge der säuberlichen Arbeitsteilung zwischen wissenschaftlichen Disziplinen?); die Auswertung der hochschulpsychiatrischen Erfahrungen steht – im Gegensatz zur subjektiven Literatur (s.o.), die sie längst einbezogen hat – in der Hochschulsozialisationsforschung noch aus.

3 Konzeptualisierung der Variablen von Sozialisationsergebnissen und ihrer Veränderung

3.1 *Einstellungen*

In undifferenzierter Verallgemeinerung gesprochen stellt sich Hochschulsozialisationsforschung als Erforschung der Veränderung von Einstellungen dar, die in den meisten Untersuchungen durch Fragebögen bzw. Skalen erhoben wird (NITSCH 1973, S. 493ff.).

Der Streit um den Stellenwert dieser Konstrukte für die Erklärung von Handlungen oder die Erfassung von Persönlichkeits„veränderungen" geht wie in der allgemeinen Sozialisationsforschung, so auch in der Hochschulsozialisationsforschung fort. Es kann hier nur auf Beispiele verwiesen werden.

Die Brauchbarkeit des Einstellungskonstrukts wird nachdrücklich und in komplexen Argumentationen verteidigt in den Konstanzer Projekten (KOCH 1972, S. 28ff.; MÜLLER-FOHRBRODT/CLOETTA 1975), nicht minder nachdrücklich angefochten in kritischen Forschungsreviews (SIMONS 1971, S. 14; HUBER 1974, S. 15ff.; BÜRMANN 1975, S. 65; GEULEN 1975, S. 86) und in Entwürfen zu anderen Konzepten (s.u.). Von methodischen Einzelfragen abgesehen, haben sich dabei als Hauptkritikpunkte durchgehalten

a) daß die Einstellungskonstrukte sich nur jeweils auf einen Aspekt der kognitiv-evaluativen Orientierung von bestimmten Objekten beziehen und darum, selbst wenn mit anderen ähnlichen addiert, noch nicht die „strukturelle Textur des Bewußtseins" (GEULEN, ebd.) zu erfassen erlaubten, aus der erst Handlungen und Handlungsdispositionen sich erklären ließen;

b) daß sie zumeist aus bloß verbalen Reaktionen auf Stimuli der Befragungsinstrumente in künstlichen und für gegenwärtige und künftige Handlungsfelder unrepräsentativen Situationen erschlossen werden und damit keine Schlüsse auf Reichweite und vor allem Beständigkeit der Handlungsdispositionen erlauben.

Vom ersten Kritikpunkt aus ergibt sich die Frage nach umfassenderen Konstrukten für psychische Repräsentationen von Handlungen, für deren Veränderung und Kontinuität in der Entwicklung der Subjekte und für den Stellenwert der Studienphase darin.

3.2 *Handlungspläne, Strategien*

Auf der Linie der ersten Kritik liegt z.B. die in dem Münsteraner Projekt (Breuer, Keil, Piontkowski u.a.) vollzogene Wendung zu einem *handlungstheoretischen* Konzept.
In Anknüpfung an

- das Aneignungskonzept der sowjetischen Psychologie um Leontjew und Galperin, besonders des letzteren Darstellung vom allmählichen Aufbau geistiger Operationen im Handeln, der Transformation äußerlicher Handlungsmuster in innere Modelle;
- das kybernetische Modell hierarchisierter Verhaltenspläne und ihrer Änderung von Miller/Glanter/Pribram;
- das von Kaminski (1974) bereits auf die Interpretation studentischen Verhaltens angewandte Konzept des „Handlungsraumes" („eines Systems von möglichen Zuständen", in dem das Subjekt sich als in bezug auf ein Ziel handelnd sieht)

wird das Modell eines „operativen Abbildsystems" entwickelt, das, durch Handeln hervorgebracht, Handeln reguliert und dadurch im Regelkreis wiederum selbst stabilisiert oder modifiziert wird (Breuer 1975, S. 11ff.). Es wird als bestehend aus einem Orientierungsteil (Wissensspeicher; für Bedingungs- und Änderungswissen) und einem Bewertungsteil (Motivspeicher; für antizipierte Handlungsziele in der Form von Interessen, Motivationen, Einstellungen) vorgestellt. Als Quelle zielgerichteter Handlungsmotivation wirken Diskrepanzen zwischen diesen Teilen bzw. zwischen perzipierter Ist- und antizipierter Soll-Lage; als Resultat Änderungen in einem oder beiden der Teile auf irgendeiner Ebene des nach unterschiedlicher Inklusiviät der Regulationskonzepte hierarchisch konstruierten Abbildsystems.
Das Potential dieses handlungstheoretischen Konzepts, das ja in unterschiedlichen Modifikationen in der Sozialisationstheorie an Boden gewinnt (Geulen 1977, S. 73ff.), gerade für die Hochschulsozialisation ist theoretisch beträchtlich. Es umfaßt zunächst sowohl soziales Handeln als auch das an Objekten (Geulen 1977, S. 171ff., 252f.); es erscheint möglich, die von Steinert (1972) vom interaktionistischen Standpunkt aus beschriebenen „Strategien sozialen Handelns", die ja ebenfalls kognitive und evaluative Elemente, Ziel-, Realitäts- und Mittelwahrnehmung enthalten und hierarchisch strukturiert sind, entsprechend als operative Abbilder sozialen Handelns in diesem Modell zu beschreiben[4] und ebenso die vom kognitionstheoretischen Standpunkt aus beschriebenen kognitiven Strukturen und Stile (vgl. den Beitrag von Seiler in diesem Band) als solche objektbezogenen Handelns. Insbesondere können die oben als für eine Theorie der Hochschulsozialisation relevant reklamierten inhaltsspezifischen Sozialisationsergebnisse, die Denkmuster, als operative Abbilder von (kognitiven) Handlungen beschrieben werden.

In dem Münsteraner Projekt, dessen zentrale Perspektive die Entwicklung der Selbstregulation des Studienverhaltens im Studium war, sind ansatzweise Variablen wie Informationsbeschaffung und -verarbeitung (Kleiber, in Breuer u.a. 1975, S. 79ff.), Arbeitstechniken (Piontkowski, ebd., bes. S. 264ff.) einbezogen worden, darüberhinausgehende inhaltliche Denkmuster o.ä. allerdings nicht. Während es m.E. in der Konsequenz des Ansatzes läge, die operativen Abbildsysteme bzw. deren Veränderung durch Beobachtung oder Beschreibung (auch u.U. Selbstbeobachtung und -beschreibung) von realen Handlungskonstellationen oder -verläufen oder in simulierten Handlungssituationen und Intensivinterviews (Konfrontation mit inhaltlichen Problemaufgaben) zu erfassen, wurden hier weitere Aspekte wie Zielvorstellungen und Berufsperspektiven, Leistungsmotivation, Erfolgsattribuierung („Locus of control"), wissen-

4 Auch die „perspectives", die Becker u.a. (1968, S. 5ff., 29ff.) konzipieren und beschreiben, mit ihren Komponenten Situationsdefinition, Bestimmung angemessener Aktivitäten und Bewertungskriterien, sind analog.

schaftstheoretisches Problembewußtsein usw. in Frage-Items operationalisiert, die von solchen für Einstellungen kaum zu unterscheiden und genau so isoliert sind, nur nachher im Sprachspiel des handlungstheoretischen Modells anders eingeordnet werden.

Die Einlösung des theoretischen Potentials in entsprechenden Untersuchungskonzepten – wenn diese forschungsökonomisch überhaupt realisierbar sind – steht also noch aus.

Erscheinen solche Konzepte besonders geeignet, das aktuelle Handeln von Studenten aus der Auseinandersetzung mit ihrer Umwelt Hochschule zu begreifen, so entstehen doch Probleme, wenn es darum geht, *die über die Studienzeit hinausreichenden Sozialisationsergebnisse zu erfassen.* Die Konzepte unterstellen eine hierarchische Struktur der „Handlungspläne" oder der „Strategien" der Subjekte und implizieren, daß diese alle grundsätzlich individuell und situationsspezifisch variabel sind, also anders als „Charaktereigenschaften" grundsätzlich immer zur Disposition stehen, allerdings die jeweils unteren leichter und schneller modifiziert werden als die jeweils höheren (komplexeren oder inklusiveren). Äußerlich gleiche Äußerungen und Handlungen können darum aus verschiedenen inneren Handlungsplänen generiert worden sein, ungleiche Äußerungen und Handlungen aus ein und derselben übergeordneten Strategie (vgl. auch KAGAN 1969).

Dann ist es leicht möglich, die gesamten Änderungen von Einstellungsäußerungen von Studenten zum progressiven Pol hin, aber auch die Rückwendung zu konservativen Einstellungen, die als „Praxisschock" beklagt werden, als naheliegende Modifikationen von Handlungsplänen niederer Ordnung in Berücksichtigung der derzeitigen spezifischen Umwelt (Hochschule oder Referendardienst) zu verstehen, die aus ein und demselben übergeordneten Handlungsplan heraus generiert werden, der z. B. an Vermeidung von Konflikten oder von Ambiguität orientiert sein könnte.

In diesen höher inklusiven Handlungsplänen oder Strategien hat man sich offenbar die relevanteren Erfahrungen verarbeitet zu denken, die die Subjekte im Handeln mit der Umwelt und sich selbst gemacht haben. Interpretiert man diese erschlossenen Handlungspläne im Hinblick auf die strukturellen Gemeinsamkeiten, die sie bei Subjekten ähnlicher gesellschaftlicher Situation und Interessen haben, so gelangt man zum (kollektiven) *Habitus* einer Gruppe, Schicht, Klasse, herausgebildet aus deren sozialen Vorstellungen und Verkehrsformen und diese bewußt oder unbewußt wiederum bestimmend, als der Grammatik, aus der individuell und situationsspezifisch unterschiedliche Handlungen generiert werden können (BOURDIEU/PASSERON 1972, S. 49ff.; OTTOMEYER 1974; PREUSS 1975, S. 50–53; NITSCH 1973, S. 394ff.).

Interpretiert man sie im Hinblick auf die eigentümlichen Ausbildungen, die sie bei jedem Individuum gefunden haben, so muß man auch hier von (motivationalen, kognitiven, moralischen) *Strukturen* oder *Systemen* (PORTELE 1977) oder von generalisierten (basalen) Strategien oder Plänen sprechen, die weiteres Handeln solange bestimmen, wie sie erfolgreich oder die „Kosten" ihrer Änderung zu hoch sind. Als solche wären vielleicht einerseits die sog. *kognitiven Stile* anzusetzen (Nivellierung/Pointierung, Rigidität/Flexibilität, Feldabhängig-/-unabhängigkeit, Holisten/Serialisten; vgl. allgemein KÖSTLIN-GLOGER 1974), deren Ausprägung und Bedeutung für Studien(erfolg) in Interaktion mit der jeweiligen Hochschul- bzw. Fachumwelt ENTWISTLE (1976), ENTWISTLE/WILSON (1977) deutlich nachweisen konnten, während die Frage, ob und wie sie ihrerseits dadurch verändert werden, noch zu untersuchen bleibt. Als Beispiele andererseits für *soziale Grundstrategien* nennt STEINERT selbst, was in anderem Kontext Persönlichkeitsmerkmale genannt wird: Leistungsmotivation, Affiliationsbedürfnis, Aggressivität, Extra-/Introversion usw. bis hin zum Selbstbild.

Kann Hochschulsozialisation diese Ebene überhaupt tangieren?

3.3 Entwicklung der Identität, oder: Ort der Hochschulsozialisation im Lebenslauf

Auf die eben gestellte Frage, die für Erwachsenensozialisation überhaupt gilt, antwortet GEULEN (1975), daß

„basale Qualifikationen für soziales Handeln in allen psychischen Bereichen bereits in den ersten Lebensjahren erworben werden (z. B. motivational: bestimmte Objektbesetzungen, Abwehrstrategien; kognitiv: Begriffe und Begriffsbildung, Problemlösestrategien, Bezug zwischen Denken und Sprache; sprachlich: Lexikon, Syntax, Regeln der situativen Performanz; interpersonell: Empathie, roletaking, Normen, Konfliktbewältigungsstrategien usw.". Sie seien zum Teil noch modifizierbar, z. B. durch weitere Differenzierung, zum Teil aber nicht, wenn man den entwicklungspsychologischen Befunden über kritische Phasen, sachlogische Entwicklung von Bewußtseinsstrukturen folge und die relativ geringe Mächtigkeit der späteren Sozialisationsbedingungen, also z. B. der Hochschule, bedenke (S. 87 f.).

GEULEN vermutet darum vor allem zwei Arten von Effekten:

erstens „bei Qualifikationen ..., die selber relativ situationsspezifisch sind": z. B. Techniken der Beschaffung und Verarbeitung wissenschaftlicher Informationen (vgl. dazu BREUER u. a., a. a. O.), und schlägt zu untersuchen besonders vor: „Qualifikationen, ... die der typischen Tätigkeit im Hochschulkontext entsprechen und gleichzeitig eng mit der gesellschaftlichen Funktion höherer wissenschaftlicher Sprache und Denkfiguren in sozialen Situationen verknüpft sind" (S. 88 bzw. S. 94);

zweitens, „daß durch ein Studium – und zwar schon durch die Tatsache des Studierthabens als solche – eine soziale Identität konstituiert wird, die auch die späteren Verhaltensweisen gegenüber bestimmten Rollenträgern bzw. Gruppen bestimmt": also Qualifikations- und Statusbewußtsein, professionelles Selbstverständnis u. ä. (S. 88).

Der Hintergrund solcher Annahmen macht eine Reflexion auf *Hochschulsozialisation im Lebenslauf* nötig (vgl. zum folgenden bes. KOHLI 1973; SCHÜTTE 1975, S. 90 ff.). Entgegen früherem Schwanken in der Zuordnung zum Adoleszenzbegriff zumal in der amerikanischen Literatur (was angesichts der anderen Hochschulstrukturen auch plausibel ist) wird in der jüngeren deutschen Literatur das Hochschulstudium als Sekundärsozialisation begriffen und als postadoleszente Phase eingeordnet.

„*Sekundäre Sozialisation* ist jeder spätere Vorgang, der eine bereits sozialisierte Person in neue Ausschnitte der objektiven Welt ihrer Gesellschaft einweist", bedeutet die „Internalisierung institutionaler oder in Institutionalisierung gründender Subwelten", dient der Aneignung „rollenspezifischen Wissens, Vokabulars, Wertbestimmungen und Affektnuancen" (BERGER/LUCKMANN 1969, S. 58, 141 ff.; vgl. auch BRIM 1974). Damit ist ein Unterschied zwischen grundlegenden und generellen schwer veränderbaren Qualifikationen aus der Primärsozialisation und bereichs- und inhaltsspezifischen umlernbaren Qualifikationen gemäß den wechselnden Umwelten der Sekundärsozialisation postuliert.

Mit *Postadoleszenz* soll bezeichnet werden, daß Studenten einerseits die (in unseren Gesellschaften allgemein ständig verlängerte) Phase der Adoleszenz abgeschlossen haben, potentiell wie andere Jugendliche eine Erwachsenenrolle in jeglicher Hinsicht einnehmen können, andererseits aber in manchen Hinsichten (berufliche Festlegung, für andere folgenreiches, verantwortliches Handeln in einem Beruf, ökonomische Unabhängigkeit und, abnehmend, z. T. auch Familiengründung) davon abgeschnitten sind. Was daraus resultiert, wird immer wieder als *Zwitterstatus* beschrieben (ERIKSON 1968, S. 128 ff.; HUBER 1975; KOHLI 1973, bes. S. 95 ff.; SCHÜLEIN 1977 a, bes. S. 88 f.; ROSENMAYR 1978 usw.); streitig ist höchstens, wie „total" oder „festgelegt" (ALLERBECK 1973, HUBER 1975, dagegen NEIDHARDT 1977) die Studentenrolle darin ist.

Mit dem Begriff des psychosozialen „*Moratoriums*" wird dieser Phase eine Funktion zugesprochen: vom entwicklungspsychologischen Konzept einer irgendwann abgeschlossenen Identitäts- oder moralischen Entwicklung aus soll sie Aufschub- und Spielraum für deren Abschluß auf möglichst komplexem Niveau bieten (ERIKSON); in einer soziologischen Betrachtungsweise ist sie samt der Einrichtung einer besonderen Umwelt (Hochschule) dafür da, durch die Möglichkeit von Einsichten und Erfahrungen, die die Realität „draußen" transzendieren, das innovative Potential, und durch die Möglichkeit, Zielperspektiven und Handlungsmuster relativ sanktionslos zu probieren und zu wechseln, das Entscheidungs- und Strukturierungspotential dieser Gruppe von Jugendlichen zu fördern (KOHLI 1973, S. 96 f.; SCHÜLEIN 1977 a, S. 88 ff.). So oder so: Identitätsentwicklung und -krisen sind offenbar ein besonderes Thema dieser Phase[5].

Einschlägige Untersuchungen gibt es in den USA (NITSCH 1973, S. 443) und sind nur in diesem historischen Kontext interpretierbar: z. B. solche, die

5 Zur Relativierung des Konzepts „Moratorium": einerseits ist fraglich, wie weit in der bürokratisch reglementierten, berufsausbildenden und Leistungsdruck bzw. Konkurrenz fördernden Massenhochschule der hier implizierte Schonraum noch besteht bzw. für wen (NITSCH, S. 499; SCHÜLEIN, a. a. O. S. 89); andererseits ist an Studien zu Studenten des Zweiten Bildungsweges (LAGA 1972, KRÜGER/MÜLLER 1978) antizipierbar, daß gewisse Effekte und Funktionen des Moratoriums (Identitätskrisen, Probierverhalten, Wartestellung) nicht mehr mit einer altersmäßig umschriebenen Entwicklungsphase, sondern nur noch mit dem Eintreten in die Institution Hochschule (zu Studium oder Weiterbildung) zu verknüpfen sind – als (iterative?) Rückversetzungen (?) in eine nur noch übertragen so zu nennende Postadoleszenz.

als Sozialisationsergebnis von Collegestudium höhere Autonomie, Selbstbewußtheit (self-confidence), Dominanz (Führungsanspruch), geringere Abhängigkeit von Ratschlägen etc. (deference) oder Hilfe, Trost anderer, geringeres Bedürfnis nach sozialer Integration oder Affiliation, geringere Neigung zu Selbsterniedrigung oder -entschuldigung (abasement), höhere Durchsetzungsbereitschaft und emotionale Ausgeglichenheit zu attestieren versuchen (vgl. die Tabellen 2 I, M, N in FELDMAN/NEWCOMB 1969 II).

Die Ergebnisse sind allerdings ungemein widersprüchlich (ebd.), ihre Bewertung selbst innerhalb des zugrundegelegten allgemeinen Konzepts von Reifung (maturity) äußerst problematisch (s. FELDMAN/NEWCOMB I S. 346ff.) und die ideologische Fixierung dieses Wertmaßstabs selbst ins Auge springend.

Mit Modifikationen gilt dies auch, wenn im Gefolge ERIKSONS z.B. CHICKERING (1972) (mittels rating von Selbstevaluationen und Studienberichten von Studenten) die Entwicklung von zum Identitätskonzept gerechneter goal directedness; personal stability; ressourcefulness and organization; involvement, motivation and persistence; interdependence; venturing (Offenheit, Experimentierfreudigkeit) und deren Kurven (stärkster Anstieg in den ersten zwei Studienjahren, Stagnation oder Einbrüche in der Mitte) beschreibt.

Empirische Untersuchungen dieser Art fehlen m.W. in der Bundesrepublik – auf der anderen Seite fehlen aber auch Operationalisierungen, die theoretisch anspruchsvollere Konzepte z.B. der Veränderung von Ich-Identität als Balancesuche zwischen personaler und sozialer Identität (HABERMAS; zu WELLENDORFS Analyse der Schule, 1973, fehlt m.W. ein Pendant für die Hochschule) oder des Selbstbilds als selbst noch wieder strategischen Konzepts für künftige vorgestellte Interaktionen (STEINERT) untersuchbar machen würden. Einstweilen scheint diese notwendige Stelle einer Hochschulsozialisationstheorie nur besetzt durch an PIAGET anknüpfende Konzepte der *intellektuellen Entwicklung* (PERCY 1970) oder der *moralischen Entwicklung* (KOHLBERG 1974). Das abgewandelte Stufenschema des ersteren (mit „qualitative contextual relativistic reasoning“ als oberster Stufe) wird von ENTWISTLE (1976) herangezogen, um die von ihm beobachteten individuellen Unterschiede von kognitiven Operationen und Studienstrategien von Studenten zuordnen zu können; in Längsschnittuntersuchungen an Individuen müßten diese (von PERCY nur aus Querschnittvergleich von Interviews extrapolierten) Stufen auch in ihrer Entwicklung empirisch untersuchbar sein. Die moralischen Stufen KOHLBERGS (mit HABERMAS (1976), über die sechste Stufe „individuelle Prinzipienorientierung“ hinaus um eine siebente der diskursiven Legitimation der Prinzipien ergänzt) hat PORTELE grundsätzlich diskutiert (1977) und nicht nur zur Kategorisierung der globalen Anlage bürokratisierter Hochschulen (als vorwiegend auf die „konventionelle“ Moralstufe und nicht selbstverantwortetes, entfremdetes Handeln gerichtet), sondern ebenfalls zur Interpretation autobiographischer Äußerungen von Studenten (in Intensivinterviews) im Hinblick auf moralische Krisen fruchtbar gemacht (1975, 1977, 1979). Untersuchungsprobleme, die sich dann gleichwohl wieder stellen: Was sind die empirisch feststellbaren Korrelate bzw. Operationalisierungen dieser postulierten kognitiven bzw. moralischen Systeme? Jedenfalls statt isolierten items, responses und units wohl eher zusammenhängende Texte, wie sie in Intensivinterviews, Selbstdarstellungen, Autobiographien, literarischen Expressionen entstehen, oder Handlungssituationen und -verläufe, wie sie als reale beobachtet, in Aktionsforschung provoziert oder in komplexen Formen simuliert werden können, beide nur als ganze, als Strukturen, hermeneutisch interpretierbar.

4 Methodische Probleme von Feststellung und „kausaler“ Erklärung von Sozialisationsergebnissen

Querschnitt- und Folgestudien

Der weitaus größte Teil der „Impact-of-College“-Untersuchungen, aber auch der deutschen Hochschulsozialisationsforschung (die Konstanzer Projekte in ihren ersten Teilen, das Münsteraner Projekt usf.), besteht entweder aus Querschnittuntersuchungen oder aus einfachen Follow-up-Untersuchungen. In den einen werden die feststellbaren Unterschiede (in den Durchschnittswerten der abhängigen Variablen) zwischen Studenten verschiedenen Studienalters zum gleichen Zeitpunkt, in den anderen die Unterschiede zwischen den Durchschnittswerten desselben Studienjahrgangs zu verschiedenen Zeitpunkten seines Studiums als Veränderung und damit Sozialisationsergebnis interpretiert.

Wie ganz andere und vielfältige Vorgänge sich hinter diesen Unterschieden in Durchschnittswerten verbergen können, ist der methodischen sophistication der amerikanischen Forschung nicht entgangen: im ersten Fall der Querschnittuntersuchungen Unterschiede zwischen den Jahrgängen schon von ihrem Studieneintritt an je nach den Zeitläufen und gesellschaftlichen Umständen (bei Rückblicken über viele Jahrgänge auch häufig nachgewiesen: vgl. z.B. ADAMS 1974, GOLDMAN/EBBERT 1973) oder umgekehrt den Studienaltersstufen gemeinsame Kurven im Collegeklima; im zweiten Fall der Follow-up-Studien können Durchschnittswertveränderungen schon rein statistisch auf Wechsel in der Zusammensetzung der Population (durch drop-outs oder Zugänge), auf gegenseitige Neutralisierung extremer Veränderungen bei Subgruppen u.ä. zurückzuführen sein (FELDMAN/NEWCOMB 1969, S. 52ff., und bes. FELDMAN 1972b, S. 127ff.; CLOETTA 1975, S. 152ff.); gegenüber Einflüssen gleichzeitiger gesamtgesellschaftlicher Veränderungen sind sie erst recht nicht absetzbar (s.u.). Alle solchen methodischen Skrupel im Detail ändern nichts daran, daß die Ergebnisse solcher Untersuchungen in summativen Berichten wie auch diesem hier zu einem Gesamteindruck von Sozialisationsergebnissen zusammengesetzt und als solche tradiert, selbst wieder „soziale Vorstellungen" werden ...

Individuum – Umwelt – Interaktion

Insbesondere erlauben Durchschnittswerte aus solchen Designs keine Aussagen über Richtung und Verlauf subgruppenspezifisch oder individuell verschiedener Sozialisationsprozesse. Während für erstere, also z.B. die in den Durchschnitt eingehenden besonderen Sozialisationsergebnisse von z.B. Frauen, rassischen Minoritäten, Studenten des zweiten Bildungsweges oder der und der Schulbildung und sozialen Herkunft noch differenziertere Werte herausgerechnet werden können, bleiben die Interaktionen zwischen Individuen mit ihren je spezifischen Kombinationen von Charakteristika und den jeweiligen Umweltkonstellationen unaufgehellt. Nicht minder einschneidend ist die Frage: „Von *wessen* Hochschulsozialisation reden wir eigentlich?" im Blick auf die Differenzen zwischen politischen und „schweigenden" Studenten, konformen und abweichenden Subkulturen (vgl. als Beispiel BRÜCKNER 1977, S. 27ff.).

Eine noch ständig wachsende Forschungsrichtung hat analog zur „Aptitude-Treatment-Interaction" (zur Kritik TERHART 1979a) in der „Person-Environment-Interaction" (WALSH 1973) ein zu immer noch ausgeklügelterer Empirie herausforderndes Forschungsfeld aufgetan.

Daß die mitgebrachten Voraussetzungen des Individuums – von der hierbei besonders vielfach untersuchten Motivation (z.B. ENTWISTLE u.a. 1974, WILCKE 1976) über kognitive Strategien (vgl. ENTWISTLE 1976) und sog. Persönlichkeitsmerkmale (z.B. Neurotizismus, Introversion; vgl. WANKOWSKI 1973, 1974) bis zu Vorbildung und Berufsperspektiven – in der Interaktion mit der jeweiligen Subkultur, Fachumwelt oder Hochschule bedeutsame Unterschiede in den Sozialisationsergebnissen hervorbringen muß, ist theoretisch plausibel und empirisch nachgewiesen (vgl. z.B. ENTWISTLE/WILSON 1977 für Studienerfolg und -leistung; WANKOWSKI 1973). *Wie* aber die unterschiedlichen Verläufe sich erklären, bleibt dunkel – wie das meiste am Sozialisations*prozeß* überhaupt (s. Abschn. 6). CHICKERING/MCCORMICK (1973) immerhin zerstören die naive Meinung, es bringe eine von vornherein gute „Passung" (close fit) von Student- und Umweltcharakteristika besonders starke Weiterentwicklungen hervor: die größeren Veränderungen, wenn auch in entgegengesetzte Extreme, scheinen durch große Diskrepanzen (misfits) herausgefordert. *Ob* diese immer noch auf verallgemeinerungsfähige Aussagen statt auf individuelles Verstehen gerichtete Forschung ausgerichtete Forschung praktisch hilfreich sein kann – dieser Zweifel ist hier angemeldet).

Panelstudien und ihre Kriterien

In jedem Falle scheinen zur Vermeidung der statistischen Tücken wie zum Nachvollzug individueller Verläufe *Panel*studien unentbehrlich, von denen es freilich nur ganz wenige gibt (die berühmteste: die Bennington-Studie von NEWCOMB u.a. 1967). Abgesehen von ihren forschungsökonomischen und -praktischen Schwierigkeiten haben auch diese ihre methodischen Grenzen und inhärenten Paradoxien. Historisch andere oder sich verändernde Umstände können Beständigkeit und Veränderung (und deren Verlauf) von Hochschulsozialisationsergebnissen schon im Nachbarland oder schon eines nächsten Jahrgangs unterschiedlich werden lassen: die einmalige Panelstudie kann, so wie die biographische, nur den Charakter einer Fallstudie haben. Und die Interpretation und Bewertung ihrer Ergebnisse führt in Probleme: wenn NEWCOMB u.a. (s.o.) zeigen konnten, daß die im Bennington-College erreichten Sozialisationsergebnisse (Liberalität usw.) sich – entgegen den Befunden von JACOB (1957) – als beständig (über 25 Jahre) erwiesen haben, aber auch deutlich macht, daß dies durch soziale Lage und kulturellen Kontext dieser Damen der oberen akademischen Mittelschicht gestützt wurde: was bedeutet das für die Annahme der Nachhaltigkeit der Hochschulsozialisation an sich – und was für ihre Bewertung angesichts anderer Sozialisationsziele wie Kreativität, Veränderungsbereitschaft o.ä.? Umgekehrt: wenn die Untersuchungen zum Phänomen „Praxisschock" (s.o. 2.2) zeigen, daß Berufsanfänger alsbald andere Einstellungen äußern, oder Berufsverlaufsstudien wie die hierfür äußerst aufschlußreiche Untersuchung ärztlicher Karrieren von ANDRESS u.a. (1979) zeigen, daß ganze Qualifikationsprofile vor den Wirkungen der beruflichen Gratifikationsmuster bedeutungslos werden: was bedeutet dies für die Beständigkeit eines Sozialisationsergebnisses (übergreifende Strategien und beträchtliche Umlernfähigkeiten) zuungunsten eines anderen (bestimmte Einstellungen, genauer: deren Äußerung) und die Bewertung beider?

Diese Paradoxien formaler Kriterien scheinen mir nur durch Einbeziehung der Selbstinterpretation der Betroffenen – die ja z.B. „Praxisschock" als identitätsbedrohende Erfahrung ausdrücken – aufhebbar, die allerdings ihrerseits auch wieder als „soziale Vorstellungen" analysiert werden müssen.

Hochschulbesuch als Ursache?

Soweit die Schwierigkeiten der Feststellung und Interpretation der Sozialisationsergebnisse. Eine andere Problemmenge ergibt sich aus der Frage, wie weit diese Ergebnisse den College- bzw. Hochschulbesuch als Ursache haben.
Sozialisationsstudien mit *Vergleichsgruppen* von Nichstudierenden (die ja im übrigen auch nicht zwischenzeitlich von anderen Einflüssen isoliert gehalten werden können: CLOETTA 1975, S. 162f.) fehlen aus leicht erklärlichen Gründen fast völlig. Eine der wenigen (TRENT/MEDSKER 1968) ist die immer wieder zitierte Quelle der tradierten communis opinio, daß es zu den für 4-Jahres-Colleges festgestellten Entwicklungen zu größerer Liberalität, geringerem Autoritarismus/Dogmatismus etc. zwar bei Studierenden von 2-Jahres-Colleges und Nichtstudierenden Parallelen gibt, der Collegebesuch (entsprechend seiner Dauer) diese Entwickungen aber stärker vorantreibt und begünstigt (FELDMAN/NEWCOMB 1969, S. 63ff.). In reinen Surveys zu politischen Einstellungen der Jugend (z.B. WILDENMANN/KAASE 1969; JAIDE 1970, S. 87) erscheint ebenfalls ein Vorsprung an Liberalisierung, Differenzierung und Engagement für Studenten, allerdings ohne daß der Beitrag der Hochschule dazu isolierbar wäre.
Die These wird durch Analogieschluß aus denjenigen empirischen Untersuchungen gestützt, die mit großer Eindeutigkeit die unterschiedlichen Sozialisationsergebnisse verschiedener Hochschultypen und Fachbereichen demonstrieren: Wenn schon innerhalb des Hochschulbereichs solche Unterschiede, dann doch wohl erst recht im Vergleich zu draußen (so auch CLOETTA 1975, ebd.; MÜLLER-FOHRBRODT u.a. 1978).
Diese Vermutung ist allerdings nicht abgesichert gegen den Zweifel, es möchten hier Fernwirkungen der antizipierten Berufsbereiche bzw. Professionen mindestens auch beteiligt sein.
Der Einfluß eines anderen außerhochschulischen Faktors ist vielfach festgestellt und unbestritten: der der vorgängigen *Selektion/Selbstselektion* für den Hochschulbereich überhaupt wie für Typen, Fachbereiche, einzelne Studiengänge: der beste einzelne Predictor für Charakter eines College und seiner Wirksamkeit ist die Art der Leute, die es anzieht (ASTIN; dies gilt für Studenten wie Hochschullehrer). FELDMAN/NEWCOMB (1969 I, S. 175ff.) haben von einer *Akzentuierung* der so in den Eingangsvoraussetzungen schon gegebenen Differenzierung gesprochen, HUBER (1974, S. 24) dies als einen *Aufschaukelungseffekt* erklärt.
Vollkommen blind scheint die Hochschulsozialisationsforschung hüben wie drüben gegenüber dem möglichen *Einfluß der weiteren gesellschaftlichen Umwelt* der Hochschule und deren Veränderung zu sein, also gegenüber möglichen Unterschieden, die zwischen Sozialisationsverläufen und -ergebnissen in Zeiten ökonomischer Depression, politischer Krisen, klimatischer Tendenzwenden, kultureller Bewegungen, veränderter Lebensformen in Familie und Freizeit etc. oder derer aller Gegenteil entstehen. Daß solche Einflüsse in empirischen Designs kurzer zeitlicher Erstreckung schwer einzufangen sind – obwohl internationale, transkulturelle Vergleiche vielleicht schon etwas mehr Aufschluß

geben könnten – rechtfertigt noch nicht, daß auch die jeweiligen Ergebnisse ohne historisch-relativierende Interpretationen mitgeteilt werden.

Ist nicht z.B. der „Praxisschock", d.h. der Bruch zwischen Liberalisierungs- und Politisierungseffekt des Studiums und Eintritt in die Berufspraxis an einer Studentengeneration und in einer Zeit untersucht worden, die noch von der Studentenbewegung bzw. ihren Folgen bestimmt war? Hätten die Studenten der späten fünfziger Jahre, deren relativ konservativen politischen Habitus HABERMAS u.a. (1967) feststellten, ihn, wenn in ihrer Sozialisation weiter verfolgt, auch nur annähernd ähnlich erlebt? Womöglich ist nicht auszuschließen, daß der dem Hochschulstudium zugerechnete Liberalisierungstrend nur (gesteigerter) Ausdruck eines entsprechenden gesellschaftlichen Wandels in den fünfziger und sechziger Jahren (in den USA, mit zeitlicher Verschiebung in den sechziger und siebziger Jahren in der Bundesrepublik) ist, dem in anderen Epochen entgegengesetzte Trends – wiederum mit den Hochschulen als Vorreiter! – entgegenzustellen wären (Konservativismus und Faschismus in der Weimarer Republik, konservative Tendenzwende heute?). Wie anders wird die Hochschulsozialisation bei einem „neuen Sozialisationstypus" „Narziß" (HÄSING u.a. 1978, SCHÜLEIN 1977b), in einer Massenmedienkultur (wenn diese weitverbreiteten Zuschreibungen stimmen), verlaufen?

Die ganze Kärglichkeit von Hochschulsozialisationstheorien, soweit man verallgemeinerbare Aussagen bzw. Voraussagen (statt Kommunikationshilfen für die Selbstverständigung der Betroffenen) von ihnen erwartet, und ihre unzureichende Verankerung in umfassenderen historischen Analysen ließe sich an den Erklärungsversuchen für die Entstehung der Studentenbewegung verdeutlichen: soweit sie nicht überhaupt bei psychologisierenden (psychoanalytischen oder sozialpsychologischen) Ansätzen stehen bleiben, halten die kausalen Rückführungen auf jeweilige soziale, berufliche, ökonomische oder politische Rahmenbedingungen keiner Gegenprobe auf andere Zeiten oder Länder stand. Leider kann dies hier nicht ausgeführt werden: für Literatur und Diskussion s. KLEEMANN 1971, ARCHER 1972, ALLERBECK 1973, KENISTON 1973, HUBER 1975, KRAUSHAAR 1979.

5 Studien zur Hochschule als Sozialisationsumwelt

Die Wende zur „Ökologie", die im Kielwasser der Sozialisationsforschung in anderen Bereichen und (vgl. WALTER 1973 und bes. Bd. III) der amerikanischen Collegeforschung auch in der deutschen Hochschulsozialisationsforschung vollzogen worden ist, spiegelt die Einsichten, daß

- die Komplexität der Sozialisationsprozesse in der Hochschule, der Interaktionen nach allen Seiten, noch weniger als für die frühe Kindheit mit dem Modell der (asymmetrischen) Beziehung zwischen dem Hochschullehrer oder Professionellen als (überlegenem) Sozialisator und (vorwiegend durch ihn) zu „formendem" Sozialisandus eingefangen werden kann, das noch in der strukturfunktionalistischen Analyse von z.B. PARSONS/PLATT (1976) bestimmend ist (vgl. BARGEL 1975);
- die Versuche, als abhängig gesetzte Variablen (wie z.B. soziale Integriertheit) durch Isolierung oder experimentelles Arrangement von just einer unabhängigen Variablen (z.B. Wohnsituation des Studenten) aus zu erklären, einen Mangel an „ökologischer Validität" aufwiesen (WALTER 1975);
- die zunehmende Wahrnehmung von Neben- oder inoffiziellen Ergebnissen der Hochschulsozialisation bzw. des unterstellten „hidden curriculum" zu der Suche zwang, woraus dieses sich denn im einzelnen zusammensetzt.

Diese Wende ist fruchtbar für die Wahrnehmung der Komplexität von Hochschulsozialisation (und darum faszinierend), mindert aber nicht, sondern steigert eher noch das theoretische Problem des angemessenen selektiven Zugriffs auf diese Zusammenhänge bzw. ihrer modellhaften Rekonstruktion. Dies gilt *methodisch* für das Verhältnis von objektiv gegebener (durch andere intersubjektiv feststellbarer) „Umgebung" und vom Sozialisandus jeweils subjektiv perzipierter „Umwelt" untereinander und als relevante Bedingung für den Sozialisationsprozeß sowie für die Methoden zu ihrer Ermittlung (DANN u.a. 1975); dies gilt *inhaltlich* für die Wahl der Perspektive, unter der dann doch wieder einzelne Dimensionen dieser Umwelt stärker herausgehoben werden als andere: wie sich alsbald zeigt, wird sie wiederum durch das Interesse an bestimmten Sozialisationsergebnissen und mindestens implizite Annahmen über die Wahrscheinlichkeit ihres Auftretens im Zusammenhang mit bestimmten Umwelten geleitet.

Wegen der enormen Vielfalt dieser Perspektiven – Zeugnis des Mangels an relevanten und erklärungskräftigen Theorien in diesem Feld – und des Raums, den ihre Beschreibung fordern würden, kann dies im folgenden nur an Beispielen erläutert werden. Für Kategorisierungen der wie für die Schule so für die Hochschule grundsätzlich möglichen Zugänge vgl. SCHREINER (1973); Auflistungen und Strukturierungen der angewandten Konzepte: FELDMAN (1972), S. 143ff.; NITSCH (1973), S. 402ff.; als amerikanische Forschungsberichte FELDMAN/NEWCOMB (1969), S. 106ff.; TRENT/COHEN (1973), S. 999ff.; als erhellende Diskussion methodischer Probleme DANN u.a. (1975).

5.1 *Allgemeine Charakteristika und Klima einer Hochschule*

Die Vielfältigkeit des amerikanischen Colleges hat eine ebenso vielfältige Sozialwissenschaft zu dem Versuch herausgefordert, sie nicht nur mittelbar (über ihre „Bilanzen" in akademischen Erfolgen und Sozialisationsergebnissen), sondern auch unmittelbar nach institutionellen Gemeinsamkeiten und Unterschieden zu vergleichen.

Über die bloß formalen Unterscheidungen nach nominellen *Typen* (religiöse, allgemein oder fachlich ausbildende, „commuter" oder „residential" u.ä.) hinaus (s. FELDMAN 1972, S. 143f.) lag dafür der Rückgriff auf *demographische* Daten und allgemeine *äußere* Merkmale der Institution (Größe, Gliederung, Architektur, Ausstattung, Haushalt; Zahl, Geschlecht, Herkunft, Vorbildung der Mitglieder usw.) nahe. Da beide Zugriffe keine sicheren Schlüsse auf das „Innenleben" der Colleges zulassen, wurden Instrumente zur Bestimmung des allgemeinen „*Klimas*" entwickelt. Dabei handelt es sich im Grundsatz einerseits um Skalen mit Statements zu Merkmalen des College und eigener Verhaltensweisen (als „press" bzw. „needs" interpretiert), die Studenten (oder anderen) zu Zustimmung oder Ablehnung vorgelegt und zu einer Gesamtwertung des College zusammengefaßt werden (im Sinne der Unterscheidung von DANN u.a. 1975: aggregierte individuelle Umweltdaten). Die Weiterentwicklung des College Characteristics Index (CCI) und Activities Index (AI) von STERN (1963; zitiert bei FELDMAN 1972, S. 145) zu den verbreiteten „College and University Environment Scales" (CUES) von PACE (1972) zeigt beispielhaft die Faktoren, um die es dabei vor allem geht:

- practicality (leistungsorientiert, technisch gut organisiert und ausgestattet, funktionale soziale Beziehungen ...);
- community (freundlich, kohäsiv, gruppenorientiert, kontaktreich ...);
- awareness (hohe Betonung, Wertschätzung von bzw. Offenheit für persönliche, ästhetische und politische Werte und Aktivitäten);
- propriety (ordentlich, anständig, nüchtern in jeder Hinsicht);
- scholarship (hohe Bewertung von Intelligenz, akademischer Leistung, wissenschaftstheoretischem und Forschungsinteresse ...); später noch ergänzt um
- campus morale und
- teaching and faculty-student relationship.

Andererseits handelt es sich, aus einer Kritik solcher bloß subjektiver Daten heraus, um Sammlung objektiver Daten, zu denen in der Environmental Assessment Technique (EAT; vgl. ASTIN/HOLLAND 1961) außer den erwähnten demographischen und äußerlichen auch die Ergebnisse von Intelligenz- und Leistungstests sowie Persönlichkeitstests der Studierenden (nach Hauptorientierungen wie „realistisch", „intellektuell", „sozial", „konventionell", „enterprising", „künstlerisch"!) gerechnet werden und zu denen weiterhin im „Inventory of College Activities" (ICA) auch noch die Häufigkeit interpretationsfrei feststellbarer Tätigkeiten („trinken", „rauchen", „lesen"; zur Kritik s.o. 2.1) erhoben werden können (ASTIN 1977). Das Manko schließlich, daß Einschätzungen ihres College durch Studenten (wie ähnlich in der Lehrveranstaltungskritik) nicht gut interpretierbar sind, wenn man deren Bezugspunkte oder Kriterien nicht kennt, sucht PERVIN mit seiner „Transactional Analysis of Personality and Environment (TAPE) zu lösen, in der zusätzlich die befragten Studenten ihre eigenen Einstellungen oder Wünsche an das und ihre Zufriedenheit mit College einschätzen (nach: TRENT/COHEN 1973, S. 1004).

Die Analogie dieser Perspektive auf die Hochschule als Umwelt im ganzen zu der oben (2.1) referierten auf die allgemein proklamierten Sozialisationsergebnisse liegt am Tage. Das angesprochene Interesse ist das der Klientel und der Collegeträger oder -leiter an der Feststellung des Ranges, Wertes, Charakters ihrer Einrichtung im Vergleich (in der Konkurrenz) zu anderen und an Hinweisen für allfällige Reorganisationen und Interventionen (für die allerdings solche Untersuchungen, wie BAIRD (1971, 1974) beklagt, noch konkreter bzw. gezielter sein müßten). Für eine Theorie der Hochschulsozialisation geben sie wenig her, teils wegen ihrer theorielosen Allgemeinheit, teils wegen ihrer potentiell tautologischen Ergebnisse (die Merkmale der rekrutierten Studenten und Hochschullehrer sind die des College, sind die der Studenten (CENTRA/LINN 1970); teils wegen des geringen Fortschritts an Differenzierung und Nachprüfbarkeit, den sie gegenüber den Einschätzungen solcher Hochschulumwelten im Alltagswissen bringen. Für das erwähnte praktische Interesse gibt es hierzulande angesichts Organisation und Gleichförmigkeit der bundesdeutschen Hochschulen wenig Anlaß; für unser besonderes Interesse an einer vergleichenden Analyse, wenn schon nicht von Hochschulen, dann von Fachbereichen, fällt die obige Kritik ins Gewicht, die sich auch an der vergleichbaren Untersuchung von KEIL/PIONTKOWSKI (1973; Faktoren: Kontrolle und Ordnung vs. Autonomie und Offenheit; Studenten- vs. Stoff- und Sachbezogenheit) und den daraus hervorgehenden Fachbereichsporträts bestätigt.

Mehr Sinn ergeben Untersuchungen von allgemeinen Charakteristika und Klima, wenn sie auf ausgewählte Aspekte davon aus Interesse an bestimmten Sozialisationsergebnissen bestimmter untersuchter Sozialisanden(gruppen) zurückfragen. In diesem Falle handelt es sich also um individuelle Umweltdaten, die z.T. durch individuelle Umgebungsdaten, wo verfügbar, ergänzt werden können. Als Beispiele mögen die Konstanzer Projekte dienen:

Im Projekt „*Bildungsbiographien* von Akademikern" geht es um das Zustandekommen der außer- und überfachlichen Qualifikationen und darunter bes. des Komplexes „kritisches Bewußtsein": als hypothetisch dafür günstige Bedingungen erscheinen dann z.B. geringe Reglementierung des Curriculums nach Inhalt, Arbeitsformen, Zeitplan etc., hohe Problemorientierung und Offenheit der Lernprozesse, hohe Toleranz für oppositionelle Standpunkte, politische Aktivität, abweichende Lebensformen, in den Untersuchungsfragen zur Umwelt, weil man immerhin plausibel machen kann, daß solche Umstände das Ausprobieren kritischer Argumente und Einstellungen und die Ausbildung eines kritischen Habitus ermöglichen können (BARGEL/FRAMHEIN 1974). Im Projekt zu *Lehrereinstellungen* geht es um die „Ausbildungsbedingungen an der Pädagogischen Hochschule, die nicht nur momentane, sondern überdauernde Sozialisationseffekte im Sinne der Veränderung berufsrelevanter Einstellungen bewirken, d.h. gesucht werden die geeigneten Ausbildungsbedingungen für den liberal-progressiven, innovativen Lehrer an der PH" (DANN u.a. 1975, S. 5). Und nach etlichen hypothetischen Zwischenschritten werden folgende Umweltdimensionen ausgewählt: „Integration" (des Studenten in die PH), „Universitätsnähe" (der jeweiligen PH und der einzelnen Studenten) „Sozialwissenschaften" (ihre Stellung im Curriculum), „Freiheit" (vs. Reglementierung des Studiums), „Politisierung" (des Studenten und der PH insgesamt), „Praxisbezug" (ebd., S. 23ff.); drei davon (Universitätsnähe, Freiheit, Praxisbezug) haben in der Tat positive Effekte gezeigt (MÜLLER-FOHRBRODT u.a. 1978, S. 117ff.). Daß subjektive Sozialisationsvoraussetzungen, -ergebnisse und Umwelteinschätzungen sich vermischen, ist allerdings auch hier nicht auszuschließen.

5.2 *Subkulturen, Subsysteme*

Die Erfassung des allgemeinen Klimas einer Hochschule (Typs, Fachbereichs) unterstellt bewußt oder unbewußt, der Student habe es in diesem Bereich mit *einer* (einheitlichen) Umwelt zu tun. Dies ist evidentermaßen eine Fiktion: oder anders: er lebt offensichtlich gleichzeitig in verschiedenen, sich überlagernden Umwelten.
Dies Phänomen kann von verschiedenen theoretischen Standpunkten aus angegangen werden: von einem systemtheoretischen aus können, ausgehend von der Vielfalt der Funktionen, die die Hochschule als Subsystem der Gesellschaft in dieser hat (Forschung, wiss. Dienstleistung, Qualifikation/Sozialisation, Selektion und Statusattribuierung, Arbeitsmarkt usw.), innerhalb ihres Systems vielfältige Subsysteme beschrieben werden, die die Erfüllung bestimmter Kombinationen dieser Funktionen zu gewährleisten haben.

In diesem Sinne schichtet z.B. AXELROD (1973, S. 150ff.) das Gratifikationssystem für den Lehrkörper, das Rekrutierungs-, Beratungs-, Versorgungssystem für die Studenten, das Rechts- und das politische System (governance) der Hochschule und ihr Monopol: das „degree system", ab.

Zwischen diesen Funktionen bzw. Subsystemen können Spannungen bestehen, die als Widersprüche oder Überforderung auf die Strategien der Studenten durchschlagen.

Als Beispiele: die Analyse der Spannung zwischen den Funktionen originärer Wissenschaft und solider technischer Ausbildung einer Elitehochschule wie des M.I.T., die für Leistungsdruck und Zerrissenheit des Studierens verantwortlich gemacht wird (SNYDER 1971) oder die phänomenologische Beschreibung der Überforderung durch Studienanforderungen an einer technischen Hochschule (MORSCH u.a. 1974).

In einer sozialpsychologischen oder kulturanthropologischen Perspektive werden in der allgemeinen Umwelt Hochschule Subkulturen sichtbar, denen die Studenten gleichzeitig angehören oder mit denen sie sich sonst auseinanderzusetzen haben. Sie gliedern sich einerseits nach

Lebensbereichen: akademische Arbeit, private soziale Beziehungen, politische oder kulturelle (inclusive sportliche) Aktivitäten (H. S. BECKER 1968), andererseits nach Gruppierungen und Beziehungsnetzen, die sich teils nur innerhalb eines Bereichs ausbilden (z. B. kontinuierliche studentische Arbeitsgruppen in einem Fach oder primär fachliche Kontakte zwischen Student und Lehrkörper oder studentische Korporationen und politische Organisationen), teils mehrere Bereiche übergreifen (z. B. bestimmte Freundeskreise, u. U. Wohngemeinschaften oder experimental colleges innerhalb des Campus). Wie immer im einzelnen aufgefaßt oder gegliedert, werden mit solchen Konzepten Zusammenhänge von Tätigkeiten und Interaktionen, normativen Orientierungen und Umgangsformen erfaßt, die wie Kulturen beschrieben werden können.

Ohne auf die Bedeutung der theoretischen Differenz zwischen beiden Zugängen hier weiter einzugehen: gemeinsam ist ihnen, daß die unterschiedenen Subgliederungen mit der formellen Organisation und dem allgemeinen Klima der jeweiligen Hochschuleinheit und gegenseitig sowohl harmonisieren wie diskrepant sein können. Die klassische Organisationsform der amerikanischen Universitäten hat einer solchen Betrachtung besondere Gegenstände förmlich angeboten: die residential colleges (SOMMERKORN 1971), mit denen deutsche Studentenwohnheime mit ihrem bloßen Hotelcharakter je länger, desto weniger vergleichbar sind (NEIDHARDT 1963), die sororities and fraternities (sozialisationsorientierte Untersuchungen von studentischen Verbindungen, aber auch von politischen Studentenorganisationen in der BRD fehlen m. W.), die große manchmal überwuchernde Bedeutung der „extracurricular activities“, die gleichwohl, das ist wichtig, mit der Institution des College eng verbunden sind, usw.

Ganz besondere Aufmerksamkeit ist dabei dem in diesen verschiedenen Formen wirksamen Einfluß der *peer-group* gewidmet worden (vgl. aus der Fülle der Literatur NEWCOMB 1962; den Sammelband von NEWCOMB/WILSON 1966; den Forschungsbericht bei FELDMAN/NEWCOMB 1969, S. 227ff.; HOCHBAUM 1972 und die dort zitierten Schriften von H. S. BECKER, COLEMAN und TABA).

Der peer-group sind darin bedeutende Funktionen und Wirkungen für den einzelnen Studenten zuerkannt worden: Hilfe dazu, von zu Hause unabhängig zu werden, Erfahrung unterschiedlichster Art mit anderen Menschen und entsprechende soziale Fähigkeiten zu entwickeln, emotionale Stütze in Krisen, Angebot eines anderen Referenzrahmens und anderer Belohnungen, wenn der akademische Bereich für ihn mißerfolgsbelastet oder nicht interessant ist, und insoweit Kompensation, Komplement oder Korrektiv für das Leben in jenem. Die peer-group kann durch die ihr eigenen Verstärkungen insbesondere die proklamierten Bildungsziele der jeweiligen Hochschuleinheit unterstützen oder aber – offenbar häufiger – konterkarieren und ebenso die individuelle Entwicklung oder Veränderung entweder fördern und herausfordern oder hemmen (FELDMAN/NEWCOMB 1969, S. 236f.). Die peer-groups setzen sich zwar je spezifisch mit der Umwelt des College auseinander, wie H. S. BECKER wiederholt beschreibt, sind aber zugleich das Medium, in dem sich außerhochschulische Einflüsse allein schon durch die immer neuen Studentenjahrgänge, aber auch durch deren weitere Beziehungen zur weiteren Umwelt, am stärksten und am raschesten (auch als Veränderungsdruck auf die Hochschule selbst) durchsetzen (HOCHBAUM 1972).

Es ist zu vermuten, daß auch unter den Rahmenbedingungen der Massenhochschulen in Deutschland die peer-group – weniger vielleicht die „student culture“ im ganzen als vielmehr die Kleingruppen – solche Funktionen wahrnehmen. Vielfache Hinweise in subjektiven Situations- und Erfahrungsschilderungen oder Äußerungen in Beratungsgesprächen und Interviews (vgl. PORTELE 1979 zu der Bedeutung der Gruppe für die Bestätigung der Identität in moralischen Krisen angesichts von Praxiszwängen) deuten darauf hin. Entsprechend differenzierte sozialisationsorientierte Untersuchungen fehlen jedoch, soweit ich sehe. Sie wären um so wichtiger, als auch für die deutsche Hochschule die Vermutung zu prüfen ist, daß die peers in der allgemeinen Sozialisation eine größere Rolle spielen als die Hochschullehrer (FELDMAN 1969, S. 258ff., auch zu den Unsicherheiten dieser Feststellung; TROW 1975) – dies allein schon angesichts der regelmäßigen Befunde zu der Seltenheit von Kontakten zwischen Studenten und Hochschullehrern außerhalb der Lehrveranstaltungen.

Insofern Studenten auf Erwartungen und Ansprüche der Hochschullehrer sich einstellen wollen oder müssen, studentische und Hochschullehrerkultur in Austausch stehen, wäre auch diese selbst mit ihren Normen, Rollenkonflikten usw. zu untersuchen. Die wenigen deutschen Arbeiten über Hochschullehrer sind eher berufssoziologischer Art und gehen auf die Bedeutung für die sozialisatorische Interaktion mit Studenten nicht ein. Was Kontakte mit Berufspraktikern während des Studiums alles auslösen können, darüber gibt es nur lebendige, aber widersprüchliche Erfahrungsberichte (z. B. in BARGEL u. a. 1975, HERZ 1975).

5.3 *Hochschule als bürokratische Organisation*

Nicht nur vom theoretischen oder administrativen Interesse an einer Weiterentwicklung der Organisationssoziologie aus (deren Kategorien das komplexe Gebilde Universität beträchtliche Schwierigkeiten bietet, vgl. ETZIONI 1967), sondern auch vom hochschuldidaktischen Interesse an bestimmten Sozialisationseffekten aus ist eine Betrachtung der Universität als formale Organisation wichtig: wenn es um entfremdetes vs. selbstbestimmtes Arbeiten, intrinsisches vs. extrinische Motivation, politische Passivität vs. Partizipation, konventionelle vs. postkonventionelle Moral als Sozialisationsergebnis geht – alles Haltungen, die einen bestimmten Bezug zu jeweiligen Herrschaftsstrukturen haben, dann ist offenbar relevant, welche Strukturen direkter und indirekter Kontrolle (s. auch u. 5.4) in der Umwelt Hochschule vorherrschen.

FELDMAN (1972, S. 146) vermißt Arbeiten zu solchen Aspekten. In der Bundesrepublik sind von der Forschungsgruppe Hochschulkapazität (1973) in 11 Fächern an fast allen westdeutschen Hochschulen außer äußeren Charakteristika (Größe, studienbezogene Ausstattung, Personalstruktur, Herkunft und Orientierungen der Studenten u.ä.) organisationssoziologische Merkmale erhoben worden, von denen unterstellt und (wenn man die definitorischen Prämissen teilt) auch belegt worden ist, daß sie intrinsischer Motivation unterschiedlich Raum geben, und die in hohem Maße zwischen den Hochschuleinheiten bzw. Fachbereichen diskriminieren: Kodifikation (der Verhaltensregeln), Kontrolle (des Verhaltens), Sanktionsgrad, faktische Statusunterschiede der Lehrenden, Partizipation (Entscheidungs-, Mitbestimmungsstrukturen), Verwaltungsaufwand/Zeitaufwand für Selbstverwaltung, Legitimitätskonflikte (betr. Entscheidungsstrukturen), interne Konflikte (betr. Entscheidungsinhalte, Fraktionsbildungen), Informationsgrad der Lehrenden, Kollektionscodeorientierung der Lehrenden (dazu s.u.). Fächer, die von Experten nach ihrem „Standardisierungsgrad" (= Grad der Vorhersagbarkeit von Verhaltensweisen der Forschenden und Lehrenden aufgrund des Materials und der Kenntnis des Materials in dieser Disziplin) als hochstandardisiert eingeschätzt wurden, zeigten höhere Ausprägungen in z.B. Kodifikation, Kontrolle, niedrigere in Partizipation, Selbstverwaltungsaufwand, Legitimitätskonflikten, Informationsgrad, gehen mit höherer Kollektionscodeorientierung (d.h. stärkerer Festlegung, Hierarchisierung und Abgrenzung der Inhalte), höherer Festlegung der studentischen Arbeitszeit und geringerer intrinsischer Motivation der Studenten zusammen (weitere Implikationen auch für die Orientierungen s. PORTELE 1975, S. 107ff.).

Bemerkenswert ist, daß sich dieselben Verhältnisse grundsätzlich analog auch auf der Ebene der einzelnen Lehrveranstaltungen aufzeigen lassen (PORTELE 1976). Aus den speziellen Ergebnissen dieser Untersuchungen bezüglich der Arbeitssituation der Hochschullehrer (Überlastung, Zersplitterung; vgl. IPSEN 1976) und bezüglich der Tendenz zu immer stärkerer Bürokratisierung im Hochschulbereich (Verstärkung von Konfliktursachen, Innovationshemmung; vgl. KORT 1976) lassen sich weitere Schlüsse auf die Einflüsse der Sozialisationsumwelt Hochschule ziehen. Zwei Einschränkungen: es handelt sich, forschungsökonomisch plausibel, auch hier zumeist um durch Befragung der Betroffenen erhobene Daten, die von deren Deutung mitbestimmt sind (also um „aggregierte individuelle Umweltdaten", s.o.). Und: ob und wie weit Freiräume für eigenes Lernen, politische Aktivität und intrinsische Motivation innerhalb der Umwelt Hochschule Orientierungen und Strategien bei den Studenten erzeugen, mit denen sie sich später bei oder nach dem Praxisschock der Institutions(fremd-)bestimmung ihrer Arbeit widersetzen, steht dahin (andere Vermutungen bei HUBER 1975).

Eine den öffentlichen Ausbildungsorganisationen eigentümliche und auch in der Hochschule ständig bedeutsamere Form der Kontrolle und Sanktion studentischen Handelns taucht in einem solchen Organisationsmodell nicht eigens auf, muß aber dringend ergänzt werden: die *Prüfungen*. Ihr Einfluß auf die Steuerung des faktischen Arbeitshandelns von Studenten wird als sehr hoch belegt:

Die Studenten wissen in ihrer Mehrheit sich von Prüfungen bzw. Prüfern abhängig (SCHEER/ZENZ 1973, S. 33f.; STIMPEL 1970), äußern fast alle (96%) mittlere oder starke Prüfungsangst und führen, wenn sie Studienschwierigkeiten haben, sie auf Prüfungen und Prüfungsvorbereitungen zurück (APENBURG u.a. 1977, S. 252f., 262, aufgrund einer Befragung von 4500 Studenten aller Fächer). Sie richten ihre Informationssuche von Anfang an auf Erfassung der Prüfungsanforderungen aus, die formelle in der Studienberatung und Sprechstunde ebenso wie die informelle bei Kommilitonen (für 28% die meistgenutzte

Informationsquelle: s.o. zu peer-group), ohne daß die überwiegende Mehrheit das Gefühl der Unsicherheit über die Prüfungsanforderungen je verlöre (APENBURG ebd. B 241; BREUER u.a. 1975, S. 25, 98 u.ö.). H. S. BECKER (1968) macht in einer brillianten Fallstudie (Kansas University) deutlich, wie die Orientierung auf die nötigen Prüfungsnoten das Kalkül und Handeln der Studenten im akademischen Bereich („Gesichtspflege" und „Signaleauffangen" als Zwekke des Lehrveranstaltungsbesuchs etwa) und darüber hinaus förmlich durchdringt und (in diesem Fall) zu einer Art Währung auf dem ganzen Campus wird.

Während der pathogene Charakter dieses Subsystems an sich oder mindestens in Kombination mit den übrigen Merkmalen der Hochschulumwelt in den Beratungs- und Therapiezentren buchstäblich aktenkundig wird, ist seine (bzw. seiner Varianten) Sozialisationswirkung im übrigen (extrinsische Motivation, Entfremdung, Repression u.ä.) zwar insgesamt stark plausibel und von den Betroffenen häufig genug ausgesprochen bzw. beschrieben, aber empirisch nicht erforscht, in manchen Hinsichten auch unsicher (z.B. ob wirklich überwiegend Rivalität und Konformität oder nicht auch Solidarität und Subversität, „studentmanship" (vgl. NITSCH 1973, S. 436f.), dadurch provoziert wird).

5.4 Hochschulumwelt als Corpus „sozialer Konstruktionen von Realität"

Nicht nur in der Handlungsorientierung mit Bezug auf andere Subjekte (abgekürzt: der sozialen), sondern auch mit Bezug auf die (materiellen oder immateriellen) Objekte des fachlichen Handelns (abgekürzt: der inhaltlichen) müssen, hatten wir postuliert, Sozialisationsergebnisse aufgesucht werden. Analog zu „Handlungsplänen" im allgemeinen sei für das wissenschaftliche Handeln von „Denkmustern" (operativen Abbildern von Untersuchungshandlungen mit Kognitionen und Evaluationen von deren Bestandteilen: Begriffen, Methoden, Theorien) gesprochen. Zur Umwelt Hochschule, spezieller: Fach, in der sich der Student bewegt, gehören auch diese Denkmuster – soziale Vorstellungen auch sie, historisch hervorgebracht und organisiert – in denen er sich orientieren und mit anderen verständigen muß. Die Frage, welche Denkmuster in der jeweiligen Umwelt vorherrschen oder unterdrückt sind und welche der Student wie modifiziert sich aneignet, kann nur inhaltlich-spezifiziert behandelt werden (z.B. welches Konzept von Mathematik, s. REISS 1979; ob statische oder dynamische ökonomische Modelle, s. DAHLGREN/MARTON 1976; DAHLGREN 1978; welche juristischen Modell-Lösungen, s. SCHÜTTE 1979). Formale Kategorien und Strukturen, nach denen sich eine Fachumwelt als Corpus sozialer Konstruktionen von Realität in diesem Sinne von einer anderen unterscheiden und im Vergleich auf Sozialisationsergebnisse hin interpretieren läßt, sind vermutlich:

- die Unterscheidung von BERNSTEIN (1977) zwischen den curricularen Codes: dem Kollektionscode (scharfe Abgrenzung der Inhalte sowohl untereinander als gegenüber Alltagwissen und hierarchische Organisation derselben von Grundlagen zu immer speziellerem Wissen und erst ganz zu oberst zu neuen Problemen; ihm entspricht eine ausgeprägte Hierarchie zwischen Studenten und Lehrenden und innerhalb des Lehrkörpers) und Integrationscode (fließende Abgrenzungen, auch zu Alltagswissen, genetisch-historische Relativierung des Wissensaufbaus, geringere Hierarchisierung in jeder Hinsicht, Problemorientierung);
- (eng damit zusammenhängend) der Grad der Distanz zwischen Wissenschafts- und Alltagssprache und mithin der jeweiligen Möglichkeit zur Metakommunikation in wissenschaftlicher Kommunikation (s. KLÜVER 1979, S. 117ff.) und der Grad der Integrierbarkeit von Wissenschaft ins Privatleben (vgl. HUBER 1974) bzw. umgekehrt persönlicher Erfahrungen und Bedürfnisse in die Wissenschaft (vgl. SCHÜLEIN 1977a zu „Selbstbetroffenheit"; RUMPF 1978, 1979);
- die Leitbilder („sozialen Figuren") wissenschaftlichen Handelns, die sich damit anbieten: des „Experten" (Kompetenzanspruch in klar abgegrenztem Bereich, darüber hinausgehende Probleme von sich weisend, politisch abstinent) und des „Intellektuellen" (unabgegrenzter, ungesicherter Kompetenzanspruch wenigstens für Problemformulierung, politisch partizipativ; BARGEL/FRAMHEIN 1974, BARGEL u.a. 1977, HUBER 1975; vgl. BELLS Unterscheidung von „scholar" und „intellecutal" bei AXELROD 1973, S. 27, und BÜRMANS Unterscheidung von „Problemlöser" und „Problemdefinierer", 1979).

Allgemeiner: wissenschaftliche Denkmuster sind nicht nur daraufhin zu analysieren, was sie enthalten und wie organisiert, sondern auch darauf, was sie typischerweise ausschließen und mit welcher Schärfe („Denkverbote").
Beide Fragen: nach den spezifischen Inhalten und nach den Codes ihrer Trennung und Zusammenfügung, sind zum einen an die Sozialisations*ergebnisse* heranzutragen; als ein Beispiel das laufende Göteborger Projekt, das die Ent-

wicklung der „Conceptions of reality" von Studenten vierer Fächer: Medizin, Psychologie, Ingenieur und Wirtschaftswissenschaft im Längsschnitt verfolgt (z.B. DAHLGREN 1978). Zum anderen an die Sozialisations*umwelt*, was eine Analyse der curricularen Struktur und der Lehrorganisation, der Formung der Inhalte in Lehr-, Lern- und Übungsmaterialien und der Orientierungen der Bezugspersonen (Lehrende, peers usw.) an solchen Codes impliziert.

5.5 *Fachumwelt und fachspezifische Sozialisation*

Vom kritischen Interesse primär am Berufshandeln des Akademikers aus ist wichtiger als die allgemeine Sozialisation von Hochschulabsolventen die spezifische der Absolventen bestimmter Fächer bzw. Angehörigen der entsprechenden Berufe, genauer: die eigentümliche Mischung aus jener und den fachspezifischen sozialen Konstruktionen der Realität.
Von den bisherigen Untersuchungen von allgemeinen Hochschulsozialisationsergebnissen her drängen sich gleichfalls die Fachbereiche als zentrale Untersuchungseinheiten auf: mit großer Häufigkeit und der Tendenz nach analogen bzw. übereinstimmenden Ergebnissen tritt die Zugehörigkeit zu bestimmten Fächern als erklärungskräftigste Variable der Umwelt für unterschiedliche Profile in allen Dimensionen (Einstellungen, Motivation, Handlungs- bzw. Selbstregulationskonzepte, kognitive Struktur und Moral usw.) auf, die für diese Fächer typisch scheinen: Diese Ergebnisse können hier des Raumes wegen nicht referiert werden und nehmen sich bei so arger Verkürzung und Komprimierung auch leicht zu sehr als Bestätigung verbreiteter Auto- und Heterostereotype von Fächern aus, die als „soziale Vorstellungen" in der Tat sowohl die Fragen der Forscher als die Selbstbilder, Äußerungen und Handlungen der Erforschten bestimmen. Es sei daher eine Auswahl der Literatur eingerückt.

- In Darstellungen zur *Hochschulsozialisation allgemein* z.B. BEREITER/FREEDMAN 1962; FELDMAN/NEWCOMB (1969), S. 151–195; HALSEY/TROW (1971), bes. S. 370ff.; HUBER (1974), S. 20ff.; BARGEL u.a. 1977; Forschungsgruppe Hochschulkapazität (1973); BECKMANN u.a. (1972); BREUER u.a. (1975), S. 199, 238ff., 250 u.ö.; DELSAUT (1970); ENTWISTLE/WILSON (1977), bes. S. 104ff., 121ff.; JENNE u.a. (1969); KATH u.a. (1966); KEIL/PIONTKOWSKI (1973); PACE (1972); RIES (1971), bes. S. 45; WÖLLER (1978);
- in Untersuchungen *zu einzelnen Fächern/Fachbereichen* H. S. BECKER u.a. (1961, Med.); BLISS/OGBORN (1977, Phys.); BRANAHL/FRANCKE (1975, Rechtswiss.); J. BÜRMANN (1979, Nat.wiss.); v. D. BUSSCHE (1975, Med.); KLÜVER (1979, Nat.wiss.); KAUPEN (1969, Rechtswiss.); MAYNTZ, R. (Hrsg.) (1970, Soz., Rechtswiss.); NOACK (1975, Med.); REISS (1975a, b; 1979, Nat.wiss., Math.); SCHÜTTE (1975, 1979, Rechtswiss.); APPEL, H. P./GROEBEL, J. (1978, Ing.wiss.); MORSCH u. a. (1974, Ing.wiss.);
- in der Sozialisation *künftiger Lehrer* verbinden sich eine – auf ihre Profession bezogene – pädagogische und die Sozialisation in einem oder mehreren, u. U. nicht verwandten Fächern in ungeklärter Weise. Meist wird nur die erstere thematisiert: vgl. BAMMÉ/HOLLING (1976); BÜRMANN u.a. (Hrsg.) (1977); HÄNDLE (1978). Anders, für Gymnasiallehrer, FRECH (1974, 1976); REISS (1975b).

Besonders ergiebig sind diejenigen Studien, die dabei auch bereits Versuche zur Darstellung der Sozialisationsumwelt Fach unternehmen, in der sich alle von uns zuvor geschilderten Konzepte von Umwelt vereint bewähren müssen. Dabei muß deren Mitgestaltung durch die Rekrutierung/Selbstselektion der Studenten und deren Perspektiven und Motivationen gerade in diesem Bereich immer mitgesehen und daher auch die reiche Literatur zu Studienwahl und -motivation einbezogen werden.

6 Fragen zum Prozeß der Hochschulsozialisation

An der systematischen Stelle dieses Kapitels, das nach theoretischer und praktischer Relevanz eigentlich das größte sein müßte, stehen hier nur einige Bemerkungen und Fragen. Das liegt einerseits an der Begrenzung meiner Kompetenz, spiegelt andererseits aber auch die Lage der Hochschulsozialisationsforschung, wie sie sich mir darstellt. Zufrieden, die Ergebnisse von Hochschulsozialisation gemessen oder die Umwelt oder beides beschrieben und Korrelationen berechnet zu haben, machen die meisten Arbeiten keine oder nur vage Andeutungen zu den inneren Beziehungen zwischen ihnen: Gegenüberstellungen von input und output, zuweilen schlicht kausal interpretiert, ersetzen den Versuch, in die black box zwischen ihnen einzudringen und den Umsetzungsprozeß selbst zu verstehen und zu rekonstruieren. Weder die glatte

Gleichsetzung von Sozialisation mit „Lernen" noch die vage Absetzung davon durch „Entwicklung", „Übernehmen" o.ä. ist aber befriedigend (BARGEL 1975, S. 75).

Vermutlich ist einstweilen kein Zugang zu verschmähen. Z.B.: Sozialisation als *Konditionierung*: PORTELE (1975, S. 99ff.), ausgehend von der „Du-sollst-wollen"-Paradoxie der Sozialisation, verwirft die klassisch-behavioristische Lerntheorie, weil „sie Internalisierung nicht erklären kann und keine Möglichkeit bietet, freiwillige Handlungen zu erklären". Das richtige Postulat schließt allerdings die falsche Praxis nicht aus, daß eine (kurzsichtige) bürokratische Politik für einen ihr greifbaren Teil von Lernprozessen untheoretisch die nach dieser Theorie Lernen steuernden Momente „Belohnungs- und Strafvermeidungserwartung" einsetzt, um ein bestimmtes Verhalten zu drillen, und Studenten sich ihnen notgedrungen anpassen: das immer dichtere Netz von sanktionshaltigen studienbegleitenden Leistungskontrollen könnte in diesen Begriffen analysiert werden.

Dem, der Hochschulsozialisation als *Einstellungsveränderung* versteht, bietet sich die Theorie der kognitiven Dissonanz als Erklärung an. In den Grenzen der Reichweite des Einstellungskonzepts (s.o. 3.1) ist diese auch theoretisch plausibel und empirisch prüfbar und faktisch bei praktischen Studienreformprojekten häufig unterstellt (vgl. ausführlich METZ-GÖKKEL 1975, S. 122ff.; HERZ/HUBER in HERZ 1975, S. 42ff.). Welche Erfahrungen und Bedürfnisse aber jeweils Dissonanz von Kognition und Affektion und damit Veränderungen des einen oder anderen auslösen, bleibt danach auch noch zu untersuchen.

Nicht erfaßt ist aber von solchen Zugängen aus das *aktive* Moment von Sozialisation als Rollen*gestaltung* oder Differenzierung sozialer *Strategien*: Studenten haben bereits vor dem Studium in Auseinandersetzung mit Problemen, die eine komplexe gesellschaftliche Umwelt ihnen aufgibt, bestimmte Perspektiven, Strategien oder Motive entwickelt (BAY, 1962, nennt z.B. das Streben nach sozialer Akzeptierung, realitätstüchtigen rationalen Erklärungen und Ich-Erhaltung/Angstabwehr) und sehen sich mit ihnen den ihrerseits sozial determinierten Anreizen oder Suggestionen („incentives") in der Hochschule konfrontiert: akademischen (Prüfungserfolge, Statusgewinn), sozialen (Akzeptierung in der Gruppe), intellektuellen (intrinsischen der wissenschaftlichen Problemlösung), angesichts derer sie ihre Strategien entwickeln oder ihre Rollen definieren müssen (BAY, ebd.).

Wie solche incentives bis in die Mikroprozesse hineinwirken und über die Zeit hinweg Gewohnheiten bilden, läßt sich für die „akademischen" incentives in bezug auf das inhaltliche Lernen nachvollziehen, wenn man die Forschung zur Wirkung von Leitfragen auf Textaneignung (z.B. FRASE u.a. 1977), insbesondere den von MARTON (1975) beobachteten „Erosionseffekt" heranzieht. Für das Ineinanderspielen sowohl der akademischen als auch der sozialen incentives im interaktiven Handeln haben H. S. BECKER u.a. (1968, bes. S. 63ff.) und insbesondere OLESON/WHITTAKER (1968) in ihrer bewunderungswürdigen teilnehmenden Beobachtung lebendige Anschauung präsentiert. Die letzteren schildern z.B., wie künftige Krankenschwestern das Problem verfolgen, „how to get through school with the greatest comfort and the least effort, preserving one-self as a person while at the same time being a success and attaining the necessities for one's future life" (p. 148ff.), und sich so alle Lern- und Interaktionssituationen als eine Serie von Bewährungssituationen darstellen, in denen „psyching out" (herausfühlen, was verlangt wird), „fronting" (Maskerade, Bluff) und „cooperation and levelling" (Hilfe unter der Voraussetzung, daß keiner als Überflieger den Akkord bricht) situationsnotwendige und zugleich auch für den künftigen Beruf funktionale Strategien sind, und wie entsprechend bis in jede Mikrointeraktion (minute encounter), bis in Augenbrauenheben und Lächeln hinein Legitimation (des Rollenanspruchs) und Adjudication (persönliche Bestätigung durch andere und Selbstwahrnehmung) sich vollziehen.

Lernen am Modell, das auch ohne Bekräftigung erfolgen kann, verdiente in der Hochschulsozialisationsforschung nähere Untersuchung. Ob und wie Hochschullehrer nicht nur durch Lehre und Beratung direkt, sondern als Modell indirekt Sozialisation beeinflussen, wird in amerikanischen Untersuchungen zuweilen gestreift (s.o. 5.2) und ist für den deutschen Bereich eigentlich nur aus (auto)biographischen Zeugnissen mittelbar zu erschließen. Als Modelle fungieren aber auch erfolgreiche Kommilitonen: die Erlebnisschilderungen aus Seminarsituationen (unter Stichworten wie Bluff, Konkurrieren; WAGNER 1977, KLÖCKNER 1977) lassen einzelne Aspekte davon ahnen. Lernen am Modell und *Lernen durch Einsicht* (in Problemlösungsprozessen) sind „Bezeichnungen für Formen intrinsisch motivierten Lernens, also von Informationsverarbeitung, weil diese Informationsverarbeitung positive Valenz hat"; intrinsische Motivation aber sieht PORTELE (1975, S. 101) als eine der Voraussetzungen des Erwerbs einer „generativen Grammatik der Moral".

Lernen als handelnde Aneignung der gesellschaftlichen Umwelt, *Sozialisation* als *Internalisierung aktiv ausgeübter Tätigkeiten* (vgl. GALPERIN 1969), gegenstands- und interaktions-bezogenes Handeln als Prozesse, in denen sich Identität bildet: so müßte man nach dem handlungstheoretischen und wohl auch nach dem Identitätsentwicklungskonzept den Prozeß der Hochschulsozialisation untersuchen: erfassen, was die Studenten tatsächlich tun, was für Handlungen sie vollziehen, in welchen Plänen sie sie in sich abbilden. Das hat, wie das Studium, zwei Seiten: die Ernstseite, und dafür müßte die Praktizierung und Einübung entfremdeten Arbeitens, des „alltäglichen Handelns" und des ihm entsprechenden „geläufigen Denkens" (KOSIK 1967, S. 14ff.), der auf Tausch gerichteten Verkehrsformen (OTTOMEYER 1974; vgl. PREUSS 1975; WAGNER 1977), die Struktur des Zeitplans nach fremd- und selbstbestimmter, Lernen ermöglichender oder nicht ermöglichender Tätigkeit (SÈVE) untersucht werden. Und die Seite des Spiels, die das Studium (als Moratorium, s. o. 3.3) insofern noch bietet, als es noch erlaubt, in dialektischem Denken und in ausprobierendem Handeln sanktionsfrei darüber hinauszugehen – und damit ermöglicht, die Regeln „freiwillig" einzuhalten (PORTELE 1975, S. 102).

Ein solches Programm macht komplexe Rekonstruktionen der Realität nötig (s.o. 3.3): durch Erzählung und Zuhören, Biographie und Autobiographie, teilnehmende Beobachtung (s. das Beispiel oben und expressive Situationsschilderung) – oder: gemeinsames reflexives Handeln. Dies ist vielleicht der einzige Weg, zu einer Hochschulsozialisationsforschung zu kommen, die, wenn schon keine generalisierbare, Technologie tragende Theorie, dann doch wenigstens individuell und situationsspezifisch hilfreiche Aufklärung für die Betroffenen hervorbringt.

Literatur

1. Forschungsberichte, Überblicke und wichtige Sammelausgabe

ASTIN, A. W.: The methodology of research on college impact. Sociology of education 43 (1970), S. 223–254 u. 437–450 (Sammelbericht).

BARGEL, T./FRAMHEIN, G./HUBER, L./PORTELE, G. (Hrsg.): Sozialisation in der Hochschule. Hamburg, AHD 1975 (Blickpunkt Hochschuldidaktik 37).

BÜRMANN, J./BARGEL, T., unter Mitarbeit von JUNGBLUT, G. (Hrsg.): Hochschulsozialisation und Studienreform. Hamburg, AHD 1977 (Blickpunkt Hochschuldidaktik 44).

FELDMAN, K. A.: (Hrsg.): College and Student. New York, Pergamon 1972.

FELDMAN, K. A.: Some Theoretical approaches to the study of change and stability of college student. Review of Educational Research 42 (1972), S. 1–26.

FELDMAN, K. A./NEWCOMB, Th. M.: The Impact of College on Students. 2 Bde. San Francisco, Jossey-Bass 1969.

HUBER, L.: Das Problem der Sozialisation von Wissenschaftlern. In: Neue Sammlung 14 (1974), S. 1–33.

JACOB, P. E.: Changing values in college: an exploratory study of the impact of college teaching. New York, Harper 1957.

KLEEMANN, S.: Bibliographische Materialien zur Hochschulforschung. Sozialisationsprozesse und Einstellungsveränderungen in der Hochschule am Beispiel USA. Berlin, Max-Planck-Institut für Bildungsforschung 1969 (Studien und Berichte 9 B).

NITSCH, W.: Die soziale Dynamik akademischer Institutionen. Weinheim, Beltz 1973

OXTOBY, M.: The Impact of Higher Education: Socialization and Roll-Learning. In: BUTCHER, H. J./RUDD, E. (Hrsg.): Contemporary Problems in Higher Education. London, McGraw Hill 1972, S. 191–210.

SANFORD, N. (Hrsg.): The American College. New York, J. Wiley 1962.

SIMONS, H.: Sozialisation durch die Hochschule. Hamburg, AHD 1971 (Blickpunkt Hochschuldidaktik 19).

WALTER, H. (Hrsg.): Sozialisationsforschung. 3 Bde. Stuttgart, Frommann-Holzboog, Bd. I/II 1973, Bd. III 1975.

2. Allgemeine Literatur

ADAMS u. a.: Student characteristics: a twelve year comparison. In: Improving College and University Teaching 22 (1974), S. 16.

ALLERBECK, K.: Soziologie radikaler Studentenbewegungen. Eine vergl. Untersuchung in der BRD und den Vereinigten Staaten. München, Oldenbourg 1973.

ALTVATER, E./HUISKEN, F. (Hrsg.): Materialien zur politischen Ökonomie des Ausbildungssektors. Erlangen 1971.

ANDRESS, H. J./V. D. BUSSCHE, R.: Der Karriereverlauf von kassenärztlich tätigen Ärzten. Ergebnisbericht über eine empirische Untersuchung. Frankfurt/Hamburg 1979 (hektogr. Ms.).

APENBURG, E./GROSSKOPF, R./SCHLATTMANN, H.: Orientierungsprobleme und Erfolgsbeeinträchtigung bei Studierenden – Bericht über eine Befragung von 4500 Studenten (1974). Teil A: Fragestellung und Durchführung der Untersuchung. Teil B: Ergebnisse in Tabellenform. Saarbrücken, Universität 1977 (Saarbrücker Studien zur Hochschulentwicklung 28).

APPEL, H. P./GROEBEL, J.: Sozialisationseffekte in Normalstudiengängen und Studienalternativen für Ingenieure. Ansatz und erste Ergebnisse. In: WAGEMANN, C. H. (Hrsg.): Akademische Berufe im Bauwesen. Hamburg, AHD 1978 (Hochschuldid. Materialien 67).

ARCHER, Marg. Scotford (ed.): Students, university and society. A comparative sociological review. London, Heinemann 1972.

ASTIN, A. W.: Four Critical Years. Effects of College on Beliefs, Attitudes and Knowledge. San Francisco, Jossey-Bass 1977.

ASTIN, A. W./HOLLAND, J. L.: The Environmental Assessment Technique: A way to measure college environments. Journal of educational psychology 52 (1961), S. 308–316.

AXELROD, J.: The University Teacher as Artist. San Francisco, Jossey-Bass 1973.

BAHRO, R.: Die Alternative. Köln, Europäische Verlagsanstalt 1977.

BAIRD, L. L.: The Functions of College Environmental Measures. In: Journal of Educational Measurement 8 (1971), S. 83–86.

BAIRD, L. L.: The practical utility of Measures of College Environments. In: Review of Educational Research 44 (1974), S. 307–329.

BAMMÉ, A./HOLLING, E.: Qualifikation/Sozialisation zum Verhältnis von Produktion, Qualifikation und Arbeit des Lehrers. In: päd. extra (1976), H. 2, S. 17–28.

BARGEL, T.: Probleme der Rezeption empirischer Sozialisationsforschung. In: WALTER, H. (Hrsg.), Bd. I (1973), S. 119–138.

BARGEL, T.: Überlegungen zur Bestimmung von Sozialisation (und dem Verhältnis zu Qualifikation). In: BARGEL u. a. (1975), S. 70–82.

BARGEL, T./FRAMHEIN, G.: Qualifikationsbewußtsein und berufliche Orientierung bei Akademikern. Konstanz, Okt. 1974 (hektogr. Ms.).

BARGEL, T./FRAMHEIN, G./PEISERT, H./SANDBERGER, J.-U.: Zweckbestimmungen des Studiums als Thema der Hochschulforschung. In: Zeitschr. f. Päd. 19 (1973), S. 943–966.

BARGEL, T./FRAMHEIN, G./PEISERT, H./SANDBERGER, J.-U.: Zur Sozialisation von Akademikern. Zwischenergebnisse einer international vergleichenden Untersuchung zum Ausbildungseffekt der Hochschule. In: Konstanzer Blätter für Hochschulfragen 53 (1977), S. 5–24.

BAY, Chr.: A Social Theory of Intellectual Development. In: SANFORD, S. 972–1004.

BECKER, E.: Probleme einer Berufsorientierung des Studiums. In: FALTIN, G./HERZ, O. (1974), S. 26–77.

BECKER, E.: „Berufsorientierung“. Zur Kritik einer populären Reformforderung. In: HERZ (1975), S. 88–104.

BECKER, E./JUNGBLUT, G.: Strategien der Bildungsproduktion. Frankfurt, Suhrkamp 1972.

BECKER, E./NEEF, W.: Die Auswirkungen von staatlichen Studienplanungsmaßnahmen und von hochschulinitiierten Studienreformansätzen auf Studiensituation und Qualifikationsprozeß der Studenten. Frankfurt/Berlin (Forschungsantrag 1977, Zwischenbericht 1978; hektogr. Ms.).

BECKER, H. S.: What do they really learn of college? (1964). In: FELDMAN (1972), S. 103–108.

BECKER, H. S./CARPER, J. W.: The Development of Identification with an Occupation. In: American Journal of Sociology 61 (1956), S. 289–298.

BECKER, H. S./GEER, B./HUGHES, E. C.: Making the Grade. The Academic Side of College Life. New York etc., J. Wiley 1968.

BECKER, H. S./GEER, B./HUGHES, E./STRAUSS, A.: Boys in white: Student Culture in Medical School. Chicago, Unversity of Chicago Press 1961.

BECKMANN, D./MOELLER, M.-L./RICHTER, H.-E./SCHEER, J.: Studenten – Urteile über sich selbst, über ihre Arbeit und über die Universität. Frankfurt, Aspekte 1972.

BELL, D.: The End of Ideology. New York, Free Press 1960.

BEREITER, C./FREEDMAN, M. B.: Fields of Study and the People in Them. In: SANFORD (1962), S. 562–596.

BERGER/LUCKMANN: Die gesellschaftliche Konstruktion der Wirklichkeit. Frankfurt 1969.

BERNSTEIN, B.: Über Klassifikation und Rahmung pädagogisch vermittelten Wissens. In: Ders.: Beiträge zu einer Theorie des pädagogischen Prozesses. Frankfurt, Suhrkamp 1977.

BITTNER, G.: „Entwicklung“ oder „Sozialisation“. In: Neue Sammlung 14 (1974), S. 389–396.

BLISS, J./OGBORN, J.: Students Reactions to Undergraduate Science. London, Heinemann 1977.

BOURDIEU, P.: Kulturelle Reproduktion und soziale Reproduktion. In: Ders./PASSERON, J.-C.: Grundlagen einer Theorie der symbolischen Gewalt. Frankfurt 1972, S. 89–137.

BOURDIEU, P./PASSERON, J. C.: Die Illusion der Chancengleichheit. Stuttgart 1971.

BOWLES, S./GINTIS, H.: Intelligenzquotient und Klassenstruktur in den USA. In: Leviathan 1 (1974), S. 27–52.

BRANAHL, U./FRANCKE, R.: Hochschulsozialisation und Berufspraxis von Juristen. In: BARGEL u. a. (1975), S. 260–274.

BREUER, F.: Aspekte der Handlungsregulation im Studium. In: Ders. u. a.: Psychologie des wissenschaftlichen Lernens. Münster 1975, S. 11–78.

BREUER, F./KEIL, W./KLEIBER, D./MEIER, F./PIONTKOWSKI, U.: Psychologie des wissenschaftlichen Lernens. Münster, Aschendorff 1975 (Arbeiten zur sozialwiss. Psychologie, H. 4).

BRIM, O. G./WHEELER, St.: Erwachsenensozialisation. Sozialisation nach Abschluß der Kindheit. Mit einem Beitrag von Heinz HARTMANN. Stuttgart, Enke 1974.

BRÜCKNER, P.: Die Mescalero-Affäre. Ein Lehrstück für Aufklärung und politische Kultur. Hannover, Internationalismus Buchladen 1977.

BÜRMANN, J.: Kritische Anmerkungen zum gegenwärtigen Interesse der Hochschuldidaktik an Problemen der Hochschulsozialisation. In: BARGEL u. a. (Hrsg.), 1975, S. 48–69.

BÜRMANN, J.: Der „typische Naturwissenschaftler“ ein intelligenter Versager?. In: Die Deutsche Schule 71 (1979), S. 273–284.

BÜRMANN, J./REISS, V.: Was bedeutet das „Sozialisationskonzept“ für die Hochschuldidaktik und ihre Praxis?. In: BÜRMANN, J./BARGEL, T.: Hochschulsozialisation und Studienreform. Hamburg, AHD 1977 (Blickpunkt Hochschuldidaktik 44), S. 41–65.

BUSSCHE, Rik v. d.: Über Ziele, Stand und Probleme der Sozialisationsforschung in der Medizin. In: BARGEL u. a. (1975), S. 239–245.

CENTRA, J. A./LINN, R. L.: On Interpreting Students Perception of Their College Environments. In: Measurement and Evaluation in Guidance (1970), S. 102–109.

CENTRA, J. A./ROCK, D.: College Environments and Student Academic Achievement. In: Journ. of Educational Measurement 8 (1971), S. 623–634.

CHICKERING, A. W.: Institutional Objectives and Student Development in College (1967). In: FELDMAN, (1972), S. 89–102.

CHICKERING, A. W./MCCORMICK, J.: Personality development and the college experience. In: Research in Higher Education 1 (1973), S. 43–70.

CLARK, B. R.: Development of the Sociology of Higher Education. In: Sociology of Education 46 (1973), S. 2–14.

CLOETTA, B.: Einstellungsänderung durch die Hochschule. Stuttgart, Klett 1975.

DAHLGREN, L. O.: Conceptions of reality – a study of changes in university students. In: R. & D. for Higher Education (1978), Nr. 7, S. 1–7.

DAHLGREN, L. O./MARTON, F.: Investigations into the Learning and Teaching of Basic Concepts in Economics. In: BONBOIR, A. (Hrsg.): Instructional Design in Higher Education (Proceedings 2nd Congress EARDHE). Louvain-la-Neuve o.J. (1976), S. 171–193.
DAMMANN, B.: Hochschuldidaktik und Sozialisationsforschung. In: BARGEL u.a. (1975).
DANN, H.-D. u.a.: Ist Umwelt meßbar? Ein Versuch zur Erfassung von Ausbildungsbedingungen für den innovativen Lehrer. In: WALTER III (1975), S. 1–36.
DELSAUT, Y.: Les opinions politiques dans le système des attitudes: les étudiants en lettres et la politique. In: Rev. franç Sociol. 11 (1970), S. 45–64.
DÖRNER, K.: Die Hochschulpsychiatrie – Sozialpsychiatrischer Beitrag zur Hochschulforschung. Stand und Kritik. Stuttgart 1967.
DRAGASTIN, S. E./ELDER, G. H.: Adolescence in the life Cycle. New York etc., J. Wiley 1975.
EISENBERG, G.: Der „neue Student" und die alternde Linke. In: Politikon Nr. 53 (1976), S. 10–18.
ENTWISTLE, N. J.: Approaches to Teaching and Learning. Guidelines from Research. In: ENTWISTLE N. J. (Hrsg.): Strategies for Research and Development in Higher Education. Amsterdam, Swets & Zeitlinger 1976, S. 9–26.
ENTWISTLE, N. J./PERCY, K.: Critical thinking or conformity? An investigation of the aims and outcomes of higher education. In: Research into Higher Education 1973. London, Soc. for Res. into Higher Ed. 1973, S. 1–30.
ENTWISTLE, N. J./WILSON, D. J.: Degrees of Excellence. The Academic Achievement Game. London, Hodder & Stoughton 1977.
ENTWISTLE, N. J./THOMPSON, J. B./WILSON, J. D.: Motivation and study habits. In: Higher Education 3 (1974), S. 379–396.
ERIKSON, E. H.: Identity. Youth and Crisis. New York, Norton 1968.
ETZIONI, A.: Soziologie der Organisation. München 1967.
FELDMAN, K. A.: Some theoretical approaches to the Study of change and Ability of College Students. In: Rev. of Educ. Research 42 (1972a), S. 1–26.
FELDMAN, K. A.: Difficulties in Measuring and Interpreting Change and Stability During College. In: FELDMAN (Hrsg.), 1972 (b), S. 127–142.
FISCHER, L.: Die Produktion von Kopfarbeitern. Spätkapitalistische Bildungspolitik am Beispiel des schwedischen Hochschulwesens. Berlin, Verlag für das Studium der Arbeiterbewegung 1974.
Forschungsgruppe Hochschulkapazität: Organisation der Hochschule und des Studiums. Pullach: Verlag Dokumentation 1973 (HiS-Brief 36).
FRAMHEIN, G.: Außerfachliche Bildungsziele der Universität als Gegenstand der Sozialisationsforschung. In: BARGEL u.a. (Hrsg.), 1975, S. 154–166.
FRASE, L. T./ANDERSON, R. C./BIDDLE, W. B.: Lernen aus Lehrtexten. Düsseldorf, Schwann 1977.
FRECH, H. W.: Die Fachsozialisation als Bestimmungsfaktor des Handlungsspielraums von Lehrern. In: HERZ/FALTIN (Hrsg.), II, S. 103–120.
FRECH, H. W.: Berufsvorbereitung und Fachsozialisation von Gymnasiallehrern. Berlin 1976 (Studien und Berichte des Max-Planck-Instituts für Bildungsforschung, Bd. 34A).
FREUDENREICH, D./WAGNER, A.: Erfahrungen mit einem gruppendynamischen Modell an einer pädagogischen Hochschule. In: Gruppendynamik 5 (1974), S. 39–50, bes. S. 41ff.
FUCHS, W.: Der Weg nach unten. Revolte gegen ein Leben als Akademiker. In: päd. extra 1977, H. 8, S. 44–49.
GALPERIN, Untersuchungen über die Bildung geistiger Operationen. In: HIEBSCH, H. (Hrsg.): Ergebnisse sowjetischer Psychologie. Stuttgart, Klett 1969, S. 367–405.
GEULEN, D.: Thesen zur Metatheorie der Sozialisation. In: WALTER, H. (Hrsg.), Bd. I (1973), S. 85–101.
GEULEN, D.: Bemerkungen zum Verhältnis von Sozialisationsforschung und Erziehungswissenschaft. In: Neue Sammlung 14 (1974), S. 417–426.
GEULEN, D.: Konzeptionelle Probleme der Erfassung von Sozialisationsprozessen im Hochschulbereich. In: BARGEL u.a. (Hrsg.), 1975, S. 83–95.
GEULEN, D.: Das vergesellschaftete Subjekt. Frankfurt, Suhrkamp 1977.
GOLDMAN, L./EBBERT, A.: The fate of medical student liberalism: a prediction. In: Journal of Medical Education 48 (1973), S. 1095–1103.
GORZ, A.: Technische Intelligenz und kapitalistische Arbeitsteilung. In: GORZ, A. (Hrsg.): Schule und Fabrik. Berlin 1972 (Internationale Marxistische Diskussion 30).
GUATTARI, F.: Psychotherapie, Politik und die Aufgabe der institutionellen Analyse. Frankfurt, Suhrkamp 1976.
HABERMAS, J./FRIEDEBURG, L. v./OEHLER, Chr./WELTZ, F.: Student und Politik. Neuwied [2]1967.
HABERMAS, J.: Moral-Entwicklung und Ich-Identität. In: Ders.: Rekonstruktion des Historischen Materialismus. Frankfurt, Suhrkamp 1976, S. 63–91.
HALSEY, A. H./TROW, M.: The British Academics. London, Faber & Faber 1971.
HÄNDLE, Chr.: Berufliche Sozialisation von Lehrerstudenten. Hamburg, AHD 1978 (Hochschuldid. Materialien 68).
HÄSING, H./STUBENRAUCH, H./ZIEHE, Th. (Hrsg.): Narziß – ein neuer Sozialisationstypus?. päd. extra Buchverlag 1978.
HERZ, O./FALTIN, G. (Hrsg.): Berufsforschung und Hochschuldidaktik. 2 Bde. Hamburg, AHD 1974 (Blickpunkt Hochschuldidaktik 33, 34).
HERZ, O. (Hrsg.): Praxisbezug im Studium. Hamburg 1975 (Blickpunkt Hochschuldidaktik 35).
HERZLICH, C.: Die soziale Vorstellung. In: MOSCOVICI (Hrsg.), 1975.
HOCHBAUM, J.: Structure and Process in Higher Education. In: FELDMAN (1972), S. 5–15.
HOHENADEL, D.: Ansätze zu einer hochschuldidaktischen Theoriebildung. Teil A. Konstanz 1971 (Monographien zur Hochschuldidaktik III).
HUBER, L.: Hochschule als „Umwelt". In: BARGEL u.a. (1975), S. 118–135.
HURRELMANN, K.: Ansätze zu einer Theorie gesellschaftlich organisierter Sozialisation. In: Ders. (Hrsg.): Soziologie der Erziehung. Weinheim, Beltz 1974.
HURRELMANN, K. (Hrsg.): Sozialisation und Lebenslauf. Reinbek, rororo studium 1976.
HURRELMANN, K. (Hrsg.): Soziologie der Erziehung. Weinheim 1974.
Infratest Sozialforschung (INFAS): Hochschulbarometer. Befragung von Studierenden im Wintersemester 1973/74. Zusammenfassung wichtiger Ergebnisse. München 1974 (im Auftrag des BMBW).
IPSEN, D.: Aspekte der Desorganisation an westdeutschen Hochschulen. In: Ders./PORTELE, G.: Organisation von Forschung und Lehre an westdeutschen Hochschulen. München, Verlag Dokumentation 1976 (Hochschulplanung 22), S. 1–152.
JACOB, P. E.: Changing Values in College: An exploratory Study of the Impact of College Teaching. New York, Harper 1957.
JAIDE, W.: Jugend und Demokratie. München, Juventa 1970.

JENCKS, Ch./RIESMAN, D.: The Academic Revolution. New York, Doubleday 1968 (1969 Anchor Books).
JENNE, M./KRÜGER, M./MÜLLER-PLANTENBERG, U.: Student im Studium. Stuttgart, Klett 1969 (Texte und Dokumente zur Bildungsforschung).
KAGAN, J.: The Three Faces of Continuity in Human Development. In: GOSLIN, D. A. (Hrsg.): Handbook of Socialization Theory and Research. Chicago, Rand McNally 1969, S. 983–1002.
KAMINSKI, G.: Studieren als Handeln und als Trauern. In: Psychol. Beiträge 16 (1974), S. 310–337.
KAMPER, D. (Hrsg.): Sozialisationstheorie. Freiburg, Herder 1974.
KATH, G./OEHLER, Chr./REICHWEIN, R.: Studienweg und Studienerfolg. Berlin 1966. Institut für Bildungsforschung in der Max-Planck-Gesellschaft (Studien und Berichte 6).
KAUPEN, W.: Die Hüter von Recht und Ordnung. Die soziale Herkunft, Erziehung und Ausbildung der deutschen Juristen – Eine soziologische Analyse. Neuwied/Berlin 1969.
KENISTON, K.: Radicals and militants. London, Lexington Books (Heath) 1973, S. 219ff.
KEIL, W./PIONTKOWSKI, U.: Strukturen und Prozesse im Hochschulunterricht. Weinheim, Beltz 1973.
KLEEMANN, S.: Ursachen u. Formen der amerik. Studentenopposition. Frankfurt 1971.
KLÖCKNER, B.: Unter lauter Männern. In: Kursbuch 47 („Frauen") (1977), S. 27–45.
KLÜVER, J.: Wissenschaftsdidaktik als Wissenschaftskritik. Am Beispiel Naturwissenschaften. Hamburg, AHD 1979 (Blickpunkt Hochschuldidaktik 53).
KOCH, J.-J.: Lehrer – Studium und Beruf. Ulm, Süddeutsche Verlagsges. 1972.
KOHLBERG, L.: Zur kognitiven Entwicklung des Kindes. Frankfurt, Suhrkamp 1974.
KOHLI, M.: Studium und berufliche Laufbahn. Über den Zusammenhang von Berufswahl und beruflicher Sozialisation. Stuttgart, Enke 1973.
KORT, U.: Akademische Bürokratie. Eine empirische Untersuchung über den Einfluß von Organisationsstrukturen auf Konflikte an westdeutschen Hochschulen. München: Verlag Dokumentation 1976 (Hochschulplanung 23).
KOSIK, K.: Dialektik des Konkreten. Frankfurt, Suhrkamp 1967.
KOSSAKOWSKI, A./OTTO, K. (Hrsg.): Psychologische Untersuchungen zur Entwicklung sozialistischer Persönlichkeiten. Berlin (Ost), Volk und Wissen 1971.
KOSSAKOWSKI, A. u.a. (Hrsg.): Psychologische Grundlagen der Persönlichkeitsentwicklung im pädagogischen Prozeß. Köln, Pahl-Rugenstein 1977.
KÖSTLIN-GLOGER, G.: Sozialisation und kognitive Stile. Weinheim, Beltz 1974.
KRAMER, K.: Orientierungsprobleme und Erfolgsbeeinträchtigung bei Studierenden. Teil C: Analyse der Studienprobleme von Abbruchgefährdeten, Fachwechslern und Langzeitstudierenden. Saarbrücken, Universität 1977 (Saarbrücker Studien zur Hochschulentwicklung 22).
KRAUSHAAR, W.: Student und Politik. Eine ausgewählte und kommentierte Bibliographie unter bes. Berücksichtigung sozialpsychologischer Aspekte. Hamburg, AHD 1979 (Hochschuldid. Materialien 69).
KRÜGER, H./MÜLLER, W.: Studenten des zweiten Bildungsweges: Studium zwischen zwei Berufsphasen. Hamburg, AHD 1978 (Hochschuldidaktische Materialien 64).
LAGA, G.: Zweiter Bildungsweg und Studentenschaft. Eine empirische Untersuchung zu Einstellungen und Strukturen bei Hamburger Studenten. Diss. Hamburg 1972.
LEMPERT, W.: Arbeit und Bildung zwischen Bürokratie und Demokratie. Zu Rudolf Bahro: Die Alternative. In: Neue Sammlung 18 (1978), S. 452–472.
LUCKMANN, Th./SPRONDEL (Hrsg.): Berufssoziologie. Köln 1972.
LÜSCHER, K.: Der Prozeß der beruflichen Sozialisation. Stuttgart, Enke 1968.
LUTZ, B. u.a.: Überlegungen zum Problem des „Bedarfs" an hochqualifizierten Arbeitskräften und seiner Prognose. Hannover, Hochschulinformationssystem 1970 (HiS-Brief 10).
LUTZ, B./KRINGS, I.: Überlegungen zur sozioökonomischen Rolle akademischer Qualifikation. Pullach, Verlag Dokumentation 1971 (HiS-Brief 18).
MARTON, F.: On non-verbatim learning. I: Level of Processing and Level of Outcome; II: The Erosion Effect of a Task-induced Learning Algorithm. Göteborg 1975 (Reports from the Institute of Education, University of Göteborg, Nr. 39, 40).
MAYNTZ, R. (Hrsg.): Soziologen im Studium. Eine Untersuchung fachspezif. Einstellungen bei Studenten. Stuttgart 1970.
MERTON, R. K.: Social Theory and Social Structure. Glencoe ²1957.
METZ-GOECKEL, S.: Theorie und Praxis der Hochschuldidaktik. Frankfurt, Campus 1975.
MEYER, J. W.: The Effects of the Institutionalization of Colleges in Society. In: FELDMAN (1972), S. 109–126.
MORSCH/NEEF/SCHOEMBS/WAGEMANN: Ingenieure. Studium und Berufssituation. Frankfurt, Akademische Verlagsgesellschaft 1974.
MOSCOVICI, S. (Hrsg.): Forschungsgebiete der Sozialpsychologie 1. Frankfurt/M., Fischer-Athenäum 1975.
MÜLLER, W.: Qualifikationsentwicklung als Herrschaftstechnik. Hamburg, AHD o.J. (1974). (Hochschuldidaktische Forschungsberichte 1).
MÜLLER, W.: Berufliche Qualifikation als Ziel wissenschaftlicher Ausbildung. Hamburg 1979. (Hochschuldid. Stichworte, hrsg. vom IZHD der Universität Hamburg, H. 16).
MÜLLER-FOHRBRODT, G.: Wie sind Lehrer wirklich? Ideale – Vorurteile – Fakten. Stuttgart, Klett 1973.
MÜLLER-FOHRBRODT, G./CLOETTA, B.: Zur Bedeutung von Einstellungsuntersuchungen für die Sozialisationsforschung im Bereich der Hochschule. In: BARGEL u.a. (1975), S. 196–205.
MÜLLER-FOHRBRODT, G./CLOETTA, B./DANN, H.-D.: Der Praxisschock bei jungen Lehrern. Stuttgart, Klett 1978.
NEEF, W./SCHOEMBS, H./WAGEMANN, C. H.: Fünf Thesen zum Thema Hochschulsozialisation. In: BARGEL u.a. (1975), S. 136–148.
NEIDHARDT, F.: Studenten im internationalen Wohnheim. Gruppendynamik und Sozialisation. Tübingen, Mohr 1963.
NEIDHARDT, F.: Randgruppen der Universität. Zur Soziologie der Studenten. In: NEUMANN, J. (Hrsg.): Wissenschaft an der Universität heute. Festschrift 500 Jahre Eberhard-Karls-Universität Tübingen. Tübingen, Attempto-Verlag 1977, S. 335–364.
NEWCOMB, Th. M.: Student Peer-Group Influence. In: SANFORD (Hrsg.), 1962, S. 469–488.
NEWCOMB, Th. M. u.a.: Persistence & Change. N.Y., Wiley 1967.
NEWCOMB, Th. M./WILSON, E. K. (Hrsg.): College Peer Groups. Chicago 1966.
NOACK, H.: Zum Verhältnis von Sozialisations- und Arbeitsprozessen in der Medizin. In: BARGEL u.a. (1975), S. 246–259.

OEHLER, C. u.a.: Studienplanung und Organisation der Lehre. Ergebnisse einer empirischen Untersuchung in den Hochschulregionen Frankfurt und Darmstadt. München, Verlag Dokumentation 1976 (Hochschulplanung 25).

OFFE, C.: Bildungssystem, Beschäftigungssystem und Bildungspolitik – Ansätze zu einer gesamtgesellschaftlichen Funktionsbestimmung des Bildungswesens. In: Dt. Bildungsrat (Hrsg.): Bildungsforschung. Teil 1. Stuttgart, Klett 1975 (Gutachten und Studien der Bildungskommission 50), S. 215–252.

OLESON, V. L./WHITTAKER, E. W.: The silent dialogue. A study in the social psychology of professional socialization. San Franciso, Jossey-Bass 1968.

ORTMANN, H./MÜLLER, B./FUCHS, W.: Universitärer Alltag. Lernen, Lehren und Leben an der Hochschule. Gießen, Focus Verlag 1977.

OTTOMEYER, K.: Politische Ökonomie und Verhalten. Erlangen, Politladen 1974.

OTTOMEYER, K.: Interaktion und Selbstbewußtsein im Konzept gegenständlicher Tätigkeiten. In: BRAUN, K. H./HOLZKAMP, K. (Hrsg.): Kritische Psychologie (Kongreßbericht). 2 Bde. Köln, Pahl-Rugenstein 1977, II, S. 23–28.

PACE, C. R.: College and University Environment Scales (CUES). Princeton/N.J., Educational Testing Service [2]1972.

PARSONS, T./PLATT, G. M.: Alter, Sozialstruktur und Sozialisation in der Studienphase. In: HURRELMANN, K. (Hrsg.), 1976, S. 186–202.

PIONTKOWSKI, U.: Sozialisation in akademischen Institutionen. In: BREUER u.a. (1975), S. 195–284.

PORTELE, G.: Lernen und Motivation. Ansätze zu einer Theorie intrinsisch motivierten Lernens. Weinheim 1974.

PORTELE, G.: Sozialisation in der Hochschule – Vorschläge für ein Forschungsprogramm und einige fallspezifische Ergebnisse. In: BARGEL u.a. (Hrsg.), 1975, S. 96–110.

PORTELE, G.: Organisation von Lehrveranstaltungen und Lernmotivation. In: IPSEN/Ders.: Organisation von Forschung und Lehre an westdeutschen Hochschulen. München, Verlag Dokumentation 1976, S. 153–285 (Hochschulplanung 22).

PORTELE, G.: Organisationsstruktur von Hochschulen und Entwicklung moralischer, kognitiver und motivationaler Orientierungen bei Studenten. Mannheim 1977 (hektogr. Ms.).

PORTELE, G.: Identität und Moral. Interviews mit Studenten der einphasigen Juristenausbildung. Hamburg 1979 (hektogr. Ms.).

PRESCH, G./GLOY, K./HAEBERLIN, U.: Sprachgewohnheiten von Akademikern. In: Zeitschr. f. Päd. 19 (1973), S. 987–999.

PREUSS, U. K.: Bildung und Herrschaft. Frankfurt, Fischer 1975.

REISS, V.: Fachspezifische Sozialisation in der Ausbildung von Gymnasiallehrern mit naturwissenschaftlichen Unterrichtsfächern. In: Neue Sammlung 15 (1975a), S. 298–314.

REISS, V.: Die theoretischen Naturwissenschaften als Sozialisationsumwelt für Studenten. In: BARGEL u.a. (1975b), S. 214–229.

REISS, V.: Zur theoretischen Einordnung von Sozialisationsphänomenen im Mathematikunterricht. In: ZfP 25 (1979), S. 275–289.

REISS, V./SCHULMEISTER, R.: Sozialisation in der Hochschule. In: IZHD Hamburg (Hrsg.): Hochschuldidaktische Stichworte 4. Hamburg 1973.

RIES, H.: Soziale Struktur des Bildungssystems und Sozialisation von Talenten. Stuttgart 1971.

ROSENMAYR, L.: Fragmente zu einer sozialwissenschaftlichen Theorie der Lebensalter. In: Ders. (Hrsg.): Die menschlichen Lebensalter. München 1978, S. 428–457.

RUMPF, H.: Alltägliche Hochschule. Über die szenisch vermittelte Lähmung von Subjekten. In: HORN, K. (Hrsg.): Kritik der Hochschuldidaktik. Frankfurt, Syndikat 1978, S. 31–79.

RUMPF, H.: Inoffizielle Weltversionen. Über die subjektive Bedeutung von Lehrinhalten. In: ZfP 25 (1979), S. 209–230.

SANDBERGER, J. U./LIND, G.: The Outcomes of University Education: Some empirical findings on aims and expectations in the Federal Republic of Germany. In: Higher Education 8 (1979), S. 179–203.

SATERDAG, H./APENBURG, E.: Orientierungsprobleme und Erfolgsbeeinträchtigung bei Studierenden. Saarbrücken 1972 (Saarbrücker Studien zur Hochschulentwicklung 14).

SCHAFF, A.: Marxismus und das menschliche Individuum. Reinbek: Rowohlt 1970 (rde).

SCHEER, J. W./ZENZ, H.: Studenten in der Prüfung. Frankfurt, Aspekte Verlag 1973.

SCHREINER, G.: Schule als sozialer Erfahrungsraum. Frankfurt, Fischer Athenäum 1973.

SCHÜLEIN, J. A.: Selbstbetroffenheit. Über Aneignung und Vermittlung sozialwissenschaftlicher Kompetenz. Frankfurt, Syndikat 1977 (a).

SCHÜLEIN, J. A.: Von der Studentenrevolte zur Tendenzwende oder der Rückzug ins Private. Eine sozialpsychologische Analyse. In: Kursbuch 48 (1977b), S. 101–119.

SCHÜTTE, W.: Sozialisation im juristischen Studium. Vorarbeiten. Hamburg, AHD 1975 (Hochschuldid. Materialien 51).

SCHÜTTE, W.: Zur Vermittlung juristischer Weltbilder im Studium. Hamburg 1979 (hektogr. Ms.).

SÈVE, L.: Marxismus und Theorie der Persönlichkeit. Frankfurt, Verlag Marxistische Blätter 1973.

SNYDER, B. R.: The Hidden Curriculum. New York, Knopf 1971.

SOMMERKORN, I.: Education and Student Residence. MIT's Undergraduate Residential Program Re-considered. Cambridge (Mass.) (Educ. Research Center) 1971 (hektogr. Ms.).

Sowjetische Beiträge zur Hochschulpädagogik. In deutscher Übersetzung hrsg. von H. LEHMANN u.a. Berlin (Ost), Volk und Wissen 1976.

SPERLING, E./JAHNKE, J. (Hrsg.): Zwischen Apathie und Protest. Bd. I: Studentenprobleme und Behandlungskonzepte; Bd. II: Empirische Studien zur psychosozialen Situation der Studenten. Bern 1974.

STEINERT, H.: Die Strategien des sozialen Handelns. München, Juventa 1972.

STERN, G. G.: People in context. New York, Wiley 1970.

STIMPEL, H. M.: Schüler, Lehrerstudenten und Politik. Ein internationaler Vergleich. Teil I. Göttingen 1970.

TEICHLER, U.: Struktur des Hochschulwesens und „Bedarf" an sozialer Ungleichheit. In: Mitteilungen aus der Arbeitsmarkt- und Berufsforschung (1974), H. 3, S. 197ff.

TERHART, E.: Zur Wechselwirkung von Schülermerkmalen und Unterrichtsbedingungen. In: Die Deutsche Schule 71 (1979a), S. 285–296.

TERHART, E.: Ethnographische Schulforschung in den USA. Ein Literaturbericht. In: ZfP 25 (1979b), S. 291–306.

TRENT, J. W./COHEN, A. M.: Research on Teaching on Higher Education. In: TRAVERS, R. M. W. (Hrsg.): Second Handbook of Research on Teaching. Chicago, Rand McNally 1973, S. 997–1071.

TRENT, J. W./MEDSKER, L. L.: Beyond high school: a

psychological study of 10000 high school graduates. San Francisco, Jossey-Bass 1968.

TROW, M. (Hrsg.): Teachers and students: Aspects of American higher education. New York, McGraw Hill 1975 (Carnegie Commission on Higher Education).

VÄTH-SZUSDZIARA, R.: Schule: Reproduktion der Leistungsideologie. In: päd. extra (1976), H. 10, S. 17–32.

VESTER, M.: Über Kooperationsformen an Universitäten. Akademismus und neue Lernformen – Neuer Wein in alten Schläuchen?. In: Politikon Nr. 43, 1974, S. 17–26.

WAGNER, W.: Uni-Angst und Uni-Bluff. Berlin, Rotbuch 1977.

WALSH, W. B.: Theorie of person-environment interaction: Implications for the college student. Iowa City, American College Testing Program 1973.

WALTER, H.: Einleitung oder auf der Suche nach einem sozialisationstheoretischen Konzept. In: WALTER (Hrsg.), Bd. I (1973), S. 13–65.

WALTER, H.: Amerikanische College-Forschung: Einige Trends und Schlußfolgerungen. In: BARGEL u.a. (Hrsg.), 1975, S. 111–117.

WANKOWSKI, J. A.: Temperament, Motivation and Academic Achievement. Birmingham, University of Birmingham Educational Survey 1973.

WANKOWSKI, J. A.: Academic Degrees and Personality of Students in one British University. In: VERRECK, W. (Hrsg.): Methodological Problems in Research and Development in Higher Education. Amsterdam, Swets & Zeitlinger 1974, S. 352–382.

WILCKE, B.-A.: Studienmotivation und Studienverhalten. Göttingen 1976.

WILDENMANN, R./KAASE, M.: Die unruhige Generation. Universität Mannheim: Institut für Politische Wissenschaft 1969 (zit. nach JAIDE).

WÖLLER, F.: Psychische Störungen bei Studenten und ihre sozialen Ursachen. Weinheim, Beltz 1978.

WURZBACHER, G.: Sozialisation – Enkulturation – Personalisation. In: WURZBACHER, G. (Hrsg.): Der Mensch als soziales und personales Wesen. Stuttgart, Enke, Bd. I (1963), S. 1–33.

Zentrum I Bildungsforschung an der Universität Konstanz: Sozialisation in Bildungsinstitutionen. In: Zeitschrift für Pädagogik 19 (1973), S. 849–855.

ZIOLKO, H.-U. (Hrsg.): Psychische Störungen bei Studenten. Stuttgart, Enke 1969.

Sozialisation durch sozialpädagogische Institutionen

Lothar Böhnisch und Werner Schefold

Vorbemerkung

Anders als die Erforschung der Sozialisation in Segmenten oder analytisch erschließbaren Dimensionen des Handelns (politische, moralische, kognitive Sozialisation usw.), die auf der Abstraktion der sozialisierten Person von ihrem konkret historischen und lebensgeschichtlichen Kontext beruht, muß sich die Erforschung der Sozialisation durch *Institutionen* mit dem Problem der Geschichtlichkeit der Institutionen selbst auseinandersetzen. Sozialisationsbezogene Institutionenforschung hat die Konstitution ihres Forschungsfeldes durch Paradigmen, Theorien, Methoden und schließlich durch die Akkumulation von Ergebnissen an dem historischen Wandel der Institutionen selbst zu überprüfen. Sozialisationsbezogene Institutionenforschung ist damit auch Sozialhistoriographie. Insbesondere *sozialpädagogische* Institutionen haben sich darüber hinaus einer kontinuierlichen, konsistenten Bearbeitung im Rahmen eines wissenschaftlich konstituierten Arbeitszusammenhangs weitgehend entzogen. Sie weisen ein Maß von Unterschiedlichkeit durch gesetzte Arbeits- und Organisationsformen wie durch internen Strukturwandel selbst auf, daß die für die Entfaltung eines Forschungsfeldes notwendige Konsistenz und Kontinuität des Gegenstandes nicht gegeben ist.

Sozialpädagogische Institutionen sind zudem weder von ihrer Geschichte noch von ihrer gegenwärtigen gesellschaftlichen Funktion her gesehen genuin Institutionen, die Sozialisationsprozesse organisieren. Von daher ist die an diesen Institutionen orientierte pädagogische Forschung, abgesehen von den erwähnten methodologischen Schwierigkeiten, auch in ihren Inhalten nicht Sozialisationsforschung. Daher wird in diesem Beitrag auch nicht von den Leistungen und Versäumnissen eines als Sozialisationsforschung konstituierten Arbeitszusammenhangs zu berichten sein. Vielmehr sollen in einer Reflexion über die Arbeit sozialpädagogischer Institutionen und über die sozialpädagogische Literatur die gesellschaftliche Entwicklung der Sozialpädagogik unter der Perspektive ihrer Bezüge zur Sozialisation von Kindern und Jugendlichen dargestellt und unterschiedliche Bezüge gegenwärtiger Arbeitsfelder zum individuellen wie gesellschaftlich organisierten Sozialisationsprozeß deutlich gemacht werden. Darauf folgend soll die sozialpädagogische Forschung unter der Perspektive ihrer expliziten und immanenten Sozialisationsbezüge thematisiert werden. Schließlich sollen Zugänge zur Erforschung der Sozialisation von Kindern und Jugendlichen aufgezeigt werden, wie sie sich einer auf Erfahrungen sozialpädagogischer Praxis begründeten Reflexion erschließen.

1 Sozialpädagogische Institutionen – eine historische Rekonstruktion

Sozialpädagogische Institutionen – wie sie hier auf Institutionen der Jugendhilfe (im folgenden: Erziehungshilfe, Heimerziehung, Erziehungs- und Jugendberatung, Jugendarbeit und Schulsozialarbeit) eingegrenzt werden – werden heute den Institutionen des Erziehungs- und Bildungswesens zugerechnet. Ihr gesetzlicher Auftrag (Jugendwohlfahrtsgesetz JWG) ist es, Erziehungsfunktionen ähnlich wie Familie und Schule zu erfüllen: Sowohl als originäre Erziehungsleistungen, wie sie z.B. der Jugendarbeit sektoral für den Bereich der Freizeit (politische Bildung, Freizeiterziehung) zugeschrieben werden, als auch kompensatorische Erziehungsleistungen, wie sie von der Erziehungsberatung, der öffentlichen Erziehungshilfe und der Schulsozialarbeit bei Ausfallerscheinungen und Störproblemen in den Erziehungsinstitutionen Familie und Schule erwartet werden.

Geht man von diesen Erziehungsfunktionen aus, so liegt es nahe, sozialpädagogische Institutionen wissenschaftlich aus der Sozialisationsperspektive heraus zu erschließen. Nun sind die Institutionen der Jugendhilfe aber auch anderen Funktionszusammenhängen verpflichtet, die nicht durch eine erzieherische Definition sozialpädagogischer Leistungen, sondern durch ordnungs-, sozial- und verwaltungspolitische Definitionen geprägt sind. Sozialpädagogische Institutionen werden also auch unter dem Gesichtspunkt der Bearbeitung sozialer Probleme, der Kontrolle abweichenden Verhaltens, des Ausgleichs von „Erziehungsdefiziten" und der Versorgung mit sozialen Dienstleistungen (Beratung, Freizeitangebote) definiert. Diese unterschiedlichen Funktionszuordnungen der Institutionen der Jugendhilfe machen es notwendig, eine historische Rekonstruktion ihrer Entwicklung vorzunehmen, um die verschiedenen Bestimmungsfaktoren und Funktionsanteile im Verhältnis zueinander herauszuarbeiten. Mit diesem Vorgehen kann – über deskriptive Aussagen hinaus – auch der Beitrag sozialpädagogischer Institutionen im Kontext der Sozialisation von Kindern und Jugendlichen analytisch und prognostisch bestimmt werden.

Die Institutionen der Jugendhilfe sind – ausgehend vom traditionellen Kernbereich der „Fürsorgeerziehung" – im Kontext einer historischen Entwicklung entstanden, die dadurch gekennzeichnet ist, daß der Staat im Rahmen seiner wachsenden Verpflichtung zur ordnungs- und sozialpolitischen Intervention seit der Jahrhundertwende zunehmend öffentliche Erziehungsleistungen neben der Schule organisieren mußte, um das Versagen des traditionellen bürgerlichen Erziehungssystems kompensieren und psychosoziale Desintegrationserscheinungen in den Lebensbereichen Jugendlicher steuern zu können. Die Problemdefinitionen und Handlungsspielräume dieser Institutionen waren durch das staatliche Interventionsinteresse geprägt: Befriedung und Kontrolle von abweichendem Verhalten und Auffälligkeit.

Die Jugendhilfe weist diesen kriminal- und ordnungspolitischen Charakter heute nicht mehr in dieser Ausprägung auf. Im Zuge der Ausdifferenzierung des Reproduktionsbereichs und damit auch des öffentlichen Erziehungssystems wurden ihr allgemeine Funktionen öffentlicher Erziehung und Daseinsvorsorge zugewiesen:

- Historisch ist die ordnungs- und kriminalpolitische Ausrichtung der Jugendhilfe in dem Maße zurückgegangen, als mit dem Ausbau der Bildungs- und Ausbildungspolitik, vor allem aber der sozialen Sicherheitspolitik abweichendes Verhalten Jugendlicher kein direktes gesellschaftliches Risiko mehr darstellt (Peters 1973). Die Interventionsanlässe werden zwar heute noch großteils über abweichendes Verhalten, die fachlichen Indikationen aber zunehmend über personale Problemstrukturen der betroffenen Kinder und Jugendlichen – also im weitesten Sinne „sozialisatorisch" – definiert.
- Diese Definitionsverschiebung hat ihr institutionelles Korrelat darin, daß heute abweichendes Verhalten und Auffälligkeit bei Kindern und Jugendlichen in erster Linie als Indikatoren für Erfolge oder Mißerfolge der Erziehungsträger Familie und Schule gewertet werden („mißlungene Erziehung", „Erziehungsdefizite"). An die Stelle der „Zuweisung von der Straße" (um den traditionellen Indikationsbegriff der „Verwahrlosung" in der Jugendhilfe zu illustrieren) ist zunehmend die „Zuweisung von Familie und Schule" (Indikationen „Erziehungsdefizite", „Schulversagen") getreten. Genauso wie die Sozialarbeit mit Erwachsenen bei Ausfällen im Produktionsbereich eintritt, tritt die Jugendarbeit nun bei Ausfällen oder auch schon sich anbahnenden Konflikten im Sozialisationsbe-

reich mit kompensatorischen Erziehungsleistungen in Erscheinung.

- Die zunehmende sozialstaatliche Inpflichtnahme der sozialpädagogischen Institutionen hat zur Folge, daß z.B. die Jugendhilfe über ihre traditionellen defizitären Funktionszuschreibungen hinaus immer mehr in die steigende Vergesellschaftung von Erziehung eingebunden wird und daß außerschulische öffentliche Erziehung auf alle Jugendlichen (nicht nur auf „Problemgruppen") ausgedehnt wird. Sozialpädagogische Institutionen erfahren also eine *Funktionserweiterung* im Rahmen der Ausweitung und Ausdifferenzierung des öffentlichen Erziehungssystems.
- Zu dieser Funktionserweiterung im Kontext der Entwicklung des öffentlichen Erziehungssystems kommen auch zunehmend Funktionen der „sozialen Reproduktion" (GÄRTNER/SACHSSE 1978) schulischer und betrieblicher Leistungserbringung, aber auch lokaler Verkehrsformen. So wird z.B. in Projekten der Gemeinwesenarbeit versucht, lokalen Desintegrations- und Segregationstendenzen (als Folgeprobleme einer vorwiegend an Kapitalverwertungsinteressen orientierten Stadtentwicklung) entgegenzuwirken. Ebenso sollen die Institutionen der Sozialarbeit dazu beitragen, den für die Durchsetzung sozialer Planung notwendigen support seitens der Bevölkerung durch die sozialpädagogische Organisation von Beteiligung und Mitwirkung zu schaffen und damit Konfliktpotentiale abzubauen.

Die Entwicklung sozialpädagogischer Institutionen läßt sich also vor dem Hintergrund der Verlagerung und Entfaltung der ihr *zugeordneten Probleme* rekonstruieren. Das Konzept Sozialisation ist dabei ein brauchbarer Bezugsrahmen, um über die gesellschaftlichen Problemzuweisungen hinaus die *reale* Entwicklung der Problembezüge sozialpädagogischer Institutionen thematisieren zu können. In der Tendenz äußert sich diese reale Entwicklung in der Hinwendung dieser Institutionen zu personalen Kompetenzstrukturen, wie sie im Kontext der Veränderung gesellschaftlicher Reproduktion zunehmend öffentlich abverlangt und durch die Regelinstitutionen der Erziehung und Bildung nicht mehr ausreichend erzeugt werden können. Ein so als Bezugsrahmen für eine historische Verständigung über die Sozialpädagogik gewendetes Konzept „Sozialisation" ist aber nicht mehr im Sinne gängiger Theorien der Sozialisationsforschung (Rollentheorien, Lerntheorien etc.) instrumentalisierbar. Es ist vielmehr für die Thematisierung historischer Veränderungen (z.B. auf der Ebene des Konzepts der „sozialisierten Person", des Verhältnisses von öffentlicher und privater Organisation von Sozialisation etc.) offen zu halten. Es hat hier eher die Funktion eines Paradigmas denn eines Zugangs zu partiellen Theoriestücken, mit denen Teilelemente des sozialpädagogischen Problemhorizonts in der Regel erklärbar gemacht werden sollen. Theoriediskussion und Forschung in der Jugendhilfe haben das Paradigma „Sozialisation" für eine problemorientierte Rekonstruktion sozialpädagogischer Institutionen allerdings kaum benutzt. Vielmehr ist gerade die Jugendhilfe bis heute im pädagogisch motivierten Paradigma „Eingriff versus Erziehung" verhaftet geblieben (vgl. die Diskussionen um die Jugendhilferechtsreform: BÜTTNER/JORDAN 1975). Dieser immer wieder thematisierte strukturelle Gegensatz zwischen Eingriffscharakter und Erziehungspostulat in der Jugendhilfe hat seine Wurzeln in den reformpädagogischen Initiativen für eine pädagogische Ausrichtung des Jugendamts während der Zeit der Etablierung des öffentlichen Erziehungswesens in der Weimarer Republik. Diese Konzepte zielten vor allem auf die „pädagogische Autonomie" der Jugendhilfe gegenüber staatlichen Ordnungsinteressen ab (NOHL 1927). „Erziehung" als konstitutives Element dieser autonomen Sozialpädagogik – dem „dritten Erziehungsfeld" neben Familie und Schule – sollte orientiert sein am „Wohl" der Kinder und Jugendlichen und in einem „Rechtsanspruch auf Erziehung" öffentlich gesichert werden (BÄUMER 1929).

Dieses überkommene Paradigma „Eingriff versus Erziehung" für die Erschließung sozialpädagogischer Institutionen reduziert das Verhältnis von Problem- und Interventionsstrukturen auf die Ebene institutioneller und normativer Definitionen und kann den historischen Prozeß der realen Problementwicklung öffentlicher Erziehung im Kontext der Veränderung gesellschaftlicher Reproduktion nicht erfassen.

Allerdings wird mit einer sozialisationsbezogenen Analyse nur die Veränderung der Problemstrukturen, auf die sozialpädagogische Interventionen bezogen sind, deutlich. Die „andere Seite" sozialpädagogischer Institutionen, die *Entwicklung ihres Interventionscharakters* ist auch mit einem historisch gewendeten Paradigma Sozialisation nicht hinreichend erklärbar. Zwar definieren und legitimieren die Sozialpädagogen ihr Handlungsfeld immer mehr sozialisatorisch (vgl. Mehr Chancen für die Jugend 1974, Perspektiven Bundesjugendplan 1978, Begründungen zum Referentenentwurf eines Jugendhilfegesetzes 1978, 5. Jugendbericht 1980) und auch die sozialpädagogische Professionalisierung ist heute von dieser Orientierung geleitet. Auf der anderen Seite ist aber der intendierte Zweck sozialpädagogischer Institutionen vorrangig anderen Definitionen und Funktionszuweisungen unterworfen:

- Jugendhilfeinstitutionen sollen zur Bearbeitung sozialer Probleme beitragen. Soziale Probleme sind sozialpolitische Definitionskonstrukte, die sich auf gesellschaftliche Tatbestände beziehen, in denen „abweichende" soziale Tendenzen zum Ausdruck kommen. Sie werden nach ihrem Risikocharakter in einer *politischen* Prioritätenhierarchie bewertet. Soziale Probleme werden den Institutionen der Jugendhilfe zur Bearbeitung unter dieser sozialpolitischen Perspektive zugewiesen: Die sozialisatorische Rekonstruktion muß dem Auftrag der sozialpolitischen Befriedung, Loyalitätssicherung und Risikodämpfung zugeordnet werden.
- Eine solche sozialpolitische Definition sozialpädagogischer Aufgaben begünstigt auch einen bestimmten Interventionstypus in der Jugendhilfe. Der sozialpolitische Interventionsbereich in der BRD ist vor allem als fallgruppenbezogenes Leistungs- und Versorgungssystem und nicht als sozialstrukturell ausgerichtetes Steuerungssystem organisiert (MURSWIECK 1976). Dies findet seine Entsprechung in den einzelnen sozialstaatlich vermittelten Interventionsfeldern, wie eben der Jugendhilfe und Sozialarbeit. Damit dominiert auch in der Jugendhilfe der Interventionstypus der Einzelfallhilfe, der die sozialisatorische Problemperspektive bei der Umsetzung in den Handlungsbereich von der strukturellen auf eine individuelle Komponente reduziert.
- Die damit zusammenhängende Tendenz der Sozialpolitik zur Ausbildung fester, institutionalisierter, nach individueller Anspruchssystematik geregelter Leistungssysteme mit hoher Verrechtlichung (TENNSTEDT 1976) verstärkt diese Einzelfallorientierung genau so wie die mit dieser festen Institutionalisierung verbundene Abschottung gegenüber anderen Teilsystemen des Erziehungsbereichs (vor allem der Schule). Die Beziehungen zwischen diesen Teilbereichen sind damit vor allem nach institutionellen Zuständigkeiten definiert (institutionelle Zuweisungsprozesse).
- Die Ausdifferenzierung des institutionalisierten Teilsystems Jugendhilfe, die damit verbundene Verrechtlichung und Bürokratisierung haben immer wieder zum Zwang geführt, Verwaltung und sozialpädagogisches Handeln in der Jugendhilfe zu synchronisieren. Interventionsmuster, welche in erster Linie an der Durchsetzung von Verwaltungsfunktionen orientiert sind, bestimmen den Zugang zum Jugendlichen. Ihnen sind pathologisierende Diagnose- und Behandlungsformen zugeordnet. Damit entsprechen sie auch der aktuellen Reichweite sozialpolitischer Intervention, erlauben eine tendenziell konfliktfreie Adaption der Organisationsmittel der Sozialadministration und ermöglichen auf der Interaktionsebene die Zuordnung von einzelfallorientierten Methoden und Interventionstechniken. Die Etablierung einer sozialisatorischen Problemperspektive im Bereich der Jugendhilfe hat also auf der einen Seite zur Erweiterung ihres Erkenntnis- und Handlungsspektrums geführt, ihre politischen und strukturellen Interventionsmöglichkeiten aber erheblich reduziert.

Richtung und Struktur dieser unterschiedlichen Definitionsmuster sozialpädagogischen Handelns machen somit den problematischen Kontext deutlich, mit dem sich Versuche einer sozialisatorischen Erschließung sozialpädagogischer Institutionen auseinandersetzen müssen. Es soll im folgenden versucht werden, auf verschiedenen Ebenen (legitimatorisch, institutionell, professionell, methodisch) Zugänge sozialpädagogischer Institutionen zur Sozialisationsthematik zu rekonstruieren.

2 Zum Sozialisationsbezug sozialpädagogischer Institutionen

Mit der historischen Rekonstruktion ihrer Funktionsentwicklung ist allerdings nur der allgemeine Kontext zu bestimmen, in dem sozialpädagogische Institutionen im Erziehungs- und Bildungsbereich verortet sind. Wie sie aber ihren Zugang zu Sozialisation aktuell gestalten, d.h. in welcher Art und Weise sie sozialisationsbezogene Leistungen in diesem widersprüchlichen Funktionszusammenhang organisieren können, hängt darüber hinaus davon ab, welches spezifische Selbstverständnis und welche eigenständigen Handlungsmöglichkeiten im Verhältnis zu anderen Erziehungsinstitutionen sie auszubilden in der Lage sind. Die aktuelle Vielfalt sozialpädagogischer Aktivitäten spiegelt somit nicht nur die Funktionsentwicklung der Sozialpädagogik, sondern auch die sozialpädagogischen Strategien wider, sich legitimatorisch, professionell und methodisch in einem System ambivalenter Funktionszuweisungen zu stabilisieren.

In diesem Bezugssystem sind also die Versuche dieser Institutionen zu gewichten, sozialisationsbezogene Leistungen zu organisieren. Diese Leistungen sind entweder lebensalterspezifisch (z.B. Kindergarten), nach Verhaltensbereichen (z.B. Jugendarbeit als vorwiegend sozialer und politischer Lernort) oder nach „Problemgruppen" (z.B. Jugendhilfe/Sozialarbeit als kompensatorische Lernarrangements für „erziehungsschwierige", „verhaltensauffällige", „lernschwache", „berufsunreife" Jugendliche) abgegrenzt. Gerade den „Problemgruppen" zugeordneten erzieherischen Leistungen liegt die Arbeitshypothese zugrunde, daß ein alternatives Handeln des „Klienten" zur Lösung der Probleme, die Ausgangspunkt für die sozialpädagogische Intervention sind, sinnvoll ist und die Problemlösung durch die Intervention zumindest befördert werden kann. Ohne diese von den Institutionen legitimatorisch in Anspruch genommene, professionell ausgestaltete und methodisch vielfältig umgesetzte Interventionshypothese müßte ein Großteil der sozialpädagogischen Institutionen eine Funktionszuschreibung akzeptieren, die entweder als schlichte Repression devianter Handlungsweisen oder lediglich als Versorgungs- und Unterhaltsleistung zur materiellen Stützung von Lebenslagen definiert wäre. Die sozialpädagogischen Institutionen der Jugendhilfe legitimieren sogar – vor allem im Zuge einer ausgedehnten sozialpädagogisch orientierten Professionalisierung – auch die Funktionen, die heute noch überwiegend oder eindeutig repressiv einzustufen sind, lediglich als Kontext ihrer „erzieherischen" Maßnahmen. Dieser ideologische Bezug wird insbesondere im Jugendstrafvollzug deutlich (vgl. KERSTEN/VON WOLFFERSDORFF-EHLERT 1979).

In diesen Legitimationsversuchen werden die Diskrepanzen zwischen historisch zugewiesener sozialpolitischer Funktion und alltäglich-pädagogischem Professionsverständnis genau so deutlich wie die Strategien, diese Problematik in den sozialpädagogischen Handlungssystemen zu überformen. Denn die Institutionen der Jugendhilfe haben diesen übergreifenden sozialpolitischen Funktionskontext in ihrem Interventionsverständnis zugunsten einer zunehmend pädagogischen Professionalisierung bei sukzessivem Verzicht auf gesellschaftspolitische Perspektiven zurückgedrängt. Diese in einem zunehmend sozialisatorisch begründeten Definitionszusammenhang verankerte Professionalisierung – als bewußtes Agieren von Sozialpädagogen im Rahmen regelhafter Verfahren – hat in der „helfenden Beziehung" zwischen Sozialarbeiter und Klient ihr handlungsbezogenes Korrelat und entfaltet sich in einem vielseitigen Repertoire von Methoden, um diese Beziehung für Lern- und Erfahrungsprozesse zu nützen. Die klassische Methodentriade der Einzelfallhilfe (casework), sozialen Gruppenarbeit und Gemeinwesenarbeit (FRIEDLÄNDER/PFAFFENBERGER 1969, LUKAS u.a. 1977, HOLLSTEIN/MEINHOLD 1975) – ist in eine Vielzahl von Verfahren differenziert worden, welche die Entwicklung didaktischer und therapeutischer Techniken in den letzten Jahren widerspiegeln (GEISSLER/HEGE 1978). Dabei haben sich allerdings sehr unterschiedliche Konzepte und Verfahren entwickelt: Interaktionsbeziehungen zwischen Sozialpädagogen und Klienten, welche den Lernprozeß dem einzelnen zuordnen ebenso wie Handlungsabläufe, die der Mobilisierung von Gruppen in konkreten sozialen Lebenszusammenhangen dienen, Klientenbilder, welche das Subjekt ausdrücklich auf das Lernen partieller Fähigkeiten und Fertigkeiten für fixe Rollen beschränken (Verhaltensmodifikation) wie Klientenbilder, die soziale und politische Erfahrung zum Zweck aktiv-aggressiver Auseinandersetzung mit Lebensverhältnissen freimachen wollen; Methoden, die schulischen Lerntechnologien ähnlich sind wie Methoden, die Erfahrung im Alltag fördern wollen. Sozialpädagogik findet statt sowohl in artifiziellen Arrangements wie z.B. therapeutisch ausgeklügelten Heimen, aber auch in der Umwelt einer Clique, die sich in einer Kneipe trifft und von einem „street-worker" zum Arbeitsbezug genommen wird.

Diese Ausdifferenzierung, Spezialisierung und Pluralisierung der sozialpädagogischen Interventionsverfahren gerade auf professioneller Ebene kann aber zwei Schlüsselprobleme sozialpädagogischer Institutionen nicht verdecken. Sie werden im Gegenteil bei sozial brisanten Problementwicklungen (Kriminalität, Schulversagen, Jugendarbeitslosigkeit) eher akzentuiert:

- die verschiedenen Konzepte und Verfahren sozialpädagogischer Intervention widersprechen sich und konkurrieren aufgrund der unterschiedlichen politischen und administrativen Problemzuschreibungen, die ihnen zugrundeliegen;
- die sozialisatorisch orientierte Problemerschließung des Sozialarbeiters wird in der sozialadministrativen Maßnahme meist überformt oder nach administrativen Eingriffsprinzipien funktionalisiert.

Wie vor diesem institutionellen Hintergrund die Sozialisationsbezüge sozialpädagogischer Institutionen aussehen, soll im folgenden am Beispiel der öffentlichen Erziehungshilfe (Heimerziehung), der Erziehungsberatung, der Jugendarbeit und der Schulsozialarbeit dargestellt werden. Diese Interventionsbereiche werden deshalb ausgewählt, weil sie jeweils signifikant unterschiedliche Verortungen sozialpädagogischer Institutionen im Erziehungs- und Bildungsbereich darstellen.

2.1 *Sozialpädagogik als Heimerziehung*

Anders als bei den übrigen sozialpädagogischen Institutionen scheint das Erziehungsheim durch die Totalität seines Erziehungsspektrums auf den ersten Blick einer an Prinzipien der Sozialisationsforschung orientierten Rekonstruktion umfassend zugänglich. Das „Leben im Heim" ist keine vorübergehende kurze Episode, denn ein Drittel der eingewiesenen Kinder und Jugendlichen bleiben zwei bis fünf Jahre, ein Siebentel sogar über fünf Jahre im Heim (IGFH 1978). In Erziehungsheimen sollen unter intensiven fachlichem Einsatz Lernprozesse organisiert und durch heilpädagogische und therapeutische Differenzierung (etwa nach Alter, Symptomatik und Behandlungsmethoden) besondere Resozialisierungsbedingungen für die betroffenen Kinder und Jugendlichen geschaffen werden.
Daß sich allerdings die Heimerziehung nicht so ohne weiteres in ihrem Sozialisationsbezug rekonstruieren läßt, daß man wenig über die dort ablaufenden konkreten sozialisatorischen Entwicklungs- und Interaktionsprozesse weiß, hängt vor allem damit zusammen, daß das Erziehungsheim als Agentur öffentlicher Kontrolle, als Station einer „devianten Karriere", als stigmatisierende Instanz den betroffenen Jugendlichen in dem Maße sozial etikettiert, als es seine subjektiven Entwicklungs- und Bewältigungsprobleme, seine authentische Subjektleistung unterdrückt und verformt. Man weiß also mehr über den spezifischen *Interventionscharakter* von Heimerziehung und geht davon aus, daß dieser Interventionscharakter spezifische Sozialisationsbedingungen produziert. In der Tat gibt es auch keine eindeutige sozialisatorische Indikation für Heimerziehung. Die bisher gebräuchliche Legitimation, allein die Heimerziehung garantiere bei abweichendem Verhalten durch Abschirmung negativer Einflüsse und Bereitstellung eines besonderen sozialen Lernfeldes eine fachlich-pädagogische Einflußnahme, welche eine Familie nicht leisten kann, ist durch alternative Erfahrungen mit Pflegefamilien und Wohngemeinschaften überholt. Sie rührt immer noch aus der Tradition der Verwahrung familienloser Kinder und der obrigkeitlichen Repression auffälliger Jugendlicher.
Diese verwaltungsbezogene Legitimation der Heimerziehung schlägt sich in der besonderen Innen- und Außenorganisation der Erziehungsheime nieder. Ihr Außenverhältnis ist in der Regel gekennzeichnet durch abgebrochene bzw. unterbrochene Kontakte zu Angehörigen und Freunden und eingeschränkte Möglichkeiten, Kontakt zu gleichaltrigen Gruppen außerhalb des Heimes aufzubauen (vgl. Wenzel 1970, Berliner Heimuntersuchung 1977). Ihre Binnenstruktur ist geprägt durch die Unterordnung des Heimalltags unter „verwaltungsgerechte" Organisations- und Ordnungsprinzipien und durch die hohe Fluktuation der Erzieher. Der Organisation von Bildungs- und Ausbildungsmöglichkeiten in den Erziehungsheimen, deren Entwicklung als Stabilitätsfaktor für das Erziehungsziel einer späteren „Lebensbewährung" gilt, scheinen in einer solchen Lebensumwelt Grenzen gesetzt: nur 10% der Heimjugendlichen (im Vergleich zu 80% der Gesamtpopulation) erreichen einen Hauptschulabschluß, die Hälfte der in Erziehungsheimen lebenden schulentlassenen Jugendlichen steht in keinem Ausbildungsverhältnis (Preyer 1977).

Daß Erziehungsheime aufgrund dieser Strukturbedingungen Bildungsmotivation eben nicht fördern können, ist unter anderem auch ein Indiz für ein bei Kindern und Jugendlichen in öffentlichen Erziehungsheimen vorherrschendes Einstellungssyndrom: eine „*Versorgungshaltung*“, die durch die Verweigerung von offenen Handlungs- und Erfahrungsmöglichkeiten in der Regel stabilisiert wird. Diese Persönlichkeitsvariable läßt sich zu anderen erforschten Variablen wie Abhängigkeit, Autoritarismus, Aggression, Apathie etc., wie sie in Heimen beobachtet werden, in Beziehung setzen. Darin liegen Wahrnehmungs-, Handlungs- und Deutungsmuster begründet, die zwar in einer spezifischen Heimumwelt funktionieren, für die Bewältigung von Situationen außerhalb der Heime aber dysfunktional sind. Dieses Einstellungssyndrom „Versorgungshaltung“ bildet den Kontext für die Herausbildung eines negativen Selbstkonzepts: Ohnmachtserfahrungen im Erziehungsheim bei zunehmender Gewöhnung an den Heimalltag lassen die Zukunftsvorstellungen in der Verquickung von Ängsten und kompensierenden Wunschbildern immer diffuser werden (Kersten/von Wolffersdorff-Ehlert 1979).

Diese Bedingungen und Effekte einer typischen „Heimsozialisation“ sollen heute zunehmend durch eine stärkere therapeutische Ausrichtung der Erziehungsheime verändert werden. D.h. es sollen Lernprozesse mehr auf der Grundlage psychologisch-therapeutisch umsetzbarer Indikation als nach den administrativen Erfordernissen des Heimes organisiert werden. Allerdings ist die Definition dessen, was als behandlungsbedürftiges Problem zu gelten hat, bei den vor allem sozial- und lebensgeschichtlich induzierten Problemkonstellationen der Heimbewohner noch wesentlich schwieriger und widersprüchlicher als im klinisch-therapeutischen Bereich. Auch wenn es gelingt, über vom Heimalltag isolierte Einzel- und Gruppentherapieangebote hinaus zu einer Abstimmung und Verzahnung von Heimalltag und Therapieangeboten im geplanten „therapeutischen Milieu“ zu kommen (Koenig/Pelster 1978, Kessler u.a. 1977), bleiben die strukturellen Probleme der Heimerziehung bestehen: Die institutionelle Abgeschlossenheit des Heimes verschränkt sich in problematischer Weise mit der arrangierten Geschlossenheit therapeutischer Lebenswelten. Der Alternative offener Angebote vor allem in der Form der Gemeindetherapie (vgl. den Beitrag von H. Keupp in diesem Band) hat die Heimerziehung auch in ihrer therapeutischen Ausrichtung nichts entgegenzusetzen.

Diese besonderen Bedingungen der „Heimsozialisation“ machen deshalb auch Versuche der Messung der Wirksamkeit von Heimerziehung fragwürdig. Nicht nur, weil diese sich primär auf die „Legalbewährung“ konzentrieren – erfolgreich ist demnach die Heimerziehung dann, wenn innerhalb eines bestimmten Zeitabschnittes nach der Entlassung keine Auffälligkeiten mehr aktenkundig werden – und damit die personale Komponente der Lebensbewältigung übergangen wird (Pongratz/Hübner 1959, Martikke 1971). Auch kann ein langer Heimaufenthalt ebenso Beleg für eine hohe Konfliktbelastung zur Zeit der Heimeinweisung wie ein Indiz für die Eigendynamik der Heimerziehung sein, die aufgrund ihrer Strukturbedingungen den Heimaufenthalt verlängert (Sprau-Kuhlen 1980). Neuere Untersuchungen, die „erziehungsschwierige“ Jugendliche mit und ohne Heimaufenthalt unter dem Aspekt der Legalbewährung vergleichen, stellen in diesem Sinne teilweise sogar eine signifikant höhere negative legale Entwicklungsquote bei Heimjugendlichen gegenüber denen, die bei gleicher Indikation nicht ins Heim kamen, fest (Neumann 1977).

Eine sozialisationsbezogene Thematisierung der Indikationen der Heimerziehung, die der widersprüchlichen Eigendynamik der „Heimsozialisation“ nicht aufsitzen will, müßte deshalb vor allem den biographischen und institutionellen Kontext der *Heimeinweisung* (in 25 % der Fälle ist die Schule, in 34 % das Elternhaus Initiator; Rumpf 1977) rekonstruieren.

Dies ist aber wiederum deshalb problematisch, weil Heimeinweisungen als die biographisch wohl einschneidendsten Maßnahmen in der Regel nicht sozialisatorisch definiert, sondern in den meisten Fällen als bloße Verwaltungsakte des Jugendamts oder Anordnungen des Vormundschaftsrichters ohne persönliche Verständigung mit den betroffenen Kindern und Jugendlichen erfolgen (Simitis u.a. 1979). Sie stützen sich vielmehr auf Kategorien, die in ihrem fachlichen Indikationswert eigentlich unbrauchbar sind (in der Hälfte der Fälle werden „Erziehungsmängel“ und „Erziehungsunfähigkeit der Eltern“ angegeben). Sie dienen vielfach dazu, die lange aktenkundige Verfolgung einer „Problemfamilie“ mit dem Heimeinweisungsakt zu legitimieren und reduzieren den Problemkontext der Betroffenen auf die Definitionen, die der Jugendhilfe im Rahmen ihrer administrativen Interventionsmöglichkeiten zur Verfügung stehen (SPRAU-KUHLEN 1980).

2.2 *Sozialpädagogik als Erziehungsberatung*

Erziehungsberatungsstellen wie auch andere Formen der Beratung (Jugendberatung, Familienberatung, Konfliktberatung) organisieren nach einer Vielzahl professioneller Konzepte Hilfe bei der Bewältigung von Erziehungsschwierigkeiten, Verhaltensstörungen und Konflikten (HORNSTEIN u.a. 1977). Ein breites Spektrum von Problemen des Verhältnisses von Kindern und Jugendlichen zu ihren Eltern, zunehmend auch von Problemen in der Schule, gibt Anlaß, sich solch professioneller Hilfsangebote zu bedienen. Die „Sozialisationshilfen“, die Beratungsstellen leisten, bestehen in der Anamnese und Diagnose der eingebrachten Probleme, wie in der Therapie der diagnostisch erarbeiteten Person- oder Kommunikationsstrukturen durch Einzelberatung der Kinder oder Eltern, durch Gruppenarbeit und andere Formen der Hilfe. Diagnose und Therapie werden nach unterschiedlichen professionellen Modellen – Verhaltenstherapie, Tiefenpsychologie, Kommunikationstherapie und deren differenzierte Varianten – geleistet (SCHMIDT 1978). Die impliziten Lern-, Persönlichkeits- und Sozialisationstheorien dieser Modelle bestimmen Schwerpunkt und Reichweite der Rekonstruktion der inkriminierten alltäglichen Ereignisse und der zugeschriebenen negativen Personeigenschaften, sie bestimmen Akzentuierung und Reichweite der praktischen Schlußfolgerungen. Die dem praktischen Handeln zugrundeliegenden Diagnose- und Therapiemodelle bestimmen somit auch Richtung, Intensität und inhaltliche Interpretation der Thematisierung von Strukturen des Sozialisationsgeschehens, das mit dem Anlaß der Intervention in Zusammenhang gebracht wird.

Stellt man nun am Beispiel Erziehungsberatung die Frage nach dem Sozialisationsbezug von Sozialpädagogik, zeigt sich ein sehr widersprüchlicher Bezug. Die diagnostische Auseinandersetzung mit Problemen eröffnet zwar die Chance, Sozialisationsbiographien in breiter Weise zu thematisieren und ein hohes Maß an Reflexion über Strukturelemente im Sozialisationsprozeß, etwa über Erziehungs- und Alltagshandeln der Eltern, Handeln der Lehrer usw. herzustellen. Reduziert wird diese Chance der Metakommunikation über Sozialisation jedoch durch das allen Ansätzen der Erziehungsberatung gemeinsame pragmatische Interesse, in der Beziehung zwischen Professionellen und Klienten Probleme nicht nur zu diagnostizieren, sondern tendenziell auch zu lösen. Die Identifizierung von problemverursachenden Strukturen konzentriert sich somit auf solche Tatbestände, die in dieser Beziehung und ihren Formen – Beratungsgespräch, Verhaltenstraining, analytische Gruppenarbeit u.a. – auch veränderbar sind. Damit treten insbesondere Einstellungen und Verhaltensweisen der Klienten selbst und deren sozialisatorische Einbettung in den Blick. Die Metakommunikation über Sozialisation bleibt den in der Therapie realisierbaren alternativen Handlungsmöglichkeiten von Sozialisanden und, in beschränktem Maß, auch Sozialisatoren verhaftet. Wenn Strukturen des Sozialisationsprozesses, die dem Handeln des Einzelnen unmittelbar nicht verfügbar sind – institutionelle Bedingungen schulischer Sozialisation, sozialisationswirksame Aspekte der Infrastruktur des Gemeinwesens usw. – im Beratungsprozeß thematisiert werden, bleibt dies in der Regel für die Reproduktion dieser Strukturen folgenlos. Die singulären Erkenntnisse über die Sozialisationswirksamkeit gesellschaftlicher Strukturen und institutioneller Arrangements bleiben in ihrer Wirkung auf das private System der Beratung selbst beschränkt und entfalten soziale Folgen nur in dem Maße, als sie zu anderen Handlungsstrategien in diesem privaten Bereich, etwa zu einer Reorganisation eines konkreten familialen Systems, führen. Die Verbindung zu Kommunikations- und Entscheidungsprozessen, welche die subjektiv nicht unmittelbar verfügbaren Bedingungen von Sozialisation zum Gegenstand haben, ist über Beratung kaum herzustellen.

Sozialpädagogische Beratung ist, anders als dies tendenziell etwa für Berufsbildungs- und Schullaufbahnberatung gilt, keine organisierte, funktional eingeplante Größe des Systems organisierter Sozialisation. Der kommunikative Austausch zwischen einem Sozialarbeiter oder einem Psychologen und einem Jugendlichen über dessen Probleme ist – von der Biographie der „Klienten“, der Chance der individuellen Erreichbarkeit von Beratungsdiensten, von der Struktureinbettung der Beratung im organisierten Sozialisationszusammenhang her gesehen –

ein singuläres Ereignis. Es kann sicher Auswirkungen auf Entscheidungen des Jugendlichen in seinem Lebensvollzug haben, jedoch ohne spezifische serielle Wirkung auf typische „Sozialisationskarrieren“. Sozialpädagogische Beratung bezieht sich nicht auf die Organisation von Sozialisation im öffentlichen Raum der Schule oder auf Berufsausbildung, also auf mögliche Strukturmomente in Sozialisationskontexten, die politisch-administrativen Entscheidungen offenstehen.
Dennoch rücken, wie im Schlußteil dieses Beitrags zu zeigen sein wird, auch Erziehungsberatung und andere Formen der Beratung zunehmend in die Funktion einer Hilfe für die Bewältigung von Schlüsselsituationen durchschnittlicher Sozialisationsprozesse, die durch allgemeine Organisationsprobleme des Sozialisationssystems bedingt sind.

2.3 Sozialpädagogik als Jugendarbeit

Jugendarbeit in verbandlichen Gruppen, Bildungsarbeit an Bildungsstätten und offene Arbeit in Jugendzentren verstehen sich als „viertes Sozialisationsfeld“ (GIESECKE 1971). Sozialisation ist aber in der Jugendarbeit kein regelhaft organisierter Prozeß, sondern wird als subjektgesteuerter Lern-, Erfahrungs- und Handlungsprozeß verstanden, der in hohem Maße von dem individuellen Zugang zu den Angeboten von Jugendarbeit bestimmt ist (DAMM 1980). Unter der Fülle von Arbeiten, welche programmatische Fragen, neue Formen, Konflikte und Experimente in der Jugendarbeit beschreiben, finden sich deshalb auch kaum Arbeiten, welche die Frage nach dem Beitrag von Jugendarbeit zur Sozialisation von Kindern und Jugendlichen aufwerfen und theoretisch empirisch zu beantworten versuchen (MOLLENHAUER u. a. 1969, SCHEFOLD 1972, LÜDTKE 1973, HELD 1974). Programmatisch offene Lernprozesse wie in der Jugendarbeit sind eher durch Beschreibung und kommunikative Rekonstruktion zu erfassen, schwerer jedoch durch empirische Designs, die generalisierte soziale Situationen und seriell erfaßbare Effekte (Handlungsvollzüge und -kompetenzen) voraussetzen (STACKEBRANDT u. a. 1976). Praxisberichte haben eine Fülle von Erkenntnissen über plausible Sozialisationswirkungen der Jugendarbeit gebracht, die sich in Handlungsvollzügen einzelner Jugendlicher zeigen, die durch die Beschreibung konkreter Arbeitsformen, Aktionen, durch phänomenologisch-alltagssprachlich erfahrene und erzählte Abläufe der Praxis dokumentiert sind (BÖHNISCH u. a. 1980). Die Diskussion über die gesellschaftliche Bedeutung der Jugendarbeit zwischen den Polen Irrelevanz und Omnipotenz im Sozialisationsbereich ist dadurch kaum fixiert, geschweige denn entschieden worden.
Die Frage nach dem Sozialisationsbezug von Jugendarbeit soll am Beispiel der Jugendzentren thematisiert werden; denn gerade Jugendzentren haben in den letzten Jahren im Rahmen außerschulischer Betreuung von Jugendlichen an Zahl und Bedeutung gewonnen. Ein Jugendzentrum ist ein sozialer Ort, an dem Jugendliche sich treffen, um pädagogisch „Belangloses“ in der Freizeit zu unternehmen, zusammen zu sein, die Zeit ohne vorgegebene Lern- und Leistungsanforderungen mit anderen zu verbringen. Jugendliche reproduzieren dort ihre Lern- und Arbeitsfähigkeit, setzen sich bewußt und unbewußt mit Erfahrungen ihres institutionell gesetzten Alltags auseinander, finden sich manchmal zu gezielten Aktivitäten zusammen. Nur in letzterem sehen dann Pädagogen in der Regel die Erfüllung ihrer professionellen Verpflichtung. Welche Sozialisationsbezüge ergeben sich daraus? Ein Jugendzentrum ist eine staatlich gewährleistete Institution für Jugendliche außerhalb des Systems der Sozialisationsinstanzen, die Leistungs- und Lernanforderungen stellen. In Jugendzentren sind Jugendliche zwar auch Erwartungen an Wohlverhalten ausgesetzt, jedoch frei von Lern- und Leistungszwängen, denen sie im eigenen Qualifikations- und Plazierungsinteresse nachkommen müssen. Diese Suspendierung gibt den Jugendlichen potentiell die Chance, Aktivitäten nach eigenen Bedürfnissen zu entfalten; dies gilt in der pädagogischen Theorie als Voraussetzung, um Erfahrungen aus anderen organisierten Sozialisationsprozessen zu verarbeiten und über die Auseinandersetzung mit sozialen Identitäten sich zu einer persönlichen Identität zu emanzipieren.
Die Chance, sich nach eigenen Bedürfnissen zu entwickeln, ist aber durch die normativ nicht greifbare, aber faktisch wirksame Notwendigkeit der Reproduktion der eigenen Arbeitsfähigkeit als Schüler oder Lehrling in der Freizeit eingegrenzt. Dies wird deutlich in einer scheinbaren personbestimmten Beschränktheit der Handlungsmöglichkeiten von Jugendlichen, welche neben den Rahmen äußerer institutioneller Restriktionen des sozialpädagogischen

Feldes tritt. In diesen Restriktionen, die im Jugendlichen selbst zu liegen scheinen, vermittelt sich die Wirklichkeit der anderen Lebenswelten in Arbeit, Schule, Familie auch in das Jugendzentrum hinein. Das Bedürfnis, in Ruhe gelassen zu werden, zu „flüchten“, die Schwierigkeiten, mit anderen befriedigende Beziehungen herzustellen und zu unterhalten, latente und offene Aggressivität und Apathie sind dafür Symptome. Ein Jugendzentrum läßt sich im System organisierter Sozialisation als ein Ort beschreiben, in dem das System von auf Zukunft orientierten Erwartungen, das die Lebensphase Jugend strukturiert, temporär aussetzt. Gerade dadurch werden aber individuelle Symptome der Vergesellschaftung dieser Lebensphase durch Qualifikationserwartungen deutlich. Die bürokratische Organisation des Lernbetriebs und die Sinnentleerung der Lerninhalte für gegenwärtige Lebenspraxis, verbunden mit einem zunehmenden Zwang zur schulförmigen Arbeit, um individelle Optionen auf eine erfolgreiche Zukunft zumindest offen zu halten, produzieren gleichermaßen das Bedürfnis nach einer subjektiv befriedigenden Gegenwelt, wie sie persongebundene Chancen des Lebens in dieser Gegenwelt mindern.

2.4 Sozialpädagogik als Schulsozialarbeit

In der Schulsozialarbeit ist die Sozialpädagogik institutionell dem Sozialisationsbereich Schule am nächsten. Allerdings ist sie damit mit dem Problem konfrontiert, daß ihren Interventionsabsichten von vornherein vorgeprägte schulische Organisationsformen, professionelle Standards, Inhalte und Leistungserwartungen gegenüberstehen. Schulsozialarbeit, die sich zum Ziel gesetzt hat, im institutionellen Kontext der Schule Problemstrukturen schulischer Sozialisation zu identifizieren und in der Beziehung zwischen Sozialpädagogen, Lehrern, Schülern und Eltern schulische Organisationsformen zu beeinflussen, ist zunächst immer massiven Interventionszumutungen seitens der Schule ausgesetzt. Gerade die als Schulsozialarbeit bekannt gewordenen Kooperationsmodelle von sozialpädagogischen Fachkräften in Gesamtschulen sind von der Bildungsverwaltung in Erwartung von Infrastrukturdefiziten eines extensivierten Schulsystems und dadurch hervorgerufenen psychosozialen „Störproblemen“ geschaffen worden. Diese institutionellen Erwartungen haben auch immer den Verlauf der verschiedenen Modelle zur Schulsozialarbeit bestimmt: Schulsozialarbeit sollte als „sozialpädagogischer Dienst“ unterrichtsergänzende (Freizeitangebote), kompensatorische (Einzelfallhilfe für lernschwache Schüler) und befriedende (Arbeit mit verhaltensauffälligen Schülern) Hilfen organisieren.

Aus den inzwischen zahlreich veröffentlichten Tätigkeitsberichten von Schulsozialarbeitern wird deutlich, daß sich diese Erwartungen auch in konkreten Konflikten mit Schulverwaltungen, Lehrerkollegien und Elternbeiräten niedergeschlagen haben: Sozialpädagogen in der Gesamtschule sind laufend als organisatorische „Feuerwehr“ (Vertretung bei Krankheit, Aufsicht), als Entstörungs- und Befriedungstrupp bei Verhaltensauffälligen, als Leistungsverstärker für einen notenbezogenen Unterricht im Einsatz. Deshalb sind auch die in der Mehrzahl „unterrichtskompensatorischen“ Modelle (lerngruppenorientierte Schüler- und Lehrerberatung, Einzelfallhilfe, soziale Gruppenarbeit), die sich schwerpunktmäßig auf hauptschulabschlußgefährdete und lernschwache Schüler richten, vornehmlich von diesem defizitorientierten Interventionscharakter geprägt. Nur wenige Modelle – vor allem mit Lehrern als Hauptadressaten – haben Bedingungen für unterrichtsverändernde Interventionen schaffen können („Team-Stammgruppen-Konzepte“, Tutorensystem etc.; vgl. TILLMANN 1976, BMBW 1978). Außerhalb des Unterrichts, vor allem in der Schülerfreizeit im Rahmen der Ganztagsschule sind im Schulbereich gleichzeitig relativ eigenständige Freizeit-, Projekt- und Neigungsgruppen (innerhalb der unterrichtsfreien Zeit) entstanden, die trotz vielfältiger Konflikte (Mißtrauen von Schulleitung und Elternbeirat gegenüber dort einbezogenen „schulfremden“ Jugendlichen, Hausrechtskonflikte, Autoritätskonflikte zwischen Sozialpädagogen und Lehrern, Konflikte bei der Ausdehnung der Aktivitäten über die Schule hinaus auf den Stadtteil) neue Perspektiven der Vermittlung von Schule und schulischem Umfeld aufgezeigt haben. So können sich z. B. Schüler und schulentlassene Lehrlinge oder Arbeitsuchende in diesen schulangehörigen Freizeittreffs in ihren Erfahrungen und Vorstellungen über Berufsfindungs- und Arbeitsprobleme austauschen, Projekte zum schulexternen Alltag der Schüler lassen sich initiieren.

Modelle der Schulsozialarbeit, die sich nicht nur als bloße sozialpädagogische Dienste im Rahmen einer vorgegebenen Schulorganisation verstehen wollen, erheben den Anspruch, in ihren Interventionen die sozialbiographischen Komponenten der Schülerpersönlichkeit in der Auseinandersetzung mit der „Schülerrolle" stärker zur Geltung zu bringen. In der Praxis der Schulsozialarbeit werden diese Intentionen aber immer wieder auf solche Tatbestände reduziert und funktionalisiert, die den „zugelassenen" – meist unterrichtsabgewandten – Arbeitsformen der Schulsozialarbeit entsprechen (Einzeltherapien, soziale Gruppenarbeit, Freizeitprojekte). Damit ist ihre Fähigkeit, Schüler zu integrieren, immer wieder in Frage gestellt. Ihre Versuche zur Verbesserung von Motivation und sozialer Kompetenz (in der Auseinandersetzung mit der Organisation Schule) bei Schülern und zur Veränderung von Einstellungen und Verhalten bei Lehrern sind meist auf die jeweiligen individuellen und situationalen Beziehungen im Beratungsgespräch oder in der Gruppenarbeit verkürzt. Schulsozialarbeiter orientieren sich in der Regel implizit an einem Sozialisationskonzept, das die „ganzheitliche", sozialbiographisch bestimmte sozialisatorische Interaktion in einem Beziehungsfeld Schüler/Lehrer/Sozialarbeiter/Eltern unter- und außerhalb der Schulorganisation in den Mittelpunkt stellt. Dem entspricht, daß die Schulsozialarbeit meist darauf beschränkt ist, ihre Vermittlungsprobleme zu den Abläufen der Schule, die primär institutionell fixiert sind, auf der Beziehungsebene zu organisieren, um so die starren institutionellen Barrieren wenigstens „durchlöchern" zu können. In diesem Sinne haben die bisherigen Modelle der Schulsozialarbeit zwar ein enormes Wissen über „Schulwirklichkeit" und „Schülerdasein" akkumuliert, das allerdings bisher noch lediglich für den „Umgang mit Schülern" und – da die organisatorischen und schulpolitischen Bedingungen dafür fehlen – bisher kaum für den „Umgang mit Schule" eingesetzt werden konnte.

3 Zum Forschungsstand in der Sozialpädagogik

Die Ergebnisse von Arbeiten darzustellen, die sozialpädagogische Institutionen nach einem Design bearbeiten, das einen legitimen Anspruch auf „Sozialisationsforschung" begründet, wäre ein unbefriedigendes Unterfangen. Nur wenige Arbeiten begreifen sozialpädagogische Felder theoretisch und empirisch im Kontext von Sozialisation, d.h. sie thematisieren individelle Unterschiede im Handeln von Personen als abhängig von spezifischen Eigenschaften (Kompetenzen) dieser Personen selbst. Diese werden wiederum aus den Interaktionssituationen heraus begriffen, die in sozialpädagogische Institutionen eingebettet oder durch sozialpädagogisches Handeln hergestellt sind.

Sozialpädagogische Forschung ist auf ideologische, institutionelle und professionelle Probleme der Arbeitsfelder konzentriert, wie sie sich vorwiegend den beruflich Tätigen in diesen Feldern darstellen. Ein Durchgang durch sozialpädagogische Veröffentlichungen der letzten Jahre zeigt, daß der ohnehin in der deutschsprachigen Sozialwissenschaft bescheidene Anteil empirischer Arbeiten im Sinn von Forschungsarbeiten, in denen nach bewußten Regeln konzipierte Methoden zur Deskription und Analyse von Wirklichkeit Verwendung finden, im sozialpädagogischen Feld noch bescheidener als in anderen pädagogischen Feldern ist (Deutsches Jugendinstitut 1976, 1977, 1978, 1979).

Dennoch kennzeichnet diese Literatur eine intensive Beschäftigung mit der Wirklichkeit von Einrichtungen und Maßnahmen. Diese Arbeiten sind überwiegend als Praxis- und Erfahrungsberichte angelegt: Berichte von praktisch Tätigkeiten über Aktionen, Methoden, Konflikte; Berichte über Entwicklungen und Verläufe von Projekten, die als Modellprojekte unter wissenschaftlicher Begleitung organisiert sind; Rechenschaftsberichte über öffentlich geförderte Modelle, Qualifikationsarbeiten von Sozialpädagogen oder Sozialarbeitern im Rahmen von projekt- oder praxisorientierten Studienphasen. Diese Berichte weisen auf eine in der Sozialpädagogik dominierende Form der Vermittlung zwischen dem Wissenschaftssystem an Hochschulen, den Forschungseinrichtungen und der Praxis hin: Diese Vermittlung findet in der Rolle und Person des mindestens partiell praktisch tätigen Wissenschaftlers statt, dessen Zugang zur Wirklichkeit durch eine Verschränkung von praxisbezogenen Handlungsinteressen und wissenschaftsbezogenen Erkenntnisinteressen gekennzeichnet ist. Nur wenige empirische Arbeiten über sozialpädagogische Institutionen sind über traditionell forschungsmethodische Zugänge erfolgt.

Arbeiten, die das Muster des Erfahrungsberichts überschreiten, sind überwiegend auf hochinstitutionalisierte Einrichtungen wie etwa Erziehungsheime bezogen. BAUER u.a. (1976) kamen in einer Bestandsaufnahme der Jugendhilfeforschung aus den Jahren von 1970 bis 1974 zu dem Ergebnis, daß in diesem Zeitraum rund 70 Arbeiten und Projekte, darunter nur in geringem Umfang empirische Vorhaben, zu den „geschlossenen" Institutionen Heim und Jugendstrafvollzug, dagegen nur rund 20 Arbeiten zu „offenen" Maßnahmen wie Erziehungsberatung, Bewährungshilfe, Erziehungsbeistandschaft und andere vorgelegt worden sind oder begonnen wurden.

Die Möglichkeiten und Probleme dieses empirischen Zugangs sind im Rahmen der Diskussion über die Handlungsforschung eingehend erörtert worden (HAAG u.a. 1972, MOSER 1976, HEINZE u.a. 1975). Ungeachtet der umstrittenen Chancen, durch Handlungsforschung sowohl praktische Veränderungen wie auch gesicherte Erkenntnisse über Praxis zu erzielen, sind „praxisnahe" Erfahrungs- und Erkenntnisdokumentationen allein durch die Struktur sozialpädagogischer Felder nahegelegt.

Sieht man von der Institution Heimerziehung ab, so organisieren sozialpädagogische Institutionen Sozialisation nicht in der institutionalisierten Form, die für *Schule* kennzeichnend ist. Kinder und Jugendliche sollen in der Schule durch Teilhabe an einem System sozialisiert werden, das durch konkreter Interaktion immer schon vorgängige Strukturen bestimmt ist, durch historisch überkommende, administrativ-funktionale Organisationsformen, politisch-professionell vorentschiedene Ziele, Inhalte, Arbeitsformen, Leistungserwartungen. Dieser relativ starre Rahmen von Bedingungen macht Sozialisation in der Schule zu einem im Schulsystem selbst zu organisierenden und kontrollierenden Prozeß. Unterschiede zwischen Kindern und Jugendlichen in Lern- und Leistungsvermögen, die aus unterschiedlichen Sozialbiographien resultieren, wie etwa auch unterschiedliche Formen der Motivation, die aus unterschiedlichen Formen der Alltagsbewältigung resultieren, werden zwar für die Sozialisationskarriere in der Schule bestimmend, sie führen nicht zu Konsequenzen für die Organisation des Lernens selbst. Negiert die Schule solchermaßen weitgehend Sozialisations*bedingungen*, so versichert sie sich ihrer Sozialisations*wirkungen* durch ein System interner Definitionsprozesse. Die Wirkungen dagegen, die im schulischen Alltag oder in lebensgeschichtlich späteren Phasen sich zeigen, werden weitgehend vernachlässigt (SCHEFOLD 1979). Die Schule zeigt sowohl hinsichtlich der allgemeinen Sozialisationsbedingungen als auch der schulischen Sozialisationswirkungen in der Lebenswelt der Kinder und Jugendlichen eine hohe Umweltindifferenz: der Prozeß der Sozialisation vollzieht und legitimiert sich über Binnenstrukturen des Schulsystems. Dieser Systembezug von Handlungsabläufen kommt der Sozialisationsforschung, die an regelhaften Effekten und regelhaften Strukturen Standards der empirischen Sozialforschung leichter einlösen kann als an situativen und ereignishaften Prozessen, entgegen.

Sozialpädagogische Arbeitsfelder bieten demgegenüber andere Voraussetzungen und Bedingungen für eine sozialwissenschaftliche Thematisierung. Sozialpädagogische Arbeit geschieht in einer Vielfalt von Institutionen. Die sehr grobe gesetzliche Typisierung von Jugendhilfeeinrichtungen führt allein zu einem guten Dutzend verschiedener Einrichtungstypen, fachliche oder gar wissenschaftliche Ordnungsversuche sozialpädagogischer Maßnahmen differenzieren diese in weit mehr Kategorien. Auch relativ eindeutig scheinende Institutionenbeschreibungen, etwa die Beschreibung eines Jugendfreizeitheims als „selbstverwaltetes Jugendzentrum", weisen bei näherer Betrachtung unterschiedliche Organisationsformen, pädagogische Konzepte, unterschiedliche Umwelten auf.

Insbesondere die sozialökologischen Situationen, in der sozialpädagogische Institutionen wie Jugendzentren oder Erziehungsberatungsstellen arbeiten, prägen aufgrund der dort typischen Interdependenz zwischen Praxisentfaltung und relevanter Umwelt sehr unterschiedliche Strukturen. Die umweltbedingte Selektion der Klienten, die soziale Infrastruktur des Stadtteils, die Beziehungen zu anderen Erziehungs- und Bildungsinstitutionen, die kommunalpolitischen Machtverhältnisse u.a. wirken hier als modifizierende Faktoren. Die hohe Umweltoffenheit sozialpädagogischer Institutionen wird dadurch ermöglicht, daß regulativ wirkende rechtliche und administrative Strukturen, die etwa für die Generalisierung der Schule sorgen (ministerielle Richtlinien für Gebäude, Organisation, Schulordnung, Lehrplan, Qualifikation und Bewertung der Lehrer, Bewertung von Leistungen der Schüler) in der Jugendhilfe in geringem Maß praxisbestimmend werden.

Die Vielfalt sozialpädagogischer Einrichtungen hat für die sozialwissenschaftliche Forschung die Konsequenz, daß für vergleichbare Institutionen jeweils nur wenige Forschungsarbeiten vorliegen. So finden sich in der Bundesrepublik nur einige Untersuchungen zur Jugendarbeit, d.h. zu Jugendverbänden, Jugendzentren oder Heimen der offenen Tür, obwohl dieser Bereich in Sozialpädagogik und Öffentlichkeit lebhaft diskutiert wird (GRAUER 1973, LÜDTKE 1972, MOLLENHAUER u.a. 1969; SIELERT 1978, KRISAM/TEGETHOFT 1977; WERNER 1972). Allenfalls im Bereich der Heimerziehung läßt sich von einer in Fragestellung, Theorie und Objektbereich konsistenten Erforschung eines sozialpädagogischen Handlungsbereiches sprechen (s.o. Abschn. 2.2). Innovative Arbeitsformen im Rahmen von Modellprogrammen werden in der Regel als singuläre Ereignisse unter singulären, nur schwer mit anderen Forschungsvorhaben über ähnliche Objektbereiche vergleichbaren Fragestellungen wissenschaftlich begleitet (MÜLLER 1978).

Die geringe Konzentration empirischer Forschung auf einzelne, vergleichbare Typen von Institutionen hat verhindert, daß Forschung im sozialpädagogischen Bereich kumulativ oder korrespondierend angelegt worden ist. Ein Lernprozeß einer Forschergemeinschaft, in dem Fragestellungen an vorhandenen Ergebnissen hätten spezifiziert werden können, oder empirische Sachverhalte als „bewährt" hätten unterstellt werden können, läßt sich in kaum einem sozialpädagogischen Feld feststellen. Die punktuellen, meist von akademischen Qualifikationsinteressen bestimmten Forschungsarbeiten über sozialpädagogische Institutionen sind daher kaum Kristallisationspunkte der fachlichen Diskussion über eine problemadäquate Ausrichtung sozialpädagogischer Arbeit in einzelnen Institutionen geworden. Die Verständigung über adäquates Handeln geschieht in der Sozialpädagogik als Auseinandersetzung über ideologische Standpunkte, politische und pädagogische Konzepte, professionelle Arbeitsansätze; also zum einen über programmatische Vorgaben wie über deren gesellschaftliche und politische Legitimation, zum anderen über das Medium professionell-praktischer Erfahrung. Die vielfältigen Formen der Dokumentation von Erfahrungen mit praktischer Arbeit lassen ein Eingehen auf die Vielfalt von Arbeitsformen und Umweltbedingungen besser zu als eine empirische Forschung im engeren Sinn, die Erkenntnisse über soziale Wirklichkeit an selegierende Verfahren bindet und damit gegenüber der Alltagswelt zwangsläufig auf sachliche und zeitliche Distanz zu gehen hat.

Gerade das Mißverhältnis von Forschungsaufwand und praktisch verwertbaren Ergebnissen, das Sozialforschung im sozialpädagogischen Bereich kennzeichnet, läßt den Schluß zu, daß die Aneignung einer komplexen Wirklichkeit, für die gerade die Divergenz der Perspektiven (der Betroffenen und der Professionellen, der Professionellen und der Administratoren) konstitutiv ist, sinnvoll nur über offene Lern- und Erfahrungsprozesse von Sozialwissenschaftlern erfolgen kann, die an der Entwicklung sozialpädagogischer Arbeit selbst beteiligt sind oder diese kontinuierlich begleiten können.

Arbeiten zur Sozialpädagogik beschäftigen sich deshalb stark mit Fragen, die sich aus der *Perspektive der professionell Handelnden* ergeben. Dies hängt vor allem mit Problemen des konkreten Zugangs zum Forschungsfeld zusammen: Kontakte des Forschers mit Sozialpädagogen und Sozialarbeitern ermöglichen meist einen leichter durchzuhaltenden Bezug zu sozialpädagogischen Arbeitszusammenhängen als dies Kontakte mit betroffenen Kindern oder Jugendlichen selbst könnten. Kinder und Jugendliche finden sich in der sozialwissenschaftlichen Bearbeitung von sozialpädagogischen Institutionen stärker in der Objektkontrolle, wie sie durch die Forschungsinstrumente konstituiert wird, als der Pädagoge, der eher in Austauschprozesse im Rahmen von Forschung einbezogen werden kann.

Darüber hinaus kann aber das Übergewicht von Fragen der Professionalisierung und Institutionalisierung der Sozialpädagogik in sozialwissenschaftlichen Arbeiten auch aus den Entwicklungsproblemen des Arbeitsfeldes selbst begründet werden. Die Rolle des Professionellen ist sowohl vom Umweltbezug als auch der Person des professionell Handelnden selbst her konfliktträchtig. Fragen nach der gesellschaftlichen Funktion der Sozialarbeit (PETERS 1969, KUNSTREICH 1975), nach dem Profil fachlicher Kompetenz, der Funktion geplanter und ungeplanter Wirkungen praktischen Handelns, Fragen der Abgrenzung und Behauptung des Berufs gegenüber anderen etablierten Professionen wie Psychologen, Therapeuten und Lehrern sind in keinem sozialpädagogischen Feld dauerhaft geklärt. Viele Arbeiten gelten somit der immanenten Klärung von Selbstverständnis und

Legitimation der Zunft. Die hohe Aufmerksamkeit für Ausbildung und Fortbildung von Sozialpädagogen und Sozialarbeitern steht darüber hinaus im Zusammenhang mit einer noch nicht bewältigten Wissenschaftsorientierung, welche die Sozialpädagogik durch die organisatorische und curriculare Umgestaltung ihrer Ausbildungsstätten im letzten Jahrzehnt erfahren hat.

Die Entwicklung und praktische Anwendung von *Verfahren und Methoden der Sozialpädagogik* nehmen in der Fachliteratur ebenfalls breiten Raum ein. Arbeiten über gruppendynamische, therapeutische Verfahren, Plan- und Rollenspiel, über neue Methoden des Medieneinsatzes sind weitgehend nach dem Muster des an der Praxis gewonnenen und „wissenschaftlich aufbereiteten", d.h. an Sprachspielen verschiedener Theorieansätze ausgerichteten Erfahrungsberichts ausgestaltet. Eine Evaluation der Methoden durch quasi-experimentelle Designs und in diesem Rahmen spezifizierende Fragestellungen und Datengewinnungsprozesse sind in der Sozialpädagogik kaum, in therapeutischen Randbereichen (Verhaltensmodifikation) eher anzutreffen. Dies hängt damit zusammen, daß Methoden in der Sozialpädagogik in erster Linie Strategien des Zugangs zu Klienten und des Umgangs mit den gestellten Problemen sind. Dies läßt auch die Dominanz kommunikationserweiternder Ansätze (Gruppendynamik, Selbsterfahrung) in neuen Methoden und Verfahren der Sozialpädagogik verstehen. Sie bestimmen eher Arbeitsstile, professionelles Selbstverständnis, gesellschaftliches Funktionsverständnis als daß sie operationalisierbare Lösungen operationalisierbarer Probleme beinhalten.

Breiten Raum nimmt in der sozialpädagogischen Diskussion auch die Auseinandersetzung über die Zielvorstellungen von Einrichtungen und Maßnahmen ein, deren unterschiedliche gesellschaftspolitische Begründungszusammenhänge wie deren strukturierende Wirkung auf das sozialpädagogische Handeln selbst. Diese permanente Verständigungssituation wird entlang der gesellschaftlichen und ideologischen Prämissen praktischer Arbeit geführt, nicht entlang identifizierbarer Erfolge oder Mißerfolge. Sozialpädagogische Verständigungsversuche über Jugendarbeit mit arbeitslosen Jugendlichen oder auch Obdachlosenarbeit, um zwei Beispiele zu nennen, haben so immer eine Tendenz ins Grundsätzliche. Die prekäre, kaum grundsätzlich konzeptionell, allenfalls praktisch aufzulösende Ambivalenz sozialpädagogischen Handelns zwischen affirmativer Problem- und Krisenbewältigung und Emanzipationshilfe, aktualisiert durch eine forcierte Politisierung von Eigenverständnissen mancher lokaler Träger und vieler Professioneller, ist dafür als Grund anzunehmen.

Diese Bewertung sozialpädagogischer Arbeiten ist an Kriterien einer Sozialisationsforschung orientiert, die den Einbezug der sozialen und personalen Ebene des Sozialisationsprozesses, generalisierende Aussagen über Typen institutioneller Kontexte, über Handlungsvollzüge und Eigenschaften von Personen sowie eine methodisch zu kontrollierende intersubjektive Nachvollziehbarkeit von Aussagen beinhalten.

Eine dergestalt von wissenschaftlichen Ansprüchen abgeleitete Perspektive übersieht freilich, in welchem Umfang sowohl in der Praxis sozialpädagogischer Arbeit wie auch in deren wissenschaftsorientierter Reflexion „Sozialisationsforschung" stattfindet: als Aufklärung individueller Sozialisationsbiographien, als Aufklärung der Wirkungen institutioneller Strukturen auf Kinder und Jugendliche, als Aufklärung über Strukturelemente wie Einstellungen von Lehrern, Regelungen von Konflikten an Schulen, die Sozialisationsbiographien beeinflussen.

Ein Sozialpädagoge, der im Rahmen eines Modellprojektes zur Schulsozialarbeit über längere Zeit hinweg Gruppengespräche mit Schülern organisiert, steht in einem Kommunikationszusammenhang, der ungleich breitere und komplexere Einsichten über individuelle Sozialisationsverläufe von Kindern und Jugendlichen sowohl für ihn selbst als Professionellen als auch für die Betroffenen zur Sprache und Bewußtsein bringt, als dies Lehrern in durchschnittlichen Unterrichtssituationen in der Regel möglich ist.

Dieser Erkenntnisprozeß ist auf konkrete Personen orientiert; die „Sozialisationseinflüsse" familialer Strukturen oder unterrichtlicher Situationen werden zwar thematisiert, bleiben jedoch nur im Rahmen der kommunikativ herstellbaren Rekonstruktion individueller Biographien plausibel. Diese Erkenntnisprozesse sind in der Regel methodisch und theoretisch nicht kontrolliert, die Verfahren, in denen gegenwärtige und geschichtliche Wirklichkeit von Kindern und Jugendlichen bewußt gemacht werden, bleiben im Kommunikationsprozeß weitgehend latent. Die gängigen Methoden der Supervision richten die Aufmerksamkeit eher auf emotionale und emotional wirksame Strukturen bei Sozialpädagogen, als daß sie kognitive Strukturen wie etwa implizite Sozialisationstheorien aufgreifen würden. So kommen implizite Persönlichkeits-, Sozialisations- und Devianztheorien von Sozialpädagogen zur Geltung und strukturieren Plausibilität, ohne daß diese Theorien selbst systematisch im Austausch mit den Betroffenen überprüfbar gemacht werden können. Diese Erkenntnisprozesse sind auch von der Zieldefinition der einzelnen Maßnahme und von der Zieldefinition des Sozialpädagogen selbst bezüglich seiner Arbeit bestimmt und von daher instrumentell eingeengt. Nicht die Exploration etwa der Komplexität und Widersprüchlichkeit des Einflusses von Familienstrukturen auf das aktuelle Verhalten von Jugendlichen wird so gesprächsleitend, sondern die Erarbeitung praktikabler konfliktlösender Definitionen des Verhaltens des Jugendlichen in seinen gegenwärtigen Lebensverhältnissen.

Zusammenfassend ist festzustellen, daß in der Forschung über sozialpädagogische Institutionen kaum Arbeiten zu finden sind, die sozialpädagogische Arrangements als Sozialisationskontexte so begreifen, daß eine empirische Nachprüfbarkeit von Sozialisationswirkungen über alltagssprachlich festgestellte Funktionszuschreibungen hinaus möglich wird. Das Konzept Sozialisation taucht in den meisten Erfahrungsberichten über Modelle, Methoden, Konflikte zwar auf, es erscheint jedoch als Rahmenkonzept, das die gesellschaftliche Wirkung von sozialpädagogischem Handeln allgemein umschreiben soll und nur von Fall zu Fall theoretisch ausgewiesen und methodisch operationalisiert wird. Die Inhalte, die dem Konzept der sozialisierten Person unterlegt werden (Identität, soziale Kompetenz, Autonomie), sind in der Regel pädagogische Ziele, die in der Maßnahme verfolgt werden. Sie werden lediglich in der Nomenklatur sozialpädagogischer Sprachspiele, die teilweise der Nomenklatur sozialpsychologischer Sozialisationsforschung entlehnt sind, formuliert. Zielformulierungen dienen so eher der intersubjektiven Verständigung über die Intention von Maßnahmen, nicht aber als analytische Konstrukte, die gerade die Wirksamkeit dieser Intentionen in Frage stellen könnten. Sie dienen der Vergewisserung von professionellem Selbstverständnis, der Legitimation der Institution nach außen. „Sozialisation", als realer Prozeß verstanden, wird unterstellt: in für die sozialpädagogische Literatur charakteristischen Formulierungen wie „Beiträge zur Sozialisation", „Sozialisationseinflüsse" und „Sozialisationsleistungen" als Effekt sozialpädagogischen Handelns postuliert. „Sozialisation" hat offenbar die Funktion einer für die Profession identitätsstiftenden gesellschaftlichen Ortsbestimmung gewonnen, eine Modernisierung des mit negativen Konnotationen beladenen Begriffs „Erziehung". Die analytische und damit gegenüber pädagogischer Normativität kritische Intention des Sozialisationsbegriffs, die mehrfach herausgestellt worden ist (FEND 1969, PRESSEL 1971) scheint in der sozialpädagogischen Verständigung verloren gegangen zu sein.

Das Wissen über Sozialisation erfährt in den sozialpädagogischen Institutionen eine pragmatische Verwertung. Eine Gesprächssituation in der Gruppe mag Erfahrungen zur Sprache bringen, welche die vielfältigen Folgen von schlechten Noten auf die psychosoziale Befindlichkeit von Jugendlichen wiedergeben. Schlechte Noten werden zum Thema der Beziehungen zu den Eltern, zum Thema der Beziehungen zur eigenen Person. Abwehrstrategien, wie etwa verschiedene Formen der Neutralisierung von Mißerfolgserlebnissen, transformieren diese Form institutioneller Etikettierung in andere Motiv- und Handlungsbereiche.

Die Aufklärung segmentierter und damit notwendig individuell erscheinender Fälle findet in der Regel praktische Konsequenzen nur im Bereich von Problemlösungen, die wiederum auf den einzelnen segmentierten Fall bezogen sind. Die Delegitimierung regulativer Strukturen bedarf dagegen eines strukturbezogenen Wissens, also des Nachweises serieller Effekte über den individuell rekonstruierbaren Fall hinaus. Solches Wissen kann jedoch von Sozialpädagogen wegen der Struktur ihres Zugangs zu Problemen nicht gewonnen werden. Sozialpädagogisches Sozialisationswissen dient der praktischen Lösung von Fällen, die Analyse der Sozialisationswirkungen regulativer Strukturen bleibt dabei ein schwer zu „verifizierendes" Beiprodukt.

Systematische Forschung im allgemeinen Bezugsrahmen „Sozialisation" kann darüber hinaus für sozialpädagogische Institutionen wohl auch nicht die *Steuerungs- und Legitimationsfunktion* gewinnen, die ihr im Schulbereich zukommen. Erwähnt sei hier der Einfluß von Forschungsarbeiten zum Komplex der Begabung und der schichtenspezifischen Sozialisation, die den Aufschwung der Bildungsreform

zumindestens mitbegleitet haben, wie auch die Bedeutung von Forschungsprojekten zur Schulevaluation (FEND 1975, BÜLOW u.a. 1976) für die Diskussion über Vor- und Nachteile verschiedener Schulformen.
Forschungsergebnisse zur Organisation sozialpädagogischer Maßnahmen können deshalb nur sehr bedingt *Steuerungsfunktionen* erfüllen, weil sozialpädagogische Maßnahmen von Problemsituationen ausgehen, die nicht nach Kriterien mißlungener Sozialisation, sondern nach Kriterien der Krisenbewältigung, Behebung von Desintegrationsphänomenen oder Normalisierung von Auffälligkeiten angelegt sind. Sozialarbeiter in der Schule werden nicht bereitwillig an der Organisation schulischer Sozialisationsabläufe beteiligt, zur Revision unterrichtlicher oder bürokratischer Strukturen nach sozialpädagogischen Prinzipien eingeladen, sondern zur Bearbeitung von problematischen Verhaltensweisen unter Schülern oder zur Bewältigung von Konfliktzonen im Sozialsystem Schule eingesetzt, die mit traditionellen Mitteln schulischer Sozialkontrolle nicht mehr oder nur zu hohen Kosten bewältigt werden können. Von daher ist verständlich, warum Zieldiskussionen, Methodenfragen, Probleme des professionellen Status und Selbstverständnisses, insgesamt also Fragen der Institutionalisierung von Sozialpädagogik als abgrenzbarer autonomer Form professionellen Umgangs mit Kindern und Jugendlichen, in der fachöffentlichen Diskussion so breiten Raum einnehmen.
Die Rekonstruktion der gesetzten Handlungssituationen, der zugelieferten Probleme und Fälle im Bezugsrahmen Sozialisation, setzt aber eine kritische Distanz zur Funktionalisierung sozialpädagogischer Kompetenz für die Versorgung sozialer Probleme voraus. Der Bezugsrahmen Sozialisation, der einen Zugang zu Strukturen der Institutionen und Lebenswelten eröffnet, die soziale Probleme verursachen, dient eher der Reflexion faktischer Vergesellschaftung der Sozialpädagogik, als daß er umsetzbare Perspektiven für die Intervention öffentlicher und freier Träger der Sozialpädagogik erbringen würde. Hier zeigt sich die grundlegende Differenz im Verhältnis von organisierter Sozialisation und Sozialpädagogik, die etwa Jugendhilfe und Schule konkret unterscheidet: Schule organisiert Sozialisation, sozialpädagogische Institutionen reagieren auf die Probleme, die – zunehmend auch durch die Schule und Berufausbildung selbst – als soziale Probleme definiert sind und nur mittelbar als Probleme, die durch Sozialisationsabläufe mitverursacht sind, verstanden werden können.
Legitimationsfunktionen erfüllt sozialisationsbezogene Forschung für sozialpädagogische Institutionen ebenfalls nur in beschränktem Ausmaß. Sozialpädagogische Maßnahmen erhalten ihre Legitimation, wie dies für den gesamten Bereich sozialer Dienste gilt: über den Sachverhalt der Intervention selbst. Daß etwas mit Problemgruppen gemacht wird, daß Hilfen angeboten werden für Personen, die aus dem Rahmen bürgerlicher Normalität herauszufallen drohen, scheint als Nachweis für eine erfolgreiche Sozialpolitik zu genügen. Das läßt sich am Beispiel vieler Modellprogramme im sozialpädagogischen Bereich veranschaulichen. Modelle sozialpädagogischer Arbeit werden öffentlich gefördert und wissenschaftlich begleitet. Die naheliegende Intention, verschiedene Ansätze nach Kriterien ihrer Effizienz – und Effizienz läßt sich wesentlich auch als historisch gelungene Sozialisation im Kontext sozialpädagogischer Hilfen fassen – zu bewerten und so mit weltanschaulichen und professionellen Prämissen zu legitimieren oder zu delegitimieren, bricht sich schon am Unvermögen, Konsens über Zielsetzungen oder Maßnahmen zwischen beteiligten Institutionen und Personen zu erreichen. Weltanschauliche und professionelle Ansätze produzieren ihre eigenen Erfolge, wie Theorien ihre eigenen Daten produzieren und selegieren und damit einen Realitätsbezug herstellen. Diese selbstbestätigende Tendenz professionellen Handelns wird auch selten durch das Instrument der wissenschaftlichen Begleitung vor Ort gebrochen.

4 Perspektiven für die Sozialisationsforschung

Das Konzept Sozialisation eröffnet eine der Dimensionen, in denen die Sozialpädagogik sich reflexiv immer wieder ihrer gesellschafts- und bildungspolitischen Stellung und Funktion vergewissern kann, um gegenüber fortwährender Indienstnahme kritisch zu bleiben und die schmalen Möglichkeiten zur Eigendefinition von Problemen und Eigengestaltung von Maßnahmen zu nützen. Andere Dimensionen dieser Reflexion sind die sozioökonomische Entwicklung der Gesellschaft und ihr Einfluß auf die materiellen Lebenslagen bestimmter Gruppen,

die Entwicklung der Staatstätigkeit, vor allem im Bereich sozialstaatlicher Sicherung und institutionellen Krisenmanagements, die gesellschaftliche Produktion, Definition und Behandlung sozialer Probleme.
In der Dimension „Sozialisation" sind sozialpädagogische Institutionen mit dem Sachverhalt konfrontiert, daß die eigenen Arbeitsansätze und Programme immer schon im Kontext von individueller Sozialisationsbiographie und organisiertem Sozialisationssystem stehen. Kinder und Jugendliche treten spezifisch sozialisiert mit Sozialpädagogen in Beziehung: ihre sozialen Orientierungen, Einstellungen und Handlungskompetenzen beeinflussen sowohl die Interaktionen in sozialpädagogisch hergestellten Situationen als auch deren sozialisatorische Wirkung. Sozialpädagogische Bezüge stellen ein in der Regel bescheidenes Segment im Gesamtsystem von Rollen, Interaktionen und Erfahrungen dar, das Kinder und Jugendliche in einzelnen Lebensphasen durchleben und das sie als individuelles Sozialisationssystem sozialisiert (SCHEFOLD 1979).
In dieser Funktion, den Problemhorizont sozialpädagogischer Intervention kritisch zu erschließen, thematisiert das Konzept Sozialisation den Gesamtzusammenhang Sozialisation sowohl auf der Ebene der Genese der konkreten Person wie auf der Ebene der gesellschaftlichen Organisation. Sozialisationsforschung und Sozialisationstheorie haben diesen komplexen Zusammenhang, wie in kritischen Kommentaren zum Stand von Theorie und Forschung (BERTRAM 1975, WALTER 1973, GEULEN 1976) angemerkt wird, bislang nur in Teilaspekten und Teiltheorien aufklären können.
Sozialpädagogisch motivierte und angeleitete Reflexivität kann deshalb der bunten Gemeinde der Sozialisationsforscher einige Zugänge zum Thema Sozialisation aufzeigen, die über die etablierten Forschungslinien hinausgehen. Sie kann helfen, Sozialisationsforschung stärker als bislang als aktuelle und kritische Aufklärung über Gesellschaft zu betreiben (PRESSEL 1970). Diese Zugänge liegen vor allem in einer sozialisationsbezogenen Reflexion des Definitions- und Interventionsbezugs sozialpädagogischer Institutionen (*soziale Probleme, Organisation von Sozialisation*) und in der Erschließung des jeweils konkreten historischen Kontextes, in dem sich Sozialisationsprobleme für die Sozialpädagogik vermitteln (*historische Sozialisationsweise*).

4.1 Soziale Probleme

In der Perspektive sozialwissenschaftlicher Rekonstruktion sind soziale Probleme zugleich als Produkte gesellschaftlicher Definitionsprozesse wie als Manifestationen sozioökonomisch und soziokulturell benachteiligter Lebensverhältnisse aufzufassen.
Die Schwächen herkömmlicher sozialisatorisch orientierter Konzepte zur Erforschung sozialer Probleme sind insbesondere durch die Kritik am ätiologischen Paradigma in der Devianzforschung (vgl. KECKEISEN 1974, Arbeitskreis junger Kriminologen 1974) deutlich gemacht worden. Die Ernüchterung über die Grenzen der Erklärungsfähigkeit des Definitionsansatzes aber wiederum – z.B. bei der Erklärung der Entwicklung primärer, nicht institutionell fixierter Devianz bei Kindern (vgl. Kriminologisches Journal 1978/79) – scheint allerdings gegenwärtig eine sozialisationsbezogene Forschung im Bereich sozialer Probleme unter neuer Fragestellung wieder zu beleben.
Ausgehend von den Erscheinungsformen sozialer Probleme kann ein sozialisationsorientierter Zugang zu sozialen Problemen persönlichkeitsbezogene Korrelate zum Auftreten spezifischer auffälliger Handlungsweisen wie deren zuschreibende Fixierung feststellen. Modelle der Genese solcher Persönlichkeitseigenschaften erlauben den Rückgriff auf Lebensverhältnisse und Interaktionsstrukturen, denen die Sozialisation dieser Personstrukturen zugeschrieben werden kann. Die Vorliebe für die Familie als Sozialisationsfeld, die Vernachlässigung sekundärer Institutionen, vor allem der Institutionen, die aktuelle Lebensvollzüge der untersuchten Personen dominieren, ist dabei mehrfach festgestellt worden (vgl. BRUSTEN/HURRELMANN 1973, LÖSEL 1975).
Die Kritik an diesem Ansatz richtet sich gegen den Anspruch, durch die Rückführung spezifischer Dispositionen zur Auffälligkeit auf spezifische Formen sozialisatorischer Interaktion soziale Probleme erklären und damit im Prozeß der Sozialisation selbst die Faktoren von Abweichung und potentieller Normalisierung fixieren zu wollen. Damit wiederholt Wissenschaft die Legitimationsmuster praktischen Handelns. Mit der Beschränkung der sozialstaatlichen Bearbeitung sozialer Probleme auf vorwiegend individualisierende Hilfen wird gerechtfertigt, daß sozialen Problemen wie Jugendarbeitslosigkeit, Alkoholismus, Drogenkonsum und Jugendreli-

gionen wesentlich „Sozialisationsdefizite" der Betroffenen zugrundeliegen.
Sozialisationsbezogene Forschung sozialer Probleme kann jedoch dann auch gesellschaftskritisch sein, wenn man Sozialisation nicht als problem*konstituierenden*, sondern als problem*konkretisierenden* Prozeß versteht: Als Prozeß, durch den manifeste und latente Defizite von Lebenslagen so zur Wirkung kommen, daß Phänomene entstehen, die öffentlicher, insbesondere sozialstaatlich bestimmter Aufmerksamkeit problematisch erscheinen, d.h. vor allem legitimatorische und fiskalische Risiken signalisieren. Diese über gesellschaftliche Ungleichheit aufklärende Dimension von Sozialisationsforschung ergibt sich aus der Grundfunktion von Sozialisation, Reproduktion von Gesellschaft in der Dimension der Vergesellschaftung der „inneren Natur" zu sein – somit auch Reproduktion spezifischer deprivierender Lebenslagen in der Persönlichkeit der Betroffenen.
Ein Beispiel: Das soziale Problem der Obdachlosigkeit, genauer der Lebensumstände in den Familien, die in städtischen Notunterkünften leben müssen, ist in der soziologischen Literatur der letzten Jahre eingehend beschrieben worden (Höhmann 1976, Abels/Keller 1974, Wahl/Lösch 1975). Nicht die Schilderungen des Alltags von „Obdachlosen" haben jedoch Politik und Administration in Handlungszwang gebracht, sondern der Nachweis der Übertragung dieses Sozialschicksals auf Kinder und Jugendliche über sozialisationswirksame Mechanismen. Dergestalt soziale Ungleichheit reproduzierende Sozialisationskarrieren rühren an wesentlichen Ideologiebestandteilen des politischen Systems der Bundesrepublik: An dem Grundsatz der Chancengleichheit und damit an dem Grundsatz individueller Leistung als zentralem Verteilungsmechanismus von Lebenschancen. Die Erforschung sozialer Probleme unter der Perspektive ihrer Entfaltung über Sozialisationsprozesse kann also Zugang zur Thematisierung von strukturellen Problemlagen bieten, die als solche kaum Gegenstand öffentlicher Diskussion sind, da sie oft nur analytisch erschlossen werden können.
Sozialstrukturelle und institutionelle Kontexte von biographischen Verläufen, die über die Korrespondenz von Handeln und institutioneller Reaktion in Problembereiche wie Devianz, Alkoholismus und Verhaltensstörung führen, reichen auch über die im Rahmen schichtspezifischer Sozialisationsforschung festgestellten Konstellationen hinaus. Im Rahmen einer sozialisationsbezogenen Thematisierung sozialer Probleme können neben den klassischen Variablensets mißlungener Sozialisation, etwa der sozioökonomisch und soziokulturell benachteiligten unvollständigen Familie, insbesondere soziale Situationen identifiziert werden, die den Fortgang der *kumulativen Benachteiligung* durch Sozialisation bewerkstelligen. Diese sind vor allem Situationen, die, vom System organisierter Sozialisation gesetzt, abweichende Pfade im Sozialisationsverlauf institutionell einleiten: Zurückweisung von Kindern von der Einschulung ohne darauf folgende Sozialisationshilfen, Überweisung in Sonderschulen, vorzeitiger Abgang von allgemeinbildenden Schulen, Übergang von der Hauptschule in den Beruf oder aber in die Arbeitslosigkeit. Dies sind ferner Situationen, in denen besondere Anforderungen an Kinder und Jugendliche bezüglich Leistung und Problembewältigung gestellt werden; die Chancen der Kinder und Jugendlichen, mit Konflikten durch die Verfügung über materielle und kommunikative Ressourcen der eigenen Lebenswelt im Rahmen des als normal akzeptierten fertig zu werden, offenbaren sich dabei als unterschiedlich verteilt.
In diesem Sinne sollten gerade die Zusammenhänge der Genese problematisierbarer Handlungsweisen mit durchschnittlichen, sozialstrukturell und institutionell gesetzten Lebensabläufen und Formen der Organisation des Alltags wissenschaftlich bearbeitet werden. Die Erforschung anerkannter sozialer Probleme des Jugendalters wie Jugendkriminalität, Drogenmißbrauch, Alkoholismus, psychische Störungen erfolgt bislang in weitgehend separaten Wissenschaftsbereichen und -disziplinen. Die durch gesellschaftliche Definition erfolgte Verdinglichung der Probleme durch ihre Ablösung vom Alltag und von durchschnittlichen Lebensläufen wird damit durch die wissenschaftliche Bearbeitung im Rahmen eigener Forschungsfelder nochmals wiederholt.
Die Strategie, Phänomenologie und Konstitution sozialer Probleme auf der Folie von Lebensläufen (vgl. Kohli 1978) zu erforschen, könnte dabei ermöglichen, die individuell zu leistende Balance zwischen Auffälligkeit und Unauffälligkeit, drohender Stigmatisierung und möglicher Normalisierung sowie Selbst- und Fremddefinition des eigenen Handelns als Forschungsgegenstand in den Mittelpunkt der Erforschung sozialer Probleme von Kindern und Jugendlichen zu

rücken. Damit wäre die Gefahr umgangen, den Determinismus zu wiederholen, den eine retrospektiv ansetzende sozialisationsbezogene Erforschung von Devianz aufweist. Damit könnte auch die Naivität vermieden werden, welche institutionenbezogene Forschung im theoretischen Bezugsrahmen des „labeling approach" gegenüber der, biographisch betrachtet, vorinstitutionellen gesellschaftlichen Wirklichkeit an den Tag legt.

4.2 Organisation von Sozialisation

Vielen neuen Arbeitsformen der Sozialpädagogik ist gemeinsam, daß sie unmittelbar einer Problemstelle des Systems organisierter Sozialisation zugewiesen sind und weniger der Bearbeitung problematischer Handlungen, die allgemein als abweichendes und auffälliges Verhalten gelten. Ebenso gewinnen Indikationen, die sich auf institutionsspezifische Auffälligkeit beziehen – also etwa Schulschwänzen, in der Schule öffentlich gemachte Verhaltensstörungen – als Anlässe sozialpädagogischer Intervention Gewicht. Damit entwickeln sich sozialpädagogische Indikationen zunehmend weg vom auffälligen Verhalten des Einzelnen hin zu Problemsituationen von Gruppen, die einem Strukturproblem des Systems öffentlich organisierter Sozialisation die Definition ihrer Hilfsbedürftigkeit verdanken. Das hängt sicher auch mit der Strategie der sozialpädagogischen Träger zusammen, ihre schmale Autonomie zur Eigendefinition des „timings" und der Formen der Aktivitäten dahingehend zu nützen, daß präventive und prophylaktische Arbeitsansätze Priorität erhalten. Präventiv und prophylaktisch Probleme von Kindern und Jugendlichen anzugehen bedeutet, die nach Auffälligkeitsphänomenen zugewiesesenen Fälle auf typische Konstellationen problemgenerierender Lebensverhältnisse hin zu verdichten.
Beispiele für solche Arbeitsansätze, die auf Strukturprobleme des Sozialisationssystems, weniger auf den Einzelfall bezogen sind, sind etwa Hausaufgabenhilfen im Rahmen von Einrichtungen der Jugendarbeit, Arbeitsformen der Schulsozialarbeit, welche die Zeiträume im Schulalltag zwischen dem unterrichtlichen Geschehen ausfüllen und organisieren sollen, oder die Konflikte von Schülern mit der Schule und ihren Rollenträgern, also Schulschwänzen, Unterrichtsstörungen, Aggression gegen Mitschüler und anderes beantworten, und den Schüler in das System Schule integrieren sollen. Beispiele in diesem Zusammenhang sind Arbeitsformen, die Hilfen für die Bewältigung vielfältiger Orientierungsaufgaben von Schülern im Übergang von der Hauptschule zur Berufsausbildung und Arbeit leisten sollen; ferner Maßnahmen mit jugendlichen Arbeitslosen, die durch Freizeitangebote und Einzelbetreuung das Nachholen von Bildungszertifikaten flankieren sollen.
Die Dokumentation und Reflexion dieser und ähnlicher Maßnahmen (BMBW 1979) zeigen, daß Sozialpädagogik zunehmend unmittelbar an Strukturprobleme der öffentlich organisierten Sozialisation gebunden sind. *Sozialpädagogische Institutionen geraten zunehmend in die Funktion eines umfassenden sozialen Dienstleistungssystems, das Organisations- und Integrationsprobleme der Regelinstitutionen der Sozialisation mit Kindern und Jugendlichen bewältigen soll.* Damit muß zwangsläufig die Thematik der „Organisation von Sozialisation" in der wissenschaftlichen Reflexion über Sozialpädagogik an Gewicht gewinnen.
„Sozialisation" ist ein institutionenkritisches wie ideologiekritisches Konzept, für das die Differenz von institutionell gesetzten Bildungs- und Erziehungsarrangements und deren faktische Aneignung und Verwertung durch „Sozialisanden" wie die Differenz von intendierten Bildungs- und Erziehungszielen und faktischen Sozialisationswirkungen konstitutiv ist. Unter diesem Aspekt ist nur sehr eingeschränkt von „Organisation von Sozialisation" zu sprechen. Denn die bewußte und planvolle Erarbeitung von Steuerungs- und Ordnungsmitteln, die intentional auf Sozialisation bezogen sind, wie etwa Lehrpläne, sozialpädagogische Inszenierungen von Lernprozessen, erreichen zwar Bedingungen von Interaktion, ohne diese im Ablauf bestimmen zu können. Die sozialisatorische Wirksamkeit von Interaktion schließlich ist ohne Berücksichtigung der Ebene personaler Strukturen und Prozesse, etwa von Aneignungs- und Abwehrstrategien gegenüber institutionellen Anforderungen, nicht empirisch festzumachen.

4.3 Historische Sozialisationsweise

Sozialpädagogische Institutionen sind – gerade wegen ihrer spezifischen Eingebundenheit in den historischen Prozeß sozialstaatlicher Vergesellschaftung – sozialisatorisch wirksamen Strukturveränderungen im Reproduktionsbereich wesentlich näher als z.B. die relativ umweltindifferente Institution Schule. Sie sind für solche sozialisatorisch wirksamen gesellschaftlichen Tendenzen Seismographen im doppelten Sinne: „Zwischen" den herkömmlichen Institutionen des Erziehungs- und Bildungssystems angesiedelt und im Vergleich zu diesen relativ „offen" strukturiert, sind sie am ehesten mit jenen Veränderungen und Widersprüchen im Verhalten Jugendlicher und der gesellschaftlichen Normentwicklung konfrontiert, die von den herkömmlichen Erziehungsinstitutionen nur notdürftig verdeckt werden. So werden in den Veranstaltungen der Jugendarbeit zumeist politische und soziokulturelle Verhaltens- und Einstellungsänderungen Jugendlicher zuerst registriert. Die zunehmende Versorgungsabhängigkeit gerade der benachteiligten Bevölkerungsgruppen von der öffentlichen Administration, die allgemein steigende Bürokratisierung des Alltags, die Ausbreitung von Erwartungshaltungen, die in ihrem Problemhorizont einseitig auf die passive Gewährung besserer Sozialleistungen fixiert sind, werden gerade von Sozialarbeitern, die eine aktivierende und mobilisierende Sozialarbeit organisieren wollen, beklagt. Jugendberatungsstellen bekommen es mit Konfliktmustern zu tun, in denen die Diskrepanz zwischen institutionellen Leistungsanforderungen und individueller Motivation, zwischen Disziplin in Schule und Arbeit und ökonomisch gelenkter lasziver Konsumorientierung in der Freizeit, die Spaltung von Bedürfnisdispositionen und sozialer Realität zutage tritt. Mit der steigenden öffentlichen Anerkennung sozialtherapeutischer Einrichtungen wird sichtbar, daß sich mit der Zunahme psychischer Belastungen bei korrespondierender Erweiterung der psychohygienischen und allgemein-therapeutischen Dienste die gesellschaftlich akzeptierte „Normalitätsschwelle" zu verschieben scheint: Psychische Leiden werden „normal".

Diese Tendenzen sind mit den gängigen Konzepten der Sozialisationsforschung, die hier zuzutreffen scheinen – Einstellungen, Kompetenz, moralisches Bewußtsein, Normgebundenheit – gerade in ihrer historischen Qualität und der Art ihrer gesellschaftlichen Vermittlung nicht hinreichend zu rekonstruieren. Solche in der Regel ahistorischen, d.h. auf prinzipielle Allgemeingültigkeit und interkulturelle Vergleichbarkeit formalisierten Konzepte vernachlässigen die historische Ausformung und den materiellen Gehalt des Vergesellschaftungsprozesses in ihren Auswirkungen auf Persönlichkeit und Interaktion und sind deshalb gerade für die konkreten Interventionsbedürfnisse sozialpädagogischer Institutionen von begrenztem Erkenntnis- und Praxiswert.

Denn solche Tendenzen äußern sich in der Weise historisch konkret, daß sich in einer angebbaren Epoche Leitbilder, Erziehungsstandards, kollektive Verhaltenstendenzen und Normhorizonte in einer typischen Beziehung zueinander ausformen und wieder verändern. Sie werden im Rückbezug auf gesellschaftliche Entwicklungstendenzen interpretierbar. Sie lassen bestimmte durchschnittliche Lebensvollzüge, gesellschaftlich beeinflußte „Lebenszuschnitte" auch im personalen Bereich durchscheinen und geben Aufschluß über allgemeine Lebensverhältnisse, welche in der Regel die schichtspezifisch und sozialökologisch bestimmten Lebenslagen diffundieren.

Sozialarbeiter müssen sich im praktischen Umgang mit ihren Adressaten mit solchen Lebenszuschnitten und ihren ideologischen Überformungen in institutionellen Zuweisungsprozessen auseinandersetzen. Sie können sich in solchen interpretativen Situationen dabei weder hinreichend auf segmentierte Ergebnisse der Sozialisationsforschung noch auf die gängigen gesellschaftlichen Definitionen „geglückter" oder „mißglückter" Sozialisation verlassen, sondern brauchen *historisch gültige* Orientierungen. Dieser Zusammenhang rechtfertigt die Annahme, daß mit einer Reflexion solcher jeweils epochaler gesellschaftlicher Komponenten von Sozialisation über den sozialpädagogischen Verwertungszusammenhang hinaus auch ein historischer Bezugsrahmen für die Sozialisationsforschung entwickelt werden kann, in dem Aussagen zur Sozialisation von Kindern und Jugendlichen historisch expliziert und modifiziert werden können.

Daß einem bestimmten historischen Strukturtypus von Sozialisationsproblemen auch ein bestimmter epochaler Strukturtypus der Vergesellschaftung entspricht, ist in der Sozialisationsforschung immer wieder ansatzweise thematisiert worden. So mit der normativ begründeten Konstruktion des „modalen Persönlichkeitstyps", der durch personale Anpassungsleistungen an das bürgerlich-kapitalistische Normensystem geprägt ist (vgl. DÖBERT/NUNNER-WINKLER 1975). Diese zentrale Thematik des Verhältnisses von Triebstrukturen, Bedürfnispositionen und historisch-sozialer Realität (ZIEHE 1975) ist vor allem auch an der Widersprüchlichkeit der Bezugssysteme von kapitalistischer Produktion und Sozialisation diskutiert worden: Welche Sozialisationsprobleme entstehen dadurch, daß identische Individuen und verwertungsspezifische Arbeitsvermögen zugleich produziert werden müssen? (U. VOLMERG 1976, KROVOZA 1976).

Diese Versuche sind in ihrer empirischen Aussagekraft den Grenzen von Modellkonstruktionen unterworfen, weil sie sich entweder in den personalen Komponenten („Persönlichkeitstypus") oder gesellschaftlichen Strukturbedingungen (kapitalistische Produktionsweise) idealtypisch festlegen. Sie werden somit der historischen Vielschichtigkeit sich epochal wandelnder Lebenszuschnitte genau so wenig gerecht wie dem Wandel und der Ambivalenz des Verhältnisses von Produktion und Sozialisation in der spätkapitalistischen Gesellschaftsformation, die sich vom klassischen Konkurrenzkapitalismus, der meist als Modellbezug genommen wird, wesentlich unterscheidet.

Das Problem epochaler Lebenszuschnitte verweist vielmehr auf einen bestimmten *Strukturtypus des Problemfeldes Sozialisation* analog dem Strukturtypus spätkapitalistischer Vergesellschaftung. Diesen Zusammenhang kann man begrifflich als *historische Sozialisationsweise* fassen. Darunter ist *ein Set von universalen sozialisationsleitenden Prinzipien einer sozioökonomisch angebbaren Epoche* zu verstehen, die sich *im Zusammenwirken der spezifischen ökonomischen, politischen und soziokulturellen Vergesellschaftungsprinzipien dieser Epoche herausbilden.* Es handelt sich hier um eine *historische Hypothese*, deren operationaler Wert darin besteht, die zur Erklärung von Persönlichkeitsstrukturen und Interaktionsmustern herangezogenen Umweltgegebenheiten als Erscheinungen einer bestimmten historisch-sozialen Realität formulieren zu können.

Solche epochalen Strukturveränderungen, die sowohl soziokulturell (Auflösung tradierter Sinnzusammenhänge, Entleerung sozialisationsleitender Prinzipien wie Leistungsideologie, Bedürfnisaufschub etc.) als auch als Veränderung der Lebensverhältnisse (zunehmend öffentlich organisierte Reproduktion und Versorgung, Aufspaltung und Segmentierung der Lebensbereiche, Trennung von expressiven und instrumentellen Lebensbereichen) sozialisatorisch wirksam weden können, sind für die derzeitige Epoche des Spätkapitalismus vielfach beschrieben worden (HABERMAS 1973, OFFE 1972, ZIEHE 1975, LUHMANN 1975, HORN/SCHÜLEIN 1976). Mit diesen Vergesellschaftungstendenzen korrespondieren allgemeine kognitive und normative Orientierungen, die bis in individelle Selbstkonzepte und Lebensplanungen hineinreichen: Sozialstaatliche Erwartungs- und Versorgungshaltung, verstärkter Konsumbezug im Sinne der Orientierung an den Phantasiewerten der Waren, entfremdetes Zeitbewußtsein, unstrukturierter Gegenwartsbezug (vgl. dazu ausführlich: BÖHNISCH 1979).

Mit dieser spätkapitalistischen „Sozialisationsweise" verbindet sich aber nicht die Annahme einer eindeutigen Funktionalisierung des Subjekts gemäß den Prinzipien der herrschenden Systemrationalität. Der Ambivalenzcharakter des gesellschaftlichen Vermittlungszusammenhangs erlaubt eben nicht die Ableitung strikter „Milieutheorien", welche die konkrete Lebenstätigkeit der Subjekte als Schnittpunkt der Verhältnisse erscheinen lassen (HOLZKAMP 1977). Ausdrucksformen spätkapitalistischer Sozialisationsweise diffundieren Sozialisationsprozesse relativ schichtunabhängig, vor allem in Lebensphasen, deren Verlauf für die personale und soziale Identitätsbildung weitreichende Konsequenzen haben (Adoleszenzphase). Genau so bilden sich in der spätkapitalistischen Sozialisationsweise aber auch sozialisationswirksame Strukturvariablen aus, welche quer zu den Schichten liegen (z. B. die Bürokratisierung des Alltags, die zunehmende Abhängigkeit von der öffentlichen Administration, welche in dem Einstellungssyndrom „sozialstaatliche Erwartungshaltung" eine gewisse Entsprechung findet).

Aus der Widersprüchlichkeit spätkapitalistischer Sozialisationsweise ergibt sich, daß immer wieder Konflikte zwischen bürgerlich-ökonomistischen Erziehungsstandards und gebrauchswertbezogenen Elementen des Sozialverhaltens in spätkapitalistischen Gesellschaften auftreten. Im Zusammenhang mit diesem ambivalenten, fragmentierenden und normdiffusen Vergesellschaftungsprozeß treten die subjektiven Konturen der Lebenstätigkeit und die unmittelbaren lokalen Sozialisationsumwelten stärker hervor. Ob sich damit allerdings eine neue integrationsfähigere Perspektive für die Sozialisationsforschung aufgetan hat, kann erst in einer kritischen Gewichtung solcher Phänomene im historischen Bezugssystem „Vergesellschaftung und Sozialisation" entschieden werden.

Literatur

ABELS, H./KELLER, B.: Obdachlose. Opladen 1974.

Arbeitskreis junger Kriminologen: Kritische Kriminologie. München 1974.

BAUER, H./BERG, R./KUHLEN, V.: Forschung zu Problemen der Jugendhilfe. München 1976.

BÄUMER, G.: Die historischen und sozialen Voraussetzungen der Sozialpädagogik und die Entwicklung ihrer Theorie. In: Handbuch der Pädagogik, Bd. 5, hrsg. von H. NOHL und L. PALLAT. Langensalza 1929.

BERTRAM, H.: Probleme einer sozialstrukturell orientierten Sozialisationsforschung. In: Zeitschrift für Soziologie, Jg. 5, Heft 2, April 1976.

Bestandsaufnahme in Berliner Heimen. In: Nachrichtendienst des Deutschen Vereins 6/1977, S. 169ff.

BÖHNISCH, L.: Politische Dimensionen sozialpädagogischer Analyse. Tübingen 1979 (Diss.).

BÖHNISCH, L./MÜNCHMEYER, R./SANDER, E. (Hrsg.): Abhauen oder Bleiben. Analysen und Berichte aus der Jugendarbeit. München 1980.

BRUSTEN, M./HURRELMANN, K.: Abweichendes Verhalten in der Schule. München 1973.

Bundesminister für Bildung und Wissenschaft: Schulsozialarbeit. Bonn 1978.

BÜTTNER, W./JORDAN, E.: Jugendhilfe – Beiträge und Materialien zur Reform des Jugendhilferechts. Weinheim/Basel 1975.

DAMM, D.: Bedürfnisorientierte Jugendarbeit. Projekte und Analysen. München 1980.

Deutsches Jugendinstitut: Bibliographie Sozialisation und Sozialpädagogik, Jhge. 1976/1977/1978/1979.

DÖBERT, R./NUNNER-WINKLER, G.: Adoleszenzkrise und Identitätsbildung. Frankfurt/M. 1975.

FEND, H.: Sozialisierung und Erziehung. Weinheim 1969.

FEND, H. u.a.: Sozialisationseffekte der Schule. Weinheim und Basel 1976.

FRIEDLÄNDER, W. u.a.: Grundbegriffe und Methoden der Sozialarbeit. Hrsg. von PFAFFENBERGER, H. Neuwied und Darmstadt [2]1976.

GÄRTNER, A./SACHSSE, Ch. (Hrsg.): Politische Produktivität der Sozialarbeit. Frankfurt/M. 1978.

GEISSLER, K. A./HEGE, M.: Konzepte sozialpädagogischen Handelns. München/Wien/Baltimore 1978.

GEULEN, D.: Das vergesellschaftete Subjekt. Zur Grundlegung der Sozialisationstheorie. Frankfurt/M. 1976.

GIESECKE, H.: Die Jugendarbeit. München 1971.

GIPSER, D.: Mädchenkriminalität. München 1975.

GRAUER, G.: Jugendfreizeitheime in der Krise. Weinheim/Basel 1973.

HAAG, F. (Hrsg.): Aktionsforschung. München 1972.

HABERMAS, J.: Legitimationsprobleme im Spätkapitalismus. Frankfurt/M. 1973.

HEINZE, Th./MÜLLER, E./STICKELMANN, B./ZINNECKER, J.: Handlungsforschung im pädagogischen Feld. München 1975.

HELD, J.: Jugendclubs als Feld der Sozialarbeit. Stuttgart 1974.

HÖHMANN, P.: Wie Obdachlosigkeit gemacht wird. Neuwied und Darmstadt 1976.

HOLLSTEIN, W./MEINHOLD, M. (Hrsg.): Sozialarbeit unter kapitalistischen Produktionsbedingungen. Frankfurt/M. 1973.

HOLZKAMP, K.: Kann es im Rahmen der marxistischen Theorie eine kritische Psychologie geben?. In: Das Argument 5/6 (1977), S. 316ff.

HORN, K./SCHÜLEIN: Interaktionsformen im organisierten Kapitalismus. In: Produktion, Arbeit, Sozialisation, hrsg. v. Th. LEITHÄUSER u.a. Frankfurt/M. 1976, S. 82ff.

HORNSTEIN, W. u.a. (Hrsg.): Beratung in der Erziehung. Frankfurt/M. 1977.

IGFH (Internationale Gesellschaft für Heimerziehung): Indikationen für geschlossene Unterbringung bei Kindern und Jugendlichen, Ms. Institut für Sozialpädagogik und Sozialarbeit (ISS). Frankfurt/M. 1978.

JWG, Gesetz für Jugendwohlfahrt. Bonn 1961.

KECKEISEN, W.: Die gesellschaftliche Definition abweichenden Verhaltens. München 1974.

KERSTEN, J./WOLFFERSDORFF-EHLERT, Ch.: Jugendstrafe. Ms. DJI. München 1978.

KESSLER, B./EMMINGHAUS, W. B./GLÖTZ, N./KÜHNLE, W./MOHR, B.: Intermediäre Verhaltensmodifikation im Jugendheim. Ms. Universität Saarbrücken 1977.

KOENIG, C./PELSTER, M.: Reform im Ghetto. Weinheim/Basel 1978.

KOHLI, M.: (Hrsg.): Soziologie des Lebenslaufs. Neuwied und Darmstadt 1978.

Kriminologisches Journal, Jge. 1978/1979. München.

KRISAM, R./TEGETHOFF, H. G.: Jugendfreizeitzentrum und soziales Umfeld. Neuwied/Darmstadt 1977.

KROVOZA, A.: Zum Sozialisationsgehalt der kapitalistischen Produktionsweise. In: Produktion, Arbeit, Sozialisation, hrsg. v. Th. LEITHÄUSER u.a. Frankfurt/M. 1976, S. 69ff.

KUNSTREICH, Th.: Der institutionalisierte Konflikt. Offenbach 1975.

LÖSCH, H./WAHL, K.: Familie und Sozialisation bei Ausländern und Obdachlosen. Materialien zum 2. Familienbericht. München 1977.

LÖSEL, F.: Handlungskontrolle und Jugenddelinquenz. Stuttgart 1975.

LÜDTKE, H.: Jugendliche in organisierter Freizeit. Weinheim/Basel 1972.

LUHMANN, N.: Legitimation durch Verfahren. In: Wohlfahrtsstaat und Massenloyalität, hrsg. von W. D. NARR u. C. OFFE. Köln 1975.

LUKAS, H./MEES-JACOBI, J./SCHMITZ, I./SKIBA, E. G. (Hrsg.): Sozialpädagogik/Sozialarbeit – Eine Einführung. Berlin 1977.

MARTIKKE, H. J.: Jugend in der Fürsorgeerziehung. Berlin 1971.

Mehr Chancen für die Jugend, hrsg. v. Bundesminister für Jugend, Familie und Gesundheit. Bonn 1974.

MOLLENHAUER, K.: Evangelische Jugendarbeit in Deutschland. München 1969.

MOSER, H.: Aktionsforschung als kritische Theorie der Sozialwissenschaften. München 1978.

MÜLLER, C. W. (Hrsg.): Begleitforschung in der Sozialpädagogik. Weinheim/Basel 1978.

MURSWIECK, A. (Hrsg.): Staatliche Politik im Sozialsektor. München 1976.

NEUMANN, K.: Heimerziehung und Kriminaität. In: Praxis der Kinderpsychologie und Kinderpsychiatrie 5/1977, S. 181ff.

NOHL, H.: Jugendwohlfahrt. Leipzig 1927.

OFFE, C.: Strukturprobleme des kapitalistischen Staates. Frankfurt/M. 1972.

Perspektiven zum Bundesjugendplan. Bonn (BMJFG) 1976.

PETERS, H.: Moderne Fürsorge und ihre Legitimation. Köln/Opladen 1969.
PETERS, H.: Die politische Funktionslosigkeit der Sozialarbeit. In: Gesellschaftliche Perspektiven der Sozialarbeit, hrsg. v. H. U. OTTO/S. SCHNEIDER, Bd. 1. Neuwied/Berlin 1973, S. 151ff.
PONGRATZ, L./HÜBNER, O.: Lebensbewährung nach öffentlicher Erziehung. Neuwied/Berlin 1959.
PRESSEL, A.: Sozialisation. In: BECK, J. u.a. (Hrsg.): Erziehung in der Klassengesellschaft. München 1970.
PREYER, J.: Berufliche Bildung in Erziehungsheimen. In: Archiv für angewandte Sozialpädagogik 3/1977, S. 259ff.
RUMPF, J.: Wer wünscht Heimerziehung. In: Unsere Jugend 8/1977.
SCHEFOLD, W.: Die Rolle der Jugendverbände in der Gesellschaft. München 1972.
SCHEFOLD, W.: Sozialisationspolitik – Soziologische Aspekte der Organisation und Integration des Systems staatlich gewährleisteter Sozialisation. Tübingen 1979 (Diss.).
SCHMIDT, J.: Einführung in die Erziehungsberatung. Darmstadt 1978.
SIELERT, U.: Die Mitarbeiter in den Jugendverbänden. München 1978.
SIMITIS, S. u.a.: Kindeswohl. Eine interdisziplinäre Untersuchung über seine Verwirklichung in der vormundschaftsgerichtlichen Praxis. Frankfurt 1979.
SPRAU-KUHLEN, V.: Erziehungshilfen und Heimerziehung (Bestandsaufnahme). Materialien zum Fünften Jugendbericht. München 1980.
STACKEBRANDT, J./SCHEFOLD, W./JOHN, P./GRIESER, M.: Wirkungsanalysen in der Jugendarbeit. In: deutsche jugend 10/1976, S. 443ff. u. 11/1976, S. 511ff.
TENNSTEDT, F.: Zur Ökonomisierung und Verrechtlichung in der Sozialpolitik. In: Staatliche Politik im Sozialsektor, hrsg. v. A. MURSWIECK. München 1976.
TILLMANN, K.-J.: Sozialpädagogik in der Schule. München 1976.
TUCHELT-GALLWITZ, A.: Organisation und Arbeitsweise der Erziehungsberatungsstellen in der BRD. Berlin 1970.
VOLMERG, U.: Zum Verhältnis von Produktion und Sozialisation am Beispiel industrieller Lohnarbeit. In: Produktion, Arbeit, Sozialisation, hrsg. v. Th. LEITHÄUSER u. a. Frankfurt/M. 1976, S. 105ff.
WALTER, H. (Hrsg.): Sozialisationsforschung. Bd. I: Erwartungen, Probleme, Theorieschwerpunkte. Stuttgart-Bad Cannstadt 1973.
WENZEL, H.: Fürsorgeheime in pädagogischer Kritik. Stuttgart 1970.
WERNER, E.: Jugendheime in Nordrhein-Westfalen. Düsseldorf 1972.
ZIEHE, Th. Pubertät und Narzißmus. Frankfurt/M. 1975.

Sozialisation in Institutionen der psychosozialen Versorgung

Heinrich Keupp

Einleitung

Dieser Handbuchbeitrag* hat mit zwei Hauptproblemen zu kämpfen: Einerseits kann er im Bereich der Sozialisationsforschung auf keine Tradition von Forschungsresümees zurückgreifen, wie dies etwa für Bereiche wie familiäre oder schulische Sozialisation gilt; andererseits hat er als Gegenstand keinen spezifischen Institutionentypus, sondern er muß allgemeine Funktionen und Entwicklungslinien herausarbeiten, die für das System der psychosozialen Versorgung insgesamt gelten können. Das erste Problem möchte ich als Chance nutzen. Ich werde versuchen, eine Perspektive zum Verständnis von expliziten und impliziten Sozialisationsfunktionen zu entwerfen, die von Institutionen der psychosozialen Versorgung wahrgenommen werden. Meine Chance sehe ich darin, daß ich meine Perspektive nicht in Abgrenzung von und Auseinandersetzung mit etablierten handbuchförmigen Forschungsberichten zum Thema zu entwickeln brauche. Das zweite Problem erscheint mir nicht lösbar. Die Spezifik einzelner Institutionen tritt notwendigerweise im Vergleich zur Bestimmung und Ableitung allgemeiner Merkmale des Systems der psychosozialen Versorgung in den Hintergrund. Gerade in bezug auf eine wichtige Problemdimension muß dies als fragwürdige Reduktion von Komplexität gelten. Wenn es richtig ist, daß die spezifischen Handlungsmuster und -routinen in Institutionen nicht bloß die empirische Kopie der abstrakten gesellschaftlichen Bestimmungen der Institutionen darstellen, sondern sich in gewissen Grenzen als Ergebnisse situativer Gestaltungs- und Aushandlungsprozesse rekonstruieren lassen (vgl. die einschlägigen Konzepte und Resultate der modernen Organisations- und Verwaltungssoziologie: z. B. SILVERMAN 1972, PANKOKE/NOKIELSKI 1977, TREUTNER/WOLFF/BONSS 1978, GRUNOW/HEGNER/KAUFMANN 1979), dann wäre für ein Verständnis der Sozialisationsleistungen in einem spezifischen Institutionenfeld natürlich die Darstellung der Handlungsebene äußerst wichtig. Da jedoch das System der psychosozialen Versorgung aus einem ausgefächerten und differenzierten Muster sehr unterschiedlicher Institutionen und Dienstleistungstypen besteht, kann die situative Handlungsebene in diesem Beitrag nur als systematische Vermittlungsebene benannt, aber nicht in ihrer empirischen Vielgestaltigkeit entfaltet werden.

---

* In einigen Passagen dieses Handbuchartikels wurde auf Material zurückgegriffen, das für meine Beiträge zum „Handwörterbuch der Psychologie", hrsg. von R. ASANGER/G. WENNINGER (Weinheim, Beltz 1980) erarbeitet wurde.

Zum System der psychosozialen Versorgung gehört eine Vielzahl organisierter Aktivitäten: Psychotherapie, Beratung bei Erziehungs-, Partnerschafts-, schul- und berufsbezogenen Problemen, Krisenintervention, psychiatrische Behandlungd in ambulanter und stationärer Form, sozialpsychiatrische Dienste, therapeutische Wohngemeinschaften und rehabilitative Einrichtungen, die sich auf allgemeine soziale Integration oder auf die Eingliederung in das Berufsleben beziehen. Diese Aktivitäten beziehen sich auf unterschiedliche *Problemlagen* (z.B. eine akute Lebenskrise, auf bereits verfestigte Persönlichkeitsstrukturen, auf konsequenzenreiche Entscheidungssituationen oder auf Hospitalismusfolgen einer anstaltsförmigen Behandlung), haben unterschiedliche *Zielorientierungen* (präventiv, therapeutisch oder rehabilitativ), haben unterschiedliche *institutionelle Organisationsformen* (z.B. der niedergelassene Nervenarzt oder Psychotherapeut in der Einzelpraxis; die Beratungsstelle, die von einem der Verbände der freien Wohlfahrtspflege betrieben wird; die Großbürokratie in Form einer Anstalt für mehrere tausend Patienten; oder die als Institution kaum erkennbare therapeutische Wohngruppe) und werden von verschiedenen *Berufsgruppen* getragen (in der Regel Sozialarbeiter, Psychologen, Pädagogen, Ärzte, Pfleger, Schwestern), die häufig in multiprofessionellen Mischformen zusammenarbeiten und die oft auch mit Laieninitiativen oder Selbsthilfegruppen kooperieren, aber auch konkurrieren.

Diese Vielzahl organisierter Aktivitäten läßt sich deshalb als *System* zusammenfassen, weil sie einen gemeinsamen Bezugspunkt bzw. Anlaß haben: Das Herausfallen von Individuen aus gesellschaftlichen Normalitätsvorstellungen, in Form psychischen Leidens und/oder der Verweigerung von und Unfähigkeit zu marktgängiger Arbeitsleistung. Sie realisieren sich in Form von Dienstleistungen, die sozialintegrative, ausgrenzend-kontrollierende oder rehabilitative Funktionen zu übernehmen haben. Es werden Sozialisationsaufgaben übernommen, die entweder im primären Lebenszusammenhang nicht mehr geleistet werden können oder die in der Gestalt von Resozialisierungsmaßnahmen das Ziel haben, verlorengegangene psychosoziale und arbeitsbezogene Grundqualifikationen wieder herzustellen. Sie sind in jeweils besonderer institutioneller Gestalt Bestandteile einer spezifischen sozialpolitischen Strategie im Umgang mit psychischem Leiden und seinen gesellschaftlichen Ursachen und Konsequenzen. Und schließlich ergänzen sich die verschiedenen Teilsysteme in der Form, daß sie entweder ein Individuum in verschiedenen Phasen seiner Störung oder Behinderung übernehmen und weitervermitteln oder die Defizite eines anderen Teilsystems kompensatorisch aufzufangen haben. In den Planstudien der Sozial- und Gesundheitsadministrationen aller spätkapitalistischer Gesellschaften wird die Systemförmigkeit der psychosozialen Versorgung in Konzepten lückenloser „Versorgungsketten" oder „Versorgungsnetze" deutlich.

In bestimmten geschichtlichen Epochen lassen sich soziale Systeme relativ gut über ihre statischen Elemente charakterisieren, dann aber gibt es wieder Phasen, in denen ein beschleunigter sozialer Wandel dazu führt, daß ein System in eine totale Krise gerät, aus der nur qualitative Veränderungen herausführen können. Das System der psychosozialen Versorgung ist in den kapitalistischen Ländern in einer solchen Krise. Dafür sind nicht nur Bewegungen wie die „Antipsychiatrie" (vor allem in England) oder die „demokratische Psychiatrie" Italiens indikativ, die allerdings häufig in ihrer politischen Radikalität als unwissenschaftlich oder als destruktive Eruptionen ausgegrenzt werden (Kisker 1979); anerkannt oder sogar regierungsamtlich in Auftrag gegeben sind die Mängeldiagnosen und Reformempfehlungen wie sie in fast allen westeuropäischen Ländern und den USA in den letzten Jahren erarbeitet wurden. In der Bundesrepublik wurde 1975 die Psychiatrie-Enquete vorgelegt, die auf insgesamt 1500 Seiten die Krise der psychosozialen Versorgung eindrucksvoll dokumentierte. In den USA hat 1978 eine vom Präsidenten eingesetzte Kommission in vier Bänden von mehr als 2000 Seiten eine Bestandsanalyse der Mängel und einen Reformkatalog vorgelegt. In Italien wurde 1978 ein neues Psychiatriegesetz erlassen, das den Ausbau des Anstaltswesens verbietet und als Alternative dazu die Entwicklung ambulanter Dienste vorschreibt. 1979 hat die Bundesregierung ihre Stellungnahme zur Situation der psychosozialen Versorgung abgegeben. Sie enthält zwar keinen radikalen Bruch mit dem status quo, aber auch sie favorisiert den Ausbau der ambulanten Versorgung und einen funktionsgerechten Abbau des stationären Sektors. In der Bewertung der teilweise radikalen Veränderungen in den Systemen der psychosozialen Versorgung westlich-kapitalistischer Länder (bis zur vollständigen Auflösung psychiatrischer Kliniken in den USA und in Italien) gehen die Urteile weit auseinander. Für einige macht die Psychiatrie gerade ihre dritte Revolution (nach denen von PINEL und FREUD) durch (vgl. GREENBLATT 1977, FISHER/MEHR/TRUCKENBROD 1974), für andere handelt es sich um eine Metamorphose und Modernisierung des Systems, ohne daß sich die Funktionen wesentlich verändern würden (so etwa SCULL 1977, CASTEL 1979).

In diesem Handbuchbeitrag wird sich die angedeutete Krise in vielfältiger Form widerspiegeln. Sie reflektiert sich in der Diskussion um die Frage, was eigentlich psychische Störungen sind. Sie ist eingefangen in der Analyse der pschosozialen Versorgung als widersprüchlicher Einheit von personenbezogenen Dienstleistungen und sozialer Kontrolle. Schließlich sollen Veränderungsimpulse thematisiert werden, die Antworten auf und Lösungen für die krisenhafte Situation der psychosozialen Versorgung zu formulieren und zu praktizieren versuchen.

1 Psychisches Leiden und seine gesellschaftliche Bearbeitung

1.1 Daten zum Einstieg in das Problem: Sozialepidemiologische Befunde

Wie groß ist der Personenkreis, der von Institutionen der psychosozialen Versorgung erfaßt wird bzw. wie groß ist das Potential von Personen, für das sich das Versorgungssystem als zuständig erklären soll? Gehen wir von den Daten aus, die sich in regierungsamtlichen Dokumenten finden lassen. Diese Daten sind teilweise empirisch ermittelt, zum größeren Teil jedoch Schätzwerte. Die Psychiatrie-Enquete schätzt das Ausmaß der psychiatrischen Morbidität in der Bundesrepublik folgendermaßen ein: „Etwa jeder dritte Bundesbürger hat bereits einmal in seinem Leben irgendeine psychische Krankheit durchgemacht oder leidet noch daran. In der Bundesrepublik Deutschland sind oder waren demnach rd. 20 Millionen Menschen andauernd, wiederholt oder wenigstens einmal während ihres Lebens in irgendeiner Form unmittelbar betroffen“ (1975, S. 67). Der Enquete-Bericht liefert weitere Daten: So wird von 4–8 Millionen Menschen gesprochen, die im Verlaufe eines Jahres einen Arzt für Allgemeinmedizin aufsuchen, weil sie sich in einer psychischen Krise befinden oder an einer Krankheit mit vorwiegend psychisch bedingten körperlichen Beschwerden leiden. Etwa 600000 Personen konsultieren innerhalb eines Jahres den niedergelassenen Nervenarzt oder einen Psychotherapeuten. Etwa 200000 Personen werden im gleichen Zeitraum stationär psychiatrisch oder psychotherapeutisch behandelt. Als dringend behandlungsbedürftig werden bezogen auf ein Jahr 1,8 bis 2% der Gesamtbevölkerung, also etwa 1 Million Menschen, geschätzt. Für die USA hat die „President's Commission on Mental Health“ die Datenlage auf dem neuesten Stand zusammengefaßt. Dort wird festgestellt, daß man die Größenordnung der Population, die im Verlauf eines Jahres Dienstleistungen aus dem System der psychosozialen Versorgung benötigt, mit etwa 10% der Gesamtbevölkerung angesetzt habe. Die Kommission hält es aber für nötig, diese Zahl eher auf 15% anzuheben (1978, S. 4). Diese Zahl findet sich auch in einer Untersuchung über die Nutzung psychosozialer Dienste in den USA (REGIER/GOLDBERG/TAUBE 1978). Die Kommission ermittelte auch, daß nur etwa ein Viertel (26,7%) der Personen, die an einer klinisch bedeutsamen psychischen Störung leiden, in Behandlung kommen oder die Chance einer Behandlung haben (1978, S. 16).

In diesen politisch-administrativen Bestandsaufnahmen bezieht man sich in summarischer Form auf Ergebnisse aus sozialepidemiologischen Studien, deren Erkenntnisinteresse dabei allerdings tendenziell verlorengeht. Ihre Fragestellung ist in der Regel keine bloße statistische Erhebung der psychiatrischen Gesamtmorbidität oder der Häufigkeitsraten für einzelne Störungsgruppen, sondern zielt auf den Nachweis systematischer Zusammenhänge zwischen Merkmalen der sozialen Lebenslage und der Auftretenswahrscheinlichkeit psychischer Störungen. Die Sozialepidemiologie fragt nach überzufällig hohen korrelativen Zusammenhängen zwischen solchen sozialen Strukturindices wie sozialer Status, soziale Mobilität, Stadt-Land-Differenz, innerstädtische soziale Segregationsprozesse, Geschlecht, interkulturelle Unterschiede und psychischen Störungen. Signifikante korrelative Beziehungen werden zu erklärungsbedürftigen Daten. Im Kontext dieses Handbuchbeitrages interessieren epidemiologische Befunde als mögliche Hinweise für fehllaufende Sozialisationsprozesse in Abhängigkeit von spezifischen gesellschaftlichen Lebenslagen und für die Funktion, die Institutionen der psychosozialen Versorgung bei der gesellschaftlichen Reaktion auf Sozialisationsdefizite übernehmen.

Die Epidemiologie von Verhaltensstörungen zehrt von dem immer wieder bestätigten Befund der schichtspezifischen Verteilungskonfiguration von psychischen Störungen, genauer gesagt, von der immer wieder aufgewiesenen inversen Beziehung zwischen der Höhe des sozialen Status und der Häufigkeit von Verhaltensstörungen. Diese Aussage läßt sich zwar als globale Zusammenfassung einer Vielzahl von Einzelbefunden durchaus rechtfertigen, doch werden mit ihr Differenzierungen von ziemlicher Relevanz übergangen. In einem Trendbericht hat FRIED (1969) 34 Untersuchungen einbezogen, dabei aber auf diese Differenzierungen verzichtet. Er kommt zu folgendem Schluß: „Das Beweismaterial dafür ist eindeutig und stark, daß in unserer Gesellschaft die untersten sozialen Schichten die höchsten Raten schwerer psychischer Störungen aufweisen. Ungeachtet der verwendeten Methoden zur Erfassung psychischer Störungen, ungeachtet auch von Zeitpunkt und Region der Untersuchung verweist die große Mehrheit der Ergebnisse klar und eindeutig auf die Tatsache, daß die unterste soziale Schicht bei weitem die höchste Störungsrate aufweist" (1969, S. 113). Wenn die Befunde epidemiologischer Studien lediglich auf dem Niveau solcher Allgemeinheit zusammengefaßt werden, dann mögen sie zwar die Aussage bestätigen, daß das ein Beleg für die „gesundheitspolitische Hypothek der Klassengesellschaft" sei (v. FERBER 1971, S. 71), doch sie geben keine differenzierten Ansatzpunkte für eine Strategie zum Abbau dieser Hypothek.

In solchen Globalübersichten gehen Informationen darüber unter, ob die Studie sich auf einen repräsentativen Bevölkerungsquerschnitt oder eine klinisch ausgelesene Population bezieht; ob für Störungen verschiedener Qualität der allgemeine Trend in gleicher Weise gilt; ob möglicherweise das Störungsrisiko für Frauen anders ist als für Männer; ob es Differenzierung zwischen ländlichen und städtischen Gebieten gibt oder ob die spezifische Qualität des Versorgungssystems Auswirkungn auf die Verteilung von Störungen hat. Solche Informationen sind für präventive und versorgungsbezogene Interventionen von entscheidender Bedeutung. Es gibt eine Vielzahl von zusammenfassenden Übersichten (vgl. DOHRENWEND/DOHRENWEND 1974, DOHRENWEND 1975, SHEPHERD 1975, KATSCHNIG/STROTZKA 1977, COOPER/MORGAN 1977, KING 1978, SCHWAB/SCHWAB 1978, STRAUSS 1979). Hier sollen einige zentrale Befunde zusammengefaßt werden. Gliederungsprinzip ist dabei eine für die epidemiologische Forschung grundlegende methodische Unterscheidung, die zugleich die Vorgabe für mögliche theoretische Erklärungsansätze darstellt. Die epidemiologischen Studien lassen sich in zwei Gruppen einteilen. Solche, die von administrativen Statistiken ausgehen und somit immer nur die „behandelte Prävalenz" erheben können. Die „wahre Prävalenz", also das Vorkommen psychischer Störungen unabhängig davon, ob sie in Institutionen der psychosozialen Versorgung in Erscheinung treten oder nicht, kann dagegen nur in epidemiologischen Feldstudien ermittelt werden (vgl. zu den methodischen Grundproblemen der Epidemiologie: KEUPP 1974, DOHRENWEND/DOHRENWEND 1969, COOPER/MORGAN 1977).

Aussagen auf der Grundlage „administrativer Studien"

Die klassische Studie von HOLLINGSHEAD/REDLICH (1958) wird häufig in dem Sinne zitiert, daß sie überzeugend bewiesen habe, daß psychische Störungen in den untersten sozialen Schichten gehäuft auftreten, ja daß sie gezeigt habe, daß die Schichtzugehörigkeit ein wichtiger ätiologischer Faktor sei. Beide Aussagen sind durch diese Studie nicht zu belegen und von ihr auch gar nicht getroffen worden. Die New-Haven-Studie ist die klassische administrativ-epidemiologische Studie, die sehr detailliert untersucht hat, welche Patienten zu einem bestimmten Zeitpunkt in psychiatrisch-psychotherapeutischer Behandlung waren und ob es systematische Beziehungen zwischen ihrem sozialen Status und der Art der ihnen zur Verfügung gestellten Behandlung gibt. Bei der Berechnung schichtspezifischer Prävalenzraten fand man heraus, daß Neurosen in den oberen und Psychosen in den unteren sozialen Schichten häufiger diagnostiziert wurden. Diese Studie zeigt, was Angehörige verschiedener Schichten in Versorgungsinstitutionen im Durchschnitt zu erwarten haben. So fand man als Hauptergebnis, daß Unterschichtangehörige mit schweren Störungen häufiger zwangseingewiesen, eher spät und eher in stationäre psychiatrische Behandlung kommen. Oberschichtangehörige suchen häufiger freiwillig und eher früh psychiatrisch-psychotherapeutische Einrichtungen auf, und dies sind dann meist frei praktizierende Psychiater. Die einzige vergleichbare Studie für eine ländliche Region in der Bundesrepublik bestätigte einige der zentralen Aussagen der New-Haven-Studie. So fanden DILLING/WEYERER (1978) einen Zusammenhang zwischen behandelten psychischen Erkrankungen und der sozialen Schicht. Ebenso ließ sich „ein deutlicher Zusammenhang zwischen der Art behandelter psychiatrischer Erkrankungen und der sozialen Schicht feststellen" (S. 213) und schließlich fand man einen Zusammenhang zwischen Behandlungsmodus und Sozialschicht: „Patienten aus höheren Sozialschichten werden wesentlich häufiger ambulant, aus unteren Sozialschichten bei entsprechenden Diagnosen eher stationär behandelt" (S. 214).

Auf der Grundlage administrativer Studien (vgl. zusammenfassend KATSCHNIG/STROTZKA 1977, S. 292ff.) lassen sich Fragen nach den Ursachen solcher schichtdifferenzierender Verteilungen stellen. Solche Fragen können sich sowohl auf unterschiedliche soziale Kontingenzen im Entwicklungsprozeß psychischer Devianz als auch auf sozialselektive Interventionsstrategien beziehen.

Zum Verständnis differentieller sozialer Organisationsformen psychischer Devianz sind sehr unterschiedliche Erklärungsmuster angeboten worden (vgl. GOVE 1975, WILKINSON 1975, D'ARCY 1976, KROHN/AKERS 1977, TURNER/GARTRELL 1978, TOWNSEND 1978, WHEATON 1978, RUSHING/ORTEGA 1979). Die Überrepräsentation von Angehörigen benachteiligter Schichten in dem institutionell sichtbar gemachten Teil psychischer Devianz wurde sehr oft mit einer Hypothese der „sozialen Selektion" erklärt, die ihren sozialdarwinistischen Hintergrund nicht zu verleugnen vermag: Genetisch belastete Individuen driften in die unteren sozialen Schichten, weil sie für den gesellschaftlichen Konkurrenzkampf unzureichend ausgestattet seien (DUNHAM 1974, 1976). Die extreme Gegenposition geht von der Annahme aus, daß die institutionalisierte Patientenpopulation Resulat sozialer Ausgrenzung sei, die als eine spezifische Form der „Klassenunterdrückung" vor allem die unterprivilegierten Gruppen trifft (BRANDON 1975). Die Tatsache, daß Angehörige dieser Gruppen in den Raten „behandelter Prävalenz" deutlich überrepräsentiert sind, wird ebenfalls als Folge „sozialer Selektion" angesehen, die allerdings nach Kriterien gesellschaftlicher Herrschaft funktioniert. Auch diese Interpretation ist sicherlich zu grobrastig, um den realen Ausleseprozeß in angemessener Form abbilden zu können. Nötig sind Untersuchungen der subtilen psychosozialen Ausleseprozesse.

Wichtige Materialien hierzu sind von Studien zu erwarten, die das „Krankheitsverhalten" in psychischen Krisen untersuchen (vgl. MECHANIC 1975). Dabei sind als relevante Faktoren identifiziert worden: schichtdifferierende Bereitschaften zum Aufsuchen professioneller Hilfe (ASSER 1978); schichtdifferierende Krankheitsbegriffe und Formen des Attributionsverhaltens; die Struktur der psychosozialen Dienste und ihr Einfluß auf das Benutzerverhalten. Eine sehr wichtige Größe stellt das professionelle Interventionsmuster dar, das für Angehörige verschiedener sozialer Schichten unterschiedliche Angebote bereitstellt, die in der Regel zu einer Benachteiligung von Angehörigen unterer sozialer Schichten führen (vgl. GLEISS/SEIDEL/ABHOLZ 1973; LORION 1973, 1974, 1977, 1978; GOLDSTEIN 1978). Meist wird dieser Effekt mit schichtdifferierenden Therapieerwartungen und -eignungen seitens der Patienten begründet, eine Annahme, die empirischer Überprüfung nicht standhält (vgl. FRANK/EISENTHAL/LAZARE 1978).

Administrative Studien sind zwar ungeeignet als Basis für Aussagen über die Soziogenese psychischer Störungen, wohl aber als wichtige Datenquelle für die Evaluation von institutionellen Versorgungsdiensten. Die Qualität der Versorgung ist an Indikatoren, die aus dem Untersuchungsbereich der administrativen Epidemiologie stammen, zu überprüfen. Dies gilt vor allem für einen Vergleich über mehrere Jahre oder Jahrzehnte (vgl. etwa SCHWAB u.a. 1979), der aufzeigen kann, ob institutionelle Reformprozesse zu einer tatsächlichen Verbesserung der Versorgung geführt haben. Für die New-Haven-Studie läuft gegenwärtig ein Vergleichsprojekt, das die Veränderungen über eine Zeitperiode von 20 Jahren ermitteln soll. Erste Ergebnisse zeigen, daß sich vermutlich an der Schichtverteilung nichts entscheidendes verändert hat, wohl die Häufigkeit der Einweisungen gestiegen ist, die Verweildauer wesentlich kürzer geworden ist, die Anzahl ambulanter Einrichtungen zugenommen hat etc. (REDLICH/KELLERT 1978).

Aussagen auf der Grundlage von Feldstudien

Administrative Studien können nur über den institutionell erfaßbaren Teil psychischer Devianz Aussagen machen, keinesfalls jedoch über jenen Teil, der häufig als der „unsichtbare Teil des Eisbergs" (GRUENBERG 1975) bezeichnet wird. Er ist nur durch eine Feldstudie einschätzbar, die eine repräsentative Stichprobe der Gesamtpopulation untersucht. Dies wurde etwa in der bahnbrechenden Studie in Midtown Manhattan (SROLE u.a. 1962) unternommen, deren Folgestudie in einem Abstand von 20 Jahren durchgeführt wurde (SROLE 1975). Bei der Auswertung aller gegenwärtig verfügbaren Studien zur „wahren Prävalenz" lassen sich folgende verallgemeinerbaren Aussagen treffen:

(a) *Soziale Schicht.* Die höchsten Gesamtraten psychischer Störungen wurden in 28 der vorhandenen Studien in der untersten sozialen Schicht gefunden. Diese Beziehung ist am höchsten in solchen Untersuchungen, die in städtischen Regionen durchgeführt wurden. Die Beziehung ist für Schizophrenie und Persönlichkeitsstörungen konsistent, weniger für Neurosen oder manisch-depressive Störungen (vgl. DOHRENWEND/DOHRENWEND 1974, DOHRENWEND 1975).

(b) *Geschlechtsunterschiede.* Depressive Störungen sind bei Frauen im allgemeinen häufiger. Die Neurosenhäufigkeit liegt bei Frauen konsistent höher, unabhängig von Ort und Zeit der Studie. Im Unterschied dazu liegen die Häufigkeitsraten für Persönlichkeitsstörungen bei Männern systematisch höher, ebenfalls unabhängig von Zeit und Ort der Untersuchung (vgl. DOHRENWEND/DOHRENWEND 1977, TUDOR/TUDOR/GOVE 1977).

(c) *Stadt-Land-Differenzen.* Die Differenzen sind empirisch nicht sehr stabil, aber es gibt einige interpretierbare Trends. Einige Störungsformen fand man vorwiegend in städtischen Gegenden, andere traten dagegen häufiger in ländlichen Gegenden auf. So ist die Gesamtrate aller Psychosen in ländlichen Gegenden zusammengenommen höher als in städtischen. Dies gilt eindeutig für Störungen aus dem manisch-depressiven Formenkreis, nicht dagegen für die Schizophrenie, die in ländlichen und städtischen Gebieten gleichermaßen verbreitet zu sein scheint. Die Häufigkeitsraten für Neurosen und Persönlichkeitsstörungen liegen in Städten höher als auf dem Land (vgl. DOHRENWEND/DOHRENWEND 1974, SCHWAB/SCHWAB 1978).

Studien zur wahren Prävalenz liefern sinnvolle Ansatzpunkte für die Formulierung von Kausalhypothesen, vor allem, wenn ihre Ergebnisse in so hohem Maße übereinstimmen wie jene zum Zusammenhang von Schicht und schweren psychischen Störungen. Es gibt wahrscheinlich in der empirischen Sozialforschung nur wenige Befunde, die so gut abgesichert sind. KOHN stellt hierzu fest: „Ich habe mich oft gewundert, warum wir so viel Energie und Phantasie aufgewandt haben, um die Wichtigkeit eines der am besten belegten und provokativsten Ergebnisse unserer Wissenschaft zu bagatellisieren, während wir gleichzeitig so wenig Anstrengungen unternehmen, seine möglichen theoretischen Implikationen aufzuspüren" (1974, S. 313). KOHN hat selbst einen wichtigen Versuch unternommen, ein plausibles theoretisches Modell zu entwickeln, das eine Integration von kognitiver Sozialisation, sozialstrukturellen Variablen (vor allem Arbeitsplatzerfahrungen) und genetischen Vulnerabilitätsfaktoren anzielt (KOHN 1974, 1976). Solche theoretischen Ansätze fehlen der Sozialepidemiologie noch sehr stark. Sie ist in der Gefahr, in immer gleicher Weise einen schon sehr stabilen Ergebnistrend zu bestätigen, ohne daß dadurch ein nennenswerter qualitativer Erkenntniszuwachs erreicht werden würde. MECHANIC stellt fest: „Was eindeutig notwendig erscheint, sind nicht noch mehr Untersuchungen der gleichen Art, sondern die Klärung theoretischer Probleme" (1975, S. 393f.).

Die Entwicklung der sozialepidemiologischen Forschung geht in Richtung auf eine eher theoriegeleitete Forschung. Dies führt zu einer konzeptuellen Präzisierung der verwendeten Kategorien, und zwar sowohl für die Indices, mit denen man den gesellschaftlichen Lebenszusammenhang zu erfassen versucht, als auch für die Frage, was man eigentlich unter psychischen Störungen zu verstehen habe. Auf den zweiten Punkt geht der nächste Abschnitt ein. Zur konzeptuellen Präzisierung dessen, was die gesellschaftlichen Lebenslagen bestimmt, hier nur einige zusammenfassende Anmerkungen. Eine Linie theoriegeleiteter Forschung steht in der Tradition der psychoanalytischen Sozialisationsforschung (vgl. THOMA 1978, PETRI 1979). In ihr werden in erster Linie familiäre Sozialisationsmuster in schichtendifferenzierenden Typen mit Störungen im Kinder-, Jugend- oder Erwachsenenalter korrelativ und auch auf Kausalerklärungen abzielend verbunden.

Eine weitere wichtige Entwicklungslinie entfaltet sich in der sog. „Life event"-Forschung (vgl. dazu zusammenfassend DOHRENWEND/DOH-

RENWEND 1978, KATSCHNIG 1979). Sie untersucht die Bedeutung von lebensverändernden Ereignissen (z.B. Heirat, Tod einer wichtigen Bezugsperson, Arbeitsplatzverlust), wie sie zum normalen Erwartungshorizont der Menschen in unserer Gesellschaft gehören und die Anpassungsleistungen an neue Lebenssituationen erfordern. Viele bewältigen solche Belastungen, manche aber scheitern daran. Die Bedingungen, unter denen diese Lebensveränderungen zur Entstehung psychischen Leidens beitragen, stehen im Mittelpunkt der „Life event"-Forschung. In welchem Umfang von diesem Ansatz her ein Phänomen wie die Depression neu gesehen und untersucht werden kann, beweist die Arbeit der Gruppe um George BROWN (vgl. BROWN/HARRIS 1978). In dieser Forschungsrichtung werden nicht nur die Lebensbedingungen im Vergleich zu den oft vagen und willkürlichen Schichtindices präziser gefaßt, sondern es tritt auch die Bedeutung vermittelnder Variablen in den Vordergrund. Das chronische Problem der Epidemiologie, daß immer nur ein mehr oder weniger großer Prozentsatz einer Bevölkerungsgruppe psychische Störungen entwickelt, wird jetzt in eine äußerst produktive Forschungsfrage transformiert: Welches sind die Bedingungen, unter denen eine psychosoziale Belastung verarbeitet werden kann. Besonders intensiv untersucht wird unter dieser Fragestellung die Bedeutung sozialer Netzwerke und die Qualität sozialer Unterstützung, die sie entwickeln können (vgl. COBB 1976, DEAN/LIN 1977, LIEM/LIEM 1978, STRONG 1978, SILBERFELD 1978). Von Interesse ist die genaue Analyse von Bewältigungsmechanismen bezogen auf unterschiedliche sozialstrukturelle Lebensbereiche (so etwa PEARLIN/SCHOOLER 1978). Schließlich wird die Bedeutung ökonomischer Belastungen und Ressourcen untersucht (etwa LIEM/LIEM 1978, CATALANO/DOOLEY 1977, DOOLEY/CATALANO 1977) und angesichts steigender Arbeitslosigkeit deren psychosoziale Relevanz (zusammenfassend: THOMANN 1978).

Faßt man die Relevanz der sozialepidemiologischen Befunde für Sozialisationsprozesse in Institutionen der psychosozialen Versorgung zusammen, so ergeben sich eine Reihe von sicherlich wichtigen Ansatzpunkten. Dies gilt sowohl für die Charakterisierung der Population, für die das System der psychosozialen Versorgung Dienstleistungen bereitzustellen hat, und für soziale Bedingungen, unter denen sie zur Risikopopulation geworden ist; es gilt aber auch für systematische Verfahrensroutinen in den Institutionen, wie sie sich in den Resultaten der administrativen Epidemiologie widerspiegeln. Das Bild bleibt trotzdem heterogen und fragmentiert, weil von der Epidemiologie her noch keine stringente theoretische Perspektive kommt, unter der sich die vielfältigen Zusammenhänge und Detailantworten zu einem Gesamtbild zusammenfügen würden. Daran wird im weiteren zu arbeiten sein.

1.2 Psychisches Leiden als soziale Problemerfahrung und als gesellschaftlich organisierter Karriereprozeß: Der Bruch mit dem „medizinischen Modell"

Ein entscheidender Grund für das begrenzte Erklärungspotential der Sozialepidemiologie liegt in ihrer unzureichenden konzeptuellen Emanzipation von der Krankheitsvorstellung der traditionellen Psychiatrie (vgl. KEUPP 1974). „Die epidemiologischen Ergebnisse werden so interpretiert, als handele es sich bei psychischen Störungen um Naturerscheinungen, um natürliche Merkmale am Menschen, die ihrem Wesen nach mit gesellschaftlichen Sachverhalten nichts zu tun haben, sondern die lediglich in ihrer Auftretenswahrscheinlichkeit von sozialen Bedingungen mitbestimmt werden" (GLEISS 1978, S. 505). Soziale Lebensbedingungen erhalten den Status „sozialer Noxen", die entweder allein oder in Kombination mit anderen pathogenen Agenzien (genetische, entwicklungsbedingte etc.) eine psychische Krankheit mechanisch „ausklinken".

Entscheidende Voraussetzung für ein angemessenes Verständnis ist eine Entmystifizierung des medizinischen Krankheitsbegriffs. Wenn man im Sinne eines (überholten) medizinischen Kausalitätsdenkens einen mechanistischen Zusammenhang von sozialen Ursachen und einer psychischen Krankheit unterstellt, bleibt einem der Zugang zu psychischem Leiden verschlossen, der dieses aus der alltäglichen Problemerfahrung im Erleben von und in der Auseinandersetzung mit komplexen und widersprüchlichen sozialen Situationen verständlich zu machen versucht. Psychisches Leiden ist eben nicht nur das subjektive Epiphänomen eines eindeutig vorgezeichneten Krankheitsgeschehens, das sich nach einer inneren Eigenlogik entfaltet und durch äußere soziale Bedingungen nur ausgelöst

zu werden braucht. Psychisches Leiden ist vielmehr Ausdruck spezifischer gesellschaftlicher Problemlagen und den jeweils verfügbaren objektiven und subjektiven Möglichkeiten des Umgangs mit ihnen. Die objektive Belastung setzt sich nicht mechanistisch in eine spezifische Form psychischer Störungen um. In dieser Formulierung wird ein Perspektivenwechsel angedeutet, der sich in den letzten Jahren als Resultat einer intensiv und scharf ausgetragenen Kontroverse um das „medizinische Modell" abweichenden Verhaltens als notwendig erwiesen hat (dokumentiert in: KEUPP 1972, 1979a).
Das medizinische Krankheitsmodell psychischen Leidens versucht dieses in eine kausale Beziehung zu qualitativen Besonderheiten einer Person zu bringen. Diese Personqualität wird entweder als erblich oder als Ergebnis eines pathologischen Sozialisationsprozesses verstanden und ihr kommt der Status einer defizitären Disposition zu. Diese Disposition führt dazu, daß entweder ohne äußeren Auslöser – so im Fall endogener Psychosen – oder durch Ereignisse in der Umwelt ein Krankheitsprozeß in Gang gesetzt wird, der wie eine Grippe oder Tuberkulose einen vorprogrammierten Krankheitsverlauf hat (im Falle der Schizophrenie etwa eine gesetzmäßig ablaufende Folge von Schüben). Das Wesen dieser Perspektive besteht also darin, daß Umwelteinflüsse genau so verstanden werden wie Krankheitserreger in der medizinischen Pathologie. So gibt es beispielsweise die epidemiologisch-ökologische Fragestellung, ob bestimmte Dichtewerte des Zusammenlebens in der Wohnumwelt („crowding") pathologisch wirken (vgl. GOVE/HUGHES/GALLE 1979).
Eine alternative sozialwissenschaftlich begründete Perspektive muß für die spezifischen Formen subjektiver Problemerfahrung innerhalb konkreter gesellschaftlicher Problemlagen sensibilisieren (vgl. zum folgenden KAPLONEK/SCHROETER 1979). Die Entstehung und der Verlauf psychischer Störungen bedürfen einer Erklärung, in der die subjektive Verarbeitung objektiver gesellschaftlicher Belastungen und die gesellschaftlichen Folgen mißlingender Bewältigungsversuche gleichermaßen Berücksichtigung finden. Ausgangspunkt einer solchen Erklärung sind die dem Individuum verfügbaren Ressourcen zur Bewältigung belastender Situationen. Diese Ressourcen bestehen aus subjektiven und objektiven Bedingungen. Subjektive Bedingungen stellen das Kompetenzprofil einer spezifischen Person dar. Dazu gehören ihre psychophysische Verfassung, ihr physischer Gesundheitszustand, ihre kognitiven und emotionalen Kompetenzen und die lebensgeschichtlich geformten „Leitfäden" der Realitätswahrnehmung und -verarbeitung. Die objektiven Bedingungen der Lebensbewältigung realisieren sich in den einer Person verfügbaren materiellen und sozialen Ressourcen. Dazu zählen die finanziellen Möglichkeiten, die Kompensationsmöglichkeiten von arbeitsbedingten Belastungen im Reproduktionsbereich, die Chance auf soziale Unterstützung in sozialen Netzwerken. In der je individuellen Kombination dieser subjektiven und objektiven Handlungschancen liegt das Potential einer Person, auf die spezifischen Belastungen und Widersprüche zu reagieren, die ihre gesellschaftliche Lebenslage systematisch als Anforderungsprofil produziert.
Individuelle Lebensprobleme treten dann auf, wenn eine Person auf der Grundlage der ihr verfügbaren Ressourcen nicht mehr die Formen der Lebensbewältigung schafft, die als eingeschliffene Normen des gesellschaftlichen Alltags zu regulierenden Normalitätsmodellen geworden sind. Solche Lebensprobleme treten im Leben der meisten Menschen mehr oder weniger gehäuft auf. Sie sind auf die vielfältigste Weise bewältigbar, sie spitzen sich aber zu psychischen Krisen zu, wenn in der Lebenswelt keine Unterstützung, keine Toleranz und kein Verständnis mehr aufgebracht werden; wenn dagegen durch unmittelbare Bezugspersonen, Kollegen oder Behörden negative Sanktionen erfolgen. An diesem Punkt ist dann in der Regel der Umschlagpunkt, an dem ein psychisches Problem als Ausdruck einer psychischen Krankheit definiert wird. Mit dieser Definition hat sich eine soziale Gruppe der Bedrohung entledigt, die jede Handlungs- und Orientierungskrise eines zugehörigen Mitglieds als Störung der notwendigen Routinisierung des Alltags bedeutet. Mit der Definition eines persönlichen Problems als psychische Krankheit stellen sich neue Zuständigkeitsregulative her. Nicht mehr die Gruppe und auch nicht mehr das einzelne Individuum sind verantwortlich für die Bewältigung der Krise, sondern dies fällt nun in die Zuständigkeit von Professionen und institutionellen Diensten. Was nun von diesen Professionen und in diesen Diensten als Dienstleistungen erbracht werden, bestimmt in entscheidendem Maße, welcher Entwicklungsgang für die Person und ihr Problem am wahrscheinlichsten ist. Das

ist dann der Sozialisationsprozeß in den Institutionen der psychosozialen Versorgung, während der vorklinische Abschnitt dieser Patientenkarriere die Sozialisation zum Patienten umschreibt (vgl. DÖRNER 1975).
Der entscheidende Differenzpunkt der skizzierten alternativen Sichtweise psychischen Leidens zum „medizinischen Modell" ist die Betonung von unterschiedlichen Entwicklungsverläufen psychischer Krisen im Alltag in Abhängigkeit von den psychischen und sozialen Ressourcen eines Individuums. Psychische Störungen haben keine krankheitsbedingte Entwicklungslogik, sondern haben eine „Sozialgeschichte", die ihr Entwickungsdynamik aus dem primären Lebenszusammenhang eines Individuums und dessen sozialstrukturellen Problemlagen erhält (vgl. KEUPP 1979b).
Will man den komplizierten Prozeß psychischen Leidens als soziale Problemerfahrung und als gesellschaftlichen organisierten Prozeß angemessen verstehen, ist es notwendig, zumindest die folgenden Dimensionen konzeptuell zu berücksichtigen:

(a) Psychische Störungen sind auf der Dimension der psychischen Widerspiegelung als spezifische Strukturmuster der Aneignung gesellschaftlicher Realität zu analysieren. Sie stellen eine spezifische Form dar, sich als Persönlichkeit und Subjekt auf den gesellschaftlichen Lebenszusammenhang zu beziehen. Eine im engeren Sinne psychologische oder persönlichkeitstheoretische Analyse psychischer Störungen fragt nach den Bedingungen, unter denen sich psychische Strukturen in der Form von sich habituell verfestigenden „Leitfäden" für die Bewältigung konkreter Aufgaben und Anforderungen herausbilden. Diese Strukturen entwickeln sich aus der realen, gegenständlichen Lebenspraxis, die bestimmte Aneignungsbedingungen von Realität produzieren und diese zu habituellen Orientierungsmustern strukturieren. Psychische Störungen können im Rahmen der psychologischen Widerspiegelungstheorie als solche Leitfäden der Lebensorganisation verstanen werden, die zu nur noch symptomatischer Bewältigung von Orientierungskrisen führen können (vgl. GLEISS 1978, 1979; THOM 1979; THOM/WEISE 1979).

(b) Die persönlichkeitspsychologische Betrachtungsweise erlaubt es, die individuell mißlingenden Verarbeitungsformen von Lebensanforderungen zu explizieren. Diese „operativen Funktionen" des Individuums befinden „sich im Kampf mit bestimmten *Fakten*, die es ihm nicht auf gesellschaftlich zufriedenstellende Weise zu verarbeiten gelingt" (JERVIS 1978, S. 87). Diese Fakten des gesellschaftlichen Alltags sind soziale Situationen oder sozial produzierte und interpretierte Ereignisse. Sie muß man kennen, um die individuellen Aneignungsbedingungen und die Anforderungsstrukturen konkret bestimmen zu können. Man ist verwiesen auf die sozialen Beziehungen (Familie und andere soziale Netzwerke am Arbeitsplatz und im Reproduktionsbereich) und die durch sie vermittelten Ressourcen zur Bewältigung von belastenden, widersprüchlichen Lebensverhältnissen. Im Rahmen einer solchen situativen Bestimmung objektiver Lebensbedingungen und subjektbezogener Ressourcen zur Entwicklung einer bewußten Lebenspraxis in einer widersprüchlichen Realität wird es möglich, einen Begriff psychischer Störung zu entwickeln, der an der Situation der Betroffenen ansetzt und ihr nicht in abstrakter Weise äußerlich bleibt (vgl. KAPLONEK/SCHROETER 1979).

(c) Psychische Störungen sind schließlich auch noch auf die Ebene systematischer gesellschaftlicher Widersprüche, Restriktionen und Belastungsprofile zu beziehen, die die gesellschaftliche Lebenspraxis in einem sozialen System bestimmen. Bei allen Grenzen ihrer Aussagekraft zeigt die Sozialepidemiologie, daß die Stellung eines Individuums als Angehöriger einer spezifischen sozialen Schicht oder Klasse im gesellschaftlichen Gesamtsystem sein Problemniveau in erheblichem Maße mitbestimmt. Die Wahrscheinlichkeit, mit der eine Person die Erfahrung nicht mehr verarbeitbarer Belastungen macht, ist abhängig von ihrem sozialen Status.

Die drei bisher genannten Dimensionen beziehen sich auf solche Bedingungen, die das Auftreten von Lebenskrisen und Leidenszuständen als Folge von fehlender sozialer Kompetenz zur Erreichung persönlich relevanter Lebensziele einsichtig machen können. Diese Leidenszustände, Probleme und Krisen sind jedoch immer auch Probleme für andere oder werden dazu: Für unmittelbare Bezugspersonen, die sie als Bedrohung der eigenen Lebenspraxis erleben, als Aufforderung zur Hilfeleistung oder als Störung der Alltagsroutine; für ein soziales System als mögliche Zustands- und Bestandsbedrohung, vor allem dann, wenn sich Probleme systematisch häufen. Auf psychische Störungen wird deshalb reagiert und die verschiedenen Reaktionsmuster können in entscheidendem Maße die Sozialgeschichte einer Störung determinieren. Sie stellen die gesellschaftlichen Kontingenzen dar, die einer Störung einen typischen „Karriereverlauf" (FORSTER/PELIKAN 1977) aufprägen. Die drei folgenden Dimensionen gehören zur gesellschaftlichen Bearbeitung und Organisierung psychischen Leidens:

(d) Im unmittelbaren gesellschaftlichen Alltagszusammenhang eines Individuums, das den dort als gültig betrachteten Normalitätserwartungen nicht mehr zu entsprechen vermag, das die Routine der Lebenswelt stört, wird in vielfältiger Weise auf solche Störungen reagiert. Es können Normalisierungsversuche unternommen werden; es kann Unterstützung organisiert werden, es kann aber auch zum Abbruch sozialer Beziehungen kommen, zur Stigmatisierung und Ausgrenzung. Ein großer Teil von Krisen wird in den sozialen Netzwerken des Alltags produktiv bewältigt und damit aus der potentiellen Sequenz einer sich aufbauenden Karriere psychischer Devianz herausgenommen. Aus den Fragestellungen der Labeling-Perspektive sind zu dieser Dimension wichtige Befunde erarbeitet worden, die bei aller radikalen Einseitigkeit dieses theoretischen Ansatzes zu einer intensiven Problemsensibilisierung geführt haben (vgl. Keupp 1976, 1979b; Trojan 1978).

(e) Können Probleme und Krisen nicht mehr im Alltagszusammenhang einer Person „normalisiert" werden, reichen die Ressourcen der sozialen Netzwerke nicht aus oder sind sie nur in unzureichender Qualität verfügbar, dann kommt es in der Regel zu professionellen Problembearbeitungen. Die spezifische alltagsweltliche Sensibilität professionellen Handelns (Keupp 1978), die jeweilige therapeutisch-technische Ausrichtung, die jeeweils bestimmenden „pragmatischen Alltagstheorien" (Keupp 1976) oder „Ethnoparadigmen" (Imershein 1977) stellen wichtige interpretative Filtersysteme und systematische Bearbeitungssysteme dar, die die Sozialgeschichte einer Störung in sehr spezifischer Weise mitproduzieren.

(f) Das Gesundheitssystem bzw. sein Teilsystem der psychosozialen Versorgung stellen eine gesamtstaatliche Reaktionsform auf das soziale Problem psychische Störung dar. In seinen ökonomischen, sozialpolitischen und professionsspezifischen Steuerungsgrößen und Strategien bestimmt es die Ansatzpunkte für Interventionen, den Umfang der erwartbaren finanziellen und sozialen Ressourcen zur Prävention und Rehabilitation von psychischen Krisen und verfestigten Leidenszuständen und die jeweils ausgeübte Form sozialer Kontrolle, die von einer segregativen bis zu einer sozialintegrativen reichen kann (vgl. Keupp/Zaumseil 1978).

Diese Dimensionen fügen sich nocht nicht zu einem vollständig konsistenten theoretischen Modell psychischen Leidens zusammen. Dazu kommen sie aus zu unterschiedlichen disziplinären Kontexten (Elemente aus der Medizinsoziologie, der psychiatrischen Soziologie, der Sozialepidemiologie, der Labeling-Perspektive und der marxistischen Persönlichkeitstheorie). Sie dürften aber von einigem heuristischen Wert für ein Verständnis von Sozialisationsprozessen zum Patienten und in den Institutionen der psychosozialen Versorgung sein.

1.3 Systematisierung psychosozialer Dienstleistungen in einem Karrieremodell psychischer Störungen

In dem nachfolgenden Schema (Schema 1) sind einige der wesentlichen Zusammenhänge zwischen den genannten Dimensionen aufgenommen und zugleich Interventionsansätze für Institutionen der psychosozialen Versorgung benannt. Das Schema ist nur leicht verändert von Dohrenwend (1978) übernommen und konzentriert sich eher auf proximale als auf distale Ursachen psychischer Störungen. Es ist entscheidend beeinflußt von dem Paradigma der „Life event"-Forschung. Es fragt nach den Verarbeitungsmöglichkeiten belastender Lebensereignisse, zu denen spezifische Situationen im lebensweltlichen Kontext einer Person dann werden, wenn sie auf der Grundlage der psychischen Grundausstattung der Person als solche perzipiert und bewertet werden. Auf belastende Lebensereignisse reagiert das Individuum mit einer Streßreaktion, die von vorübergehender Natur sein kann, sofern situative und psychische Mediatoren zu einer Bewältigung des belastenden Ereignisses beitragen. Die Verarbeitung kann sogar zu einer produktiven Weiterentwicklung der Person führen, sie kann in der Krisenbewältigung neue Kompetenzen erwerben. Zu der Möglichkeit, eine Krise ohne substantielle Persönlichkeitsveränderungen durchzustehen oder zu bewältigen, gibt es dann noch die dritte Alternative der Verfestigung krisenbezogener Reaktionsmuster zu psychischen Störungen.
In Schema 1 lassen sich nun die Qualität und die Funktion von psychosozialen Initiativen und Funktionen näher bestimmen. *Primäre Prävention* kann in doppelter Weise bei den Voraussetzungen für belastende Lebensereignisse ansetzen. Sie kann im Erziehungs- und Sozialisationsbereich beginnen durch die Vermittlung von psychosozialen Grundqualifikationen, die eine aktive Auseinandersetzung mit situativen Problemmustern ermöglichen. Der andere Ansatzpunkt für primäre Prävention ist die Veränderung sozialer Lebenswelten durch politisches Handeln (zur primären Prävention: Albee/Joffe 1977; Forgays 1978; Cowen 1977a, b; Kessler/Albee 1975; Ciompi 1979; Lamb/Zusman 1979; Murphy/Frank 1979; Dörner u.a. 1979). Psychosoziale Aktivitäten, die sich auf die Ebene der Mediatoren beziehen, haben ebenfalls eine präventive Intention, die jedoch schwerpunktmäßig auf *sekundäre Prä-*

Schema 1

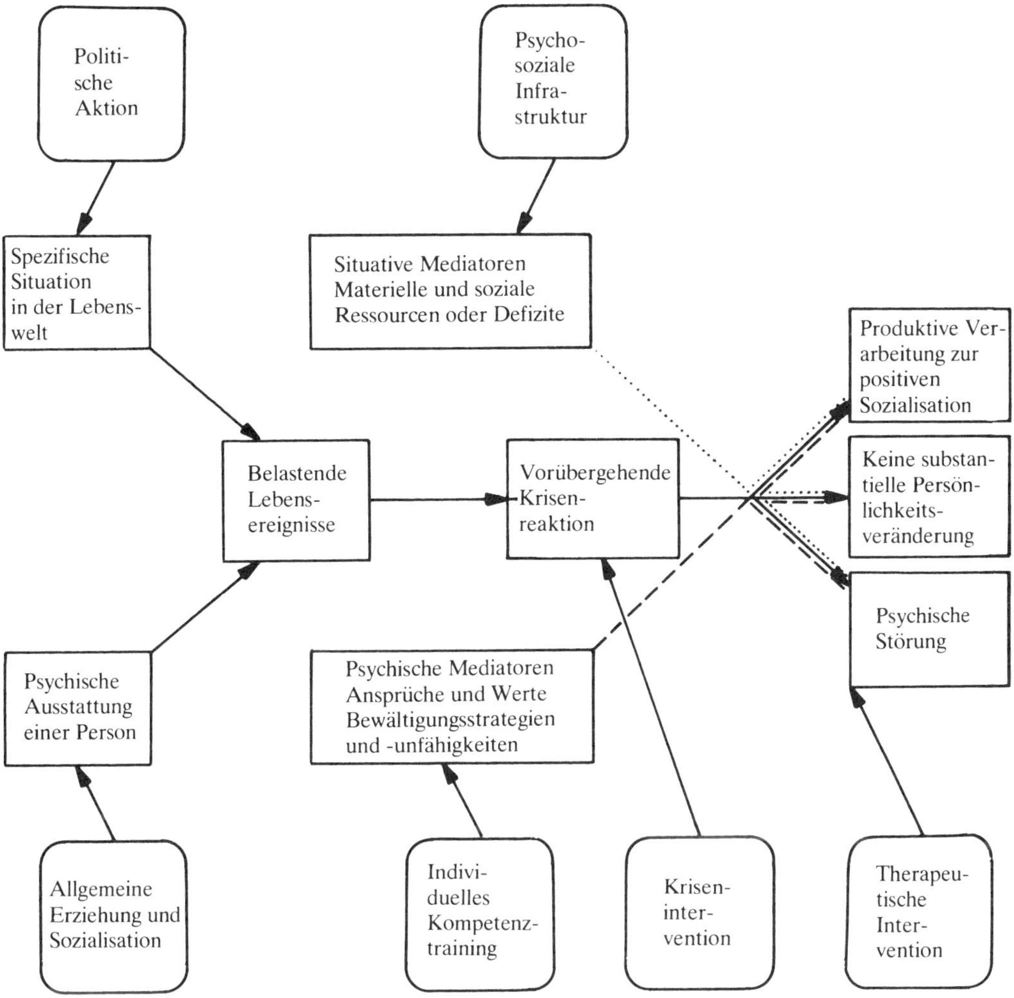

vention gerichtet ist. Es werden Dienstleistungen entwickelt, die die Auseinandersetzung mit und Verarbeitung von belastenden Lebensereignissen verbessern sollen bzw. direkt auf die Krisenreaktion bezogen ansetzen. Eine Optimierung der situativen Mediatoren kann sowohl am System der sozialen Sicherheit ansetzen (vgl. hierzu RIEDMÜLLER 1978a, 1978b; SCHICKE 1978), in dem finanzielle und arbeitsplatzbezogene Entlastungen als individuelle oder kollektive Ansprüche gesetzlich normiert abgesichert sein müßten. Zur Verbesserung der sozialen Ressourcen werden in letzter Zeit vor allem Konzepte und Projekte entwickelt, die sich auf soziale Unterstützungssysteme und soziale Netzwerke beziehen (vgl. CAPLAN/KILLILEA 1976; TOLSDORF 1976; President's Commission, Vol. II, 1978). Auf die Verbesserung der psychischen Mediatoren beziehen sich Versuche, Kompetenzen zur angemessenen Streßbewältigung zu bestimmen und zu vermitteln (vgl. etwa VANCE 1977, SUNDBERG/SNOWDEN/REYNOLDS 1978, TROWER/BRYANT/ARGYLE 1978). In dem Organisationstypus der *Krisenintervention* werden diese verschiedenen Einzelaktivitäten gebündelt und semiprofessionell oder professionell angeboten (vgl. BERKE 1977, S. 107ff.; EWING 1978; HOFF 1978; WOLFF 1976; Redaktionskollektiv 1979).

Hat sich eine psychische Störung verfestigt und

sind präventive und krisenbezogene psychosoziale Dienstleistungen keine sinnvollen Hilfsangebote mehr, dann sind je nach Problemlage ambulante oder stationäre *therapeutische Interventionen* indiziert, wobei die spezifischen Indikationen innerhalb und zwischen den Professionen der psychosozialen Versorgung kaum konsensfähig sind. Die Vielzahl vorhandener psychotherapeutischer Methoden ist für den potentiellen Konsumenten nur noch mittels der Hilfestellung eines „kritischen Leitfadens" (KOVEL 1977) oder „kritischen Führers" (KIERNAN 1978) einigermaßen übersehbar. Der Begriff „Psychotherapie" ist äußerst schillernd und wird für eine immer größere Zahl von Techniken der Verhaltensbeeinflussung in Ansprung genommen. Dem engeren Gebrauch des Begriffs, der sich seine Reputation aus der Zuordnung zu den Effizienzkriterien der akademischen Psychologie holt (vgl. dazu repräsentativ das Handbuch von GARFIELD/BERGIN 1978), kontrastiert die inflationäre Erfindung immer neuer marktgängiger Therapieformen (vgl. NAGEL/SEIFERT 1979), die in ihrer Gesamtheit den gegenwärtig viel analysierten „Psychoboom" ausmachen (vgl. BOPP 1979, FLEISSNER 1977, SCHÜLEIN 1978, WINKLER 1978). Diese Diffusion des Begriffs Psychotherapie, den Kritiker ohnehin für einen gefährlichen Mythos halten (vgl. SZASZ 1979), macht es schwer, ihn in eine Systematik zu integrieren, die sich an der idealtypischen Patientkarriere orientiert. Es geht hier nicht um das breite Angebot einer „Therapie für Normale" (FLEISSNER 1977), sondern um gezielte therapeutische Interventionen, die Menschen erreichen sollen, die sich in ihre psychischen Probleme so verstrickt haben, daß sie erheblich oder vollständig daran gehindert sind, die für sie relevanten Alltagsaktivitäten zu entfalten.

Die Frage, wann solche Interventionen eine stationäre psychiatrisch-psychotherapeutische Aufnahme erfordern, ist einer der umstrittensten Punkte in der psychosozialen Versorgung insgesamt. Bislang war die Schwelle der Einweisung in eine psychiatrische Anstalt für Personen, die aus den herrschenden Normalitätsmodellen herausgefallen waren, relativ gering. Die Notwendigkeit einer anstaltsförmigen Versorgung wird gegenwärtig entweder – wie in Italien (vgl. JERVIS 1978) oder Teilen der USA (vgl. AHMED/PLOG 1976) – vollständig bestritten oder nur mit erheblichen Einschränkungen akzeptiert. Man kann von einem Trend der „Deinstitutionalisierung" (vgl. BACHRACH 1976) sprechen, der eine Verlagerung der psychosozialen Dienstleistungen von der Anstaltsförmigkeit in eine dezentralisierte Vielfalt ambulanter oder teilstationärer Einrichtungen (wie psychosoziale Kontaktstellen, sozialpsychiatrische Dienste, Tages- und Nachtkliniken, therapeutische Wohngemeinschaften, beschützende Werkstätten etc.) umfaßt.

In diesen neuen Trend geht sowohl die Konzeption ein, daß eine psychosoziale Versorgungsstruktur um so effektiver sein kann, desto früher sie in eine Patientenkarriere einzugreifen vermag und desto besser es ihr gelingt, Ressourcen im lebensweltlichen Alltag der Patienten zu mobilisieren. In der Psychiatrieenquete wird dieses Konzept vertreten, das sich als „gemeindenahe Versorgung", als „Gemeindepsychiatrie" (DÖRNER u.a. 1979) oder als „sektorisierte Psychiatrie" (BAUER 1977) bezeichnen läßt. In diesen Trend der „Deinstitutionalisierung" gehen aber auch verstärkte Bemühungen der *Rehabilitation* ein, die sich auf Wiedereingiederung in den Produktions- und Reproduktionsbereich beziehen und dabei vor allem die als „Institutionalismus" bezeichneten Hospitalisierungsschäden (vgl. dazu FINZEN 1974, WING 1975) zu überwinden versuchen, die eine psychiatrische Segregation in „totalen Institutionen" (GOFFMAN 1972) serienmäßig produziert. Rehabilitation in diesem Sinne läßt sich auch als „Resozialisierung" oder als „Sozialisation der Ausgeschlossenen" (PIRELLA 1975) bezeichnen. Sie kann in den Kliniken durch die Schaffung „therapeutischer Milieus" in Form von „therapeutischen Gemeinschaften" (vgl. KRÜGER 1979, HINSHELWOOD/MANNING 1979) beginnen und sich als gezielte Vorbereitung auf Kommunikations- und Interaktionsbeziehungen im lebensweltlichen Alltag verstehen. Sie kann sich aber auch gezielt auf die Herstellung beruflicher Kompetenzen konzentrieren in Form von beruflicher Rehabilitation (vgl. BENNETT 1978, HACK/ANGERMEYER 1979, HOHM 1977). Rehabilitation wird oft auch als „tertiäre Prävention" bezeichnet (ADLER/LEVINSON/ASTRACHAN 1978) und meint dann die Verhinderung des Rückfalls in ein Stadium der Patientenkarriere, dessen Überwindung das Ziel von Therapie gewesen ist.

Abschließend soll das hier skizzierte Modell der Patientenkarriere als Ausdruck der gesellschaftlichen Organisierung psychischen Leidens im Zusammenhang mit dem System der psychosozialen Versorgung systematisiert und schematisiert dargestellt werden.

In einem „Prozeß-Karriere-Modell" haben FORSTER/PELIKAN (1977) die wesentlichsten Komponenten für die Entstehung und Bewältigung psychischer Störungen zusammengefaßt. Dieses Modell enthält folgendes konzeptuelle Raster (vgl. Schema 2): (1) *Karrierestufen*: Idealtypisch betrachtet lassen sich psychische Störungen in ihrem jeweiligen Erscheinungsbild und bezogen auf spezifische Interventionsanforderungen als hierarchisch geordnete Sequenz von Karrierestufen darstellen. (2) *Karriereentscheidungspunkte*: Die Karriere kann alternative Verläufe nehmen (sie kann fortschreiten, sie kann aber auch rückgängig gemacht werden). Die Entscheidung über den Verlauf ist abhängig von Steuergrößen, über die die betroffene Person oder andere Personen bzw. Institutionen verfügen. Je weiter die Karriere fortgeschritten ist, desto geringer ist der Einfluß der Person gegenüber externen Kontrolleinflüssen. (3) *Karrieredeterminanten*: Personen- und situationsspezifische Entstehungs- und Bewältigungsmöglichkeiten von inneren und äußeren Einflüssen bestimmen die Karriere. Je verletzlicher eine Person aufgrund genetischer und lebensgeschichtlicher Bedingungen ist, desto eher können Lebensereignisse zu Auslösern oder Verstärkern einer Karriere werden. Für die Bewältigung belastender Ereignisse ist die jeweilige Kapazitätsstruktur der Person ausschlaggebend. Diese Kapazitätsstruktur sind die „körperlichen, psychischen und sozialen Kompetenzen" und die „spezifische Verfügung über universelle Ressourcen materieller, symbolischer und personeller Art in der handlungsrelevanten Situation" (FORSTER/PELIKAN 1977, S. 30). Wenn die persongebundenen Bewältigungsmöglichkeiten nicht ausreichen, um mit belastenden Lebensereignissen fertig zu werden, dann hängt der Verlauf der Karriere entscheidend von dem gesellschaftlichen Dienstleistungsangebot ab. „Je differenzierter, adäquater, bedürfnisgerechter und zugänglicher die gesellschaftlichen Ressourcen und Möglichkeiten für eine Person sind, desto größer ist die Wahrscheinlichkeit, daß ein kritisches Ereignis erfolgreich bewältigt werden kann" (ebd., S. 30). (4) *Karrieredynamik*: Im Unterschied zu einem mechanistischen Kausalmodell ermöglicht das Karriemodell auch Aussagen über die sich im Verlauf einer Karriere verändernde Kapazitätsstruktur und Verletzlichkeitsfaktoren. Je länger man auf einer bestimmten Karrierestufe bleibt, desto größer ist die Wahrscheinlichkeit einer weiteren Verschlechterung der Lage der betroffenen Person. So kann es zu neuen Empfindlichkeiten oder zu eimen fortschreitenden Kompetenzverlust (z. B. Hospitalisierungseffekte) kommen, die verfügbaren Ressourcen können sich verringern, ebenso die gesellschaftlichen Toleranzgrenzen und schließlich kann der Einfluß sozialer Kontrolle die persönlichen Steuerungsmöglichkeiten der eigenen Karriere immer vollständiger verdrängen. (5) *Interventionsstrategien*: Für jede Karrierestufe sind spezifische Interventionsstrategien zu bestimmen, die in der Lage sein könnten, Bewältigungsversuche der Betroffenen einzuleiten und zu unterstützen. Je nach Karrierestufe sind solche Interventionen eher alltagsweltliche Unterstützung, Solidarität und Hilfe, Krisenintervention, gezielte Therapie, Rehabilitation oder kompensatorische Versorgung. In Schema 2 werden die verschiedenen konstitutiven Bedingungen des Karriereverlaufs psychischer Störungen systematisch in ihrem Zusammenwirken dargestellt.

Dieses idealtypisch angelegte Karrieremodell bedarf der gesellschaftsspezifischen Konkretisierung, um erfassen zu können, wie in einem spezifischen sozialen System die jeweils besonderen Formen der gesellschaftlichen Produktion und Bearbeitung psychischen Leidens aussehen. Wir wissen aus sozialgeschichtlichen Rekonstruktionen der Entstehung und Entwicklung der psychosozialen Versorgung, daß sich deren Grundmuster mit der Evolution der Gesellschaftsgeschichte verändert hat (vgl. DÖRNER 1969, FOUCAULT 1969, KÖHLER 1977). Bei ihrem Versuch, typisierte Karriereverläufe in spätkapitalistischen Gesellschaften aufzuzeigen, gehen FORSTER und PELIKAN von folgender Annahme aus: „Als wesentlichste Determinante von individuellen und kollektiven Lebensschicksalen und damit auch von Karriereverläufen psychischer Störungen – werden für spätkapitalistische Gesellschaften die *Klassen-/Schichtstruktur* und die *Interventionen des politisch-administrativen Systems* postuliert, welche ihrerseits von den dominanten Produktions- und Reproduktionsbedingungen konstituiert werden und wechselseitig in vielfältiger Weise interagieren" (1977, S. 35). Die Bedeutung der Klassen- oder Schichtstruktur für das individuelle Risiko zu psychischem Leiden ist durch die epidemiologischen Befunde hinreichend plausibel zu machen. Im weiteren gilt es, das politisch-administrative System etwas genauer unter dem Gesichtspunkt seiner expliziten oder impliziten Sozialisationsvorgaben und -ziele zu untersuchen.

Schema 2

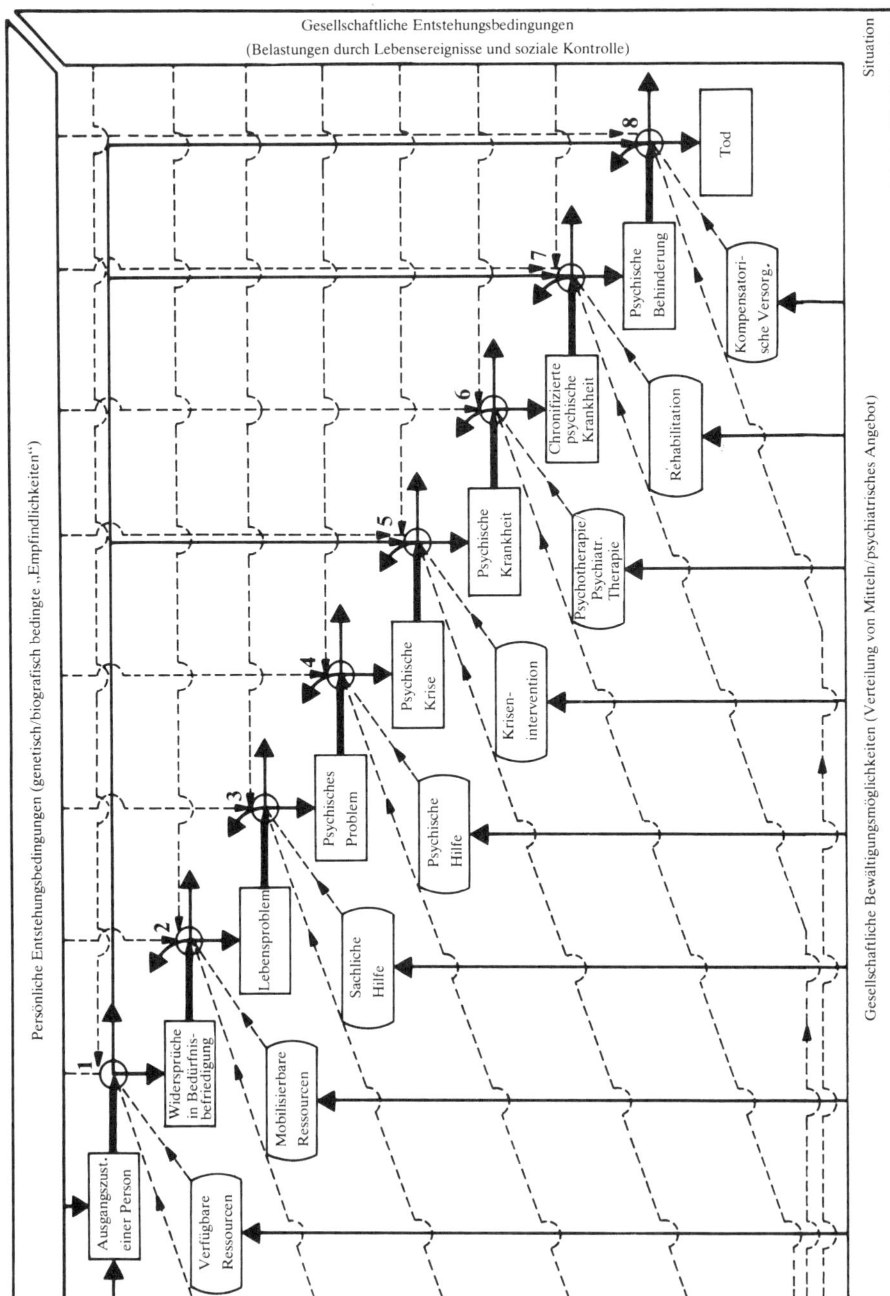

Zeichenerklärung:
- Karrierestufen
- Karrierewendepunkte
- Interventionsstufen
- Karriereübergänge
- Einfluß auf Übergangswahrscheinlichkeiten
- Determination von Interventionsstufen

Schema 2: Stufen und Entscheidungspunkte eines Karrieremodells psychischer Störungen und prinzipielle Interventionsstufen eines bedarfsgerecht differenzierten Versorgungssystems

(Nach Forster u. Pelikan 1977, S. 32/33)

2 Institutionen der psychosozialen Versorgung als spezifische Sozialisationsvorgaben

2.1 *Implizite Sozialisationsziele in der sozialpolitischen Konfiguration*

Handlungsziele für die berufliche Tätigkeit in den Institutionen der psychosozialen Versorgung stehen nicht beliebig zur optionalen Verfügung. In nur relativ engen Grenzen sind Ziele verhandelbar. Der institutionelle Kontext der professionellen Tätigkeit enthält eine Reihe spezifischer Handlungspläne und schließt andere explizit aus. Die Institutionen arbeiten in finanzieller und juristischer Hinsicht auf der Grundlage von gesetzlichen Normierungen und Maßnahmenkatalogen, in denen sich sozialpolitische Zielvorgaben manifestieren und die entscheidend vordefinieren, welche Funktionen psychosoziale Tätigkeiten haben, welche Ressourcen dafür zur Verfügung stehen und wer darauf in welcher Form Anspruch erheben kann. Die Möglichkeitsbedingungen für die Tätigkeit in Institutionen der psychosozialen Versorgung haben in dem sozialpolitischen Grundmuster ihre strukturellen Bestimmungsfaktoren. Dieses sozialpolitische Grundmuster enthält also zumindest implizite Sozialisationsziele, insofern ist es notwendig, im Rahmen dieses Handbuchartikels einige Wesensmerkmale der sozialpolitischen Konfiguration der Bundesrepublik zu skizzieren (vgl. hierzu ausführlich: v. FERBER/KAUFMANN 1977, BADURA/GROSS 1976, GULDIMANN u.a. 1978, STANDFEST 1977, FUHRKE 1978).

Staatliche Sozialpolitik erhält ihre funktionale Notwendigkeit aus Strukturproblemen der bürgerlichen Gesellschaft. Der kapitalistische Industrialisierungsprozeß hat zur Voraussetzung, daß der Arbeitsmarkt über ein genügend großes Angebot freigesetzter Arbeitskraft in Form von Lohnarbeitern verfügt. Diese Voraussetzung stellt sich nicht ohne vermittelnde und steuernde Tätigkeit staatlicher Politik her. Es bedarf – wie LENHARDT/OFFE (1977, S. 102ff.) es formulieren – der „,aktiven' Proletarisierung", damit Individuen Lohnarbeit als dominante Subsistenzform akzeptieren. Somit ergibt sich als allgemeinste Funktionsbestimmung von Sozialpolitik „die staatliche Bearbeitung des Problems der dauerhaften Transformation von *Nichtlohnarbeitern in Lohnarbeiter*" (LENHARDT/OFFE 1977, S. 101). Spezifischer wird diese allgemeine Funktionsbestimmung in folgender Definition: „Sozialpolitik ist die bewußte gesellschaftliche Veranstaltung zur Aufrechterhaltung des kapitalistischen Produktions- und Akkumulationsprozesses durch die planmäßige Sicherung des Bestandes an verwertbaren Arbeitskräften, die Schaffung, Erhaltung und Wiederherstellung ihrer Funktionsfähigkeit. Sie gewährleistet ferner die Existenzerhaltung für diejenigen Arbeitskräfte, die dauerhaft aus dem kapitalistischen Produktionsprozeß ausgeschieden sind. Mit anderen Worten: Bevölkerungspolitik, Sozialisation, Qualfikation, Wiederherstellung der Arbeitsfähigkeit (,Rehabilitation' im weitesten Sinn) und Alimentierung sind sozialpolitische Maßnahmen zur Sicherung der Reproduktion der Arbeitskraft, die auf diese unmittelbar gerichtet sind und diejenigen Arbeistskräfte betreffen, die nicht, noch nicht oder vorübergehend nicht mehr in einem Austauschverhältnis mit dem Kapital stehen" (BARABAS u.a. 1975, S. 382).

Im komplexen „System sozialer Sicherheit" realisiert sich das beschriebene Funktionsprinzip der Sozialpolitik. Der zentrale Bezugspunkt aller Leistungen, die das System sozialer Sicherheit erbringt, ist die Arbeitsfähigkeit und diese wird im wesentlichen verstanden als Erwerbs-, Berufs- und Leistungsfähigkeit oder – wie es die Bundesanstalt für Arbeit formuliert – als die Fähigkeit, „ein Mindestmaß an wirtschaftlich verwertbarer Arbeitsleistung zu erbringen" (1975, S. 1170). Arbeitsfähigkeit im Sinne der Sozialpolitik der BRD ist also primär als „Marktgängigkeit" zu verstehen (vgl. RIEDMÜLLER 1978b, S. 82). Entsprechend weist auch der Katalog sozialer Risiken, auf die sich die Sozialversicherung bezieht, einen klaren Bezug zwischen Lohnarbeit und sozialer Sicherheit auf. „Insgesamt sind Risiken versichert, die die Arbeitskraft beeinträchtigen (Krankheit) oder deren Einsatzfähigkeit behindern (Arbeitslosigkeit). Die Geschichte der Sozialgesetzgebung seit Bismarck zeigt deutlich diesen Bezug auf den Erhalt und die Wiederherstellung der individuellen Arbeitskraft" (RIEDMÜLLER 1978a, S. 67). Durch seine Sozialpolitik reagiert der Staat kompensierend auf die Vernutzung von Arbeitskraft im kapitalistischen Produktionsprozeß (vgl. BÖHLE 1977). Das ist die *Kompensationsfunktion* staatlicher Sozialpolitik oder ihre „Ausgleichsfunktion" (STANDFEST 1977, S. 22). Sozialpolitik muß die aus dem kapitalistischen Reproduktionsprozeß resultierenden Existenzrisiken, die mittels der marktvermittelten individuellen Lohneinkommen nicht zu bewältigen sind, „durch Kompensationsleistungen auffangen, da anders politische Stabilität und die soziale Integration der Arbeiterklasse in die bürgerliche Gesellschaft" nicht zu garantieren sind (RÖDEL/GULDIMANN 1978, S. 17).

Staatliche Sozialpolitik hat aber auch eine *Konstitutionsfunktion.* Sie zielt auf die Herstellung eines Arbeitskräftepotentials, das in einer jeweils quantitativ, qualitativ und regional spezifischen Strukturiertheit eine allgemeine Produktionsbedingung ist. Sie muß „einerseits verhindern, daß die Arbeitskraft in einzelkapitalistischen Produktionsprozessen durch Intensivierung der Arbeit und Steigerung der Leistungsforderungen so maßlos ausgenutzt und verschlissen wird, daß deren durchschnittliche physisch-psychische Leistungsfähigkeit sinkt und die Kontinuität des gesamtkapitalistischen Reproduktionsprozesses aufgrund von Angebotsengpässen auf dem Arbeitsmarkt durch Friktionen bedroht wird" (RÖDEL/GULDIMANN 1978, S. 21). Staatliche Sozialpolitik hat andererseits aber auch sicherzustellen, daß für die einzelkapitalistischen Produktionsprozesse genügend Arbeitskräfte mit den notwendigen Qualifikationen bereitgestellt werden.

Schließlich ist noch die *Kontrollfunktion* staatlicher Sozialpolitik zu unterscheiden, die zugleich den bewußten gesellschaftlichen Zugriff auf Sozialisationsprozesse darstellt, „durch die die Individuen zur Teilnahme am gesellschaftlichen Reproduktionsprozeß befähigt werden sollen" (BLANKE/SACHSSE 1978, S. 21). Sozialpolitik hat in ihren Sozialisationsleistungen den Aufbau und die Sicherung spezifischer Verkehrsformen, Wert- und Handlungsorientierungen zu garantieren und in ihrer Kontrollfunktion Abweichungen und Fehlentwicklungen zu verhindern. „So tragen die Maßnahmen staatlicher Sozialpolitik (...) zum Aufbau und zur Sicherung der sozialpsychologischen Infrastruktur kapitalistischer Produktionsverhältnisse bei, indem sie bei den Lohnarbeitern die Orientierung an den zentralen handlungsleitenden Prinzipien des ‚bürgerlichen Sozialcharakters' durchsetzen und stabilisieren – die wichtigsten dieser Prinzipien sind individuelle Leistungs- und Aufstiegsorientierung, privatistische Lebensführung, Akzeptierung von monetären Entschädigungen nach Maßgabe des Äquivalenzprinzips (auf dem Arbeitsmarkt)" (RÖDEL/GULDIMANN 1978, S. 27).

Die sozialisatorische Kontrollfunktion staatlicher Sozialpolitik hat die Form eines Junktims (vgl. hierzu vor allem PREUSS 1975, 1979). Der einzelne hat im Falle des Auftretens typischer sozialer Risiken einen rechtlich geregelten Anspruch auf sachliche oder persönliche Dienstleistungen. Auf diese staatlichen Reproduktionsgarantien kann er jedoch nur rechnen, wenn er sich bei der Wahrnehmung und Durchsetzung seiner Ansprüche entsprechend den normierten Verkehrsformen der bürgerlichen Gesellschaft verhält und diese fordern von ihm, daß er seine Ansprüche als individuelle anmeldet. Soziale Kontrolle realisiert sich in den Maßnahmen staatlicher Sozialpolitik in der Form, daß sie „den Arbeitern in Konfliktsituationen in der Produktions- und Reproduktionssphäre individuelle Reaktionen" erleichtert und verhindert, „daß wieder kollektive Interessenartikulationen und Handlungsstrategien entwickelt werden" (RÖDEL/GULDIMANN 1978, S. 30). Vor allem das Individualisierungsprinzip im Sozialrecht schränkt die Möglichkeit erheblich ein, auf Problem- und Lebenslagen kollektiv und präventiv zu reagieren. Der Trend geht zum Rechtsanspruch des Individuums gegenüber dem Staat in Form eines gerichtlich kontrollierbaren, einklagbaren Abwehrrechts von Reproduktionsrisiken. Die Gesetze werden immer weiter „ausdefiniert", eine Entwicklung, die als „Verrechtlichung" bezeichnet wird (vgl. STANDFEST 1977, S. 94ff.; RIEDMÜLLER 1978a, S. 69ff.; WOLFF 1978, S. 133f.). Im Zuge dieser Verrechtlichung werden die individuell einklagbaren Ansprüche immer weiter differenziert, zugleich aber auch der Trend verstärkt, daß die Ausklinksituationen für Dienstleistungen aus dem System der sozialen Sicherheit an individuell diagnostizier- und zurechenbare Einschränkungen und Defizite gebunden werden. Soweit überhaupt präventive Maßnahmen durch das System sozialer Sicherheit bereitgestellt werden, beschränken sie sich auf eine „Verhaltensprävention", bei der nicht soziale Risiken vermindert werden sollen, sondern ein Vermeidungsverhalten der Individuen gefördert wird (z. B. im Bereich der Ernährung).

Wie für den Arbeitsbereich im besonderen gilt für den Maßnahmenkatalog des Systems sozialer Sicherheit im allgemeinen, daß kompensatorisch interveniert wird. „Dabei bezieht sich der Risikoausgleich (bzw. die Korrektur) im Normalfall nur auf das ‚Endstadium' (zeitweiliger oder gänzlicher Verlust der Arbeits- und Erwerbsmöglichkeit) von bereits früher einsetzenden – meist schrittweisen – Verschlechterungen der beruflichen Situation, was auch die Wirkungen des Risikoausgleichs und die Korrekturmöglichkeiten beschränkt" (Böhle 1977, S. 302).

Die verschiedenen Säulen des Systems sozialer Sicherheit reagieren auf verschiedene soziale Risiken und erfüllen in unterschiedlichem Maße die beschriebenen Funktionen staatlicher Sozialpolitik. In erster Linie kompensatorisch setzen die Leistungen in bezug auf den Arbeitsbereich an. Die Konstitutionsfunktion realisiert sich am eindeutigsten in der Sozialversicherung (Kranken-, Renten- und Arbeitslosenversicherung). „Sie versichert Risiken, die die Arbeitskraft beeinträchtigen (Krankheit, Unfall) oder deren Einsatzfähigkeit behindern (Arbeitslosigkeit) bzw. beenden (Alter)" (Riedmüller 1978b, S. 81). Sie zielt auf die „reguläre Arbeiterklasse" (im Unterschied zur „irregulären", vgl. Leibfried 1977, S. 45ff.), also die Gruppe, die relativ fest im Beschäftigungssystem integriert ist. Der Zugang zu den Leistungen dieser Versicherungssysteme „ist in einem hochentwickelten System von gesetzlichen Anspruchsnormen geregelt. Die Leistungen dieser Systeme werden aus Beiträgen finanziert. Sie erscheinen als ‚verdiente' und sind entweder am jeweiligen Lebensstandard des Versicherten (z.B. Rentenversicherung) oder an einer nicht nur minimalen Dienstleistung (z.B. Krankenversicherung) orientiert" (Leibfried 1977, S. 47). Der Bezug zum Arbeitsmarkt ist einerseits ganz dicht, wird doch die Anbieterseite von Arbeitskraft auf einem bestimmten erwartbaren Niveau zuverlässig geregelt, andererseits ist die Konjunkturabhängigkeit der Leistungen geringer als bei den sozialpolitischen Steuerungssystemen, die sich auf die „irreguläre Arbeiterklasse" beziehen, also auf jene große Gruppe, die gar nicht oder nur randständig in das Beschäftigungssystem integriert ist (z.B. Hausfrauen, Behinderte, Arbeitsemigranten). Der Übergang von der „regulären" in die „irreguläre Arbeiterklasse" ist schnell möglich, beispielsweise infolge längerer Arbeitslosigkeit oder Erkrankung.

Die gesetzlichen Regelungen der Arbeitsförderung, die Behinderten- und Rehabilitationsgesetze und vor allem das Sozialhilfesystem stehen unter starken Einflüssen des Arbeitsmarktes und ökonomischer Konjunkturen. Es bestehen zwar auch rechtlich formulierte und einklagbare Ansprüche auf diese Leistungen, doch ist die Kontrolle dieser Ansprüche eng an das Handeln der Sozialverwaltung gebunden und enthält unterschiedlich auslegbare Ermessensspielräume. „Der hohe Ermessensspielraum der Verwaltung sowie die stark ausgeprägte sozialnormierende und kontrollierende Tendenz der Sozialhilfe beinhalten die Möglichkeit, auf Arbeitsmarkterfordernisse ‚weich' oder ‚hart' zu reagieren: ‚weich', indem nicht marktgängige Arbeitskraft auf Dauer im Sozialhilfesystem absorbiert wird, z.B. in Behindertenwerkstätten, psychiatrischen Anstalten, Eingliederungsheimen etc.; ‚hart', indem unter Androhung von Repressionen in den Arbeitsmarkt gedrückt wird. Diese Strategien kann man auch als ‚integrativ' vs. ‚desintegrativ' bezeichnen, wobei beide Formen abwechselnd in bezug auf eine Personengrupe wirksam werden können. Z.B. kann die berufliche Rehabilitation Behinderter kurzfristig deren Integration auf dem freien Arbeitsmarkt bedeuten, langfristig aber (je nach Konjunktur) deren Desintegration (= Absorption) in Sonderanstalten" (Riedmüller 1978b, S. 84f.).

Insgesamt ist festzuhalten, daß die sozialpolitische Konfiguration, in der das System der psychosozialen Versorgung steht, eine bestmögliche Förderung von Entfaltungsmöglichkeiten der Gesamtpersönlichkeit nicht vorsieht, vielmehr eine maximale Ausnutzung von Arbeitskraft, soweit sie mit einer gewissen Erfolgsgarantie als noch nutzbar eingeschätzt werden kann und soweit es der Arbeitsmarkt notwendig macht.

2.2 Die psychosoziale Versorgung im Widerspruch von personenbezogenen Dienstleistungen und sozialer Kontrolle

Die psychosoziale Versorgung besteht im wesentlichen aus den sozialen Dienstleistungen, die in ihrer personenbezogenen Form eine Experten-Klienten-Beziehung konstituieren. Sie haben sich im Vergleich zu der anderen sozialpolitischen Strategie der Einkommensleistungen in den spätkapitalistischen Ländern in einem enormen Maß ausgeweitet (vgl. Badura/Gross 1976, Gartner/Riessman 1978). Der gesellschaftliche Stellenwert von sozialen Dienstleistungen läßt sich einmal aus einer ökonomischen Perspektive bestimmen: Sie werden notwendig, um die Produktivität eines

Wirtschaftssystems zu erhöhen, etwa über Wissenschaft und Bildung „oder zur Vermittlung, Erhaltung, ‚Instandsetzung‘ des Faktors Arbeitskraft (Beratung, Behandlung, Pflege, Rehabilitation)“ (BADURA/GROSS 1976, S. 269). Wie ich im letzten Abschnitt aufgezeigt habe, steht die Erbringung von Dienstleistungen jedoch nicht nur im Funktionskreis solcher produktionsorientierter Kriterien, sondern sie haben auch Funktionen der sozialen Integration in das soziokulturelle System bzw. der sozialen Kontrolle wahrzunehmen. Hierzu zählen verschiedene Sozialisationsangebote, Resozialisierungsprogramme und Maßnahmen der Wiedereingliederung in Fällen der befristeten gesellschaftlichen Ausgliederung wie im Falle stationär behandelter psychiatrischer Patienten, die mit elementaren sozialen Kompetenzen ausgestattet werden sollen, die sie entweder nie besessen haben oder die ihnen im Verlauf einer hospitalisierenden Ausgrenzung aus dem gesellschaftlichen Alltag verloren gegangen sind. Soziale Dienstleistungen sollen soziokulturelle Orientierungen und direkte Hilfen zur Bewältigung der jeweiligen Lebenspraxis liefern. Als Gründe für die steigende Nachfrage nach solchen Dienstleistungen werden genannt: „Die zunehmende Unübersichtlichkeit und soziale Heterogenität hochdifferenzierter, -bürokratisierter, -zentralisierter und leistungsorientierter Gesellschaften; zum anderen ... die im Verlauf der Industrialisierung eingetretene Schwächung und teilweise Erosion der kulturellen Infrastruktur, der ‚kleinen Netze‘, der gewachsenen Lebens-, Stützungs-, Verkehrsformen, der traditionellen Potentiale spontaner Solidarität und soziokultureller Kontinuität“ (BADURA/GROSS 1976, S. 270). Im wesentlichen der Staat und aus öffentlichen Mitteln bezuschußte private Träger (z.B. die Wohlfahrtsverbände; vgl. BAUER 1978) sind die Träger der Dienstleistungen und erbringen sie in einer Weise, die der Logik staatlichen Handelns untergeordnet sein muß (vgl. WOLFF 1978).

Zusammenfassend läßt sich sagen: „Staatliche Dienstleistungsproduktion im Bereich sozialer Dienste ist ... als Versuch anzusehen, Schäden zu beheben, die die rapide wirtschaftliche Entwicklung in der kulturellen Infrastruktur hervorgerufen hat und die der Markt selber zu beheben nicht in der Lage ist. Soziale Dienste sind demnach also auch Versuche professionalisierter, monetarisierter Rekonstruktion und Reintegration elementarer sozialer Strukturen und Basisprozesse (gestörte Kommunikation, Motivation und beschädigter Identität)“ (BADURA/GROSS 1976, S. 270).

Das System der psychosozialen Versorgung ist also einerseits ein in sich differenziertes Angebot von Dienstleistungen, die deshalb staatlich organisiert und bereitgestellt werden müssen, weil sie vom soziokulturellen System nicht mehr als selbstverständlicher Bestandteil der alltäglichen Organisierung der gemeinsamen Lebenswelt erbracht werden können oder nicht in der Form, die als gesellschaftlich notwendige sich herausgebildet hat. Das System der psychosozialen Versorgung transportiert jedoch über seine Dienstleistungsfunktion immer auch die der *sozialen Kontrolle.* Historisch gesehen stand diese Funktion im Vordergrund, als jene institutionellen Strukturen etabliert wurden, die sich noch heute in dem Dispositiv der psychiatrischen Landeskrankenhäuser erkennen lassen: Die kontrollierende Ausgrenzung von Individuen aus dem gesellschaftlichen Lebensprozeß, die entweder die körperliche und geistige Mindestausstattung für die Erbringung produktiver Arbeitsleistungen nicht besaßen oder diese in einer rücksichtslosen Vernutzung ihres Arbeitsvermögens eingebüßt hatten. Ausgegrenzt wurden auch solche Individuen, die nicht über die geforderten Arbeitstugenden verfügten, die zu einer störungsfreien Einfügung in den Produktionsprozeß notwendig waren. Mit der Durchsetzung der kapitalistischen Produktionsweise und der Etablierung der bürgerlichen Gesellschaft, aber bereits durch den absolutistischen Staat vorbereitet, haben sich Kriterien der gesellschaftlichen Nützlichkeit entwickelt, die in ihrer rigorosen Durchsetzung dazu führten, daß sich für viele Individuen die Grenzen akzeptierter Normalität so verschoben, daß sie in ihnen nicht mehr toleriert wurden. Der „Irre“ oder „Wahnsinnige“ symbolisiert die Negation des Ideals, auf dem die bürgerliche Vertragsgesellschaft aufbaut und hat deshalb in ihr auch keinen Platz. „Als Unvernünftiger ist er kein Rechtssubjekt; als Unverantwortlicher kann er keine Strafen auf sich ziehen; unfähig zu arbeiten oder zu ‚dienen‘, tritt er nicht in den geregelten Kreislauf des Tausches ein, jene ‚freie‘ Zirkulation von Waren und Menschen, deren Matrix das neue bürgerliche Rechtsverhältnis ist. Als Brennpunkt von Unordnung muß er mehr denn je unterdrückt werden, doch nach einem anderen Strafsystem als dem, das jenen gilt, die willentlich das Gesetz übertreten. Er ist ein

Inselchen von Irrationalität, das verwaltet werden muß, doch nach anderen Normen als denen, die den ‚normalen' Subjekten in einer vernünftigen Gesellschaft ihre Plätze zuweisen und ihre Pflichten aufbürden" (CASTEL 1979, S. 21f.).

Der sich im Zuge der Industrialisierung entwikkelnde primäre Lebenszusammenhang der proletarischen Familie war bestimmt von den Gesetzen der kapitalistischen Produktion. Auf diese hin mußte die Arbeitskraft zugerichtet werden. Die Möglichkeiten für die Unterstützung, Pflege und Hilfe für solche Individuen, die in den Arbeitsprozeß nicht integrierbar waren oder aus ihm als arbeitsunfähig herausgefallen waren, waren im Vergleich zur bäuerlichen, handwerklichen oder großbürgerlichen Familie äußerst beschränkt. Der liberale Staat des 19. Jahrhunderts sieht sich mit dem Problem konfrontiert, daß seine generelle Strategie an Grenzen stößt: Die Abwälzung der Belastungen, die im Prozeß der kapitalistischen Akkumulation auftreten, auf die Betroffenen selbst. „Mit der fortschreitenden Auflösung der traditionellen Großfamilie, der dörflichen Sozialverhältnisse, mit der Mobilisierung der Arbeitskräfte, mit der Zusammenballung der Massen in den neuen industriellen Zentren und Städte, mit der Unterwerfung auch der Frauen und Kinder unter die kapitalistische Ausbeutung wird es für die arbeitenden Klassen immer schwieriger, ihre Schwerkranken selbst zu versorgen, zu pflegen und zu beaufsichtigen" (KÖHLER 1977, S. 156).

Mit dem Aufbau der Irrenanstalten trug der Staat dem Faktum Rechnung, daß die Möglichkeiten der Selbsthilfe nicht mehr ausreichten, um mit den Belastungen fertig zu werden, die der arbeitenden Bevölkerung aufgeladen wurden (vgl. SCULL 1977). Die liberale Fürsorgepolitik sah in dem Aufbau des Irrenwesens vor allem die Lösung des Problems, den störungsfreien Ablauf des kapitalistischen Produktionsprozesses zu garantieren. Individuen, die selbst nicht arbeiten können und die Unterstützung und Pflege anderer Menschen bedürfen, deren Arbeitskraft aber gewinnbringend verwertet werden soll, müssen unter minimalem Kostenaufwand aus dem Verkehr gezogen werden. „Bei Personen, die nicht imstande waren zu leben, ohne die soziale Ruhe und Ordnung zu bedrohen, verstand man unter Fürsorge im wesentlichen ihre Konzentrierung und Einschließung an isolierten Orten sowie ihre Betreuung und Verwaltung unter Bedingungen, die das nackte Überleben zuließen. Psychiatrische Fürsorge war also untrennbar mit Repression verbunden" (JERVIS 1978, S. 47).

Die ordnungspolitische Aufgabe des Irrenwesens war der ärztlichen Tätigkeit in diesem Bereich sowohl historisch als auch in der Hierarchie der in diesem neuen Anstaltssystem bestimmenden Kräfte vorgeordnet. Zwar kam es zu Beginn des 19. Jahrhunderts zu einer Aufteilung der „Randgruppen" in verschiedene Kategorien (z.B. Kranke, Kriminelle, Landstreicher) und zur Etablierung spezifischer Institutionen und prfoessioneller Zuständigkeiten (vgl. DÖRNER 1969; CASTEL 1976, S. 184ff.), doch wird es wohl der historischen Wahrheit nicht gerecht, in diesem Zusammenhang von einer revolutionären Befreiung der Irren zu sprechen, die jetzt nur noch unter der Regie wechselnder therapeutischer Paradigmen standen. Es bleibt weiterhin bei der „strukturellen Unterordnung der psychiatrischen Irrenfürsorge unter Polizei und Justiz" (KÖHLER 1977, S. 163). Die Psychiater beherrschen mit ihrer medizinischen Optik keineswegs das neue Anstaltssystem. „Sie dringen in diese Anstalten ein (und zwar in einem langwierigen und mühsamen Prozeß professionellen Bodengewinns), aber sie beherrschen sie nicht – jedenfalls nicht als Ärzte und nach therapeutischen Gesichtspunkten" (KÖHLER 1977, S. 161). In ihrer Praxis akzeptierte die Psychiatrie des 19. Jahrhunderts weitgehend den Rahmen liberaler Fürsorgepolitik und insofern ist sie eine „politische Wissenschaft, denn sie hat ein Verwaltungsproblem gelöst. Sie hat den Wahnsinn zum Verwaltungsobjekt gemacht" (CASTEL 1979, S. 21). In der disziplinären Matrix der Psychiatrie verschlingen sich der „klinische" und der „administrative Blick" und auch in der zunehmenden Verwissenschaftlichung der Psychiatrie, die in Anlehnung an die Entwicklung in der allgemeinen Medizin angezielt wird, bleibt diese spezifische Amalgamierung erhalten: „Jene aus der Armut und Härte der Anstalten geborene disziplinäre Sichtweise und Praxis wirkt vielmehr unter der Decke des neuen Szientismus ungebrochen weiter" (KÖHLER 1977, S. 169; vgl. hierzu auch v. KARDORFF 1978).

Bis in die aktuelle Psychiatriediskussion bleibt die Doppelfunktion des gesellschaftlichen Mandats der Psychiatrie das vorherrschende Thema. Wenngleich die „Medizinisierung" psychischer Devianz erhebliche Fortschritte gemacht hat im Vergleich zu den Anfängen im vergangenen Jahrhundert und die Formen der Ausübung des

ordnungspolitischen Machtmandats erheblich an sichtbarer repressiver Dramatik verloren haben, so bleibt für die sich streng medizinisch verstehende Psychiatrie immer noch der Vorwurf, daß sie Sachwalter der sozialen Kontrolle geblieben ist (vgl. SZASZ 1970, LEIFER 1969). Auch heute wird geltend gemacht: „Der Psychiater ist in der Ausübung seines beruflichen Mandats gleichzeitig Arzt und Sachwalter der ‚Ordnung', denn er vertritt mit seinem angeblich therapeutischen Eingriff sowohl die medizinische als auch die strafrechtliche Ideologie des Sozialgefüges, dessen verlängerter Arm er ist" (BASAGLIA/BASAGLIA ONGARO 1972, S. 14). Das Machtmandat der Psychiatrie steckt sich aus der Sicht vieler Kritiker ein sich ständig erweiterndes Terrain ab. Immer mehr soziale Probleme werden medikalisiert und damit entpolitisiert (vgl. HAINES 1979, HERRIGER 1979).
In einer geschichtlichen Betrachtung der psychosozialen Versorgung wird ihre Funktion der Ausübung sozialer Kontrolle problemlos erkennbar. In den Irrenanstalten wird soziale Kontrolle in Form von Zwangsmaßnahmen, Stigmatisierung und Ausgrenzung manifest. Doch sie beschränkt sich nicht auf diesen von Gewaltsymbolen umstellten institutionellen Typus. Auch die gesellschaftlich hoffähigen Dienstleistungen der psychosozialen Versorgung, z.B. individualisierte Formen von Therapie und Beratung enthalten den Funktionsmodus der sozialen Kontrolle (vgl. NESTMANN/TAPPE 1979). Sie versuchen lebensgeschichtlich erzeugte Leidensprozesse in einer Form zu bearbeiten und zu bewältigen, die Handlungsmöglichkeiten entsprechend geltenden Normalitätsmodellen erzeugen sollen. So geartete Typen von Dienstleistungen der psychosozialen Versorgung symbolisieren die sich immer stärker durchsetzende neue verallgemeinerte Kontrollmodalität. Soziale Integration über ein durchgängiges Muster der Psychologisierung sämtlicher Probleme, die sich im lebensweltlichen Kontext des gesellschaftlichen Alltags stellen, wird zum neuen Kontrolltypus, der die bislang vorherrschende Segregationspraxis tendenziell ablöst. Diese sich abzeichnende Zielorientierung für die Funktion psychosozialer Dienste „erlaubt es, auf die ‚Lösung' durch totalitäre Institutionen und selbst auf deren Surrogate immer mehr zu verzichten, weil heute geschmeidigere und wirksamere, *psychologisch funktionierende* Kontroll- und Normalisierungsinstanzen diesen Zweck besser erfüllen" (CASTEL 1976, S. 187). Die Gründe für diese „Metamorphose" in der Ausübung sozialer Kontrolle (vgl. CASTEL 1979, S. 14ff.) sind vielfältig und nur aus der spezifischen Verschmelzung ökonomischer, sozialpolitischer und administrativer Determinanten in spätkapitalistischen Gesellschaftsformationen zureichend zu erklären (vgl. hierzu SCULL 1977).
Das System der psychosozialen Versorgung vereinigt in sich die jeweils gesellschaftlich notwendigen Formen sozialer Dienstleistungen, auf die Individuen angewiesen sind, die aufgrund ihrer Interessenvertretung (etwa über Gewerkschaften) meist überhaupt erst geschaffen wurden und die sie in gesetzlich geregelter Form einklagen können. Die psychosoziale Versorgung transportiert über spezifische Dienstleistungen und in der Form ihrer Anwendung aber auch soziale Kontrolle als spezifische ordnungspolitische Systematik, die das Ausbrechen und Herausfallen aus dem geltenden Normalitätshorizont und ihr Auffangen und Reintegrieren zu regeln versucht. Das System der psychosozialen Versorgung enthält in sich den Widerspruch von Bedürfnis und Kontrolle. Es hat einerseits auf die Bedürfnisse der Menschen zu reagieren, die durch ihr psychisches Leiden zum Ausdruck bringen, daß die spezifische gesellschaftliche Organisationsform nur unter Inkaufnahme ihrer körperlichen und psychischen Beeinträchtigung und Beschädigung funktioniert. Die staatlich bereitgestellten Dienstleistungen stellen Kompensationsangebote dar und auch Kontrollstrukturen, die verhindern sollen, daß sich die individuellen Folgen und Kosten gesellschaftlicher Disparitäten in einer Form manifestieren und artikulieren können, die die Bestandserhaltung gesellschaftlicher Ordnungsstrukturen gefährdet.

3 Veränderungstendenzen im System der psychosozialen Versorgung

Das System der psychosozialen Versorgung in der Bundesrepublik und in fast allen Ländern auf vergleichbarem gesellschaftlichem Entwicklungsniveau befindet sich in einer Umbruchsituation oder Krise, in der sich die verschiedenartigsten Veränderungsimpulse entwickeln und als Krisenlösungen anbieten. Die wichtigsten dieser Trends will ich abschließend zusammenfassen. Sie sind durchaus widersprüchlich und fügen sich deshalb nicht in ein Entwicklungsmuster.

a) *Therapeutisierung* psychosozialer Tätigkeit. Lange Zeit wurde als Hauptdefizit psychiatrischer Institutionen ihr „therapeutischer Nihilismus" bezeichnet. In der anstaltsförmigen Versorgung war nur die „kustodiale Funktion" zu erkennen, die sich über die Möglichkeiten, die die sich entwickelnde Psychopharmakologie anbot, immer perfekter erfüllen ließ. Allerdings wurde die Psychopharmakologie zugleich das therapeutische Angebot der traditionellen Psychiatrie, auf deren Grundlage eine Reduktion der Verweildauer in den psychiatrischen Anstalten möglich wurde. Es konnte dann auch nicht ausbleiben, daß die Handlungsmöglichkeiten, die von der Psychopharmakologie geboten wurden, als die eigentliche Basis einer grundlegenden Psychiatriereform, der „dritten Revolution in der Psychiatrie", gedeutet wurden (vgl. FIEVE 1977). Die psychopharmakologischen Behandlungsansätze, deren Effektivität gar nicht zu bestreiten ist, haben aber den psychiatrischen Patienten in seiner subjektiven Lebenssituation nicht erreicht. Dies war dann erst der eigentliche Anspruch der Psychotherapie, die in den letzten 10 bis 15 Jahren in die Institutionen der psychosozialen Versorgung auf breiter Basis Eingang gefunden hat. Zunächst vor allem in den Einrichtungen, in denen Psychologen ihr eigenständiges Arbeitsfeld hatten (z.B. den Erziehungsberatungsstellen). Über psychologisch begründbare Therapieverfahren konnte die ungeheuer expandierende Berufsgruppe der Psychologen ihre professionelle Kompetenz offensiv gegenüber den Ärzten vertreten (vgl. CRAMER 1978, SCHWARTZ 1978). Hinzu kam die Entwicklung des „Psychobooms", der zu einer ungeheuren Konjunktur psychotherapeutischer Handlungsmuster geführt hat (vgl. SCHÜLEIN 1978, WINKLER 1978, KREFTING 1979), die diese auch in die Institutionen der psychosozialen Versorgung implantiert hat.

Der positive Effekt der psychotherapeutischen Innovationen in der psychosozialen Versorgung besteht in erster Linie in einer Überwindung des psychiatrischen Objektivismus, der das Subjekt des leidenden Menschen mit seiner spezifischen Selbstdeutung und Biographie nicht anerkennen konnte. Eine „therapeutische Grundhaltung" in der Psychiatrie, die auch den professionellen Gesundheitsarbeiter in seiner Subjektivität ernst nimmt, kann zu einer grundlegenden Humanisierung der psychiatrischen Versorgung führen (vgl. dazu das wegweisende Buch von DÖRNER/PLOG 1978). Gleichzeitig steckt jedoch in der Therapeutisierung ein problematischer Reduktionismus und ein neuer Trend zum technologischen Objektivismus. Der Reduktionismus besteht in einer durchgängigen Psychologisierung von Lebenslagen, die deren objektiv-gesellschaftlichen Anteil in seine psychische Verarbeitungsform auflöst. „Die psychologisch-psychotherapeutisch orientierten Beratungskonzepte konzentrieren sich lediglich auf die subjektive, psychische Ebene von Schwierigkeiten. Hier betonen sie die individuelle, einzigartige Seite der Probleme von Menschen und vernachlässigen deren allgemeine Seite und Bestimmtheit, die alle Menschen in einer gegebenen Gesellschaft, in einer bestimmten historischen Situation betrifft. Sie kreisen um das Individuum und reduzieren die Probleme auf *dessen* Störungen von Verhalten, Fühlen und Denken" (NESTMANN/TAPPE 1979, S. 162). Mit dem psychologischen Reduktionismus verbindet sich häufig ein Technizismus psychotherapeutischer Tätigkeit. „So wird ... die individuelle Seite der Probleme nicht gemäß ihres jeweiligen konkreten Charakters methodisch richtig angegangen. Vielmehr werden vereinheitlichte, festgelegte Methodologien und Techniken als Behandlungsregeln festgeschrieben und den unterschiedlichsten Problemen der Klienten mehr oder weniger schablonenhaft übergestülpt" (NESTMANN/TAPPE 1979, S. 163).

Die mit der Therapeutisierung verbundenen Probleme werden gegenwärtig sowohl unter Psychologen als auch Sozialarbeitern auf breiter Grundlage diskutiert (vgl. KEUPP/ZAUMSEIL 1978; Sonderheft 1978 der „Neuen Praxis": „Sozialarbeit und Therapie"; Themenschwerpunkt „Therapie" von „Psychologie und Gesellschaftskritik", Heft 9/10, 1979; NAGEL/SEIFERT 1979).

b) Kritik an der *Dominanz der Experten* und Förderung von *Selbsthilfe*. Gegenläufig zu dem beschriebenen Trend der Therapeutisierung, der zugleich eine immer stärkere Spezialisierung auf diagnostische und therapeutische Kompetenzen bedeutet, hat sich eine zunehmende Skepsis gegenüber der Beanspruchung von Expertenkompetenz entwickelt. Wird psychosoziale Hilfe als Dienstleistung angeboten, dann wird sie notwendigerweise professionalisiert, was sie gegenüber ihrer alltagsweltlichen Produktion im Typus verändert. „Professionalisierung bedeutet – zum einen – Erwerb von Kompetenz; gegenüber dem diffus-komplexen, eher zufällig, ungezielten Alltagshandeln gelingt es, ausgewiesene, durch Reflexion, Erfahrung und Training gestützte, verantwortbare Zuständigkeiten zu erwerben. Der Erwerb von Kompetenz aber bedeutet zugleich, sich zu spezialisieren auf eine neue und engere Definition des Aufgabenfeldes dem komplexen Alltagsleben gegenüber. Professionelle Kompetenz versichert sich ihrer selbst, indem sie – innerhalb der sie stützenden Theorie-Handlungs-Konzepte – in eigenen Institutionen eine eigene Sprache und eigene Verhaltensmuster ausbildet und damit unvermeidlich Distanz schafft zu denen, die in ihrer Alltagswelt auf ihre Hilfe angewiesen sind" (THIERSCH 1977, S. 99).

Die expertenhafte Allzuständigkeit, die „Dominanz der Experten" (FREIDSON 1975) und Professionalisierung aller Hilfsleistungen, die die Dienstleistungsgesellschaft (GARTNER/RIESSMAN 1978) produziert, sind vor allem von Ivan ILLICH und seinen Mitarbeitern öffentlichkeitswirksam scharf attackiert worden (vgl. ILLICH 1976, ILLICH u. a. 1979). Die radikal-konservative Kritik richtet sich in erster Linie gegen einen „überversorgenden Sozialstaat", der den einzelnen Bürger zunehmend entmündigt bzw. zum „professionellen Klienten" (DEWAR 1978) sozialisiert, der sich selbst nichts mehr zutraut. Den Dienstleistungsberufen wird die Tendenz unterstellt, durch ihre Zuständigkeitserklärung für alle Lebenslagen Selbsthilfemöglichkeiten bei ihren Klienten zu zerstören und sie in Abhängigkeiten zu zwingen, die zu „iatrogenen Störungen" führen können.

Die radikal-konservativen Kritiker, die in dem dienstleistungsproduzierenden Sozialstaat den Grund der Entmündigung des Bürgers sehen, fordern deshalb auch seine Abschaffung. Weniger weit gehen Forderungen, die in der Problemdiagnose mit ILLICH weitgehend übereinstimmen, aber Dienstleistungen für gesellschaftlich notwendig halten. Ihre Lösung liegt in einer Demokratisierung und Laienmitverantwortung in der Sozialpolitik (vgl. BADURA/GROSS 1976, STANDFEST 1977, BADURA 1978).

Nicht immer direkt auf die möglichen negativen Konsequenzen von Expertenhandeln bezogen hat sich in den letzten Jahren eine neue Sensibilität für das Selbsthilfeprinzip entwickelt und entsprechend ist den Möglichkeiten nicht- oder paraprofessioneller Hilfe und den vorhandenen Selbsthilfegruppen eine besondere Aufmerksamkeit geschenkt worden. Allerdings wird vor allem an dem professionellen Interesse an Laiengruppen und der Ausbildung von paraprofessionellen Gruppen (z. B. Lehrern) erkennbar, daß sie weniger die Funktion der Verminderung von Expertenmacht übernehmen sollen, sondern Defizite in einer als lückenlos vorgestellten Versorgungskette kompensieren sollen, für die gegenwärtig nicht genügend professionelle Helfer zur Verfügung stehen. Die Kontrolle bleibt auf jeden Fall in der Hand der Experten, die den Einsatz und die erforderliche Ausbildung von nicht voll professionalisierten Helfergruppen kontrollieren (vgl. hierzu ALBRECHT 1974, RITZER 1974, CHRISTENSEN u. a. 1978). Auch die Selbsthilfegruppen haben mit dem Problem umzugehen, daß sie sich durchaus der Gunst der Experten erfreuen können und in der Gefahr stehen, von ihnen instrumentalisiert zu werden. Auch unter Kostengesichtspunkten kann der Gedanke der Selbsthilfe als Teil einer Strategie der Selbstbeteiligung an den Gesundheitsleistungen funktionalisiert werden. In der Bundesrepublik wird der Selbsthilfeansatz noch weitgehend von Professionellen unter sich diskutiert und dort, wo er zur Praxis wird, sind es auch meist sie selbst, die die Anregung geben und Supervisionsfunktionen übernehmen. Trotz dieser nicht zu leugnenden Probleme steckt in der Diskussion um Möglichkeiten der Selbsthilfe doch der wichtige Kerngedanke, daß die Betroffenen aus der Kontrolle und Abhängigkeit professioneller Handlungsmuster zu einer eigenständigen Formulierung ihrer Problemlagen und Bedürfnisse gelangen sollten (vgl. zu diesem Thema DÖRNER 1977, GARTNER/RIESSMAN 1977, ROBINSON/HENRY 1977, MOELLER 1978).

c) Über die Strategie der *Deinstitutionalisierung* zur *Gemeindepsychiatrie* (oder -psychologie). Die institutionelle Struktur der psychosozialen Versorgung ist gegenwärtig noch weitgehend um die psychiatrische Anstalt gruppiert. Die Karriere eines psychisch Kranken endet meist in der Anstalt und die Institutionen, die sich funktional abgrenzen lassen, werden in amtlichen Dokumenten noch immer als „Vorfeld" der anstaltsförmigen Versorgung bezeichnet (so in der Psychiatrie-Enquete alle Beratungsdienste) oder als „Nachsorge" oder Rehabilitation, also als Einrichtungen bestimmt, die Defizite der stationären psychiatrischen Versorgung aufzufangen haben. Allerdings kann man weltweit einen Bruch mit der Vorstellung der Anstalt als Kernzone der psychosozialen Versorgung beobachten. Dieser Bruch ist beispielsweise erkennbar in der Sektorpsychiatrie in Frankreich (Köppelmann-Baillieu 1979), in der Psychiatriegesetzgebung in Italien, die seit 1978 den Abbau der Anstaltspsychiatrie verordnete, in dem Abschlußbericht der „President's Commission" in den USA (1978), in Regierungsverordnungen in Großbritannien (vgl. Bennett 1978, Bender 1979) und schließlich auch – allerdings vergleichsweise vorsichtig – in der Stellungnahme der Bundesregierung zur Psychiatrie-Enquete in der BRD (1979). In der angloamerikanischen Literatur wird dieser Trend als „Deinstitutionalisierung" bezeichnet (vgl. Bachrach 1976, Bassuk/Gerson 1978). Dieser Begriff meint sowohl die Vermeidung der Einweisung in psychiatrische Kliniken und ihren tendenziellen Abbau („phasing out"), als auch den Aufbau von alternativen Einrichtung in den unmittelbaren Lebenskontexten der Menschen (Bachrach 1976, S. 1). In den USA ist dieser Trend in einigen Bundesstaaten zur realisierten Politik geworden (z.B. in New York und Kalifornien). Diese Politik verlief allerdings oft relativ ungeplant und die Diskussion kreist gegenwärtig um die positiven und negativen Erfahrungen, die mit einer pauschalen Schließung der staatlichen Anstalten gesammelt wurden (vgl. Ahmed/Plog 1976), die oft ohne den Aufbau alternativer gemeindebezogener Dienste vollzogen wurde. Es gibt genügend Stimmen, die den endgültigen Tod der psychiatrischen Anstalt prognostizieren (vgl. Talbott 1978) und andere, die es für erwiesen halten, daß man bislang psychiatrisierte Patienten in gemeindenahen Diensten wesentlich angemessener versorgen könne (etwa Stein/Test 1978). Gerade bei solchen, die den Prozeß der Deinstitutionalisierung empirisch verfolgt und evaluiert haben, bleibt eine gewisse Skepsis (so bei Segal/Aviram 1978). Ein führender amerikanischer Psychiater hält die Ergebnisse des bisherigen Deinstitutionalisierungsprozesses für besser als den status quo ante, aber für noch nicht befriedigend (Klerman 1977).

An die Stelle der Anstaltspsychiatrie tritt zunehmend als neue konzeptuelle Identität der psychosozialen Versorgung die Gemeindepsychiatrie. Ihre Definition ist schwierig, „da es sich dabei sowohl um ein Handlungs- als auch um ein Organisationsprinzip handelt. Gemeindepsychiatrie geht im Gegensatz zur traditionellen Psychiatrie weniger von der Kurierung psychischer Erkrankungen aus, sondern stellt die Schaffung gesundheitsfördernder und -erhaltender Lebensbedingungen in den Vordergrund. Daraus ergeben sich Grundhaltungen und Arbeitsprinzipien, die natürlich auch einen institutionellen Rahmen brauchen. Betrachtet man speziell die organisatorische Ebene, so kann man Gemeindepsychiatrie definieren als ein Netz von miteinander in Beziehung stehenden Personen und Einrichtungen, die in einem bestimmten soziogeographischen Bereich an der Herstellung, Erhaltung und Wiederherstellung psychischer Gesundheitheit und damit an ihrem Überflüssigwerden arbeiten" (Dörner u.a. 1979, S. 14). Bei einem so gewendeten Selbstverständnis psychosozialer Tätigkeit treten primäre Prävention, ambulante sozialpsychiatrische Dienste und Selbsthilfeprinzipien in das Handlungszentrum. Zugleich wird mit der Überwindung der traditionellen beruflichen Grenzziehungen die Frage wichtig, ob nicht das Machtmandat und die Kontrollbezirke psychosozialer Institutionen dadurch beständig und unaufhaltsam ausgedehnt werden (vgl. Keupp 1978).

d) Die *Entpsychiatrisierung als politische Aufgabe.* Für die „demokratische Psychiatrie" in Italien (vgl. Schmid 1977, Jervis 1978, Wienand 1978, Zenker/Zenker 1979) gilt die Formel „Psychiatrie als Politik". In dieser Bewegung wird der Zusammenhang zwischen der spezifischen Gesellschaftsformation der kapitalistischen Gesellschaft und dem, was in der psychosozialen Versorgung an Dienstleistungen zu produzieren ist, untersucht und politisch aufgenommen (vgl. Basaglia u.a. 1979). Man geht von der Einschätzung aus, daß eine Gesellschaft, die auf dem Grundprinzip beruht, menschliche Arbeitskraft zu vernutzen, die Psychiatrie braucht, um Leute gesellschaftlich zu isolieren, „auszuschließen", unter bestimmten Bedingungen psychiatrisch auch zu rehabilitieren, die sich der Rationalität der kapitalistischen Ökonomie nicht mehr einfügen können oder wollen bzw. die Mindestausstattung für den Produktionsprozeß nicht besitzen. Die psychosoziale Versorgung hat dieses gesellschaftliche Machtmandat wahrzunehmen. Eine abstrakte Ablehnung dieser Funktion im Sinne der englischen Antipsychiatrie halten die Vertreter der „demokratischen Psychiatrie" für politisch fragwürdig, weil das die Funktion der psychosozialen Versorgung in ihrem Kern nicht erreichen

kann, sondern bestenfalls zu einigen außerinstitutionellen „Inseln" führen kann.
Die „demokratische Psychiatrie" versucht sich in ihrer Arbeit mit den politischen und gewerkschaftlichen Kämpfen der Arbeiterbewegung zu verbinden und sieht darin die einzige Chance, die Psychiatrie als Funktionskreis sozialer Kontrolle zu überwinden. Sie bezieht sich ein in die Betriebskämpfe, in lokale und regionale politische Bewegungen oder die Frauenbewegung. Die „demokratische Psychiatrie" beschränkt sich nicht auf einige sozialpsychiatrische Modellversuche (wie das für die BRD noch typisch ist), sondern arbeitet konsequent an der Auflösung der psychiatrischen Krankenhäuser und versucht über eine „Rekommunalisierung" die Probleme der Ausgeschlossenen zurück in die Zentren der gesellschaftlichen Auseinandersetzungen zu bringen. Dies geschieht nicht in einer abstrakten politischen Programmatik, sondern sehr konkret an den Problemen der ehemaligen Patienten ansetzend, an deren Bedürfnis nach menschenwürdigem Wohnen und Arbeiten. Deinstitutionalisierung in diesem Sinne meint nicht den Aufbau einer „besseren Psychiatrie", sondern eine Depsychiatrisierung über eine Negation der gesellschaftlichen Bedingungen, die die Psychiatrie und das gesamte Netzwerk psychosozialer Versorgungsdienste als Institution notwendig machen.

Literatur

Adler, D. A./Levinson, D. J./Astrachan, B. M.: The concept of prevention in psychiatry. In: Archives of General Psychiatry 1978, 35, S. 786–789.

Ahmed, P. I./Plog, S. C. (Hrsg.): State mental hospitals. What happened when they close?. New York, Plenum 1976.

Albee, G. W./Joffe, J. M. (Hrsg.): Primary prevention of psychopathology. Volume I: The issues. Hanover, University of New England 1977.

Albrecht, G. L.: The indigenous mental health worker: The cure-all for what ailment?. In: Roman, P. M./Trice, H. M. (Hrsg.): The sociology of psychotherapy. New York, Jason Aronson 1974, S. 235–253.

Asser, E. S.: Social class and help-seeking behavior. In: American Journal of Community Psychology 1978, 6, S. 465–475.

Bachrach, L. L.: Deinstitutionalization: An analytic review and sociological perspective. Washington, D.C., Department of Health, Education, and Welfare 1976.

Badura, B.: Volksmedizin und Gesundheitsvorsorge. In: WSI-Mitteilungen 1978, 31, S. 542–548.

Badura, B./Gross, P.: Sozialpolitische Perspektiven. Eine Einführung in Grundlagen und Probleme sozialer Dienstleistungen. München, Piper 1976.

Barabas, F./Blanke, T./Sachsse, C./Stascheit, U.: Jahrbuch der Sozialarbeit 1976. Reinbek, Rowohlt 1975.

Basaglia, F./Basaglia Ongaro, F.: Die abweichende Mehrheit. Die Ideologie der totalen sozialen Kontrolle. Frankfurt, Suhrkamp 1972.

Basaglia, F./Basaglia Ongaro, F./Gianichedda, M. G.: Gesundheit, Krankheit und Gesellschaft. In: Keupp, H. (Hrsg.): Normalität und Abweichung. München, Urban & Schwarzenberg 1979, S. 317–335.

Bassuk, E. L./Gerson, S.: Deinstitutionalization and mental health services. In: Scientific American 1978, 238, S. 46–53.

Bauer, M.: Sektorisierte Psychiatrie. Stuttgart, Enke 1977.

Bauer, R.: Wohlfahrtsverbände in der Bundesrepublik. Weinheim, Beltz 1978.

Bender, M. P.: Community psychology: When?. In: Bulletin of The British Psychological Society 1979, 32, S. 6–9.

Bennett, D.: Community psychiatry. In: British Journal of Psychiatry 1978, 132, S. 209–220.

Berke, J. H.: Butterfly man. Madness, degradation and redemption. London, Hutchinson 1977.

Blanke, T./Sachsse, C.: Theorie der Sozialarbeit. In: Gaertner, A./Sachsse, C. (Hrsg.): Politische Produktivität der Sozialarbeit. Frankfurt, Campus 1978, S. 15–56.

Böhle, F.: Humanisierung der Arbeit und Sozialpolitik. In: Ferber, C. v./Kaufmann, F.-X. (Hrsg.): Soziologie und Sozialpolitik. Opladen, Westdeutscher Verlag 1977, S. 290–324.

Bopp, J.: Der linke Psychodrom. In: Kursbuch 55. Berlin, Rotbuchverlag, 73–94.

Brandon, R. N.: Differential use of mental health services: Social pathology or class victimization?. In: Guttentag, M./Struening, E. L. (Hrsg.): Handbook of evaluation research. Vol. II. Beverly Hills/London, Sage 1975, S. 341–429.

Brown, G. W./Harris, T.: Social origins of depression. London, Tavistock 1978.

Caplan, G./Killilea, M. (Hrsg.): Support systems and mutual help. New York, Grune & Stratton 1976.

Castel, R.: Psychoanalyse und gesellschaftliche Macht. Kronberg, Athenäum 1976 (franz. 1973).

Castel, R.: Die psychiatrische Ordnung. Das goldene Zeitalter des Irrenwesens. Frankfurt, Suhrkamp 1979 (franz. 1976).

Catalano, R.: Health, behavior and the community. New York, Pergamon 1979.

Catalano, R./Dooley, C. D.: Economic predictors of depressed mood and stressful life events. In: Journal of Health and Social Behavior 1977, 18, S. 292–307.

Christensen, A./Miller, W. R./Muñoz, R. F.: Paraprofessionals, partners, peers, paraphernalia, and print: Expanding mental health service delivery. In: Professional Psychology 1978, 9, S. 249–270.

Ciompi, L.: Zum Problem der psychiatrischen Primärprävention. In: Psychiatrie der Gegenwart. Band I. Teil 1: Grundlagen und Methoden der Psychiatrie. Berlin, Springer 1979, S. 343–386.

Cobb, S.: Social support as a moderator of life stress. In: Psychosomatic Medicine 1976, 38, S. 300–314.

Cooper, B./Morgan, H. G.: Epidemiologische Psychiatrie. München, Urban & Schwarzenberg 1977 (engl. 1973).

Cowen, E. L.: Baby-steps toward primary prevention. In: American Journal of Community Psychology 1977, 5, S. 1–22 (a).

Cowen, E. L.: Psychologists and primary prevention: Blowing the cover story. In: American Journal of Community Psychology 1977, 5, S. 481–489.

CRAMER, M.: Zum Problem der Interessenvertretung im Bereich der Klinischen Psychologie. In: KEUPP, H./ZAUMSEIL, M. (Hrsg.): Die gesellschaftliche Organisierung psychischen Leidens. Frankfurt, Suhrkamp 1978, S. 269–297.

D'ARCY, C.: The contingencies and mental illness in societal reaction theory: A critique. In: Canadian Review of Sociology and Anthropology 1976, 13, S. 43–54.

DEAN, A./LIN, N.: The stress-buffering role of social support. In: Journal of Nervous and Mental Disease 1977, 165, S. 403–417.

DEWAR, T. R.: The professionalization of the client. In: Social Policy 1978, 9, S. 4–9.

DILLING, H./WEYERER, S.: Epidemiologie psychischer Störungen und psychiatrische Versorgung. München, Urban & Schwarzenberg 1978.

DOHRENWEND, B. P.: Sociocultural and social-psychological factors in the genesis of mental disorders. In: Journal of Health and Social Behavior 1975, 16, S. 365–392.

DOHRENWEND, B. P./DOHRENWEND, B. S.: Social status and psychological disorder: A causal inquiry. New York, Wiley 1969.

DOHRENWEND, B. P./DOHRENWEND, B. S.: Social and cultural influences on psychopathology. In: Annual Review of Psychology 1974, 25, S. 417–452.

DOHRENWEND, B. P./DOHRENWEND, B. S.: Sex differences and psychiatric disorders. In: American Journal of Sociology 1977, 81, S. 1447–1454.

DOHRENWEND, B. S.: Social stress and community psychology. In: American Journal of Community Psychology 1978, 6, S. 1–14.

DOHRENWEND, B. S./DOHRENWEND, B. P.: Some issues in research on stressful life events. In: Journal of Nervous and Mental Disease 1978, 166, S. 7–15.

DOOLEY, C. D./CATALANO, R.: Money and mental disorder: Toward behavioral cost accounting for primary prevention. In: American Journal of Community Psychology 1977, 5, S. 217–227.

DÖRNER, K.: Bürger und Irre. Zur Sozialgeschichte und Wissenschaftssoziologie der Psychiatrie. Frankfurt, Europäische Verlagsanstalt 1969.

DÖRNER, K.: Diagnosen der Psychiatrie. Über die Vermeidungen der Psychiatrie und Medizin. Frankfurt, Campus 1975.

DÖRNER, K.: Wege zur Selbsthilfe bei psychisch Kranken. In: Sozialpsychiatrische Informationen 1977, Heft 40/41, S. 34–40.

DÖRNER, K./KOCHERT, R./LAER, G. V./SCHERER, K.: Gemeindepsychiatrie. Gemeindegesundheit zwischen Psychiatrie und Umweltschutz. Stuttgart, Kohlhammer 1979.

DÖRNER, K./PLOG, U.: Irren ist menschlich oder Lehrbuch der Psychiatrie/Psychotherapie. Wunstorf, Psychiatrie-Verlag 1978.

DUNHAM, H. W.: Entscheidungen zwischen konkurrierenden Hypothesen. In: KEUPP, H. (Hrsg.): Verhaltensstörungen und Sozialstruktur. München, Urban & Schwarzenberg 1974, S. 278–291 (engl. 1965).

DUNHAM, H. W.: Society, culture, and mental disorder. In: Archives of General Psychiatry 1976, 33, S. 147–156.

Enquete: Bericht über die Lage der Psychiatrie in der Bundesrepublik Deutschland – Zur psychiatrischen und psychotherapeutischen/psychosomatischen Versorgung der Bevölkerung. Bonn, Bundestagsdrucksache 7/4200 1975.

EWING, C. P.: Crisis intervention as psychotherapy. New York, Oxford University Press 1978.

FERBER, C. V.: Gesundheit und Gesellschaft. Haben wir eine Gesundheitspolitik?. Stuttgart, Kohlhammer 1971.

FERBER, C. V./KAUFMANN, F.-X. (Hrsg.): Soziologie und Sozialpolitik. Sonderheft 19 der Kölner Zeitschrift für Soziologie und Sozialpsychologie. Opladen, Westdeutscher Verlag 1977.

FIEVE, R. R.: The revolution defined: It is pharmacologic. In: Psychiatric Annals 1977, 7 (10), S. 10–18.

FINZEN, A. (Hrsg.): Hospitalisierungsschäden in psychiatrischen Krankenhäusern. München, Piper 1974.

FISHER, W./MEHR, J./TRUCKENBROD, P.: Human services: The third revolution in mental health. Washington, Alfred 1974.

FLEISSNER, P.: Therapien für Normale? Eine Einschätzung der Psychogruppenbewegung. In: Österreichische Zeitschrift für Soziologie 1977, Heft 3/4, S. 64–78.

FORGAYS, D. G. (Hrsg.): Primary prevention of psychopathology. Volume II: Environmental influences. Hanover, University Press of New England 1978.

FORSTER, R./PELIKAN, J. M.: Krankheit als Karriereprozeß – Zur Entstehung, Verteilung und Versorgung psychischer Störungen. In: Österreichische Zeitschrift für Soziologie 1977, Heft 3/4, S. 29–42.

FOUCAULT, M.: Wahnsinn und Gesellschaft. Frankfurt, Suhrkamp 1969 (franz. 1961).

FRANK, A./EISENTHAL, S./LAZARE, A.: Are there social class differences in patients' treatment conceptiones?. In: Archives of General Psychiatry 1978, 35, S. 61–69.

FREIDSON, E.: Dominanz der Experten. Zur sozialen Struktur medizinischer Versorgung. München, Urban & Schwarzenberg 1975 (engl. 1970).

FRIED, M.: Social differences in mental health. In: KOSA, J. u.a. (Hrsg.): Poverty and health. Cambridge, Harvard University Press 1969, S. 113–168.

FUHRKE, M.: Sozialpolitische Reformen oder Austeritypolitik in der Krise? Zur Kritik neuerer Theorieansätze der Sozialpolitik. In: Prokla, Heft 33, 1978, 8, S. 3–35.

GARFIELD, S. L./BERGIN, A. E. (Hrsg.): Handbook of psychotherapy and behavior change. 2. Ed. New York, Wiley 1978.

GARTNER, A./RIESSMAN, F.: Self-help in the human services. San Francisco, Jossey-Bass 1977.

GARTNER, A./RIESSMAN, F.: Der aktive Konsument in der Dienstleistungsgesellschaft. Frankfurt, Suhrkamp 1978 (engl. 1974).

GLEISS, I.: Probleme und Perspektiven der sozialen Epidemiologie psychischer Störungen. In: KEUPP, H./ZAUMSEIL, M. (Hrsg.): Die gesellschaftliche Organisierung psychischen Leidens. Frankfurt, Suhrkamp 1978, S. 499–538.

GLEISS, I.: Psychische Störungen als Bewegungsform des Subjekts im gesellschaftlichen Alltag – ein handlungstheoretischer Entwurf. In: KEUPP, H. (Hrsg.): Normalität und Abweichung. München, Urban & Schwarzenberg 1979, S. 241–276.

GLEISS, I./SEIDEL, R./ABHOLZ, H.: Soziale Psychiatrie. Frankfurt, Fischer Taschenbuch 1973.

GOFFMAN, E.: Asyle. Über die soziale Situation psychiatrischer Patienten und anderer Insassen. Frankfurt, Suhrkamp 1972 (engl. 1961).

GOLDSTEIN, A. P.: Strukturierte Lerntherapie. Ansätze zu einer Psychotherapie der sozial Benachteiligten. München, Urban & Schwarzenberg 1978 (engl. 1973).

GOVE, W. R.: Labeling and mental illness. In: GOVE, W. R. (Hrsg.): The labeling of deviance. New York, Halsted Press 1975, S. 35–81.

GOVE, W. R./HUGHES, M./GALLE, O. R.: Overcrowding in the home: An empirical investigation of its possible

pathological consequences. In: American Sociological Review 1979, 44, S. 59–80.
GREENBLATT, M.: The revolution defined: It is sociopolitical. In: Psychiatric Annals 1977, 7 (10), S. 24–29.
GRUNOW, D./HEGNER, F./KAUFMANN, F.-X.: Bürger und Verwaltung. Bd. I–IV. Frankfurt, Campus 1978.
GULDIMANN, T./RODENSTEIN, M./RÖDEL, U./STILLE, F.: Sozialpolitik als soziale Kontrolle. Starnberger Studien 2. Frankfurt, Suhrkamp 1978.
HACK, I./ANGERMEYER, M.: Rehabilitation durch Arbeit. Eine qualitativ-empirische Studie zur Arbeitssituation von Patienten einer sozialpsychiatrischen Ambulanz. Weinheim, Beltz 1979.
HAINES, H. H.: Cognitive claims-making, enclosure, and the depoliticization of social problems. In: The Sociological Quarterly 1979, 20, S. 119–130.
HERRIGER, N.: Eine Einführung in Theorien sozialer Auffälligkeit. München, Juventa 1979.
HINSHELWOOD, R. D./MANNING, N. (Hrsg.): Therapeutic communities. Reflections anf progress. London: Routledge & Kegan Paul 1979.
HOFF, L. A.: People in crisis. Understanding and helping. Reading, Addison-Wesley 1978.
HOHM, H.: Berufliche Rehabilitation von psychisch Kranken. Kritische Bestandsaufnahme, neue Konzepte und Praxisversuche. Weinheim, Beltz 1977.
HOLLINGSHEAD, A. B./REDLICH, F. C.: Social class and mental illness. New York, Wiley 1958 (deutsch 1975).
ILLICH, I.: Limits to medicine. Medical nemesis: The expropriation of health. London, Marion Boyars 1976 (deutsch 1976).
ILICH, I. u.a.: Entmündigung durch Experten. Zur Kritik der Dienstleistungsberufe. Reinbek, Rowohlt 1979.
IMERSHEIN, A. W.: The epistemological bases of social order: Toward ethnoparadigm analysis. In: HEISE, D. R. (Hrsg.): Sociological methodology 1977. San Francisco, Jossey-Bass 1977, S. 1–51.
JERVIS, G.: Kritisches Handbuch der Psychiatrie. Frankfurt, Syndikat 1978 (italien. 1975).
KAPLONEK, H./SCHROETER, R.: Psychische Probleme als Problem der Lebensbewältigung. In: KEUPP, H. (Hrsg.): Normalität und Abweichung. München, Urban & Schwarzenberg 1979, S. 277–311.
KARDORFF, E. V.: Modellvorstellungen über psychische Störungen: Gesellschaftliche Entstehung, Auswirkungen, Probleme. In: KEUPP, H./ZAUMSEIL, M. (Hrsg.): Die gesellschaftliche Organisierung psychischen Leidens. Frankfurt, Suhrkamp 1978, S. 539–589.
KATSCHNIG, H. (Hrsg.): Sozialer Streß und psychische Erkrankung. Lebensverändernde Ereignisse als Ursache seelischer Störungen. München, Urban & Schwarzenberg 1979.
KATSCHNIG, H./STROTZKA, H.: Epidemiologie der Neurosen und psychosomatischen Störungen. In: Handbuch der Sozialmedizin. Bd. II. Stuttgart, Enke 1977, S. 272–310.
KESSLER, M./ALBEE, G. W.: Primary prevention. In: Annual Review of Psychology 1975, 26, S. 557–591.
KEUPP, H. (Hrsg.): Der Krankheitsmythos in der Psychopathologie. München, Urban & Schwarzenberg 1972.
KEUPP, H. (Hrsg.): Verhaltensstörungen und Sozialstruktur. Epidemiologie: Empirie, Theorie, Praxis. München, Urban & Schwarzenberg 1974.
KEUPP, H.: Abweichung und Alltagsroutine. Die Labeling-Perspektive in Theorie und Praxis. Hamburg, Hoffmann & Campe 1976.
KEUPP, H.: Gemeindepsychologie als Widerstandsanalyse des professionellen Selbstverständnisses. In: KEUPP, H./ZAUMSEIL, M. (Hrsg.): Die gesellschaftliche Organisierung psychischen Leidens. Frankfurt, Suhrkamp 1978, S. 180–220.
KEUPP, H. (Hrsg.): Normalität und Abweichung. Fortsetzung einer notwendigen Kontroverse. München, Urban & Schwarzenberg 1979 (a).
KEUPP, H.: Psychische Krankheit als hergestellte Wirklichkeit – eine Grenzbestimmung des Etikettierungsparadigmas. In: KEUPP, H. (Hrsg.): Normalität und Abweichung. München, Urban & Schwarzenberg 1979, S. 199–212 (b).
KEUPP, H./ZAUMSEIL, M. (Hrsg.): Die gesellschaftliche Organisierung psychischen Leidens. Frankfurt, Suhrkamp 1978.
KIERNAN, T.: Psychotherapie. Kritischer Führer durch Theorien und Praktiken. Frankfurt, Fischer Taschenbuch 1978.
KING, L. M.: Social and cultural influences on psychopathology. In: Annual Review of Psychology 1978, 29, S. 405–433.
KISKER, K. P.: Antipsychiatrie. In: Psychiatrie der Gegenwart. Band, Teil 1: Grundlagen und Methoden der Psychiatrie. Berlin, Springer 1979, S. 811–826.
KLERMAN, G. L.: Better but not well: Social and ethical issues in the deinstitutionalization of the mentally ill. In: Schizophrenia Bulletin 1977, 3, S. 617–631.
KÖHLER, E.: Arme und Irre. Die liberale Fürsorgepolitik des Bürgertums. Berlin, Wagenbach 1977.
KOHN, M. L.: Der Zusammenhang von Schicht, Familie und Schizophrenie: Eine Neuformulierung. In: KEUPP, H. (Hrsg.): Verhaltensstörungen und Sozialstruktur. München, Urban & Schwarzenberg 1974, S. 292–304 (engl. 1972).
KOHN, M. L.: The interaction of social class and other factors in the etiology of schizophrenia. In: American Journal of Psychiatry 1976, 133, S. 177–180.
KÖPPELMANN-BAILLIEU, M.: Gemeindepsychiatrie. Erfahrungen mit einem Reformmodell in Frankreich. Frankfurt, Campus 1979.
KOVEL, J.: Kritischer Leitfaden der Psychotherapie. Frankfurt, Campus 1977.
KREFTING, A.: „Sei, wer du bist!“ – Psychotherapie, Ideologie und Psychoboom. In: ENGLERT, E. H. (Hrsg.): Die Verarmung der Psyche. Igor Caruso zum 65. Geburtstag. Frankfurt, Campus 1979, S. 79–101.
KROHN, M. D./AKERS, R. L.: An alternative view to the labeling versus psychiatric perspectives on societal reaction to mental illnes. In: Social Forces 1977, 56, S. 341–361.
KRÜGER, H.: Die therapeutische Gemeinschaft im psychiatrischen Krankenhaus. In: HEIGL-EVERS (Hrsg.): Lewin und die Folgen. Die Psychologie des 20. Jahrhunderts. Band VIII. Zürich, Kindler 1979, S. 966–983.
LAMB, H. R./ZUSMAN, J.: Primary prevention in perspective. In: American Journal of Psychiatry 1979, 136, S. 12–17.
LEIBFRIED, S.: Vorwort. In: PIVEN, F. F./CLOWARD, R. A.: Regulierung der Armut. Die Politik der öffentlichen Wohlfahrt. Frankfurt, Suhrkamp 1977, S. 9–67.
LEIFER, R.: In the name of mental health: The social function of psychiatry. New York, Science House 1969.
LENHARDT, G./OFFE, C.: Staatstheorie und Sozialpolitik. Politisch-soziologische Erklärungsansätze für Funktionen und Innovationsprozesse der Sozialpolitik. In: FERBER, C. V./KAUFMANN, F.-X. (Hrsg.): Soziologie und Sozialpolitik. Opladen, Westdeutscher Verlag 1977, S. 98–127.
LIEM, R./LIEM, J.: Social class and mental illness reconsidered: The role of economic stress and social support. In: Journal of Health and Social Behavior 1978, 19, S. 139–156.
LORION, R. P.: Socioeconomic status and traditional treat-

ment approaches reconsidered. In: Psychological Bulletin 1973, 79, S. 263–270.
LORION, R. P.: Patient and therapist variables in the treatment of low-income patients. In: Psychological Bulletin 1974, 81, S. 344–354.
LORION, R. P.: Mental health and the disadvantaged. In: Social Policy 1977, 8 (1), S. 17–27.
LORION, R. P.: Research on psychotherapy and behavior change with the disadvantaged. In: GARFIELD, S. L./BERGIN, A. E. (Hrsg.): Handbook of psychotherapy and behavior change. 2. Ed. New York, Wiley 1978, S. 903–938.
MECHANIC, D.: Sociocultural and social-psychological fattors affecting personal responses to psychological disorder. In: Journal of Health and Social Behavior 1975, 16, S. 393–404.
MOELLER, M. L.: Selbsthilfegruppen. Selbstbehandlung und Selbsterkenntnis in eigenverantwortlichen Kleingruppen. Reinbek, Rowohlt 1978.
MURPHY, L. B./FRANK, C.: Prevention: The clinical psychologist. In: Annual Review of Psychology 1979, 30, S. 173–207.
NAGEL, H./SEIFERT, M. (Hrsg.): Inflation der Therapieformen. Sinn und Unsinn der Psycho-Industrie. Reinbek, Rowohlt 1979.
NESTMANN, F./TAPPE, U.: Thesen zu einem besseren Verständnis der Beratung. In: Psychologie und Gesellschaftskritik, Heft 9/10 1979, 3, S. 153–170.
PANKOKE, E./NOKIELSKI, H.: Verwaltungssoziologie. Einführung in Probleme öffentlicher Verwaltung. Stuttgart, Kohlhammer 1977.
PEARLIN, L. I./SCHOOLER, C.: The structure of coping. In: Journal of Health and Social Behavior 1978, 19, S. 2–21.
PETRI, H.: Soziale Schicht und psychische Erkrankung im Kindes- und Jugendalter. Göttingen, Vandenhoek & Ruprecht 1979.
PIRELLA, A. (Hrsg.): Sozialisation der Ausgeschlossenen. Praxis einer neuen Psychiatrie. Reinbek, Rowohlt 1975.
President's Commission on Mental Health: Task Panel Reports. 4. Bd. Washington, D.C., U.S. Government Printing Office 1978.
PREUSS, U. K.: Bildung und Herrschaft. Beiträge zu einer politischen Theorie des Bildungswesens. Frankfurt, Fischer Taschenbuch 1975.
PREUSS, U. K.: Die Internalisierung des Subjekts. Zur Kritik der Funktionsweise des subjektiven Rechts. Frankfurt, Suhrkamp 1979.
Redaktionskollektiv des Kriseninterventionsdienstes München-Haidhausen: Initiativgruppe im Stadtteil – auf der Suche nach der Gemeinde. Erfahrungen einer sozialpsychiatrischen Arbeit. In: Psychologie und Gesellschaftskritik, Heft 11, 1979, 3, S. 60–69.
REDLICH, F. C./KELLERT, S. R.: Trends in American mental health. In: American Journal of Psychiatry 1978, 135, S. 22–28.
REGIER, D. A./GOLDBERG, I. D./TAUBE, C. A.: The de facto US mental health services system. In: Archives of General Psychiatry 1978, 35, S. 685–693.
RIEDMÜLLER, B.: Psychosoziale Versorgung und System sozialer Sicherheit. In: KEUPP, H./ZAUMSEIL, M. (Hrsg.): Die gesellschaftliche Organisierung psychischen Leidens. Frankfurt, Suhrkamp 1978, S. 59–89 (a).
RIEDMÜLLER, B.: Zur Rolle der Sozialhilfe in der psychosozialen Versorgung. In: Psychologie und Gesellschaftskritik, Heft 8 1978, 2, S. 81–94 (b).
RITZER, G.: Indigenous non-professionals in community mental health: Boon or boondoggle?. In: ROMAN, P. M./TRICE, H. M. (Hrsg.): The sociology of psychotherapy. New York, Jason Aronson 1974, S. 215–233.
ROBINSON, D./HENRY, S.: Self-help and health. Mutual aid for modern problems. London, Martin Robertson 1977.
RÖDEL, U./GULDIMANN, T.: Sozialpolitik als soziale Kontrolle. In: GULDIMANN, T. u.a.: Sozialpolitik als soziale Kontrolle. Frankfurt, Suhrkamp 1978, S. 11–55.
RUSHING, W. A./ORTEGA, S. T.: Socioeconomic status and mental disorder: New evidence and a sociomedical formulation. in: American Journal of Sociology 1979, 84, S. 1175–1200.
SCHICKE, R. K.: Soziale Sicherung und Gesundheitswesen. Stuttgart, Kohlhammer 1978.
SCHMID, S.: Freiheit heilt. Bericht über die demokratische Psychiatrie in Italien. Berlin, Wagenbach 1977.
SCHÜLEIN, J. A.: Psychoanalyse und Pschoboom. Bemerkungen zum sozialen Sinnkontext therapeutischer Modelle. In: Psyche 1978, 32, S. 420–440.
SCHWAB, J. J./BELL, R. A./WARHEIT, G. J./SCHWAB, R. B.: Social order and mental health. The Florida health study. New York, Brunner/Mazel 1979.
SCHWAB, J. J./SCHWAB, M. E.: Sociocultural roots of mental illness. An epidemiologic survey. New York, Plenum 1978.
SCULL, A. T.: Decarceration. Community treatment and the deviant. A radical view. Englewood Cliffs, Prentice Hall 1977.
SEGAL, S. P./AVIRAM, U.: The mentally ill in community-based sheltered care. New York, Wiley 1978.
SHEPHERD, M.: Epidemiologische Psychiatrie. In: Psychiatrie der Gegenwart. Bd. III: Soziale und gewandte Psychiatrie. Berlin, Springer 1975, S. 119–149.
SILBERFELD, M.: Psychological symptoms and social supports. In: Social Psychiatry 1978, 13, S. 11–17.
SILVERMAN, D.: Theorie der Organisationen. Wien, Böhlau 1972 (engl. 1970).
SROLE, L.: Measurement and classifications in socio-psychiatric epidemiology. In: Journal of Health and Social Behavior 1975, 16, S. 347–364.
SROLE, L. u.a.: Mental health in the metropolis. The Midtown Manhattan Study. Vol. 1. New York, McGraw-Hill 1962.
STANDFEST, E. (Projektleitung): Sozialpolitik und Selbstverwaltung. Zur Demokratisierung des Sozialstaats. Köln, Bund-Verlag 1977.
STEIN, L. I./TEST, M. A. (Hrsg.): Alternatives to mental hospital treatment. New York, Plenum 1978.
STRAUSS, J. S.: Social and cultural influences on psychopathology. In: Annual Review of Psychology 1979, 30, S. 397–415.
STRONG, C.: The relationship of life event interpretations to helping interactions: A case study. In: American Journal of Community Psychology 1978, 6, S. 455–464.
SUNDBERG, N. D./SNOWDEN, L. R./REYNOLDS, W. M.: Toward assessment of personal competence and incompetence in life situations. In: Annual Review of Psychology 1978, 29, S. 179–221.
SZASZ, T. S.: The manufacture of madness. New York, Delta 1970.
SZASZ, T. S.: The myth of psychotherapy. New York, Anchor 1979.
TALBOTT, J. A.: The death of the asylum. New York, Grune & Stratton 1978.
THIERSCH, H.: Kritik und Handeln. Interaktionistische Aspekte der Sozialpädagogik. Neuwied/Darmstadt, Luchterhand 1977.
THOM, A.: Das Problem der sozialen Determiniertheit psychopathologischer Entwicklungen aus der Sicht der marxistisch-leninistischen Persönlichkeitstheorie – metho-

dologische und sozialpolitische Aspekte. In: HELM, J./RÖSLER, H.-D./SZEWCZYK, H. (Hrsg.): Klinische Psychologie. Berlin (DDR), VEB Deutscher Verlag der Wissenschaften 1979, S. 42–51.

THOM, A./WEISE, K.: Ist der Begriff der „psychischen Krankheit" ein Mythos?. In: KEUPP, H. (Hrsg.): Normalität und Abweichung. München, Urban & Schwarzenberg 1979, S. 47–62 (orig. 1973).

THOMA, P.: Psychische Erkrankung und Gesellschaft. Eine medizinsoziologische Analyse. Frankfurt, Campus 1978.

THOMANN, K.-D.: Die gesundheitlichen Auswirkungen der Arbeitslosigkeit. In: WACKER, A. (Hrsg.): Vom Schock zum Fatalismus?. Frankfurt, Campus 1978, S. 194–240.

TOLSDORF, C. C.: Social networks, support, and coping: An exploratory study. In: Family Process 1976, 15, S. 407–417.

TOWNSEND, J. M.: Cultural conceptions and mental illness. Chicago, The University of Chicago Press 1978.

TREUTNER, E./WOLFF, S./BONSS, W.: Rechtsstaat und situative Verwaltung. Zu einer sozialwissenschaftlichen Theorie administrativer Organisationen. Frankfurt, Campus 1977.

TROJAN, A.: Psychisch krank durch Etikettierung? Die Bedeutung des Labeling-Ansatzes für die Sozialpsychiatrie. München, Urban & Schwarzenberg 1978.

TROWER, P./BRYANT, B./ARGYLE, M.: Social skills and mental health. London, Methuen 1978.

TUDOR, W./TUDOR, J. F./GOVE, W. R.: The effect of sex role differences on the social control of mental illness. In: Journal of Health and Social Behavior 1977, 18, S. 98–112.

TURNER, R. J./GARTRELL, J. W.: Social factors in psychiatric outcome: Toward the resolution of interpretive controversies. In: American Sociological Review 1978, 43, S. 368–382.

VANCE, E. T.: A typology of risks and the disabilities of low status. In: ALBEE, G. W./JOFFE, J. M. (Hrsg.): Primary prevention of psychopathology. Hanover, University Press of New England 1977, S. 207–237.

WHEATON, B.: The sociogenesis of psychological disorder: Reexamining the causal issues with longitudinal data. In: American Sociological Review 1978, 43, S. 383–403.

WIENAND, U.: Freiheit allein heilt nicht. In: Psychologie und Gesellschaftskritik, Heft 6/7, 1978, S. 53–68.

WILKINSON, G. S.: Patient-audience social status and the social construction of psychiatric disorders: Toward a differential frame of reference hypothesis. In: Journal of Health and Social Behavior 1975, 16, S. 28–38.

WING, J. K.: Institutional influences on mental disorders. In: Psychiatrie der Gegenwart. Band III: Soziale und angewandte Psychiatrie. Berlin, Springer 1975, S. 327–360.

WINKLER, B.: Humanistische Psychologie und Gruppenbewegung in der Psychoscene. In: KEUPP, H./ZAUMSEIL, M. (Hrsg.): Die gesellschaftliche Organisierung psychischen Leidens. Frankfurt, Suhrkamp 1978, S. 438–466.

WOLFF, S.: Sozialpsychologische Anmerkungen zur psychiatrischen Krisenintervention. In: Soziologenkorrespondenz 1976, 3, S. 144–215.

WOLFF, S.: Klinisch-psychologische Tätigkeit in sozialpsychiatrischen Institutionen – Administrative Bedingungen und Möglichkeiten ihrer „alternativen" Gestaltung. In: KEUPP, H./ZAUMSEIL, M. (Hrsg.): Die gesellschaftliche Organisierung psychischen Leidens. Frankfurt, Suhrkamp 1978, S. 119–179.

ZENKER, C./ZENKER, J.: Demokratische Psychiatrie in Italien – Alternative zur deutschen Sozialpsychiatrie?. In: Sozial Medizin (VIII). Argument-Sonderband 30. Berlin, Argument-Verlag 1979, S. 138–150.

Sozialisation durch Massenmedien

Bernd Schorb, Erich Mohn, Helga Theunert

Einleitung

In der Einschätzung der Massenmedien in bezug auf Sozialisation besteht eine Diskrepanz zwischen der Bedeutung, die ihnen in der öffentlichen Diskussion zugesprochen wird und gesicherten wissenschaftlichen Ergebnissen. Den Massenmedien werden eine Reihe von Einflußmöglichkeiten zugeschrieben: Ausgehend von der Behauptung, Massenmedien seien die 4. Gewalt, die die Demokratie konstituiere, über die Behauptung, sie seien der Hauptinformationsträger für Meinungsbildung der Bevölkerung bis zum Vorwurf, Massenmedien verrohen, verdummen und stumpfen ab. All diese Behauptungen legitimieren sich wissenschaftlich: Politologie, Psychologie, Soziologie, Kommunikationswissenschaft und Pädagogik leisten hier ihren Beitrag. All den an dieser Stelle nicht auszuführenden wissenschaftlichen Positionen liegen unterschiedliche Sozialisationstheorien zugrunde. Es gibt Theorien, die den Medien eine Sozialisationsfunktion für den kognitiven Bereich zuschreiben; andere Theorien sehen ein Wirkungspotential der Medien im Bereich von Einstellungen und Verhalten; Sozialisationsfunktion wird den Medien nur im Zusammenhang mit anderen Sozialisatoren (Elternhaus, Schule) zugebilligt oder es werden die Medien als eigenständige Erzieher definiert. Neben diesen, die öffentliche Diskussion beherrschenden, Positionen haben sich in den letzten Jahren kritische Ansätze entwickelt, die die Sozialisation durch Massenmedien in ihren historisch-gesellschaftlichen Kontext stellen und als veränderbaren Prozeß begreifen. Dieser letztgenannten Position ordnen auch wir uns zu und verstehen im folgenden unter Sozialisation: *Sozialisation (durch Massenmedien) findet statt und ist nur erklärbar im historisch-gesellschaftlichen Kontext. Damit ist Sozialisation kein einseitiger Akt der Beeinflussung, sondern ein Prozeß, in dem eine gesellschaftlich-produzierte Umwelt die Individuen sowohl formt als auch von diesen geformt wird. Das beinhaltet eine grundsätzliche Reversibilität von Sozialisationsprozeß und -ergebnis.*

Wir stellen – ausgehend von unserer Position – Ansätze zur Erklärung von Sozialisation durch Massenmedien vor und diskutieren sie. Dabei

unterscheiden wir zwischen „ethisch-moralischen", „deskriptiv-empirischen" und „reflexiv-kritischen" Richtungen.
Im zweiten Teil wird erläutert, wie der Sozialisationsbegriff, dem wir uns zuordnen, in praktischen Modellen realisiert werden kann. Diese Darstellung geht aus von der Legitimation von Sozialisationszielen, der Legitimation pädagogischer Vermittlungsformen und der Entwicklung von Strategien wissenschaftlichen Vorgehens, die den Zielen und Vermittlungsformen adäquat sind.

1 Traditionelle Ansätze zur Erklärung von Sozialisation durch Massenmedien

1.1 Die „ethisch-moralische" Richtung

Zeitlich parallel zur gesellschaftlichen Verbreitung der Bildmassenmedien (zuerst Film, dann Fernsehen) entwickelte sich – heute weitgehend überholt (vgl. BACHMAIR 1979, KEILHACKER 1979) – in Deutschland ein „ethisch-moralischer" Ansatz, der auch unter der Bezeichnung ‚Bewahrpädagogik' bekannt geworden ist. Diese Position gründet auf einer Mischung von kulturpessimistischen und konservativ-christlichen Maximen.
Dem Ansatz liegt die Meinung zugrunde, Massenmedien komme eine direkte Sozialisationswirkung zu; die Wirkung sei um so deutlicher, je jünger die mit Inhalten der Massenmedien in Berührung kommenden zu Erziehenden seien. Es besteht die Annahme, Bildmedien könnten die Durchsetzung christlicher Ideale und weltanschaulicher Moralbewertungen verstärken oder verhindern. Neben den Bildmedien als Sozialisatoren müsse ein Gespräch über das Gesehene quasi als potentieller Moderator eingesetzt werden, wobei diesem Gespräch ebenfalls direkte Sozialisationswirkung zugesprochen wird.
Wenn Massenmedien wirken, und wenn die Wirkung um so intensiver ist, je weniger geistig, seelisch und moralisch das Subjekt ‚gereift' ist, dann darf der zu Erziehende einerseits nur zum ‚guten' Film hin-, andererseits muß er vom ‚schlechten' Film weggeführt werden. Was ‚gut', was ‚schlecht' ist, wird nicht begründet, denn es ist, „was in unserem Kulturkeis allgemein als gut oder schlecht erachtet wird" (WASEM 1957, S. 73).
Welche konkreten Werte sich unter ‚gut' oder ‚schlecht' verbergen, soll hier noch zurückgestellt werden, denn der Film an sich gilt eigentlich schon als „Symptom der Krise der geistigen Welt" (a.a.O. S. 60), weil in der potentiell verallgemeinerten Verbreitung eine „weltumspannende Nivellierung" liege, die eine „ewigmenschliche Gefährdung" (a.a.O. S. 61) darstelle. „Philosophische Anthropologie" (WASEM 1971, S. 125) muß Pädagogik folglich fundieren, weil „über der Feststellung der Gefahren des Films (...) nie verkannt werden (darf), wie sehr der Film zur Bereicherung des Erlebens beitragen und Tugenden, wie Treue, Tierliebe, Ehrlichkeit eindringlich ins Bild setzen kann, so daß sie zu einem formenden Erlebnis werden" (WASEM 1957, S. 49).
In der BRD hat vor allem das Ehepaar KEILHACKER zusammen mit WASEM, BRUDNY, TRÖGER, KERSTIENS, STÜCKRATH, ZÖCHBAUER und WODRASCHKE diese Position begründet und zu einer medienpädagogischen ‚Schule' formiert. Grob gesprochen geht es diesen Autoren um folgendes: Kinder und Jugendliche sind zum guten Film hinzuführen, hier ist eine Vertiefung des Filmerlebnisses pädagogisch anzustreben; vom schlechten Film sind sie wegzuführen, hier soll eine „Selbstimmunisierung" (PETERS 1963, S. 75), eine „emotionale Distanz" (BRUDNY 1955, S. 9) geschaffen werden. Um diese pädagogischen Ziele zu erreichen, wurden folgende Aufgabengebiete angegangen: einmal war sicherzustellen, daß in Elternhaus und Schule diese medienpädagogischen Zielvorstellungen bekannt wurden (dazu wurden einige Elternratgeber publiziert); außerdem galt es, durch Filmgespräche, Kindern und Jugendlichen selbst die moralischen Ziele klarzumachen (Filmgespräche); des weiteren mußte in Institutionen wie Freiwillige Selbstkontrolle, Filmbewertungsstellen, Aktion Jugendschutz etc. dafür Sorge getragen werden, daß Kinder und Jugendliche qua gesetzlicher Vorschriften vor den für sie als ‚schlecht' bezeichneten Filmen zurückgehalten wurden und zum anderen mußten Untersuchungen angefertigt werden, die bewiesen, wie Kinder und Jugendliche Massenmedien konsumierten und wie dieser Konsum bewertet wurde.

1. Elternratgeber: Elternratgeber (KEILHAKKER/KEILHACKER 1955; WASEM 1960a, b) thematisierten in erster Linie die Gefahren des Films (Reizübermaß, negative Vorbilder, falsche Lebensorientierung), legten die

Grundlagen für den juristischen (zensierenden) Schutz gegen die Gefahren und zeigten auf, welche Filme als positiv anzusehen sind (Märchenfilme, Tierfilme, Abenteuer- und Bergfilme).

2. Filmgespräche: Mit Kindern und Jugendlichen wurden gemeinsam Filme angesehen und danach besprochen; diese Diskussionen wurden mit einfachen hermeneutischen Methoden inhaltsanalytisch ausgewertet. Derartig positive Diskussionen wurden – als Vorbild – in den ‚Mitteilungen des Arbeitskreises Jugend und Film e.V.' – „Jugend und Film" abgedruckt, wobei ein Beispiel leicht zeigt, inwieweit die ‚ethisch-moralischen' Grundlagen schlichtweg reproduziert wurden. Bei einer Diskussion über den Film „Fatima" sei die „Muttergotteserscheinung" „in ihrer ganzen Herrlichkeit bestaunt worden" (G.K. 1954, S. 7).

3. Zensurmaßnahmen: Vertreter dieser medienpädagogischen Gruppierung versuchten (mit Erfolg bis heute) immer wieder, ihre pädagogischen Grundüberzeugungen auch in zensierenden Institutionen durchzusetzen, um juristische Handlungsmöglichkeiten gegen einen ‚frühzeitigen' Kinobesuch zu erhalten. Dabei ist die Tendenz vorherrschend, die (recht rigide) Spruchpraxis beispielsweise der FSK als zu lasch zu kritisieren und den „Erziehungsberechtigten, d.h. den Eltern und ihren Stellvertretern, den Lehrern, Seelsorgern usw." weitere „persönliche Verantwortung" (KEILHACKER/KEILHACKER 1955, S. 33) zu nehmen (vgl. dazu DRÖGE 1979, S. 242ff.).

4. Forschungen: Ausgehend von einer philosophisch-ethischen Orientierung modifizierte die Gruppe dieser Medienpädagogen ihren Ansatz und versuchte, Fragmente empirischer Sozialwissenschaft zu integrieren. Als Verdienst muß gewürdigt werden, daß aus diesen Ansätzen die ersten Ergebnisse zu Konsum und Akzeptanz der Massenmedien resultieren, wobei gewisse soziologische Variablen (Alter, Geschlecht, Schulbildung) berücksichtigt wurden (KEILHACKER/WASEM 1965, WETTERLING 1960, ZIERIS 1963, KEILHACKER/BRUDNY/LAMMERS o.J., FIRNKES/KEILHACKER/VOGG 1972, TRÖGER 1959). Neben diesen weitgehend auf standardisierten Fragebogen beruhenden empirischen Forschungen wurde der Versuch unternommen, ausdruckspsychologische Untersuchungsverfahren zur Interpretation filmbetrachtender Kinder anzuwenden (BRUDNY o.J., WASEM 1957). Ansatzweise wurde außerdem versucht, die Filmgespräche methodologisch zu standardisieren (ZÖCHBAUER 1974).

Dem „ethisch-moralischen" Ansatz liegt eine Sozialisationsvorstellung zugrunde, deren wesentlicher Bestandteil die Annahme ist, Kinder und Jugendliche müßten zu bestimmten Werten erzogen werden, weil nicht alle Inhalte der Massenkommunikation diesen Zielen gerecht werden. Negative Inhalte der Massenkommunikation werden dementsprechend als direkt wirkend angenommen, eine dieser Wirkung entgegengerichtete pädagogische Einflußnahme kann kompensieren. Die pädagogischen Ziele sind normativ konstituiert, wobei weder die Ziele noch die Sozialisationsmaßnahmen wissenschaftlich ausgewiesen werden. Auch werden in dieser Position nur ‚passende' Ergebnisse der Kommunikationsforschung mit einbezogen. Die in Untersuchungen verwendeten Methoden (Standardinterview, teilnehmende Beobachtung) sind nicht positivistisch-empirisch im strengen Sinne; sie betrachten den zu Untersuchenden allerdings als Objekt ‚wissenschaftlicher Bemühungen'. DAHLMÜLLER/KOMMER haben die Schule als „KEILHACKER-Galaxis" bezeichnet und sie wie folgt kritisiert: „Die mangelnde wissenschaftstheoretische Reflexion ist nur die eine Seite der Medaille. Die andere ist Ideologie. Die vorliegenden empirischen Untersuchungen dienen zur Legitimation bzw. ‚wissenschaftlichen' Absicherung integrationspädagogischer Strategien" (DAHLMÜLLER/KOMMER 1973, S. 38).

1.2 Empirische Untersuchungen zur Sozialisation durch Massenmedien

1.2.1 Ursprung der Fragestellung

Die Frage nach der Sozialisationswirkung von Massenmedien ist überall dort, wo sie mit Hilfe von Daten gestellt und ‚beantwortet' wird, an Erscheinungen, an Quantitäten orientiert. Die in einer Fülle von Untersuchungen beschriebenen Quantitäten beziehen sich vor allem auf zwei Bereiche: Nutzungsintensität und -quantität von Medien durch deren Adressaten und kurzzeitige, meßbare Einstellungs- bzw. Verhaltensphänomene bei den Adressaten als direkte Folge der Nutzung bestimmter Medieninhalte. Beide genannten Problembereiche stehen im Mittelpunkt der empirischen Medienforschung, seit es diese gibt.

Leicht vergröbert läßt sich sagen, daß die Medienforschung von zwei Institutionen mit ähnlichen Interessen ausgelöst und angeregt wurde, dem Militär und der Werbeindustrie. Ausgehend von der Beobachtung, daß die US-amerikanischen Soldaten häufig und gerne ins Kino gehen, wurde an Militärpsychologen die Frage gestellt, inwieweit die Einstellung zu Krieg, Kampf und der zu verteidigenden Gesellschaftsform durch gezielten Medieneinsatz beeinflußt werden könne bzw. durch die vorhandenen Medien beeinflußt wird. Die kriegspsychologische Fragestellung, und an ihr wurde in der Folge des Krieges in den USA primär weitergearbeitet, zielte also auf die Persuasionskraft der Medien. Die gleiche Frage wurde auch, aber aus einer anderen Richtung, von der Werbeindustrie an die Medien gestellt. Die Werbeindustrie kauft Sendezeiten bzw. Papierseiten, sie ist an Reichweiten, d.h. Einschaltquoten und Leserquantitäten interessiert. Ausgehend von der Annahme, daß Werbung wirkt, fragt die Werbeindustrie nach der Nutzungsquantität von Medien, also danach, wie oft von wie vielen verschiedenen Adressatengruppen ein Medium wie lange genutzt wird, nach Quantität und Intensität der Medienrezeption.

Beide Fragestellungen zusammengenommen bilden bis heute das Rückgrat empirischer, oder besser positivistischer Medienforschung. Sie lassen sich zusammenfassen unter der Frage: Wie viel Freizeit verbringt wer vor welchem Medium mit welcher Wirkung?

Schon die Fragestellung verweist auf Verwertungsinteresse und Verwertbarkeit der entsprechenden Untersuchungen. Ihre Verwertung finden die Ergebnisse quantitativer Medienforschung empirisch-positivistischer Provenienz in der Wissenschaft dort, wo sie sich um die Anwendung von Ergebnissen kümmert. In erster Linie schöpfen all diejenigen Denker, die sich einem konservativen Kulturpessimismus verschrieben haben bzw. die aussterbende Bewahrpädagogik am Leben zu halten suchen, aus den vorliegenden Zahlenreihen. Die steigenden Nutzungsquoten von Massenmedien, kombiniert mit den Analysen ihres oberflächlichen Angebotes, dienen jenen als Material zur Klage über die „Verführung der unmündigen Menschen" (Knoll 1979, S. 40). Die Fakten scheinen zu belegen, daß es eine Tendenz zur Vermassung und Verdummung gibt dadurch, daß immer mehr Menschen das Falsche sehen und lesen. Dieser monokausalen Argumentation (das gesehene oder gelesene Böse macht böse) schließen sich politische Machthaber dann an, wenn sie ihnen zur Legitimation restriktiver bzw. restaurativer Maßnahmen tauglich scheint.

In einer anderen Variante dienen die Ergebnisse empirischer Untersuchungen als Basismaterial zur Konstruktion von Idealprogrammen, seien sie nun lern- oder persuasionstheoretischer Natur. Die Erkenntnis der zunehmenden zeitlichen Nutzung des Fernsehens beispielsweise wirft dieser Richtung die Frage auf, wie das Fernsehen verstärkt als Bildungsfaktor einzusetzen ist. Auch hier können sich die Verwertungsinteressen mit denen des Staates treffen, beispielsweise wo dieser interessiert ist, die Folgen gesellschaftlicher Widersprüche durch sogenannte kompensatorische Maßnahmen zu verringern. Konkret werden dann, wie in den USA und in der BRD, vom Staat kompensatorische Vorschulprogramme finanziell unterstützt (vgl. 1.2.4.4).

Daß die empirischen Forschungsergebnisse das gesamte Erwartungsspektrum von möglichen Wirkungen abdecken können, hat mehrere Gründe. Empirische Forschungen der genannten Couleur ordnen und beschreiben Phänomene, sie suchen nicht nach Ursachen des Status quo gesellschaftlicher Verhältnisse (vgl. Maletzke 1963, Silbermann/Krüger 1973). Die jeweilige veränderte Anordnung der Phänomene läßt dann auch gegensätzliche Schlüsse zu. Die Deskriptionsansätze sind monokausal. Es wird davon ausgegangen, daß ein bestimmtes erfaßtes Phänomen, z.B. Gewalthandlungen im Film, eine gleichfalls beschreibbare Wirkung, z.B. Gewalthandlungen der Adressaten, auslöst. Hieraus ist auch die Adaption dieser Untersuchungen durch die behavioristische Lerntheorie zu erklären. Analog der Stimulus-Response-Theorie löst der mediale Reiz, z.B. das Programm, den erwarteten Reflex, die Aneignung von Wissen aus. Die beschriebenen Auslöse- und Reaktionsphänomene sind statisch, sie haben keine Herkunft, sind nicht veränderbar und stehen in keinem oder nur eingegrenztem Kontext.

Bevor Ergebnisse, die sich speziell mit der

massenmedialen Sozialisation von Heranwachsenden auseinandersetzen, dargestellt werden, sollen in einem knappen Überblick die wichtigsten Forschungen zum Problem der Mediennutzung und der Medienwirkung referiert werden.

1.2.2 Nutzungsdaten

Nutzungsdaten, also Auskunft darüber, welches Medium von welchem Personenkreis mit welcher Häufigkeit rezipiert wird, werden seit langem und dank der Werbung regelmäßig erfaßt. Hierbei hat sich heute eine klare Rangfolge der Präferenz der einzelnen Medien herausgebildet. Das in Form der meisten Apparate distribuierte Medium ist das Radiogerät, seit nahezu zwanzig Jahren besitzt fast jeder Bundesbürger ein solches, ihm folgen der Fernsehapparat, der in mehr als 97 % aller Haushalte zu finden ist und mit größerem Abstand Informationsmedien wie Zeitung und Unterhaltungsmedien wie Zeitschrift, Schallplatte und Tonband. Wichtiger aber ist die Frage, wie stark der Einrichtungsgegenstand Fernsehen oder Radio benutzt wird. Hier liegt das Fernsehen klar an der Spitze. Der Bundesbürger verbringt von seiner Freizeit an Wochentagen bis zu drei, an Sonn- und Feiertagen bis zu fünf Stunden vor dem Fernsehapparat. Hier kann keines der anderen Medien konkurrieren, zumal ja auch nicht mehr allzu viel tatsächliche Freizeit übrig bleibt. Insgesamt läßt sich sagen, daß die Mediennutzung, in weitaus stärkstem Maße die des Fernsehens, in den letzten zwanzig Jahren kontinuierlich zugenommen hat und seit der Mitte der siebziger Jahre einen gewissen Sättigungsgrad erreicht hat (Media Perspektiven 1975).
Eine besondere Form der Nutzungsforschung stellt die ‚Teleskopie' dar. Dieses aus den USA importierte Instrument mißt bei Familien, die nach Repräsentativität ausgewählt wurden, welches Mitglied zu einer bestimmten Zeit welches Fernsehprogramm sieht. Das Ergebnis dieser Messungen sind dann die Einschaltquoten, die in den Funkhäusern dafür sorgen, daß oft nicht die Qualität des Programms, sondern die Menge der Zuschauer über das entscheidet, was produziert wird (vgl. Klöpper u.a. 1978).
Spezielle Untersuchungen zur Mediennutzung durch Heranwachsende ergaben z.B., daß bereits 18% aller Kinder bis zu zwei Jahren regelmäßig fernsehen (Kerstiens/Thürmer 1975, S. 30), und daß nurmehr 2% erst nach dem fünften Lebensjahr mit dem Fernsehkonsum beginnen. Eine neuere Untersuchung von Saxer u.a. (1978) fand heraus, daß für Kinder und Erwachsene das Fernsehen das wichtigste Medium darstellt, daß Jugendliche aber bevorzugt zu anderen, ihren ‚eigenen' Medien greifen, der Schallplatte und dem Radiogerät (vgl. auch Hüther 1975).
Erfaßt wurden die referierten Nutzungsdaten in erster Linie mit Fragebogen oder – wie bei der Teleskopie – mit speziellen, an den Apparat angeschlossenen Instrumenten. Das ist wichtig für die Frage nach der Intensität und der Qualität der Nutzung, die weder der Fragebogen noch das Meßinstrument am Fernsehapparat beantworten können. Diese Daten geben also Auskunft, wie lange ein Medium Strom brauchte, in welcher Intensität der Inhalt von Adressaten genutzt wurde, darüber erfahren wir in diesen Untersuchungen nichts.
Festhalten läßt sich als Ergebnis der Nutzungsforschung in erster Linie, daß

- ein Großteil der Freizeit – zwischen drei und sechs Stunden täglich – durch Medienkonsum absorbiert wird – bei Kindern, Jugendlichen und Erwachsenen gleichermaßen;
- Kinder und Jugendliche mit zunehmendem Alter Erwachsenenprogramme rezipieren;
- Jugendliche neben dem Fernsehen ihre eigenen Jugendmedien bevorzugen: Jugendzeitschriften, Hörfunk und Schallplatte bzw. Kassette;
- das Fernsehen das Medium ist, welches in der Wertschätzung der Konsumenten am höchsten steht und zeitlich am stärksten genutzt wird.

1.2.3 Wirkungsforschung

Während die Nutzungsforschung nach dem quantitativen Stellenwert der Massenmedien innerhalb der Freizeit der Individuen fragt, ist die Wirkungsforschung an den Verhaltens- und Einstellungsfolgen medialer Inhalte bei den Individuen interessiert. Anfangs – in der Tradition der Kriegsforschung – wurde allgemein nach den persuasiven Möglichkeiten der Medien (speziell Film und Fernsehen) gefragt; als jedoch in den fünfziger Jahren in den USA und auch in der BRD die These von der Verrohung durch die Massenmedien breit in der veröffentlichten Meinung diskutiert wurde, spezialisierte sich die allgemeine Fragestellung auf die Frage nach der Wirkung von Gewaltdarstellungen.

Die Forschungen zu diesem Thema sind, obwohl sie zu keinen einheitlichen Ergebnissen führten und ein solches auch nicht abzusehen ist, bis heute nicht abgeschlossen (vgl. merz 1978).
Die vier wichtigsten Hypothesen, welche in den Untersuchungen geprüft wurden, sollen zur Veranschaulichung der Wirkungsforschung dargestellt werden.

1. Die Stimulationshypothese: Die Stimulationshypothese faßt die landläufige Meinung über die Wirkung von Gewalt, speziell im Fernsehen, in experimentelle Designs. Diese These geht davon aus, daß das Ansehen von Gewalt beim Betrachter gewalttätiges Handeln stimuliert. Als intervenierende Variable wird noch die Notwendigkeit der Frustration eingeführt, so daß die Hypothese dann vereinfacht lautet: Eine Person, die zuvor im Film gewalttätige Szenen gesehen hat und im Anschluß an die Vorführung einer Frustration ausgesetzt wird, reagiert eher mit Gewalthandlungen als eine Person, die zuvor keinem medialen Gewaltkonsum ausgesetzt war. Diese Hypothese wurde in einer Reihe von Untersuchungen mit variierenden Designs überprüft und jeweils bestätigt. BERKOWITZ (u. a. 1963, ders. 1964) führte seine Experimente insbesondere mit seinen eigenen Studenten durch; er fand zusätzlich heraus, daß die Wahrscheinlichkeit gewalttätigen Handelns um so größer ist, je ähnlicher sich Täter und Opfer im Film und im nachfolgenden Experiment sind. Vor allem BANDURA (1965) führte seine Untersuchungen in Kindergärten durch und HEINRICHS (1972) untersuchte achtzehn Schulkinder, darunter seinen eigenen Sohn.

2. Die Katharsishypothese: Der Stimulationshypothese diametral entgegen steht die Katharsishypothese. Aufgrund der Projektionsannahme von FREUD geht sie davon aus, daß der Konsum medialer Gewalt eine quasi reinigende Wirkung hat, d.h. sie behauptet vereinfacht, wer Gewalt gesehen hat, konnte sich bereits abreagieren und ist nicht mehr darauf angewiesen, sie tatsächlich auszuführen. Diese These wird insbesondere von FESHBACH (1961, 1969) vertreten und ist wie die Stimulationshypothese in Untersuchungen mit entsprechenden Designs belegt. Collegestudenten reagierten in der Untersuchung FESHBACHS (1961) verbal weniger aggressiv, wenn ihnen zuvor mediale Gewalt vorgeführt worden war als die Vergleichsgruppe ohne die entsprechende Vorführung.

3. Die Inhibitionshypothese und 4. die Habitualisierungshypothese: Beide Hypothesen zielen mehr oder minder darauf ab, die sich widersprechenden Hypothesen der Stimulation und der Katharsis zu verbinden. Die Inhibitionsthese behauptet, die Tatsache, daß auf die Darstellung von Gewalt keine aggressiven Reaktionen erfolgen, ja diese sogar zurückgehen, sei dadurch zu erklären, daß der Betrachter, bedingt durch die öffentliche negative Sanktionierung von Gewalt, verstärkt Hemmungen gegen die Entäußerung seines gewalttätigen Potentials entwickle (BERKOWITZ/RAWLINGS 1963, BERKOWITZ u. a. 1963).
Die Habitualisierungshypothese hingegen nimmt ein bekanntes Vorurteil auf. Sie behauptet, die ständige Konfrontation mit Gewalt führe zu einer Abstumpfung gegen diese. Es tritt beim Zuschauer ein Gewöhnungseffekt ein und sein Reaktionspotential nimmt ab (BERGER 1962, LAZARUS/ALFERT 1964).
Entscheidend wird der Wert all dieser Untersuchungen dadurch beeinflußt, daß in ihnen ein Phänomen, nämlich mediale Gewalt, aus seinem sozialen Kontext, der Gewalt in einer bestimmten Gesellschaft (GALTUNG 1971), herausgelöst und als partikulares Problem zu beschreiben gesucht wird. Allein schon deshalb ist es nicht verwunderlich, daß sich mittels der Untersuchungen zur Wirkung von Gewalt im Fernsehen sowohl die These stützen läßt, speziell das Fernsehen habe einen massiven inhaltlichen Einfluß auf die Sozialisation der Menschen, wie die gegenteilige These.

1.2.4 Untersuchungen zur Sozialisation durch das Fernsehen

Während die bisher dargestellten Untersuchungen Aussagen über rein quantitative Daten (Mediennutzung) oder spezifische Probleme (Gewalt und Aggression) zu machen angaben, lassen sich aus einigen Untersuchungen zur Frage der Sozialisation von Heranwachsenden durch das Fernsehen auch Zusammenhänge herauslesen. Diese lassen sich rekonstruieren vor allem in bezug auf folgende Fragen: 1. Welche Bedeutung hat das Fernsehen als Sozialisationsinstrument im Rahmen anderer Sozialisatoren? 2. Welche Funktion hat es dabei für verschiedene Alters- und Sozialgruppen? 3. Welche bestimmbaren Inhalte werden durch das Fernsehen vermittelt? 4. Läßt sich der Sozialisationsfaktor Fernsehen „positiv“ nutzen?

1.2.4.1 Die Bedeutung des Fernsehens als Sozialisationsinstrument

Unter zwei Aspekten gilt das Fernsehen als eine hervorragende Sozialisationsinstanz: Es nimmt in der Welt des Heranwachsenden einen breiten Raum an Zeit und Aufmerksamkeit ein und es vermittelt neben den Eltern und später der Schule Normen, Werte, Rollenmuster etc. Die tatsächliche Bedeutung des Fernsehens als Sozialisationsinstanz ist, zumindest in den ersten Lebensjahren, abhängig von den Eltern. Je mehr das fernsehende Kind von den Eltern begleitet wird, je häufiger Einfluß auf die Auswahl von Sendungen genommen wird, je mehr mit den Kindern das Gesehene gemeinsam aufgearbeitet wird, desto eher wird das Fernsehen als Sozialisationsfaktor der elterlichen Sozialisation zu- bzw. untergeordnet (BROWN 1974). Eltern dagegen, die ihre Kinder weitgehend mit dem Fernsehen allein lassen, stärken die Sozialisationsfunktion des Fernsehens, manchmal auch bewußt, denn sie sind davon überzeugt, daß das Fernsehen ihre Kinder kognitiv und kreativ anregt (HUNZIKER u.a. 1975). Mehr als solch allgemeine Aussagen lassen sich über den Zusammenhang der verschiedenen Sozialisationsfaktoren bislang nicht machen, da die vorliegenden Untersuchungen die einzelnen Sozialisationsagenten getrennt betrachten, dem Fernsehen, den Eltern, den peer-groups usf. eine herausragende Position zubilligen und die verschiedenen Agenten nicht im Zusammenhang sehen (EYRE-BROOK 1974). Auf jeden Fall wird dem Fernsehen eine hervorragende Rolle bei der Vermittlung dominanter Wertmuster und der Information über die weitere Umwelt zugesprochen. Die Informationsfunktion verliert es auch dann nicht, wenn der Jugendliche sich verstärkt den Medien zuwendet, die mit seiner Kultur, der Popkultur, verbunden sind, wie Schallplatte, Konzert usf. (vgl. MURDOCK/PHELPS 1973, SAXER 1975).
Zusammengefaßt wird die Bedeutung des Fernsehens als Sozialisationsinstrument dadurch bestimmt, daß es an Eltern wie Kinder Informationen und Normen der Umwelt vermittelt. Die Exklusivität seiner Rolle ist jedoch durch weitere Sozialisationsfaktoren: Elternhaus, Schule, Gleichaltrigengruppe usf. eingegrenzt; je dominanter diese Gruppen, desto unbedeutender das Fernsehen.

1.2.4.2 Die Funktion des Fernsehens für verschiedene Alters- und Sozialgruppen

Soweit sich die Bestimmung der Funktion des Fernsehens aus der Zeit ergibt, die man vor dem Apparat verbringt, sind die Ergebnisse bereits referiert worden. Je älter Kinder werden, desto länger sitzen sie vor dem Fernsehapparat, wobei im Alter zwischen 13 und 18 Jahren eine gewisse Stagnation eintritt, danach pendelt sich der Medienkonsum auf den des durchschnittlichen Erwachsenen ein. Die Quantität des Medienkonsums scheint also in ihren Auswirkungen abhängig vom Alter der Konsumenten zu sein.
Unter dem Aspekt der Wahrnehmungskapazität führen seit geraumer Zeit STURM (1975) und LEIFER (1975) Untersuchungen durch, die den Aspekt der emotionalen Belastbarkeit von Kleinkindern durch Langzeitfernsehkonsum klären sollen. Die Experimente, die in Anlehnung an PIAGET (1972[5]) von der Hypothese ausgehen, daß Fernsehen über einen längeren kontinuierlichen Zeitraum für Kinder eine hohe affektive Belastung darstellt, sind allerdings noch zu keinem erkennbaren Ergebnis gelangt.
Unterschiede im Fernsehverhalten und in der Funktion des Fernsehens erbrachten diejenigen Untersuchungen, die Klassenunterschiede bei den Zuschauern miteinbezogen. Dabei ergab sich, daß Dauer und Bedeutung des Fernsehkonsums – bezogen auf alternative Medien – sich je nach Schichtzugehörigkeit unterscheiden. In Familien der sogenannten Unterschicht nimmt das Fernsehen einen größeren Stellenwert ein, auch Gewaltmuster, die vom Medium übermittelt werden, werden dort leichter übernommen; in Familien der Mittel- und Oberschicht wird das Fernsehen durch andere Medien ergänzt und plakative Analogien zwischen physischer Fernsehgewalt und tatsächlich ausgeübter Gewalt sind weniger leicht aufzufinden (vgl. BAUER/BAUER 1974, STEIN/FRIEDRICH 1971)[1].

---

1 Allerdings relativieren sich all diese Ergebnisse, wenn man sie in Zusammenhang mit den realen Lebens- und Handlungsbedingungen der jeweiligen Klassen stellt. Dann nämlich erscheint die höhere Nutzung insofern in einem anderen Licht, als Familien aus der Arbeiterklasse zwar öfter und länger den Fernsehapparat laufen lassen, aber bedeutend weniger intensiv als Mittelschichtfamilien fernsehen. Auch die Übernahme von Gewaltmustern relativiert sich unter dem Aspekt der Verhaltensmuster, die den verschiedenen Klassen in ihrem Lebensbereich zur Verfügung stehen; so wird ein höherer Angestellter Konflikte

Festhalten läßt sich, daß Unterschiede in der Intensität, Zeitdauer und Verkraftbarkeit des Fernsehkonsums abhängig von Schichtzugehörigkeit und Alter bestehen. Es scheint auch gesichert, daß extensiver Fernsehkonsum für Kleinkinder von ihrem emotionalen und kognitiven Entwicklungsstand her kaum verkraftbar ist und zu Schädigungen beitragen kann. Der Faktor Fernsehkonsum ist aber generell abhängig von den das jeweilige Individuum umgebenden Lebensbedingungen.

1.2.4.3 Durch das Fernsehen vermittelte Inhalte und Einstellungen

Die Untersuchungen, die sich mit der Frage beschäftigen, welche Inhalte durch das Fernsehen vermittelt werden, beziehen sich in erster Linie auf das Problem: Gewalt und Aggression. Neben den bereits zitierten Wirkungsuntersuchungen, deren Ergebnisse so ungenau wie umstritten sind, geben hierzu vor allem inhaltsanalytische Untersuchungen der Fernsehprogramme Auskunft. In der Darstellung gewalttätiger und aggressiver Handlungen übertrifft das Fernsehen noch die Realität (vgl. KUNCZIK 1975).

Die entscheidende Frage in bezug auf die Sozialisationswirkung des Fernsehens ist jedoch nicht, was im Fernsehen wie oft dargestellt wird, sondern wie und in welchem Kontext das Dargestellte von den Heranwachsenden rezipiert wird. Die Frage des Kontextes von Inhalt, Rezeption und Wirkung ließ sich bislang nicht beantworten. Sicher ist, daß keine eingleisigen Kausalzusammenhänge angenommen werden können. In der Sozialisationsforschung geht man heute, dort, wo man sich mit dem Einfluß der Massenmedien beschäftigt, von der Grundannahme der funktionalistischen Lerntheorie aus, daß Imitation und Identifikation bzw. Bekräftigung und Verstärkung einen gewichtigen Einfluß auf die Sozialisation eines Kindes haben (BANDURA/WALTERS 1963). Mit anderen Worten wird angenommen, daß die permanente Darstellung bestimmter Klischees im Fernsehen bei Kindern und Jugendlichen entsprechende Einstellungen unterstützt bzw. fixiert. Ohne konkrete Belege zu haben und unter Hervorhebung ausschließlich eines, das Modellernen bestimmenden Faktors, des Sehens, existiert in bezug auf Gewalt die Annahme: Die Kinder sehen „viele Beispiele für eine Fülle von Methoden, andere Menschen zu verletzen; sie sehen, daß diese Methoden mit relativer Konsistenz angewendet werden, um Konflikte zu lösen oder erwünschte Ziele zu erreichen, und sie sehen sie praktiziert in Situationen, die Aufmerksamkeit erregen und mit Emotionen aufgeladen sind. Sie sehen auch, daß zwar nicht der Schurke erfolgreich sein mag, wenn er diese gewalttätigen Methoden anwendet, wohl aber der Held oder die Heldin. Also sehen sie, daß Gewaltanwendung belohnt werden kann, (...) wenn nur die Motive dafür sozial akzeptabel sind" (LEIFER 1975, S. 116).

Auf dieser Ebene, über Analogien Wirkungsvermutungen anzustellen, fand man für das US-amerikanische Fernsehen heraus, daß das Bild der Frau und des Mannes in Kindersendungen (STERNGLANZ/SERBIN 1974) wie im normalen Programm (LEMON 1975) die traditionellen Rollenvorstellungen – Frau untergeordnet an Familie gebunden, Mann führend, bestimmend – reproduziert. In ähnlicher Weise werden in den Kindersendungen in den USA die ethnischen Minderheiten in untergeordneten und negativen Rollen dargestellt (MENDELSON/YOUNG 1972). Die verschiedenen Ergebnisse zusammenfassend, zeichnet LEIFER ein Bild der Modelle, die dem jungen Nordamerikaner im Fernsehen angeboten werden, das im Groben mit der Realität der BRD übereinstimmen dürfte: „Zusammengenommen weisen alle diese Inhaltsanalysen darauf hin, daß die amerikanischen Kinder im Fernsehen eine Welt zu sehen bekommen, bevölkert von weißen Männern, die sich zur Lösung von Konflikten der Drohung und der physischen Gewalt bedienen. Sie sind von einer lauten Fröhlichkeit, erreichen ihre Ziele, beherrschen andere, sind aktiv, erfolgreich und im allgemeinen nicht sehr liebevoll, und sie führen ein verhältnismäßig einsames Leben, offensichtlich ohne einträglichen Beruf. Gelegentlich erscheinen auch Frauen, Farbige und einige Vertreter anderer Minoritätengruppen der Vereinigten Staaten. Meistens werden sie jedoch von den weißen Männern beherrscht, sind im allgemeinen nicht aggressiv, relativ unterwürfig und bar aller gescheiten Ideen, die sich in die Praxis umsetzen ließen. Eingestreut in diese Inhalte sind unzählige Hinweise darauf, daß Amerika voll ist von interessanten und notwendigen Dingen, die man unbedingt kaufen

---

eher auf dem Wege der Argumentation angehen können, während einem Arbeiter weder die verbalen Möglichkeiten noch die situativen Chancen gegeben sind, einen Konflikt nicht-physisch auszutragen (vgl. SCHORB 1976).

sollte – eine Tätigkeit, der sich die Amerikaner nur allzu gern widmen" (Leifer 1975, S. 118).

1.2.4.4 Versuche, den Sozialisationsfaktor Fernsehen „positiv" zu nutzen

Die Annahme, Fernsehen beeinflusse negativ Einstellungen und evtl. auch Verhaltensweisen von Heranwachsenden, mußte auch zu der umgekehrten Überlegung führen, das Fernsehen sei zur Erzeugung ‚positiver' Einstellungen zu nutzen.
Mit der Kompensationseuphorie zu Beginn der siebziger Jahre wurden von den westdeutschen Fernsehanstalten Serien angekauft und selbst produziert. Die bekannteste dieser Serien, die sich auch 1980 noch im Programm der ARD findet, ist die aus den USA gekaufte, mit selbstproduzierten Spots angereicherte „Sesamstraße". Ihr wurden klare Bildungsaufgaben zugewiesen: „Die deutsche Version ‚Sesamstraße' (...) soll (...) dazu beitragen,

- durch ein allgemein zugängliches Angebot an Kinder im Vorschulalter deren Entwicklungs- und Bildungschancen zu verbessern,
- durch Anregungen vielfältiger Art umweltbedingte Lerndefizite auszugleichen" (Arbeitsgruppe Sesamstraße 1972, S. 3).

Hier wird das Fernsehen erstmals eindeutig als selbständiger Sozialisator definiert und entsprechend erwartet man sich in der BRD, wie zuvor bereits in den USA die entsprechenden Erfolge. Der Erfolg stellte sich auch ein, allerdings nicht so, wie erhofft. Sowohl die offizielle Untersuchung in den USA (Ball/Bogatz 1972) wie die in der BRD durchgeführte (Hans-Bredow-Institut o.J.) kommen zu dem Ergebnis, daß die Serie in erster Linie von der Mittel- und Oberschicht gesehen wird und – soweit gemessen – dort auch kognitive Lernerfolge hat. Wie weit die Serie den Bereich des gesellschaftlich-politischen Lernens überhaupt trifft, wurde lediglich negativ erhoben. Auf inhaltsanalytischem Weg wird an „Sesamstraße" kritisiert – und die Kritik läßt sich sicher für die sonstigen Vorschulserien entsprechend umformulieren –, daß sie darauf angelegt ist, „das Bild einer schönen, heilen und konfliktarmen Welt darzustellen. Konflikte, sofern sie sich nicht vermeiden lassen, sind dazu da, daß sie im Sinne einer Ideologie gelöst werden, hinter der der ‚american way of life' steht" (Wolf 1971, S. 327).

Die Ergebnisse der Versuche, Fernsehsendungen als Sozialisatoren insbesondere für Vorschulkinder einzusetzen, lassen sich dahingehend zusammenfassen, daß mit diesen Sendungen gerade nicht jene Schichten erreicht werden, bei denen man Sozialisationsdefizite festzustellen glaubt, daß sich diese Sendungen in ihrem ideologischen Gehalt nicht oder kaum vom Gesamtprogramm der Anstalten unterscheiden und daß keine Veränderungen, außer im kognitiven Bereich, durch die speziell gestalteten Serien bei den Adressaten festzustellen sind (vgl. auch Projektgruppe Kinderfernsehen 1975).
Die Ergebnisse der funktionalistischen Richtung der Erforschung der Sozialisation durch Massenmedien stehen, fragt man nach ihrer qualitativen Verwertbarkeit, disproportional zu ihrer Menge. Lediglich drei Aussagen – und auch diese sind weitgehend übergreifende Interpretationen –, geben grobe Hinweise auf die Sozialisationswirkung der Massenmedien – und hier eher für das Fernsehen als für die anderen Medien:

1. Quantitativ sind die Massenmedien ein gewichtiger Sozialisationsfaktor in dem Sinne, daß sie einen bedeutenden Teil der Freizeit des Heranwachsenden absorbieren.
2. Geht man davon aus, daß gerade der Heranwachsende an Modellen lernt, so kann angenommen werden, daß die Inhalte von medialen Produkten mit zur Wissens- und Bewußtseinsbildung beitragen.
3. Entscheidend für eine tatsächliche Sozialisationswirkung ist jedoch der Kontext der Sozialisationsinstanz Massenmedium mit anderen Instanzen wie Eltern, soziale Umwelt, peer group usf. Wissenssteigerung, und nur hierüber gibt es akzeptable Belege, werden am ehesten diejenigen erwerben, die auch sonst innerhalb ihrer Umwelt die größeren Chancen zum Bildungserwerb haben (vgl. Feilitzen 1975).

Die Ursachen dieser inhaltlichen Kargheit liegen in den Forschungsansätzen und den sich daraus ergebenden Handlungskonsequenzen. Wie bereits aufgezeigt, gehen die geschilderten Untersuchungen statisch, geschichtslos vor, d.h. sie erfassen nicht die von Menschen geschaffene und zu verändernde Realität, sondern den Status quo, den als Faktizität festzuschreiben sie gezwungen sind. Eine Praxis aber ohne Gestern und vor allem Morgen kann nur das unzulängliche Heute zu perpetuieren versuchen. Sozialisation als Prozeß agierender Individuen hat in dieser Vorstellung keinen Platz. Der zweite und für die pädagogischen Konsequenzen bedeutendere Faktor sind die sozialen Verhältnisse, die in Anlage und Konsequenz der Untersuchungen niedergelegt sind. Zur Erfassung des Status quo ist es notwendig, die zu Untersuchenden still zu halten, zu Objekten der Untersuchung zu machen. Weder der Fragebogen noch das Laborexperiment können mit lernenden, mitgestaltenden und sich entwickelnden Individuen zu konstatierbaren Ergebnissen kommen. Die Festlegung der Versuchspersonen auf reagierende Objekte hat zur Folge, daß die Ergebnisse solcher Untersuchungen von vornherein festliegen, denn die Reaktionsbreite ist fixiert, die Ergebnisse solcher Untersuchungen können dann auch nur in solchen pädagogischen Modellen Verwendung finden, in denen der ‚Educandus' gleichfalls als Reagierender gesehen wird, also zum einen in Modellen programmierter Unterweisung und zum anderen in den Bewahrmodellen, die vom unmündigen, vom zu formenden Kind ausgehen.

Ausgehend von diesen Hauptkritikpunkten ist auch die Frage nach der Relevanz der vorliegenden Forschungsansätze zu stellen. Kann etwas über die Sozialisationswirkung der Medien ausgesagt werden, wenn man weiß, wie viele Personen zu einer bestimmten Zeit ein bestimmtes Programm eingeschaltet haben? Kennt man die Wirkung von Gewaltdarstellungen, wenn man feststellt, daß frustrierte Kinder kurz nach einer ‚Gewaltsendung' aggressiv werden? Kann man Aussagen über die kognitive und affektive Beeinflussung durch die Medien machen, wenn man keine Informationen über Geschichte, Herkunft und Lebenszusammenhänge seiner Untersuchungspersonen hat, wenn man also punktuell einen einzigen Faktor aus dem Zusammenhang reißt und isoliert betrachtet?

Ausgehend von dem eingangs umrissenen Sozialisationsbegriff lassen sich die dargestellten Untersuchungen als Zusatzinformationen verwerten, als qualitative Aussagen über Zusammenhänge sind sie jedoch sicher unbrauchbar.

2 Die ‚reflexiv-kritische' Richtung

Anders als die ‚ethisch-moralische' und die ‚deskriptiv-empirische' begreift diese Richtung, als ‚kritische Medientheorie', ihren Erkenntnisgegenstand ‚Massenkommunikation und ihre Medien' eingebunden in gesellschaftliche Bedingungen. Im Zentrum der Erkenntnisbemühungen stehen nicht die Massenmedien allein, sondern ihre spezifischen Ausprägungsformen und Funktionsweisen unter Bedingungen kapitalistischer Gesellschaftsordnung: massenkommunikative Prozesse und die Medien ihrer Vermittlung werden begriffen als Bestandteil kapitalistischer Gesellschaftsordnung, deren historisch notwendige Folge sie zugleich sind.

Kritische Theorieansätze implizieren immer eine Transzendierung des gesellschaftlichen Status quo, den Entwurf einer anderen Gesellschaftsordnung und damit verbunden die Emanzipation der konkreten Subjekte. Kritische Medientheorie findet ihre Legitimation in der praktischen Relevanz ihrer theoretischen Erkenntnisse, d. h. ihr Bemühen richtet sich darauf, die theoretischen Erkenntnisse über massenkommunikative Prozesse und ihre Medien in gesellschaftspraktische Handlungskonsequenzen überzuführen.

Gewannen die der reflexiv-kritischen Richtung zuzuordnenden Ansätze auch erst in den letzten Jahren an Bedeutung, so gehen ihre theoretischen Bezugspunkte doch weiter zurück: Schriften von Brecht (1967), Benjamin (1977), der Kritischen Theorie, sind hier ebenso zu nennen wie Ausführungen von Filmtheoretikern wie Vertov (1973), Tretjakov (1972) und Krakauer (1964).

Einige dieser ‚Vorläufer' kritischer Medientheorie werden zunächst exemplarisch dargestellt. Die Darstellung ist nicht chronologisch, sondern versucht die Konstitution der zentralen Fragestellung der reflexiv-kritischen Richtung mittels zweier Argumentationsstränge nachzuvollziehen: die erste Argumentation – verdeutlicht anhand der Positionen von Brecht und Enzensberger – hebt auf den Handlungsaspekt bei der Auseinandersetzung mit Massenmedien ab, die zweite – verdeutlicht anhand der Positionen von Vertretern der Kritischen Theorie – betont eher den analytischen Aspekt.

Die Betonung der Kategorie ‚Handlung' hier und ‚Analyse' dort ist im Sinne von Schwerpunktsetzungen zu verstehen, nicht im Sinne von Ausschließlichkeit.

Beide Argumentationsstränge sind grundlegend für neuere Ansätze kritischer Medientheorie, wiewohl sie nicht ungebrochen übernommen wurden.
Gemeinsam ist darüber hinaus sowohl den ‚Vorläufern' kritischer Medientheorie wie auch ihren heutigen Vertretern die grundlegende Orientierung – wenn auch in unterschiedlichen Ausprägungen – an der marxistischen Theorie. Deshalb sollen zunächst im Rahmen eines Exkurses die zum Verständnis aller Ansätze – der ‚historischen' wie der neueren – relevanten Begrifflichkeiten auf der Grundlage der MARXschen Theorie herausgearbeitet werden[2]. Dies kann in dem hier vorgegebenen Rahmen nur paradigmatisch erfolgen und wird – in der notwendigen Dichte – nicht immer den argumentativen Ableitungen von MARX gerecht.

2.1 Exkurs: Zentrale Begrifflichkeiten der MARXschen Theorie zum Verständnis der reflexiv-kritischen Richtung

Alle im folgenden geschilderten Ansätze stützen sich auf eine Grundbestimmung der MARXschen Theoriebildung: die ‚*Dialektik zwischen Theorie und Praxis*' bzw. zwischen Analyse und Handeln, die sowohl historisch die Entwicklung dieser Ansätze selbst erklärt als auch ihren aktuellen Gegenstand umfaßt.
Wesentlich für das Verständnis dieser dialektischen Beziehung ist die Einsicht, daß jede Art von Erkenntnisgewinnung ihre Fragen aus der Praxis bezieht und mit ihren theoretischen Ergebnissen verändernd in diese Praxis eingreift. Das bedeutet umgekehrt, daß jegliche Praxis, vor allem auch gesellschaftliche Praxis, sowohl Produkt historisch menschlichen Handelns als auch dessen analytisch-theoretischer Aufarbeitung ist. Theorie (bzw. Analyse) und Praxis (bzw. Handeln) bedingen und verändern sich demnach wechselseitig und sind ineinander verwoben. Praktische Relevanz besitzt jene Theorie, die den handelnden Subjekten Kriterien zur Verfügung stellt, die es ihnen ermöglichen, ihre gegebene Praxis – von richtiger Theorie geleitet – zu verändern.
Als entscheidender Teil gesellschaftlicher Praxis gilt im Rahmen der MARXschen Theorie die Art und Weise der Produktion, entscheidend deswegen, weil sie die gesamte Lebensweise einer Gesellschaft bestimmt. Damit ist vor allem die Annahme verknüpft, daß jede historische Produktionsweise mit besonderen menschlichen Verkehrsformen korrespondiert, also mit einer bestimmten Art zu kommunizieren, die Produkte zu verteilen usw. (Beispielsweise setzt die Verkehrsform des Tausches eine gewisse Stufe der Arbeitsteilung in der Produktion voraus; das ursprünglich gemeinschaftliche Lebensmittelprodukt einer Stammesgesellschaft hingegen wurde durch Konzentration aller Kräfte auf einen gemeinsamen Arbeitsprozeß erwirtschaftet und ebenso gemeinschaftlich verzehrt, d.h. auch die Kommunikation beschränkte sich zunächst auf die Koordination der Arbeitskräfte und mußte erst später Formen entwickeln, die für die Organisation des Austauschs notwendig waren).
MARX kam in seiner Theorie zu dem Ergebnis, daß diese ‚gesellschaftlichen Verhältnisse' auch darüber entscheiden, welches Bewußtsein die gesellschaftlichen Subjekte über ihre Daseinsform entwickeln, in welcher Rechtsform sie ihre vorfindbaren Verkehrsformen legitimieren und stabilisieren, kurz – die ‚gesellschaftlichen Verhältnisse' bilden die ‚Basis', die zu ihrem ‚Überbau' in ähnlich dialektischer Beziehung steht wie die Praxis zur Theorie. Auf der ‚*Dialektik zwischen Basis und Überbau*' gründet die Vorstellung, daß sich jede Gesellschaft mit einer bestimmten Ideologie konstituiert, die sich aus der materiellen Existenzweise der Gesellschaft heraus entwickelt, aber auf diese wiederum zurückwirkt und ihre Entwicklung beeinflußt. (Beispielsweise entwickelte sich mit der Bildung von Privateigentum auch die Ideologie der Eigentumsverhältnisse, die sich in der Entwicklung der gesetzlichen Rechtsprechung und des Staats verfestigten; beispielsweise zeigte sich in der Ablösung des Feudalismus, mit der Ideologie der gottgegebenen Ordnung von ‚oben und unten', durch den Kapitalismus die Notwendigkeit, die Leibeigenschaft der Bauern durch die Mobilität des Proletariats, mit der Ideologie von ‚Freiheit und Gleichheit', zu ersetzen.)

2 Zwar konnte MARX sich im 19. Jahrhundert nur mit dem Massenmedium Presse auseinandersetzen, seine Gesellschaftstheorie, die Erklärung der Bewegungsgesetze des Kapitalismus, enthält jedoch Bestimmungen, die heute noch ebenso gültig sind, da die Gesellschaftsformation sich bis dato nicht geändert hat. Ergo können diese Bestimmungen auch auf die Phänomene der modernen technischen Massenmedien transformiert werden.
Dieser auf Begriffe bezogene Kurzabriß ersetzt nicht die Lektüre der Werke von MARX und ENGELS (vgl. MEW, 1956ff.); für Hilfen bei der Formulierung der folgenden Teile bedanken wir uns bei Lo Deufel.

Die Konsequenzen dieser Beziehung können – wie schon die Dialektik zwischen Theorie und Praxis – an dieser Stelle nicht umfassend diskutiert werden; entscheidend für das Verständnis der folgenden Ansätze ist jedoch das Wissen um die Problematik der Gewichtung des Verhältnisses zwischen Basis und Überbau: Alle die im folgenden zu schildendern Ansätze rekurrieren auf die Theorie von MARX, messen jedoch mal der einen, mal der anderen Seite dieser dialektischen Einheit größere Bedeutung zu und verabsolutieren somit unter Umständen jeweils einen besonderen Aspekt.

Um den Zusammenhang zwischen Produktionsweise und Bewußtsein im Kapitalismus, der hier und heute herrschenden Form gesellschaftlicher Verhältnisse, verständlich zu machen, muß noch eine weitere Unterscheidung, nämlich die zwischen *Erscheinung und Wesen*, erläutert werden: MARX geht in seiner Theorie davon aus, daß ‚an der Oberfläche' der Gesellschaft nur Erscheinungen wahrgenommen werden, die das Wesen der gesellschaftlichen Entwicklung nicht erklären können. Die historische Entwicklung der Gesellschaft vollzieht sich daher ‚hinter dem Rücken' der gesellschaftlichen Subjekte, die erst auf einer bestimmten Entwicklungsstufe in der Lage sind, die historischen Bewegungsgesetze zu analysieren.

Die historisch wirkliche und zur Erklärung des Status quo geeignete Entwicklung ist aus der Analyse zweier Eigenschaften abzuleiten, die in ein und demselben Gegenstand, der Ware, liegen: Sie vereinigt in sich *Gebrauchswert und Tauschwert*, Gebrauchswert für den Konsumenten, der die Ware erwirbt, damit sie ihm Nutzen bringe, Tauschwert für den Verkäufer, der sie entäußert, um ihren Wert auf dem Markt zu realisieren. Ihr Wert bildet sich durch Verausgabung menschlicher Arbeitskraft in einer bestimmten – jeweils gesellschaftlich durchschnittlich notwendigen – Arbeitszeit. Auf der kapitalistischen Stufe der Warenproduktion wird die Arbeitskraft selbst zur Ware, wenngleich ihr Wert nicht identisch ist mit ihrer wertbildenden Kraft, dem Gebrauchswert der Ware Arbeitskraft. Die Diskrepanz zwischen dem Wert der Arbeitskraft und ihrer Wertschöpfung – der Mehrwert – ermöglicht Wertakkumulation und Konzentration des gesellschaftlichen Reichtums auf der Seite der Eigentümer von Produktionsmitteln, während auf der anderen Seite der Arbeiter von seinem Produkt entfremdet wird. Die Konzentration der Produktionsmittel in den Händen einer gesellschaftlichen Minderheit und der daraus abgeleitete Herrschaftsanspruch des Kapitals basiert also auf der Ausbeutung menschlicher Arbeitskraft, d.h. der privaten Aneignung von gemeinschaftlich produzierten Werten. Die ‚Verwertung' des auf dem Markt realisierten Mehrwerts entwickelt sich zur treibenden Kraft der Produktion auf immer höherer Stufe und entscheidet über Sinn und Zweck der Produktion. Die Nützlichkeit des Produkts, sein Gebrauchswert, der ursprünglich die Motivation jeder produktiven Tätigkeit schuf, gerät darüber nahezu in Vergessenheit. Somit dominiert die Tauschwerteigenschaft der Ware in einem Maße, daß ihr Gebrauchswert nur noch zukommt, soweit ihr Wert sich auf dem Markt realisiert und somit der darin enthaltende Mehrwert sich erneut verwerten läßt. Diese ‚Verdrehung' reproduziert sich im Bewußtsein der Produzenten: In der Erscheinungsform äußert sich die Realisation des Mehrwerts als ‚Gewinn', den der Warenbesitzer aus der Zirkulation der Waren erzielt. Die Zirkulationssphäre verschleiert, daß sich hinter dem Tauschwert der Waren abstrakt menschliche Arbeit verbirgt, die in lebendiger Kooperation der Produzenten den Wert erst bildet, der als vergegenständlichte (tote) Arbeit später auf dem Markt erscheint. Auf dem Markt verkehren die gesellschaftlichen Subjekte vermittelt über den Tausch – scheinbar sind es also die Waren, die zueinander in Beziehung treten, und der Verkehr zwischen Menschen stellt sich dar als Verkehr zwischen Sachen, der sich des Menschen nur als Werkzeug bedient. Daher ist den gesellschaftlichen Produzenten weder bewußt, daß sie in gemeinschaftlichem Arbeitsprozeß diese Waren produzieren, ehe sie als Angebot auf dem Markt erscheinen, noch daß sie damit die gesellschaftlichen Verhältnisse stets reproduzieren, die einerseits die private Aneignung ihres gemeinsam geschaffenen Produkts ermöglichen und die sie andererseits zwingen, ihre Arbeitskraft als Ware zu verkaufen.

Die ‚Verdrehungen' im Bewußtsein der Produzenten, ihre Entfremdung vom Produktionsprozeß und seinen Produkten, lassen in Vergessenheit geraten, daß diese Form der Produktion die Gesellschaft konstituiert, in der die politische Herrschaft des Kapitals gegen das objektive Interesse der arbeitenden Klasse durchgesetzt wird: Objektiv ist die Klasse, die an der Verwertung des Kapitals keinen Anteil hat, ausschließlich am Gebrauchswert und an einer Verteilung der Produkte interessiert, die den Bedürfnissen der gesellschaftlichen Subjekte gerecht wird. Die Erkenntnis dieser objektiven Interessen und die Analyse der Verhältnisse, die sie produzieren, ist allerdings ein langwieriger Prozeß, der die ‚ideelle Reproduktion' der Wirklichkeit, also die reine ‚Widerspiegelung' der Verhältnisse in einem ‚verkehrten Bewußtsein' durchbrechen muß. Dieser Erkenntnisprozeß ist angelegt in Widersprüchen, die gleichfalls unter den Bedingungen der Warenproduktion entstehen, der aber durch ideologische Mittel der Herrschaftssicherung noch zusätzlich blockiert wird.

Produziert die Basis der Warenproduktion allein schon ein gesellschaftliches Bewußtsein, mit dem die Konstitutionsverhältnisse dieser Gesellschaft undurchschaubar bleiben, so sind durch die Entwicklung neuerer Kommunikationstechnologien im Überbau weitere Möglichkeiten gegeben, die Verdrehungen im Bewußtsein zu verdoppeln: Die Formen der industriellen Massenkommunikation verhindern, daß die Produzenten der Gesellschaft ihr Interesse formulieren, d.h. sie fördern die Produktion eines Bewußtseins, das ein Bewußtsein von Entfremdung gar nicht mehr aufkommen läßt. Die kapitalistische Ideologie sichert sich somit ihre Verankerung im Bewußtsein der gesellschaftlichen Subjekte – das herrschende Bewußtsein in der Gesellschaft entspricht dem Bewußtsein der Herrschenden.

Sowohl bei historischen als auch bei aktuellen Ansätzen ist ein jeweils unterschiedlicher Bezug auf die MARXsche Gesellschaftstheorie verwirklicht. Häufig entnehmen die einzelnen Ansätze nur Bruchstücke dieser Theorie und werden ‚falsch', weswegen wir uns auch jeweils unterschiedlich den Ansätzen zur Bestimmung der Sozialisationsbedeutung von Massenmedien zuordnen. Für uns ist jedoch eine der wichtigsten Zuordnungs- respektive Distanzierungsbestimmungen die Art und Weise, in der analytische Erklärungen handlungsrelevant für die gesellschaftlichen Subjekte werden.

2.2 *Historische Ansätze*

2.2.1 Handlung als zentrale Kategorie bei der Auseinandersetzung mit Massenmedien

Eine pointierte und noch heute aktuelle Position gegenüber den Massenmedien bezog BRECHT bereits 1932: „Der Rundfunk ist aus einem Distributionsapparat in einen Kommunikationsapparat zu verwandeln. Der Rundfunk wäre der denkbar großartigste Kommunikationsapparat des öffentlichen Lebens, ein ungeheures Kanalsystem, das heißt, er wäre es, wenn er es verstünde, nicht nur auszusenden, sondern auch zu empfangen, also den Zuhörer nicht nur hören, sondern auch sprechen zu machen und ihn nicht zu isolieren, sondern ihn in Beziehung zu setzen" (BRECHT 1967, S. 129). BRECHT bezeichnet seine Forderung, die technischen Möglichkeiten des neuen Mediums Rundfunk dazu zu nutzen, aus Rezipienten Produzenten zu machen, selbst als utopisch, aber: utopisch nur in der existenten Gesellschaftsordnung. In dem folgenden Zitat findet die Notwendigkeit einer Verbindung von einer kritischen Theorie der Massenmedien und einer Gesellschaftstheorie einen deutlichen Ausdruck: „*Durch immer fortgesetzte, nie aufhörende Vorschläge zur besseren Verwendung der Apparate im Interesse der Allgemeinheit* haben wir die gesellschaftliche Basis dieser Apparate zu erschüttern, ihre Verwendung im Interesse der wenigen zu diskutieren. Undurchführbar in dieser Gesellschaftsordnung, durchführbar in einer anderen, dienen die Vorschläge, welche doch nur eine natürliche Konsequenz der technischen Entwicklung bilden, der Propagierung und Formung dieser *anderen* Ordnung" (a.a.O., S. 133f.).

Eine Aktualisierung erfuhr BRECHTS ‚Radiotheorie' in der Zeit der Studentenbewegung durch ENZENSBERGER. Ausgehend von der Einsicht, daß die Forderungen nach politischer Veränderung nicht an den Massenmedien vorbeigehen könne, formulierte ENZENSBERGER in seinem ‚Baukasten zu einer Theorie der Medien' (1970) erstmals systematische Überlegungen zur Verwendbarkeit, Nutzbarkeit und Manipulierbarkeit der Massenmedien. Mehr noch als BRECHT vertraut er auf die Kraft der den neuen Medien immanenten technischen Möglichkeiten: „Der Gegensatz zwischen Produzenten und Konsumenten ist den elektronischen Medien nicht inhärent; er muß vielmehr durch ökonomische und administrative Vorkehrungen künstlich behauptet werden" (a.a.O., S. 167). Er fordert die kollektive Nutzung der Medien, um sie zu politischen und gesellschaftlich relevanten Instrumenten im Interesse der Produzenten zu machen. „Jede Produktion, die sich die Interessen der Produzenten zum Gegenstand macht, setzt eine kollektive Produktionsweise voraus. Sie ist selbst bereits eine Form der Selbstorganisation gesellschaftlicher Bedürfnisse" (a.a.O., S. 170). Praktische Relevanz können solche Forderungen aber auch nach ENZENSBERGER erst in einer anderen Gesellschaftsordnung gewinnen, da sie ihre Voraussetzung in der Sozialisierung der Produktionsmittel und der Selbstorganisation der Betroffenen haben.

2.2.2 Analyse als zentrale Kategorie bei der Auseinandersetzung mit Massenmedien

Betonen BRECHT und ENZENSBERGER vor allem die Notwendigkeit aktiven Handelns im Umgang mit Massenmedien, so steht im Zentrum der Kritischen Theorie die Betonung des analytischen Aspektes in der Auseinandersetzung mit Massenmedien in Zusammenhang mit der Kategorie der ‚Aufklärung'.
Bedeutsam für den Problembereich Massenmedien ist vor allem HORKHEIMER/ADORNOS ‚Dialektik der Aufklärung' (1969), insbesondere die Überlegungen im ‚Kulturindustrie-Kapitel'. Behauptet wird hier der Zusammenbruch jeglicher Beziehung zwischen Erfahrung und Kommunikation im Spätkapitalismus, was zugleich bedeutet, daß Massenmedien nicht mehr authentische Ausdrucksmöglichkeiten vermitteln können. Als Möglichkeit zum Aufbrechen dieses Zustandes, zur Aufklärung, wird permanentes Hinweisen auf die eigentlichen, unmittelbaren Interessen und Bedürfnisse der Menschen gesehen, die zwar existent, deren Artikulation aber u.a. durch Mechanismen der Kulturindustrie blockiert sei. „Soviel ist richtig daran, daß die Gewalt der Kulturindustrie in ihrer Einheit mit dem erzeugten Bedürfnis liegt, nicht im einfachen Gegensatz zu ihm, wäre es selbst auch der von Allmacht und Ohnmacht. – Amusement ist die Verlängerung der Arbeit unterm Spätkapitalismus. Es wird von dem gesucht, der dem mechanisierten Arbeitsprozeß ausweichen will, um ihm von neuem gewachsen zu sein. Zugleich aber hat die Mechanisierung solche Macht über den Freizeitler und sein Glück, sie bestimmt so gründlich die Fabrikation der Amüsierwaren, daß er nichts anderes mehr erfahren kann als die Nachbilder des Arbeitsvorgangs selbst" (a.a.O., S. 123). Angedeutet – wenn auch nicht systematisch analysiert und nachgewiesen – werden von HORKHEIMER/ADORNO hier Aspekte wie: Blockierungsmechanismen massenmedialer Kommunikation in bezug auf ‚authentische Ausdrucksmöglichkeiten', die Regenerationsfunktion massenmedialen Konsums für den Arbeitsprozeß, die Scheinbefriedigung von Bedürfnissen durch massenmedialen Konsum und ansatzweise der Warencharakter von Kultur also auch medialer Produkte, sowie der manipulative Charakter von massenmedialen Inhalten.
Unter den Vertretern der Kritischen Theorie ist HABERMAS der einzige, der sich systematisch mit einem Problem der Massenkommunikation auseinandersetzt. In ‚Strukturwandel der Öffentlichkeit' (1962) leistet er die Analyse eines für die Auseinandersetzung mit Massenmedien zentralen Begriffs, den der ‚Öffentlichkeit'. Die historische Rekonstruktion der Kategorie ‚Öffentlichkeit' in Verbindung mit einer Strukturanalyse gesamtgesellschaftlicher Bedingungen führt ihn zu dem Schluß, daß Öffentlichkeit im Spätkapitalismus ihre handlungslegitimatorische Macht mehr und mehr verliere. Der Begriff Öffentlichkeit hatte für das Bürgertum noch eine inhaltliche Funktion im Kampf um bürgerliche Rechte. Mit dem Sieg des Bürgertums über die Monarchie setzt diese Klasse ihren Begriff der Öffentlichkeit allgemein. D.h. als ‚öffentlich' gilt nur, was von dieser Klasse ‚veröffentlicht' wird. Damit wird Öffentlichkeit zum politischen Herrschaftsinstrument, und die Mehrheit der Bevölkerung wird von dieser Öffentlichkeit ausgeschlossen.

2.3 *Aktuelle Ansätze*

Wiewohl die der reflexiv-kritischen Richtung zuordenbaren aktuellen Ansätze auf diese beiden Argumentationsstränge rekurrieren, finden sich Unterschiede in inhaltlichen Schwerpunktsetzungen und Intentionen, die Differenzierungen gebieten. In Anlehnung an DRÖGE/GÖBBEL (1978) wird deshalb in drei Ansätze unterschieden, wobei eine klare Zuordnung der Vertreter nicht immer möglich ist, da häufig einzelne Bestandteile der Ansätze kombiniert verwendet werden[3].
Die im folgenden referierten aktuellen Ansätze kennzeichnen in etwa das Spektrum der Diskussion, geben aber nicht die Position von uns wieder. Wir ordnen uns lediglich – allerdings in differenzierter Form – dem zuletzt darzustellenden Ansatz NEGT/KLUGES zu.

3 Neben der hier gewählten Unterteilung finden sich in der einschlägigen Literatur einige andere, wie z.B. HÜLSWEDE (1974), BÖCKELMANN (1975) oder VAN ELST (1978).

2.3.1 Die inhaltsanalytische Ideologiekritik massenmedialer Produkte

Gegenstand der Erkenntnisbemühungen dieses Ansatzes sind die Inhalte massenmedialer Produkte. Über deren sprachliche und semiotische Analyse – vor allem über die Analyse des Ideologiegehalts massenmedialer Aussagen – soll der Herrschafts- und Verschleierungscharakter der Massenmedien aufgedeckt werden. Dieser Ansatz hat mittlerweile Eingang in die verschiedensten Bereiche, vor allem in den schulischen gefunden.

Eine Weiterung dieses Ansatzes sind KNILLIS semiotische Inhaltsanalysen (1971): massenmediale Produkte werden unter Zuhilfenahme zeichentheoretischer Elemente analysiert, d.h. nicht nur die inhaltliche Aussage für sich, sondern auch deren filmische Gestaltung wird in die Analyse einbezogen.

Auch die verschiedenen Versuche, den manipulativen Charakter massenmedialer Aussagen nachzuweisen, gehören dieser Richtung an. Den hier wohl umfassendsten Ansatz vertreten DAHLMÜLLER u.a. (1973), der davon ausgeht, daß Massenkommunikation gezielte Einflußnahme auf das Bewußtsein der Rezipienten beabsichtige und auch bewirke.

„In der Klassengesellschaft begnügen sich die Herrschenden im Zeitalter der Massenkommunikation nicht damit, die abhängigen Klassen auszubeuten. Hinzu tritt die gezielte Einflußnahme auf deren Bewußtsein" (DAHLMÜLLER u.a. 1973, S. 22). Die aus dieser gezielten Einflußnahme resultierende ‚mentale Verelendung', in der die ‚spezifische Funktion des Fernsehens im Spätkapitalismus' gesehen wird, kann nur begriffen werden aus dem „Zusammenhang der Prozesse der gesellschaftlichen Produktion, Sozialisation und Kommunikation" (a.a.O., S. 22). Eine Kritik der Medien hat diesen Zusammenhang zum Zentrum der Analyse zu machen.

Diese Ansätze gestehen Massenmedien sozialisationsrelevante Effekte zu, indem sie die direkte Wirkung massenmedialer Inhalte auf das Bewußtsein der Rezipienten behaupten. Massenmedien tragen zur Stabilisierung des kapitalistischen Systems bei, indem sie kapitalistische Ideologie transportieren und in den Köpfen der Individuen verfestigen. Wesentlicher Bestandteil für das Funktionieren dieses Ideologietransports ist dabei die den Massenmedien – vor allem den audiovisuellen – gesellschaftlich indoktrinierte und folglich von den Rezipienten auch zugeschriebene Qualität der ‚Objektivität': dem, was man sehen und hören kann, wird ein relativ hoher Wahrheitsgehalt zugemessen.

Die manipulative Wirkung massenmedialer Aussagen wird jedoch nicht den Massenmedien allein angelastet, sie sei nur deshalb möglich, weil die Aussagen auf Voraussetzungen treffen, die ihre Wirkung garantieren, auf eingeschliffene gesellschaftliche Bedingungen und Mechanismen: z.B. durch entfremdete Arbeitsprozesse oder tradierte Wert- und Erziehungsnormen gefestigte Erfahrungskonstellationen der Individuen, in die sich die durch massenmediale Kommunikate vermittelten Erfahrungen nahezu bruchlos einfügen.

Diesen Sozialisationseffekten der Massenmedien könne entgegengewirkt werden, indem die Manipulationsmechanismen der Medien aufgedeckt (Ideologiekritik), die spezifische Sprache der Medien entschlüsselt (Inhaltsanalyse) und somit die transportierte Ideologie hinterfragbar gemacht werden.

2.3.2 Die politische Ökonomie der Massenmedien

Gegenstand dieses Ansatzes sind die Institutionen massenkommunikativer Prozesse und ihre Produkte, deren Warencharakter nachgewiesen werden soll. Medien werden dabei in zweierlei Hinsicht als ‚Ware' untersucht: Das Gerät (hard-ware) sei Produkt eines arbeitsteilig vonstatten gehenden gesellschaftlichen Produktionsvorgangs; beim Inhalt der Massenkommunikation (soft-ware) müsse auch der materielle Träger des Inhalts (Filmrolle, Kassette) untersucht werden (BÄCHLIN 1975). Gegenüber dem vermittelten Inhalt jedoch sei eine Reduktion auf den Warencharakter problematisch, weil ihm nicht unmittelbar Tauschwert zukäme. Beim Inhalt der Massenkommunikation gebe es zwar Gebrauchswertansprüche (z.B. Unterhaltung als ein derartiger Anspruch), die Einlösung dieses Anspruchs bestünde jedoch weitgehend aus einer gesteigerten Reproduktionsfähigkeit der Ware Arbeitskraft.

Allerdings unterliege die Herstellung des Produkts (der Form- wie auch der Inhaltsseite nach) den gleichen Bedingungen wie die Herstellung anderer Waren im Kapitalismus: es wird arbeitsteilig produziert und das Produkt ist den Händen der Produzenten bei der Aneignung entzogen.

Darüber hinaus versucht dieser Ansatz – unter Bezugnahme auf ideologiekritische Hypothesen – die prinzipielle Abhängigkeit massenkommunikativer Prozesse von den Rahmenbedingungen kapitalistischer Produktion nachzuweisen. Massenmedien werden begriffen als eine Besonderung kapitalistischer Produktion, die Produktion des geistigen Verkehrs einer ‚Gesellschaft'. Der Funktionszusammenhang von Medien wird in der ökonomischen und politischen Reproduktion des gegebenen Systems bestimmt. Aufgebrochen werden soll dieser Funktionszusammenhang über die Herstellung bzw. Einlösung garantierter Rechte, d.h. ausgegangen wird letztlich vom Status quo, dessen Verbesserung (sprich: Demokratisierung) angestrebt ist.

Dieser Richtung zugeordnet werden können Prokop (1972, 1973), Bächlin (1975), mit früheren Schriften auch Dröge (1972), vor allem aber Holzer (1974).

Holzer legt seiner Erklärung der Massenmedien zwei Argumentationsstränge zugrunde: zum ersten bestimmt er die ökonomische, zum zweiten die ideologische Bedeutung des Fernsehens für die Aufrechterhaltung des kapitalistischen Systems.

Als „eine wichtige Absatzsphäre großer Einzelkapitale" unterscheidet sich der Fernsehsektor kaum von anderen Bereichen der industriellen Produktion. Es liegt auf der Hand, daß beispielsweise die Elektroindustrie mit der Herstellung von Kabeln, Fernsehgeräten etc. einen großen Teil ihres gesamten Warenangebots bestreitet. Die ökonomische Bedeutung des Fernsehens sieht Holzer vor allem in seiner Werbefunktion. Damit – so Holzer – sichert es den „Prozeß der kapitalistischen Warenzirkulation". Auf dieser Ebene reproduziert das Fernsehen das System der kapitalistischen Konkurrenz.

In seiner ideologischen Bedeutung hingegen erfüllt es eine Funktion des Staats, dem als ‚ideeller Gesamtkapitalist' die Aufgabe zukommt, unabhängig von spezifischen Interessen der Einzelkapitale, das Gesamtinteresse des Kapitals an dem Fortbestand des kapitalistischen Systems durchzusetzen. Unter dieses Interesse subsumiert sich u.a. die ‚Loyalität der Staatsbürger', also das Einverständnis der Individuen mit den bestehenden gesellschaftlichen Verhältnissen. Um dieses Einverständnis zu erzeugen bzw. zu erhalten, muß das allgemeine Interesse des Kapitals als Allgemeininteresse der gesamten Gesellschaft erscheinen. Diesen Schein von Klassen-Neutralität habe der Staat – so Holzer – in der Rechtsform des Fernsehens als ‚öffentlich-rechtliche' Anstalt propagiert. Innerhalb dieser Rechtskonstruktion („öffentlich-rechtlich") zeige sich jedoch sehr deutlich die Nichtverwirklichung der Integrationsbedeutung, gerade weil die produzierende Klasse in den Kontrollgremien der Rundfunk-Anstalten weitgehend ausgeschlossen sei; auch von dieser Seite her gesehen läßt sich nach Holzer auf eine kapitalistische Bindung der Fernsehkommunikation hindeuten.

„Gerade die politisch-organisatorische Qualität der westdeutschen Fernsehkommunikation macht deren *politökonomisches Signum* deutlich: deren scheinhafte ‚Kompromißstruktur' (Dröge 1972), die (...) scheinbar klassenneutral ist, faktisch aber als *herrschaftliche Agentur* einzel- und gesamtkapitalistischer Interessen fungiert. Der strukturelle Bezug der Fernsehkommunikation als öffentlich-rechtliche Organisation auf den Funktionskreis system- und sozialintegrativer, d.h. *kapitalkonformer Staatstätigkeit* und die darin eingeschlossene Bestimmtheit jener Organisation durch ihre *ökonomische Funktion* in der Sphäre der Warenzirkulation drängen das Medium ‚Fernsehen' offensichtlich dahin: a) die Prinzipien fortgeschritten kapitalistischer Produktions- und Machtverhältnisse zu propagieren; b) in die diesen Verhältnissen entsprechenden Anforderungen einzuüben; c) die Konsumbereitschaft der Publikumsmassen zu provozieren und funktionalisieren" (a.a.O., S. 114).

Diese Funktionsbestimmung von Massenkommunikation als notwendige Folge kapitalistisch organisierter Gesellschaft ist nach Holzer im gegebenen Gesellschaftssystem nur zu verändern durch eine Demokratisierung der Institutionen der Massenkommunikation, worunter er offensichtlich in erster Linie eine erweiterte Mitbestimmung der an den Anstalten Beschäftigten und eine adäquate Vertretung der Zuschauer und ihrer Interessen in den relevanten Gremien sieht.

Auch von diesem Ansatz werden Massenmedien als Sozialisationsinstanzen begriffen, deren wesentliche Funktion es ist, einen Beitrag zur Reproduktion der Ware Arbeitskraft zu leisten und deren Produkten Einfluß auf die Bewußtseinskonstitution der Rezipienten zugesprochen wird. Dieser Einfluß der Massenmedien wird dabei rückgeführt im besonderen auf gesellschaftlich produzierte Kompensationsbedürfnisse der Rezipienten und im allgemeinen auf die Verfaßtheit der Institutionen der Massenkommunikation selbst, die als Agenturen des Kapitalismus in die zum Funktionieren dieser Gesellschaftsordnung notwendigen Qualifikationen einzuüben haben. In diesem Ansatz werden sozialisatorische Wirkungen von Massenmedien nur im Zusammenhang mit anderen gesellschaftlich relevanten Sozialisationsinstanzen angenommen. Entgegenzuwirken sei diesen Sozialisationseffekten durch das Aufdecken des ideologischen Gehalts massenmedialer Inhalte und der kapitalistischen Verfaßtheit massenmedialer Institutionen und ihrer politischen und ökonomischen Verflechtungen und Abhängigkeiten. Diese Tatbestände werden dem gesellschaftspolitischen Auftrag und dem gesetzlich geregelten Status der Massenmedien gegenübergestellt, um so die Diskrepanz zu erkennen und zu benennen. Die Aufhebung dieser Diskrepanz, d. h. die Einlösung des gesellschaftspolitischen Anspruchs der Massenmedien ist das Ziel, das durch Befähigung zu adäquater Einflußnahme der Rezipienten erreicht werden soll.

2.3.3 Die handlungstheoretisch orientierten Ansätze

Im Unterschied zu den beiden bisher beschriebenen Richtungen, in denen der Rezipient nur in seiner Beeinflußbarkeit berücksichtigt wird, gehen diese Ansätze vom Rezipienten mit seinen realen Erfahrungen und Bedürfnissen aus. Ihre Erkenntnisperspektive läßt sich weniger als eine medientheoretische im engeren Sinne bestimmen denn vielmehr als eine gesellschaftstheoretische. Ansatzpunkt ihrer Erkenntnisbemühungen sind die realen gesellschaftlichen Erfahrungen der Rezipienten mit den Widersprüchen zwischen den divergierenden Interessen von Kapital und Arbeit. Dabei wird davon ausgegangen, daß die öffentlichen Massenmedien als Organ bürgerlicher Öffentlichkeit die Interessen von Arbeit qua ihrer Funktion nicht vertreten können und daß die Mechanismen öffentlicher Massenkommunikation zu einer Blockierung des Bewußtseins beitragen, die die Artikulation authentischer Erfahrung verhindere.

Bei Negt/Kluge wird hierbei der Begriff der ‚Blockierung des Bewußtseins' im – um massenmediale Phänomene erweiterten – Marxschen Sinne verstanden: zum einen ist also das durch die kapitalistische Vergesellschaftung geprägte Bewußtsein ‚entfremdet' und in dieser Entfremdung ist der ‚geistige Verkehr dieser Gesellschaft' begründet, zum andern besteht die Aufgabe der Massenkommunikation (und ihrer Inhalte) darin, das Bewußtsein von Entfremdung gar nicht mehr aufkommen zu lassen. Um diese doppelte Blockierung aufzuheben, bedarf es ‚authentischer Erfahrung', einer Erfahrung als eine Vermittlungsinstanz, ohne die kein Klassen*bewußtsein* und kein *Klassen*bewußtsein entsteht; sie ist „vielmehr eine *spezifische Produktionsform der Verarbeitung von Realität* und der *aktiven* Reaktion auf diese Realität – sie (ist) nicht mehr bloß individuell, obwohl natürlich klar ist, daß Erfahrungen und Lernen durch die Köpfe von einzelnen Menschen hindurch muß. Sie (ist) in gewisser Weise kollektive(s) Moment (.) einer durch Begriffe und Sprache vermittelten Auseinandersetzung mit der Realität, mit der Gesellschaft" (Negt o. J., S. 2).

Ziel dieser Ansätze ist Bewußtseinsbildung mit an den objektiven Interessen des Proletariats[4] ausgerichteter gesellschaftsverändernder Praxis. In bezug auf Medien wird gefordert, sie zur Herstellung proletarischer Öffentlichkeit zu nutzen: Aus den Rezipienten sollen kompetente Produzenten werden.

Diesem Ansatz, der vor allem auf Forderungen Brechts und Enzensbergers rekurriert, können – inhaltlich, aber nicht begrifflich – zugerechnet werden: Prokop (1974), Dröge u.a. (1979) und vor allem Negt/Kluge (1973).

Die zentrale Fragestellung Negt/Kluges richtet sich auf die Untersuchung der konkreten Bewegungsformen von gesellschaftlichen Erfahrungs- und Lernprozessen. Sie gehen aus von der Dialektik bürgerlicher und proletarischer Öffentlichkeit: die herrschende bürgerliche Öffentlichkeit ermöglicht großen Teilen der Bevölkerung nicht, ihre Interessen und Erfahrungen einzubringen. Ihr Gegengewicht ist proletarische Öffentlichkeit, die zwar real-aktuell nicht existiert, aber aus historischen Konfliktsituationen rekonstruierbar sei und zu deren Herstellung u. a. auch Medientheorie beizutragen habe. Proletarische Öffentlichkeit „bezeichnet (...) den jeweiligen Stand der Emanzipation der Arbeiterklasse; sie hat so viele Gesichter, wie es Reifegrade der proletarischen Entwicklung gibt" (1973, S. 66). Proletarische Öffentlichkeit ist jedoch im gegebenen Gesellschaftssystem

4 Der Begriff Proletariat wird von Negt/Kluge nicht nur in historischem, sondern auch in analytischem Sinn gebraucht.

nicht bruchlos erreichbar, da ihre Herstellung die Überwindung des durch Massenmedien unterstützten Blockierungszusammenhangs individuellen wie kollektiven Bewußtseins zur Voraussetzung hat.

Eine auch in dieser Gesellschaft erreichbare Vorform proletarischer Öffentlichkeit ist die ‚Gegenöffentlichkeit', die zwar nicht den Gesamtzusammenhang proletarischer Öffentlichkeit umfaßt, aber von proletarischen Interessen ausgeht. Gegenöffentlichkeit konstituiert sich über die Herstellung alternativer – die herrschenden massenmedialen Produkte kritisierende – medialer Produkte, in denen die Interessen der abhängigen Klassen vertreten werden. „Produktion, die in dem Maße in sich selbst abhängig ist wie das Fernsehen, läßt sich nur durch andersgeartete Produktionen kritisieren. Dies gilt für die Selbstkritik und Mitbestimmung der Fernsehmitarbeiter, für die Einbeziehung von Basisinteressen der Zuschauer ebenso wie für den wirksamen Ausdruck der Kritik von außen. Sie alle können nur für die Strukturveränderung des Fernsehens folgenreich werden, wenn sie sich in einer alternativen Sendemasse und neuen Organisationsformen des Fernsehens vergegenständlichen" (a.a.O., S. 220f.).

Mit der Forderung nach Herstellung proletarischer Öffentlichkeit bzw. ihrer Vorform Gegenöffentlichkeit, die das kompetente Produzieren durch bislang nur passive Konsumenten beinhaltet, geht es letztlich um die Erweiterung des Bereichs unmittelbarer Erfahrung, um die Befähigung zu deren Herstellung als auch zu deren Artikulation. In dieser Erfahrungserweiterung wird die notwendige Voraussetzung jeglicher wirklichen gesellschaftlichen Veränderung gesehen. „Damit proletarische Öffentlichkeit – oder Gegenöffentlichkeit als Vorform proletarischer Öffentlichkeit – entstehen kann, müssen drei Faktoren zusammenwirken: das Interesse der Produzentenklasse muß treibende Kraft sein; eine Verkehrsform muß herstellbar sein, die die besonderen Interessen der Produktionsbereiche und das Ganze der Gesellschaft aufeinander bezieht; schließlich dürfen die von der zerfallenden bürgerlichen Öffentlichkeit während des Entstehungsprozesses der proletarischen Öffentlichkeit ausgehenden hemmenden und zerstörenden Einflüsse nicht übermächtig sein. Die proletarische Öffentlichkeit ist in all diesen Punkten nichts anderes als die Form der Entfaltung des proletarischen Interesses selber" (a.a.O., S. 162f.).

Gemessen am Kriterium des in der Einleitung benannten Sozialisationsbegriffes ist den handlungstheoretisch orientierten Ansätzen eindeutig sozialisationstheoretische Relevanz in bezug auf die Auseinandersetzung mit Massenmedien zuzuschreiben, da sie nicht nur das Problem Massenmedien in seinem gesellschaftlichen Umfeld betrachten und den Zusammenhang der Sozialisationswirkungen der Massenmedien mit den Wirkungen anderer gesellschaftlicher Sozialisationsinstanzen betonen, sondern zugleich die Notwendigkeit der aktiven Beteiligung der gesellschaftlichen Subjekte am gesamten Sozialisationsprozeß hervorheben. Den Massenmedien wird in der bestehenden Gesellschaftsordnung eine Sozialisationswirkung insofern zugeschrieben, als sie den durch kapitalistische Produktionsverhältnisse konstituierten Blockierungszusammenhang des Bewußtseins verfestigen und somit die Herstellung und Artikulation authentischer Erfahrungen behindern. In dieser Funktion sind Massenmedien Instrumente bürgerlicher Öffentlichkeit, die als solche die Interessen der abhängigen Klassen nicht wahrnehmen können. Nicht die alleinige Veränderung der Massenmedien ist angestrebt, sondern letztlich eine Veränderung der Gesellschaft. Der Weg zu dieser Veränderung wird gesehen in der Emanzipation der konkreten Subjekte von gesellschaftlichen Zwängen, ihrer Qualifizierung zum Erkennen und zur Artikulation ihrer Interessen und Bedürfnisse. In diesem Prozeß der Befähigung zu politischer Einflußnahme mit allen zur Verfügung stehenden und verfügbar zu machenden Mitteln wird auch den Massenmedien eine Funktion zugeschrieben. Sie werden begriffen als ein mögliches Instrument der Interessenartikulation und -vertretung der abhängigen Klassen. Die Befähigung der bisher immer nur abhängig Konsumierenden zu kommunikativer Kompetenz zum Erstellen alternativer Produktionen mit Medien auf der Grundlage eigener (authentischer) Erfahrungen und damit zum Öffentlichmachen proletarischer Interessen ist das praktische Ziel dieser Ansätze. Damit kommt den Medien eine Funktion im Prozeß der Erweiterung der Erfahrungsbereiche der gesellschaftlichen Subjekte zu, in der die Voraussetzung jeglicher wirklichen Veränderung gesehen wird.

3 Sozialisation durch Medien als Veränderungsprozeß: praktische Umsetzung

Die grundlegende Argumentation der „reflexiv-kritischen" Richtung, speziell des „handlungstheoretischen" Ansatzes, entsprechen unserer Position zur Sozialisation durch Massenmedien im Kern. Sie berücksichtigen die Einbindung der Massenmedien in den historisch-gesellschaftlichen Kontext, begreifen Sozialisation als einen Prozeß, an dem die betroffenen Individuen aktiv beteiligt sind und der von ihnen prinzipiell veränderbar ist. Die eher theoretisch-analytische Orientierung dieses Ansatzes beinhaltet zwar die Forderung nach veränderndem Handeln, transformiert sie aber noch nicht in konkrete Handlungsziele. Für eine Konkretisierung unseres genannten Sozialisationsbegriffes ist es notwendig, Ziele für die Auseinandersetzung der gesellschaftlichen Individuen mit Massenmedien auszuformulieren und pädagogische Vermittlungsstrategien anzugeben. Das gesellschaftliche Ziel, das in Zusammenhang mit Massenmedien zu erreichen ist, ist – im Anschluß an NEGT/KLUGE (1973) – die Rekonstruktion von „authentischer Erfahrung"; für das gesellschaftliche Subjekt ist dieses Ziel als Fähigkeit zu formulieren, nämlich als „kommunikative Kompetenz". Die Realisierung unseres Sozialisationsbegriffes als Veränderungsprozeß agierender Individuen hängt einerseits ab von der Fähigkeit, diesen Prozeß zu gestalten, von ihrer „kommunikativen Kompetenz", andererseits von dem Bewußtsein eines Ziels dieses Prozesses, der Herstellung und Artikulation „authentischer Erfahrung".

Authentische Erfahrung – so wie NEGT/KLUGE den Begriff fassen – ist Produkt und Prozeß in einem, umfaßt den Prozeß der Herstellung von Erfahrung, und zwar von Erfahrung als Leistung des Bewußtseins, ebenso wie deren Artikulation. Als Produkt meint der Begriff, daß der durch kapitalistische Produktionsverhältnisse konstituierte und durch Mechanismen der Massenkommunikation verfestigte Blockierungszusammenhang des Bewußtseins vergesellschafteter Individuen, dessen Resultat produzierte Erfahrung im Gegensatz zu authentischer ist, aufgebrochen ist und daß die gesellschaftlichen Subjekte in der Lage sind, ihre eigentlichen – authentischen – Erfahrungen auszudrücken. Als Prozeß meint er die Herstellung dieser Erfahrung und impliziert das Erkennen und die Beseitigung der den Blockierungszusammenhang konstituierenden Widersprüche mit dem Ziel der ständigen Erweiterung der eigentlichen Erfahrungsbereiche gesellschaftlicher Subjekte. Dieser Prozeß erfordert die Fähigkeit der Analyse ebenso wie die des kollektiven Handelns. Anzusetzen hat dieser Prozeß an den historisch und gegenwärtig auffindbaren Bruchstellen des Blockierungszusammenhangs des Bewußtseins, an den erkennbaren Widersprüchen kapitalistischer Gesellschaftsordnung, z. B. im Aufweisen und Erkennen der Diskrepanz von eigener Lebensrealität und produzierter Erfahrung – Alltagserfahrung.

Da die Massenmedien zur Verfestigung des Blockierungszusammenhangs einen Beitrag leisten, bedeutet der Prozeß der Herstellung authentischer Erfahrung in diesem Zusammenhang das Erkennen und die Beseitigung der Mechanismen, die diese Leistung der Massenmedien ermöglichen und das Erkennen der den Medien inhärenten Möglichkeiten, sie zu anderen Zwecken und für andere Interessen zu funktionalisieren.

Um den Anteil der Massenmedien an der Konstitution bzw. an der Aufrechterhaltung des Blockierungszusammenhangs des Bewußtseins vergesellschafteter Individuen zu erkennen und zu beseitigen, muß der analytische Teil im Herstellungsprozeß authentischer Erfahrung an drei Bereichen ansetzen: einmal an der Analyse der durch Massenmedien vermittelten Inhalte, deren Diskrepanz zur eigenen Lebensrealität aufzuweisen ist; zum zweiten an der Analyse der Produktionsbedingungen in den Massenmedien, die den Gesetzmäßigkeiten kapitalistischer Produktion unterworfen sind und für die bestimmten Inhalte Erklärungen liefern können; und schließlich an der Analyse der eigenen Rezeptionsbedingungen, am Erkennen des eigenen Verhältnisses zu den Massenmedien und am Aufweisen der gesellschaftlichen Ursachen für ein bestimmtes Rezeptionsverhalten sowie dem Erkennen des gesellschaftlich produzierten Bedürfnisses nach massenmedialem Konsum. Die Analyse dieser drei auf Massenmedien bezogenen Bereiche in Konfrontation mit der alltäglichen Lebensrealität beinhaltet die Chance der Reflexion über diese Lebensrealität und kann damit Schritt zur Herstellung authentischer Erfahrung sein. Im Prozeß der Herstellung authentischer Erfahrung ist Analyse immer zugleich die Entwicklung der Vorstellung eines Anderen, die Fähigkeit zum Erkennen und Artikulieren der eigenen Interessen und Bedürfnisse und die Vorstellung ihrer Durchsetzung in kollektivem Handeln. Die Herstellung authentischer Erfahrung in bezug auf Massenmedien heißt deshalb auch zu erkennen, daß Massenmedien nicht nur bürgerliche Herrschaftsinstrumente sein können, sondern daß sie zugleich die Möglichkeit beinhalten, Instrumente im Interesse und zur Durchsetzung der Interessen der abhängigen Klassen zu werden. Das heißt, Massenmedien beinhalten – wiewohl ihre Funktionsleistung in der Konstitution des Blockierungszusammenhangs des Bewußtseins angesiedelt ist – die Möglichkeit, Mittel zur Herstellung und Artikulation authentischer Erfahrung, Mittel zur Erweiterung dieser Erfahrungsbereiche gesellschaftlicher Subjekte zu sein, vorausgesetzt, sie werden im Interesse dieser Subjekte genutzt. Damit die gesellschaftlichen Subjekte Massenmedien in diesem Sinne nutzen können, als Mittel zur Artikulation von authentischer Erfahrung, muß die dieser Nutzung korrespondierende Fähigkeit – ‚kommunikative Kompetenz' – entwickelt werden.

Der Begriff ‚*kommunikative Kompetenz*' geht ursprünglich auf Habermas (1971) zurück, der hierunter die Beherrschung der Regeln versteht, nach denen Situationen möglicher Rede überhaupt erzeugt werden. Mit dieser Bedeutungszuschreibung geht Habermas zwar über den von Chomsky geprägten Begriff der linguistischen Kompetenz, der die Beherrschung sprachlicher Regeln meint, hinaus, insofern eine ‚dialogkonstituierende' Fähigkeit neben sprachlichen Fähigkeiten auch Handlungsmomente enthalten muß, aber in Habermas' Ausführungen dominiert die Entfaltung der Kategorie Sprache, die Kategorie Handlung tritt demgegenüber in den Hintergrund.

Will man diesen Begriff auf den Problembereich Massenmedien anwenden und als authentischer Erfahrung korrespondierende Fähigkeit verstanden wissen, so muß die Kategorie zentralen Stellenwert bekommen. Begreift man Kommunikation als zielgerichtetes, reflexives, kollektives Handeln, so bedeutet kommunikative Kompetenz die Fähigkeit, solche Kommunikationen einzugehen und zu führen. Bezogen auf Massenkommunikation beinhaltet der Begriff kommunikative Kompetenz als authentischer Erfahrung korrespondierende Fähigkeit drei Komponenten: einmal eine analytische Komponente, die sich ausdrückt in der Fähigkeit, in einem kollektiven Erkenntnisprozeß den durch Massenmedien konstituierten Blockierungszusammenhang zu durchbrechen und so ihr Wesen zu begreifen und in der Fähigkeit, in einem gemeinsamen Reflexionsprozeß Möglichkeiten zur Überwindung der festgestellten Ursachen für den Blockierungszusammenhang individuellen Bewußtseins zu benennen; zum zweiten eine kreative Komponente, die sich ausdrückt in der Fähigkeit, den herrschenden Kommunikationsstrukturen andere Kommunikationsstrukturen entgegenzusetzen, verbunden mit Strategien zur Vermittlung und zur Durchsetzung der eigenen, kollektiven Interessen; und schließlich die kommunikative Komponente, die sich ausdrückt in der Fähigkeit der adäquaten, und d.h. reflektierten, Erfahrungsbewältigung und -darstellung. Bezogen auf Massenkommunikation meint diese Komponente, die Fähigkeit der Herstellung von alternativen Produktionen, deren Basis die authentischen Lebenserfahrungen und Interessen gesellschaftlicher Subjekte sind und deren Verbreitung über Massenmedien dem Ziel folgt, die Erfahrungsbereiche fortwährend zu erweitern, um in dem Prozeß der Herstellung authentischer Erfahrung fortzuschreiten. Um Massenmedien als Mittel authentischer Ausdrucksmöglichkeiten zu nutzen und handzuhaben, ist die Aneignung der Regeln und Formen von Massenkommunikation notwendig.

In welcher Form dieser Aneignungsprozeß stattfinden kann, beschreibt die nun darzustellende Dimension des ‚*handelnden Lernens*'. Neben dem Wissen um technische und inhaltliche Gestaltungsmöglichkeiten massenmedialer Produkte ist aber – damit die alternative Produktion nicht zu medialer Handwerkelei verkommt – das Bewußtsein über das Ziel kollektiver alternativer Produktionen die entscheidende Voraussetzung.

Um das Ziel authentische Erfahrung und die ihm korrespondierende Fähigkeit kommunikativer Kompetenz in Sozialisationsprozessen erreichen zu können, bedarf es eines pädagogischen Vermittlungsprinzips, das Lernen nicht nur organisiert, sondern die Möglichkeit der Selbstorganisation von Lernprozessen durch die gesellschaftlichen Subjekte beinhaltet und der beiden Zielsetzungen immanenten Handlungskomponente gerecht wird, d.h. Handeln als elementare Lernform zuläßt. Denn die Aneignung der Welt – und das Herstellen authentischer Erfahrung ist Aneignung der Welt – findet zentral im Handeln statt. Das Herstellen und

Artikulieren authentischer Erfahrung in kommunikativ kompetenten Formen ist mithin nicht über kognitive Lernprozesse allein erreichbar, sondern erfordert Lernprozesse, die auf Einsicht beruhen, Möglichkeiten für eigene Erfahrungen beinhalten und geeignet sind, zu alternativem Handeln in kollektiven Formen zu führen. Orientierungen für ein adäquates Lernprinzip bietet der Begriff des ‚handelnden Lernens', der in seinen Ursprüngen zurückgeht auf die ‚demokratische' Pädagogik von DEWEY (1916) und auch FREIRE (1977) und auf die ‚sozialistische' Pädagogik von BLONSKIJ (1973) und KRUPSKAJA (1967). Handelndes Lernen heißt Lernen mit und am Gegenstand durch eigene Erfahrung. Bezogen auf Medien heißt dies Lernen durch den eigenaktiven Umgang mit Medien, durch das Erstellen eigener medialer Produkte. Der eigenaktive Umgang mit Medien, das nur in kollektivem Handeln mögliche Herstellen eigener medialer Produkte kann nicht nur Reflexionen anregen, sondern zugleich das Medium mit seinen Möglichkeiten begreifbar machen. Erst alternative Handlungserfahrungen mit Medien machen es möglich, diese als Mittel für zielbestimmte, reflexive und kollektive Kommunikation zu begreifen und Verhaltens- und Handlungsalternativen zu eröffnen.
Die beschriebenen Zielsetzungen und das pädagogische Vermittlungsprinzip als Bestandteile eines Sozialisationsprozesses, dessen Basis der zu Anfang beschriebene Begriff von Sozialisation ist, müssen ihren Niederschlag auch in der Forschungsstrategie und -methode finden. „Sozialwissenschaftliche Forschung, die sich der Prozesse annimmt, in denen die Individuen ihre Lebenswelt konstituieren, muß diesem Faktum in der Forschung ebenfalls Rechnung tragen, indem sie sie als einen gemeinsamen Lernprozeß gestaltet" (SCHORB 1976a, S. 238). Nur ein gemeinsamer Lernprozeß, in dem sich Forscher und ‚Erforschte' gleichermaßen als handelnde Subjekte begreifen, kann einen Sozialisationsprozeß beschreiben und weitertreiben, dessen Ziel die Veränderung menschlicher Lebenssituationen ist, da er handelnde Subjekte als Träger von Veränderungen in den Forschungsprozeß einbezieht. Anregungen für eine derartige Forschungsstrategie bietet die Handlungsforschung, allerdings nicht in der Form des aus den USA importierten ‚action research', sondern in den Ansätzen, die sich aus der Kritik des Empirismus und Neopositivismus entwickelt haben.

Zwei Postulate machen den Ansatz der Handlungsforschung für den hier anstehenden Problembereich interessant:

a) die bisherige Subjekt-Objekt-Beziehung zwischen Forschern und Erforschten einer Subjekt-Subjekt-Beziehung anzunähern, die nicht nur die Festschreibung des Status quo, sondern die Entwicklung gemeinsamer Handlungsstrategien ermöglicht;
b) der Statik von Forschungsergebnissen, die keine Geschichte und keine Zukunft kennen, die Dynamik des Forschungsprozesses entgegenzusetzen, der zwar keine Festschreibung von vorgeblichen Verhaltenskonstanten erlaubt, dafür aber Verhaltensänderungen, Verhaltenskorrekturen und die Reflexion von Verhalten intendiert.

In einem solchen Prozeß steht zu erwarten, daß ein Bezug zwischen theoretischen Annahmen und gesellschaftlicher Praxis hergestellt werden kann und daß umgekehrt gesellschaftliche Praxis sich zu einer relevanten Theorie verdichten kann.
Die formulierten Zielsetzungen und Forschungsprämissen sind unter den herrschenden gesellschaftlichen und politischen Bedingungen der BRD sicher nicht ohne weiteres zu verwirklichen. Nichtsdestoweniger lassen sich – vor allem im schulischen Bereich – Modelle finden, die Ansätze einer anderen Sozialisationsforschung einzulösen suchen, einer Forschung, die sich nicht als Datei des Status quo begreift, sondern als Beteiligte an einem Veränderungsprozeß. Illustriert werden sollen die Bemühungen solcher Modelle primär an einem Projekt, an dem die Autoren selbst beteiligt waren, an der Entwicklung eines Curriculum zum Thema Massenmedien – speziell Fernsehen[5].
Das Curriculum, dessen einzelne Entstehungsphasen noch darzustellen sind, wurde in finanzierter Forschung im Verlauf von vier Jahren am Institut Jugend Film Fernsehen erstellt. Es besteht in seiner endgültigen Form aus Unterrichtsmaterialien für Lehrer und Schüler zu folgenden Bereichen:

Produktion: Durch den aktiven Umgang mit verschiedenen Medien (Schrift, Ton, Bild) sol-

5 Das Projekt „Mediencurriculum" wird im Laufe des Jahres 1980 veröffentlicht. Theoretischer Hintergrund und Projekterfahrungen gehen in einen Lehrerband ein. Die vier ‚Blöcke' werden jeweils gesondert herausgegeben.

len die Schüler die Medien als Instrumente zur Artikulation eigener, kollektiver Interessen erfahren und im gemeinsamen Handeln die Medien in diesem Sinne nutzen lernen, unabhängig und jenseits der veröffentlichten Medienproduktion.

Rezeption: In der Auseinandersetzung mit der faktischen Bedeutung, die Medien qualitativ und quantitativ im Alltag von Schülern und Lehrern einnehmen, sollen die Differenzen zwischen eigenen Wünschen und den durch die Medien verordneten deutlich werden und Möglichkeiten zu einem anderen als nur rezeptiven Bezug zu den veröffentlichten Medien gefunden werden.

Analyse der speziellen Form medialer Kommunikation. Die vielfältigen (film)technischen und inhaltlichen Möglichkeiten der medialen Rekonstruktion von Realität sollen die Fähigkeit zur Bewertung medial vermittelter Inhalte für die eigene gesellschaftlich bedingte Lebensbewältigung schärfen.

Institution-Gesellschaft: Die Auseinandersetzung mit dem Fernsehen als gesellschaftlicher Institution in seinen gesellschaftlichen, wirtschaftlichen und politischen Verflechtungen soll den Produktionszusammenhang veröffentlichter medialer Kommunikation, ihren Entstehungsprozeß unter kapitalistischen Produktions- und Marktbedingungen verdeutlichen und die Auswirkung dieser Produktionsbedingungen auf die Inhalte massenmedialer Kommunikation hinterfragbar machen.

Die Unterrichtsmaterialen zu diesen Bereichen enthalten einen Begründungsteil, in dem Problemauffassung und Zielvorstellungen der Konstrukteure offengelegt sind, einen Didaktikteil, der anhand der Konkretisierung des Themas in verschiedene Lernschritte und anhand von Unterrichtsbeispielen mögliche Vorgehensweisen illustriert und schließlich Arbeitshilfen und Informationsmaterialien für Schüler und Lehrer. Die Unterrichtsmaterialien sind als Angebot konzipiert, aus denen Schüler und Lehrer in – möglichst – gemeinsamer Unterrichtsplanung Schwerpunkte aufgrund ihrer Interessen auswählen können. Grundlegend für die Zusammenstellung der Materialien war dabei die Annahme, daß Schüler und Lehrer dem Medium Fernsehen in gleicher Weise als Konsumenten gegenüberstehen, ihr Bezug zum Medium also kein grundsätzlich verschiedener ist. Die Forschungsprämissen, an denen sich die Konstruktion des Curriculum in erster Linie ausrichtete, waren: Beteiligung der Betroffenen am Entwicklungsprozeß und Umsetzung theoretisch ‚richtiger' Zielsetzung innerhalb der Bedingungen schulischer Praxis. Diese Prämissen konkretisieren sich, indem bereits im ersten Schritt der Curriculumkonstruktion die Betroffenen zu Subjekten des Konstruktionsprozesses gemacht wurden: Die theoretischen Grundannahmen der Forschungsgruppe wurden Schulklassen und ihren Lehrern zur Diskussion gestellt, die Ergebnisse dieser ‚Diskurse' flossen in die erste Konkretion von Unterrichtsmaterialien ein, die wiederum an Schulklassen in der BRD zur Erprobung zurückgegeben wurden. Das Prinzip der ‚ständigen Evaluation' der Materialien, ihre Erprobung in der Praxis und ihre Veränderung aufgrund der Diskurse mit den Adressaten sollte gewährleisten, daß die pädagogischen Grundlagen des Unterrichts aus einem potentiell nicht abbrechenden Prozeß von Betroffenen (Lehrern und Schülern) und Machern (Wissenschaftlern) heraus entstehen.

Die Prämissen von Handlungsforschung ließen sich aber über das Prinzip der ‚ständigen Evaluation' bei der Erstellung des Curriculum nicht voll einlösen.

Die Bedingungen fremdfinanzierter Forschung, unter denen die Konstrukteure arbeiteten und die staatlich verordnete Schulrealität verhinderten und verhindern dies. Handlungsforschung war nur insoweit möglich, als in punktuellen Diskursen die jeweils neu entwickelten Materialien von Lehrern und Schülern der Kritik unterzogen wurden, als diese Kritik in die erneute Überarbeitung der Materialien einfloß und ein dreimaliges Durchlaufen dieses Prozesses (denn fremdfinanzierte Forschung ist zeitlich begrenzt) zumindest gewährleistete, daß die Notwendigkeiten der Schulrealität mit den Notwendigkeiten der Gegenstandsvermittlung soweit einander ergänzten, daß die Materialien ihre inhaltliche Qualität behielten und von den Adressaten in der Art der Aufbereitung und ihrem Inhalt nach akzeptiert wurden (vgl. SCHAUER/SCHORB 1978).

Das leitende pädagogische Vermittlungsprinzip des handelnden Lernens konnte voll vor allem in den Materialen realisiert werden, die einen Zugang zum veröffentlichten Fernsehen über das Prinzip des ‚Selbermachen', über die Herstellung von ‚Gegenöffentlichkeit' auftaten. Hier war es auf dem Wege der aktiven Aneignung des Mediums möglich, die Kompetenz zu entwickeln, Erfahrungen, Meinungen, Interessen, deren Artikulation von den veröffentlichten Medien nicht wahrgenommen oder gar verhindert wird, einer Öffentlichkeit zu vermitteln, also einen Schritt auf dem Wege zur Verwirklichung authentischer Erfahrung zu tun. Wenngleich in den anderen Materialien, deren Gegenstand mehr analytische und allgemein kognitive Fähigkeiten anspricht, der Zugang zu den Prinzipien des handelnden Lernens, der kommunikativen Kompetenz und der authentischen Erfahrung nicht so direkt gegeben war, sind doch die Fähigkeiten der Informationsbeschaffung und des Analysierens wichtige Voraussetzungen zur Überwindung des durch Medien gesetzten Blockierungszusammenhanges. Häufig wird erst seine Überwindung den Zugang zu Formen des Handelns ermöglichen (vgl. SCHAUER 1979). Ähnlich dem Projekt ‚Mediencurriculum' versuchen auch andere Projekte unter vergleichbaren Prämissen und Zielsetzungen in der Schule die Sozialisation durch Medien als einen aktiven Aneignungsprozeß anzugehen:

Vom Ansatz und den Zielsetzungen weitgehend mit den analytischen Teilen des ‚Mediencurriculum' übereinstimmt das Projekt ‚Medienerziehung', das an der Universität Oldenburg im Rahmen einer Schulerkundung durchgeführt wurde (MÜLLER-DOOHM 1979); den Aspekt des handelnden Lernens, der Entwicklung einer „spezifischen Produktionsform von Erfahrung" (NEGT 1975/76, S. 43) stellt der noch laufende „Schulversuch Glocksee" in Hannover in den Mittelpunkt. Einen interessanten Versuch unternahm der WDR mit seiner Sendereihe ‚Schüler machen Filme'. Hier wurde vom Anspruch her das ‚öffentliche' Fernsehen der Öffentlichkeit, hier Schülern, zur Verfügung gestellt. Die Ziele dieses Versuches waren so formuliert:

„– Schüler reflektieren ihre eigene Interessenlage;
– sie prüfen, wie sie ihre Interessen mit Hilfe des Mediums Fernsehen artikulieren und auf gesellschaftliche Verhältnisse Einfluß nehmen können;
– sie nutzen das Massenmedium Fernsehen zur Vermittlung ihrer Interessen" (MERTES 1974, S. 177).

Sorgten bei diesem Ansatz vor allem anstaltsinterne Zwänge dafür, daß der Versuch mittlerweile zum pragmatischen Alibi verkommen ist, waren es in den beiden zuvor benannten Modellen – ähnlich wie im Mediencurriculum – vor allem die restriktiven Bedingungen der Institution Schule, die Einfluß auf den Forschungs- und Konstruktionsprozeß ausübten.

Die Schule als ein Ort, an dem Sozialisation überwiegend als ein Akt der Dressur vonstatten geht, ist in der Regel nicht geeignet, die genannten Prämissen eines von gesellschaftlichen Subjekten selbstbestimmten Sozialisationsprozesses zu gewährleisten. Weitergehende Möglichkeiten scheinen sich hier in der Jugendarbeit und in den anderen Formen von ‚Sozialarbeit' zu bieten, die sich aus freier Initiative heraus entwikkelt haben, die direkten staatlichen Zugriffen (noch) nicht in der Weise zugänglich sind wie die Schule und die somit eher die Gewähr bieten können, Sozialisationsprozesse auf der Basis der Interessen gesellschaftlicher Subjekte zu sichern. Allerdings sind im Gegensatz zum schulischen Bereich die medienpraktischen Ansätze der sogenannten freien Gruppen nicht theoretisch fundiert und entwickelt. Wiewohl sich die in den verschiedenen westdeutschen Großstädten arbeitenden Gruppen auf die Theoretiker einer materialistischen Medientheorie berufen, klafft in der Regel ein Widerspruch zwischen den praktischen, aus aktuellen Situationen geborenen und an diese gebundenen Projekten und den mehr legitimatorisch-deklamatorischen veröffentlichten Zielsetzungen (vgl. BRECKNER 1979). Für die Jugendarbeit gelten diese Einwände insofern noch in verschärftem Maße, als hier überhaupt nur rudimentäre Ansätze einer pädagogischen Theorie vorhanden sind, denen sich eine emanzipatorische Medienarbeit zuordnen könnte. Zwar sind selbst innerhalb verbandlicher – also weitgehend ideologisch fixierter – Jugendarbeit Ansätze zu finden, Medien zur Artikulation von Interessen einzusetzen (vgl. SAUTER u.a. 1978), eine reflexiv-kritische Fundierung dieser meist spontanen und verstreuten Aktivitäten täte jedoch dringend not, d.h. es gibt zwar Praxisbereiche, aber mit welchen Zielen und Ergebnissen diese Praxis gearbeitet hat und wie sich diese an andere weitervermitteln lassen, bleibt meist im Dunkel.

Hier böte sich, zumal diese Bereiche noch nicht der Verschulung – und dem damit verbundenen staatlichen Zugriff – unterworfen sind, ein bedeutendes Feld, Prämissen einer handlungstheoretisch orientierten Forschung zur Sozialisation (durch Massenmedien) real und relevant werden zu lassen.

Literatur

Arbeitsgruppe „Sesamstraße: „Sesamstraße" – eine deutsche Vorschulfernsehserie. Frankfurt a.M. 1972.

BAACKE, D. (Hrsg.): Kritische Medientheorien. München 1974.

BÄCHLIN, P.: Der Film als Ware. Frankfurt a.M. 1975.

BACHMAIR, B.: Anmerkungen zum theoretischen Selbstverständnis der Medienpädagogik. In: merz, 5, 1979.

BALL, S./BOGATZ, G. A.: Research on Sesame Street. Some implications for Compensatory Education. Princeton, N.J. 1972.

BANDURA, A.: Influence of model's reinforcement contingent on acquisition of imitative responses. In: Journal of Personality and Social Psychology 1 (1965), p. 589–595.

BANDURA, A./WALTERS, R. H.: Social learning and personality development. New York 1963.

BAUER, J./BAUER, E.: Weiterführende Aspekte zum Problem Fernsehen und aggressives Verhalten bei Kindern und Jugendlichen. Bd. 14 d. Schriftenreihe des BMJFG. Stuttgart 1974.

BENJAMIN, W.: Das Kunstwerk im Zeitalter seiner technischen Repoduzierbarkeit. Frankfurt a.M. 1977.

BERGER, S. M.: Conditioning through vicarious instigation. In: Psychological Review, 69 (1962), p. 405–456.

BERKOWITZ, L.: The effects of observing violence. In: Scientific American, 210 (1964), p. 35–41.

BERKOWITZ, L./CORVIN, R./HEIRONIMUS, M.: Film violence and subsequent aggressive tendencies. In: Public Opinion Quarterly, 27 (1963), p. 217–229.

BERKOWITZ, L./RAWLINGS, E.: Effects of film violence on inhibition against subsequent aggression. In: Journal of Abnormal and Social Psychology, 66 (1963), p. 405–412.

BLONSKIJ, P.: Die Arbeitsschule. Paderborn 1973.

BÖCKELMANN, F.: Theorie der Massenkommunikation. Frankfurt a.M. 1975.

BRECHT, B.: Der Rundfunk als Kommunikationsapparat. In: Gesammelte Werke, Bd. 18. Frankfurt a.M. 1967.

BRECKNER, I.: Medienpädagogische Aktivitäten in der Bundesrepublik. In: HÜTHER, J. u.a. (Hrsg.), 1979.

BROWN, J. R.: Child Socialization. The family and television. Vortrag 1974. Zit. nach HALLORAN, 1975.

BRUDNY, W.: Filmerziehung. In: Jugend und Film (Sondernummer). München 1955.

DAHLMÜLLER, G./HUND, W. D./KOMMER, H.: Kritik des Fernsehens. Darmstadt-Neuwied 1973.

DAHLMÜLLER, G./KOMMER, H.: Die Keilhacker-Galaxis. In: Tendenzen, 90 (1973), S. 36–42.

DEWEY, J.: Democracy and education. New York 1916.

DIEL, A. (Hrsg.): Kritische Medienpraxis. Köln 1974.

DRÖGE, F.: Zur Kritik des literarischen Jugendschutzes in der Bundesrepublik. In: HÜTHER u.a. (Hrsg.), 1979.

DRÖGE, F.: Wissen ohne Bewußtsein – Materialien zur Medienanalyse. Frankfurt a.M. 1972.

DRÖGE, F./GÖBBEL, N.: Entwicklungsstand der Medienforschung und ihre pädagogische Bedeutung. In: Demokratisierung der Medienpraxis – Reader (10.–12. Mai 1978) – Manuskript. Herausgegeben vom Zentrum f. pädagogische Berufspraxis. Universität Oldenburg 1978.

DRÖGE, F./GÖBBEL, N./LOVISCACH, L./MÜLLER-DOOHM, S.: Der alltägliche Medienkonsum. Grundlagen einer erfahrungsbezogenen Medienerziehung. Frankfurt a.M. 1979.

ELST V., G.: Fernsehen und Emanzipation. Köln 1978.

ENZENSBERGER, H. M.: Baukasten zu einer Theorie der Medien. In: Kursbuch 20. Frankfurt a.M. 1970.

EYRE-BROOK, E.: The role of the mass media in the political socialization of English adolescents. Vortrag 1974. Zit. nach HALLORAN, 1975.

FEILITZEN, C.: Ergebnisse skandinavischer Forschungen zum Thema Kind und Fernsehen im Sozialisationsprozeß. In: Fernsehen und Bildung, 2/3 (1975), S. 143–175.

FESHBACH, S.: The stimulating versus cathartic effects of a vicarious aggression activity. In: Journal of Abnormal and Social Psychology, 13 (1961), p. 381–385.

FESHBACH, S.: The cathartic effect: Research and another view. In: Report Violence and the Media 1969.

FIRNKES, M./KEILHACKER, M./VOGG, G.: Das Fernsehen im Vorschulalter. Manuskript. München 1972.

FREIRE, P.: Erziehung als Praxis der Freiheit. Reinbek 1977.

GALTUNG, J.: Gewalt, Frieden und Friedensforschung. In: SENGHAAS, D. (Hrsg.): Kritische Friedensforschung. Frankfurt a.M. 1971.

G.K.: In: Mitteilungen des Arbeitskreises Jugend und Film e.V.: „Jugend und Film", S. 7. München 1954.

HABERMAS, J.: Strukturwandel der Öffentlichkeit. Neuwied/Berlin 1962.

HABERMAS, J.: Vorbereitende Bemerkungen zu einer Theorie der kommunikativen Kompetenz. In: HABERMAS/LUHMANN 1971.

HABERMAS, J./LUHMANN, N.: Theorie der Gesellschaft oder Sozialtechnologie. Frankfurt a.M. 1971.

HALLORAN, J. D.: Über die Ansätze zur Erforschung der Sozialisation in der Familie. In: Fernsehen und Bildung, 2/3 (1975), S. 98–110.

Hans-Bredow-Institut: Begleituntersuchung zur „Sesamstraße". Hamburg (o.J.), zit. nach Projektgruppe Kinderfernsehen 1975.

HOLZER, H.: Materielle Basis, politische Qualität und herrschaftliche Funktion der Fernsehkommunikation. In: BAACKE, D. (Hrsg.), 1974.

HORKHEIMER, M./ADORNO, Th. W.: Dialektik der Aufklärung. Frankfurt a.M. 1969.

HÜLSWEDE, M.: Gegenwärtige Positionen der Medienpädagogik. In: DIEL (Hrsg.), 1974.

HÜTHER, J.: Sozialisation durch Massenmedien. Opladen 1975.

HÜTHER, J./BREUER, K.-D. R./SCHORB, B. (Hrsg.): Neue Texte Medienpädagogik. München 1979.

KEILHACKER, M.: Wie Kinder und Jugendliche Film und Fernsehen erleben. In: merz, 2 (1979), S. 67–78.

LAZARUS, R. S./ALFERT, E.: The Short-circiuting of threat. In: Journal of Abnormal and Social Psychology, 69 (1964), p. 195–205.

LEIFER, A. D.: Untersuchungen über die Sozialisationseinflüsse des Fernsehens in den Vereinigten Staaten. In: Fernsehen und Bildung, 2/3 (1975), S. 111–143.

LEMON, J. L.: A content analysis of dominance patterns between man and women on prime television. San Francisco 1975, zit. aus LEIFER 1975.

MALETZKE, G.: Psychologie der Massenmedien. Hamburg 1963.

MARX, K./ENGELS, F.: MEW (Marx-Engels-Werke). Berlin (Ost) 1956.

Media Perspektiven: Daten zur Mediensituation in der Bundesrepublik. Frankfurt a.M. 1975.

MENDELSON, G./YOUNG, M.: A content analysis of black and minority treatment on children's television. Boston 1972.

merz (medien + erziehung): Heftthema: Gewalt im Fernsehen, 4, 1978.

MERTES, K.: Schulfernsehen – Schülerfernsehen – Fernsehen der Schüler?. In: Jugend – Film – Fernsehen (jetzt: medien + erziehung), 3 (1974), S. 176–181.

MÜLLER-DOOHM, S.: „Ich lasse mir in der Schule meinen Spaß am Fernseh-Krimi nicht versauen". In: päd. extra, 3 (1979), S. 31–36.
MURDOCK, G./PHELPS, G.: Mass Media and the Secondary School. MacMillan Edition 1973.
NEGT, O.: Schule als Erfahrungsprozeß. In: Ästhetik und Kommunikation, 22/23 (1975/76), S. 36–55.
NEGT, O.: Marxismus und Arbeiterbildung – Kritische Anmerkungen zu meinen Kritikern. Unveröffentl. Ms. der DGB-Bildungsstätte. Oberursel (o.J.).
NEGT, O./KLUGE, A.: Öffentlichkeit und Erfahrung. Zur Organisationsanalyse von bürgerlicher und proletarischer Öffentlichkeit. Frankfurt a.M. 1973.
PETERS, J. M. C.: Grundlagen der Filmerziehung. München 1963.
PIAGET, J.: Psychologie der Intelligenz. Zürich 1972[5].
Projektgruppe Kinderfernsehen: Wenn Ernie mit der Maus in der Kiste rappelt. Vorschulerziehung im Fernsehen. Frankfurt a.M. 1975.
PROKOP, D. (Hrsg.): Massenkommunikationsforschung. Bd. 1 und 2. Frankfurt a.M. 1972/73.
PROKOP, D.: Massenkultur und Spontaneität. Zur veränderten Warenform der Massenkommunikation im Spätkapitalismus. Frankfurt a.M. 1974.
SAUTER, R. u.a.: Gruppenproduktion in Video und Super-8. (Vervielfältigtes Manuskript des Bayer. Jugendrings.) München 1978.
SAXER, U.: Forschungen im deutschsprachigen Bereich zum Thema Fernsehen und Sozialisationsprozesse in der Familie. In: Fernsehen und Bildung, 2/3 (1975), S. 175–180.
SAXER, U./BONFADELLI, H./HATTENSCHWILER, W.: Die Massenmedien im Leben der Schüler. In: Rundfunk und Fernsehen, 2 (1978), S. 179–188.
SCHAUER, L.: Praktische Medienarbeit in der Hauptschule. In: HÜTHER u.a. (Hrsg.), 1979.
SCHAUER, L./SCHORB, B.: Offene Konstruktion eines Mediencurriculum. In: Materialien zur politischen Bildung, 2 (1978), S. 76–80.
SCHORB, B.: Mediencurriculum und handelndes Subjekt. In: merz, 4 (1976a), S. 236–246.
SCHORB, B.: Leistung und Sozialisation. München 1976b.
SILBERMANN, A./KRÜGER, U. M.: Soziologie der Massenmedien. Stuttgart 1973.
STEIN, A. H./FRIEDRICH, L. K.: Television contents and young children's behavior. In: Television and growing up 1971.
STERNGLANZ, J. J./SERBIN, L. A.: Sexrole stereo-typing in children's television programs. In: Devel. Psychol., 10 (1974), S. 710–715.
STURM, H.: Die kurzzeitigen Angebotsmuster des Fernsehens. In: Fernsehen und Bildung, 1 (1975), S. 39–50.
Television and growing up. The impact of televised violence. „Surgeon General's Report" 1972.
TRETJAKOV, S.: Die Arbeit des Schriftstellers. Aufsätze, Reportagen, Portraits. Reinbek 1972.
TRÖGER, W.: Die Bedeutung des Films für die Entwicklung der werktätigen Jugendlichen. München 1959.
VERTOV, D.: Schriften zum Film. München 1973.
WASEM, E.: Jugend und Filmerleben. München/Basel 1957.
WASEM, E.: Schutz und Geleit in der Pädagogik des Fernsehens. (Beiträge zum Jugendschutzgesetz, Heft 7.) Hamm 1960a.
WASEM, E.: Jugend und Bildschirm. Volkswartbund. Köln 1960b.
WASEM, E.: Medien der Schule. Impulse für moderne Lehr- und Lernmittel. München 1971.
WETTERLING, H.: Das Fernsehen in pädagogischem Aspekt. München 1960.
WOLF, S.: Vorschulische Erziehung via Fernsehen. In: Evangelischer Filmbeobachter, 31 (1971), S. 325–327.
ZIERIS, F.: Jugend vor dem Bildschirm. Gütersloh 1963.
ZÖCHBAUER, F.: Neue Aspekte und Formen des Filmgesprächs. In: AV-Praxis, 2 (1974), S. 5–11.

6

Untersuchungen zu zentralen Dimensionen der Sozialisation

Kognitive Sozialisation

Günter L. Huber und Heinz Mandl

1 Das Verhältnis von Kognition und Sozialisation

Voraussetzung und Ergebnis von Handlungen eines Menschen in seiner Umwelt ist Erkenntnis dieser Welt. „Kognition" bezeichnet einmal Erkenntnis als Bestand an Erkanntem, als angeeignetes, organisiertes und gespeichertes Wissen um die Welt, zum anderen auch den Vorgang des Erkennens als Prozeß der Aneignung bzw. Anwendung von Wissen. Dabei steht „Wissen" für alle durch Vorstellungen oder Symbole vermittelten Interpretationen und Repräsentationen der externen Welt und der eigenen Person.

Im weitesten Sinn meint „Kognition" daher in neueren Ansätzen Informationsverarbeitung. Genauer: Der Ausdruck bezeichnet die mentalen Strukturen und Prozesse, die in Organismen als informationsverarbeitenden Systemen bei der Auseinandersetzung mit ihrer Umwelt aktiviert werden. Damit werden Leistungen wie Aufmerken, Wahrnehmen, Abstrahieren, Übertragen, Problemlösen, Lernen, Speichern, Erinnern, Sprechen beschrieben und erklärt (NEISSER 1974, 1976; ROSENTHAL/ZIMMERMANN 1978; LACHMAN/LACHMAN/BUTTERFIELD 1979). Kognition kann in unterschiedlichem Ausmaß in alle psychischen Aktivitäten einbezogen sein. Gemeinsam sind den unterschiedlichen kognitiven Aktivitäten folgende Merkmale (MOROZ 1972, BOLLES 1975, GINSBURG/KOSLOWSKI 1976, HUBER/MANDL 1980):

- Sie laufen im Organismus ab und können nicht auf externe Stimulus- bzw. Verhaltensmuster reduziert werden.
- Sie repräsentieren vergangene, gegenwärtige und künftige Vorgänge und Zustände.
- Sie selegieren spezifische Informationen und konstruieren daraus Erwartungen und Pläne.
- Sie korrespondieren nicht notwendig mit Vorgängen und Zuständen in der Umwelt des Organismus, sondern stellen individuell spezifische Formen der Informationsverarbeitung dar.
- Sie können Stimulusereignisse substituieren.
- Sie sind Bestandteile eines organisierten informationsverarbeitenden Systems.

Die Entwicklung informationsverarbeitender Strukturen und Prozesse bildet die Grundlage der Entwicklung des Individuums (LOEVINGER 1976). Als Determinanten der intraindividuellen Variation kognitiver Funktionsweisen werden angeführt (PIAGET 1970, FLAVELL 1971):

a) Anlagen als organismische Voraussetzungen,
b) Auseinandersetzungen mit der materiellen Umwelt, in der ein Lebewesen aufwächst,
c) Einflüsse der sozialen Umwelt und
d) selbstregulatorische Prozesse des sich entwickelnden Organismus.

Reifung von Anlagen schafft die Voraussetzung für die Aneignung kognitiver Strukturen; d.h. spezifische kognitive Strukturen können erst aktualisiert werden, wenn die organismischen Möglichkeiten dazu bereitstehen (FURTH 1969, PIAGET 1970). Beim Umgang mit physikalischen Objekten in der Umwelt abstrahiert ein Lebewesen sowohl Information über die Merkmale dieser Objekte als auch Information über seine eigenen Handlungen und deren Effekte. Es sammelt Erfahrungen. Dieses „spontane" Erfahren in „natürlichen" Situationen stellt einen wichtigen Lernprozeß dar, der zum Aufbau genereller kognitiver Strukturen führt. Diese Strukturen sind wieder Voraussetzungen für Lernen als sozial beeinflußte Auseinandersetzung mit der Umwelt, bei dem an spezifischen Objekten oder in spezifischen Situationen spezifische Erfahrungen vermittelt werden (AEBLI 1969, GINSBURG/KOSLOWSKI 1976). Die drei vorstehenden Determinanten reichen zur Erklärung fortschreitender kognitiver Entwicklung nicht aus. Reifungsabhängige Entwicklungspotenzen erfordern Erfahrungsmöglichkeiten zur Aktualisierung. Erfahrungen müssen durch selbstregulatorische Prozesse koordiniert werden. Im Verlauf der Auseinandersetzung mit der Umwelt und ihren Einflüssen treten immer wieder Konflikte zwischen verfügbaren kognitiven Strukturen und ungewohnten, neuartigen Umweltstrukturen auf. Jede Erweiterung kognitiver Strukturen stützt sich auf vorhandene Schemata, beansprucht also Assimilation. Damit ist Kontinuität bei Integration neuer Elemente gewährleistet, nicht aber intraindividuelle Elaboration der Strukturen. Gleichzeitig muß daher eine Veränderung durch Akkomodation an spezifische Umweltverhältnisse stattfinden. Umgekehrt gibt es keine Akkommodation ohne gleichzeitige Assimilation, denn die verfügbaren kognitiven Schemata begrenzen die mögliche Anpassung an Umwelteinwirkungen. Grundlage für die Erweiterung kognitiver Strukturen ist die Äquilibration dieser beiden Prozesse durch eine Sequenz von selbstregulatorischen Akten, die mit Korrekturen der jeweils vorlaufenden kognitiven Prozesse beginnen und schließlich volle operationale Reversibilität der kognitiven Strukturen ermöglichen (PIAGET 1970; vgl. hierzu ausführlich den Beitrag von SEILER in diesem Band).

Im Zusammenhang mit intraindividueller Veränderung aufgrund der ersten beiden Determinanten ist meist von Entwicklung die Rede, bei Betonung der beiden letzten Determinanten häufiger von Sozialisation (OERTER 1978). Im engeren Sinn bedeutet „Sozialisation" sozial vermitteltes Lernen mit dem Ziel, die in einer Gesellschaft vorherrschenden Verhaltensnormen zu übernehmen, so daß das Individuum in seiner soziokulturellen Umwelt lebens- und funktionstüchtig wird (NEIDHARDT 1970). In weiterem Sinn ist „Sozialisation" eine zusammenfassende Bezeichnung für alle Prozesse, durch die Persönlichkeitsentwicklung in dialektischem Verhältnis zu der gesellschaftlich vermittelten sozialen Umwelt stattfindet: dabei erwirbt die Person kognitive Voraussetzungen und Handlungsfähigkeiten, mit denen sie den Forderungen ihrer Soziokultur entsprechend handeln, auf die sie selbst aber wiederum Einfluß nehmen kann (HURRELMANN 1976).

Diese Unterscheidung zwischen Entwicklung und Sozialisation ist aus mehreren Gründen problematisch. KELLER/WEINERT/ZEBERGS (1975) verweisen darauf, daß unter dem Entwicklungsaspekt die intraindividuelle Variation der Verarbeitungsmodi von Erfahrung bei möglichst generalisierbaren Umweltbedingungen in den Mittelpunkt rückt, während unter dem Sozialisationsaspekt die Auswirkungen von Umweltvarianzen beachtet werden. Befunde aus beiden Ansätzen können daher nicht ohne weiteres aufeinander bezogen werden. Untersuchungen über den Verlauf der Entwicklung kognitiver Funktionen, die bei sozialer Orientierung oder sozial relevantem Handeln eine Rolle spielen (z.B. Entwicklung des moralischen Urteils; KOHLBERG 1964) berücksichtigen spezifische gesellschaftliche Bedingungen dieser Prozesse nicht ausreichend; die Effekte unterschiedlicher sozialer Umwelteinflüsse bei vergleichbaren Anlagekonstellationen und Erfahrungsmöglichkeiten in der materiellen Umwelt sind kaum erforscht. Beide Ansätze abstrahieren jeweils von einer anderen Klasse von Determinanten kognitiver Prozesse. Diese Determinanten stehen aber in Interaktion: Soziokulturelle Faktoren wirken spezifisch je nach biologischen Vorbedingungen, z.B. dem Geschlecht eines Kindes; die Aktualisierung von Anlagen und Möglichkeiten zu spezifischen Erfahrungen hängen von der Struktur der sozialen Umwelt ab. Grundsätzlich gilt, *„daß sich die menschliche Persönlichkeit in keiner Dimension gesellschaftsfrei herausbildet, sondern stets in einer konkreten Lebenswelt, die gesellschaftlich-historisch vermittelt ist"* (HURRELMANN 1976, S. 17).

Die theoretische Verknüpfung der beiden Ansätze versuchen OERTER/MANDL (1977) und OERTER (1978) durch Rückgriff auf das Konzept der Entwicklungsaufgaben (HAVIGHURST 1972) zu leisten. Entwicklungsaufgaben sind Setzungen des Individuums, durch die es zwischen soziokulturellen Entwicklungsnormen und eigener Leistungsfähigkeit vermittelt. Soziokulturelle Entwicklungsnormen sind Erwartungen der Gesellschaft an das Individuum, die sequenziell geordnet altersspezifische Verhaltensregeln definieren. Beispielsweise setzt die soziale Institution Schule für Schulanfänger spezifische Leistungen als Norm für die Einschulung fest („Schulreife"). Die individuelle Leistungsfähigkeit ist repräsentiert durch Verhaltensgrundlagen, die als isomorph mit den Anforderungsstrukturen der Umwelt beschrieben werden. Die wahrgenommene Distanz von soziokultureller Entwicklungsnorm und individueller Leistungsfähigkeit bestimmt die individuelle Entwicklungsaufgabe. Diese legt Richtung und Dynamik der individuellen Entwicklung fest. Das Konzept der Entwicklungsaufgabe erfaßt nicht nur individuelle und soziokulturelle Determinanten gleichzeitig, sondern berücksichtigt auch ihre Wechselwirkung. Die Entwicklung des Individuums verläuft durch die Setzung von Entwicklungsaufgaben in Richtung auf gesellschaftliche Erwartungen, das Niveau dieser Erwartungen wird individuellen Möglichkeiten angepaßt – nicht ausschließlich an gesellschaftlichen Bedürfnissen orientiert. Umgekehrt können die Normen auch durch die Individuen verändert werden – nicht zuletzt dadurch, daß Annäherung an Erwartungswerte oder gar ihre Erfüllung die soziale Situation verändern. OERTER/MANDL (1977) haben dies am Beispiel der Schulnoten als Entwicklungsnormen nachgewiesen.

Im Prozeß der kognitiven Sozialisation verändert ein Individuum seine kognitiven Strukturen unter den Einflüssen des allgemeinen soziokulturellen Kontextes und der anderen Individuen seiner sozialen Umwelt in Richtung auf die von diesen repräsentierten, altersspezifisch differenzierten soziokulturellen Erwartungen.

2 Erklärungsansätze für kognitive Sozialisation

Wichtigste Determinante kognitiver Veränderung ist die *Aktivität* des informationsverarbeitenden Individuums; denn kognitive Strukturen und Prozesse sind in keinem Zeitpunkt ihrer Entwicklung nur das Produkt vergangener und gegenwärtiger äußerer Ereignisse. Zur Erklärung kognitiver Veränderungen im Verlauf der Auseinandersetzung eines Individuums mit seiner Umwelt benötigt man Ansätze, die berücksichtigen, daß die Effekte äußerer Einwirkungen auf ein Individuum auch von Merkmalen des Individuums selbst abhängen. Interdependenz der Determinanten kognitiver Sozialisation wird auf mehreren Ebenen berücksichtigt. Auf innerbiologischem Niveau (RIEGEL 1975) stehen Anlage- und Umwelteinflüsse in Interdependenz. Reifungsvorgänge bringen kognitive Leistungen nicht aus sich hervor. Erfahrungen in der Umwelt sind nicht ohne Reifungsgrundlagen möglich. Auf einem zweiten, dem individuellpsychologischen Niveau (RIEGEL 1975) ist zu klären, in welchem Verhältnis früher erworbene kognitive Strukturen zu neuartigen Erfahrungen stehen. Mit den Strukturen der früheren Erfahrungen verfügen Individuen über ein Bezugssystem für die „konservative" Assimilation von Information an die Bedingungen dieses Systems, während die neuen Informationen mit der „progressiven" Funktion des Akkommodierens zur Veränderung der kognitiven Strukturen nach den aktuellen Umweltgegebenheiten genutzt werden können (PIAGET 1975).

Die Prozesse auf diesen beiden Niveaus laufen nicht unabhängig nebeneinander her. Anlage-Umwelt- oder innerbiologische Interaktionen sind Grundlage für spezifische individuell-psychologische Interaktionen. Die daraus resultierenden Strukturveränderungen wirken wieder zurück auf weitere Prozesse auf dem innerbiologischen Niveau (LERNER 1978). Veränderungsprozesse und ihre Effekte werden in beiden Ansätzen innerhalb des Individuums festgestellt. Umweltveränderungen sind reaktiv, Wirkungen des informationssuchenden Individuums und seiner Handlungen an Umweltobjekten (PIAGET 1970). Aktive Einflüsse einer sich in Interaktion mit dem Individuum selbst verändernden Umwelt erfordern die Einführung eines dritten, individuell-ökologischen Niveaus. Insbesondere soziale Beeinflussungsprozesse können erst auf diesem Niveau hinreichend erklärt werden. Soziale Beziehungen repräsentieren dynamische Interaktionen, in denen die Mitglieder einer sozialen Gruppe durch ihre Handlungen nicht nur andere Individuen verändern können, sondern durch die dabei geschaffenen Veränderungen der sozialen Umwelt rückwirkend selbst wieder beeinflußt werden können (LERNER 1978).

Quer zu dieser inhaltlich definierten Dimension der Entwicklungsebenen ist die Dimension der Wirkungszusammenhänge von Entwicklungsdeterminanten zu sehen. SAMEROFF (1975) unterscheidet ein unilaterales (Haupteffekt-), ein interaktionales und ein transaktionales Modell. Das unilaterale Modell postuliert Einflüsse einzelner Variablen (z.B. spezifischer Anlagen auf die Entwicklung, unabhängig von anderen Bedingungen (Abb. 1). Die in Reifungstheorien der kognitiven Sozialisation (Schul-„Reife") enthaltene Hypothese genetischer Determiniertheit ist ein Beispiel für dieses Erklärungsmuster.

		Soziale Umwelt +	Soziale Umwelt −
Anlagen	+	+	+
	−	−	−

Abb. 1: Unilaterales Modell

Das interaktionale Modell bezieht die Wechselwirkung von Determinanten des Sozialisationsprozesses mit ein. Genauer: Zunächst werden die Determinanten unabhängig voneinander erfaßt, dann wird erforscht, wie sie in bestimmten beobachtbaren Veränderungen zusammenwirken. Das Modell versucht zu erklären, wie Veränderung zustande kommt, wobei die Veränderungsbedingungen selbst als über die Zeit relativ stabil, weil unabhängig voneinander, angenommen werden (vgl. MEACHAM 1977). Als Beispiel kann auf die Darstellung PIAGETS (1970) zur Interaktion von Entwicklungsstand und Erfolg/Mißerfolg von Trainingsversuchen zum Konservierungskonzept (z.B. FLAVELL 1963) verwiesen werden (Abb. 2).
Dieses Zusammenwirken voneinander unabhängiger Determinanten ist nicht repräsentativ für natürliche Lebenswelten. Ein ökologisch

		Trainingsmaßnahmen +	Trainingsmaßnahmen −
Entwicklungsstatus	+	+	±
	−	±	−

Abb. 2: Interaktionales Modell

valides Modell muß nicht nur das Zusammenwirken, sondern auch die wechselseitige Veränderung der Determinanten selbst berücksichtigen. Insbesondere in Sozialisationsprozessen greift das Modell der „statischen Interaktion" (LERNER 1978) zu kurz. Es kann die oben beschriebenen wechselseitigen Veränderungen nicht erklären; LERNER/SKINNER/SORELL (1978) sprechen daher von deskriptiver Dialektik des Modells im Unterschied zur explikativen Dialektik, die dynamische Interaktionen einschließt. Das transaktionale Modell ist durch explikative Dialektik charakterisiert; es geht von zeitlich und wechselseitig bedingter Veränderung aus und versucht Stabilität kognitiver Prozesse und Strukturen zu erklären (MEACHAM 1977). LERNER/SKINNER/SORELL (1978) unterstreichen zwei Merkmale dieses Modells, mit denen die Zirkularität transaktionaler Prozesse definiert wird:

a) Von der Annahme aus, daß die Welt nicht durch Einheitlichkeit und Konstanz, sondern durch Relativität und Veränderung gekennzeichnet ist, wird versucht, den Bereich von Veränderungen zu beschreiben, zu erklären, vorherzusagen, die mit Prozessen einhergehen, welche selbst wieder Veränderungen unterworfen sind (Postulat konstanter Veränderung).
b) Jeder Veränderungsprozeß muß im Kontext anderer Veränderungen erfaßt werden, in die er eingebettet ist (Postulat der Einbettung).

Diese Merkmale sind durch ein drittes zu ergänzen:

c) Individuelle und soziale Veränderungen werden durch die Tätigkeit der Individuen vermittelt (Postulat der Tätigkeit).

Beispiele für das transaktionale Modell sind im Entwicklungsmodell der Gedächtnisfähigkeiten (MEACHAM 1972), im Erklärungsansatz für Entwicklungsschwierigkeiten von SAMEROFF (1975), im Ansatz der experimentellen Ökologie menschlicher Entwicklung (BRONFENBRENNER 1977, 1978) und im ökologischen Modell kognitiver Sozialisation (OERTER 1977) zu sehen.

3 Befunde zur kognitiven Sozialisation

Im folgenden werden exemplarisch Befunde zur kognitiven Sozialisation bezogen auf Intelligenz, kognitive Stile und Gedächtnisstrategien dargestellt.

3.1 Intelligenz

Soziokultureller Kontext und Intelligenz

Intelligenz wird als allgemeine Fähigkeit des Individuums angesehen, „sein Denken bewußt auf neue Forderungen einzustellen; sie ist die allgemeine geistige Anpassungsfähigkeit an neue Aufgaben und Bedingungen des Lebens" (Stern 1912). Verfahren zur Erfassung der Intelligenz wurden um die Jahrhundertwende von Binet/Simon entwickelt. Sie hatten den Auftrag, Tests zur Vorhersage zu entwickeln, welche Kinder in den öffentlichen Schulen in Paris am besten gefördert werden und welche in Sonderschulen überwiesen werden sollten. Eine umfassende Darstellung der historischen Hintergründe der Entstehung der Intelligenzmessung wurde von Schmid (1977) vorgelegt. Durch Intelligenztests, die in der Regel die Lösung verschiedenartiger und unterschiedlich schwerer Aufgaben verlangen, sollen Differenzen zwischen Individuen hinsichtlich ihrer intellektuellen Leistung erfaßt werden. Das heute gebräuchlichste Intelligenzmaß ist der Abweichungsintelligenzquotient (IQ) von Wechsler (1939), der die Position des Pb innerhalb einer Gesamtpopulation (z.B. seiner Altersgruppe) unter Zugrundelegung der Normalverteilung angibt. Intelligenztests verlangen Leistungen, die dem kulturellen Grundrepertoire der sozialen Umwelt entsprechen. Aufgabeninhalt und Aufgabenform, Testsituation, die Festsetzung des Schulerfolgs als Außenkriterium weisen darauf hin, daß die üblichen Tests „überwiegend auf die Sprach- und Denkformen der bürgerlichen Ober- und Mittelschicht abgestimmt (sind), der auch die Testkonstrukteure entstammen" (Ingenkamp 1969, S. 419). Intelligenztests lassen sich als Maß für den Anpassungsgrad der Schüler im kognitiven Bereich an die etablierte Kultur erfassen (Oevermann 1966, S. 177). Die Versuche, möglichst umweltunabhängige, nämlich kulturfreie oder zumindest kulturfaire Intelligenztests zu konstruieren (vgl. Eells u.a. 1951), um unbeeinflußt Intelligenz zu erfassen, waren nicht sehr erfolgreich. Wesman (1968) und Guthke (1972) weisen in diesem Zusammenhang darauf hin, daß es keine bildungs- und kulturfreien Verfahren geben kann, „da alle geistigen Fähigkeiten sich erst in den unter bestimmten äußeren Bedingungen verlaufenden Tätigkeiten des Individuums herausbilden" (Guthke 1972, S. 25).

Ökologische Bedingungen der Intelligenzentwicklung

Eine Vielzahl von Untersuchungen belegen die stimulierende Wirkung angereicherter Umwelten für die Intelligenzentwicklung gegenüber hemmenden Einflüssen bei Reizarmut und -monotonie. Exemplarisch verweisen wir hier auf die Befunde von Asher (1935), Skeels/Fillmore (1937) und Wheeler (1942). Die Untersuchungen zeigen, wie der Intelligenzquotient bei Kindern in isolierten Berggegenden mit zunehmendem Alter mehr und mehr abnimmt. Je größer die räumliche oder kulturelle Distanz zur städtischen Zivilisation wird, desto niedriger fallen die Intelligenztestleistungen aus (vgl. Vernon 1972).

Familiale Sozialisationsbedingungen der Intelligenzentwicklung

Die Zusammenhänge zwischen familialen Sozialisationsbedingungen und Intelligenzentwicklung lassen sich auf verschiedenen Ebenen analysieren. Eine Ebene betrifft die Schichtmerkmale, die eine mehr grobe Klassifikation darstellen. Auf der anderen Ebene liegen Erziehungseinstellungen und -praktiken, die als Prozeßvariablen angesehen werden (Weinert 1972).
Soziale *Schichtzugehörigkeit* ist als ein relativ umfassender, einflußreicher und fortdauernder Umweltfaktor anzusehen, der durch unterschiedliche kognitive und motivationale Stimulation eine entscheidende Bedingung für die Intelligenzentwicklung darstellt. Der Zusammenhang zwischen Schichtzugehörigkeit und Intelligenztestleistung ist durch eine umfangreiche Forschungsliteratur, die 70 Jahre zurückreicht, belegt (vgl. Sammelreferate von Neff 1938; Loevinger 1940; Jones 1946, 1960; Eells u.a. 1951; Bloom/Davis/Hess 1965; Hess 1970; Anastasi 1971). Jensen (1973, S. 104) betont, daß die Beziehung zwischen Sozialstatus und Intelligenz eines der „am wenigsten

bezweifelten Fakten in der Psychologie und Pädagogik" darstellt. Er stellt fest, daß die Hälfte der in der Literatur berichteten Korrelationen zwischen Sozialstatus und kindlichem IQ zwischen .25 und .50, mit der größten Dichte im Bereich von .35 und .40 liegt. Ähnliche Aussagen machen JENCKS u.a. (1973, S. 119).

IQ-Unterschiede zwischen Mittel- und Unterschicht betragen bis zu 15–20 Punkte (CHARTERS 1963; MCCANDLESS 1967, S. 352). Die relativ große Streuung der Korrelationswerte beruht auf unterschiedlichen Testverfahren (verbale, nonverbale Tests), unterschiedlichen Schichtkriterien (einfache oder komplexe Kriterien: Einkommen, Beruf, Schulbildung des Vaters) und unterschiedlichen Stichproben (Kleinkinder, Jugendliche). Längsschnitt- bzw. Querschnittuntersuchungen von Intelligenztestleistungen zeigen darüber hinaus, daß sich die schichtspezifischen Unterschiede mit zunehmendem Alter im Sinne eines Schereneffekts vergrößern (vgl. WHITEMAN/DEUTSCH 1968, HUSÉN 1951, DOUGLAS 1964, MANDL 1975).

Zur Erklärung schichtspezifischer Unterschiede bei Intelligenzleistungen werden neben genetischen Ursachen die Defizit- und/oder Differenzhypothese herangezogen (HESS 1970). Nach der Defizittheorie kommen Leistungsunterschiede aufgrund ungenügender Umweltanregungen bei der Unterschicht im Vergleich zur Mittelschicht zustande. Nach der Differenztheorie werden in der Unter- und Mittelschicht verschiedene Fähigkeiten ausgebildet. Intelligenztests, die zur Erfassung von Mittelschichtleistungen konstruiert wurden, benachteiligen Unterschichtkinder. Die Schule als ‚Mittelschichtinstitution' verstärkt die Leistungsunterschiede, da sie nur die Ausgangslage der Mittelschichtkinder berücksichtigt, nicht aber die der Unterschichtkinder (s. Abschnitt 4).

In der Literatur wird auf den begrenzten Wert des theoretischen Konstrukts „soziale Schicht" hingewiesen. „Dieses Konzept erlaubt nur eine sehr grobe Klassifikation der kindlichen Lernumwelten, verdeckt die erhebliche Varianz innerhalb einer sozialen Schicht und sollte deshalb durch den Rekurs auf psychologisch relevante Prozeßvariablen ergänzt werden (vgl. MILLER 1970)" (WEINERT 1972, S. 836). Im Rahmen der pädagogisch-psychologischen Forschung versucht man daher zu Recht, die mit der Kategorie Schicht verbundenen Bedingungsmerkmale aufzuschlüsseln und zu operationalisieren. Untersuchungen von WOLF (1964), MARJORIBANKS (1972), TRUDEWIND (1972) und MANDL (1975) sind Beispiele dafür. Anstelle grober Schichtvariablen untersucht man Variablen, die den *Erziehungseinstellungen und -praktiken* zugeordnet werden. Einstellungen und Praktiken werden dabei nicht immer klar unterschieden. Zum Teil liegt das daran, daß beide Aspekte mit Fragebogen erfaßt werden, und Elternverhalten oft über Kinder erfragt wird. Inhaltlich lassen sich aus der Literatur vier Bereiche von Erziehungseinstellungen und -praktiken hervorheben, die sich teilweise auch überschneiden: Verbale Interaktion, Leistungserwartung, intellektuelle Anregungen, Erziehungsstildimensionen (Betonung der akzeptierend-liebevoll-warmen Zuwendung vs. Zurückweisung; Betonung der Autonomie vs. Kontrolle).

Verbale Leistungen sind für die Lösung vieler Intelligenzaufgaben von großer Bedeutung. Das Ausmaß des *Kontaktes* (verbale Interaktion) und die Qualität des sprachlichen Vorbildes fördern oder beeinträchtigen die Intelligenztestleistung. Familien aus verschiedenen Sozialschichten unterscheiden sich in der Variabilität ihres Sprachverhaltens und den Formen des Sprachgebrauchs (MILNER 1951; BERNSTEIN 1960, 1961; HESS/SHIPMAN 1965; BERNSTEIN/BRANDIS/HENDERSON 1973). WOLF (1964), der Mütter von Kindern der fünften Klasse interviewte, fand Korrelationen zwischen Intelligenztestleistung und Variablen von Situationen, Gelegenheiten zur Vergrößerung des Wortschatzes, Genauigkeit der Sprache, Qualität der verfügbaren Sprachmodelle. Ähnliche Ergebnisse fand MARJORIBANKS (1972).

Unterschiedliche *Leistungserwartungen* und *-forderungen* der Eltern stehen in Beziehung zu verschiedenen Ausprägungen der kindlichen Leistungsmotivation und somit auch zu Intelligenzleistungen. Der Wunsch in leistungsbezogenen Situationen erfolgreich abzuschneiden, ist „ein Schlüsselmotiv im Bildungsprozeß des Heranwachsenden und seinem späteren Berufsschicksal" (HECKHAUSEN 1966, S. 138). Kinder mit solchen Eigenschaften sind beim Lösen von Intelligenztestaufgaben im Vorteil. MARJORIBANKS (1972, S. 105) fand Zusammenhänge zwischen Intelligenztestleistungen und elterlicher Bildungserwartung für ihr Kind, sozialem Druck, Zielsetzung der Eltern für sich selbst, Vorbereitung und Planung des Bildungsgangs für das Kind, Vertrautheit mit den Leistungsfortschritten des Kindes in der Schule, Wert-

schätzung guter Schulleistungen, elterlichem Interesse an der Schule.
Intellektuell anregende und *reizarme Umwelten* bieten verschieden gute Gelegenheiten zur Interaktion mit der Umwelt (s. z.B. BLOOM 1971). Hierher gehören Problemsituationen, Anreize zum Nachdenken über Gegenstände; Anregungsmedien sind Bücher, Bilder, Filme, Zeitungen, Theater, Bekannte. TRUDEWIND (1972 zit. n. HECKHAUSEN/RAUH 1972, S. 54) untersuchte bei 76 Schülern des vierten Schuljahres den Zusammenhang von Intelligenztestleistung und Anregungsgehalt nichtschulischer Umwelt, d.h. Bewegungsfreiheit im Haus und in der näheren Umgebung, Frühe der kindzentrierten Selbständigkeitserziehung, Weite des Erlebnishorizontes, Anregung durch Tierhaltung, Basteln, Hobbies, Anregung durch Bücher, Hefte und Zeitschriften, Stimulation durch Ausstattung der häuslichen Umwelt (vgl. WOLF 1964, MARJORIBANKS 1972, MANDL 1975). HECKHAUSEN/RAUH weisen darauf hin, „daß einzelne Anregungsvariablen das Kind zur intellektuellen Auseinandersetzung mit der Umwelt herausfordern, mehr Gelegenheit für das motivierende Inkongruenzerleben schaffen und so die Entwicklung der Intelligenz fördern" (1972, S. 55).
Als Ergebnis vieler Untersuchungen findet man oft zwei grundlegende, in orthogonaler Relation stehende *Erziehungsstildimensionen* (s. z.B. SCHAEFER 1959): Zuwendung vs. Zurückweisung, Autonomie vs. Kontrolle). Empirische Befunde bestätigen den Zusammenhang zwischen den beiden Dimensionen und Intelligenztestleistungen zu einem bestimmten Zeitpunkt. Akzeptierend-liebevoll-warme Zuwendung der Eltern ihrem Kind gegenüber wirkt sich günstig auf die Intelligenzentwicklung aus (KAGAN/MOSS 1959; BALDWIN u.a. 1945; BAYLEY/SCHAEFER 1960, 1964; RADIN 1971; MANDL 1975).

Schulische Sozialisation und Intelligenzentwicklung

Der Einfluß der Schule auf die kognitive Entwicklung ist unbestritten. Als Beweis werden Untersuchungen angeführt, in denen Schüler aus bestimmten Gründen (Krieg, Rassenstreitigkeiten) längere Zeit (oft mehrere Jahre) vom Schulbesuch ausgeschlossen waren (DEGROOT 1961; GREEN 1966, zit. n. JENCKS 1973). Solche Kinder schnitten in IQ-Leistungen einheitlich schlechter ab als ihre Altersgenossen. Schwierig ist es aber, spezifisch schulische Sozialisationsbedingungen intellektuellen Leistungen zuzuordnen. Bislang ist es nicht gelungen, hierfür detailliertere Befunde bzw. Theorien vorzulegen (s. z.B. WEINERT 1972).
Untersuchungen über die Wirkung von Schulressourcen im gegenwärtigen Schulsystem wie Einrichtungen, Curricula oder Lehrermerkmale zeigten im allgemeinen nur einen geringen Einfluß auf kognitive Schülerleistung (COLEMAN u.a. 1966; KATZMANN 1971, S. 44; AVERICH u.a. 1972, S. 44; JENCKS u.a. 1972; SMITH in MOSTELLER/MOYNIHAN 1972, S. 296, 310). JENCKS u.a. (1973, S. 134) vermuten, „daß öffentliche Schulen sich viel stärker ähneln als Eltern und Lehrer denken".
Um die Wirkung der Schule auf kognitive Leistungen der Schüler zu belegen, werden im allgemeinen Untersuchungen angeführt, die Zusammenhänge aufweisen zwischen Intelligenztestleistungen und so unstrukturierten Variablen wie z.B. Dauer des Schulbesuchs (LORGE 1945, HÄRNQVIST 1968). ANASTASI (1971, S. 208) weist darauf hin, daß es zwei Erklärungsmöglichkeiten für den hohen Zusammenhang zwischen Schulbesuchsdauer und Intelligenztestleistung gibt. Einmal kann es sein, daß die Dauer des Schulbesuchs das intellektuelle Niveau hebt; es könnte aber auch sein, daß „intelligentere" Individuen höhere Schulstufen erreichen (Selektion). Sie führt aber auch an, daß familiale Sozialisationsbedingungen (Traditionen, Einstellungen etc.) eine Rolle spielen können. Eine Untersuchung, die neben der Dauer des Schulbesuchs weitere Sozialisationsbedingungen wie sozioökonomischen Status, Deprivationsindex und Rassenzugehörigkeit berücksichtigt, stammt von WHITEMAN/DEUTSCH (1968). Die mit dem Alter größer werdenden Diskrepanzen in den Intelligenztestleistungen stehen in Zusammenhang mit dem Sozialstatus, der Rassenzugehörigkeit und einem Deprivationsindex (Wohnung, Schulbildung der Eltern, Kinderzahl, Konversation bei Tisch, kulturelle Interessen, Kindergartenbesuch). Eine Vergrößerung der Intelligenzunterschiede im Verlauf der Grundschule in Abhängigkeit von familialen Sozialisationsbedingungen konnte auch in der Untersuchung von MANDL (1975) gezeigt werden. Solche Untersuchungen (s. z.B. a. DOUGLAS 1964, COLEMAN u.a. 1966) legen die Interpretation nahe, daß die Schule nicht, wie allgemein angenommen wird,

als eine für alle Schüler gleiche Ausbildungsinstitution Unterschiede im kognitiven Bereich ausgleicht, sondern eher noch verstärkt.
Die insbesondere im Vorschulbereich durchgeführten kompensatorischen Erziehungsprogramme zur Intelligenzförderung erbrachten in vielen Fällen eine Zunahme der IQ-Werte. Allerdings bewirkte weder der frühe Beginn mit den Programmen (vom ersten Lebensjahr an) noch die Dauer der Teilnahme (bis zu fünf Jahren) insgesamt eine längerfristige Intelligenzsteigerung (vgl. BRONFENBRENNER 1974). „Die Kinder, die den geringsten Nutzen von dem Programm hatten und deren Leistungsfähigkeit nach dem kürzesten Zeitraum am schnellsten wieder abfiel, waren diejenigen, die aus den sozial und wirtschaftlich am stärksten benachteiligten Familien stammen. Als besonders bedeutsam erwiesen sich in dieser Beziehung Einflüsse wie die Zahl der Kinder in der Familie, die Frage, ob der Haushaltsvorstand Arbeit hatte oder arbeitslos war, der Grad der Schulbildung der Eltern und die Anwesenheit von nur einem Elternteil in der Familie" (BRONFENBRENNER 1974, S. 141).

Berufliche Sozialisationsbedingungen der Intelligenzentwicklung

Die Abnahme der Intelligenztestleistungen nach dem 20. Lebensjahr ist weniger durch biologisch-genetische Faktoren bedingt als durch die Spezifität der in Intelligenztests geforderten Leistungen, die im beruflichen Leben des Erwachsenen keine so große Rolle mehr spielen wie im Schulbereich. Personengruppen, die ähnliche Leistungen, wie es die Intelligenztests verlangen, in ihrem Beruf weiter erbringen müssen, erreichen natürlich auch noch bis ins hohe Erwachsenenalter hohe Punktwerte. Es darf jedoch nicht übersehen werden, daß in vielen Berufen (z.B. die Fließbandtätigkeiten) im Vergleich zur Schule niedrigere intellektuelle Leistungen gefordert werden, die die Intelligenzleistung zunehmend beeinträchtigen. Trotzdem erweitern diese Erwachsenen durchaus für spezifische Lebensbereiche die Intelligenz im Sinne des besseren Zurechtfindens in neuen Situationen, die aber von den herkömmlichen Tests nicht erfaßt werden.

Zusammenfassung

Charakteristisch für die Untersuchungen über Sozialisationsbedingungen der Intelligenz ist die Unilateralität der Forschungsansätze. Bestimmte Bedingungen wie Schicht, Erziehungsstil, Schul- und Berufsvariablen werden als Determinanten der Intelligenzleistung betrachtet. Dieses Vorgehen ist erst in jüngster Zeit nochmals von WALBERG/MARJORIBANKS (1976) umfassend dokumentiert worden. Zur Darstellung des Zusammenhangs von familialen Sozialisationsbedingungen und Intelligenzentwicklung haben sie 12 unilaterale Modelle aufgeführt, die sich nach Art und Umfang der Sozialisationsvariablen und der statistischen Prozeduren (z.B. Regressions-, Pfadanalysen) unterscheiden. Umfassendere Konzepte wie interaktionale und transaktionale Ansätze liegen im Rahmen der Sozialisationsuntersuchungen zur Intelligenzentwicklung nicht vor.

3.2 *Kognitive Stile im soziokulturellen Kontext*

Mit dem hypothetischen Konstrukt „kognitiver Stil" wird eine Reihe unterschiedlicher individueller Verarbeitungsformen von Informationen zusammengefaßt. Gemeinsam ist den verschiedenen Stilkonzepten, daß sie die Art und Weise – das *Wie* im Gegensatz zur inhaltsorientierten Frage nach dem *Was* bei Untersuchungen kognitiver Fähigkeiten – beschreiben, in der ein Individuum bei der Auseinandersetzung mit seiner Umwelt Erkenntnis organisiert, d.h. wie es externe Einwirkungen selegiert, repräsentiert, in ein kognitives System einordnet und in seinen Handlungen aktiviert (FRÖHLICH 1972, KÖSTLIN-GLOGER 1974, MESSICK 1976, GOLDSTEIN/BLACKMAN 1978, TYLER 1978).
Weiter ist den verschiedenen Stilkonstrukten gemeinsam, daß sie typische kognitive Prozesse, z.B. Reflexivität eines Individuums, im Unterschied zu maximalen Leistungsniveaus in bestimmten Bereichen, beispielsweise unmittelbare Gedächtnisspanne, beschreiben. Damit zusammenhängend sind kognitive Stile nicht wie Fähigkeitskonstrukte unipolar, sondern meist bipolar konzipiert (z.B. Reflexivität vs. Impulsivität), und können in ihrer Funktionalität nicht generell bewertet werden, sondern nur in Relation zu den Bedingungen der Lebenswelt eines Individuums. MESSICK (1976) hat in einem

Glossar kognitiver Stildimensionen 19 verschiedene Forschungsrichtungen aufgelistet, die sich mit häufig überlappenden Formen der für verschiedene Individuen typischen Prozesse des Wahrnehmens, Erinnerns, Denkens, Problemlösens befassen.
Kennzeichnend für das empirische Vorgehen bei der Stilforschung ist der Versuch, Individuen aufgrund bestimmter Prozeßmerkmale ihrer Informationsverarbeitung in einer Typologie zu ordnen und die so erhaltenen Typen dann in anderen Verhaltensmerkmalen und/oder unter besonderen Umweltbedingungen zu vergleichen (TYLER 1978). Der empirische Ansatz ist demnach darauf ausgerichtet, relativ stabile interpersonale Unterschiede aufzudecken und – meist unilateral einwirkende – Determinanten festzustellen, mit denen intraindividuelle Veränderungen kognitiver Stile erklärt werden können.
Als Beispiel für kognitive Stile wollen wir auf Feldunabhängigkeit/Feldabhängigkeit im Wahrnehmungsbereich, Reflexivität/Impulsivität im Denken und Handeln und auf den stark generalisierten Stil der kognitiven Komplexität eingehen. Letzterer ist gleichzeitig ein Beispiel für ein Stilkonstrukt, das nach dem interaktionalen Modell konzipiert und untersucht worden ist. Die Komplexitätstheorie scheint auch zur Erklärung von Stabilität in dynamisch interaktiven Abläufen geeignet, doch ist dieser transaktionale Aspekt in der Stilforschung bisher nicht realisiert worden.

Sozialisationsbefunde zur Feldunabhängigkeit/ Feldabhängigkeit

Die individuelle Ausprägung dieses Stils wird häufig mit dem „Rod-and-Frame"-Test und dem „Embedded-Figures"-Test gemessen. Beim ersten muß die Testperson in einem völlig dunklen Raum die Raumlage eines leuchtenden Stabs innerhalb eines ebenfalls leuchtenden Rahmens so festlegen, daß die Person den Eindruck hat, der Stab stehe senkrecht. Stab und/oder Rahmen werden unabhängig voneinander verdreht. Beim zweiten Test müssen einfache geometrische Figuren innerhalb eines komplexen Umfeldes entdeckt werden. Wenn die Testperson nicht von der Raumlage des Rahmens bzw. der Einbettung der zu suchenden Figur in ihrer Wahrnehmung behindert wird, ist sie feldunabhängig. Unabhängigkeit vom Kontext geht einher mit analytischer Informationsverarbeitung und Sachorientierung in sozialem Kontext, die ganzheitlich-undifferenzierte Wahrnehmung von feldabhängigen Individuen korreliert mit stärkerer sozialer Orientierung und Sensitivität (WITKIN u.a. 1962, GOLDSTEIN/BLACKMAN 1978).
Eine Reihe von Untersuchungen belegt, daß Feldunabhängigkeit/Feldabhängigkeit von mütterlichen Erziehungspraktiken bzw. dem allgemeinen soziokulturellen Kontext beeinflußt wird.
DYK/WITKIN (1965) und DYK (1969) fanden, daß Mütter feldunabhängiger Sechs- bis Neunjähriger mehr Sensitivität beim Umgang mit ihren Kindern zeigten. Erzieherische Selbstsicherheit der Mutter und Unterstützung kindlicher Selbständigkeitstendenzen korrelieren positiv mit Maßen für Feldunabhängigkeit. Kinder selbst schreiben ihren Eltern in TAT-Geschichten entsprechende Merkmale zu; feldabhängige Knaben erleben ihre Eltern als wenig unterstützend, als willkürlich und autoritär.
Generelle soziokulturelle Unterschiede beeinflußten die Feldabhängigkeit von Knaben aus orthodoxen jüdischen Familien, nichtpraktizierenden jüdischen Familien und protestantischen Familien signifikant unterschiedlich; die erste Gruppe wies geringste, die letzte höchste Feldunabhängigkeit auf (DERSHOWITZ 1971). Eine Zusammenfassung interkultureller Vergleichsuntersuchungen (TYLER 1978) zeigt, daß in Jägerkulturen (z.B. Eskimos) und in wenig strukturierten Gesellschaften mit geringer Rollendifferenzierung und Organisation eher Feldunabhängigkeit gefördert wird, während Ackerbaukulturen (z.B. afrikanische Stämme) und hochstrukturierte Gesellschaften mit vielen unterschiedlichen Rollen und hoher Sozialorganisation eher Feldabhängigkeit fördern.

Sozialisationsbefunde zur Reflexivität/ Impulsivität

Nach KAGAN (1971) unterscheiden sich die kognitiven Prozesse von Individuen dadurch, daß in Problemsituationen über die Angemessenheit von Lösungshypothesen reflektiert wird, oder aber impulsiv aufgrund der ersten Hypothese, die dem Individuum einfällt, weitreichende Schlußfolgerungen gezogen oder Antworten gegeben werden. Bestimmt wird die individuelle Ausprägung durch Geschwindigkeit und Genauigkeit der Informationsverarbeitung beim Lösen der Aufgaben des „Matching-Familiar-

Figures"-Tests. Dabei muß in jeder Aufgabe eine vorgegebene Abbildung unter sechs anderen herausgefunden werden, von denen fünf kleine Veränderungen aufweisen.
Zur Sozialisation dieses Stils liegen eine große Zahl von Untersuchungen vor. Allerdings sind diese durchweg unilateral angelegt, d.h. Reflexivität/Impulsivität tritt im Versuchsplan nur als abhängige Variable auf, und sie sind selten auf langfristige Entwicklungsverläufe ausgerichtet. Allgemein wurde gefunden, daß Impulsivität während der Schulzeit zugunsten der Reflexivität abnimmt, wobei offenbar Trainingseffekte im Unterricht eine Rolle spielen (OERTER 1972). Prozesse des Modellernens und der stellvertretenden Bekräftigung führen zur Übernahme des Informationsverarbeitungsstils der Lehrkräfte durch die Kinder. Dieser Effekt wird begünstigt, wenn Lehrer das Wie ihrer Informationsverarbeitung den Kindern durch Verbalisation zugänglich machen (YANDO/KAGAN 1978, MEICHENBAUM/GOODMAN 1971, KOGAN 1976). Da Impulsivität als unabhängige Variable Lernschwierigkeiten besonders beim Lesen und Rechtschreiben erklärt, wurden auf der Grundlage der vorstehenden Befunde verschiedene Trainingsmethoden zur Förderung von Reflexivität entwickelt (WAGNER 1976). Dabei erwiesen sich Maßnahmen als wirksam, die das Erziehungsverhalten der Mütter reflexiver Kinder generell charakterisieren: positive Erziehungsbedingungen scheinen nach den Ergebnissen von Untersuchungen zur Schichtabhängigkeit von Reflexivität/Impulsivität eher in der sozialen Mittel- und Oberschicht gegeben zu sein (KAGAN 1968); allerdings dürften in diesen Untersuchungen kognitive Stilmerkmale (besonders Reaktionstempo) mit dem – schichtabhängigen – allgemeinen intellektuellen Niveau konfundiert gewesen sein (KÖSTLIN-GLOGER 1974).

Sozialisationsbefunde zur kognitiven Komplexität

Das Konstrukt der kognitiven Komplexität (HARVEY/HUNT/SCHRODER 1961, SEILER 1973, SCHRODER/DRIVER/STREUFERT 1975, STREUFERT/STREUFERT 1978, MANDL/HUBER 1978) erklärt die interaktive Relation von Individuum und Umwelt mit Hilfe der strukturellen Merkmale von Konzepten und Überzeugungssystemen, die das Individuum aufbaut. Dazu wird analysiert, welchen Grad an Strukturiertheit (Komplexität) Wahrnehmungen, Denkoperationen, Einstellungen, Motive aufweisen, die ein Individuum aktiviert, wenn es Information über seine Umwelt sucht und verarbeitet. Höhere Komplexität unterscheidet sich von niedrigerer durch mehr Elemente oder Dimensionen der kognitiven Strukturen und mehr bzw. umfassendere Regeln zur Organisation der Teile:

Kognitive Differenziertheit ist definiert als Anzahl elementarer Dimensionen (z.B. Unterscheidungskategorien) in einer kognitiven Struktur (z.B. Wahrnehmungsbereich).

Kognitive Diskriminiertheit bezeichnet die Feinheit der Unterscheidungen von Stimuli auf einer Dimension.

Kognitive Integriertheit stellt die Anzahl der möglichen Verbindungen bzw. alternativen Verknüpfungen der Dimensionen dar.

Kognitiv komplexe Individuen verarbeiten Information multidimensional; ihre Wahrnehmungs- und Handlungsprozesse sind daher vielfältiger und flexibler als jene weniger komplexer Individuen. Bei der Messung kognitiver Komplexität ergeben sich theoretische und methodische Probleme, die bisher noch nicht hinreichend gelöst erscheinen (HUBER/MANDL 1978, KROHNE/LAUCHT 1978, GOLDSTEIN/BLACKMAN 1978). Die gleiche Kritik gilt für die Operationalisierung von Umweltkomplexität (GOLDSTEIN/BLACKMAN 1978, KLUCK 1979). Das Komplexitätsniveau der Informationsverarbeitung steht in Interdependenz zum Grad der Umweltkomplexität. SEILER (1978) erinnert daran, daß unilaterale Modelle der Umwelteinwirkung für die Erklärung von Sozialisationseinflüssen auf die kognitive Komplexität nicht angemessen sind, da das Individuum selbst aufgrund seiner Aktivität informationsverarbeitende Strukturen in Interaktion mit seiner Umwelt aufbaut. Dabei sind verfügbare kognitive Strukturen immer notwendige Voraussetzungen dafür, daß Anregungs- oder Anforderungsbedingungen der Umwelt wahrgenommen und verarbeitet werden und dafür, *wie* dies geschieht. Die Anregungen und Anforderungen der Umwelt decken sich wohl nie mit Erwartungen und Zielsetzungen, die das Individuum ausformt. Dadurch entsteht kognitiver Konflikt, der Differenzierungs- und Integrationsprozesse in Gang setzt, und damit gleichzeitig eine

Bedingung für die Entwicklung in Richtung auf höhere Komplexität des kognitiven Systems schafft (HUNT 1976).
Dieser Ansatz erscheint theoretisch fruchtbar; es liegen bisher jedoch nur wenige Untersuchungen zum Sozialisationsverlauf vor. HARVEY/FELKNOR (1970) fanden bei Collegestudenten Zusammenhänge zwischen Komplexitätsniveau und elterlichen Erziehungspraktiken, die aus einer Befragung über Erinnerungen an die erlebte Eltern-Kind-Interaktion erschlossen wurden. Die Individuen mit höchstem kognitiven Komplexitätsgrad hatten Erziehungserfahrungen, in denen Strenge, Kontrolle, Willkür und Abhängigkeit eine geringe Rolle spielten. Diese Befunde bestätigen das theoretische Modell der Sozialisationsbedingungen für Komplexitätsentwicklung (HARVEY/HUNT/SCHRODER 1961, SCHRODER/DRIVER/STREUFERT 1975; vgl. HUBER 1976), in dem Kontrolle und Beeinflussung interaktiv verknüpft sind. In diesem Zusammenhang erscheint nochmals ein Hinweis auf die Aktivität als Merkmal menschlicher Informationsverarbeitung wichtig. Komplexe Organisation von Information kann von Dritten geleistet werden und die so definierten Strukturen können von außen zur Übernahme vorgegeben werden. Dies führt zu einer relativ fixierten kognitiven Organisation, zu „reproduktiver Komplexität" (HUBER/MANDL 1978, MANDL/HUBER 1979), die in Prozessen „hierarchischer Integration" (STREUFERT 1978) aufgebaut wird. Wenn in der Sozialisation wenig Möglichkeit besteht, widersprüchliche Information zu erleben und selbständig zu organisieren, wird die kognitive Organisation zwar auch Differenziertheit und Integriertheit aufweisen, aber mit allen Merkmalen eines geschlossenen Systems. Gelegenheiten zu aktiver Organisation dagegen vermitteln komplex organisierte Strukturen nicht als Ergebnis externer, von anderen vollzogener Verarbeitungsprozesse, sondern auch noch die Strukturierungsprozesse selbst. Das Ergebnis ist konstruktive Komplexität, die durch Offenheit für komplexe Verarbeitung neuer, auch widersprüchlicher Erfahrungen gekennzeichnet ist.
HUNT (1975, 1978) hat ein allgemeines Modell der – statisch – interaktiven Zuordnung von Komplexität der Informationsverarbeitung und Komplexität von Unterrichtssituationen zur Entwicklungsförderung vorgeschlagen (developmental matching-model). Kognitive Entwicklung ist dargestellt als fortschreitend von einer nicht differenzierenden Stufe A zu einer differenzierenden, wenig integrierenden Stufe B zu einer differenzierenden und integrierenden Stufe C.
Eine entwicklungsfördernde Lernumwelt für Individuen auf Stufe A muß Regelhaftigkeit aufzeigen oder vorgeben, d.h. konsistente, klar definierte, hoch strukturierte Sozialisationsbedingungen schaffen. Für Individuen auf Stufe B wird die kognitive Entwicklung in Richtung Stufe C gefördert, wenn die Umwelt nur mäßig strukturiert ist und Selbständigkeit fördert. HUNT betont die Umkehrbarkeit seines Modells, daß nämlich nicht nur die Lernsituation das Individuum, sondern auch der Lernende seine Umwelt beeinflussen kann. Eine Zusammenfassung empirischer Befunde zur Förderung und Hemmung kognitiver Komplexität im sozialen Kontext der Schule geben MANDL/HUBER (1977).
SCHRODER (1977, 1978) hat die Interaktion von individueller und Umweltkomplexität in der beruflichen Sozialisation analysiert. Er verweist auf Zusammenhänge zwischen der Vereinfachung von Umweltstrukturen in der Arbeitsorganisation und der Zunahme dysfunktionalen Verhaltens (Abbau intrinsischer Motivation und Verminderung der Kohäsion in Arbeitsgruppen) bei Mitarbeitern. Er fordert die Konzeption von Arbeitsumwelten, die in ihrer Komplexität den Problemen des Arbeitsprozesses und dem Informationsverarbeitungsstil der arbeitenden Personen angepaßt sind.

3.3 Gedächtnisstrategien

Gedächtnisstrategien werden hier im historischen, interkulturellen und soziokulturellen Kontext betrachtet.
YATES (1966) hat die Veränderung der Bedeutung der Gedächtnisfähigkeiten von der Antike bis zur Renaissance in seinem Buch „The Art of Memory" zusammengestellt. In der Antike war das Gedächtnis eine grundlegende Voraussetzung für den Redner. Er benützte die Technik der Loci, um sich der Struktur einer langen Rede zu erinnern. Gedächtnisleistungen lassen sich mit dieser Technik steigern, indem man eine vertraute Abfolge von Plätzen auswählt, Vorstellungen der Merkinhalte bildet und diese Vorstellungen entsprechend ihrer Abfolge in der Plätzesequenz anordnet. Bei der Rekonstruktion geht man die Abfolge der Plätze durch

und sucht den dort deponierten Merkinhalt (Wimmer 1977). Im Mittelalter wurde die Technik der Loci als Hilfe zur Memorierung der Tugenden und Laster sowie der Psalmen und Gebete verwendet. Ramon Lull (Yates 1966, S. 173) arbeitete ein relativ vorstellungsloses Gedächtnissystem aus, das die Bewegung konzentrischer Kreise mit Buchstabenbezeichnungen einführte, die zu Begriffskombinationen führten. Das Gedächtnissystem von Giordano Bruno (Yates 1966, S. 199) verband das System von Lull mit mythologischen Vorstellungen in der Intention alles Wissen des Universums zu ordnen. Für das System von Peter Ramus war eine dialektische Ordnung der Gegenstände auf mystischer Grundlage kennzeichnend.

Eine Reihe von neueren interkulturellen Untersuchungen verweisen auf sozialisationsbedingte Gedächtnisstrategien. In mehreren Forschungsarbeiten konnte Wagner in Yukatan (1974) und in Marokko (1977, 1978, 1979) unterschiedliche Gedächtnisstrategien bei Personen in Abhängigkeit von Schulbildung und Stadtnähe aufzeigen. Cole u.a. (1971) beobachteten, daß Liberianer, die die Schule besuchten, Clusterstrategien bei Gedächtnisexperimenten benutzten und höhere Gedächtnisleistungen erzielten als Liberianer, die keine Schule besuchten. Eine andere Studie in Liberia zeigte ebenfalls, daß Cluster- und Wiedergabestrategien in einem signifikanten Zusammenhang mit der Stadtnähe standen (Scribner 1974). In einer Gedächtnisstudie fanden Liben/Drury (1976), daß taube Kinder ihre eigenen, offensichtlich kulturspezifischen bzw. gruppenspezifischen Gedächtnisstrategien besaßen. So beobachtete der Autor den Gebrauch des Fingerzählens und den Gebrauch mimischer Repräsentationen als Mnemonics.

Hagen/Stanovich (1977) ziehen nach der Durchsicht einer Reihe von Untersuchungen die Schlußfolgerung, daß die formale Schulung die Entwicklung kognitiver Strategien, die für Gedächtnisleistungen in allen kulturellen Kontexten ausschlaggebend sind, fördert. Spontane Versuche, Informationen zu klassifizieren und zu wiederholen, um sich an sie wieder zu erinnern, scheinen mehrere Jahre formaler Schulung vorauszusetzen. Das gleiche gilt für die Übertragung von Operationen und Regeln auf neue, den Laboraufgaben ähnliche Situationen. Daß Gedächtnisstrategien nicht so sehr das Ergebnis menschlicher Reifung, sondern das Produkt formaler Schulung sind, wird von Brown (1977) am Beispiel kontextualisierter und dekontextualisierter Strategien aufgezeigt. Eine häufig auftretende Gedächtnisstrategie ist die externe Speicherung von Informationen, d.h. die Verwendung äußerlicher Hilfsmittel als Gedächtnisstütze. Der Gebrauch von Orten, Umgebungen und materiellen Erinnerungshilfen ist eine kontextuelle Form der Wiedergabe und gehört zu den dominierenden Formen menschlicher Gedächtnisstrategien. Dagegen ist der Gebrauch dekontextualisierter, interner Gedächtnisstrategien eine spezialisierte Form der kognitiven Aktivität und wahrscheinlich ein Produkt der formalen Schulung, daher nicht repräsentativ für grundlegende kognitive Prozesse. Nelson (1977) hat darauf hingewiesen, daß kontextbezogene Ereignisstrukturen und Pläne, die sich auf erlebte, bedeutsame und sich wiederholende Sequenzen in Raum und Zeit beziehen, die wichtigen Organisationsstrukturen für kleine Kinder darstellen. Auch Brown (1977) nimmt an, daß kontextuale Strategien die dominierende Form des Wissens bei den Kindern unserer Gesellschaft wie auch die bei den ungeschulten jungen Erwachsenen in sog. primitiven Gesellschaften sind.

Darüber hinaus weist Brown (1977) darauf hin, daß Kinder aus der Unterschicht in industrialisierten Gesellschaften, die dekontextualisierte Wissensstrategien begünstigen, in den Schulen benachteiligt sind. Ein Grund dafür liegt in der Benützung des restringierten Kodes (Bernstein 1971) der Unterschichtkinder, bei dem die kontextbezogenen, sozialen, rhetorischen Funktionen der Sprache im Vordergrund stehen (Olson 1975). In den sog. primitiven Gesellschaften besteht keine derartige Kluft zwischen den Lebensbereichen der Kinder, der Heranwachsenden und der Erwachsenen, wie dies in westlichen Gesellschaften bei Vorschulkindern, Schulkindern und Berufstätigen der Fall ist.

Auch im Rahmen der Gedächtnisstrategien standen bisher unidirektionale Forschungsansätze im Vordergrund; d.h. der Zusammenhang mit Sozialisationsvariablen wie z.B. Schulbildung oder Stadtnähe wurde bezogen auf Gedächtnisstrategien kausal interpretiert. In zunehmendem Maß wird gerade im Hinblick auf die Analyse von Gedächtnisstrategien die Entwicklung umfassenderer Sozialisationsmodelle gefordert.

Exemplarisch verweisen wir hier auf das transaktionale Modell des Gedächtnisses von Mea-

CHAM (1977, S. 278f.). Das Modell umfaßt den sozialen Kontext, die Gedächtnisse und den individuellen Lerner als veränderbare Ereignisse, die von einem mehr grundlegenden Prozeß der Transaktion, Kommunikation oder Veränderung abgeleitet werden. Der soziale Kontext wird durch die Gedächtnisse des Individuums interpretiert und die Gedächtnisse werden immer innerhalb eines sozialen Kontextes konstruiert.

Die Beziehung zwischen Individuum, Gedächtnissen und dem sozialen Kontext ist reziprok kausal. Die Gedächtnisse als Produkte der Transaktion wirken auf das Individuum und verändern die Natur der motorischen Handlungen, der Kognitionen und der Persönlichkeit. Durch Transaktion wird ein fortlaufender Gegensatz zwischen dem Individuum, den Gedächtnissen und dem sozialen Kontext geschaffen und in dieser Weise werden die Bedingungen für weitere Entwicklungen in diesem System fortlaufend erzeugt. Sobald eine neue Gedächtnisleistung dargestellt wird, verändert sich die Beziehung des Individuums zum sozialen Kontext und es existiert die Möglichkeit für weitere Veränderungen in dem Individuum.

Es ist wichtig zu beobachten, daß die Entwicklung des individuellen Lerners nicht eine Sache der individuellen Veränderung oder Konstruktion selbst ist noch ein Programm neuer oder effizienter Operationen, sich zu erinnern. Das System erzeugt im Gegenteil durch seine Aktivität Gedächtnisfähigkeiten und Gedächtnisse und beeinflußt fortlaufend den individuellen Lerner. Durch die grundlegende Aktivität oder durch das Funktionieren und nicht durch spezifische Prozesse geschieht die individuelle Entwicklung.

4 Zusammenfassung und methodischer Ausblick

In Prozessen kognitiver Sozialisation werden direkte und indirekte Einwirkungen anderer Personen auf ein Individuum durch dessen informationsverarbeitende Aktivitäten vermittelt. Unilaterale Sozialisationsmodelle greifen daher zu kurz. Statisch-interaktive Modelle erklären Sozialisationseffekte jedoch auch nicht hinreichend, denn durch ihre Handlungen bewirkt eine Person selbst spezifische Veränderungen in ihrer sozialen und materiellen Umwelt und bestimmt so die Einflüsse mit, denen sie individuell ausgesetzt ist. Daher sind dynamisch-interaktive (LERNER 1978), explikativdialektische (RIEGEL 1975, LERNER/SKINNER/SORELL 1978) oder transaktionale (MEACHAM 1977, SAMEROFF 1975) Modelle zur Explikation kognitiver Sozialisation nötig. Sozialisationsmodelle müssen in der Lage sein, die interne Dialektik bei der gegenseitigen Anpassung von biologischen Vorgegebenheiten und Umwelteinflüssen bzw. beim Abgleich früherer und neuer Erfahrungen (RIEGEL 1975, LERNER 1978) ebenso zu berücksichtigen wie die externe Dialektik der Interaktion zwischen Individuum und materieller bzw. sozialer Umwelt (vgl. Abschn. 2). Darüber hinaus muß die Interdependenz von interner und externer Dialektik erfaßt werden: „Die veränderlichen Ereignisse in Individuen interagieren mit veränderlichen Ereignissen der äußeren Welt, der sie als Bestandteile angehören, und beeinflussen diese. Umgekehrt beeinflussen die veränderlichen Ereignisse der äußeren Welt die Ereignisse im Individuum" (RIEGEL 1975, S. 50).

Kognitive Sozialisationsforschung hat interdependente Veränderungen zum Gegenstand und muß nach den Bedingungen für relativ überdauernde Stabilität suchen. Den Veränderungsaspekt und das Merkmal der Einbettung zyklisch interagierender Prozesse (im Unterschied zur Stufenfolge oder Sequenz von Verarbeitungsniveaus) faßt die Darstellung des zyklischen Charakters kognitiver Prozesse von NEISSER (1976) zusammen (Abb. 3).

Interne Dialektik beispielsweise in Wahrnehmungsprozessen ist dadurch gekennzeichnet, daß verfügbare Schemata kognitive Funktionen so steuern, daß von der aktuell verfügbaren Information jener Ausschnitt gesammelt wird, den das Individuum erwartet. Die beachteten Umweltausschnitte allerdings können auch Information liefern, die nicht mit den Schemata übereinstimmt. Dadurch kommt Veränderung dieser spezifischen Schemata in Gang. In dieser Veränderung liegt Anlaß für neue Beobachtungen, die einen neuen Zyklus eröffnen, usw. Externe Dialektik ist analog zu beschreiben. Zwischen internen und externen Veränderungen besteht in allen zyklischen Abschnitten Interdependenz, z.B. zwischen Veränderungen kognitiver Schemata als Teilen und der individuellen kognitiven Struktur als Ganzem oder zwischen Wahrnehmungs- und Handlungsmustern.

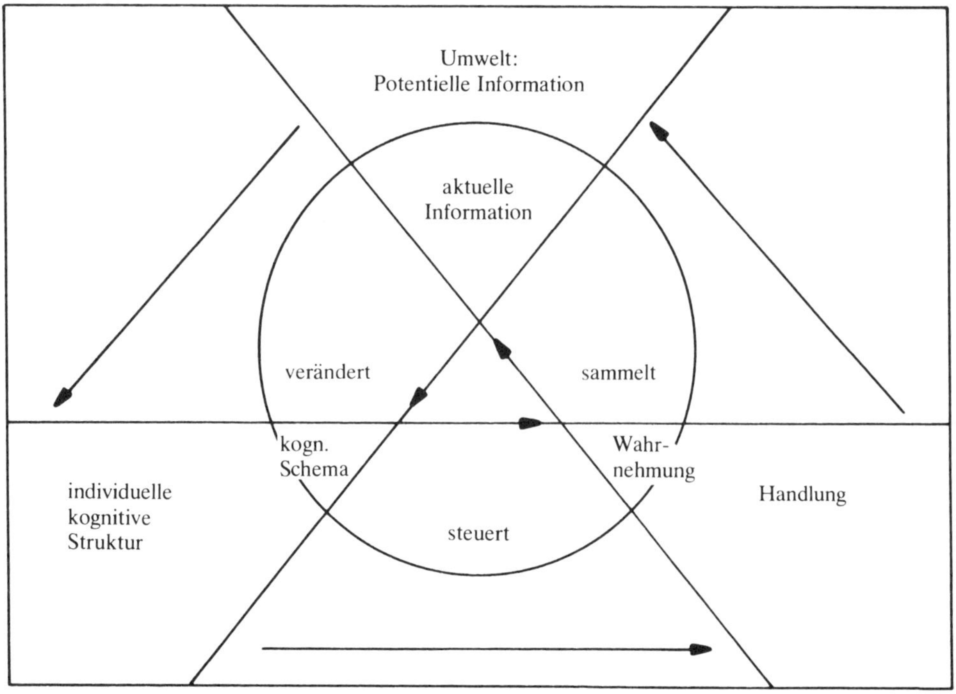

Abb. 3.: Zyklisches Modell der kognitiven Sozialisation (nach NEISSER 1976).

Derartige Modellvorstellungen sind bedeutungslos, solange in der kognitiven Sozialisationsforschung nicht methodische Weiterentwicklungen damit einhergehen. LERNER/SKINNER/SORELL (1978) skizzieren fünf Bereiche methodischer Veränderungen:

- Dynamischer Interaktionismus betont die Bedeutung der Einbettung von Veränderungsprozessen. Kognitive Sozialisationsforschung muß daher um *ökologische Validität* (vgl. BRONFENBRENNER 1977, OERTER 1977) bemüht sein.
- Der *zyklische Charakter* dynamisch interagierender Veränderungen innerhalb und zwischen verschiedenen Ebenen der Sozialisationsanalyse kann durch Aufzeichnung linearer Sequenzen bidirektionaler Einwirkungen (z.B. Lehrer-Schüler-Interaktion) nicht erfaßt und durch Anwendung linearer statistischer Modelle nicht hinreichend analysiert werden.
- Da Veränderlichkeit das Prinzip, Stabilität das zu erklärende Phänomen ist, sollten nicht gesetzesartige generelle Aussagen, sondern probabilistische Aussagen über Veränderungsverläufe Ziel der Forschungen sein. Generalisierungen bzw. Vorhersagen richten sich dann auf „*changes-within-ranges*". (Oder anders: Schlußfolgerungen und Vorhersagen aufgrund vorliegender Daten sind nur möglich, wenn der Veränderungsverlauf des interessierenden kognitiven Prozesses als wahrscheinliches Ereignis aufgefaßt wird, dessen Variation von den anderen Veränderungsprozessen begrenzt wird, in die es eingebettet ist.)
- Eine spezifische kognitive Veränderung ist Ergebnis des Zusammenwirkens aller anderen Prozesse. Ergebnis und Prozeß unterliegen ständiger Veränderung. Daher ist zu klären, welchen Einfluß die *zeitliche Verlaufsgestalt* der verschiedenen Einwirkungen auf das Ergebnis eines Veränderungsprozesses hat. Es genügt nicht, das Vorliegen/Nichtvorliegen oder die Intensitätsabstufungen von Veränderungsdeterminanten zu erfassen; vielmehr müssen ihre zeitliche Relation und Sequenzierung berücksichtigt werden.
- Innerhalb und zwischen den Ebenen der Veränderungsanalyse können unterschiedliche Veränderungsgeschwindigkeiten auftre-

ten. Kognitive und emotionale Veränderungen auf individuell-psychologischem Niveau beispielsweise verlaufen nicht synchron. Für verschiedene Variablen erscheinen daher *unterschiedliche Maßstäbe der Zeitdimension* nötig. Fehlende Äquivalenz der zeitlichen Metrik ist besonders bei der Untersuchung von Interdependenzen interner und externer Prozesse zu beachten.

Diese Merkmale differenzieren die Postulate eines transaktionalen Ansatzes kognitiver Sozialisationsforschung; im Augenblick allerdings sind sie noch nicht vollständig operationalisiert.

Literatur

AEBLI, H.: Die geistige Entwicklung als Funktion von Anlage, Reifung, Umwelt und Erziehungsbedingungen. In: ROTH, H. (Hrsg.): Begabung und Lernen. Stuttgart, Klett 1969, S. 151–192.

ANASTASI, A.: Differential psychology. New York, The Macmillan Company 1971, 3rd.

ASHER, E. J.: The inadequacy of current intelligence tests for testing Kentucky mountain children. In: Genetic Psychology 46 (1935), S. 480–486.

AVERICH, H. u.a.: How effective is schooling? A critical review and synthesis of research findings. Santa Monica, The Rand Corporation 1972.

BALDWIN, A. L./KALHORN, J./BREESE, F. H.: Patterns of parent behavior. In: Psychological Monographs: General and Applied 58 (1945).

BAYLEY, N./SCHAEFER, E. S.: Relationships between socioeconomic variables and the behavior of mothers toward young children. In: The Journal of Genetic Psychology 96 (1960), S. 61–77.

BAYLEY, N./SCHAEFER, E. S.: Correlations of maternal and child behaviours with the development of mental abilities: Data from the Berkeley Growth Study. In: Monogr. Society for Research in Child Development 29 (1964), whole No. 97.

BERNSTEIN, B.: Language and social class. In: British Journal of Sociology 11 (1960), S. 271–276.

BERNSTEIN, B.: Social structure, language and learning. In: Educational Research 3 (1961), S. 163–176.

BERNSTEIN, B.: Class codes and control (Vol. 1). London, Routledge & Kegan Paul 1971.

BERNSTEIN, B./BRANDIS, W./HENDERSON, D.: Soziale Schicht, Sprache und Kommunikation. Düsseldorf, Schwann 1973.

BLOOM, B. S.: Stabilität und Veränderung menschlicher Merkmale. Weinheim, Beltz 1971.

BLOOM, B. S./DAVIS, A./HESS, R.: Compensatory education for cultural deprivation. New York, Holt, Rinehart & Winston 1965.

BOLLES, R. S.: Learning, motivation and cognition. In: ESTES, W. K. (Hrsg.): Handbook of learning and cognitive processes. Vol. 1: Introduction to concepts and issues. Hillsdale, Erlbaum 1975, S. 249–280.

BRONFENBRENNER, U.: Wie wirksam ist kompensatorische Erziehung. Stuttgart, Klett 1974.

BRONFENBRENNER, U.: Toward an experimental ecology of human developments. In: American Psychologist 32 (1977), S. 513–531.

BRONFENBRENNER, U.: Ansätze zu einer experimentellen Ökologie menschlicher Entwicklung. In: OERTER, R. (Hrsg.): Entwicklung als lebenslanger Prozeß. Hamburg, Hoffmann & Campe 1978, S. 33–65.

BROWN, A. L.: Knowing, When, Where and How to Remember. A Problem of Metacognition. In: GLASER, R.: Instructional Psychology. Hillsdale, Erlbaum 1978, S. 77–165.

CHARTERS, W. W., Jr.: Social class and intelligence tests. In: CHARTERS, W. W., Jr./GAGE, N. L. (Hrsg.): Readings in the social psychology of education. Englewood Cliffs, Allyn & Bacon 1963, S. 12–21.

COLE, M./GAY, J./GLICK, J./SHARP, D.: The cultural context of learning and thinking. New York, Basic Books 1971.

COLEMAN, J. S. u.a.: Equality of educational opportunity. Washington D.C., U.S. Government Printing Office 1968.

DEGROOT, A. D.: „War and intelligence of youth“. In: Journal of Abnormal and Social Psychology 46 (1951), S. 569–597.

DERSHOWITZ, Z.: Jewish subcultural patterns and psychological differentiation. In: International Journal of Psychology 6 (1971), S. 223–231.

DOUGLAS, J. W. B.: The home and the school. London, McGibbon & Kee 1964.

DYK, R. B.: An exploratíng study of mother-child interaction in infancy as related to the development of differentiation. In: Journal of the American Academy of Child Psychiatry 8 (1969), S. 657–691.

DYK, R. B./WITKIN, H. A.: Family experiences related to the development of differentiation in children. In: Child Development 36 (1965), S. 21–55.

EELLS, K. W./DAVIS, A./HAVIGHURST, R. J./HERRICK, V. E./TYLER, R. W.: Intelligence and cultural differences: A study of cultural learning and problem-solving. Chicago, University of Chicagco Press 1951.

FLAVELL, J.: The developmental psychology of Jean Piaget. Princeton, Van Nostrand 1963.

FRÖHLICH, W. D.: Sozialisation und kognitive Stile. In: GRAUMANN, C. F. (Hrsg.): Handbuch der Psychologie. 7. Bd.: Sozialpsychologie, 2. Halbband: Forschungsberichte. Göttingen, Hogrefe 1972, S. 1020–1039.

FURTH, H.: Piaget and knowledge. Englewood Cliffs, Prentice Hall 1969.

GINSBURG, H./KOSLOWSKI, B.: Cognitive development. In: Annual Review of Psychology 27 (1976), S. 29–61.

GOLDSTEIN, K. M./BLACKMAN, S.: Cognitive Style. New York, Wiley 1978.

GREEN, R. L. u.a.: The educational status of children in a district without public schools. Cooperative research project 2321. Washington, D.C., US. Office of education, 1964.

GUTHKE, J.: Zur Diagnose der intellektuellen Lernfähigkeit. Berlin, VEB Deutscher Verlag der Wissenschaften 1972.

HAGEN, J. W./STANOVICH, K. E.: Memory: Strategies of Acquisition. In: KAIL, R. V./HAGEN, J. W. (Hrsg.): Perspectives on the Development of Memory and Cognition. Hillsdale, Erlbaum 1977, S. 89–111.

HÄRNQVIST, K.: Relative changes in intelligence from 13 to 18. I. Background and methodology. In: Scandinavian Journal Psychology 9 (1968), S. 50–64.

HARVEY, O. J./FELKNOR, C.: Parent-relations as an antecedent for conceptual functioning. In: HOPPE, R. A./NILTON, G. A./SIMMEL, E. C. (Hrsg.): Early experiences and the processes of socialization. New York 1970, S. 167–206.

HARVEY, O. J./HUNT, D. E./SCHRODER, H. M.: Conceptual systems and personality organization. New York, Wiley 1961.

HAVIGHURST, R. J.: Developmental tasks and education. New York, McKay 1972.

HECKHAUSEN, H.: Einflüsse der Erziehung auf die Motivationsgenese. In: HERRMANN, T. (Hrsg.): Psychologie der Erziehungsstile. Göttingen, Hogrefe 1966, S. 131–169.

HECKHAUSEN, H./RAUH, H.: Funkkolleg. Pädagogische Psychologie (3), Studienbegleitbrief. Weinheim, Beltz 1972.

HESS, R. D.: Social class and ethnic influences on socialization. In: MUSSEN, P. H. (Hrsg.): Carmichael's manual of child psychology. Vol. 2. New York, John Wiley & Sons 1970, S. 457–557.

HESS, R. D./SHIPMAN, V. S.: Early experiences and the socialization of cognitive modes in children. In: Child Development 39 (1965), S. 869–886.

HESS, R. D./SHIPMAN, V. S.: Frühkindliche Erfahrung und Sozialisation kognitiver Stile. In: GRAUMANN, C. F./ HECKHAUSEN, H. (Hrsg.): Pädagogische Psychologie. Grundlagentexte Bd. 1: Entwicklung und Sozialisation. Frankfurt, Fischer 1973, S. 287–307.

HUBER, G. L.: Selbstbestimmung und Fremdbestimmung in Lernprozessen. München, Ehrenwirth 1976.

HUBER, G. L./MANDL, H.: Differenziertheit und Integriertheit des Konstrukts der kognitiven Komplexität. In: MANDL, H./HUBER, G. L. (Hrsg.): Kognitive Komplexität. Göttingen, Hogrefe 1978, S. 219–298.

HUBER, G. L./MANDL, H.: Kognitive Entwicklung. In: ROST, D. H. (Hrsg.): Entwicklungspsychologie für die Grundschule. Bad Heilbrunn, Klinkhardt 1980, S. 53–81.

HUNT, D. E.: A conceptual systems change model and its application to education. In: HARVEY, O. J. (Hrsg.): Experience, structure and adaptability. New York, Springer 1966, S. 277–302.

HUNT, D. E.: Person-environment interaction: A challenge found wanting before it was tried. In: Review of Educational Research 45 (1975), S. 209–230.

HURRELMANN, K.: Gesellschaft, Sozialisation und Lebenslauf. In: HURRELMANN, K. (Hrsg.): Sozialisation und Lebenslauf. Reinbek b. Hamburg, Rowohlt 1976, S. 15–23.

HUSÉN, T.: The influence of schooling upon IQ. In: Theora 17 (1951), S. 61–88.

INGENKAMP, K.: Möglichkeiten und Grenzen des Lehrerurteils und der Schultests. In: ROTH, H. (Hrsg.): Begabung und Lernen. Stuttgart, Klett (1969), S. 407–431, 4. Aufl.

JENCKS, Ch. u. a.: Inequality – a reassessment of the effect of family and schooling in America. New York, Basic Books 1972.

JENCKS, Ch. u. a.: Chancengleichheit. Hamburg, Rowohlt 1973.

JENSEN, A. R.: Wie sehr können wir Intelligenzquotient und schulische Leistung steigern?. In: SKOWRONEK, H. (Hrsg.): Umwelt und Begabung. Stuttgart, Klett 1973, S. 63–155.

JONES, H. E.: The environment and mental development. In: CARMICHAEL, L. (Hrsg.): Manual of child psychology. Vol. 1. New York, John Wiley & Sons 1960, S. 631–696, 2nd (1946 1st).

KAGAN, J.: On cultural deprivation. In: GLASS, D. C. (Hrsg.): Biology and Behavior. New York 1968, S. 357–367.

KAGAN, J./MOSS, H. A.: Parental correlates of child's IQ and height. In: Child Development 30 (1959), S. 325–332.

KATZMANN, M.: The political economy of urban schools. Cambridge, Harvard Univ. Press 1971.

KELLER, M./WEINERT, F. E./ZEBERGS, D.: Kognitive Sozialisation. Probleme einer allgemeinen Theorie der kognitiven Sozialisation. In: NEIDHARDT, F. (Hrsg.): Frühkindliche Sozialisation. Theorien und Analysen. Stuttgart, Enke 1975, S. 7–75.

KLUCK, M. L.: Kognitive Komplexität und Personwahrnehmung – Theorie, Methoden, Ergebnisse. Arbeitsbericht Nr. I/7 des Instituts für Psychologie, Rheinisch-Westfälische TH, Aachen 1979.

KOGAN, N.: Cognitive styles in infancy and early childhood. Hillsdale, Erlbaum 1976.

KÖSTLIN-GLOGER, G.: Sozialisation und kognitive Stile. Weinheim, Beltz 1974.

KROHNE, H. W./LAUCHT, M.: Zur Operationalisierung des Konstrukts der kognitiven Strukturiertheit. In: MANDL, H./HUBER, G. L. (Hrsg.): Kognitive Komplexität. Göttingen, Hogrefe 1978, S. 193–218.

LACHMAN, R./LACHMAN, J. L./BUTTERFIELD, E. C.: Cognitive psychology and information processing: An introduction. Hillsdale, Erlbaum 1979.

LERNER, M. R.: Nature, nurture and dynamic interactionism. In: Human Development 21 (1978), S. 1–20.

LERNER, R. M./SKINNER, E. A./SORELL, G. T.: Methodological impications of contextual/dialectic theories of development. Paper presented at the 86th Annual Convention of the APA, Toronto 1978.

LIBEN, L. S./DRURY, A. M.: Short-term memory in deaf and learning children in relation to stimulus characteristics. In: Journal of Experimental Child Psychology 24 (1977), S. 60–73.

LOEVINGER, J.: Intelligence as related to socio-economic factors. In the Thirtyninth Yearbook of the National Society for the Study of Education. Part I. Bloomington, III., Public School Publishing Co. 1940, S. 159–210.

LOEVINGER, J.: Ego development. San Francisco, Jossey-Bass 1976.

LORGE, J.: Schooling makes a difference. In: Coll. Rec. 46 (1945), S. 483–492.

MANDL, H.: Kognitive Entwicklungsverläufe von Grundschülern. München, Oldenbourg 1975.

MANDL, H./ZIMMERMANN, A.: Untersuchung zur Faktorenstruktur des BT 2–3. In: Psychologie in Erziehung und Unterricht 21 (1974), S. 129–133.

MANDL, H./HUBER, G. L.: Förderung und Hemmung kognitiver Sozialisation in der Schule. In: Zeitschrift für Pädagogik 23 (1977), S. 195–210.

MANDL, H./HUBER, G. L. (Hrsg.): Kognitive Komplexität. Göttingen, Hogrefe 1978.

MANDL, H./HUBER, G. L.: Komplexität schulischer Interaktionsprozesse. In: Unterrichtswissenschaft 7, (1979), S. 63–77.

MARJORIBANKS, K.: Environment, social class, and mental abilities. In: Educational Psychology 63 (1972), S. 103–109.

MCCANDLESS, B. R.: Children: Behavior and Development. New York, Holt, Rinehart & Winston 1967.

MEACHAM, J. A.: A transactional model of remembering. In: DATAN, N./REESE, H. W. (Hrsg.): Life-span developmental psychology: Dialectic perspectives on experimental research. New York, Academic Press 1977, S. 261–283.

MEICHENBAUM, D. H./GOODMAN, J.: Training impulsive children to talk to themselves: A means of developing self-control. In: Journal of Abnormal Psychology 77 (1971), S. 115–126.

MESSICK, S. and Associates: Individuality in learning. San Francisco, Jossey-Bass 1976.

MILLER, G. W.: Factors in school achievement and social

class. In: Journal of Educational Psychology 61 (1970), S. 260–269.

MILNER, E.: A study of the relationship between reading readiness in grade one school children and patterns of parent-child interaction. In: Child Development 22 (1951), S. 95–112.

MOROZ, M.: The concept of cognition in contemporary psychology. In: ROYCE, J. R./ROZEBOOM, W. W. (Hrsg.): The psychology of knowing. New York, Gordon & Breach 1972, S. 179–205.

MOSTELLER, F./MOYNIHAN, P. (Hrsg.): On equality of educational opportunity. New York, Random House 1972.

NEFF, W.: Socioeconomic status and intelligence: A critical survey. In: The Psychological Bulletin 35 (1938), S. 727–757.

NEIDHARDT, F.: Sozialisation. In: HORNEY, W./RUPPERT, J. P./SCHULTZE, W. (Hrsg.): Pädagogisches Lexikon, Bd. 2. Gütersloh, Bertelsmann 1970, S. 1053–1055.

NEISSER, U.: Kognitive Psychologie. Stuttgart, Klett 1974.

NEISSER, U.: Cognition and reality. San Francisco, Freeman 1976.

NELSON, K.: Cognitive development and the acquisition of concepts. In: ANDERSON, R. C./SPIRO, R. J./MONTAGUE, W. E. (Hrsg.): Schooling and acquisition of knowledge. Hillsdale, Erlbaum 1977, S. 215–239.

OERTER, R.: Moderne Entwicklungspsychologie. Donauwörth, Auer 1972.

OERTER, R.: Zur Dynamik von Entwicklungsaufgaben im menschlichen Lebenslauf. In: OERTER, R. (Hrsg.): Entwicklung als lebenslanger Prozeß. Hamburg, Hoffmann & Campe 1978, S. 66–110.

OERTER, R.: Ein ökologisches Modell kognitiver Sozialisation. In: WALTER, H./OERTER, R. (Hrsg.): Ökologie und Entwicklung. Mensch-Umwelt-Modelle. Donauwörth, Auer 1979, S. 57–70.

OERTER, R./MANDL, H.: Individuelle Leistungsfähigkeit und Entwicklungsnorm im Bereich schulischen Lernens. In: Unterrichtswissenschaft 5 (1977), S. 34–44.

OEVERMANN, U.: Soziale Schichtung und Begabung. In: Zeitschrift für Pädagogik, Beiheft 5 (1966), S. 166–186.

PIAGET, J.: Piaget's theory. In: MUSSEN, P. H. (Hrsg.): Carmichael's manual of child psychology. New York, Wiley 1970, S. 703–732.

PIAGET, J.: Der Aufbau der Wirklichkeit beim Kinde. Stuttgart, Klett 1975.

RADIN, N.: Maternal warmth, achievement motivation and cognitive functioning in lower class preschool children. In: Child Development 42 (1971), S. 1565–1574.

RIEGEL, K.: Toward a dialectic theory of development. In: Human Development 18 (1975), S. 50–64.

ROSENTHAL, T. L./ZIMMERMAN, B. J.: Social learning and cognition. New York, Academic Press 1978.

SAMEROFF, A. J.: Early influences on development: Fact or fancy?. In: Merrill-Palmer Quarterly 21 (1975), S. 267–293.

SCHAEFER, E. S.: A circumplex model for maternal behavior. In: Journal of Abnormal Social Psychology 59 (1959), S. 226–235.

SCHMID, R.: Intelligenz- und Leistungsmessung. Frankfurt, Campus 1977.

SCHRODER, H. M.: Management development training programs for urban managers. Washington, National Training and Development Service 1977.

SCHRODER, H. M.: Die Bedeutsamkeit von Komplexität. In: MANDL, H./HUBER, G. (Hrsg.): Kognitive Komplexität. Göttingen, Hogrefe 1978, S. 35–50.

SCHRODER, H. M./DRIVER, M. J./STREUFERT, S.: Menschliche Informationsverarbeitung. Weinheim, Beltz 1975.

SCRIBNER, S.: Developmental aspects of categorized recall in a West African society. In: Cognitive Psychology 6 (1974), S. 475–494.

SEILER, Th. B.: Überlegungen zu einer kognitionstheoretischen Fundierung des Konstrukts der kognitiven Komplexität. In: MANDL, H./HUBER, G. L. (Hrsg.): Kognitive Komplexität. Göttingen, Hogrefe 1978, S. 111–140.

SKEELS, H. M./FILLMORE, E. A.: The mental development of children from underprivileged homes. In: Journal of Genetic Psychology 50 (1937), S. 427–439.

STERN, W.: Die Psychologischen Methoden der Intelligenzprüfung und deren Anwendung an Schulkindern. Leipzig 1912.

STREUFERT, S.: Zum Stand der kognitiven Komplexitätstheorie. In: MANDL, H./HUBER, G. L. (Hrsg.): Kognitive Komplexität. Göttingen, Hogrefe 1978, S. 85–96.

STREUFERT, S./STREUFERT, S. C.: Behavior in the complex environment. Washington, Winston 1978.

TRUDEWIND, C.: Versuch einer Taxonomie von leistungsmotivationsgenetisch relevanten Bedingungen des nichtschulischen Lebensraumes. Dissertation. Ruhr-Universität Bochum, Fak. für Philosophie, Pädagogik, Psychologie 1972.

TYLER, L. E.: Individuality. San Francisco, Jossey-Bass 1978.

VERNON, P. E.: Intelligence and cultural environment. London, Methuen 1972.

WAGNER, D. A.: The development of short-term and incidental memory: A cross-cultural study. In: Child Development 45 (1974), S. 389–396.

WAGNER, D. A.: Ontogeny of the Ponzo illusion: Effects of age, schooling, and environment. In: International Journal of Psychology 12 (1977), S. 161–176.

WAGNER, D. A.: Memories of Marocco: The influence of age, schooling, and environment on memory. In: Cognitive Psychology 10 (1978), S. 1–28.

WAGNER, D. A.: Culture and Mnemonics. In: GRUNEBERG, M. M./MORRIS, P. E./SYKES, R. N. (Hrsg.): Practical aspects of memory. London, Academic Press 1979, S. 180–188.

WAGNER, I.: Aufmerksamkeitstraining mit impulsiven Kindern. Stuttgart, Klett 1976.

WALBERG, H. J./MARJORIBANKS, K.: Family environment and cognitive development. Twelve analytic models. In: Review of Educational Research 46 (1976), S. 527–551.

WECHSLER, D.: The measurement of adult intelligence. Baltimore 1939.

WEINERT, F. E.: Schule und Beruf als institutionelle Sozialisationsbedingungen. In: GRAUMANN, C. F. (Hrsg.): Sozialpsychologie, 2. Halbband (Handbuch der Psychologie in 12 Bänden). Göttingen, Hogrefe 1972, S. 825–885.

WESMAN, A. G.: Intelligent testing. In: American Psychologist 23 (1968), S. 267–274.

WHEELER, L. R.: A comparative study of intelligence of East Tennessee mountain children. In: Journal of Educational Psychology 33 (1942), S. 321–334.

WHITEMAN, M./DEUTSCH, M.: Social disadvantage as related to intellective and language development. In: DEUTSCH, M./KATZ, J./JENSEN, A. (Hrsg.): Social class, race and psychological development. New York, Holt, Rinehart & Winston 1968, S. 86–114.

WIMMER, H.: Gedächtnis, Gedächtnisentwicklung und schulisches Lernen. In: Unterrichtswissenschaft 5 (1977), S. 14–22.

WITKIN, H. A.: Ursprünge kognitiver Stile. In: BONN, H./ROHSMANITH, K. (Hrsg.): Studien zur Entwicklung des

Denkens im Kindesalter. Darmstadt, Wiss. Buchgesellschaft 1972, S. 287–323.

WITKIN, H. A./DYK, R. B./FATERSON, H. F./GOODENOUGH, D. R./KARP, S. A.: Psychological differentiation. New York, Wiley 1962.

WOLF, R. M.: The identification and measurement of environmental process variables related to intelligence. In: Ph. D. Dissertation Univ. of Chicago, 1964.

YANDO, R. M./KAGAN, J.: The effect of teacher tempo on the child. In: Child Development 39 (1968), S. 27–34.

YATES, F. A.: The art of memory. University of Chicago Press, Chicago 1966.

Sprachliche Sozialisation

Max Miller

1 Problemstellung

Sozialisation als der Prozeß der „zweiten, soziokulturellen Geburt" (CLAESSENS 1962), in dessen Verlauf ein Individuum zu einem potentiell handlungsfähigen Mitglied seiner Gesellschaft wird, ist auf eine grundlegende und umfassende Weise an die Entwicklung der sprachlichen und kommunikativen Fähigkeiten im heranwachsenden Kinde gebunden. Gesellschaftlich handlungsfähig ist nicht, wer wie ein Robinson Crusoe seine Aktivitäten monologisch plant und ausführt, sondern wer sie mit den Aktivitäten anderer koordinieren kann. Welche Rolle spielt dabei die Sprache?

1.1 Sprache und Sozialisation

Eine sprachphilosophische Abhandlung von LEWIS (1975, S. 5) beginnt mit dem Satz: „Die Sprachverwendung vollzieht sich in Situationen, die alle eine auffällige Gemeinsamkeit haben: sie stellen Koordinationsprobleme." Und die Lösung von Koordinationsproblemen setzt notwendig auf seiten der Beteiligten die Fähigkeit zur Sprachverwendung oder doch wenigstens der Verwendung allgemeiner symbolischer Mittel (z.B. Körpersprache) voraus.
Läßt sich dann aber nicht auch von Tieren sagen, daß sie in diesem Sinne sozialisierte Lebewesen sind? Denn auch Tiere können ihre Aktivitäten durch die Verwendung von ‚Zeichen' bzw. ‚Gesten' koordinieren und Koordinationsprobleme lösen, z.B. im Falle einer gemeinsamen Flucht, der sexuellen Reproduktion, der Unterwerfung, der Verteidigung eines Territoriums etc. Ferner können z.B. Bienen untereinander ‚Mitteilungen' über räumlich und zeitlich entfernte Sachverhalte austauschen und somit ihr Verhalten auf komplexe Weise koordinieren; und die während der vergangenen 10 Jahre durchgeführten Lernexperimente mit Primaten, vor allem Schimpansen, führten zu dem sensationellen Ergebnis, daß Primaten symbolische Systeme und Verwendungsregeln für Symbole erlernen und damit Problemlösungskapazitäten entwickeln können, die man bis dahin nur dem homo sapiens zugeschrieben hatte (vgl. z.B. GARDNER/GARDNER 1969; LINDEN 1974; FLEMING 1974; PREMACK 1971, 1976; RUMBOUGH/GILL 1976).
Aber sieht man einmal von jenen durch Lernexperimente in Schimpansen induzierten Fähigkeiten ab, so verfügen Tiere doch nur über sogenannte ‚Signalsprachen'. Die Fähigkeit, auf artspezifische Signale zu reagieren, setzt bei ihnen einen angeborenen Auslösemechanismus voraus, der ein begrenztes Repertoire sozialer Reaktionen und in diesem Sinne Koordination von individuellen Aktivitäten ermöglicht (vgl. z.B. EIBL-EIBESFELDT 1976, S. 42ff.). Demgegenüber verfügen sozialisierte menschliche Individuen nicht nur über die generelle Fähigkeit, in sozialen Interaktionen auf sprachliche und nichtsprachliche Handlungen eines Interaktionspartners in einer potentiell unbegrenzten, aber doch sozial interpretierbaren, Weise sprachlich bzw. nichtsprachlich zu ‚reagieren', sondern auch über die gesellschaftlich unmittelbar relevante Fähigkeit, durch Sprachverwendung potentiell eine gemeinsame Definition von Koordinationsproblemen allererst herzustellen und an Stelle einer biologisch vorprogrammier-

ten Lösung eine (unter Umständen sogar neue, d.h. von den Beteiligten niemals zuvor erfahrene) intersubjektiv anerkennungsfähige Lösung auszuhandeln.
Sarah, eine der Schimpansen, die eine Zeichensprache erlernt haben, konnte mit 14 Jahren komplexe kognitive Operationen (‚konkrete Operationen', getestet anhand von ‚Konservierungsaufgaben') symbolisch ausdrücken – eine Leistung, die kognitive und sprachliche Fähigkeiten voraussetzt, die von PIAGET erst bei 6–8jährigen Kindern beobachtet wurden (vgl. WOODRUFF/PREMACK/KENNEL 1978). Aber weder Sarah noch andere ‚intellektualisierte' Artgenossen scheinen aufgrund der bislang gemachten Beobachtungen in der Lage zu sein, spontan Fragen jeglicher Art zu stellen und ihre Mitteilungen dem Vorwissen ihres Interaktionspartners anzupassen (vgl. DE VILLIERS/DE VILLIERS 1978, S. 192); und offenbar konnten sie bislang weder den Sinn der mit ihnen veranstalteten Lernexperimente (und d.h. den Sinn bestimmter sozialer Interaktionsformen) thematisieren noch z.B. spontan zum Ausdruck bringen, daß sie lieber eine Banane fressen, ohne davor irgend welche Lernleistungen zu erbringen.
Nur im Zusammenhang mit den Prinzipien, der Struktur und Funktionsweise menschlicher Sprachen scheint die für die Gattung Mensch spezifische und einzigartige Form sozialer Handlungsfähigkeit möglich zu sein.
Sprachliche Verständigung setzt voraus, daß die an ihr Beteiligten wechselseitig erkennen können, was mit den verwendeten sprachlichen Äußerungen in einem ‚gegebenen' Kontext jeweils ‚ausgesagt' werden soll. Sprecher und Hörer erreichen einen solchen ‚Konsens', indem sie drei grundlegende Prinzipien bei der Formulierung und Interpretation sprachlicher Äußerungen anwenden: das Formprinzip, das semantische Prinzip und das Kooperationsprinzip (vgl. dazu auch die Unterscheidung zwischen einer ‚ideational function', ‚interpersonal function' und ‚textual function' von Sprachen bei HALLIDAY (1973) und die Diskussion eines ‚Realitätsprinzips' und eines ‚Kooperationsprinzips' von Sprachen bei CLARK/CLARK (1977, S. 72ff.)). Diese drei Prinzipien beziehen sich auf drei unterschiedliche Aspekte der Verwendung natürlicher menschlicher Sprachen. Seit MORRIS (1946) werden diese Aspekte gewöhnlich als die Syntax, Semantik und Pragmatik von Sprachen bezeichnet.

Formprinzip

Wenn sich Personen sprachlich verständigen, so beziehen sie sich implizit auf ein System, das Laute mit Bedeutungen verknüpft. Dieses System, die Grammatik einer Sprache, wird in den Sprachwissenschaften vor allem seit den Arbeiten CHOMSKYS (vor allem 1957 und 1965) als ein finites System von Regeln expliziert, aufgrund deren ein kompetenter Sprecher-Hörer eine potentiell unbegrenzte Menge (phonologisch und syntaktisch) wohlgeformter Ausdrücke einer jeweiligen Sprache erzeugen kann. Grammatiken beschreiben die Form einer Sprache. Und CHOMSKYS Begriff der sprachlichen Kompetenz eines erwachsenen (sozialisierten) Sprecher-Hörers bezieht sich auf dessen implizite Kenntnis formaler sprachlicher Strukturen.

Semantisches Prinzip

Sprachverwendung läßt sich nicht nur durch das Formprinzip von Sprachen, sondern durch zwei generelle Funktionen charakterisieren, durch welche die Sprachverwendung auf kognitive und sozialkognitive Wissenssysteme der an einer sprachlichen Interaktion Beteiligten bezogen werden kann.
Sprecher beziehen sich mit ihren sprachlichen Äußerungen auf die außersprachliche Wirklichkeit: Gegenstände, Zustände, Ereignisse, Tatsachen etc.; und Sprecher versuchen, mit ihren sprachlichen Äußerungen bei ihren Hörern einen bestimmten Effekt zu erzielen, indem sie ihre Hörer dazu bringen, die jeweiligen Sprecherintentionen zu erkennen: z.B. die Intention, ihre Hörer über etwas zu informieren, sie über etwas zu befragen, ihnen etwas zu befehlen etc.
Die erste dieser Funktionen entspricht dem, was traditionell als die propositionale Komponente der Bedeutung einer sprachlichen Äußerung beschrieben wird. Die zweite entspricht dem, was seit AUSTINS (1962) und SEARLES (1969) Begründung einer Theorie der Sprechakte als die illokutionäre Komponente der Bedeutung einer sprachlichen Äußerung beschrieben wird.
Ein Sprecher, der über eine semantische Kompetenz verfügt, kann eine potentiell unbegrenzte Menge strukturell wohlgeformter Ausdrücke einer Sprache auf ihre generelle propositionale und illokutionäre Bedeutung beziehen.

Kooperationsprinzip

Sprachverwendung läßt sich nicht nur durch das Formprinzip und die propositionalen und illokutionären Strukturen von Äußerungen sondern durch ihren pragmatischen Bezug auf Äußerungssituationen bzw. den sprachlichen und nichtsprachlichen Kontext einer Äußerung charakterisieren. Sprecher versuchen, ihre sprachlichen Äußerungen dem Vorwissen ihrer Hörer anzupassen, und Hörer versuchen, die von einem Sprecher mit seinen Äußerungen gemachten (pragmatischen) Voraussetzungen zu verstehen, damit ein gemeinsamer Kontext für ein gemeinsames Verständnis der mit einer Äußerung jeweils intendierten Mitteilung bzw. Sprechhandlung entstehen kann. D.h., welche Proposition bzw. welcher illokutionäre Akt mit einer gegebenen Äußerung intendiert ist wird nicht hinreichend determiniert durch die Form und die propositionale und illokutionäre Funktion einer Äußerung, sondern erst durch das Hinzukommen eines für Sprecher und Hörer in hinreichender Weise gemeinsam geteilten kontextuellen Wissens (vgl. z.B. Lewis 1972 und Searle 1975). Gleichgültig, ob sich nun gemeinsame Kontexte auf ein generelles Weltwissen, soziale Deutungsmuster, Handlungsroutinen etc. beziehen, die von den an einer sprachlichen Interaktion Beteiligten evtl. auch schon vor Beginn einer Unterredung geteilt werden, oder ob gemeinsame Kontexte erst im Verlauf einer sprachlichen Interaktion zumindest teilweise aufgebaut werden, erst durch die Befolgung pragmatischer Regeln der Verwendung sprachlicher Ausdrücke, Äußerungen und Texte (z.B. bestimmter deiktischer Partikel, bestimmter elliptischer Formen, temporaler Flexionsendungen, Thema-Rhema-Strukturen, Strukturen von Diskurseinheiten wie z.B. Erzählungen, Witze, Wegauskünfte etc.) wird ein intersubjektiver Kontext für sprachliche Verständigung konstituiert. Die sprachliche (pragmatische) Konstitution gemeinsamer Kontexte setzt jedoch voraus, daß Sprecher und Hörer einem Kooperationsprinzip folgen (vgl. Grice 1967, 1975), aus dem sich bestimmte Konversationspostulate ableiten lassen.

Nach Grice, der solche Konversationspostulate ansatzweise formuliert hat, interpretiert beispielsweise ein Hörer sprachliche Äußerungen in der Annahme, daß der Sprecher versucht, die Wahrheit zu sagen, dem Hörer alles für das Verständnis einer Äußerung Notwendige mitteilt, nur über Relevantes spricht und Äußerungen in einer nichtambigen Weise verwendet. Sprecher und Hörer, die dem Kooperationsprinzip folgen können, besitzen eine pragmatische Kompetenz. D.h. sie können eine unbegrenzte Menge von teilweise sogar strukturell nicht wohlgeformten Ausdrücken einer Sprache auf intersubjektiv geteilte (und durch die Befolgung pragmatischer Regeln der Sprachverwendung konstituierte) Kontexte beziehen und damit die mit sprachlichen Äußerungen jeweils intendierten Propositionen und illokutionären Akte kenntlich machen bzw. erkennen.

Sozialisierte Individuen können Koordinationsprobleme kommunikativ lösen, weil sie dem Formprinzip, dem semantischen Prinzip und dem Kooperationsprinzip der Sprachverwendung und den diesen Prinzipien entsprechenden syntaktischen, semantischen und pragmatischen Regeln folgen können.

Sprachliche und kommunikative Fähigkeiten sind ein signifikantes Merkmal sozialisierter Individuen. Aber die Entwicklung sprachlicher und kommunikativer Fähigkeiten ist nur ein Teil des Sozialisationsprozesses. Welche Rolle spielt der Sozialisationsprozeß insgesamt für die Sprachentwicklung eines Kindes?

1.2 Sozialisation und Sprachentwicklung

Sozialisationstheorien treffen, wie beispielsweise Götz (1978, S. 8ff.) zeigt, u.a. eine Unterscheidung zwischen einem ganzheitlichen und einem subjekttheoretischen Aspekt der Entwicklung des Kindes. Der ganzheitliche Aspekt betrifft die Frage, ob sich ‚Bedingungsketten' auffinden lassen, aufgrund deren die Persönlichkeitsentwicklung (d.h. die Entwicklung einer individuellen Gesamtstruktur antriebsdynamischer, affektiver, sprachlicher, kognitiver und interaktiver Fähigkeiten) von der Kultur und Sozialstruktur einer Gesellschaft, institutionellen Kontexten der Erziehung (Familie, Schule) und mikrosozialen Interaktionsstrukturen abhängig gemacht werden kann.

Der subjekttheoretische Aspekt betrifft die Frage, inwiefern die einzelnen Komponenten der Persönlichkeitsentwicklung eine Eigendynamik besitzen, welche Interdependenzen sich zwischen diesen einzelnen Komponenten ergeben und welche ontogenetischen (und phylogenetischen) Spielräume sich aus der Eigendynamik der Persönlichkeitsentwicklung für soziale Strukturen aufzeigen lassen.

Was den sogenannten ganzheitlichen Aspekt betrifft, so läßt sich bislang wenig darüber sagen, ob und inwiefern Sozialisationsprozesse innerhalb verschiedener Kulturen, sozialer Schichten, subkultureller Milieus etc. die Sprachentwicklung eines Kindes differentiell beeinflussen, einfach, weil diese Fragestellung von der Spracherwerbsforschung bislang kaum aufgegriffen worden ist. Inspiriert von CHOMSKYS Begriff der sprachlichen (syntaktischen) Kompetenz, über die jeder ‚durchschnittlich' sozialisierte und begabte Sprecher-Hörer verfügt, hat sich die neuere Spracherwerbsforschung vorwiegend folgenden subjekttheoretischen Fragestellungen zugewendet:

Vollzieht sich Sprachentwicklung als ein Prozeß der Rekonstruktion von Regelsystemen? Durchlaufen alle Kinder ähnliche Sequenzen von Entwicklungsstufen beim Erwerb ihrer Muttersprache? Lassen sich durch interkulturelle Vergleiche Universalien der Sprachentwicklung (universelle Sequenzen von Entwicklungsstufen) auffinden? Und welche Entwicklungsmechanismen liegen solchen Universalien der Sprachentwicklung zugrunde? Analog zur tendenziellen Verschiebung des theoretischen Interesses in den Sprachwissenschaften in der nach-CHOMSKYschen ‚Ära' vom Formprinzip zum semantischen Prinzip und zum Kooperationsprinzip der Verwendung natürlicher Sprachen, verschob sich seit Ende der sechziger Jahre in der Spracherwerbsforschung das Forschungsinteresse ebenfalls tendenziell von der Entwicklung formaler sprachlicher Fähigkeiten (Phonologie, Morphologie, Syntax) zur Entwicklung semantischer Fähigkeiten (Wortsemantik, Satzsemantik (Propositionen) und Sprechakte (illokutionäre Akte)) und pragmatischer Fähigkeiten (Kontext und Sprachverwendung) des Kindes. Zentral blieb zwar das Interesse an der Erforschung von Universalien der Sprachentwicklung, aber die Verschiebung von Forschungsinteressen im Verlauf dieser Entwicklung wurde von einer radikalen Veränderung der theoretischen Konzeption von Form und Funktionsweise universeller Entwicklungsmechanismen begleitet. Erhalten blieb zwar die von CHOMSKY (1959, 1962, 1965) gegen behavioristische Lerntheorien vehement ins Feld geführte grundlegende Annahme, daß ein Kind seine sprachlichen Fähigkeiten über einen impliziten Prozeß der Erzeugung und des Testens von Hypothesen entwickelt, aber die Frage, wie das Kind überhaupt erst einmal dazu kommt, bestimmte Hypothesen zu erzeugen und von welcher Art die Restriktionen über den Bereich möglicher Hypothesen des Kindes (zu verschiedenen Entwicklungszeitpunkten bzw. auf verschiedenen Entwicklungsstufen) sind, legte unterschiedliche Antworten nahe, je nachdem, ob die Sprachentwicklung primär unter dem Gesichtspunkt des Formprinzips, des semantischen Prinzips oder des Kooperationsprinzips der Sprachverwendung untersucht wurde. Diese unterschiedlichen Antworten erzeugten drei chronologisch aufeinanderfolgende Paradigmen der Spracherwerbsforschung: die nativistische Hypothese, die Kognitionshypothese und die soziale Konstitutionshypothese.

Während die nativistische Hypothese und die Kognitionshypothese den der Sprachentwicklung des Kindes implizit zugrundeliegenden Hypothesenbildungsprozeß von angeborenen, spezifisch auf die Erlernung von Sprachen bezogenen, ‚Ideen und Prinzipien' bzw. von einem universellen Verlauf der kognitiven Entwicklung im Individuum abhängig machen, wurden erst mit der sozialen Konstitutionshypothese die subjekttheoretischen Fragestellungen der Spracherwerbsforschung ergänzt durch die Frage, inwieweit bestimmte mikrosoziale Interaktionsstrukturen (vor allem die zwischen Kind und Eltern) eine universelle Voraussetzung für den Hypothesenbildungsprozeß des Kindes darstellen. D.h. die Spracherwerbsforschung hat damit den ganzheitlichen Gesichtspunkt der Sozialisationsforschung aus einer universalistischen Forschungsperspektive aufgenommen.

Mit dem folgenden Literaturüberblick sollen die generellen Argumentationslinien dieser drei Paradigmen der modernen Spracherwerbsforschung und vor allem die theoretischen Motivationen für die sich erst in den letzten Jahren entwickelnde Orientierung an sozialisationstheoretischen Fragestellungen in groben Zügen nachgezeichnet werden. Der Literaturüberblick beschränkt sich dabei weitgehend auf Arbeiten zur frühkindlichen Sprachentwicklung – einer Entwicklungsphase, die von der Spracherwerbsforschung der vergangenen 20 Jahre am intensivsten untersucht worden ist und deren empirische Erforschung maßgeblich die theoretische Entwicklung neuer Spracherwerbsmodelle bestimmt hat.

2 Die nativistische Hypothese

Seit CHOMSKYS (1959, 1965) Auseinandersetzung mit behavioristischen Sprach- und Spracherwerbstheorien wird das Spektrum unterschiedlicher Theorien der Sprachentwicklung beim Kinde durch zwei extreme Positionen markiert, mit denen die traditionelle ‚nature-nurture'-Problematik zunächst in einer radikalisierten Weise wieder auflebte und von denen – in den Worten J. BRUNERS (1978a) – die eine eine ‚unmögliche' und die andere eine ‚magische' Theorie darstellt.

Als gescheitert und in diesem Sinne als ‚unmöglich' gilt seit CHOMSKYS Kritik der Arbeiten SKINNERS der behavioristische Versuch, die Entwicklung der Sprache beim Kinde durch die Lernmechanismen der ‚selektiven Verstärkung' und der ‚Imitation' zu erklären. Hinter der behavioristischen Annahme dieser Lernmechanismen steht die common-sense-Idee, daß ein Kind die Bedeutung eines sprachlichen Ausdrucks dadurch erlernt, daß die Verwendung dieses sprachlichen Ausdrucks mit bestimmten nichtsprachlichen Ereignissen zusammenfällt. Wie kann jedoch ein Kind erkennen, daß sich ein verwendeter sprachlicher Ausdruck auf *bestimmte* nichtsprachliche Ereignisse, d.h. auf nur einen unter unbestimmt vielen Aspekten einer gegebenen Situation bezieht? Setzt dies nicht bereits auf seiten des Kindes einen ‚Vorbegriff' bzw. eine Hypothese über die Bedeutung des zu erlernenden sprachlichen Ausdrucks voraus?

Eine behavioristische Erklärung des Spracherwerbs, zumindest in der Form, wie sie von SKINNER (1957) vorgelegt wurde, tabuisiert jedoch von vornherein die Annahme mentaler Entitäten (z.B. Ideen, Begriffe, Hypothesen, innere Bilder, Strukturen etc.) als Variablen, die zwischen ‚Reiz' (nichtsprachliche Ereignisse) und ‚Reaktion' (sprachliches Verhalten) intervenieren. Die Spracherlernung soll allein aufgrund der Mechanik von Imitation und selektiver Verstärkung möglich sein.

Bereits einfache Arithmetik und empirische Beobachtungen der sprachlichen Interaktion zwischen Kindern und ihren Gesprächspartnern zeigen jedoch, daß ein Kind, das dem behavioristischen Lernkonzept vertrauen würde, seine Muttersprache niemals erlernen könnte. Im Ausgang von den Untersuchungen von M. TEMPLIN (1957) gelangte G. A. MILLER (1977, S. 156) zu der eher konservativen Schätzung, daß Kinder im Alter zwischen 6 und 8 Jahren durchschnittlich 21 neue Wörter (bzw. 14.5 neue Wortstämme) pro Tag erlernen. Offensichtlich ist dies nur ein kleiner Teil dessen, was Kinder während dieses Zeitraums an Fähigkeiten erwerben. Und dennoch vollzieht sich diese Erweiterung des lexikalischen Wissens bei Kindern relativ mühelos und ohne alle Anzeichen eines Bekräftigungserlernens.

Ein anderes Rechenexempel von G. A. MILLER (1968) belegt die Absurdität des Lernmechanismus ‚Imitation': G. A. MILLER errechnete, daß es mindestens 10^{20} Sätze gibt, die 20 Wörter lang sind. Wollte ein Kind nur diese und keine anderen Sätze auf der Grundlage von Imitation erlernen, so benötigte es, um erst einmal alle diese Sätze überhaupt anzuhören, 1000 mal so lange wie das geschätzte Alter der Erde.

Kinder und ihre Eltern besitzen offenbar mehr Realitätssinn als behavioristische Psychologen. Weder verlassen sich Kinder auf Imitation noch forcieren Eltern den Spracherwerb ihres Kindes durch Bekräftigung (reinforcement).

Untersuchungen von ERVIN-TRIPP (1964), SLOBIN/WELSH (1973) und BLOOM/HOOD/LIGHTBOWN (1974) zeigen, daß Kinder in einer frühen Phase ihrer Sprachentwicklung sprachliche Formen, die sie nicht bereits spontan produzieren, auch nicht imitieren. Werden von Kindern sprachliche Formen überhaupt imitiert, so erfüllen diese Äußerungen häufig die kommunikative Funktion einer Zustimmung und nicht die psychologische Funktion eines Lerntestes (vgl. M. MILLER 1976, S. 120). Und wie schon sehr früh von Spracherwerbsforschern beobachtet: Kinder verwenden konsistent Formen wie ‚gewerft, gegeht etc.', für die es gar kein Modell in der Erwachsenensprache gibt, das sie hätten imitieren können. Vergleicht man die Kindersprache mit der Erwachsenensprache, so läßt sich allenfalls eine ‚selektive Imitation' (vgl. DE VILLIERS/DE VILLIERS 1978, S. 201f.) auf seiten der Kinderäußerungen belegen: Kinder interpretieren an sie gerichtete Äußerungen im Lichte bereits erworbenen Wissens: Sie wissen bereits etwas über die Struktur und Bedeutung einer Äußerung, bevor sie diese (selektiv) imitieren.

Positive und negative Bekräftigung spielen, wie z.B. Beobachtungen von BROWN/HANLON (1969) zeigen, in der sprachlichen Interaktion zwischen Eltern und ihren Kindern eine völlig untergeordnete Rolle. Eltern ermutigen und stimulieren ihre Kinder zwar generell zum kommunikativen Austausch, aber sie widmen der

Form kindlicher Äußerungen wenig Aufmerksamkeit, solange die Äußerungen des Kindes für sie (im jeweiligen Kontext) verständlich sind. Die seltenen Korrekturen, die BROWN/HANLON beobachten konnten, bezogen sich auf den Wahrheitsgehalt und die Aussprache kindlicher Äußerungen, jedoch nicht auf deren syntaktische Form.

Während behavioristische Lerntheorien von einem im wesentlichen passiven und mit minimalen angeborenen Initialstrukturen ausgestatteten Lerner ausgehen und den sprachlichen Lernprozeß entscheidend von der Rolle der Umwelterfahrung des Individuums abhängig machen (allerdings die Rolle der Umwelterfahrung auf die Kausalität von Reiz-Reaktions-Ketten reduzieren), geht am entgegengesetzten Ende des erwähnten Spektrums von Spracherwerbstheorien die von J. BRUNER als ‚magisch' bezeichnete nativistische Spracherwerbstheorie von CHOMSKY und seiner Schule (z. B. MCNEILL 1970) von einem mit reichhaltigen Initialstrukturen ausgestatteten Spracherlerner aus. Und während der sprachlichen Erfahrung des Kindes für seine Sprachentwicklung noch eine gewisse Relevanz zugesprochen wird (wie könnte das Kind auch ‚ex vacuo' seine Muttersprache erlernen?), so wird von CHOMSKY und seiner Schule die Sprachentwicklung des Kindes doch im wesentlichen als ein Reifungsprozeß angesehen, als ein biologisch vorprogrammierter Prozeß der Entfaltung sprachlicher Fähigkeiten, der sich autonom vollzieht, d.h. unabhängig von der kognitiven, motivationalen und sozialen Entwicklung des Kindes und den entsprechenden Formen von Umwelterfahrung.

Hinter der nativistischen Annahme CHOMSKYS steht die Vorstellung, daß Sprache eine humanspezifische Fähigkeit darstellt, und daß sich alle menschlichen Sprachen auf einer abstrakten Ebene durch bestimmte gemeinsame Strukturmerkmale (sprachliche Universalien) beschreiben lassen, welche die Form (Syntax) einer menschlichen Sprache überhaupt festlegen und als transzendentale Kategorien aller sprachlichen Erfahrung eines Kindes vorausgehen. Neben generellen kognitiven Prozeduren (z.B. Hypothesenbildung) sind diese sprachlichen Universalien, die CHOMSKY (1971, S. 429) auch als ‚innate ideas and principles' kennzeichnet, Teil eines Spracherwerbsmechanismus (LAD – language acquisition device), der nach CHOMSKY den entscheidenden Faktor in der Determination von Verlauf und Resultat des Spracherwerbsprozesses darstellt. Nur unter der Voraussetzung eines solchen Spracherwerbsmechanismus lasse sich erklären, wie ein Kind – konfrontiert mit einer (wie CHOMSKY glaubte) zufälligen Auswahl oft unvollständiger und grammatisch fehlerhafter sprachlicher Äußerungen – die komplexe Grammatik seiner Sprache beherrschen lernt; und das heißt nicht nur eine endliche Menge manifest wahrnehmbarer sprachlicher Formen, sondern eine endliche Menge abstrakter Strukturen und Operationen, mit deren Hilfe sich eine unbestimmt große Anzahl formal korrekter sprachlicher Ausdrücke erzeugen läßt. Noch bevor ein Kind beginnt, seine Sprache zu erlernen, verfügt es bereits über ein ‚implizites' Wissen ihrer Grundstrukturen. In den Worten MCNEILLS (1970, S. 2):

„The concept of a sentence may be part of man's innate mental capacity ... The facts of language acquisition could not be as they are unless the concept of a sentence is available to children at the start of their learning."

Diese Konzeption hat in den 10 Jahren nach dem Erscheinen von CHOMSKYS Aufsatz ‚Explanatory models in linguistics' (1962) einen ungeheuren Einfluß auf die Spracherwerbsforschung in den USA und Europa ausgeübt und ist dann doch durch deren Ergebnisse weitgehend erschüttert worden (vgl. z.B. die Theoriediskussion und die empirischen Untersuchungen zur frühkindlichen Sprachentwicklung in M. MILLER, 1976).

Die Diskussion über die nativistische Hypothese konzentrierte sich dabei zunächst auf die folgenden beiden Fragestellungen: Welche empirische Evidenz liegt für eine genetische Verankerung spezifisch sprachlicher Fähigkeiten vor? Und: Können sprachliche Universalien aus generellen kognitiven Universalien abgeleitet werden?

Den zwingendsten Beleg dafür, daß die Sprachentwicklung „tiefverwurzelte, artspezifische, angeborene Eigenschaften der biologischen Natur des Menschen" (LENNEBERG 1967, dt. 1972, S. 481) voraussetzt, sieht LENNEBERG in einer ‚kritischen Periode' für die Sprachentwicklung, analog zur ‚kritischen Periode' für die ‚Prägung' bei jungen Vögeln. Die Sprachentwicklung beginnt im 2. Lebensjahr und wird, nach LENNEBERG, mit dem Eintreten bestimmter physiologischer Veränderungen zu Beginn der Pubertät abgeschlossen. Während dieser Zeit scheinen sich Sprache und Motorik synchron zu entwikkeln, und in Fällen allgemeiner Retardation bleibt die Gleichzeitigkeit von sprachlicher und motorischer Entwicklung erhalten. Die physiologischen Veränderungen, welche die Maturation sprachlicher Fähigkeiten auf eine kritische Periode eingrenzen, sieht LENNEBERG in der Lateralisation von Gehirnfunktionen. Während in den frühen Lebensjahren das menschliche Gehirn eine weitreichende ‚Plastizität' aufweist, treten im Verlaufe der Reifungsgeschichte des Gehirns zerebrale Dominanzverhältnisse zwischen der linken und rechten Hirnhemisphäre auf, die erst dann irreversibel werden, wenn zu Beginn der Pubertät das zerebrale Wachstum seinen Abschluß gefunden hat. Von diesem Zeitpunkt an steuert primär die linke Hemisphäre Sprachfunktionen.

Entgegen einer häufigen Zitierweise von LENNEBERGS Arbeiten (z.B. 1967, 1971) lassen sich diese jedoch nicht ohne weiteres als Beleg für die Annahme biologischer Grundlagen sprachspezifischer Fähigkeiten heranziehen. Zum einen sind z.B. von KINSBOURNE/SMITH (1974) empirische Argumente für die These vorgelegt worden, daß die Lateralisation von Gehirnfunktionen schon sehr viel früher, vielleicht sogar bereits mit dem 2. Lebensjahr abgeschlossen wird (zu einem Zeitpunkt also, zu dem ein Kind mit seiner Sprachentwicklung erst begonnen hat), zum anderen hat LENNEBERG (1971) selbst deutlich gemacht, daß biologische Grundlagen des Menschen nicht spezifisch sprachliche ‚Ideen und Prinzipien', sondern einen generellen Modus der kognitiven Verarbeitung von Informationen determinieren. Dem entsprechen die Ergebnisse einer Untersuchung von BEVER/CHIARELLO (1974), die zeigen, daß die linke Hirnhemisphäre des Erwachsenen für die propositionale, analytische und serielle Verarbeitung von Information spezialisiert ist und daß sprachliche, aber auch z.B. mathematische und musikalische Fähigkeiten auf dieser generellen Fähigkeit aufbauen.

Wenn sich sprachliche Universalien aus generellen Strukturmerkmalen kognitiver Prozesse ableiten lassen, wie ist diese Ableitungsrelation im einzelnen zu verstehen?

Diese Frage hat seit Beginn der siebziger Jahre die Psycholinguistik (vgl. z.B. die Einführung in die Psycholinguistik von SLOBIN 1971 und von LEUNINGER/MILLER/MÜLLER 1973 und 1974) zentral beschäftigt. Und eine auch heute noch eher programmatische Antwort von SLOBIN (1975, S. 1) lautet:

„The structure of language is constrained by psycholinguistic processes of perception, memory, and cognition, by sociolinguistic processes, and by the development of these processes in childhood."

Die radikalere Kritik an CHOMSKYS nativistischer Hypothese der Sprachentwicklung wendet sich nicht gegen die Annahme, daß die Entwicklung einer formalen sprachlichen Kompetenz auf seiten des Kindes bereits starke Hypothesen hinsichtlich der Form der zu erlernenden Sprache voraussetzt, sondern gegen die Annahme, daß damit auch schon die entscheidende Problemstellung einer Spracherwerbstheorie gegeben ist.

Der implizite Hypothesenbildungsprozeß des Kindes hat zwei Seiten: Das Kind muß lernen, die seiner Muttersprache entsprechenden korrekten sprachlichen Formen zu erzeugen, um kommunikative Intentionen enkodieren und dekodieren zu können; und es muß kommunikative Intentionen entwickeln und ihren pragmatischen Bezug auf jeweilige Äußerungssituationen verstehen lernen, um kommunikative Intentionen auf sprachliche Formen abbilden zu können. Offensichtlich kommt der Entwicklung einer formalen sprachlichen Kompetenz keine ‚Schrittmacherfunktion' für die Entwicklung semantischer und pragmatischer Fähigkeiten zu, denn sonst wäre zu erwarten, daß Kinder z.B. syntaktisch korrekte, aber semantisch und pragmatisch sinnlose Äußerungen produzieren. Äußerungen dieser Art sind bislang jedoch noch von keinem Spracherwerbsforscher berichtet worden.

Ist dagegen die Entwicklung semantischer und pragmatischer Fähigkeiten eine Voraussetzung für die Entwicklung formaler sprachlicher Fähigkeiten, insbesondere der Syntax? Und wie entwickeln sich die semantischen und pragmatischen Fähigkeiten des Kindes? Inspiriert von diesen Fragen hat sich die Spracherwerbsforschung innerhalb der letzten Jahre so weit sowohl von behavioristischen als auch nativistischen Entwicklungstheorien entfernt, daß eine grundsätzliche Inadäquatheit beider Theorien sichtbar wurde, die M. DONALDSON (1978, S. 38) auf folgenden Nenner brachte:

„Chomsky's LAD is a formal data processor, in its way just as automatic and mechanical as processes of an associationistic kind. In go the linguistic data, out comes a grammar. The living child does not seem to enter into the business very actively (not to say fully) in either case."

In beiden Fällen entwickelt ein Kind ein Verständnis für die Bedeutung eines neuen sprachlichen Ausdrucks erst ,post festum', als das Resultat der Formierung von Reiz-Reaktions-Ketten im Falle behavioristischer Lerntheorien und als das Resultat einer durch angeborene Ideen gesteuerten Rekonstruktion der syntaktischen Struktur dieses sprachlichen Ausdrucks im Falle von CHOMSKYS nativistischer Spracherwerbstheorie.

Davon unterscheiden sich die in den letzten Jahren formulierten Theorien und empirischen Forschungen zur Sprachentwicklung in einer grundsätzlichen Weise. Wiederum in den Worten von DONALDSON (1978, S. 38):

„The primary thing is now held to be the grasp of meaning – the ability to ,make sense' of things, and above all to make sense of what people do, which of course includes what people say. On this view, it is the child's ability to interpret situations which makes it possible for him, through active processes of hypothesis testing and inference, to arrive at a knowledge of language."

DONALDSONS Plädoyer für ein neues Verständnis der Sprachentwicklung beim Kinde: die ontogenetische Priorität der Bedeutung gegenüber der Form von sprachlichen Äußerungen kann in einem zweifachen Sinne verstanden werden:

a) Das Kind entwickelt im wesentlichen sprachunabhängig die Fähigkeit, kognitive Repräsentationen seiner physikalischen und sozialen Umwelt zu erzeugen. Kommunikative Intentionen des Kindes setzen diese kognitive Fähigkeit voraus. Und die Aufgabe der Spracherlernung besteht für das Kind darin, herauszufinden, wie kommunikative Intentionen (zu denen das Kind bereits fähig ist) durch sprachliche Formen (seiner Muttersprache) ausgedrückt werden können (Kognitionshypothese).
b) Die Entwicklung kommunikativer Intentionen beim Kinde setzt nicht nur weitgehend sprachunabhängige kognitive Fähigkeiten voraus, sondern die Teilnahme des Kindes an einer Art ,sozialisatorischen Interaktion' (zwischen Kind und Eltern): Durch die Koordination unterschiedlicher Aktivitäten von mindestens zwei Individuen zu einer gemeinsamen (sozialen) Aktivität lernt ein Kind die ,Bedeutung' sozialer Situationen zu interpretieren und im Ausgang davon verwendete sprachliche Äußerungen auf die ihnen zugrundeliegenden kommunikativen Intentionen zu beziehen und die Relation zwischen kommunikativer Intention und sprachlicher Form zu rekonstruieren (soziale Konstitutionshypothese).

3 Die Kognitionshypothese

Während der ersten Hälfte dieses Jahrhunderts dominierte die Ansicht, daß die kognitive Entwicklung des Kindes stark von seiner Sprachentwicklung abhängig ist (vgl. die Literaturübersicht bei CROMER 1974). Diese Ansicht wurde jedoch von PIAGET radikal hinweggefegt.

„Between language and thought there is ... a genetic circular relationship such that each is necessarily dependent upon the other in an inextricable bond entailing constant reciprocal interaction. But in the last reckoning both depend on intelligence itself, which precedes language and is independent of it" (PIAGET 1967, S. 112).

Von PIAGET (vgl. z.B. PIAGET 1951, PIAGET/INHELDER 1969, PIAGET 1970) und der von PIAGET beeinflußten Genfer Schule (vgl. z.B. FURTH 1969; SINCLAIR 1969, 1970, 1971, 1973, 1978; BRONCKART/SINCLAIR 1978; INHELDER/KARMILOFF-SMITH 1978; INHELDER 1978) sind denn auch in die Spracherwerbsforschung die maßgeblichen Anstöße zur Formulierung der Kognitionshypothese gekommen (vgl. SLOBIN 1973; EDWARDS 1973; CROMER 1974, 1976; MOREHEAD/MOREHEAD 1974; MOERK 1975; INGRAM 1978). CLARK/CLARK (1977) geben einen Überblick über die kaum noch überschaubare Anzahl empirischer Arbeiten, in denen die Sprachentwicklung des Kindes unter dem Gesichtspunkt der Kognitionshypothese analysiert worden ist. Der folgende Überblick soll lediglich anhand einiger Arbeiten die generelle Argumentationslinie im Hinblick auf die Entwicklung von Wortbedeutungen, Satzbedeutungen (propositionaler Bedeutungsaspekt) und Sprechaktkonzepten (illokutionärer Bedeutungsaspekt) verdeutlichen.

Wortbedeutungen

Schon sehr früh ist von Spracherwerbsforschern (z.B. STERN/STERN 1907) beobachtet worden, daß Kinder in einer frühen Phase ihrer Sprachentwicklung die Bedeutung von Wörtern übergeneralisieren. Z.B. kommt es vor, daß Kinder mit dem Wort ,Wauwau' u.a. Hunde, Katzen und sogar flauschige Gegenstände bezeichnen. Kinder scheinen zu Beginn ihrer Sprachentwicklung lexikalische Formen auf Konzepte zu beziehen, die mit denen erwachsener Sprecher nicht übereinstimmen und die das Kind verwendet, um erste Hypothesen über die Bedeutung eines Wortes zu ‚formulieren'.

Wie u.a. E. Clark (1973, 1975), Nelson (1974, 1977), Bowerman (1976) und Antinucci/Miller (1976) zeigen, sind die Konzepte des Kindes zunächst teils zu weit (Übergeneralisierung), teils zu eng (Untergeneralisierung). Und erst aufgrund einer Ausdifferenzierung perzeptueller und funktionaler Klassifikationsmerkmale (z.B. Form, Bewegung, Größe, Textur und Verwendungsweise) kann ein Kind ‚semantische Felder' aufbauen und dieses kognitive Wissen sukzessive auf ein System lexikalischer Strukturen abbilden.

Daß die Entwicklung lexikalischer Strukturen sprachunabhängige kognitive Prozesse voraussetzt, ist jedoch wohl am zwingendsten durch Untersuchungen von Rosch (1973), Rosch/Mervis (im Druck) und Rosch/Mervis/Gray/Johnson/Boyes-Braem (1976) und Anglin (1977, 1978) belegt worden. Diese teilweise interkulturellen Untersuchungen zeigen, daß Kinder zunächst prototypische Repräsentationen ihrer außersprachlichen Umwelt erzeugen, die mit keiner einzelsprachenspezifischen Taxonomie zusammenfallen. Die Signifikanz dieser Forschungsergebnisse hat Roger Brown (1977, S. 19) mit folgenden Worten beschrieben:

„I have long thought of the names that parents give children as major forces in category formation, the names teaching the child what things are to be treated as members of the same class. Instead, it now appears that children from their categories or classes at the basic object level on the basis of appearances and uses and not, primarily, upon the basis of names. The concept is then there beforehand, waiting for the word to come along that names it."

Dennoch scheint sich die Entwicklung lexikalischer Strukturen beim Kinde keineswegs hinreichend durch eine sprachunabhängige Entwicklung konzeptueller Strukturen erklären zu lassen. Bowerman (1976, 1978) und Schlesinger (1977) haben gegen die Kognitionshypothese eingewandt, daß ein Kind nicht nur Wörter lernt, um damit bereits entwickelte Konzepte zu etikettieren. Die Wortbedeutungen, die ein Kind entwickelt, sind vielmehr das Resultat einer komplexen Interaktion zwischen der eigenen kognitiven Disposition des Kindes und den Kategorisierungsschemata, die durch die Art der Verwendung von Wörtern in der Erwachsenensprache dem Kinde nahegelegt werden.

Satzbedeutungen (propositionaler Bedeutungsaspekt)

Kinder scheinen häufig mit ihren nichtsprachlichen Handlungen und ihren (aus der Sicht der Erwachsenen) elliptischen Äußerungen kommunikative Intentionen auszudrücken, für deren explizite sprachliche Realisierung sie die entsprechenden grammatischen Regeln noch nicht beherrschen. Der folgende Ausschnitt aus einer Unterhaltung zwischen Meike (21 Monate, 2 Wochen) und ihrer Mutter (M) und einem Beobachter (Ma) soll dies veranschaulichen (vgl. M. Miller 1976, S. 240):

Äußerungen Meikes	*Genereller Kontext*	*Äußerungen von M und Ma*
	[Teestunde. Meike trinkt Milch. M und Ma trinken Tee.]	
[trinkt Milch] *mama auch*		
	[M und Ma unterhalten sich]	
maxe auch		
		Ma: Was auch? Maxe trinkt auch Milch. Hm?
(lacht)		
	[Einige Augenblicke später]	
auch milch [sieht, wie Ma sich seiner Teetasse zuwendet] [geht zu Ma] *auch*		
		M: [gibt Meike einen Becher mit Milch]

Interpretiert man Meikes Äußerungen in ihrem Kontext (vgl. dazu die Methode der ‚rich interpretation' u.a. bei BROWN 1973, M. MILLER 1976), so scheint Meike mit ihren Äußerungen mehr mitteilen zu wollen als mit der manifesten Form dieser Äußerungen explizit ausgedrückt werden kann. Im Falle der Äußerungen ‚mama auch' und ‚maxe auch' etwa, daß auch Mama bzw. Maxe etwas (Milch?) trinken. Im Falle der Äußerungen ‚auch milch' und ‚auch', daß auch Meike Milch trinken möchte. Meike konnte jedoch zum Zeitpunkt dieser Äußerungen noch keine komplexeren syntaktischen Formen als Zweiwortäußerungen (ohne grammatische Morpheme wie z.B. Flexionsendungen) bilden. Solche Beobachtungen waren für die Spracherwerbsforschung seit Beginn der siebziger Jahre entscheidend für die folgenden drei Annahmen (vgl. z.B. BROWN 1973 und SLOBIN 1973):

a) Den manifesten ‚Oberflächenformen' der Äußerungen von Kindern können komplexe (reichhaltigere), teilweise implizite, semantische Intentionen zugrundeliegen;
b) die Entwicklung semantischer Intentionen setzt (sprachunabhängige) kognitive Entwicklungsprozesse des Kindes voraus; und
c) die Entwicklung grammatischer Regeln setzt die Entwicklung semantischer Intentionen voraus, d.h. das semantische Prinzip von Sprachen besitzt einen ontogenetischen Primat vor dem Formprinzip von Sprachen.

Welche empirische Evidenz, über Beobachtungen der oben genannten Art hinaus, können diese Annahmen für sich beanspruchen?
GREENFIELD/SMITH (1976), GREENFIELD (1978), GREENFIELD/ZUKOW (1978), M. MILLER (1976, 1978a, b) und WEISENBURGER (1976) konnten zeigen, daß Kinder bereits auf der Stufe von Ein- und Zweiwortäußerungen die explizite Form ihrer Äußerungen in einer regelhaften Weise variieren. Z.B. werden von Kindern zu einem bestimmten Entwicklungszeitpunkt, für den die oben zitierten Äußerungen Meikes stehen, grammatische Subjekte (bzw. semantisch gesehen: das ‚Agens') eines Satzes nur dann sprachlich explizit realisiert, wenn sich das grammatische Subjekt *nicht* auf das Kind selbst, sondern auf seinen Interaktionspartner bzw. eine dritte Person (z.B. Personen in einem Bilderbuch) bezieht (vgl. M. MILLER 1976, S. 238ff.). D.h., die Annahme (und entsprechende Interpretationsverfahren), daß den manifesten Oberflächenformen der Äußerungen von Kindern komplexere, teilweise implizite semantische Intentionen zugrundeliegen können, ließ sich zunächst durch bestimmte pragmatische Regularitäten kindlicher Äußerungen rechtfertigen. Ferner zeigten semantische Analysen der manifesten sprachlichen Formen von Zweiwortäußerungen in unterschiedlichen Sprachen (vgl. auch die Übersicht in SLOBIN 1973): z.B. Englisch (BLOOM 1970, BROWN 1970), Finnisch (BOWERMAN 1973), Schwedisch (LANGE/LARSSON 1973), Holländisch (SCHAERLAEKENS 1973), Ungarisch (MACWHINNEY 1976), Serbokroatisch (RADULOVIC 1975), Luo (BLOUNT 1969), Samoisch (LERNAN 1969), Tzeltal (STROSS 1969) und Deutsch (M. MILLER 1976), daß Kinder offenbar universell mit diesen Äußerungen eine weitgehend identische Menge relationaler semantischer Konzepte ausdrücken, die zumeist mit Hilfe von FILLMORES Kasusgrammatik (1968) beschrieben worden sind. Und BROWN (1973), EDWARDS (1974) und SCHLESINGER (1974) argumentierten, daß diese relationalen semantischen Konzepte die sensomotorische Intelligenz des Kindes voraussetzen.
In einer Anwendung auf die oben zitierten Äußerungen Meikes läßt sich dies (mit einer gewissen Vereinfachung) folgendermaßen illustrieren: In den Äußerungen ‚mama auch' und ‚maxe auch' läßt sich den Wörtern ‚mama' und ‚maxe' die semantische Rolle (Kasus) eines ‚Agens' (‚Verursacher' einer Handlung) und in der Äußerung ‚auch milch' läßt sich dem Wort ‚milch' die semantische Rolle eines ‚Objektes' zuordnen. (Hinsichtlich der komplexen semantischen Funktion von ‚auch' vgl. M. MILLER 1976, S. 164ff. und S. 245.) Und die semantischen Rollen ‚Agens' und ‚Objekt' setzen auf seiten des Kindes zumindest ein ansatzweise entwickeltes Konzept von Kausalität (vgl. PIAGET 1954) voraus.
Inwiefern setzt nun die Entwicklung grammatischer (syntaktischer) Regeln die Entwicklung semantischer Intentionen voraus? Die Beantwortung dieser Frage ist bis in die Gegenwart durch Probleme einer begrifflichen und empirischen Klärung der Beziehung zwischen ‚semantischen Intentionen', ‚Satzbedeutungen' (propositionaler Bedeutungsaspekt) und ‚kognitiven Repräsentationen' erschwert worden. Zweifellos wollen Kinder auch schon mit ihren ersten Äußerungen etwas über ihre außersprachliche Wirklichkeit mitteilen. Und in diesem globalen Sinne setzen Äußerungen des Kindes die Ent-

wicklung kognitiver Repräsentationen ihrer Umwelt voraus und läßt sich die beobachtete Korrespondenz zwischen der Semantik von Zweiwortäußerungen und Eigenschaften der sensomotorischen und präoperationalen Intelligenz von Kindern erklären.

Aber Kinder lernen nicht die Grammatik (Syntax) ihrer Äußerungen, nachdem sie bereits aufgrund irgendwelcher sprachunabhängiger kognitiver Entwicklungsprozesse die semantischen Formationsregeln für entsprechende Propositionen kennen. Wenn Meike z.B. ‚auch milch' äußert, so weist nichts darauf hin, daß sie von einer ‚vollständigen' Proposition alles tilgt, was ihr Produktionslimit von Zweiwortäußerungen überschreitet. Was an semantischer Intention implizit bleibt, wird durch gemeinsame Situationsdefinitionen von Meike und ihren Zuhörern in die Kommunikation eingebracht. Und die oben erwähnten pragmatischen Regularitäten frühkindlicher Äußerungen stellen auf seiten des Kindes erste Versuche dar, solche gemeinsame Situationsdefinitionen bzw. gemeinsame Kontexte mit herzustellen (vgl. die detaillierte Ausführung dieses Argumentes in M. Miller 1976). Zumindest im Hinblick auf die frühe Entwicklung propositionaler Bedeutungen und entsprechender grammatischer Formen hat die Kognitionshypothese nur eine begrenzte Erklärungskraft. Implizite semantische Intentionen des Kindes, aufgrund deren Äußerungen des Kindes einen Überschuß an ‚kognitiv-semantischer' Komplexität zu haben scheinen, sind vermutlich eher im Sinne einer ‚Bedeutung' kommunikativer Situationen als im Sinne propositionaler Teilbedeutungen von Äußerungen zu interpretieren.

Sprechakte (illokutionärer Bedeutungsaspekt)

Bereits gegen Ende des ersten Lebensjahres verwenden Kinder zwei Typen von Gesten: ‚Zeigen' (mit ausgestrecktem Zeigefinger) und ‚Greifgesten' (mit geöffneter Hand, die Innenseite der Hand nach oben gewendet und ohne daß eine Greifhandlung tatsächlich durchgeführt wird), um Interaktionspartner auf die Anwesenheit eines Gegenstandes aufmerksam zu machen bzw. um von ihm einen intendierten Gegenstand zu fordern. Diese Typen von Gesten sind u.a. von Dore (1973), Bruner (1975), Bates/Camaioni/Volterra (1975) und Bates (1976) als vorsprachliche Formen der Realisierung deklarativer und imperativer Sprechakte interpretiert worden. Mit Beginn der eigentlichen Sprachentwicklung (Einwortäußerungen) werden von Kindern die Sprechakttypen: Deklarative, Imperative und Interrogative durch unterschiedliche terminale Intonationskonturen sprachlich explizit markiert (vgl. Dore 1975, M. Miller 1976). Und im Alter von 4–5 Jahren beherrschen Kinder nicht nur eine große Anzahl unterschiedlicher Sprechakttypen und entsprechende sprachliche Realisierungsformen (grammatische Modi, Satzintonation, bestimmte sprachliche Partikel), sondern – wie z.B. Untersuchungen von Ervin Tripp (1974, 1977) und Garvey (1975) zeigen – auch bestimmte Formen einer kontextuellen Realisierung (indirekte Sprachhandlungen; vgl. dazu z.B. Searle 1975, Franck 1975, Wunderlich 1976).

Auf der semantischen Ebene lassen sich Sprechakttypen voneinander durch ihre jeweiligen Anwendungs- bzw. Interaktionsbedingungen (vgl. Searle 1969, Wunderlich a.a.O.) und ihren ‚illokutionären Zweck' (vgl. Searle 1972) voneinander unterscheiden. Wie entwikkeln Kinder die korrespondierenden Sprechaktkonzepte?

Während in der Spracherwerbsforschung in den letzten Jahren vorwiegend versucht wurde, überhaupt erst mal einen deskriptiven Überblick über die Entwicklung von Sprechakten zu erlangen (vgl. z.B. Clark/Clark 1977, S. 312ff. und 364ff.), gibt es doch bereits einige wenige Ansätze zur Beantwortung dieser Frage. Unter dem Gesichtspunkt der Kognitionshypothese ist von Bates, Camaioni und Volterra (1975) und Bates (1976) die Entwicklung vorsprachlicher (gestischer) ‚Sprechakte' im Kontext der Entwicklung der sensomotorischen Intelligenz beim Kinde untersucht worden. Die Autoren fanden (vgl. Bates 1976, S. 62), daß zwei italienische Kinder auf der Stufe 5 der von Piaget beschriebenen sensomotorischen Entwicklungsphase parallel die folgenden drei Verhaltensweisen entwickelten (die Stufe 5 läßt sich generell dadurch charakterisieren, daß das Kind die Fähigkeit erwirbt, neue Mittel zu verwenden, um bereits alte, vertraute Ziele zu erreichen):

a) Die instrumentelle Verwendung von Gegenständen in nichtkommunikativen Situationen.
b) Die Verwendung von Erwachsenen als „agent-tool", um in den Besitz von Gegen-

ständen zu gelangen (Verwendung von ‚Greifgesten' unter gleichzeitiger Herstellung eines Augenkontaktes – Vorläufer des imperativen Sprechakttyps).

c) Die Verwendung von Gegenständen als Mittel, um die Aufmerksamkeit von Erwachsenen zu erhalten (Verwendung von ‚Zeigegesten' unter gleichzeitiger Herstellung eines Augenkontaktes – Vorläufer des deklarativen Sprechakttyps).

Alle drei Verhaltensweisen können nach BATES u.a. als Manifestationen des gleichen für die Stufe 5 (der sensomotorischen Entwicklung) charakteristischen kindlichen Verständnisses von Kausalität analysiert werden. ‚Sprechakte' können somit, so BATES u.a. (S. 63), bereits als „sensomotorische Prozeduren" organisiert werden, noch bevor das Kind lernt, mit Hilfe sprachlicher Symbole zu kommunizieren.
Diese Argumentation entspricht im Prinzip der ‚kognitivistischen' Argumentation im Bezug auf die Entwicklung lexikalischer und propositionaler Bedeutungen und (darauf aufbauend) grammatischer Regeln. In beiden Fällen wird angenommen, daß ein Kind aufgrund seiner kognitiven Entwicklung semantische bzw. illokutionäre ‚Intentionen' bilden kann, noch bevor es über die entsprechenden sprachlichen (grammatischen) Realisierungsregeln verfügt. Aber Sprechakte lassen sich weder hinreichend durch eine Mittel-Zweck-Relation (wie bei BATES u.a.) noch hinreichend durch einen Bezug auf Sprecherintentionen charakterisieren. Sprechakte haben für die weitere Entwicklung einer kommunikativen Situation erwartbare Konsequenzen, d.h. Sprechakte legen typenspezifische Interaktionsbedingungen (Verpflichtungen für alle an einer Sprechsituation Beteiligten) fest (vgl. WUNDERLICH 1976, S. 57ff.). Und eine Theorie des Erwerbs von Sprechakten muß deshalb erklären, wie Kinder lernen, solche Interaktionsbedingungen zu erfüllen. Die sensomotorische Intelligenz des Kindes dürfte dafür nur von begrenzter Bedeutung sein.
Im Lichte der Kognitionshypothese erscheint die Sprachentwicklung als ein Prozeß der sukzessiven Ersetzung von nicht hinreichend expliziten und konventionalisierten symbolischen bzw. sprachlichen Formen für den Ausdruck bereits entwickelter semantischer und illokutionärer Konzepte. Aber die vorliegende empirische Evidenz für einen solchen kognitiven Entwicklungsmechanismus ist bislang wenig überzeugend. Die (sprachunabhängige) kognitive Entwicklung des Kindes legt möglicherweise universell bestimmte (notwendige) Randbedingungen für die Sprachentwicklung fest, aber zwischen der Entwicklung (sprachunabhängiger) kognitiver Fähigkeiten und der Entwicklung der Fähigkeit, durch Sprache intersubjektiv verständliche Propositionen und Sprechakte zu erzeugen, besteht ein wesentlicher Unterschied, dem die Kognitionshypothese nicht gerecht werden kann.

4 Die soziale Konstitutionshypothese

Für die meisten Spracherwerbsforscher, die in den vergangenen 10 Jahren im Gegenzug zu CHOMSKYS nativistischer Hypothese kognitive Voraussetzungen der Sprachentwicklung untersucht haben, war der Dialog zwischen dem spracherlernenden Kinde und seinen Eltern eine in ihrer Relevanz zunehmend erkannte Entwicklungsdimension, der man durch Untersuchungen zur Entwicklung kommunikativer *Intentionen* im Kinde am besten zu entsprechen glaubte. Aus der subjekttheoretischen Perspektive der Kognitionshypothese erschien der Dialog als das entscheidende Telos, aber nicht auch als eine entscheidende Ausgangsbasis für die Sprachentwicklung beim Kinde.
Dahinter steht letztlich ein forschungsmethodologisches Dilemma, das OEVERMANN (1976) präzise erkannt hat und das ihn in der deutschsprachigen Entwicklungspsychologie und Sozialisationsforschung seit Jahren zu einem einsamen Verfechter einer sozialen Konstitutionshypothese gemacht hat:

„In Hinblick auf die Ontogenese (kommunikativer) Kompetenzen spricht ... vieles dafür, daß sie nicht qua Reifung oder als Ableger der allgemeineren kognitiven Entwicklung sich entfalten, sondern im Vollzug der dialogischen Interaktion sich bilden. Daraus ergibt sich für eine entsprechende Erwerbstheorie das Dilemma, daß einerseits die ‚kommunikativen Kompetenzen' nur in der Teilhabe am Dialog erworben werden können, daß aber andererseits dieser Dialog nur durch diese Kompetenzen erzeugt werden kann. Dieses Dilemma läßt sich auflösen, wenn für den Entwicklungsprozeß, das heißt für die sozialisatorische Interaktion, Bedingungen der Möglichkeit der Dialogstruktur angegeben werden können, die gewissermaßen außerhalb des Subjekts, zumindest außerhalb des kindlichen Subjekts liegen, das über kommunikative Kompetenzen noch nicht verfügt" (OEVERMANN 1976, S. 43).

Für OEVERMANNS These lassen sich prominente Fürsprecher zitieren. VYGOTSKY (1966, S. 43f.) hat es als ein generelles ‚Entwicklungsgesetz' angesehen, daß symbolische Systeme zunächst auf der Ebene sozialer Interaktionen als ‚intermentale Kategorien' ihren Ausdruck finden, bevor sie vom Individuum als ‚intramentale Kategorien' internalisiert werden. Und ein anderer Klassiker, nämlich MEAD (1943, S. 77), hatte davor, mit anderen Worten, schon dasselbe gesagt:

„... the mechanism of meaning is present in the social act before the emergence of consciousness or awareness of meaning occurs. The act or adjustive response of a second organism gives to the gesture of a first organism the meaning it has."

Wie weit lassen sich nun neuere Arbeiten und Ergebnisse der Spracherwerbsforschung, in denen der Dialog zwischen Kind und Eltern als ein entscheidender Ausgangspunkt für den Erwerb syntaktischer, semantischer und pragmatischer Aspekte von Sprache angesehen wird, der Programmatik dieser sozialen Konstitutionshypothese assimilieren?
Nach einer Klassifikation von BRUNER (1978, S. 248) lassen sich drei Forschungsansätze dieser Arbeiten unterscheiden: Untersuchungen zur Art des sprachlichen Inputs, den das spracherlernende Kind erhält (Inputmodelle), Untersuchungen zur Abhängigkeit der Sprachentwicklung von der Art des Inputs (Outputregulierungsmodelle) und Untersuchungen zur Abhängigkeit der Sprachentwicklung von der Struktur der sozialen (vorsprachlichen und sprachlichen) Interaktion zwischen Kind und Eltern (Interaktionsmodelle).

Inputmodelle

In allen Kulturen dieser Welt, so unterschiedlich sie auch sein mögen, gibt es bestimmte spezielle Formen der Sprachverwendung: die ‚Babysprache' (‚baby talk' bzw. ‚motherese'), die Eltern und sogar ältere Kinder (nach SHATZ/GELMAN 1973 bereits 4jährige Kinder) in ihren Konversationen mit Kleinkindern systematisch verwenden.
Der Sammelband von SNOW/FERGUSON (1977) präsentiert einen beeindruckenden Überblick über ethnographische und interkulturelle Untersuchungen zur ‚Babysprache' (vgl. auch die Bibliographie von ANDERSEN 1977). FERGUSON (1977) hat anhand so unterschiedlicher Sprachen wie Japanisch, Englisch, Gilyak, Berber, Hidatsa und Cocopa potentiell universelle Merkmale von Babysprache als einem spezifischen ‚Sprachregister' beschrieben und diese Merkmale drei unterschiedlichen Sprachverwendungsfunktionen zugeordnet:
Vereinfachung (‚simplifying'): z.B. Ersetzung von komplexen durch einfache Laute, Reduktion von ‚silbischen Strukturen' zu ‚einfachen kanonischen Formen', Reduktion von Flexionsendungen, Vermeidung von Personalpronomina, Verwendung von speziellen Wörtern zur Bezeichnung von Verwandten, Körperteilen und -funktionen, Tieren, Lebensmitteln etc.
Verdeutlichung (‚clarifying'): z.B. Wiederholungen, starke Hervorhebung von Intonationskonturen, langsames Sprechen.
Expressivität (‚expressive'): z.B. Diminutive, Palatalisierung von Konsonanten, Labialisierung von Konsonanten und Vokalen und gesteigerte Stimmhöhe.
Nach BROWN (1977) lassen sich diese Funktionen zwei unterschiedlichen adressatenspezifischen Kodes zuordnen: Vereinfachungs- und Verdeutlichungsprozesse sind kommunikative Prozeduren der Verständnissicherung, die ein Sprecher anwendet, wenn er bei seinem Hörer (z.B. Kinder, Ausländer) sprachliche und/oder kognitive Inkompetenz voraussetzt. ‚Expressive' Funktionen dienen dagegen dem Ausdruck von Gefühlen, und sie werden von einem Sprecher verwendet, wenn er seinem Hörer (z.B. Kinder, Kranke, Geliebte, Lieblingstiere) gegenüber Affektivität und Intimität zum Ausdruck bringen möchte. Nur im Hinblick auf die Verwendung von ‚Babysprache' fallen beide Kodes zusammen.
BROWNS Unterscheidung zwischen einer kommunikativen, verständnissichernden und einer affektiv-expressiven Funktion von Babysprache entspricht GARNICAS (1977) Unterscheidung zwischen einer ‚analytischen' und einer ‚sozialen' bzw. ‚pragmatischen' Funktion von Babysprache. Die analytische Funktion hilft dem Kind bei seiner Sprachentwicklung dadurch, daß Segmente gesprochener Sprache deutlicher präsentiert werden. Die soziale Funktion dient dazu, die Aufmerksamkeit des Kindes zu erhalten und zu sichern; z.B. dadurch, daß eine gesteigerte Stimmhöhe verwendet wird.
CHOMSKYS Annahme, das Kind werde mit einer zufälligen Auswahl von oft sogar noch unvollständigen, grammatisch fehlerhaften, wenn

nicht gar chaotischen Äußerungen konfrontiert, ist falsch. Aber spielt Babysprache tatsächlich eine signifikante Rolle für den Sprachentwicklungsprozeß des Kindes?

Outputregulierungsmodelle

Viele Untersuchungen, die eine kausale Beziehung zwischen Babysprache und Sprachentwicklung annehmen, sind als Korrelationsanalysen von Merkmalen der Babysprache von Müttern und Merkmalen der Sprache ihrer Kinder angelegt. Solche Korrelationsanalysen erzeugen jedoch ein schwieriges Interpretationsproblem: Sind die Merkmale der Babysprache von Müttern die Ursache von Merkmalen der Kindersprache? Oder ist das Umgekehrte der Fall? Passen Mütter die Art ihrer Sprachverwendung den sich unabhängig davon entwickelnden sprachlichen Fähigkeiten ihrer Kinder an? Sieht man von diesem Interpretationsproblem und der Frage, ob methodische Verfahren zur Lösung dieses Problems möglich sind (vgl. NEWPORT/GLEITMAN/GLEITMAN 1977), ab, so entsteht die weitere Frage, welche Typen von Merkmalen miteinander korreliert werden sollen.
Untersuchungen von NEWPORT (1976), NEWPORT/GLEITMAN/GLEITMAN (1977) und CROSS (1977) zeigten, daß zwischen den grammatischen (syntaktischen) Formen von Babysprache und grammatischen Formen der Sprache von Kindern (bei NEWPORT u.a. Kinder im Alter zwischen 12 und 27 Monaten, bei CROSS Kinder im Alter zwischen 19 und 32 Monaten) keine signifikanten Korrelationen auftreten und sich damit das oben erwähnte methodologische Problem erst gar nicht stellt.
Sollte Babysprache doch für die Sprachentwicklung ein entscheidender Faktor sein, so waren mit der Suche nach solchen Korrelationen offenbar die falschen Fragen gestellt worden.
In einem weiteren Teil ihrer Untersuchung belegt CROSS jedoch hochsignifikante Korrelationen zwischen bestimmten Diskurseigenschaften von Babysprache und der Fähigkeit der von ihr untersuchten Kinder, in einem Test 100 syntaktisch unterschiedliche Sätze zu dekodieren (‚receptive ability‘). Je geringer die ‚rezeptiven‘ Fähigkeiten von Kindern waren, desto häufiger verwendeten deren Mütter in natürlichen Situationen verständnissichernde Prozeduren (u.a. Expansionen) und desto häufiger bezogen sich Äußerungen von Müttern auf gerade ablaufende Ereignisse und anwesende Personen und Gegenstände.
Nicht so sehr die sprachliche (grammatische) Form von Babysprache, sondern ihre kommunikative Funktion (vgl. GARNICAS ‚analytische Funktion‘) und ihr kontextueller Bezug auf kooperative Tätigkeiten von Mutter und Kind (vgl. GARNICAS ‚soziale Funktion‘) scheint für die Sprachentwicklung von entscheidender Bedeutung zu sein.

Interaktionsmodelle

Ein gutes Beispiel für die theoretische Perspektive und das hermeneutische Interpretationsverfahren, das der Konstruktion von Interaktionsmodellen zugrundeliegt, gibt R. H. CLARK (1978, S. 243). Er geht zunächst u.a. von der folgenden Beobachtung aus:

„Janet (age 0; 8 (12)) is sitting up on the floor playing with a partly filled bottle of baby shampoo, which she seems to find very interesting.
M: ‚Janet, give that to mummy, darling.‘ Holds her hand, palm upwards, toward the bottle.
J: Looks at M and then at the hand.
M: ‚Give that to mummy.‘ Moves hand foreward to hold the bottle.
J: Is watching the hand as it moves.
M: Pulls gently at the bottle, J having made no attempt to give it to her. ‚Thank you.‘
J: Is reluctant to let go and tries to keep hold of the bottle as it is taken. This leaves her arm outstretched as the bottle is pulled from her grasp.“

Weitere, chronologisch aufeinanderfolgende Beobachtungen von CLARK zeigen, daß Janet zunächst Gegenstände in die ihr zugestreckte, geöffnete Hand der Mutter fallen läßt bzw. Gegenstände, die ihr von der Mutter hingehalten werden, nimmt und mit diesen relativ passiven Handlungen ein von der Mutter jeweils initiiertes ‚primitives‘ Kommunikationsschema vervollständigt. CLARK macht deutlich, daß in dieser Phase die ‚Kommunikation‘ zwischen Janet und ihrer Mutter auf der ‚intermentalen Ebene‘ abläuft: Janet ‚zeigt‘ noch kein ‚Bewußtsein‘ (‚awareness‘) von der Rolle, die ihre Mutter und sie selbst in bezug auf die Koordination ihrer individuellen Handlungen spielen. Durch ihre Teilnahme an solchen Interaktionsroutinen lernt Janet, bestimmte Handlungsfolgen zu antizipieren und schließlich, durch die Umformung von handlungsinitiierenden Bewegungen zu Gesten, selbst und willentlich auszulösen; z.B. dadurch, daß Janet einen Gegen-

stand hochhält (Geste) und solange wartet, bis ihre Mutter die Hand öffnet und sie dann den Gegenstand ihrer Mutter gibt.
Intentionale Kommunikation des Kindes, d.h. Kommunikation auf der ‚intramentalen Ebene', setzt Kommunikation auf der ‚intermentalen Ebene' voraus. Und Kommunikation auf der ‚intermentalen Ebene' setzt ihrerseits bestimmte Strukturmerkmale der ‚sozialisatorischen Interaktion' voraus:

a) Eltern interpretieren von Beginn an das Verhalten ihrer Kinder im Sinne intentionaler Handlungen. Z.B. beobachtete MACFARLANE (1974), daß Mütter bereits den Schreien, Bewegungen und Körperhaltungen ihrer Neugeborenen Intentionalität unterstellen; und SNOW (1977) beobachtete, daß Mütter schon sehr früh die Vokalisierungen ihrer Babies als konversationelle ‚turns' interpretieren. Nur dadurch, daß Eltern das Verhalten ihrer Babies so interpretieren, als ob es intentionale Handlungen wären, ist die Etablierung ‚primitiver Kommunikationsschemata' möglich.
b) Mütter (bzw. eine andere primäre Bezugsperson) und Kinder koordinieren ihre Handlungen durch die Verwendung bestimmter Prozeduren zur gemeinsamen Fokussierung von Aufmerksamkeit auf Gegenstände, Ereignisse und Handlungen (vgl. z.B. SCAIFE/BRUNER 1975, und den von SCHAFFER 1977 herausgegebenen Sammelband; vgl. dazu auch die These, daß diese Prozeduren der Herstellung von Intersubjektivität angeboren sind, bei TREVARTHEN 1974 und TREVARTHEN/HUBLEY 1978).
c) Handlungskoordinationen von Mutter und Kind sind auf eine sehr begrenzte Menge von Situationen bzw. Interaktionsroutinen (vgl. MILLER 1976) beschränkt (vgl. dazu auch den Begriff des ‚action format' und die korrespondierenden empirischen Analysen bei GARVEY 1974 und bei BRUNER und seinen Mitarbeitern).
d) Mütter verwenden eine ‚implizite Pädagogik', um im Dialog mit ihren Kindern Interaktionsroutinen intern zu differenzieren und ihren Anwendungsbereich auszuweiten.

BRUNER und seine Mitarbeiter (vgl. BRUNER 1975a, b, 1978a, b; BRUNER/SHERWOOD 1976; NINIO/BRUNER 1978 und RATNER/BRUNER 1978) haben mit ihren empirischen Analysen des Übergangs von der gestischen zur sprachlichen Kommunikation und ihren Analysen der Anfänge genuiner Sprachentwicklung insbesondere versucht, jene ‚implizite Pädagogik' von Müttern herauszuarbeiten. BRUNER (1978b, S. 254) faßt die Rolle dieser impliziten Pädagogik für die Sprachentwicklung des Kindes mit den folgenden Worten zusammen:

„I have used the expression ‚scaffolding' to characterize what the mother provides on her side of the dyad in one of the regularized formats: she reduces the degree of freedom with which the child has to cope, concentrates his attention into a manageable domain, and provides models of the expected dialogue from which he (the child) can extract selectively what he needs for fulfilling his role in discourse. But she also does two other things as well. One of them is properly called ‚extension'. It consists in her extending the situations in which and the functions for which different utterances or vocalizations can be used.... Finally, the mother plays the role of communicative ratchet: once the child has made a step forward, she will not led him slide back. ... She is a guardian of newly confirmed communicative hypotheses: a very crucial role."

Unter dem Gesichtspunkt der sozialen Konstitutionshypothese (soweit sie dem Interaktionsmodell der Sprachentwicklung entspricht) erscheint die Sprachentwicklung als ein Prozeß, in dem das Kind das, was es ‚objektiv' in der Interaktion mit (und mit Hilfe) seiner Mutter an Kommunikation bereits vollzieht, durch die Rekonstruktion kommunikativer Intentionen (Referenz, Prädikation, Sprechakte) und ihrer sprachlichen Realisierungsformen ‚subjektiv' einzuholen versucht.
Die Entwicklung von Referenz, Prädikation und Sprechakten setzt nicht nur voraus, daß

a) das Kind zwischen Zeichen und Bezeichnetem unterscheiden lernt und für das Bezeichnete (außersprachliche Wirklichkeit) bestimmte Konzepte evtl. sprachunabhängig entwickelt (Referenz bzw. Wortbedeutung),
b) das Kind relationale Konzepte (z.B. Kausalität, Lokalität, Zeit) sprachunabhängig entwickelt (Prädikation bzw. propositionaler Bedeutungsaspekt), und
c) das Kind sensomotorische Prozeduren zweckgerichteten Handelns entwickelt (Sprechakte bzw. illokutionärer Bedeutungsaspekt),

sondern daß aufgrund der spezifischen Eigenschaften der ‚sozialisatorischen Interaktion' für

Sprecher und Hörer ein gemeinsames Verständnis der mit einer Geste bzw. einer sprachlichen Äußerung intendierten Sprechhandlung sichergestellt ist, damit ein Kind überhaupt erst die konzeptuelle Struktur kommunikativer Intentionen und ihre Relation zu sprachlichen Ausdrucksformen entdecken kann.

Die soziale Konstitutionshypothese unterstellt eine ontogenetische Priorität des Kooperationsprinzips gegenüber dem semantischen Prinzip und dem Formprinzip der Sprachverwendung. Aber diese Priorität impliziert nicht notwendigerweise, daß beim Kinde die Entwicklung pragmatischer Fähigkeiten der Entwicklung syntaktischer und semantischer Fähigkeiten ‚vorausläuft'; oder anders ausgedrückt: daß ein Kind immer schon eine komplexere Fähigkeit besitzt, sprachliche Äußerungen auf Äußerungssituationen zu beziehen, als daß es fähig wäre, die propositionalen und illokutionären Strukturen solcher Äußerungen und ihre Relation zu sprachlichen Formen zu verstehen. Die Priorität des Kooperationsprinzips besagt lediglich, daß auf der Ebene sozialer Interaktionen zwischen dem Kind und seinen Eltern in einer gegenüber den ‚subjektiven' Fähigkeiten des Kindes ‚progressiven' Weise kommunikative Verständigung möglich ist, und daß dies ebenso eine Voraussetzung für die Entwicklung pragmatischer als auch für die Entwicklung syntaktischer und semantischer Fähigkeiten beim Kinde darstellt.

Es ist eine noch weitgehend offene Frage der Spracherwerbsforschung, in welcher ontogenetischen Beziehung syntaktische, semantische und pragmatische Aspekte in der Sprache des Kindes zueinander stehen. Vermutlich läßt sich diese ontogenetische Beziehung eher im Sinne einer Interdependenz als im Sinne eines hierarchischen Abhängigkeitsverhältnisses interpretieren. Zumindest wird dies durch die folgenden Arbeiten nahegelegt. Im Hinblick auf die Entwicklung lokaler Referenz zeigen z.B. MILLER/WEISSENBORN (1978), daß ein Kind auf der Grundlage und im Verlauf von systematisch komplexer werdenden Handlungskontexten (Interaktionsroutinen) ansatzweise Verwendungsregeln für unterschiedliche Typen referenzieller Ausdrücke (deiktische und deskriptive Ausdrücke) erlernt und damit zugleich die pragmatische Fähigkeit erwirbt, durch die Wahl der verwendeten referenziellen Ausdrücke bestimmte globale Kontexte (nämlich unmittelbar wahrnehmbare vs. nicht wahrnehmbare Umwelt) für ein intersubjektives Verständnis der verwendeten referenziellen Ausdrücke voneinander abzugrenzen. Und im Hinblick auf die Entwicklung propositionaler Strukturen zeigen die bereits erwähnten Untersuchungen von GREENFIELD/SMITH (a.a.O.), GREENFIELD (a.a.O.) und MILLER (a.a.O.), daß Kinder im Kontext sich entwickelnder Interaktionsroutinen syntaktisch-semantische Strukturen von Äußerungen dadurch erlernen, daß sie ihre Mitteilungen auf variable, aber systematisch eingegrenzte Aspekte einer Situation beschränken können. Mit der Fähigkeit, sprachlich explizitere Propositionen auszudrücken, entsteht jedoch zugleich die pragmatische Fähigkeit, bereits formulierbare Propositionen als sprachliche Ellipsen zu realisieren und damit auf bestimmte Interaktionsroutinen als Redehintergrund zu verweisen. Bereits DE LAGUNA (1927) hat darauf aufmerksam gemacht, daß die Sprachentwicklung einen Prozeß der fortschreitenden Dekontextualisierung involviert; aber Dekontextualisierung darf hier nicht bloß im Sinne einer zunehmenden Unabhängigkeit vom Äußerungskontext verstanden werden, Dekontextualisierung der Sprachverwendung beim Kinde bedeutet vielmehr eine fortschreitende Reflexivität der Beziehungen zwischen Sprache und Kontext.

5 Zusammenfassung und offene Fragen

Mit der sozialen Konstitutionshypothese ist aus einer universalistischen Forschungsperspektive die grundlegende Relevanz sozialisatorischer Prozesse für die Sprachentwicklung des Kindes deutlich geworden. Aber der hier gegebene Überblick über Paradigmen der modernen Spracherwerbsforschung und die allmähliche Orientierung derselben an sozialisationstheoretischen Fragestellungen läßt viele Fragen offen, die teils mit der hier gewählten Beschränkung auf Probleme der frühkindlichen Sprachentwicklung, teils mit dem Stand der Spracherwerbsforschung selbst zusammenhängen.

Auf drei für das Thema ‚sprachliche Sozialisation' zentrale Fragen soll noch kurz hingewiesen werden:

1. Gibt es empirische Anhaltspunkte für eine Universalität von Strukturmerkmalen der ‚sozialisatorischen Interaktion'?

Zumindest die in dem Abschnitt ‚Outputregulierungsmodelle' und ,Interaktionsmodelle' referierten empirischen Untersuchungen zur sozialen Konstitutionshypothese beziehen sich ausschließlich auf Mutter-Kind-Dyaden, die der sozialen Mittelschicht der USA, Englands und der BRD angehören. Universalitätsannahmen hinsichtlich beobachteter Eigenschaften des Mutter-Kind-Dialogs haben daher bislang lediglich einen hypothetischen Charakter.

2. Ist die soziale Konstitutionshypothese im Hinblick auf spätere Phasen der Sprachentwicklung im gleichen Maße erklärungskräftig, wie sie es im Hinblick auf die frühkindliche Sprachentwicklung zu sein scheint?
Zumindest auch noch sprachliche Unterhaltungen zwischen 3–4jährigen Kindern und ihren Eltern sind generell dadurch charakterisierbar, daß in einer nahezu unproblematischen Weise von beiden Seiten ein gemeinsamer Kontext für eine sprachliche Verständigung vorausgesetzt werden kann, und zwar vermutlich aufgrund der gemeinsamen Lebenswelt und gemeinsamer (teilweise routinisierter) Alltagserfahrungen. Kinder sind zu diesem Zeitpunkt bereits sehr fähige Kommunikationsteilnehmer (vgl. z.B. Ervin-Tripp/Mitchell-Kernan 1977). Aber darin, daß – im Unterschied zu einem fremden Beobachter – die Eltern von Kindern dieser Entwicklungsstufe meistens sehr schnell wissen, worüber und mit welcher kommunikativen Intention sich ihre Kinder äußern, zeigt sich, daß Strukturmerkmale der sozialisatorischen Interaktion auch in dieser Entwicklungsphase noch eine bedeutende Rolle spielen könnten.
Kinder lernen jedoch schließlich, komplexe sprachliche Handlungen auszuführen wie z.B. ,eine Geschichte erzählen', ,eine Wegauskunft geben', ,ein Spiel erklären' oder ,sich an einer Argumentation beteiligen', die u.a. dadurch charakterisiert sind, daß für die an der Kommunikation Beteiligten gemeinsame Kontexte für eine sprachliche Verständigung allererst, evtl. durch sehr komplexe Einigungsprozesse, hergestellt werden müssen. Hinsichtlich dieser für die Handlungsfähigkeit eines ,sozialisierten' Individuums vielleicht zentralsten kommunikativen Aktivitäten gibt es bislang jedoch weder hinreichende genetische Beschreibungen noch irgendwelche Erklärungsmodelle.

3. Lassen sich aus der Spracherwerbsforschung irgendwelche pädagogischen Interventionstechniken ableiten?

Ähnlich wie die Frage nach der Beziehung zwischen Sprachentwicklung und sozialer Herkunft ist die Behandlung dieser Frage von der Spracherwerbsforschung weitgehend vernachlässigt worden. Und so läßt sich, anhand der bisherigen Forschungsergebnisse, auf die Frage ,Wie kann eine besorgte Mutter ihrem Kinde die Sprachentwicklung erleichtern?' mit Roger Brown (1977, S. 26) lediglich die einerseits für manchen vielleicht enttäuschende, andererseits aber für unsere schon im Vorschulalter geplagten Kinder tröstliche Antwort geben:

„Believe that your child can understand more than he or she can say, and seek, above all, to communicate. To understand and be understood. To keep your minds fixed on the same target. In doing that, you will, without thinking about it, make 100 or maybe 1000 alternations in your speech and action. Do not try to practice them as such. There is no set of rules of how to talk to a child that can even approach what you unconsciously know. If you concentrate on communicating, everything else will follow."

Literatur

Andersen, E. S.: Bibliographie zu ,baby talk'. In: Snow, C. E./Ferguson, C. A. (Hrsg.): Talking to children. Cambridge, Cambridge University Press 1977, S. 357–369.

Anglin, J. M.: Word, object, and conceptual development. New York, Norton 1977.

Anglin, J. M.: From reference to meaning. In: Child Development 49 (1978), S. 969–976.

Antinucci, F./Miller, R.: How children talk about what happened. In: Journal of Child Language 3 (1976), S. 167–189.

Austin, J. L.: How to do things with words. Oxford, Oxford UP 1962.

Bates, E.: Language and context: The acquisition of pragmatics. New York, Academic Press 1976.

Bates, E./Camaioni, L./Volterra, V.: The acquisition of performatives prior to speech. In: Merrill-Palmer-Quarterly 21 (1975), S. 205–226.

Bever, T. G./Chiarello, R. J.: Cerebral dominance in musicians and nonmusicians. In: Science 185 (1974), S. 137–139.

Bloom, L.: Language development: Form and function in emerging grammars. Cambridge, Mass., M.I.T. 1970.

Bloom, L./Hood, L./Lightbown, P.: Imitation in language development. In: Cognitive Psychology 6 (1974), S. 380–420.

Blount, B.: Acquisition of language by Luo children. Unveröffentl. Diss., University of California, Berkeley 1969.

Bowerman, M.: Early syntactic development: A cross-linguistic study with special reference to Finnish. London, Cambridge UP 1973.

Bowerman, M.: Semantic factors in the acquisition of rules for word use and sentence construction. In: Morehead,

D. M./MOREHEAD, A. E. (Hrsg.): Normal and deficient child language. Baltimore, University Park Press 1976, S. 99–179.

BOWERMAN, M.: Cross-cultural perspectives on language development. In: TRIANDIS, H. C. (Hrsg.): Handbook of cross-cultural psychology. Boston, Allyn & Bacon 1979.

BRONCKART, J.-P./SINCLAIR, H.: Genfer Untersuchungen zur genetischen Psycholinguistik. In: STEINER, G. (Hrsg.): Piaget und die Folgen. Zürich, Kindler 1978, S. 975–991.

BROWN, R.: A first language: The early stages. Cambridge, Mass., Harvard UP 1973.

BROWN, R.: Introduction. Einführung in: SNOW, C. E./FERGUSON, C. A. (Hrsg.): Talking to children: Language input and acquisition. London, Cambridge UP 1977, S. 1–27.

BROWN, R./HANLON, C.: Derivational complexity and order of acquisition in child speech. In: HAYES, J. R. (Hrsg.): Cognition and the development of language. New York, Wiley 1970, S. 11–53.

BRUNER, J. S.: The ontogenesis of speech acts. In: Journal of Child Language 2 (1975 a), S. 1–19.

BRUNER, J.: From communication to language. In Cognition 3 (1975 b), S. 255–287.

BRUNER, J.: Learning how to do things with words. In: BRUNER, J./GARTON, A. (Hrsg.): Human growth and development. Oxford, Clarendon 1978 a, S. 62–84.

BRUNER, J.: The role of dialogue in language acquisition. In: SINCLAIR, A./LEVELT, W. J. M. (Hrsg.): The child's conception of language. Berlin, Springer 1978 b.

BRUNER, J./SHERWOOD, V.: Early rule structure: The case of peekaboo. In: BRUNER, J./JOLLY, A./SYLVA, K. (Hrsg.): Play: Its role in evolution and development. Harmondsworth, Penguin 1976.

CHOMSKY, N.: Syntactic structures. Den Haag, Mouton 1957.

CHOMSKY, N.: Review of Skinner's ‚Verbal behavior'. In: Language 35 (1959), S. 26–58.

CHOMSKY, N.: Explanatory models in linguistics. In: NAGEL, E./SUPPES, P./TARSKI, A. (Hrsg.): Logic, methodology, and the philosophy of science. Stanford, Stanford UP 1962, S. 528–550.

CHOMSKY, N.: Aspects of the theory of syntax. Cambridge, Mass., M.I.T. 1965.

CHOMSKY, N.: Language and the mind. In: BAR-ADON, A./LEOPOLD, W. F. (Hrsg.): Child language. Englewood Cliffs, N.J., Prentice Hall 1971, S. 424–432.

CLAESSENS, D.: Familie und Wertsystem. Berlin, Duncker & Humblot 1962.

CLARK, E. V.: What's in a word? On the child's acquisition of semantics in his first language. In: MOORE, T. E. (Hrsg.): Cognitive development and the acquisition of language. New York, Academic Press 1973, S. 65–110.

CLARK, E. V.: Some aspects of the conceptual basis for first language acquisition. In: SCHIEFELBUSCH, R. L./LLOYD, L. L. (Hrsg.): Language perspectives – Acquisition, retardation, and intervention. Baltimore, University Park Press 1974, S. 105–128.

CLARK, H. H./CLARK, E. V.: Psychology and language. New York, Harcourt Brase Jovanovich 1977.

CLARK, R. A.: The transition from action to gesture. In: LOCK, A. (Hrsg.): Action, gesture, and symbol. New York, Academic Press 1978, S. 231–260.

CROMER, R. F.: The development of language and cognition: The cognition hypothesis. In: FOSS, B. (Hrsg.): New perspectives in child development. Harmondsworth, Penguin Education 1974, S. 184–252.

CROMER, R. F.: The cognitive hypothesis of language acquisition and its implications for child language deficiency. In: MOREHEAD, D. M./MOREHEAD, A. E. (Hrsg.): Normal and deficient child language. Baltimore, University Park Press 1976, S. 283–334.

CROSS, T. G.: Mothers' speech adjustments: The contribution of selected child listener variables. In: SNOW, C. E./FERGUSON, C. A. (Hrsg.): Talking to children. Cambridge, Mass., Cambridge UP 1977, S. 151–188.

DONALDSON, M.: Children's minds. Glasgow, Fontana/Collins 1978.

DORE, J.: The development of speech acts. Unveröffentl. Diss. City University of New York 1973.

DORE, J.: Holophrases, speech acts, and language universals. In: Journal of child language 2 (1975), S. 21–40.

EDWARDS, D.: Sensory-motor intelligence and semantic relations in early child grammar. In: Cognition 2 (1973), H. 4, S. 395–434.

EIBL-EIBESFELDT, I.: Der vorprogrammierte Mensch. München DTV 1976.

ERVIN-TRIPP, S.: Imitations and structural change in children's language. In: LENNEBERG, E. H. (Hrsg.): New directions in the study of language. Cambridge, Mass., M.I.T. 1964, S. 163–189.

ERVIN-TRIPP, S.: The comprehension and production of requests by children. In: Papers and Reports on Child Language Development. Stanford University 8 (1974), S. 188–196.

ERVIN-TRIPP, S.: Wait for me, roller-skate! In: MITCHELL-KERNAN, C./ERVIN-TRIPP, S. (Hrsg.): Child discourse. New York, Academic Press 1977, S. 165–188.

ERVIN-TRIPP, S./MITCHELL-KERNAN, C. (Hrsg.): Child discourse. New York, Academic Press 1977.

FERGUSON, C. A.: Babytalk as a simplified register. In: SNOW, C. E./FERGUSON, C. A. (Hrsg.): Talking to children. Cambridge, Mass., Cambridge UP 1977, S. 219–236.

FILLMORE, C. J.: The case for case. In: BACH, E./HARMS, R. T. (Hrsg.): Universals of linguistic theory. New York, Holt, Rinehart & Winston 1968, S. 1–88.

FLEMING, J. D.: Field report: The state of the apes. In: Psychology Today 8 (1974), S. 31–46.

FRANCK, D.: Zur Analyse indirekter Sprechakte. In: EHRICH, V./FINKE, P. (Hrsg.): Beiträge zur Grammatik und Pragmatik. Kronberg, Scriptor 1975, S. 219–231.

FURTH, H. G.: Piaget and knowledge. Englewood Cliffs, N.J., Prentice Hall 1969. Dt.: Intelligenz und Erkennen. Frankfurt, Suhrkamp 1972.

GARDNER, R. A./GARDNER, B. T.: Teaching sign language to a chimpanzee. In: Science 165 (1969), S. 664–672.

GARNICA, O. K.: Some prosodic and paralinguistic features of speech to young children. In: SNOW, C. E./FERGUSON, C. A. (Hrsg.): Talking to children. Cambridge, Mass., Cambridge UP 1977, S. 63–88.

GARVEY, C.: Some properties of social play. In: Merrill-Palmer Quarterly 20 (1974), S. 164–180.

GARVEY, C.: Requests and responses in children's speech. In: Journal of Child Language 2 (1975), S. 41–63.

GÖTZ, B.: Zur Krise der Sozialisationsforschung und zu ihren programmatischen Konsequenzen. In: GÖTZ, B./KALTSCHMID, J. (Hrsg.): Sozialisation und Erziehung. Darmstadt, Wiss. Buchges. 1978, S. 3–46.

GREENFIELD, P. M.: Informativeness, presupposition, and semantic choice in single-word utterances. In: WATERSON, N./SNOW, C. E. (Hrsg.): The development of communication. New York, Wiley 1978, S. 443–452.

GREENFIELD, P. M./SMITH, J. H.: The structure of communication in early language development. New York, Academic Press 1976.

GREENFIELD, P. M./ZUKOW, P. G.: Why do children say

what they say when they say it?. In: Papers and Reports on Child Language Development 15 (1978), S. 57–67.

Grice, H. P.: William James lectures. Harvard University 1967. Teilweise veröffentl. unter dem Titel ‚Logic and conversation' in: Cole, P./Morgan, J. L. (Hrsg.): Syntax and semantics, Vol. 3: Speech acts. New York, Seminar Press 1975, S. 41–58.

Halliday, M. A. K.: Explorations in the functions of language. London, Arnold 1973.

Ingram, D.: Sensori-motor intelligence and language development. In: Lock, A. (Hrsg.): Action, gesture, and symbol. New York, Academic Press 1978, S. 261–290.

Inhelder, B.: Language and thought: Some remarks on Chomsky and Piaget. In: Journal of Psycholinguistic Research 7 (1978), H. 4, S. 263–268.

Kernan, K. T.: The acquisition of language by Samoan children. Unveröff. Diss., University of California, Berkeley 1969.

Kinsbourne/Smith (Hrsg.): Hemispheric disconnection and cerebral function. Springfield, Ill., Thomas 1974.

Lange, S./Larsson, K.: Syntactical development of a Swedish girl Embla between 20 and 42 months of age: I: Age 20–25 months. Report No. 1, Project Child Language Syntax. Institutionen for Nordiska Sprak Stockholms Universitet 1973.

Lenneberg, E. H.: Biological foundations of language. New York 1967. Dt.: Biologische Grundlagen der Sprache. Frankfurt, Suhrkamp 1972.

Lenneberg, E. H.: Of language knowledge, apes, and brains. In: Journal of Psycholinguistic Research 1 (1971), S. 1–29.

Leuninger, H./Miller, M./Müller, F.: Psycholinguistic. Frankfurt, Athenäum 1973.

Leuninger, H./Miller, M./Müller, F. (Hrsg.): Linguistik und Psychologie. Frankfurt, Athenaion 1974.

Lewis, D.: General semantics. In: Davidson, D./Harmann, G. (Hrsg.): Semantics of natural language. Dordrecht, Reidel 1972, S. 169–218.

Lewis, D.: Konventionen. Berlin, de Gruyter 1975.

Linden, E.: Apes, man, and language. New York, Penguin 1974.

Macfarlane, A.: If a smile is so important. In: New Scientist 25, April (1974).

Mac Whinney, B.: Pragmatic patterns in child syntax. In: Papers and Reports on Child Language Development. Stanford University Dpt. of Linguistics 10 (1975), S. 153–165.

McNeill, D.: The acquisition of language. New York, Harper & Row 1970.

Mead, G. H.: Mind, self, and society. Chicago, University of Chicago Press 1934.

Miller, G. A.: The psychology of communication. London, Penguin 1968.

Miller, G. A.: Spontaneous apprentices. New York, Seabury 1977.

Miller, M.: Zur Logik der frühkindlichen Sprachentwicklung. Stuttgart, Klett 1976.

Miller, M.: Psycholinguistische Probleme der Referenz. In: Zeitschrift für Literaturwissenschaft und Linguistik (LiLi) 23/24 (1978b), S. 83–97.

Miller, M.: Pragmatic constraints on the linguistic realization of ‚semantic intentions' in early child language. In: Waterson, N./Snow, C. E. (Hrsg.): The development of communication. New York, Wiley 1978a, S. 453–467.

Miller, M./Weissenborn, J.: Pragmatic conditions on learning how to refer to localities. In: Papers and Reports on Child Language Development. Stanford University 15 (1978b), S. 68–77.

Moerk, E.: Piaget's research as applied to the exploration of language development. In: Merrill-Palmer Quarterly 21 (1975), S. 151–169.

Morehead, D. M./Morehead, A. E.: From signal to sign: A Piagetian view of thought and language during the first two years. In: Schiefelbusch, R./Lloyd, L. (Hrsg.): Language perspectives – Acquisition, retardation, and intervention. Baltimore, University Park Press 1974, S. 153–190.

Morris, C.: Signs, language, and behaviour. London 1946.

Nelson, K.: Concept, word, and sentence. In: Psychological Review 81 (1974), S. 267–285.

Nelson, K.: The conceptual basis for naming. In: Macnamara, J. (Hrsg.): Language learning and thought. New York, Academic Press 1977, S. 117–136.

Newport, E. L.: Motherese: The speech of mothers to young children. In: Castellan, N./Pisoni, D./Potts, G. (Hrsg.): Cognitive theory, Vol. II. Hillsdale, N.J., Lawrence Erlbaum 1976.

Newport, E. L./Gleitman, H./Gleitman, L. R.: Mother I'd rather do it myself: Some effects and non-effects of maternal speech style. In: Snow, C. E./Ferguson, C. A. (Hrsg.): Talking to children. Cambridge, Mass., Cambridge UP 1977, S. 109–150.

Ninio, A./Bruner, J.: The achievement and antecedents of labelling. In: Journal of Child Language 5 (1978), S. 1–16.

Oevermann, U.: Programmatische Überlegungen zu einer Theorie der Bildungsprozesse und zur Strategie der Sozialisationsforschung. In: Hurrelmann, K. (Hrsg.): Sozialisation und Lebenslauf. Reinbek, Rowohlt 1976, S. 34–52.

Piaget, J.: Play, dreams, and imitation in childhood. New York, Norton 1951. Dt.: Nachahmung, Spiel und Traum. Stuttgart, Klett 1969.

Piaget, J.: The construction of reality in the child. New York, Basic 1954.

Piaget, J.: Six psychological studies. New York, Random 1967.

Piaget, J.: Piaget's theory. In: Mussen, P. H. (Hrsg.): Carmichael's manual of child psychology. Vol. 1. New York, Wiley 1970.

Piaget, J./Inhelder, B.: The psychology of the child. London, Routledge & Kegan Paul 1969.

Premack, D.: Language in chimpanzee?. In: Science 172 (1971), S. 808–822.

Premack, D.: Intelligence in ape and man. Hillsdale, N.J., Lawrence Erlbaum 1976.

Radulovic, L.: Acquisition of language: Studies of Dubrovnik children. Unveröffentl. Diss., University of California, Berkeley 1975.

Ratner, N./Bruner, J.: Games, social exchanges and the acquisition of language. In: Journal of Child Language 5 (1978), S. 391–402.

Rosch, E. H.: On the internal structure of perceptual and semantic categories. In: Moore, T. E. (Hrsg.): Cognitive development and the acquisition of language. New York, Academic Press 1973, S. 111–144.

Rosch, E. H./Mervis, C. B.: Children's sorting: A reinterpretation based on the nature of abstraction in natural categories. In: Developmental Psychology (im Druck).

Rosch, E. H./Mervis, C. B./Gray, W./Johnson, D./Boyes-Braem, P.: Basic objects in natural categories. In: Cognitive Psychology 8 (1976), S. 382–439.

Rumbaugh, D. M./Gill, T. V.: Language and the acquisition of language-type skills by a chimpanzee. In: Ann. N.Y. Acad. Sci. 270 (1976), S. 90–135.

SCAIFE, M./BRUNER, J.: The capacity for joint visual attention in the infant. In: Nature 253 (1975), S. 265–266.
SCHAERLAEKENS, A. M.: The two-word sentence in child language development. Den Haag, Mouton 1973.
SCHAFFER, H. R. (Hrsg.): Studies in mother-infant interaction. New York, Academic Press 1977.
SCHLESINGER, I. M.: Relational concepts unterlying language. In: SCHIEFELBUSCH, R. L./LLOYD, L. L. (Hrsg.): Language perspectives – Acquisition, retardation, and intervention. London, Macmillan 1974, S. 129–152.
SCHLESINGER, I. M.: The role of cognitive development and linguistic input in language development. In: Journal of Child Language 4 (1977), S. 153–169.
SEARLE, J. R.: Speech acts. Cambridge, Cambridge UP 1969. Dt.: Sprechakte. Frankfurt, Suhrkamp 1971.
SEARLE, J. K.: A classification of illocutionary acts. MS. University of California, Berkeley 1972.
SEARLE, J. R.: Indirect speech acts. In: COLE, P./MORGAN, J. L. (Hrsg.): Syntax and semantic. Vol. 3: Speech acts. New York, Academic Press 1975, S. 59–82.
SHATZ, M./GELMAN, R.: The development of communication skills. Monographs of the Society for Research in Child Development 152 (1973).
SINCLAIR, H.: Developmental psycholinguistics. In: ELKIND, D./FLAVELL, J. H. (Hrsg.): Studies in cognitive development. New York 1969, S. 315–336. Dt.: Psychologie der Sprachentwicklung. In: LEUNINGER, H./MILLER, M./MÜLLER, F. (Hrsg.): Linguistik und Psychologie. Frankfurt, Athenaion 1974, S. 283–302.
SINCLAIR, H.: The transition from sensory-motor behavior to symbolic activity. In: Interchange 1 (1970), H. 3, S. 119–126.
SINCLAIR, H.: Sensorimotor action patterns as a condition for the acquisition of syntax. In: INGRAM, E./HUXLEY, R. (Hrsg.): Language acquisition: Models and methods. New York, Academic Press 1971, S. 121–130.
SINCLAIR, H.: Language acquisition and cognitive development. In: MOORE, T. E. (Hrsg.): Cognitive development and the acquisition of language. New York, Academic Press 1973, S. 9–26.
SINCLAIR, H.: The relevance of Piaget's early work for a semantic approach to language acquisition. In: PRESSEISEN, B. Z./GOLDSTEIN, D./APPEL, M. H. (Hrsg.): Language and operational thought. New York, Plenum Press 1978, S. 11–16.
SKINNER, B. F.: Verbal behavior. Englewood Cliffs, N.J., Prentice Hall 1957.
SLOBIN, D. I.: Psycholinguistics. Glenview, Ill., Scott, Foresman 1971.
SLOBIN, D. I.: Cognitive prerequisites for the development of grammar. In: FERGUSON, C. A./SLOBIN, D. I. (Hrsg.): Studies of child language development. New York, Holt, Rinehart & Winston 1973, S. 175–270.
SLOBIN, D. I.: The more it changes ... on understanding language by watching it move through time. In: Papers and Reports on Child Language Development 10 (1975), S. 1–30.
SLOBIN, D. I./WELSH, C. A.: Elicited imitation as a research tool in developmental psycholinguistics. In: FERGUSON, C. A./SLOBIN, D. I. (Hrsg.): Studies of child language development. New York, Holt, Rinehart & Winston 1973, S. 485–497.
SNOW, C. E.: The development of conversation between mothers and babies. In: Journal of Child Language 4 (1977), S. 1–22.
SNOW, C. E./FERGUSON, C. A. (Hrsg.): Talking to children. Cambridge, Mass., Cambridge UP 1977.
STERN, L./STERN, W.: Die Kindersprache: Eine psychologische und sprachtheoretische Untersuchung. Leipzig 1907. Neu aufgelegt bei der Wiss. Buchges. Darmstadt 1965.
STROSS, B.: Language acquisition by Tenejapa Tzeltal children. Unveröff. Diss. University of California, Berkeley 1969.
TEMPLIN, M. C.: Certain language skills in children. Minneapolis, UP 1957.
TREVARTHEN, C. B.: Conversations with a two-months old. In: New Scientist 62 (1974), S. 230–235.
TREVARTHEN, C. B./HUBLEY, P.: Secondary intersubjectivity: Confidence, confiding, and acts of meaning in the first year. In: LOCK, A. (Hrsg.): Action, gesture, and symbol. New York, Academic Press 1978, S. 183–230.
VILLIERS DE, J. G./VILLIERS DE, P. A.: Language acquisition. Cambridge, Mass., Harvard UP 1978.
VYGOTSKY, L. S.: Development of the higher mental functions. In: Psychological Research in the USSR. Moskau, Progress Publishers 1966.
WEISENBURGER, J. L.: A choice of words: Two-year-old speech from a situational point of view. In: Journal of Child Language 3 (1976), S. 275–281.
WOODRUFF, G./PREMACK, D./KENNEL, K.: Conservation of liquid and solid quantity by the chimpanzee. In: Science 202 (1978), S. 991–994.
WUNDERLICH, D.: Studien zur Sprechakttheorie. Frankfurt, Suhrkamp 1976.

Emotionale Sozialisation

Wolfgang Mertens

Einleitung: Forschungsdefizit bezüglich emotionaler Sozialisation

In der bisherigen Sozialisationsforschung besteht ein erstaunliches Forschungsdefizit bezüglich der Untersuchung gefühlshaft bestimmten Erlebens und Verhaltens. Von der psychoanalytischen Theorie abgesehen – die sich nach ihrem modernen Selbstverständnis explizit mit den Auswirkungen emotional getönter Interaktionsrepräsentanzen auf menschliches Handeln befaßt – gibt es nur wenige Untersuchungen über die Sozialisation von Emotionen, statt dessen aber eine Fülle kognitiv und motivational orientierter Theorieansätze. In einem auflagenstarken Buch über Entwicklungspsychologie findet sich kein einziger Satz über Affekt, Emotion oder Gefühl, so daß man angesichts dieser Befunde von einer Skotomisierung dieses Gegenstandsbereichs sprechen könnte. Ob dieser Sachverhalt eher der kognitivistischen Ausrichtung von gegenwärtigen Sozialwissenschaftlern oder dem Nachwirken einer radikal behavioristischen Methodologietradition – der zufolge „private Ereignisse" wie Gefühle, Einstellungen usf. nur als Korrelate äußerer Stimuluskontingenzen aufzufassen sind – geschuldet ist, kann hier nicht entschieden werden. Tatsache ist auf jeden Fall, daß in der bisherigen Sozialisationsforschung das Kind überwiegend als homo intellectus aufscheint, so daß man etwas überspitzt und karikaturhaft von einem „akademisch verwissenschaftlichten Kind und Heranwachsenden" der bisherigen Sozialisationsforschung sprechen könnte. Daß Kinder sich freuen können, traurig, eifersüchtig, neidisch sind, aber auch voller Stolz, Optimismus und Selbstsicherheit, daß sie unendlich sehnsüchtig auf etwas warten können, dann aber auch wieder wütend, unzufrieden und enttäuscht sein können, kurzum, daß vor allem Kinder eminent gefühlshaft ihre Umwelt und Mitmenschen erleben und entsprechend handeln, scheinen viele Wissenschaftler vergessen zu haben. Es wäre auf jeden Fall eine lohnenswerte Aufgabe, die Bedingungen in wissenschaftspsychologischer und -soziologischer Perspektivierung zu analysieren, warum diese Gegenstandsbereiche der „armen, reichen Kindheit" in unserer Gesellschaft bislang weitgehend der wissenschaftlichen Tabuisierung anheimgefallen sind. Es ist nicht übertrieben zu sagen, daß die zunehmende Versachlichung und Erfahrungsabstrahierung der meisten Lebensbereiche in unserer Gesellschaft immer stärkere Einfühlungsschwierigkeiten in die kindliche Erlebniswelt schaffen. In sehr vielen Theorieansätzen und Konzepten der gegenwärtigen Sozialisationsforschung werden die ohnehin immer stärker werdende Gefühlsarmut und Sachlichkeit des Alltagserlebens und der Alltagssprache noch verdoppelt. Der z. B. viele Interaktionen begleitende Erlebnis- und Gefühlsanteil wird in den kognitivistischen Konzeptionen vieler Theorieansätze ausgeklammert und bleibt deshalb unberücksichtigt. Mögen Sozialisationsforscher auch noch so intensiv die Korrelationen zwischen elterlichen Arbeitsplatzerfahrungen, perzipiertem Erziehungsstil und kindlicher Sprachfertigkeit, Leistungsverhalten u. dgl. m. erforschen, so bleibt doch die Phänomenologie der kindlichen Erfahrungs- und Erlebniswelt zu einem großen Teil unbegriffen. Denn diese adultomorphistischen Konstruktionen von Variablenzusammenhängen lassen all das weitgehend unerforscht, was für die kindliche Erfahrungsbildung von oftmals weitaus größerer Bedeutung ist. So kann z. B. ein wiederholtes uneinfühlsames Nichternstnehmen von kindlichen Omnipotenzphantasien ein viel größeres Gewicht für die Charakterentwicklung bekommen als die Auswirkungen väterlicher Arbeitsplatzerfahrungen.

1 Theoretische Ansätze zur Emotionsforschung

Dieser Mangel an sozialisationstheoretischen Ansätzen zur Beschreibung und Erklärung der Entstehung, des Verlaufs und der Auswirkungen von emotionalen Reaktionen ist um so erstaunlicher, als es eine beträchtliche Anzahl von allgemeinpsychologischen, sozialpsychologischen und soziologischen Arbeiten und Überlegungen über einzelne Emotionen, den Zusammenhang von Emotion und Kognition (z. B. Schachter/Singer 1962; Lazarus u. a. 1970; Arnold 1970) oder die Verursachung emotionaler Störungen durch gesellschaftliche Faktoren (Durkheim 1951) gibt.
Wie entstehen Emotionen? Sind es angeborene Dispositionen eines Individuums oder bilden sie sich aufgrund von Lernprozessen? Sind Emotionen den Kognitionen nachgeordnet oder haben sie als Auslösebedingungen von Kognitionen zu gelten? Welche Rolle spielt die soziokulturelle Umwelt mit ihren Normen und Handlungsregeln für das Erkennen, Benennen und Ausdrükken von Emotionen? Welche Funktionen erfüllen Emotionen für das psychophysiologische Gleichgewicht und für die Interaktion von Individuen? Diese und weitere Fragen lassen sich am besten beantworten, wenn man die existierenden Konzepte über Emotion unter bestimmte Forschungsansätze zusammenzufassen versucht.

1.1 Phylogenetische und Dispositionsansätze

In der Tradition von Darwin (1873), der von der Behauptung der Vererbung adaptiv nützlicher Emotionen ausging, haben Lorenz (1963) und Eibl-Eibesfeldt (1970, 1973) auf den dispositionellen Charakter von Emotionen hingewiesen. Obwohl es relativ wenig Zweifel daran geben mag, daß bestimmte emotionale Reaktionen (wie z. B. Furcht) eine genetische Vorprogrammierung aufweisen und deshalb auch in den unterschiedlichsten Kulturen mit verschiedenen Lernumwelten aufgefunden werden können, ist dies für eine Reihe von anderen Emotionen, wie z. B. Altruismus, keineswegs mit Eindeutigkeit entscheidbar (vgl. Wilson 1975). Aber auch für solche scheinbar ubiquitär auftretenden Reaktionen wie die Fremdenangst konnte in letzter Zeit aufgrund differenzierter Längsschnittbeobachtungen von Kindern und deren Müttern nachgewiesen werden, daß die Äußerung und Intensität dieser Emotion ganz entscheidend von der vorausgegangenen Mutter-Kind-Interaktion und dem daraus resultierenden Gefühl der Sicherheit geprägt sind (vgl. Mahler u. a. 1978).

1.2 Lerntheoretisch-behavioristische Ansätze

Gemäß der Theorie der klassischen Konditionierung entstehen Emotionen als Reaktion auf Signale und Reizmuster. Die Koppelung eines ursprünglichen neutralen Reizes, des bedingten Reizes („conditioned stimulus“ = CS), mit einem unbedingten Reiz („unconditioned stimulus“ = US), der eine emotionale Reaktion auslöst, hat das Erlernen einer emotionalen Reaktion zur Folge. In dem bekannten Experiment von Watson/Rayner (1920) wurde einem kleinen Kind panische Angst vor weißen Ratten beigebracht, indem die Forscher während des Spielens mit dem Tier ein lautes Geräusch (= US) ertönen ließen. Dieser Schreckreiz bewirkte, daß sich die anfängliche Zuneigung des Kindes zu der Ratte nach einigen

Koppelungen von CS und US in Angst verwandelte, die sich auch auf andere Tiere und pelzartige Gegenstände erstreckte.

Im operanten Konditionierungsmodell von SKINNER (1938, 1953), FERSTER/SKINNER (1957) stehen nicht nur die durch bestimmte Stimuli ausgelösten „respondenten Reaktionen", sondern vor allem die „operanten Reaktionen" im Mittelpunkt der Analyse. „Operants" sind Verhaltensweisen, die ein Individuum äußert und die durch ihre Konsequenzen verstärkt werden. Prototyp der operanten Konditionierung ist ein Experiment von SKINNER (1938), in dem Ratten in einer speziellen Experimentierbox lernten, sich durch Hebeldrücken Futter zu verschaffen. Zeigten die Ratten in der Box zunächst verschiedene Verhaltensformen, so kristallisierte sich mit der Zeit das Verhalten des Hebeldrückens als häufigste Reaktion heraus. Das Futter diente als positive Verstärkung und führte deshalb zu einer erhöhten Auftrittswahrscheinlichkeit des Hebeldrückens.

Für die Analyse emotionalen Verhaltens wird folgende Stimulus-Response-Sequenz bedeutsam: Z.B. löst ein schmerzhafter Stimulus respondente Reaktionen aus, die eine adaptiv nützliche Funktion für das Individuum in seiner Umwelt haben (wie Adrenalinausschüttung, was zur Beschleunigung der Atmung, Erweiterung der Lungengefäße usw. führt). Dieses „Aktivierungssyndrom" hat auch zur Folge, daß ein Individuum Verhaltensweisen emittiert. Verhalten, das hierbei zur Beendigung des Schmerzes führt, wird in Zukunft mit höherer Frequenz ausgeübt (= negative Verstärkung). Das emotionale respondente Verhalten („Ärger") wird durch die Beseitigung des aversiven Stimulus verringert oder beseitigt.

Durch Konditionierung, z.B. durch die Koppelung schmerzhafter Stimuli, wie Bestrafung, mit Wörtern, wie „schlecht" oder „böse", werden nach einiger Zeit auch diese Wörter zu Auslösern des Aktivierungssyndroms. Ein Individuum wird Verhalten emittieren, das zuvor zur Beendigung des Schmerzreizes geführt hat (beispielsweise gehorsames Verhalten).

1.3 Kognitive Ansätze

Am bekanntesten wurde der kognitive Ansatz in der Emotionsforschung durch die Untersuchung von SCHACHTER/SINGER (1962), die experimentell nachzuweisen versuchten, daß eine emotionale Response nicht nur eine Funktion einer physiologischen Erregung darstellt, sondern in ihrer spezifischen Qualität aufgrund einer kognitiven Interpretation zustandekommt. Obgleich dieser Ansatz in den letzten Jahren vor allem von attributionstheoretisch orientierten Sozialpsychologen (vgl. z.B. NISBETT/SCHACHTER 1966) favorisiert wurde, ist er dennoch nicht auf diese Schulrichtung beschränkt. So hat z.B. auch der Phänomenologe SCHÜTZ (1960) die Auffassung geäußert, daß gefühlshaftes Verhalten nicht als solches erkennbar sei, sondern erst aufgrund nachträglicher Reflexionen konstruiert werde. Und der Psychoanalytiker SCHAFER (1976), der eine neue Handlungssprache für die Psychoanalyse ausgearbeitet hat, sieht Emotionen als eine Klasse von Handlungen, die ein Individuum nicht als selbstinitiiert definiert.

Im Rahmen dieses Ansatzes tauchen folgende Fragen auf: Welche Hinweisreize werden von einem Individuum benötigt, um eine Verhaltensweise als emotional zu interpretieren? Und: Warum wird eine Verhaltensweise als emotionale interpretiert (vgl. AVERILL u.a. 1978)? Das Hauptgewicht der Untersuchungen zur kognitiv orientierten Emotionsforschung liegt bei der Analyse der kognitiven und interpretativen Prozesse, die zwischen den Cues (z.B. der physiologischen Erregung, dem Stimuluskontext) und den Reaktionen als intervenierende Variablen auftreten.

1.4 Psychoanalytische Ansätze

In der klassischen Psychoanalyse wird eine stark biologisch gefärbte Auffassung über die Entstehung von Affekten vertreten: Affekte sind die subjektiv erlebbaren Repräsentanzen triebenergetischer Vorgänge. Diese entstehen in jeweils unterschiedlichem „Mischungsverhältnis" von Libido und Aggression, die als angeboren zu gelten haben (vgl. FREUD 1915a, b, 1926). Gleichwohl manifestiert sich der Trieb nach FREUD immer nur als „Triebschicksal", was bereits auf die gesellschaftliche und soziale Formgebung im Sozialisationsprozeß verweist.

In jüngster Zeit wird in der psychoanalytischen Forschung und Theoriebildung versucht, die biologistischen Verkürzungen der Triebtheorie zugunsten einer stärker interaktionistisch orientierten Sichtweise aufzuheben (vgl. z.B. BLANCK/BLANCK 1978; FRIEDMAN 1975; KO-

HUT 1979; SANDLER/SANDLER 1978; STOLOROW u.a. 1978; VOLKAN 1978). Die Konzeptualisierung der Emotionen schließt hierbei dispositionelle, lerntheoretische, kognitive und phänomenologische Aspekte mit ein. Grundlegend für die neuere psychoanalytische Auffassung von Emotionen ist die Erkenntnis, daß gefühlshafte Zustände (die in ihrer grundlegenden Qualität von Wohlbehagen und Lust/Unlust als dispositionell angenommen werden) immer interaktiv organisiert sind, so daß von ihrem zwischenmenschlichen Bezug gar nicht abstrahiert werden kann. Bilden zu Beginn des Lebens diffus erlebte Emotionen zunächst eine Matrix für alle weiteren Wahrnehmungen und Erlebnisse des Kindes, so werden diese Emotionen später – vor allem auch mit dem Beginn der Sprachentwicklung – stärker kognitiv konturiert. Gefühlszustände werden an Interaktionen festgemacht und – intrapsychisch – als Interaktionsrepräsentanzen oder als Objektbeziehungsvorstellungen dem Individuum verfügbar. Gefühle können durch innere und äußere Stimuli ausgelöst werden, aber auch, und das ist für die psychoanalytische Sichtweise besonders wichtig, durch die vorbewußte oder bewußte Vergegenwärtigung bestimmter Interaktionsrepräsentanzen. Und ebenso werden auf der Folie bestimmter Objektbeziehungsvorstellungen äußere Gegebenheiten mit bestimmten gefühlshaften Anmutungsqualitäten ausgestattet, „emotional konstruiert“. Letztlich beinhaltet aus psychoanalytischer Sicht jede Realitätskonstruktion eine emotionale Fundierung, die ihren Ursprung in früheren, tatsächlich erlebten Interaktionen und Objektbeziehungsphantasien hat, die sehr häufig dem eigenen Selbstverständnis nicht mehr zugänglich sind.

Die Unterschiede der von mir in diesem Aufsatz präferierten psychoanalytischen Sichtweise gegenüber den erwähnten Theorieansätzen möchte ich folgendermaßen zusammenfassen:

- Gegenüber einer ethologischen oder anthropologischen strukturalistischen Sichtweise betont die Psychoanalyse den hergestellten Charakter von emotionalen Dispositionen, über deren Uranfänglichkeit sich erkenntnistheoretisch keine Aussage machen läßt (vgl. hierzu LORENZER 1974);
- dieses Hergestelltsein vollzieht sich aufgrund von Interaktionen, zunächst zwischen dem mütterlichen und embryonalen Organismus, dann präverbal in der symbiotischen Phase und schließlich verbal im weiteren Verlauf der Sozialisation;
- gegenüber einer kognitiven Sichtweise sind die „Niederschläge“, Engramme, Schemata von Interaktionen nach psychoanalytischer Auffassung niemals nur kognitive Vorstellungspattern, sondern immer mit emotionalen Zuständen verbunden (z.B. mit Wohlbehagen, Sicherheit, Lust, Unlust, Angst);
- gegenüber einer klassisch lerntheoretischen Sichtweise vertritt die Psychoanalyse die Auffassung, daß emotionale Zustände auch ohne äußere Stimuluskontingenzen auftreten können; gedanklich und gefühlsmäßig kann ein Individuum – ohne externalen Stimulus – einen emotionalen Zustand antizipieren;
- gegenüber kognitiven und soziologisch phänomenologischen Ansätzen besitzt das Individuum keine absolute Freiheit in der Konstruktion seiner Welt, sondern ist in seinen Konstruktionsmöglichkeiten teilweise bestimmt durch vorausgegangene Interaktionserfahrungen mit kognitiven und emotionalen „Erlebnisniederschlägen“, die der Kognition der Realität eine spezifische emotionale Tönung verleihen.

2 Die Objektbeziehungstheorie der Psychoanalyse als Bezugsrahmen für die emotionale Sozialisationsforschung

Angeregt durch die Kritik an dem Triebenergiekonzept der klassischen Metapsychologie (vgl. z.B. HOLT 1972, 1975; SCHAFFER 1976), durch die direkte Beobachtung der Mutter-Kind-Interaktion (SPITZ 1967; BOWLBY 1969, 1973), die familiendynamisch orientierte Schizophrenieforschung (vgl. z.B. ACKERMAN 1958; LIDZ 1963) und nicht zuletzt aufgrund der Veränderung des psychoanalytischen Klientels, das immer häufiger strukturelle Defizite anstatt neurotischer Konflikte aufweist (vgl. FRIEDMAN 1975), hat sich die neuere Psychoanalyse intensiv der Erforschung der frühen Objektbeziehungen des Kindes zugewandt. Der leicht mißverständliche Terminus „Objekt“ als Bezeichnung für die Bezugspersonen des Kindes wurde ursprünglich dem philosophischen Sprachgebrauch entlehnt und bezeichnet das dem Subjekt Entgegenstehende. Der psychoanalytischen Tradition wegen soll dieser Sprachgebrauch beibehalten werden, wobei ich den Terminus Objektbeziehung für die intrapsychische Repräsentanz sentation der Interaktion des Kindes mit seinen Bezugspersonen vorbehalten möchte.

2.1 Objektbeziehung, Interaktion und Emotion

Innerhalb des klassischen metapsychologischen Bezugsrahmens wurde Objektbeziehung konzeptualisiert als die „Besetzung eines Objekts" mit libidinöser oder aggressiver Energie. Im Zuge der Weiterentwicklung der psychoanalytischen Theorie und der Kritik an dem mechanistischen und physikalischen Energiekonzept der Metapsychologie wurde jedoch immer klarer, daß sich eine Objektbeziehung nicht als eine „energetische Besetzung eines Objekts" definieren läßt (vgl. JOFFE/SANDLER 1967). Wenn wir uns eine Beziehung zu einer anderen Person vorstellen und dies mit entsprechenden Gefühlen erleben, ist es viel zu einfach, davon auszugehen, daß wir die Vorstellung von dieser Beziehung libidinös oder aggressiv besetzen. In die Objektbeziehung gehen auch immer Vorstellungen über die Erwartungen des Interaktionspartners, über sein tatsächliches Verhalten, über den Situationskontext mit ein und bestimmen zu einem großen Teil das tatsächliche Interaktionsverhalten. Wie psychoanalytisch orientierte Beobachtungsstudien an Kleinkindern ergeben haben, findet bereits zwischen dem Neugeborenen und seiner Mutter ein komplizierter Austauschprozeß statt (vgl. z. B. MAHLER u. a. 1978; SPITZ 1959, 1967; WINNICOTT 1960, 1971; BOWLBY 1969, 1973). Aufgrund sozialpsychologischer Untersuchungen des Kommunikationsverhaltens kann man davon ausgehen, daß ein Individuum in einer Kommunikationssituation nicht nur auf die Bedeutung verbaler Kommunikationsinhalte reagiert, sondern auch auf nonverbale Stimuli und auf den Beziehungsaspekt, der durch verbales und nonverbales Verhalten definiert wird (vgl. WATZLAWICK u. a. 1969). Es ist das Verdienst der symbolisch interaktionistischen Forschungstradition (vgl. BLUMER 1973; KRAPPMANN 1971), herausgearbeitet zu haben, auf welch subtile Weise Interaktionspartner sich gegenseitig Erwartungen antragen, sich von Erwartungen distanzieren und auf interpretative Weise sich auf bestimmte gegenseitige Erwartungen einigen und festlegen. Diese – von sozialpsychologischer Seite thematisierte – Komplexität wird in der neueren psychoanalytischen Theorie über Objektbeziehungen voll zu berücksichtigen versucht. So schreiben z. B. SANDLER/SANDLER:

> „Each partner, at any given moment, has a role for the other, and negotiates with the other in order to get him or her to respond in a particular way. A whole variety of feelings, wishes, thoughts and expectations are involved in the interaction which is characteristic of the ongoing relationship between two people" (1978, S. 285/286).

Der Terminus „Objektbeziehung" soll im folgenden vorbehalten werden für die Kennzeichnung der phantasierten bzw. vorgestellten Beziehung zu einer anderen Person im Unterschied zum tatsächlichen Interaktionsverhalten. Wenn wir uns vorstellen, wie wir mit einer Person interagieren, verdeutlichen wir uns in der Phantasie bestimmte Einstellungen, Verhaltensweisen und Erwartungen dieser Person; wir versuchen, uns vorzustellen, wie diese Person auf unser Ansinnen reagieren könnte usf. In der Psychoanalyse spricht man davon, daß man – von seinem eigenen Selbstbild und Selbstverständnis ausgehend (= Selbstrepräsentanz) – eine vorgestellte Beziehung zu einem Interaktionspartner eingeht (= Objektrepräsentanz), daß also Selbst- und Objektrepräsentanzen vorstellungsmäßig miteinander in Beziehung gesetzt werden. Objektbeziehungen besitzen hierbei oftmals viel größere Freiheitsgrade, vor allem, was den wunscherfüllenden Aspekt der Beziehung anbelangt. Dabei geht man in der neueren Psychoanalyse davon aus, daß keineswegs nur die sog. primären Bedürfnisse, wie Hunger, Sexualität u. a., einen Wunsch konstituieren können, sondern auch viele andere Motive und Affekte. Ein derartiger Wunsch kann z. B. darin bestehen, die Ursachen von Unbehagen oder einer Verringerung des Sichwohlfühlens in einer Beziehung zu beseitigen. Wünsche entstehen somit nicht nur intrapsychisch aufgrund primärer Bedürfnisse, sondern auch durch die Interaktion des Individuums mit seiner Umwelt (vgl. SANDLER 1974).

Die intrapsychischen Objektbeziehungen erfüllen für ein Individuum eine überaus wichtige Funktion: In den vorgestellten Beziehungen zu wichtigen Interaktionspartnern kann man den wunscherfüllenden Aspekt von Interaktionen antizipieren und damit sein Wohlbehagen und sein Selbstwertgefühl regulieren; ohne diese ständige Bestätigung und Rückversicherung gelingt es einem nur schwer, ein Gefühl der Sicherheit für sich zu konstituieren. Auch im

Dialog mit seinem eigenen Selbst kann ein Individuum möglicherweise auftretende gefühlshafte und kognitive Disharmonien und Dissonanzen immer wieder mit seinem eigenen Selbstverständnis in Einklang bringen (vgl. A.-M. Sandler 1977).

In Objektbeziehungen gehen immer Wünsche mit ein; wenn wir an andere Menschen denken, stellen wir uns vor, wie wir miteinander interagieren. In unserer Phantasie gehen wir handelnd mit unseren Bezugspersonen um; wir reden miteinander, streiten oder versöhnen uns. Wir wollen anerkannt, geachtet, geliebt, bewundert oder gefürchtet sein; der andere soll uns als klug, kompetent, gefühlvoll, sachlich, engagiert usw. einschätzen.

Die Implikationen und phantasierten Konsequenzen wunscherfüllender Objektbeziehungen gehen in aller Regel – neben dem kognitiven Vorstellungsanteil – mit gefühlshaften Tönungen einher; wir fühlen uns angesichts einer bestimmten Objektbeziehung sicher, stolz, ängstlich, glücklich, sehnsüchtig, traurig, beschämt usf.

Viele Objektbeziehungen werden im Verlauf der Entwicklung für unser Selbstverständnis nicht mehr akzeptabel; zum Beispiel, weil sie mit dem Rollenverständnis eines Heranwachsenden oder Erwachsenen nicht in Übereinstimmung zu bringen sind; solche aus der Primärsozialisation stammenden Objektbeziehungen (wie z. B. die Vorstellung, von einer anderen Person gehegt und versorgt oder über Gebühr bewundert zu werden) werden mit der Zeit modifiziert, aber auch teilweise verdrängt, wobei sie dann als unbewußte Wünsche virulent bleiben. So erzählte z. B. ein Analysand in der Therapie, daß er beim intimen Zusammensein mit seiner Frau selbst recht wenig Lustempfindungen verspüre; sein Denken sei vielmehr ganz davon ausgefüllt, ob seine Frau sexuelle Lust empfinde. Er müsse immer zunächst an die Befriedigung seiner Partnerin denken und erst in zweiter Linie an seine eigene. Im Verlauf der folgenden Stunden gelang es, herauszuarbeiten, daß mit dieser scheinbar übertrieben altruistischen Interaktion Phantasien über eine Beziehung abgewehrt werden mußten, deren sich der Analysand schämte, weil sie mit seinem erwachsenen Selbstverständnis in Widerspruch standen: In seiner Vorstellung phantasierte er sich nämlich eine Objektbeziehung, in der er völlig passiv bleiben konnte; die jeweiligen Partnerinnen sollten ihn entweder streicheln und liebkosen oder mit fester Hand züchtigen (was neben den sexuellen und aggressiven Komponenten auch das Haltgebende der mütterlichen Handlungen verkörpert). So hatte sich der Patient zwar an die Erwartungen seiner Partnerin und auch sexueller Normvorstellungen in seinem Verhalten angepaßt; in seinen vorbewußten und unbewußten Wünschen sehnte er sich jedoch mit größter Intensität nach einer ganz anderen Form der Beziehung, an die er als Kind fixiert geblieben war. Diese Arretierung seiner Objektbeziehungen auf der sog. oral-passiven Stufe des Kleinkindes verhinderte das Genießenkönnen einer reiferen, reziproken Form der Beziehung, in der Geben und Nehmen im Einklang sind. Aus der Perspektive der Verhaltensbeobachtung wäre die sexuelle Interaktion des Patienten nahezu mustergültig verlaufen; berücksichtigt man jedoch sein Erleben und seine Phantasiewelt, so stößt man auf einen Mangel an Lustbefriedigung und sexueller Empfindungsfähigkeit, weil seine für ihn mit der größten Lust und Wohlbehagen einhergehenden Phantasien über lustvolle Interaktionen auf der Stufe des Kleinkindes fixiert geblieben waren, und er sich nur unter dem Druck normativer Vorstellungen Verhaltensweisen zugelegt hatte, die mit seinen tiefsten Sehnsüchten jedoch so gut wie nichts gemein hatten.

Die Persistenz früherer – aus der Primärsozialisation stammender – Objektbeziehungen ist weitgehend davon abhängig, ob sich ein Individuum im Verlauf seiner weiteren Sozialisation von bestimmten wunscherfüllenden Aspekten seiner Objektbeziehungen lösen konnte. Dieser Prozeß ist in der psychoanalytischen Literatur als „selektive Identifikation" (vgl. Jacobson 1964), als „umwandelnde Verinnerlichung" (vgl. Kohut 1971) oder auch als „Internalisierung" beschrieben worden.

Internalisierung ist als ein Vorgang charakterisiert worden, bei dem sich das Kind – nachdem es einen gewissen Grad an Subjekt-Objekt-Differenzierung erreicht hat – in Beziehung zu seinen wichtigsten Bezugspersonen (in der Regel zu Eltern und älteren Geschwistern) setzen kann, um von seinen geliebten, bewunderten oder auch beneideten Vorbildern Zug um Zug gewisse Handlungsweisen zu übernehmen, was im gelungenen Fall zu der Kompetenz führt, diese Handlungen auch ohne Anwesenheit dieser Personen ausführen zu können (und sich deshalb auch vom Imitationsverhalten unterscheidet).

Gestützt auf direkte Kinderbeobachtung und

die analytische Rekonstruktion der Kindheitserlebnisse von erwachsenen Analysanden, konnte von psychoanalytischen Forschern aufgezeigt werden, daß entwicklungsangemessene und dosierte Frustrationen kindlicher Bedürfnisse und Wünsche den Vorgang der Internalisierung erleichtern (vgl. KOHUT 1971; MAHLER 1972; MEISSNER u.a. 1975). Von einfühlsamen Eltern ausgeübte tolerierbare Enttäuschungen führen beim Kind dazu, daß es für kurze Zeit die liebevolle Zuwendung und idealisierende Bewunderung für die Eltern unterbricht und sich vornimmt, die vorenthaltene Wunscherfüllung oder Bedürfnisbefriedigung in eigener Regie auszuführen. Die aufgrund der Frustration vorübergehend auftretende reaktive Aggression wird als konstruktive Aktivität eingesetzt, um mit der gelinden Enttäuschung zu Rande zu kommen und die Kraft für eigenständig ausgeführte Handlungen zu haben (was metapsychologisch gesprochen zum Aufbau bestimmter Ich-Funktionen bzw. -Kompetenzen führt). Uneinfühlsame Härte führt dagegen zu einer übermäßigen Enttäuschung, die psychisch nicht verarbeitet werden kann und die Beibehaltung der wunscherfüllenden Phantasien über kindliche Beziehungsmuster zur Folge hat. In mehr oder minder großem Umfang sind wohl alle Individuen in bestimmten Entwicklungssektoren mit uneinfühlsamen elterlichen Reaktionen von inadäquater Härte (aber auch übermäßiger Verwöhnung) konfrontiert worden, so daß wir alle in unterschiedlicher Intensität in der Phantasie an bestimmten Objektbeziehungen festhalten, die mit den geltenden Rollenvorschriften und Normen für erwachsenes Interagieren nicht immer in Übereinstimmung zu bringen sind.

Aber selbst im Fall einer gelungenen Modifizierung und progressiven Neustrukturierung von infantilen Objektbeziehungen können in Belastungssituationen diese früheren Funktionsweisen regressiv wieder erlebens- und verhaltensrelevant werden (vgl. GEDO/GOLDBERG 1973). Wie FREUD in seinen Schriften „Die Traumdeutung" (1900) und „Zur Psychopathologie des Alltagslebens" (1901) aufzeigen konnte, können frühere Objektbeziehungsmuster und entsprechende Gefühlszustände von allen Individuen entweder im Traum oder in bestimmten Fehlleistungen erneut aktualisiert werden, sobald z.B. wie im Traum bestimmte Rollenerwartungen und normative Zwänge der gegenwärtigen Realität suspendiert werden.

Kurzum: Intrapsychisch betrachtet, hat jedes Individuum Phantasien über Objektbeziehungen begleitende Gefühlszustände, die mit der gegebenen Realität in Übereinstimmung zu bringen sind. Dabei sind mehrere Varianten denkbar:

- eine geringe Diskrepanz zwischen wunscherfüllenden Phantasien über Objektbeziehungen und den tatsächlichen Interaktionen, die als befriedigend erlebt werden können;
- eine ebenfalls geringe Diskrepanz, wobei die tatsächlichen Interaktionen jedoch nicht als befriedigend erlebt werden können (was neben anderen Ursachen in der Außenwelt den Grund haben kann, daß der Betreffende an ein Level von wunscherfüllenden Phantasien fixiert geblieben ist, wobei diese Fixierung unbewußt bleibt und als Handlungsgrund erst bewußt zu machen ist);
- eine starke Diskrepanz zwischen den Objektbeziehungsphantasien und den tatsächlichen Interaktionen, die als unbefriedigend erlebt werden, was unter anderem den Grund darin haben könnte, daß der Betreffende ebenfalls an frühere Objektbeziehungen fixiert geblieben ist, diese Phantasien aber nur unvollständig verdrängt hat.

Mit Hilfe eines Fallbeispiels von A. REICH (1960) soll diese letzte Möglichkeit veranschaulicht werden:
Herr K., ein erfolgreicher Schriftsteller, schrieb ein Buch nach dem anderen mit bemerkenswerten Erfolgen. Aber er fühlte sich durch die Anerkennung, die ihm hierdurch zuteil wurde, nicht zufriedengestellt. Nichts von alledem, was er tat, entsprach seinen grandiosen Phantasien, wie seine Mitwelt auf ihn hätte reagieren sollen. Eine Zeitlang konnte er sich selbst seine Grandiosität bestätigen, wenn er auf sein Bücherregal schaute und sich sagen konnte: „Hier stehen sieben Bücher, die ich geschrieben habe, sechs Bände, die von mir herausgegeben worden sind; dreiundzwanzig Artikel, die ich in Publikationen anderer Autoren veröffentlichen konnte; ich bin so und so oftmals zitiert worden: Über ein halber Meter Länge an Veröffentlichungen von K." Die phallischen Implikationen, die sich in seinem Bedürfnis nach Anerkennung manifestierten, werden in seinem letzten Satz evident. Auf diese Weise konnte er sich in seiner kindlich gebliebenen Phantasiewelt nicht nur bestätigen, daß er immer noch einen Phallus hatte, sondern auch, daß er einen von außergewöhnlicher Größe hatte.
Das Leben von Herrn K. bestand zu einem großen Teil aus Phantasien und Verhaltensweisen dieser Art; in seiner Vorstellung malte er sich ständig Situationen und Handlungen aus, in denen er sich groß und bedeutsam fühlen konnte. Er hatte zahlreiche Ehrenämter und eine führende Position in seiner Gemeinde

inne. Aber weder diese Ämter und Posten noch seine fruchtbare schriftstellerische Produktion noch seine erotischen Erfolge konnten ihn glücklich machen. Er war ein Mann mit beträchtlichen Fähigkeiten, belesen und kreativ. Aber seine literarischen Produkte zeugten oft von Sorglosigkeit und Oberflächlichkeit, brachten sein wirkliches Können nicht zum Ausdruck, weil er von dem Anspruch getrieben war, schnell zu produzieren. Er konnte Spannung und Unlust nicht aushalten, weil er die unmittelbare Erfolgsbestätigung brauchte. Dieses Bedürfnis war so stark ausgeprägt, daß er kaum Kontrolle darüber hatte. Er reagierte auch unmittelbar mit Wut und Rachephantasien, wenn er sich in seinem Bedürfnis nach ständiger Bewunderung frustriert fühlte.
Die Herrn K. zum größeren Teil bewußten Phantasien konzentrierten sich auf seine grandiosen Zielvorstellungen; seine tatsächlichen Beziehungen zu Mitmenschen waren gefühlsmäßig oberflächlich und wurden bei auftretenden Unstimmigkeiten sehr rasch abgebrochen. Seine hauptsächlichen Phantasien über Objektbeziehungen drehten sich um eine Erhöhung seines Selbstwertgefühls. Ihm selbst als Handlungsgrund nicht bewußt, wehrte er mit seiner forcierten Aktivität vor allem Bedürfnisse nach Passivität ab, die er als sehr ängstigend erlebte.

Der Wunsch, frühere Interaktionsbeziehungen und damit einhergehende Gefühlszustände erneut zu aktualisieren, ist bei jedem Individuum in unterschiedlichem Ausmaß vorhanden. Obgleich wir natürlich mit unserem Interaktionsverhalten zu einem großen Teil den situativen Anforderungen und Erwartungen der Realität gerecht werden, versuchen wir dennoch, in mehr oder weniger versteckter Form nach Maßgabe bewußter und unbewußter Objektbeziehungsphantasien frühere Interaktionsbeziehungen aufs neue zu konstellieren. Ein Interaktionsprozeß beinhaltet aus psychoanalytischer Sicht nicht nur ein bewußtes Aushandeln der Erwartungen, sondern auch eine mehr oder weniger bewußt ablaufende Einschätzung darüber, ob der Interaktionspartner auf unsere Objektbeziehungsphantasien eingehen wird, ob sich die Interaktion nach Maßgabe unserer wunscherfüllenden Phantasien konstruieren läßt. Was persönlichkeitspsychologisch als „Eigenschaft" oder „trait" bezeichnet wird, ist gemäß psychoanalytischer Auffassung der geronnene Ausdruck einer ins Verhalten übersetzten Objektbeziehungsphantasie. Was sich beispielsweise als „Ansprüchlichkeit", „Ungeduld", „Mangel an Frustrationstoleranz" im Interaktionsverhalten manifestiert, läßt sich auf die Objektbeziehungsphantasie „Ich will alles sofort von meiner Mutter bekommen, weil dies lustvoll ist und mir Sicherheit verschafft", zurückführen. Objektbeziehungsphantasien und die damit korrespondierenden Gefühlszustände werden nicht nur in Interaktionen erneut belebt, sondern auch im Spiel, in Symptomen, in wissenschaftlichen und künstlerischen Leistungen u. a. m.
Sandler/Sandler (1978) verdeutlichen die einem Symptom zugrundeliegende unbewußte Objektbeziehungsphantasie anhand eines Patienten mit Arbeitsstörungen (vgl. S. 290/291):

Bei diesem Patienten, einem erfolgreichen Wissenschaftler, der immer erst in letzter Minute unter großem Zeitdruck zu arbeiten anfangen konnte, hatten sich klassisch triebtheoretische Interpretationen (wie z. B. ödipale Angst vor dem Erfolg, anal-retentive Tendenzen) als relativ erfolglos erwiesen. Im objektbeziehungstheoretisch orientierten Bezugsrahmen des therapeutischen Vorgehens stellte sich heraus, daß der Patient, indem er sich in einen Zustand von Angst und starkem Streß versetzte, eine Beziehung zu seiner Mutter wiederholte, die darin bestand, daß diese ihn als Kind beschimpft und angeschrien hatte. In seinem Symptom aktualisierte er diese frühere sadomasochistische Beziehung zu seiner Mutter. Die Auseinandersetzungen mit der Mutter waren für ihn als Kind vor allem eine Möglichkeit gewesen, mit den verletzenden Angriffen auf sein Selbstwertgefühl und seine Omnipotenz umzugehen. Er konnte sich „bedeutsamer" fühlen, wenn er die Mutter provozierte und sie zu ihren Schreiausbrüchen brachte, was ihn teils in Angst versetzte und teils mit Befriedigung erfüllte.

2.2 Entwicklung von Objektbeziehungen

Schon sehr früh entwickeln sich bedeutsame Beziehungen des Kindes zu seiner Umwelt, vor allem zu seiner Mutter. Die subjektiven Erfahrungen, die sich beim Kleinkind allmählich herauszubilden beginnen, sind zunächst überwiegend Gefühlszustände, die mit anderen Empfindungen vermengt sein können. Die allmähliche Entstehung von Gedächtnisengrammen und die Organisation von Wahrnehmungs- und Gedächtnisstrukturen führen schrittweise zur weiteren Entwicklung der Repräsentanzenwelt, die nun zunehmend mehr als ein Raster für die fortschreitende Organisierung der kindlichen Erfahrungen und motorischen Aktivitäten fungiert. Die spezifische bei Geburt vorhandene Ausstattung und die spezifischen Interaktionen mit der Mutter haben den größten Einfluß auf die Entwicklung der kindlichen Repräsentanzen. Mit zunehmender Subjekt-Objekt-Differenzierung entstehen beim kleinen Kind gefühlshaft getönte Vorstellungen über sich selbst (Selbstrepräsentanzen) und über seine wichtigsten Bezugspersonen (Objektrepräsentanzen). Mit dem Beginn der Sprache werden diese Vorstellungen auch sprachlich symbolisiert.

Bei der Entwicklung der Objektbeziehungen haben emotionale Erfahrungen eine überragende Bedeutung. Eine Interaktionserfahrung erhält nach psychoanalytischer Auffassung nur dann eine Bedeutung für ein Kind, wenn sie mit Emotionen einhergeht. SANDLER/SANDLER stellen die Behauptung auf, „that ultimately all meaning is developmentally and functionally related to states of feeling, and that an experience which does not have some relation to a feeling-state has no psychological significance for the individual at all" (1978, S. 292).

Zu Beginn des Lebens verfügt das Kind wahrscheinlich nur über zwei Erlebnisdimensionen: lustvolle, angenehme, Wohlbehagen und Sicherheit erzeugende Erlebnisse und unlustvolle, unangenehme und schmerzvolle Gefühlszustände. Auf lustvolle und angenehme Situationen und Interaktionen reagiert es mit freudigem Erregtsein; bei Unlust und Unbehagen auslösenden Situationen zeigt es angstvolle und ärgerliche Reaktionen und zieht sich zurück. Das Wiedererkennen dieser Interaktionsklassen und situativen Stimuli ist wahrscheinlich die erste Gedächtnisleistung des Kindes, und diese Erlebnisklassen bilden die Vorläufer der kognitiv stärker konturierten Selbst- und Objektrepräsentanzen. Lustvolle Zuwendung zu der angenehmen Reizquelle und ärgerliche und angstvolle Abwendung von der unangenehmen oder schmerzvollen Reizquelle sind als Reaktionsklassen biologisch vorgegeben. Alle weiteren Ausdifferenzierungen dieser primaren emotionalen Reaktionsweisen sind dann jedoch von der gesellschafts- und schichtspezifischen sozialisatorischen Umwelt des Kindes stark geprägt.

Im weiteren Verlauf ist das Kleinkind bemüht, in permanenter Interaktion mit seiner Umwelt und seinen Bezugspersonen jenen lustvollen und angenehmen Gefühlszustand immer wieder erneut herzustellen und unlustvolle und Unbehagen und Schmerzen verursachende Erlebnisse – soweit ihm dies überhaupt möglich ist – auf ein Minimum zu reduzieren. In seiner Phantasiewelt beginnt es wahrscheinlich, in einen Dialog mit den als lustvoll halluzinierten Erlebnissen zu treten, wobei Innen- und Außenwelt perzeptuell und kognitiv anfänglich noch nicht voneinander getrennt werden können. Erst am Ende der symbiotischen Phase und zu Beginn der Differenzierungsphase (vgl. Kap. 3.2) können die wahrgenommenen vokalen, gestischen und mimischen Stimuli der Mutter und ihre Handlungen (wie z.B. Füttern, Streicheln, Wiegen, Trösten) als gefühlsmäßig getönte Repräsentanzen gedächtnismäßig gespeichert werden. In psychoanalytischer Terminologie spricht man hierbei von der Entstehung von Teilobjektrepräsentanzen und versteht hierunter die emotional-kognitive Repräsentation mütterlicher Ausdrucksmomente und Handlungen. Dabei darf nicht das Mißverständnis entstehen, daß das Kind erst zu diesem Zeitpunkt auf die Mutter reagiert. Wie z. B. die Untersuchungsergebnisse von SCHAFFER (1971, 1974) und CONDON/SANDER (1974) gezeigt haben, ist das Kind von der ersten Lebensminute an vom mütterlichen Gesicht fasziniert und aufgrund von Videoaufnahmen läßt sich nachweisen, daß die verschiedenen sensorimotorischen Aspekte der Aktivitäten eines Säuglings miteinander voll synchronisiert und in ihren Aktionssequenzen auf entsprechende mütterliche Aktionsmuster abgestimmt sind. Die Fähigkeiten zur Interaktion oder zum Dialog, wie SPITZ (1976) das geglückte Aufeinanderabgestimmtsein von Mutter und Kind genannt hat, existieren somit von Geburt an und gehören zur genetischen Ausstattung des Säuglings (vgl. NEWSON/NEWSON 1975).

Wenn von der Entwicklung von Objekt- und Selbstrepräsentanzen gesprochen wird, ist vielmehr die gedächtnismäßige Konsolidierung der Interaktionserfahrungen gemeint und vor allem die Fähigkeit, erste Abgrenzungen zwischen den einzelnen Wahrnehmungen und Erlebniszuständen vorzunehmen, während im ersten halben Lebensjahr des Kindes eine solche Differenzierung zwischen Ich und Nicht-Ich, Selbst und Objekt noch nicht möglich war. Auch in der zweiten Hälfte des ersten Lebensjahres finden introjektive und projektive Vorgänge statt, d.h. wahrgenommene Merkmale und Handlungen der Bezugspersonen werden als zum eigenen Selbst gehörend phantasiert und eigene Erlebnisweisen den Repräsentanzen der elterlichen Objekte zugeordnet; dennoch beginnen sich nunmehr in Umrissen deutlicher voneinander differenzierte Selbst- und Objektvorstellungen herauszubilden. Die Herausbildung dieser „Repräsentanzenwelt" ist die Voraussetzung dafür, daß das Kind zeitweilig die Interaktion mit der

Mutter entbehren kann, weil es in Abwesenheit der Mutter einen phantasierten Dialog mit der bedürfnisbefriedigenden, Wohlbehagen und Sicherheit erzeugenden Mutter unterhalten kann.

3 Emotionale Sozialisation in den ersten drei Lebensjahren

3.1 Zur psychoanalytischen Methodologie der Beobachtung von Mutter-Kind-Interaktionen

Die auf über 20jähriger Forschungsarbeit basierenden Untersuchungen von M. MAHLER und Mitarbeitern (vgl. z.B. MAHLER 1958, 1963, 1965, 1968; MAHLER/PINE/BERGMAN (1975, dt. 1978) haben zu einem sehr nützlichen Bezugsrahmen der Erforschung der Mutter-Kind-Interaktion (aber auch der Vater-Kind-Interaktion, vgl. z.B. ABELIN 1971, 1975) geführt, der sich zur Systematisierung und Interpretation entwicklungspsychologischer und klinischer Befunde vor allem in der neueren amerikanischen Psychoanalyse immer stärker durchzusetzen beginnt.

Obgleich FREUD mit seinen triebpsychologisch fundierten Konzepten der oralen und analen Phase die Bedeutung der ersten drei Lebensjahre für die Primärsozialisation bereits gesehen hat, liegt bei ihm doch der Schwerpunkt der Beschreibung im ödipalen Erleben des vier- bis sechsjährigen Kindes. In jüngster Zeit ist diese erstaunliche Vernachlässigung der genaueren Thematisierung und Erforschung der ersten Lebensjahre beim Begründer der Psychoanalyse aus wissenschaftspsychologischer Perspektive analysiert worden (vgl. z.B. KRÜLL 1978). STOLOROW/ATWOOD (1978) haben die Hypothese aufgestellt, daß die Ausblendung dieses überaus wichtigen Gegenstandsgebiets bei FREUD auf eine defensive Idealisierung seiner Mutterbeziehung, die eine Anzahl von belegbaren Frustrationen für ihn beinhaltet haben muß, zurückgeht. Die nie bewußt gemachten enttäuschenden Erlebnisse mit seiner Mutter haben nach Ansicht der Autoren zu einer ebenfalls unbewußten Rache und Ressentimenthaltung gegenüber der Frau geführt, die nach der FREUDschen Einschätzung in vielerlei Hinsicht ein minderwertiges Wesen ist. Die Ansichten FREUDS, daß z.B. der Neid auf den Penis für die Konstituierung der weiblichen Identität maßgeblich sei, daß Frauen narzißtischer seien und über ein weniger gut entwickeltes Über-Ich verfügen u.a.m., gelten deshalb in der neueren Psychoanalyse auch als unhaltbar (vgl. zusammenfassend z.B. BLUM 1978).

Die Ausblendung der ersten drei Lebensjahre bei FREUD hat in der Geschichte der Psychoanalyse zu verschiedenen Versuchen geführt, diese Lücke aufzufüllen. Dabei wurden sehr oft äußerst spekulative Behauptungen aufgestellt (z.B. von M. KLEIN 1962), die von Anhängern und Gegnern der Psychoanalyse zu Recht kritisiert worden sind. Stärker empirisch orientierte Untersuchungen wurden z.B. von A. FREUD und Mitarbeitern an der Hampstead Child Therapy Clinic in London ab Mitte der fünfziger Jahre und von M. MAHLER u.a. in New York durchgeführt.

Der Forschungsansatz von M. MAHLER weist den unschätzbaren Vorteil auf, daß man – anders als bei rein behavioristisch orientierten Untersuchungsverfahren – auch den Versuch unternimmt, die beobachteten Phänomene auf der Grundlage des Wissens psychischer Entwicklungsvorgänge anhand der Rekonstruktion kindlicher Erlebnisse aus den Analysen von Erwachsenen tentativ zu interpretieren. Mit diesem Vorgehen – nämlich einer Zusammenschau der mit unterschiedlichen Forschungsstrategien (Rekonstruktion, teilnehmende Beobachtung und Längsschnittuntersuchung) erbrachten Befunde – etabliert die moderne Psychoanalyse eine methodologische Konzeption, die für die gesamte Sozialwissenschaft richtungweisend werden könnte. Denn weder die objektivistische Methodenpraxis der herkömmlichen Sozialwissenschaften, die nur das intersubjektiv feststellbare Verhalten als wissenschaftliches Datum zuläßt, noch die subjektivistische Forschungstradition ausschließlich hermeneutisch oder phänomenologisch orientierter Sozialwissenschaftler erbringen – für sich betrachtet – valide und erklärungskräftige Befunde. Erst die Konfrontation der Erfassung des Verhaltens durch den Forscher mit der „Innenperspektive" der von ihm untersuchten Individuen könnte die Skotome bisheriger objektivistischer oder ausschließlich introspektiver Methodenpraxis beseitigen helfen (vgl. GROEBEN/SCHEELE 1977, MERTENS/FUCHS 1978).

Bis vor einigen Jahren ist diese psychoanalytische, methodologische Position allerdings nicht unumstritten gewesen. Forschungsbefunde, die mit Hilfe direkter Kinderbeobachtung gewonnen und auf der Grundlage rekonstruktiven

Wissens aus kasuistischen Forschungsarbeiten versuchsweise interpretiert wurden, stießen bei einigen psychoanalytischen Forschern auf Ablehnung. KOHUT (1973) z.B. hat gegenüber dieser Forschungsstrategie den Einwand geäußert, daß damit die genuin psychoanalytische Methodik aufgegeben wird; MAHLERS Vorgehen der präzisen, teilnehmenden Beobachtung der Mutter-Kind-Interaktion wurde von ihm als „sozialpsychologische Methode" heftig kritisiert. MAHLER (1975) hat sich jedoch zu Recht gegen die Geringschätzung psychoanalytischer Daten mit Hilfe der Direktbeobachtung von Kindern gewehrt.

Die von MAHLER u.a. (1978) erbrachten Untersuchungsergebnisse über frühe Mutter-Kind-Interaktionen lassen auch eine Identifizierung der psychoanalytischen Sozialisationstheorie mit der psychosexuellen Entwicklungslehre FREUDS als obsolet erscheinen. Die psychosexuelle Entwicklungstheorie FREUDS, die mit ihrer naturwüchsigen Dynamik der Abfolge der oralen, analen und phallischen Phase lange Zeit in der Psychoanalyse als die Achse der kindlichen Entwicklung angesehen wurde, ist in den letzten Jahren einer Sichtweise gewichen, die – stärker als dies in der Redewendung von den „Triebschicksalen" zum Ausdruck kommt – die Entwicklung von kognitiven Funktionen, psychosozialen Kompetenzen, des Selbstwertgefühls, aggressiver und sexueller Erlebnismodi von den erfahrenen Interaktionen des Kindes in seiner Primärfamilie abhängig macht. Wenn in diesem Aufsatz über emotionale Sozialisation eine stärkere Betonung auf die Bedeutsamkeit von Interaktionen und Objektbeziehungen eines Kindes zu Eltern, Geschwistern und Peers gelegt wird, als dies in der älteren – manchmal eher biologistisch und physikalistisch anmutenden – triebtheoretisch orientierten Entwicklungstheorie der Psychoanalyse getan wurde, so bedeutet dies natürlich nicht, daß psychosexuelle und aggressive Entwicklungsmomente nicht mehr zu thematisieren sind; die Einbettung der klassischen Triebtheorie in die umfassendere Sichtweise einer stärker interaktions- und objektbeziehungstheoretisch konzeptualisierten Psychoanalyse soll vielmehr darauf aufmerksam machen, daß die Entwicklung gelungener Psychosexualität und konstruktiver Aggressionskompetenz in hohem Ausmaß von den Interaktionen des Kindes mit seiner Primärgruppe und damit letztlich auch von den die Familie prägenden gesellschaftlichen Machtstrukturen, Erziehungseinstellungen, Wertvorstellungen und Arbeitsplatzerfahrungen der Eltern abhängig sind.

Es macht den Unterschied gegenüber anderen Theorieansätzen und auch die Faszination einer psychoanalytischen Sozialisationstheorie aus, daß diese nicht – wie eine soziologische oder sozialpsychologische Sozialisationstheorie – eine unilineare Beziehung von gesellschaftlichen und familiären Faktoren und kindlicher (Fehl-)Entwicklung unterstellt, sondern die Sozialisation des Kindes als eine potentiell dialektische Auseinandersetzung von kindlicher Natur (die allerdings schon im Mutterleib die ersten Spuren ihrer gesellschaftlichen Bearbeitung erfährt) und elterlichen bewußten und unbewußten Erwartungen, Einstellungen und Handlungen auffaßt, die zwar immer auch gesellschaftlich vermittelt sind, gleichwohl jedoch ebenfalls nicht deterministisch aus gesellschaftlichen Faktoren (wie z.B. Arbeitsplatzerfahrungen der Eltern) abgeleitet werden können.

Gegenüber einer eher kognitivistisch ausgerichteten Theorie des sozialen Lernens (wie z.B. der von MISCHEL 1973) sind die Interaktionsrepräsentanzen gemäß der psychoanalytischen Theorie nicht veridikale Abbilder der Interaktionen mit den kindlichen Bezugspersonen, sondern vor allem zu Beginn des Lebens projektiv und introjektiv vermengte Repräsentationen von Bedürfnis- und Gefühlszuständen. Diese frühen emotionalen Erlebnisse (wie z.B. Wohlbehagen, Sicherheit, Lust, Unlust) mit der anfänglichen Ungeschiedenheit von Subjekt und Objekt bilden die Matrix für alle späteren, sich nach und nach herausbildenden Interaktionsrepräsentanzen bzw. Selbst- und Objektrepräsentanzen, welche der Selbst- und Fremdwahrnehmung eine spezifische emotionale Tönung verleihen und somit für die idiosynkratische Konstituierung der Welt von ausschlaggebender Bedeutung sind. Niemals kann deshalb die „innere Welt" eines Individuums eine wirklichkeitsgetreue Kopie der „äußeren Welt" sein. Die subjektiven Aneignungsmomente von Welt werden zwar auch in anderen Entwicklungspsychologien – etwa im PIAGETschen Konzept des Egozentrismus – berücksichtigt, verlieren jedoch nach dieser Auffassung ab einem gewissen Alter des Kindes ihre Bedeutsamkeit oder werden als identifizierbare und isolierbare „Urteilstendenzen", „implizite Persönlichkeitstheorien" u.ä.m. aus sozialpsychologischer Sicht konzeptualisiert. Gemäß der psychoanalytischen Theorie ist jedoch die Matrix der frühen emotionalen Erfahrungsbildung trotz der im weiteren Sozialisationsverlauf ständig stattfindenden, progressiv strukturellen Modifikation von Selbst- und Objektrepräsentanzen in unterschiedlichem Ausmaß für perzeptive und kognitive Aktivitäten auch im Verlauf des späteren Lebens richtungweisend. Wer als Kind nicht das Glück hatte, Sicherheit und Selbstwertgefühl vermittelnde Erfahrungen mit seinen Bezugspersonen zu erlauben, der wird auch als Erwachsener untergründig die Welt als etwas Bedrohliches wahrnehmen, die seine geringe Selbstachtung jederzeit zum Zusammenbruch bringen kann, weshalb er gegen diese diffus erlebte Bedrohlichkeit mannigfache Sicherungen vornehmen muß. Und wem als Kind das Glück zuteil wurde, anhand einer optimalen Mutter-Kind-Interaktion eine gelungene Selbstachtung zu erreichen, kann später auch seine Mitmenschen weitgehend in ihrem eigenen Recht wahrnehmen und braucht sie nicht für seine Anerkennungs- und Sicherheitsbedürfnisse zu funktionalisieren. Die emotionale Konstituierung von Welt im Licht der Sicherheit bleibt aber auch hierbei erfahrungsbestimmend.

3.2 Symbiose, Loslösung und Individuation in ihrer Bedeutung für die emotionale Sozialisation

Nach den Beobachtungen von M. Mahler und Mitarbeitern (1978) findet die „psychische Geburt" des Menschen in der Zeit vom 4. oder 5. bis 30. oder 36. Lebensmonat statt, nämlich dann, wenn das Kind zum ersten Mal seiner von der Mutter getrennten Existenz gewahr werden kann. Damit beginnt die Loslösungs- und Individuationsphase, die von Mahler u.a. noch einmal in vier Subphasen unterteilt worden ist: Differenzierung und die Entwicklung des Körperschemas, Üben, Wiederannäherung und Konsolidierung der Individualität und die Anfänge der emotionalen Objektkonstanz. Was aber geschieht im Erleben des Säuglings in den ersten 4–5 Lebensmonaten?

Die symbiotische Phase

Während in den ersten vier Lebenswochen eine relativ hohe „Reizschranke" gegenüber Außenweltreizen besteht und das Neugeborene zum größten Teil damit beschäftigt ist, mittels physiologischer Mechanismen das homöostatische Gleichgewicht des Organismus nach der Geburt aufrechtzuerhalten, verändert sich dieser Zustand im 2. Lebensmonat des Kindes. Mit der Entstehung der Fähigkeit zur diffusen Wahrnehmung von äußeren Stimuli und zum Bezogensein auf die bedürfnisbefriedigenden Verhaltensweisen der Mutter tritt das Kind in die sog. symbiotische Phase ein, deren wesentliches Kennzeichen „die halluzinatorisch-illusorische somatopsychisch omnipotente Fusion mit der Mutter, und insbesondere die illusorische Vorstellung einer gemeinsamen Grenze der beiden in Wirklichkeit physisch getrennten Individuen", ist (Mahler u.a. 1978, S. 63/64). Zu dieser Zeit kann das Kind noch nicht zwischen Innen und Außen, Selbst und anderen unterscheiden. Deswegen besteht auch ein weitgehend koenästhetisch gesteuertes Erleben des eigenen und des mütterlichen Körpers, die nicht als voneinander getrennt erfahren werden können.

Für das Entstehen eines basalen Sicherheitsgefühls und grundlegender emotional-kommunikativer Fähigkeiten ist die gefühlsmäßige Bereitschaft vor allem der Mutter von äußerster Wichtigkeit. Mahler u.a. verdeutlichen einige Muster emotionaler Bereitschaft bei Müttern am Beispiel des Stillens: „Das Stillen, wenngleich wichtig, führte nicht unbedingt zu optimal engen Beziehungen von Mutter und Kind. Eine Mutter stillte zum Beispiel stolz ihre Kinder aber nur, weil es bequem war (sie brauchte keine Flaschen zu sterilisieren); sie kam sich erfolgreich und tüchtig vor. Beim Stillen unterstützte sie ihr Töchterchen, indem sie sich über das Kind neigte und ihm die Brustwarze in den Mund schob. Sie half dem Kind nicht, indem sie es in den Armen wiegte, weil sie diese für anderes frei haben wollte, ohne sich um das Tun des Säuglings kümmern zu müssen. Es dauerte lange, bis dieses Kind lächelte. ... Eine andere Mutter stillte ihr Töchterchen, doch hinderte sie ihre puritanische Erziehung, sich dabei wohl zu fühlen. ... Andererseits kannten wir eine Mutter, die an ihren Säuglingen ihre helle Freude hatte, sie aber nicht stillte. Beim Füttern hielt sie sie eng an sich geschmiegt und half ihnen geschickt. Sie lächelte ihnen zu und sprach mit ihnen, und selbst, wenn ein Kind auf dem Wickeltisch lag, legte sie ihm die Arme unter und wiegte es" (S. 69/70).

Aufgrund empirischer Untersuchungen und kasuistischer Forschungsarbeiten läßt sich heute mit Sicherheit die Feststellung treffen, daß mit Hilfe einer regelmäßigen, einfühlsamen Betreuung durch die Mutter beim Kind ein basales Sicherheitsgefühl entsteht: Denn, wenn mit einer gewissen verläßlichen Regelmäßigkeit Spannung und Unlust des Kindes von der Mutter beseitigt werden, kann sich das Kind vertrauensvoll dem mütterlichen „Hilfs-Ich" überlassen. Dieses Urvertrauen (ERIKSON 1950) oder Sicherheitsgefühl ist auch eine wesentliche Voraussetzung dafür, daß die sensorischen Empfindungen zu einem gefühlsmäßig integrierten Wahrnehmen werden (vgl. SANDLER 1960). Ein ausreichendes Hintergrundsgefühl der Sicherheit motiviert das Kind auch zu neugierigen und exploratorischen Verhaltensweisen, die von positiv getönten Erwartungshaltungen getragen sind.

RIEMANN (1970) hat dieses Sicherheitsgefühl beim Wahrnehmen anschaulich beschrieben: „Auch beim erwachsenen Menschen ist das noch so: das gleiche Geräusch etwa wird von uns verschieden erlebt; wenn wir uns in der Nähe eines vertrauten Menschen befinden, dann können wir es leichter einordnen, und häufig werden wir es gar nicht wahrnehmen, nicht apperzipieren, weil es uns gar nicht auffällt – darin liegt die Schutz- und Filterwirkung mitmenschlicher Geborgenheit mit ihren Vor- und Nachteilen. In unvertrauter, vielleicht feindlicher Umgebung, bei innerer Spannung und Angst, aber auch nur in der Einsamkeit und Dunkelheit kann dasselbe Geräusch zu einem bedrohlichen oder rätselhaften Vorgang werden, den wir dann viel intensiver erleben, ... hierin liegt die Verstärkerwirkung mitmenschlicher Unaufgehobenheit auf Sinneseindrücke. Angstfreies, furchtloses Wahrnehmen und später auch Denken wird also ... durch Bindung und Aufgehobensein im mitmenschlich-sozialen Bereich erleichtert". (S. 29)

Die Sinnesorgane vermitteln dem Kleinkind fortwährend sensorische Reize und Erlebnisse über Helle und Dunkelheit, Wärme und Kälte, Lärm und Stille, Nässe und Trockenheit, ferner Geruchsempfindungen und Gleichgewichtssensationen. Normalerweise ersetzt die Mutter als „Hilfs-Ich" den fehlenden Reizschutz.

Wenn die Sicherheit und Beruhigung gebende Mutter nur mangelhaft zur Verfügung steht oder sich auf das Kind nicht empathisch genug einstellen kann, wird sich das Kind nur unzureichend sicher und wohl fühlen können. Die Integration der ersten Empfindungen und Wahrnehmungen zu einer von dem Gefühl der Sicherheit und Geborgenheit getragenen Zuwendung zur Welt (der deutsche Neopsychoanalytiker SCHULTZ-HENCKE (1951) sprach hierbei von einem „intentionalen Antriebserleben") kommt nur mangelhaft zustande. Da in den ersten Lebensmonaten zwischen Ich und Nicht-Ich, Selbst und Objekt noch nicht ausreichend unterschieden werden kann, werden die Objekte der Außenwelt ebenfalls mit dem Gefühl der Unsicherheit erlebt. Sie erhalten auf diese Weise keinen positiv emotionalen Aufforderungscharakter, was wiederum auf die Wahrnehmung des Kindes zurückwirkt.

Es gibt für das Kind mehrere Möglichkeiten, mit dem Gefühl der Unsicherheit und Ungeborgenheit umzugehen. Ein Selbstschutzmechanismus besteht in dem Nichtfühlen der unangenehmen, unerträglichen Empfindungen (vgl. ZIMMERMANN 1971), was dazu führt, daß das Kind zwar die Welt wahrnimmt, aber dies in bestimmten Handlungsbereichen ohne eine gefühlshafte Anmutung erfolgt. Dadurch leidet auch die Entwicklung einer Gefühlsbeziehung zu den betreuenden Eltern. Nach RIEMANN (1970) werden die sensorischen Eindrücke nicht in die Gefühlswelt der entstehenden Bindungsfähigkeit integriert, „gefühlsmäßig geerdet". Diese frühe Abwehr der nur Unsicherheit und Unbehagen bereitenden Gefühlseindrücke verstärkt das Angewiesensein des Kindes auf seine rein sensorischen Sinneseindrücke.

Aus dieser Notsituation resultiert auch eine weitere Möglichkeit des Umgangs mit dem Erlebnis der Unsicherheit. Aufgrund der Unfähigkeit zu einer gefühlshaft getragenen Wahrnehmung kann es zu einer forcierten Entwicklung kognitiver Ich-Funktionen beim kleinen Kind kommen. Von der deutschen Neopsychoanalyse werden die Auswirkungen dieser „Ich-Verzerrung" mit dem etwas unglücklichen Label der „schizoiden" Persönlichkeitsentwicklung bezeichnet (vgl. z.B. SCHULTZ-HENCKE 1951; RIEMANN 1961; RUDOLF 1977).

RUDOLF (1977) hat einige Erscheinungsformen einer chronischen „intentional-kommunikativen Beeinträchtigung" detailliert beschrieben. So erwähnt er Störungen kommunikativer Einzelmerkmale wie Blick, Sprechweise, Psychomotorik. Davon ausgehend, daß für den intentional gestörten Menschen der Blick in das Gesicht und in die Augen des anderen keine gefühlshaft stimulierende Bedeutung hat, kann man bei diesen Menschen feststellen, daß ihr Blick vom Gesicht des anderen abgleitet und „an ihm vorbei oder durch ihn hindurch zu gehen" scheint. „Für den Gesunden ist der regelmäßige Blickaustausch mit seinem Gegenüber ähnlich wie das belanglose Geplauder mehr ein Bindeglied, eine emotionale Brücke zum anderen. ... Das Umgekehrte ist bei intentional Gestörten der Fall: Blickkontakt oder Geplauder sind nicht imstande, eine gefühlsmäßige Beziehung zum anderen festzulegen. Das resultierende emotionale Vakuum muß nun durch Interpretation gefüllt werden ... jede Beobachtung wird gedanklich verarbeitet und interpretiert. Die fehlende instinktive Erfassung der mitmenschlichen Atmosphäre wird durch sensorische Aufmerksamkeit und Gedankenaktivität wettgemacht". (S. 108)

Die Loslösungs- und Individuationsphase

1. Differenzierung

Im 4. bis 5. Monat setzt mit dem Gewahrwerden der von der Mutter getrennten Existenz die erste Subphase des Loslösungs- und Individuationsprozesses ein: die sog. Differenzierungsphase.
Loslösung und Individuation kennzeichnen nach MAHLER zwei voneinander getrennte, aber im günstigsten Fall miteinander parallel laufende Sozialisationsvorgänge. Während die Loslösung über die Entwicklungsschritte der körperlichen Differenzierung, Distanzierung und Abgrenzungskompetenz verläuft, gehört zur Entwicklung der Individuation die Herausbildung intrapsychischer Autonomie. Beide Sozialisationsvorgänge führen im optimalen Fall zur Konstituierung deutlich voneinander abgegrenzter und jeweils kohärenter Selbst- und Objektrepräsentanzen.
In der ersten Subphase, der Differenzierung und der Entwicklung des Körperschemas, setzen die ersten Versuche des Kindes ein, sich körperlich aus dem passiven Schoßkinddasein und aus dem symbiotischen Umkreis mit der Mutter zu lösen. So läßt sich zu dieser Zeit beobachten, daß das Kind sich jetzt immer häufiger aus den Armen der Mutter entzieht und von ihrem Schoß krabbelt. Explorative Verhaltensweisen nehmen zu, das Kind stemmt sich vom Körper der Mutter ab, um sie besser sehen und die Umgebung mit seinen Blicken erforschen zu können. Der Zeitpunkt des Auftretens derartiger Verhaltensweisen ist bereits stark von dem Erleben während der symbiotischen Phase geprägt. „Wir stellten fest, daß jene Kinder, deren Mütter die symbiotische Phase ohne große Konflikte genossen, Kinder, die während dieser Phase des wichtigen Einsseins mit der Mutter gesättigt, aber nicht übersättigt waren, zu angemessener Zeit anfingen, Zeichen aktiver Differenzierung zu zeigen, indem sie sich vom Körper der Mutter geringfügig entfernten. In solchen Fällen hingegen, wo auf seiten der Mutter Ambivalenz oder Parasitentum in Erscheinung trat, wo sie das Kind bedrängte oder ‚erstickte', war die Differenzierung in verschiedenen Maßen und Formen gestört. In einigen Fällen, in denen die Mutter ihr eigenes symbiotisch-parasitäres Bedürfnis agiere, statt aus Rücksicht auf ihr Kind zu handeln, setzte die Differenzierung nahezu vehement ein. Bei einem kleinen Jungen, der erst 4 oder 5 Monate alt war, geschah dies, weil seine Mutter ihn allzu symbiotisch umschlang. Eine ganze Zeitlang zog dieses Kind es tatsächlich vor, daß andere Erwachsene als seine Mutter es in den Arm nahmen, die ihm mehr Gelegenheit zu visueller Erforschung der Umgebung gaben, während sie ihn hielten. Er schien sich von seiner Mutter viel abwehrender physisch abzustoßen, indem er Füße und Arme energisch gegen den Körper der Mutter stemmte. ... Dies schien in seinem Fall einen doppelten Zweck zu erfüllen: Erstens diente es ebenso wie bei „durchschnittlicheren, symbiotischen Kindern dazu, ihn in eine Position zu bringen, in der er die nichtmütterliche Umwelt besser erforschen, die Mutter aus einer günstigeren Stellung in neuer Perspektive betrachten und aus größerer Entfernung einen Blickkontakt zu ihr herstellen konnte; zweitens wurde dadurch der Kontakt mit der Körperoberfläche der Mutter verringert" (MAHLER u.a. 1978, S. 82).
Zwischen dem 7. und 8. Monat konnten MAHLER und Mitarbeiter ein Verhaltensmuster beobachten, das sie „checking back" genannt haben und das für sie das wichtigste Verhaltenskriterium für den Differenzierungsprozeß darstellt. Dieses „Nachprüfen" besteht darin, daß das Kind die Mutter intensiv zu erforschen und sie mit anderen Personen und Gegenständen zu vergleichen beginnt: „Es scheint sich gewissermaßen gründlicher mit dem vertraut zu machen, was die Mutter *ist*, was sich wie die Mutter anfühlt, riecht, aussieht, ihren ‚Ton' hat. Während es nach und nach die ‚Mutter qua Mutter' begreift, erkennt es auch, was zum Körper der Mutter gehört und was nicht: eine Brosche, die Brille usw. Es beginnt, zwischen der Mutter und sich oder *dem* zu unterscheiden, was anders oder ähnlich wie die Mutter aussieht, sich anfühlt, bewegt" (S. 76/77).

Die von SPITZ (1965) beschriebene Achtmonatsangst faßt MAHLER (1978) ganz eindeutig als Sozialisationsergebnis und nicht als naturwüchsiges Reifungsdatum auf. Das Auftreten dieser Angst ist ihrer Auffassung nach vom Verlauf der vorangegangenen Interaktionserfahrungen abhängig. Ein Kind, das Sicherheit und Urvertrauen entwickeln konnte, zeigt keine Fremdenangst, sondern vielmehr eine sog. „Zollinspektion" (BRODY/AXELRAD 1970), d. h., bei einem fremden Erwachsenen setzt eine gründliche visuelle und taktile Forschertätigkeit des Kindes ein.

2. Übungsphase

Mit fortschreitender motorischer Entwicklung nimmt die Loslösung von der Mutter deutlich sichtbarere Formen an, was MAHLER veranlaßte, von einer „frühen Übungsphase" zu sprechen, die – wie auch die anderen getroffenen Phaseneinteilungen – Überlappungen mit der ersten Subphase der Differenzierung aufweist. Das Kind fängt nun an zu krabbeln, herumzuklettern und sich langsam aufzurichten. Der Muskel- und Skelettapparat hat sich soweit entwickelt, daß das Kind sich von der Mutter wegbewegen und seinen Aktionsradius erweitern kann. Für das Kind heißt das, daß es jetzt mehr und mehr in die Lage versetzt wird, die Grenzen der Nähe und Distanz zu der Mutter selbst zu bestimmen und selbst zu variieren; es kann jetzt lernen, Nähe und Trennung selbst aktiv zu handhaben.
In der Übungsphase gewinnt nun eine Verhaltensweise des Kindes eine große Bedeutung: das sog. „emotional refueling", das ebenfalls von MAHLER und Mitarbeitern sehr genau beschrieben worden ist. Obwohl sich das Kind nun schon aktiv von der Mutter fortbewegen kann, ist es dennoch äußerst wichtig, daß die Mutter als „Heimatbasis" zum „emotionalen Auftanken" weiterhin zur Verfügung steht, weil das einjährige Kind, auf sich allein gestellt, noch kein ausreichendes Sicherheitsgefühl hat. Obgleich das Kind in der Übungsphase normalerweise von einem Hochgefühl beseelt ist, was vor allem durch die sich rapid entwickelnden Ich-Funktionen, aber auch durch die „übermütige Flucht aus der Verschmelzung mit der Mutter (MAHLER u. a. 1978, S. 94) zustandekommt, braucht es doch noch den „auftankenden Dialog" mit der Mutter, wie A.-M. SANDLER (1977) dies in Anlehnung an MAHLER und SPITZ bezeichnet hat: „Inner sources of security are not yet enough – the consonance of the repeated perception that mother is there, providing affirmation is vitally necessary" (S. 199).
Optimales Neugierverhalten und die Lust, sich die Welt zu erobern (das sog. „adgredi"), hängen in entscheidendem Umfang davon ab, ob ein Kind von einer empathisch auf es eingestellten Mutter Vertrauen und Sicherheit bei der Übung seiner sich entwickelnden motorischen, perzeptiven und kognitiven Funktionen erfährt. Stellvertretend für viele andere Entwicklungsschritte hat MÜLLER-BRAUNSCHWEIG (1975) dies für das Laufenlernen beschrieben: „,Laufenlernen' bedeutet auch, daß aus dem festen Stand heraus ein Moment der Unsicherheit in Kauf genommen wird, wenn eine Gewichtsverlagerung von einem Bein auf das andere im Vollzug des Gehens stattfindet. Dieser Moment der Unsicherheit im Moment des labilen Gleichgewichts, der seinerseits für die Fortbewegung unerläßlich ist, tritt in allen Entwicklungs,schritten' auf. Um ihn ausführen zu können, muß eine gewisse basale Sicherheit ... vorhanden sein. ... In den ersten Schritten tritt ... die Lust an der neuen Körperfunktion und das Vertrauen auf diese Körperfunktion gleichzeitig mit der Gewißheit auf, jederzeit zur Mutter zurückkehren zu können und damit auch sozusagen ‚festen Grund' unter den Füßen zu haben" (S. 46).
In welchem Ausmaß das Kind in der Übungsphase Gefallen an der Erforschung und Eroberung seiner Umwelt finden kann, hängt ebenfalls wiederum aufs engste von der Interaktion mit der Mutter ab. MAHLER u. a. konnten z. B. Kinder beobachten, die während der frühen Übungsperiode sehr aktiv die enge körperliche Nähe zu ihren Müttern beibehalten wollten. Diese Mütter fühlten sich in der engen symbiotischen Verbundenheit mit ihren Kindern zwar sehr wohl, erwarteten jedoch in der zweiten Hälfte des ersten Lebensjahres von ihren Kindern, daß diese nun gleich „erwachsen" sein sollten. Bei diesen Kindern konnte jedoch keine Freude an der beginnenden Distanzierungsfähigkeit und am Üben festgestellt werden, und statt dessen verlangten sie sehr energisch nach körperlicher Nähe.
Während der Übungsphase kann sich ein Kind normalerweise auch gut dem Gefühl von Omnipotenz überlassen, das noch Spuren der symbiotischen Dualunion mit der Mutter aufweist. Denn als der Ursprung des Omnipotenzerlebens

wird von verschiedenen psychoanalytischen Forschern die primäre Mutter-Kind-Einheit angenommen. Dieser Zustand, in dem noch keine Subjekt-Objekt-Trennung existiert, vermittelt dem kleinen Kind das Gefühl, daß nahezu alle seine Bedürfnisse (im optimalen Fall) unmittelbar und durch „es selbst“ zu befriedigen sind. Im Fall einer empathischen Mutter erlebt das Kind einen Zustand von Spannungsfreiheit und Geborgenheit, der sich aufgrund von Erinnerungen, vagen Sehnsüchten, kulturgeschichtlichen Zeugnissen, aber auch aufgrund der Verhaltensbeobachtung eines satt und zufrieden lächelnden Säuglings hypothetisch rekonstruieren läßt. Gleichwohl dürfte dieses Erleben von Omnipotenz immer nur rudimentär vorhanden sein, und es wird vollends immer dann traumatisch unterbrochen, wenn sich das Kind mit fortschreitender Ich-Entwicklung seiner Getrenntheit von der Mutter vage bewußt wird und schmerzlichen Erfahrungen von Hilflosigkeit, Ohnmacht und Verlassensein ausgesetzt ist. Das Schreien holt die Mutter nicht mehr sofort herbei; ein Gefühl des Hungers kann nicht immer sofort gestillt werden; wenn es nachts aufwacht, fühlt es sich in der Dunkelheit verlassen usf. Diese Frustrationen erzeugen einerseits Unbehagen und Wut und zum anderen ein intensives Verlangen, jenen harmonischen Primärzustand, der mit dem Gefühl des Wohlbehagens und der Omnipotenz einherging, wieder herzustellen.

In der Übungsphase wird das Kind fortwährend mit den Begrenzungen seiner Omnipotenz konfrontiert; es erlebt, daß Dinge eine Eigengesetzlichkeit haben, daß Ursachen anerkennt werden müssen, daß Vorstellungen von magischer Gewalt und Kontrolle sich nicht erfüllen. Das Kind beginnt allmählich zu erkennen, daß die Mutter von ihm unabhängig ist und nicht seiner magischen Kontrolle unterliegt.

Trotz all dieser Einschränkungen stellt gerade die Übungsphase einen Entwicklungsabschnitt dar, in dem sich das Kind streckenweise in dem quasi wahnhaften, doch altersentsprechenden Gefühl von Größe und Omnipotenz noch sicher fühlen kann (ganz im Unterschied zur dritten Subphase der Wiederannäherung). „Während dieser kostbaren 6–8 Monate (vom 10. oder 12. bis zum 16. oder 18. Lebensmonat) gehört dem Kleinkind die Welt. ... Das Kind scheint von seinen eigenen Fähigkeiten und der Größe seiner Welt wie berauscht. ... Das hervorstechende Merkmal dieser Übungsperiode ist die starke narzißtische Besetzung, die das Kind seinen Funktionen, seinem Körper sowie den Objekten und Zielen seiner expandierenden ‚Realität‘ zukommen läßt. Gleichzeitig beobachten wir eine relative Unempfindlichkeit gegenüber Püffen, Hinfallen oder anderen Frustrationen, etwa wenn ein anderes Kind ein Spielzeug wegschnappt. ... Das Trennung und Individuation reibungslos vollziehende Kleinkind findet narzißtischen Trost für die minimalen Objektverluste – die wahrscheinlich jeder Entwicklungsfortschritt enthält – in seinen sich rasch entwickelnden Ich-Funktionen. Das Kind konzentriert sich darauf, seine Geschicklichkeit und seine autonomen (von der Mutter oder anderen unabhängigen) Fähigkeiten zu üben und zu meistern. Es freut sich über seine Fähigkeiten, ist ständig entzückt über die Entdeckungen, die es in seiner sich erweiternden Welt macht, und ist gewissermaßen verliebt in die Welt und in seine eigene Größe und Allmacht“ (Mahler u. a., S. 94).

Daß die Entwicklung des Omnipotenzerlebens selbst in der Übungsphase nicht eine naturwüchsige Dynamik darstellt, sondern immer in Beziehung zur Interaktion mit der Primärgruppe aufgefaßt werden muß, verdeutlicht eine Beobachtung von Mahler u. a.: „Annas Mutter ... war außerstande, optimal verfügbar zu sein, so daß die Fähigkeit ihres Kindes zu vertrauensvoller Erwartung einer schweren Prüfung unterzogen wurde. Die Reifung der sich entwickelnden Ich-Funktionen Annas erfolgte zeitgerecht, aber es war, als ließe ihr der harte Kampf um die Aufmerksamkeit ihrer Mutter nur unzureichende libidinöse Energie übrig, um die nichtmütterliche Welt sowie ihre autonomen Ich-Funktionen und vielleicht auch den eigenen Körper adäquat mit gesundem ... Narzißmus zu besetzen. Sie war daher nicht in der Lage, sich der lustvollen Erforschung und Meisterung ihrer sich ausweitenden Realität zu widmen. Jedenfalls sah man das Kind in der ersten Subphase und während der frühen Übungsperiode zu Füßen seiner Mutter sitzen und sie mit den Augen anflehen und beschwören“ (S. 91).

3. Die Wiederannäherungsphase

Die Subphase der Wiederannäherung umfaßt den Zeitraum vom ca. 14. oder 16. bis 22. oder 24. Lebensmonat. Im Unterschied zur Übungssubphase lassen sich in dieser Zeit häufige Anzeichen einer erhöhten Trennungsangst beobachten, aktive Annäherungen an die Mutter sowie ein offensichtlich ständiges Beschäftigtsein mit der Frage, wo die Mutter sich gerade aufhält. Die fortgeschrittene kognitive Entwicklung bringt es mit sich, daß das Kind im zweiten Lebensjahr zunehmend mehr seiner körperlichen Getrenntheit von der Mutter gewahr wird. Diese Erkenntnis führt zusammen mit der Möglichkeit, sich motorisch von der Mutter wegzubewegen zu der gesteigerten Angst, die Mutter zu verlieren.

Die anfängliche Erregung über die Möglichkeiten der Fortbewegung und des aufrechten Ganges, die eine deutliche Zunahme des kindlichen Omnipotenzgefühls in der Übungsphase zur Folge hatten, weicht nun der gelegentlich recht schmerzlichen Erkenntnis von der „Unnachgiebigkeit" der materiellen Realität der unbelebten Gegenstandswelt. Die Anforderungen der Eltern (z. B. im Zusammenhang mit der einsetzenden Erziehung zur Sauberkeit) vermitteln dem Kind ein Gefühl seiner Verwundbarkeit, relativen Hilflosigkeit und Abhängigkeit von den großen und mächtigen Erwachsenen. Das vormals entwicklungsadäquate Omnipotenzgefühl der symbiotischen Phase (und auch noch der Differenzierungs- und Übungssubphasen) ist nunmehr bedroht und erfährt eine drastische Deflationierung.

Die Situation des Kindes in der Wiederannäherungsphase wird weiterhin noch durch den Ärger und die Wut gegen die Eltern kompliziert, die es – aus der kindlichen Erlebnisperspektive – versäumen, das Kind vor körperlicher Verletzung und Schmerz zu bewahren, seine Wünsche nun viel häufiger zurückweisen als zuvor und neue Anforderungen an es stellen, wie z. B. in der Äußerung bestimmter Verbote. Der Enttäuschungsärger des Kindes auf seine Eltern, die es doch zugleich auch so intensiv und so sehnsüchtig zur Bedürfnisbefriedigung und Anerkennung seiner kleinen hilflosen Persönlichkeit benötigt, erhöht wiederum die Trennungsangst.

Diese psychisch recht belastende Situation führt zu einem konflikthaften Erleben, das von MAHLER u. a. (1978) als „Wiederannäherungskrise" beschrieben worden ist.

Diese Wiederannäherungskrise resultiert aus dem Widerstreit miteinander unvereinbarer Bestrebungen und Gefühle: Einerseits will das Kind im 18. bis 24. Lebensmonat, von der Mutter schon getrennt, groß und allmächtig sein, andererseits wird es immer stärker seiner Abhängigkeit von der Mutter und seiner Angst vor Liebesverlust gewahr. „In der überwiegenden Zahl der Fälle wechselte die vorherrschende Stimmung zu Unzufriedenheit, Unersättlichkeit und der Neigung zu raschen Stimmungsschwankungen und Wutausbrüchen. Diese Periode war also dadurch gekennzeichnet, daß man die Mutter in schneller Folge abwechselnd wegstieß und sich an sie klammerte: ein Verhaltensablauf, den das Wort ‚Ambitendenz' am genauesten beschreibt" (MAHLER u. a., S. 124/125).

Wenn das Kind die Konflikte dieser Subphase angemessen lösen kann, wird es auch fähig sein, eine konstante gefühlshafte und libidinöse Besetzung zu entwickeln. Wenn die Konflikte jedoch nicht bewältigt werden können, kann hierdurch die Prädisposition für einen späteren neurotischen Konflikt entstehen oder ein ichstrukturelles Defizit, das zu narzißtischen oder sog. Borderline-Störungen Anlaß geben kann.

Von entscheidender Bedeutung für die gelungene Konfliktbewältigung ist die kontinuierliche libidinöse Verfügbarkeit der Mutter. Das kindliche Omnipotenzgefühl (z. B. das Gefühl der Kontrolle über ein narzißtisches Selbstobjekt) darf nicht zu abrupt enttäuscht werden, sondern behutsam und schrittweise ersetzt werden durch den Glauben an und die Freude über die eigenen rasch sich entwickelnden Fähigkeiten und durch das sich entwickelnde Gefühl der Autonomie.

Immer wieder zeigt ein Kind in dieser Phase ein großes Bestreben, die Anteilnahme und das Interesse seiner Mutter hervorzurufen. Und immer wieder braucht es die Bestätigung über sein sich veränderndes und entwickelndes Selbstgefühl und Selbstbild, die Bekräftigung, daß es auch weiterhin für die Mutter wichtig ist, die Aufmerksamkeit und Bewunderung seiner Fähigkeiten und Geschicklichkeiten, seiner Bedürfnisse und Gefühle und der Kontinuität seines alten und neuen Selbstbildes in den Augen der Mutter.

Eine zu plötzliche Frustrierung seines Omnipotenzgefühls und des Gefühls, über das mütterliche Selbstobjekt jederzeit uneingeschränkt verfügen zu können, führt zu einer zeitlich unangemessenen Aufrechterhaltung eines omnipotent grandiosen Selbsts und/oder der idealisierten Eltern-Objekt-Repräsentanzen, wie dies vor allem von KOHUT (1971) beschrieben worden ist.

Die einfühlsame und tolerante Haltung ist während der Wiederannäherungsphase besonders wichtig. Nichts Geringeres wird von der Mutter erwartet, als daß sie nun größtes Verständnis für das gelegentlich kleinkindhaft anklammernde

Verhalten ihres Kindes zeigt, das doch einige Wochen oder Monate zuvor – in der Übungsphase – schon einen recht unabhängigen Eindruck gemacht hat. Die gelegentlich recht intensive kindliche Zwiespältigkeit und der hartnäkkige Trotz als Ausdruck des Ärgers und der Wut über die mütterlichen Anforderungen und ihre Beschränkungen des kindlichen Autonomiestrebens verlangen von einer Mutter größtmögliches Verständnis. Eine gefühlsmäßig selbstsichere und ausgeglichene Mutter wird das bislang entwickelte Sicherheitsgefühl, die in Ansätzen bereits vorhandene Selbstachtung und das Gefühl, liebenswert zu sein, weiterhin bekräftigen und dem Kind helfen, seine libidinösen und aggressiven Bestrebungen auf ein und dieselbe Person – die Mutter – richten zu können und damit die Fähigkeit des Kindes zu einer konstanten Beziehung zum Liebesobjekt (Objektkonstanz) stärken. Und zur gleichen Zeit wird von einer Mutter aber auch verlangt, daß sie das Bedürfnis des Kindes, sich verselbständigen und unabhängig werden zu wollen, erkennen und akzeptieren kann. Trotz seines anklammernden Verhaltens und seines gelegentlich heftig auftretenden Wunsches nach symbiotischer Wiederverschmelzung mit ihr ist das Kind nun nicht länger ein Teil der Mutter. Mahler u.a. (1978) betonen in diesem Zusammenhang auch die Rolle des Vaters, der als ein zwar dem Kind vertrautes, aber doch von der Mutter unterschiedenes Liebesobjekt hilft, daß das Kind in seinem erstarkenden Autonomiestreben nicht der mächtigen Versuchung unterliegt, in die symbiotische Erlebniswelt zu regredieren.

Nach Abelin (1971, 1975), der – inspiriert durch die französische und amerikanische Schizophrenieforschung – intensiv die Rolle des Vaters während des Loslösungs- und Individuationsprozesses untersucht hat, läßt sich die Bedeutung des Vaters in den ersten drei Lebensjahren in der bürgerlichen Normalfamilie folgendermaßen zusammenfassen:

- In der symbiotischen Phase beginnt die spezifische Beziehung zum Vater ein oder zwei Wochen später als mit der Mutter oder mit Geschwistern. Wenn der Vater für das Kind einigermaßen vertraut ist, entwickelt das Kind ihm gegenüber zu keiner Zeit Fremdenangst;
- am deutlichsten wird die Hinwendung zum Vater zu Beginn der Übungssubphase. Die Beziehung zum Vater ist hierbei für das Kind in eigentümlicher Weise aufregend; die Mutter dient während dieser Zeit als „Heimatbasis" zum gelegentlichen „emotionalen Auftanken";
- der Vater und die Geschwister sind die ersten „Landepunkte" in der sich vergrößernden Welt der Übungsphase. Der männliche Erwachsene scheint für das Kind das am meisten verschiedene und zur gleichen Zeit das faszinierendste Objekt darzustellen. Fremdenreaktionen treten zunächst Männern gegenüber stärker auf als bei Frauen; später werden Männer den Frauen gegenüber meist vorgezogen;
- kleine Mädchen tendieren früher dazu, eine Beziehung zum Vater aufzunehmen; zugleich sind sie aber auch vorsichtiger gegenüber fremden Männern. Kleine Jungen nähern sich früher männlichen Erwachsenen an, aber in einer mehr exploratorischen, weniger gefühlshaften Art;
- eine befriedigende Beziehung zum Vater scheint vor allem für die Lösung der Ambivalenz gegenüber der Mutter in der Wiederannäherungsphase von großer Wichtigkeit zu sein, denn die Beziehung zu ihm befreit das Kind von der allzu großen Abhängigkeit von der Mutter. Der Vater stellt hierbei ein „unkontaminiertes" Liebesobjekt dar, d.h., er wird mehr als eine Person in ihrem eigenen Recht erfahren als die introjektiv und projektiv verzerrte Mutterimago, deren Erlebnisaspekte viel stärker dem symbiotischen Erleben entstammen;
- mit der Wahrnehmung der Beziehung zwischen Mutter und Vater weitet sich die duale Mutter-Kind-Beziehung zu einer triangulären Situation aus. Anhand der Identifikation mit dem Vater kann sich der kleine Junge leichter als ein von der Mutter abgegrenztes Selbst erfahren.

Intrapsychisch betrachtet, findet während der Subphase der Wiederannäherung eine Festigung von sich entwickelnden Ich-Funktionen statt. Das Kind lernt – getragen von dem sicheren Gefühl, daß seine Mutter sein präverbales Identitätsgefühl bestärkt –, zunehmend mehr zwischen sich selbst und seiner Mutter zu unterscheiden. Das ursprünglich symbiotische Gefühl der Verschmolzenheit (die Mutter als „Teil" des Kindes oder das Kind als „Teil" der Mutter) wird nun aufgegeben, und das Kind nimmt seine eigenen Selbstrepräsentanzen und die Repräsentanzen seiner Mutter mit Gefühlen der Größe und der idealisierenden Bewunderung wahr. Das anfängliche präverbale Gefühl des Wohlbehagens wird zu einem wesentlichen Bestandteil der kindlichen Selbstachtung, die zu ihrer positiven Entwicklung die Wertschätzung und Anerkennung von seiten der Mutter benötigt. Die mütterliche Toleranz und das verständnisvolle Eingehen auf die kindlichen Wutausbrüche helfen dem Kind seine Selbst- und Objektrepräsentanzen mit gemäßigten aggressiven Gefühlen zu besetzen.

Die in den letzten Jahren immer häufiger diagnostizierte Borderline-Pathologie mit einer defizitären Entwicklung der Ich-Struktur und der Selbst- und Objektrepräsentanzen geht auf eine mißlungene Lösung der Wiederannäherungskrise zurück. Wenn die Mutter nicht in der Lage ist, das sich entfernende und wiederannähernde Kind gleichermaßen liebend zu akzeptieren und gefühlsmäßig verfügbar zu sein, erfährt das Kind, daß es gefährlich ist, sich von der Mutter zu entfernen. „Das Kind reagiert auf das Erleben des ‚Fallengelassenwerdens' oder des ‚Nichtangenommenwerdens' in der Wiederannäherung mit Enttäuschung und Aggression; an die Stelle des ‚Vorherrschens libidinöser Valenz' (vgl. MAHLER 1975), das nach MAHLER eine unabdingbare Voraussetzung für die Bewältigung der Konflikte der Wiederannäherungsphase darstellt, tritt das Übergewicht aggressiver Triebderivate, die zur endgültigen Abwendung des Kindes von der Mutter oder aber zu einer sadomasochistischen Verklammerung mit ihr (oft fälschlich als fortbestehende Symbiose eingeordnet) führen. Je größer der Haß und die Enttäuschung an der realen Mutter werden, desto hartnäckiger hält das Kind aber am Bild einer ‚ganz guten, spendenden, symbiotischen Mutter' fest, die es verloren hat und nach der es in dauerndem sehnsuchtsvollen Hinstreben sucht. ... Die gesamte exzessive Aggression dieser Patienten gilt der ‚bösen Mutter der Trennung' (vgl. MAHLER 1975), welche das Erleben des Fallengelassenwerdens und des Verbanntseins verkörpert. Die Spaltung zwischen diesen beiden Mutterimagines bleibt aufrechterhalten und prägt die späteren heterosexuellen Objektbeziehungen dieser Patienten, die ‚ewig auf der Suche' sind und immer wieder die Erfahrung machen müssen, daß die endlich gefundene ‚gute' Mutter-Frau sich in die ‚Mutter der Trennung' verwandelt. Die Patienten tun das ihre, um diesen Umschwung herbeizuführen, aus Angst vor Wiederverschlingung und/oder um die antizipierte Katastrophe nicht passiv abwarten zu müssen" (ROHDE-DACHSER 1979, S. 147/148).

Zusammenfassend lassen sich die Entwicklungsaufgaben und psychischen Kompetenzen dieses für die emotionale Sozialisation des Kindes überaus wichtigen Lebensabschnittes wie folgt benennen:

- adäquate Bewältigung der kognitiv intensivierten Trennungsangst;
- die Festigung eines basalen Sicherheitsgefühls und Vertrauens;
- die schrittweise Verringerung und Modifizierung des aus der symbiotischen Phase stammenden Omnipotenzgefühls;
- die allmähliche Ersetzung des verringerten Omnipotenzgefühls durch die Freude an der aktiven Bewältigung verschiedener Entwicklungsaufgaben und durch ein Gefühl der Autonomie;
- die Konsolidierung des Gefühls für das eigene Selbst (Anfänge einer Selbstkonstanz, d.h. der kognitiven und emotionalen Kompetenz, die verschiedenen Selbstrepräsentanzen als kohärent und als (partiell) abgegrenzt von den Objektrepräsentanzen zu erfahren;
- die Fähigkeit zur besseren Affektkontrolle, besseres Umgehenkönnen mit Stimmungsabfällen und Wutausbrüchen bei Frustrationen;
- der Beginn einer allmählichen Überwindung der Spaltung in „gute" und „böse" mütterliche Objektrepräsentanzen und der damit korrespondierenden Gefühlszustände (Anfang von Ambivalenztoleranz);
- die allmähliche Ersetzung des Spaltungsvorgangs durch die Fähigkeit zur Verdrängung nicht akzeptierbarer Affekte und Impulse gegenüber den wichtigsten Bezugspersonen des Kindes.

Konsolidierung der Individualität und die Anfänge der emotionalen Objektkonstanz

MAHLER u.a. (1978) definieren die zwei Hauptaufgaben der vierten Subphase, die sich etwa vom 20. oder 22. bis zum 30. oder 36. Lebensmonat erstreckt, als die Erringung von Individualität und die Erlangung eines gewissen Maßes an emotionaler Objektkonstanz. Die erfolgreiche Lösung der Wiederannäherungskrise ist eine wesentliche Voraussetzung für die Konstituierung emotionaler Objektkonstanz. Im Un-

terschied zum PIAGETschen (1954) Konzept der „Objektpermanenz", worunter die Fähigkeit zur Erinnerung an einen Gegenstand in rein kognitiver Hinsicht verstanden wird, bezieht sich der psychoanalytische Ausdruck „Objektkonstanz" neben der reinen kognitiven Repräsentation eines menschlichen Objekts auf die Permanenz der gefühlshaften Beziehung zu dieser Person, auch in Abwesenheit, z.B. der Mutter. „Die Errichtung der affektiven (emotionalen) Objektkonstanz ... hängt von der allmählichen Verinnerlichung einer beständigen, positiv besetzten innerlichen Mutterimago ab. Dies erlaubt es dem Kind (in vertrauter Umgebung, z.B. unserem Spielzimmer), getrennt zu funktionieren, obwohl es eine gewisse Spannung (Sehnsucht) und Unbehagen empfindet" (MAHLER u.a. 1978, S. 142).
Objektkonstanz wird als ein Modus des Erlebens von bedeutsamen Bezugspersonen des Kindes aufgefaßt, wobei hierfür folgende Bildungsprozesse konstitutiv sind (vgl. auch EDGCUMBE/BURGNER 1972):

- das Kind muß die Fähigkeit entwickelt haben, eine symbolische Repräsentation, d.h. eine Objektrepräsentanz der Mutter bilden und diese auch bei zeitweiliger Abwesenheit der Mutter erinnern zu können, um aus dieser Erinnerung ein Gefühl der Sicherheit und der Akzeptierung des vorübergehenden Alleinseins beziehen zu können;
- es muß die mütterliche Objektrepräsentanz mit neutralisierten libidinösen und aggressiven Emotionen erleben können, um nicht bei Frustrationen auf die Phase der (symbiotischen) Undifferenziertheit von Selbst- und Objektrepräsentanzen zu regredieren;
- und es muß schließlich eine Vereinheitlichung der guten (befriedigenden, Sicherheit gewährenden) und der bösen (frustrierenden, Unsicherheit und Unbehagen erzeugenden) mütterlichen Teil-Objekt-Repräsentanzen vornehmen können, um mit dieser Ambivalenztoleranz die vormals vorherrschende (entwicklungsadäquate) Aufspaltung der mütterlichen Objektimago aufgeben zu können.

In der vierten Subphase findet auch eine Konsolidierung der Kohärenz und Konstanz der verschiedenen Selbstrepräsentanzen des Kindes statt, die nun stärker als zuvor von den Objektrepräsentanzen differenziert werden können. Dadurch entwickelt sich – unterstützt von der verbalen Kommunikation, von Phantasie- und Rollenspielen und von zunehmender Fähigkeit zur Realitätsprüfung – ein deutlicheres Erleben der eigenen von den frühen Bezugspersonen, insbesondere der Mutter, abgegrenzten Identität.

Unter Hinzuziehung kasuistischer Forschungsberichte aus der psychoanalytischen Therapie kann man heutzutage die Phänomenologie und Psychodynamik von emotionellen Störungen, die auf eine nicht geglückte Symbiose- und Individuationsentwicklung zurückzuführen sind (wenngleich auch niemals unilinear), recht subtil und differenziert beschreiben und erforschen. Ich möchte aus klinischer Sicht abschließend noch einige Beispiele zur Veranschaulichung erwähnen.
In der Interaktion mit anderen erlebt ein Patient, daß er sich selbst überhaupt nicht spüren könne, vielmehr ganz in den anderen „drinnen hocke" und sich dabei total mit den Augen der anderen sehen müsse. Angesichts der vermeintlichen Erwartungen der anderen fühlt er sich minderwertig, wie „ein Nichts".
Hier liegt eine mangelhafte Differenzierungsfähigkeit von Selbst- und Objektrepräsentanzen vor, so daß es aufgrund dieses Defizits zu einer sog. projektiven Identifikation mit den Interaktionspartnern kommt, wobei die imaginierten Einschätzungen und Erwartungen seiner Mitmenschen Aspekte der eigenen Selbstrepräsentanzen widerspiegeln.
Eine Patientin sehnt sich nach einem Partner, dessen reale Eigenschaften von ihr aber gar nicht benannt werden können. Es existiert nur eine vage Phantasie von einem sie immer verstehenden, einfühlsamen und liebevollen Mann, der aber ansonsten namenlos und gesichtslos bleibt. Die Bekanntschaften, die sie schließt, werden anfänglich stark idealisiert; alsbald stellt sich jedoch ein massives Enttäuschungsgefühl ein, weil der Partner sich als „jemand ganz anderer" herausgestellt hat.
Aufgrund dieser und anderer Erlebniswelten konnte der Patientin verdeutlicht werden, daß sie immer noch nach der guten, symbiotischen Mutter sucht und an diese Objektbeziehungsphantasie fixiert geblieben ist.
Ein männlicher verheirateter Patient erlebt sich als völlig hilflos, wenn seine Frau abends oder am Wochenende gelegentlich allein weggeht. Er hat das Gefühl, völlig antriebslos und apathisch zu sein, kann weder fernsehen noch ein Buch

lesen und konsumiert statt dessen große Mengen Alkohol.

Dieser Patient hatte eine sehr stark symbiotisch bindende Mutter, die eine Ablösung und Individuation verhinderte. Der Patient bleibt auf das mütterliche „Hilfs-Ich" angewiesen, weil er nicht lernen konnte, mütterliche Funktionen (wie Sicherheit vermitteln, Selbstwert bestätigen, die Kohärenz des Selbsts fördern) aufgrund optimaler Frustrationserlebnisse zu internalisieren. Das Konsumieren von Alkohol stellte in seinem Fall den Versuch dar, sich die spannungslindernde, beruhigende, gute Mutter „einzuverleiben".

Eine Patientin bricht von sich aus ihre Partnerbeziehungen immer dann ab, wenn diese einen gewissen Grad an gefühlsmäßiger Nähe erreicht haben, mit der Begründung, daß ihr diese Beziehungen zu stickig, zu besitzansprüchlich oder zu „gefühlsduselig" seien.

Es ließ sich herausarbeiten, daß sie eine enorme Angst davor hat, sich gefühlsmäßig einzulassen und dann möglicherweise verlassen oder abgelehnt zu werden. Diesem befürchteten Beziehungsabbruch kommt sie in aktiver Weise zuvor, indem sie ihren jeweiligen Partner in schroffer Form zurückweist.

In der Wiederannäherungsphase hatte diese Patientin erleben müssen, daß sie nach dem „Heimkehren" keine empathisch auf sie eingestellte Mutter vorfand und sich deshalb auch stark verlassen vorkam. Hin und wieder schien die Mutter jedoch – hierbei von ihrem Bedürfnis ausgehend – das kleine Kind übermäßig mit Nähe bedrängt zu haben, um dann wieder, relativ unempathisch, das Kind von sich zu weisen. Was die Patientin einst passiv in der Beziehung zur Mutter erleiden mußte, agiert sie nun unbewußt gegenüber ihren Partnern, wenn sie diese aus Angst vor dem Verlassenwerden selbst abrupt verläßt.

Ein Patient klagt darüber, daß er sich unlebendig und kraftlos fühle und in sich ein Gefühl der Sinnlosigkeit und Leere, aber auch der hektischen Ruhelosigkeit empfinde. Er könne kein Gefühl spontan erleben, stehe neben sich, registriere alles nur „mit dem Kopf" und habe das Gefühl, daß das Leben an ihm vorbeizieht, ohne ihn etwas spüren zu lassen.

Die Ursachen dieser gefühlsmäßigen Selbstentfremdung, die heutzutage weitverbreitet zu sein scheint und mit ein Grund für das Entstehen des „Psychobooms" (vgl. SCHÜLEIN 1978) sein dürfte, lassen sich ebenfalls in der frühen Mutter-Kind-Interaktion auffinden. Häufig haben diese Menschen Mütter, die selbst unter einem starken Mangel an Selbstwertgefühl litten. Diese Mütter betrachteten deshalb ihr Kind nur allzu oft als ihr „narzißtisches Selbst-Objekt" (vgl. KOHUT 1973), d.h. als einen Teil von sich selbst, auf den sie ihre eigenen Bedürfnisse, Ängste und Erwartungen projizieren. Sie können ihr Kind nicht oder nur unzureichend als eine „Person in ihrem eigenen Recht", d.h. als ein Individuum mit eigenen Bedürfnissen, Gefühlen und Konflikten, akzeptieren.

Normalerweise möchte ein Kind seine Gefühle erleben und ausdrücken können; es möchte traurig sein, verzweifelt, wütend, hilfsbedürftig, ohne Angst haben zu müssen, die Mutter damit zu verletzen. Wenn ein Kind aber eine Mutter hat, die z.B. schon in den ersten Lebenswochen des Kindes sein Schreien und seine Forderungen als eine Abweisung und eine Kränkung erlebt, dann wird sich das Kind bedroht fühlen und die sich zurückziehende, enttäuschte oder wütende Mutter bei seiner Selbst- und Objektrepräsentanzenbildung als ablehnendes, „böses" Mutterintrojekt verinnerlichen (vgl. MILLER 1971, S. 79). In der für das Kind lebenswichtigen Anpassung an diese narzißtisch kränkbare Mutter wird es seine Gefühle zurückzuhalten lernen. Statt dessen entwickelt das Kind etwas, „das die Mutter braucht und das ihm im Moment zwar das Leben (die Liebe der Mutter) rettet, aber es eventuell lebenslänglich daran hindert, es selbst zu sein" (MILLER 1979, S. 135).

3.3 *Erweiterung und Überformung der basalen emotionalen Sozialisation*

Nach psychoanalytischer Auffassung werden in den ersten drei Lebensjahren die Grundlagen für den Erwerb einer Abgrenzungskompetenz, die Differenzierung von Selbst- und Objektrepräsentanzen, die Einübung der Dialektik von Autonomie und dem Bedürfnis nach Nähe gelegt. Aufgrund einer erfolgreich verlaufenden Primärsozialisation können diese Kompetenzen im weiteren Verlauf gefestigt werden. Inwieweit hierbei die primäre und die sekundäre schulische Sozialisation ineinandergreifen, ist noch zu wenig erforscht (vgl. z.B. BEIER u.a. 1979).

Abschließend möchte ich noch darauf aufmerksam machen, daß die beschriebenen Phasen der emotionalen Sozialisation bezüglich ihrer zeitlichen Erstreckung und Inhaltlichkeit vom jewei-

ligen gesellschaftlichen und historischen Kontext geprägt sind. Mütter, die ihre Kinder viele Monate tagsüber mit sich herumtragen und nachts im Bett zusammenliegen, haben nicht die gesellschaftlich vermittelte und in ihrem eigenen Sozialisationskontext begründete Erwartung, daß sich Kinder mit 5 bis 7 Monaten zu individuieren und abzulösen beginnen (vgl. PARIN u.a. 1963).
PARIN/PARIN-MATTHÈY (1976) haben in einer ethnopsychoanalytischen Untersuchung von Süddeutschen und Schweizern die Beobachtung machen können, daß im Unterschied zu der Stichprobe von New Yorker Kindern (die von MAHLER untersucht worden sind) das emotionale Auftanken – Charakteristikum der Übungs- und Wiederannäherungsphase – auch im dritten Lebensjahr des Kindes noch häufig und imperativ in Erscheinung tritt.
Im Anschluß an diesen Exkurs lassen sich somit auch die zukünftigen Aufgaben der Emotionsforschung aus psychoanalytischer und ethnopsychoanalytischer Perspektivierung aufzeigen:

- Treffen die von MAHLER und Mitarbeitern erforschten Phänomene bezüglich der Phasen von Symbiose und Individuation auch auf andere, beispielsweise auf Kinder der BRD, zum gegenwärtigen Zeitpunkt zu?
- In welchem Umfang können Konflikte in der Individuationsentwicklung im weiteren Verlauf der familiären und schulischen Sozialisation modifiziert oder aufgehoben werden? In Ergänzung der beiden wichtigsten Forschungsmethoden der modernen Psychoanalyse, der empathischen Rekonstruktion bewußter und unbewußter Erlebnisinhalte und der teilnehmenden Beobachtung von Mutter-Kind- bzw. Vater-Kind- und Geschwister-Kind-Interaktionen, sollten Längsschnittuntersuchungen an Individuen durchgeführt werden, deren Symbiose- und Individuationsentwicklung sowie der weitere Sozialisationsverlauf erforscht und mit den Ergebnissen einer späteren Lehranalyse verglichen werden könnten.
- Im Rahmen einer sozialwissenschaftlich orientierten Psychoanalyse wäre in Kooperation mit Sozialwissenschaftlern zu erforschen, inwieweit die gegenwärtig zu beobachtenden Phasen der Symbiose und Individuationsentwicklung sowie deren inhaltliche Ausprägung objektiven gesellschaftlichen Verhältnissen zugeordnet werden können.
- Damit ließe sich auch die – in der gegenwärtigen psychoanalytischen Literatur aufgeworfene – Frage klären, ob die seit einigen Jahren beobachtbare rapide Zunahme sog. narzißtischer Persönlichkeitsstrukturen und Borderline-Individuen ebenfalls ein Ausdruck gegenwärtiger gesellschaftlicher Verhältnisse ist.

Ich habe die Einbeziehung der beiden letzten Forschungsperspektiven in den vorliegenden Aufsatz bewußt vermieden, weil sich sonst vermutlich wiederum jener soziologisierende Zugriff auf das Kindheitserleben ergeben hätte, der das Kind – wie eingangs erwähnt – als adultomorphistisches Konstrukt allein läßt und die Konflikthaftigkeit gegenwärtiger Kindheit auf letztlich zynische Weise theoretisch verdoppelt.

Literatur

ABELIN, E. L.: Role of the father in the separation-individuation process. In: MCDEVITT, J. B./SETTLAGE, C. F. (Hrsg.): Separation-Individuation, Essays in Honor of Margaret S. Mahler. New York, International Universities Press 1971, S. 229–252.

ABELIN, E. L.: Some further observations and comments on the earliest role of the father. In: Int. J. Psycho-Anal. 56 (1975), S. 293–302.

ACKERMAN, N. W.: The Psychodynamics of Family Life. New York, Basic Books 1958.

ARNOLD, M. B.: Perennial problems in the field of emotions. In: ARNOLD, M. B. (Hrsg.): Feelings and Emotions. New York, Academic 1970.

AVERILL, J. R./DEWITT, G. W./ZIMMER, M.: The self-Attribution of emotion as a function of success and failure. In: J. Pers. 46 (1978), S. 323–347.

BEIER, R./BÜTTNER, Ch./ORBAN-PLASA, M.: Aggression und Apathie: Beobachtungen im Schulalltag. Wiesbaden, Akademische Verlagsgesellschaft 1979.

BLANCK, G./BLANCK, R.: Angewandte Ich-Psychologie. Stuttgart, Klett-Cotta 1978.

BLUM, H. P. (Hrsg.): Female Psychologie. Contemporary Psychoanalytic Views. New York, International Universities Press 1978.

BLUMER, H.: Der methodologische Standort des symbolischen Interaktionismus. In: Arbeitsgruppe Bielefelder Soziologen (Hrsg.): Alltagswissen, Interaktion und gesellschaftliche Wirklichkeit. Hamburg, Rowohlt 1973, S. 80–146.

BOWLBY, J.: Attachment and Loss, Vol. I: Attachment. London, Hogarth Press 1969.

BOWLBY, J.: Attachment and Loss, Vol. II: Separation, Anxiety and Anger. London, Hogarth Press 1973.

BRODY, S./AXELRAD, S.: Anxiety and Ego Formation in Infancy. New York, Basic Books 1970.

CONDEN, W. S./SANDER, L. W.: Neonate movement is

synchronized with adult speech. In: Science 183 (1974), S. 99–101.
DARWIN, Ch.: The Expression of Emotions in Man and Animals. New York, Appleton 1873.
DURKHEIM, E.: Suicide (Übersetzung von SIMPSON, G.). Glencoe, Ill., Free Press 1951.
EDGCUMBE, R./BURGNER, M.: Some problems in the conceptualization of early object relation ships, Part II: The concept of object constancy. In: Psa Std. Child 27 (1972), S. 315–333.
EIBL-EIBESFELDT, I.: Liebe und Haß. Zur Naturgeschichte elementarer Verhaltensweisen. München, Piper & Co. 1970.
EIBL-EIBESFELDT, I.: Der vorprogrammierte Mensch. Wien/München/Zürich, Molden 1973.
ERIKSON, E. H.: Childhood and Society. New York, Norton & Comp. Inc. 1950.
FERSTER, C. B./SKINNER, B. F.: Schedules of Reinforcement. New York, Appleton-Century-Crofts 1957.
FREUD, S. (1900): Die Traumdeutung. Ges. Werke Bd. II. Frankfurt am Main, Fischer 1966.
FREUD, S. (1901): Zur Psychopathologie des Alltagslebens. Ges. Werke Bd. IV. Frankfurt am Main, Fischer 1966.
FREUD, S. (1915a): Die Verdrängung. Ges. Werke Bd. X. Frankfurt am Main, Fischer 1967, S. 247–261.
FREUD, S. (1915b): Das Urbewußte. Ges. Werke Bd. X. Frankfurt am Main, Fischer 1967, S. 263–303.
FREUD, S. (1926): Hemmung, Symptom und Angst. Ges. Werke Bd. XIV. Frankfurt am Main, Fischer 1968, S. 111–206.
FRIEDMAN, L. J.: Current psychoanalytic object relations theory and its clinical implications. In: Int. J. Psycho-Anal. 56 (1975), S. 137–146.
GEDO, J. E./GOLDBERG, A.: Models of the mind. Chicago/London, The University of Chicago Press 1973.
GROEBEN, N./SCHEELE, B.: Argumente für eine Psychologie des reflexiven Subjekts. Darmstadt, Steinkopff 1977.
HOLT, R. R.: Freud's mechanistic and humanistic images of man. In: HOLT, R. R./PETERFREUND, E. (Hrsg.): Psychoanalysis and Contemporary Science, Vol. 1. New York, Macmillan 1972.
HOLT, R. R.: The past and the future of ego psychology. In: Psychoanal. Quart. 44 (1975), S. 550–576.
JACOBSON, E.: The self and the object world. New York 1964, deutsch: Das Selbst und die Welt der Objekte. Frankfurt am Main, Suhrkamp 1973.
JOFFE, W. G./SANDLER, J.: Some conceptual problems involved in the consideration of disorders of narcissism. In: J. Child Psychother. 2 (1967), S. 56–66.
KLEIN, M.: Das Seelenleben des Kleinkindes und andere Beiträge zur Psychoanalyse. Stuttgart, Klett 1962.
KOHUT, H.: The Analysis of the Self. New York 1971, deutsch: Narzißmus. Frankfurt am Main, Suhrkamp 1973.
KOHUT, H.: Die Heilung des Selbst. Frankfurt am Main, Suhrkamp 1979.
KRAPPMANN, L.: Soziologische Dimensionen der Identität. Stuttgart, Klett 1971.
KRÜLL, M.: Freuds Absage an die Verführungstheorie im Lichte seiner eigenen Familiendynamik. In: Familiendynamik 3 (1970), S. 102–129.
LAZARUS, R. S./AVERILL, J. S./OPTON, E. M.: Toward a cognitive theory of emotions. In: ARNOLD, M. B. (Hrsg.): Feelings and Emotions. New York, Academic 1970.
LIDZ, T.: The Family and Human Adaptation. New York, Int. Univ. Press 1963.
LORENZ, K.: Das sogenannte Böse. Zur Naturgeschichte der Aggression. Wien, Dr. G. Borotha-Schoeler Verlag 1963.
LORENZER, A.: Die Wahrheit der psychoanalytischen Erkenntnis. Frankfurt am Main, Suhrkamp 1974.
MAHLER, M. S.: Autism and symbiosis: two extreme disturbances of identity. In: Int. J. Psycho-Anal. 39 (1958), S. 77–83.
MAHLER, M. S.: Thoughts about development and individuation. In: Psa. Std. Child 18 (1963), S. 307–324.
MAHLER, M. S.: On the significance of the normal separation-individuation phase: with reference to research in symbiotic child psychosis. In: SCHUR, M. (Hrsg.): Drives, Affects, Behavior, 2. New York, International Press 1965, S. 161–169.
MAHLER, M. S.: On Human Symbiosis and the Vicissitudes of Individuation, Vol. 1: Infantile Psychosis. New York, International Universities Press 1968. Deutsche Übersetzung: Symbiose und Individuation, Bd. 1: Psychosen im frühen Kindesalter. Stuttgart, Klett 1972.
MAHLER, M. S.: Symbiose und Individuation. In: Psyche 29 (1975), S. 609–625.
MAHLER, M. S./PINE, F./BERGMAN, A.: The Psychological Birth of the Human Infant. New York, Basic Books 1975; zit. nach der deutschen Übersetzung: Die psychische Geburt des Menschen – Symbiose und Individuation. Frankfurt am Main, Fischer 1978.
MEISSNER, W. W./MACK, J. E./SEMRAD, E.: Classical psychoanalysis. In: FREEDMAN, A. u.a. (Hrsg.): Comprehensive Textbook of Psychiatry. Baltimore 1975.
MERTENS, W./FUCHS, G.: Krise der Sozialpsychologie?. München, Ehrenwirth 1978.
MILLER, A.: Zur Behandlungstechnik narzißtischer Neurosen. In: Psyche 25 (1971), S. 641–668.
MILLER, A.: Das Drama des begabten Kindes. Frankfurt am Main, Suhrkamp 1979.
MISCHEL, W.: Toward a cognitive social learning reconceptualization of personality. In: Psych. Rev. 80 (1973), S. 252–283.
MÜLLER-BRAUNSCHWEIG, H.: Die Wirkung der frühen Erfahrung: Das 1. Lebensjahr und seine Bedeutung für die psychische Entwicklung. Stuttgart, Klett 1975.
NEWSON, J./NEWSON, E.: Intersubjectivity and the transmission of culture: on the social origins of symbolic functioning. In: Bull. Br. psychol. Soc. 28 (1975), S. 437–446.
NISBETT, R. E./SCHACHTER, S.: Cognitive manipulation of pain. In: J. exp. Psychol. 2 (1966), S. 227–236.
PARIN, P./MORGENTHALER, F./PARIN-MATTHÈY, G.: Die Weißen denken zuviel. Zürich, Atlantis 1963.
PARIN, P./PARIN-MATTHÈY, G.: Vergleichende Psychoanalyse von Schweizern und Süddeutschen. In: Psyche 30 (1976), S. 1028–1048.
REICH, A.: Pathological forms of self-esteem regulation. In: Psa. Std. Child 15 (1960), S. 215–232.
RIEMANN, F.: Grundformen der Angst. München, Ernst Reinhardt 1961.
RIEMANN, F.: Über den Vorteil des Konzepts einer präoralen Phase. In: Z. psychosom. Med. Psychoanal. 16 (1970), S. 27–40.
ROHDE-DACHSER, Ch.: Das Borderline-Syndrom. Bern/Stuttgart/Wien, Hans Huber 1979.
RUDOLF, G.: Krankheiten im Grenzbereich von Neurose und Psychose. Göttingen, Vandenhoeck & Ruprecht 1977.
SANDLER, A.-M.: Beyond eight-month anxiety. In: Int. J. Psycho-Anal. 58 (1977), S. 195–207.
SANDLER, J.: The background of safety. In: Int. J. Psycho-Anal. 41 (1960), S. 352–356.
SANDLER, J.: Psychological conflict and the structural model: some clinical and theoretical implications. In: Int. J. Psycho-Anal. 55 (1974), S. 53–62.

SANDLER, J./SANDLER, A.-M.: On the development of object relationships and affects. In: Int. J. Psycho-Anal. 59 (1978), S. 285–296.

SCHACHTER, S./SINGER, J.: Cognitive, social, and physiological determinants of emotional state. In: Psychological Review 69 (1962), S. 379–399.

SCHAFER, R.: A New Language for Psychoanalysis. New Haven/London, Yale University Press 1976.

SCHAFFER, H. R.: The Growth of Sociability. Harmondsworth, Penguin 1971.

SCHAFFER, H. R.: Behavioural synchrony in infancy. In: New Scientist 62 (1974), S. 16.

SCHÜLEIN, J.: Psychoanalyse und Psychoboom. In: Psyche 32 (1978), S. 420–440.

SCHULTZ-HENCKE, H.: Lehrbuch der analytischen Psychotherapie. Stuttgart, Georg Thieme 1951.

SCHÜTZ, A.: Der sinnhafte Aufbau der sozialen Welt. Wien, Springer 1960.

SKINNER, B. F.: The Behavior of Organism. New York, Appleton-Century-Crofts 1938.

SKINNER, B. F.: Science and Human Behavior. New York, MacMillan 1953.

SPITZ, R.: A Genetic Field Theory of Ego Formation. New York, Int. Univ. Press 1959.

SPITZ, R.: Vom Säugling zum Kleinkind. Stuttgart, Klett 1967.

SPITZ, R.: Vom Dialog. Stuttgart, Klett 1976.

STOLOROW, R. D./ATWOOD, G. E.: A defensive-restitutive function of Freud's theory of psychosexual development. In: Psa. Rev. 65 (1978), S. 217–238.

STOLOROW, R. D./ATWOOD, G. E./ROSS, J. M.: The representational world in psychoanalytic therapy. In: Int. Rev. Psycho-Anal. 5 (1978), S. 247–256.

VOLKAN, V. D.: Psychoanalyse der frühen Objektbeziehungen. Stuttgart, Klett-Cotta 1978.

WATSON, J. B./RAYNER, R.: Conditioned emotional reactions. In: J. exp. Psychol. 3 (1920), S. 1–14.

WATZLAWICK, P./BEAVIN, J. H./JACKSON, D. D.: Menschliche Kommunikation. Formen, Störungen, Paradoxien. Stuttgart/Wien, Hans Huber 1969.

WILSON, E. C.: Sociobiology: The New Synthesis. Cambridge, Mass., Harvard University Press 1975.

WINNICOTT, D. W.: The theory of the parent-infant relationship. In: Int. J. Psycho-Anal. 41 (1960), S. 585–595.

WINNICOTT, D. W.: Playing and Reality. London, Tavistock Publ. 1971.

ZIMMERMANN, I.: Über den Zugang zu frühen unbewußten Persönlichkeitsanteilen. In: Psyche 25 (1971), S. 100–123.

Motivationale Sozialisation

Karl Haußer und Dieter Ulich

In den letzten zehn Jahren hat in der Motivationspsychologie eine Wende von eher mechanistischen zu eher kognitiven Auffassungen der Handlungssteuerung stattgefunden. Heute läßt sich das zentrale Forschungsinteresse so formulieren: Welche Handlungsziele, Interessen und normative Standards sind in der individuellen Handlungsregulation wirksam, und aus welchen Gründen sind die als wirksam erkannten Steuerungskomponenten dem einzelnen Subjekt verfügbar bzw. handlungsrelevant? Der Begriff „motivationale Sozialisation" umfaßt sowohl die Vermittlung wie auch den Erwerb von Handlungsorientierungen, welche die Planung und Ausführung individueller Handlungen beeinflussen. Sowohl das „Erlernen von Motiven" (vgl. Oerter 1973; Schiefele 1978) ist also gemeint als auch dessen Beeinflussung durch den sozialstrukturellen und institutionellen Kontext, der die Vermittlungs- und Lernsituationen motivationaler Sozialisation formal und inhaltlich mitbestimmt.
Im folgenden gehen wir nach einer einführenden Betrachtung über das Verhältnis von Motivation und Handlung auf die Sozialisation bestimmter thematischer Motivationen – traditionell „Motivarten" genannt – ein. Dabei wird ein Überblick gegeben über den Stand von Theoriebildung und Forschung zur Sozialisation von Exploration, von Sexualität, von Leistungsmotivation, von Aggressivität und von Angst.

1 Motivation und Handeln

Die Notwendigkeit, *Motivkonstrukte* zur Erklärung von Handlungen anzunehmen, ist heute umstrittener denn je. Aus handlungstheoretischer Sicht sind Motivkonstrukte unnötig, um folgende Sachverhalte zu „erklären": die Tatsache, daß überhaupt Handlungen in Gang kommen; die Entstehung von Aktivität, die „Dynamik" des Psychischen; die Tatsache, daß Verhalten immer auch eine „innere" Mitverursachung hat; die Tatsache der Zielgerichtetheit von Handlungen; die Tatsache der Bedürfnis-, Norm- und Interessenbezogenheit von Handlungen. Die tätige Auseinandersetzung mit der Umwelt kann als ein grundlegendes Wesensmerkmal des Menschen angesehen werden, ebenso seine Eingebundenheit in soziale Beziehungen. Die relative Zeitstabilität und Situationsunabhängigkeit individueller Interessenrichtungen bzw. der langfristigen Verfolgung bestimmter Pläne ist ebensosehr Resultat der Aneignung struktureller Komponenten der Umwelt (z. B. Sachstrukturen, Beziehungsstrukturen, normative Regelsysteme) wie darauf aufbauender überdauernder Handlungstendenzen. Dispositionen können also nicht als Explanans, sondern müssen als Explanandum behandelt werden. Die Tatsache, daß Handlungen in der Regel geordnet und zielgerichtet verlaufen, muß eher auf die Ausbildung allgemeiner Handlungsregulationssysteme als auf das Vorhandensein spezifischer „Motive" zurückgeführt werden.

Trotz dieser Einschränkungen gibt es ohne Zweifel *gruppen- und individuumspezifische Formen der Umweltorientierung*, der Bedürfnislagen, der Interessenausbildung, auch der Abweichungen von durchschnittlich erwartbaren Verhaltensweisen, die zu besonderen Erklärungen herausfordern. Wenn z. B. ein Schüler trotz ausreichender Fähigkeiten in der Schule versagt, wird man nach spezifischen Mängeln in der Handlungsregulation (Zielsetzung, Planung, Durchführung) bzw. nach „Abweichungen" im Bereich der Bedürfnisse, Interessen und normativen Orientierungen suchen. Die Begründung: „geringe Leistungsmotivation" paraphrasiert den Sachverhalt des „underachievements" lediglich und sagt noch nichts über dessen Zustandekommen aus. Ein anderes Beispiel für die Notwendigkeit, spezifische Formen der „Motiv"-Ausbildung erklären zu müssen: MANTELL (1978) versuchte, in einem differenzierten Extremgruppenvergleich die unterschiedlichen Umweltorientierungen und Interessenlagen von Kriegsfreiwilligen und Kriegsdienstverweigerern (zur Zeit des Vietnamkriegs) aus der familialen Sozialisation zu rekonstruieren. Es gelang ihm der überzeugende Nachweis, daß das „Motiv" (Bedürfnis, Interesse), aktiv Gewalt auszuüben bzw. das „Motiv", jede Ausübung von Gewalt abzulehnen, sich in komplexen Systemen sozialer Umweltorientierungen entwickelt hat, die sich stringent auf das elterliche Erziehungsverhalten, die Erfahrungen emotionaler Geborgenheit, die Konfrontation mit bestimmten normativen Anforderungen und auf unterschiedliche Möglichkeiten der Entwicklung selbständiger Handlungs- und Urteilsfähigkeit zurückführen lassen.

Die Analyse motivationaler Sozialisation setzt eine Klärung der verwendeten grundlegenden Konzepte voraus. Wir wollen dies im folgenden anhand der Begriffe „Motiviertheit", „Motiv" und „Motivation" tun, wobei wir uns soweit wie möglich auf gemeinsame Auffassungen in der Motivationspsychologie stützen.

1.1 Motiviertheit

Dieser bisher kaum verwendete Begriff bezeichnet einen globalen *Zustand der Handlungsfähigkeit und Handlungsbereitschaft.* Die Bedeutung dieses Begriffs wird klar, wenn man an seinen Gegensatz (Nichtmotiviertheit) denkt: Es ist absurd, nach Motiven und Motivation zu forschen, wenn sich jemand im Zustand der Hilflosigkeit oder gar Depression befindet. Theorien und Untersuchungen aus dem klinisch-psychologischen Bereich (z. B. SELIGMAN 1979) haben herausgearbeitet, daß Hilflosigkeit – das Unvermögen, zwischen eigenem Verhalten und Umweltereignissen (gewünschte) Beziehungen erkennen zu können – erlernt ist, also auf bestimmte Einflüsse und Erfahrungen im Sozialisationsprozeß zurückgeht (vgl. auch Journal of Abnormal Psychology 1978). Individuelle Unterschiede im Selbstvertrauen, im Glauben und in der Fähigkeit, „Kontrolle" auszuüben (vgl. ROTTER 1975) sowie unterschiedliche Erfahrungen bei Versuchen, selbsttätig auf Verhaltensbedingungen Einfluß nehmen zu können, bedingen Unterschiede in der Kompetenz, Handlungspläne zu entwickeln und kontrolliert durchzuführen (vgl. MILLER/GALANTER/PRIBRAM 1973; VOLPERT 1974). Die Frage nach dieser Kompetenz, nach ihren emotionalen Bedingungen und Begleiterscheinungen (wie z. B. Angst) scheint der Frage nach „Motiven" logisch und genetisch vorgeordnet zu sein. Die frühe Entwicklung von Intentionalität, Neugier und Interesse bildet die entscheidende Grundlage für die Möglichkeit, überhaupt „Motive" im Sinne der Motivationspsychologie ausbilden zu können. Umgekehrt führt die Behinderung dieser Entwicklung zu einer passiven Haltung der „Ohnmacht" und „Entfremdung", deren Hauptmerkmal eine gebrochene Zeitperspektive und damit tendenzielle Handlungsunfähigkeit ist (vgl. HARTEN-FLITNER 1978, S. 64).

1.2 Motiv

Im vorwissenschaftlichen Sprachgebrauch als „bewußter Beweggrund des Handelns“ bzw. als erlebter Handlungsimpuls aufgefaßt, ist „Motiv“ in der Psychologie ein Sammelname für transphänomenale, also „dahinterliegende“, nur *erschließbare psychische Ursachen von Verhalten.* Motiven kommt etwas Dispositionelles, also Situations- und Zeitüberdauerndes zu. Im Zug der „kognitiven Wende“ bezeichnet man Motive auch als „Voreingenommenheiten“ kognitiver Orientierungsmuster bzw. als „Wertungsdispositionen“ oder „Wertungsvoreingenommenheiten“ (vgl. HECKHAUSEN 1975, 1977a und b). Mit Motiven meint man alle wesentlichen *aktivierenden Komponenten in der Verhaltenssteuerung,* wobei je nach Theorie primäre Triebe wie Hunger und Sexus oder „gelernte“ Antriebe wie z. B. Furcht oder kognitive Antizipationen wie z.B. Erwartungen im Vordergrund stehen.

HECKHAUSEN (1975, S. 146) betont in seiner Auffassung von Motiven auch deren Umweltbezug. Er geht aus von soziokulturell vorgegebenen „Grundsituationen“ (wie „Macht“, „Leistung“, „Aggression“ u.a.), denen niemand ausweichen kann und zu deren Bewältigung deshalb bestimmte Strategien entwickelt werden müssen. Motive sind diese Bewältigungsstrategien, nämlich „wiederkehrende Anliegen“ (ebd.), sich mit den „Grundsituationen“ erfolgreich auseinanderzusetzen.

Während früher eine Tendenz zur Substanzialisierung bzw. Reifizierung der „Kräfte“ bestand, die die Person bewegen (vgl. ULICH 1971), tendiert man heute zu einer genau gegenteiligen Vereinseitigung, nämlich zu einer Überbewertung individueller Selbstverantwortlichkeit in der Handlungssteuerung (vgl. ULICH 1979a). Dieser neue Rationalismus bringt die Gefahr mit sich, daß die emotionale Komponente in der Handlungssteuerung tendenziell vernachlässigt wird. Demgegenüber wollen wir – ganz im Sinne „traditioneller“ Motivationspsychologie – festhalten, daß Individuen Ziele, Bedürfnisse und Interessen erleben, deren Nichtbefriedigung oder auch Befriedigung von entscheidender Bedeutung für die subjektive Befindlichkeit, Handlungsfähigkeit und Selbsteinschätzung sind. Die Auseinandersetzung mit der Umwelt erzeugt stets subjektive Betroffenheit, die sich in handlungsrelevanten Emotionen wie Freude oder Leid, Not oder Zufriedenheit ausdrückt.

1.3 Motivation

Im Gegensatz zu „Motiv“ bezeichnet dieser Begriff nicht überdauernde Handlungsdispositionen, sondern ein aktuelles Geschehen, genauer: einen hypothetischen intrapsychischen Interaktionsprozeß, in dem – nach Konfrontation mit einer Situation – Wahrnehmungen, Bedürfnisse, Erwartungen und Handlungspläne zusammenwirken. Motivation ist also ein Prozeß der *Transformation von Bedürfnissen, Zielsetzungen und Erwartungen in bestimmte Handlungsimpulse und Handlungen.* Diese Transformation geschieht als aktive Auseinandersetzung mit der kognitiv repräsentierten und der realen Umwelt. Der Prozeß kann unterschiedliche Grade der Bewußtheit haben, die von eher reflexhaften Reaktionen (z.B. Furcht, Ärger) bis zu zeitlich langgestreckten bewußten Entscheidungsprozessen reichen. „Transformation“ ist ein bloßer Beschreibungsbegriff; erst der Nachweis der inhaltlichen Regulationsprinzipien (z.B. Homöostaseprinzip, „Dampfkessel“-Modell, Lustprinzip, Realitätsprinzip, Modell der Selbstbekräftigung) gibt Motivationskonzepten theoretische Erklärungskraft.

Man könnte also sagen, daß „Motivation“ sowohl den Prozeß der Transformation wie die (diesen Prozeß steuernden) Regulationsprinzipien meint, während „Motive“ die eigentlichen Funktionsträger in diesem Aktivierungsprozeß sind. Aktivierung muß nicht immer zu äußerlich sichtbaren Verhaltensänderungen führen; das Ergebnis von Motivation kann ebenso gut kognitive Umstrukturierung, ein neuer Gedanke, eine emotionale Reaktion u.ä. sein.

Die Begriffe „Motiv“ und „Motivation“ lassen sich letztlich nicht theorieunabhängig bestimmen. Die Notwendigkeit, „Motive“ in Modellen der Verhaltenssteuerung zu berücksichtigen, wird in verschiedenen Theorien sehr unterschiedlich begründet (vgl. HECKHAUSEN 1977a und b; KNÖRZER 1976, S. 26ff.; ULICH 1971, S. 29ff.). HECKHAUSEN (1977b) unterscheidet z.B. drei Hauptrichtungen von Motivationsmodellen: a) die Modelle der klassischen Lerntheorie (z.B. HULL; vgl. ULICH in diesem Handbuch), in deren Mittelpunkt erworbene Antriebe und Verstärkungsmechanismen stehen; b) Theorien der kognitiven Inkongruenz, die eine wesentliche Triebfeder des Verhaltens in der Wahrnehmung und Überwindung individuell erlebter Unstimmigkeiten zwischen Ist- und Sollzuständen bzw. zwischen wünschenswerten

Handlungszielen zu erblicken glauben; und schließlich c) die Gruppe der Erwartungs-Bewertungs-Theorien der Motivation, die subjektive Erfolgswahrscheinlichkeiten mit dem erwarteten Nutzen einer Handlung bzw. eines Ereignisses zu einem entscheidungstheoretischen Modell des Verhaltens verknüpfen (vgl. ULICH 1979a; WAHBA/HOUSE 1972).

Unter dem Einfluß der Erwartungs-Bewertungs-Theorien, dem Risiko-Wahl-Modell von ATKINSON sowie attributionstheoretischer und lerntheoretischer Überlegungen hat in den letzten Jahren nicht nur eine *„kognitive"*, sondern auch eine *„teleologische" Wende* stattgefunden. Nachdem bis weit in die sechziger Jahre hinein (z.B. auch von HECKHAUSEN) „Motiv" und „Motivation" als psychologische Ursachenbegriffe im Hinblick auf das „Warum" des Verhaltens aufgefaßt wurden, soll Motivationspsychologie nunmehr die Frage nach dem „Wozu" des Handelns beantworten (z.B. HECKHAUSEN 1977b, S. 296). Gegenüber dem „geschobenen" oder „gezogenen" Individuum steht jetzt das antizipierende und planende Subjekt im Mittelpunkt der Analyse, das die vorweggenommenen positiven und negativen Folgen von Handlungen gegeneinander verrechnet und so zu optimalen „Erfolgen" kommen kann. Motivation wird in dieser neuesten Konzeption (vgl. HECKHAUSEN 1977a, 1977b; kritisch dazu: ULICH 1979a) also als ein bewußter Entscheidungsprozeß aufgefaßt, der nach dem Modell rationaler Kalkulation abläuft. Diese Kalkulation folgt freilich immer noch einem „hedonistischen Kalkül", denn Individuen sind bestrebt, eine „Bilanzabwägung" (HECKHAUSEN) nach den erwarteten positiven und negativen Handlungsfolgen vorzunehmen. „Handlungen und ihre Ergebnisse sind instrumentell, um vorweggenommene Folgen auszukosten oder zu meiden, je nachdem, ob die Folgen eher positive oder negative Anreizwerte für die Handelnden haben" (HECKHAUSEN 1977b, S. 297).

Trotz dieses hedonistischen Erbes sind wesentliche Veränderungen in der Motivationstheorie nicht zu übersehen. Der *Erwerb von Motiven* wird heute aufgefaßt *als Aufbau komplexer Orientierungs- und Handlungssysteme, die auch Ziele und Bewertungskriterien für die Handlungsplanung und Selbsteinschätzung umfassen.* Im Sozialisationsprozeß werden handlungsleitende „Bedeutungen" erworben (vgl. SCHIEFELE 1978), die allerdings nicht als subjektive Interpretationsprodukte verstanden werden dürfen, sondern immer in ihrem Bezug auf eine konkrete Realität analysiert werden müssen. Die Möglichkeit, bestimmte Interessen und Orientierungssysteme entwickeln zu können, ist durch beeinflußbare Umweltbedingungen vorgegeben. Auf diese Umwelt, d.h. auf transindividuelle normative Standards, Bedeutungsstrukturen, Handlungsmöglichkeiten usw. sind Individuen nicht nur passiv bezogen, sondern „Orientierung" schließt – auf der Grundlage einer aktiven Einwirkung auf die Umwelt – gelungenes Sichzurechtfinden, effektive Handlungsplanung und Handlungskontrolle mit ein. Eine handlungstheoretisch orientierte Motivationspsychologie muß also die Frage nach der subjektiven und objektiven Bedeutung sowie die Frage nach der Herkunft realitätsbezogener Effektivitätskriterien beantworten.

Leider ist in den letzten Jahren mehr Wert auf die Verfeinerung von Funktionsmodellen als auf die empirische Erhebung von Sozialisationsbedingungen gelegt worden (vielleicht mit Ausnahme der Attributionsforschung – siehe unten). Unter welchen Bedingungen entstehen z.B. individuelle Interessen an „Befriedigungsmaximierung"? Welche Äußerungsformen hat dieses nach HECKHAUSEN immer noch ausschlaggebende Regulationsprinzip unter gegebenen Sozialisations- und Handlungsbedingungen? Welche Kompetenzen müssen erworben werden, um die z.B. vom HECKHAUSENschen Modell geforderten „Kalkulationen" und Entscheidungen durchführen zu können? Welches Modell allgemeiner Handlungsregulation liegt den Theorien und Untersuchungsansätzen zugrunde? – Auf diese Fragen kann hier ebensowenig eingegangen werden wie auf andere grundlegende Themen und Probleme der Motivationspsychologie (vgl. z.B. ATKINSON 1975, GRAUMANN 1969, KNÖRZER 1976, SCHIEFELE 1978, THOMAE 1965a und b; WEINER 1976).

2 Exploration

Wie eben festgestellt, räumt die Motivationstheorie in aller Regel der Frage nach Sozialisations- und Entwicklungsbedingungen von „Motiven" nicht den Stellenwert ein, der ihr zusteht. Dies mag an der Auffassung von „Motiv" als stabiler Persönlichkeitsdisposition liegen. Geht man jedoch von der begründeten Annahme aus, daß Motive erlernt werden (SCHIEFELE 1978), so verschiebt sich die Forschungsfragestellung von der Beschreibung individueller Motivdispositionen auf die Untersuchung der aktualgenetischen Dynamik von Motivationen einerseits und der motivationalen Sozialisation andererseits. So gesehen ist es nur konsequent, wenn KELLER/VOSS als Fazit ihrer Abhandlung über Neugier und Exploration das Motivkonstrukt „Neugier" für entbehrlich halten und stattdessen vorschlagen, Explorationsverhalten und seinen kognitiven Bezugsrahmen zu untersuchen (KELLER/VOSS 1976, S. 144).

2.1 Zur Exploration angetrieben oder angezogen?

Unter *Exploration* versteht man das *Beobachten, Erkunden und Manipulieren bestimmter Merkmale eines Prozesses oder Gegenstands, die dem explorierenden Subjekt bisher unbekannt waren.*

Exploration ist lebenswichtig. Wird ein Subjekt an selbständiger Exploration seiner Umwelt gehindert oder ist die Umwelt von vornherein extrem reizarm-monoton, so führt dies zu negativen kognitiven und psychomotorischen Folgeerscheinungen (vgl. zusammenfassend COFER/APPLEY 1964, S. 278ff.). BEXTON/HERON/SCOTT (1954) wie auch VERNON/HOFFMAN (1956) führten Experimente zur sensorischen Deprivation durch, in denen Versuchspersonen über mehrere Tage einzeln in Zellen mit Bett isoliert wurden sowie sichtbehindernde Brillen vor den Augen und bewegungsbehindernde Manschetten an Händen und Unterarmen zu tragen hatten. Unmittelbar im Anschluß an die Experimente zeigten die Versuchspersonen im sensorischen Bereich Schwindelgefühl, Projektion von Eigenbewegungen auf Umweltgegenstände, verstärkte visuelle Nachbilder, übertriebenen Eindruck von Farben- und Helligkeitskontrasten und unterschätzende Bewegungswahrnehmungen. Im kognitiven und psychomotorischen Bereich traten als unmittelbare Folge sensorischer Deprivation auf: Beeinträchtigung des kognitiven Leistungsvermögens vor allem hinsichtlich der Flächen- und Raumvorstellung, Beeinträchtigung psychomotorischer Fertigkeiten mit Balancierungsanforderungen, Beeinträchtigung im Erinnern und Wiedererkennen, im logischen Denken und Schlußfolgern. In der Folgezeit werden neue Reizquellen aktiv aufgesucht (BEXTON/HERON/SCOTT 1954; VERNON/HOFFMAN 1956). COFER/APPLEY folgern, sensorische Stimulierung werde von Menschen geradezu gebraucht und besitze Verstärkungscharakter (COFER/APPLEY 1964, S. 285).

Im Gegensatz zu sensorischer Deprivation setzt Exploration eine vielfältige, interessante, komplexe, Neues und Unbekanntes enthaltende Umwelt voraus. Die Frage ist nun, ob Neugier und Exploration durch inneren Trieb oder durch äußeren Anreiz hervorgebracht werden. Zur Erklärung wurden innerhalb der Motivationstheorie einerseits *Trieb- und Langeweile-Theorien*, andererseits *Anreiz- und Stimulierungstheorien* entwickelt. (COFER/APPLEY (1964) verwenden „drive" und „motiv" einseitig und überdeutlich als Synonyme.) Weder Trieb- noch Anreiztheorie konnten sich durchsetzen. So erwies sich „das für die neobehavioristische Verhaltenstheorie zentrale Konzept der Triebreduktion, das fast ausschließlich an elementaren Bedürfnisbefriedigungen etwa durch Futter, Wasser oder Sexualkontakt exemplifiziert wird", als untauglich für die Erklärung von Explorationsprozessen (KRIEGER 1976, S. 55). Explorationsverhalten richtet sich eben nicht nach mechanischen Deprivationszyklen. Ebensowenig bemißt sich der subjektive Explorationsaufforderungscharakter eines Gegenstands an einem ihm innewohnenden, quasi universellen Anreiz. Zusammenfassend kann man heute feststellen, daß *Explorationshandlungen* grundsätzlich als *Folge subjektiver Verarbeitung interner (erlernter) Bedürfnisse und externer Gegenstandsreize* begriffen werden. Da der Neugierbegriff in seinen Konnotationen eher dem Triebkonzept menschlicher Motivation entspricht, halten ihn KELLER/VOSS – wie bereits erwähnt – für überholt (KELLER/VOSS 1976, S. 144). In unseren folgenden Ausführungen teilen wir diese Auffassung.

2.2 Die Prozeßdynamik von Exploration

Welche Merkmale eines Gegenstands regen ein Subjekt zum Explorieren an? Was macht einen Reiz reizvoll? Unter welchen Voraussetzungen treten Explorationsstimmung und Explorationsantrieb beim Subjekt auf? – BERLYNE arbeitet in seiner verbreiteten Explorationstheorie folgende *Determinanten für Explorationsverhalten* heraus: *Neuartigkeit, Ungewißheit, Konflikt und Komplexität* (BERLYNE 1974, S. 38ff.). Ein Gegenstand ist neuartig, wenn er bisher oder seit längerer Zeit nicht bekannt war; ungewiß, wenn er in ihrer Wahrscheinlichkeit nicht vorhersehbare Ereignisse hervorruft; konfliktträchtig, wenn er zu widerstreitenden Reaktionstendenzen führt; komplex, wenn er eine vielfältig gegliederte Struktur aufweist. BERLYNE konzipiert diese vier Merkmale in bester behavioristischer Manier als Reizdeterminanten des Explorationsverhaltens (BERLYNE 1974, S. 38). Zu beachten ist jedoch, daß keines dieser Merkmale ein Spezifikum des Explorationsgegenstandes (des „Reizes") an sich ausmacht, sondern im Grunde genommen ein Spezifikum der Subjekt-Gegenstands-Beziehung darstellt (vgl. die Interessendefinition unter 2.5). Die vier Merkmale führen nach BERLYNE zu einer physiologischen Erregung („arousal") und setzen Explorationsverhalten in Gang, wobei ein mittlerer Aktivationsgrad als optimale Bedingung für Exploration gilt. Im Sinne BERLYNES definiert schließlich SCHIEFELE Exploration als „Verhalten aufgrund des motivierenden Einflusses komplexer Informationsdiskrepanz" (SCHIEFELE 1978 S. 236).

Der Explorationsprozeß im einzelnen gliedert sich nach der Explorationstheorie von BERLYNE (1974) in drei Phasen. In der ersten Phase kommt es zu „*Orientierungsreaktionen*" des Subjekts, d. h. zu gerichteter und erhöhter Aufmerksamkeit und zu interessierter Beobachtung des Gegenstands. Es folgt die zweite Phase der „*lokomotorischen Exploration*", in der sich das Subjekt auf den Explorationsgegenstand hin bewegt, ihm nachgeht, neugierige Nähe sucht. In der dritten Phase schließlich kommt es zu „*nachforschenden Reaktionen*" („investigative responses" – oft zu eng als bloße „Suchreaktionen" übersetzt): Der Explorationsgegenstand wird untersucht, er wird manipuliert, auf ihn wird eingewirkt. BERLYNE, der sich stark auf Tierexperimente bezieht, entwickelt als Erweiterung seiner Theorie das auf menschliche Wißbegierde bezogene Konzept der „*epistemischen Neugier*". Kenntnis, Erkenntnis, Wissen um natürliche und soziale Ursachen und Zusammenhänge sind die Ziele epistemischer Exploration, die SCHIEFELE als „kognitives Erkundungsverhalten, das sich symbolischer Denkprozesse bedient", umschreibt (SCHIEFELE 1978, S. 235). In diesem Zusammenhang ist auch HUNTS Ansatz der intrinsischen Motivation zu erwähnen, der Exploration als Resultat einer Diskrepanz zwischen Umweltinformation und kognitiver Struktur bestimmt (HUNT 1965).

2.3 *Exploration und Angst*

Vor unserer zentralen Frage nach der Sozialisation von Exploration erscheint es nötig, kurz auf das Verhältnis von Angst (vgl. Abschnitt 6) und Exploration einzugehen. Exploration führt zur Hinwendung zu einem Gegenstand (Phase der „lokomotorischen Exploration" bei BERLYNE); Angst führt zur Abwendung vom angsterregenden Gegenstand. Die Unvereinbarkeit von Exploration und Angst scheint evident zu sein. Diese auch in der Motivationstheorie häufig vertretene Auffassung (z. B. VIDLER 1977, S. 19; COFER/APPLEY 1964, S. 291) erweist sich jedoch bei näherer Betrachtung als zu undifferenziert. Versteht man im Sinne des neueren Ansatzes der Bewältigungstheorie Angst als Antizipation der Nichtbewältigung einer Problemsituation, so kann Angst nicht nur mit Exploration vereinbar sein, sondern Exploration geradezu hervorrufen (quasi „*angstinduziertes Explorationsverhalten*", vgl. KELLER/VOSS 1976, S. 132). Angst vor einem bestimmten Gegenstand (Menschen, Ereignis, Situation usw.) kann das Subjekt zum Explorieren an anderen Gegenständen drängen. Explorieren aus Angst stellt dann einen Bewältigungsmodus dar.

Die wenigen empirischen Untersuchungen zum Verhältnis von Exploration und Angst legen die Schlußfolgerung nahe: Bei einem als hoch wahrgenommenen Risiko der Nichtbewältigung herrscht überwiegend Angst vor; bei einem als niedrig wahrgenommenen Risiko der Nichtbewältigung herrscht überwiegend Exploration vor. Die Wahrnehmung eines mittleren Risikos aber läßt das gemeinsame Auftreten von Angst und Exploration in vollem Ausmaß zu (KELLER/VOSS 1976).

2.4 *Explorationsentwicklung*

Einen umfassenden, geschlossenen Erklärungsansatz interindividuell unterschiedlichen Explorationsverhaltens aufgrund verschiedenartiger Sozialisationsbedingungen hat die Motivationstheorie bislang nicht hervorgebracht. Ein Grund hierfür liegt sicherlich in der nach wie vor verbreiteten Auffassung vom Motiv als stabiler Persönlichkeitsdisposition im Gegensatz zum handlungstheoretischen Verständnis von Motivation (vgl. Abschnitt 1). Da der Sozialisationsprozeß von Exploration meist in enger Beziehung mit der allgemeinen Entwicklung kognitiver Funktionen gesehen wird (KELLER/VOSS 1976, S. 83), beziehen sich Explorationstheoretiker hinsichtlich der Sozialisationsfrage häufig auf PIAGET. Ein weiterer, damit zusammenhängender Ansatz stammt von HUNT.

Nach der Entwicklungstheorie von PIAGET (1969) kommt es beim Kleinkind auf der Intelligenzentwicklungsstufe der „sekundären Kreisprozesse" zur kognitiven Unterscheidungsfähigkeit zwischen a) einer eigenen manipulativ-explorierenden Handlung und b) deren Folgen auf der Gegenstandsseite. Nach mehrfachem Ausprobieren, das oft von einem lustvoll-spielerischen Immerwieder begleitet ist, kommt es zur Antizipation von Handlungskonsequenzen. Eine *Diskrepanz zwischen kognitivem Schema und Explorationsgegenstand* ruft Verwunderung und erneutes Explorieren hervor. „Die Aktivitäten zur Verminderung der Diskrepanz führen im Erfolgsfalle zu einer weiteren Differenzierung der Schemata und der Beziehung zwischen Organismus und Umwelt." (KELLER/VOSS 1976, S. 84)

In Anlehnung an PIAGET konzipieren KELLER/VOSS eine Sequenz von fünf *Explorationsaktivitäten im Kleinkindalter* (nach KELLER/VOSS 1976, S. 85):

a) Das Kind entdeckt, daß eigene Handlungen bestimmte externe Wirkungen hervorbringen.
b) Explorationsgegenstände erscheinen dem Kind als bekannt, wenn sie im Zuge der „sekundären Kreisprozesse" wiederholt kognitiv assimiliert wurden.
c) Ein Gegenstand hat Neuigkeitscharakter, wenn eine unmittelbare Assimilation auf der Grundlage der jeweils ausgebildeten kognitiven Struktur nicht möglich ist.
d) Durch erneute Explorationen wird versucht, die Assimilation weiterzuführen und neue Probleme zu lösen.
e) Die realitätsadäquate Akkommodation eigener kognitiver Strukturen (Erweiterung, Ausdifferenzierung) wird zum „Ziel an sich" und fordert zu umfassenderen Explorationen heraus.

Eine ähnliche Stufenfolge der Explorationsentwicklung im Kleinkindalter (bis ca. $1^1/_2$ Jahre) konzipiert HUNT (1965) im Rahmen seiner Theorie der intrinsischen Motivation:

a) Reflexähnliche Orientierungsreaktionen: Das Kind wird auf bestimmte Reize aufmerksam und antwortet mit einfachen Reaktionen. Ein Wechsel von Umweltreizen ist „reizvoll".
b) Erneute Kontaktaufnahme mit bekannten Gegenständen: Bei Abwesenheit des Explorationsgegenstands sucht das Kind erneuten Kontakt, um gemachte Beobachtungen und Erfahrungen zu wiederholen und zu prüfen.
c) Aufsuchen neuer Gegenstände: Das Kind interessiert sich für Neues und exploriert damit.

Für die Mikroebene der Lernprozesse ist wichtig, daß HUNT in explorativer Aufmerksamkeit, in Interesse am Neuen eine motivationale Voraussetzung für *Imitationslernen* sieht (vgl. den Beitrag von D. ULICH in diesem Handbuch). Imitationslernen läßt sich so gesehen als eine Lernart begreifen, die als ersten Schritt *Exploration in der Distanz* erlaubt. Das Modell wird zum fremden Gegenstand stellvertretend quasi „vorgeschickt". Geschieht nichts Bedrohliches, wird also eventuell vorhandene Angst durch Beobachten des Modellverhaltens und der Konsequenzen genommen, so wird das Subjekt weniger ängstlich selbst explorieren: Der Gegenstand wird angefaßt, bewegt, manipuliert. Das Modellverhalten wird imitiert.

Was individuell unterschiedliche Sozialisationsergebnisse in der Explorationsentwicklung betrifft, so gilt die Bedeutung schichtspezifischer Faktoren – wie Erziehungseinstellung und Erziehungsverhalten von Eltern – als vielfach belegt (KELLER/VOSS 1976, S. 113). Allerdings liegt bislang eine umfassende Sozialisationstheorie der Exploration nicht vor. Dies beruht – insbesondere bei BERLYNE als hervorragendstem Vertreter der Explorationstheorie – einerseits auf einer allzu physiologischen Ausrichtung und andererseits auf einer Überschätzung der Ergiebigkeit tierexperimenteller Befunde. Wie bedeutsam eine Analyse der Sozialisationsbedingungen von Exploration wäre, zeigt auch das interindividuell höchst unterschiedliche Verlernen von Explorationsfähigkeit im Erwachsenenalter.

Für dieses *Explorationsverlernen* im Erwachsenenalter sieht OERTER neben physiologischen auch soziale (schichtspezifische) Ursachen: „Die geistige Regsamkeit und Aufgeschlossenheit gegenüber Neuem bleibt jedenfalls nur bestehen, wenn die nötige Anregung von der Umwelt geboten wird" (OERTER 1973, S. 136). Der gut belegte altersabhängige Rückgang des Explorationsverhaltens (VERNON 1969, VIDLER 1977) stellt bei näherer Untersuchung keine „Senkung des allgemeinen Neugierniveaus" dar, sondern lediglich eine „Einengung des Bereichs, in dem neugierige Zuwendung auftritt" (KRIEGER 1976, S. 79). Dies spricht dafür, daß unter den beiden von OERTER genannten Bedingungsfaktoren der soziale der bedeutendere ist, daß somit die Sozialisationstheorie eine gegenstandsadäquate Disziplin für die Erklärung der explorativen Entwicklung des Menschen bildet.

Welche *pädagogischen Möglichkeiten* bestehen, durch Erziehungsverhalten als Teil des Sozialisationsfeldes eines Kindes eine breite und intensive Explorationsfähigkeit aufzubauen? Ganz generell zieht OERTER aus verschiedensten Forschungsergebnissen den Schluß: „Reizwechsel innerhalb einer gewissen Toleranzbreite fördert das Neugierverhalten, Reizmonotonie hemmt es und ist der gesamten psychischen Entwicklung abträglich" (OERTER 1973, S. 137). VIDLER (1977) fordert zur Unterstützung kindlichen Explorierens durch Erwachsene auf: Fragen sind zu beantworten in der Art, daß das Auffassungs- und Denkvermögen des Kindes beansprucht, aber nicht überfordert wird. (Die Antwort, eine Glühbirne brenne wegen der Elektrizität, nützt dem Kind nichts und stellt auch wissenschaftlich gesehen keine Erklärung dar.) Umgekehrt rufen Erwachsenenfragen keinerlei Explorationstätigkeit hervor, wenn auf eine feststehende, einzig richtige Antwort abgezielt wird. (Eine Lehrerfrage nach der Hauptstadt Brasiliens führt nicht zum Explorieren, sondern zum Einprägen, zum Auswendiglernen.) Wesentlich für die Ausbildung von Exploration ist, daß ein interessierender Gegenstand nicht allein rezeptiv sichtbar und hörbar, sondern auch selbständig greifbar, erforschbar, manipulierbar ist.

2.5 *Exploration und Interesse*

In Überwindung einer reinen Trieb- oder auch reinen Anreiztheorie von Interesse definiert der Ansatz einer Pädagogischen Interessentheorie (SCHIEFELE/HAUSSER/SCHNEIDER 1979, SCHNEIDER/HAUSSER/SCHIEFELE 1979, HAUSSER/KRAPP 1979) *Interesse* als *spezifische Subjekt-Gegenstands-Beziehung.* Wird Exploration in der Regel als Verhaltensweise aufgefaßt, so stellt Interesse eine Beziehung dar, die sich aus sozialer Interaktion ergibt und erschließen läßt. Der für die Sozialisation von Explorationsverhalten wesentliche Aspekt dieser Interessentheorie, auf die hier nicht im einzelnen eingegangen werden kann, liegt im Postulat der vom Subjekt selbstbestimmten Interessenbeziehung. Nicht um die Möglichkeit einer formalen Wahl zwischen vorgegebenen Interessengegenständen geht es (vgl. RUST 1977, GETZELS 1966), sondern um eine selbständige Gegenstandsbestimmung des Subjekts. Wo nach der Explorationstheorie ein Gegenstand scheinbar bekannt geworden ist (Abbau von „Neuigkeit") und der Explorationsprozeß damit seinen Abschluß findet, hat nach der Interessentheorie Interesse am Gegenstand erst begonnen. So gesehen läßt sich *Exploration als mögliche Anfangsphase einer Interessenbeziehung* verstehen. Wenn in der Explorationstheorie der Gegenstandsbegriff noch hier und da vom mechanisch-behavioristischen Reizkonzept geprägt ist, so schließt der Interessenbegriff eine dynamisch-interaktionale Gegenstandsbestimmung durch das Subjekt ein. Es bleibt abzuwarten, inwieweit eine Interessentheorie wegen ihres umfassenderen Charakters gerade für die Sozialisationsperspektive wesentliche Ergänzungen zur Explorationstheorie zu liefern vermag.

3 Sexualität

Während bei *„geschlechtsspezifischer Sozialisation"* die Geschlechtszugehörigkeit eines Menschen als – sozial wie auch forschungslogisch – diskriminierende Bedingungsgröße für die verschiedensten Sozialisationsbereiche fungiert (vgl. den Beitrag von BILDEN in diesem Handbuch), stellt Sexualität in der Bedeutung des Ausdrucks *„sexuelle Sozialisation"* eine Ergebnisgröße von Sozialisation dar. Im folgenden gehen wir auf den Prozeß sexueller Sozialisation ein, der selbst geschlechtsspezifisch verläuft.

3.1 *Sexualität und Beziehung*

Eine eingeschränkte Betrachtung sexueller Sozialisation als individuelle Entstehung lustbetonter Handlungen an und mit den menschlichen Sexualorganen wäre dem Untersuchungsgegenstand nicht angemessen, da sich Sexualität stets in einem Feld interpersonaler und gesellschaftlicher Beziehungen ereignet, sich aus diesen erklärt und diese in ihrer weiteren Entwicklung vorantreibt (vgl. SELG/GLOMBITZA/LISCHKE 1979). Dies gilt bereits für autoerotische Aktivitäten des Kleinkinds, deren Unterbindung durch eine Bezugsperson zum Beispiel nicht nur die sexuelle Entwicklung des Kindes, sondern auch die interpersonale Beziehung zwischen Kind und Bezugsperson beeinflußt.

Sexualität ist weder die einzige noch eine ausreichende Form der Liebesbekundung. *Sexualität* kann sich im Rahmen einer *asymmetrischen oder Machtbeziehung* oder im Rahmen einer *symmetrischen oder partnerschaftlichen Beziehung* ereignen. Sexualität in einer Machtbeziehung wird erzwungen durch ökonomische und institutionelle Verhältnisse (z.B. Abhängigkeit durch Besitz, Einkommen), durch körperliche Gewalt (z.B. Vergewaltigung) oder wird verlangt gegen Bezahlung (z.B. Prostitution). Sie steht unter dem Ziel einseitiger sexueller Befriedigung. Sexualität in einer partnerschaftlichen Beziehung dagegen kommt auf gegenseitiges Betreiben mit dem Ziel gegenseitiger sexueller Befriedigung zustande. Darüber hinaus ist zwischen *Monogamie und Polygamie* (Sexualbeziehung zwischen zwei bzw. mehreren Menschen) zu unterscheiden sowie zwischen *Auto-, Homo- und Heterosexualität* (Sexualbeziehung zu sich selbst, zu gleich- bzw. verschiedengeschlechtlichen Menschen). Die genannten Formen interpersoneller Sexualität können ebenso als Machtbeziehung wie auch als partnerschaftliche Beziehung auftreten. Umfassende empirische Bestandsaufnahmen der verbreiteten sexuellen Handlungsweisen und sexuellen Probleme in den von „Doppelmoral" (vgl. Abschnitt 3.3) nach wie vor gekennzeichneten westlichen Industriegesellschaften wurden vor allem in den USA in den vieldiskutierten Studien von Kinsey (1965, 1964), von Masters/Johnson (1970) und von Hite (1977) vorgenommen. Diese Massenuntersuchungen erfassen allerdings Sozialisationsbedingungen von Sexualität nur am Rande; sie gehen primär querschnittlichen Forschungsfragestellungen nach.
Da es keine angeborene Form menschlicher Sexualität gibt, kann es auch *keine „natürliche" oder „unnatürliche" Sexualität* geben. Jede praktizierte Form menschlicher Sexualität ist vielmehr zu reflektieren und zu begründen. Vorherrschende *gesellschaftliche Sexualnormen* können einem Menschen den Weg zu derartiger Reflexion und Begründung verstellen. Sexuelle Befreiung eines Menschen von erfahrener sexueller Sozialisation setzt die *partnerschaftliche Reflexion und Erarbeitung eines eigenen Regelsystems der Beziehung* voraus; dieses kann die vorherrschenden gesellschaftlichen Sexualnormen als spezifisches Regelsystem vollständig oder in Teilbereichen ablehnen.

3.2 Sexuelle Motivation

Die *psychoanalytische Sexualtheorie* wie auch die Alltagstheorie von Sexualität leben von der Vorstellung eines psychohydraulischen oder Dampfkesselmodells (Schmidt 1973). Nach diesem *mechanisch-energetischen Motivationsmodell* kommt es durch permanente physiologische Hervorbringung sexueller Energie zu deren Ansammlung, Aufstauung und Durchbruch in Form einer Sexualhandlung bis hin zur sexuellen Befriedigung als energetischer Entladung. Anschließend beginnt dieser Energieansammlungs- und -abgabezirkel von neuem. Die psychoanalytische Triebtheorie verfängt sich in dieser Vorstellung (Freud 1965, 1953). Hingegen zeigen zahlreiche neuere Untersuchungen, daß von einer *endogenen motivationalen Periodizität* des Menschen – von einem „*Trieb*" also – *ausschließlich bei den Motivationen des Dursts, des Hungers und des Schlafs* die Rede sein kann. Was die Sexualität betrifft, so belegen selbst Tierexperimente, daß längerfristige Isolation und sexuelle Deprivation nicht notwendig im Anschluß zu erhöhter sexueller Aktivität führen; ebenso widerspricht die menschliche Fähigkeit zum unmittelbar mehrfachen Orgasmus jeder Triebreduktionstheorie (vgl. Schmidt 1973, S. 48).
Nach der psychoanalytischen Sexualtheorie zielt jedoch sexuelle Motivation ebenso wie andere Motivationen grundsätzlich auf einen spannungslosen Zustand ab: „Lust und Befriedigung sind danach ... identisch mit der Aufhebung eines inneren Reizzustandes" (Schmidt 1973, S. 46). Der innere Reizzustand wird nach Freud durch eine immer sprudelnde libidinöse Energiequelle periodisch hervorgerufen (Freud 1965). Das Freudsche Triebmodell zieht die Annahme eines Dualismus zwischen Trieb und Kultur nach sich, wobei Triebenergie sublimiert, d.h. in kulturelle Leistungen umgeformt werden muß. Die Neoanalyse hat die Problematik dieses energetischen Triebmodells teilweise erkannt, jedoch bislang kein umfassendes Alternativmodell entwickelt (vgl. Fricker/Lerch 1976, Schmidt 1973).
Eine brauchbare Skizze eines *Alternativmodells sexueller Motivation*, das neueren physiologischen und hormonalen Erkenntnissen Rech-

nung zu tragen versucht, stammt von SCHMIDT (1973, S. 49ff.). Danach ist sexuelle Motivation von den beiden Komponenten der *Erregung* („arousal") und der *Erregbarkeit* („arousability") abhängig. Erregung stellt das momentane Niveau sexueller Stimulierung dar; Erregbarkeit ist „die inter- und intraindividuell variierende Bereitschaft, als Folge einer sexuellen Stimulation sexuell zu reagieren" (SCHMIDT 1973, S. 49). Die (aktuelle) sexuelle *Erregung* ist eine Funktion der *Erregbarkeit* und der jeweiligen *Situation* mit ihren sexuellen Reizmerkmalen. Für die Situation gilt, „daß die Anzahl und Art der Reize oder Situationen, die sexuell stimulieren, sowie die Intensität, mit der sie das tun, weitgehend durch Erfahrung bestimmt, also gelernt werden und damit der sozialen Kontrolle unterliegen" (SCHMIDT 1973, S. 49). Aber auch die Erregbarkeit ist außer durch die physiologischen Zustände des Organismus durch Lernprozesse und Erfahrungen bestimmt. Hier belegen physiologische Untersuchungen, daß die sexuelle Erregbarkeit des Menschen innerhalb eines breiten hormonalen Normbereichs weitaus weniger durch Sexualhormone gesteuert wird als bei Tieren (SCHMIDT 1973, S. 50ff.).

3.3 Sexuelle Sozialisation

Als vielfach bestätigte und anerkannte Erkenntnis im Gegensatz zu seinem Triebmodell ist FREUDS These von der „*infantilen Sexualität*", beginnend mit „autoerotischer Organlust", anzusehen (FREUD 1965, erstmals 1904). Damit ist nicht weniger geleistet als der Bruch mit einer früher mehr als heute verbreiteten Vorstellung der Koppelung von sexueller Motivation mit dem Fortpflanzungsvermögen. Dieser für die Frage sexueller Sozialisation hochbedeutsame Sachverhalt, daß nämlich sexuelle Motivation nicht eine voll entwickelte Keimdrüsenfunktion voraussetzt, sondern im Gegenteil von frühester Kindheit an in verschiedensten Formen auftritt, wurde inzwischen durch vergleichende Kulturanthropologie (z.B. MEAD 1970) und durch empirische Sexualforschung (z.B. KINSEY 1965, 1964; GIESE/SCHMIDT 1968; NACHTIGAL 1969) nachhaltig bestätigt. Zeitreihenuntersuchungen weisen zudem nach, daß altersspezifische Formen sexueller Aktivität und deren Verbreitung einem zeitgeschichtlichen Wandel unterliegen (SIGUSCH/SCHMIDT 1973).

Mit der *Überwindung der Triebtheorie* wird die *Notwendigkeit einer Sozialisationstheorie menschlicher Sexualität* offenkundig. FRICKER/LERCH (1976) entwickeln ein Konzept „triebfreier Sexualität", gekennzeichnet durch die aktualgenetischen Prozesse der Motivation und des Lernens und durch den ontogenetischen Prozeß der Sozialisation. Der letztere Prozeß, von FRICKER/LERCH auch kurz als „*Sexualisation*" bezeichnet, nimmt seinen Ausgangspunkt in der *frühen Mutter-Kind-Beziehung*. Der Grad durchgängigen Körperkontakts und die Art abwechselnder Trennungs- und Zuwendungsrituale beeinflußt die Entwicklung von Berührungsbedürfnissen und von Abhängigkeitserlebnissen. Autoerotische Aktivitäten des Kleinkinds stehen in engem Zusammenhang mit einer zufriedenstellenden Beziehung zur Bezugsperson. „Es dürfte also nicht in erster Linie eine spezifische sexuelle Stimulierung für die Entstehung sexueller Motivation verantwortlich sein, sondern vor allem die gesamte körperlich-seelische Befindlichkeit, welche abhängig ist von der Art und Weise der mütterlichen Zuwendung und d.h. indirekt von den gesellschaftlichen Normen, die sich in der Mutter-Kind-Beziehung manifestieren" (FRICKER/LERCH 1976, S. 88). Mit fortschreitender Entwicklung wird das Kind fähig, aus eigener Initiative Objektbeziehungen aufzunehmen und sich dadurch alternative Befriedigungsmöglichkeiten zu verschaffen. Für die sexuelle Sozialisation erscheint es bedeutsam, ob die wichtigsten Bezugspersonen das Kind überbeschützen und ihm so den Weg zur selbständigen Beziehungsaufnahme verbauen (passive Beziehungsrolle), ob sie im Rahmen einer vertrauensvollen Beziehung gegenüber dem Kind auch eigene, u.U. entgegenstehende Bedürfnisse artikulieren (sensitive Beziehungsrolle) oder ob sie durch Hintanstellen kindlicher Bedürfnisse eigene Dominanz hervorheben und beim Kind Frustration und Aggression erzeugen (aggressive Beziehungsrolle).
Damit sind nur einige Bedeutungsaspekte der frühen Kindheit für die sexuelle Sozialisation eines Menschen angesprochen. Auf die Bedeutung von Beziehungserfahrungen in höheren Altersbereichen (älteres Kleinkind, Schulalter, Pubertät, Jugendlicher, Erwachsener) unter den verschiedenen Sozialisationsinstanzen (Eltern, Geschwister, gleichaltrige Kinder, Nachbarn, Kindergarten, Medien, Schule, gleichaltrige Jugendliche, Betrieb usw.) kann hier nicht weiter eingegangen werden. Wichtig scheint auf jeden

Fall das *Verhältnis von praktizierter sexueller Sozialisation im Kindes- und Jugendalter zur gesellschaftlichen Institutionalisierung von Sexualität im Erwachsenenalter* zu sein. SCHMIDT (1973) entwirft zur Systematik dieses Verhältnisses vier Denkmodelle. Modell A (von uns so benannt) stellt eine Gesellschaft dar, die ihren Mitgliedern von früher Kindheit an sexuelle Lernmöglichkeiten weitgehend vorenthält. Im Erwachsenenalter geht es gar nicht mehr um die gesellschaftliche Unterdrückung eines intensiven Sexuallebens, denn ein solches wurde nie erlernt. Nach SCHMIDT gilt dieses Modell insbesondere für die sexuelle Sozialisation von Frauen in unserer Gesellschaft. Eine Gesellschaft nach Modell B hingegen bietet von Kindheit an systematisch Lernmöglichkeiten für Sexualität in symmetrischen Beziehungen. „Wenn eine solche Gesellschaft zugleich autonome und ichstarke Individuen produziert, ist wahrscheinlich eine Voraussetzung für eine weitgehend freie Sexualität gegeben" (SCHMIDT 1973, S. 60). Geschieht dies nach Modell B' jedoch nicht, ist also die ausgebildete Sexualität nicht einer ichstarken Persönlichkeitsstruktur mit selbstbestimmtem Regelsystem unterstellt, so kann Sexualität zum Herrschaftsmittel und gewährte Sexualität zur Gratifikation werden. Die Häufigkeit von Sexualkontakten wird dann der Art und Intensität einer Beziehung übergeordnet. SCHMIDT sieht in unserer gegenwärtigen Gesellschaft eher Tendenzen zu Modell B' als zu Modell B. – Modell C schließlich stellt eine Gesellschaft dar, die der heranwachsenden Bevölkerung sexuelle Lernmöglichkeiten systematisch vorenthält, von der erwachsenen Bevölkerung jedoch hohe sexuelle Aktivität als Statussymbol erwartet. Die Folge sind von sexuellen Standards überforderte, eher zwanghaft sexuelle Menschen. In unserer Gesellschaft kommt es hierzu durch zeitgeschichtliche Entwicklungen der Moralvorstellungen und durch Milieuwechsel (SCHMIDT 1973).

Persönlichkeits- und interpersonale Konflikte in bezug auf Sexualität gehen nicht ausschließlich, aber häufig auf die *gesellschaftliche „Doppelmoral"* zurück. Damit sind in unserer Gesellschaft vorhandene, *widersprüchliche sexuelle Regelsysteme* gemeint, *von denen das eine als geltende moralische Norm anzusehen ist, das andere jedoch tatsächlich praktiziert wird.* Diese sexuelle Doppelmoral hat Herrschaftscharakter und führt psychologisch zu einer Handlungs-Einstellungs-Diskrepanz, begleitet von Überlegenheits- und/oder Schuldgefühlen. REISS bezieht Doppelmoral auf das spezielle Problem unterschiedlicher sexueller Normen für Mann und Frau. Am Beispiel des frauendiskriminierenden „Jungfräulichkeitsparadoxons" zeigt sich die grundsätzliche Widersprüchlichkeit von gesellschaftlicher Doppelmoral: Danach soll ein Mann nur eine Jungfrau zur Ehefrau nehmen, selbst jedoch vor der Ehe vielfältige sexuelle Erfahrungen mit anderen Frauen gesammelt haben (REISS 1970, S. 67ff.). Ein wesentlicher Grund für die Beständigkeit nichtpraktizierter gesellschaftlicher Sexualnormen, die nach wie vor ihren Einfluß auf sexuelle Sozialisation haben, liegt in der fehlenden offenen Argumentation. Gerade die Kirche als einflußreiche gesellschaftliche Institution wählt häufig den Weg, vorherrschende Sexualnormen dogmatisch das eine Mal als „gottgegeben", das andere Mal als „natürlich" hinzustellen. (Zur kirchlichen Traktatliteratur der Sexualaufklärung vgl. SCHWENGER 1969.)

3.4 *Sexualerziehung*

Schließlich sei kurz auf einige Konsequenzen aus der Theorie der sexuellen Sozialisation für Sexualerziehung eingegangen. Wenn Sexualerziehung zur Steigerung von Sensibilität, zur Beziehungs- und Glücksfähigkeit und zur Förderung der Ich-Entwicklung beitragen soll (THIERSCH 1972, S. 181), so ist der enge *Zusammenhang zwischen Sexualität und interpersonaler Beziehung* zu beachten. Die sexuelle Entwicklung ist eng gekoppelt mit der sozialen und emotionalen Entwicklung eines Menschen (vgl. den Beitrag von BILDEN in diesem Handbuch). Eine von konkreten persönlichen Beziehungen abstrahierende Sexual-„Kunde" oder Sexual-„Aufklärung" muß deshalb das Ziel von Sexualerziehung verfehlen. Gerade das Unternehmen *schulischer Sexualerziehung* muß mit dem Problem der Beziehungsenttäuschung von Schülern in der Großgruppe gegenüber Lehrern (SCHLÖMERKEMPER 1976) ebenso rechnen wie mit dem Problem einer nur selten auf Schülerinteressen bezogenen schulischen Lernorganisation (HAUSSER 1980). Schulische Sexualerziehung erfordert *veränderte schulische Interaktions- und Organisationsformen.*

Sexualerziehung durch Eltern oder andere primäre Bezugspersonen hat demgegenüber zumindest prinzipiell den Vorzug eines integrativen Bestandteils einer vorhandenen vertrauensvollen Beziehung. In der Diskussion über Sexualaufklärung wird die Frage des richtigen Zeitpunkts in aller Regel überschätzt. Wichtig ist eine *frühzeitige, stetige Information* (BRODERICK 1970, S. 105ff.), *die eigene und Beziehungserfahrungen des Kindes bzw. des Jugendlichen einbezieht* (KENTLER 1970, S. 107ff.). Erwachsene sollten dabei das *sexuelle Regelsystem*, das sie in der Sexualerziehung vertreten, *begründen*, damit das Kind bzw. der Jugendliche nicht als ein Ergebnis sexueller Sozialisation vorgefundene gesellschaftliche Sexualnormen unreflektiert übernimmt und weitergibt.

4 Leistungsmotivation

Auf unterschiedliche Entwicklungslinien in der Theoriebildung der Leistungsmotivationstheorie kann in diesem kurzen Abschnitt nicht eingegangen werden. Im Zentrum wird daher die heute dominierende Auffassung von HECKHAUSEN (z.B. 1976b, 1972, 1975, 1977a und b) stehen. Da die Forschungsergebnisse bisher keine konsistenten Schlußfolgerungen erlauben, werden hier nur einige Schwerpunkte und Trends skizziert (vgl. auch HARTEN-FLITNER 1978, SCHMALT/MEYER 1976, SCHORB 1976).
Das *Leistungsmotiv* wird heute als *Teilkomplex der Selbstregulationsmechanismen in der Handlungssteuerung* angesehen. Motive werden als „wiederkehrende Anliegen" aufgefaßt, die aus bestimmten „Grundsituationen erwachsen" (HECKHAUSEN 1975, S. 142f.). Das Individuum hat demnach im Verlauf seiner Sozialisation adäquate Bewältigungsstrategien zu entwickeln, die ihm eine erfolgreiche Auseinandersetzung mit den vorgegebenen „Grundsituationen" erlauben. In der Erziehung muß die Grundlage gelegt werden für eine selbständige, konstante und situationsangemessene Auseinandersetzung mit den normativen Anforderungsstrukturen der jeweiligen Situationen (z.B. der Grundsituation „Leistung").
Von den Definitionsmerkmalen des Leistungsverhaltens aus können bestimmte Aufgaben formuliert werden, die ein „optimal" entwickeltes Leistungsmotiv zu erfüllen hat. Es werden individuelle Entwicklungsverläufe konzipiert, in denen genau jene Kompetenzen und Selbstregulationsmechanismen (z.B. ein „Selbstbekräftigungssystem") aufgebaut werden können, die optimalerweise den normativen Anforderungsstrukturen der Situation entsprechen. Teilweise beruht das Konzept dieses Entwicklungsverlaufs auf einer Integration von Forschungsergebnissen, teilweise liegt jedoch auch eine idealtypologische Konstruktion zugrunde, die von einem bestimmten Leistungsbegriff her eher Erfordernisse als Befunde der Sozialisation formuliert. Aus der Forderung nach bestimmten individuellen Kompetenzen ergibt sich zwangsläufig die Suche nach Erziehungssituationen und -verhalten sowie nach den korrespondierenden Werthaltungen, die – aufgrund empirischer Nachweise, Analogieschlüsse oder Plausibilitätserwägungen – jene Kompetenzen hervorzubringen geeignet erscheinen.
Wir werden also zunächst die Definitionsmerkmale des Leistungsverhaltens darstellen, dann das Funktionsmodell der „Selbstbekräftigung" und die dazu erforderlichen Kompetenzen sowie wichtige Bedingungen im Aufbau des Leistungsmotivs skizzieren. Abschließend werden einige Forschungsfragen und konzeptionelle Probleme aufgeführt.

4.1 Definitionsmerkmale des Leistungsverhaltens

Welcher Art sind die Tätigkeiten, die unter den Leistungsbegriff fallen, welche Merkmale haben sie? Welche *Definitionskriterien* müssen erfüllt sein, um *von Leistungsverhalten* sprechen zu können? – Folgende Merkmale werden genannt (vgl. z.B. HECKHAUSEN 1977b, S. 297f.):

a) Die Situation muß Aufgabencharakter haben; es muß ein eindeutiges, objektivierbares Ergebnis erzielbar sein.
b) Das Handlungsergebnis muß nach bestimmten Gütemaßstäben (Tüchtigkeit, Qualität, Quantität) beurteilbar sein.
c) Die Handlung darf weder zu schwer noch zu leicht sein, so daß Erfolg und Mißerfolg personenrelevant auf die individuelle Leistungsfähigkeit bezogen werden können.
d) Die Handlung muß auf ein persönliches Anspruchsniveau (Schwierigkeitsgrad, Kraftaufwand, Handlungsziel usw.) beziehbar sein, das für das Individuum als eigener verbindlicher Tüchtigkeitsmaßstab anerkannt ist.
e) Das Handlungsergebnis muß als selbstverursacht, d.h. als sowohl beabsichtigt wie auch persönlich herbeigeführt erlebt werden.

Diese Merkmale lassen sich weder eindeutig der Situation noch dem Individuum zuordnen, da sie sich vor allem auf die subjektive Interpretation der Situation und des eigenen Verhaltens durch die Person beziehen. Neuerdings wird die eigentliche verhaltenssteuernde Rolle der „*Selbstbewertung*" (Vergleich des Ergebnisses mit dem Gütemaßstab sowie Ursachenzuschreibung) eingeräumt. Die Selbstbewertung setzt voraus, a) daß Normwerte und Anspruchsniveau entwickelt wurden, b) daß die Situation als „Bewährungssituation" aufgefaßt wird, c) daß unmittelbare und weitere Handlungsfolgen antizipiert werden, daß also erwarteter Nutzen und Erfolgswahrscheinlichkeiten kalkuliert werden können und d) daß aufgrund der Anregung des Leistungsmotivs („Hoffnung auf Erfolg") auch Handlungen ausgeführt werden.

Welche *Kompetenzen und Einstellungen* müssen also im Sozialisationsprozeß entwickelt werden? Nicht nur bestimmte emotionale Voraussetzungen wie z.B. eine überdauernde „Hoffnung auf Erfolg" müssen aufgebaut werden, sondern es sollen auch Einstellungen und Kompetenzen ausgebildet werden, die im Bereich der Kognitionen und der moralischen Selbstbewertung liegen. *Antizipationen von Handlungsfolgen* sind nur möglich, wenn die Zeitperspektive einen hinreichenden Erstreckungsgrad hat und wenn die Person positive Erfahrungen in der selbständigen Entwicklung und Durchführung von Absichten und Plänen machen konnte (Erfahrung „internaler Kontrolle" oder „persönlicher Verursachung", vgl. hierzu ROTTER 1975). Es müssen bestimmte Gütestandards und Attribuierungspräferenzen entwickelt worden sein. So ist es z.B. „günstiger", Erfolge auf eigene Fähigkeiten und Mißerfolge auf äußere Umstände zurückzuführen. Das Kind muß gelernt haben, effektproduzierend mit Umweltdingen umzugehen. Eigene Gütemaßstäbe können nur entstehen, wenn Schwierigkeitsgrade von Tätigkeiten unterschieden werden können. Und schließlich müssen Kinder in der Lage sein, Erfolg und Mißerfolg als emotionale Betroffenheit zu erleben, und zwar sowohl in Konkurrenz mit anderen als auch in Konkurrenz mit sich selbst (Freude wird zu Stolz, Bedauern zu Beschämung).

Es zeigt sich, daß im Sozialisationsprozeß zum einen bestimmte Lerngelegenheiten gegeben und zum anderen, darauf aufbauend, bestimmte kognitive Fähigkeiten (Planung, Antizipation, Vergleich, Schwierigkeitsschätzungen usw.) entwickelt werden müssen. Von ebenso großer Bedeutung wie kognitive Komponenten sind jedoch Faktoren der *Selbsteinschätzung* wie Höhe der Zielsetzung, Verantwortlichkeitszuschreibung, überdauernde Hoffnung auf Erfolg, individuumspezifische Hierarchie von Bewertungskriterien usw. Schon bei 4–5jährigen Kindern ließen sich individuelle Unterschiede in den meisten dieser Variablen feststellen (HECKHAUSEN 1972).

4.2 *Das Leistungsmotiv als Selbststeuerungssystem*

Um die Bedeutung kognitiver Komponenten hervorzuheben, spricht HECKHAUSEN statt von „Selbstbekräftigung" neuerdings lieber von „*Selbstbewertung*". Damit ist jedoch das von SKINNER und KANFER übernommene Modell der Selbstverabreichung von Verstärkern ebensowenig überwunden wie die hedonistische Grundlage der Leistungsmotivationstheorie, denn die Ausführung einer spezifischen Handlung hängt nach wie vor von einer „Bilanzabwägung aller positiven und negativen Anreizwerte ab, die nach Ausführung der Handlung eintreten oder nicht eintreten können" (HECKHAUSEN 1975, S. 155; vgl. auch 1977a). Die „Motivierungsstärke" wird aus dem Produkt von „Anreizwert" und „Eintretenswahrscheinlichkeit" gebildet. Je geringer einer der beiden Werte wird, desto schwächer fällt folglich die Motivierungsstärke aus.

Warum knüpft HECKHAUSEN beim Versuch, ein geeignetes Modell zur Beschreibung der Genese und Funktion des Leistungsmotivs zu entwikkeln, an die Vorstellungen von SKINNER und KANFER über „Selbstbekräftigung" an? Gesucht wurde ein psychischer Mechanismus, der die folgenden beiden Funktionen erfüllt: a) Aufrechterhaltung einer über Zeit und Situationen generalisierten konstanten Leistungsbereitschaft, die unabhängig von (aufwendigen) äußeren Verstärkungen und Kontrollen bestehen bleibt; und b) Steuerung des aktuellen Leistungsverhaltens durch selbsterfahrene Erfolgs- und Mißerfolgsrückmeldungen, die sich aus einem Vergleich des Handlungsergebnisses mit einem Gütemaßstab ergaben. Die Person wird zu ihrem eigenen Bekräftigungsagent. Sie darf sich freilich erst dann belohnen, wenn sie wirklich bestimmte Handlungen vollbracht hat. Eine weitere nötige Unterstellung ist die, daß die Person es wirklich in ihrer eigenen Macht hat, sich selbst zu belohnen oder nicht.

Das Problem der *internen Steuerung des Leistungsverhaltens* ist also dadurch zu lösen, daß in früher Kindheit ein quasi autonom und automatisch funktionierendes „perpetuum mobile“ (HECKHAUSEN 1976a, S. 7) installiert wird. Durch den Vergleich eigener mit anderen Tätigkeitsprodukten und durch den Vergleich eigener Handlungsergebnisse untereinander entwickelt das Kind Vorstellungen von unterschiedlichen Schwierigkeits- und Tüchtigkeitsgraden. Als Beispiel für einen ersten leistungsthematischen Normwert überhaupt nennt HECKHAUSEN (1972, S. 961): „Du mußt früher fertig werden als der andere.“ Die entsprechenden Verstärker sind Gefühlsregungen wie Freude oder Stolz. Dann kann Selbstbekräftigung funktionieren: „Nach Maßgabe der Übereinstimmung von Leistung und Normwerten verabreicht sich das Individuum selbst eine Belohnung oder eine Bestrafung“ (HECKHAUSEN 1972, S. 956). Mit der fortschreitenden Automatisierung dieser Selbstbekräftigung entsteht Leistungsverhalten „um seiner selbst willen“ (HECKHAUSEN 1972, S. 962).
Natürlich wirken der Vergleich mit dem Gütestandard wie auch die Verantwortlichkeitsattribution selbst schon verstärkend, ohne daß vom Individuum noch zusätzlich gezielt bestimmte Gefühlszustände hervorgerufen werden müssen. Das ändert nichts daran, daß die mit der Selbstbewertung verbundenen selbstwertrelevanten Affekte das entscheidende motivationale Agens sind. Die *für eine „optimale“ Ausbildung des Leistungsmotivs nötigen Voraussetzungen bzw. Sozialisationsbedingungen* können wir nun erweitern bzw. präzisieren:

a) In einer frühen, günstigen Phase für soziale Einflußnahme müssen Erziehungssituationen so gestaltet werden, daß nicht nur an den „natürlichen“ Drang des Kindes zum „Selbermachenwollen“ angeknüpft wird, sondern daß eine möglichst hohe Generalisierung der mit der Zielerreichung verbundenen positiven Affekte erzielt wird. Dies ist nur dann möglich, wenn das Kind sowohl die Affekte wie die vorauslaufenden Situationsgegebenheiten wie z.B. elterliche Anforderungen, Steuerungsmaßnahmen, Sanktionsregeln und Interaktionsmuster „ein wenig – aber noch nicht zu sehr – differenzieren kann“ (HECKHAUSEN 1972, S. 978). In einer ähnlichen Argumentation glaubte bereits MCCLELLAND auf die Annahme spezifischer Bekräftigungen durch die Eltern verzichten zu können, denn „die Unfähigkeit zur Differenzierung der situationsspezifischen Hinweisreize wird unmittelbar zu einer generalisierten Erwartung“ (TRUDEWIND 1976, S. 194).

b) Erziehungssituationen müssen so gestaltet werden, daß das Kind die Möglichkeit zu Vergleichen mit anderen hat bzw. seine eigenen Tätigkeitsprodukte zu verschiedenen Zeitpunkten und in unterschiedlichen Situationen miteinander vergleichen kann, um eine möglichst hohe eigene Zielsetzung zu erlernen. Letzteres erreicht man z.B. durch die Schaffung „dosierter Diskrepanzerlebnisse“ (vgl. HECKHAUSEN 1966, 1972).

c) Um eine situationsangemessene Verwendung der bekräftigenden Gefühlsregungen vorzubereiten, muß eine spezifische Abhängigkeitsbeziehung zwischen den Eltern – meist wird nur die Mutter erwähnt – und dem Kind hergestellt werden, und zwar vermittels „induktiver“ oder „liebesorientierter“ Erziehungstechniken („conditional love“, vgl. HECKHAUSEN 1972). Nur dann ist die Internalisierung der von den Eltern nahegelegten und modellhaft vorgeführten Standardsetzungen und Sanktionierungsregeln bzw. -muster garantiert.

d) Die Erziehung hat so vor sich zu gehen, daß die für die Selbstbekräftigung benötigten Gefühlsregungen wie Freude und Stolz „ad libitum“, d.h. jederzeit und unbegrenzt zur Verfügung stehen (HECKHAUSEN 1972, S. 961). Leider erfährt man wenig darüber, wie entsprechende Sozialisationsbedingungen auszusehen hätten.

e) In der Erziehung muß darauf geachtet werden, daß das Kind „günstige“ Attribuierungsmuster und -präferenzen entwickeln. Es muß ihm Gelegenheit gegeben werden, sowohl Erfolge wie auch Mißerfolge auf seine eigenen entsprechenden Handlungen zurückzuführen, damit ein optimales Bewußtsein von Selbstverantwortlichkeit entsteht. Dies liegt dann vor, wenn man unverschuldete Mißerfolge auf die äußeren Umstände zurückführt, fähigkeits- und vor allem anstrengungsbedingte Erfolge auf sich selbst, jedoch durch zu geringe Anstrengung bedingte Mißerfolge ebenfalls auf sich selbst bezieht. Eine Erfolgsemotion darf eben nur dann beobachtbar sein, wenn ein bestimmter Mindestgrad an Schwierigkeit gemeistert wurde, was nichts anderes heißt als: wenn man sich angestrengt hat.

4.3 Erziehungseinflüsse in der Entwicklung des Leistungsmotivs

Das einwandfreie Funktionieren des Leistungsmotivs als eines Selbstregulationssystems setzt voraus, daß das Individuum in seiner Entwicklung bestimmte Kompetenzen aufbauen konnte, was wiederum bestimmte begünstigende und fördernde Erziehungsmaßnahmen voraussetzt. Zur Feststellung bzw. zur Überprüfung dieser Zusammenhänge gibt es prinzipiell zwei Möglichkeiten: Zum einen erfragt man mit Hilfe von Interviews das elterliche Erziehungsverhalten und setzt dies in Beziehung zur Leistungsmotivation der Kinder, Jugendlichen oder Erwachsenen (meist mit dem TAT erhoben). Zum anderen kann man Experimente durchführen, in denen das elterliche Erziehungsverhalten direkt beobachtet und zur Leistungsmotivation eines Kindes oder Jugendlichen in Relation gesetzt wird (vgl. z. B. ROSEN/D'ANDRADE 1959).

In einem frühen Überblick nennt HECKHAUSEN (1966) – eine ausreichende „Reifung kognitiver und motorischer Exekutivfunktionen" vorausgesetzt – im Rahmen von *Selbständigkeitserziehung* vor allem drei Arten förderlicher Erziehungsmaßnahmen: a) Schaffung dosierter Diskrepanzerlebnisse, um die Auseinandersetzung mit der Umwelt und die selbständige Zielsetzung anzuregen; b) Verstärkung (Belohnung von Erfolg, Ignorieren von Mißerfolg); c) Vorbildfunktion der Eltern, um Nachahmungslernen im Hinblick auf hohe Zielsetzung und Statusstreben anzuregen. Im allgemeinen wird ein liebevolles und tolerantes Erziehungsklima für förderlich gehalten, innerhalb dessen die Eltern jedoch den Kindern hohe Ziele setzen und die Zielerreichung auch kontrollieren. Eine erkennbare gefühlsmäßige Anteilnahme der Eltern an den kindlichen Tüchtigkeitserprobungen scheint unerläßlich, ebenso eine Verbindung der Forderung nach einer gewissen Selbständigkeit (in der Zielsetzung, Orientierung und Planung) mit dem Gewähren von Autonomie.
Obwohl es bis heute nicht gelungen ist, „die individuelle Konstanz des Leistungsmotivs über eine bestimmte Lebensspanne hinweg überzeugend nachzuweisen" (TRUDEWIND 1976, S. 200), hat man immer wieder versucht, eine konsistente Beziehung zwischen Erziehungseinflüssen in der frühen Kindheit (einschließlich Schichtzugehörigkeit, Wertmuster der Eltern usw.) und dem Leistungsmotiv der Heranwachsenden herzustellen (Überblicke z. B. bei FEND 1971, S. 85 ff.; FEND 1974, S. 52 ff.; HARTEN-FLITNER 1978; HECKHAUSEN 1972; SCHORB 1976). Das Leistungsmotiv ändert sich auf den verschiedenen Stufen der Schul- und Jugendzeit sowie des Erwachsenenalters zum Teil erheblich, was nicht verwunderlich ist, weil sich Person-Umwelt-Bezüge insgesamt ändern (TRUDEWIND 1976). Was den Zusammenhang zwischen dem *Erziehungsverhalten und der Ausbildung des Leistungsmotivs* im engeren Sinne angeht, so gibt es hier vor allem folgende Forschungsprobleme zu konstatieren (vgl. auch TRUDEWIND 1976, S. 208 ff.):

a) Die Rolle der *Erziehung zur Selbständigkeit* ist nach wie vor ungeklärt. Man weiß viel zu wenig über diejenige Qualität der Eltern-Kind-Beziehung, die der Selbständigkeitserziehung jenen Stellenwert geben kann, der ihr von vielen Forschern zugeschrieben wird. Welches Maß affektiver Geborgenheit muß z. B. erreicht sein, damit die Eltern-Kind-Beziehung Belastungen (z. B. Leistungsanforderungen, Forderungen nach Selbständigkeit usw.) ausgesetzt werden kann?

b) Die Annahme, daß sich die Stärke des Leistungsmotivs aus der *Art, Häufigkeit und Intensität elterlicher Sanktionen* ergibt, wird schon lange als zu simpel kritisiert. „Eine solche univariate Konzeption des Sozialisationsvorgangs läßt nicht nur die Eigeninitiative und Selbstregulationsfähigkeit des Kindes bei der Strukturierung seiner Umwelt außer acht, sie ignoriert auch Rollenverteilungen in der Familie, Einflüsse anderer Personen, die nicht zum Familienkreis gehören sowie die Bedeutung der Sachumwelt, mit der das Kind in leistungsthematische Transaktionen tritt" (TRUDEWIND 1976, S. 213).

c) Die neuerdings intensivierte Erforschung der Rolle von *Ursachenzuschreibungen (Verantwortlichkeitsattributionen)* bei der Selbstregulation des Leistungsverhaltens hat zwar unter anderem das Ergebnis erbracht, daß mit steigendem Alter (etwa zwischen 8 und 12 Jahren) motivationale Faktoren wie „Anstrengung" in der Ursachenerklärung eine immer größere Rolle erhalten, diesen Sachverhalt aber bisher nicht ausreichend erklären können. Obwohl einige Annahmen und Befunde über die Zusammenhänge zwischen Erziehungsverhalten und der Ausbildung bestimmter Attribuierungspräferenzen vorliegen (vgl. z. B. TRUDEWIND 1976, S. 210 ff.), müssen die theoretischen und methodologischen Grundlagen in diesem Forschungsbereich als sehr unzureichend angesehen werden (vgl. ULICH/HAUSSER 1979; ULICH 1979a). In welcher Beziehung steht z. B. die subjektive Auffassung von Selbstverantwortlichkeit jeweils zu den tatsächlichen Bedingungen, unter denen eine „Leistung" zustandekommt? Durch welche Erziehungsmaßnahmen läßt sich erreichen, daß die Entwicklung moralischer Selbstbeurteilung reale Handlungsbedingungen hinreichend berücksichtigt?

d) Trotz der Erweiterung des Variablenschemas wurden einige *Komponenten in der Entwicklung und Funktion des Leistungsmotivs* bisher nur unzureichend erforscht, wie z. B. die Entstehung der „Bezugssysteme für die eigene Tüchtigkeit" oder die „Genese und Entwicklung des Selbstbekräftigungsvorgangs" (vgl. HECKHAUSEN 1972, S. 957; HARTEN-FLITNER 1978, S. 153). Welche Anteile haben hier jeweils kognitive

Tabelle 1: Systematik externer und interner Einflußfaktoren der Leistungsmotivation und des Leistungsverhaltens

1. Soziokulturelle Umwelt	*2. Situation und soziale Beziehung*	*3. Persönlichkeitsfaktoren*	*4. Motivationsprozeß* (aktueller Ablauf, Auseinandersetzung des Individuums mit der Situation)
Gesellschaftstyp (historisch bestimmt; sozioökonomischer Wandel; „Leistungsgesellschaft“);	– Rollenstrukturen in Familie und Schule;	– Interessen – Anspruchsniveau – überdauernde Wertstrukturen – Erfolgszuversicht – Begabungsselbstbild – Attribuierungspräferenzen – Lerngewohnheiten – „intellektuelle Tüchtigkeiten“	– wahrgenommene Relevanz der Aufgabe zur Erreichung gewünschter Konsequenzen;
– gesellschafts- und schichtspezifische Werthaltungen, Erziehungsziele usw.;	– typische Kommunikationsstrukturen und Interaktionen (horizontal/vertikal);		– wahrgenommene Aufgabenschwierigkeiten;
	– Verteilung von Macht und Kompetenzen;		– Sensibilität für mögliche Konsequenzen schulischer Lernanstrengung;
– Erwartungen, Sanktionen und Definitionen außerschulischer und schulischer Bezugsgruppen;		– interaktionsbezogene Bedürfnisse nach – Identifikation – Abhängigkeit – Zustimmung – Anerkennung – Strafvermeidung (= persönlichkeitsspezifische Ansprechbarkeit für bestimmte Steuerungstechniken, Fremdverstärkung)	
	– Struktur der Lernprozesse und Art der Lernzielkontrolle;		– aktuelle Realisierung von: – Anspruchsniveau – Selbstbild – Erfolgserwartung – Attribuierung
– objektive schulische Bedingungen, Curriculum, Organisationsstruktur usw.;	– spezielle Steuerungstechniken (Belohnung/Bestrafung, Selbständigkeitserziehung, „optimale Passung“, „dosierte Diskrepanzerlebnisse“);		– Plan (Handlungsstrategie als Resultante);
– Unterschiedlichkeit verschiedener Sozialisationsbereiche (z. B. Familie/Schule)	– Vergleich und Stellung in der „peer-group“;		– intendierter Lernaufwand; – tatsächlicher Lernaufwand; ↓
	– Aufgabe, Anreiz, Neugkeit, Schwierigkeit, Relevanz	– Art und Grad der internen Verhaltenskontrolle	Verhalten (Rücksteuerung auf Persönlichkeitsfaktoren) ←

Lernvorgänge des Kindes einerseits und explizite Erziehungs- und Sanktionsmaßnahmen der Eltern andererseits? In welchem Verhältnis stehen „spontane Aktivität", Selbstbekräftigung und Fremdkontrolle zueinander? Da die Leistungsstandards inhaltlich unspezifisch sind, können eigentlich nur Beziehungsstrukturen vom Kind „internalisiert" werden (vgl. zu dieser interaktionistischen Interpretation ULICH 1976b, S. 166–168).

e) Zur Frage nach „*unerwünschten Nebenwirkungen*": Die idealtypologisch konzipierten Entwicklungsverläufe und Funktionsmodelle suggerieren häufig, daß das Leistungsmotiv nur wünschenswerte Einstellungssysteme und Verhaltenskorrelate enthält. Eine genauere Analyse ergibt jedoch, daß vor allem im Bereich des *sozialen Verhaltens* (z.B. gegenüber Freunden und gegenüber Autoritäten) auch sehr problematische Verhaltenskorrelate festgestellt werden konnten. Bereits BRONFENBRENNER weist darauf hin, daß leistungsmotivierte Kinder aggressiver, angespannter, herrschsüchtiger und grausamer als andere Kinder sind (nach HARTEN-FLITNER 1978, S. 86). Aufgrund einer Synopse empirischer Untersuchungen kommt HARTEN-FLITNER (1978, S. 92f.) zu der Schlußfolgerung, daß sich Leistungsmotivierte durch besondere Anpassung an Mehrheitsmeinungen und Autoritätspersonen sowie durch eine spezifische Konkurrenzhaltung auszeichnen. In subjektiv wahrgenommenen Wettbewerbssituationen zeigen Leistungsmotivierte geringere soziale Einfühlungsfähigkeit als andere, ignorieren freundschaftliche Bindungen stärker, zeigen ein ängstliches Bemühen, einen guten Eindruck zu machen und sich Disziplinforderungen (z.B. in der Schule) unterzuordnen.

Obwohl empirische Untersuchungen bisher wenig eindeutige und konsistente Befunde erbracht haben, gehört der Bereich der Leistungsmotivgenese zu den am intensivsten untersuchten Gebieten in der Sozialisationsforschung überhaupt. Wir wollen daher in Tabelle 1 einen Überblick geben über die Vielzahl von Variablen, die zumindest in einer Beziehung zur Ausprägung des individuellen Leistungsmotivs zu stehen scheinen (vgl. vor allem KNÖRZER 1976). Die Relationen zwischen den Ausprägungen der einzelnen Einflußfaktoren sind allerdings nach wie vor ungeklärt.

4.4 Aspekte der Kritik

Auf Probleme der *Operationalisierung des theoretischen Konzepts „Leistungsmotiv"* ist sehr häufig hingewiesen worden (vgl. z.B. HARTEN-FLITNER 1978, S. 125ff.; HALISCH u.a. 1976, S. 157ff.; SCHMALT 1976; SCHORB 1976, S. 27ff.). Insbesondere scheinen Reliabilität sowie inhaltliche und prognostische Validität des TAT nicht ausreichend zu sein. Damit hängt sicherlich der unbefriedigende Vorhersagewert von Motivationskennwerten im Hinblick auf Verhalten zusammen (vgl. HECKHAUSEN 1977a). Hinter den methodischen Problemen stecken natürlich inhaltliche Fragen; so wird schon in der frühen amerikanischen Leistungsmotivationsforschung zwischen „Leistung", „Erfolg" und „sozialem Aufstieg" bzw. individueller Aufstiegsorientierung nicht streng genug unterschieden (vgl. HARTEN-FLITNER 1978, S. 46). Es verwundert daher nicht, daß zwischen Leistungsmotivation und einem so komplex zusammengesetzten Merkmal wie „Schulerfolg" keine eindeutigen Beziehungen gefunden werden konnten (HARTEN-FLITNER 1978, S. 49). Es konnten nicht einmal eindeutige Beziehungen zwischen Leistungsmotivation und sozialem Aufstieg beschrieben werden (HARTEN-FLITNER 1978, S. 50).

Theorie und Forschung reduzieren sowohl die Person-Umwelt-Beziehung wie auch die Eltern-Kind-Beziehung in spezifischer Weise. „Umwelt" erscheint – außer in explizit ökologisch orientierten Ansätzen – vorwiegend als „Aufforderungsgehalte von Situationen", denen der einzelne ausgesetzt ist; er kann sie auch selbst aufsuchen oder sogar meiden. Die soziale Umwelt und insbesondere die Erziehungssituation als Modellsituation für den Erwerb allgemeiner sozialer Handlungsorientierungen geraten so leicht aus dem Blickfeld. Umwelt erscheint kaum jemals als „gemachte" und beeinflußbare Umwelt. Ein mögliches Desinteresse des Lernenden fällt auf diesen selbst zurück, da seine Umwelt ja mit Aufforderungsgehalten hinreichend ausgestattet erscheint. Motivationsprobleme in der Schule kann das heute dominierende Konzept von „Leistungsmotivation" wohl kaum lösen, da die daraus abgeleiteten Empfehlungen eher zu einer Verschärfung als zu einer Verminderung jener Probleme führen, die motiviertes Lernen in der Schule behindern (z.B. Individualisierung und Konkurrenzlernen, vgl. HARTEN-FLITNER 1978, S. 94ff.).

Unter sozialisationstheoretischem Gesichtspunkt noch schwerwiegender sind die *praktischen Implikationen*, die sich aus der idealtypologisch-normativen Beschreibung der Mutter-Kind-Beziehung ergeben. Mit Begriffen wie „conditional love", „optimal timing" und der

Anregung „dosierter Diskrepanzerlebnisse“ wird nämlich nichts anderes gefordert, als daß die Mutter ihre liebevolle Zuwendung zum Kind zu einem perfekten Instrument der Verhaltenskontrolle macht. Emotionale Beziehungen werden so vorwiegend unter der Perspektive der Zweck-Mittel-Relation gesehen und damit tendenziell instrumentalisiert. Erziehungsmaßnahmen erscheinen als beliebig antrainierbare und isolierbare Lenkungstechniken; das Kind wird zum bloßen Objekt degradiert. Ein ähnliches *Subjektmodell*, das zweckrationales Handeln zum dominanten Handlungstyp erhebt, findet sich in den Funktionsmodellen der Leistungsmotivation, die nach der „kognitiven Wende“ entwickelt wurden (vgl. HECKHAUSEN 1977a und b). Dort wird der Leistungsmotivierte als ein in sich frei, zweckrational und selbstverantwortlich entscheiden-könnendes Individuum beschrieben, ohne daß auf die Bedingungen eines solchen Verhaltens eingegangen wird. Ebenso unproblematisiert bleibt die Unterstellung eines rationalen Entscheidungsprozesses durch das Modell, der voll und ganz den einstigen Platz von „Motivation“ eingenommen zu haben scheint (vgl. dazu ULICH 1979a).

5 Aggressivität

Aggressivität ist die *Bereitschaft, anderen Menschen Schaden zuzufügen.* In bestimmten Typen von Situationen und sozialen Beziehungsstrukturen (Durchsetzung, Abhängigkeit, Selbstdarstellung, Konflikt, „Leistung“, Spiel und Arbeit usw.) tendiert ein aggressiv gestimmter Mensch eher als andere dazu, in gezielter Weise „schädigende Reize“ auszuteilen (vgl. SELG 1974, S. 15f.). Aggressive Verhaltensweisen sind solche, die anderen Individuen „aktiv und zielgerichtet Schaden zufügen, sie schwächen oder in Angst versetzen“ (FÜRNTRATT 1974, S. 283). Aggressionen können direkt oder indirekt, offen oder verdeckt, von der Gesellschaft gebilligt oder mißbilligt sein. Ihre spezifische Gerichtetheit (Intention, Zweck) muß aus dem Handlungskontext erschlossen werden, weshalb Antezedenzien und Konsequenzen der Handlung genau zu analysieren sind (vgl. SELG 1974, S. 283). Man kann verschiedene Formen aggressiven Verhaltens unterscheiden wie z.B. instinktive Aggression, primäre Aggression, Pseudoaggression, Ärgeraggression, verselbständigte Aggression usw. (vgl. FÜRNTRATT 1974, S. 283; NOLTING 1978, S. 87). Die wichtigste Art ist die der instrumentellen Aggression, bei der das „Austeilen schädigender Reize“ in den Dienst bestimmter Ziele (Bereicherung, Machtbehauptung, Zerstörung) gestellt wird.

Aggressive Menschen definieren Situationen so, daß sie ein „Austeilen schädigender Reize“ jeweils für ebenso erforderlich wie auch effektiv halten. Aggressivität ist also im Sinne der motivationstheoretischen Einleitung dieses Beitrags durchaus ein „Motiv“, nämlich ein Bezugssystem der Handlungsplanung und -bewertung. Über die Entstehung derartiger individueller Bezugssysteme weiß man sehr wenig. Die bekanntesten Theorien der Aggression wie etwa die von FREUD, die Frustrations-Aggressions-Theorie aus der HULL-Schule (DOLLARD u.a. 1971) und der lerntheoretische Ansatz von BANDURA (1979) und seinen Mitarbeitern unterscheiden sich vor allem darin, inwieweit sie Aggression als angeboren oder erlernt, als reaktiv oder spontan auffassen, welche Beeinflussungsmöglichkeiten sie einräumen, wie sie biographische Bedingungen und Aktualgenese analysieren (vgl. HANKE u.a. 1976, LISCHKE 1972, NOLTING 1978). Konkrete Sozialisationsbedingungen kennt man bisher kaum. Die hier interessierenden empirisch orientierten Theorien machen meist nur Aussagen darüber, unter welchen aktuellen Bedingungen es in einer konkret gegebenen Situation zu aggressivem Verhalten kommt und welche lerntheoretischen „Gesetzmäßigkeiten“ dabei wirksam sind. Sowohl die gesellschaftlichen wie auch die lerngeschichtlichen Bedingungen werden meist hierbei ausgeklammert (vgl. auch HANKE u.a. 1976, S. 143 und 158). In Laborexperimenten wurde die Aktualgenese aggressiven Verhaltens untersucht; Längsschnittstudien fehlen dagegen weitgehend. Die wenigen bisher bekannten Kenntnisse lassen sich unter folgenden beiden Fragestellungen systematisieren: Welche Lernprinzipien spielen beim Aufbau aggressiver Verhaltenstendenzen eine Rolle? Welches sind die konkreten (z.B. familialen) Sozialisationsbedingungen aggressiven Verhaltens?

5.1 Erlernen aggressiver Verhaltenstendenzen

Es gibt gesicherte Erkenntnisse darüber, daß sowohl *„Lernen durch Erfolg“* wie auch *„Lernen durch Beobachtung“* beim Erwerb aggressiver Verhaltensbereitschaften mitwirken (vgl.

BELSCHNER 1971, NOLTING 1978). Für die Aufrechterhaltung von Aggressionsbereitschaft ist zusätzlich das Prinzip der Selbstbekräftigung mit verantwortlich (vgl. HECKHAUSEN 1976b). Wenn etwa aggressive Handlungen in 80% aller Fälle positive Folgen für deren Urheber haben (vgl. HECKHAUSEN 1976b, S. 91), wenn Beachtung, Durchsetzung, scheinbare Konfliktlösung, Bereicherung oder Vermeidung drohender Nachteile die Folge von Aggressionen sind, dann hat man bereits wichtige Bekräftiger als Lernbedingungen ermittelt. Es entstehen „Erwartungen von Erfolg durch aggressives Verhalten" als sekundäre Motive (BELSCHNER 1971, S.

Tabelle 2: Bedingungen aggressiven Verhaltens (NOLTING 1978, S. 108).

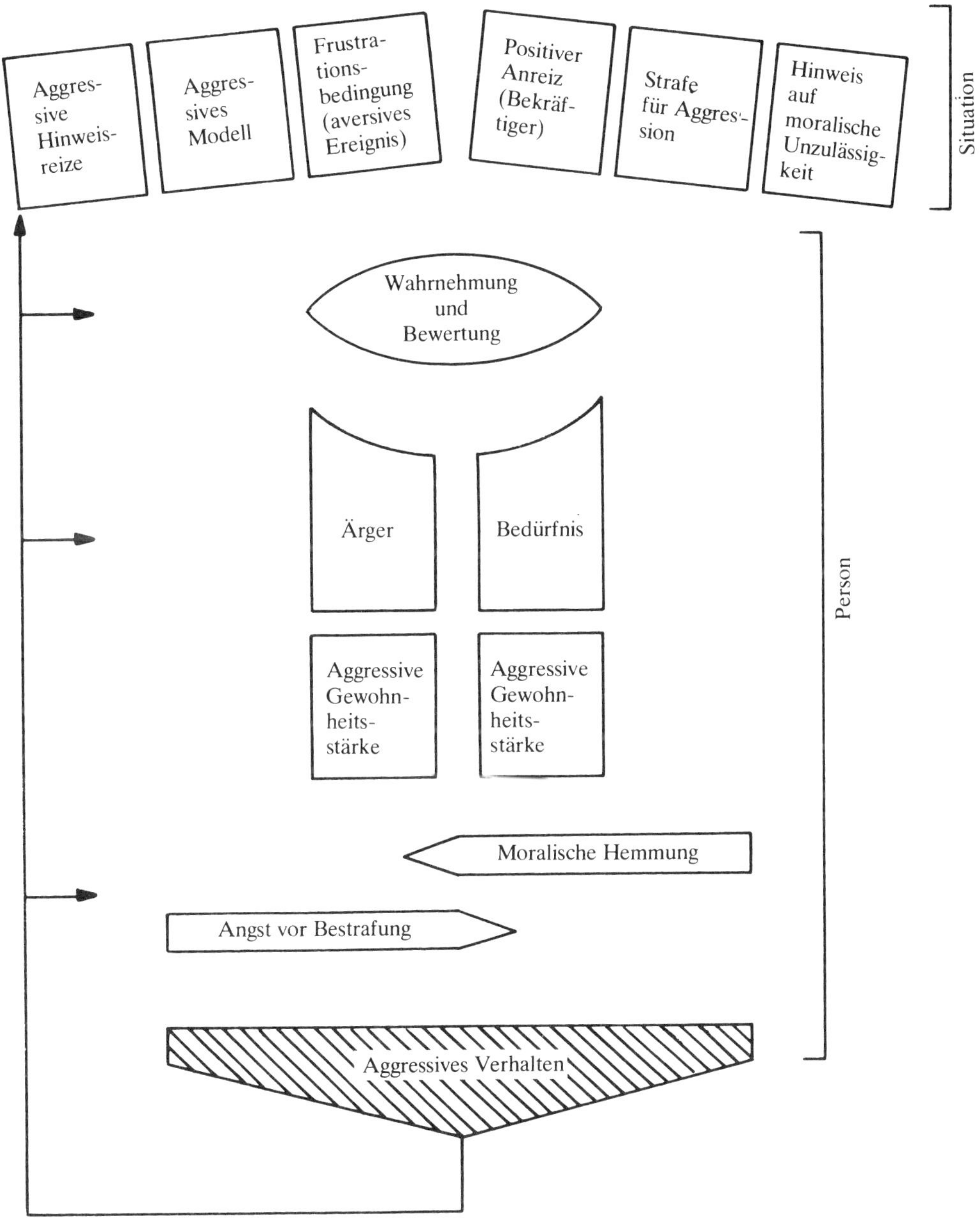

59ff.). Erfolgreiche aggressive Modelle – real oder symbolisch vermittelt – können als Übermittler von Erfolgserwartungen und entsprechenden Verhaltensmustern noch effizienter wirken, weil vom Beobachter globale generative Einstellungssysteme aufgebaut werden.

5.2 *Sozialisation aggressiven Verhaltens*

Erziehungspraktiken und Sanktionsmuster in der Familie, die in der frühen Kindheit vermittelten Wertvorstellungen und die vom Kind entwickelten Normwerte für die Selbstbewertung sind ebenso von Einfluß wie das Vorbild der Eltern, d.h. deren vorgelebte Art der Konfliktlösung, Partnerbeziehung, Kindererziehung usw. (vgl. HECKHAUSEN 1976b, S. 91). Nicht-konsequente Erziehung hat ungünstige Wirkungen, weil die nur gelegentliche Bestrafung von aggressivem Verhalten (intermittierende Verstärkung) besonders nachhaltig wirkt: Mißerfolge werden vom Kind in der Erfolgserwartung mit eingeplant (BELSCHNER 1971, S. 61ff.). Überdies hat die Bestrafung aggressiven Verhaltens einen „Bumerangeffekt", weil das Kind trotz Verbots die Anwendbarkeit und den „Erfolg" aggressiven Verhaltens am eigenen Leib erfährt (BELSCHNER 1971, S. 81ff.). MANTELL (1978) hat in seinem bereits erwähnten Vergleich der Biographien von Kriegsfreiwilligen und Kriegsdienstverweigerern wichtige *Sozialisationsbedingungen gewalttätigen Verhaltens* aufgedeckt: Gefühlskälte und Feindseligkeit der Eltern untereinander und gegenüber den Kindern, Verständnislosigkeit gegenüber den Kindern, aggressive Strenge und Unterdrückung der Kinder verbunden mit emotionaler Verwahrlosung und Anleitung zu aggressivem Verhalten außerhalb der Familie, körperliche Bestrafung, Geringschätzung künstlerischer und intellektueller Werte, Hochschätzung „männlicher" und kriegerischer Tugenden. Abgesehen von derart extremen Erziehungsmilieus gibt es auch Umweltbedingungen, die für bestimmte Gruppen von Individuen hohe Frustrationen, Entbehrungen und Leiden mit sich bringen und so aggressives Verhalten begünstigen können (vgl. NOLTING 1978, S. 52ff.).

NOLTING (1978, S. 108) hat auf der Grundlage empirischer Untersuchungen die Interaktionsbeziehungen zwischen einerseits situativen und andererseits persongebundenen Steuerungsfaktoren aggressiven Verhaltens symbolisch dargestellt (vgl. Tab. 2). Wir geben dieses Schema wieder als abschließende Zusammenfassung.

6 Angst

Unter sozialisationstheoretischem Aspekt interessiert, welche spezifischen Umweltkonstellationen, Interaktionsstrukturen, Lernbedingungen sowie Formen und Möglichkeiten der Auseinandersetzung mit der dinglichen und sozialen Umwelt der Entstehung individueller Angstbereitschaft begünstigen. Der Begriff der „*Angstbereitschaft*" bezeichnet eine erworbene generalisierte Handlungsorientierung; *ängstliche Menschen* zeigen die *Tendenz, in bestimmten Situationen Bedrohung, Ungewißheit und Hilflosigkeit zu erleben* (vgl. WEIDENMANN 1978, S. 19ff.). Sie bewerten Situationen so, daß sie eine Diskrepanz zwischen der (objektiven) Anforderungsstruktur und ihren eigenen Bewältigungskompetenzen erfahren. Sie entwickeln eine Neigung, Auseinandersetzungen mit der Umwelt zu vermeiden, wenn bestimmte Warnreize angstmachende Situationen ankünden (vgl. SCHIEFELE 1978, S. 287). Das Erleben von Angst setzt freilich – im Gegensatz etwa zur Depression – voraus, daß überhaupt Bedürfnisse und Interessen bewußt sind, deren Realisierung gefährdet erscheint (vgl. SCHIEFELE 1978, S. 300).

6.1 *Angst als Sonderfall von Problembewältigung*

Obwohl ein Großteil der heute bekannten Verhaltensstörungen und psychosomatischen Erkrankungen auf Angst zurückzuführen sind (BIRBAUMER 1977a, S. 35), gibt es zwar eine unüberschaubare Zahl von Operationalisierungsversuchen, aber keinen einheitlichen Angstbegriff, der die Forschung anleiten könnte. Unter anderem in der Folge der Arbeiten von LAZARUS (1966, 1974) hat sich heute eine *kognitive Auffassung von Angst und Angstbewältigung* durchgesetzt. Angst und Angstbewältigung sind untrennbar miteinander verbunden, denn „Qualität und Intensität der Emotion ist wesentlich von der Art und dem Ausgang des damit verbundenen Bewältigungsversuchs abhängig" (BIRBAUMER 1977a, S. 31). Sowohl die emotionale Reaktion wie auch die Situationseinschätzung und -bewältigung sind durch kognitive Prozesse der Informationssuche und -verarbeitung, der Bewertung, Planung und Neueinschätzung vermittelt (vgl. auch KROHNE 1975, S. 54ff.). Angst ist subjektiv repräsentiert in Kognitionen wie „Selbstzweifel“, „Inkompetenzerleben“, „Mißerfolgserwartung“, Initiativelosigkeit, Planungsunfähigkeit u.a. (vgl. KROHNE 1977, S. 443).

Angst ist somit akzidentieller Bestandteil der ständigen Versuche des Individuums, bedürfnisorientierte und realitätsangemessene Handlungen zu erzeugen. Angstbewältigung erscheint als Sonderfall allgemeiner Problem- und Krisenbewältigung („coping“ bei LAZARUS). Aufbauend auf der Theorie von LAZARUS (1966 und 1974), auf dem Handlungsmodell von MILLER/GALANTER/PRIBRAM (1973) sowie auf dem Tätigkeitskonzept von LEONTJEW (1977) hat WEIDENMANN (1978) ein Prozeßmodell entwickelt, das *Angst* versteht als eine „auf Situationsbewältigung gerichtete Antizipationsstruktur“ (WEIDENMANN 1978, S. 31). Situation, Intention, Handlungsentwurf und Handlungsablauf werden antizipiert bzw. kognitiv repräsentiert und im Hinblick auf die nicht erwünschten und die erwarteten Ergebnisse gewertet. *Wird Nichtbewältigung einer Problemsituation antizipiert, so spricht man von „Angst“*, wobei dieser Begriff nicht eine resultierende Begleitemotion, sondern den gesamten Komplex der antizipierenden Handlungsplanung und -bewertung meint.

6.2 Sozialisation von Angst

Unter sozialisationstheoretischem Gesichtspunkt muß nun besonders nach jenen Kompetenzen gefragt werden, die auch dann noch Handlungen in Gang bringen, wenn Nichtbewältigung antizipiert wird, wenn also zentrale Bedürfnisse und Interessen betroffen, routinemäßige Lösungen unmöglich, Handlungsergebnisse ungewiß und nicht eindeutig planbar sind und wenn verfügbare Mittel und Fähigkeiten zur Bewältigung nicht mehr ausreichen.

Von ebenso großer sozialisationstheoretischer Bedeutung sind die individuellen (und Gruppen-)Unterschiede in der Tendenz, Diskrepanzen zwischen Anforderungen und eigenen Bewältigungsmöglichkeiten wahrzunehmen. Von ganz entscheidender Bedeutung scheint hier das Ausmaß zu sein, in dem jemand gelernt hat, Ereignisse vorherzusagen und zu „kontrollieren“, indem er aufgrund einer Kenntnis der Zusammenhänge zwischen Handlungsbedingungen, eigenen Handlungen und Effekten gezielt planen und tätig werden kann (vgl. SELIGMAN 1979, FREY u.a. 1977). Nahezu alle Angsttheorien haben darauf verwiesen, daß Intensität und Generalität der Angst von der erlebten Vorhersagbarkeit, Erklärbarkeit und Beeinflußbarkeit aversiver Ereignisse abhängen (vgl. auch BIRBAUMER 1977a, S. 34).

Es gibt jedoch auch objektive Unterschiede in der Vorhersehbarkeit und Kontrollierbarkeit von Umweltereignissen und Lebensbedingungen, die Angstbereitschaft beeinflussen. Für HOLZKAMP-OSTERKAMP (1976, S. 65) ist Angst „die erlebte Bedrohung durch Antizipation des Ausgeliefertseins an die zufälligen und undurchschaubaren aktuellen Lebensbedingungen“, die nicht für alle Mitglieder einer Gesellschaft in gleicher Weise zufällig und undurchschaubar sind bzw. so erscheinen. Von diesen objektiven Umweltmerkmalen hängt es immer auch ab, ob und inwieweit Personen generalisierte Erwartungen im Hinblick auf die Kontrollierbarkeit (und damit auch Planbarkeit, Bewältigung, Vermeidung usw.) von Ereignissen und Handlungen entwickeln können (vgl. dazu auch ROTTER 1975). Für den Sozialisationsprozeß folgt daraus, daß man präventiv Lernbedingungen schaffen muß, die dem Kind die *Erfahrung „kausaler Potenz“* ermöglichen. Bewältigungskompetenz kann sich nur entwickeln, wenn Kinder begrenzte Erfahrungen ihrer eigenen Unzulänglichkeit und zugleich Erfahrungen ihrer eigenen Möglichkeiten machen. Angst und Angstbewältigung müssen aus der persönlichkeits- und situationsspezifischen Interaktion der Belastungsvalenz objektiver und subjektiv bewerteter Lebenssituationen und der individuell entwickelten Bewältigungskompetenz verstanden werden (vgl. ULICH 1977).

Es erweist sich also als notwendig, Angst immer im Zusammenhang mit bestimmten Umweltereignissen – z.B. einer Aufgabe – und der darauf bezogenen Tätigkeit zu untersuchen. Hierzu formuliert WEIDENMANN (1978, S. 26) die folgenden Anforderungen: a) „Analyse der objektiven Anforderungsstruktur der Tätigkeit“ und b) „Explikation von Bedrohung, Ungewißheit und Hilflosigkeit im Zusammenhang mit der Realisierung dieser Anforderungsstruktur“. Die objektiven Merkmale (z.B. Streßfaktoren) werden als „Angstpotential“ bezeichnet. „Angst“ bedeutet hingegen die subjektiv erlebte Bedrohung, Ungewißheit und Hilflosigkeit bei dem Versuch, die kognitiv

repräsentierte Anforderungsstruktur durch individuelles Handeln zu realisieren (WEIDENMANN 1978).
Inwieweit gehen nun die bekannten Angsttheorien (vgl. KROHNE 1975; SCHIEFELE 1978, S. 286ff.) auf das skizzierte Konzept und die damit verbundenen Forschungsaufgaben ein? Zumindest FREUD hat das *Spannungsverhältnis zwischen normativen Anforderungsstrukturen und zu entwickelnder Bewältigungskompetenz* (vgl. Realitätsprinzip, Ich-Funktionen und Abwehrmechanismen) in seiner Konflikttheorie der Sozialisation hinreichend thematisiert. Er hat auch eine Reihe von heuristisch und therapeutisch fruchtbaren Annahmen über die Entstehungsbedingungen und Wirkungen von „Realangst", „Gewissensangst" und „neurotischer Angst" entwickelt. Die zweite große Gruppe von Angsttheorien, die lerntheoretischen Modelle, teilen mit FREUD die Auffassung, daß Angst die Bedeutung eines Warnsignals hat, das ursprünglich mit einer realen Gefahr gekoppelt war und nun Vermeidungsverhalten initiiert. Deutlicher als FREUD betonen jedoch Lerntheoretiker, daß *Angst als „Vermeidungsmotiv"* auf bestimmte Lernprozesse zurückgeht, die prinzipiell denselben formalen Prinzipien folgen wie der Erwerb anderer „sekundärer" Motive (vgl. MOWRER 1960, SELIGMAN/JOHNSTON 1973, BIRBAUMER 1977b). Das Vermeidungsverhalten wird dadurch erklärt, daß es die konditionierten Angstreize reduziert. Will man die Angst selbst und das dadurch ausgelöste Vermeidungsverhalten therapeutisch beseitigen, so muß man die Erwartung eines aversiven Ereignisses als unbegründet belegen und zur Auflösung bringen (z.B. durch den Aufbau alternativer Verhaltensweisen, vgl. BIRBAUMER 1977a).
Sowohl psychoanalytische wie auch lerntheoretische Annahmen leiden darunter, daß sie kaum auf systematischen Langzeitbeobachtungen familialer Sozialisationsvorgänge beruhen. Wichtige Erkenntnisse über die Entstehung von Angst bzw. über die Entwicklung entsprechender präventiver Kompetenzen wie Selbstvertrauen, Orientierungsfähigkeit, Streßresistenz und „Ich-Stärke" stammen eher aus anderen, wenn auch verwandten Forschungsbereichen. So hat zum Beispiel die Leistungsmotivationsforschung einige Bedingungen für die Entstehung von Mißerfolgsängstlichkeit aufgezeigt; die Erziehungsstilforschung weist auf Zusammenhänge zwischen Bekräftigungs- und Sanktionsverhalten der Eltern und kindlicher Persönlichkeitsentwicklung hin; aus der klinischen Psychologie gibt es zahlreiche Hinweise auf die Bedeutung bestimmter Entwicklungsbedingungen und kognitiver Vermittlungsprozesse der Angst (vgl. LAUX/KROHNE 1979, TUNNER 1978). Innerhalb der empirischen Angstforschung im engeren Sinne hat man sich viel zu wenig mit Sozialisationsbedingungen und viel zu ausgiebig mit Persönlichkeitskorrelaten von Leistungs- und Prüfungsangst beschäftigt (vgl. dazu SCHIEFELE 1978, S. 291ff.). Die methodischen Probleme sind inzwischen unübersehbar geworden (vgl. BIRBAUMER 1977a, S. 27 und 29; SCHIEFELE 1978, S. 286, 298, 299; WEIDENMANN 1978, S. 33ff., 48ff.).

Schlußbemerkung

Wir beschließen unsere Darstellung von Theoriebildung und Forschungsstand über motivationale Sozialisation mit zwei allgemeinen Feststellungen: Erstens hatte die Darstellung *exemplarischen* Charakter: Sie bezog sich auf die Sozialisation von Exploration, Sexualität, Leistungsmotivation, Aggressivität und Angst. Andere, hier nicht behandelte Motivationen wie Hilfsbereitschaft (LÜCK 1975) oder Macht (MCCLELLAND 1978) sind nicht weniger bedeutsam. Zweitens weist die Vielzahl interessanter, aber bisher offener Forschungsprobleme auf die potentielle Ergiebigkeit des Konzepts einer *„motivationalen Sozialisation"* hin, das im Gegensatz zum traditionellen Konzept einer einheitlich-schematischen *„Motivgenese"* individuelle motivationale Entwicklungsunterschiede a) zu erfassen und b) auf ihre sozialstrukturelle Bedingtheit hin zu analysieren sucht.

Literatur

ATKINSON, J. W.: Einführung in die Motivationsforschung. Stuttgart, Klett 1975.

BANDURA, A.: Aggression. Eine sozial-lerntheoretische Analyse. Stuttgart, Klett 1979.

BELSCHNER, W.: Das Lernen aggressiven Verhaltens. In: SELG, H. (Hrsg.): Zur Aggression verdammt? Stuttgart, Kohlhammer 1971.

BERLYNE, D. E.: Konflikt, Erregung, Neugier. Zur Psychologie der kognitiven Motivation. Stuttgart, Klett 1974 (Original: N.Y., MacGraw-Hill 1960).

BEXTON, W. H./HERON, W./SCOTT, T. H.: Effects of decreased variation in the sensory environment. In: Canadian Journal of Psychology 8 (1954), S. 70–76.

BIRBAUMER, N.: Angst. In: HERRMANN, Th. u.a. (Hrsg.):

Handbuch psychologischer Grundbegriffe. München: Kösel 1977, S. 27–38. 1977a.
BIRBAUMER, N.: Psychophysiologie der Angst. München, Urban & Schwarzenberg 1977b.
BRODERICK, C. B.: Kinder- und Jugendsexualität. Sexuelle Sozialisierung. Reinbek, Rowohlt 1970.
COFER, C. N./APPLEY, M. H.: Motivation: theory and research. N.Y., Wiley & Sons 1964.
DOLLARD, J. u.a.: Frustration und Aggression. Weinheim, Beltz 1971.
FEND, H.: Gesellschaftliche Bedingungen schulischer Sozialisation. Weinheim, Beltz 1974.
FEND, H.: Konformität und Selbstbestimmung. Weinheim, Beltz 1971.
FREUD, S.: Drei Abhandlungen zur Sexualtheorie. Frankfurt, Fischer 1965 (Original: London, Imago 1904).
FREUD, S.: Abriß der Psychoanalyse. Frankfurt, Fischer 1953 (Original: London, Imago 1938).
FREY, S. u.a.: Theorie der kognitiven Kontrolle. Bericht aus dem Sonderforschungsbereich 24 der Universität Mannheim. Mannheim 1977.
FRICKER, R./LERCH, J.: Zur Theorie der Sexualität und der Sexualerziehung. Weinheim, Beltz 1976.
FÜRNTRATT, E.: Angst und instrumentelle Aggression. Weinheim, Beltz 1974.
GETZELS, J. W.: The problem of interests: a reconsideration. In: ROBINSOHN, H. A. (Hrsg.): Reading: Seventy-five years of progress. Suppl. Ed. Monographs 96 (1966), S. 97–106.
GIESE, H./SCHMIDT, G.: Studenten-Sexualität. Verhalten und Einstellung. Reinbek, Rowohlt 1968.
GRAUMANN, C. F.: Einführung in die Psychologie. Bd. 1: Motivation. Stuttgart, Huber 1969.
HALISCH, F./BUTZKAMM, J./POSSE, N.: Selbstbekräftigung. Theorieansätze und experimentelle Erfordernisse. In: Zeitschrift für Entwicklungspsychologie und Pädagogische Psychologie 8 (1976), S. 145–164.
HANKE, B./HUBER, G. L./MANDL, H.: Aggressiv und unaufmerksam. München, Urban & Schwarzenberg 1976.
HARTEN-FLITNER, E.: Leistungsmotivation und soziales Verhalten. Weinheim, Beltz 1978.
HAUSSER, K.: Die Einteilung von Schülern. Theorie und Praxis schulischer Differenzierung. Weinheim, Beltz 1980.
HAUSSER, K./KRAPP, A.: Wissenschaftstheoretische und methodologische Implikationen einer pädagogischen Theorie des Interesses. In: Z. f. Päd. 25 (1979), S. 61–79.
HECKHAUSEN, H.: Achievement motivation and its constructs. A cognitive model. In: Motivation and Emotion. 1977, H. 1, S. 283–329. (1977a).
HECKHAUSEN, H.: Motiv und Motivation. In: HERRMANN, Th. u.a. (Hrsg.): Handbuch psychologischer Grundbegriffe. München, Kösel 1977, S. 296–313. (1977b).
HECKHAUSEN, H.: Relevanz der Psychologie als Austausch zwischen naiver und wissenschaftlicher Verhaltenstheorie. In: Psychologische Rundschau 27 (1976), S. 1–11. (1976a).
HECKHAUSEN, H.: Motive und ihre Entstehung. In: GRAUMANN, C. F. u.a.: Funkkolleg Pädagogische Psychologie (Studienbegleitbriefe), Teil II: Entwicklung und Motivation. Weinheim, Beltz 1976, S. 69–106. (1976b).
HECKHAUSEN, H.: Motive und ihre Entstehung. In: WEINERT, F. E. u.a. (Hrsg.): Funkkolleg Pädagogische Psychologie. Bd. 1. Frankfurt, Fischer 1975, S. 133–172.
HECKHAUSEN, H.: Die Interaktion der Sozialisationsvariablen in der Genese des Leistungsmotivs. In: GRAUMANN, C. F. (Hrsg.): Handbuch der Psychologie. Bd. VII/2 (Sozialpsychologie). Göttingen, Hogrefe 1972, S. 955–1019.
HECKHAUSEN, H.: Einflüsse der Erziehung auf die Motivgenese. In: HERRMANN, Th. (Hrsg.): Psychologie der Erziehungsstile. Göttingen, Hogrefe 1966, S. 131–180.
HITE, S.: Hite Report. Das sexuelle Erleben der Frau. München, Bertelsmann 1977 (Original: N.Y. 1976).
HOLZKAMP-OSTERKAMP, U.: Motivationsforschung. Band 2. Frankfurt, Campus 1976.
HUNT, J. McV.: Intrinsic motivation and its role in psychological development. In: LEVINE, D. (Hrsg.): Nebraska Symposium on Motivation 1965. Lincoln, University of Nebraska Press 1965, S. 189–282.
Journal of Abnormal Psychology. Special Issue: Learned helplessness as a model of depression. February 1978, Volume 87, Number 1.
KELLER, H./VOSS, H. G.: Neugier und Exploration. Theorien und Ergebnisse. Stuttgart, Kohlhammer 1976.
KENTLER, H.: Sexualerziehung. Reinbek, Rowohlt 1970.
KINSEY, A. C.: Das sexuelle Verhalten der Frau. Frankfurt, Fischer 1965.
KINSEY, A. C.: Das sexuelle Verhalten des Mannes. Frankfurt, Fischer 1964.
KNÖRZER, W.: Lernmotivation. Weinheim, Beltz 1976.
KRIEGER, R.: Determinanten der Wißbegier. Untersuchungen zur Theorie der intrinsischen Motivation. Bern, Huber 1976.
KROHNE, H. W.: Diskussionen und Ergebnisse des Symposiums „Angst und Streß in Leistungssituationen". In: TACK, H. W. (Hrsg.): Bericht über den 30. Kongreß der Deutschen Gesellschaft für Psychologie. Göttingen, Hogrefe 1977, S. 443–447.
KROHNE, H. W.: Angst und Angstverarbeitung. Stuttgart, Kohlhammer 1975.
LAUX, L./KROHNE, H. W. (Hrsg.): Stress and anxiety. New York, Wiley 1979.
LAZARUS, R. S.: Psychological stress and the coping process. New York: McGraw Hill 1966.
LAZARUS, R. S./AVERILL, J. A./OPTON, E. M.: The psychology of coping. In: COELHO, C. V. u.a. (Hrsg.): Coping and adaptation. New York, Wiley 1974, S. 249–315.
LEONTJEW, A. N.: Tätigkeit, Bewußtsein, Persönlichkeit. Stuttgart, Klett 1977.
LISCHKE, G.: Aggression und Aggressionsbewältigung. Freiburg, Alber 1972.
LÜCK, H. E.: Prosoziales Verhalten. Empirische Untersuchungen zur Hilfeleistung. Königstein, Hain 1975.
MANTELL, D. M.: Familie und Aggression. Frankfurt, Fischer 1978.
MASTERS, W. H./JOHNSON, V. E.: Die sexuelle Reaktion. Reinbek, Rowohlt 1970 (Original: Boston, Mass., Little & Brown 1966).
MCCLELLAND, D.: Macht als Motiv. Stuttgart, Klett 1978.
MEAD, M.: Jugend und Sexualität in primitiven Gesellschaften. Band 1–3. München, Deutscher Taschenbuch Verlag 1970 (Original: N.Y., Morrow 1928, 1930, 1935).
MILLER, G. A./GALANTER, E./PRIBRAM, K. H.: Strategien des Handelns. Stuttgart, Klett 1973.
MOWRER, O. H.: Learning theory and behavior. New York: Wiley 1960.
NACHTIGAL, G. G.: Infantile Sexualität und späteres Sexualverhalten. Ergebnisse einer Befragung an 2835 männlichen Studenten Westdeutschlands. Dissertation. Universität Hamburg 1969.
NOLTING, H.-P.: Lernfall Aggression. Reinbek, Rowohlt 1978.
OERTER, R.: Moderne Entwicklungspsychologie. Donauwörth, Auer (13. Aufl.) 1973.

PIAGET, J.: Das Erwachen der Intelligenz beim Kinde. Stuttgart, Klett 1969 (Original: Néuchâtel 1936).

REISS, I. L.: Freizügigkeit, Doppelmoral, Enthaltsamkeit. Verhaltensmuster der Sexualität. Reinbek, Rowohlt 1970.

ROSEN, B. C./D'ANDRADE, R.: The psychosocial origins of achievement motivation. In: Sociometry 22 (1959), S. 185–218.

ROTTER, B.: Some problems and misconceptions related to the construct of internal versus external control of reinforcement. In: Journal of consulting and clinical psychology 43 (1975), S. 56–67.

RUBINSTEIN, S.: Die Interessen. In: THOMAE, H. (Hrsg.): Die Motivation menschlichen Handelns. S. 136–144. Köln: Kiepenheuer & Witsch (6. Aufl.) 1970.

RUST, L. W.: Interests. In: BALL, S. (Hrsg.): Motivation in education. N.Y., Academic Press 1977, S. 131–146.

SCHIEFELE, H.: Lernmotivation und Motivlernen. Grundzüge einer erziehungswissenschaftlichen Motivationslehre. München, Ehrenwirth (2. Aufl.) 1978.

SCHIEFELE, H./HAUSSER, K./SCHNEIDER, G.: „Interesse" als Ziel und Weg der Erziehung. Überlegungen zu einem vernachlässigten pädagogischen Konzept. In: Z. f. Päd. 25 (1979), S. 1–20.

SCHLÖMERKEMPER, J.: Konfliktquellen im reformierten Schulsystem. Der Schüler im Widerspruch zwischen Entfremdung und Emanzipation. In: TILLMANN, K. J. (Hrsg.): Sozialpädagogik in der Schule. Neue Ansätze und Modelle. München, Juventa 1976.

SCHMALT, H.-D.: Messung des Leistungsmotivs. Göttingen, Hogrefe 1976.

SCHMALT, H.-D./MEYER, W.-U. (Hrsg.): Leistungsmotivation und Verhalten. Stuttgart, Klett 1976.

SCHMIDT, G.: Sexuelle Motivation und Kontrolle. In: FISCHER, W./RUHLOFF, J./SCARBATH, H./SCHULZE, Th./THIERSCH, H. (Hrsg.): Inhaltsprobleme in der Sexualpädagogik. S. 45–61. Heidelberg: Quelle & Meyer 1973.

SCHNEIDER, G./HAUSSER, K./SCHIEFELE, H.: Bestimmungsstücke und Probleme einer pädagogischen Theorie des Interesses. Z. f. Päd. 25 (1979), S. 43–60.

SCHORB, B.: Leistung und Sozialisation. München, Kösel 1976.

SCHWENGER, H.: Antisexuelle Propaganda. Sexualpolitik in der Kirche. Reinbek, Rowohlt 1969.

SELG, H.: Menschliche Aggressivität. Göttingen, Hogrefe 1974.

SELG, H./GLOMBITZA, Ch./LISCHKE, G. (Hrsg.): Psychologie des Sexualverhaltens. Stuttgart, Kohlhammer 1979.

SELIGMAN, M. E. P.: Erlernte Hilflosigkeit. München, Urban & Schwarzenberg 1979.

SIGUSCH, V./SCHMIDT, G.: Veränderungen der Jugendsexualität zwischen 1960 und 1970. In: FISCHER, W./RUHLOFF, J./SCARBATH, H./SCHULZE, Th./THIERSCH, H. (Hrsg.): Inhaltsprobleme in der Sexualpädagogik. Heidelberg, Quelle & Meyer 1973, S. 62–86.

THIERSCH, R.: Sexualerziehung. In: HUNDERTMARCK, G./ULSHOEFER, H. (Hrsg.): Kleinkindererziehung. S. 161–183. München, Kösel 1972.

THOMAE, H. (Hrsg.): Handbuch der Psychologie, Bd. II/2 (Motivation). Göttingen: Hogrefe 1965a.

THOMAE, H. (Hrsg.): Die Motivation menschlichen Handelns. Köln, Kiepenheuer & Witsch 1965b.

TRUDEWIND, C.: Die Entwicklung des Leistungsmotivs. In: SCHMALT, H.-D./MEYER, W.-U. (Hrsg.): Leistungsmotivation und Verhalten. Stuttgart, Klett 1976, S. 193–219.

TUNNER, W.: Angst, Angstabwehr und ihre therapeutische Veränderung. In: PONGRATZ, L. (Hrsg.): Handbuch der Psychologie, Bd. VIII/2 (Klinische Psychologie). Göttingen, Hogrefe 1978, S. 2231–2268.

ULICH, D.: Rationalismus und Subjektivismus in ‚kognitiven' Motivationstheorien. In: Zeitschrift für Pädagogik 25 (1979a), S. 21–41.

ULICH, D.: Pädagogische Interaktion. Theorien erzieherischen Handelns und sozialen Lernens. Weinheim: Beltz (2. Aufl.) 1979b.

ULICH, D.: Angstbewältigung und kognitive Kontrolle: Perspektiven der Forschung. Projekt-Papier, München 1977.

ULICH, D.: Konflikt und Persönlichkeit. Psychologische Modelle und ihre Bedeutung für die Pädagogik. München, Oldenbourg 1971.

ULICH, D./HAUSSER, K.: Methodologische Probleme bei der Untersuchung kognitiver Kontrolle (Kausalattribuierung und coping). In: ECKENSBERGER, L. (Hrsg.): Bericht über den 31. Kongreß der Deutschen Gesellschaft für Psychologie in Mannheim 1978. Band 1. Göttingen, Hogrefe 1979, S. 512–515.

VERNON, J. A./HOFFMAN, J.: Effect of sensory deprivation on learning rate in human beings. In: Science 123 (1956), S. 1074–1075.

VERNON, M. D.: Human motivation. London, Cambridge University Press 1969.

VIDLER, D. C.: Curiosity. In: BALL, S. (Hrsg.): Motivation in education. S. 17–44. N.Y., Academic Press 1977.

VOLPERT, W.: Handlungsstrukturanalyse als Beitrag zur Qualifikationsforschung. Köln, Pahl-Rugenstein 1974.

WAHBA, M. A./HOUSE, R. J.: Expectancy theory in work and motivation: Some logical and methodological issues. In: Human Relations 27 (1972), S. 121–147.

WEIDENMANN, B.: Lehrerangst. Ein Versuch, Emotionen aus der Tätigkeit zu begreifen. München, Ehrenwirth 1978.

WEINER, B.: Theorien der Motivation. Stuttgart, Klett 1976.

Moralische Sozialisation

Hans Bertram

1 Einleitung

„Die beste Huldigung, die man seinem starken positiven Geist darbringen kann, ist, für einen Augenblick seine große Autorität zu vergessen" (PIAGET 1972, S. 409).

Als PIAGET dies vor rund 40 Jahren in seiner Kritik an DURKHEIMS Theorie der moralischen Sozialisation schrieb, kam DURKHEIMS Ansatz im französischen Kulturraum in etwa die Bedeutung zu (NISBET 1975, KÖNIG 1978), die heute die Theorie der moralischen Entwicklung von KOHLBERG (1974) für moralpädagogische Konzepte und entwicklungspsychologische Analysen der Wertentwicklung hat. Das zeigt die Fülle der Publikationen, die im Kontext von KOHLBERGS Konzept stehen. Von ca. 800 seit 1968 publizierten Artikeln zur Moralentwicklung oder moralischen Sozialisation (DIMDI, o.J.) orientieren sich mehr als zwei Drittel an dem kognitiven Entwicklungsmodell der moralischen Urteilsbildung von KOHLBERG. Inzwischen gibt es eine Reihe von Übersichtsarbeiten und Sammelbänden, die diesen und verwandte Ansätze dargestellt haben (DÖBERT/NUNNER-WINKLER 1975, KAY 1975, COULIN 1977, DÖBERT/HABERMAS/NUNNER-WINKLER 1977, LIND 1977, ECKENSBERGER/REINSHAGEN 1978, PORTELE 1978), so daß sich auch der deutsche Leser hinreichend mit dem immensen Forschungsmaterial zu diesem Ansatz vertraut machen kann. Mir scheint es daher angebracht zu sein, in ähnlich kritischer, aber durchaus positiver Distanz wie PIAGET gegenüber DURKHEIM den kognitiven Ansatz der moralischen Entwicklung zu diskutieren, weil die gegenwärtig überwiegend konsonanten Darstellungen, die sich bemühen, diesen Ansatz interpretativ voranzutreiben, die Inkonsistenzen und Schwächen des Modells eher verdecken als offenlegen.

„Jede Moral ist ein System von Regeln, und das Wesen jeder Sittlichkeit besteht in der Achtung, welche das Individuum für die Regeln empfindet" (PIAGET 1972, S. 7). Wenn PIAGET sich in seinem Werk über das moralische Urteil beim Kinde zunächst nur auf allgemeine entwicklungspsychologische Gesetzmäßigkeiten zur Identifikation des Entwicklungsverlaufs des moralischen Urteils beschränkt, so ist das unproblematisch, weil er am Ende seines Buches sowie in einer Reihe von anderen Schriften (HARTEN 1977 a, b) der Frage nachgeht, welche systematischen Beziehungen zwischen der gesellschaftlichen Struktur und der sie repräsentierenden gesellschaftlichen Ethik und dem individuellen Entwicklungsverlauf des moralischen Bewußtseins besteht. Das unterscheidet den in der Tradition DURKHEIMS stehenden PIAGET von vielen seiner Nachfolger, so auch von KOHLBERG, die diese Fragestellung weitgehend vernachlässigt haben.

Denn gleichgültig, ob man die eher behavioristisch orientierte These vertritt, daß die Achtung vor gesellschaftlichen Regeln auf der Angst vor Sanktionen basiert, die psychoanalytisch orientierte These, daß Achtung vor Regeln auf Internalisierung und Gewissensbildung zurückzuführen sei, oder aber die eher kognitivistische Perspektive, daß das moralische Bewußtsein in einer aktiven Auseinandersetzung mit der Umwelt zur Entwicklung von Prinzipien stimuliert wird, reicht es nicht aus zu zeigen, daß Menschen

tatsächlich aufgrund von Angst vor Sanktionen Regeln achten, ein Gewissen herausbilden oder eine bestimmte Entwicklung durchlaufen. Zunächst kann man nämlich keinerlei Aussagen darüber machen, durch welche sozialen Faktoren individuelle Angst vor Sanktionen, die individuelle Gewissensbildung oder das moralische Bewußtsein in spezifischen Gesellschaften oder Subkulturen beeinflußt wird. In der Diskussion um die moralische Entwicklung wurde zwar immer auf die Interaktion des aktiven Organismus mit seiner Umwelt hingewiesen. Doch während der Organismus immer differenzierter beschrieben und die moralische Entwicklung mit einer Fülle von anderen Entwicklungsverläufen in Beziehung gesetzt wird (KOHLBERG 1976, SELMAN 1976), bleibt die Beschreibung der Umwelt relativ unstrukturiert.
Vor dem Hintergrund dieser Forschungslage soll hier

1. die Beziehung zwischen dem Modell einer autonom-rationalen Moral als Folge gesellschaftlicher Differenzierung von DURKHEIM (1964, 1972) und dem Ansatz von PIAGET zur Erklärung individueller Achtung vor gesellschaftlichen Regeln aufgrund individueller Differenzierungsprozesse (Dezentrierung) nachgezeichnet werden;
2. der integrationistische Ansatz von KOHLBERG diskutiert werden, wobei vor allem die Argumente von KOHLBERG über die Struktur der Umwelt im Vordergrund stehen sollen;
3. die Arbeiten von KOHLBERG, HOFFMAN und BRONFENBRENNER daraufhin untersucht werden, inwieweit das *gesellschaftstheoretische* Differenzierungsmodell von DURKHEIM und das *individualpsychologische* Differenzierungsmodell von PIAGET und KOHLBERG durch eine genauere Beschreibung der *Interaktionsumwelt* des Kindes in Familie und Schule verknüpft werden können;
4. um auf diese Weise sozialstrukturelle, institutionelle und interaktive Faktoren mit der individuellen Achtung vor moralischen Regeln verknüpfen zu können.

All das kann hier nur thetisch formuliert werden. Daher kann diese Arbeit auch nicht die Funktion haben, den Forschungsstand zur moralischen Entwicklung zu repräsentieren. Vielmehr soll mit ihm die Notwendigkeit für eine stärkere Berücksichtigung sozialstruktureller und sozialpsychologischer Faktoren bei der Erforschung moralischer Urteilsprozesse und moralischen Verhaltens begründet werden.

2 Gesellschaftliche Differenzierung: Disziplin, Anschluß an die soziale Gruppe und Autonomie als Elemente einer Moral industrieller Gesellschaften

DURKHEIM (1967, S. 106) und PIAGET (1947) gehen davon aus, daß Gesellschaften auf „der Zusammenarbeit assoziierter Menschen" basieren. Da der einzelne nur aufgrund dieser Zusammenarbeit existieren kann, braucht jede Gesellschaft soziale Regeln, die diese Zusammenarbeit steuern. Das heißt, Regeln werden durch ein Netzwerk reziproker Rechte und Verpflichtungen zwischen Menschen definiert und ihre Funktion ist es, Kooperation zwischen Menschen zu ermöglichen. Die Organisation der gesellschaftlichen Zusammenarbeit variiert mit der gesellschaftlichen Entwicklung, und so kann man auch unterschiedliche Regeln oder Moralsysteme, die der einzelne zu achten hat, je nach gesellschaftlichem Entwicklungsstand unterscheiden.
DURKHEIM und PIAGET unterscheiden idealtypisch zwei Gesellschaftsformen und demgemäß zwei Formen gesellschaftlicher Moralsysteme. *Traditionale Gesellschaften* bestehen aus kleinen, überschaubaren Einheiten mit geringer Bevölkerungszahl, beruhen auf überlieferten, stabilen Regeln der Zusammenarbeit und sind von anderen Gesellschaften schon aufgrund der wenig entwickelten Verkehrs- und Kommunikationsmöglichkeiten isoliert. Solche Gesellschaften sozialisieren die nachfolgende Generation zur Konformität mit vorgegebenen Verhaltensstandards. Da in solchen Gesellschaften die *Ähnlichkeit* der Lebensverhältnisse der Eltern- und Kindgeneration sowie einzelner sozialer Gruppen, wie Sippe oder Nachbarschaft, gewährleistet, daß die durch die Tradition überlieferten Regeln richtigen oder falschen Verhaltens auch von der nachfolgenden Generation zur Beurteilung von Situationen herangezogen werden, genügt die Orientierung an vorgegebenen Regeln. Die soziale Kontrolle in solchen Gesellschaften ist relativ einfach. Man kann sich nur schwer den Autoritäten entziehen, da wegen der geringen Differenziertheit der Gesellschaft in allen Subgruppen die gleichen Autoritäten gelten. Die Bereitschaft zur Zusammenarbeit und

das Bewußtsein der Gruppenzugehörigkeit basieren auf dieser gemeinsamen Lebenserfahrung, die sich an einer quasi-natürlichen Ordnung orientiert. Diese Form des gesellschaftlichen Zusammenlebens und die sie formenden Regeln bezeichnet DURKHEIM als *mechanische Solidarität*, die auf einem fast perfekten Sozialisationszirkel von kultureller Überlieferung von den Eltern auf die Kinder basiert (HEMMING 1957, S. 79).

Mit diesem Idealtypus der traditionellen Gesellschaft kontrastiert DURKHEIM *industrielle Gesellschaften*. Aufgrund zunehmender Bevölkerungsdichte, der zunehmenden territorialen Ausdehnung der Staaten, der zunehmenden technologischen Entwicklung und der Verbesserung der Kommunikationsmöglichkeiten zerfällt die relative Einheitlichkeit des sozialen Lebens von Gemeinschaften und damit auch die für alle gültige gesellschaftliche Ethik der mechanischen Solidarität.

Gesellschaftliche Differenzierung mit dem Funktionswandel und der Funktionsverlagerung vieler Aufgaben der Familie auf andere, teilweise neu entstandene Institutionen und die sich daraus ergebende *Vielfalt* der Lebensverhältnisse befreien den einzelnen aber auch von der unmittelbaren Kontrolle gesellschaftlicher Autoritäten oder sozialer Gruppen. Denn das Entstehen höchst unterschiedlicher Lebensbereiche, die teilweise unabhängig voneinander sind und zum Teil auf unterschiedlichen und widersprüchlichen Regeln basieren, eröffnet dem einzelnen Verhaltensspielräume, da er sich der Autorität und Kontrolle einer Gruppe entziehen kann. Solange Eltern die Umwelt ihrer Kinder weitgehend kontrollieren, ist das Kind der elterlichen Autorität total unterworfen. Schon der Anschluß an eine Spielgruppe, der Besuch der Schule und ähnliches verringern die elterliche Möglichkeit der Verhaltenskontrolle. Die Autonomie des einzelnen, die sich aus der Partizipation in verschiedenen Lebensbereichen ergibt, ist in differenzierten Gesellschaften auch notwendig. Denn die verschiedenen Bereiche, wie etwa Familie, Schule oder Beruf, werden auch nach ganz unterschiedlichen Regeln der Zusammenarbeit organisiert. Ordnet man sich völlig den Regeln des Berufs unter, leidet darunter notwendigerweise das familiäre Zusammenleben. Diesen Konflikt widersprüchlicher Regeln kann man aber auch nicht dadurch lösen, daß man sich mal diesem und mal dem anderen Bereich anpaßt, da die Lebensbereiche in aller Regel eng miteinander verwoben sind. Lösbar ist dieses Dilemma nur dadurch, daß der einzelne eine glaubhafte individuelle Synthese entwirft, die Werte aus den unterschiedlichen Bereichen integriert, ohne daß er sich allen Verhaltenserwartungen anpaßt.

In solchen Gesellschaften können nicht mehr die spezifischen Werte einzelner Bereiche sozialisiert werden. Vielmehr muß den Kindern und Jugendlichen die Fähigkeit vermittelt werden, trotz differierender Herkunft, trotz unterschiedlicher Lebensbereiche und Wertvorstellungen die wechselseitige Abhängigkeit von Individuen in einer Gesellschaft zu erkennen, die Notwendigkeit gesellschaftlicher Kooperation zu begreifen und Achtung für Regeln zu entwickeln, die eine solche Kooperation ermöglichen. Dies sind nach DURKHEIM die drei *Prinzipien einer organischen Solidarität*. Um sie zu erreichen, müssen Kinder *Disziplin* entwickeln, das heißt die Bereitschaft, Regeln zu achten, ohne von unmittelbarer Sanktion bedroht zu sein, sie müssen eine *Bindung an die soziale Gruppe* herstellen, das heißt die Bereitschaft zu solidarischem und altruistischem Handeln erwerben, und sie müssen *Autonomie* entwickeln, das heißt die Fähigkeit, gesellschaftliche Regeln zu reflektieren und zu prüfen, inwieweit sie der Zusammenarbeit dienen (WALLWORK 1972; DURKHEIM 1973, S. 189ff.; KAY 1975, S. 130; NISBET 1975).

Da DURKHEIM seine Theorie nicht um ihrer selbst willen konstruierte, sondern um damit spezifische gesellschaftliche Probleme zu lösen, hat er auch recht differenzierte Erziehungs- oder Sozialisationsvorstellungen entwickelt. Die drei Prinzipien, die sich auf alle spezifischen Wertsysteme in einer Gesellschaft anwenden lassen, werden dem Kind am ehesten vermittelt, wenn das Kind in einer Familie aufwächst, die sich durch eine spontane und offene Atmosphäre auszeichnet, da die Familie „durch ihre natürliche Wärme besonders geeignet ist, die ersten altruistischen Regungen und die ersten Gefühle der Zusammengehörigkeit aufblühen zu lassen" (DURKHEIM 1973, S. 187). Diese affektive, situationsbezogene, partikulare, auf unmittelbarem Vertrauen basierende Moral muß in der Schule in eine allgemeine, universalistische Moral überführt werden. Dabei sind zwei Aufgaben zu lösen. Das Kind muß sich aus der einseitigen Abhängigkeit von der elterlichen Autorität lösen und lernen, daß Regeln nicht zu achten sind, weil Autoritäten sie aufgestellt haben, und daß nur solche Regeln zu respektieren sind, die eine allgemeine Gültigkeit im Hinblick auf die Organisation von Zusammenarbeit beanspruchen können. Gleichzeitig muß es lernen, daß das an die Familie gebundene Zusammengehörigkeitsgefühl auf alle gesellschaftlichen Gruppen, an denen man partizipiert, übertragen werden kann.

Achtung vor gesellschaftlichen Regeln wird dem Kind am besten durch die Schuldisziplin vermittelt. Durch diese lernt das Kind, daß es Rechte und Pflichten gibt, die unabhängig von persönlichen Beziehungen gültig sind. Die Schuldisziplin gründet sich aber weniger auf das Verhältnis Lehrer/Schüler, sondern im wesentlichen auf die wechselseitige Verpflichtung der Schüler. Wesentliches Element der Schule ist daher der Klassen- oder Gruppenverband, der eine Art eigene Autorität entwickeln soll, um das Zusammengehörigkeitsgefühl des Kindes, das zunächst an die Familie gebunden ist, auf die Gruppe zu übertragen.

Diese Funktion der Gruppe, im Kind ein Bewußtsein für nichtpartikulare Bindungen an andere und die Achtung vor wechselseitig verpflichtenden Regeln zu entwickeln, wird am ehesten bei der *gemeinsamen Lösung von Aufgaben* erfüllt. Dabei ist es die Aufgabe des Lehrers, darauf zu achten, daß die Gruppenmoral als untere Stufe einer allgemeinen gesellschaftlichen Moral wahrgenommen wird und die Regeln, nach denen die Gruppe agiert, verallgemeinerungsfähig sind.

Die Autonomie des Willens auf der Basis von Einsicht und Erkenntnis hofft DURKHEIM durch den naturwissenschaftlichen Unterricht zu fördern, weil hier dem Kind durch Einsicht in die gesetzmäßigen Zusammenhänge der Natur eine rationale Haltung zur Interpretation der Wirklichkeit anerzogen werden kann und ihm die Fähigkeit vermittelt wird, die Komplexität natürlicher Erscheinungen zu erkennen, denn „Gesellschaften sind ein Teil der Natur. Sie sind nur eine gesonderte, spezielle Ableitung, eine besonders komplizierte Form; folglich können uns die Wissenschaften der physikalischen Natur darauf vorbereiten, das menschliche Reich richtig zu verstehen, und uns mit richtigen Begriffen und mit guten Gewohnheiten zu wappnen, die dazu dienen, unser Verhalten zu leiten" (DURKHEIM 1973, S. 300).

DURKHEIMS Ansatz ist vielfach kritisiert worden (Literatur bei KÖNIG 1978, S. 308ff.). Für die weitere Diskussion sind von diesen Kritiken wichtig vor allem der Einwand von PIAGET (1973), daß DURKHEIM nur einen Typ der individuellen Achtung vor gesellschaftlichen Regeln in differenzierten Gesellschaften diskutiere, und der Einwand von KOHLBERG (1978), daß DURKHEIM kein Modell einer rational-autonomen Moral entwickele, sondern lediglich das Modell einer Moral, die frei von externalen Zwängen ist.

PIAGET wirft DURKHEIM im Grunde einen soziologischen Reduktionismus vor. DURKHEIM beschreibt zwar, warum die gesellschaftliche Differenzierung mechanische Solidarität zerstört und Verhaltensspielräume in einer Gesellschaft erzeugt, die eine neue Ethik auf der Basis von Disziplin, Solidarität und Autonomie erforderlich machen. Aber er geht in seinen Erziehungsschriften nicht der Frage nach, ob es bestimmte psychologische Gesetze gibt, die die Herausbildung einer individuellen Moral beeinflussen. Daher entsteht der Eindruck, daß Kinder und Jugendliche allein durch die richtige Organisation des Sozialisationsprozesses die herrschende gesellschaftliche Moral übernehmen, so daß im Grunde eine *Isomorphie* zwischen gesellschaftlicher Ethik und individueller Moral unterstellt wird.

Am Beispiel der Disziplin macht PIAGET deutlich, daß es sinnvoll ist, auf der individuellen Ebene einen ähnlichen Entwicklungsprozeß anzunehmen, wie DURKHEIM dies auf der gesellschaftlichen Ebene tut. In DURKHEIMS Modell unterscheiden sich die Disziplin und Achtung des Kindes vor gesellschaftlichen Regeln von der Achtung des Erwachsenen lediglich dadurch, daß das Kind den Eltern, also personaler Autorität, gehorcht, während der Erwachsene der „Regel der Gesellschaft" gehorcht, also einer unpersönlichen Autorität. In beiden Fällen sind die Regeln von außen auferlegt und vom einzelnen nicht zu beeinflussen. Dagegen formuliert PIAGET die These, daß die Entwicklung der Achtung nicht nur als ein Internalisierungsprozeß verstanden werden kann, sondern gleichzeitig auch als Prozeß, in dem man sich aus der einseitigen Unterordnung löst und in die Lage versetzt wird, auf der *Basis von Gleichheit* in diskursiver Willensbildung Regeln auszuhandeln und diese zu achten, weil sie für die Interaktionspartner *wechselseitige Verpflichtungen* erhalten.

Dieses Argument von PIAGET verschärft KOHLBERG noch dahingehend (1972, S. 32), daß er DURKHEIM als theoretischen Begründer der russischen Kollektiverziehung bezeichnet und als einen Autor klassifiziert, durch den die staatliche Hybris des Faschismus und ähnlicher autoritärer Regime legitimiert werden kann. „Durkheim is perhaps the greatest explicit defender of the concept of obligation as directed to the group or institution rather than to the welfare and claims of its members" (KOHLBERG 1971, S. 61). Das begründet KOHLBERG mit der bei DURKHEIM immer wiederkehrenden Forderung, daß gesellschaftliche Regeln, die die Kooperation in den einzelnen Lebensbereichen steuern, beachtet werden *müssen.* Kooperation ist auch in totalitären Staaten möglich und nötig. Wenn Kinder in solchen Staaten dazu erzogen werden, sich an den Prinzipien zu orientieren, auf die der Staat gegründet ist, dann liegt die Autonomie des Willens lediglich darin, in konkreten Situationen prüfen zu können, ob bestimmte Regeln gegen diese Prinzipien verstoßen.

Doch diese Interpretation von DURKHEIM verkennt seine Fragestellung und ist zudem auf eine selektive Wahrnehmung seines Werkes gegründet. Denn DURKHEIM beschäftigte sich mit der Frage, wie in einer Gesellschaft, in der Individualität und das Herauslösen aus Traditionen notwendige Elemente sind, da sozialer Wandel und Arbeitsorganisation dies erforderlich machen, dennoch Zusammenarbeit gewährleistet werden kann und nicht Egoismus als wichtigstes Prinzip gesellschaftlicher Moral angesehen wird. Für ihn war dies nur in einer demokratischen Gesellschaft möglich, die in ihrer Ethik sowohl die Rechte des einzelnen wie die gegenseitige Achtung berücksichtigt. „For morality to us, that is to say to all civilized nations, to all those who have been in school of Christianity, has for its primary object the realization of humanity, its liberation from the servitudes that belittle it, its growth in loving-kindness and fraternity. To say that the state should be deaf to the great human interests is therefore to put it outside and above morality" (DURKHEIM 1915, S. 20–21, zit. n. WALLWORK 1972, S. 175).

Diese theoretische Lösung, gesellschaftliche Ethik letztlich auf die Idee der Menschenrechte zu beziehen, ist eine Lösung, die auch PIAGET und KOHLBERG in ihren Modellen wählen, nur mit dem Unterschied, daß sie diese Vorstellungen in der individuellen Entwicklung annehmen und sie nicht wie DURKHEIM als Ergebnis abendländischer Kulturentwicklung betrachten. Und im folgenden wird hoffentlich deutlich, daß eine Reihe der Probleme, insbesondere von KOHLBERGS Modell, aus dieser individualistischen Perspektive abzuleiten sind.

3 Von der Heteronomie zur Autonomie

PIAGET kritisiert an der Sozialisationstheorie von DURKHEIM die Annahme, daß Kinder durch Eltern, Lehrer und Gleichaltrige je nach gesellschaftlichem Entwicklungsstand sozialisiert werden und demgemäß auch nur eine Moral internalisieren, die diesem gesellschaftlichen Entwicklungsstand entspricht. Der Vorstellung eines eher passiven Organismus, der durch die Umwelt geprägt wird, stellt PIAGET das Modell eines aktiven Organismus entgegen, der in Auseinandersetzung mit seiner Umwelt eine Vorstellung der Welt entwirft, zu der unter anderem auch die moralische Beurteilung von Problemen und Situationen gehört. Diese Vorstellungen von der Umwelt und der eigenen Rolle darin geraten durch die voranschreitende Entwicklung des Kindes und Jugendlichen immer wieder in ein *Ungleichgewicht,* das dadurch überwunden wird, daß auf einer logisch abstrakteren Ebene wiederum eine Reintegration der Umwelteinflüsse und der eigenen Vorstellungen erreicht wird. Diesen Entwicklungsverlauf von hierarchisch aufeinander aufbauenden, logisch unterschiedlichen Phasen ist bei allen Menschen in allen Kulturen nachweisbar (Universalität des Entwicklungsverlaufs), lediglich die Geschwindigkeit und das Niveau, das Menschen erreichen, kann interkulturell variieren.

Dieses Grundmodell einer in Phasen verlaufenden individuellen Entwicklung wendet PIAGET auf das Moralmodell von DURKHEIM an und reformuliert die Theorie der gesellschaftlichen Entwicklung von der mechanischen zur organischen Solidarität auf individualpsychologischer Basis. Daher verwundert es auch nicht, daß die Theorie der moralischen Urteilsbildung all die Elemente enthält, die schon DURKHEIM genannt hat. PIAGET formuliert zwei Stufen der moralischen Entwicklung, nämlich die Stufe des *obligatorischen Konformismus,* die nach dem Stadium der beginnenden Zusammenarbeit durch die Stufe der *moralischen Autonomie* abgelöst wird. In DURKHEIMS Terminologie würde dieses Modell lauten: „Von der Disziplin über die Bindung an die soziale Gruppe zur moralischen Autonomie".

Kinder im Alter von etwa fünf bis sieben Jahren begründen ihre Achtung vor Regeln überwiegend damit, daß die Regeln absoluten Geltungsanspruch haben, Regelverstöße immer irgendwie bestraft werden und daß die Strafe sich an den Konsequenzen der Handlung orientiert, nicht aber an den Intentionen. Eine solche Vorstellung von Achtung vor Regeln nennt PIAGET *heteronom*, das heißt von außen von Autoritäten auferlegt und den einzelnen zum Gehorsam zwingend. PIAGET nennt für die moralische Heteronomie oder den moralischen Realismus bei Kindern zwei Ursachen (1972, S. 49): Im Kind sind Liebesbedürfnisse und Furcht vor dem Stärkeren sowie ein Gefühl, in dem sich Liebe und Furcht mischen, nämlich Respekt gegenüber den Eltern und anderen Erwachsenen, angelegt. Dieser Respekt vor den Eltern, die das Kind einerseits liebt, andererseits aber auch als Überlegene, Größere und Stärkere fürchtet, bringt schon das sehr kleine Kind dazu, sich den Eltern unterzuordnen und ihnen zu gehorchen. Der Verpflichtungscharakter der von den Eltern ausgesprochenen Gebote erscheint dem Kind völlig einseitig, denn nur die Eltern oder auch andere Erwachsene erwarten Gehorsam und erteilen Weisungen. Für das Kind ist dieser Prozeß nicht umkehrbar. Die Einseitigkeit der moralischen Regeln führt dazu, daß Kinder Regeln als etwas äußerliches, ihnen aufgezwungenes erleben.

Darüber hinaus vermutet und begründet PIAGET, daß die kognitive Entwicklung die moralische Entwicklung beeinflußt. Jüngere Kinder erkennen noch nicht den Sinn moralischer Regeln und die Handlungsintentionen des anderen, weil sie noch im kindlichen Egozentrismus befangen sind. Kindlicher Egozentrismus bezeichnet die Unfähigkeit des jüngeren Kindes, eine andere als die eigene Perspektive einzunehmen. Dieses Phänomen, daß Kinder die Welt nur von ihrem Standpunkt aus betrachten können, manifestiert sich in verschiedenen kognitiven Fähigkeiten. Die egozentrische Wahrnehmung hält die eigene Perspektive für die einzig mögliche, wie PIAGET (1956) und ELKIND (1961) experimentell nachgewiesen haben. In der egozentrischen Sprache hält das Kind eine Art Monolog, was daran deutlich wird, daß es nicht versucht, Informationen so zu koordinieren, daß der Interaktionspartner sie verstehen kann. Egozentrische Begriffsbildung zeigt sich daran, daß Kinder in dieser Lebensphase zum Beispiel die Begriffe „rechts" und „links" nur auf sich beziehen und diese Relation nicht auf andere übertragen können. Auch im kindlichen Spiel läßt sich zeigen, daß der kognitiv bedingte kindliche Egozentrismus verhindert, daß die Kinder *zusammenspielen*, sie spielen vielmehr mehr oder weniger für sich selber (PIAGET 1972, S. 61f.). Mit diesem kindlichen Egozentrismus eng verbunden ist der „naive Realismus" des Denkens. In dieser Phase vermögen die Kinder ihre Gedanken und Träume nicht von der physikalischen Realität zu unterscheiden, da sie die Dinge und Vorstellungen so interpretieren, wie sie ihnen erscheinen.

Im *Stadium der beginnenden Zusammenarbeit* überwindet das Kind diesen Egozentrismus und naiven Realismus und damit auch den moralischen Realismus. Diese Veränderungen des Denkens und Urteilens werden durch die Interaktion mit der Umwelt stimuliert, vor allem durch die Interaktion mit den Gleichaltrigen. Denn bei der zunehmenden Partizipation in der Gleichaltrigengruppe ist das Kind an Entscheidungen über Spielregeln und anderen Regeln der Interaktion beteiligt und erlebt durch die Partizipation am Entscheidungsprozeß die Veränderbarkeit von Regeln und seine Einflußmöglichkeiten. Dabei erfährt es zudem, daß die Legitimität solcher Regeln dort ihre Grenzen hat, wo sie nicht befolgt werden, das heißt die Gültigkeit der Regeln ist wesentlich von der *gegenseitigen Achtung* der Regeln abhängig. Wenn Regeln aber als abhängig von der gegenseitigen Achtung erfahren werden, so können sie auch nicht mehr als äußerlich und von den Erwachsenen auferlegt interpretiert werden, sondern als Ergebnis diskursiver Willensbildung, die zu einem Konsens der Beteiligten führte.

Auf der anderen Seite übt sich das Kind in wechselseitigen Rollenbeziehungen. „Such mutual role-taking facilitates the child's developing awareness that he is an individual who is co-ordinate with but different from others, that is that he thinks and feels as they do in similar situations, that the consequences of his actions for them and their for him are similar, and yet that events seem different when viewed from different vantage points" (HOFFMAN 1970b, S. 267). Das Zusammenspiel zwischen kognitiver Entwicklung und der Erfahrung von Kooperation und Interaktion mit Gleichaltrigen führt vom moralischen Realismus zur Autonomie. Denn durch die Fähigkeit, von der einzelnen Situation zu abstrahieren, ist das Kind in der

Lage, moralische Regeln sinngemäß zu interpretieren und bei moralischen Regelverletzungen nicht die Folgen des Verstoßes als Bewertungsmaßstab zu nehmen, sondern die Intentionen des Aktors. Während das jüngere Kind Lügen „schlimm" findet, weil es von den Erwachsenen bestraft wird, ändert sich das bei den älteren Kindern, und Lügen wird abgelehnt, weil es dem gegenseitigen Vertrauen zuwiderläuft. Dadurch, daß das Kind die Gegenseitigkeit der Regeln erfahren hat, die Motivation des anderen versteht und den Sinn moralischer Regeln erkennt, ist es nun auch in der Lage, Billigkeitserwägungen anzustellen, das heißt, es kann auch die Umstände der Regelverletzung berücksichtigen. Während das kleinere Kind eher dazu neigt, Strafe in dem Maße als gerecht zu empfinden, wie sie mit der Größe des Vergehens einhergeht, ist das größere Kind statt an vergeltender Gerechtigkeit eher an ausgleichender Gerechtigkeit orientiert. Strafe ist hier nicht mehr unbedingt notwendig, sondern dient nur der Wiedergutmachung angerichteten Schadens, wobei die Umstände der Tat, die Motivation des Täters und ähnliches berücksichtigt werden. Die beiden zentralen Prinzipien der zunehmenden Emanzipation des Kindes von der einseitigen Unterordnung unter die Autorität des Erwachsenen sind seine zunehmende Erkenntnisfähigkeit und die Erfahrung von Gleichheit, die zum Erkennen der Reziprozität sozialer Beziehungen führt.

Diese unterschiedliche Achtung vor moralischen Regeln hat aber auch Konsequenzen für die Regeln selbst. Denn wenn jemand den Sinn moralischer Regeln reflektieren kann, nicht objektive, sondern subjektive Verantwortlichkeit gelten läßt und die wechselseitige Abhängigkeit, das heißt Gleichheit als Grundlage seiner Achtung vor moralischen Regeln nimmt, kann er wohl kaum noch „blinden Gehorsam" gegenüber Befehlenden aufbringen, an unbedingte Pflichterfüllung glauben, auch um den Preis, andere zu verletzen, und er kann wohl kaum moralische Regeln als auf der Ungleichheit von Menschen basierend interpretieren. Während das jüngere Kind für PIAGET moralisch urteilt wie ein Konformist, impliziert eine autonome Interpretation moralischer Regeln immer den Wandel von Konformität und Unterordnung zu einem demokratischen Selbstverständnis.

Damit führt die entwicklungspsychologische Rekonstruktion der Theorie der gesellschaftlichen Differenzierung von DURKHEIM wiederum zurück zu der schon DURKHEIM interessierenden Frage, unter welchen gesellschaftlichen und sozialisatorischen Bedingungen moralische Autonomie auf der Basis von Gleichheit und wechselseitiger Achtung möglich ist. PIAGET selbst hat dieser Frage eine Reihe von Arbeiten gewidmet, die HARTEN (1977a, b) aus dem Dunkel des Vergessens wieder herausgeholt hat, da die nachfolgende PIAGET-Rezeption die gesellschaftlichen Verankerungen seines Konzepts nicht aufgenommen hat. Aber auch die konkreten Umweltbedingungen, die die moralische Urteilsbildung stimulieren, sind nur peripher behandelt worden. Es wurde PIAGET vorgeworfen, er minimiere den Einfluß der Umwelt auf das Verständnis des Kindes für Gerechtigkeit (DURKIN 1959, S. 294). Dabei formuliert PIAGET drei Umweltbedingungen, die zur Stimulierung moralischer Reife notwendig sind.

1. Wenn PIAGET die These vertritt, daß moralische Heteronomie im wesentlichen auf dem Respekt des Kindes vor den Eltern basiert, so müssen die Eltern oder andere Autoritäten dem Kind auch die Möglichkeit geben, sie zu respektieren, das heißt, es muß sie *lieben und achten* können (Theorem des Vertrauens).
2. Die Umwelt des Kindes muß hinreichend *differenziert* sein, denn das kognitive Ungleichgewicht, das die Entwicklung der moralischen Reife stimuliert, setzt voraus, daß das Kind mit widersprüchlichen Erwartungen konfrontiert wird, die sich beispielsweise aus der Partizipation in unterschiedlichen sozialen Netzwerken ergeben (Theorem der Differenzierung).
3. Die Umwelt muß die Erfahrung von *Gleichheit* ermöglichen, denn die Vorstellung von Gleichheit und Reziprozität setzt voraus, daß man sie erfahren hat (Theorem der Gleichheit).

Die Schwäche von PIAGETS Konzept liegt meines Erachtens nicht darin, daß er keine Umweltbedingungen nennt oder den Einfluß der Umwelt minimiert, sondern eher darin, daß er die Umwelt genau so sequenzhaft organisiert wie die individuelle Entwicklung. So kann für ihn nur durch die Beziehung des Kindes zu den Erwachsenen Respekt (einseitige Achtung) entstehen und nur durch die Partizipation in der Gruppe der Gleichaltrigen Gleichheit erfahren

werden. „Ohne die einseitige Achtung des Kleinen vor dem Großen, des Kindes vor den Eltern, ... ohne diese Achtung wäre es schwer zu verstehen, wie diese dem gesellschaftlichen Zwang und dem Konformismus eigentümliche Moral und Logik sich hätte bilden können" (PIAGET 1972, S. 394).
Diese These ist eigentlich wenig plausibel. Denn warum soll sich Zwang zur Anpassung nicht aus dem Druck einer Gruppe ableiten lassen, warum kann nicht eine egalitäre Gruppenstruktur für alle Mitglieder Zwang und Unterordnung bedeuten, die wechselseitig kontrolliert wird? Löst man aber die Annahmen PIAGETS über die Beschaffenheit der sozialen Umwelt aus der starren und nicht überzeugenden Zuordnung zu spezifischen Personengruppen (Erwachsene, Gleichaltrige), so erhält man ein Modell der Umweltstimulation, das eine Präzisierung von DURKHEIMS Annahmen darstellt und sich kaum von „modernen" Konzepten, wie dem noch zu besprechenden Modell von HOFFMAN, unterscheidet.

Kritik dieses Ansatzes

Der entscheidende Fortschritt von DURKHEIM zu PIAGET, nämlich die Betonung der Eigenaktivität des Kindes, das nicht nur erzogen wird, sondern die Umwelt auch selbst gestaltet, die Annahme, daß es unterschiedliche Arten von Achtung gegenüber gesellschaftlichen Regeln gibt, die von der individuellen Entwicklung (in irgendeiner Form) beeinflußt werden, wird heute überwiegend akzeptiert. Das war in der Sozialisationsforschung lange Zeit keinesfalls selbstverständlich. Doch sind die spezifischen Aussagen zur moralischen Entwicklung außerordentlich strittig, was zum Teil an der mangelnden Rezeption der Texte von PIAGET liegt (LICKONA 1969), zum Teil aber auch daran, daß die Aussagen von PIAGET nicht immer eindeutig sind. Für die weitere Diskussion sind vor allem die These der universellen hierarchischen Entwicklung und die Theorie von zwei Typen der Achtung von Bedeutung. Die Annahme PIAGETS, daß die Sequenz von der Heteronomie zur Autonomie ein universelles, invariantes Muster sei, das lediglich hinsichtlich der Geschwindigkeit und des erreichten Niveaus variieren kann, nicht aber in der Stufenfolge, ist überwiegend durch Altersgruppenvergleiche in westlichen Industriestaaten untersucht worden. Folgende Tendenzen lassen sich nachträglich aus den verschiedenen Studien ableiten:

1. In westlichen Industriekulturen glauben mehr jüngere Kinder als ältere an die immanente Gerechtigkeit bei Regelverstößen und die absolute Gültigkeit von Regeln und zeigen mehr Autoritätsorientierungen als ältere Kinder (Literatur: B. BERTRAM 1976, HOFFMAN 1970b, LICKONA 1976).
2. Dieser Alterstrend variiert schichtspezifisch sowie zwischen den verschiedenen westlichen Nationen. Das führt zu der Frage, ob das Konzept der moralischen Entwicklung einen ähnlichen middle-class bias hat wie die verschiedenen sprachlich gebundenen Intelligenzkonzepte (BRONFENBRENNER 1962, OEVERMANN 1969, BERTRAM/BERTRAM 1974). LICKONA (1969) und KOHLBERG (1971) weisen allerdings darauf hin, daß schichtspezifische Variationen im erreichten moralischen Niveau solange im Rahmen der PIAGETschen Theorie erklärt werden können, solange die Stufenfolge erhalten bleibt. Denn in diesem Fall kann die Variation darauf zurückzuführen sein, daß Kinder unterschiedlicher Schichten unter unterschiedlichen Anregungsbedingungen aufwachsen (LICKONA 1969, S. 343).
3. Trotz dieser Alterstrends unterscheiden sich Kinder gleicher Altersstufen hinsichtlich ihres moralischen Urteils (ARONFREED 1961, ARMSBY 1971, LICKONA 1971, B. BERTRAM 1976).

Die Vielzahl der Studien zu Altersgruppenvergleichen erstaunt angesichts der Tatsache, daß diese Vergleiche allein relativ wenig darüber aussagen, ob die Entwicklungshypothese gültig ist, und wenn ja, wie groß ihre Erklärungskraft in Relation zu anderen Faktoren ist. Der Nachweis von Alterstrends des moralischen Urteils kann auch dadurch erklärt werden, daß innerhalb von Gesellschaften altersspezifische Normen oder Wertvorstellungen bestehen, wie Kinder und Jugendliche sich auf der entsprechenden Altersstufe zu verhalten und zu urteilen haben. In diesem Fall wäre der Nachweis zunehmender „moralischer Autonomie" keine Entwicklung, sondern die Adaption von Altersnormen. Die These universell gültiger Entwicklungsnormen kann nicht durch die Analyse von Altersgruppen innerhalb gleicher Kulturen und Nationen geprüft werden, sondern nur durch den Vergleich von Entwicklungsverläufen des moralischen Urteils zwischen verschiedenen Kulturen, von denen man nachweisen muß, daß sich die Wert- und Normsysteme so unterscheiden wie die Typen der mechanischen und organischen Solidarität bei DURKHEIM. Solche Analysen zeigen aber keineswegs gleiche Entwicklungsverläufe. HAVIGHURST/NEUGARTEN (1955) untersuchten zehn Indianerkulturen und fanden in vier Gesellschaften überhaupt keine Alterstrends. In sechs Kulturen wiesen sie dagegen nach, daß die Vorstellung einer immanenten Gerechtigkeit mit zunehmendem Alter zu- und nicht abnimmt. KOHLBERG (LICKONA 1976) hat in einer nicht publizierten und daher nicht nachprüfbaren Studie diese Daten reanalysiert und kommt, so LICKONA, zu dem Schluß, daß in diesen Indianergesellschaften zunächst doch die von PIAGET behaupteten Alterstrends auftreten, aber mit zunehmendem Alter eine *Regression* zu den frühkindlichen Vorstellungen nachzuweisen sei. Diese Interpretation findet sich auch bei anderen Autoren, die in ihren Untersuchungen feststellen müssen, daß Erwachsene moralische Wertvorstellungen äußern, die eigentlich den kindlichen Vorstellungen des moralischen Realismus entsprechen.

Die wohl gewichtigste Herausforderung des Entwicklungsmodells stellen die Studien von BANDURA/MACDONALD (1963) dar. Diese Autoren versuchten nachzuweisen, daß moralische Urteile von Kindern aufgrund von Nachahmung der Urteile erwachsener Modelle verändert werden können. Sie konnten auch tatsächlich zeigen, daß Kinder ihre Urteile in Richtung der Urteile der Modelle veränderten. Diese Ergebnisse wurden kritisiert (TURIEL 1966, LICKONA 1969), etwa mit dem Hinweis, daß diese Veränderungen nur temporär seien oder aber lediglich auf der sprachlichen Ebene erfolgten, ohne daß sie auch das zugrundeliegende Verständnis von den Regeln beeinflußten. Da diese Ergebnisse aber in anderen Studien repliziert wurden (CROWLEY 1968, COWAN u.a. 1969, DORR/FAY 1974, STERNLIEB/YOUNIS 1975) und zudem nachgewiesen wurde, daß die Effekte auch noch ein Jahr später bestanden und die Kinder sehr wohl diese veränderten Urteilsstrukturen auch verstanden, stellt sich die Frage, ob die These eines hierarchischen Entwicklungsmodells aufrechterhalten werden kann.

KURTINES und GREIF (1974) interpretieren diese Ergebnisse als Falsifikation des Entwicklungsmodells, obwohl BANDURA (1969) und HOFFMAN (1971) darauf hinweisen, daß diese Ergebnisse das Modell von PIAGET lediglich modifizieren. BANDURA geht davon aus (1969), daß Kinder Modelle nicht einfach nachahmen, sondern die Modelle bei den Kindern *Inkonsistenzen* hervorrufen (kognitive Ungleichgewichte), die das Kind dazu bringen, die Inkonsistenzen durch die Revision des eigenen Standpunkts zu reduzieren. Die Bedeutung der kognitiven Stimulation durch den Widerspruch zwischen eigenen Standards und denen des Modells (kognitives Ungleichgewicht) wird auch von BANDURA betont, wohingegen er die Annahme zurückweist, daß diese Stimulation nur eine mögliche Entwicklungsrichtung zuläßt. Dagegen nimmt er an, daß Veränderungen sowohl in Richtung moralischer Autonomie wie Heteronomie erfolgen können. Diese in ähnlicher Form auch von KOHLBERG formulierte Vorstellung, daß moralische Entwicklung sowohl als Regression wie als Progression erfolgen kann, führt konsequenterweise zur Frage, welche Erklärungskraft ein solches Entwicklungsmodell des moralischen Urteils haben kann, wenn innerhalb einer Kultur die Variation des moralischen Urteils auf einer Altersstufe teilweise größer ist als zwischen den Altersstufen und wenn innerhalb einer Kultur sowie in verschiedenen Kulturen die Entwicklungsrichtung und das erreichte Niveau durch kulturelle Faktoren revidiert werden können.

Die zusammengetragenen Daten legen den Schluß nahe, daß es dringend erforderlich ist, den Einfluß der sozialen Umwelt auf die moralische Urteilsbildung zu untersuchen, statt Altersgruppenvergleiche durchzuführen. Darüber hinaus stellt sich die theoretische Frage, ob das von PIAGET formulierte Entwicklungsmodell einer aufsteigenden hierarchischen Ordnung nicht durch ein Phasenmodell wie das von ERIKSON oder LEVINSON ersetzt werden muß, in dem zwar auch eine Entwicklung angenommen wird, ohne aber auf dem Gedanken der hierarchischen Stufenabfolge zu beharren.

Die Bedeutung der Kognition

Im Rahmen dieser Altersgruppenvergleiche prüfen auch heute noch zahlreiche Studien den Zusammenhang zwischen moralischem Urteil und Intelligenz oder Maßen der kognitiven Entwicklung. Diese Studien werden im Sinne der Bestätigung der Entwicklungshypothese interpretiert (KOHLBERG 1974), gemäß PIAGETS Annahme, daß wechselseitige Achtung, das Akzeptieren von Gleichheit und die Relativierung der eigenen Perspektive erst möglich sind, wenn das Kind entsprechende kognitive Strukturen nach Überwindung des Egozentrismus herausgebildet hat. Fast alle Studien (DIMDI, o.J.) testen den Zusammenhang zwischen moralischem Urteil und Intelligenz, gemessen in Intelligenztests. Da aber Intelligenztestleistungen im allgemeinen in nur geringem Maß mit den kognitiven Dimensionen, wie etwa Role-Taking, kovariieren (BERTRAM/BERTRAM 1974; B. BERTRAM 1976; KELLER 1976, S. 234), ist der Wert dieser Studien zur Prüfung des Zusammenhanges von moralischer Entwicklung und kognitiver Entwicklung als gering einzuschätzen. Das gilt auch für die frühen Studien von KOHLBERG, der auch mit Intelligenzmaßen gearbeitet hat.

In den Studien, die sich an der kognitiven Theorie von PIAGET orientieren und entsprechende Maße der kognitiven Entwicklung anwenden (HOFFMAN 1970b, KOHLBERG u.a. 1971, LEE 1971, LICKONA 1976), wird zwar auch nachgewiesen, daß Kinder mit einem höheren Maße an kognitiven Fähigkeiten im Vergleich zu ihrer Altersgruppe auch in größerem Umfang „moralisch reifere" Urteile fällen als Kinder, die in der kognitiven Entwicklung noch nicht soweit fortgeschritten sind. Aber diese Kovariation, und darauf macht BRONFENBRENNER schon 1962 aufmerksam, kann möglicherweise auch darauf zurückzuführen sein, daß die Anregungsbedingungen sowohl für die kognitive wie für die moralische Entwicklung in der Umwelt der „moralisch reiferen" Kinder günstiger sind. Denn weder aus der Parallelität von voranschreitendem Intelligenzalter und moralischer Urteilsreife, noch der Korrelation zwischen beiden kann man einen Kausalitätsbezug ableiten. Prüft man etwa die Kovariation von kognitiven Entwicklungsmaßen und moralisch reifer Urteilsbildung, so läßt sich die ursprünglich vorhandene Kovariation von 9% bei Konstanthalten der familiären Sozialisationsbedingungen auf 2% reduzieren (BERTRAM 1978). Dieses Ergebnis wurde bei 9–10jährigen Jungen erzielt. Man kann daraus nur ableiten, daß bereits in diesem Alter das moralische Urteil kaum noch von der kognitiven Kompetenz der Kinder beeinflußt wird.

4 Von der prä- zur postkonventionellen Moral

Die Problematik eines universalistischen, hierarchisch organisierten Entwicklungsmodells der moralischen Urteilsbildung war Anfang der sechziger Jahre in der Sozialisationsforschung weithin bekannt (BRONFENBRENNER 1962, MACCOBY 1968, WRIGHT 1973). Eine Reihe von Autoren begannen daher in Anlehnung an PIAGETS Methode, den Einfluß der sozialen Umwelt auf moralische Grundorientierungen zu untersuchen, wobei statt von einer hierarchischen Entwicklung der Urteilsbildung von verschiedenen Phasen oder Typen des Urteilens ausgegangen wurde (MACRAE 1954; HOFFMAN 1963; HOFFMAN/SALTZSTEIN 1967; DEVEREUX 1970, 1972; WRIGHT 1973; BRONFENBRENNER 1974, 1976). Doch waren Fragen der Moral bis zum Anfang der siebziger Jahre kein zentrales Arbeitsgebiet der Sozialisationsforschung, die sich bis dahin überwiegend mit den sozialen Determinanten von Sprache, Intelligenz und Leistungsmotivation auseinandersetzte.

Das änderte sich seit etwa 1972/73, wie das „boomartige" Ansteigen der Publikationen zu diesem Thema zeigt. Dabei gehört es sicherlich zu den Irrationalitäten des Forschungsprozesses, daß dieser Boom durch ein Modell mit verursacht wurde, das nicht die Schwächen des PIAGETschen Ansatzes durch Aufgabe des Entwicklungssmodells konstruktiv überwinden wollte, sondern im Grunde eine Radikalisierung seines Modells darstellt, nämlich das sechsstufige Modell von Lawrence KOHLBERG (1968; 1971a, b; 1974; 1976). Den Aufstieg dieser Theorie der moralischen Entwicklung zum zentralen Thema der Sozialisationsforschung führen FRIEDMAN (1977) und HOFFMAN (1977) auf das neu erwachte Interesse an Fragen der Moralerziehung in der Zeit nach Vietnam und Watergate zurück. „The comparative import of Watergate, the Vietnam war, and the economic difficulties of the mid-seventies in eroding public confidence in ‚legitimate' institutions may be an unanswerable question. Certainly we may expect greater concern in reestablishing the recognized moral character of our political leaders as well as renewed interest in effectively socializing shared moral values. The lack of moral criteria among the population and moral rectitude in the community's leadership has disastrous implications for the nation's solidarity and acceptance of authority as legitimate" (FRIEDMAN 1977, S.

356). In ganz ähnlicher Weise begründete DURKHEIM die Notwendigkeit einer Moralerziehung zu gesellschaftlicher Solidarität. Doch könnte dieses Zitat auch von KOHLBERG stammen. „The public came to understand that Nixon's Watergate violations of law were not only violations of isolated individuals challenging the system on moral grounds but were violations of the civil rights of every American – of the heart of the constitutional system. ... Thus, the American public's mood passed from apathy to indignation to a greater faith in our own stage 5 system" (KOHLBERG 1974, S. 9; zit. n. FRIEDMAN 1977, S. 357).

Während aber DURKHEIM davon ausging, daß gesellschaftliche Ethiken und insoweit Verfassungen ein Teil dieser Ethiken sind, auch Verfassungen Folge spezifischer kultureller Entwicklungen sind und auch die Idee der Menschenrechte Ergebnis abendländischer Kulturtraditionen ist, geht KOHLBERG davon aus, daß die Grundprinzipien der Menschenrechte, so wie sie etwa in der Bill of Rights oder der Unabhängigkeitserklärung der Vereinigten Staaten niedergelegt sind, in der Natur des Menschen angelegt und insofern ebenfalls universell sind. „Jede Kultur und Subkultur der Welt beruht auf denselben moralischen Grundwerten und der gleichen schrittweisen Entwicklung moralischer Reife" (KOHLBERG 1978, S. 37).

Die Attraktivität eines solchen Konzepts in einer Zeit, die von vielen als moralische Herausforderung empfunden wurde, ist offenkundig. Wenn der von KOHLBERG behauptete Entwicklungsverlauf in Richtung auf Gerechtigkeit und Gleichheit ein universell gültiges Muster darstellt, braucht man nicht mehr zu begründen, wie DURKHEIM dies noch versuchte, warum die Erziehung von Kindern an diesen Prinzipien orientiert werden muß. Es genügt vielmehr, den Erziehungsprozeß so zu organisieren, daß das Potential des Menschen ausgeschöpft wird. Darüber hinaus hat man einen *absoluten* Gütemaßstab, mit dessen Hilfe *alle* Sozialisationsprozesse in *allen* Kulturen daraufhin untersucht werden können, inwieweit sie dem Optimum des *voll* ausgeschöpften natürlichen Potentials des Menschen entsprechen (DÖBERT/NUNNER-WINKLER 1975, S. 22–23). Daß aber ausgerechnet Prinzipien der amerikanischen Verfassung Orientierungspunkte für diesen optimalen Sozialisationsprozeß darstellen, legt zumindest den Verdacht nahe, daß KOHLBERGS Modell *ethnozentrisch* orientiert ist (SIMPSON 1974). Dieser Verdacht wird auch dadurch genährt, daß KOHLBERG sich, obwohl er ihn häufig heftig kritisiert, nicht mit den Argumenten von DURKHEIM auseinandersetzt, die dieser zur Kritik von Philosophen und Pädagogen entwickelte, die sich, ähnlich wie KOHLBERG, um die Bestimmung der Natur des Menschen bemühten.

Der Fortschritt von KOHLBERG gegenüber diesen klassischen Ansätzen, das Entwicklungspotential des Menschen zu definieren, ist sein Versuch, sein naturalistisches Modell auf der Basis empirischer Sätze zu formulieren. Darüber hinaus versucht KOHLBERG, und das unterscheidet ihn von anderen Autoren mit Typologien des moralischen Urteils, die verschiedenen Arten von Achtung vor gesellschaftlichen Regeln so *systematisch* zu definieren, daß alle Arten von Achtung vor gesellschaftlichen Regeln, die logisch unterscheidbar in eine hierarchische Sequenz eingeordnet werden, berücksichtigt sind. „The claim we make is that anyone who interviewed children about moral dilemmas and who followed them longitudinally in time would come to our six stages and no others" (KOHLBERG 1976, S. 47). Diese Systematisierung führte dazu, daß sich unter den sechs Stufen auch die Moralkonzepte finden, die nicht von der kognitiven Theorietradition entwickelt wurden, sondern in der psychoanalytischen oder behavioristischen Tradition. Das heißt, die Systematisierung aller Arten von Achtung durch KOHLBERG stellt auch einen Integrationsversuch verschiedener psychologischer Theorietraditionen dar, was seine Annahme, daß seine Stufen insgesamt nicht einer spezifischen Theorie zugeordnet werden können, plausibel erscheinen läßt (KOHLBERG 1976, S. 47).

PIAGET schloß zumindest nicht aus, daß Kinder je nach Gebiet unterschiedliche moralische Urteile abgeben können, da für ihn der Übergang von der Heteronomie von der Autonomie fließend war, und erst im Laufe der Zeit die Autonomie *graduell* dominiert. Demgegenüber behauptet KOHLBERG, daß die einzelnen Stufen „strukturierte Ganzheiten" darstellen, das heißt die Individuen jeder Stufe müssen in allen Bereichen auf dem gleichen Niveau urteilen, was bei PIAGET so explizit nicht formuliert wurde (LICKONA 1969, S. 341; PIAGET 1972, S. 175ff.).

Die sechs Stufen

KOHLBERG (1976, S. 32; 1978, S. 36) gruppiert die sechs Stufen seines Modells in drei Ebenen, präkonventionell, konventionell und postkonventionell. Die präkonventionelle Ebene ist die Urteilsebene der meisten Kinder bis zu neun Jahren, weniger Jugendlicher und erwachsener Krimineller, wie etwa Adolf Eichmann (KOHLBERG 1974). Die konventionelle Ebene erreichen Jugendliche und Erwachsene. Hingegen wird die postkonventionelle Ebene von nicht vielen Individuen erreicht und dann allenfalls im Alter von rund 20 Jahren. Unter konventionell versteht KOHLBERG die Orientierung an den Regeln der Gesellschaft. Demgemäß fehlt dem präkonventionell Urteilenden noch das Verständnis der Regeln, das heißt er reagiert überwiegend situationsbezogen, während der postkonventionell Orientierte erkannt hat, daß Regeln der Gesellschaft auf Prinzipien beruhen, die in manchen Fällen mit den geltenden Regeln konfligieren können.

Auf der *präkonventionellen* Ebene unterscheidet KOHLBERG eine heteronome und eine individualistisch zielorientierte Moral. Anders als bei PIAGET gehorcht das Kind zunächst nur aus Furcht vor Strafe und aufgrund seiner Unterlegenheit gegenüber Autoritäten, um später Gehorsam auch schon vor dem Hintergrund eigener Wünsche und Interessen als notwendig oder nicht einschätzen zu können. Beide Stufen sind egozentrisch, da Regelbefolgung immer nur in bezug auf den Aktor erfolgt.

Auf der *konventionellen* Ebene mit der gruppenorientierten Moral (Stadium der beginnenden Zusammenarbeit bei PIAGET) und einer an der Gesellschaft orientierten Moral richtet sich das Kind zunächst nach den konkreten Verhaltenserwartungen anderer, um ein guter Freund, ein guter Sohn, ein guter Schüler usw. zu sein. Diese noch an konkrete Interaktionsbeziehungen und Stereotype gebundene Moral wird in der vierten Stufe auf die Gesellschaft als Ganzes übertragen.

Auf dieser Ebene wird der Egozentrismus überwunden; in zunehmendem Maße werden allgemeine, von der konkreten Situation unabhängige Regeln erkannt, die das Verhalten steuern. In dieser – auch empirisch nachweisbaren – Ausdifferenzierung der konventionellen Ebene bei KOHLBERG wird der Unterschied zu PIAGET und DURKHEIM deutlich. PIAGET übersah in seinem Konzept, daß der Anschluß an die soziale Gruppe und die Verringerung der elterlichen Autorität nicht notwendigerweise zur Autonomie führt, sondern je nach Umweltbedingungen in Gruppenkonformität enden kann. DURKHEIM hingegen berücksichtigte die Möglichkeit nicht ausreichend, daß die Lösung von personalen Autoritätsbeziehungen und die Orientierung an allgemeinen Regeln nicht gewährleistet, diesen Regeln auch kritisch gegenüber zu stehen. Weil beide, wenn auch aufgrund unterschiedlicher Konzepte, übersahen, daß die Überwindung der heteronomen Moral nicht ohne weiteres zur autonomen Moral führt, enthalten ihre Erziehungskonzepte auch keine Vorkehrungen, die Entwicklung so zu stimulieren, daß sie auch tatsächlich über die mittlere Phase hinausführt und die postkonventionelle (autonome) Ebene erreicht.

Auf Stufe fünf der *postkonventionellen* Ebene ist das Individuum nicht mehr „blind" den gültigen Gesetzen unterworfen wie auf Stufe vier, sondern beginnt, individuelle Rechte, mögliche Benachteiligungen, die sich aus gesellschaftlichen Regeln ergeben können, und Nützlichkeitserwägungen bei der Beurteilung zu reflektieren. Die Bewertung der Regeln aufgrund wechselseitiger Verpflichtung auf der Basis individueller Gleichheit wird in Stufe sechs abgelöst durch eine Prinzipienorientierung auf der Basis von Gerechtigkeit und Fairneß. Beziehungen werden geprüft und beurteilt in Relation zu Gleichheit, Reziprozität und Freiheit der Persönlichkeit.

Sozialkognitive Stimulation durch Gelegenheit zur Rollenübernahme

Moralisches Urteilen bedeutet, Handlungen oder Intentionen auf der Basis von Prinzipien als gut oder richtig zu beurteilen. Dieser Bewertungsprozeß ist eng mit dem Prozeß der Rollenübernahme verknüpft, weil Beurteilungen entscheidend von der Wahrnehmung und Interpretation von Handlungen abhängig sind. So begreift KOHLBERG moralische Entwicklung auch als einen „Prozeß der Restrukturierung in Modi der Rollenübernahme" (1974, S. 39). Das leitet sich schon ab aus dem zentralen Aspekt des moralischen Urteils, nämlich der Art der Reziprozität, die Alter zu Ego herstellt. Auf Stufe eins besteht nur eine sehr rudimentäre Form von Reziprozität, nämlich Gehorsam aus Furcht vor Bestrafung, während auf Stufe sechs die an universellen Prinzipien festgemachte Reziprozität auf der Basis von Gerechtigkeit möglich wird. Aus diesem Bedeutungswandel der Reziprozität für das moralische Urteil leitet KOHLBERG die Hypothese ab, daß die soziale Umwelt für die Entwicklung des moralischen Urteils vor allem in dem Ausmaß der Partizipationsmöglichkeiten an verschiedenen Gruppen relevant wird, weil ein hohes Maß an Gelegenheit zur Rollenübernahme das Kind stimuliert, die Beurteilung von Handlungen an immer allgemeineren Prinzipien zu orientieren. „Das Kind in der Entwicklung findet vermutlich eine große Sequenz von Gruppen oder Institutionen vor, an denen es teilnimmt. Der ersten, der Familie, wurde in der Sozialisationstheorie die meiste Aufmerksamkeit entgegengebracht. Nach unserer Auffassung ist jedoch (1) die Partizipation in der Familie nicht einzigartig oder wesentlich notwendig für die moralische Entwicklung und (2) die Dimensionen, in denen sie die Entwicklung stimuliert, sind primär allgemeine Dimensionen, in denen andere primäre Gruppen die moralische Entwicklung stimulieren" (1974, S. 103).

Damit reduziert KOHLBERG den Einfluß der sozialen Umwelt gegenüber PIAGET auf den Aspekt der *Umweltdifferenziertheit*, die ein kognitives Ungleichgewicht stimuliert, während etwa das Vertrauen und die Zuneigung der Eltern oder anderer erwachsener Autoritäten in diesem Modell keine Rolle spielen. Die Erfahrung von Gleichheit, die er zunächst nicht berücksichtigt, scheint bei ihm aber doch von Bedeutung zu sein, da er bei der Beschreibung seines Schulmodells (1978) davon ausgeht, daß eine optimale moralische Entwicklung des Kindes nur in einem sozialen Klima möglich ist, das sich an den Prinzipien der Gleichheit, Offenheit, Gerechtigkeit und Demokratie orientiert. Ein solches Klima kann für ihn nur entstehen, wenn Lehrer und Schüler diese Prinzipien als notwendig erfahren haben, was nur in Form der Zusammenarbeit möglich ist. „Eine gerechte Kooperation muß, wenn sie wirklich eine Kooperation sein soll, über einen gemeinsamen Arbeitszusammenhang verfügen" (1978, S. 224). Genau wie DURKHEIM geht KOHLBERG davon aus, daß nur aus der *gemeinschaftlichen Arbeit* in differenzierten Organisationszusammenhängen die Bedeutung von Gleichheit und gegenseitiger Achtung erkannt und gefördert werden kann.

Vorteile von Kohlbergs Modell

Obwohl die inzwischen vorliegenden empirischen Überprüfungen von KOHLBERGS Modell vermuten lassen, daß dieses Modell auch in seiner revidierten Fassung von 1976 *keinen* Bestand haben wird, hat es gegenüber allen anderen Modellen des moralischen Verhaltens oder der Gewissensbildung unbestreitbare Vorzüge, die es wahrscheinlich machen, daß die empirische Analyse der moralischen Sozialisation weiterhin von diesem Ansatz beeinflußt wird.

1. Das Modell von KOHLBERG stellt den ersten Versuch in der Sozialisationsforschung dar, Moral nicht ad hoc oder in Dichotomien zu konstruieren, sondern alle denkbaren Reaktionsformen auf moralische Konflikte systematisch als hierarchisch-logische Abfolge zu definieren. Während DURKHEIM annahm, daß man nur so auf moralische Konflikte reagieren kann, wie die gesellschaftliche Ethik es zuläßt, und PIAGET lediglich eine Dichotomie von Heteronomie und Autonomie des moralischen Urteils konstruierte, wird am Stufenmodell von KOHLBERG die Unzulänglichkeit solcher Versuche deutlich. Während PIAGET annehmen muß, daß die Unabhängigkeit des Kindes von den Eltern moralische Autonomie impliziert, zeigt KOHLBERGS Modell, daß das nicht richtig ist, da dies zunächst nur Unabhängigkeit von *äußerem Zwang* bedeutet.

2. Die Systematisierung der moralischen Entwicklungsstufen macht KOHLBERGS Modell zu einem *integrativen* Modell. Traditionellerweise wurden die behavioristische Definition des moralischen Verhaltens als *Widerstand gegen Versuchung* oder die psychoanalytische Definition des Gewissens als mit *Schuldgefühlen behaftete Unterwerfung* des einzelnen unter die gesellschaftlichen Regeln angenommen und beide Vorstellungen als eher widersprüchlich interpretiert. Demgegenüber macht die systematische Definition der Stufen von KOHLBERG deutlich, daß es sich hier nicht um einander ausschließende Definitionen unterschiedlicher Theorierichtungen handelt, sondern um *unterschiedliche*, logisch eindeutig abgrenzbare Stufen eines Entwicklungsprozesses. Oder aber, wenn man das Entwicklungsmodell nicht akzeptiert, um logisch unterschiedliche Typen, nämlich um Stufe eins und Stufe vier des Modells.

3. Der Entwicklungsaspekt des moralischen Urteils, den KOHLBERG von PIAGET übernimmt, verhindert die Interpretation des moralischen Urteils im Sinne eines reinen Anpassungsmodells und eröffnet überhaupt erst eine plausible Möglichkeit, statt des *übersozialisierten Modells* vom Menschen die nachweisbaren Eigenaktivitäten des Kindes und Jugendlichen in systematischer Weise bei der Analyse von Wertvorstellungen oder moralischer Sozialisation zu berücksichtigen. Gleichzeitig läßt sich mit dem Entwicklungskonzept auch begründen, daß Menschen in hochdifferenzierten Gesellschaften auch das Maß an Autonomie entwickeln können, das in diesen Gesellschaften mit ihren vielfältigen Verhaltensspielräumen möglich ist.

4. Das Modell der moralischen Entwicklung berücksichtigt die Tatsache, daß es sich bei moralischem Verhalten oder moralischem Urteil *immer* um die *individuelle* Achtung vor *gesellschaftlichen* Regeln handelt. Das gilt nicht für alle Analysen moralischen Verhaltens und moralischen Urteilens, wie etwa behavioristische Ansätze (BURTON 1963) zeigen. Diese überprüfen ihre Hypothesen im allgemeinen, indem sie experimentell vergleichen, ob und wie lange Kinder *Widerstand gegen Versuchung* leisten, wenn sie sich in einer Spielsituation Vorteile verschaffen können, indem sie entweder die Gebote des abwesenden Versuchsleiters übertreten oder wenn sie mogeln oder betrügen (SEARS/RAU/ALPERT 1965). Was aber der Gehorsam vor einer fremden Person in einer fremden Situation mit höchst eigenartigen Verhaltenserwartungen mit individueller Achtung vor gesellschaftlichen Regeln zu tun haben soll, bleibt ungeklärt. In Alltagssituationen würde man kaum auf die Idee kommen, den Gehorsam eines Kindes oder Jugendlichen irgendwelchen Erwachsenen gegenüber als *moralisch* zu interpretieren. Ganz im Gegenteil kann ein solcher Gehorsam manchmal unmoralisch erscheinen. Moralisch ist dieses Verhalten nur dann, wenn es sich aus unserer und des Kindes Perspektive um gesellschaftlich legitimierte Autoritätspersonen handelt, wie etwa Eltern, Großeltern, Lehrer und ähnliche.

5. KOHLBERGS Modell basiert auf *falsifikationsfähigen* Hypothesen. Anders als beispielsweise psychoanalytische Vorstellungen vom Überich (FREUD 1927), die aufgrund einer Fülle von „ceteris paribus"-Klauseln gegen empirische Falsifikationsversuche immunisiert sind, hat KOHLBERG sich bemüht, seine Aussagen als empirische Sätze zu formulieren und Methoden der Prüfung zu entwickeln. Wenn daher heute sein Ansatz stärker kritisiert wird als etwa vergleichbare Konzepte der Ich-Bildung, spricht das nicht, wie es den Anschein hat, gegen seine Theorie und für andere Konzepte, sondern eher für KOHLBERGS Ansatz, da er falsifikationsfähig ist. Falsifikationen von Theoriesätzen führen meist zu Modifikationen der ursprünglichen Theorie, so daß anzunehmen ist, daß dieses empirische Konzept mehr Einsichten in die Struktur der moralischen Urteilsbildung und des moralischen Verhaltens liefert als *nicht prüfbare* Konzeptionen anderer Theorietraditionen.

Kritik des Modells: Universalität, Invarianz, Irreversibilität und Homogenität

KOHLBERG behauptet, daß die moralische Entwicklung einem universell nachweisbaren, invarianten, irreversiblen Schema von homogenen Stufen folgt. Diese Annahme ist nicht unproblematisch. Die *Universalismus*these ist bisher noch nicht geprüft worden. Zwar hat KOHLBERG in verschiedenen Ländern (KOHLBERG 1971, 1974) Untersuchungen durchgeführt und Alterstrends in der Entwicklung nachgewiesen. Doch da die Auswahl der Länder aufs Geratewohl erfolgte, nicht aber aufgrund systematischer Variationen der gesellschaftlichen Entwicklungsstufen der Länder, können Alterstrends in diesen Ländern auf gleichen Altersnormen beruhen und müssen insofern keine individuelle Entwicklung indizieren. Schwerer wiegt die Tatsache, daß KOHLBERG die Auswertungsmethode, die er in diesen Studien verwandte, inzwischen revidiert hat (1976), weil er *selbst* der Meinung war, daß diese Methode zu sehr an kulturellen Inhalten und zu wenig an universellen Argumentationsstrukturen orientiert sei. So hat er für die Methode zur Prüfung der Universalismusthese den Vorwurf des Ethnozentrismus von SIMPSON (1974), den diese auf die gesamte Theorie bezog, akzeptiert. Eine Reanalyse der Daten mit der neuen Methode hat KOHLBERG bisher nicht publiziert.
Die Annahme der *invarianten* Stufenfolge ist von KOHLBERG/KRAMER (1969) in einer Studie an einer Gruppe von 16- bis 24jährigen Jugendlichen untersucht und bestätigt worden. Leider weisen KURTINES/GREIF (1974) darauf hin, daß

die Alterstrends, die KOHLBERG/KRAMER berichten, nur schwach ausgeprägt sind, da die Mehrzahl der Jugendlichen und jungen Erwachsenen auf Stufe vier verbleibt und nur wenige Stufe fünf erreichen. Obendrein haben KOHLBERG und KRAMER offenbar nicht geprüft, ob die auf Stufe vier Urteilenden jemals Stufe eins, zwei und drei durchlaufen haben. Diese Studie kann allenfalls dazu dienen, die Möglichkeit eines Entwicklungsverlaufs anzunehmen.

Die frühere Mitarbeiterin von KOHLBERG, HOLSTEIN, untersuchte Kinder im Alter von 13 Jahren und analysierte die gleiche Gruppe drei Jahre später im Alter von 16 Jahren. Ähnlich wie KOHLBERG fand sie Alterstrends, aber keine invariante Stufenfolge. Vielmehr entwickelte sich ein Teil der Versuchspersonen von Stufe eins auf Stufe vier oder von Stufe drei auf Stufe fünf, ohne die dazwischen liegenden Stufen zu durchlaufen. Diese Variationen waren zudem noch *geschlechtsspezifisch*. Es sprangen wesentlich mehr Mädchen direkt von drei auf fünf als Jungen, die häufiger auf Stufe vier verblieben. Diesen geschlechtsspezifischen bias bringt HOLSTEIN mit der Definition der Rolle des an universalistischen Regeln orientierten Mannes (Stufe vier) und der eher partikularistisch orientierten Rolle der Frau in Zusammenhang. Obendrein regredierte ein Teil ihrer Versuchspersonen auch noch von höheren Stufen auf niedrigere. Zwar betont sie selbst die möglichen Mängel ihrer Studie, wie Spezifität der Stichprobe, fehlende Kontrollgruppe usw., doch ergibt sich aus ihrer Studie mehr Evidenz gegen das Modell von KOHLBERG als dafür.

Auch die *Homogenität* der Stufen konnte nicht bestätigt werden (FISHKIN 1973, HUDGINS/PRENTICE 1973), da Individuen ihre moralischen Urteile offenbar situativ variieren können. Die Liste der Falsifikationen ließe sich meines Wissens noch um einiges erweitern, so um die Problematik des Zusammenhanges von Kognition und sequentieller Entwicklung, des Zusammenhanges zwischen Verhalten und Urteil usw. (HOFFMAN 1977).

Die Vernachlässigung der sozialen Umwelt oder die überrationalisierte Vorstellung vom Menschen

KOHLBERG geht davon aus, daß lediglich das Ausmaß der Gelegenheit zur Rollenübernahme die festgelegte Sequenz der sechs Stufen stimuliert. Es fällt daher schon schwer, sein Modell als ein *interaktives* Entwicklungsmodell wie das von PIAGET zu interpretieren. So ist es auch nicht verwunderlich, daß in dieser Tradition als Umweltfaktoren immer nur das Ausmaß der kognitiven Stimulation gewertet wurde (TURIEL 1966, REST 1973). Die Studien erbrachten entweder keine eindeutigen Ergebnisse oder wurden später durch andere Studien falsifiziert (TRACY/CROSS 1973). PIAGET hatte neben der kognitiven Stimulation auch das Vertrauen zu den Eltern und die Erfahrung von Gleichheit betont. Bei KOHLBERG ist die Reduktion des Umwelteinflusses vermutlich darauf zurückzuführen, daß er im Anschluß an WRONG (1961) der Sozialisationsforschung nicht zu Unrecht vorwirft, daß die meisten Untersuchungen auf der Annahme aufbauen, der einzelne sei ein Spiegelbild gesellschaftlicher Einflüsse (KOHLBERG 1974). Diese Vorstellungen des „übersozialisierten Konzepts vom Menschen“ schreibt KOHLBERG DURKHEIM zu (1971). Dem setzt er den rational die gesellschaftlichen Zustände analysierenden und beurteilenden Menschen entgegen, dessen Maß an Rationalität und Erkenntnisfähigkeit lediglich von der eigenen Reife und dem Ausmaß der Gelegenheit zur Rollenübernahme abhängig ist.

Diese extreme Überbetonung des rationalen Kalkulierens wird schon auf Stufe eins, im Alter von vier bis sieben Jahren, deutlich. Das Kind gehorcht, so KOHLBERG (1963, S. 21), weil es Belohnung oder Bestrafung für eigene Handlungen antizipiert, also in der Lage ist, die Vor- und Nachteile der eigenen Aktionen in Relation zu den erwarteten Sanktionen zu kalkulieren. Diese Auffassung begründet KOHLBERG damit, daß er bei fremden Versuchsleitern von den untersuchten Kindern entsprechende Antworten auf moralische Dilemmata erhielt. In diesen Situationen antworteten die Kinder überwiegend, daß sie aus Angst vor Strafe gehorchten, während Kinder, die die gleichen moralischen Dilemmata mit einem ihnen bekannten und vertrauten Versuchsleiter diskutierten, ähnlich antworteten, wie PIAGET das fand, daß sie aufgrund von Respekt vor Erwachsenen gehorchten (KRAHN 1971, PIAGET 1972). Respekt beruht für PIAGET auf der Furcht vor dem Stärkeren *und* der Zuneigung zu einer vertrauten Autorität, insbesondere den Eltern. KOHLBERG konnte dieses Ergebnis nur erzielen, weil er die Sozialisationsbedingungen meinte ignorieren zu können, unter denen Kinder aufwachsen. So erstaunt es auch nicht, daß er faktisch nie die Bedeutung der Empathie und des Vertrauens in die Umwelt für die moralische Entwicklung der Kinder diskutiert. Und es ist meines Erachtens auch kein Zufall, daß RAWLS in seiner Theorie der Gerechtigkeit, auf die KOHLBERG als philosophischer Begründung seines Ansatzes verweist, sich bei der Darstellung der Entwicklung des Gerechtigkeitssinnes des moralischen Urteils fast ausschließlich auf PIAGET, nicht auf KOHLBERG stützt (1975, S. 503ff.). Erst die an *keinerlei* Bedingungen geknüpfte Zuneigung der Eltern zu den Kindern gibt dem Kind überhaupt die Möglichkeit, der Umwelt zu vertrauen, den Mut, eigene Fähigkeiten zu erproben und so etwas wie *Selbstachtung* zu bilden (1975, S. 506ff.). Die Selbstachtung des Kindes, basierend auf der bedingungslosen Liebe der Eltern, ist aber Grundvoraussetzung dazu, andere zu achten wie sich selbst. Ohne dieses Vertrauen zur Umwelt, ohne Selbstachtung ist überhaupt keine *Achtung des anderen* möglich. Diese Tatsache, DURKHEIM (1973, S. 189) und PIAGET (1972) wohl bekannt, ignoriert KOHLBERG. So geht er etwa auf Stufe drei davon aus, daß die Orientierung an der unmittelbaren Bezugsgruppe auch Zuneigung zu anderen, Empathie und Vertrauen beinhaltet, ohne aber erklären zu können, wie diese nichtrationalen Elemente der Moral entstehen können, nachdem das Kind auf Stufe zwei sich rein kalkulatorisch am Nutzen seiner Aktionen orientierte. Das gleiche gilt für Stufe sechs. Auf Stufe vier orientiert man sich ohne Rücksicht auf andere (*ohne* Empathie) an den Geboten der Gesellschaft, um auf Stufe sechs wieder empathisch handeln zu können. Die Bedeutung der nichtrationalen Elemente der moralischen Urteilsbildung unterschätzt KOHLBERG in seinem Ansatz und übersieht dabei, daß die soziale Umwelt darüber letztlich entscheidet, ob das Kind Vertrauen entwickeln kann, ob es andere einmal so achten kann, wie es sich selbst achtet.

Die Erkenntnis der Idee der Gerechtigkeit, der Gleichheit und der Würde des Menschen impliziert noch nicht das Vertrauen und die Achtung des anderen. Und daher reicht auch die Stimulation durch kognitive Diskrepanzen nicht aus, um zu einem autonomen moralischen Urteil zu gelangen. Ganz entscheidend ist das Vertrauen zu den Eltern.

Diese Überlegungen (vgl. RAWLS 1975, Kap. 8) haben für KOHLBERGS Modell allerdings erhebliche Konsequenzen. Denn KOHLBERG unterstellt, ohne es jemals geprüft zu haben, daß das Verständnis für soziale Beziehungen und Strukturen sich parallel zur Achtung für andere entwickelt. Daher muß er auch annehmen, daß diejenigen, die die Reziprozität sozialer Beziehungen erkannt haben, andere auch als gleich behandeln und ihre Würde respektieren. Das soll sich darin äußern, daß sich mit zunehmender Reife des moralischen Urteils auch zunehmend moralisches Verhalten zeigt. Das kann aber nach den vorliegenden Forschungsergebnissen allenfalls tendenziell als richtig angenommen werden (HOFFMAN 1977). Und es gibt sicherlich geeignete historische Beispiele, in denen Menschen die Gleichheit und Würde der Menschen philosophisch begründen, um anschließend im Namen dieser Gleichheit und Würde andere Menschen zu töten. Das kann zumindest als Hinweis darauf gewertet werden, daß die Erkenntnisfähigkeit und die Einsicht in die Reziprozität unabhängig von der Empathie entwikkelt werden kann. Es gibt auch experimentelle Belege dafür. So hatte schon MACRAE 1954 darauf hingewiesen, daß das Konzept des moralischen Urteils von PIAGET experimentell auf zwei Faktoren basiert. MCGEORGE (1974) und B. BERTRAM (1976) konnten dies auch für KOHLBERGS Konzept nachweisen. Bei diesen Autoren wird einer der Faktoren als „rationales Verständnis der sozialen Beziehung" klassifiziert, der andere Faktor als Empathie. Ob diese zweifaktorielle Theorie der moralischen Entwicklung richtig ist, kann gegenwärtig nicht beurteilt werden. Sie hat aber einige unbestreitbare Vorteile, etwa die Tatsache, daß Kinder auf einem niedrigeren moralischen Entwicklungsniveau auch altruistisch handeln können (HOFFMAN 1976, RUSHTON 1977, ELLIOT/VASTA 1970), oder daß sich Kinder auf Stufe drei solidarisch verhalten können, selbst wenn der Lehrer von ihnen ein Verhalten gemäß Stufe vier verlangt, was sie eigentlich stimulieren müßte, gemäß Stufe vier zu urteilen.

5 Soziale Bedingungen moralischen Urteilens

KOHLBERG reduziert den Einfluß der sozialen Umwelt auf die Stimulation der kognitiven Entwicklung und das Ausmaß der Gelegenheit zur Rollenübernahme. Dabei ignoriert er weitgehend die Bedeutung nichtrationaler (nichtkognitiver) Elemente der moralischen Urteilsbildung. Sozialisationstheoretischen Ansätzen, etwa von MILLER/SWANSON (1960), BANDURA/WALTERS (1963), ARONFREED (1968) und HOFFMAN (1970a, 1977) wirft er vor, die Bedeutung kognitiv-strukturellen Wandels bei der moralischen Entwicklung zu unterschätzen, da sie moralische Entwicklung als zunehmende Konformität mit moralischen Regeln definieren, die Basismotivation für Moral mit einem biologischen Bedürfnis nach sozialer Belohnung und Bestrafung begründen, die kulturelle Relativität von Moral behaupten und den Einfluß der sozialen Umwelt in Begriffen quantitativer Variationen der Suche nach Belohnung und Bestrafung und Nachahmung des elterlichen Modells interpretieren (1976, S. 48). Den psychoanalytischen Ansätzen wirft er gemeinsam mit den sozialisationstheoretischen Ansätzen vor, Moral als einen Internalisierungsprozeß zu begreifen. Bei der Prüfung seiner Vorwürfe stellt man allerdings fest, daß KOHLBERG sozialisationstheoretische Ansätze allenfalls partiell adäquat charakterisiert. Konfronitiert man beispielsweise den Ansatz von HOFFMAN oder von HOGAN (1973) mit KOHLBERGS Überlegungen, findet man erhebliche Übereinstimmungen. So hat HOFFMAN (1963, 1967, 1970a) ein Modell mit drei Typen moralischer Orientierung konzipiert, dessen Übereinstimmung mit KOHLBERGS Ansatz darauf zurückzuführen ist, daß beide Autoren theoretisch und empirisch wesentlich auf PIAGET aufbauen. KOHLBERG zog aus der Kritik an PIAGETS Entwicklungsmodell den heute kaum noch verständlichen Schluß, es durch die Radikalisierung des Entwicklungsgedankens zu verbessern. HOFFMAN hingegen übernahm nur Elemente aus PIAGETS Ansatz im Rahmen eines Sozialisationsmodells und formuliert verschiedene Sozialisationsbedingungen.

Wenn Eltern dem Kind die Möglichkeit geben, die Regeln, nach denen es sich richten soll, zu verstehen, etwa indem sie diese Regeln kindgemäß erklären, und sie eine affektiv positive Beziehung zum Kind aufbauen, so wird das Kind aller Wahrscheinlichkeit nach im Laufe der Zeit einen *humanistischen* Gewissenstyp herausbilden, der wie die postkonventionelle Ebene bei KOHLBERG auf den Prinzipien der Würde des Menschen und der Achtung des anderen basiert. Wenn Eltern versuchen, Regeln zu erklären, vor allem in Hinblick auf die Konsequenzen für andere, sie auch bei kindlichen Regelverstößen die Zuneigung des Kindes zu den Eltern *nicht* als Erziehungsmittel benutzen, indem sie es etwa zurückweisen, und wenn sie bei fortdauernder Regelverletzung auch ihre elterliche Macht benutzen, so nennt HOFFMAN dieses Erziehungsverhalten *Induktion.* Diesen Zusammenhang zwischen induktivem Erziehungsverhalten der Eltern, das heißt genauer der Mütter, und der Entwicklung einer humanistischen moralischen Orientierung bei den Kindern hat HOFFMAN korrelativ nachgewiesen (HOFFMAN/SALTZSTEIN 1967).

Wenn Eltern dem Kind zwar die Möglichkeit geben, ein Regelverständnis zu entwickeln, sie aber gleichzeitig die Zuneigung des Kindes zu den Eltern als Disziplinierungsmittel bei Regelverstoß anwenden, so entwickeln Kinder einen *konventionell-rigiden* Gewissenstyp. Wenn Eltern zwar die Regeln erklären, aber bei Regelverstoß ihren Ärger ungehindert zeigen, das Kind teilweise mit tagelangem Schweigen bestrafen, es zurückstoßen oder es vom familiären Leben ausschließen, so entwickelt das Kind zwar ein Verständnis für soziale Regeln, verabsolutiert aber diese Regeln, da es nur bei ihrer peinlich genauen Beachtung der Zuneigung der Eltern sicher sein kann. Der Zusammenhang zwischen konventioneller Regelorientierung und *Liebesentzugstechniken* konnte nicht so eindeutig belegt werden wie die Beziehung zwischen Induktion und humanistischer Orientierung (HOFFMAN 1963, SEARS/RAU/ALPERT 1965).

Wenn Eltern bei kindlichem Ungehorsam weniger die Absichten als vielmehr die Konsequenzen des Tuns bestrafen, ist es dem Kind nicht möglich, eine Systematik im Verhalten der Eltern zu erkennen. Wenn die Eltern zudem sprunghaft und unkontrolliert agieren, physische Bestrafung oder materielle Strafen verwenden, so unterstützen sie beim Kind vor allem ein situationsbezogenes Vermeidungsverhalten und verhindern die Entwicklung eines differenzierten Regelverständnisses. Dieses elterliche Handeln, bei dem die Eltern ohne Rücksicht auf die Abhängigkeit und Schwäche des Kindes ihre Stärke durchsetzen, nennt HOFFMAN *Machtbehauptung,* die bei den Kindern zu einer *externalen* Regelorientierung führt (HOFFMAN/SALTZSTEIN 1967). Die Kinder orientieren sich an antizipierter Belohnung und Bestrafung, urteilen also präkonventionell.

Vergleicht man HOFFMANS Ansatz mit dem Modell von KOHLBERG, fällt die parallele Definition der Gewissenstypen und der Ebenen des moralischen Urteils auf. Und es ist nicht verwunderlich, daß Kinder mit humanistischen Orientierungen, gemessen mit HOFFMANS Dilemmageschichten, auch auf der postkonventionellen Ebene urteilen, wenn man sie KOHLBERGS Verfahren unterzieht (GASH 1976). Der zentrale Unterschied zwischen beiden Ansätzen ist darin zu sehen, daß KOHLBERG vor allem versucht hat, die verschiedenen Definitionen der Typen moralischen Urteilens systematisch zu integrieren. HOFFMAN hingegen hat versucht, die Sozialisationsmechanismen zu integrieren, die mit den unterschiedlichen Definitionen des Gewissens (des moralischen Urteils) verknüpft sind. In der Beschreibung des Zusammenhangs von externalem Gewissen und elterlicher Machtbehauptung finden sich die Hypothesen behavioristisch orientierter Autoren (BURTON 1963) über den Zusammenhang von Verhaltenskonformität, definiert als Widerstand gegen Versuchung, und den Sanktionsdrohungen erwachsener Autoritäten, denen nur gehorcht wird, solange man die Sanktionen fürchtet. BURTON (1963) konnte nachweisen, daß Kinder mit einer solchen Orientierung dazu neigen, diese möglicherweise zunächst in der Familie erworbenen Verhaltenszüge zu generalisieren.

Der Zusammenhang zwischen Liebesentzugstechniken und einem konventionell-rigiden Gewissen entspricht weitgehend der sozialisationstheoretischen Reformulierung des psychoanalytischen Konzepts der Gewissensbildung, etwa bei MILLER/SWANSON (1960). Der Zusammenhang zwischen Induktion und humanistischer Orientierung wird mit Überlegungen von PIAGET begründet, da HOFFMAN einerseits die Bedeutung der kognitiven Stimulation durch die Eltern betont wie andererseits die Notwendigkeit einer affektiv positiven Beziehung.

Im Grunde impliziert HOFFMANS Modell eine *simple Isomorphie* zwischen sozialer Umwelt und moralischer Orientierung. Wenn die Eltern überwiegend konditionieren, dann entwickelt sich auch ein sanktionsorientiertes Gewissen. Wenn die Eltern die Rechte und die Persönlichkeit des Kindes berücksichtigen, dann entwikkelt das Kind auch eine entsprechende humanistische Orientierung. FEND (1973) hat daher nicht zu Unrecht den Schluß aus HOFFMANS Analyse gezogen, „daß es aus dem Wald herausschallt, wie man hineinruft".

Doch haften diesem Isomorphiemodell einige theoretische Mängel an. Schon DURKHEIM (1973) hatte darauf hingewiesen, daß die Familie allenfalls eine Basis für die moralische Entwicklung darstellen könnte. Denn die Zuneigung des Kindes zu den Eltern ist zwar die Grundlage der Selbstachtung und damit der Achtung der anderen, sie führt aber gleichzeitig dazu, daß die Kinder ihre Eltern nachahmen. Die Bereitschaft des Kindes, die elterliche Autorität zu akzeptieren und nachzuahmen, impliziert aber gleichzeitig die Entwicklung eines bestimmten Modells gesellschaftlicher Beziehungen. Dieses Modell beruht auf der Bereitschaft, sich bewunderten Autoritäten unterzuordnen, also die Herrschaft von Menschen über Menschen als natürlich zu akzeptieren. Wenn aber Kinder als spätere Erwachsene das Modell der einseitigen Achtung der Eltern-Kind-Beziehung auf gesellschaftliche Beziehungen im allgemeinen übertragen, so werden diese Erwachsenen, selbst wenn sie in der Kindheit eine humanistische Orientierung entwickelt haben sollten, auch bereit sein, sich den Orientierungen unterzuordnen, die andere bewunderte Autoritäten zeigen. Und Fälle, in denen Menschen mit einer zunächst postkonventionellen (humanistischen) Orientierung später sogar zu menschenverachtenden Orientierungen gelangen, sind aus Geschichte und Zeitgeschichte bekannt. Daher war für DURKHEIM die Forderung unverzichtbar, Kindern die Möglichkeit zu geben, das Modell der einseitigen Abhängigkeit des Kindes von den Eltern zu überwinden.

PIAGET hat diese Überlegung dahingehend präzisiert, daß neben der kognitiven Stimulation und der Zuneigung der Eltern die Erfahrung der Gleichheit, etwa in der Gruppe der Gleichaltrigen, das Kind in die Lage versetzt, dieses Modell gesellschaftlicher Beziehungen zu überwinden und durch ein anderes zu ersetzen, das auf wechselseitiger Gleichheit und Achtung basiert. Diese Überlegung fehlt in HOFFMANS Modell, obwohl beispielsweise HAAN (1968, 1971) nachweisen konnte, daß postkonventionell urteilende junge Erwachsene zwar liberale Eltern haben, gleichzeitig aber die Bedeutung von Lösungskonflikten für ihre Entwicklung betonen. Zum Teil sind diese Lösungskonflikte sicherlich Ausdruck des Versuchs der Kinder, sich von dem Modell der Unterordnung unter bewunderte Autoritäten zu lösen.

HOGAN (1973) und PORTELE (1978) entwickelten ähnlich integrative Sozialisationsmodelle wie HOFFMAN, betonen allerdings stärker als HOFFMAN den Entwicklungsgedanken. Das Modell von PORTELE ist mit dem von HOFFMAN

weitgehend identisch. Während bei HOFFMAN Macht, Liebesentzug und Induktion als unabhängige Typen der Eltern-Kind-Beziehung interpretiert werden, bringen HOGAN/PORTELE diese Typen in eine hierarchische Ordnung. Zunächst wird das egozentrische, impulsive und undisziplinierte Kind sozialisiert (konditioniert). Nach Abschluß dieser Phase beginnt das Kind nach PORTELE, die Eltern zu imitieren und versucht, so zu sein wie die Eltern. Bei HOGAN beginnt nach der Konditionierung (Sozialisation) die Entwicklung der Empathie durch die Partizipation in der Spielgruppe. Nach dieser Phase der Imitation bei PORTELE und der sich entwickelten Phase der Empathie bei HOGAN folgt die Phase der sozialmoralischen und kognitiven Stimulation (PORTELE) oder der Autonomie (HOGAN).
Bei all diesen Modellen überrascht die wenig differenzierte Vorstellung über Eltern-Kind-Beziehungen. Der Grundgedanke von HOFFMAN, moralische Orientierungen seien Folge elterlicher Erziehungsmaßnahmen, kann ebenso wenig überzeugen wie die Gleichsetzung von väterlichen und mütterlichen Einflüssen. So formuliert er etwa die Hypothese, daß *elterliche* Liebesentzugstechniken ein konventionell-rigides Gewissen stimulieren, und bezieht sich dabei auf psychoanalytische Vorstellungen der Gewissensbildung, obwohl in der psychoanalytischen Theorietradition die Gewissensbildung durch eine unterschiedliche Beziehung des Sohnes zum Vater und zur Mutter erfolgt. Eine unterschiedliche Konstellation der Kind-Vater- und Kind-Mutter-Beziehung wird in HOFFMANS Modell nicht einmal hypothetisch formuliert. Diese Schwäche des Modells ist darauf zurückzuführen, daß ganz unterschiedliche Verhaltenszüge der Eltern (Vater und/oder Mutter) zu Typologien zusammengefaßt werden, statt diese Verhaltenszüge einzeln zu berücksichtigen und als Wirkung elterlicher Verhaltenskonstellationen auf die moralische Urteilsbildung zu untersuchen.
So weist HOFFMAN selbst darauf hin, daß eine humanistische Orientierung nur dann entwickelt werden kann, wenn das familiäre Interaktionsgefüge hinreichend differenziert ist und die Eltern über ein hohes Maß an Sensibilität verfügen, um die Bedürfnisse der Interaktionspartner erkennen und berücksichtigen zu können. Die Differenziertheit der familiären Kommunikation und das Ausmaß an Sensibilität für andere basieren auf unterschiedlichen Verhaltenszügen, die nicht notwendigerweise gemeinsam auftreten.
Während HOFFMANS Typologie ungeeignet ist, um die Komplexität familiärer Interaktionsbeziehungen hinreichend differenziert zu beschreiben, überzeugen die Versuche von PORTELE und HOGAN wenig, weil sie die Umwelt analog den drei Ebenen der moralischen Entwicklung in drei hierarchisch aufeinander aufbauende Sozialisationsmechanismen untergliedern (Konditionierung, Imitation, Stimulation), als ob die Eltern-Kind-Beziehungen nicht durch Strukturen geprägt wären, die teilweise unabängig von kindlichen Entwicklungsverläufen sind.
Akzeptiert man die These von PIAGET, daß die sozialkognitive Stimulation, die stabile Zuwendung der Eltern und die Erfahrung von Gleichheit Grundvoraussetzungen der Entwicklung moralischer Autonomie sind, und löst die Sozialisationstypologien auf dieser Basis in Verhaltenszüge von Vater und Mutter auf, so kommt man zu einem Modell mit einer relativ differenzierten Beschreibung der Eltern-Kind-Beziehung, das dennoch PIAGETS Ansatz verbunden bleibt.

Sozialkognitive Stimulation

Wenn in einer Familie soziale Regeln erklärt werden, die Einsichtsfähigkeit des Kindes stimuliert wird, es die Möglichkeit hat, hinreichend unterschiedliche Rollen zu spielen, so setzt dies voraus, daß Vater und Mutter selbst über ein hohes Maß an *intellektueller Flexibilität* verfügen. Darüber hinaus erfordert ein differenziertes interaktives Verhalten der Eltern, daß sie über ein gewisses Maß an sozialer *Sensibilität* verfügen („Empathie"; vgl. LINDESMITH/STRAUSS 1968, KRAPPMANN 1971).

Vertrauen durch Konsistenz elterlichen Verhaltens

Damit ein Kind Selbstachtung vor sich selbst und Vertrauen zu anderen entwickeln kann, muß es die Möglichkeit haben, die eigenen Fähigkeiten zu erproben und unterschiedliche Rollen zu spielen, ohne befürchten zu müssen, damit die emotionale Beziehung zu den Eltern zu gefährden. Das setzt bei Vater und Mutter voraus, daß sie dem Kind gegenüber immer wieder ihre Zuneigung verdeutlichen, was nur möglich ist, wenn sie selbst relativ ausgeglichen und „warmherzig" agieren und somit eine *konsistente*, affektiv positive Beziehung zum Kind aufbauen.

Erfahrung von Gleichheit durch Verständlichkeit und Erreichbarkeit des elterlichen Verhaltens

Elterliche Autorität oder Macht sind zunächst Faktoren, die die Erfahrung von Gleichheit verhindern. Diese Autorität ist aber nicht, wie HOFFMAN meint, Ausdruck eines spezifischen elterlichen Verhaltens, sondern Konsequenz der strukturell asymmetrischen Beziehung zwischen den Eltern und dem abhängigen Kind. Die Eltern können ihre Überlegenheit nicht negieren, sie können sich allenfalls bemühen, diese asymmetrische Beziehung möglichst weit in eine symmetrische Beziehung zu transformieren. Selbst differenziert und konsistent agierende Eltern können diese Asymmetrie nicht ohne weiteres auflösen. Eine Verringerung der Ungleichheit zwischen Eltern und Kindern ist nur zu erwarten, wenn die Eltern in ihrem Verhalten für das Kind *verständlich* und *erreichbar* sind. Differenziert agierende Eltern können ihre Kinder etwa durch ihre Erklärungen ebenso überfordern, wie konsistent agierende Eltern ihre Kinder zu sehr an sich binden können oder aber aufgrund einer guten Selbstkontrolle den Kindern als ein völlig unerreichbares Modell erscheinen, das ohne Fehl und Tadel ist, so daß selbst eine ansatzweise Erfahrung von Gleichheit nicht möglich ist.
Ob aus der Sicht des Kindes in der Familie überhaupt diese Gleichheit erfahren werden kann, hat schon DURKHEIM bezweifelt. Wahrscheinlicher ist es, daß die asymmetrische Eltern-Kind-Beziehung in einem konfliktbeladenen Lösungsprozeß vom Elternhaus überwunden wird (HAAN 1971, 1975; DÖBERT/NUNNER-WINKLER 1975; anders BERTRAM 1978).
In der folgenden Tabelle sind diese Umweltbedingungen in elterliche Verhaltenszüge reformuliert und zusammengefaßt. Die Ausprägungen sind jeweils so formuliert (+/−), daß jede der drei Zeilen die jeweils optimale Konstellation für die Stimulierung der einzelnen drei Ebenen des moralischen Urteils darstellt. Wenn hier darauf verzichtet wird, fünf oder sechs Konstellationen analog zu KOHLBERGS Modell zu formulieren, so vor allem deshalb, weil so die Vergleichbarkeit zu HOFFMAN und PIAGET gewahrt wird. Hinzu kommt, daß es nicht sicher ist, ob sich die sechs Stufen von KOHLBERG in weiteren Untersuchungen bewähren, wie im vorangegangenen Abschnitt diskutiert wurde.
Aus dieser Tabelle leitet sich ab, daß Kinder heteronom urteilen, wenn Väter und Mütter sie nicht hinreichend sozialkognitiv stimulieren, kein erreichbares Modell darstellen, weil sie ihre elterliche Autorität betonen, sie aber gleichzeitig durch ihr konsistentes Verhalten dem Kind die Möglichkeit geben, Respekt zu entwickeln, was nach PIAGET die Basis moralisch heteronomen Urteilens ist.
Wenn die Kinder ausreichend Gelegenheit zur Rollenübernahme haben, das heißt sie genügend sozialkognitiv stimuliert werden, und die Eltern sich bemühen, die Asymmetrie zwischen Eltern und Kindern zu verringern, dann ist es wahrscheinlich, daß die Kinder Selbstachtung und Achtung vor anderen und ein differenziertes Regelverständnis entwickeln, das heißt moralisch autonom urteilen.

Tabelle 1: Soziale Bedingungen moralischen Urteilens

			Differenziertheit (Sozial-kognitive Stimulation)		Vertrauen (Konsistenz)		Gleichheit (Erreichbarkeit)	
PIAGET	KOHLBERG	HOFFMAN	Vater	Mutter	Vater	Mutter	Vater	Mutter
autonom	post-konventionell	humanistisch	+	+	+	+	+	+
	konventionell	konventionell-rigide	+	+	−	+	−	+
heteronom	prä-konventionell	external	−	−	+	+	−	−

Wenn Eltern differenziert interagieren, die Mutter affektiv warmherzig und verständlich agiert, der Vater dagegen seine Autorität betont und sich eher zurückweisend verhält, dann werden Kinder ein rigide-konventionelles Gewissen entwickeln, da diese Konstellation der psychoanalytischen Hypothese der Überichbildung entspricht, jedenfalls in höherem Maße als die These des Liebesentzugs.
Vergleicht man diese hypothetische Tabelle mit den empirischen Ergebnissen einer Untersuchung zur moralischen Urteilsbildung, die diesem Modell folgt (BERTRAM 1978, S. 146ff.), so konnten die ersten beiden Aussagen bestätigt werden. Für die dritte Hypothese stellte sich heraus, daß die kognitive Stimulation der Kinder assoziiert mit einem inkonsistenten und nicht erreichbaren Verhalten der Eltern zu konventionell-rigidem Urteil führt. Nun geht es hier nicht darum, auf der Basis einer Studie eine zentrale Hypothese zur Erklärung der konventionell-rigiden Gewissensbildung zurückzuweisen. Benutzt man aber diese Tabelle zur Klassifikation häufig zitierter Studien zur Analyse der familiären Bedingungen der moralischen Urteilsbildung, stellt man fest, daß es kaum Studien gibt, die sowohl die kognitive Stimulation als auch die Bedeutung des elterlichen Vertrauens (Konsistenz) und die Erfahrung von Gleichheit berücksichtigt haben. Wie schon ARONFREED (1968, Kap. 11) kritisiert hat, prüfen die meisten Studien nur die Bedeutung der elterlichen Autorität oder der elterlichen Disziplinierungstechniken für die Gewissensbildung. Das gilt für die verschiedenen Studien der Gruppe um BRONFENBRENNER und DEVEREUX, die den Einfluß der elterlichen Autorität auf die moralische Entwicklung untersucht haben (BRONFENBRENNER 1970, DEVEREUX 1972, DEVEREUX/BRONFENBRENNER/SUCI 1962), wie dann auch für die Arbeit von SEARS und Mitarbeitern (1957, 1965), aber auch eher psychoanalytisch orientierte Studien, wie die Arbeit von MILLER/SWANSON (1960). Dagegen haben die Untersuchungen im Kontext von KOHLBERG sich nur selten um die Bedeutung emotionaler Faktoren oder die Erfahrung von Gleichheit gekümmert (HUIJTS 1969, WRIGHT 1973, KAY 1975, HOFFMAN 1977, MUSSGRAVE 1978).
Viele der Ergebnisse aus diesen Studien sind widersprüchlich. KOHLBERG (1974) zieht daraus den Schluß, daß die in diesen Studien berücksichtigten Faktoren der Sozialisationsumwelt vermutlich ohne Bedeutung für die moralische Entwicklung seien. Dieser Schluß ist insofern problematisch, weil diese Studien von der Anlage her alle mit dem Fehler behaftet sind, jeweils nur einzelne Aspekte des Interaktionsgefüges von Eltern und Kindern berücksichtigt zu haben, statt diese Aspekte so zu integrieren, wie PIAGET dies im Grunde schon in seiner Theorie vorformuliert hat. Die relativ enge Anlehnung an PIAGET, wie sie hier versucht wurde – der wesentliche Unterschied zu PIAGET besteht lediglich darin, die von ihm sequentiell angeordneten Entwicklungsbedingungen (Autorität, Zuneigung, Gleichheit) als allgemeine Bedingungen der Umwelt formuliert zu haben –, macht aber auch deutlich, daß die Vorwürfe von KOHLBERG gegen sozialisationstheoretische Bemühungen zur Erklärung der moralischen Entwicklung eigentlich nicht gerechtfertigt sind, sondern letztlich auf ein stark reduziertes Verständnis von Interaktionsbeziehungen zurückzuführen sind. Denn KOHLBERG unterscheidet Interaktionsbeziehungen letztlich nur durch das Ausmaß ihrer Differenziertheit und der Gleichheit von Interaktionsbeziehungen, während er die sehr wichtige Dimension des Vertrauens nicht berücksichtigt.

6 Soziale Strukturen und moralische Urteilsbildung

PIAGET und KOHLBERG interpretieren moralische Urteilsbildung als einen Prozeß, in dem das Individuum Prinzipien entwickelt, um die sozialen Beziehungen zwischen Menschen als richtig und fair, gut und gerecht oder ungerecht interpretieren zu können (KOHLBERG 1978, S. 36). Aus dieser Definition läßt sich die Frage ableiten, ob und wie die sozialen Beziehungen und die die Interaktionsgefüge bestimmende soziale Umwelt die individuelle Entwicklung des moralischen Urteils beeinflussen. Die Analyse des Zusammenhangs zwischen der individuellen Entwicklung des moralischen Urteils und gesellschaftlichen Bedingungen sozialer Beziehungen von Menschen kann aus ganz unterschiedlichen Perspektiven erfolgen.

a) Wenn man davon ausgeht, daß die individuellen Beurteilungen sozialer Beziehungen *entwicklungslogisch* geordnet werden können, kann man vermuten, daß auch die gesellschaftlichen Bedingungen, die diesen individuellen Entwicklungsprozeß überhaupt erst ermöglichen, sich entwicklungslogisch rekonstruieren lassen. So muß es möglich sein, entwicklungslogisch (evolutionär) unterscheidbare Gesellschaftsformationen zu rekonstruieren, denen sich bestimmte Stufen der individuellen moralischen Entwicklung zuordnen lassen. Im Grunde ist das eine Umkehrung der Fragestellung von PIAGET. Denn PIAGET geht davon aus, daß analog zur gesellschaftlichen Entwicklung von der primitiven, wenig differenzierten Gesellschaft auf der Basis mechanischer Solidarität zur differenzierten Gesellschaft auf der Basis organischer Solidarität die Entwicklung der individuellen Achtung entwicklungspsychologisch als Prozeß zunehmender moralischer Autonomie rekonstruiert werden kann. Es gibt eine Reihe solcher Versuche, KOHLBERGS Modell so zu rekonstruieren und analog zu den sechs Stufen (drei Ebenen) der individuellen Entwicklung moralischen Urteilens die gesellschaftliche Entwicklung entwicklungslogisch zu interpretieren (HABERMAS 1973, HARTEN 1977a, SCHLUCHTER 1979). Obwohl diese Versuche gegenwärtig intensiv diskutiert werden, ist diese Perspektive für die Sozialisationsforschung von geringer Bedeutung, weil sich die Gesellschaften, die von Sozialisationsforschern im allgemeinen untersucht werden, auf der gleichen evolutionären Stufe befinden.

b) Nun lassen sich Gesellschaften nicht nur hinsichtlich ihres evolutionär bedingten Entwicklungsniveaus unterscheiden, sondern bei gleicher evolutionärer Entwicklungsstufe auch hinsichtlich ihrer variierenden *sozialen und politischen Ordnung*. So befinden sich beide Teile Deutschlands auf der gleichen Entwicklungsstufe hinsichtlich der institutionellen Differenzierungen mit allen sich daraus ergebenden Konsequenzen für „moderne" Gesellschaften. Dennoch gibt es tiefgreifende Unterschiede, wie die Folgen dieses Differenzierungsprozesses in der sozialen, politischen und kulturellen Ordnung dieser Länder geregelt sind. Und so kann man sich die Frage vorlegen, welchen Einfluß diese unterschiedlichen sozialpolitischen Ordnungen auf die individuelle Entwicklung des moralischen Bewußtseins der Mitglieder dieser Gesellschaften haben. Mit wenigen Ausnahmen (BRONFENBRENNER 1972, 1976; DEVEREUX 1972) gibt es solche systematischen Vergleiche bisher praktisch nicht.

c) Eng verknüpft mit dieser Fragestellung ist die Analyse der Bedeutung *historischer Veränderungen* in einer Gesellschaft im Laufe einer Generation für die individuellen moralischen Bewußtseinsstrukturen. So ist beispielsweise zu fragen, welche Bedeutung die menschenverachtende Mißhandlung deutscher Juden durch Deutsche für das moralische Bewußtsein der Deutschen in dem damaligen Deutschland hatte. Ereignisse wie die Reichskristallnacht, die die meisten Deutschen damals bewußt miterlebten, können nur als gut und richtig interpretiert werden, wenn man auf Stufe drei von KOHLBERGS Stufenschema argumentiert und sich nur an seiner konkreten Bezugsgruppe orientiert (z. B. guter Nachbar sein) und die Juden als nicht dazugehörig betrachtet. Haben diejenigen, die damals so urteilten, auch schon vor der Machtergreifung so argumentiert, sind sie regrediert? Zur Bedeutung solcher historischen Ereignisse für das moralische Bewußtsein von Menschen gibt es im Bereich der Sozialisationsforschung kaum eine Untersuchung.

d) Spezifische Gesellschaften variieren aber nicht allein auf der Zeitdimension. Im vorigen Abschnitt wurden am Beispiel der Familie bereits Variationen der konkreten Interaktionsbeziehungen innerhalb einer Gesellschaft diskutiert. Dabei handelt es sich weder um rein persönlichkeitsspezifische, noch um zufällige, sondern um *sozial mitverursachte Variationen*, da alle institutionellen Bereiche, wie Politik, Wirtschaft und Kultur, konkrete Organisationen wie Industrieunternehmen und Behörden, und sozialökologische Einheiten wie kleine Dörfer oder Städte, sich hinsichtlich ihrer internen Differenziertheit und damit des Ausmaßes an sozialkognitiver Stimulation, der affektiv-positiven Beziehungen zwischen den Mitgliedern und damit des Ausmaßes an Vertrauen und Gleichheit der Mitglieder dieser Organisationen unterscheiden lassen. Die Erforschung der Bedeutung innergesellschaftlicher Variationen für die Entwicklung des moralischen Urteils hat noch kaum begonnen (LIND u. a. 1976, BERTRAM 1978, PORTELE 1978c).

Das Entwicklungskonzept von KOHLBERG kann ohne Schwierigkeit mit der evolutionstheoretischen Perspektive der gesellschaftlichen Veränderungsprozesse verbunden werden. Systematische Aussagen über den Einfluß inter- und intragesellschaftlicher Variationen bei Gesellschaften gleicher Entwicklungsstufe sind jedoch meines Erachtens nicht möglich, da er den Einfluß aller sozialen Umwelten auf das Ausmaß der sozialkognitiven Stimulation (Differenziertheit) reduziert. Diese Reduktion macht aus dem eigentlich interaktiven Konzept von KOHLBERG (1974) ein *maturationstheoretisches* Modell.

Aber auch der sozialisationstheoretische Ansatz von HOFFMAN führt zu keinen systematischen Aussagen über den Einfluß der sozialen Umwelt auf die Gewissensbildung. Denn in naiv-empirischer Tradition der Sozialisationsforschung korreliert HOFFMAN seine Gewissenstypen lediglich mit der Schichtungszugehörigkeit. Diese Korrelation ist aber wenig bedeutungsvoll, weil er keine verursachenden Faktoren nennt. Die alleinige Berücksichtigung des Schichtungsindex impliziert im Grunde auch eine reduktionistische Vorstellung der sozialen Umwelt. Schichtung als eine sozialstrukturelle Dimension der ungleichen Verteilung von Lebenschancen erfaßt in Begriffen von PIAGETS Modell lediglich bestimmte Aspekte der Gleichheit von Menschen, während die beiden anderen Dimensionen, der affektiv-positive Bezug und die sozialkognitive Stimulation, nicht notwendigerweise durch die Schichtzugehörigkeit determiniert werden.

Daher soll zum Schluß ein Modell von GARBARINO/BRONFENBRENNER skizziert werden, das die entwicklungspsychologische Perspektive der moralischen Urteilsbildung in relativ systematischer Weise mit Prozessen gesellschaftlicher Differenzierung verknüpft. BRONFENBRENNER hatte 1962 ein Modell mit fünf Typen des moralischen Urteils und Verhaltens entworfen, in dem er verschiedene Arten der Regelorientierung unterschied:

- Selbstorientierung: Reaktion auf Belohnung und Bestrafung;
- Autoritätsorientierung: Gehorsam gegenüber erwachsenen Autoritäten;
- Peer-Orientierung: Konformität mit der Gruppe der Gleichaltrigen;
- Kollektivorientierung: Gehorsam als Mitglied einer Gemeinschaft oder Gesellschaft;
- objektive Orientierung: Allgemeine Prinzipien als Grundlage von Urteilen und Handeln.

Während diese Typen keinerlei hierarchische Ordnung aufweisen, versuchen GARBARINO und BRONFENBRENNER, diese Typen in ein hierarchisches Dreiebenenmodell zu integrieren. Auf der vormoralischen Ebene reagiert der Organismus hedonistisch nach Lust- oder Unlustgefühlen (Selbstorientierung). Hier *fehlt jegliches Regelverständnis.* Diese Orientierung ist allenfalls in frühester Kindheit zu erwarten. Solche Reaktionen bei Jugendlichen oder Erwachsenen können als pathologisch erachtet werden. Ebene zwei zeichnet sich durch ein *kontextgebundenes Regelverständnis* aus und umfaßt Autoritätsorientierung, Peer-Orientierung und Kollektivorientierung. Die Gültigkeit von sozialen Regeln legitimiert sich durch die Mitgliedschaft des einzelnen in einem sozialen Interaktionsgefüge (Familie, Gruppe der Gleichaltrigen, Kollektiv oder Gesellschaft). Auf der dritten Ebene ist das Regelverständnis nur noch an *allgemeinen Prinzipien* oder ethisch-philosophischen Grundaxiomen, wie der Idee der Menschenrechte, orientiert. Teilweise finden sich in diesen fünf Typen die sechs Stufen von KOHLBERG wieder, so etwa die Stufen eins bis vier auf der Ebene des kontextgebundenen Regelverständnisses und Stufe sechs auf der Ebene der allgemeinen Prinzipien. Im Unterschied zu KOHLBERG reduzieren GARBARINO und BRONFENBRENNER den Entwicklungsaspekt der moralischen Urteilsbildung auf die Entwicklung des Regelverständnisses, während bei KOHLBERG auch die Beziehung zu anderen als entwicklungsabhängig interpretiert wird; GARBARINO und BRONFENBRENNER sehen dies als Folge konkreter gesellschaftlicher Bedingungen an.

Durch die Reduktion des Entwicklungsgedankens hat das Modell von GARBARINO und BRONFENBRENNER eine stärkere Ähnlichkeit mit dem Modell der Entwicklung der Logik, wie PIAGET es konzipiert hat, als mit dem Modell von KOHLBERG. Denn, so kann man die Argumentation der Autoren fortführen, ob ein Kind ein Verständnis für Regeln entwickelt, das heißt von Ebene eins auf Ebene zwei gelangt, hängt auch davon ab, ob es von der Ebene des konkret anschaulichen (intuitiven) Denkens auf die Ebene des konkret operationalen Denkens gelangt. Die Überwindung des kontextgebundenen Regelverständnisses ist nur möglich, wenn man formal-logische Operationen durchführen kann. Die Entwicklung des Regelverständnisses ist logisch-hierarchisch interpretierbar, während die Beziehung zu den Interaktionspartnern innerhalb der einzelnen Ebenen von der sozialen Umwelt abhängig ist. So ist es durchaus denkbar, daß auf Ebene zwei die Orientierung an der Gruppe der Gleichaltrigen vor der Autoritätsorientierung entsteht, wie dies auch empirisch nachweisbar ist (BRONFENBRENNER 1970).

Wenn demgegenüber häufig nachgewiesen wurde, daß in verschiedenen Ländern die Autoritätsorientierung (Orientierung an den Eltern) der Orientierung an den Gleichaltrigen vorausgeht, ist das für BRONFENBRENNER kein Beweis für eine invariante Entwicklungssequenz, sondern Folge der Tatsache, daß in vielen Kulturen zunächst Erwachsene die Kinder erziehen, bevor die Gruppe der Gleichaltrigen an Bedeutung gewinnt.

Mit diesem Modell kann auch erklärt werden, warum HOLLSTEIN in ihrer Untersuchung Sprünge in der Stufenfolge, etwa von zwei auf vier oder von drei auf fünf, fand. Wenn die Orientierung an erwachsenen Autoritäten sowie die Peer-Orientierung und die Kollektivorientierung kulturell beeinflußt werden, ist es plausibel, daß Personen kontextspezifisch agieren und sich an den Erwartungen der jeweiligen Bezugsgruppe orientieren, ohne spezifische Entwicklungssequenzen zu durchlaufen.

Aber nicht nur die Variation innerhalb der Ebene ist Folge kultureller Faktoren, sondern auch der Wechsel zwischen den Ebenen. Der Wechsel von der vormoralischen Ebene zu der kontextgebundenen Regelorientierung setzt neben der kognitiven Stimulation voraus, daß die sozialen Agenten eine positive Beziehung zu dem Kind aufbauen. Das kontextgebundene Regelverständnis wiederum kann nur überwunden werden, wenn unterschiedliche Wertvorstellungen teilweise unabhängiger sozialer Gruppen oder Autoritäten zueinander in Widerspruch stehen, die der einzelne nur dann integrieren kann, wenn er unabhängig von der jeweiligen spezifischen Autorität handeln und urteilen kann. Die Integration unterschiedlicher Werte ist nur möglich, wenn neben den verschiedenen Bezugsgruppen mit ihren heterogenen Rollenerwartungen die soziale Struktur der Gesellschaft auf der Basis bestimmter Prinzipien, etwa einer Verfassung oder ethischer Grundüberzeugungen, ein gewisses Maß an Integration und Kooperationsmöglichkeiten der gesellschaftlichen Gruppen gewährleistet und zudem dem einzelnen zumindest die Möglichkeit autonomer Entscheidungen einräumt. Diese Differenzierung auf der Basis eines gesellschaftlichen Grundkonsenses nennen GARBARINO/BRONFENBRENNER *pluralistisch.* Ohne diese Integration auf der Basis allgemeiner Prinzipien entstehen anomische Situationen, und die Wahrscheinlichkeit individuell moralischer Autonomie sinkt ebenso wie in Gesellschaften, die ein zu hohes Maß an Integration aufweisen (monolithische Gesellschaften), da in diesen Gesellschaften das Ausmaß differierender Werte gering und die Kontrolle durch *eine* Autorität hoch ist.

Ohne Zweifel sind dies die gleichen Argumente, mit denen DURKHEIM den Zusammenhang von Autonomie und Differenzierung in Gesellschaften begründete. Aber BRONFENBRENNER kann diese Aussagen auch empirisch absichern, was DURKHEIM noch nicht vermochte. Am Beispiel einer Reihe von Untersuchungen zur Alterssegregation weist BRONFENBRENNER (1972) nach, daß Jugendliche ein geringes Maß an moralischer Reife zeigen, wenn sie in Peergruppen integriert sind, die so gut wie keine Beziehung mehr zu den Familien der Jugendlichen oder anderen Institutionen haben. Zunächst ist der Prozeß des Entstehens von Jugendkulturen Folge gesellschaftlicher Differenzierung, die aber zu einer Desintegration der sozialen Gruppe führt und somit zu einer Entdifferenzierung der sozialen Beziehungen von Jugendlichen. In einer kulturvergleichenden Studie konnte BRONFENBRENNER nachweisen (1976), daß in Gesellschaften mit relativ hohen Werten auf einem Pluralitätsindex der Anteil autoritätsorientierter moralischer Urteile bei Jugendlichen geringer ist als in Gesellschaften mit monolithischer Struktur.

Moralische Grundorientierungen variieren aber nicht nur zwischen Gesellschaften gleicher Entwicklungsstufen und innerhalb einer Gesellschaft zwischen sozialen Gruppen, sondern auch innerhalb *eines institutionellen* Bereiches. PORTELE (1978c) untersuchte den Zusammenhang von moralischer Urteilsbildung und dem Ausmaß der Standardisierung verschiedener Wissenschaften. Dabei interpretiert er Standardisierung als das Ausmaß der Orientierung der Wissenschaftler an einer vorgegebenen Forschungsmethodologie. Unter Zugrundelegung von KOHLBERGS Dilemmaverfahren zeigen

Wissenschaftler aus Gebieten mit einer hohen Standardisierung, etwa Elektrotechnik, eine durchschnittlich geringere moralische Reife als Wissenschaftler aus Gebieten mit geringer Standardisierung. Auch wenn man solchen explorativen Analysen ein gewisses Maß an Skepsis entgegenbringen muß, wird daraus doch deutlich, daß eine differenzierte Analyse der sozialen Umwelt vermutlich mehr Information über den Zusammenhang von moralischer Entwicklung und sozialen Faktoren liefert als die reduktionistische Vorgehensweise von KOHLBERG, die gesellschaftliche und institutionelle Variationen ebenso ignoriert wie die Vorgehensweise von HOFFMAN.

Die beiden Beispiele von BRONFENBRENNER und PORTELE machen darüber hinaus deutlich, wie solche Analysen durchzuführen sind. Bei der Analyse sozialer Strukturen in verschiedenen institutionellen Bereichen oder Gesellschaften muß man sich an den Theorien orientieren, die bereits vorliegen, um das Ausmaß der Differenziertheit, der affektiv-positiven Beziehung und der Gleichheit der Mitglieder dieser Institutionen oder Gesellschaften zu erklären. Auf gesellschaftstheoretischer Ebene sind solche Theorien etwa das Pluralismuskonzept, auf das sich BRONFENBRENNER stützt, auf der institutionellen Ebene mögen das Bürokratietheorien sein. Aufgabe einer sozialisationstheoretisch orientierten Forschung zur moralischen Urteilsbildung sollte es sein, mit Hilfe solcher Theorien die Variationen der sozialkognitiven Stimulation, des Vertrauens und der Gleichheit in Gesellschaften und Institutionen zu untersuchen und in ihrer Beziehung zur moralischen Entwicklung zu prüfen. Eine solche Vorgehensweise erscheint mir gegenwärtig besonders wichtig. Denn vergleicht man unsere heutigen Kenntnisse von den gesellschaftlichen Bedingungen moralischer Entwicklung, wird man zugeben müssen, daß die heute formulierbaren Hypothesen trotz intensiver Forschung und der Entwicklung moderner empirischer Untersuchungsmethoden kaum präziser sind als die Aussagen von DURKHEIM und PIAGET.

Literatur

ARMSBY, R. E.: A Reexamination of the Development of Moral Judgment in Children. In: Child Development. 42 (1971), S. 1241–1248.

ARONFREED, J.: The Nature, Variety and Social Patterning of Moral Responses to Transgression. In: Journal of Abnormal and Social Psychology. 63 (1961), S. 223–240.

ARONFREED, J.: Conduct and Conscience. The Socialization of Internalized Control Over Behavior. New York 1968.

BANDURA, A.: Social Learning of Moral Judgment. In: Journal of Personality and Social Psychology. 11 (1969), S. 275–279.

BANDURA, A./MACDONALD, F. J.: Influence of Social Reinforcement and the Behavior of Models in Shaping Children's Moral Judgments. In: Journal of Abnormal and Social Psychology. 67 (1963), S. 274–281.

BANDURA, A./WALTERS, R. H.: Social Learning and Personality Development. New York 1963.

BERTRAM, B.: Typen moralischen Urteilens. Dissertation. Düsseldorf 1976.

BERTRAM, H.: Gesellschaft, Familie und moralisches Urteil. Weinheim 1978.

BERTRAM, H./BERTRAM, B.: Soziale Ungleichheit, Denkstrukturen und Rollenhandeln. Weinheim 1974.

BRONFENBRENNER, U.: The Role of Age, Sex, Class and Culture in Studies of Moral Development. In: Religious Education. 57 (1962), Research Supplement, S. 3–17.

BRONFENBRENNER, U.: Reaction to Social Pressure from Adults Versus Peers among Soviet Day School and Boarding School Pupils in the Perspective of an American Sample. In: Journal of Personality and Social Psychology. 15 (1970), S. 179–189.

BRONFENBRENNER, U.: Zwei Welten. Kinder in USA und UdSSR. Stuttgart 1972.

BRONFENBRENNER, U.: Ökologische Sozialisationsforschung. Stuttgart 1976.

BRONFENBRENNER, U./RODGERS, R. R./DEVEREUX, E. C.: Regeln des sozialen Verhaltens bei Schulkindern aus vier Ländern. In: BRONFENBRENNER, U. (Hrsg.): Ökologische Sozialisationsforschung. Stuttgart 1976, S. 77–91.

BURTON, R. V.: Generality of Honesty Reconsidered. In: Psychological Review. 70 (1963), S. 481–499.

COULIN, S.: Die Einflüsse der Gesellschaft auf die Gewissensbildung. Über die soziale Determinierung der Gewissensbildung. Wien 1977.

COWAN, P./LANGER, J./HEAVENRICH, J./NATHANSON, M.: Social Learning and Piagets Cognitive Theory of Moral Development. In: Journal of Personality and Social Psychology. 11 (1969), S. 261–274.

CROWLEY, P.: Effect of Training upon Objectivity of Moral Judgment in Grade-School Children. In: Journal of Personality and Social Psychology. 8 (1968), S. 228–232.

DEVEREUX, E. C.: The Role of Peer-Group Experience in Moral Development. In: HILL, J. P. (Hrsg.): Minnesota Symposium Child Psychology. Vol. 4. University of Minnesota 1970, S. 94–140.

DEVEREUX, E. C.: Authority and Moral Development Among German and American Children: A Cross-National Pilot Experiment. In: The Journal of Comparative Family Studies. 3 (1972), S. 99–124. Special Issue. Comparative Perspectives on Marriage and the Family. Ed. by LUPRI, E./LÜSCHEN, G.

DEVEREUX, E. C./BRONFENBRENNER, U./SUCI, G.: Patterns of Parent Behavior in the United States and the Federal Republic of Germany. A Cross-National Comparison. In: International Social Science Journal. 14 (1962), S. 488–506.

DIMDI: Deutsches Institut für Medizinische Dokumentation und Information: Psychological Abstracts. Köln o. J.

DÖBERT, R./HABERMAS, J./NUNNER-WINKLER, G. (Hrsg.): Entwicklung des Ichs. Köln 1977.

DÖBERT, R./NUNNER-WINKLER, G.: Adoleszenzkrise und Identitätsbildung. Frankfurt 1975.

DORR, D./FAY, S.: Relative Power of Symbolic Adult and Peer Models in the Modification of Children's Moral Choice Behavior. In: Developmental Psychology. 10 (1974), S. 335–341.

DURKHEIM, E.: The Division of Labor in Society. Toronto 1964.

DURKHEIM, E.: Soziologie und Philosophie. Frankfurt 1967.

DURKHEIM, E.: Erziehung und Soziologie. Düsseldorf 1972.

DURKHEIM, E.: Erziehung, Moral und Gesellschaft. Neuwied 1973.

DURKIN, D.: Children's Concepts of Justice: A Comparison with the Piaget Data. In: Child Development. 30 (1959), S. 59–67 (a).

DURKIN, D.: Children's Acceptance of Reciprocity as a Justice Principle. In: Child Development. 30 (1959), S. 289–296 (b).

DURKIN, D.: Children's Concepts of Justice: A Further Comparison with the Piaget Data. In: Journal of Educational Research. 52 (1959), S. 252–257 (c).

ECKENSBERGER, L./REINSHAGEN, H.: Eine alternative Interpretation von Kohlbergs Stufentheorie der Entwicklung des moralischen Urteils. In: ECKENSBERGER, L. (Hrsg.): Entwicklung des moralischen Urteilens. Theorie, Methoden, Praxis. Bericht über einen Workshop an der Universität des Saarlandes 1977. Saarbrücken 1978, S. 27–92.

ELKIND, D.: Piagets Conceptions of Left and Right. Piaget Replication Study IV. In: Journal of Genetic Psychology. 99 (1961), S. 269–276.

ELLIOT, R./VASTA R.: The Modeling of Sharing. Effects Associated with Vicarious Reinforcement, Symbolization, Age and Generalization. In: Journal of Experimental Child Psychology. 10 (1970), S. 8–15.

ERIKSON, E. H.: Identität und Lebenszyklus. Frankfurt 1966.

FEND, H.: Konformität und Selbstbestimmung. Weinheim 1971.

FISHKIN, J./KENISTON, K./MACKINNON, C.: Moral Reasoning and Political Ideology. In: Journal of Personality and Social Psychology. 27 (1973), S. 109–119.

FREUD, S.: Das Ich und das Es. London 1927.

FRIEDMAN, D. A.: Political Socialization and Models of Moral Development. In: RENSHON, S. A. (Hrsg.): Handbook of Political Socialization. New York 1977, S. 329–361.

GARBARINO, J./BRONFENBRENNER, U.: The Socialization of Moral Judgment and Behavior in Cross-Cultural Perspective. In: LICKONA, T. (Hrsg.): Moral Development and Behavior. Theory, Research and Social Issues. New York 1976, S. 70–83.

GASH, H.: Moral Judgment: A Comparison of Two Theoretical Approaches. In: Genetic Psychology Monographs. 93 (1976), S. 91–111.

HAAN, N.: Moral Redefinition in Families as the Critical Aspects of the Generation Gap. In: Youth and Society. 2 (1971), S. 259–283.

HAAN, N.: The Adolescent Antecedents of an Ego Model of Coping and Defense and Comparisons with Q-Sorted Ideal Personalities. In: Genetic Psychology Monographs. 89 (1974), S. 273–306.

HAAN, N.: Hypothetical and Actual Moral Reasoning in a Situation of Civil Disobedience. In: Journal of Personality and Social Psychology. 32 (1975), S. 255–270.

HAAN, N./SMITH, M. B./BLOCK, J.: Moral Reasoning of Young Adults: Political-Social Behavior, Family Background, and Personality Correlates. In: Journal of Personality and Social Psychology. 10 (1968), S. 183–201.

HABERMAS, J.: Notizen zum Begriff der Rollenkompetenz. In: Ders.: Kultur und Kritik. Verstreute Aufsätze. Frankfurt 1973, S. 195–231.

HARTEN, H.-C.: Der vernünftige Organismus oder gesellschaftliche Evolution der Vernunft. Zur Gesellschaftstheorie des genetischen Strukturalismus von Piaget. Frankfurt 1977 (a).

HARTEN, H.-C.: Kognitive Sozialisation und politische Erkenntnis. Piagets Entwicklungspsychologie als Grundlage einer Theorie der politischen Bildung. Weinheim 1977 (b).

HARTSHORNE, H./MAY, M. S.: Studies in the Nature of Character: Vol. I: Studies in Deceit. Vol. II: Studies in Self-Control. Vol. III: Studies in the Organization of Character. New York 1928–1930.

HAVIGHURST, R. J./NEUGARTEN, B. L.: American Indian and White Children: A Sociological Investigation. Chicagco 1955.

HEMMING, J.: Some Aspects of Moral Development in a Changing Society. In: British Journal of Educational Society. 27 (1957), S. 77 ff.

HOFFMAN, M. L.: Personality, Family Structure, and Social Class as Antecedents of Parental Power Assertion. In: Child Development. 34 (1963), S. 869–884.

HOFFMAN, M. L.: Conscience, Personality, and Socialization Techniques. In: Human Development. 13 (1970), S. 90–126 (a).

HOFFMAN, M. L.: Moral Development. In: MUSSEN, P. H. (Hrsg.): Carmichael's Manual of Child Psychology. Vol. 2. New York 1970, S. 261–359 (b).

HOFFMAN, M. L.: Identification and Conscience Development. In: Child Development. 42 (1971), S. 1071–1082.

HOFFMAN, M. L.: Parental Discipline and Moral Internalization: A Theoretical Analysis. Report 85. Developmental Program, Department of Psychology. University of Michigan. Ann Arbor, Mich. 1976.

HOFFMAN, M. L.: Moral Internalization: Current Theory and Research. In: Advances in Experimental Social Psychology. 1977, S. 85–133.

HOFFMAN, M. L./SALTZSTEIN, H. D.: Parent Discipline and the Child's Moral Development. in: Journal of Personality and Social Psychology. 5 (1967), S. 45–57.

HOGAN, R.: Moral Conduct and Moral Character: A Psychological Perspective. In: Psychological Bulletin. 79 (1973), S. 217–232.

HOLSTEIN, C. B.: Irreversible, Stepwise Sequence in the Development of Moral Judgment. A Longitudinal Study of Males and Females. In: Child Development. 47 (1976), S. 51–61.

HUDGINS, W./PRENTICE, N. M.: Moral Judgment in Delinquent and Nondelinquent Adolescents and their Mothers. In: Journal of Abnormal Psychology. 82 (1973), S. 145–152.

HUIJTS, J. H.: Gewissensbildung. Geteilte Verantwortlichkeit. Eine Einführung in die Psychologie der moralischen Selbstverwirklichung. Köln 1969.

KAY, W.: Die moralische Entwicklung des Kindes. Düsseldorf 1975.

KELLER, M.: Kognitive Entwicklung und soziale Kompetenz. Stuttgart 1976.

KOHLBERG, L.: The Child as a Moral Philosopher. In: Psychology Today. 2 (1968), S. 25–30.
KOHLBERG, L.: Stages of Moral Development as a Basis for Moral Education. In: BECK, C. M./CRITTENDEN, B. S./SULLIVAN, E. V. (Hrsg.): Moral Education. Interdisciplinary Approaches. New York 1971, S. 23–92 (a).
KOHLBERG, L.: From Is to Ought: How to Commit the Naturalistic Fallacy and Get Away with it in the Study of Moral Development. In: MISCHEL, T. (Hrsg.): Cognitive Development and Epistemology. New York 1971, S. 151–235 (b).
KOHLBERG, L.: Stufe und Sequenz: Sozialisation unter dem Aspekt der kognitiven Entwicklung. In: Ders.: Zur kognitiven Entwicklung des Kindes. Drei Aufsätze. Frankfurt 1974, S. 7–255.
KOHLBERG, L.: Moral Stages and Moralization: The Cognitive-Developmental Approach. In: LICKONA, T. (Hrsg.): Moral Development and Behavior. Theory, Research and Social Issues. New York 1976, S. 31–53.
KOHLBERG, L./GILLIGAN, C./LERNER, J./BELENSKY, M.: Moral Reasoning About Sexual Dilemmas. The Development of an Interview Scoring System. In: Technical Report of the Commission on Obsenity and Pornography. Vol. 1. Washington 1971.
KOHLBERG, L./KRAMER, R.: Continuities and Discontinuities in Childhood and Adult Moral Development. In: Human Development. 12 (1969), S. 93–120.
KOHLBERG, L./TURIEL, E.: Moralische Entwicklung und Moralerziehung. In: PORTELE, G. (Hrsg.): Sozialisation und Moral. Neuere Ansätze zur moralischen Entwicklung und Erziehung. Weinheim 1978, S. 13–80.
KOHLBERG, L./WASSERMANN, E./RICHARDSON, N.: Die Gerechte Schul-Kooperative. Ihre Theorie und das Experiment der Cambridge Cluster School. In: PORTELE, G. (Hrsg.): Sozialisation und Moral. Neuere Ansätze zur moralischen Entwicklung und Erziehung. Weinheim 1978, S. 215–259.
KÖNIG, R.: Emile Durkheim zur Diskussion. München 1978.
KRAHN, J. H.: A Comparison of Kohlberg's and Piaget's Type I Morality. In: Religious Education. 66 (1971), S. 373–375.
KRAPPMANN, L.: Soziologische Dimensionen der Identität. Stuttgart 1971.
KURTINES, W./GREIF, E. B.: The Development of Moral Thought: Review and Evaluation of Kohlberg's Approach. In: Psychological Bulletin. 81 (1974), S. 453–470.
LEE, L. C.: The Concomitant Development of Cognitive and Moral Modes of Thought: A Test of Selected Deductions from Piaget's Theory. In: Genetic Psychology Monographs. 83 (1971), S. 93–146.
LEVINSON, D. J.: Das Leben des Mannes. Werdenskrisen, Wendepunkte, Entwicklungschancen. Köln 1979.
LICKONA, T.: Piaget Misunderstood: A Critique of the Criticisms of his Theory of Moral Development. In: Merrill-Palmer Quarterly. 15 (1969), S. 337–350.
LICKONA, T.: Research on Piaget's Theory of Moral Development. In: Ders. (Hrsg.): Moral Development and Behavior. Theory, Research and Social Issues. New York 1976, S. 219–240.
LIND, G.: Über die Grundlagen einer integrationistischen Meßtheorie zur Erforschung des moralischen Urteils. Arbeitsunterlage 41. Projekt: Bildungsbiographien und Daseinsvorstellungen von Akademikern. Universität Konstanz. Konstanz 1977.
LIND, G./NIELSEN, A./SCHMIDT, U.: Moralisches Urteil und Hochschulsozialisation – Materialien, Beiträge. Arbeitsunterlage 40. Projekt: Hochschulsozialisation. Universität Konstanz. Konstanz 1976.
LINDESMITH, A. R./STRAUSS, A. L.: Social Psychology. 3rd ed. New York 1968.
MACCOBY, E. E.: The Development of Moral Values and Behavior in Childhood. In: CLAUSEN, J. A. (Hrsg.): Socialization and Society. Boston 1968, S. 227–269.
MACRAE, D.: A Test of Piaget's Theory of Moral Judgment. In: Journal of Abnormal and Social Psychology. 49 (1954), S. 14–19.
MCGEORGE, C.: Situational Variation in Level of Moral Judgment. In: British Journal of Educational Psychology. 44 (1974), S. 116–122.
METZGER, W.: Psychologie. Darmstadt 1954. 3. Aufl.
MILLER, D. R./SWANSON, G. E.: Inner Conflict and Defense. New York 1960.
MUSSGRAVE, P. W.: The Moral Curriculum. A Sociological Analysis. London 1978.
NISBET, R. A.: The Sociology of Emile Durkheim. London 1975.
OEVERMANN, U.: Schichtspezifische Formen des Sprachverhaltens und ihr Einfluß auf die kognitiven Prozesse. In: ROTH, H. (Hrsg.): Begabung und Lernen. Studien und Berichte der Bildungskommission. Stuttgart 1969, S. 297–356.
PIAGET, J.: The Moral Development in Two Types of Society. Paris 1947.
PIAGET, J.: Etudes sociologiques. Genf 1965.
PIAGET, J.: Das moralische Urteil beim Kinde. Frankfurt 1972.
PIAGET, J.: Das Recht auf Erziehung. Die Zukunft unseres Bildungssystems. Zwei Essays. München 1975.
PORTELE, G.: „Du sollst das wollen!" Zum Paradox der Sozialisation. In: Ders. (Hrsg.): Sozialisation und Moral. Neuere Ansätze zur moralischen Entwicklung und Erziehung. Weinheim 1978, S. 147–168 (a).
PORTELE, G. (Hrsg.): Sozialisation und Moral. Neuere Ansätze zur moralischen Entwicklung und Erziehung. Weinheim 1978 (b).
PORTELE, G.: Moralisches Urteilen bei Wissenschaftlern verschiedener Disziplinen. In: ECKENSBERGER, L. (Hrsg.): Entwicklung des moralischen Urteilens. Theorie, Methoden, Praxis. Bericht über einen Workshop an der Universität des Saarlandes 1977. Saarbrücken 1978, S. 282–297 (c).
RAWLS, J.: Eine Theorie der Gerechtigkeit. Frankfurt 1975.
REST, J.: Patterns of Preference and Comprehension in Moral Judgment. In: Journal of Personality. 41 (1973), S. 86–109.
RUSHTON, J. P.: Socialization and the Altruistic Behavior of Children. In: Psychological Bulletin. 83 (1976), S. 898–913.
SCHLUCHTER, W.: Die Entwicklung des okzidentalen Rationalismus. Tübingen 1979.
SEARS, R. R./MACCOBY, E. E./LEVIN, H.: Patterns of Child Rearing. Evanston, Ill. 1957.
SEARS, R. R./RAU, L./ALPERT, R.: Identification and Child Rearing. Stanford, Cal. 1965.
SELMAN, R. L.: Social-Cognitive Understanding: A Guide to Educational and Clinical Practice. In: LICKONA, T. (Hrsg.): Moral Development and Behavior. Theory, Research and Social Issues. New York 1976, S. 299–316.
SIMPSON, E. L.: Moral Development Research. In: Human Development. 17 (1974), S. 81–106.
STERNLIEB, J. L./YOUNIS, J.: Moral Judgments One Year After Intentional or Consequence Modeling. In: Journal of Personality and Social Psychology. 31 (1975), S. 895–897.

TRACY, J. J./CROSS, H. J.: Antecedents of Shift in Moral Judgment. In: Journal of Personality and Social Psychology. 26 (1973), S. 238–244.

TURIEL, E.: An Experimental Test of the Sequentiality of Developmental Stages in the Child's Moral Judgments. In: Journal of Personality and Social Psychology. 3 (1966), S. 611–618.

WALLWORK, E.: Durkheim. Morality and Milieu. Cambridge, Mass. 1972.

WRIGHT, D.: The Psychology of Moral Behavior. Reprint. Harmondsworth 1973.

WRONG, D. H.: The Oversocialized Concept of Man in Modern Sociology. In: American Sociological Review. 26 (1961), S. 183–193.

Politische Sozialisation

Christine Kulke

1 Zur definitorischen Bestimmung und historischen Entwicklung

1.1 Begriffe und Gegenstände

Die Vielzahl von Definitionen, die sich strukturell oder nur in äußerlicher Akzentuierung unterscheiden, übertrifft – so verwirrend es auch scheint – noch die Anzahl der verschiedenen theoretischen Konzeptionen und legt zunächst den Schluß nahe: Politische Sozialisation läßt sich nicht kurzerhand allgemeinverbindlich definitorisch „auf den Begriff bringen", – aber für welche sozialen Phänomene ließe sich das schon behaupten? Sie ist weder als abgrenzbare sozialwissenschaftliche Unterdisziplin von Sozialisation noch als Integrationswissenschaft aller sozialisationstheoretisch relevanten Zusammenhänge zu systematisieren.
Die hier nach Forschungsrelevanz, nach Aktualität oder schon klassischer Tradition zusammengestellten Definitionen sollen das beachtlich breite und komplexe Spektrum von Begriffen und der ‚Sache' selbst einführend veranschaulichen, nicht nur als motivationales Kalkül gegen Abschreckungseffekte, sondern um die reflektorischen Prozesse unterschiedlicher Realitätsausschnitte, ihre kategorialen Voraussetzungen und auch ihre theoretische Inkonsistenz zu vermitteln.

Am Forschungsstand der wichtigsten Studien bis 1945 in den USA orientiert, gab Hyman eine Zusammenfassung, die dem Begriff „politische Sozialisation" Eingang in die sozialisationstheoretischen Diskussionen verschaffte. Er hob vor allem die „... regularities in the political behavior of adult individuals" und „stable differences between groups of adults" ... hervor, die er in ihrer Kontinuität auf Umwelterfahrungen bezieht, und kennzeichnet den Sozialisationsprozeß als „... learning of social patterns corresponding to his (the individual, d. Verf.) societal positions as mediated through various agencies of society" (Hyman 1959, S. 25).
Hier klingen bereits Probleme von Persistenz und/oder Wandel sowie von individuellem Verhalten und gesellschaftlichen Einflüssen an, wie sie auch die gegenwärtige Diskussion noch nicht bewältigt hat.
Greenstein betont Ende der sechziger Jahre in seiner populär gewordenen definitorischen Bestimmung den komplexen Zusammenhang von politischen und sozialen Einstellungen in einem breit angelegten Konzept. Er bezieht in den politischen Sozialisationsprozeß ein: „all political learning, formal and informal deliberate and unplanned, at every stage of the life cycle, including not only explicite political learning but also nominal nonpolitical learning that affects political behaviour, such as the learning of politically relevant social attitudes and the acquisition of politically

relevant personality characteristics" (Greenstein 1968, S. 551).
Miliband andererseits, der schwerpunktmäßig von gesellschaftstheoretischer Kritik ausgeht, konturiert die institutionellen Einflüsse: „Political socialization" *is* a process performed by institutions, many of which never cease to insist on their ‚un-ideological' ‚apolitical' and ‚neutral' character" (Miliband in: Tapper/Salter 1978, S. 66).
Dagegen werden von Jennings und Niemy als sozialisierende Einflußfaktoren individuelle Bedürfnisse wie gleichermaßen „systems structures" in Betracht gezogen (Jennings/Niemy 1974). Auf deren immanente Widersprüche und Machtimplikationen heben hinwiederum Dawson, Prewitt und Dawson ab, die sich ihren neueren Arbeiten prononzierter hegemonietheoretisch (vgl. unten) artikulieren: „In hegemonic theory the political socialization process primarily identifies how political values are transmitted from the dominant interests in society to the dominated groups. Socialization through time is less important than socialization across power groups. Guided by hegemonic theory the study of political socialization asks how the ruled learn what the rulers expect of them" (Dawson/Prewitt/Dawson 1977, S. 27).
So auch Prewitt, für den „socialization through time is the historical reproduction of control relations which ... derive from socialization across economic and political class formations" (Prewitt 1978, S. 124).
Jedoch kann die neuere Entwicklung der Reflexion von politischer Sozialisation auch ansatzweise nur dann erfaßt werden, wenn die vorwiegend strukturell-funktionalistisch ausgerichteten Konzepte der sechziger Jahre vergegenwärtigt werden. Z.B. konnte der durch vergleichende politische Analysen bekannt gewordene G. Almond noch postulieren: „Political socialization is the process of induction into the political culture. Its end product is a set of attitudes, cognitions, value standards, and feelings – toward the political system, its various roles, and role incumbents. It also includes knowledge of, values affecting, and feelings towards the inputs of demands and claims into the system and its authoritative outputs" (Almond in: Dawson/Prewitt/Dawson 1977, S. 9).
In diesem Sinne kann dann „erfolgreiche" Sozialisation lediglich das Ausmaß bezeichnen, in dem das zu sozialisierende Individuum an Ähnlichkeit mit der Sozialisationsinstanz gewinnt (Schwartz/Schwartz 1975, S. 5).
Um die Spannbreite weiter auszudehnen, nicht aber um Vollständigkeitsbedürfnissen Genüge zu tun, soll noch relativ unvermittelt an dieser Stelle ein Verständnis politischer Sozialisation angeführt werden, das einem anderen gesellschaftlichen Kontext als dem amerikanischer Sozialwissenschaften entstammt. So wurden von polnischen Vertretern des Instituts für Politische Wissenschaft in Warschau kürzlich folgende Dimensionen politischer Sozialisationsforschung benannt: „Political socialization understood as the political education of society constitutes the subject of particular investigations both at the cross-national and international level, e.g., ... political socializations as the means for peaceful education and consolidation of supranational values in social consciousness" (in: Internat. Journal of Pol. Education 1978, S. 277).
Die kritische Rezeption amerikanischer Forschung kommt in jenen definitorischen Bestimmungen deutscher Autoren deutlich zum Ausdruck, die eine relativ frühe Phase der Aufarbeitung sozialisatorischer Theorien und Forschungsansätze markieren. Vergleichsweise hierzu verhalten sich dagegen neuere theoretische Synthesen offenbar aus guten Gründen begrifflich-definitorisch eher abstinent (vgl. z.B. Görlitz 1977, Zängle 1978). Z.B. stellt Hainke, der im Rahmen seiner 1971 veröffentlichten Dissertation einen Großteil amerikanischer Forschungsansätze systematisch verarbeitete, den Übertragungseffekt in den Vordergrund: „Die politische Sozialisationsforschung beschäftigt sich mit der Transmission politischer Werte (z.B. Freiheit, Gleichheit), Normen (z.B. Teilnahme an Wahl), Einstellungen und Verhaltensweisen sowie mit deren Übernahme durch heranwachsende Mitglieder eines gegebenen politischen Systems" (Hainke 1971, S. 35).
Stärker prozeßhaft akzentuiert und auf Handlungsorientierung ausgerichtet, bezeichnet dagegen Behrmann den Zusammenhang von sozialisierenden Instanzen und lernendem Subjekt. Politische Sozialisation umfaßt danach „die Prozesse, innerhalb deren die Kenntnisse, Glaubensüberzeugungen, Gefühlshaltungen, Werte, Normen und Symbole, die das politische Handeln orientieren, regeln und deuten, von Sozialisationsagenten an Sozialisationssubjekte vermittelt, von diesen erlernt und zum Teil verinnerlicht werden" (Behrmann 1970, S. 346).
Über dieses Begriffsspektrum hinaus existieren jene Differenzierungen hinsichtlich der intentionalen Struktur, die mit „latent" und „manifest" (ab Greenstein 1965 bis zu neueren Untersuchungen, z.B. G. Schulze 1976, 1977 und 1978) sowie mit „indirekt" bzw. „direkt" umschrieben werden. Dieses Verständnis im Sinne einer Polarisierung ist nicht unwidersprochen geblieben (vgl. auch Milhoffer 1973). Des weiteren sind auch in den politischen Sozialisationsauffassungen Unterscheidungen in primäre, sekundäre und tertiäre Prozesse wie Sozialisationsinstanzen gebräuchlich (z.B. Behrmann 1970 und Hainke 1971).

Implizit ist den meisten Ansätzen ein Konzept von Entstehung und Veränderung von Handlungspotential, wenngleich es in den hier aufgeführten definitorischen Bestimmungen zumeist unbenannt bleibt. Erst seitdem unter sozioökonomischen und theoretischen Wandlungsprozessen etwa Mitte bis Ende der sechziger Jahre auch in Deutschland die strukturell-funktionalistischen Erkenntnisinteressen mit Systemerhaltung und -loyalität als zentralen Postulaten politischer Sozialisation dem Einfluß interaktionistisch-kritischer sozialwissenschaftlicher Modelle nachgaben, geriet „politisches Handeln" auch als systemveränderndes stärker in den Mittelpunkt des Forschungsinteresses (grundlegend dazu G. H. MEAD 1969, HABERMAS/LUHMANN 1974, HABERMAS 1975. Vgl. z.B. auch die unterschiedlichen Ansätze zur politischen Bildung, die letztlich unter diesen Einflüssen entstanden sind, z.B. K. G. FISCHER 1972, GIESECKE 1968 und SCHMIEDERER 1972).

Hier soll exemplarisch für ein handlungsorientiertes Verständnis politischer Sozialisation (vgl. unten) auf eine neuere konzeptionelle Variante verwiesen werden, die den Begriff des Politischen relativ subjektbezogen definiert. So ist ein solcher Handlungsbegriff z.B. für G. SCHULZE konstitutiv für die Bestimmung von politischer Sozialisation und für seine empirischen Untersuchungen. „Politisches Handeln" ist bei ihm als Prozeß mit deutlich subjektivistischer Komponente bezeichnet, der „jede Aktivität" eines Menschen gegenüber solchen Objekten umfaßt, die das Individuum „selbst als politisch definiert", z.B. das „Nachdenken" über politische Ereignisse wie auch „Alltagskommunikation" (G. SCHULZE 1978, S. 1).

Die definitorische Kalamität, daß jeweils vergleichbare Sachverhalte mit theoretisch unterschiedlichen Kategorien definiert werden, ist mittlerweile zur Genüge evident geworden. Dennoch kann auf eine begriffliche Bezeichnung der Hauptstrukturen und -prozesse eines offensichtlich mit Sozialisationstheorien allein nicht adäquat zu erfassenden Gegenstandsbereichs – wie ihn die politische Sozialisation darstellt – nicht verzichtet werden. Einer der maßgeblichen Gründe dafür liegt in der Gefahr, die politische Dimension von gesellschaftlich mitvermittelten Persönlichkeitsprozessen primär psychologisch-sozialisationstheoretisch aufzufangen (vgl. dazu unten).

1.2 Vorläufige allgemeine Kriterien zur begrifflichen Abgrenzung

Mit Hilfe von allgemeinen formal und inhaltlich näher zu bestimmenden Kriterien soll hier ein kategoriales Bezugssystem hergestellt, nicht aber durch ein allgemein verbindliches und griffiges Definitionsraster jene Stimmigkeit vorgetäuscht werden, die die derzeitige theoretische und forschungspraktische Situation gerade nachhaltig vermissen läßt (so auch ZÄNGLE 1978). Einem kritisch-politikwissenschaftlichen Begriffsverständnis folgend, hat es auch die politische Sozialisation in ihrer Begriffsbildung mit „Konstrukta" zu tun, die „spezifische gesellschaftliche und historische Erfahrungen" ... „kondensieren" und „in ihrem jeweiligen Gebrauch Analyseergebnisse ... determinieren" (NARR 1971, S. 12). Das gilt zweifellos in besonderem Maße für die problematisch gewordene Kategorie des „Politischen", die weder der Max WEBERschen Tradition politischer Soziologie entlehnt werden kann noch mit demokratietheoretisch pluralistischen Konfliktkonzeptionen zu fundamentieren ist (vgl. zum letzteren die Versuche der politischen Bildung, besonders von GIESECKE) oder gar als Anleihe von einer „Politischen Verhaltenslehre" her aufzunehmen ist (ELLWEIN 1968), wenn sie politisch-sozialisationstheoretisch verbindlich werden will. Analog zur Politikwissenschaft könnte allenfalls für ein begriffliches Bezugssystem festgehalten werden:

„Der jeweils gebrauchte Begriff des Politischen, der der Politikwissenschaft vorausgeht, ihr zugrunde liegt und ihren Rahmen abgibt, bestimmt nicht nur den Horizont der Theorie, er definiert vielmehr die zu untersuchende politische Wirklichkeit und zeichnet bestimmte Segmente der Wirklichkeit als politisch oder als politisch relevant bzw. indifferent aus" (NARR 1971, S. 14).

Nach dieser allgemeinen Relativierung kann nicht gleichsam der „positive" Nachweis angetreten werden (vgl. unten Kap. 3). Für ein sozialisatorisch relevantes Politikkonzept sollen als Kriterien zunächst allgemein jene gesellschaftstheoretischen Bestimmungen gelten, die den komplexen historischen und gesellschaftlichen Wirkungszusammenhang zwischen subjektiven Bewußtseins- und Verhaltensdispositionen und den konkreten gesellschaftlichen Macht- und Produktionsverhältnissen in aller Widersprüchlichkeit und Veränderbarkeit sozialisatorisch transparent zu machen in der Lage sind. Damit ist zunächst ein noch relativ abstrakter Problemhorizont aufgewiesen. Er ist einmal zu konkretisieren in Richtung der spezifischen subjektiven Konstituierung von widersprüchlichen Aneignungs- und Verarbeitungsprozessen von politischer – und auch nicht explizit politischer – Wirklichkeit. Mit seiner Hilfe wären weiterhin die Inkonsistenzen und Brüche von politischen Wahrnehmungs-, Reflexions- und Verhaltensformen sowie ihre Wandlungen (angesichts historisch-gesellschaftlicher Entwicklungen) zu erfassen und deren schichten- und klassenspezifische Ausprägung. Schließlich müßten sich diese Kriterien auf die konkreten Bewältigungs- und Veränderungspotentiale und auf deren Realisierung in Handlungsstrategien beziehen, besonders dort, wo sie sich auf den Zusammenhang von Lebenswirklichkeit und Herrschaftsverhältnissen richten, da hier das „Politische" von den Subjekten (Individuen und Gruppen) unmittelbar erfahrbar wird. (Dieser konzeptionelle Rahmen erfaßt ebenfalls die individuellen und gesellschaftlichen Produktions- und Reproduktionsbedingungen, schlüsselt diese aber nicht auf im Sinne eher identitäts- und interaktionstheoretisch orientierter Positionen. Vgl. hierzu den Beitrag von OTTOMEYER in diesem Band.)

Die hier mit Hilfe konzeptioneller Kriterien aufgezeigten Ebenen stecken nun systematisch den Rahmen nach mindestens zwei Seiten hin ab: Einmal dahingehend, daß ein politisches Sozialisationsverständnis grundsätzlich den gleichen logischen und empirischen Prämissen folgt wie jedes andere kritisch-sozialwissenschaftliche Sozialisationskonzept auch. Des weiteren bilden sich gerade vermittels der auszumachenden spezifischen politischen Dimensionen von Subjekt und gesellschaftlichen Verhältnissen (vgl. oben) ein davon abweichend strukturierter theoretischer Problemhorizont sowie politisch-pädagogischer Selbstanspruch heraus. Nach ihrer kritischen Selbstdefinition müßte nun eine politische Sozialisationsauffassung, die den angeführten Kriterien genügen will, auf jene subjektiven und objektiven Bedingungen hin abzielen, die politisches Handlungspotential und dessen Realisierung im Kontext umfassender tätiger Auseinandersetzung (auch symbolischer, nicht nur Arbeit) mitkonstituieren. Damit ist ein zwar vorläufiger, aber dezidierter programmatischer Bezug für ein kritisch-sozialwissenschaftliches Konzept politischer Sozialisation anvisiert (vgl. hierzu auch Kap. 3).

1.3 *Zur Herausbildung und historischen Entwicklung*

Die Prozesse, in deren Verlauf sich Individuen und Gruppen politisch und sozialkulturell zu Mitgliedern ihrer jeweiligen Gesellschaftsordnungen heranbilden, existieren historisch – wenngleich sehr vielgestaltig und wandelbar – seit es menschliche Gesellschaft und mit ihr staatliche Herrschaft gibt. D.h., das Begriffene selbst ist also viel älter als der Begriff „Politische Sozialisation". Selbst jene Doppelfunktion von herrschaftsstabilisierender Integration und der Initiierung politisch-kritischen Potentials, wie sie sich auch begrifflich-definitorisch zeigte, scheint eine lange, mit unterschiedlichen historischen Machtverhältnissen verknüpfte Tradition zu haben.

Die Notwendigkeit einer aktiven Aneignung und Verarbeitung von politischer Realität ist indes historisch als genuin bürgerliches Erbe auszumachen. So konnten sich politische Orientierungen und Handlungsentwürfe mit der Aussicht auf Durchsetzung in breitem Ausmaß erst gemeinsam mit dem um seine politische und ökonomische Selbstbehauptung ringenden aufstrebenden Bürgertum konstituieren. Was immer auch bedeutet, daß zumindest die herrschaftskritische Variante politischer Sozialisation eng eingebunden ist in die wechselvolle Geschichte der bürgerlichen Aufklärungstradition mit der liberalen Demokratie als ihrem staatlich herrschaftsmäßigen Ausdruck.

Sehr frühe Vorläufer lassen sich zudem bis in die juristischen und politischen Autarkiebestrebungen der antiken Polis seit dem 5. Jahrhundert vor Chr. (und partiell im Osten und Süden des alten Griechenlands noch etwa zwei Jahrhunderte früher) zurückverfolgen. Wenngleich es sich hier um jene Züge platonischer Staatsphilosophie handelt, die eher als politische Sittenlehre zu verstehen sind, so ist den antiken politischen Philosophien, besonders ARISTOTELES, die Auffassung vom Menschen als einem von Natur aus gemeinschaftlichen und d.h. auch immer politisch auf staatliche und gesellschaftliche Organisation hin entworfenen Wesen immanent (die Trennung zwischen dem politisch definierten Bürger, dem Citoyen, und dem Bourgeois als dem Stadtbewohner geht als soziale Unterscheidung also auf die beginnende Neuzeit zurück).

Demgegenüber hat die ständische hierarchische Unterordnung unter eine ungefragt hingenommene, gottgewollte Herrschaftsordnung, wie sie das Mittelalter kannte, als Funktion feudal absolutistischer und vormerkantilistischer Interessen wenig Bezug zu unserem heutigen Verständnis politischer Sozialisation. Hier ist eher von einer Latenzperiode auszugehen, was die Entwicklung und Förderung breiten politischen Potentials außerhalb der absoluten Herrscher und feudalen Fürstentümer betraf. Erst die weitreichenden sozialen, kulturellen und politischen Wandlungen seit der Renaissance im Zusammenhang mit dem vehementen Aufschwung des Handels (besonders in den oberitalienischen Städten) veränderten diese Struktur

grundsätzlich, obgleich die tragenden politisch-philosophischen Lehren, z.B. eines MACHIAVELLI, jene politischen Allmachts- und Verhaltensmaximen als Herrschaftsrepertoire vorwiegend dem Fürsten zur Verfügung stellten.
Erst mit der Herausbildung einer frühen bürgerlichen Gesellschaft im Gefolge merkantilistischer Wirtschaftsprinzipien, der Verbreitung der Warenproduktion und der Geldwirtschaft seit etwa dem 15. Jahrhundert (außerhalb von Deutschland) wurde die Entwicklung vom Untertanen zum juristisch und damit potentiell politisch gleichberechtigt agierenden Bürger eingeleitet als eine zentrale Voraussetzung für die kommenden historischen Wandlungsprozesse. Freigesetzt wurden im Zuge der sich entwickelnden frühen Industrialisierung auch jene philosophischen und literarischen Potentiale, die umwälzenden Einfluß auf die subjektiven und sozialen Bereiche hatten: „Die frühkapitalistischen Bedingungen werden in den Bildungsprozeß als Movens umfassend einbezogen, das auf die Veränderung des Menschen, auf die Befreiung seiner Vernunft hin gerichtete Handeln verbindet politische und pädagogische Perspektiven auf ungebrochene Weise" (HEYDORN 1973, S. 13f.). Auch die einsetzende umfassende Säkularisierung in der Phase der frühbürgerlichen Entwicklung initiierte die Entstehung des auf Volkssouveränität und Gewaltenteilung begründeten Verfassungsstaates sowie später zunächst in England die Herausbildung eines parlamentarischen Regierungssystems. Mit der Entwicklung des bürgerlichen Staates notwendig verbunden, zu seiner Handhabung und zum Umgang mit ihm, sind auch die Konstituierung neuartiger politischer Erziehungs- und Bildungsprozesse (z.B. ROUSSEAU, CONDORCET u.a.), die nicht bloß instrumentell intendiert sind, sondern zunehmend zur Sicherung von Staatsloyalität und damit für seine Legitimation erforderlich werden.
In Deutschland prallte im Unterschied zu England und Frankreich das noch schwach entwickelte politisch-gesellschaftliche Bewußtsein des Bürgertums im Ringen um die Durchsetzung der juristischen und sozialen Freiheiten auf feudalherrschaftliche Interessen, staatliche Zersplitterung und ökonomische Entwicklungshemmnisse. Hier konnten sich auch im späten 18. Jahrhundert progressive politische Ideen selbst im Gewande von nationalstaatlichen und patriotischen Gesinnungen nur mühevoll durchsetzen (vgl. FLITNER 1957). Auch die gegenaufklärerische Tradition in Preußen und ihre militärischen sowie religiösen Zwänge unterlaufen die von der Französischen Revolution und ihren philosophischen Wegbereitern ausgehenden politisch-emanzipatorischen Impulse.
Mögen dies zentrale Gründe dafür sein, daß jenes von HEYDORN herausgestellte, bezeichnende Ineinandergreifen von Aufklärungspädagogik und deutschem Idealismus (festgemacht auch am Einfluß von PESTALOZZI, HEYDORN 1973) sowie vor allem die weitere geistesgeschichtliche, politische und ökonomische Entwicklung des 19. Jahrhunderts der deutschen Bourgeoisie eine Fülle sehr widersprüchlicher politischer Sozialisationserfahrungen bereitgestellt haben. Damit ist jedoch noch kein begründeter Nachweis für ein historisch-traditionelles, politisches „Sozialisationsdefizit" des deutschen Bürgertums – das anderer Schichten eingeschlossen – geleistet. Dieser bedürfte ausführlicher historischer Belege und müßte sich vorrangig auch mit der dezidiert kritisch-demokratisch orientierten Tradition einiger Kreise des literarischen, publizistischen, philosophischen sowie pädagogischen Bürgertums auseinandersetzen. Deren Spektrum ist in sich weit gefächert und reicht von radikalbürgerlichen Konzepten (auch hier unterschiedlicher Prägung, etwa die Dichter des Vormärz' und die materialistischen Kritiker der politischen Ökonomie) bis zu national-liberalen oder egalitär-demokratischen Positionen (z.B. FICHTE oder VILLAUME).
Inwieweit jene philosophischen oder politischen Auffassungen jedoch die politische Realität auch für die einzelnen Individuen erfahrbar veränderten, bleibt noch ungeklärt. Daß sie bereits vor den Schultoren Halt machten, zeigen auch die offiziellen Lehrpläne unterschiedlicher Schultypen (GOTTSCHALCH 1970, VOIGT 1973). Unzweifelhaft sind jedoch – sicher mehrfach vermittelt – sozialisatorische Einflüsse von ihnen ausgegangen, so wie z.B. die MARXschen Auffassungen über das (materialistische) Arbeitswertgesetz und die Analyse des Warencharakters der menschlichen Arbeitskraft sowie des Äquivalententausches manifesten politischen Einfluß auf Bewußtsein und Handlungspotential der Arbeiterbewegung – und nicht nur auf sie – ausübten.
Die Niederlage beim Versuch, die bürgerlich-parlamentarische Republik durchzusetzen, und die sich stabilisierende politische Restauration Mitte des 19. Jahrhunderts konnten bei aller stürmisch verlaufenden industriellen Entwicklung, besonders nach 1871, die politische Identität des ökonomisch erstarkenden Bürgertums nicht herstellen. Das hatte auch die strikte Separierung von den demokratisch-politischen Interessen der sich entwickelnden proletarischen Schichten mitverschuldet. Gestützt wurden diese Prozesse durch das Abgleiten des ökonomisch wie politisch übergangenen Kleinbürgertums ins sozialromantisch verklärte Private abseits öffentlicher Angelegenheiten.
Die Auswirkungen dieser Prozesse und der vielschichtigen ökonomischen und sozialen Entwicklungen des 19. Jahrhunderts prägten die spezifischen politischen Verhältnisse der BISMARCK-Ära und des Kaiserreichs und reichten über die Vor- und Nachkriegszeit (im ersten Viertel des 20. Jahrhunderts) bis in die Weimarer Republik hinein. Sie sind konstitutiv für ein relativ retardierendes politisches Sozialisations„klima" jener Entwicklungsperiode. Auch die theoretischen und praktischen Ansätze der institutionalisierten politischen Bildung aus diesen Zeitabschnitten verdeutlichen, daß trotz einiger gegensätzlich verlaufender Entwicklungen jene auf staatsbürgerliche Erziehung (SPRANGER und KERSCHENSTEINER) und Integration abhebenden Sozialisationsprozesse als politisches

Kompromißergebnis die Oberhand gewonnen hatten (TITZE 1973, VOIGT 1973, MICHAEL/SCHEPP 1974). Dabei ist auch bei globaler Einschätzung wenigstens darauf hinzuweisen, daß die politische und gesellschaftliche Realität gerade der Phase der Weimarer Republik für die verschiedenen sozialen Schichten und Klassen von unterschiedlicher Sozialisationsrelevanz waren. So zeigten sich z.B. in der Arbeiterbildung (FEIDEL-MERTZ 1973) neben den integrierenden und stabilisierenden Komponenten auch solche kritisch-solidarischer Provenienz, die nicht Gefahr liefen, bürgerliches „politisches Epigonentum“ (Max WEBER) noch einmal zu kolportieren. Oder der scheinbar historisch einlinige Trend von politischer Anpassungssozialisation und Indoktrination, wie er in extremer Ausprägung die nationalsozialistische Herrschaft kennzeichnete, differenziert sich zugunsten von oppositionellen Ansätzen unterschiedlicher sozialer Gruppen (militärische, großbürgerliche bis kommunistische) aufgrund eines (gering) vorhandenen Widerstandspotentials.

Die historisch herausgebildete politische Sozialisationswirklichkeit, wie sie auch, freilich vielfach gebrochen, noch in die bundesrepublikanische Entwicklung hineinwirkt (z.B. auf einzelne Phasen politischer Bildung und Erziehung), läßt sich in Verknüpfung mit wechselvollen demokratiehistorischen Traditionen und der politisch-gesellschaftlichen Entwicklung des Bürgertums verstehen. Der knapp skizzierte Problemhorizont vermochte dieses allenfalls zu vermitteln; nicht zu leisten ist hier eine Sozialgeschichte politischer Sozialisationstheorien und -ansätze in einem weitgefaßten Verständnis. (Für die Politische Bildung existieren solche Ansätze, vgl. hierzu z.B. SCHMIEDERER 1972, VOIGT 1973 u.a.m.) Dennoch muß auf einige zentrale theoriegeschichtliche Aspekte eingegangen werden, die sich ebenso wie die politischen sozialisatorischen Realitäten als sehr vielschichtig und disparat darstellen.
Das besondere wissenschaftliche Interesse an Genese und Veränderung politischer Orientierung nimmt dabei in dem Maße zu, wie die Werte und Postulate bürgerlich-parlamentarischer Demokratietradition obsolet geworden sind (hierher gehören als Vorläufer auch die Arbeiten von Max WEBER, die später über PARSONS schließlich gleichfalls in die amerikanischen Konzeptionen zur politischen Sozialisation eingegangen sind). In den USA entwickelt sich dieses Forschungsinteresse analog aus dem Fragwürdigwerden der Verbindlichkeit nationaler und gesellschaftlicher Prinzipien, hier jedoch mit pragmatischem Einschlag in Hoffnung auf Persistenz von System und Subsystemen (MERRIAM, The Making of Citizens, 1931, ist als früher Vorläufer zu sehen).
Über eine weite Zeitspanne hinweg eng verwoben mit der Soziologie, besonders der an der Kontinuität von Kultur interessierten Kulturanthropologie und den political culture-Auffassungen sowie strukturell-funktionalistischen (ALMOND 1960) und klassischen systemtheoretischen Ansätzen (EASTON 1965), hatten auch Sozialpsychologie (Vorurteils-, Einstellungsforschung), Psychoanalyse und Lernpsychologie entscheidenden Einfluß auf Forschungen zur politischen Sozialisation und ihre theoretischen Konzeptionen. Seit der Herausbildung von explizit sozialisationstheoretischen Forschungsansätzen verstanden sich Positionen der politischen Sozialisation im wesentlichen als hier verortet. Wissenschafts- und theoriegeschichtlich teilen sie von daher partiell auch deren Probleme und Entwicklungstendenzen.
Erst in den fünfziger Jahren im Zuge der politischen Umwälzungen nach dem zweiten Weltkrieg entwickelten sich in den USA theoretische wie forschungspraktische Ansätze, die sich im wesentlichen systematischer mit Problemen politischer Sozialisation befaßten (bzw. die HYMAN 1959 unter dem Begriff „politische Sozialisation“ zusammenfaßte, vgl. oben). DAWSON u.a. unterscheiden bereits für diese Phase eine stärker auf die politischen Orientierungen des Individuums bezogene Forschungsrichtung von einer solchen, die an charakteristischen Systemprozessen interessiert ist (DAWSON/PREWITT/DAWSON 1977). Beiden gemeinsam ist das Forschungsinteresse an der Stabilität politischer Institutionen und individueller Orientierungen und Identifikation sowie an den Ursachen möglicher Systemgefährdung unter spezifischen zeithistorischen Einflüssen (MERELMAN 1972). Hier seien dazu stichwortartig die Verschärfung der sozialen und damit auch der nationalen Gegensätze sowie der zunehmenden Rassendiskriminierung und -unruhen genannt; sodann für die sechziger Jahre das über die Schulen und Hochschulen hinausgehende politische Engagement der Jugend im Zusammenhang mit einer radikalen Kritik des Vietnam-Krieges und die Entwicklung von Bürgerrechtsbewegungen. Weiterhin gehören hierher auch die Auswirkungen einer außen- wie innenpolitisch rigiden Roll-back-Politik gegen kommunistische Einflüsse sowie der McCarthyanismus. Es läßt sich freilich global auch für die

Hauptrichtungen politischer Sozialisation konstatieren, was ein namhafter englischer Vertreter der politischen Erziehung und Sozialisation, Derek HEATER, lapidar zusammengefaßt hat: „The socialization research was not, after all, a search for truth, but for a justification of American democracy" (HEATER 1977). Gleichwohl ist auf entgegengesetzte Intentionen zu verweisen, die an kritischen Analysen orientiert sind (z. B. GREENBERG 1970).

In Deutschland wurden noch vor der eigentlichen Rezeptionsphase der amerikanischen Untersuchungen jene Forschungen von ADORNO, HORKHEIMER u. a. zum „autoritären Charakter" zur Kenntnis und zum Ausgang weiterer Arbeiten genommen, die in den vierziger Jahren in New York von den emigrierten Mitarbeitern des Frankfurter Instituts für Sozialforschung durchgeführt worden waren. Jedoch kann kaum von einer systematischen Anknüpfung an diese Arbeiten in breitem Ausmaß gesprochen werden (z. B. v. FREYHOLD 1971, JAERISCH 1975), noch weniger wohl von einer damit provozierten sozialwissenschaftlichen Aufarbeitung von Antisemitismus und Faschismus.

Als Vorläufer empirischer Arbeiten können die von den Westalliierten zur demokratischen Reeducation geförderten Studien zum deutschen Nationalcharakter angesehen werden (WASMUND 1977).

Unter dem Einfluß eines konstatierten politischen Desinteresses der westdeutschen Jugend, besonders gegenüber den politischen Parteien und staatlichen Institutionen im Zusammenhang mit politischer und ökonomischer Restauration sowie dem beachtlichen wirtschaftlichen Aufschwung in den fünfziger Jahren (SCHELSKYS „Skeptische Generation"), geriet zunehmend die politische Bildung an den Schulen (HABERMAS 1959, BECKER u. a. 1967, TESCHNER 1968) zum Forschungsgegenstand sozialwissenschaftlicher Untersuchungen (FELDHOFF o. J.). Damit wurde eine Entwicklungsrichtung eingeleitet, die sich stärker pädagogisch-politisch und weniger sozialisationstheoretisch artikuliert.

Die somit initiierte Forschung zur politischen Bildung und Erziehung hat – obgleich sie als manifeste intendierte Dimension politischer Sozialisation sich versteht – vielmehr in der politischen Soziologie und politischen Wissenschaft ihre theoretischen Vorläufer und „Bezugswissenschaften" gefunden und arbeitet weniger auf der Basis psychologischer oder sozialpsychologischer Erkenntnisse. Von ihrem Wissenschaftsverständnis und Erkenntnisinteresse her folgt sie demnach eher den Entwicklungen und Prämissen dieser Disziplinen, wobei sie relativ unsystematisch pädagogisch-didaktische Diskussionen aufnimmt – zuweilen sehr zu ihrem Nachteil – (vgl. triviale und leerformelhafte politisch-didaktische Erörterungen, in denen wissenschaftliche Disziplinen zu theoretischen Versatzstücken geraten sind).

An der Entwicklung der politischen Bildung in der BRD kann indes weit mehr als an der politischen Sozialisationsforschung der unmittelbare Einfluß von politischen und sozioökonomischen Prozessen aufgezeigt werden, ebenso wie auch die sich damit wandelnden theoretischen Diskussionsschwerpunkte in der politischen Theorie. Beispielsweise bildete sich im Zusammenhang mit strukturellen sozialen Konflikten Anfang der sechziger Jahre unter dem Einfluß der pluralistischen Demokratiekonzeption DAHRENDORFS die Position jener konfliktbezogenen politischen Bildung heraus, als deren Vertreter GIESECKE genannt werden kann. Im Zuge der Studentenunruhen Ende der sechziger Jahre und unter dem Einfluß der kritischen Theorie der Frankfurter Schule entstanden die stärker radikaldemokratischen Positionen SCHMIEDERERS und auch HOLTMANNS, die die zunehmenden Legitimationsprobleme staatlicher Herrschaft und die sich verschärfenden politischen und ökonomischen Auseinandersetzungen reflektieren (SCHMIEDERER 1972, 1977; HOLTMANN 1975).

2 Relevante theoretische Konzeptionen und Forschungsansätze

2.1 Zur Klassifikation unterschiedlicher Theoriekonzeptionen

Der Sinn eines Klassifikationsversuches wird hier nicht darin gesehen, die gängigen theoretischen Ansätze zur politischen Sozialisation aufzulisten und zuzuordnen, sondern es sollen ausgewählte Positionen anhand (ansatzweise) idealtypisch konstruierter Modelle diskutiert werden. Die Kriterien der Analyse orientieren sich entsprechend an dem hier entwickelten kategorialen Rahmen und sind vorwiegend auf den Zusammenhang von politisch relevanten Dimensionen der Persönlichkeitsentwicklung sowie von gesellschaftlich-politischen Strukturbedingungen bezogen.

Diese Typologie unterschiedlicher theoretischer Konzeptionen entfaltet nicht allgemeine Sozialisationstheorien, sie erfaßt diese allenfalls da, wo sie in die jeweiligen Ansätze zur politischen Sozialisation eingegangen sind. Eine solche Methode ist dadurch legitimiert, daß die verschiedenen politischen Sozialisationsforschungs- und -theorieansätze weniger akademischen Schulrichtungen von Psychologie und Soziologie exakt folgen, sondern mehr erkenntnisinteressen- und problembezogen sich darstellen (ähnlich argumentieren auch MERELMAN 1973, GÖRLITZ 1978 u.a.).

Weiterhin ist diese Klassifikation nicht an Sozialisationsphasen und -abschnitte (z.B. Kindheit, Jugend) gebunden, da hier den „klassischen" Autoren GREENSTEIN, DAWSON u.a. folgend von einem alle Lebensstadien und Altersstufen (mit jeweils spezifischen Aspekten) umfassenden Konzept politischer Sozialisation ausgegangen wird. Schließlich folgt diese Typologie keiner Vorstellung über eine wissenschaftstheoretisch-hierarchisch gegliederte Stufenabfolge von „niederen" zu „höheren" politischen Sozialisationskonzepten. Vielmehr werden, da es hier um klassifikatorische Erklärungsraster geht, innerhalb eines jeden dieser Modelle unterschiedlich ausformulierte Theorieansätze mit z.T. widersprüchlichen oder auch sich überschneidenden theoretischen Prämissen diskutiert. Es wird deutlich, daß diese Klassifikation nicht definitiv lerntheoretisch angelegt ist, obgleich nahezu jeder Ansatz zur politischen Sozialisation mehr oder weniger explizit Theorien des sozialen Lernens involviert: Der Prozeß der Herausbildung politischer Einstellungen und Verhaltensweisen ist gemeinhin universell lerntheoretisch definiert (so auch in der Begründung ihres Konzepts SCHWARTZ/SCHWARTZ 1975, S. 18).

Dieser hier anhand von Modellen vorgenommene Systematisierungsversuch einiger für die Theoriediskussion und Forschung zentraler Ansätze ist an der Erklärung der Konstituierung von politisch-relevantem Bewußtseins- und Handlungspotential als Sozialisationsperspektive interessiert. Von daher wird auch die Vorgehensweise bestimmt: Von den hier konstruierten Modellen werden jene relativ ausführlich diskutiert, denen tragende („klassische") psychologische, sozialisatorische Theorietraditionen und -richtungen zugrunde liegen. Das betrifft die unter dem

1. Identifikations-/Legitimationskonzept,
2. Interaktions-/Identitätskonzept und
3. Kognitions-/Kooperationskonzept

idealtypisiert erfaßten Theorie- und Forschungsansätze.

Darüber hinaus sollen hier solche Analysen und empirischen Untersuchungen berücksichtigt werden, die nicht primär in den sozialisationstheoretischen Kontext dieser drei Modelle gehören, – obgleich auch dieser Partizipations- und Emanzipationskonzepte impliziert. Es sind dies jene an Partizipation und klassenspezifisch begriffener Emanzipation orientierten Modelle, die Aufschlüsse über die Konstituierung von Politisierungsprozessen geben. Für sie gilt in der Regel, daß sie sich von umfassenderen gesellschaftstheoretischen Ansätzen herleiten, die auf klassischen Positionen von Marxismus und Psychoanalyse basieren (vgl. auch die entsprechenden Beiträge in diesem Band, vor allem von OTTOMEYER).

Die in den Modellen zur Aufklärung, Partizipation und klassenspezifischen Emanzipation implizierten unterschiedlichen Ansätze sind zwar von ihrer theoretischen Tradition wie von ihrem erkenntnistheoretischen Selbstverständnis her weit weniger psychologischen und sozialisatorischen Ansätzen als vielmehr politischen bzw. politisch-pädagogischen und Erkenntnisinteressen verpflichtet. Da sie jedoch für ein weitgefaßtes Konzept von politischer Sozialisation konstruktiv zum gesellschaftlichen und historischen Verständnis von Einstellungs- und Verhaltensphänomenen beizutragen vermögen, kann auf sie nicht verzichtet werden. Die in Kapitel 3 entwickelten Überlegungen beruhen vielfach auf den ihnen zugrundeliegenden gesellschaftstheoretischen Prämissen. Von daher bietet es sich aus systematischen Gründen an, diese Konzepte bereits hier in Kapitel 2 wenigstens schwerpunktmäßig zu behandeln.

Um einzelne strukturierende Ansätze, die nirgends vollends zugehören, aber gerade als problemmarkierende bemerkenswert sind, nicht gewaltsam einem Modell zuzuordnen, werden diese separat vorgestellt.

2.2 *Identifikations-/Legitimationskonzepte: Politische Sozialisation als Prozeß der Übertragung bzw. Übernahme sozialer Normen und Werte zur Stabilisierung und Legitimierung des sozialen und politischen Systems*

Das Gemeinsame der hier diskutierten Ansätze besteht in einer vorrangigen Orientierung an solchen sozialisatorischen Prozessen, die den Bestand des politischen Systems gewährleisten und eine weitere Fortentwicklung systemfunktionaler Strukturen und Institutionen garantieren. Dabei beruht die Grundvoraussetzung auf den Loyalitätsbindungen der Individuen an das System, wie sie insbesondere von EASTON/DENNIS im Mechanismus des „diffuse support" entwickelt wurden; auf einem Paradigma also, das eher auf die affektiven Potentiale der Unterstützungsfunktionen von Systemen abzielt (EASTON 1965, EASTON/DENNIS 1969). Die Selbstregulierung des sozialen und politischen Systems ist im Zusammenhang mit der den Individuen übertragenen Wert- und Normenstruktur und ihrer Perpetuierung sowie von symbolischen und materiellen Allokationsfunktionen des Systems konzipiert. Dabei sind – gesellschaftlicher Konsensus immer vorausgesetzt – Probleme von Konflikt und Diskontinuität nicht dogmatisch ausgeschlossen, sondern in den Vorstellungen vom „systemstress" exemplarisch mitgedacht (EASTON/DENNIS 1969).

Die theoretischen Einflüsse auf diese dem Identifikationskonzept zuzurechnenden Ansätze sind vielschichtig und vor allem von klassischen systemtheoretischen und strukturell-funktionalistischen Positionen her zu bestimmen, wie sie vorwiegend auf PARSONS zurückgehen. Sodann sind zwei weitere zentrale Theorierichtungen: die Psychoanalyse FREUDS und die politikwissenschaftlich-psychologischen Arbeiten von H. D. LASSWELL (LASSWELL 1948) zu nennen. Sie kommen besonders in der realen Begründung des Legitimationskonzeptes durch Verinnerlichung des Wertsystems und der Anerkennung der Autoritätsstruktur zum Tragen.

Die Voraussetzung für eine gelungene Identifizierung mit den Repräsentanten und Symbolen des Systems zur Loyalitätssicherung wird durch eine enge Beziehung zwischen individualgeschichtlich frühzeitig erworbenen politisch-relevanten Orientierungen und dem späteren politischen Verhalten der Individuen gesehen (GREENSTEIN 1965). Die Persistenz frühen Lernens wird von GREENSTEIN analog zu den psychoanalytisch beeinflußten *allgemeinen* Sozialisationstheorien auf der Grundlage des Erwerbs von Basisorientierungen angenommen und hat beträchtliche theoretische und forschungspraktische Fixierungen auf die Sozialisationsagentur Familie sowie auf Familie und Wertsystem ausgelöst (DAVIES 1965, EASTON/HESS 1962, MERELMAN 1972, JENNINGS/NIEMI 1974; als gute Übersicht vgl. die Zusammenfassung bei SCHMITT 1978a). Dabei entsprechen sowohl die widersprüchlichen Untersuchungsergebnisse (ALMOND/VERBA 1963) wie auch die weiterdifferenzierten Familienkonzepte (hinsichtlich Machtverteilung, Familienstruktur etc.) keineswegs immer einem rigiden Legitimationsverständnis im Sinne der schematischen Transmission von gesellschaftlichen Werten und Normen (vgl. z.B. JENNINGS/NIEMI 1964 über den Einfluß demokratischer familialer Entscheidungsprozesse).

Ebenso existieren Varianten dieses Modells, die ein ausschließlich an Systemsicherung festgemachtes politisches Sozialisationskonzept lerntheoretisch (HESS/TORNEY 1970) oder auch identitätstheoretisch aufbrechen (DAWSON/PREWITT 1969, die überarbeitete Fassung vgl. unten). Neben ihrer Orientierung auf eine konfliktarme Eingliederung der Individuen in die vorgegebenen gesellschaftlich-institutionellen Strukturen ist ihr Augenmerk auch auf individuelle Prozesse der Bedürfnisbefriedigung gerichtet. Für DAWSON/PREWITT z.B. ist in Anlehnung an G. H. MEAD „political self" in seiner Komplexität nicht instrumentell und funktionalistisch definiert. Auch die vier Lernmodelle von HESS/TORNEY stellen gegenüber der These vom „diffuse support" ein differenzierteres lerntheoretisches, politisch-sozialisatorisches Phasenkonzept dar, das über die Vorstellung von statischen Inputmechanismen zur Systemstabilisierung hinausgeht: Danach vollzieht sich politische Sozialisation als Lernprozeß des Individuums

a) als relativ unstrukturierte Akkumulation von Kenntnissen, Fähigkeiten und Fertigkeiten;
b) durch Transferenz früh erworbener politischer Erfahrungen und Deutungsmuster auf neue gesellschaftliche Bereiche (auch: generalization);
c) auf der Basis von Identifikation durch Imitation (– soziales Lernen –);
d) mittels eines Stufenmodells (HESS/TORNEY 1970) kognitiver Entwicklung (vgl. dazu unten).

Die Forschungsprioritäten im Rahmen eines Identifikations-/Legitimationsmodells sind durch das überwiegende Interesse an der Funktion von Sozialisation für die Stabilisierung sozialer und politischer Normen und Institutionen gesetzt. Sie richten sich auf frühkindliche und familiale Prozesse, besonders auf die Analyse von Autoritätsmustern im Zusammenhang mit der Entwicklung von Loyalität (zur Einstellung zum Präsidenten vgl. z. B. EASTON/DENNIS 1969), und auf die Untersuchung von Parteienidentifikation zur Antizipation von Wahlverhalten (vgl. z. B. GREENSTEIN 1965). GÖRLITZ macht in diesem Zusammenhang auf eine politisch bedeutsame Tatsache aufmerksam, wenn er von der möglichen „Reaktivierung kindlicher Autoritätsbeziehungen in Systemkrisen" spricht (GÖRLITZ 1977, S. 22f.).

Die in diesem Modell vorgestellten Untersuchungen und Ansätze koinzidieren trotz einiger Modifikationen in einer normativ-funktionalen und im wesentlichen ahistorischen Rekonstruktion politischer Sozialisationsprozesse. Diese sind primär definiert durch sozialintegrative, systemkonforme Intentionen und spüren den Zusammenhang von Genese politischer Einstellungen und Verhaltensweisen und von möglichen Systemveränderungen vorwiegend da auf, wo Systemgefährdungen vermutet werden.

Es handelt sich bei diesem Konzept um ein ‚klassisches', da neuere relevante Ansätze zur politischen Sozialisation, auch wenn sie in dieser Theorietradition stehen (das gilt z. B. für HAINKE 1971 und HEINRICH 1974) bzw. sich wie BEHRMANN speziell an PARSONS und am Max WEBERschen Politikbegriff orientieren (BEHRMANN 1975, 2. Aufl., oder auch v. BAEYER-KATTE 1972), sich mit aktuellen systemtheoretischen Aussagen auseinanderzusetzen hatten und dabei (zumindest im deutschen Sprachbereich) nicht um die Diskussion zur „Theorie der Gesellschaft" und Systemtheorie zwischen HABERMAS/LUHMANN herumkamen (HABERMAS/LUHMANN 1974).

2.3 *Interaktions-/Identitätskonzepte: Politische Sozialisation als Interaktions- und Kommunikationsfähigkeit zur Entwicklung von Identität*

In diesem Modell sind idealtypisch mehrfache Stränge traditioneller wie auch neuerer interaktionistischer Rollentheorie und identitätstheoretischer Vorstellungen miteinander verknüpft. Dabei zeigen die betreffenden Ansätze in der amerikanischen Diskussion, die sich vor allem auf G. H. MEAD und die Handlungstheorie des symbolischen Interaktionismus beziehen, keinen unmittelbaren Einfluß jener gesellschaftstheoretischen Varianten, wie sie von HABERMAS vertreten werden (HABERMAS 1975, 1976; vgl. auch KRAPPMANN). Gerade diese haben einige maßgebende Ansätze vor allem der allgemeinen Sozialisationstheorie nachhaltig geprägt (vgl. die entsprechenden Beiträge in diesem Band, vor allem von JOAS) und sind vielfach gefiltert und modifiziert auch in Konflikt-, Kommunikations- und Handlungsparadigmata der Konzeptionen zur politischen Bildung eingegangen (vgl. z. B. GIESECKE, HOLTMANN, K. G. FISCHER, ROLOFF, SCHMIEDERER u. a.) Dabei sollen hier psychoanalytisch orientierte (LORENZER) und politökonomisch begründete interaktionistische Positionen (OTTOMEYER) lediglich erwähnt werden, ohne den Gründen hier nachgehen zu können, warum sie nicht unmittelbar von Theorie und Forschung zur politischen Sozialisation aufgenommen worden sind.

Dieses Interaktions-/Identitätskonzept markiert hypothetisch den Schnittpunkt zwischen nachbehavioristischen und rollentheoretischen sowie kommunikationstheoretischen Ansätzen in Richtung personaler und sozialer Identität (HABERMAS). Das Hauptaugenmerk liegt auf interpersonalen Prozessen und erst sekundär auf gesellschaftlichen Strukturen; vermittelt sind beide durch ein System sozialer Normen und Regeln. Politische Lernprozesse vollziehen sich durch Interaktion zwischen generalisierten Rollenträgern oder Sozialisationsagenten im Kontext allgemein anerkannter und nachvollziehbarer Symbolbedeutungen sowie durch Konsensus auf häufig genug normativ bestimmter Legitimationsgrundlage.

Darüber hinaus geht HABERMAS mit seiner Kritik an einer normativ begründeten Legitimität im Zusammenhang mit Legitimationsbedürftigkeit von moderner politischer Herrschaft. Der von ihm vorgeschlagene „rekonstruktive" Legitimationsbegriff, mit Hilfe dessen das Umfeld des Rechtfertigungssystems untersucht bzw. seine verschiedenen historischen Niveaus in einen entwicklungslogischen Zusammenhang rekonstruiert werden sollen, ist bisher – soweit ersichtlich – für die politische Sozialisationsdiskussion noch nicht fruchtbar gemacht worden (vgl. HABERMAS 1976, S. 298f.).

Dieses Modell erhält seine dynamische Varianz in der Konzeptualisierung von politischer Kompetenz analog zur sozialen Handlungskompetenz, die in Verbindung mit Flexibilität, Rollendistanz, Fähigkeit zum role-taking und zur Empathie gedacht wird. Ein solches Interaktionsverständnis von wechselseitigem Rollennachvollzug hat seine Parallele in demokratietheoretischen Pluralismusauffassungen im Rahmen politischer Bildung (vgl. z.B. die Weiterentwicklung des DAHRENDORFschen Konfliktbegriffes durch GIESECKE) und hat möglicherweise von hier auf Sozialisationstheorien zurückgewirkt.

Das Ziel sozialisationsrelevanter Interaktionsprozesse ist hier nicht Verhaltens- oder Einstellungskontinuität (wie annäherungsweise im Identifikations-/Legitimationskonzept), sondern vielmehr Transmission und Antizipation flexiblen Rollenlernens und -handelns zur Konstituierung eines „political self" (DAWSON/PREWITT 1969 und DAWSON/PREWITT/DAWSON 1977). Entsprechend dem von G. H. MEAD und dem symbolischen Interaktionismus entworfenen „social self" geben auch hier persönliche Bedürfnisse und Kapazitäten sowie intersubjektive Erfahrungen und Beziehungen „shape to the individual's political self". Betont wird an erster Stelle: „First the form and workings of the political system play an importing role in determining political orientations" (DAWSON u.a., a.a.O., S. 39).

In der Entwicklung zu einer komplexeren Gestalt des „political self" wird ein Prozeß von zunehmender Reduzierung der sozialen Alternativen und gleichzeitiger Erweiterung der sozialen Identitätsangebote durchschritten. Zumindest drei Ebenen markieren dabei – interaktionistisch-lerntheoretisch bestimmt – die individuelle „political maturation" (DAWSON u.a., a.a.O., S. 42ff.):

Politische Affekte, Neigungen und Loyalitäten entstehen in einem frühen entwicklungspsychologischen Stadium.

1. Durch Imitation, Identifikation und Kommunikation kommt es zur Herausbildung eines „basic core", später kommen hinzu:
2. spezifisches Wissen zur „evaluation of political institutions, roles and processes" als weniger grundlegend verankert und
3. politische Orientierungen im Sinne eines „transient outlook".

Hierher gehören aktuell-situatives Verhalten bis zu differenziertem Partizipationsverhalten als Resultat eines nachkonventionellen, identitätsorientierten Umganges mit Autorität. Hier wird bereits bei DAWSON eine Synthese interaktionistischer Komponenten mit solchen kognitionstheoretischer Phasenkonzepte KOHLBERGS deutlich. Im Interaktions-/Identitätskonzept ist die Bedeutung der basalen Persönlichkeitsmerkmale und Erfahrungen zwar relevant, eine eindeutige Determinierung durch früher Erlerntes ist jedoch nicht impliziert. Vorherrschend ist vielmehr die Vorstellung von einem „pattern of cumulative development", das durch externe Faktoren modifizierbar ist. Politische Lernvorgänge sind entsprechend von Rollenwandel oder Veränderungen der Lebenssituation initiiert.

Das sind Prämissen, die auch in die Forschungsinteressen dieses Konzepts eingehen, die sich vor allem auf inkonsistente Abläufe in Primärgruppenverhalten erstrecken (z.B. GREENBERG 1970, GARCIA 1973 über den Wandel von „positiv" zu „negativ" in den Einstellungen zum Präsidenten und „zur Politik" bei farbigen und weißen Kindern im Verlauf ihres Heranwachsens).

Die vergleichenden Untersuchungen von R. G. LANDES zur Entwicklung politischer Orientierungen an englisch-kanadischen und amerikanischen Schülern sind auf der Basis eines interaktionistischen rollentheoretischen Ansatzes als Modellvariante heranzuziehen (LANDES 1976). Kritisch setzt er sich gegen das funktionale Konzept der „role personality" von EASTON/DENNIS mit Hilfe eines Konstrukts von „role occupant personalization" ab, das politische Machtprozesse (z.B. um das Präsidentenamt) adäquat zu erfassen in der Lage sei: „It is the interaction between role prescriptions and individual occupant variation that is the key for understanding how people perceive political roles" (LANDES 1976, S. 65).

Es bleibt zu fragen, inwieweit dieses Konzept geeignet ist, ein instrumentelles oder rollenschematisches Verständnis von politischem Handeln zu korrigieren oder sogar über die von KRAPPMANN (1971) aufgezeigten Möglichkeiten hinaus Forschungsansätze zu einer identitätsorientierten, dynamischen Rollenauffassung für Sozialisationsforschung zu entwickeln. Ein im Rahmen dieses Modells begründetes Diskontinuitätskonzept, präsentiert an Veränderungen der Sozialisationsinstanzen, läßt also die Erklärung prozeßhafter Wandlungsmöglichkeiten zu. Ebenso ist darin auch das interaktionistische Rollenverständnis mit seinem Rollenempathietheorem einem systemtheoretisch orientierten Rollenansatz überlegen (vgl. dazu BAEYER-

KATTE 1972, S. 1090). Es bleibt offen, inwieweit das Interaktions-/Identitätskonzept weiterführende theoretische Aspekte, wie sie deutlich im Konzept DAWSONS u.a. als Rationalitätsbewußtsein angelegt sind, systematisch zu entfalten sowie für die Erfassung politischer Lernprozesse wirksam zu machen vermag.
Die Weiterentwicklung interaktionistischer Rollenidentität durch HABERMAS' psychodynamisch fundiertes personales Identitätskonzept weist hier eine Richtung, die für die Erklärung von politischen Sozialisationsphänomenen mit Gewinn zu verfolgen ist. (Dieser Ansatz ist bisher systematisch in theoretischen Arbeiten und Forschungsprojekten vor allem im Zusammenhang mit dem entwicklungslogischen Modell KOHLBERGS von HABERMAS/DÖBERT/NUNNER-WINKLER weiterspezifiziert worden.)
Ich-Identität strukturiert sich im kommunikativen Handlungsprozeß und verlangt „nicht nur die kognitive Beherrschung allgemeiner Kommunikationsniveaus, sondern auch die Fähigkeit, die eigenen Bedürfnisse in diesen kommunikativen Strukturen zu ihrem Recht zu bringen ..." (HABERMAS 1976, S. 74). Dabei ist für HABERMAS wichtig, daß „die kollektive Identität ... heute nur noch in reflexiver Gestalt denkbar (ist), nämlich so, daß sie im Bewußtsein allgemeiner und gleicher Chancen der Teilnahme an solchen Kommunikationsprozessen begründet ist, in denen Identitätsbildung als kontinuierlicher Lernprozeß stattfindet" (a.a.O., S. 116). Die Bedeutung, die dieses Identitätsmodell bei aller seiner Problematik (vgl. hierzu die Kritik GEULENS am interaktionistischen Identitätskonzept, GEULEN 1977, S. 126f.) dennoch für die Analyse von politisch relevanten Einstellungs- und Verhaltensweisen hat, wird konkret am dialektischen Verständnis HABERMAS' von einer zunehmenden Verfügung über die „allgemeinen Strukturen kommunikativen Handelns und der damit wachsenden Kontextunabhängigkeit des handelnden Subjekts ..." (a.a.O., S. 80). Im Idealfall des individuellen Bildungsganges und des kommunikativen Diskurses in einer funktionsfähigen Demokratie impliziert dies also eine zunehmende Kreativität und Autonomie im Umgang mit dem gesellschaftlichen Regelsystem und damit – relativ widerspruchslos – subjektive Befreiungschancen von gesellschaftlichen Zwängen.
Diese Aussagen sind auf die Skepsis gegenüber einem Interaktions-/Identifikationskonzept vor allem von seiten kapitalismuskritischer Dispositionen gestoßen (vgl. OTTOMEYERS Kritik – 1976 – an HABERMAS und einer „idealistisch verkürzten interaktionistischen Gesellschaftstheorie"). Dennoch wäre zu überprüfen, inwieweit auch für politisch-gesellschaftliches Lernen gilt, daß „die interaktionistische Position in der Lage ist, Sozialisation als Bewußtseinsbildung zu betrachten, da sie sowohl auf Kommunikationsprozesse als auch auf sozial geprägte Identitäten und gesellschaftlich strukturierte Erfahrungsbereiche Bezug nimmt" (HEINZ 1976, S. 100). Der ausdrückliche Bezug auf klassen- und schichtspezifische Identitätsmuster ist in diesem Zusammenhang aufschlußreich und könnte statt Konfrontation mit ökonomischen Kategorien zu sinnvoller Synthese führen.

2.4 Kognitions-/Kooperationskonzepte: Politische Sozialisation als sozialkognitive Entwicklung der Persönlichkeit in ihrer Bedeutung für die Herausbildung von Wertbewußtsein und moralischer Urteilsfähigkeit

Die zentrale Aussage dieses Konzepts liegt bei aller Unterschiedlichkeit der theoretischen Ansätze (vgl. dazu BERTRAM in diesem Band sowie den Übersichtsartikel von SHANTZ 1975) in der zunehmenden entwicklungslogischen Differenzierung subjektiver Fähigkeiten zu kognitiven und damit verknüpft sozialen Kompetenzen durch die interaktive Auseinandersetzung des Individuums mit seiner Umwelt. Dabei wird sozialkognitive Kompetenz eines handelnden Subjekts, zumindest bei PIAGET, auf den die Mehrzahl der Positionen zurückgeht, weder als normative Kategorie noch als naturalistischer Reifezustand verstanden noch als Folge primärer Prägung von Persönlichkeitsmerkmalen als Determinante des späteren sozialen Entwicklungsprozesses gesehen (PIAGET 1972, 1973). Der in der politischen Sozialisationsdiskussion mit der Kristallisationshypothese angenommene frühkindliche Prägeeffekt wäre demnach mit einem sozialkognitivistischen Konzept nicht nachzuweisen (vielmehr finden danach zentrale Entwicklungen in der Adoleszenz statt, vgl. DÖBERT/NUNNER-WINKLER 1976). Ein solches Modell erweist sich anderen, mehr statischen klassisch-lerntheoretischen Entwürfen gegenüber als überlegen durch seinen weiteren Fragehorizont und beträchtlichen Erklärungswert von

Genese und Veränderbarkeit der sozialkognitiven Qualifikationen sowie von deren Folgen für die Entwicklung differenzierter „standards".
Wenn nun den Voraussetzungen und Grundannahmen zur Erklärung sozialkognitiver Differenzierung der individuellen Fähigkeiten nachgegangen werden soll, so können hier nicht die theoretischen Synthesen von PIAGET und KOHLBERG rekonstruiert werden (vgl. hierzu neben den Originalschriften der Autoren auch den Beitrag von BERTRAM in diesem Band und darin angegebene weiterführende Literatur). Es wird hier vielmehr auf jene konstituierenden Prinzipien der Entwicklungsstadien einzugehen sein, die für die theoretische Reflexion und empirische Untersuchung politischer Bewußtseinsprozesse und Verhaltensdimensionen relevant sind. Der Bezug der kognitivistischen Psychologie PIAGETS auf „Handlungsregeln", nicht aber auf „Objektrelationen", wie LEMPERT ihn in der Bedeutung des PIAGETschen Intelligenzkonzepts für die „Sozialisation durch Arbeit" hervorhebt (LEMPERT u.a. 1979, S. 90), ist es auch hier, der das Entwicklungskonzept phasenspezifischer kognitiver Differenzierung für den politischen Sozialisationskontext zentral erscheinen läßt (HARTEN 1977, FRIEDMAN 1977, ROSENAU 1975, KOHR/ZOLL 1979 und für die politische Bildung HELBIG 1978). Durch Regeln strukturierte soziale Interaktionsprozesse und Diskontinuitätserfahrungen begründen nach PIAGET eine spezifische Entwicklung von voroperational-konkreten zu abstrakt-operationalen Stadien im Verlaufe der individuellen Persönlichkeitsgenese. Auch für die analog von KOHLBERG unterschiedenen Ebenen der präkonventionellen, konventionellen und postkonventionellen Moralentwicklung gilt als Bedingung und Voraussetzung die intersubjektive Kooperation in einem Sozialsystem (eine Zusammenfassung der 3 level und 6 stages der moralischen Bewußtseinsentwicklung vermittelt KOHLBERG 1976).
In diesen beiden Phasen- bzw. Ebenenkonzepten (und ebenso bei daran anknüpfenden Autoren, wie z.B. HAAN 1977) wird ein Gesamtentwicklungstrend deutlich, der zu zunehmender Abstraktionsfähigkeit des operationalen Denkens und zur Differenzierung von Rollenhandeln und -übernahme sowie der Fähigkeit zum Perspektivwechsel von ego und alter bzw. Gesellschaft führt. Danach geht die ontogenetische Entwicklung von einem heteronom orientierten Stadium moralisch-sozialen Bewußtseins aus, in dem das Individuum durch Rollennormen und Erwartungsabhängigkeit determiniert ist. Durch wechselseitige soziale Auseinandersetzungsprozesse mit der Umwelt kann die Entwicklung bis zu einem Stadium autonomer Handlungsorientierung und sozialer Kompetenz wie Regelflexibilität bei universalistischem Wertbewußtsein verlaufen. Dazwischen liegen Stufen konventioneller Anpassungsschemata an äußere soziale Erwartungen und Pflichtregulative, auf die weitere Bewußtseins- und Verhaltenssequenzen der Persönlichkeitsentwicklung folgen, die sich am „social contract" oder an „utility and individual rights" orientieren (KOHLBERG 1976, S. 34).
Über den empirischen Nachweis der Universalität und Irreversibilität dieser entwicklungslogischen Stufenfolge liegen unterschiedliche Ergebnisse vor, die einhellig lediglich in der Weise zu deuten sind, daß eine Falsifikation des Entwicklungsmodells nicht vorgenommen werden kann. Vor allem die präkonventionellen und konventionellen Niveaus sind überprüfbar und nachweisbar (vgl. z.B. DÖBERT/NUNNER-WINKLER 1976 und BERTRAM 1978. Zur Diskussion vgl. BERTRAM in diesem Band und LEMPERT u.a. 1979).
Relativ unberührt von empirischen Gültigkeitserwägungen ist indessen das Modell einer hierarchischen Abfolge von kognitiven Entwicklungsstufen, verknüpft mit Bewußtseinsqualifikationen zunehmender Rationalität und moralisch-autonomer Kompetenz, für politische Sozialisationsansätze reizvoll und anregend geblieben. Dies ist nicht zuletzt auch den (empirisch belegten) Zusammenhängen von Moralstufen, die Individuen innehaben, und unterschiedlichen Präferenzen für politische Richtungen wie auch gewählte Handlungsalternativen, entsprechend der jeweiligen Stufe, zu verdanken: Zum Beispiel entsprechen der präkonventionellen Stufe eher Gewaltanwendungen, während die postkonventionelle Stufe mehr mit friedlicher politischer Radikalität und autonomer Flexibilität bzw. Ablehnung von Anpassung koinzidiert (vgl. z.B. die Studie von HAAN 1971).
Hinzu kommt die Attraktivität eines hier implizit enthaltenen „positiven", fortschrittsoptimistischen Menschenbildes und Demokratieverständnisses gerade angesichts der Erfahrung von Realitätsbrüchen und politischen Diskontinuitäten in den USA (z.B. Rassenprobleme, Watergate etc.) sowie Legitimations- und Identifikationskrisen dort wie auch in Deutschland

(markiert durch Erscheinungen wie politische Gleichgültigkeit und Verweigerung).

Für Forscher wie FRIEDMAN und ROSENAU stellen dies die externen Anknüpfungsmomente dar, in denen sie den früheren Arbeiten von MERELMAN folgen (MERELMAN 1969). In N. ROSENAUS breit angelegtem Konzept des political learning wird angesichts einer komplexen Realität programmatisch eine Synthese von interaktionistischen Ansätzen, kognitivistischer Psychologie und behavioristischer Lerntheorie hergestellt, um die vielfältigen Beziehungen von (politischen) Ereignissen und „individual response" adäquat zu erfassen (ROSENAU 1975). Als Nachweis für eine Überforderung des PIAGETschen Konzepts zieht sie die Arbeiten von YAHODA mit schottischen Kindern heran (YAHODA 1963, 1964) und verweist auf Widersprüche zwischen hohen kognitiven Entwicklungsstufen der Probanden und ihrer mangelnden sozialen Verständnisfähigkeit von vielschichtigen Kategorien wie Nationalität oder Religion. Weiterhin führt sie CONNELS Studie: The Children's Construction of Politics (1971) als Beleg dafür an, daß zwischen politischen Lernprozessen und dem Erlernen sonstiger sozialer Bedeutungszusammenhänge relevante Unterscheidungen bestehen, die zu ihrer Analyse einen komplexeren Theorieansatz erfordern als er durch die kognitivistische Theorie gegeben ist (ROSENAU 1975, S. 180ff.).
FRIEDMAN folgt eher den inhaltlich-politischen Wertimplikaten des kognitivistischen Ansatzes, besonders dessen demokratiepolitischer Perspektive. Diese verheißt für den Autor grundsätzlich eine entwicklungslogische Entfaltung von Intelligenz und moralischer Urteilsfähigkeit im Interesse eines optimalen Verhältnisses von Individuum und Gesellschaft auf der Basis von Menschenwürde, Rationalität und Gerechtigkeit (FRIEDMAN 1977, S. 339). Kritisch setzt sich FRIEDMAN von sozialen Lerntheorien ab und verweist auf deren undemokratische und unegalitäre Prämissen (FRIEDMAN 1977, S. 332, 338) sowie auf ihre affirmativen und status-quo-verhafteten Intentionen. Im Kontrast zu ihnen begründet er die Bedeutung des kognitivistischen Lernkonzepts für politische Sozialisation mit dessen subjekt- und bedürfnisorientierten und auf Gleichheit der Lernenden basierenden strukturellen Voraussetzungen: „The most productive environment for cognitive development as expressed through moral judgements should be democratic" (FRIEDMAN 1977, S. 339).
Für FRIEDMAN ist diese als environment-democracy zu bezeichnende Auffassung unter Bezug auf PIAGET sowohl Voraussetzung als auch Ergebnis für den ihr einzig angemessenen sozialen Handlungstypus: nämlich die rationale Kooperation zwischen sozial und kognitiv kompetenten Individuen, die von role-taking und Sprachverhaltensfähigkeiten lernmotivierend gesteuert wird.
Dieses relativ fiktive Demokratieideal steht nun in der Tat in starkem Kontrast zu den Legitimationskonflikten durch Watergate. In diesem Zusammenhang berichtet FRIEDMAN von KOHLBERGS Reaktionen auf Watergate, dieser konstatierte: „... President Nixon was morally blind. His published statements were never above Stage 4 of Kohlberg's system nor do they indicate an understanding of Stage 5. The moral level of general public opinion in the United States also is at Stage 4. The Constitution, however, is a Stage 5 document ..." (FRIEDMAN 1977, S. 357).
In unterschiedlichen empirischen Untersuchungen zu „Watergate and Moral Development" haben z.B. FRIEDMAN (1977) wie auch ARTERTON (1974) unter Bezugnahme auf ältere Ergebnisse von EASTON/DENNIS (1969) zur Leitbildfunktion des Präsidenten für die Loyalitätsentwicklung (bei Kindern) *nach* Watergate keine wesentlichen Veränderungen in der Einschätzung des Präsidentenamtes feststellen können (FRIEDMAN 1977, S. 358). FRIEDMAN konnte vielmehr ähnliche Ergebnisse bei vergleichbarem sample von ARTERTON wie auch von anderen Autoren bestätigen, wonach die befragten Kinder (!) nur zu einem geringen Prozentsatz in der Lage waren, die Beteiligten am Watergateskandal zu identifizieren. Größere unerwartete Diskrepanzen zum Stufenkonzept moralischer Urteilsfähigkeit, soweit es aus dem kurzen Bericht bei FRIEDMAN ersichtlich ist, hat es dabei offensichtlich nicht gegeben.

Kognitions-/Kooperationsmodelle sind im angloamerikanischen Bereich besonders bei empirischen Untersuchungen zu nationaler Selbsteinschätzung, zu rassischen und nationalen Vorurteilen und Stereotypen wie auch zur Beurteilung internationaler Konflikte (eine der frühesten Arbeiten ist die von COOPER 1965) herangezogen worden (vgl. zur Übersicht die Sekundäranalyse bei STACEY 1978, S. 47f.). Dabei fällt auf, daß der größte Anteil dieser Untersuchungen auf Kinder und Jugendliche bezogen ist, obgleich das PIAGETsche Stufenkonzept wie auch die Moralebenen von KOHLBERG ein lebenslanges Lernmodell involvieren. In der neueren Weiterentwicklung dieser Konzeptionen (vgl. dazu BERTRAM in diesem Band) ist für die Analyse politischer Sozialisationsphänomene insbesondere auf zwei Richtungen hinzuweisen: Einmal auf den akzentuiert emanzipationsorientierten Ansatz in unmittelbarer PIAGET-Nachfolge von HARTEN (1977) und auf die psychoanalytisch-identitäts- und gesellschaftstheoretische Synthese mit den KOHLBERGschen Theoremen von HABERMAS (1976), DÖBERT/NUNNER-WINKLER (1976, 1978) und NUNNER-WINKLER (1978). In diesem Zusammenhang werden auch vergleichende Hinweise auf parallele Probleme aus einer neuen theoretischen Studie von LEMPERT/HOFF/LAPPE zur „Soziali-

sation durch Arbeit" gegeben (LEMPERT u.a. 1979).
Für den Zusammenhang von kognitiver Sozialisation und politischer Erkenntnis (HARTEN 1977) stehen wie bei der Reflexion moralischer Urteilsfähigkeit psychologische und außerindividuelle Bedingungen für Handlungsrelevanz im Schnittpunkt des Interesses. Obgleich ein kognitivistisches Phasenkonzept keine Identität von sozialer Handlungskompetenz und entwickelter Operationalisierungsphase annimmt, sondern vielmehr theoretisch und empirisch die in der Realität virulent werdenden Diskrepanzen zwischen Kompetenz und Performanz zu erfassen sucht (DÖBERT/NUNNER-WINKLER 1978), impliziert es ein äußerst anspruchsvolles Handlungsmodell. Soziales Handeln ist danach tendenziell an Niveaus mit hoher Differenzierung gebunden, d.h. letztlich an einem Typus autonomer Handlungsfähigkeit orientiert. Moralisches Bewußtsein stellt nach DÖBERT und NUNNER-WINKLER die „Manifestation einer sich entfaltenden Kompetenz" dar (a.a.O., S. 101). Für HARTEN besteht neben der kognitiven Voraussetzung eine Hauptbedingung für die Konstituierung kooperativer Interaktion in der Bereitstellung von Koordinationsmöglichkeiten durch die soziale Umwelt, um das Erlernen und Entwickeln verschiedener und auch gegensätzlicher sozialer Perspektiven zu fördern. BERTRAM besteht in ähnlicher Weise auf Gewährung von Chancen zur Kooperation (BERTRAM 1978). Am nachhaltigsten kommt der politisch akzentuierte Anspruch an Sozialisationsperspektivität wohl bei LEMPERT u.a. zum Ausdruck, wenn sie in ihrer PIAGET-/KOHLBERG-Interpretation die Bedeutung moralischer Niveaus des institutionalisierten Regelsystems eines sozialen Milieus für mögliche Handlungsqualifikationen der Individuen hervorheben (LEMPERT u.a. 1979, S. 177).
Die Überwindung egozentrischer Bedürfnisfixierungen und außerindividueller sozialer Zwänge sind für HARTENS kognitives Kompetenzverständnis unabdingbare Voraussetzungen. Dabei sind für HARTEN in der heutigen Gesellschaftsstruktur westlicher Industriestaaten potentiell die erforderlichen Realisierungschancen dafür gegeben (1977, S. 156, in gewissem Widerspruch dazu vgl. bei ihm S. 172). Nur wenn diese sich voll entfalten, ist für ihn in Anlehnung vor allem an den ‚frühen' PIAGET und an KOHLBERG Emanzipation möglich als Universalisierung der moralischen Kooperation und gleichermaßen als Individuierungsprozeß, vermittelt durch reziproke Interaktions- und Verstehensfähigkeiten sowie Toleranz gegenüber der Perspektivenkonfrontation (HARTEN 1977, S. 150ff.).

Über dieses Niveau eines individuellen Moralbewußtseins hinaus geht HABERMAS in seiner KOHLBERG-Analyse, in der er das Stufenmodell um eine philosophisch-politische Dimension erweitert („Stufe 7"). Die moralisch-imperative Autonomie des Individuums wird psychodynamisch hinterfragt und mit einer Natur und Gesellschaft umfassenden Ich-Identität konfrontiert. Ihr Geltungsbereich ist überindividuell bestimmt durch Interaktion in einer „fiktiven Weltgesellschaft", in der universalistische Prinzipien auch die Freiheit und Möglichkeit zum Diskurs über allseitige Bedürfnisstrukturen umfassen. Der Sinn dieses Konstrukts ist für HABERMAS die Historisierung und Universalisierung des Stufenkonzepts beim Übergang „von einer formalistischen Pflichtethik zur universalen Sprachethik", d.h., „daß die Bedürfnisinterpretationen nicht länger als gegeben angenommen, sondern in die diskursive Willensbildung einbezogen werden. Damit wird die innere Natur in eine utopische Perspektive gerückt" (1976, S. 87). Erst auf dieser „höchsten" Kompetenzstufe können „moralische und politische Freiheit" als dialektische Komponenten einer differenzierten Bedürfnisstruktur (weit hinaus über „Lustmaximierung", Gehorsam, Austausch von Äquivalenten, Formen „konkreter Sittlichkeit", staatsbürgerliche und moralische Freiheit) selbst zum Gegenstand des sozialen Diskurses werden.

Hier sind Prämissen und Zielimplikationen für politisch-sozialisatorische wie politische Bildungsprozesse enthalten, deren politisch-demokratische Dignität unbestritten ist, wenngleich sie sich auch an der Stringenz ihrer spezifischen politischen und theoretischen Postulate zu erweisen hätte.
An dieser Stelle spätestens kann nicht darüber hinweggegangen werden, daß die gesellschaftstheoretischen Implikationen der einzelnen theoretischen Ansätze des Kognitions-/Kooperationskonzepts keineswegs eindeutig sind und daher zu unterschiedlichen oder auch widersprüchlichen Interpretationen veranlaßt haben. Mit Verweis auf dessen Arbeiten aus den dreißiger Jahren glaubt HARTEN bei PIAGET von einer unmittelbaren Verknüpfung von Pädagogik und Gesellschaftstheorie sprechen zu können, die eine „emanzipatorische Dialektik von Individualität und Gesellschaft" involviere (HARTEN 1977, S. 149). Unmittelbar nachvollziehbar indes ist der von HELBIG für die politi-

sche Bildung hergestellte systematische Bezug des KOHLBERGschen Moralkonzepts auf den kategorischen Imperativ KANTS und die Bedeutung der Prinzipiengleichheit, Gegenseitigkeit (Reziprozität) und Universalität (HELBIG 1978, S. 98).

Unmittelbar gesellschaftskritisch gewendet, lassen sich für LEMPERT und seine Koautoren mit dem Moralkonzept KOHLBERGS eher dezidierte antikapitalistische Bewertungen begründen; dieses wird demnach wie bei HARTEN in die Nähe gesellschaftlich-dialektischer Traditionen gestellt: „Denn erstens wird dem Privateigentum ein minderer Wert zugeschrieben. Zweitens sind die leitenden Motive der kapitalistischen Konkurrenzmoral am ehesten KOHLBERGS Stadium 2 zuzuordnen, also noch unterhalb auch nur der konventionellen Orientierung anzusiedeln, ... entspricht die Anerkennung des Kapitalismus als geltende Wirtschaftsordnung unserer Gesellschaft dem Stadium 4, zeigt die liberalistische Rechtfertigung des Besitzindividualismus und des Konkurrenzkampfs Begründungsstrukturen des Stadiums 5 ..., und auf der höchsten Stufe der Moralentwicklung läßt der Kapitalismus sich sogar kaum noch anderen Gesellschaftsformationen vorziehen ..." (LEMPERT u.a. 1979, S. 191). Diese Aussage ist für eine Sozialisation durch und zur Politik mindestens ebenso erhellend wie für den Arbeitsbereich, für den sie zunächst von den Autoren getroffen wurde.

Zur weiteren Differenzierung wäre zweifellos neben dem Inhaltsaspekt auch die Struktur von Argumentationen und Begründungen zur Einschätzung von Stabilität und Konsistenz der politischen Orientierungen und Urteile von Bedeutung. NUNNER-WINKLER hat (mit empirisch erhärteten Beispielen) belegt, daß eine solche Unterscheidung für die politische Sozialisationsforschung von einem kognitivistischen Modell her sinnvoll geleistet werden kann. Klassischen lerntheoretischen Ansätzen gelingt es dagegen nicht, eine Struktur-Inhalt-Problematik mit Theoremen von Konditionierungs- und Verstärkungsmechanismen systematisch und empirisch zu erfassen (NUNNER-WINKLER 1978).

An einer Struktur-Inhalt-Differenzierung wäre – das kann nur angedeutet werden – anzuknüpfen bei der Untersuchung eines noch recht defizitären Forschungsbereiches, nämlich politischer Sozialisation und Sprache (Sprachbedeutung bzw. -symbolik).

Dieses Kognitions-/Kooperationsmodell hat schließlich aus naheliegenden Gründen seiner Orientierung an Intelligenzentwicklung einen nicht zu unterschätzenden Einfluß auf Vorstellungen über „manifeste" politische Sozialisationsprozesse im Rahmen von Schule gehabt. Das trifft zwar weniger auf KOHLBERGS explizite Darlegung zur politischen Erziehung zu (KOHLBERG/LOCKWOOD 1970) und gilt auch nur eingeschränkt für eine (kritische) Rezeption der PIAGETschen Systematik für didaktisch-lerntheoretische oder curriculare Ansätze speziell für den politischen Unterricht, die im wesentlichen noch aussteht.

Für die gegenwärtige politische Bildungsdiskussion in Großbritannien kann diese Aussage mit Hinweis auf das „Literacy"-Konzept freilich eingeschränkt werden (CRICK/PORTER 1978, CRICK/LISTER 1978). Es bezieht sich auf eine Stadienfolge miteinander verknüpfter Komponenten von „knowledge", „skills" and „attitudes", bleibt aber theoretisch relativ unscharf und somit auch eher der Ebene pädagogischer Postulate verhaftet. Eine Ausnahme stellt TABA (1967/1974) mit ihrem denkstrukturellen/-psychologischen Ansatz dar.
Der kognitivistische Einfluß auf die politische Bildung im deutschen Sprachbereich ist offensichtlich eher von allgemeinen didaktischen und curricularen Diskussionen ausgegangen und mehr implizit enthalten in didaktischen Überlegungen und Konzepten von BEHRMANN, GIESECKE, SCHMIEDERER, auch K. G. FISCHER, HOLTMANN und HILLIGEN. Aus neuerer Zeit ist jedoch die programmatische Darstellung von HELBIG bekannt, die sich um einen synthetischen Ansatz identitätstheoretischer Aussagen und kognitivistischer Theorie der Moralentwicklung bemüht (HELBIG 1978). Bei ihm steht eine didaktische Aufarbeitung des sozialisatorischen Stufenmodells im Vordergrund. Universales Wertbewußtsein wird als Ziel des politischen Unterrichts diskutiert, wie auch verdienstvollerweise die Rolle des Lehrers beim Perspektivenwechsel und angesichts der Rollenzumutungen im Falle egozentrisch-präkonventionalistischer Schülerniveaus.
HARTEN, dessen „politische Dimensionen einer Theorie der kognitiven Sozialisation" für den politischen Unterricht bisher noch nicht konzeptionell verarbeitet wurden, böte inhaltliche Anhaltspunkte, die über die Stufenorientierung hinausgehen (z.B. „formale" Intelligenz als Potential politischer Kritikfähigkeit). Des weiteren müßte das Konzept von HAAN zum herrschaftsfreien Diskurs und zur interpersonalen Moral sowie sozialen Konfliktlösung durch Bewältigungsstrategien mit in die politische Bildungsdiskussion einbezogen werden (HAAN 1977).

Eine kritische Einschätzung des kognitiven/kooperativen Konzepts, die von theoretischen Überlegungen zur Konstituierung politischen Bewußtseins- und Handlungspotentials ausgeht (vgl. Kapitel 3), hätte zunächst am Demokratieverständnis der kognitivistischen Psychologie des „moralischen Bewußtseins" anzusetzen. Sie hätte zu prüfen, inwieweit Konsensusfähigkeit in den auf PIAGET und KOHLBERG zurückgehenden theoretischen Konzeptionen normativ vorausgesetzt und nicht mehr kritisch auf die durch Herrschaftsinteressen paralysierte Funktionsfähigkeit von Demokratie bezogen wird. Weiterhin wäre nach elitetheoretischen Implikationen des Stufenmodells von heteronomer zu autonomer Moral zu fragen sowie nach den entsprechenden Implikationen des Verhältnisses von Kompetenz und Partizipation für eine wirkungsvolle Demokratisierung von Gesellschaft.

Zu bedenken wäre ferner eine notwendige Problematisierung der Reziprozität von Interaktion unter dem Aspekt politischer Parteilichkeit (vgl. zum Begriff z. B. SCHMIEDERER 1977), wie sie sich gerade durch rational-legitimierenden, taktisch-strategischen Umgang mit Perspektivenwechsel im Sinn politischer Identitätsstabilisierung von Individuen und Gruppen oder auch durch seine gänzliche Verweigerung definiert (z. B. in politischen Auseinandersetzungen oder revolutionären Situationen, gerade im Hinblick auf die Dritte Welt). Die Verweigerungsthematik ist hier politisch und nicht im Sinne egozentrisch-präkonventionellen Regredierens von Subkulturen gemeint.

Entscheidend könnte sich ein Kognitions-/Kooperationsmodell zur Untersuchung politischer Sozialisationsprozesse bewähren, wenn es zur Klärung einer im Anschluß an LEMPERT aufgeworfenen Problematik verhelfen würde: Wann und unter welchen Bedingungen (nicht grundsätzlich ob!) eine „prinzipielle und damit tendenziell eine universalistische Orientierung mehr zur Emanzipation der abhangig Arbeitenden beizutragen vermag als eine klassenspezifische Interessenorientierung" (LEMPERT u. a., S. 198). Beides ist m. E. nicht grundsätzlich alternativ, sondern ergänzend zu sehen.

2.5 *Kritische Aufklärung, Partizipation und politisch-gesellschaftliche Emanzipation*

Die theoretische und politische Vielschichtigkeit der hier zuzurechnenden Ansätze macht die Grenzen idealtypischer Konstruktionen allzu deutlich: Sie hätte in diesem Falle sozialpsychologische und psychoanalytische mit unterschiedlichen kritisch-gesellschaftstheoretischen und historisch-materialistischen Theorieelementen zu verbinden. Zudem ist hier das Abgrenzungsproblem besonders gravierend, da einige relevante makrosoziologische Ansätze sich entsprechend ihrem gesellschaftstheoretischen Selbstverständnis nicht explizit auf politische Sozialisation beziehen (z. B. KROVOZA 1976 oder auch OESTERREICH 1974 und HACK u. a. 1979, die das „Politische" am dialektischen Verhältnis von individueller Genese und Gesellschaft nicht separieren), aber dennoch konsequent mit den Konstitutionsbedingungen von politischem Bewußtseins- und Handlungspotential befaßt sind. Der Schnitt wurde – selbst zu Lasten des Verzichts auf relativ zentrale Positionen (z. B. TJADEN-STEINHAUER 1975) – danach gelegt, ob die heranzuziehenden Arbeiten „wesentliche Konsequenzen für die Konturen sinnvoller (politischer, d. Verf.) Sozialisationsforschung" bereithalten (HACK u. a. 1979, S. 16, Anm. 25).

Bei aller Inkompatibilität liegen den politischen Sozialisationszielen „Partizipation" (z. B. MERELMAN 1975, TAPPER 1976, für die politische Bildung vgl. GIESECKE 1972 und ZENKE 1976) und „individuelle und gesellschaftliche Emanzipation" in ihren vielfältigen Bedeutungsgehalten (z. B. GOTTSCHALCH 1970, SCHMIEDERER 1977, PREUSS-LAUSITZ 1976, SCHAEFFER 1976, TAPPER 1976, TAPPER/SALTER 1978) gemeinsame Annahmen zugrunde über antagonistische Gesellschaftsstrukturen und Mechanismen, über die Chancen der Beeinflußbarkeit demokratischer Herrschaft und über historisch-gesellschaftliche Entwicklungsperspektiven von subjektiven und objektiven Entfaltungspotentialen. Dabei scheinen sich – durch soziale Entwicklungen bedingt – Konzepte von Partizipation (TAPPER 1976) und Emanzipation gleichsam anzunähern: In Partizipationsanalysen, besonders zur Motivstruktur, zeigt sich zunehmend eine Verlagerung von institutionellen Bedürfnissen und Anforderungen, wie sie vielfach Wahlverhalten und Parteien- sowie Organisationsmitgliedschaften prägen, hin zur Teilnahme an Bürgerinitiativen, Protest- und Alternativbewegungen, die stärker auf individuelle Bedürfnisstrukturen und Selbstbestimmungsaktivitäten abheben (vgl. RAMMSTEDT 1979, HEGNER 1979 und RÖNSCH 1979. Zur Diskussion empirischer Ergebnisse von Partizipationsuntersuchungen vgl. TAPPER 1976, S. 59ff., S. 70, der wie zahlreiche andere Autoren auf starke Korrelationen zwischen politischer

Aktivität und sozioökonomischem Status verweist und Partizipation in einem komplexen Zusammenhang mit politischer Kultur begreift).

STACEY hebt hervor, daß auch „prominente" Untersuchungen zum Wahlverhalten Einstellungswandel besonders unter Jüngeren unter 30 Jahren nicht zu repräsentieren vermögen. Seine Aussage bestätigt damit ebenso die Veränderungsprozesse im politischen Verhalten im Kontext des politischen und Parteiensystems der USA (STACEY 1978, S. 157). Um diese Prozesse adäquat einschätzen zu können, müßten politisch-soziologische Analysen zum Wandel von Parteien- und Wertsystem herangezogen werden, die Aufschlüsse über „neue politische" Dimensionen und „postmaterielle Wertorientierung" (INGLEHART) geben könnten.

Gegen die Kritik an einem „normativen" Partizipationsverständnis angesichts der hohen sozialen Komplexität „moderner Industriegesellschaften" und der Wirksamkeit formaler Organisationen (BEHRMANN 1974) führen politisch-gesellschaftliche und kapitalismuskritische Emanzipationsansätze die Bedeutung pädagogisch-politischer Erziehung für eine materiale Demokratie ins Feld (SCHAEFFER 1976, PREUSS-LAUSITZ 1976, vgl. auch MILHOFFER, die diese Argumentation am Bereich Familie und Klassenlage psychoanalytisch und politökonomisch verdeutlicht, MILHOFFER 1973).
Politisches Lernen als klassenspezifisch geprägter subjektiver Auseinandersetzungsprozeß mit objektiv-gesellschaftlichen Widersprüchen führt (so PREUSS-LAUSITZ) zur Aneignung gesellschaftlicher Erfahrung und wirkt auf diese zurück. Die bewußte Verarbeitung klassenspezifischer Orientierungen versucht der Autor als wesentliches Element einer Konzeption politischer Bildung zu rekonstruieren (vgl. hierzu auch die Kritik von PREUSS-LAUSITZ 1973 gegenüber NYSSEN an einer mechanischen Rezeption amerikanischer Forschungsergebnisse zur politischen Sozialisation und einer Relativierung politischer Lernchancen in der Schule).
Dieser Lern- bzw. Sozialisationsansatz wird in Anknüpfung an LEONTJEW zur „Rekonstruktion" von objektiven Erfahrungszusammenhängen in Aufarbeitung subjektiver „Erfahrungsdefizite" politisch-didaktisch von SCHAEFFER (1976) konkretisiert. Ausgehend von einem dialektisch-materialistisch begriffenen Verhältnis von Tätigkeit, Erkennen und Lernen werden menschliche Handlungen konstitutiv für Erkenntnisprozesse, da durch sie die psychosoziale Aneignung der objektiven Realität durch die Individuen vollzogen wird (LEONTJEW 1973, LEONTJEW 1977). Sinngebung und Zielsetzung menschlicher Tätigkeit sind dabei gesellschaftliche Beziehungselemente, die über die individuelle Bedürfnisbefriedigung hinausgehen. Für die kritische Auseinandersetzung vom Standpunkt einer politischen Sozialisationsauffassung her, wie sie in Kapitel 3 skizziert wird, können hier lediglich kursorische Überlegungen angedeutet werden: Diese zielen in erster Linie auf den spezifisch antagonistischen Charakter gesellschaftlicher Tätigkeiten und ihren Vermittlungszusammenhang mit den Produktions- und Herrschaftsbedingungen ab, auf den LEONTJEWS materialistisches, erkenntnispsychologisch fundiertes Theorie-Praxis-Verhältnis nicht unvermittelt und dialektisch zu beziehen ist. Eine solche anvisierte Argumentation ist ansatzweise von CHRISTIAN in seiner dialektisch begründeten Konzeption zum „politischen Erkenntnisprozeß" berücksichtigt worden. Dort versucht er, mit Hilfe der MARXschen erkenntnistheoretischen Methode ein Strukturmodell zu entwickeln für politische Denk- und Erkenntnisprozesse, das auch für institutionalisiertes Lernen in der Schule gültig ist (CHRISTIAN 1974).

Für die historische Präzisierung eines dialektischen Theorie-Praxis-Verständnisses für politische Sozialisationsprozesse ist der Bezug auf die „geschichtsmaterialistische" Interpretation aufschlußreich, wie ihn KROVOZA für das Verhältnis von Sozialisation und Produktion als „Internalisierung der Normen abstrakter Arbeit" entfaltet hat (KROVOZA 1976, S. 123).
Es sei hier auf die Bedeutung verwiesen, die der Autor in Anknüpfung an LEFÈBVRE und neuere sozialpsychologisch-psychoanalytische Positionen dem historischen Übergang zur spezifisch widersprüchlichen kapitalistischen Reproduktion beimißt für die psychische und geistige „Zurichtung" der Menschen als tauschwertfungible Individuen.
Wenn sich der Sozialisationserfolg aber vorrangig an der Tauschwertfunktion erweist, hätte das z.B. prekäre Konsequenzen für die politische Sozialisation von Behinderten, die damit schlichtweg aus der politisch-gesellschaftlichen Erziehung zum agierenden Subjekt (in ihrem Rahmen) herausfielen. Dieser Bereich ist bislang forschungsmäßig unerschlossen (vgl. hierzu PRAHL 1976). Weiterführende Überlegungen in dieser Richtung hätten auch Sozialisationsuntersuchungen über Schemata von „Nichtanpassung" mitzureflektieren, z.B. den Ansatz von HURRELMANN (1973) über „abweichendes Verhalten" als „problemlösendes Verhalten" und seine Bedeutung für die (schulische) politische Sozialisation.

Für das beachtliche Spektrum der hier relevanten Forschungsarbeiten können vor allem zwei Hauptstränge ausgemacht werden, die in einem dritten Abschnitt mit Überlegungen zur Untersuchungslage über politische Sozialisationsprozesse in der institutionalisierten Erziehung (Schule) ergänzt werden.

a) Sozialpsychologisch-psychoanalytische und gesellschaftskritische Untersuchungen

Hierher gehören die Forschungsarbeiten über Vorurteils- und Autoritätstypen bzw. -syndrome, wie sie von ADORNO und anderen aus der „Frankfurter Schule" in den vierziger Jahren in Auseinandersetzung mit dem Faschismus entwickelt wurden. Zu nennen ist hier z. B. VON FREYHOLD (1971) mit einer empirischen Untersuchung über Autoritarismus und politische Apathie, deren Daten – gewonnen mit der Autoritarismus (A)-Skala, im Unterschied zu der von ADORNO und Mitarbeitern konstruierten Faschismus (F)-Skala – eine starke Beziehung zwischen Nationalismus bzw. rassischen Ressentiments und politischem Desinteresse erbrachte: Sie erfaßte diese in einer differenzierten Typologie, die sich an diejenige von ADORNO anlehnt.

In ihrer Untersuchung über Schichtzugehörigkeit und rechtsradikale Stereotypen und Vorurteile kommt JAERISCH über methodenkritisches Vorgehen (Schichtbias der F- und auch A-Skala) zu einer qualitativen Auswertung ihres Datenmaterials, mit der sie argumentiert, daß aus der „Zustimmung der unteren sozialen Schichten" zu „regressiven politischen" Ideologien im Vergleich zu Personen mit „höherer Schulbildung" nicht unmittelbar zu schließen ist, „daß das rechtsextreme ideologische und politische Potential in den unteren Schichten größer ist als in der gebildeten Mittelschicht" (JAERISCH 1975, S. 12). JAERISCH weist nach, daß die Skalen vielfach schichtspezifisch dominante Normen statt der tatsächlichen Einstellungen messen, d. h. lediglich die formaldemokratische Anpassungsfähigkeit von Mittelschichtangehörigen könnte der wirkliche Grund für deren mangelnde Zustimmung zu prononcierten nationalistischen Äußerungen sein.

OESTERREICH (1975) hat unter dem Einfluß von FROMM und REICH sowie von interaktionistischen Konzepten in seiner Studie zu „Autoritarismus und Autonomie" diese Typologie weiterentwickelt (s. u. unter b).

b) Sozialpsychologisch, sozioökonomisch und gesellschaftstheoretisch fundierte Untersuchungen über die materiellen Bedingungen und psychischen Strukturen von „Gesellschaftsbewußtsein" bei Arbeitern

Hier ist besonders auf diejenigen Forschungsarbeiten und Analysen hinzuweisen, die im Berliner Max-Planck-Institut von den Autoren um LEMPERT vorgelegt wurden, wie auf jene Arbeiten von HACK und Mitarbeitern.

Eine ausführliche Diskussion der Max-Planck-Studien hat ZÄNGLE am Beispiel der Untersuchung OESTERREICHS vorgenommen, auf die hier ausdrücklich verwiesen sei (ZÄNGLE 1978, S. 117–142). Dabei kann man sich m. E. seiner partiell „empiristischen" Kritik an OESTERREICH nur bedingt anschließen. Das Schwergewicht dieser Untersuchungen – so auch ZÄNGLE – ist in dem Zusammenhang von veränderten Kapitalverwertungsbedingungen durch „zunehmende Intensifikation technischer Prozesse" sowie „Rationalisierung der Arbeitsorganisation" und einen Wandel der „basic personality" der bestehenden Gesellschaftsordnung zu sehen.

Dieser Veränderungsprozeß im Zuge technisch-ökonomischer Entwicklungen zu einem besonders fungiblen Persönlichkeitstypus verläuft nach OESTERREICH: vom „klassischen Autoritären, der gesellschaftlichen Verhältnissen funktional ist, die eine hierarchisch und straff organisierte Normanpassung durch externe Kontrollmechanismen erzwingen", zu einer „modernen Variante, dem rigiden Konventionalisten, der, an Pflicht, Leistung und Ordnung orientiert, die Normen und Erfordernisse moderner Produktionsformen internalisiert hat" (OESTERREICH 1975, S. 217). Hier ist empirisch erhärtet, was KROVOZA (s. o.) thesenhaft entwickelt hat. Darüber hinaus bietet OESTERREICHS Untersuchung von autoritärer Persönlichkeitsstruktur und gesellschaftskritischem Bewußtsein sowie politischer Handlungsbereitschaft Erklärungsansätze für komplexe, scheinbar widersprüchliche Sozialisationsphänomene (z. B. der „autoritäre betriebsdemokratische Facharbeiter"): „Was die Konstituierung des gesellschaftlichen Bewußtseins betrifft, so ließ sich nachweisen, daß kritische Orientierungen von Befragten, die autoritär sind, eher auf der Basis einer reflektierten Konformität mit den Gewerkschaften beruhen als auf einem adäquaten Erfassen der Wirklichkeit der bürgerlichen Gesellschaft" (OESTERREICH 1975, S. 218).

Diskontinuitäten von Bewußtsein vermögen auch HACK u. a. zu erklären mit Hilfe von „Typen subjektiver sozialer Relevanzstrukturen" (HACK u. a. 1979). Dabei unterscheidet HACK betriebs- und gesellschaftsbezogene Relevanzstrukturmuster, die bei Kombination typenspezifisch variieren (HACK u. a. 1979, S. 255) und durch die handlungsrelevante Aussagen – z. B. über künftige Streikbereitschaft – getroffen werden können (HACK, a. a. O., S. 311).

Nach den Determinanten politisch-gesellschaftlicher Einstellungen in Verbindung mit beruflichen Erfahrungen von ehemaligen Maschinenschlosserlehrlingen fragten LEMPERT und THOMSSEN (1974): Ihre Ergebnisse unterstreichen die Bedeutung der Primärsozialisation für politisch-gesellschaftliche Grundorientierungen, wie z.B. Einstellungen zu den gesellschaftlichen Herrschaftsverhältnissen und der Machtverteilung allgemein. Selbst von betriebsdemokratischen Orientierungen – wie Mitbestimmungseinstellungen –, die nicht stark mit der sozialen Herkunft und einem „gewerkschaftsfreundlichen" Elternhaus korrelieren, sondern enger mit der Arbeitssituation der Befragten zusammenzuhängen scheinen, nehmen die Autoren an, daß sie „in erheblichem Maße durch die Sozialisation geprägt" sind (LEMPERT/THOMSSEN 1974, S. 341). „Träfe dies zu, dann forderte die Veränderung des gesellschaftlichen Bewußtseins ... und damit diese Demokratisierung (der gesellschaftlichen Arbeit, d.Verf.) selbst primär eine Veränderung von Sozialisationsprozessen" (ebd.).
Hierzu könnte eine sozialisationsorientierte Weiterentwicklung des Stufen- bzw. Phasenmodells von Politisierungs- und Bewußtseinsprozessen (vom „Interessenbewußtsein" über das „Konflikt-" und „Lagebewußtsein" bis schließlich zum Klassenbewußtsein), wie DEPPE-WOLFINGER (1972) es im Zusammenhang mit gesellschaftlich-strukturellen und politisch-inhaltlichen Kriterien versteht, einen durchaus brauchbaren praktisch-sozialisatorischen Beitrag im Rahmen von Erwachsenenbildung leisten. Das um so mehr, als das Interesse an „politisch-gesellschaftlicher Weiterbildung" im Unterschied zu beruflicher – zumindest bei Industriearbeitern – sehr gering ist (vgl. MÜLLER 1978).

c) Zu Untersuchungen über politische Sozialisationsprozesse in Erziehungsinstitutionen (am Beispiel Schule)

Die Forschungsarbeiten zur politischen Sozialisation haben sich neben der Familie sehr häufig auch mit anderen Erziehungsinstitutionen befaßt (vgl. allein aus den letzten Jahren die ausführlichen Übersichtsdarstellungen bei WASMUND 1977, ACKERMANN 1974 und PATRICK 1977). Der Bezug dieser Untersuchungen zu Sozialisationstheorien ist dabei freilich relativ locker, ein konzeptioneller Beitrag zur politischen Sozialisation fehlt indessen fast ganz; er wird zumeist lediglich thematisch hergestellt. Hier sind besonders Untersuchungen über das „Gesellschaftsverständnis" von Kindern (WACKER 1976) bzw. über politische Einstellungen von Jugendlichen (JAIDE 1970, 1977) sowie zum Gesellschaftsbild und Demokratieverständnis von Studenten (z.B. SIGEL 1979 und DEICHSEL u.a. 1974) zu nennen.
Von Partizipations- bzw. Emanzipationsansätzen aus sind relativ wenige empirische und gleichzeitig konzeptionelle Arbeiten zur politischen Sozialisationsfunktion von Schule vorgelegt worden, da das Interesse hier eher kritisch-curricularen (HOLTMANN 1972) sowie „sozialem Lernen" galt oder außercurricularen Aktivitäten (TAPPER 1976, TAPPER/SALTER 1978, WALTER 1978) bzw. reform- und bildungspolitischen Initiativen (vgl. dazu auch amerikanische Untersuchungen, auf die in den Kapiteln über die einzelnen Konzeptionen hingewiesen wurde). Ausnahmen stellen im empirischen Bereich ältere Arbeiten dar, wie die von HABERMAS (1959 und 1967), von G. SCHEFER zum „Gesellschaftsbild" des Gymnasiallehrers (1969) oder die Untersuchungen von TESCHNER (1968) sowie BECKER u.a. (1970). Für die letzten Jahre sollten zumindest als Beispiele genannt werden: BUTSCHKAU/TILLMANN (1972) für den Gesamtschulbereich, SCHÖN (1978) zum gesellschaftlichen Bewußtsein von Gesamtschullehrern und HOPF (1976) sowie URBAN (1976) und die Konstanzer Untersuchungen von FEND u.a. (1976). Einige der in diesen Arbeiten vorgelegten Thesen sind bereits in Einzeldarstellungen ausführlich diskutiert worden (vgl. dazu auch GÖRLITZ 1977 und WASMUND 1977).
Auf zwei neuere Arbeitsschwerpunkte (curricular und außercurricular) aus jüngster Zeit ist schließlich hinzuweisen, deren Relevanz angesichts der realen gesellschaftlichen Bedingungen unbestreitbar ist:

1. Die politisch-wirtschaftliche Sozialisation von Schülern, vor allem durch das Wirtschaftssystem selbst, aber auch durch die Bereiche Wirtschaft und Wirtschaftspolitik im Fächerkanon der Schule (URBAN 1978);
2. die empirisch in größerem Ausmaße zunächst erst in der amerikanischen Forschungspraxis herausgearbeitete Bedeutung „internationaler politischer Sozialisation", d.h. internationale Konflikte und Probleme der Dritten Welt als politisch-sozialisierende „Agenturen" (vgl. „National attachment and the development of orientations to international relations" bei STACEY 1978; vgl. auch NATHAN/REMY 1977).

Auf eine zusammenfassende Auswertung der gesamten Untersuchungsergebnisse, auch der unter a) und b), muß hier verzichtet werden, da diese nur im Rahmen einer fundierten und umfassenden Methodendiskussion und -kritik legitim wäre (diese Aufgabe erfüllt ZÄNGLE 1978 mit seiner methodenkritischen Analyse, auf sie ist hier ausdrücklich zu verweisen).

2.6 *Zu weiteren gegenwärtigen Tendenzen und offenen Problemen*

Hier werden einige konzeptionelle Ansätze und empirische Untersuchungen zu spezifischen Problemen politischer Sozialisation genannt, die Fragestellungen, Methoden oder Forschungsprobleme evozieren, welche nur recht zwanghaft mit der entwickelten Typologie erfaßbar wären. Das kann in diesem Rahmen nur sehr verkürzt geschehen und mit ausdrücklichem Hinweis auf Analysen und Diskussionen, die in vorhandenen Handbüchern bzw. Sammeldarstellungen enthalten sind. Auch der Verzicht auf die Darstellung und Diskussion von „political efficacy" der politischen Sozialisationsinstanzen ist damit zu legitimieren, begründet sich aber vor allem durch die Komplexität der Einflüsse und Zusammenhänge, die empirisch und systematisch nicht sinnvoll voneinander zu isolieren und vom gesamten gesellschaftlichen Kontext abzutrennen sind (ähnlich argumentieren auch STACEY 1978, S. 157, und ZÄNGLE 1978, S. 73ff.). Neben den „klassischen" Instanzen müßten zudem weitere Bereiche auf ihre politische Sozialisationsfunktionen hin untersucht werden, z. B. – um nur einige zu nennen – Wohngemeinschaften, die Religion, das Militär, Kultur (von FISCHER-KOWALSKI 1978 in anderem Zusammenhang aufgezeigt; in SCHWARTZ/SCHWARTZ 1975 werden auch Popular Music und Popular Culture genannt), Ästhetik usw. Von verschiedenen Seiten wurde bereits global das politische System schlechthin als Sozialisationsinstanz konstatiert (KISSLER 1979), wobei trotz aller Berechtigung dafür dann die Frage nach Sinn und Begriff von gesonderten „Instanzen" zu stellen wäre.

Gegenwärtig kann als eines der zentralen Probleme das der politischen Apathie in allen sozialpsychologischen Differenzierungen von Desinteresse, Vermeidung, Resignation, „Handeln durch Nichthandeln" bis zur „politischen Selbstausbürgerung" gelten. – Dies sicher auch infolge mangelnder politisch-gesellschaftlicher Einfluß- und Partizipationschancen (z. B. v. FREYHOLD 1971, THOMAE u. a. 1979, STACEY 1978, WASMUND 1977). Die gesellschaftskritische Diskussion ist von HABERMAS relativ früh aufgenommen worden und hat auch in der angloamerikanischen Literatur („alienation") ihren Platz, wobei sie real zu einer sozialen Komponente der spezifischen „politischen Kultur" (ALMOND/VERBA 1963, PYE/VERBA 1965) bzw. von Subkulturen geworden ist (vgl. auch TAPPER/SALTER 1978).

Als *eine* psychoanalytisch orientierte Erklärungsvariante für die psychosoziale Genese kann ZIEHES „neuer narzißtischer Sozialisationstyp" herangezogen werden, der, durch ein symbiotisches Verhältnis zur Mutter charakterisiert, bei Vermeidung narzißtischer Kränkungen letztlich zu Handlungsverzicht und damit zur Apathieanfälligkeit prädisponiert erscheint (ZIEHE 1975).

Über die Verbreitung dieses sehr vielfältigen und für die neuere Entwicklung noch unzureichend analysierten Phänomens lassen sich mit Hilfe der Ergebnisse einer jüngst abgeschlossenen Infratest-Studie „Politischer Protest in der Bundesrepublik Deutschland" – recht pauschal freilich – „positive" Schlüsse ziehen, da die Untersuchung allgemein ein hohes „aktiv-kritisches" Demokratiepotential (gemessen mit der „Demokratieskala" von KAASE) konstatiert (bei Manuskriptende war die Veröffentlichung vom Innenministerium, als einem der Auftraggeber, noch nicht genehmigt. Sie soll aber unmittelbar bevorstehen).

In jüngster Zeit hat sich aus aktuellen Anlässen der Problemhorizont für neofaschistische Tendenzen (erneut) geöffnet: Auch hier kommt eine Fallstudie aufgrund einer stufenweisen Befragung von Fernsehzuschauern der Sendung „Holocaust" zu dem (vorläufigen) Ergebnis, „daß es ein artikulationsfähiges und selbstbewußtes antifaschistisches und demokratisches Potential unter den Jugendlichen gibt" (BRUNKHORST/LISSMANN 1979, S. 61). Um diese Aussage zu fundieren, bedürfte es jedoch weiterer Untersuchungen über Medieneinflüsse und Einstellungskontinuität bzw. -wandel.

Zur Veränderung von Einstellungen wie auch speziell von Vorurteilen und Stereotypen ist hier auf die von ZÄNGLE (1978) erarbeiteten Resultate zur Differenzierung der „Kristallisationsthese" über den späteren Einfluß früh erworbener politischer Orientierungen zu verweisen.

Durch detaillierte Sekundäranalysen zur Datenerhebung und -aufbereitung sowie zu den Meßdaten einschlägiger empirischer Untersuchungen kommt der Autor zu gesicherten Aussagen über die Evidenz generationstheoretischer Interpretation der Kristallisationsthese unter spezifischen „Zeitgeisteffekten":

„Zur Konstitution einer politischen Generation führt somit die Interaktion zwischen Alter und historischen Ereignissen, in der Weise, daß in einem bestimmten Alter, den formativen Jahren, solche Ereignisse besonders prägend sind" (ZÄNGLE 1978, S. 72).

Mit einer kohortenanalytischen Methode, die spezielle lebenszyklische Prägephasen und die Relevanz von politischen Ereignissen miteinander in Beziehung setzt, könnte zweifellos ein empirisch wirksames Instrumentarium geschaffen werden, das gesellschaftstheoretisch und zugleich psychologisch-sozialisationstheoretisch orientiert in der Lage wäre, weitere zentrale soziale Problemfelder für die politische Sozialisationsforschung adäquat zu erschließen (z. B. Ökologie und politische Aktivität oder: Randgruppenprobleme, auch Arbeitslosigkeit oder Drogenabhängigkeit in ihren politisch-sozialisatorischen Effekten). Der kohortenanalytische Ansatz scheint indessen bisher noch nicht geschlechtsspezifisch differenziert zu werden, ein Mangel, der angesichts der relativ defizitären und widersprüchlichen Forschungslage zur geschlechtsspezifischen politischen Sozialisation nicht zu übergehen ist (vgl. die zusammenfassende Diskussion von Untersuchungsergebnissen bei SCHMIDT 1978a, WASMUND 1977 und TAPPER 1976 sowie den Beitrag von BILDEN in diesem Band).

ZÄNGLES Arbeit ist auch durch ihre sekundäranalytischen Untersuchungen empirischer Verfahren und konzeptioneller Forschungsstrategien als zentraler Beitrag zur aktuellen Methodenkritik empirischer Sozialforschung im Bereich politischer Sozialisation hervorzuheben (vgl. zu früheren Darstellungen z.B. MERELMAN 1972 und PREWITT 1975). Danach sind die Methodenprobleme parallel zu denen der allgemeinen Sozialisationsforschung (vgl. hierzu den Beitrag von KÖCKEIS-STANGL in diesem Band) hier noch stärker durch einen Mangel an forschungsleitender Hypothesenbildung zugunsten exploratorischer Deutungen gekennzeichnet. Hinzu kommen hier besonders die Meßproblematik (Fragwürdigkeit von Itemanalysen und scores) und das Fehlen zuverlässiger Längsschnittdaten (vgl. auch GÖRLITZ 1977).
Zur weiteren Erhellung der *Methodenproblematik* ist schließlich eine in jüngerer Zeit zunehmend systematisierte Richtung zu erwähnen: Ansätze zur „Vergleichenden Politischen Sozialisationsforschung", die zweifellos thematische und konzeptionelle Perspektiven bieten (vgl. die zusammenfassende Übersicht bei NATHAN/REMY 1977). Hier wird in Weiterentwicklung anthropologischer und ethnologischer Traditionen, orientiert am Begriff der „political culture" im Verständnis von ALMOND/VERBA, deutlich abgehoben auf Bedingungen und Voraussetzungen vergleichender Studien über Länder der Dritten Welt und „systems at other levels of social organization". Arbeiten von deutscher Seite, die politische Sozialisation in nichtkapitalistischen/sozialistischen Ländern untersuchen, stehen dabei der Tradition der totalitarismustheoretischen Kontroversen relativ nahe (z.B. WEHLING 1974), was ihnen eine beträchtliche theoretische Aufarbeitung konvergenztheoretischer und ideologischer Überfrachtungen abverlangt. Mit dieser Bürde setzt sich WEHLING in seiner Analyse der *Determinanten politischer Sozialisation in der DDR* spürbar auseinander, indem er immanent von den Zielen eines neuen Wertsystems ausgeht, Widersprüche zwischen manifesten Sozialisationsstrategien und „Privatismus" benennt und die sozialisatorischen „Erfolgsbedingungen" bestimmt als „von allgemeinen sozialen und politischen Gegebenheiten abhängig, wie insbesondere soziale Aufstiegschancen und Aufstiegserwartungen" (WEHLING 1974, S. 298). Die empirische Evidenz dieser Annahmen ist verständlicherweise nicht gesichert.
Statt angesichts der vielfältigen konzeptionellen und Forschungsansätze und der noch zahlreicheren offenen Probleme in Resignation zu verfallen, sei abschließend und gleichsam beziehungsvoll für die Forschungsperspektive politischer Sozialisation selbst auf ein „Zeithorizont"-Konzept verwiesen: „Studien zur Verhaltensbedeutung der ‚time orientation' setzen vielfach bei gewissen kritischen, problemreichen Lebenssituationen an" ... „Jene Lebenssituationen erzwingen oder verdeutlichen gesamtbiographisch verwurzelte Verschiebungen im Parallelogramm der Vergangenheits-, Gegenwarts- und Zukunftsbezüge, wodurch die aktuelle Befindlichkeit und Aktivität intensiv beeinflußt wird" (WIESBROCK u.a. 1974, S. 109). Hierbei sind „überwertige Erlebnispanoramen" wie Flucht, Verfolgung oder Emigration etc. gemeint. Die Metaphorik sollte zwar nicht strapaziert werden, aber für die politische Sozialisationsforschung hat ganz offensichtlich der Problemreichtum noch nicht zur Aktivitätsintensivierung veranlaßt.

3 Elemente einer Konzeption widersprüchlicher subjektiver Aneignungs- und Ausdrucksformen von politisch-gesellschaftlicher Realität

3.1 *Zur Begründung einer weitgefaßten Konzeption von politischer Sozialisation*

Will politische Sozialisation die durch Herrschaftsverhältnisse und Lebenszusammenhang vermittelten subjektiven (individuellen und/oder gruppenhaften) Wahrnehmungs- und Handlungsprozesse, bezogen auf politisch-gesellschaftliche Realität, adäquat auch in ihren Veränderungsprozessen erfassen, gerät sie anscheinend in ein gewisses Dilemma: Einmal wird eine begriffliche Erweiterung vorzunehmen sein, die, wenn sie nicht von geeigneten kategorialen Voraussetzungen ausgeht, in Gefahr gerät, zu noch größerer logischer und theoretischer Ungenauigkeit zu führen (HURRELMANN 1976). Da in einem weitgefaßten Verständnis von politischer Sozialisation sehr leicht mißverständlich letztlich alles das, was den Vergesellschaftungsprozeß des Subjekts angeht, schlechthin dem „Politischen" zugeschlagen wird, löst sich dieses somit nur zu glatt in eine verschwommene allgemeine Sozialität auf. Die Begriffe von Politik wie auch vom politisch handelnden Subjekt verlieren an präziser Bedeutung.

Einerseits in der Gefahr, Ansprüche auf eine umfassende „Supertheorie" zu erheben, die notwendigerweise dilettantisch-fragmentarisch eingelöst werden (ULICH hat parallele Züge für Sozialisationstheorien allgemein festgestellt, vgl. ULICH 1976), ist sie zum anderen aus inhaltlicher Notwendigkeit veranlaßt, ihren eigenen Gegenstandsbereich nicht einfach „einzelwissenschaftlich" als besonderes Ressort isoliert zu beobachten. So scheint eine sozialisatorische Theorie von politischem Verhalten und Handeln, bezogen auf politisch-gesellschaftliche Strukturen, kaum eine andere als kompromißlerische Chance zu haben. Dennoch lohnt es den Versuch, das Unterfangen anders anzugehen, da widersprüchliche Wahrnehmungs- und Handlungsprozesse, die, gleichwohl gesellschaftlich vermittelt, auf Erhaltung wie auch auf Veränderung des gesellschaftlichen und Herrschaftssystems gerichtet sind, von der gesamten psychosozialen Persönlichkeitsentwicklung nicht abgelöst werden können und in sie integrierte, aber doch *spezifische* Dimensionen betreffen. Es ist anzunehmen, daß diese Spezifika mit komplexen subjektiven und widersprüchlichen Verarbeitungsprozessen gesellschaftlich-politischer Auseinandersetzungen in unterschiedlichen Bereichen von Herrschaftsordnung und Lebenszusammenhang, z.B. dem staatlicher Kontrollfunktion, dem der Entwicklung von Technologie und Produktion wie auch in Prozessen der Nichtarbeitssphäre der Individuen, zu tun haben.

Damit ist noch immer erst sehr allgemein ausgesagt, worauf sich politische Dimensionen der Persönlichkeitsentwicklung beziehen; so bedarf der vielschichtige Zusammenhang von subjektivem politischen Verhalten und gesellschaftlicher Wirklichkeit weiterer historischer Präzisierung, um sozialisationstheoretisch nicht blokkiert zu werden. Schwieriger scheint dieses zu vermeiden mit einem Zugang zum genuin „Politischen" von einem relativ formalisierten Handlungsmodell aus, das politische gegenüber sozialen Handlungen als besonders reflektierte, zumeist zweckrationale Strategie begreift, denen ein spezifisches, ein nur politisches Handeln auszeichnendes Reflexionsniveau zugeschrieben wird (BAEYER-KATTE 1972). Ganz sicher gilt für einen Begriff von politischer Wahrnehmungs- und Handlungsfähigkeit das, was für den Sozialisationsbegriff insgesamt konstatiert wird, daß er nämlich „nicht mehr und nicht weniger (tauge) als die Theorie, innerhalb derer er verwendet wird" (ULICH 1976, S. 66).

Das besondere Interesse an der Begründung des Versuchs, eine logisch-systematisch weitgefaßte, aber historisch zu konkretisierende Konzeption der widersprüchlichen Aneignungs- und Ausdrucksformen von politisch-gesellschaftlicher Wirklichkeit zu entwickeln, läßt sich auch von spezifischen Problemen theoretischer und empirischer Unzulänglichkeiten politischer Sozialisationsauffassungen leiten, wie sie für allgemeine Sozialisationskonzepte bereits nachdrücklich benannt wurden (vgl. stellvertretend EHRHARDT u.a. 1976, HURRELMANN 1976). Pauschalisierend zugespitzt kann sicher festgestellt werden, daß politische Sozialisation bisher noch immer eher dazu in der Lage ist, Fragen aufzuwerfen, als solche zu beantworten, daß mit ihrer Hilfe Probleme eher geschaffen werden und unbewältigt bleiben als erklärt werden, was sicher auch dem komplexen Forschungsgegenstand zuzuschreiben ist. Zudem schafft sie sich, wie jede theoretische Richtung, immer auch partiell die Bedingungen mit, unter denen sie zu arbeiten veranlaßt ist.

Entsprechend den theoretisch differenzierten politisch-sozialisatorischen Ansätzen und Konzeptionen sind auch die Defizite ihrer theoretischen Begründungszusammenhänge und ihres heuristischen Wertes unterschiedlich (vgl. oben), wobei die Forschungslage hier nicht gesondert betrachtet werden kann. Es soll in diesem Versuch nur darum gehen, einige zentrale defizitäre Voraussetzungen ausgewählter Theorierichtungen mit einem programmatischen Ansatz zu konfrontieren, um global festzustellen, inwieweit dieser geeignet ist, defizitäre Konstellationen in den Griff zu bekommen oder gar aufzuarbeiten. Genauer gesagt wird versucht, hypothetische Schwerpunkte zu entwickeln unter Berücksichtigung der kritischen Rezeption einiger sozialisationstheoretisch relevanter Elemente neuerer kritisch-psychologischer, „bewußtseinstheoretischer" und industriesoziologischer Auffassungen. Es geht hier um jene Komponenten, die geeignet erscheinen, politische Dimensionen der Persönlichkeitsentwicklung zu beziehen auf die Konstituierungsprozesse *widersprüchlicher* Aneignungs-, Verarbeitungs- sowie Verhaltens- und Handlungsformen, insofern sie sich auf den Zusammenhang von Lebenswirklichkeit und Herrschaftsverhältnissen richten.

Theoretisch konsequenterweise müßte ein solches Vorgehen verknüpft werden mit der kritischen Analyse jener Auffassungen, die nach ihrem eigenen Selbstverständnis auf gesamtgesellschaftliche Prozesse abheben, z.B. bestimmte psychoanalytische und kritisch-sozialwissenschaftliche politische Sozialisationskonzepte wie auch solche, die mit klassentheoretischen Begriffen im Rahmen materialistischer Gesellschaftsanalyse arbeiten. Für die Erarbeitung kategorialer Voraussetzungen erscheint es sicher nützlich, jedoch nicht zwingend, traditionell ideologiekritisch an zentrale Auffassungen klassischer Positionen der politischen Sozialisation – etwa der Systemloyalität – heranzugehen, um deren theoretische Implikate herauszufiltern. Für die Konstruktion eines hypothetischen Rahmenkonzepts ist es zweifellos weiterführender, sich an jenen Bewußtseins- und Handlungstheoremen abzuarbeiten, die von relativ konvergenten erkenntnistheoretischen Annahmen ausgehen. Hier kann lediglich skizzenhaft in Umrissen angedeutet werden, wie sich im Verlaufe einer solchen Analyse die Konsistenz eines Rahmenkonzeptes zu erweisen hätte, andernfalls das Konzept zu verändern wäre.

So wäre zu prüfen, ob jene Ansätze von PREUSS-LAUSITZ (1973, 1976), SCHAEFFER-SCHWEITZER (1976), MILHOFFER (1973) sowie CHRISTIAN (1974) und SCHMIEDERER (1977) im weiteren sozialisationstheoretischen Sinne etwa sozialisatorische Annahmen implizieren, die Genese und Veränderung politischen Lernens und Handelns im Zusammenhang mit dynamisch sich entwickelnden gesellschaftlichen und besonders politischen und ökonomischen Verhältnissen begreifen. Es wäre weiterhin zu fragen, ob subjektive (individuelle oder gruppenweise) politische Prozesse nicht partiell auf einen relativ statischen Hintergrund – umschrieben etwa durch *das* kapitalistische System, *die* bürgerliche Gesellschaft, *das* Klassenverhältnis – projiziert werden und somit gegen den Willen der Autoren politische Lernprozesse und politisches Handeln zum *gegen* die Gesellschaft gerichteten oder gesellschaftlich isolierten und abgehobenen Modus gerät, dessen Orientierungen und Deutungsmuster von Wirklichkeit nicht mehr präzise historisch in Entstehung und Veränderung bestimmbar sind. Ungeklärt muß dabei auch die subjektive Bedürfnisstruktur und ihre Dynamik bleiben, die auf dem Hintergrund partiell statischer gesellschaftlicher Vorstellungen dahin tendieren, als unveränderbare Größen festgeschrieben zu werden. Gleichsam als nichthinterfragbares Postulat resultiert dann häufig als Bildungsziel ein abstrakter Autonomie- bzw. Emanzipationsbegriff, der Widersprüche, z.B. im Arbeitsbereich und Nichtarbeitsbereich, und ihre wiederum vielschichtige Verarbeitung nicht aufgreift und damit in Gefahr gerät, letztlich zur Verstärkung politisch-pädagogischer Illusionierungen beizutragen.

3.2 Bezugsrahmen und zentrale Problemstellungen

Der hypothetische Ansatz von politischer Sozialisation als einem widersprüchlichen Prozeß geht davon aus, die psychosoziale Genese subjektiver Aneignungs- und Ausdrucksformen des Zusammenhangs von Lebenswirklichkeit und Herrschaftsverhältnissen als eine Voraussetzung für die Entwicklung von Reflexions- und Veränderungsstrategien zu begreifen, die auf diesen Zusammenhang gerichtet sind. Er ist auf ein dynamisches Politik- und Persönlichkeitskonzept um so mehr angewiesen, als er dadurch gesellschaftlich vermittelte Widersprüche in den politischen, ökonomischen und sozialen Wandlungen und Veränderungen miterfassen und verarbeiten kann und sich somit sensibler auf subjektive Prozesse zu beziehen vermag. Gerade die sich wandelnden gesellschaftlichen Strukturveränderungen „manifestieren sich nicht zuletzt in einer realen Funktionsveränderung der subjektiven Konstitutionsprozesse" (HACK 1977, S. 9), die allerdings im Zusammenhang mit den objektiven Veränderungsprozessen begriffen werden müssen. Gegenüber den vorkapitalistischen Verhältnissen manifestiert sich jetzt, verbunden mit der sich entfaltenden Produktivkraft, jene „historische Freisetzung" der Individualität in all ihrer „Problematik und Widersprüchlichkeit" und geht über in ein „historisch mächtig (sich) entfaltendes Spannungsverhältnis von subjektiven und objektiviert-verdinglichten Konstitutionsprozessen der sozialen Wirklichkeit" (HACK 1977, S. 16). Dabei ist das komplizierte Verhältnis von subjektiven und politisch-gesellschaftlichen Wirkungszusammenhängen, wie es auf die politische Sozialisation zukommt, gerade nicht einseitig zu dogmatisieren; Gesellschaft gerät weder zur „Randbedingung" noch zum determinierenden Prozeß. Zudem läßt sich „das Verhältnis von Individuum und Gesellschaft nach keiner der beiden ‚Seiten' hin in eine glatte Identität auflösen" (HACK 1977, S. 43).

Es ist zu ergänzen, daß dieses Verhältnis auch nicht statisch und abstrahiert von politischen Prozessen zu einem historisch unveränderbaren, stabilen, sozioökonomisch determinierten Repressionsmechanismus stilisiert werden kann. Davon könnten potentiell jene sozialpsychologischen und psychoanalytischen Theorierichtungen betroffen werden, die relativ abstrakt auf gesellschaftlich-ökonomische Zusammenhänge abheben, um somit zur Klärung politischer Einstellungen und Verhaltensweisen konstruktiv beitragen zu können (in gewisser Weise auch HORN 1971, 1973 und LORENZER 1973). Um es zwangsläufig global zu charakterisieren: Es werden beispielsweise „Entindividualisierung der Erfahrung" oder „Fragmentierung des Selbst" (LEITHÄUSER 1976) als notwendige psychische Folgeprozesse repressiver gesellschaftlicher Strukturen, resultierend aus den Verwertungsgesetzmäßigkeiten, begriffen und tendenziell relativ kopflastig mit Hilfe von Identitätsentwürfen für die Wiederherstellung subjektiver Handlungsfähigkeit aufzulösen versucht. Parallelen hierzu finden sich in explizit intentionalen Konzepten politischer Sozialisation, nämlich solchen Analysen zur politischen Bildung, wie sie vergleichsweise die sehr engagierte Position zur (Lohn-)Arbeiterbildung von O. NEGT darstellt. Hier wird die Konstituierung von Klassenbewußtsein als Aneignung, Realisierung und Weiterentwicklung von kreativer soziologischer Denkweise mittels Aufklärung und Bildungsprozessen entworfen (NEGT 1971). Dennoch könnte der sozialpsychologisch und sozialhistorisch orientierte Ansatz von NEGT/KLUGE, mit dem sie dem Zerstörungsprozeß der Erfahrungsfähigkeit besonders des abhängigen Arbeiters nachgehen (NEGT/KLUGE 1972), gerade für eine Analyse von Stereotypen und Ideologien im Sinne gesellschaftlich notwendig falschen Bewußtseins für die politische Sozialisation Impulse gebend und weiterführend sein. Ebenso könnte dies auch der Versuch, mit Hilfe dialektisch begründeter „neuer proletarischer Produktionsöffentlichkeit" autonome Erfahrungszusammenhänge zu rekonstruieren. Hierfür müßte er jedoch stärker bezogen sein auf disparate, reale politische, ökonomische und soziale Mechanismen und deren offensichtlich widersprüchliche Vermittlung. Weiterhin müßte er sich auf deren Konkretisierung für die subjektive Bewußtseins- und Handlungsebene sowie wiederum auf deren Einfluß auf handlungsrelevante gesellschaftliche Strukturzusammenhänge richten.

Es kann aber nicht einzelnen Autoren angelastet werden, was als theoretisch unzulängliches Spezifikum jener Positionen gesehen werden muß, die gerade im weiteren Sinne politische Sozialisation als primär gesamtgesellschaftlichen Prozeß verstehen: nämlich der relativ hohe Abstraktionsgrad gesellschaftstheoretischer Aussagen, der es sich letztlich versagen muß, diejenigen vielschichtigen Erscheinungen zu analysieren, die gegenwärtig und konkret die Konstituierung von subjektiven Bewußtseins-, Verhaltens- und Handlungsprozessen mitvermitteln: Genannt seien als Hauptstränge z. B. Ursachen für die Zunahme der Verteilungskämpfe ab Mitte der siebziger Jahre angesichts zunehmender Rationalisierung und die Verschärfung von Arbeitskampfmaßnahmen auf dem Hintergrund verstärkter Legitimationsproblematik politischer Herrschaft sowie die Verflochtenheit politischer Vergesellschaftungsprozesse mit der Intensivierung kapitalistischer Akkumulationserfordernisse und der dadurch veränderten Arbeitsorganisation. Mit Hilfe subtiler Weiterentwicklung dialektischer Positionen wird in neueren Analyseansätzen (so bei HACK 1977 und auch HOLZKAMP 1979) noch immer relativ abstrakt versucht, die historischen Qualitätsveränderungen von Handlungsvoraussetzungen und -orientierungen zu begründen. Verbunden wird dies mit der sozialwissenschaftlichen Aufarbeitung zunehmender Widersprüche innerhalb ökonomischer Wertformarten wie auch subjektiver Arbeits- und Lebensbedingungen sowie Bewußtseinsstrukturen, die im Zuge sich entwickelnder Produktionsorganisation eine veränderte Form der Vergesellschaftung ihrerseits auch mitproduzieren. In diesen Ansätzen bleibt – so scheint es – das Ganze des dialektischen Verhältnisses von subjektiven Handlungsdimensionen als Einflußfaktoren auf Herrschaftsverhältnisse und Lebenswirklichkeit als solches erhalten und wird gleichsam historisch-konkret immer wieder neu theoretisch hergestellt, ohne schematisch einem deduktionistischen Ableitungsmodell zu verfallen. Dabei ist auch noch ungeklärt, wie diese abstrakten allgemeinsten gesellschaftlichen Kategorien mit dem begrifflichen Konzept der konkreten Lebenswirklichkeit des Subjekts, das ja für Aussagen zur politischen Sozialisation relevant ist, systematisch zu vermitteln sind, ohne in ein mechanisches „Herunterkonkretisieren" (HOLZKAMP 1979) zu verfallen.

Ähnliches gilt – wenn auch eingeschränkt – für „bewußtseinstheoretische" Ansätze im Rahmen neuerer industriesoziologischer Untersuchungen (BIERBAUM u.a. 1977a, 1977b), die widersprüchliche Bewußtseinsformen von unterschiedlichen Schichten der Lohnabhängigen im Zusammenhang mit den Formbestimmungen der ökonomischen Beziehungen analysieren. Danach scheint im weiteren Sinne durch „Nachzeichnung der bestimmten Formen des Werts und der dadurch bestimmten sozialen Lebensumstände der Individuen sich der Schlüssel zum Verständnis ihres Bewußtseins" zu ergeben (BIERBAUM 1977a, S. 132). Zunächst ist hier ganz sicher Skepsis angebracht gegenüber der Hypostasierung eines theoretischen, für konkrete subjektive Prozesse noch nicht entwickelten Systems der Politischen Ökonomie mit dem Anspruch, gleichermaßen als Klassentheorie *und* als Theorie der psychischen Dimensionen des Subjektes zu fungieren. Dennoch scheinen hier für ein theoretisches Konzept politischer Sozialisation über Widersprüche von Reflexions- und Handlungsformen zentrale Aussagen in einer konkreteren Bestimmung des Arbeits- und Produktionsprozesses sowie des Nichtarbeitsbereiches enthalten zu sein. Zu prüfen wäre dabei einmal, wie sich diese Ebenen der Produktions- und Reproduktionssphären analytisch nach einer Differenzierung wieder in ihrem Zusammenhang im subjektiven Handeln vermitteln. Weiterhin ist zu untersuchen, ob sich die Haupttypen von Widersprüchen, wie sie subjektives Bewußtsein und Handeln konstituieren (sollen), vor allem in *zwei* gegensätzlichen Bereichen wiederfinden lassen: Der Sphäre der Warenzirkulation, vermittelt über den Lohn – wahrgenommen von den Individuen als ihre potentielle Realisierungssphäre –, steht gegenüber der nach Art des Produktionssystems und Art der Tätigkeiten sowie der Abstufungen des Herrschafts- und Abhängigkeitsverhältnisses gegliederte Produktionsprozeß, der vorwiegend auf unterschiedliche Repressionserfahrungen und Krisenbewußtseinselemente bezogen ist. Die Beziehungen beider sind komplex gestaltet und betreffen verschiedene Schichten von Arbeitenden unterschiedlich. Hinzu kommen die durch die arbeitsteilige Organisation der Produktion und ihre Veränderung sich ergebenden historisch spezifischen Ausformungen dieser Widersprüche. (Hierbei ist nicht von dem bereits kritisierten Schema „Gleichgültigkeit" und „Identifikation" die Rede, wie es HOPF/HOPF 1976 zum Ausgangspunkt diente.)

Obgleich noch nicht entschieden ist, inwieweit sich zusätzliche Widerspruchsebenen im Rahmen der Besonderheit der sich vollziehenden Vergesellschaftungsprozesse als handlungsrelevant erweisen können, scheint indes bei aller noch waltenden Abstraktheit unbedingt überprüfenswert, inwieweit bei kritischer Rezeption dieses Ansatzes ein kategorialer Rahmen zu entwickeln ist, mit dessen Hilfe notwendige Vermittlungsschritte zwischen Makro- und Mikroprozessen zu leisten sind. Es steht zu vermuten, daß dieser Rahmen widersprüchliche klassen- und schichtspezifische Wahrnehmungs-, Reflexions- und Handlungsformen als Bedingung wie auch als Ursache von politisch-gesellschaftlichen Prozessen erfaßt und erklärt (vgl. HERKOMMER u.a. 1979). Schließlich hätte die kritische Rezeption solcher Ansätze zu gewährleisten, daß die Analyse von makrosozialen Prozessen nicht abstrakt verstellt würde oder einseitig ökonomistisch durch ein unhistorisches Verhältnis von Produktion und Zirkulation, wie auch die Stellung der Individuen in ihnen, zu unterlaufen wäre. Notwendig ist auch, diese Beziehungen mit politischen Interessensphären und staatlichen Institutionen sowie den Sozialisationsinstanzen der Nichtarbeitssphäre systematisch zu vermitteln, um diese komplexen Verhältnisse somit für die in der Sozialisationstheorie und -forschung noch weitgehend ungeklärten Zusammenhänge zwischen Familienstruktur, Arbeits- und Berufswelt sowie staatlichen Kontrollprozessen fruchtbar zu machen.

Voraussetzung für eine differenzierte Weiterentwicklung der ökonomischen Kategorien und der der Widerspruchsebenen für Bewußtseinsformen als brauchbares theoretisches Instrumentarium zur Erklärung politischer Sozialisationsvorgänge wäre allerdings die Verarbeitung spezieller industriesoziologischer Untersuchungsergebnisse. Besonders jene über die Wandlungen des Arbeitsprozesses gehören hierher, wie sie sich unter den gegenwärtigen technologischen Entwicklungen vollziehen, und sodann die hierbei vorzunehmende Einschätzung von veränderten Qualifikationsanforderungen im Sinne von Tendenzen kombinierter oder vorherrschender Höher-, Anders- oder Dequalifikation (als Beispiele für die unterschiedlichen Positionen seien hier nur genannt: KERN/SCHUMANN 1970 und auch BAETHGE/SCHUMANN 1975 oder Arbeiten der Projektgruppe Automation und Qualifikation 1978, 1979). Eine solche Einschätzung ist für die Analyse der Veränderung von Tätigkeiten und ihrer Dispositionsbefugnisse sowie der Bedeutung des Nichtarbeitsbereiches (neben und verbunden mit der Arbeitssphäre) für die subjektiven Entfaltungs- und auch politischen Realisierungschancen relevant (vgl. hierzu besonders LEMPERT u.a. 1979).

So gewichtet eine strikte Orientierung an Dequalifikationstendenzen im Arbeits- und Produktionsprozeß entsprechend stark die Bedeutung des außerhalb der Arbeitssphäre befindlichen Potentials für die Bildungs- und Identitätschancen der Subjekte und neigt dazu, diese damit vom gesellschaftlichen Gesamtprozeß tendenziell abgehoben und isoliert zu begreifen. Die Bedingungen für Handlungsbereitschaft zu gesellschaftlichen Veränderungen geraten dann vorwiegend zu „Überbauphänomenen" und werden der Sphäre außerhalb der Produktion zugeschrieben (vgl. z.B. NEGT 1971 und auch in gewisser Weise OSTERLAND 1975, der dieses Kompensationsmodell allerdings nicht auf den arbeitsfreien Bereich, sondern auf Arbeitssituationen mit größeren Dispositionschancen bezieht).

Für ein politisches Sozialisationskonzept, das auf die unterschiedlichen subjektiven (psychischen und sozialen) Verarbeitungs- und Ausdrucksformen in ihren gesellschaftlich vermittelten Widersprüchlichkeiten abhebt, ist jener vielschichtige Zusammenhang von Produktions- und Lebensprozeß (innerhalb und außerhalb der Arbeitssphäre) gerade für die Erklärung von Entstehung und Veränderung komplexer widersprüchlicher Einstellungs- und Handlungsstrukturen konstitutiv. Die Abkoppelung eines seiner Elemente gefährdet darüber hinaus ein politisches Verständnis von der Rolle des Staates sowie des Verhältnisses von Herrschaftsbedingungen und ökonomischen Strukturen sowie technologischen Prozessen. Die politische Konzeptionalisierung, nicht bloßes antizivilisatorisches Unbehagen, ist jedoch unabdingbar für einen Handlungsbegriff, der die konfliktreiche Realisierung (oder ihre Verhinderung) kritischbewußter politischer Gestaltung von Lebenspraxis unter jenen Bedingungen gerade erfassen soll.

Konstruktiv für die weitere inhaltliche Konkretisierung dieses Konzeptes politischer Sozialisation als sozialisationstheoretische Aufarbeitung von *widersprüchlichen*, gesellschaftlich vermittelten Reflexions- und Handlungsformen sowie für ihre politisch-pädagogische Weiterführung könnte die Integration von Ansätzen zur Analyse von lebensgeschichtlicher Erfahrung (OSTERLAND 1973) und biographischer Methoden (KOHLI 1978, HONNETH u.a. 1979, MAHNKOPF 1978) sein. Die Thesen von selbstdeutungs- und handlungsstrukturierender Relevanz einer spezifischen klassentradierten „Kultur" (HONNETH u.a., a.a.O.) beziehen neben den sozialökonomischen und individuellen Bedingungen auch die kollektive historische Kontinuität für das handelnde Subjekt ein. Sie wollen auf diese Weise zur Erfassung klassenmäßiger Identitätsmuster, deren Brüche und Konflikte bis hin zur Erklärung von widersprüchlichem Alltagshandeln gelangen. Für OSTERLAND ist ein enger Bezug von der Rekonstruktion der (politischen) Lebensgeschichte zur politischen Sozialisation intendiert, die auch über Entstehung und Veränderung kollektiver Deutungsmuster für Handlungspotentiale und Handlungsabläufe Voraussagen machen kann (OSTERLAND 1973).

Für die systematische Orientierung eines kategorialen Rahmens zur Erfassung von widersprüchlichen Prozessen in Konstitution und Verlauf von politischen Wahrnehmungs- und Handlungsformen in unterschiedlichen Ansätzen der kritischen Psychologie und sozioökonomischer Bewußtseinsuntersuchungen (einschließlich lebensgeschichtlicher und biographischer Ansätze) soll schließlich zwangsläufig unvollständig ein Negativkatalog festgehalten werden:

1. Die Zielimplikationen von politischen Handlungen können weder durch statische Ableitungsschemata aus dem Produktionsprozeß noch durch mechanische Abbild- und Widerspiegelungstheoreme (z.B. gesellschaftlicher Widersprüche) auch nur annäherungsweise analysiert oder erklärt werden.
2. Auch ein politisch gewitztes Widerspruchsmodell

ist grundsätzlich theoretisch nicht gefeit davor, auf ein formales Handlungskonzept zurückzufallen oder als mechanisches Dichothomieraster differenzierte Konstitutionsprozesse von Bewußtsein und Handeln in seiner Analyse zu verfehlen.

3. Analysen des gesellschaftlichen Zusammenhangs von Herrschaft und Machtverhältnissen, von technologischen Bedingungen und Mechanismen vergesellschafteter Arbeitsprozesse können noch nicht von sich aus den Lebensbereich der Subjekte, in dem sich alle aufgeführten Prozesse vermitteln, sozialisatorisch konkret in seiner Widersprüchlichkeit bestimmen und erschließen.

Ein gesellschaftspolitisch, ökonomisch und sozialpsychologisch, d.h. interdisziplinär-orientiertes Widerspruchskonzept politischer Sozialisation hätte sich – nun positiv – darin zu erweisen, daß es an dem scheinbar unaufhebbaren Widerspruch zwischen kritisch-demokratischer Gesellschaftsveränderung – als immerhin breit sanktioniertem Sozialisationsziel – und seiner gesellschaftlich strukturell blockierten Realisierung theoretisch und praktisch zu arbeiten in der Lage wäre. Diese Arbeit wäre unmittelbar zentral auch für politische Erziehung und ihre bildungspolitischen Bedingungen.

Literatur

ACKERMANN, P. (Hrsg.): Politische Sozialisation. Opladen, Westdeutscher Verlag 1974.

ALMOND, G. A.: A Functional Approach to Comparative Politics. In: ALMOND, G. A./COLEMAN, J. S. (Hrsg.): The Politics of the Developing Areas. Princeton, Princeton University Press 1960.

ALMOND, G. A./VERBA, S.: The Civic Culture. Princeton, Princeton University Press 1963.

ARTERTON, C. F.: The Impact of Watergate on Children's Attitudes toward political authority. In: Political Science Quarterly 89 (1974), S. 259–288.

BAEYER-KATTE, W. v.: Sozialisation im politischen Verhalten. In: GRAUMANN, C. F. (Hrsg.): Handbuch der Psychologie in 12 Bänden, 7. Band, Sozialpsychologie, 2. Halbband: Forschungsbereiche. Göttingen, Verlag f. Psychologie, Hogrefe 1972, S. 1040–1106.

BECKER, E./BERGMANN, J./HERKOMMER, S.: Erziehung zur Anpassung? Politische Bildung in den Schulen. Eine soziologische Untersuchung. Schwalbach b. Frankfurt 1967.

BEHRMANN, G. C.: Soziales System und politische Sozialisation. Stuttgart, Kohlhammer 1975.

BEHRMANN, G. C.: Politische Sozialisation. In: GÖRLITZ, A. (Hrsg.): Handlexikon zur Politikwissenschaft. München 1970, S. 329–337.

BERTRAM, H.: Gesellschaft, Familie und moralisches Urteil. Analysen kognitiver, familialer und sozialstruktureller Bedingungszusammenhänge moralischer Entwicklung. Weinheim und Basel, Beltz 1978.

BIERBAUM, Ch./BISCHOFF, J./HERKOMMER, S./MALDANER, K.: Bewußtseinsformen des Alltagslebens. In: Beiträge zum wissenschaftlichen Sozialismus 3 (1977), H. 12, S. 131–169 (a).

BIERBAUM, Ch./BISCHOFF, J./EPPENSTEIN, D./HERKOMMER, S./MALDANER, K./MARTIN, A.: Ende der Illusionen. Frankfurt, EVA 1977 (b).

BRUNKHORST, H./LISSMANN, H.-J.: Faschismus. „Ich finde es falsch ...,". Aus einer Begleitstudie zu Holocaust. In: Texte und Medien 4 (1979), S. 58–61.

BUTSCHKAU, U./TILLMANN, K.-J.: Politische Sozialisation in der Gesamtschule. München, Juventa 1972.

CHRISTIAN, W.: Probleme des Erkenntnisprozesses im politischen Unterricht. Köln, Pahl-Rugenstein 1974.

CONNEL, R. W.: The Child's Construction of Politics. Carlton, Victoria, Melbourne University Press 1971.

COOPER, P.: The Development of the Concept of War. In: Journal of Peace Research 2 (1965), S. 1–17.

CRICK, B./LISTER, J.: Political Literacy. The Centrality of the Concept. In: International Journal of Political Education 2 (1979), S. 83–92.

CRICK, B./PORTER, A. (Hrsg.): Political Education and Political Literacy. London, Longman 1978.

DAVIES, J. C.: The Family's Role in Political Socialization. In: The Annals, Vol. 361 (1965), S. 10–19.

DAWSON, R. E./PREWITT, K.: Political Socialization. Boston 1969.

DAWSON, R. E./PREWITT, K./DAWSON, K.: Political Socialization. Boston, Little Brown 1977.

DEICHSEL, A./HELFEN, P./LAGA, G./LAGA, J./TIEMANN, R./WITTERN, J.: Politische Sozialisation von Studenten. Stuttgart, Enke 1974.

DEPPE-WOLFINGER, H.: Arbeiterjugend – Bewußtsein und politische Bildung. Frankfurt, Fischer 1972.

DÖBERT, R./NUNNER-WINKLER, G.: Performanzbestimmende Aspekte des moralischen Bewußtseins. In: PORTELE, G. (Hrsg.): Sozialisation und Moral. Weinheim, Beltz 1978, S. 101–121.

DÖBERT, R./NUNNER-WINKLER, G.: Adoleszenzkrise, moralisches Bewußtsein und Wertorientierungen. In: HURRELMANN, K. (Hrsg.): Sozialisation und Lebenslauf. Reinbek, Rowohlt 1976, S. 171–185.

EASTON, D.: Systems Analysis of Political Life. New York, John Wiley & Sons Ltd. 1965.

EASTON, D./DENNIS, J.: Children in the Political System. New York, McGraw-Hill Book Company 1969.

EASTON, D./HESS, R. W.: The Child's Political World. In: Midwest Journal of Political Science, Vol. 6 (1962), S. 229–246.

EHRHARDT, K. J./FREY, H.-P./LANGENHEDER, W./SCHLOTTMANN, U./SEEL, H.-J.: Interdisziplinäre Sozialisationsforschung. Stuttgart, Enke 1976.

ELLWEIN, Th.: Politische Verhaltenslehre. Stuttgart, Kohlhammer 1968.

FEIDEL-MERTZ, H.: Zur Ideologie der Arbeiterbildung. Frankfurt, EVA 1972.

FELDHOFF, J.: Soziologische Forschungen zur politischen Situation. Arbeitspapier o.J.

FEND u.a.: Sozialisationseffekte der Schule. Weinheim, Beltz 1976.

FISCHER, K. G.: Überlegungen zur Didaktik des Politischen Unterrichts. Göttingen 1972.

FISCHER-KOWALSKI, M./SCHMEIKAL, B./SCHRAGE, D.: Kultur. In: FISCHER-KOWALSKI, M./BUCEK, J. (Hrsg.): Sozialbericht über Ungleichheit in Österreich. Institut für höhere Studien, Wien 1978, S. 258–328.

FLITNER, A.: Politische Erziehung in Deutschland. Geschichte und Probleme 1750–1880. Tübingen 1957.

FREYHOLD, M. v.: Autoritarismus und politische Apathie. Frankfurter Beiträge zur Soziologie. Bd. 22. Frankfurt 1971.

FRIEDMAN, D. A.: Political Socialization and Models of Moral Development. In: RENSHON, St. A. (Hrsg.): Handbook of Political Socialization. New York, The Free Press 1977, S. 329–361.

GARCIA, F. Ch.: Political Socialization of Chicano Children. New York, Praeger 1973.

GEULEN, D.: Das vergesellschaftete Subjekt. Zur Grundlegung der Sozialisationstheorie. Frankfurt, Suhrkamp 1977.

GEULEN, D.: Thesen zur Metatheorie der Sozialisation. In: WALTER, H. (Hrsg.): Sozialisationsforschung, Band I. Stuttgart 1973, S. 85–101.

GIESECKE, H.: Didaktik der politischen Bildung. München 1972.

GÖRLITZ, A.: Politische Sozialisationsforschung. Stuttgart, Kohlhammer 1977.

GOTTSCHALCH, W.: Soziologie der politischen Bildung. Frankfurt, EVA 1970.

GREENBERG, E. S. (Hrsg.): Political Socialization. New York, Atherton 1970 (a).

GREENBERG, E. S.: Orientations of Black and White Children to Political Authority. In: Social Science Quarterly 51 (1970), S. 934–943 (b).

GREENSTEIN, F. J.: Political Socialization. In: SILLS, D. L. (Hrsg.): International Encyclopedia of the Social Sciences, Vol. 14. New York 1968.

GREENSTEIN, F. J.: Children and Politics. New Haven, Yale University Press 1965.

HAAN, N.: A Manual for Interpersonal Morality. Berkeley/Cal., Institute for Human Development. University of California 1977 (hektographiert). In: LEMPERT, W./HOFF, E./LAPPE, L.: Konzeptionen zur Analyse der Sozialisation durch Arbeit. Max-Planck-Institut für Bildungsforschung, Berlin 1979.

HAAN, N.: Moral Redefinition in Families as the Critical Aspects of the Generational Gap. In: Youth and Society 2 (1971), S. 259–283.

HABERMAS, J.: Zur Rekonstruktion des historischen Materialismus. Frankfurt 1976.

HABERMAS, J.: Zur Entwicklung der Interaktionskompetenz. Frankfurt, Gesellschaft zur Förderung der Wissenschaft 1975.

HABERMAS, J.: Zum Einfluß von Schul- und Hochschulbildung auf das politische Bewußtsein von Studenten. In: Gesellschaft, Staat, Erziehung 4 (1959), S. 348–355. Wiederabgedruckt in: FRIEDEBURG, L. v. (Hrsg.): Jugend in der modernen Gesellschaft. Köln/Berlin, Kiepenheuer & Witsch 1968, S. 424–431.

HABERMAS, J./V. FRIEDEBURG, L./OEHLER, C./WELTZ, F.: Student und Politik. Eine empirische Untersuchung zum politischen Bewußtsein Frankfurter Studenten. Neuwied/Berlin 1961, Neuauflage 1967.

HABERMAS, J./LUHMANN, N.: Theorie der Gesellschaft oder Sozialtechnologie. Frankfurt, Suhrkamp 1974.

HACK, L.: Subjektivität im Alltagsleben. Zur Konstitution sozialer Relevanzstrukturen. Frankfurt, Campus 1977.

HACK, L./BROSE, H. G./CZASNY, K./HACK, I./HAGER, F./MOSER, R./VIESEL, K.: Leistung und Herrschaft. Soziale Strukturzusammenhänge subjektiver Relevanz bei jüngeren Industriearbeitern. Frankfurt, Campus 1979.

HAINKE, A.: Politische Einstellungen und Lernprozesse bei Kindern und Jugendlichen. Tübingen, J. C. B. Mohr (Paul Siebeck) 1971.

HARTEN, H.-Ch.: Kognitive Sozialisation und politische Erkenntnis. Weinheim, Beltz 1977.

HEATER, D.: Rezension über Tapper, T.: Political Education and Stability. Elite Responses to Political Conflict. Chichester, U. K., John Wiley & Sons Ltd. 1976. In: International Journal of Political Education, Vol. 1 (1977), Nr. 1, S. 93–95.

HEGNER, F.: Historisch-gesellschaftliche Entstehungsbedingungen und politisch-soziale Funktionen von Bürgerinitiativen. In: RAMMSTEDT, O. (Hrsg.): Bürgerinitiativen und gesellschaftliche Großgruppen. Villingen, Neckar Verlag 1979.

HEINRICH, G.: Politische Sozialisation, Politische Kultur und Systemtheorie. In: ACKERMANN, P. (Hrsg.): Politische Sozialisation. Opladen, Westdeutscher Verlag 1974, S. 268–280.

HEINZ, W. R.: Gesellschaftsstruktur, familiale Sozialisation und gesellschaftliches Bewußtsein. In: HURRELMANN, K. (Hrsg.): Sozialisation und Lebenslauf. Reinbek, Rowohlt 1976, S. 90–103.

HELBIG, L.: Politischer Unterricht und die Entwicklung des moralischen Bewußtseins. In: FISCHER, K. G. (Hrsg.): Zum aktuellen Stand der Theorie und Didaktik der politischen Bildung. Stuttgart, Metzler [3]1978, S. 97–112.

HERKOMMER, S./BISCHOFF, J./LOHAUSS, P./MALDANER, K./STEINFELD, F.: Gesellschaftsbewußtsein und Gewerkschaften, Arbeitsbedingungen, Lebensverhältnisse, Bewußtseinsveränderungen und gewerkschaftliche Strategie von 1945–1979. Hamburg 1979.

HESS, R. D./TORNEY, J. V.: Models of Learning. In: ADLER, N./HARRINGTON, Ch. (Hrsg.): The Learning of Political Behavior. Glenview Ill. 1970, S. 9f.

HEYDORN, H.-J./KONEFFKE, G.: Studien zur Sozialgeschichte und Philosophie der Bildung. München, List 1973.

HOLTMANN, A.: Thesen zu einem Versuch, politisches Lernen sozialisationstheoretisch zu begründen, wissenschaftstheoretisch zu legitimieren und methodologisch zu organisieren, oder: Politische Didaktik als dialektisch-historische Theorie politischen Lernens. In: FISCHER, K. G. (Hrsg.): Zum aktuellen Stand der Theorie und Didaktik der politischen Bildung. Stuttgart, Metzler 1975, S. 63–74.

HOLTMANN, A. (Hrsg.): Das sozialwissenschaftliche Curriculum in der Schule. Opladen, Leske 1972.

HOLZKAMP, K.: Zur kritisch-psychologischen Theorie der Subjektivität (I). In: HOLZKAMP, K. (Hrsg.): Forum Kritische Psychologie 4. Berlin, Argument 1979, S. 10–54.

HONNETH, A./MAHNKOPF, B./PARIS, R.: Zur „latenten Biographie" von Arbeiterjugendlichen. Arbeitspapier für den 19. Soziologentag. Berlin, April 1979.

HOPF, A.: Empirische Untersuchung zum politischen Bewußtsein junger Lehrer. In: CLAUSSEN, B. (Hrsg.): Materialien zur politischen Sozialisation. München, Reinhardt 1976, S. 105–122.

HOPF, Ch./HOPF, W.: Gleichgültigkeit und Identifikation als Kategorien der Analyse von Klassenbewußtsein. In: Probleme des Klassenkampfes 6 (1976), 22, S. 67–100.

HORN, K.: Gruppendynamik und der ‚subjektive Faktor'. Repressive Entsublimierung oder politisierende Praxis. Frankfurt, Suhrkamp 1973.

HORN, K.: Politische Psychologie: Erkenntnisinteresse, Themen und Materialien. In: KRESS, G./SENGHAAS, D. (Hrsg.): Politikwissenschaft. Eine Einführung in ihre Probleme. Frankfurt, EVA 1971, S. 215–268.

HURRELMANN, K.: Gesellschaft, Sozialisation und Lebenslauf. In: HURRELMANN, K. (Hrsg.): Sozialisation und Lebenslauf. Reinbek, Rowohlt 1976, S. 15–33.

HURRELMANN, K.: Schulische Sozialisation und abweichendes Verhalten. In: WALTER, H. (Hrsg.): Sozialisationsforschung, Bd. II. Stuttgart 1973, S. 147–160.

HYMAN, H. H.: Political Socialization: A Study in the Psychology of Political Behaviour. New York, The Free Press 1959.
Institute of Political Science: Warsaw University, Round-Table Conference. In: International Journal of Political Education, Vol. 1 (1978), Nr. 3, S. 277.
JAERISCH, U.: Sind Arbeiter autoritär?. Frankfurt, EVA 1975.
JAHODA, G.: The Development of Children's Ideas about Country and Nationality. Part II: National Symbols and Themes. In: British Journal of Educational Psychology 33 (1963), S. 143–153.
JAHODA, G.: Children's Concepts of Nationality: A Critical Study of Piaget's Stages. In: Child Development 35 (1964), S. 1081–1092.
JAIDE, W.: Jugend und Demokratie. Politische Einstellungen der Westdeutschen Jugend. München 1970.
JAIDE, W./HILLE, B. (Hrsg.): Jugend im doppelten Deutschland. Westdeutscher Verlag, Opladen 1977.
JENNINGS, M. K./NIEMI, R. G.: The Political Character of Adolescence. Princeton, University Press 1974.
KERN, H./SCHUMANN, M.: Industriearbeit und Arbeiterbewußtsein. Eine empirische Untersuchung über den Einfluß der aktuellen technischen Entwicklung auf die industrielle Arbeit und das Arbeiterbewußtsein. Teil I und Teil II. (Wirtschaftliche und soziale Aspekte des technischen Wandels in der Bundesrepublik Deutschland, 8. Bd.) Frankfurt, EVA 1970.
KISSLER, L.: Politische Sozialisation. Baden-Baden, Nomos Verlagsgesellschaft 1979.
KOHLBERG, L.: Moral Stages and Moralization. In: LICKONA, Th. (Hrsg.): Moral Development and Behaviour. New York, Holt, Rinehart & Winston 1976, S. 31–53.
KOHLBERG, L./LOCKWOOD, A. L.: Cognitive Developmental Psychology and Political Education. Speech for the Social Science Consortium Convention. Boulder Colorado 1970. In: PORTELE, G. (Hrsg.): Sozialisation und Moral. Weinheim, Beltz 1978, S. 264.
KOHLBERG, L./TURIEL, E.: Moralische Entwicklung und Moralerziehung. In: PORTELE, G. (Hrsg.): Sozialisation und Moral. Weinheim, Beltz 1978, S. 13–80.
KOHLI, M.: Erwartungen an eine Soziologie des Lebenslaufs. In: KOHLI, M. (Hrsg.): Soziologie des Lebenslaufs. Darmstadt 1978, S. 9–31.
KOHR, H.-U./ZOLL, R.: Main Determinants of political and social Activity: Evidences from a multi-methodological study. Paper presented at the 2nd Congress of the International Society of Political Psychology. Washington, May 24–26, 1979.
KRAPPMANN, L.: Soziologische Dimensionen der Identität. Stuttgart 1971.
KROVOZA, A.: Produktion und Sozialisation. Frankfurt, EVA 1976.
LANDES, R. G.: The Use of the Role Theory in Political Socialization Research. In: International Journal of Comparative Sociology., Vol. XVII, 1–2 (1976), S. 59–72.
LASSWELL, H. D.: Power and Personality. New York, Norton 1948.
LAUPHEIMER, J./BLENDEL, E./NOWAK, H.: Politischer Protest in der Bundesrepublik Deutschland. Berichtsband der Infratest Wirtschaftsforschungs GmbH, München 1979 (hektographiert).
LEITHÄUSER, Th.: Formen des Alltagsbewußtseins. Frankfurt, Campus 1976.
LEMPERT, W./HOFF, E./LAPPE, L.: Konzeptionen zur Analyse der Sozialisation durch Arbeit. Theoretische Vorstudien für eine empirische Untersuchung (Materialien aus der Bildungsforschung, Nr. 14). Berlin, Max-Planck-Institut für Bildungsforschung 1979.
LEMPERT, W./THOMSSEN, W.: Berufliche Erfahrung und gesellschaftliches Bewußtsein. Untersuchungen über berufliche Werdegänge, soziale Einstellungen, Sozialisationsbedingungen und Persönlichkeitsmerkmale ehemaliger Industrielehrlinge. Bd. 1. Stuttgart, Klett 1974.
LEONTJEW, A. N.: Probleme der Entwicklung des Psychischen. Frankfurt 1973.
LEONTJEW, A. N.: Tätigkeit, Bewußtsein, Persönlichkeit. Stuttgart 1977.
LORENZER, A.: Zur Begründung einer materialistischen Sozialisationstheorie. Frankfurt, Suhrkamp 1973.
MAHNKOPF, B.: Geschichte und Biographie in der Arbeiterbildung. In: BROCK, A. u.a. (Hrsg.): Arbeiterbildung. Soziologische Phantasie und exemplarisches Lernen in Theorie, Kritik und Praxis. Reinbek 1978, S. 87–123.
MEAD, G. H.: Philosophie der Sozialität. Frankfurt 1969.
MERELMAN, R. M.: Social Stratification and Political Socialization in mature industrial Societies. In: Comparative Education Review 19 (1975), S. 13ff.
MERELMAN, R. M.: The Adolescence of Political Socialization. In: Sociology of Education (1972), Vol. 45, S. 134–166.
MERELMAN, R. M.: The Development of Political Ideology: A Framework for the Analysis of Political Socialization. In: American Political Science Review 63 (1969), S. 750–767.
MICHAEL, B./SCHEPP, H.-H.: Politik und Schule von der Französischen Revolution bis zur Gegenwart. Frankfurt, Fischer 1974.
MILHOFFER, P.: Familie und Klasse. Frankfurt, Fischer 1973.
MILIBAND, R.: ‚The Capitalist State: Reply to Nicos Poulantzas'. In: Power in Britain. In: TAPPER, T./SALTER, B.: Education and the Political Order. London and Basingstoke, The Macmillan Press Ltd. 1978.
MÜLLER, H.-F.: Bedingungen politischer Lernbereitschaft bei Industriearbeitern. Stuttgart, Metzler 1978.
NARR, W.-D.: Logik der Politikwissenschaft – eine propädeutische Skizze. In: KRESS, G./SENGHAAS, D. (Hrsg.): Politikwissenschaft – Ein Einführung in ihre Probleme. Frankfurt, EVA 1971.
NATHAN, J. A./REMY, R. C.: International Socialization: Directions for Future Research. In: International Journal of Political Education, Vol. 1 (1977), S. 21–32 (a).
NATHAN, J. A./REMY, R. C.: Comparative Political Socialization: A Theoretical Perspective. In: RENSHON, St. A. (Hrsg.): Handbook of Political Socialization. New York, The Free Press 1977, S. 85–111 (b).
NEGT, O.: Soziologische Phantasie und exemplarisches Lernen. Zur Theorie und Praxis der Arbeiterbildung. Frankfurt, EVA 1971.
NEGT, O./KLUGE, A.: Öffentlichkeit und Erfahrung. Frankfurt, Suhrkamp 1972.
NUNNER-WINKLER, G.: Struktur und Inhalt politischer Orientierungen. Arbeitspapier von der Tagung „Politische Sozialisation" in Tutzing. Juni 1978 (hektographiert).
OESTERREICH, D.: Autoritarismus und Autonomie. Untersuchungen über berufliche Werdegänge, soziale Einstellungen, Sozialisationsbedingungen und Persönlichkeitsmerkmale ehemaliger Industrielehrlinge. Bd. II. Stuttgart, Klett 1974.
OSTERLAND, M.: Innerbetriebliche Arbeitssituation und außerbetriebliche Lebensweise von Industriearbeitern. In: OSTERLAND, M. (Hrsg.): Arbeitssituation, Lebenslage und Konfliktpotential. Festschrift für Max E. Graf zu Solms-Roedelheim. Frankfurt/Köln 1975, S. 167–184.
OSTERLAND, M.: Lebensgeschichtliche Erfahrung und ge-

sellschaftliches Bewußtsein. In: Soziale Welt, Jg. 24 (1973), H. 4, S. 409–417.
OTTOMEYER, K.: Soziales Verhalten und Ökonomie im Kapitalismus. Gießen, Focus 1976, 2. Auflage.
PATRICK, J. J.: Political Socialization and Political Education in Schools. In: RENSHON, St. A. (Hrsg.): Handbook of Political Socialization. New York, The Free Press 1977, S. 190–222.
PIAGET, J.: Das moralische Urteil beim Kinde. Frankfurt 1973.
PIAGET, J./INHELDER, B.: Die Psychologie des Kindes. Olten 1972.
PORTELE, G. (Hrsg.): Sozialisation und Moral. Weinheim, Beltz 1978.
PRAHL, D. J.: Empirische Untersuchung bei lernbehinderten Schulabgängern hinsichtlich des Wissens über politische Parteien in der Bundesrepublik Deutschland. In: CLAUSSEN, B. (Hrsg.): Materialien zur politischen Sozialisation. München, Reinhardt 1976, S. 71–105.
PREUSS-LAUSITZ, U.: Sozialisationskonzepte und politisches Lernen. In: PREUSS-LAUSITZ, U./SCHAEFFER, B./QUITZOW, W. (Hrsg.): Fachunterricht und politisches Lernen. Weinheim, Beltz 1976, S. 65–84.
PREUSS-LAUSITZ, U.: Politisches Lernen. In: Politische Bildung – Politische Sozialisation. Hrsg. von der Redaktion betrifft: erziehung. Weinheim, Beltz 1973, S. 66–94.
PREWITT, K.: Political Socialization Research in the United States: Can We Get Whre We Should Be Going From Where We Have Been?. In: International Journal of Political Education, Vol. 1 (1978), No. 2, S. 111–126.
PREWITT, K.: Some Doubts about Political Socialization Research. In: Comparative Education Review, Vol. 19 (1975), Nr. 1, S. 105–114.
Projektgruppe Automation und Qualifikation: Automation in der BRD. In: Argument – Sonderband AS 7 (1975), 3., verbesserte, erweiterte Auflage 1979.
Projektgruppe Automation und Qualifikation: Theorien über Automationsarbeit. In: Argument – Sonderband AS 31 (1978).
PYE, L. W./VERBA, S. (Hrsg.): Political Culture and Political Development. Princeton 1965.
RAMMSTEDT, O. (Hrsg.): Bürgerinitiativen und gesellschaftliche Großgruppen. Villingen, Neckar-Verlag 1979.
RENSHON, St. A.: Assumptive Frameworks in Political Socialization Theory. In: RENSHON, St. A. (Hrsg.): Handbook of Political Socialization. New York, The Free Press 1977, S. 3–44.
ROLOFF, E.-A.: Erziehung zur Politik. Eine Einführung in die politische Didaktik. Band 1: Sozialwissenschaftliche Grundlagen, 3. Auflage, Göttingen 1974.
RÖNSCH, H.-D.: Grüne Listen – Vorläufer oder Katalysatoren einer neuen Protestpartei?. In: RAMMSTEDT, O. (Hrsg.): Bürgerinitiativen und gesellschaftliche Großgruppen. Villingen, Neckar-Verlag 1979.
ROSENAU, N.: Sources of Children's Political Concepts: An Application of Piaget's Theory. In: SCHWARTZ, D. C./SCHWARTZ, S. K. (Hrsg.): New Directions in Political Socialization. New York, The Free Press 1975.
SCHAEFFER, B.: Erfahrung als Grundlage politischen und sozialen Lernens. Überlegungen zu einer Didaktik der Gesellschaftslehre. In: PREUSS-LAUSITZ, U./SCHAEFFER, B./QUITZOW, W. (Hrsg.): Fachunterricht und politisches Lernen. Weinheim, Beltz 1976, S. 87–113.
SCHEFER, G.: Das Gesellschaftsbild des Gymnasiallehrers. Eine Bewußtseinsanalyse des deutschen Studienrates. Frankfurt 1969.
SCHMIEDERER, R.: Politische Bildung im Interesse der Schüler. Hannover, Schriftenreihe der Niedersächsischen Landeszentrale für Politische Bildung 1977.
SCHMIEDERER, R.: Zwischen Affirmation und Reformismus. Politische Bildung in Westdeutschland seit 1945. Frankfurt, EVA 1972.
SCHMITT, G.: Political Socialization Research on the Family. In: International Journal of Political Education 1 (1978), S. 143–166 (a).
SCHMITT, G.: Politische Sozialisation oder moralische Erziehung?. In: Politisches und soziales Lernen im Grundschulalter. Hrsg. von der Bundeszentrale für politische Bildung. Bonn 1978, S. 48–63 (b).
SCHÖN, B.: Das gesellschaftliche Bewußtsein von Gesamtschullehrern. Weinheim, Beltz 1978.
SCHULZE, G.: Zum Verhältnis von manifester und latenter politischer Sozialisation. Nürnberg 1978 (Arbeitspapier von der Tagung „Politische Sozialisation" in Tutzing, Juni 1978).
SCHULZE, G.: Politisches Lernen in der Alltagserfahrung. München, Juventa 1977.
SCHULZE, G.: Jugend und politischer Wandel. München, Juventa 1976.
SCHWARTZ, S. K./SCHWARTZ, D. C.: New Directions in the Study of Political Socialization. In: SCHWARTZ, D. C./SCHWARTZ, S. K. (Hrsg.): New Directions in Political Socialization. New York, The Free Press 1975.
SHANTZ, C. U.: The Development of Social Cognition. In: Review of Child Development Research. Chicago, The University of Chicago Press, Vol. 4 (1975), S. 257–323.
SIGEL, R. S.: Students' Comprehension of Democracy and its Application to Conflict Situations. In: International Journal of Political Education, Vol. 2 (1979), Nr. 1, S. 47–65.
STACEY, B.: Political Socialization in Western Society. Suffolk, The Chancer Press 1978.
TABA, H.: Implementing Thinking as an Objective in Social Studies. In: Effective Thinking in the Social Studies, 37th Yearbook of the National Council for the Social Studies, Washington, D.C., 1967, S. 25–49. Wiederabgedruckt in: ACKERMANN, P. (Hrsg.): Politische Sozialisation. Opladen 1974, S. 219–238.
TAPPER, T.: Political Education and Stability. Elite Responses to Political Conflict. London, Wiley 1976.
TAPPER, T./SALTER, B.: Education and the Political Order. London, The Macmillan Press Ltd. 1978.
TESCHNER, M.: Politik und Gesellschaft im Unterricht. Eine soziologische Analyse der politischen Bildung an hessischen Gymnasien. Frankfurt 1968.
THOMAE, H./WASMUND, K./ZIEHE, T.: Politische Apathie. Hannover, Niedersächsische Landeszentrale für Politische Bildung 1979.
TITZE, H.: Die Politisierung der Erziehung. Frankfurt, Fischer 1973.
TJADEN-STEINHAUER, M.: Gesellschaftsbewußtsein der Arbeiter. Umrisse einer theoretischen Bestimmung. Köln, Pahl-Rugenstein 1975.
ULICH, D.: Zur Methodik der Sozialisationsforschung. In: HURRELMANN, K. (Hrsg.): Sozialisation und Lebenslauf. Reinbek, Rowohlt 1976, S. 53–67.
URBAN, H.: Integrationsmechanismen in der Wirtschaftsgesellschaft. Bad Heilbrunn, Klinkhardt 1978.
VOIGT, B.: Bildungspolitik und politische Erziehung in den Klassenkämpfen. Frankfurt, Fischer 1973.
WACKER, A. (Hrsg.): Die Entwicklung des Gesellschaftsverständnisses bei Kindern. Frankfurt, Campus 1976.
WASMUND, K.: Politische Orientierungen Jugendlicher. Eine empirische Untersuchung zur politischen Sozialisation in

der neunten Klasse der Hauptschule. München, Vögel 1977.
WEHLING, H. G.: Politische Sozialisation in sozialistischen Staaten. In: ACKERMANN, P. (Hrsg.): Politische Sozialisation. Opladen, Westdeutscher Verlag 1974, S. 281–303.
WIESBROCK, H./v. LILIENFELD-TOAL, G.: Zeithorizont und politisches Verhalten. Ein psychologischer Beitrag zur Grundlegung politischer Pädagogik. In: ACKERMANN, P. (Hrsg.): Politische Sozialisation. Opladen, Westdeutscher Verlag 1974, S. 104–123.
ZÄNGLE, M.: Einführung in die politische Sozialisationsforschung. Paderborn, Schöningh 1978.
ZENKE, K. G.: Zur Kritik der politischen Bildung und Erziehung im Lichte der politischen Sozialisationsforschung. In: CLAUSSEN, B. (Hrsg.): Materialien zur politischen Sozialisation. München, Reinhardt 1976, S. 183–206.
ZIEHE, T.: Zur gegenwärtigen Motivationskrise Jugendlicher. In: THOMAE, H./WASMUND, K./ZIEHE, T.: Politische Apathie. Hannover, Niedersächsische Landeszentrale für Politische Bildung 1979.
ZIEHE, T.: Pubertät und Narzißmus. Sind Jugendliche entpolitisiert?. Frankfurt, EVA 1975.

Geschlechtsspezifische Sozialisation

Helga Bilden

1 Vorbemerkungen: Grundvorstellungen, Interesse am Thema, Leseanleitung

Es ist m. E. unmöglich, das Thema „Geschlechtsspezifische Sozialisation" interesse- und emotionsfrei zu behandeln oder auch einen Artikel wie diesen zu lesen. Daher seien mir ein paar klärende Vorbemerkungen gestattet.

1.1 Grundvorstellungen

Ich glaube nicht an Anatomie oder Hormone – auch wenn letztere wieder moderner werden (vgl. MERZ 1978) – als Schicksal von Frauen und Männern. (Merkwürdigerweise war das „biologische Schicksal" ja meist eines der Frauen; inzwischen fand die biorhythmische Forschung heraus, daß „auch Männer ihre Tage haben", PARLEE 1979.) Wir wissen so gut wie nichts über die psychobiologisch unterschiedlichen Ausstattungen von Männern und Frauen bei der Geburt, z. B. hormonell bedingte Bahnungen im Gehirn (dazu MONEY/ERHARDT 1972, S. 90, 103), über die oft spekuliert wird (z. B. BARDWICK 1971, MACCOBY/JACKLIN 1974, KÜRTHY 1978), die unterschiedliche Lernbereitschaften und Aneignungsformen begünstigen könnten. Wenn es sie gibt, so dürften sie jedoch von wesentlich geringerer Bedeutung sein als die soziale Überformung des „menschlichen Organismus" während seines ganzen Lebens (KÜRTHY 1978, S. 55).

Ich gehe also im folgenden von *Geschlecht als* im wesentlichen *sozialer Kategorie* aus, die *am* biologischen Geschlecht, genauer: dem *Körper, der Anatomie, festgemacht* wird: Ein männlich oder weiblich aussehender Körper ist Ausgangspunkt unterschiedlicher Etikettierung als Junge oder Mädchen durch Ärzte und Eltern – auch wenn's dem genetischen oder gonadischen (Geschlecht der Keimzellen) zuwiderläuft.

Wenn wir bedenken, wie desorientiert sich jede(r) von uns fühlt, wenn er/sie nicht weiß, ob sein/ihr Gegenüber Mann oder Frau, Knabe oder Mädchen ist, wird deutlich, wie bedeutsam das Geschlecht als *Orientierung für jede Beziehung zu einem anderen* (und zu uns selbst) ist.

Die Frage für mich ist, was der soziale „Inhalt" von „Mann" und „Frau" ist und wie er sich ontogenetisch in der Person reproduziert. Diesen „Inhalt" der sozialen Kategorie Geschlecht sehe ich im wesentlichen durch die gesellschaftliche *Arbeitsteilung* nach Geschlecht und *Herrschaftsverhältnisse* zwischen den Geschlechtern bestimmt (s. 3). Weil sich das soziale Geschlecht am natürlichen, am Körper festmacht, ist für jedes Individuum das Verhältnis zu seinem/ihrem männlichen oder weiblichen Körper, dessen Entwicklung und Veränderung im Laufe des Lebens, ein immer wieder „kritischer Punkt" der persönlichen Entwicklung, Aufrechterhaltung und Weiterentwicklung einer Identität als Mann oder Frau. Am Körper, am Verhältnis zu ihm, verbindet sich Natürliches und Gesellschaftliches zu einer unauflöslichen Einheit. Sexualität (3.7) und nonverbale (körperliche) Kommunikationsformen (3.8) spielen dabei eine zentrale Rolle.

1.2 Mein Interesse am Thema

Die Frage nach „geschlechtsspezifischer Sozialisation" war für mich vor allem die Frage nach den sozialen Bestimmungsmomenten des Aufwachsens als und zur Frau; das gilt für viele Forscher(innen). „Geschlechtsspezifisch" hieß es vor allem, weil das Interesse an Frauen sich hinter einem Vergleich von Männern und Frauen verstecken mußte; noch heute wird belächelt, wer speziell über Frauen forscht.

Ich interessierte mich dafür, wie Frauen zu dem werden, wie sie sich meist darstellen – aus der Sicht einer Frau, die eine durchaus nicht „typisch weibliche" Erziehung und Selbstsozialisation und Biographie erlebt hatte; denn ich bin, immer leistungs- und berufsorientiert, „wie von selbst" in der Wissenschaft, als Assistentin an der Universität gelandet und habe die Kernpunkte weiblicher „Normalbiographie" (Lévy 1977, vgl. 3.9), Ehe, Kindergebären und -aufziehen, Hausarbeit für meine Familie, vermieden. Daß man, nein frau zum Mädchen gemacht wird (Scheu 1977), war für mich keine von der Wissenschaft zu beantwortende Frage – das habe ich bewußt an mir selbst erlebt, weil ich lange Zeit die sozialen Implikationen des Frauseins als unterlegenen, benachteiligten Modus des Menschseins ablehnte und etliche „männliche" Verhaltensweisen (z.B. eher aggressive Durchsetzungsweise) entwickelte. Das tiefsitzende Bewußtsein der Benachteiligung der Frauen im sozialen Leben und der Notwendigkeit, mich dagegen zu wehren, hatte mir meine Mutter, eine durchaus auch „abweichende", gegen weibliche Machtlosigkeit, Passivität, Schwäche, gegen Hausfrauendasein individuell protestierende Frau, vermittelt, so wie andere Mütter ihren Töchtern (und Söhnen) Ehe, Mutterschaft, Hausfrausein, Anpassungs- und Dienstbereitschaft als höchste weibliche Lebensziele vermitteln. Trotzdem oder gerade deswegen kämpfte ich mit Schwierigkeiten als Frau, die ich hier nicht ausbreiten kann (und mag).

Die Beschäftigung mit „geschlechtsspezifischer Sozialisation" war für mich wie für viele andere Frauen ein ganz persönlicher Versuch, mehr davon zu verstehen, wie ich selbst zu der weiblichen Person geworden bin, die ich bin. Daneben, damit verbunden, war auch immer das allgemeine Interesse, die Benachteiligung und Unterdrückung, die soziale „Schwäche" von Frauen zu erklären als etwas, das auch in die Betroffenen selbst, ihre Persönlichkeit, ihre Verhaltensweisen eingegangen ist als Ängstlichkeit, Selbstbeschränkung, Abhängigkeit, Mangel an Kompetenzen und Leistungsmotivation für Beruf und Öffentlichkeit; die Defizitperspektive herrschte vor (Bilden 1969). Inzwischen, angeregt durch Frauenbewegung, Erfahrungen in Frauengruppen und -seminaren, frage ich nach den Entstehungsbedingungen des Andersseins von Frauen im Vergleich mit der dominanten „männlichen Menschlichkeit" in einer immer noch männlich dominierten Welt. Woher kommen z.B. weibliche – im Unterschied zu männlichen – Formen, miteinander umzugehen? Schlagwortartig: Was ist „weiblich", und wie werden Frauen „weiblich" und Männer „männlich"? Und wie verläuft abweichende Geschlechtsrollensozialisation und Identitätsbildung?

1.3 Relativierende Leseanleitung

Ich werde in diesem Artikel die *im Prinzip differierenden Lebens-* und d.h. *Sozialisationsbedingungen von Männern und Frauen* herausarbeiten, auch wenn die geschlechtsspezifische Sozialisationsforschung nicht immer so eindeutige Ergebnisse erbracht hat (vgl. Maccoby/Jacklin 1974). Das bedeutet nicht, daß jedes männliche Individuum im Vergleich zu einem weiblichen zu jeder Zeit seines Lebens andere Bedingungen erfährt; ein Mann kann eine „weibliche", „hausarbeitsnahe" (Ostner/Beck-Gernsheim 1979) Sozialisation als Kind oder im Beruf als Krankenpfleger erfahren; ein

„jungenhaftes" Mädchen, eine berufstätige Frau macht z.T. „männliche" Erfahrungen, kann sich „männlich identifizieren", d.h. an männliche Leistungsideale anzugleichen versuchen usw. Also: Weder die Lebensbedingungen sind so eindeutig und bruchlos „männlich" oder „weiblich", wie ich theoretisch herauszuarbeiten versuche, noch muß sich das sich entwickelnde Individuum dem so ganz unterwerfen, indem es sich *zu* seinen Lebensbedingungen – nicht nur *in* ihnen, ihnen gemäß – *verhält.*
Aussagen über Geschlechtsunterschiede lt. Untersuchung x bedeuten immer: „Mehr Mädchen verhielten sich so" oder „Mütter verhielten sich gegenüber Söhnen signifikant häufiger explorationsfördernd als gegenüber Töchtern" – d.h. etliche Mädchen verhalten sich anders, etliche Mütter von Söhnen fördern deren Exploration nicht, etliche Mütter von Töchtern fördern exploratives Verhalten auch bei Töchtern.

2 Zur Geschichte der Forschung

Die Forschung zur geschlechtsspezifischen Sozialisation begann in den USA, noch ziemlich spärlich, in den fünfziger Jahren, sie expandierte sehr stark in den sechziger und wurde in den siebziger Jahren unübersehbar. Ich sehe drei Bestimmungsmomente dieser empirischen Forschung: Alltagspsychologie, Wissenschaft, Frauenbewegung.

2.1 Alltagspsychologie der Geschlechter

Die Auswahl der Konzepte und Variablen wurden, vor allem bis zum Beginn der siebziger Jahre, im wesentlichen durch die Alltagspsychologie der Geschlechter, d.h. vorwissenschaftliche Konzepte psychischer Eigenschaften von Männern und Frauen (heute heißt das „Geschlechtsrollenstereotypien"), bestimmt.

Exkurs zur Alltagspsychologie der Geschlechter

Es ist nicht selbstverständlich, daß man über Männer und Frauen, was sie tun, wie sie sich verhalten (sollen), in terminis von psychischen Eigenschaften redet. Inzwischen hat sich bei uns, zumindest in „aufgeklärten Kreisen", ein gewisser Wandel vollzogen: Man redet in terminis von „Geschlechtsrollen".

Im Anschluß an HAUSEN (1976) glaube ich, daß die Psychologisierung des Geschlechterverhältnisses auf der Ebene von Ideologie und Alltagswissen eine historische Neuentwicklung ist, die Ende des 18. Jahrhunderts begann und sich im 19. und 20. Jahrhundert verbreitete und popularisierte. Nach HAUSEN wurden in mittelalterlichen Quellen Männer und Frauen ebenso wie die verschiedenen Stände weniger psychologisch, sondern vor allem durch ihre Tätigkeit, ihren sozialen Stand im ständisch gegliederten Feudalsystem gekennzeichnet. Gegen Ende des 18. Jahrhunderts vollzog sich mit der beginnenden Industrialisierung die Auflösung des „ganzen Hauses" als Produktions- und Reproduktionseinheit (Prototypen: der Bauernhof, das Haus des Handwerkers, wo Waren und gleichzeitig der Großteil der eigenen Lebens-Mittel produziert wurden) (ROSENBAUM 1974). Produktion (Manufaktur, Fabrik) und Reproduktion ((Wieder-)Herstellung der Arbeitskräfte im privaten Bereich von Haus/Familie) wurden räumlich getrennt; damit entstand auch die moderne Form der Nur-Hausarbeit (BOCK/DUDEN 1977) – eine neue Form geschlechtsspezifischer Arbeitsteilung entwickelte sich: Die Frau arbeitete reproduktiv im Haus, der Mann „produktiv" im Beruf, „draußen". Historisch parallel dazu und m.E. dadurch ausgelöst und zur ideologischen Unterstützung der sich verändernden Verhältnisse, entstand eine Literatur, die, wie Konversationslexika, weitgestreuten Einfluß auf alltägliche Auffassungen im gehobenen Bürgertum ausgeübt haben dürfte, in der „Hausväterliteratur" mit explizit pädagogischem Anspruch auftauchte und erst in die höhere Bildung, dann in das im 19. Jahrhundert eingerichtete Volksbildungssystem (die Volksschule) einging und für alle Bevölkerungsschichten verbindlich wurde (TORNIEPORTH 1977). Kernpunkt der Aussagen ist eine Geschlechteranthropologie (KANT 1794, 1798), die eine psychische Polarität der Geschlechter konstruiert und als Wesen von Mann und Frau behauptet; Abweichungen davon erscheinen als Unnatur. Männer und Frauen werden dabei durch eine Reihe psychischer Eigenschaften charakterisiert: Mann bedeutet das Individuelle, d.h. Selbstheit, Selbständigkeit, Kraft, Energie, Begrenzung, Antagonismus – Aktivität, Rationalität; Frau heißt: Abhängigkeit, Unbestimmtheit, Verschmelzung, Hingabe, Sympathie, Liebe – Passivität, Emotionalität (HAUSEN, S. 366ff.).
Diese Eigenschaften entsprechen in ihrer Polarität den auseinandergerissenen Bereichen von Haus / Familie / Privatheit / Menschlichkeit / Liebe / Sorge / Kindererziehung und Beruf-draußen-in-der-feindlichen-Welt und sollen Frauen und Männer natürlicherweise für den jeweiligen Bereich bestimmen. Diese polaren, aber eben auch komplementären Eigenschaften von Mann und Frau werden durch die Ehe vereinigt; erst Mann und Frau, so die Argumentation, machen den ganzen, vollen Menschen aus. Auf psychischer Ebene wird – in der Ideologie – durch Ehe und Familie das gesellschaftlich Auseinandergerissene (Leben–Ar-

beit, Menschlichkeit–Zweckrationalität, Expressivität–Instrumentalität usw.) wieder harmonisch vereinigt. Was jeder von uns heute als „Geschlechtsrollenstereotype“ oder Alltagspsychologie von Mann und Frau kennt, ist der populäre Abklatsch genau dieser Argumentation, welche schon damals die (bürgerlichen) Frauen an den heimischen Herd und zum home-maker-Dasein bringen und dabeihalten sollten.

Die Forschung ging, entsprechend dem Alltagsbewußtsein, welches das *Geschlechterverhältnis psychologisierte* („Männer sind eben sachlicher – Frauen emotional, intuitiv“), von der Frage nach unterschiedlichen psychischen Eigenschaften von Männern und Frauen aus. Es war also die Psychologie, die Geschlechterdifferenzen in Form von traits nachforschte, die im Alltag als selbstverständlich existent angenommen wurden: Sind Frauen abhängiger? Sind Männer aggressiver, intelligenter, mehr zu Leistungen motiviert? Das sind die am häufigsten gestellten Fragen (vgl. dazu OETZEL 1966, MACCOBY 1966, LEHR 1972, MACCOBY/JACKLIN 1974, SCHENK 1979). Darauf folgte die Frage, wie sich diese psychischen Geschlechtsdifferenzen entwickeln (MACCOBY 1966), folgerichtig auch von Psychologen und in deren Denk- und Forschungsrahmen gestellt. Die Alltagspsychologie blieb aber lange dominant: Die Suche nach dem „sex-typing“ konzentrierte sich auf – familiäre – Korrelate solcher traits oder pauschaler Männlichkeit/Weiblichkeit (vgl. 2.5). Bis gegen Ende der sechziger Jahre beschränkte sich die Forschung zur geschlechtsspezifischen Sozialisation im wesentlichen auf den familiären Bereich, d. h. elterliche Erziehungseinstellungen und -praktiken.

2.2 *Wissenschaft*

Wissenschaftliche Theorien, die, wie ansatzweise die Psychoanalyse, die Theorie der kognitiven Entwicklung (KOHLBERG 1966 bzw. 1974; vgl. PARSONS 1978) und die strukturell-funktionale Rollentheorie/Familiensoziologie (PARSONS/BALES 1955) einen systematischen männlichen bzw. weiblichen Entwicklungs- oder Sozialisationsverlauf konzipiert haben, fanden kaum Eingang in die empirische Forschung, am wenigsten die soziologische Theorie. Die Komplexität der psychoanalytischen Identifikationstheorie z. B. wurde bis zur Unsinnigkeit reduziert auf die Frage nach der Ähnlichkeit des Kindes mit dem gleichgeschlechtlichen Elternteil (vgl. dazu MISCHEL 1970).

BLOCK (1976) spricht vom „atheoretischen Charakter der Datenbasis“. Die meisten Daten kamen wohl zufällig bei völlig anderen Fragestellungen zustande, indem die meisten empirischen Arbeiten der Psychologie konventionellerweise, aus Routine, nach Geschlecht unterscheiden. Der Empirizismus der Psychologie bzw. der sozialwissenschaftlichen Forschung überhaupt schlug sich in einem simpel-passiven (Prägungs-)Sozialisationsmodell, das keine ontogenetische Entwicklung, keine Altersrollen usw. kennt, nieder (beispielhaft dazu das Gros der experimentellen Forschung, z. B. zum Modell-Lernen). So wurden blind Daten zu einer Unzahl von Einzelvariablen angehäuft (MACCOBY/JACKLIN 1974 versuchen in ihrem Literaturbericht über ca. 1400 Studien vergeblich daraus Erkenntnis zu gewinnen). Die Forschung in der Tradition der Theorie sozialen Lernens begann in den sechziger Jahren die trait-Forschung abzulösen zugunsten der Frage nach Verhalten in sozialen Situationen (statt Aggressivität – verbale/physische Aggressivität gegenüber peers im Kindergarten, Eltern usw.): Sie stellte etwas mehr sozialen Bezug her, aber dieser blieb vom Alltagswissen bestimmt, eher zufällig. Neu war auch die, von der Linguistik (CHOMSKY) entlehnte, Unterscheidung von Kompetenzerwerb und situationsbedingter Performanz geschlechtsspezifischen Verhaltens (MISCHEL 1970).

2.3 *Frauenbewegung*

Seit Ende der sechziger, Anfang der siebziger Jahre hat die Frauenbewegung der Forschung neue Impulse gegeben. Eine *Soziologisierung* der Fragestellungen hat stattgefunden: Es ist weniger von Persönlichkeitseigenschaften die Rede als von Geschlechtsrollen, „Geschlechtsrollenstereotypen“ und von Einstellungen, die auf soziale Gegebenheiten bezogen sind (Rolle der Frau in der Familie, Doppelrolle, Rollentrennung/Arbeitsteilung, Führerrollen, Stereotypisierung von Berufen nach Geschlecht usw.).

Das schlägt sich z. B. in einem Vergleich der Psychological Abstracts 1966 (Vol. 40) und 1976 (Vol. 56) nieder: Während 1966 vor allem nach dem Erwerb von „Persönlichkeitseigenschaften“ durch Lernen (was ja ein Fortschritt gegenüber biologisierenden

Annahmen war) gefragt und relativ selten differenzierter auf „Geschlechtsrollen" als soziologischen oder sozialpsychologischen Rahmen für die Bedingungen dieses Lernens Bezug genommen wurde (beispielhafte Ausnahme ist etwa der ethnologische Artikel von D'ANDRADE in MACCOBY, 1966), hat sich 1976 auch für die psychologische Untersuchung ein vages oder explizites und reflektiertes Konzept von „Geschlechtsrollen" durchgesetzt. Die Stichworte „Sex Roles" und „Sex Differences" haben um das 14fache zugenommen, während der Gesamtumfang der Psychological Abstracts sich im selben Zeitraum verdreifacht hat („Sex Roles" ist von $^1/_3$ Spalte auf 4,5 Spalten, „Sex Differences" von gut 1 Spalte auf 14,5 Spalten angewachsen). Bei stichprobenhafter Überprüfung der unter den beiden Stichworten abgehandelten Themen fand ich unter „Sex Roles" erwartungsgemäß eher sozialpsychologische Fragestellungen: nach Leistung/Leistungsmotivation/Furcht vor Erfolg, nach Werten, nach der stereotypen Bewertung von Berufen nach Geschlecht, nach Spielkonfigurationen und Spielzeugwahlen, Einstellungen gegenüber der Frauenbewegung bei Elementarschullehrerinnen oder Schulräten, aber auch traditionelle psychologische Fragen nach Risikoverhalten, Aggressivität, Abhängigkeit, sexueller Identität, gemessen an „maskulinem" oder „femininem" Verhalten. Unter „Human Sex Differences" wurde es eher psychologisch: Es ging um Problemlösen, Wahrnehmung, z. B. Feldabhängigkeit der Wahrnehmung, Intelligenz/Leistung, moralische Entwicklung, aber auch um die Übernahme von Führung in der Schule oder die Ressourcen der Geschlechtsrollen.

Neben der Familie werden in wachsendem Umfang die Institutionen des Bildungssystems, vor allem die Einstellungen der darin Arbeitenden, in ihrer Bedeutung für die geschlechtsspezifische Sozialisation untersucht (vgl. z. B. KUTNER/BROGAN 1976/77; Aufarbeitung bei SCHULTZ 1978).

Der Einzug „frauenbewegter" Frauen in die Sozialwissenschaften, die Einrichtung von „Women's studies", die Gründung neuer Zeitschriften (Sex Roles, Signs, Psychology of Women Quarterly) Mitte der siebziger Jahre sowie das Erscheinen ganzer Hefte unter Themen wie „Geschlechtsrollen" (Social Issues 1972, 28 (2); 1976, 32 (3)) oder „Frauen und Psychologie" (Counseling Psychologist 1975, 5 (4); 1976, 6 (2); Australian Psychologist 1975, 6 (3) u. a. m.) – all das hat neuen Wind in die Forschung gebracht: Indem statt von „sex-typing" mehr vom Lernen von „Geschlechtsrollen" die Rede ist, wird der gesellschaftliche Zusammenhang geschlechtsspezifischer Sozialisation, wenn auch sehr unzulänglich, angesprochen. *Neue Fragen* werden aufgeworfen, z. B. unter welchen Bedingungen sich Mädchen/Frauen als kompetent erleben (BARUCH 1976/77).

Wie wild haben sich in den siebziger Jahren vor allem Frauen auf die Erforschung der Leistungsmotivation von Frauen bzw. die HORNERsche These von der weiblichen Angst vor Erfolg gestürzt (Zusammenfassungen SCHENK 1979, S. 44 ff.; VAUGHTER 1976; TRESEMER 1976; zur Kritik des Konzepts vgl. SCHORB 1976; HARTEN-FLITNER 1978, S. 135 ff.).

Der *historische Wandel der Geschlechtsrollen (konzepte)*, vor allem der Frauenrolle, wurde thematisiert (MASON/CZAJKA 1976; Social Issues 1976, 32 (3); VAUGHTER 1976; DER-KARABETIAN/SMITH 1977). Man/frau stellt rigide Geschlechtsrollen, Arbeitsteilung und entsprechende Stereotype adäquater, „gesunder" Männlichkeit/Weiblichkeit, die bisher der Forschung zugrundelagen, in Frage (PLECK 1975, 1976; BEZDEK 1976) und entwickelt *neue Konzepte* (Androgynie, Stufen der Entwicklung von Geschlechtsrollen; BLOCK 1973; BEM 1974, 1975, 1976; HEILBRUN 1973; HEFNER u. a. 1975) (s. u. 2.5). Einige Autorinnen entwickeln eine unbequeme, ja unfeine Radikalität (z. B. HENLEY).

2.4 *Versuchspersonen*

In den USA galt die besondere Aufmerksamkeit der Forschung der Kindheit, weil man dort die entscheidenden fundamentalen Prozesse der psychischen Differenzierung von Männern und Frauen vermutet. Gemäß der Alltagsbeobachtung, daß Knaben und Mädchen schon sehr früh typisch männliche bzw. weibliche Verhaltensweisen zeigen, entsprechend auch der älteren psychoanalytischen Überbetonung der frühen Kindheit als entscheidender Zeit für die Bildung einer später nicht mehr reversiblen Persönlichkeitsstruktur zentriert die Forschung auf den Altersstufen 3–12 Jahren, mit besonderer Betonung der Vorschulzeit (ödipale Phase, Zugänglichkeit der Kinder in öffentlichen Einrichtungen) und auf der familiären Sozialisation. Kinder unter 3 Jahren wurden ganz selten untersucht. Angesichts der Schwierigkeit, an Familien heranzukommen, und der mühseligen Untersuchung bei relativ jungen Kindern waren die Samples sehr klein (BLOCK 1976). Die leichte Erreichbarkeit von Psychologiestudenten auf Colleges als Versuchspersonen führte auf der anderen Seite dazu, daß, besonders für bestimmte Fragestellungen wie Leistungsmotivation oder Einstellung zu Geschlechtsrollenstereotypen, große Zahlen von jungen Erwachsenen befragt wurden; auch bei ihnen wurde vor allem nach den familiären Antezedentien ihrer jetzigen Einstellungen und traits gefragt.

2.5 *„Maskulinitäts-/Feminitätsparadigma", Kritik und Androgyniekonzept*

Maskulinität/Feminität war nach PLECK (1975) das zentrale „Paradigma" für einen Großteil der älteren Forschung, das auch jetzt noch nicht ad acta gelegt ist. Die Untersuchung des „*sex-typing*", d.h. der sozialen Bedingungen von typisch männlicher und typisch weiblicher Persönlichkeitsentwicklung zu Maskulinität/Feminität, war bestimmt durch die Überzeugung, daß nur „geschlechtsadäquate", d.h. den alltäglichen und wissenschaftlichen Stereotypen über Männlichkeit/Weiblichkeit entsprechende Entwicklung einer Person eine „gesunde", positive Anpassung ermöglichende Persönlichkeitsentwicklung sei; bzw. soziologisch ausgedrückt, daß nur klar nach Geschlechtsrollen differierende Sozialisation funktional für Individuum und Gesellschaft sei (PARSONS/BALES 1955, TERMAN/TYLER 1954).

Praktische Grundlage war die Konstruktion und massenhafte Anwendung von psychologischen Maskulinitäts-/Feminitätstests: (a) projektiven Tests, wie IT-Test (BROWN 1956), Männchen-Zeichen-Test (GOODENOUGH 1957) oder Franck-Zeichen-Ergänzungs-Test (FRANCK/ROSEN 1949), und (b) M-/F-Skalen in beliebten Fragenbogenpersönlichkeitstests, wie dem MMPI, die im Sinne eines polaren traits Männlichkeit/Weiblichkeit konstruiert sind (Beschreibung bei WESLEY/WESLEY 1978, S. 160ff.; in eine M-/F-Skala kann jedes Item, das statistisch zwischen Männern und Frauen unterscheidet, eingehen).

Die erste Kritik am „Maskulinitäts-/Feminitätsparadigma" kam von lerntheoretischer Seite. Schon MISCHEL (1970) löste das Paket „sex-typing" und M/F als trait auf, indem er forderte, genau nach situationsspezifischen Verhaltensweisen und feinen Unterscheidungen zwischen dem Verhalten von Männern und Frauen und elterlichen Reaktionen auf Kinder verschiedenen Geschlechts zu achten. MISCHEL unterscheidet streng zwischen Erwerb (acquisition) von Verhaltenskompetenzen und Ausführung (performance) der entsprechenden Verhaltensweisen. Er meint, es würden weitgehend dieselben Kompetenzen erworben, aber situationsspezifisch und d.h. geschlechtsspezifisch, weil die Erwartungen in fast jeder Situation nach Geschlecht differieren, ausgeübt.

PLECK (1975) hat die Kritik am Maskulinitäts-/Feminitätsparadigma (s.a. CONSTANTINOPLE 1973) entschieden herausgearbeitet: M/F sind empirisch und theoretisch nicht als *eine* polare Dimension, d.h. als einander ausschließend, zu betrachten. Jemand kann, wenn ein Test entsprechend konstruiert ist, sowohl sehr männlich als auch sehr weiblich sein. M/F im Sinne der Tests umfassen nur einen kleinen Bereich von Persönlichkeit und Verhalten, der zudem wegen der Abstraktion von realen Lebensbedingungen unklar bleibt. M/F im Test als psychologischen trait zu interpretieren, ist sinnlos und ethnozentrisch, bedeutet, von weißen amerikanischen Mittelschichtmännern her zu bewerten; denn Geschlechtsrollen(konzepte) variieren zwischen Schichten, zwischen Schwarzen und Weißen in den USA und sind historisch im Wandel begriffen. Auch den Gesundheits- und Anpassungswert von M/F stellt PLECK in Frage: Sehr „weibliche" Frauen sind während des ganzen Lebenszyklus eher schlecht angepaßt (nach BEM 1974; MUSSEN 1961, 1962; VINCENT 1966; PLECK 1975, S. 167f.). Sehr „männliche" Männer, meint PLECK, stehen nur im Jugendalter besser da als weniger männliche, weil körperliche Kraft, Sport, simpel-dominantes Verhalten in der Jugendkultur Status verleihen, während im späteren Leben u.v.a. im Alter, intellektuelle und interpersonale Fähigkeiten erforderlich sind, die zu entwickeln gerade die „männlichen" Männer nicht gezwungen waren.

PLECK fordert also zu prüfen, „inwieweit eine spezielle Geschlechtsrollenorientierung dem Individuum hilft, mit dem vollen Fächer von Anforderungen und Erfahrungen, die während des ganzen Lebenszyklus erwachsen, umzugehen" (S. 168).

Die *„wertfreie" Verdoppelung der Geschlechtsrollenideologie* durch die Wissenschaft wurde auch von BLOCK (1973) angegriffen. Sie betont die „persönlichen Kosten", welche geschlechtsrollenkonforme Persönlichkeitsentwicklung für Männer und noch mehr für Frauen mit sich bringt. Sie belegt, daß wissenschaftliche Standards von Ich-Stärke bzw. persönlicher (LOEVINGER 1966) und moralischer Reife (KOHLBERG), die entsprechend der westlichen Ideologie von Individualität, Autonomie, von Regeln des demokratischen Zusammenlebens Gleicher ausgehen, eine Kombination von Prinzipien der männlichen und der weiblichen Geschlechtsrol-

le (unter Dominanz der männlichen?) verlangen, daß „der reife Mensch“ also „androgyn“ sein müsse. Sie beklagt, daß Frauen wenig Chancen haben, diese Reife zu erlangen.
Das *Androgynie*konzept wurde vor allem von Heilbrun (1973), Block (1973) und Bem (1974, 1975, 1976) herausgearbeitet. Androgynie meint so etwas wie „*psychische Bisexualität*“, Vereinigung männlicher und weiblicher Eigenschaften in einer Person als Idealvorstellung von einem „reifen“, „gesunden“, „ganzen“ Menschen (vgl. oben die Ideologie der Vereinigung der polaren Eigenschaften von Mann und Frau in der Ehe). Als eine „psychologische Utopie“ erfreut sich dieses Konzept wachsender Beliebtheit bei Liberalen und liberalen Feministinnen. Tatsächlich ist der Gedanke der Integration des weiblichen eher sympathetischen Prinzips (communion, s. 3.1) mit männlicher Selbstbehauptung und -verwirklichung für Frauen und die Milderung des männlichen Aktivitäts-, Selbstbehauptungs-, Selbstverwirklichungsprinzips (agency, s. 3.1) durch Bezugnahme auf Gegenseitigkeit, Interdependenz usw. für Männer (Block 1973, S. 515) faszinierend. Die Anforderungen der Flexibilität und Integration von Widersprüchen im Individuum als Leistungen der Person sind objektive Anforderungen des Spätkapitalismus, vergleichbar der Ich-Identität bei Habermas (zur Kritik Bilden, 1978). Problematisch ist das Konzept, wenn es *nur* auf einer psychologischen Ebene vom Individuum die Integration der realen Trennung von Produktion und Reproduktion, der Arbeitsteilung nach Geschlecht fordert (Sampson 1977), etwa in Form eines androgynen „feministischen Ich-Ideals“ (Feminist Counseling Collective 1975).

2.6 *Psychische Geschlechterdifferenzen, geschlechtsspezifische Sozialisation – Ideologie oder Wirklichkeit?*

Während ältere Überblicke über Geschlechtsunterschiede und deren Entwicklung (Terman/Tyler 1954, Maccoby 1966, Garai/Scheinfeld 1968) sehr viele Differenzen aufwiesen, hat der letzte ganz große Literaturbericht von Maccoby/Jacklin (1974) sehr wenig Unterschiede konstatiert, die sie für gesichert halten:

Mädchen zeigen bessere verbale Fähigkeiten, Knaben sind bzgl. visuell-räumlicher und mathematischer Fähigkeiten überlegen und sie sind aggressiver. Elterliche Sozialisationspraktiken gegenüber Knaben und Mädchen unterschieden sich nach diesem Überblick nicht. Alle widersprechenden Eindrücke von Eltern, Lehrern, Psychologen usw. erklären Maccoby/Jacklin zu „unfundierten Überzeugungen“, Resultaten von Stereotypenbildung.
Ihre Methode des Abwägens: Maccoby/Jacklin stellen die empirischen Arbeiten (zwischen 1966 und 1973), die unter einen Themenbereich, z.B. Aggression oder Sexualerziehung durch die Eltern, zu fallen scheinen, nebeneinander und wägen die Zahl der Studien, die signifikante Geschlechtsdifferenzen in eine Richtung ergeben, ab gegen die Zahl derer, die keine signifikanten Differenzen oder solche in die andere Richtung zeigen. Angesichts der Fülle des Materials können inhaltlich-theoretische oder methodische Überlegungen keine Rolle spielen. Nur ein Hinweis auf modifizierende Faktoren sei gestattet: Nash (1975) fand bei Sechst- und Neuntkläßlern, daß Jungen und Mädchen, die lieber Jungen sein wollten, größere visuell-räumliche Fähigkeiten zeigten (vgl. 3.6).

Ob das mehr ein Ergebnis unterschiedlicher Forschungs- bzw. Reviewstrategien oder eines historischen Wandels in Richtung auf Angleichung des Verhaltens von Männern und Frauen, elterlicher Erziehung von Jungen und Mädchen ist? Neuere, feministischer klingende Veröffentlichungen (z.B. Vaughter 1976, Scheu 1977) dagegen tragen hinwiederum mehr Material zusammen, das auf unterschiedliche Behandlung, auf stark differierende Sozialisationsbedingungen hinweist. Trotzdem lassen sich gewisse gesellschaftliche Veränderungen in Richtung Angleichung der Geschlechterrollen feststellen (z.B. Tornieporth 1977, S. 420; Schenk 1979).
Diese betreffen aber vor allem steigenden Bildungsanspruch auch für Mädchen sowie die stärkere Etablierung von Berufstätigkeit im weiblichen Leben, auch nach der Heirat (s. 3.9), d.h. sie sind sehr einseitig und beschränkt (Vaughter 1976, S. 129f.). Ich tendiere sehr zum *idealtypischen Herausarbeiten der unterschiedlichen Lebens- und Aufwachsensbedingungen* in der scheinbar gleichen Welt.

2.7 *Geschlechtsspezifische Sozialisationsforschung in der Bundesrepublik*

In der Bundesrepublik konzentriert(e) sich die Forschung im Unterschied zu den USA gerade auf das Bildungssystem (Pross 1969; Borris

1972; Coppes 1971; Zinnecker 1972, 1973; Hervé 1973; Silbermann/Krüger 1971; neu und umfassend: Schultz 1978; s. darin auch weitere Literatur). Sie fand hier z.T. aufgrund eines diffusen frauenemanzipatorischen Interesses statt und befaßte sich im Rahmen der Diskussion zur Bildungsreform vor allem mit leicht zugänglichem Material vergesellschafteter, d.h. schulischer Erziehung, wie Lesebüchern und Lehrplänen oder statistischen Daten zur Verteilung von Bildungschancen. In den letzten Jahren, inspiriert von der Frauenbewegung, wurden historisch-theoretisch anspruchsvollere Studien (Tornieporth 1977) erstellt, Interaktion zwischen Lehrer(inne)n und Schüler(inne)n erforscht (Schultz 1978). Aus Zeit- und Platzgründen kann ich hier nicht darüber berichten.

Die Forschung zur familiären Sozialisation ist bei uns erst gegen Mitte der siebziger Jahre in Gang gekommen; Ergebnisse liegen noch kaum vor. Das gilt insbesondere für die Frage der geschlechtsspezifischen Sozialisation (Ausnahmen: Gaudart/Schultz 1971, Thumm 1972, Reitz 1974, Oevermann u.a. 1976).

2.8 *Kulturvergleichende Studien*

In diesem Artikel mache ich im wesentlichen Aussagen über unsere spätkapitalistische, westlich-industrielle Gesellschaft; angeführte Forschungsergebnisse stammen meist aus den USA. Über interkulturell vergleichende Untersuchungen der Sozialisation von Männern und Frauen berichten D'Andrade (1966), Chodorow (1972), Block (1973).

Bekannt ist die ältere Studie von Barry u.a. (1957). Sie stellt große Ähnlichkeiten in der geschlechtsspezifischen Sozialisation in den untersuchten subsistenzwirtschaftlich organisierten Kulturen fest: Frauen wurden überall zu Fürsorglichkeit, Gehorsam, Verantwortlichkeit erzogen, Männer mehr auf Leistung und Selbstvertrauen hin. Diese Unterschiede entsprachen den Funktionen, die Männer und Frauen in der jeweiligen Ökonomie ausübten.

Theoretisch interessant finde ich, daß Whiting/Edwards (1976) das Verhalten 3–11jähriger Kinder in Beziehung setzen zu den Arbeiten, die ihnen in der jeweiligen Kultur zugeteilt wurden (Gemeinden in Kenya sowie – aus der Six-Cultures-Studie der Whitings – in Ostafrika, Indien, Mexiko, Neu-England/USA, Philippinen). Diese Arbeitsteilung bedeutet, daß Jungen und Mädchen mit verschiedenen Arten von Leuten interagieren, die verschiedenes Verhalten erfordern, mit unterschiedlichen Dingen und Umgebungen in je spezifischer Weise umgehen, d.h. in unterschiedlichen Situationen Verhaltenskompetenzen erwerben, Erfahrungen machen, ihr Selbstkonzept in Beziehung zu anderen entwickeln.

Die Aufgaben schon der 3–6jährigen Mädchen in Hausarbeit und Kinderversorgung in der Nähe des Hauses beinhalten Sorge für andere, Tätigkeiten, die mit Anforderungen und Wünschen anderer verbunden sind, Umgang mit Kleinkindern und, meist weiblichen, Erwachsenen. Dem entsprachen die bei Mädchen häufiger gefundenen Verhaltensweisen: physischen Kontakt Suchen und Anbieten, Hilfesuchen, Verantwortlichkeit gegenüber Erwachsenen, Fürsorglichkeit für Kleinkinder, Nachgiebigkeit/Kooperativität, Befolgen von aufgabenspezifischen Anweisungen, vor allem der Mutter, prosoziale (= an Regeln für bestimmte Aufgaben orientierte) Dominanz, Unterbrochenwerden, d.h. Eingehen auf andere, daher wohl auch weniger selbstinitiierte Akte. Die Aufgaben der etwas älteren Knaben in der Viehzucht beinhalten Umgang vor allem mit Gleichaltrigen und Tieren, fern vom Haus, sind weniger erwachsenenkontrolliert. Sie legen andere Verhaltensweisen nahe: Weniger Rücksichtnahme auf Schwächere und Anpassung an Erwachsene ermöglichen mehr „egoistische Dominanz“ (= Durchsetzen eigener Handlungsimpulse), mehr körperliche Auseinandersetzung, Raufen, Aggressivität; auch die Knaben entwickeln Verantwortlichkeit für die zugewiesenen Aufgaben. Ihre Suche nach Aufmerksamkeit von Erwachsenen hängt wohl mit Leistungsanforderungen und Konkurrenz zusammen; sie steigt mit Vorhandensein eines formellen Bildungssystems (auch für Mädchen). Wo es kaum Kinderarbeit (in Neu-England) bzw. Kinderarbeitsteilung (in zwei ostafrikanischen Gesellschaft, wo die Knaben bis zur Pubertät bei den Frauen und Mädchen bleiben und mitarbeiten) gab, waren die Verhaltensunterschiede geringer.

3 Versuch eines konzeptuellen Rahmens: Ontogenese als geschlechtsspezifische Aneignung der sozialen und physischen Welt angesichts der historischen Arbeitsteilung der Geschlechter

Zu meiner eigenen und des Lesers Orientierung werde ich einen kurzen Abriß des theoretischen Konzepts geben, von dem aus ich geschlechtsspezifische Sozialisation zu begreifen versuche; es wird dann zur Auswahl und strukturierten

Darstellung einiger vorläufiger Forschungsergebnisse verwandt und dabei weiterentwickelt. Ich beziehe mich auf folgende Konzepte:

- das in der Kritischen Psychologie entwickelte Konzept der *Ontogenese durch Aneignung der historisch gewordenen Welt* (HOLZKAMP 1973; HOLZKAMP-OSTERKAMP 1975, 1976, 1977; BRAUN/HOLZKAMP 1977; LEONTJEW 1977; ich folge vor allem der Anwendung auf geschlechtsspezifische Sozialisation durch NISSEN, 1978). Ich versuche ansatzweise, die in der Kritischen Psychologie vernachlässigten Aspekte der Aneignung nicht nur der physikalischen, sondern auch der i. e. S. sozialen Welt und der eigenen „inneren Natur" sowie emotionale Momente einzubeziehen;
- Konzeptionalisierungen *der historischen Form geschlechtsspezifischer Arbeitsteilung und ihrer Folgen* (BECK-GERNSHEIM/OSTNER 1977, BOCK/DUDEN 1977, OSTNER 1978, HAUSEN 1976, HAGEMANN-WHITE 1977, ROSENBAUM 1974, BAKAN 1966, CARLSON 1972, BERNARD 1973);
- *biographische Perspektive: Entwicklung/Sozialisation im Lebenslauf* (OERTER 1978, KOHLI 1978, BALTES/SCHAIE 1973, BRIM/WHEELER 1966 bzw. 1974 u. a.), *Normalbiographie* (LÉVY 1977).

3.1 Theorieskizze

Ontogenese als Einheit physischer, psychischer, sozialer Entwicklung des Individuums heißt individualgeschichtliche Ausfaltung und Realisierung der biologischen Möglichkeiten zur Vergesellschaftung durch *Aneignung der objektiven Strukturen* einer bestimmten historisch gewordenen Gesellschaft von dem *gesellschaftlichen „Standort" des Individuums* aus (HOLZKAMP 1973, S. 53). Entgegen älteren Konzepten passiven Sozialisiertwerdens vor allem durch die Erziehungspraktiken der Eltern, die in der Forschungspraxis bislang vorherrschten, aber kaum aussagekräftige Ergebnisse brachten (MACCOBY/JACKLIN 1974, ZIGLER/CHILD 1969), betont das Aneignungskonzept die *aktive* Tätigkeit des Individuums als Motor und Mittel seiner Entwicklung/Vergesellschaftung: Im zunächst praktischen, von Erziehungspersonen unterstützten Umgang mit Dingen und Personen gemäß den (gesellschaftlichen und sachlichen) Anforderungen baut das Kind allmählich eine den objektiv-strukturellen Anforderungen mehr oder weniger *entsprechende subjektive Struktur* (Persönlichkeitsstruktur) mit bestimmten Bedürfnissen, Fähigkeiten, Wahrnehmungsweisen, Fertigkeiten usw. auf. *Spiel, Lernen, Arbeit* sind die drei individualgeschichtlich aufeinander folgenden Tätigkeitsarten und Umweltbeziehungen, in denen dieser *stufenförmige Aufbau eines gesellschaftlichen Individuums, einer handlungsfähigen Person* (Sozialisation), erfolgt.

Für die Sozialisation von Männern und Frauen heißt das (HAGEMANN-WHITE 1977): Ihr zentrales Moment ist die *Arbeitsteilung nach Geschlecht* in ihrer historisch gewordenen Form: Männern ist *Berufsarbeit*, die anerkannte gesellschaftliche Form von Arbeit/Produktion, zugewiesen, Frauen vorrangig *private Reproduktionsarbeit*, d.h. Hausarbeit incl. Kindererziehung, „Beziehungsarbeit" (KONTOS/WALSER 1978). Diese unterschiedlichen Formen von Arbeit in unserer Gesellschaft unterscheiden sich in der Art, wie ihr Gegenstand strukturiert und organisiert ist, in Arbeitsmitteln und -methoden, in der „Konstruktion" des Wissens, in Zeitstrukturen und Verkehrsformen. Sie haben sich in dieser Form, in ihrer Getrenntheit und Komplementarität mit dem Kapitalismus, der Industrialisierung entwickelt (BOCK/DUDEN 1977, OSTNER 1978, ROSENBAUM 1974).

Die wissenschaftlichen und alltäglichen Vorstellungen von polar-komplementären Geschlechtsrollen und Geschlechtscharakteren bzw. Geschlechtsrollenstereotypen sind Reflex und harmonisierende ideologische Legitimierung dieser Arbeitsteilung und der Unterdrükkung von Frauen und Männern durch sie (s. 2.1, HAUSEN 1976). Als *organisierende Momente männlicher und weiblicher Sozialisation* sehe ich sowohl die *Arbeitsteilung* direkt, über die zugewiesene Tätigkeit, als auch diese *normativen Rollen- und Charaktervorstellungen* und die damit verbundene *gesellschaftliche Macht und Bewertung* von Mann und Frau, Männlichkeit und Weiblichkeit; denn sie *konstituieren unterschiedliche Lebensbedingungen* für Männer und Frauen innerhalb derselben Gesellschaft, derselben Familie, Schulklasse usw.

Die Frauenbewegung hat, entgegen der üblichen Annahme, daß wir alle in derselben, selbstverständlich männlich verstandenen Welt leben, pointierend herausgearbeitet, daß männliche und weibliche Individuen von der Geburt an mit unterschiedlichen „Welten" konfrontiert sind: verschiedenen Konstellationen von Dingen und Aufgaben, Zusammensein vor allem mit Männern oder mit Frauen und Kindern (s. 2.8, 3.5), unterschiedlichen Beziehungsformen, differierenden „Normal"-Biographien, verschiedenen Weisen des Umgangs mit ihrer Umwelt. BAKAN (1966), CARLSON (1972), BERNARD (1973) charakterisieren die „typisch" männlichen und weiblichen Umgangs- oder Aneignungsweisen als „*Prinzipien*":

Das *männliche Prinzip* der „*agency*" ist eng mit der protestantisch-kapitalistischen Ethik verquickt; es ist Aktivität, faustischer Wissensdrang, manipulativer Umgang mit Welt, vor allem Beherrschung von Natur, Schaffung einer eigenen kontrollierten Wirklichkeit, Trennung, Abgrenzung, Icherhöhung. Die männlichen Ich-Umwelt-Beziehungsprinzipien unserer Gesellschaftsform heißen auch Leistung, Abgrenzung von Natur (Mann = Mensch = Nichtnatur) (ALBEE 1977, BOVENSCHEN 1977). Es ist das Prinzip abendländischer, industriell-kapitalistischer Produktion/Naturbeherrschung. Historisch ist *Arbeit, Produktion als Naturbeherrschung in der Form des Berufs* organisiert worden (BECK/BRATER 1977); die berufliche Form der gesellschaftlichen Arbeit ist als vorrangige Tätigkeit, als Lebenssinn und als bestimmendes Moment ihres Status und ihrer „Normalbiographie" den Männern zugewiesen. In Anlehnung an faktorenanalytische Ergebnisse von BROVERMAN u. a. (1972), daß die sozial erwünschten Eigenschaften des Geschlechtsrollenstereotyps sich für Männer um einen Faktor der „*Kompetenz/Leistungsfähigkeit*" gruppieren lassen, faßt SCHENK (1979, S. 110ff.) „Kompetenz" als zentralen Bestandteil des männlichen Geschlechtsrollenstereotyps auf. Kompetenz/Leistungsfähigkeit wird bekanntlich als Voraussetzung vor allem höherer beruflicher Positionen angesehen, die bisher fast ausschließlich Männern vorbehalten waren.
Das *weibliche Prinzip* nennen BAKAN/CARLSON/BERNARD „*communion*": Fusion mit dem anderen, persönliche Teilnahme am andern, Sensibilität, Ausdruck/Expressivität, nichtvertragliche Kooperation. Es heißt auch Nähe zu Natur (physische Reproduktion: Kinderkriegen), Weib als das Geschlechtliche per se. Die sozial erwünschten Eigenschaften des weiblichen Geschlechtsrollenstereotyps (BROVERMAN u.a. 1972; SCHENK 1979, S. 110) zentrieren um den Faktor „*Wärme/emotionale Ausdruckskraft*". Die weiblichen Prinzipien gehören ganz offensichtlich der *Reproduktionssphäre* an; sie sind die Beziehungsformen der für die Reproduktion, die „Menschlichkeit" und Mitmenschlichkeit, die Fürsorge für leibliches und psychisches Wohl zuständigen Hausfrau, Mutter usw., überhöht und einseitig stilisiert als Konstruktion des „anderen Geschlechts" aus der Feder männlich-bürgerlicher Ideologieproduzenten (BOVENSCHEN 1977, BECKER u.a. 1977).
Man könnte noch viel an stereotypen Männlichkeits- und Weiblichkeitsbestimmungen hinzufügen.

Diese Prinzipien, Geschlechterrollen, -charaktere sind immer noch gültig, obwohl nicht unangetastet und widerspruchsfrei. Sie *leiten*, sei's durch *sachlich-soziale Anforderungsstrukturen* (Umgang mit Puppen – mit technischem Gerät; sich im Haus bewegen, häusliche Aufgaben übernehmen – weitergespannten, stark außerhäuslichen Aktionsradius haben), sei's durch *elterliche Stimulation, Unterstützung, Kanalisierung*, durch Vorbild, Lob und Tadel die Art, wie Mädchen und Jungen schon als Kinder die Welt, incl. ihres eigenen Körpers, aneignen.

Wenn tätige Aneignung das zentrale Sozialisationskonzept ist, kann man nicht mehr von simplen Vorstellungen abklatschhafter Imitation der Eltern, Übernahme ihrer Geschlechtsrolleneinstellungen oder Rollenteilung usw. ausgehen; sie lassen sich empirisch auch nicht stützen (s. MISCHEL 1970). Die theoretische und forschungspraktische Überbetonung der Eltern als prägende Sozialisationsagenten für „sex-typing" muß korrigiert werden zugunsten des Arrangements sachlich-sozial teilweise sehr verschiedener Umwelten, des Einflusses der Geschwister, der unterschiedlichen Zugänglichkeit von Gleichaltrigengruppen, von Stereotypen in Kinderbüchern und Fernsehen usw.
Ich lege im folgenden das Schwergewicht auf die praktische und kognitive Tätigkeit des Kindes, die aus dieser Umwelt deren geschlechtsspezifische Funktionsprinzipien allmählich, entsprechend seinen Handlungs- und kognitiven Fähigkeiten herausfiltert.

3.2 Geschlechtsspezifischer Erwerb von Handlungsfähigkeit in der Kindheit

In der frühen Sozialisation entsteht die Handlungsfähigkeit des Kindes und erweitert sich ständig: Das Kind sieht sich steigenden Anforderungen seitens der Erziehungspersonen und -institutionen gegenüber. Indem es diese realisiert, entwickelt es Fähigkeiten, Fertigkeiten, Bedürfnis- und Motivstrukturen zur späteren Existenzsicherung in der Gesellschaft. Diese zuerst noch unspezifischen, dann zunehmend spezifischer werdenden Anforderungen an das Kind kann man als „Vorformen von Derivaten klassen- und standortbedingter Individualitätsformen" verstehen (NISSEN 1978, S. 132). Oder konkreter: Es gibt entsprechend der *geschlechtsspezifischen Arbeitsteilung* verschiedene soziale *Anforderungen* an Männer und Frauen und entsprechende *Individualitätsformen. Vorformen* davon und Annäherungen daran sind die Anforderungen an männliche und weibliche Kinder.

Eine *optimale Entwicklung*, so führt HOLZKAMP-OSTERKAMP (1977) aus, ist möglich, wenn diese Anforderungen stufenförmig erhöht werden, derart, daß sie immer das entwicklungsmäßig gegebene Niveau der Fähigkeiten des Kindes voll ausschöpfen und zur Weiterentwicklung anreizen, ohne objektiv zu überfordern oder zu unterfordern; beides würde die Entwicklung behindern, Angst und/oder Apathie hervorrufen. Indem die Anforderungen, die zunehmend auch von öffentlichen gesellschaftlichen Institutionen vertreten werden, höher werden und mit ihrer Realisierung die Struktur, die Handlungsfähigkeit des Subjekts sich entwikkelt, nähert sich die individuelle Struktur (im Jugendalter) der spezifischen historischen und vom gesellschaftlichen Standort bestimmten Individualitätsform an. So entwickelt der Knabe sich zu einem mehr oder weniger „männlichen" Mann, der den Anforderungen der Gesellschaft und seiner „Schicht" an einen Mann (Beruf, Familienernährer, „männliche" Dominanz, Initiative, Aggressivität, Individualität usw.) mehr oder weniger entspricht.

Die zunehmende *Handlungsfähigkeit* des Kindes ist eine relative, je nach dem Verhältnis der möglichen bzw. zugestandenen *eigenen Kontrolle*, die das Kind über seine Lebensumstände hat, und der *Fremdkontrolle*, Außenstabilisierung durch Erwachsene. Dieses Verhältnis verschiebt sich mit zunehmender Entwicklung zugunsten der Selbstkontrolle. Die Fremdkontrolle steckt den Rahmen dafür, ob und was das Kind an Handlungsfähigkeit erwerben soll, kann und darf. Wenn dieser – notwendige – Rahmen zu eng gesteckt wird, kann das Kind (oder später auch der Erwachsene) handlungsunfähig werden; jedenfalls wird die Entwicklung der Handlungsfähigkeit behindert. Behindert wird auch, wenn das Individuum kaum Möglichkeiten zur Kontrolle über seine eigenen Lebensbedingungen sieht, die *Motivation zur Selbstentwicklung*. HOLZKAMP-OSTERKAMP (1977) belegt, wie das Individuum, indem es die Entwicklungsmöglichkeiten sieht, die in den Anforderungen stecken, motiviert wird, sie zu realisieren, d.h. sich weiterzuentwickeln und dabei die eigenen Bedürfnis- und Motivstrukturen zu vergesellschaften. Wir werden im folgenden auch hier nach Geschlecht unterschiedliche Entwicklungsbedingungen sehen.

Es folgen einige Befunde zur primären Sozialisation. In der Periodisierung schließe ich mich NISSEN (1978) bzw. HOLZKAMP-OSTERKAMP (1977) an. Einen gewissen Kern bilden die von SCHEU (1977) zusammengestellten Untersuchungen.

3.3 Einige Ergebnisse: Kindheit

Neugeborene in den ersten 2, 3 Lebenswochen: In den ersten 3 Wochen, dem Übergang vom intra- zum extrauterinen Leben, gibt es beim Neugeborenen noch keine deutliche Abgrenzung von Schlaf- und Wachzustand, Ich und Umwelt sind völlig ungeschieden. Das Kind ist extrem abhängig von den Betreuungspersonen. Sensorische, vor allem taktile und kinästhetische, Stimulierung ist extrem wichtig, notwendig dafür, daß das Kind allmählich eine eigenständige Wechselbeziehung zur Umwelt aufnimmt, kognitive und soziale Fähigkeiten entwickelt; sie kann u. U. aber auch überfordern.

Bei Neugeborenen gibt es, wohl hormonell bedingte, Differenzen zwischen Mädchen und Jungen, die unterschiedliche Ausgangsbedingungen für die Aneignung von Welt darstellen dürften:

Knaben haben durchschnittlich ein höheres Aktivitätsniveau (HAMBURG/LUNDE 1966, MONEY/ERHARDT 1971), sie schlafen etwas weniger als Mädchen (PHILLIPS u.a. 1978: in den ersten zwei Tagen, MOSS 1967: ab 3 Wochen); sie setzen sich also stärker Umweltreizen aus, sind irritabler. Die Bedeutung der höheren Aktivität ist unklar: Es gibt widersprüchliche Forschungsergebnisse bzgl. der Konsistenz des Aktivitätsniveaus über die Zeit (PHILLIPS u.a. 1978). (Bei Knaben besteht während der Kindheit stärker die Gefahr der Hyperaktivität.) Mehr Mädchen zeigen sich besonders berührungsempfindlich, reagieren also vor allem auf Nahreize; mehr Knaben reagieren besonders auf visuelle und akustische Reize, also auf solche, die auch über einige Entfernung von der Reizquelle (Person oder Gegenstand) funktionieren.

Neuere Untersuchungen zeigen *klare Unterschiede in der Behandlung* von Mädchen und Knaben von den ersten Lebenswochen ab (s. dazu auch VAUGHTER 1976); es werden jetzt auch mehr Studien mit ganz jungen Kindern durchgeführt. Z.B. wurden neugeborene Knaben etwas häufiger gefüttert als Mädchen, evtl. weil sie auch etwas mehr schreien (PHILLIPS u.a. 1978). Eltern nehmen Babies schon in den ersten 24 Stunden unterschiedlich, und zwar an Geschlechtsstereotype angelehnt, wahr, was deren physische und psychische Eigenschaften anbetrifft (Beschreibungen der Kinder durch die Eltern, RUBIN u.a. 1974). SMITH/LLOYD (1978) beobachteten, daß Mütter von Säuglingen im Labor mit fremden 6 Monaten alten Babys angebliche Knaben mehr zu grobmotorischen Bewegungen anregten und auf solches Verhalten stärker reagierten als bei Mädchen. Viel berichtet (z.B. SCHEU 1977, BELOTTI 1975, MENSCHIK 1977) sind die Beobachtungen von BRUNET/LEZINE (1966) und BELOTTI zum Stillverhalten, die sich z.T. auch auf die spätere Säuglingszeit beziehen: Alle Mütter wollten ihre Söhne stillen, aber nur zwei Drittel ihre Töchter; die Mädchen wurden seltener gestillt, ihnen wurden beim Stillen weniger Pausen zugestanden, sie wurden früher entwöhnt, mußten früher selbständig essen und sich eher den Eßvorschriften der Mutter unterwerfen, während sie den Jungen half und ihre Art zu essen akzeptierte. Faste alle Mädchen der Untersuchung entwikkelten Schwierigkeiten mit dem Essen.

Säuglinge ab 3 Wochen zeigen ein erwachendes Bedürfnis nach Umwelteindrücken und wirksamem Umgang mit der Umwelt. Schlafen und Wachen differenzieren sich, zielgerichtete Aktivität des Kindes beginnt: visuelle Konzentration auf Reize, positive emotionale Reaktionen auf Eindrücke, welche die Konzentration verstärken; das Kind zeigt Bedürfnis nach sozialem Kontakt. Die visuellen Reize sind die wichtigsten; durch visuell stimuliertes Erkundungsverhalten werden die Greifbewegungen schneller entwickelt. Visuelle Deprivation behindert die Entwicklung, sie führt zu reduzierter Aktivität, Apathie, Hospitalismus. Besondere akustische Stimulierung beschleunigt die Sprachentwicklung. Die Beobachtungen der Longitudinalstudie von MOSS (1967) ergaben, daß Mütter ihre 3 Wochen alten männlichen Babies mehr optischvisuell stimulierten, sich auch mehr in der Gegenwart des Kindes aufhielten. Mädchen wurden mehr akustisch stimuliert, indem die Mütter sie imitierten, was sicher weniger an neuen, die Entwicklung vorantreibenden Erfahrungen vermittelt, allerdings die schnellere Sprachentwicklung von Mädchen vielleicht stimuliert. Gegenüber dreimonatigen Babies ist das sex-typing schon sehr stark: In einer experimentellen Studie (SEAVEY u.a. 1975) suchten Erwachsene das Geschlecht eines fremden Babies krampfhaft herauszubringen, ihre Vermutungen stützten sich auf stereotype Attribute wie Stärke oder Sanftheit. Je nach Geschlechtsetikett gaben sie den Kindern *unterschiedliche Spielzeuge*, auch wenn die Information falsch war. Die Erwachsenen-, Elternreaktionen und -wahrnehmungen können nicht oder nur zu einem geringen Teil auf die schwach unterschiedlichen Reaktionstendenzen der Babies selbst zurückgehen, sie scheinen wesentlich stärker den Stereotypen zu folgen, wie Knaben und Mädchen angeblich natürlicherweise sind. MOSS (1967) beobachtete, daß sich ab dem 3. Monat das Verhalten der Mütter änderte und scharf differenzierte: Sie gaben Mädchen mehr zärtlichen *Körperkontakt* und förderten bei Knaben mehr die *Muskelaktivität*; das ist förderlich für zärtliches, soziales, anhängliches „weibliches" Verhalten einerseits, motorisch aktives, raumgreifendes „männliches" Verhalten andererseits. Frappierend sind in diesem Zusammenhang die Ergebnisse der Beobachtungsstudie von GOLDBERG/LEWIS (1969) zum *„proximal vs. distal mode behavior"*: Zwischen dem 3. und dem 6. Monat gingen die Mütter beim Spielen mit ihren Söhnen vom proximal mode behavior über zu distal mode behavior, d.h. sie sorgten durch ihre Art zu spielen – den Ball ein wenig wegwerfen, das Kind mit dem Gesicht dahin drehen – dafür, daß die Söhne sich von ihnen entfernten, den Raum und Spielzeuge selbständig eroberten. Sie forderten also die sich entwikkelnden physischen und geistigen Fähigkeiten der Kinder heraus, verstärkten damit deren Unabhängigkeit, die selbständige Exploration der sachlichen Umwelt. Mit den Mädchen gingen die Mütter bis ins 2. Lebensjahr im proximal mode um, d.h. sie hielten sie beim Spielen in ihrer körperlichen Nähe, drehten sie zu sich hin, machten Dinge für sie, wie den Ball heranholen. Damit behinderten sie *Explorationsverhalten*, die *Entwicklung selbständigmachender Fähigkeiten*, die *Loslösung von Erziehungspersonen*, fixierten das Mädchen auf die Mutter. Dazu paßt die Aussage von KAGAN/MOSS (1962) aufgrund ihrer Longitudinalstudie, daß Mädchen sich nur dann selbständiger entwickeln, eher Leistungsmotivation entwickeln, wenn sie in den ersten 3 Lebensjahren von den Müttern vergleichsweise kühl, kritisch, distanziert behandelt werden. Knaben sind eher in der Gefahr, daß Leistungsehrgeiz oder Bequemlichkeit der Eltern ihnen schon in den ersten 3 Lebensjahren, zu früh Selbständigkeit abfordert; sie entwickeln dann weniger Unabhängigkeit und Leistungsmotivation, sondern eher neurotische Störungen. Bezüglich der Sauberkeitserziehung – das dürfte jeder von uns aus Erfahrung wissen – gibt es die feste Alltagstheorie, daß Mädchen früher und leichter sauber, Jungen dagegen problematischer sind, daß man ihnen mehr Zeit lassen, nachsichtiger bei „Unfällen" sein muß. BRUNET/LEZINE (1966) berichten, daß italienische Mütter bei Mädchen mit der Sauberkeitserziehung ab dem 5. Monat, bei Knaben ab dem 8. Monat begannen; Mädchen wurden strengerem Drill unterworfen. Schon kleinste Babies erhalten je nach Geschlecht unterschiedliches Spielzeug (RHEINGOLD/COOK 1975; Genaueres s. S. 28).

Kleinkinder ab Ende des 1. bis gegen Ende des 3. Lebensjahres: Charakteristikum dieser Zeit ist die *Spieltätigkeit.* Im Umgang mit Spielzeug eignen sich Kinder die *gesellschaftlichen* – und das heißt auch *je nach Geschlecht relevanten – Gegenstandsbedeutungen von Sachen und Personen* an. Sie entwickeln gegenständliche Handlungen, d.h. sachgerechten Umgang mit Gebrauchsgegenständen, Realisierung der inhärenten Anforderungsstrukturen. Dadurch gewinnen sie eine relative Handlungsfähigkeit. Die Erwachsenen, vor allem die Eltern, unterstützen die Kinder dabei, indem sie bestimmte Spielsachen zur Verfügung stellen, einen spezifischen Umgang mit ihnen vermitteln und diesen damit eine bestimmte gesellschaftliche Bedeutung geben. Damit vermitteln sie gleichzeitig geschlechtsspezifische *Werte und Normen,* fördern den Aufbau von *Fähigkeiten, Fertigkeiten, Motivstrukturen;* denn der erfolgreiche Umgang mit bestimmten Gegenständen (z.B. Bauklötzen) führt dazu, daß diese positiv emotional besetzt werden, daß bestimmte Kompetenzen (Statikvorstellungen) entwickelt werden und das Kind motiviert wird, seine Kompetenzen (im Bauen und Konstruieren) weiter zu üben und zu entwickeln. Art und Umfang der verfügbaren Spielzeuge, mit denen ein Kind zu spielen ermutigt wird und die es vorzuziehen lernt, beeinflussen also seine sich entwickelnde Kompetenzstruktur und sein Gefühl von Einwirkungsmöglichkeit auf die Umwelt (effectance nach WHITE 1959, Kontrolle).

Die unterschiedlichen Präferenzen von Jungen und Mädchen für verschiedene Spielzeuge sind in einer Unzahl von Untersuchungen mit den verschiedensten Methoden festgestellt worden. Durch Verhaltensmessungen in freiem Spiel, Rollenspiel, die in den letzten Jahren üblicher als projektive Verfahren geworden sind, wurde die Entwicklung der geschlechtstypischen *Spiel(zeug)interessen* untersucht (KAMINSKI 1973, SEARS u.a. 1965; Überblick bei MACCOBY/JACKLIN 1974, S. 277ff.).

Bis zum Alter von 3–5 Jahren haben Kinder recht stereotype Spielzeugwahlen ausgebildet, die Jungen früher und konstanter (KOHLBERG 1974, S. 380), sie vermeiden gegengeschlechtliche Aktivitäten stärker. Dieser Trend setzt sich, gemäß verschiedenen Studien, ins Collegealter hinein fort (MACCOBY/JACKLIN 1974, S. 284). Schon früh zeigen Jungen mehr grob-motorische Muskelaktivität, die später in organisierten und informellen Sport eingebracht wird. Bei Mädchen zieht sich das Interesse für „Anziehen" durch. Mädchen spielen vor allem mit Puppen, imitieren Personen, sie machen damit praktisch ein *Identifikationstraining in innerfamiliären Rollen* (vor allem Mutter und Kind), ein Training in Zwischenmenschlichkeit. Jungen spielen mit Sächlichem, vor allem technischem Spielzeug, im Rollenspiel stellen sie männliche, *häusliche und außerhäusliche, stärker sachbezogene Rollen* (Polizist, Autofahrer, Kranführer, Soldat, Feuerwehrmann) dar.

DANNHAUER (1973, S. 199) sieht die Differenzen im Spielverhalten als Ergebnis des Lernens am Spielmaterial und der Erwachsenenbekräftigung, aber die Spielinteressen stellen schon sehr bald ein eigenständiges Bekräftigungssystem dar. GOLDBERG/LEWIS (1969) fanden auch die Art des Spielens schon bei 13 Monate alten Kindern verschieden: Mehr Mädchen als Jungen zeigten sich beim Spielen mit ihrer Mutter als eher abhängig und wenig exploratorisch, in Korrelation mit dem Training in proximal vs. distal mode behavior. MACCOBY/JACKLIN (1974, S. 328) resümieren – und das ist einer der wenigen von ihnen als eindeutig anerkannten Unterschiede elterlicher Erziehungspraktiken –, daß in verschiedenen Altersklassen die Eltern ganz klar geschlechtstypische Aktivitäten ermutigen und untypische entmutigen (s.a. FAGOT 1978); das gilt besonders für Jungen: Die „richtigen" Aktivitäten der Knaben werden etwas stärker unterstützt als die der Mädchen; die „falschen" Tätigkeiten der Jungen rufen stark negative elterliche Reaktionen (vor allem starke Emotionen des Vaters) hervor (GOUDE-

NOUGH 1957, LANSKY 1967, FLING/MANOSEVITZ 1972).

DANNHAUER (1973) stellte Unterschiede im Spielzeugbesitz ab 1;10 bis 2;3 Jahre fest. RHEINGOLD/COOK (1975) fanden bei der Untersuchung der Dinge in den Zimmern von 1 Monat bis 6 Jahre alten Mädchen und Jungen, daß die Knabenzimmer mehr Spielsachen verschiedener Art enthielten und auch solche, die Aktivitäten außerhalb des Hauses ermutigten; die Spielsachen in den Mädchenzimmern waren homogener, auf Haushalt und Kindererziehung bezogen.

ROSENFELD (1975) stellt eine Verbindung zwischen diesen geschlechtstypischen Spielzeugen, der *Kompetenzentwicklung* und der Geschlechtsrollenidentität her: Die Spielzeuge der Knaben sind stärker kompetenzanregend (Häufigkeit der Reaktion auf das Spielzeug, Vielzahl der möglichen Umgangsweisen). Von daher erklärt sich ihrer Meinung nach die ambivalente Geschlechtsidentität, zumindest aber die inkonsistente Spielzeugpräferenz von Mädchen.
Die *gesellschaftliche Bewertung* und die inhärenten Entwicklungsmöglichkeiten männlicher und weiblicher Tätigkeiten zeigen sich schon im Spielzeug: Die Knabenspielzeuge werden auch von den Mädchen gewünscht, Mädchenspielzeug wird von Knaben verächtlich gemieden (DANNHAUER 1973, S. 179). Wenn das Spiel eine entscheidende Rolle in der Entwicklung von Kindern hat, bedeutet diese frühe Unterscheidung der Aktivitäten, der *geschlechtsspezifische Umgang mit geschlechtsspezifisch ausgewählten Gegenständen*, mit einer in *Vorwegnahme der Arbeitsteilung der Geschlechter vororganisierten Kinderwelt*, daß scheinbar in ganz derselben Welt lebende Mädchen und Jungen zu einem beträchtlichen Teil verschiedene Entwicklungsbedingungen haben.

Kindergarten-, Vorschulkinder ab 3 Jahre: In diesem Alter ist das Spiel, vor allem Rollenspiel vor Funktions- und Konstruktionsspielen, die dominierende Tätigkeit. Das bedeutet, daß sich dabei die wichtigsten psychischen Prozesse entwickeln. Die Kinder entwickeln ein starkes Bedürfnis nach Aneignung der Gegenstände und Tätigkeiten, mit denen sich Erwachsene beschäftigen, identifizieren sich antizipatorisch mit Erwachsenen, deren Tätigkeiten gewinnen einen starken Selbstbekräftigungswert: Die nicht zugänglichen Erwachsenenbereiche und deren Beziehungen werden im Rollenspiel nachgespielt. Auch hier differenziert sich das Spielverhalten nach der Arbeits- oder Rollenteilung der Geschlechter: Mädchen interessieren sich mehr für *Rollenspiele* (DANNHAUER 1973, S. 120), haben bessere Leistungen darin (SMILANSKY 1973, zit. b. NISSEN 1978, S. 161): Sie üben die Entfaltung sozialer Beziehungen, die Übernahme der Rolle, Perspektive des anderen (SCHEU 1977, S. 92). Trotzdem resümieren CROISSIER u.a. (1979, S. 23), daß sich bis zum Schulalter keine Geschlechtsunterschiede bezüglich sozialer Kognitionsfähigkeit finden. Mädchen übernehmen, wenn auch Jungen dabei sind, regelmäßig die untergeordnete Rolle in der gängigen Kombination (z.B. Arzt/Krankenschwester). Jungen bevorzugen *Konstruktionsspiele* (Bauen, technische Baukästen), sie üben sich also im sachgerechten Umgang mit Materialien, Einsicht in deren Gesetzmäßigkeiten (DANNHAUER 1973, S. 120; SCHEU 1977, S. 92). Bei den im späteren Vorschulalter und im Schulalter beliebten *Regelspielen* gibt es ganz strenge Geschlechtertrennung, etwa Fußball für die Jungen, Seilspringen, Ballspielen gegen die Wand für die Mädchen. BELOTTI (1975, S. 83) oder auch SCHEU (1977, S. 89) meinen, daß die Mädchenspiele Unterwerfung unter Monotonie wie die der Hausarbeit oder Fließbandarbeit vorwegnehmen.
Wichtig scheint mir, daß Jungen im späteren Vorschulalter, wohl vor allem auf dem Land und in der städtischen Unterschicht, schon z.T. in *Gleichaltrigengruppen* zusammen sind, außerhalb der elterlichen Wohnung, während die Mädchen in *Dyaden* spielen (MACCOBY/JACKLIN 1974, S. 257) und stärker behütet, im Haus behalten werden.
Meiner Erfahrung nach sind die *Gleichaltrigen* oder auch etwas *ältere Kinder* vor allem für die Knaben schon im Vorschulalter und noch zunehmend im Schulalter wichtige und stark stereotypisierende Vermittler der „richtigen" Attribute, Aktivitäten und der Werthierarchie von Männern und Frauen, Buben und Mädchen („Weiberkram"); Untersuchungen dazu sind mir nicht bekannt.
Vorschulkinder, die von PAPALIA/TENNENT (1975) gefragt wurden, was sie werden wollten, brachten sehr stereotype Antworten; die Berufsziele der Mädchen waren wesentlich enger, ganz traditionell (Mutter, Lehrerin, Hausfrau, Krankenschwester), die Knaben nannten mehr Kategorien, interessantere, aktivere Berufe (Polizist, Feuerwehrmann). Die Ähnlichkeit mit

den im Spiel übernommenen Rollen ist frappierend.
Viel zu wenig beachtet im Vergleich zu den Eltern sind die *Medien* und die *Kindergarten-* und *Vorschuleinrichtungen* als Vermittler von Geschlechterrollen.

Bilderbücher (Weitzman u.a. 1972) und Fernsehserien für kleine Kinder vermitteln nicht weniger traditionelle Stereotype (von häuslichen, untergeordneten, ängstlichen Mädchen und Frauen und unternehmungslustigen, macherischen bzw. interessant berufstätigen Jungen und Männern) als Schullesebücher (Silbermann/Krüger 1971, Karsten 1977), die besser untersucht sind. Küchenhoff (1975) fand, daß überhaupt im deutschen Fernsehen Frauen relativ wenig vorkommen bzw. als Mutter oder junge, schöne unabhängige Frau, wenig realistisch und problemorientiert. Kinder, die mehr fernsehen, zeigten stereotypere Einstellungen als andere (Frueh/McGhee 1975).

Serbin/O'Leary (1975) berichten von Beobachtungen in nursery schools:

Die Betreuerinnen ermutigten bei Jungen und Mädchen verschiedene Muster von Aggression, Passivität, Selbstsicherheit und Taktiken zum Erlangen von Aufmerksamkeit. Das Wichtigste: Jungen bekamen mehr (und mehr persönliche) Unterweisung, mehr Belohnung für schulische Leistungen, Mädchen kriegten weniger Aufmerksamkeit und Reaktion, d.h. hatten weniger Effekt auf die soziale Umgebung. Bevorzugung (Höherbewertung) von Jungen durch Erzieher fanden auch Schmalor u.a. (1974 ref. bei Nissen 1978, S. 165) bei einer Einstellungsuntersuchung. Die Beobachtungen von Belotti (1975, S. 113–159), die Menschik (1977, S. 151–158) systematisierend zusammenfaßt, über Einstellungen und Verhalten von Erzieherinnen gegenüber Knaben und Mädchen seien kurz erwähnt: Mädchen wurden zu Handlangerdiensten für Erzieherinnen und die Jungen herangezogen, mußten von Jungen abgelehnte Arbeiten machen, bekamen weniger aktive und privilegierte Aufgaben zugeteilt, wurden in ihren Spielaktivitäten gebremst, als zu schwach für bestimmte Spiele angesehen. Jungen gegenüber waren die Erzieherinnen nachsichtig, sie wurden, wenn überhaupt, zu Hilfsdiensten vorsichtig gebeten, ihr aggressives Verhalten gefördert, sie wurden als stark angesehen; Spielzeug wurde unterschiedlich verteilt.

Das heißt: die Mädchen wurden klar auf Dienstleistungstätigkeiten und Unterordnung hin ausgerichtet, und sie gehorchten auch prompt; bei den Knaben wurde Eigenständigkeit respektiert, Aktivität und Aggressivität gefördert, ihre Höherwertigkeit in vielen Formen zum Ausdruck gebracht.
Zur Frage der differentiellen Sozialisation – direkter oder indirekter Verstärkung – durch die *Eltern* gibt es nach Maccoby/Jacklin (1974, S. 304) hauptsächlich empirische Studien, die sich auf Kinder im Vorschulalter beziehen. Die Autorinnen resümieren, daß es bemerkenswert wenig Unterschiede in den *Erziehungspraktiken* bzw. *-einstellungen* der *Eltern* gäbe. Selbst die These der größeren Toleranz gegenüber Aggressivität der Knaben, die von älteren Studien (wie Sears u.a. 1957) gestützt wurde, werden von neueren Untersuchungen nicht bestätigt. Allerdings *glauben* die Eltern, daß Jungen aggressiver seien – ob nicht allein das schon wirkt? Fast alle Studien belegen, daß Knaben in jedem Alter mehr physisch bestraft werden. Mädchen gehorchen früher, geben also auch weniger Anlaß zur Bestrafung (Maccoby/Jacklin, S. 335). Jungen scheinen sowohl mehr positiv verstärkt als auch mehr bestraft zu werden als Mädchen – als wenn sie mehr der *elterlichen Aufmerksamkeit wert* wären! Dasselbe Muster fand sich auch bei Erzieherinnen. Die Kinder werden die inhärente höhere *Wertschätzung des Männlichen* als konkrete Unterschiede und später auch als gesellschaftliches Prinzip erkennen, sobald sie kognitiv dazu in der Lage sind. Sehr früh aber werden viele Knaben merken, daß sie starken Einfluß auf ihre Erziehungspersonen ausüben, starke Reaktionen auslösen, während viele kleine Mädchen den Eindruck gewinnen müssen, daß ihr Tun geringen Einfluß, geringe „Kontrolle" ihrer Umwelt zur Folge hat.
Über elterliche Konzepte, wie Kinder sind, gibt es recht wenig Studien (z.B. Lambert u.a. 1971, W. Smith 1971). Sowohl franco-kanadische als auch schwarze amerikanische Eltern sahen männliche und weibliche Kinder als typischerweise und natürlicherweise (angeboren) verschieden; die Wunschverhaltensweisen waren eher gleich für beide (Maccoby/Jacklin, S. 347f.).
Die geschlechtsspezifische Sozialisation in der späteren Kindheit, der Schulzeit, durch Lernen und Interaktion in der Schule, in der Familie, mit Geschwistern und anderen Kindern, auf der Straße usw. behandele ich nicht.
Ich verlasse jetzt erst einmal die chronologische Verfolgung von männlicher/weiblicher Entwicklung bzw. Sozialisation im Lebenslauf; dazu kehre ich abschließend (in 3.9) zurück. Mir erscheinen einige *altersübergreifende* Ausfüh-

rungen über *männliche und weibliche Aneignungsformen und -bedingungen*, die von dem gesellschaftlichen Verhältnis von Männern und Frauen (Arbeit, Beziehungsformen) strukturiert werden, nötig.

3.4 Verschiedene „Sozialisationsmodi"

Obwohl ich im Vorangehenden bewußt nicht von der gängigen Vorstellung ausgegangen bin, daß Kinder weitgehend passiv sozialisiert werden, obwohl ich an SCHEU (1977) kritisiere, daß sie das Aneignungskonzept zu sehr zu einem des Sozialisationsdrucks auf Mädchen „umfunktioniert" hat, obwohl ich selbst von der aktiven Aneignung der Welt und des eigenen Körpers durch das Kind ausgegangen bin, legen die referierten empirischen Ergebnisse zur Sozialisation in der Kindheit den Schluß nahe, daß für Mädchen und Jungen tendenziell unterschiedliche Sozialisationsmodi gelten: Ich stelle die *These* auf: Viele *Mädchen „werden mehr sozialisiert", ihr Sozialisationsmodus ist eher „passiv"*. Bei *Jungen* spielt meist die *Selbstsozialisation* eine größere Rolle, *ihr Sozialisationsmodus ist mehr „aktiv"*.

Das beginnt vielleicht mit dem stark biologisch (hormonell) bedingten größeren Aktivationsniveau vieler männlicher Neugeborener, auf jeden Fall aber mit den gleich einsetzenden sozialen Erwartungen, daß Knaben, schon als Babies, aktiver, stärker seien, mehr „eigenen Kopf" oder „Willen" hätten; und der wird ihnen auch von den Erzieher(inne)n eher gelassen: Sie üben größere Nachsicht, akzeptieren eher eigenen Stil und eigenes Tempo des Knaben beim Stillen, Essen, Sauberwerden, beim Spiel, im Kindergarten, in der Schule. Die sich gemäß diesen Erwartungen und Reaktionen entwickelnde größere Eigenwilligkeit fordert allerdings Eltern auch zu mehr physischer Bestrafung heraus. Die Ermutigung von ausgreifender Exploration der gegenständlichen Welt, von Aktivitäten außerhalb des Hauses, die frühe und langdauernde Mitgliedschaft in Gleichaltrigengruppen außerhalb von Familie und direkter Erwachsenenkontrolle (s. 3.5) – all das ermöglicht den Knaben einen eher aktiven Aneignungsmodus, einen größeren Stellenwert der Selbstsozialisation in ihrer Entwicklung.

Mädchen, anfangs meist etwas weniger aktiv, werden allgemein als schwach, bild- und fügsam, passiv angesehen. Sie werden stärkerem Drill, ob bei der Sauberkeitserziehung oder im Kindergarten, ausgesetzt und dem Erzieherwillen meist stärker unterworfen. Eigenwillige Aktivitäten, Initiative und selbständige, evtl. gefährliche Exploration wird nicht gefördert bzw. rigoros unterdrückt, sie werden in fast allen Altersstufen (vielleicht außer den ersten Jahren der Schulzeit?) im Haus und unter ängstlicher Kontrolle gehalten; das gilt besonders ab der Pubertät, wo elterliche Kontrolle und Behütung in erschreckendem Ausmaß viele Mädchen gerade im Alter notwendiger Ablösung vom Elternhaus festhält und beschränkt. Auch „Selbstsozialisation", Sozialisation in eigener Regie, in Gleichaltrigengruppen findet bei Mädchen wesentlich weniger statt.

Die Tendenz, Männer als aktiver, Frauen als passiver anzusehen und zu behandeln, scheint etwas sehr Durchgängiges in unserer Kultur zu sein: MCKENNA/KESSLER (1977) fanden bei der Durchsicht einer Stichprobe von Experimenten in amerikanischen psychologischen Zeitschriften, daß bei Experimenten mit nur weiblichen Versuchspersonen mehr passive, die Handlungsmöglichkeiten einschränkende Designs verwendet wurden ...

Die abendländische Geschichte, gipfelnd im Kapitalismus, hat die Herausbildung des Individuums als handlungsfähiges Subjekt, als „autonomen" Akteur (Unternehmer, Abenteurer, „faustischen" Forscher ...) bisher hauptsächlich für das männliche Individuum betrieben. Die gleichmachende Logik des Kapitals und seiner liberalen Gleichheitsideologie setzt nur langsam und mit vielfachen Brechungen und Abschwächungen die Anerkennung der Frau als Subjekt, als selbständiges Individuum durch. Die Frauen sind immer noch Objekt der – von wenigen – Männern gemachten Geschichte; sie haben trotz zahlenmäßiger Überlegenheit Minoritätsstatus (HACKER 1950/1976), ihr gesellschaftlicher Platz ist, abgesehen von ganz wenigen Ausnahmen, nicht da, wo etwas als relevant Geltendes „gemacht" wird: Die politische und wirtschaftliche Ohnmacht der Frauen als sozialer Kategorie vermittelt ihnen den mehr passiven, den Objektstatus, während zwar die Mehrzahl der Männer auch nicht real an der gesellschaftlichen Macht teilhat, aber jeder Mann sich immer noch als Mitglied der sozialen Kategorie „Mann" mächtiger, mit mehr Handlungsmacht, speziell gegenüber Frauen, fühlen kann. Diese Erfahrung machen Frauen und Männer lebenslang: trotz einiger – einer zunehmenden Zahl –

abweichender Individuen und Situationen strukturiert die gesellschaftliche Realität die Aktivitäts-Passivitäts-Relation zwischen den Geschlechtern immer noch recht eindeutig.
Von Geburt an beginnt offenbar der Prozeß der *Vergesellschaftung von Männern eher als Subjekt*, als zur Unabhängigkeit ermutigter *Akteur*, als eigenständiges anerkanntes *Individuum*, von *Frauen als mehr vom Handeln anderer Abhängige*, dem Willen anderer unterworfen bzw. *sich einfügend und anpassend*: mehr aktiver und mehr passiver Sozialisationsmodus. „Passiver Sozialisations-, Aneignungsmodus" von Mädchen und Frauen meint, daß sich die Unterdrükkung der Selbständigkeit durch die Erzieher in aktive Selbstunterdrückung und Unterwerfung, in relativ passive Verhaltensstrategien der Mädchen und Frauen umsetzt (vgl. MOELLER-GAMBAROFF 1977). Art und Reichweite (in die Außenwelt, ins Fremde, Dingliche ausgreifend – im Haus, im Vertrauten, Persönlichen bleibend) der aus diesem lebenslangen Sozialisationsprozeß entstehenden Handlungsfähigkeit werden sich unterscheiden ...
An dieser Stelle will ich noch einmal entschieden darauf hinweisen, daß wir klar unterscheiden müssen zwischen den *konkreten, persönlichen Erfahrungen eines Kindes* in seiner unmittelbaren Umgebung, in der Familie, den Erfahrungen mit Spiel- und Schulgefährten und Nachbarn, und der *Erfahrung allgemeinerer Prinzipien der gesellschaftlichen Realität*, der gesellschaftlichen Lage von Männern und Frauen. Das kann mehr oder weniger stark auseinanderklaffen, sich widersprechen; die Forschung hat sich zu solchen Unterscheidungen noch nicht aufschwingen können.
Wie reagieren Kinder, Jugendliche auf solche sich widersprechenden Erfahrungen? Wie verarbeiten z.B. Jungen die Diskrepanz zwischen einer mutterdominanten Familienstruktur, einem eher weichen, emotionalen Vater einerseits und andererseits „männliche Härte" fordernden Spielgefährten oder der Beobachtung männlicher Dominanz in der Öffentlichkeit? Was machen sie mit dem Auseinanderklaffen von Verhalten und Geschlechtsrollenideologie der Eltern? Solche Fragen sind kaum mit den einfachen Modellen und den quantitativ-formalen Methoden der bisherigen Forschung zu beantworten.

3.5 *Sozialisation durch Interaktion in „homosozialen Welten"*

Seit einigen Jahren wird mit dem Begriff „homosoziale Welt" (LIPMAN-BLUMEN 1976, BERNARD 1978) darauf hingewiesen, daß auch heute noch in unserer Gesellschaft von Kindheit an Männer sehr viel Zeit in engem Kontakt mit Männern und Frauen mit Frauen verbringen und daß diese „Welten" unterschiedlich funktionieren. M.E. lohnt es, sie als geschlechtsspezifische „Sozialisationsumwelten" zu betrachten. Dabei ist nach LIPMAN-BLUMEN (1976) ein umfassendes Muster einer „*homosozial männlichen Welt*", von der Frauen ausgeschlossen sind, gegenüber der sie machtlos sind, wo Männer sich gegenseitig stimulieren und sich gegenseitig verstärken, dominant.

Ontogenetisch fängt es an mit der größeren Attraktivität des Vaters für ein- bis zweijährige Knaben (BAN/LEWIS 1971, LAMB 1977); der Vater spielt auch viel mehr mit dem Sohn als mit der Tochter. Jungen spielen von früher Kindheit an mehr in („homosozialen") Gruppen (MACCOBY/JACKLIN 1974, S. 257), besonders solchen, die außerhalb familiärer und schulischer Kontrolle, auf der Straße, agieren; das gilt wohl noch stärker für Jugendliche (HARTUP 1970, BAUER 1970); Mädchen spielen von frühem Alter an mehr in Dyaden (MACCOBY/JACKLIN a.a.O.). Später bildet die Militärzeit noch eine extrem abgeschlossene männliche Welt. BERNARD (1978) weist auf die vielfältige Segregation der Geschlechter hin: von getrennten spontanen Spielgruppen im Vorschulalter, wie oft berichtet (PARTEN 1933, MCCANDLESS/HOYT 1961, STRAYER 1977), Flucht der Männer aus Familie und Mutterbindung in Männervereine, Kneipen bis zum geschlechtsspezifischen, d.h. geteilten Arbeitsmarkt (BECK-GERNSHEIM 1976; SIGNS 1976, 3 (2)) und, abnehmend, in der Hochschule, in höheren beruflichen Positionen. Auch die strikt „weibliche Sphäre" von Kindererziehung und Fürsorge, wie sie etwa SMITH-ROSENBERG (1976) für die USA des 19. Jahrhunderts beschreibt, wird weniger strikt; historisch ist eine Annäherung der Welten zu verzeichnen.

Interessant finde ich BERNARDS Hinweise auf die *verschiedenen Funktionen* (Kindererziehung, Fürsorge i.w.S. – Ökonomie, Politik) *und ihre Folgen* (S. 306ff.): in Sprache/Sprechweise (Sexismus der Sprache, Sicherheitsdemonstration – Unsicherheit vor allem im öffentlichen Sprechen) und im Beziehungsstil (duellierend, feindlich, oberflächlich sozial – unterstützend, kollaborativ, intim; Selbstverwirklichung – „Arbeit aus Liebe" für andere selbst in der politischen Aktivität).

Trotz der Glorifizierung der weiblichen Interaktionsformen in dieser Beschreibung, die sich auf einige unveröffentlichte Untersuchungen stützt, weist sie m. E. zutreffend auf *subtile Unterschiede der „sozialisatorischen Interaktion"* in Männer- und Frauengruppen, -bereichen usw. hin. Dominanz, Attraktivitäts- und Prestigevorteil, größere Unabhängigkeit der homosozial männlichen Gruppen, Institutionen, Bereiche bedeuten sicher einen Unabhängigkeitsvorteil der männlichen Sozialisation, ein Mehr an männlicher und peer-Selbstregie des Bildungsprozesses der Subjekte.

3.6 Einige Anmerkungen zur Entwicklung von Geschlechts(rollen)identität

Ich werde das zweifelhafte Kunststück versuchen, dieses Thema ohne intensiven Rekurs auf Psychoanalyse zu behandeln, weil ich mich nicht kompetent genug fühle, psychoanalytische Entwicklungstheorie kritisch und konstruktiv zu handhaben. Vielmehr werde ich mich z.T., soweit ich seine Theorie akzeptiere, an KOHLBERG (1974) orientieren, insofern er den Prozeß der Entwicklung einer sexuellen, und damit meint er einer Geschlechtsrollenidentität, als kognitiv-evaluativen Vorgang der *aktiven Strukturierung der eigenen Erfahrungen* und der *Selbsteinordnung in die soziale Welt* auffaßt. Geschlechtsrollen sind neben der Kind-Erwachsenen-Trennung (PARSONS/BALES 1955) wohl die zuerst, wenn auch kindlich „verzerrt", wahrgenommenen sozialen Unterschiede und Beziehungsformen, nach denen das Kind seine Welt (z.T. auch die physische Realität) organisiert. Die menschlich-allgemeine Motivation, Kompetenz, d.h. in bezug auf die physische und soziale Realität wirksame Handlungsfähigkeit (WHITE 1960), und ein Selbstverständnis in der sozialen Umwelt zu entwickeln, ist auch der Antrieb für die Entwicklung und Aufrechterhaltung einer sexuellen Identität; denn *Geschlecht als der natürlichen übergestülpte soziale Kategorie* ist ein *tiefreichendes Gliederungsmerkmal*, ein *fundamentales beziehungsrelevantes Prinzip aller bisherigen Gesellschaften.* Sich selbst in diese Dichotomie einzuordnen, ist für das Kind eine lebenswichtige Anpassungsleistung, eine notwendige Aneignung gesellschaftlicher Realität, eine früh an es herangetragene Anforderung.

Meine den kognitiven Ansatz modifiziert aufnehmende „Theorie": Durch die geschlechtsspezifische Behandlung, die das Kind von Geburt an erfährt, erwirbt es eine *diffuse*, mehr gefühlshafte als bewußte *Vorstellung von sich selbst.* Diese ist bestimmt durch die Dimensionen, in denen seine unmittelbaren Bezugspersonen es als einen Jungen oder ein Mädchen wahrnehmen, und durch die Wirksamkeit, Handlungsfähigkeit in bezug auf seine Umwelt, die es durch ihre Unterstützung (und Behinderung) entwickeln kann. Noch bevor ich weiß, daß ich ein Mädchen bin, beginnt die Entwicklung meines *Selbstverständnisses*, das von den Weiblichkeitskonzepten meiner Bezugspersonen (auch der Geschwister!), ihrer Wahrnehmung, ihren Beziehungsformen, Aktivitäts- und Entwicklungsanreizen und -behinderungen gegenüber mir *als Mädchen* inhaltlich bestimmt ist. Meine Wahrnehmung von mir als Mädchen in der sozialen Welt wird noch wenig genau und konsistent sein, ebenso wie mein Spielverhalten, meine Interessen, mein Gesichtsausdruck erst langsam dabei sind, „typisch mädchenhaft" zu werden. Aber ich werde dazu gebracht und bin dabei, auf eine mehr oder weniger „weibliche" Weise meinen Körper und meine Umwelt anzueignen; mit 2 Jahren ziehe ich wahrscheinlich „Mädchenspielzeuge" vor, mit $2^1/_2$ verhalte ich mich im Spiel schon ziemlich „mädchenhaft" (FAGOT/LITTMAN 1975). Ich muß es nur noch merken, ich muß mich dann nur noch als weiblich kategorisieren, *meine Erfahrungen entsprechend organisieren und systematisieren.* Mit 3–4 Jahren weiß ich sicher, daß *ich* ein Mädchen bin (*stabile kognitive Selbstkategorisierung*, MONEY/HAMPSON 1957, THOMPSON 1973); mit 5 Jahren (KOHLBERG 1974, S. 353: mit 6) ist dieses Selbstkonzept irreversibel, auch wenn sich herausstellen sollte, daß ich eigentlich (von den Gonaden her) ein Junge bin. Die Entwicklung einer festen Vorstellung von der eigenen Identität und des Konzepts von Geschlechtsrollen, was ja eine Konstanzannahme beinhaltet, ist nach KOHLBERG Teil der allgemeinen kognitiven Entwicklung des Konstanzkonzeptes, wie es PIAGET bzgl. physischer Objekte untersucht hat. Aber die Unsicherheit über die eigene sexuelle Identität wird früher überwunden als die bzgl. der Konstanz physischer Objekte (KOHLBERG 1974, S. 353); schon (knapp) 3jährige spielen mit Kindern des gleichen Geschlechts, sie verhalten sich unterschiedlich gegenüber Spielgefährten des gleichen und des anderen Geschlechts, müssen also Geschlechtsunterschiede und den anderen in Relation zu sich selbst wahrnehmen (JACKLIN/MACCOBY 1978) – was einer strikt kognitivistischen Sicht nach unmöglich wäre. Das *allgemeine Konzept von Geschlechtskonstanz* („ein Mädchen bleibt immer ein Mädchen") entwickelt sich erst etwas später mit 5 (bis 6) Jahren. Die Entwicklung meiner sexuellen Identität („ich bin und bleibe ein Mädchen") und die Einteilung der Menschen in Männer und Frauen (allgemeines Geschlechtskonstanzkonzept) vollzieht sich gleichzeitig mit der Entwicklung und Festigung von mehr oder weniger geschlechtstypischer Spielinteressen und -aktivitäten, von Präferenzen für Personen des gleichen Geschlechts, von Beziehungsformen („richtig weiblicher Charme", hilfsbereit, lieb, anhänglich) usw. Beides fördert sich gegenseitig: Meine Erkenntnis „ich bin ein Mädchen" und „ich tue x, aber nicht oder selten y" und „andere Mädchen tun auch x" und „ich bin lieb (soll lieb sein)" und „die Jungen auf der Straße sind so frech ..." treibt das „sex-typing" voran. Die kognitive Entwicklung im Vorschulalter erlaubt zunehmend solche *generalisierenden Wahrnehmungen von Jungen und Mädchen*, Männern und Frauen. Sie orientieren sich bei 4–5jährigen an körperlichen Merkmalen: Größe, Stärke, physische Aggressivität/Raufen – die mit Macht und Gewalt assoziiert werden –, an Kleidung (nach KOHLBERG, 1974), an Tätigkeitsmerkmalen (sozialen Rollen) incl. kindlichen Aktivitäten. Genitalien spielen (nach KOHLBERG) – in der sehr ‚bedeckten' puritanischen amerikanischen Gesellschaft – erst später, mit 6–7 Jahren, bei der Geschlechtskategorisierung und -charakterisierung eine entscheidende Rolle. Ich glaube mit psychoanalytischen Autoren, daß Kinder heimlich, für sich, wesentlich früher genitale Geschlechtsunterschiede wahrnehmen und wichtignehmen. KOHLBERG (S. 362) meint, vor allem Gewalttätigkeit werde mit Männern verbunden. Gleichzeitig entwickelt sich die kognitive Verbindung von Prestige und Geschlecht: 5–6jährige verbinden mit dem männlichen Geschlecht größeres Prestige (KOHLBERG, S. 362ff.). Die Geschlechtsrollenkonzepte von Vorschulkindern sind stereotyper als die Einstellungen ihrer Eltern und die konkrete Arbeitsteilung/Rollenperformanz in der elterlichen Familie (KOHLBERG, S. 363) und ihre Erziehung (SEARS u.a. 1965, MUSSEN/RUTHERFORD 1963). DANNHAUER (1973) meint, daß das Kind seine eigenen geschlechtstypischen Aktivitäten und die seiner Spielgefährten sowie der Älteren und Erwachsenen beobachtet und im Bestreben, seine Welt entlang der als so wichtig erkannten Geschlechtskategorie zu ordnen, rationalisiert, systematisiert, typisiert zu stereotypen Konzepten von „Mädchen sind, tun x" und „Jungen sind, tun y". Diese *Konstruktion von Regelhaftigkeit*, welche die konkrete Vielfalt reduziert und Abweichungen vom konstruierten Prinzip eliminiert, dürfte ein Ergebnis noch bescheidener kognitiver Komplexität, eines starken Bedürfnisses nach eindeutiger Orientierung und der Lust an der neuen Fähigkeit zu kognitiver Organisierung nach bestimmten Regeln und Prinzipien sein.

Die starke Betonung, welche von der Umwelt auf die Geschlechtskategorie als eine organisierende Basiskategorie der sozialen Welt gelegt wird, treibt Kinder sicherlich zur regelhaften Durchgliederung ihrer Erfahrungswelt nach dieser Kategorie und den kulturell damit verbundenen Stereotypen (PARSONS 1978), zum Kodieren und Erinnern von Informationen gemäß Geschlechtsrollenstereotypen (KOBLINSKY u.a. 1978) an.

Entscheidend ist m.E. auch, daß nicht, wie die Forschung immer unterstellt, fast ausschließlich die Eltern die Konzepte des Kindes prägen bzw. anregen. Vielmehr demonstrieren *Spielgefährten* auf der Straße und in der Vorschule, im Kindergarten, Kindergärtnerinnen und die Leute von nebenan, Bilderbücher und Fernsehen massenhaft die soziale Realität der Geschlechtsrollen (Arbeits-, Aktivitätsteilung, Macht- und Prestigedifferenzen usw.) – oft stereotyper als die Eltern. Darauf macht das Kind sich seinen Reim. Bei dieser aktiven Organisation von Erfahrung in Konzepten spielt wohl die Unterstützung durch die simpel-rigiden Konzepte von anderen Kindern eine große Rolle, welche in der Forschung noch nicht gesehen wird. Gelegentlich beschäftigt sich die Forschung mit den Einflüssen von Geschwistern (z.B. Geschwisterkonstellation auf geschlechtstypische Interessen usw., GROTEVANT 1978); die Ergebnisse sind sehr inkonsistent; häufig weisen sie darauf hin, daß die Selbstkonzepte, Interessen, Aktivitäten von Kindern und Jugendlichen vom Bedürfnis, sich von Geschwistern zu unterscheiden, geprägt sind.

Seit einigen Jahren wird von liberalen, z.T. dem Androgyniekonzept zuneigenden Autoren, meist in Anlehnung an die 3 Hauptstufen der

KOHLBERGschen Theorie der kognitiv-moralischen Entwicklung, die *Entwicklung von Geschlechtsrollenidentität als 3phasiger, nichtlinearer Prozeß* gesehen (BLOCK 1973, HEFNER u.a. 1975, PLECK 1975, PARSONS 1978): Die *1. Stufe* (kognitiv: sensumotorische Operationen) sind amorphe und unorganisierte Geschlechtskonzepte, während das Geschlecht des Kindes diesem noch nicht als etwas Konstantes klar ist. Auf der *2. Stufe* (konkrete Operationen, ab 4, 5 Jahren) lernt das Kind Unterschied und Konstanz des Geschlechts und entwickelt/erwirbt starre Geschlechtsrollennormen, die intolerant und konform befolgt und von anderen verlangt werden; höchster Punkt dieser Entwicklung ist im frühen Jugendalter.

URBERG/LABOUVIE-VIEF (1976) fanden, daß während der Schulzeit (7.–12. Grad) Jugendliche ihre Geschlechtsrollenkonzepte (mittels Adjektivlisten) zunehmend stereotyper, an sozialer Erwünschtheit orientiert, beschrieben, wobei das eigene Geschlecht jeweils weniger stereotyp gekennzeichnet wurde. Ähnliches berichtet BLOCK (1973), anhand von Ich-Idealen und bewußten Konzepten, wie meist mit Hilfe von Adjektivlisten erhoben, aus eigenen und von ihr reanalysierten Daten. Der Zusammenhang mit dem Verhalten der Untersuchten ist ungeklärt. Die Tendenz zur Stereotypie läßt u.U. im späteren Schulalter oder noch später nach, wenn die Individuen zu komplexerem Denken kognitiv (oder emotional) fähig sind und um so eher, wenn die Umwelt liberalere Normen und Arbeitsteilungen aufweist (PARSONS 1978). Von daher wären sowohl Studien, die ein Ansteigen der Stereotypie mit dem Alter von Kindern (z.B. zum Thema „Leistung“: STEIN 1971, STEIN/SMITHELLS 1969), als auch solche, welche eine Auflokkerung rigider Konzepte belegen (z.B. SHEPARD/HESS 1975 für Berufe) verständlich (PARSONS 1978, S. 122).

BLOCK u.a. Autoren nehmen – idealisierend – eine *3. Stufe* (kognitiv: formale Operationen im Jugendalter) an: Geschlechtsrollentranszendenz oder Androgynie von Erwachsenen, d.h. die Grenzen der Geschlechtsrollen werden zugunsten einer individuellen Synthese des Männlichen und Weiblichen, von agency und communion, überschritten.

Mir scheint, daß diese kognitivistische Konzeptionalisierung zumindest für die erste Phase insofern falsch ist, als durch die von Anfang an auf das Geschlecht des Kindes bezogenen Interaktionen längst eine emotionale Besetzung, z.B. von „passenden“ Aktivitäten, von symbolischen Bedeutungen („ich liebes, braves Mädchen“) usw. stattgefunden hat, bevor das Kind kognitiv über das Konzept der Geschlechtskonstanz und -differenz verfügt; denn (so CROISSIER u.a. 1979, S. 21ff.; KELLER 1976) in der symbolischen Interaktion werden *emotionale Beziehungen und Besetzungen* (auch der physischen Welt) und soziales Verstehen dem Kind *viel früher* vermittelt, sie sind dem Kind viel früher möglich, als es kognitivistische Theorie wahrhaben will.

Üblicherweise bewerten Kinder, die wissen, daß sie unwiderruflich Mädchen oder Buben sind, ihr eigenes Geschlecht positiver als das andere (KOHLBERG 1974, KUHN u.a. 1978). Wenn *Geschlechtsrollenidentität* auch nur ansatzweise entwickelt ist, funktioniert sie als *Organisator der Selbstverstärkung*: Gleichgeschlechtliche Modelle werden tendenziell eher nachgeahmt, „passende“ Verhaltensweisen haben intrinsisch belohnenden Charakter (MISCHEL 1970). Entsprechend funktioniert auch „gegengeschlechtliche“ Identifikation, z.B. Protest gegen die Nachteile, die Unterlegenheit der Weiblichkeit: Dann können „männliche“ Stärke im Raufen, Spielen mit Autos, Aggressivität oder gute Leistungen in Mathematik und Latein und Interesse an Naturwissenschaften entgegen sonstigen Anpassungsdruck selbstverstärkenden Wert aufrechterhalten.

Die *Rolle der Eltern*, vor allem des gleichgeschlechtlichen Elternteils als Identifikationsobjekt oder als Modell, wurde in Hunderten von Untersuchungen angesprochen, mit den verschiedensten Methoden und kaum interpretierbaren Ergebnissen (Überblicke bei LYNN 1969, MISCHEL 1970, LEHR 1974); ich sehe mich außerstande, sie zu referieren. LYNN (1969) hat einen interessanten Versuch gemacht, den Zusammenhang von Geschlechtsrollenidentität mit dem Verhältnis zu den Eltern und zu geschlechtstypischen Aktivitäten theoretisch darzustellen und die chaotische Literatur zu integrieren. Leider wurde er in seiner Komplexität nicht weiter verfolgt. In den letzten Jahren ist das Interesse an der Rolle des Vaters für Kinder, nicht nur simpel als Modell und Identifikationsfigur, damit die Söhne „männlich“ werden, gewachsen (LAMB 1977a, b; PARKE 1978; PARKE/SAWIN 1978). Väter haben als Interaktionspartner und Vermittler gesellschaftlicher Erwartungen für Jungen *und* Mädchen bei der Übernahme und Ausgestaltung einer Geschlechtsrolle entscheidende, aber wohl unterschiedliche Funktionen (BLOCK 1973, MISCHEL

1970). Viel untersucht mit mäßigem Erfolg wurde auch die Auswirkung von Berufstätigkeit (GOLD/ANDRES 1978), Lebensstil (KLECKA/HILLER 1977) und Geschlechtsrolleneinstellungen der Mütter auf die Töchter und Söhne.
Über die Vorgänge abweichender Geschlechtsrollenidentifikation wissen wir wenig.
Die Hermaphroditenforschung zeigt, daß die, etwa aufgrund einer penisähnlichen Klitoris, zugewiesene Geschlechtsidentität mit 3–5 Jahren so internalisiert ist, daß Korrektur kaum mehr möglich ist (HAMPSON 1965). Als Mädchen aufgezogene (durch Androgengaben in der Schwangerschaft) androgenisierte Mädchen dagegen entwickelten, obwohl sie in der Kindheit oft recht jungenhaft (Spielzeug- und Aktivitätswahl) sind, meist eine „normale" weibliche Identität und Biographie (MONEY/ERHARD 1971).
Eher sind Hinweise von der *Forschung über Transsexuelle* zu erwarten. Sie rekonstruiert, daß Jungen, die absolut nicht Männer werden wollen, meist an sehr vielen der (in 3.3 bis 3.8) aufgewiesenen Punkte eher wie Mädchen behandelt worden sind und reagiert haben (Genaueres bei GREEN 1974, 1976).

3.7 Körper und Sexualität

Beim Durchschauen geschlechtsspezifischer Sozialisationsforschung stellt man überrascht fest, daß diese Forschung die Körperlichkeit, die Geschlechtlichkeit der Menschen völlig aus ihrem Denksystem herausgehalten hat (vgl. VAUGHTER 1976). Allenfalls ist, von aller sonstigen Körperlichkeit abstrahierend, die Rede von der größeren Körperkraft der Männer, dem Kindergebären und -stillen der Frauen als Begründung für die Universalität der Arbeitsteilung/Geschlechterrollen (differenziert dazu: D'ANDRADE 1966) oder vom Einfluß der – weiblichen – Hormone auf Verhalten. Mit der Unterdrückung, Elimination des Körpers aus dem Bewußtsein steht die sozialwissenschaftliche Forschung (und trotz ihres Bezugs auf Sexualität z.T. sogar die Psychoanalyse) ganz in der Tradition des neuzeitlichen Verhältnisses zum Körper (ELIAS 1969, ZUR LIPPE 1978, BRINKMANN u.a. 1973). Der Körper erscheint dem bürgerlichen Denken nur Träger von Geist, Wissen – oder Arbeitskraft, jedenfalls, wenn er männlich ist. Die bürgerliche Moral mißachtet den Körper zugunsten von „inneren Werten und Besitz" (OTTOMEYER 1976). Hier schlägt sich die radikale Naturbeherrschung der industriellen Gesellschaft und die neuzeitliche Konstruktion des (männlichen) Subjekts im Gegensatz zu Natur (BOVENSCHEN 1977, S. 289ff.) nieder: Die Sozialwissenschaft (außer vielleicht die Entwicklungspsychologie des Jugendalters, vgl. AUSUBEL 1974) fragte bisher nicht nach der Bedeutung sozial vermittelter Auseinandersetzung mit dem sich verändernden (wachsenden, „geschlechtsreif" werdenden, alternden) Körper und den Körperbedürfnissen für die Identität des Subjekts in seiner Lebensgeschichte. Der *Körper* ist *ontogenetischer Ausgangspunkt* (als Körperschema) und im weiteren Anknüpfungspunkt, Aufhänger *einer eigenständigen Identität*, speziell der Identität *als Mann oder Frau.* Jede(r) von uns erinnert sich an Probleme, Veränderungen, Konflikte, Scham, Stolz usw. im Verhältnis zum eigenen männlichen oder weiblichen Körper – in Relation zum anderen Geschlecht oder zu Normen von Männlichkeit/Weiblichkeit, ob bei „Doktorspielen", beim Masturbieren, bei den körperlichen Veränderungen, sexuellen Bedürfnissen der Pubertät, bei den ersten sexuellen Kontakten, wenn die Brust oder der Penis zu groß oder zu klein scheint, wenn die Hautelastizität nachläßt, die ersten Falten erscheinen usw. Mein Anspruch wäre, daß davon auch etwas in der Wissenschaft auftaucht. Theoretisch, meine ich, sollte das *gesellschaftliche Verhältnis zum männlichen und weiblichen Körper* Ausgangspunkt sein. Ich stelle die These auf, daß sich dieses soziale Körperverhältnis *aus der Arbeitsteilung* und der damit gegebenen *Form des Umgangs mit Dingen und Menschen* wie auch der *Weise des Weltbegreifens* – und der Dominanz des Männlichen – ergibt. Schichtunterschiede, d.h. unterschiedliche Stellung/Tätigkeit im gesellschaftlichen Produktionssystem, vor allem auch Unterschiede zwischen Kopf- und Handarbeitern, wären allerdings modifizierend mit einzubeziehen (BOLTANSKI 1976), besonders wenn es um den männlichen Körper geht. Frauen unterliegen durch ihre Reproduktionsfunktionen (Hausarbeit als Handarbeit, Kindergebären, sexuelle Dienstleistungen und jugendliche Attraktivität für den Mann) einer vereinheitlichenden Bestimmung ihres Körpers. Dazu kommt die uralte Konstruktion der Frau als Natur (während der Mann als Naturbeherrscher, nicht als Natur gilt), zuständig für das Allzumenschliche, das menschlich-geistig weniger Hochstehende offenbar (im Vergleich zu männlichen Intellektuellen).

Hier sehe ich einige Denkmöglichkeiten für die Wissenschaft. ... Es dürfte allerdings schwierig sein, empirisch zu untersuchen, wie angesichts so widersprüchlicher Phänomene wie Bindung der Minderbewertung des Weiblichen an den weiblichen Körper und Bewunderung weiblicher Schönheit Mädchen in der Pubertät sich ihren Körper aneignen, ihn in ihre weibliche Identität „einbauen" bzw. benutzen, um Weiblichkeit darzustellen, sich Anerkennung unter Jugendlichen zu verschaffen. „Körperinszenierung" – die Mittelschichterwachsenen als „unfein" gilt – ist für viele Jugendliche (extrem: Rocker, Motorrad-Gangs) ein Mittel, ihre Version weiblicher bzw. männlicher Identität zu demonstrieren (Schon-eine-Frau-Sein, „kesse Puppe", harter Bursche, Mitglied einer männlich-starken, evtl. gewalttätigen Gang, ein zweiter John Travolta).

Über Sexualität, *sexuelle Unterdrückung* schon der kleinen Mädchen läuft m. E. ein gut Teil der *Unterdrückung von Frauen.* Deshalb werde ich im folgenden nicht unparteiisch sein, obwohl ich durchaus sehe, daß auch die männliche Sexualität der Repression durch das Geschlechterverhältnis im patriarchalischen Kapitalismus unterliegt (vgl. Ottomeyer 1976, S. 142ff.), daß also der Unterdrückung weiblicher Sexualität eine Beschneidung der männlichen entspricht.

Mich interessieren die Fragen:
Wie kommen *Frauen* dazu, daß sie massenhaft frigide sind (Fransella/Frost 1977)? Daß sie sich für sexuelle Befriedigung des Mannes eher verantwortlich fühlen als für ihre eigene? Daß sie kaum wissen, was ihre sexuellen Bedürfnisse sind? Daß sie Taktiken entwickeln, ihren Körper, ihre Sexualität zu vermarkten?
Wie kommen *Männer* dazu, daß sie Sexualität als das verstehen, verlangen, praktizieren, was sie wollen? Daß sie Sexualität und Emotionalität trennen? Daß sie Sexualität als eng genital definierte verabsolutieren – und massenhaft unter Potenzängsten und -störungen leiden?

Die akademische Sozialisationsforschung hat solche Fragen nicht gestellt, die Psychoanalyse kommt nur schwer von biologisierenden Antworten weg.
Von dem spärlichen Wissen, meist klinischen Erfahrungen, her deutet sich folgendes an (ich folge im wesentlichen Spitz 1973 und Kentler 1973): Die sexuelle Entwicklung läßt sich nicht von der sozialen und emotionalen Entwicklung, vor allem einer guten *Beziehung, Körper-, Hautkontakt mit der Bezugsperson* bzw. den Bezugspersonen in der frühen Kindheit trennen; wir haben gesehen (3.3), daß Mädchen anhaltend auf Nähe und körperlichen Kontakt hin erzogen werden (proximal mode) – das fördert nach Lewis (1972) Emotionalität/emotionale Expressivität bis hin zur emotionalen Abhängigkeit; die distanziertere Form des Umgangs mit Jungen (distal mode) und die spätere Unterdrückung weicherer Regungen, vor allem des Weinens und der Zärtlichkeit, entemotionalisiert sie. Spitz betont, wie wichtig das „Spiel mit dem Genitale" sei, das im ersten Lebensjahr beginnt und sich ab dem zweiten zur zielgerichteten *Masturbation* entwickelt. Die Häufigkeit von Selbstbefriedigung in der sog. Latenzzeit variiert wohl wegen der starken kulturellen Prägung. In der Pubertät ist Masturbation die normale sexuelle Betätigung – für Jungen (vgl. Savier/Wildt 1978, S. 51ff.). Eine „asexuelle" Kindheit, ohne sexuelle Bedürfnisse, Masturbation und die begleitenden entwicklungsfördernden Phantasien, sei verheerend für die Persönlichkeitsentwicklung, da sie den ödipalen Konflikt ausschließe, die Entwicklung der Objektbeziehungen behindere, so daß das Individuum sich an beliebige Objekte anklammert; es heißt „liebes Kind", „süßes Mädchen" (Spitz sieht da gleich den Weg in die Prostitution!). Nur schwer gestörte Analysepatienten von Spitz berichteten, daß sie erst nach dem 20. Lebensjahr masturbiert hätten.
Psychoanalytikerinnen wie Marina Moeller-Gambaroff (1977) meinen aufgrund ihrer klinischen Erfahrung, daß die Unterdrückung der Masturbation bei kleinen Mädchen durch die Mütter ein entscheidendes Moment dafür sei, daß Mädchen, Frauen weniger Selbständigkeit und emotionale Unabhängigkeit und weniger klare Vorstellungen von ihren sexuellen Bedürfnissen wie auch kaum entsprechende Techniken entwickeln.

Tatsächlich scheinen durch alle Schichten fast alle Männer, aber nur ein Teil der Frauen von Kindheit an durchgehende Selbstbefriedigungserfahrungen, also die Chance aktiven, an der eigenen Lust orientierten sexuellen Experimentierens mit ihrem Körper zu haben (Schmidt/Sigusch 1973). Die Einstellung zur Masturbation ist schicht- und geschlechtsabhängig: Arbeiter und Frauen vertreten restriktive Standards, extrem masturbationsfeindlich sind also die befragten jungen Arbeiterinnen. Trotz einer Tendenz zur Angleichung an das Ideal der „romantischen Liebe" zeigten in dieser Untersuchung (Ende der sechziger Jahre) junge Arbeiter und Studenten sehr unterschiedliches *Sexualverhalten*; Arbeiter(innen) haben weiterhin früher genitale Sexualerfahrungen, ihr Sexualverhalten ist „genitaler", weitgehend reduziert auf den Koitus – man vergleiche dazu die Äußerungen von Frauen, vor allem der Unterschicht, daß sie kaum Lust beim Geschlechtsverkehr empfinden (SCHWARZER 1975, FRANSELLA/FROST 1977, S. 136f.). Neuere Daten über Jugendliche finden sich bei SCHLÄGEL u. a. (1975).

Wie sieht nun weiter die sexuelle Sozialisation von Mädchen und Knaben aus?
Trotz der unüberschaubaren Diversifikation von Sexualnormen in unserer Gesellschaft und der geringen wissenschaftlichen Erforschung des Themas wage ich die These: *Sexualerziehung* der Knaben scheint gekennzeichnet zu sein durch ein ambivalentes Schwanken der Erwachsenen zwischen Kontrollversuchen und amüsiert-bestätigender Anerkennung männlicher Triebhaftigkeit (= Stärke) und des männlichen Genitales, die sich in einer Unzahl von liebevollen Spitznamen dafür äußert. Sexualerziehung der Mädchen scheint charakterisiert durch Unterdrückung sexueller Betätigung, Verleugnung bzw. herabsetzender Bezeichnung des weiblichen Genitales und/oder Beziehung weiblicher Sexualität überhaupt auf den Zweck und Horizont völlig verschwommener Liebe zu einem Mann, auf Ehe und Kinder (nicht) kriegen; diese Zweckbestimmungserziehung wie auch den ganzen Tagesablauf der Mädchen durchdringende Kontrollversuche gegenüber potentieller sexueller Gefährdung kumulieren wohl in der Pubertät. Dieser Unterdrückung weiblicher Sexualität entspricht bei den meisten Frauen ein sehr *passives* Sexualverhalten.

Ein wichtiges Medium sexueller Sozialisation scheint mir der *sexuelle Witz* zu sein, und zwar schon für relativ junge Kinder auf der Straße und besonders aggressiv und „gemein" zwischen Kindern unterer sozialer Schichten, aber auch die mitgehörten Witze und Anspielungen der Erwachsenen.

Über die Verbreitung sexueller Witze und ihre Wirkungen auf Kinder und Jugendliche sind mir keine Untersuchungen bekannt: SCHENK (1979, S. 145f.) berichtet von einigen experimentellen Untersuchungen bei erwachsenen Männern und Frauen. Danach fanden Männer solche Witze eher komisch als Frauen; kein Wunder, da sexuelle Witze wohl Männerwitze sind und Sexualität von ihrer Warte aus darstellen, auch die aggressiv-herabsetzenden männlichen Vorstellungen weiblicher Genitalien und weiblichen sexuellen Erlebens und Verhaltens. Sexuell potente, aktive und Sexualität genießende Frauen werden dabei als nymphoman, frigide oder Huren abgewertet. Männer, die passiver, nicht immer potent und dominant sind, werden als Schlappschwänze lächerlich gemacht. Ich erinnere mich, daß lange Zeit in Kindheit und Pubertät solche Witze und Anspielungen mangels anderer Informationen mein Bild von Sexualität bestimmten und mich abstießen (und schließlich zur Entwicklung von Gegenvorstellungen über weibliche Sexualität provozierten).

Die sexuelle Entwicklung etlicher Mädchen wird durch die Erfahrung von *Inzest* oder gar von *Vergewaltigung* durch den Vater oder männliche Verwandte oder Bekannte und eine tiefe Schamreaktion (und Schweigen) der jungen Mädchen geprägt (KONOPKA 1976, HERMAN/HIRSCHMAN 1977). Inzest zwischen Mutter und Sohn kommt praktisch nicht vor.
Um der Entwicklung des Sexualverhaltens bei Männern und Frauen näherzukommen, scheint mir der *makrosoziologische* Zugang zur Bestimmung von *Funktion und Form männlicher und weiblicher Sexualität* notwendiger Ausgangspunkt. Die Unterordnung der weiblichen Sexualität unter die Gebärfunktion und die Befriedigung (ehe)männlicher sexueller Bedürfnisse („eheliche Pflichten" vor allem als Beischlafverpflichtung der Ehefrau vgl. HEINSOHN/KNIEPER 1974) durch die Jahrtausende ist ein Hauptpfeiler patriarchalischer Herrschaft (BENARD/SCHLAFFER 1978, S. 113; JANSSEN-JURREIT 1976). Die Fremdbestimmung weiblicher Sexualität und sexuelle Gewalt gegen Frauen bedeutet Beschädigung weiblichen Selbstwertgefühls, weiblicher Identität in ihrem Kern (Körper, Sexualität). In der Ehe tauschen viele Frauen trotz Gleichberechtigung und „sexueller Revolution" immer noch die Verfügung über ihren Körper und ihre Sexualität gegen soziale Anerkennung ihrer Weiblichkeit, einen gewissen Schutz vor anderen Männern und eine gewisse materielle Versorgung bzw. Besserstellung (vgl. Einkommen und Arbeitsmarktchancen von Frauen) ein. In dieser Situation haben Frauen wenig Möglichkeiten, ihre sexuellen Bedürfnisse zu entdecken und darauf zu bestehen. Ihren Körper, ihre Sexualität mittels wohldosierter Verweigerungen, Reize, Zugeständnisse einzusetzen, ist eine wichtige Kompetenz, ein Rest an Verfügungsmacht, Hilfsmittel im täglichen Handel, allerdings auch Mittel, den

Mann zu quälen; sie wird wohl durch früh einsetzende Beobachtung und durch direkte Instruktionen von Müttern, Freundinnen erworben – aber wer hat so etwas schon untersucht? Die Verbindung von Emotionalität, Empathie und Sexualität bei Frauen unter Dominanz der ersteren ist notwendig für ihre familiären Reproduktionsfunktionen. Männliche Sexualität war/ist gesellschaftlich eng mit Aktivität, Aggressivität und Unterordnung von Frauen verbunden; daran haben egalitäre Eherechtsnormen noch wenig geändert. Macht-, Kraft-, Aggressivitäts- und Potenzdemonstrationen können daher vielen Männern zur Bestätigung ihrer männlich-sexuellen Identität dienen bzw. nötig sein. Zärtlichkeit, Weichheit, Emotionalität passen nicht in das Bild des „harten", sachbezogenen „männlichen" Mannes, noch werden sie durch seine Sozialisation entwickelt. Daher sind Männer nicht nur von den mehr sachlichen Dienstleistungen, sondern auch von der emotionellen Reproduktion („Beziehungsarbeit") durch die Frauen abhängig. „Der" Mann, gleichgültig, wie weit unten er in der Machthierarchie steht – ist oder scheint notdürftig befriedigt und angesichts extrem entfremdeter, entsinnlichter und belastender Arbeitsbedingungen befriedet, wenn er die sich einigermaßen ihm anpassende, alltäglich für ihn sorgende und sexuell zur Verfügung stehende Ehefrau hat. So wird die unbezahlte Reproduktion der Arbeitskräfte in der Familie gesichert (Dahlke 1978). Resultat für die Individuen, männliche wie weibliche, ist eine entfremdete, der Gegenseitigkeit beraubte, den anderen unterdrückende Sexualität (für männliches Leiden s. Pilgrim 1978). Ihre eher auf Anpassung oder Verweigerung hinauslaufenden Strategien, damit umzugehen, ihre Sexualstörungen (Frigidität/Ejaculatio präcox, totale Trennung von Sexualität und persönlicher Beziehung usw.) sind selbst noch von den gesellschaftlichen Konzeptionen und Funktionalisierungen der Sexualität geprägt (Benard/Schlaffer, S. 118f.).
Angesichts dieser heterosexuellen Beziehungsformen werden homosexuelle und lesbische Beziehungen von vielen als potentiell befriedigender, von manchen auch als notwendiger Emanzipationsschnitt angesehen (Frieze 1978, Pilgrim 1978). Masters/Johnson (1979) fanden zumindest, daß die sexuellen Interaktionen zwischen gleichgeschlechtlichen Partnern vielfältiger, zärtlicher, lustbetonter *für beide* waren als bei Mann-Frau-Paaren.

3.8 Sprache und nonverbale Kommunikation: die unmerkliche Einübung von Beziehungsformen

In der Sprache, in Sprachverwendungsformen wie auch in der nonverbalen Kommunikation, der „Körpersprache", im Umgang zwischen Männern und Frauen, werden, darauf deuten neuere Forschungen hin, die makrosozialen Geschlechtsrollen, z.T. ganz unbewußt, weitergegeben, das Verhalten, die Beziehungsformen und die Identitäten der miteinander umgehenden Männer und Frauen diesen Geschlechtsrollen angepaßt. Abweichungen von diesem Muster haben, gerade weil die Vorgänge nicht so bewußt sind, Verunsicherung, Kommunikationsstörungen, harte Sanktionen zur Folge.
M.E. muß *Sprache/Sprachverwendung* als ein wichtiger Einflußfaktor auf Geschlechtsrollensozialisation, auf Bildung männlicher und weiblicher Identität(sentwürfe) angesehen und untersucht werden (dazu auch: Schenk 1979, S. 141ff.). Theoretische und empirische Untersuchungen zum Sexismus in der (englischen) Sprache (Henley/Henley 1975, Kahn 1975, Lakoff 1975, Fillmer/Haswell 1977) arbeiten die Unterschiede der Geschlechter in Vokabular und Ausdrucksweise entsprechend geschlechtsspezifischer Arbeitsteilung/Rollenverteilung heraus. Die Gleichsetzung von Mann und Mensch in vielen Sprachen vermittelt ganz selbstverständlich ein Bewußtsein des Männlichen als des Menschlich-Allgemeinen und Hervorragenden, während Weibliches im Hintergrund bleibt, allenfalls als Besonderes herausgehoben wird. Zuordnungen von Geschlecht und Beruf (teacher, – she, physician – he, chairman, policeman; Kaufmann usw. Im Deutschen werden primär fast alle Berufsbezeichnungen mit „er" ersetzt) entwerfen ein klar nach Geschlechtern getrenntes Bild von der Berufswelt bzw. der Assoziation von Mann/Beruf: Sprache vermittelt unbewußt eine *Rollenbeschränkung*, einen bestimmten – besseren, wertvolleren, machtvolleren – Platz eher in der Öffentlichkeit für die Männer, einen engeren, eher häuslichen, minderwertigen, machtloseren für die Frauen.

Kritische Überblicke (Henley/Freeman 1976, Henley 1977) belegen, wie *in der alltäglichen Interaktion die nonverbale Kommunikation* normativ und faktisch so strukturiert ist, daß *Männer mit mehr Macht*attributen bzw. Bestimmungsmacht ausgestattet sind: Sie ergreifen mehr Initiative, fassen Frauen eher an, bestimmen Anredeform und Intimität, dominieren die Kommunikation in jungen Ehen (zur „Soziologie der ehelichen Machtverhältnisse" s. HELD 1978). Männer reden mehr und laut und bestimmt, unterbrechen die Rede, die Aktivität der anderen häufiger. Damit haben sie mehr Macht und Kontrolle über die Situation, erlangen *mehr Aufmerksamkeit*, erhalten mehr Reaktionen, vor allem von Frauen (ARGYLE u.a. 1970, WEITZ 1976).

Interessant ist, daß auch unter Kindern in verschiedenen Kulturen und gemäß verschiedenen Untersuchungen (WHITING/EDWARDS 1976, KAGAN/MOSS 1962, SEARS u.a. 1965) Knaben häufiger Aufmerksamkeit suchen, auch negativer Art. Dazu paßt merkwürdig gut das Resümee von MACCOBY/JACKLIN (1974, S. 348): Es scheint ihnen, daß Knaben – in den USA – intensiver erzogen werden, mehr unter Druck gesetzt werden bei der Abweichung von (klar definierter) geschlechtsspezifischen Verhaltensnormen, mehr Lob und Strafe erlangen – als wenn Eltern Knaben interessanter, mehr wert der Aufmerksamkeit fänden. Dieses Mehr an Aufmerksamkeit für Männer setzt sich in den Interaktionen der Erwachsenen fort ...

Daß Männer (amerikanische Collegestudenten) beim Interaktionspartner bzw. vor allem der Interaktionspartnerin eher Angst zu erregen scheinen, während Frauen eher Fürsorge evozieren (WEITZ 1976), deutet auf *potentielle männliche Aggressivität und Gewalt* („die ganz gewöhnliche Gewalt in der Ehe", BENARD/SCHLAFFER 1978) hin.

Exkurs zur Gewalt in Mann-Frau-Beziehungen

Diese potentielle Gewalttätigkeit, das angstauslösende Gebaren von Männern entspricht der gesellschaftlichen Zuteilung von Autoritäts- und Kontrollfunktionen der Männer über die Frauen. Zwar ist die offene, rechtlich zugeteilte Gewalt, das Züchtigungsrecht, des Ehemannes über die Frau als Garantie ihrer Unterordnung – historisch-konstitutives Moment von Ehe (BECKER u.a. 1977) – in unserer Gesellschaft zurückgenommen (s. dazu BENARD/SCHLAFFER 1978, S. 17ff.), aber die strukturelle Gewalt von Männern über/gegen Frauen ist trotz juristischer Gleichberechtigung in einer diffusen, im Privatbereich (Familie/Ehe) verschwindenden Weise weiterhin existent. Sie ist als Autoritäts- und Herrschafts- oder auch Drohgebaren auf der einen, als Selbsteinschränkung, Ängstlichkeit, Unterwürfigkeit oder „kluge Anpassung" auf der anderen Seite mehr oder weniger internalisiert. Unmittelbare physische Gewalttätigkeit ist nur noch als Potentialität nötig, um dieses System der Geschlechterbeziehungen aufrecht zu erhalten; Vergewaltigungen in und außerhalb der Ehe, Belästigungen, Mißhandlungen sind jedoch, wie erst in allerletzter Zeit zum Vorschein kommt, in allen Schichten so häufig, daß Sozialisationsforschung, die weibliche Ängstlichkeit oder männliche Aggressivität nur auf die Erziehung in der Kindheit zurückführen will, naiv und realitätsverdrängend wirkt.

Frauen machen etliche Anstrengungen, die darauf hinauslaufen, sich dem männlichen Interaktionspartner *anzupassen*, Fürsorgereaktionen und Aggressionshemmung hervorzurufen (so interpretieren jedenfalls HENLEY/FREEMAN 1976): Sie schauen Partner, vor allem männliche, aufmerksam an, machen *gemäßigte Unterwerfungsgesten* wie Senken des Blickes, Schräghalten des Kopfes, häufiges Zögern und Entschuldigungen, Schweigen, leise reden usw. (s.a. WEITZ 1976).

Mir fiel bei einer wohlsituierten Geburtstagsgesellschaft in einem Restaurant auf, wie unterschiedlich die Selbstdarstellung und Beziehungsaufnahme – rein körperlich-nonverbal – der Männer und der Frauen aussah: die Männer, mit der Gestik und Mimik der Wichtigkeit ihrer selbst, wandten sich gemessen den anderen zu: *sich selbst darstellende Individuen* (oder Masken); die Frauen demonstrierten in Blick, Kopfhaltung, Lächeln, kurzen verbalen Äußerungen die scheinbare Zuwendung zu anderen, das „gesellige Moment", den Kitt, der diese Gesellschaft zusammenhält: *Beziehungsarbeiterinnen*, immer im Dienst. Oder man beobachte in der Kneipe die Redeverteilung zwischen Paaren: dauerredende Männer und zuhörende, kurze Einwürfe machende Frauen (von der vielredenden Frau ist wohl vor allem deshalb so viel die Rede, weil sie eine Normabweichung darstellt).

Über nonverbale Vermittlung und Erwerb typischer Beziehungs- und Kommunikationsformen in der Kindheit wissen wir so gut wie nichts, obwohl nonverbale Informationen wahrscheinlich, etwa bei der Vermittlung unter- und überlegener Haltungen, wirksamer sind als verbale (ARGYLE u.a. 1970). Es gibt dazu nur spärliche Hinweise: Emotionale Expressivität und Abhängigkeit wird bei Mädchen wohl dadurch gefördert, daß sie auch über das Säuglingsalter hinaus sehr viel angefaßt und in der Nähe gehalten werden, von den Müttern (GOLDBERG/LEWIS 1969) und auch von Kindergärtnerinnen (PERDUE/CONNOR 1978) im Unterschied zum distanzierten Umgang (Anreden, Anschauen) mit Jungen. IRONSMITH/WHITEHURST (1978) meinen, daß Mädchen vom

späten Kindergartenalter bis in die 6. Klasse eher fähig seien zuzuhören und mehr Reaktionsbereitschaft (feed back) in der Kommunikation zeigten (im Experiment Rückfragen bei unklaren Informationen).
Diese *verschiedenen Interaktionsformen*, von denen ich annehme – die Untersuchungen sind nicht so systematisch –, daß sie über Situationen hinweg relativ konstant sind, vermitteln wohl schon relativ kleinen Kindern vage Eindrücke von den *Beziehungsformen* und der *relativen Macht von Männern und Frauen*, Eindrücke, die sie in ihre Geschlechtsrollenkonzepte und Alltagspsychologie einbauen. Soweit sie selber schon die entsprechenden Haltungen, Gesten, Mimik usw. übernehmen, fühlen, sehen sie sich männlich bzw. weiblich; denn *wer in diesen Interaktionsformen handelt, übernimmt die jeweilige Perspektive auf sich und den anderen.*

Evidenz statt eines Experiments: Stellen Sie sich vor, Sie gehen breitbeinig, mit Imponiergehabe und drohender Miene wie ein Bilderbuchrocker durch die Straßen. Stellen Sie sich dann vor, Sie begegnen diesem als normale Straßenpassantin am Abend. Wie verändert sich Ihr Bild, Gefühl von sich, vom anderen, von der Situation?

Die Beziehungsformen sind als selbstverständliche Interaktionsnormen so real und mächtig, daß das jeweilige Gegenüber der aufmüpfig-selbstbehauptenden Frau und des „soften", unsicheren Mannes und vor allem diese selbst dauernd verunsichert sind. M.E. bestimmen solche Beziehungs- und Selbstdarstellungsformen, und ganz besonders nonverbale, im Sinne der traditionellen Macht- und Arbeitsteilung der Geschlechter ganz subtil und meistens unbemerkt, aber täglich, stündlich das Selbstbild, die Identität, die Erwartungen an Interaktionspartner des anderen (und des eigenen) Geschlechts in viel entschiedenerer und konventionellerer Weise als die bewußteren Überzeugungen, Regeln usw. Hier, in der direkten Untersuchung von Interaktionen, vor allem der Beziehungsebene, sehe ich eine der wichtigsten Forschungsfelder der geschlechtsspezifischen Sozialisationsforschung – wesentlich interessanter und wichtiger als das Abfragen von beliefs, Einstellungen usw. und vermutlich mit konservativeren Ergebnissen.

Die unterschiedliche Zuweisung gesellschaftlicher Arbeit an Männer und Frauen schlägt sich auch in systematischen Differenzen der „typischen" Biographien nieder.

3.9 Geschlechtsspezifische Sozialisation und männliche bzw. weibliche „Normalbiographie"

Aus dem bisher Gesagten dürfte klar sein, daß zwar schon sehr früh die sexuelle Identität im Kern unverrückbar feststeht, daß von Geburt an Mädchen und Jungen tendenziell unterschiedliche Aneignungsformen der Wirklichkeit nahegebracht werden, daß aber geschlechtsspezifische Sozialisationsprozesse *im ganzen männlichen oder weiblichen Leben* ablaufen. Die alltäglichen Interaktionsformen von Männern und Frauen, das trotz individueller Abweichungen im Verhalten überall sichtbare gesellschaftliche Machtverhältnis und die *jeweilige Lebenssituation* (z.B. Mütter von Kleinkindern, Vater dieser Kleinkinder und Familienernährer) legen ein bestimmtes Repertoire geschlechtstypischen Verhaltens nahe, schließen vieles andere Verhalten mehr oder weniger aus, bestärken die Entwicklung bestimmter Kompetenzen, machen die anderer schwer.
Mir erscheint es wichtig, diese *Vergesellschaftungs- und Individuierungsprozesse im Lebenslauf*, über Kindheit und Jugend hinaus, in den Sozialisationsbegriff mit aufzunehmen; die Aktivität des Individuums, der Anteil der subjektiven Reaktionen an Sozialisationsprozessen („Selbstsozialisation") würde dabei deutlicher sichtbar werden. Andererseits wird der Sozialisationsbegriff selbst dabei noch unschärfer (HURRELMANN 1976b, ULICH 1976).
Trotz des frühen theoretischen Anstoßes von BRIM/WHEELER (1966, dt. 1974) zum Nachdenken über lebenslange Sozialisation, trotz des Gedankens lebenslanger Entwicklung (BALTES/SCHAIE 1973 und EMMERICH 1973) fehlt ein theoretisches Modell, das die verschiedenen Lebensbedingungen, die unterschiedlichen „Ökologien"/*Lebenswelten* von Männern und Frauen im Laufe ihres „typischen" Lebenslaufs (Soziobiographie) in unserer Gesellschaft *als Bedingungen lebenslanger Aneignung der Wirklichkeit* und damit Sozialisation/Entwicklung von Männern und Frauen skizziert. Im Lebenszyklus wechselnde situative Anforderungen, Einflüsse implizieren sich wandelnde Arten, sich mit den Anforderungen auseinanderzusetzen, Aneignungsformen und Bewältigungsstrategien

des Individuums: Es verändert, entwickelt sich fortwährend als gesellschaftliches Individuum, auch als Mann oder Frau. Die unterschiedliche Zuweisung gesellschaftlicher Arbeit an Männer und Frauen schlägt sich auch in systematischen Differenzen der „typischen" Biographien nieder. In modifizierender Anlehnung an LEVY (1977) beziehe ich mich im folgenden auf männliche und weibliche „*Normalbiographie*", d.h. Sequenzen von Handlungsfelderkonstellationen im Lebenslauf. Sie sind *gesellschaftlich vororganisiert*, existieren in den Köpfen der Individuen (Eltern, Lehrer, Kinder usw.) als *Normen* oder *Selbstverständlichkeiten des Ablaufs* eines männlichen oder weiblichen Lebens; auf sie beziehen sie sich *antizipatorisch* und stellen sie *im subjektiven Nachvollzug* immer wieder aufs neue her. Am gravierendsten unterscheiden sie sich im mittleren Teil (Kinderaufzuchtphase bzw. Erwachsenenalter): Während für Männer Berufsarbeit das unabdingbare Handlungsfeld ist, ist es für Frauen (mit Kindern) Familien-/Hausarbeit und nur evtl. Beruf. Sonstige Differenzen übergehe ich hier (s.a. 3.4, 3.5 und im folgenden).

Als ich versuchte, mir eine Vorstellung von der Sozialisation von Männern und Frauen in *Pubertät und Jugend* zu machen, stieß ich, viel schärfer als für frühere Lebensalter, darauf, daß die sozialwissenschaftliche Forschung sich vornehmlich auf Einzelphänomene gerichtet hat, die schroff aus dem Lebenszusammenhang der Betroffenen herausgerissen wurden (z.B. besonders häufig „Leistungsmotivation" oder „Geschlechtsrolleneinstellungen". Ausnahmen: Projektgruppe 1975, KONOPKA 1976). Aus dem Blick gerät dabei, daß Pubertierende/Jugendliche mit einem schon weiten, konfliktreichen, u.U. stark divergierenden Erfahrungsbereich konfrontiert sind und sich damit auseinandersetzen müssen (von Veränderungen des Körpers und seiner Bedürfnisse über Familie, peers mit einer manchmal sehr ausgeprägten Jugendkultur, hetero- oder auch homosexuellen Beziehungen bis zu Schule oder Berufs-/Ausbildungsbeginn). Problematisch ist, daß sie ihre personale und soziale Identität gerade in dieser belastenden, neue Möglichkeiten eröffnenden (oder z.B. durch Ausbildungsstellenmangel verschließenden) Situation entwickeln sollen.

Ich gehe im Anschluß an Entwicklungspsychologen (z.B. AUSUBEL 1974) und Jugendsoziologen (VAN ONNA 1976) von so etwas wie psychosozialen „*Entwicklungsaufgaben*" *im Jugendalter* aus; deren historisch-soziale Bestimmtheit ist evident:

- Integration der körperlichen Veränderungen der Pubertät in ein integres geschlechts(rollen)adäquates Selbstbild;
- Vorbereitung auf die gesellschaftliche Arbeit als Erwachsener (Mann oder Frau);
- psychische, emotionale und ökonomische Ablösung von den Eltern; alle diese Vorgänge stehen unter dem Imperativ der
- Entwicklung einer Geschlechtsidentität im Rahmen (?) der kulturellen Geschlechtsrollen.

Selbst unsere Gesellschaft, die Heiratsalter und z.T. auch die volle Integration in die „Arbeitswelt" weit hinausschiebt, übt mit der physischen Geschlechtsreife einen Schub von starkem *Druck* in Richtung *auf geschlechtsrollenadäquates Verhalten*, dessen Prinzipien von den Männlichkeits-/Weiblichkeitsstereotypen geprägt sind, aus. Jugend als zukunftsorientierte Lebensphase bringt Mädchen und Knaben in die Startpositionen für ihr Erwachsenenleben, entsprechend konkret und entschieden ist der Druck der Eltern, sind die Jugendlichen selbst auf die männliche und weibliche „Normalbiographie" und die Stereotype von Männlichkeit/Weiblichkeit orientiert; besonders die *peers* üben harten Anpassungsdruck aus (Kleidung, Umgangsformen, Bewegungen (!), dating-Verhalten ...). Für Mädchen ist mit der Vorpubertät die Zeit der potentiellen Grenzüberschreitungen als „halber Junge" (! „tomboy") vorbei; von Eltern wie Gleichaltrigen haben sie Sanktionen für „zu jungenhaftes" Verhalten zu erwarten (SCHWARZER 1975). Knaben unterliegen dem Druck, am stärksten wohl von peers, evtl. auch vom Vater, „keine Memme", „kein Muttersöhnchen" zu sein, Mutproben und betont „männlich-hartes" Verhalten werden von ihnen gefordert. Der/die Jugendliche muß *sich diesen Forderungen* und eventuellen Sanktionen *gegenüber verhalten* – durch Anpassung, teilweisen Rückzug o.a. Strategien. Ebenso muß er/sie sich verhalten *gegenüber der Entwicklung des eigenen Körpers* (vor allem Wachsen von Schamhaar, Penis, Brüsten, Menstruationsbeginn) *und sexuellen Bedürfnissen*, die ihn/sie biologisch eindeutig zum Mann/zur Frau machen. Von der Art der bisher erworbenen Vorstellungen von Sexualität, männlichem/weiblichem Körper (zu Menstruation vgl. CLAR-

KE/RUBLE 1978), und von der Geschlechtsrollenidentifikation hängt es ab, ob die körperliche Entwicklung eher mit Stolz und einer gewissen Selbstverständlichkeit in ein neues Selbstbild integriert wird oder Scham, Verwirrung, Verzweiflung (über „zu kleinen" Penis, „zu dicken" Hintern usw.) hervorruft und wie der/die Jugendliche damit umgehen kann. Schichtunterschiede im Umgang mit dem Körper dürften sich hier auswirken.
Über die Wichtigkeit des gleichgeschlechtlichen Elternteils für diese Prozesse ist kaum konkret, lebenswelt- und prozeßbezogen geforscht worden.

Am häufigsten wurde nach der „Männlichkeitsentwicklung" von Knaben, die ohne Vater aufwuchsen, geforscht (HETHERINGTON 1966, McCORD u.a. 1962; SANTROCK 1970, 1977; Untersuchungen in verschiedenem Alter von Präadoleszenz bis College). Die Ergebnisse sind uneindeutig, widersprechen klar der simplen Vater-als-Modell-Annahme, mit der so viel geforscht wurde (vgl. MISCHEL 1970): Die meisten dieser Jungen zeigen sich (kompensatorisch?) übertrieben männlich (aggressiv, unabhängig usw.), vor allem bei Verlust in der Präadoleszenz und durch Scheidung (HETHERINGTON 1966, SANTROCK 1977, LAMB 1976, PLECK 1976). Wichtig für positives Selbstbild und Freiheit von körperlichen Beschwerden scheint das Gefühl der Söhne, vom Vater verstanden zu werden (MILLEN/ROLL 1977 über Collegestudenten). Für Mädchen deutet eine qualitative Befragung von KONOPKA (1976) darauf hin, daß ein gutes Verhältnis zur Mutter, wenn diese als Frau selbstbewußt ist und ihre Tochter unverklemmt aufklärt, dieser ein positives Verhältnis zu ihrer Weiblichkeit, zum Körper, zur Sexualität vermittelt. Über die Rolle des Vaters für die jugendliche Tochter (HETHERINGTON 1972, HAINLINE/FEIG 1978), der Mutter für den Sohn wissen wir wenig.

Die *Situation von Jugendlichen* unterscheidet sich klar zwischen Schülern und Lehrlingen bzw. Jungarbeitern, also nach *Verbleib im Bildungssystem oder nicht.* Die Dauer des Besuchs von Bildungseinrichtungen ist von der Schichtzugehörigkeit und vom Geschlecht abhängig (LOCHMANN 1976, THUMM 1972, REITZ 1974, PROSS 1969) sowie bzgl. der Mädchen von ihren Geschlechtsrolleneinstellungen/Zukunftsantizipationen (O'CONNELL 1977) und denen ihrer Eltern. Die Tatsache, daß plötzlich (im high school-Alter) die bisher guten Schulleistungen der Mädchen im Vergleich zu den Jungen nachlassen (MACCOBY 1966, S. 26ff. – ob auch heute noch?) scheint mit der Antizipation der weiblichen Biographie (und der Notwendigkeit des Erfolgs bei Jungen) zusammenzuhängen. Mädchen besuchen etwas mehr die Mittelschule, sie sind etwas weniger bei den unteren Schulabschlüssen (Sonder- und Hauptschule) vertreten; unter den Jugendlichen, die eine Lehrstelle suchen, haben mehr Mädchen höhere Schulabschlüsse als normale Hauptschule, trotzdem haben sie derzeit schlechtere Aussichten auf einen Ausbildungsplatz. Die Unterrepräsentation von Mädchen im Gymnasium, die mit der Klassenhöhe, besonders schroff nach der Mittleren Reife, zunimmt, ist bekannt. In den letzten 10, 15 Jahren hat sich jedoch die (Aus-)Bildungswilligkeit der Mädchen und ihrer Eltern deutlich verstärkt; fast alle Hauptschülerinnen wollen eine Lehre machen, mehr Mädchen machen Abitur, ihr Anteil an den Studenten steigt (HEGELHEIMER 1977, SZ v. 12.3.1979). Die Gründe kann man vermuten: Bildungswerbung und -expansion, Gleichberechtigungsbestrebungen, Fragwürdigwerden der Ehe als Versorgungsinstitution, Aufnahme von Berufstätigkeit in die „weibliche Rolle", Wunsch nach eigenständiger Reproduktionssicherung über Beruf.
Die Sozialisationsinstanz *Schule* ist, auch bei Koedukation, nicht indifferent oder kritisch reflektierend gegenüber der üblichen Geschlechtsrollensozialisation, sondern verstärkend (SCHULTZ 1978; BORRIS 1972; ZINNEKKER 1972, 1973; TORNIEPORTH 1977); für die Universität ist ihr „männlicher", frauenfeindlicher Charakter, sind die Schwierigkeiten von Studentinnen vielfach belegt worden (HERVÉ 1973); die Studenten bewegen sich hier in einer eindeutig „männlichen", exclusiv von Männern dominierten Welt, während ihre frühere Schulumwelt, besonders die Grundschule durch Lehre*rinnen* gekennzeichnet (aber meist durch einen männlichen Rektor dominiert) gewesen war.
Im Folgenden konzentriere ich mich wegen der Schichtdifferenzen auf Lehrlinge und Jungarbeiter/innen. Für Jugendliche ohne längere Schulbildung beginnt die direkte *Vorbereitung auf oder Einführung in ihre lebensbestimmende gesellschaftliche Arbeit*: für *Jungen* auf *Berufs-/Lohnarbeit*, für *Mädchen* auf *Berufs- und*, weniger bewußt, auf *Hausarbeit* (Reproduktionsarbeit in der Familie). Berufsausbildung bzw. -tätigkeit ist zu einem konstitutiven Bestandteil weiblicher Normalbiographie zumindest zwischen Schulende und Geburt des ersten Kindes

geworden. Für fast alle Mädchen läuft selbstverständlich nebenher die Sozialisation in Hausarbeit hinein, indem sie wesentlich mehr und verantwortlicher als Brüder zur Arbeit im elterlichen Haushalt herangezogen werden, indem sie meist mehr in der häuslichen Umwelt gehalten werden (oft streng von den Eltern, vor allem dem Vater kontrolliert), während die Knaben Straße, Freizeitheime, Kneipen und weitere „öffentliche" Umwelten „bewohnen" und ihre Regeln beherrschen lernen. In Beziehungen zum Freund wird manches Mädchen früh in „Beziehungsarbeit" (in sexuelle Befriedigung des Mannes, Zurückstecken bei eigenen Wünschen, Status eines eifersüchtig bewachten Besitzes) eingeübt; andere versuchen, sich durch „coolere", wechselnde Beziehungen mehr Freiheit zu bewahren.

Für Knaben *und* Mädchen dominierend und selbstverständlich ist der Einstieg in Beruf(sausbildung). Während der Berufseintritt für *Jungen* Teil einer *eindeutigen, kontinuierlichen Perspektive* auf *Beruf* (und Familienernährerfunktion) als *das biographische Bestimmungsmoment* ist, hat *Berufstätigkeit in der weiblichen Normalbiographie keine so eindeutige, beherrschende Perspektive*; sie ist vorläufig oder soll sich nach den anfallenden familiären Gegebenheiten richten. Berufliche Erfahrungen, Können, Identifikationschancen, Aufstiegsmöglichkeiten usw. können so etwas bedeuten wie ein „Programmwechsel" in der weiblichen Biographie, hin zu relativer Gleichrangigkeit von Berufs- und Hausarbeit (WELTZ u.a. 1979). Berufliche Sozialisation (DIEZINGER/MARQUARDT 1979) ist für Mädchen ein biographisch vorgesehener Bruch in der weiblichen Sozialisation auf Hausarbeit/Familie. Beruf(sausbildung) bedeutet für Mädchen in prononcierter Weise Aufbruch in neue Möglichkeiten, vor allem finanzielle Unabhängigkeit von den Eltern, evtl. Auszug aus der elterlichen Wohnung, neue Erfahrungsbereiche außerhalb des Hauses, Erwerb von Können und Fähigkeiten, Grundlage für ein unabhängiges Selbstbewußtsein, aber er bedeutet auch Disziplinierung, Drill, Unterordnung, oft mangelhafter Erwerb der erwarteten und zukünftig nötigen Qualifikationen. Aber spezielle Einsatzstrategien der Betriebe für Frauen (WELTZ u.a. 1978), Ausbildungen ohne längerfristige Berufschancen, häufige Dequalifizierung und/oder Arbeitslosigkeit durch Wegrationalisierung und -automatisierung von Frauenarbeitsplätzen, fehlende Aufstiegsmöglichkeiten und unterste berufliche Positionen, ja schon die geringe Auswahl an Ausbildungsstellen für Mädchen lassen die beruflichen Erfahrungen von jungen Männern und Frauen sich auseinanderentwikkeln. Die *unterschiedlichen Lebensperspektiven* von Männern und Frauen legen *unterschiedliche Reaktionsweisen* auf berufliche Erfahrungen (Desillusionierung vor allem bei den jungen Frauen) nahe: Männer *müssen* sich in beruflichen Strukturen einrichten, durchboxen, anpassen, hocharbeiten, sie müssen ihr Interesse an langfristiger Erhaltung ihrer Arbeitskraft gegenüber dem Betrieb geltend machen; Frauen, unter der Perspektive – oder Illusion – der *Fristigkeit* von Berufstätigkeit, ertragen Arbeitsplätze, die ihre Arbeitskraft oft in wenigen Jahren verschleißen, ziehen sich bei Berufskrankheiten (z.B. Bein- und Schulterbeschwerden, Gebärmuttersenkungen bei Friseusen und Verkäuferinnen) – Rehabilitationsmaßnahmen für Frauen sind seltener – oft in die Hausarbeit zurück bzw. ändern anpassungsfähig ihre Lebenspläne. Sie haben (evtl.) eine Alternative, zumindest was ihr Selbstverständnis anbetrifft – die Männer haben keine Alternative. Diese unterschiedliche Perspektive sozialisiert unterschiedlich bzw. die Individuen sozialisieren sich selbst antizipatorisch daraufhin.

Ich möchte das Thema „Sozialisation im Lebenslauf" noch etwas weiter verfolgen, bei *Jugendlichen und jungen Erwachsenen* (um 20 – Alter ist hier eine soziale Kategorie, vgl. NEUGARTEN 1968, SALES 1978). Für sie, historisch zunehmend auch für Mädchen und untere soziale Schichten, ist *Unabhängigkeit von den Eltern*, Finden einer eigenständigen *Identität* ein zentrales Thema. *Finanzielle Reproduktion über Beruf* und die *gesellschaftliche Anerkennung* der Berufsarbeit (im Unterschied zu Hausarbeit) ist dabei für praktisch *alle* Jugendlichen (außer den Schülern) objektiv vorgegebenes, subjektiv entscheidendes Motiv. Ein weiterer „Stützpunkt" für den Unabhängigkeits- und Selbständigkeits-„Kampf" ist für viele Jugendliche die „*Jugendsubkultur*", in Cliquen, Freizeitheimen, Kneipen, Diskotheken. Wenn es weiterhin stimmt, daß Mädchen mehr in Zweierbeziehungen, mit Freund(in) und der Familie, Knaben eher in Gruppen, Cliquen leben, haben beide in Ausmaß, Form und Rollen unterschiedlichen Anteil an dieser Jugendsubkultur und ihrer sozialisierenden Wirkung. Für einige Mädchen, die unabhängige, selbständige Mitglieder einer Clique (nicht nur als Freundin eines Jungen) sind, in der die Mädchen u.U. eine solidarische Subgruppe bilden (Projektgruppe 1975, WILDT/SAVIER 1977), könnten sich, trotz des stereotypen Anpassungsdrucks der peers, ein paar Emanzipationschancen von der üblichen einschränkenden Geschlechtsrolle bieten. Das Wissen aus der bisherigen Forschung beschränkt sich allerdings fast völlig auf männliche Jugendliche (Deutscher Bildungsrat 1975; Ausnahmen: KONOPKA 1976; Erfahrungsberichte von Sozialarbeitern: SAVIER/WILDT 1978, DEHLER 1974).

Im Jugendalter (zum Begriff vgl. KREUTZ 1974) wird die *Antizipation männlicher/weiblicher Normalbiographie* oder auch der Protest dagegen, den Jugendlichen selbst als inzwischen *selbständigeren Akteuren ihres Lebens* (aber auch den Eltern und Lehrern usw.) ziemlich konkrete Orientierung: Sie werden gewahr, was ihnen „normalerweise" bevorsteht, müssen sich irgendwie dazu stellen, verhalten, in ihren eigenen Zukunftsplänen und Unternehmungen darauf beziehen (mehr Selbstsozialisation). Offenbar gibt es in den Köpfen eine vage Zeittabelle für Berufsausbildung, Heirat, Kinderhaben, im Beruf etwas erreichen usw. (NEUGARTEN 1968, SALES 1978, PIEPER 1978) oder ein „idealtypisches" männliches bzw. weibliches Leben, eine „Normalbiographie". Ausbildungsregelungen, Mindestheiratsalter, Einstellungsverhalten von Betrieben, Gebärfähigkeit, Pensionierungsalter u.ä. tragen als Fakten zur Konstitution von „Normalbiographien" bei.

Entsprechend sind die *Zukunftsvorstellungen von Männern* bzgl. Beruf – Familie wird selbstverständlich nebenher angestrebt – beim *„Eintritt ins Erwachsenenalter" klarer* als die der jungen Frauen: Offenheit und Anpassungsfähigkeit, d.h. auch selten längerfristige Planung, zielbewußtes Anstreben von weit entfernten Zielen, sind zentrale Charakteristika des Lebens junger Frauen (SALES 1978, S. 189): Versuchsweise Berufs- und Jobwahl, bereit oder schon vorher so gewählt zur Anpassung an die Eventualitäten von Familienzyklus und entsprechenden Hausarbeitsverpflichtungen. Ehe, Kinderhaben sind für junge Frauen tatsächlich-zeitlich und von der psychisch-sozialen Wichtigkeit her näher. Persönliche Beziehungen zu Männern scheinen für Frauen meist einen höheren, weite Lebensbereiche strukturierenden Stellenwert zu haben als umgekehrt. Die persönliche, soziale Identität bleibt, wie die Berufs- und sonstigen Lebenspläne, offener für die Anpassung an Mann und Familie, sie wird weniger klar definiert als bei Männern (SALES 1978, S. 168). Die Unterschiede der Situation – jetzt und in der Antizipation des weiteren Lebens – nach Bildung, extrem zwischen jungen Arbeitern und Studenten, können hier nicht herausgearbeitet werden; sie betreffen noch in besonderer Weise, was Zwang zu und Chancen der Berufstätigkeit angeht, die jungen Frauen.

Zur „Sozialisation im Lebenslauf" nur noch ein paar Bemerkungen über die verschiedenen Anpassungszwänge und Anforderungen, denen Männer und Frauen bei *Heirat* und besonders *Geburt des ersten Kindes* unterliegen: Männern „werden die Flügel gestutzt": Ihre vielfältigen Freizeitaktivitäten mit peers, die manchmal etwas verrückt und ausgefallen (gelegentlich auch kriminell) waren, müssen zugunsten von Familie und Häuslichkeit reduziert werden. Frauen geben oft *ihre* Bekannten ganz auf; sie übernehmen meist voll die Verantwortung für die Reproduktionsarbeit im neuen Haushalt. Bei Geburt des ersten Kindes stellt sich fast immer die traditionelle Arbeitsteilung voll ein (LEVY 1977). Die Sorge für ein Baby erfordert eine radikale Umstellung aller Lebensgewohnheiten und der Arbeitsform der Mutter; sie muß entweder zeitweise oder täglich von Berufs- auf Hausarbeit i.w.S. umschalten, d.h. die Widersprüche der beiden Arbeitsformen in ihrer Person vereinen (FRANSELLA/FROST 1977, S. 143ff.).

Interessant sind LEHRS (1978) *biographische Studien* von 1311 Männern und Frauen (120 genauer): Sie zeigen, daß Männer einschneidende Lebensereignisse eher auf Beruf beziehen, familiäre Ereignisse auch auf dessen Hintergrund sehen und aktiv bewältigend auf Berufsprobleme, eher defensiv auf familiäre reagieren; bei den Frauen ist, erwartungsgemäß, eher Familie zentrales Thema, Gegenstand aktiver Bewältigung. LEHR meint bei nach 1920 Geborenen aus höheren Schichten eine Angleichung zu sehen. Auf eine weitere Angleichung – in USA – deuten die Ergebnisse der „Angst vor Erfolg"-Forschung hin (VAUGHTER 1976, TRESEMER 1976). HELD (1978) berichtet über – schichtspezifische – Entwicklung der Macht-, Status- und Kompetenzrelation der Ehepartner im Lauf der Ehe; er skizziert weibliche Unabhängigkeitsstrategien und konstatiert zunehmende Chance für „Karrierefrauen" und abnehmende für un- und angelernte Frauen.

Die (sozio)biographische Forschung, die *Perspektive: Entwicklung, Veränderung des Individuums im Lebenslauf* wird in den letzten Jahren von Soziologen und Psychologen zunehmend entwickelt (NEUGARTEN 1968, BALTES/SCHAIE 1973, OERTER 1978, PIEPER 1978, KOHLI 1978, RICKS u.a. 1974); einige Veröffentlichungen befassen sich, teils interessant, teils kritikabel, mit männlicher bzw. weiblicher „Normal"-Biographie (SALES 1978; FRANSELLA/FROST 1977, bes. S. 106ff.; LIVSON 1975; VAN DEN BERGHE 1973; LEHR 1978; LEVINSON u.a. 1979; VAILLANT/MCARTHUR 1972). Gemeinsam ist ihnen der schlichte Grundgedanke: Mit der Kumulation *lebensgeschichtlicher Erfahrungen*, durch *sich im Lebenslauf systematisch wandelnde situative Anforderungen, Möglichkeiten, Beschränkungen, Konflikte und Altersrollen* (PIEPER 1978) sowie die *subjektiven Reaktionen darauf verändern sich Menschen* im Verlauf ihrer Biographie; sie erwerben neue Kompetenzen, verlieren (tendenziell) alte, verlagern ihre Interessen und Orientierungen, verändern ihr Selbstbild. Insoweit biographische Erfahrungen, Lebenssituationen, Altersrollen und Reaktionstendenzen (Bewältigungsstrategien) nach Geschlecht differieren, verlaufen auch diese Veränderungen verschieden, z.B. rufen Vater- bzw. Mutterschaft, körperliche Alterserscheinungen, weil sie für Männer und Frauen sehr Unterschiedliches bedeuten, nicht die gleichen Veränderungen hervor. Die *psychischen Unterschiede zwischen Männern und Frauen verändern sich im Lebenslauf*; sie scheinen bis zur Pubertät/Jugend zu wachsen, dort einen Höhepunkt zu erreichen, einen weiteren in der Kinderaufzuchtphase, wo Frauen die meiste Reproduktionsarbeit verrichten. LIVSON (1975) berichtet aus Longitudinalstudien, daß Frauen um 50 (d.h. nach Ende der aktiven Mutterschaft) „androgyner" (und „psychisch gesünder") wurden.

Ich habe aufzuzeigen versucht, daß die historische Form von Arbeitsteilung, Alltagspsychologie, Macht-Herrschafts-Beziehungen und „normalen" Biographien der Geschlechter für Männer und Frauen im gesamten Lebenslauf mehr oder weniger unterschiedliche Lebensbedingungen und Bedingungen der Aneignung von Männlichkeit/Weiblichkeit hervorbringen. (Umfassend wird die Verschiedenheit weiblicher Lebensbedingungen von den dominanten männlichen Bedingungen in JANSSEN-JURREITS Dokumentation der Frauendiskriminierung (1979) demonstriert.) Da ich die Unterschiede „idealtypisch" zu fassen versucht habe, wurden notwendigerweise „abweichende", „untypische" Lebensbedingungen und Aneignungsformen von Individuen vernachlässigt. Auch die Widersprüche etwa zwischen zunehmend gültigen Gleichheitsnormen und Emanzipationsansprüchen der Frauen einerseits und den differierenden Aneignungsbedingungen andererseits, konnten nicht genügend herausgearbeitet werden. All dies sowie historische Veränderungen, die bisher vor allem die „Rolle der Frau" betreffen, machen das Bild komplizierter, verwirrender und undurchschaubarer, als es hier gezeichnet wurde.

Wir werden uns neue, komplexere Modelle und phantasievollere (nicht nur quantitative) Methoden ausdenken müssen, um etwas mehr von dem Vergesellschaftungsprozeß als Männer und Frauen und seiner historischen Veränderung zu begreifen. Ich hoffe, daß meine Ausführungen dazu anreizen.

Literatur

ALBEE, G. W.: The Protestant ethic, sex, and psychotherapy. American Psychologist 1977, S. 32.

ALLEMANN-TSCHOPP, A.: Geschlechtsrollen. Bern/Stuttgart/Wien, Huber 1978.

ARGYLE, M./SALTER, V./NICKHOLSON, H./WILLIAMS, M./BURGESS, P.: The communication of inferior and superior attitudes by verbal and non-verbal signals. British Journal of Social and Clinical Psychology 9 (1970), S. 222–231.

AUSUBEL, D. P.: Das Jugendalter. München, Juventa 1974.

BAKAN, D.: The duality of human existence. Chicago, Rand McNally 1966.

BALTES, P. B./SCHAIE, K. W. (Hrsg.): Life-span developmental psychology. New York, Academic Press 1973.

BAN, P. L./LEWIS, M.: Mothers and fathers, girls and boys: Attachment behavior in the one-year-old. Paper presented at the Meeting of the Eastern Psychological Assoc. New York, April 1971.

BARDWICK, J.: Psychology of women. A study of bio-cultural conflicts. New York, Harper & Row 1971.

BARRY, H./BACON, M. K./CHILD, I. L.: A cross-cultural survey of some sex differences in socialization. Journal of Abnormal and Social Psychology 55 (1957), S. 327–332.

BARUCH, G. K.: Girls who perceive themselves as competent: some antecedents and correlates. Psychology of Women Quarterly 1 (1976/77), S. 38–49.

BAUER, G.: Literaturbericht zur Situation der weiblichen Jugendlichen in der Bundesrepublik Deutschland (Forschungsbericht des Deutschen Jugendinstituts München). München, Deutsches Jugendinstitut 1970.

BECK, U./BRATER M. (Hrsg.): Die soziale Konstitution der Berufe. Bd. 2. Frankfurt, Campus 1977.

BECKER, G./BOVENSCHEN, S./BRACKERT, H. u.a. Aus der Zeit der Verzweiflung. Zur Genese und Aktualität des Hexenbildes. Frankfurt/M., Suhrkamp 1977.

BECKER, G./BRACKERT, H./BRAUNERS, S./TÜMMLER, A.: Zum kulturellen Bild und zur realen Situation der Frau

im Mittelalter und in der frühen Neuzeit. In: BECKER u.a. 1977, S. 11–128.
BECK-GERNSHEIM, E.: Der geschlechtsspezifische Arbeitsmarkt. Frankfurt, Aspekte 1976.
BECK-GERNSHEIM, E./OSTNER, I.: Der Gegensatz von Beruf und Hausarbeit als Konstitutionsbedingung weiblichen Arbeitsvermögens. In: BECK, U./BRATER, M. (Hrsg.): Die soziale Konstitution der Berufe, Bd. 2. Frankfurt, Campus 1977, S. 25–53.
BELOTTI, E. G.: Was geschieht mit kleinen Mädchen?. München, Frauenoffensive 1975.
BEM, S. L.: The measurement of psychological androgny. In: Journal of Consulting and Clinical Psychology, Vol. 42 (1974), S. 155–162.
BEM, S. L.: Sex role adaptability: One consequence of psychological androgny. In: Journal of Personality and Social Psychology, Vol. 31 (1975), S. 634–643.
BEM, S. L.: Die Harten und die Zarten. Psychologie heute, 3 (1976), 2, S. 54–59.
BENARD, C./SCHLAFFER, E.: Die ganz gewöhnliche Gewalt in der Ehe. Reinbek, Rowohlt 1978.
BERNARD, J.: Models for the relationship between the world of women and the world of men. In: KRIESBERGER, L. (Hrsg.): Research in social movements, conflicts and change. (An Annual Compilation of Research Vol. 1). Greenwich, Connecticut, Jai press 1978, S. 291–340.
BERNARD, J.: My four revolutions: An autobiographical history of the ASA. American Journal of Sociology 78 (1973), S. 773–791.
BERNARD, J.: The future of marriage. New York, World 1972.
BEZDEK, W.: Sex identity, values, and balance theory. Sociometry 39 (1976), 2, S. 142–153.
BILDEN, H.: Stellungnahme des Deutschen Jugendinstituts zur staatlichen Förderung der „Mädchenbildung". München, Deutsches Jugendinstitut 1969.
BILDEN, H.: Das unhistorische Subjekt. Weinheim, Beltz 1978.
BLOCK, J. H.: Conceptions of sex role: Some cross-cultural and longitudinal perspectives. American Psychologist 28 (1973), 6, S. 512–526.
BLOCK, J. H.: Issues, problems and pitfalls in assessing sex differences: A critical review of The Psychology of Sex Differences. Merrill Palmer Quarterly 22 (1976), S. 283–308.
BOCK, G./DUDEN, B.: Arbeit aus Liebe – Liebe als Arbeit. In: Gruppe Berliner Dozentinnen (Hrsg.): Frauen und Wissenschaft. Berlin, Courage Verlag 1977, S. 118–199.
BOLTANSKI, L.: Die soziale Verwendung des Körpers. In: KAMPER, D./RITTNER, V. (Hrsg.): Zur Geschichte des Körpers. München, Hanser 1976, S. 138–183.
BORRIS, M.: Die Benachteiligung der Mädchen in Schulen der Bundesrepublik und West-Berlins. Unter Mitarbeit von P. RASCHKE. Frankfurt, EVA 1972.
BOVENSCHEN, S.: Die aktuelle Hexe, die historische Hexe und der Hexenmythos. Die Hexe: Subjekt der Naturaneignung und Objekt der Naturbeherrschung. In: BECKER, G. u.a.: Aus der Zeit der Verzweiflung. Zur Genese und Aktualität des Hexenbildes. Frankfurt/M., Suhrkamp 1977, S. 259–313.
BRAUN, K. H./HOLZKAMP, K. (Hrsg.): Kritische Psychologie. Berichte über den 1. Internat. Kongreß Kritische Psychologie in Marburg. Mai 1977, 2 Bde. Köln, Pahl-Rugenstein 1977.
BRIM, O. G. Jr./WHEELER, S.: Socialization after childhood: two essays. Deutsch: Erwachsenensozialisation. New York, Wiley 1966; Stuttgart, Enke 1974.
BRINKMANN, H./BRÜCKNER, P./KRAHL, H. J./LAUERMANN, M.: Sinnlichkeit und Abstraktion. Wiesbaden, Focus 1973.
BROVERMAN, I. K./VOGEL, S. R./BROVERMAN, D. M./CLARKSON, F. E./ROSENKRANTZ, P. S.: Sex-role stereotypes: A current appraisal. Journal of Social Issues 28 (1972), S. 59–76.
BROWN, D. G.: Sex-role preference in young children. Psychological Monographs 70 (1956), 14, S. 1–19.
BRUNET, O./LEZINE, I.: I primi anne del Bambini. Rom 1966.
CARLSON, R.: Understanding women: implications for personality theory and research. Journal of Social Issues 28 (1972), S. 17–32.
CHODOROW, N.: Being or doing. A cross-cultural examination of the socialization of males and females. In: GORNICK, V./MORAN, B. K. (Hrsg.): Women in sexist society. New York, Mentor 1972, S. 259–291.
CLARKE, A. E./RUBLE, D. N.: Young adolescents' beliefs concerning menstruation. Child Development 49 (1978), S. 231–234.
CLAUSEN, J. A.: The life course of individuals. In: M. W. RILEY/M. JOHNSON,/A. FONER, (eds): Aging and society (Vol. 3). New York, Russell Sage Foundation 1972.
COPPES, M.: Berufsschülerinnen und ihre Probleme. Weinheim, Beltz 1971.
COX, S. (Hrsg.): Female psychology: the emerging self. Chicago, Ill., Science Research Associates 1976.
CONSTANTINOPLE, A.: Masculinity-feminity: An exception to a Famous Dictum. In: Psychological Bulletin 80 (1973), S. 389–407.
CROISSIER, S./HESS, G./KÖSTLIN-GLOGER, G.: Soziale Kognition im Vorschulalter. Weinheim/Basel, Beltz 1979.
DAHLKE, K.: Hausarbeit und Kapital. Unveröff. Dipl.-Arb., Soziol. Institut Universität München 1978.
D'ANDRADE, R.: Sex differences and cultural institutions. In: MACCOBY, E. E., 1966 (a), S. 174–204.
DANNHAUER, H.: Geschlecht und Persönlichkeit. Berlin, Dt. Vlg. d. Wissenschaften 1973.
DEHLER, J.: Jungarbeiterinnen. München, Raith 1974.
DER-KARABETIAN, A./SMITH, A. J.: Sex-role stereotyping in the United States: Is it changing?. Sex Roles 3 (1977), S. 193–198.
Deutscher Bildungsrat (Hrsg.): Lernen im Jugendalter. (Gutachten und Studien der Bildungskommission, Bd. 54.) HORNSTEIN, W. u.a. Stuttgart 1975.
DIEZINGER, A./MARQUARDT, R.: Zur beruflichen Sozialisation von Frauen. In: GROSKURTH, P. (Hrsg.): Arbeit und Persönlichkeit: berufliche Sozialisation in der arbeitsteiligen Gesellschaft. Reinbek, Rowohlt 1979, S. 175–202.
ELIAS, N.: Über den Prozeß der Zivilisation. Bern/München, Francke 1969 (2 Bände).
EMMERICH, W.: Socialization and sex-role development. In: BALTES, P. B./SCHAIE, K. W. (Hrsg.). New York, Academic Press 1973, S. 123–144.
FAGOT, B. I.: The influence of sex of child on parental reactions to toddler children. Child Development 49 (1978), S. 459–465.
FAGOT, B. I./LITTMAN, I.: An in vivo analysis of sex role and play interests from pre-school to Dementary school. Journal of Psychology 89 (1975), S. 281–292.
FEMINIST Counseling Collective, the: Feminist psychotherapy. In: Women and Health (1975), S. 54–62.
FLING, S./MANOSEVITZ, R.: Sex typing in nursery school and children's play interests. Developmental Psychology 7 (1972), S. 146–152.
FRANCK, K./ROSEN, E. A.: A projective test of masculinity-

feminity. Journal of Consulting Psychology 13 (1949), S. 247–256.
FRANSELLA, F./FROST, K.: On being a woman. A review of research on how women see themselves. London, Tavistock Publ. 1977.
FREEMAN, J.: The social construction of the second sex. In: COX, S. (Hrsg.), 1977, S. 136–151.
FREUD, S.: Über einige psychische Folgen des anatomischen Geschlechtsunterschiedes. Bd. IVX, Imago-Gesamtausgabe, Frankfurt 1963, Fischer, S. 20–30.
FRICKER, R./LERCH, J.: Zur Theorie der Sexualität und Sexualerziehung. Weinheim, Beltz 1976.
FRIEZE, I. H. u. a.: Woman and sex roles. A social psychological perspective. New York/London, Norton & Co. 1978.
FRUEH, T./MCGHEE, P. E.: Traditional sex role development and amount of time spent watching television. Developmental psychology 11 (1975), S. 109.
GARAI, J. E./SCHEINFELD, A.: Sex differences in mental and behavioral traits. Genetic Psychology Monograph 77 (1968), S. 169–299.
GAUDART, D./SCHULZ, W.: Mädchenbildung – wozu? Einstellung von Müttern und ihren Töchtern zu Ausbildung, Haushalt und Beruf. Schriften zur Mädchen- und Frauenbildung, Bd. 1, 1971.
GOLD, D./ANDRES, D.: Developmental comparisons between ten-year-old children with employed and nonemployed mothers. Child Development 49 (1978), S. 75–84.
GOLDBERG, S./LEWIS, M.: Play behavior in the year-old infant: early sex differences. Child Development 40 (1969), S. 21–31.
GOUDENOUGH, E. W.: Interest in persons as an aspect of sex difference in the early years. Genetic Psychology Monograph 55 (1957), S. 287–323.
GREEN, R.: Sexual identity conflict in children and adults. New York/London, Basic Books 1974.
GREEN, R.: Die Suche nach der Geschlechtsrolle. Psychologie heute, 3 (1976), S. 70–76.
GROTEVANT, H. D.: Sibling constellations and sex typing of interests in adolescence. Child Development 49 (1978), S. 540–542.
HACKER, H. M.: Women as a minority group. In: COX (1976), S. 156–170 (1950).
HAGEMANN-WHITE, C.: Familienerziehung – schichtspezifisch oder geschlechtsspezifisch?. Päd. extra 2 (1977), S. 44–49.
HAINLINE, L./FEIG, E.: The correlates of childhood father absence in college-aged women. Child Development 49 (1978), S. 37–42.
HAMBURG, D. A./LUNDE, D. T.: Sex hormones in the development of sex differences in human behavior. In: MACCOBY, E. E. (Hrsg.), 1966a, S. 1–24.
HAMPSON, J. L.: Determinants of psychosexual orientation. In: BEACH, F. A. (Hrsg.): Sex and behavior. New York 1965, S. 108–132.
HARTEN-FLITNER, E.: Leistungsmotivation und soziales Verhalten. Weinheim, Beltz 1978.
HARTUP, D.: Peer interaction and social organization. In: MUSSEN, P. H. (Hrsg.): Carmichaels Manual of Child Psychology, Vol. II. New York 1970, S. 361–456.
HAUSEN, K.: Die Polarisierung der ‚Geschlechtscharaktere' – Eine Spiegelung der Dissoziation von Erwerbs- und Familienleben. In: CONZE, W. (Hrsg.): Sozialgeschichte der Familie in der Neuzeit Europas. Stuttgart, Klett 1976, S. 363–393.
HEFNER, R./REBECCA, M./OLESHANSKY, B.: Development of sex-role transcendence. Human Development 18 (1975), S. 143–158.
HEGELHEIMER, B.: Qualifikation und Berufschancen von Frauen in der Bundesrepublik Deutschland. (Materialien aus der Bildungsforschung, Nr. 11.) Berlin, MPI für Bildungsforschung 1977.
HEILBRUN, C. G.: Toward a recognition of adrogyny. New York, Knopf 1973.
HEINSOHN, G./KNIEPER, R.: Theorie des Familienrechts. Geschlechtsrollenaufhebung, Kindervernachlässigung, Geburtenrückgang. Frankfurt/M., Suhrkamp 1974.
HELD, T.: Soziologie der ehelichen Machtverhältnisse. Darmstadt/Neuwied, Luchterhand 1978 (Soziol. Texte 110).
HENLEY, B. T./HENLEY, N. (Hrsg.): Language and sex: difference and dominance. Rowley, Mass., Newbury House 1975.
HENLEY, N.: Body politics: sex, power and nonverbal communication. Englewood Cliffs, N.J., Prentice Hall 1977.
HENLEY, N./FREEMAN, J.: The sexual politics of interpersonal behavior. In: COX, S. (Hrsg.), 1976, S. 171–179.
HERMAN, J./HIRSCHMAN, L.: Father-daughter-incest. Signs 2 (1977), S. 735–756.
HERRMANN, C.: Die Sprachdiebinnen. München, Frauenoffensive 1978.
HERVÉ, F.: Studentinnen in der BRD. Köln, Pahl-Rugenstein 1973.
HETHERINGTON, E. M.: Effects of paternal absence on sex-typed behaviors in negro and white preadolescent males. Journal of Personality and Social Psychology 4 (1966), S. 87–91.
HOLZKAMP, K.: Sinnliche Erkenntnis. Frankfurt, Athenäum Fischer 1973.
HOLZKAMP-OSTERKAMP, U.: Grundlagen der psychologischen Motivationspsychologie. 2 Bde. Frankfurt, Campus 1975, 1976.
HOLZKAMP-OSTERKAMP, U.: Die Übereinstimmung/Diskrepanz zwischen individuellen und gesellschaftlichen Zielen als Bestimmungsmoment der Vermittlung zwischen kognitiven und emotionalen Prozessen. In: BRAUN, H./HOLZKAMP, K. (Hrsg.), 1977, S. 72–88.
HURRELMANN, K. (Hrsg.): Sozialisation und Lebenslauf. Reinbek, Rowohlt 1976a.
HURRELMANN, K.: Gesellschaft, Sozialisation und Lebenslauf. 1976b. In: Ders. (Hrsg.), 1976a, S. 15–33.
IMSF-Arbeitsgruppe: Wirtschaftskrise und Frauenarbeitslosigkeit in der BRD. IMSF-Informationsbericht Nr. 31, Frankfurt/M., IMSF-Verlag 1978.
IRONSMITH, M./WHITEHURST, G. J.: The development of listener abilities in communication: How children deal with ambigous information. Child Development 49 (1978), S. 348–352.
JACKLIN, C. N./MACCOBY, E. E.: Social behavior at thirty-three months in same-sex and mixed-sex dyads. Child Development 49 (1978), S. 557–569.
JANSSEN-JURREIT, M.: Sexismus. Über die Abtreibung der Frauenfrage. München, Hanser 1976.
JANSSEN-JURREIT, M. (Hrsg.): Frauenprogramm. Gegen Diskriminierung. Reinbek, Rowohlt 1979.
KAGAN, J.: Acquisition and significance of sex-typing and sex-role identity. In: HOFFMAN, M. L./HOFFMAN, L. W. (Hrsg.): Review of Child Development Research. New York, Russell Sage Foundation 1964, S. 137–168.
KAGAN, J./LAPIDUS, D. R./MOORE, M.: Infant antecedents of cognitive functioning: A longitudinal study. Child Development 49 (1978), S. 1005–1023.
KAGAN, J./MOSS, H. A.: From birth to maturity. New York/London, Wiley 1962.

KAHN, L. G.: Sexism in everyday speech. In: Social Work 20 (1975), S. 65–67.
KAMINSKI, L. R.: Looming effects on stranger anxiety and toy preferences in one-year-old infants. Unpublished master thesis. Stanford University 1973 (zit. nach MACCOBY/JACKLIN 1974).
KANT, I.: Beobachtungen über das Gefühl des Schönen und Erhabenen. 1764. In: Kant's Werke, hrsg. v. d. Kgl. Preußischen Akademie d. Wissenschaften, Bd. II, Berlin 1912.
KANT, I.: Anthropologie in pragmatischer Hinsicht. 1798. In: Kant's Werke ..., Bd. VII, Berlin 1917.
KARSTEN, G.: Mariechens Weg ins Glück. Berlin, Frauenselbstverlag 1977.
KELLER, M.: Kognitive Entwicklung und soziale Kompetenz. Stuttgart 1976.
KENTLER, H. (Hrsg.): Texte zur Sozio-Sexualität. Opladen, Leske 1973 (a).
KENTLER, H.: Einleitung: Sexualität und Sozialität. 1973 (b). In: Ders., 1973 (a), S. 13–28.
KLECKA, C. O./HILLER, D. V.: Impact of mothers' life style on adolescent gender-role socialization. Sex Roles 3 (1977), S. 241–255.
KOBLINSKY, S. G./CRUSE, D. F./SUGAWARA, A. I.: Sex role stereotypes and children's memory for story content. Child Development 49 (1978), S. 452–458.
KOHLBERG, L.: Analyse der Geschlechtsrollen-Konzepte und -Attitüden bei Kindern unter dem Aspekt der kognitiven Entwicklung. In: Ders.: Zur kognitiven Entwicklung des Kindes, 1974, S. 334–471.
KOHLI, M. (Hrsg.): Soziologie des Lebenslaufs. Darmstadt, Luchterhand 1978.
KONOPKA, G.: Young girls. A portrait of adolescence. Englewood Cliffs, N.J. 1976.
KONTOS, S./WALSER, K.: Überlegungen zu einer feministischen Theorie der Hausarbeit. Alternative 120 (1978), 21, S. 152–157.
KREUTZ, H.: Soziologie der Jugend. München, Juventa 1974.
KÜCHENHOFF, E.: Die Darstellung der Frau und die Behandlung von Frauenfragen im Fernsehen. Stuttgart, Kohlhammer 1975.
KUHN, D./NASH, S. C./BRUCKEN, L.: Sex-role concepts of two-and three-year old children. Child Development 49 (1978), S. 445–451.
KÜRTHY, T.: Geschlechtsspezifische Sozialisation. 2 Bde. Paderborn, Schöningh (UTB) 1978.
KUTNER, N. G./BROGAN, D.: Sources of sex discrimination in educational systems: A conceptual model. Psychology of Women Quarterly 1 (1976/77), S. 50–69.
LAKOFF, R.: Language and women's place. New York, Harper & Row 1975.
LAMB, M. E. (Hrsg.): The role of the father in child development. New York, Wiley 1976.
LAMB, M. E.: The development of parentual preferences in the first years of life. Sex Roles 3 (1977 a), S. 495–497.
LAMB, M. E.: The development of mother-infant and father-infant attachment in the second year of life. Developmental Psychology 13 (1977 a), S. 637–648.
LAMBERT, W. E./YACKLEY, A./HEIN, R. N.: Child training values of English Canadian and French Canadian parents. Canadian Journal of Behavioral Science, 1971, S. 217–236.
LANSKY, L. M.: The family structure also affects the model: Sex role attitudes in parents of preschool children. Merrill-Palmer Quarterly 13 (1967), S. 139–150.
LEHR, U.: Das Problem der Sozialisation geschlechtsspezifischer Verhaltensweisen. In: GRAUMANN, C. F. (Hrsg.): Handbuch der Psychologie, Bd. 7/2, Sozialpsychologie. Göttingen, Hogrefe 1972, S. 886–951.
LEHR, U.: Die Rolle der Mutter in der Sozialisation des Kindes. Darmstadt, Steinkopf 1974.
LEHR, U.: Das mittlere Erwachsenenalter – ein vernachlässigtes Gebiet der Entwicklungspsychologie. In: OERTER, R. (Hrsg.): Entwicklung als lebenslanger Prozeß. Hamburg, Hoffmann & Campe 1978, S. 147–177.
LEONTJEV, A. N.: Probleme der Entwicklung des Psychischen. Frankfurt/M., Fischer Athenäum 1977.
LEVINSON, D. J./DARROW, C. M./KLEIN, E. B./LEVINSON, M. H./MCKEE, B.: Das Leben des Mannes. Werdenskrisen, Wendepunkte, Entwicklungschancen. Köln, Kiepenheuer & Witsch 1979.
LÉVY, R.: Der Lebenslauf als Statusbiographie. Die weibliche Normalbiographie in makrosoziologischer Perspektive. Stuttgart 1977.
LEWIS, M.: Parents and children: Sex-role development. School Review 80 (1972), S. 229–240.
LIPMAN-BLUMEN, J.: Toward a homosocial theory of sex roles: An explanation of the sex segregation of social institutions. Signs 3 (1976), S. 15–32.
LIPPE, R. Z.: Am eigenen Leibe. Zur Ökonomie des Lebens. Frankfurt/M., Syndikat 1978.
LIVSON, F.: Sex differences in personality development in the middle adult years: A longitudinal study. Paper presented at the Gerontological Society, Louisville/Kent., Oct. 1975 (ref. v. VAUGHTER, 1976).
LOCHMANN, R.: Soziale Lage, Geschlechtsrolle und Schullaufbahn von Arbeitertöchtern. Weinheim/Basel, Beltz 1976.
LOEVINGER, J.: The meaning and measuring of ego development. American Psychologist 21 (1966), S. 195–206.
LYNN, D. B.: Parental and sex-role identification. A theoretical formulation. Berkeley, CA, McCutchan 1969.
MACCOBY, E. E. (Hrsg.): The development of sex differences. Stanford, Stanford University Press 1966 (a).
MACCOBY, E. E.: Sex differences in intellectual functioning. 1966 (b). In: MACCOBY (Hrsg.), 1966 (a), S. 25–55.
MACCOBY, E. E./JACKLIN, C. N.: The psychological sex differences. Stanford, Stanford University Press 1974.
MARGOLIN, G./PATTERSON, G. R.: Differential consequences provided by mothers and fathers for their sons and daughters. Developmental Psychology 11 (1975), S. 337–338.
MASON, K. O./CZAJKA, J. L.: Change in U.S. women's sex role attitudes 1964–1974. American Journal of Sociology 41 (1976), S. 573–596.
MASTERS, W. H./JOHNSON, V.: Homosexuality in perspective. Boston, Little Brown 1979.
MCCANDLESS, B./HOYT, J.: Sex, ethnicity, and play preferences of preschool children. Journal of Abnormal and Social Psychology 62 (1961), S. 683–685.
MCCORD, J./MCCORD, W./THURBER, E.: Some effects of paternal absence on male children. Journal of Abnormal and Social Psychology 64 (1962), S. 361–365.
MCKENNA, W./KESSLER, S. J.: Experimental design as a source of sex bias in social psychology. Sex Roles 3 (1977).
MENSCHIK, J.: Feminismus. Geschichte, Theorie, Praxis. Köln, Pahl-Rugenstein 1977.
MERZ, F.: Geschlechterunterschiede und ihre Entwicklung. Lehrbuch der Differentiellen Psychologie, Bd. 3. Göttingen, Hogrefe 1978.
MILLEN, L./ROLL, S.: Relationships between sons' feeling of being unterstood by their fathers and measures of the sons' psychological functioning. The Journal of Genetic Psychology 130 (1977), S. 19–25.

MISCHEL, W.: Sex-typing and socialization. In: MUSSEN, P. (Hrsg.): Carmichael's Manual of Child Psychology, Bd. 2. New York 1970, S. 3–72.

MOELLER-GAMBAROFF, M.: Emanzipation macht Angst. In: Kursbuch 47. Berlin, Kursbuch/Rotbuch Verlag 1977, S. 1–26.

MONEY, J./EHRHARDT, A. A.: Man and woman, boy and girl. Baltimore/London, John Hopkins University Press 1972.

MONEY, J./HAMPSON, J./HAMPSON, J.: Imprinting and the establishment of gender role. Archive for Neurology and Psychiatry 77 (1957), S. 333–336.

MOSS, H. A.: Sex, age, and state as determination of mother-infant interaction. Merrill-Palmer Quarterly 13 (1967), S. 19–36.

MUSSEN, P.: Some antecedents and consequences of masculine sex-typing in adolescent boys. Psychological Monograph 75 (1961).

MUSSEN, P.: Long-term consequences of masculinity of interests in adolescence. Journal of Consulting Psychology 26 (1964), S. 435–440.

MUSSEN, P./RUTHERFORD, E.: Parent-child relations and parental personality in relation to young children's sex-role preferences. Child Development 34 (1963), S. 589–607.

NASH, S. C.: The relationship among sex-role stereotyping, sex-role preferences, and the sex difference in spatial visualization. Sex Roles 1 (1975), S. 15–32.

NEUGARTEN, B. L. (Hrsg.): Middle age and aging: A reader in social psychology. Chicago, University of Chicago Press 1968.

NISSEN, U.: Erkenntnistheorie und kindliche Entwicklung. Die Funktion der Erkenntnistheorie für die Entwicklung geschlechtsspezifischen Verhaltens. Unveröff. Dipl.-Arb., Soziol. Institut Universität München, 1978.

NITSCHE, A.: Geschlechtsspezifisches Rollenverhalten. Nonverbale Kommunikation, Macht und Geschlechtsrollenstereotype. Unveröff. Dipl.-Arb., Psychol. Institut Universität München, 1977.

O'CONNELL, A. N.: The decision to return to college: Role concepts, personality, attitudes, and significant others. Sex Roles 3 (1977), S. 229–240.

OERTER, R. (Hrsg.): Entwicklung als lebenslanger Prozeß. Hamburg, Hoffmann & Campe 1978.

OETZEL, R. M.: Classified summary of research in sex differences. In: MACCOBY, E.E. (Hrsg.), 1966, S. 323–351.

OEVERMANN, U./KIEPER, M./ROTHE-BOSSE, S./SCHMIDT, M./WIENSKOWSKI, P.: Die sozialstrukturelle Einbettung von Sozialisationsprozessen: Empirische Ergebnisse zur Ausdifferenzierung des globalen Zusammenhangs von Schichtzugehörigkeit und gemessener Intelligenz sowie Schulerfolg. Zeitschrift für Soziologie 5 (1976), S. 167–199.

OSTNER, I./BECK-GERNSHEIM, E.: Mitmenschlichkeit als Beruf. Eine Analyse des Alltags in der Krankenpflege. Frankfurt/M./New York, Campus 1979.

OSTNER, I.: Beruf und Hausarbeit. Frankfurt/M., Campus 1978.

OTTOMEYER, K.: Anthropologieproblem und marxistische Handlungstheorie. Gießen, Focus 1976.

PAPALIA, D. E./TENNENT, S. S.: Vocational aspirations in preschoolers. A manifestation of early sex-role stereotyping. Sex Roles 1 (1975), S. 197–199.

PARKE, R. D./SAWIN, D. B.: Kinder brauchen Väter. Psychologie heute 5 (1978), 4, S. 22–25.

PARKE, R. D.: Perspectives on father-infant interaction. In: OSOFSKY, J. (Hrsg.): Handbook on infancy. New York, Wiley 1978.

PARLEE, M. B.: Biorhythmen. Auch Männer haben ihre Tage. Psychologie heute 6 (1979), 3, S. 34–39.

PARSONS, J.: Cognitive developmental theories of sex-role socialization. In: FRIEZE u. a., 1978, S. 114–134.

PARSONS, T./BALES, R. F.: Family, socialization, and interattion process. Glencoe, Ill., Free Press 1955.

PARTEN, M. A.: Social play among preschool children. Journal of Abnormal and Social Psychology 28 (1933), S. 136–147.

PERDUE, V. P./CONNOR, J. M.: Patterns of touching between preschool children and male and female teachers. Child Development 49 (1978), S. 1258–1262.

PHILLIPS, S./KING, S./DUBOIS, L.: Spontaneous activity of female vs. male newborns. Child Development 49 (1978), S. 590–597.

PIEPER, M.: Erwachsenenalter und Lebenslauf. Zur Soziologie der Altersstufen. München, Kösel 1978.

PILGRIM, V. E.: Manifest für den freien Mann. München, Trikont 1978.

PLECK, J. H.: Masculinity-femininity. Current and alternative paradigms. Sex Roles 1 (1975), S. 161–178.

PLECK, J. H.: The male sex role: Definitions, problems and sources of change. Journal of Social Issues 32 (1976), S. 155–164.

Projektgruppe Jugendbüro und Hauptschülerarbeit: Die Lebenswelt von Hauptschülern. München 1975.

PROSS, H.: Über die Bildungschancen von Mädchen in der Bundesrepublik. Frankfurt/M., Suhrkamp 1969.

REITZ, G.: Die Rolle der Frau und die Lebensplanung der Mädchen. München, Juventa 1974.

RHEINGOLD, H. L./COOK, K. V.: The contents of boys' and girls' rooms as an index of parents' behavior. Child development 46 (1975), S. 459–463.

RICKS, D. F./THOMAS, A./ROFF, M. (Hrsg.): Life history research in psychotherapy. Vol. 3. Minneapolis, University of Minnesota Press 1974.

ROSENBAUM, H. (Hrsg.): Familie und Gesellschaftsstruktur. Frankfurt/M., Fischer Taschenbuch 1974.

ROSENFELD, E. F.: The relationship of sex-typed toys to the development of competency and sex-role identification in children. Paper presented at the meeting of the Society for Research in Child Development, Denver 1975 (zit. n. VAUGHTER, 1976).

RUBIN, J. Z./PROVENZANO, F. J./LURIA, Z.: The eye of the beholder: Parents' view on sex of newborns. American Journal of Orthopsychiatry 44 (1974), S. 512–519.

RUBLE, D. N./HIGGINS, E. T.: Effects of group sex composition on self presentation and sex-typing. Journal of Social Issues 32 (1976), S. 125–131.

SALES, E.: Womens' adult development. In: FRIEZE, I. H. u. a., 1978, S. 157–190.

SAMPSON, E. E.: Psychology and the American ideal. Journal Personality and Social Psychology 35 (1977), S. 767–782.

SANTROCK, J. W.: Paternal absence, sex-typing, and identification. Developmental Psychology 2 (1970), S. 264–272.

SANTROCK, J. W.: Effects of father-absence on sex-typed behaviors in male children: Reasons for the absence and age of onset of the absence. Journal of Genetic Psychology 130 (1977), S. 3–10.

SAVIER, M./WILDT, C.: Rockerbräute, Treberinnen und Schulmädchen zwischen Anpassung und Gegenwehr. Kursbuch 47, Berlin, Kursbuchverlag 1977.

SAVIER, M./WILDT, C.: Mädchen zwischen Anpassung und Widerstand. München, Frauenoffensive 1978.

SCHENK, H.: Geschlechtsrollenwandel und Sexismus. Zur Sozialpsychologie geschlechtsspezifischen Verhaltens. Weinheim, Beltz 1979.

SCHEU, U.: Wir werden nicht als Mädchen geboren – wir werden dazu gemacht. Zur frühkindlichen Erziehung in unserer Gesellschaft. Frankfurt/M., Fischer Taschenbuchverlag 1977.

SCHLÄGEL, J./SCHOOF-TAMS, K./WALCZAK, L.: Beziehungen zwischen Jungen und Mädchen. Sexualmoral Jugendlicher. Eheperspektiven Jugendlicher. Sonderdruck Nr. 4 der Zeitschrift Sexualmedizin 1975.

SCHMALOHR, E. u.a.: Vorklasse und Kindergarten aus der Sicht der Erzieher. Hannover, Schroedel 1974 (zit. nach NISSEN, 1978).

SCHMIDT, G./SIGUSCH, V.: Unterschiede zwischen jungen Arbeitern und Studenten. In: KENTLER, H. (Hrsg.), 1973 (a), S. 100–105.

SCHORB, B.: Leistung und Sozialisation. Einführung in die Theorien der Leistungsmotivation. München, Kösel 1976.

SCHORSCH, E./SCHMIDT, G. (Hrsg.): Ergebnisse der Sexualforschung. Köln 1975.

SCHULTZ, D.: Ein Mädchen ist fast so gut wie ein Junge. Berlin, Frauenselbstverlag 1978.

SCHWARZER, A.: Der „kleine Unterschied" und seine großen Folgen. Frauen über sich – Beginn einer Befreiung. Frankfurt/M., S. Fischer 1975.

SEARS, R. R./ALPERT, L./RAU, R.: Identification and child-rearing. London, Tavistock 1966.

SEARS, R. R./MACCOBY, E. E./LEVIN, H.: Patterns of child-rearing. Evanston, Ill., Row, Peterson 1957.

SEAVEY, C. A./KATZ, P. A./ZALK, S. R.: Baby x: The effect of gender labels on adult responses to infants. Sex Roles 1 (1975), S. 108–110.

SERBIN, L. A./O'LEARY, K. D.: How nursery schools teach girls to shut up. Psychology Today 9 (1975), 7, S. 56–57, 102–103.

SHEPARD, W. O./HESS, D. T.: Attitudes in four age groups toward sex role division in adult occupations and activities. Journal of Vocational Behavior 6 (1975), S. 27–39.

SILBERMANN, A./KRÜGER, U. M.: Abseits der Wirklichkeit – das Frauenbild in deutschen Lesebüchern. Köln, Verlag Wissenschaft und Politik 1971.

SMILANSKY, S.: Wirkungen des sozialen Rollenspiels auf benachteiligte Vorschulkinder. In: FLITNER, A. (Hrsg.): Das Kinderspiel. München, Piper 1973, S. 151–178.

SMITH, C./LLOYD, B.: Maternal behavior and perceived sex of infant: Revisited. Child Development 49 (1978), S. 1263–1265.

SMITH, W. D.: Black parents' differential attitudes toward childhood behaviors and child rearing practices. Unpubl. First Year Project, Stanford Univ. 1971 (zit. nach MACCOBY/JACKLIN, 1974).

SMITH-ROSENBERG, C.: The female world of love and ritual: Relations between women in nineteenth-century America. Signs 2 (1976), S. 1–28.

SPITZ, R.: Zum Problem des Autoerotismus. In: KENTLER, H. (Hrsg.), 1973 (a), S. 37–62.

STEIN, A. H.: The effects of sex-role standards for achievement and sex-role performance on three determinants of achievement motivation. 4 (1971), S. 219–231.

STEIN, A. H./SMITHELLS, J.: Age and sex differences in children's sex-role standards about achievement. Developmental Psychology 1 (1969), S. 252–259.

STRAYER, F. F.: Peer attachment and affiliative subgroups. In: Ethological perspectives on preschool organizations. (Mémo de recherche No. 4.) Montreal, Université du Québec 1977 (zit. nach JACKLIN/MACCOBY, 1978).

TERMAN, L. W./TYLER, L. E.: Psychological sex differences. In: CARMICHAEL, L. (Hrsg.): Manual of Child Psychology (2nd ed.). New York, Wiley 1954, S. 1064–1164.

THOMPSON, S.: Development of sex-role concepts. Unpubl. doctoral dissertation. Univ. of California, Los Angeles 1973 (zit. n. PARSONS, 1978).

THUMM, E.: Einstellungen der Eltern zur Rolle der Frau und der Schullaufbahn der Töchter. (Forschungsbericht des Deutschen Jugendinstituts.) München, Verlag Deutsches Jugendinstitut 1972.

TORNIEPORTH, G.: Studien zur Frauenbildung. Ein Beitrag zur historischen Analyse lebensweltlicher Bildungskonzeptionen. Weinheim, Beltz 1977.

TRESEMER, D.: The cumulative record of research on ‚Fear of Success'. Sex Roles 2 (1976), S. 217–236.

ULICH, D.: Zur Methodik der Sozialisationsforschung. In: HURRELMANN (Hrsg.), 1976 (a), S. 53–67.

URBERG, K. A./LABOUVIE-VIEF, G.: Conceptualizations of sex roles: A life-span developmental study. Developmental Psychology 12 (1976), S. 15–23.

VAILLANT, G. E./MCARTHUR, C. C.: Natural history of male psychologic health: The adult life-cycle from 18–50. Seminars in Psychiatry 4 (1972), S. 415–427.

VAN DEN BERGHE, P. L.: Age and sex in human societies: A biosocial perspective. Belmont, CA, Wadsworth Publishing Co. 1973.

VAN ONNA, B.: Jugend und Vergesellschaftung. Frankfurt/M. 1976.

VAUGHTER, R. M.: Review Essay: Psychology. Signs 2 (1976), S. 120–146.

VINCENT, C.: Implication of changes in male-female role expectations for interpreting M-F scores. Journal of Marriage and the Family 28 (1966), S. 196–199.

WEEKS, M. O./THORNBURG, K. R.: Marriage role expectations of five-year-old children and their parents. Sex Roles 3 (1977), S. 189–191.

WEITZ, S.: Sex differences in nonverbal communication. Sex Roles 2 (1976), S. 175–184.

WEITZMAN, L. J./EIFLER, D./HOKADA, E./ROSS, C.: Sex-role socialization in picture books for preschool children. American Journal of Sociology 17 (1972), 1125–1150.

WELTZ, F./DIEZINGER, A./LULLIES, V./MARQUARDT, R.: Junge Frauen zwischen Beruf und Familie. Frankfurt, Campus 1979.

WESLEY, F./WESLEY, C.: Das Rollendiktat. Zur Psychologie der Geschlechter. Frankfurt/M., Goverts (Fischer) 1978.

WHITE, R. W.: Competence and the psychosexual stages of development. In: Nebraska Symposium on Motivation. Lincoln, Nebr., University of Nebraska Press 1960, S. 97–141.

WHITING, B./EDWARDS, C. P.: A cross-cultural analysis of sex-difference in behavior in children aged three to eleven. In: COX, S. (Hrsg.), 1976, S. 50–62.

ZIGLER, E./CHILD, I. L.: Socialization. In: LINDZEY, G./ARONSON, E. (Hrsg.): Handbook of Social Psychology. Vol. III, Reading, Mass., Addison Wesley 1969, S. 450–589.

ZINNECKER, J.: Emanzipation der Frau und Schulausbildung. Bd. 1: Zur schulischen Sozialisation und gesellschaftlichen Position der Frau. Weinheim, Beltz 1972.

ZINNECKER, J.: Sozialgeschichte der Mädchenbildung. Weinheim, Beltz 1973.

Anhang

Sachregister

Namenregister

Verzeichnis der Autoren

Hans Bertram, Priv.-Doz., Dr.
privat: Am Gutleuthofhang 23, 6900 Heidelberg-Schlierbach, Tel.: (06221) 802941
dienstl.: Institut für Soziologie, Universität Heidelberg, Sandgasse 9, 6900 Heidelberg, Tel.: (06221) 542982

Studium der Soziologie, Psychologie, Pädagogik und Wissenschaftstheorie in Münster und Mannheim. *Zentrales Forschungsinteresse:* Der Zusammenhang zwischen sozialer Struktur und individueller Entwicklung, insbesondere der Wertentwicklung. *Veröffentlichungen* u. a.: Gesellschaft, Familie und moralisches Urteil. Weinheim 1978; Sozialstruktur und Intelligenz: ein altes Thema – eine neue Antwort? Kölner Zeitschrift für Soziologie und Sozialpsychologie. 29 (1977) 461–486; Moralerziehung – Erziehung zur Kooperation. Zur Bedeutung von Theorien moralischer Entwicklung für Bildungsprozesse. Zeitschrift für Pädagogik. 25 (1979) 529–546.

Helga Bilden, Dr.
privat: Hardenbergstr. 19, 8000 München 50
dienstl.: Institut für Psychologie – Sozialpsychologie –, Ludwig-Maximilian-Universität, Kaulbachstr. 93, 8000 München 40. Tel. (089) 2180-1

Arbeitsgebiete: Sozialisation, insbes. geschlechtsspezifische Sozialpsychologie der Frau, psychische Störungen bei Frauen und ihre Behandlung, Arbeitslose weibliche Jugendliche (derzeitiges DFG-Projekt), Kommunikation und Beziehungsstrukturen, insbesondere in der Beratung. *Veröffentlichungen:* Deutsches Jugendinstitut München: Stellungnahme zur staatlichen Förderung der Mädchenbildung. München 1969; Das unhistorische Subjekt. Weinheim und Basel 1978; Aufsätze zu: Jugendarbeit mit weiblichen Jugendlichen, Frauen und Psychotherapie, arbeitslose weibliche Jugendliche.

Lothar Böhnisch, Dr.
privat: Rumfordstr. 38, 8000 München 22, Tel. (089) 298655
dienstl.: Deutsches Jugendinstitut, Saarstr. 7, 8000 München 40. Tel. (089) 381831

Hauptarbeitsgebiete: Sozialpädagogische Theorieentwicklung, Jugend- und Sozialpolitik, Verhältnis von Jugendhilfe und Schule. *Wichtigste Veröffentlichungen:* Politische Dimensionen sozialpädagogischer Analyse, Diss. Tübingen 1979; Abhauen oder Bleiben? Analysen und Berichte aus der Jugendarbeit (Hrsg. zus. mit R. Münchmeier und E. Sander), München 1980; Materialien zur Jugendpolitik in der BRD (zus. mit J. Müller-Stackebrandt und W. Schefold), München 1980.

Dieter Geulen, Prof. Dr.
privat: Cosimaplatz 1, 1000 Berlin 41, Tel. (030) 8528383
dienstl.: Freie Universität Berlin, Fachbereich Erziehungswissenschaft, Habelschwerdter Allee 45, 1000 Berlin 33

Hauptarbeitsgebiete: Sozialisationstheorie, Handlungstheorie; *Veröffentlichungen* u.a.: Thesen zur Metatheorie der Sozialisation. In: Walter, H. (Hrsg.), Sozialisationsforschung Bd. 1, Stuttgart 1971; Intelligenz und gesellschaftliche Umwelt. In: Handbuch der Sozialmedizin Bd. 1, Stuttgart 1974; Probleme vorschulischer Curriculumentwicklung für den Bereich der sozialen Handlungsfähigkeit. In: Baumgartner/Geulen (Hrsg.), Vorschulische Erziehung Bd. 2, Weinheim 1975; Zur Wissenssoziologie der Sozialisationsforschung und ihrer Rezeption in der Bundesrepublik. In: Bolte, K. M. (Hrsg.), Verhandlungen des 18. Deutschen Soziologentages, München 1978; Das vergesellschaftete Subjekt. Zur Grundlegung der Sozialisationstheorie, Frankfurt 1977; (Hrsg.), Perspektivenwechsel, Rollenübernahme, Verstehen. Texte zur sozialkognitiven Entwicklung, Frankfurt 1980.

Peter Gstettner, Dr.
privat: Oberkoflerweg 10a, A – 6020 Innsbruck, Tel.: (05222) 36777
dienstl.: Institut für Psychologie, Peter-Mayr-Str. 1, A – 6020 Innsbruck, Tel.: (05222) 36701/492

Arbeitsgebiete: Handlungsforschungsprojekte in den Sozialisationsbereichen Kindergarten, Schule und Elternarbeit; Begleitforschungen zur Arbeiterbildung, integrativen Behindertenarbeit und Lehrerfortbildung. *Veröffentlichungen* u. a. (gem. mit Seidl). Sozialwissenschaft und Bildungsreform. Köln 1975; Erfahrungen mit Elternarbeit, Wien/München 1979.

Karl Haußer, Dr.
privat: Adalbertstr. 10, 8000 München 40, Tel.: (089) 332321
dienstl.: Institut für Empirische Pädagogik, Pädagogische Psychologie und Bildungsforschung, Ludwigstr. 27/I, 8000 München 22, Tel. (089) 2180-2250

Arbeitsgebiete: Empirische Pädagogik, Pädagogische Psychologie. *Veröffentlichungen* u. a.: Modelle schulischer Differenzierung (Hrsg.). München: Urban & Schwarzenberg 1981. Die Einteilung von Schülern. Theorie und Praxis schulischer Differenzierung. Weinheim 1980; Methodologische Probleme bei der Untersuchung kognitiver Kontrolle (Kausalattribuierung und Coping). In: Eckensberger, L. H. (Hrsg.): Bericht über den 31. Kongreß der Deutschen Gesellschaft für Psychologie in Mannheim 1978. Band 1. Göttingen 1979, S. 512–515; (mit D. Ulich) Motivation und Interesse (Themenheft). Zeitschrift für Pädagogik 25 (1979).

Walter R. Heinz, Prof. Dr.
privat: Humboldtstr. 91, 2800 Bremen 1, Tel. (0421) 702846
dienstl.: Fachbereich 6, Universität Bremen, 2800 Bremen, Tel. (0421) 2182886

Hauptarbeitsgebiete: Berufliche Sozialisation, Berufsbildung, qualitative Sozialforschung. *Wichtigste Veröffentlichungen:* Theorien kollektiven Verhaltens. 2 Bände. Darmstadt/Neuwied 1972 (hrsg. mit P. Schöber); Sozialisationsforschung – Auf der Suche nach Theorie. In: KZfSS 1974 (26); Produktion, Arbeit, Sozialisation. Frankfurt 1976 (hrsg. mit Th. Leithäuser); Gesellschaftsstruktur, familiale Sozialisation und gesellschaftliches Bewußtsein. In: K. Hurrelmann (Hrsg.): Sozialisation und Lebenslauf. Reinbek 1976; Vorberufliche Sozialisation und Berufsfindung (mit E. Wachtveitl und A. Witzel). In: B. Schön und K. Hurrelmann (Hrsg.): Schulalltag und Empirie. Weinheim 1979; Familienpolitik und Sozialisationsforschung. In: D. Claessens und P. Milhoffer (Hrsg.): Familiensoziologie (2., überarb. Aufl.). Kronberg 1980.

Ulrich Herrmann, Prof. Dr.
privat: Engelfriedshalde 101, 7400 Tübingen 1, Tel. (07071) 61876
dienstl.: Münzgasse 22–30, Institut für Erziehungswissenschaft der Universität Tübingen, 7400 Tübingen 1, Tel. (07071) 292407

Arbeitsgebiete: Kultur- und Geistesgeschichte des 18. Jahrhunderts; Geschichte der Erziehung und Bildung seit der Aufklärung; Sozialgeschichte der Familie, Kindheit und Jugend; Wissenschaftssoziologie und -geschichte. *Wichtigste Veröffentlichungen:* Die Pädagogik Wilhelm Diltheys. Göttingen 1971; Herausgeber der Bände XV bis XVII der „Gesammelten Schriften" Diltheys; Editionen pädagogischer Quellentexte: Schwarz, Niemeyer, Dilthey, Trapp (Paderborn 1968–1977) sowie Campes „Allgemeine Revision" (Vaduz/Liechtenstein 1979); Sammelbände (Hrsg.): Schule und Gesellschaft im 19. Jahrhundert. Weinheim 1977; Universität heute. München 1977; Historische Pädagogik. (14. Beiheft der „Z. f. Päd.") Weinheim 1977; Mitherausgeber und Schriftleiter der „Zeitschrift für Pädagogik".

Günter L. Huber, Prof. Dr.
privat: Stadtmauer 17, 8904 Friedberg, Tel. (0821) 603451
dienstl.: Institut f. Erziehungswissenschaft I, Arbeitsbereich Päd. Psychologie, Universität Tübingen, Münzgasse 22–30, 7400 Tübingen, Tel. (07071) 292113

Hauptarbeitsgebiete: Kognitive Ansätze in Lernpsychologie und Sozialisationsforschung; Lernstile von Schülern; Schulschwierigkeiten. *Wichtigste Veröffentlichungen:* Selbstbestimmung und Fremdbestimmung in Lernprozessen. München 1976; Lernpsychologische Grundlagen des schülerorientierten Unterrichts. In: W. Einsiedler und H. Härle (Hrsg.): Schülerorientierter Unterricht. Donauwörth 1976; (mit Hanke, B./Mandl, H.) Aggressiv und unaufmerksam. Die Aufgaben des Lehrers bei Schulschwierigkeiten. München 1978 (2. Aufl.); (mit Mandl, H.) Erklärungsansätze für Schulschwierigkeiten. Unterrichtswissenschaft 5 (1977), 305–316; (mit Mandl, H., Hrsg.) Kognitive Komplexität. Bedeutung – Weiterentwicklung – Anwendung. Göttingen 1978; (mit Mandl, H.) Kognitive Entwicklung. In: D. H. Rost (Hrsg.): Entwicklungspsychologie für die Grundschule. Bad Heilbrunn 1980.

Ludwig Huber, Prof. Dr.
privat: Bismarckstr. 108, 2000 Hamburg 20
dienstl.: Interdisziplinäres Zentrum für Hochschuldidaktik der Universität, Sedanstr. 19, 2000 Hamburg 13. Tel. (040) 4123-3850

Hauptarbeitsgebiete: Hochschullehrerfortbildung, Hochschulsozialisation, Studiengangsentwicklung, Weiterbildung. *Wichtigste Veröffentlichungen:* Zur hochschuldidaktischen Fortbildung von Hochschullehrern. In: neue sammlung 16 (1976), 367–387; Herausgeber und Mitautor von: Hochschuldidaktische Fortbildung für Hochschullehrer. Hamburg 1980 (Hochschuldidaktische Arbeitspapiere, hrsg. vom IZHD Hamburg, H. 12); Das Problem der Sozialisation von Wissenschaftlern. In: neue sammlung 14 (1974), 2–28; Hochschule als Umwelt. In: T. Bargel u.a. (Hrsg.): Sozialisation in der Hochschule. Hamburg 1975 (Blickpunkt Hochschuldidaktik 37), 118–135; Mitautor von K.-H. Flechsig/L. Huber/H. Plander: Gesamthochschule – Mittel oder Ersatz für Hochschulreform. Stuttgart 1975; H. Hertz, L. Huber u.a.: Aspekte der Studienreform II: Entwicklung von Studiengängen – Planung für Lernsituationen. Hamburg 1979 (Blickpunkt Hochschuldidaktik 57).

Klaus Hurrelmann, Prof. Dr.
privat: Wertherstr. 122, 4800 Bielefeld 1
dienstl.: Universität Bielefeld, Fak. Päd., Postfach 8640, 4800 Bielefeld 1, Tel. (0521) 106-3151/2

Arbeitsgebiete: Bildungsforschung, Sozialisationsforschung, Soziologie der Erziehung. *Wichtigste Veröffentlichungen:* Unterrichtsorganisation und schulische Sozialisation. Weinheim 1971; (mit M. Brusten) Abweichendes Verhalten in der Schule. München 1973; Erziehungssystem und Gesellschaft. Reinbek 1975; (mit Arbeitsgruppe Schulforschung) Leistung und Versagen. München 1980; Herausgeber der Bände „Soziologie der Erziehung". Weinheim 1974; „Sozialisation und Lebenslauf". Reinbek 1976; und (mit B. Schön) „Schulalltag und Empirie". Weinheim 1979.

Hans Joas, Dr.
privat: Kantstr. 125, 1000 Berlin 12, Tel. (030) 3122787
dienstl.: Max-Planck-Institut für Bildungsforschung, Lentzallee 94, 1000 Berlin 33, Tel. (030) 8295362

Hauptarbeitsgebiete: Handlungstheoretische Grundlagen von Gesellschaftstheorie, Sozialisationsforschung, Soziologie der Wissenschaft und der Hochschule. *Wichtigste Veröffentlichungen:* Die gegenwärtige Lage der soziologischen Rollentheorie. Frankfurt 1973; Herausgeber (mit Einleitung) von Agnes Heller, Das Alltagsleben. Frankfurt 1978; G. H. Mead. In: D. Käsler (Hrsg.), Klassiker des soziologischen Denkens, Bd. 2. München 1978, S. 7–39; Intersubjektivität bei Mead und Gehlen. In: Archiv für Rechts- und Sozialphilosophie 65 (1979), S. 105–121; Praktische Intersubjektivität. Die Entwicklung des Werkes von G. H. Mead. Frankfurt 1980 (im Druck).

Heinrich Keupp, Prof. Dr.
privat: Ringhofferstr. 34, 8044 Unterschleißheim, Tel. (089) 310 2156
dienstl.: Institut für Psychologie, Sozialpsychologie, Universität München, Kaulbachstr. 93/II, 8000 München 40. Tel. (089) 2180-3586

Hauptarbeitsgebiete: Sozialwissenschaftliche Analyse von Institutionen der psychosozialen Versorgung; Devianztheorien; Professionalisierungsprozesse; Gemeindepsychologie; Medizin-Soziologie. *Veröffentlichungen:* Psychische Störungen als abweichendes Verhalten (1972); Der Krankheitsmythos in der Psychopathologie (Hrsg., 1972); Verhaltensstörungen und Sozialstruktur (Hrsg., 1974); Abweichung und Alltagsroutine (1976); Die gesellschaftliche Organisierung psychischen Leidens (Hrsg. mit M. Zaumseil, 1978); Normalität und Abweichung (Hrsg., 1979).

Eva Köckeis-Stangl, Univ.-Doz., Dr.
privat: Vigilgasse 23, A – 6020 Innsbruck
dienstl.: Institut für Psychologie der Universität, Peter-Mayr-Str. 1, A – 6020 Innsbruck

Hauptarbeitsgebiete: Sozialpsychologie, Forschungsmethoden, Sozialisationsprozesse bei Studenten und bei verheirateten Frauen. *Wichtigste Veröffentlichungen:* (mit L. Rosenmayr) Umwelt und Familie alter Menschen. Luchterhand, Neuwied 1965; (mit L. Rosenmayr und H. Kreutz) Kulturelle Interessen von Jugendlichen. Juventa, München 1966; Sozialschicht, Wertorientierung und Schulerfolg, in: E. Bodzenta und A. Kaufmann (Hrsg.), Österreichisches Jahrbuch für Soziologie 1970. Springer, Wien 1970, S. 86–107; (mit P. Gstettner/B. Rathmayr/P. Seidl) Sozialwissenschaftler in gesellschaftsverändernden Rollen. In: A. Holl und O. Saipt (Hrsg.), Österreichisches Jahrbuch für Soziologie 1975. Böhlau, Wien 1976, S. 157–180; Ja-sagen als Defensivstrategie bei geringer Interaktionskompetenz. In: Österreichische Zeitschrift für Soziologie, Jg. 2/5 (1977), S. 69–87; Der Stellenwert von Selbsteinschätzungen und Selbstwertgefühlen im schulischen Sozialisationsprozeß. In: W. Machold, P. Posch, J. Thonhauser (Hrsg.), Österreichische Beiträge zur Bildungsforschung II. IBE, Wien 1980.

Martin Kohli, Prof. Dr.
privat: Uhlandstr. 141, 1000 Berlin 31, Tel. (030) 8616764
dienstl.: Institut für Soziologie der FU, Garystr. 21, 1000 Berlin 33, Tel. (030) 8382242

Hauptarbeitsgebiete: Soziologie des Lebenslaufs, Erwachsenensozialisation, interpretative Methoden. *Wichtigste Veröffentlichungen:* Studium und berufliche Laufbahn. Stuttgart 1973; Arbeiter sehen „Arbeiterfilme". Leviathan 4 (1976), 328–367; „Offenes" und „geschlossenes" Interview. Soziale Welt 29 (1978), 1–25; Lebenslauf und Lebensmitte. KZfSS 29 (1977), 625–656; (Hrsg.) Soziologie des Lebenslaufs. Darmstadt 1978.

Line Kossolapow, Prof. Dr.
privat: Haus Vortlage, 4540 Lengerich, Tel. (05481) 6356
dienstl.: Deutsches Jugendinstitut, Saarstr. 7, 8000 München 40, Tel. (089) 38183253

Arbeitsschwerpunkte: Vorschulerziehung; Professionalisierung von Sozialpädagogen, Ausländerproblematik, Kreativitätserziehung. *Veröffentlichungen:* Vorschulerziehung in der UdSSR. In: Morsberger/Moskal/Pflug (Hrsg.): Der Kindergarten, Bd. 1. Freiburg 1978; Rollenspiel als Medium der Entwicklung sozialer Kompetenz im vorschulischen Bereich. In: ZfP 13 Beih. Weinheim 1977, S. 157–171; Kreativität im Vorschulalter. In: Höltershinken, D.: Frühkindliche Erziehung und Kindergartenpädagogik. Freiburg 1977; Kinderläden. In: Herder Wörterbuch der Vorschulerziehung. Freiburg 1976, S. 158–159; Musische Erziehung zwischen Kunst und Kreativität. Selbstaktivierungstendenzen im Industriezeitalter. Kronberg/Ts. 1975; Die Bedeutung des Rollenspiels in der vorschulischen Erziehung. Zur sozial-kognitiven Förderung des Kindes. In: Kochan, B. (Hrsg.): Rollenspiel als Methode sprachlichen und sozialen Lernens. Kronberg/Ts. 1975, S. 123–152.

Lothar Krappmann, Dr.
privat: Lützelsteiner Weg 43, 1000 Berlin 33, Tel. (030) 8311122
dienstl.: Max-Planck-Institut für Bildungsforschung, Lentzeallee 94, 1000 Berlin 33, Tel. (030) 8295-1

Arbeitsgebiete: Sozialisationsforschung, insbesondere Untersuchungen in Familie und Schulklassen. *Veröffentlichungen:* Soziologische Dimensionen der Identität. Stuttgart 1975; Aktuelle Probleme der Grundschule. In: betrifft: erziehung 1978, Heft 4 (demnächst als Buch); etliche Aufsätze in diesem Bereich.

Kurt Kreppner, Dr.
privat: Veronikasteig 2, 1000 Berlin 37, Tel. (030) 8016300
dienstl.: MPI, Lentzeallee 94, 1000 Berlin 33, Tel. (030) 8295-1

Hauptarbeitsgebiete: Frühkindliche Sozialisation, Entwicklungspsychologie, Familientheorie, Methoden der Beobachtung. *Veröffentlichungen* u. a.: mit Oevermann, U., und Krappmann, L.: Bemerkungen zur Diskussion der sogenannten ‚Kode-Theorie'. In: Linguistische Berichte 23 (1973), 59–69; Zur Problematik des Messens in den Sozialwissenschaften. Stuttgart 1975; Frühkindliche Sozialisation, Z. f. Pädagogik 22 (1976), 35–56; mit Krappmann, L., und Oevermann, U.: Was kommt nach der schichtenspezifischen Sozialisationsforschung? In: Lepsius, M. R. (Hrsg.): Zwischenbilanz der Soziologie. Stuttgart 1976, 258–264; Grundlagenforschung im Bereich der frühkindlichen Sozialisation. Z. f. Pädagogik 23 (1977), 881–908; mit Björnsson, S., und Edelstein, W.: Explorations in Social Inequality Stratification Dynamics in Social and Individual Development in Iceland. In: Studien und Berichte 38. Berlin 1977; Überlegungen zur Entwicklung eines theoretischen Rahmens zur Analyse frühkindlicher Sozialisationsprozesse. Neue Sammlung 18 (1978), 30–54; Zum Problem der Kategorisierung bei der Erforschung von Sozialisationsprozessen. Neue Sammlung 18 (1978), 241–254.

Christine Kulke, Prof. Dr.
privat: Prinz-Handjery-Str. 11 a, 1000 Berlin 37, Tel. (030) 8118908
dienstl.: Technische Universität Berlin, Fachber. 2, 1000 Berlin

Arbeitsbereiche: Theorie und Soziologie politischer Bildung; Sozialkunde; Politisches Lernen im schulischen und außerschulischen Bereich. *Veröffentlichungen* u. a.: Industrialisierung und Qualifizierung in der DDR. Zur Frauenarbeitspolitik der SED. Berlin 1968; mit J. Lundgreen: Probleme der Dritten Welt im Unterricht. Frankfurt 1972.

Ludwig Liegle, Prof. Dr.
privat: Biesinger Str. 9, 7400 Tübingen, Tel. (07071) 211755
dienstl.: Institut für Erziehungswissenschaft, Münzgasse 22–30, 7400 Tübingen, Tel. (07071) 296087

Hauptarbeitsgebiete: Vergleichende Erziehungswissenschaft, Sozialisationsforschung, Erziehung in früher Kindheit. *Veröffentlichungen:* Familienerziehung und sozialer Wandel in der Sowjetunion. Heidelberg/Berlin 1970; Kollektiverziehung im Kibbutz. Texte zur vergleichenden Sozialisationsforschung. München 1971; Familie und Kollektiv im Kibbutz. Weinheim 1977 (4., erg. Auflage); zus. mit O. Anweiler u. a.: Bildungssysteme in Europa. Weinheim 1980 (2. Aufl.); Aufsätze zu Vorschulerziehung/Tagespflege in BRD, DDR, USA, UdSSR; zum Verhältnis von Familien- und Kollektiverziehung; zu Sozialisationsforschung und Familienpolitik; zu Kindheit und Familie im interkulturellen Vergleich etc.

Heinz Mandl, Prof. Dr.
privat: Panoramastr. 6, 7407 Rottenburg, Tel. (07472) 22164
dienstl.: Universität Tübingen, Deutsches Institut für Fernstudien, Bei der Fruchtschranne 6, 7400 Tübingen, Tel. (07071) 26028

Arbeitsschwerpunkte: Kognitive Psychologie; Pädagogische Psychologie; Lehrertraining; Entwicklungspsychologie. *Wichtigste Veröffentlichungen:* Kognitive Entwicklungsverläufe. München 1975; Aggressiv und unaufmerksam. München 1976 (gem. mit B. Hanke und G. L. Huber); Einschulungsdiagnostik. Weinheim 1977 (gem. mit A. Krapp); Schuleingangsdiagnose. Göttingen 1978 (gem. mit A. Krapp); Kognitive Komplexität. Göttingen (gem. mit G. L. Huber, 1978); Schülerbeurteilung im Längsschnitt. München 1980 (gem. mit B. Hanke und J. B. Lohmöller).

Wolfgang Mertens, Dr.
privat: Schleißheimer Str. 182, 8000 München 40, Tel. (089) 3006759
dienstl.: Universität München, Institut für Psychologie – Sozialpsychologie –, Kaulbachstr. 93, 8000 München 40, Tel. (089) 2180/2497

Arbeitsgebiete: Methodologie der Sozialwissenschaften; Wissenschaftstheorie der Psychoanalyse; psychoanalytische Sozialisationsforschung. *Veröffentlichungen* u.a.: zusammen mit D. Ulich: Urteile über Schüler. Weinheim 1973, 1978[4]; Erziehung zur Konfliktfähigkeit. München 1974, 1978[2]; Sozialpsychologie des Experiments. Hamburg 1975; zusammen mit D. Adolphs: Basiswissen Psychologie. München, Bd. 1 1975, Bd. 2 1977; Aspekte einer sozialwissenschaftlichen Psychologie. München 1977; zusammen mit G. Fuchs: Krise der Sozialpsychologie?. München 1978.

Max Miller, Dr.
privat: Großglocknerstr. 20, 8135 Söcking, Tel. (08151) 15303
dienstl.: Max-Planck-Institut, Riemerschmidtstr. 7, 8130 Starnberg, Tel. (08151) 149220-149217

Hauptarbeitsgebiete: Entwicklungs- und Sozialpsychologie, Psycholinguistik und Linguistik. *Wichtigste Veröffentlichung:* The Logic of Language Development in Early Childhood. Berlin, Heidelberg, New York 1979.

Erich Mohn, Dr.
privat: Konradstr. 16, 8000 München 40
dienstl.: Institut Jugend/Film/Fernsehen, Waltherstr. 23, 8000 München 2, Tel. (089) 539171

Hauptarbeitsgebiete: Entwicklung eines Curriculum zum Thema Massenmedien, am Beispiel Fernsehen; Entwicklung pädagogischer Modelle zur Auseinandersetzung mit Gewalt im Fernsehen. *Veröffentlichungen:* Der logische Positivismus. Frankfurt 1978 (Diss.); Der Schein des Allgemeinen und medientheoretische Probleme und Folgerungen. In: medien + erziehung 4/76.

Klaus Ottomeyer, Prof. Dr.
privat: Carmer Str. 11, 1000 Berlin 12, Tel. (030) 8313616
dienstl.: Psycholog. Institut der FU Berlin, Habelschwerdter Allee 43–45, Tel. (030) 8385718

Hauptarbeitsgebiete: Allgemeine Sozialpsychologie, Probleme der Heimerziehung. *Wichtigste Veröffentlichungen:* Anthropologieproblem und marxistische Handlungstheorie. Gießen 1976; Ökonomische Zwänge und menschliche Beziehungen. Reinbek 1977; gemeinsam mit Maria Guggenheimer (Hrsg.), Zerstörung einer Familie. Eine Fallstudie. Reinbek 1980.

Werner Schefold, Dr.
privat: Bergsonstr. 65, 8000 München 60, Tel. (089) 8111807
dienstl.: Deutsches Jugendinstitut, Saarstr. 7, 8000 München 40. Tel. (089) 381831

Hauptarbeitsgebiete: Theorie und Empirie der Jugendhilfe, Jugendpolitik, Jugendprobleme und -bewegungen; Sozialpädagogische Aspekte der Sozialisationstheorie und -forschung. *Wichtigste Veröffentlichungen:* Die Rolle der Jugendverbände in der Gesellschaft. München 1972; (zs. mit W. Hornstein, I. Stackebrandt, G. Schmeiser) Lernen im Jugendalter. Ergebnisse, Fragestellungen und Probleme sozialwissenschaftlicher Forschung. Stuttgart 1978; Sozialisationspolitik (Diss.). Tübingen 1979; (zs. mit L. Böhnisch und J. Mutter-Stackebrandt) Materialien zur Jugendpolitik in der BRD. München 1980.

Bernd Schorb, Dr.
privat: Kapuzinerstr. 52, 8000 München 5
dienstl.: Institut Jugend/Film/Fernsehen, Waltherstr. 23, 8000 München 2, Tel. (089) 539171

Hauptarbeitsgebiete: Entwicklung medienpädagogischer Modelle; medienpädagogische Forschung, Handlungsforschung und Medienpädagogik. *Wichtigste Veröffentlichungen:* (mit Berg, R./Höchstetter, K./Jander, M.) Gruppe – Kollektiv. Stuttgart 1973; Leistung und Motivation. München 1977; (mit Forschungsgruppe Klein) Kindergärtnerinnen – Qualifikation und Selbstbild. Weinheim/Basel 1978; (mit Hüther, J./Breuer, K., Hrsg.) Neue Texte Medienpädagogik. München 1979.

Yvonne Schütze, Dr.
privat: Brümmestr. 74, 1000 Berlin 33, Tel. (030) 8327422
dienstl.: MPI, Lentzeallee 94, 1000 Berlin 33, Tel. (030) 8295-1

Arbeitsgebiete: Sozialisationsforschung, Psychoanalytische Theorie, Familientheorie, Familientherapie. *Veröffentlichungen* u. a.: Innerfamiliale Kommunikation und kindliche Psyche. Materialien aus der Bildungsforschung Nr. 7. Berlin 1978; Abweichende Sozialisationsprozesse. In: Nachrichtendienst des Deutschen Vereins für öffentliche und private Fürsorge, 51 (1971), H. 1; Die Sozialisation des Kindes in der Familie. In: Die Grundschule (1974), H. 3; Warum einer aussteigt. Zum Zusammenhang von Sozialisationsprozeß und „Eskapismus". In: Medien und Erziehung (1977), H. 4.

Thomas Bernhard Seiler, Prof. Dr.
privat: Wetzbach 26A, 6144 Zwingenberg, Tel. (06251) 73181
dienstl.: Institut für Psychologie (FB 3), Technische Hochschule Darmstadt, Hochschulstr. 1, 6100 Darmstadt, Tel. (06151) 162016

Hauptarbeitsgebiete: Entwicklungs-, Lern- und Denktheorie, Begriffs- und Bedeutungsentwicklung. *Wichtigste Veröffentlichungen:* Die Reversibilität in der Entwicklung des Denkens. Stuttgart 1968; Kognitive Strukturiertheit, Theorien, Analyse, Befunde. Stuttgart 1973; Grundlegende Entwicklungstätigkeiten und ihre regulative, systemerzeugende Interaktion. In: Steiner, G. (Hrsg.): Piaget und die Folgen. Die Psychologie des 20. Jahrhunderts. Bd. VII, 628–645. Zürich 1978; Genetische Kognitionstheorie, Persönlichkeit und Therapie. In: Hoffmann, N.: Grundlagen kognitiver Therapie. Theoretische Modelle und praktische Anwendung. Bern 1979, 25–66; (mit Hoppe, S., und Schmid-Schönbein, Chr.) Entwicklungssequenzen: Theoretische, empirische und methodische Untersuchungen, Implikationen für die Praxis. Bern 1977, 15–56.

Günther Steinkamp, Prof. Dr.
privat: Schützenwall 8, 4420 Coesfeld, Tel. (02541) 3247
dienstl.: Universität Bielefeld, Universitätsstr. 4800 Bielefeld 1, Tel. (0521) 4252

Hauptarbeitsgebiete: Erziehungs- und Bildungssoziologie; Sozialisationstheorie und Forschung. *Wichtigste Veröffentlichungen:* Die Rolle des Volksschullehrers im schulischen Selektionsprozeß. In: Hamburger Jahrbuch für Wirtschafts- und Gesellschaftspolitik, 12. Jahr 1967; Über einige Funktionen und Folgen des Leistungsprinzips in industriellen Gesellschaften. In: Hamburger Jahrbuch für Wirtschafts- und Gesellschaftspolitik, 16. Jahr (1971); Lebensbedingungen und Sozialisation. Die Abhängigkeit von Sozialisationsprozessen in der Familie von ihrer Stellung im

Verteilungssystem ökonomischer, sozialer und kultureller Ressourcen und Partizipationschancen. Opladen 1978 (zusammen mit W. H. Stief); Familiale Lebensbedingungen und Sozialisation. Beziehungen zwischen gesellschaftlicher Ungleichheitslage, familialer Sozialisation und Persönlichkeitsmerkmalen des Kindes. In: Soziale Welt, Jg. 30 (1979), Heft 2 (zusammen mit W. H. Stief).

Helga Theunert, Dr.
privat: Hohenzollernstr. 69, 8000 München 40
dienstl.: Institut Jugend/Film/Fernsehen, Waltherstr. 23, 8000 München 2, Tel. (089) 539171

Hauptarbeitsgebiete: Entwicklung eines Curriculum zum Thema Massenmedien, am Beispiel Fernsehen; Konzeption und Durchführung von medienpraktischen Modellseminaren. *Veröffentlichungen:* (mit Wimmer, F.) Auseinandersetzung mit der ‚Gewalt im Fernsehen' – Kritik vorhandener Ergebnisse und Darstellung einer Alternative. In: medien + erziehung 4/78; (mit Schorb, B.) Einführung in die rezeptive Filmarbeit. In: medien + erziehung 4, 5/79.

Dieter Ulich, Prof. Dr.
privat: Rheinbabenallee 40a, 1000 Berlin 33, Tel. (030) 8243426
dienstl.: Institut für Psychologie der Technischen Universität Berlin, Dovestr. 1–5, 1000 Berlin 10

Arbeitsgebiete: Pädagogische Psychologie, Klinische Psychologie, Wissenschaftstheorie, Sozialpsychologie. DFG-Projekt über „Psychische Krisenbewältigung". *Wichtigste Veröffentlichungen:* Konflikt und Persönlichkeit (1971); Gruppendynamik in der Schulklasse (6. Aufl. 1977); Theorie und Methode der Erziehungswissenschaft (2. Auflage 1974); Einführung in die Erziehungswissenschaft (mit Schiefele, 3. Aufl. 1976); Urteile über Schüler (mit Mertens, 4. Aufl. 1979); Pädagogische Interaktion (2. Aufl. 1979); Psychologie der kognitiven Kontrolle (mit Haußer, 1981).

Klaus Ulich, Priv.-Doz., Dr.
privat: Schleißheimer Str. 183b, 8000 München 40, Tel. (089) 306019
dienstl.: Institut für Psychologie d. Univ. München, Kaulbachstr. 93, 8000 München 40, Tel. (089) 21802495

Arbeitsgebiete: Schulische und familiäre Sozialisation, Lehrerausbildung, Bildungssoziologie. *Veröffentlichungen* u.a.: Sozialisation in der Schule. München 1976; Lehrerberuf und Schulsystem. München 1978.

Heinz Walter, Prof. Dr.
privat: Kornblumenweg 18, 7750 Konstanz
dienstl.: Sozialwissenschaftliche Fakultät der Universität Konstanz, Postfach 5560, 7750 Konstanz, Tel. (07531) 88-2388

Hauptarbeitsgebiete: Entwicklungspsychologie, Pädagogische Psychologie, Sozialökologie, Bildungsforschung, Motivationspsychologie, Sozialpsychologie. *Wichtigste Veröffentlichungen:* Schulökologie. Universität Konstanz, Zentrum I Bildungsforschung ^{1}1971, ^{2}1975; mit Bargel/Gloy/Heinke/Presch: Bildungschancen und Umwelt I. Braunschweig: Westermann 1973; Neugier und Anstrengungsbereitschaft. In: T. Bargel u.a., Bildungschancen und Umwelt II. Braunschweig: Westermann 1974. Umweltpsychologie und Entwicklungspsychologie. In: W.H. Tack (Hrsg.), Bericht über den 30. Kongreß der Deutschen Gesellschaft f. Psychologie, Bd. 1. Göttingen: Hogrefe 1977. Als Herausgeber: Sozialisationsforschung I, II, III. Stuttgart: Frommann-Holzboog 1973–75; mit R. Oerter: Ökologie und Entwicklung. Donauwörth: Auer 1979; Region und Sozialisation. Stuttgart: Frommann-Holzboog 1980.